Eiffelturm

2 7 Mio. Menschen jährlich können sich nicht irren – der Eiffelturm ist ein Erlebnis! Ob abendlicher Aufstieg mit Blick auf den Pariser Lichterteppich oder ein Essen im Restaurant 58 Tour Eiffel (S. 121) mit berauschendem Panorama, man kann ihn auf 100 verschiedene Arten erleben. Manche radeln darunter durch, andere joggen hoch, wieder andere kaufen die Ikone als Schlüsselanhänger. Ein Schnappschuss gehört ebenso dazu wie ein Besuch bei Nacht. Uns gefällt das Wahrzeichen am besten zu den seltenen Gelegenheiten, wenn jeder seiner 324 m in einer anderen Farbe leuchtet.

Mont-St-Michel

3 Die Gezeitenunterschiede machen aus dieser Klosterinsel in der Normandie ein spektakuläres, geheimnisvolles Schauspiel. Laut keltischer Legende ist sie ein Seegrab, in das die Seelen der Toten wanderten. Aber das ist nur eine der vielen Geschichten, die sich um den geschichtsträchtigen Mont-St-Michel (S. 251) ranken und die bei einem Spaziergang barfuß über den geriffelten Sandstrand spürbar werden. Wer genau wissen will, was dieser architektonische Hingucker alles erlebt hat, bucht einen Tagesausflug mit Führer im nahe gelegenen Dorf Genêts.

ELLIOT DANIEL

Champagner

4 Namen wie Mumm, Mercier und Moët & Chandon aus den Champagnerhochburgen Reims und Épernay sind weltberühmt. Aber das beste flüssige Gold findet sich unserer Meinung nach bei den knapp 5000 kleinen *vignerons* (Winzerbetrieben), die sich auf rund 320 Dörfer verteilen. Dutzende von *maisons* (Champagnerhäuser) bieten ihre Tropfen zum Probieren und Kaufen (zu Herstellerpreisen) an. Das macht die Touren (S. 311) durch die fruchtbare Landschaft mit Bilderbuchdörfern zum prickelnden Vergnügen. Unser Tipp: Champagner probieren in Le Mesnil-sur-Oger und im Le Mesnil (S. 314) zu Mittag essen.

NEIL SETCHFIELD

Schlösser an der Loire

5 Wer sich für adeligen Prunk und architektonische Pracht begeistern kann, darf dieses Tal nicht auslassen. Auf ihrem über 1000 km langen Weg zum Atlantik entfaltet die Rhone als einer der letzten *fleuves sauvages* (wilde Flüsse) Frankreichs einen 1000-jährigen Bilderbogen des französischen Hochadels. Ihre Ufer sind gesäumt von Märchenschlössern mit prunkvollen Sälen und gleißenden Kuppeln. Unverbesserlichen Romantikern empfehlen wir das von Wasser umgebene Schloss Azay-le-Rideau (S. 408), Villandry und seine Gärten (links; S. 407) und das nicht so überlaufene Beauregard (S. 397).

Adrenalinkick, Chamonix

6 Agent 007 hat es vorexerziert: Die Vallée Blanche (S. 508) ist ein wirklich unvergessliches Erlebnis. Die über 20 km lange Tiefschnee-Abfahrt von der Aiguille du Midi ins Bergsportparadies Chamonix kostet zwar gut 70 €, aber dafür schießt in jeder einzelnen Minute der fünfstündigen Tour wahrscheinlich mehr Adrenalin durch den Körper als im ganzen restlichen Leben. Und wer dann noch nicht genug hat, wagt sich anschließend auf die längste schwarze Abfahrt Europas, La Sarenne, die in Alpe-d'Huez (S. 545) beginnt.

Ste-Chapelle & Chartres

7 Diese Empfehlung eignet sich nur für sonnige Tage und für Leute, die die Welt gerne durch rosarote Gläser betrachten. Die Fenster von Ste-Chapelle (S. 72) bei Paris, einer der schönsten Kirchen der Christenheit, sind schlichtweg überwältigend. Das blaue Kontrastprogramm bietet Chartres mit seiner Kathedrale Notre-Dame (unten; S. 159) – wer einmal hier war, wird das „Chartres-Blau" nie mehr vergessen.

KRZYSZTOF DYDYNSKI

Dune du Pilat

8 Die Dune du Pilat (S. 690) ist ein „Berg", der Gipfelstürmer mit einem berauschenden Blick auf die Küste mit dem Vogelschutzgebiet Banc d'Arguin und dem Cap Ferret am anderen Ende der Bucht belohnt. Aber neben Europas größter Wanderdüne locken hier auch Surferstrände, die zu den besten am Atlantik gehören. Besonders Laune macht eine Radtour ab Arcachon, für den Magen gibt's dort ein Dutzend frisch geöffnete Austern und *crépinettes* (eine Wurstsorte).

DAVID TOMLINSON

Die drei Corniches, Nizza

9 Auf diesen drei Küstenstraßen (S. 938), die sich gegenseitig an Steilhängen und Haarnadelkurven überbieten, hat garantiert jeder Filmbilder von Grace Kelly, Alfred Hitchcock, dem Luxusleben von Monaco und seiner skandalumwitterten Fürstenfamilie vor Augen. Dazu die wechselnde Kulisse atemberaubender Ausblicke auf das azurblaue Meer und Europas legendärste Küste, mehr braucht es nicht für einen perfekten Tag – außer vielleicht einen frühmorgendlichen Gang über den Markt auf dem Cours Saleya (S. 899) in Nizza, um sich für ein Picknick einzudecken.

Carcassonne in der Abenddämmerung

10 Der erste Blick auf die massiven Türme der Cité, die die Stadt Carcassonne (Languedoc; S. 795) überragen, sorgt für Gänsehaut. Am schönsten ist es hier nach Sonnenuntergang, wenn die Massen verschwunden sind und die Altstadt wieder den rund 100 Einheimischen gehört. Die Handvoll Gäste in den Hotels hinter den Festungsmauern fällt da gar nicht groß auf. Beim Verlassen der Stadt unbedingt zurückschauen – dann präsentiert sich der angestrahlte historische Kern wie ein im Abendlicht schimmerndes Juwel.

GLENN BEANLAND

D-Day-Strände

11 Kaum ein Ausflugsziel in Frankreich bringt die Emotionen so stark in Wallung. Heute strahlen die Strände und Felsen friedliche Ruhe aus, aber im Morgengrauen des 6. Juni 1944 war dieser Streifen im Norden der Normandie ein Hexenkessel, in dem die Soldaten der Alliierten über die Leiber ihrer gefallenen Kameraden hinweg landeinwärts strebten. Über den Hügel am Omaha Beach ziehen sich die langen Reihen symmetrischer Grabsteine des amerikanischen Soldatenfriedhofs – stumme Zeugen des horrenden Preises für die Befreiung Frankreichs aus der Nazityrannei. Links: Bunker am Omaha Beach

DENNIS JOHNSON

Pont du Gard

12 Das Unesco-Weltkulturerbe (S. 780) in Südfrankreich, nicht weit von Nîmes, ist ein Mammutbauwerk: 35 Bögen bilden die obere Etage des 275 m langen römischen Aquädukts, durch dessen Rinne 20 000 m³ Wasser pro Tag fließen sollten. Besonders imposant wirkt es von einem Kanu aus, mit dem es sich prima auf dem Fluss Gard paddeln lässt. Wer lieber über die Brücke joggt, muss dafür bezahlen. Auf jeden Fall darf im Gepäck die Badehose nicht fehlen, denn hinter dem Aquädukt bieten sich Felsen für Sprünge ins kühle Nass an – da werden auch Kinder zu Geschichtsfans.

GLENN BEANLAND

Provenzalische Märkte

13 In keiner Region sind die Märkte so attraktiv wie hier. Ob frischer Fisch am Hafen von Marseille, Knoblauchzöpfe im Frühsommer, Cavaillon-Melonen in der heißen Jahreszeit oder Trüffeln, die schwarzen Diamanten des Winters: Die Provence überwältigt stets mit einer Fülle lokaler Produkte, die sich täglich auf den Märkten türmen. Die in Carpentras und Aix-en-Provence (links) sind am bekanntesten, aber jedes Dorf verfügt über solch eine Fundgrube für getrocknete Kräuter, Oliven in verschiedensten Marinaden, Zucchiniblüten und feinstes Olivenöl.

Bergdörfer

14 Wie Adlerhorste kleben sie an Felsen über dem Meer oder auf Bergkuppen im Hinterland, umgeben von dicken Mauern oder gekrönt von einer Burg … Da heißt es einen Gang runterschalten, um die Vielfalt an Bergdörfern *(villages perchés)* in Südfrankreich in aller Ruhe zu Fuß, auf zwei oder vier Rädern zu erkunden. Die meisten stammen aus dem Mittelalter, werden von Gassen durchzogen und nur das Gluckern eines Brunnens durchbricht die Stille der Dorfplatzidylle. Wer den Ausflug mit einem Essen auf einer Terrasse kombiniert – La Table de Ventabren (S. 849) und Les Deux Frères (S. 939) sind perfekt –, wird wünschen, ewig hierbleiben zu können. Oben: Aussicht vom Bergdorf Èze

Bouchons in Lyon

15 Volle Lokale mit karierten Tischdecken und angestaubtem Mobiliar gibt's überall in Frankreich. Dass sie als *bouchons* zu einem Erlebnis werden, dafür sorgen die Küche und die rustikalen Bräuche in Lyon (S. 484), wo die Rechnung noch auf Papierservietten gekritzelt wird, die Weinflasche mit Klebstreifen als Tropfenfänger an den Tisch kommt und die Wirte am Wochenende frei machen. Auch wenn hier meist Schweinereien auf dem Teller liegen, gilt Lyon als gastronomische Hauptstadt Frankreichs. Ob das stimmt, sollte jeder selbst herausfinden. Oben: Das Bistro Chez Paul

Centre Pompidou-Metz

16 Der bei Tag strahlend weiße, nachts geheimnisvoll schimmernde neue Tempel der nordfranzösischen Kunstszene hat viel Aufsehen erregt. Wie sein Bruder in Paris beherbergt er Modernes; mit seiner erstklassigen Sammlung und dank der genialen Arbeit eines japanisch-französischen Architektenduos kann er dem Guggenheim in Bilbao oder der Londoner New Tate locker das Wasser reichen. Kunstgenuss gibt's hier auch in kulinarischer Form als Designer-Lunch im Museumsrestaurant La Voile Blanche (S. 373), das auf den Tellern echte kleine Kunstwerke anrichtet.

Megalithen in Carnac

17 Erst beim Radeln über die mit rätselhaften Steinblöcken übersäten Felder wird einem klar, dass die Bretagne schon vor Urzeiten besiedelt war. Niemand weiß, was die Dolmen, Menhire und Steinkreise zu bedeuten haben: Wurde damit ein Gott verehrt? Oder handelt es sich um Fruchtbarkeitssymbole? Das muss jeder selbst entscheiden, während er sich an bretonischen Spezialitäten wie Crêpes und Cidre labt. Besonders gut schmecken sie in der Crêperie au Pressoir (S. 287) in einem traditionellen Langhaus in Carnac, inmitten von Menhiren.

Elsässische Weinstraße

18 Sie gehört zu den beliebtesten Ausflugsrouten Frankreichs – mit gutem Grund. Eine Fahrt durch den Nordostzipfel des Landes ist wie ein Kaleidoskop aus üppig grünen Rebhängen, trutzigen Burgen und nebelverhangenen Bergen. Vor dem Verdursten retten die Weingüter und Winzerkeller, wo die fruchtigen Elsässer Weißweine entdeckt, probiert und gekauft werden können. Das ultimative Erlebnis bietet eine Fahrt auf der Route des Vins d'Alsace (S. 344) im Herbst, wenn die prallen Trauben darauf warten, gepflückt zu werden und das Laub in einer rostroten Farbsinfonie erglüht.

Willkommen in
Frankreich

... in einem Land, das seine Besucher mit einer unverwechselbaren Kultur verführt, zu der Caféterrassen und Märkte auf Dorfplätzen ebenso dazugehören wie Bistros mit Spitzengardinen und Schiefertafeln, die den plat du jour *(Tagesgericht) verkünden.*

Kultur ohne Ende

Frankreich steht für Kunst und Architektur von Weltruf, für römische Tempel und Renaissanceschlösser, für klassische Sehenswürdigkeiten, die jeder kennt – und neue Attraktionen, die bald jeder kennen wird. Monets von Seerosen verzauberte Gärten oder Pariser Cafés, wo schon Sartre und Simone de Beauvoir philosophierten, Wahrzeichen wie Versailles, die das Leben französischer Könige heraufbeschwören, all das hat seine ganz eigene Magie. Genauso faszinierend sind die Künstler von morgen, die sich in leer stehenden Pariser Stadtpalästen aus der Haussmann-Ära eingenistet haben, oder diverse ultramoderne Museen im Norden des Landes. Im schäbigen Schick alter Lagerhallen in Nantes werden jetzt bunte Cocktails gemixt, die Rap-Szene boomt in Marseille, Paris überzeugt mit Jazz. Sprache, Musik und Legenden der Bretagne erinnern bis heute an die Ankunft der Kelten im 5. Jh. Kurz gesagt: Kein Besuch kann lang genug sein, um alle Kulturschätze dieser Nation zu heben!

Essen als Lebensphilosophie

Vielleicht ist es auch das Schlaraffenland, mit dem Frankreich Besucher magnetisch anzieht. Immerhin ist es mit über 80 Mio. Touristen jährlich eines der weltweit beliebtesten Reiseziele. Doch die kulinarische Landschaft beschränkt sich bei Weitem nicht auf Abende in einem Pariser Bistro, ausgedehnte Picknicks im Freien, leuchtende Obst- und Gemüsepyramiden auf Märkten oder ofenwarme Croissants aus der *boulangerie* (Bäckerei) zum Frühstück. Kochkurse demonstrieren, wie in Paris *petits fours* oder in der Bretagne Crêpes gebacken werden. In Bordeaux weiht ein Top-Sommelier in die Geheimnisse der Weine ein, an der Atlantikküste warten Austernbänke, in den altehrwürdigen Kellern von Reims lagert prickelnder Champagner, Melonenfarmen locken in die Provence und im heißen Süden wollen Kirschen, Pfirsiche und Oliven geerntet werden. Essen ist in Frankreich nicht nur lebensnotwendige Nahrungsaufnahme, sondern auch *art de vivre* (Lebenskunst).

Malerische Landschaften

Ein weiterer Trumpf heißt *terroir* und meint die abwechslungsreiche Landschaft von den Klippen und Sanddünen im Norden bis zum azurblauen Mittelmeer und den grünen Eichenwäldern auf Korsika: eine unwiderstehliche Einladung zu Outdooraktivitäten aller Art, ob gemütlich oder aufregend, relaxed oder bis zur Erschöpfung, allein oder *en famille*. Barfuß über den geriffelten Sand zum Mont-St-Michel zu spazieren, in der Seilbahn von Chamonix über atemberaubende Gletscher zu schweben, über Europas höchste Düne zu brettern, Surfen in Biarritz oder Skifahren in den Alpen, im Massif Central von einem erloschenen Vulkan zum nächsten zu wandern, am Canal du Midi entlangzuradeln oder seine Schleusen per Boot zu überwinden: Die Liste der Abenteuer ist unendlich lang und wartet darauf, in Angriff genommen zu werden.

Gut zu wissen

Währung
» Euro (€)

Sprache
» Französisch

Reisezeit

Bretagne & Normandie •
REISEZEIT April–Sept.

Paris
• **REISEZEIT** Mai & Juni

• **Französische Alpen**
REISEZEIT Ende Dez.–Anfang April (Skifahren)
oder Juni & Juli (Wandern)

Französische Riviera
REISEZEIT April–Juni, Sept. & Okt. •

Korsika •
REISEZEIT April–Juni,
Sept. & Okt.

Warme bis heiße Sommer, milde Winter
Warme bis heiße Sommer, kalte Winter
Ganzjährig mild
Gemäßigte Sommer, kalte Winter
Hochgebirgsklima

Hauptsaison
(Juli & Aug.)

» Schlangen vor berühmten Attraktionen und Verkehrsbehinderungen, vor allem im August,

» an Weihnachten, Silvester/Neujahr und Ostern

» Hochsaison in den Skigebieten: Ende Dezember bis März

Zwischensaison
(April–Juni & Sept.)

» In Südfrankreich und anderen beliebten Reisegegenden fallen die Hotelpreise

» Frühling: warm, blühende Blumen, gutes Angebot lokaler Produkte

» Besucherattraktion im Herbst: die *vendange* (Weinlese)

Nachsaison
(Okt.–März)

» Preise um bis zu 50 % günstiger als in der Hauptsaison

» Verkürzte Öffnungszeiten von Sehenswürdigkeiten und Restaurants

Tages-budget

bis
100 €

» Bett im Schlafsaal: 15–40 €

» Doppelzimmer im Budgethotel: 50–70 €

» Am ersten Sonntag des Monats freier Eintritt zu vielen Attraktionen

» Mittagsmenüs: 10–15 €

100–200 €

» Doppelzimmer im Mittelklassehotel: 70–175 €

» Mittagsmenüs in Gourmetrestaurants: 20–40 €

über
200 €

» Doppelzimmer im Spitzenhotel: ab 175 €

» In Businesshotels an Wochenenden ermäßigte Preise

» Abendessen im Toprestaurant: *menu* 50 €, à la carte 100–150 €

Geld

» Geldautomaten gibt's an jedem Flughafen, in den meisten Bahnhöfen und in Städten an jeder zweiten Straßenecke. Visa, MasterCard und Amex werden fast überall akzeptiert.

Visa

» Besucher aus EU-Mitgliedsstaaten brauchen gar kein Visum, Besucher aus anderen Ländern meist keines für Aufenthalte bis zu 90 Tagen; in manchen Fällen ist ein Schengen-Visum (S. 1065) erforderlich.

Mobiltelefon

» Europäische Handys funktionieren überall, mit einer französischen SIM-Karte wird das Telefonieren billiger.

Autofahren

» Tempolimits sind im Ortsgebiet 50 km/h, auf Landstraßen 90 (bei Regen 80) km/h, auf Schnellstraßen 110 (bei Regen 100) km/h, auf Autobahnen 130 (bei Regen 110) km/h.

Websites

» **France Guide** (www.franceguide.com) Touristeninformation der französischen Regierung

» **Französisch lernen online** (www.französisch-lernen-online.de) Lernportal mit diversen Übungsmöglichkeiten

» **Lonely Planet** (www.lonelyplanet.com/france) Infos zu Reisezielen, Hotelbuchungen, Forum und vieles mehr

» **Voyages SNCF** (www.voyages-sncf.com) Internetseite der französischen Eisenbahngesellschaft

» **France.fr** (www.france.fr) Alles über Frankreich

Wichtige Telefonnummern

Ländervorwahl Frankreich	☏ 0033
Landesvorwahl von Frankreich nach:	
– Deutschland	☏ 0049
– Österreich	☏ 0043
– Schweiz	☏ 0041
Europaweiter Notruf	☏ 112
Rettungsdienst (SAMU)	☏ 15
Feuerwehr	☏ 18
Polizei	☏ 17

Wechselkurs

Schweiz	1 €	1,13 sFr
	1 sFr	0,88 €

Aktuelle Wechselkurse siehe www.xe.com.

Ankunft in Frankreich

» **Aéroport Roissy-Charles-de-Gaulle** (S. 137)
Züge, Busse und RER-Bahnen ins Zentrum von Paris alle 15 bis 30 Minuten von 5.30 Uhr bis Mitternacht
Nachtzug stündlich von 0.30 bis 5.30 Uhr
Taxis 45 bis 60 €, Fahrzeit bis Paris-Zentrum 30 Minuten

» **Aéroport d'Orly** (S. 137)
Busse und Orlyval-Bahnen ins Zentrum von Paris mindestens alle 15 Minuten von 6 bis 23.30 Uhr
Nachtbus stündlich von 0.30 bis 5.30 Uhr
Taxis 35 bis 50 €, Fahrzeit bis Paris-Zentrum 25 Minuten

NACH FRANKREICH ZUM SHOPPEN!

Okay, Paris ist das Mekka der Luxusgüter, von Haute Couture über edle Modeaccessoires (ein Seidenschal von Hermès gefällig?) und Wäsche bis hin zu Parfüm und Kosmetik. Aber meist sind diese Objekte der Begierde in Frankreich nicht billiger als zu Hause.

Wer kann, legt seine Reise in die Zeit der Ausverkäufe, die in Frankreich *soldes* heißen und laut Gesetz für jeweils drei Wochen im Januar und im Juli stattfinden. Dann gibt's Designerklamotten und Streetwear zu Schnäppchenpreisen. Ansonsten nach Worten wie *degriffés* (Markenprodukte, bei denen das Etikett entfernt wurde), *bonnes affaires* (Sonderangebote) und *dépôt-vente* (secondhand) Ausschau halten. Ebenfalls phantastische Jagdgründe sind die Factory Outlets in Troyes (S. 323) und Calais (S. 177).

Was gibt's Neues?

Für die neue Ausgabe des Lonely Planet Reiseführers „Frankreich" haben sich unsere Autoren auf die Jagd nach allem gemacht, was neu ist oder aufgebürstet wurde, gerade angesagt ist und boomt. Im Folgenden sind nur ein paar der spannendsten Entdeckungen aufgelistet; aktuelle Berichte und Empfehlungen finden sich auf unserer Website lonelyplanet.com/france.

Supperclubs
1 Der Trend zum Abendessen *à la maison* (zu Hause) hat die Pariser Ausgehszene richtig überrollt – Tipps für solche privaten Gelage stehen auf S. 42.

Canal St-Martin, Paris
2 Eine Renaissance erleben gerade die schattigen Uferwege entlang dem idyllischen Kanal durch die Vororte im Osten der Hauptstadt, die sich zum Hotspot für kulinarische Abenteuer und Picknicks entwickelt haben (s. S. 96 und 123).

Jadis, L'Agrume & Derrière, Paris
3 Dieses Triumvirat steht an der Spitze einer Reihe nobler Lokale, deren Understatement die Pariser momentan zum Schwärmen bringt. Selbst Promiköche wie Christian Constant und William Ledeuil sind auf diesen Zug aufgesprungen (S. 113).

Centre Pompidou-Metz
4 Die spacigen Kurven des Museums für moderne Kunst in Metz sind ein Hingucker. Da muss sich das Original in Paris ganz schön anstrengen, um sich nicht die Show stehlen zu lassen (S. 370).

L'Aventure Michelin, Clermont-Ferrand
5 Der französische Reifenhersteller, dessen Aktivitäten sich längst nicht auf schwarzen Gummi beschränken, erzählt jetzt im eigenen Museum seine Geschichte – und die hat viel mit Reisen zu tun (S. 579).

Rue Le Bec, Lyon
6 Mit seinem neuesten Kracher beweist Lyons kreativster Koch, dass ihm die Ideen noch lange nicht ausgegangen sind: Das Lokal gehört zu Lyon Confluence, einem Sanierungsprojekt, das Industriebauten in neuem Glanz erstrahlen lässt (S. 485).

Flughafen Brive-Vallée de la Dordogne
7 Unseren Autoren entgeht nichts – auch nicht der neueste Regionalflughafen für Billigflüge zwischen der Dordogne und Paris, Nizza, Ajaccio, London und Manchester (S. 618).

Jean Nouvel in Sarlat-la-Canéda
8 Der Architekt des Institut du Monde arabe und des Musée du Quai Branly in Paris hat wieder zugeschlagen. Dieses Mal verwandelte er eine Dorfkirche in der Dordogne in ein Markt- und Kulturzentrum samt Aufzug mit Traumblick (S. 627).

Wildwasserschwimmen
9 Sich von der Strömung des tiefgrünen Flusses an steilen Felsen vorbeitreiben lassen – das ist der neueste Kick in den Gorges du Verdon in der Provence (S. 887).

Riviera-Glamour
10 Hôtel Ermitage heißt die angesagteste Nobelabsteige der Szene von St-Tropez. Die Promis fliegen auf das angestaubte 1950er-Design (S. 930).

Mesdames Messieurs, Montpellier
11 Bioweine werden immer beliebter und auch die sonnenverwöhnten Rebhänge des Languedoc sind stark im Kommen. Um beides zu probieren, empfehlen wir dieses frisch eröffnete Weinlokal in der hipsten Studentenstadt des französischen Südens (S. 789).

Cité internationale de la Dentelle et de la Mode, Calais
12 Ratternde Maschinen aus viktorianischen Zeiten verwandeln Garn in feinste Spitze – das Produkt, dem Calais seinen großen Namen in der Textilbranche verdankt. Deshalb hat die Hafenstadt ihm ein nagelneues Museum gewidmet (S. 177).

Wie wär's mit ...

... Gaumen-freuden

Mit seiner vielfältigen Küche, den Märkten und dem Faible für gutes Essen ist Frankreich ein Feinschmecker-Paradies. Das Burgund verwöhnt mit herzhaften Gerichten, Bretagne und Atlantikküste mit Fisch und Meeresfrüchten, im Baskenland wird feurig gewürzt.

Pariser Bistros bieten Auswahl – von traditionellen rot-weiß karierten Tischdecken bis modernem Minimalismus (S. 112).

Lyon Womit macht die gastronomische Hauptstadt Frankreichs Furore? Mit Schweinereien in einem *bouchon* (S. 484)!

Trüffeln Provence (S. 823) und Dordogne (S. 626) sind die Jagdgründe für diese erdige, tintenschwarze Delikatesse.

Austernbänke Frisch gepflückte Austern lassen sich rund um Arcachon (S. 689) und Bordeaux (S. 681) oder im bretonischen Cancale (S. 265) schlürfen.

Baskische Tapas Diese Variante der französische Küche schmeckt in Bayonne (S. 700) oder an der Küste (S. 708).

Bouillabaisse Die Fischsuppe (S. 838) ist typisch für Marseille.

Munster Verkostungen, Molkereibesuche und Abstecher zu Bauernhöfen bringen einem diesen Weichkäse näher (S. 359).

... Bilderbuch-dörfern

Nichts ist schöner, als durch malerische französische Dörfer zu bummeln. Zwischen Häusern aus gelbem Kalkstein, rosa Granit oder mit weißem Verputz winden sich gepflasterte Sträßchen, die zu verträumten Plätzen, kunstvollen Brunnen und von wildem Wein oder blauen Glyzinien überwucherten Fassaden führen.

Pérouges Ein Tagesausflug mit Cidre und *galettes* führt ab Lyon in dieses goldgelbe, mittelalterliche Dorf (S. 494).

St-Émilion Das jahrhundertealte Dorf thront über Rebhängen von Bordeaux (S. 686).

St-Jean-Pied-de-Port Hier machten die Pilger auf ihrem Weg nach Santiago de Compostela in Spanien Station (S. 717).

Yvoire Das blumengeschmückte Savoyen-Dorf mit Schloss am Südufer des Genfer Sees ist eine wahre Perle (S. 519).

Luberon Dieser Teil der Provence ist übersät mit märchenhaften, auf Bergkuppen gelegenen Dörfern (S. 879).

Èze Auch dieses Dorf thront auf einem Hügel und bietet Aussicht auf die Riviera – wow! (S. 939).

Dordogne Hinter jeder Kurve taucht eine neue *bastide* (befestigtes Städtchen) auf (S. 621).

... Weinproben

Ob eine Weinprobe im Keller, ein Ausflug in die Rebzeilen während der Lese oder eine Übernachtung *au château*, Frankreichs Weinkultur verdient genussvolle Feldstudien vor Ort.

Bistrot du Sommelier In diesem Pariser Bistro sorgt ein weltberühmter Sommelier für die ideale Kombination von Wein und Essen (S. 121).

Bordeaux Médoc, St-Émilion, Cognac – diese Namen lassen das Herz jedes Kenners höher schlagen (S. 679).

Burgund Köstliche Tropfen wollen in Beaune (S. 439) und entlang der Côte d'Or (S. 437) probiert werden.

Châteauneuf-du-Pape Dieser berühmte Wein stammt von Rebsorten, die Päpste im 14. Jh. hier pflanzen ließen (S. 870).

Elsässische Weinstraße Ein Genusstrip im Nordosten Frankreichs (S. 344).

Vin Jaune Auch so kann Wein schmecken: das flüssige Gold des Jura (S. 569 und 568).

Bandol und Cassis Weinprobe an der Côte d'Azur mit dem Mittelmeer als Kulisse (S. 939).

Musée de la Vigne et du Vin Die Geheimnisse der Champagnerherstellung verrät dieses Museum mit Restaurant in Le Mesnil-sur-Oger (S. 314).

VERONICA GARBUTT

» Brot an einem Marktstand in Ajaccio (Korsika)

… Schlössern

Jeder denkt dabei zuerst ans Loire-Tal. Dabei warten auch in anderen Gegenden hinter hohen Steinmauern überraschende Funde!

Versailles Ein Muss: Frankreichs größtes und imposantestes Schloss bei Paris (S. 153).

Chambord Das Renaissancejuwel diente als feudaler Landsitz, wo sich französische Könige und Königinnen bei Jagden, Spielen und Bällen vergnügten (S. 394).

Azay-le-Rideau Zeichnete man ein typisches französisches Schloss mit Burggraben, Türmchen und geschwungenen Treppen, so sähe es aus (S. 408).

Villandry Das Renaissanceschloss im Loire-Tal wird von wunderschönen formalen Gärten eingerahmt (S. 407).

Château des Ducs de Bretagne Ein Trip nach Nantes und zu einer der schönsten Sammlungen französischer Malerei außerhalb von Paris (S. 657).

Château Grimaldi Das Schmuckstück von einem Schloss aus dem 12. Jh. mit Meerblick diente Picasso als Heim und Atelier (S. 909).

Festungen der Katharer Nur noch Ruinen sind von den wie Adlerhorste auf Berggipfeln klebenden Burgen übrig geblieben – Mahnmale der Verfolgung der Katharer im 13. Jh. (S. 818).

… Küstenpfaden

Die französische Küste bietet alles – von perlmuttweißen Felsen über feuerrote Klippen und winzige kiesgesäumte Fischerbuchten bis hin zu endlosen Sandstränden. Um sie zu entdecken, sind die vielen *sentiers du littoral* (Küstenpfade) ideal.

St-Tropez Dieser *sentier du littoral* führt zu versteckten Buchten und Sandstränden, wo sich Promis aalen (S. 929).

Bandol Landeinwärts wogen die Reben, die Küste wird von bizarren Felsen gesäumt (S. 937).

Chemin de Nietzsche Auf dem spektakulären, steilen Felspfad bei Nizza ließ schon der berühmte Philosoph, der als Namensgeber fungierte, seinen Gedanken freien Lauf (S. 939).

Korsika Schön wandert es sich vom italienisch angehauchten Bonifacio zu einem Leuchtturm (S. 973) oder auf dem *sentier des douaniers* (Zöllnerpfad) an genuesischen Wachtürmen vorbei um das Cap Corse (S. 956).

GR21 Der Fernwanderweg führt entlang der normannischen Küste nach Le Havre; weiter nördlich bietet der **GR120** Blicke auf den Atlantik (S. 179).

Belle Île und Île d'Ouessant Zwei bretonische Inseln mit Wanderwegen entlang der Küste (S. 289 und 275).

… Märkten

Hallen im Jugendstil, mit Ständen dicht bepackte Straßen oder von Platanen überschattete Dorfplätze – französische Märkte sind ein fester Bestandteil des hiesigen Lebens. Sie finden mindestens ein- bis zweimal die Woche statt, oft nur vormittags.

Märkte in Lyon Les Halles und Croix Rousse sind die beiden üppigsten Märkte der Stadt, auf denen es nur so wimmelt von Ständen, die Früchte, Gemüse, Fleisch- und Wurstwaren und den cremigen Weichkäse St-Marcellin verkaufen (S. 486).

Place des Lices Kein Marktplatz ist so berühmt für seine Stände mit provenzalischen Spezialitäten (und seine prominente Kundschaft) wie dieser hier in St-Tropez (S. 932).

Marché des Capucins Nichts geht über ein paar frische Austern und ein Glas Weißwein auf diesem Markt am Samstagvormittag in Bordeaux (S. 683).

Marché Couvert Der einstige Bischofspalast von Metz ist heute ein Tempel für frische Produkte aus der Region (S. 372).

Uzès Der schönste Bauernmarkt des Languedoc spielt sich auf der gepflasterten, von Arkaden umrahmten Place aux Herbes ab (S. 782).

Wie wär's mit … anspruchsvollen Routen für Pkw oder Motorrad auf den mit Haarnadelkurven gespickten drei *Corniches* (Küstenstraßen) bei Nizza (S. 938)?

… Küsten & Inseln

Die 3200 km lange französische Küste hat viele Gesichter: weiße Kalkfelsen in der Normandie, zerklüftete Landzungen in der Bretagne, breite Sandstrände am Atlantik oder steinige Uferstreifen am Mittelmeer.

Île de Porquerolles und Île de Port-Cros Mit ihren fast tropisch anmutenden Stränden sind die Inseln in Frankreichs einzigem marinen Nationalpark ein Paradies für Spaziergänger (S. 935).

Plage de Pampelonne Stars und Sternchen lieben den gold glänzenden Strand von St-Tropez, (S. 930).

Île de Ré Ein Netz von Fahrradwegen überzieht die Lieblingsinsel der Pariser Schickeria (S. 672).

Belle Île Der Name „schöne Insel" passt perfekt für dieses Eiland vor der Atlantikküste der Bretagne (S. 289).

Korsika Plage de Palombaggia und Plage de Santa Giulia bei Porto Vecchio sind fast zu schön sind, um wahr zu sein (S. 975).

Les Landes Das Surferparadies versteckt sich vor den Dünen an der Atlantikküste (S. 702).

Côte d'Opale Wind weckt die Lebensgeister an diesen Stränden mit Blick auf die Kreidefelsen von Dover (S. 179).

… besonderen Zugfahrten

Unvergleichlich ist der Blick über majestätische Berge, grüne Täler, wilde Schluchten und mäandernde Flüssen durch das Fenster einer Bergbahn oder eines nostalgischen Zugs mit Dampflok.

Tramway du Mont-Blanc Der Zug, der auf Frankreichs höchstgelegener Bahnlinie entlangtuckert, hält in Megève (S. 516).

Chemin de Fer de la Mure Auf dem Weg durch Tunnel und über Viadukte lassen sich in Frankreichs größtem Nationalpark Murmeltiere blicken (S. 543).

U Trinighellu bedeutet „der Zitternde" und ist der Spitzname der spektakulären korsischen Tramway de la Balagne (S. 961).

Le Canari Die gelbe Bergbahn namens „Kanarienvogel" schlängelt sich im Roussillon durch die Pyrenäen und bietet atemberaubende Ausblicke (S. 819).

Le Train des Pignes Die Schmalspurbahn „Pinienzapfenexpress" gondelt ab Nizza an malerischen Bergdörfern vorbei (S. 900).

Chemin de Fer Touristique du Haut-Quercy Per Dampflok den Lot entlanggeschnauft (S. 652).

La Vapeur du Trieux Der nostalgische Zug fährt vom bretonischen Städtchen Pontrieux in ein Künstlerdorf (S. 269).

… Outdooraktivitäten

Ob in Bergregionen wie Alpen und Pyrenäen oder im Flachland, mit sechs Nationalparks und vielen weiteren Schutzgebieten schreit die französische Landschaft nach sportlichen Aktivitäten in freier Natur. *Allez!*

Wildwasser Die beliebtesten Schluchten sind die Gorges de l'Ardèche (S. 498), die Gorges de l'Allier (S. 601) und die Gorges du Verdon (S. 886).

Korsika Bonifacio ist ideal für Taucher, Porto für Wanderer, Bootfahren geht praktisch überall – die Insel ist ein Paradies für Freiluftaktivitäten (S. 949).

Chemin Stevenson Der Weg führt Wanderer mit oder ohne Esel durch die heißen, wilden Cevennen im Languedoc (S. 804).

Gleitschirmfliegen In der Auvergne (mit erloschenen Vulkanen; S. 586), in Chamonix (französische Alpen; S. 510), in der Bretagne (S. 277) und in den Vogesen (S. 358) fliegt man über Traumlandschaften.

Vallée Blanche Abfahrtski vom Feinsten bei Chamonix (S. 508).

Mountainbiken Abfahrten, bei denen die Handrückenknochen weiß hervortreten, gibt's in Morzine (S. 517), Alpe-d'Huez (S. 545) und Cauterets (S. 739).

Monat für Monat

Januar

Nachdem alle gut ins neue Jahr gerutscht sind, wird's Zeit, sich in den Alpen in den Schnee zu stürzen. Nach Ende der Schulferien sind die Pisten und Loipen wieder übersichtlicher, trotzdem ist dort im Januar noch viel los. Am Mittelmeer zeigt sich der Winter weit milder und sorgt für eine heitere Stimmung in dieser sonst gnadenlos überlaufenen Region.

Vive le Ski!
Ski oder Snowboard eingepackt, die Berge rufen! Auch wenn die Wintersportgebiete in den Alpen, den Pyrenäen und im Jura schon seit Mitte bis Ende Dezember in Betrieb sind, beginnt die Saison erst jetzt so richtig. Ob Hotelkomplex direkt am Lift oder abgeschiedenes Bergdorf, Frankreich bietet für jeden Schneefreak das Richtige. Unsere Lieblingspisten verraten wir auf S. 504.

Jagd auf schwarze Diamanten
Es gibt nichts Aromatischeres und Dekadenteres als schwarze Trüffeln! Zu erschnüffeln sind sie in der Dordogne (im Südwesten Frankreichs, s. S. 626) und in der Provence (im Südosten, s. S. 823); die Trüffelsaison dauert von Ende Dezember bis März mit Januar als Spitzenmonat.

Februar

Knackige Kälte und strahlend blauer Himmel versprechen einmaliges Skivergnügen. Während der Schulferien ist der Ansturm auf die Wintersportorte besonders groß und die Preise schnellen entsprechend in die Höhe. Wer nicht reserviert hat, braucht gar nicht erst aufzutauchen.

Karneval in Nizza
Während Nordfrankreich vor Kälte zittert, nutzt Nizza das milde Mittelmeerklima für den größten und wildesten Straßenkarneval des Landes (www.nicecarnaval.com). Umzüge und Paraden gibt's anderswo auch; aber der Carnaval de Nice ist bekannt für seine legendären Blumenschlachten, bei denen sich ausgelassene Narren mit Blütenblättern bombardieren.

Zitronenfest
Die ausgefallene Fête du Citron (S. 940) stammt aus der Zeit, als Menton an der französischen Riviera der größte Zitronenproduzent Europas war. Heute werden Millionen saurer Früchtchen aus Spanien herangekarrt, um daraus riesige Skulpturen zu basteln.

März

Dank der Schulferien bis Mitte März und Temperaturen, bei denen keine Ohren mehr abfrieren, dauert der Skizirkus an. Im Süden signalisieren die ersten Frühlingsknospen den Beginn der Stierkampfsaison und – je nach Jahr – der Osterfeiertage.

Féria Pascale
Kein Fest heizt die Stimmung in Frankreichs heißem Süden mehr an als dieses, das an Ostern in Arles (www.feriaarles.com, auf Frz.) die Stierkampfsaison eröffnet. Vier Tage lang wird auf den Straßen gesungen und getanzt, es gibt Open-Air-Konzerte und natürlich Stierkämpfe. Keine Angst – nicht jeder Stier muss sterben (s. S. 854)!

April

Unermüdliche Schnee-
hasen können in den
höher gelegenen Skior-
ten noch bis Mitte April
über Gletscher brettern.
Ansonsten sind jetzt die
Wanderschuhe dran, denn
am Fuß der Schneegipfel
zeigt sich bereits die rosa
Blütenpracht der Pfirsich-
und Mandelbäume.

 **Schäfchen
zählen**

Beim Almauftrieb Ende
April/Anfang Mai, einer
jahrhundertealten Tradi-
tion, wandern die Schäfer
mit ihren Herden hinauf
zu den Sommerweiden.
Das wird in St-Rémy-de-
Provence besonders ausgiebig gefeiert. Aber auch in
vielen Dörfern in den Pyrenäen (S. 735) und im Massif
Central (S. 589) ist das
Spektakel zu bewundern.

Mai

Wenn in der Provence die
ersten Melonen reifen
und Freiluftmärkte in
neuer Farbenpracht er-
strahlen, hat der Frühling
endgültig das Regiment
übernommen. Einen
schöneren Reisemonat
gibt es nicht!

 Tag der Arbeit

Am 1. Mai, einem
gesetzlichen Feiertag, haben alle frei. Am Straßenrand werden zu Sträußchen
gebundene *muguets* (Mai-
glöckchen) verkauft, die als
Glücksbringer an Freunde
verschenkt werden. Auf der
Fête des Gardians (S. 854)
in Arles zeigen die Cowboys
der Camargue ihr Geschick
als Reiter und Viehtreiber.

 **Pèlerinage des
Gitans**

Roma aus ganz Europa treffen sich am 24. und 25. Mai
(und noch einmal an dem
Sonntag, der dem 22. Ok-
tober am nächsten liegt) in
der Camargue. Dann steigt
eine zünftige Fiesta, auf
den Straßen wird Musik
gemacht und getanzt und
ganz Mutige testen, ob das
Meer schon Schwimmtem-
peratur hat (S. 865; www.
gitans.fr, auf Frz.).

 **Staraufgebot in
Cannes**

Mitte Mai stolzieren Filmstars und andere Promis in
Cannes über den roten Teppich von Europas größtem
Filmfestival (S. 913; www.
festival-cannes.com).

 **Großer Preis
von Monaco**

Das glamouröseste Ren-
nen der Formel-1-Saison
braucht natürlich einen
entsprechenden Rahmen
– was wäre da passender
als Monaco (S. 944; www.
formula1monaco.com)?

Juni

Mit Riesenschritten geht's
auf den Hochsommer zu
und mit den Temperatu-
ren steigt in Frankreich
auch das Festivalfieber.
Während im Süden der Ba-
despaß beginnt, bringen
klappernde Störche im
Elsass Glück und Babys.

 **Fête de la
Musique**

Ob Musikkapellen, Schnul-
zensänger, Straßenmusiker
oder Punkbands, alle gehen
am 21. Juni (www.fetedela
musique.culture.fr, auf Frz.)
auf die Straße und ver-
wandeln ganz Frankreich

in ein gigantisches Fest
der Musik. In Paris, Lyon,
Marseille und anderen
großen Städten sind die
kostenlosen Darbietungen
besonders zahlreich.

Juli

Das ist der Monat für
alle, die bei Frankreich an
Lavendel denken, denn
jetzt verschwindet die
Provence unter einem
lila Teppich. Allerdings
ist dann auch der Touris-
tenansturm besonders
groß, die großen Ferien
haben begonnen, überall
herrscht Verkehrschaos
und in Hotelfenstern si-
gnalisiert ein Schild nur
allzu oft: *complet* **(belegt).**

 Tour de France

Das berühmteste
Radrennen der Welt endet
am dritten oder vierten
Julisonntag auf den Pariser
Champs-Élysées, nachdem
es zwei Wochen lang kreuz
und quer durch Frankreich
führte. Die Route ändert
sich jedes Jahr, aber für
Zuschauer am Straßenrand
immer besonders attraktiv
(www.letour.fr).

 **National-
feiertag**

Wer will, feiert mit den
Franzosen den Jahrestag
des Sturms auf die Bastille
am 14. Juli 1789. Da ist
die ganze Nation auf den
Beinen, es gibt Feuerwerke,
Bälle, Umzüge, Paraden
und sonstige Spektakel.

 **Festival
d'Avignon**

Sein oder nicht sein und
andere Fragen stellt das
legendäre Theaterfestival
in Avignon (S. 864; www.

festival-avignon.com). Mindestens ebenso interessant wie die Aufführungen auf den offiziellen Bühnen sind die vielen Straßentheater und Off-Produktionen.

Nice Jazz Festival

Zwischen römischen Ruinen grooven Besucher, die sich von Nizzas Musikevent mitreißen lassen (www. nicejazzfestival.fr).

August

Dieser Hochsommermonat kocht über vor Lebenslust. Endlich dürfen sich auch die Franzosen unter die Urlauber mischen. Paris, Lyon und andere Großstädte sind wie leer gefegt, vor den Zahlstellen der Autobahnen bilden sich lange Schlangen, was die Geduld – bei tropischen Temperaturen – auf harte Proben stellt. Es gibt zwei Alternativen: Zu Hause bleiben oder sich gut gelaunt ins Getümmel stürzen.

Bretonischer Stolz

Die Fêtes d'Arvor sind ein leidenschaftliches Bekenntnis zur bretonischen Kultur. Das äußert sich in Umzügen, Konzerten und Dutzenden *festoù-noz* (traditionelle Tanzfeste) rund um die Fachwerkhäuser und Pflasterstraßen von Vannes (S. 292; www.fetes-arvor.org, auf Frz.).

Keltenstolz

Um die Kultur der Kelten kümmert sich das Festival Interceltique de Lorient (S. 287; www. festival-interceltique.com) in Lorient, zu dem bretoni-

sche und ausländische Nachkommen und Sympathisanten zu Hunderttausenden strömen.

September

Wenn sonnengeschwängerte Trauben schwer an den sich färbenden Weinstöcken hängen und das Augustchaos so abrupt aufhört, wie es begann, kehrt im herbstlichen Frankreich willkommene Ruhe ein und die Winzer machen sich zur *vendange* **(Weinlese) bereit.**

Brunftzeit

Was gibt's Schöneres, als im Morgengrauen Rehe, Hirsche und Wildschweine beim Flirten zu beobachten? In den Wäldern rund um das Château de Chambord (S. 394) wurden extra Aussichtstürme aufgestellt, aber da es im Loire-Tal von Renaissance-Jagdschlössern wimmelt, stehen überall genug Hochsitze herum.

Braderie de Lille

Nur wer die Berge leerer Muschelschalen mit eigenen Augen gesehen hat, kann sich vorstellen, welche Mengen hier in den drei Tagen vertilgt werden – auch wenn der eigentliche Grund für den Abstecher nach Lille der größte Flohmarkt (S. 169) von Europa ist, der immer am ersten Septemberwochenende stattfindet.

November

Langsam wird's kühl, vor allem in Frankreichs Norden, wo sich der Winter ankündigt: Ab *Toussaint* **(Allerheiligen) am 1. November gelten bei vielen**

Museen und Sehenswürdigkeiten Winteröffnungszeiten und Restaurants genehmigen sich gerne zwei Ruhetage pro Woche. In manchen Städten wird Essengehen am Montag ein echtes Problem.

 Beaujolais Nouveau

Am dritten Donnerstag im November Schlag Mitternacht ploppt der Korken der ersten Flaschen des Beaujolais *nouveau* – und das kann im Beaujolais, in Lyon und an anderen Orten dieser Region zu einer Riesenparty ausarten.

Dezember

Die Tage sind kurz, überall herrscht Kälte (mit Ausnahme von Südfrankreich) und alles hungert nach Sonne. Zum Glück stehen die Weihnachtsferien und die Feiertage vor der Tür, außerdem wird in einigen hoch gelegenen Wintersportorten die Skisaison schon Mitte Dezember eröffnet.

Weihnachtsmärkte im Elsass

Mit einem wärmenden Glas Glühwein in der Hand bummeln Besucher zwischen den mit Lichterketten geschmückten Ständen mit Kunsthandwerk über die traditionellen elsässischen Weihnachtsmärkte.

Fête des Lumières

Am 8. Dezember verwandelt Frankreichs größte und schönste Lightshow die Straßen und Plätze von Lyon in eine einzige riesige Bühne (S. 481; www. lumieres.lyon.fr).

Egal, ob jemand fünf oder fünfzig Tage Zeit hat – aus den folgenden Tourenvorschlägen kann sich jeder seine individuelle, unvergessliche Reise zusammenstellen. Weitere Anregungen bieten die Chats mit Travellern auf unserer Website lonelyplanet.com/thorntree.

Reise-routen

10 Tage
Französische Highlights

❯ **Paris** bekommt zwei Tage zum Ikonen abklappern, aber auch zwischendurch auf einer Caféterrasse relaxen, in Bistros schlemmen und einen Spaziergang an der Seine oder am Canal St-Martin (s. Paris in zwei Tagen, S. 46) einschieben. Am dritten Tag sind die Renaissanceschönheiten **Château de Chambord** und **Château de Chenonceau** an der Loire dran. Wahlweise fährt man direkt in die Normandie und nimmt sich statt einem zwei Tage, um die Kathedrale Notre-Dame in **Rouen,** den Wandteppich von **Bayeux,** den von Meer umtosten **Mont-St-Michel** und die **D-Day-Strände** zu bestaunen.

Tag fünf gehört der Weinregion **Bordeaux**. Ökologisch korrekt übernachtet sich's in einer *chambre d'hôtes* im alten Weinhändlerviertel von Bordeaux; die Maison du Vin de Bordeaux bietet ein Seminar zum Thema Weinverkostung an. Von dort sind es drei Autostunden bis zur Festungsstadt **Carcassonne**, nach **Nîmes** mit römischen Ruinen und zum **Pont du Gard**. Krönender Abschluss ist ein Abstecher an die Côte d'Azur, wo **Monaco** mit Grace-Kelly-Romantik und Spielbank aufwartet, eine Strandbar in Brigitte Bardots **St-Tropez** winkt und **Nizza** zu einem Spaziergang auf Matisses Spuren einlädt.

Zwei Wochen
Vom Atlantik zum Mittelmeer

❯ Das Empfangskomitee in **Calais** besteht aus einem 40 km langen Felsengürtel, Sanddünen und den sturmgepeitschten Stränden der **Côte d'Opale**. Auf dem Weg nach Südwesten schmeckt in **Dieppe** fangfrischer Fisch zum Mittagessen, in **Rouen** verdient die Kathedrale einen Stopp und die malerischen Klippen von **Étretat** sind ideal für ein Picknick, bevor die hübschen Seebadeorte **Honfleur**, **Deauville** oder **Trouville** sich als Standquartier anbieten, um die Normandie zwei Tage lang zu durchstreifen.

Tag drei gehört den **D-Day-Stränden**, wo die Alliierten landeten, Tag vier dem **Mont-St-Michel** und seiner malerischen Bucht (unbedingt barfuß über den geriffelten Sand laufen!). Die erste Woche endet in der Bretagne mit einem Erholungstag in einem altmodischen Strandzelt in **Dinard** und einem zünftigen Spaziergang durch die spektakuläre Landschaft rund um **Camaret-sur-Mer**.

Start der zweiten Woche ist die lange Fahrt Richtung Süden bis ins mondäne **La Rochelle**, das mit leckeren Meeresfrüchten verwöhnt. Am nächsten Morgen wird der kulinarische Aspekt noch intensiviert, denn es geht weiter nach Süden durch die Weinregion Médoc bis nach **Bordeaux**. Rausch ausschlafen und weiterfahren in Richtung Mittelmeer mit Stippvisiten in **Toulouse** und/oder **Carcassonne**. Die **Camargue** mit ihren Sumpfgebieten, wo sich Flamingos, Pferde und eine unwahrscheinliche Vogelvielfalt wohlfühlen, ist ein Fest fürs Auge. Das wusste schon van Gogh und auf seinen Spuren geht's weiter nach **Arles**, wo sich die Restaurants L'Atelier oder La Chassagnette für eine mittägliche Schlemmerei anbieten. Endpunkt der Tour ist das bodenständige **Marseille**.

Drei Wochen
Tour de France

❯ Der Startschuss zur Frankreichrallye fällt in **Straßburg** mit seinem Münster, dem von Kanälen durchzogenen historischen Stadtviertel Petite France und einer Rast in einer traditionellen *winstub* (Weinstube). Danach (ver-)führt die **Route des Vins d'Alsace** (Elsässische Weinstraße) durch grüne Auen und die Vorberge der **Vogesen** zu gelegentlichen Weinproben. Die Betonung liegt auf „gelegentlich", da die Jugendstilarchitektur von **Nancy** einen klaren Kopf erfordert; es lohnt sich, dort zu übernachten, um die nachts romantisch beleuchtete Place Stanislas zu genießen. Die erste Woche findet in den Champagnerkellern von **Épernay** ihren gebührenden Abschluss.

Woche zwei widmet sich den Highlights von Normandie und Bretagne: **Bayeux** und sein Bildteppich, die **D-Day-Strände**, der **Mont-St-Michel** und **Carnac** im sagenumwobenen Land der Kelten. Danach geht's in Richtung Süden ins **Vézère-Tal**, wo man sich in die Steinzeit zurückversetzt fühlt.

In der dritten Woche zieht das Tempo etwas an: Von der Dordogne geht's durch das Haut-Languedoc und die spektakulären **Gorges du Tarn** nach **Avignon** mit seiner abwechslungsreichen Cafészene. Nun wird's sportlich: Der **Mont Ventoux** ist auch für Nichtradfahrer eine Herausforderung. Als Belohnung wartet schon die majestätische Stadt **Lyon** weiter im Norden, von wo aus sich für alle, die noch eine weitere Woche Zeit haben, ein abenteuerlicher Abstecher in der Bergwelt der **Alpen** anbietet.

Die letzte Etappe führt zu den edlen Tropfen des Burgund: **Beaune**, **Dijon** und **Vézelay** gehören zu den größten Attraktionen, nicht nur in Sachen Wein. Das standesgemäße Endziel der Tour ist **Paris**.

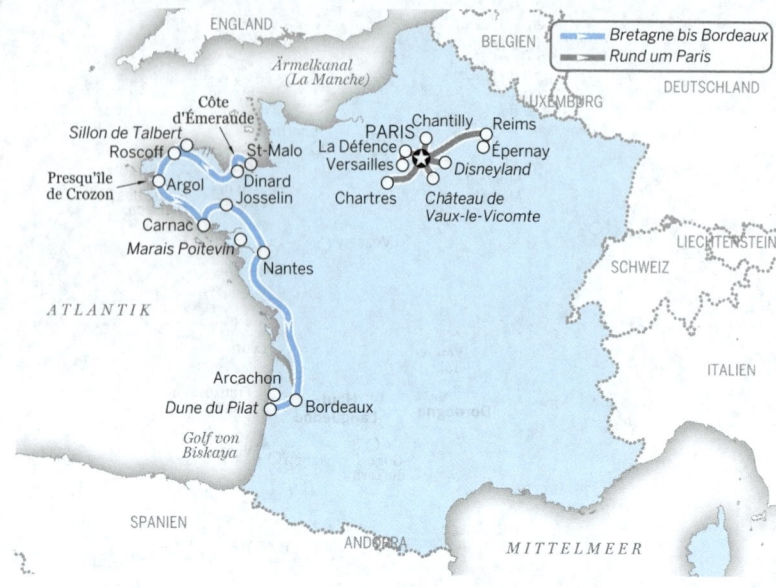

Eine Woche
Von der Bretagne bis nach Bordeaux

❯ Ausgangspunkt ist **St-Malo** mit Befestigungsanlagen von Vauban, deren Besichtigung bei Sonnenuntergang besonders stimmungsvoll ist; der nächste Tag ist für den Rest der Hafenstadt reserviert. Bei Ebbe empfiehlt sich ein Spaziergang hinüber zur Île du Grand Bé, wo in St-Servan ein Turm aus dem 14. Jh. spektakuläre Aussichten bietet. Am nächsten Tag geht's entlang der **Côte d'Émeraude** nach **Roscoff**, 200 km weiter westlich. **Dinard** ist ein interessanter Zwischenstopp; bei **Sillon de Talbert** sind oft Seetangsammler unterwegs. Tag vier gehört dem Cidre in **Argol** auf der **Presqu'île de Crozon**, den Megalithen rund um **Carnac** und der mittelalterlichen Burg in **Josselin**. Nun geht's an der Atlantikküste entlang Richtung Süden und wer Großstädte mag (oder gerne auf einem mechanischen Elefanten reitet), macht einen Abstecher nach **Nantes**. Andernfalls gleich zu den idyllischen Wasserstraßen des **Marais Poitevin** weiterfahren, das auch „Grünes Venedig" genannt wird. **Bordeaux** heißt das Ziel am sechsten Tag, mit der Gelegenheit, berühmte Tropfen zu probieren. Endpunkt ist Europas höchste Sanddüne, die **Dune du Pilat** bei **Arcachon**, das für seine Austern bekannt ist.

Eine Woche
Rund um Paris

❯ Los geht's in **Paris** (wer dort länger bleiben will, s. S. 46), von wo aus die Reise zu Renaissanceschlössern und Champagnerkellern führt. Der erste Tag gehört Frankreichs prächtigstem Schloss, dem **Château de Versailles**, und seinen weitläufigen Gärten. Am nächsten Tag geht's mit dem Zug nach **Chartres**, wo die besterhaltene mittelalterliche Kathedrale Frankreichs mit ihren blauen Glasfenstern wartet. Das Städtchen **Chantilly** ist ideal, um ein relaxtes Mittagessen mit einem Renaissanceschloss, formalen Gärten und – rechtzeitig Tickets besorgen! – einer beeindruckenden Reitervorführung zu kombinieren. Am vierten Tag steht das elegante **Reims** mitten in der Champagne auf dem Programm. Nach der Besichtigung der Kathedrale wartet die berühmte Edelbrause auf eine Probe. Genießer fahren am nächsten Tag noch nach **Épernay** in die zweite große Champagnerhochburg. Am Tag sechs finden die Wasserspiele der Brunnen des nicht so überlaufenen **Château de Vaux-le-Vicomte** erst nachmittags statt; anschließend gibt's eine Schlossbesichtigung bei Kerzenlicht. Zum Ausklang der Woche lohnt sich ein Ausflug in den futuristischen Pariser Stadtteil **La Défense** oder (wenn Kinder dabei sind) ins **Disneyland**.

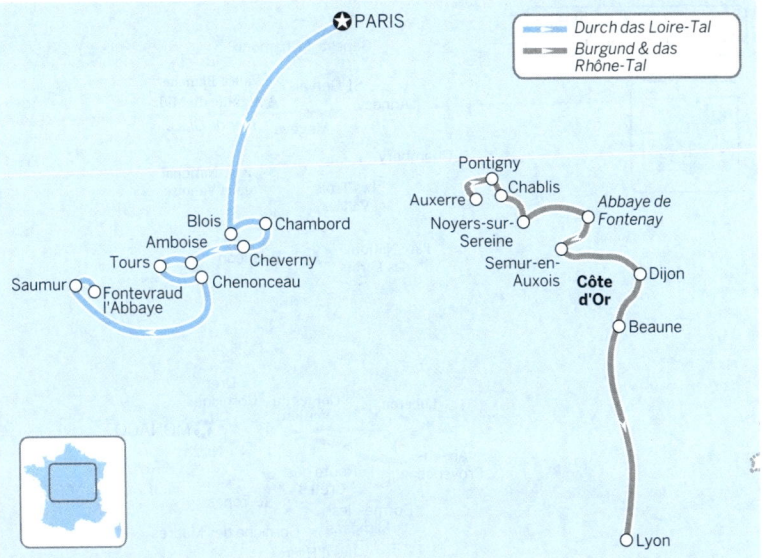

Fünf Tage

Durch das Loire-Tal

❯ Westlich von **Paris** mit seinen romantischen Ecken liegen beeindruckende Highlights wie die unter dem Schutz der Unesco stehende Stadt **Blois**, wo sich die begrenzte Zeit am besten nutzen lässt, wenn für Tag zwei eine organisierte Schlössertour gebucht wird: Die Perle aller königlichen Residenzen, das **Château de Chambord**, und der bezaubernde Klassiker **Château de Cheverny** mit seinen gut bestückten Hundezwingern sollten auf jeden Fall auf dem Programm stehen. Am dritten Tag geht's in Richtung Südwesten entlang der Loire, Frankreichs längstem Fluss, bis nach **Amboise**, dem letzten Wohnort Leonardo da Vincis, und ins gutbürgerliche **Tours**. Am Tag darauf wartet 34 km weiter östlich das idyllisch am Fluss Cher gelegene **Château de Chenonceau** auf eine Stippvisite. Der Trip endet mit Frankreichs Elitereitschule in **Saumur** und der bescheidenen, dafür aber umso bewegenderen Abteikirche **Fontevraud-l'Abbaye**. Eine schicke Übernachtungsadresse in dieser von Schlössern verwöhnten Gegend ist das Château de Verrières.

Fünf Tage

Das Burgund und seine Ausläufer

❯ Diese Reise für Rotweinfans beginnt in der von Römerstadt **Auxerre** mit Binnenhafen, 170 km südöstlich von Paris. Sehenswert sind die altehrwürdige Abtei und die gotische Kathedrale; Treidelpfade verlocken zu einer Radtour am Nachmittag. Tag zwei sieht einen Fahrradausflug in das 25 km nördlich gelegene Städtchen **Pontigny** vor, wo das letzte burgundische Relikt zisterziensischer Architektur bestaunt werden kann. Wer dort nicht übernachten will, fährt das kurze Stück weiter bis **Chablis**, wo weitere Radausflüge und Spaziergänge durch die Weinberge des Burgunds warten. Unbedingt genug Zeit einplanen, um die sieben *grands crus* dieses bekannten Weinorts zu verkosten! Tag vier führt auf Landstraßen nach Süden bis zum Bilderbuchdörfchen **Noyers-sur-Serein**, dann weiter nach Osten zur schönen, von der Unesco geschützten **Abbaye de Fontenay** und endet im 25 km weiter südlichen **Semur-en-Auxois**. Der letzte Tag gehört **Dijon** und seinen malerischen Wahrzeichen aus dem Mittelalter und der Renaissance. Wer noch ein bisschen Zeit hat, zuckelt durch das Weinanbaugebiet **Côte-d'Or** bis **Beaune** oder fährt nach **Lyon** im Rhone-Tal.

Französische Alpen	
Südfrankreich	

SCHWEIZ
Genèva   Chamonix
St-Gervais   Vallée Blanche
Annecy   Aiguille du Midi
Megève   Mer de Glace
Chambéry
Parc National
de la Vanoise
Les Trois
Vallées
ITALIEN
Parc National
des Écrins   Briançon

Drei
Corniches
Luberon   Gorges du Verdon
MONACO
Aix-en-
Provence   Route des
Crêtes   Nizza
MITTELMEER
Bormes-les-
Mimosas   St-Tropez
Corniche des Maures
Îles d'Hyères

Fünf Tage
Die Französischen Alpen

❯ Zunächst bietet sich ein Bummel durch die märchenhafte Altstadt von **Annecy** (45 km südlich von Genf) an, nachmittags lockt der Genfer See mit Badespaß (im Sommer) oder Uferspaziergängen. Am zweiten Tag geht's nach **Chamonix** am Fuß des Montblanc, dem höchsten Gipfel Westeuropas. Dort lockt die Seilbahn hinauf zur **Aiguille du Midi** oder der Zug bis zum Gletscher **Mer de Glace**; im Winter wartet die **Vallée Blanche** mit traumhaften Tiefschneeabfahrten. Weitere unvergessliche Blicke auf die Gebirgslandschaft ermöglichen die Pisten, Loipen und Wanderwege, die von den schicken, malerisch gelegenen Bergdörfern **St-Gervais** und **Megève** ausgehen. Wenn sich der Adrenalinspiegel wieder beruhigt hat, geht's weiter über **Chambéry** zum **Parc National de la Vanoise**, wo **Les Trois Vallées** mit noch mehr spektakulären Wintersport- und Wandermöglichkeiten aufwarten. Als Finale dieser Alpentour schließt sich eine berauschend schöne Fahrt durch den **Parc National des Écrins** bis **Briançon** an. Dieses Städtchen ist eines der bezauberndsten mittelalterlichen Juwelen der französischen Alpen und berühmt für seine gut erhaltenen, von Vauban gebauten Befestigungsanlagen.

Zehn Tage
Südfrankreich

❯ Das Tor zum heißen Süden ist **Nizza**, einer der Stars an der Côte d'Azur mit Belle-Époque-Palästen und Sandstränden. Am zweiten Tag stehen die drei **corniches** mit atemberaubenden Ausblicken auf die Riviera auf dem Programm. Tag drei sieht einen Abstecher mit dem Zug ins mondäne **Monaco** vor. Am vierten Tag geht's weiter nach **St-Tropez**, in dessen Hafen sich die Millionärsyachten drängeln, während auf den Straßen Künstler und Artisten zeigen, was sie draufhaben. Frühaufsteher bummeln am nächsten Morgen über den Markt auf der Place des Lices, Sonnenanbeter verbringen den Nachmittag im Sand der Plage de Pampelonne. Tag sechs bietet zwei Alternativen an: Eine spektakuläre Fahrt entlang der **Corniche des Maures** bis **Bormes-les-Mimosas** und danach über den Bergpass **Route des Crêtes** oder einen Ausflug mit dem Boot zu den **Îles d'Hyères**. Am nächsten Tag geht's landeinwärts nach **Aix-en-Provence**, das mit Architekturperlen aus dem 19. Jh., idyllischen Plätzen und trendigen Cafés verwöhnt. Die letzten beiden Tage gehören den wildromantischen **Gorges du Verdon**, Europas größten Felsenschluchten, oder dem **Luberon** mit seinen fotogen auf Hügeln drapierten Dörfern.

Reisen mit Kindern

Welche Region?

Wer sich nicht sicher ist, in welche Ecke Frankreichs er fahren soll, findet in unserem kurzen Überblick der Hauptattraktionen die entsprechenden Regionen.

Sonne, Sand & Meer

Côte d'Azur, Côte Vermeille im Roussillon, Korsika, Atlantikküste (Vorsicht, starke Strömung), Bretagne oder Normandie

Wandern & Radfahren

Französische Alpen, französisches Baskenland, Pyrenäen, Massif Central, Korsika

Auf den Spuren der Geschichte

Dordogne (Steinzeit), Loire-Tal (Renaissance), Lille, Flandern und die Somme (Erster Weltkrieg), Normandie (Zweiter Weltkrieg)

Moderne Kunst

Provence, Côte d'Azur, Côte Vermeille im Roussillon

Mit dem Boot auf Flüssen und Kanälen

Languedoc, Burgund, Loire-Tal, Camargue

Egal, ob in der kinderfreundlichen Hauptstadt oder auf dem Land, Frankreich verwöhnt Familien mit einem bunten Mix aus Kultur, Aktivitäten und Unterhaltung, darunter viele kostenlose Angebote. Damit die Reise *en famille* ein Erfolg wird, ist vor allem sorgfältige Planung wichtig.

Frankreich mit Kindern

Selbst den unternehmungslustigsten Familien wird es in Frankreich garantiert nie langweilig, denn es gibt endlos viele Angebote für jedes Alter und jeden Geschmack.

Museen & Monumente

Hier kommt es auf die richtige Auswahl an. Die meisten Pariser Museen organisieren phantasievolle *ateliers* für Kinder und/oder Familien. Diese Workshops behandeln ein spezielles Thema, dauern 1½ bis 2 Stunden, müssen vorab gebucht werden und kosten zwischen 5 und 10 € pro Kind. Sie finden vor allem am schulfreien Mittwochnachmittag, am Wochenende oder in den Schulferien statt. Die meisten Angebote richten sich an Kinder zwischen 7 und 14 Jahren, die Kunstführungen im Louvre und im Musée d'Orsay in Paris werden schon ab vier bzw. fünf Jahren empfohlen. Die meisten Museen und Monumente des Landes machen kindgerechte Angebote; es lohnt sich, am Ticketschalter danach zu fragen. Außerdem freuen sich die technikbesessenen Kleinen (ab sechs Jahren), wenn sie einen Audioguide umgehängt bekommen.

Pfiffige Eltern wissen, wie sie ihrem Nachwuchs selbst langweilige Klassiker so unterjubeln, dass Begeisterung aufkommt: Statt der Standardtour am Mont-St-Michel buchen sie eine Barfußwanderung, statt sich tagsüber am Eiffelturm stundenlang anzustellen, verlegen sie den Besuch (mit Teenagern) auf nachts, und wenn sie im Burgund oder der Provence Wein probieren wollen, packen sie das in einen lustigen Familienausflug mit (Leih-)Fahrrädern.

Outdooraktivitäten

Sobald die Kleinen ohne Pampers auskommen, steht dem Skispaß in den Alpen nichts mehr im Wege. In der **École du Ski français** (www.esf.net) lernen Kinder ab vier Jahren Basics wie den Pflug (in Gruppen- oder Einzelstunden, Halb- und Ganztageskursen), viele Wintersportorte haben für Schneehasen ab drei Jahren *jardins de neige* (Schneegärten) mit hohem Spaßfaktor eingerichtet. Familien mit Kindern unter zehn Jahren sind in kleineren Orten wie Les Gets, Avoriaz (autofrei), La Clusaz, Chamrousse und Le Grand-Bornand besser aufgehoben, da dort die Orientierung leichter und das Preisniveau niedriger ist. Und wer nicht unbedingt auf die Piste will, kann sich mit Schlittschuhlaufen, Schlittenfahren, Schneeschuhwanderungen und Fahrten mit Hundeschlitten vergnügen. Alpen und Pyrenäen sind Topwandergebiete. Touristeninformationen verraten einfache, gut ausgeschilderte Familientouren oder vermitteln Wanderführer. Super für Familien ist die Seilbahnfahrt ab Chamonix mit zweistündiger Wanderung zum Lac Blanc (kurzes Bad inklusive; S. 509). Auch die Halbtagestouren für Drei- bis Siebenjährige und die ganztägigen Outdoorabenteuer für Acht- bis Zwölfjährige von **Cham'**

EINTRITTSPREISE

Es gibt keine Faustregel dafür, ob oder ab wie viel Jahren Kinder Eintritt bezahlen müssen. Viele Museen und Monumente sind frei bis 18 Jahre. Die in diesem Reiseführer angegebenen Preise für Kinder gelten normalerweise ab sechs, manchmal auch ab zwölf Jahren. Im Allgemeinen sind Kinder bis fünf Jahre kostenlos (eine der seltenen Ausnahmen ist die empfehlenswerte Cité des Sciences et de l'Industrie in Paris, die schon für Zweijährige kassiert).

Aventure (www.cham-aventure.com) kommen garantiert gut an. Auch hier kümmern sich weniger bekannte Wandergebiete wie das im Parc Naturel Régional du Massif des Bauges wesentlich besser um die Bedürfnisse von Familien als die berühmten Bergsportzentren, wohin jeder fährt.

Wildwasser- und Kanufahren kommt für Kinder ab sieben Jahren infrage und macht vor allem in den Alpen, im Massif Central und in der Provence Laune. Bei Teeenagern ist auch Mountainbiken ein Hit; dafür bietet sich z. B. Morzine an.

Unterhaltung

Das Repertoire ist beeindruckend: Marionettentheater unter freiem Himmel, Kindertheater, Kinderkino an Mittwochnachmittagen und am Wochenende, Straßenkünstler, beleuchtete Monumente, Musikfestivals und vieles mehr. Garantiert Spaß machen die Projektionen *son et lumière* (Ton und Licht) an den Fassaden der Renaissanceschlösser der Loire und der Kathedralen in Rouen, Chartres und Amiens. In Paris verrät das Wochenmagazin *L'Officiel des Spectacles*, was gerade los ist – oder eine der Touristeninformationen.

Essen gehen

Für französische Kinder, die schon in der Schulkantine Drei-Gänge-Menüs serviert bekommen, besteht die Hauptmahlzeit des Tages natürlich aus Vorspeise, Hauptgericht und Dessert. Sie kennen den Unterschied zwischen Brie und Camembert und essen den Salat solo als *entrée*. Das Hauptgericht besteht meist aus Fleisch mit Gemüse oder Pasta, gefolgt von einem Nachtisch und/oder etwas Käse; in vielen Familien gibt's auch ein Stück *chocolat noir* (dunkle Schokolade) zum Abschluss. Zu den Lieblingsgerichten französischer Kinder gehören *gratin dauphinois* (Kartoffelgratin), *escalope de veau* (paniertes Kalbsschnitzel) und *bœuf bourguignon* (Rindfleischragout). Fondue und Raclette schmecken schon Fünfjährigen, ein paar Jahre später finden sie meist auch *moules frites* (Muscheln mit Pommes) lecker.

Die meisten Lokale haben Kindermenüs, aber nach ein paar Tagen haben die meisten Kids die Spaghetti Bolognaise, *saucisses* (Würstchen), *steaks hachés* (Frikadellen) mit *frites* (Pommes) und Eis zum Nachtisch satt. Eine gute Alternative, die in den meisten Lokalen (auch den teuren) auf Verständnis stößt, ist es, ein normales Gericht von der Karte als halbe Portion zu bestellen. Für

FAMILIENFREUNDLICHE RESTAURANTS

In diesem Reiseführer wurden alle Lokale, die für Familien besonders attraktiv sind, mit einem 🖼 gekennzeichnet. Dieses Symbol erscheint, wenn es ein besonders empfehlenswertes Kindermenü gibt, Hochstühle oder Wickelraum oder vielleicht ein Papierset zum Ausmalen, aber auch, wenn das Lokal eine Kinderattraktion bietet wie zum Beispiel das Les Pâtes Vivantes in Paris, wo der Koch vor aller Augen die Nudeln auszieht, oder Bauerngasthöfe in den Alpen und im Jura, wo Kids die Eier fürs Rührei im Hühnerstall einsammeln dürfen. Auch wenn für Kinder interessante Spezialitäten wie Froschschenkel in Paris, winzige rosa *tellines* (Muscheln) in der Camargue oder *moules frites* in Lille angeboten werden, erscheint das 🖼

besondcrs mäkelige (oder kleine) Kinder ist ein Teller *pâtes au beurre* (Pasta mit Butter) oft die beste Lösung.

Brot, meist in Form von Baguettescheiben, gehört zu jeder Mahlzeit und wird in Lokalen oft schon vor der Bestellung an den Tisch gebracht – zur Freude der Kinder, die damit die Wartezeit überbrücken können. Einziges Problem ist dabei nur der Kampf um den *trognon* (das knusprige Endstück, auch für zahnende Babys genial)!

Auch spät am Abend mit Kindern essen zu gehen ist okay, solange die Kleinen nicht das ganze Lokal auf den Kopf stellen. Da die meisten Restaurants nicht vor 19.30 oder 20 Uhr öffnen, sind jedoch für Familien mit (kleinen) Kindern Cafés und Brasserien die bessere Lösung – viele davon bieten von 7 oder 8 Uhr bis Mitternacht durchgehend warme Küche. Hochstühle sind in vielen Lokalen Standard.

Auch mit Snacks kann Frankreich punkten. Die Pariser Straßen sind voll von Crêpes-Ständen; im Winter werden geröstete Kastanien verkauft. Pikante *galettes* (Crêpes mit Buchweizenmehl) sind ideal für ein leichtes Mittagessen, ebenso der für Frankreich typische *croque monsieur* (Käse-Schinken-Toast), der in den meisten Cafés und Brasserien auf der Karte steht. Ein *goûter* (Nachmittagsimbiss) ist für Kinder ein besonderes Vergnügen, zumal die Auswahl an Kuchen und Gebäck in den *salons de thé* das Wasser im Mund zusammenlaufen lässt. Französische Kinder bekommen oft ein Stück Baguette in die Hand gedrückt, in dem ein Riegel Schokolade steckt – einfach, lecker und nachahmenswert!

Auch die Versorgung von Babys macht keine Probleme: Supermärkte und Apotheken haben das übliche Sortiment an Instant- und Gläschennahrung, Milch- und Sojamilchprodukten und Wegwerfwindeln.

Getränke

Wer für jedes Kind am Tisch einen Softdrink bestellt, kann dabei arm werden. Besser eine kostenlose *carafe d'eau* (Krug mit Leitungswasser) zum Essen ordern. Für zwischendurch bietet sich *un sirop* (Sirup) an, denn jedes anständige französische Lokal hat ein rundes Dutzend davon im Regal stehen, neben knallroter Grenadine und quietschgrüner Minze, die bei Kindern besonders beliebt sind, auch Pfirsich, Himbeere, Kirsche, Zitrone usw. Diese Sirups werden mit Wasser verdünnt serviert und kosten mit rund 1,50 € pro Glas gute 2 € weniger als eine Cola.

Highlights für Kinder

Kulinarische Freuden

» Fondue und Raclette in den Alpen

» Bretonische Crêpes in einem von 70 Menhiren umringten Langhaus in der Bretagne

» Eiscreme von Berthillon auf der Île St-Louis in Paris

» Austern von einer Austernfarm in Gujan-Mestras, nicht weit von Bordeaux

» Traubensaftprobe (während die Eltern das alkoholische Äquivalent testen) im La Balance Mets et Vins in Arbois

» Schnecken zum Frühstück im Escargot Comtois, einer *chambre d'hôtes* samt Schneckenfarm im Jura

» Froschschenkel mit Radtour am See im La Bicyclette Bleue in den Dombes

» Schokoladensuppe mit Lebkuchenbröseln im Bistrot et Chocolat in Straßburg

Zum Austoben

» Ski-, Snowboard- und Schlittenfahren sowie Trips im Hundeschlitten (für Kinder ab vier Jahren) in den Alpen und den Pyrenäen

» Seilbahnfahrt auf die Aiguille du Midi und Gletscherwanderung nach Italien (für Kinder ab vier Jahren) ab Chamonix

» Inselumrundung per Fahrrad (für Kinder ab fünf Jahren) oder im Fahrradanhänger der Eltern (für Kinder ab einem Jahr) auf der Île de Ré und der Île de Porquerolles

» Wildwasserfahren (für Kinder ab sieben Jahren) in den Gorges du Verdon, den Gorges du Tarn und den Gorges de l'Ardèche

» Kanufahren (für Kinder ab sieben Jahren) im Schatten des Pont du Gard bei Nîmes

» Eseltrekking (für Kinder ab zehn Jahren) auf den Spuren von Robert Louis Stevenson in den wilden Cévennen

Natur beobachten

» Geier im Parc National des Pyrénées

» Wölfe im Parc National du Mercantour und im Parc Animalier des Monts de Guéret

» Pfeifende Murmeltiere in Chamonix

» Haie im Musée Océanographique, Monaco

» Tanzende Pferde in Saumur, Versailles und Chantilly

» Stiere und Flamingos in der Camargue

» Störche und Eisvögel im Parc Ornithologique in Le Teich bei Arcachon

» Fische (dank Taucherbrille und Schnorchel) vor der Île de Porquerolles sowie in Porto und Calvi auf Korsika

Regentage

» Ein Haus bauen wie Bob, der Baumeister (für Kinder ab drei Jahren), Cité des Sciences et de l'Industrie, Paris

» Zum Römer werden (für Kinder ab fünf Jahren) im Ludo, Pont du Gard, bei Nîmes

» Auf einem riesigen mechanischen Elefanten reiten (für alle Altersgruppen), Les Machines de l'Île de Nantes, Nantes

» Lernen, wie Flugzeuge gebaut werden (für Kinder ab sechs Jahren), Fabrik Jean Luc Lagardère, Toulouse

» Schädel erspähen (für Teenager) in den Katakomben, Paris

» In einem unterirdischen Bunker entdecken, wie V2-Raketen funktionieren (für Teenager), La Coupole, St-Omer

» In Höhlen mit prähistorischen Zeichnungen Steinzeitmensch spielen (für alle Altersgruppen), Vézère-Tal

» Im Reich der Mechanik schwelgen (für alle Altersgruppen) in der Cité de l'Automobile und der Cité du Train, Mulhouse

Themenparks

» Cité de l'Espace (Weltall), Toulouse

» Disneyland, Paris

» Vulcania (Vulkane), Massif Central

Reiseplanung

Beste Reisezeit

Je nachdem, was unternommen werden soll, spielt die Jahreszeit eine große Rolle. Während es für Teenager bei jedem Wetter etwas Interessantes zu tun gibt, sind die Jüngeren mit den trockenen, nicht zu heißen Tagen im Frühjahr und Frühsommer am besten bedient; da können sie nach Herzenslust

---

TOP-WEBSITES

» **Familiscope** (www.familiscope.fr, auf Frz.) Perfekter Ferienplaner für Familien: endlose Listen mit Aktivitäten, Ausflugs- und Unterhaltungsangeboten.

» **Bienvenue à la Ferme** (www.bienvenue-a-la-ferme.com/de) Unterkünfte, Kochkurse, Tiere und Aktivitäten im Freien auf Bauernhöfen in ganz Frankreich.

» **Familienurlaub-Tipps** (http://www.familienurlaub-tipps.de/frankreich/familienurlaub-5.html) Allgemeine Tipps und Adressen für den Familienurlaub in Frankreich.

» **Baby-on-tour** (http://www.baby-on-tour.com/urlaub.html) Viele Tipps rund ums Reisen mit Babys und Kleinkindern, Empfehlungen für Reiseapotheke, Ernährung usw., Ratschläge für Schwangere.

» **Familienurlaub-Frankreich** (http://www.urlaub-anbieter.com/urlaub-familienurlaub-frankreich.htm) Unterkünfte aller Art, gegliedert nach Regionen und Themen.

» **Urlaub für Alleinerziehende** (http://www.alleinerziehende-urlaub.de) Ein Forum für alle, die allein mit Kindern unterwegs sind.

ICH PACKE MEINEN KOFFER ...

Babys & Kleinkinder

☐ Tragetuch oder Kraxe, denn die französischen Pflasterstraßen, Métrotreppen und Bergdörfer wurden nicht für Kinderwagen gebaut. In einigen berühmten Museen und auch im Schloss von Versailles sind Kinderwagen verboten.

☐ Wickelmatte, Handwaschlotion usw., denn Babywickelräume sind rar.

☐ Mobiler Stoffbabysitz für unterwegs (nicht alle Lokale haben Kinderhochstühle)

☐ Kindersitz fürs Auto; Autovermietungen kassieren dafür horrende Preise. Gesetzlich vorgeschrieben sind sie für Kinder unter zehn Jahren oder 1,40 m Körpergröße.

Sechs bis zwölf Jahre

☐ Fernglas, damit die kleinen Entdecker Tiere in freier Wildbahn, Skulpturen an Kirchenfassaden oder Buntglasfenster heranzoomen können.

☐ Camcorder, mit denen „langweilige" Besichtigungen gleich viel mehr Spaß machen.

☐ Interaktive Bücher, Malzeug, Reisetagebuch, kindgerechter Tagesrucksack

☐ Mini-Klapproller und/oder Inliner, wenn lange Ausflüge in der Stadt geplant sind.

☐ Flugdrachen (für den Strand)

Teenager

☐ Apps fürs iPhone, die mit Frankreich zu tun haben.

☐ Französischer Sprachführer

☐ Schnorchel, Flossen und Taucherbrille

im Freien herumtollen (jedes Städtchen hat mindestens einen Spielplatz).

Die vielen Festivals sind ein weiterer Aspekt bei der Urlaubsplanung (eine Liste der monatlichen Events steht auf S. 20–22). Kinder jeden Alters werden vom Rahmenprogramm des Theaterfestivals in Avignon genauso begeistert sein wie vom Lichterfest in Lyon oder vom Karneval in Nizza. Alle drei Events sind kostenlos und perfekt, um das restliche Programm drum herumzubasteln.

Unterkünfte

In Paris und anderen größeren Städten sind Appartements mit Waschmaschine und Küche ideal für Familien mit kleineren Kindern. Hotels mit Familien- oder Vier-Bett-Zimmern sind in ganz Frankreich selten, in diesem Reiseführer haben wir sie mit einem ⚐ gekennzeichnet. Sie sollten auf jeden Fall im Voraus gebucht werden. Praktisch, aber nicht eben romantisch sind Kettenhotels wie Formule 1, die in den Randgebieten fast aller Städte einen Ableger haben und Familienzimmer anbieten – wer mit dem Pkw unterwegs ist und nur für eine Nacht ein Dach über dem Kopf braucht, ist damit gut bedient. Eltern mit nur einem Kind und/oder einem Baby dürften keine Probleme haben;

die meisten Mittelklassehotels stellen gegen einen geringen Aufpreis ein Baby- oder Kinderbett ins Doppelzimmer.

Auf dem Land bringen familienfreundliche *chambre d'hôtes* und *fermes auberges* den größten Spaß; manche bieten auch leckeres Abendessen an. Ein Babyphone im Gepäck erlaubt es Mama und Papa, gemütlich zu schlemmen, während der Nachwuchs oben im Zimmer schlummert. Oder wie wär's mit einem Schloss im Burgund, um dort mit den Kleinen eine Party mit Geisterstunde zu feiern? Auch ein rustikales Chalet in den Alpen hat Charme. Für ältere Kids sind Baumhäuser mit Stockbetten oder eine mongolische Jurte ein echtes Abenteuer. Wer nach dem ⚐-Symbol Ausschau hält, findet in diesem Reiseführer Dutzende familienfreundlicher Angebote.

Camping ist bei französischen Familien äußerst beliebt. Es gibt Wohnwagen, Holzhütten oder Familienzelte zu mieten – für die Eltern eine Möglichkeit, entspannt mit einem Glas Wein im Liegestuhl zu sitzen und zuzusehen, wie ihr Nachwuchs ungeachtet aller Sprachbarrieren mit den neuen französischen Freunden herumtobt. Vor allem für die Hauptsaison sollte auf Campingplätzen rechtzeitig reserviert werden.

Frankreich im Überblick

Paris

Essen ✓✓✓
Kunst ✓✓✓
Shopping ✓✓✓

Schlemmerparadies
1765 eröffnete Monsieur A. Boulanger in der Nähe der Rue de Rivoli das erste Restaurant der Stadt. Heute ist die Pariser Gastroszene ein nicht enden wollendes Fest mit gemütlichen Bistros, nostalgischen Brasserien, Cafés mit Zinktresen und besternten Nobelrestaurants.

Museen & Galerien
Alle großen Meister hängen in irgendeinem der unzähligen Pariser Museen. Und nicht nur dort: In öffentlichen Gebäuden, Métrostationen, Parks und anderen Orten hat *Mona Lisa* starke Konkurrenz.

Mode & Flohmärkte
Luxusmodehäuser, Trendboutiquen, Secondhandläden mit Designerklamotten und Europas größter Flohmarkt: In Sachen Mode ist Paris wirklich das Shoppingparadies schlechthin.

S. 42

Rund um Paris

Schlösser ✓✓✓
Kathedralen ✓✓
Natur ✓

Bei Königs zu Hause
Das Schloss von Versailles ist fast zu schön, um wahr zu sein. Fontainebleau, Chantilly und Vaux-le-Vicomte sind weitere Traumadressen im Notizbuch französischer Königsfamilien.

Sakrale Architektur
Ein weiteres Schwergewicht nicht weit von Paris ist die Kathedrale von Chartres mit ihren unvergleichlichen Fenstern – ein Meisterwerk der Architektur.

Die grüne Lunge von Paris
Forêt de Fontainebleau, die ehemaligen königlichen Jagdgründe, ist ein Tummelplatz für Kletterer und Spaziergänger. Chantilly steht für getrimmte Gärten und hoch dotierte Pferderennen.

S. 144

Lille, Flandern & die Somme

Architektur ✓✓
Geschichte ✓✓✓
Küste ✓✓✓

Flämischer Einschlag
Ein Bier in einem der Bistros in den Altstadtgässchen, die sich um die Häuser aus der flämischen Renaissance winden, gehört zu den Highlights in Nordfrankreich mit Lille und Arras als Hauptattraktionen.

Von der Gotik bis zum Ersten Weltkrieg
Kaum eine gotische Kathedrale ist so Ehrfurcht gebietend wie die von Amiens; mit ihren Soldatenfriedhöfen erinnert die Stadt an die Gräuel des Ersten Weltkriegs.

Strandvergnügen
Meer, Klippen, goldener Sand: Ein Spaziergang entlang der Côte d'Opale ist ein Erlebnis; Seehunde sind auf der Radtour entlang der Baie de Somme ein Hingucker.

S. 163

Normandie

Essen ✓✓
Küste ✓✓✓
Mahnmale ✓✓✓

Calvados & Camembert
Dieser Küstenabschnitt steht für würzige Butter und Weichkäse. Daneben sind Cidre, Calvados und Meeresfrüchte exzellente kulinarische Botschafter dieser Region.

Klippen & Buchten
Kalkweiße Klippen, Dünen, Felsen, Buchten und die Klosterinsel Mont-St-Michel: Kaum eine Küste bietet solch ein vielfältiges Panorama.

D-Day-Strände
Seit die alliierten Truppen im Zweiten Weltkrieg hier an Land gingen, ist die Normandie für die Welt ein Begriff. Museen, Gedenkstätten und Friedhöfe lassen den entscheidenden Tag von 1944 wieder lebendig werden.

S. 201

Bretagne

Essen ✓✓
Wandern ✓✓✓
Inseln ✓✓

Crêpes & Cidre
Die beiden Grundpfeiler der bretonischen Küche sind mittlerweile überall zu haben. Trotzdem lohnen die Buchweizenpfannkuchen mit Karamell und der hausgemachte Apfelwein den Weg in die Bretagne.

Spannende Wanderungen
Mit ihrer spektakulären Küste, den Inseln, mittelalterlichen Städtchen und dichten Wäldern ist diese stolze Region ein Traumziel für ungewöhnliche Wanderungen. Nicht umsonst verlieben sich viele in die bretonischen Inseln mit felsigen Küstenpfaden und Radwegen, über die der Wind hinwegfegt. Besonders attraktiv sind die Île d'Ouessant und die Belle-Île, die ihren Namen absolut verdienen.

S. 254

Champagne

Champagne ✓✓✓
Wandern ✓✓
Ausflüge ✓✓✓

Prickelnde Weinproben
Nach einem Blick vom Turm der Kathedrale in Reims auf die Champagne kann das berühmte Produkt der Region in den Häusern von Reims und Épernay probiert werden.

Weinwanderungen
Nichts kommt dem Frankreichbild so nah wie eine Tageswanderung durch Rebzeilen, Bilderbuchdörfern und Weiler mit Steinhäusern, die Renoir nicht schöner hätte malen können.

Schnurrende Motoren
Ob auf zwei oder vier Rädern, die Champagne bietet Fahrvergnügen pur. Bestens ausgeschilderte Straßen machen den Trip durch Weinberge und Winzerdörfer zum Erlebnis.

S. 302

Elsass & Lothringen

Mahnmale ✓✓✓
Stadtleben ✓✓
Dörfer ✓✓✓

Bewegende Besuche
Beim Betrachten der Kreuze auf dem Schlachtfeld von Verdun bildet sich ein Kloß im Hals. Denkmäler, Museen und ein Beinhaus sind die bewegenden Etappen dieses Ausflugs.

Urbane Ikonen
Von Straßburger Münster bis zum Centre Pompidou in Metz reicht die Palette der Hingucker, mit denen sich die Städte im Nordosten Sympathien erobern. Dazu kommt die tolle elsässische Küche.

Dörfer wie im Spielzeugland
Seine Schönheit offenbart die Region auf einer Fahrt durch Dörfer mit urigen Fachwerkhäusern, vorbei an Burgen, Weinbergen und Gehöften.

S. 327

Loire-Tal

Schlösser ✓✓✓
Geschichte ✓✓✓
Radfahren ✓✓

Königliche Architektur

Die an architektonischen Details reich gesegneten Schlösser der Loire schlagen einen Bogen vom Mittelalter bis zur Renaissance (und weiter), der alle Besucher in seinen Bann zieht.

Aufwühlende Geschichten

Schlösser, Wehranlagen, apokalyptische Bildteppiche und prächtige Hofmalerei erzählen von Schlachten, Intrigen und Sexskandalen, die das Land in den vergangenen Jahrhunderten erschütterten.

Uferwege

Die Loire ist Frankreichs längster Fluss. An ihren Ufern entlangzuradeln und ein Schloss nach dem anderen zu passieren gehört zum Schönsten, was das Tal zu bieten hat.

S. 381

Burgund

Wein ✓✓✓
Geschichte ✓✓✓
Aktivitäten ✓✓

Rot- & Weißwein

Sich durch die roten *grand crus* der Côte d'Or zu trinken ist nicht das einzige Vergnügen im Burgund – die Weißweine von Chablis und Mâcon verdienen mindestens ebenso viel Beachtung.

Lebendiges Mittelalter

Nirgends wird die Rolle, die das Burgund im Mittelalter spielte, deutlicher als in seiner wunderschönen Hauptstadt Dijon. Die Klöster von Cluny und Cîteaux vervollständigen das Bild.

Raus an die frische Luft

Durch Weinberge zu wandern, in die Pedale zu treten oder über Kanäle zu schippern macht einfach Spaß. Wie wär's zum Beispiel mit einer Radtour in der schönen mittelalterlichen Abbaye de Fontenay?

S. 424

Lyon & das Rhone-Tal

Essen ✓✓✓
Ruinen ✓✓
Radfahren ✓

Berühmte Leckereien

Keine Stadt reizt die Geschmackspapillen mehr als Lyon. Wer ihre Spezialitäten in einem *bouchon* (Lyoner Bistro) mit rot-weiß karierten Tischdecken probiert, hat den doppelten Genuss.

Römische Relikte

Die Römer bedachten nicht nur Lyon mit zwei imposanten Amphitheatern (in denen während der Nuits de Fourvière Konzerte stattfinden), sondern schenkten dem Tal noch die Stadt Vienne.

Unterwegs auf zwei Rädern

Glück kann so einfach sein: zum Beispiel, mit dem Rad durch die Weinberge des Beaujolais zu kurven oder einen der Seen in Les Dombes zu umrunden.

S. 470

Französische Alpen & Jura

Essen ✓✓
Natur ✓✓✓
Landurlaub ✓✓✓

Kultur & Küche

Fondue ist nur die Spitze des kulinarischen Eisbergs in der Alpenregion, wo die Milch glücklicher Kühe für Dutzende würziger Käsesorten sorgt. Rund um den Genfer See zaubern Küchenchefs mit Wildkräutern und Egli (Flussbarsch).

Adrenalinspritze

Die Ski-, Fahrrad- und Mountainbikepisten der Französischen Alpen sind wirklich verdammt steil. Kein Wunder, dass sich hier auch die längste schwarze Abfahrt von ganz Europa befindet!

Zurück zur Natur

Wer Ursprünglichkeit erleben will, sollte sich in einem Bauernhof einquartieren. Dort werden Kälber noch mit dem Fläschchen aufgezogen und Eier legewarm aus dem Nest gesammelt.

S. 499

Zentral-massiv

Vulkane ✓✓✓
Architektur ✓
Aktivitäten ✓✓

Limousin, Dordogne & Lot

Essen ✓✓✓
Festungen ✓✓
Flussfahrten ✓✓✓

Atlantik-küste

Hafenstädte ✓✓
Wein ✓✓✓
Aktivitäten ✓✓✓

Französi-sches Baskenland

Essen ✓✓
Aktivitäten ✓✓✓
Kultur ✓✓✓

Vulkane
Auch wenn der letzte Ausbruch schon 7000 Jahre zurückliegt, ist die Region immer noch von Vulkanen geprägt: Mineralwasser sprudelt aus vulkanischen Quellen in Vichy und Volvic, Vulkangestein lässt Clermont-Ferrand schwarz schimmern und der Themenpark Vulcania ist ein Besuchermagnet.

Belle Époque
Ein Reigen von Badeorten aus dem frühen 20. Jh., darunter Vichy, verleiht der bodenständigen Region einen Hauch von zurückhaltender Eleganz.

Wandern & Skifahren
Zu Fuß lässt sich die einzigartige Landschaft am besten erkunden. Das Skigebiet von Le Mont-Dore ist noch ein Geheimtipp.

S. 575

Verführerische Märkte
Schwarze Trüffeln, Foie gras, Walnüsse ... Gourmets werden genüsslich stöhnen, wenn sie in diese Region kommen, wo sich die Früchte der Erde turmhoch auf Wochenmärkten stapeln.

Bedrohliche Bastiden
Die Befestigungsanlagen, die im 13. Jh. um viele Städte der Dordogne errichtet wurden, sind nicht nur selbst ein Fest fürs Auge, sondern bieten auch weite Ausblicke. Besonders beeindruckend sind Monpazier und Domme.

Verträumte Wasserstraßen
Ob an Bord eines Kanus, eines Floßes oder einer *gabarre* (flacher Kahn), bei einer Flussfahrt zeigt sich *la belle France* von der schönsten Seite.

S. 602

Blick aufs Meer
Ob beim Abendessen in einem ehemaligen Reifelager in Nantes, auf den Inseln und unter den Kalksteinarkaden von La Rochelle oder in den Museen rund um Bordeaux: Das Meer ist nie weit.

Himmlische Weine
Zu Frankreichs größtem Weinanbaugebiet Bordeaux gehört auch das Médoc mit seinen Schlössern und dem mittelalterlichen Weiler St-Émilion. Schon der Wein ist hier Spitzenklasse, vom Cognac ganz zu schweigen ...

Ländliche Idylle
Im Marais Poitevin paddeln, um die Île de Ré radeln und zwischen den Holzbuden der Austernzuchten in der Bucht von Arcachon herumstromern – ein Traum für alle, die abschalten wollen.

S. 654

Kultur & Küche
Der Drang zur Unabhängigkeit und die katalanische Seele lassen hier am Fuß der Pyrenäen an Spanien denken; Fiestas, Stierkämpfe, traditionelles *pelota* (Ballspiel), Tapas und Bayonne-Schinken sind ihre typischen Attribute.

Hohe Wellen
Wellenreiten im mondänen Biarritz und die Surferparadiese in Les Landes sind Grund genug, um in die sonnige Küstenregion in Frankreichs Südwestecke zu reisen.

Pilgerstrom
Seit Jahrhunderten durchqueren Pilger ganz Frankreich auf ihrem Weg nach Santiago de Compostela in Spanien und machen kurz vor der Grenze im hübschen St-Jean-Pied-de-Port Station. Was spricht dagegen, es ihnen nachzutun?

S. 694

Pyrenäen

Outdoor ✓✓✓
Landschaft ✓✓✓
Geschichte ✓✓

Adrenalinrausch

Der Parc National des Pyrénées ist ein Abenteuerspielplatz: tolle Wanderungen, erstklassige Skiabfahrten und Wildwasservergnügen lassen Sportlerherzen höher schlagen.

Atemberaubende Aussichten

Frankreichs letzte Wildnis besticht mit seltenen Tier- und Pflanzenarten und dramatischer Landschaft. Besonders spektakuläre Blicke bieten die Pic du Jer, Pic du Midi, Lescun, Cirque de Gavarnie, Lac de Gaube und so gut wie jedes Tal.

Besondere & heilige Städte

Die Stadt Pau, in der reiche Engländer und Amerikaner im 19. Jh. gern überwinterten, zieht auch heute noch Besucher an. Und Lourdes kann sich vor Pilgern kaum retten.

S. 723

Region Toulouse

Essen ✓✓
Geschichte ✓✓✓
Bootfahren ✓✓

Cassoulet & Armagnac

Das Restaurant Emile in Toulouse serviert angeblich das beste *cassoulet*, aber der Ofenklassiker schmeckt auch woanders. Genießer bestellen vorher einen Aperitif und hinterher einen Armagnac.

Städte mit Geschichte

Die Backsteinvillen von Toulouse, die Festungsstadt Montauban, das gotische Albi oder die romanische Abtei von Moissac sind wie ein Kompaktkurs in Geschichte und Architektur.

Canal du Midi

Seine Uferwege laden zum Spazierengehen und Radeln ein, die verkrampften Muskeln werden im Spa wieder elastisch und wer ein Kanalboot mietet, kann sich einfach treiben lassen ...

S. 747

Languedoc-Roussillon

Kultur ✓✓
Ruinen ✓✓
Aktivitäten ✓✓

Fast Spanien

Das Roussillon ist heiß, staubig und lebhaft, liegt am Ostende der Pyrenäen und gehörte lange Zeit zu Katalonien. Perpignan lädt zur katalanischen Fiesta ein, Céret bietet moderne Kunst und *sardane* (Volkstanz).

Aquädukte & Amphitheater

Das Amphitheater von Nîmes und der Pont du Gard mit seinen eleganten Bögen sind zwei der besterhaltenen Bauwerke aus Römischer Zeit.

Fußpfade & Wasserwege

Schon mal mit dem Kanu unter dem Pont du Gard durchgefahren, nach Carcassonne geradelt, auf eine Festung der Katharer gekraxelt oder in den Schluchten des Haut-Languedoc geklettert?

S. 772

Provence

Essen ✓✓✓
Dörfer ✓✓✓
Kunst ✓✓✓

Essen & Trinken

Bei einem Pastis eine Partie *pétanque* spielen, sich einen Abend lang an einer Bouillabaisse gütlich tun, auf dem Markt Kräuter und Oliven kaufen, Trüffeln suchen, Rotwein in Bandol und Rosé von den Côtes de Provence probieren – die Provence macht's möglich.

Sinnliche Spaziergänge

Reisen *à la provençal* ist ein Erlebnis, zu dem Lavendelfelder, Kastanienwälder und Olivenhaine genauso gehören wie Märkte, Kapellen und mittelalterliche Dörfer.

Avantgarde

Dass die Provence ein einziges Kunstmuseum ist, beweisen Maler wie Matisse, Renoir, Picasso, Cézanne, van Gogh und Signac, die hier gelebt und gearbeitet haben.

S. 822

Cote d'Azur & Monaco

Badeorte ✓✓✓
Glamour ✓✓✓
Küste ✓✓✓

Küstenschönheit

Etwas frech, nostalgisch, künstlerisch und mit einer Uferpromenade, der jeder verfällt: Nizza, die Königin der französischen Riviera, stiehlt allen anderen Küstenschönheiten die Schau.

Partytime

An der Côte d'Azur wird gefeiert: In Cannes treffen sich die Filmstars, in Monaco fiebert die High Society beim Formel-1-Rennen, in St-Tropez knallen die Champagnerkorken. Und alle tanzen die Nacht durch!

Landschaften wie gemalt

Dieser Teil der Mittelmeerküste ist wie gemacht für ausgiebige Spaziergänge. Am Cap Ferrat zirpen die Zikaden und die Sonne taucht das Massif de l'Estérel in glühendes Rot.

S. 891

Korsika

Küstenstädte ✓✓
Wandern ✓✓✓
Bootfahren ✓✓✓

Ansichtskarten verschicken

Die korsischen Küstenstädte, allen voran Bastia, das italienisch angehauchte Bonifacio, das extravagante Calvi und der Promi-Tummelplatz L'Île-Rousse, sind so traumhaft schön, dass die Lieben zu Hause eine Ansichtskarte von jeder einzelnen davon verdient haben.

Die Natur ruft

Die Höhenwanderwege sind das Nonplusultra für Wanderfreaks. Auch die zerklüfteten Gorges de Spelunca und die Calanche machen feste Waden.

Blauer als blau

Nirgends ist das Mittelmeer blauer. Entweder in Porto, Bonifacio, Calvi oder Porto-Vecchio eine Bootstour buchen oder mit Maske und Schnorchel auf Tauchstation gehen.

S. 949

Reiseziele

Paris

2,2 MIO. EW.

Gut essen

» Chez Janou (S. 114)

» La Gazzetta (S. 114)

» Chez Michel (S. 123)

» L'Office (S. 123)

» Café Constant (S. 120)

Schön übernachten

» Le Relais du Louvre
(S. 101)

» Hôtel du Petit Moulin
(S. 102)

» Hôtel Eldorado (S. 109)

» Hôtel Amour (S. 111)

» L'Apostrophe (S. 105)

Auf nach Paris

Notre-Dame, der Eiffelturm, die Seine – ob bei Sonnenaufgang, bei Sonnenuntergang oder bei Nacht – all das wurde schon unzählige Male beschrieben. Doch kein Schriftsteller kann die Pracht und den Zauber der breiten Boulevards wirklich einfangen, auf denen man an imposanten öffentlichen Gebäuden und außergewöhnlichen Museen vorbei zu Parks, Gärten und Esplanaden spaziert.

Die französische Hauptstadt besitzt mehr berühmte Wahrzeichen als jede andere Stadt der Welt und weckt gewaltige Erwartungen: großartige Panoramen, intellektuelle Debatten in den Cafés, Romantik am Seine-Ufer, frivole Revuen in den Nachtclubs. Wer danach sucht, dürfte all das auch finden. Oder man wirft all die gängigen Parisklischees mal über Bord, um die Boulevards und Seitensträßchen so zu erkunden, als könnte sich nicht jeden Moment die Spitze des Eiffelturms oder der Dachreiter von Notre-Dame ins Blickfeld schieben.

Reisezeit

Paris

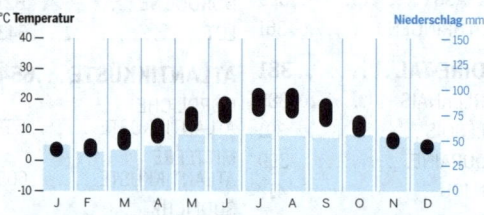

Juni Zur Sommersonnenwende lockt die landesweite Fête de la Musique.

Mitte Juli bis Mitte August Das Seine-Ufer mutiert zum Sandstrand mit Liegen, Sonnenschirmen und Palmen.

Oktober Bei der Nuit Blanche macht die ganze Stadt – Museen, Bars usw. – bis morgens durch..

Supperclubs

Den Anfang machte Jim Haynes mit seinen sonntäglichen Dinnerpartys in einem Belle-Époque-Atelier im 14. Arrondissement. Doch inzwischen schießen in der französischen Hauptstadt und auch in anderen Weltstädten die Supperclubs wie Pilze aus dem Boden. Beim *dîner chez Jim* geht es mehr ums gesellige Kennenlernen und vielleicht sogar Anbaggern als um das Essen als solches, aber viele neuere Clubs bieten echte Gourmetmenüs oder Besuche angesagter Schlemmeradressen in Begleitung einheimischer Feinschmecker – eine ideale Kombination erlesener Gaumenfreuden mit der Chance, die Pariser näher kennenzulernen. Kostenpunkt: ab 80 € pro Person; frühzeitige Reservierung ist ratsam. Wenn's nicht klappt, ein paar Tage vor dem Parisbesuch bei Twitter nachschauen, wo viele Clubs kurzfristig stornierte Plätze annoncieren. Unsere Top Five finden sich auf S. 118.

ZUM ERSTEN MAL IN PARIS?

Wer noch keinen Blick auf Madame Eiffel (alias Eiffelturm) geworfen hat und noch nie über die Avenue des Champs-Élysées gebummelt ist, der war noch nicht wirklich in Paris. Interessanter Perspektivwechsel: In der Abenddämmerung unterm Arc de Triomphe vor der ewigen Flamme stehen, um dem surrealen Verkehrsstrom zu beobachten. Wenn Notre-Dame, das schönste Gotteshaus der Christenheit, mal wieder von knipsenden Ungläubigen überrannt wird, verspricht ein Gottesdienst oder ein Orgelkonzert am Sonntagnachmittag himmlischen Frieden. Monets *Nymphéas* (Seerosenbilder) im Musée de l'Orangerie sind eine tolle Alternative zum überfüllten Louvre. Und dann wären da noch die famosen Lebensmittelmärkte der Stadt (S. 114) – unser Favorit ist der Marché Bastille.

Top 5: Pariser Pläsierchen

» Einen Cocktail – am besten die hier kreierte Bloody Mary – in Harry's New York Bar (S. 128) schlürfen

» Bei Ladurée (S. 121) auf den Champs-Élysées, der berühmtesten Pariser Pâtisserie, *le baiser Ladurée* (Makronenküchlein mit Himbeeren und Vanillecreme) schnabulieren

» Bei der musikalisch versierten Buddha Bar (S. 128) einen Lieblingssoundtrack auf CD auswählen

» Sich bei der berühmten *parfumerie* Fragonard (S. 120) einen ganz persönlichen Duft zusammenmixen lassen

» Auf einer Oldtimer-Vespa von Left Bank Scooters (S. 138) durch die Stadt knattern

ARRONDISSE-MENTS

Paris ist in 20 Arrondissements (Bezirke) aufgeteilt. Zur Adresse gehört immer die Nummer des Arrondissements – 1er für *premier* (1.), 2e für *deuxième* (2.), 3e für *troisième* (3.) usw.

Gut zu wissen

» Die meisten Pariser Museen haben montags zu, aber etwa ein Dutzend, darunter der Louvre und das Centre Pompidou, bleiben stattdessen dienstags geschlossen.

Reiseplanung

» Unterkunft buchen und Tische bei Nobelrestaurants, angesagten Gastrobistros und Supperclubs reservieren

» Auf den Websites von Fnac oder Virgin Megastore (S. 129) Karten für große Konzerte, Musicals und Theatervorstellungen reservieren

» E-Tickets für Eiffelturm, Louvre und Top-Ausstellungen im Grand Palais und Centre Pompidou erwerben

Infos im Internet

» Mairie de Paris: www. paris.fr

» Paris-Reiseführer: www. paris-reisefuehrer.com

» Pariser Touristeninformation: www.parisinfo.com

» My Little Paris: www. mylittleparis.com

Highlights

❶ Streifzug durch Pariser Top-Museen wie das Architekturwunder **Musée du Quai Branly** (S. 83) oder die **Cité de l'Architecture et du Patrimoine** (S. 83)

❷ Eindrucksvoll und erhebend: die Glasmalereien der **Ste-Chapelle** (S. 72), einer der schönsten Kirchen der Welt

❸ Im **Marais** (S. 53) tagsüber die vornehmen *hôtels particuliers* (herrschaftliche Stadthäuser) und nachts die pulsierende Bar- und Clubszene bestaunen

❹ Das **Centre Pompidou** (S. 53), das erfolgreichste Kunst- und Kulturzentrum der Welt, mit grandiosen Ausstellungen und spektakulärem Blick vom Dach

❺ Das **Musée d'Orsay** (S. 81) am Seine-Ufer mit einer unvergleichlichen Sammlung impressio-nistischer und post-impressionistischer Kunst

❻ Das Panorama und die zeitlose Romantik der **Seine** auskosten, am besten bei einer abendlichen Schiffstour (S. 98)

❼ Ein Stadtspazier-gang durch **Mont-martre** (S. 92) zurück ins frivole Paris des Cancan und der Windmühlen

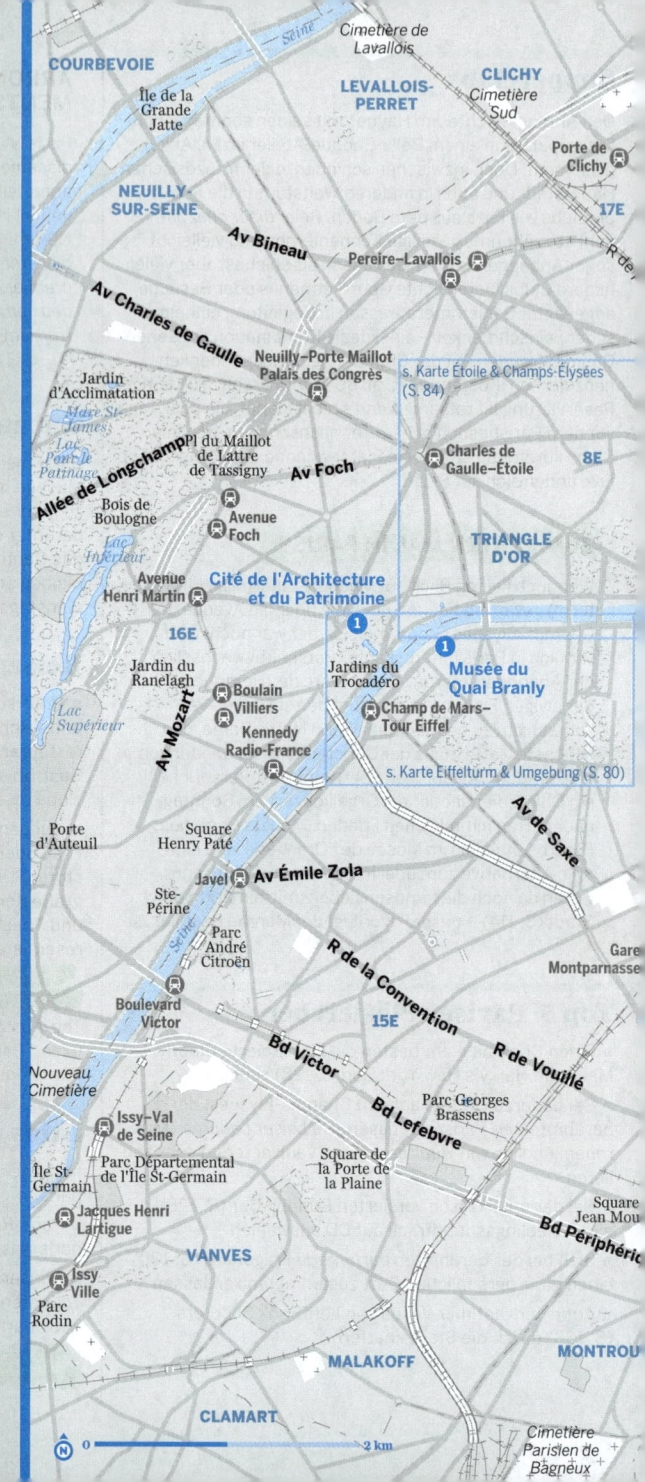

Geschichte

Im 3. Jh. v. Chr. ließen sich die Parisii, ein Stamm gallischer Kelten, auf der heutigen Île de la Cité nieder. Es folgte ein jahrhundertelanger Konflikt zwischen Galliern und Römern, der erst 52 v. Chr. endete. Im Jahr 508 machte König Chlodwig (Clovis) I. Paris zur Hauptstadt seines geeinten Frankenreichs.

Im 9. Jh. wurde Frankreich von skandinavischen Wikingern heimgesucht (auch Nordmänner bzw. später Normannen genannt). 300 Jahre später begannen sie mit dem Vormarsch auf Paris, das rasch an Bedeutung gewonnen hatte: Im 12. Jh. wurde der Grundstein der Kathedrale Notre-Dame gelegt, um 1200 entstand der Louvre als Flussfestung, 1248 wurde die wunderschöne Ste-Chapelle geweiht und 1253 öffnete die Universität Sorbonne ihre Pforten.

Viele der berühmtesten Bauwerke und Denkmäler der Stadt stammen aus dem späten 15. Jh., der Zeit der Renaissance. Aber nur 100 Jahre später war Paris schon wieder in Aufruhr, weil Hugenotten (Protestanten) und katholische Gruppen immer heftiger aneinandergerieten. Als tragischer Höhepunkt gilt die Bartholomäusnacht 1572. Bei dem Massaker starben 3000 Hugenotten, die zu den Hochzeitsfeierlichkeiten von Heinrich von Navarra (später König Heinrich IV.) nach Paris gekommen waren.

Ludwig XIV., der Sonnenkönig, bestieg 1643 im Alter von fünf Jahren den Thron und herrschte bis 1715. Mit ehrgeizigen Bauten und Kriegen trieb er den Staatshaushalt beinahe in den Bankrott. Sein größtes Vermächtnis ist Schloss Versailles. Die Exzesse von Ludwig XVI. und seiner Gemahlin Marie-Antoinette waren ein Auslöser für den Aufstand der Pariser am 14. Juli 1789 und den Sturm auf die Bastille – den Beginn der Französischen Revolution.

Danach hatte Frankreich mit einer Reihe meist unfähiger Herrscher zu kämpfen, bis ein Staatsstreich 1851 Kaiser Napoleon III. an die Macht katapultierte. Er brachte Paris den Fortschritt in Gestalt breiter Boulevards, schön gestalteter Parks und einer modernen Kanalisation. Genau wie sein kriegerischer Onkel fand allerdings auch Napoleon III. Gefallen am Blutvergießen und verwickelte Frankreich 1870 in einen kostspieligen und erfolglosen Krieg gegen Preußen. Als die Pariser Massen von der Gefangennahme ihres Kaisers durch den Feind erfuhren, gingen sie auf die Straße und forderten die Republik. So leitete die Dritte Republik, trotz ihres blutigen Beginns, die glanzvolle und äußerst schöp-

PARIS IN ...

... zwei Tagen

Morgens an einer Stadtführung teilnehmen und sich dann den berühmtesten Pariser Wahrzeichen widmen: Notre-Dame, Eiffelturm und Arc de Triomphe. Am späten Nachmittag eine Kaffee- oder Pastispause auf der Avenue des Champs-Élysées einlegen, bevor es zum Abendessen nach Montmartre geht. Am nächsten Tag stehen das Musée d'Orsay, die Ste-Chapelle und das Musée Rodin auf dem Programm. Dazu gibt's Brunch an der Place des Vosges und abends Spaß und Schwof im Marais.

... vier Tagen

Wer zwei Tage mehr hat, kann eine Bootsfahrt auf der Seine oder dem Canal St-Martin unternehmen und abgelegenere Attraktionen wie den Cimetière du Père Lachaise oder den Parc de la Villette besuchen. Gute Abendunterhaltung versprechen ein Konzert oder eine Oper im Palais Garnier oder der Opéra Bastille, ein Theaterstück in der Comédie Française und/oder eine Kneipentour durch die Rue Oberkampf in Ménilmontant. Auch in der Bastille-Gegend sind Nachtschwärmer gut aufgehoben.

... einer Woche

In sieben Tagen kann man viele der wichtigsten Sehenswürdigkeiten in diesem Kapitel abklappern, Ziele am Stadtrand wie La Défense und St-Denis ansteuern und die Stadt sogar für ein oder zwei Tage hinter sich lassen, um Vaux-le-Vicomte mit Fontainebleau oder Senlis mit Chantilly zu kombinieren. Wer sich richtig ranhält, schafft sogar Chartres und Versailles.

LOUVRE: EINTRITTSKARTEN & FÜHRUNGEN

Wer seine Eintrittskarte mit einem Aufschlag von 1 bis 1,60 € an den Ticketautomaten im Carrousel du Louvre oder bei den *billetteries* (Ticketschaltern) von Fnac oder Virgin Megastore (S. 129) kauft, kann ohne Schlangestehen geradewegs hineinmarschieren. Die Karten bleiben den ganzen Tag gültig, sodass Besucher nach Belieben weggehen und später wiederkommen können.

Kostenlose (auch englischsprachige) Museumspläne des verwinkelten Louvre gibt es beim runden Informationsschalter in der Mitte der Hall Napoléon. Verschiedene im Museumsladen erhältliche Broschüren (10–17 €) helfen Besuchern, das riesige Museum auf eigene Faust zu erkunden.

Englischsprachige **Führungen** (☏01 40 20 52 63) von 1½ Stunden Dauer starten jeweils montags und mittwochs bis samstags (außer an Feiertagen) um 11 und 14 Uhr von dem mit *Acceuil des Groupes* (Gruppenempfang) gekennzeichneten Bereich unter der Grande Pyramide und kosten 5 € zusätzlich zum Eintrittspreis. Französische Führungen finden am Samstag und Sonntag sowie n den Schulferien täglich außer sonntags um 11.30 Uhr statt. Interessierte sollten sich spätestens 30 Minuten vor Beginn der Führung anmelden.

Audioguides in sechs Sprachen mit 1½ Stunden Erläuterungstext sind für 6 € unter der Pyramide am Eingang jedes Flügels auszuleihen.

ferische Belle Époque ein. Diese Zeit ist berühmt für elegante Jugendstilarchitektur und Fortschritte in Kunst und Wissenschaft.

In den 1930er-Jahren war Paris ein Zentrum der künstlerischen Avantgarde und genoss hohes Ansehen unter freigeistigen Intellektuellen. Die Nazis machten dem ein Ende, als sie 1940 in die Stadt einmarschierten. Bis zum 25. August 1944 blieb Paris unter deutscher Besatzung.

Nach dem Krieg eroberte Paris seine Stellung als kreatives Zentrum zurück und wurde zum Nährboden für einen neuen Liberalismus, der in den Studentenaufständen 1968 seinen Höhepunkt erreichte: Studenten besetzten die Sorbonne und errichteten im Quartier Latin Barrikaden. Rund 9 Mio. Franzosen legten in einem Generalstreik das ganze Land lahm.

In den 1980er-Jahren leitete Präsident François Mitterrand mehrere kostspielige grands projets (große Bauprojekte) ein, die weitgehend Zustimmung fanden – auch wenn sich die Ergebnisse oft als Flops entpuppten. Im Mai 2001 wählten die Pariser den von der Grünen Partei unterstützten Sozialisten Bertrand Delanoë zum Bürgermeister von Paris. Er war der erste Bürgermeister einer europäischen Hauptstadt, der sich offen zu seiner Homosexualität bekannte. 2008 wurde er im zweiten Wahlgang für eine weitere Amtszeit bestätigt.

Sehenswertes

Die wichtigsten Sehenswürdigkeiten von Paris verteilen etwa gleichmäßig auf das rechte und linke Seine-Ufer. Dieser Abschnitt beginnt im Herzen des rechten Flussufers, in der Gegend um den Louvre und Les Halles, die in etwa dem 1. Arrondissement entspricht. Danach folgt er mehr oder weniger der Reihenfolge der Arrondissements.

LOUVRE & LES HALLES

Um den Louvre im 1. Arrondissement liegen mit die wichtigsten Sehenswürdigkeiten für Parisbesucher. Die Fußgängerzone im Nordosten zwischen Centre Pompidou und Forum des Halles, zwischen der Rue Étienne Marcel im Norden und der Rue de Rivoli im Süden, ist Tag und Nacht voller Menschen – genau wie in den rund 850 Jahren, als ein Teil davon den wichtigsten Markt von Paris (genannt Les Halles) bildete.

Musée du Louvre KUNSTMUSEUM (Karte S. 48-49; www.louvre.fr; Dauerausstellung/Dauer- & Sonderausstellungen 9,50/14 €, Mi & Fr nach 18 Uhr 6/12 €; ☺Mo, Do, Sa & So 9–18, Mi & Fr 9–22 Uhr; Ⓜ Palais Royal–Musée du Louvre) Der riesige Palais du Louvre wurde im frühen 13. Jh. von Philipp II. August als Festung errichtet und Mitte des 16. Jhs. zur königlichen Residenz umgebaut. 1793 ver-

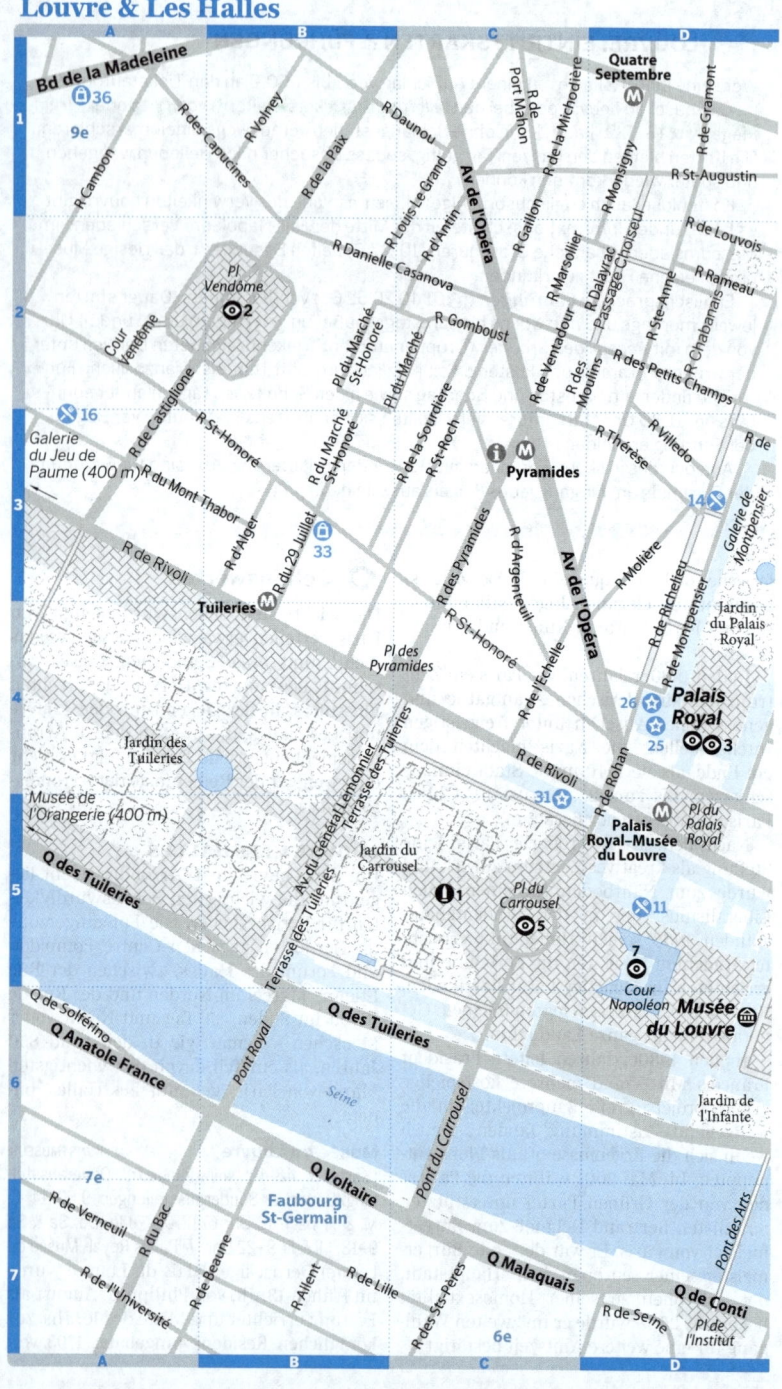

Bd de la Madeleine

🔒 36

9e

R Cambon

R des Capucines

R Volney

R de la Paix

R Daunou

R de Port Mahon

R de la Michodière

R de Gramont

Quatre Septembre Ⓜ

R St-Augustin

Av de l'Opéra

R Gaillon

R Monsigny

R de Louvois

R Danielle Casanova

R Louis Le Grand

R d'Antin

R Marsollier

R Dalayrac

Passage Choiseul

R Ste-Anne

R Rameau

Pl Vendôme
◎ 2

R Gomboust

R de Venadour

R des Moulins

R des Petits Champs

R Chabanais

Cour Vendôme

Pl du Marché St-Honoré

Pl du Marché

R Thérèse

R Villedo

R de

✕ 16

R de Castiglione

R St-Honoré

R du Marché St-Honoré

R de la Sourdière

R St-Roch

ℹ Ⓜ Pyramides

R Molière

✕ 14

Galerie de Montpensier

Galerie du Jeu de Paume (400 m)

R du Mont Thabor

R d'Alger

R du 29 Juillet

🔒 33

R des Pyramides

R d'Argenteuil

Av de l'Opéra

R de Richelieu

R de Montpensier

Jardin du Palais Royal

R de Rivoli

Tuileries Ⓜ

R St-Honoré

Pl des Pyramides

R de l'Echelle

26 ✪

Palais Royal
◎ 3

25 ✪

Jardin des Tuileries

Musée de l'Orangerie (400 m)

31 ✪

R de Rohan

R de Rivoli

Palais Royal–Musée du Louvre

Ⓜ

Pl du Palais Royal

Q des Tuileries

Av du Général Lemonnier

Terrasse des Tuileries

Jardin du Carrousel

❗ 1

Pl du Carrousel
◎ 5

✕ 11

7
◎
Cour Napoléon

Musée du Louvre 🏛

Q de Solférino

Q Anatole France

Pont Royal

Q des Tuileries

Pont du Carrousel

Jardin de l'Infante

Seine

7e

R de Verneuil

R du Bac

R de Beaune

Q Voltaire

Faubourg St-Germain

Pont des Arts

R Allent

R de Lille

Q Malaquais

R de Seine

Q de Conti

Pl de l'Institut

R de l'Université

R des Sts-Pères

6e

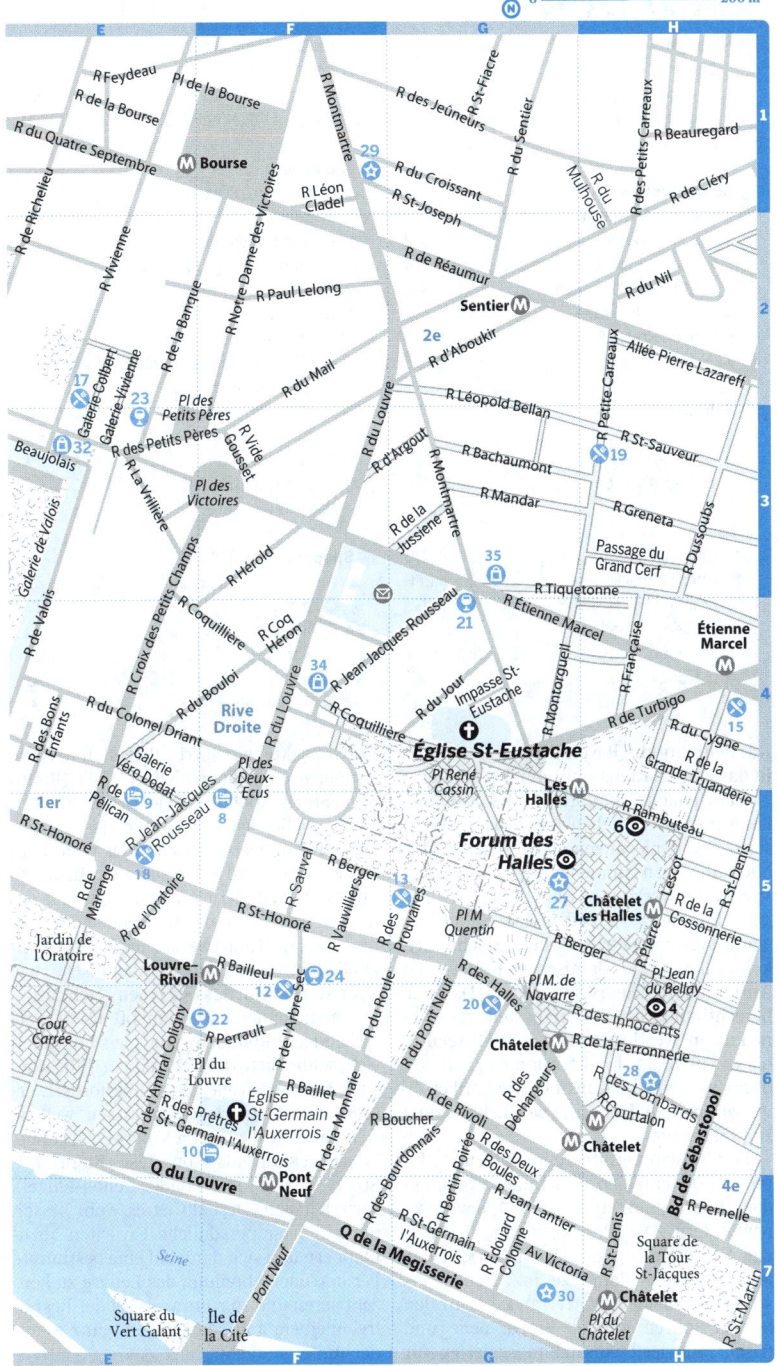

0   200 m

R Feydeau

Pl de la Bourse

R de la Bourse

R du Quatre Septembre

Bourse Ⓜ

R de Richelieu

R Vivienne

R de la Banque

R Notre Dame des Victoires

R Montmartre

R St-Fiacre

R des Jeûneurs

R du Sentier

R des Petits Carreaux

R Beauregard

R de Cléry

R du Mulhouse

29 ✪

R du Croissant

R Léon Cladel

R St-Joseph

R de Réaumur

R du Nil

Sentier Ⓜ

2e

R d'Aboukir

Allée Pierre Lazareff

17 ✪
Galerie Colbert

23 ♨
Galerie Vivienne

Pl des Petits Pères

R des Petits Pères

32 🏧

Beaujolais

R Vide Gousset

R La Vrillière

Pl des Victoires

R Paul Lelong

R du Mail

R du Louvre

R Léopold Bellan

R d'Argout

R Bachaumont

R Montmartre

R Petite Carreaux

R St-Sauveur

19 ✪

R Mandar

R Greneta

R Dussoubs

Passage du Grand Cerf

Galerie de Valois

R de Valois

Galerie de Valois

R Croix des Petits Champs

R Coquillière

R Hérold

R Coq Héron

R de la Jussiene

34 🔒

R Jean Jacques Rousseau

35 🔒

R Tiquetonne

R Étienne Marcel

21 ℹ️

✉️

Étienne Marcel Ⓜ

R Française

Rive Droite

R des Bons Enfants

R du Colonel Driant

R du Bouloi

R du Louvre

R Coquillière

R du Jour

Impasse St-Eustache

R Montorgueil

R de Turbigo

R du Cygne

15 ✪

✪ **Église St-Eustache**

R de la Grande Truanderie

Galerie Véro-Dodat

R de Pélican

9 🍴

Pl des Deux-Écus

8 ℹ️

Pl René Cassin

Les Halles Ⓜ

R Rambuteau

6 ◉

R St-Denis

R Pierre Lescot

1er

R St-Honoré

R de Marengo

18 ✪

R Jean-Jacques Rousseau

R de l'Oratoire

R Sauval

R Berger

13 ✪

Forum des Halles ◉

27 ✪

Châtelet Les Halles Ⓜ

R de la Cossonnerie

Jardin de l'Oratoire

Cour Carrée

R St-Honoré

R Vauvilliers

R des Prouvaires

Pl M Quentin

R Berger

Pl Jean du Bellay

Louvre–Rivoli Ⓜ

R Bailleul

12 🍴

24 ✪

Pl M. de Navarre

20 ✪

R des Halles

R des Innocents

4 ◉

22 ℹ️

R Perrault

R de l'Arbre Sec

R du Roule

R du Pont Neuf

Châtelet Ⓜ

R de la Ferronnerie

28 ✪

Pl du Louvre

R des Prêtres St-Germain l'Auxerrois

✪ **Église St-Germain l'Auxerrois**

R Baillet

R de la Monnaie

R de Rivoli

R des Déchargeurs

R des Lombards

R Courtalon

10 🍴

Pont Neuf Ⓜ

R Boucher

R des Deux Boules

R Jean Lantier

Châtelet Ⓜ

Q du Louvre

R de l'Amiral Coligny

R des Bourdonnais

R Bertin Poirée

R Édouard Colonne

Av Victoria

R St-Denis

R St-Martin

R Pernelle

4e

Square de la Tour St-Jacques

Q de la Megisserie

R St-Germain l'Auxerrois

30 ✪

Châtelet Ⓜ

Pl du Châtelet

Pont Neuf

Seine

Square du Vert Galant

Île de la Cité

Ⓝ

Louvre & Les Halles

wandelte ihn die Revolutionsversammlung in das erste Nationalmuseum des Landes.

Die Gemälde, Skulpturen und Kunstobjekte im Louvre haben französische Herrscher und Regierungen in den vergangenen 500 Jahren zusammengetragen. Darunter sind Kunstwerke und Kunsthandwerk aus ganz Europa sowie bedeutende Sammlungen assyrischer, etruskischer, griechischer, koptischer und islamischer Kunst und Antiquitäten. Die raison d'être (Daseinsberechtigung) des Louvre besteht traditionell darin, westliche Kunst vom Mittelalter bis ca. 1848 (ab da übernimmt das Musée d'Orsay) sowie die Kunstobjekte antiker Zivilisationen als Ursprung westlicher Kunst zu präsentieren.

Das Museum eröffnete im späten 18. Jh. mit 2500 Gemälden und Kunstgegenständen; heute sind etwa 35 000 davon zu bewundern. Das Projekt „Grand Louvre" zur Verdoppelung der Ausstellungsfläche leitete 1989 der damalige, inzwischen verstorbene Präsident Mitterrand ein. In den letzten Jahren wurden einige neue und frisch renovierte Ausstellungsgalerien für Kunstobjekte wie Sèvres-Porzellan und die Kronjuwelen Ludwigs XV. eröffnet (Raum 66, 1. Stock, Apollo-Galerie, Denon-Flügel).

Womöglich ist der Louvre das am eifrigsten gemiedene Museum der Welt. Sein Überangebot und seine schieren Ausmaße (die Seine-Seite ist ca. 700 m lang und angeblich braucht man geschlagene neun Monate, um alle Kunstwerke hier auch nur anzublinzeln) schüchtern Einheimische wie Touristen so ein, dass sie einen Nachmittag in einem kleineren Museum oft als viel verlockender empfinden. Die meisten raffen sich schließlich doch zu einem Pflichtbesuch auf. Aber viele gehen überfordert, erschöpft und frustriert von dannen, weil sie sich auf dem Weg zu da Vincis La Joconde, besser bekannt als Mona Lisa (Raum 6, 1. Stock, Salle de la Joconde, Denon-Flügel), verirrt haben. Deshalb ist es wohl besser, nur ein paar persönliche Favoriten abzuklappern und sich dann auf eine bestimmte Periode oder Abteilung des Louvre zu konzentrieren und so zu tun, als sei der Rest in irgendeinem anderen Museum ganz woanders untergebracht.

Zu den berühmtesten Werken aus der Antike zählen Der sitzende Schreiber (Raum 22, 1. Stock, Sully-Flügel), die Stele des Hammurabi (Raum 3, Erdgeschoss, Richelieu-Flügel) und das armlose Duo Venus von Milo (Raum 7, Erdgeschoss, Denon-Flügel) und Nike von Samothrake (gegenüber Raum 1, 1. Stock, Denon-Flügel). Besonders sehenswerte Werke der Renaissance sind Michelangelos Sterbender Sklave (Erdgeschoss, Michelangelo-Galerie, Denon-Flügel) sowie Werke von Raffael, Botticelli und Tizian (1. Stock, Denon-Flügel). Zu den französischen Meisterwerken des 19. Jhs. gehören Ingres' Türkisches Bad (Raum 60, 2. Stock, Sully-Flügel), Géricaults Floß der Medusa (Raum 77, 1. Stock, Denon-Flügel) und Werke von Corot, Delacroix und Fragonard (2. Stock, Denon-Flügel).

Den Haupteingang und die Ticketschalter in der Cour Napoléon überdacht die 21 m hohe Pyramide du Louvre. Die Glaspyramide hat der in China geborene amerikanische Architekt I. M. Pei entworfen. Wer den Warteschlangen vor der Pyramide oder am Eingang Porte des Lions entgehen will, sollte den Eingang im Einkaufszentrum Carrousel du Louvre in der Rue de Rivoli 99 benutzen oder von der Métro Palais Royal–Musée du Louvre dem Ausgangsschild „Musée du Louvre" folgen.

Der Louvre ist in vier Bereiche unterteilt: Sully-, Denon- und Richelieu-Flügel und Hall Napoléon. Der öffentliche Bereich im Zwischengeschoss unter der Glaspyramide wird Hall Napoléon (⊙Mi–Mo 9–22 Uhr; Wechselausstellungen ⊙Mo, Do & So 9–18, Mi 9–22, Sa 9–20 Uhr) genannt und beherbergt Säle für Wechselausstellungen, einen Buch- und Souvenirladen, ein Café sowie Räume für Vorträge und Filmvorführungen. Das Zentrum des Carrousel du Louvre, der unterirdischen Einkaufspassage, die sich von der Pyramide zum Arc de Triomphe du Carrousel erstreckt, bildet die gläserne Pyramide inversée (umgedrehte Pyramide), die ebenfalls von Pei stammt.

Jardin des Tuileries   PARK
(Karte S. 48-49; ⊙7–19.30, 21 oder 23 Uhr – je nach Jahreszeit; Ⓜ Tuileries oder Concorde) Die 28 ha große geometrische Gartenanlage beginnt gleich westlich vom Jardin du Carrousel. Sie wurde mehr oder weniger in ihrer heutigen Gestalt Mitte des 17. Jhs. von André Le Nôtre entworfen, der auch die Gärten in Vaux-le-Vicomte (S. 158) und Versailles (S. 153) schuf. Die Tuilerien ent-

wickelten sich schnell zur Flaniermeile, auf der man die feinste Garderobe zur Schau stellte. Heute ist dieser Abschnitt des Seine-Ufers – seit 1991 als Weltkulturerbe gelistet – eine beliebte Joggingstrecke.

Die Voie Triomphale (Triumphweg), auch Axe Historique (Historische Achse) genannt, verlängert die Ostwest-Achse der Tuilerien Richtung Westen. Der Weg folgt der Avenue des Champs-Élysées bis zum Arc de Triomphe und endet schließlich an der Grande Arche im Wolkenkratzerviertel La Défense (S. 145).

Galerie du Jeu de Paume   MUSEUM
(www.jeudepaume.org; 1 place de la Concorde, 1er; Erw./Kind 7/5 €; ⊙Di 12–21, Mi–Fr 12–19, Sa & So 10–19 Uhr; Ⓜ Concorde) Die Galerie residiert im zweistöckigen Bau einer ehemaligen *jeu de paume*-Halle (eine Art königliche Tennishalle), die 1861 unter Napoleon III. in der Nordwest-Ecke des Jardin des Tuileries gebaut wurde. Sie zeigt innovative Ausstellungen zeitgenössischer Kunst.

Musée de l'Orangerie   KUNSTMUSEUM
(www.musee-orangerie.fr; Jardin des Tuileries, 1er; Erw./Kind 7,50/5,50 €; ⊙Mi, Do & Sa–Mo 12.30–19, Fr bis 21 Uhr; Ⓜ Concorde) Das Museum in der Südwest-Ecke des Jardin des Tuileries ist zusammen mit dem Jeu de Paume der letzte Überrest des prächtigen Palais des Tuileries, das zur Zeit der Pariser Kommu-

MUSEUMSPASS

Der **Paris Museum Pass** (www.paris museumpass.fr; 2/4/6 Tage 32/48/64 €) gilt für den Eintritt zu rund 38 Einrichtungen in Paris – dazu gehören u. a. Louvre, Centre Pompidou, Musée d'Orsay und die Neulinge Musée du Quai Branly und Cité de l'Architecture et du Patrimoine. Außerdem beinhaltet er 22 weitere Sehenswürdigkeiten außerhalb der Stadtgrenzen, aber noch in der Region Île-de-France, wie die Basilika St-Denis (S. 147) und Teile von Schloss Versailles (S. 150) und Schloss Fontainebleau (S. 155). Die Karte ist online und bei den angeschlossenen Einrichtungen erhältlich, außerdem bei Touristeninformationen (S. 137), Fnac-Filialen (S. 129), Infoschaltern der RATP (Pariser Verkehrsbetriebe) und in großen Métrostationen.

ⓘ GRATIS INS MUSEUM

Die Dauerausstellungen der meisten städtischen Museen sind kostenlos zu besichtigen; dies gilt u. a. für die Maison de Victor Hugo, das Musée Carnavalet und das Musée des Beaux-Arts de la Ville de Paris im Petit Palais. Für Sonderausstellungen wird normalerweise Eintritt verlangt.

Noch besser sieht es bei den Nationalmuseen aus: Sie bieten ermäßigten Eintritt für Besucher über 60 Jahre und von 18 bis 25 Jahren und kostenlosen Eintritt für **EU-Bürger unter 26** Jahren und **alle unter 18** Jahren. **Am ersten Sonntag des Monats** ist der Besuch **für alle frei**. Zu ihnen gehören: Louvre, Musée National d'Art Moderne im Centre Pompidou, Musée de l'Orangerie, Musée du Quai Branly, Musée d'Orsay, Musée Guimet des Arts Asiatiques, Musée Rodin, Musée National du Moyen Âge, Cité de l'Architecture et du Patrimoine, Cité Nationale de l'Histoire de l'Immigration und Musée des Arts et Métiers.

Die gleichen Konditionen gelten bei folgenden Einrichtungen, mit der Abweichung, dass sie nur am ersten Sonntag der Monate November bis März freien Eintritt für alle bieten: Arc de Triomphe, Conciergerie, Panthéon, Ste-Chapelle und die Türme von Notre-Dame.

ne von 1871 niedergebrannt wurde. Es zeigt bedeutende impressionistische Werke, u. a. eine Serie von Monets *Nymphéas* (Seerosenbilder) in zwei riesigen ovalen Räumen, die 1927 nach den Vorgaben des Künstlers eigens zu diesem Zweck gebaut wurden, außerdem Werke von Cézanne, Matisse, Picasso, Renoir, Sisley, Soutine und Utrillo. Ein Audioguide kostet 5 €.

Place Vendôme PLATZ

(Karte S. 48-49; Ⓜ Tuileries oder Opéra) Die achteckige Place Vendôme und die mit Arkaden und Kolonnaden versehenen Gebäude rundherum entstanden zwischen 1687 und 1721. Im März 1796 heiratete Napoleon seine Josephine, Gräfin von Beauharnais, in Nummer 3. Heute beherbergen die Gebäude um den Platz das noble Hôtel Ritz Paris und einige der vornehmsten Boutiquen der Stadt. Um den steinernen Kern der 43,5 m hohen Colonne Vendôme (Vendôme-Säule) in der Platzmitte windet sich eine 160 m lange Bronzespirale. Sie wurde aus Hunderten österreichischer und russischer Kanonen gegossen, die Napoleon 1805 in der Schlacht bei Austerlitz erbeutet hatte. Die Statue auf der Spitze zeigt Napoleon in klassischer römischer Gewandung.

Palais Royal PALAST

(Karte S. 48-49; place du Palais Royal, 1er; Ⓜ Palais Royal-Musée du Louvre) Das Palais Royal, das dem jungen Ludwig XIV. in den 1640er-Jahren kurzzeitig als Wohnsitz diente, liegt nördlich von der Place du Palais Royal und vom Louvre. Die Bauarbeiten begannen 1624 unter Kardinal Richelieu, doch ein

Großteil des heutigen klassizistischen Komplexes stammt aus dem späten 18. Jh. Heute tagt hier der Conseil d'État (Staatsrat). Für die Öffentlichkeit ist das Gebäude nicht zugänglich.

Das Kolonnadengebäude gegenüber der Place André Malraux ist die Comédie Française (S. 132). Das 1680 gegründete Nationaltheater ist das älteste der Welt.

Gleich nördlich vom Palast erstreckt sich der hübsche, 21 ha große **Jardin du Palais Royal**. Zwei Arkaden umrahmen den Park: die **Galerie de Valois** mit ihren Designerboutiquen, Kunstgalerien und Schmuckgeschäften und die **Galerie de Montpensier** mit ein paar alteingesessenen Läden. Am Südende des Parks steht eine Skulptur von Daniel Buren aus schwarz-weiß gestreiften Säulen unterschiedlicher Höhe. Ihre Aufstellung wurde 1986 begonnen, dann aufgrund erboster Bürgerproteste unterbrochen und – nach Intervention des Ministeriums für Kultur und Kommunikation – 1995 fertiggestellt. Wer eine Münze so wirft, dass sie auf einer der Säulen liegen bleibt, bekommt angeblich einen Wunsch erfüllt.

Forum des Halles EINKAUFSZENTRUM

(Karte S. 48-49; www.forum-des-halles.com; 1 rue Pierre Lescot, 1er; ⊙ Geschäfte 10-19.30 Uhr; Ⓜ Les Halles oder Châtelet-Les Halles) Vom frühen 12. Jh. bis 1969 war Les Halles gleich südlich der Église St-Eustache der wichtigste Lebensmittel-Großmarkt der Stadt, bis dieser in die südliche Vorstadt, nach Rungis, verlegt wurde. An seiner Stelle entstand das äußerst unansehnliche Forum des Halles, ein enormes unterirdisches Einkaufszentrum im Glas- und Chromstil der frühen 1970er-Jahre. Jetzt endlich soll es entkernt, bis 2012 gründlich umgestaltet und mit einem architektonisch ambitionierten Baldachindach gekrönt werden.

Oben auf dem Forum des Halles befindet sich ein beliebter Dachgarten. In den wärmeren Monaten führen Straßenmusiker, Feuerschlucker und andere Performer überall in der Gegend ihr Können vor, insbesondere an der Place Joachim du Bellay, in deren Mitte der mehrstufige Renaissancebrunnen Fontaine des Innocents aus dem Jahr 1549 steht. Benannt ist er nach dem Cimetière des Innocents (Friedhof der Unschuldigen), der sich früher an dieser Stelle befand. Nach der Revolution grub man hier 2 Mio. Skelette aus und bettete sie in die Catacombes (S. 79) im 14. Arrondissement um.

LP TIPP ⌕ **Église St-Eustache** KIRCHE (Karte S. 48-49; www.st-eustache.org, auf Frz.; 2 impasse St-Eustache, 1er; ⏰ Mo–Fr 9.30–19, Sa 10–19, So 9–19.15 Uhr; Ⓜ Les Halles) Die majestätische Église St-Eustache zählt zu den schönsten Kirchen von Paris und ist einem früheren römischen Märtyrer, dem Schutzheiligen der Jäger, geweiht. Sie steht gleich nördlich der Gartenanlage auf dem Dach des Forum des Halles. Erbaut wurde St-Eustache zwischen 1532 und 1637 im vorwiegend gotischen Stil. Mitte des 18. Jhs. bekam ihre Westseite eine klassizistische Fassade. Im Inneren tragen einige außergewöhnliche Bögen im spätgotischen Flamboyantstil die Decke des Chors. Der Großteil der Innenausschmückung ist allerdings im Renaissance- und klassischen Stil gehalten. Die gigantische Orgel über dem westlichen Eingang mit 101 Registern und 8000 Pfeifen erklingt bei Konzerten (eine lange Tradition hier) und bei der sonntäglichen Messe (11 und 18 Uhr).

MARAIS & BASTILLE

Das Marais-Viertel erstreckt sich am rechten Seine-Ufer nördlich der Île St-Louis im 3. und 4. Arrondissement. Früher war es, wie sein Name schon sagt, ein Sumpfgebiet, bis es im 13. Jh. in Ackerland umgewandelt wurde. Im frühen 17. Jh. schuf Heinrich IV. die Place Royale (heute Place des Vosges) und verwandelte den Bezirk in die angesagteste Wohngegend von Paris. Das Marais lockte reiche Aristokraten an, die ihrerseits luxuriöse *hôtels particuliers* (herrschaftliche Stadthäuser) errichteten. Heute beherbergen viele von diesen Gemäuern Museen oder staatliche Einrichtungen.

Als die Aristokratie im späten 17. und 18. Jh. von Paris nach Versailles und Faubourg St-Germain umzog, fielen das Marais und seine Häuser den Bürgerlichen in die Hände. Ende der 1960er- und Anfang der 1970er-Jahre erlebte das 110 ha große Viertel ein gründliches „Facelifting". In den letzten Jahren hat es sich zu einer begehrten Trendadresse entwickelt. Gleichzeitig ist es die Heimat einer seit Langem hier ansässigen jüdischen Gemeinde, die ihr Viertel Pletzl nennt, und das Zentrum der Pariser Schwulen- und Lesbenszene.

Das angrenzende Gebiet um die Bastille (11e und 12e) hat nach vielen Jahren als heruntergekommenes Einwandererviertel mit berüchtigter Kriminalitätsrate einen sichtlichen Wandel zum Wohlstand durchlaufen, was hauptsächlich der Eröffnung der Opéra Bastille (S. 71) vor zwei Jahrzehnten zu verdanken ist. Auch wenn hier kein so hippes Nachtleben mehr tobt wie in den 1990er-Jahren, ist die Gegend nach Einbruch der Dunkelheit mit zahlreichen Kneipen, Bars und Clubs in den Rues de Lappe und de la Roquette alles andere als langweilig.

Centre Pompidou MUSEUM FÜR MODERNE KUNST (Karte S. 64-65; www.centrepompidou.fr; place Georges Pompidou, 4e; Ⓜ Rambuteau) Das Kunst- und Kulturzentrum versetzt die Besucher seit seiner Eröffnung 1977 in Erstaunen und Begeisterung. Und das nicht nur wegen seiner herausragenden modernen Kunstsammlung, sondern auch als radikales architektonisches Statement.

Der offene Bereich im Erdgeschoss beherbergt wechselnde Ausstellungen und Infoschalter. Im 4. und 5. Stock ist das **Musée National d'Art Moderne** (MNAM, Nationalmuseum für moderne Kunst; Erw./Kind 10–12 €/ frei; ⏰ Mi–Mo 11–21 Uhr) untergebracht. Etwa ein Drittel der mehr als 50 000 Kunstwerke dieser Sammlung, die mit dem Jahr 1905 beginnt, ist ausgestellt, darunter Werke von Surrealisten und Kubisten sowie Popart und zeitgenössische Kunst.

Westlich des Centre Pompidou sorgen auf der Place Georges Pompidou und in der nahen Fußgängerzone Straßenmusiker, Jongleure und Pantomimen für Unterhaltung. Südlich des Zentrums sprudelt der phantasievolle Strawinski-Brunnen (Karte S. 65) mit mechanischen Skeletten, Herzen,

Der Louvre

BESICHTIGUNG

Das Beste aus dem Besuch des Louvre herauszuholen, ist eine Kunst. Im Labyrinth aus Gemäldegalerien und Treppenfluten in drei Flügeln und auf vier Etagen verliert man sich leicht. Diese dreistündige Tour ist ein prima Einstieg – eine Mischung aus Erwartetem wie der Mona Lisa und Unerwartetem.

Man betritt die Galerie durch den grandiosen Haupteingang, holt am Infoschalter **1** unter der Glaspyramide von I. M. Pei einen Übersichtsplan, nimmt den Lift hoch zum Sully-Flügel und tauscht am Eingang zu diesem Bereich den Pass gegen einen Multimediaguide (die ausgestellten Werke sind spärlich beschriftet).

Der Louvre vereint spektakuläre Architektur mit meisterhaften Kunstwerken. Um beides zugleich zu würdigen, steigt man im Sully-Flügel die Escalier Henri II hoch und wieder runter zur *Venus de Milo* **2**, und anschließend die parallel gelegene Escalier Henri IV hoch zu den erlesenen Werken im Cour Khorsabad **3**. Durch Saal 1 geht's zum Aufzug, der in die 1. Etage und zum Treppenhaus mit dem Glasfenster *L'Esprit d'Escalier* **4** führt. Jetzt geht es durch 25 Säle hintereinander zum umwerfenden Deckengemälde von Cy Twombly: *The Ceiling* **5** und der atemberaubenden Skulptur *Nike von Samothrake* **6**, zwei Säle weiter. Den krönenden Abschluss bilden *Die Freiheit führt das Volk* **7**, *Mona Lisa* **8** und *Jungfrau und Kind* **9**.

TOP-TIPPS

» **Sparfuchs** Nach 15 Uhr ist der Eintritt billiger.

» **Weniger Andrang** Im Denon-Flügel ist es immer voll; beste Besuchszeit Mittwoch- oder Freitagabend. Der Richelieu-Flügel ist ruhiger.

» **Zweite Etage** Nichts für Anfänger: diese ausgefallenen Werke für spätere Besuche aufheben

» **Multimediaguide** Lohnt sich, schon allein wegen dem „Wo bin ich?"-Knopf

Mission Mona Lisa

Wer nur die berühmtesten Dame des Louvre huldigen möchte, nimmt den Eingang Porte des Lions. Von hier sind es fünf Minuten Fußweg: eine Treppe hoch und durch die Säle 26, 14 und 13 zur Grande Galerie in den Saal 6 daneben.

L'Esprit d'Escalier
Escalier Lefuel, Richelieu
Den „Geist der Treppe" durch François Morellets zeitgenössisches Mosaikfenster entdecken, das neues Licht auf alten Stein wirft. **ABSTECHER**» Die goldenen Gemächer von Napoleon III.

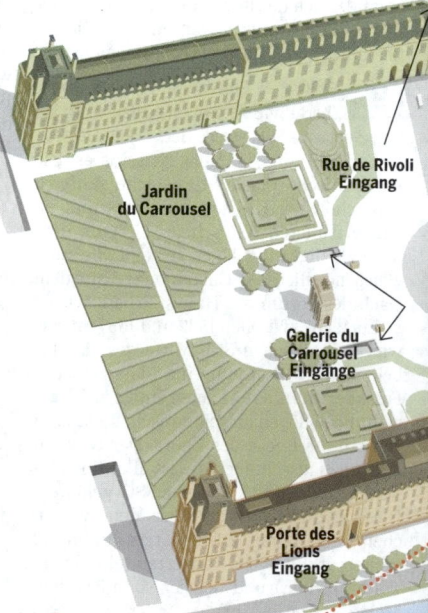

Rue de Rivoli Eingang

Jardin du Carrousel

Galerie du Carrousel Eingänge

Porte des Lions Eingang

Die Freiheit führt das Volk
Saal 77, 1. Etage, Denon
Die politischen Aussagen in Eugène Delacroix leidenschaftlichem Gemälde und Théodore Géricaults *Das Floß der Medusa* erkennen, beide französisch-romantizistische Künstler des 19. Jhs.

BILL BACHMANN/ALAMY

Cour Khorsabad
Erdgeschoss, Richelieu
Ein Paar geflügelter Stiere mit Menschenköpfen weisen den Weg zu uralten Kunstwerken aus Mesopotamien. **ABSTECHER»** Die beleuchteten Statuen im Cour Puget.

Venus von Milo
Saal 7, Erdgeschoss, Sully
Niemand weiß, wer diese verführerisch naturgetreue Göttinnenstatue aus der griechischen Antike schuf. Ein hellenistisches Meisterwerk.

The Ceiling
Saal 32, 1. Etage, Sully
Das hinreißende Blau von Cy Twombly's 400 m^2 großem modernen Deckengemälde bewundern – die jüngste, mutige Erwerbung des Louvre. **ABSTECHER»** *Die Braque-Decke*, Saal 33.

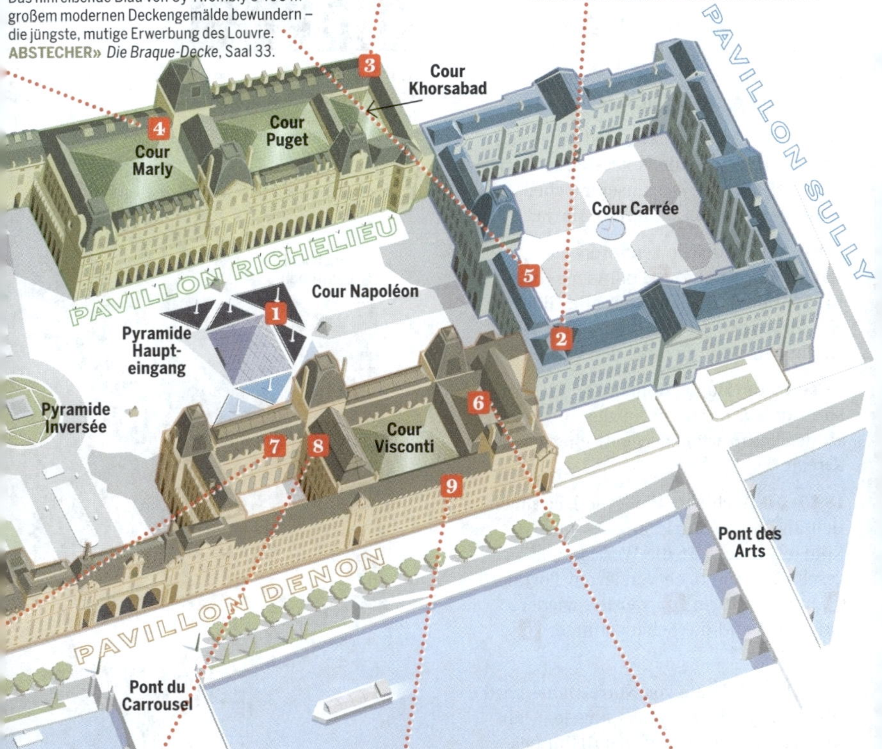

Cour Khorsabad

PAVILLON SULLY

3

4 Cour Marly · Cour Puget

PAVILLON RICHELIEU

Cour Carrée

Cour Napoléon

1

5

2

Pyramide Haupteingang

Pyramide Inversée

6

7 **8** Cour Visconti

9

Pont des Arts

PAVILLON DENON

Pont du Carrousel

Jungfrau und Kind
Saal 5, Grande Galerie, 1. Etage, Denon
Das Beste sollte man sich bis zuletzt aufheben: die berühmteste Abteilung des Louvre mit den unübertroffenen Jungfrau-und-Kind-Gemälden von Raphael, Domenico Ghirlandaio, Giovanni Bellini und Francesco Botticini.

TERRY SMITH/ALAMY

Mona Lisa
Saal 6, 1. Etage, Denon
Kein Lächeln war je so betörend wie ihres. Da Vincis winzige *La Joconde* hängt gegenüber dem größten Gemälde des Louvre – das ebenfalls während der italienischen Renaissance entstandene *Die Hochzeit zu Kanaa*.

Nike von Samothrake
Escalier Daru, 1. Etage, Sully
Beim Anblick der aggressiven Ausstrahlung der kopf- und handlosen Göttin bleibt einem die Luft weg. **ABSTECHER»** Die Kronjuwelen in der Apollon-Galerie.

Notre-Dame

ZEITTAFEL

1160 Maurice de Sully wird Bischof von Paris. Seine Mission: Paris eine vornehme neue Kathedrale verschaffen.

1182–90 Der Chor mit doppeltem Wandelgang **1** ist fertig, jetzt beginnt die Arbeit am Kirchenschiff und dem Kapellenkranz.

1200–50 Die Westfassade **2** mit Fensterrosette, drei Portalen und zwei himmelstürmenden Türmen wird hochgezogen. Alle Welt staunt.

1345 80 Jahre nach Grundsteinlegung ist die Cathédrale de Notre-Dame fertig. Sie wird *notre dame* (unserer lieben Frau) geweiht, der Jungfrau Maria.

1789 Aufständische zerstören die Galerie der Könige **3**, plündern die Kathedrale und schmelzen alle Glocken ein, außer der großen Emmanuel. Die Kirche wird ein „Tempel der Vernunft".

1831 Victor Hugos Roman *Der Glöckner von Notre-Dame* weckt neues Interesse an der halb zerfallenen gotischen Kirche.

1845–50 Architekt Viollet-le-Duc macht sich an die Restaurierung. 28 neue Könige werden für die Westfassade geschnitzt. Die reich verzierten Portale **4** und der Turm **5** werden wieder aufgebaut und die Schatzkammer **6** errichtet.

1860 Das Gelände vor Notre-Dame wird gesäubert und das *parvis* angelegt, ein Klassenzimmer unter freiem Himmel, in dem man auf Steinskulpturen den Katechismus „lesen" kann.

1935 Ein Dachreiter mit Reliquien der Dornenkrone, des hl. Denis und der hl. Geneviève wird auf die Turmspitze gesetzt und soll die Kirchenbesucher beschützen.

1991 Notre-Dame und das ihr zugewandte Seine-Ufer werden Unesco-Weltkulturerbestätte.

BILL BACHMANN

Jungfrau & Kind
Alle 37 Kunstwerke ausfindig machen, auf der die Jungfrau Maria dargestellt ist. Seit dem 14. Jh. pilgern Gläubige zu ihrer Statue im Dom. Eine Andachtskerze stiften und ein paar Worte ins *Livre de Vie* (Buch des Lebens) schreiben.

Nördliches Rosettenfenster
Richter, Könige und Priester bei der Anbetung Mariens, zu sehen auf dem Glas eines der drei wunderbaren Rosettenfenster (1225–1270) mit jeweils fast 10 m Durchmesser.

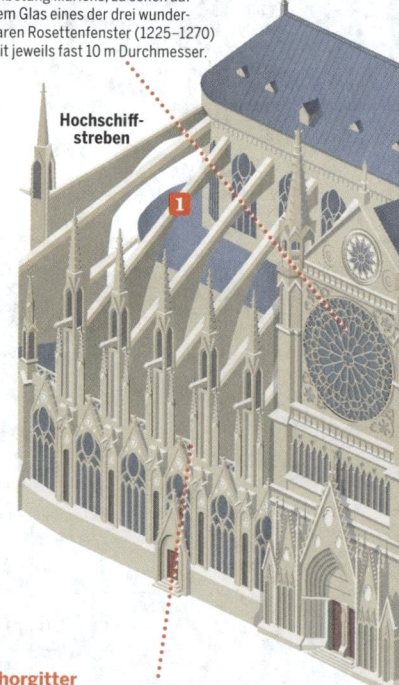

Hochschiff-streben

1

Chorgitter
In keinem anderen Teil der Kathedrale sind biblische Geschichten so eindringlich dargestellt wie auf diesen Holzpaneelen. Sie wurden im 14. Jh. geschnitzt, nachdem die halbe Bevölkerung Frankreichs der Pest zum Opfer gefallen war.

SIR/IMAGEBROKER

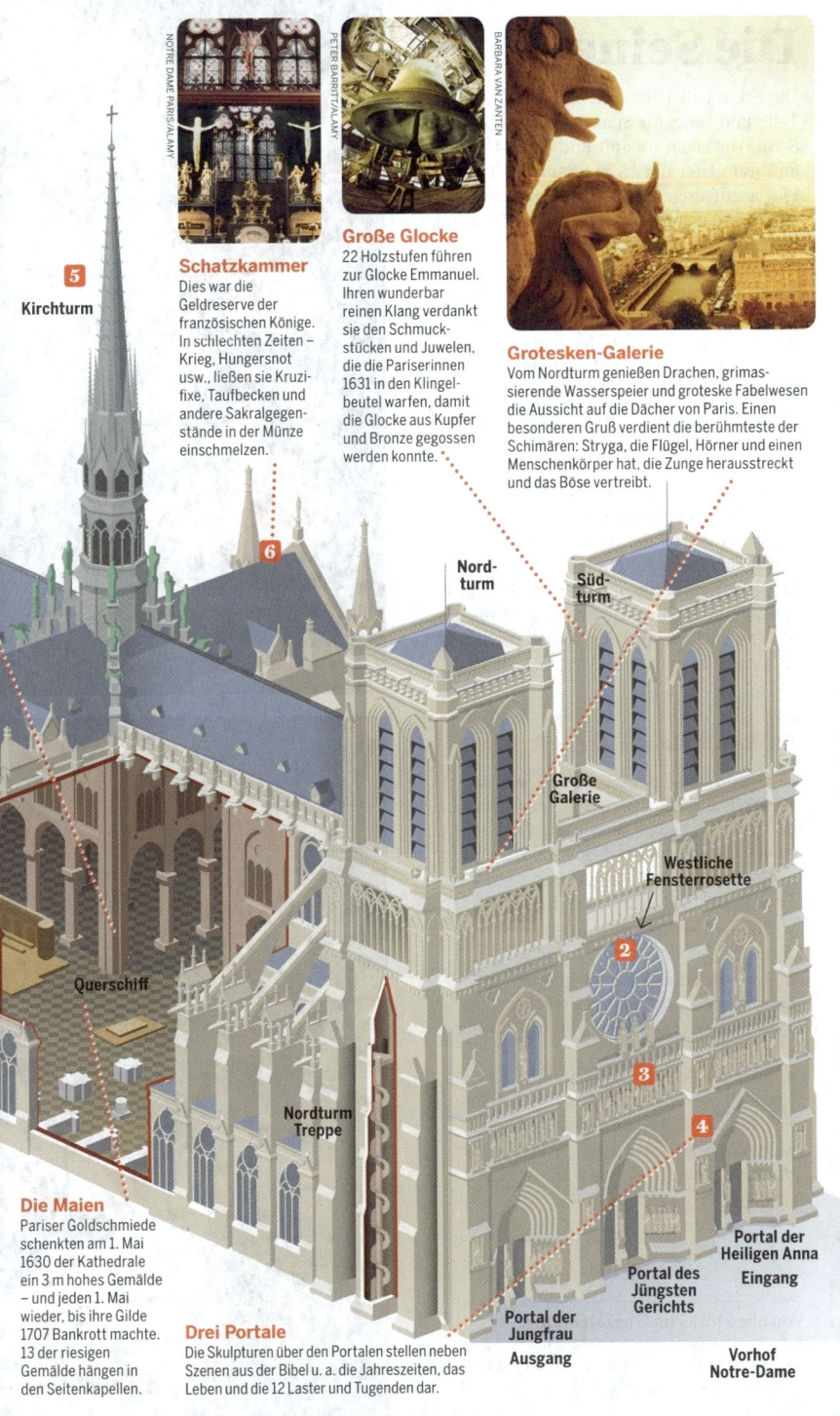

Schatzkammer

Dies war die Geldreserve der französischen Könige. In schlechten Zeiten – Krieg, Hungersnot usw., ließen sie Kruzifixe, Taufbecken und andere Sakralgegenstände in der Münze einschmelzen.

Große Glocke

22 Holzstufen führen zur Glocke Emmanuel. Ihren wunderbar reinen Klang verdankt sie den Schmuckstücken und Juwelen, die die Pariserinnen 1631 in den Klingelbeutel warfen, damit die Glocke aus Kupfer und Bronze gegossen werden konnte. ·

Grotesken-Galerie

Vom Nordturm genießen Drachen, grimassierende Wasserspeier und groteske Fabelwesen die Aussicht auf die Dächer von Paris. Einen besonderen Gruß verdient die berühmteste der Schimären: Stryga, die Flügel, Hörner und einen Menschenkörper hat, die Zunge herausstreckt und das Böse vertreibt.

5

Kirchturm

6

Nord-
turm

Süd-
turm

Große
Galerie

Westliche
Fensterrosette

2

3

4

Querschiff

Nordturm
Treppe

Die Maien

Pariser Goldschmiede schenkten am 1. Mai 1630 der Kathedrale ein 3 m hohes Gemälde – und jeden 1. Mai wieder, bis ihre Gilde 1707 Bankrott machte. 13 der riesigen Gemälde hängen in den Seitenkapellen.

Drei Portale

Die Skulpturen über den Portalen stellen neben Szenen aus der Bibel u. a. die Jahreszeiten, das Leben und die 12 Laster und Tugenden dar.

Portal der
Jungfrau

Ausgang

Portal des
Jüngsten
Gerichts

Portal der
Heiligen Anna

Eingang

Vorhof
Notre-Dame

Die Seine

Die Seine teilt Paris ordentlich in zwei Teile und sorgt für Spaß und Romantik der Stadt, vor allem im Juli und August, wenn an ihrem Ufer über 5 km Sand für Paris Plages aufgeschüttet wird – einen Strand am Flussufer mit Wasserbrunnen, Brausen, Sonnenliegen und -schirmen.

Zum Seine-Ufer kommen die Pariser das ganze Jahr, um Fahrrad zu fahren, zu joggen oder spazieren zu gehen und den Fluss zu genießen, der herrlich genug ist, um in die Liste des Weltkulturerbes aufgenommen zu werden. Von einer der Brücken, die zu den zwei eleganten Inseln in der Seine hinüberführen, fällt der Blick auf das bunte Gemisch an Liebespaaren, Cello spielenden Straßenmusikern und Jugendlichen auf Skateboards.

Nachts tanzen die Reflektionen der Straßenlaternen, Fahrzeugscheinwerfer, Ampellichter, der gedämmten Lichter aus den Wohnungen und – hin und wieder – der grellen Leuchten der Touristenschiffe auf dem Wasser des Flusses. Das ist Paris.

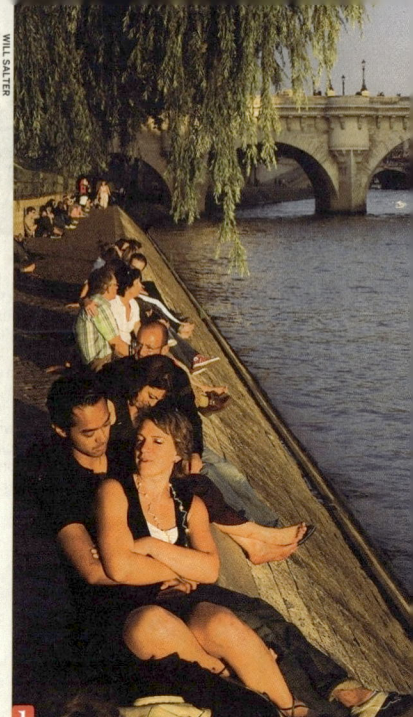

WILL SALTER

PICKNICKPLÄTZE AN DER SEINE

» **Musée de la Sculpture en Plein Air** (S. 76) Das Baguette neben einem Brancusi im Open-Air-Skulpturenmuseum krachen zu lassen, gehört zu den Picknickklassikern

» **Square du Vert Gallant** Schmucker Park an der Spitze der Île de la Cité (S. 71)

» **Square Jean XXIII** Blumen unter den Strebebögen von Notre-Dame (S. 71)

» **Pont St-Louis** Picknick auf der Fußgängerbrücke, die die beiden Inseln von Paris verbindet (S. 131), samt Unterhaltung von Straßenkünstlern

» **Pont au Double** Die andere Brücke, die Notre-Dame mit dem linken Ufer verbindet – kostenlose Darbietungen inbegriffen

» **Jardin des Tuileries** (S. 51) Garten im französischen Stil aus dem 17. Jh. neben dem Louvre

WILL SALTER

Von oben links im Uhrzeigersinn
1. Am Pont Neuf entspannen **2.** Bei Sonnenuntergang auf der Seine schippern **3.** Fähre am Square du Vert Gallant **4.** Sonnenschein auf Paris Plages

Einkaufen

Paris hat's: die internationalen Ketten auf den prächtigen Boulevards, Designerklamotten von den Luxusmeilen, die berühmten *grand magasins* (Kaufhäuser) und fabelhafte Märkte (S. 134). Am besten fängt man den Charme der Stadt aber beim ziellosen Schlendern durch die Seitenstraßen ein, in denen sich winzige Spezialgeschäfte und angesagte Boutiquen verstecken. Hier kann man zwischen Cafés, Galerien und Kirchen alles kaufen von parfümierten Kerzen bis hin zu Gummistiefeln, die nach Erdbeere riechen.

Auch Modefans kommen natürlich auf ihre Kosten – rund um die Place de l'Étoile und die Champs-Élysées liegen Haute-Couture, Luxusjuwelen und Designer-Parfüm nebeneinander. Originale Straßen- und Vintagemode gibt's im Marais-Viertel und in St-Germain des Prés.

Aber Paris ist auch ein exquisiter Fundort für feines Essen, Weine, Tee, Bücher, Schreibwaren, moderne Kunst, Antiquitäten und Sammlerstücke. Kein Problem, hier Geschenke und Souvenirs für zu Hause zu finden.

Praktische Einkaufstipps, s. S. 135.

EINKAUFSBUMMEL ...

» **Ein Regenbogensortiment Makronen** beim *chocolatier* Pierre Hermé (S. 135) an der Rive Gauche

» **Designermode** aus einer trendigen Boutique oder einem Konzeptladen im Marais oder von einem Haute-Couture-Label im Triangle d'Or (S. 133)

» **Parfüm** von Fragonard (S. 120) oder Guerlain (S. 134)

» **Postkarten vom alten Paris** von den *bouquinistes* (Antiquare), die ihre Verkaufsstände seit dem 16. Jh. am Seine-Ufer nahe Notre-Dame aufbauen

» **Pariser Kuriositäten** vom Marché aux Puces de la Porte de Vanves (S. 134), dem intimsten Pariser Trödelmarkt für einen gemütlichen Sonntagsbummel

Von oben links im Uhrzeigersinn
1. Modeboutique im Marais **2.** Im *grand magasin* Galeries Lafayette **3.** Eine farbenfrohe Auslage *macarons*

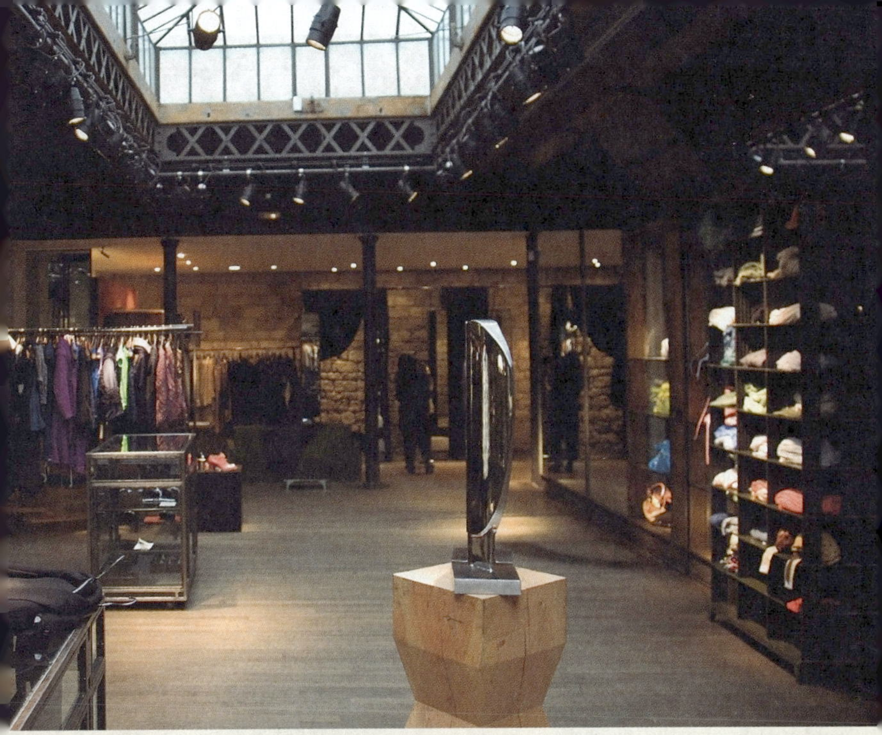

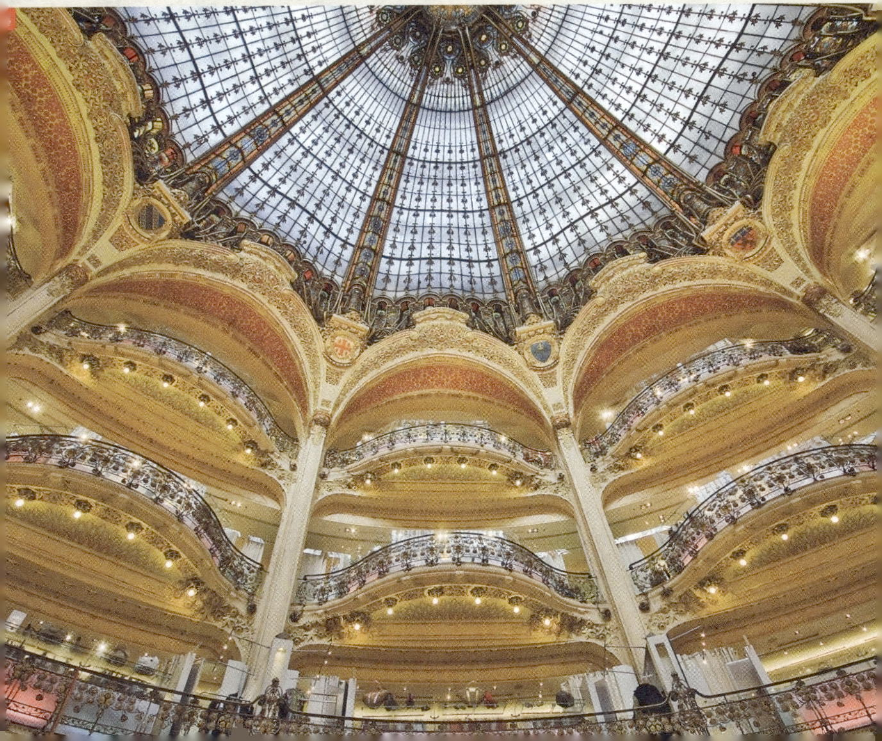

Versailles

EIN TAG BEI HOFE

Schloss Versailles überwältigt. Aber macht man sich klar, dass es nur ein Haus war, wo Menschen gegessen, getrunken, gearbeitet, geschlafen und gestritten haben, schüchtert es weniger ein.

Nach rund zwei Jahrzehnten seiner Regierungszeit begann Ludwig XIV., das Jagdschloss seines Vaters in einen Palast umzubauen, der groß genug war, um seinen Hofstaat zu beherbergen. Der Sonnenkönig scheute keine Kosten, beschäftigte die talentiertesten Künstler und Handwerker der Zeit und 1682 durfte er das extravaganteste Wohngemach der Geschichte sein Eigen nennen.

Der königliche Tagesablauf war akkurat wie ein Schweizer Uhrwerk. Wer diesem Ablauf Raum für Raum folgt, kann einen Tag im Leben des Königs nachspielen. Er beginnt im Schlafgemach des Königs **1** und dem der Königin **2**, wo das Königspaar um die gleiche Zeit geweckt wurden. Dann zieht die königliche Prozession durch die Spiegelgalerie **3** in die Schlosskapelle **4** zur Messe und anschließend in den Sitzungssaal **5** zum Treffen mit den Ministern. Nach dem Mittagsmahl geht der König reiten oder jagen oder in die königliche Bibliothek **6**. Später gesellt er sich möglicherweise zum Hofadel und verbringt einen „Hausabend" im Herkulessalon **7** oder spielt Billard im Dianasalon **8**, bevor er um 22 Uhr das Abendessen einnimmt.

VERSAILLES IN ZAHLEN

» **Zimmer** 700 (11 ha Dachgelände)
» **Fenster** 2153
» **Treppen** 67
» **Gärten und Parks** 800 ha
» **Bäume** 200.000
» **Brunnen** 50 (mit 620 Fontänen)
» **Gemälde** 6300 (nebeneinander gelegt ergeben sie eine Länge von 11 km)
» **Statuen und Skulpturen** 2100
» **Kunstwerke und Möbel** 5000
» **Besucher** 5,3 Millionen pro Jahr

CHRISTOPHE LEHENAFF/PHOTOLIBRARY

Schlafgemach der Königin
Chambre de la Reine
Das Leben der Königin fand in aller Öffentlichkeit statt; sogar bei der Geburt ihrer Kinder wurde sie im eigenen Schlafzimmer von Neugierigen betrachtet. **ABSTECHER** » Wachzimmer, wo 12 bewaffnete Leibwächter standen.

Mittagessen
Ein Snack im Sister's Café, Crêpes bei Le Phare St-Louis oder ein Picknick im Park.

Wachraum

Südflügel

Königliche Bibliothek
Bibliothèque du Roi
Der letzte Resident, der bibliophile Louis XVI., liebte Geographie; seine Kopie von *The Travels of James Cook* (auf Englisch, das er fließend las) steht immer noch im Regal.

RADIUS IMAGES/ALAMY

Cleveres Sightseeing
Schloss nicht am Montag (geschl.), Dienstag (Pariser Museen geschl., deshalb hier Massenandrang) und Sonntag (Hochbetrieb) besuchen. Tickets online reservieren.

Spiegelsaal
Galerie des Glaces
Das Silbermobiliar, ein Geschenk anlässlich der Kriegserfolge von Ludwig XIV., wurde 1689 eingeschmolzen, um die Ausgaben für einen anderen Krieg zu bestreiten. **ABSTECHER »** Der Salon des Friedens, ironischerweise direkt nebenan.

Schlafgemach des Königs
Chambre du Roi
Der Alltag des Königs war keine Privatsache und selbst sein *lever* (Aufstehen) um 8 Uhr und *coucher* (Schlafengehen) um 23.30 Uhr wurde von bis zu 150 Höflingen verfolgt.

Sitzungssaal
Cabinet du Conseil
In diesem Saal traf der Monarch je nach Wochentag mit seinen unterschiedlichen Ministern (Staatsangelegenheiten, Finanzen, kirchliche Angelegenheiten usw.) zusammen.

Dianasalon
Salon de Diane
In diesem Raum, dessen Wände und Decke Fresken der mythischen Jagdgöttin zieren, stand ein großer Billardtisch, der Ludwig XIV. vorbehalten war.

Schlosskapelle
Chapelle Royale
Die zweistöckige Kapelle (oben saß die königliche Familie und der Hochadel, unten die niedrigeren Chargen) war dem Heiligen Ludwig geweiht. **ABSTECHER »** Das pompöse königliche Opernhaus.

Herkulessalon
Salon d'Hercule
Von diesem Salon mit seinem herrlichen Deckenfresko des Riesen gelangte man in die Staatsräume, die den Höflingen drei Abende in der Woche offen standen. **ABSTECHER »** Der Apollosalon wurde für offizielle Empfänge genutzt.

Labels on map: edenssaal · Spiegelgalerie · Marmorhof · Kriegssaal · ingang · Eingang · Nordflügel · zur Königlichen Oper

Image credits: JOHN FI X III · DENNIS JOHNSON · MIKE BOOTH/ALAMY · WITOLD SKRYPCZAK · GIANNI DAGLI ORTI/ALAMY

Marais

200 m

0

Streets and Places

Bd Voltaire

Bd du Temple

11e

R des Filles du Calvaire

R Froissart

R du Pont aux Choux

Impasse St-Claude

R St-Claude

R Béranger

R de Franche Comté

R Charlot

R de Normandie

R de Saintonge

R du Perrée

R de Picardie

R Debelleyme

R de Poitou

R Debelleyme

R de Bretagne

Haut Marais

R de Vieille du Temple

27

19

43

Cité Dupetit Thouars

R Dupetit Thouars

R Gabriel Vicaire

R Eugène Spuller

R Caffarelli

R de Forez

R de Saintonge

R Charlot

R des Coutures St-Gervais

R du Perche

Jardin de l'Hôtel Salé St-Gervais

R Paul Dubois

R Perrée Forez

Square du Temple

R de Beauce

3e

R du Temple

R des Fontaines du Temple

R Ste-Elisabeth

R Portefoin

R Pastourelle

Ruelle Sourdis

R des Fils

R Borda

R de Montgolfier

R Conté

R de Turbigo

R Réaumur

R Vaucanson

R Volta

R au Maire

R des Vertus

Passage des Gravilliers

R des Haudriettes

R des Archives

R de Braque

R du Temple

R des Archives

R Pecquay

Passage Ste-Avoie

Arts et Métiers

1

40

39

R Bailly

R Beaubourg

R Michel le Comte

12

R de Réaumur

Arts et Métiers

13

R Cunin Gridaine

R des Gravilliers

29

R Chapon

R St-Martin

R de Montmorency

2

R du Grenier St-Lazare

R Beaubourg

Impasse Berthaud

32

R de Rambuteau

R de Rambuteau

R Geoffroy Angevin

R Simon le Franc

Réaumur Sébastopol

R Greneta

R de Turbigo

R du Bourg l'Abbé

R Brantôme

Rambuteau

Pl Georges Pompidou

4

Centre Pompidou

14

Bd de Sébastopol

R de Palestro

R aux Ours

R Quincampoix

R St-Martin

Rive Droite

24

R E. Michelet

R Aubry-le-Boucher

R St-Denis

R St-Sauveur

R Greneta

R Tiquetonne Étienne Marcel

Impasse des Peintres

R Étienne Marcel

R du Cygne

R Rambuteau

2e

1er

Bd de Sébastopol

R St-Denis

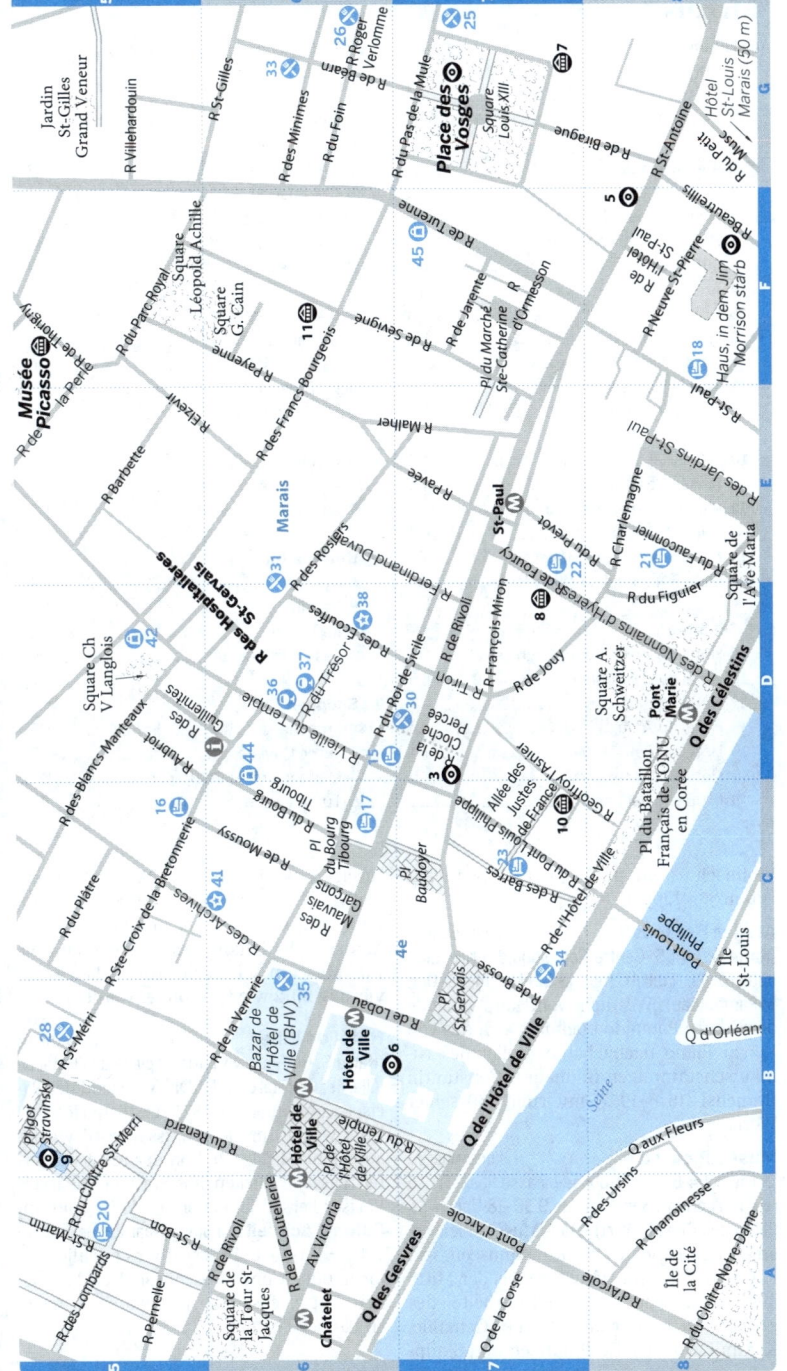

65

PARIS SEHENSWERTES

Marais

Violinschlüsseln und einem großen Paar rubinroter Lippen.

Atelier Brancusi KUNSTMUSEUM
(Karte S. 64-65; Centre Pompidou; 55 rue Rambuteau, 4e; Eintritt frei; ⊘Mi-Mo 14–18 Uhr; ⓂRambuteau) Westlich vomHauptgebäude des Centre Pompidou befindet sich das von Renzo Piano nachgebaute Atelier des rumänischstämmigen Bildhauers Constantin Brancusi (1876–1957) mit rund 160 seiner Werke.

Musée Picasso KUNSTMUSEUM
(Karte S. 64-65; www.musee-picasso.fr, auf Frz.; 5 rue de Thorigny, 3e; ⊘Mi–Mo 9.30–18 Uhr; ⓂSt-Paul oder Chemin Vert) Das Musée Picasso, eines der beliebtesten Kunstmuseen von Paris, residiert im Hôtel Salé aus der Mitte des 17. Jhs. Es hütet über 3500 Arbeiten des *grand maître*, darunter Stiche, Gemälde, Keramikarbeiten, Zeichnungen und Skulp-

turen. Außerdem hier zu bewundern: ein Teil von Picassos persönlicher Kunstsammlung mit Werken von Braque, Cézanne, Matisse, Modigliani, Degas und Rousseau. Das Museum soll nach gründlicher Renovierung 2012 wieder eröffnet werden.

Hôtel de Ville RATHAUS
(Karte S. 64-65; www.paris.fr; place de l'Hôtel de Ville, 4e; ⓂHôtel de Ville) Das während der Pariser Kommune von 1871 zerstörte Hôtel de Ville wurde im Neorenaissancestil wieder aufgebaut (1874–82). Von der reich verzierten Fassade blicken 108 Statuen wichtiger Pariser Persönlichkeiten in die Gegend. Im **Salon d'Accueil** (Empfangssaal; 29 rue de Rivoli, 4e; ⊘Mo–Sa 10–19 Uhr) gibt es reichlich Informationen und Broschüren. Der Saal beherbergt wechselnde Ausstellungen, meist zu Pariser Themen.

Place des Vosges
PLATZ

(Karte S. 64-65; Ⓜ St-Paul oder Bastille) Die Place des Vosges, 1612 als Place Royale eingeweiht, ist ein Ensemble aus 36 symmetrischen Arkadenhäusern mit steilen Schieferdächern und großen Gaubenfenstern, die einen ausgedehnten Platz säumen. Nur die frühesten Häuser sind wirklich aus Backstein. Die übrigen wurden zeit- und geldsparend in Fachwerkbauweise gezimmert, verputzt und bemalt, um Ziegelmauerwerk vorzutäuschen.

Der Schriftsteller Victor Hugo zog 1832, ein Jahr nach der Veröffentlichung seines Romans *Notre-Dame de Paris (Der Glöckner von Notre-Dame)*, an den Platz, genauer gesagt ins Hôtel de Rohan-Guéménée, und lebte hier bis 1848. Sein ehemaliges Wohnhaus, die **Maison de Victor Hugo** (www.musee-hugo.paris.fr, auf Frz.; Erw./Kind 7 €/frei; ⊙ Di-So 10–18 Uhr), widmet sich heute als städtisches Museum dem Leben und der Zeit des berühmten Romanciers und Dichters und bietet eine imposante Sammlung seiner persönlichen Zeichnungen und Porträts.

🏛 Hôtel de Sully
BAUDENKMAL

(Karte S. 64-65; 62 rue St-Antoine, 4e; ⊙ Mo–Do 9–12.45 & 14–18, Fr bis 17 Uhr; Ⓜ St-Paul) Das Adelspalais aus dem frühen 17. Jh. besitzt zwei wunderschöne Höfe im Renaissancestil, die allein schon den Abstecher wert sind. Bei der Gelegenheit kann man auch gleich eine der erstklassigen Fotoausstellungen im **Jeu de Paume-Site Sully** (www.jeudepaume.org; Erw./Kind 5/2,50 €; ⊙ Di–Fr 12–19, Sa & So 10–19 Uhr) mitnehmen, einem Ableger der berühmteren Galerie Nationale du Jeu de Paume (S. 51).

Musée Carnavalet
GESCHICHTSMUSEUM

(Karte S. 64-65; www.carnavalet.paris.fr, auf Frz.; 23 rue de Sévigné, 3e; Erw./Kind 7 €/frei; ⊙ Di–So 10–18 Uhr; Ⓜ St-Paul oder Chemin Vert) Das

Museum befasst sich mit der Pariser Geschichte von der gallorömischen Zeit bis in die Gegenwart. Ausgestellt sind einige der wichtigsten Dokumente, Gemälde und Gegenstände des Landes aus der Zeit der Französischen Revolution (Räume 101–113), Fouquets wunderbarer Jugendstil-Juwelierladen aus der Rue Royale (Raum 142) sowie Marcel Prousts mit Kork tapeziertes Schlafzimmer aus seiner Wohnung am Boulevard Haussmann (Raum 147), in der er den Großteil seines 7350 Seiten langen Zyklus' *À la Recherche du Temps perdu (Auf der Suche nach der verlorenen Zeit)* verfasste.

Musée des Arts et Métiers
WISSENSCHAFTS- & TECHNIKMUSEUM

(Karte S. 64-65; www.arts-et-metiers.net, auf Frz.; 60 rue de Réaumur, 3e; Erw./Kind 6,50 €/frei; ⊙ Di, Mi & Fr–So 10–18, Do bis 21.30 Uhr Ⓜ Arts et Métiers) Das älteste Wissenschafts- und Technikmuseum Europas ist ein Muss für jeden, der wissen will, wie die Dinge funktionieren. Auf den drei Etagen der Priorei von St-Martin des Champs aus dem 18. Jh. zeigt es rund 3000 Instrumente, Maschinen und technische Modelle aus dem 18. bis 20. Jh. Der ganze Stolz des Museums ist das Originalpendel von Foucault, das er 1855 der Welt präsentierte.

Musée d'Art et d'Histoire du Judaïsme
JÜDISCHES MUSEUM

(Karte S. 64-65; www.mahj.org; 71 rue du Temple, 3e; Erw./Kind 6,80 €/frei; ⊙ Mo–Fr 11–18, So 10–18 Uhr; Ⓜ Rambuteau) Das Museum für Kunst und Geschichte des Judentums befindet sich im prächtigen Hôtel de St-Aignan aus dem 17. Jh. und beleuchtet die Entwicklung jüdischer Gemeinden vom Mittelalter bis zur Gegenwart, besonders in Frankreich, aber auch in anderen Teilen Europas und in Nordafrika. Ausgestellt sind u. a. Dokumente zur Dreyfus-Affäre (1894–1900) und Werke der jüdischen Künstler Chagall,

---

NICHT VERSÄUMEN

WENN MAUERN SPRECHEN KÖNNTEN

Die Geschichte vieler Jahrhunderte prägt die Fassaden und Giebel, die engen Gassen, Vorbauten und Hinterhöfe des 4. Arrondissements. Das Marais ist eines der wenigen Viertel von Paris, die einen Großteil ihrer vorrevolutionären Architektur bewahren konnten. Dazu gehören z. B. das Haus **3 Rue Volta** (Karte S. 64-65) im 3. Arrondissement, das teils noch aus dem Jahr 1292 stammt, das Haus **51 Rue de Montmorency** (Karte S. 64-65), ebenfalls im 3. Arrondissement, das 1407 gebaut wurde und heute das Restaurant Auberge Nicolas Flamel beherbergt, und das Fachwerkhaus **11 & 13 rue François Miron** (Karte S. 64-65) aus dem 16. Jh.

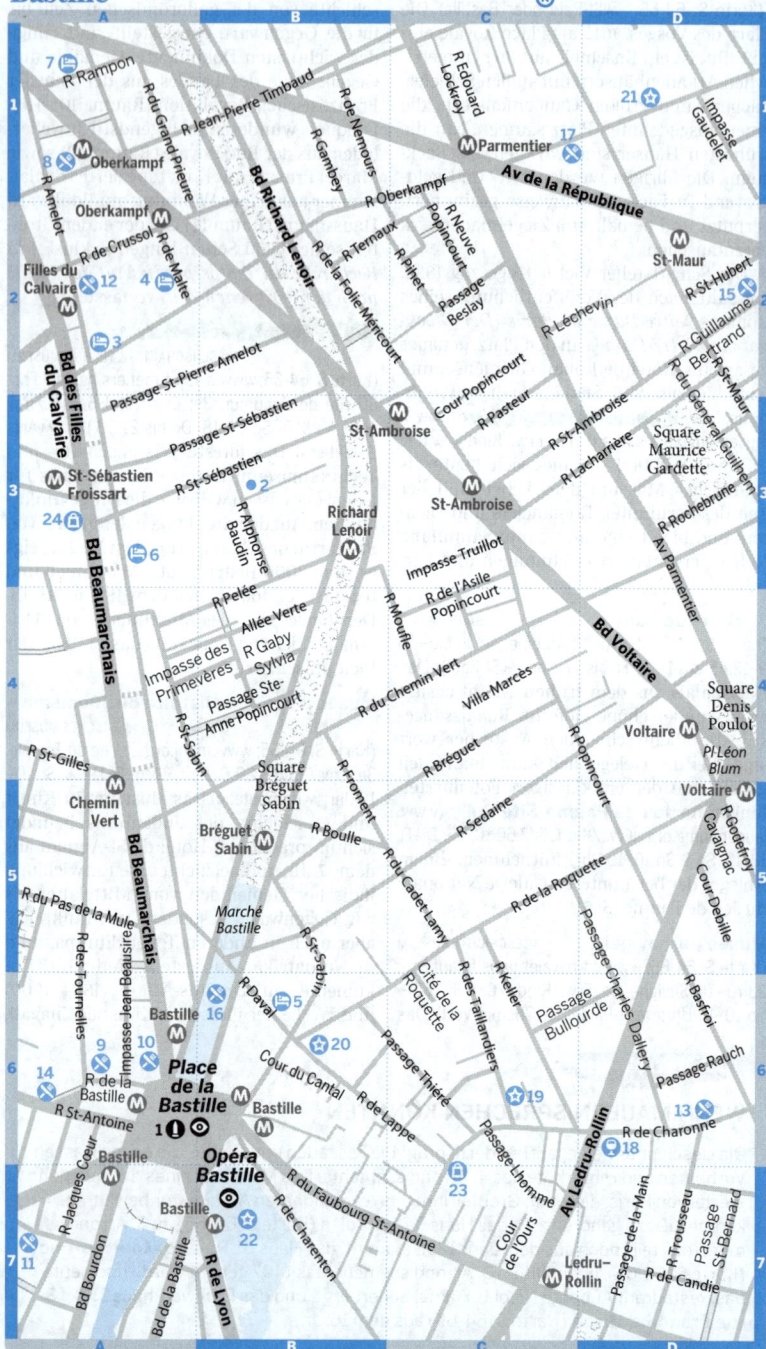

0 ———————— 200 m

Modigliani und Soutine, die in Paris gelebt haben. Sonderausstellungen kosten 7,50 € extra, Kombitickets 9,50 €.

Mémorial de la Shoah GEDENKSTÄTTE
(Karte S. 64-65; www.memorialdelashoah.org; 17 rue Geoffroy l'Asnier, 4e; Eintritt frei; ☉So–Mi & Fr 10–18, Do 10–22 Uhr; ⓂSt-Paul) Das Denkmal des Unbekannten Jüdischen Märtyrers aus dem Jahr 1956 hat sich zum Mémorial de la Shoah mit angeschlossenem Dokumentationszentrum weiterentwickelt. Seine Dauer- und Wechselausstellungen schildern den Holocaust und die Zeit der deutschen Besatzung von Paris und Teilen des Landes im Zweiten Weltkrieg. Die Filmclips aus zeitgenössischem Material und Interviews sind sehr bewegend, die Exponate aufschlussreich und leicht verständlich. Das eigentliche Denkmal für die Opfer der Shoah (hebräisches Wort für „Katastrophe" und synonym mit dem Holocaust) befindet sich am Eingang. Auf einer Mauer stehen die Namen von 76 000 Männern, Frauen und Kindern, die die Nazis aus Frankreich in Vernichtungslager deportierten.

LP TIPP Maison Européenne de la Photographie FOTOGRAFIEMUSEUM
(Karte S. 64-65; www.mep-fr.org, auf Frz.; 5–7 rue de Fourcy, 4e; Erw./Kind 6,50/3,50 €; ☉Mi–So 11–20 Uhr; ⓂSt-Paul oder Pont Marie) Das Europäische Haus der Fotografie ist in dem etwas übereifrig renovierten Hôtel Hénault de Cantorbe aus dem frühen 18. Jh. untergebracht. Es bietet topaktuelle Wechselausstellungen (meist Retrospektiven einzelner Fotografen) und eine riesige Dauerausstellung zur Geschichte der Fotografie und ihrer Verbindung zu Frankreich. Am Wochenende werden nachmittags oft Kurz- und Dokumentarfilme gezeigt.

Place de la Bastille PLATZ
(Karte S. 68; ⓂBastille) Die Bastille entstand im 14. Jh. als befestigte Königsresidenz und ist wohl das berühmteste nicht mehr existente Denkmal von Paris. Am 14. Juli 1789 zerstörte der revolutionäre Mob dieses berüchtigte Gefängnis – das ultimative Symbol der monarchischen Willkürherrschaft – und setzte alle sieben Gefangenen auf freien Fuß. Die Place de la Bastille im 11. und 12. Arrondissement, der einstige Standort des Gefängnisses, ist heute ein viel befahrener Kreisverkehr.

In der Mitte des Platzes ragt die 52 m hohe **Colonne de Juillet** (Julisäule) empor. Ihren grünlichen Bronzeschaft krönt eine vergoldete Freiheitsstatue mit Flügeln. Seit 1833 erinnert sie an die Gefallenen der Straßenschlachten bei der Julirevolution von 1830, die in den Gewölben unter der Säule begraben liegen. Später wurde das Denkmal den Opfern der Februarrevolution 1848 umgewidmet.

Bastille

Seine-Inseln

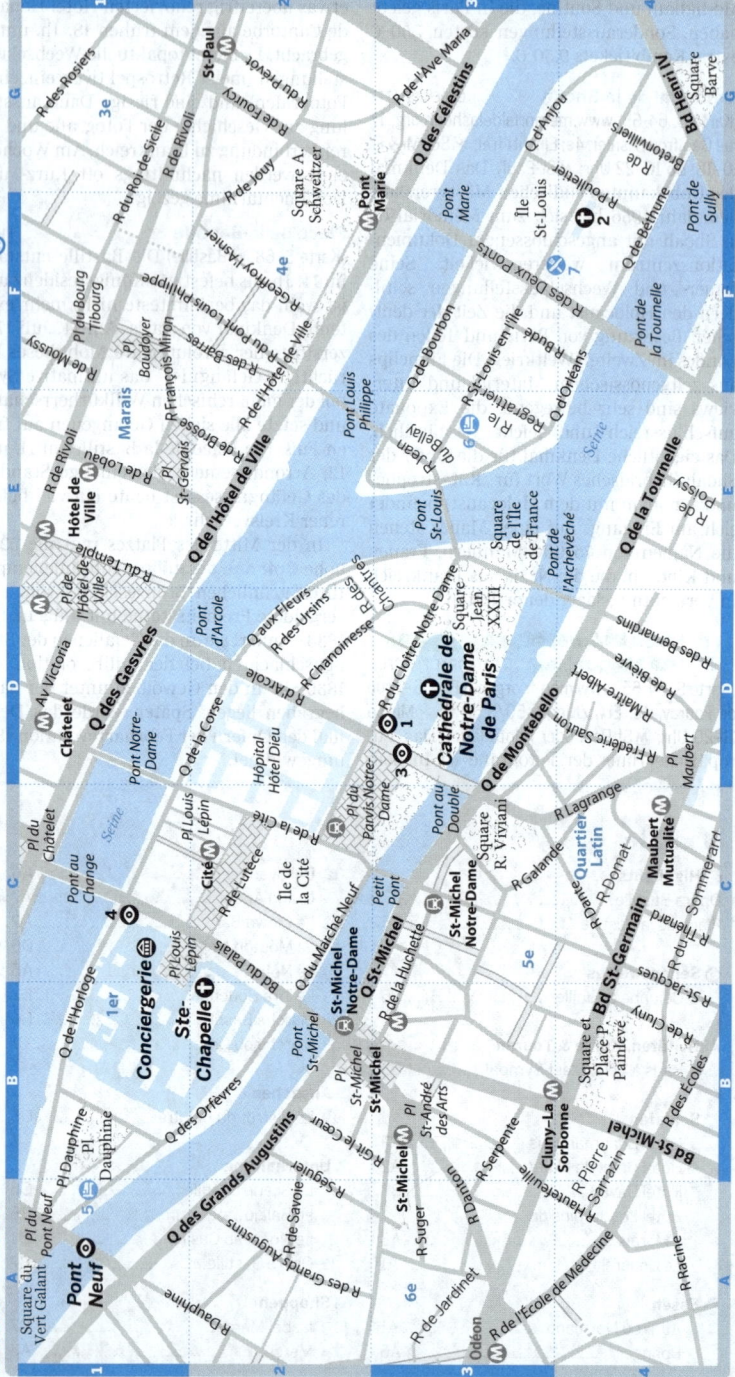

200 m

0

N

1er

3e

4e

5e

6e

Marais

R des Rosiers

St-Paul Ⓜ

R de Fourcy

R du Roi de Sicile

R de Rivoli

R de Jouy

Square A. Schweitzer

R de l'Ave Maria

Q des Célestins

Q d'Anjou

Q de Bretonvilliers

R du Prévôt

Pont Marie Ⓜ

Pont Marie

Île St-Louis

Bd Henri IV

Square Barye

R de Bourg Tibourg

Pl du Bourg Tibourg

R des Barres

R de l'Hôtel de Ville

R de Moussy

Pl Baudoyer

R François Miron

R Geoffroy l'Asnier

R du Pont Louis Philippe

R de Brosse

St-Gervais

Pl de l'Hôtel de Ville

Q de Bourbon

Île St-Louis en l'île

R de Béthune

R de Bretonvilliers

Pont de Sully

Pont de la Tournelle

Q d'Orléans

R Budé

R des Deux Ponts

Q de la Tournelle

R de Poissy

R de l'Hôtel de Ville

Pont Louis Philippe

R Jean du Bellay

R le Regrattier

R de l'île St-Louis en l'île

Seine

R de Lobau

Hôtel de Ville

Q de l'Hôtel de Ville

Pont St-Louis

Square de l'Île de France

Pont de l'Archevêché

Q de la Tournelle

R du Temple

Ⓜ

Hôtel de Ville

Pl de l'Hôtel de Ville

Av Victoria

Q des Gesvres

Pont d'Arcole

Q aux Fleurs

R des Ursins

Square Jean XXIII

R des Bernardins

R de Bièvre

Ⓜ Châtelet

Pont Notre-Dame

R d'Arcole

R des Chantres

R du Cloître Notre-Dame

Cathédrale de Notre-Dame de Paris

Q de Montebello

R Maître Albert

R Frédéric Sauton

Pl Maubert

Pl du Châtelet

Q de l'Horloge

Pont au Change

Seine

Pl Louis Lépin

Hôpital Hôtel Dieu

R de la Corse

R de Lutèce

Île de la Cité

R de la Cité

Pl du Parvis Notre-Dame

Pont au Double

Square R. Viviani

R Galande

R Lagrange

Ⓜ Maubert Mutualité

R Domat

R Thénard

R Sommerard

1er

Conciergerie 🏛

Ste-Chapelle ✚

Bd du Palais

Pl Louis Lépin

Pont St-Michel

Pont Notre-Dame

Petit Pont

St-Michel Notre-Dame 🇽

Q St-Michel

R de la Huchette

St-Michel Notre-Dame Ⓜ

Pl St-Michel

R St-Jacques

R de Domrémy

Quartier Latin

R St-Séverin

Bd St-Germain

R de Cluny

Q de l'Horloge

Pont Neuf

Pl Dauphine

Q des Orfèvres

Pl Dauphine

Q du Marché Neuf

R St-André des Arts

Pl St-Michel

Ⓜ St-Michel

Pl St-André des Arts

Cluny-La Sorbonne Ⓜ

R Pierre Sarrazin

R des Écoles

Pont Neuf ◉

Square du Vert Galant

Pl du Pont Neuf

Q des Grands Augustins

R de Savoie

R le Cœur

R Séguier

R Git le Cœur

R de Hautefeuille

R Serpente

Square et Place Paul Painlevé

Bd St-Michel

Q des Grands Augustins

R des Grands Augustins

R Suger

R Dauphine

R de Jardinet

R de l'École de Médecine

R Racine

Ⓜ Odéon

3e

Seine-Inseln

Opéra Bastille

OPERNHAUS

(Karte S. 68; www.opera-de-paris.fr, auf Frz.; 2–6 place de la Bastille, 12e; Ⓜ Bastille)Das gigantische „zweite" Opernhaus von Paris, die Opéra Bastille nach Plänen des kanadischen Architekten Carlos Ott, wurde am 14. Juli 1989, zum 200. Jahrestag des Sturms auf die Bastille, eingeweiht. Es beherbergt drei Säle, darunter das Hauptauditorium mit 2700 Plätzen. Die Zeiten der 1¼-stündigen **Führungen** (☎ 01 40 01 19 70; Erw./Kind 11/6 €) sind der Website zu entnehmen. Tickets gibt's erst zehn Minuten vor Beginn der Führung an der **Kasse** (130 rue de Lyon, 12e; ⊙ Mo–Sa 10.30–18.30 Uhr).

DIE INSELN

Die beiden Pariser Innenstadtinseln könnten unterschiedlicher nicht sein. Die Île de la Cité ist größer, vollgestopft mit Sehenswürdigkeiten und sehr touristisch; hier leben nur wenige Menschen. Die Île St-Louis ist ein Wohnviertel und sehr viel ruhiger, hat aber gerade genug Restaurants und Geschäfte – z. B. den legendären Eiscreme-Hersteller Berthillon (S. 116) –, um sie für Besucher attraktiv zu machen.

ÎLE DE LA CITÉ

Die Île de la Cité war der erste besiedelte Fleck von Paris (ca. 3. Jh. v. Chr.) und später Standort der römischen Stadt Lutèce (Lutetia). Sie blieb auch das Zentrum der königlichen und kirchlichen Macht, nachdem sich die Stadt im Mittelalter über beide Seine-Ufer ausgebreitet hatte. Die Bebauung der Inselmitte ließ Baron Haussmann bei sei-

nem großen Stadterneuerungsprojekt Ende des 19. Jhs. komplett abreißen und neu errichten.

Cathédrale de Notre-Dame de Paris

KATHEDRALE

(Karte S. 70; www.cathedraledeparis.com; 6 place du Parvis Notre-Dame, 4e; Audioguide 5 €; ⊙ Mo–Fr 8–18.45, Sa & So 8–19.15 Uhr; Ⓜ Cité) Die Cathédrale de Notre-Dame de Paris ist das wahre Herz von Paris. Die Entfernung zwischen der Hauptstadt und allen anderen Orten im zentralisierten Frankreich wird von ihrem Vorplatz, der Place du Parvis Notre-Dame, aus gemessen. Ein Bronzestern im Pflaster gegenüber vom Haupteingang kennzeichnet die exakte Position des **point zéro des routes de France** (Kilometer Null der französischen Straßen).

Notre-Dame, mit jährlich 10 Mio. Besuchern die meistbesuchte Sehenswürdigkeit von Paris, ist nicht nur ein architektonisches Meisterwerk französischer Gotik, sondern auch seit sieben Jahrhunderten das Zentrum des katholischen Paris. Am selben Ort standen schon frühere Kirchen und ein Jahrtausend zuvor ein gallorömischer Tempel.

Der Bau der Kathedrale begann 1163 und war Mitte des 14. Jhs. größtenteils abgeschlossen. Mitte des 19. Jhs. führte der Architekt Eugène Emmanuel Viollet-le-Duc umfassende Renovierungsarbeiten durch. Die Kathedrale beeindruckt mit ihren gewaltigen Ausmaßen: Der Innenraum ist 130 m lang, 48 m breit und 35 m hoch und bietet Platz für über 6000 Gläubige.

Notre-Dame ist für ihre vollendete Ausgewogenheit berühmt. Sieht man jedoch genau hin, fallen viele kleine asymmetrische Elemente ins Auge, die nach den Prinzipien der Gotik einen monotonen Eindruck verhindern sollen. Dazu zählen die leicht unterschiedlich geformten drei Hauptportale, deren Statuen einst in leuchtenden Farben bemalt waren. Das verstärkte ihre Wirkung als *Biblia pauperum* (Armenbibel), die Analphabeten die Geschichten aus dem Alten Testament, die Passion Christi und das Leben der Heiligen näherbrachte. Der **Square Jean XXIII**, die reizende kleine Grünanlage hinter der Kathedrale, bietet einen hervorragenden Blick auf den Wald aus kunstvollen **Strebebögen**, die Decke und Wände des Chors abstützen.

Im Innern gibt es ein paar tolle Besonderheiten wie die drei phantastischen **Fensterrosetten** – die berühmteste ist die 10 m breite Rosette an der Westfassade über der Orgel mit 7800 Pfeifen – sowie das Fenster an der Nordseite des Querschiffs, an dem sich seit dem 13. Jh. praktisch nichts verändert hat. Der zentrale Chor mit hölzernen Chorstühlen und Figuren aus der Passion Christi ist ebenfalls sehenswert. Kostenlose Führungen auf Deutsch durch die Kathedrale finden freitags und samstags jeweils um 14 Uhr statt.

Der **Trésor** (Schatzkammer; Erw.Kind 3/1 €; ☺Mo–Fr 9.30–18, Sa 9.30–18.30, So 13.30–18.30 Uhr) im südöstlichen Querschiff birgt Kunstwerke, Sakralgerät, Kirchensilber und kostbare Reliquien (manche von dubioser Herkunft). Darunter ist auch die Ste-Couronne, die „Heilige Krone", angeblich die Originaldornenkrone auf dem Haupt Jesu bei seiner Kreuzigung, die Mitte des 13. Jhs. hier hergelangte. Zu besichtigen ist sie am ersten Freitag im Monat und an allen Freitagen der Fastenzeit jeweils um 15 Uhr und am Karfreitag von 10 bis 17 Uhr.

Der Eingang zu den **Tours de Notre-Dame** (Türme von Notre-Dame; rue du Cloître Notre-Dame; Erw./Kind 8 €/frei; ☺April–Juni & Sept. tgl. 10.00–18.30 Uhr, Juli & Aug. Mo–Fr 9–19.30, Sa & So 9–23 Uhr, Okt.–März tgl. 10–17.30 Uhr) befindet sich am Nordturm, beim Verlassen der Kathedrale durch den Haupteingang nach rechts um die Ecke. Wer sich die 422 Stufen der Wendeltreppe hinaufgequält hat, schaut direkt auf die gruseligsten Wasserspeier der Kathedrale und die 13 t schwere Glocke Emmanuel (alle Glocken der Kathedrale haben Namen) im Südturm und genießt einen atemberaubenden Blick über Paris.

LP TIPP **Ste-Chapelle** KAPELLE
(Karte S. 70; 4 bd du Palais, 1er; Erw./Kind 8 €/frei; ☺9.30–17 bzw. 18 Uhr; Ⓜ Cité) Das erlesenste gotische Monument von ganz Paris verbirgt sich hinter den Mauern des Palais de Justice (Justizpalast). Die Wände der **Oberkapelle** bestehen eigentlich nur aus Fenstern: aus farbenprächtigem und sehr filigranem **Buntglas**, das die Kapelle an sonnigen Tagen in ein außergewöhnliches Farbenmeer taucht. Es brauchte keine drei Jahre Bauzeit (die von Notre-Dame zog sich über 200 Jahre hin!) bis zur Einweihung der Ste-Chapelle 1248. Ludwig IX. gab sie für seine persönliche Reliquiensammlung in Auftrag (die inzwischen in der Schatzkammer von Notre-Dame gelandet ist).

Ein Kombiticket für die Conciergerie (S. 72) und die Ste-Chapelle kostet 11 €.

Conciergerie BAUDENKMAL
(Karte S. 70; 2 bd du Palais, 1er; Erw./Kind 7 €/frei; ☺9.30–18 bzw. 19 Uhr; Ⓜ Cité) Die Conciergerie wurde im 14. Jh. für den Concierge des Palais de la Cité erbaut. Während der Schreckensherrschaft (1793–94) buchtete man dort die mutmaßlichen Revolutionsgegner ein, um sie dann vors Revolutionstribunal im Palais de Justice nebenan zu zerren. Unter den 2700 Gefangenen, die in den *cachots* (Kerkern) auf die Karrenfahrt zur Guillotine warteten, waren Königin Marie Antoinette und, als die Revolution ihre eigenen Kinder zu fressen begann, die Radikalen Danton und Robespierre und schließlich auch die Richter des Tribunals selbst.

Die **Salle des Gens d'Armes** (Saal der Waffenleute) aus dem 14. Jh. ist die größte erhaltene mittelalterliche Halle in Europa und ein schönes Beispiel für den gotischen Rayonnantstil. Die **Tour de l'Horloge** (Uhrturm; Ecke bd du Palais/quai de l'Horloge) tut der Allgemeinheit schon seit 1370 die Uhrzeit kund.

Ein Kombiticket für die Conciergerie und die Ste-Chapelle (S. 72) kostet 11 €.

Pont Neuf BRÜCKE
(Karte S. 70; Ⓜ Pont Neuf) Die strahlend weißen Steine der ältesten Brücke von Paris, des Pont Neuf, wörtlich „Neue Brücke", verbinden seit 1607 das Westende der Île de la Cité mit beiden Seine-Ufern. Im selben Jahr weihte König Heinrich IV. die Brücke ein, indem er auf einem weißen Hengst darüberritt. Die sieben Brückenbögen sind mit lustigen, grotesken Figuren – Barbieren, Zahnärzten, Taschendieben, Stadtstreichern etc. – geschmückt und vom Fluss aus am besten zu bewundern.

ÎLE ST-LOUIS

Die kleinere der beiden Seine-Inseln , flussabwärts der Île de la Cité gelegen, bestand Anfang des 17. Jhs. noch aus zwei unbewohnten Inselchen (Île Notre-Dame und Île aux Vaches, „Kuhinsel"). Damals handelten ein Bauunternehmer und zwei Financiers einen Deal mit Ludwig XIII. aus: Sie würden die Eilande zu einem einzigen verbinden und zwei Steinbrücken zum Festland bauen, im Gegenzug sollten sie das neue Land aufteilen und verkaufen dürfen. Gesagt, getan: 1664 war bereits die ganze Insel mit hübschen neuen, luftigen Häusern bebaut, die sich den Kais und dem Fluss zuwandten.

Heute verströmen die grauen Steinhäuser aus dem 17. Jh. und die Reihen von Geschäften an den Straßen und Kais eine dörfliche, provinzielle Ruhe. Die einzige Sehenswürdigkeit ist die **Église St-Louis en l'Île** (19bis rue St-Louis en l'Île, 4e; ☉Di–Sa 9–13 & 14–19.30, So bis 19 Uhr; Ⓜ Pont Marie), die zwischen 1664 und 1726 im Stil des französischen Barock erbaut wurde.

QUARTIER LATIN & JARDIN DES PLANTES

Das Quartier Latin war schon seit dem Mittelalter ein Zentrum der höheren Bildung. Seinen Namen verdankt es dem Umstand, dass hier bis zur Revolution Studenten und Professoren ausschließlich auf Latein plauderten. Noch immer tummeln sich in diesem Viertel viele Studierende und Akademiker der Sorbonne (inzwischen Teil des Gesamtsystems der Pariser Universität), des Collège de France, der École Normale Supérieure und anderer höherer Bildungsinstitutionen. Ein Monopol auf das akademische Leben in Paris so wie in früheren Zeiten hat das Quartier Latin allerdings nicht mehr. Im Südosten bietet der Jardin des Plantes mit seinen tropischen Gewächshäusern und die Muséum national d'Histoire naturelle eine idyllische Alternative zu Kopfsteinpflaster und Schultafeln.

Musée National du Moyen Âge

GESCHICHTSMUSEUM

(Karte S. 74-75; www.musee-moyenage.fr; 6 place Paul Painlevé, 5e; Erw./Kind 8,50 €/frei; ☉Mi–Mo 9.15–17.45 Uhr; Ⓜ Cluny–La Sorbonne oder St-Michel) Das Nationale Mittelaltermuseum ist in zwei Bauten untergebracht: dem **Frigidarium** (Abkühlraum eines römischen Bads) nebst weiteren Überresten gallorömischer Bäder aus der Zeit um 200 n. Chr. und im **Hôtel de Cluny** aus dem späten 15. Jh., dem schönsten Beispiel mittelalterlicher Zivilarchitektur in Paris.

Die phantastischen Ausstellungsstücke des Museums umfassen Bildhauerkunst, Buchmalereien, Waffen, Möbel und Kunstgegenstände aus Gold, Elfenbein und Emaille. Aber nichts reicht an *La Dame à la Licorne* (*Die Dame mit dem Einhorn*) heran: Diese Serie grandioser Wandteppiche aus den südlichen Niederlanden des späten 15. Jhs. ist heute im runden Raum 13 im 1. Stock zu bewundern. Fünf der Wandteppiche sind den Sinnen gewidmet; der rätselhafte sechste trägt den Titel *À mon seul Désir* und behandelt das Thema Eitelkeit.

Sorbonne

BAUDENKMAL

(Karte S. 74-75; 12 rue de la Sorbonne, 5e; Ⓜ Luxembourg oder Cluny–La Sorbonne) Die berühmteste Bildungseinrichtung von Paris gründete 1253 Robert de Sorbon, der Beichtvater Ludwigs IX., als Kollegium für 16 verarmte Theologiestudenten. Heute beherbergen der Hauptkomplex der Sorbonne (begrenzt von Rue de la Sorbonne, der Rue des Écoles, Rue St-Jacques und Rue Cujas) und weitere Gebäude in der Nachbarschaft einen Großteil der 13 autonomen Universitäten, die im Zuge der Neuorganisation der Pariser Universität nach den heftigen Studentenunruhen von 1968 entstanden. Teile des Komplexes werden derzeit umfassend renoviert; die Arbeiten sollen 2015 abgeschlossen sein.

Panthéon

BAUDENKMAL

(Karte S. 74-75; place du Panthéon, 5e; Erw./Kind 8 €/frei; ☉April–Sept. 10–18.30 Uhr, Okt.–März bis 18 Uhr; Ⓜ Luxembourg) Der heute kurz Panthéon genannte Kuppelbau wurde um 1750 als Abteikirche der hl. Genovefa in Auftrag gegeben. Finanzielle und statische Probleme verzögerten die Bauzeit bis 1789 – kein gutes Jahr, um in Frankreich eine Kirche einzuweihen. Zwei Jahre später verwandelte die verfassunggebende Versammlung den Bau in ein säkulares Mausoleum für die *grands hommes de l'époque de la liberté française* (großen Männer der Ära der französischen Freiheit).

Das Panthéon ist ein hervorragendes Beispiel für den Klassizismus des 18. Jhs.; sein reich verziertes Marmorinterieur wirkt allerdings sehr düster. Zu den rund 80 Personen, die in der Krypta ruhen, zählen Voltaire, Jean-Jacques Rousseau, Victor Hugo, Émile Zola und Jean Moulin. Ein reiner Männerverein, bis 1995 die Nobelpreisträgerin Marie Curie hierher umgebettet wurde.

Jardin des Plantes

BOTANISCHER GARTEN

(Karte S. 74-75; 57 rue Cuvier & 3 quai St-Bernard, 5e; ☉7.30–19 Uhr; Ⓜ Gare d'Austerlitz, Censier Daubenton oder Jussieu) Der 24 ha große Jardin des Plantes wurde 1626 als Heilkräutergarten für Ludwig XIII. angelegt. Hier befinden sich der paradiesische **Jardin d'Hiver** (Wintergarten), auch Serres Tropicales (Tropische Gewächshäuser) genannt, der **Jardin Alpin** (Alpiner Garten; Eintritt Sa & So Erw./Kind 1/0,50 €; ☉Mo–Fr 8–16.40, Sa 13.30–18, So 13.30–18.30 Uhr) mit 2000 Gebirgspflanzen und die Gärten der **École**

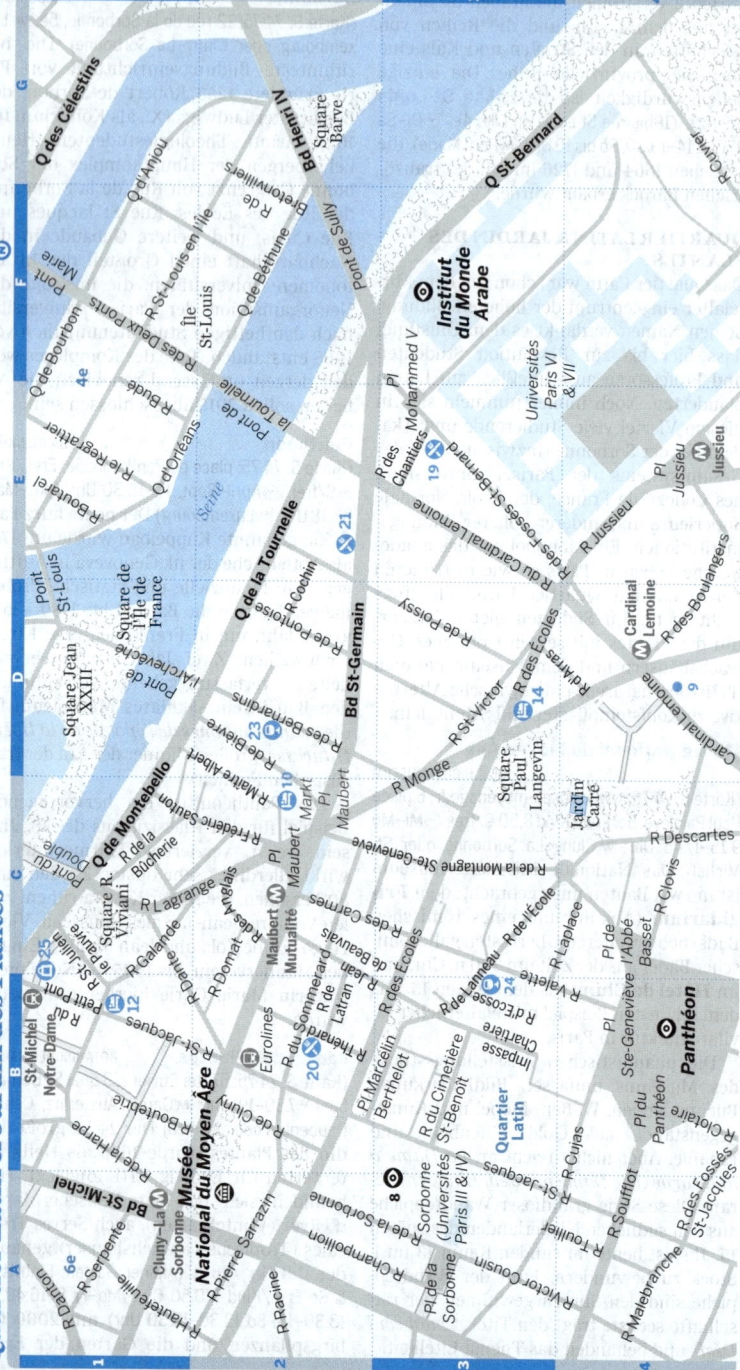

Quartier Latin & Jardin des Plantes

200 m

0

N

Q des Célestins

Q d'Anjou

R de Bretonvilliers

Bd Henri IV

Square
Barve

Q St-Bernard

Pont

Marie

R St-Louis en l'Île

Île
St-Louis

Q de Béthune

R des Deux Ponts

Pont de Sully

Institut
du Monde
Arabe

Q de Bourbon

R Budé

Q d'Orléans

Pont de
la Tournelle

R des Chantiers

Pl
Mohammed V

Universités
Paris VI
& VII

Jussieu

R de Regrattier

R Boutarel

Pont
St-Louis

Square de
l'Île de
France

Q de la Tournelle

19

R du Cardinal Lemoine

R Jussieu

M

Jussieu

Seine

21

R Cochin

R des Fossés St-Bernard

Pl
Jussieu

Square Jean
XXIII

Pont de
l'Archevêché

R de Pontoise

R de Poissy

Bd St-Germain

R des Boulangers

Cardinal
Lemoine

M

23

R de Bièvre

R des Bernardins

R St-Victor

R des Écoles

R d'Arras

9

M

Cardinal Lemoine

Pont du
Double

Q de Montebello

R Maître Albert

10

Markt

Pl
Maubert

R Monge

R des Écoles

14

Square
Paul
Langevin

Jardin
Carré

R de la
Bûcherie

R Frédéric Sauton

Pl
Maubert

Square R.
Viviani

R Lagrange

Maubert
Mutualité

M

R de la Montagne Ste-Geneviève

R Descartes

St-Michel

M

Notre-Dame

petit Pont

R St-Julien
le pauvre

R Galande

R Dante

R des Anglais

R Domat

R Jean
de Beauvais

R des Carmes

R de l'École

R Laplace

Pl de
l'Abbé
Basset

R Clovis

R Valette

12

R St-Jacques

R de la Harpe

R Boutebrie

R de la Bûcherie

Eurolines

R du Sommerard

R de
Latran

R Thénard

20

R d'Écosse

R Lanneau

24

Impasse
Chartière

Pl
Ste-Geneviève

Pl du
Panthéon

Panthéon

Bd St-Michel

Cluny-La
Sorbonne

M

National du Moyen Âge

Musée

25

R de la Harpe

R Pierre Sarrazin

R Champollion

R de la Sorbonne

Pl Marcelin
Berthelot

R du Cimetière
St-Benoît

Quartier
Latin

R St-Jacques

R Cujas

R Soufflot

R des Fossés
St-Jacques

R Hautefeuille

R Serpente

R Danton

6e

R Racine

Pl de la
Sorbonne

Sorbonne
(Universités
Paris III & IV)

8

R Victor Cousin

R Toullier

R Malebranche

R Le Goff

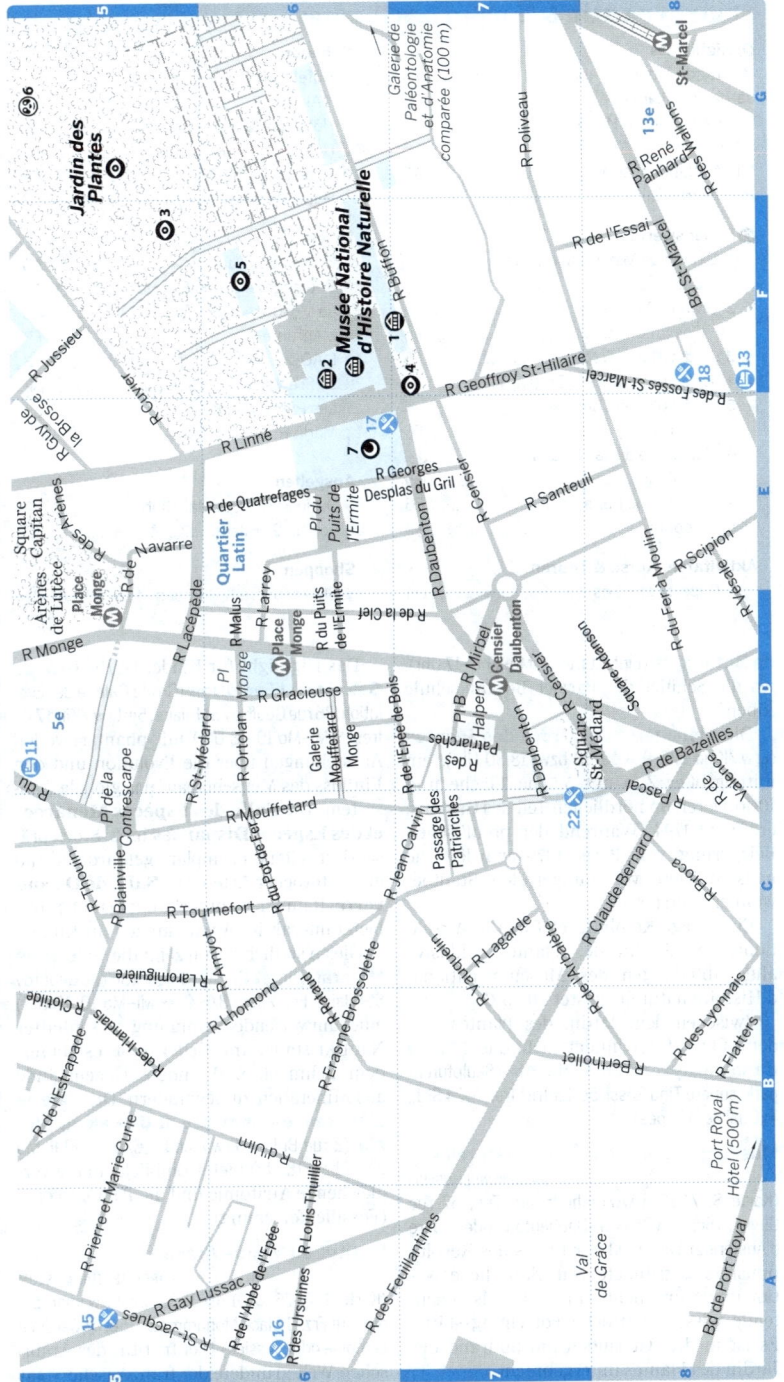

Jardin des Plantes

Musée National d'Histoire Naturelle

Galerie de Paléontologie et d'Anatomie comparée (100 m)

Quartier Latin

5e

St-Marcel

13e

R René Panhard
R des Wallons

R de l'Essai

Bd St-Marcel

R des Fossés St-Marcel

R Poliveau

R Buffon

R Geoffroy St-Hilaire

R Linné

R Cuvier

R Jussieu

R Guy de la Brosse

Square Capitan

Arènes de Lutèce

Place Monge

R de Navarre

R des Arènes

R Monge

R Lacépède

R Malus

R Ortolan

R St-Médard

Pl de la Contrescarpe

R Blainville

R Thouin

R Tournefort

R Laromiguière

R des Irlandais

R Clotilde

R de l'Estrapade

R Pierre et Marie Curie

R d'Ulm

R Gay Lussac

R St-Jacques

R de l'Abbé de l'Epée

R des Ursulines

R Louis Thuillier

R des Feuillantines

Val de Grâce

Bd de Port Royal

Port Royal Hôtel (500 m)

R des Lyonnais

R Flatters

R Berthollet

R Broca

R Claude Bernard

R Lagarde

R de la Clef

R Vauquelin

R Erasme Brossolette

R Jean Calvin

R Amyot

R L'homond

R Rataud

R Mouffetard

R du Pot de Fer

R Larrey

R du Puits de l'Ermite

R Gracieuse

Galerie Mouffetard

R de l'Epée de Bois

R des Patriarches

Passage des Patriarches

Square St-Médard

R Daubenton

Pl B Halpern

Censier Daubenton

R Mirbel

Square Adanson

R Censier

R Santeuil

R du Fer à Moulin

R Scipion

R Vésale

R Geoffroy St-Hilaire

R Georges Desplas du Gril

Pl du Puits de l'Ermite

R de Quatrefages

Pl Monge

R Pascal

R de Valence

R de Bazeilles

R de Quatrefages

13

18

17

7

22

15

16

11

1

2

3

4

5

6

de Botanique (Eintritt frei; ◷Mo–Fr 8–17 Uhr), wo die Schüler der Pariser Botanikschule „üben".

Die **Ménagerie du Jardin des Plantes** (Erw./Kind 8/6 €; ◷9–18 bzw. 18.30 Uhr), ein mittelgroßer Zoo mit 5,5 ha Fläche und 1000 Tieren im nördlichen Teil des Gartens, eröffnete 1794. Während der preußischen Belagerung von Paris 1870 wurden die meisten Tiere von hungernden Stadtbewohnern verspeist.

Ein 2-Tage-Kombiticket für alle Attraktionen im Jardin des Plantes inklusive aller Abteilungen des Muséum national d'Histoire naturelle kostet 20/15 €.

Zwischen dem Jardin des Plantes und dem Flussufer befindet sich das **Musée de la Sculpture en Plein Air** (Skulpturenpark; square Tino Rossi, 5e; Eintritt frei; ◷24 Std.; Ⓜ Quai de la Rapée).

Muséum national d'Histoire naturelle
NATURKUNDEMUSEUM
(Karte S. 74-75; www.mnhn.fr, auf Frz.; 57 rue Cuvier, 5e; Ⓜ Censier–Daubenton oder Gare d'Austerlitz) Das 1793 per Erlass des Revolutionsrats gegründete Naturkundliche Nationalmuseum diente im 19. Jh. als bedeutende wissenschaftliche Forschungsstätte. Es ist in drei Gebäuden am Südrand des Jardin des Plantes untergebracht.

Das Highlight für Kinder ist die **Grande Galerie de l'Évolution** (Große Galerie der Evolution; 36 rue Geoffroy St-Hilaire, 5e; Erw./Kind 7 €/frei; ◷Mi–Mo 10–18 Uhr) mit phantasievollen Ausstellungen über die Evolution und den Einfluss des Menschen auf das globale Ökosystem. Die **Salle des Espèces Menacées et des Espèces Disparues** im 2. Stock präsentiert seltene Exemplare gefährdeter und ausgestorbener Arten. Die **Salle de Découverte** (Raum der Entdeckungen) im 1. Stock bietet interaktive Ausstellungen für Kinder.

Gleich südlich davon zeigt die **Galerie de Minéralogie et de Géologie** (36 rue Geoffroy St-Hilaire; Erw./Kind 8/6 €; ◷Mi–Mo 10–18 Uhr) eine unwerfende Sammlung riesenhafter Naturkristalle. Im Keller gibt es außerdem Schmuck und andere Gegenstände aus Mineralien zu bewundern. Die **Galerie d'Anatomie Comparée et de Paléontologie** (2 rue Buffon; Erw./Kind 7 €/frei; ◷Mi–Mo 10–17 bzw. 18 Uhr) bietet Einblicke in die vergleichende Anatomie und die Paläontologie (Fossilienforschung).

Institut du Monde Arabe
ARCHITEKTUR, MUSEUM
(Karte S. 74-75; ☏01 40 51 38 38; www.imarabe. org, auf Frz.; 1 place Mohammed V, 5e; Ⓜ Cardinal Lemoine oder Jussieu) Das Institut der Arabischen Welt gründete der französische Staat

gemeinsam mit 20 arabischen Staaten, um die kulturellen Beziehungen zwischen der Arabischen Welt und dem Westen zu fördern. Es ist in einem viel gepriesenen Gebäude (1987) untergebracht, das moderne und traditionelle, arabische und westliche Elemente erfolgreich kombiniert.

Das Institut veranstaltet faszinierende **Wechselausstellungen** (Eingang von 1 rue des Fossés St-Bernard; Erw./Kind 7/4 €, elterliche Begleitperson 5 €; ⊘Di–So 10–18 Uhr). Sein Museum mit Dauerausstellung ist seit April 2010 zwecks Renovierung geschlossen. Nach der Wiedereröffnung soll es ein umfassendes Bild der arabischen Welt zeichnen – mit Kunst und Kunsthandwerk vom 19. Jh. bis zur Gegenwart, astronomischen Instrumenten und Gerätschaften aus anderen Wissenschaftszweigen, in denen der arabische Kulturraum der übrigen Welt einst weit voraus war.

Mosquée de Paris   MOSCHEE
(Karte S. 74-75; www.mosquee-de-paris.org; 2bis place du Puits de l'Ermite, 5e; Erw./Kind 3/2 €; ⊘Sa–Do 9–12 & 14–18 Uhr; Ⓜ Censier–Daubenton oder Place Monge) Die Pariser Zentralmoschee mit ihrem eindrucksvollen, 26 m hohen Minarett wurde 1926 im eleganten maurischen Stil gebaut. Besucher müssen schicklich gekleidet sein und am Eingang zum Gebetsraum ihre Schuhe ausziehen. Zum Komplex gehören ein *salon de thé* (Teesalon) im nordafrikanischen Stil, ein Restaurant (S. 117) und ein **Hamam**, ein traditionelles türkisches Badeshaus.

ST-GERMAIN, ODÉON & LUXEMBOURG

Vor Jahrhunderten gehörten große Teile des 6. und 7. Arrondissements der Église St-Germain des Prés und der dazugehörigen Abtei. Das Viertel um die Kirche entstand im späten 17. Jh. und ist heute berühmt für seine Vielfalt. Cafés wie das Café de Flore und Les Deux Magots (S. 127) waren einst die Lieblingstreffs der Nachkriegsintellektuellen der Rive Gauche und die Geburtsstätten des Existenzialismus.

Église St-Germain des Prés   KIRCHE
(Karte S. 78; 3 place St-Germain des Prés, 6e; ⊘Mo–Sa 8–19, So 9–20 Uhr; Ⓜ St-Germain des Prés) Die romanische Kirche des Germanus von Paris ist die älteste Kirche von Paris. Sie wurde im 11. Jh. auf den Grundmauern einer Abtei aus dem 6. Jh. gebaut. Vor dem Bau der Kathedrale Notre-Dame galt sie als wichtigste Kirche der Stadt.

Seitdem wurde die Kirche vielfach umgebaut, doch die Chapelle de St-Symphorien, innen rechts neben dem Eingang, war bereits Teil der ursprünglichen Abtei. Sie ist die letzte Ruhestätte des hl. Germanus (496–576 n. Chr.), des ersten Bischofs von Paris. Der Glockenturm über dem Westeingang hat sich seit 990 kaum verändert, auch wenn die Turmspitze erst im 19. Jh. dazukam.

Église St-Sulpice   KIRCHE
(Karte S. 78; place St-Sulpice, 6e; ⊘7.30–19.30 Uhr; Ⓜ St-Sulpice) Die Kirche im italienischen Stil wurde zwischen 1646 und 1780 errichtet und wird innen von 21 Kapellen gesäumt. Die Fassade mit zwei übereinanderliegenden Säulenreihen und zwei Türmen geht auf die Entwürfe eines florentinischen Architekten zurück. Das klassizistische Dekor des riesigen Innenraums zeugt vom Einfluss der Gegenreformation.

Die Fresken in der Chapelle des Sts-Anges (Kapelle der hl. Engel), drinnen gleich rechts, zeigen Jakob, der mit dem Engel ringt (links), und den Erzengel Michael im Kampf mit Satan (rechts). Eugène Delacroix malte sie zwischen 1855 und 1861.

Die riesige, 20 m hohe Orgelempore stammt von 1781. Die gewaltige Klangfülle der Orgel lässt sich beim sonntäglichen Gottesdienst um 10.30 Uhr oder bei einem der gelegentlichen Orgelkonzerte am Sonntagnachmittag genießen.

LP TIPP **Jardin du Luxembourg**   STADTPARK
(Karte S. 44-45; ⊘7.30 bzw. 8.15–17 bzw. 22 Uhr je nach Saison; Ⓜ Luxembourg) Bei schönem Wetter strömen Pariser aller Altersstufen zu den gleichmäßig angelegten Terrassen und Kastanienhainen des 23 ha großen Jardin du Luxembourg, um zu lesen, sich zu entspannen oder ein Sonnenbad zu nehmen. Hier gibt's eine Reihe von Aktivitäten für Kinder. Im Süden des Gartens befinden sich die städtischen Obstplantagen sowie die Imkerei Rucher du Luxembourg (Bienenhaus Luxembourg).

Das **Palais du Luxembourg** (rue de Vaugirard, 6e) am nördlichen Rand des Gartens wurde einst für Maria von Medici, die Gemahlin von Heinrich IV., erbaut. Seit 1958 beherbergt es den **Sénat**, das Oberhaus des französischen Parlaments. **Führungen** (Reservierung ☎ 01 44 54 19 49; www.senat.fr; Erw./Kind 8 €/frei) durch die Innenräume finden in der Regel an einem Samstag im Monat um 10.30 Uhr statt. Wer daran teilnehmen will, muss sich vorher anmelden.

200 m

St-Germain & Odéon

Île de la Cité

1er

Q des Orfèvres

Seine

Q des Grands Augustins

R du Pont de Lodi

R des Grands Augustins

R Christine

R de Savoie

R Séguier

R de l'Hirondelle

R Gît le Cœur

Pl St-Michel

St-Michel

Pl St-André des Arts

Bd St-Michel

Cluny–La Sorbonne

5e

R des Écoles

Quartier Latin

R Serpente

R Danton

R Hautefeuille

R Suger

R de Nesle

R de Nevers

R Guénégaud

R Jacques Callot

R de Seine

R Dauphine

Passage Dauphine

R St-André des Arts

R André Mazet

R de l'Éperon

R de Jardinet

Cour du Commerce St-André

R de l'Ancienne Comédie

R Mazarine

R Grégoire de Tours

R de Seine

6e

Bd St-Germain

Pl H Mondor

Carrefour de l'Odéon

R Dupuytren

R André Dubois

R Monsieur-le-Prince

R de l'École de Médecine

R de l'Odéon

R de Condé

R Crébillon

R Pierre Sarrazin

R Racine

R Casimir Delavigne

Pl de l'Odéon

R de Tournon

R Félibien

R Clément

R Lobineau

R Garancière

R Mabillon

Mabillon

Église St-Germain des Prés

R de l'Abbaye

R Bonaparte

R de l'Échaudé

R de Buci

R Jacob

Pl de Furstemberg

Square L. Prache

Pl St-Germain-des-Prés

Square F. Desruelles

Bd St-Germain

Mabillon

R Gozlin

R des Ciseaux

R Princesse

R des Canettes

R du Four

R Guisarde

R St-Sulpice

Église St-Sulpice

R Servandoni

R Henry de Jouvenel

Pl St-Sulpice

R Férou

R Palatine

R St-Benoît

Square Gabriel Pierné

R Bonaparte

R du Sabot

R Bernard Palissy

R du Dragon

R des Saints Pères

R des Saints Pères

R Perronet

R du Vieux Colombier

R Madame

R Madame

St-Sulpice

R de Rennes

R Marie Pape Carpantier

R Cassette

R de Mézières

R Coëtlogon

Faubourg St-Germain

Bd St-Germain

R St-Guillaume

R de Grenelle

7e

R de Sèvres

R du Cherche Midi

Square Chaise Récamier

Le Bon Marché (150 m)

Rive Gauche

R d'Assas

Das beste Plätzchen zum Sonnetanken ist die Südseite der 57 m langen Orangerie (1834) des Palais, wo Zitronen-, Orangen- und Granatapfelbäume, Palmen und Oleander vor Kälte geschützt gedeihen und immer jede Menge Stühle herumstehen.

MONTPARNASSE

Nach dem Ersten Weltkrieg verließen die Schriftsteller, Dichter und Künstler der Avantgarde das Viertel Montmartre am rechten Seine-Ufer. Sie wechselten über die Fluss und verlagerten das Zentrum ihres künstlerischen Treibens in die Gegend um den Boulevard du Montparnasse. Chagall, Modigliani, Léger, Soutine, Miró, Kandinsky, Picasso, Strawinski, Hemingway, Ezra Pound, Cocteau und politische Exilanten wie Lenin und Trotzki frequentierten einst allesamt die Cafés und Brasserien, denen das Viertel seine Berühmtheit verdankt. Bis Mitte der 1930er-Jahre blieb Montparnasse ein kreatives Zentrum. Heute, vor allem seit der Errichtung des Komplexes Gare Montparnasse, erinnert nur noch wenig an die

Bohèmevergangenheit dieser Gegend, mal abgesehen von den inzwischen sehr touristischen Restaurants und Cafés.

Tour Montparnasse   AUSSICHTSTURM
(Karte S. 44-45; www.tourmontparnasse56.com; rue de l'Arrivée, 14e; Erw./Kind 11/8 €; ☺April-Sept. tgl. 9.30-23.30 Uhr, Okt.-März So-Do 9.30-22.30, Fr & Sa 9.30-23 Uhr; Ⓜ Montparnasse-Bienvenüe) Der 1974 erbaute, 210 m hohe Schandfleck aus Stahl und Rauchglas bietet atemberaubende Aussicht über die Stadt. Das beste daran: Von hier oben bleibt den Besuchern der Anblick dieses grässlichen, überdimensionalen „Lippenstifts" selbst erspart. Ein Aufzug gleitet hinauf zum **Observatorium** im 56. Stock. Hier gibt's ein Ausstellungszentrum, Videos, Multimediaterminals und das höchstgelegene Café von Paris. Anschließend lohnt ein Gang die Treppe hoch zur **Freiluftterrasse** im 59. Stock – am besten bewaffnet mit der mehrsprachigen Broschüre *Paris vu d'en haut* (Paris von oben; 3 €, erhältlich an der Kartenkasse), damit man weiß, was man sieht.

Cimetière Montparnasse   FRIEDHOF
(Karte S. 44-45; bd Edgar Quinet & rue Froidevaux, 14e; ☺Mo-Fr 8-17.30 bzw. 18, Sa 8.30-18, So 9-18 Uhr; Ⓜ Edgar Quinet oder Raspail) Der Friedhof von Montparnasse nahm seine ersten „Logiergäste" 1824 auf. Inzwischen ruhen hier viele illustre Persönlichkeiten wie der Dichter Charles Baudelaire, der Schriftsteller Guy de Maupassant, der Bühnenautor Samuel Beckett, der Bildhauer Constantin Brancusi, der Maler Chaim Soutine, der Fotograf Man Ray, der Industrielle André Citroën, Capitaine Alfred Dreyfus (bekannt wegen der berühmten Dreyfus-Affäre), die Schauspielerin Jean Seberg, der Philosoph Jean-Paul Sartre, die Schriftstellerin Simone de Beauvoir und der Chansonnier Serge Gainsbourg.

Les Catacombes   BEINHAUS
(Karte S. 44-45; www.catacombes.paris.fr, auf Frz.; 1 av. Colonel Henri Roi-Tanguy, 14e; Erw./Kind 8/4 €; ☺Di-So 10-17 Uhr; Ⓜ Denfert-Rochereau) Im Jahr 1785 entschloss man sich, das hygienische und ästhetische Problem der überquellenden Pariser Friedhöfe zu lösen. Die Gebeine wurden ausgegraben und in den Stollen von drei stillgelegten Steinbrüchen gelagert. Ein solches Beinhaus von 1810 ist heute als Catacombes bekannt und kann besichtigt werden. Besucher steigen zunächst von der Straße 20 m (130 Stufen) in die Tiefe und folgen dann über 1,7 km den

Eiffelturm & Umgebung

400 m

0 m

Trocadéro

Pl du Trocadéro
et du 11
Novembre

**Cité de
l'Architecture
et du Patrimoine**

Q de Solférino

Musée d'Orsay
(800 m)

R de Grenelle

R de Varenne

**Musée
Rodin**

R Varenne

R de Grenelle

**Rive
Gauche**

Invalides

Invalides

R de Constantine

Square
d'Ajaccio

Bd des Invalides

Esplanade des
Invalides

Pl des
Invalides

R Fabert

**Hôtel des
Invalides**

Pl
Vauban

Esplanade
du Souvenir
Français

R de l'Université

Pl Santiago
du Chili

Square
Santiago du
Chili

Jardin de
l'Intendant

R Bixio

R de la Tour Maubourg

Bd de la Tour Maubourg

**La Tour
Maubourg**

R de la Comète

R Surcouf

R Amélie

R de Grenelle

R Ernest Psichari

R Duvivier

R Cler

R Valadon

Passage
de l'Union

R Bosquet

École
Militaire

École
Supérieure
de Guerre

Av de la Motte-Picquet

R de Tourville

R Louis Codet

Av de Lowendal

Av Duquesne

7e

R Jean Nicot

R Malar

R Ste-Dominique

R Cler

Av Robert Schuman

R Cognacq-Jay

Q d'Orsay

Seine

Pont de
l'Alma

Pl de la
Résistance

Pl de
Finlande

Pont des
Invalides

**Pont de
l'Alma**

Cité de
l'Alma

R Valentin

R Dupont
des Loges

R Sédillot

R Augereau

R de l'Exposition

Av de la Bourdonnais

Av Émile Deschanel

Av Adrienne Lecouvreur

Av Anatole France

Av Pierre Loti

Av Thomy Thierry

Allée Émile Acollas

Av de Suffren

Passage Landrieu

Av Bosquet

Av Rapp

Av Franco
Russe

R de l'Université

R de Montessuy

R du Général
Camou

Av Élisée Reclus

R Marmont

Q Branly

**Musée du
Quai Branly**

Passerelle
Debilly

Pont de la
Bourdonnais

R Fresnel

Av de New York

Seine

Allée Paul
Deschanel

**Av Joseph
Bouvard**

Parc du Champ
de Mars

Pl Jacques
Rueff

Av Charles Floquet

Allée Léon Bourgeois

Av Gustave Eiffel

R de
Général
Lambert

**Eiffel-
turm**

Batobus-
Haltestelle

Pont d'Iéna

Champ de
Mars–Tour
Eiffel

Stade
Émile
Anthoine

R Jean Rey

16e

Pl de
Varsovie

Jardins
du Trocadéro

R le Tasse

R Benjamin Franklin

R le Notre

Bd Delessert

R Beethoven

Charles

Av des Nations Unies

Av de New York

Passy

Pont de Bir Hakeim

Bir Hakeim

Martyrs Juifs du
Vélodrome d'Hiver

Pl des

Q de Grenelle

15e

Bd de Grenelle

R Nélaton

R de la Fédération

R Edgar Faure

Pl
A Sauvy

R Dessix

R Ste-Saëns

R de la Fédération

unterirdischen Gängen, an deren Wänden die Knochen und Schädel von Millionen Parisern ordentlich aufgereiht sind. Im Zweiten Weltkrieg dienten diese Stollen als Hauptquartier der Résistance.

Die Tour durch die Katakomben beginnt an einem kleinen, dunkelgrünen Gebäude aus der Belle Époque an der Avenue Colonel Henri Roi-Tanguy. 83 Treppenstufen führen am Ende nach oben, zum Ausgang an der Rue Remy Dumoncel (Ⓜ Mouton-Duvernet), 700 m südwestlich.

FAUBOURG ST-GERMAIN & INVALIDES

Faubourg St-Germain, die Gegend im 7. Arrondissement zwischen der Seine und der 1 km weiter südlich gelegenen Rue de Babylone, galt im 18. Jh. als schickster Wohnbezirk von ganz Paris. Einige der interessantesten Herrenhäuser, die heute oft als Botschaften, Kulturzentren und Ministerien dienen, säumen drei Straßen, die von Ost nach West verlaufen: die Rue de Lille,

die Rue de Grenelle und die Rue de Varenne. Das **Hôtel Matignon** (57 rue de Varenne, 7e) ist seit Beginn der Fünften Republik (1958) der offizielle Sitz des französischen Premierministers.

Musée d'Orsay   KUNSTMUSEUM
(Karte S. 44-45; www.musee-orsay.fr; 62 rue de Lille, 7e; Erw./Kind 8 €/frei; ☉ Di, Mi & Fr–So 9.30–18, Do 9.30–21.45 Uhr; Ⓜ Musée d'Orsay oder Solférino) Das Musée d'Orsay hat in einem ehemaligen Bahnhof von 1900 Quartier bezogen, mit Blick auf die Seine am Quai Anatole France. Es präsentiert Frankreichs Nationalsammlung an Gemälden, Skulpturen, Kunstgegenständen und anderen Werken aus der Zeit zwischen 1840 und 1914, darunter auch die Früchte der impressionistischen, postimpressionistischen und Jugendstilära.

Viele Museumsbesucher steuern geradewegs das obere Stockwerk an (von Oberlicht erhellt), um die berühmten impressionistischen Gemälde von Monet, Pissarro, Renoir, Sisley, Degas und Manet sowie die postimpressionistischen Werke von Cézanne, van Gogh, Seurat und Matisse zu bewundern. Aber auch das Erdgeschoss bietet jede Menge Sehenswertes wie frühe Arbeiten von Manet, Monet, Renoir und Pissarro. In der mittleren Etage liegen prächtige Jugendstilsäle.

Neben französischen gibt es auch englischsprachige **Themenführungen** (☑ Informationen 01 40 49 48 48; Eintritt zzgl. 6 €). Aktuelle Informationen dazu sind der Homepage zu entnehmen. Eine Alternative sind die **Audioguides** (5 €) mit Erläuterungen zu rund 80 bedeutenden Werken. Die Tickets sind den ganzen Tag über gültig, man kann also kommen und gehen, wie es einem gefällt. Der ermäßigte Eintritt von 5,50 € (mit Sonderausstellung 7 €) gilt ab 16.15 Uhr (Do 18 Uhr) für alle. Wer am selben Tag auch das Musée Rodin besucht, spart 2 € mit einem Kombiticket (12 €).

LP TIPP   Musée Rodin   GARTEN, MUSEUM
(Karte S. 80; www.musee-rodin.fr; 79 rue de Varenne, 7e; Erw./Kind inkl. Garten 7–10 €/frei, nur Garten 1 €; ☉ Di–So 10–17.45 Uhr; Ⓜ Varenne) Eine unserer liebsten Kulturattraktionen in Paris, denn das herausragende Museum hat obendrein einen wunderhübschen **Garten** voller Skulpturen und Schatten spendender Bäume – eine der erholsamsten Grünanlagen der Stadt. Im Garten und in den zwei Stockwerken der Residenz aus dem 18. Jh. werden außerordentlich lebendige Bronze-

Eiffelturm & Umgebung

DAS PARISER WEINMUSEUM

Das **Musée du Vin** (www.museeduvin paris.com; 5 square Charles Dickens, 16e; Erw./Kind 11,90 €/frei; ⊙ Di–So 10–18 Uhr; Ⓜ Passy) ist zugleich Sitz der renommierten Fédération Internationale des Confréries Bachiques (Internationaler Verband der Weinbruderschaften). Es führt seine Besucher anhand diverser Modelle und Gerätschaften in die hohe Kunst des Weinbaus ein. Im Eintrittspreis ist ein Glas Wein zum Abschluss des Besuchs enthalten. Wer im angeschlossenen **Restaurant Musée du Vin** zu Mittag isst, hat freien Eintritt.

und Marmorskulpturen von Rodin gezeigt, u. a. einige seiner berühmtesten Werke: *Die Hand Gottes, Die Bürger von Calais, Die Kathedrale,* der ewige Publikumsliebling *Der Denker* und das unvergleichliche Werk *Der Kuss.* Außerdem sind 15 Arbeiten von Camille Claudel (1864–1943) ausgestellt. Die Künstlerin war Rodins Geliebte und Schwester des Schriftstellers Paul Claudel.

Hôtel des Invalides   BAUDENKMAL, MUSEUM
(Karte S. 80; Ⓜ Varenne oder La Tour Maubourg) Eine 500 m lange Rasenfläche, die Esplanade des Invalides, trennt Faubourg St-Germain von der Gegend rund um den Eiffelturm. Am südlichen Ende der Esplanade, die zwischen 1704 und 1720 angelegt wurde, befindet sich die letzte Ruhestätte Napoleons, den viele Franzosen als den größten Helden ihrer Nation betrachten.

Ludwig XIV. ließ das Hôtel des Invalides in den 1670er-Jahren als Unterkunft für rund 4000 *invalides* (versehrte Kriegsveteranen) errichten. Am 14. Juli 1789 stürmten die Massen das Gebäude und erbeuteten nach erbitterten Kämpfen 32 000 Gewehre, mit denen sie dann zur Bastille aufmachten. Das war der Beginn der Französischen Revolution.

An der **Cour d'Honneur**, dem Haupthof des Hôtel des Invalides, befindet sich das **Musée de l'Armée** (Armeemuseum; www.inva lides.org; 129 rue de Grenelle, 7e; Erw./Kind 9 €/ frei; ⊙ Mo & Mi–Sa 10–18, Do bis 21 Uhr, 1. Mo im Monat geschl.) mit der landesweit größten Sammlung zur französischen Militärgeschichte.

Südlich davon stehen die ehemalige Soldatenkirche Église St-Louis des Invalides und die Église du Dôme (Invalidendom), deren goldschimmernde Kuppel (1677–1735) aus der ganzen Stadt zu sehen ist. Hier ruht seit 1840 Napoleon: Der pompöse **Tombeau de Napoléon 1er** (Grabmal Napoleons I.; ⊙ 10–17 bzw. 18 Uhr, 1. Mo im Monat geschl.) in der Mitte der Kirche besteht aus sechs ineinandergeschachtelten Sarkophagen – ein bisschen wie eine russische Matroschka.

RUND UM DEN EIFFELTURM & 16. ARRONDISSEMENT

Den Eiffelturm, das Wahrzeichen von Paris, umgeben Freiflächen zu beiden Seiten der Seine. Sie gehören zum 7. und 16. Arrondissement, dem mondänsten (und versnobtesten) Teil der Hauptstadt. Die Gegend ist zwar nicht gar so aufregend wie die Aufzugsfahrt auf den Eiffelturm, kann Kulturfans aber mit ein paar fabelhaften Museen in Atem halten.

Eiffelturm   BERÜHMTES WAHRZEICHEN
(Karte S. 80; ☏ 01 44 11 23 23; www.tour-eiffel.fr; Aufzug zur 2. Plattform Erw./Kind 8,10/4 €, zur 3. Plattform 13,10/9 €, Treppe zur 2. Plattform 4,50/3 €; ⊙ Mitte Juni–Aug. Aufzüge & Treppen 9–24 Uhr, Sept.–Mitte Juni Aufzüge 9.30–23 Uhr, Treppen 9.30–18 Uhr; Ⓜ Champ de Mars–Tour Eiffel oder Bir-Hakeim) Als der Eiffelturm im Jahr 1889 für die Exposition Universelle (Weltausstellung) zum 100. Jahrestag der Französischen Revolution, errichtet wurde, stieß er bei der Pariser Kunst- und Literaturelite auf geballte Ablehnung. 1909 wäre der „Metallspargel", wie manche Pariser ihn hämisch nannten, fast abgerissen worden. Diesem Schicksal entging er nur, weil er sich als idealer Antennenmast für die neue Technik der Funktelegrafie erwies.

Der Turm, der nach seinem Erbauer Gustave Eiffel benannt wurde, ist 324 m hoch, die Fernsehantenne an der Spitze mitgerechnet. Diese Zahl schwankt jedoch um bis zu 15 cm, da sich die 7300 t Stahl, die von 2,5 Mio. Nieten zusammengehalten werden, bei warmem Wetter ausdehnen und bei kaltem Wetter zusammenziehen.

Alle drei Plattformen sind für Besucher geöffnet (der Eintritt zur 1. Plattform ist in allen Eintrittskarten enthalten). Die oberste Plattform wird allerdings bei starkem Wind geschlossen. Besucher können die Aufzüge im Ost-, West- und Nordpfeiler nutzen oder, wenn sie sich fit genug fühlen, die Treppen im Südpfeiler bis zur

2. Plattform hinaufkraxeln. Wer sein Ticket vorab online erwirbt, kann die ewig langen Schlangen am Kassenschalter umgehen.

Palais de Chaillot ARCHITEKTURMUSEUM
(Karte S. 80; 17 place du Trocadéro et du 11 Novembre, 16e; M Trocadéro) Das Palais wurde für die Weltausstellung von 1937 erbaut. Seine beiden geschwungenen, mit Kolonnaden versehenen Flügel und die Terrasse dazwischen bieten einen einzigartigen Panoramablick über die Jardins du Trocadéro (nach einer spanischen Festung bei Cadiz benannt, die die Franzosen 1823 eroberten), die Seine und den Eiffelturm.

LP TIPP **Cité de l'Architecture et du Patrimoine** (www.citechaillot.fr, auf Frz.; 1 place du Trocadéro et du 11 Novembre, 16e; Erw./Kind 8 €/frei; ⊙ Mo, Mi & Fr–So 11–19, Do bis 21 Uhr) Die Topattraktion des Palastes ist dieses Museum im Ostflügel, eine gigantische Ausstellung zur französischen Architektur auf 23 000 m² und drei Etagen. Ihr Highlight ist das lichtdurchflutete Erdgeschoss mit 350 Holzmodellen und Gipsabgüssen von Kirchenportalen, Säulen und Wasserspeiern sowie Repliken von Wandmalereien und Kirchenfenstern, die ursprünglich für die Weltausstellung 1878 angefertigt wurden. Überwältigend ist auch der Blick aus den Fenstern auf den Eiffelturm.

Cinéaqua AQUARIUM
(Karte S. 80; www.cineaqua.com; av. des Nations Unies, 16e; Erw./Kind 19,50/12,50 €; ⊙ 10–18 bzw. 19 Uhr; M Trocadéro) Am Ostrand der Jardins du Trocadéro befindet sich eins der ambitioniertesten Aquarien Europas. Hier tummeln sich mehr als 500 verschiedene Arten von Meeresgetier auf über 3500 m² Fläche. Besonders phänomenal sind das Haifischbecken und das riesige Aquarium, das dem Café-Restaurant als Kulisse dient.

Musée du Quai Branly KUNSTMUSEUM
(Karte S. 80; www.quaibranly.fr; 37 quai Branly, 7e; Erw./Kind 8,50 €/frei; ⊙ Di, Mi & So 11–19, Do–Sa bis 21 Uhr; M Pont de l'Alma oder Alma–Marceau) Das architektonisch eindrucksvolle, wenn auch einfallslos benannte Musée du Quai Branly stellt Kunst und Kulturen Afrikas, Ozeaniens, Asiens und Amerikas anhand innovativer Präsentationen, Film- und Musikaufnahmen vor. Es steht unter dem Motto *Là où dialoguent les cultures* (Dialog der Kulturen) und gehört zu den weltweit dynamischsten und fortschrittlichsten Museen seiner Art. Die anthropologischen Erläuterungen sind bewusst knapp gehalten: Das Ausgestellte soll als Kunst begriffen werden. Ein Tagespass erlaubt den Zutritt zu Sonderausstellungen wie auch zur ständigen Sammlung (Erw./erm. 10/7 €); ein Audioführer kostet 5 €. Das Restaurant **Les Ombres** (S. 121) im 5. Stock bietet tollen Ausblick.

Musée des Égouts de Paris KANALISATION
(Karte S. 80; place de la Résistance, 7e; Erw./Kind 4,20/3,40 €; ⊙ Mai–Sept. Sa–Mi 11–17 Uhr, Okt.–Dez. & Feb.–April Sa–Mi 11–16 Uhr; M Pont de l'Alma) Das Pariser Kanalisationsmuseum ist ein aktives Museum, da es sich in der Kanalisation selbst befindet. Sein Eingang, ein rechteckiges Einstiegsloch mit Kiosk oben drauf, liegt gegenüber dem Quai d'Orsay 93 im 7. Arrondissement. Vorbei an Exponaten zur Entwicklung des Pariser Kanalisationssystems geht es 480 m durch „anrüchige" Tunnel, während unter den Füßen der Besucher ungeklärte Abwässer fließen. Ein in jedem Sinne des Wortes atemberaubendes Erlebnis!

ÉTOILE & CHAMPS-ÉLYSÉES

Ein Dutzend Boulevards gehen strahlenförmig von der Place de l'Étoile (Sternplatz) – offiziell Place Charles de Gaulle – aus. Der bedeutendste ist die Avenue des Champs-Élysées, die die gepflasterte Place de la Concorde aus dem 18. Jh. mit dem Arc de Triomphe verbindet. Ihr Name bezieht sich auf die „Elysischen Felder", wo der griechischen Mythologie zufolge die glücklichen Seelen der Verstorbenen weilen. Seit Mitte des 19. Jhs. gilt diese Prachtstraße als Inbegriff des Pariser Stils und der *joie de vivre* (Lebensfreude). Trotz des streckenweise etwas schäbigen Eindrucks hat sie bei den Touristen bis heute nichts von ihrer Popularität eingebüßt.

Etwa 400 m nördlich der Avenue des Champs-Élysées erstreckt sich die Rue du Faubourg St-Honoré (8e), die westliche Verlängerung der Rue St-Honoré. In dieser Hochburg der Haute Couture finden sich auch Juweliere, Antiquitätengeschäfte sowie der Élysée-Palast aus dem 18. Jh., offizieller Sitz des französischen Präsidenten.

Arc de Triomphe BERÜHMTES WAHRZEICHEN
(Karte S. 84-85; Aussichtsplattform Erw./Kind 9 €/frei ; ⊙ 10–22.30 bzw. 23 Uhr; M Charles de Gaulle–Étoile) Der Pariser Triumphbogen steht 2 km nordwestlich der Place de la Concorde in der Mitte der Place Charles de Gaulle (oder Place de l'Étoile), des größten Kreisverkehrs der Welt. Napoleon gab ihn

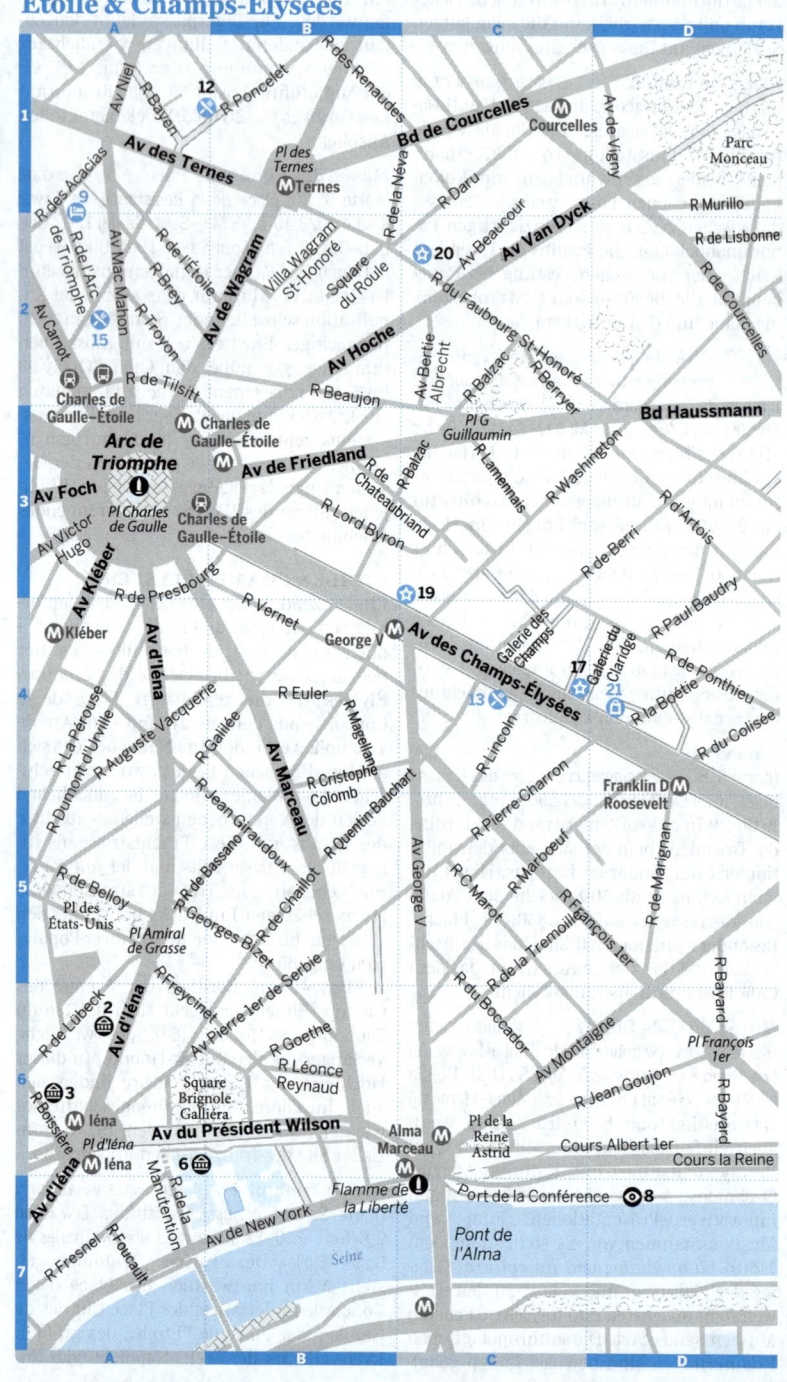

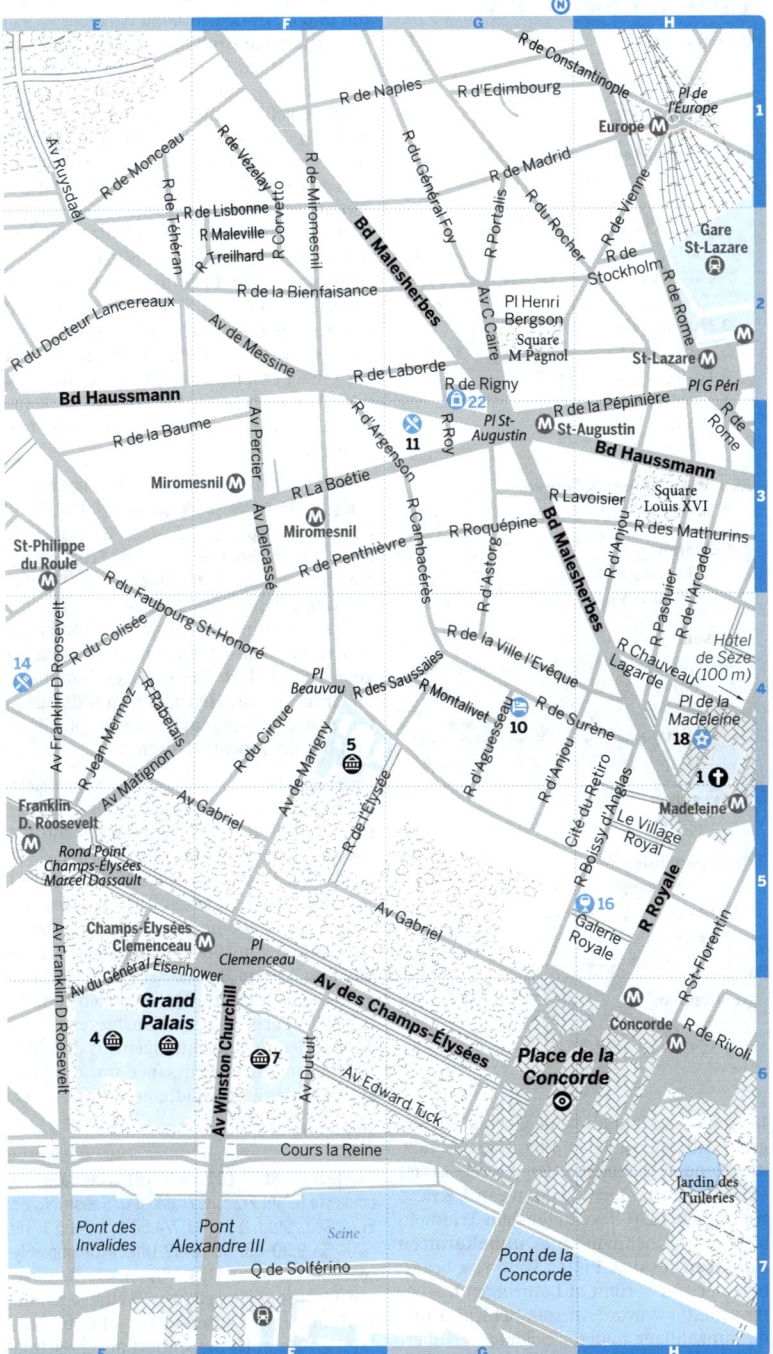

Étoile & Champs-Élysées

1806 als Denkmal für seine glorreichen Siege in Auftrag. Er blieb allerdings bis 1836 unvollendet, nachdem der Kaiser zuerst einzelne Schlachten und dann ganze Kriege verlor. Seit 1920 liegt unter dem Triumphbogen der Leichnam eines **unbekannten Soldaten** aus dem Ersten Weltkrieg begraben, der von Verdun in Lothringen hierher umgebettet wurde. An sein Schicksal und das unzähliger anderer Soldaten erinnert

eine **Ewige Flamme**, die allabendlich gegen 18.30 Uhr neu entfacht wird.

Von der **Aussichtsplattform** oben auf dem Bogen in 50 m Höhe (es lohnt sich wirklich, die 284 Stufen zu erklimmen!) eröffnet sich ein Blick auf die zwölf breiten Avenuen, die sich strahlenförmig in alle Teile der Stadt ausbreiten. Viele von ihnen sind nach napoleonischen Siegen und berühmten Generälen benannt (darunter die höchst exklusive Avenue Foch, der breiteste Boulevard von Paris). Tickets für die Aussichtsplattform gibt es in der Unterführung unter der Place de l'Étoile (Eingang auf der Seite der Avenue des Champs-Élysées mit den geraden Hausnummern). Sie ist der einzig empfehlenswerte Weg zum Fuß des Triumphbogens, hat allerdings keine Verbindung zu den nahe gelegenen Métrotunneln.

Grand Palais   AUSSTELLUNGSGEBÄUDE
(Karte S. 84-85; Reservierungen ☎08 92 70 08 40; www.grandpalais.fr; 3 av. du Général Eisenhower, 8e; mit/ohne Reservierung Erw. 12/11 €, Kind frei; ⏰Fr-Mo & Mi 10-22, Do bis 20 Uhr; MChamps-Élysées–Clemenceau) Das für die Weltausstellung 1900 erbaute Grand Palais beherbergt heute unter seinem riesigen Jugendstil-Glasdach die Galeries Nationales du Grand Palais. Hier gibt es mit die größten Sonderausstellungen der Stadt, die je drei bis vier Monate dauern.

Petit Palais   KUNSTMUSEUM
(Karte S. 84-85; www.petitpalais.paris.fr; av. Winston Churchill, 8e; Dauerausstellung Eintritt frei, Wechselausstellungen Erw./Kind 9 €/frei; ⏰Mi–So 10-18, Di 10-20 Uhr (nur Wechselausstellung); MChamps-Élysées–Clemenceau) Das Petit Palais entstand ebenfalls anlässlich der Weltausstellung von 1900. Heute beherbergt es das **Musée des Beaux-Arts de la Ville de Paris**, das Museum der schönen Künste der Stadt Paris. Es zeigt Kunstgegenstände, Tapisserien und Zeichnungen aus dem Mittelalter und der Renaissance sowie französische Malerei und Bildhauerei des 19. Jhs.

Palais de la Découverte
                        WISSENSCHAFTSMUSEUM
(Karte S. 84-85; ☎01 56 43 20 21; www.palais-decouverte.fr, auf Frz.; av. Franklin D. Roosevelt, 8e; Erw./Sen., Stud. & 5-18 J. 7/4,50 €, unter 5 J. frei; ⏰Di-Sa 9.30-18, So 10-19 Uhr; MChamps-Élysées–Clemenceau) Das Wissenschaftsmuseum für Kinder wurde zur Weltausstellung 1937 als erstes interaktives Museum der Welt eröffnet. Es präsentiert ausgezeichne-

te Wechselausstellungen (z. B. Dinosaurier, die sich lebensecht bewegen) und eine interaktive Dauerausstellung zum Anfassen und Ausprobieren mit Schwerpunktthemen wie Astronomie, Biologie, Physik usw. Im Planetarium (Eintritt 3,50 €) gibt es täglich vier Vorführungen und außerdem stündlich wissenschaftliche Demonstrationen (beides auf Frz.).

Palais de Tokyo   GALERIE
(Karte S. 84-85; www.palaisdetokyo.com; 13 av. du Président Wilson, 16e; Erw./Kind 6 €/frei; ⊙Di–So 12–24 Uhr; ⓂTrocadéro) In dem Gebäude, das zur Weltausstellung 1937 entstand und heute als Ausstellungsraum für zeitgenössische Kunst fungiert, gibt es keine Dauerausstellung. Stattdessen dient sein Innenraum aus Beton und Stahl als nüchterne Kulisse für wechselnde interaktive Kunstinstallationen. Auf seinem Dach gastierte bereits das viel beachtete mobile Hotel Everland; außerdem residiert dort das Restaurant Nomiya mit durchsichtigen Wänden. Das trendige Museumscafé Tokyo Eat (⊙12–23.30 Uhr) offeriert ein prima Lunchangebot namens „Formule Palais" (16 €), das Eintritt und Mittagessen umfasst. Das Palais gehört zu den interessantesten Kulturadressen im westlichen Paris. Abends legen hier oft DJs auf.

Musée Guimet des Arts Asiatiques
     KUNSTMUSEUM
(Karte S. 84-85; www.museeguimet.fr; 6 place d'Iéna; Erw./Kind 7,50 €/frei; ⊙Mi–Mo 10–18 Uhr; ⓂIéna) Das Museum hütet Frankreichs bedeutendste Sammlung asiatischer Kunst: Skulpturen, Gemälde, Kunst- und religiöse Gegenstände aus Afghanistan, Indien, Nepal, Pakistan, Tibet, Kambodscha, China, Japan und Korea. Ein Teil der Originalsammlung – buddhistische Zeichnungen und Skulpturen, die der Sammler Émile Guimet 1876 nach Paris brachte – befindet sich in den Galeries du Panthéon Bouddhique du Japon et de la Chine (Galerien des buddhistischen Pantheons von Japan & China; Karte S. 84; 19 av. d'Iéna; Eintritt frei; ⊙Mi–Mo 9.45–17.45 Uhr; ⓂIéna) im prachtvollen Hôtel Heidelbach etwas weiter nördlich. Hier ist besonders der wunderschöne Japanische Garten (⊙Mi–Mo 13–17 Uhr) sehenswert.

Place de la Concorde   PLATZ
(Karte S. 84-85; ⓂConcorde) Der 3300 Jahre alte Obelisk aus rosafarbenem Granit mit vergoldeter Spitze in der Mitte der Place de la Concorde stand einst im Ramsestempel von Theben (heutiges Luxor). 1831 überließ ihn der ägyptische Vizekönig und Pascha Muhammad Ali Frankreich als Geschenk. Die schmucken **Frauenstatuen** an den vier Ecken des Platzes repräsentieren die größten Städte des Landes.

1793 verlor Ludwig XVI. seinen Kopf unter einer Guillotine in der Nordwestecke des Platzes nahe der Statue der Stadt Brest. In den beiden darauffolgenden Jahren wurden in der Nähe des Eingangs zum Jardin des Tuileries weitere 1343 Menschen exekutiert, u. a. Marie Antoinette und, sechs Monate später, die Revolutionsführer Danton und Robespierre. Den jetzigen Namen erhielt der zwischen 1755 und 1775 angelegte Platz nach der Schreckensherrschaft, in der Hoffnung, er werde sich zum Ort des Friedens und der Harmonie wandeln.

Place de la Madeleine   PLATZ
(Karte S. 84-85; ⓂMadeleine) Die von feinen Lebensmittelgeschäften gesäumte Place de la Madeleine ist nach der klassizistischen Kirche in ihrer Mitte benannt, der Église de Ste-Marie Madeleine (Maria-Magdalena-Kirche; www.eglise-lamadeleine.com, auf Frz.; place de la Madeleine, 8e; ⊙9.30–19 Uhr). „La Madeleine" (wie die Kirche kurz genannt wird) wurde im Stil eines griechischen Tempels errichtet und nach fast einem Jahrhundert der Änderungen und Bauverzögerungen schließlich 1842 eingeweiht. Sie ist von 52 korinthischen, 20 m hohen Säulen umgeben; ihren Innenraum voller Marmor und Gold krönen drei lichtdurchflutete Kuppeln. Die gewaltige Orgel erklingt bei den Sonntagsmessen um 11 und 19 Uhr.

OPÉRA & GRANDS BOULEVARDS

Place de l'Opéra   PLATZ
(Karte S. 88; ⓂOpéra) Der Platz ist Standort der weltberühmten und ursprünglichen Pariser Oper. Er grenzt an die Grands Boulevards, die acht ineinander übergehenden „Großen Boulevards" (Madeleine, Capucines, Italiens, Montmartre, Poissonnière, Bonne Nouvelle, St-Denis und St-Martin). Sie erstrecken sich über knapp 3 km von der eleganten Place de la Madeleine im 8. Arrondissement nach Osten zur gewöhnlicheren Place de la République im 3. Arrondissement.

Die Grands Boulevards wurden im 17. Jh. auf den Fundamenten der überflüssig gewordenen Stadtmauern angelegt und waren im 18. und 19. Jh. das Zentrum der Kaffeehaus- und Theaterszene. Den Gipfel ihrer

Opéra & Grands Boulevards

200 m
0
N

Cadet
R Cadet
R Saunier
R Geoffroy Marie
R de la Boule Rouge
R Trévise
R Richer
R de Montyon
R Bergère
Cité Bergère
R d'Uzès
Rex Club
(200 m)

Bd Poissonnière
Grands Boulevards
R Montmartre
Galerie Montmartre

11
4
6
3 1
2
10

R du Faubourg Montmartre
Passage des Deux Sœurs
R Buffault
R Cadet
R de la Grange Batelière

12
Bd Montmartre
R Drouot
R Rossini
R Chauchat
2e
R St-Marc
R Vivienne
R de Richelieu

Richelieu Drouot
R Le Peletier
R Laffitte
R de la Victoire
R Pillet Will
R Taitbout
R d'Amboise
R Favart
R de Marivaux
R de Gramont

Richelieu Drouot
7
15

Le Peletier
R La Fayette
R Lamartine
R Fléchier
R Bourdaloue
R Châteaudun
R de Châteaudun
R St-Georges
Pl Kossuth

Notre-Dame de Lorette

Bd Haussmann
Bd des Italiens
R de Choiseul
R du Helder
R de la Michodière

R Taitbout
Pl Adrien Oudin
R Taitbout

Trinité
8
Square d'Estienne d'Orves
Pl d'Estienne d'Orves
R de Mogador
R de Provence
Cité d'Antin
Av de Provence

6e
9e
Chaussée d'Antin
R de la Chaussée d'Antin
R de la Chaussée d'Antin
18

R de Clichy
R de Londres
Cité de Londres
R St-Lazare
R Joubert
R de Mogador
Pl Diaghilev
17

Palais Garnier
16
R Gluck
Pl J Rouché
R Meyerbeer
Pl Ch. Garnier
R Halévy
R Scribe
Opéra
Pl de l'Opéra
Bd des Capucines

Auber
Auber
R des Mathurins
R Boudreau
Pl Édouard VIII
Harry's New York Bar (100 m)

St-Lazare
Pl du Havre
R du Havre
R de Budapest
R Tronchet

Havre Caumartin
Bd Haussmann
R de Caumartin
R Charras
R Auber
5
20
19
21
13

8e
R Vignon
R Godot de Mauroy
R de Sèze
A
B
C
D
E
F
G
1
2
3
4

Opéra & Grands Boulevards

Popularität erreichten sie in der Belle Époque. Nördlich vom Westende der Grands Boulevards liegt der Boulevard Haussmann (8e und 9e), das Herzstück des Geschäfts- und Bankenviertels mit den berühmtesten Kaufhäusern von Paris, den Galeries Lafayette und Le Printemps (S. 135).

Palais Garnier   OPERNHAUS
(Karte S. 88; ☎08 92 89 90 90; place de l'Opéra, 9e; Ⓜ Opéra) Das Palais Garnier zählt zu den eindrucksvollsten Pariser Baudenkmälern aus dem 19. Jh. Hier werden Opern, Ballette und Klassikkonzerte aufgeführt. Besucher können das Haus im Rahmen einer französisch- oder englischsprachigen **Führung** (☎08 25 05 44 05; http://visites.operadeparis. fr; 12 €; ⊙Juli & Aug. tgl. 11.30, 14 & 15.30/11.30 & 14.30 Uhr, Sept.–Juni Mi, Sa & So 11.30 & 15.30/11.30 & 14.30 Uhr), auf Anfrage auch auf Deutsch, besichtigen.

LP TIPP ❯ **Passages Couverts**
                EINKAUFSPASSAGEN
Vom Boulevard Montmartre (9e) gehen mehrere Einkaufspassagen ab. Ein Einkaufsbummel hier ist wie eine Zeitreise in das Paris des frühen 19. Jhs. Die **Passage des Panoramas** (Karte S. 89; 11 bd Montmartre & 10 rue St-Marc, 2e; Ⓜ Grands Boulevards) eröffnete 1800 und erhielt 1817 die erste Gasbe-

leuchtung von Paris. Im Jahr 1834 wurde sie um die vier zusammenhängenden Passagen Feydeau, Montmartre, St-Marc und Variétés erweitert. Die Passagen haben täglich bis gegen Mitternacht geöffnet.
    An der Nordseite des Boulevard Montmartre liegt zwischen den Hausnummern 10 und 12 die Passage Jouffroy, die über die Rue de la Grange Batelière zur Passage Verdeau führt. Beide sind voller Geschäfte, die Antiquitäten, alte Postkarten, gebrauchte und antiquarische Bücher, Geschenkartikel, Spielzeug für Haustiere, Importartikel aus Asien u. Ä. verkaufen. Diese Arkaden haben bis 22 Uhr geöffnet.

Musée Grévin   WACHSFIGURENKABINETT
(Karte S. 88; www.grevin.com; 10 bd Montmartre, 9e; Erw./Kind 20/12 €; ⊙Mo–Fr 10–18.30, Sa & So bis 19 Uhr; Ⓜ Grands Boulevards) Das Museum in der Passage Jouffroy präsentiert rund 300 Wachsfiguren, die allerdings nicht besonders lebensecht, sondern eher wie Karikaturen wirken. Aber wo sonst kann man Marilyn Monroe, Charles de Gaulle und Spiderman Auge in Auge gegenüberstehen und die Originaltotenmasken einiger französischer Revolutionsführer bestaunen? Der unverschämt hohe Eintritt steigt leider von Jahr zu Jahr weiter.

MÉNILMONTANT & BELLEVILLE

Bis vor einigen Jahren hatte das solide Arbeiterviertel Ménilmontant im 11. Arrondissement herzlich wenig zu bieten. Heute dagegen wartet es mit jeder Menge Restaurants, Bars und Clubs auf.

Ganz anders Belleville (20e), das sich seinen bescheidenen Charakter als Arbeiterkiez weitgehend bewahrt hat. Hier leben zahlreiche Immigranten, in erster Linie Muslime und Juden aus Nordafrika sowie Vietnamesen und Menschen chinesischer Herkunft aus dem ehemaligen Indochina. Der 1992 eröffnete **Parc de Belleville** (M Couronnes) erstreckt sich mit seinen 4,5 ha Grünfläche auf einem fast 108 m hohen Hügel einige Straßenecken östlich vom Boulevard de Belleville und bietet phantastische Aussicht auf die Stadt. Gleich südlich des Parks liegt Père Lachaise, der berühmteste Friedhof von Paris.

LP TIPP Cimetière du Père Lachaise
FRIEDHOF
(Karte S. 44-45; www.pere-lachaise.com; ☉ Mo–Fr 8–18, Sa ab 8.30, So ab 9 Uhr; M Philippe Auguste, Gambetta oder Père Lachaise) Der meistbesuchte Friedhof der Welt, der Cimetière du Père Lachaise, öffnete 1804 seine Tore zum Weg ohne Wiederkehr. Seine 69 000 prächtigen bis protzigen Gräber bilden einen 44 ha großen „Skulpturengarten" unter freiem Himmel.

Hier liegen rund 800 000 Menschen begraben, darunter sind der Komponist Chopin, der Dramatiker Molière, der Dichter Apollinaire, die Schriftsteller Balzac, Proust, Gertrude Stein und Colette, die Schauspieler Simone Signoret, Sarah Bernhardt und Yves Montand, die Maler Pissarro, Seurat, Modigliani und Delacroix, die Chansonsängerin Edith Piaf und die Tänzerin Isadora Duncan. Unter einem neugotischen Grabstein ruhen die unsterblichen Liebenden des 12. Jhs., Abälard und Heloise, die 1817 hierher umgebettet wurden.

Besonders gut besucht sind die Gräber von **Oscar Wilde**, der 1900 in der 89. *division* (Sektor) bestattet wurde, und von **Jim Morrison**, dem Sechziger-Jahre-Rockstar, der 1971 in einer Wohnung in der Rue Beautreillis 17 bis 19 (4e) im Marais starb und im 6. Sektor begraben liegt.

Der Père Lachaise hat fünf Eingänge, zwei davon am Boulevard de Ménilmontant. Lagepläne für sehenswerte Gräber gibt es gratis beim **Büro des Denkmalpflegeamts** (16 rue du Repos, 20e) in der Südwestecke des Friedhofs.

13. ARRONDISSEMENT & CHINATOWN

Das 13. Arrondissement beginnt ein paar Straßen südlich vom Jardin des Plantes (5e). Seit Eröffnung der Bibliothèque Nationale de France (BNF), der Inbetriebnahme der Hochgeschwindigkeitsmétro Météor (Linie 14) und dem Start des gigantischen Projekts ZAC Paris Rive Gauche zur Sanierung des alten Industrieviertels entlang der Seine erlebt das Arrondissement eine wahre Renaissance. In dieses Bild passt auch die stilvolle neue Fußgängerbrücke, die Passerelle Simone de Beauvoir, die die BNF mit dem Parc de Bercy und den Docks en Seine verbindet, einem 20 000 m² großen Lagerhaus am Fluss, das in ein erstklassiges Kultur- und Designzentrum umgebaut wurde. Das Viertel befindet sich auf einem steilen Weg nach oben. Der Schick des benachbarten 5. Arrondissements reicht bis zur Avenue des Gobelins. Weiter südlich, zwischen Avenue d'Italie und Avenue de Choisy, erstreckt sich die Pariser Chinatown: Inmitten ihrer asiatischen Restaurants, Verkaufsstände und Geschäfte fühlt man sich urplötzlich auf einen anderen Kontinent versetzt.

Bibliothèque Nationale de France
BIBLIOTHEK
(Karte S. 44-45; www.bnf.fr; 11 quai François Mauriac, 13e; Wechselausstellungen Erw./Kind 7 €/ frei; ☉ Di–Sa 10–19, So 13–19 Uhr; M Bibliothèque) Am Seine-Ufer ragen die vier Glastürme der umstrittenen, 2 Mrd. Euro teuren französischen Nationalbibliothek in die Höhe. Mit der 1988 eröffneten Bibliothek wollte der mittlerweile verstorbene Präsident François Mitterrand ein „modernes Weltwunder" schaffen.

Man scheute keine Kosten, um einen Entwurf zu realisieren, der vielen überhaupt nicht einleuchtete. Während zahlreiche Bücher und historische Dokumente in den Regalen der 23-stöckigen, 79 m hohen, in Form halb aufgeschlagener Bücher gebauten Türme dem Sonnenlicht ausgesetzt sind, sitzen die Leser in künstlich beleuchteten Kellerräumen um einen Lichthof mit 140 rund 50 Jahre alten Kiefern, die eigens aus den Wäldern hergekarrt wurden. Die Türme sind inzwischen mit einem komplizierten (und teuren) Jalousiensystem ausgestattet, aber dem Keller droht bei Seine-Hochwasser Überflutung. Die Nationalbibliothek hat einen Bestand von 12 Mio. Wälzern, die auf einer Regalstrecke von 420 km verstaut sind. Sie bietet Platz für je

2000 Leser und Forscher. Außerdem gibt es hier Sonderausstellungen (Eingang E) rund um „das Wort"; ihre Themen reichen vom Geschichtenerzählen bis zur Buchbinderei.

MONTMARTRE & PIGALLE

Ende des 19. und Anfang des 20. Jhs. lockte das Bohemeleben von Montmartre bedeutende Schriftsteller und Künstler an. Darunter war auch Picasso, der hier von 1908 bis 1912 in einem Atelier namens **Bateau Lavoir** (11bis Émile Goudeau; Ⓜ Abbesses) lebte. Obwohl sich die Künstlerszene nach dem Ersten Weltkrieg nach Montparnasse verlagerte, hat sich Montmartre bis heute eine tolle Atmosphäre bewahrt, der kein Touristenandrang der Welt etwas anhaben kann.

Nur einige Straßen südwestlich der friedlichen Wohngegend Montmartre liegt das lebhafte, von Neonlicht erhellte Pigalle (9e und 18e), eines der beiden bekannten Rotlichtviertel von Paris – das andere, *sehr* viel krassere erstreckt sich entlang der Rue St-Denis und ihrer Seitengassen nördlich vom Forum des Halles im 1. Arrondissement. Aber Pigalle ist mehr als nur ein anrüchiger Rotlichtbezirk: Hier gibt's jede Menge trendige Nachtlokale sowie Clubs und Kabaretts. Südlich von Pigalle liegt das Viertel Nouvelle Athènes (Neu-Athen), das mit seiner schönen klassizistischen Architektur und den privaten Gärten seit Langem ein bevorzugter Wohnort von Künstlern ist.

Am einfachsten zu erreichen ist die Kuppe der Butte de Montmartre (des Montmartre-Hügels) mit der schicken RATP-Standseilbahn (S. 140).

Basilique du Sacré Cœur   BASILIKA

(Karte S. 94; www.sacre-coeur-montmartre.com; place du Parvis du Sacré Cœur, 18e; ◷6–22.30 Uhr; Ⓜ Anvers) Die Herz-Jesu-Basilika thront ganz oben auf der Butte de Montmartre. Pariser Katholiken finanzierten den Bau mit ihren Spenden nach der demütigenden Niederlage im Deutsch-Französischen Krieg von 1870–71. Die Bauarbeiten starteten 1873; eingeweiht wurde die Basilika erst 1919.

Eine Wendeltreppe mit 234 Stufen führt hinauf zur **Kuppel** der Basilika (Eintritt 5 €, nur in bar; ◷9–18 bzw. 19 Uhr), die einen atemberaubenden Panoramablick auf Paris bietet. An klaren Tagen sieht man angeblich 30 km weit.

Place du Tertre   PLATZ

(Ⓜ Abbesses) Einen halben Häuserblock westlich der Église St-Pierre de Montmartre, einst Teil eines Benediktinerinnenklosters aus dem 12. Jh., liegt der ehemalige Dorfplatz von Montmartre, die Place du Tertre. Heute wimmelt es hier von Cafés, Restaurants, Touristen und ziemlich aufdringlichen Porträtmalern und Karikaturisten, die nur allzu gern Besucher zu Papier bringen. Ob man sich in dem Gemalten auch wiederfindet, ist eine andere Frage.

Cimetière de Montmartre   FRIEDHOF

(Karte S. 94; ◷Mo–Fr 8–17.30 bzw. 18, Sa ab 8.30, So ab 9 Uhr; Ⓜ Place de Clichy) Der Cimetière de Montmartre von 1798 ist nach dem Père Lachaise wohl der bekannteste Friedhof von Paris. Hier ruhen u. a. die Schriftsteller Émile Zola, Alexandre Dumas und Stendhal, der Komponist Jacques Offenbach, der Maler Edgar Degas, der Regisseur François Truffaut und der Tänzer Vaslav Nijinsky. Der nächstgelegene Eingang vom Montmartre-Hügel aus befindet sich am Ende der Avenue Rachel, gleich neben dem Boulevard de Clichy bzw. am Fuß der Treppe in der Rue Caulaincourt 10. An diesem Eingang ist auch ein kostenloser Lageplan der Gräber zu bekommen.

Musée de Montmartre   KUNSTMUSEUM

(Karte S. 94; www.museedemontmartre.fr; 12 rue Cortot, 18e; Erw./Kind 7 €/frei; ◷Di–So 11–18 Uhr; Ⓜ Lamarck–Caulaincourt) Das Musée de Montmartre ist in einem Herrenhaus aus dem 17. Jh., dem ältesten Gebäude von Montmartre, untergebracht; hier lebten einst Maler wie Renoir, Utrillo und Raoul Dufy. Es zeigt Gemälde, Lithografien und Dokumente, die sich meist mit der rebellischen und künstlerischen Bohèmevergangenheit des Viertels befassen.

Daneben sind Ausstellungen von Künstlern zu sehen, die im *quartier* leben. Die ausgezeichnete Buchhandlung verkauft auch kleine Flaschen Wein, der am Clos Montmartre angebaut wird, dem kleinen Weinberg des Viertels.

Musée de l'Érotisme   KUNSTMUSEUM

(Karte S. 94; 72 bd de Clichy, 18e; Erw./Stud. 9/6 €; ◷10–2 Uhr; Ⓜ Blanche) Das Museum mit sieben Stockwerken voller antiker und moderner erotischer Kunst von vier Kontinenten bemüht sich, seine rund 2000 gewagten Skulpturen, Stimulanzien und Fetischartikel aus vergangenen Jahrhunderten auf eine höhere Ebene zu heben. Aber die Inte-

START Ⓜ **BLANCHE**
ZIEL Ⓜ **ABBESSES**
LÄNGE **2,5 KM**
DAUER **2½ STUNDEN**

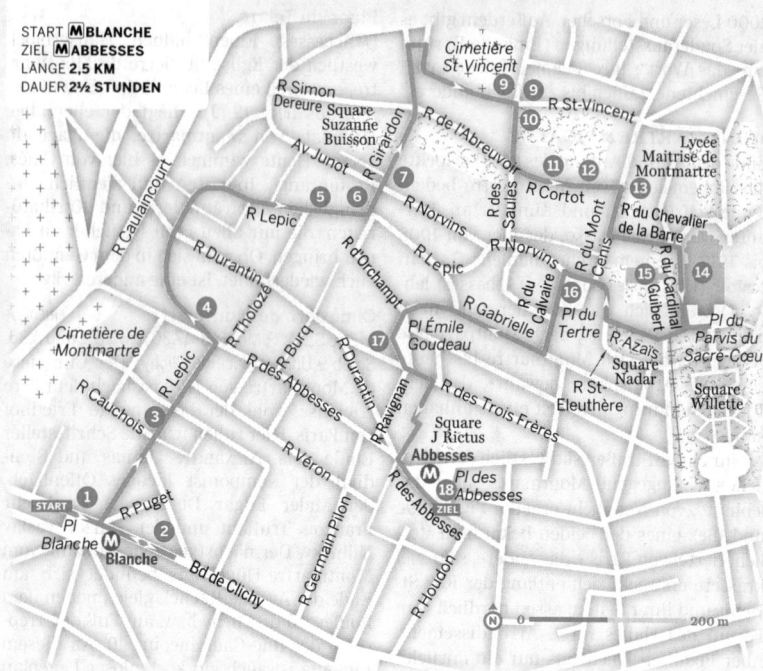

Stadtspaziergang
Künstlerviertel Montmartre

❭ Montmartre, von den französischen Wörtern für „Berg" *(mont)* und „Märtyrer" *(martyr)* abgeleitet, ist seit Langem ein sagenumwobener Ort – genauer gesagt, seit der hl. Dionysius hier um 250 n. Chr. enthauptet wurde und seine kopflose Wanderung zu dem Ort nördlich von Paris antrat, der bis heute seinen Namen St-Denis trägt (S. 147). In den letzten Jahren erwachte der Mythos Montmartre durch Musik, Bücher und vor allem durch Filme zu neuem Leben: *Le fabuleux Destin d'Amélie Poulain (Die fabelhafte Welt der Amélie,* 2001) präsentierte das Viertel in den rosigsten Farben und auch *Moulin Rouge* (2001) verklärte den Bezirk, verlieh ihm dabei allerdings mehr Biss.

Jahrhundertelang war Montmartre ein Dorf mit zahlreichen Mühlen *(moulins),* die Paris mit Mehl versorgten. Nach der Eingemeindung in die Hauptstadt 1860 lockten der malerische Charme und die niedrigen Mieten Maler und Schriftsteller an – besonders nach dem Aufstand der Pariser Kommune 1871, der hier seinen Anfang nahm. Das späte 19. und frühe 20. Jh. waren die Glanzzeit von Montmartre. Damals malte Toulouse-Lautrec seine geliebten Cancantänzerinnen; Picasso, Braque & Co. bereicherten die Welt um die Perspektive des Kubismus.

Nach dem Ersten Weltkrieg verlagerte sich das kreative Treiben nach Montparnasse, aber Montmartre bewahrte sich seine lebensfrohe Atmosphäre. Die wahren Attraktionen des Viertels – neben der tollen Aussicht von der Butte de Montmartre (Montmartre-Hügel) – sind die kleinen Parks und steilen, gewundenen Kopfsteinpflastergassen. Viele Häuser des Montmartre verschwinden fast vollständig unter Wein- und Efeuranken.

Der Spaziergang startet an der Métrostation der Place Blanche. Sie verdankt ihren Namen „Weißer Platz" dem Gips, der am Montmartre abgebaut und auf diesem Weg abtransportiert wurde. Nordwestlich von hier befindet sich das legendäre ❶ **Moulin Rouge** mit seinem Markenzeichen, der roten Windmühle, auf dem Dach. Rechts davon steht das ❷ **Musée de l'Érotisme,** dem es angeblich mehr um Aufklärung als um schnöde Sinnenlust geht. Wer's glaubt…

Von hier geht man die von Lebensmittel-geschäften gesäumte Rue Lepic hinauf und erspäht auf halber Strecke links das ③ **Café des Deux Moulins**, in dem die Kinoheldin Amélie kellnerte. Dann macht die Straße einen Bogen nach Westen. Das ④ **Haus Nr. 54** gehörte einst Théo van Gogh. Sein berühmter Bruder, der Künstler Vincent, wohnte von 1886 bis 1888 im 3. Stock.

Ein Stück weiter die Rue Lepic entlang stehen die berühmten Zwillingswindmühlen von Montmartre. Die bekanntere der beiden, der ⑤ **Moulin de la Galette**, war Ende des 19. Jhs. ein beliebtes Open-Air-Tanzlokal, das Pierre-Auguste Renoir 1876 auf seinem Ge-mälde *Le bal du Moulin de la Galette* verewig-te. Etwa 100 m östlich, an der Ecke Rue Girar-don, steht der ⑥ **Moulin Radet**, der heute verwirrenderweise ein Restaurant namens „Le Moulin de la Galette" beherbergt.

Nun geht es quer über die Place Marcel Aymé. Hier ist die kuriose ⑦ **Passe-Murail-le-Skulptur** zu sehen – ein Mann, der aus einer Bruchsteinmauer herausklettert. Sie stellt Dutilleul dar, den Helden von Marcel Ay-més Novelle *Le Passe-Muraille (Der Mann, der durch die Wand gehen konnte)*. Aymé wohnte von 1902 bis 1967 im Nachbarhaus.

Auf der anderen Straßenseite liegt die kleine Grünanlage Square Suzanne Buisson. Von hier nach links (Norden) in die Rue Girar-don einbiegen. Auf dieser geht's an der Allée des Brouillards (Nebelweg) vorbei. Sie wurde nach dem benachbarten Château des Brouil-lards benannt, in dem im späten 19. Jh. meh-rere Künstler hausten – Renoir wohnte von 1890 bis 1897 im Haus Nr. 8. Von der Place Dalida führt eine Treppe zur Rue St-Vincent hinunter: Auf der anderen Seite der Mauer liegt der ⑧ **Cimetière St-Vincent**, die letzte Ruhestätte von Maurice Utrillo (1883–1955), dem „Maler von Montmartre".

Gleich gegenüber, auf der anderen Seite der Rue des Saules, ist das berühmte Caba-ret ⑨ **Au Lapin Agile**. Der Name lässt an ein „hurtiges Kaninchen" denken, geht aber auf das Wandbild *Le Lapin à Gill* zurück, das an der Westfassade zu sehen ist. Es zeigt ein Karnickel, das aus dem Kochtopf hüpft, und stammt von dem Karikaturisten André Gill.

Jetzt nach rechts in die Rue des Saules einbiegen. Gegenüber liegt der ⑩ **Clos Montmartre**, ein kleiner Weinberg von 1933. Seine 2000 Rebstöcke erbringen jeden Herbst etwa 800 Flaschen Wein, die für einen guten Zweck versteigert werden. Das ⑪ **Musée de Montmartre** befindet sich in der ersten Straße links hinter dem Weinberg,

12–14 Rue Cortot, im ältesten Gebäude von Montmartre, einem Herrenhaus aus dem 17. Jh., in dem zeitweise die Maler Renoir, Utrillo und Raoul Dufy wohnten. Nummer 6 ist das ⑫ **Haus von Erik Satie**, in dem der berühmte Komponist von 1892 bis 1898 leb-te. Am Ende der Rue Cortot nach rechts in die Rue du Mont Cenis einbiegen – der hübsche ⑬ **Wasserturm** gegenüber stammt aus dem frühen 20. Jh. –, dann links in die Rue de Chevalier de la Barre und wieder rechts in die Rue du Cardinal Guibert. Gleich südlich von hier liegt der Eingang der ⑭ **Basilique du Sacré Cœur** von deren Stufen sich ein atem-beraubender Blick über Paris eröffnet.

Von der Basilika der Rue Azaïs nach Wes-ten folgen und dann nach Norden abbiegen zur ⑮ **Église St-Pierre de Montmartre**. Die Kirche steht auf den Überresten eines römischen Mars- oder Merkurtempels – manche meinen, der Name Montmartre sei von „Mons Martis" (lateinisch für „Berg des Mars") abgeleitet; andere bevorzugen die christliche Interpretation als „Mont Martyr" („Berg des Märtyrers").

Gegenüber liegt die ⑯ **Place du Tertre**, wohl der touristischste Rummelplatz von Paris, aber trotzdem nett. Angeblich brach-ten hier Kosaken den Franzosen erstmals den Begriff *bistro* (russisch für „dalli, dalli") bei – anno 1814 im Haus Nr. 6 (La Mère Catherine). An Heiligabend 1898 fuhr das erste Auto von Louis Renault die Butte zur Place du Tertre hinauf und machte damit den Geburtstag des Herrn zugleich zur Geburtsstunde der fran-zösischen Autoindustrie.

Von der Place du Calvaire führt eine Trep-pe zur Rue Gabrielle, auf der man nach rechts (Westen) weiter zur Place Émile Goudeau kommt. Nummer 11b ist das ⑰ **Bateau-La-voir**, eine alte Klavierfabrik und spätere Wä-scherei, in der einst Kees van Dongen, Max Jacob, Amedeo Modigliani und Pablo Picasso hausten. Den Beinamen „Wäschereiboot" er-hielt das Gebäude, weil es bei starkem Wind gefährlich schwankte. Hier entstand Picas-sos Meisterwerk *Les Demoiselles d'Avignon* (1907). Bevor das Bateau-Lavoir 1970 nie-derbrannte und erst 1978 wieder aufgebaut wurde, trug es die Nummer 13.

Von der Place Émile Goudeau geht es die Treppe hinunter zur Rue des Abbesses und auf dieser südwärts zur Place des Abbesses mit dem unübersehbaren ⑱ **Métroeingang** von Hector Guimard. Da die Gipsbergwerke des 18. Jhs. den Hügel so gründlich aushöhl-ten, musste die Métrostation Abbesses in besonders großer Tiefe angelegt werden.

PARIS

Montmartre & Pigalle

200 m
0

G

R Custine

R Ramey

Passage Cottin

R du Chevalier
de la Barre

R Bachelet

18e

F

R Lamarck

Parc
de la
Turlure

R de la Bonne

R St-Vincent

R Cortot

E

Musée de
Montmartre

4

R des Saules

R de l'Abreuvoir

R Norvins

Square
S. Buisson

D

Moulin
Radet

6

R Lepic

R Tholozé

Av Junot

10

Villa
Léandre

9

C

11

R de l'Armée
d'Orient

R Durantin

B

16

R Steinlen

R Tourlaque

R Damremont

R Caulaincourt

R Joseph de Maistre

Cimetière de
Montmartre

3

Av Rachel

A

R Muller

R Feutrier

R Paul Albert

R Maurice Utrillo

R André del Sarte

R Clignancourt

R Livingstone

R d'Orsel

R Pierre Picard

R Ronsard

R Charles Nodier

Basilique du
Sacré-Cœur

1

R du Cardinal
Dubois

Tenue

Square
Willette

Square
Willette

Pl St-Pierre

12

R Seveste

R Briquet

Anvers

Pl d'Anvers

R de Steinkerque

5

R Foyatier

R Azais

Square
Nadar

18

R Chappe

R Tardieu

R André-Barsacq

Montmartre

R des Trois Frères

Pl Charles Dullin

R Dancourt

Pl du
Tertre

R St-Rustique

R Poulbot

R Gabrielle

Cité de
la Mairie

R des Trois Frères

R Yvonne Le Tac

R d'Orsel

R Berthe

Square
J. Rictus

R de la Vieuville

R des
Abbesses

Pl des
Abbesses

Abbesses

R des Abbesses

R Piémontesi

R des Martyrs

20
19

21

D

R Houdon

Pl Emile
Goudeau

R Androuet

2

R Ravignan

R Durantin

R des Abbesses

14

Pl
Pigalle

Pigalle

R Germain Pilon

Villa de Guelma

R André Antoine

Pigalle

13
17

R Aristide
Bruant

8
15

R Burq

R Audran

R Véron

R Robert
Planquette

Villa des Platanes

Bd de Clichy

Blanche

R Constance

R Cauchois

R Puget

R Coustou

7

R Lepic

Passage
Lepic

Bd de Clichy

Cité Véron

22

Blanche

Blanche

R Pierre Fontaine

9e

R Bruxelles

R Blanche

R de Douai

R de Calais

Rd d'Orchampt

R de Rochechouart

Bd de Rochechouart

R du Dunkerque

R Gérando

R du Delta

Bd de Rochechouart

R Fromentin

ressenlage der meisten Besucher ist schon ziemlich eindeutig.

LA VILLETTE
Die Buttes Chaumont, der Canal de l'Ourcq und vor allem der Parc de la Villette mit seinen wundervollen Museen und anderen Attraktionen bilden im 19. Arrondissement ein gewinnendes Trio. Ein Neuzugang, der Leute ins Viertel bringen wird wie nichts anderes zuvor, ist die **Philharmonie de Paris**, das ambitionierte neue Zuhause des Orchestre de Paris aus der Feder des Architekten Jean Nouvel. Sie soll 2012 eröffnet werden.

Parc de la Villette PARK
(Karte S. 44-45; www.villette.com; Ⓜ Porte de la Villette oder Porte de Pantin) Der skurrile 35 ha große Parc de la Villette ganz im Nordosten der Stadt wurde 1993 eingeweiht. Er erstreckt sich von der Cité des Sciences et de l'Industrie Richtung Süden bis zur Cité de la Musique. Der vom Canal de l'Ourcq geteilte Park hat viel zu bieten: schattige Wege, phantasievolle Stadtmöblierung, Themengärten für Kinder sowie die sogenannten *folies* (knallrote Pavillons). Er ist die größte Grünanlage der Pariser Innenstadt und erklärter „Prototyp des Stadtparks im 21. Jh.".

LP TIPP **Cité des Sciences et de l'Industrie**

WISSENSCHAFTS- & TECHNIKMUSEUM
(Karte S. 44-45; Reservierungen ☎ 08 92 69 70 72; www.cite-sciences.fr; 30 av. Corentin Cariou, 19e; ⊙ Di-Sa 10-18, So bis 19 Uhr; Ⓜ Porte de la Villette) Am Nordrand des Parc de la Villette präsentiert die gewaltige Stadt der Wissenschaften und der Industrie jede Menge Hightech-Attraktionen. Besucher bringen am besten ein Picknick mit, um gleich den ganzen Tag hier zu verbringen.

Außer den beiden Hauptausstellungsbereichen drinnen gibt es noch ein **Planetarium** (Ebene 1; Eintritt 3 €; ⊙ Di-Sa 10-18, So bis 19 Uhr), zwei Kinos, ein kleines **Aquarium** (Ebene 2; Eintritt frei; ⊙ Di-Sa 10-18, So bis 19 Uhr) und ein U-Boot der französischen Marine aus den 1950er-Jahren (3 €; ⊙ Di-Sa 10-17.30, So bis 19 Uhr) zu besichtigen.

Im Erdgeschoss befindet sich die geniale **Cité des Enfants** (6 €), in der Kinder Grundprinzipien der Technik und Wissenschaft selbst erleben und ausprobieren können. Sie besteht aus zwei Abteilungen: einer für Zwei- bis Siebenjährige und einer für Fünf- bis Zwölfjährige. In der ersten können sich die Kleinen u. a. im Umgang mit Wasser üben (Regenponchos werden gestellt), auf einer Baustelle werkeln und ein Labyrinth erkunden. In der zweiten können sie von Industrierobotern Häuser aus Bauklötzen bauen lassen und in einem Fernseh-

CANAL ST-MARTIN

Die schattigen Treidelpfade des lauschigen, 4,5 m langen **Canal St-Martin** (Karte S. 44-45; MRépublique, Jaurès oder Jacques Bonsergent) eignen sich wunderbar für romantische Spaziergänge oder Radtouren. Sie passieren neun Schleusen, diverse Metallbrücken und ganz normale Pariser Wohnviertel. Der Uferbereich des Kanals hat in den letzten Jahren eine städtebauliche Aufwertung erlebt; insbesondere der südliche Abschnitt ist ideal, um sich gemütlich im Café niederzulassen, im Sommer am Wasser zu picknicken oder einen spätabendlichen Absacker zu nehmen. Hippe neue Bistros haben das Terrain erobert (die meisten bleiben sonntags, viele auch montags geschlossen); wer der Gaumenfreuden wegen nach Paris kommt, dürfte eher früher als später hier am Ostrand der Innenstadt landen.

Der Kanal verbindet das 10. Arrondissement (wo er seinen berühmten Knick macht) über das Bassin de la Villette und den Canal de l'Ourcq mit dem Parc de la Villette im 19. Arrondissment. Teile der Wasserstraße, die zwischen 1806 und 1825 angelegt wurde, um die Seine mit dem 108 km langen Canal de l'Ourcq zu verbinden, liegen höher als ihre Umgebung. Am besten lässt sich die besondere Atmosphäre des Kanals per **Kanalboot** (S. 98) auskosten.

studio ihre eigenen Nachrichtensendungen drehen. Die Rundgänge dauern jeweils 1½ Stunden und starten ab 10 Uhr fünfmal täglich (am Wochenende 7-mal). Am besten mehrere Tage im Voraus reservieren.

Die ausufernde **Explora** (Ebenen 1 & 2; Erw./Kind 8/6 €), das Herzstück der Ausstellungen in der Cité des Sciences et de l'Industrie, befasst sich mit allem Möglichen von Raumfahrt und Automobiltechnik über Genetik bis hin zum Schall. Die Tickets bleiben den ganzen Tag gültig, sodass Besucher nach Belieben kommen und gehen können. Manche Sonderausstellungen kosten 2 € zusätzlich.

In der riesigen Spiegelkugel namens **Géode** (✆08 92 68 45 40; www.lageode.fr, auf Frz.; Erw./Kind 10,50/9 €, 3D-Filme 12,50/11 €; ⊕10.30–20.30 Uhr) werden 3D- und Imax-Filme (je 40 Min.) in hoher Auflösung auf eine 180°-Leinwand projiziert, sodass die Zuschauer praktisch mittendrin im Geschehen sitzen. Auf Wunsch gibt es kostenlose Kopfhörer mit dem Ton in der Originalsprache.

Das **Cinaxe** (4,80 €; ⊕10.30–17 Uhr) ist ein Kino mit hydraulischen Sitzen für 60 Personen, die sich synchron zur Handlung auf der Leinwand bewegen. Alle 15 Minuten beginnt eine Vorstellung.

Cité de la Musique   KONZERTSAAL
(Karte S. 44-45; www.cite-musique.fr; 221 av. Jean Jaurès, 19e; ⊕Di–Sa 12–18, So 10–18 Uhr; MPorte de Pantin) Die **Cité de la Musique** am südlichen Ende des Parc de la Villette ist ein bemerkenswerter dreieckiger Konzertsaal, der das multikulturelle Pariser Publikum mit Populärmusik aus aller Welt lockt. Im selben Komplex befindet sich auch das **Musée de la Musique** (Musikmuseum; Erw./Kind 8 €/frei), das 900 seltene Musikinstrumente aus einer Sammlung von insgesamt 4500 zeigt. Viele von ihnen sind über Kopfhörer (im Eintritt enthalten) auch zu hören.

**VOR DEN TOREN VON PARIS:
AUSSERHALB DER INNENSTADT**
Zwei der wichtigsten Naherholungsgebiete der Stadt liegen gleich „außerhalb der Mauern", am Rand der Innenstadt: Diese „grünen Lungen" von Paris sind der Bois de Vincennes im Südosten und der Bois de Boulogne im Westen der Stadt.

Bois de Vincennes   WALD
(bd Poniatowski, 12e; MPorte de Charenton oder Porte Dorée) Der Bois de Vincennes erstreckt sich über 995 ha am südöstlichen Rand von Paris. Am nördlichen Waldrand steht das **Château de Vincennes** (www.chateau-vincennes.fr; av. de Paris, 12e; ⊕10–17 bzw. 18 Uhr; MChâteau de Vincennes), ein waschechtes Königsschloss mit mächtigen Befestigungsanlagen und einem Wallgraben. Ein Spaziergang über das Gelände kostet nichts, aber wer den 52 m hohen, 1369 vollendeten Donjon (im 17. und 18. Jh. ein Gefängnis) und die gotische Chapelle Royale (Königskapelle) besuchen möchte, muss an einer **Führung** teilnehmen (Erw./Kind 8 €/frei); die Zeiten sind telefonisch zu erfragen.

LP TIPP **Parc Floral de Paris** (www.parc floraldeparis.com, auf Frz.; route du Champ de Manœuvre, 12e; Erw./Kind 3/1,50 €; 9.30–17 Uhr, im Sommer bis 20 Uhr; M Château de Vincennes) Die ausgedehnte Grünanlage südlich vom Château lockt mit einem Schmetterlingsgarten, einer Naturbibliothek, Spielplätzen und Open-Air-Konzerten im Sommer. Der gut geführte **Parc Zoologique de Paris** (Pariser Zoo; www.mnhn.fr; 53 av. de St-Maurice, 12e; 9–17 bzw. 18.30 Uhr, je nach Jahreszeit; M Porte Dorée) mit rund 600 Tieren wurde zur Zeit der Recherche gerade von Grund auf renoviert.

Fische und anderes Meeresgetier aus aller Welt tummeln sich im **Aquarium Tropical** (www.aquarium-portedoree.fr; Palais de la Porte Dorée, 293 av. Daumesnil, 12e; Erw./Kind 6,50/5 €; Di–Fr 10–17.30, Sa & So bis 19 Uhr; M Porte Dorée) am Westrand des Bois de Vincennes. Im selben Gebäude befindet sich die spannende **Cité Nationale de l'Histoire de l'Immigration** (Nationale Stätte für die Geschichte der Immigration; www.histoire-immigration.fr; während der Ausstellungen Erw./Kind 5 €/frei, außerhalb der Ausstellungen 3 €/frei; Di–Fr 10–17.30, Sa & So bis 19 Uhr; M Porte Dorée), die der Geschichte der Einwanderung nach Frankreich mit informativem, historischem Material nachspürt.

Bois de Boulogne WALD
(Karte S. 44-45; bd Maillot, 16e; M Porte Maillot) Der 845 ha große Bois de Boulogne grenzt am Westrand der Stadt an das 16. Arrondissement an. Seine zwanglose Gestaltung verdankt er Baron Haussmann, der sich vom Londoner Hyde Park inspirieren ließ. Aufgepasst: Nach Einbruch der Dunkelheit ist der Bois de Boulogne eine reine Erwachsenen-Spielwiese, vor allem entlang der Allée de Longchamp, wo Prostituierte jeden Geschlechts auf Kundenfang gehen.

Für Familien besonders interessant ist der **Jardin d'Acclimatation** (www.jardin dacclimatation.fr; av. du Mahatma Gandhi; Eintritt 2,90 €, unter 3 J. frei; April–Sept. 10–19 Uhr, Okt.–März 10–18 Uhr; M Les Sablons), ein toller Vergnügungspark für Kinder mit Puppentheater, Bootsfahrten, Wasserspaß, Kunstausstellungen und gelegentlichen Filmvorführungen. Gleich südlich davon entsteht die **Fondation Louis Vuitton pour la Création** (www.fondationlouisvuitton.fr), ein von Frank Gehry entworfenes Zentrum der schönen Künste, das gegen Ende 2012 eröffnen soll.

Der abgegrenzte **Parc de Bagatelle** (Erw./Kind 5 €/frei; 9.30–17 Uhr, im Sommer bis 20 Uhr) in der Nordwestecke des Waldes ist bekannt für seine wunderschönen Gärten rund um das 1775 erbaute **Château de Bagatelle** (route de Sèvres à Neuilly, 16e; Erw./Kind 6 €/frei; Führungen April–Okt. Sa & So 15 Uhr). Bestimmte Bereiche sind den Schwertlilien (Mai) gewidmet, andere den Rosen (Juni-Oktober) und den Seerosen (August). Zum **Pré Catalan** (Katalanische Wiese; 9.30–17 bzw. 20 Uhr, je nach Jahreszeit) im Südosten gehört der Jardin Shakespeare mit Blumen, Bäumen und anderen Pflanzen, die in Shakespeares Theaterstücken vorkommen.

Im südlichen Teil des Waldes liegen zwei Pferderennbahnen, der Hippodrome de Longchamp für Galopprennen und der Hippodrome d'Auteuil für Hindernisrennen. Der Stade Roland Garros, Austragungsort des French-Open-Tennisturniers, beherbergt auch das **Tenniseum Musée de Roland Garros** (2 av. Gordon Bennett, 16e; Erw./Kind 7,50/4 €, mit Stadionbesuch 15/10 €; Di–So 10–18 Uhr; M Porte d'Auteuil), das extravaganteste Tennismuseum der Welt, das seinen Besuchern die 500-jährige Geschichte des Sports nahebringt. Stadionführungen werden um 11 und 15 Uhr auf Englisch, um 14 und 17 Uhr auf Französisch angeboten; Teilnahme nur mit Reservierung.

Ruderboote (15 €/Std.; Mitte März–Mitte Okt. 10–18 Uhr) gibt's am **Lac Inférieur** (M Avenue Henri Martin) zu leihen, dem größten See im ganzen Bois de Boulogne. **Paris Cycles** (5 €/Std.; Mitte April–Mitte Okt. 10–19 Uhr) verleiht Fahrräder an der Avenue du Mahatma Gandhi (M Les Sablons), gegenüber vom Eingang Porte Sablons zum Jardin d'Acclimatation, und in der Nähe des Pavillon Royal (M Avenue Foch) am Nordufer des Lac Inférieur.

🏃 Aktivitäten

Paris hat rund 370 km Radwege. Zusätzlich sind an Sonn- und Feiertagen viele Straßenabschnitte für den motorisierten Verkehr gesperrt. Besucher können sich ein Vélib' schnappen (S. 138), an einer organisierten Radtour teilnehmen (S. 98) oder bei einem der folgenden Anbieter einen Drahtesel ausleihen:

Gepetto et Vélos RADFAHREN
(Karte S. 74; ☎01 43 54 19 95; www.gepetto-et-ve-los.com, auf Frz.; 59 rue du Cardinal Lemoine, 5e; 9/15/25/60 € pro halben Tag/Tag/Wochenende/

PARIS HOLT ATEM

„Paris Respire" (Paris holt Atem) verbannt zu bestimmten Zeiten den motorisierten Verkehr von ausgesuchten Straßen und überlässt diese ganz den Fußgängern, Radfahrern, Skatern und anderen nicht motorisierten Verkehrsteilnehmern – was die Sonntage ideal für Fahrradtouren macht.

Die folgenden Strecken sind sonntags und an Feiertagen für Autos gesperrt. Genaue Routen und detaillierte Karten gibt's auf www.velo.paris.fr:

» **Entlang der Seine** Rechtes Seine-Ufer vom Quai des Tuileries, 1e, bis zum Pont Charles de Gaulle, 12e; linkes Seine-Ufer vom östlichen Ende des Quai Branly Nähe Pont d'Alma, 7e, bis zum Quai Anatole France, 7e (So 9–17 Uhr).

» **Quartier Latin, 5. Arrondissement** Rue de Cluny und von der Place Marcelin Berthelot bei der Sorbonne bis zum Markt Rue Mouffetard über Rue de Lanneau, Rue de l'École Polytechnique und Rue Descartes (So 10–18 Uhr).

» **Bastille, 11. Arrondissement** Rue de la Roquette und umliegende Straßen (Juli & Aug. So 10–18 Uhr).

» **Montmartre & Pigalle** Alle Straßen in Montmartre, 18e, innerhalb der Straßen Rue Caulaincourt, Rue de Clignancourt, Boulevard de Rochechouart und Boulevard de Clichy (April–Aug. 11–19 Uhr, Sept.–März 11–18 Uhr) sowie Rue des Martyrs, 9e (So 10–13 Uhr).

» **Canal St-Martin, 10. Arrondissement** Die Gegend um den Quai de Valmy und den Quai de Jemmapes, 10e (Winter So 10–18 Uhr, Sommer bis 20 Uhr); im Juli und August sind weitere Straßen vom Quai de Jemmapes Richtung Süden autofrei.

» **Bois de Boulogne** (Sa & So 9–18 Uhr) und **Bois de Vincennes** (So 9–18 Uhr).

» **Jardin du Luxembourg, 6. Arrondissement** Die den Park direkt umgebenden Straßen, inklusive Teilen der Rue Auguste Compte, Rue d'Assas, des Boulevard St-Michel und der Rue des Chartreux (März–Nov. So 10–18 Uhr).

Woche; ⊘Di–Sa 9–13 & 14–19.30 Uhr; ⓜCardinal Lemoine)

Paris à Vélo, C'est Sympa! RADFAHREN
(Karte S. 68; ☑01 48 87 60 01; www.parisvelo sympa.com; 22 rue Alphonse Baudin, 11e; 12/15/25/60 € pro halben Tag/Tag/Wochende/Woche; ⊘Mo–Fr 9.30–13 & 14–18, Sa & So 9–13 & 14–19 Uhr, im Winter kürzere Öffnungszeiten; ⓜSt-Sébastien–Froissart)

⌖ Touren

Boot

Bateaux Mouches BOOTSFAHRTEN
(Karte S. 84; ☑01 42 25 96 10; www.bateaux mouches.com; Port de la Conférence, 8e; Erw./Kind 10/5 €; ⊘März–Nov.; ⓜAlma–Marceau) Am rechten Seine-Ufer, gleich östlich vom Pont de l'Alma, sitzt der bekannteste Flussschiffbetreiber von Paris. Seine Ausflugsboote mit 1000 Sitzen sind die größten auf der Seine. Die 70-minütigen Rundfahrten legen von April bis September zwischen 10.15 und 23 Uhr laufend ab, das übrige Jahr 13-mal täglich von 11 bis 21 Uhr.

Paris Canal Croisières KANALFAHRTEN
(☑01 42 40 96 97; www.pariscanal.com; Bassin de la Villette, 19–21 quai de la Loire, 19e; Erw./Kind 17/10 €; ⊘März–Nov.; ⓜJaurès oder Musée d'Orsay) Das Unternehmen veranstaltet täglich 2½-stündige Fahrten vom Quai Anatole France (7e) in der Nähe des Musée d'Orsay über den hübschen Canal St-Martin und den Canal de l'Ourcq zum Bassin de la Villette (19e).

Bus

L'Open Tour BUSTOUREN
(Karte S. 88; ☑01 42 66 56 56; www.paris cityrama.com; 13 rue Auber, 9e; 1 Tag Erw./Kind 29/15 €; ⓜHavre–Caumartin oder Opéra) Die Busse mit offenem Verdeck befahren vier Rundstrecken; mit einem Tagesticket kann man an über 50 Haltestellen nach Belieben aus- und wieder zusteigen. Tickets gibt's beim Fahrer.

Fahrrad

Fat Tire Bike Tours RADTOUREN
(Karte S. 80; ☑01 56 58 10 54; www.fattire biketours.com; 24 rue Edgar Faure, 15e; ⓜLa Mot-

te-Picquet–Grenelle) Radtouren (28 €; 4 Std.), teils auch abends, nach Versailles, zu Monets Garten (Giverny) oder eine Weinverkostungstour. Die Teilnehmer treffen sich normalerweise gegenüber vom Südpfeiler des Eiffelturms am Rand des Champ de Mars. Im Preis enthalten sind Fahrrad und Regenkleidung. Vorab reservieren.

Spaziergänge

Ça Se Visite   KULTURFÜHRUNGEN
(www.ca-se-visite.fr, auf Frz.; 12 €) Einheimische führen Besucher auf „Stadtentdeckungstouren" zu Künstlern und Kunsthandwerkern in den nordöstlichen Arrondissements (10e, 11e, 18e, 19e, 20e).

Paris Go   THEMENFÜHRUNGEN
(www.parisgo.fr; 20 €) Zweistündige Führungen zu bestimmten Themen mit abschließendem Besuch eines Cafés oder einer Bar.

Paris Greeter   STADTFÜHRUNGEN
(www.parisiendunjour.fr; Spende erbeten) Zwei- bis dreistündige Führungen mit einheimischen Freiwilligen, die Gruppen von maximal sechs Personen ihre persönlichen Lieblingsplätze in der Stadt zeigen. Anmeldung mindestens zwei Wochen im Voraus.

Paris Walks   THEMENFÜHRUNGEN
(www.paris-walks.com; Erw./Kind 12/8 €) Altbewährter und bei unseren Lesern hochgeschätzter Veranstalter von englischsprachigen Führungen zu Themen wie Mode, Schokolade, Französische Revolution usw.

Paris zu Fuß   STADTFÜHRUNGEN
(www.paris-zu-fuss.com) Verschiedene Stadtführungen auf Deutsch.

✯✯ Festivals & Events

Übers Jahr verteilt finden in Paris unzählige Festivals, Kultur- und Sportveranstaltungen sowie Messen statt. Nähere Infos hierzu gibt es unter „Kultur und Shows" auf der Website der Pariser Touristeninformation (de.parisinfo.com).

Januar & Februar

Grande Parade de Paris   NEUJAHR
(www.parisparade.com) Der große Neujahrsumzug mit Blaskapellen, Tanzvorführungen usw. findet am Nachmittag des Neujahrstags statt. Früher zog die Parade durch die Nebensträßchen von Montmartre, wurde dann aber so populär, dass sie sich auf die Grands Boulevards ausdehnte, vom Boulevard de Bonne Nouvelle im 10.

Arrondissement bis zur Place de la Madeleine im 8. Arrondissement.

Gedenkmesse für Ludwig XVI. GEDENKFEIER
(www.monuments-nationaux.fr) An dem Sonntag, der dem 21. Januar am nächsten liegt, besuchen Royalisten und Rechte eine Messe in der Chapelle Expiatoire zum Gedenken an die Hinrichtung König Ludwigs XVI. durch die Guillotine im Jahr 1793.

Modewoche   MODE
(www.pretparis.com) Prêt-à-Porter, die Modemesse der Konfektionsbranche, findet zweimal im Jahr, Ende Januar und dann wieder im September, statt – ein Muss für alle Modefreaks. Veranstaltungsort ist der Parc des Expositions an der Porte de Versailles, 15. Arrondissement (Ⓜ Porte de Versailles).

Chinesisches Neujahrsfest   NEUJAHR
(www.paris.fr) Drachenumzüge und andere Festlichkeiten finden Ende Januar oder Anfang Februar in den beiden chinesisch geprägten Vierteln von Paris statt, dem kleineren im 3. Arrondissement (Rue du Temple, Rue au Maire und Rue de Turbigo) und dem größeren, schrilleren im 13. Arrondissement (zwischen Porte de Choisy, Porte d'Ivry und Boulevard Masséna).

März & April

Foire du Trône   JAHRMARKT
(www.foiredutrone.com) Der riesige Jahrmarkt mit 350 Attraktionen auf der Pelouse de Reuilly im Bois de Vincennes (Ⓜ Porte Dorée) zieht von Ende März bis Mitte Mai für acht Wochen Erlebnishungrige an.

Marathon International de Paris SPORT
(www.parismarathon.com) Der Internationale Marathon von Paris startet normalerweise am ersten oder zweiten Sonntag im April auf der Avenue des Champs-Élysées im 8. Arrondissement. Über die Ziellinie spurten die Läufer auf der Avenue Foch im 16. Arrondissement.

Mai & Juni

French Open   SPORT
(www.rolandgarros.com) Das glamouröse zweiwöchige Grand-Slam-Turnier Les Internationaux de France de Tennis geht von Ende Mai bis Mitte Juni im Stade Roland Garros am Südrand des Bois de Boulogne über die Bühne.

Marche des Fiertés SCHWULE & LESBEN
(www.gaypride.fr, auf Frz.) An einem Samstagnachmittag Ende Juni zieht diese bunte

PARIS MIT KINDERN

Paris ist eine außerordentlich kinderfreundliche Stadt. Wer mit Familie nach Paris kommt, findet hier genügend Möglichkeiten für kindgerechten Zeitvertreib, vom Fangen-spielen rund um Daniel Burens schwarzweiße Säulen beim Palais Royal übers Puppen-theater im Jardin du Luxembourg und Bootsfahrten auf der Seine bis zu Stadtrundfahr-ten mit einer der beiden Hochbahn-Métrolinien von Paris (Nr. 2 und 6), auf denen sich die kurzen Beinchen ausruhen können.

Viele Museen bieten Besuchern unter 18 Jahren freien Eintritt. Andere haben zumin-dest ermäßigte Eintrittspreise für Kinder, wobei die Altersgrenzen variieren – meistens wird für Kinder ab sieben Jahren Eintritt fällig. Viele veranstalten auch spannende und lehrreiche *ateliers enfants* (Kinder-Workshops) für Kinder ab vier oder sechs Jahren.

Viele Restaurants servieren ein *menu enfant* (Kindermenü), normalerweise für Kinder unter zwölf Jahren. Wenn das übliche *steak haché* (alias Hamburger ohne Brötchen und Fritten) nach ein paar Tagen langweilig wird, kann man in Brasserien auf Vorspeisen oder herzhafte Crêpes ausweichen. An Sonnentagen ist ein Picknick an der Seine oder im Park eine nette Alternative.

Für Familien kann es sich lohnen, eine Wohnung zu mieten – das ist besonders mit kleinen Kindern praktisch und meist billiger als ein Hotelaufenthalt. Viele Hotels stellen ihren Gästen zwar gern ein zusätzliches Kinder- oder Klappbett ins Zimmer, aber die meisten Hotelzimmer sind klein. Für vierköpfige oder noch größere Familien wird es schnell eng, denn 4-Bett-Zimmer oder verbundene Doppelzimmer sind Mangelware.

Seltsamerweise gibt es für die Métro keine *carnets* (10er-Tickets) für Kinder (von 4–11 Jahren); die Kinderfahrscheine werden nur einzeln verkauft.

Aktuelle Infos über geeignete Ausstellungen und Veranstaltungen für Kinder gibt es unter *Kultur und Shows* auf der Website www.parisinfo.com. *Pariscope* und *L'Officiel des Spectacles* (S. 133) haben brauchbare „Enfants"-Seiten. Die Tageszeitung *Libération* bringt alle zwei Monate das Magazin *Paris Mômes* (www.parismomes.fr, auf Frz.) heraus. In vielen Läden liegt das kostenlose Veranstaltungsmagazin *Bubble Mag* (www.bubble-may.fr, auf Frz.) aus, das zweimal im Monat erscheint. Die beste Informationsquelle für alle, die Französisch verstehen, ist der Michelin-Führer *Paris Enfants* im grünen Einband.

Top 10: Sehenswertes & Aktivitäten

» **Bois de Vincennes** In diesem Pariser Stadtwald versteckt sich eines der besten Aquarien Europas; außerdem gibt es im Parc Floral de Paris tolle Klettergerüste für kleine und größere Kinder.

» **Cinéaqua** Nur ein Wort: Haifischbecken

» **Cité des Sciences et de l'Industrie** Wissenschaft und Technik zum Anfassen und Ausprobieren für Kinder ab zwei Jahren, außerdem zwei Spezialeffekt-Kinos, ein Planetarium und ein ausgemustertes U-Boot aus den 1950er-Jahren. *Und* dazu noch tolle Themen-Spielplätze.

» **Cité de la Musique** Musik-Workshops und Konzerte für Kinder ab drei Jahren.

» **Eiffelturm** Welches Kind möchte diese Konstruktion aus einem Riesen-Metall-baukasten nicht erklimmen? Mit einer Kamera können die kleinen Besucher auf dem Weg rauf und runter mit spannenden Perspektiven experimentieren.

» **Jardin d'Acclimatation** Vergnügungspark mit Puppentheater, Bootsfahrten und Wasserspaß – eine hübsche kleine Alternative zum Disneyland!

» **Jardin du Luxembourg** Modellboote aus den 1920er-Jahren segeln lassen, über Marionetten kichern und auf Ponys reiten.

» **Muséum national d'Histoire naturelle** Ein Gebäude mit ausgestopften Elefanten und Giraffen und eins voller Dinosaurierskelette.

» **Palais de la Découverte** Faszinierendes interaktives Wissenschaftsmuseum an den Champs-Élysées.

» **Ménagerie du Jardin des Plantes** Wilde Tiere im Zentrum von Paris; der Jardin des Plantes hat einen Irrgarten, um die Kleinen mal eine Weile loszuwerden.

Parade zur Feier des Gay Pride Day durchs Marais bis zur Bastille. Die Festwagen werden von Bars und Clubs gesponsert und die Teilnehmer sind in gewagter Kostümierung unterwegs.

Paris Jazz Festival JAZZ
(www.parcfloraldeparis.com; www.paris.fr) Kostenlose Jazzkonzerte an jedem Samstag- und Sonntagnachmittag im Juni und Juli im Parc Floral de Paris.

Juli & August

Paris Plages STRAND
(www.paris.fr) „Pariser Stadtstrände": Drei Uferabschnitte der Seine verwandeln sich von Mitte Juli bis Mitte August für vier Wochen in Sand- und Kiesstrände mitsamt Liegestühlen, Sonnenschirmen, Fontänen, Clubsesseln und Palmen.

September & Oktober

Jazz à La Villette JAZZ
(www.villette.com, auf Frz.) Bei dem zehntägigen Jazzfestival Anfang September gibt's tolle Sessions im Parc de la Villette, in der Cité de la Musique und in den Bars der Umgebung.

Nuit Blanche KULTUREVENT
(www.paris.fr) In dieser „schlaflosen Nacht" vom ersten Samstag auf den ersten Sonntag im Oktober eifern die Museen und andere Kultureinrichtungen der Metropole den Pariser Bars und Clubs nach und bleiben bis in die frühen Morgenstunden geöffnet.

Fête des Vendanges de Montmartre
ERNTEFEST
(www.fetedesvendangesdemontmartre.com, auf Frz.) Am zweiten Wochenende im Oktober wird die Weinlese von Montmartre mit einem fünftägigen Fest begangen – mit Kostümen, feierlichen Ansprachen und einem Festumzug.

November & Dezember

Christmette WEIHNACHTEN
Viele Pariser Kirchen feiern an Heiligabend um Mitternacht die Christmette, so auch die Kathedrale Notre-Dame.

Silvester NEUJAHR
Die angesagtesten Orte, um das neue Jahr zu begrüßen, sind der Boulevard St-Michel (5e), die Place de la Bastille (11e), der Eiffelturm (7e) und vor allem die Avenue des Champs-Élysées (8e).

🛏 Schlafen

Paris hat eine Riesenauswahl an Übernachtungsmöglichkeiten in allen Preisklassen. Es gibt vielleicht nicht mehr ganz so viele Budgethotels (bis 80 € für ein Doppelzimmer) wie vor einem Jahrzehnt, aber das Angebot ist immer noch reichhaltig, vor allem im Marais, rund um die Bastille und in der Nähe der großen Bahnhöfe. Die Mittelklassehotels bieten bei Preisen von 80 bis 175 € fürs Doppelzimmer mit das beste Preis-Leistungs-Verhältnis, das man in europäischen Hauptstädten erwarten kann. Die Auswahl an Spitzenklassehotels reicht von unaufdringlichen, geschmackvollen Boutiquehotels bis zu Palästen mit über 100 Zimmern.

Die Pariser Touristeninformation (S. 137), insbesondere die Filiale an der Gare du Nord, hilft bei der Suche nach dem Schlafplatz direkt für die nächste Nacht; die Reservierungen sind kostenlos. Einziger Haken: Ohne Kreditkarte geht hier gar nichts und die Warteschlangen können in der Hauptsaison sehr lang sein.

Gute Anlaufstellen für Zimmer mit Frühstück in der Stadt sind **Alcôve & Agapes** (www.bed-and-breakfast-in-paris.com), **Good Morning Paris** (www.goodmorningparis.fr) oder **B&B Paris** (www.2binparis.com).

LOUVRE & LES HALLES

Die Gegend rund um das Musée du Louvre und das Forum des Halles, also das 1. und ein kleines Stück vom 2. Arrondissement, ist sehr zentral. Ruhe oder Unterkünfte zum Schnäppchenpreis sind hier allerdings kaum zu finden. Sie ist eher auf betuchte Besucher eingestellt, doch es gibt auch ein paar anständige Mittelklassehotels und das Haupthaus einer beliebten Hostelkette.

LP TIPP **Le Relais du Louvre**
BOUTIQUEHOTEL €€
(Karte S. 48-49; ☎01 40 41 96 42; www.relaisdulouvre.com; 19 rue des Prêtres St-Germain l'Auxerrois, 1er; EZ 125 €, DZ 170–215 €, 3BZ 215 €; ❄🛜; Ⓜ Pont Neuf) Für alle, die Wert auf Stil im traditionellen Sinne legen, ist dieses charmante 21-Zimmer-Hotel die richtige Wahl. Es liegt gleich westlich vom Louvre und südlich der Église St-Germain l'Auxerrois. Die neun Zimmer zur Straße und Kirche sind ziemlich klein. Wer es geräumiger mag, fragt besser nach einem der fünf Zimmer mit der Endziffer 2 (z. B. 52). Zimmer Nr. 2 hat Zugang zum Garten. Das

Appartement im obersten Stockwerk bietet Platz für fünf Personen, eine komplett ausgestattete Küche und wunderschönen Blick über die Dächer von Paris.

BVJ Paris-Louvre HOSTEL €

(Karte S. 48-49; ☏01 53 00 90 90; www.bvjhotel.com; 20 rue Jean-Jacques Rousseau, 1er; B/DZ 29/70 €; @🖥🛜📶; Ⓜ Louvre–Rivoli) Modernes 200-Betten-Hostel mit Doppelzimmern und Etagenbetten in nach Geschlechtern getrennten Zimmern für vier bis zehn Personen. Duschen befinden sich auf dem Flur. Das Hostel ist Gästen zwischen 18 und 35 Jahren vorbehalten. Die Zimmer sind am Anreisetag ab 14.30 Uhr und danach jederzeit zugänglich. Es gibt keine Kochgelegenheit.

Hôtel de Lille BUDGETHOTEL €

(Karte S. 48-49; ☏01 42 33 33 42; 8 rue de Pélican, 1er; EZ 39–43 €, DZ 50–55 €, 3BZ 85 €; Ⓜ Palais Royal–Musée du Louvre) Das altmodische, aber blitzsaubere Hotel mit 13 Zimmern befindet sich in einem Gebäude aus dem 17. Jh. in einer ruhigen Seitenstraße beim Louvre.

MARAIS & BASTILLE

Obwohl weite Teile des Marais in den letzten Jahren deutlich vornehmer geworden sind, gibt es hier immer noch ein paar gute Hostels und auch das Angebot an günstigeren Hotels ist nach wie vor hervorragend. Im wenig touristischen 11. Arrondissement östlich von Bastille, einer einfachen Arbeitergegend, lässt sich das „authentische Paris" aus nächster Nähe erfahren.

LP TIPP Hôtel du Petit Moulin BOUTIQUEHOTEL €€€

(Karte S. 64-65; ☏01 42 74 10 10; www.hoteldupetitmoulin.com; 29–31 rue de Poitou, 3e; Zi. 190–290 €; 🏶@🛜; Ⓜ Filles du Calvaire) Dieses komplett von Christian Lacroix durchgestylte Boutiquehotel ist wirklich zum Anbeißen (na gut, wir haben uns davon beeindrucken lassen, dass es zu Zeiten Heinrichs IV. eine Bäckerei war). Es hat 17 völlig unterschiedliche Zimmer – von Mittelalter oder Rokoko mit Balkendecken und Toile-de-Jouy-Tapeten bis zu moderneren Einrichtungen mit zeitgenössischen Wandgemälden und herzförmigen Spiegeln, die knapp am Kitsch vorbeischrammen. Die „kleine Mühle" gehört nach wie vor zu unseren Lieblingsherbergen im Marais.

LP TIPP Hôtel St-Merry HISTORISCHES HOTEL €€

(Karte S. 64-65; ☏01 42 78 14 15; www.hotelmarais.com; 78 rue de la Verrerie, 4e; Zi. 135–230 €, 3BZ 205–275 €; 🏶🛜; Ⓜ Châtelet) Das Interieur dieses 12-Zimmer-Hauses mit seinen Balkendecken, Kirchenbänken und schmiedeeisernen Leuchtern ist der Traum eines jeden Gruftis. Wer die architektonischen Elemente in Zimmer Nr. 9 (Strebebögen über dem Bett) und die Einrichtung von Nr. 12 (Chorgestühl als Bettgestell) nicht mit eigenen Augen gesehen hat, wird es nicht glauben. Die Kehrseite: Es gibt keinen Lift an dem winzigen Foyer zu den oberen vier Stockwerken und nur einige der Zimmer haben eine Klimaanlage.

Hôtel Les Jardins du Marais HOTEL €€€

(Karte S. 68; ☏01 40 21 20 00; www.lesjardinsdumarais.com; 74 rue Amelot, 11e; Zi. 350–455 €; 🏶@🛜; Ⓜ Chemin Vert) Man fühlt sich gar nicht wie in Paris, sondern eher wie in einer anderen Welt, wenn man dieses 263-Zimmer-Hotel betritt. Die Anlage besteht aus neun Einzelgebäuden, die von Gustave Eiffel entworfen wurden und sich um einen riesigen gepflasterten Innenhof mit Gärten gruppieren. Die Zimmer haben Art-déco-Flair – viel Schwarz, Weiß, Violett und gerade Linien – und der Laden platzt immer aus allen Nähten. Das Ganze ist äußerst ansprechend, aber viel zu groß, um noch als Boutiquehotel durchzugehen.

Le Général Hôtel DESIGNHOTEL €€

(Karte S. 68; ☏01 47 00 41 57; www.legeneralhotel.com; 5–7 rue Rampon, 11e; EZ 155–175 €, DZ 190–220 €, 3BZ 220–250 €; 🏶🛜; Ⓜ République) Das von außen blendend weiße Hotel wirkt innen wie eine Pralinenschachtel mit fröhlich-frischem Dekor in Kirsch- und Schokoladentönen. Die 47 Zimmer sind sehr ansprechend eingerichtet und die muntere Bar neben dem Foyer – mit Gummidrops als nettem Extra – hinterlässt einen bleibenden Eindruck. Zu den weiteren Annehmlichkeiten gehören ein kleiner, aber gut ausgestatteter Fitnessbereich und eine Sauna.

BLC Design Hotel DESIGNHOTEL €€€

(☏01 40 09 60 16; www.blcdesign-hotel-paris.com; 4 rue Richard Lenoir, 11e; EZ 95–180 €, DZ 180–230 €; 🏶🛜; Ⓜ Charonne) Diese „Symphonie in Weiß", aus einem früher mal sehr schlichten Hotel entstanden, hat die Messlatte für Hotels östlich der Bastille deutlich höher gelegt. Die 29 Zimmer im komfortablen Zen-Stil verteilen sich auf sechs Etagen.

Besonders nett fanden wir die einladende kleine Bar im Foyer. Eher was für Rockstars als für gekrönte Häupter, aber dafür rockt auch das Geschäft.

Hôtel Daval BUDGETHOTEL €
(Karte S. 68; ☏01 47 00 51 23; www.hoteldaval. com; 21 rue Daval, 11e; EZ 81 €, DZ 89–98 €, 3/4BZ 109/127 €; ❄🛜; Ⓜ Bastille) Die zeitlos beliebte, preiswerte Herberge (fast schon eine Budgetunterkunft) liegt sehr zentral nahe der Place de la Bastille und hat sich mit einer Grundsanierung ins 21. Jh. katapultiert. Zimmer und Badezimmer sind allerdings ziemlich klein. Wer seine Ruhe haben will, nimmt besser ein Zimmer nach hinten raus (z. B. Zimmer Nr. 13).

Hôtel Candide HOTEL €€
(☏01 43 79 02 33; www.new-hotel.com; 3 rue Pétion, 11e; EZ/DZ/3BZ 115/160/190 €; @; Ⓜ Voltaire) Das 48-Zimmer-Haus in einer sehr ruhigen Straße in unmittelbarer Nähe zur Bastille und dem Marais bietet ein anständiges Preis-Leistungs-Verhältnis und liegt sehr praktisch zum Marché Bastille auf dem Boulevard Richard Lenoir. Sein besonders freundliches, hilfsbereites Personal beeindruckt uns immer wieder.

Hôtel de la Bretonnerie HOTEL €€
(Karte S. 64-65; ☏01 48 87 77 63; www.bretonne rie.com; 22 rue Ste-Croix de la Bretonnerie, 4e; Zi. 135–165 €, 3/4BZ 190 €; 🛜; Ⓜ Hôtel de Ville) Das äußerst charmante Mittelklassehotel in einem Gebäude aus dem 17. Jh. liegt im Herzen des Nachtschwärmerreviers des Marais. Alle 29 Zimmer und Suiten sind individuell eingerichtet, einige Zimmer sogar mit Himmelbetten.

Hôtel de Nice BUDGETHOTEL €
(Karte S. 64-65; ☏01 42 78 55 29; www.hotelde nice.com; 42bis rue de Rivoli, 4e; EZ/DZ/3BZ 80/110/135 €; 🛜; Ⓜ Hôtel de Ville) Der Familienbetrieb mit besonders herzlicher Atmosphäre vermietet 23 gemütliche Zimmer voller Second-Empire-Möbeln, Orientteppichen und Lampen mit Fransenschirmen. Einige Zimmer haben Balkone zur betriebsamen Rue de Rivoli.

Le Quartier Bastille Le Faubourg
FAMILIENHOTEL €€
(☏01 43 70 04 04; www.lequartierhotelbf.com; 9 rue de Reuilly, 12e; EZ 113–168 €, DZ 133–163 €; ❄🛜; Ⓜ Gare de Lyon) Das sympathische und einladende Boutiquehotel einen kurzen Bummel östlich der Gare de Lyon hat 42 großzügig bemessene Zimmer mit allem

---

Ob für eine Nacht oder einen Monat – immer mehr Parisbesucher entscheiden sich für diese Art von Unterkunft. Die Website der **Pariser Touristeninformation** (www.parisinfo.com) hat unter „Hotels & Unterkünfte" einen Unterpunkt „Möblierte Wohnungen"; ansonsten können folgende Vermittlungen weiterhelfen:

» **Haven in Paris** (http://haveninparis. com) Luxuswohnungen ab 575 €/ Woche

» **Paris Accommodation Service** (www.paris-accommodation-service. com) Über 500 Immobilien; 1-Zimmer-Wohnungen ab 520 €/Woche

» **Paris Appartments Services** (www.paris-apts.com) Vorwiegend 1- und 2-Zimmer-Wohnungen, ab 100 €/ Tag

» **Paris Attitude** (www.parisattitude. com) 3000 Immobilien, 1-Zimmer-Wohnungen ab 325 €/Woche

» **Paris Stay** (www.paristay.com) Über 200 Ferienwohnungen in praktischer Lage; 1-Zimmer-Wohnungen ab 300 €/Woche.

---

modernen Komfort und noch ein paar Extras obendrein. Großbildfernseher mögen ja heute schon Standard sein, aber Äpfel auf dem Bett und Gratislakritze an der Rezeption? Je zwei Zimmer sind durch einen Innenflur verbunden.

Hôtel St-Louis Marais HISTORISCHES HOTEL €€
(Außerhalb der Karte S. 64-65; ☏01 48 87 87 04; www.saintlouismarais.com; 1 rue Charles V, 4e; EZ 99 €, DZ & 2BZ 115–140 €, 3BZ 150 €; 🛜 Ⓜ Sully-Morland) Das besonders nette Hotel in einem umgebauten Kloster aus dem 17. Jh. bezaubert mit Holzbalken, Terrakottafliesen und schweren Brokatvorhängen. Für die vier Stockwerke gibt es allerdings keinen Aufzug. WLAN kostet 5 €.

Hôtel du 7e Art THEMENHOTEL €€
(Karte S. 64-65; ☏01 44 54 85 00; www.paris-hotel-7art.com; 20 rue St-Paul, 4e; EZ 75–150 €, DZ 95–155 €; 🛜; Ⓜ St-Paul) Das spaßige 23-Zimmer-Hotel, in dem sich alles um die Ära des Schwarz-Weiß-Films dreht, ist *die* Übernachtungsadresse für Kinofans.

Hôtel Caron de Beaumarchais

BOUTIQUEHOTEL €€

(Karte S. 64-65; ☎01 42 72 34 12; www.caronde
beaumarchais.com; 12 rue Vieille du Temple, 4e; Zi.
125–162 €; ❄☎; ⓂSt-Paul) Das Themenhotel,
das wie ein Privathaus des 18. Jhs. eingerichtet ist, muss man mit eigenen Augen
gesehen haben. Ein einzigartiges Erlebnis.

Maison Internationale de la Jeunesse et des Étudiants

HOSTEL €

(Karte S. 64-65; ☎01 42 74 23 45; www.mije.com;
B/EZ/DZ/3BZ pro Pers. 30/49/36/32 €; @) Das
MIJE betreibt drei Hostels in schön renovierten *hôtels particuliers* aus dem 17. und
18. Jh. im Herzen des Marais. Bessere Budgetunterkünfte sind in Paris kaum zu finden. Die Zimmer sind tagsüber von 12 bis 15
Uhr verschlossen; nächtliche Schließzeit ist
von 1 bis 7 Uhr. Der jährliche Mitgliedsbei-
trag beträgt 2,50 €.

MIJE Le Fourcy (6 rue de Fourcy, 4e; ⓂSt-
Paul) Mit 200 Betten das größte der drei
Häuser. Zum Haus gehört ein preiswertes
Lokal namens Le Restaurant, das ein
dreigängiges *menu* inklusive Getränk für
10,50 € serviert.

MIJE Le Fauconnier (11 rue du Fauconnier,
4e; ⓂSt-Paul oder Pont Marie) Hat 125 Betten
und liegt zwei Straßen südlich vom MIJE
Le Fourcy.

MIJE Maubuisson (12 rue des Barres, 4e;
ⓂHôtel de Ville oder Pont Marie) Für uns die
erste Wahl unter den drei Häusern; es
liegt einen halben Block südlich der *mairie* (Rathaus) im 4. Arrondissement und
hat 99 Betten.

DIE INSELN

Die kleinere der beiden Seine-Inseln, die Île
St-Louis, ist die weitaus romantischere und
hat mehrere ausgezeichnete Spitzenhotels.
Merkwürdigerweise ist das bislang einzige
Hotel auf der Île de la Cité eine Budgetun-
terkunft.

Hôtel Henri IV

BUDGETHOTEL €

(Karte S. 70; ☎01 43 54 44 53; www.henri4
hotel.fr; 25 place Dauphine, 1er; Zi. 42–69 €, 3BZ
77–81 €; ☎; ⓂPont Neuf oder Cité) Diese Herberge mit ihren 15 verwohnten und sehr billigen Zimmern war dank ihrer Lage schon
immer höchst beliebt. Inzwischen ist einge-
treten, worauf wir schon lange gewartet
haben – die neue Leitung hat das Haus auf
Vordermann gebracht und die Zimmer renoviert (sehr nett ist Zimmer Nr. 4 mit seiner alten Steinmauer und dem Holzboden).

Bis auf eins haben jetzt alle eine eigene
Dusche. Der Blick über den Platz ist traumhaft. Unbedingt frühzeitig reservieren!

Hôtel St-Louis

HOTEL €€

(Karte S. 70; ☎01 46 34 04 80; www.hotel-saint-
louis.com; 75 rue St-Louis en l'Île, 4e; Zi. 140–
220 €, 3BZ 270 €; ❄@☎; ⓂPont Marie) Das
19-Zimmer-Haus in der vornehmen Rue
St-Louis en l'Île empfängt seine Gäste mit
geradezu überschwänglicher Herzlichkeit.
Besonders hübsch ist das Zimmer Nr. 52 im
Dachgeschoss mit Balkendecke und Balkon.

QUARTIER LATIN & JARDIN DES PLANTES

Seit dem Mittelalter erfreut sich der Norden
des 5. Arrondissements nahe der Seine bei
Studierenden und jungen Leuten besonderer Beliebtheit. Erstaunlicherweise bietet
diese Gegend heute nur noch relativ wenige
Budgetunterkünfte.

Im Quartier Latin gibt es Dutzende attraktiver Mittelklassehotels, in besonders
hoher Dichte nahe der Sorbonne und entlang der belebten Rue des Écoles. Da sie
bei auswärtigen Akademikern sehr beliebt
sind, können die Zimmer vor allem bei anstehenden Konferenzen und Seminaren
knapp werden (in der Regel von März bis
Juni sowie im Oktober).

Port Royal Hôtel

BUDGETHOTEL €

(Außerhalb der Karte S. 74; ☎01 43 31 70 06;
www.hotelportroyal.fr; 8 bd de Port Royal, 5e; EZ
41–89 €, DZ 52,50–89 €; ❄; ⓂLes Gobelins) Das
46-Zimmer-Hotel gehört zu den erfrischend
bescheidenen Häusern, die gar nicht nach
weiteren Sternen streben. Seine sechs Etagen sind per Aufzug erreichbar. Die billigsten Zimmer (mit Waschbecken) teilen sich
eine Gemeinschaftstoilette und -dusche
(Münzen gibt's für 2,50 € an der Rezeption).
Die makellos sauberen Zimmer sind sehr
ruhig, vor allem die mit Blick auf den kleinen glasüberdachten Hof. Natürlich ist das
Haus bei diesem Preis-Leistungs-Verhältnis
kein Geheimtipp mehr, also rechtzeitig reservieren. Keine Kreditkartenzahlung.

Hôtel La Demeure

BOUTIQUEHOTEL €€

(Karte S. 74; ☎01 43 37 81 25; www.hotel
lademeureparis.com; 51 bd St-Marcel, 13e; EZ/DZ
165/202 €; ❄@☎; ⓂGobelins) Die elegante
kleine Bleibe am Südrand des 5. Arrondissements wird von einem charmanten
Vater-Sohn-Gespann betrieben (von Beruf
ursprünglich Rechtsanwalt und Arzt). Beide sprechen perfekt Englisch und sind je-

derzeit gern zu Diensten. Warme Rot- und Orangetöne verleihen den öffentlichen Bereichen eine gemütliche Clubatmosphäre. Besonders ansprechend sind die Eckzimmer mit umlaufendem Balkon. Und dann sind da noch die netten kleinen Extras: iPod-Dockingstationen in jedem Zimmer, Weingläser für Gäste, die sich gern ihr eigenes Tröpfchen mitbringen, käufliche Kunst an den Wänden …

Oops DESIGNHOSTEL €
(☑01 47 07 47 00; www.oops-paris.com; 50 av. des Gobelins, 13e; B 28–35 €; @ ☎ ♿; Ⓜ Gobelins) Es versteckt sich zwar bescheiden zwischen Caféterrassen und Schaufenstern fünf Gehminuten nördlich der Place d'Italie, aber wenn man erst mal drin ist, zeigt sich das erste „Designhostel" von Paris alles andere als zurückhaltend. Ein Aufzug in schrillem Zuckerwattepink verbindet die sechs blitzsauberen Etagen, jede in einer anderen knalligen Farbe gestrichen. Die Doppelzimmer (die man reservieren kann) sind großzügig bemessen. Die schicken, modernen Schlafsäle haben maximal vier bis sechs Betten und sind damit auch für Familien bestens geeignet. Das Frühstück ist ausgesprochen reichhaltig. Nach guter alter Jugendherbergstradition haben die Gäste zwischen 11 und 17 Uhr keinen Zutritt zu ihren Zimmern. Reservieren kann man online.

Hôtel de Notre Maître Albert HOTEL €€
(Karte S. 74; ☑01 43 26 79 00; www.hotel-paris-notredame.com; 19 rue Maître Albert, 5e; DZ 170–280 €; ✳ @ ☎; Ⓜ Maubert–Mutualité) Die urige kleine Herberge liegt in einer ruhigen Seitenstraße nur wenige Schritte von der Seine. Sie ist ein Labyrinth aus langen Fluren, deren Teppichmuster wie Kopfsteinpflaster wirkt, und Zimmern mit niedrigen Balkendecken, teils auch Dachschrägen. Die modernen, in freundlichen Farben gestrichenen Gästezimmer harmonieren perfekt mit den gedämpften Tönen der schönen Wandteppiche, die die Rezeption schmücken.

Hôtel Henri IV Rive Gauche HOTEL €€€
(Karte S. 74; ☑01 46 33 20 20; www.henri-paris-hotel.com; 9–11 rue St-Jacques, 5e; EZ/DZ/3BZ 159/185/210 €; ✳ @ ☎; Ⓜ St-Michel–Notre-Dame oder Cluny–La Sorbonne) Das 23-Zimmer-Hotel im schicken Landhausstil voller Antiquitäten, alter Stiche und frischer Blumen liegt nur wenige Schritte von Notre-Dame und der Seine entfernt, wirkt aber von innen eher wie ein Herrenhaus in der Nor-

mandie. Die Zimmer nach vorn bieten umwerfenden Blick auf die Strebepfeiler der Église St-Séverin. Die günstigsten Zimmerpreise winken bei Online-Reservierung.

Hôtel des Grandes Écoles GARTENHOTEL €€
(Karte S. 74; ☑01 43 26 79 23; www.hotel-grandes-ecoles.com; 75 rue du Cardinal Lemoine, 5e; DZ 115–140 €; @ ☎; Ⓜ Cardinal Lemoine oder Place Monge) Das sehr einladende 51-Zimmer-Hotel verbirgt sich in einem Hinterhof an einer mittelalterlichen Straße und besitzt einen bezaubernden Garten. Es besteht aus drei Gebäuden; unsere Lieblingszimmer sind die mit direktem Gartenzugang (Nr. 29 bis 33).

Hôtel Minerve HOTEL €€
(Karte S. 74; ☑01 43 26 26 04; www.parishotelminerve.com; 13 rue des Écoles, 5e; EZ 96–126 €, DZ 126–142 €, 3BZ 162 €; ✳ @ ☎; Ⓜ Cardinal Lemoine) Das Hotel ist in zwei Haussmann-Gebäuden untergebracht und wird von derselben Familie betrieben wie das Familia Hôtel gleich nebenan. Der Empfangsbereich ist mit Orientteppichen und antiquarischen Büchern ausstaffiert. Einige Zimmer haben Balkon; zwei haben winzige, umwerfend romantische Innenhöfe.

ST-GERMAIN, ODÉON & LUXEMBOURG
Am linken Seine-Ufer können Besucher im schicken Viertel St-Germain des Prés (6e) und im ruhigen 7. Arrondissement besonders nett logieren. Shoppingsüchtige haben es von hier nicht weit zu den schönsten Boutiquen. In dieser Gegend gibt es vor allem hervorragende Mittelklassehotels.

LP TIPP L'Apostrophe DESIGNHOTEL €€
(☑01 56 54 31 31; www.apostrophe-hotel.com; 3 rue de Chevreuse, 6e; DZ 150–350 €; ✳ @ ☎; Ⓜ Vavin) Schon die Fassade ist ein Kunstwerk: Die französische Künstlerin Catherine Feff hat sie mit einer Schablonenmalerei verziert, die den grauen Schattenwurf eines riesigen Laubbaums nachahmt. Und auch sonst ist das Kunsthotel in einer Seitenstraße des Boulevard du Montparnasse der Inbegriff des Stils. Seine 16 Zimmer, jedes nach einem anderen Thema gestylt, sind eine Hommage an das geschriebene Wort. Gesprühte Graffiti bedecken eine Wand in Zimmer U (für „urban"), dessen Decke wie eine Skateboard-Rampe geformt ist. Zimmer P (für „Paris-Parodie") thront in den Wolken mit Blick über die Dächer der Stadt. Raffinierte Ideen wie eine

PARIS

N 0 ━━━━━━ 200 m

MONTMARTRE

18E

R de la Charbonnière

Barbès Rochechouart

Bd de la Chapelle

Square de Jessaint

La Chapelle

Pl de la Chapelle

R Louis Blanc

Bd de Rochechouart

Villa Garance

R Guy Patin

Hôpital Lariboisière

R du Faubourg St-Denis

R Perdonnet

R Cail

R du Delta

R Ambroise Paré

R de l'Aqueduc

R St-Vincent de Paul

R de Dunkerque

R du Faubourg Poissonnière

R de Maubeuge

R Demarquay

R Pétrelle

R de Rocroy

Pl de Roubaix

Gare du Nord

R La Fayette

R Condorcet

R Belzunce

3

Pl Napoléon III

R de Dunkerque

Gare du Nord

R d'Alsace

R Pierre Semard

R d'Abbeville

R Fénelon

R Bossuet

Bd de Magenta

Bd de Denain

R La Fayette

9E

R des 2 Gares

Passage Delanos

Poissonnière

Pl Franz Liszt

Pl de Valenciennes

R de Valenciennes

1

R des Petits Hôtels

Gare de l'Est

Square de Montholon

R d'Hauteville

R de Chabrol

6

Cité d'Hauteville

Cour de la Ferme St-Lazare

R du 8 Mai 1945

Gare de l'Est

R des Messageries

10E

R du Faubourg St-Martin

R St-Laurent

Cité Paradis

R de Paradis

Square A Satragne

2

Av de Verdun

Square Villemin

R Sibour

R du Faubourg Poissonnière

R Martel

R de la Fidélité

Square St-Laurent

Passage des Récollets

5

R des Petites Écuries

R Jarry

R Gabriel Laumain

Passage du Désir

Bd de Magenta

Passage des Petites Écuries

R du Faubourg St-Denis

Bd de Strasbourg

R des Vinaigrier

R d'Enghien

Château d'Eau

R de Nancy

R de l'Échiquier

R Hittorff

R du Château d'Eau

R Lucien Sampaix

Bonne Nouvelle

8

7

Passage Brady

R Gustave Goublier

Jacques Bonsergent

Bd de Bonne Nouvelle

R de Mazagran

R de Metz

4

R Thorel

R de la Lune

2E

Passage du Prado

R de Cléry

Strasbourg St-Denis

R Poissonnière

R Bouchardon

Cité Riverin

R Taylor

R de Lancry

doppelte Garnitur bedruckter Vorhänge (einer für tagsüber, der andere für nachts) oder der Bartisch auf Rädern, den man über das Bett schieben kann, setzen dem durchdesignten Ganzen das i-Tüpfelchen auf.

LP TIPP **Hôtel Relais St-Germain** HOTEL €€€ (Karte S. 78; ☎01 43 29 12 05; www.hotel-paris-relais-saint-germain.com; 9 Carrefour de l'Odéon, 7e; EZ/DZ 220/285 €; ❄@📶; Ⓜ Odéon) Dieses elegante Spitzenklassehotel mit Blumenkästen und babyrosa Markisen erfreut sich begeisterter Kritiken und das aus gutem Grund. In dem Stadthaus aus dem 17. Jh. finden sich antike Möbel, Zimmer mit Balkendecken sowie geblümte (und wirklich feine) Stoffe. Dazu gesellen sich zeitgenössischer Chic, jede Menge Kunst zum Bewundern und nebenan eines der angesagtesten Bistros von Paris, das Le Comptoir – absolut köstlich!

Hôtel de l'Abbaye Saint Germain HOTEL €€€ (Karte S. 78; ☎01 45 44 38 11; www.hotelabbayeparis.com; 10 rue Cassette, 6e; DZ 260–380 €; ❄@📶; Ⓜ St-Sulpice) Diese elegante Bleibe setzt sich vor allem mit ihrer wunderbar romantischen Hof- und Gartenanlage von der Konkurrenz ab. Ein schmiedeeisernes Tor führt in den Vorderhof mit einladenden Bänken, von denen man seine Topfpflanzen und -blumen bewundern kann. Das Frühstück wird zwischen den efeubewachsenen Mauern eines der hübschesten Innenhöfe der Stadt serviert.

Hôtel La Sainte-Beuve HOTEL €€ (☎01 45 48 20 07; www.parishotelcharme.com; 9 rue Ste-Beuve, 6e; DZ 159–365 €; ❄@📶; Ⓜ Notre-Dame des Champs) „Ein Zuhause in der Fremde" will dieses 22-Zimmer-Hotel südwestlich des Jardin du Luxembourg sein. Die Zimmer beeindrucken mit ihrer Farbenpracht: von Fuchsiapink in stilvoller Kombination mit Lindgrün und Graubeige bis zu Dunkelgrün mit Austerngrau und Weinrot.

MONTPARNASSE

Unmittelbar östlich der riesigen Gare Montparnasse finden sich in der Rue Vandamme und der Rue de la Gaîté mehrere Budgetunterkünfte und preiswerte Mittelklassehotels. In der Rue de la Gaîté wimmelt es allerdings nur so von Sexshops und Peepshows.

LP TIPP **Hôtel de la Paix** HOTEL €€ (☎01 43 20 35 82; www.paris-montparnasse-hotel.com; 225 bd Raspail, 14e; DZ 93–165 €; ❄@📶; Ⓜ Montparnasse–Bienvenüe) Das kürzlich frisch aufgemöbelte Hotel auf sieben Etagen eines Gebäudes aus den 1970er-Jahren (dessen Fassade allerdings unrenoviert blieb) liegt nur einen kurzen Fußmarsch von der Gare Montparnasse. Es hat jede Menge Charme und ein umwerfendes Preis-Leistungs-Verhältnis. Seine 39 Zimmer – ein hipper Mix aus Industrieschick und *Schöner Wohnen* – sind hell, modern und jeweils mit mindestens einem nostalgischen Einrichtungselement ausgestattet, wie alten Garderobenleisten, einem altmodischen Schulpult oder hölzernen Fensterläden, die zum Bett-Kopfteil umfunktioniert wurden. Die billigeren Zimmer sind einfach nur kleiner als die teuren. Das runde Ungetüm im Foyer ist eine alte Stechuhr aus einer Fabrik.

Aloha Hostel HOSTEL € (☎01 42 73 03 03; www.aloha.fr; 1 rue Borromée, 15e; B/DZ pro Pers. 25/28 € inkl. Frühstück; ❄@📶 Ⓜ Volontaires) Das zwanglose Quartier, an dessen Fassade eine Fahnenreihe flattert, leuchtet drinnen in allen Regenbogenfarben – besonders toll ist die knalllila Treppe. Durch den Empfangsbereich mit Lounge weht ulkigerweise Opernmusik. Die Schlafsäle haben vier bis acht Betten, aber der Hit sind die Doppelzimmer (die nicht reserviert werden können). Zwischen 11 und 17 Uhr sind die Zimmer geschlossen; nächtliche Schließzeit ist um 2 Uhr. Es gibt eine Gemeinschaftsküche; die Rezeption verleiht bei Bedarf Regenschirme und Föne. Das Hostel liegt westlich der Gare Montparnasse.

Gare du Nord & Gare de l'Est

Schlafen

1 Nord-Est Hôtel B4
2 Sibour Hôtel D5

Essen

3 Chez Michel B3
4 Lebensmittelläden B7
5 L'Office A5
6 Marché Couvert St-Quentin C4
7 Passage Brady B6

Ausgehen

8 De La Ville Café A7

Hôtel Carladez Cambronne HOTEL €€
(☎01 47 34 07 12; www.hotelcarladez.com; 3 place du Général Beuret, 15e; EZ/DZ/3/4BZ 92/95/167/180 €; ✳@✶⬆; MVaugirard) Das kleine dynamische Hotel thront souverän an einem typischen Pariser Plätzchen, mit Bäumen und Bänken in der Mitte und Cafés drumherum. Zimmer Nr. 11 geht auf einen winzigen Hof mit einem Tisch für zwei Personen. Mit den Kaffee- und Teebereitern, die an der Rezeption vermietet werden (6 €), kann man sich wie zu Hause fühlen. Von der Métrostation Vaugirard auf der Rue de Vaugirard Richtung Osten gehen; die erste Straße nach links ist die Rue du Général Beuret, die zur Place du Général Beuret führt.

FAUBOURG ST-GERMAIN & INVALIDES

Das 7. Arrondissement ist eine hübsche Übernachtungsgegend, obwohl hier ziemlich wenig los ist – abgesehen vom Nordosten, d. h. östlich vom Invalidendom und gegenüber vom Louvre.

Hôtel Cadran BOUTIQUEHOTEL €€
(Karte S. 80; ☎01 40 62 67 00; www.paris-hotel-cadran.com; 10 rue du Champ de Mars, 7e; DZ 144–225 €; ✳✶; MÉcole Militaire) Dieses Konzepthotel hat einen kleinen Designeruhren-Tick und ist eine tolle Adresse für Gourmets. Der hypermoderne offene Empfangsbereich geht in eine Bar à Chocolat (Schokoladenbar) über. Wer Christophe Roussels bunte *macarons* und Pralinen (www.rousselchocolatier.com) in den Geschmacksnoten der Saison ausgiebig genug bewundert, gekostet und gekauft hat, kann sich auf eins der 41 futuristischen Zimmer zurückziehen, die mit allen Schikanen ausgestattet sind. Keine Lust auf grelle Farben? Im 2. Stock dominieren Weiß- und Beigetöne. Der 3. Stock ist dagegen in Orange gehalten und der 4. mit reichlich Pink *très fille* (sehr mädchenhaft).

Hôtel Muguet FAMILIENHOTEL €€
(Karte S. 80; ☎01 47 05 05 93; www.hotelmuguet.com; 11 rue Chevert, 7e; EZ/DZ/3BZ 110/145/195 €; ✳✶⬆; MLa Tour Maubourg) Das Hotel ist mit seiner funktionalen Ausstattung auch für Familien bestens geeignet: Die großzügig bemessenen Dreibettzimmer verfügen über Sesselbetten, mit denen sich die Sitzecke in ein Kinderschlafzimmer verwandeln lässt. Vom 4. Stock aufwärts schiebt sich der Eiffelturm

ins Blickfeld und einige Zimmer blicken auf die ebenso attraktive Église du Dôme. Drei Zimmer im Erdgeschoss gehen auf den reizenden Hofgarten.

Hôtel du Champ-de-Mars BUDGETHOTEL €
(Karte S. 80; ☎01 45 51 52 30; www.hotelduchampdemars.com; 7 rue du Champ de Mars, 7e; EZ/DZ/3BZ 91/98/128 €; @✶⬆; MÉcole Militaire) Das zauberhafte 25-Zimmer-Hotel im Schatten des Eiffelturms steht auf der Wunschliste vieler Parisbesucher – deshalb am besten ein bis zwei Monate im Voraus reservieren.

ÉTOILE & CHAMPS-ÉLYSÉES

Diese Gegend beherbergt einige der vornehmsten Palasthotels von Paris und dazu noch ein paar echte Trendsetter.

LP TIPP **Hidden Hotel** BOUTIQUEHOTEL €€€
(Karte S. 84; ☎01 40 55 03 57; www.hidden-hotel.com; 28 rue de l'Arc de Triomphe, 17e; EZ 245 €, DZ 285–485 €; ✳@✶; MCharles de Gaulle–Étoile) Einer der tollsten Geheimtipps an den Champs-Élysées: Das umweltbewusste Boutiquehotel ist ruhig, stilvoll und einigermaßen großzügig geschnitten. Seine erdigen Farbtöne verdankt es Naturpigmenten (es wurde keine Farbe verwendet). Alle Zimmer sind mit handgetischlertem Holzmobiliar ausgestattet, die Waschbecken bestehen aus Naturstein und die Coco-Mat-Naturbetten sind mit Leinenvorhängen abgetrennt. Besonders beliebt sind die „Emotion"-Zimmer mit Terrasse. Und natürlich besteht auch das Frühstück vorwiegend aus Biozutaten.

Hôtel de Sèze HOTEL €€
(Außerhalb der Karte S. 84; ☎01 47 42 69 12; www.hoteldeseze.com; 16 rue de Sèze, 9e; EZ 120–150 €, DZ 130–150 €, 3BZ 160 €; ✳@✶; MMadeleine) Das schlichte, aber stilvolle Hotel ist für seine Lage in direkter Nähe zur Place de la Madeleine ausgesprochen günstig. Wer sich etwas richtig Gutes tun will, nimmt das Doppelzimmer mit Whirlpool. WLAN kostet 5 € extra.

Hôtel Alison HOTEL €€
(Karte S. 84; ☎01 42 65 54 00; www.hotelalison.com; 21 rue de Surène, 8e; EZ 86–98 €, DZ 120–194 €, 3BZ 192 €; ✳@✶; MMadeleine) Das Mittelklassehotel mit 34 Zimmern und ausgezeichnetem Preis-Leistungs-Verhältnis erfreut mit lebhaften Farben und moderner Kunst.

CLICHY & GARE ST-LAZARE

Diese Viertel bieten hervorragende Mittelklassehotels. Die besseren Optionen finden sich abseits der Gare St-Lazare; daneben gibt es auch gute Unterkünfte in Bahnhofsnähe entlang der Rue d'Amsterdam.

LP TIPP **Hôtel Eldorado** KURIOSES HOTEL € (☎01 45 22 35 21; www.eldoradohotel.fr; 18 rue des Dames, 17e; EZ 35–60 €, DZ 70–80 €, 3BZ 80–90 €; ☎🛗; M Place de Clichy) Dieses unkonventionelle Hotel ist eine der tollsten Entdeckungen in Paris: ein einladendes, ziemlich ordentlich geführtes Haus mit 23 farbenfroh und teilweise exotisch eingerichteten Zimmern in einem Hauptgebäude an einer ruhigen Straße und einem Anbau mit Garten. Am besten gefielen uns Zimmer Nr. 1 und 2 im Gartenanbau; die schönsten Zimmer im Haupthaus sind Nr. 16 und 17 mit eigener Terrasse zum Garten. Die Einzelzimmer der unteren Preiskategorie haben nur Waschbecken. Das hauseigene Bistro des Dames ist ein echter Pluspunkt. Von der Métro auf der Avenue de Clichy nach Norden gehen und in die erste Straße nach links, die Rue des Dames, einbiegen.

OPÉRA & GRANDS BOULEVARDS

Die Avenuen rund um den Boulevard Montmartre sind bekannt für ihr Nachtleben, lebendig und nett zum Übernachten. Dies ist außerdem eine gute Gegend für Shopaholics, da sich hier die größten Kaufhäuser von Paris befinden.

Hôtel Monte Carlo BUDGETHOTEL € (Karte S. 88; ☎01 47 70 36 75; www.hotelmontecarlo.fr; 44 rue du Faubourg Montmartre, 9e; EZ 55–105 €, DZ 69–129 €, 3BZ 119–149 €; ☎🛗; M Le Peletier) Das außergewöhnliche Budgethotel in besonders netter Lage ist mit seinen bunt und individuell eingerichteten Zimmern ein echtes Schnäppchen. Die Betreiber scheuen keine Mühen und kredenzen sogar ein teilweise biologisches Frühstück. Die billigeren Zimmer haben kein eigenes Bad, aber insgesamt überflügelt das Hotel viele andere seiner Preiskategorie. Die Preise variieren je nach Saison.

Hôtel Langlois HISTORISCHES HOTEL €€ (Karte S. 88; ☎01 48 74 78 24; www.hotel-langlois.com; 63 rue St-Lazare, 9e; EZ 110–120 €, DZ 140–150 €; ✳@☎; M Trinité) Wer die Pariser Belle Époque hautnah erleben will, ist im Langlois an der richtigen Adresse. Das 27-Zimmer-Hotel aus dem Jahr 1870 hat sich seinen Charme bewahrt, vom winzigen Käfigaufzug über die (leider stillgelegten) Sandsteinkamine in vielen Zimmern bis zu den Originalarmaturen und -kacheln der Badezimmer. Zimmer 64 bietet wunderbaren Blick auf die Dächer von Montmartre.

Hôtel Chopin HISTORISCHES HOTEL €€ (Karte S. 88; ☎01 47 70 58 10; http://hotel bretonnerie.com/chopin.htm; 46 passage Jouffroy & 10 bd Montmartre, 9e; EZ 68–84 €, DZ 92–106 €, 3BZ 125 €; ☎; M Grands Boulevards) Das 36-Zimmer-Haus, das schon seit 1846 existiert, liegt am Ende einer der hübschesten Pariser Einkaufspassagen aus dem 19. Jh. Es wirkt schon etwas angejahrt, besticht aber durch sein enormes Belle-Époque-Flair.

Hôtel Favart HISTORISCHES HOTEL €€ (Karte S. 88; ☎01 42 97 59 83; www.hotel-parisfavart.com; 5 rue Marivaux, 2e; EZ 105–130 €, DZ 135–160 €, 3BZ 145–180 €, 4BZ 155–200 €; ✳☎; M Richelieu–Drouot) Das schicke Jugendstilhotel mit 37 Zimmern gegenüber der Opéra Comique macht den Eindruck, als sei die Belle Époque nie zu Ende gegangen.

Hôtel Vivienne BUDGETHOTEL € (Karte S. 88; ☎01 42 33 13 26; www.hotel-vivienne.com; 40 rue Vivienne, 2e; EZ 64–118 €, DZ 79–118 €; @☎🛗; M Grands Boulevards) Dieses elegante 45-Zimmer-Hotel bietet für Paris ein erstaunlich gutes Preis-Leistungs-Verhältnis.

GARE DU NORD, GARE DE L'EST & RÉPUBLIQUE

Im Osten und Nordosten der Gare du Nord und der Gare de l'Est gab es schon immer eine Riesenauswahl an Unterkünften: Die Budget- und Mittelklassehotels rund um die Bahnhöfe im 10. Arrondissement sind praktisch für Besucher, die einen Frühzug erreichen müssen oder gleich nach der Ankunft ins Bett fallen wollen. Die Place de la République ist ein guter Ausgangspunkt für die Partymeile von Ménilmontant.

LP TIPP **St Christopher's Inn** HOSTEL € (☎01 40 34 34 40; www.st-christophers.co.uk; 68–74 quai de la Seine, 19e; B 15–38 €, DZ ab 35 €; @☎🛗; M Riquet oder Jaurès) Sicherlich eins der besten, modernsten und mit 300 Betten größten Hostels von Paris. Es gibt drei Schlafsaaltypen (mit zehn, acht oder sechs Betten) sowie Doppelzimmer mit oder ohne Bad. Weitere Annehmlichkeiten sind ein Café am Kanal, kostenloses Frühstück und (wenn auch etwas launisches) WLAN, ein Internetcafé, eine Etage nur für

Frauen und eine Bar. Die Preise schwanken je nach Saison stark; aktuelle Preisangaben finden sich auf der Website. Eine Küche hat das Haus nicht.

Kube Hôtel
BOUTIQUEHOTEL €€€

(☎01 42 05 20 00; www.muranoresort.com; 1–5 passage Ruelle, 18e; EZ 250 €, DZ 300–400 €; ✳@☎; ⓂLa Chapelle) Der äußerste Ostrand des 18. Arrondissements, in unmittelbarer Nähe zur Gare du Nord, ist der letzte Ort in Paris, an dem man ein ultratrendiges Boutiquehotel vermuten würde. Doch genau das ist diese 41-Zimmer-Herberge. Ihr Leitmotiv ist natürlich das dreidimensionale Quadrat – vom verglasten Rezeptionskasten im Eingangshof über die „kubistischen" Einrichtungselemente der Zimmer bis zu den Eiswürfeln in den Cocktails der berühmten Ice Kube Bar.

Hôtel du Nord
HOTEL €

(☎01 42 01 66 00; www.hoteldunord-leparivelo.com; 47 rue Albert Thomas, 10e; Zi./4BZ 69/105 €; ☎; ⓂRépublique) Das schnuckelige Hotel vermietet 23 individuell eingerichtete Zimmer mit Flohmarkt-Deko. Der andere große Pluspunkt ist seine begehrte Lage in der Nähe der Place de la République. An der Rezeption gibt es Fahrräder zu leihen.

République Hôtel
THEMENHOTEL €€

(☎01 42 39 19 03; www.republiquehotel.com; 31 rue Albert Thomas, 10e; EZ/DZ/3BZ/4BZ 75/88/108/159 €; ☎; ⓂRépublique) Hippe Unterkunft voller Popart und England-Dekor – Union-Jack-Fahnen und Beatles, wohin das Auge blickt –, aber an den günstigen Preisen und der phantastischen Lage gleich an der Place de la République gibt es wirklich nichts zu meckern.

Sibour Hôtel
HOTEL €

(Karte S. 106; ☎01 46 07 20 74; www.hotel-sibour.com; 4 rue Sibour, 10e; EZ 40–55 €, DZ 45–65 €, 3BZ/4BZ 80/110 €; ☎🖥; ⓂGare de l'Est) Freundliches Haus mit 45 gepflegten Zimmern (einige davon etwas altmodisch) und einem Frühstücksraum mit Trompe-l'œil-Wandgemälde.

GARE DE LYON, NATION & BERCY

In der Gegend um die Gare de Lyon befinden sich mehrere Budgethotels und ein unabhängiges Hostel.

Hôtel Le Cosy
BUDGETHOTEL €

(☎01 43 43 10 02; www.hotel-cosy.com; 50 av. de St-Mandé, 12e; EZ 45–65 €, DZ 55–110 €; ✳☎; ⓂPicpus) Das etwas exzentrische Budgetho-tel gleich südöstlich der Place de la Nation strotzt vor Charme. Die 28 Zimmer sind zwar schlicht, aber liebevoll in warmen Pastelltönen gestrichen und haben Holzfußböden. Wer es sich leisten kann, nimmt am besten eins der vier klimatisierten „VIP"-Doppelzimmer im Hofanbau; besonders nett sind Zimmer 3 und 4 im 1. Stock. Nebenan gibt es ein gleichnamiges, brauchbares Café-Restaurant.

Hôtel du Printemps
HOTEL €

(☎01 43 43 62 31; www.hotel-paris-printemps.com; 80 bd de Picpus, 12e; EZ 68–75 €, DZ 76–105 €, 3BZ 98–120 €; ☎🖥 ⓂPicpus) Das „Frühlingshotel" liegt mit seinen 38 Zimmern nicht gerade im Zentrum des Geschehens, ist aber für seinen Standard und seine Lage nur ein paar Schritte von der Place de la Nation recht preisgünstig. Außerdem hat es eine Tag und Nacht geöffnete Hausbar.

Hostel Blue Planet
HOSTEL €

(☎01 43 42 06 18; www.hostelblueplanet.com; 5 rue Hector Malot, 12e; B 25 €; @; ⓂGare de Lyon) Das 43-Zimmer-Hostel ganz in der Nähe der Gare de Lyon ist sehr praktisch für Leute, die im Morgengrauen gen Süden oder Westen aufbrechen oder zu später Stunde ankommen. Es vermietet Dormbetten in Zwei- bis Vierbettzimmern. Von 11 bis 15 Uhr hat das Hostel geschlossen; es gibt keine nächtliche Schließzeit.

MÉNILMONTANT & BELLEVILLE

Auf der Partymeile von Ménilmontant schlägt man sich gern die Nacht um die Ohren. Die Auswahl an Unterkünften ist allerdings etwas begrenzt, besonders in der Budgetklasse.

Mama Shelter
DESIGNHOSTEL €

(☎01 43 48 47 40; www.mamashelter.com; 109 rue de Bagnolet, 20e; EZ 89–99 €, DZ 99–109 €; ✳☎🖥; ⓂAlexandre Dumas oder Gambetta) Designerlegende Philippe Starck zeichnet für die verrückte Reinkarnation dieses ehemaligen Parkhauses südöstlich des Cimetière du Père Lachaise verantwortlich. Es bietet 170 superkomfortable (wenn auch ziemlich kleine) Zimmer, Starck-typische Details wie das Farbkonzept in Schokobraun und Fuchsiapink, unverputzte Betonwände und mit *bons mots* verzierte Teppiche. Besonders gefallen haben uns die offene Terrasse im 7. Stock und die fabelhafte Pizzeria mit schummerigem Kerzenlicht. Der einzige Nachteil: Die nächste Métrostation liegt einen ganz schönen Fußmarsch entfernt.

Hôtel Beaumarchais
BOUTIQUEHOTEL €€
(Karte S. 68; ☑01 53 36 86 86; www.hotelbeau
marchais.com; 3 rue Oberkampf, 11e; EZ 75–90 €,
DZ 110–130 €, 3BZ 170–190 €; ✱ 🖥; M Filles du
Calvaire) Das quietschbunte 31-Zimmer-
Haus setzt ganz auf sonnige Töne und kräf-
tige Primärfarben und verfehlt dabei die
Grenze zum Kitsch nur knapp, verspricht
aber ein aufregend anderes Paris-Erlebnis.
Es veranstaltet monatlich wechselnde
Kunstausstellungen, zu deren Vernissagen
die Übernachtungsgäste willkommen sind.
Die Zimmer sind hell und einigermaßen
geräumig.

Hôtel Croix de Malte
BUDGETHOTEL €
(Karte S. 68; ☑01 48 05 09 36; www.hotel
croixdemalte-paris.com; 5 rue de Malte, 11e; EZ
60–90 €, DZ 65–97 €; 🖥; M Oberkampf) Der
verglaste Innenhof des fröhlichen Hotels ist
mit einem riesigen Dschungelwandbild geschmückt; hier wähnt man sich eher in den
Tropen als in Paris. Die 40 Zimmer sind in
zwei kleinen Gebäuden untergebracht; nur
eines davon hat einen Aufzug.

MONTMARTRE & PIGALLE
Montmartre , das das 18. und den Norden
des 9. Arrondissements umfasst, ist eines
der reizvollsten Viertel von Paris mit zahlreichen Unterkünften jeder Art – vom Bou-
tique- bis zum Bohemehotel, vom Hostel bis
zum *hôtel particulier*. Viele bieten schönen
Ausblick, ob auf die Straßen von Montmartre und die Basilika Sacré Cœur oder auf die
Pariser Skyline im Süden. Hier lohnt es sich
oft, ein Zimmer im obersten Stockwerk zu
nehmen.

Am Fuß der Butte Montmartre gibt es
Unterkünfte zu erstaunlich günstigen Preisen. Das lebhafte, ethnisch bunt gewürfelte Viertel östlich von Sacré Cœur ist nicht
jedermanns Sache; manche Pariser meiden
die Métrostation Château Rouge bei Nacht.

⬛ Hôtel Amour
LP TIPP

BOUTIQUEHOTEL €€
(☑01 48 78 31 80; www.hotelamourparis.
fr; 8 rue Navarin, 9e; EZ 100 €, DZ 150–280 €; 🖥;
M St-Georges oder Pigalle) Ideal für ein roman-
tisches Abenteuer in Paris. Das ehemalige
Stundenhotel hat sich in eine unnachahm-
liche „In"-Herberge verwandelt – zu diesem
Preis ist in ganz Paris kein originelleres
Nachtlager zu finden. Die überwiegend in
Schwarz gehaltenen Zimmer sind mit De-
signermöbeln und Original-Kunstwerken
ausgestattet. Auf Fernseher müssen die
Gäste allerdings verzichten, aber welcher
Verliebte braucht schon eine Flimmerkiste?

Das Hotel liegt nur fünf Gehminuten von
der nächsten Métrostation.

Hôtel Particulier Montmartre
BOUTIQUEHOTEL €€€
(Karte S. 94; ☑01 53 41 81 40; http://hotel-par
ticulier-montmartre.com; 23 av. Junot, 18e; Suite 290–590 €; ✱ 🖥; M Lamarck–Caulaincourt)
Dieses glanzvolle *bijou* (Juwel) von einem
Herrenhaus des 18. Jhs. versteckt sich an
einem Privatweg. Es ist viel mehr als nur
ein exklusives Hotel; der Aufenthalt erinnert eher an einen Besuch im Privathaus
eines Sammlers moderner Kunst. Hier
gibt es wechselnde Ausstellungen aus aller
Welt, fünf phantasievolle Suiten, die von
führenden französischen Künstlertalenten
gestaltet wurden (Philippe Mayaux, Natacha Lesueur) und einen lauschigen Garten
von Gartenarchitekt Louis Benech, der sich
schon um den Jardin des Tuileries verdient
machte.

Hôtel des Arts
HOTEL €€
(Karte S. 94; ☑01 46 06 30 52; www.arts-hotel-pa
ris.com; 5 rue Tholozé, 18e; EZ/DZ 95/140 €; @ 🖥;
M Abbesses oder Blanche) Das ebenso freundliche wie attraktive 50-Zimmer-Hotel liegt
günstig zur Place Pigalle und zu Montmartre. Die gemütlichen Standardzimmer
sind traditionell eingerichtet (jede Menge
Blumenmuster); die *chambres supérieures*
für 25 € Aufschlag versprechen hübschere
Aussicht und sind einen Tick größer. Etwas
weiter oben an der Straße steht die altehrwürdige Windmühle Moulin de la Galette
– wenn das keine 1a-Lage ist ...

Hôtel Bonséjour Montmartre
BUDGETHOTEL €
(Karte S. 94; ☑01 42 54 22 53; www.hotel-
bonsejour-montmartre.fr; 11 rue Burq, 18e; EZ
33–69 €, DZ 56–69 €; @; M Abbesses) Das
Hotel „Guter Aufenthalt" am oberen Ende
einer ruhigen Straße erfreut sich zeitloser
Beliebtheit. Es ist schlicht, aber einladend,
gemütlich und sehr sauber. Einige Zimmer
haben Balkon und Nr. 55 sogar Blick auf
Sacré Cœur. Die Gemeinschaftsduschen
kosten je 2 €.

Le Village Hostel
HOSTEL €
(Karte S. 94; ☑01 42 64 22 02; www.village-
hostel.fr; 20 rue d'Orsel, 18e; B 28–38 €, DZ
70–90 €, 3BZ 96–115 €, 4BZ 112–140 €; @ 🖥 ♿;
M Anvers) Das nette 25-Zimmer-Haus bietet
außer Balkondecken, hübscher Terrasse
und Blick auf Sacré Cœur auch eine Küche
und eine beliebte Bar. Die Zimmer bleiben

von 11 bis 16 Uhr verschlossen, aber es gibt keine nächtliche Schließzeit.

Plug-inn Hostel   HOSTEL €

(Karte S. 94; ☑01 42 58 42 58; www.plug-inn.fr; 7 rue Aristide Bruant, 18e; B 20–30 €, DZ 60–80 €, 3BZ 90 €; @♠; ⓂAbbesses oder Blanche) Es gibt einiges, was für dieses 2010 eröffnete Hostel spricht, angefangen bei seiner Lage im Zentrum von Montmartre. Tagsüber bleiben die Zimmer verschlossen; es gibt aber keine nächtliche Sperrstunde.

Hotel Caulaincourt Square   BUDGETHOTEL €

(☑01 46 06 46 06; www.caulaincourt.com; 2 square Caulaincourt, 18e; B 25 €, EZ 50–60 €, DZ & 2BZ 63–76 €, 3BZ 89 €; @♠ⓗ; ⓂLamarck–Caulaincourt) Das Hotel, das auch Schlafsaalbetten vermietet, residiert auf der Rückseite des Montmartre, in einem echten Pariser Wohnviertel fernab vom Touristenrummel.

✖ Essen

In Sachen Gaumenfreuden bietet Paris alles – oder nichts. Als kulinarisches Zentrum des Landes mit der weltweit ehrgeizigsten Kochkunst besitzt es mehr Restaurants mit „echt französischer", regionaler und internationaler Küche als irgendein anderer Ort in Frankreich. Aber *la cuisine parisienne* (die Pariser Küche) ist ein eher armes Mitglied der Großfamilie *la cuisine des provinces* (die Küche der Provinzen). Und dafür gibt es einen Grund: Die gierigen Brüder und Schwestern vom Lande haben sich die meisten der einst typisch Pariser Speisen längst auf ihre eigenen Fahnen geschrieben. Heute werden nur noch sehr wenige französische Gerichte mit der Hauptstadt in Verbindung gebracht. Zu dieser kleinen Auswahl gehören: *vol-au-vent* (mit Geflügel oder Fisch gefüllte Blätterteig-Pastetchen in cremiger Sauce), *potage St-Germain* (dicke, grüne Erbsensuppe), Zwiebelsuppe, die bescheidenen Schweinsfüße und *gâteau Paris-Brest* (kranzförmiger Kuchen, mit Praliné-Schokolade gefüllt und mit Mandelflocken und Puderzucker bestreut).

Allerdings sind heute viele internationale Speisen in Paris ebenso heimisch wie Schweinsfüße: Köstlichkeiten wie *nems* und *pâtés imperials* (Frühlings- oder Eierrollen) und *pho* (Nudelsuppe mit Rindfleisch) aus Vietnam, Couscous und *tajines* (im Tontopf geschmortes Gemüse und/oder Fleisch) aus Nordafrika, karibische *boudin antillais* (Blutwurst von den Antillen) sowie *yassa* (Fleisch oder Fisch vom Grill in Zwiebel- und Zitronensauce) aus dem Senegal. Diese Gerichte gibt es überall in der Stadt. Auch indische, chinesische und japanische Gerichte erfreuen sich in Paris großer Beliebtheit. Tatsächlich ist die internationale Küche hier reicher als in jeder anderen französischen Stadt.

Am dichtesten drängeln sich die Pariser Ethno-Restaurants in einem Labyrinth schmaler Gassen im 5. Arrondissement, auf Höhe von Notre-Dame am linken Seine-Ufer. Die griechischen, nordafrikanischen und orientalischen Lokale zwischen der Rue St-Jacques, dem Boulevard St-Germain und dem Boulevard St-Michel samt der Rue de la Huchette locken viele Ausländer an, die den kleinen Irrgarten für das gesamte berühmte Quartier Latin halten. Weitaus bessere Multikultiküche gibt es allerdings anderswo: orientalische Spezialitäten am Boulevard de Belleville im 20. Arrondissement, asiatische (in erster Linie thailändisch und vietnamesisch) um die Rue de Belleville im 19. Arrondissement, indische, pakistanische und bangalische in der Rue du Faubourg St-Denis im 10. Arrondissement und chinesische in Chinatown im 13. Arrondissement, vor allem in der Avenue de Choisy, der Avenue d'Ivry und der Rue Baudricourt.

LOUVRE & LES HALLES

In der Gegend zwischen dem Forum des Halles (1e) und dem Centre Pompidou (4e) wimmelt es von trendigen Restaurants, von denen allerdings nur wenige wirklich gut sind. Die meisten sind auf Touristen ausgerichtet. Von Speiselokalen gesäumt sind die Rue des Lombards, die schmalen Gassen nördlich und östlich vom Forum des Halles sowie die Schlemmerstraßen Rue Montorgueil und Rue Ste-Anne (S. 113).

Chez La Vieille   FRANZÖSISCH €€€

(Karte S. 48-49; ☑01 42 60 15 78; 1 rue Bailleul & 37 rue de l'Arbre Sec, 1er; Mittagsmenü 26 €; ⊗Mo–Fr mittags, Mo, Di, Do & Fr abends bis 21.45 Uhr; ⓂLouvre–Rivoli) „Bei der Alten", einem sehr beliebten kleinen Restaurant, wird auf zwei Etagen gespeist; das rustikalere Erdgeschoss bleibt allerdings den Stammgästen vorbehalten. Die Speisenauswahl ist ebenso klein wie der Laden selbst, aber rundum göttlich.

L'Ardoise   BISTRO €€

(Karte S. 48-49; ☑01 42 96 28 18; www.lardoise-paris.com; 28 rue du Mont Thabor, 1er; Menü 34 €; ⊗Di–Sa mittags, Di–So abends; ⓂConcorde oder Tuileries) Das reizende kleine Bistro hat keine richtige Speisekarte (*ardoise* heißt nicht umsonst „Schiefertafel"), aber wen stört's? Die von Küchenchef Pierre Jay (ehemals Tour d'Argent) meisterlich zubereiteten Gerichte sind so oder so exzellent.

Le Grand Colbert FRANZÖSISCH €€€
(Karte S. 48-49; ☏01 42 86 87 88; www.legrand colbert.fr; 2-4 rue Vivienne, 2e; Mittagsmenü 22,50 & 29,50 €; ⊙12-1 Uhr; ⓜPyramides) Die ehemalige Arbeiterkantine ist heute ein Fin-de-siècle-Schmuckstück, aber immer noch zwangloser als viele ähnlich aufwendig renovierte Restaurants. Praktische Adresse zum Mittagessen für Besucher der *passages couverts* oder für hungrige Nachtschwärmer (letzte Bestellungen um 1 Uhr).

Café Marly CAFÉ €€€
(Karte S. 48-49; ☏01 46 26 06 60; cour Napoléon du Louvre, 93 rue de Rivoli, 1er; Hauptgerichte 20-30 €; ⊙8-2 Uhr; ⓜPalais Royal-Musée du Louvre) Das klassische Café serviert den ganzen Tag über moderne französische Küche im Säulengang am Innenhof des Louvre. Seine Gäste haben unbezahlbaren Blick auf die Glaspyramide; außerdem kreuzen hier häufig französische Starlets und andere Promis auf, die eifrigen *Match*-Lesern ein Begriff sind.

Saveurs Végét'Halles VEGAN €
(Karte S. 48-49; ☏01 40 41 93 95; www.saveurs vegethalles.fr; 41 rue des Bourdonnais, 1er; Menü 10-19 €; ⊙Mo-Sa; ⓜChâtelet) Das strikt vegane und alkoholfreie Lokal verzichtet auch auf Eier und serviert stattdessen einiges an Fleischersatzgerichten wie *poulet végétal aux champignons* (pflanzliches „Huhn" mit Pilzen) und *escalope de seitan* (Weizenglutenschnitzel).

Le Petit Mâchon LYONER KÜCHE €€
(Karte S. 48-49; ☏01 42 60 08 06; 158 rue St-Honoré, 1er; Vorspeisen 7-12,50 €, Hauptgerichte 14-22 €; ⊙Di-So; ⓜPalais Royal-Musée du Louvre) Das nette Bistro in der Nähe des Louvre tischt einige der besten Lyoner Spezialitäten der Stadt auf.

Joe Allen AMERIKANISCH €€
(Karte S. 48-49; ☏01 42 36 70 13; 30 rue Pierre Lescot, 1er; Mittagsmenü 14 €, Abendmenü 18,10 & 22,50 €; ⊙12-1 Uhr; ♿; ⓜÉtienne Marcel) Das Joe Allen - seit 1972 eine Institution in Paris - bringt New Yorker Flair in die Stadt. Besonders lecker sind die Rippchen.

Franprix Les Halles SUPERMARKT €€
(Karte S. ; 35 rue Berger, 1er; ⓜChâtelet) Einer von mehreren Supermärkten rund um das Forum des Halles.

» Avenue de Choisy, Avenue d'Ivry und Rue Baudricourt Preiswerte chinesische und südostasiatische (vor allem vietnamesische) Lokale

» Boulevard de Belleville Nahöstliche (algerische, tunesische) Küche, insbesondere Couscous

» Passage Brady (Karte S. 106) Epizentrum der indischen, pakistanischen und bengalischen Kochkunst

» Rue Cadet, Rue Richer und Rue Geoffroy Marie (Karte S. 88) Straßendreieck mit jüdischer (vorwiegend sephardischer) und koscherer Küche

» Rue Montorgueil (Karte S. 48-49) Straßenmarkt in einer Fußgängerzone mit jeder Menge erstklassiger Imbissstände

» Rue Ste-Anne (Karte S. 48-49) Zentrum des Japanerviertels von Paris

» Rue Rosiers (Karte S. 64-65) Die Adresse für jüdisch-aschkenasische koschere Speisen, insbesondere Falafeln

MARAIS & BASTILLE

Das Marais ist mit seiner Fülle kleiner Restaurants jeder Art eine der besten Gegenden, um in Paris essen zu gehen. Wer am Wochenende herkommt, sollte seinen Tisch unbedingt vorher reservieren. In Richtung Place de la République liegt eine brauchbare Auswahl exotischer Essadressen: kleine chinesische Nudelimbisse und Restaurants entlang der Rue au Maire im 3. Arrondissement (ⓜArts et Métiers), jüdische Restaurants (teils aschkenasisch, teils sephardisch, nicht alle koscher) mit Spezialitäten aus Mitteleuropa, Nordafrika und Israel entlang der Rue des Rosiers im 4. Arrondissement (ⓜSt-Paul). Viele davon haben freitagabends, samstags und an jüdischen Feiertagen zu. Mehrere Lokale der Straße verkaufen Falafeln und *shawarma* (so ähnlich wie Kebab) zum Mitnehmen.

Auch in der Bastille-Gegend drängen sich zahlreiche Restaurants, von denen sich viele in den letzten Jahren ein oder zwei Sterne erkocht haben. Und dann ist da natürlich noch der phantastische Straßenmarkt Marché Bastille (S. 114).

MÄRKTE FÜR FEINSCHMECKER

Rund 70 *marchés découverts* (Straßenmärkte) schlagen an je zwei oder drei Vormittagen pro Woche ihre Stände an verschiedenen öffentlichen Plätzen der Stadt auf. Hier unsere Lieblingsmärkte mit dem vielfältigsten und/oder exotischsten Angebot und der nettesten Umgebung:

» **Marché Bastille** (Karte S. 68; bd Richard Lenoir, 11e; ⊘Di & So 7–14.30 Uhr; ⓜBastille oder Richard Lenoir) Der wohl beste Straßenmarkt von Paris bietet heute eine größere Vielfalt exotischer Lebensmittelstände als je zuvor.

» **Marché Couvert Beauvau** (place d'Aligre, 12e; ⊘Di–Sa 8–13 & 16–19.30, So 8–13 Uhr; ⓜLedru-Rollin) Farbenfrohe arabisch-nordafrikanische Enklave in der Nähe der Bastille

» **Marché Belleville** (bd de Belleville zw. rue Jean-Pierre Timbaud & rue du Faubourg du Temple, 11e & 20e; ⊘Di & Fr 7–14.30 Uhr; ⓜBelleville oder Couronne) Bietet einen faszinierenden Einblick in die großen, lebensprühenden Gemeinden der östlichen Stadtviertel, in denen Künstler, Studenten und Einwanderer aus Afrika, dem Nahen Osten und Asien zu Hause sind.

» **Marché Couvert St-Quentin** (Karte S. 106; 85 bd de Magenta, 10e; ⊘Di–Sa 8–13 & 15.30–19.30, So 8.30–13 Uhr; ⓜGare de l'Est) Die Markthalle von 1866 beherbergt unter ihrem Eisen- und Glasdach jede Menge exklusiver Feinschmeckerstände.

» **Rue Cler** (Karte S. 74; rue Cler, 7e; ⊘Di–Sa 8–19, So 8–12 Uhr; ⓜÉcole Militaire) Am Wochenende, wenn sich offenbar alle Anwohner zum Einkauf verabredet haben, herrscht auf dem tollen Straßenmarkt geradezu Partyatmosphäre.

» **Rue Montorgueil** (Karte S. 48-49; rue Montorgueil zw. rue de Turbigo & rue Réaumur, 2e; ⊘Di–Sa 8–19.30, So 8–12 Uhr; ⓜLes Halles oder Sentier) Dieser betriebsame Markt liegt am nächsten zu Les Halles, dem einstigen Pariser Großmarkt, der 1969 nach 700-jährigem Bestehen aus dieser Gegend in den südlichen Vorort Rungis umzog.

» **Rue Mouffetard** (Karte S. 74; rue Mouffetard; 5e; ⊘Di–Sa 8–19.30, So 8–12 Uhr; ⓜCensier–Daubenton) Der fotogenste Straßenmarkt von Paris: Hier schicken die Pariser die Touristen hin (kundige Traveller bevorzugen den Marché Bastille oder den Markt in der Rue Montorgueil).

LP TIPP **Chez Janou** PROVENZALISCH €€
(Karte S. 64-65; ☎01 42 72 28 41; www.chezjanou.com; 2 rue Roger Verlomme, 3e; Hauptgerichte 14,50–19 €, Mittagsmenü 12,50 €; ⓜChemin Vert) Dieses zauberhafte kleine Lokal gleich östlich der Place des Vosges lockt Promis (zuletzt gesichtet: John Malkovich) und gewöhnliche Sterbliche mit seiner genialen provenzalischen Kochkunst, 80 Pastis-Sorten und äußerst aufmerksamer Bedienung. Besonders empfehlenswert sind die überragende Ratatouille mit Sardellen- und Olivendip und der Dinkelrisotto mit Jakobsmuscheln.

LP TIPP **Le Hangar** BISTRO €€
(Karte S. 64-65; ☎01 42 74 55 44; 12 impasse Berthaud, 3e; Hauptgerichte 16–20 €; ⊘Di–Sa; ⓜLes Halles) Das kommt bei uns professionellen Plaudertaschen selten vor, aber am liebsten würden wir dieses perfekte kleine Restaurant als Geheimtipp für uns behalten. Hier gibt es alle üblichen Bistroklassiker – *rillettes,* Foie gras, *steak tartare* – in sehr ruhigem, wohltuendem Ambiente mit ebenso kompetenter wie persönlicher Bedienung. Bei gutem Wetter sitzt man auf der wunderbaren Terrasse am schönsten.

La Gazzetta BRASSERIE €€€
(☎01 43 47 47 05; www.lagazzetta.fr; 29 rue de Cotte, 12e; Mittagsmenü 16 €, Abendmenü 38 & 50 €; ⊘Di–Sa mittags, Mo–Sa abends; ⓜLedru-Rollin) Diese *néo-brasserie* hat sich unter der Fuchtel des schwedischen Küchenchefs Peter Nilsson eine große (internationale) Fangemeinde erobert. Er zaubert Gerichte wie Jakobsmuscheln mit Kresse und Milchlamm-Confit mit geeistem Bleu-d'Auvergne-Käse mit ebensolcher Selbstverständlichkeit wie Mini-Sardellenpizzas. Sein Mittagsmenü ist ein echtes Schnäppchen; die Abendmenüs umfassen fünf bis sieben Gänge!

Derrière FRANZÖSISCH €€€
(Karte S. 64-65; ☎01 44 61 91 95; 69 rue des Gravilliers, 3e; Vorspeisen 12–15 €, Hauptgerichte 18–26 €; ⊙Di–Fr mittags, tgl. abends bis 23 Uhr; Ⓜ Arts et Métiers) Dieses Lokal ist so geheimnistuerisch, dass es schon fast als Flüsterkneipe gelten kann, und trägt den Namen „Dahinter" nicht umsonst, denn es versteckt sich in einem hübschen Innenhof zwischen (und hinter) dem nordafrikanischen Restaurant 404 und der Clubbar Andy Walhoo. So relaxt, dass es einem die Schuhe auszieht, aber in der Küche geht es doch ernsthaft zur Sache: Außer Bistroklassikern kommen hier auch originelle Neuschöpfungen auf den Tisch. Für Vegetarier: Über die Hälfte der Vorspeisen sind fleischlos. Für Raucher: Es gibt einen *fumoir* hinter der Garderobentür eine Treppe höher.

Café Beaubourg FRANZÖSISCH, INTERNATIONAL €€
(Karte S. 64-65; ☎01 48 87 63 96; 100 rue St-Martin, 4e; Hauptgerichte 15–21 €; ⊙So–Mi 8–1, Do–Sa bis 2 Uhr; Ⓜ Châtelet–Les Halles) Das fröhlich-minimalistische Café gegenüber vom Centre Pompidou lockt seit über 20 Jahren ein gut situiertes Publikum zum Frühstück und Brunch (13–24 €) auf seine Terrasse. Drinnen sorgen Ledersessel und Bücherregale für Clubatmosphäre, während draußen auf dem *parvis* (Vorplatz) immer irgendeine Art von Gratisunterhaltung geboten wird.

L'Écailler du Bistrot
FISCH & MEERESFRÜCHTE €€€
(☎01 43 72 76 77; 22 rue Paul Bert, 11e; Hauptgerichte 22–36 €; ⊙Di–Sa; Ⓜ Faidherbe–Chaligny) Austernfans werden diesem Bistro rettungslos verfallen. Es wird von der Tochter eines berühmten bretonischen Austernzüchters geführt und kredenzt ein rundes Dutzend verschiedener Sorten der köstlichen Schalentiere, frisch ausgelöst, mit einem Spritzer Zitronensaft. Im März unbedingt das halbe Dutzend *oursins* (Seeigel) probieren.

Ma Cantine FISCH & MEERESFRÜCHTE €€€
(Karte S. 64-65; 5. Stock, BHV, 14 rue du Temple, 4e; Menü 11–15,60 €; ⊙Mo, Di, Do–Sa 11.15–18, Mi bis 20.30 Uhr; Ⓜ Hôtel de Ville) Plötzliche Hungerattacken beim Shoppen? Da hilft das Restaurant im Obergeschoss des BHV-Kaufhauses mit drei preiswerten *menus* und traumhafter Aussicht.

Chez Nénesse BISTRO €
(Karte S. 64-65; ☎01 42 78 46 49; 17 rue Saintonge, 3e; Vorspeisen 8–16 €, Hauptgerichte 18 €;

⊙Mo–Fr; Ⓜ Filles du Calvaire) In bezaubernd bescheidener Atmosphäre, die an das „alte Paris" erinnert, werden Gerichte aus frischen, erstklassigen Zutaten zubereitet, die ihren Preis allemal wert sind.

Le Trumilou BISTRO €€
(Karte S. 64-65; ☎01 42 77 63 98; www.letrumilou.fr; 84 quai de l'Hôtel de Ville, 4e; Menü 16,50 & 19,50 €; Ⓜ Hôtel de Ville) Dieses schlichte Bistro ist seit mehr als 100 Jahren eine Pariser Institution. Wer nach authentischer Küche des frühen 20. Jhs. mit (na ja, fast) dazu passenden Preisen sucht, ist hier genau richtig. Spezialitäten des Hauses sind das *confit aux pruneaux* (Ente mit Backpflaumen) und der *ris de veau grand-mère* (Kalbsbries).

L'Alivi KORSISCH €€€
(Karte S. 64-65; ☎01 48 87 90 20; 27 rue du Roi de Sicile, 4e; Vorspeisen 9–16 €, Hauptgerichte 15–23 €, Mittagsmenü 17–29 €, Abendmenü 25–29 €; Ⓜ St-Paul oder Bastille) Das ziemlich angesagte korsische Restaurant arbeitet mit stets frischen, raffinierten Zutaten, wobei Brocciu-Käse, *charcuterie* (Fleisch- und Wurstwaren) und Basilikum eine tragende Rolle spielen.

Le Petit Marché BISTRO €€
(Karte S. 64-65; ☎01 42 72 06 67; 9 rue de Béarn, 3e; Hauptgerichte 16–24 €, Mittagsmenü 12,50 €;

PARIS ESSEN

NICHT VERSÄUMEN

GROOVIGE HIPPY-KÜCHE

Das winzige, herrlich urige **Le Mouton Noir** (Karte S. 68; ☎01 48 07 05 45; www.lemoutonnoir.fr; 65 rue de Charonne, 11e; Menü 29 €; ⊙ Sa & So mittags, Di–Sa abends; Ⓜ Charonne) mit nur zwei Dutzend Plätzen westlich der Bastille ist ganz und gar kein „schwarzes Schaf", sondern vielmehr eine Geheimtipp der Nachbarschaft, den wir hiermit ausposaunt haben. Seine Grundidee ist die Zubereitung traditioneller französischer Küche mit ungewohnten Zutaten – *cuisine hippy groove*, wie der Küchenchef es nennt. Besonders probierenswert sind die Krabbensuppe mit rotem Curry und Linsen, Seebarsch mit La-vache-qui-rit-Schmelzkäse und Aubergine mit Thymian. Auch der traditionelle Wochenend-Brunch (19 €) ist eine feine Sache.

DINIEREN MIT AUSSICHT

» **Café Beaubourg** (S. 115) Die Terrasse dieses Cafés ist ein Logenplatz für das Centre Pompidou und das Treiben der Straßenkünstler auf dem Vorplatz.

» **Café Marly** (S. 113) Unbezahlbarer Blick auf den Louvre, seine Glaspyramiden und die Tuilerien

» **Ma Cantine** (S. 115) Die Gäste des Restaurants im Obergeschoss des BHV-Kaufhauses überblicken das Marais aus der Vogelperspektive.

» **Café Hugo** (S. 116) Seine Terrasse in den Arkaden der Place des Vosges geht auf den wohl schönsten Platz von Paris.

» **Les Ombres** (S. 121) Das Dachrestaurant verdankt seinen Namen dem Schattenwurf der Stahlkonstruktion des Eiffelturms.

» **Lafayette Café** (S. 133) Nach dem Einkaufsmarathon zu einer wohlverdienten Erholungspause ins Obergeschoss der Galeries Lafayette

» **58 Tour Eiffel** (S. 121) Das Restaurant im Eiffelturm lockt zum Mittag- oder Abendessen mit dem klassischen Parispanorama.

Ⓜ Chemin Vert) Das tolle kleine Bistro ganz in der Nähe der Place des Vosges füllt sich zum Mittag- und Abendessen mit einem gemischten Publikum, das seine herzhafte Küche und den freundlichen Service zu schätzen weiß.

Bofinger HISTORISCHE BRASSERIE €€€
(Karte S. 68; ☎ 01 42 72 87 82; www.bofinger paris.com; 5–7 rue de la Bastille, 4e; Menü 20 & 30 €; ◷ mittags & abends bis 24 oder 0.30 Uhr; Ⓜ Bastille) Das 1864 eröffnete Bofinger, angeblich die älteste Brasserie von Paris, glänzt mit seinem Jugendstilinterieur aus Spiegeln, Messing und Glas.

Curieux Spaghetti INTERNATIONAL €€
(Karte S. 64–65; ☎ 01 42 72 75 97; www.curieux spag.com; 14 rue St-Mérri, 4e; Hauptgerichte ab 12 €; ◷ So–Mi 12–2, Do–Sa bis 4 Uhr; 🖶; Ⓜ Rambuteau) Peppiges Restaurant und beliebte Bar zugleich: Berge von Pasta, exotisch aromatisierte Wodkasorten in „Reagenzglas"-

Portionen, der fetzige Soundtrack und der Wochenend-Brunch (26 €) locken eine junge Gästeschar in den Laden.

🅛🅟 TIPP **Café Hugo** CAFÉ €€
(Karte S. 64–65; ☎ 01 42 72 64 04; 22 place des Vosges, 4e; Hauptgerichte 10,70–13,30 €; ◷ 8–2 Uhr; Ⓜ Chemin Vert) Wer sich bei unserem Lieblingslokal für Sparsame am schönsten Platz der Stadt einen *plat du jour* (Tagesgericht) mit einem Glas Wein (12,50 €) oder den Brunch (16,20 €) gönnt, wird Paris ewige Liebe schwören.

Marche ou Crêpe BRETONISCH €
(Karte S. 68; ☎ 01 43 57 04 78; 88 rue Oberkampf, 11e; Crêpes & Galettes 2,20–7,80 €; ◷ Di–Do 18–24, Fr & Sa 18–2, So 17–24 Uhr; 🖶; Ⓜ Parmentier) Der kleine Laden in der Nähe des Nachtschwärmerreviers Rue Jean-Pierre Timbaud serviert köstliche herzhafte *galettes*, süße Crêpes, hausgemachte Suppen und Salate – bis zu sehr, sehr später Stunde.

L'As de Felafel JÜDISCH, KOSCHER €
(Karte S. 64–65; 34 rue des Rosiers, 4e; Gerichte 5–7 €; ◷ So–Do 12–24, Fr 12–17 Uhr; Ⓜ St-Paul) Von jeher unser Lieblingsladen für Falafeln – frittierte Bällchen aus Kichererbsen und Kräutern (5 €). Hier ist es immer rappelvoll, besonders unter der Woche zum Mittagessen.

Grand Apétit VEGETARISCH €
(Karte S. 68; ☎ 01 40 27 04 95; 9 rue de la Cerisaie, 4e; Suppen 3–4 €, Gerichte 5–11 €; ◷ Mo–Fr mittags, Mo–Mi abends bis 21 Uhr; Ⓜ Bastille oder Sully–Morland) Auf der Speisekarte steht sättigende Biokost aus Getreide, Gemüse und Algen. Nebenan gibt es einen ausgezeichneten makrobiotischen Bioladen.

DIE INSELN
Die Île St-Louis ist eher für ihre Eiscreme als für ihre Restaurants berühmt und außerdem teuer, aber es gibt ein paar gute Lokale zum Brunch oder Mittagessen. Die Île de la Cité kann man in kulinarischer Hinsicht vergessen – sie besitzt kein erwähnenswertes Restaurant.

🅛🅟 **Berthillon** EISCREME €
(Karte S. 70; 31 rue St-Louis en l'Île, 4e; Eiscreme 2,10–5,40 €; ◷ Mi–So 10–20 Uhr; Ⓜ Pont Marie) Berthillon ist für Eiscreme das, was Château Lafite Rothschild für Wein ist. Schon die Fruchteissorten (z. B. Cassis) dieses berühmten *glacier* (Eiscreme-Herstellers) sind zu Recht legendär. Noch unwiderstehlicher sind Sorten wie Schokolade, Kaffee,

marrons glacés (kandierte Maronen), *Agenaise* (Armagnac und Dörrpflaumen), *noisette* (Haselnuss) und *nougat au miel* (türkischer Honig). Insgesamt 70 Sorten stellen die Kundschaft vor die Qual der Wahl.

QUARTIER LATIN & JARDIN DES PLANTES

Von billigen Studentenlokalen bis zu traditionsreichen Gourmetpalästen mit Lüsterbeleuchtung – das 5. Arrondissement bietet etwas für jeden Geldbeutel und alle kulinarischen Vorlieben. Die Rue Mouffetard ist für ihren Lebensmittelmarkt und ihre Feinkostgeschäfte bekannt; die Nebenstraßen, besonders die verkehrsberuhigte Rue du Pot au Fer, locken mit gutem, preisgünstigem Essen. Les Pâtes Vivantes (S. 122) ist eine ausgezeichnete Adresse für Gäste mit Kindern.

LP TIPP **BistroY Les Papilles** BISTRO €€
(Karte S. 74; ☎01 43 25 20 79; www.lespapillesparis.com, auf Frz.; 30 rue Gay Lussac, 5e; 2-Gänge-Menü Di–Fr 22 & 24,50 €, 4-Gänge-Menü 31 €; ☺Di–Sa; Ⓜ Luxembourg) Hinter der sonnenblumengelben Fassade dieser Kreuzung aus Bistro, Weinkeller und *épicerie* (Feinkostgeschäft) wartet ein fabulöses Esserlebnis, weshalb der Laden auch immer brechend voll ist (am besten ein paar Tage im Voraus reservieren). Auf die einfach gedeckten Tische zwischen Wänden voller Weinregale kommt das, was der Markt gerade hergibt – an jedem Wochentag eine andere *marmite du marché* (Markttopf) für 16 €. Was das Lokal so einzigartig macht, ist aber seine außergewöhnliche Weinkarte. Am besten zum Mittagessen fleißig probieren, um dann den eigenen Weinkeller aus der hiesigen *cave à vin* aufzustocken.

LP TIPP **L'Agrume** BISTRO €€
(Karte S. 74; ☎01 43 31 86 48; 15 rue des Fossés St-Marcel, 5e; Vorspeisen/Hauptgerichte 14/30 €, Mittagsmenü 14 & 16 €, Abendmenü 35 €; ☺Di–Sa; Ⓜ Censier–Daubenton) Das Mittagessen in diesem hochgelobten, modernen Bistro im Schuhschachtelformat in einer obskuren Seitenstraße am Südrand des Quartier Latin ist eine kulinarische Offenbarung, die den Geldbeutel nicht überstrapaziert. Dabei können die Gäste, die an Tischen oder auf Barhockern an der Theke sitzen, zusehen, wie die Köche in der offenen Küche mit Produkten der Saison hantieren. Abends gibt es ein vorzügliches, täglich wechselndes Degustationsmenü (5 Gänge) mit festgelegter Speisefolge ohne

Wahlmöglichkeiten. Einen Tisch bei der „Zitrusfrucht" zu ergattern, ist gar nicht so leicht – am besten einige Tage im Voraus reservieren.

L'AOC FRANZÖSISCH, KLASSISCH €€
(Karte S. 74; ☎01 43 54 22 52; www.restoaoc.com; 14 rue des Fossés St-Bernard, 5e; 2-/3-Gänge-Menü 21/29 €; ☺Di–Sa; Ⓜ Cardinal Lemoine) *„Bistrot carnivore"* (Bistro für Fleischfresser) ist der Slogan dieses kleinen Feinschmeckerlokals, in dem sich alles um die renommiertesten kulinarischen Produkte des Landes dreht. Sein Konzept lautet AOC (Appellation d'Origine Contrôlée), d. h. alle Zutaten sind nach den strengen Richtlinien produziert, mit denen die landwirtschaftlichen Erzeugnisse bestimmter Dörfer, Städte oder Regionen geschützt sind. Das Ergebnis ist ein wahres Fest. Wo sonst gibt es schon *porc noir de Bigorre,* eine schwarze Schweinerasse aus den Pyrenäen, zu probieren?

Le Pré Verre BISTRO €€
(Karte S. 74; ☎01 43 54 59 47; 25 rue Thénard, 5e; 2-/3-Gänge-Menü 13,50/28 €; ☺Di–Sa; ☂; Ⓜ Maubert–Mutualité) In diesem urtypischen Pariser Bistro herrschen immer Jubel, Trubel, Heiterkeit. Ein besonderer Renner ist das sagenhaft günstige Mittagsangebot *formule dejeuner* (13 €). Auf der Weinkarte stehen viele gute Tropfen von Frankreichs kleinen unabhängigen *vignerons* (Winzern).

La Mosquée de Paris NORDAFRIKANISCH €€
(Karte S. 74; ☎01 43 31 38 20; 39 rue Geoffroy St-Hilaire, 5e; Hauptgerichte 15–20 €; ☂ Ⓜ Censier Daubenton oder Place Monge) Beim Restaurant der Zentralmoschee gibt es Couscous, *tajine* und Grillfleischgerichte zu schmausen. Der **Teesalon** (☺9–23.30 Uhr) verwöhnt seine Gäste mit Pfefferminztee und orientalischem Gebäck, der Hamam gar mit einem Komplettprogramm aus Mittagessen, Bodypeeling und Massage.

ST-GERMAIN, ODÉON & LUXEMBOURG

Diese sagenumwobene Ecke von Paris hat viel mehr zu bieten als bloß Sartres Literatencafés (S. 128) oder Picknicks auf dem Rasen des Jardin de Luxembourg. In den zahlreichen Restaurants der Rue St-André des Arts (Ⓜ StMichel oder Odéon) kann jeder so leicht oder üppig speisen, wie das Herz begehrt. Viele weitere Lokale locken in der Gegend zwischen Église St-Sulpice und Église St-Germain des Prés (insbesondere in

TOP 5: SUPPERCLUBS

» **Jim Haynes** (☏01 43 27 17 67; www.jim-haynes.com; Atelier A2, 83 rue de la Tombe Is-
soire, 14e; Ⓜ Alésia) Jeden Sonntag (seit 1978) Abendessen mit dem charismatischen
Gastgeber Jim (ursprünglich aus Louisiana) und etwa 60 Gästen; Spendenempfeh-
lung 25 €.

» **Hidden Kitchen** (Karte S. 48-49; www.hkmenus.com; 28 rue de Richelieu, 1er; Ⓜ Palais
Royal–Musée du Louvre) Etwas für Gourmets: Von September bis Dezember und
Februar bis Juni zaubern Laura und Braden an vier Wochenendabenden pro Monat
für je 16 Gäste ein zehngängiges Menü aus Saisonprodukten.

» **Paris Supper Club** (www.thepariskitchen.com/paris-supper-club) Einfach sagenhaft!
Wer beim Diner im neuesten „In"-Restaurant oder -Bistro neue Leute kennenlernen
will, muss frühzeitig reservieren.

» **Talk Time** (☏01 43 25 86 55, 06 20 87 76 69; www.meetup.com/TalkTime) Michael
Muszlaks Samstagabende mit Essen und mehrsprachigem (die halbe Zeit alle
Sprachen außer Französisch, die andere Hälfte nur Französisch) Plausch im
Quartier Latin werden von der New Yorker Gruppe Meetup organisiert.

» **Paris Soirees** (☏06 43 79 35 15; www.parissoirees.com) Zweimal pro Woche veranstaltet Patricia Laplante-Collins diese Salonabende auf der Île de la Cité.

---

der Rue des Canettes, der Rue Princesse
und der Rue Guisarde).

Zutaten für ein grandioses Picknick gibt
es z. B. in der Feinkostabteilung des traditionsreichen Kaufhauses Le Bon Marché (S.
135) oder bei den Lebensmittelgeschäften
in der Fußgängerzone Rue Cler. Zum Kaf-
feetrinken am Nachmittag ist das legendäre Ladurée (S. 121) besonders nett.

LP TIPP **Le Comptoir du Relais** BISTRO €€€
(Karte S. 78; ☏01 44 27 07 97; 9 Carrefour
de l'Odéon, 6e; Abendmenü 50 €; Ⓜ Odéon) Das
schlicht Le Comptoir (Die Theke) genannte
Gourmetbistro ist seit seiner Eröffnung in
aller Munde. Spitzenkoch Yves Camdebor-
de komponiert hier saisonale Bistrogerichte
mit kreativem Pfiff – Appetit auf Spargel-
salat mit Foie gras? Wer mittags um Punkt
12.30 Uhr kommt, kann u. U. auch ohne
Reservierung noch einen Tisch ergattern,
aber zum gastronomisch anspruchsvolleren Abendessen läuft ohne Reservierung
gar nichts (fürs Wochenende muss man den
Tisch sogar mehrere Wochen im Voraus bestellen.)

LP TIPP **Quatrehomme** KÄSEGESCHÄFT €
(62 rue de Sèvres, 6e; Ⓜ Vanneau) Die
besten Käsesorten aus ganz Frankreich verkauft diese Königin der *fromageries*, viele
davon in ausgefallenen Variationen (z. B. in
Kastanienblätter gehüllten Époisses, mit
schwarzen Trüffeln aromatisierten Mont
d'Or, Gewürzbrot mit Honig und Roquefort

usw.). Schon die Duftwolke beim Betreten
des Ladens ist himmlisch. Er liegt nur ein
paar Schritte südlich der Métrostation.

KGB FUSIONSKÜCHE €€
(Karte S. 78; ☏01 46 33 00 85; www.zekitchen
galerie.fr; 25 rue des Grands Augustins, 6e; Mittagsmenü 27 & 34 €; ☉Di–Sa; Ⓜ St-Michel) KGB
(für „Kitchen Galerie Bis") ist die neueste
Idee von William Ledeuil, der schon mit
Ze Kitchen Galerie (4 rue des Grands Augustins, 6e; Mittags-/Abendmenü 26,50/65 €; ☉Mo-
Fr mittags & abends, Sa nur abends; Ⓜ St-Michel)
Furore machte. Das kleine Lokal ist ganz
auf Kunstgalerie getrimmt und bewirtet
seine hippe Kundschaft mit originellen,
asiatisch inspirierten *zors-d'œuvres*, kreativen Pastarezepten und Fleisch aus dem
Schmortopf. Wie wär's mit gebratener Taube mit Ingwer und Preiselbeeren?

Au Pied de Fouet BISTRO €
(Karte S. 78; ☏01 43 54 87 83; 3 rue St-Benoît, 6e;
Vorspeisen 3–5 €, Hauptgerichte 10 €; ☉Mo–Sa;
Ⓜ St-Germain des Prés) Der Inbegriff eines
waschechten Bistros mit bordeauxroter
Fassade, dicht gedrängten Tischen und
treuer Stammkundschaft. Das klassische
Speiseangebot ist erstaunlich preiswert.
Zum Abschluss der Mahlzeit munden eine
traditionelle *tarte tatin* (gestürzter Apfelkuchen), in Rotwein eingelegte Dörrpflaumen oder eine schlichte Portion *fromage
blanc* (eine Art Quark).

Bouillon Racine FRANZÖSISCH, KLASSISCH €€
(Karte S. 78; 📞01 44 32 15 60; 3 rue Racine, 6e; Mittags-/Abendmenü 14,90/29,50 €; MCluny–La Sorbonne) Diese „Suppenküche" von 1906, in der ursprünglich Marktarbeiter abgefüttert wurden, ist ein regelrechter Jugendstilpalast. Auf der Karte finden sich altbewährte Rezepte wie gebackene Schnecken, *caille confite* (im eigenen Fett eingekochte Wachteln) und Lammhaxe mit Süßholz. Als Abschluss der kulinarischen Reise in die Vergangenheit bietet sich ein altmodisches Sorbet an.

Cosi SANDWICHBAR €
(Karte S. 78; 54 rue de Seine, 6e; Sandwichmenü 10–15 €; 🕙12–23 Uhr; ♿; MOdéon) Das Cosi, das von einem Neuseeländer gegründet wurde, verkauft Sandwiches mit Namen wie Stonker, Tom Dooley und Naked Willi und hätte gute Chancen auf den Titel der phantasievollsten Sandwichbar der Stadt. Klassische Musik und ofenwarmes italienisches Brot tragen das Ihre zum besonderen Charme des Lokals bei.

Marché St-Germain MARKT €
(Karte S. 78; 4–8 rue Lobineau, 6e; 🕙Di–Sa 8.30–13 & 16–19.30, So 8.30–13 Uhr; MMabillon) Markthalle mit frischem Obst und Gemüse und sonstigen Leckereien der Saison.

MONTPARNASSE

Seit den 1920er-Jahren ist die Gegend rund um den Boulevard du Montparnasse ein Zentrum des Pariser Kaffeehauslebens, auch wenn jüngere Pariser das Viertel inzwischen etwas *démodé* (altmodisch) und touristisch finden. Glamourös ist es jedenfalls nicht. Aber es gibt hier eine Handvoll legendärer Brasserien und Cafés für kulinarisch Interessierte.

LP TIPP **Jadis** BISTRO €€€
(📞01 45 57 73 20; www.bistrot-jadis.com, auf Frz.; 202 rue de la Croix Nivert, 15e; Mittagsmenü 25 & 32 €, Abendmenü 45 & 65 €; 🕙Mo–Fr; MBoucicaut) Das schicke *néo-bistro* mit nüchterner bordeauxroter Fassade und weißen Scheibengardinen an der Ecke einer nicht besonders aufregenden Straße im 15. Arrondissement ist momentan ultra-angesagt (unbedingt reservieren, um Enttäuschungen zu vermeiden). Der kulinarische Jungstar Guillaume Delage verpasst traditionellen französischen Gerichten modernen Pep, indem er z. B. Schweinebäckchen auch mal in Bier schmort oder schwarzen statt weißen Reis serviert. Das Preis-Leistungs-Verhältnis des Mittagsmenüs ist unschlagbar und das Schokoladensoufflé – gleich zu Anfang bestellen – ist schlichtweg zum Hineinlegen. Von der Métrostation auf der Rue de la Convention nach Süden gehen; die erste Straße rechts ist die Rue de la Croix Nivert.

LP TIPP **La Cabane à Huîtres** AUSTERN €
(📞01 45 49 47 27; 4 rue Antoine Bourdelle, 14e; Menü 18 €; 🕙Mi–Sa; MMontparnasse-Bienvenüe) Eine der besten Pariser Austernadressen ist diese rustikale, holzverkleidete *cabane* (Hütte) mit nur neun heiß begehrten Tischen. Sie ist der ganze Stolz von Francis Dubourg, der bereits in der fünften Generation Austern züchtet und zwischen dem Lokal in der Hauptstadt und seiner Austernzucht in Arcachon an der Atlantikküste hin- und herpendelt. Das Feinschmecker-Menü umfasst ein Dutzend Austern, Foie gras de Landes (aus der Gascogne im Südwesten Frankreichs) oder *magret de canard fumé* (geräucherte Entenbrust), gefolgt von Schafskäse aus den Pyrenäen oder *canelé* (mit Rum, Vanille und Zimt aromatisiertes Küchlein). Von der Gare Montparnasse auf der Avenue du Maine Richtung Norden gehen; die erste Straße links ist die Rue Antoine Bourdelle.

Le Dôme HISTORISCHE BRASSERIE €€€
(📞01 43 35 25 81; 108 bd du Montparnasse, 14e; Vorspeisen/Hauptgerichte 20/40 €; MVavin) Mit seinem extravaganten Interieur im Art-déco-Stil der 1930er-Jahre ist Le Dôme einer dieser prächtigen Gourmettempel mit gestärkten weißen Tischdecken und ebenso steifen Kellnern, die Fliege tragen. In diesem historischen Lokal hält man sich am besten an bewährte Klassiker wie die eindrucksvolle Meeresfrüchteplatte, auf der sich frische Austern, Riesengarnelen, Krebsscheren usw. türmen, gefolgt von üppigem hausgemachtem *millefeuille* (Blätterteig-Cremeschnitte). Das traditionelle französische Dessert, das auf einem Serwierwagen hereingerollt und vor den Augen der Gäste zerteilt wird, ist auf jeden Fall eine Sünde wert.

EIFFELTURM &
16. ARRONDISSEMENT

Das 16. Arrondissement hat außer zahlreichen historischen Sehenswürdigkeiten und Museen auch einige gute Essadressen. Hungrige Besucher können in der Nachbarschaft des Eiffelturms auf der Gourmetstra-

GEHEIMTIPP

PATRICIA WELLS: KOCHBUCHAUTORIN & KURSLEITERIN

Patricia Wells (www.patriciawells.com) ist die einzige Amerikanerin, die die Seele der französischen Küche wirklich ergründet hat. Seit 1980 lebt, kocht und shoppt sie in Paris. „Nur das Beste" lautet ihr Motto für Frischfisch, Fleisch, Käse, Brot und andere Marktwaren, die sie verarbeitet. Wo kauft sie was ein?

Wocheneinkauf

Lebensmittel aller Art auf dem sonntäglichen **Biomarkt** (bd Raspail, 7e; Ⓜ Rennes); Brot bei **Poilâne** (www.poilane.fr; 8 rue du Cherche Midi, 6e; Ⓜ Sèvres–Babylone); Käse bei **Quatrehomme** (S. 118); Fisch bei der **Poissonnerie du Bac** (69 rue du Bac, 7e; Ⓜ Rue du Bac).

Feinkost

Ich kaufe regelmäßig bei **Le Bon Marché** (S. 135) ein, weil das Kaufhaus ganz bei mir in der Nähe ist. Aber für besondere Mahlzeiten bestelle ich immer Zutaten im Voraus und ziehe außerdem von Laden zu Laden. Das ist ja das Wunderbare an Paris und an Frankreich überhaupt.

Ausgefallene Mitbringsel

Die Pariser Parfümerie **Fragonard** (Karte S. 64-65; www.fragonard.com; 51 rue des Francs Bourgeois, 4e; Ⓜ St-Paul; 196 bd St-Germain, 6e; Ⓜ St-Germain des Prés) hat ein wechseln-des Angebot *toller* Wohnaccessoires, z. B. wunderschöne Vasen mit Eiffelturm-Motiven, hübsche, mit Fischen oder Gemüse bestickte Servietten, niedliche kleine Löffel mit Kuchen- oder Gebäckdekor. Die Sachen sind einigermaßen erschwinglich und das Sortiment ändert sich alle paar Monate, sodass man gleich zuschlagen muss, wenn man etwas besonders Hübsches entdeckt. Schon die Geschenkverpackung in den hinreißenden Fragonard-Tüten ist die Sache wert!

ße Rue Cler leckere Picknickzutaten ein-kaufen oder unter mehreren Restaurants in der Rue de Montessuy wählen.

LP TIPP **Café Constant**

FRANZÖSISCH, MODERN €€
(Karte S. 80; ☏ 01 47 53 73 34; www.cafe constant.com; auf Frz.; 139 rue Ste-Dominique, 7e; Vorspeisen/Hauptgerichte/Desserts 11/16/7 €; ⊙ Di–So mittags & abends bis 22.30 Uhr; Ⓜ École Militaire oder Port de l'Alma) Man stecke einen ehemaligen Sternekoch in ein schlichtes Eckcafé und was kommt dabei heraus? Noch ein Christian-Constant-Kultrestau-rant mit altem Mosaikboden, abgewetz-ten Holztischen und einer Riesenschlange vor der Tür zu jeder Essenszeit. Das Café nimmt keine Reservierungen an, doch die Wartenden können sich mit einem Drink an der Bar trösten. Aufgefahren wird krea-tive Bistroküche, ein Mix aus Großmutters Lieblingsrezepten wie *purée de mon en-fance* (Kartoffelpüree aus meiner Kindheit) und Sonntagsgerichten wie Wachteln mit Foie-gras-Füllung oder Brathähnchen mit Kräutern.

L'Astrance FEINSCHMECKERLOKAL €€€
(Karte S. 80; ☏ 01 40 50 84 40; 4 rue Beetho-ven, 16e; Menü 70–190 €; ⊙ Di–Fr; Ⓜ Passy) Über ein Jahrzehnt ist vergangen, seit Pascal Barbot sein blendendes Debüt im L'Astrance gab, doch der inzwischen mit drei Sternen geschmückte Gourmettem-pel hat seitdem nichts von seiner Kreati-vität verloren. Hinter den komplizierten Beschreibungen auf der Speisekarte ver-bergen sich ungeahnte Gaumenkitzler, die wie kleine Kunstwerke präsentiert wer-den. Für dieses einzigartige Pariser Ge-schmackserlebnis muss man schon zwei Monate im Voraus reservieren (bzw. einen Monat fürs Mittagessen).

Les Cocottes FRANZÖSISCH, MODERN €€
(Karte S. 80; www.leviolondingres.com; 135 rue Ste-Dominique, 7e; Vorspeisen/Hauptgerichte/ Desserts 11/16/7 €; ⊙ Mo–Sa; Ⓜ École Militaire oder Port de l'Alma) *Cocottes* sind Schmortöp-fe und mit solchen jongliert Christian Con-stant in seinem schicken Laden. Tagein, tagaus drängt sich im modern gestylten In-terieur eine fröhliche Gästeschar, um sich

an kreativ zubereiteten saisonalen Köstlichkeiten zu laben, die in kleinen schwarzen Emailletöpfen direkt aus dem Ofen auf
den Tisch wandern. Die Esser sitzen auf
Barhockern um hohe Tische; Reservierungen werden nicht angenommen. Wer einen
Tisch ergattern will, sollte um Punkt 12
bzw. 19.15 Uhr (oder früher) da sein. Wenn
die Schlange vor der Tür zu lang ist, kann
man auf einen Drink ins Café Constant
zwei Türen weiter ausweichen (S. 120).

Les Ombres   FRANZÖSISCH, MODERN €€€
(☎01 47 53 68 00; www.lesombres-restaurant.
com; 27 quai Branly, 7e; Menü 26–95 €; ☺So–Do;
ⓂPont de l'Alma oder Alma Marceau) Das aufregende, rundum verglaste Dachrestaurant
des Musée du Quai Branly (Karte S. 80) verdankt seinen Namen „Die Schatten" dem
Schattenmuster der Stahlkonstruktion des
Eiffelturms. Zur überwältigenden Aussicht
passen die erlesenen kulinarischen Kreationen von Sébastien Tasset, wie gebratener
Steinbutt mit Cantal-Käse in Buchweizen-
Crêpe oder Huhn mit einer Füllung aus Zi-
tronenconfit.

58 Tour Eiffel   FRANZÖSISCH, MODERN €€
(Karte S. 80; ☎01 45 55 20 04; www.restau
rants-toureiffel.com; 1. Etage, Champ de Mars,
7e; Mittagsmenü 17,50 & 22,50 €, Abendmenü
65 €; ☺11.30–17.30 & 18.30–23 Uhr; ⓂChamp de
Mars–Tour Eiffel oder Bir Hakeim) Wer gern ein-

mal im Eiffelturm speisen möchte, ist mit
diesem Lokal nicht schlecht bedient. Hier
dominieren zwar nicht gerade Kaviar und
schwarze Trüffeln wie bei Jules Verne auf
der zweiten Etage, aber da Alain Ducasse
für die Speisekarte verantwortlich zeichnet, ist es doch viel mehr als eine gewöhnliche Touristen-Fütterungsstation. Zum
Mittagessen meldet man sich vorher beim
Pavillon des Restaurants in der Nähe des
Nordpfeilers an; fürs Abendessen online
oder telefonisch reservieren.

ÉTOILE & CHAMPS-ÉLYSÉES
Das 8. Arrondissement rund um die
Champs-Élysées ist bekannt für seine Star-
köche (Alain Ducasse, Pierre Gagnaire, Guy
Savoy) und kulinarische Kultstätten wie
Taillevent. Doch auch unterhalb des Gour-
metradars gibt es in den Seitenstraßen alle
möglichen Restaurants zur Beköstigung
der Pariser, die in der Gegend wohnen und
arbeiten. Die **Place de la Madeleine** (Karte
S. 84) wiederum ist die Feinkostzentrale einer der Gourmethauptstädte der Welt.

Bistrot du Sommelier   FRANZÖSISCH €€€
(Karte S. 84; ☎01 42 65 24 85; www.bistrotdu
sommelier.com; 97 bd Haussmann, 8e; Mittagsmenü 33 €, inkl. Wein 43 €, Abendmenü 65–110 €;
☺Mo–Fr; ⓂSt-Augustin) Die Adresse für alle,
denen der Wein genauso wichtig ist wie das
Essen. In diesem attraktiven Lokal geht es

TOP 5: PATISSERIEN

» **Ladurée** (Karte S. 84; www.laduree.fr, auf Frz.; 75 av. des Champs-Élysées, 8e; ⓂGeorge
V) Besondere Spezialitäten dieser bekanntesten und dekadentesten *pâtisserie* von
Paris sind die hier kreierten *macarons* (insbesondere die Schoko-Pistazien-Vari-
ante) und *le baiser Ladurée* (Makronenküchlein mit Himbeeren und Vanillecreme).

» **Le Nôtre** (Karte S. 68; www.lenotre.fr, auf Frz.; 10 rue St-Antoine, 4e; ⓂBastille) Die
Gebäck- und Schokokreationen des berühmten *traiteur* (Partyservice) gehören zu
den leckersten der Stadt; die Kette betreibt zehn Filialen überall in Paris.

» **La Pâtisserie des Rêves** (www.lapatisseriedesreves.com; 93 rue du Bac, 7e; ⓂRue
du Bac) Unvergleichliche Kuchen und Obsttorten der Saison, viel zu schön zum
Aufessen, thronen unter Glashauben in der ultraschicken „Kunstgalerie" des berühmten *pâtissier* Philippe Conticini. Der Laden liegt zwei Gehminuten südlich der
Métrostation Rue du Bac.

» **Boulangerie Bruno Solques** (Karte S. 74; 143 rue St-Jacques, 5e; ⓂLuxembourg)
Der vielleicht kreativste *pâtissier* der Stadt verblüfft mit seltsam geformten flachen
Tartes mit Fruchtpüree und Brioches mit Obstfüllung.

» **Dalloyau** (Karte S. 68; www.dalloyau.fr; 5 bd Beaumarchais, 4e; ⓂBastille) Zu den
Spezialitäten des Hauses gehören *pain aux raisins* (Rosinenbrot), *millefeuille* (Blät-
terteig-Cremeschnitten), *tarte au citron* (Zitronentarte) und *opéra* (Mandelkuchen
mit Mokka- und Schokocreme).

vor allem um die perfekte Kombination von Speisen und Rebensaft – unter fachkundiger Anleitung von Philippe Faure-Brac, einem Spitzensommelier von Weltklasse. Der ideale Tag zum Genuss seiner Traumpaarungen ist der Freitag; dann gibt es mittags ein dreigängiges Degustationsmenü mit Wein für 50 € und abends ein Fünfgängemenü inklusive Wein für 75 €. Küchenchef Jean-André Lallican brutzelt herzhafte Bistrogerichte und – Überraschung – auf der Weinkarte stehen auch ausländische Gewächse.

Le Boudoir
FRANZÖSISCH, MODERN €€€

(Karte S. 84; ☑01 43 59 25 29; 25 rue du Colisée, 8e; Mittags-/Abendmenü 19/50 €; ⏰Mo–Fr mittags, Di–Sa abends; Ⓜ St-Philippe du Roule oder Franklin D. Roosevelt) Die exzentrischen Salons auf zwei Etagen – Marie Antoinette, Palme d'Or und Red Room – sind Kunstwerke für sich mit zum Namen passender Einrichtung. Das Speiseangebot reicht von gehobener Bistroküche bis zu gewagteren Kreationen wie Tandoori-Jakobsmuscheln und Safranreis mit Mango. Ein versteckter Rauchsalon huldigt der Dekadenz vergangener Tage. Das Mittagsmenü ist ein echtes Schnäppchen.

Le Hide
FRANZÖSISCH €€

(Karte S. 84; ☑01 45 74 15 81; www.lehide.fr; 10 rue du Général Lanrezac, 17e; Menü 22 & 29 €; ⏰Mo–Fr mittags, Mo–Sa abends; Ⓜ Charles de Gaulle-Étoile) Das winzige Bistro mit nur 33 Plätzen ist eine Leserempfehlung. Es serviert leckere französische Klassiker wie Schnecken, Lammschulter aus dem Ofen und Seeteufel in Zitronenbutter. Der Küchenchef stammt aus Japan – in Paris ein Indikator für Topqualität – und der Laden in der Nähe des Arc de Triomphe füllt sich schneller, als man gucken kann – also frühzeitig reservieren.

Fromagerie Alléosse
KÄSEGESCHÄFT €

(Karte S. 84; 13 rue Poncelet, 17e; Ⓜ Ternes) Nach unserem Geschmack der beste Käseladen in Paris und durchaus einen Trip quer durch die Stadt wert. Hier wird der Käse so präsentiert, wie es sich gehört: nach fünf Hauptkategorien gruppiert.

OPÉRA & GRANDS BOULEVARDS

An der Opéra beginnen die Grands Boulevards und das 9. Arrondissement, wo die Besucher der Galeries Lafayette (S. 133) beim Kaffee von ihren Einkaufsorgien verschnaufen. Nach Norden hin wird das Viertel allmählich zum Wohngebiet und die kulinarische Vielfalt nimmt zu, von koscheren Feinkostgeschäften und hausgemachten chinesischen Nudeln über Biocafés bis zu sternegeschmückten Gourmettempeln.

⒧ TIPP Les Pâtes Vivantes
CHINESISCH €

(Karte S. 88; 46 du Faubourg Montmartre, 9e; Nudeln 9,50–12 €; ⏰Mo–Sa; 🍴; Ⓜ Le Peletier) Eines der wenigen Lokale in Paris, wo die Nudeln (là miàn) noch nach uralter nordchinesischer Tradition und auf Bestellung frisch von Hand gezogen werden. Es gibt eine weitere Filiale im Quartier Latin (Karte S. 74; ☑01 40 46 84 33; 22 bd St-Germain, 5e; Ⓜ Cardinal Lemoine)

Chartier
BISTRO €

(Karte S. 88; ☑01 47 70 86 29; www.restaurant-chartier.com; 7 rue du Faubourg Montmartre, 9e; Menü mit Wein 19,40 €; Ⓜ Grands Boulevards) Die ehemalige Suppenküche (bouillon) aus dem Jahr 1896 ist zu Recht berühmt für ihren Speisesaal mit 330 Sitzplätzen – ein echtes Schmuckstück aus der Belle Époque. Das Lokal ist nicht mehr so spottbillig wie einst, verspricht aber eine unvergleichliche Kostprobe guter alter Parisatmosphäre. Reservierungen werden nicht angenommen. Einige Leser wurden nach langem Warten in letzter Minute abgewiesen – wenn die Schlange zu lang ist, besser gleich woanders hingehen.

Le J'Go
SÜDWESTEN €€

(Karte S. 88; ☑01 40 22 09 09; www.lejgo.com; 4 rue Drouot, 9e; Menü 15–20 €; ⏰Mo– Fr mittags, Mo–Sa abends; 🍴; Ⓜ Richelieu-Drouot) Das moderne Bistro im Toulouser Stil entführt seine Gäste nach Südwest-Frankreich. Im Mittelpunkt der leckeren Regionalküche steht die rôtissoire (Grill mit Drehspieß), ergänzt durch andere Spezialitäten der Gascogne wie cassoulet (Bohneneintopf) und Foie gras. Das Grillen dauert mindestens 20 Minuten.

Le Roi du Pot au Feu
BISTRO €€

(Karte S. 88; 34 rue Vignon, 9e; Menü 24–29 €; ⏰Mo–Sa 12–22.30 Uhr; Ⓜ Havre–Caumartin) Die typische Pariser Bistroatmosphäre trägt zum Charme des „Königs der Eintöpfe" bei, aber hauptsächlich kommen die Gäste, um sich den namengebenden pot au feu schmecken zu lassen: Rindfleisch, Wurzelgemüse und Kräuter, alles zusammen in Brühe gegart. Die Brühe wird als Vorspeise serviert, Fleisch und Gemüse als Hauptgang. Keine Reservierungen.

CANAL ST-MARTIN: PARISER PICKNICK PAR EXCELLENCE

Pink Flamingo (✆01 42 02 31 70; www.pinkflamingopizza.com; 67 rue Bichat, 10e; Pizza 10,50–16 €; ◷Di–Sa mittags & abends bis 23 Uhr, So 13–23 Uhr; ♿; Ⓜ Jacques Bonsergent) ist nicht einfach irgendeine Pizzeria. *Mais non, chérie!* Sobald das Wetter wärmer wird, packt das Flamingo seine Geheimwaffe aus – pinkfarbene Heliumballons, die dem Pizzaboten helfen, die Kundschaft an ihrem selbst gewählten Picknickplätzchen am Kanalufer zu orten (ganz ohne GPS). Also erst kurz in die Pizzeria am Kanal, um eine der kreativsten Pizzas der Stadt zu ordern (vielleicht mit Ente, Äpfeln und Ziegenkäse oder auch mit Gorgonzola, Feigen und Schinken), Ballon mitnehmen und losschlendern, um sich das schönste Fleckchen am Kanal auszusuchen.

Zum perfekten Pariser Picknick fehlt dann nur noch eine Flasche Wein vom nahen **Le Verre Volé** (✆01 48 03 17 34; 67 rue de Lancry, 10e; Hauptgerichte 12 €; ◷mittags & abends bis 23 Uhr; Ⓜ Jacques Bonsergent), einer Weinhandlung mit ein paar Tischen, ausgezeichneten Weinen (5–60 €/Flasche, 4,50 €/Glas) und fachkundiger Beratung.

GARE DU NORD, GARE DE L'EST & RÉPUBLIQUE

In dieser Gegend warten Gaumenfreuden aller Art, vor allem aber indische und pakistanische, deren Sammelbecken die Passage Brady (S. 113) bildet. Traditionelle Brasserien und Bistros drängen sich rund um die Gare du Nord und auch die gepflasterten Uferpromenaden des Canal St-Martin geben kulinarisch eine Menge her.

Selbstversorger können sich in der feudalen Markthalle des Marché St-Quentin (S. 114) eindecken oder in der **Rue du Faubourg St-Denis** (Karte S. 106; 10e; Ⓜ Strasbourg–St-Denis oder Château d'Eau), wo die Lebensmittel für Pariser Verhältnisse sehr billig sind.

Chez Michel   BRETONISCH €€
(Karte S. 106; ✆01 44 53 06 20; 10 rue de Belzunce, 10e; Menü 32 €; ◷Di–Fr mittags, Mo–Fr abends; Ⓜ Gare du Nord) Wer die Bretagne nur mit Crêpes und Cidre in Verbindung bringt, kann sich hier genüsslich weiterbilden. Das Konzept ist simpel: Die Gäste können das Dreigängemenü bestellen und dann nach Belieben ein Gericht durch eine der 25 Spezialitäten auf der Kreidetafel ersetzen (5–30 € Aufpreis). Wer keine Tischreservierung ergattert, muss nicht verzweifeln: Michel bereitet auf Vorbestellung auch Picknickkörbe mit Viergängemenü zu (43 € inkl. Wein für 2 Pers.).

L'Office   FRANZÖSISCH, MODERN €€
(Karte S. 106; ✆01 47 70 67 31; 3 rue Richer, 9e; Mittagsmenü 17 & 21 €, Abendessen 30–35 €; ◷Do & Fr mittags, Di–Sa abends; Ⓜ Poissonière oder Bonne Nouvelle) Der irreführende Name unterstreicht den subversiven Charme dieses Lokals, in dem sich Künstlertypen wohler fühlen als Schreibtischtäter. Die am Marktangebot orientierte Speiseauswahl ist klein (mittags stehen nur zwei Gerichte zur Wahl), aber oho (Meeresfrüchte-Ragout mit rotem Reis und Blutorangen, Gnocchi mit geschmortem Lamm und geräuchertem Ricotta).

Hôtel du Nord   FRANZÖSISCH, MODERN €€
(✆01 40 40 78 78; www.hoteldunord.org; 102 quai de Jemmapes, 10e; Mittagsmenü 13,50 €, Hauptgerichte 15–23 €; ◷9–2.30 Uhr; ☎; Ⓜ Jacques Bonsergent) Hier wurde 1938 der gleichnamige Film mit Louis Jouvet und Arletty gedreht. In dem altmodischen Café mit Zinktheke, roten Samtvorhängen und altem Klavier scheint die Zeit stehen geblieben zu sein. Das Essen ist dagegen entschieden modern. Von der Métrostation fünf Minuten auf der Rue de Lancry Richtung Osten bis zum Kanal gehen; der Quai de Jemmapes ist auf der anderen Seite der Brücke.

La Marine   FRANZÖSISCH €€
(✆01 42 39 69 81; 55bis quai de Valmy, 10e; Hauptgerichte 14,50–21 €, Mittagsmenü 14–16 €; ◷Mo–Fr 8–24, Sa & So 9–24 Uhr; ☎; Ⓜ République) Das geräumige Bistro am Kanalufer ist vor allem in den wärmeren Monaten ein Lieblingstreff der *branchés du quartier* (Szenetypen aus der Nachbarschaft).

MÉNILMONTANT & BELLEVILLE

Im Norden des 11. und in den angrenzenden Gebieten des 19. und 20. Arrondissements erfreuen sich vor allem die Rue Oberkampf und ihre Verlängerung, die Rue de Ménilmontant, bei Restaurantbesuchern und Nachtschwärmern großer Beliebtheit. Allerdings macht ihnen die nördlich parallel verlaufende Rue Jean-Pierre Timbaud inzwischen zunehmend Konkurrenz. Die Rue de Belleville und ihre Seitenstraßen werden von chinesischen, südostasiatischen und einigen orientalischen Lokalen gesäumt. Am Boulevard de Belleville gibt es diverse Couscous-Restaurants.

Le Clown Bar
FRANZÖSISCH, KONZEPTBAR €€
(Karte S. 68; ☏01 43 55 87 35; 114 rue Amelot, 11e; Menü 25 €; ⏰Mo–Sa mittags & abends bis 1 Uhr; ⓜFilles du Calvaire) Die wunderbare Kreuzung aus Weinbar und Bistro gleich neben dem Cirque d'Hiver hat etwas von einem Museum mit ihren bemalten Decken, Wandmosaiken, der schönen Zinktheke und den Zirkussouvenirs rund um die von jeher faszinierende Figur des diabolischen Clowns. Schlichte französische Traditionsküche.

Le Tire Bouchon
FRANZÖSISCH €€
(Karte S. 68; ☏01 47 00 43 50; 5 rue Guillaume Bertrand, 11e; Mittagsmenü 12 €, Abendmenü 15 & 26,50 €; ⏰Mo–Sa; ⓜSt-Maur) „Der Korkenzieher" ist ein auf akt getrimmtes Bistro in der Nähe der protzigen Rue Oberkampf. Um seine polierte Holztheke schart sich ein Dutzend Tische mit karierten Tischtüchern. Echte Gaumenschmeichler sind der *cassoulet confit* (Eintopf mit Bohnen und Fleisch) und die *millefeuille de dorade* (Dorade in Blätterteig). Tischreservierung ist ratsam.

Au Trou Normand
FRANZÖSISCH, KLASSISCH €€
(Karte S. 68; ☏01 48 05 80 23; 9 rue Jean-Pierre Timbaud, 11e; Hauptgerichte 12,50–18 €, Mittagsmenü 13,50 & 15,50 €; ⓜOberkampf) Das „Normannische Loch", nach wie vor eine schlicht eingerichtete, preiswerte *cafétéria* im trendigen 11. Arrondissement, serviert einfache Gerichte in großzügigen Portionen.

Le Baratin
BISTRO €€€
(☏01 43 49 39 70; 3 rue Jouye-Rouve, 20e; Hauptgerichte 18–24 €, Mittagsmenü 16 €; ⏰Di–Fr mittags, Di–Sa abends bis 24 Uhr; ⓜPyrénées oder Belleville) *Baratin* (Geschwatze) reimt sich auf *bar à vin* (Weinbar) und das muntere Lokal wenige Schritte vom quirligen Viertel Belleville wird beiden Verheißungen bestens gerecht.

13. ARRONDISSEMENT & CHINATOWN

Freunde des guten Essens zieht es auf der Suche nach authentischer asiatischer Küche in die Pariser Chinatown, insbesondere in die Avenue de Choisy, die Avenue d'Ivry und die Rue Baudricourt. Ein weiteres schönes Ausgehviertel ist die Butte aux Cailles, wo es von interessanten Lokalen nur so wimmelt.

Le Temps des Cérises
FRANZÖSISCH, KLASSISCH €
(☏01 45 89 69 48; 18–20 rue de la Butte aux Cailles, 13e; Vorspeisen/Hauptgerichte 7/13 €; ⏰Mo–Fr mittags, Mo–Sa abends; ⓜCorvisart oder Place d'Italie) „Die Zeit der Kirschen", ein zwangloses Restaurant, das schon seit drei Jahrzehnten von einer Kooperative betrieben wird, bietet zuverlässig solide Kost in urechter Pariser Atmosphäre. Von der Place d'Italie auf der Rue Bobillot nach Süden gehen und dann nach rechts in die Rue de la Butte aux Cailles einbiegen.

Chez Gladines
FRANZÖSISCH, BASKISCH €
(☏01 45 80 70 10; 30 rue des Cinq Diamants, 13e; Vorspeisen/Hauptgerichte ab 5/6 €; ⏰So–Di mittags & abends bis 24, Mi–Sa mittags & abends bis 1 Uhr; ⓜ; ⓜCorvisart) Das gut besuchte Bistro im Herzen des Viertels Buttes aux Cailles tischt enorme Salatschüsseln und traditionelle baskische Spezialitäten auf.

Les Cailloux
ITALIENISCH, MODERN €€
(☏01 45 80 15 08; www.lescailloux.fr; 58 rue des Cinq Diamants, 13e; Pasta-/Hauptgerichte 15/20 €; ⓜCorvisart oder Place d'Italie) Teures, schickes Lokal, dessen Terrasse im Herzen der Butte aux Cailles ohne Frage *der* Ort zum Sehen und Gesehenwerden ist.

MONTMARTRE & PIGALLE

Das 18. Arrondissement, das Montmartre und das nördliche Pigalle umfasst, lebt in erster Linie von den Touristenmassen. Sacré Cœur, die Place du Tertre und der Blick über Paris, das einem regelrecht zu Füßen liegt – wer braucht da noch gute Restaurants? Das heißt aber nicht, dass alle Lokale in diesem überlaufenen Touristenviertel ein Reinfall wären. Es kommt nur etwas mehr auf die richtige Auswahl an als im übrigen Paris. Viele Restaurants in Montmartre öffnen nur zum Abendessen.

La Mascotte
FISCH & MEERESFRÜCHTE €€
(Karte S. 94; ☏01 46 06 28 15; www.la-mascotte-montmartre.com; 52 rue des Abbesses,

---

EINMANN-SHOW

Chef Michelangelo (Karte S. 94; ☑01 42 23 10 77; 3 rue André-Barsacq, 18e; Menü ca. 25 €; ⊙Di–Sa abends; 🚇 Ⓜ Anvers oder Abbesses) treibt die Einmann-Show wirklich auf die Spitze: Der Küchenchef kauft einzeln ein, schnippelt, bedient, kocht und setzt sich auf ein Gläschen Wein zu seinen Gästen, während die Pasta köchelt ... Ein Abend hier ist fast so was wie eine Privateinladung in das Zuhause eines sizilianischen Spitzenkochs. Dabei sind allerdings ein paar Dinge zu beachten: 1) Da es nur 14 Stühle gibt (alle Gäste speisen an einem langen Tisch vor der offenen Küche), ist Reservierung ein Muss. 2) Michelangelo bestimmt das Menü (3 Gänge für ca. 25 €, nur Barzahlung); die Gäste sollten also gewillt sein, zu essen, was auf den Tisch kommt. 3) Alle Zutaten – vom Olivenöl über den Wein (ab 28 €/Flasche) bis zum Käse – kommen aus Sizilien; falls der Oregano ausgeht, kann es passieren, dass das Restaurant mal eben eine Woche zumacht, damit der Chef nach Hause jetten und Nachschub besorgen kann.

18e; Mittags-/Abendmenü 20/38 €; ⊙mittags & abends bis 24 Uhr; Ⓜ Abbesses) Das kleine, bescheidene Lokal ist vor allem bei Stammgästen beliebt, die von seinen Meeresfrüchten und seiner Regionalküche gar nicht genug bekommen können. Im Winter sind besonders die Muscheln probierenswert. Im Sommer schmeckt das delikate *fricassée de pétoncles* (Kammmuschel-Frikassee) auf der Terrasse am besten. Etwas für Freunde des Fleischgenusses ist die *andouillette* (Kalbskuttel-Wurst) aus Troyes.

Chez Toinette FRANZÖSISCH, KLASSISCH €€
(Karte S. 94; ☑01 42 54 44 36; 20 rue Germain Pilon, 18e; Hauptgerichte 17–22 €; ⊙Mo–Sa abends; Ⓜ Abbesses) Im Herzen eines der touristischsten Viertel der Stadt bewahrt Chez Toinette mit seinem bescheidenen Auftritt und seiner hervorragenden Kochkunst die Tradition des alten Montmartre. Spezialitäten des Hauses sind *perdreau* (Rebhuhn), *biche* (Hirschkuh), *chevreuil* (Reh) und das berühmte *filet de canard à la sauge et au miel* (Entenbrustfilet mit Salbei und Honig).

Café Burq BISTRO €€
(Karte S. 94; ☑01 42 52 81 27; 6 rue Burq, 18e; Menü 26 & 30 €; ⊙Di–Sa 19–2 Uhr; Ⓜ Abbesses) In diesem altmodischen Bistro geht es immer hoch her, also unbedingt reservieren – vor allem am Wochenende. Besucher sollten sich keine Hoffnung auf hübsche Einrichtung oder Ellbogenfreiheit machen; beides ist hier Fehlanzeige.

Le Café qui Parle FRANZÖSISCH, MODERN €€
(Karte S. 94; ☑01 46 06 06 88; 24 rue Caulaincourt, 18e; Menü 12,50 & 17 €; ⊙Mo–Sa mittags & abends, So nur mittags; ☎; Ⓜ Lamarck–Caulaincourt oder Blanche) Wir mögen am „Café, das spricht" die Kunst an den Wänden und die alten Safes (das Gebäude war mal eine Bank), vor allem aber seinen Wochenend-Brunch (17 €).

L'Épicerie FEINKOST €
(www.fuxia.fr, auf Frz.; 51 rue des Martyrs, 9e; Gerichte 10–18 €; ⊙10–22 Uhr; Ⓜ Pigalle) Hier gibt es alle möglichen Leckereien für das perfekte Picknick.

Le Grenier à Pain BÄCKEREI €
(Karte S. 94; 38 rue des Abbesses, 18e; ⊙Do–Mo 7.30–20 Uhr; Ⓜ Abbesses) Köstliche *fougasse* (Fladenbrot) und *baguette à la tradition*, das 2010 als bestes Baguette der Stadt ausgezeichnet wurde.

🍷 Ausgehen

In einem Land, in dem Essen und Trinken so untrennbar zusammengehören wie Käse und Wein, ist es nicht verwunderlich, dass die Übergänge zwischen Bars, Cafés und Bistros sehr fließend sind.

Wer in Paris ausgeht, bezahlt für den Platz, den er einnimmt: Ein Bier kostet am Tisch deshalb mehr als an der Theke, an einem gut frequentierten Platz mehr als in einer Seitenstraße und im 8. mehr als im 18. Arrondissement.

Ab 22 Uhr schlagen viele Cafés einen *tarif de nuit* (Nachttarif) auf ihre Getränke auf.

Ein Glas Wein oder ein *demi bière* (0,25 l) kostet normalerweise ab 3 oder 4 € aufwärts, ein Cocktail 10 bis 15 €, in schicken Bars und Clubs auch deutlich mehr.

KNEIPENTOUREN?

Die besten Kneipenmeilen von Paris – ideal für einen ausgiebigen Zug durch die Gemeinde:

» Rue Vieille du Temple & Umgebung, 4. Arrondissement (Karte S. 64-65) – Marais-typischer Mix aus Schwulenbars und schicken Cafés

» Rue Oberkampf & Rue Jean-Pierre Timbaud, 11. Arrondissement (Karte S. 68) – Hippe Bars, Bohemeschuppen und stimmungsvolle Cafés

» Rue de la Roquette, Rue Keller & Rue de Lappe, 11. Arrondissement (Karte S. 68) – Was immer das Herz begehrt, ist in der Bastille-Gegend gewiss zu finden.

» Rue Montmartre, 2. Arrondissement (Karte S. 48-49) – Modern gestylte Bars und Kneipen

» Canal St-Martin, 10. Arrondissement (Karte S. 44-45) – Beschwingte Sommernächte in relaxten Ufercafés

» Rue Princesse & Rue des Canettes, 6. Arrondissement (Karte S. 78) – Zwangloses Duo voller Studentenlokale, Sport- und Tapasbars und Kneipen am linken Seine-Ufer

LOUVRE & LES HALLES

Le Fumoir   COCKTAILBAR
(Karte S. 48-49; 6 rue de l'Amiral Coligny, 1er; ☻11–2 Uhr; Ⓜ Louvre–Rivoli) Das Bar-Restaurant im Kolonialstil gegenüber der Ostfassade des Louvre ist ein guter Platz, um an der antiken Mahagonibar erstklassigen Gin aus edlen Gläsern zu schlürfen und dazu Oliven zu knabbern. Während der Happy Hour (18–20 Uhr) gibt es Cocktails (normalerweise 8,50–11 €) zum Sparpreis von 7 €.

Le Cochon à l'Oreille   BAR, CAFÉ
(Karte S. 48-49; 15 rue Montmartre, 1er; ☻Di-Sa 10–23 Uhr; Ⓜ Les Halles oder Étienne Marcel) Ein echtes Pariser *bijou* (Juwel) ist dieses denkmalgeschützte Minilokal mit nur acht kleinen Tischen, dessen Belle-Époque-Kachelbilder Marktszenen aus Les Halles zeigen.

MARAIS & BASTILLE

Le Pure Café   CAFÉ
(14 rue Jean Macé, 11e; ☻7–2 Uhr; Ⓜ Charonne) Das alteingesessene Café betätigt sich nebenher auch als Restaurant, aber wir mögen es am liebsten so, wie es ursprünglich gedacht war, vor allem bei einem *grand crème* (großen Milchkaffee) zur Sonntagszeitung. Als „typisch französisches Café" durfte es bereits in verschiedenen Kinofilmen mitspielen, u. a. in *Before Sunset* (2004). Von der Métro auf der Rue de Charonne nach Westen gehen, nach links in die Rue Faidherbe und dann sofort wieder links in die Rue Jean Macé einbiegen.

Le Bistrot du Peintre   WEINBAR
(Karte S. 68; 116 av. Ledru-Rollin, 11e; ☻8–2 Uhr; ☎; Ⓜ Bastille) Das zauberhafte Belle-Époque-Lokal mit Jugendstilbar von 1902, eleganter Terrasse und zackigem Service rangiert ganz oben auf unserer Aperitifliste und ist offenbar auch bei hiesigen Künstlern, *bobos* (bürgerlichen Bohemiens) und Lokalpromis sehr beliebt.

Au Petit Fer à Cheval   BAR
(Karte S. 64-65; 30 rue Vieille du Temple, 4e; ☻8–2 Uhr; Ⓜ Hôtel de Ville oder St-Paul) Rund um die hufeisenförmige Originaltheke aus dem Jahr 1903 bleibt wenig Platz in diesem netten Laden, aber das scheint niemanden zu stören: Die Stammgäste drängeln sich gut gelaunt beim Drink oder Sandwich (von 12–1 Uhr werden einfache Gerichte serviert).

La Chaise Au Plafond   BAR
(Karte S. 64-65; 10 rue du Trésor, 4e; ☻10–2 Uhr; ☻Hôtel de Ville oder St-Paul) Der „Stuhl an der Decke" ist ein friedliches, anheimelndes Lokal mit Terrasse – eine Ruheoase im Trubel des Marais und ein prima Insidertipp für den Sommer.

QUARTIER LATIN & JARDIN DES PLANTES

Curio Parlor Cocktail Club   COCKTAILBAR
(Karte S. 74; 16 rue des Bernardins, 5e; ☻Di-Do 19–2, Fr & Sa 19–4 Uhr; Ⓜ Maubert–Mutualité) Das Interieur der Club-Bar ist von den *années folles* zwischen den Weltkriegen, den verrückten 1920er-Jahren in Paris, London und New York, inspiriert. Die Facebook-

Seite des Lokals verrät, wann hier welche Party läuft.

Le Pub St-Hilaire   KNEIPE
(Karte S. 74-75; 2 rue Valette, 5e; ⊘Mo–Do 11–2, Fr 11–4, Sa 16–4, So 15–24 Uhr; MMaubert–Mutualité) Großzügig bemessene Happy Hours, Billardtische, Brettspiele, Musik und diverse Mätzchen wie der „Cocktail-Meter", „Sei dein eigener Barkeeper" usw. halten die Partymeute bei Laune und sorgen dafür, dass die beliebte Studentenkneipe immer gut gefüllt ist.

ST-GERMAIN, ODÉON & LUXEMBOURG

LP TIPP Au Sauvignon   WEINBAR
(Karte S. 78; 80 rue des Saints Pères, 7e; ⊘8–24 Uhr; MSèvres–Babylone) Hier sitzen die Gäste draußen in der Abendsonne oder drinnen an dicht gedrängten Tischen mit Blick auf die alte Zinktheke und die Deckengemälde, die die französische Winzertradition beschwören. Wer das Angebot dieser Weinbar aus den 1950er-Jahren richtig auskosten will, ordert am besten eine Platte mit *casse-croûtes au pain Poilâne* – Sandwiches mit dem berühmtesten Brot der Stadt.

Prescription Cocktail Club   COCKTAILBAR
(Karte S. 78; 23 rue Mazarine, 6e; ⊘Mo–Do 19–2, Fr & Sa 19–4 Uhr; MOdéon) Cooler Cocktailclub mit dem Charme einer New Yorker Flüsterkneipe der 1930er-Jahre und Bowlerhüten als Lampenschirmen. Es ist nicht immer einfach, sich am Türsteher vorbeizumogeln, aber drinnen machen freundliche

WOHIN ZUR WEINPROBE?

In Paris bieten Dutzende von Weinseminaren Hilfestellung, um den Unterschied zwischen guten und weniger guten Tropfen treffsicher zu erschmecken, aber nur wenige davon sind empfehlenswert.

Einer, der sein Handwerk wirklich versteht, ist der Sommelier Juan Sánchez. Er veranstaltet an den meisten Samstagabenden Weinseminare und *dégustations* (Verkostungen) mit unabhängigen französischen Winzern (seinen Lieferanten) in seiner Weinhandlung **La Dernière Goutte** (Karte S. 48-49; www.ladernieregoutte.net; 6 rue du Bourbon le Château, 6e; MMabillon) in St-Germain des Prés. **Legrand Filles & Fils** (Karte S. 48-49; www.caves-legrand.com; 1 rue de la Banque, 2e; MPyramides) ist noch ein kompetenter Weinladen mit Probierstube und allen Schikanen. **Le Pré Verre** (S. 117) und **Au Sauvignon** (S. 127) sind stimmungsvolle Lokale am linken Seine-Ufer, um interessante Weine kleiner Erzeuger beim *casse-croûte* (Imbiss) zu probieren.

Weinfreunde, die nach höheren Weihen streben, sollten samstags an einer Weinprobe mit französischen Winzern in der ältesten Pariser Weinhandlung, **Les Caves Augé** (Karte S. 84; 116 bd Haussmann, 8e; MSt-Augustin), teilnehmen; der Laden ist schon seit 1850 im Geschäft. In derselben Straße sorgt einer der weltbesten Sommeliers, Philippe Faure-Brac, im **Bistrot du Sommelier** für perfekte Paarungen von Speisen und Rebensaft. Freitags bilden hier Verkostungen mit Winzern den Auftakt zum meisterlich abgestimmten dreigängigen Mittagsmenü (50 €) oder fünfgängigen Abendmenü (75 €).

Wie man die Spreu vom Weizen trennt, vermittelt ein eintägiges Weinseminar im renommierten **Centre de Dégustation Jacques Vivet** (www.ecolededegustation.fr; auf Frz.; 48 rue de Vaugirard, 6e; MLuxembourg).

Dann wäre da noch **Ô Chateau** (Karte S. 48-49; www.o-chateau.com; 52 rue de l'Arbre Sec, 1er; MLouvre–Rivoli), das junge, spaßorientierte Unternehmen des zweisprachigen Sommeliers Olivier Magny. Es bietet ein umfangreiches Repertoire an Weinproben und Erlebnisgastronomie in einem urigen Gewölbekeller aus dem 17. Jh. in der Nähe des Louvre: Weinverkostung mit Abendessen (130 €) oder zur mittäglichen Käseplatte (75 €), mit Schokolade (65 €), *grands-crus*-Meisterklassen (95 €) usw. Außerdem im Programm: Tagesausflüge in die Champagne, um dort – na, was wohl? – zu probieren (150 €), Champagner-Flusskreuzfahrten (45 €) und abendliche Champagner-Buspartys (60 €) mit Musik, bei denen man u. a. so unentbehrliche Dinge wie das Öffnen einer Schampusflasche mit dem Schwert vor der Kulisse des Eiffelturms erlernt.

Den aktuellsten und umfassendsten Monatsüberblick über sämtliche Weinproben in der Hauptstadt bietet Paris by Mouth (www.parisbymouth.com).

Bedienung und altbewährte Cocktails alles wieder wett. Über Events informiert die Facebook-Seite des Clubs.

Le 10 KELLERKNEIPE

(Karte S. 78; 10 rue de l'Odéon, 6e; ☺17.30–2 Uhr; ⓜOdéon) Die Lokalinstitution voller Studis, Qualm und billiger Sangria ist ein guter Ort, um Pläne für die nächste Revolution zu schmieden oder einsame Herzen zu erobern.

Café La Palette HISTORISCHES CAFÉ

(Karte S. 78; 43 rue de Seine, 6e; ☺Mo–Sa 8–2 Uhr; ⓜMabillon) Das Café im Herzen der Galerienlandschaft, in dem schon Cézanne und Braque versumpften, wird heute von Trendsettern und Kunsthändlern frequentiert. Im Sommer ist es auf der Terrasse am schönsten.

Les Deux Magots HISTORISCHES CAFÉ

(Karte S. 78; www.lesdeuxmagots.fr; 170 bd St-Germain, 6e; ☺7–1 Uhr; ⓜSt-Germain des Prés) St-Germains berühmtestes Lokal ist diese einstige Stammkneipe von Sartre, Hemingway und Picasso.

ÉTOILE & CHAMPS-ÉLYSÉES

Buddha Bar COCKTAILBAR

(Karte S. 84; 8–12 rue Boissy d'Anglas, 8e; ☺So–Do 12–2, Fr & Sa 16–3 Uhr; ⓜConcorde) Die angesagte Cocktailbar mit dem spektakulären, zwei Stockwerke hohen goldenen Buddha und Millionen von Kerzen ist vor allem für ihre meditative Lounge-Musik bekannt.

OPÉRA & GRANDS BOULEVARDS

Harry's New York Bar COCKTAILBAR

(Außerhalb der Karte S. 88; 5 rue Daunou, 2e; ☺10.30–4 Uhr; ⓜOpéra) In der Zeit vor dem Zweiten Weltkrieg war Harry's eine der populärsten Pariser Bars im amerikanischen Stil. Zu ihren Stammgästen zählten Schriftsteller wie F. Scott Fitzgerald und Ernest Hemingway, die sicher auch die weltberühmte Cocktailkreation der Bar probierten: die Bloody Mary (12,50 €). Das Interieur aus kubanischem Mahagoni stammt aus der Mitte des 19. Jhs. und wurde 1911 aus einer Bar in Manhattan hierher verschifft. In der Pianobar im Untergeschoss, in der Gershwin angeblich *Ein Amerikaner in Paris* komponierte, können sich Hungrige mit Hotdogs nach guter alter Art (6 €) und üppigen Clubsandwiches stärken. Der urheberrechtsgeschütze Werbeslogan für Harry's, der gelegentlich noch in Zeitungen

erscheint, lautet nach wie vor: „Tell the Taxi Driver Sank Roo Doe Noo" („Schicken Sie den Taxifahrer zur Senk Ruu Doo Nuu").

🅛🅟 Au Limonaire WEINBAR
TIPP

(Karte S. 88; ☎01 45 23 33 33; http://limonaire.free.fr; 18 cité Bergère, 9e; ☺Mo 19–24, Di–So 18–24 Uhr; ⓜGrands Boulevards) Das kleine Weinlokal ist eine der besten Adressen, um traditionellen Chansons und Pariser Liedermachern zu lauschen. Reservierung ist ratsam.

GARE DU NORD, GARE DE L'EST & RÉPUBLIQUE

Delaville Café BAR, CAFÉ

(Karte S. 106; 34 bd de Bonne Nouvelle, 10e; ☺11–2.30 Uhr; ☏; ⓜBonne Nouvelle) Das ehemalige Bordell ist ein Mix aus historischem Flair (Original-Mosaikkacheln und abgewetzte Wände) und nüchternem Industriechick. Seine Terrasse gehört zu den schönsten an den Grands Boulevards. Donnerstags bis samstags legen hier DJs auf und machen die Bar zum angesagten Aufwärmtreff für Besucher des nahen Rex Club (S. 131).

MÉNILMONTANT & BELLEVILLE

Café Chéri(e) BAR, CAFÉ

(44 bd de la Villette, 19e; ☺12–1 Uhr; ☏; ⓜBelleville) Die bunt und phantasievoll eingerichtete Bar mit roter Beleuchtung, berühmtberüchtigten *mojitos* und *caipirinhas* und anspruchsvoller Musik ist jedermanns und -fraus *chéri(e)* (Liebling) in dieser Gegend der Stadt. Aufgekratztes, burschikoses, künstlerisch angehauchtes Publikum und Electro-DJs von donnerstags bis samstags.

La Sardine BAR, CAFÉ

(www.barlasardine.com; 32 place Ste-Marthe, 10e; ☺April–Sept. tgl. 9–2 Uhr, Okt.–März Di–So 9–2 Uhr; ☏ⓜBelleville) Die Rue Ste-Marthe mit ihrer charmanten Ansammlung schäbigskurriler Restaurants und Bars liegt in den westlichen Ausläufern von Belleville, wohin sich nicht jeder verirrt. Gleich an ihrem Anfang findet sich diese spitzenmäßige, gesellige Café-Weinbar, ein Stückchen Marseille in Paris und an warmen Nachmittagen das ideale Plätzchen für Tapas zum Biowein.

MONTMARTRE & PIGALLE

La Fourmi BAR

(Karte S. 94; 74 rue des Martyrs, 18e; ☺Mo–Do 8–2, Fr & Sa 8–4, So 10–2 Uhr; ⓜPigalle) „Die Ameise", ein Dauerbrenner in Pigalle, besticht durch ihre quirlige, aber unprätentiöse Atmosphäre. Die Einrichtung ist dezent hip, die Zinktheke lang und einladend, das Publikum entspannt und die Musik ziemlich rocklastig.

☆ Unterhaltung

Ein Abend in Paris, was kann man da alles machen! Champagner schlürfen auf den Champs-Élysées, hinter unbeschrifteten Türen in den *banlieues* (Vorstädten) nach neuen Clubs stöbern oder in ohrenbetäubenden DJ-Bars bis zum Morgengrauen auf den Tischen tanzen. Dies ist die Hauptstadt des *savoir-vivre,* mit spektakulärer Unterhaltung für jeden Geldbeutel und jeden Geschmack – vom Jazzkeller bis zum Boulevardtheater, vom Garage Rock bis zu Go-go-Tänzerinnen, von Kunstgalerien der Weltklasse bis zur Avantgarde-Kunst in besetzten Häusern.

Tickets für Konzerte, Theatervorstellungen und andere Kulturveranstaltungen gibt es bei den *billetteries* (Kartenvorverkaufsstellen) bei **Fnac** (☎08 92 68 36 22; www.fnacspectacles.com, auf Frz.) und **Virgin Megastores** (☎0825 129 139; www.virginmega.fr, auf Frz.). Beide nehmen Reservierungen telefonisch oder online an und akzeptieren die meisten Kreditkarten. Normalerweise gibt es für Tickets kein Umtausch- oder Rückgaberecht, es sei denn, eine Vorstellung fällt aus. Eine Alternative ist die älteste Vorverkaufsstelle von Paris, **Agence Marivaux** (Karte S. 88; ☎01 42 97 46 70; 7 rue de Marivaux, 2e; ⊘Mo-Fr 11–19.30, Sa 12–16 Uhr; MRichelieu–Drouot) gleich gegenüber der Opéra Comique.

Varieté

Es sind nicht die Pariser, die in die frivolen Varietérevuen der Stadt strömen, sondern hauptsächlich die Touristen. Die glamourösen, pseudo-künstlerischen Darbietungen, bei denen mit nur zwei Perlen und einer Feder bekleidete Mädels die Beine schwingen, werden zu unterschiedlichen Zeiten und Preisen angeboten. Die Frühvorstellungen beginnen oft zwischen 20.15 und 21.30 Uhr, die Spätvorstellungen zwischen 22.45 und 23.30 Uhr. Jedes Varieté bietet außerdem Sondervorstellungen mit Mittagessen und am Wochenende zusätzliche Abendvorstellungen. Die Karten kosten zwischen 55 und 100 € pro Person (mit Nobeldiner und Champagner 140–280 €). Alle Varietétheater vertreiben ihre Eintrittskarten auch online.

ℹ **TICKETS ZUM HALBEN PREIS**

Am Tag der Vorstellung gibt es Ballett-, Theater-, Opernkarten usw. beim **Kiosque Théâtre Madeleine** (Karte S. 84; www.kiosquetheatre.com; gegenüber 15 place de la Madeleine, 8e; ⊘Di–Sa 12.30–20, So 12.30–16 Uhr; MMadeleine) zum halben Preis (zzgl. 3 € Gebühr).

Die französischsprachigen Websites www.billetreduc.com, www.ticketac.com und www.webguichet.com verkaufen ermäßigte Tickets online.

Moulin Rouge VARIETÉ
(Karte S. 94; ☎01 53 09 82 82; www.moulinrouge.fr; 82 bd de Clichy, 18e; MBlanche) Oh là là … Das berühmteste Varietétheater von Paris eröffnete 1889; Toulouse-Lautrec verewigte seine Tänzerinnen auf extravaganten Plakaten. Mit seinem Markenzeichen, der roten Windmühle auf dem Dach (die Originalmühle aus dem 19. Jh. wurde 1925 durch eine Replik ersetzt), lockt es bis heute ganze Busladungen von Schaulustigen und Spannern an.

Le Lido de Paris VARIETÉ
(Karte S. 84; ☎01 40 76 56 10; www.lido.fr; 116bis av. des Champs-Élysées, 8e; MGeorge V) Das zum Ende des Zweiten Weltkriegs gegründete Etablissement verdient Bestnoten für seine aufwändigen Bühnenbilder und seine prächtigen Kostüme, wie die der berühmten Bluebell Girls und der Lido Boy Dancers.

Livemusik

Die Pariser Musikszene floriert. Die kosmopolitische Stadt bietet eine erstklassige Bühne für klassische Musik und große Stars der Rock-, Pop- und Indiemusik, ganz zu schweigen von ihrer weltberühmten Jazzszene. Ihre Musikkultur ist dank der vielen Zuwanderer, der dynamischen Subkulturen und des aufgeschlossenen Publikums auch ein idealer Nährboden für experimentelle Musik: Paris ist berühmt für seine Weltmusik mit vorwiegend afrikanischen und südamerikanischen Wurzeln. Solche Klänge sind nicht nur in spezialisierten Musikschuppen, sondern oft auch in ganz normalen Bars zu genießen; die Übergänge sind hier ähnlich fließend wie die zwischen Kneipen und Clubs.

Die Pariser Veranstaltungsstätten für Großkonzerte sind **Palais Omnisports de Paris-Bercy** (www.bercy.fr, auf Frz.), **Le Zénith** (www.zenith-paris.com, auf Frz.) und **Stade de France** (www.stadefrance.com). Doch die meisten Fans bevorzugen kleinere Konzertsäle mit mehr Charme und Geschichte.

Salle Pleyel KLASSIK
(Karte S. 84; ☎01 42 56 13 13; www.sallepleyel.fr; 252 rue du Faubourg St-Honoré, 8e; Konzertkarten 10–85 €; ⊙Ticketschalter Mo–Sa 12–19 Uhr, am Veranstaltungstag bis 20 Uhr; ⓂTernes) In dem renommierten Konzertsaal aus den 1920er-Jahren finden viele hochkarätige Klassikkonzerte und Gesangsdarbietungen statt, u. a. die Konzerte des Orchestre de Paris (www.orchestredeparis.com, auf Frz.).

Point Éphémère ROCK, INDIE
(☎01 40 34 02 48; www.pointephemere.org; 200 quai de Valmy, 10e; Eintritt frei–21 €; ⊙Bar Mo–Sa 12–2, So 13–21 Uhr; ⓂLouis Blanc) Das selbst ernannte „Zentrum für dynamische Künstler" in prima Lage am Canal St-Martin veranstaltet Indiekonzerte und gelegentlich auch Electro-Tanzpartys. Außerdem gibt es hier eine Bar, ein Restaurant und einen Ausstellungsbereich.

GRATIS **Le Vieux Belleville** CHANSONS
(☎01 44 62 92 66; www.le-vieux-belleville.com; 12 rue des Envierges, 20e; Eintritt frei; ⊙Vorstellungen Do–Sa 20 Uhr; ⓂPyrénées) Das altmodische Bistro gleich nördlich vom Parc de Belleville bietet dreimal pro Woche einen stimmungsvollen Rahmen für Chansondarbietungen mit Akkordeon- und Leierkastenbegleitung. Das Lokal ist bei den Einheimischen sehr beliebt, deshalb unbedingt reservieren.

Cabaret Sauvage WELTMUSIK, LATINO
(☎01 42 09 03 09; www.cabaretsauvage.com; Parc de la Villette, 221 av. Jean Jaurès, 19e; Karten 8–34 €; ⊙Di–So 19–2 Uhr; ⓂPorte de la Villette) Der supercoole Laden, der an eine riesige Jurte erinnert, veranstaltet Konzerte mit afrikanischer, Reggae- und Raï-Musik und DJ-Nächte bis in die frühen Morgenstunden. Gelegentlich gastieren hier auch Hip-Hop- und Indie-Acts.

GRATIS **L'Attirail** WELTMUSIK, LATINO
(Karte S. 64-65; ☎01 42 72 44 42; www.lattirail.com; 9 rue au Maire, 3e; ⊙Mo-Sa 10.30–1.30, So 15–1.30 Uhr; ⓂArts et Métiers) Die kosmopolitische Enklave bietet fast täglich ab 21.30 Uhr Gratiskonzerte mit *chansons*

françaises und Weltmusik (Roma-Musik aus Ungarn oder vom Balkan, Irish Folk, Klezmer, süditalienische Volksmusik). Das freundlich-verrückte Publikum drängt sich rund um die Resopaltheke, auf der der Wein in billigen *pots* (460-ml-Krügen) kommt.

Le Baiser Salé JAZZ
(Karte S. 48-49; ☎01 42 33 37 71; www.lebaisersale.com, auf Frz.; 58 rue des Lombards, 1er; Eintritt frei–20 €; ⊙17–6 Uhr; ⓂChâtelet) Das zwanglose Lokal in einer Straße mit diversen Jazzclubs präsentiert Konzerte mit Jazz, Afro- und Latinjazz sowie Jazzfusion und ist dafür bekannt, dass es immer wieder neue Talente entdeckt. Die Sessions starten um 18.30 und 22 Uhr. Montags gibt es eine kostenlose Jamsession.

La Cigale ROCK, JAZZ
(Karte S. 94; ☎01 49 25 81 75; www.lacigale.fr; 120 bd de Rochechouart, 18e; Eintritt 25–60 €; ⓂAnvers oder Pigalle) Der denkmalgeschützte Konzertsaal von 1887 wurde zu seinem 100. Geburtstag von Philippe Starck neu durchgestylt.

Clubs

Die Pariser Clubszene ist *nicht* mit London, Berlin oder New York zu vergleichen. Die Auslese der Pariser Clubs dürfte eingefleischte Clubgänger aus anderen europäischen Metropolen überraschen. Mangels Mainstream-Szene hat sich hier eine Art mobile Underground-Clubszene entwickelt. Blogs, Foren und Websites sind die besten Informationsquellen, um sich über das Partygeschehen auf dem Laufenden zu halten. Die angesagtesten *soirées clubbing* (Clubevents) zirkulieren zwischen verschiedenen Locations, zu denen auch die vielen Tanzbars der Stadt gehören (S. 126).

An satten Beats mangelt es jedenfalls nicht. Hier wummern anspruchsvolle Elektroniksounds, u. a. ausgezeichnete heimische House- und Technomusik. In letzter Zeit werden die dominierenden gruftigen Minimalklänge zunehmend von funkigeren, grooveigeren Sounds abgelöst. Die Latino-Szene nach wie vor sehr ausgeprägt: In vielen Clubs wird nachts Salsa getanzt und südamerikanische Musik aufgelegt.

Die Eintrittspreise reichen von null bis 20 €; normalerweise ist der Eintritt bis 1 Uhr günstiger. Bei manchen Läden kommen Männer ohne weibliche Begleitung nicht rein.

UNTERHALTUNG ZUM NULLTARIF

Eine bunt zusammengewürfelte Schar von Clowns, Pantomimen, lebenden Statuen, Akrobaten, Skatern, Straßenmusikanten und anderen Straßenkünstlern sorgt in Paris für teils sehr gute Unterhaltung, die viel billiger kommt als jede Theaterkarte (ein paar Münzen in den Hut sind allerdings gern gesehen). Sogar in den langen, hallenden Gängen der Métro spielen einige ausgezeichnete Musiker auf – ein begehrtes Privileg, das erst nach Vorspielen bzw. -singen gewährt wird. Im Freien garantieren folgende Orte immer interessante Unterhaltung:

» **Place Georges Pompidou, 4e** Der riesige Platz vor dem Centre Pompidou

» **Pont St-Louis, 4e** Die Brücke zwischen den beiden Seine-Inseln (am besten gönnt man sich dazu eine Portion Eis von Berthillon)

» **Pont au Double, 4e** Die Fußgängerbrücke zwischen Notre-Dame und dem linken Seine-Ufer (dito; s. S. 116)

» **Place Joachim du Bellay, 1er** Musiker und Feuerschlucker rund um die Fontaine des Innocents

» **Parc de la Villette, 19e** Afrikanische Trommler am Wochenende

» **Place du Tertre, Montmartre, 18e** Der altehrwürdige Dorfplatz von Montmartre fungiert heute als betriebsamste Straßenmusik-Bühne von Paris.

LP TIPP **La Scène Bastille** CLUB
(Karte S. 68; www.scenebastille.com; Eintritt 12–15 €; 2bis rue des Taillandiers, 11e; ☾Konzerte ab 19.30 Uhr, Clubnächte Mo–Sa 0–6 Uhr; Ⓜ Bastille oder Ledru-Rollin) Die unprätentiöse Location präsentiert eine bunte Mischung von Konzerten. Von Donnerstag bis Samstag liegt der Schwerpunkt auf Electro, Funk und Hip-Hop – hierher kommen die DJs der Stadt zum Chillen und Musikhören.

LP TIPP **Le Batofar** PARTYBOOT
(www.batofar.org, auf Frz.; gegenüber 11 quai François Mauriac, 13e; Eintritt frei–15 €; ☾Mo & Di 21–24, Mi–So bis 4 Uhr oder später; Ⓜ Quai de la Gare oder Bibliothèque) Das augenfällige knallrote Feuerschiff wird heiß geliebt. Im Sommer lockt die tolle Bar an Deck; ansonsten verblüfft der Club unter Deck mit unvergesslicher Unterwasserakustik zwischen seinen Metallwänden und Bullaugen.

Le Divan du Monde KULTURZENTRUM
(Karte S. 94; www.divandumonde.com; 75 rue des Martyrs, 18e; Eintritt 10–15 €; ☾Fr & Sa 23–5 Uhr, Mo–Fr gelegentlich Veranstaltungen; Ⓜ Pigalle) Man nehme ein paar Filmevents, Romafestivitäten, *nouvelles chansons françaises*, Soul- und Funkfiestas, Luftgitarren-Wettbewerbe, Rockparties à la Arctic Monkeys/ Killers/Libertines und rühre alles mit einem Amy-Winehouse-Quirl gründlich um – und schon hat man eine ungefähre Vorstellung davon, was in diesem originellen, ex- perimentierfreudigen Multikulti-Schuppen in Pigalle so abgeht.

Le Balajo HISTORISCHER BALLSAAL
(Karte S. 68; www.balajo.fr; 9 rue de Lappe, 11e; Eintritt ab 12 €; ☾Di & Do 22–2, Fr & Sa 23–5, So 15–19.30 Uhr; Ⓜ Bastille) Schon seit 1936 ist dieser historische Tanzpalast eine tragende Säule des Pariser Nachtlebens. Unter der Woche stehen hier Salsakurse und Latinoklänge auf dem Programm. Am Wochenende legen DJs eine wilde Mischung aus Rock, Disco, Funk, R&B und House auf. Ein besonderes Schmankerl sind die sonntäglichen *musette*-Nachmittage mit Akkordeonmusik – Walzer, Tango und Cha-Cha-Cha für Fans des guten alten Tanztees.

Le Nouveau Casino CLUB
(Karte S. 68; www.nouveaucasino.net, auf Frz.; 109 rue Oberkampf, 11e; Eintritt 5–10 €; ☾Di–So 19.30 bzw. 0–2 bzw. 5 Uhr; Ⓜ Parmentier) Dieser Club in der von Bars wimmelnden Oberkampf-Gegend hat sich mit Livekonzerten und fidelen Wochenend-Clubnächten einen Namen gemacht. Sein bunt gemischtes Programm fernab des Mainstreams ist immer topaktuell.

Le Rex Club CLUB
(www.rexclub.com; 5 bd Poissonnière, 2e; Eintritt frei–12 €; ☾Mi–Sa 23.30–6 Uhr; Ⓜ Bonne Nouvelle) Das Rex war, ist und bleibt der König der House- und Technoszene.

Schwulen- & Lesbenszene

Das Marais (4e), insbesondere die Gegend um die Ecke Rue Ste-Croix de la Bretonnerie/Rue des Archives und ostwärts Richtung Rue Vieille du Temple, gilt seit 20 Jahren als Hauptzentrum des schwulen Nachtlebens in Paris.

Außerdem gibt es noch ein paar Bars und Clubs in Fußnähe zum Boulevard de Sébastopol sowie vereinzelte Adressen im restlichen Stadtgebiet.

Die lesbische Szene ist sehr viel versteckter als die schwule und konzentriert sich auf ein paar Cafés und Bars im Marais, besonders in der Rue des Écouffes.

Genauere Infos gibt es beim **Centre Gai et Lesbien de Paris** (☑ 01 43 57 21 47; http:// cglparis.org, auf Frz.; 61-63 rue Beaubourg, 3e; ⊙ Mo 18-20, Di & Do 15-20, Mi 14-20, Fr & Sa 12.30-20, So 16-19 Uhr; M Rambuteau oder Arts et Métiers), direkt nördlich vom Centre Pompidou.

3w Kafé   BAR, KNEIPE

(Karte S. 64-65; ☑ 01 48 87 39 26; 8 rue des Écouffes, 4e; ⊙ 17.30-2 Uhr; M St-Paul) Der Name der schicken Cocktailbar in einer Straße mit mehreren Lesbenbars bedeutet „Women with Women", eine klare Ansage. In dem lockeren Laden haben aber auch Männer (in weiblicher Begleitung) Zutritt. Am Wochenende legen im Keller DJs zum Tanzen auf und es gibt verschiedene Themenabende.

Les Marronniers   BAR, CAFÉ

(Karte S. 64-65; 18 rue des Archives, 4e; ⊙ tgl. 9-2 Uhr; M Hôtel de Ville) Keine hochoffizielle Schwulenbar, aber wer kann das in dieser Gegend der Stadt schon so genau sagen? Das Lokal trumpft jedenfalls mit seiner tollen Lage und seine riesige Straßenterrasse ist im Marais *der* Ort für Jäger und Gejagte.

Le Tango   CLUB

(Karte S. 64-65; ☑ 01 42 72 17 78; www.boite-a-frissons.fr; 13 rue au Maire, 3e; Eintritt 8 €; ⊙ Fr & Sa 22.30-6, So 17-23 Uhr; M Arts et Métiers) In dem Club, der sich auch *boîte à frissons* nennt („Zitterkasten", eine andere Bezeichnung für Akkordeon), tummelt sich ein kosmopolitisches schwul-lesbisches Publikum. Im festlich-nostalgischen Interieur des historischen Tanzpalastes aus den 1930er-Jahren wird ab 22.30 Uhr zunächst Walzer, Salsa und Tango getanzt; ab 0.30 Uhr legen dann DJs auf. Legendär ist der schwule Tanztee am Sonntag.

Kino

Das komplette Pariser Kinoprogramm ist sowohl in *Pariscope* als auch in *L'Officiel des Spectacles* zu finden oder online unter http://cinema.leparisien.fr. Die üblichen Kinopreise für neue Filme liegen um 10 €. Fremdsprachige Filme mit französischen Untertiteln erkennt man am Zusatz „VO" *(version originale).*

Cinémathèque Française   KINO

(☑ 01 71 19 33 33; www.cinemathequefrancaise. com, auf Frz.; 51 rue de Bercy, 12e; Erw./Kind 6,50/3,50 €; ⊙ Kinokasse Mo, Mi, Fr & Sa 12-19, Do 12-22, So 10-20 Uhr; M Bercy) Diese nationale Institution zwei Gehminuten südlich der Métrostation ist ein wahrer Tempel der Filmkunst. Ausländische Filme – häufig nur selten gezeigte Klassiker – laufen grundsätzlich in der Originalfassung.

Theater

Die meisten Theaterstücke, auch solche ausländischer Autoren, werden natürlich in französischer Sprache aufgeführt. Nur ganz vereinzelt treten auch mal fremdsprachige Theaterensembles auf kleineren Bühnen der Stadt auf; außerdem hat das Odéon-Théâtre de l'Europe Stücke in diversen Sprachen, darunter auch Deutsch, im Programm (www.theatre-odeon.fr – auf Frz.).

Comédie Française   THEATER

(Karte S. 48-49; ☑ 08 25 10 16 80; www.comedie-francaise.fr; place Colette, 1er; Karten 8-47 €; Theaterkasse ⊙ 11-18 Uhr; M Palais Royal–Musée du Louvre) Die „Französische Komödie" wurde 1680 unter Ludwig XIV. gegründet. Sie spielt vor allem französische Klassiker wie Molière, Racine und Corneille; in den letzten Jahren kamen aber auch moderne und sogar ausländische Stücke auf den Spielplan. Zur Comédie Française gehören drei Bühnen: die **Salle Richelieu**, das Haupttheater gleich westlich des Palais Royal an der Place Colette, das **Studio Théâtre** (Galerie du Carrousel du Louvre, 99 rue de Rivoli, 1er; M Palais Royal–Musée du Louvre) und das **Théâtre du Vieux Colombier** (21 rue du Vieux Colombier, 6e; M St-Sulpice).

Oper

Die Opéra National de Paris (ONP) verteilt ihr Programm auf zwei Bühnen: das 1875 erbaute Stammhaus Palais Garnier und die 1989 eröffnete moderne Opéra Bastille. In beiden Häusern gibt es auch Vorstellungen der hauseigenen Ballettensembles und Klassikkonzerte des hauseigenen Orchesters. Die Spielzeit dauert von September bis Juli.

Opéra Bastille OPERNHAUS
(Karte S. 68; ☑08 92 89 90 90; www.opera-de-paris.fr, auf Frz.; 2–6 place de la Bastille, 12e; Oper 5–172 €, Ballett 5–87 €, Konzerte 5–49 €; MBastille) Trotz anfänglicher Vorbehalte gegen diesen Riesensaal mit 3400 Plätzen ist das führende Opernhaus der Hauptstadt inzwischen ein großer Erfolg. Das Ambiente ist nicht ganz so glamourös wie im Palais Garnier, aber dafür bieten alle Plätze im Hauptsaal ungehinderten Blick auf die Bühne. Der Vorverkaufsstart für jede Veranstaltung ist exakt festgelegt, wobei für den Kartenverkauf über Internet, Telefon oder die **Theaterkasse** (130 rue de Lyon, 11e; ☺Mo–Sa 10.30–18.30 Uhr) jeweils unterschiedliche Daten gelten. Achtung: Am ersten Kassen-Vorverkaufstag gibt es die Karten nur bei dem Opernhaus, in dem die Aufführung stattfindet. Die Opéra Bastille verkauft 1½ Stunden vor Vorstellungsbeginn Stehplatzkarten für 5 €.

Palais Garnier OPERNHAUS
(Karte S. 88; ☑08 92 89 90 90; www.opera-de-paris.fr; place de l'Opéra, 9e; MOpéra) Das alte Pariser Opernhaus ist kleiner und glamouröser als sein Gegenstück an der Bastille, aber einige Plätze haben schlechten (oder gar keinen!) Blick auf die Bühne. Die Kartenpreise und Konditionen (inkl. Last-Minute-Ermäßigungen) an der **Theaterkasse** (☺Mo–Sa 11–18.30 Uhr, Ecke Rue Scribe/Rue Auber) sind dieselben wie bei der Opéra Bastille.

🔒 Shoppen

Paris ist ein Einkaufsparadies – egal ob man sich die Original-Cartier-Armbänder leisten kann oder eher zu den verarmten *lèches-vitrine* (wörtlich: Fensterleckern) gehört, die es einfach genießen, die Geschäfte von außen zu bestaunen. Von den ultraschicken Modehäusern in der Avenue Montaigne und den gemütlichen Boutiquen im Marais bis hin zum riesigen, unterirdischen Einkaufszentrum Les Halles und den Flohmärkten in St-Ouen: Paris ist eine Stadt, wo Waren geschickt produziert, eingekauft und präsentiert werden – und der entsprechende Preis verlangt wird.

Ein Hauptgrund für einen Shopping-Streifzug durch Paris ist natürlich die Mode. Das rechte Seine-Ufer, insbesondere das sogenannte „Goldene Dreieck", le

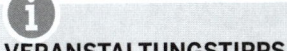

ℹ VERANSTALTUNGSTIPPS

» Umfassende Infos darüber, was wann wo abgeht, liefert Pariscope (0,40 €), das wichtigste Veranstaltungsmagazin der Hauptstadt, das jeden Mittwoch herauskommt. Ebenfalls mittwochs erscheint das etwas handlichere **L'Officiel des Spectacles** (0,35 €; www.offi.fr, auf Frz.), die zweite wöchentliche Veranstaltungsbibel der Stadt. Beide gibt es (nur auf Frz.) an den Zeitungskiosken.

» Von der Fülle französischsprachiger Gratisblättchen (guter Lesestoff für Métrofahrten) gehört **A Nous Paris** (www.anous.fr/paris, auf Frz.) zu den informativsten; seine Inhalte sind auch online abrufbar. Das **LYLO**-Heftchen im Taschenformat, das alle zwei Wochen erscheint und kostenlos in Bars und Cafés ausliegt, informiert über Konzerte und Clubs; dazu gibt es auch ein **Infotelefon** (☑08 92 68 59 56; www.lylo.fr, auf Frz.). Diverse Flugblätter, Programme und Veranstaltungskalender liegen bei den Ticketverkaufsstellen der Fnac aus (S. 129).

Triangle d'Or (MFranklin D. Roosevelt oder Alma Marceau, 1er & 8e), zwischen der Avenue Montaigne und der Avenue Georges V, die **Rue du Faubourg St-Honoré** (MMadeleine oder Concorde, 8e) und ihre östliche Verlängerung, die **Rue St-Honoré** (MTuileries), die **Place des Victoires** (MBourse oder Sentier, 1er & 2e) und im Marais die **Rue des Rosiers** (MSt-Paul, 4e), bildet das traditionelle Epizentrum der Pariser Modewelt. Darüber hinaus hat auch **St-Germain** (MSt-Sulpice oder St-Germain des Prés) am linken Ufer gute Boutiquen zu bieten.

Galeries Lafayette KAUFHAUS
(Karte S. 88; 40 bd Haussmann, 9e; ☺Mo–Mi, Fr & Sa 9.30–19.30, Do 9.30–21 Uhr; MAuber oder Chaussée d'Antin) Das berühmte Pariser *grand magasin* ist eine Sehenswürdigkeit für sich. Es residiert in zwei benachbarten Gebäuden und beherbergt eine Riesenauswahl an Mode und Accessoires sowie die größte Dessousabteilung der Welt. Jeden Freitag um 15 Uhr veranstaltet das Kaufhaus eine Modenschau (Sitzplatzreservierung unter ☑01 42 82 30 25).

FLOHMÄRKTE

» Marché aux Puces de Montreuil (av. du Professeur André Lemière, 20e; ⊙Sa–Mo 8–19.30 Uhr; Ⓜ Porte de Montreuil) Dieser *marché aux puces* mit heute rund 500 Ständen existiert schon seit dem 19. Jh. und ist besonders für Secondhand-Mode und Designerstücke aus zweiter Hand, Kupferstiche, Schmuck, Tischwäsche, Geschirr, Antikmöbel und Haushaltsgeräte bekannt.

» Marché aux Puces de St-Ouen (rue des Rosiers, av. Michelet, rue Voltaire, rue Paul Bert & rue Jean-Henri Fabre, 18e; ⊙Sa 9–18, So 10–18, Mo 11–17 Uhr; Ⓜ Porte de Clignan-court) Dieser riesige Flohmarkt entstand gegen Ende des 19. Jhs. und gilt als der größte in ganz Europa.

» Marché aux Puces de la Porte de Vanves (av. Georges Lafenestre & av. Marc Sangnier, 14e; ⊙Sa & So 7–18 Uhr oder später; Ⓜ Porte de Vanves) Der kleinste und, wie manche finden, sympathischste der „Großen Drei". Auf der Avenue Georges Lafenestre werden zahlreiche „Kuriositäten" angeboten, die nicht alt (oder kurios) genug sind, um als Antiquitäten durchzugehen.

Colette   KONZEPTGESCHÄFT
(Karte S. 48-49; www.colette.fr; 213 rue St-Hono-ré, 1er; Ⓜ Tuileries) Das japanisch inspirierte Konzeptgeschäft verkauft außer Mode und Accessoires auch Bücher, Kunst, Musik und Kosmetik. Turnschuhe in limitierter Aufla-ge, Kerzen, die nach Sex duften (behauptet jedenfalls das Personal), innovative Uhren – das alles ist schon sehenswert, selbst für Leute, die nichts kaufen wollen. Colettes berühmte Ausverkäufe versprechen Su-perrabatte auf Designerware von Comme des Garçons, Marc Jacobs u. a. Im Unter-geschoss kredenzt das Café-Restaurant Le Water Bar stille und sprudelnde Wässer aus aller Welt.

Ivoire   KUNST & ANTIQUITÄTEN
(Karte S. 78; 57 rue Bonaparte, 6e; ⊙Di–Fr 9–12 & 14–18 Uhr; Ⓜ St-Germain des Prés) Den 1913 eröffneten Familienbetrieb führen Vater Pierre Heckmann (Mitte 80) und sein Sohn Jean-Pierre (mit 14 eingelernt und heute selbst kurz vorm Rentenalter). Sie fertigen und restaurieren außergewöhnliche El-fenbein-, Bein- und Perlmuttarbeiten. Die Werkstatteinrichtung stammt von 1937.

Lavinia   WEIN
(Karte S. 48-49; www.lavinia.com; auf Frz.; 3 bd de la Madeleine, 1er; Ⓜ Madeleine) Diese Hoch-burg der erlesenen Tropfen in der Nähe der Place Madeleine gehört zu den größten (und zweifellos exklusivsten) Spirituosenlä-den der Stadt. Für Weinfreunde unbedingt einen Besuch wert; wir kommen allerdings meist, um unseren Vorrat an edlen *eaux-de-vie* (Obstbrände) aufzustocken.

E. Dehillerin   KÜCHENUTENSILIEN
(Karte S. 48-49; www.dehillerin.com; 18–20 rue Coquillière, 1er; Ⓜ Les Halles) Das Geschäft aus dem Jahr 1820 führt auf zwei Etagen eine unglaubliche Auswahl an *matériel de cuisine* (Küchenutensilien) in Profiqualität. Hier findet jeder etwas, das er schon immer haben wollte, wie etwa einen *coupe volaille* (Geflügelschere) oder gar eine *turbotière* (rautenförmiger Topf für Plattfische).

Shakespeare & Company   BÜCHER
(Karte S. 74; 37 rue de la Bûcherie, 5e; ⊙Mo–Fr 10–23, Sa & So 11–23 Uhr; Ⓜ St-Michel) Die be-rühmteste englischsprachige Buchhand-lung von Paris verkauft neue und anti-quarische Bücher. Hier kann man herrlich herumstöbern und zum Probeschmökern in einen der beiden Kinosessel in der Nähe der Hintertreppe versinken. Die Lesetipps der Mitarbeiter sind immer interessant und im 1. Stock gibt es eine verstaubte alte Bi-bliothek. Dies ist nicht der ursprüngliche Shakespeare & Company, dessen Inhaberin Sylvia Beach den *Ulysses* von James Joyce herausbrachte – der Laden wurde von den Nazis geschlossen.

Guerlain   PARFÜM
(Karte S. 84; www.guerlain.com; 68 av. des Champs-Élysées, 8e; ⊙Mo–Sa 10.30–20, So 12–19 Uhr; Ⓜ Franklin D. Roosevelt) Guerlain ist die berühmteste *parfumerie* von Paris. Das Ladengeschäft von anno 1912 gehört zu den schönsten der Stadt und erinnert mit sei-nem glanzvollen Art-déco-Interieur voller Spiegel und Marmor an die vergangene Pracht der Champs-Élysées. Wer einmal in

purer Verwöhnatmosphäre schwelgen will, lässt sich am besten gleich einen Termin beim dekadenten **Guerlain Spa** (⟨📞⟩01 45 62 11 21) geben.

Merci
KONZEPTGESCHÄFT
(Karte S. 68; www.merci-merci.com, auf Frz.; 111 bd Beaumarchais, 3e; Ⓜ️St-Sébastien–Froissart) Sein Wahrzeichen, der rosarote Fiat Cinquecento im Hof, weist den Weg zum Eingang dieses mehrgeschossigen Konzept-Kaufhauses, das alles Erdenkliche unter einem Dach vereint. Die Gewinne gehen an eine Kinderhilfsorganisation in Madagaskar.

Isabel Marant
MODE
(Karte S. 68; www.isabelmarant.tm.fr; 16 rue de Charonne, 11e; Ⓜ️Bastille) Tolle Strickjacken und Hosen, interessante Accessoires, wunderschöne Stoffe und exotische Inspirationen: Das sind nur einige der Gründe, warum es Isabel Marant zum *chouchou* (Liebling) der Pariser Modeszene gebracht hat. In ihren unkonventionellen und stilvollen Kreationen sieht eigentlich jeder gut aus.

Pierre Hermé
GEBÄCK & PRALINEN
(Karte S. 78; www.pierreherme.com; 72 rue Bonaparte, 6e; ⟨🕐⟩So–Fr 10–19, Sa bis 19.30 Uhr; Ⓜ️Odéon oder Luxembourg) Der Laden ist kaum größer als eine Pralinenschachtel, bringt aber die Geschmacksknospen zuverlässig in Aufruhr. Pierre Hermé, einer der führenden *chocolatiers* von Paris, präsentiert ein Schlaraffenland voller perfekt angerichteter Petits Fours, Kuchen, Pralinen, Nougatkreationen, Macarons und Marmeladen.

Le Bon Marché
KAUFHAUS
(24 rue de Sèvres, 7e; ⟨🕐⟩Mo–Mi & Fr 10–20, Do & Sa 10–21 Uhr; Ⓜ️Sèvres–Babylone) Der „Gute Markt" (was auf Französisch zugleich „preiswert" bedeutet) wurde ab 1869 unter Mitwirkung von Gustave Eiffel als erstes Großkaufhaus von Paris gebaut. Heute ist er *das* Nobelkaufhaus am linken Seine-Ufer. Das Tüpfelchen auf dem i ist seine überwältigende **Feinkostabteilung**.

Le Printemps
KAUFHAUS
(Karte S. 88; www.printemps.com; 64 bd Haussmann, 9e; ⟨🕐⟩Mo–Mi, Fr & Sa 9.35–20, Do bis 22 Uhr; Ⓜ️Havre–Caumartin) Das Kaufhaus, das eigentlich aus drei separaten Geschäften besteht – **Le Printemps de la Mode** (Damenmode), **Le Printemps de l'Homme** (Herrenmode) und **Le Printemps de la Beauté et Maison** (Kosmetik und Haushaltswaren) –, bietet außer Mode von etablierten Designern und vielversprechenden Nachwuchstalenten auch eine umwerfende Auswahl an Parfüms, Kosmetikartikeln und Accessoires.

Marissal
BÜCHER
(42 rue Rambuteau, 3e; ⟨🕐⟩Mo–Sa 10.30–19.30 Uhr; Ⓜ️Rambuteau) Direkt neben dem Centre Pompidou liegt die deutsche Buchhandlung Marissal mit einer breiten Auswahl an deutschen Titeln und Übersetzungen.

SCHÖNER SHOPPEN

» Ein Streifzug durch Kaufhäuser wie Le Bon Marché, Galeries Lafayette oder Printemps bietet einen guten Überblick über die Pariser Mode.

» Bei den exklusivsten Designerboutiquen wird die Kundschaft erst auf Klingeln eingelassen – also einfach mutig aufs Knöpfchen drücken.

» In französischen Modegeschäften gilt das Motto „Gucken, aber nicht anfassen!". Also nicht hemmungslos in Stapeln makellos gefalteter T-Shirts wühlen oder Sonnenbrillen aufprobieren, ohne vorher zu fragen.

» Rückgabe oder Umtausch sind nur mit Kassenbon (*ticket de caisse*) möglich. Wer den Kassenbon sorgsam aufbewahrt, kann seine Einkäufe bis zu einen Monat lang umtauschen.

» Soll es ein Mitbringsel oder einfach hübsch verpackt sein? Nach einer Geschenkverpackung (*un paquet cadeau*) fragen. Der Service kostet nichts, wird von fast allen Geschäften angeboten und macht optisch immer was her.

» Die winterlichen *soldes* (Schlussverkäufe) starten Mitte Januar, der Sommerschlussverkauf in der zweiten Juniwoche.

» Wer sich der Shoppingorgie allein nicht gewachsen fühlt, kann in eine geführte Einkaufstour (mit Chauffeur oder zu Fuß) investieren: www.parispourunjour.fr und www.chicshoppingparis.com sind nur zwei von zahlreichen Anbietern.

Kiliwatch
MODE

(Karte S. 48-49; 64 rue Tiquetonne, 2e; ⊙Di–Sa 11–19.30; MÉtienne Marcel) Eine Pariser Institution: Hier wimmelt es immer von hippen Typen und Mädels, die sich durch die Kleiderständer voller neuer und gebrauchter Streetwear und Designermode wühlen. Zum umwerfenden Retrolook-Angebot gehören auch Hüte und Stiefel; außerdem gibt es Kunst- und Fotobücher, Brillen und topmodische Turnschuhe.

Huilerie J. Leblanc et Fils
SPEISEÖL

(Karte S. 78; www.huile-leblanc.com; 6 rue Jacob, 6e; MSt-Germain des Prés) Schon seit 1878 presst die Familie Leblanc mit ihrer Burgunder Steinmühle die feinsten Speiseöle aus Mandeln, Pistazien, Sesam, Pinienkernen, Erdnüss Île de la Cité usw. Probieren und draufloskaufen.

Tumbleweed
SPIELZEUG

(Karte S. 64-65; www.tumbleweedparis.com; 19 rue de Turenne, 4e; ⊙Mo–Sa 11–19, So 14–19 Uhr; MSt-Paul oder Chemin Vert) Der entzückende kleine Laden hat sich auf *l'artisanat d'art ludique* (das Handwerk der Spielkunst) spezialisiert, d. h. wunderbares handgefertigtes Holzspielzeug, das teils schon wieder zu hübsch ist, um wirklich damit zu spielen. Außerdem gibt es kunstvoll gearbeitete Knobelspiele, Puzzles und Geheimschatullen (für Erwachsene), die raffiniert zu öffnen sind.

Deyrolle
HAUS & GARTEN

(46 rue du Bac, 7e; MRue du Bac) Das glaubt keiner, der es nicht selbst gesehen hat: Dieser Laden von 1831 führt ausgestopfte Tiere jeder Art, deren Handel nicht ausdrücklich verboten ist.

ÖFFNUNGSZEITEN

Die meisten Geschäfte in Paris haben Montag bis Samstag von 10 bis 19 Uhr geöffnet. Kleinere Läden sind oft montags geschlossen; an den anderen Tagen leisten sich die Ladenbesitzer vielleicht eine längere Mittagspause von 12 bis 14 Uhr. Viele größere Geschäfte haben donnerstags *nocturnes* (lange Abende) und bleiben bis 22 Uhr geöffnet. Sonntags sind die Champs-Élysées, Montmartre, das Marais und Bastille die besten Gegenden für Kauflustige.

Julien Caviste
WEIN

(Karte S. 64-65; 50 rue Charlot, 3e; MFilles du Calvaire) Der unabhängige Weinladen in der hippen Rue Charlot führt vor allem Erzeugnisse kleiner, unabhängiger Winzer und Bioweine.

Anna Joliet
SPIELUHREN

(Karte S. 48-49; passage du Perron, 9 rue de Beaujolais, 1er; MPyramides) Zauberhafte alte und neue Spieluhren.

Mariage Frères
TEE

(Karte S. 64-65; www.mariagefreres.com; 30, 32 & 35 rue du Bourg Tibourg, 4e; ⊙Laden 10.30–19.30 Uhr, Teesalon 12–19 Uhr; MHôtel de Ville) Das Geschäft, das seit 1854 besteht, ist sicherlich der älteste und vielleicht auch der beste Teeladen von Paris. Hier gibt es über 500 Teesorten aus rund 35 Ländern.

ⓘ Praktische Informationen

Internetzugang

In den meisten Mittelklasse- und Luxushotels in Paris gibt es WLAN – normalerweise umsonst. Eine Liste mit fast 100 Pariser Cafés mit Gratis-WLAN gibt es auf www.cafes-wifi.com (auf Frz.).

Wer keinen Computer dabei hat oder keinen WLAN-Zugang hat, für den bietet Paris jede Menge Internetcafés. Hier nur ein paar davon:

Hitel (147 rue Lafayette, 10e; 1/1,50/2 € für 15/30/60 Min.; ⊙9–24 Uhr; MGare du Nord) Bei der Gare du Nord gleich um die Ecke. Verkauft auch französische SIM-Karten.

Internet Café (place des Abbesses, 18e; 1/4 € für 10/60 Min.; ⊙Mo–Fr 9–19.45, Sa & So 10–19 Uhr; MAbbesses) Im Herzen von Montmartre.

Milk (www.milklub.com; 17 rue Soufflot, 5e; 2/3/4 € für 15/30/60 Min.; ⊙24 Std.; MLuxembourg) Eine von sieben Filialen, u. a. in **Les Halles** (31 bd de Sébastopol, 1er; ⊙24 Std.; MLes Halles).

Medizinische Versorgung

American Hospital of Paris (☎01 46 41 25 25; www.american-hospital.org; 63 bd Victor Hugo, 92200 Neuilly-sur-Seine; MPont de Levallois–Bécon) Privat betriebenes Krankenhaus; ärztliche und zahnärztliche Notfallbehandlungen rund um die Uhr.

Hôpital Hôtel Dieu (☎01 42 34 82 34; www.aphp.fr, auf Frz.; 1 place du Parvis Notre Dame, 4e; MCité) Städtisches Krankenhaus; nach 20 Uhr den Eingang der Notaufnahme in der Rue de la Cité benutzen.

SOS Dentaire (☎01 43 37 51 00; 87 bd de Port Royal, 14e; MPort Royal) Diese private Zahnarztpraxis öffnet zu Zeiten, zu denen die meisten Kollegen geschlossen haben (Mo–Fr 20–23, Sa & So 9.45–23 Uhr).

Pharmacie Les Champs (Apotheke; ☑01 45 62 02 41; Galerie des Champs, 84 av. des Champs-Élysées, 8e; ⊙24 Std.; Ⓜ George V)

Pharmacie des Halles (Apotheke; ☑01 42 72 03 23; 10 bd de Sébastopol, 4e; ⊙Mo–Sa 9–24, So 9–22 Uhr; Ⓜ Châtelet)

Notfall

Im Folgenden die Rufnummern für Notfälle. Krankenhäuser mit Unfallambulanz und Notaufnahme rund um die Uhr: s. S. 136-137. Landesweite Notrufnummern: s. S. 14.

SOS Helpline (☑01 46 21 46 46, auf Englisch; ⊙tgl. 15– 23 Uhr)

SOS Médecins (☑01 47 07 77 77, Hausbesuche rund um die Uhr ☑3624; www.sosmedecins-france.fr, auf Frz.)

Urgences Médicales de Paris (Medizinischer Notdienst Paris; ☑01 53 94 94 94; www.ump.fr, auf Frz.)

Post

Hauptpost (Karte S. 48-49; 52 rue du Louvre, 1er; ⊙24 Std.; Ⓜ Sentier oder Les Halles) Fast rund um die Uhr geöffnet (Mo–Sa 6.20–7.20, So 6–7 Uhr geschl.).

Sicherheit

Paris ist im Großen und Ganzen eine sichere Stadt. Métrostationen, um die man spätnachts vielleicht einen Bogen machen sollte, sind z. B. Châtelet–Les Halles mit den schier endlosen Gängen, Château Rouge in Montmartre, Gare du Nord, Strasbourg–St-Denis, Réaumur–Sébastopol und Montparnasse–Bienvenüe. In der Mitte jedes Métro- oder RER-Bahnsteigs und in den Gängen einiger Métrostationen sind *bornes d'alarme* (Notrufkästchen) angebracht.

Taschendiebstahl und der Griff in fremde Handtaschen und Rucksäcke sind überall ein Problem, wo Gedränge (und insbesondere Touristengedränge) herrscht. Besondere Vorsicht ist rund um Sacré Cœur in Montmartre geboten, außerdem in Pigalle, in der Umgebung des Forum des Halles und des Centre Pompidou, im Quartier Latin (vor allem in dem Rechteck zwischen Rue St-Jacques, Boulevard St-Germain, Boulevard St-Michel und Quai St-Michel), unterm Eiffelturm und zur Rushhour in der Métro.

Touristeninformation

Office de Tourisme et des Congrès de Paris (Pariser Touristeninformation; Karte S. 48-49; www.parisinfo.com; 25–27 rue des Pyramides, 1er; Ⓜ Pyramides; ⊙Juni–Okt. tgl. 9–19, Nov.–Mai Mo–Sa 10–19, So 11–19 Uhr) Hauptstelle der Touristeninformation; außerdem gibt es noch eine Handvoll kleinerer Filialen in der übrigen Stadt.

NOCH MEHR INFOS?

Wer noch detailliertere Informationen, Kritiken und Tipps jederzeit griffbereit haben möchte, besorgt sich am besten im Apple App Store den *Paris City Guide* von Lonely Planet als iPhone-App.

Noch eine gute Informationsquelle ist die Website von **Lonely Planet** (www.lonelyplanet.com/france/paris) mit Tipps für die Reiseplanung, Empfehlungen der Autoren, Berichten von Travellern und Insidertipps.

An- & Weiterreise

Bus

Eurolines (Karte S. 74; ☑01 43 54 11 99; www.eurolines.fr; 55 rue St-Jacques, 5e; Ⓜ Cluny–La Sorbonne) Reservierungen und Fahrkarten für internationale Busverbindungen nach West- und Mitteleuropa, Skandinavien und Marokko.

Gare Routière Internationale de Paris-Galliéni (außerhalb der Karte S. 44-45; ☑08 92 89 90 91; 28 av. du Général de Gaulle; Ⓜ Galliéni) Der internationale Busbahnhof von Paris liegt im östlichen Vorort Bagnolet.

Flugzeug

Aéroport d'Orly (ORY; ☑39 50, 01 70 36 39 50; www.aeroportsdeparis.fr) Der ältere und kleinere der beiden Pariser Hauptflughäfen liegt 18 km südlich der Stadt.

Aéroport Roissy Charles de Gaulle (CDG; ☑39 50, 01 70 36 39 50; www.aeroportsdeparis.fr) Drei Terminals – Aérogare 1, 2 und 3 – etwa 30 km nordöstlich von Paris im Vorort Roissy

Aéroport Beauvais (BVA; ☑08 92 68 20 66; www.aeroportbeauvais.com) 80 km nördlich von Paris; wird von Charter- und Billigfluglinien genutzt.

Zug

Paris hat sechs große Bahnhöfe. Informationen über Fernzüge gibt es rund um die Uhr bei der **SNCF** (☑08 91 36 20 20, Fahrplaninfos unter 08 91 67 68 69; www.sncf.fr).

Gare d'Austerlitz (Karte S. 44-45; bd de l'Hôpital, 13e; Ⓜ Gare d'Austerlitz) Züge aus/nach Spanien und Portugal sowie ins Loire-Tal und Züge (außer TGV) nach Südwest-Frankreich (z. B. Bordeaux und Baskenland).

Gare de l'Est (Karte S. 106; bd de Strasbourg, 10e; Ⓜ Gare de l'Est) Luxemburg, Teile der Schweiz (Basel, Luzern, Zürich), Süddeutschland (München, ICE von/nach Frankfurt, TGV von/nach Stuttgart) und Ziele weiter östlich; normale und TGV-Züge in Landesteile östlich von Paris (Champagne, Elsass und Lothringen).

Gare de Lyon (Karte S. 44-45; bd Diderot, 12e; Ⓜ Gare de Lyon) Teile der Schweiz (z. B. Bern, Genf, Lausanne), Italien und weiter südöstlich; regelmäßige und TGV-Sud-Est- sowie TGV-Midi-Méditerranée-Züge zu Zielen südöstlich von Paris, u. a. Dijon, Lyon, Provence, Côte d'Azur und Alpen.

Gare Montparnasse (Karte S. 44-45; av. du Maine & bd de Vaugirard, 15e; Ⓜ Montparnasse–Bienvenüe) Bretagne und Städte auf der Strecke dorthin (z. B. Chartres, Angers, Nantes), TGV Atlantique Ouest und TGV Atlantique Sud-Ouest nach Tours, Nantes, Bordeaux und zu anderen Orten in Südwest-Frankreich.

Gare du Nord (Karte S. 106; rue de Dunkerque, 10e; Ⓜ Gare du Nord) Großbritannien, Belgien, Norddeutschland, Skandinavien, Moskau usw. (Endstation für die Hochgeschwindigkeitszüge Thalys von/nach Amsterdam, Brüssel, Köln und Genf sowie Eurostar von/nach London); Züge in die nördlichen Vororte von Paris und nach Nordfrankreich, u. a. TGV Nord nach Lille und Calais.

Gare St-Lazare (Karte S. 44-45; rue St-Lazare & rue d'Amsterdam, 8e; Ⓜ St-Lazare) Normandie (z. B. Dieppe, Le Havre, Cherbourg).

Unterwegs vor Ort

Auto & Motorrad

Die sicherste Art und Weise, sich seinen Aufenthalt in Paris zu verderben, ist es, in der Stadt Auto zu fahren. Selbst wenn das Fahren einen nicht zur Verzweiflung treibt, dann sicher die Suche nach einem Parkplatz. Wer unbedingt in Paris fahren muss: Der schnellste Weg durch die Stadt führt in der Regel über die Stadtautobahn Boulevard Périphérique, die das Zentrum umschließt.

Die großen Autovermieter (S. 1069) haben Schalter an den Flughäfen und Bahnhöfen. Auf den Straßen im Stadtzentrum gilt eine Höchstparkdauer von zwei Stunden; Kostenpunkt 1,50 bis 3 € pro Stunde. Zum Bezahlen braucht man eine Paris Carte für 10 oder 30 €, die bei den *tabacs* (Tabakläden) zu bekommen ist. Städtische

Parkplätze und -häuser kosten 2 bis 3,50 € pro Stunde und um die 25 € für 24 Stunden.

Wer sich wie in einem französischen Film der 1950er-Jahre fühlen will, kann sich bei **Left Bank Scooters** (www.leftbankscooters.com) eine pastellfarbene Vespa XLV 50 ccm ausleihen. Die Firma bringt das gute Stück zum Hotel, holt es wieder ab und bietet auf Wunsch auch geführte Ausfahrten (ab 130 €) bis nach Versailles an. Interessenten müssen mindestens 30 Jahre alt sein und einen Motorradführerschein besitzen. Die Kaution in Höhe von 1000 € ist per Kreditkarte zu hinterlegen.

Fahrrad

Dank Vélib' (einer Wortverschmelzung von *vélo* für „Fahrrad" und *liberté* für „Freiheit") ist das Radeln in der Stadt der Liebe heute so einfach wie nie zuvor. Vélib' ist ein Leihsystem, bei dem sich Radler an einer der über die Stadt verteilten Leihstationen gegen einen kleinen Obolus eines der perlgrauen Räder nehmen, damit fahren, wohin sie wollen, und es dann an einer anderen Station wieder abstellen.

Vélib' (☎ 01 30 79 79 30; www.velib.paris.fr; Mitgliedschaft pro Tag/Woche/Jahr 1/5/29 €, Leihgebühr 1./2./zusätzl. halbe Std. frei/2/4 €) hat die Fortbewegung der Pariser Bevölkerung revolutioniert. Die fast 1500 Leihstationen in der Stadt – einander alle 300 m – verfügen jeweils über etwa 20 Radständer und sind rund um die Uhr zugänglich; nach letzter Zählung flitzten 23 500 Vélib'-Räder durch Paris! iPhone-Besitzer können sich einfach die Vélib'-App runterladen.

Um ein Rad zu leihen, braucht man ein Vélib'-Konto. Eintages- und Siebentage-Mitgliedschaften sind mittels Kreditkarte mit Mikrochip an jeder Station erhältlich; als Kaution muss eine Abbuchung von 150 € vorautorisiert werden, die in ganzer Höhe fällig wird, falls das geliehene Rad nicht zurückgebracht oder als gestohlen gemeldet wird. Wenn die Leihstation, an der ein Rad zurückgegeben werden soll, voll ist, kann man seine Karte an dem mehrsprachigen Lesegerät an der Station einlesen lassen; dann gibt es 15 Freiminuten, um eine andere, freie Station aufzusuchen. Die Räder sind für Personen über 14 Jahren gedacht und haben Gangschaltungen, Schlösser mit Schlüssel, Reflektorstreifen und Vorder- und Rücklicht. Einen Fahrradhelm muss man selbst mitbringen (keine Pflicht!).

Vom/Zum Flughafen

Zahlreiche öffentliche Verkehrsmittel bringen Fluggäste für wenig Geld in die Stadt. Busfahrkarten gibt es beim Fahrer. Kinder zwischen vier und neun Jahren zahlen für die meisten Verkehrsmittel nur die Hälfte.

AÉROPORT D'ORLY

Air France Bus 1 (☎ 08 92 35 08 20; http://videocdn.air-france.com/cars-airfrance; einfa-

INFOS FÜR DIE AN- & WEITERREISE

Unter www.lonelyplanet.com lassen sich günstige Flüge von und nach Paris finden sowie nützliche Hinweise zur Weiterreise.

Eine prima Sache für alle, die bloß mal für ein paar Stunden oder einen halben Tag ein Auto brauchen, ist das Selbstbedienungssystem **Connect by Hertz** (📞08 00 45 04 00; www.connectbyhertz.com). Benutzer müssen sich zuerst online anmelden und einen Jahresmitgliedsbetrag von 120 € bezahlen. Dann können sie per Internet das am nächsten abgestellte verfügbare Fahrzeug orten, das Auto mit ihrer Mitgliedskarte öffnen, den Schlüssel mit einer PIN-Nummer entsperren und schon kann's losgehen! Preise ab 4/32 € pro Stunde/Tag plus 0,35 €/km. Versicherung und Benzin sind im Preis mit drin.

Die Mairie de Paris hofft, bis 2012 eine Flotte von rund 3000 elektrischen Leihwagen an verschiedenen Stellen der Stadt stationieren zu können; das Projekt soll als Pendant zum Vélib'-System Autolib' heißen.

che Fahrt/hin & zurück 11,50/18,50 €; ⊙6.15–23.15 Uhr ab Orly, 6–23.30 ab Invalides) Der Shuttlebus *(navette)* verkehrt alle 30 Minuten von der/zur Gare Montparnasse (rue du Commandant René Mouchotte, 15e; Ⓜ Montparnasse–Bienvenüe) und Aérogare des Invalides (Ⓜ Invalides) im 7. Arrondissement.

Noctilien 31 (📞32 46; www.noctilien.fr; Erw. 6,40 € oder 4 Métrotickets; ⊙0.30–5.30 Uhr) Der Nachtbus der RATP verbindet Orly-Sud mit der Gare de Lyon, der Place d'Italie und der Gare d'Austerlitz (45 Min.).

Orlybus (📞32 46; www.ratp.fr; Erw. 6,40 €; ⊙6–23.20 Uhr ab Orly, 5.35–23.05 Uhr ab Paris) Der RATP-Bus verkehrt alle 15 bis 20 Minuten von der/zur Métrostation Denfert-Rochereau im 14. Arrondissement (20–30 Min.).

Orlyval (📞32 46; www.ratp.fr; Erw. 9,85 €; ⊙6–23 Uhr) Die RATP-Linie verbindet Orly per Shuttlezug und RER (S. 140) mit dem Stadtzentrum. Mit dem automatisierten Shuttlezug (7,60 €) geht es bis zur RER-B-Station Antony, dann mit dem RER B4 nach Norden (2,25 €; 35–40 Min. bis Châtelet, alle 4–12 Min.). Die Orlyval-Tickets gelten auch für die Anschlussfahrten mit RER und Métro.

RATP Bus 183 (📞32 46; www.ratp.fr; Erw. 1,60 € oder 1 Métro- bzw. Busticket; 1 Std.; alle 35 Min. ⊙5.35–20.35 Uhr) Das billigste Transportmittel von/nach Orly Sud (und nur Sud!) ist diese sehr langsame öffentliche Busverbindung zur Métrostation Porte de Choisy.

RATP Bus 285 (📞32 46; www.ratp.fr; Erw. 6,40 € oder 4 Métrotickets; ⊙5.05–24 Uhr ab Orly, 5–0.40 Uhr ab Paris) Verkehrt alle 10 bis 30 Minuten von der/zur Métrostation Villejuif–Louis Aragon (55 Min.).

RER C & Shuttle (📞32 46; www.ratp.fr; Erw. 6,20 €; ⊙5.30–23.30 Uhr) Der Shuttlebus verkehrt alle 15 bis 30 Minuten zur RER-C-Station Pont de Rungis–Aéroport d'Orly; von hier geht's mit dem RER-C2-Zug weiter zur Pariser Gare d'Austerlitz (50 Min.).

AÉROPORT ROISSY CHARLES DE GAULLE

Air France Bus 2 (📞08 92 35 08 20; http://videocdn.airfrance.com/cars-airfrance; einfache Fahrt/hin & zurück 15/24 €; ⊙5.45–23 Uhr) Pendelt alle 30 Minuten vom Flughafen zum Arc de Triomphe (Haltestelle vor 1 av. Carnot), 17. Arrondissement, und zur Métrostation Porte Maillot, 17. Arrondissement.

Air France Bus 4 (📞08 92 35 08 20; http://videocdn.airfrance.com/cars-airfrance; Erw. einfache Fahrt/hin & zurück 16,50/27 €; 45–55 Min.; alle 30 Min.; ⊙7–21 Uhr ab Roissy Charles de Gaulle, 6.30–21.30 ab Paris) Pendelt alle 30 Minuten vom Flughafen zur Gare de Lyon (20bis bd Diderot, 12e; Ⓜ Gare de Lyon) und zur Gare Montparnasse (rue du Commandant René Mouchotte, 15e; Ⓜ Montparnasse–Bienvenüe).

Noctilien 140 & 143 (📞32 46; www.noctilien. fr; Erw. 4,80 € oder 3 Métrotickets; ⊙0.30–5.30 Uhr) Die Nachtbusse verkehren stündlich von der/zur Gare de l'Est (140 & 143) und Gare du Nord (143).

RATP Bus 350 (📞32 46; www.ratp.fr; Erw. 4,80 € oder 3 Métrotickets; ⊙5.30–23 Uhr) Alle 30 Minuten von der/zur Gare de l'Est und Gare du Nord (Fahrtdauer 1 Std.).

RER B (📞32 46; www.ratp.fr; Erw. 8,50 €; ⊙5.20–24 Uhr) Wegen umfassender Sanierungsarbeiten wurde die Strecke zur Zeit der Recherche von Ersatzbussen bedient. Normalerweise verkehrt die RER-Linie B3 alle 30 Minuten von CDG1 und CDG2 zum Stadtzentrum (10–15 Min.).

Roissybus (📞32 46; www.ratp.fr; Erw. 9,10 €; ⊙5.30–23 Uhr) Der Direktbus verkehrt alle 15 Minuten von/nach Opéra (Ecke Rue Scribe/Rue Auber, 9e).

ZWISCHEN ORLY & CHARLES DE GAULLE

Air France Shuttlebus 3 (www.cars-airfrance. com, auf Frz.; Erw. 19 €; ⊙6–22.30 Uhr) Alle 30 Minuten; für Air-France-Passagiere mit Anschlussflug kostenlos; Fahrtdauer 1 Stunde.

Orlyval (☑32 46; www.ratp.fr; Erw. 17,60 €; ⊙6–23 Uhr) RER-Linie B3 von Charles de Gaulle zur Station Antony; dann mit der automatisierten Orlyval-Métrolinie weiter nach Orly.

AÉROPORT PARIS-BEAUVAIS

Navette Officielle (Offizieller Shuttlebus; ☑08 92 68 20 64, Flughafen ☑08 92 68 20 66; Erw. 14 €) Fährt 3¼ Stunden vor jedem Abflug ab Parking Pershing, westlich des Palais des Congrès de Paris (Einstieg 15 Min. vorher). In Gegenrichtung fährt der Bus 20 Minuten nach jeder Ankunft vom Flughafen los und setzt die Passagiere südlich des Palais des Congrès an der Place de la Porte Maillot ab. Fahrtdauer 1¼ Stunden; Tickets gibt es an der Bushaltestelle direkt vor dem Terminal und bei einem Kiosk auf dem Parkplatz.

Öffentliche Verkehrsmittel

Das öffentliche Verkehrsnetz von Paris, das großteils von der **RATP** (☑32 46; www.ratp.fr) betrieben wird, zählt zu den billigsten und effizientesten in Europa. Auf der RATP-Website kann man die Streckenpläne ansehen und herunterladen.

BUS

Die Pariser Busse verkehren von Montag bis Samstag von 5.30 bis 20.30 Uhr. Anschließend halten bestimmte Linien bis zwischen 0 und 0.30 Uhr einen *service en soirée* (Abendbetrieb) aufrecht. Danach übernehmen die rund 42 Noctilien-Nachtbusse (www.noctilien.fr); sie verkehren stündlich ab 5.30 Uhr. Die Nachtbusse klappern die wichtigsten Bahnhöfe ab und kreuzen die großen Verkehrsachsen der Stadt, bevor sie in die Vororte hinausfahren. Viele von ihnen fahren über Châtelet (Ecke Rue de Rivoli/ Boulevard Sébastopol). Auf die blauen „N"- oder „Noctilien"-Schilder an den Bushaltestellen achten. Die beiden Rundlinien im Stadtzentrum, N01 und N02, verbinden vier große Bahnhöfe (Gare St-Lazare, Gare de l'Est, Gare de Lyon und Montparnasse, nicht jedoch Châtelet) sowie die beliebten Nachtschwärmerviertel Bastille, Champs-Élysées, Pigalle und St-Germain.

Inhaber einer Mobilis- oder einer Paris-Visite-Karte (S. 141) können die Noctilien-Busse in der jeweiligen Gültigkeitszone kostenlos benutzen. Ansonsten braucht man je nach Entfernung eine bestimmte Anzahl von Standard-Métrotickets zu 1,60 €. Die Busfahrer verkaufen die Tickets zu 1,70 € und können auch sagen, wie viele man braucht.

Bei allen öffentlichen Verkehrsmitteln ist der Takt an Sonn- und Feiertagen stark reduziert.

Kurze Busfahrten (innerhalb einer oder zwei Buszonen) kosten ein Métro-/Busticket. Das Ticket bleibt auch beim Umsteigen in einen anderen Bus gültig – nicht aber beim Umstieg auf die Métro. Fahrten in die Vororte können bis zu drei Tickets kosten. Spezielle Fahrkarten, die nur im Bus gültig sind, gibt's beim Fahrer.

Alle Einzelfahrttickets müssen im *composteur* (Entwerter) neben dem Fahrer entwertet werden. Wer eine Mobilis- oder eine Paris-Visite-Karte hat, zeigt diese beim Einsteigen dem Fahrer. Auf keinen Fall den Magnetcoupon entwerten, den man mit der Karte bekommt.

MÉTRO & RER

Das U-Bahnnetz von Paris, das ebenfalls von der RATP betrieben wird, besteht aus zwei separaten, aber miteinander verbundenen Systemen: dem Métropolitain, besser bekannt als *métro*, mit 16 Linien und 384 Stationen, und dem RER (Réseau Express Régional). Diese Vorstadtlinien, die auch durch das Zentrum verlaufen, tragen ein Buchstaben A bis E plus eine Nummer.

Auf allen Métrozügen steht jeweils der Name der Endstation. Auf Karten und Plänen hat jede Linie eine andere Farbe und Nummer (von 1 bis 14). In Stationen weisen Schilder den Weg zum Bahnsteig der jeweiligen Linie. Auf den einzelnen Bahnsteigen informieren *direction*-Schilder über die Endstation der Linie. Bei sich verzweigenden Linien (wie 3, 7 und 13) zeigen Leuchtschilder am U-Bahn-Wagen die Endstation an. Elektronische Anzeigetafeln am Bahnsteig zählen die Minuten bis zur Ankunft des nächsten Zuges herunter.

Schilder mit der Aufschrift *correspondance* (Anschluss) weisen den Weg zu den Umsteigemöglichkeiten. An großen Métrostationen wie Châtelet und Montparnasse–Bienvenüe, an denen sich mehrere Linien kreuzen, können die Wege zwischen den Linien ziemlich weit sein.

Jede Métrolinie hat ihren eigenen Fahrplan. Normalerweise fahren die ersten Züge ab etwa 5.30 Uhr; die letzten gehen zwischen 0.35 und 1.15 Uhr auf der Strecke (freitags und samstags um 2.15 Uhr).

Für Fahrten mit der Métro, dem RER (im Pariser Stadtgebiet), dem Bus, den Straßenbahnen und der Standseilbahn am Montmartre gelten einheitliche RATP-Tickets. Ein Einzelfahrschein (weiß, genannt *un ticket t+*) kostet 1,60 € (für Kinder von 4–9 Jahren die Hälfte), ein *carnet* (Heftchen) mit zehn Fahrscheinen 11,60 € (es gibt kein *carnet* für Kinder). Ticketschalter und -automaten akzeptieren die gängigen Kreditkarten.

Ein Ticket berechtigt zur Fahrt zwischen zwei beliebigen Métrostationen – in einer Richtung – innerhalb von 1½ Stunden, egal wie oft man umsteigen muss. Auch für eine Fahrt mit dem RER in Zone 1 genügt ein solches Einzelticket. Beim Umsteigen zwischen Tagesbussen und Straßenbahnen bleibt das Ticket gültig, nicht aber beim Umstieg von der Métro in den Bus oder umgekehrt.

Es ist ratsam, das Ticket zu behalten, bis man den Zielbahnhof verlassen hat. Wer von einem *contrôleur* angehalten wird und kein gültiges

Ticket vorweisen kann, muss mit einer Strafe von 25 bis 50 € rechnen, die sofort fällig ist.

TOURISTENTICKETS

Die Besuchertickets Mobilis und Paris Visite gelten für die Métro, den RER, die Vorortstrecken der SNCF (S. 142), die Busse, Nachtbusse, Straßenbahnen und die Standseilbahn am Montmartre. Ein Foto ist nicht nötig, aber man muss die Kartennummer auf dem dazugehörigen Ticket eintragen. Die Karten gibt es an größeren Métro- und RER-Stationen, in den Pariser SNCF-Büros und an den Flughäfen.

Mit der Mobilis-Karte kann man einen Tag lang in zwei bis sechs Zonen (5,60–15,90 €; 4,55–13,70 € für Kinder von 4–11 Jahren) frei fahren. Man bekommt sie an den Ticketschaltern von Métro und RER und an SNCF-Bahnhöfen der Pariser Region. Je nachdem, wie oft man an einem Tag ein- und aussteigen will, ist ein *carnet* vielleicht günstiger.

Die Karte Paris Visite gewährt unbegrenzte Nutzung der öffentlichen Verkehrsmittel (inklusive von/zu den Flughäfen) sowie ermäßigten Eintritt zu bestimmten Museen und Aktivitäten. Sie ist für ein, zwei, drei oder fünf aufeinanderfolgende Tage in drei oder sechs Zonen gültig. Das Ticket für ein bis drei Zonen kostet 8,80/14,40/19,60/28,30 € für ein/zwei/drei/fünf Tage. Kinder von vier bis elf Jahren zahlen nur die Hälfte.

ZEITKARTEN

Wer länger als ein paar Tage in Paris bleibt, fährt am billigsten und einfachsten mit einer kombinierten Zeitkarte, die für Métro, RER und Busse gilt. Es gibt Versionen für eine Woche, einen Monat oder ein Jahr. Die Zeitkarten gelten wahlweise in zwei bis acht Zonen, aber für Touristen genügt normalerweise die Grundkarte für die Zonen 1 und 2. Das Navigo-System (www. navigo.fr, auf Frz.) bietet Wochen-, Monats- oder Jahreskarten, die an Navigo-Terminals in den meisten Métrostationen wieder aufladbar sind; zum Passieren der Drehkreuze vor den Bahnsteigen die Karte über das elektronische Lesegerät führen. Die Standard-Navigo-Karten, die jeder bekommen kann, der eine Adresse in der Île de France hat, sind kostenlos, aber es dauert bis zu drei Wochen, bis sie ausgestellt sind; Formulare gibt es an den Ticketschaltern oder online. Eine Alternative ist, 5 € für eine Nagivo Découverte zu bezahlen, die an Ort und Stelle ausgestellt wird, aber im Gegensatz zur normalen Karte bei Verlust oder Diebstahl nicht ersetzt wird. Für beide Karten ist ein Passfoto vonnöten, und

SIGHTSEEING IN DER MÉTRO

Abbesses (Linie 12) Bunte Wandgemälde verkürzen den langen Aufstieg zum Montmartre.

Arts et Metiers (Linie 11) Mit ihrer Messingverkleidung und ihren Bullaugen erinnert diese Station an ein U-Boot aus einem Jules-Verne-Roman.

Bastille (Linie 1) Obwohl das alte Gefängnis nicht mehr existiert, überdauert der Volksaufstand, der hier seinen Anfang nahm, auf den unvollendeten Wandgemälden mit Szenen der Französischen Revolution.

Concorde (Linie 12) Unterhalb der Stelle, wo einst die Guillotine ihr blutiges Werk verrichtete, geben Buchstabenkacheln an der Wand den Text der Erklärung der Menschen- und Bürgerrechte wieder.

Liège (Linie 13) Mosaikkacheln beschwören das ländliche Umfeld der alten flämischen Stadt Lüttich (franz. Liège) herauf.

Linie 14 Die neueste Pariser Métrolinie mit dem Namen Météor ist ein U-Bahnerlebnis der besonderen Art. Wer in diesem voll automatisierten Zug ganz vorne einen Platz ergattert, kann die düsteren Pariser U-Bahntunnel auf sich zurasen sehen.

Louvre–Rivoli (Linie 1) Das Museumserlebnis beginnt schon an der Métrostation: Vom U-Bahnwagen geht's direkt in den Bauch des Louvre. Im gelblichen Lichtschein der Pyramide werden die Besucher von ägyptischen Kunstwerken begrüßt.

Palais Royal–Musee du Louvre (Linie 7) Der Métroeingang ist mit skurrilen „Kronen" überdacht, die ein buntes Licht auf die Nordwand des Louvre werfen.

Tuileries (Linie 1) Bunte Wandgemälde schildern die wechselhafte Geschichte des zentralen Parks der Stadt.

Varenne (Linie 13) Die Bahnsteige der Métrostation, die dem ehemaligen Atelier Rodins am nächsten liegt, sind mit seinen Skulpturen geschmückt.

sie können für je eine Woche oder mehr wieder aufgeladen werden.

Wochentickets *(coupon hebdomadaire)* kosten 17,20 € für Zone 1 und 2 und gelten von Montag bis Sonntag. Selbst bei nur drei, vier Tagen Paris kann eine Wochenkarte billiger sein als *carnets*; mit Sicherheit ist sie günstiger als die Tageskarten Mobilis und Paris Visite (S. 141).

VORORTZÜGE

Die RER-Züge und die **Pendlerzüge der SNCF** (☎08 91 36 20 20; www.sncf.fr) bedienen die Vororte außerhalb der Stadtgrenzen. Fahrkarten sind *vor* dem Einsteigen zu lösen; wer das vergisst, kann nach der Ankunft den Bahnhof nicht verlassen. Am Zielbahnhof nachzahlen geht nicht.

Auch SNCF-Fahrkarten muss man *vor* dem Einsteigen an einer der Entwertersäulen entwerten. Manchmal bekommt man auch eine *contremarque magnétique* (magnetisches Ticket) für die Métro-/RER-Drehkreuze auf dem Weg vom/zum Bahnsteig. Das Magnetticket von Karten wie Paris Visite oder Mobilis darf man auf keinen Fall in einen Entwerter stecken. Die meisten – aber nicht alle – RER-/SNCF-Fahrkarten von den Vororten in die Stadt erlauben die Weiterfahrt mit der Métro. Für einige Fahrziele gibt es Tickets an jedem Métroschalter, für andere nur an den RER-Stationen der gewünschten Linie.

Schiff/Fähre

Batobus (☎08 25 05 01 01; www.batobus. com; Erw. 1-/2-/3-Tagespass 13/17/20 €; alle 15–30 Min.; ☺Mai–Aug. 10–21.30 Uhr, sonst kürzere Betriebszeiten) Die Flotte verglaster Trimarane pendelt zwischen acht kleinen Anlegestellen entlang der Seine. Die Tickets gibt es an jeder Anlegestelle und bei den Touristeninformationen; mit ihnen können die Fahrgäste beliebig oft zu- und aussteigen.

Taxi

Die *taxe de prise en charge* (Grundpreis) in allen Pariser Taxis beträgt 2,20 €. Von Montag bis Samstag 10 bis 17 Uhr kostet die Fahrt im Stadtgebiet 0,89 € pro Kilometer (Tarif A; weißes Licht am Taxameter). Von 17 bis 10 Uhr sowie an Sonn- und Feiertagen liegt der Kilometertarif bei 1,14 € (Tarif B; orangefarbenes Licht am Taxameter). In den äußeren Vororten gilt Tarif C (blaues Licht) – 1,33 € pro Kilometer.

Ein vierter Fahrgast kostet einen Zuschlag von 2,75 €. Das erste Gepäckstück ist im Fahrpreis inbegriffen, jedes weitere über 5 kg kostet 1 € extra.

Ein Taxi auf der Straße anzuhalten ist manchmal schwierig. Telefonisch lassen sich Taxis über die Pariser **Taxizentrale** (☎01 45 30 30 30; Fahrgäste mit eingeschränkter Mobilität ☎01 47 39 00 91; ☺24 Std.) bestellen, außerdem (auch online) bei den folgenden Funktaxiunternehmen, die rund um die Uhr im Einsatz sind:

Alpha Taxis (☎01 45 85 85 85; www.alpha taxis.com, auf Frz.)

Taxis Bleus (☎01 49 36 29 48; www.taxisbleus.com, auf Frz.)

Taxis G7 (☎01 47 39 47 39; www.taxisg7.fr, auf Frz.)

Rund um Paris

Gut essen

» Côté Sud (S. 154)
» La Capitainerie (S. 157)
» La Chocolaterie (S. 161)

Die schönsten Rundfahrten

Klimatisierte Bustouren:
» **Cityrama** (☎ 01 44 55 60 00; www.pariscityrama.com) bietet Halbtagesausflüge nach Versailles (54–74 €) oder Chartres (63 €) und diverse Ganztagesangebote.
» **Paris Vision** (☎ 01 42 60 30 01; www.parisvision.com) organisiert Halbtagesausflüge nach Versailles/Giverny (67/70 €) oder Ganztagesausflüge zu beiden Zielen; weitere Ziele sind Fontainebleau, Barbizon und Vaux-le-Vicomte sowie Disneyland.

Auf in die Île-de-France

Die französische Hauptstadt liegt im Herzen der 12 000 km² großen Region Île-de-France („Frankreichs Insel"), der fünf Flüsse ihre Form geben. Hier begann etwa 1100 n. Chr. die Geschichte des Königreichs Frankreich.

In der Île-de-France finden sich einige der extravagantesten Schlösser des Landes, allen voran natürlich der opulente Palast von Versailles. Es war nicht zuletzt sein Protz, der den revolutionären Mob im Juli 1789 auf die Mauern der Bastille trieb. Auf der Insel stehen auch viele der schönsten Kirchenbauten Frankreichs, darunter die Kathedrale von Chartres, die mit ihren Buntglasfenstern und reich gestalteten Portalen zu Recht als „Mutter aller Basiliken" gilt.

Dass die Île-de-France aber nicht nur vom Glanz der Vergangenheit lebt, zeigt ein Besuch von La Défense, deren supermoderne Stadtlandschaft einen krassen Kontrast zu den romantischen Klischees der französischen Hauptstadt bildet. Und das Pariser Disneyland bietet heute so viele Attraktionen, dass jedes Kinderherz sofort höher schlägt.

Reisezeit

Chartres

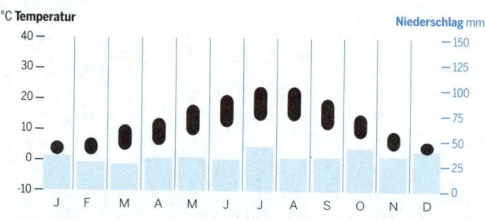

März/April Das Jazzfestival Banlieues Bleues in St-Denis und den nördlichen Vorstädten

Mitte Juni bis August Zauberhafte Wasserspiele am Schloss von Versailles

Dezember Christmette um Mitternacht in der Kathedrale von Chartres

La Défense

21 000 EW.

Die ultramodernen Hochhäuser von La Défense recken sich 3 km westlich der Hauptstadt in den Himmel. Der Bezirk ist so verblüffend anders als das jahrhundertealte Paris, dass er auf jeden Fall einen Besuch wert ist. In den späten 1950er-Jahren begann die Erschließung der 160 ha großen Fläche, damals eines der ehrgeizigsten Bauprojekte der Welt. Als erstes größeres Gebäude wurde 1958 das gewölbte, grob dreieckige Centre des Nouvelles Industries et Technologies (CNIT; Zentrum für neue Industrien und Technologien) eingeweiht. Die riesige „schwangere Auster" wurde drei Jahrzehnten später umfassend umgebaut und erlebte 2008 eine Wiedergeburt als Einkaufs- und Konferenzzentrum. Wie viele andere Gebäude aus der Zeit ist das Zentrum architektonisch nicht gerade spannend. Neuere Bauten jedoch können immer noch fesseln, z. B. das Cœur Défense (Herz von Défense; 2001), die Tour T1 und die Tour Granite (2008) sowie der noch unvollendete Rekordbau der Tour Phare (S. 145).

Heute besteht La Défense aus mehr als 100 Gebäuden und besticht außerdem durch spannende monumentale Kunst. Drei Viertel der 20 größten Unternehmen Frankreichs werden von hier aus dirigiert; für insgesamt 1500 Firmen aller Größenordnungen arbeiten 150 000 Menschen und verwandeln die nächtliche Geisterstadt tagsüber in ein hyperaktives Kommerzzentrum.

⊙ Sehenswertes

Grande Arche de la Défense

MONUMENTALBOGEN

(www.grandearche.com; 1 parvis de la Défense; Erw./Kind 10/8,50 €, Di 5 €; ⊙10–20 Uhr; MLa Défense Grande Arche) Die meisten Besucher von La Défense zieht es zum „Großen Bogen", einem auffälligen Würfel aus weißem Carrara-Marmor, grauem Granit und Glas, dessen Kanten alle genau 110 m lang sind und der als Verwaltungs- und Bürogebäude dient. Seit seiner Einweihung am 14. Juli 1989 markiert der Bogen das westliche Ende der 8 km langen **Axe Historique** (Historische Achse), die sich von der Glaspyramide des Louvre bis hierher erstreckt. Besucher werden von gläsernen Aufzügen zum 35. Stock hochgebeamt, wo sie die Aussicht genießen und einen Film oder Modelle des Gebäudes ansehen können.

Hier befindet sich auch das neue **Musée de l'Informatique** (Computermuseum; www.museeinformatique.fr, auf Frz.) mit 200 Exponaten der letzten 100 Jahre, die tatsächlich interessanter sind, als sie zunächst klingen. Der Besuch des Museums ist im Eintrittspreis enthalten.

GRATIS **Musée de la Défense**　　MUSEUM

(www.ladefense.fr, auf Frz.; 15 place de la Défense; ⊙So–Fr 10–18, Sa 10–19 Uhr; MLa Défense Grande Arche) Das Museum unter dem Espace Info-Défense zeigt mit Zeichnungen, Bauplänen und Modellen die jahrzehntelange Entwicklung von La Défense. Am spannendsten sind die nie verwirklichten Projekte, z. B. die Tour sans Fin (Turm ohne Ende) mit einer Höhe von 425 m und einem Durchmesser von nur 39 m.

Gärten & Denkmäler　　GÄRTEN

Die nette, 1 km lange Fußgängerzone aus dem Parvis, der Place de la Défense und der Esplanade du Général de Gaulle ist ein **Garten für zeitgenössische Kunst** mit mehr als 60 Skulpturen und Wandgemälden entlang der **Voie des Sculptures** (Skulpturenweg), darunter farbenfrohe und phantasievolle Werke von Calder, Miró, César und Moretti.

Das Denkmal **La Défense de Paris** in der südöstlichen Ecke gegenüber der Touristeninformation an der Place de la Défense ist älter als das Viertel und erinnert an die Verteidigung von Paris im Deutsch-Französischen Krieg von 1870–71; diesem historischen Ereignis verdankt La Défense seinen Namen. Dahinter sprudeln im **Bassin Agam** die Fontänen über venezianischer Mosaikverzierung.

LEUCHTTURM

Bei den futuristischen Hochhauskreationen in La Défense wird alle Vorsicht in den Wind geschlagen. Am schönsten, größten und grünsten aber wird die **Tour Phare** (Leuchtturm) sein, ein 300 m hohes Büro- und Geschäftsgebäude, das sich wie ein menschlicher Körper nach vorne beugen und Licht als eine Art Baumaterial einsetzen soll: Je nach Sonneneinstrahlung werden sich seine Sonnenblenden öffnen oder schließen. Rund 30 Windturbinen auf dem Dach sollen für frische Luft im Bau sorgen. Die Eröffnung ist für 2014 geplant.

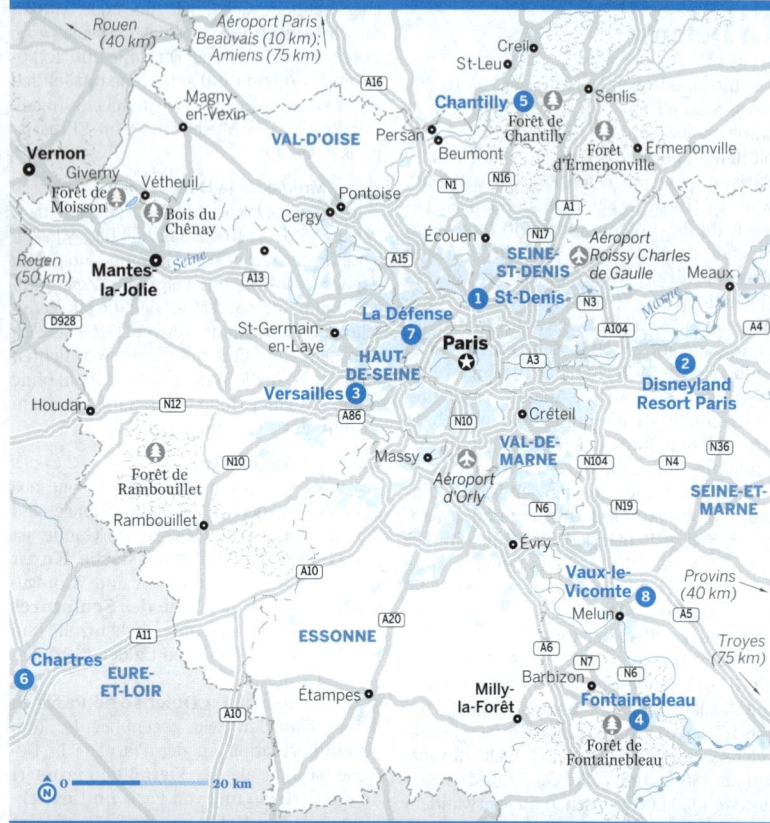

Highlights

1 Die europaweit wichtigste Sammlung von Grabskulpturen in der **Basilique de St-Denis** (S. 147)

2 Ein Blick hinter die Kulissen im **Walt Disney Studios Park** (S. 149)

3 Eine Zeitreise ins prachtvolle Leben der französischen Könige des 17. und 18. Jhs. im **Château de Versailles** (S. 150)

4 Ein sportlicher Aktionstag mit Spaziergang, Radeln oder sogar Klettern im schönsten Wald der Île-de-France, der **Forêt de Fontainebleau** (S. 155)

5 Die üppig bunt illustrierte Handschrift *Das Stundenbuch des Herzogs von Berry* im **Château de Chantilly** (S. 156)

6 Die Welt in tiefem Blau versinken sehen oder alles rosarot betrachten, wenn die Sonne ihre Strahlen durch die wundervollen Fenster der **Cathédrale Notre-Dame de Chartres** (S. 159) schickt

7 Staunen über französische Zukunftsvisionen aus Glas und Stahl in La Défense (S. 145)

8 Das **Château de Vaux-le-Vicomte** bei Kerzenlicht erleben wie anno dazumal (S. 155)

✖ Essen

La Défense ist vor allem Fast-Food-Territorium. Das Einkaufszentrum **Les Quatre Temps** (www.les4temps.com, auf Frz.; 15 parvis de la Défense; ⊙10–20, Restaurants 10–23 Uhr) steckt voller Möglichkeiten für einen schnellen Happen zwischendurch: von Pizza über Pfannkuchen, Eis und Suppe bis zum Saft ist alles geboten. Bei **K10**

(15 parvis de la Défense; Gerichte 2,80–14 €; ⏰12–22.30 Uhr; Ⓜ️La Défense Grande Arche) gibt's sogar einen japanischen Imbiss.

Globetrotter INTERNATIONAL €€
(☎01 55 91 96 96; www.globetrottercafe.com, auf Frz.; 16 place de la Défense; Hauptgerichte 15–33 €; ⏰Mo–Fr mittags; Ⓜ️La Défense Grande Arche) Das attraktive Restaurant neben der Touristeninformation Espace Info-Défense lädt seine Gäste auf kulinarische Weltreise zu diversen Inseln ein. Die Tische auf der Holzterrasse blicken auf die Grande Arche, die im Innern locken mit Ausblicken auf das Bassin Agam. Mittags stehen zum Preis von 7 bis 12 € verschiedene Sandwichmenüs auf dem Programm.

Bistrot de l'Arche BISTRO €€
(☎01 40 81 08 16; 38 parvis de la Défense; Menü 21–24,50 €; Ⓜ️mLa Défense Grande Arche) Das Essen in diesem durchgehend geöffneten Stehbistro ist nicht gerade eine Überraschung. Dafür bietet die riesige Terrasse am Fuße der Treppe zur Grande Arche jede Menge schönes Ambiente. Zum Essen gibt's Sandwiches (4–6,60 €) und Salate.

🛈 Praktische Informationen

Espace Info-Défense (☎01 47 74 84 24; www. ladefense.fr, auf Frz.; 15 place de la Défense; ⏰So–Fr 10–18, Sa 10–19 Uhr; Ⓜ️La Défense Grande Arche) In dieser Touristeninformation gibt's stapelweise kostenlose Infos. Besonders empfehlenswert der Kurzführer zu La Défense sowie die drei hervorragenden Broschüren zur Geschichte, Architektur und öffentlichen Kunst des Stadtviertels.

Post (CNIT-Gebäude, Erdgeschoss, 2 place de la Défense; Ⓜ️La Défense Grande Arche)

🛈 An- & Weiterreise

An der Métrostation La Défense Grande Arche als westlichstem Punkt endet die Métro 1; die Fahrt vom Louvre dauert ca. 15 bis 20 Minuten. Passagiere im schnelleren RER A sollten daran denken, dass La Défense in Zone 3 liegt. Wer also ein Ticket der Zonen 1 und 2 hat, braucht ein Zusatzticket für 2,25 €. Vorsicht: Hier wird regelmäßig kontrolliert!

St-Denis

102 000 EW.

Was 1200 Jahre lang die heilige Begräbnisstätte des französischen Königshauses war, ist heute kaum mehr als eine Vorstadt mit sehr unterschiedlichen Bewohnern, die eine kurze Métrofahrt nördlich des 18. Arrondissements von Paris liegt. Dennoch verdienen die opulenten Plastiken auf den königlichen Gräbern genauso einen Besuch wie ihre Hüterin, die Kathedrale von St-Denis. Außerdem steht hier etwas südlich vom Canal St-Denis der futuristische Sporttempel Stade de France.

◉ Sehenswertes

Basilique de St-Denis KATHEDRALE
(www.monuments-nationaux.fr; 1 rue de la Légion d'Honneur; Eintritt frei; ⏰Mo–Sa 10–18, So 12–18 Uhr; Ⓜ️Basilique de St-Denis) In der Basilika liegen mit wenigen Ausnahmen alle französischen Könige und Königinnen von Dagobert I. (reg. 629–39) bis zu Ludwig XVIII. (reg. 1814–24) begraben. Die Gräber und Mausoleen stellen eine von Europas wichtigsten Grabplastiksammlungen dar.

Die eintürmige Kirche, begonnen um 1136, ist als erstes großes Bauwerk der Gotik stolzes Vorbild für viele andere französischen Kathedralen des 12. Jhs., u. a. die in Chartres (S. 159). Im **Chor** und **Chorumgang** mit **Buntglasfenstern** aus dem 12. Jh. illustrieren architektonische Besonderheiten den Übergang von der Romanik zur Gotik.

Revolution und Terrorherrschaft hinterließen schwere Schäden an der Basilika, während die königlichen Gebeine wahllos in zwei Gruben außerhalb der Kirche deponiert wurden. Immerhin überlebten die steinernen Grabdenkmäler den Aufruhr in ihrem vorübergehenden Pariser Exil. 1816 wurden sie zurückgebracht; ein Jahr später wurden auch die edlen Knochen erneut in der Krypta beigesetzt. Unter Napoleon begann die Restauration des Gebäudes, die meisten Arbeiten erledigte aber der neugo-

UNTERWEGS

Die offizielle Website für **Paris Île-de-France** (www.nouveau-paris-ile-de-france.fr) ist eine richtige Fundgrube für Infos zur Umgebung. Für alle, die auf eigene Faust die Île-de-France besuchen, empfiehlt sich die IGN-Karte *Île-de-France* im Maßstab 1:250 000 (5,70 €) oder mit größerem Maßstab *Paris et ses Environs* (1:100 000; 4,30 €). Beide sind bei der **Espace IGN** (S. 1054) in einer Seitenstraße der Champs-Élysées erhältlich.

KOPF HOCH!

Namenspatron der Basilika ist Saint-Denis (Dionysius von Paris), der Schutzpatron Frankreichs. Er brachte das Christentum in die Stadt; als Belohnung schlugen ihm die Römer auf dem Montmartre den Kopf ab. Der Legende nach hat Dionysius sich anschließend den Kopf unter den Arm geklemmt und ist dann genau zu der Stelle marschiert, wo heute die Basilika steht. Mit dem Kopf unter dem Arm ist er auch am Westportal der Kathedrale Notre-Dame (S. 71) in Paris dargestellt.

tische Architekt Eugène Viollet-le-Duc zwischen 1858 und seinem Tod 1879.

Auf den **Königsgräbern** (Erw./Kind 7 €/frei) thronen lebensgroße Figuren der Verstorbenen – seit der Renaissance, denn vorher waren Ebenbilder als *gisants* (Liegefiguren) angesagt. Die nach 1285 geschaffenen Figuren wurden nach Totenmasken gefertigt und wirken daher ziemlich lebensecht (sofern man das von einem Toten sagen kann); die 14 unter Ludwig IX. (dem Heiligen; reg. 1214–70) geordneten Figuren sind Darstellungen früherer Herrscher. Die ältesten Grabstätten von etwa 1230 sind die von Chlodwig I. (gestorben 511) und seinem Sohn Childebert I. (gestorben 558). Sehenswert ist auf jeden Fall auch der **Marmorkatafalk** von Ludwig XII. und Anne de Bretagne von 1597. Die Graffiti, die in die Arme der sitzenden Figuren eingeritzt sind, stammen aus dem frühen 17. Jh.

Audioführer für 1¼-stündige Führungen durch die Basilika und zu den Grabmälern kosten 4,50 € bzw. 6 € für zwei Personen.

Stade de France   STADION

(www.stadefrance.com; rue Francis de Pressensé; Erw./Kind 12/8 €; ☺Führungen auf Frz. stündl. 10–17, auf Engl. 10.30 & 14.30 Uhr; Ⓜ St-Denis–Porte de Paris) Das 80 000 Zuschauer fassende Stade de France liegt etwas südlich des Zentrums von St-Denis und wurde 1998 für die Fußballweltmeisterschaft gebaut, die Frankreich dann auch dort mit einem 3:0-Überraschungssieg gegen Brasilien gewann. Das Dach der schönen futuristischen Konstruktion ist so groß wie die ganze Place de la Concorde. Darunter finden Fußball- und Rugbyspiele sowie größere Musikevents statt. Besichtigungen sind nur im Rahmen einer Führung möglich.

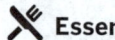 **Essen**

In der Stadtmitte gibt es bei der Post einen **Franprix-Supermarkt** (34 rue de la République; ☺Mo–Sa 8.30–20.30, So 8.30–13.30 Uhr).

Les Arts   NORDAFRIKANISCH €€

(☎01 42 43 22 40; 6 rue de la Boulangerie; Menü 22 €; Ⓜ Basilique de St-Denis) Hier gibt's außer Maghreb-Küche (Couscous, *Tajine*, „marokkanischer Eintopf" usw., 12–18 €) auch ein paar traditionell französische Gerichte. Die äußerst zentrale Lage direkt gegenüber der Basilika macht das Restaurant zum idealen Boxenstopp für Zwischendurch.

Le Petit Breton   FRANZÖSISCH, KLASSISCH €

(☎01 48 20 11 58; 18 rue de la Légion d'Honneur; Menü 12 & 15 €; ☺Mo–Sa mittags; Ⓜ St-Denis-Porte de Paris) Der gastliche „kleine Bretone" macht ein ziemlich gutes Mittagessen. Wer allerdings aufgrund des Namens auf *galettes* (Buchweizenpfannkuchen) oder Crêpes hofft, wird enttäuscht: Hier geht's eher traditionell französisch zu. Das Tagesgericht ist mit 8 € ein echtes Schnäppchen.

 Praktische Informationen

Office de Tourisme de St-Denis Plaine Commune (☎01 55 87 08 70; www.saint-denis-tourisme.com, auf Frz.; 1 rue de la République; ☺Mo–Sa 9.30–13 & 14–18, So 10–13 & 14–16 Uhr; Ⓜ Basilique de St-Denis)

Post (59 rue de la République; Ⓜ Basilique de St-Denis)

An- & Weiterreise

Die Métro 13 braucht 20 Minuten bis St-Denis. Der Basilika und der Touristeninformation am nächsten liegt die Haltestelle Basilique de St-Denis; Stadionbesucher steigen in St-Denis–Porte de Paris aus. (Am Stadion hält auch der RER B an der Haltestelle La Plaine–Stade de France.) Auf jeden Fall eine Métro nach St-Denis Université nehmen und *nicht* Richtung Gabriel Péri–Asnières–Gennevilliers–Les Courtilles, da sich die Linie ab La Fourche teilt.

Disneyland Resort Paris

Das Disneyland Resort Paris liegt 32 km östlich der Stadt und gliedert sich in drei große Bereiche: das Disney Village mit sieben Hotels sowie Geschäften, Restaurants und Clubs, den Disneyland Park mit fünf themenorientierten *pays* (Ländern) und den Walt Disney Studios Park, wo Besucher erleben, wie Disney Filme, Trickfilme und Fernsehen produziert. Die ersten beiden Bereiche sind durch den RER- und den TGV-Bahnhof getrennt; die Walt Disney Studios liegen am Disneyland Park. Die Fahrsteige vom abgelegenen Autoparkplatz rollen die Besucher blitzschnell zu den Attraktionen.

◉ Sehenswertes

Ein Tagesticket im **Disneyland Resort Paris** (☏01 60 30 60 53; www.disneylandparis. com; Erw./Kind 52/44 €) gilt unbegrenzt für alle Fahrten und Aktivitäten im Walt Disney Studios Park *oder* im Disneyland Park. Daneben gibt's noch verschiedene Kombi- und Mehrtageskarten: Mit der **Eintageskarte** (Erw./Kind 65/57 €) kommen Besucher am gleichen Tag in beide Parks; mit der **Zwei-** (111/94 €) und **Dreitageskarte** (138/117 €) können sie beide Parks im Laufe eines Jahres an nicht aufeinanderfolgenden Tagen beliebig oft besuchen. Die Eintrittspreise ändern sich jedes Jahr; außerdem gibt's noch viele Sonderangebote und Pauschalpakete mit Unterkunft und Anreise.

Disneyland Park   THEMENPARK
(☉9–23, im Winter 9–20 Uhr) **Main Street USA**, eine blitzsaubere Straße gleich hinter dem Haupteingang, erinnert an Norman Rockwells idealisierte Kleinstadtgemälde, die Amerika um 1910 darstellen. Im benachbarten **Frontierland** mit der legendären Minenachterbahn Big Thunder Mountain ersteht der „raue, ungezähmte amerikanische Westen" neu. **Adventureland** soll die Atmosphäre aus 1001 Nacht und der afrikanischen Wildnis (neben anderen exotischen Disney-Kulissen) heraufbeschwören. Es entführt das Publikum in die Geschichten beliebter Filme wie *Fluch der Karibik* oder *Indiana Jones und der Tempel des Todes*. Außerdem ist hier eine Achterbahn mit 360-Grad-Looping. **Fantasyland** erweckt Pinocchio, Schneewittchen und andere Märchenfiguren zum Leben, während die Hightech-Attraktionen und Fahrten in **Discoveryland** wahre Massen anziehen – entsprechend lang sind auch die Schlangen. Dazu gehört Space Mountain: Mission 2, Star Tours und der vom Animationsfilm *Toy Story 2* inspirierte Buzz Lightyear Laser Blast sind anscheinend der allerletzte Schrei.

Walt Disney Studios Park   THEMENPARK
(☉9–18 Uhr) Eine Konzertbühne, ein Filmstudiogelände und Zeichentrickstudios lassen Besucher aus nächster Nähe an der Produktion von Filmen, Fernsehsendungen und Trickfilmen teilhaben.

✗ Essen

Picknicken ist im gesamten Resort verboten, aber es locken zahlreiche Restaurants, die alle unter einem bestimmen Motto stehen, z. B. Buzz Lightyear's Pizza Planet (Discoveryland), Planet Hollywood oder der von der Fernsehserie *Happy Days* inspirierte Annette's Diner (Disney Village), das fleischlastige Silver Spur Steakhouse oder das mexikanische Fuente del Oro (Frontierland) und das maritime Blue Lagoon (Adventureland) für Möchtegernpiraten. Die meisten Restaurants bieten Menüs für Kinder und Essensmarken für Erwachsene/Kinder (24/10 €). Die Öffnungszeiten sind unterschiedlich. Wer nicht schon wieder in einer Schlange stehen möchte, sollte sich im Internet ein Restaurant aussuchen und dann telefonisch (☏01 60 30 40 50) einen Tisch reservieren.

❶ Praktische Informationen

Espace du Tourisme d'Île-de-France et de Seine-et-Marne (☏01 60 43 33 33; www. nouveau-paris-ile-de-france.fr; place François Truffaut; ☉9.20–20.45 Uhr) Die Touristeninformation auf der Île-de-France ist in der Nähe der RER- und TGV-Bahnhöfe und gegenüber dem Disney Village. Sie teilt sich das Büro mit einer Informationsstelle für das Departement Seine-et-Marne.

❶ An- & Weiterreise

Nach Marne-la-Vallée/Chessy, dem RER-Bahnhof von Disneyland, fährt ab Paris Innenstadt etwa alle 15 Minuten die Linie A4 (6,50 €). Der letzte Zug zurück nach Paris fährt kurz nach Mitternacht.

Mit dem Auto folgt man am besten der Route A4 von der Porte de Bercy Richtung Metz-Nancy bis zur Ausfahrt 14.

Versailles

88 930 EW.

Im wohlhabenden, grünen Versailles 28 km südwestlich von Paris prunkt das großartigste und berühmteste Schloss Frankreichs. Ab 1682 war es länger als ein Jahrhundert Sitz des Hofes und politisches Machtzentrum des Königreichs, bis im Revolutionsjahr 1789 die Massen die Wachen massakrierten und Ludwig XVI. sowie Marie Antoinette nach Paris – und schließlich auf die Guillotine – schleiften.

👁 Sehenswertes

Château de Versailles SCHLOSS

(📞01 30 83 78 00; www.chateauversailles.fr; Schloss Erw./Kind 15/frei €, Park & Führungen 18 €, an Tagen mit Musikvorführung 25 €; ⏱Di–So 9–18.30 Uhr) Mit dem prächtigen und riesigen Château de Versailles wollte der *Roi Soleil* (Sonnenkönig) Ludwig XIV. Mitte des 17. Jhs. die absolutistische Macht der französischen Monarchie demonstrieren, die damals ihren Höhepunkt hatte. Größe und Ausstattung des Superbaus spiegeln Ludwigs Hang zu verschwenderischem Luxus und seine grenzenlose Gier nach Selbstglorifizierung wider. 30 000 Arbeiter und Soldaten arbeiteten an dem für die Staatskasse fast ruinösen Schloss. Seit der Fertigstellung ist daran relativ wenig verändert worden, obwohl fast die gesamte Inneneinrichtung bei der Revolution erbeutet wurde und Ludwig Philipp (reg. 1830–48) viele Räume neu ausstatten ließ. Derzeit wird das Schloss für 400 Mio. € restauriert, sodass bis 2020 sicher immer irgendein Teil eingerüstet sein wird.

Die Arbeiten begannen 1661 unter der Aufsicht von drei äußerst talentierten Herren: dem Architekten Louis Le Vau (Jules Hardouin-Mansart übernahm die Arbeit von Le Vau in der Mitte der 1670er-Jahre), dem Maler und Innenarchitekten Charles Le Brun und dem Landschaftskünstler André Le Nôtre, dessen Arbeiter für die schier endlose Folge von Gärten, Teichen und Brunnen Hügel ebneten, Sümpfe trockenlegten und Wälder umpflanzten.

Le Brun und seine Hunderte von Handwerkern schmückten jede Leiste, jedes Gesims, jede Decke und Tür im Innern des Schlosses auf das Üppigste und Prunkvollste mit Fresken, Marmor, Blattgold und Holzschnitzereien, darunter viele Motive und Symbole aus der griechischen und römischen Mythologie. Die Königssuite der **Grands Appartements du Roi et de la Reine** (Prunkgemächer des Königs und der Königin) beherbergt Säle, die Herkules, Venus, Diana, Mars und Merkur gewidmet sind. Die Pracht gipfelt in der kürzlich restaurierten **Galerie des Glaces** (Spiegelsaal), einem 75 m langen Ballsaal mit 17 riesigen Spiegeln und ihnen gegenüber ebenso vielen Fenstern mit Blick auf den Garten bzw. abends auf den Sonnenuntergang.

Das Schloss

Zum Schlosskomplex gehören aber nicht nur das 580 m lange **Palais** (Palastgebäude) mit seiner Vielzahl von Flügeln, Sälen und prächtigen Schlafgemächern sowie den Grands Appartements du Roi et de la Reine, sondern auch die riesigen Gärten mit Kanälen und Wasserbecken westlich vom Palast und die beiden viel kleineren Schlösser **Grand Trianon** und, ein paar Hundert Meter weiter östlich, **Petit Trianon**. Dazu kommt noch der **Hameau de la Reine** (Weiler der Königin).

Sowohl bei der einfachen Eintrittskarte zum Schloss als auch beim etwas umfassenderen Passeport ist ein englischsprachiger Audioführer im Preis enthalten, mit dem Besucher selbstständig die Prunkgemächer des Königs und der Königin, die königliche Kapelle, die **Appartements du Dauphin et de la Dauphine** und verschiedene Galerien besuchen können. Der sogenannte Passeport gewährt zusätzlich Eintritt zu den beiden Trianons und in der Hochsaison außerdem zum Hameau de la Reine und den Vorführungen der Grandes Eaux Musicales.

Schlossgärten

Der Abschnitt der riesigen **Gärten** (⏱8.30–20.30 Uhr), der direkt neben dem Schloss

---

ℹ TIPPS FÜR VERSAILLES

Für viele Frankreichreisende ist Versailles zu Recht ein absolutes Muss. Wer aber nicht enttäuscht sein will, sollte hier sorgfältig vorausplanen.

Montags ist z. B. Ruhetag und fällt damit ohnehin aus. An allen anderen Tagen ist die geschickteste Besuchszeit morgens gleich nach Öffnung, wenn der Andrang am geringsten ist. Besucher, die sich speziell für die Grands Appartements interessieren, können auch gut um 16 Uhr kommen. Dienstags und sonntags sind viele Museen in Paris geschlossen, daher ist an diesen Tagen mit den längsten Schlangen zu rechnen. Und am allerwichtigsten: Eintrittskarten für das Schloss unbedingt im Voraus kaufen! Das geht am besten online unter www.chateauversailles.fr oder in einer Fnac-Filiale.

liegt, wurde zwischen 1661 und 1700 im formalen französischen Stil mit geometrischen Terrassen, Blumenbeeten, baumgesäumten Wegen, Teichen und Brunnen angelegt. Entlang der Wege stehen rund 400 Marmor-, Bronze- und Bleistatuen, die von den begnadetsten Bildhauern der Epoche stammen. Durch die im englischen Stil angelegten **Jardins du Petit Trianon** schlängeln sich schattige Wege. Der Zutritt zum Schlossgarten ist kostenlos, außer dienstags und an den Wochenenden der Wasserspielsaison der Grandes Eaux Musicales.

Der **Grand Canal**, 1,6 km lang und 62 m breit, ist so angelegt, dass sich die untergehende Sonne darin spiegelt. Mit dem 1 km langen **Petit Canal** bildet er ein Wasserkreuz von mehr als 5,5 km Uferlänge, auf dem Ludwig XIV. gerne Bootspartys feierte. Heute können sich Besucher in den wärmeren Monaten in ein **Ruderboot** setzen und von der Ablegestelle am Ostende aus auf dem Großen Kanal paddeln. Auf der Südwestseite des Palastes überwintern tropische Pflanzen in der **Orangerie** unter dem Parterre du Midi (Südliches Blumenbeet).

Die größten Brunnen im Garten sind das **Bassin de Neptune** (Neptunbrunnen) aus dem 17. Jh., 300 m nördlich des Palastes, das mit seinen 99 Wasserspeiern ein atemberaubendes Bild bietet, und am Ostende des Grand Canal das **Bassin d'Apollon** (Apollobrunnen), das 1688 errichtet wurde. Im Zentrum bäumen sich wilde Pferde vor Apollos Streitwagen auf, während an der geraden Seite des Brunnens ein kleinerer, runder Teich mit einem geflügelten Drachen angrenzt.

Besonders interessant ist ein Besuch der Gartenanlage zu den zauberhaften Wasserspielen **Grandes Eaux Musicales** (Erw./Kind 8/6 €; ⊙April–Sept. Di, Sa & So 11–12 & 15.30–17 Uhr) oder den abendlichen **Grandes Eaux Nocturnes** (Erw./Kind 21/17 €; ⊙Mitte Juni–Aug Sa & So 21–23.30 Uhr). Dabei tanzt das Wasser im gesamten Garten in Brunnen und Kaskaden zu Klängen von barocker und klassischer Musik.

In der Mitte des 90 ha großen Parks liegt 1,5 km nordwestlich vom Hauptgebäude die **Domaine de Marie Antoinette** (Anwesen der Marie Antoinette; Erw./Kind 10 €/frei; ⊙12–22.30 Uhr). Der **Grand Trianon** mit seinem rosa Säulengang wurde 1687 für Ludwig XIV. und seine Familie als Zufluchtsnest vor der strikten Hofetikette gebaut. Unter Napoleon I. wurde er im Empirestil umge-

baut und schließlich in den 1960er-Jahren wieder in seinen Originalzustand zurückversetzt. Den viel kleineren ockerfarbenen **Petit Trianon** aus den 1760er-Jahren gestaltete 1867 Kaiserin Eugénie, die Gemahlin Napoleons III., um. Sie war es auch, die die Inneneinrichtung im Stil Ludwigs XVI. hinzufügte.

LP TIPP ⟩ Der **Hameau de la Reine** liegt weiter nördlich. Das künstliche Dörfchen mit Reetdächern, Teich und fotogener Mühle wurde zwischen 1775 und 1784 für Marie Antoinette errichtet, die hier gerne Milchmädchen spielte.

Achtung: In der Hochsaison gelten die Eintrittskarten für den Grand und den Petit Trianon, den Hameau de la Reine, Marie Antoinettes Molkerei, das Theater, den Englischen Garten usw. In der Nebensaison kosten sie pro Erwachsenen 6 € und gelten nur für die Gärten des Grand und Petit Trianon.

Für Geschichts- und Kunstfans, die sich ausführlicher mit dem Leben bei Hofe, mit Musik, Ludwig XV. oder den Privatgemächern Ludwigs XVI. usw. befassen möchten, gibt's die lehrreiche **Vortragsführung** (☎01 30 83 78 00; Erw. mit/ohne Schlosskarte 7,50/14,50 €, Kind 5,50 €; ⊙Di–So 9–15.15 Uhr). Karten gibt's an den zentralen Kartenverkaufsstelle; die Führungen finden auf Französisch, teilweise auch auf Englisch statt.

✕ Essen

In den Restaurants entlang der Rue Satory geht die kulinarische Reise um die Welt, von Indien über China in den Libanon, nach Tunesien und bis nach Japan. Wer von der Touristeninformation Richtung Marché **Notre-Dame** (place du Marché Notre-Dame; ⊙Di, Fr & So 7.30–14 Uhr) unterwegs ist, kommt am besten über die Passage Saladin an der Hausnummer 33 Avenue de St-Cloud in die Rue Satory. Rings um den Markt, der im Freien stattfindet, gibt es auch **Gourmethallen** (⊙Di–Sa 7–13 & 15.30–19.30, So 7.30–13 Uhr). Im Kaufhaus **Monoprix** (9 rue Georges Clemenceau; ⊙Mo–Sa 8.30–21.30 Uhr) nördlich der Avenue de Paris gibt's eine große Supermarktabteilung.

À la Ferme · SÜDWESTEN €€
(☎01 39 53 10 81; www.alaferme-versailles.com, auf Frz.; 3 rue du Maréchal Joffre; Menü 18 & 22,50 €; ⊙Mi–So) Kuhfellbänke und rustikale Girlanden an den alten Holzbalken verleihen dem „Bauernhof" ein ländliches Ambiente. Schwerpunkte sind gegrilltes Fleisch und südwestfranzösische Küche.

Sister's Café
AMERIKANISCH €€

(☎01 30 21 21 22; 15 rue des Réservoirs; Menü 15,50–21 €) Schluss mit Französisch: Dieser relaxte amerikanische Diner im Stil der 1950er hat Club-Sandwiches, Fajitas mit Hühnchen, Spinatsalat und ein tolles Brunchangebot am Wochenende. Jeder Tisch hat eine eigene Batterie Senf und Ketchup.

Le Phare St-Louis
CRÊPERIE €

(☎01 39 53 40 12; 33 rue du Vieux Versailles; Menü 11–18 €) In diesem behaglichen bretonischen Lokal steppt der Bär. Es locken 15 herzhafte *galettes* (Buchweizenpfannkuchen; 3,60–9 €) und etwa 40 verschiedene süße Crêpes (3,60–7,50 €), darunter das Vieux Versailles (5,50 €), das mit Johannisbeergelee, Birnen und Eiscreme garniert und schließlich mit Grand Marnier flambiert wird.

❶ Praktische Informationen

Office de Tourisme de Versailles (☎01 39 24 88 88; www.versailles-tourisme.com; 2bis av. de Paris; ⊗Mo 10–18, Di–So 9–19 Uhr) Hier gibt's den Passeport für das Schloss sowie einen ausführlichen Führer (klein 8,50 €, groß 15 €) und eine nützliche IGN-Wanderkarte der Umgebung (10,50 €).

Post (av. de Paris)

❶ An- & Weiterreise

AUTO Besucher, die *en voiture* nach Versailles anreisen wollen, folgen der A13 von der Porte d'Auteuil bis zur Ausfahrt Versailles Château.

BUS Der RATP-Bus 171 (1,60 € für ein Métro-/Busticket, 35 Min.) verkehrt von 5 bzw. 6.30 bis 1 Uhr alle sechs bis neun Minuten zwischen der Métrostation Pont de Sèvres (15e) in Paris und der Place d'Armes.

ZUG Der RER C5 (2,95 €) pendelt zwischen den RER-Bahnhöfen am linken Seineufer und der Station Versailles-Rive Gauche, nur 700 m südwestlich vom Schloss und nahe der Touristeninformation. Die Züge fahren alle 15 Minuten bis kurz vor Mitternacht. Weniger praktisch ist der RER C8, der Paris mit Versailles-Chantiers verbindet. Vom Bahnhof sind es 1,3 km zum Schloss.

Bis zu 70 SNCF-Züge fahren täglich zwischen der Gare St-Lazare in Paris und Versailles-Rive Droite, 1,2 km vom Schloss (3,70 €). Der letzte Zug nach Paris geht kurz nach Mitternacht. Von der Gare Montparnasse in Paris fährt täglich alle 30 Minuten ein SNCF-Zug nach Versailles-Chantiers (2,95 €) und anschließend weiter nach Chartres (11,50 €, 30–60 Min.).

Fontainebleau

21 800 EW.

Das gut betuchte Städtchen Fontainebleau liegt 67 km südöstlich von Paris und ist hauptsächlich bekannt für sein elegantes Renaissanceschloss. Obwohl es sich immerhin auch um einen der größten Königspaläste in Frankreich handelt, herrscht längst nicht der Massenandrang, der Versailles so anstrengend macht. Die Stadt selbst mit ein paar guten Restaurants, schicken Cafés und interessanten Kulturangeboten versteckt sich inmitten der idyllischen Wälder der Forêt de Fontainebleau. Das einstige Lieblingsjagdrevier französischer Könige hat heute mit Wandern, Radfahren, Klettern und Reiten jede Menge Freizeitangebote zu bieten.

◉ Sehenswertes

Château de Fontainebleau
SCHLOSS

(☎01 60 71 50 70; www.musee-chateau-fontaine bleau.fr, auf Frz.; Erw./Kind 8 €/frei, 1. So im Monat frei; ⊗Mi–Mo 9.30–18 Uhr) Das riesige Château de Fontainebleau hat nicht nur 1900 Zimmer, sondern eine Bewohner- und Gästeliste, die sich wie ein *Who's who* französischer Fürsten und Könige liest. Auch das prachtvolle Dekor und Mobiliar sticht mühelos die meisten anderen Schlösser Frankreichs aus. Jeder Quadratzentimeter Wand und Decke ist üppig geschmückt mit Holzvertäfelungen, vergoldeten Schnitzereien, Fresken, Wandteppichen und Gemälden. Die vielen Originalmöbel aus der Renaissance prunken auf Parkettböden aus feinsten Hölzern und vor äußerst kunstvoll verzierten Kaminen.

Das erste Schloss an dieser Stelle wurde im frühen 12. Jh. erbaut und ein Jahrhundert später von Ludwig IX. erweitert. Nur

Fontainebleau

ein einziger mittelalterlicher Turm überlebte den energischen Renaissanceumbau durch Franz I. (reg. 1515–47), dessen hervorragende Kunsthandwerker den Stil ihrer teils italienischen Heimat mit dem französischen vermischten und so die Erste Schule von Fontainebleau begründeten. Aus der königlichen Sammlung feiner Kunst lächelte einst sogar die *Mona Lisa*.

In der zweiten Hälfte des 16. Jhs. bauten Heinrich II. (reg. 1547-59), Katharina von Medici und Heinrich IV. (reg. 1589–1610) das Schloss weiter aus. Die von ihnen engagierten flämischen und französischen Künstler schufen die Zweite Schule von Fontainebleau. Sogar Ludwig XIV. mischte mit, indem er die Gärten durch André Le Nôtre umgestalten ließ, den berühmten Landschaftsarchitekten der Gärten von Versailles.

Auch Napoleon Bonaparte liebte Fontainebleau, das die Revolution unbeschadet (wenn auch ohne Möbel bzw. mit zertrümmerten) überstanden hatte, und ließ große Teile des Schlosses restaurieren. Napoleon III. war ebenfalls häufig dort zu Gast. Im Zweiten Weltkrieg wurde das Schloss zum deutschen Hauptquartier. Nach der Befreiung durch alliierte Streitkräfte unter US-General George Patton im Jahr 1944 diente ein Teilbereich von 1945 bis 1965 als alliiertes und dann als Nato-Hauptquartier.

Das Schloss

Die **Grands Appartements** (Prunksäle) enthalten mehrere wunderbare Räume. Ein informativer Audioguide (im Eintrittspreis enthalten) führt Besucher in etwa 1½ Stunden durch die wichtigsten Räumlichkeiten.

In der spektakulären **Chapelle de la Trinité** (Dreifaltigkeitskapelle) mit Verzierungen aus der ersten Hälfte des 17. Jhs. heirateten 1725 Ludwig XV. und Marie Leczinska, zudem wurde hier 1810 der spätere Napoleon III. getauft. Die **Galerie François 1er** hat Il Rosso, ein florentinischer Michelangelo-Fan, zwischen 1533 und 1540 in ein Schmuckkästchen der Renaissance-

Fontainebleau

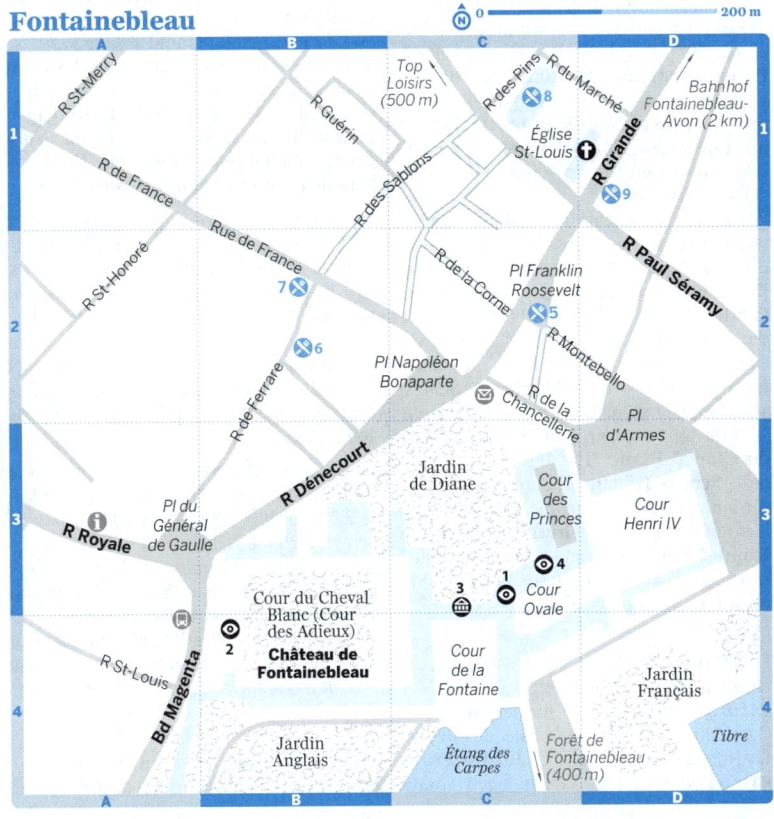

architektur verzaubert. In der Wandvertäfelung wiederholt sich das Monogramm von Franz I. mit seinem Emblem, einem drachenähnlichen Salamander. Das **Musée Chinois de l'Impératice Eugénie** (Chinesisches Museum der Kaiserin Eugénie) ist eine Abfolge von vier Salons, die 1863 für die Gattin Napoleons III. und deren Sammlung orientalischer Kunst eingerichtet wurden.

Die **Salle de Bal**, ein 30 m langer Ballsaal aus der Mitte des 16. Jhs., ist für seine mythologischen Fresken, Parkettintarsien und Kassettendecke im italienischen Stil berühmt und wurde gelegentlich auch für Empfänge und Bankette verwendet. Die großen Fenster blicken auf die Cour Ovale (Ovaler Hof) und die Gärten. Das vergoldete Bett in der **Chambre de l'Impératrice** (Schlafgemach der Kaiserin) wurde 1787 für Marie Antoinette gefertigt, ließ diese aber so kalt, dass sie nicht ein einziges Mal darin schlief. Mit Gold-, Grün- und Gelbtönen eher warm schattiert ist die Vergoldung der **Salle du Trône** (Thronsaal), vor Napoleons Zeiten das Schlafzimmer des Königs.

Zwei 1¼-stündige **Führungen** (Erw./18– 25 J. 12,50/11 €) geleiten Besucher durch die **Petits Appartements** (10.15 Uhr), die Privatgemächer des Kaisers und der Kaiserin, und das **Musée Napoléon 1er** (14.30 Uhr) mit Uniformen, Hüten, Mänteln, Schmuckschwertern und Nippes von Napoleon und dessen Verwandten.

Die von den wechselnden Monarchen jeweils angebauten Schlossflügel ließen fünf unregelmäßig geformte Höfe entstehen. Der älteste und spannendste ist die **Cour Ovale** (Ovaler Hof). Seine Form mutierte durch die Umbauten Heinrichs IV. zwar zum U, den Burgfried durfte er als letztes Überbleibsel des mittelalterlichen Schlosses aber behalten. Besucher betreten das Schloss über den größten Hof, die **Cour du Cheval Blanc** (Hof des weißen Pferdes). Seinen Beinamen *Cour des Adieux* verdankt er der Zeremonie, die Napoleon hier auf der prächtigen **hufeisenförmigen Doppeltreppe** aus dem 17. Jh. als Abschied von seiner Garde inszenierte, bevor er 1814 nach Elba verbannt wurde.

Schlossgärten

Die **Gärten** (Eintritt frei; ⏱9–18 Uhr) sind ganz einmalig. Nördlich des Schlosses liegt der **Jardin de Diane**, eine formell angelegte Gartenkreation der Catherine de Médici. Le Nôtres ebenso gestylter **Jardin Français** (Französischer Garten, auch Grand Parterre genannt) aus dem 17. Jh. liegt östlich der **Cour de la Fontaine** (Brunnenhof) und des **Étang des Carpes** (Karpfenteich). Der natürlichere **Jardin Anglais** (Englischer Garten) wurde 1812 westlich vom Teich angelegt. Der 1609 ausgehobene **Grand Canal** ist über 50 Jahre älter als die Kanäle von Versailles. Der **Schlosspark** ist 24 Stunden am Tag geöffnet.

✖ Essen

Selbstversorger werden in Fontainebleau ihre Freude am Lebensmittelmarkt **Marché République** (rue des Pins; ⏱Di, Fr & So 8–14 Uhr) haben, der nördlich der zentralen Fußgängerzone stattfindet. Das Kaufhaus **Monoprix** (58 rue Grande; ⏱Mo–Sa 8.45–19.45, So 9–13 Uhr) hat im ersten Stock eine Supermarktabteilung.

Côté Sud SÜDWESTEN, PROVENZALISCH €€

LP TIPP (☎01 64 22 00 33; 1 rue Montebello; Menü 23–29 €) Dieses sonnendurchflutete Restaurant ist der neue Lonely Planet Favorit in Fontainebleau. Alle Gerichte klingen nach tiefem Süden, z. B. *daube de sanglier* (Wildschweineintopf) und *salade landoise* (ein Riesensalat aus rohem und gekochtem Gemüse, Gänseleber und *gésiers confits* – eingelegtem Magen), und der ganze Laden strahlt eine herzliche Wärme aus, die in der ganzen Stadt ihresgleichen sucht. Hungrige kommen definitiv auf ihre Kosten.

Le Ferrare AUVERGNE €

(☎01 60 72 37 04; 23 rue de France; Menü 11– 12,50 €; ⏱Mo 7.30–16, Di–Do 7.30–22.30, Fr & Sa 7.30–1 Uhr) Wo essen die Einheimischen mittags? Na hier! Diese erzfranzösische Bar/ Brasserie hat genau das Essen, das man dort erwarten würde und eine Schiefertafel voller Spezialitäten aus der Auvergne. Das Tagesgericht gibt's zum Schnäppchenpreis von 9 €.

La Rose de l'Orient ORIENTALISCH €

(☎06 08 88 36 49; 20 rue de Ferrare; Gerichte 2,80–7,50 €; ⏱Di–Sa 10.30–20 Uhr) Zwei Schwestern betreiben dieses libanesische Restaurant mit *traiteur*-Service (Catering). Eine der Damen hat Pariser Diplomaten bekocht, bevor sie sich selbstständig machte. Wem die fünf Plastiktische im Lokal zu ungemütlich sind, bestellt sich ein Picknick aus *Meze*-Vorspeisen (1–3 €) und Pitabrot.

ℹ Praktische Informationen

Office de Tourisme du Pays de Fontainebleau (☎01 60 74 99 99; www.fontainebleau-

FORÊT DE FONTAINEBLEAU

Der 200 km² große Wald **Forêt de Fontainebleau**, der 500 m südlich vom Schloss beginnt und die Stadt umgibt, zählt zu den schönsten Waldgebieten der Region. So lieben auch Jogger, Spaziergänger, Radfahrer und Reiter die unzähligen Wege, zu denen auch Teile des **GR1** und **GR11** gehören. Für das Gebiet gibt's die IGN-Karte *Forêt de Fontainebleau* im Maßstab 1:25 000 (Nr. 2417OT; 10,50 €). Die Touristeninformation verkauft den *Guide des Sentiers de Promenades dans le Massif Forestier de Fontaine-bleau* (12 €) mit Beschreibungen und Karten von 19 Waldwanderwegen und *À Pied en Famille – Autour de Fontainebleau* (FFRP) mit 18 familienfreundlichen Wanderungen zwischen 2,5 und 5 km Länge (8,50 €). Außerdem gibt's noch die französischsprachige DVD *La Forêt de Fontainebleau* (15 €).

Kletterfans haben die hiesigen Sandsteingrate voller Klippen und Überhänge schon längst als Trainingsgebiet für die nächste Alpentour entdeckt. Mittels farblich gekennzeichneter verschiedener Schwierigkeitsstufen standen noch alle, Anfänger wie Experten, vor der passenden Wand. Die unterste Stufe ist weiß (kindertauglich), die oberste schwarz (nur für Todesmutige).

Auf der Website **Bleau** (http://bleau.info) gibt's jede Menge Infos zum Thema Klettern in Fontainebleau. Zwei reizvolle Schluchten sind die Gorges d'Apremont, 7 km nordwestlich bei Barbizon, und die Gorges de Franchard, ein paar Kilometer südlich der Gorges d'Apremont. **Top Loisirs** (📞01 60 74 08 50; www.toploisirs.fr, auf Frz.; 16 rue Sylvain Collinet) vermietet Ausrüstungen und erteilt Unterricht. Die Touristeninformation verkauft das Buch *Fontainebleau Climbs: The Finest Bouldering and Circuits* (25 €) mit umfassenden Infos zum Bouldern und Klettern in der Region.

tourisme.com, auf Frz.; 4 rue Royale; ⊗Mo–Sa 10–18, So 10–13 & 14–17.30 Uhr) Die Touristeninformation verkauft Wanderführer und -karten und vermietet Fahrräder (pro Std./halben Tag/ Tag 5/15/19 €).

Post (2 rue de la Chancellerie)

ⓘ Anreise & Unterwegs vor Ort

Bis zu 40 SNCF-Pendlerzüge verkehren jeden Tag stündlich zwischen der Gare de Lyon in Paris und dem Bahnhof Fontainebleau-Avon (8 €, 35–60 Min.); der letzte Zug zurück nach Paris fährt täglich kurz vor Mitternacht in Fontainebleau ab.

Der Stadtbus A (1,70 €) verkehrt zwischen 5.30 und 22.30 Uhr (Sa 21.30, So 23.30 Uhr) im Zehnminutentakt zwischen dem Bahnhof und dem 2 km südwestlich gelegenen Schloss. Er hält gegenüber dem Haupteingang.

Vaux-le-Vicomte

Das **Château de Vaux-le-Vicomte** (📞01 64 14 41 90; www.vaux-le-vicomte.com; Erw./Kind 14/11 €; ⊗Do–Di 10–18, Anfang Nov.–Mitte März geschl.) und seine wunderbaren **formalen Gärten** befinden sich in Privatbesitz und liegen 20 km nördlich von Fontainebleau bzw. 60 km südöstlich von Paris. Geplant

und erbaut wurde es zwischen 1656 und 1661 von Le Brun, Le Vau und Le Nôtre als Vorläufer für ihre ehrgeizigere Arbeit in Versailles.

LP TIPP Von Mai bis Anfang Oktober finden samstags um 20 Uhr vierstündige **Kerzenlicht-Führungen** (Erw./Kind 17/15 €) durch das Schloss statt. Während dieser Zeit sind in den Gärten auch zwischen 15 und 18 Uhr am zweiten und letzten Samstag im Monat die aufwendigen **Jeux d'Eau** (Wasserspiele) zu sehen.

Leider wurde die unbescheidene Pracht von Vaux-le-Vicomte seinem Besitzer Nicolas Fouquet, dem Finanzminister Ludwigs XIV., zum Verhängnis. Offenbar beleidigte sie Ludwigs Stolz dermaßen, dass er seinen unglücklichen Minister kurzerhand bis zu dessen Tod 1680 einlochen ließ.

Heute geraten die Besucher angesichts der wunderschönen Innenausstattung des Schlosses mit seiner fabelhaften Kuppel ins Schwärmen. In den **Kellergewölben** beleuchtet eine Ausstellung Le Nôtres Gestaltung der formalen Gärten. Eine Sammlung von Kutschen aus dem 18. und 19. Jh. in den Ställen des Schlosses bildet das **Musée des Équipages** (Kutschenmuseum; Eintritt im Schlossticket inkl.).

ⓘ An- & Weiterreise

Vaux-le-Vicomte ist mit öffentlichen Verkehrsmitteln nicht ganz einfach zu erreichen. Das Schloss liegt 6 km nordöstlich von Melun, von Paris aus mit dem RER D2 erreichbar (7,50 €, 45 Min.). Von April bis Anfang November pendelt der **Châteaubus** (3,50 €/Strecke) am Wochenende vier- bis sechsmal am Tag zwischen dem Bahnhof in Melun und dem Schloss. Zu anderen Zeiten braucht man ein **Taxi** (☎01 64 52 51 50; 15–20 €).

Mit dem Auto geht's von Paris über die A6 auf die A5 Richtung Melun bis zur Ausfahrt „St-Germain Laxis". Von Fontainebleau dann der N6 und N36 folgen.

Chantilly

11 350 EW.

Die elegante alte Stadt Chantilly 48 km nördlich von Paris ist klein, exklusiv und von der Natur verwöhnt. Das hiesige Schloss ist eingebettet in ein grünes Meer aus Parks und Gärten; dazu gesellt sich noch der Wald von Chantilly, der jede Menge Möglichkeiten zum Wandern bietet. Die Pferderennen zählen zu den exklusivsten Events der europäischen Reitsportszene. Hier entstand auch die köstliche süße, dicke *Crème Chantilly* (s. unten). Chantilly ist also eine Stadt, die jederzeit viel zu bieten hat – außer dienstags, denn dann ist das beeindruckende, vielfach umgestaltete Schloss geschlossen.

◎ Sehenswertes

Château de Chantilly   SCHLOSS
(☎03 44 27 31 80; www.chateaudechantilly.com, auf Frz.; Erw./Kind 12 €/frei; ⊙Mi–Mo 10–18 Uhr)
Das während der Revolution verwüstete Château de Chantilly ist vor allem wegen seiner erstklassigen Gemäldesammlung

und seiner Gärten sehenswert. Das Schloss besteht eigentlich aus zwei Schlössern: dem Petit und dem Grand Château, die über dieselbe Vorhalle zugänglich sind.

Das **Petit Château** enthält die **Appartements des Princes** (Prinzengemächer) und wurde um 1560 für Anne de Montmorency (1492–1567) erbaut, der sechs französischen Königen als *connétable* (Oberhofmeister), Diplomat und Feldherr diente und während der Gegenreformation im Kampf gegen Protestanten zu Tode kam. Das Highlight ist hier das **Cabinet des Livres** mit 700 Handschriften und mehr als 30 000 Büchern, darunter eine Gutenberg-Bibel und ein Faksimile der *Très Riches Heures du Duc de Berry* (Stundenbuch des Herzogs von Berry). Das illuminierte Manuskript aus dem 15. Jh. zeigt das Kalenderjahr in Darstellungen des Bauern- und Adelslebens. Beim Betreten der Vorhalle liegt linkerhand die **Kapelle** mit Holzarbeiten und Buntglasfenstern, die aus der Mitte des 16. Jhs. stammen.

Das im Renaissancestil angebaute **Grand Château** wurde während der Revolution vollständig zerstört, aber von 1875 bis 1885 durch den Herzog von Aumale, den Sohn König Ludwig Philipps, wieder aufgebaut. Heute beherbergt es das **Musée Condé**. Die Möbel, Gemälde und Skulpturen in den unauffälligen Räumen aus dem 19. Jh. sehen aus wie nach Zufallslaune des Herzogs verstreut; aber immerhin stellte er die Bedingung, die Einrichtung nicht neu zu arrangieren und die Räume für Besucher offen zu halten, bevor er sein Schloss Ende des 19. Jhs. dem Institut de France vermachte. Die bemerkenswertesten Objekte sind in der **Sanctuaire** (Heiligtum) versteckt, darunter auch Gemälde von Filippino Lippi, Jean Fouquet und Raphael –

SAHNESCHLÖSSCHEN

Wie jedes richtige französische Schloss vor drei Jahrhunderten hatte auch Chantilly seinen eigenen *Hameau* (Weiler) mit *laitier* (Molkerei), wo die Dame des Hauses und ihre Gäste Milchmädchen spielen konnten. Aber die Kühe im Milchhof von Chantilly nahmen ihre Aufgabe ernster als ihre Artgenossinnen der Pseudo-*crémeries* (Milchgeschäfte) und um die zum Teekränzchen servierte *Crème Chantilly* beneidete den Schlossweiler bald der gesamte europäische Adel des 18. Jhs. 1777 besuchte sogar der zukünftige Habsburger Kaiser Joseph II. heimlich den *temple de marbre* (Marmortempel), wie er ihn nannte, um die kostbare weiße Masse zu probieren. Die *Crème Chantilly* als Schlagsahne aus nicht pasteurisierter Milch hat das gewisse Extra: Sie wird mit Puder- und Vanillezucker zu luftigem Schaum geschlagen und dann z. B. Beeren als Haube aufgesetzt. Gibt's in jedem Café und Restaurant der Stadt!

wobei die Echtheit des Raphaels inzwischen angezweifelt wird.

Die wunderbaren **Gärten** (Erw./Kind 5 €/frei; ⊙Mi–Mo 10–20 Uhr) des Schlosses galten einst als die spektakulärsten in ganz Frankreich. Nordöstlich des Hauptbaus befindet sich der formale **Jardin Français** (Französischer Garten), dessen Blumenbeete, Seen und Grand Canal Mitte des 17. Jhs. von Le Nôtre angelegt wurden. Westlich entstand ab 1817 der „wildere" **Jardin Anglais** (Englischer Garten) und bereits in den 1770er-Jahren östlich des Jardin Français der ländlich wirkende **Jardin Anglo-Chinois** (Englisch-chinesischer Garten). Seine Laubbäume und versandeten Wasserwege umgeben den **Hameau**, ein künstliches Dorf von 1774, dessen Mühle und Fachwerkhäuser dem Hameau de la Reine in Versailles Modell standen. Hier ist auch die Geburtsstätte der *Crème Chantilly*.

Die **Grandes Écuries** (Großen Ställe) des Schlosses wurden zwischen 1719 und 1740 für 240 Pferde und mehr als 400 Jagdhunde gebaut, abseits vom Schloss und nahe dem berühmten, 1834 eingeweihten Hippodrome (Pferderennbahn) von Chantilly. Die Ställe beherbergen heute das **Musée Vivant du Cheval** (Museum mit lebenden Pferden; ✆03 44 27 31 80; www.museevivantducheval.fr; Erw./Kind 10/8 €; ⊙Mi–Mo 10–17 Uhr) mit 30 verwöhnten Vierhufern in den luxuriösen Holzställen von Louis-Henri de Bourbon, dem siebten Prince de Condé, der davon überzeugt war, einst als Pferd wiedergeboren zu werden (und dann selbstverständlich nicht in einem schlechten Stall landen wollte). Die Ausstellungsstücke umfassen so ziemlich alles von Reitausrüstungen über Schaukelpferde bis hin zu Porträts, Zeichnungen und Skulpturen berühmter Pferde der Vergangenheit.

Faszinierend für alle Altersklassen ist die einstündige festliche Pferdevorführung **Chevaux en Fête Animation Équestre** (Pass Domaine Erw./Kind 19/8 €, Pass Spectacle 28,50/15,50 €; ⊙Mi–Mo 14.30 Uhr): unbedingt anschauen! Noch zauberhafter sind die wenigen **Pferdeshows**, die jedes Jahr in den Ställen stattfinden. Tickets sind heiß begehrte Mangelware und können online reserviert werden. Im Pass Domaine sind der Eintritt zum Schloss und zu den Grandes Écuries sowie die Pferdeshow enthalten, beim Pass Spectacle kommt noch eine der Sondervorführungen hinzu.

Forêt de Chantilly

Südlich des Schlosses liegt die 63 km^2 große *Forêt de Chantilly* (Wald von Chantilly), einst königliches Jagdrevier, heute das Revier der Wanderer und Reiter. Unter den vielen Wegen sind auch einige Fernwanderwege: Der **GR11** führt vom Schloss ins Städtchen **Senlis** (S. 158) mit einer wundervollen Kathedrale, der **GR1** von **Luzarches** (ebenfalls mit Kathedrale, z. T. aus dem 12. Jh.) nach Ermenonville und der **GR12** von den vier Seen namens Étangs de Commelles nach Nordosten zur Forêt d'Halatte.

Für das Gebiet gibt's bei der Touristeninformation die IGN-Karte *Forêts de Chantilly, d'Halatte et d'Ermenonville* im Maßstab 1:25 000 (Nr. 2412OT; 10 €).

✗ Essen

Der große **Simply Market** (5 place Omer Vallon; ⊙Mo–Fr 8.30–20.30, Sa 8.30–20, So 9–12.45 Uhr) liegt auf halbem Weg zwischen Bahnhof und Schloss. An der Place Omer Vallon findet außerdem zweimal pro Woche ein **Markt** (⊙Mi & Sa 8.30–12.30 Uhr) statt.

LP TIPP **Le Goutillon** BISTRO €€
(✆03 44 58 01 00; 61 rue du Connétable; Menü 15–25 €) Das Goutillon mit seinen rot-weiß karierten Tischdecken, einfachen Holztischen und seiner Speisekarte voller Bistroklassiker ist ein gemütlicher, freundlicher Franzose. Er ist unter Auswanderern sehr beliebt – als Bistro ebenso wie als Weinbar.

La Capitainerie FRANZÖSISCH, KLASSISCH €€
(✆03 44 57 15 89; www.restaurantfp-chantilly.com; Château de Chantilly; Mittagsmenü 15–31 €; ⊙Mi–Mo mittags) Das Ambiente unter dem steinernen Gewölbe der Schlossküche könnte fast nicht schöner sein und beschert der Capitainerie ein historisches und romantisches Flair. Auf der traditionslastigen Speisekarte steht bei jeder Gelegenheit auch *Crème Chantilly*. Am Wochenende ist *formule buffet à volonté* (Buffet mit Selbstbedienung; 24 €) angesagt: Vorspeisen in beliebiger Menge und ein *plat du jour* ... oder Letzteres mit beliebig vielen Desserts. Beides geht auch und kostet 31 €.

Le Vertugadin FRANZÖSISCH, KLASSISCH €€
(✆03 44 57 03 19; www.restaurantlevertugadin.fr; 44 rue du Connétable; Menü 28 €; ⊙tgl. mittags, Mo–Sa abends) Altmodisches, elegantes Restaurant in einem Haus mit weißen Fensterläden; hier wird ganz der regiona-

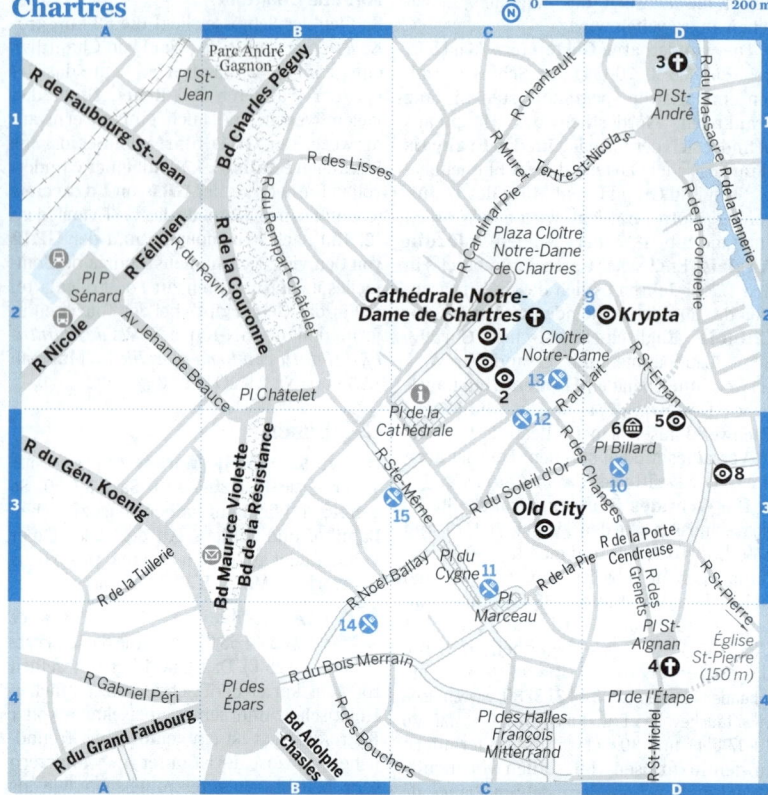

len Küche gefrönt, mit Fleisch- und Wildge-
richten sowie Pasteten an süßem Zwiebel-
Chutney. Im Winter wärmt ein Kaminfeuer,
im Sommer lockt ein von Mauern umgebe-
ner Garten.

Praktische Informationen

Office de Tourisme de Chantilly (☏03 44
67 37 37; www.chantilly-tourisme.com; 60 av.
du Maréchal Joffre; ⊙Mo–Sa 9.30–12.30 &
13.30–17.30, So 10–13 Uhr) Jede Menge Infos
über Chantilly, z. B. Unterkunftsverzeichnisse
und verschiedene Broschüren über Stadtspaziergänge, an den beiden Kanälen von
Chantilly entlang und um die Pferderennbahn
herum. Daneben gibt's auch Informationen
zu Wanderungen und Mountainbike-Strecken
durch den Wald.

An- & Weiterreise

Das Schloss liegt gut 2 km nordöstlich vom
Bahnhof und Busbahnhof entfernt; der Weg
entlang der Avenue de la Plaine des Aigles durch

die Forêt de Chantilly ist am direktesten. Wer
Stadtluft schnuppern mag, nimmt die Avenue du
Maréchal Joffre und die Rue de Paris zur Rue du
Connétable, Chantillys Hauptstraße.

Mindestens einmal stündlich fährt zwischen
6.30 und 10.30 Uhr ein SNCF-Pendelzug zwischen der Pariser Gare du Nord und Chantilly-
Gouvieux (7.50 €, 25–40 Min.).

Mit dem Auto führt der schnellste Weg von
Paris aus über die Autoroute du Nord (A1/E19)
bis zur Ausfahrt 7 (Survilliers-Chantilly). Billiger
ist allerdings die Anfahrt über die N1 und N16
von Porte de la Chapelle/St-Denis.

Senlis

21 000 EW.

In der mittelalterlichen Stadt Senlis nur
10 km nordöstlich von Chantilly und 52 km
nördlich von Paris geben verwinkelte Pflas-
tergassen, gallorömische Stadtmauern und
Türme ein hübsches Bild ab. Von Chlodwig
(5. und 6. Jh.) bis Heinrich IV. (reg. 1589–

Chartres

1610) war Senlis Königssitz. Heute residieren hier vier kleine, aber feine **Museen** (Erw./Kind 2 €/frei) zu so unterschiedlichen Themen wie Kunst, Archäologie, Heimatkunde, Jagd oder der französischen Kavallerie in Nordafrika.

Die eigentliche Attraktion ist aber die gotische **Cathédrale de Notre-Dame** (place du Parvis Notre-Dame; Eintritt frei; ⊘8–18 Uhr), die zwischen 1150 und 1190 erbaut wurde. Innen ist es ungewöhnlich hell, aber die Buntglasfenster sind, obwohl original, nichts Besonderes. Großartig ist das steinerne **Grand Portal** (1176) auf der Westseite an der Place du Parvis Notre-Dame mit Figuren und einem Relief im mittleren Bogenfeld mit Szenen aus dem Leben Marias. Für das Portal der Kathedrale in Chartres hat man sich angeblich hier einiges abgeguckt.

Der **Office de Tourisme de Senlis** (✆03 44 53 06 40; www.senlis-tourisme.fr, auf Frz.; place du Parvis Notre-Dame; ⊘Mo–Sa 10–12.30 & 14–18.15, So 10.30–12 & 14–18.15 Uhr) liegt gegenüber der Westfassade der Kathedrale.

Zwischen Senlis und dem Busbahnhof von Chantilly (neben dem Bahnhof) verkehren Busse (3,25 €, 25 Min.), an Werktagen etwa halbstündlich, samstags stündlich; sonntags fahren etwa sechs Busse. Der letzte Bus nach Chantilly fährt an Werktagen um 20, samstags um 19.30 und sonntags um 19.15 Uhr.

Chartres

45 600 EW.

Je ein gotischer und ein romanischer Turm krönen die herrliche Kathedrale von Chartres aus dem 13. Jh. Sie ragt 91 km südwestlich von Paris aus einer fruchtbaren Agrarlandschaft empor und dominiert die mittelalterliche Stadt zu ihren Füßen. Als Hort vielfältiger Reliquien, vor allem der *Voile de la Vierge*, zog sie im Mittelalter massenhaft Pilger an, die viel zu ihrem (Aus-)Bau beitrugen. Die verblüffend blauen Fenster, die Schätze und Frankreichs besterhaltene mittelalterliche Basilika sind ein Muss für alle Besucher der Stadt.

◉ Sehenswertes

LP TIPP **Cathédrale Notre-Dame de Chartres** KATHEDRALE
(www.diocese-chartres.com, auf Frz.; place de la Cathédrale; ⊘8.30–19.30, Di, Fr & So 8.30–22 Uhr) Die 130 m lange, gotische Cathédrale Notre-Dame de Chartres aus dem ersten Viertel des 13. Jhs. ist eine architektonische Meisterleistung der westlichen Zivilisation. Eigentlich ersetzt sie eine romanische Kathedrale, die die Feuerkatastrophe von 1194 genauso wenig überlebt hatte wie ein Großteil der Stadt. Dank effektivem Fundraising und viel Freiwilligenarbeit stand der Neubau nach nur 30 Jahren, sodass die Architektur ziemlich einheitlich ist. Keine mittelalterliche Kathedrale in Frankreich ist besser erhalten, denn auch in nachfolgenden Jahrhunderten blieb sie von Umbauten, Kriegsschäden und Terrorherrschaft verschont.

Die West-, Nord- und Südeingänge der Kathedrale verfügen über grandios verzierte Dreifachportale, wobei nur der Westeingang, das **Portail Royal**, aus der Zeit vor dem Brand stammt. Seine wundervollen Gewändefiguren von zwischen 1145 und 1155 recken sich der Romanik entsprechend in die Höhe; das mittlere Bogenfeld zeigt Christus als Weltenrichter, das rechte

HEILIGE VERSCHLEIERUNG

Der meistverehrte Gegenstand in der Kathedrale von Chartres ist der **Sainte Voile**, der „Heilige Schleier", den Maria bei der Geburt Jesu getragen haben soll. Der Schleier gehörte ursprünglich zum Kaiserschatz von Konstantinopel, aber Kaiserin Irene schenkte ihn Karl dem Großen, als dieser 802 um ihre Hand anhielt. Karl der Kahle übergab ihn 876 der Stadt Chartres, wo er bis heute blieb. Nachdem er die Feuerkatastrophe von 1194 überstanden hatte, baute man die Kathedrale. In einer Seitenkapelle hinter dem Chor am Ende des nördlichen Seitenschiffs ist er in einem ebenfalls kathedralenförmigen Reliquiar ausgestellt. Spektakulär ist das gelbliche, auf eine Unterlage drapierte Stück Seide nicht gerade, aber seit zwei Jahrtausenden und für Millionen Gläubige hat die hochverehrte Reliquie unschätzbaren Wert. Nur – wie wäscht man das Teil eigentlich?

Christi Geburt und das linke dessen Himmelfahrt. Außer dem Portal ist nur noch der 105 m hohe **Clocher Vieux** (Alter Glockenturm; auch Tour Sud, Südturm, genannt) romanisch. Sein Bau begann in den 1140er-Jahren und kein romanischer Turm der Welt ist höher als er.

Den **Clocher Neuf** (Neuer Glockenturm; Erw./Kind 7 €/frei; ⊙Mo–Sa 9.30–12.30 & 14–18, So 14–18 Uhr), auch Tour Nord (Nordturm), baute Jehan de Beauce zwischen 1507 und 1513 im **gotischen Flamboyantstil** als Ersatz für einen niedergebrannten Holzturm. Ein Besuch lohnt auf jeden Fall den Eintritt und die strapaziöse lange Wendeltreppe (350 Stufen), die gleich hinter dem Buchladen der Kathedrale beginnt. Auf 70 m Höhe des filigranen Turms ist eine Plattform mit einmaligem Blick auf die dreifachen Strebebögen und das von Grünspan überzogene Kupferdach aus dem 19. Jh.

Phantastisch sind auch die 172 **Buntglasfenster** der Kathedrale, fast alle aus dem 13. Jh., und zusammen ein weltberühmter Schatz mittelalterlicher Glasmalerei. Die drei schönsten Fenster unterhalb der Rosette in der Wand über dem Westeingang stammen sogar aus der Mitte des 12. Jhs. Sie haben das Feuer von 1194 überlebt (damals waren sie rund 40 Jahre alt) und sind vor allem für die Tiefe und Intensität ihrer Blautöne bekannt, auch als „Chartres-Blau" bezeichnet.

Die 110 m lange romanische **Krypta** (Erw./Kind 2,70 €/2,10; ⊙Führungen Mo–Sa 11 sowie tgl. 14.15, 15.30, 16.30 & 17.30 Uhr), die 1024 gräberlos um ihre Vorgängerin aus dem 9. Jh. herum gebaut wurde, ist die größte in Frankreich. Besuchern steht sie nur im Rahmen einer 30-minütigen Führung (auf Frz., aber mit deutschem Handout) offen. Von April bis Oktober starten die Führungen bei **La Crypte** (☎02 37 21 56 33; 18 Cloître Notre-Dame), dem von der Kathedrale betriebenen Souvenirshop. Den Rest des Jahres beginnen sie beim Laden unter dem Clocher Neuf in der Kathedrale.

Im Laden gibt's bis 16 Uhr auch informative **Audioguides** (auch auf Deutsch; 25/45/70 Min. 3,20/4,20/6,20 €). Besucher müssen als Pfand den Reisepass oder einen anderen Ausweis dalassen. Außerdem beginnen hier englischsprachige **Führungen** (☎02 37 28 15 58; millerchartres@aol.com; 10 €; ⊙April–Okt. Mo–Sa 12 & 14.45 Uhr) mit Malcom Miller. Deutschsprachige Führungen gibt's auf Anfrage beim Chartres-Experten Wolfgang Larcher (☎02 37 32 94 39).

Vieille Ville   ALTSTADT
Die minutiös erhaltene Altstadt von Chartres erstreckt sich nordöstlich und östlich der Kathedrale entlang dem schmalen Westarm des Eure, den mehrere Fußgängerbrücken überspannen. Von der Rue Cardinal Pie führen die Treppen des Tertre St-Nicolas und die vom mittelalterlichen Häusern gesäumte Rue Chantault (das älteste Haus der Stadt hat die Hausnummer 29) zur leeren Hülle der **Collégiale St-André** aus dem 12. Jh. Die romanische Stiftskirche wurde 1791 geschlossen und Anfang des 19. Jhs. sowie 1944 schwer beschädigt. Heute beherbergt sie ein Ausstellungszentrum.

Die Rue de la Tannerie und ihre Fortsetzung, die Rue de la Foulerie, führen am Ostufer des Flusses entlang mit Blumengärten, Mühlgräben und restaurierten alten Handwerksgebäuden wie Waschhäusern und Gerbereien, die typischerweise am Fluss standen. Die Rue aux Juifs (Judenstraße) am Westufer wurde umfassend renoviert. In der **Rue des Écuyers** stehen viele Gebäude, die um das 16. Jh. erbaut wurden, darunter ein **bugförmiges Fachwerkhaus** (Nr. 26), dessen oberen Teil Balken abstützen. Bei der Hausnummer 35 verblüfft der **Escalier de la Reine Berthe** (Treppe der Königin Bertha): ein Treppenhaus in Türmchenform, das seitlich an einem Fachwerkhaus aus dem frühen 16. Jh. klebt.

Nördlich von hier an der Rue du Bourg und westlich an der Rue de la Poissonnerie stehen einige wunderschöne **Fachwerkhäuser**. Besonders schön ist die **Maison du Saumon** (Lachshaus; 8–10 rue de la Poissonnerie; Eintritt frei) aus dem 16. Jh. mit ihren geschnitzten Konsolen in Form des namengebenden Fisches, des Erzengels Gabriel, der Jungfrau Maria und des Erzengels Michael mit getötetem Drachen. Heute beherbergt das Haus eine Filiale der Touristeninformation sowie eine Multimediaausstellung über Chartres und dessen Geschichte.

Von der Place St-Pierre sind die stützenden Strebebögen der **Église St-Pierre** aus dem 12. und 13. Jh. gut zu sehen. Im 7. Jh. gehörte diese Kirche zu einem Benediktinerkloster, das ungeschützt gegen Angriffe außerhalb der Stadtmauern lag. Der festungsartige vorromanische **Glockenturm** wurde um das Jahr 1000 erbaut und diente den Mönchen als Zuflucht. Die schönen bunten **Obergadenfenster** im Kirchenschiff, im Chor und in der Apsis stammen aus dem frühen 14. Jh.

Die **Église St-Aignan**, deren Ursprung im frühen 16. Jh. liegt, lohnt wegen des hölzernen Tonnengewölbes (1625), der Mittelschiffarkaden und des blassblauen, mit goldenen Blumenmotiven bemalten Innenraums (etwa 1870) einen Abstecher. Das Buntglas und die **Chapelle de St-Michel** im Renaissancestil stammen aus dem 16. und 17. Jh.

✖ Essen

Rund um den **Hallenmarkt** (place Billard; ☺Mi & Sa 7–13 Uhr), der unmittelbar abseits der Rue des Changes südlich der Kathedrale liegt, sind jede Menge Lebensmittelläden angesiedelt. Im Kaufhaus **Monoprix** (21 rue Noël Ballay & 10 rue du Bois Merrain; ☺Mo–Sa 9–7.30 Uhr) ist ein Supermarkt im Erdgeschoss. Das Kaufhaus hat zwei Eingänge.

Le Bistro de la Cathédrale   BISTRO **€€**
(☎02 37 36 59 60; 1 cloître Notre-Dame; Menü 21–22 €; ☺Do–Di) Dieses schicke Bistro mit Weinbar im Schatten der Kathedrale ist der schönste Ort für ein ausgedehntes, gemütliches Mittagessen mit ein oder mehreren Gläsern Wein. Innen wie außen stehen auf Schiefertafeln die Leckerbissen, die am besten dazu passen.

Punjab   INDISCH **€**
(☎02 37 21 31 36; 13 rue Ste-Même; Hauptgerichte 4–9,50 €; ➚) Wer auch im Angesicht mittelalterlicher Gotik nicht ohne die tägliche Currydosis auskommt, bekommt bei diesem günstigen, fröhlichen Pakistani südwestlich der Kathedrale die kulinarische Droge seiner Wahl. Auch für Vegetarier gibt's entsprechend heiße Ware, dafür aber keinen Alkohol.

Le Serpente   BISTRO **€€**
(☎02 37 21 68 81; 2 cloître Notre-Dame; Hauptgerichte 16–21,50 €; ☺10–11 Uhr) Die stimmungsvolle Brasserie und *salon de thé* (Teestube) liegt genau gegenüber der Kathedrale und ist (kein Wunder bei der Lage) immer rappelvoll. Die Küche ist traditionell französisch, der Koch versteht sich aber auch auf gut gefüllte Sandwiches (3,90–6 €) und Salate, die weiß Gott nicht mehr als Beilage zu verstehen sind (12,50 €).

La Chocolaterie   CAFÉ **€**
(☎02 37 21 86 92; 14 place du Cygne; ☺Di–Sa 8–19.30, Mo & So 10–19.30 Uhr) Diese Bar, die zugleich Schokoladenladen ist, mit Blick auf den Blumenmarkt an der Place du Cygne präsentiert die schönsten Seiten Frankreichs auf einmal. Die bunten *macarons* mit Orangen-, Aprikosen-, Pistazien-, Erdnuss- und Ananasaroma (um nur einige zu nennen) sind zum Dahinschmelzen, ebenso wie die süßen, selbst gemachten Crêpes und winzigen Madeleines.

ℹ Praktische Informationen

Office de Tourisme de Chartres (☎02 37 18 26 26; www.chartres-tourisme.com; place de la Cathédrale; ☺Mo–Sa 9–7, So 9.30–17.30 Uhr) Die Touristeninformation liegt gegenüber dem Haupteingang zur Kathedrale, auf der anderen Seite des Platzes. Sie verleiht 1½-stündige Audioführer über die mittelalterliche Stadt in englischer Sprache (1/2 Pers. 5,50/8,50 €) und Ferngläser (2 €) – ideal zum Heranzoomen der Details an der Kathedrale. In der historischen **Maison du Saumon** (8–10 rue de la Poissonnerie; ☺Mo–Fr 9–13 & 14–18, Sa 10–13 & 16–18 Uhr) ist eine Filiale der Touristeninformation mit einer Ausstellung zur Geschichte von Chartres untergebracht.

Post (3 bd Maurice Violette)

ℹ An- & Weiterreise

Rund drei Dutzend SNCF-Züge (sonntags 20) verkehren täglich zwischen der Gare Montparnasse in Paris und Chartres (13,50 €, 55–70 Min.); alle fahren über Versailles-Chantiers (11,50 €, 45–60 Min.). Der letzte Zug von Chartres nach Paris fährt sonntags bis freitags kurz nach 22.30 Uhr, samstags um 20.40 Uhr.

Autofahrer folgen von Paris aus der A6 von der Porte d'Orléans Richtung Bordeaux-Nantes, dann der A10 und A11 in Richtung Nantes bis zur Ausfahrt Chartres.

Lille, Flandern & die Somme

Inhalt »

Gut essen

» À l'Huîtrière (S. 170)
» Chez la Vieille (S. 170)
» Le Tigzirt (S. 188)

Schön übernachten

» L'Hermitage Gantois (S. 169)
» Grand Hôtel de l'Univers (S. 188)
» Maison St-Vaast (S. 191)

Auf nach Lille & Flandern

Am Mittelmeer wird man sicher schneller braun, aber wenn es um Kultur, Küche, Bier, Shoppen und tolle Aussichten auf Land und Meer geht – von guter alter Freundlichkeit ganz zu schweigen –, kann sich die Region der Sch'tis (so werden die Bewohner des hohen Nordens genannt) mit Frankreichs schönsten Flecken messen. In Lille und im französischen Flandern verbindet sich das bodenständige flämische Flair mühelos mit französischer Kultiviertheit und Eleganz. Und an der Somme wird noch immer der Briten, Kanadier und Australier gedacht, die in den Schützengräben der Westfront umkamen – obwohl der Erste Weltkrieg seit fast einem Jahrhundert vorbei ist. Die ergreifenden Gedenkstätten und Friedhöfe an den Frontlinien von 1916 sind bis heute Pilger- und Besinnungsstätten.

Reisezeit

Lille

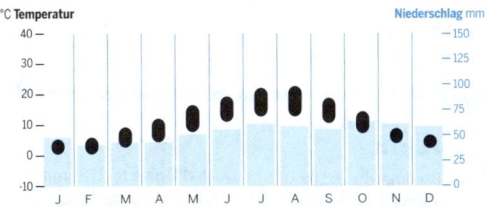

Februar und März Vor der Fastenzeit wird hier mit Blaskapellen und kostümiert ordentlich Karneval gefeiert.

1. Juli Zum Jahrestag der Schlacht an der Somme finden in Thiepval Gedenkfeierlichkeiten statt.

September (erstes Wochenende) Die Braderie, der größte Flohmarkt der Welt, breitet sich in Lille aus.

Highlights

1 Ein Bummel durch Lilles schicke **Altstadt** (S. 165) mit Besuch der berühmten **Museen** (S. 167) und erstklassigen **Restaurants** (S. 170)

2 Besichtigung der atemberaubenden **gotischen Kathedrale** (S. 187) von Amiens

3 Ein Streifzug an der spektakulären und wilden

Côte d'Opale (S.178) mit Blick auf die Kreidefelsen von Dover

4 In **Vimy** (S. 197) der Opfer und der Gräuel des Ersten Weltkriegs gedenken

5 Ein besinnlicher Besuch des **amerikanischen Somme-Friedhofs** (S. 195)

6 Ein Bummel durch – und unter – das **flämische**

Zentrum (S. 190) von Arras

7 In der **Cité Internationale de la Dentelle et de la Mode** (S. 177) in Calais zuschauen, wie viktorianische Maschinen Garn zu Spitze verarbeiten

8 Aug' in Aug' mit Meerestieren im **Nausicaá** (S. 181) in Boulogne-sur-Mer

Geschichte & Geografie

Das Departement Nord (das Stückchen Frankreich an der belgischen Grenze; www.cdt-nord.fr) gehörte im Mittelalter zusammen mit einem großen Teil Belgiens und einem Stück der Niederlande zur Grafschaft Flandern (frz. Flandre oder Flandres, fläm. Vlaanderen). Auch heute noch sprechen in der Gegend viele Menschen Flämisch – im Prinzip ein niederländischer Dialekt – und sind sehr stolz auf ihre flämische Kultur und Küche. Zusammen mit dem benachbarten Departement Pas-de-Calais (www.pas-de-calais.com), das sich vom Pas de Calais (Straße von Dover) landeinwärts erstreckt, bildet der Norden die Region Nord-Pas de Calais (www.tourisme-nordpasdecalais.fr).

Der Landstrich südlich der Somme-Mündung und des Städtchens Albert bildet die Region Picardie (www.cr-picardie.fr), die historisch zum Departement Somme gehört (www.somme-tourisme.com), wo die blutigsten Schlachten des Ersten Weltkriegs stattfanden.

❶ An- & Weiterreise

Lille ist mit dem superschnellen, wenn auch teuren **Eurostar** (www.eurostar.com; S. 1077) und den TGV-Zügen mit London (80–90 Min.) sowie mit Brüssel (35 Min.) verbunden, von wo aus gute Verbindungen nach Deutschland bestehen. Dank der TGV-Züge ist die Anfahrt nach Lille auch von der Gare du Nord (1 Std.) in Paris und dem Flughafen Charles de Gaulle (1 Std.) eine schnelle Sache. Compiègne liegt nur 80 km von Paris entfernt und kann von dort als Tagesausflug besucht werden.

Lille

232 000 EW.

Lille (fläm. Rijsel) ist vermutlich Frankreichs meist unterschätzte Großstadt. Die einst schmuddelige Arbeitermetropole hat sich nach dem Niedergang der Industrien

---

DIE RACHE AUS DEM NORDEN

2008 wurde der Film *Bienvenue chez les Ch'tis* (*Willkommen bei den Sch'tis*; s. S. 1010) zum größten Kassenschlager in der französischen Kinogeschichte. Er entlarvt die verbissenen Klischees über das französische Flandern mit unbändiger Komik und löste einen Miniboom im einheimischen Tourismus aus.

---

in den vergangenen Jahrzehnten – mit großzügiger Staatssubvention – zu einem glanzvollen und selbstbewussten Kultur- und Handelszentrum entwickelt. Zu den Highlights gehören eine attraktive Altstadt mit starkem flämischem Einschlag, drei renommierte Kunstmuseen, schickes Shoppingterrain, ein paar erstklassige Restaurants und ein spitzenmäßiges studentisches Nachtleben. Die Liller sind für ihre Freundlichkeit bekannt und ziemlich stolz darauf.

Dank Eurostar und dem TGV ist Lille auch ein einfach zu erreichendes und umweltfreundliches Wochenendziel ab Paris oder Brüssel.

Geschichte

Lille – ursprünglich L'Isle (frz. „Insel") geschrieben – verdankt seinen Namen der Gründung auf einer Insel im Fluss Deûle im 11. Jh. Im Jahr 1667 wurde die Stadt von französischen Truppen unter persönlicher Führung von Ludwig XIV. eingenommen, der seine Beute sogleich befestigen und die Zitadelle erbauen ließ. Die miserablen Lebensbedingungen der Arbeiterklasse in den 1850er-Jahren in dem traditionellen Textilindustriezentrum Frankreichs hat Victor Hugo in seinen Romanen thematisiert.

Seit der TGV (1993) und der Eurostar aus London (1994) in Lille halten, hat die Stadt neuen Elan und großes Selbstbewusstsein an den Tag gelegt.

◉ Sehenswertes & Aktivitäten

Erkundung der Innenstadt STADTSPAZIERGANG Der beste Startpunkt einer Entdeckungstour durch das flämische Herz der Innenstadt ist die **Vieille Bourse** (Alte Börse; place du Général de Gaulle; Ⓜ Rihour), ein opulentes Bauwerk der flämischen Renaissance von 1653, das üppig mit Karyatiden und Füllhörnern ausstaffiert ist. Es besteht aus 24 separaten Häusern, die sich um einen reich geschmückten Innenhof gruppieren, auf dem ein **antiquarischer Buchmarkt** (⊙ Di–So 13–19 Uhr) stattfindet; verkauft werden dort auch alte Postkarten, Comicbücher und CDs. In der warmen Jahreszeit spielen Anwohner hier häufig *échecs* (Schach).

An der **Place du Général de Gaulle** westlich der Vieille Bourse steht das Art-déco-Haus (1932) der führenden Regionalzeitung **La Voix du Nord**, das von einer vergoldeten Statue der drei Grazien gekrönt ist. Die **Siegessäule** (1845) mit Göttin obenauf im Springbrunnen erinnert an den

166

erfolgreichen Widerstand der Stadt gegen die österreichische Belagerung von 1792. An langen, warmen Abenden im Frühjahr und Sommer gehen hier Tausende Liller spazieren, genießen die Atmosphäre und genehmigen sich in der Umgebung ein starkes einheimisches Bier (S. 172).

Die imposante **Place du Théâtre** östlich der Vieille Bourse wird von der **Opéra** im Stil Ludwigs XVI. dominiert, deren Treppen ein beliebter Treff der Jugend Lilles sind, und dem **Chambre de Commerce** in flämischer Neorenaissance, den ein 76 m hoher Turm mit einer vergoldeten Uhr

Lille

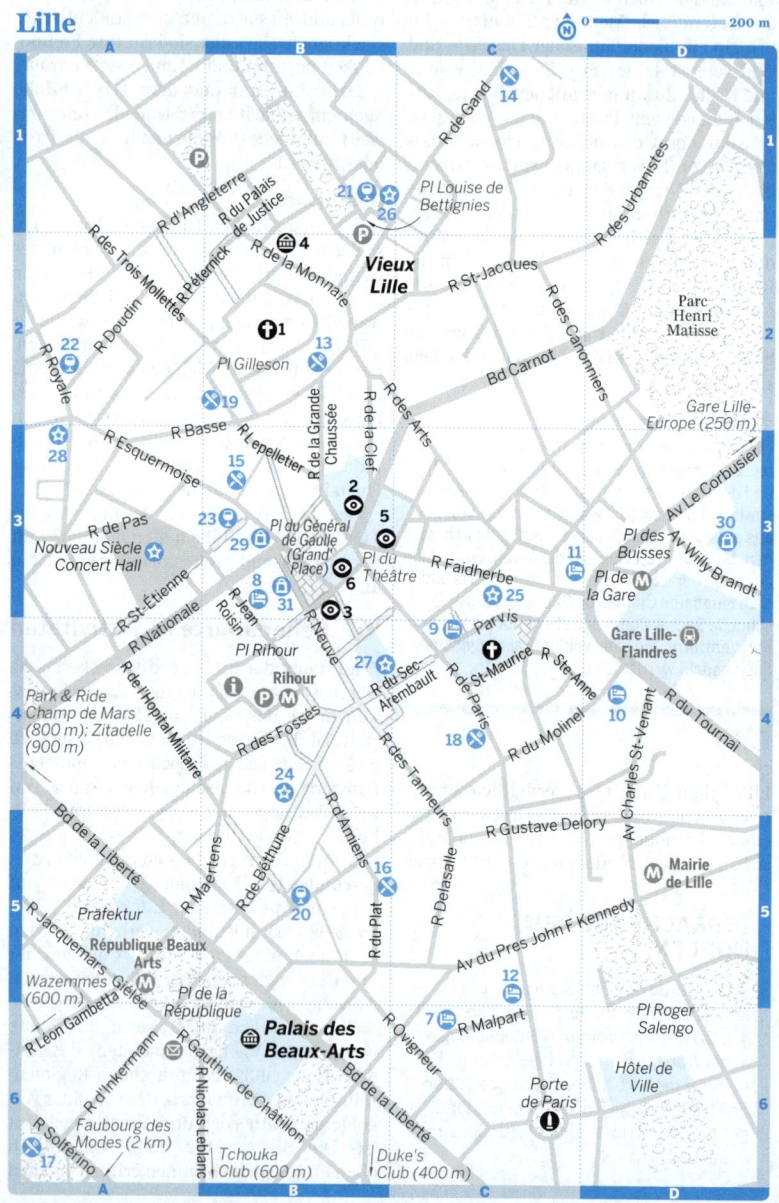

ziert. Am anderen Ende der **Rue Faidherbe** Richtung Osten ist die Gare Lille-Flandres zu sehen.

Die Altstadt **Vieux Lille** gleich nördlich von hier ist zu Recht stolz auf ihre restaurierten Backsteinhäuser aus dem 17. und 18. Jh. Es ist kaum noch zu glauben, dass

dieses Viertel Ende der 1970er-Jahre ein vernachlässigter Slum mit leerstehenden, heruntergekommenen Häusern war, deren Fenster mit Ytongsteinen zugemauert waren, um Vandalen und Hausbesetzer fernzuhalten. Weiter geht es Richtung Norden über die **Rue de la Grande Chaussée** mit den schicksten Läden Lilles bis zum Restaurant **À l'Huîtrière**, einem Meisterwerk des Art-déco. In den alten Backsteinhäusern der **Rue de la Monnaie** (weiterhin Richtung Norden), die nach einer Münzanstalt von 1685 benannt wurde, befinden sich heute Boutiquen und das Musée de l'Hospice Comtesse.

Nach links (Richtung Westen) zweigt die winzige **Rue Péterinck** ab und dann noch mal links führt der Weg zur neogotischen **Cathédrale Notre-Dame-de-la-Treille** (☺ Mo–Sa 10–12.30 & 14–18 oder 18.30, So 10–13 & 15–18 oder 19 Uhr) aus dem 19. Jh. Ihre auffällig moderne (einige würden sagen, unpassende) Westfassade von 1999 sieht von innen besser aus. Im Kirchenschiff selbst gibt es einige recht hübsche Buntglasfenster und Mosaiken aus dem 19. Jh.

Palais des Beaux-Arts   KUNSTMUSEUM (www.pba-lille.fr; place de la République; Erw. 5,50 €; ☺Mo 14–18, Mi–So 10–18 Uhr; Ⓜ République Beaux Arts) Lilles weltbekannte Kunstgalerie birgt eine wahrhaft erstklassige Gemäldesammlung aus dem 15. bis 20. Jh., darunter Werke von Rubens, van Dyck und Manet. Im Erdgeschoss sind erlesenes Porzellan und Fayencen meist lokaler Herkunft ausgestellt und im Untergeschoss antike Fundstücke, mittelalterliche Bildhauerei und Modelle der Festungsstädte Nordfrankreichs und Belgiens aus dem 18. Jh. Eintrittskarten sind den ganzen Tag gültig. In jedem Raum liegen Infoblätter auf Französisch, Englisch und Holländisch aus.

Musée d'Art Moderne Lille-Métropole
KUNSTMUSEUM
(☎03 20 19 68 68; www.musee-lam.fr; 1 allée du Musée, Villeneuve-d'Ascq; Erw. 7 €, inkl. Wechselausstellungen 10 €; ☺10–18 Uhr, Mo geschl.) Farbenfrohe, verspielte und schlichtweg abgedrehte Werke moderner und zeitgenössischer Kunst von Meistern wie Braque, Calder, Léger, Miró, Modigliani und Picasso sind der Besuchermagnet in dem renommierten Museum für Moderne Kunst, das nach umfassender Renovierung Ende 2010 wiedereröffnet wurde. Im nagelneuen Flügel ist Art Brut (Laienkunst) ausgestellt. Das Museum befindet sich in einem Skulp-

turenpark im Vorort Villeneuve-d'Ascq 9 km östlich der Gare Lille-Europe. Zu erreichen ist es mit der Métrolinie 1 bis Pont de Bois und dann weiter mit dem Bus 41 bis Parc Urbain-Musée.

La Piscine Musée d'Art et d'Industrie
KUNSTMUSEUM
(www.roubaix-lapiscine.com; 23 rue de l'Espérance, Roubaix; Ⓜ Gare Jean Lebas; Erw. 4,50 €; ☉ Di–Do 11–18, Fr 11–20, Sa & So 13–18 Uhr) Wenn Paris einen stillgelegten Bahnhof in ein Weltklassemuseum umwandeln kann (Musée d'Orsay), warum dann nicht ein Art-déco-Stadtbad (1927–32 erbaut und ein architektonisches Meisterwerk, das von Bürgerstolz und hygienischen Ansprüchen inspiriert war) in einen Tempel der Kunst transformieren? Das innovative Museum, 12 km nordöstlich der Gare Lille-Europe, zeigt Kunst, Kunstgewerbe und Skulpturen in einem wunderbar wässrigen Umfeld.

Wazemmes
STADTVIERTEL
(Ⓜ Gambetta) Das multikulturelle, familienfreundliche *quartier populaire* (Arbeiterviertel) Wazemmes, 1,7 km südwestlich der Place du Général de Gaulle, vermittelt einen authentischen Eindruck des unverfälschten Lille. Dort leben afrikanische Immigranten und alteingesessene Arbeiter harmonisch mit mittellosen Studenten und trendigen *bobos* (Schickiszene) zusammen.

Zentrum des Viertels ist die riesige Halle des **Marché de Wazemmes**, des beliebtesten Marktes in Lille. Der angrenzende **Wochenmarkt** (place de la Nouvelle Aventure; ☉ Di, Do & So 7–13.30 oder 14 Uhr) ist am Sonntagvormittag *der* Treffpunkt schlechthin – ein richtiger Rummel! Die **Rue des Sar**razins und die **Rue Jules Guesde** sind gesäumt von Läden, Restaurants und tunesischen Bäckereien, die größtenteils den nordafrikanischen Anwohnern gehören. Die beiden Straßen kreuzen die Südostecke der **Place de la Nouvelle Aventure**, in deren Umgebung es reichlich Cafés gibt.

Wazemmes ist bekannt für die vielen Freiluftkonzerte und Straßenfeste, darunter **La Louche d'Or** (Goldene Kelle; 1. Mai), ein Suppenfest, das nun auch in Städten in ganz Europa gefeiert wird.

Maison Natale de Charles de Gaulle
HAUSMUSEUM
(www.maison-natale-de-gaulle.com; 9 rue Princesse; Erw. inkl. Audioguide 6 €; ☉ Mi–Sa 10–13 & 14–18, So 13.30–17.30 Uhr, letzter Eintritt 1 Std. vor Schließung) Das großbürgerliche Haus, in dem Charles André Marie Joseph de Gaulle 1890 geboren wurde, ist heute ein Museum. Es stellt den führenden Kopf der Résistance, Architekten der Fünften Republik und unerbittlichen Verfechter französischer Interessen im Kontext seiner Zeit vor, mit Schwerpunkt auf seiner Beziehung zu Flandern. Zu den Exponaten gehören de Gaulles duftiges Taufkleid und ein paar eindrückliche Wochenschauen. Das Museum liegt 700 m nordwestlich des Musée de l'Hospice Comtesse über die Rue de la Monnaie und ihre Verlängerung Richtung Norden.

Musée de l'Hospice Comtesse
KUNSTMUSEUM
(32 rue de la Monnaie; Erw. 3,50 €; ☉ 10–12.30 & 14–18 Uhr, Mo vormittags & Di geschl.) Das Museum Hospice Comtesse in einem außergewöhnlich hübschen Armenhaus aus dem 15. und 17. Jh. stellt Keramiken, Wandkacheln, Sakralkunst sowie Gemälde und Möbel aus dem 17. und 18. Jh. aus. Eine Chorschranke trennt die Salle des Malades (Krankenraum) von einer Kapelle aus der Mitte des 17. Jhs. mit einer bemalten Decke aus der Mitte des 19. Jhs.

La Citadelle
FESTUNG
Die gewaltige, sternförmige Festung am nordöstlichen Ende des Boulevard de la Liberté ist ein Werk von Sébastien le Prestre de Vauban (S. 1038), des größten Militärarchitekten des 17. Jhs. Er baute sie nach der Eroberung Lilles durch Frankreich 1667 unter Verwendung von über 60 Mio. Backsteinen. Sie dient noch heute als Militärstützpunkt Frankreichs und der NATO (Infos zu geführten Touren s. S. 169). Um

LILLE-PASS
Die Ermäßigungskarte **Lille Métropole**, die es für 1/2/3 Tage gibt (20/30/45 €), gewährt Eintritt in fast alle Museen im Großraum Lille (www.destination-lille-metropole.eu) und unbegrenzte Fahrten mit öffentlichen Verkehrsmitteln. Die Dreitageskarte bietet zusätzlich Eintritt zu Sehenswürdigkeiten in sechs Städten der Region Nord-Pas de Calais und die kostenlose Benutzung der TER-Regionalzüge. Erhältlich in der Touristeninformation in Lille.

BRADERIE DE LILLE

Am ersten Wochenende im September wird Lilles gesamte Innenstadt – 200 km Bürgersteige – zur „Braderie de Lille", dem angeblich größten **Flohmarkt** der Welt. Das Event mit Trödel, Antiquitäten, lokalen Leckereien, Kunsthandwerk usw. gibt's seit dem Mittelalter, als die Dienstboten Lilles die alten Kleider ihrer Herrschaft für ein bisschen Extrageld verhökern durften.

Die größte jährliche Veranstaltung der Stadt findet nonstop – kein Scherz, auch die Nacht durch – von Samstag 14 Uhr bis Sonntag um 23 Uhr statt. Danach nehmen die Straßenkehrer die Berge von Muschelschalen und alten *frites* (Pommes) in Angriff, die von den Feiernden zurückgelassen wurden. Für Kalorienverbrennung vor den Festlichkeiten sorgt am Samstag der **Halbmarathon** (www.semimarathon-lille.fr, auf Frz.) ab 9 Uhr oder ein 10-km-Lauf um 11 Uhr, die beide auf der Place de la République starten. Die Touristeninformation verteilt kostenlose Straßenkarten der Festevents.

den 2,2 km langen äußeren Wall erstreckt sich der größte Park von Lille.

Toll für Kinder sind der **Freizeitpark**, **Spielplatz** und der kleine **Zoo** (Eintritt frei; ⊙10–18 Uhr, Mitte Dez.–Mitte Feb. geschl.), die alle an der Südostseite der Zitadelle liegen. Zu erreichen ist die Anlage mit dem Citadine-Shuttlebus.

☞ Geführte Touren

Die **Touristeninformation** (☑08 91 56 20 04; www.lilletourism.com; place Rihour; ⊙Mo–Sa 9.30–18.30, So & Feiertage 10–12 & 14–17 Uhr; Ⓜ Rihour) bietet verschiedene Führungen an.

Citadelle FÜHRUNG
(Erw. 7 €; ⊙Do–So 15 & 16 Uhr) Die Führungen sind die einzige Möglichkeit, die Zitadelle, ansonsten ein gesperrtes Militärgebiet, von innen zu besichtigen. Die Touren (auf Frz.) sollten mindestens 24 Stunden im Voraus gebucht werden. Für den Zugang wird ein Reisepass oder Ausweis verlangt.

Vieux Lille FÜHRUNG
(Erw. 7 €; ⊙Sa 10.15 Uhr auch auf Engl.) Startpunkt ist die Touristeninformation.

Stätten der Schlacht an der Somme
GEFÜHRTE TOUR
(halber Tag, pro Pers. 44 €) Individuell zusammengestellte Touren mit einem privaten Führer.

✷ Festivals & Events

Der einzigartige Flohmarkt, die **Braderie**, findet am ersten Septemberwochenende statt. Weihnachtsschmuck und Leckereien werden auf dem **Marché de Noël** (Weihnachtsmarkt; place Rihour; ⊙Ende Nov.–30. Dez.) verkauft. Die unterschiedlichen Kunstaus-

stellungen im Rahmen von **Lille 3000** (www.lille3000.com) „erkunden den Reichtum und die Vielschichtigkeit der Welt von morgen".

🛏 Schlafen

In Lille sind viele Hotels von Montag bis Donnerstag am vollsten und auch am teuersten. Gegenüber der Gare Lille-Flandres liegen mehrere Unterkünfte.

LP TIPP   **L'Hermitage Gantois**
DESIGNHOTEL €€€
(☑03 20 85 30 30; www.hotelhermitagegantois.com; 224 rue de Paris; DZ 215–325 €, Suite 455 €; @🛜; Ⓜ Mairie de Lille) Das Luxushotel hat sein reiches architektonisches Erbe – wie die flämisch-gotische Fassade – mit einem Hauch ultramoderner Raffinesse ergänzt. Heraus kamen bezaubernde und harmonische Räumlichkeiten, etwa das außerordentlich schmucke Atrium. Die 67 Zimmer sind groß und luxuriös und mit Designeraccessoires von Starck, Rokoko-Stühlen und schimmernden Bädern aus Carrara-Marmor ausgestattet. In einem der vier Innenhöfe wächst eine 220 Jahre alte Glyzinie, die unter Denkmalschutz steht. Die noch immer geweihte Kapelle wurde 1637 erbaut.

Grand Hôtel Bellevue HISTORISCHES HOTEL €€
(☑03 20 57 45 64; www.grandhotelbellevue.com; 5 rue Jean Roisin; DZ 145–175 €; ❄🛜; Ⓜ Rihour) In dem prachtvollen Best-Western-Hotel aus dem frühen 20. Jh. transportieren charmant scheppernde Belle-Époque-Aufzüge die Gäste hoch zu den 60 geräumigen Zimmern, die mit Marmorbadezimmern, vergoldeten Bilderrahmen und Flachbildschirmen ausgestattet sind. Die Zimmer mit Blick auf die Place du Général de Gaulle

kosten ab 160 €. In einem älteren Gebäude an dieser Stelle übernachtete 1765 der junge Mozart.

Hôtel Brueghel
HOTEL €€

(☎03 20 06 06 69; www.hotel-brueghel.com; 5 parvis St-Maurice; DZ Mo–Do 89 €, Fr–So 79 €; ⛴; Ⓜ Gare Lille-Flandres) Die 65 Zimmer sind eine Mischung aus antik angehauchten Möbeln und modernem Styling (z. B. die Badezimmer), haben aber längst nicht soviel flämischen Charme wie das Foyer. Der winzige Aufzug aus Holz und Schmiedeeisen mit den glänzenden Messingknöpfen stammt noch aus den 1930er-Jahren. Einige der sonnigen Zimmer an der Südseite blicken auf die benachbarte Kirche.

Hôtel du Moulin d'Or
HOTEL €€

(☎03 20 06 12 67; www.hotelmoulindor.com, auf Frz.; 15 rue du Molinel; DZ/3BZ Mo–Do 87/98 €, Fr–So 61/71 €; ✳; ⛴Ⓜ Gare Lille-Flandres) Tiefe Gelb- und Blautöne heißen die Gäste in dem Familienbetrieb willkommen. Die 14 leuchtend bunten Zimmer mit Blumen- oder Streifenmuster sind schallgeschützt und haben separate Duschen und Toiletten. Der süße kleine Frühstücksraum erinnert an ein B&B. Aufzug gibt's nicht.

Hôtel Flandre-Angleterre
HOTEL €€

(☎03 20 06 04 12; www.hotel-flandreangleterre-lille.com; 13 place de la Gare; EZ/DZ Mo–Do ab 66/80 €, Fr–So ab 60/69 €, 4BZ 95 €; ⛴; Ⓜ Gare Lille-Flandres) 44 komfortable, saubere und ruhige Zimmer, viele mit rotem oder blauem Teppichboden, werden in dem zweckmäßigen Hotel vermietet. Die besten Zimmer blicken auf den trubeligen Bahnhof Lille-Flandres. Aufzug ist vorhanden.

Auberge de Jeunesse
HOSTEL €

(☎03 20 57 08 94; www.hihostels.com; 12 rue Malpart; B mit Frühstück 18 €, DZ 37 €; ⛴23. Dez.–Ende Jan. geschl.; @⛴; Ⓜ Mairie de Lille) Die zentral gelegene, aber spartanisch eingerichtete ehemalige Geburtsklinik hat 163 Betten in Zwei- bis Achtbettzimmern, eine Küche und kostenlose Parkplätze für Autos und Fahrräder. Die meisten Zimmer haben Etagenduschen und -toiletten, ein paar der Doppelzimmer auch eigene Duschkabinen. Das Gebäude ist von 11 bis 15 Uhr geschlossen (Fr–So bis 16 Uhr).

✖ Essen

Lille (besonders Vieux Lille) hat eine blühende Restaurantszene, in der dauernd neue tolle Lokale eröffnen. Einen Besuch wert sind besonders die *estaminets* (traditionelle flämische Restaurants mit altem Schnickschnack an den Wänden und einfachen Holztischen), die flämische Spezialitäten wie *carbonade* (ein Rindereintopf mit flämischem Bier, Gewürzbrot und braunem Zucker) und *potjevleesch* (Sülzfleisch aus Huhn, Schwein, Kalb und Kaninchen) servieren.

Restaurants in Vieux Lille konzentrieren sich in der **Rue de Gand** (nordöstlich des Café Oz) mit einem Dutzend kleiner, bezahlbarer französischer und flämischer Lokale, in der **Rue de la Monnaie** und ihren Nebenstraßen (um das Musée de l'Hospice Comtesse), wo es etliche ausgefallene und bezahlbare Restaurants gibt, und in der **Rue Royale** (ein Stück nordwestlich des L'Illustration Café), wo die beste ethnische Küche zu finden ist (Couscous, Japanisch usw.).

Billiges Essen gibt es in vielen Lokalen in der quirligen, studentischen **Rue Solférino** und der **Rue Masséna**, etwa 600 m westlich des Palais des Beaux-Arts. Preiswerte *restaurants populaires* sind in Wazemmes zu finden.

Chez la Vieille
KNEIPE €

(☎03 28 36 40 06; 60 rue de Gand; Hauptgerichte 9,50–12 €; ⛴So & Mo geschl.) Eines der besten Lokale in Lille für flämische Spezialitäten. Alte Drucke, Antiquitäten und frischer Hopfen an den Deckenbalken gaukeln flämische Dorfatmosphäre um 1900 vor. Es geht hier zwar locker zu, aber Reservierung ist trotzdem ratsam.

À l'Huîtrière
MEERESFRÜCHTE €€

(☎03 20 55 43 41; www.huitiere.fr, auf Frz.; 3 rue des Chats Bossus; Mo–Sa Mittagsmenü 45 €, andere Menüs 120 €; ⛴So abends & Ende Juli–Ende Aug. geschl.) 1928 richtete der Urgroßvater des heutigen Besitzers seinen Fischladen in der „Straße der gebuckelten Katzen" im neuen Art-déco-Stil ein, der erst drei Jahre zuvor erstmals in Paris vorgestellt (und benannt) worden war. Die Mosaiken und Buntglasfenster mit Meeresmotiven lohnen allein schon einen Blick hinein und erst recht, wenn einem der Sinn nach einem Essen mit fangfrischen Meeresfrüchten steht – vielleicht begleitet von einem oder zwei Gläsern Wein aus dem Bestand von 40 000 Flaschen. Freitags und samstags abends sollte unbedingt reserviert werden.

Die *Géants* (Riesen) tauchen im äußersten Norden Frankreichs und in der Grenz-region zu Belgien auf lokalen Festen und an Feiertagen als tanzende und fröhliche Gestalten auf. Sie sind bis zu 8,50 m groß und bestehen aus Korbgeflecht, das von einer oder mehreren Personen „belebt" wird. Jeder Riese hat einen Namen und eine Persönlichkeit, meist sind die Vorbilder aus der Bibel, aus Legenden oder der Lokalge-schichte entliehen. Riesen werden geboren, getauft, wachsen auf, heiraten und haben Kinder und schaffen über die Jahre hinweg komplizierte Verwandtschaftsbeziehun-gen. Sie symbolisieren die Identität einer Stadt, eines Viertels oder Dorfes. Fotos sind auf http://utan.lille.free.fr/geants_1.htm zu sehen.

Die Riesen gehen zurück auf das Mittelalter und kommen auch in England, Katalo-nien, im österreichischen Tirol, in Mexiko, Brasilien und Indien vor. In Nordfrankreich gehören sie seit dem 16. Jh. zum Brauchtum. Über 300 dieser Kreaturen, auch *reuze* (flämisch) und *gayants* (picardisch) genannt, „leben" heute in französischen Städ-ten wie Arras, Boulogne, Calais, Cassel, Douai, Dünkirchen und Lille. Ortsansässige Vereine kümmern sich um all ihre Bedürfnisse, während internationale Gruppen wie der **International Circle of Friends of the Giant Puppets** (www.ciag.org) die Kreaturen weltweit promoten. 2005 wurden die französischen und belgischen Riesen von der Unesco als „Meisterwerke des mündlichen und immateriellen Kulturerbes der Menschheit" anerkannt.

Riesen treten das ganze Jahr über auf, aber am ehesten trifft man sie auf Karne-valsveranstaltungen, zu Ostern und auf Festivitäten zwischen Mai und September, oftmals am Wochenende. Orte und Zeiten – auch die aktuellen „Heiraten" und „Ge-burten" – werden in der kostenlosen, alljährlich erscheinenden Broschüre *Le Calen-drier des Géants* verkündet, erhältlich in den Touristeninformationen und unter www. geants-carnaval.org (auf Frz.).

LILLE, FLANDERN & DIE SOMME LILLE

La Source   VEGETARISCH €
([☎]03 20 57 53 07; www.denislasource.com, auf Frz.; 13 rue du Plat; Menüs 9,50–16 €; ⊘Mo–Sa 11.30–14, Fr 19–21 Uhr; [✐]; [Ⓜ]République Beaux Arts) Diese schon 1979 eröffnete Institution in Lille serviert leckere Tagesgerichte mit Geflügel und Fisch sowie für Vegetarier, je-des mit fünf warmen Gemüsebeilagen. Das lichte und luftige Ambiente und die Gäste verströmen Gesundheit, Wohlbefinden und gute Laune.

Tous Les Jours Dimanche   CAFÉ €
([☎]03 28 36 05 92; 13 rue Masurel; Menüs 13,50–16 €; ⊘Restaurant 12–14.30, Salon de thé 14.30–18.30, Mo, Mai–Sept. auch So geschl.) Hier Tee zu trinken oder ein leichtes Mit-tagessen einzunehmen, umgeben von einer bunten Mischung aus antiken Möbeln und ausgesuchten Kunstgegenständen, ist wie im Wohnzimmer eines kunstbeflissenen Freundes abzuhängen. Zu den Spezialitä-ten zählen Salate, Sandwiches (10 €) und Quiche-ähnliche Tartes (10 €). Von Oktober bis April gibt es sonntags ab 11.30 Uhr einen *brunch anglais* (englischen Brunch; 21 €).

Selbstversorger

LP TIPP **Marché de Wazemmes**
                                           MARKTHALLE €
(place de la Nouvelle Aventure; ⊘Di–Do 8–14, Fr & Sa 8–20, So & Feiertage 8–15 Uhr; [Ⓜ]Gambet-ta) Lilles heiß geliebter Lebensmittelmarkt liegt 1,7 km südwestlich der Touristeninfor-mation in Wazemmes.

Marché Sébastopol   WOCHENMARKT €
(place Sébastopol; ⊘Mi & Sa 7–14 Uhr; [Ⓜ]Répu-blique Beaux Arts)

Fromagerie Philippe Olivier   KÄSELADEN €
(3 rue du Curé St-Étienne; ⊘Di–Sa 9.30–19.15, Mo 14.30–19.15 Uhr; [Ⓜ]Rihour)

Monoprix   SUPERMARKT €
(112 rue de Paris; ⊘9–22 Uhr) Lebensmittel im Stadtzentrum.

Carrefour   SUPERMARKT €
(Einkaufszentrum Euralille; ⊘Mo–Sa 9–22 Uhr; [Ⓜ]Gare Lille-Europe) Ein riesiger Laden mit 62 Kassen! Verkauft über zwei Dutzend Biermarken, die alle hier im französi-schen Flandern gebraut wurden.

BIER DES NORDENS

Im französischen Flandern werden einige wirklich gute *bières blonde*s (helles Bier) und *bières ambrées* (bernsteinfarbenes Bier) mit einem Alkoholgehalt von bis zu 8,5 % gebraut. Bierliebhaber sollten hier unbedingt einige der folgenden Marken probieren, die es mit belgischen Brauern durchaus aufnehmen können: 3 Monts, Amadeus, Ambre des Flandres, Brasserie des 2 Caps, Ch'ti, Enfants de Gayant, Grain d'Orge, Hellemus, Jenlain, L'Angellus, La Wambrechies, Moulins d'Ascq, Raoul, Septante 5, St-Landelin, Triple Secret des Moines und Vieux Lille.

Ausgehen

In Lille gibt es mehrere Nightlife-Zentren. Die kleinen, stylischen Bars und Cafés in **Vieux Lille**, u. a. in der Rue Royale, Rue de la Barre und Rue de Gand, sind besonders bei der Schickiszene über 30 beliebt. Besonders am Freitag- und Samstagabend strömt Jungvolk ins **Studentenviertel Rue Masséna** (MRépublique Beaux Arts) zu den lauten Bars in der Rue Masséna selbst (750 m südwestlich der Touristeninformation) und der Querstraße Rue Solférino (bis hin zum Marché Sébastopol im Südosten). Wenn der Alkohol in Strömen fließt, kann es hier schon sehr hoch hergehen.

Ein paar trendige (und weniger schicke) Cafés sind im Gebiet um die Place de la Nouvelle Aventure in **Wazemmes** (MGambetta) zu finden, wo sich auch die Markthalle Wazemmes befindet.

In der warmen Jahreszeit sind die Straßencafés auf dem Platz vor der Opéra, der **Place du Théâtre** (MRihour), ideal für ein Glas Bier in flämischer Atmosphäre.

LP TIPP | **Meert**   TEESALON
(gespr. Mehr; www.meert.fr; 27 rue Esquermoise; Waffeln 2,30 €; ⊙Di–Fr 9.30–19.30, Sa 9–19.30, So 9–13 & 15–19 Uhr; MRihour) *Gaufres* (Waffeln) mit Madagaskar-Vanille aus dem Waffeleisen sind die Spezialität in dem Luxusteesalon plus Konfiserie, der seit 1761 Könige, Vizekönige und Generäle (auch Charles de Gaulle, ein lebenslanger Stammkunde) bedient hat. Meerts **Schokoladengeschäft** (pro Kilo 89 €) nebenan ist mit einer schmiedeeisernen Galerie, Kassetten-

decke und bemalter Holztäfelung ausgestattet, die noch von 1839 stammen.

Café Le Relax   CAFÉ
(48 place de la Nouvelle Aventure, Wazemmes; Espresso 1,30 €, Bier 2,20 €; ⊙So–Do 7.30 oder 8–24, Fr bis 1, Sa bis 2 Uhr; MGambetta) Junge und alte Anwohner besuchen das unaufgehübschte *café de quartier* (Stadtteilcafé) in Wazemmes auf einen Espresso oder ein starkes belgisches Bier – und treffen dabei stets auf Freunde. Ein tolles Lokal, um einen Eindruck von dem multikulturellen Arbeiterviertel zu erhalten. Gäste dürfen auch Essen von der nahen Markthalle mitbringen und hier bei einem Bier verspeisen. Freitags und samstags ab etwa 21 bis 24 Uhr und sonntags von 19.30 bis 22.30 Uhr treten hier auch einheimische Bands auf.

Café Citoyen   CAFÉ
(http://cafecitoyen.org, auf Frz.; 7 place du Vieux Marché aux Chevaux; Kaffee 1,50 €, Glas Wein 3,30 €; ⊙Mo–Fr 12–24, Sa 14–20 Uhr; MRépublique Beaux Arts) Die freundliche, relaxte Bar wird als Kooperative mit sozialem, ideologischem und ökologischem Anspruch betrieben. Internetzugang ist kostenlos, wenn ein Ökobier aus einer Mikrobrauerei (2,90 €), ein Glas Wein oder eine Tasse Fairtrade-Kaffee beim netten Typen mit der Trotzki-Brille bestellt wird. Es gibt hier auch leichte Mahlzeiten (Salate, Suppen, Sandwiches), ebenso vegetarische und veganische Gerichte. Alle Produkte sind biologisch und die meisten werden direkt von lokalen Erzeugern bezogen.

L'Illustration Café   BAR-CAFÉ
(www.bar-lillustration.com, auf Frz.; 18 rue Royale; ⊙Mo–Fr 12.30–15, Sa 14–3, So 15–3 Uhr) Die lässige Bar mit ihrem Jugendstilschnitzwerk und Wechselausstellungen lokaler Maler zieht Künstler, Musiker, angehende Intellektuelle und Lehrer an, die hier gerne lesen, gewichtige Gedanken austauschen oder einfach nur quatschen wollen. Die sanfte Hintergrundmusik reicht von Klassik über Jazz bis zu französischen Chansons und afrikanischen Tönen. Sehr französisch im besten Sinne.

Café Oz   KNEIPE
(33 place Louise de Bettignies; ⊙Mo–Fr 16–3, Sa & So 12–3 Uhr) Fußball und Rugby auf dem Breitbild-TV, Australiana an den Wänden und kalte Flaschen mit Toohey's Extra Dry – was will man mehr? Die vor allem bei Englisch sprechenden Menschen und

Studenten beliebte Kneipe ist proppenvoll, wenn donnerstags, freitags und samstags von 21 bis 3 Uhr DJs loslegen. Bei schönem Wetter ist täglich ab 12 Uhr geöffnet, eine tolle Terrasse gibt's auch. Happy Hour ist Montag bis Samstag von 18 bis 21 Uhr.

☆ Unterhaltung

Sortir (www.lille.sortir.eu, auf Frz.), das kostenlose Programmheft der Stadt, erscheint jeden Mittwoch und ist in der Touristeninformation, in Kinos, an Veranstaltungsorten und in Buchläden erhältlich.

Karten für das reichhaltige Kulturangebot von Lille gibt's in der **Fnac Billetterie** (www.fnacspectacles.com, auf Frz.; 16 rue du Sec-Arembault; ⊙Mo–Sa 10–19.30 Uhr; MRihour). Veranstaltungen werden nach Kategorien sortiert an den Wänden und auf Bildschirmen angekündigt.

Kinos

Cinéma Majestic   KINO
(☎08 36 68 00 73; www.cinemaslumieres.com, auf Frz.; 56 rue de Béthune; MRihour) Filme in Originalsprache auf sechs Leinwänden.

Cinéma Métropole   KINO
(☎08 36 68 00 73; www.cinemaslumieres.com, auf Frz.; 26 rue des Ponts des Comines; MGare Lille-Flandres) Filmkunstkino mit Filmen in Originalsprache auf vier Leinwänden.

Schwule & Lesben

Tchouka Club   SCHWULENDISKO
(80 rue Barthélemy Delespaul; Eintritt frei, Bier 4 €, Champagner 10 €; ⊙Fr, Sa und Nacht vor Feiertagen 23–7 Uhr) Eine Schwulen- und Lesbendisko bis zum Morgengrauen, die Lilles Clubszene in Aufregung versetzt hat (ist auf Facebook vertreten). Die Wände sind von Fotomontagen bedeckt, Lichtblitze durchzucken den Raum, durchtrainierte Barkeeper in Muskelshirts servieren und der Soundtrack besteht überwiegend aus Electro, House und Techno. Nach 1 Uhr ist es hier so voll, dass man kaum noch reinkommt. Der Dress-Code ist relaxt. Liegt 700 m südlich des Palais des Beaux-Arts.

Vice & Versa   SCHWULENBAR
(3 rue de la Barre; ⊙Mo–Sa 15–3, So 16–3 Uhr) Stolz flattert die Regenbogenfahne in der gehobenen, kultivierten Bar, die so schwul wie populär ist (und sie ist *sehr* populär). Das Ambiente besteht aus unverputzten Backsteinwänden, einem kitschigen Kronleuchter und vielen roten und grünen Laserpunkten. Dienstags ab 22 Uhr ist 80er-

Nacht, freitags und samstags legt ein DJ Electro und House auf und sonntags gibt es ab 21 Uhr eine *soirée* (Party).

Coming Out   SCHWULENBAR
(www.comingout-lille.eu, auf Frz.; 11 rue de Gand; ⊙17–24, Fr bis 1, Sa bis 2 Uhr) Der relaxte Schuppen, gern besucht von zumeist schwulen und lesbischen Leuten in ihren Dreißigern, begrüßt seine Gäste mit tanzenden Laserpunkten, drei belgischen Biersorten vom Fass (2,90 €) und einer Lounge mit Couchtischen und niedrigen Hockern. Die bunte Musikmischung reicht von französischen Chansons und 80er-Sound bis zu Techno, freitags und samstags eher House und Dance. Eine gute Informationsquelle für die hiesige Schwulenszene.

Clubs

Niemand muss mehr nach Belgien (etwa nach Gent), um bis in die Morgenstunden tanzen zu dürfen. Manche gehen trotzdem „rüber", mit der Begründung, der Techno sei dort härter, die Preise seien niedriger, Drogen leichter erhältlich und die Öffnungszeiten noch länger (bis 13 Uhr!).

Network Café   DISKO
LP TIPP (www.network-cafe.net, auf Frz.; 15 rue du Faisan; Eintritt frei, Bier 4 €; ⊙Di & Mi 22.30–5.30, Do 21.30–5.30, Fr & Sa 22.30–7, So 19–5 Uhr; MRépublique Beaux Arts) In Lilles heißester Disko wird im großen Saal unter zwei 5 m hohen exotischen Statuen oder im barocken venezianischen Raum mit Samtbänken und Kristalllüstern Bier getrunken und abgetanzt. Das Network mit etlichen Gast-DJs ist bei Studenten (besonders am Dienstag und Donnerstag) und Nachteulen zwischen 20 und 40 Jahren enorm beliebt. Sonntags dominiert vor Mitternacht Salsa, danach R&B. Donnerstags gibt's zwischen 21.30 und 23.30 Uhr Rockmusik-Tanzkurse (5 €). Die Einlasspolitik ist ganz schön streng – die Einheimischen werfen sich in Schale –, bei Touristen wird das aber oft etwas lockerer gehandhabt. Der Laden liegt 600 m nordwestlich des Palais des Beaux-Arts.

Duke's Club   DISKO
(www.dukesclub.fr, auf Frz.; 6–8 rue Gosselin; Eintritt frei, Garderobe 1,50 €, Bier 5 €; ⊙Mi–Sa 21 Uhr–Morgengrauen) Eine traditionelle Disko mit drei Bars und drei Tanzflächen auf drei Ebenen (nur samstags sind alle gleichzeitig geöffnet), Themennächten (s. Website) und Schwarzlicht, das weiße Hemden

in radioaktivem Lila aufleuchten lässt. Die meisten der hopsenden Gestalten sind so etwa zwischen 30 und 50 Jahren. Freitags gibt es hier von 21.30 bis 23 Uhr professionellen Unterricht für alle, die „korrektes" Tanzen zur Rockmusik erlernen wollen (6 € inkl. zwei Drinks). Der Club liegt 600 m südöstlich des Palais des Beaux-Arts.

Shoppen

Lilles schickste Läden für Kleidung und Inneneinrichtung sind in Vieux Lille in der Gegend zwischen der Rue de la Monnaie, Rue Esquermoise, Rue de la Grande Chausée (ein Paradies zum Schaufensterbummeln!) und der Rue d'Angleterre. Beachtung verdienen die Läden (z. B. in der Rue Masurel Nr. 23), die sich auf französisch-flämische Esswaren wie etwa Käse spezialisieren. Bezahlbarer wird es in der höchst beliebten Fußgängerzone südlich der Place du Général de Gaulle (alles in der Nähe der Métrostation Rihour), zu der die Rue Neuve, Rue de Béthune, Rue des Tanneurs und Rue du Sec-Arembault gehören.

LP TIPP **Maisons de Mode** MODE
(www.maisonsdemode.com) Coole, top-aktuelle Mode von vielversprechenden jungen Designern gibt es an zwei Orten mit Studio-Boutiquen, nämlich **Faubourg des Modes** (Nr. 31, 51 & 58–60 rue du Faubourg des Postes, Lille Sud; MPorte des Postes), etwa 2,5 km südwestlich des Palais des Beaux-Arts, und um **La Piscine Musée d'Art et d'Industrie** (rue de l'Espérance & av. Jean Lebas, Roubaix; MGare Jean Lebas), 12 km nordöstlich der Gare Lille-Europe.

Le Furet du Nord BUCHLADEN
(15 place du Général de Gaulle; MRihour) Einer der größten Buchläden Europas. Hat eine gute Auswahl englischsprachiger Bücher, auch Lonely Planet Reiseführer und Bücher über Flandern und Frankreich.

Alice Délice KÜCHENUTENSILIEN
(5 Rue Esquermoise; MRihour) Fast alle Utensilien und Geräte, die eine französische Küche brauchen könnte – super für Geschenke!

Euralille EINKAUFSZENTRUM
(www.euralille.com, auf Frz.; Ecke av. Le Corbusier & av. Willy Brandt; ⏱Mo–Sa 10–20 Uhr; MGare Lille-Flandres oder Gare Lille-Europe) Ein riesiges Einkaufszentrum mit 120 preiswerten Läden.

Praktische Informationen

Banken (in der Rue National; MRihour)

Hobby Max (9 rue Maertens; pro Std. 3 €; ⏱9–21 Uhr; MRépublique Beaux Arts) Internetzugang an 16 Computern.

Hôpital Roger Salengro (☎03 20 44 61 40/41; rue du Professeur Émile Laine; ⏱24 Std.; MCHR B Calmette) Der *accueil d'urgence* (Notaufnahme) der riesigen Cité Hospitalière mit 14 Krankenhäusern liegt 4 km südwestlich des Stadtzentrums.

International Currency Exchange (⏱Mo–Sa 7.30–20, So 10–20 Uhr; MGare Lille-Europe) Wechselstube in der Gare Lille-Europe, neben dem *accès* (Bahnsteigzugang) H.

Net Arena (10 rue des Bouchers; pro Std. 3 €; ⏱Mo–Sa 10–22, So 14–20 Uhr) Internetzugang an etwa 30 Computern. Liegt einen halben Block südlich der Bar Vice & Versa.

SOS Médecins (☎03 20 29 91 91; 3 av. Louise Michel; ⏱24 Std.; MPorte de Douai) Rund um die Uhr geöffnete Gemeinschaftspraxis (telefonische Anmeldung von 23 bis 9 Uhr) und ärztliche Hausbesuche.

Touristeninformation (☎aus dem Ausland 03 59 57 94 00, in Frankreich 08 91 56 20 04; www.lilletourism.com; place Rihour; ⏱Mo–Sa 9.30–18.30, So & Feiertage 10–12 & 14–17 Uhr; MRihour) Befindet sich in den verbliebenen Räumen des flamboyant-gotischen Palais Rihour, das Mitte des 15. Jhs. für Philipp den Guten, Herzog von Burgund, errichtet wurde; eine Kriegsgedenkstätte bildet die Ostseite des Bauwerks. Hat kostenlose Stadtpläne und eine exzellente Broschüre mit Karte (2 €), in der Stadtspaziergänge durch fünf Stadtviertel beschrieben sind. Wechselt auch kleinere Geldmengen, aber der Kurs ist ziemlich schlecht.

Travelex-Wechselstube (⏱Mo–Fr 8–18.30, Sa 10–17, So & Feiertage 10–16 Uhr; MGare Lille-Flandres) Wechselstube in der Gare Lille-Flandres neben dem Fahrkartenschalter N.

An- & Weiterreise

Auto

Mit dem Auto nach Lille reinzufahren, ist unglaublich verwirrend, selbst mit einem guten Stadtplan. Am besten ist es, auf dem Weg ins Stadtzentrum jegliches Richtungsgefühl zu vergessen und blindlings den Schildern „Centre Ville" zu folgen.

Parken am **Champ de Mars** (bd de la Liberté), ein Park & Ride-Parkplatz 1,2 km nordwestlich der Touristeninformation (neben der Zitadelle), kostet pro Tag 3,20 €, einschließlich eines Fahrscheins (hin und zurück; für bis zu 5 Personen) für den Citadine-Bus ins Stadtzentrum (einfach das Ticket von der Eingangsschranke beim Einsteigen dem Fahrer vorzeigen). Sonntags und an Feiertagen sowie zwischen 20 und 7 Uhr ist das Parken kostenlos – dann gibt's allerdings auch kein kostenloses Busticket ins Stadtzentrum.

Südwestlich der Rue Solférino und um die Maison Natale de Charles de Gaulle ist das Parken in einigen Straßen kostenlos.

Avis, Europcar, Hertz und **National-Citer** haben Schalter in der Gare Lille-Europe. Einheimische Autovermietungen:

DLM (☎03 20 06 18 80; www.dlm.fr, auf Frz.; 32 place de la Gare; Ⓜ Gare Lille-Flandres)

Locauto (☎03 20 57 02 25; www.locauto.fr; 2 rue Gustave Delory; Ⓜ Mairie de Lille)

Rent-a-Car Système (☎03 20 40 20 20; www.rentacar.fr, auf Frz.; 113 rue du Molinel; Ⓜ Rihour)

Bus

Eurolines (☎08 92 89 90 91; www.eurolines. fr; 23 parvis St-Maurice; ⏱Mo–Fr 9.30–18, Sa 10–13 & 14–18 Uhr; Ⓜ Gare Lille-Flandres) fährt Städte wie Brüssel (17 €, 1½ Std.), Amsterdam (42 €, 5 Std.) und diverse Städte in Deutschland, Österreich und der Schweiz an (Preise und Fahrtdauer sind über die Website zu erfahren). Abfahrt der Busse ist am Boulevard de Leeds, links von der Gare Lille-Europe vom Stadtzentrum aus (hinter dem Taxistand ist das Schild „Eurolines").

Zug

Die beiden größten Bahnhöfe Lilles, die altmodische Gare Lille-Flandres und die ultramoderne Gare Lille-Europe, liegen am Ostrand des Stadtzentrums, nur 400 m bzw. eine Haltestelle auf der Métrolinie 2 voneinander entfernt (in der Métrostation Gare Lille-Europe gibt es ein großartiges Wandbild). Lille ist seit 1846 mit Paris per Bahn verbunden.

Zugverbindungen mit Amiens, Arras, Boulogne, Calais und Dünkirchen stehen in den entsprechenden Stadtekapiteln.

Gare Lille-Flandres (Ⓜ Gare Lille-Flandres) Hier halten fast alle Regionalzüge und auch fast alle TGV-Züge zum Pariser Gare du Nord (40–55 €, 1 Std., 14- bis 18-mal tgl.).

Gare Lille-Europe (Ⓜ Gare Lille-Europe) In dem ultramodernen Bahnhof mit seinem Dachaufbau, der wie ein 20-stöckiger Skistiefel aussieht, halten alle übrigen TGV-Züge, darunter die zum Flughafen Charles de Gaulle (40–55 €, 1 Std., mind. stündl.), nach Nizza (117–138 €, 7½ Std.) und Straßburg (84–106 €, 3¼–4 Std., 3-mal tgl. direkt), Eurostar-Züge (S. 1077) nach London (Abfahrt ist am nördlichsten Ende des Bahnhofs) sowie TGVs/Eurostars nach Brüssel-Nord (Mo–Fr 26 €, Wochenende & Feiertage 18 €, 35 Min., 12-mal tgl.).

 **Unterwegs vor Ort**

Bus, Straßenbahn & Métro

Lilles zwei schnelle Métrolinien (1 und 2), zwei Straßenbahnlinien (R und T), zwei Citadine-Busse (C1 umfährt das Stadtzentrum im Uhrzeigersinn, C2 in die andere Richtung) und zahlreiche Stadt- und Umlandbusse – von denen viele auch nach Belgien rüberfahren – werden von **Transpole** (☎08 20 42 40 40; www.transpole.fr) betrieben. Métros fahren im Stadtzentrum alle zwei bis vier Minuten bis etwa 0.30 Uhr. Wichtige Métrostationen sind u. a. die an den Bahnhöfen, Rihour (neben der Touristeninformation), République Beaux Arts (nahe dem Palais des Beaux-Arts), Gambetta (nahe der Wazemmes-Markthalle) und Gare Jean Lebas (nahe La Piscine). In diesem Kapitel ist bei den Lokalitäten mit einer Métrostation innerhalb von 500 m der Name der Station neben der Adresse notiert.

Fahrkarten (1,30 €; bis zu einer Stunde gültig) werden im Bus verkauft, für Métro oder Straßenbahn müssen sie aber vor dem Einsteigen gekauft und an den orangefarbenen Säulen entwertet werden. Eine Zehnerkarte (*carnet*) kostet 10,60 €. Ein Pass Journée (Tageskarte) kostet 3,60 € und muss nur einmal mit Zeitvermerk abgestempelt werden. Ein Pass Soirée für unbegrenzte Fahrten nach 19 Uhr kostet 1,60 €.

Fahrrad & Segway

Station Oxygène (☎03 20 81 44 02; teamsegway@transpole.fr; Segway 4/15/20 € für 30 Min./halb-/ganztags, mit in der letzten Stunde entwertetem Busfahrschein 3,50/12/18 €, Elektrofahrrad 1,50/7/10 €) Mit dem Segway durch Lille düsen ist *so* letztes Jahrzehnt, aber immer noch echt cool! Anfänger (Mindestalter 18 Jahre, in Begleitung eines Erwachsenen 16 Jahre) müssen an einer Einführung (4 €) teilnehmen, um einen Segway-Führerschein zu erhalten (kein Witz). Verlangt wird eine Kreditkartenkaution von 500 €. Gehört zu Transpole (dem öffentlichen Verkehrsbetrieb), der an zwei Orten Verleihstationen hat:

Champ de Mars (bd de la Liberté; ⏱10–18 oder 19 Uhr, Sept. oder Okt.–März Sa & So geschl.) Ein glänzender Glasbau neben der Zitadelle, der an eine fliegende Untertasse erinnert.

Transpole-Informationsschalter (Gare Lille-Flandres; ⏱Mo–Fr 7.30–18.30 Uhr; Ⓜ Gare Lille-Flandres) Auf der Bahnsteigebene am Ausgang zur Place des Buisses.

Taxi

Taxi Gare Lille (☎03 20 06 64 00; ⏱24 Std.)
Taxi Rihour (☎03 20 55 20 56; ⏱24 Std.)

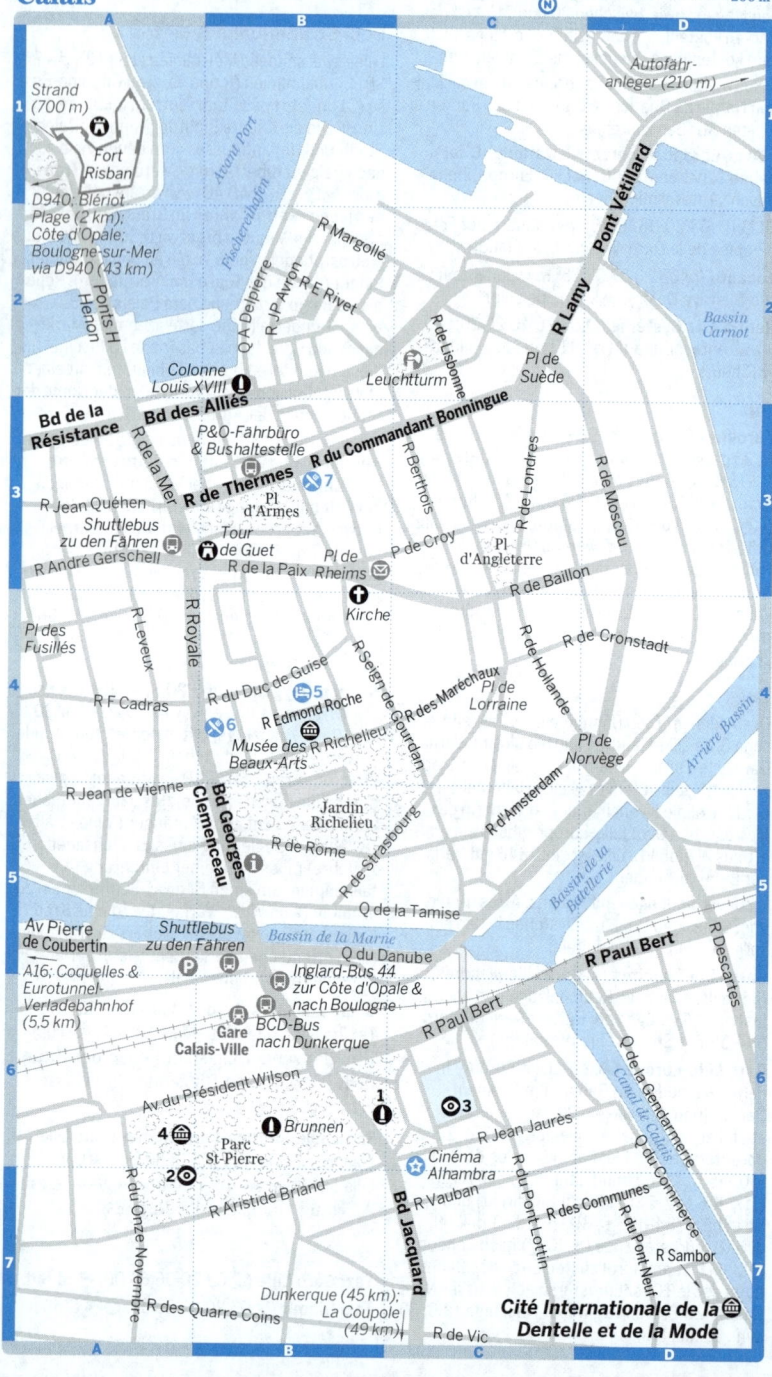

N
0 ————— 200 m

Strand
(700 m)
Fort
Risban
D940; Blériot
Plage (2 km);
Côte d'Opale;
Boulogne-sur-Mer
via D940 (43 km)

Autofahr-
anleger (210 m)

Arent Port

Fischerhafen

Bassin
Carnot

R Margollé

Q A Delpierre

R JP Avron

R E Rivet

R de Lisbonne

Leuchtturm

Pl de
Suède

R Lamy

Pont Vétillard

Colonne
Louis XVIII

Bd de la
Résistance

Bd des Alliés

P&O-Fährbüro
& Bushaltestelle

R du Commandant Bonningue

R Berthois

R de Londres

R de Moscou

R de la Mer

R de Thermes

Pl
d'Armes

Tour
de Guet

R Jean Quéhen
Shuttlebus
zu den Fähren

R André Gerschell

R de la Paix

Pl de
Rheims

P de Croy

Pl
d'Angleterre

R de Baillon

Kirche

R Leveux

Pl des
Fusillés

R Royale

R du Duc de Guise

R Edmond Roche

Musée des
Beaux-Arts

R Seign de Gourdan

R Richelieu

R des Maréchaux

Pl de
Lorraine

R de Hollande

R de Cronstadt

Pl de
Norvège

Arrière Bassin

R d'Amsterdam

R F Cadras

R Jean de Vienne

Bd Georges Clemenceau

Jardin
Richelieu

R de Rome

R de Strasbourg

Q de la Tamise

Bassin de la
Batellerie

Av Pierre
de Coubertin

A16; Coquelles &
Eurotunnel-
Verladebahnhof
(5,5 km)

Shuttlebus
zu den Fähren

Bassin de la Marne

Q du Danube

Inglard-Bus 44
zur Côte d'Opale &
nach Boulogne

R Paul Bert

R Descartes

BCD-Bus
nach Dunkerque

Gare
Calais-Ville

R Paul Bert

Q de la Gendarmerie

Q du Commerce

Canal de Calais

Av du Président Wilson

Brunnen

Parc
St-Pierre

R du Onze Novembre

R Aristide Briand

Cinéma
Alhambra

R Jean Jaurès

R du Pont Lottin

R des Communes

R du Pont Neuf

R Sambor

Bd Jacquard

R Vauban

Dunkerque (45 km);
La Coupole
(49 km)

R de Vic

Cité Internationale de la
Dentelle et de la Mode

Calais

76 200 EW.

Um frei nach Churchill zu zitieren: „Niemals in der Geschichte des Tourismus haben so viele Reisende einen Ort durchfahren und so wenige ihn besucht." Es scheint für die 15 Mio. Menschen, die jedes Jahr über Calais nach England reisen, tatsächlich nur wenige zwingende Gründe zu geben, anzuhalten und diese Stadt zu erkunden. Die Touristeninformation, die ein paar der Durchreisenden einfangen soll, kann einem leidtun. Doch die Stadt lohnt tatsächlich zumindest einen kurzen Aufenthalt.

Calais, nur 34 km vom englischen Dover (frz. Douvres) entfernt, ist ein günstig gelegener Standort zur Erkundung der majestätischen Côte d'Opale, ob mit dem Auto oder mit öffentlichen Verkehrsmitteln.

◉ Sehenswertes & Aktivitäten

LP TIPP Cité Internationale de la Dentelle et de la Mode

SPITZENMUSEUM

(Internationales Spitzen- und Modezentrum; ✆ 03 21 00 42 30; www.cite-dentelle.fr; 135 quai du Commerce; Erw. 5 €; ⊙ 10–17 oder 18 Uhr, Di geschl.) Hinter den bizarren Formschnitthecken liegt der Eingang in das filigrane Reich der Spitzenherstellung, eines Wirtschaftszweiges, der Calais einst zu einem Zentrum der Textilwirtschaft gemacht hat. Die informative und hochmoderne Ausstellung wurde 2009 eröffnet und geht der Geschichte der Spitze seit den ersten Jahrhunderten der Knüpfkunst nach

Calais

◉ Highlights

(einige hinreißende Exemplare werden gezeigt). Highlight ist ein 100 Jahre alter mechanischer Webstuhl, der mit 3500 vertikalen und 11 000 horizontalen Fäden nach Vorgabe von perforierten Jacquard-Karten klappernd und scheppernd vor sich hin webt. Die Schilder sind auf Französisch, Englisch und Holländisch beschriftet. Das Zentrum liegt 500 m südöstlich des Hôtel de Ville.

Die Bürger von Calais
STATUE

Rodin schuf 1895 die Skulptur *Les Bourgeois de Calais (Die Bürger von Calais)*, um sechs Einwohner der Stadt zu ehren, die 1347 nach acht Monaten Belagerung durch englische Truppen den Schlüssel der ausgehungerten Stadt und sich selbst Eduard III. übergaben. Sie hofften, die Stadt mit ihren Bewohnern durch ihr Opfer zu retten. Vom Flehen seiner Gemahlin Philippa bewegt, verschonte Eduard schließlich sowohl die Calaiser als auch deren sechs tapfere Anführer.

Calais' Abguss dieses weltberühmten Werks steht im französischen Garten vor dem **Hôtel de Ville** (1911–25 erbaut) aus der flämischen Renaissance, dessen **Uhrenturm**, ein Welterbe der Unesco, derzeit renoviert wird. Bei Erscheinen des Buchs sollte es aber möglich sein, ihn wieder per Aufzug zu erklimmen.

Musée Mémoire 1939–1945
KRIEGSMUSEUM

(✆ 03 21 34 21 57; http://museeguerrecalais.free.fr; Erw. inkl. Audioguide 6 €; ⊙ 10–18 Uhr) Das Museum zum Zweiten Weltkrieg ist in einem Betonbunker untergebracht, der einst den Deutschen als Hauptquartier der Marine diente. Es zeigt Tausende Gegenstände jener Zeit, wie Waffen, Uniformen und Bekanntmachungen. Befremdlicherweise liegt es im blumenreichen **Parc St-Pierre** neben einem Boulerasen und einem **Kinderspielplatz**.

Strand
STRAND

Das Schönste am **Strand** von Calais, der von Kabinen gesäumt ist und 1 km nordwestlich der Place d'Armes beginnt, ist der Anblick der großen Autofähren, die majestätisch von und nach Dover schippern. Der Strand erstreckt sich über 8 km in westliche Richtung bis zu den Dünen von **Blériot Plage**, benannt nach dem Flugzeugpionier Louis Blériot, der von hier aus 1909 zum allerersten Flug über den Ärmelkanal abhob. Beide Strände sind mit den Bussen 3, 5 und 9 zu erreichen.

🛏 Schlafen

In der Rue Royale und östlich davon sind jede Menge Budgethotels zu finden.

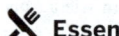 **Hôtel Meurice** TRADITIONELLES HOTEL €€
(☑03 21 34 57 03; www.hotel-meurice.fr; 5–7 rue Edmond Roche; DZ 85–150 €; @🛜) Ein altgedientes Hotel mit 39 Zimmern, das dank der prächtigen Foyertreppe, den antiken Möbeln, einer Bar à la Hemingway und einem Frühstücksraum mit Gartenblick viel Atmosphäre verströmt.

Auberge de Jeunesse HOSTEL €
(☑03 21 34 70 20; www.auberge-jeunesse-calais.com; av. Maréchal de Lattre de Tassigny; EZ mit Frühstück 26 €, 2BZ pro Pers. 19 €; ⊘24 Std.; 🛜) Modern, gut ausgestattet, nur 200 m vom Strand und mit 162 Betten. Zu erreichen mit den Bussen 3, 5 und 9.

Die folgenden Unterkünfte sind in Coquelles, nahe dem Verladebahnhof des Eurotunnels.

Hôtel Ibis KETTENHOTEL €€
(☑03 21 46 37 00; www.ibishotel.com; place de Cantorbéry; DZ Mo–Do 71 €, Fr–So 77 €)

Etap Hôtel KETTENHOTEL €
(☑08 92 68 30 59; www.etaphotel.com; place de Cantorbéry; EZ/3BZ ab 39/45 €)

🍴 Essen

Rund um die Place d'Armes gibt es einige Restaurants, viele weitere liegen gleich südlich davon in der Rue Royale.

Histoire Ancienne BISTRO €
(☑03 21 34 11 20; www.histoire-ancienne.com; 20 rue Royale; werktags mittags & 18–20 Uhr Menü 13–16 €, sonst 19–37 €; ⊘Mo abends & So geschl.) Das Bistro im Stil der Pariser 1930er-Jahre serviert französische und regionale Fleisch-, Fisch- und vegetarische Gerichte, einige vom offenen Holzgrill.

Match SUPERMARKT €
(place d'Armes; ⊘Mo–Sa 8.30–19.30, So 9–12.30 Uhr) Lebensmittel.

🛍 Shoppen

Cité Europe EINKAUFSZENTRUM
(www.cite-europe.com; 1001 bd du Kent, Coquelles; ⊘Mo–Do & Sa 10–20, Fr 10–21 Uhr) Mit 20 Restaurants, zwölf Kinosälen und 140 Läden, darunter ein riesiger **Carrefour-Verbrauchermarkt** (⊘Mo–Mi 8.30–21, Do–Sa 8.30–22 Uhr). Liegt neben dem Verladebahnhof für den Eurotunnel;

von der A16 über Ausfahrt 41 oder 43 zu erreichen.

L'Usine Côte d'Opale FABRIKVERKAUF
(www.usinecotedopale.fr, auf Frz.; bd du Parc, Coquelles; ⊘Mo–Sa 10–19 Uhr) Kleidung und Accessoires von 80 Markennamen zu Discountpreisen. Von der A16 über Ausfahrt 41 zu erreichen.

ℹ Praktische Informationen

Touristeninformation (☑03 21 96 62 40; www.calais-cotedopale.com; 12 bd Georges Clemenceau; ⊘10–18 Uhr) Liegt zwei Blocks südwestlich der Place du Général de Gaulle.

ℹ An- & Weiterreise

Informationen zur Kanalüberquerung mit Fähre und Eisenbahn siehe S. 1069 und S. 1077.

Auto & Motorrad

Zum Verladebahnhof des Eurotunnels in Coquelles, etwa 6 km südwestlich des Stadtzentrums von Calais, weisen Straßenschilder an der A16 an der Ausfahrt Nr. 42 Richtung „Tunnel Sous La Manche" (Tunnel unter dem Ärmelkanal).

ADA (☑03 21 96 49 54), **Avis**, **Budget**, **Europcar**, **Hertz** und **National-Citer** haben Schalter im Fährgebäude, sind aber nicht immer besetzt.

Bus

Bus 44 von **Inglard** (☑03 21 96 49 54; www.colvert-littoral.com, auf Frz.; Schalter im Fährhafen) fährt auf der atemberaubenden Küstenstraße der Côte d'Opale (D940) nach Sangatte, Wissant (3,20 €), Ambleteuse, Wimereux und Boulogne-sur-Mer (5,50 €, 1¼ Std., Mo–Sa außer Feiertage 3-mal tgl.), wo er am Nausicaá und an der Place de France (Kai V, vor dem Postamt) hält.

Ligne BCD (☑08 00 62 00 59; www.ligne-bcd.com, auf Frz.) fährt vom Bahnhof in Calais (Abfahrtzeiten sind angegeben) nach Dünkirchen (8 €, 50 Min., Mo–Fr 11-mal, Sa 3-mal tgl.).

Fähre

Täglich legen etwa 38 Autofähren von Dover in Calais' betriebsamem Fährhafen an, der etwa 1,5 km nordöstlich der Place d'Armes liegt (mit dem Auto ist die Strecke doppelt so lang). Büros der Fährgesellschaften:

P&O Ferries (www.poferries.com) Calais Stadtzentrum (41 place d'Armes); Parkplatz am Fährhafen (⊘24 Std.); Fährgebäude (⊘6–22 Uhr) P&O ist die einzige Fährgesellschaft, die noch Fußpassagiere über die Straße von Dover mitnimmt.

SeaFrance (www.seafrance.com) Calais Stadtzentrum (2 place d'Armes); Parkplatz am

Fährhafen (⊘24 Std.) Nimmt keine Fußpassagiere mehr mit.

Shuttlebusse (2 €, ungefähr stündl. von 11 bis 18 oder 19 Uhr) verbinden die Gare Calais-Ville (den Bahnhof) und die Place d'Armes (die Haltestelle ist vor dem Café de la Tour) mit dem Fährhafen. Abfahrtszeiten sind an den Haltestellen angekündigt.

Zug

Calais hat zwei Bahnhöfe, die durch Züge und eine *navette* (Shuttlebus; 2 €, umsonst mit Zugfahrkarte) miteinander verbunden sind.

Von der **Gare Calais-Ville** im Stadtzentrum gibt es Direktverbindungen mit Amiens (24 €, 2½–3½ Std., 6- oder 7-mal tgl.), Boulogne (7,50 €, 30 Min., Mo–Fr 19-mal tgl., Sa 11-mal, So 6-mal tgl.), Dünkirchen (8 €, 50 Min., Mo–Fr 4- bis 6-mal, Sa 2- oder 3-mal tgl.) und Lille-Flandres (16 €, 1¼ Std., Mo–Fr 19-mal, am Wochenende 8- bis 10-mal tgl.).

Vom TGV-Bahnhof **Gare Calais-Fréthun**, 10 km südwestlich der Stadt nahe dem Eingang zum Eurotunnel, fahren TGV-Züge zur Pariser Gare du Nord (41–62 €, 1½ Std., Mo–Sa 6-mal, So 3-mal tgl.) und die Eurostar-Züge nach London St Pancras (149 €, 1 Std., 3-mal tgl.).

Côte d'Opale

Die 40 km Klippen, Sanddünen und Strände zwischen Calais und Boulogne werden wegen des steten Wechselspiels der Grau- und Blautöne zwischen Himmel und Meer Côte d'Opale (Opalküste) genannt. Es ist ein dramatischer und wunderschöner Landstrich Frankreichs. Die oft sturmgepeitschten Kliffhöhen, breiten Strände und hügeligen Felder im Hinterland sind übersät von Überresten des sogenannten Atlantikwalls. Diese Kette aus Festungen und Geschützstellungen hatten die Nazis zur Abwehr einer möglichen alliierten Invasion gebaut (die dann in der Normandie stattfand). Die Küste ist seit viktorianischen Zeiten bei britischen Strandurlaubern beliebt.

Die Region an der Côte d'Opale gehört zum **Parc Naturel Régional des Caps et Marais d'Opale** (Regionalpark Kaps & Marschland der Opalküste; www.parc-opale.fr) und ist durchzogen von Wanderwegen wie dem **GR120** (rot-weiße Wegmarkierungen), der dicht an der Küste entlangführt (außer dort, wo die Klippen abzubrechen drohen). Einige Wege eignen sich auch für Mountainbiker und Reiter. In jedem Dorf an der Côte d'Opale gibt es mindestens einen Zeltplatz, in den meisten auch ein Restaurant.

LA COUPOLE

In der einst streng geheimen, unterirdischen V2-Abschussbasis, nur fünf Flugminuten von London entfernt – und 1944 beinahe aktiviert – ist nun das innovative Museum **La Coupole** (☎03 21 12 27 27; www.lacoupole.com; Erw./Fam. inkl. Audioguide 9/19,50 €; ⊘9–18 Uhr, um Weihnachten 2 Wochen geschl.) untergebracht. Filme und Fotos informieren über:

» Das geheime V1-/V2-Programm der Nazis, deren Raketen 650 km/h bzw. erstaunliche 5780 km/h fliegen konnten

» Das Leben in Nordfrankreich während der Besetzung

» Die Eroberung des Weltraums in der Nachkriegszeit mit Hilfe der V2-Raketentechnik – und von transferierten V2-Ingenieuren

La Coupole liegt 49 km südöstlich von Calais am Ortsrand von Wizernes nahe der Kreuzung der D928 mit der D210. Von der A26 geht es über Ausfahrt 3 oder 4 dorthin.

Die D940 bietet Autofahrern ein paar spektakuläre Aussichten. Infos zum Inglard-Bus 44, der alle in diesem Abschnitt erwähnten Orte mit Calais und Boulogne verbindet, gibt es auf S. 178.

Im Dorf **Sangatte** mit seinem breiten Strand 8 km westlich von Calais verschwindet der Eurotunnel unter der Straße von Dover. Südwestlich von dort gehen die Dünen in Klippen über. Die höchste Erhebung ist das 134 m hohe windige **Cap Blanc-Nez**, das einen atemberaubenden Blick über die Bucht von Wissant, den Hafen von Calais und die flämische Landschaft (zernarbt von alliierten Bombenkratern) bis zu den Klippen von Kent bietet. Der graue **Obelisk** (1922 errichtet), vom Parkplatz nur ein kurzes Stück den Hügel hinauf, erinnert an die Dover Patrol (Kooperation der englischen und französischen Seeleute) aus dem Ersten Weltkrieg. Pfade führen zu etlichen massiven Betonbunkern und Geschützstellungen der Deutschen.

Der gepflegte und sehr französische Badeort **Wissant** ist ein guter Ausgangspunkt für Wanderungen in die hügelige

Boulogne-sur-Mer

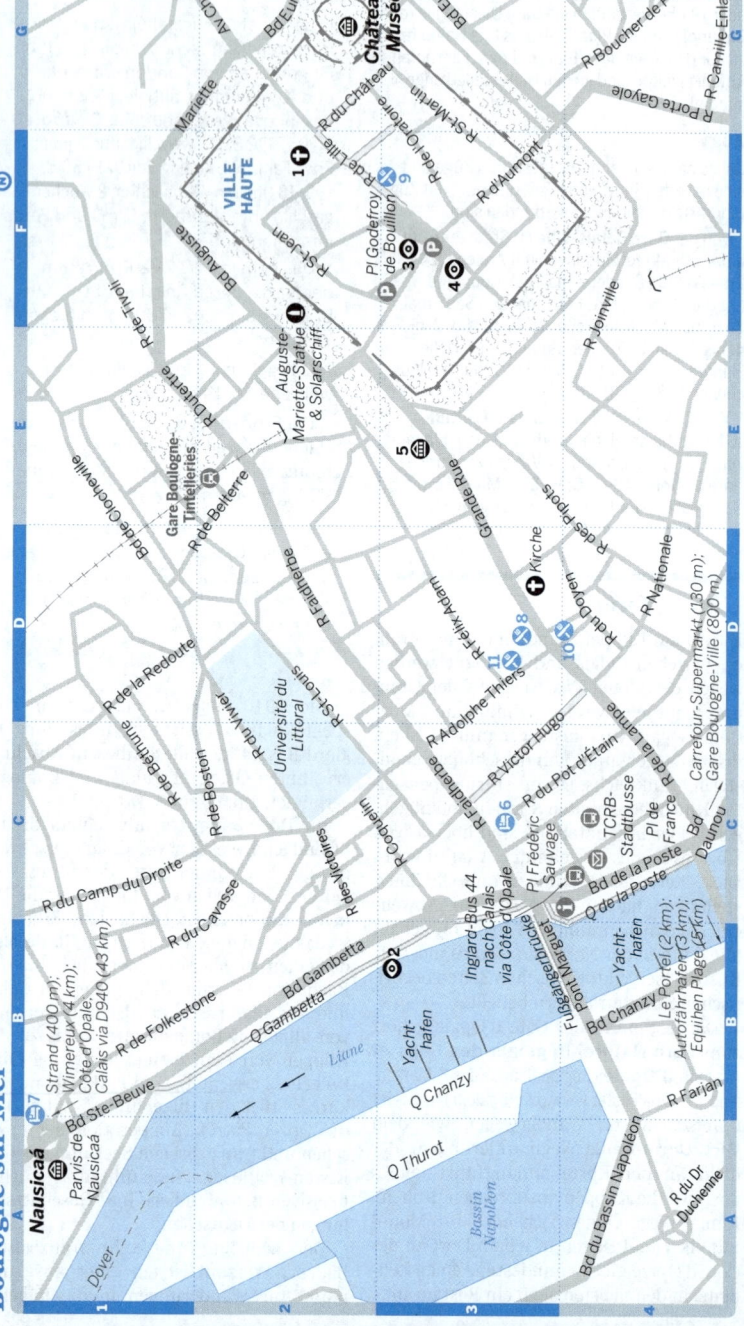

Umgebung und am Strand zwischen Cap Blanc-Nez und Cap Gris-Nez. Zuvor sollten allerdings in der **Touristeninformation** (📞08 20 20 76 00; ⊘Mo–Fr 9.30–12 & 14–18, Sa 9.30–12 Uhr) die Gezeiten erfragt werden, sonst kann man leicht in einer sehr nassen Klemme steckenbleiben. Wissant verfügt über einen großen feinsandigen Strand, von dem aus in der Ferne England zu sehen ist – Julius Cäsar startete 55 v. Chr. von hier seine Invasion Britanniens.

Das **Hôtel Le Vivier** (📞03 21 35 93 61; www.levivier.com; place de l'Église, Wissant; DZ mit Frühstück 60–90 €) gegenüber der Kirche und neben einem Mühlteich hat 39 hübsch eingerichtete Zimmer und ein gemütliches, maritimes **Restaurant** (Menüs 15–30 €; ⊘in der Nebensaison Di & Mi geschl.) mit frischem lokalen Fisch und Meeresfrüchten. Ganz in der Nähe befinden sich weitere Hotels.

Oben auf den 45 m hohen Klippen des **Cap Gris-Nez**, nur 28 km von den Kreidefelsen Englands entfernt, weisen ein Leuchtturm und eine Radarstation den täglich 600 passierenden Schiffen den Weg. Der Name – französisch für „graue Nase" – ist eine Verfremdung des altenglischen *craig ness* (Felsvorsprung). Die Gegend ist ein Rastplatz für Millionen Zugvögel.

Das **Musée du Mur de l'Atlantique** (Atlantikwall-Museum; 📞03 21 32 97 33; www.batterie-todt.com, auf Frz.; Erw./Kind 6/3 €; ⊘Mo–Fr 10–12 & 14–17, Sa & So bis 18 Uhr, Dez. & Jan. geschl.) in einem gigantischen deutschen Bunker stellt haufenweise Waffen aus dem Zweiten Weltkrieg aus, etwa ein riesiges deutsches schienengebundenes Geschütz mit 86 km Reichweite. Das Museum liegt 500 m von der D940 südwestlich von Audinghen.

Das Dorf **Ambleteuse** an der Nordseite der Mündung des Flusses Slack ist mit einem herrlichen Strand gesegnet, der einst vom **Fort d'Ambleteuse**, im 17. Jh. von Vauban entworfen (weswegen es auch Fort Vauban genannt wird), vor Angriffen gesichert wurde. Südlich des Dorfes erstrecken sich geschützte, grasbewachsene Dünen (**Dunes de la Slack**).

Das übersichtlich gestaltete **Musée 39–45** (📞03 21 87 33 01; www.musee3945.com; Erw./Kind 6,50/4,50 €; ⊘10–18 Uhr, Dez.–Feb. geschl.) am Nordrand von Ambleteuse präsentiert realistische Szenen militärischen und zivilen Lebens im Zweiten Weltkrieg sowie einen 25-minütigen Film. Populäre Lieder der Kriegszeit untermalen den Besuch. Lebensmittel werden nebenan im **Supermarkt Shop** (⊘So nachmittags geschl.) verkauft.

Boulogne-sur-Mer

44 600 EW.

Boulogne ist bei Weitem die interessanteste Hafenstadt Frankreichs am Ärmelkanal und eignet sich gut als Basis für eine Tour entlang der Côte d'Opale. Die Basse Ville (Unterstadt) besteht aus einem Haufen langweiliger Nachkriegsbauten, aber die hübsche Ville Haute (Oberstadt) weit oberhalb des Orts ist von einer Mauer aus dem 13. Jh. umgeben. Die größte Attraktion ist das Nausicaá, eines der führenden Aquarien Europas.

Auguste Mariette (1821–81), der Archäologe, der das Ägyptische Museum in Kairo gegründet hat, wurde hier geboren. Deshalb gibt es in Boulogne auch zahlreiche Skulpturen und Artefakte, die etwas mit den Pharaonen zu tun haben.

⊙ Sehenswertes

Nausicaá   AQUARIUM
(📞03 21 30 99 99; www.nausicaa.fr; bd Ste-Beuve; Erw./Stud./Kind 17,50/12/11,50 €, Audioguide 3,20 €; ⊘9.30–18.30 Uhr, 3 Wochen im Jan. geschl.) Live und in Farbe zeigt der großartige Aquariumskomplex, ein paar 100 m nördlich des Fischereihafens am Quai Gambetta gelegen, durchsichtige Quallen, 250 kg schwere ausgewachsene Haie (spannend im Vergleich zu den Eiern und Jungtieren in

---

Boulogne-sur-Mer

⊙ **Highlights**
- Château-Musée G2
- Nausicaá..A1

⊙ **Sehenswertes**
1 Basilique Notre-Dame......................F2
2 Fischereihafen B3
3 Hôtel de Ville F3
4 Hôtel Desandrouin............................F3
5 Museo Libertador San Martín............E3

🛏 **Schlafen**
6 Hôtel Faidherbe C3
7 Hôtel La Matelote B1

🍴 **Essen**
8 Fromagerie..D3
9 L'îlot Vert F3
10 Marché D4
11 Trésor du Vin D3

einem winzigen Becken), bissige Krokodil-kaimane (in der **Wasserwelt des Tropen-walds**), Nordseefische, die normalerweise *au beurre* oder *au gratin* auf den Tisch kommen, und Arowanas, Fische, die aus dem Wasser springen, um sich Vögel von überhängenden Baumzweigen zu schnappen (schicke Federhüte sind hier keine so gute Idee!). Zu den kinderfreundlichen Aktivitäten gehören die Fütterung und die Streichelfische. Ein Hit bei jüngeren Besuchern sind auch die kalifornischen Seelöwen und afrikanischen Pinguine mit hier geschlüpften Jungen. Infos zu den aktuellen Aktivitäten werden auf elektronischen Anschlagtafeln angekündigt. Alle Beschilderungen sind auf Französisch und Englisch.

Ville Haute HISTORISCHES VIERTEL

Die Oberstadt – ein Städtchen mit jahrhundertealten Häusern und Kopfsteinpflasterstraßen – ist von einer rechteckigen, baumbeschatteten **Festungsmauer** umgeben, die in ganzer Länge (knapp 1,5 km) begehbar ist. Zu den eindrucksvollen Gebäuden um die Place Godefroy de Bouillon gehören das klassizistische **Hôtel Desandrouin** aus den 1780er-Jahren, das später von Napoleon genutzt wurde, und das **Hôtel de Ville** (1735) aus Backstein mit dem stämmigen mittelalterlichen **Glockenturm** (das Erdgeschoss ist über das Foyer zugänglich).

Die hoch aufragende, italienisch anmutende Kuppel der **Basilique Notre-Dame** (rue de Lille; ☉10–12 & 14–17 oder 18 Uhr) ist in der ganzen Stadt zu sehen (am schönsten von der Stadtmauer aus). Das merkwürdige Gebäude wurde von 1827 bis 1866 gebaut, aber anscheinend fast ohne ausgebildete Architekten. Die teils romanische **Krypta** und den **Kirchenschatz** (Eintritt 2 €; ☉Di–So 14–17 Uhr) kann man sich schenken.

Die Kulturen der Welt sind im **Château-Musée** (Burgmuseum; ☎03 21 10 02 20; Erw./Stud. 3 €/frei; ☉Museum 10–12.30 & 14–17.30 Uhr, Di geschl., Burghof tgl. 7–19 Uhr) vereint. Es ist einer der wenigen Orte der Welt, wo ägyptische Altertümer (auch Mumien) neben Inuit-Masken aus dem 19. Jh. zu bewundern sind und Anden-Keramiken neben griechischen Urnen stehen. Und als Zugabe gibt es einen römischen Wall aus dem 4. Jh. in situ – alles in einer Burg aus dem 13. Jh.

GRATIS Museo Libertador San Martín MUSEUM

(113 Grande Rue; www.ambassadeargentine.net, auf Frz.; ☉Di–Sa 10–12 & 14–18 Uhr, Jan. & 2 Wochen im Juli geschl.) Boulognes verblüffends-te Sehenswürdigkeit ist das Haus, in dem José de San Martín, der Held des argentinischen, chilenischen und peruanischen Freiheitskampfs, 1850 im Exil starb. Wer hier klingelt, kann ein Stück verpflanztes Südamerika des 19. Jhs. erleben, einschließlich Erinnerungsstücke aus dem Leben von San Martín und jede Menge pompöse Armeeuniformen. Das Haus gehört der argentinischen Regierung und wird von argentinischen Armeeangehörigen geführt.

Basse Ville HAFEN

Kreischende Möwen kreisen im **Fischerei-hafen** (quai Gambetta) über den Fischerbooten und den *poissonniers* (Fischhändler), die frisch gefangenen *cabillaud* (Kabeljau), *carrelet* (Scholle) und Seezunge – Boulognes wichtigster Fisch – sowie *bar* (Seebarsch), Meerbarben, *raie* (Rochen) und Steinbutt verkaufen. Wer hier genau hinschaut, wird bei der nächsten Bestellung von *poisson* (Fisch) wissen, was auf dem Teller liegt.

Boulognes quirliges **Einkaufsviertel** befindet sich rund um die Rue Victor Hugo und die Rue Adolphe Thiers.

Küste STRÄNDE

Der **Strand** von Boulogne beginnt gleich nördlich des Nausicaá, jenseits der Liane-Mündung, bei einer surrenden Windfarm und einem ehemaligen Stahlwerk.

Weitere schöne Strände gibt's 4 km nördlich der Stadt in **Wimereux** (Busse 1 und 2 von der Place de France, 2- bis 4-mal pro Std.), einem von Napoleon 1806 gegründeten Badeort mit ein bisschen Belle-Époque-Atmosphäre, 2,5 km südwestlich in **Le Portel** (Bus 23 von der Place de France) und 5 km südlich in **Equihen Plage** (Busse Ea und Eb vom Bahnhof oder der Place de France). Achtung: Die Nummern der Sonntagsbusse enden auf „d".

🛏 Schlafen

Hôtel La Matelote HOTEL €€

(☎03 21 30 33 33; www.la-matelote.com; 70 bd Ste-Beuve; DZ So–Do 100–160 €, Fr, Sa & Feiertage 115–185 €; ❄☎❄) Boulognes vornehmstes Hotel verfügt über einen luxuriösen Whirlpool, einen Hamam (Türkisches Bad) und eine Sauna. Die 35 geräumigen Zimmer, von denen viele in kräftigen Rot- und Goldtönen gehalten sind, haben ultramoderne Badezimmer und klassische Holzmöbel, einige auch Balkon. Für Rollstuhlfahrer zugänglich. Das Hotel liegt ein paar Hundert Meter nördlich des Fischereihafens am Quai Gambetta.

Hôtel Faidherbe

HOTEL €

(☎03 21 31 60 93; www.hotelfaidherbe.fr; 12 rue Faidherbe; DZ/4BZ 66/99 €; 🖥) Jeder Gast entlockt dem gefiederten Hausmaskottchen, einem Hirtenmaina namens Victor, auf die eine oder andere Art eine Reaktion – sein Repertoire umfasst heiseres Lachen, Husten und ein krächzendes *„bonjour", „au revoir"* und *„bye-bye".* Die 33 Zimmer sind etwas klein, aber modern, blumig und praktisch.

Auberge de Jeunesse

HOSTEL €

(☎03 21 99 15 30; www.hihostels.com; place Rouget de Lisle; B mit Frühstück & Bettwäsche 19 €, EZ 25 €; ⊗22. Dez.–Jan. geschl.; @🖥) Das Hostel mit 137 Betten verfügt über eine Bar, einen Aufenthaltsraum und geräumige Zimmer mit zwei bis fünf Betten, Toilette und einer Dusche mit Zeitschalter. Kochgelegenheiten gibt es ebenfalls. Es liegt etwa 1 km südlich der Basse Ville gegenüber dem Bahnhof.

✗ Essen & Ausgehen

Frischer Fisch (der vermutlich bis auf Lachs auch hier gefangen wurde) macht Boulogne zum idealen Zielort für Fischliebhaber. Die Rue de Lille in der Ville Haute ist gesäumt von gemütlichen Restaurants (z. B. **L'îlot Vert** in Nr. 36). In der Basse Ville sind etliche Restaurants in der Gegend um die Place Dalton und die Rue du Doyen zu finden.

La Matelote

FRANZÖSISCH €€

(☎03 21 30 17 97; 80 bd Ste-Beuve; Menüs 29–74 €; ⊗Do mittags geschl.) Ein stylisches Establishment mit weißen Tischdecken, hauchdünnen Weingläsern, edlem Porzellan und einem Michelin-Stern. Zubereitet wird französische *cuisine de saveurs* (eine Küche, die „Geschmack und Genuss" verbindet, oder sowas in der Art) mit Schwerpunkt auf Fisch und Meeresfrüchten. La Matelote betreibt auch das exzellente **Bistro** (⊗So abends, Sept.–Mai auch Mo abends geschl.) mit Strandblick im Nausicaá.

Selbstversorger

Fromagerie

KÄSELADEN €

(23 Grande Rue; ⊗Mo vormittags geschl.) Eine super Auswahl an einheimischem Käse.

Trésor de Vin

WEINLADEN €

(12 rue Adolphe Thiers; ⊗So & Mo geschl.) Ein Weingeschäft von und für Weinliebhaber.

Marché

WOCHENMARKT €

(place Dalton; ⊗Mo–Sa vormittags)

Carrefour Market

SUPERMARKT €

(53 bd Daunou)

ℹ Praktische Informationen

In oder nahe der Rue Victor Hugo gibt es mehrere Banken.

Art et Image (87 rue Victor Hugo; ⊗Di–Sa 9.30–18.45 Uhr, Juni–Aug. auch Mo; pro Std. 4 €) Hat einen Internetcomputer, an dem Fährtickets ausgedruckt werden können.

Touristeninformation (☎03 21 10 88 10; www.tourisme-boulognesurmer.com; parvis de Nauticaá; ⊗Mo–Sa 10–12 & 13.30–18 oder 19, So 10.30–13 & 14.30–17 Uhr) Hat auch englischsprachige Broschüren.

Nebenstelle der Touristeninformation (forum Jean Noël; ⊗Mo–Sa 9.30–12.30 & 14–18, So & Feiertage 10–13 Uhr) Befindet sich in einem achteckigen Pavillon.

ℹ Anreise & Unterwegs vor Ort

FÄHRE Infos zu den Autofähren der **LD Lines** (☎03 21 22 34 77; www.ldlines.co.uk) nach Dover (Fußpassagiere nicht gestattet), s. S. 1069. Der neue Fährhafen liegt 3 km westlich des Stadtzentrums.

BUS Infos zu Bussen nach Calais entlang der hinreißenden Côte d'Opale, s. S. 178.

TAXI Taxiruf: ☎03 21 91 25 00.

ZUG Der Hauptbahnhof, die **Gare Boulogne-Ville**, liegt 1,2 km südöstlich des Zentrums. Verbindungen gibt es u. a. mit Amiens (18,50 €, 1½ Std., 7- bis 9-mal tgl.), Calais-Ville (7,50 €, 30 Min., Mo–Fr 19-mal, Sa 11-mal, So 6-mal tgl.), der Gare Lille-Flandres oder Gare Lille-Europe (19,50 €, 1–2 Std., 9- bis 12-mal tgl.) und der Pariser Gare du Nord (33 €, 2¾ Std., 4- oder 5-mal tgl. direkt).

Dünkirchen

69 500 EW.

1940 wurde Dünkirchen (Dunkerque) – der Name bedeutet „Dünenkirche" – weltberühmt und fast gleichzeitig dem Erdboden gleichgemacht (S. 184). Die heutige Stadt hatte das Pech, in der einfallslosesten Architekturperiode der westlichen Welt wieder aufgebaut zu werden. Sie versprüht daher herzlich wenig Charme, bietet Besuchern aber lohnenswerte Museen, einen bei Familien beliebten Strand und einen fröhlich-bunten Karneval.

◉ Sehenswertes & Aktivitäten

Das **Musée Portuaire** (Hafenmuseum; www. museeportuaire.com; 9 quai de la Citadelle; Erw./Fam. 5/13 €; ⊗10–12.45 & 13.30–18 Uhr, Di geschl.) in einem ehemaligen Tabakspeicher wird Fans maritimer Geschichte und besonders von Modellschiffen begeistern. **Führungen** (Erw./Fam. inkl. Museum 10/25 €) bringen Besucher auf ein Leuchtturmschiff, eine *peniche* (Lastkahn) und auf die *Duchesse Anne*, ein Dreimaster-Schulschiff, das 1901 für die deutsche Handelsmarine gebaut wurde und als Reparation für den Zweiten Weltkrieg an Frankreich ging. Einige Beschriftungen sind auf Englisch. Das Museum liegt 500 m nordwestlich der Touristeninformation.

Das gemeinnützige **Mémorial du Souvenir** (✆03 28 26 27 81; www.dynamo-dunkerque. com; rue des Chantiers de France; Erw./unter 12 J. 3,50 €/frei; ☉April–Sept. 10–12 & 14–17 Uhr) vermittelt einen Eindruck der Evakuierung von 1940. Zu den Highlights gehören ein zwölfminütiger Film, maßstabsgetreue Modellbauten und eindrucksvolle historische Uniformen, Waffen und Fotos.

Die **Britische Gedenkstätte Dünkirchen** (D601) dient der Erinnerung an 4500 Soldaten aus Großbritannien und dem Commonwealth „mit unbekanntem Grab". Es befindet sich neben einem **Commonwealth-Soldatenfriedhof** 1,5 km südöstlich der Touristeninformation.

Malo-les-Bains, 2 km nordöstlich des Stadtzentrums von Dünkirchen, ist ein etwas heruntergekommener Badeort, dessen breiter Sandstrand, die **Plage des Alliés**, zu Ehren der Alliierten benannt wurde, die in der Operation Dynamo nach England evakuiert wurden. Taucher können die **Wracks**

der Schiffe, die 1940 ein Stück nordöstlich vor Zuydecoote versenkt wurden, besichtigen. Ein paar sind bei extremer Ebbe sogar zu Fuß zugänglich. Die Touristeninformation hat Infos zu Führungen.

Die **Dunes Flamandes** (Flämische Dünen), die sich östlich von Malo-les-Bains bis zur belgischen Grenze erstrecken, bilden ein einzigartiges Ökosystem mit Hunderten Pflanzenarten, darunter auch seltene Orchideen. Bei Ebbe ist es möglich, über das Watt oder den GR-Weg von Malo-les-Bains bis nach Leffrinckoucke, Zuydcoote und Bray-Dunes zu laufen oder zu radeln.

🍴 Essen

Restaurants gibt es in der Nähe des Musée Portuaire (am Quai de la Citadelle) und gegenüber dem Strand in Malo-les-Bains (an der Digue des Alliés und Digue de Mer). Dünkirchens erstes Biorestaurant, **La Demi-Lune** (✆03 28 61 42 77; www.dunkerque-bio.com, auf Frz.; 65 bd Ste-Barbe; Hauptgerichte 10–13 €; ☉nur mittags) fünf Blocks östlich der Touristeninformation serviert leichte, gesunde Mahlzeiten zu bezahlbaren Preisen.

ℹ Praktische Informationen

Die **Touristeninformation** (✆03 28 66 79 21; www.ot-dunkerque.fr; ☉Mo–Sa 9.30–12.30 & 13.30–18.30, So & Feiertage 10–12 & 14–16 Uhr) Verteilt die kostenlose Broschüre *Dunkirk Wartime Memories* (auf Engl. und Frz.) an den Gedenkstätten des Ersten und Zweiten Weltkriegs und verkauft die Ermäßigungskarte **Pass Tourisme** (12 €). Sie befindet sich im Erdgeschoss eines 58 m hohen **Glockenturms** (Erw. 2,90 €; ☉Touren Mo–Sa 9-mal tgl.) von 1440, der spektakuläre Aussichten bietet und dessen Carillon aus 50 Glocken (2009 renoviert) jede Viertelstunde erklingt.

ℹ An- & Weiterreise

Infos zur Autofähre zwischen Dover und dem Fährhafen Dünkirchen etwa 15 km westlich des Ortszentrums in Loon Plage (A16 Ausfahrt 53), s. S. 1069.

BUS Infos zu Busverbindungen mit Calais, s. S. 178.

ZUG Dünkirchens Bahnhof liegt 1 km südwestlich der Touristeninformation. Zugverbindungen gibt es u. a. mit Lille (meist zur Gare Lille-Flandres; 13 €, 32–78 Min., Mo–Fr 20-mal tgl. direkt, am Wochenende 10- bis 13-mal tgl.) und Calais (8 €, 50 Min., Mo–Fr 4- bis 6-mal, Sa 2- oder 3-mal tgl.).

DIE EVAKUIERUNG VON DÜNKIRCHEN

Als Hitlers Armee Ende Mai 1940 vorrückte, trotzten 1400 Marineschiffe und „Kleinboote" – Fischer- und Freizeitboote mit freiwilligen Zivilisten – heftigem deutschen Geschützfeuer und Luftangriffen, um 340 000 Soldaten der Alliierten nach England in Sicherheit zu bringen. Die unvorbereitete und völlig chaotische Evakuierung im problematischen ersten Kriegsjahr – Operation Dynamo genannt – konnte zwar keine kriegswichtige Ausrüstung retten, gilt aber bis heute in Großbritannien als heroischer Beweis englischer Tatkraft und Entschlossenheit.

Der Karneval in Dunkerque zu Beginn und am Ende der Fastenzeit war ursprünglich der letzte Spaß der hiesigen Kabeljaufischer, bevor sie auf Monate in die kalten Gewässer vor Island zogen. Größtes Ereignis ist die *bande* (Parade) am Sonntag vor Aschermittwoch, wenn Männer traditionell Frauenkleider tragen, verkleidete Menschen beider Geschlechter hinter Pfeifen- und Trommelgruppen durch die Stadt marschieren und es überhaupt recht laut und lustig zugeht. Als Höhepunkt der Festivitäten bewerfen der Bürgermeister und andere Würdenträger die Menschenmenge vom Balkon des Hôtel de Ville (Rathaus) mit getrockneten Salzheringen.

Einst fing ich im Dünkirchener Vorort St-Pol-sur-Mer einen dieser fliegenden Heringe des Stadtoberhaupts auf. Ich war so stolz, dass ich, obwohl der Fisch vermutlich ungenießbar war, es nicht fertigbrachte, ihn wegzuwerfen. So blieb er auf dem Autoboden liegen, wochenlang – mit den erwartungsgemäß unangenehmen Folgen …

Cassel

2430 EW.

Das urflämische Festungsdorf Cassel liegt auf dem Gipfel des höchsten Hügels Französisch-Flanderns (mit 176 m nicht gerade der Montblanc) und bietet einen weiten Blick über die grüne flandrische Ebene.

Wegen der erhöhten Lage diente Cassel zu Beginn des Ersten Weltkriegs als Hauptquartier von Maréchal Ferdinand Foch. 1940 fanden hier heftige Rückzugsgefechte britischer Truppen statt, die Dünkirchen während der Evakuierung verteidigten.

Die Einwohner sind mächtig stolz auf ihre Riesen Reuze Papa und Reuze Maman (S. 171), die am Ostermontag gefeiert werden. An einem Wochenende Mitte Juni findet in Cassel auch ein **Dudelsackfestival** statt.

Auf dem Dorfplatz, umgeben von schmucklosen Backsteinhäusern mit steilen Schieferdächern, befinden sich auch die **Touristeninformation** (☎03 28 40 52 55; www.cassel-horizons.com; 20 Grand' Place; ☺Mo-Sa 8.30–12 & 13.30–17.30, So 14–18 Uhr) und das nagelneue, Ende 2010 eröffnete **Musée Départemental de Flandre** (22 Grand' Place), das sich auf Flanderns reiches Erbe konzentriert und alte und neue flämische Kunst ausstellt.

In der hölzernen **Windmühle** (Erw./Kind 3/2,50 €; ☺Mo-Sa 14–18, So 10–12.30 & 13.30–18.30 Uhr, Dez.–Anfang Jan. geschl., letzte Führung 1 Std. vor Schließung), die zur Windkraftnutzung auf dem höchsten Punkt des Orts steht, wird seit zehn Generationen Weizen gemahlen und Leinöl gepresst. Die 45-minütige interaktive Führung ist laut, aber interessant. Im 19. Jh. beherrschten 2000 solcher Windmühlen den Horizont Französisch-Flanderns. Einen Blick nach Belgien bietet ein **Blumenpark** in der Nähe; zwei Orientierungstafeln weisen auf nahe und ferne Städte.

Le Foch (☎03 28 42 47 73; www.hotel-foch.net, auf Frz.; 41 Grand' Place; DZ 67 €) vermietet sechs geräumige Zimmer mit antik wirkenden Betten, teils mit Blick auf den Platz. Das elegante **Restaurant** (Menüs 13–25 €; ☺So abends & Fr geschl.) serviert zwischen Holzschnitzereien und funkelndem Kristall französische und regionale Küche mit frischen lokalen Zutaten. Um die Grand' Place gibt es weitere Restaurants und Cafés, darunter auch die **Taverne Flamande** (☎03 28 42 42 59; 34 Grand' Place; Menüs 16–18 €, Sonntagsmenüs 26 €; ☺Di abends & Mi geschl.), deren traditioneller Speiseraum von 1933 mit roten Sitzbänken und rot-weiß karierten Tischdecken eingerichtet ist. An kalten Tagen knistert ein Feuer im Kamin.

Cassel liegt 57 km südöstlich von Calais. Vom Bahnhof, 3 km bergab vom Zentrum, gibt es Direktverbindungen mit Dünkirchen (6 €, 25 Min., Mo-Fr 9-mal, an Wochenenden 2- oder 3-mal tgl.).

Baie de Somme

Das **Ästuar der Somme** (www.baiedesomme.org, auf Frz., www.baiedesomme.fr) bietet ein tolles Naturschauspiel, wenn Ebbe und Flut endlose Sandflächen im Wechsel freilegen und verbergen. Der bescheidene Badeort **Le Crotoy** (2340 Ew.) am Nordufer eignet sich gut als Standort, um die Umgebung zu erkunden. Jenseits der Bucht ist von hier aus die **Pointe du Hourdel** zu sehen, die durch

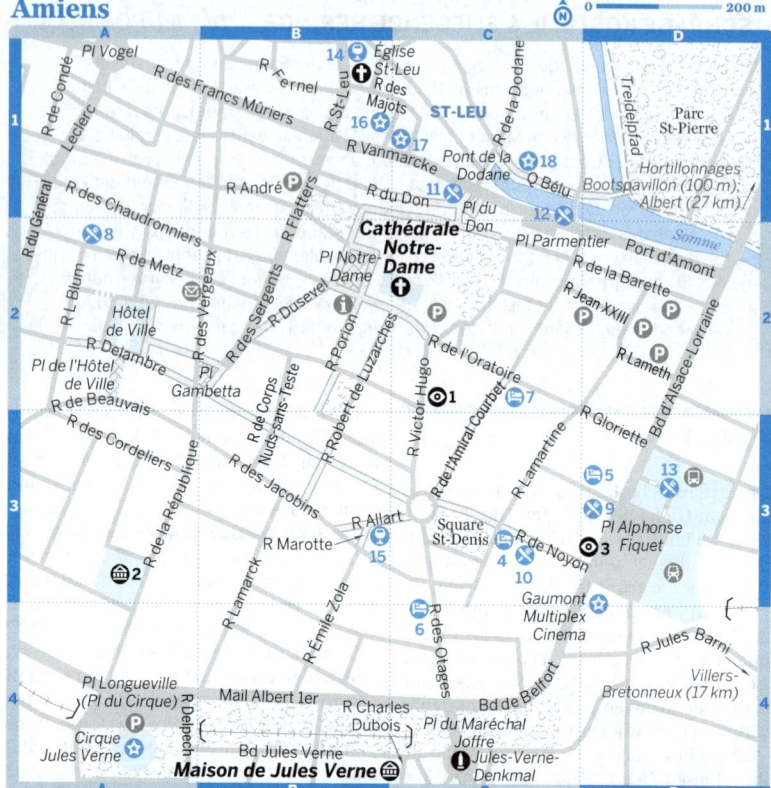

einen **Radweg** (www.baiecyclette.com) mit Le Crotoy verbunden ist. Der Felsvorsprung ist bekannt für seine Robben auf den Sandbänken, für die Unterstände zur Entenjagd und für den Ort **St-Valery-sur-Somme**, das ganzjährig bei Ebbe zu Fuß zu erreichen ist (mit ein bisschen knietiefem Waten und allerdings nur mit einem Führer, denn die Gegend ist berüchtigt für starke Strömungen und die rasante Flut). Infos gibt's bei **Promenade en Baie** (☏ 03 22 27 47 36; www.promenade-en-baie.com, auf Frz.; 5 allée des Soupirs, Le Crotoy; ⏱ 9.30–12.30 & 14–18 Uhr).

In Le Crotoys **Touristeninformation** (☏ 03 22 27 05 25; www.tourisme-crotoy.com; 1 rue Carnot; ⏱ 9.30–12.30 & 14–17.30 oder 18 Uhr) ist ein *horaire des marées* (Gezeitentafel) erhältlich.

🖊 **Les Tourelles** (☏ 03 22 27 16 33; www. lestourelles.com; 2–4 rue Pierre Guerlain; DZ 79 €; @ ♿), ein weitläufiges Hotel in Familienbetrieb mit Strandblick, hat ein er-

frischend viktorianisches Flair. Kinder von vier bis 14 Jahren können in einem Zimmer mit 14 Stockbetten übernachten (25 € mit Frühstück pro Kind). Das hauseigene **Restaurant** (Menüs 23–34 €) serviert französische Küche mit Kanalküsteneinflüssen sowie vegetarische und lokale Gerichte.

PARC ORNITHOLOGIQUE DU MARQUENTERRE

Erstaunliche 360 Vogelarten wurden in dem 2,6 km2 großen **Vogelpark Marquenterre** (☏ 03 22 25 68 99; www.parcdumarquenterre.com; Erw./Kind 10/8 €, Ferngläser 4 €; ⏱ 10–19.30 Uhr, letzter Einlass 2 Std. vor Schließung) gesichtet, einem wichtigen Rastplatz für Zugvögel aus Großbritannien, Island, Skandinavien und Sibirien auf dem Weg in die wärmeren Gefilde von Westafrika. Drei markierte **Rundwege** (2–6 km) führen zu Marschland, Dünen, Wiesen, Süßwasserteichen, einer Brackwasserlagune und zu 14 Beobachtungsposten. Einführungswanderungen beginnen täglich um 10.30 und 14 Uhr. Der Park befindet sich in St-Quentin-en-Tourmont, umständliche 10 km nordwestlich von Le Crotoy.

Amiens

137 800 EW.

Eine der eindrucksvollsten gotischen Kathedralen Frankreichs ist Anlass genug für einen Besuch von Amiens. In dieser behäbigen, wenn auch reservierten alten Hauptstadt der Picardie verbrachte Jules Verne die letzten zwei Jahrzehnte seines Lebens. Das nach dem Krieg wieder aufgebaute schnörkellose, weitgehend autofreie Stadtzentrum hat sich erstaunlich herausgemacht. 25 000 Studenten sorgen für ein junges und lebendiges Flair.

Amiens ist ein hervorragender Standort, um die Somme-Gedenkstätten zu erkunden.

◎ Sehenswertes & Aktivitäten

Die **Place Gambetta**, das Geschäftszentrum der Stadt, liegt drei Blocks südwestlich der Kathedrale.

LP TIPP **Cathédrale Notre-Dame** KATHEDRALE
(Place Notre-Dame; ⊘8.30–18.15 Uhr) Das prachtvolle Bauwerk ist die größte gotische Kathedrale Frankreichs (mit 145 m Länge) und seit 1981 als Unesco-Welterbe gelistet. Es wurde ab 1220 als Aufbewahrungsort für den **Schädel Johannes des Täufers** (⊘etwa April–Okt. ausgestellt) erbaut, der umrahmt von Gold und Edelsteinen an der Nordwand des Chorumgangs ge-

zeigt wird. Kenner schwärmen von den aufwärtsstrebenden gotischen Bögen (über dem Mittelschiff 42,3 m hoch), der stilistischen Harmonie und der reichen Innenausstattung. Die Einheimischen begeistern sich v. a. für die Statue des **Ange Pleureur** (weinender Engel) aus dem 17. Jh. im Chorumgang direkt hinter dem sehr barocken Hochaltar aus dem 18. Jh.

Das achteckige, 234 m lange **Labyrinth** auf dem schwarz-weißen Boden des Hauptschiffes ist leicht zu übersehen, da die hohen Gewölbe den Blick aufwärts lenken. Im südlichen Querschiff ehren **Tafeln** amerikanische, australische, britische, kanadische und neuseeländische Soldaten, die im Ersten Weltkrieg starben.

Für ein tieferes Verständnis der ganzen Pracht lohnt sich der einstündige **Audioguide** (4 €, jede weitere Person 3 €), der in der Touristeninformation gegenüber in sechs Sprachen verliehen wird. Bei gutem Wetter kann auch der **Nordturm** (☎03 22 92 03 32; ⊘nachmittags, Di geschl.) bestiegen werden; Eintrittskarten werden in der Boutique links von der Westfassade verkauft.

Eine 45-minütige **Lichtshow** taucht die Fassade jeden Abend von Mitte Juni bis Mitte September und von Mitte Dezember bis Neujahr in lebhafte, mittelalterliche Farben. Die Illumination beginnt im Winter um 19 Uhr und im Sommer zwischen 21.45 Uhr (September) und 22.45 Uhr (Juni).

Hortillonnages BOOTSFAHRT
(☎03 22 92 12 18; 54 bd de Beauvillé; Erw./Kind 6/4,70 €; ⊘13.30–16.30 Uhr) Amiens Gemüsegärten – gut 3 km2 groß – versorgen seit

dem Mittelalter die Stadt mit Gemüse und Blumen. Heute gleiten auf ihren stillen *rieux* (Kanäle), an denen noch zehn Höfe Gemüse anbauen und zahllose Wasservögel leben, gondelartige Freizeitkähne mit Platz für zwölf Personen. Bei gutem Wetter und entsprechender Nachfrage fahren sie auch später ab (bis 18.30 Uhr).

Maison de Jules Verne   HAUSMUSEUM

(Haus von Jules Verne; ☎03 22 45 45 75; www. jules-verne.net; 2 rue Charles Dubois; Erw. 7 €, Audioguide 2 €; ☉Mo & Mi–Fr 10–12.30 & 14–18.30, Di 14–18.30, Sa & So 11–18.30 Uhr) Jules Verne (1828–1905) schrieb viele seiner bekanntesten spannenden – und beklemmend vorausahnenden – Science-Fiction-Werke, während er in seinem türmchenbewehrten Haus in Amiens lebte. Die Modelle, Drucke, Poster und anderen Gegenstände, die von Vernes fruchtbarer Vorstellungskraft inspiriert wurden, bieten eine faszinierende Möglichkeit zu erahnen, wie er sich die Zukunft vor über einem Jahrhundert vorstellte, als eine Reise um die Welt in 80 Tagen noch total absurd erschien – und bevor der Erste Weltkrieg den Glauben der Europäer an eine Welt, die dank des „Fortschritts" automatisch besser würde, erschütterte. Die Schilder sind auf Französisch und Englisch.

Musée de Picardie   MUSEUM

(☎03 22 97 14 00; www.amiens.fr/musees, auf Frz.; 48 rue de la République; Erw. 5 €; ☉Di–Sa 10–12.30 & 14–18, Do bis 21, So 14–19 Uhr) Das Picardie-Museum in einem schmucken Gebäude des Zweiten Kaiserreichs (1855–67) ist überraschend gut mit archäologischen Fundstücken, mittelalterlicher Kunst und Keramiken der Revolutionszeit ausgestattet.

Galerie du Vitrail Claude Barre   BUNTGLAS

(☎03 22 91 81 18; 40 rue Victor Hugo; Erw. 5 €; ☉Führungen Mo–Sa 15 Uhr) Wie werden eigentlich Buntglasfenster entworfen und hergestellt? Das kann aus erster Hand in diesem Atelier beobachtet werden, in dem Auftragsarbeiten für Kirchen und Privatsammler gefertigt werden.

Tour Perret   ARCHITEKTUR

(Place Alphonse Fiquet) Der Perret-Turm (110 m) aus Stahlbeton gegenüber dem Bahnhof war lange Zeit das höchste Gebäude Westeuropas. Entworfen wurde er vom belgischen Architekten Auguste Perret (auf dessen Reißbrett nach dem Krieg auch Le Havre entstand) und 1954 vollendet. Er ist der Öffentlichkeit nicht zugänglich.

🛏 Schlafen

Die Hotels in Amiens bieten viel für ihren Preis, sind aber von Montag bis Donnerstag oft von Geschäftsleuten belegt.

Grand Hôtel de l'Univers   HOTEL €€

(☎03 22 91 52 51; www.hotel-univers-amiens. com; 2 rue de Noyon; DZ 75–150 €; @🛜) Das altehrwürdige Best-Western-Hotel bietet allen gutbürgerlichen Komfort und liegt günstig in der Nähe des Bahnhofs und des autofreien Stadtzentrums. Die 41 Zimmer rund um ein vierstöckiges Atrium sind blitzsauber und sehr komfortabel, einige im 4. Stock blicken sogar auf die Kathedrale.

Hôtel Le St-Louis   HOTEL €

(☎03 22 91 76 03; www.le-saintlouis.com, auf Frz.; 24 rue des Otages; DZ/4BZ ab 60/97 €; 🛜) Alle Annehmlichkeiten mit mehr als einem Hauch französischer Eleganz des 19. Jhs. Die 24 Zimmer, einige um einen terrassenartigen Innenhof, sind geräumig und geschmackvoll.

Hôtel Victor Hugo   HOTEL €

(☎03 22 91 57 91; www.hotel-a-amiens.com; 2 rue de l'Oratoire; DZ 44–55 €, 4BZ 59–67 €; 🛜) Das reizende Hotel in Familienbetrieb nur einen Straßenzug von der Kathedrale entfernt hat zwei Sterne und zehn ruhige, zauberhafte Zimmer mit dem anziehenden Flair vergangener Zeiten. Schön preiswert, aber der Flur riecht manchmal nach Qualm.

Hôtel Central & Anzac   HOTEL €

(☎03 22 91 34 08; www.hotelcentralanzac. com, auf Frz.; 17 rue Alexandre Fatton; EZ/DZ ab 49/55 €; 🛜) Das Hotel wurde vor Jahrzehnten von einem australischen Exsoldaten eröffnet und vermietet 26 saubere, sehr gepflegte Zimmer. Viele haben altmodische Details, aber einige sind ein bisschen klein.

🍴 Essen

Das Viertel **St-Leu** (quai Bélu) – nicht wirklich das „Venedig des Nordens", wie es die Werbung beschreibt – steckt voller neonbeleuchteter Restaurants und Kneipen, viele davon mit Sommerterrassen. Weitere Restaurants gibt es am anderen Flussufer an der Place du Don.

LP TIPP **Le Tigzirt**   COUSCOUS €

(☎03 22 91 42 55; 60 rue Vanmarcke, am Wochenende über die Place du Don Nr. 7; Hauptge-

richte 11–22 €; ☺Sa mittags, So abends & Mo geschl.) Die Begrüßung ist so warm wie das algerische Couscous nach Berberart und die
tajines (Eintöpfe), die hier perfekt gedünstet, gekocht, gegrillt und gebacken werden.

Le Bouchon
FRANZÖSISCH €€
(☎03 22 92 14 32; www.lebouchon.fr, auf Frz.; 10
rue Alexandre Fatton; Mittagsmenüs Mo–Fr 18 €,
andere Menüs 24–42 €; ☺So abends geschl.) Die
Einrichtung ist eher karg, aber die traditionelle französische Küche ist für den Preis
sehr gut. Die köstlichen Desserts bestehen
aus französischen Klassikern, aber es gibt
auch *Forêt Noire* (Schwarzwälder Kirsch-
torte; 9 €).

Le T'chiot Zinc
BISTRO €
(☎03 22 91 43 79; 18 rue de Noyon; Menüs 12–
26 €; ☺So, Juli & Aug. auch Mo geschl.) Die einladende Bistro-Einrichtung – ein bisschen
Belle Époque – ist eine feine Kulisse für die
leckere französische und picardische Küche
mit Fischgerichten und *caqhuse* (Schwein
in einer Sahne-, Weinessig- und Zwiebel-
sauce). Die korrekte picardische Aussspra-
che lautet „schtioh-zeng".

Selbstversorger

Markthalle
MARKT €
(rue de Metz; ☺Di–Do 9–13 & 15–19, Fr & Sa
9–19, So 8.30–12.30 Uhr)

Marché sur l'eau
WOCHENMARKT €
(place Parmentier; ☺Sa bis 12.30 Uhr, im
Sommer bis 13 Uhr) Obst und Gemüse aus
den Hortillonnages werden auf dem einst
schwimmenden Markt verkauft, heute allerdings auf festem Boden (bis auf einmal
im Jahr).

Match
SUPERMARKT €
(Centre Commercial Amiens 2; ☺Mo–Sa
8.30–20 Uhr)

🍷 Ausgehen

Café Bissap
CAFÉ-BAR
(☎03 22 92 36 41; 50 rue St-Leu; ☺Di–
Sa 12–15, So & Mo 12–1 Uhr) Ein multikultu-
relles Publikum, darunter viele Studenten,
trinkt Rumcocktails und westafrikanisches
Bier (z. B. Guinness Foreign Extra, gebraut
in Kamerun) inmitten von Dekorationsstü-
cken aus dem Heimatland des senegalesischen Besitzers. Die Musik ist afrikanisch,
karibisch und lateinamerikanisch. Super-
freundlich. In den Schulferien, auch im Juli
und August, wird erst ab 18 Uhr geöffnet.

Marott' Street
WEINBAR
(☎03 22 91 14 93; 1 rue Marotte; ☺11–1 Uhr, So
geschl.) Die wunderbare einstige Versiche-
rungsagentur, 1892 von Gustave Eiffels Architekturbüro entworfen, zieht heute schicke, wohlhabende Mittdreißiger an, die auf
Klarglasböden über dem Weinkeller Champagner (11 €) schlürfen.

☆ Unterhaltung

La Lune des Pirates
KONZERTE
(☎03 22 97 88 01; www.lalune.net, auf Frz.; 17
quai Bélu) Veranstaltet etwa ein Dutzend
angesagte Konzerte pro Monat.

Chés Cabotans d'Amiens
MARIONETTEN
(☎03 22 22 30 90; www.ches-cabotans-
damiens.com, auf Frz.; 31 rue Édouard-David)
Die Stars in diesem Theater sind allesamt
traditionelle Picardie-Marionetten. Macht
auch dann Spaß, wenn man kein Französisch oder Picardisch versteht.

Ciné St-Leu
KINO
(☎03 22 91 61 23; www.cine-st-leu.com, auf Frz.;
33 rue Vanmarcke) Ein Kunstfilmkino mit
Filmen z. T. in Originalsprache.

ℹ Praktische Informationen

Banken befinden sich um die Place René Goblet
und in der Rue des Trois Cailloux.

Bibliothèque (☎03 22 97 10 00; 50 rue de la
République; ☺Mo 14–19, Di–Fr 9.30–19, Sa
9.30–18 Uhr) Kostenloser Internetzugang in
einer prachtvollen Bibliothek aus den 1820er-
Jahren.

Touristeninformation (☎03 22 71 60 50;
www.amiens-tourisme.com; 40 place Notre-
Dame; ☺Mo–Sa 9.30–18.30, So 10–12 &
14–17 Uhr) Hat Infos zu den Somme-Gedenkstätten (auch Minibustouren) und zu Kulturveranstaltungen. Verkauft auch den **City Pass**
(8 €), der etliche Ermäßigungen bietet.

ℹ Anreise & Unterwegs vor Ort

Infos zur Anfahrt zu den kanadischen Gedenkstätten in Villers-Bretonneux und Vimy s. S. 197
und S. 197.

Auto

Kostenlose Parkplätze finden sich ein oder zwei
Blocks nördlich des Hotels Victor Hugo und
Central & Anzac sowie in der Rue Lameth, Rue
Cardon, Rue Jean XXIII und Rue de la Barette.

Mietwagen, z. B. für Ausflüge zu den Gedenkstätten, gibt's bei **Hertz** (☎03 22 91 26 24;
5 Boulevard d'Alsace-Lorraine).

Fahrrad

Vélo Service (Buscyclette; ☎ 03 22 72 55 13; http://amiensveloservice.fubicy.org, auf Frz.; pro Std./Tag/Wochenende 1/6/8 €, Tandems pro Std./Tag 2/8 €; ⏱Mo–Sa 9–19 Uhr) Die gemeinnützige Organisation verleiht im Hof der Tour Perret hinter dem Haupteingang Fahrräder.

Zug

Amiens ist ein wichtiger Eisenbahnknotenpunkt. Vom Bahnhof mit seinem dramatischen modernen Eingang fahren Direktzüge nach Arras (11 €, 50 Min., 6- bis 12-mal tgl.), Boulogne (18,50 €, 1½ Std., 7- bis 9-mal tgl.), Calais-Ville (24 €, 2½–3½ Std., 6- oder 7-mal tgl.), Compiègne (12,10 €, 1¼ Std., 8- bis 12-mal tgl.), Laon (16 €, 1½ Std., 4- bis 9-mal tgl.), Lille-Flandres (19 €, 1½ Std., 6- bis 12-mal tgl.), Paris Gare du Nord (19 €, 1¼–1¾ Std., 14- bis 30-mal tgl.) und Rouen (18 €, 1¼ Std., 4-mal tgl.). SNCF-Busse fahren zum TGV-Bahnhof Haute Picardie (40 Min., 15- bis 20-mal tgl.), 42 km östlich der Stadt.

Arras

44 300 EW.

Arras (das „s" am Ende wird ausgesprochen), die einstige Hauptstadt von Artois und *préfecture* (Präfektur) des Departement Pas-de-Calais, ist hauptsächlich wegen des ansprechenden Ensembles flämischer Arkadenhäuser und zweier unterirdischer Stätten aus dem Ersten Weltkrieg sehenswert. Die Stadt ist auch ein guter Ausgangspunkt, um die Gedenkstätten zur Schlacht an der Somme zu besichtigen.

◉ Sehenswertes & Aktivitäten

Grand' Place & Petite Place   ARCHITEKTUR
Die beiden alten Marktplätze von Arras, die **Grand' Place** und die fast angrenzende kleinere **Petite Place** (der offizielle Name lautet Place des Héros), sind umgeben von

ARRAS-PASS

In der Touristinformation von Arras ist der **City Pass Argent** (Erw./Stud. 11,50/5,50 €) erhältlich, ein Kombiticket für den Glockenturm, die Tunnel und das Carrière Wellington. Der **City Pass Or** (Erw./Stud. 19/10 €) gilt auch für das Musée des Beaux-Arts (Kunstmuseum) und die Cité Nature (ein Naturkundemuseum mit Schwerpunkt auf Essen, Gesundheit und Natur).

flämisch-barocken Stufengiebelhäusern aus dem 17. und 18. Jh. Die einzelnen Gebäude sind zwar unterschiedlich gestaltet, bilden aber mit ihren 345 Sandsteinsäulen durchgehende Arkaden, die in Frankreich einzigartig sind. Die besonders nachts schönen Plätze befinden sich etwa 600 m nordwestlich des Bahnhofs.

Hôtel de Ville   GLOCKENTURM, KELLER
Das flämisch-gotische **Rathaus** (Petite Place) stammt aus dem 16. Jh., wurde aber nach dem Ersten Weltkrieg komplett neu aufgebaut. In der Eingangshalle haben sich drei Riesen (S. 171) – Colas, Jacqueline und ihr Sohn Dédé – niedergelassen.

Im Untergeschoss des Hôtel de Ville geht es zu wie im Bienenkorb. Hier fährt der Aufzug zum 75 m hohen **Glockenturm** (Erw. 2,70 €; ⏱gleiche Öffnungszeiten wie Touristeninformation) hinauf, einem Weltkulturerbe der Unesco mit weiter Aussicht von der Spitze. Aber einen wahrhaft einzigartigen Blick auf Arras bieten die modderigen **Souterrains** (Tunnel), auch *boves* (Keller) genannt. Sie verlaufen unter der Petite Place und wurden im Ersten Weltkrieg als britische Kommandozentrale, Lazarett und Kaserne genutzt. Im Frühling verwandeln Pflanzen und Blumen die Tunnel in einer herrlichen Kombination aus Düsternis und Gartenpracht in den üppigen, kreativen und Lebensfreude ausstrahlenden **Jardin des Boves** (Kellergarten; ⏱20. März–20. Juni). 45-minütige **Führungen** (Erw. 5 €; auf Wunsch auch auf Englisch), in der entsprechenden Jahreszeit mit Schwerpunkt auf die Gärten, beginnen meist um etwa 11 Uhr und werden montags bis freitags nachmittags mindestens zweimal, samstags und sonntags alle 30 Minuten angeboten.

LP TIPP ⟩ **Carrière Wellington**
GEDENKSTÄTTE, MUSEUM
Die **Carrière Wellington** (☎Touristeninformation Arras 03 21 51 26 95; www.carriere-wellington.com; rue Delétoile; Erw. 6,50 €; ⏱Führungen 10–12.30 oder 13 & 14.30–17 Uhr, Weihnachten–Mitte Jan. geschl.) war Schauplatz der Frühjahrsoffensive von 1917, in der der britische Kriegsdichter Siegfried Sassoon verwundet wurde. Es handelt sich um ein 20 m tiefes Geflecht aus alten Kalksteinbrüchen, die im Ersten Weltkrieg von neuseeländischen Tunnelbauern erweitert wurden. Einstündige Führungen auf Französisch und Englisch sind kombiniert mit einfallsreichen audiovisuellen Medien, bewegenden

DER LOUVRE KOMMT!

In Französisch-Flandern heißt es: „Eine Filiale des Louvre eröffnet bald in einer notleidenden Stadt des einstigen Kohlenreviers ganz in Ihrer Nähe."

Richtig gehört, denn 2012, wenn der **Louvre-Lens** (www.louvrelens.fr) in Lens eröffnet wird, ist keine Fahrt nach Paris mehr nötig, um das meistbesuchte Museum der Welt zu beehren.

Unverblümt gesagt: **Lens** (✉ Touristeninformation 03 21 67 66 66; www.tourisme-lens-lievin.fr), 18 km nordöstlich von Arras und 37 km südlich von Lille, hat absolut nichts zu bieten, wenigstens nichts Touristisches. Aber dank eines hochherzigen Bemühens, den Louvre zu „demokratisieren", sollen nun seine Schätze „zum Volk gebracht" werden. Und so hoffen die 37 000 Einwohner, dass der Louvre-Lens für ihre Stadt das tun wird, was das Guggenheim für Bilbao bewirkte. Im Übrigen wurde die Entscheidung, das ultrarenommierte Projekt in Lens anzusiedeln, von einer tollen städtischen Anzeigenkampagne begleitet: Sie zeigt die Louvre-Pyramide des Architekten I.M. Pei neben einer der pyramidenförmigen Abraumhalden von Lens!

Fotos und historischen Gegenständen. Es ist ganz leicht zu erkennen, wer wann welches Graffiti malte: Die schwarzen Zeichen sind britisch und stammen aus dem Ersten Weltkrieg, die roten sind französisch und aus dem Zweiten Weltkrieg, als der Ort als Bunker diente. Der Steinbruch wurde 2008 der Öffentlichkeit zugänglich gemacht und liegt 1 km südlich vom Bahnhof. Autofahrer folgen den Schildern „Carrière" ab der Nordostecke der Grand' Place (Boulevard Faidherbe). Die Busse 1 und 4 fahren ebenfalls dorthin.

🛏 Schlafen

An der Place du Maréchal Foch vor dem Bahnhof gibt es einige Hotels.

Hôtel de l'Univers   HOTEL €€
(✉ 03 21 71 34 01; www.hotel-univers-arras.com; 3–5 place de la Croix Rouge; DZ 105–160 €; ❄🕑) Das Best-Western-Hotel verbirgt sich in einem ehemaligen Jesuitenkloster aus dem 16. Jh., dessen drei Flügel einen stillen klassizistischen Hof umschließen. Edle Vorhänge und Bettüberwürfe verleihen jedem der 38 Zimmer einen Touch französischer Eleganz – kultivierter Komfort zu bezahlbaren Preisen. Es liegt vier Blocks südwestlich des Hôtel de Ville und 50 m südlich des No 29 in der verkehrsreichen Rue Ernestale; Autofahrer nehmen die Einbahnstraße Rue Baudimont von Westen her und folgen den orangefarbenen Hotelschildern.

Maison St-Vaast   HOSTEL €
(✉ 03 21 21 40 38; http://arras.catholique.fr/page-15065.html, auf Frz.; 103 rue d'Amiens; pro Pers. 21 €; 🕑 Rezeption Mo–Fr 7–19 Uhr, an Fei-

ertagen geschl.; 🕑) Die katholische Diözese von Arras lässt Besucher in ihren Schlafsälen nächtigen. Die 43 Zimmer (91 Betten) für ein bis vier Personen sind spartanisch (die Böden bestehen aus Fichtenplanken), aber sauber und praktisch. Das atmosphärische (barrierefreie) Gebäude mit einem schönen Kreuzgang und einer Kapelle aus den 1920er-Jahren (mit wunderbaren Buntglasfenstern und einer oft bespielten Orgel) entstand im 17. Jh. als Konvent und wurde nach dem Ersten Weltkrieg wieder aufgebaut. Wer nach 19 Uhr oder an Wochenenden und Feiertagen einchecken will, muss vorher anrufen oder schreiben, um eingelassen zu werden.

Hôtel Moderne   HOTEL €€
(✉ 03 21 23 39 57; www.hotel-moderne-arras.com; 2 place Maréchal Foch; DZ 80–90 €; 🕑) Fünfstöckiges Hotel gegenüber dem Bahnhof mit 50 altmodischen Zimmern, jedes mit einem stillgelegten Kamin. Die „Komfortdoppelzimmer" (90 €) bieten mehr Platz und eine schönere Aussicht; einige haben Fenstertüren auf einen kleinen Balkon.

Ostel Les 3 Luppars   HOTEL €€
(✉ 03 21 60 02 03; www.ostel-les-3luppars.com, auf Frz.; 47 Grand' Place; EZ/DZ/4BZ ab 60/75/90 €; 🕑🕑) Das Hotel im einzigen Gebäude am Grand' Place, das nicht im flämischen Stil errichtet wurde (es ist gotisch und stammt aus dem 15. Jh.) hat einen privaten Innenhof und 42 Zimmer, zehn davon mit schönem Blick auf den Platz, zwei für Familien eingerichtet. Die Ausstattung ist langweilig, aber die Atmosphäre behaglich. Mit Sauna (pro Pers. je ½ Std. 5 €).

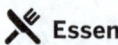 Essen

Restaurants gibt es unter den Arkaden der Grand' Place und in der angrenzenden Rue de la Taillerie, die zur Petite Place führt. Weitere Lokale sind um die halbkreisförmige Place du Maréchal Foch gegenüber dem Bahnhof zu finden.

Café Georget
CAFÉ €

(☑03 21 71 13 07; 42 place des Héros, d. h. Petite Place; Tagesgericht 8 €; ☺Mo-Sa mittags) In dem authentischen Nachbarschaftscafé serviert Madame Delforge seit 1985 den Menschen, die in dem Viertel arbeiten, deftige französische Hausmannskost. Es befindet sich 100 m westlich des Hôtel de Ville.

Le Mamounia
NORDAFRIKANISCH €€

(☑03 21 07 99 99; 9 rue des Balances; Hauptgerichte 12,50–24 €; ☺❋▣ mittags, So abends & Mo geschl.) Die elegante, leuchtend bunte Einrichtung ist eine Mischung aus Maghreb und Provence, aber der Couscous und die *tajines* sind 100 % marokkanisch.

La Cave aux Saveurs
FRANZÖSISCH €

(☑03 21 59 75 24; 36 Grand' Place; Mittagsmenüs 13 €; sonstige Menüs 18–33 €; ☺So geschl.) Das populäre neue Restaurant in einem backsteinernen Gewölbekeller, der vor dem Zweiten Weltkrieg als Brauerei diente, serviert traditionelle französische Gerichte, aber auch ein innovatives, fettarmes *bien-être*-Menü (Wellnessmenü; 18 €). Zu den flämischen Spezialitäten zählt auch *potjevleesch* (11 €).

Selbstversorger

Wochenmarkt
MARKT €

(place des Héros, Grand' Place & place de la Vacquerie; ☺Mi & Sa 7–13 Uhr) Rund um das Hôtel de Ville. Der Samstagsmarkt ist absolut riesig.

Monoprix
SUPERMARKT €

(30 rue Gambetta & 28 rue Ronville; ☺Mo-Sa 8.30–19.50 Uhr) Vier kurze Straßenzüge südlich der Petite Place.

Spar
LEBENSMITTEL €

(9 rue de la Taillerie; ☺Di-Sa 8.30–13 & 15.30–20, So 9.30–13 & 17.30–20 Uhr) An der Südwestecke der Grand' Place.

ⓘ Praktische Informationen

Banken gibt es in der Rue Gambetta und ihrer Fortsetzung, der Rue Ernestale.

Cybercafé Citoyen (2 rue du Commandant Dumetz; pro Std. 2 €; ☺Mo-Fr 9–20, Sa 10.30–19 Uhr) Internetzugang vier Ecken östlich des Hintereingangs des Bahnhofs.

Touristeninformation (☑03 21 51 26 95; www.ot-arras.fr, auf Frz.; place des Héros; ☺Mo-Sa 9 oder 10–12 & 14–18 oder 18.30, So & Feiertage 10–12.30 oder 13 & 14.30–18.30 Uhr) Im Hôtel de Ville.

ⓘ Anreise & Unterwegs vor Ort

Auto

Avis (☑03 21 51 69 03; 8 rue Gambetta) Halber Block nordwestlich des Bahnhofs.

Europcar (☑03 21 07 29 54; 5 rue de Douai) Halber Block nach rechts beim Verlassen des Bahnhofs.

France Cars (☑03 21 50 22 22; 31 bd Faidherbe) Zwei Blocks nördlich des Bahnhofs.

Fahrrad

Base Nautique de St-Laurent-Blangy (☺03 21 73 74 93; http://eauxvivesslb.free.fr auf Frz.; rue Laurent Gers, Saint-Laurent-Blangy; halb-/ganztags 11/17 €) Fahrradverleih 2,5 km nordöstlich des Stadtzentrums.

Taxi

Alliance Arras Taxis (☑03 21 23 69 69; ☺24 Std.) Bringt Fahrgäste auch zu den Schlachtfeldern der Somme (z. B. Vimy).

Zug

Arras ist mit folgenden Städten verbunden:

Amiens 11 €, 50 Min., 6- bis 12-mal tgl.

Calais-Ville 20 €, 2 Std., Mo–Fr 13-mal tgl., Sa 7-mal, So 4-mal

Lens 3,90 €, 20 Min., Mo–Fr 13-mal, Sa 7-mal, So 4-mal tgl.

Lille-Flandres 10 €, 40–70 Min., 9- bis 16-mal tgl.

Paris Gare du Nord TGV 32 € oder 46 €, 50 Min., 11- bis 15-mal tgl.

Gedenkstätten zur Schlacht an der Somme

Fast 750 000 Soldaten, Flieger und Matrosen aus Großbritannien, Australien, Kanada, dem indischen Subkontinent, Irland, Neuseeland, Südafrika, der Karibik und anderen Teilen des Britischen Empire starben im Ersten Weltkrieg an der Westfront, zwei Drittel von ihnen in Frankreich. Sie wurden begraben, wo sie fielen, auf über 1000 Soldatenfriedhöfen und 2000 zivilen Friedhöfen, die sich über einen breiten Streifen

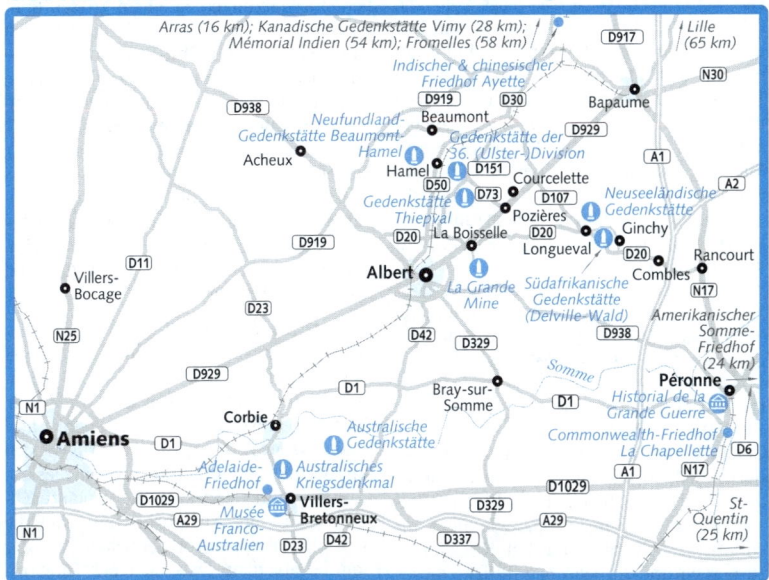

Arras (16 km); Kanadische Gedenkstätte Vimy (28 km); Mémorial Indien (54 km); Fromelles (58 km)

(Karte der Gedenkstätten an der Somme mit Ortsangaben: Lille (65 km), Bapaume, Beaumont, Acheux, Hamel, Courcelette, Pozières, La Boisselle, Longueval, Ginchy, Rancourt, Combles, Albert, Villers-Bocage, Corbie, Amiens, Bray-sur-Somme, Péronne, Villers-Bretonneux, St-Quentin (25 km) u. a.)

LILLE, FLANDERN & DIE SOMME — GEDENKSTÄTTEN ZUR SCHLACHT AN DER SOMME

Land verteilen – „Flanderns Felder", die sich in etwa von Amiens und Cambrai im Norden über Arras und Béthune bis nach Armentières und Ypres (Ypern) in Belgien erstrecken.

Zentrum eines jeden Commonwealth-Friedhofs, die heute von der **Commonwealth War Graves Commission** (www.cwgc.org) gepflegt werden, ist das Opferkreuz. Viele der Grabsteine aus Portland-Kalkstein tragen bewegende persönliche Inschriften der Angehörigen. Auf den meisten Friedhöfen gibt es einen bronzenen Kasten, der ein Gästebuch, in dem Besucher ihre Eindrücke hinterlassen können, und eine Broschüre mit biografischen Angaben von jedem identifizierten Toten enthält (Amerikaner, die zusammen mit britischen Truppen gekämpft hatten, sind an ihren Adressen zu erkennen). Einige größere Friedhöfe haben auch eine Bronzetafel mit historischen Informationen.

Amerikanische Kriegsopfer der Weltkriege wurden entweder in die Heimat zurück verbracht (61 %) oder auf große Friedhöfe in der Nähe ihres Todesorts umgebettet (39 %).

Die Stätten sind in diesem Abschnitt alphabetisch geordnet und liegen im Dreieck zwischen Lille, Amiens und St-Quentin.

Sofern nicht anders angegeben, sind sie immer geöffnet.

Die Touristeninformationen in der Gegend halten einige wirklich gute englischsprachige Broschüren bereit, darunter *The Vistor's Guide to the Battlefields* und *Australians in the Somme*. Infos im Internet gibt es auf www.somme-battlefields.com, www.somme14-18.com und auf Deutsch unter www.deutsche-kriegsgeschichte.de/somme16.html.

☞ Geführte Touren

In den Touristeninformationen (auch jenen in Lille, Amiens, Arras und Péronne) können Führungen über die Schlachtfelder und zu den Gedenkstätten gebucht werden. Seriöse Unternehmen sind u. a. **Battlefield Experience** (☎03 22 76 29 60; www.thebattleofthesomme.co.uk) und **Western Front Tours** (www.westernfronttours.com.au; ⊙Mitte März–Mitte Nov.).

❶ An- & Weiterreise

Am einfachsten ist ein Besuch der Somme-Gedenkstätten mit dem Auto, aber einige sind auch mit dem Zug ab Amiens und/oder Arras zu erreichen; genauere Infos dazu unter Villers-Bretonneux und Kanadische Gedenkstätte Vimy. Eine Tour mit dem Rad über Landstraßen ist ebenfalls eine Möglichkeit.

AUSTRALISCHE GEDENKSTÄTTE

Die Gedenkstätte (☉Fahrzeuge 9–18 Uhr, Fußgänger 24 Std.) befindet sich auf dem Hügel der Schlacht von Le Hamel (4. Juli 1918), in der australische und amerikanische Truppen unter dem Kommando des australischen Generalleutnants John Monash kämpften. Das deutsche Fliegerass Baron Manfred von Richthofen, der „Rote Baron", wurde ein Stück nordwestlich von hier abgeschossen – australische Bodentruppen erhoben Anspruch auf die Tat, aber auch ein kanadischer Pilot.

Die 2008 eingeweihte Gedenkstätte liegt 7 km nordöstlich von Villers-Bretonneux (am Ostrand von Le Hamel); ausgeschildert ist es als „Mémorial Australien".

INDISCHER & CHINESISCHER FRIEDHOF AYETTE

Gegen Ende des Ersten Weltkriegs rekrutierte die britische Regierung Zehntausende chinesische Arbeiter für nicht kampfbezogene Aufgaben in Europa, wie die grauenhafte Arbeit, die alliierten Kriegstoten zu bergen und zu begraben. Etliche dieser *travailleurs chinois* (chinesische Arbeiter) starben an der Spanischen Grippeepidemie von 1918–19 und sind auf diesem Commonwealth-Friedhof begraben. Die Inschriften auf den Grabsteinen sind auf Englisch und Chinesisch und lauten z. B. „Ein guter Ruf hält ewig an", „Eine ehrenwerte Pflicht wurde tapfer erfüllt" und „Getreu bis in den Tod". In der Nähe liegen die Gräber indischer Soldaten der britischen Armee, die auf Hindi oder Arabisch beschriftet sind, sowie das Grab eines einzigen Deutschen.

Der Friedhof liegt 29 km nordöstlich von Albert, an der D919 am Südrand des Dorfs Ayette.

NEUFUNDLAND-GEDENKSTÄTTE BEAUMONT-HAMEL

Wie Vimy bewahrt das eindrückliche Mémorial Terre-Neuvien de Beaumont-Hamel einen Teil der Westfront in dem Zustand, wie sie sich am Ende der Schlacht darbot. Die zickzackförmigen Schützengräben, die sich im Winter immer noch mit Schlamm füllen, sind deutlich sichtbar, ebenso wie zahllose Bombenkrater und die Reste von Stacheldrahtbarrieren.

Am 1. Juli 1916 stürmte das Freiwilligenregiment Royal Newfoundland die verschanzten deutschen Stellungen und wurde beinahe ausgelöscht. Bis vor Kurzem vermerkte eine Plakette am Eingang scho-nungslos, dass „strategische und taktische Fehleinschätzungen zu einem großen Blutbad führten". Das gesamte Schlachtfeld ist vom bronzenen Karibu-Standbild aus zu überblicken, das mit neufundländischen Pflanzen umgeben ist. Kanadische Studenten im Besucherzentrum (☏03 22 76 70 87; www.vac-acc.gc.ca; ☉9 oder 10–17 oder 18 Uhr), das einem neufundländischen Fischerhaus nachempfunden ist, bieten kostenlose Führungen an (außer von Mitte Dezember bis Mitte Januar). Beaumont-Hamel liegt 9 km nördlich von Albert und ist weitgehend über die D50 zu erreichen.

FROMELLES

„Die schlimmsten 24 Stunden in der gesamten australischen Geschichte" – jedenfalls nach den Worten von Ross McMullin, der für die australische Kriegsgedenkstätte (www.awm.gov.au) schreibt – trugen sich am 19. und 20. Juli 1916 in Fromelles zu. Damals sollte eine schlecht geplante Offensive an einer 3,6 km breiten Front die deutschen Truppen von der Schlacht an der Somme ablenken, was zu einer katastrophalen Niederlage führte: 1917 Männer der australischen Imperial Force und 519 britische Soldaten wurden getötet und weitere 3146 Australier und 977 Briten verwundet. Mit ziemlicher Wahrscheinlichkeit war einer der Soldaten auf der siegreichen deutschen Seite ein 27-jähriger Gefreiter des 16. Bayerischen Reserve-Infanterieregiments namens Adolf Hitler.

Nach der Schlacht begruben die Deutschen viele der australischen und britischen Toten in Massengräbern hinter ihren Linien. Die meisten wurden nach dem Krieg umgebettet, aber acht Gruben mit den Gebeinen von 250 Männern wurden erst 2008 entdeckt. Um ihnen ein würdige letzte Ruhestätte zu geben, wurde am 19. Juli 2010, dem 94. Jahrestag des katastrophalen und sinnlosen Angriffs, der achteckige Soldatenfriedhof Fromelles (Fasanenwald) (www.cwgc.org/fromelles, www.fromelles discussiongroup.com) eingeweiht – der erste neue Commonwealth-Friedhof nach einem halben Jahrhundert. Zur Zeit der Recherche haben DNA-Analysen die Identität von 109 Australiern bestätigt.

Nach dem Rückzug der überlebenden Australier hinter ihre ursprünglichen Frontlinien lagen Hunderte ihrer Waffenbrüder verwundet im Niemandsland. Drei Tage lang versuchten die Überlebenden heldenhaft, sie zu retten, ein tapferes Unterfangen, an das die Skulptur *Cobbers* in der 1998 eingeweihten **Gedenkstätte Fromelles** erinnert. Sie liegt auf einer Reihe von deutschen Bunkern 2 km nordwestlich des neuen Friedhofs und ist als „Mémorial Australien" ausgeschildert.

In der Nähe befindet sich auf dem einstigen Niemandsland zwischen den australischen und deutschen Frontlinien der **australische Friedhof VC Corner**. Es gibt hier keine Grabsteine, da kein einziger der 410 hier begrabenen Toten identifiziert wurde.

Fromelles liegt 22 km südwestlich von Lille; Anfahrt überwiegend über die A25 und N41.

INDISCHE GEDENKSTÄTTE

Im ergreifenden **Mémorial Indien** (Gedenkstätte Neuve-Chapelle) mit seinem Touch Moghul-Palast sind die Namen von 4700 Soldaten der indischen Armee verzeichnet, die „kein bekanntes Grab" haben. Die in die Mauern eingravierten Einheiten (31. Punjabis, 11. Rajputs, 2. King Edward's Own Gurkha Rifles) und die Dienstgrade der Gefallenen – *sowar* (Kavallerist), *havildar* (Feldwebel), *naik* (Kommandant), *sepoy* (Infanterist), Arbeiter, Gefolgsmann – erinnern an den Hochmut, Pomp und die Ausbeutung, auf denen das Britische Empire errichtet war. Die 15 m hohe, von zwei Tigern flankierte **Säule** ist von einer Lotusblüte, der Imperial Crown und der indisch-britischen Flagge Star of India gekrönt.

Die wenig besuchte und schlecht ausgeschilderte Gedenkstätte liegt 20 km südwestlich von Lille. Von La Bassée sind es 5 km über die D947.

LA GRANDE MINE

Der gewaltige Krater am Rand des Weilers La Boisselle sieht aus wie ein Meteoriteneinschlagsloch. Offiziell heißt er **Lochnagar-Krater-Gedenkstätte**, ist 30 m tief und um die 100 m breit. Er entstand am Morgen des ersten Tages der ersten Schlacht an der Somme (1. Juli 1916), als britische Pioniere 25 t Ammonal-Sprengstoff hochgehen ließen, um die deutschen Stellungen zu durchbrechen – ein Zeugnis der grenzenlosen Erfindungsgabe des Menschen, wenn es darum geht, seine Mitgeschöpfe zu töten.

La Grande Mine liegt 4 km nordöstlich von Albert über die D929.

PÉRONNE

Der beste Einstieg für eine Besichtigung der Schlachtfelder an der Somme – besonders für jene, die am historischen und kulturellen Kontext des Ersten Weltkriegs interessiert sind – ist das hervorragende **Historial de la Grande Guerre** (Museum des Ersten Weltkriegs; ☎03 22 83 14 18; www.historial.org; Château de Péronne; Erw./Kind inkl. Audioguide 7,50/3,80 €; ◷10–18 Uhr, Mitte Dez.–Mitte Jan. geschl.). Das preisgekrönte Museum in der massiven Festung von Péronne erzählt die Geschichte des Kriegs chronologisch und gibt der deutschen, französischen und britischen Perspektive zum Was, Wie und Warum des Geschehens jeweils gleichen Raum. Eine Fülle von fesselndem Anschauungsmaterial, wie historische Filme und die erschütternden Stiche von Otto Dix, fangen das ästhetische Empfinden, den Enthusiasmus, den naiven Patriotismus und die unvorstellbare Gewalt jener Zeit ein. Die stolzen Uniformen verschiedener Einheiten und Armeen sind auf dem Boden ausgebreitet, als steckten die – allerdings unblutig – gerade gefallenen Soldaten noch darin. Der **See** hinter dem Museum eignet sich wunderbar für einen Spaziergang oder ein Picknick.

Sehr gute (auch englischsprachige) Broschüren über die Schlachtfelder gibt es in Péronnes **Touristeninformation** (☎03 22 84 42 38; www.hautesomme-tourisme.com; 18 place André Audinot; ◷10–12 & 14–17 oder 18.30 Uhr, So geschl.) 100 m vom Museumseingang.

Die **britischen und indischen Friedhöfe La Chapellette** an der D1017 am Südrand des Orts (Richtung St-Quentin) haben multireligiöse und mehrsprachige Grabsteine und einen Abschnitt für die Gefallenen von Einheiten wie die 38. King George's Own Central India Horse.

Péronne (8700 Ew.) liegt etwa 60 km östlich von Amiens und ist überwiegend über die D1029 oder A29 zu erreichen.

AMERIKANISCHER SOMME-FRIEDHOF

Ende September 1918, nur sechs Wochen vor dem Ende des Ersten Weltkriegs, griffen amerikanische Einheiten – flankiert von britischen, kanadischen und australischen Alliierten – die stark befestigte Hindenburg-Linie der Deutschen an. An einem einzigen Tag starben 337 Männer eines Regiments der 27. Infantry Division, einer Einheit der National Guard aus New York, und 658 wurden verwundet.

Einige der heftigsten Kämpfe fanden nahe dem Dorf Bony an dem Hang statt, auf dem heute die 1844 christlichen Kreuze und Davidsterne des **amerikanischen**

Somme-Friedhofs (www.abmc.gov; ◷9–17 Uhr) stehen. Die Namen der 333 Männer, deren Leichname nie gefunden wurden, sind an den Innenwänden der **Gedenkkapelle** mit ihren massiven Bronzetoren eingraviert. Im kleinen **Besucherzentrum** (am Fahnenmast links abzweigen) gibt es Informationsmaterial zur Schlacht.

Der Friedhof liegt 24 km nordöstlich von Péronne (Anfahrt überwiegend über die D6) und 18 km nördlich von St-Quentin über die D1044. An der Ausfahrt 9 der A26 ist er ausgeschildert (17 km).

SÜDAFRIKANISCHE GEDENKSTÄTTE

Das **Mémorial Sud-Africain** befindet sich inmitten des von Granaten zernarbten **Delville-Walds**, der in der dritten Juliwoche 1916 beinahe von einer südafrikanischen Brigade eingenommen wurde. Die Alleen im Wald sind nach Straßen in London und Edinburgh benannt. Das sternförmige **Museum** (☎03 22 85 02 17; www.delvillewood. com; ◷10–17.30 Uhr, Mo & Feiertage, Dez. & Feb. geschl.) ist eine Replik des Castle of Good Hope in Kapstadt. Die Gedenkstätte liegt 13 km ost-nordöstlich von Albert; Anfahrt überwiegend über die D20.

Die **Neuseeländische Gedenkstätte** befindet sich ebenfalls in der Gegend, 1,5 km von Longueval in nördlicher Richtung.

GEDENKSTÄTTE THIEPVAL

Die Commonwealth-Gedenkstätte, deren charakteristische Silhouette von allen Richtungen kilometerweit zu erkennen ist, wurde den „Vermissten der Somme" gewidmet und ist die meistbesuchte Pilgerstätte der Region. Sie wurde von Sir Edwin Lutyens entworfen und 1932 eingeweiht. Die Gedenkstätte befindet sich auf dem Gelände eines deutschen Militärstützpunkts, der am 1. Juli 1916 mit unvorstellbaren Opfern gestürmt worden war. Die Bogensäulen sind mit den Namen von 73 367 britischen und südafrikanischen Soldaten beschriftet, deren Leichname nie entdeckt oder identifiziert wurden. Das verglaste **Besucherzentrum** (☎03 22 74 60 47; Eintritt frei; ◷10–18 Uhr, 2 Wochen um Neujahr geschl.) wurde diskret unterhalb der Oberfläche gebaut. Thiepval liegt 7,5 km nordöstlich von Albert; Anfahrt teilweise über die D50 und D151.

GEDENKSTÄTTE DER 36. (ULSTER) DIVISION

Die **Tour d'Ulster** (☎03 22 74 87 14; ◷Museum 10–17 Uhr, Mai–Aug. bis 18 Uhr, Mo & Dez.–Feb.

geschl.), wurde an einer deutschen Frontstellung errichtet, die von der irischen, überwiegend protestantischen 36. (Ulster-) Division am 1. Juli 1916 angegriffen wurde. Der Turm ist eine exakte Replik des Helen's Tower in Clanboye in County Down, wo die Einheit ausgebildet wurde. Eingeweiht wurde er 1921 und ist seither eine Pilgerstätte der nordirischen Unionisten. Ein schwarzer Obelisk (1993) hinter dem Turm erinnert an die Gefallenen des Oranierordens: **Orange Memorial to Fallen Brethren**. Die Republik Irland hat 2006 zum 90. Jahrestag der Schlacht an der Somme eine 0,75 €-Briefmarke mit der Abbildung der 36. Division im Kampf herausgegeben. Die versöhnliche Geste Richtung Nordirland sollte zeigen, dass historische Wunden mit der Zeit heilen können.

Der nahe **Thiepval-Wald**, der seit dem Krieg praktisch unberührt ist, kann im Rahmen von Führungen um 11 und/oder 15 Uhr besichtigt werden (Spende erbeten) – Zeiten für festgelegte Gruppenführungen sollten zuvor telefonisch erfragt werden.

Das Denkmal liegt an der D73 zwischen Beaumont-Hamel und Thiepval; ausgeschildert ist es als „Mémorial Irlandais".

VILLERS-BRETONNEUX

Australiern geht in Villers-Bretonneux (4160 Ew.) gleich das Herz auf. Das Dorf bezeichnet sich selbst als *l'Australie en Picardie* und gedenkt unbeirrt des **Anzac Day** (25. April; www.anzac-france.com). Hier befindet sich auch das **Musée Franco-Australien** (Franko-australisches Museum; ☎03 22 96 80 79; www.museeaustralien.com; École Victoria, 9 rue Victoria; Erw./Stud. 4/2,50 €; ◷9.30–17.30 Uhr, So geschl.), das sehr persönliche australische Erinnerungsstücke aus dem Ersten Weltkrieg ausstellt, wie Briefe und Fotos, die das Leben an der Westfront dokumentieren. Es ist in einer Grundschule untergebracht, deren Bau durch Spenden von Schulkindern aus dem australischen Staat Victoria finanziert wurde. 1993 wurden die unidentifizierten sterblichen Überreste eines australischen Soldaten vom **Adelaide-Friedhof**, an der D1029 am Westrand des Orts, zur australischen Kriegsgedenkstätte in Canberra überführt.

Im Ersten Weltkrieg meldeten sich 313 000 Australier (bei einer Gesamtbevölkerung von 4,5 Mio.) freiwillig zum Militärdienst in Europa; 46 000 fielen an der Westfront (14 000 weitere starben an anderen Orten; www.ww1westernfront.gov.au). Die

Namen von 10 982 australischen Soldaten, deren Leichen nie gefunden wurden, sind im Sockel des 32 m hohen **australischen Kriegsdenkmals** (D23) eingraviert, das 1938 eingeweiht wurde; zwei Jahre später zernarbten es die Geschütze der Invasionsarmee Hitlers. Der Blick von der Spitze des **Turms** ist atemberaubend; wenn die Gärtner mit dem Schlüssel nicht anwesend sind, kann er auch in der Gendarmerie in Villers-Bretonneux an der D1029 Richtung Amiens abgeholt werden. Das Denkmal befindet sich etwa 2 km nördlich von Villers-Bretonneux; Anfahrt über die D23.

Villers-Bretonneux liegt 17 km östlich von Amiens, überwiegend über die D1029 (ehemals N29) zu erreichen. Der **Bahnhof** mit guten Verbindungen mit Amiens (3,40 €, 13 Min., Mo–Fr 11-mal, am Wochenende 4- bis 6-mal tgl.) befindet sich 700 m südlich des Museums (über die Rue de Melbourne) und 3 km südlich des australischen Kriegsdenkmals. Ein **Taxi** (☎03 22 48 49 49) von Villers-Bretonneux zum Denkmal und zurück (Rückfahrtszeit ist frei vereinbar) kostet 18 bis 20 €.

KANADISCHE GEDENKSTÄTTE VIMY

Die Franzosen versuchten direkt nach dem Krieg, alle Schlachtenspuren zu tilgen und die Region in Ackerland zu verwandeln, um zur Normalität zurückzukehren. Die Kanadier beschlossen hingegen, an ihre Gefallenen dauerhaft zu erinnern und ganze Abschnitte der von Kratern zernarbten Schlachtfelder exakt so zu erhalten, wie sie direkt nach den Kampfhandlungen aussahen. Folglich ist der beste Ort, um eine Ahnung von der unvorstellbaren Hölle der Westfront zu bekommen, die bedrückende Mondlandschaft von Vimy.

Von den 66 655 gefallenen Kanadiern des Ersten Weltkriegs verloren 3598 im April 1917 ihr Leben, als sie versuchten, den 14 km langen **Vimy-Kamms** (Crête de Vimy) einzunehmen. Sein höchster Punkt mit damals stark befestigten deutschen Stellungen wurde später als Standort des kanadischen **Kriegsdenkmals** erwählt, das von Walter Seymour Allward entworfen und von 1925 bis 1936 erbaut wurde. Unter den 20 allegorischen Figuren, die aus riesigen weißen Kalksteinblöcken aus Kroatien gemeißelt wurden, befindet sich auch eine verhüllte bekümmerte Frauengestalt, die das junge Kanada repräsentiert, das für seine Gefallenen trauert. Die zwei

markanten Säulen repräsentieren Kanada und Frankreich. Die Namen von 11 285 Kanadiern, die „in Frankreich starben, aber kein bekanntes Grab besitzen", sind alphabetisch und unter jedem Buchstaben nach Dienstgrad am Sockel aufgelistet. Zum stillen 1 km² großen Park gehören auch zwei **kanadische Friedhöfe** und an der Einfahrt zur Hauptgedenkstätte ein **Denkmal** für Frankreichs marokkanische Division (auf Französisch und Arabisch).

Das rostfarbene **Besucherzentrum** (☎03 21 50 68 68; www.vac-acc.gc.ca; ◷9 oder 10–17 oder 18 Uhr) und seine bescheidene Ausstellung sind von französisch- und englischsprachigen kanadischen Studenten besetzt. In der Nähe können Besucher **Minenkrater** anschauen, **Nachschubtunnel** der Infanterie (☎03 22 76 70 86; ◷Führungen stündl. 9 oder 10–17 oder 18 Uhr, Mitte Dez.–Mitte Jan. geschl.) besichtigen und aus rekonstruierten **Schützengräben** (◷9 oder 10–17 oder 18 Uhr) auf die nur 25 m entfernte deutsche Frontlinie blicken. Schafsherden, die von nur zwei Schäfern im Dienst der kanadischen Regierung gehütet werden, halten das Gras kurz. Da noch immer unzählige Leichen zwischen den Bäumen und Kratern begraben sind, wird das gesamte Areal wie ein Friedhof behandelt.

Der Vimy-Kamm liegt 11 km nördlich von Arras (Richtung Lens); Anfahrt teilweise über die N17. **Züge** verbinden Arras mit Vimy (2,90 €, 12 Min., Mo–Fr 7-mal, So 2-mal tgl.), 6 km östlich der Gedenkstätte. Ein **Taxi** von Arras kostet etwa 23 € einfach (sonntags 28 €).

Compiègne

43 360 EW.

Die *cité imperiale* (kaiserliche Stadt) Compiègne erreichte ihren glanzvollen Zenit unter Kaiser Napoleon III. (reg. 1852–70), dessen Vermächtnis im Schloss – die Hauptattraktion der Stadt – und im angrenzenden Park noch lebendig ist. Eine Waldlichtung in der Nähe der Stadt war die Stätte des Waffenstillstands, der den Ersten Weltkrieg beendete, und der französischen Kapitulation von 1940.

Am 23. Mai 1430 wurde Jeanne d'Arc – im Zentrum stehen zwei Statuen von ihr – in Compiègne von den Burgundern gefangen genommen und später an deren englische Verbündete verkauft.

⊙ Sehenswertes

Château de Compiègne PALAST, MUSEEN
(☏03 44 38 47 00; www.musee-chateau-compiegne.fr, auf Frz.; place du Général de Gaulle; Erw./unter 26 J. 6,50 €/frei) Die glanzvollen Jagdgesellschaften Napoleons III. lockten Aristokraten und Wichtigtuer aus ganz Europa in seinen Palast mit 1337 Zimmern und acht Innenhöfen. Die opulenten **Grands Appartements** (Kaiserlichen Appartements; ☉Mi–Mo 10–12.30 & 13.30–17.45 Uhr, letzter Einlass 30 Min. vor Schließung), einschließlich Schlafgemach der Kaiserin und Ballsaal mit 15 Kronleuchtern, können mit einem Audioguide (auch auf Deutsch) besichtigt werden.

Der Besuch des **Musée du Second Empire**, das das Leben von Napoleon III. und seiner Familie dokumentiert, ist nur mit einer französischsprachigen Führung möglich. Das Gleiche gilt für das **Musée de la Voiture**, das Fahrzeuge vor der Erfindung des Verbrennungsmotors und frühe Automobile, wie den Jamais Contente, ein torpedoförmiges Gefährt von 1899, ausstellt. Im **Musée de l'Impératrice** steht die Kaiserin Eugénie im Mittelpunkt, samt Memorabilien ihres schneidigen, exilierten Sohnes, der 1879 „von den Zulus in Zululand in Afrika getötet wurde", als er dort mit Königin Victorias ausdrücklicher Genehmigung in der britischen Armee diente. Zur Zeit der Recherche war das Museum wegen Renovierung geschlossen.

Der **Petit Parc** (Eintritt frei), ein 20 ha großer englischer Garten im Osten des Schlosses, geht über in den **Grand Parc** und den von schnurgeraden Wegen durchzogenen **Forêt de Compiègne**, der die Stadt im Osten und Süden umgibt. Das Areal ist ein beliebtes Ziel von Wanderern, Radfahrern und Reitern (Karten in der Touristeninformation). Napoleon I. ließ die 4,5 km lange **Allée des Beaux-Monts** anlegen, damit seine zweite Frau, die Kaiserin Marie-Louise, Schönbrunn in Wien nicht so vermisste.

Clairière de l'Armistice HISTORISCHE STÄTTE
(Lichtung des Waffenstillstand; ☏03 44 85 14 18; www.musee-armistice-14-18.fr; Erw. 4 €; ☉10–18 Uhr, Okt.–März Di geschl.) Der Waffenstillstand, der in „der 11. Stunde des 11. Tages des 11. Monats" 1918 in Kraft trat und endlich den Ersten Weltkrieg beendete, wurde 7 km nordöstlich von Compiègne (Richtung Soissons) im Salonwagen des alliierten Oberbefehlshabers Maréchal Ferdinand Foch unterzeichnet.

Am 22. Juni 1940 wurden die Franzosen gezwungen, im gleichen Salonwagen – unter Hitlers selbstgefälligem Blick – ihrerseits den Waffenstillstand zu unterzeichnen, der Nazideutschlands Herrschaft über Frankreich anerkannte. Der Waggon wurde zu Ausstellungszwecken nach Berlin geschafft, aber im April 1945 auf persönlichen Befehl Hitlers zerstört, damit er nicht für eine dritte Kapitulation benutzt würde – seine eigene.

Die Clairière de l'Armistice mitten in einem dichten Wald ist mit Freiwilligen besetzt und erinnert mit Denkmälern und einem Museum an diese Ereignisse. Die 700 3-D-Fotos vermitteln Besuchern das schaurige Gefühl, mitten im Schlamm, Dreck und Elend des Ersten Weltkriegs zu stecken. Der ausgestellte hölzerne Eisenbahnwagen ist vom gleichen Typ wie das Original; die Ausstattung, im Zweiten Weltkrieg versteckt, ist tatsächlich die von 1918.

Mémorial de l'Internement et de la Déportation INTERNIERUNGSLAGER
(Internierungs- & Deportationsdenkmal; ☏03 44 96 37 00; http://memorial.compiegne.fr, auf Frz.; 2bis av. des Martyrs de la Liberté; Erw. inkl. Audioguide 3 €; ☉10–18 Uhr, Di geschl.) Der französische Militärstützpunkt Royallieu wurde von den Nazis von 1941 bis 1944 als Durchgangslager benutzt; seit 2008 befindet sich hier ein Gedenkmuseum. Von den über 53 000 Männern, Frauen und Kindern, die hier gefangen gehalten wurden – Widerstandskämpfer, politische Gefangene, Kriegsgefangene, Juden (in einem Sonderbereich untergebracht) und sogar amerikanische Zivilisten, die nach Pearl Harbour verhaftet worden sind – wurden 48 000 durch die Stadt zum Bahnhof getrieben, um die Reise in die Osten in die Konzentrations- und Vernichtungslager, darunter auch Auschwitz, anzutreten.

Die Gedenkstätte liegt 2,5 km südwestlich des Stadtzentrums. Zu erreichen ist sie über die Rue de Harlay am Fluss entlang nach Südwesten, dann links in den Boulevard Gambetta, dann wieder rechts in die Rue de Paris – oder mit Bus Nr. 5.

🛏 Schlafen

Es gibt mehrere Hotels in Bahnhofsnähe und am anderen Flussufer der Oise.

Hôtel de Harlay HOTEL €€
(☏03 44 23 01 50; www.hotel-compiegne.net; 3 rue de Harlay; DZ 74 €; ❋@🛜) Das privat

EINE AMERIKANISCH-FRANZÖSISCHE AFFÄRE

Seit der Amerikanischen Revolution (als französische Generäle amerikanische Patrioten anführten und Benjamin Franklin Ludwig XVI. um Allianzen bat) über den Ersten Weltkrieg (als amerikanische Freiwillige lange vor Ankunft der GIs humanitäre Hilfe leisteten) bis hin zum Zweiten Weltkrieg (als sich die Pariser eigentlich nicht selbst befreiten, was auch immer de Gaulle behauptet haben mag) pflegten die USA und Frankreich eine kratzbürstige, aber inbrünstige Liebesaffäre. All das und noch viel mehr wird mit Kunstwerken und anderen Exponaten im **Musée Franco-Américain** (Franko-amerikanisches Museum; ☎ 03 23 39 60 16; www.museefrancoamericain.fr; ⊘ bis Ende 2011 wegen Renovierung geschl.) vermittelt, das 30 km nordöstlich von Compiègne im **Château de Blérancourt** aus dem frühen 17. Jh. untergebracht ist. Die **Jardins du Nouveau Monde** (Gärten der Neuen Welt; ⊘ 8–19 Uhr), die während der Museumsrenovierung geöffnet sind, präsentieren „exotische" Blumen (von Mai bis September oder Oktober in Blüte), Stauden und Bäume (z. B. Mammutbäume), die auf dem amerikanischen Kontinent heimisch sind.

betriebene Hotel mit Blick auf den Fluss hat 20 gepflegte Zimmer, die mit bunten Tapeten, altmodischen Badezimmern und dicken Teppichböden ausgestattet sind.

Essen

Restaurants und Cafés verteilen sich im ganzen Stadtzentrum, wie in der Rue Magenta, Rue de l'Étoile und der schmalen alten Rue des Lombards, die ein Dreieck zwei Ecken südlich der Touristeninformation bilden.

Bistrot des Arts BISTRO €€
(35 cours Guynemer; Menüs 14–28 €; ⊘ Sa mittags & So geschl.) Ein altmodisches Bistro mit traditionellen französischen Fleischgerichten und einer Auswahl an frischem Fisch (auf der Tafel angekündigt). Es liegt am Fluss auf halbem Weg zwischen Touristeninformation und Bahnhof.

Monoprix SUPERMARKT €
(37 rue Solférino; ⊘ Mo–Sa 8.30–20.30, So 9–13 Uhr) Zwei Ecken nordwestlich der Touristeninformation.

❶ Praktische Informationen

Cyber Café l'Evasion (7 rue Jean Legende; pro Std. 3,50 €; ⊘ Di–Sa 10–19, Mo 12.30–19 Uhr) Internetzugang in der Galerie neben der Touristeninformation.

Touristeninformation (☎ 03 44 40 01 00; www.compiegne-tourisme.fr, auf Frz.; place de l'Hôtel de Ville; ⊘ Mo–Sa 9.15–12.15 & 13.45–18.15 Uhr) Hat auch englischsprachige Broschüren. Sie befindet sich in einem Gebäudeanbau des Hôtel de Ville (ca. 1500 erbaut) an einem Platz mit ganz viel Tulpen und einer Statue der (na, wer wohl?) Jeanne d'Arc.

❶ An- & Weiterreise

Compiègne liegt 65 km nordöstlich von Paris und kann von dort aus auf einem Tagesausflug besucht werden.

ZUG Compiègne hat Zugverbindungen mit Paris Gare du Nord (13 €, 41–77 Min., 13- bis 26-mal tgl.) und Amiens (12,10 €, 1¼ Std., 8- bis 12-mal tgl.). Vom Bahnhofsausgang zu den Gleisen, dann rechts und noch 80 m weiter befindet sich das **Deportationsdenkmal** mit zwei Waggons vom gleichen Typ, wie sie im Zweiten Weltkrieg benutzt wurden, um Gefangene aus Royallieu in die Konzentrationslager zu verfrachten.

❶ Unterwegs vor Ort

Die Touristeninformation liegt mitten im Stadtzentrum, 600 m südwestlich des Schlosses (zu dem die Busse 1 und 2 fahren, die montags bis samstags außer an Feiertagen kostenlos sind) und 1 km südöstlich des Bahnhofs.

Gebührenfreies Parken ist vor dem Schloss (Place du Général de Gaulle) möglich und in der Avenue Royale und der Avenue de la Résistance sowie am Fluss (Cours Guynemer).

Laon

27 500 EW.

Die befestigte Ville Haute (Oberstadt) auf dem Hügel ist ein architektonisches Juwel. Sie hat eine prachtvolle gotische Kathedrale und bietet einen phantastischen Blick über die Ebene. Etwa 100 m darunter liegt die Ville Basse (Unterstadt), die nach dem Zweiten Weltkrieg komplett neu gebaut werden musste. Laon eignet sich hervorragend für einen romantischen Ausflug.

Laon war die Hauptstadt des Karolingerreichs, bis seine Blüte 987 wegen Hugo

Capet, der aus irgendeinem unerfindlichen Grund Paris bevorzugte, ein Ende fand.

⊙ Sehenswertes & Aktivitäten

In der klauenförmigen Ville Haute gibt es sage und schreibe 84 denkmalgeschützte historische Gebäude, die größte Konzentration in Frankreich. Laons enge Straßen, Gassen (manche noch nicht einmal 1 m breit) und Innenhöfe sind für aufmerksame Spaziergänger besonders spannend.

Cathédrale Notre-Dame   KATHEDRALE
(⊙9–20 Uhr) Das mittelalterliche Juwel diente als Vorbild für einige ihrer berühmteren gotischen Schwestern wie in Chartres, Reims und Dijon. Die Kathedrale wurde im frühgotischen Stil auf romanischen Fundamenten errichtet (1150–1230). Der 110 m lange, bemerkenswert helle Innenraum verfügt über ein vergoldetes schmiedeeisernes Chorgitter und dreistöckige Säulenbögen; einige der Buntglasfenster stammen noch aus dem 12. Jh. Innen an der Westwand hängt eine Erinnerungstafel an die Commonwealth-Toten des Ersten Weltkriegs. Das Bauwerk ist am besten mit einem **Audioguide** zu erkunden, den es nebenan in der Touristeninformation gibt, wo auch Führungen für den **Südturm** (Erw. 4 €; ⊙Mi–So 14.30 Uhr, in den Schulferien tgl., Anfang Juli–Anfang Sept. auch um 16 Uhr) gebucht werden können.

LP TIPP ▸ **Stadtmauern**   SPAZIERGANG
Ein Spaziergang auf der 7 km langen Stadtmauer der Ville Haute mit ihren drei Festungstoren vermittelt einen Eindruck von der Stadt und ihrer überragenden Lage. Einige der schönsten Rundblicke bieten die **Porte d'Ardon** (eines der Tore) aus dem 13. Jh., die runde **Batterie Morlot**, eine ehemalige optische Telegrafenstation, und die **Rue du Rempart St-Rémi**. Über 80 Pfade, *grimpettes* genannt, führen in jede Richtung die steilen Waldhänge hinab.

ERSTER IN CHICAGO

Der in Laon geborene Jesuitenmissionar **Jacques Marquette** (1637–75) wird mit einer Hochrelief-Statue auf der Place du Père Marquette geehrt. Er war einer der ersten Pioniere, die den Mississippi erkundeten, und 1674 der erste Europäer, der im Gebiet des heutigen Chicago lebte.

🛏 Schlafen & Essen

Im autofreien nordwestlichen Abschnitt der Rue Châtelaine (zwischen der Kathedrale und der Place du Général Leclerc) gibt es mehrere Lebensmittelgeschäfte, die Grundnahrungsmittel wie Brot (in Nr. 54) und Schokolade (in Nr. 27) verkaufen.

Hôtel Les Chevaliers   HOTEL €
(☎03 23 27 17 60; hotelchevaliers@aol.com; 3–5 rue Sérurier; DZ 57 €; 🅿) Teile des familiengeführten Hotels mit 13 Zimmern, gleich um die Ecke des Hôtel de Ville in der Haute Ville, stammen aus dem Mittelalter. Einige der Zimmer haben noch alte Stein- und Ziegelwände. 2010 wurde es renoviert.

Hôtel des Arts   HOTEL €
(☎03 23 79 57 16; www.hoteldesarts02.com, auf Frz.; 11 place de la Gare; DZ/3BZ/4BZ 52/78/96 €; 🅿) Das freundliche Hotel gegenüber dem Bahnhof hat 24 einfache, aber lichte und fröhliche Zimmer. Autofahrer folgen der Ausschilderung „Gares".

ℹ Praktische Informationen

Die **Touristeninformation** (☎03 23 20 28 62; www.tourisme-paysdelaon.com, auf Frz.; place de la Cathédrale, Ville Haute; ⊙9.30–13 & 14–18.30 Uhr; @) hat kostenlose Stadtpläne und französisch- sowie englischsprachige Broschüren zu Laon und Umgebung. Zudem bietet sie exzellente **Audioguides** (4 €) für ein- bis dreistündige Stadtrundgänge durch die Ville Haute und die Kathedrale, Stadtführungen (auf Frz.; die Führer sprechen auch Englisch) und kostenlosen Internetzugang. Sie befindet sich neben der Kathedrale in einem Hospiz aus dem 12. Jh.s mit Fresken aus dem 14. Jh.

ℹ Anreise & Unterwegs vor Ort

Laon liegt nur 67 km nordwestlich von Reims (in der Champagne).

AUTO Die Einbahnstraßen in der Ville Haute führen ewig im Kreis – wer dabei nicht verrückt wird, dem wird schwindlig. Parkplätze gibt es am Ostrand der Ville Haute um die Zitadelle.

ZUG Der Bahnhof in der Ville Basse hat Verbindungen mit Amiens (16 €, 1½ Std., 4- bis 9-mal tgl.), Paris Gare du Nord (21 €, 1½ Std., Mo–Fr 14-mal, Sa & So 9-mal tgl.) und Reims (9 €, 40 Min., Mo–Fr 8-mal, Sa 4-mal, So 3-mal tgl.).

Vom Bahnhof ist es ein steiler 20-minütiger Marsch in die Ville Haute; die Treppen beginnen am oberen Ende der Avenue Carnot. Mehr Spaß macht es allerdings mit der **Poma-Standseilbahn** (hin & zurück 10 €; ⊙Mo–Sa 7–20 Uhr alle 4 Min., an Feiertagen & 2 Wochen von Ende Juli–Anfang Aug. geschl.), die vom Bahnhof zur Oberstadt genau 3½ Minuten braucht.

Normandie

Inhalt »

Auf in die Normandie

Seit Wilhelm der Eroberer 1066 mit seinen Mannen von dieser Küste ablegte, spielte die Normandie eine Schlüsselrolle in der europäischen Geschichte, von der normannischen Invasion Englands über den Hundertjährigen Krieg bis zur Landung der Alliierten am D-Day 1944. Doch die idyllischen Landschaften, die kleinen Fischerorte, die dramatische Küste und die kalorienreiche Küche sind ebenso gute Gründe, dieses Stückchen Frankreich zu besuchen.

Zu den Highlights der Normandie gehören berühmte Sehenswürdigkeiten wie der Wandteppich von Bayeux, die D-Day-Strände, Monets Garten in Giverny und der grandiose Mont-St-Michel. Weniger bekannte Attraktionen der Region sind die großartigen Strände und Küstenlandschaften, einige hervorragende und kaum bekannte Kunstmuseen und architektonische Schmuckstücke, vom pittoresken Honfleur bis zum Nachkriegssonderling Le Havre.

Gut essen

» Le Bouchon (S. 228)
» Gill (S. 207)
» Les Nymphéas (S. 207)
» Restaurant de la Chaine d'Or (S. 215)

Schön übernachten

» Hôtel de la Chaine d'Or (S. 205)
» Château de Bellefontaine (S. 218)
» La Maison de Lucie (S. 233)
» Hôtel de Bourgtheroulde (S. 206)

Reisezeit

Rouen

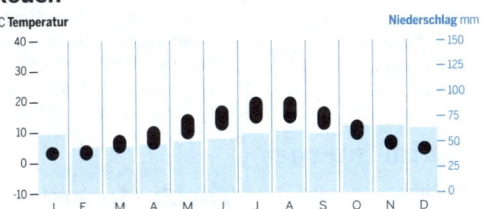

Mai/Juni Am Pfingstsonntag tummeln sich im Vieux Bassin in Honfleur reich geschmückte Fischerboote.

Juli In der ersten Juliwoche findet in Rouen das Straßenfest Tombée de la Nuit statt.

September Das Amerikanische Filmfestival in Deauville ist das weniger versnobte Pendant zu Cannes.

Das öffentliche Verkehrsnetz ist in der Normandie zwar gut ausgebaut, wer aber die D-Day-Strände oder weniger bekannte Gebiete auf eigene Faust besuchen möchte, ist mit einem eigenen Fahrzeug besser bedient.

Typische Gerichte

» *coquilles St-Jacques* (frische Jakobsmuscheln)

» *huîtres creuses* (Austern auf der halben Schale)

» *tripes à la mode de Caen* (Kutteln und Gemüse langsam in Cidre gekocht)

» *sole dieppoise* (Seezunge à la Dieppe)

Top 5: Skurrile Sehenswürdigkeiten

» Aître St-Maclou (S. 206), Rouen

» Église St-Joseph (S. 213), Le Havre

» Les Maisons Satie (S. 232), Honfleur

» Palais Bénédictine (S. 211), Fécamp

» Le Volcan (S. 213), Le Havre

Infos im Internet

» Tourismus und Reise: www.normandie-tourisme.fr und www.normandie-qualite-tourisme.com

» Infos zum Calvados: www.vimoutiers.net/PommeCidreCalvados.htm

» Camembert-Fan? www.camembert-aoc.org

Reiserouten

EINE WOCHE

Von Paris kommend ist Monets Garten in **Giverny** die erste Station, vielleicht mit einem Abstecher ins hinreißende **Les Andelys**, bevor es weiter nach **Rouen**, **Honfleur**, **Bayeux**, zu den **D-Day-Stränden** und schließlich zum **Mont-St-Michel** geht.

ZWEI WOCHEN

Mit einer zusätzlichen Reisewoche bleibt unterwegs mehr Zeit zur Erkundung weiterer Orte. **Fécamp**, **Étretat** und **Le Havre** lohnen auf jeden Fall einen Abstecher, ebenso wie das hübsche **Trouville** und **Deauville**, das interessante **Caen** und **Coutances** mit seiner reizvollen Kathedrale und der beschaulichen Atmosphäre.

DIE ROUTE DU CIDRE

Die 40 km lange, ausgeschilderte Route du Cidre (Cidre-Route; routeducidre.free.fr) führt etwa 20 km westlich von Caen durch das Pays d'Auge, eine ländliche Gegend mit Obstgärten, Weiden, Hecken, Fachwerkbauernhäusern und Gestüten, und durch malerische Dörfer wie Cambremer und Beuvron-en-Auge. Auf der Strecke weisen Schilder mit der Aufschrift Cru de Cambremer den Weg zu ungefähr 20 kleinen, traditionellen Herstellern, die gerne ihre Anlagen zeigen und ihren selbst gekelterten Cidre (3 €/Flasche) und Calvados verkaufen.

Es dauert sechs Monate, um traditionellen normannischen Cidre herzustellen. Die Äpfel werden zwischen Anfang Oktober und Anfang Dezember gepflückt oder vom Boden aufgesammelt. Nach zwei oder drei Wochen Lagerung werden sie gepresst, der Saft wird geklärt, vergärt langsam und wird in Flaschen abgefüllt. Wie beim Champagner bildet sich dabei natürliche Kohlensäure.

Der normannische AOC-Cidre wird aus einer Mischung verschiedener Apfelsorten hergestellt und ist fruchtig, spritzig und leicht bitter – nicht zu vergleichen mit dem massenproduzierten, pasteurisierten „Cidre", der in französischen Supermärkten verkauft wird. Zum Glück ist der echte Cidre in der Normandie in jeder Crêperie und jedem Restaurant erhältlich.

Top 5: Museen

» Musée Malraux (S. 213), Le Havre

» Musée des Impressionnismes (S. 215), Giverny

» Musée de la Tapisserie de Bayeux (S. 217), Bayeux

» Musée Eugène Boudin (S. 232), Honfleur

» Musée des Beaux-Arts (S. 227), Caen

Geschichte

Die Wikinger drangen im 9. Jh. in die heutige Normandie vor. Viele von ihnen siedelten sich dort an und traten zum Christentum über. 911 überschrieb der französische König Karl der Einfältige aus der Dynastie der Karolinger das Land um Rouen dem Wikingerführer Hrolf und seinen Nordmännern –

oder Normannen, wie wir sie heute nennen. Während des Hundertjährigen Krieges (1337–1453) stand das Herzogtum mal unter französischer, mal unter englischer Herrschaft. England beherrschte die Normandie mehr als 30 Jahre, bis Frankreich 1450 schließlich die Kontrolle gewann. Im 16. Jh. war die protestantisch dominierte

Highlights

❶ Architektur, Kunst und Antiquitäten in **Rouens Altstadt** (S. 204)

❷ **Monets Garten** (S. 215) in Giverny, selbst ein impressionistisches Meisterwerk

❸ Der älteste Comicstrip der Welt, der **Wandteppich von Bayeux** (S. 217), eine Reise in die Vergangenheit

❹ Die historischen D-Day-Strände und die bewegenden **Soldatenfriedhöfe** (S. 223)

❺ Der Anblick der steigenden Flut vom Gipfel der unvergleichlichen Abtei des **Mont-St-Michel** (S. 251)

❻ Superfrische Meeresfrüchte in den Hafenrestaurants im wunderschönen

Honfleur (S. 248) und im glamourösen **Trouville** (S. 231)

❼ Die spektakuläre Küste und die berühmten Klippen von **Étretat** (S. 212)

❽ Die köstliche **normannische Küche**, vom sahnigen Camembert über frische Austern bis zu Cidre und Calvados

Normandie Schauplatz heftiger Kämpfe zwischen Katholiken und Hugenotten.

Informationen über den D-Day s. S. 220.

ℹ️ Anreise & Unterwegs vor Ort

Fähren nach und von England und Irland verkehren von Cherbourg, Dieppe, Le Havre und Ouistreham (Caen). Die Kanalinseln (Jersey und Guernsey) sind am besten vom bretonischen St-Malo aus zu erreichen, in der Zeit von April bis September gibt es auch Passagierfähren von den normannischen Städten Granville, Carteret und Diélette. Weitere Informationen zu Fähren s. S. 1069.

Die Normandie ist mit dem Zug von Paris aus gut zu erreichen – Rouen liegt nur 70 Minuten von Paris/Gare St-Lazare entfernt. Die meisten größeren Städte sind per Bahn gut angebunden und mit der **Carte Sillage Loisirs** ist es am Wochenende und feiertags besonders günstig, durch die Region der Basse Normandie zu fahren. Die Busse zwischen kleineren Orten und Dörfern verkehren allerdings seltener. Um die ländlichen Gebiete der Normandie zu erkunden, sind zwei oder vier eigene Räder deshalb wirklich praktisch.

SEINE-MARITIME

Das Departement Seine-Maritime erstreckt sich von Le Tréport via Dieppe entlang den Kreidefelsen an der Côte d'Albâtre (Alabasterküste) bis nach Le Havre, dem fünftgrößten Hafen Frankreichs. Die Geschichte dieser Region ist eng mit dem Meer verbunden und die Gegend ist wie geschaffen für Küstenerkundungen und Klippenwanderungen. Im Hinterland gibt's in der lebhaften und hübschen Metropole Rouen eine Pause von der kräftigen Seeluft. Rouen, einst von Monet und Simone de Beauvoir gepriesen, ist immer noch eine der faszinierendsten Städte im Nordosten Frankreichs.

Rouen

119 927 EW.

Das mittelalterlich geprägte Rouen mit den eleganten Kirchtürmen, der wunderschön restaurierten Altstadt und der erhabenen gotischen Kathedrale ist ein Highlight der Normandie. Rouen blickt auf eine bewegte Geschichte: Im Mittelalter wurde es mehrmals von Pest und Feuer vernichtet, während des Hundertjährigen Krieges hielten es die Engländer besetzt. Die junge französische Heldin Jeanne d'Arc wurde hier der Ketzerei angeklagt und 1431 auf dem Scheiterhaufen verbrannt. Im Zweiten Weltkrieg legten verheerende Bombenangriffe einen Großteil der Stadt, besonders die Gegend südlich der Kathedrale, in Schutt und Asche. In den vergangenen 60 Jahren wurde die Stadt jedoch aufwendig restauriert.

◉ Sehenswertes & Aktivitäten

Die Altstadt, deren Herz die Rue du Gros Horloge bildet, liegt nördlich der Ost-West-Achse des Stadtzentrums, der Rue Général Leclerc.

Place du Vieux Marché   PLATZ

Die Rue du Gros Horloge führt von der Kathedrale in westlicher Richtung zu diesem Platz, auf dem 1431 die 19-jährige Jeanne d'Arc (Johanna von Orléans) wegen Ketzerei hingerichtet wurde. Die atemberaubend exzentrische **Église Jeanne d'Arc** (☉April–Okt. 10–12 & 14–18 Uhr) mit ihrer geschuppten Fassade wurde 1979 an der Stelle eingeweiht, an der Jeanne auf dem Scheiterhaufen verbrannt wurde. Beachtenswert ist der emporstrebende modernistische Innenraum der Kirche, in den durch einige prachtvolle Buntglasfenster aus dem 16. Jh. Licht einstrahlt.

Gros Horloge   UHRENTURM

(rue du Gros Horloge; Erw./Kind 6/3 €; ☉Di–So 10–13 & 14–19 Uhr) Über die Rue du Gros Horloge spannt sich dieser eindrucksvolle gotische Uhrenturm mit mittelalterlichen Uhren an beiden Seiten, die mit nur einem Zeiger die Zeit verkünden. An der Westseite steht eine vergoldete lateinische Inschrift, die 1732 Ludwig XV. gewidmet wurde – wie viele Worte enden auf -*issimo*?

Palais de Justice   JUSTIZPALAST

(place Maréchal Foch) Der verschnörkelte Justizpalast, nach dem Zweiten Weltkrieg kaum mehr als eine Hülle, wurde in all seiner gotischen Pracht des 16. Jhs. restauriert, auch wenn die Westfassade aus dem 19. Jh. immer noch mit Einschusslöchern übersät ist. Wer den Innenhof mit seinen unglaublich grazilen Türmchen, Wasserspeiern und Statuen besichtigen oder bei einem Gerichtsverfahren zuschauen möchte, nimmt den Eingang an der Rue aux Juifs und muss zunächst einen Metalldetektor passieren.

Unter der Treppe an der Ostseite des Innenhofs steht das **Monument Juif** (Jüdisches Denkmal), das älteste jüdische Gemein-

Rouen

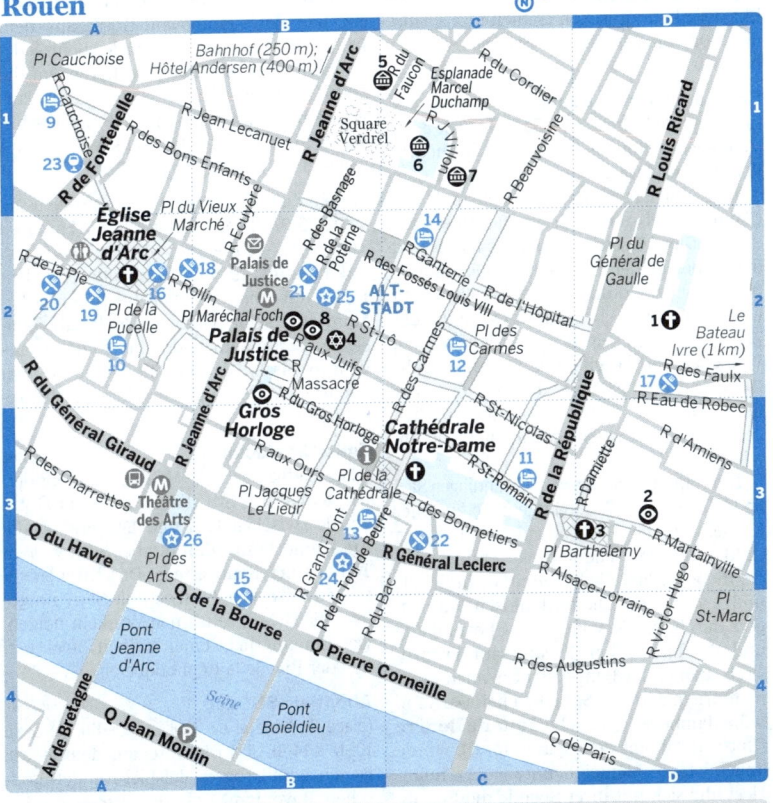

Rouen

◎ Highlights

◎ Sehenswertes

🛏 Schlafen

❌ Essen

🍷 Ausgehen

✪ Unterhaltung

debauwerk in Frankreich und einziges Relikt der alten jüdischen Gemeinde Rouens, die 1306 von Philipp dem Schönen vertrieben wurde.

Cathédrale Notre-Dame
KATHEDRALE

(place de la Cathédrale; ⊙ Di–Sa 7.30–19, So 8–18, Mo 14–19 Uhr) Rouens prachtvolle Kathedrale auf dem Platz, auf dem bereits seit dem 4. Jh. Kirchen stehen, wurde mehrmals von Claude Monet gemalt. Er war fasziniert von den subtilen Veränderungen des Lichts und der Farben an der hochragenden Fassade in französischer Gotik. An dem zwischen 1201 und 1514 errichteten Bauwerk nagte der Zahn der Zeit, es erlitt durch den Zweiten Weltkrieg und durch einen Sturm im Jahr 1999 schwere Schäden und wird immer noch renoviert. Monet würde die kürzlich gesäuberte, fast weiße Fassade heute kaum wiedererkennen.

Die romanische **Krypta** (⊙ Führungen Sa & So 14.30 Uhr, Juli & Aug. tgl.) gehörte zu einer Kathedrale, die 1062 vollendet und Ostern 1200 durch eine Feuersbrunst zerstört wurde, die auch fast die ganze Stadt in Schutt und Asche legte. Die kostenlosen Führungen durch die Krypta, den Chorumgang und die Marienkapelle sind auf Französisch, aber einige Führer steuern auch Kommentare in anderen Sprachen bei. Der 75 m hohe flamboyant-gotische **Tour de Beurre** (Butterturm) aus dem späten 15. Jh. wurde angeblich von Gemeindemitgliedern finanziert, die sich mit ihrer Spende die Erlaubnis erkauften, in der Fastenzeit Butter zu essen (einige Historiker glauben allerdings, dass der Name sich schlicht auf die Farbe des Gesteins beziehe).

Musée des Beaux-Arts
KUNSTMUSEUM

(☎ 02 35 52 00 62; esplanade Marcel Duchamp; Erw./Kind 5/3 €; ⊙ Mi–Mo 10–18 Uhr) Das eindrucksvolle Museum ist in einem prächtigen Gebäude von 1870 untergebracht und bietet eine spannende Sammlung von Gemälden des 15. bis 20. Jhs., darunter auch Werke von Caravaggio, Rubens, Modigliani, Pissarro, Renoir, Sisley (viele) und (natürlich) mehrere Arbeiten von Monet, wie eine Studie der Kathedrale von Rouen (in Saal 2.33). In einigen Sälen liegen laminierte Blätter zur Kunstgeschichte aus, auch auf Englisch.

Musée Le Secq des Tournelles
SCHMIEDEMUSEUM

(☎ 02 35 88 42 92; 2 rue Jacques Villon; Erw./Kind 3/2 €; ⊙ Mi–Mo 10–13 & 14–18 Uhr) Das exzel-

lente Museum in einer ehemaligen Kirche, ein Bau der Flamboyant-Gotik aus dem frühen 16. Jh., widmet sich der Schmiedekunst. Zu den Exponaten gehören um die 5000 schmiedeeiserne Gegenstände aus dem 3. bis 19. Jh. wie hängende Ladenschilder, Schlösser und Schlüssel sowie ein aufwendiges Chorgitter von 1202.

Musée de la Céramique
PORZELLANMUSEUM

(☎ 02 35 07 31 74; 1 rue du Faucon; Erw./Kind 3/2 €; ⊙ Mo–Sa 10–13 & 14–18 Uhr) Das Keramikmuseum in einem Gebäude aus dem 17. Jh. mit einem schönen Innenhof ist bekannt für seine Fayencen (dekorativ glasierte Keramiken) und sein Porzellan aus dem 16. bis 19. Jh. Die Säle werden in den nächsten Jahren bei laufendem Betrieb restauriert.

Église St-Maclou
KIRCHE

(place Barthelemy; ⊙ Fr–Mo 10–12 & 14–18 Uhr) Die Kirche im Stil der Flamboyant-Gotik wurde zwischen 1437 und 1521 erbaut, die Ausschmückung stammt aber zum großen Teil aus der Renaissance. Der Kirchenbau ist teilweise von Fachwerkhäusern umgeben, die sich in seltsamen Winkeln neigen. Der Eingang liegt einen halben Block östlich der Rue de la République Nr. 56.

Abbatiale St-Ouen
KIRCHE

(place du Général de Gaulle; ⊙ Di–Do, Sa & So 10–12 & 14–18 Uhr) Die Abtei aus dem 14. Jh. ist ein wunderbares Beispiel für den gotischen Rayonnant-Stil. Der Eingang führt durch einen hübschen Garten in der Rue des Faulx.

Aître St-Maclou
ALTSTADT

(186 rue Martainville; Eintritt frei; ⊙ April–Okt. 8–20 Uhr) Für gruseligen Nervenkitzel sorgt der Innenhof dieses eigentümlichen Fachwerkhausensembles, das zwischen 1526 und 1533 errichtet wurde. Der Hof diente bis 1781 als Pestfriedhof und ist mit makabren Schnitzereien von Totenkopfsymbolen, Werkzeugen von Totengräbern und Stundengläsern ausgestattet. Heute befindet sich im Aître St-Maclou die regionale École des Beaux-Arts (Akademie der Künste).

🛏 Schlafen

Hôtel de Bourgtheroulde HOTEL €€€
LP TIPP (☎ 02 35 14 50 50; www.hotelsparouen. com; 15 place de la Pucelle; Zi. 215–380 €; ❋ 🛜 ⛆) Die alte Villa wurde in ein hinreißendes Hotel umgebaut und bringt einen Hauch von Glamour und Luxus in Rouens Hotel-

landschaft. Die Zimmer sind groß, traumhaft ausgestattet und haben wunderschöne Bäder. Es gibt einen Pool (der durch den Glasfußboden in der Foyer-Bar zu sehen ist), eine Sauna und Wellnessangebote im Untergeschoss, zwei Restaurants und eine opulente Bar im Foyer.

Hôtel de la Cathédrale   HOTEL €
(☎02 35 71 57 95; www.hotel-de-la-cathedrale.fr; 12 rue St-Romain; EZ 56–79 €, DZ 66–96 €, 3BZ & 4BZ 119 €; 🕭🚭) Das stimmungsvolle Hotel in einem Fachwerkhaus aus dem 17. Jh. vermietet 27 stilvoll modernisierte, ruhige Zimmer mit Flachbild-TV, die meisten davon mit Blick auf einen winzigen, begrünten Innenhof. Die Badezimmer sind nicht ganz zeitgemäß, aber das Hotel bietet eine angenehme Kombination aus Tradition und Moderne.

Hôtel Dandy   HOTEL €€
(☎02 35 07 32 00; www.hotels-rouen.net; 93 rue Cauchoise; DZ 80–105 €; 🕭) Das zauberhafte, im pompösen Stil Ludwigs XV. ausgestattete Haus hat individuell eingerichtete Zimmer mit Charakter (die Badezimmer sind allerdings nicht gerade umwerfend) und wird von einer netten Familie mit Elan geführt.

Hôtel Andersen   HOTEL €
(☎02 35 71 88 51; www.hotelandersen.com; 4 rue Pouchet; EZ 45–56 €, DZ 56–63 €; 🕭) Das stilvolle Hotel in einem Stadthaus aus dem frühen 19. Jh. verströmt mit klassischer Musik in der Lobby und 15 bescheidenen, aber einfallsreichen Zimmern mit Laura-Ashley-Tapete eine altmodische Atmosphäre. Eines von einem halben Dutzend Hotels rund um den Bahnhof.

Hôtel des Carmes   HOTEL €
(☎02 35 71 92 31; www.hoteldescarmes.com, auf Frz.; 33 place des Carmes; DZ 49–65 €, 3BZ 67–77 €; @🕭) Die zwölf Zimmer des niedlichen Hotels sind drollig und in leuchtenden Farben eingerichtet, einige haben sogar himmelblaue Wolkenlandschaften an der Decke. Wer sich eines der günstigeren Zimmer im 4. Stock nimmt, kann die Camembert-Kalorien wieder verbrennen.

Le Vieux Carré   HOTEL €
(☎02 35 71 67 70; www.vieux-carre.fr; 34 rue Ganterie; Zi. 58–65 €; 🕭) Das ruhige Fachwerkhaus mit einem hübschen, kleinen Innenhof verfügt über einen herrlich altmodischen *salon de thé* (Teesalon) und 13 kleine Zimmer, die mit etwas abgenutzten Teppichen ausgestattet und mit Vergrößerungen alter Postkarten dekoriert sind.

Hôtel le Cardinal   HOTEL €
(☎02 35 70 24 42; www.cardinal-hotel.fr; 1 place de la Cathédrale; EZ 56–72 €, DZ 66–89 €; 🕭) Das Hotel in superzentraler Lage gegenüber der Kathedrale hat 18 einfache, unscheinbare, aber sehr helle Zimmer und großen Duschen. Die Zimmer im 4. Stock haben phantastische Terrassen mit Blick auf den Platz.

Auberge de Jeunesse Robec   HOSTEL €
(☎02 35 08 18 50; www.fuaj.org; 3 rue de la Tour; B/EZ/DZ 19/30/50 €; 🕭) Die Zimmer in diesem brandneuen Hostel sind komfortabel und haben ein eigenes Bad. Leider liegt es ziemlich weit weg vom Stadtzentrum, abseits der Route de Darnétal – vom Stadtzentrum mit dem Bus T2 oder T3 bis zur Haltestelle „Auberge de Jeunesse" fahren. Einchecken nur von 17 bis 22 Uhr.

✖ Essen

Auf der Nordseite der Rue Martainville, gegenüber der Église St-Maclou, gibt's jede Menge kleine Lokale. International gekocht wird zwei Straßen weiter südlich in der Rue des Augustins. Weitere Restaurants sind in der Rue de Fontenelle (ein Block westlich der Église Jeanne d'Arc) und ein paar Straßen weiter östlich in der Rue Ecuyère zu finden.

⌐LP TIPP⌐ Les Nymphéas
FRANZÖSISCH, KLASSISCH €€
(☎02 35 89 26 69; www.lesnympheas-rouen.com, auf Frz.; 7-9 rue de la Pie; Menü 30–70 €; ⊙Di–Sa 12.15–13.45 & 19.30–21.30 Uhr) Auf elegant gedeckten Tischen unter einer Balkendecke aus dem 16. Jh. werden Speisen aus frischen, einheimischen Zutaten (wie Cidre und Calvados) serviert. Dadurch erhalten Gerichte wie gezüchtete Wildente, Jakobsmuscheln und Hummer eine betont normannische Note.

Gill   FEINSCHMECKERLOKAL €€
(☎02 35 71 16 14; www.gill.fr; 8-9 quai de la Bourse; Menü 35–92 €; ⊙Di–Sa) Das Restaurant in Rouen für französische Feinschmeckerküche auf höchstem Niveau, wo das Essen in einem ultraschicken, ultramodernen Raum serviert wird. Zu den Spezialitäten gehören frischer bretonischer Hummer, Jakobsmuscheln mit Trüffeln, Taube à la Rouen und zum Nachtisch *millefeuille à la vanille*.

Thé Majuscule   TEESALON €
(☎02 35 71 15 66; 8 place de la Calende; Menü 13,50–16 €; ⊙Restaurant Mo–Sa 12–14 Uhr,

Teesalon Mo–Sa 14–18.30 Uhr) Unten typisch französischer, chaotischer Second-Hand-Buchladen, oben eleganter Teesalon mit hausgemachten *tartes* (auch vegetarische), Salaten (im Sommer), einem Tagesgericht (9,50 €), Kuchen und exotischen Tees (3,30 €).

Le P'tit Bec
BISTRO €

(📞02 35 07 63 33; www.leptitbec.com, auf Frz.; 182 rue Eau de Robec; Mittagsmenü 13–15,50 €; ⊙Mo–Sa mittags, Di–Sa abends) Auf der bodenständigen Speisekarte stehen reichlich Pasta, Salate, *œufs cocottes* (Eier mit geriebenem Käse in Sahne gebacken), mehrere vegetarische Gerichte und hausgemachte Desserts. Im Sommer gibt es Plätze auf der Terrasse in einer der malerischsten Seitenstraßen Rouens.

Pascaline
BISTRO €

(📞02 35 89 67 44; 5 rue de la Poterne; Mittagsmenü 13 €, Hauptgerichte 10–20 €) Der ideale Ort für ein preiswertes *formule midi* (Mittagsmenü zu einem festen Preis). Das belebte Bistro serviert traditionelle französische Küche in einem typischen Pariser Ambiente – Scheibengardinen, weiße Tischdecken und schnaufende Kaffeemaschinen. Jeden Abend gibt's Live-Klaviermusik und donnerstags Jazz.

Les Maraîchers
BISTRO €€

(📞02 35 71 57 73; www.les-maraichers.fr; 37 place du Vieux Marché; Menü ab 16 €, Hauptgerichte 11,50–32 €) Das 1912 gegründete Bistro wird als *café historique d'Europe* eingestuft. Neben glänzenden Spiegeln, lackiertem Holz und bunten Bodenfliesen gibt's eine original Zinkbar und ein warmes und sehr französisches Ambiente. Zu den Spezialitäten gehört Rind aus der Normandie.

Selbstversorger

Halles du Vieux Marché
MARKT €

(place du Vieux Marché; ⊙Di–Sa 7–19 Uhr, So 7–13 Uhr) Eine kleine Markthalle mit einer ausgezeichneten *fromagerie* (Käseladen).

Léon Déant Fromager
KÄSE €

(18 rue Rollin; ⊙Di–Fr 9–12.45 & 15–19.30 Uhr, Sa 9–12.45 Uhr) Spezialität ist normannischer Käse.

🍷 Ausgehen

In der Altstadt gibt es mehr als genug Bars und Cafés, in denen sich von mittags bis in die späte Nacht Studenten tummeln. Rouen ist auch das Zentrum der Schwulenszene in der Normandie – ein paar Bars finden sich rund um die Rue St-Etienne des Tonneliers südlich der Rue Général Leclerc.

La Boîte à Bières
BAR

(www.laboiteabieres.fr, auf Frz.; 35 rue Cauchoise; ⊙Di–Sa 17–2 Uhr) In der lebhaften Eckkneipe in einem Fachwerkhaus – liebevoll BAB genannt – kann man inmitten der studentischen Stammkundschaft einheimische Bierchen trinken. Manchmal gibt's auch Karaoke-, Disko- und Konzertabende.

Le Bateau Ivre
LIVEMUSIK

(http://bateauivre.rouen.free.fr, auf Frz.; 17 rue des Sapins; ⊙Mi–Sa 21 oder 22–4 Uhr, im Sommer Mi geschl.) Altbewährter Liveclub mit täglichen Konzerten (französische Chansons, Blues, Rock, Reggae usw.) außer donnerstags, wenn jeder an einer Jamsession teilnehmen kann.

☆ Unterhaltung

Die Touristeninformation und die **Fnac Billetterie** (📞08 92 68 36 22; www.fnacspectacles.com, auf Frz.; Ecke rue St-Lô & rue de la Poterne; ⊙Mo–Sa 10–19 Uhr) verkaufen Karten für kulturelle Veranstaltungen.

Cinéma le Melville
KINO

(📞02 35 07 18 48; 75 rue Général Leclerc) Zeigt in vier Sälen Filme in Originalsprache.

NORMANNISCHE KÜCHE

Die Normandie mag zwar die größte Region Frankreichs ohne Weingut sein, die kulinarische Vielfalt macht den Mangel an Wein aber wieder wett – abgesehen davon würde jeder aufrechte Normanne ohnehin lieber Cidre oder Calvados aus der Region trinken. Sie ist ein Land des Weichkäses, der Äpfel, der Sahne und einer erstaunlichen Fülle an Meeresfrüchten und Fisch. Jeder sollte hier wenigstens einmal Klassiker wie *coquilles St-Jacques* (Jakobsmuscheln) und *sole dieppoise* (Seezunge à la Dieppe) probiert haben. Ein unbedingtes Muss ist der *trou normand* („normannisches Loch") – die traditionelle Pause zwischen den Gängen für ein Glas Calvados, der den Gaumen putzt und Appetit auf den nächsten Gang macht!

Théâtre des Arts OPER, BALLETT
(☎02 35 71 41 36; www.operaderouen.com, auf Frz.; place des Arts) Die Heimat der Opéra de Rouen ist das führende Konzert-, Ballett- und Opernhaus der Stadt.

Praktische Informationen

Café Chéri (79 rue Ecuyère; ⏱Mo–Sa 9–17.30 Uhr) Das nette Café bietet kostenloses WLAN und oben Computer.

CompuDream (37 rue de la République; 3 €/ Std.⏱Di–Sa 11–23, So–Mo 14–23 Uhr)

Post (45 rue Jeanne d'Arc)

Touristeninformation (☎02 32 08 32 40; www.rouentourisme.com; 25 place de la Cathédrale; ⏱Mo–Sa 9–19, So & Feiertage 9.30–12.30 & 14–18 Uhr) In einem Renaissancegebäude aus dem 16. Jh. Hotelreservierungen kosten 3 €, Audioguides (5 €) gibt es in sieben Sprachen.

An- & Weiterreise

AUTO Autovermietungen:

ADA (☎02 35 72 25 88; 34 av. Jean Rondeaux)

Avis (☎02 35 88 60 94) Im Bahnhof über dem Gleis 4.

Europcar (☎03 32 08 39 09) Im Bahnhof.

Hertz (☎02 35 70 70 71; 130 rue Jeanne d'Arc)

BUS Rouen hat keine gute Busverbindungen, es gibt jedoch eine brauchbare nach Le Havre (2 €, 2½ Std., 6- bis 7-mal tgl.) ab dem Busbahnhof in der Rue du Général Giraud.

ZUG Bahnfahrkarten werden in der **Boutique SNCF** (20 rue aux Juifs; ⏱Mo–Sa 10–19 Uhr) im Stadtzentrum verkauft.

Amiens 18,50 €, 1¼ Std., 4- oder 5-mal tgl.

Caen 23,50 €, 1½ Std., 8- bis 10-mal tgl.

Dieppe 10,50 €, 45 Min., Mo–Sa 10- bis 16-mal tgl, So 5-mal

Le Havre 13,50 €, 50 Min., Mo–Sa 18-mal tgl., So 10-mal

Paris St-Lazare 20,50 €, 1¼ Std., Mo–Fr 25-mal tgl., Sa und So 14- bis 19-mal

Unterwegs vor Ort

AUTO Kostenlose Parkplätze gibt es vom Stadtzentrum aus am Ufer der Seine am Quai Jean Moulin und weiter südlich.

BUS Rouens Busgesellschaft ist **TCAR** (☎02 35 52 52 52; www.tcar.fr, auf Frz.), deren Busse die ganze Stadt bedienen.

FAHRRAD Cy'clic (☎08 00 08 78 00; cyclic. rouen.fr), Rouens Version des Pariser Self-Service-Verleihs Vélib' vermietet an 14 Orten in der Stadt Citybikes. Die Kreditkartenregistrierung kostet für 1/7 Tage kostet 1/5 €. In der ersten halben Stunde ist die Nutzung kostenlos. Die zweite/ dritte/vierte halbe Stunde und alle folgenden 30 Minuten kosten jeweils 1/2/4 €.

MÉTRO Rouens **Métro** (☎02 35 52 52 52; www.tcar.fr, auf Frz.) verkehrt von 5 Uhr (sonntags ab 6 Uhr) bis etwa 23 Uhr und bietet eine gute Verbindung vom Bahnhof ins Zentrum. Eine Fahrkarte kostet 1,40 € (Zehnerkarte 11 €) und ist eine Stunde gültig. Fahrkartenschalter von Espace Métrobus gibt es im Bahnhof und in der Rue Jeanne d'Arc Nr. 9.

TAXI Taxiruf: ☎02 35 88 50 50.

209

Dieppe

34 450 EW.

Dieppe – seit 1824 ein Badeort – liegt zwischen Kreideklippen, ist maritim und ein bisschen schäbig, aber authentisch. Hier tummeln sich wettergegerbte Fischer neben britischen Tagesausflüglern und Sommertouristen mit riesigen Eistüten. Auch normannische Meeresfrüchte lassen sich hier bestens vertilgen – der Hafen strotzt von Restaurants mit lokalen Spezialitäten wie Jakobsmuscheln, Miesmuscheln und Seezunge. Offen gesagt ist hier ansonsten nicht viel zu entdecken.

Geschichte

Freibeuter aus Dieppe plünderten 1338 Southampton und blockierten zwei Jahrhunderte später Lissabon. Zu den Entdeckern, die hier ansässig waren, zählt auch der in Florenz geborene Giovanni da Verrazano, der 1524 als erster Europäer im Hafen von New York landete. Viele Diepper gehörten zu den ersten europäischen Siedlern in Kanada. Im 16. Jh., als Schiffe regelmäßig von Dieppe nach Westafrika und Brasilien segelten, war die Stadt einer der wichtigsten Häfen Frankreichs.

Am 19. August 1942 landeten 6000 überwiegend kanadische Soldaten an den Stränden von Dieppe – auch um den Sowjets zu helfen, indem sie die Nazis von der Ostfront weglockten. Das Ergebnis war katastrophal, aber immerhin konnten nützliche Lehren für die Planung des D-Day zwei Jahre später gezogen werden.

⊙ Sehenswertes

Les Bains Dieppe MEERWASSERBÄDER
(☎02 35 82 80 90; www.lesbainsdieppe.com, auf Frz.; 101 bd de Verdun; Erw./unter 11 J. 6/4,85 €; ⏱10–20 Uhr) Die Bäder wurden Anfang des 19. Jhs. angelegt und 2007 komplett renoviert. Sie bestehen aus mehreren Meerwas-

NORMANDIE DIEPPE

serpools, die bis zu 28 °C warm sind, einem 50-m-Becken im Freien und vielen Einrichtungen für Kinder. Auch ein Fitnesscenter (Erw. 12 €) mit Hamam und Sauna und ein Beautycenter stehen zur Verfügung.

Château-Musée
MUSEUM

(☑02 35 06 61 99; rue de Chastes; Erw./Kind unter 12 J. 3,50 €/frei; ☉10–12 & 14–18 Uhr, Okt.–Mai Di geschl.) Das Schloss aus dem 15. Jh. auf den Klippen westlich der Stadt ist Dieppes eindrucksvollstes Bauwerk. Das Museum widmet sich der Seefahrts- und Kunsthandwerksgeschichte der Stadt. Die Diepper pflegten die zweifelhafte Praxis, westafrikanische Elefanten ihrer Stoßzähne zu berauben und das Elfenbein nach Dieppe zu verfrachten. Im 17. Jh. erreichte die Kunst der Elfenbeinschnitzerei hier ungeahnte Höhen. Die Ergebnisse sind ausgestellt.

Cité de la Mer
MEERESMUSEUM

(☑02 35 06 93 20; www.estrancitedelamer.fr; 37 rue de l'Asile Thomas; Erw./Kind unter 16 J. 6/3,50 €; ☉10–12 & 14–18 Uhr) Exponate zur Fischerei, zum Schiffsbau, zu den Gezeiten, zu Dieppes Klippen und zu den unterschiedlichen Meeres- und Küstenbiotopen des Ärmelkanals. In fünf großen Aquarien können Besucher einige besonders große Arten der Krustentiere und Fische bewundern, die sonst eher auf dem Teller landen. Am Kartenschalter ist auch eine Broschüre auf Englisch erhältlich.

Hafen von Dieppe
ALTSTADT

Wird immer noch von Fischerbooten, überwiegend aber von Freizeitschiffern genutzt und ist super für einen anregenden Spaziergang an der Seeluft.

Église St-Jacques
KIRCHE

(Place St-Jacques) Die Kirche im Stil der normannischen Gotik ein paar Straßen westlich des Hafens wurde seit dem frühen 13. Jh. mehrmals umgebaut.

Strand
STRAND

Dieppes oftmals windiger, 1,8 km langer Strand ist ideal für diejenigen, die Sand hassen – bzw. wohlgeformte Kieselsteine lieben, die viel zu groß sind, um in die Schuhe oder Unterwäsche zu gelangen. Die breiten **Grünflächen** ließen die beiden kaiserlichen Küstenliebhaber Napoléon III. und seine Frau Eugénie in den 1860er-Jahren anlegen. Kinder werden auf dem schiffsförmigen Klettergerüst am **Spielplatz** neben dem **Minigolfplatz** viel Spaß haben.

Kanadischer Soldatenfriedhof
FRIEDHOF

Zum Kanadischen Soldatenfriedhof 4 km Richtung Rouen geht es über die Avenue des Canadiens (die Fortsetzung der Avenue Gambetta) Richtung Süden und dann der Ausschilderung nach oder mit dem Bus 22 (Mo-Sa 8- bis 10-mal tgl.).

🛏 Schlafen

Les Arcades
HOTEL €

(☑02 35 84 14 12; www.lesarcades.fr, auf Frz.; 1-3 arcades de la Bourse; DZ 63–79 €; 🕸) Das Logis-de-France-Hotel mit 21 Zimmern über den Kolonnaden bietet hübsche Ausblicke auf den Hafen, einen winzigen Lift und ruhige, große Zimmer mit Flachbild-TV.

Au Grand Duquesne
HOTEL €

(☑02 32 14 61 10; augrandduquesne.free.fr; 15 place St-Jacques; DZ 40–63 €; 🕸) Zentral gelegen, aber ohne Hafenblick. Die zwölf in Blau gehaltenen Zimmer sind nichts Besonderes, aber sie sind ruhig und verfügen über hell erleuchtete Badezimmer.

Hôtel de la Plage
HOTEL €€

(☑02 35 84 18 28; plagehotel.fr.st; 20 bd de Verdun; Zi. 55–110 €, 4BZ 90–170 €; 🕸) Das Hotel mit 40 modernen, komfortablen Zimmern – drei mit Whirlpool – ist eines von vielen etwas verblichenen Hotels am Strand. Die Zimmer sind in blassen Blau-, Grün- und Rottönen gehalten, diejenigen mit Meerblick kosten mehr.

🍴 Essen & Ausgehen

Au Grand Duquesne
FRANZÖSISCH, KLASSISCH €

(☑02 32 14 61 10; 15 place St-Jacques; Menü 14–35 €) Hier gibt es sowohl traditionelle als auch kreative Küche mit Fisch und Meeresfrüchten. Zu den Spezialitäten gehört *crêpiau dieppois* (ein dicker, mit Birnen gefüllter Crêpe). Das vegetarische Menü kostet 18,50 €.

Au Goût du Jour
FRANZÖSISCH, MODERN €€

(☑02 35 84 27 18; 16 rue Duquesne; Menü 25–32 €; ☉Mo–Fr mittags, abends tgl.) In dem tollen Restaurant ist die Begrüßung so herzlich und einladend wie die erfinderische französische Küche frisch und lecker ist. Zu den Spezialitäten zählen superfrischer Fisch, Couscous mit Seebarsch und hausgeräucherter Lachs.

Le New Haven
FISCH & MEERESFRÜCHTE €€

(☑02 35 84 89 72; 53 quai Henri IV; Menü 18–30 €; ☉Mo abends, Mi mittags & abends geschl., Juli & Aug. tgl. geöffnet) Der Hafen ist gesäumt von schicken Restaurants, aber dieses elegante, wenn auch unauffällige Fischlokal ist eines der besten. Zu den Spezialitäten gehören Fisch, Garnelen und *foie de lotte* (Seeteufelleber). Die Meeresfrüchteplatte für zwei, *le duo* (75 €), wird selbst die größten Meeresfrüchtefans überfordern!

Praktische Informationen

Post (2 bd Maréchal Joffre)

Touristeninformation (☎ 02 32 14 40 60; www.dieppetourisme.com; 56 Quai Duquesne; ⊙ Mo–Sa 9–13 & 14–19, So 10–13 & 14–17 Uhr) Hat nützliche Broschüren (auch auf Englisch) zu Dieppe und benachbarten Teilen der Côte d'Albâtre.

An- & Weiterreise

AUTO Dieppe liegt 65 km nördlich von Rouen, 108 km nordöstlich von Le Havre und 118 km westlich von Amiens. Autovermietungen:

Europcar (☎ 02 35 04 97 10; 33 rue Thiers)

Hertz (☎ 02 32 14 01 70; 5 rue d'Écosse)

FÄHRE Informationen zu Autofähren nach Newhaven s. S. 1067.

ZUG Züge ab Dieppe:

Le Havre 18,50 €, 2–4 Std., 4- bis 7-mal tgl.

Paris St-Lazare 27,50 €, 2–3 Std., 6- bis 11-mal tgl.

Rouen 10,50 €, 45 Min., 10- bis 16-mal tgl.

Côte d'Albâtre

Die knochenbleichen Klippen der Côte d'Albâtre (Alabasterküste), die auffallend an die Klippen von Dover jenseits des Ärmelkanals erinnern, erstrecken sich über 130 km von Le Tréport in südwestlicher Richtung bis nach Étretat. Kleine Dörfer und Weiler, hübsche Gärten, einige schöne Strände und zwei Atomkraftwerke (Paluel und Penly) säumen die dramatische Küste. Die einzigen bemerkenswerten Orte – außer Dieppe – sind Fécamp, St-Valery-en-Caux und Étretat.

Ohne Auto ist die Côte d'Albâtre ziemlich unzugänglich. Wanderer können jedoch dem **Küstenwanderweg GR21** von Le Tréport nach Le Havre folgen. Für Autofahrer empfehlen sich die Küstenstraßen D75, D68 und D79 westlich von Dieppe, nicht aber die D925 weiter im Inland.

FÉCAMP
19 630 EW.

Bis zum 6. Jh. war Fécamp ein gewöhnliches Fischerdorf, dann fanden auf wundersame Weise ein paar Blutstropfen Christi ihren Weg hierher und zogen ganze Horden von Pilgern an. Benediktinermönche errichteten schon bald ein Kloster und als dann noch ein venezianischer Mönch 1510 (mit Hilfe ostasiatischer Kräuter) das feurige „medizinische Elixier" zubereitete, war Fécamps Ruhm perfekt. Das Rezept ging zwar während der Revolution verloren, wurde aber im 19. Jh. in einem alten Buch wiederentdeckt. Heute ist der Bénédictine-Likör einer der am häufigsten verkauften Digestifs der Welt.

⊙ Sehenswertes & Aktivitäten

Der immer noch von Fischerbooten genutzte **Hafen** ist durch den schmalen *avant port* (äußerer Hafen) mit dem Meer verbunden. Nördlich des Hafens erhebt sich das **Cap Fagnet** (110 m) mit phantastischen Ausblicken auf die Stadt und die Küste. Im Süden liegt ein **Strand**, an dem im Sommer Katamarane, Kajaks und Surfbretter verliehen werden.

Palais Bénédictine   LIKÖRFABRIK
(☎ 02 35 10 26 10; www.benedictine.fr; 110 rue Alexandre Le Grand; Erw./Kind 7/3,50 €; ⊙ Kartenverkauf 10–12 & 14–17.30 Uhr, Jan. geschl.) In der 1900 eröffneten, außerordentlich verschnörkelten Fabrik wird der Bénédictine-Likör für die ganze Welt hergestellt. Die Führungen zeigen auch eine überraschend interessante Sammlung religiöser Kunst und Gemälde aus dem 13. bis 19. Jh., die der visionäre Gründer der Gesellschaft, Alexandre Le Grand, zusammengetragen hat. Dann geht's weiter zu den Produktionsstätten, in denen die Besucher Destillierapparate aus Kupfer bewundern und die natürlichen Zutaten zur Herstellung des Bénédictine-Likörs anfassen und beschnuppern können – am meisten Spaß macht es, mit den Koriandersamen zu spielen. Natürlich endet für die Erwachsene die Führung mit einem Gläschen Likör.

Abbatiale de la Ste-Trinité   KLOSTER
(place des Ducs Richard; ⊙ 9–17 Uhr) Die hübsche Abtei 1,5 km östlich des Strands (und ein paar Blocks südöstlich des Geschäftszentrums von Fécamp) wurde von 1175 bis 1220 von Richard Löwenherz errichtet. Sie war dank der heiligen Blutstropfen, die auf wundersame Weise im Stamm eines Feigenbaums gelangten, bis zum Bau des Mont-St-Michel die wichtigste Pilgerstätte der Normandie. Gegenüber der Abtei steht die Ruine der **Festung**, die

im 10. und 11. Jh. von den ersten normannischen Herzögen der Normandie errichtet
wurde.

🛏 Schlafen & Essen

Südlich des Hafens, entlang des Quai de la
Vicomté und in der Nähe des Quai Bérigny,
sind einige Restaurants zu finden.

La Ferme de la Chapelle
BAUERNHOFUNTERKUNFT €€
(☑02 35 10 12 12; www.fermedelachapelle.fr; Côte
de la Vierge; DZ/4BZ 95/140 €, App. 145–220 €;
🅿🔆🛜) Die 17 modernen Zimmer und fünf
Appartements mit Kochnische liegen hoch
über der Stadt nahe dem Cap Fagnet. Sie
alle blicken auf einen grünen Innenhof,
Meerblick gibt es also nur außerhalb des
Geländes. Die Gäste werden oft von vier
schnatternden Gänsen begrüßt. Von Oktober bis Mitte Februar sind die Preise niedriger.

Hôtel Normandy
HOTEL €
(☑02 35 29 55 11; www.normandy-fecamp.com; 4
av. Gambetta; EZ/DZ 56/64 €; 🛜) In einem eleganten Gebäude des Fin de Siècle, hügelaufwärts vom Bahnhof, verfügt dieses ruhige
Hotel über 32 frisch renovierte, helle Zimmer – einige ziemlich geräumig – mit eher
nichtssagender Einrichtung. Von Oktober
bis Juni sind die Zimmer oft günstiger.

Camping de Renéville
CAMPINGPLATZ €
(☑02 35 28 20 97; www.campingderenneville.com;
chemin de Nesmond; Zelt & 2 Erw. ab 11,50 €;
⊙April–Mitte Nov.) Der Campingplatz in dramatischer Lage auf den westlichen Klippen
oberhalb des Strands vermietet auch Chalets für zwei bis sechs Personen (pro Woche
130–645 €). Im Juli und August steigen die
Preise pro Zelt auf 15 €.

Le Maupassant
BRASSERIE €€
(☑02 35 29 55 11; 4 av. Gambetta; Menü 16 €) Die
sehr beliebte Brasserie –mit herunterbau-
melnden Glaswaren entzückend dekoriert
– im Erdgeschoss des Hôtel Normandy serviert französische und normannische Küche sowie ein paar exotische Gerichte.

ℹ Praktische Informationen

Touristeninformation (☑02 35 28 51 01; www.
fecamptourisme.com, auf Frz.; quai Sadi Carnot; ⊙10–18 Uhr, Sept.–März So geschl.) Die
Information an der Südseite des Freizeithafens
gegenüber dem Bahnhofsparkplatz hat brauchbare Broschüren (auch auf Englisch). Im Juli
und August öffnet auch eine Nebenstelle am
Strand.

ℹ An- & Weiterreise

BUS Bus 24 der **Cars Perier** (☑08 00 80 87 03;
www.cars-perier.com) fährt über Étretat nach Le
Havre (2 €, 1½ Std., 8- bis 10-mal tgl.).

ZUG Bahnverbindungen:
Le Havre 8 €, 45–75 Min., 7- bis 11-mal tgl.
Rouen 13 €, 1¼ Std., 7- bis 10-mal tgl.

ÉTRETAT
1550 EW.
Das kleine Dorf Étretat, 20 km südwestlich
von Fécamp, ist für seine beiden **Klippen**
berühmt: die Falaise d'Aval und die Falaise
d'Amont, jeweils zu einer Seite des Kieselstrands.

Die **Falaise d'Aval** hat zwei Erkennungsmerkmale: den hohen Felsbogen, den Guy
de Maupassant mit einem ins Meer getauchten Elefantenrüssel verglich, und
die angrenzende Aiguille, eine 70 m hohe,
kreideweiße Felsnadel, die aus den Wellen ragt. Ein Stück weiter an den Klippen
gibt's einen zweiten imposanten Bogen, La
Manneporte, der vom westlichen Ende des
Strands von Étretat über einen steilen Pfad
die Klippen hinauf zu erreichen ist. An der
Falaise d'Amont erinnert ein Denkmal an
zwei Flugpioniere, die an dieser Stelle das
letzte Mal gesehen wurden, als sie 1927 versuchten, den Atlantik zu überqueren.

In der **Touristeninformation** (☑02 35
27 05 21; www.etretat.net; place Maurice Guillard;
⊙Mo–Sa 10–12 & 14–18 Uhr) gibt's eine Liste
mit Unterkünften in der Gegend (auch auf
der Website erhältlich) und Karten für Klip-
penwanderwege.

Bus 24 der **Cars Perier** (☑08 00 80 87 03;
www.cars-perier.com) fährt nach Le Havre
(2 €, 1 Std., 8- bis 10-mal tgl.) und Fécamp
(2 €, 30 Min., 8- bis 10-mal tgl.).

Le Havre
182 400 EW.
Le Havres Stadtzentrum wurde im September 1944 durch Bombenangriffe der
Alliierten, bei denen etwa 3000 Zivilisten ums
Leben kamen, nahezu vollständig zerstört.
Nach dem Krieg wurde es vom belgischen
Architekten Auguste Perret komplett neu
erbaut. Was aus den Trümmern entstand,
ist eine überraschende Liebeserklärung an
die Moderne und ein plastisches Zeitbild
von der Tatkraft und dem Optimismus,
die im Nachkriegsfrankreich herrschten.
Liebe oder Hass – das ist bei dieser Stadt
die Frage, aber selbst wer riesigen Plätzen

und architektonischen Marotten wie Oscar Niemeyers Le Volcan nichts abgewinnen kann, wird verstehen, warum die Unesco 2005 Le Havre zum Weltkulturerbe erhob. Die Touristeninformation verteilt eine Broschüre samt Karte (auch auf Englisch) für einen 2½-stündigen Spaziergang zu den architektonischen Highlights des Stadtzentrums. Mit dem phantastischen Musée Malraux und dem freundlichen, fortschrittlichen Flair ist Le Havre weit mehr als nur ein weiterer Fährhafen.

◉ Sehenswertes & Aktivitäten

Musée Malraux KUNSTMUSEUM

LP TIPP (☏02 35 19 62 62; 2 bd Clemenceau; Erw./Kind 5 €/frei; ⊙Mo–Fr 11–18, Sa & So 11–19 Uhr) Der phantastische moderne Bau am südwestlichen Stadtrand birgt eine fabelhafte Sammlung impressionistischer Werke – die schönste des Landes außerhalb von Paris – von Koryphäen wie Degas, Monet, Pissarro, Renoir, Sisley und dem in Le Havre geborenen Eugène Boudin. Eine Abteilung ist dem ebenfalls aus Le Havre stammenden Fauvisten Raoul Dufy gewidmet. Auch die Wechselausstellungen sind oft hochkarätig.

Église St-Joseph KIRCHE

(bd François 1er) Dominiert wird die Stadt von Perrets Prunkstück, der großartigen, 107 m hohen Église St-Joseph, die ab 1951 gebaut und 1959 geweiht wurde. Bei Sonnenschein lassen ihre 13 000 bunten Glasscheibchen den Innenraum in besonderem Licht erstrahlen.

Appartement Témoin MUSTERWOHNUNG

(Erw./Kind 3 €/frei; ⊙Führungen Mi, Sa & So 14, 15, 16 & 17 Uhr) Die perfekt erhaltene und mustergültig im Stil der 1950er-Jahre eingerichtete Wohnung befindet sich gegenüber dem Rathaus in einem Ensemble aus sechs markanten Wohnhäusern von Perret. Sie kann im Rahmen einer einstündigen Führung besichtigt werden, die an der Place de l'Hôtel de Ville Nr. 1 (vor dem Schuhgeschäft Caron) beginnt.

Le Volcan KULTURZENTRUM

(Der Vulkan; www.unvolcandanslaville.com, auf Frz.; espace Oscar Niemeyer) Le Havres berühmtestes Bauwerk wurde zwar schon mit einem gestutzten Kühlturm oder, noch schlimmer, mit einer Kloschüssel verglichen, ist aber der wichtigste kulturelle Veranstaltungsort mit Konzerthallen und dem her-

vorragenden **Programmkino** L'Eden. Die Namensgebung leuchtet auf den ersten Blick ein. Entworfen wurde es vom brasilianischen Architekten Oscar Niemeyer, auf dessen Konto auch Brasiliens Hauptstadt geht.

Jardins Suspendus HÄNGENDE GÄRTEN

(rue du Fort; Eintritt frei; ⊙Mo–Fr 10.30–12.30 & 13.45–18, Sa & So 10.30–20 Uhr) Die alte Hügelfestung etwas über 1 km nördlich der Touristeninformation wurde in eine wunderschöne Gartenanlage verwandelt. In Gewächshäusern (Erw./unter 12 J. 1 €/frei) und im Freien gedeihen seltene Pflanzen und Kakteen aus fünf Kontinenten.

Les Docks Vauban EINKAUFS- & KULTURZENTRUM

(www.docksvauban.com, auf Frz.; 70 quai Frissard; ⊙10–20 Uhr) Le Havres avantgardistische Ambitionen in Sachen Architektur prägen die Stadt noch immer, wie dieses ehemals heruntergekommene Hafenviertel am äußersten Ende des Bassin Vauban beweist. Lohnenswert ist ein Besuch des hochmodernen Einkaufs-, Restaurant- und Kulturzentrums, von Jean Nouvel entworfen. Neben zahlreichen Filialen großer Ketten gibt es auch unzählige Restaurants und ein Multiplexkino.

🛏 Schlafen

Hôtel Vent d'Ouest HOTEL €€

(☏02 35 42 50 69; www.ventdouest.fr; 4 rue de Caligny; Zi. 105–135 €, Suite 155–165 €; 🖥) Das „Westwind" mit 38 Zimmern liegt gleich um die Ecke von der Église St-Joseph. Es ist maritim eingerichtet, mit reichlich nautischem Krimskrams unten und stilvollen, cremefarbenen Zimmern oben.

Hôtel Le Richelieu FAMILIENHOTEL €

(☏02 35 42 38 71; www.hotellerichelieu.com; 132 rue de Paris; EZ 47–58 €, DZ 50–65 €, App. 70 €; 🖥📶) Das Hotel in einem der architektonisch interessanten Gebäude in der Rue de Paris bietet blitzsaubere, helle und oft skurril eingerichtete Zimmer, die für den Komfort und die Lage erstaunlich erschwinglich sind.

Le Petit Vatel FAMILIENHOTEL €

(☏02 35 41 72 07; www.lepetitvatel.com; 86 rue Louis Brindeau; EZ 49–60 €, DZ 60–73 €, 3BZ 81 €; 🖥📶) Das Hotel im Familienbetrieb wurde 2008 renoviert und liegt zwei Straßen östlich der Église St-Joseph. Die 25 gepflegten Zimmer sind einfach und platzsparend eingerichtet.

Hôtel Voltaire — HOTEL €

(☎02 35 19 35 35; hotel.voltaire@free.fr; 14 rue Voltaire; Zi. 40/44 €, 4BZ 60–66 €) Le Havres günstigstes Hotel hat fröhliche orangefarbene Gänge und 20 wenig überraschende Zimmer mit zeitgemäßen Linoleumböden. Es befindet sich in einem Perret-Gebäude einen Block südlich und um die Ecke der Église St-Joseph.

 ## Essen

Das Quartier St-François, die Rue du Général Faidherbe und die quer dazu verlaufende Rue Jean de la Fontaine sind gesäumt mit Lokalen. Rund um Le Volcan gibt's noch weitere Restaurants. Eine gute Auswahl ist auch in den Docks Vauban zu finden.

La Petite Auberge — FRANZÖSISCH, KLASSISCH €€

(☎02 35 46 27 32; 32 rue de Ste Adresse; Menü 18–45 €; ⊙Di & Do–Sa mittags & abends, Mi nur abends, So nur mittags) Dieses Juwel ist wahrscheinlich Le Havres zauberhaftestes Restaurant. Der Raum mit niedriger Balkendecke verströmt Romantik, selbst wenn man allein am Tisch sitzt. Meeresfrüchte dominieren die phantasievolle, aber dennoch traditionelle Küche.

Crêperie Soizic — CRÊPERIE €

(☎02 35 43 27 88; www.creperie-soizic.fr; 17 rue de la Fontaine; Menü 10 €; ⊙tgl. abends, Mo–Fr auch mittags) Das Soizic ist unser persönlicher Favorit unter den vielen Crêperien in dem belebten Straßenzug und ist immer voll mit treuen Gästen, die eine Schwäche für *galettes* und Cidre haben.

☆ Unterhaltung

Le Cabaret Electric — KONZERTSAAL

(☎02 35 19 91 32; www.cabaretelectric.fr, auf Frz.; espace Oscar Niemeyer; ⊙Bar bei Konzerten Di, Do & Fr 18–23, Mi 14–23, Sa 14–20 Uhr) Hier besteht nicht nur die Chance, Le Havres markantestes Bauwerk von innen zu sehen, in der abgefahrenen Bar finden dazu auch die besten Livegigs statt.

ℹ Praktische Informationen

Microminute (☎02 35 22 10 15; 7 rue Casimir Periér; Internet 3,60 €/Std.; ⊙Mo 14–19, Di–Sa 10–19 Uhr) Internetzugang einen Block östlich des Hôtel de Ville.

Post (place des Halles Centrales)

Touristeninformation (☎02 32 74 04 04; www.lehavretourisme.com; 186 bd Clemenceau; ⊙Mo–Sa 9–18.45, So & Feiertage 10–12.30 & 14.30–17.45 Uhr) Liegt ein Stück südlich des westlichen Endes der Avenue Foch. Internetzugang ist kostenlos und die Mitarbeiter sehr hilfsbereit.

ℹ An- & Weiterreise

Infos zum Fährservice, s. S. 1067.

AUTO Avis (☎02 35 53 17 20; 87 quai Southampton)

France Cars (☎02 35 22 77 73; 36 rue des Magasins Généraux)

National/Citer (☎02 35 21 30 81; 91 quai de Southampton)

BUS Bus 20 von **Bus Verts** (☎08 10 21 42 14; www.busverts.fr) fährt vom Busbahnhof (neben dem Bahnhof) nach Caen (10,50 €, 2½ Std.), Deauville und Trouville (6,50 €, 1 Std.) und Honfleur (4,25 €, 35 Min.). Expressbusse fahren auch über Honfleur nach Caen (15 €, 1½ Std., Mo–Sa 4-mal tgl., So 2-mal). Bus 24 der **Cars Perier** (☎08 00 80 87 03; www.cars-perier.com) fährt über Étretat nach Fécamp (2 €, 1½ Std., 8- bis 10-mal tgl.).

ZUG Le Havre **Bahnhof** (Cours de la République) liegt 2 km östlich des Hôtel de Ville am östliche Ende des Boulevard de Strasbourg.

Fécamp 8 €, 45–75 Min., 7- bis 11-mal tgl.

Paris St-Lazare 30 €, 2¼ Std., mindestens stündl.

Rouen 13,50 €, 50 Min., Mo–Sa 18-mal tgl., So 10-mal

ℹ Unterwegs vor Ort

Ganzjährig verleiht **Vélocéane** (pro 2 Std./ halb-/ganztags 2/3/5 €) an fünf Stellen (im Sommer an sieben) Fahrräder, auch an der Touristeninformation (wo es Fahrradkarten gibt) und am Bahnhof. Es gibt auch Tandems und Kinderräder.

EURE

Von Rouen bieten sich wunderbare Tagesausflüge an, besonders ins Departement Eure im Hinterland (www.cdt-eure.fr). In Giverny wartet der wunderschöne Garten von Claude Monet und in Les Andelys bietet das Château Gaillard aus dem 12. Jh. einen atemberaubenden Blick über die Seine.

Les Andelys

8440 EW.

Etwa 40 km südöstlich von Rouen, an einer Haarnadelschleife der Seine, liegt Les Andelys (das „s" ist stumm), überragt von der Ruine des Château Gaillard aus dem 12. Jh., der Burg von Richard Löwenherz.

👁 Sehenswertes

Das **Château Gaillard** (☎02 32 54 41 93; Erw./Kind 3,15/2,60 €; ⏱Mitte März–Mitte Nov. Mi–Mo 10–13 & 14–18 Uhr), 1196 bis 1197 erbaut, sicherte an der Seine die Westgrenze des englischen Territoriums, bis Heinrich IV. es 1603 schleifen ließ. Phantastische Aussichten auf die weißen Klippen entlang der Seine gibt es von der Plattform, ab der Burg ein paar hundert Meter über die einspurige Straße hinauf zu erreichen. Die Touristeninformation hat Infos zu Führungen (5,50 €; auf Frz.). Der Eintritt zur Burg ist kostenlos.

Von Petit Andely geht es 50 m nördlich der Touristeninformation etwa 500 m auf einer schmalen Straße zur Burg hinauf. Autofahrer nehmen die Abzweigung gegenüber der Église Notre-Dame in Grand Andely und folgen den Schildern.

🛏 Schlafen & Essen

Hôtel & Restaurant de la Chaine d'Or
TRADITIONELLES HOTEL €€

(☎02 32 54 00 31; www.hotel-lachainedor.com; 27 rue Grande, Petit Andely; Zi. 85–242 €, Mittagsmenü 18,50–74 €; ⏱Jan. geschl., Nov.–März So abends & Mo ganztags geschl.; 📶) Das kleine Landhaus direkt an der Seine hat viel Charakter und ist auf rustikale Art stilvoll, ohne kitschig zu sein. Die zwölf Zimmer sind geräumig, geschmackvoll und romantisch mit antiken Holzmöbeln und edlen Teppichen eingerichtet. Einige Zimmer liegen so nah am Fluss, dass man beinahe aus dem Fenster heraus angeln könnte. Das feine französische Restaurant ist eines der besten der Gegend – zu den Spezialitäten gehören Hummer, Schnecken und Cidre-Sorbet.

ℹ Praktische Informationen

Touristeninformation (☎02 32 54 41 93; http://office-tourisme.ville-andelys.fr, auf Frz.; 24 rue Philippe Auguste; ⏱Mo–Sa 10–12 & 14–18, So 10–12 & 14–17 Uhr) In Petit Andely unterhalb der Burg.

Giverny
530 EW.

Das kleine Dorf Giverny 15 km südlich von Les Andelys ist ein Mekka für Verehrer des Impressionismus und wird im Sommer von Bustouristen förmlich überschwemmt. Monet lebte hier von 1883 bis zu seinem Tod 1926 in einem weitläufigen Haus inmitten von Blumengärten, die heute sehr populären Maison et Jardins de Claude Monet.

👁 Sehenswertes

Maison et Jardins de Claude Monet
KUNSTMUSEUM

(☎02 32 51 28 21; www.fondation-monet.com; Erw./Kind unter 12 J. 6/3,50 €; ⏱April–Okt. 9.30–18 Uhr) Monet lebte die letzten 43 Jahre seines Lebens in dem zartrosa Haus, das heute ein hinreißendes Museum ist. Das Haus und das Wasserlilienatelier befinden sich am Rand des **Clos Normand** mit seinen symmetrisch angelegten Gärten voller Blumen. 1895 kaufte Monet den **Jardin d'Eau** (Wassergarten) und schuf dort seinen berühmten Lilienteich und die **Japanische Brücke** (mittlerweile neu gebaut).

Die von zartlila Glyzinien umhüllte Brücke fügt sich in die asymmetrische Anlage ein und schafft damit jene intime Atmosphäre, für die der „Maler des Lichts" berühmt war.

Die Jahreszeiten spielen in Giverny eine enorme Rolle. Im Frühjahr erblühen Narzissen, Tulpen, Rhododendren, Glyzinien und Iris, gefolgt von Mohnblumen und Lilien. Juni ist die Zeit der Kapuzinerkresse, der Rosen und Wicken. Im September erblühen dann Dahlien, Sonnenblumen und Stockrosen.

Musée des Impressionnismes Giverny
KUNSTMUSEUM

(☎02 32 51 94 65; www.museedesimpressionnismesgiverny.com; 99 rue Claude Monet; Erw./Kind unter 12 J. 6,50/3 €, 1. So im Mo frei; ⏱April–Okt. 10–18 Uhr) Das andere hochklassige Museum in Giverny, das frühere Musée d'Art Américain, wurde an die Kommunalverwaltung verkauft und umbenannt, damit es eher die Kunstrichtung statt die Nationalität der Maler repräsentiert. Das Museum inmitten eines wunderschönen Gartens stellt Werke amerikanischer Impressionisten aus, die Ende des 19. und Anfang des 20. Jhs. nach Frankreich strömten. Es liegt 100 m vor der Maison de Claude Monet.

ℹ An- & Weiterreise

BUS Pendelbusse (4 € hin & zurück; April–Okt. Di–So tgl. 7-mal) von **Veolia** (☎08 25 07 60 27; www.mobiregion.net, auf Frz.) haben Verbindungen mit fast allen Zügen von und nach Paris.

FAHRRAD Das **Café de Chemin de Fer** (L'Arrivée de Giverny; ☎02 32 21 16 01; 12 €/Tag; ⏱7–23.30 Uhr) gegenüber dem Bahnhof verleiht Fahrräder.

ZUG Ab Paris Gare St-Lazare fahren täglich sieben Züge nach Vernon (12,50 €, 50 Min.), 7 km

> Jeder redet über meine Kunst und gibt vor, sie zu verstehen, als ob man verstehen müsste, wo man nur zu lieben braucht. – *Claude Monet*

Claude Monet, der unbestrittene Meister der Impressionisten, wurde 1840 in Paris geboren und wuchs in Le Havre auf, wo er schon früh seine Liebe zur Natur entdeckte. Monet verabscheute die Schule und verbrachte die meiste Zeit damit, seine Lehrer auf den Rändern seiner Schulhefte zu skizzieren. Und so war er mit 15 Jahren in ganz Le Havre als Karikaturist bekannt. Doch sein erster Mentor, Eugène Boudin, überzeugte ihn davon, sich dem Studium von Farben, Licht und Landschaft zu widmen.

Der Militärdienst unterbrach 1860 Monets Studium an der Académie Suisse in Paris und brachte ihn nach Algier, wo ihn die Intensität von Licht und Farben inspirierten. Der junge Maler war davon fasziniert, anstatt des präzisen Details einen bestimmten Moment, den unmittelbaren Eindruck einer Szene einzufangen.

Ab 1867 entwickelte sich Monets eigentümlicher Stil, in dem er Licht und Farben mit schnellen, gebrochenen Pinselstrichen einfing, die charakteristisch für den Impressionismus werden sollten. Seine Zeitgenossen waren Pissarro, Renoir, Sisley, Cézanne und Degas. Die jungen Künstler verließen ihre Ateliers, um im Freien zu arbeiten, wo sie mit den Farben und Lichtverhältnissen der Natur experimentierten und dabei stritten und Ideen austauschten. Ihre Werke wurden von Kritikern alles andere als freundlich aufgenommen; einer tat sie als „Impressionisten" ab – nach Monets *Impression: Sonnenaufgang* (1874). Zum Leidwesen des Kritikers blieb der Name.

Ab Ende der 1870er konzentrierte sich Monet auf Bilderserien, die zeigten, wie sich eine Landschaft unter verschiedenen Licht- und Stimmungsbedingungen veränderte. *Heuschober* (1890–91) und *Die Kathedrale von Rouen* (1891–95) gehören zu den bekanntesten Werken dieser Periode. 1883 zog Monet nach Giverny, wo er im Garten, dem Jardin d'Eau, unterschiedlichste Blumen um einen künstlichen Teich herum pflanzte, um die subtile Wirkung der Sonne auf natürliche Formen zu malen. Dort entstand auch die Serie *Nymphéas* (Wasserlilien). Die riesigen Ausmaße einiger dieser Werke und die Fokussierung der Motive – der Teich nimmt die gesamte Leinwand ein – bedeuteten eine Abwendung von traditioneller Komposition und die faktische Auflösung von Form. Ein Bild der Serie *Nymphéas* von 1919, wahrscheinlich das letzte, das jemals unter den Hammer kommen wird, wurde im Juni 2008 für unglaubliche 80 Mio. US$ verkauft.

Weitere Informationen zu Monet und seinem Werk siehe www.giverny.org.

---

westlich von Giverny. Der letzte Zug zurück nach Paris fährt in Vernon um 20.53 Uhr ab. Ab Rouen (10,50 €, 40 Min.) fahren vormittags mehrere Züge nach Vernon und zurück, zwischen 17 und 22 Uhr (Sa bis 21 Uhr) einmal pro Stunde.

CALVADOS

Das Departement Calvados (www.calvados-tourisme.com) erstreckt sich von Honfleur im Osten bis nach Isigny-sur-Mer im Westen, einschließlich Caen, Bayeux – weltberühmt für seinen Wandteppich – und den D-Day-Stränden. Die Gegend ist bekannt für ihre fetten Weiden und landwirtschaftlichen Produkte: Butter, Käse, Cidre und jener Apfelbranntwein, der nach dem Departement benannt wurde.

Bayeux

14 350 EW.

Bayeux wurde besonders im englischsprachigen Raum bekannt durch ein 68 m langes, akribisch besticktes Stück Stoff: der Wandteppich von Bayeux aus dem 11. Jh., dessen 58 Szenen lebhaft die Geschichte der normannischen Invasion Englands von 1066 erzählen. Aber die Stadt hat mehr zu bieten als dieses einzigartige Stück Handarbeit. Bayeux war die erste Stadt, die nach dem D-Day (am Morgen des 7. Juni 1944) befreit wurde und gehört zu den wenigen Orten im Calvados, die den Zweiten Weltkrieg praktisch unbeschadet überstanden haben. Das reizende Stadtzentrum von Bayeux mit seinen Gebäuden aus dem 13.

bis 18. Jh. – darunter auch viele normannische Fachwerkhäuser und eine schöne gotische Kathedrale – eignet sich perfekt, um die normannische Atmosphäre aufzusaugen. Bayeux ist zudem ein idealer Standort zur Erkundung der D-Day-Strände im Norden.

⊙ Sehenswertes

Wandteppich von Bayeux   MUSEUM
(☎02 31 51 25 50; www.tapisserie-bayeux.fr; rue de Nesmond; inkl. Audioguide Erw./Kind 8/3,80 €; ⊙9–18.15 Uhr) Die zweifellos berühmteste, aber als Wandteppich falsch bezeichnete Handarbeit der Welt (es handelt sich tatsächlich um eine Stickerei von Wolle auf Leinen) erzählt lebhaft die Geschichte der normannischen Eroberung Englands im Jahr 1066. Die 58 Szenen sind mit kurzen Bildunterschriften in beinahe lesbarem Latein versehen, wobei die Haupterzählung – ausnahmslos aus normannischer Sicht – die Mitte des Tuchstreifens einnimmt. Religiöse Motive und Darstellungen des Alltagslebens im 11. Jh. schmücken die Ränder. Die entscheidende Konfrontation in der Schlacht von Hastings ist wahrhaft anschaulich dargestellt, mit abgetrennten Gliedmaßen und Köpfen (unterer Teil der Szene 52). Der Halleysche Komet, der 1066 über den Himmel loderte, ist im oberen Bereich der Szene 32 dargestellt, während die Szene 15 unten – wirklich! – eine erotische Nacktszene aus dem 11. Jh. zeigt.

Die meisten Gelehrten glauben, dass der 68,3 m lange Wandteppich in Südengland (wahrscheinlich Canterbury) von Bischof Odo von Bayeux, dem Halbbruder von Wilhelm dem Eroberer, in Auftrag gegeben wurde, um 1077 die Einweihung der Kathedrale von Bayeux zu feiern. Manche behaupten aber auch, dass der Wandteppich tatsächlich in Frankreich gefertigt wurde.

Der Wandteppich befindet sich im **Musée de la Tapisserie de Bayeux**, wo die außerordentlich gut erhaltene Stickerei hinter Glas ausgestellt ist. Oben erläutert eine exzellente Ausstellung die Anfertigung des Wandteppichs, seine bemerkenswerte Geschichte und Konservierung. Dazu gibt es einen 15-minütigen Film, der abwechselnd auf Englisch und Französisch gezeigt wird.

David Newtons sehr kreativer Kurzfilm auf YouTube bietet eine animierte Version des Wandteppichs von Bayeux.

Cathédrale Notre-Dame   KATHEDRALE
(rue du Bienvenu; ⊙8.30–18 Uhr) Der größte Teil der spektakulären normannisch-gotischen Kathedrale Bayeux stammt aus dem 13. Jh. Die Krypta (von der Nordseite des Chors zugänglich), die Gewölbebögen im Kirchenschiff und die unteren Teile der Eingangstürme sind jedoch romanisch (11. Jh.). Der Vierungsturm wurde im 15. Jh. hinzugefügt; die Kupferkuppel stammt aus den 1860er-Jahren. Der erste Preis für Kitsch muss an die „Litanies de la Sainte Vierge" gehen, ein Altaraufsatz aus dem 17. Jh. in der ersten Kapelle links vom Eingang der Kathedrale.

GRATIS Conservatoire de la Dentelle
KLÖPPELSPITZENSCHULE
(☎02 31 92 73 80; http://dentelledebayeux.free.fr; 6 rue du Bienvenu; ⊙Mo–Sa 9.30–12.30 & 14.30–18 Uhr) Die Schule hat sich der Bewahrung der traditionellen normannischen Spitzenherstellung verschrieben. Die berühmtesten Spitzenklöpplerinnen Frankreichs zeigen, wie sie mit Dutzenden Klöppeln und Hunderten Nadeln komplizierte Muster herstellen. In ihren besten Zeiten arbeiteten 5000 Klöpplerinnen für die einheimische Spitzenindustrie.

Musée Mémorial de la Bataille de Normandie   MUSEUM
(Museum zur Schlacht um die Normandie; ☎02 31 51 46 90; bd Fabien Ware; Erw./Kind 6,50/2,80 €; ⊙9.30–18.30 Uhr) Mit sorgfältig ausgesuchten Fotos (darunter einige Farbfotos), persönlichen Berichten, Dioramen und Gegenständen aus dem Krieg bietet das erstklassige Museum eine exzellente Einführung in den Zweiten Weltkrieg in der Normandie. Die Beschreibungen sind auf Französisch und Englisch. Drei- bis fünfmal am Tag läuft ein neuer 25-minütiger Film über die Schlacht um die Normandie.

Soldatenfriedhof Bayeux   FRIEDHOF
(bd Fabien Ware) Der stille Friedhof ein paar hundert Meter westlich des Musée Mémorial, ist der größte der 18 Commonwealth-Soldatenfriedhöfe in der Normandie. Hier sind 4848 Soldaten aus Großbritannien und zehn anderen Ländern – überraschenderweise auch aus Deutschland – begraben. Auf der anderen Straßenseite steht ein Denkmal für 1807 Commonwealth-Soldaten, deren Leichen nie gefunden wurden. Die lateinische Inschrift auf der Spitze bedeutet: „Wir, die einst von Wilhelm erobert wurden, haben nun das Heimatland des

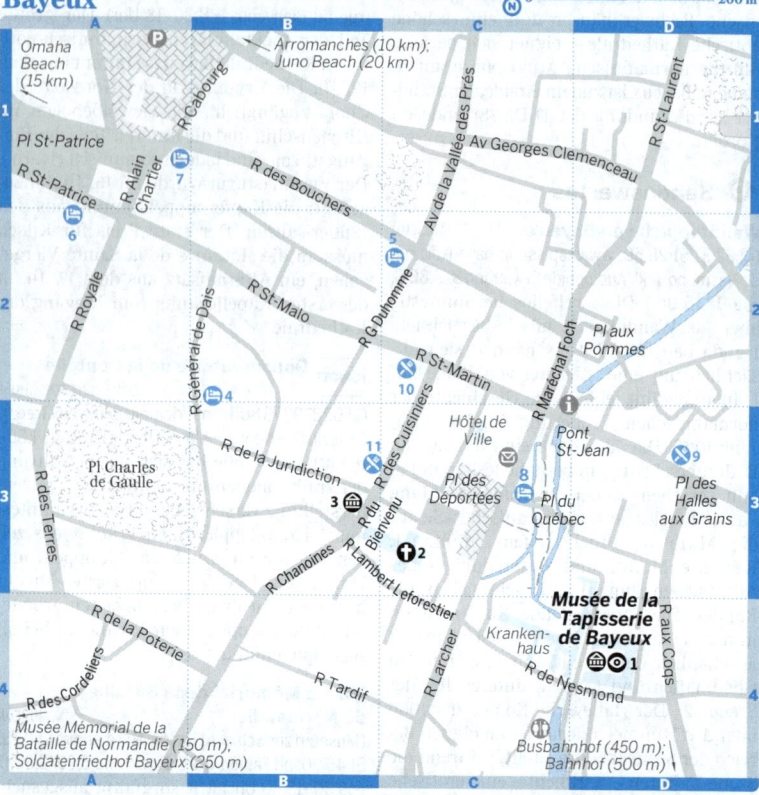

Bayeux

⊙ Highlights

⊙ Sehenswertes

⊟ Schlafen

⊗ Essen

Eroberers befreit." Details zum amerikanischen Soldatenfriedhof, s. S. 223.

Mémorial des Reporters GEDENKSTÄTTE
Gleich hinter dem Friedhof und leicht zu übersehen (der Eingang ist nicht am Boulevard Fabien Ware) ist eine begrünte Promenade, wo auf Stelen die Namen von fast 2000 Journalisten aufgelistet sind, die seit 1944 in der ganzen Welt getötet wurden. Eingeweiht wurde die Gedenkstätte 2006 als Projekt von Reporter ohne Grenzen (www.rsf.org) und der Stadt Bayeux.

🛏 Schlafen

Die Touristeninformation hat eine Liste mit *chambres d'hôtes* (Zimmer mit Frühstück; 40–80 €) rund um Bayeux.

Château de Bellefontaine

HISTORISCHES HOTEL €€
(☎ 02 31 22 00 10; www.hotel-bellefontaine.com; 49 rue Bellefontaine; DZ 125–150 €, Suite 150–230 €; ☎) Schwäne und ein plätschernder

Bach heißen die Gäste in diesem prächtigen Schlösschen aus dem 18. Jh. willkommen. Es ist von einem 2 ha großen Park umgeben und hat 20 große Zimmer, viele mit repräsentativen Kaminen und historischem Stuckwerk. Die Suiten in der umgebauten Scheune hinter dem Haupthaus sind weitaus moderner und nicht ganz so bezaubernd – sie sind aber für Gruppen recht preiswert. Das Hotel liegt 1,5 km südöstlich der Touristeninformation.

Hôtel d'Argouges   TRADITIONELLES HOTEL €€
(🖉02 31 92 88 86; www.hotel-dargouges.com; 21 rue St-Patrice; DZ 90–120 €, 4BZ 280 €; 🖎) Das anmutige Hotel in einer stattlichen Residenz aus dem 18. Jh. verfügt über einen eleganten Frühstücksraum mit Blick auf den privaten Garten, knarzende Parkettböden und 28 Zimmer, einige mit historischen Details wie z. B. Marmorkaminen.

Grand Hôtel du Luxembourg
TRADITIONELLES HOTEL €€
(🖉02 31 92 00 04; www.hotels-bayeux-14.com; 25 rue des Bouchers; Zi. 100–145 €, Suite & App. 200 €; 🖎) Das freundliche Hotel mit seiner prachtvollen Fassade aus dem 17. Jh. bietet 27 komfortable Zimmer in altmodischem Ambiente. Im dazugehörigen Hôtel de Brunville gibt's 34 preiswertere, aber auch kleinere und nichtssagende Zimmer.

Hôtel Reine Mathilde   HOTEL €
(🖉02 31 92 08 13; www.hotel-bayeux-reinemathilde.fr; 23 rue Larcher; DZ 60–63 €, 3BZ/4BZ 73/85 €; 🖎) Das reizende kleine Hotel über einem lebhaften Café gleichen Namens ist eine exzellente Unterkunft. Es liegt direkt im Stadtzentrum und hat kleine, aber behagliche Zimmer, die alle nach alten Normannen benannt sind.

Family Home   HOSTEL €
(🖉02 31 92 15 22; 39 rue Général de Dais; B/EZ 23/33 €) Das Haus ist eine der zauberhaftesten Jugendherbergen Frankreichs und liegt in einem überwiegend aus dem 18. Jh. stammenden Viertel. Es hat einen Speisesaal aus dem 17. Jh., einen entzückenden Innenhof aus dem 16. Jh. und 80 Betten in Zimmern für bis zu vier Personen. Einchecken geht den ganzen Tag über – wenn die Rezeption nicht besetzt ist, kommt jemand auf Telefonanruf vorbei.

Hôtel Mogador   FAMILIENHOTEL €
(🖉02 31 92 24 58; www.hotel-mogador-bayeux.fr; 20 rue Alain Chartier; DZ 46–56 €; 🖎) Das freundliche Hotel im Familienbetrieb liegt

am Hauptplatz und hat 14 Zimmer mit pastellfarbenen Vorhängen und vielen alten Holzbalken. Der kleine Innenhof ist ideal für das Frühstück. Ärgerlicherweise gibt es kein WLAN.

🍴 Essen
Zu den einheimischen Spezialitäten gehört u.a. *cochon de Bayeux* (Bayeux-Schwein). In der Rue St-Jean und der Rue St-Martin gibt es diverse billige Restaurants und Lebensmittelgeschäfte. Auch in der Rue des Cuisiniers (nördlich der Kathedrale) sind einige Restaurants zu finden.

La Reine Mathilde   PATISSERIE €€
(🖉02 31 92 00 59; 47 rue St-Martin; Kuchen ab 2,50 €; ☉Di–So 8.30–19.30 Uhr) Wenn es süß und klebrig sein darf, ist die opulente Patisserie mit *salon de thé* im Stil der Jahrhundertwende genau das Richtige. Es gibt auch Tische, ideal also für ein Frühstück oder den Nachmittagstee.

Le Pommier   FRANZÖSISCH, KLASSISCH €
(🖉02 31 21 52 10; www.restaurantlepommier.com; 38-40 rue des Cuisiniers; Menü 14–35 €; ☉Nov.–März So & Mitte Dez.–Mitte Jan. geschl.) Zu den Spezialitäten in diesem eleganten Restaurant gehören gebratenes Entenfilet, *filet mignon de porc* (Schweinefilet) und eine mannigfaltige Auswahl an phantasievollen französischen Gerichten aus frischen normannischen Zutaten, darunter auch seltenes Gemüse.

La Rapière   NORMANNISCH €€
(🖉02 31 21 05 45; 53 rue St-Jean; Mittagsmenü 15 €, Abendmenü 27,50–33,50 €; ☉Mi & Do geschl.) Das Restaurant in einem Herrenhaus aus dem späten 15. Jh. wird noch von den originalen Eichenbalken zusammengehalten. Es hat sich auf herzhafte Hausmannskost spezialisiert – die *timbale de pêcheur* (Fischereintopf) wird brühheiß in der Eisenpfanne serviert. Zum Nachtisch ist das *trou normand* (Apfelsorbet mit einem Schuss Calvados) eine ausgezeichnete Wahl.

ℹ️ Praktische Informationen
La Paillote (🖉02 31 10 08 73; 25 rue Montfiquet; ☉So–Do 17–2, Fr & Sa bis 3 Uhr, im Winter So & Mo geschl.) Eine lässige Kneipe mit tropischem Flair und Internetzugang.

Post (14 rue Larcher)

Pub Fiction (🖉02 31 10 17 41; 14 rue du Petit Rouen; 15 Min. 1 €; ☉So–Do 20.30–2, Fr & Sa bis 3 Uhr) Eine beliebte Kneipe mit drei Computern mit Internetverbindung.

DIE SCHLACHT UM DIE NORMANDIE

Anfang 1944 schien eine Invasion der Alliierten unausweichlich: Hitlers katastrophaler Russlandfeldzug und das Unvermögen der Luftwaffe, den Luftraum zu kontrollieren, machten Deutschland angreifbar. Beide Seiten wussten, dass eine Landung anstand – die einzige Frage war wo und natürlich wann.

Verschiedene Stellen wurden in Betracht gezogen, nach reiflicher Überlegung wurden die Strände an der Nordküste der Normandie ausgewählt. Anders als die noch stärker befestigte Küste bei Calais weiter im Norden, wo Hitler einen Angriff erwartete, sollten sie zum Überraschungseinfallstor nach Europa werden.

Die Invasion mit dem Codenamen „Operation Overlord" begann in der Nacht vom 5. auf den 6. Juni 1944, als drei Fallschirmjägerdivisionen hinter den feindlichen Linien absprangen. Um 6.30 Uhr am Morgen des 6. Juni stürmten sechs Marinedivisionen an fünf Stränden an Land, gedeckt von unvorstellbaren 6000 Schiffen und 13 000 Flugzeugen. Der anfängliche Stoßtrupp bestand aus 45 000 Soldaten; 15 weitere Divisionen sollten nach erfolgreicher Einrichtung von Brückenköpfen folgen.

Die Deutschen hielten die enge Straße von Dover für den wahrscheinlichsten Invasionsweg, weshalb sie die Verteidigungseinrichtungen um Calais und andere Häfen am Ärmelkanal stark ausbauten. Alliierte Geheimdienste gaben sich alle erdenkliche Mühe, die Deutschen in dem Glauben zu bestärken, die Invasion fände nördlich der Normandie statt: Doppelagenten, zugespielte Dokumente und gefälschter Funkverkehr suggerierten eine Invasion um den Pas de Calais, untermauert durch Flughafenattrappen und sogar eine komplett erfundene amerikanische Armeeeinheit, die angeblich im Südosten Englands stationiert war.

Wegen der Gezeiten und des unvorhersehbaren Wetters eigneten sich jeweils nur ein paar Tage im Monat für eine Invasion. Am anvisierten 5. Juni tobte der schwerste Sturm seit 20 Jahren und verzögerte die Operation. Am nächsten Tag war das Wetter nur geringfügig besser, doch General Dwight D. Eisenhower, der Oberbefehlshaber der Alliierten, gab das Startsignal: Der 6. Juni sollte der D-Day sein.

In den Stunden vor dem D-Day störten französische Widerstandsgruppen den deutschen Nachrichtenverkehr. Am 6. Juni kurz nach Mitternacht betraten die ersten alliierten Soldaten französischen Boden. Britische Kommandos und Luftlandegeschwader nahmen Brücken ein und zerstörten deutsche Geschützstellungen. Die 82. und 101. US-Luftlandedivision landete westlich der Invasionsregion. Die Fallschirmjäger errangen zwar nur wenige taktische Siege, doch sorgten sie in den deutschen Reihen für Verwirrung: Wegen ihrer relativ kleinen Zahl glaubten die Deutschen, die eigentliche Invasion habe noch nicht begonnen.

Omaha & Utah Beach

Der Angriff der amerikanischen 21. und 29. Infanteriedivisionen am Omaha Beach (Vierville-sur-Mer, St-Laurent-sur-Mer and Colleville-sur-Mer) war der bei Weitem blutigste jenes Tages. Der Plan der Alliierten ging von Anfang an im Chaos unter. Der Strand wurde von drei schwer bewaffneten und gut ausgebildeten deutschen Bataillonen mit Hilfe von Minen, Unterwasserhindernissen und einem komplexen Grabensystem verteidigt. Starker Wind trieb viele Boote aus ihrem sorgfältig ausgewählten Landungssektor weg. Zahlreiche Soldaten gingen in tiefem Wasser von Bord und ertranken wegen des schweren Rüstzeugs; andere wurden von Maschinengewehr- und Mörserfeuer in Stücke gerissen. Nur zwei der 29 Sherman-Panzer, die die Soldaten unterstützen sollten, schafften es an Land, die Ausrüstung lag überall im Sand verstreut. Es schien unmöglich, wie geplant vom Strand aus vorzurücken.

Gegen Mittag war die Lage so ernst, dass General Omar Bradley, Kommandant der Omaha-Truppen, erwog, den Angriff abzublasen; aber die GIs schafften es schließlich, den Strand Meter um Meter einzunehmen. Mit Rückendeckung durch Flottenfeuer überwanden die US-Soldaten einen deutschen Hauptstützpunkt und konnten dann endlich vorrücken. 2500 verletzte Amerikaner gab es hier an diesem Tag, 1000 davon starben, die meisten waren schon innerhalb der ersten Stunde der Landung gefallen.

Den Soldaten der amerikanischen 4. und 8. Infanteriedivision, die am **Utah Beach** landeten, erging es weitaus besser als ihren Kameraden am Omaha Beach. Die meisten Landungsboote gingen in einem nur schwach geschützten Bereich an Land und gegen Mittag war der Strand freigekämpft. Soldaten der 4. Infanterie hatten sich mit Fallschirmjägern der 101. Luftwaffendivision zusammengetan. Bei Einbruch der Nacht waren 20 000 Mann und 1700 Fahrzeuge über den Utah Beach auf französischem Boden angekommen. Während der drei Wochen, die es dauerte, von diesem Bereich bis nach Cherbourg vorzudringen, starb jedoch alle 10 m ein amerikanischer Soldat.

Sword, Juno & Gold Beach

Am 35 km langen Küstenabschnitt von Ouistreham bis Arromanches landete die britische 2. Armee. Ihr zur Seite standen beträchtliche kanadische Einheiten und kleinere Abteilungen aus dem Commonwealth sowie freie französische und polnische Einheiten.

Am **Sword Beach** war der Widerstand der Deutschen rasch gebrochen, der Strand in ein paar Stunden eingenommen. Die Infanterie stieß von Ouistreham ins Landesinnere vor, um sich mit den Fallschirmjägern um Ranville zu verbinden. Doch sie erlitt heftige Verluste, da ihre Versorgungspanzer auf den engen Küstenstraßen in einem Stau steckengeblieben und zurückgefallen waren. Dennoch war sie um 16 Uhr 5 km vor Caen, als ein heftiger Gegenangriff der Deutschen sie zwang, sich zu verschanzen, sodass Caen nicht wie geplant am ersten Tag eingenommen werden konnte.

Die Landung kanadischer Bataillone am **Juno Beach** ging rasch vonstatten, doch mussten sie die Deutschen beim Vormarsch Graben um Graben zurückdrängen. Minen forderten einen heftigen Tribut von der Infanterie, aber am Mittag waren sie bis südlich und östlich von Creuilly vorgedrungen.

Der britische Angriff am **Gold Beach** war zunächst chaotisch, da ein unerwartet hoher Wasserstand die Unterwasserhindernisse der Deutschen verbarg. Um 9 Uhr jedoch waren alliierte Panzerdivisionen am Strand und mehrere Brigaden stießen ins Landesinnere vor. Am Nachmittag trafen sie auf die Juno-Truppen und standen nur 3 km vor Bayeux.

Der Anfang vom Ende

Am vierten Tag nach dem D-Day hielten die Alliierten einen Küstenstreifen von 100 km Länge und 10 km Breite. Die Strategie des britischen Feldmarschalls Montgomery lockte die deutschen Panzer mit Erfolg Richtung Caen, wo erbitterte Kämpfe über einen Monat hinweg die Stadt in Trümmer legten. Die US-Armee rückte weiter im Westen nordwärts über die Felder und den *bocage* (Heckenlandschaft) der Cotentin-Halbinsel vor.

Die kriegswichtige Hafenstadt Cherbourg fiel am 27. Juni nach erbitterten Kämpfen den Alliierten in die Hände. Ihre wertvollen Anlagen wurden jedoch von den zurückweichenden Deutschen sabotiert und waren bis zum Herbst unbrauchbar. Die Alliierten hatten die logistischen Probleme vorhergesehen und lösten sie mithilfe der „Mulberry-Häfen" (s. S. 223), zwei großen Anlegestellen, die vor der normannischen Küste aus Fertigteilen zusammengebaut wurden.

Ende Juli hatten sich US-Armeeeinheiten bis in die Bretagne durchgekämpft. Mitte August wurden zwei deutsche Armeen bei Argentan und Falaise („Kessel von Falaise") umzingelt und vernichtet. Und am 20. August überquerten US-Truppen an mehreren Stellen etwa 40 km nördlich und südlich von Paris die Seine. Unter dem Kommando von General Charles de Gaulle, Frankreichs Exilregierungschef, trafen am 25. August auf den Straßen der Hauptstadt alliierte und freie französische Soldaten ein und am gleichen Nachmittag war die Stadt befreit.

NORMANDIE BAYEUX

Touristeninformation (📞02 31 51 28 28; www.bayeux-bessin-tourism.com; pont St-Jean; 🕐9.30–12.30 & 14–18 Uhr) Hier gibt es alles über Bayeux und das umliegende Bessin samt den D-Day-Stränden, auch einen Stadtplan für Rundgänge, Bücher über den D-Day und den Teppich von Bayeux sowie Fahrpläne für Bus und Bahn. Unterkunftsvermittlung kostet 2 €.

 An- & Weiterreise

BUS Bus 30 von **Bus Verts** (📞08 10 21 42 14; www.busverts.fr) fährt vom Bahnhof und der Place St-Patrice nach Caen (4,25 €, 1 Std., Mo–Fr außer an Feiertagen 3- bis 4-mal tgl.). Reisende unter 25 Jahren erhalten 15 % Rabatt. Bus Verts bietet auch regelmäßigen Busverkehr zu den D-Day-Stränden (s. S. 228).

ZUG Nach Deauville muss in Lisieux umgestiegen werden, nach Paris (Gare St-Lazare) und nach Rouen in Caen.

Verbindungen ab Bayeux:

Caen 6 €, 20 Min., Mo–Sa stündl., So 8-mal

Cherbourg 15,50 €, 1 Std., Mo–Fr 14-mal tgl., am Wochenende 3- bis 5-mal

Coutances 12 €, 50 Min., Mo–Sa 8-mal tgl., So 4-mal

Pontorson (Mont-St-Michel) 21 €, 1¾ Std., tgl. 2- oder 3-mal direkt

 Unterwegs vor Ort

Taxi (📞02 31 92 92 40) Die Taxis fahren innerhalb von Bayeux und auch zu den D-Day-Stätten.

Vélos Location (Le Verger de l'Aure; 📞02 31 92 89 16; 5 rue Larcher; halb-/ganztags 10/15 €; 🕐8–20 Uhr) Verleiht ganzjährig Fahrräder in einem Lebensmittelladen nahe der Touristeninformation.

D-Day-Strände

Die Landung in der Normandie – Codename „Operation Overlord" – war das größte militärische Unternehmen aller Zeiten. Am Morgen des 6. Juni 1944 enterten Schwärme von Landungsbooten – Teil einer Flotte von über 6000 Schiffen und Booten – die Strände im Norden der Normandie und Zehntausende Soldaten aus den USA, Großbritannien, Kanada und anderswo erreichten französischen Boden.

Die meisten der 135 000 alliierten Soldaten stürmten an den 80 km langen Stränden nördlich von Bayeux an Land. Sie erhielten die Codenamen (von West nach Ost) Utah, Omaha, Gold, Juno und Sword. Der Landung am D-Day – auf Französisch

Jour J – folgte die 76 Tage andauernde Schlacht um die Normandie, während der die Alliierten 210 000 tote und verletzte Soldaten beklagen mussten, darunter 37 000 Tote. Bei den Deutschen gab es schätzungsweise 200 000 Tote und Verletzte und 200 000 deutsche Soldaten kamen in Kriegsgefangenschaft. Auch 14 000 französische Zivilisten verloren ihr Leben.

Caens Mémorial-Museum (S. 225) und das Musée Mémorial (S. 217) von Bayeux bieten einen umfassenden Überblick über die Geschehnisse am D-Day. Auch viele Dörfer an den Landungsstränden (z. B. Arromanches) haben kleine Museen mit aufschlussreichen Ausstellungen.

Wer ein Auto hat, kann der D514 entlang der D-Day-Küste oder mehreren ausgeschilderten Rundwegen zu den Schlachtfeldern folgen (D-Day-Le Choc im amerikanischen und Overlord-L'Assaut im britischen und kanadischen Gefechtsabschnitt). Die Gegend wird auch Côte de Nacre (Perlmuttküste) genannt. Erläuterungen zu den acht Hauptrouten stehen in der kostenlosen Broschüre The D-Day Landings and the Battle of Normandy, die in der Touristeninformationen erhältlich ist.

Karten von den D-Day-Stränden gibt es in den *tabacs* (Tabakläden), Zeitungs- und Buchläden in Bayeux und anderen Orten. In allen Ortschaften an der Küste sind zahlreiche kleine Hotels zu finden.

Weitere Infos zum D-Day und seinen Umständen sind auf www.normandiememoire.com und www.6juin1944.com zu finden.

 Geführte Touren

Eine organisierte Minibustour ist der ideale Weg, um einen Eindruck von den D-Day-Stränden und ihrem Platz in der Geschichte zu bekommen. Die Touristeninformation von Bayeux kümmert sich um Reservierungen.

Normandy Sightseeing Tours D-DAY-TOUREN (📞02 31 51 70 52; www.normandywebguide.com) Das erfahrene Unternehmen bietet von Mai bis Oktober (sonst auf Anfrage) vormittags (Erw./Kind unter 10 J. 40/20 €) und nachmittags (55/35 €) Touren zu verschiedenen Stränden und Friedhöfen an. Sie können auch zu einem ganztägigen Ausflug zusammengefasst werden (85/45 €).

Normandy Tours D-DAY-TOUREN (📞02 31 92 10 70; 26 place de la Gare; Erw./Kind 47/40 €) Der örtliche Veranstalter organisiert an den meisten Tagen von 13 bis 18 Uhr fünfstündige Touren zu den wichtigsten Stätten und individuelle Ausflüge. Im Hotel de la Gare in Bayeux.

Mémorial
D-DAY-TOUREN
(☎02 31 06 06 45; www.memorial-caen.fr; Erw./Kind 75/59 €) Organisiert exzellente vier- bis fünfstündige Minibustouren zu den Landungsständen. Im Preis ist der Eintritt ins Mémorial enthalten. Buchung ist online oder telefonisch möglich.

❶ An- & Weiterreise
BUS Bus 70 von **Bus Verts** (☎08 10 21 42 14; www.busverts.fr, auf Frz.) fährt (Mo–Sa 2- oder 3-mal tgl., So und Sommerferien häufiger) von Bayeux nordwestlich zum Colleville-sur-Mer (Omaha Beach und zum amerikanischen Soldatenfriedhof; 2,15 €, 35 Min.), Pointe du Hoc (4,25 €) und Grandcamp-Maisy. Bus 74 (im Sommer Bus 75; Mo–Sa 3- bis 4-mal tgl., So und in den Sommerferien häufiger) verbindet Bayeux mit Arromanches (2,15 €, 30 Min.), Gold und Juno Beach und Courseulles (3,20 €, 1 Std.).

ARROMANCHES
Die Invasionstruppen brauchten gewaltige Mengen an Nachschub. Um für die Verladung keinen der heftig verteidigten Kanalhäfen (intakt!) einnehmen zu müssen (eine Lektion aus der Operation Jubilee von 1942; s. S. 209), errichteten die Alliierten vor zwei der Landungsstrände Anlegestellen aus vorgefertigten Teilen mit dem Codenamen **Mulberry Harbour**. Diese bestanden aus 146 aus England angeschleppten Zementblöcken, die als Wellenbrecher im Halbkreis versenkt wurden. Darin wurden dann Pontons befestigt. In den drei Monaten nach dem D-Day wurden über die Mulberrys 2,5 Mio. Mann, 4 Mio. Tonnen Ausrüstung sowie 500 000 Fahrzeuge entladen.

Die Anlegestelle am Omaha Beach wurde zwei Wochen nach dem D-Day durch einen heftigen Sturm komplett zerstört. Die zweite jedoch, **Port Winston** (nach Winston Churchill benannt), ist bei **Arromanches**, 10 km nordöstlich von Bayeux, heute noch zu sehen. Bei Ebbe kann man vom Strand aus zu einem der Blöcke rüberlaufen. Ein Hügel östlich des Ortes, mit einer Marienstatue obendrauf, bietet den besten Blick auf Port Winston und den nahe gelegenen **Gold Beach**.

Das **Musée du Débarquement** (Landungsmuseum; ☎02 31 22 34 31; www.normandy 1944.com; place du 6 Juin; Erw./Kind 6,50/4,50 €; ☉9–19 Uhr, Jan. geschl.) in Arromanches direkt am Strand wurde 2004 zum 60. Jahrestag

des D-Day neu gestaltet und ist eine gute Einführung zum Besuch der Strände. Dioramen, Modelle und zwei Filme erläutern die Logistik und Bedeutung von Port Winston. Schriftliches Infomaterial gibt es in 18 Sprachen.

JUNO BEACH
Der von Dünen gesäumte Juno Beach, 12 km östlich von Arromanches, wurde am D-Day von kanadischen Truppen gestürmt. Ein Lothringer Kreuz markiert die Stelle, an der General Charles de Gaulle kurz nach der Landung an Land ging. Ihm folgten am 12. Juni Winston Churchill und am 16. Juni der britische König George VI.

Das einzige kanadische Museum der Gegend, das **Centre Juno Beach** (☎02 31 37 32 17; www.junobeach.org; Erw./Kind 6,50/5 €; ☉April–Sept. 9.30–19 Uhr, außerhalb der Hauptsaison kürzere Öffnungszeiten, Jan. geschl.), bietet Multimediaausstellungen über die Rolle Kanadas im Krieg und bei den Landungen. Führungen am Juno Beach (5 €) gibt es von April bis Oktober.

LONGUES-SUR-MER
Die massiven Kasematten und 150-mm-Kanonen der Deutschen bei Longues-sur-Mer, 6 km westlich von Arromanches, waren Teil des Atlantikwalls der Nazis. Die Geschütze konnten Ziele in 20 km Entfernung treffen, wie den Gold Beach (im Osten) und den Omaha Beach (im Westen). Mehr als 60 Jahre später stehen die gewaltigen Kanonen noch immer in ihren gigantischen Betongeschützständen – die einzigen Großkaliberwaffen am Einsatzort in der Normandie. Infos über geführte Touren von April bis Oktober gibt es in der **Longues-Touristeninformation** (☎02 31 21 46 87).

Teile des klassischen D-Day-Films *Der längste Tag* (1962) wurden hier und an der Pointe du Hoc gedreht. An klaren Tagen ist auch die 8 km entfernte Kathedrale von Bayeux im Süden zu sehen.

OMAHA BEACH
Die grausamsten Kämpfe des D-Day fanden an dem 7 km langen Küstenstreifen um Vierville-sur-Mer, St-Laurent-sur-Mer und Colleville-sur-Mer 15 km nordwestlich von Bayeux statt – unter US-Veteranen auch bekannt als „Bloody Omaha". Nach über 60 Jahren gibt es kaum noch Spuren des Gemetzels vom 6. Juni 1944, außer Betonbunker der Deutschen. Bei Ebbe sind auch noch wenige Überreste des Mulberry Harbour zu sehen.

Die Schlacht um die Normandie

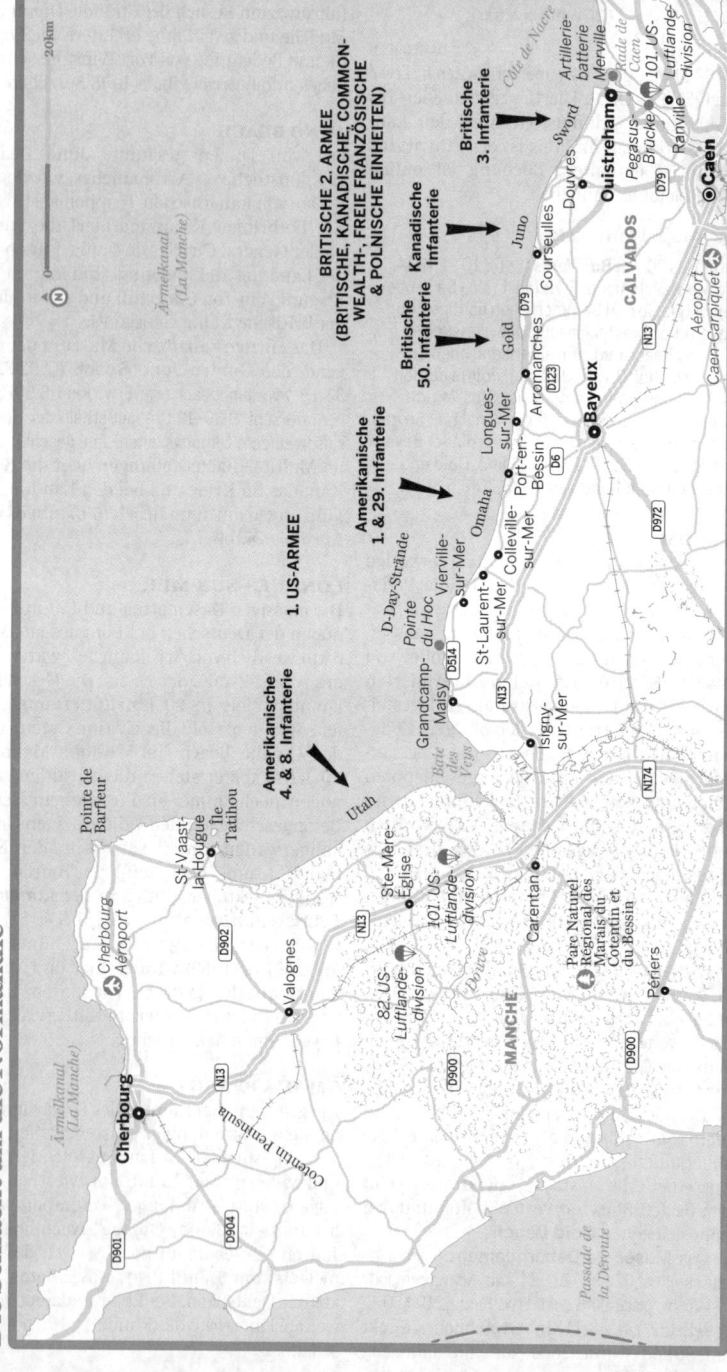

Heute ist Omaha ein friedlicher Fleckchen, ein wunderbarer Strand aus feinem goldenen Sand, teilweise von Dünen und Ferienhäusern gesäumt. Am Parkplatz in St-Laurent-sur-Mer markiert ein **Denkmal** die Stelle des ersten amerikanischen Soldatenfriedhofs auf französischem Boden. Am Strand steht außerdem die Skulptur *Les Braves* (die Tapferen) der französischen Bildhauerin Anilore Banon, die 2004 zum 60. Jahrestag der Landung in Auftrag gegeben wurde. Der **Circuit de la Plage d'Omaha** ist ein Rundweg am Omaha Beach entlang – einfach immer dem gelben Streifen folgen.

Auf einer Klippe über dem Strand, 17 km nordwestlich von Bayeux bei Colleville-sur-Mer, befindet sich der riesige **Cimetière Militaire Américain** (Amerikanischer Soldatenfriedhof; ✆02 31 51 62 00; www.abmc.gov; Colleville-sur-Mer; ⊙9–17 Uhr), einer der größten amerikanischen Friedhöfe Europas. Der Friedhof tauchte in den Anfangsszenen von Steven Spielbergs *Der Soldat James Ryan* auf. 9387 amerikanische Soldaten, darunter 14 Brüderpaare, liegen hier begraben. Ein Denkmal erinnert an 1557 weitere Soldaten, deren Leichen nie gefunden wurden. Weiße Marmorkreuze und Davidsterne erstrecken sich in scheinbar endlosen Reihen, umgeben von einer makellos gepflegten Rasenfläche. Oberhalb des Friedhofs befindet sich eine riesige Gedenkstätte mit Kolonnaden, in der Mitte eine Statue, die dem Mut der amerikanischen Jugend gewidmet ist. Ganz in der Nähe gibt es einen beschaulichen Teich und eine kleine Kapelle.

Das 2007 eröffnete **Besucherzentrum** liegt größtenteils unterirdisch, so als wollte man nicht von der Stätte ablenken. In der exzellenten und kostenlosen Multimediapräsentation wird die D-Day-Landung u. a. anhand der Geschichten von Einzelpersonen erzählt. Die Sicherheitsvorkehrungen sind hier fast so streng wie am Flughafen. **Geführte Touren** über den Friedhof (ganzjährig eine am Nachmittag, im Sommer eine zweite am Vormittag) konzentrieren sich auf persönliche Schicksale.

RANGERDENKMAL POINTE DU HOC

Am 6. Juni 1944 um 7.10 Uhr erklommen 225 US-Army-Ranger unter dem Kommando von Oberstleutnant James Earl Rudder die 30 m hohen Klippen an der Pointe du Hoc. Die Deutschen hatten hier Stellungen mit Artilleriegeschützen, mit denen sie die Strände von Utah und Omaha hätten beschießen können. Die Geschütze waren allerdings schon weiter ins Inland transportiert worden, ohne dass Rudder und seine Männer etwas davon wussten. Zwei Tage verbrachten sie damit, heftige Gegenangriffe der Deutschen abzuwehren. Als am 8. Juni schließlich Verstärkung eintraf, waren 81 Ranger tot und weitere 58 verwundet.

Die **Stätte** (✆02 31 51 90 70; Eintritt frei; ⊙9–17 Uhr), die Frankreich 1979 der US-Regierung vermachte, sieht fast noch so aus wie vor über einem halben Jahrhundert. Der Boden ist mit riesigen Bombenkratern übersät, der deutsche Kommandostand (auf Grund der Nähe zu den erodierenden Klippen der Öffentlichkeit nicht länger zugänglich) und einige der Geschützstände aus Beton stehen immer noch, von Schusslöchern zernarbt und von Flammenwerfern geschwärzt.

Mit Blickrichtung aufs Meer liegt Utah Beach 14 km links von hier.

UTAH BEACH

Der Strand ist übersät mit Denkmälern für die verschiedenen Divisionen, die hier gelandet sind. Auch das **Musée du Débarquement** (Landungsmuseum; ✆02 33 71 53 35; www.utah-beach.com; Ste-Marie du Mont; Erw./6–14 J. 6/2,50 €; ⊙9.30–19 Uhr) befindet sich hier.

Caen

112 500 EW.

Caen – Hauptstadt der Basse-Normandie – wurde im 11. Jh. von Wilhelm dem Eroberer gegründet und während der Schlacht um die Normandie 1944 zu 80 % zerstört. In den 1950er- und 60er-Jahren wurde die Stadt im typisch nüchternen Nachkriegsstil wieder aufgebaut. Trotzdem bietet Caen heute seinen Besuchern eine ummauerte mittelalterliche Burg, zwei alte Abteien, mehrere sehr hübsche Viertel aus dem 19. Jh. und etliche exzellente Ausstellungen, darunter auch ein innovatives Museum über Krieg und Frieden.

⦿ Sehenswertes

Mémorial – Un Musée pour la Paix

GEDENKSTÄTTE

(Mémorial – Ein Museum für den Frieden; ✆02 31 06 06 45; www.memorial-caen.fr; esplanade Général Eisenhower; Erw./Kind unter 10 J. 17,50 €/frei; ⊙9–19 Uhr, Nov.–Feb. geschl.) Das innovative Museum 3 km nordwestlich des Stadtzentrums stellt die Schlacht um die Normandie

Caen

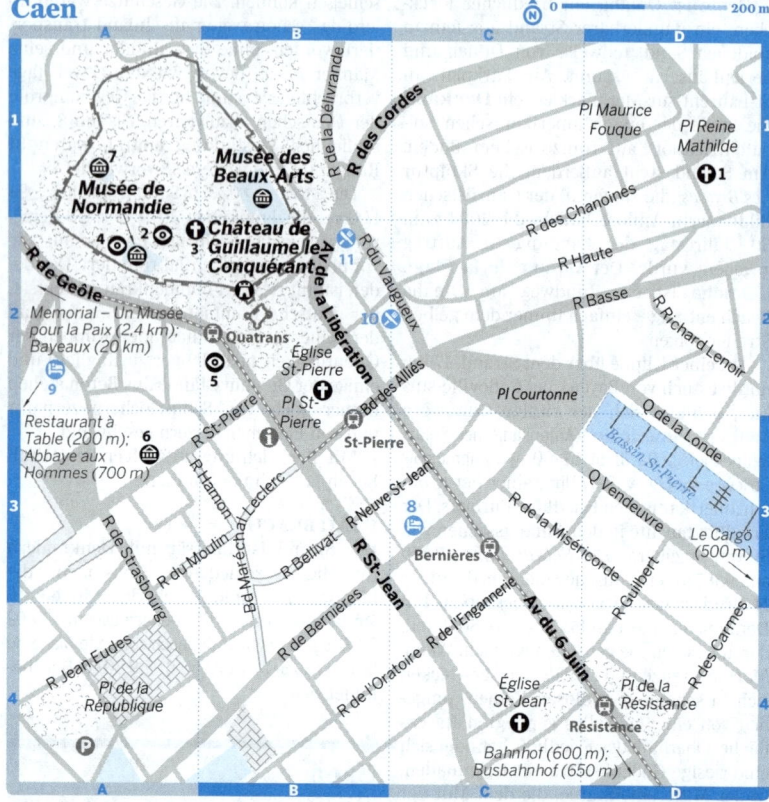

Caen

einfühlsam und anschaulich dar. Karten, die nach 13 Uhr gekauft werden, gelten bis 13 Uhr des nächsten Tages. Alle Schilder sind auf Französisch, Englisch und Deutsch.

Die Besichtigung beginnt mit einem kurzen Überblick über den Krieg, der ganz Europa überzog: vom Ende des Ersten Weltkriegs und dem Versailler Vertrag über den Aufstieg des Faschismus in Europa und die deutsche Okkupation Frankreichs bis hin zur Schlacht um die Normandie. Das Ganze ist außerordentlich beeindruckend. Sound, Licht, Film, Animation und Tonaufnahmen sowie diverse Exponate veranschaulichen die Kriegsrealität, die Härten der Okkupation und die Freude der Befreiung.

Eine zweite Abteilung konzentriert sich auf den Kalten Krieg. In Bunkern im Untergeschoss, die 1944 von den Deutschen genutzt wurden, gibt es auch eine Galerie der Friedensnobelpreisträger.

Der Bus 2 fährt von der Place Courtonne zum Museum. Für Autofahrer ist es überall als „Mémorial" ausgeschildert.

GRATIS Château de Guillaume le Conquérant
BURG

(Burg von Wilhelm dem Eroberer; www.chateau.caen.fr) Die Burg thront hoch über dem Stadtzentrum, umgeben von einem Graben und einer massiven Festungsmauer. Sie wurde 1060 von Wilhelm dem Eroberer, Herzog der Normandie, gebaut und von seinem Sohn Heinrich I. erweitert. Besucher können um den Festungswall spazieren und die **Église St-Georges** aus dem 12. Jh. (während Wechselausstellungen geöffnet) und den **Échiquier** (Schatzkammer) von 1100, einen der ältesten Profanbauten der Normandie, besichtigen. Interessant ist auch der **Jardin des Simples**, ein Garten mit Heil- und Gewürzkräutern des Mittelalters – darunter ein paar giftigen.

In der Nähe der Burg stehen zwei der wenigen erhaltenen Vorkriegsgebäude des Stadtzentrums: das **Musée de la Poste** (Postmuseum; 52 rue St-Pierre) in einem Fachwerkhaus aus dem 16. Jh. und die **Maison des Quatrans** (25 rue de Geôle) aus dem 15. Jh.

Musée de Normandie
(☎02 31 30 47 60; www.musee-de-normandie.caen.fr; Eintritt frei außer bei Wechselausstellungen; ⏱9.30–18 Uhr, Okt.–Mai Di geschl.) Das zweiteilige Museum beschäftigt sich mit dem traditionellen Alltag in der Normandie und mit der Geschichte und Archäologie der Region.

Musée des Beaux-Arts
(Museum der schönen Künste; ☎02 31 30 47 70; www.mba.caen.fr; Eintritt frei außer bei Wechselausstellungen; ⏱Mi–Mo 9.30–18 Uhr) Das exzellente und gut geführte Museum nimmt den Besucher mit auf eine Tour durch die Geschichte der westlichen Kunst aus dem 15. bis 21. Jh. Zur Sammlung gehören u. a. Werke von Rubens, Tintoretto, Géricault, Monet, Bonnard, Braque, Balthus und Dubuffet.

GRATIS Abbaye aux Hommes
KLOSTER

(Männerabtei; ☎02 31 30 42 81; ⏱Mo–Sa 9–13 & 14–18.30, So 14–18.30 Uhr) Caens zwei romanische Abteien wurden Mitte des 11. Jhs. von Wilhelm dem Eroberer und seiner

Frau Mathilde von Flandern als Teil eines Kuhhandels gestiftet, demnach die Kirche Cousin und Cousine fünften Grades ihre halbinzestuöse Heirat verzieh. Die Abbaye aux Hommes mit ihrer prächtigen und vieltürmigen **Église St-Étienne** liegt nahe dem westlichen Ende der Rue Écuyère. Sie war Wilhelms letzte Ruhestätte. Das originale Grab wurde jedoch im 16. Jh. von Calvinisten und nochmals 1793 von aufgebrachten Revolutionären zerstört – nur ein einziger Schenkelknochen blieb von Willies sterblicher Hülle übrig. In den Klostergebäuden aus dem 18. Jh. ist heute das Rathaus untergebracht. Führungen durch die Abtei finden um 9.30, 11, 14.30 und 16 Uhr statt.

Abbaye aux Dames
KLOSTER

(Frauenabtei; ☎02 31 06 98 98; Führungen frei; ⏱Führungen 14.30 & 16 Uhr) Das Gegenstück zur Abbaye aux Hommes ist die Abbaye aux Dames am östlichen Ende der Rue des Chanoines. Zum Komplex gehört die **Église de la Trinité**. Sehenswert sind Mathildes Grab hinter dem Hauptaltar und die auffallenden, rosafarbenen Buntglasfenster dahinter. Zweimal täglich gibt es kostenlose, detaillierte Führungen durch den Innenraum. Außerhalb des Gottesdienstes kann sich aber auch jeder selbst umschauen.

🛏 Schlafen

Hôtel Le Dauphin
TRADITIONELLES HOTEL €€

(☎02 31 86 22 26; www.le-dauphin-normandie.com; 29 rue Gémare; EZ 75–185 €, DZ 85–190 €; 🛜) Das Best-Western-Hotel ist zwar teilweise in einem ehemaligen Kloster untergebracht, die Einrichtungen – darunter Sauna und Fitnessraum – sind aber durchaus modern. Ein paar der 35 Zimmer sind antik möbliert und haben alte Balkendecken. Die teureren Zimmer sind fröhlicher.

Hôtel Bernières
FAMILIENHOTEL €

(☎02 31 86 01 26; www.hotelbernieres.com; 50 rue de Bernières; EZ 40–47 €, DZ 47–52 €; 🛜🅿) Das sehr freundliche Budgethotel in guter Lage ist ein klasse Schnäppchen. Die Zimmer sind komfortabel und zeigen überraschend viel Persönlichkeit für diese Preislage.

Hôtel St-Étienne
HOTEL €

(☎02 31 86 35 82; www.hotel-saint-etienne.com; 2 rue de l'Académie; Zi. mit Gemeinschaftsbad 29–38 €, Zi. 40–48 €, 3BZ 58 €; 🛜) Das klassische Budgethotel in einem zauberhaften Gebäude aus dem späten 18. Jh. mit knarzenden Holztreppen ist freundlich und fröhlich. Einige der nur elf Zimmer haben altmodische Details wie Holzkleiderschränke und Kamine.

 Essen

In der Rue du Vaugueux und den Nebenstraßen gibt es zahlreiche Lokale und einige der wenigen erhaltenen mittelalterlichen Gebäude Caens. Weitere Restaurants sind drei Blocks südöstlich am Quai Vandeuvre zu finden.

LP TIPP **Le Bouchon** NORMANNISCH €€
(☎0231442626; 4 rue Graindorge; Menü 18–26 €; ☺So & Mo geschl.) Le Bouchon ist Caens beliebtestes und lebhaftestes Restaurant und lohnt unbedingt eine Reservierung. Aber auch wer spontan auftaucht, kann sich noch reinquetschen. Ausländer sind hier nicht oft zu Gast und können also keine Übersetzung der Speisen auf der Kreidetafel erwarten. Aber wer etwas Französisch versteht, wird eine spektakuläre, moderne, normannische Küche und eine wunderbare Auswahl preisgünstiger Weine genießen können. Der Manager hilft sehr gerne bei der Auswahl.

Le P'tit B FRANZÖSISCH, MODERN €€
(☎02 31 93 50 76; 15 rue du Vaugueux; Menü 18–25 €) Das stilvolle, kleine Lokal mit Steinwänden verleiht den traditionellen Gerichten einen zeitgenössischen Touch – der *wok de trois poissons* (Eintopf mit drei Fischsorten) und das Rinderfilet sind eine Wohltat für die Geschmacksnerven. Die Speisekarte wechselt viermal jährlich.

Restaurant à Table FRANZÖSISCH, KLASSISCH €
(☎02 31 86 57 75; 43 rue St-Sauveur; Menü 15–20 €; ☺So & Mo geschl.) Hier gibt's ausgezeichnete traditionelle französische Küche, darunter vier Fisch- und vier Fleischhauptgerichte, zu vernünftigen Preisen. Zu den Spezialitäten gehören hausgeräucherter Lachs und ein paar leckere Nachspeisen.

Ausgehen & Unterhaltung

Le Cargö LIVEMUSIK
(☎02 31 86 79 31; www.lecargo.fr, auf Frz.; 9 cours Caffarelli) Am hinteren Ende des Freizeithafens präsentiert diese *scène de musique actuelle* (Veranstaltungsort für zeitgenössische Musik) topaktuelle einheimische Bands, aber auch bekanntere Gruppen.

Praktische Informationen

L'Espace (☎02 31 93 37 14; 1 rue Basse; Internet 3,80 €/Std.; ☺Mo–Sa 10–21, So 11–13.30 & 15.30–21 Uhr) Internetcafé.

Touristeninformation (☎02 31 27 14 14; www.tourisme.caen.fr; place St-Pierre; ☺Mo–Sa 9.30–18.30, So 10–13 Uhr)

An- & Weiterreise

AUTO Autovermietungen:
ADA (☎02 31 34 88 89; 34 rue d'Auge)
Avis (☎08 20 61 16 81; 44 place de la Gare)
Europcar (☎02 31 84 61 61; 36 place de la Gare)
Hertz (☎02 31 84 64 50; 34 place de la Gare)

BUS Bus 20 von **Bus Verts** (☎08 10 21 42 14; www.busverts.fr, auf Frz.; place Courtonne; ☺Mo–Fr 7.30–19, Sa 9–19 Uhr) mit Sitz in Caen fährt über Deauville, Trouville und Honfleur nach Le Havre (11 €, 2½ Std.) Die Strecke Caen–Le Havre wird auch über Honfleur von einem Expressbus (15 €, 1½ Std., Mo–Sa 4-mal tgl., So 2-mal) befahren.

Bus 30 fährt nach Bayeux (4,25 €, 1 Std., Mo–Fr außer an Feiertagen 3- oder 4-mal tgl.), Bus 1 zum Fährhafen in Ouistreham und Bus 3 nach Courseulles.

Die meisten Busse halten in Caen am Busbahnhof und an der Place Courtonne. Die Fahrkarte von Bus Verts gilt bei An- oder Abfahrt nach/von Caen noch eine Stunde in den Bussen und Straßenbahnen von Caen.

FÄHRE Infos zu Fähren der Brittany Ferries von Portsmouth nach Ouistreham, 14 km nordöstlich von Caen, s. S. 1067.

ZUG Fahrkarten werden in der **SNCF Boutique** (8 rue St-Pierre; ☺Mo–Fr 9.15–19, Sa 10–19 Uhr) im Stadtzentrum verkauft. Zugverbindungen:
Bayeux 6 €, 20 Min., Mo–Sa stündl., So 8-mal
Cherbourg 20 €, 1¼ Std., 7- bis 15-mal tgl.
Deauville 12,50 €, 1 Std., 8- bis 12-mal tgl.
Dieppe 30 €, 2¾ Std., über Rouen, 7-mal tgl.
Paris Gare St-Lazare 31,50 €, 2 Std., 12-mal tgl.
Pontorson (Mont-St-Michel) 24,50 €, 2 Std., 2-mal tgl.
Rouen 23 €, 1½ Std., 8- bis 14-mal tgl.

Unterwegs vor Ort

BUS Twisto (www.twisto.fr, auf Frz.) betreibt die Stadtbusse und die zwei Straßenbahnlinien A und B, die den Bahnhof mit dem Stadtzentrum verbinden. Eine Einzel-/24-Std.-Fahrkarte kostet 1,20/3,55 €.

FAHRRAD V'eol (☎08 00 20 03 06; www.veol.caen.fr, auf Frz.; erste 30 Min. kostenlos), Caens Pendant des Pariser Vélib' verleiht 350 Fahrräder an 40 automatisierten Stationen. Das einzige Problem ist, dass man sich einschreiben muss (Woche/Jahr 1/15 €).

TAXI Taxiruf: **Abbeilles Taxi** (☎02 31 52 17 89).

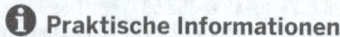

Wilhelm der Bastard (1027–87) – der Nachwelt besser bekannt als Wilhelm der Erobe-rer – war der uneheliche Sohn von Robert dem Prächtigen, dem späteren Herzog der Normandie, und Arlette, Tochter eines Pelzhändlers. Als sein Vater auf dem Rückweg von Jerusalem starb, wurde Wilhelm im zarten Alter von 8 Jahren Herzog der Nor-mandie. Er überlebte mehrere Mordanschläge durch Rivalen (und Mitglieder seiner eigenen Familie) und übernahm mit 15 Jahren die volle Herrschaft über die Provinz. Er eroberte verlorene Gebiete zurück und unterwarf rebellische Vasallen.

Wilhelm war nach dem Tod von Edward dem Bekenner einer von mehreren Anwär-tern auf den englischen Thron. Er überquerte mit 6000 Mann den Ärmelkanal, um den Thron Harold Godwinson zu entreißen, dem Edward der Bekenner offenbar auf dem Sterbebett die Nachfolge versprochen hatte. Wilhelms Streitmacht landete in Pevensey und marschierte nach Hastings weiter, wo sich ihm am 13. Oktober 1066 Harold mit etwa 7000 Mann in einer starken Verteidigungsposition entgegenstellte. Die Schlacht begann am folgenden Tag.

Wilhelms Bogenschützen trafen zwar viele Feinde, doch der grimmige Widerstand der Angelsachsen zerschlug einen Angriff der normannischen Kavallerie und trieb diese in die Flucht. Wilhelm nutzte die Schlappe seiner Kavallerie unter Aufgebot all seiner Kenntnisse und taktischen Fähigkeiten, die er in zahlreichen Feldzügen in der Normandie erworben hatte, um die sächsische Infanterie aus ihrer Defensive zu locken. Daraufhin trat die normannische Infanterie in Aktion und richtete unter den undisziplinierten sächsischen Soldaten ein Blutbad an. Das Schlachtenglück verließ Harold und er wurde am späten Nachmittag getötet (durch einen Pfeil ins Auge – so ist es jedenfalls auf dem Wandteppich von Bayeux dargestellt). Die bedrängten Sach-sen kämpften bis Sonnenuntergang und flohen schließlich. Wilhelm marschierte sofort nach London, schlug unbarmherzig jeden Widerstand nieder und wurde am Weihnachtstag zum König von England gekrönt.

Wilhelm war somit Herrscher zweier Reiche und brachte das feudale Regierungs-system Englands unter die Kontrolle des normannischen Adels. Anhaltende Unruhen unter dem sächsischen Landvolk verschlechterten Wilhelms Meinung über das Land jedoch. Nach 1072 verbrachte er den Rest seines Lebens in der Normandie und reiste nur nach England, wenn es unbedingt nötig war. Die meisten Regierungsgeschäfte des Landes überließ er ansonsten den Bischöfen. 1087 wurde er während der Belagerung von Mantes verwundet. Er starb ein paar Wochen später in Rouen und wurde in Caen begraben.

NORMANDIE TROUVILLE & DEAUVILLE

Trouville & Deauville

Die beiden Küstenorte Trouville (5075 Ew.) und Deauville (4100 Ew.), 15 km südwestlich von Honfleur, sind bei Parisern sehr beliebt, die das ganze Jahr über am Wochenende und von April bis September auch unter der Woche in Scharen hierher strömen.

Das mondäne Deauville – einst ein Sumpf, wie Trouvillianer nicht müde wer-den zu betonen – ist schon seit seiner Grün-dung 1861 durch den Herzog von Morny, dem Halbbruder von Napoleon III., ein Spielplatz der Reichen. Der Ort ist exklu-siv, teuer und protzig, voller Designerbou-tiquen, Luxushotels und penibel gepflegter Parks. Hinzu kommen zwei Pferderenn-bahnen und ein hochkarätiges Festival des Amerikanischen Films.

Trouville, ebenfalls ein altgedienter Ba-deort, ist zugleich auch ein Fischerort und in vielerlei Hinsicht angenehmer. Im 19. Jh. zog die Stadt Maler und Schriftsteller wie Mozin und Flaubert an. Zahlreiche französi-sche Prominente wählten den Ort wegen des 2 km langen Sandstrandes und der relaxten Seebadatmosphäre als Feriendomizil.

Beide Orte sind über den Pont des Belges, gleich östlich vom Zug- und Busbahnhof von Deauville, sowie bei Ebbe durch einen Fuß-weg in der Nähe der Flussmündung mitein-ander verbunden (bei Flut fährt von Mitte März bis September ein Boot, ansonsten nur am Wochenende und in den Schulferien).

ⓘ AUSTERNPICKNICK

Die **Poissonnerie** (Fischmarkt; Ecke bd Fernand Moureaux & rue des Bains, Trouville; ⏱9–19 Uhr) ist *der* Platz in Trouville, wo es für ein Picknick am Wasser frische Austern mit Zitrone (das Dutzend nur 6,50–8,50 €) oder frisch gefangenen Fisch gibt. Hier ist alles frisch, es wird also keine Energie zum Einfrieren verschwendet. Und da es fast keine Zwischenhändler gibt, zahlen die Kunden vernünftige Preise und die Fischer bekommen auch einen fairen Anteil vom Gewinn. Verkauft wird an provisorischen Ständen, bis die 2006 abgebrannte Markthalle wieder aufgebaut ist.

◉ Sehenswertes & Aktivitäten

In Deauville spazieren die Reichen und Schönen an der **Promenade des Planches**, einer 643 m langen Strandpromenade, auf der die Umkleidekabinen nach berühmten Amerikanern (hauptsächlich Filmstars) benannt sind. Anschließend drehen sie ihre Runden in der nahe gelegenen Schwimmhalle **Piscine Olympique** (Olympisches Schwimmbad; ⏱3 Wochen im Jan. & 2 Wochen im Juni geschl.) mit 50-m-Bahn oder verspielen ihr Geld im **Casino**, 200 m landeinwärts.

Auch in Trouville gibt es ein **Casino** sowie eine 583 m lange **Strandpromenade** mit Süßwasserpools, Segelboot- und Windsurfvermietung. Dort ist sogar Surfen möglich. Ganz in der Nähe stehen viele imposante **Villen des 19. Jhs.**

Musée de Trouville   MUSEUM
(☎02 31 88 16 26; 64 rue du Général Leclerc; Erw./Kind 2/1,50 €; ⏱Ostern–Mitte Nov. Mi–Mo 11–13 & 14–17.30 Uhr) Trouvilles Museum in der schönen Villa Montebello liegt 1 km nordöstlich der Touristeninformation von Trouville. Das Museum mit herrlichem Blick über den Strand erzählt die Geschichte von Trouville und präsentiert Werke von Charles Mozin und Eugène Boudin.

Natur' Aquarium   AQUARIUM
(☎02 31 88 46 04; www.natur-aquarium.com, auf Frz.; 17 rue de Paris; Erw./3–14 J. 7,50/5,50 €; ⏱10–12 & 14–18.30 Uhr) Am Strand von Trouville befindet sich auch ein Aquarium voller bunter Fische, furchterregender Reptilien und bizarrer Insekten.

✦✧ Festivals & Events

Deauville ist berühmt für die **Pferderennen** im Juli, August und Oktober – und ein paar Rennen im Winter – auf den beiden *hippodromes* (Pferderennbahnen; www.hippodromesdedeauville.com, auf Frz.): La Touques für Galopprennen und Clairefontaine (www.hippodrome-deauville-clairefontaine.com) für Galopp, Trab und Springen (Hindernisrennen).

Festival des Asiatischen Films FILMFESTIVAL (www.deauvilleasia.com) Deauvilles Festival des Asiatischen Films findet fünf Tage Mitte März statt.

Festival des Amerikanischen Films FILMFESTIVAL (www.festival-deauville.com) Deauvilles zehntägiges Filmfestival ist eine weitaus lockerere Veranstaltung als das bekanntere Fest in Cannes. Für die meisten Vorführungen gibt es auch für die Allgemeinheit Tickets, und wenn das Festival Anfang September voll im Gange ist, zeigen sich auch ein paar Hollywoodstars.

🛏 Schlafen

In Trouville sind Unterkünfte weitaus preiswerter als in Deauville. Im Juli, August und an Wochenenden sind die Preise am höchsten, von Oktober bis Ostern (außer während der Pariser Schulferien) am niedrigsten.

Le Trouville   FAMILIENHOTEL €€
(☎02 31 98 45 48; www.hotelletrouville.com; 1 rue Thiers, Trouville; EZ 43 €, DZ 65–90 €; 🛜♿) Das Hotel im Familienbetrieb mag zwar klein und schlicht sein, aber die Preise sind spitze, zumal es auch noch nahe am Strand liegt. Die bunten Bettdecken und Tapeten verleihen den 15 kleinen Zimmern einen dringend benötigten Hauch von Charakter.

La Maison Normande   HOTEL €
(☎02 31 88 12 25; www.maisonnormande.com, auf Frz.; 4 place de Lattre de Tassigny, Trouville; Zi. 48–68 €, App. 90 €; 🛜) Wer in diesem normannischen Haus aus dem späten 17. Jh. nächtigt, wird sich so fühlen wie bei einem Besuch seiner (neuen) normannischen Oma. Die 17 Zimmer sind in warmen Farben gehalten und einige blicken auf die Kirche gegenüber in der Rue Victor Hugo.

Le Fer à Cheval   HOTEL €€
(☎02 31 98 30 20; www.hotel-trouville.com; 11 rue Victor Hugo, Trouville; EZ/DZ/3BZ 94/99/104 €; 🛜) Das moderne Hotel ist in drei wunder-

schönen Jahrhundertwendegebäuden untergebracht. Die 34 komfortablen Zimmer sind mit großen Fenstern, viel Pferde-Deko und hellen Bädern ausgestattet. Der Besitzer ist ein pensionierter *boulanger* (Bäcker), der nichts lieber macht, als frische Croissants zu backen. Die Preise außerhalb von Juli und August sind beträchtlich niedriger.

✖ Essen

In Trouville gibt es viele Restaurants am Boulevard Fernand Moureaux und in der Querstraße Rue des Bains. Zwei der nettesten Restaurants liegen gleich gegenüber der ehemaligen Poissonnerie.

Brasserie Le Central BRASSERIE €€
(☎ 02 31 88 13 68; 158 bd Fernand Moureaux, Trouville; Menü 20–35 €; ☺ 7.30–24 Uhr) Die brummende Brasserie am Wasser bringt einen Hauch Pariser Noblesse nach Trouville. Die Karte bietet kaum Überraschungen – frischer Fisch (außer Lachs alle wild), Miesmuscheln und Meeresfrüchte überwiegen –, aber die Atmosphäre an Sommerabenden ist phantastisch.

Les Vapeurs BRASSERIE €€
(☎ 02 21 88 45 85; 160 bd Fernand Moureaux, Trouville; Hauptgerichte 10–30 €; ☺ 9–22.30 Uhr) Trouvilles berühmtestes Restaurant ist für die mondänen Wochenendausflügler aus Paris und während des Filmfestivals selbst für den einen oder anderen Filmstar quasi das zweite Zuhause. Ungewöhnlicherweise wird nur à la carte serviert, aber mit einer göttlichen Auswahl an frischen Fisch- und Meeresfrüchtegerichten, die in noblem Brasseriestil gereicht werden.

☆ Unterhaltung

Das Nachtleben konzentriert sich auf Deauville.

Bar Le Zoo BAR
(www.lezoo.fr, auf Frz.; 53 rue Désiré-le-Hoc, Deauville; ☺ 18–3 Uhr) Eine mondäne In-Bar, wie geschaffen zum Cocktailschlürfen (8,50 €) und Schickeriaschauen. Freitags und samstags legt ab 22 Uhr ein DJ auf, zu dessen Beats die Gäste dann im Untergeschoss tanzen können. Die Website informiert zu Themenabenden.

🛍 Shoppen

In Deauville (z. B. rund ums Casino und in der Rue Eugène Colas) gibt es bekannte Pariser Markenartikel zu kaufen, während sich das Shoppen in Trouville eher auf

weniger glanzvolle Waren in der Hauptgeschäftsstraße Rue des Bains beschränkt.

ℹ Praktische Informationen

Post in Deauville (rue Robert Fossorier)

Touristeninformation Deauville (☎ 02 31 14 40 00; www.deauville.org; place de la Mairie; ☺ Mo–Sa 10–18, So 10–13 & 14–17 Uhr) Deauvilles Touristeninformation etwa 400 m westlich des Bahnhofs hat Broschüren mit Stadtspaziergängen und Stadtpläne von Deauville (auf der Trouville komplett fehlt).

Touristeninformation Trouville (☎ 02 31 14 60 70; www.trouvillesurmer.org; 32 bd Fernand Moureaux; ☺ Mo–Sa 9.30–18.30, So 10–13 Uhr) Trouvilles Touristeninformation liegt etwa 200 m nördlich des Pont des Belges. Es gibt kostenlose Stadtpläne von Trouville (ohne Deauville), auch werden Karten für eine eigenständige Stadttour und für zwei Wanderungen in der Umgebung verkauft (7 km und 11 km). Internetzugang kostet 1 € pro 15 Minuten.

ℹ Anreise & Unterwegs vor Ort

BUS **Bus Verts** (☎ 08 10 21 42 14; www.busverts.fr, auf Frz.) fährt neben dem Bahnhof in Deauville stündlich nach:

Caen 5,50 €, 1¼ Std.

Honfleur 2,15 €, 40 Min.

Le Havre 6,50 €, 1¼ Std.

FLUG Seit Mitte 2010 bietet **CityJet** (www.cityjet.com) vier Tage die Woche Flüge vom winzigen Flughafen Deauvilles zum London City Airport an.

TAXI Taxiruf: **Central Taxis** (☎ 02 31 87 11 11).

ZUG Von und nach Deauville und Trouville muss in Lisieux umgestiegen werden (6 €, 20 Min., 8- bis 12-mal tgl.). Nur nach Paris, zum Gare St-Lazare, gibt es eine Handvoll Direktverbindungen (29,50 €, 2¼ Std., 6- bis 9-mal tgl.). Züge ab Lisieux nach:

Caen 8,50 €, 30 Min., mindestens stündl.

Rouen 17,50 €, 1¼ Std., stündl.

Honfleur

8350 EW.

Honfleur ist zweifellos der bezauberndste Küstenort der Normandie. Lange Zeit beliebt bei Malern, ist er heute eher ein Lieblingsziel der Pariser Jetset. Selbst wenn Honfleur im Sommer von Touristen überrannt ist, fällt es schwer, die bestrickende Schönheit des Orts nicht zu lieben.

Das Herz von Honfleur ist das Vieux Bassin (Alter Hafen), von dem aus sich einst

Entdecker in die Neue Welt aufmachten. Dieser Teil des Hafens ist heute voll mit Freizeitbooten inmitten eines Gewirrs aus leuchtend bunten Häusern, die an normannische Küstenorte aus längst vergangenen Zeiten erinnern.

Geschichte

Honfleurs Seefahrertradition reicht über ein Jahrtausend zurück. Nach der normannischen Invasion Englands 1066 wurden Waren für das eroberte Land von Honfleur aus über den Ärmelkanal verschifft.

1608 legte Samuel de Champlain in Honfleur ab und gründete die kanadische Stadt Québec. 1681 segelte Cavelier de La Salle los, um die Neue Welt zu erforschen. Er landete an der Mündung des Mississippi und nannte die Gegend zu Ehren Ludwigs XIV. Louisiana.

Im 17. und 18. Jh. kam Honfleur durch den Seehandel – einschließlich Sklavenhandel – mit der Westküste Afrikas, den Westindischen Inseln und den Azoren zu einigem Wohlstand.

⊙ Sehenswertes

Église Ste-Catherine   KIRCHE

(place Ste-Catherine; ⊙9–18 Uhr) Die außergewöhnliche Kirche war ursprünglich nur als vorübergehendes Bauwerk gedacht, steht aber nunmehr seit über 500 Jahren auf dem Platz. Sie wurde Ende des 15., Anfang des 16. Jhs. von den Bewohnern Honfleurs errichtet, nachdem ihre steinerne Vorgängerin im Hundertjährigen Krieg zerstört worden war. Sie wurde aus Holz gebaut, um Geld für den Wiederaufbau der Befestigungsanlagen des Enclos zu sparen. Bemerkenswert sind besonders das Doppelgewölbedach und die beiden Kirchenschiffe, die von innen gekenterten Booten gleichen.

Auf der anderen Seite des Platzes steht der freistehende, hölzerne Glockenturm der Kirche, der **Clocher Ste-Catherine**, der angeblich getrennt von der Kirche errichtet wurde, um sie vor Blitzeinschlägen und Schäden durch die dröhnenden Glocken zu bewahren.

Musée Eugène Boudin   KUNSTMUSEUM

(⊠02 31 89 54 00; gegenüber 50 rue de l'Homme de Bois; Erw./Kind 5/3,20 €, Juli–Sept. 6,50/5 €; ⊙Mi–Mo 10–12 & 14–18 Uhr) Das nach dem 1824 in Honfleur geborenen frühen Impressionisten Eugène Boudin benannte Museum liegt drei Blocks nordwestlich der Lieutenance. Es zeigt eine Sammlung impressionistischer Gemälde aus der Normandie,

darunter Werke von Dubourg, Dufy und Monet. Ein Raum ist den Werken von Boudin gewidmet, den Baudelaire wegen seiner grandiosen Wolkenlandschaften „König des Himmels" nannte.

Les Maisons Satie   MUSEUM

(⊠02 31 89 11 11; 67 bd Charles V; Erw./Kind unter 10 J. 5,50 €/frei; ⊙Mi–Mo 10–19 Uhr) Die schrulligen Maisons Satie spiegeln den Geist des exzentrischen Avantgarde-Komponisten Erik Satie (1866–1925) wider, der in Honfleur lebte und arbeitete und in dem Fachwerkhaus geboren wurde, das nun das Museum beherbergt. Der „esoterische" Satie war bekannt für seinen skurrilen Humor und für seine karg-schönen Klavierstücke. Besucher schlendern mit Kopfhörern durch das Museum und lauschen dabei Saties Musik und Auszügen aus seinen Schriften (franz. und engl.). Jeder Raum bietet eine surreale Überraschung – geflügelte Birnen und sich selbst ankurbelnde Karusselle sind dabei nur der Anfang.

Musée de la Marine   SCHIFFSMUSEUM

(⊠02 31 89 14 12; quai St-Etienne; Erw./Kind 3,50/2,30 €; ⊙Di–So 10–12 & 14–18 Uhr, Mitte Nov.–Mitte Feb. geschl.) Das Schiffsmuseum im Viertel Enclos birgt maritime Exponate wie Modellschiffe, Zimmermannswerkzeug und Stiche. Es befindet sich in der ehemaligen Kirche St-Étienne aus dem 13. und 14. Jh.

Musée d'Ethnographie et d'Art Populaire Normand   MUSEUM

(rue de la Prison; Erw./Kind 3,50/2,30 €; ⊙Di–So 10–12 & 14–18.30 Uhr, Mitte Nov.–Mitte Feb. geschl.) Das Museum neben dem Musée de la Marine ist in ein paar historischen Häusern und einem ehemaligen Gefängnis untergebracht. Die neun Räume bringen Besuchern das Honfleur des 16. bis 19. Jhs. mit Kostümen, Möbeln und anderen Gegenständen nahe. Ein Kombiticket mit dem Musée de la Marine kostet 4,70 € für Erwachsene und 3,10 € für Kinder.

Alter Hafen   ALTSTADT

Auf der Westseite des Vieux Bassin mit seinen vielen Freizeitbooten ist der **Quai Ste-Catherine** gesäumt von hohen, spitzen Häusern aus dem 16. bis 18. Jh., von denen viele durch Schieferplatten vor den Elementen geschützt werden. Die **Lieutenance** am Eingang zum alten Hafen war einst Sitz des Stadtkommandanten. Im **Avant Port** gleich nordöstlich der Lieutenance legen die etwa 30 Fischerboote Honfleurs an, die nordöstlich des Quai de la Quarantaine ankern.

Galerien
GALERIEN

Rund um die Église Ste-Catherine (z. B. in den schmalen Kopfsteinpflasterstraßen nordwestlich der Place Hamelin) und im Viertel Enclos gibt es ziemlich viele Kunstgalerien.

Reizvolle Spaziergänge
SPAZIERGÄNGE

Honfleur eignet sich hervorragend zum ziellosen Herumschlendern. Eine Möglichkeit ist ein Bummel von der Lieutenance in Richtung Norden entlang des Quai des Passagers zur **Jetée de l'Ouest** (Westpier), die die Westseite des Avant Port bildet, bis hinaus zur breiten Seinemündung. Als Zwischenstopps ergeben sich der **Jardin des Personalités**, ein Park mit Figuren aus der Geschichte Honfleurs, das **Naturospace** (02 31 81 77 00; www.naturospace.com; bd Charles V; Erw./unter 15 J. 8/6,5 €; 10–13 & 14–19 Uhr), ein tropisches Gewächshaus mit 60 verschiedenen, frei fliegenden Schmetterlingsarten, und der **Strand**.

Chapelle Notre-Dame de Grâce
KIRCHE

Die Chapelle Notre-Dame de Grâce wurde von 1600 bis 1613 erbaut und steht auf der Spitze des Plateau de Grâce, ein bewaldeter, 100 m hoher Hügel etwa 2 km westlich des Vieux Bassin. Von dort bietet sich ein toller Ausblick über die Stadt und den Hafen.

👉 Geführte Touren

Stadtspaziergänge
STADTSPAZIERGANG

(6–7 €) Einige der eineinhalb- bis zweistündigen Stadtspaziergänge durch Honfleur werden von der Touristeninformation in Englisch angeboten, darunter auch einer, der im Mai und Juni und von September bis Mitte Oktober dienstags und mittwochs um 15 Uhr beginnt. Stimmungsvolle Nachttouren von Mai bis Oktober starten samstags um 21 Uhr.

Bootsfahrten
BOOTSFAHRTEN

(Erw./erm. 7,50/5 €) Von März bis Mitte Oktober werden Bootsfahrten vom Avant Port (gegenüber der Lieutenance) hinaus zur Mündung der Seine und zur Brücke Pont de Normandie angeboten, und zwar mit den Booten *Cap Christian*, *L'Évasion III* oder der größeren *Jolie France*.

🛏 Schlafen

🗒 La Maison de Lucie
BOUTIQUEHOTEL €€

(02 31 14 40 40; www.lamaisondelucie.com; 44 rue des Capucins; DZ 150–220 €, Suite 315 €;) Das ehemalige Haus der Schriftstellerin

PONT DE NORMANDIE

Die 1955 eröffnete futuristische Brücke (5 € je Überquerung) erstreckt sich über 2 km im hohen Bogen über die Seine zwischen Le Havre und Honfleur. Auf typisch französische Art ist sie zugleich raffinierte Architektur und Ingenieurskunst. Die V-förmigen Brückenpfeiler – die an gigantische Gebäckzangen erinnern – tragen ein filigranes Kabelnetz. Die Überquerung ist ziemlich aufregend – und die Aussicht auf die Seine atemberaubend. Auf beiden Seiten gibt es einen schmalen Fußweg und eine Radspur.

Lucie Delarue Mardrus (1874–1945) ist ein wunderbares, kleines Refugium mit nur zehn Zimmern und zwei Suiten. Letztere sind mit antiken und modernen Kunstgegenständen aus fernen Ländern dekoriert. Einige der eichengetäfelten Zimmer haben Bäder mit marokkanischen Fliesen und phantastische Ausblicke über den Hafen bis zum Pont de Normandie. Die schattige Terrasse eignet sich bestens für ein Sommerfrühstück. Im alten Gewölbekeller gibt's einen schicken Whirlpool. Das Hotel liegt fünf kurze Blocks westlich der Lieutenance.

Hôtel du Dauphin
TRADITIONELLES HOTEL €

(02 31 89 15 53; www.hoteldudauphin.com; 10 place Pierre-Berthelot; Zi. 69–165 €;) Das sehr gut geführte Hotel mit Schiefer- und Fachwerkfassade aus dem 17. Jh. liegt direkt im Zentrum von Honfleur. Die meisten der 34 modernen, stilvollen Zimmer wurden jüngst renoviert. Die Zimmer im nahen Anbau haben kein WLAN. In beiden Gebäuden gibt es keinen Aufzug.

Hôtel L'Écrin
HISTORISCHES HOTEL €€

(02 31 14 43 45; www.honfleur.com/default-ecrin.htm; 19 rue Eugène Boudin; DZ 100–180 €, Suite 250 €;) Das absurd opulente, normannische Herrenhaus ist vollgestopft mit Porzellan, Ölgemälden und antiken Möbeln, die den Prunk längst vergangener Zeiten wieder auferstehen lassen. Die 30 Zimmer mit ganz und gar modernen Bädern bewahren das Flair des 19. Jhs., haben aber auch Flachbildfernseher, die wie Ölgemälde an den Wänden hängen. Zu finden ist es ab der

Die Schlacht an der Somme

Die erste Schlacht an der Somme, eine Offensive der Alliierten im Ersten Weltkrieg in den Dörfern und Wäldern nordöstlich von Amiens, sollte den Druck auf die belagerten französischen Truppen bei Verdun vermindern. Am 1. Juli 1916 begann die Großoffensive von Truppen aus Großbritannien, dem Commonwealth und Frankreich entlang der 34 km langen Front. Die deutschen Stellungen erwiesen sich als uneinnehmbar, am ersten Tag starben unglaubliche 21 392 Soldaten der Alliierten, 35 492 wurden verwundet. Die meisten Opfer waren Infanteristen, die von deutschen Maschinengewehrsalven niedergemäht wurden.

Als die Offensive Mitte November abgebrochen wurde, hatten insgesamt 1,2 Mio. Menschen auf beiden Seiten ihr Leben gelassen. Die Briten hatten sich um 12 km vorgekämpft, die Franzosen um 8 km. Die Schlacht an der Somme wurde zu einem Symbol des sinnlosen Abschlachtens im Krieg – die Schlachtfelder sind heute Erinnerungsstätten.

GEDENKEN AN DIE TOTEN

» **Historial de la Grande Guerre** (S. 195), eine hervorragende Einführung in die Geschichte des Ersten Weltkriegs und seine Zusammenhänge

» **Kanadische Gedenkstätte Vimy** (S. 197), ein Kraterstück der Westfront, unberührt seit dem Tag, als die Waffen das Feuer einstellten

» **Gedenkstätte Thiepval** (S. 196), zur Ehrung von gefallenen Soldaten des Commonwealth, die in unbekannten Gräbern liegen

» **Musée Franco-Australien** (S. 196), Einblicke in das Leben von Australiern und Neuseeländern an der Westfront

» **Amerikanischer Somme-Friedhof** (S. 195), Gräber von Soldaten eines New Yorker Regiments

Von oben links im Uhrzeigersinn
1. Amerikanischer Somme-Friedhof **2.** Flaggen über der australischen Gedenkstätte **3.** Grabstein eines australischen Soldaten

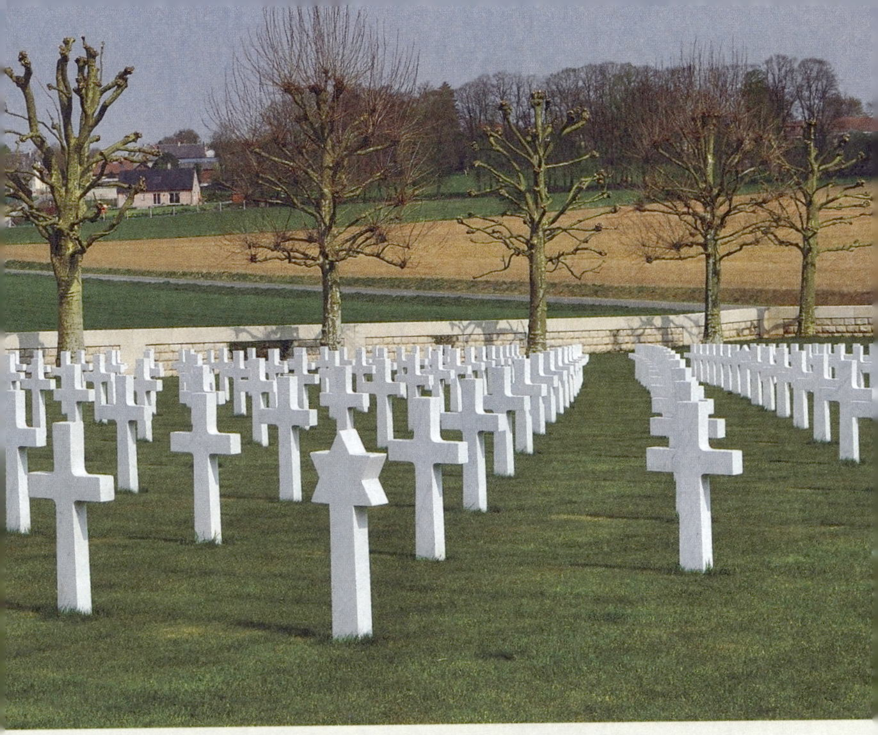

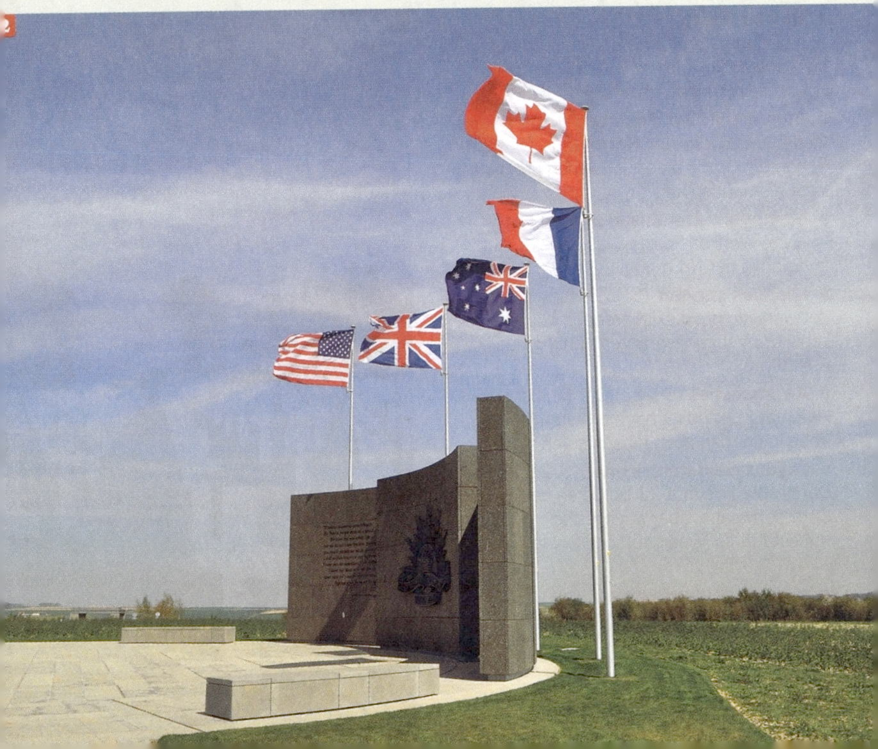

D-Day-Orte in der Normandie

Unvorstellbare Gefahren, eine riesige Opferzahl und legendäre Tapferkeit: Die Operation Overlord im Juni 1944 – als D-Day in die Geschichte eingegangen – wirft noch immer lange Schatten auf die Normandie, vor allem an den schönen Stränden, an denen die brutalsten Kämpfe stattfanden. Ihre Namen sind Synonyme für das Blutvergießen: Utah, Omaha, Gold, Juno und Sword. Wenn man heute von den grünen Klippen oder den ruhigen Fischerdörfern über die goldenen Sandstrände blickt, ist viel Vorstellungsvermögen nötig, um sich das Gemetzel ausmalen zu können.

Es gibt zahlreiche, ausgezeichnete Museen, die die schrecklichen Ereignisse in den geschichtlichen Zusammenhang rücken.

ZUR ERINNERUNG AN DEN D-DAY

» **Omaha Beach** (S. 223) Als Ort mit den schlimmsten Kämpfen während der Landung sollte „bloody Omaha" auf der Spurensuche nicht fehlen

» **Amerikanischer Soldatenfriedhof & Gedenkstätte in der Normandie** (S. 225) Schon die Größe dieses enormen Friedhofs lässt niemanden kalt

» **Mémorial – Un Musée pour la Paix** (S. 225) Wohl das beste Museum zur Invasion in der Normandie

» **Longues-sur-Mer** (S. 223) Einige der wenigen noch existierenden deutschen Befestigungsanlagen entlang des Atlantikwalls

» **Arromanches** (S. 223) Der Mulberry-Hafen am Strand ist noch erhalten, bei Ebbe kann man auch hinauslaufen

» **Bayeux Soldatenfriedhof** (S. 217) Der größte Friedhof für Soldaten des Commonwealth, aber auch letzte Ruhestätte für viele deutsche Soldaten

Von oben links im Uhrzeigersinn
1. Überreste von Waffenstellungen, Pointe du Hoc
2. Deutsches Gewehr bei Longues-sur-Mer 3. Amerikanischer Soldatenfriedhof & Gedenkstätte in der Normandie, mit Blick auf Omaha Beach

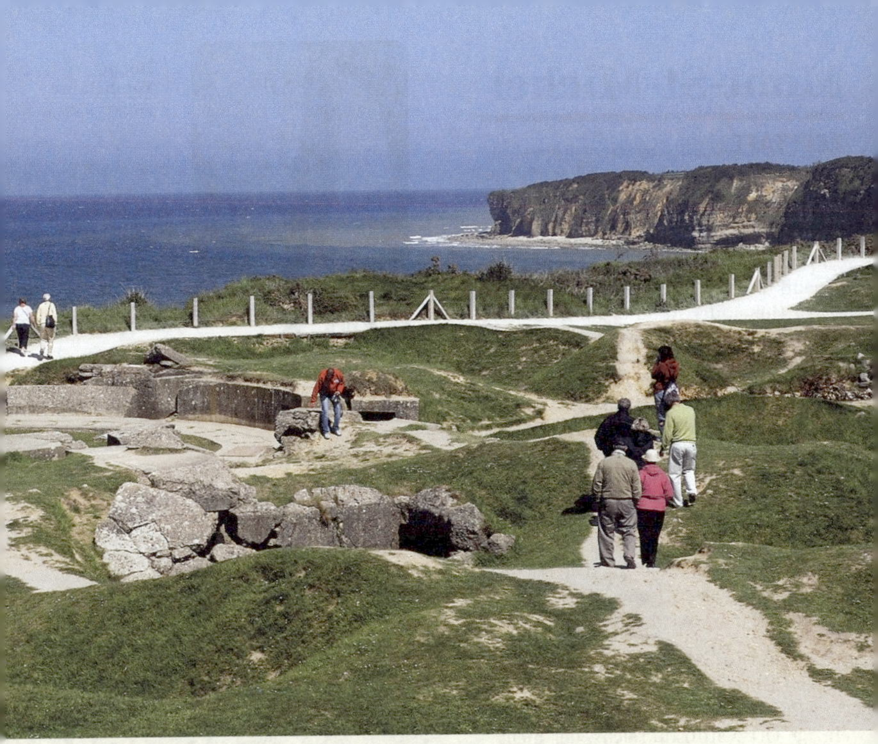

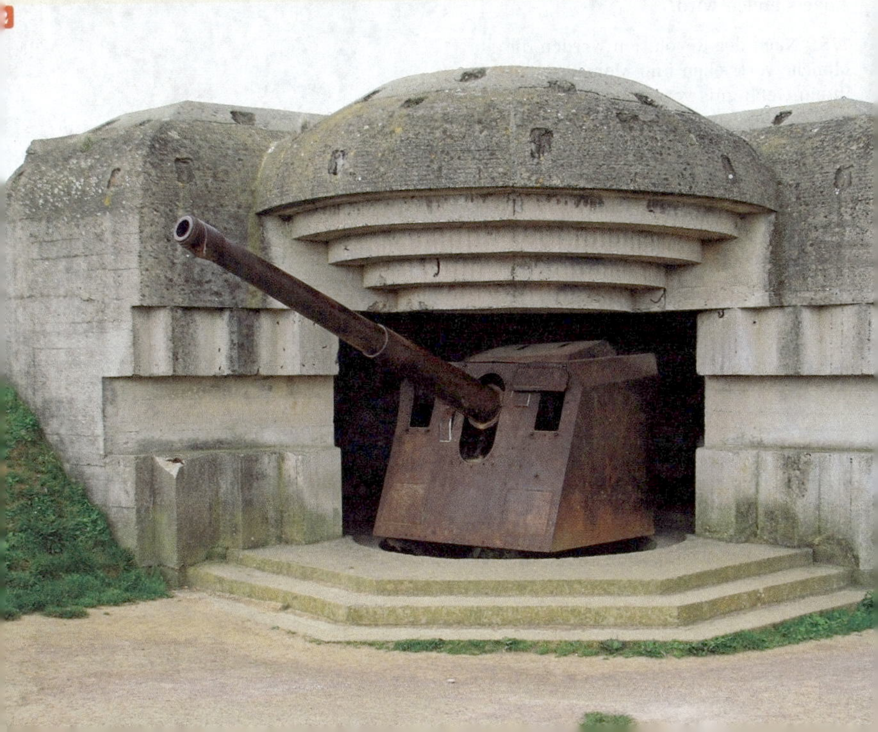

Mont-St-Michel

ZEITTAFEL

708 Der Erzengel Michael  erscheint Bischof Aubert und veranlasst ihn zum Bau einer Kapelle auf dem Berg.

966 Richard I. schenkt den Mont den Benediktinern. Die drei unterschiedlichen Höhen der Abtei **2** reflektieren die Klosterhierarchie des Ordens.

1017 Beginn des Klosterbaus. Pilger kommen, um dem hl. Michael zu huldigen. Sie gehen barfuß durch den Schlamm und die Grande Rue **3** hoch zur Herberge (heute der Buchladen).

1203 Das Kloster wird von Philip Augustus' Soldaten in Brand gesteckt. Später spendet er Geld für den Wiederaufbau, und das gotische Wunderwerk, La Merveille **4**, wird erbaut.

1434 Die Festungsanlage des Mont **5** hält im Hundertjährigen Krieg einem Angriff der Engländer stand. Es ist der einzige Ort Nordfrankreichs, der nicht eingenommen wird.

1789 Nach der Revolution werden die Mönche vertrieben und Mont-St-Michel in ein Gefängnis verwandelt. In dieser Zeit entsteht die Tretmühle **6**, um Versorgungsgüter hochzuhieven.

1878 Der Damm zum Festland **7** wird gebaut. Jetzt brauchen die Pilger keine hüfthohen Stiefel mehr, aber die Bucht wird abgeschnitten und verlandet.

1979 Mont-St-Michel wird Unesco-Weltkulturerbestätte.

JOHN ELK III

Îlot de Tombelaine
Im 100-jährigen Krieg war die kleine Insel von den Engländern besetzt, heute ist es ein Vogelschutzgebiet. Von April bis Juli wimmelt es von Vögeln.

Tretmühle
Die Mühle wurde wie ein Hamsterrad von einem halben Dutzend paarweise aneinander geketteter Gefangener betrieben und beförderte Nachschub nach oben.

Westterrasse

St-Aubert-Kapelle

Tour Gabriel

5

Les Fanils

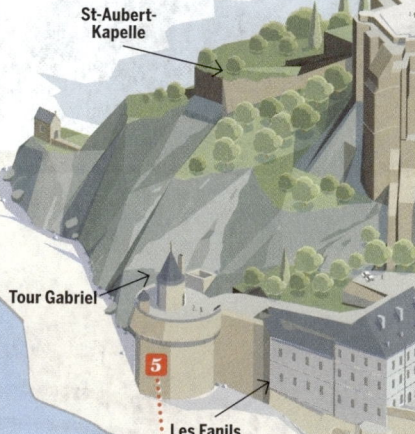

Festung
Der Mont diente auch als Fort, umgeben von zinnenbewerten Mauern, die vom 13. bis 15. Jh. erbaut wurden. Dank des einzigen Eingangs, Porte de l'Avancée, konnte es im 100-jährigen Krieg nicht eingenommen werden. Die beste Aussicht bietet der Tour du Nord (Nordturm).

ROCCO FASSANO

Abtei

Die drei Stockwerke des Klosters spiegeln die Klosterordnung: die Mönche lebten oben in der Kirche und im Kloster, der Abt kümmerte sich im Mitteltrakt um adlige Gäste und die einfachen Pilger empfing man im Souterrain. Tipp: Teilnahme an einer Abendführung im Juli und August.

HUGHES HERVÉ/PHOTOLIBRARY

IZZET KERIBAR

Statue des hl. Michael & Glockenturm

Die goldene Statue des Erzengels Michael scheint jeden Moment vom Glockenturm gen Himmel fliegen zu wollen. Er ist der Schutzpatron von Mont-St-Michel.

La Merveille

Die Highlights von La Merveille sind der große, durch Schießscharten beleuchtete Speisesaal, die Ritterhalle mit ihren eleganten Gewölben und die Klosterkirche (darüber), eines der am besten erhaltenen Bauwerke des 13. Jhs. in der Gegend.

Park

1

4

2

6

Église St-Pierre

Friedhof

3

Toiletten

Tour de l'Arcade

Tour du Roi

Touristen-information

Porte de l'Avancée (Eingang)

Grande Rue

Obwohl sich die Hauptverkehrsstraße des Dörfchens unterhalb vom Kloster dem Kommerz verschrieben hat, besitzt sie durchaus Charme. Nicht vergessen bei Mère Poulard Kekse als Souvenir einzukaufen.

DAVID TOMLINSON

Dammweg

2014 wird der Damm durch eine Brücke ersetzt, damit das Wasser wieder zirkulieren kann und Mont-St-Michel wieder eine Insel wird. Tipp: an einer geführten Barfußwanderung teilnehmen, wie dazumal die Pilger.

7

JOHN ELK III

Schönste Ausblicke

Die Aussicht vom Jardin des Plantes im nahe gelegenen Avranches ist sensationell, ebenso von der Pointe du Grouin du Sud in der Nähe des Dorfs St-Léonard.

Die bretonische Küste

Die zerklüftete Küste der Bretagne ist eines der am besten gehüteten Geheimnisse der Region. Brillante Sandstrände, traditionelle Fischerdörfer, Felsklippen, die über die raue See ragen und viele Möglichkeiten für einen aktiven Urlaub – es gibt viel zu entdecken.

Herrliche Sandstrände

1 Bretagne und Strand klingt nicht so naheliegend? Okay, das Wasser ist eisig, aber der Sand ist herrlich und die Kulisse in St-Malo (S. 259) oder Quiberon (S. 287) großartig. Privater geht es auch, z. B. an den Stränden der Belle-Île (S. 290).

Küstenwanderungen

2 Raus in die Natur auf dem Wanderweg entlang der Küste (S. 267) von Cancale bis St-Malo oder von Morgat zum Cap de la Chèvre (S. 278). Für Wanderer mit Tatendrang bieten sich der 45 km lange Küstenwanderweg auf der Île d'Ouessant (S. 275) oder die 95 km lange Strecke um die Belle Île (S. 289) an.

Küstendörfer

3 Auf der Suche nach dem Glück – im Dorfleben des Fischereihafens von Roscoff (S. 270), im idyllischen Camaret-sur-Mer (S. 278) und – unser Favorit – im schicken Schlupfwinkel Cancale (S. 265).

Inselleben

4 Mit der Fähre zur Île d'Ouessant (S. 275), mit zerklüftetem Küstenweg. Oder außerhalb der Saison auf die Belle Île (S. 289), dem Star des südlichen Küstenabschnitts. Ruhiger geht's auf der Île de Batz (S. 271) zu.

Aktiv werden!

5 Tauchen, Surfen oder Katamaranfahren in Dinard (S. 263), Kanu- oder Kajakfahren in Paimpol (S. 269) oder Fahrräder ausleihen – das geht quasi überall, wir empfehlen es aber auf der Presqu'Île de Crozon (S. 277) oder einer anderen bretonischen Insel.

Von oben links im Uhrzeigersinn
1. Der Strand von St-Malo **2.** Die zerklüftete Küste der Bretagne **3.** Schiffe im Hafen von Camaret-sur-Mer

1. Straßburger Münster (S. 333)
Mauerwerk, Glasmalereien, Türme und Wasserspeier der Cathédrale Notre-Dame gehören zu den Wundern der Gotik.

2. Klein-Venedig, Colmar (S. 351)
Besonders sehenswert ist Klein-Venedig in Colmar wegen seiner Kanäle und Fachwerkhäuser.

3. Centre Pompidou-Metz (S. 370)
Die aufregende Architektur des Centre Pompidou-Metz begeistert ebenso wie seine Ausstellungen moderner Kunst.

4. Place Stanislas, Nancy (S. 361)
Das klassizistische Bauensemble an der Place Stanislas in Nancy gehört zum Weltkulturerbe.

ANDY CHRISTIANI

3

Die Schlösser des Loire-Tals

Jedes Schloss erzählt eine Geschichte: von Kriegen, von Romanzen, von geschmiedeten Allianzen und bezwungenen Feinden. Ob nun in maßloser Pracht oder zurückhaltender Bescheidenheit – hier gibt es ein Schloss für jede Stimmung.

Chambord

1 Der Trubel um das Château de Chambord hat seinen Grund: Es ist überwältigend. Wer im frühen Morgengrauen die Türme und Türmchen aus dem Nebel hervorbrechen sieht, fühlt sich fast in die Zeit von Franz I. (S. 394) versetzt.

Chenonceau

2 Wie eine elegante Lady überstrahlt Chenonceau die Umgebung. Die beeindruckenden Bögen, die sich über den ruhigen Fluss Cher erstrecken, ziehen die Besucher an, um dann mit exquisitem Schmuck und faszinierender Geschichte zu verzaubern (S. 403).

Azay-le-Rideau

3 Eine Zypressenallee führt zu diesem eher dezenten, aber extrem romantischen Schloss, das sich im breiten Burggraben wiederspiegelt. Die wunderbare Fassade wird bei Nacht angeleuchtet (S. 408).

Langeais

4 In Langeais blieben über die Jahrhunderte alle Details erhalten. Der Wehrturm aus dem 10. Jh. und das verschlungene, mittelalterliche Innere versetzt Besucher in die Zeit von Ritter und Burgfräulein (S. 407).

Angers

5 Château d'Angers ist anders – mit seinem schwarzen Stein, den Wachtürmen und dem unglaublichen, mittelalterlichen Wandtteppich. Das abweisende Äußere verbirgt eine Schatzkammer voller Reichtümer (S. 418).

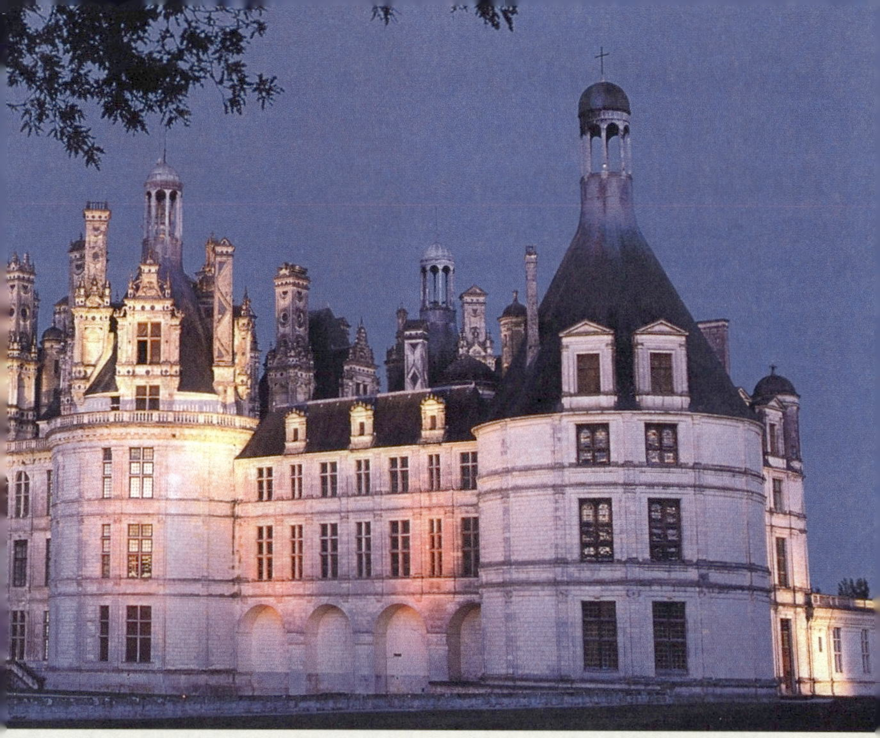

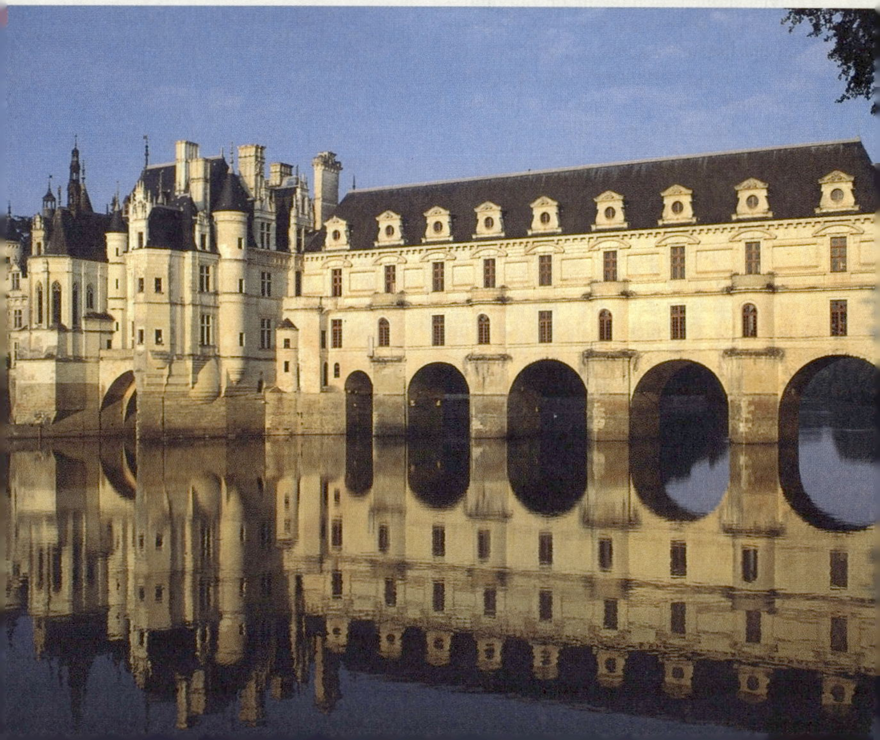

Mittelalterliche Kunst & Architektur

Das einst mächtige Herzogtum und wichtige Kirchenzentrum Burgund zog im Mittelalter führende Künstler und Baumeister an. Heute laden die weitläufigen, grünen Hügel des Burgund mit zahlreichen hervorragenden Museen und Denkmälern zur Erkundung ein.

CHRISTOPHER WOOD

1

Die Kirche im Burgund hat eine Reihe von Klöstern und Kirchen erbaut, die heute zu den schönsten Beispielen romanischer Architektur gehören. Den strengen Zisterzienserorden gründeten 1098 in der Abbaye de Cîteaux (S. 437) Mönche, die nach den Lehren des Benedikt von Nursia leben wollten: *pax, ora et labora* (Frieden, bete und arbeite). Ihr spektakuläres Kloster Abbaye de Pontigny (S. 454) von 1114 gehört zu den letzten noch existierenden Beispielen der zisterziensischen Architektur im Burgund – die Reinheit des weißen Steins repräsentiert dabei die Einfachheit des Ordens.

Das Benediktinerkloster (S. 466) in Cluny stammt aus dem 12. Jh. und war einst ein Zentrum der Macht über 1100 Priorate und Klöster auf einem Gebiet von Polen bis Portugal. Heute sind die ausgedehnten Ruinen mit der Stadt verwoben.

Die Cathédrale St-Lazare (S. 463) aus dem 12. Jh. ist bekannt für ihre nüchternen Steinmetzarbeiten von Gislebertus: ein Tympanon des Jüngsten Gerichts und Kapitelle, die Geschichten aus der Bibel und der griechischen Mythologie darstellen.

Die Basilika Ste-Madeleine in Vézelay (S. 459) wurde in den 880er-Jahren erbaut und gehört heute zum Weltkulturerbe. Das Schmuckstück romanischer Architektur ist sowohl bei religiösen als auch bei Kunstpilgern beliebt. Die Abbaye de Fontenay (S. 446), 1118 gegründet, liegt in einem ruhigen, bewaldeten Tal, perfekt für die Einkehr. Sie ist als Weltkulturerbe gelistet.

Aber auch der Adel kam nicht zu kurz: Dijon war Residenz der mächtigen Herzöge von Burgund (mit so herrlichen Namen wie Johann der Gute, Philipp der Kühne und Johann Ohnefurcht) und wuchs zu einer der Kunsthauptstädte in Europa heran. Im prächtigen Herzogspalast (S. 426) im Zentrum von Dijon ist heute ein ausgezeichnetes Museum der Schönen Künste untergebracht. Ein Stück weiter südlich liegt Beaune, wo Nicolas Rolin, Kanzler von Philipp dem Guten, ein Hospiz gegründet hat, in dem heute das Polyptychon des Jüngsten Gerichts von Rogier von der Weyden zu besichtigen ist.

TOP 5: ARCHITEKTUR- & KUNST-HIGHLIGHTS

» Hôtel-Dieu des Hospices de Beaune (S. 440)
» Abbaye de Pontigny (S. 454)
» Palais des Ducs et des États de Bourgogne (S. 426)
» Musée Zervos (S. 460)
» Cathédrale St-Lazare (S. 463)

Von oben links im Uhrzeigersinn
1. Das Dorf von Cluny **2.** Hôtel-Dieu des Hospices de Beaune **3.** Relief in der Cathédrale St-Lazare

OLIVIER CIRENDINI

2

Église Ste-Catherine über die Rue Brûlée in Richtung Südwesten und dann rechts.

Les Maisons de Léa
TRADITIONELLES HOTEL €€
(📞02 31 14 49 49; www.lesmaisonsdelea.com; place Ste-Catherine; DZ 165–205 €, Suite 215 €; 📶) Die wunderschöne, efeubewachsene Villa direkt am Hauptplatz Honfleurs gegenüber der Kirche wurde in ein sehr schmuckes Hotel mit 30 Zimmern umgebaut. Der Stil ist mit all den floralen Elementen unverkennbar französisch, aber es gibt auch ein für Gäste kostenloses Hamam und einen kleinen Wellnessbereich.

Hôtel L'Absinthe
TRADITIONELLES HOTEL €€
(📞02 31 89 23 22; www.absinthe.fr; 1 rue de la Ville; Zi. 115–185 €; 📶) Das Absinthe ist ein weiteres zauberhaftes Hotel mitten in der Stadt. Es hat gemütliche Zimmer mit Balkendecken und viele hübsche alte Möbel in den individuell eingerichteten Zimmern.

Hôtel Belvédère
FAMILIENHOTEL €
(📞02 31 89 08 13; www.hotel-belvedere-honfleur.com; 36 rue Emile Renouf; EZ/DZ/3BZ 66/67/82 €; 📶🅿) Das gemütliche, einladende Hotel mit neun gepflegten Zimmern bietet das beste Preis-Leistungsverhältnis der Stadt. Einige Zimmer haben Blick auf den Pont de Normandie, andere auf den herrlichen, grünen Garten. Es liegt 1 km südöstlich der Touristeninformation.

Etap Hôtel
HOTEL €
(📞08 92 68 07 81; rue des Vases; www.etaphotel.com; DZ 39,50–48 €) Das fast schon karikaturesk anonyme Kettenhotel hat 63 billige Zimmer mit Stockbetten und funktionalen Bädern. Es wird hier aufgeführt, weil es in Ermangelung einer Jugendherberge die billigste Unterkunft im Ort ist.

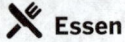 Essen

L'Hippocampe
FRANZÖSISCH, MODERN €€
(📞02 31 89 98 36; 46 quai Ste-Catherine; Menü 18–34 €) Noch ein klasse Lokal mit Terrasse im Sommer und gemütlichem Innenraum, der eine Mischung aus alt und neu ist. Das Essen ist von hoher Qualität und die Abendmenüs sind erstaunlich preisgünstig.

L'Absinthe
FRANZÖSISCH, KLASSISCH €€
(📞02 31 89 39 00; 10 quai de la Quarantaine; Menü 28–64 €) Das allseits geschätzte Restaurant gegenüber dem Vieux Port serviert üppige, edle französische Küche aus frischen Zutaten der Saison in bester Feinschmeckertradition. Spezialitäten sind Seezunge Meunière, gebratenes Täubchen und blauer

bretonischer Hummer. Es ist ratsam, für den Samstagabend und den Sonntagmittag zu reservieren.

La Tortue
FRANZÖSISCH, KLASSISCH €
(📞02 31 81 24 60; www.restaurantlatortue.fr, auf Frz.; 36 rue de l'Homme de Bois; Mittagsmenü 13 €, Abendmenü 18–36 €; ⊗Di & Mi geschl.) Das traditionelle Lokal mit einer zauberhaft niedrigen Balkendecke serviert französische Küche mit normannischen Einflüssen. Auf der Karte stehen vier Fleisch- und sechs Fischgerichte. Zu den Vorspeisen gehören Austern in Anissauce (9 €). Es liegt zwei Blocks nordwestlich der Lieutenance.

Travel's Coffee Shop
CAFÉ €
(📞06 72 20 72 98; 6 place du Puits; Hauptgerichte 7–9 €; ⊗7.30–19 Uhr) Ideal, um den steifen Restaurants des Quai Ste-Catherine zu entkommen und ein gutes Frühstück oder als leichten Mittagsimbiss Quiches, Sandwiches oder Salate zu genießen. Das Café wird von einem Engländer betrieben, der auch reizende *chambres d'hôtes* vermietet (75–95 €).

🍷 Ausgehen

Café L'Albatros
CAFÉ-BAR
(32 quai Ste-Catherine; ⊗8–2 Uhr) Seeleute, Studenten, Philosophen und Müßiggänger treffen sich in dieser Café-Bar – sei es zum Frühstück (5–13 €), zu Bier und Sandwiches oder auf einen Absacker. Bis 22 Uhr werden leichte Gerichte serviert.

Le Perroquet Vert
BAR
(52 quai Ste-Catherine; ⊗8–2 Uhr) Der „grüne Papagei" mit Ziegelgewölbe hat eine erstklassige Bierauswahl und eine nette Terrasse zum Leutegucken. Es gibt Frühstück, nachmittags Sandwiches und abends Tapas (5–8 €).

🛈 Praktische Informationen

Médiathèque (quai Lepaulmier; Internet 2,50 €/30 Min. ⊗Di–Fr 14.30–18, Mi auch 10–12.30, Sa 10–12.30 & 14.30–17.30 Uhr) Öffentliche Bibliothek mit mehreren Internet-PCs.

Post (7 cours Albert Manuel) An der südwestlichen Fortsetzung der Rue de la République.

Touristeninformation (📞02 31 89 23 30; www.ot-honfleur.fr; quai Lepaulmier; ⊗Mo–Sa 9.30–12.30 & 14–18 Uhr) Die Touri-Info in der Médiathèque (Bücherei) hat kostenlose Stadtpläne mit einem 2 km langen Rundweg. Internetzugang kostet 1 € für 15 Minuten.

Einige der bekanntesten Namen aus der intensiv riechenden Welt französischer Käses haben ihren Ursprung in der Normandie. Dazu gehören der **Pont L'Évêque**, der **Livarot** und der berühmteste von allen, der **Camembert**. Sie sind alle nach Städten südlich von Honfleur oder in der Nähe der D579 benannt.

Mönche im Pays d'Auge sollen im 11. Jh. erstmals mit der Käseherstellung experimentiert haben. Die heutigen Sorten entstanden jedoch erst im 17. Jh. Als Erfinderin des Camembert gilt Marie Herel, der das Geheimnis des Weichkäses angeblich von einem Mönch aus Brie anvertraut wurde, der 1790 vor den Revolutionären geflüchtet war. Ob Wahrheit oder Legende, der Camembert kam auf dem Markt in Vimoutiers gut an und die Produktion wuchs rasch von Heimarbeit zu internationaler Vermarktung – er erhielt sogar auf der Weltausstellung 1855 von Napoleon III. das königliche Gütesiegel. Die charakteristische runde Spanschachtel, die als Verpackung für den Camembert benutzt wird, gibt es seit 1890. Sie wurde von einem lokalen Tüftler namens Monsieur Ridel erfunden, um die weiche Scheibe beim Transport über weite Strecken zu schützen.

In der **Président-Käserei** (☎02 33 36 06 60; www.fermepresident.com; Erw./Kind 5/2 €; ☺Juni–Aug. 10–12 & 14–18 Uhr, März–Mai, Sept. & Okt. mit Voranmeldung) gibt es Führungen zur Käseherstellung. Der Bauernhof aus dem frühen 19. Jh. im Zentrum von Camembert, 60 km südlich von Honfleur, wurde von der Firma Président, einem der Hauptproduzenten der Region, restauriert.

❶ Anreise & Unterwegs vor Ort

AUTO Kostenlose Parkplätze gibt es neben dem Naturospace, das 600 m vom Avant Port am Boulevard Charles V. liegt. Ein kleiner kostenloser Parkplatz befindet sich auch an einer der Kreuzungen hinter dem Busbahnhof stadtauswärts Richtung Pont de Normandie.

BUS Der **Busbahnhof** (☎02 31 89 28 41) liegt zwei Blocks östlich der Touristeninformation.
Bus Verts (☎08 10 21 42 14; www.busverts.fr, auf Frz.) bietet außer einem Expressbus nach Caen (10,50 €, 1 Std.) Verbindungen nach:
Caen 7,50 €, 2 Std., Mo–Sa 12-mal tgl., So 6-mal
Deauville & Trouville 2,15 €, 30 Min.
Le Havre 4,25 €, 35 Min., Mo–Sa 8-mal tgl., So 4-mal

ZUG Busse fahren von hier zu den nächsten Bahnhöfen in Deauville, Le Havre oder Lisieux (4,25 €, 50 Min., 4- oder 5-mal tgl.).

MANCHE

Zum Departement Manche (www.manche tourisme.com) gehört die gesamte Halbinsel Cotentin vom Utah Beach (s. S. 225) nach Cherbourg im Nordwesten und zum grandiosen Mont-St-Michel im Südwesten. Besonders hinreißend ist die Nordwestecke der Halbinsel, wo sich an der urwüchsigen Felsküste stille Buchten und Dörfer verbergen. Das fruchtbare, von Hecken durchzogene Hinterland bringt Rinder, Milchprodukte und Äpfel in Hülle und Fülle hervor. Die britischen Kronbesitztümer Jersey und Guernsey liegen jeweils 22 km und 48 km vor der Küste.

Manche ist bekannt für seine Atomanlagen, darunter ein Kraftwerk in Flamanville, eine Wiederaufbereitungsanlage beim Cap de la Hague und eine Schiffswerft zur Herstellung von Atom-U-Booten in Cherbourg.

Cherbourg

41 560 EW.

An der äußersten Spitze des Cotentin liegt Cherbourg, die größte, wenn auch nicht gerade reizvollste Stadt in diesem Teil der Normandie. Transatlantische Frachtschiffe, Fähren aus England und Irland, Yachten und Kriegsschiffe laufen Cherbourgs gigantischen Hafen an. Im Zweiten Weltkrieg wurde der meiste Treibstoff, der von den alliierten Truppen während der Schlacht um die Normandie benötigt wurde, durch eine Unterwasserpipeline gepumpt, die kurz nach dem D-Day zwischen England und Cherbourg gebaut wurde.

Das moderne Cherbourg – heute vereint mit dem angrenzenden Octeville – ist von der romantischen Stadt weit entfernt, die in Jacques Demys Film *Die Regenschirme von Cherbourg* (1964) dargestellt wird.

⊙ Sehenswertes & Aktivitäten

Cité de la Mer   AQUARIUM
(☑02 33 20 26 26; www.citedelamer.com; Gare Maritime Transatlantique; Erw./Kind 18/13 €; ⊙9.30–18 Uhr) Die faszinierende Anlage in Cherbourgs Art-déco-Überseehafen wurde in den 1930er-Jahren gebaut und ist sowohl ein Aquarium – das tiefste in Europa – als auch eine Demonstration französischer U-Boot-Macht. Es ist vielleicht die einzige Chance, ins Innere eines französischen Atom-U-Bootes zu gelangen: *Le Redoubtable* war von 1967 bis 1991 in Betrieb.

🛏 Schlafen

La Régence   HOTEL €
(☑02 33 43 05 16; www.laregence.com; 42-44 quai de Caligny; DZ 66–110 €; 🕭) Das Logis-de-France-Hotel direkt am Meer verfügt über 21 geschmackvolle und gepflegte Zimmer mit Messinglampen. Die teureren Zimmer haben einen tollen Blick auf den Hafen.

Hôtel Napoléon   HOTEL €
(☑02 33 93 32 32; www.hotel-napoleon.fr; 14 place de la République; EZ 25–42 €, DZ 36–55 €; 🕭) Das Hotel in einem der wenigen erhaltenen Gebäude aus dem 19. Jh. an Cherbourgs Hauptplatz bietet 14 peppige, pastellfarbene Zimmer, einige mit begrenztem Blick auf den Hafen. Die billigeren Zimmer haben Gemeinschaftsbad.

Auberge de Jeunesse   HOSTEL €
(☑02 33 78 15 15; www.fuaj.org; 55 rue de l'Abbaye; B 18 €; 🕭) Das Hostel mit 99 Betten liegt 1 km nordwestlich der Touristeninformation und befindet sich in den alten Archivgebäuden der französischen Marine. Es gibt eine kleine Küche für Selbstversorger und in den Zimmern stehen zwei bis fünf Betten. Die Busse 3 oder 5 fahren bis zur Haltestelle Hôtel de Ville. Einchecken von 9 bis 13 und von 18 bis 23 Uhr.

✕ Essen & Unterhaltung

La Cale   FISCH & MEERESFRÜCHTE €
(☑02 33 93 11 23; 2 place de la République; Menü 11,50–23 €) Taue, Ruder und anderer maritimer Krimskrams hängen an den Holzwänden dieses beliebten und zentral gelegenen Meeresfrüchterestaurants. Im Sommer wird auf einer super Terrasse am Platz gegessen.

La Régence   BISTRO €€
(☑02 33 43 05 16; 42-44 quai de Caligny; Menü 20–35 €) Ein altmodisches französisches Bistro direkt am Hafen mit traditionellen Fisch- und Fleischgerichten sowie Meeresfrüchten. Zu den Spezialitäten gehören Miesmuscheln, Fischsuppe und *tartiflette au Camembert*.

Le Solier   KNEIPE €
(☑02 33 94 76 63; 52 rue Grande Rue; ⊙Di–Sa 18–2 Uhr) Das fröhliche Lokal wurde 1982 eröffnet und ist eine Mischung aus englischem Pub und französischer Bar. Jeden zweiten Donnerstag im Monat gibt es traditionelle irische Livemusik und am letzten Donnerstag im Monat Jazz.

ⓘ Praktische Informationen

Arobase-Cherbourg (place de la Revolution, Ecke rue Tour Carée; 3,25 €/Std.; ⊙Di–Mi 10–18.30, Do–Sa 10–21 Uhr) Internetzugang.

Post (1 rue de l'Ancien Quai)

Touristeninformation (☑02 33 93 52 02; www.ot-cherbourg-cotentin.fr; 2 quai Alexandre III; ⊙10–19 Uhr, Mitte Sept.–Mitte Juni So geschl.) Hat Infos zur Stadt, zum Cotentin und zu den D-Day-Stätten.

ⓘ An- & Weiterreise

FÄHRE Infos zu Autofähren ab Cherbourgs **Fährhafen** (www.port-cherbourg.com) nach Poole, Portsmouth und Rosslare (Irland) s. S. 1067.

ZUG Direktverbindungen:

Bayeux 15,50 €, 1 Std., Mo–Fr 14-mal tgl., am Wochenende 3- bis 5-mal

Caen 19,50 €, 1¼ Std., 7- bis 15-mal tgl.

Coutances 18 €, 1½ Std., 5- bis 10-mal tgl., Umsteigen in Lisson

Paris St-Lazare 44,50 €, 3 Std., 2- bis 6-mal tgl. direkt

Pontorson (Mont-St-Michel) 26 €, 3 Std., 2- bis 3-mal tgl., Umsteigen in Lisson

---

NATURPARK

Landeinwärts vom Utah Beach, Richtung Süden und Südwesten, liegt der 1450 km² große **Parc Naturel Régional des Marais du Cotentin et du Bessin** (www.parc-cotentin-bessin. fr) mit seinen Wasserläufen, Sümpfen, Mooren und Hecken. Infos über Wandern und Radfahren im Park und anderswo im Departement Manche gibt es unter www.mancherandonnee. com (auf Frz.).

 Unterwegs vor Ort

BUS Im Sommer verbindet ein Shuttlebus den Fährhafen mit dem Stadtzentrum und dem Bahnhof.

TAXI Taxiruf: ☎ 02 33 53 36 38. Eine Fahrt zwischen Bahnhof und Fährhafen kostet tagsüber etwa 10 €.

Mont-St-Michel

43 EW.

Sie gehören zu den klassischsten Motiven Frankreichs: die schlanken und himmelhohen Türme und Türmchen der Abtei des Mont-St-Michel, die aus starken Festungsmauern und Zinnen herausragen. Ein schmaler Damm verbindet das Ensemble mit dem Festland. Dank seiner phantastischen Bauten vor der Kulisse der außergewöhnlich starken Gezeiten in der Region konnte der Berg glücklicherweise eine mittelalterliche Atmosphäre bewahren – obwohl ihn massenhaft französische und ausländische Touristen besichtigen.

Die Bucht um den Mont-St-Michel ist berühmt für den höchsten Tidenhub Europas. Je nach Anziehungskraft des Mondes und der Sonne (am größten 36 bis 48 Stunden nach Voll- und Neumond, wenn beide Himmelskörper auf gleicher Linie mit der Erde liegen) beträgt der Unterschied zwischen den Wasserständen bis zu 15 m. Vollständig vom Meer umspült ist der Berg allerdings nur alle ein oder zwei Monate, wenn der Gezeitenkoeffizient bei über 100 liegt und das Wasser bei Flut auf über 14 m steigt. Unabhängig von der Jahreszeit rauscht die Flut immer erstaunlich schnell herein – etwa so schnell wie ein galoppierendes Pferd. Bei Ebbe ist der Berg kilometerweit von Watt umgeben, bei Flut – knapp sechs Stunden später – ist die ganze Bucht, einschließlich einiger Parkplätze in der Nähe, geflutet. Das gesamte Areal ist derzeit Teil eines riesigen Bauprojekts für einen neuen Damm. Dieser soll die Ablagerungen aus der Bucht schwemmen und den Mont-St-Michel in seinen urspünglichen Zustand versetzen, also von den umgebenden Salzmarschsedimenten befreien. Geplant ist auch eine neue Fußgängerbrücke, die den alten Damm ersetzen wird. Weitere Infos zu den anstehenden gewaltigen Arbeiten siehe www.projet-montsaintmichel.fr.

Auf dem Berg gibt es viele Treppen, auch einige Wendeltreppen, somit ist er eine der Sehenswürdigkeiten Frankreichs, die kaum für Rollstuhlfahrer geeignet sind. Auch wird es hier sehr voll, also sollte der Besuch früh am Morgen geplant werden, um dem schlimmsten Ansturm zu entgehen. Ganz leer ist der Berg jedoch nie.

Pontorson (4200 Ew.) ist der nächstgelegene nennenswerte Ort und liegt 9 km Richtung Süden. Er ist der Verkehrsknotenpunkt für Reisende ohne eigenes Fahrzeug, aber ein Aufenthalt ist hier eigentlich nicht nötig. Der Mont-St-Michel ist ein prima Tagesausflug, für den eine Übernachtung meist überflüssig ist.

Geschichte

Laut der keltischen Mythologie war der Mont-St-Michel eine der Meeresgrabstätten, in welche die Seelen der Toten reisten. Bischof Aubert von Avranches soll 708 auf dem Inselgipfel eine Kapelle gebaut haben, nachdem ihm der Erzengel Michael erschienen war. Die vergoldete Statue des Heiligen auf dem besiegten Drachen krönt die Kirchturmspitze der Abtei. 966 übergab Richard I., Herzog der Normandie, den Mont-St-Michel den Benediktinern, die ihn zu einer Stätte der Gelehrsamkeit und im 11. Jh. in eine Art kirchliche Festung umwandelten, samt einer Garnison, die dem Abt und dem König unterstand.

Während des Hundertjährigen Kriegs im 15. Jh. belagerten die Engländer den Mont-St-Michel dreimal. Die befestigte Abtei trotzte jedoch den Angriffen und war somit der einzige Ort in West- und Nordfrankreich, der den Engländern nicht in die Hände fiel. Nach der Revolution diente der Mont-St-Michel als Gefängnis. 1966 wurde er den Benediktinern anlässlich der 1000-Jahr-Feier symbolisch zurückgegeben. Seit 1979 ist der Mont-St-Michel samt Bucht Weltkulturerbe der Unesco.

◉ Sehenswertes

Abbaye du Mont-St-Michel   KLOSTER
(☎ 02 33 89 80 00; www.monuments-nationaux.fr; Erw./Kind mit Führung 8,50 €/frei; ⊙ 9–19 Uhr, letzter Eintritt eine Stunde vor Schließung) Die größte Attraktion des Bergs ist das atemberaubende Bauensemble der Abbaye du Mont-St-Michel. Die Massen schieben einen unweigerlich die Grande Rue hindurch und eine steile Treppe hinauf dorthin. Im Juli und August werden montags bis samstags von 19 bis 22 Uhr *nocturnes* (Nachtbesichtigungen) mit Lichtshow und Musik angeboten.

COUTANCES

Die hübsche alte Normannenstadt Coutances ist ein schöner Abstecher auf dem Weg zwischen den D-Day-Stränden und dem Mont-St-Michel. Im Zentrum der Stadt steht die gotische **Cathédrale de Coutances** (Eintritt frei; ⊙9–19 Uhr). Glanzlichter im Kirchenschiff sind mehrere Fenster aus dem 13. Jh., ein Fresko aus dem 14. Jh., auf dem der heilige Michael den Drachen tötet sowie eine Orgel und ein Hochaltar aus der Mitte des 18. Jhs. Besucher können bei einer **Führung** (Erw./Kind 6,50/5,50 €; ⊙Juli & Aug. Mo–Fr 11 & 15, So 15 auf Frz.; Di 11.45 Uhr auf Engl.) die Stufen des Vierungsturms erklimmen.

Auf der anderen Seite des Platzes liegt der wunderbare **Jardin des Plantes** (⊙Okt.–März 9–17 Uhr, April–Sept. bis 20 Uhr, Juli & Aug. bis 23.30 Uhr), ein prachtvoller Garten aus den 1850er-Jahren, der mit seinen Terrassen, Blumenbeeten, Brunnen, Statuen und seinem Labyrinth eine Mischung aus französischer, italienischer und englischer Gartenkunst ist.

Die meisten Räume können auf eigene Faust besichtigt werden, aber die im Preis inbegriffene, einstündige Führung lohnt sich. Touren gibt es auf Französisch und Englisch (Winter 11 und 15 Uhr; Sommer stündl.), die letzte Runde beginnt eineinhalb Stunden vor Schließung. Audioguides (einer für 4,50 €, zwei für 6 €) gibt es in sechs Sprachen. Auch die exzellente kostenlose Broschüre, die es in zehn Sprachen gibt, sollte man unbedingt mitnehmen.

Église Abbatiale
Die Église Abbatiale (Abteikirche) wurde auf dem Felsgipfel errichtet. Das Querschiff ruht auf solidem Fels, das Hauptschiff, der Chor und die Querschifflügel werden von den darunterliegenden Räumen gestützt. Die Kirche ist berühmt für die Mischung architektonischer Stile: Das Hauptschiff und das südliche Querschiff (11. und 12. Jh.) sind normannisch-romanisch, der Chor (spätes 15. Jh.) ist flamboyant-gotisch. Gottesdienste finden von Dienstag bis Samstag um 12.15 Uhr und sonntags um 11.30 Uhr statt.

La Merveille
Die Gebäude an der Nordseite des Bergs werden **La Merveille** (das Wunderwerk) genannt. Der berühmte **Cloître** (Kreuzgang) ist von einer doppelten Reihe filigran gemeißelter Bögen auf Granitsäulen umgeben. Der **Réfectoire** (Speisesaal) mit Tonnendach aus dem frühen 13. Jh. hat an einer Wand zurückgesetzte Fenster. Sie sind bemerkenswert, da der steile Abhang keine Strebebögen erlaubte. Die gotische **Salle des Hôtes** (Gästehalle) von 1213 hat

zwei riesige Kamine. Interessant sind auch der **Promenoire** (Chorumgang) mit einem der ältesten Rippengewölbe Europas und die **Chapelle de Notre-Dame sous Terre** (Marienkapelle unter der Erde), einer der ältesten Räume der Abtei, der 1903 wiederentdeckt wurde.

Die Bausteine für die Abtei wurden mit dem Boot zum Berg und dann mit Seilwinden nach oben geschafft. Was wie eine Tretmühle für Riesenhamster aussieht, wurde tatsächlich im 19. Jh. von einem halben Dutzend Gefangener angetrieben, die die Lasten durch Drehen des Rades per Seilzug an der Seite der Abtei nach oben hievten.

👉 Geführte Touren

Bei Ebbe ist es möglich, um den Mont-St-Michel herumzulaufen, ein Weg von 1 km. Es ist aber gefährlich, sich zu weit vom Berg zu entfernen: Man kann leicht im Schlick steckenbleiben – der Wandteppich von Bayeux zeigt eine Szene mit normannischen Soldaten, die aus dem Watt gerettet werden – oder von der aufkommenden Flut überrascht werden. Beides verhilft den Angehörigen zu einer guten Story für die nächste Cocktailparty.

Geführte Wanderungen　　WANDERTOUREN
Zu den erfahrenen Veranstaltern, die **geführte Wanderungen** (6,50 €) in oder über die Bucht anbieten, gehören **Découverte de la Baie du Mont-Saint-Michel** (☎02 33 70 83 49; www.decouvertebaie.com, auf Frz.) und **Chemins de la Baie** (☎02 33 89 80 88; www.cheminsdelabaie.com, auf Frz.). Beide haben ihren Sitz auf der anderen Seite der Bucht von

Mont-St-Michel in Genêts. Die örtlichen Touristeninformationen helfen weiter.

🛌 Schlafen

Auf dem Berg selbst gibt es acht eher kostspielige Hotels, aber die meisten Besucher kommen lieber in einer der Hotelketten in Beauvoir auf dem Festland unter oder im ziemlich langweiligen Ort Pontorson, 9 km südlich vom Berg.

Auberge de Jeunesse
HOSTEL €

(Centre Duguesclin; ☎02 33 60 18 65; www.fuaj. org; 21 bd du Général Patton, Pontorson; B 12 €; ⊗Mitte April–Sept.) Das moderne Hostel mit 62 Betten, 1 km westlich des Bahnhofs in der Nähe der neuen Gendarmerie, bietet Vier- bis Sechsbettzimmer und Küchenbenutzung. Die Rezeption ist von 12 bis 17 Uhr geschlossen (außer von Mitte Juli bis Ende August), aber es gibt keine Sperrstunde.

Hôtel La Tour Brette
HOTEL €

(☎02 33 60 10 69; www.latourbrette.com; 8 rue du Couesnon, Pontorson; DZ 37–43 €; 🛜) Ein Hotel im Familienbetrieb mit zehn wenig überraschenden, preiswerten Zimmern mit Bad. Leider bietet das Hotel kein kostenloses WLAN an, das gibt es nur von Orange und muss bezahlt werden.

Hôtel Montgomery
HOTEL €

(☎02 33 60 00 09; www.hotel-montgomery.com; 13 rue du Couesnon, Pontorson; DZ 93–117 €, Suite 180–225 €; 🛜) Das Best-Western-Hotel ist in einem Herrenhaus aus dem 16. Jh. mit weinbewachsener Renaissancefassade untergebracht. Innen befinden sich knarzende, holzgetäfelte Flure und 32 Zimmer. Ein Zimmer ist mit schwerem Renaissancemobiliar und einem nur 135 cm breiten Himmelbett eingerichtet.

🍴 Essen

Es macht sich bezahlt, sich zum Mont-St-Michel etwas zu essen mitzunehmen – alle Lokale auf dem Berg sind hoffnungslos überteuert. Die Grande Rue ist jedoch voll mit Sandwichläden und Crêperien, verhungern wird also niemand, höchstens verarmen. Besondere Vielfalt wird nicht gerade geboten. In Pontorson gibt es reichlich Fast-Food-Läden und Supermärkte, ein gutes Essen ist eher in den größeren Hotels zu bekommen. Im Folgenden ein paar passable Möglichkeiten auf dem Mont-St-Michel selbst.

Crêperie La Sirène
CRÊPERIE €

(Grande Rue; Crêpes 3,50–10 €; ⊗9–22.30 Uhr) Nicht schlecht unter den preiswerten Angeboten: Es gibt eine gute Auswahl an süßen Crêpes und herzhaften *galettes* und Salaten. Zu erreichen über eine alte Wendeltreppe ab einem Souvenirladen.

Le Tripot
SANDWICHLADEN €

(Grande Rue; Sandwiches ab 2,80 €; ⊗9–20 Uhr) Der Laden liegt ein Stückchen weiter oben von der Crêperie La Sirène und hat die billigsten Sandwiches, die wir auf dem Berg finden konnten.

ℹ Praktische Informationen

Post (Grande Rue, Mont-St-Michel) Hat einen Geldautomaten.

Touristeninformation – Mont-St-Michel (☎02 33 60 14 30; www.ot-montsaintmichel. com; ⊗Mo–Sa 9–12.30 & 14–18.30, So 9–12 & 14–18 Uhr) Befindet sich in der Porte de l'Avancée, die Treppe hoch und links. An der Innenseite der Tür hängt ein *horaire des marées* (Gezeitentafel). Eine detaillierte Karte vom Berg kostet 3 €. Gleich nebenan sind die Toiletten (0,40 €) und ein Geldautomat. Internetzugang kostet pro 30 Min./Std. 4,50/8 €.

Touristeninformation – Pontorson (☎02 33 60 20 65; www.mont-saint-michel-baie.com, auf Frz.; place de l'Hôtel de Ville; ⊗Mo–Sa 9–12.30 & 14–18.30, So 9–12 & 14–18 Uhr) Hat Infos zu lokalen Veranstaltungen und zu Wanderungen durch die Bucht des Mont-St-Michel. Sie befindet sich in der Rue St-Michel, einen halben Block südlich der Rue Couesnon. Internetzugang kostet pro 30 Min./Std. 4.50/8 €.

ℹ Anreise & Unterwegs vor Ort

BUS Bus 6 von **Manéo** (☎08 00 15 00 50; www. mobi50.com, auf Frz.) fährt sechs- bis achtmal täglich (im Juli und August öfter) vom Mont-St-Michel nach Beauvoir (8 Min.) und Pontorson (2 €; 13 Min.). Der Fahrplan ist auf die Ankunft einiger Züge in Pontorson von Caen und Rennes abgestimmt. **Les Couriers Bretons** (☎02 99 19 70 80) verbindet Pontorson mit St-Malo (1¼ Std., 1-mal tgl. hin & zurück). Die Fahrzeiten sind auf den Bus 6 abgestimmt.

ZUG Verbindungen von Pontorson:

Bayeux 21 €, 1¾ Std., 2- oder 3-mal tgl. direkt

Cherbourg 26 €, 3 Std., 2- bis 3-mal tgl.

Coutances 11,50 €, 40 Min., 3- oder 4-mal tgl.

Rennes 12,50 €, 50 Min., 2- bis 4-mal tgl.

Bretagne

Gut essen

» Le Chalut (S. 261)
» Restaurant Delaunay (S. 261)
» Le Coquillage (S. 266)
» L'Ambroisie (S.282)
» Villa Margot (S. 289)

Schön übernachten

» Hôtel Printania (S. 263)
» Hôtel du Centre (S. 271)
» Grand Hôtel Barrière (S. 264)
» Hôtel de Nemours (S. 296)
» Hôtel Manoir des Indes (S. 281)

Auf in die Bretagne

Die Bretagne ist etwas für Entdecker: Die dramatische Küste, mittelalterliche Städte und dichte Wälder sind lohnenswerte Ausflugsziele abseits der üblichen Pfade. Es ist ein Land voll urgeschichtlicher Mystik, mit einer stolzen Tradition und kulinarischem Reichtum. Die Bewohner bestehen glühend auf Unabhängigkeit und pflegen ihre bretonische Kultur – und Paris erscheint wirklich weit weg.

Jenseits der berühmten Sehenswürdigkeiten, wie St-Malo, Dinard und Dinan, ist die gesamte Region noch wunderbar unentdeckt. Kleinode wie die kaum bekannten Städtchen Roscoff, Quimper und Vannes, die Megalithen von Carnac, die schroffe Küste des Finistère, die Halbinsel Presqu'île de Crozon und die Morbihan-Küste beweisen, dass die Bretagne nicht nur mit leckeren Crêpes und hausgemachtem Cidre lockt. Auch die vielgeliebten Inseln der Bretagne sind äußerst reizvoll, besonders die dramatische Île d'Ouessant und die treffend benannte Belle Île.

Reisezeit

Brest

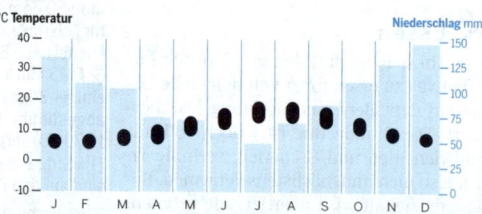

Juni und Anfang Juli Die beste Zeit für Strandfreuden, Outdoorabenteuer und Sonnenschein, bevor die Massen anreisen.

Ende Juli In Quimper lockt das Festival de Cornouaille, ein Fest der traditionellen keltischen Musik.

Ende November Im Winter geht es auf dem Nachtfestival Yaouank in Rennes hoch her.

Highlights

1 Crêpes, Cidre und Studentenflair in der reizvollen Altstadt von **Rennes** (S. 295)

2 Eine Tour durch die turmbewehrte mittelalterliche Burg im märchenhaften Städtchen **Josselin** (S. 293)

3 Eine Radtour durch die Landschaft um Carnac mit ihren zahllosen **Megalithen** (S. 288)

4 Ein abendlicher Spaziergang auf den **Festungswällen** (S. 257) mit Panoramablick über St-Malo

5 Erkundung der oft vergessenen bretonischen Stadt **Quimper** (S. 279) mit ihrer wundervollen Kathedrale und Altstadt

6 Ein Besuch im **Musée du Cidre** (S. 277) in Argol – bretonischen Cidre probieren und mehr über seine Herstellung lernen

7 Die bezaubernde Hafenstadt **Roscoff** (S. 270) mit relaxter bretonischer Atmosphäre und einer ungewöhnlichen Kirche

8 Eine Wanderung an der kargen Küste der dramatischen **Île d'Ouessant** (S. 275), einer der reizvollsten Landschaften des Finistère

Geschichte

Die frühesten neolithischen Stämme der Bretagne hinterließen Menhire und Dolmen, die Historiker noch heute verblüffen. Die Kelten trafen im 6. Jh. vor Chr. ein und nannten ihre neue Heimat „Armor" (Land am Meer). 56 v. Chr. eroberte Julius Cäsar die Bretagne. Nach dem Abzug der Römer im 5. Jh. ließen sich Kelten, die von eindringenden Angelsachsen aus dem heutigen Irland und Britannien vertrieben wurden, hier nieder und brachten das Christentum mit.

Der bretonische Nationalheld Nominoë revoltierte im 9. Jh. gegen die Herrschaft Frankreichs. Doch das Herzogtum Bretagne, eingekeilt zwischen zwei mächtigen Königreichen, wurde von Frankreich und England so lange bedrängt, bis die Region 1532 nach einigen strategisch geschlossenen Königsehen schließlich Teil Frankreichs wurde.

Die Bretagne hat sich eine eigene regionale Identität erhalten. Heute wird ein kulturelles und sprachliches Revival angestrebt und die Bretagne fühlt sich einer breiteren keltischen Kultur zugehörig, die Irland, Wales, Schottland, Cornwall und das spanische Galicien umfasst.

ⓘ Anreise & Unterwegs vor Ort

Fähren verbinden St-Malo mit den Kanalinseln sowie mit Portsmouth, Poole und Weymouth in England und Roscoff mit Plymouth (England) und Cork (Irland). Von den Flughäfen in Brest,

MIT DEM AUTO AN DER KÜSTE ENTLANG
CATHERINE LE NEVEZ

Sillon de Talbert Die besten Küstenstraßen der Bretagne gewähren auch einen Einblick in uralte, aber immer noch lebendige Traditionen. An der Nordküste westlich von Paimpol sind oftmals Einheimische zu sehen, die den geernteten Seetang bündelweise in ihre Karren werfen.

Côte de Granit Rose Die von Ottern besiedelte „Rosa Granitküste" erstrahlt in den Farben der rosafarbenen Felsnasen und Granitblöcke, die über Jahrtausende hinweg von Wind und Wellen abgeschliffen wurden. Die glühenden Farben sind sogar noch beeindruckender, wenn man über den 5 km langen Fußweg *sentier des douaniers* (Zöllnerweg) in der Nähe des Badeorts **Perros-Guirec** – der Hauptstadt der Region – die Felsen selbst erklimmt. Jeden Morgen verkaufen einheimische Fischer ihren Fang auf Perros' Marché des Pêcheurs auf der Place du Marché. Vor der Küste kann man bei einer Bootstour die **Sept-Îles** (Sieben Inseln) besuchen, die Heimat von über 20 000 Wasservögeln wie Papageien- und Eissturmvögeln. Infos zu Booten gibt's unter www.armor-decouverte.fr.

Pays Bigouden Wer das Glück hat, an einem der Kulturfeste in Finistères Südwestecke teilzunehmen, der sieht vielleicht Frauen mit dem *coiffe bigoudène,* dem traditionellen Spitzenkopfputz der Gegend, der bis zu 30 cm hoch ist. Und wer mutig genug ist, der schließt sich den Hardcoresurfern an, die vor der **Pointe de la Torche** auf dem „Lift" reiten. In der Nähe vom Parkplatz verleihen Läden Ausrüstung und geben Tipps. Wer nicht so wagemutig ist, lauscht einfach den Geschichten der Surfer, die in einem der Cafés am Pointe von ihren Abenteuern erzählen.

Côte Sauvage Die „wilde Küste" an der Westseite der Halbinsel Richtung Quiberon bietet ein Wechselspiel von kargen Landspitzen und steilen Klippen. Bonus: Man entkommt hier dem Verkehr auf der Hauptstraße – zum Teil, weil die Küstenstraße (die D186a) so schlecht ausgeschildert ist. Gen Süden zweigt die Straße kurz vor St-Pierre-Quiberon in Richtung Kemiscob und Kervozès ab.

Golfe du Morbihan (Golf von Morbihan) Die meisten Menschen, die die Megalithen von Morbihan besichtigen, kommen nicht in die Küstenregion des Golfs. Die Strecke von Vannes Richtung Südwesten nach **Port Navalo** bietet phantastische Ausblicke auf den Golf und seine Inseln. An der Spitze von Port Navalo warten Picknickbänke – am besten einen Fresskorb und eine Flasche bretonischen Cidre mitnehmen.

Dinard, Lorient und Nantes (S. 662) im Süden gibt es Flugverbindungen nach England, Irland und zu weiteren europäischen und inländischen Zielen.

Die größeren Orte der Bretagne haben Bahnverbindungen, nur das Landesinnere wird schlecht bedient. Das Busnetz ist zwar flächendeckend, die Verbindungen sind jedoch generell spärlich. Ein eigenes Fahrzeug ist also das beste Fortbewegungsmittel, um die Gegend, besonders die abgelegeneren Regionen, zu erkunden.

Die sanft hügeligen, gut gepflegten Straßen, relativ wenig Verkehr außerhalb der größeren Orte und das Unterwegssein ohne Autobahngebühren zu zahlen machen Autofahren in der Bretagne zu einem echten Vergnügen. Auch Radfahren ist sehr beliebt und Fahrradverleihe gibt's fast überall.

NORDKÜSTE

Die zentrale Nordküste der Bretagne, gesäumt von Badeorten der Belle Époque, Fischerdörfern und zerklüfteten Landzungen, umfasst die Departements Ille-et-Vilaine und Côtes d'Armor. Die Côte d'Émeraude (Smaragdküste) im Osten erhielt ihren Namen vom grünen Marschland, die Côte de Granit Rose im Westen von den rötlichen Felsen.

St-Malo

50 200 EW.

Filmreif wirkt der Hafen von St-Malo mit seinem Mastenwald und einem der höchsten Tidenhube der Welt: Heranziehende Stürme unter schwarzem Himmel lassen die Wogen über die Wälle der Festungsstadt donnern. Stunden später vereint sich ein blauer Himmel mit dem tiefblauen Meer, mit Stränden so weit und glatt wie der klare Himmel darüber und mit Landbrücken zu den Felsinseln aus Granit.

Die Wallanlage der Festungsstadt entstand ab dem 12. Jh. Im 17. und 18. Jh. war die Stadt als Stützpunkt für Handelsschiffe und Freibeuter (im Prinzip Piraten) gegen die ständige Bedrohung durch die Engländer ein bedeutender Hafen. Heute kommen die Engländer als Touristen, für die St-Malo ein Sommerparadies ist, das nur einen Katzensprung von den Kanalinseln entfernt liegt.

◉ Sehenswertes & Aktivitäten

INTRA MUROS

Die ersten Bewohner St-Malos siedelten aus St-Servan über auf diese einstige Insel, die im 13. Jh. über die sandige Landenge Le Sillon mit dem Festland verbunden wurde. Der Weg auf dem 1,8 km langen **Festungswall**, der Ende des 17. Jhs. von dem Baumeister Vauban errichtet wurde, bietet den schönsten Blick auf die Festungsstadt.

Die gepflasterten Straßen und rekonstruierten Gebäude im Stil des 17. und 18. Jhs. lassen es kaum vermuten, aber im August 1944 wurde die Altstadt von St-Malo in der Schlacht gegen die deutschen Besatzer zu 80 % zerstört. Seither wurde sie liebevoll wieder aufgebaut.

Cathédrale St-Vincent   KATHEDRALE

(Karte S. 258; place Jean de Châtillon; ☺9.30–18 Uhr, außer während des Gottesdienstes) Das Prachtstück der Stadt wurde zwischen dem 12. und 18. Jh. erbaut, aber im Zweiten Weltkrieg schwer beschädigt. Eine Mosaikplakette auf dem Boden des Mittelschiffs markiert die Stelle, an der Jacques Cartier 1535 vor seiner „Entdeckungsreise" nach Kanada den Segen des Bischofs von St-Ma-

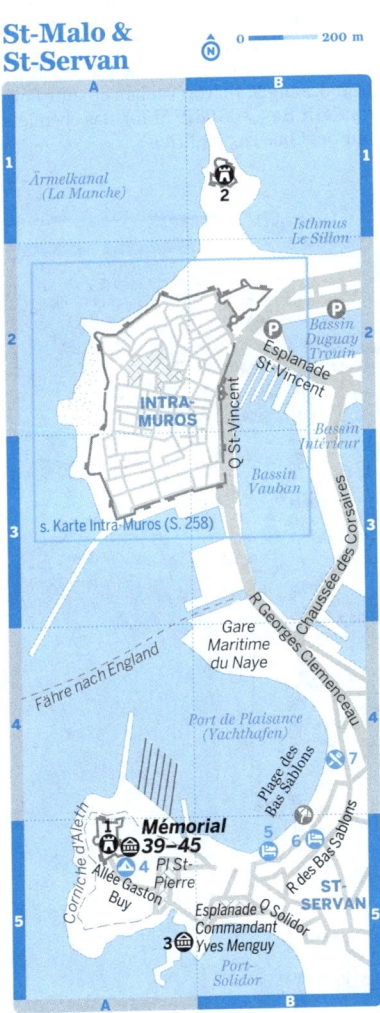

St-Malo & St-Servan

A — B

0 ————— 200 m

Ärmelkanal (La Manche)

Isthmus Le Sillon

Bassin Duguay Trouin

Esplanade St-Vincent

Bassin Intérieur

INTRA MUROS

Q St-Vincent

Bassin Vauban

s. Karte Intra-Muros (S. 258)

R Georges Clemenceau

Chaussée des Corsaires

Gare Maritime du Naye

Fähre nach England

Port de Plaisance (Yachthafen)

Plage des Bas Sablons

R des Bas Sablons

Corniche d'Aleth

Mémorial 39–45

Allée Gaston Buy

Pl St-Pierre

Esplanade Commandant Yves Menguy

ST-SERVAN

Q Solidor

Port Solidor

St-Malo

◉ Highlights

Mémorial 39–45 ....A5

◉ Sehenswertes

| 1 Fort de la Cité..A5 |
| 2 Fort National .... B1 |
| 3 Musée International du Long Cours Cap-Hornier ....A5 |

🛏 Schlafen

| 4 Camping Aleth ....A5 |
| 5 Hôtel d'Aleth ....B5 |
| 6 Manoir du Cunningham ....B5 |

🍴 Essen

7 Côté Jardin...B4

Ausgehen

Le Cunningham.............................(s. 5)

lo erhielt. Cartiers Grabmal befindet sich in einer Kapelle an der Nordseite des Chors. Erhalten geblieben ist davon nach 1944 jedoch nur noch sein hier begrabener Kopf.

Musée du Château
STADTMUSEUM

(Karte S. 258; ☎02 99 40 71 57; Erw./Kind 5/2,80 €; ☉10–12 & 14–18 Uhr, Okt.–März Mo geschl.) Im **Château de St-Malo**, von den bretonischen Herzögen im 15. und 16. Jh. erbaut, befindet sich das Musée du Château, auch Musée d'Histoire de la Ville (Museum zur Stadtgeschichte) genannt. Die interessantesten Exponate des Museums – zur Geschichte der Kabeljaufischerei an den Grand Banks vor Neufundland und Fotos von St-Malo nach dem Krieg – sind im **Tour Générale** zu finden.

La Maison de Corsaire
HISTORISCHE VILLA

(Karte S. 258; ☎02 99 56 09 40; www.demeure-de-corsaire.com; 5 rue d'Asfeld; Erw./Kind 5,50/4 €; ☉10–12 & 14–18 Uhr, im Winter Mo ge-

schl.) Die Villa aus dem 18. Jh. ist ein historisches Denkmal und gehörte einst dem Korsaren (Freibeuter) François Auguste Magon. Die Führungen sind auf Französisch.

ÎLE DU GRAND BÉ
Auf dem Felseneiland **Île du Grand Bé** (www.petit-be.com, auf Frz.) ist der in St-Malo geborene Chateaubriand begraben, der große Schriftsteller des 18. Jhs. Die Insel ist bei Ebbe durch das Stadttor Porte des Bés und über den Strand zu erreichen. Sobald die Flut einsetzt, bleibt der Damm für sechs Stunden unpassierbar – in der Touristeninformation gibt es die aktuellen Gezeitentafeln. Die Tiefen können trügerisch sein; wer von der Flut überrascht wird, sollte bis zur nächsten Ebbe auf der Insel bleiben.

Etwa 100 m hinter der Île du Grand Bé liegt das im 17. Jh. von Vauban erbaute **Fort du Petit Bé** (☎06 08 27 51 20), das ebenfalls nur bei Ebbe zugänglich ist.

Intra Muros

AUSSERHALB DER MAUERN

Der hübsche Fischerort St-Servan liegt südlich der Festungsstadt.

Fort National
FESTUNG

(Karte S. 257; www.fortnational.com; Erw./Kind 5/3 €; ☺Ostern & Juni–Mitte Sept.) Die Reste des ehemaligen, von Vauban 1689 gebauten Gefängnisses sind von der Nordseite der Stadtmauern aus zu sehen. Die Festung auf einer Felsnase ist nur bei Ebbe zu erreichen. Die Touristeninformation gibt Auskunft, wann es geführte Touren gibt.

Mémorial 39–45
GEDENKSTÄTTE

(Karte S. 257; ☎02 99 82 41 74; Erw./Kind 5,50/2,80 €; ☺Führungen Di–So 14, 15.15 & 16.30 Uhr, Juli & Aug. tgl.) Das **Fort de la Cité**, Mitte des 18. Jhs. erbaut, war im Zweiten Weltkrieg ein deutscher Stützpunkt. In einem der Bunker ist nun das Mémorial 39–45 untergebracht, das St-Malos brutale Weltkriegsgeschichte und Befreiung schildert, einschließlich eines 45-minütigen Films (auf Frz.).

Musée International du Long Cours Cap-Hornier
SCHIFFFAHRTSMUSEUM

(Karte S. 257; Museum der Kap-Hoorn-Route; ☎02 99 40 71 58; Erw./Kind 6/2,80 €; ☺10–12 & 14–16 Uhr, Okt.–März Mo geschl.) Das Museum im **Tour Solidor** aus dem 14. Jh. beschreibt das Leben der kühnen Seefahrer, die das Kap Hoorn an der Südspitze Südamerikas umrundeten. Die Turmspitze bietet eine herrliche Aussicht.

Grand Aquarium
AQUARIUM

(☎02 99 21 19 00; www.aquarium-st-malo. com; av. Général Patton; Erw./Kind 15,50/10 €; ☺10–18 Uhr; ⊙) Zwei Stunden sollten für das hervorragende Aquarium in St-Malo, 4 km südlich des Stadtzentrums, eingeplant wer-

Ein **Kombiticket** (Erw./Kind 13/6,50 €) gewährt Zugang zu den drei Hauptmuseen St-Malos: dem Musée du Château, dem Musée International du Long Cours Cap-Hornier und dem Mémorial 39–45. Das Ticket ist in allen drei Museen erhältlich und für Besucher während ihres gesamten Aufenthalts in St-Malo gültig.

den. Es ist eine prima Schlechtwetteralternative für Kids, mit einer Unterwassertour im Mini-U-Boot und einem *bassin tactile* (Fühlbecken), in dem Rochen, Steinbutte und sogar ein Babyhai gestreichelt werden dürfen. Der Bus C1 vom Bahnhof hält hier alle halbe Stunde.

🏃 Aktivitäten

Fährbetrieb und Bootsausflüge: Compagnie Corsaire (☎08 25 13 80 35; www.compagniecorsaire.com) Der Betrieb bietet etwa vierstündige Exkursionen zur *pêche en mer* (Hochseeangeln; 39 €, Juli & Aug. Mo, Mi und Fr) und Fährverbindungen von der Porte de Dinan zu den folgenden Zielen: **Bay of St-Malo** (Erw./Kind 19/11 €, 1½ Std.), **Cancale/Pointe du Grouin** (Erw./Kind 8/16,50 €, 2½ Std.), **Dinan** (Erw./Kind hin & zurück 30/18 €, April–Sept.), **Île Cézembre** (Erw./Kind hin & zurück 14/8,50 €, April–Sept. tgl. 2- bis 7-mal) und zu den **Îles Chausey** (Erw./Kind hin & zurück 30/18 €, April–Sept. pro Woche 2- bis 5-mal).

Vedettes de St-Malo (☎02 23 18 02 04; www.vedettes-saint-malo.com) organisiert ebenfalls Bootsausflüge.

🎓 Kurse

Die **Surf School** (📞02 99 40 07 47; www.surf school.org, auf Frz.) gibt Unterricht im Windsurfen (ab 35 €/Std.) oder im Segeln eines Katamarans (ab 50 €/Std.).

🛏 Schlafen

In St-Malo gibt's jede Menge Hotels, aber die Unterkünfte sind im Sommer schnell ausgebucht – die Website der Touristeninformation enthält aktuelle Angebote. *Chambres d'hôtes* (Zimmer mit Frühstück) gibt's in den nahe gelegenen Orten Cancale, Dinan und in deren Umgebung.

INTRA MUROS

Hôtel San Pedro   HOTEL €
(Karte S. 258; 📞02 99 40 88 57; www.sanpedro-hotel.com; 1 rue Ste-Anne; EZ 52–54 €, DZ 63–73 €; 🕿) Das Hotel im hinteren Teil der Altstadt ist in kühlen, frischen, neutralen Tönen mit dezenten Farbtupfern gehalten, bietet freundlichen Service und einen herrlichen Meerblick. Das Schlemmerfrühstück kostet 8 €.

Hôtel de l'Univers   TRADITIONELLES HOTEL €
(Karte S. 258; 📞02 99 40 89 52; www.hotel-univers-saintmalo.com; place Chateaubriand; EZ/DZ/3BZ 77/89/103 €; 🕿) Das cremefarbene Hotel mit 63 Zimmern liegt direkt am wichtigsten Tor zur Altstadt (Porte St-Vincent) und damit ideal für den Besuch aller Sehenswürdigkeiten St-Malos. Die kleinen Zimmer sind in dunklen Farben gehalten und haben blütenweiße Bettwäsche. Das

---

STRÄNDE UM ST-MALO & ST-SERVAN

An der **Plage de Bon Secours** (Karte S. 258) gibt es ein geschütztes Gezeitenbecken zum Planschen und einen Sprungturm für einen Hüpfer ins Meer.

Eine Betonmauer an der **Plage des Bas Sablons** in St-Servan (Karte S. 257) verhindert, dass das Meer bei Ebbe völlig zurückweicht.

Die weitaus größere **Grande Plage** erstreckt sich nordöstlich der Landenge Le Sillon. Von der Grande Plage bis zur Plage des Bas Sablons sind spektakuläre Sonnenuntergänge zu sehen. Die weniger überfüllte **Plage de Rochebonne** liegt 1 km weiter nach Nordosten.

---

gesamte Haus verströmt Landhotelcharme und Clubflair, besonders in der mit Holz eingerichteten, maritimen Bar.

Hôtel les Chiens du Guet   HOTEL €
(Karte S. 258; 📞02 99 40 87 29; 4 place du Guet; Zi. 52–57 €, 2BZ 63–68 €; 🕿) Gleich neben dem einladenden Hotel führt eine schmale Steintreppe auf den Festungswall und durch die angrenzende Porte St-Pierre geht es direkt zum Strand. Die zwölf einfachen, sonnigen Zimmer sind gemütlich, wenn auch etwas beengt. Zum Haus gehört ein fröhliches Restaurant; die Menüs kosten ab 9,50 €.

AUSSERHALB DER MAUERN

Manoir du Cunningham
                 TRADITIONELLES HOTEL €€
(Karte S. 257; 📞02 99 21 33 33; www.st-malo-hotel-cunningham.com; 9 place Monseigneur Duchesne; Zi. 110–190 €; 🕿) Das eher an Disneyland erinnernde Äußere dieses Hotels nahe des Fährhafens täuscht über ein höchst angenehmes Interieur hinweg. Das Haus mit 13 Zimmern ist üppig mit Mahagoni ausgestattet, hat Meerblick und liegt angenehmerweise abseits des Trubels.

Brit Hôtel Le Surcouf   FAMILIENHOTEL €
(📞02 99 56 30 19; www.surcoufhotel.com; 17 rue du Révérend Père Umbricht; EZ 45–75 €, DZ 55–75 €; 🕿🅿) Das reizende, freundliche Hotel liegt in einem stillen Wohnviertel 1 km von der Altstadt und fünf Gehminuten vom Strand entfernt. Es ist ideal für Autofahrer, da es direkt vor dem Haus kostenlose Parkplätze gibt. Die eleganten Zimmer in Auberginetönen sind groß, blitzblank und modern. Auch das Frühstück (7,50 €) ist klasse.

Hôtel d'Aleth   HOTEL €
(Karte S. 257; 📞02 99 81 48 08; www.st-malo-hotel-cunningham.com; 2 rue des Hauts Sablons; Zi. 50–65 €; 🕿) Das Hotel liegt von der maritimen Kneipe Le Cunningham nur ein paar Stolperschritte die Treppe hinauf. Die paar Euros mehr für ein Zimmer mit Meerblick lohnen sich. Aber Besucher mit leichtem Schlaf seien gewarnt: Es ist hier, gelinde gesagt, laut. Extras gibt es kaum: kein Aufzug, kein Zimmertelefon und keine Rezeption – eingecheckt wird im Manoir du Cunningham, ein kurzes Stück die Straße runter. Das kostenlose WLAN reicht nicht überall hin und ist nur in bestimmten Zimmern zu empfangen.

Auberge de Jeunesse Éthic Étapes

HOSTEL €

(☎02 99 40 29 80; www.centrevarangot.com; 37 av. du Père Umbricht; B mit Frühstück 17,50–20 €; @) Das gut organisierte Hostel hat eine Selbstversorgerküche (und einen Supermarkt, zu Fuß 2 Min. entfernt) und kostenlose Sportanlagen. Vom Bahnhof aus fährt der Bus C1 hierher.

Camping Aleth

CAMPINGPLATZ €

(Karte S. 257; ☎06 78 96 10 62; www.camping-aleth.com; allée Gaston Buy; Zelt/Wohnwagen für 2 Pers. 13,50/18 €; ☉Mai–Sept.) Camping Aleth (auch Alet geschrieben) befindet sich hoch oben auf einer Halbinsel neben dem Fort de la Cité, bietet einen 360-Grad-Rundblick und liegt nahe an den Stränden. Auch ein paar quirlige Bars sind nah, aber nicht *zu* nah dran.

✕ Essen

Zwischen der Porte St-Vincent, der Kathedrale und der Grande Porte sind massenhaft Restaurants zu finden.

Le Chalut

FISCH & MEERESFRÜCHTE €€

(Karte S. 258; ☎02 99 56 71 58; 8 rue de la Corne de Cerf; Menü 25–68 €; ☉Mi–So) Dieses Lokal sieht zwar unscheinbar aus, ist aber St-Malos angesehenstes Restaurant und ein Muss für jeden anständigen Meeresfrüchtefan. Die Küche bietet das Beste, was die bretonische Küste hergibt – Steinbutt in Butter, geangelter Seebarsch und Jakobsmuscheln in Champagnersauce. Reservierungen für den Abend sind ratsam.

La Bouche en Folie

FRANZÖSISCH, MODERN €

(Karte S. 258; ☎06 72 49 08 89; 14 rue du Boyer; Menü 13–29 €; ☉Mo & Di geschl.) Der schicke Laden abseits der Touristenpfade verströmt aus allen Ecken und Winkeln gallischen Charme. Die Speisekarte offeriert typische französische Gerichte mit modernem Touch – Lammfrikassee mit Knoblauch und Artischocken, Seeteufel mit Erbsen, schwarzen Oliven und Spargel. Köstlich.

LP TIPP ⟩ Restaurant Delaunay

FEINSCHMECKERRESTAURANT €€

(Karte S. 258; ☎02 99 40 92 46; www.restaurant-delaunay.com; 6 rue Ste-Barbe; Menü 28–65 €; ☉Mo–Sa abends, im Winter Mo geschl.) Zwischen den auberginefarbenen Wänden des erstklassigen, aber unspektakulär wirkenden Restaurants kreiert der Koch Didier Delaunay eine herausragende Feinschmeckerküche. Auf der Karte stehen leckere

Gerichte aus dem Meer (Spezialität ist der bretonische Hummer) und vom Land (zartes Lamm). Das Restaurant ist vollständig barrierefrei.

Crêperie Margaux

CRÊPERIE €

(Karte S. 258; ☎02 99 20 26 02; www.creperie-margaux.com; 3 place du Marché aux Légumes; Crêpes 2,50–10 €; ☉Di & Mi geschl., Juli & Aug. tgl. geöffnet) Die Besitzerin dieser wunderbaren kleinen Crêperie am Marché aux Légumes mit seinen Veilchenbeeten bereitet traditionelle Crêpes von Hand zu (ihr Motto: „Wer es eilig hat, sollte nicht herkommen"). Die Düfte, die durch das holzverkleidete Lokal ziehen, und massenhaft zufriedene Gäste beweisen, dass sich das Warten lohnt.

Côté Jardin

BRETONISCH €

(Karte S. 257; ☎02 99 81 63 11; 36 rue Dauphine, St-Servan; Menü 13–33 €; ☉Di–So mittags, Di & Do–So abends) Das reizende, freundliche Côté Jardin mit einer malerischen Terrasse und Ausblick auf die Marina und St-Malos Altstadt tischt regionale und klassisch französische Küche auf. Hobbykünstler können die Tische mit bereitgestellten Buntstiften bemalen.

Café Licorne

BISTRO €

(Karte S. 258; ☎02 99 40 05 18; www.cafe-licorne.com; 6 place Chateaubriand; Hauptgerichte 2,80–15 €; ☉8–23 Uhr) Das beliebte Bistro innerhalb der Mauern mit relativ preiswertem Mittagessen hat auch eine stets volle Terrasse und ein flippiges Flair. Crêpes, Omelettes, Salate, ein anständiges Clubsandwich und frische *moules* (Muscheln) spielen die Hauptrolle.

Selbstversorger

Hausgemachter Käse und Butter aus Jean-Yves Bordiers La Maison du Beurre (Karte S. 258; 9 rue de l'Orme; ☉Di–Sa, Mi Nachmittag geschl.) werden an berühmte Restaurants in aller Welt geliefert. Unweit davon befindet sich die Markthalle Halle au Blé (Karte S. 258; rue de la Herse; ☉Di & Fr 8–12 Uhr).

☕ Ausgehen

L'Alchimiste

BAR

(Karte S. 258; 7 rue St-Thomas; ☉17–2 Uhr, Okt.–April Mo geschl.) Sanfte Hintergrundmusik im Stil von Ben Harper schafft in dem zauberhaften Lokal mit den vielen alten Büchern und dem fliegenden Spielzeugfuchs eine besondere Atmosphäre. Die Bar ist mit einem roten Theatervorhang mit Fran-

IM TAKT DER MUSIK

Die keltische Kultur ist bekannt für ihre Musik, und die Bretagne ist da keine Ausnahme. Auf den zahlreichen In- und Outdoorfestivals und -Konzerten gibt es alles, von traditionellen Instrumenten bis hin zu elektronischer Musik, einschließlich bekannter internationaler Künstler. Das kostenlose Magazin **Ty Zicos** (www.tyzicos.com, auf Frz.), das monatlich in Cafés und Bars ausliegt, informiert über aktuelle Veranstaltungen.

Zusätzlich zu den Festivals und Events, die in diesem Kapitel aufgelistet sind, gibt es jedes Jahr noch die drei großen Musikfeste der Region:

Les Vieilles Charrues de Carhaix (www.vieillescharrues.asso.fr) Altmodische Schnulzensänger, elektronische Beats und vieles mehr locken Mitte Juli über 300 000 Menschen nach Carhaix.

Astropolis (www.astropolis.org, auf Frz.) Festival der elektronischen Musik in Brest Anfang August. Die Hauptveranstaltung findet stimmungsvoll in einer Burg statt.

Les Transmusicales de Rennes (www.lestrans.com) Geniale Indiebands in Rennes Anfang Dezember.

sen drapiert, die Galerie ist holzgeschnitzt (samt Kanzel) und die unteren Räume sind holzbeheizt.

L'Aviso
BAR MIT LIVEMUSIK
(Karte S. 258; 12 rue Point du Jour; ⊙18–3 Uhr) In dem gemütlichen Lokal wird regelmäßig Livemusik geboten und es gibt über 300 Biersorten (mehr als zehn vom Fass, darunter bretonisches Bier). Der freundliche Besitzer und Kenner hilft Unentschlossenen weiter.

Le Cunningham
BAR
(Karte S. 258; 2 rue des Hauts Sablons; ⊙Di–Sa 18–3, So bis 2 Uhr) Die tolle Bar hat eine gewölbte Holzdecke und eine ganze Fensterwand mit Blick übers Wasser. Das ganze Jahr über wird Livemusik geboten, darunter Jazz, Soul und brasilianische Rhythmen.

☆ Unterhaltung

In der Cathédrale St-Vincent und auch an anderen Veranstaltungsorten finden im Sommer klassische Konzerte statt. In den Kneipen, Bars und Cafés gibt es jede Menge Livemusik – das Programm gibt es über den Link „What's on" auf der Website der Touristeninformation (www.saint-malo-tourisme.com).

ℹ Praktische Informationen

Hauptpost (1 bd de la République) Außerhalb der Mauern.

Mokamalo (5 rue de l'Orme; ⊙9–20 Uhr) Internetzugang innerhalb der Mauern.

Post (place des Frères Lamennais) Innerhalb der Mauern.

Touristeninformation (☎08 25 13 52 00, 02 99 56 64 43; www.saint-malo-tourisme.com; esplanade St-Vincent; ⊙Mo–Sa 9–19.30, So 10–18 Uhr) Direkt vor den Mauern.

ℹ An- & Weiterreise

BUS Alle Intercitybusse halten am Bahnhof. Busse von **Keolis Emeraude** (☎02 99 19 70 80; www.keolis-emeraude.com) fahren nach Cancale (2 €, 30 Min.) und zum Mont-St-Michel (3,30 €, 1½ Std., 3- bis 4-mal tgl.). **Illeno** (☎02 99 82 26 26; www.illenoo-services.fr) hat Verbindungen mit Dinard (1,70 €, 30 Min., stündl.) und Rennes (3 €, 1–1½ Std., 3- bis 6-mal tgl.) und **Tibus** (☎08 10 22 22 22; www.tibus.fr) mit Dinan (2 €, 50 Min., 3- bis 8-mal tgl.).

FÄHRE Brittany Ferries ☎Reservierung in Frankreich 08 25 82 88 28, in England 0871 244 07 44; www.brittany-ferries.com) verkehrt zwischen St-Malo und Portsmouth, **Condor Ferries** (☎in Frankreich 08 25 16 54 63, in England 01202 207 216; www.condorferries.co.uk) von und nach Poole und Weymouth über Jersey oder Guernsey. Autofähren legen an der Gare Maritime du Naye ab.

Von April bis September betreiben die **Compagnie Corsaire** (☎08 25 13 80 35; www.compagniecorsaire.com) und **Vedettes de St-Malo** (☎02 23 18 41 08; www.vedettes-saint-malo.com) einen **Bus de Mer** (Wasserbus; Erw./Kind hin & zurück 7/4,30 €) zwischen St-Malo und Dinard (10 Min., mindestens stündl.).

FLUG Fluginformationen s. S. 662.

AUTO Avis (☎02 99 40 18 54) und **Europcar** (☎02 99 56 75 17) haben im Bahnhof jeweils einen Schalter, Avis auch in der Gare Maritime du Naye.

ZUG TGV-Züge fahren ab St-Malo:

Dinan 9 €, 1 Std., 10-mal tgl. (mit Umsteigen in Dol de Bretagne)

Paris Montparnasse 63 €, 3 Std., bis zu 10-mal tgl.

Rennes 13 €, 1 Std., ungefähr stündl.

Unterwegs vor Ort

BUS Stadtbusse in St-Malo (Einzelfahrschein 1,05 €, 24-Std.-Karte 3 €) sind bis etwa 20 Uhr in Betrieb, im Sommer auf einigen Strecken bis etwa 24 Uhr. Zwischen der Esplanade St-Vincent und dem Bahnhof verkehren die Busse C1 oder C2.

TAXI Taxiruf: 02 99 81 30 30.

Dinard

11 180 EW.

Ein Besuch Dinards „in der Saison" ist wie das Eintauchen in eines der Bilder Picassos, die er hier in den 1920er-Jahren gemalt hat. Oberhalb der Klippen stehen die Villen der *Belle Époque, die einen zeitlosen Hintergrund für den* Strand und die blauweiß gestreiften Badezelte abgeben. Im Winter, wenn die Touristen ihre Badesachen eingepackt haben, wirkt der Ort ziemlich verschlafen, doch winterliche Wanderungen auf den Küstenwegen sind einfach spektakulär.

⊙ Sehenswertes & Aktivitäten

Reizvolle Wanderwege   WANDERN

Die romantisch benannte **Promenade du Clair de Lune** (Mondscheinpromenade) bietet eine tolle Aussicht von der Mündung der Rance bis zur Altstadt von St-Malo und im Sommer jede Nacht eine Ton- und Lichtshow.

Zweistündige **Führungen zu Fuß** (⊙14.30 Uhr) auf Englisch und Französisch erläutern Geschichte, Kunst und Architektur der Stadt. Sie beginnen an der Touristeninformation.

Herrliche **Küstenwanderwege** führen von Dinard aus in beide Richtungen. Wanderer können von der Plage du Prieuré bis zur Plage de St-Énogat über die Pointe du Moulinet der Küste folgen. Radfahrer können auf der Straße die Küste entlangfahren. Die 1:50 000-Karte *Ille-et-Vilaine: Randonnées en Haute Bretagne* des Institut National Géographique (IGN) markiert Wanderwege im ganzen Departement.

Barrage de la Rance   BRÜCKE

Die 750 m lange Brücke über die Rance ist Teil der D168 zwischen St-Malo und Dinard und eine Abkürzung von gut 30 km. Die **Usine Marémotrice de la Rance** (unter der Brücke), ein Meisterwerk der Wasserkraft, produziert Strom durch Nutzung des ungewöhnlich hohen Tidenhubs an der Rance-Mündung – ein Unterschied von 13,5 m zwischen Ebbe und Flut.

GRATIS Technisch Interessierte erhalten im **Espace Découverte** (⊙Mai–Sept. 10–18 Uhr) am Dinard-Ufer einen Überblick über die Anlage und die Folgen des Kraftwerks für die Umwelt. Dazu wird ein Film in englischer Sprache gezeigt.

Strände & Schwimmen   STRÄNDE

Die **Plage de l'Écluse**, gesäumt von schicken Hotels, einem Kasino und neogotischen Villen, ist ideal, um in einem der für Dinard typisch blauweiß gestreiften **Strandzelte** (02 99 46 18 12; halbtags 7,50–12 €, ganztags 8,50–15,50 €) stilvoll Schatten zu suchen; Sonnenschirme und Liegestühle werden ebenfalls vermietet. Im Sommer werden oftmals Reproduktionen von Picassos Gemälden am Strand aufgestellt.

Neben dem Strand befindet sich das Hallenbad **Piscine Municipale** (02 99 46 22 77; promenade des Alliés; Erw./Kind 4,50/3,50 €) mit beheiztem Meerwasserbecken im Olympiaformat.

Weniger schick (und weniger voll) als die Plage de l'Écluse ist die **Plage du Prieuré**, 1 km weiter südlich. Die **Plage de St-Énogat** liegt 1 km westlich der Plage de l'Écluse an der anderen Seite der Pointe de la Malouine.

Wassersport   WASSERSPORT

Der **Wishbone Club** (02 99 88 15 20; www.wishbone-club-dinard.com; ⊙Juni–Sept. 9–21 Uhr) an der Plage de l'Écluse vermietet Surfbretter (ab 15 €/Std.), Katamarane und Kajaks und gibt Surfunterricht.

Tauchausflüge organisiert der **CSD** (Club Subaquatique Dinardais; 02 99 46 25 18; ab 18 €).

🛏 Schlafen

Dinards Preise passen zum Image der Stadt: Budgetreisende sollten lieber in St-Malo übernachten und dann mit der Fähre rüberfahren oder rüberlaufen.

LP TIPP ★ **Hôtel Printania** TRADITIONELLES HOTEL € (02 99 46 13 07; www.printaniahotel. com, auf Frz; 5 av. George V; EZ 67 €, DZ 73–104 €;

BRETAGNE DINARD

REVIVAL DER BRETONISCHEN SPRACHE

In der gesamten Bretagne sind zweisprachige Straßen- und Hinweisschilder üblich und auch in anderen Zusammenhängen taucht das Bretonische auf. Obwohl alle Bretonen auch Französisch sprechen, wird die Präsenz des Bretonischen als wichtiges Zeichen zur Normalisierung einer Sprache im Alltag erachtet, die Anfang und Mitte des 20. Jhs. weitgehend stigmatisiert und sogar verboten war.

Historisch gesehen ist Bretonisch eine keltische Sprache, die mit Kornisch (aus Cornwall) und Walisisch und etwas entfernter mit dem irischen und schottischen Gälisch verwandt ist. Seit der Französischen Revolution hat die Regierung bretonischen Unterricht in den Schulen verboten und Kinder bestraft, die ihre Muttersprache sprachen. Wie in allen marginalisierten keltischen Volksgruppen wurden Bretonisch sprechende Leute jeden Alters stigmatisiert. 150 Jahre lang wurde die Sprache lediglich in der Privatsphäre des eigenen Hauses gesprochen. Auch sorgten Bildung, Nachkriegswirtschaft, Massenmedien und vor allem die Mobilität zwischen der Bretagne und dem Rest des Landes für eine zunehmende Dominanz des Französischen. Zwischen 1950 und 1990 ging der Gebrauch des Bretonischen um 80 % zurück.

Was heute aber eigentlich als „Bretonisch" gilt, ist schwieriger zu definieren. Der Grundstein für das Revival der Sprache wurde in den 1960er-Jahren gelegt, speziell nach den Mairevolten von 1968, als die Jugend gegen die Unterdrückung ihres Kulturerbes rebellierte. Die Wiederbelebung einer Sprache, die nicht mehr von Generation zu Generation weitergegeben wurde, war jedoch nicht so einfach. Sie war eher Sprech- denn Schriftsprache, zudem in beiden Fällen geprägt von regionalen Unterschieden. Die Festlegung auf ein standardisiertes Bretonisch für den Schulunterricht ist noch immer komplizierter.

Auch gibt es einen merklichen Unterschied zwischen dem alten Bretonisch und dem „Neo-Bretonisch", besonders wenn heute oftmals längst integrierte französische Wörter durch rein bretonische ersetzt werden. Typisches Beispiel: *Aotrou* und *Itron* werden nun für das französische *Monsieur* und *Madame* genutzt. Traditionell bezeichnen diese jedoch jemanden von allerhöchstem Rang (*Itron* ist die respektvolle Anrede der Mutter Gottes) - was einen weiteren sprachlichen Generationenkonflikt mit sich bringt. (Man stelle sich vor, ein Fremder auf der Straße begrüßt eine Frau ohne Ironie mit „Guten Tag, meine Erhabenste".) Manchen älteren Muttersprachlern fällt es auch schwer, die aufgrund ihrer Sprache erfahrene Ausgrenzung zu vergessen. Sie fühlen sich unwohl, in der Öffentlichkeit Bretonisch zu sprechen.

Das Bretonische reicht längst über seine historischen Grenzen hinaus. Ursprünglich wurden in der Basse Bretagne im Westen mehrere Dialekte des Bretonischen gesprochen, während in der Haute Bretagne im Osten (einschließlich St-Malo) Gallo vorherrschte, was dem Französischen gleicht. Heute jedoch ist eine bretonische Beschilderung selbst in den Métrostationen in Rennes und anderswo im Osten zu finden. Sie symbolisiert damit die Kultur der Bretagne in der gesamten Region.

Wenn die Schüler von heute ihr Schulbretonisch in die Gesellschaft einbringen, wird sich die Sprache erneut entwickeln, so wie sich das Kulturenmosaik Frankreichs ebenfalls weiterentwickelt. Vorläufig aber bedeutet die Wiederbelebung der Sprache auch ein Aufleben der bretonischen Identität.

♩Mitte März–Mitte Nov.; ☏) Das hübsche Hotel im bretonischen Stil mit Holz- und Ledermöbeln bietet einen herrlichen Blick über die Baie du Prieuré. Zimmer mit Seeblick sind teurer; aber zum Frühstück (8,50 €) haben alle einen großartigen Blick übers Wasser nach St-Servan. Direkt an der Straße steht vor dem Hauptgebäude ein Anbau des Hotels. Es gibt dort keine Rezeption, die Gäste müssen bis zum eigentlichen Hotel durchlaufen.

Grand Hôtel Barrière   LUXUSHOTEL €€
(☑02 99 88 26 26; www.lucienbarriere.com; 3 bd Féart; EZ 165–200 €, DZ 180–300 €; ❋🛜🐕♿) Das altehrwürdige Haus ist Dinards feinste Adresse und erhielt ein sehr elegantes neues Gesicht – mit entsprechenden Preisen. Die Zimmer sind groß, viele mit Balkon und

großartigem Blick aufs Meer, aber der Stil tendiert zum anonymen Chic. Es gibt einen großen Swimmingpool (die meiste Zeit des Jahres überdacht) und einen glamourösen Rasen für den abendlichen Cocktail. WLAN wird extra berechnet.

Hôtel de la Plage
HOTEL €

(📞02 99 46 14 87; www.hoteldelaplage-dinard. com; 3 bd Féart; EZ 55–75 €, DZ 69–125 €; 🖥) Erfrischend unprätentiös mit freundlichem Personal und rustikalen Zimmern mit soliden Steinwänden, rot-goldener Ausstattung, schweren Holzmöbeln und Schlittenbetten. Einige der 18 Zimmer haben eine große Holzterrasse mit Blick aufs Meer, das nur ein paar Schritte entfernt ist.

Camping Municipal du Port Blanc
CAMPINGPLATZ €

(📞02 99 46 10 74; camping.municipal@ville-dinard.fr; rue du Sergeant Boulanger; Platz pro 2 Erw. ab 19 €; ⏲April–Sept.) Der Campingplatz liegt nah am Strand, etwa 2 km westlich der Plage de l'Écluse. Er bietet schöne Aussichten und direkten Strandzugang.

✗ Essen

Einige der besten Restaurants Dinards gehören zu Hotels, etwa zum **Hôtel Printania** (Menü 25–38 €), wo erstklassiger Fisch und Meeresfrüchte serviert werden.

Chez Ma Pomme
BRETONISCH €€

(📞02 99 46 81 90; 6 rue Yves Verney; Menü 20–26 €; ⏲Mo, Sept.–Juni So & Do abends geschl.) Zu den kreativen Gerichten mit fangfrischem Fisch zählt auch in Speck und Parmesan gebratener Kabeljau. In der verlockenden Auswahl an Desserts wird viel gehaltvoller bretonischer Karamell verwendet. Das Küchenteam ist hip und jung, die farbenfrohe Einrichtung ebenso fröhlich.

L'Abri des Flots
FISCH & MEERESFRÜCHTE €€

(📞02 99 16 99 48; 3 place de la République; Mittags-/Abendmenü 23–35 €) Dieser moderne Tempel der Meeresfrüchte, wo der frische Fang sorgfältig zu klassischen französischen Gerichten bereitet wird, ist ohne Mühe einfach chic und überzeugt in jeder Hinsicht. Das große Lokal ist meist jeden Tag bis auf den letzten Platz besetzt. Höchst empfehlenswert.

Crêperie Côté Mer
CRÊPERIE €

(📞02 99 16 80 30; 29 bd Wilson; Menü ab 12,50 €; ⏲Sept.–Juni Mo geschl.) Die frische kleine Crêperie mit Fichtenholztischen in einer hübschen Fußgängerzone serviert Grill-

fleisch, Salate, Austern, *moules-frites* (Miesmuscheln und Pommes) und natürlich auch Crêpes, galettes und ganzjährig Eiscreme.

Selbstversorger

In der großen **Markthalle** (place Rochaid; ⏲Di, Do & Sa 7–13.30 Uhr) von Dinard gibt's alles für ein Strandpicknick.

❶ Praktische Informationen

Cyberspot (6 rue Winston Churchill; 6 €/Std.; ⏲Mi–Sa 10–19, So & Mo 14.30–19 Uhr)

Touristeninformation (📞02 99 46 94 12; www.ot-dinard.com; 2 bd Féart; ⏲Mo–Sa 9.30–12.15 & 14–18 Uhr) Kostenlose Buchung von Unterkünften.

❶ An- & Weiterreise

BUS Illenoo-Busse (www.illenoo-services.fr) verbinden Dinard und den Bahnhof in St-Malo (1,70 €, 30 Min., stündl.). Günstigste Haltestelle ist Le Gallic vor der Touristeninformation. Mehrere Busse fahren auch nach Rennes (3,90 €, 2 Std.).

FLUGZEUG Ryanair (www.ryanair.com) fliegt täglich von und nach London Stansted. Vom Flughafen (5 km von Dinard entfernt) fahren keine Busse in die Stadt (oder ins benachbarte St-Malo); Taxis von Dinard zum Flughafen kosten tagsüber/abends etwa 15/22 €.

SCHIFF Von April bis September betreiben die **Compagnie Corsaire** (📞08 25 13 80 35; www.compagniecorsaire.com) und **Vedettes de St-Malo** (📞02 23 18 41 08; www.vedettes-saint-malo.com) mindestens stündlich einen **Bus de Mer** (Wasserbus; Erw./Kind hin & zurück 7/4,30 €) zwischen St-Malo und Dinard (10 Min.).

❶ Unterwegs vor Ort

FAHRRAD Breiz Cycles (📞02 99 46 27 25; 8 rue St-Énogat) verleiht Fahrräder (ab 9 €/Tag) und Motorroller (ab 38 €/Tag).

TAXI Taxiruf: 📞06 64 98 59 59.

Cancale

5440 EW.

Der idyllische kleine Fischerort Cancale, 14 km östlich von St-Malo, ist vor allem berühmt für seine *parcs à huîtres* (Austernbänke).

⊙ Sehenswertes

Ferme Marine
AUSTERNMUSEUM

(Meeresfarm; www.ferme-marine.com; corniche de l'Aurore; Erw./Kind 7/3,60 €; ⏲Mitte Feb.–

Okt.) Das kleine Museum widmet sich der Austernzucht und den Schalentieren. Von Juli bis Mitte September werden täglich um 14 Uhr Führungen auf Englisch angeboten.

🛏 Schlafen & Essen

Cancale ist von St-Malo oder Dinard aus ein einfacher Tagesausflug, aber es gibt hier auch ein paar nette Unterkünfte, falls eine Übernachtung ansteht.

La Pastourelle ZIMMER MIT FRÜHSTÜCK €
(📞02 99 89 10 09; www.baie-saintmichel.com, auf Frz.; Les Nielles, St-Méloir des Ondes; EZ 56–64 €, DZ 62–74 €; 🛜) Auf dem Land rund um Cancale gibt's ein paar wirklich schöne *chambres d'hôtes* (die Touristeninformation hat eine komplette Liste). Eines der schönsten ist diese weinbewachsene traditionelle bretonische *longère* (Langhaus) mit Blick aufs Meer. Die Zimmer sind frisch und ländlich und auf Anfrage gibt's gesellige *tables d'hôtes* (27 €/Pers.). An der D155 gelegen.

Hôtel La Mère Champlain HOTEL €
(📞02 99 89 60 04; www.lamerechamplain.com; 1 quai Thomas; DZ 69–149 €; 🛜) Die 15 hübsch renovierten Zimmer in dem Hotel am Kai vermitteln eine lockere Atmosphäre und bieten einen traumhaften Hafenblick. Seit Kurzem gibt es einen Lift, wodurch die Zimmer auch für Rollstuhlfahrer zugänglich sind. Das maritim gestylte Restaurant (*Menü* 16–40 €) mit blütenweißen Tischtüchern ist auf gegrillten Hummer spezialisiert und hat köstliche Desserts.

Le Continental HOTEL €€
(📞02 99 89 60 16; www.hotel-cancale.com, auf Frz.; 4 quai Thomas; DZ 88–148 €; 🕙Mitte Feb.–Anfang Jan.; 🛜) Das *Hôtel de charme* (roll-stuhlgerecht) am Hafen über einem Restaurant (Menü 19–42 €) mit roter Markise hat wunderschöne Zimmer mit Holzmöbeln. Die Zimmer mit Seeblick sind teuer, aber es lohnt sich – besonders in den oberen Stockwerken.

Auberge de Jeunesse HOSTEL €
(📞02 99 89 62 62; www.fuaj.org; Port Pican; B ab 19 €; 🕙Feb.–Nov.) Cancales HI-Hostel in Port Pican liegt 3 km nordöstlich des Ortes. Der Bus (nur im Juli & Aug.) hält an der Cancale Église und in Port Pican. Von dort sind es noch 500 m zu Fuß Richtung Meer. Camper können hier für 6 € pro Nacht ihr Zelt aufstellen.

Camping Municipal Le Grouin
CAMPINGPLATZ €
(📞02 99 89 63 79; Pointe du Grouin; Platz 15 €; 🕙März–Okt.) Der Campingplatz an einem schönen Sandstrand nahe der Pointe du Grouin 6 km nördlich von Cancale bietet 200 großzügige Stellplätze und sanitäre Einrichtungen für Rollstuhlfahrer.

Marché aux Huîtres AUSTERNMARKT €
(🕙9–18 Uhr) An Ständen vor dem Leuchtturm an der Pointe des Crolles werden Austern verkauft, von kleinen *huîtres creuses* ab 3,50 € pro Dutzend bis zu 20 € für untertassengroße *plates de Cancale*.

ℹ Praktische Informationen

Touristeninformation (📞02 99 89 63 72; www.cancale-tourisme.fr; 🕙9–13 & 14.30–18 Uhr) Am oberen Ende der Rue du Port, im Juli und August auch am Quai Gambetta im Anbau des Holzhauses, in dem die Fischauktion stattfindet.

LE COQUILLAGE

Das opulente Hotel-Restaurant **Le Coquillage** (📞02 99 89 64 76; www.maisons-de-bricourt.com; 1 rue Duguesclin; Menü 26–90 €; 🕙Jan. & Feb. geschl.) im stattlichen Château Richeux, 4 km südlich von Cancale, ist das jüngste Projekt des Starkochs Olivier Roellinger. Wer sich hier einen Tisch ergattern kann, versteht sofort, warum Roellingers Kreationen drei Michelinsterne einheimsten. Das Menü „Meeresabenteuer" (90 €) kombiniert viele kulinarische Glanzlichter der Bretagne und der Normandie, von frischen Jakobsmuscheln bis zu Regionalgerichten, die alle wunderbar zubereitet und phantasievoll präsentiert werden. Eine frühzeitige Reservierung ist unerlässlich. Roellinger vermietet nicht nur Zimmer im Château Richeux, sondern auch diverse Ferienhäuser und andere Luxusunterkünfte in der Umgebung von Cancale. Details dazu stehen auf der Website.

❶ Anreise & Unterwegs vor Ort

BUS Busse halten hinter der Kirche an der Place Lucidas und am Port de la Houle neben dem unüberriechbaren Fischmarkt. **Keolis Emeraude** (www.keolis-emeraude.com) fährt das ganze Jahr über nach St-Malo (2 €, 30 Min.). Im Sommer fahren täglich mindestens drei der Busse weiter nach Port Pican und Port Mer nahe der Pointe du Grouin.

FAHRRAD Les 2 Roues de Cancale (✆ 02 99 89 80 16; 7 rue de l'Industrie; ab 13 €/Tag) vermietet diverse Fahrräder. Die 35 km entlang der Küste von Cancale nach St-Malo sind perfekt für eine tolle Radtour oder Wanderung.

Pointe du Grouin

Das **Naturschutzgebiet** an der Nordspitze der wilden Küste zwischen Cancale und St-Malo liegt auf einer zerklüfteten Landzunge. Vor der Küste im Osten befindet sich die **Île des Landes** mit einer Kolonie riesiger, schwarzer Kormorane, deren Flügelspannweite 170 cm erreicht.

Der großartige **Küstenwanderweg** GR34 zur Pointe du Grouin ist von Cancale aus 7 km lang, von St-Malo aus 28 km. Über die D201 sind es 4 km von Cancale. In der Touristeninformation von Cancale gibt's eine kostenlose Karte zu diesem Küstenabschnitt.

Dinan

11 600 EW.

Dinans Altstadt hoch über dem schnell fließenden Fluss Rance ist mit ihren engen Kopfsteinpflastergassen und Plätzen mit schiefen Fachwerkhäusern ein Stück Mittelalter – was auch die Flut der Sommertouristen herlockt.

◉ Sehenswertes

Tour de l'Horloge   TURM
(✆ 02 96 87 02 26; rue de l'Horloge; Erw./Kind 2,95/1,90 €; ⊙ Juni–Sept. 10–18.30 Uhr) Die vorkragenden Fachwerkhäuser an der Place des Cordeliers und der Place des Merciers bilden das Zentrum der Altstadt. Ein paar Schritte weiter südlich steht der Glockenturm aus dem 15. Jh., Besucher können auf den kleinen Balkon gehen. Alle Viertelstunde ertönt das Glockenspiel.

Basilique St-Sauveur   KIRCHE
(place St-Sauveur; ⊙ 9–18 Uhr) Die Basilika St-Sauveur mit ihrem hohen gotischen Altarraum birgt im nördlichen Querschiff eine Grabplatte aus dem 14. Jh., unter der das Herz von **Bertrand du Guesclin** ruhen soll. Der Ritter aus dem 14. Jh. hasste die Engländer und kämpfte erbittert für ihre Vertreibung aus Frankreich. Eine Ironie der Geschichte: Dinan hat heute die größte englische Gemeinde in der Bretagne!

Château de Dinan   TEXTILMUSEUM
(✆ 02 96 39 45 20; rue du Château; Erw./Kind 4,40/1,75 €; ⊙ 10–18.30 Uhr, Jan. geschl.) Das Stadtmuseum ist im stimmungsvollen Burgfried der Ruine des **Château de Dinan** aus dem 14. Jh. untergebracht. Es zeigt lokales Textilgewerbe, darunter auch eine ansehnliche Sammlung von *coiffes* (traditioneller bretonischer Spitzenkopfschmuck).

An der Ostseite der Kirche hinter dem winzigen **Jardin Anglais** (englischer Garten), einst ein Friedhof und heute ein hübscher kleiner Park, befindet sich die **Tour Ste-Cathérine** aus dem 13. Jh. mit großartigem Blick auf das Viadukt und den Hafen.

Vieux Pont   ALTSTADT
Die **Rue du Jerzual** und ihre Fortsetzung, die steile (und bei Nässe rutschige) **Rue du Petit Fort**, beide gesäumt von Kunstgalerien, Antiquitätenläden und Restaurants, führen hinab zum **Vieux Pont** (alte Brücke). Der kleine Hafen erstreckt sich von hier nordwärts, während im Süden der **Viaduc de Dinan** aus dem 19. Jh. emporragt.

🏃 Aktivitäten

Compagnie Corsaire   BOOTSFAHRTEN
(www.compagniecorsaire.com) Zwischen Mai und September fahren Boote auf der Rance nach Dinard und St-Malo (hin & zurück 30 €, 2½ Std.). Die Abfahrtszeiten richten sich nach den Gezeiten. Von Dinard oder St-Malo geht es problemlos mit dem Bus nach Dinan zurück (von St-Malo auch mit der Bahn).

Stadtspaziergänge   WANDERN
In der Touristeninformation gibt's in verschiedenen Sprachen die kostenlose Broschüre *Discovery Tours*, in der drei Stadtspaziergänge beschrieben sind.

🎆 Festivals & Events

Festival des Ramparts   MITTELALTERFEST
(www.fete-remparts-dinan.com) Mindestens 100 000 Besucher schließen sich den Dinanesern an, wenn die sich alle zwei Jahre (in geraden Jahren) Ende Juli für die zwei-

tägige Fête des Remparts in mittelalterliche Gewänder hüllen.

Schlafen

Im Sommer ist eine Buchung im Voraus unbedingt ratsam. Bei der Touristeninformation gibt's eine Liste mit *chambres d'hôtes* in der Umgebung.

La Villa Côté Cour   ZIMMER MIT FRÜHSTÜCK €€
(☎02 96 39 30 07; www.villa-cote-cour-dinan.com; 10 rue Lord Kitchener; EZ 89–159 €, DZ mit Frühstück 99–229 €; 🛜) Ein Traum wird wahr ... die erstklassige *chambre d'hôtes* geht auf einen hübschen Garten hinaus und hat lediglich vier ländliche Zimmer mit karierten Stoffen, blitzblanken Fußböden und einer dekadenten Sauna (9,50 €). Die meisten Zimmer haben ihren eigenen Whirlpool.

Hôtel de la Tour de l'Horloge   TRADITIONELLES HOTEL €
(☎02 96 39 96 92; www.hotel-dinan.com; 5 rue de la Chaux; EZ/DZ 55/69 €; 🛜) Die zwölf Zimmer des Horloge im Zentrum der Altstadt befinden sich in einem hübschen Haus aus dem 18. Jh. in einer autofreien Straße mit Kopfsteinpflaster. Das Hotel wurde jüngst sehr kontrastreich im farbenfrohen nordafrikanischen Stil renoviert. Die Zimmer im obersten Stock haben Deckenbalken und einen Blick auf den Namensgeber des Hotels, den Uhrenturm.

Hôtel Les Grandes Tours   HISTORISCHES HOTEL €
(☎02 96 85 16 20; www.hotel-dinan-grandes-tours.com; 6 rue du Château; EZ 40–56 €, DZ 40–60 €, 3BZ 73 €; ☻Feb.–Mitte Dez.; 🛜) Früher war dies das Hôtel des Messageries, es war berühmt dafür, dass hier 1836 Victor Hugo und seine Geliebte Juliette Drouet nächtigten. Die in Blau gehaltenen Zimmer sind winzig (besonders die unter der Dachschräge), aber auch sehr kuschelig. Ein privater geschlossener Parkplatz ist vorhanden (8 €).

Auberge de Jeunesse Moulin de Méen   HOSTEL €
(☎02 96 39 10 83; www.fuaj.org; Vallée de la Fontaine des Eaux; Zelten 6 €, B mit Frühstück 13,50 €; ☻Ende Dez.–Anfang Feb. geschl.; @) Dinans HI-Hostel ist in einer weinberankten, alten Wassermühle 750 m nördlich des Hafens untergebracht. Die Rezeption ist von 9 bis 12 und 17 bis 21 Uhr geöffnet.

Camping Municipal Châteaubriand   CAMPINGPLATZ €
(☎im Sommer 02 96 39 11 96, sonst 02 96 39 22 43; 103 rue Chateaubriand; pro Erw./Zelt/Auto 2,70/3/2,50 €; ☻Ende Mai–Ende Sept.) Der Platz am Fuß der Festungsmauer liegt der Altstadt am nächsten.

Essen & Ausgehen

In der Altstadt gibt's einige wirklich reizvolle (und überraschend preiswerte) Lokale und Bars; weitere Restaurants liegen entlang des Flusses am alten Hafen.

Le Cantorbery   FRANZÖSISCH, KLASSISCH €€
(☎02 96 39 02 52; 6 rue Ste-Claire; Menü 26–37 €; ☻Mi geschl.) Das elegante, intime Restaurant in einem prachtvollen Haus aus dem 17. Jh. ist perfekt für ein romantisches Mahl zu zweit. Die traditionelle Speisekarte – bestehend aus Rind, gegrilltem Fisch und Meeresfrüchten, wie *coquilles St-Jacques* (Jakobsmuscheln) aus St-Brieuc – ändert sich je nach jahreszeitlichem Angebot.

Chez La Mère Pourcel   FRANZÖSISCH, KLASSISCH €€
(☎02 96 39 03 80; 3 place des Merciers; Menü 22–35 €; ☻Di–Sa mittags & abends, So mittags) Der Speiseraum mit Balkendecke in dieser Institution Dinans hat sich seit seinem Bau im 15. Jh. nicht sehr verändert. Zu den ausgezeichneten Gerichten gehört u. a. auch Lamm aus der hiesigen Salzmarsch.

Le Chat Botté   FRANZÖSISCH, KLASSISCH €€
(☎02 96 85 31 58; 18 passage de la Tour de l'Horloge; Menü 10–17,50 €; ☻Mo geschl.) „Der gestiefelte Kater" in der Altstadt ist bekannt für seinen zarten gegrillten Fisch und seine Crêpes.

Le Patio   INTERNATIONAL €
(☎02 96 39 84 87; 9 place du Champ Clos; Menü 11–13 €; ☻12 Uhr–spät, Mo & So mittags geschl.; 🛜) In dem modernen Lokal gibt's rund um einen grünen Garten internationale Gerichte, Tapas oder einfach nur etwas zum Trinken. Die Küche schließt um Mitternacht.

🛈 Praktische Informationen

Post (7 place Duclos)

Touristeninformation (☎02 96 87 69 76; www.dinan-tourisme.com; 9 rue du Château; ☻Mo–Sa 9–12.30 & 14–18 Uhr) Internetzugang für 1 € pro Stunde.

Anreise & Unterwegs vor Ort

BUS Busse fahren an der Place Duclos und am Busbahnhof ab. Mehrmals täglich fahren Busse von **Illenoo** (☎02 99 26 16 00):

Dinard 2,40 €, 40 Min.

Rennes 3,90 €, 1¼ Std.

FAHRRAD Cycles Gauthier (☎02 96 85 07 60; 15 rue Déroyer; ◷Di–Sa 9–12 & 14–19 Uhr) verleiht von ihrem Schiff in Bahnhofsnähe Fahrräder für 15 € pro Tag.

TAXI Taxiruf ☎06 08 00 80 90.

ZUG Umsteigen in Dol de Bretagne:

Rennes 13,50 €, 1 Std.

St-Malo 8,50 €, 1 Std., 5-mal tgl.

Paimpol

8170 EW.

Das geschichtsträchtige Paimpol (bret.: Pempoull) mit seinen Fachwerkhäusern liegt an einem aktiven Fischereihafen. Einst war es der Heimathafen der Islandfischer, jener ortsansässigen Fischer, die sich für sieben Monate oder länger in die Gewässer Islands aufmachten. Über diese Zeit werden jede Menge Legenden erzählt: Die Fischer, die nie zurückkamen, bleiben in Volksmärchen und *chants de marins* (Seemannsliedern) lebendig.

Südlich der beiden Häfen drängt sich das Zentrum Paimpols um den Marktplatz Place du Martray. Zug- und Busbahnhof befinden sich 100 m südlich des Platzes.

◉ Sehenswertes & Aktivitäten

Die Touristeninformation hat Adressen von Anbietern für Kanu- und Kajakfahrten.

La Vapeur du Trieux   DAMPFEISENBAHN
(☎08 92 39 14 27; www.vapeurdutrieux.com; Erw./Kind hin & zurück 22/11 €; ◷Mai–Sept.) Zwischen Mai und September lädt die schnaufende Dampfeisenbahn von 1922 auf eine wunderbare Reise am Flussufer entlang, vom Bahnhof in Paimpol geht es bis zum Künstlerort **Pontrieux**. In Pontrieux bleibt genug Zeit für ein nettes Essen und einen Stadtbummel, bevor es wieder zurückgeht. Die Fahrt sollte mindestens einen Tag vorher gebucht werden.

Abbaye de Beauport   KLOSTER
(☎02 96 55 18 58; www.abbaye-beauport.com, auf Frz.; Erw./Kind 5,50/2,5 €; ◷10–19 Uhr) Wer ein Auto hat (oder Lust auf einen herrlichen

1½-stündigen Küstenspaziergang ab dem Hafen), sollte sich 3,5 km ostwärts zu der romantischen Abtei aufmachen. Unterwegs bietet die Pointe de Guilben einen wunderbaren Blick über die Bucht. Eine Karte ist kostenlos in der Touristeninformation erhältlich.

Musée de la Mer   MEERESMUSEUM
(☎02 96 22 02 19; rue Labenne; Erw./Kind 4,70/2 €; ◷10.30–12.30 & 14.30–18.30 Uhr) Das tolle kleine Museum zeichnet die maritime Geschichte der Region Paimpol nach, es ist passenderweise in einer ehemaligen Kabeljaudörrfabrik untergebracht.

Musée du Costume Breton TRACHTENMUSEUM
(☎02 96 22 02 19; rue Raymond Pellier; Erw./ Kind 2,80/1,20 €; ◷Juli & Aug. Di–So 15–19 Uhr) Das etwas schräge Museum zur Regionalgeschichte zeigt in den Sommermonaten traditionelle Kleidungsstücke.

Île de Bréhat   INSEL
Paimpol ist der nächstgelegene Hafen zur **Île de Bréhat** (bret. Enez Vriad), einer winzigen, autofreien Insel, 8 km nördlich vor der Küste, auf der 350 Menschen leben. Von Nord nach Süd ist sie nur 5 km lang. Die idyllischste Zeit ist der Frühling, wenn mediterrane Wildblumen in dem milden Mikroklima blühen. In der Zitadelle am südwestlichen Rand befindet sich eine **Glasfabrik** (☎02 96 20 09 09; www.verreries debrehat.com; Eintritt 1 €). In der Saison öffnet ein kommunaler Campingplatz; Näheres weiß die Touristeninformation in Paimpol.

Vedettes de Bréhat (☎02 96 55 79 50; www.vedettesdebrehat.com) betreibt Fähren (Erw./Kind hin & zurück 8,50/7 €, 15 Min., mindestens 8-mal tgl.) zur Île de Bréhat ab der Pointe L'Arcouest, 6 km nördlich von Paimpol. Fahrradtransport, nur auf bestimmten Fahrten möglich, kostet 15 € extra (hin & zurück). Preiswerter ist es, ein Fahrrad auf der Insel zu mieten; Läden gibt es auf der rechten Straßenseite vom Anleger aus. Um die empfindliche Natur zu schützen, ist es jedoch am besten, Bréhat laufend zu erkunden.

✦ Festivals & Events

Festival de Chant de Marin
KULTURFESTIVAL (www.paimpol-festival.com) Auf dem Festival am Hafen gibt es alle zwei (geraden) Jahre traditionelle bretonische Tänze.

Schlafen & Essen

Hôtel Le Terre-Neuvas
HOTEL €

(☑02 96 55 14 14; www.le-terre-neuvas.com; 16 quai Duguay Trouin; DZ 34–48 €; ☺Mitte Jan.– Mitte Dez.; 🛜) Das Hotel gleich neben dem Hafen und ein paar Schritte vom historischen Zentrum und der Küste entfernt, hat komfortable, unglaublich günstige Zimmer, einige mit Meerblick. Das exzellente Hausrestaurant (*Menü* 20–30 €) ist sowohl bei Gästen als auch bei Nicht-Gästen sehr beliebt.

K' Loys
TRADITIONELLES HOTEL €

(☑02 96 20 40 01; www.k-loys.com; 21 quai Morand; DZ 55–110 €; 🛜) Jedes der 15 Zimmer in dem gemütlichen (behindertengerechten) Hotel, einst die Villa eines Reeders, ist individuell mit Streifentapeten und Paisleyvorhängen ausstaffiert. Es gibt hübsche Privatsalons mit weich gepolsterten Sitznischen zum Relaxen bei einem Drink.

🛶 Camping Municipal de Cruckin
CAMPINGPLATZ €

(☑02 96 20 78 47; www.camping-paimpol.com; rue de Cruckin; Platz/Pers. 7,50/3,50 €; ☺April–Sept.) Der Ökocampingplatz nahe der Abbaye de Beauport an der wunderschönen Baie de Kérity, 3,5 km südöstlich der Stadt (an der Straße nach Plouha), praktiziert eine umweltbewusste Energie-, Wasser- und Abfallwirtschaft.

Ty Krampoux
CRÊPERIE €

(☑02 96 20 86 34; 11 place du Martray; Crêpes & galettes 2–10 €) Über zwei Ebenen mit Holzbalustraden drängen sich die Einheimischen, die sogar vor dem Öffnen vor der Tür warten. Das Lokal an Paimpols hübschem Hauptplatz ist das Zentrum der Gemeinde und serviert perfekt gebutterte bretonische Crêpes, ebenso wie leckere Füllungen, wie z. B. Kastaniencreme mit Schokolade. Im Sommer ist auch die Terrasse voll besetzt. Mit einem Krug Cidre dazu lässt sich ein Stück wahres bretonisches Leben genießen.

L'Islandais
FISCH & MEERESFRÜCHTE €€

(☑02 96 20 93 00; http://creperie-restaurant. l-islandais.com; 19 quai Morand; Menü 18–35 €) An der Westseite des Hafens gibt's mehrere lässige, gute Seafood-Restaurants, darunter auch dieses beliebte Lokal, in dem die Platten mit Meeresfrüchten groß genug für zwei sind.

Selbstversorger

Der **Markt** von Paimpol findet dienstagmorgens an der Place Gambetta und der Place du Martray statt. Am Wochenende werden frisch geöffnete Austern am Quai Duguay Trouin verkauft.

ℹ️ Praktische Informationen

Touristeninformation (☑02 96 20 83 16; www.paimpol-goelo.com; place de la République; ☺Mo–Sa 9.30–19.30, So 10–12.30 & 16.30–18.30 Uhr) Verkauft Wanderführer für die Umgebung (3 €).

ℹ️ Anreise & Unterwegs vor Ort

BUS Tibus (☑08 10 22 22 22) sorgt für Busverbindungen mit St-Brieuc (2,40 €, 1½ Std.). Im Sommer fahren die meisten Busse weiter zur Pointe L'Arcouest.

FAHRRAD Intersport Paimpol (☑02 96 20 59 46; zone de Kerpuns) in der Nähe des riesigen Carrefour-Supermarkts verleiht eine große Auswahl an Fahrrädern und Kajaks.

ZUG Mehrere Züge oder SNCF-Busse verkehren täglich zwischen Paimpol und Guingamp (7 €, 45 Min.). Von dort gibt's Verbindungen nach Brest, St-Brieuc und Rennes.

FINISTÈRE

Frankreichs westlichstes *Departement* Finistère hat eine raue, windgepeitschte Küste, wo sich die Wellen an den Leuchttürmen brechen. Der südliche Landzipfel Cornouaille erhielt seinen Namen von den Kelten aus Cornwall und anderen Teilen Britanniens, die sich hier niederließen. Heute ist es ein Refugium bretonischer Sprache, Gebräuche und Kultur.

Roscoff

3780 EW.

Im Unterschied zu den anderen industrialisierten, nicht gerade schönen Hafenstädten am Ärmelkanal bietet Roscoff (bret. Rosko) einen hinreißenden ersten Eindruck der Bretagne. Granithäuser aus dem 16. Jh. schmücken den hübschen Ort, um den sich rund herum smaragdgrüne Felder erstrecken, auf denen Blumenkohl, Zwiebeln, Tomaten, Kartoffeln und Artischocken angebaut werden.

Einst überquerten Bauern aus Roscoff, „Johnnies" genannt, in ihren typischen quergestreiften Hemden den Ärmelkanal. Ihre Boote waren mit kleinen rosa Zwiebeln beladen. In England angekommen, radelten die Bretonen durchs Land und verkauften die Ware, die ihnen am Fahrradlenker herunterbaumelte, – und schufen damit das heutige britische Stereotyp der Franzosen. Dieser Handel begann Anfang des 19. Jhs. und erreichte seinen Höhepunkt in den 1920er-Jahren. Heute haben die „Johnnies" einen nahezu mythischen Status in der Region. Einige betreiben diesen alten Handel noch immer und eine neue Generation von „Johnnies" lässt diese alte Tradition weiterleben.

In den Gewässern vor Roscoff werden Algen *(goémon)* zum Verzehr und für Thalassotherapie- und Schönheitsbehandlungen geerntet.

◉ Sehenswertes & Aktivitäten

Église Notre-Dame de Kroaz-Batz KIRCHE (place Lacaze-Duthiers; ⊘9–12 & 14–18 Uhr) Das augenfälligste Bauwerk in Roscoff ist diese ungewöhnliche Kirche inmitten der Altstadt. Das flamboyant-gotische Gebäude aus dem 16. Jh. mit ihrem Renaissance-Glockenturm, der die flache Landschaft überragt, gehört zu den eindrucksvollsten Kirchen der Bretagne.

Maison des Johnnies GESCHICHTSMUSEUM (✆02 98 61 25 48; 48 rue Brizeux; Erw./Kind 4/2,50 €) In dem viel besuchten Museum dokumentieren Fotos ab dem 19. Jh. Roscoffs reisende Zwiebelbauern. Von Mitte Juni bis Mitte September gehört jeden Dienstag zu den 17-Uhr-Führungen auch von 18 bis 19 Uhr eine Begegnung mit den Johnnies. Die Zeiten für Führungen ändern sich häufig, sie sind aber telefonisch zu erfahren.

Le Jardin Exotique de Roscoff GARTEN (✆02 98 61 29 19; www.jardinexotiqueroscoff. com; Erw./Kind 5/2 €; ⊘10–19 Uhr, Dez.–Feb. geschl.) In dem beeindruckenden Garten gedeihen 3000 exotische Pflanzenarten, viele aus der südlichen Hemisphäre.

Centre de Découverte des Algues MUSEUM (✆02 98 69 77 05; www.decouvertedesalgues. com, auf Frz.; 5 rue Victor Hugo; Eintritt frei, Wanderungen Erw./Kind 5/3,50 €; ⊘10–19 Uhr) Das mit Begeisterung geführte Museum informiert über die hiesige Algenernte und organisiert geführte Wanderungen. Es gibt

kostenlose Vorträge (oft auch auf Deutsch und auf Englisch).

Thalasso Roscoff MEERWASSERBÄDER (✆08 25 00 20 99; www.thalasso.com, auf Frz.; rue Victor Hugo; ⊘Dez. geschl.) Das perfekte Programm nach einem Besuch des Centre de Découverte des Algues: ein Algenbad in diesem Bäderzentrum, das mit gesundheitsfördernden Einrichtungen wie einem beheizten Meerwasserpool, einem Hamam und einem Whirlpool lockt (11 € für alle drei).

Île de Batz INSEL Die Île de Batz („ba" ausgesprochen; bret. Enez Vaz; www.iledebatz.com) ist im Prinzip ein 4 km² großer, mit Seetang gedüngter Gemüsegarten, gesäumt von Stränden, an denen sich entspannt sonnenbaden lässt. Im milden Inselklima gedeihen über 1500 Pflanzen aus allen fünf Kontinenten im üppigen **Jardins Georges Delaselle** (✆02 98 61 75 65; www.jardin-georgesdelaselle.fr; Erw./Kind 4,60/2 €; ⊘April–Okt. Mi–Mo 14–18 Uhr, Juli & Aug. tgl.) aus dem 19. Jh.

Fähren (Erw./Kind hin & zurück 7,50/4 €, Fahrradmitnahme 7 €, 15 Min. pro Überfahrt) zwischen Roscoff und der Île de Batz fahren von Ende Juni bis Mitte September von 8 bis 20 Uhr alle 30 Minuten; im übrigen Jahr fahren sie achtmal pro Tag.

Auf der Insel vermieten **Le Saout** (✆02 98 61 77 65) und **Roulez Jeunesse** (✆02 98 61 76 91) Fahrräder für ca. 10 € pro Tag.

⌂ Schlafen & Essen

In Roscoffs Hotels gibt es einige erstklassige Restaurants.

Hôtel du Centre BOUTIQUEHOTEL € LP TIPP (✆02 98 61 24 25; www.chezjanie.com; Zi. 69–99 €; ⊘Mitte Feb.–Mitte Nov.; ☎) Die minimalistischen, schicken Zimmer des Boutiquehotels sehen aus wie aus einem Hochglanzmagazin – wo sie auch tatsächlich schon oft abgebildet waren. Ein Zimmer mit Blick über die Postkartenidylle am Hafen kostet 25 € extra. Aber am bekanntesten ist das Hotel wahrscheinlich für sein Restaurant **Chez Janie** (Menü 24 €), das bretonische Klassiker wie *kig ha farz* serviert – eine Bauernmahlzeit für die ganze Familie, deren Grundlage der bretonische Mehlkloß *farz* ist, der im Leinenbeutel in einem Speck- und Gemüseeintopf gekocht wird.

Le Temps de Vivre BOUTIQUEHOTEL €€ (✆02 98 19 33 19; www.tycoz.com/letempsde vivre; 19 place Lacaze Duthiers; DZ 140–268 €; ☎)

Das glamouröse Hotel verbirgt sich in einer schönen Steinvilla mit Turm gleich gegenüber der Kirche. Es ist eines der allerbesten Häuser Roscoffs, einige Zimmer haben phantastischen Meerblick, die Einrichtung ist eine wunderbare Mischung aus Moderne und Tradition und das Personal ist freundlich. Alle Zimmer haben kostenlosen Internetzugang.

Hôtel Les Arcades
TRADITIONELLES HOTEL €

(📞02 98 69 70 45; www.hotel-les-arcades-roscoff.com; 15 rue Amiral Réveillère; Zi. 46–62 €; 🛜) Das anheimelnde Hotel direkt oberhalb des Felsenufers mitten in der Stadt wird seit fast einem Jahrhundert von derselben Familie betrieben. Die 24 Zimmer sind licht und hell, das verglaste Restaurant (Hauptgerichte um 15 €) bietet Meeresfrüchte und eine spektakuläre Aussicht.

Hôtel Les Chardons Bleus
TRADITIONELLES HOTEL €

(📞02 98 69 72 03; www.roscoffhotel.com, auf Frz.; 4 rue Amiral Réveillère; DZ 70–95 €; ⊙Mitte März–Jan.; 🛜) Die „blauen Disteln", ein Logis-de-France-Haus, 100 m hinter dem Hafen im Stadtzentrum gelegen, hat zehn komfortable Zimmer und ein altmodisches, formelles Restaurant (Menü 10–40 €), das sich auf Meeresfrüchte spezialisiert hat.

Camping Aux Quatre Saisons
CAMPINGPLATZ €

(📞02 98 69 70 86; www.camping-aux4saisons.fr; Le Ruguel; Plätze 9–11 €; ⊙Ostern–Sept.) Der Campingplatz 3 km südwestlich von Roscoff liegt nahe einem Sandstrand auf dem Gelände einer schönen Villa aus dem 19. Jh.

La P'tite Fabrik
CRÊPERIE €

(📞02 98 69 92 69; 18 rue Jules Ferry) Die offene Küche dieser Crêperie in der Altstadt gewährt einen Einblick in die Herstellung hausgemachter Crêpes, die man dann z. B. zu einem Picknick am Strand mitnehmen kann.

Le Surcouf
BRASSERIE €

(📞02 98 69 71 89; 14 rue Amiral Réveillère; Menü 11–55 €) Das Brasserie-Restaurant ist ganzjährig geöffnet und daher bei den Einheimischen sehr beliebt. Die genauen Öffnungszeiten und -tage können variieren.

ℹ Praktische Informationen

Post (19 rue Gambetta)

Touristeninformation (📞02 98 61 12 13; www.roscoff-tourisme.com; quai d'Auxerre; ⊙Mo–Sa 9.15–12 & 14–18 Uhr, Juli & Aug. auch So) Die neue Touristeninformation liegt neben dem Leuchtturm. Ein öffentlich zugänglicher Computer bietet hier kostenlosen Internetzugang.

ℹ An- & Weiterreise

BUS Busbahnhof und Bahnhof befinden sich in der Rue Ropartz Morvan. Busse von **Cars Bihan** (📞02 98 83 45 80) fahren vom Fährhafen (Port de Bloscon) und durch das Stadtzentrum:

Brest 2 €, 1½–2 Std., bis zu 4-mal tgl.

Morlaix 2 €, 40 Min., mehrmals tgl.

FÄHRE Brittany Ferries (📞Buchung in Frankreich 08 25 82 88 28, in England 0871 244 0744; www.brittany-ferries.com) verbindet Roscoff mit Plymouth in England (5–9 Std., ganzjährig 1- bis 3-mal tgl.) und mit Cork in Irland (14 Std., Juni–Sept. 1-mal wöchentl.). Die Fähren legen im Port de Bloscon ab, etwa 2 km östlich des Stadtzentrums.

ZUG Züge und SNCF-Busse fahren regelmäßig nach Morlaix (5,50 €, 35 Min.), wo es Anschlüsse nach Brest, Quimper und St-Brieuc gibt.

Morlaix

16 600 EW.

Morlaix liegt tief in einem engen Tal im Nordosten Finistères. Die einnehmende und leicht erreichbare Stadt eignet sich zudem gut als Tor zur Küste und zu den *enclos paroissiaux*, den umfriedeten Pfarrbezirken weiter im Süden mit ihren plastischen Figuren um viele der Kirchen herum (etwa das Meisterwerk im Dorf Pleyben aus dem 16. Jh.).

Der 58 m hohe, bogenförmige Eisenbahnviadukt hoch über der Stadt wurde 1863 gebaut.

⊙ Sehenswertes & Aktivitäten

Église St-Melaine
KIRCHE

(⊙9–12 & 14–18 Uhr) Die flamboyant-gotische Église St-Melaine aus dem späten 15. Jh. hat ein sternenübersätes Tonnengewölbedach und bunt bemalte Holzstatuen, u. a. sind Petrus und der heilige Namensgeber zu sehen.

Le Musée de Morlaix
MUSEUM

(📞02 98 88 07 75; www.musee.ville.morlaix.fr; place des Jacobins; ⊙Mi–Sa & Mo 10–12 & 14–17 Uhr, im Sommer tgl.) Das Musée de Morlaix präsentiert Geschichte, Archäologie und Kunst der Region. Zum Museum gehört auch das wunderschön erhaltene Fachwerkhaus in der Nähe, **La Maison à**

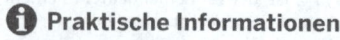

Pondalez (☎02 98 88 68 88; 9 Grand Rue). Eintrittskarten für Museum und Haus kosten für Erw./Kind 4/2,50 €.

Le Léon à Fer et à Flots BOOTSFAHRTEN
(☎02 98 62 07 52; www.aferaflots.org, auf Frz.; Erw./Kind 25/13 €; ☉April–Sept.) Le Léon à Fer et à Flots bietet eine gute Möglichkeit, die Gegend vom Land und vom Wasser aus zu erkunden: bei einer Bootstour um die Inseln in der Baie de Morlaix und mit dem Zug auf der malerischen Strecke zwischen Roscoff und Morlaix.

🛏 Schlafen & Essen

In der Rue Ange de Guernisac gibt's mehrere verlockende Restaurants.

Ty Pierre ZIMMER MIT FRÜHSTÜCK €
(☎06 80 01 37 75; 1bis place de Viarmes; EZ/DZ/3BZ mit Gemeinschaftsbad 34/50/65 €; ☏) Die Kunstwerke und Artefakte, die Pierre-Yves Jacquet von seinen Asienreisen mitgebracht hat, schmücken nun die zehn geräumigen Zimmer seiner *chambre d'hôtes*. Bei dem Preis gibt es aber keinen Aufzug (die drei oder vier Stockwerke muss man schon selber hochlaufen). Und die meisten Zimmer haben kein eigenes Bad (die befinden sich auf den breiten Korridoren). Dafür gibt es ab 15 € pro Tag Räder zu mieten. Vorteil: Das Haus liegt gleich gegenüber der gemütlichen bretonischen Bar La Chope (Mo geschl.) mit Fußballübertragungen und Cidre vom Fass.

Hôtel de l'Europe TRADITIONELLES HOTEL €
(☎02 98 62 11 99; www.hotel-europe-com.fr; 1 rue d'Aiguillon; Zi. 60–88 €; Suite 120 €; ☏) Das majestätische, edle und doch relaxte Hotel ist in einem eleganten Gebäude aus dem 19. Jh. untergebracht. Stuckdecken, Täfelungen und Holzschnitzereien schmücken das hinreißende Foyer; die romantischen Zimmer in Aprikosen- und Rosentönen bieten allen Komfort, inkl. kostenlosem Breitbandinternet.

Grand Café de la Terrasse BRASSERIE €
(☎02 98 88 20 25; 31 place des Otages; Hauptgerichte 12,50–16,50 €; ☉Mo–Sa 8–24 Uhr) Die umwerfende Brasserie, 1872 gegründet und mit originaler Wendeltreppe erhalten, ist mitten im Zentrum Morlaix' das Schaustück der Stadt. Es gibt Tee, Kaffee und Alkoholisches sowie klassische französische Brasserie-Küche wie Kaninchen mit Lauch überbacken.

ℹ Praktische Informationen

Café de l'Aurore (☎02 98 88 03 05; 17 rue Traverse; ☉Mo–Sa) Kostenloser Internetcomputer für Gäste.

Touristeninformation (☎02 98 62 14 94; www.tourisme.morlaix.fr; place des Otages; ☉Mo–Sa 10–14.30 & 14–19, So 10–12.30 Uhr) Ein paar Schritte südwestlich unterhalb des Bahnviadukts. Vom Bahnhof aus geht es dorthin südwärts über die Rue de Léon, dann links und die Treppe der Rue Courte hinab.

ℹ An- & Weiterreise

Morlaix hat häufige Zugverbindungen:
Brest 10 €, 45 Min.
Paris Montparnasse 66 €, 4 Std.
Roscoff 5,50 €, 30 Min.

Brest

146 500 EW.

Brest, an der oberen Grenze des Finistère und dem Atlantik zugewandt, ist groß, selbstbewusst und dynamisch, ein bedeutender Hafen und Militärstützpunkt, der keineswegs so weit ab vom Schuss wirkt, wie er auf der Landkarte erscheint. Brest wurde im Zweiten Weltkrieg durch Luftangriffe der Alliierten zerstört und nach dem Krieg neu aufgebaut. Die Stadt hat zwar ihre Reize, aber nichts von dem bretonischen Charme des benachbarten Roscoff. Französische Matrosen in blauer Uniform mit Goldepauletten sind in der ganzen Stadt zu sehen, aber auch viele Studenten der Universität von Brest. Für die meisten Menschen ist die Stadt nur Durchgangsstation zur wild umtosten Île d'Ouessant.

◉ Sehenswertes & Aktivitäten

Océanopolis AQUARIUM
(☎02 98 34 40 40; www.oceanopolis.com; port de Plaisance; Erw./Kind 16,50/11 €; ☉9–18 Uhr) Mit 50 Wasserbecken in drei thematischen Pavillons – polar, tropisch und gemäßigt – ist das blitzsaubere, moderne Aquarium eine prima Alternative für Regentage (die nicht ungewöhnlich sind). Tipp: Mit einer online gekauften Eintrittskarte zum selben Preis geht es an den Warteschlangen vorbei direkt hinein zu den Seetangwäldern, Robben, Krabben, Seeanemonen, Pinguinen, Haien usw. Das Aquarium liegt 3 km östlich des Stadtzentrums; der Bus 15 fährt ab Place de la Liberté.

Musée de la Marine
MARINEMUSEUM

(📞02 98 22 12 39; www.musee-marine.fr; Erw./
Kind 5,50 €/frei; ⊙10–18.30 Uhr, Mitte Sept.–
März Di geschl.) Das exzellente Museum im
Château de Brest dokumentiert Brests Geschichte als Marinestützpunkt. Die Festung
aus dem 13. Jh. wurde einst zur Verteidigung des natürlichen Hafens am Fluss Pen-
feld errichtet. Nach dem Zusammenschluss
der Bretagne mit Frankreich 1532 wurden
Burg und Hafen zur königlichen Festung.
Von den Mauern eröffnet sich ein großartiger Blick über den Hafen und den Marinestützpunkt. Eintrittskarten (4 €) gibt es in
der Touristeninformation.

GRATIS Tour Tanguy
TURM

(📞02 98 00 88 60; place Pierre Péron;
⊙10–12 & 14–19 Uhr, Okt.–Mai Mo, Di & Fr geschl.) Die Ausstellung in dem Turm aus dem
14. Jh. ist eine traurige Erinnerung daran,
wie Brest am Vorabend des Zweiten Weltkriegs ausgesehen haben mag. Zu den Exponaten zur Stadtgeschichte gehört auch
eine Dokumentation über den Besuch dreier siamesischer Botschafter, die 1686 dem
Hof Ludwigs XIV. Geschenke überreichten.
Die Rue de Siam wurde nach ihnen benannt.

La Société Maritime Azenor
BOOTSFAHRTEN

(📞02 98 41 46 23; www.azenor.fr, auf Frz.; Erw./
Kind 15,50/11 €; ⊙April–Sept.) Das angesehene
Bootsunternehmen unternimmt zwei- bis
dreimal täglich 1½-stündige Bootsfahrten
im Hafengebiet und um den Marinestützpunkt ab dem Port de Commerce (nahe der
Burg) und dem Port de Plaisance (gegenüber dem Océanopolis).

⭐ Festivals & Events

Les Jeudis du Port
MUSIKFESTIVAL

(Hafen-Donnerstage; ⊙Mitte Juli–Ende Aug. Do
19.30–24 Uhr) Im Sommer sollte ein Besuch
in Brest auf einen Donnerstag gelegt werden. Dann nämlich gibt es live im Hafen
Rock, Reggae und Weltmusik sowie Straßentheater und Kinderprogramm.

🛏 Schlafen

LP TIPP Hôtel St Louis
BOUTIQUEHOTEL €

(📞02 98 44 23 91; www.brest-hotel.
com, auf Frz.; 6 rue Algésiras; DZ 30–55 €; 🛜)
Das flotte Hotel hat etwas von einem „Boutiquehotel für Mittellose". Die spartanischen Zimmer werden von exzentrischem
Beiwerk wie Pop-Art-Drucken, bunt gestrichenen Wänden und Retrobadezimmern in

Schränken aufgepeppt. Einfach und billig,
aber bemerkenswert cool – Reservierung
empfohlen.

Hôtel de la Rade
HOTEL €

(📞02 98 44 47 76; www.hoteldelarade.com; 6 rue
de Siam; EZ 52–62 €, DZ 51–66 €; 🛜) Das preiswerte Hotel mitten im Stadtzentrum hat
kleine, aber schicke und auf stilvolle Art
einfache Zimmer mit winzigen, aber funktionalen Badezimmern. Einige Zimmer bieten einen schönen Blick auf den Hafen.

Hôtel Continental
HOTEL €€

(📞02 98 80 50 40; www.oceaniahotels.com; rue
Émile Zola; EZ 120–150 €, DZ 170–190 DZ; ❋🛜)
Das noble Hotel ist innen weitaus schicker,
als das schlichte Äußere vermuten lässt.
Die 73 eleganten und funktionalen Art-dé-
co-Zimmer mit blitzweißen Badezimmern
mit Kachelfriesen sind schallisoliert und
mit allem Komfort wie Satelliten-Flachbild-
TV ausgestattet. Am Wochenende wird ein
deutlicher Nachlass auf die Zimmerpreise
gewährt.

Auberge de Jeunesse Éthic Étapes
HOSTEL €

(📞02 98 41 90 41; brest.aj.cis@wanadoo.fr; rue de
Kerbriant; B mit Bettwäsche & Frühstück 17,50 €;
🛜) Das helle, moderne 118-Betten-Hostel
mit Fahrradschuppen und Behindertenzu-
gang liegt nahe dem Océanopolis und einen
Steinwurf vom künstlichen Strand in Moulin Blanc entfernt. Allerdings wird hier ein
Mitgliedsausweis der Hostelling International verlangt, den Gäste bei Ankunft erwerben können (unter/über 26 J. 11/17 €). Zu
erreichen mit dem Bus 15 ab dem Bahnhof
oder dem Bus 3 von der Place de la Liberté
bis zum Port de Plaisance.

Camping du Goulet
CAMPINGPLATZ €

(📞02 98 45 86 84; www.campingdugoulet.com,
auf Frz.; Ste-Anne du Portzic; Platz 13–23 €; 🛜🏊)
Der riesige, hügelige Campingplatz befindet sich in Ste-Anne du Portzic, 6 km südwestlich von Brest und 400 m vom Meer
entfernt. Der Bus 28 fährt ab Rue Georges
Clemenceau (nahe der Touristeninformation) bis zur Haltestelle Le Cosquer.

🍴 Essen

Ma Petite Folie
FISCH & MEERESFRÜCHTE €€

(📞02 98 42 44 42; Port de Plaisance; Menü 20–
40 €; ⊙Mo–Sa) Das stimmungsvolle Restaurant auf einem alten grünweiß gestrichenen Hummerboot ist mit Bojen behängt
und für immer in Moulin Blanc angedockt.

Es gibt hervorragend zubereitete Krebse, Garnelen und frischen Fisch in Buttersauce, zum Nachtisch Birnentorte. Dazu einen frischen Weißwein.

St Ex
FRANZÖSISCH, MODERN €
(☎02 98 46 33 53; 4 rue de Siam; Menü 10–40 €) Die zu Recht beliebte Crêperie ist keineswegs ein übliches Imbiss-Café, sondern ein schickes, gut besuchtes Restaurant mit Speisen, zu denen auch aufwendigere Fisch-, Meeresfrüchte- und Fleischgerichte gehören. Davon abgesehen sind die Crêpes hier die besten, die es gibt.

Selbstversorger
Die Markthalle in Brest, **Les Halles St-Louis** (☎Mo–Sa 9–13 & 16–19, So 9–13 Uhr), hat alles für Selbstversorger. Am Sonntagmorgen gibt es auch draußen **Marktstände**.

Praktische Informationen
Post (place Général Leclerc)
Touristeninformation (☎02 98 44 24 96; www.brest-metropole-tourisme.fr; place de la Liberté; ⊙Mo–Sa 9.30–19, So 10–12 Uhr)

An- & Weiterreise
AUTO & MOTORRAD Vermietungen:
ADA (☎02 98 44 44 88; 9 av. Georges Clemenceau)
Europcar (☎02 98 44 66 88; rue Voltaire)
BUS Der **Busbahnhof** (☎02 98 44 46 73) von Brest befindet sich neben dem Bahnhof.
Le Conquet 2 €, 45 Min., 6-mal tgl.
Roscoff 2 €, 1½ Std., 4-mal tgl.

FÄHRE Die Fähren zur Île d'Ouessant legen am Port de Commerce ab. Im Sommer verbindet **Azénor** (☎02 98 41 46 23; www.azenor.com, auf Frz.) Brest mit Camaret-sur-Mer auf der Halbinsel Crozon (einfach Erw./Kind 9/7 €, 1 Std., 2-mal tgl., außer Sa im Juli & Aug.).

FLUGZEUG Ryanair fliegt von Brests jüngst erweitertem **Flughafen** (www.brest.aeroport.fr) von und nach London (Luton) und Marseille, Flybe hat Verbindungen mit Birmingham, Manchester und Southampton und Air France mit Paris, Lyon und Nizza.

ZUG Umsteigebahnhof nach Roscoff ist Morlaix.
Morlaix 10 €, 45 Min.
Paris Montparnasse ab 69 €, 4½ Std., etwa 15-mal tgl.
Quimper 15,50 €, 1¼ Std.
Rennes 32 €, 2 Std.

Unterwegs vor Ort
BUS Pendelbusse (einfach 4,60 €) verkehren etwa jede Stunde zwischen Busbahnhof und Flughafen; Fahrkarten gibt es im Bus. Einzelfahrscheine der Stadtbusgesellschaft **Bibus** (☎02 98 80 30 30) gelten für zwei Stunden und kosten 1,25 €, Tageskarten 3,40 €. An der Place de la Liberté gibt es einen Informationsschalter.
TAXI Taxiruf: ☎02 98 80 18 01 oder ☎02 98 80 68 06. Eine Fahrt zum 10 km entfernten Flughafen kostet etwa 15 €.

Île d'Ouessant
878 EW.
Zwar kommen im Sommer ganze Touristenhorden hierher, aber die kleinen, frei herumlaufenden, schwarzen Schafe und die traditionellen Häuser verleihen der rauen Île d'Ouessant (bret. Enez Eusa, „Insel des Schreckens", engl. Ushant) eine Atmosphäre vom Ende der Welt. Am besten lässt sich diese Stimmung bei einer Wanderung auf dem 45 km langen schroffen **Küstenpfad** erleben.

 Sehenswertes & Aktivitäten
Musée des Phares et des Balises
LEUCHTTURMMUSEUM
(Leuchtturm- & Leuchtfeuermuseum; ☎02 98 48 80 70; Erw./Kind 4,30/3 €; ⊙11–18 Uhr) Der schwarz-weiß gestreifte Phare de Créac'h ist der leistungsstärkste Leuchtturm der Welt. Mit zwei Leuchtfeuern alle zehn Sekunden, die über 50 km weit sichtbar sind, dient er als Signal für die über 50 000 Schiffe, die jedes Jahr in den Ärmelkanal einfahren. Darunter befindet sich das größte Museum der Insel, das die Geschichte dieser lebenswichtigen Navigationshilfe dokumentiert; interessanter ist die Abteilung über Schiffswracks und Unterwasserarchäologie.

Écomusée d'Ouessant
ÖKOMUSEUM
(☎02 98 48 86 37; Maison du Niou; Erw./Kind 3,50/2,40 €; ⊙10.30–18.30, Okt.–März Mo geschl.) Das kleine „Ökomuseum" besteht aus zwei typischen Inselhäusern. Eines bildet ein traditionelles Gehöft nach, eingerichtet wie eine Kajüte und mit Möbeln aus Treibholz, die bunt bemalt sind, um die Mängel zu kaschieren; das andere dokumentiert Geschichte und Bräuche der Insel. Die Eintrittskarte gilt für beide Museen und kostet 7/4,50 € pro Erw./Kind. Die Öffnungszeiten ändern sich oft, es empfiehlt sich also, vorher nochmal nachzufragen.

STRÄNDE DER ÎLE D'OUESSANT

Der schönste Strand der Insel ist die **Plage de Corz**, 600 m südlich von Lampaul. Auch gut zum Abhängen sind die **Plage du Prat**, **Plage de Yuzin** und **Plage Ar Lan**. Alle sind mit dem Fahrrad leicht von Lampaul oder Port du Stiff aus zu erreichen.

🛏 Schlafen & Essen

Hôtel Roc'h Ar Mor TRADITIONELLES HOTEL €
(☎02 98 48 80 19; pagesperso-orange.fr/rocharmor; Lampaul; Zi. 55–87 €; ⊙Mitte Feb.–Mitte Nov.; ☎) Das ansprechende (behindertengerechte) Hotel in einer Spitzenlage an der Baie de Lampaul hat 15 sonnige Zimmer in Blau- und Weißtönen und ein gutes Restaurant (Halbpension ist hier empfehlenswert) mit Terrasse zum Meer. Exzellenter Räucherfisch und -fleisch aus der hoteleigenen Räucherei stehen auf der einfallsreichen Abendkarte.

Auberge de Jeunesse HOSTEL €
(☎02 98 48 84 53; auberge-ouessant.com; La Croix-Rouge, Lampaul; B mit Frühstück 17,50 €; ⊙Dez.–Jan. geschl.) Das freundliche Hostel auf dem Hügel oberhalb Lampauls hat Zwei- bis Sechsbettzimmer. Es ist beliebt bei Schul- und Wandergruppen. Vorausbuchung ist daher empfohlen. Unter 26-Jährige und Studenten zahlen nur 16 €.

Camping Municipal CAMPINGPLATZ €
(☎02 98 48 84 65; Fax 02 98 48 83 99; Stang Ar Glan, Lampaul; 3,05 €/Pers., plus Zelt 3,05 €; ⊙April–Sept.) Der weitläufige Campingplatz 500 m östlich von Lampaul mit 100 Stellplätzen sieht eher wie ein Fußballplatz aus.

Crêperie Ti A Dreuz CRÊPERIE €
(☎02 98 48 83 01; Lampaul; Crêpes um 3–9 €; ⊙Ostern–Sept. Sa–Do) Keine Sorge, schuld ist nicht ein zu langer Aufenthalt auf See oder zuviel Cidre! Das „schräge Haus" erhielt seinen Namen wegen der schiefen Wände. Die kuriose *Inselcrêperie* serviert leckere *galettes*, wie die *ouessantine* mit sämiger Kartoffel, Käse und Wurst.

Ty Korn FISCH & MEERESFRÜCHTE €€
(☎02 98 48 87 33; Lampaul; Mittags-/Abendmenü 15/31 €; ⊙So & Mo geschl.) Im Erdgeschoss des superfreundlichen Lokals ist eine Bar, in der im Sommer bretonisches dunkles Weizenbier (aus demselben *blé noire* wie die bretonischen galettes) ausgeschenkt wird; oben gibt es ein exzellentes Restaurant, dessen Spezialität Fisch und Meeresfrüchte sind. Die Öffnungszeiten können wechseln, die Bar ist aber bis 1 Uhr geöffnet.

ℹ Praktische Informationen

Touristeninformation (☎02 98 48 85 83; www.ot-ouessant.fr; place de l'Église, Lampaul; ⊙Mo–Sa 9–13 & 13.30–19, So 9.30–13 Uhr) Verkauft Wanderkarten und hat Infos über Veranstalter, die Reiten, Segeln und andere Aktivitäten anbieten.

ℹ An- & Weiterreise

FÄHRE Fähren fahren ab Brest und ab dem winzigen Ort (und westlichstem Punkt der Bretagne) Le Conquet (bret. Konk Leon). Busse von **Les Cars St-Mathieu** (☎02 98 89 12 02) verbinden Brest mit Le Conquet (2 €, 45 Min., 6-mal tgl.). Im Hochsommer ist es ratsam, mindestens zwei Tage im Voraus zu buchen und 30 Minuten vor Abfahrt einzuchecken. Fahrradmitnahme kostet 14 €.

Penn Ar Bed (☎02 98 80 80 80; www.pennarbed.fr) fährt ab dem Port de Commerce in Brest (Erw./Kind hin & zurück 30/18,50 €, 2½ Std.) und von Le Conquet (30/18,50 €, 1½ Std.). Die Schiffe verkehren von Mai bis September zwei- bis fünfmal täglich und von Oktober bis April täglich einmal zwischen beiden Häfen und den Inseln. Im Winterhalbjahr kann bei der Fahrt nach Ouessant eine Menge Geld gespart werden – die Rückfahrkarte ab Brest und ab Le Conquet kostet von November bis Mai (werktags) nur 18 €.

FLUGZEUG Finist'air (☎02 98 84 64 87; www.finistair.fr) fliegt in nur 15 Minuten von Brests Flughafen nach Ouessant. Es gibt täglich zwei Flüge (einfach Erw./Kind unter 13 J. 65/38 €, hin & zurück Erw./Kind unter 13 J. 93/57 €).

ℹ Unterwegs vor Ort

FAHRRAD Am und um den Fährhafen in Port du Stiff gibt's Fahrradverleihe, die auch Filialen in Lampaul unterhalten. Der Preis für Fahrräder/ Mountainbikes beträgt 10/14 €. Mountainbikes sind bei Buchung und Vorauszahlung in der Touristeninformation in Brest preiswerter (10 €). Radfahren auf dem Küstenweg ist verboten – das empfindliche Gelände ist strikt Fußgängern vorbehalten.

MINIBUS Von Inselbewohnern betriebene Minibusservices wie **Ouessant Voyage** (☎06 07 90 07 43) kommen in Port du Stiff zur Fähre und fahren die Passagiere nach Lampaul oder zur Unterkunft zum Einheitspreis von 2 € (im Juli und Aug. ist es besser, in der Touristeninformation der Insel oder in Brest einen Platz zu reser-

ÖKOBIENEN

Abseits der Straße nach Crozon, 8 km westlich von Le Faou, liegt die **Ferme Apicole de Terenez** (☑02 98 81 06 90; www.ferme-apicole-de-terenez.com; Rosnoën; EZ mit Frühstück 30–37 €, DZ 37–43 €; ☻). Im angeschlossenen **Honigmuseum** (Eintritt frei; ☻9–19 Uhr) können Besucher summende Bienen bestaunen und je nach Jahreszeit lassen sich auch die *apiculteurs* (Imker) Irène und Stéphane Brindeau blicken, die mit umweltfreundlichen Kaltextraktionsmethoden rein biologischen Honig gewinnen, der hier aus den Pollen von Blumen und Bäumen aus riesigen Waben in der Werkstatt hergestellt wird. Zu kaufen gibt's Honig, Nougat und andere hausgemachte Produkte aus Honig, wie *hydromel* (bret. *chouchen*; ein vergorenes, alkoholisches Getränk aus Honig und Wasser).

Dieses kleine Paradies ist mehr als nur ein Schwarm Honigbienen. Das Gelände umfasst auch einen Privatwald und sogar eine Privatinsel (bei Ebbe zu Fuß erreichbar; kann in 30 Min. umrundet werden), die die Gäste erkunden können, wenn sie in einem der sechs holzvertäfelten *chambre d'hôtes*-Zimmer des Bauernhofs Urlaub machen. Im Preis enthalten ist das süße Frühstück, bei dem der Honig des Bauernhofs in Form von Kuchen, Keksen und anderem auf den Tisch kommt. Die Familie Brindeau (die ihre Arbeit hier „nicht als Job, sondern als Leidenschaft" betrachtet) hilft auch dabei, ein Kajak zu organisieren, mit dem man rund um das Grundstück paddeln kann. Essen bereitet man sich entweder selbst auf dem Grill zu, oder man geht nur 200 m die Straße runter ins malerische Restaurant **L'Ermitage** (☑02 98 81 93 61; Menü 17–37 €; ☻Mi–So mittags & abends, Di mittags, März geschl.) am Wasser, das frisch gefangenen Fisch serviert.

vieren). Zurück geht es ab dem Parkplatz neben der Kirche von Lampaul. Die Minibusfahrer bieten auch zweistündige kommentierte (auf Frz.) Touren über die Insel an (15 €/Pers.).

Presqu'île de Crozon

Die wie ein Anker geformte Halbinsel Crozon gehört zum **Parc Naturel Régional d'Armorique** und zählt zu den malerischsten Regionen der Bretagne. Die teilweise bewaldete Halbinsel ist exzellent für Radfahrer und – mit 145 km ausgeschilderten Wanderwegen – für Wanderer. Im Hinterland verstecken sich Crêperien in traditionellen Steingebäuden.

MÉNEZ-HOM

Der **Club Celtic de Vol Libre** (☑02 98 81 50 27; www.vol-libre-menez-hom.com, auf Frz.; Drachen- & Gleitschirmfliegen ab 70 €) bietet einen dreistündigen Unterricht in Drachen- und Gleitschirmfliegen. Der Wind der Bretagne trägt die Flieger vom runden, 330 m hohen, mit Heidekraut und Gras bewachsenen Buckel des Ménez-Hom im Osten der Halbinsel. Eine Asphaltstraße führt zum Gipfel, wo man eine grandiose Aussicht über die Baie de Douarnenez genießt.

LANDÉVENNEC
358 EW.

Nördlich des Ménez-Hom mündet die Aulne neben dem hübschen Dörfchen Landévennec mit seiner Ruine der Benediktinerabtei **Abbaye St-Guenolé** in die Rade de Brest. Das **Abteimuseum** (☑02 98 27 35 90; Erw./Kind 4/3 €; ☻10–19 Uhr, Mai–Juni & Ende Sept. Sa geschl.) dokumentiert die Geschichte der Ansiedlung, die 485 n. Chr. vom Hl. Guenolé gegründet wurde und die älteste christliche Stätte der Bretagne ist. In der Nähe befindet sich eine neue Abtei, in der eine Gemeinde von Mönchen in einem kleinen Laden hausgemachte Marmelade verkauft.

ARGOL
833 EW.

Argol für sich ist schon ein malerisches Dorf, aber die Hauptattraktion hier ist das **Musée du Cidre du Bretagne** (Bretonisches Cidremuseum; ☑02 98 17 21 87; www.musee-cidre-bretagne.com; Erw./Kind 5 €/frei; ☻April–Sept. 14–19 Uhr). Die alten Steingebäude einer ehemaligen Molkerei wurden in eine *cidrerie* umgewandelt, die jährlich über 300 000 Flaschen produziert. Bei einem Besuch (etwa eine Stunde einplanen, dann ist auch genug Zeit für einen sehr anschaulichen Film auf Französisch) wird die Geschichte des Cidre in der Bretagne und seine moderne Herstellung erläutert. Und natürlich gibt's auch eine Kostprobe. Im Juli und August wird eine der Scheunen auch als **Crêperie** genutzt (Crêpes 4,50–7,50 €; ☺12–22 Uhr).

CROZON & MORGAT
7950 EW.

Crozon ist die größte Stadt der Region und somit das Zentrum der Halbinsel. Morgat wurde in den 1930er-Jahren 2 km südlich am Wasser von den Brüdern Peugeot (ja, die mit den Autos) als Sommerbadeort errichtet.

◉ Aktivitäten

Küstenwanderung   WANDERN

Hinter der Marina am Südende von Morgats schönem Sandstrand beginnt der 13 km lange Küstenweg (Teil des GR34), der an Klippen entlang eine wunderbare Wanderung zum **Cap de la Chèvre** bietet.

Bootsfahrten   BOOTSFAHRTEN

Vedettes Rosmeur (☎06 85 95 55 49; www.rosmeur.fr) und **Vedettes Sirènes** (☎02 98 26 20 10), beide in Morgat stationiert, unternehmen 45-minütige Bootsfahrten zu den farbenfrohen **Meereshöhlen** an der Küste. Die Touren (Erw./Kind 11/8 €) beginnen von April bis September mehrmals täglich im Hafen von Morgat.

★★ Festivals & Events

Jeden Dienstag im Juli und August finden an der Place d'Ys kostenlose Konzerte statt.

Festival du Bout du Monde   MUSIKFESTIVAL

(Festival am Ende der Welt; www.festivaldubout-dumonde.com, auf Frz.) Die Place d'Ys und Umgebung ist Mitte August Schauplatz der Weltmusiktage Festival du Bout du Monde.

🛏 Schlafen & Essen

Am Meeresufer von Morgat und auf der Place d'Ys gibt's gute Seafood-Restaurants.

Hôtel de la Baie   FAMILIENHOTEL €

(☎02 98 27 07 51; hotel.delabaie@presquile-crozon.com; 46 bd de la Plage, Morgat; EZ ab 27 €, DZ 45–72 €; 🛜🚲) Das einfache, freundliche Hotel in Familienhand an der Promenade von Morgat (mit Seeblick) ist eines der *sehr* wenigen Hotels, die ganzjährig geöffnet sind. Zudem ist es eines der günstigsten in der Gegend – besonders bei Zimmern nur mit Dusche.

Camping Les Pieds Dans l'Eau

CAMPINGPLATZ €

(☎02 98 27 62 43; http://lespiedsdansleau.free.fr; St-Fiacre; pro Pers./Zelt/Auto ab 4/4/2,30 €; ☺Mitte Juni–Mitte Sept.) „Camping mit den Füßen im Wasser" (bei Flut ist das fast wörtlich zu nehmen) heißt einer der 16 Campingplätze auf der Halbinsel.

Saveurs et Marées   FISCH & MEERESFRÜCHTE €

(☎02 98 26 23 18; 52 bd Plage, Morgat; Menü 14–45 €; ☺Feb. geschl.) Das zitronengelbe Häuschen hoch über dem Meer ist aufgrund seines luftigen Speiseraums, der sonnigen Terrasse und der durchweg guten Meeresfrüchte aus heimischem Fang (darunter auch leckerer Hummer) eines der besten Restaurants in Morgat.

❶ Praktische Informationen

Touristeninformation Crozon (☎02 98 27 07 92; www.crozon.com, auf Frz.; bd Pralognan; ☺Mo–Sa 9.15–12.30 & 14–19, So 10–12 Uhr) Im stillgelegten Bahnhof an der Hauptstraße nach Camaret.

Touristeninformation Morgat (☎02 98 27 29 49; www.officedetourisme-crozon-morgat.fr; ☺Mo–Sa 9.15–12.30 & 14–19, So 10–12 Uhr) Die Info an der Promenade Ecke Boulevard de la Plage ist gleichzeitig die örtliche Post.

CAMARET-SUR-MER
2600 EW.

Camaret (das „t" am Ende wird hier, für das Französische unüblich, ausgesprochen) am westlichen Zipfel der Halbinsel Crozon ist ein typisches Fischerdorf – oder war es zumindest bis Anfang des letzten Jahrhunderts, als es Frankreichs größter Langustenhafen war. Heute verrotten im Hafen verlassene Fischerboote, aber der Ort ist noch immer so bezaubernd, dass er Künstler anzieht. Immer mehr Galerien eröffnen im Ort, besonders in der Rue de la Marne und an der Place St-Thomas, einen Block nördlich des Hafens gelegen.

◉ Sehenswertes

Chapelle Notre-Dame-de-Rocamadour

KIRCHE

(☺in den Schulferien) Die Chapelle Notre-Dame-de-Rocamadour mit ihrem Holzdach, das einem umgedrehten Schiffsrumpf gleicht, ist den Seeleuten von Camaret gewidmet, die sie mit Votivgaben in Form von Rudern, Rettungsbojen und Modellschiffen geschmückt haben.

Pointe de Pen-Hir GEDENKSTÄTTEN
Auf der spektakulären Landspitze mit ihren steilen hohen Klippen 3 km südlich von Camaret befinden sich zwei Gedenkstätten zum Zweiten Weltkrieg.

🛏 Schlafen & Essen

Hôtel Vauban HOTEL €
(☏02 98 27 91 36; 4 quai du Styvel; DZ 41–51 €; ⊗Feb.–Nov.) Die luftigen Zimmer des Vauban sind modern, aber die Gastlichkeit ist traditionell und bezieht den großen Garten mit Grill für die selbst gefangenen Fische und ein Klavier zum Klimpern ein. Die Bar ist und bleibt auch bei den „alten Hasen" Camarets beliebt.

Crêperie Rocamadour CRÊPERIE €
(☏02 98 27 93 17; quai Kléber; Hauptgerichte 10–14 €; ⊗Sept.–Juni Mo & Di geschl.) Das Lokal mit Balkendecke nahe der Touristeninformation tischt sorgfältig zubereitete *galettes* auf, auch Hauptgerichte wie zitronenmarinierten Lachs. Zum Nachtisch gehören flambierte oder schokoladige Crêpes.

Del Mare FISCH & MEERESFRÜCHTE €
(☏02 98 27 97 22; 16 quai Gustave Toudouze; Menü 13,50–26,50 €; ⊗Anfang April–Juni & Sept.–Mitte Nov. Di & Mi geschl.) In dem maritimen Lokal im zentralen Hafenbereich geben Meeresfrüchte den Ton an. Auf der kleinen Holzterrasse stehen ein paar Tische und der Service ist schnell und freundlich.

❶ Praktische Informationen
Touristeninformation (☏02 98 27 93 60; www.camaret-sur-mer.com, auf Frz.; 15 quai Kléber; ⊗9.15–12 & 14–18 Uhr, Sept.–Juni So geschl.) Befindet sich am Hafen.

❶ Anreise & Unterwegs vor Ort
BUS Es gibt täglich fünf Busse von Quimper nach Crozon (2 €, 1¼ Std.) und von dort weiter nach Camaret (2 €) und bis zu vier Busse von Camaret und Crozon nach Brest (2 €, 1¼ Std., tgl.). Mehrmals täglich fahren Busse zwischen Morgat, Crozon und Camaret (2 €, 10 Min.).

FÄHREN Azénor (☏02 98 41 46 23; www. azenor.com, auf Frz.) betreibt in der Saison einen Fährservice zwischen Brest und der Presqu'île de Crozon.

Von Mitte April bis Mitte September bietet **Penn Ar Bed** (☏02 98 80 80 80; www. pennarbed.fr) eine Fährverbindung zwischen Camaret und der Île d'Ouessant (Erw./Kind hin & zurück Sept.–Juni ab 18/15,50 €, Juli–Aug. 30/17 €).

FAHRRAD Leihräder gibt's bei **Point Bleu** (☏02 98 27 09 04; quai Kador, Morgat) oder im Sommer am Stand vor der Touristeninformation in Morgat. Sie kosten 10 € pro Tag.

Quimper
67 250 EW.

Quimper (gesprochen kempär) ist Finistères blühende Hauptstadt – klein genug, um mit den schiefen Fachwerkhäusern und engen Pflasterstraßen wie ein Dorf zu wirken, und groß genug, um als Bastion bretonischer Kultur und Kunst zu brummen. Quimper, vom bretonischen Wort *kemper*, „Zusammenfluss", liegt an der Verbindung der beiden kleinen Flüsse Odet und Steïr, die von Fußgängerbrücken voller Hängeblumen überspannt sind. Obwohl es die zauberhafteste Stadt der Bretagne ist, lassen Besucher sie oft links liegen.

◉ Sehenswertes & Aktivitäten

Cathedral St-Corentin KATHEDRALE
(place St-Corentin; ⊗9.30–12 & 13.30–18.30 Uhr) Die imposante Kathedrale im Stadtzentrum hat einen ausgeprägten Knick im hohen, lichten Inneren - manche sagen, dass er das zur Schulter geneigte Haupt Christi am Kreuz symbolisiere. 1239 wurde mit dem Bau der Kathedrale begonnen, vollendet wurde sie jedoch erst in den 1850er-Jahren, einschließlich der markanten Doppeltürme. Zwischen ihnen thront oben an der Westfassade eine Reiterstatue von König Gradlon, dem mythischen Gründer der Stadt im 5. Jh.

Musée des Beaux-Arts KUNSTMUSEUM
(☏02 98 95 45 20; 40 place St-Corentin; Erw./Kind 4,50/2,50 €; ⊗10–19 Uhr) In den Sälen im Erdgeschoss des wichtigsten Kunstmuseums der Stadt befinden sich einige ziemlich düstere europäische Gemälde aus dem 16. bis 20. Jh. Doch in den oberen Stockwerken sieht die Sache schon viel freundlicher aus. In dem Saal, der dem in Quimper geborenen Dichter Max Jacob gewidmet ist, hängen auch Zeichnungen von Picasso.

Musée Départemental Breton
BRETONISCHES MUSEUM
(☏02 98 95 21 60; 1 rue du Roi Gradlon; Erw./Kind 4 €/frei; ⊗9–18 Uhr) Das Museum befindet sich im ehemaligen Bischofspalast auf der Rückseite eines prachtvollen steinernen Innenhofs neben der Kathedrale. Großartige Exponate präsentieren bretonische Ge-

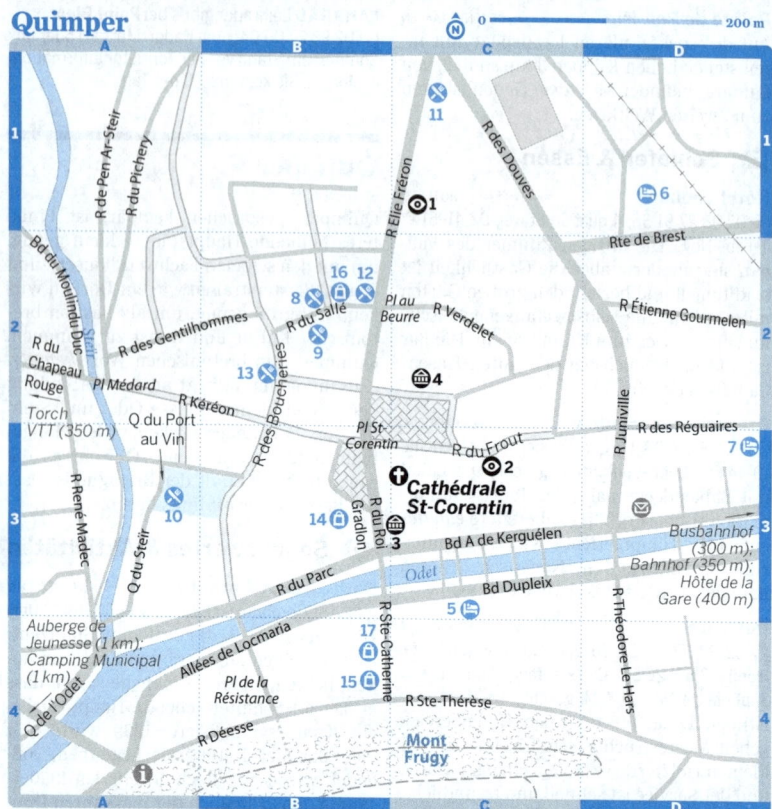

schichte, Möbel, Trachten, Kunsthandwerk und Archäologie. Neben dem Museum befindet sich der **Jardin de l'Évêché** (Bistumsgarten; Eintritt frei; ☺9–17 oder 18 Uhr).

Noch beschaulicher ist der verborgene, mit Blumen bepflanzte **Jardin de la Retraite** (☺9–19.15 Uhr) hinter hohen Mauern.

Ein Marsch den Serpentinenpfad (gleich östlich der Touristeninformation) hinauf auf den 72 m hohen **Mont Frugy** wird mit einer hinreißenden Aussicht auf die Stadt belohnt.

☞ Geführte Touren

Vedettes de l'Odet   BOOTSFAHRTEN
(☎08 25 80 08 01, 02 98 57 00 58) Vedettes de l'Odet bietet von Juni bis September Bootsfahrten (Erw./Kind 25/15 €, 1¼ Std.) auf dem beschaulichen Odet ab dem Quai Neuf in Quimper bis nach Bénodet.

✤ Festivals & Events

Festival de Cornouaille   KELTISCHES FESTIVAL
(www.festival-cornouaille.com, auf Frz.) Das Fest mit traditioneller keltischer Musik, Trachten und Kultur findet vom dritten Samstag bis zum vierten Sonntag im Juli statt. Nach dem traditionellen Fest werden klassische Konzerte an verschiedenen Veranstaltungsorten der Stadt aufgeführt.

🛏 Schlafen

Quimper hat leider einen chronischen Mangel an preiswerten Unterkünften, in der Altstadt gibt es keine einzige.

Hôtel Gradlon   TRADITIONELLES HOTEL €€
(☎02 98 95 04 39; www.hotel-gradlon.com; 30 rue de Brest; EZ 101–119 €, DZ 109–135 €; ☺Mitte Dez.–Mitte Jan. geschl.; ☎) Das Haus sieht zwar von der Straße aus nach nichts aus, aber hinter der faden, modernen Fassade verbirgt sich ein reizvolles Landhausin-

terieur. Die eher kleinen, aber schön und individuell möblierten Zimmer haben alle viel Charakter. Das Hotel ist zu Fuß nur ein kurzes Stück von der Altstadt entfernt und hat einen gesicherten Parkplatz.

Hôtel Kregenn
DESIGNHOTEL €€
(☎02 98 95 08 70; www.hotel-kregenn.fr; 13 rue des Réguaires; EZ 105 €, DZ ab 120 €, Suite 150 €; ❋🐾) Ein Zen-Innenhof mit Holzboden und eine Gästelounge mit übergroßen Spiegeln und weißen Ledersofas zeigen, dass Quimpers coolstes Hotel absolut im Trend liegt, auch wenn die vornehmen Zimmer (in Pistaziengrün, Meeresblau oder Schokoladenbraun) und die herzliche Begrüßung eher eine traditionelle Atmosphäre aufkommen lassen. Die teureren Zimmer verfügen über Klimaanlagen, zwei Zimmer sind behindertengerecht. Breitbandinternet in jedem Zimmer ist kostenlos.

Manoir Hôtel des Indes
LP TIPP
DESIGNHOTEL €€
(☎02 98 55 48 40; www.manoir-hoteldesindes. com; 1 allée de Prad ar C'hras; EZ 105–150 €, DZ 150–170 €, Suite 180–260 €; 🐾❋) In diesem umwerfenden Hotelumbau gleich westlich von Quimper hat ein Paar immens viel Liebe gesteckt, als es ein altes Gutshaus in ein Hotel verwandelte und ihm so neues Leben einhauchte. Das indische Dekor ist eine Hommage an den ursprünglichen Besitzer, einen gewissen René Madec, der die ganze Welt bereiste, bevor er sich hier zur Ruhe setzte. Die zehn Zimmer und vier Suiten sind alle ausnehmend schön in einem minimalistischen, modernen Stil, mit asiatischen Kunstobjekten und viel Holz eingerichtet. Das Hotel liegt inmitten eines herrlichen, 2 ha großen Geländes und ist nur eine kurze Fahrt vom Zentrum Quimpers entfernt.

Hôtel de la Gare
HOTEL €
(☎02 98 90 00 81; www.hoteldelagarequimper. com; 17 av. de la Gare; EZ/DZ 49/54 €; 🐾) Dieses günstige, freundliche Hotel gegenüber dem Bahnhof ist das beste, was man für wenig Geld bekommen kann. Die Zimmer sind schlicht (die etwas älteren Zimmer im Anbau sind auch noch etwas billiger) und die Lobby vermittelt ein sehr nettes Café-Flair. Parkplätze sind kostenlos und es gibt einen kleinen Hofgarten zum Relaxen.

Hôtel Dupleix
HOTEL €
(☎02 98 90 53 35; www.hotel-dupleix.com; 34 bd Dupleix; EZ 66–112 €, DZ 79–112 €; ⊙Weihnach-

ten geschl.; 🐾) Das Dupleix ist angesichts des unveränderten Stils der 1970er-Jahre in einem hässlichen Geschäftshauskomplex ziemlich überteuert, hat aber eine beneidenswerte Lage direkt am Fluss und kostenlose, gesicherte Parkplätze – was in Quimpers vollgestopften Straßen ein Segen sein kann.

Camping Municipal
CAMPINGPLATZ €
(☎02 98 98 89 24; av. des Oiseaux; Plätze ab 4,60 €; ⊙Zelte April–Sept., Wohnmobile ganzjährig) Der bewaldete Platz liegt 1 km westlich der Altstadt und 3 km vom Bahnhof entfernt. Vom Quai de l'Odet geht es über die Rue Pont l'Abbé nordwestwärts und dann geradeaus, wo sie sich nach links wendet. Der Bus 1 fährt vom Bahnhof bis zur Haltestelle Chaptal.

Auberge de Jeunesse
HOSTEL €
(☎02 98 64 97 97; www.fuaj.org/quimper; 6 av. des Oiseaux; Zelten 6 €, B mit Frühstück ab 13 €, Bettwäsche 3 €; ⊙April–Sept.) Die nur in der Saison geöffnete Jugendherberge ist für Selbstversorger ausgerüstet.

Quimper

✖ Essen & Ausgehen

Als Bastion bretonischer Kultur hat Quimper ein paar hervorragende *Crêperien*. In der Rue du Frout nahe der Kathedrale gibt's ein paar kleine Kneipen, die v. a. Bretonisch sprechende Gäste anziehen.

LP TIPP **Le Cosy Restaurant** BRETONISCH € (☏02 98 95 23 65; 2 rue du Sallé; Hauptgerichte 10–14,50 €; ⊙Di–Sa mittags, Mi, Fr & Sa abends) *Pas de crêpes!* (Keine Crêpes!), verspricht die Kreidetafel auf der Straße. Innen geht's durch die *épicerie* (Feinkosthandlung), die vollgestopft ist mit heimischen Sardinenkonserven, Cidre und anderen bretonischen Spezialitäten, und die schmale Treppe hinauf in den kunterbunt und künstlerisch eingerichteten Speisesaal, wo Spezialitäten wie Gratins und *tartines* (belegte Brote) serviert werden, die aus marktfrischen Zutaten zubereitet wurden. Das Lokal ist enorm beliebt, eine Reservierung fürs Abendessen ist also wichtig.

L'Ambroisie FEINSCHMECKERLOKAL €€ (☏02 98 95 00 02; www.ambroisie-quimper. com; 49 rue Elie Fréron; Menü 22–63 €; ⊙Di–Sa mittags & abends, So nur mittags) Quimpers viel gefeiertes Restaurant ist mit zeitgenössischer Kunst und elegantem Geschirr auf schneeweißen Tischtüchern üppig ausgestattet. Chefkoch Gilbert Guyon verwendet für Hausspezialitäten wie Seezunge mit frischen Kartoffeln und karamellisierten Zwiebeln regionale Zutaten, die ihm von Freunden geliefert werden. Auf Anfrage werden Kochkurse angeboten.

Le Petit Gaveau BISTRO € (☏02 98 64 29 86; 16 rue des Boucheries; Hauptgerichte 8–15 € ⊙Mo–Sa mittags, Mi–Sa abends) Eine zauberhafte Entdeckung: Ein elegant umgebautes altes Steinhaus, in dem einfaches, aber exzellentes Essen serviert wird (der Gourmetburger ist super) – Welten entfernt von den prätentiösen Edelspeisen und den Crêpes, die es ansonsten in der Stadt gibt. Donnerstags und samstags gibt es Jazzkonzerte (3 € Aufschlag pro Bistrogast). Eine Reservierung für den Abend ist ratsam.

Crêperie la Krampouzerie CRÊPERIE € (9 rue du Sallé; galettes 2–7 €; ⊙Mo & So mittags geschl.) In dem stimmungsvollen Lokal mit blau-weiß gefliesten Holztischen gibt's Crêpes und galettes aus Biomehl und mit regionalen Zutaten wie *algues d'Ouessant* (Algen von der Île d'Ouessant), Roscoff-

Zwiebeln und hausgemachtem Ingwerkaramell. Bei schönem Wetter sind die Tische im Freien schnell belegt und es herrscht Straßenfestatmosphäre.

Crêperie du Sucré-Salé CRÊPERIE € (6 rue du Sallé; galettes 1,90–8 €; ⊙Di–Sa) Seit einem Vierteljahrhundert strömen die Einheimischen in diese Crêperie, die mit Spitzenvorhängen, Holzanrichten und bunten Tellern an den Wänden dekoriert ist. Zu den bretonischen Spezialitäten gehören *saucisse fumée* (Rauchwurst) und die Hausspezialität *forestière* mit Champignons, geräuchertem Bauchspeck und Käse.

Selbstversorger

Die Markthalle **Halles St-François** in der Altstadt hat jede Menge Salat- und Sandwichbars. Zu den besten gehört **Ti Cass' de'Halles** (3 Halles St-François; Gerichte ab 3,30 €; ⊙Mo–Do 10–15, Fr & Sa 10–19 Uhr) mit einer Terrasse.

☆ Unterhaltung

Von Mitte Juni bis Mitte September gibt es im **Jardin de l'Évêché** traditionelle bretonische Musik mit Tanz (Eintritt 5 €; ⊙Do 21 Uhr).

Poster und Handzettel in der ganzen Stadt kündigen lokale *fest-noz* (Nachtfeste) an – oder in der Touristeninformation fragen. Im Schnitt findet alle zwei Wochen eines in oder um Quimper statt.

🔒 Shoppen

François Le Villec PORZELLAN (4 rue du Roi Gradlon) Mehrere Läden in der Altstadt verkaufen Quimpers traditionelle Fayencen, darunter auch dieser.

Keltia Musique MUSIK & BÜCHER (1 place au Beurre) Bretonische und keltische Musik und Kunst gibt es im Keltia Musique, das ein exzellentes Sortiment an Büchern und CDs hat.

Ar Bed Keltiek BÜCHER (Keltische Welt; 2 rue du Roi Gradlon) Eine tolle Auswahl an Büchern zu bretonischen Themen.

Ty Blurt Records MUSIK (7 rue Ste-Catherine; ⊙Mo–Sa 14–19 Uhr) Um mal ganze andere Musik zu hören: Hier gibt es Pop der 70er, französischen Punk und Rockplatten.

Galerie Ste-Catherine KUNST (13 rue Ste-Catherine; ⊙Di–Sa 11–12.30 & 14.30–19 Uhr) Traditionelle und zeitgenössische Kunstwerke stehen hier, ein paar

Häuser weiter vom Ty Blurt Records, zum Verkauf.

Praktische Informationen

Hauptpostamt (bd Amiral de Kerguélen)

Mediathèque des Ursulines (10 rue de Falkirk; ⏰Di–Sa 12.30–19, So 14–17 Uhr) In dem todschicken neuen Medienzentrum kann jeder täglich eine Stunde lang kostenlos das Internet benutzen.

Touristeninformation (☑02 98 53 04 05; www.quimper-tourisme.com; place de la Résistance; ⏰9.30–12.30 & 13.30–18.30 Uhr) Bietet im Juli und August wöchentlich 1½-stündige Stadtführungen (5,20 €) und verkauft den Pass' Quimper (10 €), mit dem zwei Personen vier Attraktionen oder Führungen ihrer Wahl besuchen können (aus einer Liste mit teilnehmenden Organisationen).

An- & Weiterreise

AUTO Autovermietungen gibt es vor dem Bahnhof:

ADA (☑02 98 52 10 65)

Avis (☑02 98 90 31 34)

Europcar (☑02 98 90 00 68)

BUS CAT/Viaoo (www.viaoo29.fr) hat regelmäßige Busverbindungen mit Brest (6,50 €, 1¼ Std.). **Le Coeur** (☑02 98 54 40 15) fährt nach Concarneau (2 €, 45 Min., 7- bis 10-mal tgl.), drei der Busse fahren täglich weiter nach Quimperlé (2 €, 1½ Std.).

ZUG Häufige Verbindungen:

Brest 15,50 €, 1¼ Std., bis zu 10-mal tgl.

Paris Montparnasse 75 €, 4¾ Std., stündl.

Rennes 32 €, 2½ Std., stündl.

Vannes 18 €, 1½ Std., stündl.

Unterwegs vor Ort

BUS QUB (www.qub.fr; 2 quai de l'Odet), die Busgesellschaft Quimpers, hat ein Informationsbüro gegenüber der Touristeninformation. Der Einzelfahrschein kostet 1 €, die Tageskarte 3 €.

FAHRRAD Torch VTT (☑02 98 53 84 41; www.torchvttquimper.com; 58 rue de la Providence) vermietet Mountainbikes für 18 € pro Tag. Der freundliche Besitzer weiß alles über die Fahrradrouten in der Umgebung.

TAXI Taxiruf: ☑02 98 90 21 21.

Concarneau

21 000 EW.

Mittelpunkt des geschützten Hafens von Concarneau (bret. Konk-Kerne), 24 km südöstlich von Quimper, ist der Fischerei-

Die **Plage des Sables Blancs** liegt an der Baie de la Forêt, 1,5 km nordwestlich der Stadt; ab der Touristeninformation fährt der Bus 2 Richtung Norden dorthin. Zur **Plage du Cabellou**, 5 km südlich der Stadt, fährt der Bus 2 Richtung Süden.

hafen, in dem jährlich fast 200 000 t *thon* (Thunfisch) aus dem Indischen Ozean und den westafrikanischen Küstengewässern (der Atlantik selbst ist zu kalt) gelöscht werden. Die von einem mittelalterlichen Wall umgebene Altstadt, Ville Close, ragt in den Hafen hinein.

⊙ Sehenswertes

Die **Festungsstadt**, gebaut im 14. Jh. und 200 Jahre später von Vauban erweitert, liegt auf einer kleinen Insel, die über eine Fußgängerbrücke mit der Place Jean Jaurès verbunden ist.

Maison du Patrimoine   STADTMUSEUM
(☑02 98 60 76 06; Eintritt 1 €) Die Festungsstadt kann zwischen dem 15. Juni und 15. September auch durch dieses alte Haus betreten werden, in dem die Stadtgeschichte gezeigt wird. Erstmal in der Altstadt angekommen, lassen sich die Rue Vauban und die Place St-Guénolé mit ihren alten Steinhäusern bewundern, in denen Läden, Restaurants und Galerien untergebracht sind.

Musée de la Pêche   FISCHEREIMUSEUM
(☑02 98 97 10 20; www.museedelapeche.eu; 3 rue Vauban; Erw./Kind 6/4 €; ⏰9.30–20 Uhr, Jan. geschl.) Concarneaus Seefahrtstraditionen, Hochseetrawler, Modellschiffe und Fischereiexponate stehen im Mittelpunkt des stets gut besuchten Musée de la Pêche inmitten der Festungsstadt.

Marinarium   AQUARIUM
(☑02 98 50 81 64; www.mnhn.fr/concarneau; place de la Croix; Erw./Kind 5/3 €; ⏰10–12 & 14–18 Uhr) Das 1859 gegründete Marinarium in Concarneau ist das älteste Institut für Meeresbiologie der Welt. Neben den zehn Aquarien gibt es noch Ausstellungen zur Ozeanografie und zur Meeresflora und -fauna.

Château de Keriolet   SCHLOSS
(☑02 98 97 36 50; www.chateaudekeriolet.com; Erw./Kind 5/3 €; ⏰Juni–Sept. So–Fr 10.30–13 &

14–18, Sa 10.30–13 Uhr, Ostern–Mai bei Voranmeldung) Das eindrucksvolle Gebäude ist ein hervorragendes Beispiel für die Architektur des 19. Jhs. Auf die verblüffenden Parallelen zur russischen Baukunst weisen die geführten Touren hin. Das Schloss liegt eine gut ausgeschilderte, fünfminütige Autofahrt von der Stadt entfernt (vor dem großen Leclerc-Supermarkt rechts abbiegen).

🏃 Aktivitäten

Wandern & Radfahren   WANDERN & RADFAHREN
Die Touristeninformation verkauft zwei ausgezeichnete Wander- und Radführer: *Balades au Pays des Portes de Cornouaille* (2,50 €; auf Frz.) mit 18 Wanderungen rund um Concarneau und *VTT de Cornouaille* (3,50 €) mit 39 Radrundwegen.

Vedettes Glenn   BOOTSFAHRTEN
(☎02 98 97 10 31; www.vedettes-glenn.fr; 17 av. du Dr Nicolas) Im Juli und August werden vierstündige Flussfahrten (Erw./Kind 27/13 €, Abfahrt Di–Fr & So 14.15 Uhr) ab Concarneau auf dem herrlich malerischen Mündungsarm des Odet angeboten, ebenso Bootsausflüge zu den Îles de Glénan – einer Gruppe von neun Inselchen etwa 20 km südlich von Concarneau –, die ab 26/13 € kosten.

🛏 Schlafen

Hôtel des Halles   FAMILIENHOTEL €
(☎02 98 97 11 41; www.hoteldeshalles.com; place de l'Hôtel de Ville; EZ 49–84 €, DZ 64–80 €; 🛜📶) Das Hotel mit 22 Zimmern liegt nur ein paar Schritte von der Ville Close entfernt und sieht von außen ziemlich eintönig aus. Aber die renovierten Zimmer sind mit bunten Farbkombinationen von Pistaziengrün bis Knallrosa aufgepeppt und die Gemeinschaftsbereiche (sogar die Lifttüren) sind durchgehend mit lavendelfarbenen Akzenten versehen. Zum Bio-Frühstück (9 €) gehören hausgemachte Marmelade und ofenfrisches Brot. Kostenloses Breitbandinternet gibt's in jedem Zimmer und die Besitzerfamilie ist sehr hilfsbereit.

Les Sables Blancs   BOUTIQUEHOTEL €€
(☎02 98 50 10 12; www.hotel-les-sables-blancs.com; place des Sables Blancs; EZ 115–160 €, DZ 130–195 €, Suite 260–370 €; 🛜) Das superschicke Hotel liegt direkt am „weißen Sand" des Strands, nach dem es auch benannt ist. Es hat große Zimmer und ein exzellentes Restaurant sowie gute Preise für Halbpension.

Auberge de Jeunesse Éthic Étapes

HOSTEL €
(☎02 98 97 03 47; www.ajconcarneau.com; quai de la Croix; B mit Frühstück 15,50 €) Die Gäste hören beim Einschlafen das Wellenrauschen. Zu den Extras des einladenden Hostels neben dem Marinarium gehören eine Grillterrasse am Haus, eine Selbstversorgerküche und Gebäck zum Frühstück.

Camping Moulin d'Aurore   CAMPINGPLATZ €
(☎02 98 50 53 08; www.moulinaurore.com; auf Frz.; 49 rue de Trégunc; Platz & Auto für 2 Erw. 16 €; ⏰April–Sept.) Der Campingplatz mit Bar/Fernsehraum und Wäscherei liegt 600 m südöstlich des Hafens und nur 50 m vom Meer entfernt. Die Busse 1 oder 2 fahren von der Touristeninformation zur Haltestelle Le Rouz oder man nimmt von der Ville Close die Fähre und läuft dann auf der Rue Mauduit Duplessis Richtung Südosten.

🍴 Essen

Cafés, Pizzerien und *Crêperien* säumen den Uferbereich und noch mehr sind in der Ville Close zu finden.

La Porte au Vin   BRETONISCH €€
(☎02 98 97 38 11; 9 place St-Guénolé; Menü 18–25 €; ⏰April–Okt.) In dem hoch gelobten Lokal im Zentrum der Festungsstadt mit der hübschen Terrasse unter einer roten Markise sitzt man vor allem bei schönem Wetter wunderbar. Serviert wird eine sehr gute traditionelle Küche – in Concarneau ist das natürlich Fisch – und exzellente Crêpes.

La Verrière   TAPAS €
(☎02 98 60 55 78; 3 rue des Halles; Menü 10–25 €; ⏰im Winter Mo geschl.) Fisch vom Grill ist die Spezialität von Concarneaus angesagtestem Lokal mit einem überdachten Hofgarten. Gäste können auch nur für ein paar Tapas und einen Drink vorbeikommen und den kostenlosen WLAN-Zugang nutzen.

La Croisiere   FISCH & MEERESFRÜCHTE €€
(☎02 98 97 01 87; 11 av. du Dr Nicolas; Menü 22–34 €; ⏰Di–Fr & So mittags, Di–Sa abends, im Sommer tgl.) Die lebhafte La Croisiere gleich hinter der mit Booten gefüllten Marina ist bekannt für ihre Meeresfrüchte direkt vom Boot.

Selbstversorger
Auf dem Place Jean Jaurès gibt es eine **Markthalle** (⏰Di–So 9–12 Uhr) und Montag- und Freitagvormittag auch einen lebhaften offenen Markt.

Als die Eisenbahn im 19. Jh. erstmals durch das „Tal der Weiden" dampfte, entdeckten Künstler das winzige bretonische Dorf Pont-Aven (3000 Ew.). Amerikanische Maler gehörten zu den ersten Entdeckern, aber die Dinge kamen erst so richtig ins Rollen, als die Franzosen Paul Gaugin und Emile Bernard hier in den 1850er-Jahren eine Kolonie errichteten. Ihre Arbeiten und die ihrer Schüler wurden Teil einer Kunstbewegung, die heute als Schule von Pont-Avent bekannt ist.

Kunsthistoriker und Soziologen diskutieren heute darüber, ob diese Arbeiten die einheimischen Bretonen „folklorisieren"; sicher ist jedoch, dass sie die Schönheit des kleinen Dorfes und der umliegenden Landschaft einfangen. Das **Musée des Beaux-Arts de Pont-Aven** (☑02 98 06 14 43; www.museepontaven.fr; place de l'Hôtel de Ville; Erw./Kind 4,50/2,50 €; ☺10.30–12.30 & 14–18 Uhr, Jan. geschl.) gibt einen Einblick in die Kunstgeschichte des Ortes. Eine kostenlose Wanderkarte der **Touristeninformation** (☑02 98 06 04 70; place de l'Hôtel de Ville; ☺9.30–19.30 Uhr.) kennzeichnet die Stellen, an denen die Meister ihre Staffeleien aufstellten. Wer die Nacht hier verbringen will, kann in der Touristeninformation auch eine Unterkunft buchen.

Das Bar-Restaurant **Auberge de la Fleur d'Ajonc** (☑02 98 06 10 65; place de l'Hôtel de Ville; Menü 16–23 €; ☺Di–so mittags, Juli–Aug. tgl.) in einem stimmungsvollen, mittelalterlichen Gebäude mit schiefen Steinböden und niedrigen Decken, die von kräftigen Balken gehalten werden, und **Le Moulin de Rosmadec** (☑02 98 06 00 22; www.moulinderosmadec.com; Menü 28–76 €; ☺Di–Mi & Fr–So mittags, Mo–Mi, Fr & Sa abends, Feb. & Okt. geschl.) mit Feinschmeckergerichten und Blick auf die Namensgeber des Ortes, den *pont* (Brücke) und den *aven* (Fluss auf Bret.), sind nette Orte zum Essen oder Trinken. Le Moulin de Rosmadec verfügt im Obergeschoss auch über vier reizende Gästezimmer (DZ 90 €, App. 120 €).

Seit den 1960er-Jahren ist Pont-Aven wieder ein Anziehungspunkt für Künstler, und im Sommer öffnen hier ganze 60 Galerien. Sogar an Winterwochenenden sind noch um die 20 offenen Galerien zu finden.

Pont-Aven liegt 18 km südöstlich von Concarneau. **Busse** (☑02 98 44 46 73; 2 €) – Montag bis Samstag fünfmal täglich, Sonntag zweimal – verbinden Pont-Aven mit Quimperlé im Osten (30 Min.), Concarneau (30 Min.) und Quimper (1 Std.).

Zu den verlockenden *biscuiteries* in der Ville Close gehört **La Torchette** (☑02 98 60 46 87; 9 rue Vauban; ☺10.30–18.30 Uhr) mit Schokoladenskulpturen und kiloweise bretonischen Keksen.

🛈 Praktische Informationen

Touristeninformation (☑02 98 97 01 44; www.tourismeconcarneau.fr; quai d'Aiguillon; ☺9–19 Uhr)

🛈 An- & Weiterreise

BUS Busse von **L'Été Évasion** (☑02 98 56 82 82; www.autocars-ete.com) verkehren zehnmal täglich zwischen Quimper und Quimperlé und halten in Concarneau (2 € ab Quimper).

FAHRRAD **Vedettes Glenn** (☑02 98 97 10 31; www.vedettes-glenn.fr; 17 av. du Docteur Nicolas; 10 €/Tag)

FÄHRE Eine kleine **Passagierfähre** (0,80 €; ☺Juli–Aug. 8–23 Uhr, Sept.–Juni Mo–Sa 8–20.30, So 9–12.30 & 14–18.30 Uhr) verbindet die Ville Close mit der Place Duquesne an der Ostseite des Hafens.

TAXI Taxiruf: ☑02 98 97 10 93 oder ☑02 98 50 70 50.

GOLF VON MORBIHAN

Der inselreiche Golfe du Morbihan (Golf von Morbihan) an der Südküste der Bretagne ist für Austern und Vögel das reinste Paradies. Doch am berühmtesten ist die Gegend wahrscheinlich für die vielen rätselhaften keltischen Megalithen, die fast überall im Departement zu finden sind.

Carnac

4580 EW.

Carnac (bret. Garnag) ist nicht nur um die 100 Jahre älter als Stonehenge, es ist auch die größte Anhäufung megalithischer Stät-

Golf von Morbihan

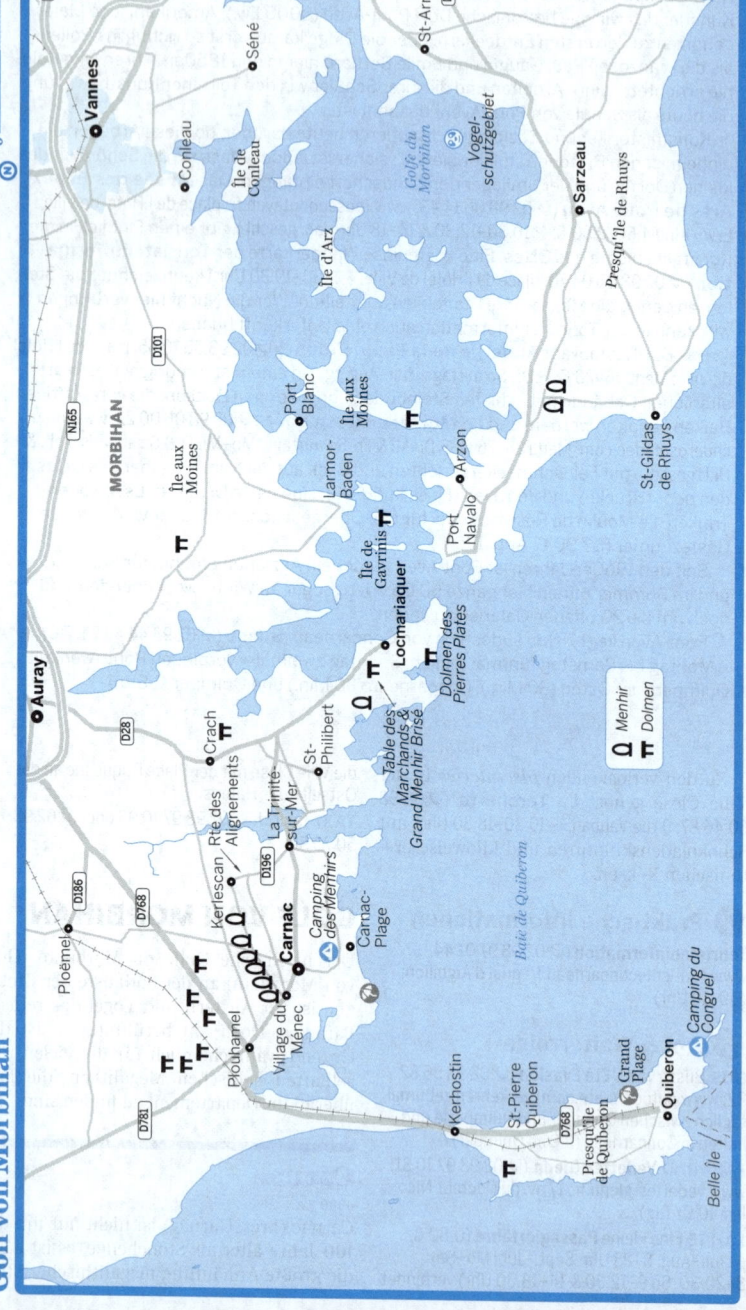

5 km

N165

N166

Vannes

Noyalo

St-Armel

D20

MORBIHAN

Séné

Conleau

Île de Conleau

Golfe du Morbihan

Vogel-schutzgebiet

Sarzeau

N65

D101

Île d'Arz

Presqu'île de Rhuys

Auray

Île aux Moines

Port Blanc

Larmor-Baden

Île aux Moines

Arzon

Port Navalo

St-Gildas de Rhuys

Île de Gavrinis

Locmariaquer

D28

Crach

St-Philibert

Dolmen des Pierres Plates

Table des Marchands & Grand Menhir Brisé

Rte des Alignements

La Trinité-sur-Mer

D196

Baie de Quiberon

Kerlescan

Carnac

Camping des Menhirs

Carnac-Plage

Ploëmel

D386

D768

Village du Ménec

Plouharnel

| ⋂ | Menhir |
| ⊤⊤ | Dolmen |

Kerhostin

Camping du Conguel

D781

St-Pierre Quiberon

Grand Plage

Quiberon

Presqu'île de Quiberon

D768

Belle Île

ten weltweit. Die über 3000 aufrechten Steine, die meisten etwa schenkelhoch, wurden zwischen 5000 und 3500 v. Chr. errichtet.

Carnac, 32 km westlich von Vannes, besteht aus zwei Teilen: dem alten Steindorf Carnac-Ville und dem Badeort Carnac-Plage, 1,5 km weiter südlich an einem 2 km langen Sandstrand. Carnacs Megalithen verteilen sich 13 km nördlich von Carnac-Ville und östlich bis hin zum Dorf Locmariaquer.

🛏 Schlafen & Essen

Camping des Menhirs CAMPINGPLATZ €
(📞02 97 52 94 67; www.lesmenhirs.com; 7 allée St-Michel, Carnac-Plage; Erw./Platz/Strom 8/29/4 €; 🕐Mai–Ende Sept.; 📶🛁) In Carnac und Umgebung gibt es über 15 Campingplätze, darunter auch diese Luxusanlage 300 m nördlich des Strands mit 100 m² großen Stellplätzen. Mit Angeboten wie Sauna und Cocktailbar gehört der Platz sicherlich in die Kategorie Glamourcamping!

Auberge Le Ratelier ZIMMER MIT FRÜHSTÜCK €
(📞02 97 52 05 04; www.le-ratelier.com; 4 Chemin du Douet, Carnac-Ville; DZ 52–62 €; 🕐Feb.–Dez.) Das weinumrankte ehemalige Bauernhaus in einer ruhigen Straße einen Block südwestlich der Place de l'Église vermietet heute acht niedrige Zimmer mit traditionellem Holzmobiliar. Die billigsten Zimmer haben nur Dusche und Gemeinschaftsklos. Die Mittags- und Abendmenüs (21–46 €) im weiß gestrichenen Restaurant mit Balkendecke (Okt.–Dez. & Feb.–April Mi geschl.) konzentrieren sich auf frische Meeresfrüchte, besonders auf Hummer.

Crêperie au Pressoir CRÊPERIE €
(📞02 97 52 01 86; village du Ménec; galettes 3–7 €; 🕐Ostern–Sept.) Die Öffnungszeiten schwanken, vorherige Anfrage ist also ratsam. Die feine Crêperie in einem traditionellen bretonischen Langhaus bietet jedoch die seltene Gelegenheit, inmitten eines Cromlechs (Steinkreis) aus 70 Steinen zu speisen. Von Carnac-Ville auf der Rue St-Cornély nach Nordwesten fahren, dann rechts in die Rue du Ménec abbiegen und ihr 1 km folgen.

Crêperie St-George CRÊPERIE €
(📞02 97 52 18 34; 8 allée du Parc, Carnac-Plage; Menü 10 €; 🕐April–Sept.) Für preiswerte Crêpes in Strandnähe lohnt sich diese trendige Crêperie in den Galeries St-George.

KELTISCHES FESTIVAL

Anfang August kommen für zehn Tage keltische Gruppen aus Irland, Schottland, Wales, Cornwall, dem nordwestspanischen Galicien und von der Isle of Man zusammen mit Bretonen nach Lorient zum **Festival Interceltique de Lorient** (📞02 97 21 24 29; www.festivalinterceltique.com, auf Frz. & Bret.). Bis zu 600 000 Menschen strömen dann in die Stadt etwa 30 km nordwestlich von Carnac. Wer an dem Festival teilnehmen will, sollte also frühzeitig eine Unterkunft buchen.

ℹ Praktische Informationen

Touristeninformation (📞02 97 52 13 52; www.ot-carnac.fr; 74 av. des Druides, Carnac-Plage; 🕐Mo–Sa 9–19, So 15–19 Uhr)

ℹ An- & Weiterreise

BUS Die Bushaltestellen befinden sich in Carnac-Ville vor der Polizei in der Rue St-Cornély und in Carnac-Plage neben der Touristeninformation. Busse von **Keolis Atlantique** (📞02 97 47 29 64; www.keolis-atlantique.com) fahren täglich nach Auray, Vannes und Quiberon (2 €).

FAHRRAD Fahrräder verleiht **Lorcy** (📞02 97 52 09 73; 6 rue de Courdiec, Carnac-Ville; halb-/ganztags 5,50/9,50 €) oder das etwas teurere **Le Randonneur** (📞02 97 52 02 55; 20 av. des Druides, Carnac-Plage; halb-/ganztags 8/11 €).

TAXI Taxiruf: 📞02 97 52 75 75.

ZUG Der nächst gelegene brauchbare Bahnhof liegt in Auray, 12 km nordöstlich. Die SNCF hat einen Schalter mit Fahrkartenverkauf in der Touristeninformation von Carnac-Plage.

Quiberon
5200 EW.

Quiberon (bret. Kiberen) liegt an der Südspitze einer handtuchschmalen, 14 km langen Halbinsel mit der felsigen und windgepeitschten Côte Sauvage („wilde Küste") an der Westseite. Die im Sommer viel besuchte Stadt breitet sich rund um den Hafen aus, von dem die Fähren zur Belle Île ablegen.

👁 Sehenswertes & Aktivitäten

Conserverie La Belle-Iloise GRATIS
ÖLSARDINENFABRIK
(📞02 97 50 08 77; www.labelleiloise.fr; rue de Kerné; 🕐Mo–Fr 10–11 & 15–16 Uhr) Führun-

gen durch die ehemalige Ölsardinenfabrik nördlich des Bahnhofs finden im Sommer stündlich statt. Im Laden nebenan gibt es dann sehr preiswerte Sardinen zu kaufen.

La Grande Plage STRAND
La Grande Plage ist ein Familienstrand; die Badestellen Richtung Spitze der Halbinsel sind größer und weniger überlaufen. Die **Côte Sauvage** auf der anderen Seite eignet sich prima für einen Spaziergang bei stür-

mischem Wind, aber für ein Bad in der rauen See wird eine Art Berechtigungsnachweis, wie z. B. ein Tauchschein, verlangt. Andernfalls riskiert man ein Bußgeld (oder die eigene Sicherheit).

🛏 Schlafen

Camping du Conguel CAMPINGPLATZ €
(☎02 97 50 19 11; www.campingduconguel.com; bd de la Teignouse; Platz 27–44 €, Strom 4 €;

MORBIHANS MÄCHTIGE MEGALITHEN

Die neolithischen Menhire, Dolmen, Steinkreise, Tumuli und Steinhaufen in der Gegend von Morbihan lassen zwei verblüffende Fragen offen: *Wie* eigentlich haben die ursprünglichen Erbauer diese Blöcke (die schwersten wiegen 300 t) Jahrtausende, bevor das Rad und mechanische Hilfsmittel die Bretagne erreichten, behauen und dann transportiert? Und *warum*?

Theorien und Hypothesen gibt es reichlich. Der vage, allgemeine Konsens ist, dass sie irgendeinem heiligen, religiösen Zweck dienten – der gleiche spirituelle Beweggrund wie bei vielen Monumenten der Menschheit.

Die bloße Anzahl der Steine ist am besten auf einer Wanderung oder Radtour zwischen Le Ménec und Kerlescan zu würdigen, wo Menhire fast überall zu sehen sind. Zwischen Juni und September verkehren täglich sieben Busse zwischen den beiden Stätten und Carnac-Ville und Carnac-Plage.

Die **Maison des Mégalithes** (☎02 97 52 29 81; route des Alignements; 4 €; ☉9–19 Uhr) bietet ganzjährig einstündige Führungen auf Französisch, im Juli und August mittwochs, donnerstags und freitags um 15 Uhr auch auf Englisch. Wegen schwerer Erosionsschäden sind die Stätten eingezäunt, damit sich die Vegetation erholen kann. Von Oktober bis Mai können Besucher jedoch zwischen 10 und 17 Uhr durch einige Teile frei herumlaufen (die Maison des Mégalithes hat aktuelle Infos).

Die **Alignements du Ménec** gegenüber der Maison des Mégalithes, 1 km nördlich von Carnac-Ville, bilden das größte Menhir-Feld mit 1099 Steinen; der östliche Teil ist im Winter zugänglich. Von dort geht es 1,5 km auf der D196 nach Nordosten zu den ebenfalls beeindruckenden **Alignements de Kermario**. Vom Beobachtungsturm auf halber Strecke sind sie von oben zu bewundern. 500 m weiter erstrecken sich die **Alignements de Kerlescan**, eine kleinere Gruppe, die ebenfalls im Winter zugänglich ist.

Der mindestens 7000 Jahre alte **Tumulus St-Michel** am Ende der Rue du Tumulus und 400 m nordöstlich der Touristeninformation in Carnac-Ville bietet einen weiten Ausblick.

Das Eintrittsgeld für den **Tumulus de Kercado** (Eintritt 1 €) zwischen Kermario und Kerlescan, 500 m südwärts auf der D196, wird in einen unbewachten Kasten geworfen. Der 5800 Jahre alte Tumulus war die Grabstätte eines neolithischen Häuptlings. Vom Parkplatz 300 m weiter auf der D196 geht es in 15 Minuten zu Fuß zum **Géant du Manio**, dem höchsten Menhir in dem Komplex.

Die bedeutendsten Monumente bei Locmariaquer, 13 km südöstlich von Carnac-Ville, sind der **Table des Marchands**, ein 30 m langer Dolmen, und der **Grand Menhir Brisé** (Erw./Kind 5 €/frei; ☉10–18 Uhr), der größte Menhir der Region, der einst 20 m hoch war, aber nun zerbrochen auf der Seite liegt. Beide befinden sich am Rande der D781 kurz vor dem Dorf. Südlich von Locmariaquer am Meer ist der **Dolmen des Pierres Plates**, ein 24 m langes Ganggrab mit noch immer sichtbaren Gravierungen.

Das **Musée de Préhistoire** (☎02 97 52 22 04; 10 place de la Chapelle, Carnac-Ville; Erw./Kind 5/2,50 €; ☉10–18 Uhr) zeichnet das Leben in und um Carnac vom Paläolithikum und Neolithikum bis zum Mittelalter nach.

April–Okt.; ▣) Das Planschparadies mit Aquapark und Wasserrutschen ist einer der 15 Campingplätze auf der Halbinsel. Er liegt neben der Plage du Conguel, 2 km östlich der Stadt. Hütten für vier bis sechs Personen werden ab 94 € für zwei Nächte ebenfalls vermietet.

Auberge de Jeunesse – Les Filets Bleus
HOSTEL €

(☎02 97 50 15 54; www.fuaj.org; 45 rue du Roch Priol; B 11 €; ⏱April–Sept.) Quiberons HI-Hostel befindet sich in einem ruhigen Viertel 800 m östlich des Bahnhofs und 500 m vom Strand entfernt. Auf dem Gelände gibt es auch ein paar wenige Zeltplätze (6 €); Frühstück kostet 3,50 €.

Hôtel L'Océan
HOTEL €

(☎02 97 50 07 58; www.hotel-de-locean.com, auf Frz.; 7 quai de l'Océan; DZ 55–74 €, 2BZ 71–82 €; ⏱Ostern–Sept.; ☎) Das riesige weiße Haus mit den bunten Fensterläden und Blick auf den Hafen und einen kleinen Strand ist eine Art lokales Wahrzeichen. Die billigsten der 37 Zimmer haben kein TV, dafür garantieren die Zimmer am oberen Ende der Preisskala einen tollen Hafenblick. Parkplätze (ein Segen im Sommer) kosten 7 €.

✗ Essen & Trinken

LP TIPP
Villa Margot FISCH & MEERESFRÜCHTE €€
(☎02 97 50 33 89; www.villamargot.fr; 7 rue de Port Maria; Menü 18–38 €; ⏱Do–Mo) Das Innere dieses hinreißenden Steinhauses sieht aus wie ein Restaurant in einem schicken Pariser *quartier*: mit originalen Kunstwerken an den Wänden (gemalt auf der benachbarten Belle Île), blumenförmigen Milchglaslampen, knallrosa und braunen Farbtönen und Hummer im Fischtank (am Abend zuvor gefangen, wie die Fische auch). Der Eindruck ändert sich erst auf der hölzernen Veranda, die – etwa für einen Verdauungsspaziergang – direkt zum Strand führt.

Le Café de Maria
TAPASBAR €

(☎02 97 50 53 89; 8 rue de Krevozès; Hauptgerichte 12–20 €) Die nagelneue und supercoole Tapas-, Café- und Weinbar hebt sich deutlich von den Wald- und Wiesenlokalen direkt am Meeresufer ab. Hier gibt es eine Auswahl an phantasievollen Tapas sowie auch gehaltvollere Gerichte wie gegrillte Lachssteaks, Jakobsmuscheln und Seebrassen – nicht zu vergessen eine klasse Weinkarte. Alles in allem eines der besten Lokale Quiberons.

L'Embarcadère
FISCH & MEERESFRÜCHTE €€

(☎02 97 50 17 84; 2 quai de l'Océan; Muscheln ab 8 €, Hauptgerichte 15–19 €; ⏱Mo–Sa 7–21, So 10–21Uhr) Zwischen all den Bar-Restaurants am Kai bietet das L'Embarcadère Preise, die kaum zu schlagen sind. Es serviert kolossale Schüsseln mit *moules-frites* und mixt einen wunderbaren Kir.

ℹ Praktische Informationen

Touristeninformation (☎08 25 13 56 00; www.quiberon.com; 14 rue de Verdun; ⏱Mo–Sa 9–12.30 & 14–18 Uhr) Liegt zwischen Bahnhof und der Grande Plage.

ℹ An- & Weiterreise

AUTO Der Verkehr im Hochsommer ist die Hölle – besser ist es, das Fahrzeug auf dem Parkplatz Sémaphore mit seinen 1200 Plätzen abzustellen (bis zu 4 Std. 3,60 €, 24 Std. 12,50 €). Er liegt 1,5 km nördlich des Strands, ein freier Shuttlebus fährt ins Zentrum in die Stadt.

BUS Für Busverbindungen ab Quiberon sorgt **Keolis Atlantique** (☎02 97 47 29 64; www.keolis-atlantique.com), und zwar ein Bus pro Tag um 13.45 nach Carnac (45 Min.), Auray (1¼ Std.) und Vannes (1¾ Std.). Einheitspreis ist 2 €. Der Bus hält am Bahnhof und an der Place Hoche nahe der Touristeninformation und dem Strand.

FÄHREN Infos zu Fähren zwischen Quiberon und Belle-Île s. S. 291.

ZUG Nur im Juli und August fahren mehrmals täglich Züge zwischen Auray und Quiberon (5,50 €, 45 Min.). Von September bis Juni gibt es mindestens siebenmal täglich eine SNCF-Busverbindung zwischen den Bahnhöfen Quiberon und Auray (2 €, 50 Min.).

ℹ Unterwegs vor Ort

FAHRRAD Cycles Loisirs (☎02 97 50 31 73; www.cyclesloisirs.free.fr; 3 rue Victor Golvan), 200 m nördlich der Touristeninformation, verleiht Tourenräder/Mountainbikes ab 11/13 € pro Tag. **Cyclomar** (☎02 97 50 26 00; www.cyclomar.fr; 47 place Hoche), 200 m südlich der Touristeninformation, verleiht Fahrräder zu ähnlichen Preisen und Motorroller inkl. Helm ab 38 € pro Tag plus Versicherung. Im Juli und August gibt es auch eine Verleihstation am Bahnhof.

TAXI Taxiruf: ☎08 00 85 20 20.

Belle Île

5200 EW.

Im Sommer verzehnfacht sich die Bevölkerung der Belle-Île-en-Mer – dank ihrer Schönheit, wie der Name schon sagt. Aber auf der größten Insel der Bretagne (20 mal

NICHT VERSÄUMEN

SCHLAFEN IM BAUMHAUS

Das ultimative Abenteuer in der Natur heißt **Dihan** (☎02 97 56 88 27; www.dihan-evasion.org, auf Frz.; Kerganiet, Ploëmel; DZ/Jurte mit Frühstück 60/80 €, DZ Baumhaus 120–140 €, Abendessen ab 25 €; ☏) und liegt in einem abgeschiedenen, bewaldeten Tal außerhalb von Ploëmel (vom Dorf aus mit schwarzen Schildern gekennzeichnet).

Gastgeber auf dem Bauernhof, den einst Myriams Großeltern bewirtschaftet hatten, ist das lebenslustige junge Paar Myriam and Arno Le Masle. Im Bauernhaus und in den Scheunen sind heute Gästezimmer untergebracht und auf dem Grundstück stehen zwei Jurten aus der Mongolei sowie fünf Baumhäuser, die über Leitern zu erreichen sind (um ins höchste – 12 m hoch – zu gelangen, muss man einen Klettergurt anlegen). Für die natürlichen Bedürfnisse gibt es hier oben Trockentoiletten (alles biologisch abbaubar) und Wasserspeicher (im Empfangsgebäude gibt es hell gefliese Badezimmer und Toiletten und eine Sauna).

Das Frühstück ist im Preis enthalten, eine Kombination aus biologischen, Fair-Trade- und selbst hergestellten Produkten, wie leckerer *caramel au beurre salé* (bretonischer Karamellaufstrich). Zu den umweltfreundlichen Aspekten der Anlage gehört auch das in Frankreich eher seltene Recycling. In der umgebauten *cidrerie*, wo der Pianist Arno in die Tasten haut und manchmal Bands auftreten, gibt's fabelhafte *tables d'hôtes* (das Essen ist beeinflusst von Myriams bretonischen, mauritischen und indischen Wurzeln; Reservierung ist erforderlich). Ansonsten können die Gäste den Grill anschmeißen und unter einer mit Bambus überwachsenen Pergola essen.

Eigentlich würde all das schon reichen, um diese Unterkunft aufs Wärmste zu empfehlen, aber man kann hier auch noch Fahrräder mieten (10 €/Tag), eine Massage buchen (ab 80 €) oder sich sogar eine Schönheitsbehandlung mit biologischen Kosmetika gönnen. Und sowohl Gäste als auch Nicht-Gäste können ab 20 € pro Stunde reiten (für die Kinder gibt's Ponys).

9 km), mit der Fähre von Quiberon zu erreichen, ist noch genug Platz, um den Massen zu entkommen.

◉ Sehenswertes & Aktivitäten

Musée Historique   GESCHICHTSMUSEUM
(☎02 97 31 85 54; www.citadellevauban.com; Erw./Kind 6,50/3,50 €; ◷9–18 Uhr) Die gewaltige Zitadelle, von Vauban 1682 verstärkt, dominiert den kleinen Hafenort Le Palais. Die Ausstellung in den Innenräumen dreht sich hauptsächlich um die Geschichte der Verteidigungsanlagen der Insel. Aber es gibt auch interessante Abteilungen zu den verschiedenen Berühmtheiten, die regelmäßige Besucher der Zitadelle waren, zum einheimischen Fischgewerbe und zum Inselleben.

Grotte de l'Apothicairerie   WANDERUNGEN
Die zerklüftete Südwestküste der Belle Île ist voller spektakulärer Felsformationen und Höhlen, wie die Grotte de l'Apothicairerie (Apothekengrotte), wo die Wellen von zwei Seiten heranrollen.

Strände & Schwimmen   STRÄNDE
Die **Plage de Donnant** hat eine Wahnsinnsbrandung, Schwimmen ist dort aber gefährlich. Der geschützte **Port Kérel** im Südwesten ist für Kinder besser geeignet, wie auch der größte und belebteste Strand, die 2 km lange **Plage des Grands Sables** an der ruhigen Ostseite der Insel.

Wandern & Radfahren   WANDERN & RADFAHREN
Die Touristeninformation verkauft Wander- und Fahrradführer. Die ultimative Wanderung ist der 95 km lange **Küstenweg**, der rund um die Insel führt.

🛏 Schlafen & Essen

Citadelle Vauban Hôtel Musée
    HISTORISCHES HOTEL €€
(☎02 97 31 84 17; www.citadellevauban.com; Le Palais; Zi. 145–295 €, Suite 355–500 €; ◷Mitte Okt.–Mai geschl.; ☏) Das phantastisch umgebaute Hotel innerhalb der historischen Zitadelle ist definitiv die beste Unterkunft auf der Insel und erste Adresse auf der Belle Île. Die 53 hinreißenden Zimmer sind mit antiken Möbeln und stilvollem Dekor eingerichtet. WLAN gibt es allerdings nur im Foyer.

Auberge de Jeunesse Haute Boulogne

HOSTEL €

(☑02 97 31 81 33; www.fuaj.org; Haute Boulogne; B mit Bettwäsche & Frühstück 13,50 €; ⊗Okt. geschl.; @) Das moderne HI-Hostel mit 96 Betten und Selbstversorgerküche liegt nördlich der Zitadelle. Alle Zimmer haben zwei Stockbetten und Gemeinschaftstoiletten.

Hôtel Vauban

HOTEL €

(☑02 97 31 45 42; www.hotelvauban.com, auf Frz.; 1 rue des Ramparts, Le Palais; EZ 50 €, DZ 66–85 €; ⊗März–Mitte Nov.; 🛜) Das behagliche Hotel mit 16 geräumigen Zimmern befindet sich hoch oben am Küstenpfad mit Blick auf den Landungssteg der Fähren. Das Hotel verleiht Mountainbikes, ist behindertengerecht, und im Restaurant (Menü ab 20 €) werden den Gästen des Hauses von April bis September Fisch und Meeresfrüchte serviert.

La Table du Gouverneur

FEINSCHMECKERLOKAL €€

(☑02 97 31 82 57; www.citadellevauban.com; Le Palais; Menü 25–60 €; ⊗Mitte Okt.–Mai geschl.) Gäste könnten hier tatsächlich am Tisch des Gouverneurs speisen, befindet sich doch das sehr stimmungsvolle und elegante Lokal in dessen ehemaliger Residenz. Die Feinschmeckermenüs konzentrieren sich auf Fisch und Meeresfrüchte und kombinieren auf kreative Art scheinbar unvereinbare Zutaten wie Hummer, Grapefruit und Sellerie – mit grandiosem Resultat.

❶ Praktische Informationen

Zur **Touristeninformation** (☑02 97 31 81 93; www.belle-ile.com; quai Bonnelle, Le Palais; ⊗Mo–Sa 8.45–19, So bis 13 Uhr) geht es vom Fähranleger in Le Palais nach links. Im Sommer öffnet auch ein **Informationskiosk** (☑02 97 31 69 49; ⊗Ostern–Sept.) am Kai in Sauzon.

❶ An- & Weiterreise

FÄHRE Eine Fahrt auf die Belle Île sollte gut geplant werden, da die Mitnahme von Autos auf der Fähre für diesen kurzen Trip unverschämt teuer ist und sogar außerhalb der Hauptsaison sehr früh im Voraus reserviert werden muss. Fahrräder hingegen dürfen auf der Fähre umsonst mitgenommen werden.

Die kürzeste Fährstrecke zur Belle Île ist die von Quiberon. Die **Compagnie Océane** (☑08 20 05 61 56; www.compagnie-oceane.fr) betreibt Auto-/Passagierfähren (45 Min., ganzjährig) und Expresspassagierfähren nach Le Palais und Sauzon (Juli & Aug.). Das Fährticket hin und zurück kostet für Erwachsene 30 €, für ein kleines Auto happige 149 € hin und zurück plus Passagierticket. Die Fähren fahren fünfmal pro Tag (bis zu 13-mal im Juli & Aug.).

Die Fahrt kann auch von Vannes gemacht werden. Die Fähren von **Navix** (☑02 97 46 60 29; www.navix.fr, auf Frz.) verkehren von Mai bis September (hin & zurück 30–44 €).

❶ Unterwegs vor Ort

AUTO Mietwagen auf der Insel sind teuer und kosten ab etwa 70 € für 24 Stunden. Autovermietungen gibt es am Hafen.

BUS Im Sommer fahren Busse der **Taol Mor** (☑02 97 31 32 32; www.cars-verts.com/taol-mor.html) quer über die Insel.

FAHRRAD In Le Palais gibt es zahlreiche Vermieter von Fahrrädern/Motorrollern (pro Tag 12/35 €).

Vannes

55 400 EW.

Überall in Vannes (bret. Gwened) sind Straßenkunst, Skulpturen und faszinierende Galerien zu entdecken. Die Stadt mit ihren Fachwerkhäusern und Kopfsteinpflastergassen verströmt ein unkonventionelles und kreatives Flair.

Vannes spielt seit vorrömischen Zeiten eine bedeutende Rolle in der Geschichte der Bretagne. So war sie die Hauptstadt der Veneter, eines gallischen Seefahrerstamms, der die Stadt befestigt hatte. Im 1. Jh. v. Chr. wurde sie von Julius Cäsar erobert, war dann im 9. Jh. unter dem bretonischen Helden Nominoë das Zentrum bretonischer Einheit und 1532 wurde hier der Zusammenschluss des Herzogtums der Bretagne mit Frankreich verkündet. Heute ist Vannes mit der Université de Bretagne-Sud eine lebhafte Studentenstadt.

◉ Sehenswertes

Ein blumenbestandener Wallgraben umgibt die ummauerte **Altstadt** von Vannes, in der sich um die gotische **Cathédrale St-Pierre** aus dem 13. Jh. ein Gewirr enger Gassen windet. Hinter der Rue des Vierges führt eine Treppe auf den zugänglichen Teil des **Festungswalls**. Von dort sind die schwarz bedachten **Vieux Lavoirs** (alte Waschhäuser) zu sehen, allerdings ist der Blick vom **Tour du Connétable** oder der **Porte Poterne** weiter südlich besser.

Musée de la Cohue

KUNSTMUSEUM

(☑02 97 01 63 00; 9-15 place St-Pierre; Erw./Kind 4,30 €/frei; ⊗Mo–Sa 9–19, So 10–18 Uhr) Seit dem 14. Jh. beherbergte das Gebäude, in dem heute das Musée de la Cohue untergebracht ist, zunächst einen Bauernmarkt, später das Gericht und dann das bretonische Parlament. Heute ist es ein Kunstmuseum, das Gemälde, Skulpturen und Stiche, überwiegend aus dem 19. Jh., ausstellt.

Musée d'Histoire et d'Archélogie
GESCHICHTSMUSEUM

(☑02 97 01 63 00; 2 rue Noë; Erw./Kind 4,30 €/frei; ⊙10–18 Uhr) In den Sommermonaten zeigt das Museum im Château Gaillard aus dem 15. Jh. römische und griechische Artefakte und Interessantes zu Megalithen. Ein Kombiticket für beide Museen kostet 6/4 € pro Erw./Kind.

👉 Geführte Touren

Navix
BOOTSFAHRTEN

(☑08 25 13 21 00; www.navix.fr, auf Frz.) Navix bietet von April bis September verschiedene Ausflugsfahrten im Golfe du Morbihan. Abfahrt ist an der Gare Maritime, 2 km südlich der Touristeninformation. Es gibt auch die Möglichkeit, die zwei größten der 40 bewohnten Inseln im Golf zu besuchen, die Île aux Moines und die Île d'Arz.

Compagnie des Îles
BOOTSFAHRTEN

(☑08 25 13 41 00; www.compagniedesiles.com, auf Frz.) Bietet im Sommer Ausflugsfahrten durch den Golf an.

🎉 Festivals & Events

Festival de Jazz
JAZZFESTIVAL

Vannes swingt an vier Tagen Ende Juli oder Anfang August.

Les Musicales du Golfe
MUSIKFESTIVAL

(www.musicalesdugolfe.com) Klassische Konzerte Anfang August.

Fêtes d'Arvor
KULTURFESTIVAL

(www.fetes-arvor.org) Das dreitägige Fest bretonischer Kultur vom 13. bis 15. August wird mit Paraden, Konzerten und *festoù-noz* (Nachtfesten) gefeiert.

🛏 Schlafen

Hôtel Villa Kerasy
HISTORISCHES HOTEL €€

(☑02 97 68 36 83; www.villakerasy.com; 20 av. Favrel-et-Lincy; DZ 120–210 €; ⊙Mitte Nov.–Mitte Dez. geschl.; 🛜) Jedes der zwölf eleganten Zimmer in der prächtigen Villa ist einem historischen Hafen der Ostindien-Handelsroute gewidmet. Im Sommer ist der von einem japanischen Landschaftskünstler

gestaltete Garten eine stille Oase. Im Winter relaxt man dann bei einem Schlückchen Earl Grey aus feinen Limoge-Tassen am Kamin im Teeraum.

Hôtel Le Marina
HOTEL €

(☑02 97 47 22 81; www.hotellemarina.fr; 4 place Gambetta; EZ 38–57 €, DZ 41–61 €; 🛜) Dieses freundliche Hotel in allerbester Lage wird vom gleichen Team geführt wie das beliebte Café im Erdgeschoss. Die 14 einfachen und ziemlich beengten Zimmer sind in Creme- und Rosatönen gehalten, das billigste Zimmer hat nur ein Bad im Flur.

Le Branhoc
FAMILIENHOTEL €

(☑02 97 56 41 55; www.hotel-auray.fr; 5 route du Bono, Auray; EZ 57 €, DZ 47–69 €; 🛜🅿) 17 km westlich von Vannes, am Rand des hübschen Flussstädtchens Auray (selbst einen Bummel wert), befindet sich das ruhig gelegene, von einer Familie geführte Hotel. Es ist ein guter Ausgangspunkt für Erkundungen der megalithischen Stätten von Vannes und Morbihan. Die Zimmer sind hell, geräumig und makellos sauber.

Hôtel Le Richemont
HOTEL €

(☑02 97 47 17 24; www.hotel-richemont-vannes.com; 26 place de la Gare; DZ 55–65 €; 🛜) Wer für die schweren Deckenbalken und Steinbögen im pseudomittelalterlichen Frühstücksraum nichts übrig hat, kann sich das Frühstück ins sehr behagliche, schallgeschützte und weitaus modernere Zimmer bringen lassen.

Relais du Golfe
HOTEL €

(☑02 97 47 14 74; 10 place du Général de Gaulle; Zi. 40–56 €) Die Zimmer (über einer Café-Bar) sind längst nicht so schick wie der Name vermuten lässt. Aber es ist ein billiges und zentral gelegenes Hotel und die Angestellten sind freundlich. Die billigsten Zimmer haben nur ein Waschbecken und Gemeinschaftstoiletten.

🍴 Essen & Ausgehen

Die Rue des Halles und ihre Nebenstraßen sind gesäumt von verlockenden Lokalen. Rund um den Hafen befinden sich klassische und moderne Brasserien.

Dan Ewen
CRÊPERIE €

(☑02 97 42 44 34; 3 place du Général de Gaulle; Crêpes 3–8 €; ⊙Mo–Sa) Am Eingang dieser Crêperie aus Stein und dunklem Holz grüßt die fast lebensgroße Statue einer lächelnden, runzligen Bretonin mit einem Tablett. Crêpes kommen hier mit Füllungen wie Mandelcreme und auch flambiert mit *Crème Chantilly.*

Délice Café
BISTRO €

(☑02 97 54 23 31; 7 place des Lices; Gerichte 6–12 €; ☺Mo–Sa 8–20 Uhr) Der schicke Laden im Zentrum der Altstadt hat vorne eine Terrasse mit Holzboden (im Winter mit Heizlampen erwärmt) und dahinter einen modernen Speiseraum mit vergoldeten Spiegeln und samtroten Bänken. Die Küche bietet gesunde Salate und warme Gerichte wie *croques-monsieur* (mit Schinken und Käse überbackener Toast). Essen auf der Terrasse ist um die 10 % teurer.

Côte et Saveurs
FRANZÖSISCH, MODERN €

(☑02 97 47 21 94; 8 rue Pierre-René Rogues; Hauptgerichte 8–18 €; ☺Do–Mo mittags & abends, Di mittags) In dem luftigen und modernen Restaurant führt in der Mitte des Speiseraums im Erdgeschoss eine Wendeltreppe ins obere Stockwerk. Hier werden Gerichte wie *magret de canard* (Entenbrust) in Rhabarbersauce serviert.

Brasserie des Halles et des Arts
BRASSERIE €€

(☑02 97 54 08 34; 9 rue des Halles; Menü 15–25 €; ☺12–24 Uhr) In der quirligen Brasserie können die Gäste essen (Hauptgerichte 9,50–18 €) oder einfach nur einen Drink genießen, während sie die Kunst bewundern – wie z. B. die bretonischen Fliesenmalereien an den farbenfrohen Wänden.

A Tribord
DJ-BAR

(☑02 97 42 76 94; www.atribord-vannes.com; 28 rue St-Patern; ☺18–2 Uhr) In dem ausgefallenen Lokal gibt's alles, von Folkkonzerten bis zu Clubnächten, in denen DJs für Stimmung sorgen. In der gleichen Straße sind noch ein paar andere Bars zu finden.

Shoppen

Ganz im Sinne des künstlerischen Flairs von Vannes verkaufen Galerien wie **Echoppe St-Guénhaël** (☑02 97 47 92 37; 29 rue St-Guénhaël) innovative (und oft amüsante), zeitgenössische bretonische Kunst.

Praktische Informationen

Cyber Athalie (4 rue Porte Poterne; Internet 3,50 €/Std.; ☺Mo–Sa 10–12.30 & 14–19 Uhr) Internetzugang.

Post (2 place de la République)

Touristeninformation (☑08 25 13 56 10; www.tourisme-vannes.com; Quai de Tabarly; ☺Mo–Sa 9.30–12.30 & 13.30–18 Uhr) In einem

feinen, modernen Gebäude im neu gebauten Yachthafen.

An- & Weiterreise

AUTO Autovermietungen gibt es im Bahnhof.

ADA (☑02 97 42 59 10)

Avis (☑02 97 47 54 54)

Europcar (☑02 97 42 43 43)

BUS Der kleine Busbahnhof befindet sich gegenüber dem Bahnhof. Busse der **Keolis Atlantique** (www.keolis-atlantique.com) fahren nach Carnac (7,50 €, 1¼ Std.) und Quiberon (10 €, weitere 45 Min.).

ZUG Häufige Zugverbindungen:

Auray 3,70 €, 11 Min.

Nantes 22 €, 1½ Std.

Quimper 18 €, 1½ Std.

Rennes 19 €, 1½ Std.

Unterwegs vor Ort

BUS TPV (www.tpv.fr; Fahrschein 1,30 €) bedient bis 20.15 Uhr acht Busstrecken. Der Infobus-Pavillon befindet sich an der Place de la République. Busse 3 und 4 verkehren zwischen dem Bahnhof und der Place de la République.

FAHRRAD Vannes Vélib-System **Velocea** (www.velocea.fr, auf Frz.) ist einfach zu benutzen. Es gibt 16 Fahrradstationen in der Stadt, im Sommer sogar noch mehr.

TAXI Taxiruf: ☑02 97 54 34 34.

ÖSTLICHE & ZENTRALE BRETAGNE

Rennes ist die lebhafte Hauptstadt der Region im Zentrum des fruchtbaren Ostens, einst die Grenze zwischen der Bretagne und Frankreich. Im Herzen der Bretagne versteckt sich der zauberhafte Forêt de Paimpont mit seinen kleinen Dörfern und uralten bretonischen Legenden.

Josselin

2600 EW.

Im Schatten der riesigen Burg aus dem 14. Jh. mit Zuckerhuttürmchen, die lange Zeit der Sitz der Grafen von Rohan war, liegt 43 km nordöstlich von Vannes das Märchendorf Josselin am Ufer des Oust. Tausende Touristen lassen sich noch immer von dem Dorf verzaubern. Das Herz des kleinen Dorfs ist die Place Notre-Dame, ein wunderschöner Platz mit Fachwerkhäusern aus dem 16. Jh. Burg und Touristeninformation liegen im Süden unterhalb der Hauptstraße Rue des Trente.

◎ Sehenswertes & Aktivitäten

Château de Josselin BURG
(☎02 97 22 36 45; www.chateaujosselin.com; Erw./Kind 7,50/5 €; ☻April–Sept. 14–17.30 Uhr) Die mit drei Rundtürmen bewehrte außergewöhnliche Burg bietet einen unglaublichen Anblick. Sie ist noch immer Wohnsitz der Familie Rohan und kann deshalb nur im Rahmen von Führungen besichtigt werden. Von Juni bis September gibt es täglich auch eine Tour auf Englisch; ansonsten helfen Infoblätter in verschiedenen Sprachen. Zur Burg gehört auch das **Musée de Poupées** (Puppenmuseum; Erw./Kind 6,50/4,60 €). Ein Kombiticket für beides kostet pro Erw./ Kind 12,50/8,50 €.

Basilique Notre-Dame du Roncier KIRCHE
Teile der Basilika Notre-Dame du Roncier auf der Place Notre-Dame stammen aus dem 12. Jh. Das Südschiff wird durch herrliche Buntglasfenster aus dem 15. und 16. Jh. erleuchtet.

✷ Festivals & Events

Mittelalterfest MITTELALTERFEST
Das massive Château de Josselin bildet eine stimmungsvolle Kulisse für das zweitägige Mittelalterfest mit Festgelagen und Feuerwerk. Es findet Mitte Juli in jedem Jahr mit gerader Zahl statt.

🛏 Schlafen & Essen

Hôtel-Restaurant du Château
TRADITIONELLES HOTEL €
(☎02 97 22 20 11; www.hotel-chateau.com, auf Frz.; 1 rue Général de Gaulle; DZ 69–75 €; 📶) Das phantastisch gelegene Hotel ist die beste Unterkunft vor Ort. Es lohnt auch durchaus, ein paar Euros mehr für den großartigen Blick auf die Burg am anderen Ufer des Oust draufzulegen. Die Menüs im Hotelrestaurant kosten zwischen 10 und 37 € und erfreuen mit regionalen Spezialitäten. Bei schönem Wetter lockt die entzückende Terrasse mit Blick auf den Fluss und die Burg.

Camping du Bas de la Lande
CAMPINGPLATZ €
(☎02 97 22 22 20; campingbasdelalande@wanadoo.fr; Guégon; Platz 6 €; ☻April–Okt.) Der geruhsame Platz liegt am Südufer des Oust 2 km westlich von Josselin.

La Table d'O FRANZÖSISCH, MODERN €
(☎02 97 70 61 39; 9 rue Glatinier; Menü 13–46 €; ☻Mo & Do–Sa mittags & abends, Di nur mittags) Das nette, von einer Familie geführte Lokal liegt nur ein kurzes Stück jenseits der Burg und bietet eine interessante, breit gefächerte Speisekarte – lokale Gerichte mit einem Touch Fusionsküche. Es ist daher stets gut besucht. Toll ist ein sommerliches Mittagessen auf der Terrasse mit weitem Blick über Dorf und Tal.

❶ Praktische Informationen

Touristeninformation (☎02 97 22 36 43; www.paysdejosselin-tourisme.com; 4 rue Beaumanoir; ☻Mo–Sa 10–12 & 14–18, So 14–18 Uhr) Befindet sich neben dem Burgeingang und bietet (bis zu 15 Min.) kostenlosen Internetzugang.

❶ An- & Weiterreise

Viaoo (www.viaoo29.fr) sorgt für mehrmals tägliche Busverbindungen mit Rennes (13 €, 1½ Std.).

Forêt de Paimpont

Der **Forêt de Paimpont** (auch Brocéliande genannt) erstreckt sich 40 km südwestlich von Rennes. Der Legende nach soll dort König Artus sein Schwert Excalibur erhalten haben (ungeachtet der Tatsache, dass diese Geschichten vermutlich von keltischen Siedlern mitgebracht wurden und daher anderswo stattfanden – der Schauplatz ist trotzdem zauberhaft).

Das am See gelegene Dorf **Paimpont** ist der beste Startpunkt für die Erkundung des Waldes. Etwa 95 % des Waldes sind Privatgrundstück, aber in der **Touristeninformation** (☎02 99 07 84 23; www.tourisme-broceliande.com; ☻10–12 & 14–18 Uhr, Okt.–März Mo geschl.) neben der **Église Abbatiale** (Abteikirche) aus dem 12. Jh. erhält man kostenlos eine Broschüre, die eine 62 km lange Rundfahrt mit zahlreichen kurzen Wanderungen unterwegs beschreibt, die auch für die Öffentlichkeit zugänglich sind. Außerdem verkauft sie detailliertere Wander- und Radwanderkarten.

Im Juli und August bietet die Touristeninformation **Waldführungen** (Vormittag/Nachmittag/ganzer Tag 6/10/12 €) an.

Camper können ihre Zelte auf dem **Camping Municipal de Paimpont** (☎02 99 07 89 16; www.camping-paimpont-broceliande. com; rue du Chevalier Lancelot du Lac; Platz 6 €;

⊙Mai–Sept.) am Seeufer aufschlagen und Backpacker finden in der **Auberge de Jeunesse** (✆02 97 22 76 75; www.fuaj.org; B 11,50 €; ⊙Juni–Sept.) in einem hübschen alten Steinbauernhaus in Choucan-en-Brocéliande, 5 km nördlich von Paimpont, ein Bett für die Nacht.

Mehr Komfort bietet das **Hôtel Le Relais de Brocéliande** (✆02 99 07 84 94; www.le-relais-de-broceliande.fr; 5 rue du Forges, Paimpont; Zi. 69–98 €) mit rustikalen Zimmern und Himmelbetten. Das Hausrestaurant (*Menü* 15–36 €) hat sich auf Fisch aus dem hiesigen Fluss spezialisiert. **Illenoo** (www.illenoo.fr, auf Frz.) betreibt Busse von/nach Rennes (3,20 €, 1 Std., Mo–Sa).

Mountainbikes verleiht **Pays de Merlin** (✆02 99 07 80 23; rue Général de Gaulle; halb-/ganztags 9/12 €).

Rennes

213 100 EW.

Die pulsierende Hauptstadt der Bretagne, seit römischen Zeiten ein Verkehrsknotenpunkt, liegt im Zentrum eines Straßennetzes, das alle größeren Städte im Nordwesten Frankreichs miteinander verbindet. Die Stadtanlage ist wunderschön: Es gibt ein gut geplantes imposantes Zentrum und eine zauberhafte Altstadt, die Flaneuren eine wahre Freude ist.

Nachts locken viele quirlige Kneipen in der Studentenstadt auf ein Bier und auch die Restaurants sind erstklassig.

◉ Sehenswertes & Aktivitäten

Cathédrale St-Pierre　　　KATHEDRALE
(⊙9.30–12 & 15–18 Uhr) Krönung der Altstadt ist die Kathedrale aus dem 17. Jh. mit ihrem beeindruckenden, wenn auch eher dunklen, klassizistischen Innenraum. Ein Großteil der Altstadt wurde 1720 durch ein Feuer in Schutt und Asche gelegt, als ein betrunkener Zimmermann versehentlich einen Haufen Späne angezündet hatte. In den gepflasterten Straßen der Altstadt stehen noch einige Fachwerkhäuser, die vom Feuer verschont blieben, wie in der nahen Rue St-Michel und der Rue St-Georges.

Palais du Parlement de Bretagne
　　　　　　　　　GERICHTSHOF
(Place du Parlement de Bretagne) Der einstige Sitz des rebellischen Bretonischen Parlaments aus dem 17. Jh. diente in jüngerer Zeit als Justizpalast. 1994 zerstörte ein

Feuer, das demonstrierende Fischer verursacht hatten, auch dieses Gebäude. Seit der Restaurierung ist es Sitz des Berufungsgerichts. Im Juli und August gibt es auch englischsprachige Führungen durch die prunkvoll güldenen Räume (Erw./Kind 7/4 €; Buchungen über die Touristeninformation).

Musée des Beaux-Arts　　　KUNSTMUSEUM
(✆02 23 62 17 45; 20 quai Émile Zola; Erw./Kind 6 €/frei; ⊙Di–So 10–12 & 14–18 Uhr) Highlight des **Musée des Beaux-Arts** sind die Räume, die der Schule von Pont-Aven (s. S. 285) gewidmet sind. Außerdem gibt's eine „Kuriositätengalerie" mit Antiquitäten und Illustrationen aus dem 18. Jh.; Wechselausstellungen kosten extra.

Champs Libres　　　KULTURZENTRUM
(✆02 23 40 66 00; www.leschampslibres.fr; 10 cours des Alliés) Zu Rennes futuristischem Kulturzentrum gehört auch das **Musée de Bretagne** (✆02 23 40 66 00; www.musee-bretagne.fr) mit Exponaten zu bretonischer Geschichte und Kultur. Unter dem gleichen Dach sind auch das interaktive Wissenschaftsmuseum **Espace des Sciences** (✆02 23 40 66 40; www.espace-sciences.org), ein Planetarium, eine Galerie für Wechselausstellungen und eine Bibliothek untergebracht. Eintritt für alle Abteilungen kostet 7/5 € pro Erw./Kind.

☞ Geführte Touren

urbaVag　　　BOOTSFAHRTEN
(✆02 99 33 16 88; www.urbavag.fr, auf Frz.; rue Canal St-Martin; 27–32 €/Std.) urbaVag vermietet fast geräuschlose Elektroboote für Fahrten auf Rennes' Wasserwegen. Die Boote fassen bis zu sieben Passagiere und der Preis sinkt merklich mit jeder weiteren Mietstunde.

✷ Festivals & Events

Les Mercredis du Thabor　　　KULTURFEST
Im Juni und Juli werden im schönen Parc du Thabor mittwochs (normalerweise ab 16 Uhr) traditionelle bretonische Tänze und Musik aufgeführt.

Tombées de la Nuit　　　KULTURFEST
Auf dem Festival in der ersten Juliwoche erwacht die Altstadt von Rennes mit Musik und Theater zum Leben.

Yaouank　　　NACHTFEST
(✆02 99 30 06 87) Am dritten Samstag im November findet ein riesiges *fest-noz* mit

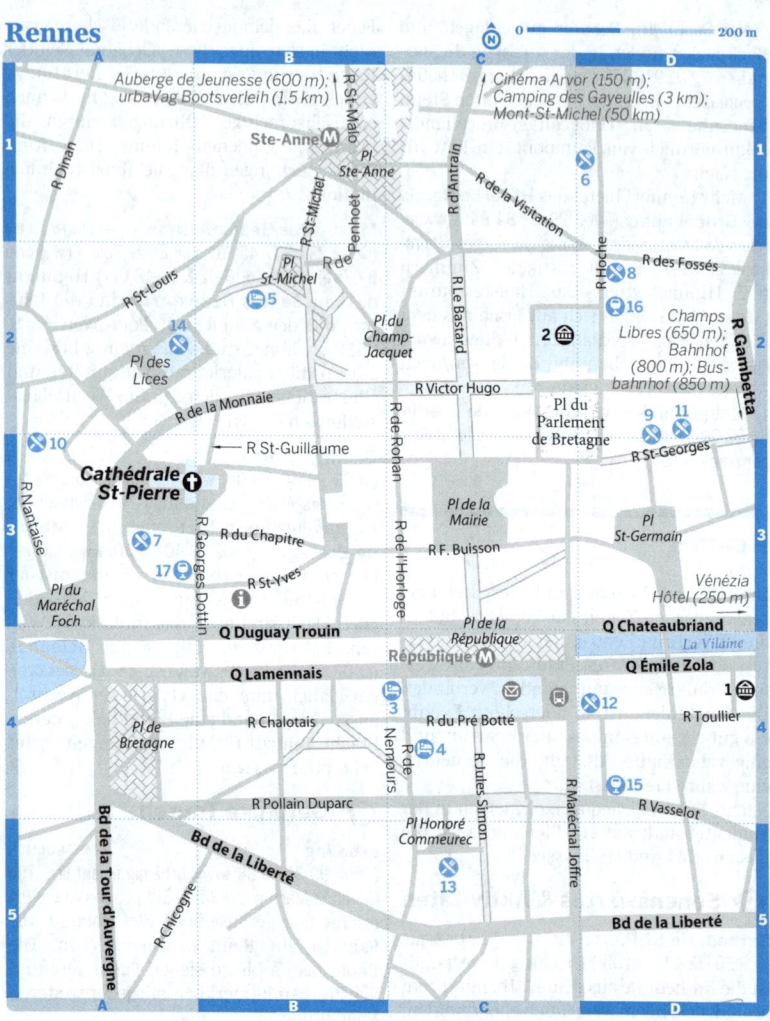

0 — 200 m

Auberge de Jeunesse (600 m);
urbaVag Bootsverleih (1,5 km)

Cinéma Arvor (150 m);
Camping des Gayeulles (3 km);
Mont-St-Michel (50 km)

R Dinan

R St-Malo

Ste-Anne Ⓜ

Pl
Ste-Anne

R d'Antrain

R de la Visitation

R St-Michel

R de Penhoët

6

R Hoche

R St-Louis

Pl
St-Michel

5

R de

R des Fossés

8

14

Pl du
Champ-
Jacquet

R Le Bastard

2

16

Champs
Libres (650 m);
Bahnhof
(800 m); Bus-
bahnhof (850 m)

R Gambetta

Pl des
Lices

R de la Monnaie

R Victor Hugo

Pl du
Parlement
de Bretagne

9 11

10

R St-Guillaume

R de Rohan

R St-Georges

Cathédrale
St-Pierre

R Nantaise

R Georges Dottin

R du Chapitre

R de l'Horloge

Pl de la
Mairie

R F. Buisson

Pl
St-Germain

7

17

R St-Yves

Vênézia
Hôtel (250 m)

Pl du
Maréchal
Foch

Q Duguay Trouin

Pl de la
République

Q Chateaubriand

La Vilaine

République Ⓜ

Q Émile Zola

Q Lamennais

3

R Chalotais

R du Pré Botté

12

1

R Toullier

Pl de
Bretagne

R de Nemours

4

R Pollain Duparc

R Jules Simon

R Maréchal Joffre

15

R Vasselot

Pl Honoré
Commeurec

Bd de la Tour d'Auvergne

R Chicogne

Bd de la Liberté

13

Bd de la Liberté

BRETAGNE ÖSTLICHE & ZENTRALE BRETAGNE

Gesang, Tanz und Musik mit traditionellen Instrumenten statt.

🛏 Schlafen

Angelina Hôtel
HOTEL €

(☎02 99 79 29 66; www.angelina-hotel.com; 1 quai Lamennais; DZ 58–65 €; 🛜) Zentraler geht es nicht als in diesem riesigen Hotel an der Place République, mit der Altstadt und dem Einkaufsviertel gleich vor der Haustür. Die Rezeption befindet sich im 3. Stock des knarzenden alten Gebäudes (es gibt einen Aufzug), aber die Zimmer mit Korbmöbeln

sind überraschend gepflegt, samt hellen modernen Bädern. Die zwei großen Doppeleckzimmer sollten frühzeitig reserviert werden – sie sind wohl das beste Schnäppchen der Stadt.

Hôtel de Nemours
BOUTIQUEHOTEL €

(☎02 99 78 26 26; www.hotelnemours.com; 5 rue de Nemours; Zi. 59–92 €; ❄🛜) Das luxuriöse Hotel mit den historischen Schwarz-Weiß-Fotos von Rennes ist ein Understatement in Eleganz: mit seiner creme-, schokoladen- und karamellfarbenen Einrichtung, der hochwertigen weißen Bettwäsche, Flach-

Rennes

◎ **Highlights**
  Cathédrale St-Pierre A3

◎ **Sehenswertes**
  1 Musée des Beaux Arts D4
  2 Palais du Parlement de
     Bretagne..C2

🛏 **Schlafen**
  3 Angelina Hôtel................................C4
  4 Hôtel de Nemours C4
  5 Hôtel des Lices B2

🍴 **Essen**
  6 Boulangerie Hoche..........................D1
  7 Café Babylone.................................A3
  8 L'Épicerie......................................D2
  9 La Ville d'Ys...................................D2
  10 Le Café Breton...............................A3
  11 Le Kerlouan...................................D2
  12 Léon le Cochon..............................D4
  13 Les Halles Centrales.......................C5
  14 Marché des Lices............................A2

🍷 **Ausgehen**
  15 La Cité d'Ys...................................D4
  16 Le Nabuchodonosor.........................D2
  17 Oan's Pub.....................................A3

bildfernseher und kostenlosem WLAN. Das Frühstücksbüfett (8,50 €) wird auf cordbezogenen Sitzbänken genossen.

Hôtel des Lices HOTEL **€**
(☎02 99 79 14 81; www.hotel-des-lices.com; 7 place des Lices; Zi. 67–83 €; ❄🐶) Der Markt am Samstag wird unmittelbar vor dem Eingang des modernen, sechsstöckigen Hotels abgehalten. Von den Stahlbalkonen oder durch die Glastüren lässt sich das Treiben beobachten. Die Zimmer sind klein, aber elegant und mit dezenten modernen Möbeln und Strukturtapeten gestaltet. Das Frühstück (8 €) wird im Erdgeschoss in einem lichten Salon mit versiegeltem Holzboden, weißen Tischen und frischen Blumen serviert.

Auberge de Jeunesse HOSTEL **€**
(☎02 99 33 22 33; www.fuaj.org; 10-12 Canal St-Martin; B mit Frühstück 19 €; ⊙7–1 Uhr) Die gut ausgestattete Jugendherberge mit Selbstversorgerküche liegt an einem Kanal 2 km nördlich vom Zentrum. Der Bus 18 fährt ab der Place de la Mairie.

Vénézia Hôtel HOTEL **€**
(☎02 99 30 36 56; 27 rue Dupont des Loges; EZ 30–42 €, DZ 40–48 €) Das Hotel ist nach den „venezianischen" Kanälen rund um diese „Insel" im Stadtzentrum benannt. Die Hälfte der 16 in Rosa gehaltenen Zimmer blicken auf den hübschen Garten am Kanal; die billigsten haben zwar Toilette, aber nur Gemeinschaftsduschen. Es geht hier manchmal etwas chaotisch zu, aber am Ende bezaubert die Freundlichkeit des Personals noch jeden Gast.

Camping des Gayeulles CAMPINGPLATZ **€**
(☎02 99 36 91 22; www.camping-rennes.com; rue Professeur Audin; Erw./Wohnmobil/Zelt 3,50/7,20/5,70 €) Rennes' einziger Campingplatz liegt im Parc des Bois, 4,5 km nordöstlich des Bahnhofs. Er ist ganzjährig für Wohnwagen geöffnet. Mit dem Bus 3 geht es ab der Place de la République bis zur Haltestelle Gayeulles.

🍴 Essen

In Rennes gibt es eine große Auswahl an Restaurants. Die Rue St-Malo und die Rue St-Georges sind die zwei „Fressmeilen" der Stadt, in letzterer konzentrieren sich v. a. Crêperien.

Léon le Cochon GERICHTE VOM SCHWEIN **€**
(☎02 99 79 37 54; 1 rue Maréchal Joffre; Menü 25 €, Hauptgerichte 13–24 €) „Leo das Schwein" wird zwar in fast jedem französischen Restaurantführer mit Lob überschüttet, die Atmosphäre ist jedoch immer noch fröhlich und locker. Spezialität ist nicht nur Schweinefleisch, es gibt auch noch viele andere Schweinereien.

Café Babylone FRANZÖSISCH, MODERN **€**
(☎02 99 85 82 99; 12 rue des Dames; Hauptgerichte 7–18 €; ⊙Mo abends geschl.) Das reizende, moderne und doch traditionelle Lokal ist zwar praktisch in die Mauern der Kathedrale von Rennes hineingebaut, aber überraschend touristenfrei. Stattdessen sind es die Einheimischen, die hier auf der Terrasse einen Teller Austern oder eines der fein zubereiteten Gerichte mit deftiger Hausmannskost genießen.

L'Épicerie CAFÉ **€**
(☎02 99 38 76 70; 2 rue des Fossés; belegte Brote 4–7 €; ⊙12–24 Uhr) Das phantastische Altstadtlokal wird von studentischen Gästen heiß geliebt, die sich auf der stets vollen Terrasse die üppigen *tartines* (belegte Brote) und flaschenweise Bier reinziehen.

BRETONISCHE CRÊPES

Crêpes sind das traditionelle Gericht der Bretagne und in der Region allgegenwärtig. Anders als die eingerollten Crêpes, die an den Ständen der Straßenecken von Paris verkauft werden, sind bretonische Crêpes wie ein Briefumschlag an den Ecken gefaltet, werden flach auf einem Teller serviert und üblicherweise mit Messer und Gabel gegessen.

In Rennes, der Hauptstadt der Bretagne, gibt es Dutzende verlockende Crêperien, darunter auch **La Ville d'Ys** (☎02 99 36 70 28; 5 rue St-Georges; Crêpes 2,20–8,40 €), die wohl berühmteste Crêperie der Stadt mit dem Namen der sagenhaften untergegangenen Stadt aus bretonischen Legenden. La Ville d'Ys befindet sich in einem zweistöckigen Haus aus dem 15. Jh. mit einer schiefen Holztreppe und bunten Tellern an den Wänden. Auf der Karte stehen köstliche Buchweizenpfannkuchen in tollen Geschmackskombinationen.

Wir haben mit der Besitzerin und Köchin der Crêperie, Claudine Thomas, gesprochen, als sie in ihrer offenen Küche arbeitete, um das Geheimnis der bretonischen Crêpeherstellung zu lüften:

Welche Zutaten sind für eine einfache *galette* nötig?

Blé noir (Buchweizenmehl) – *sarrasin* auf Bretonisch – und gesalzene bretonische Butter. Es ist wichtig, die traditionellen bretonischen Zutaten zu benutzen. Die Einheimischen nehmen Crêpes sehr ernst. Nun ja, Crêpes sind eben Crêpes!

Welche traditionellen Beläge mögen Sie am liebsten?

Andouille (einheimische Wurst) und für süße Crêpes *caramel au beurre salé* (salzige Karamellsauce) – *salidou* auf Bretonisch –, die ich hier aus Zutaten vom Markt herstelle.

Was ist die ideale Kochtemperatur?

Ein *galettier* (die Herdplatte) – *bilig* auf Bretonisch – hat keinen Temperaturanzeiger, nur Zahlen von eins bis acht. Eigentlich kann es nicht zu heiß sein – der Crêpe muss an den Ecken braun sein; knusprig, aber nicht verbrannt.

Verwenden Sie ein bestimmtes Rezept?

Ich benutze ein Rezept aus Finistère – die Crêpes haben genau die richtige Konsistenz und sind knuspriger als bei anderen Rezepten. Die Leute kommen immer wegen diesem Rezept hierher. Sie wollen gar nichts anderes.

Wer seine eigenen Crêpes machen will, für den bietet die **Écoles de Treblec** (☎02 99 34 86 76; www.ecole-maitre-crepier.com, auf Frz.; 66 rue de Guer, Maure-de-Bretagne), 38 km südwestlich von Rennes, eine Vielzahl von Kochkursen an.

Le Café Breton FRANZÖSISCH, KLASSISCH € (☎02 99 30 74 95; 14 rue Nantaise; Menü 8–18 €; ☺Mo abends geschl.) In der winzigen Rue Nantaise gibt es ein paar Top-Restaurants. Das Breton gehört dazu und ist wegen seiner Tartes, Salate und Gratins beliebt. Für den Abend unbedingt vorher reservieren!

Le Kerlouan CRÊPERIE € (☎02 99 36 83 02; 17 rue St-Georges; Crêpes 2–9,90 €) Der kleine Laden übertrifft sich selbst mit seinem phantastischen Angebot von Crêpes in kreativen Geschmackskombi-nationen. Die Bedienung ist freundlich und schnell und die Terrasse immer voll.

Selbstversorger

Frisches Obst und Gemüse und bretonische Spezialitäten gibt es täglich in der Markthalle **Les Halles Centrales** (place Honoré Commeurec; ☺Mo–Sa 7–19, So 9.30–12.30 Uhr). Auf dem großartigen **Marché des Lices** (place des Lices, ☺Sa 9–18 Uhr) liegt an über 300 Marktständen eine unglaubliche Auswahl frischer Erzeugnisse aus.

Köstliches Gebäck und ofenwarmes Brot gibt es in der **Boulangerie Hoche** (☑02 99 63 61 01; 17 rue Hoche, ☺Mo–Sa 7–19.30 Uhr).

🍷 Ausgehen

Die Rue St-Michel – wegen der Bars, Kneipen und Cafés auch Rue de la Soif (Straße des Durstes) genannt – ist die bekannteste Amüsiermeile, aber spät nachts kann es krawallig zugehen.

Le Nabuchodonosor   WEINBAR
(12 rue Hoche) Die reizende Weinbar ist höchst beliebt in der Künstler- und Intellektuellenszene von Rennes und wunderbar für einen abendlichen Drink in lebhafter Atmosphäre.

Oan's Pub   KNEIPE
(1 rue Georges Dottin; ☺Mo–Sa 14–1 Uhr) Einheimische spielen mit ihren Instrumenten regelmäßig keltische Jamsessions in diesem gemütlichen, höhlenartigen Pub mit Steinwänden. Es gibt in der Bretagne gebrautes Coreff-Bier vom Fass.

La Cité d'Ys   KNEIPE
(31 rue Vasselot; ☺12–1 Uhr) Die Kneipe mit hölzerner Galerie ist mit Bretonisch sprechenden Studenten und Kellnern bestens zum Üben der bretonischen Sprache geeignet (bretonisches Bier hilft). *Yec'hed mat* (Prost)!

⭐ Unterhaltung

Unter www.staderennais.com (auf Frz.) steht alles über anstehende Fußballspiele. Dort gibt's auch Karten zu kaufen.

Cinéma Arvor   KINO   (☑02 99 38 72 40; 29 rue d'Antrain) Zeigt Filme in Originalsprache.

ℹ Praktische Informationen

NeuroGame (www.neurogame.com; 2 rue Dinan; Internet 1 €/20 Min.; ☺Di–Fr 10–24, Mo & Sa 12–24, So 14–22 Uhr) Internetzugang.

Peanuts (11 av. Janvier; ☺11.30–18.30 Uhr) Bar mit kostenlosem WLAN.

Post (place de la République)

Touristeninformation (☑02 99 67 11 11; www.tourisme-rennes.com; 11 rue St-Yves; ☺Mo–Sa 9–19, So 11–13 & 14–18 Uhr) Hat Audioguides (4,50 €), die auf einen Stadtspaziergang zu acht Sehenswürdigkeiten führen. Die Angestellten buchen auch ohne Gebühr Unterkünfte.

ℹ An- & Weiterreise

AUTO Autovermietungen gibt es im Bahnhof:
Avis (☑02 23 42 14 14)

Budget (☑09 64 48 17 96)
Europcar (☑02 23 44 02 72)
Hertz (☑02 23 42 17 01)
National/Citer (☑02 23 44 02 78)
BUS Illenoo (☑08 10 35 10 35; www.illenoo.fr, auf Frz.) ist eine der vielen Busgesellschaften in Rennes und fährt täglich regelmäßig nach:
Dinan 3,90 €, 1½ Std.
Dinard 3,90 €, 2 Std.
Mont-St-Michel 11 €, 80 Min.
Paimpont 3,20 €, 1 Std.
ZUG Häufige Zugverbindungen:
Brest 32 €, 2 Std.
Dinan 13,50 €, 1 Std. inkl. Umsteigen
Nantes 23 €, 1¼ Std.
Paris Montparnasse 48 €, 2¼ Std.
Quimper 32 €, 2½ Std.
St-Malo 13 €, 1 Std.
Vannes 19 €, 1½ Std.

ℹ Unterwegs vor Ort

BUS Rennes hat ein gut funktionierendes Busnetz der Busgesellschaft **STAR** (☑08 11 55 55 35; www.star.fr, auf Frz.; 12 rue Pré Botté). Fahrscheine (einfache Fahrt 1,20 €, Zehnerkarte 11 €, 24-Std.-Karte 3,50 €) gelten auch für die Métro.
MÉTRO STAR betreibt in Rennes auch eine Métrolinie, unglaublich für eine Stadt dieser Größe. Sie verläuft von Nordwesten nach Südosten. Wichtigste Bahnhöfe sind République (Place de la République) im Zentrum und Ste-Anne (Altstadt).
TAXI Taxiruf: ☑02 99 30 79 79.

Vitré

17 300 EW.
Als eine der besterhaltenen mittelalterlichen Städte der Bretagne macht Vitré Dinan Konkurrenz - mit sehr viel weniger Touristen und einer eher dörflichen Laissez-faire-Atmosphäre. Unterhalb der massiven Burg mit ihren Zuckerhuttürmchen drängen sich Fachwerkhäuser in engen gepflasterten Straßen.

⊙ Sehenswertes & Aktivitäten

Musée du Château   BURGMUSEUM
(☑02 99 75 04 54; place du Château; Erw./Kind 4/2,50 €; ☺10–18 Uhr) Die mittelalterliche Burg Vitrés auf einer Felsnase oberhalb des Flusses Vilaine wurde 1060 gebaut und im 14. und 15. Jh. erweitert. Ein doppeltürmi-

ges Tor führt von der gepflasterten Place du Château in den dreieckigen Burghof. Das Museum selbst befindet sich an der Südecke der Burg.

🛌 Schlafen

In Vitré gibt es nicht viele Unterkünfte, es ist also zu jeder Jahreszeit ratsam im Voraus zu buchen.

Hôtel du Château
FAMILIENHOTEL €

(☎02 99 74 58 59; www.hotelduchateau35.fr; 5 rue Rallon; EZ 38–55 €, DZ 45–60 €; 🛜🅿) Der Duft frisch gebackenen Brots und – von den oberen Stockwerken – ein phantastischer Blick auf die Burg begrüßen den Tag in dem (behindertengerechten) Familienhotel zu Füßen des Burgwalls. Die freundlichen Besitzer wissen eigentlich alles über ihre Region. Es gibt einen hübschen Innenhof zum Frühstücken und einen Garagenplatz für 3 €.

Mme Faucher
ZIMMER MIT FRÜHSTÜCK €

(☎02 99 75 08 69; http://bnb.faucher.info; 2 chemin des Tertres Noirs; EZ/DZ 44/50 €; 🛜) Die *chambres d'hôtes* von Madame und Monsieur Faucher sind in einem weitläufigen Steinhaus aus dem 18. Jh. mit Blick auf einen großen, grünen Garten untergebracht. Dies ist genau das familiäre, bodenständige Gasthaus, von dem man sich erhofft hat, dass es in Frankreich noch existiert. Das Haus ist vollgestopft mit Familienandenken, es gibt nur Gemeinschaftsbäder und Reisende werden mit offenen Armen empfangen. Zum Frühstück gibt's einen Korb voll herzhafter Brioches und Baguettes mit starkem Kaffee. Die Unterkunft liegt nur einen kurzen Fußweg vom Stadtzentrum entfernt, mit dem Auto ist es wegen dem Einbahnstraßensystem ein bisschen komplizierter. Online oder bei der Touristeninformation gibt's eine Straßenkarte.

🍴 Essen & Ausgehen

Gemütliche *Crêperien* und Feinschmeckerrestaurants sind überall in der Altstadt zu finden.

Le Pichet
FRANZÖSISCH, KLASSISCH €

(☎02 99 75 24 09; 17 bd de Laval; Menü 18–50 €, Hauptgerichte 12–27 €; ☺Mo–Sa mittags, Mo–Di, Fr & Sa auch abends) Auf einer bezaubernden Terrasse mit Blick auf den Garten bei Sonnenschein oder vor einem knisternden Kaminfeuer im Winter wird klassische französische Küche mit einheimischem Fisch und regionalen Produkten frisch vom Markt serviert.

Le Barabis
MIKROBRAUEREI

(3 rue de la Trémouille; ☺Mo–Sa 15–3, So bis 22 Uhr) Vitrés coole, relaxte Mikrobrauerei stellt in schimmernden Kupferkesseln Biere her, die hier auch vom Fass gezapft werden. Im Sommer schmeckt das *blanche*, gebraut mit Zitronenschalen; im Winter lockt das kräftige *noire* (dunkles Starkbier).

ℹ Praktische Informationen

Touristeninformation (☎02 99 75 04 46; www.ot-vitre.fr; place Général de Gaulle; ☺Di–Sa 9.30–12.30 & 14.30–18, Mo 14.30–18 Uhr) Direkt vor dem Bahnhof.

ℹ An- & Weiterreise

Züge verkehren häufig zwischen Vitré und Rennes (7 €, 35 Min.).

Champagne

Inhalt »

Gut essen

» Le Foch (S. 309)
» La Mignardise (S. 322)
» Restaurant Le Théâtre
(S. 317)

Schön übernachten

» Le Clos Raymi (S. 316)
» Grand Hôtel des Templiers (S. 308)
» Hôtel Arlequin (S. 322)

Auf in die Champagne

Die Champagne ist ein Fest für die Sinne: Weinberge und aufsteigende Sektperlen für die Augen; der Geruch feuchter Erde und das Bouquet fermentierender Weintrauben für die Nase; der Klang klirrender Gläser und kaum vernehmbare Perlage für die Ohren und der Gaumen prickelt bei jedem Schlückchen. Phantasie und Intellekt beglückt der Besuch in einem Champagner-Weinkeller, wenn der strengsten Regeln unterworfene Prozess enthüllt wird, wie sich die Pinot-Noir-, Pinot-Meunier- und Chardonnay-Trauben in die meistgelobten Weine dieser Region verwandeln. Trotz ihrer berühmten Reben begegnen die Bewohner der Champagne Besuchern herzlich und unverkrampft, ob in den eleganten Städten oder entlang der Champagner-Routen. Die Champagner-Straßen schlängeln sich durch Weingärten und Dörfer zu den Weinkellern von Familienbetrieben, in denen perfekt gereifte Schaumweine verkostet, verglichen und gekauft werden können.

Reisezeit

Reims

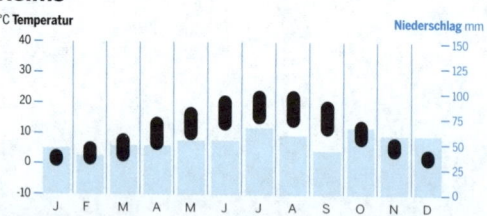

März oder Anfang April Fête du Chocolat (Schokoladenfestival) im Dorf Äy an der Champagner-Route.

Juni (erstes Wochenende) Fêtes Johanniques in Reims mit mittelalterlichen Bänkelspielen zu Ehren von Jeanne d'Arc.

Ende August bis September Begleitet von harter Arbeit und ausgiebigen Feiern wird die Traubenernte eingebracht.

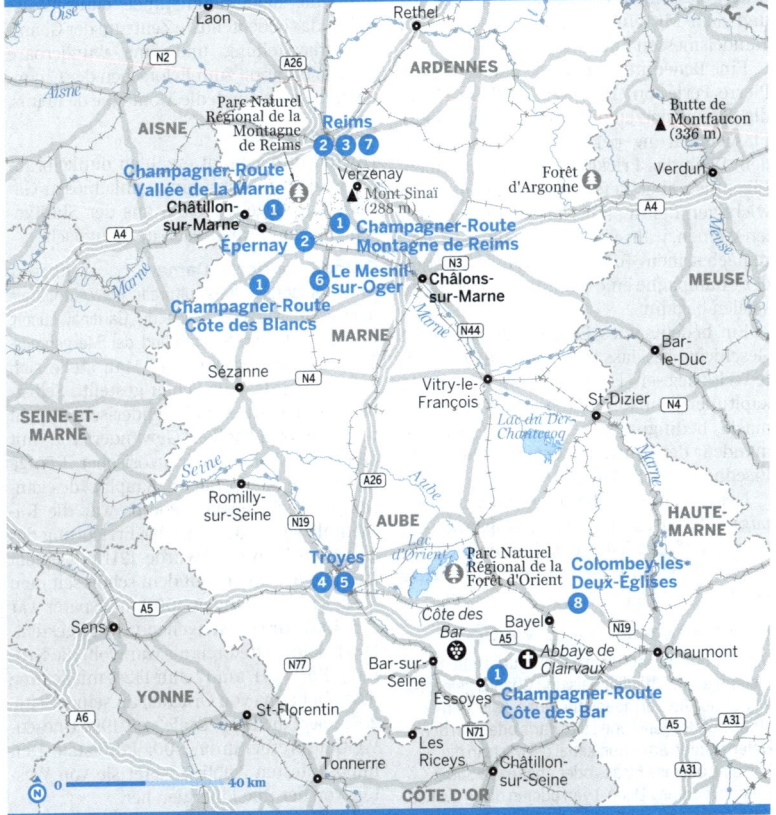

Highlights

❶ Die Weinberge, malerischen Dörfer und traditionellen Familien-Weingüter entlang der zauberhaften **Champagner-Route** (S. 311 und 324) erkunden

❷ Zum Abschluss einer **Kellereibesichtigung** in Épernay (S. 315) oder Reims (S. 304) Champagner schlürfen

❸ Auf den Turm der **Cathédrale Notre-Dame** (S. 304) in Reims klettern und den Panoramablick

über die flachste Region Frankreichs genießen

❹ Zwischen Fachwerkhäusern durch die Straßen der **Altstadt** (S. 318) von Troyes schlendern

❺ Zumindest imaginär die handschmeichelnden, in vorindustrialisierten Zeiten hergestellten Werkzeuge in der **Maison de l'Outil et de la Pensée Ouvrière** (S. 319) in Troyes streicheln

❻ Die traditionellen Techniken und Gerätschaften zur Champagnerherstellung im

Musée de la Vigne et du Vin (S. 314) in Le Mesnil-sur-Oger bewundern

❼ Im **Musée de la Reddition** (S. 306) in Reims eine Vorstellung von der Epoche machenden Kapitulation bekommen, die den Zweiten Weltkrieg in Europa beendete

❽ Sich im neuen **Mémorial Charles de Gaulle** (S. 325) in Colombey-les-Deux-Églises ins Frankreich Mitte des 20. Jhs. vertiefen

Geschichte

Der berühmteste christliche Konvertit der Champagne war der merowingische Kriegerkönig Chlodwig I., der Ende des 5. Jhs.

das Frankenreich und die Tradition der Königskrönung in Reims begründete. Zu Wohlstand gelangte die Region und insbesondere die Stadt Troyes während des

Mittelalters, als Kaufleute aus ganz Europa und dem Mittelmeerraum zu den großen Handelsmessen anreisten.

Ein Benediktinermönch namens Dom Pierre Pérignon (1638–1715) soll im 17. Jh. die Perlweinerzeugung durch eine zweite Flaschengärung perfektioniert und damit dem Wein das Prickeln beigebracht haben. Eigentlich aber lieferte er vor allem einen wichtigen Beitrag zur Herstellung von stillen Weinen, während Sekt erst hundert Jahre nach seinem Tod in der Weinproduktion der Champagne eine dominierende Rolle zu spielen begann.

Ein bedeutsames Ereignis der jüngeren Geschichte ist, dass in der Region der Zweite Weltkrieg sein Ende fand. Am 7. Mai 1945 kapitulierte in Reims die deutsche Wehrmacht bedingungslos vor dem Oberkommandeur der Alliierten, General Dwight D. Eisenhower (s. S. 306).

Neuerdings sind die *paysages du Champagne* (Landschaften der Champagne) Anwärter auf den Titel des Unesco-Weltkulturerbes; die Entscheidung soll Mitte 2012 fallen.

❶ Anreise & Unterwegs vor Ort

Die Champagne, nördlich der burgundischen Weinregionen Châtillonnais und Chablis gelegen, eignet sich hervorragend für einen Zwischenstopp auf der Fahrt von Lille, Paris oder von den Hafenstädten am Ärmelkanal ostwärts in die Lorraine oder ins Elsass oder aber nach Südwesten Richtung Dijon, Lyon oder in die Provence.

Das französische Eisenbahnnetz geht speichenförmig von Paris aus. Leider liegen Reims, Épernay und Troyes jeweils auf einer anderen Speiche (jedenfalls mehr oder weniger). Zwischen Reims und Épernay bestehen ganz ordentliche Zugverbindungen, aber für die Fahrt von Reims nach Troyes ist der Bus vorzuziehen. Dank der TGV-Hochgeschwindigkeitsstrecke Est Européen (S. 1067) ist Reims von Paris aus ein idealer Tagesausflug.

Reims

187 650 EW.

Im Laufe eines Jahrtausends (816–1825) wurden 34 Herrscher – darunter zwei Dutzend Könige – in der berühmten Kathedrale von Reims gekrönt. Die nach dem Ersten und Zweiten Weltkrieg sorgfältig wieder aufgebaute Großstadt erfreut sich hübscher Fußgängerzonen, gepflegter Parkanlagen, eines pulsierenden Nachtlebens und einer nagelneuen Straßenbahn. Neben Épernay (nur eine halbe Bahnstunde entfernt) ist Reims das bedeutendste Zentrum der Champagnerherstellung und eine wunderbare Ausgangsstation zum Erforschen der Champagner-Route durch die Montagne de Reims.

Sehenswertes

Überall in der Stadt erzählen dunkelbraune Schilder in Form einer zinkenlosen Gabel kurze Begebenheiten aus der Stadtgeschichte, auf Französisch und Englisch.

Cathédrale Notre-Dame   KATHEDRALE
(www.cathedrale-reims.culture.fr, www.cathedrale-reims.com, auf Frz.; place du Cardinal Luçon; ⊙7.30–19.30 Uhr, So während der Morgenmesse für Besichtigungen geschl.) Man stelle sich nur einmal das zur Schau gestellte Selbstbewusstsein, die verschwenderische Pracht und die prunkvollen Gewänder vor, mit denen die Krönung französischer Könige einherging … Zentraler Schauplatz des ganzen juwelenbeladenen Pomps war die Kathedrale von Reims. Mit der Errichtung des gotischen Bauwerks wurde 1211 auf einem Gelände begonnen, auf dem schon seit dem 5. Jh. Kirchen standen. 100 Jahre später war die Kathedrale weitgehend fertiggestellt. Das bekannteste Ereignis war wohl die Krönung Karls VII. am 17. Juli 1429, mit Jeanne d'Arc (Johanna von Orléans) an seiner Seite. 2011 feierte die Kathedrale, seit 1991 Unesco-Weltkulturerbe, ihren 800. Jahrestag. Den imposantesten Anblick bietet sie von Westen, von der Rue Libergier, her.

Im Ersten Weltkrieg wurde die 139 m lange Kathedrale durch Artilleriebeschuss und einen Brand schwer beschädigt. Ihre Bedeutung verdankt sie allerdings auch eher ihrer dramatischen Geschichte als den vorwiegend rekonstruierten Bauelementen. Die Instandsetzung zwischen den beiden Weltkriegen verdankt sie zum Teil einer großzügigen Spende der US-Familie Rockefeller.

Die schönsten Buntglasfenster finden sich in der zwölfblättrigen **großen Rosette** in der Westfassade, der kobaltblauen Rosette darunter und dem **Rosettenfenster** in der nördlichen Querschiffwand (vom Eingang gesehen links vom Hochaltar) oberhalb der spätgotischen Orgelempore (aus dem 15. und 18. Jh.), die eine Christusstatue krönt. Die **astronomische Uhr** aus Holz neben der Empore stammt aus dem 15. Jh. Durch **Fenster von Chagall** wird die zentrale Kreuzkapelle hinter dem Hochaltar beleuchtet. Sie wurden 1974 eingebaut; auf einer Tafel stehen Erklärungen zu den einzelnen Glasscheiben. In der zweiten Kapelle weiter links steht eine Statue von Jeanne d'Arc in voller Kriegsrüstung (1901). Eine zweite Statue von ihr befindet sich draußen auf dem Platz, beim Verlassen der Kirche auf der rechten Seite. Die Touristeninformation (50 m nördlich der Kathedrale) verleiht Audioguides (5/9 € für 1/2 Pers.), mit denen man die Kathedrale besichtigen kann.

Wer vor Kraft strotzt wie Goliath (seine wettergegerbte, mit Metallbändern festgehaltene Figur ziert die Westfassade), steigt im Rahmen einer einstündigen Führung die 250 Stufen zum **Turm der Kathedrale** (Erw./unter 26 J. 7 €/frei, inkl. Palais du Tau 9.50 €; ☺Führungen Mitte März–Okt. Di–Sa 10, 11, 14, 15 & 16 sowie So nachmittags, Anfang Mai–Anfang Sept. halbstündl. 10–11.30 & 14–17 Uhr) hinauf. Gebucht wird im Palais du Tau.

Palais du Tau   MUSEUM
(☎03 26 47 81 79; www.palais-du-tau.fr; 2 place du Cardinal Luçon; Erw./unter 26 J. 7 €/frei; ☺9.30–12.30 & 14–17.30 Uhr, Mo geschl.) In dieser ehemaligen Erzbischofsresidenz von 1690 verweilten die französischen Prinzen vor ihrer Krönung – und hielten danach königliche Bankette ab. Heute ist der Palast ein Museum und zeigt außergewöhnliche Skulpturen, liturgische Gegenstände und Gobelins aus der Kathedrale, manche davon in der majestätischen, gotischen Salle de Tau (Festsaal).

Basilique St-Rémi   BASILIKA
(place du Chanoine Ladame; ☺8 Uhr–Dunkelheit, Sommer bis 19 Uhr) In der Architektur der 121 m langen ehemaligen Benediktinerklosterkirche, einem Unesco-Weltkulturerbe, vermischen sich romanische Elemente aus dem mittleren 11. Jh. (das vom Alter gezeichnete, aber eindrucksvolle Haupt- und Querschiff) mit frühgotischen aus der zweiten Hälfte des 12. Jhs. (der Chor mit einem großen Triforium und weiter oben winzige Fenster im Lichtgaden). Die Kirche ist nach Bischof Remigius benannt, der 498 Chlodwig und 3000 seiner fränkischen Soldaten taufte. Der Leuchter aus dem 12. Jh. hat 96 Kerzen. Sie stehen für jedes Lebensjahr des hl. Remigius, dessen Grab (im Chor) um die Mitte des 17. Jhs. mit einem Mausoleum versehen wurde. Zu der 1,5 km süd-südöstlich der Touristeninformation gelegenen Basilika fahren die Busse Citadine 1 oder 2 bzw. A oder F, jeweils bis zur Haltestelle St-Rémi.

Der supergünstige **Discovery Pass** (Erw./Stud. 3 €/frei) gilt für die drei städtischen Museen von Reims – Musée des Beaux-Arts, Musée St-Rémi und Musée de la Reddition – sowie die Chapelle Foujita. Er ist bei allen vier genannten Einrichtungen erhältlich.

Die **Reims City Card** (15 €) gibt's bei der Touristeninformation. Sie berechtigt zu einer Champagnerkellereibesichtigung nach Wahl, einer Audioguideführung durch die Kathedrale sowie die im Discovery Pass enthaltenen Sehenswürdigkeiten.

Nebenan zeigt das **Musée St-Rémi** (☎03 26 36 36 90; 53 rue Simon; ☺Mo–Fr 14–18.30, Sa & So 14–19 Uhr) in einem Kloster aus dem 17. und 18. Jh. gallorömische archäologische Fundstücke, gestickte Wandteppiche und eine Sammlung zur Militärgeschichte des 16. bis 19. Jhs.

Place Drouet d'Erlon   PLATZ
Der autofreie Hauptplatz von Reims erstrahlt nach Einbruch der Dunkelheit im Lichterglanz à la Las Vegas. Hier trifft man sich zum Essen, auf ein Bier oder zum Shoppen. Südöstlich des **Subé Fountain** (Baujahr 1907) steht die von einem goldenen Siegesengel gekrönte **Galerie d'Erlon**. In der glasüberdachten Arkade herrscht die schnuckelige Einkaufserlebnisatmosphäre von (vor)gestern. Die zwischen dem 12. und 14. Jh. erbaute **Église St-Jacques** (Rue Marx Dormoy) ist die einzige noch erhaltene Parochialkirche aus dem Mittelalter. In den 1960er-Jahren wurde sie mit ein paar Buntglasfenstern verunziert, die so scheußlich sind, dass man seinen Augen nicht trauen mag. Die blauen und weißen Fenster im Kirchenschiff kamen 2010 hinzu.

Musée des Beaux-Arts   KUNSTMUSEUM
(Museum der Schönen Künste; ☎03 26 35 36 01; 8 rue Chanzy; ☺10–12 & 14–16 Uhr, Di geschl.) Die reichhaltige Kunstsammlung ist in einem Klostergebäude aus dem 18. Jh. untergebracht. Hier hängt eines von nur vier existierenden Exemplaren des weltberühmten Gemäldes *Der Tod des Marat* (genau, die in Blut schwimmende Leiche in der Badewanne) von Jacques-Louis David. Außerdem zu bewundern sind 27 Werke des Landschafts-

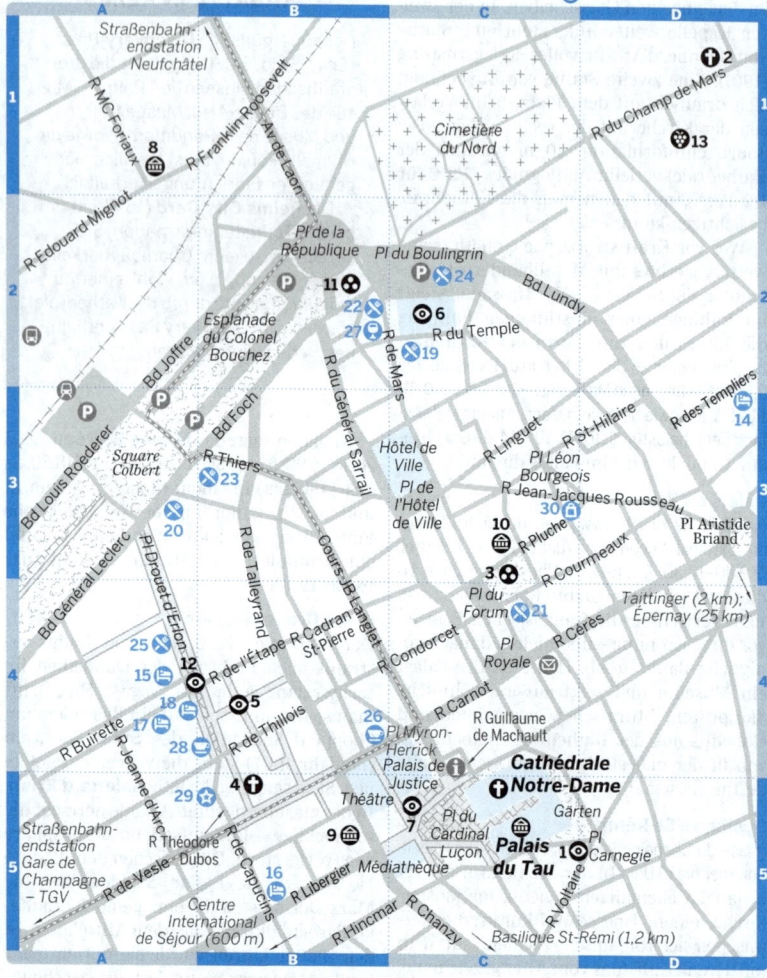

0　　　　　　　200 m

malers Camille Corot (nur im Louvre hängen mehr von ihm), 13 Porträts von Lucas Cranach (dem Älteren und dem Jüngeren), zahlreiche Landschaftsbilder der Schule von Barbizon, einige Jugendstilobjekte von Émile Gallé und je zwei Arbeiten von Monet, Gauguin und Pissarro.

Musée Hôtel Le Vergeur　　　MUSEUM
(☎03 26 47 20 75; 36 place du Forum; Erw./Kind 4 €/frei; ☺Di–So 14–18 Uhr) Zu den Highlights des in einem Bürgerhaus aus dem 13. bis 16. Jh. untergebrachten Museums gehören einige historisch möblierte Räume (Küche, Rauchzimmer, Schlafzimmer von Napoleon

III.), Kupferstiche von Albrecht Dürer und eine überwältigende Renaissancefassade zum Innenhof.

Musée de la Reddition　　　MUSEUM
(Kapitulationsmuseum; ☎03 26 47 84 19; 12 rue Franklin Roosevelt; ☺10–12 & 14–18 Uhr, Di geschl.) An den Wänden des Hauptquartiers von US-General Dwight D. Eisenhower hängen immer noch die Schlachtpläne der Alliierten. Am 7. Mai 1945 um 2.41 Uhr unterzeichnete General Alfred Jodl die bedingungslose Kapitulation der deutschen Wehrmacht. Zu den Ausstellungsstücken zählen Uniformen und Fotos. Außerdem

ist ein 12 Minuten langer Film auf Französisch, Englisch und Deutsch zu sehen.

Das römische Reims   RÖMISCHE STÄTTEN
Eine Blitzreise zurück in die Römerzeit erlauben die massive **Porte de Mars** (Mars-Tor; place de la République), ein im 2. Jh. erbauter Triumphbogen mit drei Bögen, sowie die unterirdische **Cryptoportique** (place du Forum; Eintritt frei; ⊙Inneres Juni–Mitte Okt. Di–So 14–18 Uhr), die wahrscheinlich im 3. Jh. als Getreidespeicher diente. Im 2010 eingeweihten **Amphitheater** (place du Forum) gleich daneben finden Kulturveranstaltungen statt.

Art déco in Reims   ARCHITEKTUR
Als 1929 im Kuppelbau der **Halles du Boulingrin** (rue de Mars) der größte Lebensmittelmarkt der Stadt eröffnete, war das ein Zeichen dafür, dass Reims sich aus den Trümmern des Ersten Weltkrieges zu erheben begann. Vom Valentinstag 2012 an wird es in der 1988 geschlossenen Markthalle wieder Lebensmittelstände geben, außerdem Kunstausstellungen (im Zwischengeschoss) und Kulturveranstaltungen. Der komische Name leitet sich vom englischen „bowling green" (einer Rasenfläche zum Boccia-Spielen) ab.

Einer Spende der in den USA beheimateten Carnegie Foundation verdankt das Foyer der **Bibliothèque** (2 place Carnegie) seine bezaubernden Mosaiken, Buntglasfenster, Fresken und einen außergewöhnlichen Kronleuchter aus den 1920er-Jahren – unbedingt mal reinschauen!

Die Touristeninformation hat eine Broschüre zu Art-déco-Stätten in Reims auf Lager.

Chapelle Foujita   KAPELLE
(Chapelle Notre-Dame de la Paix; 33 rue du Champ de Mars; ⊙Mai–Okt. 14–18 Uhr, Mi geschl.) Das letzte große Werk des in Japan geborenen Künstlers Tsuguharu (Léonard) Foujita (1886–1968) wurde 1966 eingeweiht.

☞ Geführte Touren

Die klammen *caves* (Keller) und staubigen Flaschen von acht Champagnerkellereien (*maisons*, „Häuser" genannt) in und um Reims können im Rahmen von Führungen besucht werden. Die folgenden „Häuser" bieten alle eine schicke Website, Kellertemperaturen von 10 bis 12 °C (etwas Warmes zum Anziehen mitbringen!) und häufige Führungen auf Deutsch oder Englisch, die *naturellement* mit einer Verkostung enden. Infos zur Champagnerherstellung auf S. 1023.

Mumm
CHAMPAGNERKELLEREI

(☎03 26 49 59 70; www.mumm.com; 34 rue du Champ de Mars; Führung 10 €; ☺Führungen März–Okt. tgl. 9–11 &14–17 Uhr, Nov.–Febr. Sa) Mumm, die einzige *maison* in der Innenstadt von Reims, wurde 1827 gegründet und ist mit 8 Mio. Flaschen pro Jahr der drittgrößte Hersteller der Welt. Die unterhaltsame und lehrreiche Führung durch die Gewölbe, in denen 25 Mio. Flaschen edlen Schaumweins lagern, dauert eine Stunde. Eine Besichtigung mit weinkundlichen Erläuterungen spezieller Jahrgänge kostet 15–20 €. Rollstuhlgeeignet. Möglichst vorher anrufen.

Taittinger
CHAMPAGNERKELLEREI

(☎03 26 85 84 33; www.taittinger.com; 9 place St-Niçaise; Führungen 10 €; ☺Führungen 9.30–11.50 & 14–16.20 Uhr, Mitte Nov.–März Sa & So geschl.) Im Mutterhaus von Taittinger wird die gesamte Champagnerherstellung klar und schnörkellos erklärt – ohne jede mystische Verklärung. Die Keller befinden sich zum Teil in römischen Steinbrüchen des 4. Jhs. oder wurden von Benediktinermönchen im 13. Jh. angelegt. Keine Reservierung erforderlich. Die Kellerei liegt 1,5 km südöstlich der Innenstadt von Reims; mit dem Bus Citadine 1 oder 2 bis zur Haltestelle St-Niçaise fahren.

🛏 Schlafen

In der Rue Buirette westlich der Place Drouet d'Erlon stehen mehrere Mittelklassehotels. Hotelbuchungen kann man gebührenfrei telefonisch oder persönlich über die Touristeninformation oder ihre Website erledigen.

Grand Hôtel des Templiers
HOTEL €€€

(☎03 26 88 55 08; www.grandhoteldestempliers-reims.com; 22 rue des Templiers; Zi. 190–280 €, Suite 350 €; ✳@🖥🕿🏊) Das um 1800 erbaute, extravagante, neugotische Haus eines reichen Kaufmanns besitzt noch die Decken, Buntglasfenster und das Mobiliar aus der damaligen Zeit. Die eindrucksvolle Holztreppe verströmt ein fast theatralisches Retroflair, aber die 18 Zimmer und Suiten sind mit modernen Marmorbädern ausgestattet. Zu den Vorzügen zählen ein Schwimmbad im Untergeschoss, Sauna, Hamam und das Frühstückszimmer voller Blumen. Rollstuhlgerecht und in einem ruhigen Viertel 500 m östlich der Innenstadt gelegen.

Hôtel de la Paix
HOTEL €€

(☎03 26 40 04 08; www.bestwestern-lapaix-reims.com; 9 rue Buirette; DZ 155–205 €; ✳@🖥🕿🏊) Nur einen Katzensprung von der pulsierenden Place Drouet d'Erlon liegt diese Oase der Stille. Das moderne, der Best-Western-Kette angegliederte Hotel besitzt 169 stilvolle, gut ausgestattete Zimmer; wer richtig viel Platz haben möchte, wählt ein „Deluxe". Zum Ausspannen laden Pool, Whirlpool, Hamam und Fitnessraum oder der meditative japanische Garten draußen ein.

Hôtel de la Cathédrale
HOTEL €

(☎03 26 47 28 46; www.hotel-cathedrale-reims.fr; 20 rue Libergier; EZ/DZ/4BZ ab 56/59/79 €; 🕿) Zum Inventar des entzückenden Hotels zählt auch ein Yorkshire-Terrier. Geführt wird es von einem musikbegeisterten Paar (sie war Klavierlehrerin, er Leiter einer Musikschule). Die 17 geschmackvoll eingerichteten Zimmer sind eher klein, aber sehr gemütlich. Alle wurden vor Kurzem renoviert. Sie verteilen sich auf vier Stockwerke (ohne Aufzug). Besonders hell sind die Eckzimmer 14, 23 und 33; Zimmer 43 hat Aussicht auf die Basilique St-Rémi und die Hügel südlich der Stadt.

Latino Hôtel
HOTEL €

(☎03 26 47 48 89; www.latinocafe.fr, auf Frz.; 33 place Drouet d'Erlon; DZ 58–79 €, Suite 130 €; ✳@🖥) Fast schon ein Boutiquehotel: Die zwölf in fröhlich-fruchtigen Farben (Kirsche, Kürbis und Aubergine) gestrichenen Zimmer verteilen sich auf fünf Stockwerke. Aufzug gibt's keinen. Das Mobiliar ist witzig, der Empfang herzlich und besonders sympathisch sind die an die Wände der Eingangshalle gesprayten Sprüche der Großen und Guten (Gandhi, Oscar Wilde). Das Hotel liegt über einem munteren Café mit Latinomusik.

Hôtel Cecyl
HOTEL €

(☎03 26 47 57 47; www.hotel-cecyl.fr; 24 rue Buirette; EZ/DZ/3BZ 45/57/77 €; 🕿) Hinter der jahrhundertealten Fassade verbirgt sich ein solides Budgethotel. Die 27 Zimmer haben Pseudo-Parkettfußboden und Flachbildschirm-TV. Die Gelb- und Orangetöne an den Wänden sind so strahlend, dass die Gäste fast auf Sonnenbräune hoffen können. Die schönsten Zimmer sind Nummer 202, 302 und 402, denn aus den Fensternischen ist der Subé Fountain auf der Place Drouet d'Erlon's zu sehen.

Centre International de Séjour HOSTEL €
(CIS; 📞03 26 40 52 60; www.cis-reims.com; chaussée Bocquaine; Bett im EZ/DZ/4BZ 43/26/20 €/Pers., mit Gemeinschaftsbad 33/20/20 €; 🕐24 Std.; @) Die 85 Zimmer sind nüchtern und bar jeglichen Charmes (z. B. dank der Duschabschaltautomatik), doch der Preis ist in Ordnung. Den Gästen steht eine kleine Küche zur Verfügung und im Souterrain gibt es sogar eine Waschmaschine. Wohnmobile dürfen bis zu 48 Stunden auf dem Gelände hinter dem Haus abgestellt werden. Die Herberge liegt rund 1 km südwestlich vom Stadtzentrum und 200 m südlich der Straßenbahnhaltestelle Comédie.

 Essen

Rund um die Place Drouet d'Erlon liegen preiswerte Restaurants und Kneipencafés, darunter zwei im irischen Stil. Aber wie eine Dame aus Reims mit hochgezogenen Augenbrauen bemerkte, sind die Esslokale dort *populaire, ordinaire* und *touristique.* Anspruchsvollere Esser begeben sich oft zu dem an den Halles du Boulingrin liegenden Abschnitt der Rue de Mars und der angrenzenden Rue du Temple sowie zu den Restaurants und Cafés am Südrand der Place du Forum, die teilweise Tische auf dem Platz haben.

Le Foch FRANZÖSISCH, MODERN €€
(📞03 26 47 48 22; www.lefoch.com; 37 bd Foch; Menü 31–80 €; 🕐Mo, Sa mittags & So abends geschl.) Der Restaurantkritiker Michael Edwards hat das elegante Le Foch – stolzer Besitzer eines Michelinsterns – als „eines der besten Fischrestaurants von Frankreich" bezeichnet. Was hier auf den Tisch kommt, ist ein absoluter Augen- und Gaumenschmaus.

Brasserie Le Boulingrin BRASSERIE €€
(📞03 26 40 96 22; www.boulingrin.fr; 48 rue de Mars; Menü 18–28 €; 🕐Mo–Sa) Eine authentische Brasserie wie in der guten alten Zeit: Die Einrichtung und der Zinktresen stammen noch von 1925. Dank Ambiente und Küche ist das Lokal ein Dauerbrenner. Von September bis Juni liegt der kulinarische Schwerpunkt auf *fruits de mer* (Meeresfrüchten).

Le Bocal FISCH & MEERESFRÜCHTE €
(📞03 26 47 02 51; 27 rue de Mars; Hauptgerichte 13–19 €; 🕐Mi nur mittags, So & Mo geschl.) Das geschmackvoll in den Nordatlantikfarben gestaltete bodenständige Fisch- und Meeresfrüchterestaurant hat nur fünf Tische und

zwei warme *plats du jour* (Tagesgerichte). Der Eingang führt durch das Fischgeschäft, wo der Geruch nach Meer die Sinne kitzelt. Drei warme Austern sind für 6 €, ein Glas Champagner für 8 € zu haben.

Côté Cuisine FRANZÖSISCH, KLASSISCH €
(📞03 26 83 93 68; 43 bd Foch; Hauptgerichte 11,80–22,50 €, Mittagsmenü an Wochentagen 12–15.50 €, Abendmenü 32,50 €; 🕐So abends geschl.) Großzügiges, halbformelles Restaurant mit weißen Tischdecken, modernen Kerzenleuchtern und renommierter traditionell französischer Küche. Besonders preisgünstig sind die Mittagsgerichte.

Selbstversorger

Tolle Plätzchen für ein Picknick sind z. B. der Park hinter der Kathedrale und der Square Colbert mit seinen Blumenbeeten südöstlich vom Bahnhof.

Marché du Boulingrin LEBENSMITTELMARKT €
(place du Boulingrin; 🕐Sa 8–13 Uhr) Unter einem Zeltdach, kehrt aber 2012 wieder in die altehrwürdigen Halles du Boulingrin zurück.

La Cave aux Fromages KÄSE €
(12 place du Forum; 🕐Di–Sa 8–13 & 15.30–19.45 Uhr)

Monoprix SUPERMARKT €
(51 place Drouet d'Erlon) An der Rückseite des Einkaufszentrums Espace d'Erlon (Galerie de la Fnac) mit dem Aufzug nach unten zu erreichen.

🍷 Ausgehen

Im Mittelpunkt des Nachtlebens von Reims steht die von Cafés und Bars mittlerer Preislage gesäumte Drouet d'Erlon. Viele der edleren Etablissements befinden sich jedoch in anderen Ecken der Stadt.

Café du Palais CAFÉ
(www.cafedupalais.fr; 14 place Myron-Herrick; 🕐10–20.30, Fr & Sa bis 2am oder 1 Uhr, So geschl.) Das altehrwürdige Café, ein Familienunternehmen seit 1930, ist *das* Lokal, wo man gesehen werden möchte. Jedenfalls wenn man ein *bon bourgeois* oder Künstlertyp ist. Zur Innenausstattung gehören Wandspiegel, ein Art-déco-Oberlicht und eine kunterbunte Mischung an Kinkerlitzchen, von kitschig bis pfiffig. Die Schuhe, die von der dunkelroten Decke hängen und die lebensgroße Statue einer nackten Frau mit Pferdehufen und Elefantenzähnen – ist das Kunst? Ist das Kitsch?

Hall Place

CHAMPAGNERBAR

(☎03 26 46 10 00; www.hallplace.fr; 23bis rue de Mars; offene Weine 4,50–9 €; ⓒ Di–Fr 10–15 & 18–24, Mo & Sa 10–15 Uhr, So geschl.) Chillen, am Schampus nippen und gut aussehen, darum geht's in dieser trendigen Weinstube, einem Renner bei den Jungen und Schönen von Reims. Zur Straße hin geht der Blick von den Tischen aus Weinfässern auf die Halles du Boulingrin hinaus. Im rückwärtigen Teil befindet sich ein Weinladen. Mittagessen ist täglich außer sonntags, Abendessen am Dienstag, Donnerstag und Freitag (10,50–23 €) zu haben.

Waïda

TEESALON

(5 place Drouet d'Erlon; ⓒDi–So 7.30–19.30 Uhr) *Salon de thé* und Konditorei: Mit altmodischen Spiegeln, Mosaiken und Marmor ist dies eine prima Adresse, um eine Packung *biscuits roses* (3,90 €) zu kaufen, die traditionell zum Champagner (6–7,50 €/Glas) geknabbert werden. Die *religieuses* (mit Sahne gefüllte Windbeutel; 2,75 €) sind einfach göttlich!

☆ Ausgehen

Billeterie Fnac

TICKETVERKAUF

(www.fnactickets.com; 51 place Drouet d'Erlon; ⓒMo–Sa 10–19.30) Der Kartenschalter im Untergeschoss (den Aufzug nehmen) vom Einkaufszentrum Espace d'Erlon (Galerie de la Fnac) verkauft Tickets für Konzerte und andere kulturelle Veranstaltungen.

Cinéma Opéra

KINO

(☎03 26 47 13 54; www.allocine.fr, auf Frz.; 3 rue Théodore Dubois) Zeigt Filme in Originalsprache.

🛍 Shoppen

Stylische Boutiquen säumen die Rue de Talleyrand.

LP TIPP ⟩ Vins CPH

WEIN

(www.vinscph.com; 3 place Léon Bourgeois) Den Wein dort holen, wo ihn auch eingeweihte Einheimische kaufen: Hinten im Hof führt eine Treppe in den Keller mit einer Riesenauswahl (rund 1100 edle Tropfen im Angebot), darunter mehr als 200 Sorten Champagner für 1–900 €; die teuerste Flasche stammt vom Erzeuger Krug.

Alice Délice

KÜCHENZUBEHÖR

(www.alicedelice.com, auf Frz.; 53 place Drouet d'Erlon) Hat eine geniale Auswahl an Küchenutensilien und -gerätschaften.

ℹ Praktische Informationen

Banken finden sich in der Rue Carnot und am südlichen Ende der Place Drouet d'Erlon.

Cyber@Games (52 place Drouet d'Erlon; Internet 4,20 €/Std.; ⓒMo–Sa 10–19 Uhr) Internetcafé in der Galerie du Lion d'Or.

Post (2 rue Cérès)

Touristeninformation (☎08 92 70 13 51, Anruf 0,34 €/Minute; www.reims-tourisme.com; 2 rue Guillaume de Machault; ⓒMo–Sa 9–19, So & feiertags 10–18 Uhr)

ℹ An- & Weiterreise

AUTO Autovermietungen:

ADA (☎03 26 82 57 81; www.ada.fr; am Bahnhofsparkplatz)

Avis (☎03 26 47 10 08; am Bahnhofsparkplatz)

Hertz (☎03 26 47 98 78; 26 bd Joffre)

(☎03 26 77 87 77; www.rentacar.fr; am Bahnhofsparkplatz)

BUS Die beste Verbindung nach Troyes (24 €, 1¾–2¼ Std., an Wochentagen 3- bis 5-mal tgl., am Samstag 2-mal, am Sonntag 3-mal, außer während der Schulferien) bietet das Busunternehmen **TransChampagneArdenne** (☎03 26 65 17 07; www.stdmarne.fr, auf Frz.). Die Busse halten vor dem nördlichen (hinteren) Bahnhofseingang. Der Fahrplan hängt an der Haltestelle aus.

ZUG Der Bahnhof von Reims, 1 km nordwestlich der Kathedrale, ist 2010 renoviert worden; die Einschusslöcher in der Fassade stammen aus den beiden Weltkriegen. Die Hälfte der Züge zum Pariser Gare de l'Est (12- bis 17-mal tgl.) sind TGVs (32–41 €, 45 Min.); die übrigen sind TERs (24 €, 1¾ Std.). Direktverbindungen gibt's auch nach Épernay (6 €, 20–36 Min., an Wochentagen 18-mal tgl., am Wochenende 7- bis 11-mal tgl.), Laon (9 €, 35–50 Min., an Wochentagen 9-mal tgl., Sa 6-mal tgl., So 3-mal tgl.) und zum Flughafen Charles de Gaulle (3-mal tgl.).

Bahnfahrkarten und -infos sind in der **Boutique SNCF** (1 cours Jean-Baptiste Langlet; ⓒMo–Fr 9–19, Sa 10–18 Uhr) im Stadtzentrum erhältlich.

ℹ Unterwegs vor Ort

BUS & STRASSENBAHN Seit April 2011 verbindet die erste Straßenbahnlinie von Reims das Stadtzentrum (Rue de Vesle und Cours JB Langlet) und den Bahnhof mit dem Gare de Champagne-Ardenne TGV an der TGV Est-Européen-Strecke Paris–Straßburg.

Das Unternehmen **TUR** (☎03 26 88 25 38; www.tur.fr, auf Frz.; 6 rue Chanzy; ⓒMo–Fr 7.30–19.30 Sa 10–19 Uhr) betreibt zwei Busrundstrecken: Die Citadine 1 verläuft im Uhrzeigersinn, die Citadine 2 gegen den Uhrzeigersinn (Einzelfahrschein 1 €, Tageskarte *ticket journée* 3 €). Mit diesen Bussen lassen sich fast alle Hauptsehenswürdigkeiten von Reims erreichen. Die meisten TUR-Busse stellen gegen 21.50 Uhr den Betrieb ein; fünf Nachtbusse sind bis 0.15 Uhr im Einsatz.

FAHRRAD ADA (☎ 03 26 82 57 81; am Bahnhofsparkplatz) vermietet Fahrräder (ab 17 €) und Elektrofahrräder (24 €/Tag).

TAXI Taxiruf ☎ 03 26 47 05 05.

Champagner-Routen durch die Marne

Die Champagner-Routen (Routes Touristiques du Champagne; www.tourisme-en-champagne.com) des Departments Marne schlängeln sich durch schmucke Weinberge, bewaldete Hügel und flache Felder und passieren kleine und kleinste Weindörfer, die teilweise bemerkenswerte Kirchen oder urige Museen aufweisen. Andere dagegen sind ganz schlicht; die meisten haben keinen Ortskern und nicht einmal ein Café. Hinter fast jeder Wegbiegung (und davon gibt's eine Menge) eröffnet sich ein herrlicher Ausblick. Und natürlich freuen sich zahlreiche Winzerfamilien auf sektdurstige Besucher.

Die Touristeninformationen der Gegend (d. h. in Reims, Épernay, Hautvillers und Châtillon-sur-Marne) haben Infos zu Privatunterkünften und den Öffnungszeiten (sowie den Deutsch- bzw. Englischkenntnissen) verschiedener Champagnerhersteller. Aber nicht vergessen – die Broschüren der Verkehrsämter sind keineswegs allumfassend, denn die Weinbauern müssen für den Eintrag bezahlen. Vielen Herstellern ist es lieber, wenn Besucher vorher anrufen. Es ist aber auch okay, wenn jemand ohne Anmeldung hereinschneit. Fast alle Kellereien haben während der *vendange* (Weinlese) von Ende August bis in den Oktober hinein geschlossen. Das Beerenpflücken (und zwar von Hand – Pflückmaschinen sind hier verboten) hat Vorrang vor allem anderen. Immer mehr junge *vignerons* (Weinbauern) sprechen Englisch.

Auf der Karte „Champagner-Routen durch das Departement Marne" (S. 312) sind drei kurvenreiche Strecken eingezeichnet – durch die Montagne de Reims, das Vallée de la Marne und die Côte des Blancs. Sie sollen aber nicht an einem Tag vollständig „abgearbeitet" werden, sondern jeder kann sich die Abschnitte raussuchen, die am interessantesten erscheinen; wir haben nur einige der Dörfer und Highlights aufgenommen, die am Weg liegen.

Die Champagner-Routen, die über kleine und kleinste Landstraßen führen, sind ausgeschildert. Aber sie haben so viele Biegungen und Abzweigungen, dass es unklug wäre, ohne Landkarte loszuziehen. Genauso unklug übrigens, wie die sprudelnde Flüssigkeit zu loben, die nach Meinung der Einheimischen irreführender- und schändlicherweise als „kalifornischer Champagner" vermarktet wird. Buchläden und Touristeninformationen verkaufen die gelbe Michelin-Karte *Aisne, Ardennes, Marne* im Maßstab 1:150 000 (Nr. 306; 4,50 €).

CHAMPAGNER-ROUTE DURCH DIE MONTAGNE DE REIMS

Die kurvige, 70 km lange Strecke führt von Reims nach Épernay. Sie streift den Parc Natural Régional de la Montagne de Reims, einen Regionalpark, der das bewaldete Plateau der Montagne de Reims einnimmt, und passiert überwiegend mit Pinot-noir-Trauben bepflanzte Weingärten. Die Dörfer sind nachstehend in der Reihenfolge gelistet, in der sie auf dem Weg von Reims auftauchen.

VERZENAY

Die beste Einführung in die Kunst des Weinanbaus in der Region und die jahreszeitlich wechselnden Gesichter der Landschaft bietet der **Phare de Verzenay** (Leuchtturm von Verzenay; ☎ 03 26 07 87 87; www.lephared everzenay.com; auf Frz.; D26; Erw. inkl. Audioguide 7 €; ⊙ Di–Fr 10–18, Sa & So 10–18.30 Uhr, letzter Zutritt 1 Std. vorher, Jan.–März geschl.) auf einem Hügel am Ostrand des Dorfs. Eine Wendeltreppe mit genau 101 Stufen führt auf den Turm, der 1909 als Werbegag errichtet wurde. Die Anstrengung wird mit einem sensationellen Panoramablick über Weinstöcke, Felder und Wälder belohnt. Wer Glück hat, sieht sogar in der Ferne einen winzigen TGV vorbeidüsen. Am Horizont ragt die Zuckermühle Sillery auf. Sie verwandelt jeden Tag unglaubliche 16 000 Tonnen Zuckerrüben (ein wichtiges Landwirtschaftserzeugnis der Region) in 2600 Tonnen Zucker! Es lohnt sich, im **Jardin Panoramique** (Eintritt frei) vorbeizuschauen und die vier erlaubten Techniken zum Befestigen von Weinstöcken an horizontal gespannten Drähten zu studieren (na, wer erkennt die feinen Unterschiede?). Am Kar-

CHAMPAGNE

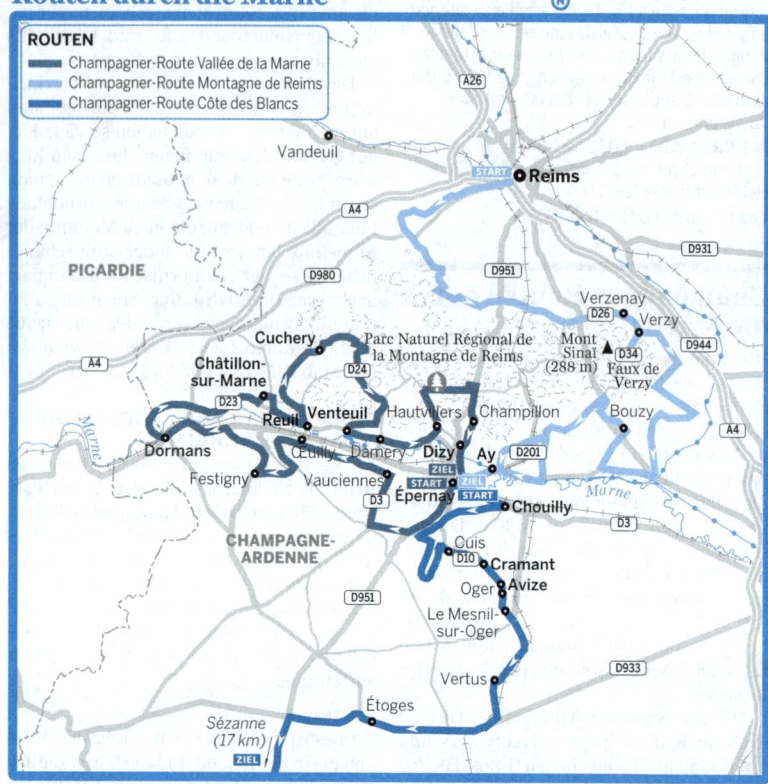

ROUTEN
- Champagner-Route Vallée de la Marne
- Champagner-Route Montagne de Reims
- Champagner-Route Côte des Blancs

tenschalter gibt es eine englische Übersetzung der Erklärungen auf den Wandtafeln.

Der **Moulin de Verzenay** (Windmühle von Verzenay; D26) am Westrand des Städtchens diente schon im Ersten Weltkrieg als Beobachtungsposten und wurde im Zweiten Weltkrieg von der US-Armee erneut genutzt. Die Mühle ist geschlossen, aber vom Hügel in der Nähe bietet sich ein herrlicher Blick ins Tal.

PARC NATURAL RÉGIONAL DE LA MONTAGNE DE REIMS
Der 500 km² große Regionalpark Montagne de Reims ist für eine botanische Kuriosität berühmt: 800 mutierte Buchen, die dem Wald als **Faux de Verzy** seinen Namen gaben (Fotos s. http://verzy.verzenay. online.fr). Um die „falschen" Buchen mit ihren gruselig verrenkten Stämmen und wie ein Schirm herabhängenden Ästen aus der Nähe zu betrachten, folgt man dem **Waldwanderweg** Balade des Faux vom Parkplatz Les Faux. Der Platz liegt auf der D34 2 km von Verzy (an der D26) entfernt.

Auf der anderen Seite der D34 führt ein 500 m langer Schotterpfad durch den Wald zu einem *point de vue* (Aussichtspunkt) neben einem Betonbunker aus dem Ersten Weltkrieg auf dem 288 m hohen **Mont Sinaï**.

CHAMPAGNER-ROUTE DURCH DAS VALLÉE DE LA MARNE
Die 90 km lange Strecke schlängelt sich durch Pinot Meunier-Anbaugebiete von Épernay nach Dormans, immer mehr oder weniger an den Hängen nördlich des Marne-Flusses entlang Richtung Westen. Schließlich macht sie einen Bogen und führt am Südufer des Flusses zurück nach Osten. Durch das Gebiet verlaufen der Langstreckenwanderweg GR14 und dessen Varianten (z. B. GR141).

HAUTVILLERS
In dem schmucken Dorf (800 Ew.), das im Frühling unter blühenden Forsythien und Tulpen fast verschwindet, soll Dom Pierre Pérignon (1639–1715) nach landläufiger

Meinung den Champagner erfunden haben. Das Grab von Dom Pérignon befindet sich vor dem Altar der **Église Abbatiale** (Klosterkirche; ◷tgl.), die mit Holzschnitzereien aus dem 17. Jh. verziert ist.

Hautvillers ist für seine mittelalterlich anmutenden **schmiedeeisernen Schilder** berühmt, auf denen plastisch dargestellt ist, was einen hinter der jeweiligen Hausmauer erwartet.

Auf dem hübschen Hauptplatz Place de la République steht das **Café d'Hautvillers** (◷9–21 Uhr, Di geschl.), auf dessen sonniger Terrasse Getränke und französische Gerichte serviert werden. Außerdem befindet sich hier die **Touristeninformation** (✆03 26 57 06 35; www.tourisme-hautvillers.com; ◷April–Mitte Okt. Mo–Sa 9.30–13 & 13.30–18, So 10–17 Uhr, Mitte Okt.–März Mo–Sa 10–12 & 14–17 Uhr). Sie hat ausgezeichnete, kostenlose Karten mit Beschreibungen mehrerer Weingartenspaziergänge auf Lager. Einstündige Führungen kosten 3 € (mit Champagnerkostprobe 5 €).

Umwerfende **Blicke auf die Weingärten** eröffnen sich ein paar hundert Meter nördlich vom Ortskern an der Straße nach Fismes (D386) sowie südlich entlang der Straße nach Cumières, die zur D1 führt. Toll ist die Aussicht auch vom Langstreckenwanderweg GR14 (mit rot-weißen Markierungen versehen) und von den Fußpfaden durch die Weingüter (gelbe Markierungen) aus.

Hautvillers ist Partnerstadt von Eguisheim im Elsass, was vielleicht die beiden Störche (s. 347) Petrus und Leontine (nach Dom „Petrus" Pérignon und dem in Eguisheim geborenen Papst Leo IX. benannt) erklärt, die in der **Volière des Cigognes Altavilloises** (✆03 26 59 44 58; D386; Eintritt frei) leben. Die Voliere ist nur 500 m Fußweg Richtung Épernay von der Place de la République entfernt. Für Leute, die nicht gerade ein Baby erwarten, ist das vielleicht die einzige Chance, diese majestätischen Vögel mal ganz aus der Nähe zu betrachten. Das Kleid eines jeden Storchs besteht aus rund 15 000 Federn (mit diesem Wissen kann man womöglich irgendwann mal auf einer Cocktailparty Eindruck schinden). Fast jedes Jahr im Mai schlüpfen hier Storchenküken. Auf handgefertigten **Dioramen** im Schuppen sind die mannigfachen Bedrohungen dargestellt, denen sich Wanderstörche ausgesetzt sehen.

Hautvillers liegt 7 km nördlich von Épernay.

CUCHERY

Garantiert einen freundlichen Empfang sowie eine faszinierende Kellereiführung gibt's bei **Albert Levasseur** (✆03 26 58 11 38; www.champagne-levasseur.fr; 6 rue Sorbier, Cuchery). Ein freundliches französisch-irisches Paar leitet das Gut und verwandelt die auf 4,2 ha wachsenden Trauben jedes Jahr in 35 000 bis 40 000 Flaschen Champagner. Wenn irgend möglich, sollte man sich telefonisch oder per E-Mail anmelden. Aber wer das nicht schafft, kann auch einfach vorbeikommen. Die Winzerei befindet sich im Weiler Cuchery (390 Ew.), 20 km nordwestlich von Épernay an der D24.

CHÂTILLON-SUR-MARNE

Die höchste Stelle des am Hang gelegenen Dorfs (840 Ew.) krönt eine 25 m hohe **Statue von Papst Urban II.** (1887 enthüllt). Dieser berühmte Sohn des Städtchens (1042–99) ging vor allem als Anzettler des blutigen Ersten Kreuzzugs in die Geschichte ein. Vom Orientierungspunkt beim Fuß der Statue bieten sich hervorragende Ausblicke auf das Marne-Tal. Außerdem ist das eine super Picknickstelle.

Die **Touristeninformation** (✆03 26 58 32 86; www.otchatillon51.com, auf Frz.; ◷10–12.30 & 14–18, Mo morgens, Jan. & Febr. geschl.) befindet sich ganz in der Nähe der teilweise romanischen **Kirche**. Auf einer Infotafel neben dem Postamt ist eine 11 km lange, 4-stündige **Weingärtenwanderung** eingezeichnet.

Châtillon liegt 20 km westlich von Épernay an der D23.

ŒUILLY

Wer wissen möchte wie das Leben der Weinbauern vor 100 Jahren aussah, geht ins **Écomusée d'Œuilly** (◷03 26 57 10 30; Erw. 6.50 €; ◷10–12 & 14–17 Uhr, April–Okt. 14–18, So morgens & Di geschl. Nov.–März Mo geschl.). Es besteht aus drei Abteilungen, darunter ein Klassenzimmer um 1900. Der Friedhof – mit Panoramablick – hinter der massiven **Église St-Memmie** (13. Jh.) ist die letzte Ruhestätte von fünf Piloten der Royal Air Force, die 1944 abgeschossen wurden; jedes Grab ist mit einem anrührenden persönlichen Nachruf versehen.

Œuilly (650 Ew.) liegt 15 km westlich von Épernay unweit der D3.

CHAMPAGNER-ROUTE DURCH DIE CÔTE DES BLANCS

Die 100 km lange Strecke, an der fast ausschließlich weiße Chardonnaytrauben angebaut werden (der Name bedeutet „Hang der Weißen"), beginnt an der majestätischen Avenue du Champagne in Épernay und führt Richtung Süden nach Sézanne und noch weiter.

Der Blanc des Blancs (ausschließlich aus Chardonnaytrauben hergestellter Champagner) ist für seine Frische, Eleganz, Klarheit, sehr kleine Bläschen und ein Bouquet bekannt, das an „gelbes Obst" wie Pfirsiche und Pflaumen erinnert.

CRAMANT

Die spröde Schönheit der Champagne lässt sich wunderbar vom Bergkamm über diesem Dorf (900 Ew.) aus bewundern, dessen nördliche Zufahrt eine zwei Stockwerke hohe Champagnerflasche ziert. Cramant liegt 7,5 km südöstlich von Épernay an der D10.

AVIZE

Viele ehemalige, derzeitige und zukünftige Champagnerproduzenten lernten oder lernen ihr Handwerk im **Lycée Viticole de la Champagne** (Hochschule der Champagne für Weinherstellung; www.les-enfants-de-la-viti.com, auf Frz.) unter Aufsicht des Landwirtschaftsministeriums. Im Rahmen ihrer Ausbildung produzieren die Studenten ganz hervorragenden Sekt aus Trauben von den renommiertesten Anbauflächen der Champagne. Er wird unter dem Label Champagne Sanger (www.sanger.fr) verkauft. Sanger kam kurz nach dem Ersten Weltkrieg auf den Markt und wird deshalb *sans guerre* („ohne Krieg") ausgesprochen.

In den **Sanger Weinkellern** (☎03 26 57 79 79; 33 rue du Rempart du Midi; ☺Mo–Fr 8–12 & 14–17 Uhr, 1. Augusthälfte geschl.) sieht man bei kostenlosen Führungen durch die erstklassig ausgestatteten Produktionsstätten sowohl traditionelle Geräte als auch supermoderne Hightech-Maschinen wie ein Rube-Goldberg-Gerät, das nach der *remuage* (Rütteln) auf einer automatischen *gyropalette* abgesetzte Hefe vom Flaschenhals entfernt. Der Champagner wird zum Keller-Vorzugspreis (*prix départ cave*) verkauft; der Gewinn kommt der Schule zugute. Der Eingang liegt an der D19, 100 m unterhalb der D10. Wenn abgeschlossen ist, einfach auf den automatischen Türöffner drücken.

Die ehemalige Benediktinerklosterkirche **Église St-Nicolas** in der Rue de l'Église (D10) weist einen Stilmix aus Romanik, Spätgotik und Renaissance auf. Von der Kirche führt die zutreffend benannte Rue de la Montagne bergaufwärts (Richtung Grauves) – an einer weiteren überlebensgroßen Champagnerpulle vorbei – zum **Parc Vix** (D19), wo sich Panoramablicke über die Weinberge auftun. Auf einer Landkarte hinter Glas ist ein 6,5 km langer, zweistündiger Spazierweg durch Wälder und Felder eingezeichnet.

OGER

Oger (600 Ew.) ist für seine grand-cru-Felder, seine preisgekrönten Blumengärten und das **Musée du Mariage** (Hochzeitsmuseum; ☎03 26 57 50 89; www.mariage-et-champagne. com; 1 rue d'Avize/D10; Erw. 6 €; ☺10–12 & 14–18 Uhr, Mo geschl.) berühmt. Es zeigt farbenfrohe und oft witzige Sachen, die im Zusammenhang mit Hochzeitsbräuchen des 19. Jhs. stehen. Zu den Highlights zählt eine Darstellung von Frischverheirateten im Ehebett – die nicht allein gelassen werden, denn Familie und Freunde sind angetreten, um sie mit Champagner, Schokolade und breitem Grinsen aufzuwecken. Die Sammlung haben die Eltern des Eigentümers von Champagne Henry de Vaugency (gegr. 1732) zusammengetragen, einem Champagneranbauer in der 8. Generation. Ein Blatt mit Erklärungen auf Englisch liegt aus.

LE MESNIL-SUR-OGER

LP TIPP Eine Führung durch das hervorragende **Musée de la Vigne et du Vin** (Reben- und Weinmuseum; ☎03 26 57 50 15; www.champagne-launois.fr, auf Frz.; Ecke 2 av. Eugène Guillaume/D10; Erw. inkl. 3 Kelche Champagner 7.50 €) ist ein absolutes Muss. An den meisten Tagen beginnt eine Besichtigung um 10 Uhr. Die außergewöhnliche Sammlung stammt von einer Familie, die seit 1872 Champagner produziert. Unter den jahrhundertealten Werkzeugen zur Champagnerherstellung befinden sich ästhetisch dermaßen ansprechende Sachen, dass man sie am liebsten anfassen möchte. Zu den besonders sehenswerten Stücken zählt eine massive, 16 Tonnen schwere Traubenpresse aus Eichenholz um 1630. Reservierungen können telefonisch oder über die Website getätigt werden; die Führungen sind nicht unbedingt auf Englisch.

Der Wein- und Restaurantkritiker Michael Edwards bezeichnet Le Mesnil als „die herausragendste Chardonnay-Gemeinde der Champagne".

Ausgezeichnetes französisches Essen hat **Le Mesnil** (☎03 26 57 95 57; www.restaurant lemesnil.com, auf Frz.; 2 rue Pasteur; Menü 29–39 €; ☺So, Mo geschl., Di nur mittags).

Épernay

25 225 EW.

Die wohlhabende Stadt hat sich selbst zur *capitale du champagne* (Champagnerhauptstadt) erklärt. Da viele weltberühmte Champagnerhäuser hier ihren Sitz haben, ist Épernay der beste Ort in der Champagne für eine Besichtigungs- und Verkostungstour durch die Keller. Außerdem ist die Stadt ein guter Ausgangspunkt für Entdeckungsfahrten auf den Champagner-Routen.

In den insgesamt 110 km langen Kellergewölben unter der Stadt reifen mehr als 200 Mio. Flaschen Champagner und warten darauf, zu einer besonderen Gelegenheit getrunken zu werden. 1950 fand in einem dieser Keller, der dem eigenwilligen Haus Mercier gehört, ein Autorennen statt, bei dem keine einzige Flasche zu Bruch ging!

Épernay liegt 25 km südlich von Reims und kann als Tagesausflug per Bahn oder Auto von Reims aus besucht werden.

Sehenswertes & Aktivitäten

Viele von Épernays *maisons de champagne* (Champagnerhäuser) haben ihren Sitz an der hübschen und super zum Bummeln geeigneten Avenue de Champagne. Die eleganten Herrenhäuser beiderseits der Straße sind nach den Verwüstungen des Ersten Weltkriegs wieder aufgebaut worden. Die Avenue de Champagne erstreckt sich östlich des Geschäftszentrums der Stadt; am meisten Betrieb herrscht dort in der Rue Général Leclerc und der Rue St-Thibault.

Moët & Chandon   CHAMPAGNERKELLEREI
(☑03 26 51 20 20; www.moet.com; 20 av. de Champagne; Erw. inkl. 1/2 Gläser 14.50/22 €, 10–18 J. 9 €; ☺Führungen 9.30–12 & 14–16.30 Uhr, Mitte Nov.–März Sa & So sowie den ganzen Jan. geschl.) Die renommierte *maison* bietet regelmäßig einstündige Führungen, die zu den faszinierendsten der Region zählen. Im Laden warten Schnäppchen wie eine 3-Liter-Flasche des Spitzenchampagners Dom Pérignon *millésime* (Jahrgangschampagner) von 1998 für schlappe 2100 € auf Abnehmer.

Mercier   CHAMPAGNERKELLEREI
(☑03 26 51 22 22; www.champagnemercier.fr; 68–70 av. de Champagne; Erw. inkl. 1/3 Gläser 9/17 €, 12–17 J. 5 €; ☺Führungen 9.30–11.30 & 14–16.30 Uhr, Mitte Dez.–Mitte Febr. geschl.) Frankreichs beliebtester Champagnerhersteller floriert dank hemmungsloser Eigen-

werbung seit seiner Gründung 1847 durch Eugène Mercier. Als Pionier für aufsehenerregende Werbegags hat das Unternehmen auch die Kellereibesichtigungen erfunden. Hier wird mächtig geklotzt, z. B. mit dem 160 000-Liter-Fass, das zwanzig Jahre lang für die Weltausstellung von 1889 gebaut wurde, oder dem Aufzug, der die Besucher 30 m tief unter die Erde zur lasergeführten Kellerbahn bringt.

De Castellane   CHAMPAGNERKELLEREI
(☑03 26 51 19 11; www.castellane.com, auf Frz.; 64 av. de Champagne; Erw. inkl. 1 Glas 8,50 €, unter 12 J. frei; ☺Führungen 10–11 & 14–17 Uhr, Weihnachten–Mitte März geschl.) Zu den 45-minütigen Führungen auf Französisch und Englisch gehört auch ein Besuch des sehr informativen Champagnermuseums, in dem das Herstellungsverfahren der *méthode champenoise* und die diversen Techniken ausführlich erklärt werden. Wer die 237 Stufen zum 1905 erbauten 66 m hohen Turm hinaufsteigt, wird mit einem herrlichen Panoramablick belohnt.

Hôtel de Ville   RATHAUS
(7bis av. de Champagne; ☺Mo–Fr 8.30–12 & 13.30–18 Uhr) Im klassizistischen Hôtel de Ville neben der Touristeninformation können Besucher einen Blick in die verschwenderisch ausgestaltete Salle de Conseil (Stadtratsversammlungshalle) im Stil von Ludwig XV. sowie die Salle de Mariages (Hochzeitshalle) werfen. Der Park mit Blumenbeeten gleich daneben ist perfekt für ein Picknick.

Théâtre Gabrielle Dorziat   BAUDENKMAL
(www.lesalmanazar.fr, auf Frz.; place Mendès-France) Die Nordwand des Théâtre Gabrielle Dorziat von 1902 ist immer noch von Granateneinschlägen und Einschusslöchern aus dem Zweiten Weltkrieg gemasert.

👉 Geführte Touren

Champagnerhäuser   KELLEREIFÜHRUNG
Mehrere *maisons* bieten informative und unterhaltsame Kellereiführungen mit anschließender *dégustation* (Verkostung) und einem Besuch im Verkaufsraum. Nähere Informationen zu einzelnen Champagnerhäusern s. oben.

Champagne Domi Moreau
                             WEINGUTBESICHTIGUNG
(☑06 30 35 51 07, nach 19 Uhr 03 26 59 45 85; www.champagne-domimoreau.com; Führungen 20 €; ☺Führungen außer Mi 9.30–14.30 Uhr, keine

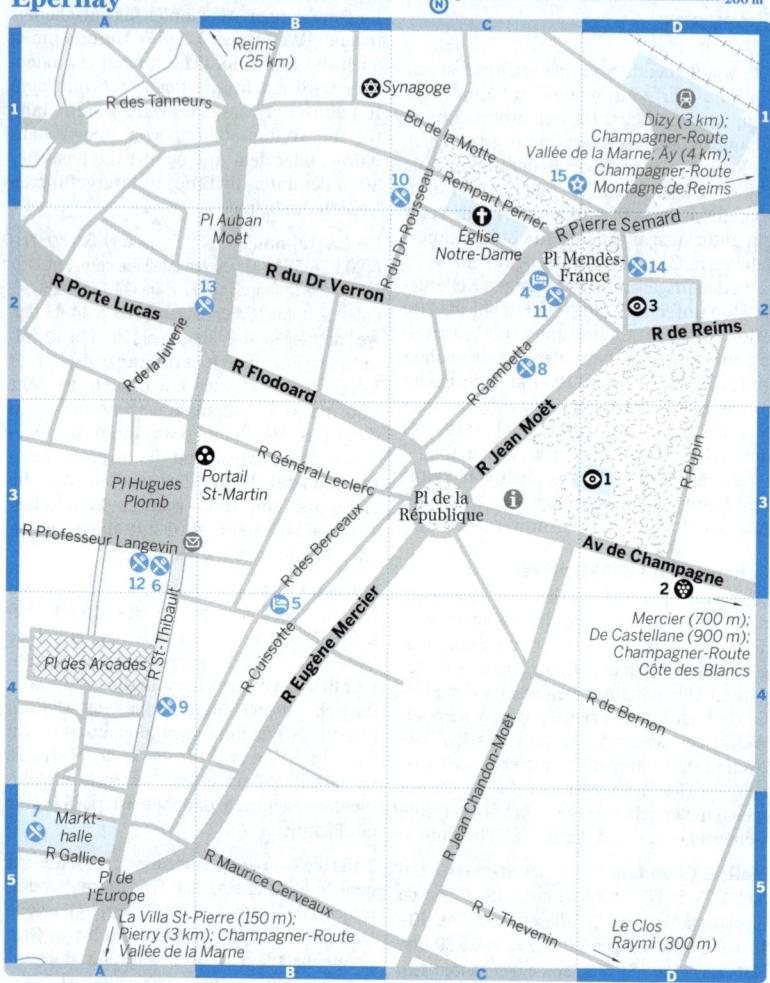

Epernay map. Scale: 0 — 200 m.

Labels on map:
Reims (25 km)
R des Tanneurs
Synagoge
Bd de la Motte
Dizy (3 km); Champagner-Route Vallée de la Marne; Aÿ (4 km); Champagner-Route Montagne de Reims
Rempart Perrier
10
15
Pl Auban Moët
R du Dr Rousseau
Église Notre-Dame
R Pierre Semard
R Porte Lucas
13
R du Dr Verron
Pl Mendès-France
14
4
3
11
R de la Juiverie
R Flodoard
R de Reims
8
R Gambetta
R Général Leclerc
Portail St-Martin
Pl Hugues Plomb
R Jean Moët
R Pupin
R Professeur Langevin
Pl de la République
1
12 6
Av de Champagne
R des Berceaux
2
5
R St-Thibault
R Cussotte
Pl des Arcades
Mercier (700 m); De Castellane (900 m); Champagner-Route Côte des Blancs
R Eugène Mercier
9
R de Bernon
R Jean Chandon-Moët
7
Markt-halle
R Gallice
Pl de l'Europe
R Maurice Cerveaux
R J. Thevenin
Le Clos Raymi (300 m)
La Villa St-Pierre (150 m); Pierry (3 km); Champagner-Route Vallée de la Marne

Führungen an Weihnachten & in den Schulferien im Febr. & in der 2. Augusthälfte) Die Besitzer organisieren dreistündige Minibusfahrten mit Erläuterungen auf Französisch und Englisch in die umliegenden Weinberge. Die Teilnehmer werden gegenüber der Touristeninformation abgeholt. Außerdem veranstalten sie zweistündige Radtouren durch die Weinberge von Nancy aus (10 €), die telefonisch gebucht werden müssen.

🛏 Schlafen

Die Hotels von Épernay sind von Ostern bis September am Wochenende sowie im Mai, Juni und September auch unter der Woche schnell ausgebucht.

Le Clos Raymi HISTORISCHES HOTEL €€
(📞 03 26 51 00 58; www.closraymi-hotel.com, auf Frz.; 3 rue Joseph de Venoge; DZ ab 100 €, Suite 160 €; 🛜) Wer in diesem stimmungsvollen Haus absteigt, darf sich wie ein persönlicher Gast von Monsieur Chandon fühlen. Der Eigentümer der renommierten Champagnermarke bewohnte dieses luxuriöse Herrenhaus vor über hundert Jahren. Die sieben romantischen Zimmer, z. B. im provenzalischen, toskanischen und kolonialen Stil, haben riesige Betten, hohe Decken,

Epernay

Flügelglastüren und Parkettfußböden. Im Winter knistert im gemütlichen Jugendstilwohnzimmer oft ein Kaminfeuer. Perfekt für die Flitterwochen.

La Villa St-Pierre   HOTEL €
(📞03 26 54 40 80; www.villasaintpierre.fr; 14 av. Paul Chandon; DZ 45–50 €; 📶) Das heimelige Hotel in einer Villa aus dem frühen 20. Jh. mit 11 einfachen Zimmern hat sich etwas vom Charme früherer Zeiten bewahrt.

Hôtel de la Cloche   HOTEL €
(📞03 26 55 15 15; www.hotel-la-cloche.com; 5 place Mendès-France; DZ 49–63 €, 3BZ 59–69 €; 📶👪) Das ein wenig versnobte Hotel besitzt 19 freundliche Zimmer in leuchtenden, nicht unbedingt harmonierenden Farben. Die Dreibettzimmer im 3. Stock mit Dachschrägen sind ideal für Kids – aber um Gäste vor einer Enttäuschung zu bewahren, werden sie nur nach vorheriger Besichtigung vermietet. Manche Zimmer haben Ausblick auf den Park oder die Kirche. Sehr praktische Unterkunft für Bahnreisende.

Hôtel Les Berceaux   HOTEL €€
(📞03 26 55 28 84; www.lesberceaux.com; 13 rue des Berceaux; DZ 95–115 €; 📶) Die 1889 eingeweihte Institution der Stadt hat 28 gemütliche, lärmisolierte Zimmer mit viel dunklem Holz und vom Boden bis zur Decke gekachelten Bädern.

✕ Essen

Die hauptsächlichen Fressmeilen von Épernay sind die Rue Gambetta, wo es u. a. drei Pizzerien und ein Kebab-Lokal gibt, sowie die angrenzende Place de la République und Umgebung.

Restaurant Le Théâtre   FRANZÖSISCH, KLASSISCH €€
(📞03 26 58 88 19; www.epernay-rest-letheatre. com, auf Frz.; 8 place Mendès-France; Mittagsmenü 17–22 €, Abendmenü 28–46 €; ✸Mi, Di abends & So abends geschl.) Das klassische Nachbarschaftslokal wurde vor 100 Jahren als Brasserie erbaut und hat 4,2 m hohe Decken und Fenster vom Boden bis zur Decke. Gekocht wird traditionell, aber raffiniert. Die Speisekarte ändert sich alle drei Wochen, je nachdem, welche Zutaten gerade Saison haben.

La Cave à Champagne   REGIONAL €€
(📞03 26 55 50 70; www.la-cave-a-champagne. com, auf Frz.; 16 rue Gambetta; Menü 17–32 €; ✸Di abends & Mi geschl.) Einheimische loben den „Champagnerkeller" für seine Küche *champenoise*, die in behaglicher gutbürgerlicher, traditioneller Atmosphäre aufgetischt wird. Für 21 € kann man drei verschiedene Sorten Champagner bestellen.

Bistrot Le 7   FRANZÖSISCH, MODERN €€
(📞03 26 55 28 84; 13 rue des Berceaux; Menü 17–23 €) Eines der Restaurants im Hôtel Les Berceaux besitzt einen Michelinstern. Das andere (dieses hier) bietet hervorragende französische Küche in halbformeller, edelmediterraner Umgebung. Die Weinbergschnecken in Basilikum, Butter und Sahnesauce sind ein Gedicht und die Schokodesserts zum Niederknien.

La Table Kobus   FRANZÖSISCH €€
(📞03 26 51 53 53; www.latablekobus.com, auf Frz.; 3 rue du Docteur Rousseau; Menü 28–39 €; ✸Mo, So abends & Do abends geschl.) Französische Küche, mal traditionell, mal kreativ, im Ambiente eines Pariser Bistros des Fin de Siècle.

Le Sardaigne   PIZZERIA €
(1 place Mendès-France; Pizzas 7–11 €) Hat die beste Pizza der Stadt.

Selbstversorger

Markthalle   LEBENSMITTELMARKT €
(Halle St-Thibault; rue Gallice; ✸Mi & Sa 7.30–12.30 Uhr)

Markt   LEBENSMITTELMARKT €
(place Auban Moët; ✸So morgens)

MEHR SCHAMPUS FÜR ALLE

Im Gegensatz zum Cognac, der zu 96 % in den Export geht, werden rund 62 % der 400 Mio. Flaschen Champagner, die pro Jahr die Kellereien verlassen, von den Franzosen selber getrunken. Da bleibt für den Rest der Menschheit nicht viel übrig, zumal man auch noch die Flaschen abziehen muss, die für Schiffstaufen oder siegreiche Fußballer verschwendet werden. Doch es ist Hilfe in Sicht. Angesichts der steigenden Nachfrage aus der ganzen Welt hat die staatliche Behörde, die bestimmt, wo Champagner angebaut werden darf, zum ersten Mal seit 1927 eine Vergrößerung des derzeit 327 km2 umfassenden Anbaugebiets in Aussicht gestellt. Wahrscheinlich ab 2017 dürfen 40 glückliche Dörfer ihre ersten offiziellen Champagnerreben pflanzen. Die genauen Grenzen der neuen Weingärten waren natürlich Gegenstand heftiger Debatten, zumal der Wert des Landes, das als champagnerwürdig eingestuft wird, um 30 000 % auf ungefähr 1 Mio. € pro Hektar steigen wird!

Die großen *maisons* (Champagnerhäuser) mit ihren weltbekannten Champagnermarken, die zumeist zu internationalen Luxusgüterkonzernen gehören, verkaufen einen großen Anteil ihrer Produktion ins Ausland, u. a. weil dort die Gewinnmargen höher sind. So exportiert z. B. Moët & Chandon 80 % seines Champagners. Aber die 4800 kleinen Produzenten der Region (als *récoltants-manipulants* bezeichnet, weil sie sowohl Trauben ernten als auch den Saft „manipulieren" bzw. „verbessern", indem sie ihn in Wein verwandeln) bedienen weiterhin fast ausschließlich die heimische Klientel. 2009 exportierte Frankreich ungefähr 12 Mio. Flaschen Champagner, im Vergleich zu 2007 ein Rückgang um 26 % – offenbar hat die globale Rezession sogar die Champagnertrinker getroffen.

Charcutier-Traiteur
FEINKOST €
(9 place Hugues Plomb; ⊙8–12.45 & 15–19.30 Uhr, So & Mi geschl.) Hat liebevoll zubereitete Gerichte.

La Cloche à Fromage
KÄSEGESCHÄFT €
(19 rue St-Thibault; ⊙Di–Sa 8.30–12.15 & 15–19 Uhr) In diesem Laden geht schon seit über 100 Jahren Käse über die Theke.

Marché Plus
KLEINER SUPERMARKT €
(13 place Hugues Plomb; ⊙Mo–Sa 7–21, So 9–13 Uhr)

Unterhaltung

Cinéma Le Palace
(✆08 92 68 07 51; www.le-palace.fr, auf Frz.; 33 bd de la Motte) Zeigt Filme in Originalsprache.

Praktische Informationen

Cybermania (11 place des Arcades; Internet 3 €/Std.; ⊙Di–Sa 10–22, So 14–20, Mo 14–22 Uhr) Internetzugang.

Post (place Hugues Plomb)

Touristeninformation (✆03 26 53 33 00; www.ot-epernay.fr; 7 av. de Champagne; ⊙Mo–Sa 9.30–12.30 & 13.30–19, So & feiertags 11–16 Uhr) Hat ausgezeichnete Broschüren (auch auf Englisch) und Landkarten zu Kellereibesichtigungen, Wanderwegen, Radtouren und Ausflügen mit dem Auto und vermietet GPS-Navigationssysteme (7 €/Tag) mit Anleitungen auf Französisch, Englisch und Niederländisch für Autofahrten zu Weingütern.

 Anreise & Unterwegs vor Ort

AUTO Europcar (✆03 26 54 90 61; 20 rempart Perrier)

FAHRRAD Ein Fahrradverleih befindet sich beim städtischen Schwimmbad **Espace Aquatique Bulléo** (✆03 26 53 35 60; www.ccepc.fr, auf Frz.; Parc Roger Menu, rue Dom Pérignon; halber Tag/Tag/Woche 10/15/70 €; ⊙April–Okt. Mo–Fr 10–18, Sa & So bis 17.30 Uhr), rund 700 m südlich der Markthalle.

Bei der Touristeninformation werden Fahrradwanderkarten und Landkarten verkauft (0,50 €).

ZUG Vom **Bahnhof** (place Mendès-France) gibt's Direktverbindungen nach Reims (6 €, 20–36 Min., an Wochentagen 18-mal tgl., am Wochenende 11-mal tgl.) und nach Paris Gare de l'Est (21 €, 1¼ Std., 5- bis 10-mal tgl.).

Troyes
63 450 EW.

Troyes, ebenso wie Reims eines der historischen Zentren der Champagne, zeichnet sich durch eine quirlige Altstadt aus, in der einige der schönsten Fachwerkhäuser und gotischen Kirchen Frankreichs stehen.

Wie kaum eine andere französische Stadt vermittelt Troyes einen Eindruck davon, wie Europa aussah, als Molière seine unvergesslichen Komödien schrieb und die drei Musketiere die Degen kreuzten. Außerdem lohnen mehrere einzigartige Museen einen Besuch.

Es gibt keine einzige Champagnerkellerei in Troyes. Aber dafür kann man in Unmengen von Fabrik-Outlets mit Kleidung und Accessoires bekannter Marken – Erbe der langen Tradition als Frankreichs Hauptstadt für Wirkwaren – shoppen bis zum Umfallen.

◉ Sehenswertes

Überall in der Altstadt sind graue Tafeln mit Geschichtsinfos auf Französisch und Englisch angebracht.

Das Troyes des 16. Jhs. ALTSTADT
Fachwerkhäuser – manche mit windschiefen Mauern und unebenen Fußböden – säumen viele Straßen der Altstadt. Sie wurden nach einem verheerenden Brand 1524 wieder aufgebaut. Die schönste Gegend zum Herumschlendern ist die innerhalb der Grenzen von (im Uhrzeigersinn von Norden her gesehen) Rue Général de Gaulle, Hôtel de Ville, Rue Général Saussier und Rue de la Pierre. Besonders sehenswert sind die Straßen (von Südwesten nach Nordosten) **Rue de Vauluisant**, **Rue de la Trinité**, **Rue Champeaux** und **Rue Paillot de Montabert**.

Von der Rue Champeaux (zwischen Hausnr. 30 und 32) geht das winzige „Katzengässchen" **Ruelle des Chats** ab. Es ist immer noch so dunkel und eng wie vor vierhundert Jahren – die Dachgeschosse berühren sich fast – und der Besucher fühlt sich unwillkürlich ins Mittelalter zurückversetzt. Auf die Steine zu beiden Seiten der Gasse konnten sich die Fußgänger vor vorbeigaloppierenden Pferden in Sicherheit bringen.

Im **Hôtel de Chaudron** (4 rue Chrestien de Troyes) wohnte vor langer Zeit Paul Chomeday de Maisonneuve (1612–76), einer der Gründer der kanadischen Stadt Montréal.

Cathédrale St-Pierre et St-Paul KATHEDRALE
(place St-Pierre; ⊙9–12 & 14–19 Uhr, So morgens geschl.) Das bedeutendste, 114 m lange Gotteshaus von Troyes vereint Elemente aus allen gotischen Architekturperioden der Champagne. Die spätgotische **Westfassade** z. B. stammt aus der Mitte des 16. Jhs., der Chor und die Querschiffe sind mehr

ⓘ **ERMÄSSIGUNGEN IN TROYES**

Le Pass' Troyes (15 €), der in der Touristeninformation verkauft wird, gilt für sieben Museen, eine Zwei-Sorten-Champagnerprobe, eine Altstadtführung (mit Guide oder Audioguide) und bringt Rabatte in verschiedenen Fabrikverkaufsräumen.

als 250 Jahre älter. Der Innenraum wird durch mehr als 180 wunderbare **Buntglasfenster** (13.–17. Jh.) erhellt, die an einem sonnigen Tag wie Kronjuwelen funkeln. Sehr interessant sind auch die phantastische **Barockorgel** (um 1730), auf der sich musizierende Putten (Posaunenengel) tummeln, und der kleine **Domschatz** (⊙Juli & Aug.) mit Emailarbeiten aus Werkstätten an der Maas. Jeanne d'Arc und Karl VII. legten 1429 hier einen Zwischenstopp auf dem Weg zu Karls Krönung in Reims ein.

Maison de l'Outil et de la Pensée Ouvrière WERKZEUGMUSEUM
(Museum für Werkzeug & Handwerk; ☎03 25 73 28 26; www.maison-de-l-outil.com; 7 rue de la Trinité; Erw./unter 12 J. 6.50 €/frei; ⊙10–18, Di bis 20 Uhr, Okt.–März Di geschl.) Die 10 000 hier ausgestellten Werkzeuge haben Generationen geschickter Hände emsig blankgescheuert. Jedes dieser Einzelteile – geschaffen, um eine ganz bestimmte Aufgabe meisterhaft zu bewältigen – erweckt die Welt der Handarbeit wieder zum Leben, die mit der Industriellen Revolution unterging. Untergebracht ist die Sammlung in einem prächtigen Renaissancebau von 1556, dem Hôtel de Mauroy. Videos zeigen, wie und wofür die Werkzeuge gebraucht wurden. An der Rezeption gibt es einen Katalog auf Englisch zu kaufen.

Musée d'Art Moderne KUNSTMUSEUM
(☎03 25 76 26 80; place St-Pierre; Erw. 5 €; ⊙Di–Fr 10–12 & 14–17, Sa & So 11–18, Mai–Sept. bis 19 Uhr) Die Highlights sind französische Gemälde, darunter viele des Fauvismus, die zwischen 1850 und 1950 entstanden, Glasgegenstände (vor allem des berühmten Glasbläsers und Malers Maurice Marinot aus Troyes) und Keramiken. Zu den ausgestellten Künstlern zählen Derain, Dufy, Matisse, Modigliani, Picasso und Soutine. Das in einem ehemaligen Bischofspalast

CHAMPAGNE

Troyes

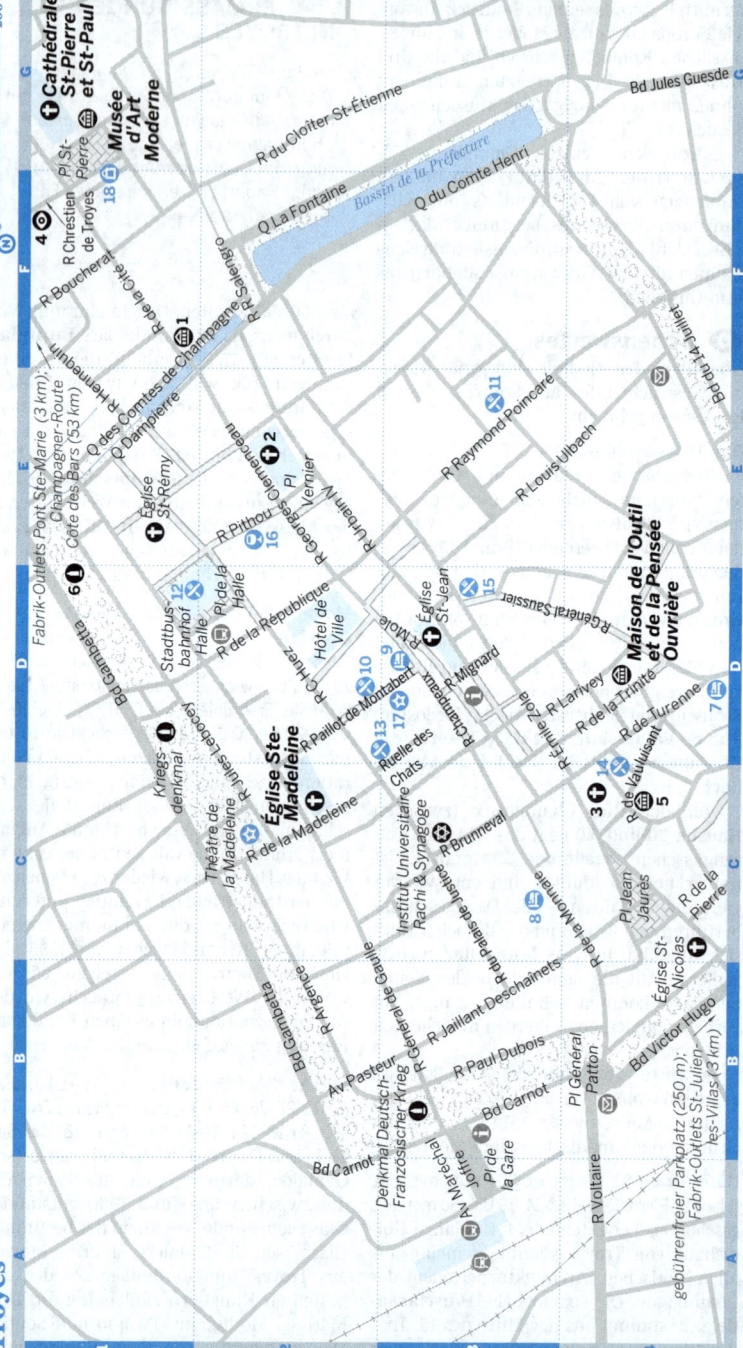

200 m

0

Cathédrale St-Pierre et St-Paul

Musée d'Art Moderne

Pl St-Pierre

R Chrétien de Troyes

18

R Boucherat

R du Cloître St-Étienne

Bd Jules Guesde

R de la Cité

Bassin de la Préfecture

Q La Fontaine

Q du Comte Henri

R Raymond Poincaré

11

Q des Comtes de Champagne

Q Dampierre

Fabrik-Outlets Pont Ste-Marie (3 km); Champagner-Route Côte des Bars (53 km)

R de Hennequin

1

Église St-Rémy

R Pithou

Pl Georges Vernier

2

R Urbain IV

R Raymond Poincaré

R Louis Ulbach

Bd du 14 Juillet

Stadtbus-bahnhof

12

Halle

R de la République

16

Pl de la Halle

Église St-Jean

15

Maison de l'Outil et de la Pensée Ouvrière

Hôtel de Ville

R de la Trinité

R du Général Saussier

Bd Gambetta

R Jules Lebocey

Kriegs-denkmal

Théâtre de la Madeleine

Église Ste-Madeleine

R du Thénard

10

9

R de la Madeleine

R Paillot de Montabert

13

17

Ruelle des Chats

Institut Universitaire Rachi & Synagogue

R Mignard

R Larivey

R Émile Zola

R Vauluisant

14

3

5

R de Vauluisant

R de Turenne

7

R de la Pierre

R Brunneval

R du Palais de Justice

8

Pl Jean Jaurès

Église St-Nicolas

Bd Gambetta

R Argence

R Général de Gaulle

R Jaillant Deschainets

R Paul Dubois

Bd Victor Hugo

R de la Monnaie

Fabrik-Outlets St-Julien-les-Villas (3 km)

Denkmal Deutsch-Französischer Krieg

Av Pasteur

Bd Carnot

Pl Général Patton

Bd Carnot

gebührenfreier Parkplatz (250 m)

Av Maréchal Joffre

Pl de la Gare

R Voltaire

4

6

Troyes

(16.–18. Jh.) untergebrachte Museum verdankt seine Existenz den Hemden mit dem Krokodil-Logo. Deren weltweiter Erfolg erlaubte es den Lacoste-Unternehmern Pierre und Denise Lévy, die außergewöhnlichen Kunstwerke zusammenzutragen.

Église Ste-Madeleine   KIRCHE

(rue Général de Gaulle; ◎ Di–So 14–16.30, Mai–Sept. bis 19 Uhr) Die älteste und interessanteste Parochialkirche von Troyes besitzt ein frühgotisches Haupt- und Querschiff (frühes 13. Jh.), Chor und Turm kamen während der Renaissance dazu. Besonders schön sind der prachtvoll verzierte

spätgotische **Lettner** (frühes 16. Jh.), der das Querschiff vom Chor trennt, und die **Buntglasfenster** aus dem 16. Jh. Sie zeigen Szenen aus der Schöpfungsgeschichte. Die Statue der sehr ernst dreinschauenden **Ste-Marthe** (hl. Martha) im Hauptschiff, von der Holzkanzel aus hinter der Säule, gilt als ein Meisterwerk der Bildhauerschule von Troyes im 15. Jh.

Basilique St-Urbain   KIRCHE

(place Vernier; ◎ Di–So 14–16.30 Uhr, Mai–Sept. bis 19 Uhr) Mit dem Bau der Kirche wurde 1262 im Auftrag von Papst Urban IV. begonnen, der in Troyes geboren wurde und dessen Vater an dieser Stelle eine Schusterwerkstatt betrieben hatte. Sowohl innen als auch außen weist die Basilika spätgotische Merkmale auf und besitzt schöne Buntglasfenster aus dem 13. Jh. In der Kapelle beim südlichen Querschiff steht **La Vierge au Raisin** (die Madonna mit Weintraube), eine anmutige Steinstatue der Muttergottes mit dem Jesuskind aus dem frühen 15. Jh.

Église St-Pantaléon   KIRCHE

(rue de Vauluisant; ◎ Di–So 14–16.30 Uhr, Mai–Sept. bis 19 Uhr) Die Renaissancekirche mit ihrem Holzgewölbe sieht noch fast genauso aus wie vor 300 Jahren. Sie ist ein wunderbarer Ort, um Werke der Schule von Troyes aus dem 16. Jh. zu betrachten – besonderes Augenmerk verdienen die Skulpturen an den Säulen des Kirchenschiffs. Die Westfassade kam im 18. Jh. hinzu. Wie in vielen anderen Kirchen liegen auch hier Geschichtsblätter in Französisch, Deutsch und Englisch aus.

Hôtel de Vauluisant   MUSEUM

(✆ 03 25 43 43 20; 4 rue de Vauluisant; Erw. 3 €; ◎ Mai–Sept. Sa & So 11–13 & 14–19, Mi–Fr 14–19 Uhr, Okt.–April Fr–So 10–12 & 14–17, Mi & Do 14–17 Uhr) In dieser Märchenschloss-Villa im Renaissancestil sind zwei einzigartige Museen untergebracht. Im Hof wachsen Pflanzen, die im Mittelalter zum Färben von Textilien und für Ölfarben genutzt wurden.

Musée de l'Art Troyen

Das 2009 modernisierte Kunstmuseum der Stadt Troyes präsentiert die beziehungsreichen Gemälde, Glasfenster und Skulpturen (aus Stein und Holz) der Schule von Troyes. Sie hatte ihre Blütezeit während des wirtschaftlichen Aufschwungs Anfang des 16. Jhs., der mit einer großzügigen Förderung der Künste einherging.

SCHON GEWUSST ...?

Mit Troyes hatte wohl jeder schon mal zu tun:

» Zum Beispiel durch die Geschichte des Ritters Lancelot und seiner Suche nach dem Heiligen Gral, denn dabei erfreuen sich Leser oder Zuschauer an einem aus dem 12. Jh. stammenden Werk des Dichters und Troubadours Chrétien (Chrestien) de Troyes (1135–83). Wie sein Name besagt, war er ein Kind der Stadt Troyes.

» Oder beim Kauf einer Goldmünze, denn die Feinunze als Gewichtsmaß für Gold und Edelmetalle geht auf die „Troy-Unze" zurück und wurde von den Geldwechselkursen abgeleitet, die im Troyes des 12. und 13. Jhs. festgelegt worden waren.

» Und immer wenn man sehnsüchtig vor einem T-Shirt von Lacoste, Babykleidung von Petit Bateau oder sexy Unterwäsche von Dim steht, bewundert man eine Marke, die in der ehemaligen Hauptstadt der französischen Wirkwarenindustrie ihren Ursprung hat.

Musée de la Bonneterie
Das Wirkwarenmuseum ist der wechselvollen Geschichte der Textilindustrie in Troyes im 19. Jh. gewidmet.

Apothicairerie de l'Hôtel-Dieu-le-Comte
MUSEUM
(✆03 25 80 98 97; quai des Comtes de Champagne; Erw. 2 €; ⏱Mai–Sept. Do–So 10 oder 11–13 & 14–19, Mi 14–19 Uhr; Okt.–April Fr–So 10–12 & 14–17 Uhr) Wer eine aus der Mode gekommene Malaise bekommen sollte – wie Skorbut oder Gemütsschwankungen – begibt sich in diese noch komplett eingerichtete, holzvertäfelte Apotheke von 1721.

🛏 Schlafen

Vor dem Bahnhof stehen mehrere Hotels.

Hôtel Arlequin
HOTEL €
(✆03 25 83 12 70; www.hotelarlequin.com; 50 rue de Turenne; DZ 55–58 €, mit Gemeinschaftstoilette 43 €⏱Rezeption Mo–Sa 12.30–14, So & feiertags 2.30–16 Uhr geschl.; ❄🛜) Guter Geschmack ist Trumpf in dem liebevoll gepflegten und effizient gemanagten, charmanten und sehr gelben Hotel, angefangen von der hübschen cremeweißen Fassade bis zum zitronengelben Frühstückszimmer. Die 28 einladenden Zimmer haben hohe Decken und sind mit antiken Möbeln und verspielten Details ausgestattet. Kein Aufzug.

Hôtel Les Comtes de Champagne
HOTEL €
(✆03 25 73 11 70; www.comtesdechampagne. com; 56 rue de la Monnaie; DZ 53–88 €, 4BZ 71–102 €, DZ mit Waschbecken 35 €; 🛜) Es sind immer noch dieselben massiven Holzbalken, die das superfreundliche Haus mit 37 Zimmern seit dem 16. Jh. mehr oder weniger aufrecht halten. Wunderschön sind der helle Innenhof, wo sich auch die Rezeption befindet, die Blumenkästen und der Keller aus dem 12. Jh. Ein riesiges, sehr romantisches Doppelzimmer ist für 88 € zu haben. Fahrradverleih; kein Aufzug.

Le Relais St-Jean
HOTEL €€
(✆03 25 73 89 90; www.relais-st-jean.com; 51 rue Paillot de Montabert; DZ 95–145 €; ❄@🛜) Das Hotel in einer engen Gasse der mittelalterlichen Altstadt hat 25 moderne Zimmer, einen kleinen Wintergarten mit tropischen Pflanzen, einen Whirlpool mit bunten Unterwasserlämpchen und ein kleines Fitnesscenter. Es ist behindertengerecht und hat direkten Zugang von der unterirdischen Parkgarage (10 €).

🍴 Essen

Troyes erfreut sich einer dynamischen und derzeit expandierenden kulinarischen Szene. Die Rue Champeaux, westlich vom Hôtel de Ville, hat die dichteste Konzentration von Restaurants, Cafés und Crêperien, allerdings ist darunter nur wenig Überdurchschnittliches. Auf Studenten ausgerichtete Esslokale gibt es in der Rue de la Cité westlich der Kathedrale.

Die Einwohner von Troyes sind ungeheuer stolz auf ihre kulinarischen Spezialitäten andouillette de Troyes (Wurst mit Schweinekutteln) und tête de veau (Kalbskopf, der ohne Hirn serviert wird). Für die meisten Fremden sind sie allerdings gewöhnungsbedürftig.

La Mignardise
FRANZÖSISCH, KLASSISCH €€
(✆03 25 73 15 30; 1 ruelle des Chats; Mittagsmenü an Wochentagen 23 €, andere Menüs 29–59 €; ⏱So abends & Mo geschl.) Die typisch französische cuisine mit knackfrischen Zutaten der Saison wird elegant angerichtet unter alten Holzbalken, Stuckverzierungen aus dem 19. Jh. und modernen Halogenlampen aufgetragen. Der Küchenchef ist ein absolu-

Im 11. und 12. Jh. lebte in Troyes eine kleine jüdische Gemeinde, die unter dem Schutz der Grafen der Champagne stand. Ihr berühmtestes Mitglied war Rabbi Shlomo Yitzhaki (1040–1105), besser bekannt als Raschi (frz. Rachi).

Die Raschi-Kommentare zu Bibel und Talmud, in denen der Rabbi buchstabengetreue und freie Interpretation miteinander kombinierte und ausgiebigen Gebrauch von Allegorien, Parabeln und Symbolik machte, sind bis zum heutigen Tage von großer Bedeutung für die Juden. Selbst 1000 Jahre später beeinflussen sie auch immer noch die Auslegung der Bibel. Raschis Angewohnheit, schwierige Wörter und Textpassagen im gesprochenen Französisch der Region zu erläutern, das er in hebräischer Lautschrift niederschrieb, machen seine Schriften zu einer wichtigen Quelle für die Erforschung des Altfranzösischen. 1475, gerade einmal 30 Jahre nach Gutenbergs Erfindung des Buchdrucks, ging Raschis Bibelkommentar als erstes Buch auf Hebräisch in Druck.

Das eindrucksvolle **Monument Rachi** (rue Jules Lebocey), eine schwarz-weiße Erdkugel mit Raschis Akronym in hebräischen Buchstaben, befindet sich ganz in der Nähe eines längst verschwundenen jüdischen Friedhofs, auf dem Raschi angeblich begraben wurde.

---

ter Fan von Fisch, daher stammen viele der Hauptspeisen aus den Tiefen des Meeres.

Au Jardin Gourmand
FRANZÖSISCH, KLASSISCH €€

(☏ 03 25 73 36 13; 31 rue Paillot de Montabert; Mittagsmenü an Wochentagen 17 €, Hauptgerichte 19–23 €; ⊙ So mittags & Mo abends geschl.) Das gemütliche Restaurant mit Sommerterrasse ist edel, ohne steif zu sein. In der Küche verwendet man nur frischeste Zutaten für die klassischen Gerichte *à la française* oder *champenoise*. Zu Letzteren zählen sage und schreibe 11 Sorten *andouillette*. Die ansehnliche Weinkarte bietet rund 20 offene Spitzenweine.

L'Ô à la Bouche
FRANZÖSISCH, MODERN €€

(☏ 03 25 41 11 09; 14 rue de Turenne; 2-/3-Gänge-Mittagsmenü an Wochentagen 12,50/15 €, Abendmenü 20–27 €; ⊙ Mo, Sa mittags & So abends geschl.) Jahrhundertealte Holztäfelung und geschmackvolle Tischdekoration gehen eine harmonische Verbindung ein. Das perfekte Ambiente, um sich Gerichte schmecken zu lassen, die der Chefkoch als *style bistrot amelioré* (gehobene französische Bistroküche) am Mittag und semi-*gastronomique* (also nahe dran an vollendeter Gourmetküche) am Abend bezeichnet.

Selbstversorger

 LP TIPP **Markthalle** LEBENSMITTELMARKT €
(place de la Halle; ⊙ Mo–Do 8–12.45 & 15.30–19, Fr & Sa 7–19, So 9–12.30 Uhr) Obst, Gemüse und Käse.

Monoprix
SUPERMARKT €

(1. Stock, 71 rue Émile Zola) Supermarkt im Obergeschoss eines Fachwerkhauses, mit dem Aufzug zu erreichen.

Carrefour Cité
LEBENSMITTEL €

(37 rue Raymond Poincaré; ⊙ Mo–Sa 7–22, So 9–13 Uhr)

🍷 Ausgehen

La Maison du Boulanger
TICKETVERKAUF

(☏ 03 25 40 15 55; 42 rue Paillot de Montabert; www.maisonduboulanger.com, auf Frz.; ⊙ So geschl.) Verkauft Eintrittskarten für Konzerte und andere kulturelle Veranstaltungen.

Dixi Café
BAR

(12 rue Pithou; ⊙ Di–Sa 15–3 Uhr) Künstlerisch Angehauchte, darunter auch Studenten, frequentieren die gesellige „Eckkneipe". Die Getränkeauswahl umfasst z. B. Guinness (4,50 €), Champagner (5,50 €) und die Spezialität des Hauses *rhum arrangé* (Rumtopf). Jeden Freitag und Samstag ab ungefähr 22 Uhr gibt's Livemusik – Rock, Reggae, Jazz und französische *Chansons*.

🛍 Shoppen

Jede Menge Geschäfte säumen die hübsche Rue Émile Zola im Stadtzentrum.

Magasins d'Usine
FABRIKVERKAUF

(⊙ So geschl.) Troyes ist in ganz Frankreich für seine Fabrik-Outlets bekannt, ein Erbe der inzwischen weitgehend *delocalisé* (nach Übersee ausgelagerten) örtlichen

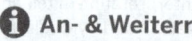

TOUREN MIT AUDIOGUIDE

Die Touristeninformationen in Troyes bieten Besuchern eine **Audioguide-führung** (5,50 €) durch die Altstadt an, auf Französisch, Deutsch, Englisch, Italienisch oder Niederländisch.

Wirkwarenindustrie. Ganze Busladungen von Schnäppchenjägern zieht es auf der Suche nach Sportbekleidung, Unterwäsche, Babysachen und Schuhen von Markenherstellern in die Stadt. Bei den Sonderangeboten handelt es sich um Auslaufmodelle, Lagerware, Rückläufe und Prototypen.

Die Geschäfte verteilen sich hauptsächlich auf zwei Gebiete: In **St-Julien-les-Villas**, etwa 3 km südlich des Stadtzentrums am Boulevard de Dijon (D671 Richtung Dijon), warten in der **Marques Avenue** (www.marquesavenue.com, auf Frz.; av. de la Maille) 240 Marken auf Käufer. Das zweite Outlet-Gebiet **Pont Ste-Marie** liegt 3 km nordöstlich vom Stadtzentrum zwischen der Avenue Jean Jaurès (D677 Richtung Châlons-en-Champagne) und Avenue Jules Guesde (D960 Richtung Nancy). Hier befinden sich die keilförmige Einkaufsmeile **McArthur Glen Troyes** (www.mcarthurglen.fr) mit über 100 Läden und die aus neun Gebäuden bestehende **Marques City** (www.marquescity.fr) mit jeder Menge Markenartikeln.

Cellier St-Pierre   WEIN
(www.celliersaintpierre.fr; 1 place St-Pierre; ⊙So & Mo geschl.) Ein hervorragendes Plätzchen um Perlweine und Aube-Weine wie *rosé des Riceys* einzukaufen. Schon seit 1840 wird in dem Keller Prunelle de Troyes (20 €/Flasche) destilliert, ein Schlehenlikör mit 40 % Alkoholgehalt, der superlecker auf Eiscreme schmeckt. Die bescheidenen Destilliervorrichtungen kann man besichtigen, die Kolben werden oft am Freitag- und Samstagvormittag angeworfen.

Praktische Informationen

Cyber Café Viardin Micro (8 rue Viardin; Internet 2 €/Std.; ⊙Mo 14–19, Di–Sa 9.30–12 & 14–19 Uhr) Das Internetcafé liegt einen halben Block westlich vom Hôtel Arlequin.

Post (38 rue Louis Ulbach)

Touristeninformation (www.tourisme-troyes.com) Es gibt zwei gute Infostellen: im Bahnhof (☎03 25 82 62 70; 16 bd Carnot; ⊙Mo–Sa

9–12.30 & 14–18 Uhr, Nov.–Anfang April auch So & feiertags 10–13 Uhr) und im Stadtzentrum (☎03 25 73 36 88; rue Mignard; ⊙Mo–Sa 10–13 & 14–18, So & feiertags 10–12 & 14–17 Uhr, Nov.–Anfang April geschl.). Letztere befindet sich gegenüber den westlichen Kirchenmauer der Église St-Jean.

An- & Weiterreise

AUTO Drei Blocks südlich vom Hôtel Arlequin gibt es einen großen kostenlosen Parkplatz – auf der Rue de Turenne bis zum Kreisverkehr fahren und dahinter nach rechts abbiegen. Die Autovermietung **National Citer** (☎03 25 73 27 37; 10 rue Voltaire) ist einen Block südlich vom Bahnhof in der Nähe der Place Général Patton angesiedelt.

BUS Die beste Verbindung nach Reims ist per Bus (s. S. 310). Vom Eingang des Zugbahnhofs kommend fahren die Busse am allerletzten Bussteig rechts ab; der Fahrplan hängt aus. Das **Büro des Busbahnhofs**, betrieben von Courriers de l'Aube (☎03 25 71 28 42; ⊙Mo–Fr 8.30–12 & 14–17.30 Uhr), befindet sich im Gebäude des Zugbahnhofs.

ZUG Troyes liegt an der ziemlich einsamen Eisenbahnstrecke zwischen Mulhouse (40 €, 3 Std.) im Elsass und Paris Gare de l'Est (24 €, 1½ Std., 10- bis 14-mal tgl.). Wer nach Dijon (29 €, 2½–4 Std.) möchte, muss in Chaumont umsteigen.

Unterwegs vor Ort

FAHRRAD Einen Fahrradverleih hat das **Hôtel Les Comtes de Champagne** (☎03 25 73 11 70; www.comtesdechampagne.com; 56 rue de la Monnaie; halber Tag/ganzer Tag/zwei Tage/Woche 8/12/20/60 €).

TAXI Taxiruf ☎03 25 78 30 30.

Champagner-Route durch die Côte des Bar

Das Department Aube (www.aube-champagne.com) mit seiner Hauptstadt Troyes ist ein wichtiger Champagnerproduzent. Es besitzt eine Weinanbaufläche von rund 67 km², 85 % davon Pinot noir und 15 % Chardonnay. Aber trotzdem reicht sein Ansehen bei Weitem nicht an das des Departments Marne heran. Der traurige Umstand geht auf das Jahr 1909 zurück, als dem Schaumwein aus den Weinbaugebieten in Aube die Erteilung der geschützten Herkunftsbezeichnung AOC als „Champagner" verwehrt wurde. Zwei Jahre später durften die Winzer dann auch keine Weintrauben mehr an Erzeuger im Norden verkaufen.

Das führte zu einem Aufstand der hiesigen *vignerons,* monatelangen Streiks und einer dermaßen chaotischen Situation, dass die Streitkräfte einschreiten mussten. Erst 1927 wurde offiziell anerkannt, dass die Aube-Weinbauern ebenfalls „echten Champagner" produzieren, aber bis dahin hatte sich Marne längst die Spitzenposition auf dem Markt erobert.

Deshalb wird bis heute in der Südostecke von Aube – nördlich der Châtillonnais-Weingärten (s. S. 446) von Burgund – relativ wenig Champagner erzeugt. In den letzten Jahren gewinnen aber die Weine der Region zunehmend mehr Ansehen.

Die 220 km lange Champagner-Route durch die Côte des Bar beschreibt auf einem Gebiet 30–50 km östlich und südöstlich von Troyes Schnörkel und Spitzkehren inmitten von Feldern, Weingärten und Wäldern. Sie eignet sich hervorragend für eine gemächliche Fahrt und führt durch Dörfer mit Steinhäusern, die im Frühling hinter üppiger Blumenpracht fast verschwinden. Infobroschüren mit Landkarten gibt es bei den Touristeninformationen, darunter der in Troyes. Die nachstehend genannten Sehenswürdigkeiten sind in der Reihenfolge von Nordosten nach Südwesten gelistet.

COLOMBEY-LES-DEUX-ÉGLISES
670 EW.

Charles de Gaulle wohnte von 1934 bis zu seinem Tod 1970 in diesem Dorf (www.colombey-les-deux-eglises.com, auf Frz.), die Zeit des Zweiten Weltkriegs natürlich ausgenommen. Der Name des Dorfs stammt von zwei altehrwürdigen *églises* (Kirchen). Die eine ist eine Gemeindekirche, die andere eine Priorei der Benediktinermönche von Cluny.

Ganze Busladungen zumeist älterer Franzosen kommen hierher, um de Gaulles Wohnhaus **La Boisserie** (www.charles-degaulle.org, auf Frz.; Erw. 4 €; ☺Mi–Mo 10–12.30 & 14–17.30 Uhr, April–Sept. tgl. geöffnet, Mitte Dez.–Anfang Febr. geschl.) einen Besuch abzustatten. Die Möblierung ist noch genauso wie an dem Tag, als er auf dem **cimetière** (Friedhof) mitten im Dorf bestattet wurde. Die Führungen (Broschüren auf Englisch erhältlich) beginnen im Ticketverkaufsbüro. Es liegt gegenüber vom Haus auf der anderen Seite der D23 am Südrand von Colombey.

Auf dem Hügel nördlich der Stadt (an der D619) thront ein 43,5 m hohes **Croix de Lorraine** (Lothringerkreuz; 1972 aufgestellt),

das Symbol der französischen Résistance (Widerstandsbewegung) im Zweiten Weltkrieg. In der Nähe steht das faszinierende, 2008 eingeweihte **Mémorial Charles de Gaulle** (http://memorial-charlesdegaulle.fr, auf Frz.; Erw. 13 €; ☺10–17.30 Uhr, Mai–Sept. bis 19 Uhr, Okt.–April Di geschl.). Die bildhafte, leicht verständliche Ausstellung mit vielen Fotos ergibt eine ausgezeichnete Biographie des bedeutendsten französischen Staatsmannes der Neuzeit. Ausstellungsstücke helfen dem Besucher, so komplizierte Ereignisse aus der Mitte des 20. Jhs. wie den Algerienkrieg und die Gründung der Fünften Republik richtig einzuordnen. Außerdem vermitteln sie einen Eindruck davon, auf welche Art und Weise die Ära De Gaulle (1958–69) die Kultur- und Modelandschaft sowie den wirtschaftlichen Aufschwung Frankreichs prägte. Audioguides sind erhältlich. Von der Stätte eröffnen sich atemberaubend schöne Ausblicke auf die Landschaft der Haute-Marne.

Colombey-les-Deux-Églises liegt 72 km östlich von Troyes an der D619. Etwas schneller kommt man auf der A5 bis zur Abfahrt 23 (88 km) hin.

BAYEL
875 EW.

Dank der **Cristallerie Royale de Champagne** (Königliche Glaswerke der Champagne; ☎03 25 92 42 68; www.royaledechampagne.com; place de l'Église), die von einer italienischen Glasbläserfamilie aus Murano gegründet wurden, ist das friedliche Dörfchen seit 1678 ein Zentrum der Kristallwarenmanufaktur. Wer beim Herstellungsprozess zuschauen möchte, schließt sich einer **Fabrikführung** (Erw./Stud. 5/2,30 €; ☺Mo–Fr 9.30 & 11 Uhr, Ende Juli–Ende Aug. geschl.) an, die bei der **Touristeninformation** (☎03 25 92 42 68; 2 rue Belle Verrière; ☺9.15–13 & 14.15–18 Uhr, So morgens geschl., Okt.–März auch So nachmittags geschl.) beginnt. Durchs Büro der Touristeninformation geht es zum kleinen **Musée du Cristal** (Glasmuseum; Éco-musée; Erw. 3,80 €; ☺wie Touristeninformation), dessen Ausstellung zeigt, wie Kristallglas hergestellt wird. Es gibt eine Infobroschüre auf Englisch und einen Begleitfilm mit Soundtracks auf Französisch, Deutsch und Englisch. Wunderschöne, aber zerbrechliche Souvenirs gibt's im **Verkaufsraum der Cristalleries de Champagne** (☺So geschl.) neben der Touristeninformation.

Bayel liegt 11 km südwestlich von Colombey-les-Deux-Églises.

ABBAYE DE CLAIRVAUX

Bernard de Clairvaux (1090–1153), Gegner des Frühscholastikers Petrus Abaelard und Befürworter des Zweiten Kreuzzugs, begründete 1115 dieses höchst einflussreiche Zisterzienser-**Kloster** (☏03 25 27 52 55; www.abbayedeclairvaux.com, auf Frz.; Erw. 7 €; ⊘Führungen beginnen tgl. um 11 & 14.30 oder 15 Uhr, zusätzliche Führungen März–Okt. Mi–So, Nov.–Febr. Mo & Di geschl., evtl. auch Mitte Dez.–Febr. Mi–So geschl.). Seit napoleonischen Zeiten ist dieses Gemäuer eines der strengsten Hochsicherheitsgefängnisse Frankreichs. Zu seinen „Gästen" zählte Carlos der Schakal; zwei Insassen, die 1971 eine Revolte anzettelten, starben durch die Guillotine.

Vor Kurzem wurden mehrere der alten Klostergebäude für den Publikumsverkehr geöffnet. Bei Führungen werden einige in der spartanischen Zisterziensertradition erbaute Gebäude aus dem 12. Jh. gezeigt. Interessanter ist aber das halb verwaiste **Grand Cloître** aus dem 18. Jh., wo gemeinschaftliche „Hühnerkäfig"-Zellen (von Anfang des 19. Jhs.) und Einzelzellen (bis 1971 genutzt) untergebracht sind. Aus Gründen der Sicherheit müssen sich Besucher ausweisen, Handys ausschalten und aufs Fotografieren verzichten.

Die Abtei liegt an der D396, 8 km südlich von Bayel und 6 km nördlich der Abfahrt 23 von der A5.

ESSOYES
710 EW.

Renoir gefiel es in Essoyes (www.essoyes.fr, auf Frz.) so gut, dass er die letzten 25 Jahre seines Lebens hier verbrachte und auch seine letzte Ruhe fand. Das ist kein Wunder: Mit seinen schmucken Steinhäusern und dem Flussufer, das in der Nachmittagssonne wie Gold glänzt, ist es eines der malerischsten Dörfer der Gegend. Das Studio des weltberühmten Impressionisten, das **Atelier Renoir** (www.renoir-aube-champagne.com), liegt 150 m von der D67 am westlichen Dorfrand. Bei unserem Besuch wurde es gerade renoviert, müsste aber inzwischen wieder geöffnet sein.

An der Dorfhauptstraße (D67) liegt die **Touristeninformation** (☏03 25 29 61 34; otee@orange.fr; 12 rue Gambetta) und dahinter ein türmchenbewehrtes Gebäude aus dem 19. Jh., genannt das **Château**. Es sieht aus wie eine Kreuzung zwischen einem Schloss und einem Geisterhaus und ist heute eine Schule.

Nordöstlich von Essoyes, auf dem Hang oberhalb der Gendarmerie (an der D67), steht das **Hôtel des Canotiers** (☏03 25 38 61 08; www.hoteldescanotiers.com; DZ 69–74 €, 4BZ 112 €; ⊘20. Dez.–6. Jan. & Mitte Febr.–Mitte März geschl.; @🖥🕾). Es hat 14 moderne, schicke, geräumige und gut ausgestattete Zimmer. Jedes ist nach einem berühmten Gemälde von Renoir benannt.

Zutaten für ein Picknick gibt's am Hauptplatz im **Lebensmittelgeschäft Petit Casino** (5 rue Gambetta; ⊘Mo 7–12.15 & 16.30–19.15, Di–Sa 7–12.15 & 15–19.15, So & feiertags 9–12 Uhr).

Essoyes liegt 49 km südöstlich von Troyes.

LES RICEYS
1430 EW.

An beiden Ufern der malerischen Laigne erstreckt sich die *commune* Les Riceys. Sie besteht aus den drei zusammenhängenden Dörfern Ricey-Bas, Ricey-Haute-Rive und Ricey-Haut und ist für ihre drei Kirchen sowie den Anbau dreier unterschiedlicher AOC-Weine bekannt. Ihr berühmtestes Erzeugnis ist der *rosé de Riceys*, ein exklusiver Pinot-noir-Rosé, der nur in besonders sonnigen Jahren gekeltert werden kann und ein Lieblingsgetränk Ludwigs XIV. war. Der Jahresertrag – so es denn einen gibt – liegt bei um die 65 000 Flaschen herum. An und in der Nähe der D70 befinden sich zahlreiche Champagner-Weingüter.

Weitere Informationen, darunter Genaueres zu Rundwanderwegen durch Weinberge und Weingärten, hat die **Touristeninformation** (☏03 25 29 15 38; www.lesriceys-champagne.com, auf Frz.; 14 place des Héros de la Résistance, Ricey-Haut; ⊘9–12 & 14–17 Uhr, Mi geschl., Sept.–April auch Sa, So & feiertags geschl.).

Les Riceys liegt 47 km südöstlich von Troyes und 18 km südwestlich von Essoyes.

Elsass & Lothringen

Inhalt »

Gut essen

- » La Choucrouterie (S. 338)
- » Table du Gourmet (S. 351)
- » La Maison des Têtes (S. 356)
- » Restaurant Thierry (S. 373)
- » Brasserie Excelsior (S. 366)

Schön übernachten

- » Hôtel de l'Illwald (S. 346)
- » Vignoble Klur (S. 352)
- » Péniche Alclair (S. 372)
- » Hôtel des Prélats (S. 365)
- » Hôtel de la Couronne (S. 351)

Auf ins Elsass & nach Lothringen

Das Elsass bietet einen einmaligen Kulturenmix: Mit ihrem deutschen Dialekt und französischen Sinn für Mode sowie der Liebe zu Foie gras, *choucroute* (Sauerkraut), erlesenen Weinen *und* Bier stellt diese Region ihre Besucher manchmal vor die Frage, wo sie hier eigentlich sind. In der Ferne verlieren sich die Weinberge, auf den Hügeln thronen Burgen und Schlösser, und die Fachwerkdörfer sehen aus, als wären sie soeben als Kulisse für einen Disneyfilm erbaut worden. Aber keine Sorge: Hinter der traditionellen Fassade entpuppt sich der Elsässer als Exzentriker, der nur darauf wartet, sein wahres Gesicht zu zeigen.

Dank zahlreicher Herzöge und Art-nouveau-Pioniere, die hier ihren Sinn für Design und Savoir-vivre unter Beweis stellten, wartet Lothringen mit vielen Zeugnissen der Hochkultur auf. Die unterschätzten Städte, Kathedralen und Kunstsammlungen werden Erstbesucher verzaubern, während die grausame Schönheit der Schlachtfelder des Ersten Weltkriegs einem immer wieder die Sprache verschlägt.

Reisezeit

Straßburg

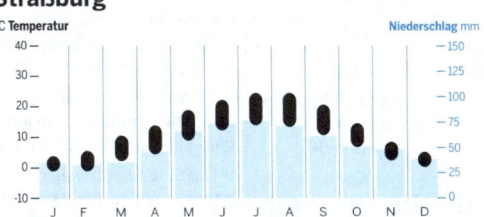

Juli Die Festiv'Étés in Straßburg glänzen mit Feuerwerk, Straßenkünstlern und Festbeleuchtung am Münster.

September Ein Prosit auf die Weinlese und die Herbstfarben entlang der Route des Vins.

Dezember Im ganzen Elsass locken Weihnachtsmärkte mit Glühwein, Lebkuchen und Weihnachtsliedern.

Architektonische Meisterwerke

» Straßburgs Münster, die gotische Catédral Notre-Dame (S. 333)

» Die spacige Raumschiffästhetik des Centre Pompidou-Metz (S. 369)

» Nancys klassizistische Place Stanislas (S. 363)

» Das Lichtspiel in der Cathédrale St-Étienne (S. 369) in Metz

» Vaubans Festungsanlage (S. 356) in Neuf-Brisach

Reiseplanung

» Unterkünfte können auf http://hotels.lonelyplanet. com gebucht werden.

» Vorab organisieren lassen sich Weinproben beim Winzer (S. 343), Radtouren entlang der Route des Vins d'Alsace (S. 358) und Führungen durch Straßburgs Brauereien (S. 336).

» Infos zu Transportmitteln und Reiserouten finden sich auf S. 329 und 361.

Infos im Internet

» Unterelsass (www. tourisme67.com)

» Oberelsass (www. tourisme68.com)

» Lothringen (www. tourismus-lothringen.eu)

Köstliches Essen & erlesene Weine

Das mit idyllischen Dörfern und Weinbergen gesegnete Elsass bietet mehr als nur ein schönes Ambiente für kulinarische Urlaubsfreuden. Überall erwarten einen verführerische Überraschungen: Geschäfte, die hausgemachter Foie gras, Lebkuchen und Makronen verkaufen, ganze Regionen, die sich dem Käse verschrieben haben, Schlaraffenlandstraßen, die einem als „Route des Vins" und „Route du Chocolat" das Leben mit Wein und Schokolade versüßen.

Ein guter Start für das Gourmetabenteuer ist der Besuch der Websites www.tourisme-alsace.com und http://gastronomie.vins.tourisme-alsace.com (auf Frz.). Ob Meiereibesuch, eine schokoladige Landpartie oder eine Weinprobe mit *grand crus*: Bei der Programmgestaltung sind die örtlichen Touristeninformationen gerne behilflich.

Trauben & Hopfen

» Vignoble Klur (S. 351): Auf dem familiengeführten Weingut werden exzellente Bioweine gekeltert, dazu werden geführte Spaziergänge durch die Weinberge, elsässische Kochkurse und kreative Workshops angeboten.

» Brasseries Heineken (S. 337): Die Brauerei erfrischt ihre Besucher mit informativen, zweistündigen Gratisführungen. Eine telefonische Anmeldung ist empfehlenswert.

» Cave de Ribeauvillé (S. 348): Bei den Weinproben der ältesten Winzergenossenschaft Frankreichs kommen alle sieben Rebsorten des elsässischen Weins auf den Tisch.

» Brasseries Kronenbourg (S. 337): Die Brauerei verkauft in Frankreich pro Jahr 700 Mio. Liter Bier. Die Führung mit Probetrunk sollte telefonisch gebucht werden.

» Cave des Hospices de Strasbourg (S. 337): Die preisgekrönten Jahrgangstropfen des unter dem Krankenhaus gelegenen Weinkellers gelten seit dem 14. Jh. als Allheilmittel.

Geschichte

Der Einfluss der Franzosen auf das Elsass begann mit den Religionskriegen (1562–98) und verstärkte sich während des Dreißigjährigen Kriegs (1618–48). Mit dem Westfälischen Frieden fiel ein Großteil des Landes an die französische Krone.

Bis zum Ausbruch der Französischen Revolution hatten die Elsässer bereits ein starkes französisches Nationalbewusstsein entwickelt, aber so schnell gaben die Deutschen nicht auf. Als der Deutsch-Französische Krieg 1871 endete, sah Frankreich sich gezwungen, das Elsass an das Deutsche Kaiserreich abzutreten. Nach der deutschen Niederlage im Ersten Weltkrieg fiel die Region wieder an Frankreich, wurde aber von den Nazis 1940 erneut annektiert.

Mit dem Ende des Zweiten Weltkriegs wurde das Elsass wieder französisch, war aber mit einer konfliktbeladenen Situation konfrontiert: Während des Dritten Reichs waren 140 000 Elsässer für die Wehrmacht zwangsrekrutiert worden (die sogenannten „Malgré-Nous" – „gegen unseren Willen"). Als Symbol der Hoffnung auf eine deutsch-französische (und paneuropäische) Freundschaft wurde Straßburg 1949 für den Sitz des Europarats, später auch des Europaparlaments, ausgewählt.

Die 50 km südwestlich von Straßburg in Schirmeck gelegene Gedenkstätte **Mémorial de l'Alsace-Moselle** (www.memorial-alsace-moselle.org; Erw./Kind 10/7 €; ☺ Di–So 10–18.30 Uhr) wirbt mit ihrer Darstellung dieser traumatischen jüngsten Geschichte der Region – innerhalb von 75 Jahren mussten die Elsässer viermal die Staatsangehörigkeit wechseln – für Verständnis und Versöhnung.

ⓘ Anreise & Unterwegs vor Ort

Das Elsass ist beinahe der Mittelpunkt Europas: Es liegt 456 km östlich von Paris, auf halber Strecke zwischen Calais und Prag (jeweils 630 km) und ein bisschen näher an Berlin (801 km) als an Marseille (814 km).

AUTO & MOTORRAD Die A4 führt ab Straßburg in nordwestlicher Richtung nach Metz und Paris; die A36 verlässt Mulhouse in Richtung Jura und Dijon im Südwesten. Die Vogesen sind im Winter verschneit, dann können Winterreifen und/oder Schneeketten erforderlich sein.

FAHRRAD Im Elsass gibt es jede Menge Radwege (S. 358) und fast alle TER-Regionalzüge (nicht jedoch die SNCF-Busse) nehmen Fahrräder mit.

ZUG Wer zwischen 12 und 25 Jahre alt ist, bekommt mit der Jahreskarte Tonus Alsace (15 €) auf allen regionalen Bahnlinien 50 % Rabatt. Für alle Älteren zahlt sich die Jahreskarte Réflexe Alsace (25 €) aus, die einem 30 % Rabatt auf Fahrten unter der Woche und ganze 70 % Ermäßigung am Wochenende beschert.

Straßburg

276 000 EW.

Straßburg bietet einen perfekten Einstieg in die Region und ihre Eigenheiten. Die Stadt vollführt auf unnachahmlich elsässische Weise einen Balanceakt zwischen französischer und deutscher Kultur, mittelalterlicher Vergangenheit und fortschrittsbetonter Zukunft.

Wer sich von dem fesselnden Anblick des gotischen Münsters lösen kann, sollte zu einem Bummel durch die Altstadt aufbrechen, deren verwinkelte Gassen von windschiefen Fachwerkhäusern gesäumt sind. Besonders gut essen lässt es sich in dem Viertel Petite France, wo einen urgemütliche *Winstuben* (elsässische Weinlokale) an den Ufern der Kanäle erwarten. Mancher Besucher mag sich darüber wundern, dass eine Stadt, die für ihren Weihnachtsmarkt und ihren Lebkuchen bekannt ist, gleichzeitig das glitzernde EU-Viertel sowie – nach Paris – die meisten Studenten Frankreichs beherbergt. Aber genau diese Gegensätze und seine kulturübergreifenden Eigenheiten machen Straßburg so interessant und liebenswert.

Geschichte

Straßburg wurde im 5. Jh. von den Merowingern gegründet und war als verkehrsgünstig gelegenes Bindeglied zwischen Nordeuropa und dem Mittelmeer lange ein wichtiges Handelszentrum. Im Mittelalter lenkte ein aus Zünften gebildeter Magistrat mit ansatzweise demokratischer Legitimation die Geschicke der Stadt. Zwischen 1015 und 1439 wurde das Münster – einst das höchste Gotteshaus des gesamten Christentums – erbaut und zwischen 1434 und 1444 tüftelte Johannes Gutenberg in Straßburg an der ersten Druckerpresse mit beweglichen Lettern.

Im 16. Jh. wurde die Stadt Zeugin der Reformation, 1567 bekam sie eine Universität und 1792 debütierte hier die französische Nationalhymne *La Marseillaise*. In den nachfolgenden Jahrhunderten wechselte die Stadt als Spielball bzw. Zankapfel zwi-

Highlights

① Ein nächtlicher Bummel durch das von einem kleinen Fluss durchzogene Viertel **Petite Venise** (S. 352) in Colmar

② Auf Augenhöhe mit den Wasserspeiern: Der Blick auf Straßburg von der Plattform der gotischen **Cathédrale Notre-Dame** (S. 333)

③ Ein stiller, frühmorgendlicher Besuch der mit Kreuzen übersäten **Schlachtfelder von Verdun** (S. 377)

④ Die grandiosen Rokoko- und Art-Nouveau-Bauwerke in **Nancy** (S. 361)

⑤ Weinberge, so weit das Auge reicht: der in schwindelerregender Höhe gelegene mittelalterliche **Château du Haut Kœnigsbourg** (S. 348)

⑥ In dem Storchendorf **Hunawihr** (S. 349) begegnen einem die Glücks- und Babybringer auf Schritt und Tritt.

⑦ Moderner Kunstgenuss in dem architektonisch innovativen **Centre Pompidou-Metz** (S. 369)

⑧ Ein Streifzug durch die verwunschenen Wälder der nebelverhangenen **Vogesen** (S. 358)

⑨ Von Milchhof zu Milchhof: eine Tour durch die sattgrüne **Vallée de Munster** (S. 358)

⑩ Ein Spaziergang durch die märchenhaften Gassen des Fachwerkstädtchens **Riquewihr** (S. 350) in der Abenddämmerung

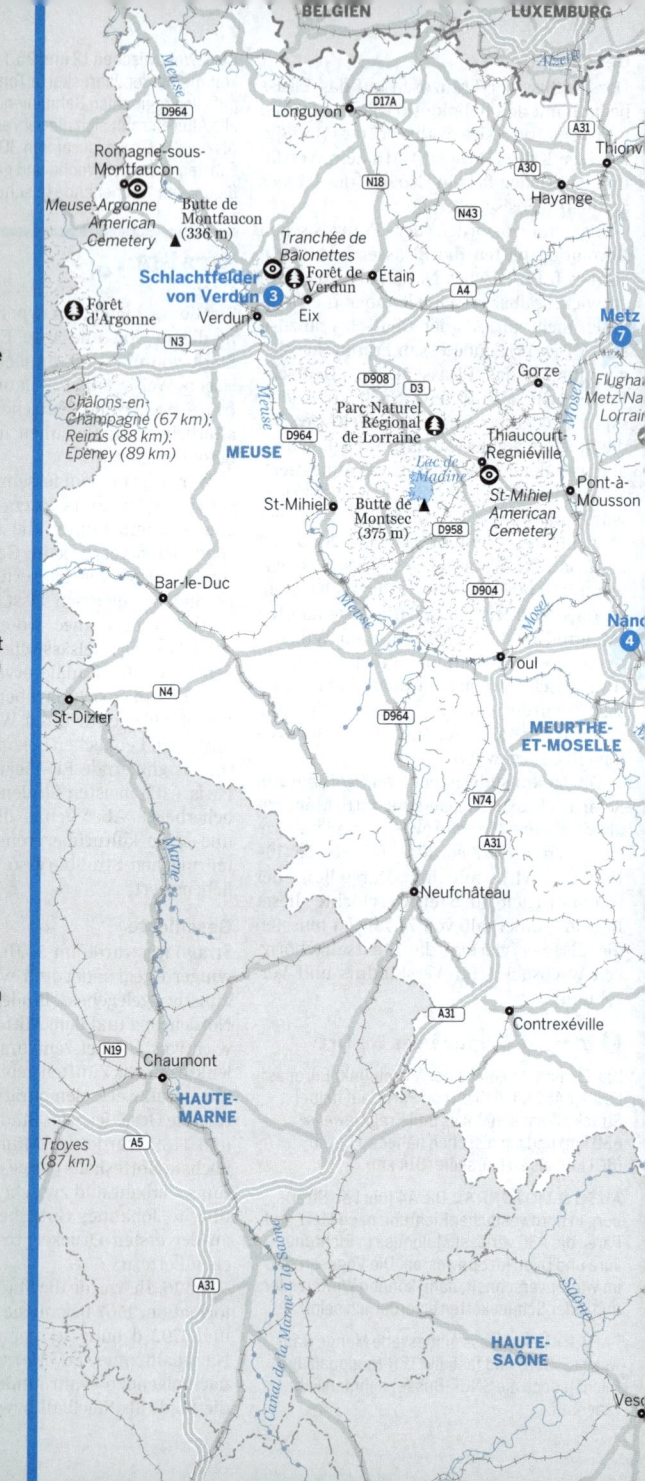

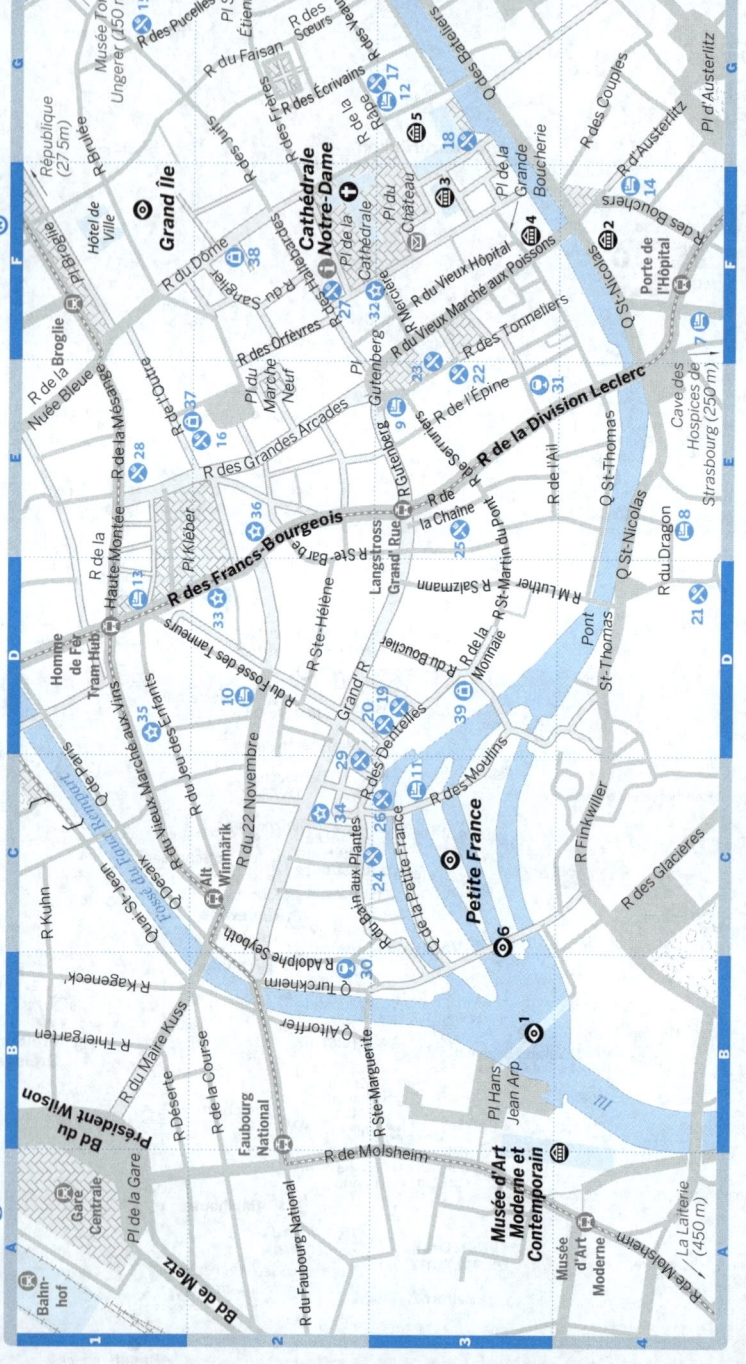

ELSASS & LOTHRINGEN

Straßburg

Bd du Président Wilson

Bd de Metz

Gare Centrale

Bahnhof

Pl de la Gare

R de la Gare

R du Faubourg National

Faubourg National

R Déserte

R de la Course

R du Maire Kuss

R Thiergarten

R Kageneck

R Kuhn

Quai St-Jean

Fossé du Faux Rempart

Quai des Vieux-Marché-aux-Vins

Alt Winmärik

R du Vieux-Marché-aux-Vins

R du 22 Novembre

R du Jeu des Enfants

Q Desaix

Homme de Fer

Tram Hub

R de la Haute Montée

Pl Kléber

R de la Nuée Bleue

R de la Mésange

R de l'Outre

R des Grandes Arcades

R des Francs-Bourgeois

R de la Outre

Pl du Marché Neuf

R des Orfèvres

R du Dôme

Hôtel de Ville

Pl Broglie

République (27,5 m)

R Brûlée

Musée Tomi Ungerer (150 m)

R des Pucelles

Pl St-Étienne

R du Faisan

R des Sœurs

R des Juifs

R des Frères

R des Écrivains

R de la Râpe

Q des Bateliers

R des Couples

Pl d'Austerlitz

Pl d'Austerlitz

R des Bouchers

Porte de l'Hôpital

Q St-Nicolas

Cave des Hospices de Strasbourg (250 m)

Q St-Nicolas

R du Dragon

Pont St-Thomas

R Finkwiller

R des Glacières

Petite France

Q de la Petite France

R de la Petite France

R des Moulins

R Martin du Pont

R St-Martin du Pont

R M Luther

R Salzmann

Q St-Thomas

R de l'Ail

R de l'Épine

Pont St-Thomas

R de la Monnaie

R du Bouclier

R Ste-Hélène

R du Fossé des Tanneurs

Grand Rue

Langstross

Grand Rue

R Ste-Barbe

R de Sarrière

R de la Chaîne

Grande Boucherie

Pl de la Grande Boucherie

R du Vieux Marché aux Poissons

R du Vieux Hôpital

R Mercière

Pl du Château

Pl de la Cathédrale

Cathédrale Notre-Dame

Grand île

R Gutenberg

Pl Gutenberg

R des Tonneliers

R des Serruriers

R des Dentelles

R des Dentelles

Pont du Faisan

R du Bain aux Plantes

R du Bain aux Plantes

R Turckheim

Q Turckheim

R Adolphe Seyboth

R Ste-Marguerite

Q Altorffer

Pl Hans Jean Arp

Ill

La Laiterie (450 m)

Musée d'Art Moderne et Contemporain

Musée d'Art Moderne

R de Molsheim

R de Molsheim

R de la Division Leclerc

200 m

0

N

schen Frankreich und Deutschland mehrfach ihre Zugehörigkeit. Die zentrale Rolle Straßburgs für Europa wurde dadurch untermauert, dass die Stadt 1949 Sitz des Europarats und 1992 Sitz des Europaparlaments wurde.

Sehenswertes

Cathédrale Notre-Dame   KATHEDRALE
(place de la Cathédrale; ⊙tgl. 7–19 Uhr; 🚊Langstross) Victor Hugo bezeichnete das Straßburger Münster als „gigantisches und filigranes Wunderwerk" und Goethe staunte: „wie das festgegründete, ungeheure Gebäude sich leicht in die Luft hebt, wie durchbrochen alles und doch für die Ewigkeit". Egal zu welcher Tageszeit und von welchem Winkel aus man das Prunkstück Straßburgs bewundert, der Anblick der gotischen Kathedrale ist auch heute noch faszinierend. Das ebenso kolossale wie vielschichtige Bauwerk präsentiert sich in rauschender Pracht mit filigranem Mauerwerk, Strebebögen, anzüglich grinsenden Wasserspeiern und Türmen, die an Klöppelspitze erinnern.

Von der Rue Mercière aus bietet sich ein überwältigender Blick auf die Westfassade, die 1284 vollendet wurde. Der Nordturm kam erst 1439 dazu und war damals mit 142 m der höchste der Welt; sein Pendant auf der Südseite wurde nie gebaut.

An sonnigen Tagen funkeln die **Buntglasfenster** aus dem 12. bis 14. Jh. wie Edelsteine, vor allem die Rosette über dem Westportal. Um das Gotteshaus in Ruhe bewundern zu können, empfiehlt es sich, am frühen Abend zu kommen, wenn die Besuchermassen abgeebbt sind, und zu bleiben, bis die Fassade in der Abenddämmerung golden schimmert.

Die 30 m hohe **astronomische Uhr** (Erw./Kind 2 €/frei; ⊙Ticketverkauf ab 11.50 Uhr) vereint Stilelemente der Gotik und Renaissance. Täglich um 12.30 Uhr schlägt es hier Mittag (Solarzeit) und dann veranschaulicht ein Reigen aus geschnitzten Holzfiguren die

ELSASS & LOTHRINGEN STRASSBURG

verschiedenen Lebensabschnitte, auch Jesus und seine Apostel treten hier auf.

Über eine Wendeltreppe geht's hinauf zur 66 m hohen **Plattform** (Erw./Kind 4,70/2,30 €; ☉tgl. 9–19.15 Uhr) über der Fassade. Von dort bohrt sich der Turm mit seiner gotischen, durchbrochenen Spitze noch weitere 76 m in den Himmel. Victor Hugo schwärmte einst über die Aussicht: „Der Blick vom Turm ist umwerfend, Straßburg liegt einem zu Füßen, die Altstadt mit ihren Ziegeldachfirsten und Gaubenfenstern, dazwischen Türme und Kirchen, malerisch wie keine andere Stadt in Flandern."

Grande Île   ALTSTADTVIERTEL
(🚇Langstross) Auf der zum Unesco-Welterbe zählenden Grande Île lässt es sich wunderbar ziellos umherschlendern. Die uralten, gewundenen Gassen mit ihren bonbonfarbenen Fachwerkhäusern atmen Geschichte und die lebhaften Plätze sind von Cafés gesäumt. Über allem thront der majestätische Münster nebst seiner treuen Begleiterin, der **Maison Kammerzell** (rue des Hallebardes) aus dem 15. Jh., die samt überladenem Schnitzwerk und Bleifenstern an ein Lebkuchenhaus erinnert. Am stimmungsvollsten ist es hier abends im Schein der Laternen.

Petite France   ALTSTADTVIERTEL
(🚇Alt Winmärik) In dem ungemein pittoresken Viertel **Petite France** mit seinem Ge-

> **ℹ STRASSBURGER SPARPÄSSE**
>
> Vergünstigtes Kulturvergnügen gibt's mit dem preiswerten **Pass des Musées** (1 Tag/3 Tage/Jahrespass 8/10/25 €), der als Eintrittskarte für alle Straßburger Museen samt Wechselausstellungen gilt.
>
> Der **Strasbourg Pass** (Erw./Kind 12,50/6 €), ein Gutscheinheft, das an drei aufeinanderfolgenden Tagen gilt, beinhaltet einen Museumsbesuch, den Zutritt zur Plattform des Münsters, eine Bootstour und ein Mietfahrrad für einen halben Tag sowie kräftige Preisnachlässe für weitere Touren und Sehenswürdigkeiten.
>
> An jedem ersten Sonntag im Monat ist der Besuch aller Straßburger **Museen** (www.musees-strasbourg.org) und der Aussichtsplattform auf dem Münster kostenlos.

wirr aus Gässchen, Kanälen und Schleusen gingen im Mittelalter die Handwerker ihrem Gewerbe nach. Die Fachwerkhäuser, die im Sommer unter den üppigen, scharlachroten Geranien fast verschwinden, und die Parks am Ufer ziehen Horden von Menschen an. Trotzdem hat sich „Kleinfrankreich" seinen typisch elsässischen Charme bewahrt, was besonders frühmorgens und spätabends deutlich wird.

Einen wunderschönen Blick auf den Fluss Ill und das im 17. Jh. erbaute mächtige Wehr **Barrage Vauban** bieten die als Fotomotiv beliebten **Ponts Couverts** (gedeckte Brücken) mit ihren drei Türmen aus dem 13. Jh.

Musée d'Art Moderne et Contemporain   KUNSTMUSEUM
(place Hans Jean Arp; Erw./Kind 6 €/frei; ☉Di, Mi & Fr 12–19, Do 12–21, Sa & So 10–18 Uhr; 🚇Musée d'Art Moderne) Der auffällige Glas- und Stahlwürfel trumpft mit einer erstklassigen Sammlung an Gemälden, Grafiken und Fotografien auf. Neben Werken von Kandinsky, Picasso, Magritte und Monet gibt es auch einige der kurvenreichen, abstrakten Arbeiten des in Straßburg geborenen Künstlers Hans Jean Arp zu bewundern. Details zu den Wechselausstellungen finden sich auf der Website.

Nach dem Besuch lohnt ein Drink im angeschlossenen **Art Café** (☉Di–So) mit seiner Glasfront und den kühnen Fresken des japanischen Künstlers Aki Kuroda. Die Terrasse bietet eine grandiose Aussicht auf den Fluss Ill und Petite France.

Palais Rohan   HISTORISCHER PALAST
(2 place du Château; Erw./Kind 5 €/frei; ☉Mo & Mi–Fr 12–18, Sa & So 10–18 Uhr; 🚇Langstross) Diese imposante, als „Mini-Versailles" gefeierte Residenz aus dem 18. Jh. wurde für die Straßburger Fürstbischöfe erbaut und auch Ludwig XV. und Marie-Antoinette übernachteten einst hier.

Im Untergeschoss lässt das **Musée Archéologique** die Periode von der Steinzeit bis 800 v. Chr. wieder auferstehen. Im Erdgeschoss zeigen die mit Hannong-Porzellan und poliertem Tafelsilber ausgestatteten Räume des **Musée des Arts Décoratifs**, in welch luxuriösem Ambiente die Reichen und Mächtigen im 18. Jh. lebten. Die Kunstsammlung im **Musée des Beaux-Arts** in der ersten Etage umfasst Werke aus dem 14. bis 19. Jh., darunter Arbeiten von El Greco, Botticelli und altniederländischen Künstlern.

Musée de l'Œuvre Notre-Dame

KIRCHENMUSEUM

(3 place du Château; Erw./Kind 4 €/frei; ⊙Di–Fr 12–18, Sa & So 10–18 Uhr; Langstross) In einem beeindruckenden Gebäudekomplex aus dem 14. bis 16. Jh. beherbergt dieses Museum eine der schönsten europäischen Skulpturensammlungen aus Romanik, Gotik und Renaissance (darunter viele Originale aus dem Münster). Dazu kommen Gemälde aus dem 15. Jh. und Buntglasarbeiten, wie z. B. der *Christ de Wissembourg* (ca. 1060; Saal zwei), Frankreichs ältestes Buntglasfenster.

Hollywoods Horrorfilme können einpacken im Vergleich zu den Folterqualen von damals, als die Hölle wirklich noch die Hölle war. Ganz sicher zur Keuschheit bekehren wird einen z. B. das Gemälde *Les Amants Trépassés* (Das verstorbene Liebespaar, Saal 23) von 1470. Es zeigt ein fratzenhaftes Paar, das für seine unerlaubten Eskapaden bitter bezahlen muss: Die Eingeweide der beiden Sünder werden von drachenköpfigen Schlangen verschlungen.

Musée Historique

GESCHICHTSMUSEUM

(2 rue du Vieux Marché aux Poissons; Erw./Kind 5 €/frei; ⊙Di–Fr 12–18, Sa & So 10–18 Uhr; Langstross) Das spannend aufgemachte Museum dokumentiert in einem Schlachthaus aus dem 16. Jh. die Geschichte der Stadt, die als römisches Militärlager namens Argentoratum gegründet wurde. Zu den Highlights des Museums gehört ein berühmtes Gemälde von der Uraufführung der *Marseillaise*, der mitreißenden französischen Nationalhymne, die trotz ihres Namens 1792 in Straßburg geschrieben wurde. Zu bestaunen gibt es außerdem ein Modell der Stadt im Maßstab 1:600, das in den 1720er-Jahren für Ludwig XV. angefertigt wurde, damit er sich die Befestigungsanlagen der Stadt besser vorstellen konnte, und eine Gutenberg-Bibel von 1485. Kinder dürfen mittelalterliche Ritterhelme aufsetzen und alte Töpfe sowie Kanonen aus dem 18. Jh. befühlen.

Musée Alsacien

VOLKSKUNDLICHES MUSEUM

(23 quai St-Nicolas; Erw./Kind 5 €/frei; ⊙Mo & Mi–Fr 12–18, Sa & So 10–18 Uhr; Porte de l'Hôpital) Gleich drei der für das 16. und 17. Jh. typischen Häuser hat das Museum in Beschlag genommen, um zu zeigen, wie die Elsässer in den vergangenen Jahrhunderten lebten. Zu den faszinierenden Exponaten in den zwei Dutzend Räumen gehören Küchenu-

BIENVENUE BEI DEN EUROKRATEN

Wer sich für das Innenleben der EU interessiert, kann bei den lebhaften bis gähnend langweiligen Debatten im **Parlement Européen** (Europaparlament; www.europarl.europa.eu; rue Lucien Fèbvre; Parlement Européen) Mäuschen spielen. Auskünfte über Sitzungstermine gibt's bei der Touristeninformation und auf der Website. Für Einzelbesucher gilt: Wer zuerst kommt, mahlt zuerst (Personalausweis mitbringen).

Am gegenüberliegenden Ill-Ufer tagt der Europarat im futuristischen, gläsernen Halbrund des **Palais de l'Europe** (Europapalast; www.coe.int; Droits de l'Homme). An Wochentagen werden einstündige Führungen angeboten (gratis; Termine und Reservierungen vorher telefonisch abklären).

Auf der anderen Seite des Rhein-Marne-Kanals erhebt sich mit dem silbrig geschwungenen **Palais des Droits de l'Homme** (Europäischer Gerichtshof für Menschenrechte; www.echr.coe.int; Droits de l'Homme) der auffälligste Bau der EU-Institutionen.

tensilien, Kinderspielzeug, bunt bemalte Möbel und sogar eine winzige Synagoge aus dem 18. Jh.

Musée Tomi Ungerer

MUSEUM

(2 av. de la Marseillaise; Erw./Kind 5 €/frei; ⊙Mo & Mi–Fr 12–18, Sa & So 10–18 Uhr; République) Der preisgekrönte Illustrator und Karikaturist Tomi Ungerer ist einer der berühmtesten Söhne Straßburgs. Die in der bezaubernden Villa Greiner untergebrachte Sammlung zeugt davon, dass der umtriebige Künstler sich in vielen Bereichen ausprobiert hat, und reicht von Kinderbuchillustrationen über satirische Zeichnungen bis hin zu Erotika.

Place de la République

STADTPLATZ

(République) Viele der bedeutendsten öffentlichen Gebäude Straßburgs stammen aus der wilhelminischen Periode und gruppieren sich um die **Place de la République** nordöstlich der Grande Île. Auch die von massiven Bauten dominierten Straßenzüge von dort in Richtung Parc de l'Orangerie im

Osten tragen deutliche Spuren preußischer Gloria.

Parc de l'Orangerie
PARK
(🚇Droits de l'Homme) Gegenüber des Palais de l'Europe liegt der im 17. Jh. von Le Nôtre (seines Zeichens Landschaftsarchitekt in Versailles) gestaltete Park, der mit seinen prächtigen Blumenrabatten, Spielplätzen und einem Schwanenteich vor allem Familien anzieht. Im Sommer gibt es auf dem Lac de l'Orangerie **Ruderboote** zu mieten und Kinder können in dem parkeigenen **Minizoo** (Eintritt frei) Störche füttern und Ziegen streicheln.

Le Vaisseau
NATURWISSENSCHAFTLICHES MUSEUM
(www.levaisseau.com; 1bis rue Philippe Dollinger; Erw./Kind 8/7 €; ⊗Di–So 10–18 Uhr; 🚇Winston Churchill) In diesem interaktiven Naturkunde- und Technikmuseum 2,5 km südöstlich des Münsters ist Wissenschaft alles andere als langweilig. Für Kinder gibt es jede Menge praktischer Angebote, z. B. können die kleinen Nachwuchsforscher durch einen Ameisenhügel kriechen, Zeichentrickfilme gestalten und eine Nachrichtensendung ausstrahlen.

Jardin des Deux Rives
PARK
(Garten der zwei Ufer; 🚇Aristide Briand) Als Zeichen der deutsch-französischen Freundschaft haben Straßburg und die Gemeinde Kehl auf der anderen Rheinseite gemeinsam den 60 ha großen Park angelegt. Wo ehemals Zollgebäude und Militärkasernen

standen, laden nun an beiden Uferseiten Promenaden, Parklandschaften und Spielplätze zum gemütlichen Bummeln ein. Herzstück der Anlage ist die elegante (und sehr teure) **Doppelbrücke** von Marc Mimram, die von Fußgängern und Radfahrern begeistert aufgenommen wurde. Ab der Straßenbahnhaltestelle geht man zu Fuß Richtung Osten oder fährt drei Stationen mit dem Bus 21.

Der Fluss Ill
FLUSS
(🚇Langstross) Die grünen, schattigen Uferwege am Flüsschen Ill und dem kanalisierten Seitenarm Fossé du Faux Rempart locken zum romantischen Spaziergang und improvisierten Picknick.

Place Gutenberg
STADTPLATZ
(🚇Langstross) Ein echter Hingucker an diesem Platz ist das prunkvolle Renaissancegebäude, in dem die Chambre de Commerce et d'Industrie (Industrie- und Handelskammer) residiert.

👉 Geführte Touren
Bei der Touristeninformation gibt's **Audioguides** (Erw./Kind 5,50/3,50 €) in fünf Sprachen für eine 1½-stündige Tour durch das Münster und die Altstadt.

Batorama
BOOTSFAHRTEN
(www.batorama.fr, auf Frz.; Erw./Kind 8,50/4,50 €; ⊗Abfahrt halbstündl. 9.30–21 Uhr; 🚇Langstross) Die 70-minütigen Bootstouren dieses Veranstalters führen durch die märchenhaften

---

JUDEN IM ELSASS

Seit einigen Jahren interessieren sich mehr und mehr Besucher für die 1000-jährige jüdische Geschichte des Elsass (http://judaisme.sdv.fr, auf Englisch: http://judaisme. sdv.fr/histoire/historiq/anglais/history.htm). Tatsächlich geht der **Europäische Tag der Jüdischen Kultur** (www.tagderjuedischenkultur.de), der im September gefeiert wird, auf die Initiative einer Interessengruppe im nördlichen Elsass zurück. International bekannte Persönlichkeiten wie Alfred Dreyfus (Dreyfus-Affäre), die Marx Brothers und der Pantomime Marcel Marceau haben jüdisch-elsässische Wurzeln.

Heute ist Straßburg das Zentrum der elsässischen Juden und die dortige jüdische Gemeinde – die stolz ihre liturgischen und musikalischen Traditionen pflegt – zählt rund 16 000 Mitglieder. Anders als im übrigen Frankreich dominieren hier die askenasischen Juden, die in den vergangenen Jahrhunderten Jiddisch sprachen.

In vielen elsässischen Städten, auch entlang der Route des Vins d'Alsace, stehen alte Synagogen und verschiedene Museen bereiten die Geschichte der Juden im Elsass auf, z. B. das Straßburger Musée de l'Œuvre Notre-Dame und das Musée Alsacien, das Musée Bartholdi in Colmar und das **Musée Judéo-Alsacien** (62a Grand' Rue; Erw./Kind 6/3 €; ⊗Di–Fr & So 10–12 & 13–18 Uhr), das in Bouxwiller, 40 km nordwestlich von Straßburg, in einer umgebauten Synagoge untergebracht ist.

Weitere Hintergrundinfos zur jüdischen Geschichte im Elsass bietet die Website www.tourisme67.com.

Kanäle von Petite France vorbei am Vauban-Damm und zu den Glitzerbauten der EU-Institutionen.

GRATIS **Brasseries Heineken** BRAUEREI
(☎03 88 19 57 55; 4 rue St-Charles; ☺Führungen ca. stündl. Mo–Fr 9–16 Uhr) Die Brauerei Heineken hat ihr Domizil 2,5 km nördlich der Grande Île in Schiltigheim. Die Führungen (auch auf Deutsch) dauern zwei Stunden und können vorab gebucht werden. Anfahrt mit Bus 4 bis zur Haltestelle Schiltigheim Mairie.

Brasseries Kronenbourg BRAUEREI
(☎03 88 27 41 59; 68 rte d'Oberhausbergen; Erw./Kind 6/4 €; ☺Führungen ca. stündl. Mo–Sa 10–16 Uhr; 🚊Ducs d'Alsace) Die 1,5 km nordwestlich der Grande Île in Cronenbourg gelegene Brauerei verkauft in Frankreich jährlich 700 Mio. Liter Bier – genug, um damit 250 Olympiaschwimmbecken zu füllen. Die 1½-stündigen Führungen (z. T. auf Deutsch; vorher telefonisch reservieren) beinhalten eine Bierverkostung.

GRATIS **Cave des Hospices de Strasbourg** WEINKELLER
(www.vins-des-hospices-de-strasbourg.fr, auf Frz.; 1 place de l'Hôpital; ☺Mo–Fr 8.30–12 & 13.30–17.30, Sa 9–12.30 Uhr; 🚊Porte de l'Hôpital) Dieser Weinkeller versteckt sich im Ziegelgewölbe unter dem Straßburger Krankenhaus. Das Hospital wurde zu einer Zeit gegründet, als Wein noch als Allheilmittel galt. Heute werden hier exquisite elsässische Weine – von Rieslingen bis zu lieblichen Muskatellern – abgefüllt. In einem der alten Fässer lagert ein Jahrgangswein von 1472.

✹ Festivals & Events

Glühwein, würzige *Bredele* (Plätzchen) und ein eigenes „Dorf der Kinder" mit jeder Menge Weihnachtsmännern sind fester Bestandteil des funkelnden **Marché de Noël** (Weihnachtsmarkt; www.noel.strasbourg.eu), der vom letzten Samstag im November bis zum 24. Dezember stattfindet. Im Juli und August trumpft Straßburg im Rahmen von **Les Festiv'Étés** mit Feuerwerksspektakeln, Volksfesten und einer beeindruckenden Beleuchtung des Münsters auf. Im Oktober heißt es: Hoch die Tassen! Bierfreunde zieht es dann zum **Mondial de la Bière** (www.mondialbierestrasbourg.com), Weinkenner kommen im März beim **Riesling du Monde** (www.riesling-du-monde.com) auf ihre Kosten.

🛏 Schlafen

Während der Sitzungswochen des Europaparlaments (Termine unter www.europarl. eu.int/Tätigkeiten/Jährlicher Sitzungskalender) kann es von Montag bis Donnerstag ganz schön schwierig sein, kurzfristig irgendwo ein Hotel zu bekommen. Auch während der Weihnachtsmarktsaison sind die Betten knapp, sodass man für den Dezember im Voraus buchen sollte. Die Touristeninformation gibt Auskunft über aktuell freie Betten in der Stadt und ist auch bei Buchungen behilflich.

Hôtel Régent Petite France
DESIGNHOTEL €€€
(☎03 88 76 43 43; www.regent-hotels.com; 5 rue des Moulins; Zi. 150–445 €; ❄@🌐🅿Alt Winmärik) Das angesagteste Designhotel Straßburgs ist in einer ehemaligen Eisfabrik untergebracht und liegt direkt am Wasser. Hinter der skurrilen Fassade verbirgt sich ein ultracooles Interieur. Die in gedämpften Farben gehaltenen Zimmer sind mit exklusiven Stoffen und Marmorbädern ausgestattet. Für ein luxuriöses Verwöhnprogramm sorgen außerdem die Sauna, das schicke Restaurant und die Champagnerbar mit romantischem Blick auf den Fluss Ill.

Hôtel du Dragon HOTEL €€
(☎03 88 35 79 80; www.dragon.fr; 12 rue du Dragon; EZ 79–112 €; DZ 89–124 €; @🌐🅿Porte de l'Hôpital) Das Hôtel du Dragon empfängt seine Gäste draußen mit einem schattigen, baumbewachsenen Hof. Drinnen herrscht himmlische Ruhe. Die schlichte Eleganz der Inneneinrichtung, der aufmerksame Service und die erstklassige Lage nahe Petite France bescheren dem kleinen, schmucken Hotel begeisterte Kritiken.

Hôtel Gutenberg HISTORISCHES HOTEL €€
(☎03 88 32 17 15; www.hotel-gutenberg.com; 31 rue des Serruriers; Zi. 75–135 €; ❄@🌐🅿Langstross) Das im blumengeschmückten Herzen von Petite France gelegene Hotel hat schon 250 Jahre auf dem Buckel und überzeugt mit einer gelungenen Melange aus historischem und zeitgenössischem Design: klare Linien, kräftige Farben und hier und da ein paar antike Elemente.

Romantik Hôtel Beaucour
HISTORISCHES HOTEL €€
(☎03 88 76 72 00; www.hotel-beaucour.com; 5 rue des Bouchers; EZ 75–110 €, DZ 135–165 €; ❄@🌐🅿Porte de l'Hôpital) Das antik verschnörkelte Hotel mit gemütlichem Salon

samt Kamin hat jede Menge Fachwerkromantik zu bieten. Die Zimmer sind stilvoll mit warmen Farben und Blumenmustern herausgeputzt und die meisten haben sogar einen eigenen Whirlpool.

Hôtel Hannong
BOUTIQUEHOTEL €€
(☎03 88 32 16 22; www.hotel-hannong.com; 15 rue du 22 Novembre; EZ 88–108 €, DZ 132–197 €; ❄☎🅿Alt Winmärik) Dieses designorientierte Hotel punktet mit minimalistischem Chic. Die Zimmer sind mit Massivholzböden ausgelegt und die Farbpalette reicht von spacigem Silber bis zu cremigem Schokobraun. Die glasüberdachte Bar in der Lounge kredenzt Tapas und erlesene Weine.

Royal Lutetia
HOTEL €
(☎03 88 35 20 45; www.royal-lutetia.fr; 2bis rue du Général Rapp; DZ 62–85 €; ☎🅿Parc du Contades) Das zehn Fußminuten nördlich vom Zentrum gelegene Hotel wurde vor Kurzem renoviert. Die hellen, großzügigen Zimmer verfügen über Extras wie Flachbildschirmfernseher und kostenloses WLAN.

Le Kléber Hôtel
HOTEL €€
(☎03 88 32 09 53; www.hotel-kleber.com; auf Frz.; 29 place Kléber; EZ 57–80 €, DZ 74–94 €; ☎🅿Homme de Fer) Ob „Mirabelle", „Noisette" oder „Caramel" – süße Träume gibt es hier in allen möglichen Geschmacksrichtungen. Die Zimmer des höchst originellen und superzentral gelegenen Le Kléber sind nach Früchten, Gewürzen und anderen lukullischen Freuden benannt und auch entsprechend möbliert.

Hôtel Suisse
TRADITIONELLES HOTEL €€
(☎03 88 35 22 11; www.hotel-suisse.com; 2–4 rue de la Râpe; EZ 65 €, DZ 75–89 €; @☎🅿Langstross) Das zitronengelbe Hotel versteckt sich in einer bezaubernden Ecke der Grande Île. Die Deckenbalken, Kronleuchter und traditionell eingerichteten Zimmer mit Massivholzmöbeln sorgen für urelsässischen Charme. Leider oft ausgebucht.

Camping de la Montagne Verte
CAMPINGPLATZ €
(☎03 88 30 25 46; www.camping-montagne-verte-strasbourg.com; 2 rue Robert Forrer; Stellplatz 14–18,50 €; 🅿Montagne Verte) Dieser ruhige, baumbestandene Campingplatz liegt 3 km westlich von Petite France und ist zehn Fußminuten von der Tramstation Montagne Verte entfernt. Er befindet sich direkt an einem Radweg, der in die Stadt führt, und es gibt Mieträder für 10/40 € pro Tag/Woche.

Hôtel Au Cerf d'Or
HISTORISCHES HOTEL €€
(☎03 88 36 20 05; www.cerf-dor.com; auf Frz.; 6 place de l'Hôpital; Zi. 55–110 €; ❄☎🅿Porte de l'Hôpital) Der namensgebende goldene Hirsch (cerf) prangt stolz über dem Eingang des Fachwerkhotels. Das Haus gehört zum Verband Logis de France und bietet einfache, makellose Zimmer. Besonders nette Extras sind der Wellnessbereich mit Whirlpool, Schwimmbecken und Sauna (halbe Std. 8 €) sowie das gemütliche, französische Restaurant.

CIARUS
HOSTEL €
(☎03 88 15 27 88; www.ciarus.com; 7 rue Finkmatt; B mit Frühstück 26 €, EZ 46 €; @) Die Wände sind zwar dünn und die Schlafsäle spartanisch (einige riechen nach feuchten Socken), aber insgesamt ist dieses Hostel ziemlich zentral und preiswert. Leute mit leichtem Schlaf sollten sich aber mit Ohropax bewaffnen, da hier oft nachtaktive Schülergruppen absteigen. Das nördlich vom Zentrum gelegene Hostel ist mit den Bussen 2, 4, und 10 zu erreichen (Haltestelle Place de Pierre).

✗ Essen

In Straßburg kommen frische, regionale Zutaten auf den Tisch, die Speisen sind mit französischer Raffinesse angerichtet und die deutsche Vorliebe für magenfüllende Portionen sorgt für pappsatte Gäste. Auf der Grande Île gibt es jede Menge einladender Restaurants: Das Viertel Petite France lockt mit elsässischer Küche und Fachwerkromantik, die Grand' Rue hat Dönerbuden und tartes flambées (Flammkuchen) zu bieten und in der Rue des Veaux und der Rue des Pucelles werden in kleinen Imbissen Köstlichkeiten aus aller Welt serviert.

La Choucrouterie
LP TIPP — ELSÄSSISCH €€
(☎03 88 36 52 87; www.choucrouterie.com, auf Frz.; 20 rue St-Louis; choucroute 12–16 €; ⊙Mo–Fr mittags & abends, Sa & So nur abends; 🅿Porte de l'Hôpital) Hier reiten nackte Damen auf riesigen Würsten (allerdings nur auf der Speisekarte) und exzentrische Köche jonglieren mit Tellern voll dampfender choucroute garnie. Aber an bühnenreifen Einlagen gibt es hier noch einiges mehr zu erleben, denn neben diesem einmaligen Bistro beherbergt die Choucrouterie auch ein Theater. Wer ein paar Brocken Elsässisch spricht, bekommt von allem eine extragroße Portion, versprochen!

Hier eine Auswahl der elsässischen Spezialitäten, die die gemütlichen *Winstuben* (elsässische Weinlokale) kredenzen:

Baeckeoffe Eintopf mit in Riesling oder Pinot Blanc mariniertem Rind-, Lamm- und Schweinefleisch, Gemüse und Kartoffeln; wird im Ofen langsam in einer Tonterrine gegart

Choucroute garnie Sauerkraut garniert mit salzigem Speck, Haxe und Elsässer Wurst – ein Gericht für Hungrige!

Flammekueche Der auf Französisch als *tarte flambée* bezeichnete Flammkuchen besteht aus einem knusprigen, dünnen Hefeboden, wird mit Crème fraîche, Zwiebeln und Speckstreifen belegt und darf mit den Fingern gegessen werden.

Fleischnacka Wie *Schnacka* (Schnecken) geformte Rollen aus würzigem Rinderhack und Nudelteig

Kougelhopf Der in der namensgebenden Gugelhupfform gebackene Rosinenbrioche wird mit Puderzucker verziert.

Lewerknepfle Leberknödel mit Schalotten und Petersilie

Spätzle Dicke Eiernudeln, die meist mit Zwiebeln und/oder Käse gereicht werden

Wädele Schweinshaxe, oft in Pinot Noir oder Bier geschmort, mit ganz viel Sauerkraut

Au Crocodile   FEINSCHMECKERLOKAL €€€

(☑03 88 32 13 02; www.au-crocodile.com, auf Frz.; 10 rue de l'Outre; 3-Gänge-Mittagsmenü 35 €, weitere Menüs inkl. Getränke 85/115 €; ☺Di–Sa; ⓐBroglie) Der Taufpatin dieses durch und durch edlen Gourmettempels hängt ausgestopft im Foyer. Ein General Napoleons hatte das zähnefletschende Krokodil als Trophäe aus Ägypten mitgebracht. Kunstvoll angerichtete Spezialitäten wie die zarte Foie gras mit Rhabarberchutney oder das Filet Mignon in Bergkäsekruste haben dem Restaurant einen Michelin-Stern beschert. Reservierung empfohlen.

La Cloche à Fromage
FRANZÖSISCH, KLASSISCH €€

(☑03 88 23 13 19; www.cheese-gourmet.com; 27 rue des Tonneliers; Fondue 21–25 €; ☺Di–So; ⓐLangstross) *Au revoir* Diät: Unter der größten Käseglocke der Welt (Guinness-Buch der Rekorde) lächeln einen 200 verschiedene Sorten *fromage* an und wer hier Raclette oder das sämigste Fondue Straßburgs bestellt, kann den Gürtel gleich um ein paar Löcher lockern.

Maison Kammerzell   ELSÄSSISCH €€

(☑03 88 32 42 14; www.maison-kammerzell.com; 16 place de la Cathédrale; Menü 27–46 €; ⓐLangstross) Die Maison Kammerzell, das mittelalterliche Wahrzeichen am Straßburger Münsterplatz, verwöhnt ihre Gäste mit ausgesuchten elsässischen Gerichten wie

Baeckeoffe und *choucroute*. Eine Wendeltreppe führt in die obere Etage, die mit freskenbemalten Alkoven und einer atemberaubenden Aussicht auf den im Scheinwerferlicht strahlenden Münster beeindruckt.

Bistrot et Chocolat   CAFÉ €

(www.bistrotetchocolat.net, auf Frz.; 8 rue de la Râpe; Snacks 4–8 €, Brunch 10–19 €; ☺Di–So 10.30–19 Uhr; ☑🚼; ⓐLangstross) Schokoladenfondue, heiße Bioschokolade mit Ingwer, Schokoladensuppe mit Lebkuchencroutons ... – dieses schicke Künstlerbistro ist eine Ode an die Kakaobohne. Am Wochenende wird ein köstlicher Brunch aufgetischt. Das Café bietet auch Kinderkochkurse an, Infos dazu gibt's auf der Website.

L'Assiette du Vin   BISTRO €€

(☑03 88 32 00 92; www.assietteduvin.fr, auf Frz.; 5 rue de la Chaîne; Mittagsmenü 19 €, Abendmenü 32–55 €; ☺Di–Fr mittags & abends, Mo–So nur abends; ⓐLangstross) Marktfrische Zutaten, raffinierte Gerichte, der aufmerksame Service und die preisgekrönte Weinkarte locken anspruchsvolle Feinschmecker in dieses schick-rustikale Restaurant in der Altstadt. Das Tagesgericht ist mit seinen 8,50 € ein echtes Schnäppchen.

Maison des Tanneurs   ELSÄSSISCH €€

(☑03 88 32 79 70; 42 rue du Bain aux Plantes; Hauptgerichte 14–22 €; ☺Di–Sa; ⓐLangstross) Auch die Straßburger reservieren gerne mal einen Tisch in dieser ehemaligen Gerberei. Das von Geranien überwucherte Restaurant, dessen Gebälk aus dem 16. Jh. stammt, bewirtet seine Gäste mit Klassikern wie Knoblauchschnecken nach Elsässer Art oder Schweinshaxe mit Sauerkraut, dazu passend gibt's erstklassige Pinots und Rieslinge. An den Fenstertischen hat man einen tollen Blick auf die Kanäle von Petite France.

La Cambuse
FISCH & MEERESFRÜCHTE €€

(✆03 88 22 10 22; 1 rue des Dentelles; Hauptgerichte 23–27 €; ◷Di–Sa; ⌂Langstross) Das schiffsförmige Bistro erinnert mit seinen Bullaugen und dem polierten Holzdekor tatsächlich an eine Kombüse, sodass man fast das Gefühl hat, mitten in Straßburg auf einer Privatyacht zu dinieren. Der experimentierfreudige Koch verfeinert seine Seafood-Kreationen mit asiatischen Gewürzen und überrascht die Gäste mit Gerichten wie Steinbutt süßsauer oder Fisch an Safransauerkraut. Unbedingt reservieren!

La Bourse
BRASSERIE €€

(✆03 88 36 40 53; 1 place du Maréchal de Lattre de Tassigny; Menü 24–32 €; ⌂Étoile) Unter einem Trompe-l'œil-Himmel serviert diese Art-déco-Brasserie knusprige Flammkuchen, deftigen *Baeckeoffe* oder elsässische Fleischspezialitäten wie *Fleischnacka* (Hackfleischrollen).

La Tinta
CAFÉ €

(36 rue du Bain aux Plantes; Brunch 9 €, Mittagsmenü 10 €; ◷Di–Sa; ⌂Alt Winmärik) Das künstlerisch angehauchte Literaturcafé ist ein wunderbar entspannter Ort fürs Mittagessen oder eine Tasse Biotee mit einem Stück hausgebackener Tarte.

Au Coin des Pucelles
ELSÄSSISCH €€

(✆03 88 35 35 14; 12 rue des Pucelles; Hauptgerichte 14–22 €; ◷Di–Sa; ⌂Broglie) Diese kuschelige *Winstub* hat nur sechs Tische (jeweils mit rotkarierter Tischdecke) und bietet solide elsässische Speisen wie *choucroute au canard*. Perfekt für ein spätabendliches Dinner.

L' Appart á Tartes
CAFÉ €

(9 rue des Dentelles; Tartes 5–11 €; 🛜👦⌂Langstross) In dem entspannten Café in Petite France abseits des Massentrubels gibt es leckere süße und pikante Tartes, kostenloses WLAN und eine Kinderspielecke.

Poêles de Carottes
VEGETARISCH €

(www.poelesdecarottes.com, auf Frz.; 2 place des Meuniers; Menü 11 €; ◷Di–Sa; 🖊⌂Langstross) Vegetarier schwören auf die Biosuppen, Tajine-Gerichte und Pastakreationen in diesem hippen, gesunden Café, das in appetitlichen orangenen und zitronengelben Farbtönen gehalten ist.

Selbstversorger
Für Picknickeinkäufe:

La Cloche à Fromage boutique
DELIKATESSENLADEN

(32 rue des Tonneliers; ⌂Langstross) Hier gibt's cremigen Tomme, reifen Camembert und anderen erstklassigen Käse.

🌿 Bauernmarkt
WOCHENMARKT

(place du Marché aux Poissons; ◷Sa 7–13 Uhr; ⌂Porte de l'Hôpital) Auf den Marktständen türmt sich alles Mögliche: von Foie gras aus der Region bis hin zu Bioobst und Honig.

Monoprix
SUPERMARKT

(5 rue des Grandes Arcades; homme de fer) Alles unter einem Dach.

🍷 Ausgehen

Dank ihrer 53 000 bierdurstigen Studenten wartet die Stadt mit einem pulsierenden Nachtleben auf und am Wochenende geht es in den Straßburger Bars und Clubs hoch her. Unter den Hunderten von Bars gibt es in den Seitenstraßen östlich des Münsters (Rue des Juifs, Rue des Frères, Rue des Sœurs) eine dementsprechende Menge studentisch geprägter Kneipen.

Jeannette et les Cycleux
BAR

(www.lenetdejeannette.com, auf Frz.; 30 rue des Tonneliers; 🛜⌂Langstross) Elvis lebt, Baby, zumindest in diesem stimmungsvollen 50er-Jahre-Schuppen, von dessen chiliroten Wänden Motorradoldtimer baumeln. Grandiose Retrodeko und tolle Musik von Rockabilly bis Motown.

Académie de la Bière
KNEIPE

(www.academiedelabiere.com, auf Frz.; 17 rue Adolphe-Seyboth; 🛜⌂Alt Winmärik) Bevor es zum Boogietanzen in die Kellerdisco Caveau geht, ist ein Zwischenstopp in dieser chilligen Kneipe in Petite France angesagt. Wer mag, kann hier Hunderte von Biersorten probieren, von Kronenbourg bis hin zu belgischem Krieks mit Kirschgeschmack.

Bar Exils
BAR

(www.barexils.com, auf Frz.; 28 rue de l'Ail; 🛜⌂Langstross) Studentenkneipe mit Dart

STRASSBURGS SCHOKOLADENSEITE

Als eine der wichtigsten Stationen der **Route du Chocolat et des Douceurs d'Alsace** (Elsässische Straße der Schokolade und Süßigkeiten) zeigt sich Straßburg im wahrsten Sinne des Wortes von seiner Schokoladenseite. Die Route führt von hier gen Norden 80 km weiter bis nach Bad Bergzabern und erstreckt sich in Richtung Süden weitere 125 km bis nach Heimsbrunn in der Nähe von Mulhouse. Bei der Touristeninformation gibt's eine Karte für die Strecke, auf der die besten Elsässer Patisserien, Chocolatiers, Konditoreien und Makronenläden eingezeichnet sind. Hier drei Top-Adressen als Appetitanreger:

» **Mireille Oster** (www.mireille-oster.com, auf Frz.; 14 rue des Dentelles; 🚊Langstross) In diesem himmlischen, mit Engeln verzierten Laden verkauft die Straßburger Lebkuchenfee Mireille Oster hausgebackene, mit Feige, Amaretto, Zimt und Schokolade verfeinerte Varianten des *pain d'épices*. Vor dem Kauf gibt's ein kleines Stück zum Probieren.

» **Christian** (www.christian.fr, auf Frz.; 12 rue de l'Outre; 🚊Broglie) Luxuriöse Trüffel und Pralinen, luftige Makronen und essbare Straßburger Sehenswürdigkeiten – die Kreationen des berühmten Chocolatiers Christian sind kleine Kunstwerke.

» **Coco LM** (www.coco-lm.com, auf Frz.; 16 rue du Dôme; 🚊Broglie) Diese *biscuiterie* backt köstlichen elsässischen Lebkuchen, *Beerawecka* (Elsässer Früchtebrot), rosinenreichen *Kougelhopf* und erstaunlich würzige Ingwerkekse namens *Gingerli*.

und Billard, durchgesessenen Sofas und jeder Menge billigem Bier vom Fass.

⭐ Unterhaltung

Über kulturelle Veranstaltungen informiert das Gratisblatt *Spectacles* (www.spectacles-publications.com; auf Frz.), das monatlich erscheint und in der Touristeninformation ausliegt.

Boutique Culture KARTENVORVERKAUF
(Ecke place de la Cathédrale/rue Mercière; ⊙Di–Sa; 🚊Langstross)

Fnac Billetterie KARTENVORVERKAUF
(www.fnacspectacles.com; 2. OG, 22 place Kléber; ⊙Mo–Sa; homme de Fer)

La Laiterie LIVEMUSIK
(www.laiterie.artefact.org, auf Frz.; 11–13 rue du Hohwald; 🚊Laiterie) Ob Reggae, Metal, Punk, Chanson oder Blues – mit 200 Gigs pro Jahr bedient Straßburgs Top-Adresse für Konzerte das gesamte musikalische Spektrum. Karten gibt's online und an der Abendkasse. Von Petite France ist man zu Fuß in fünf Minuten hier (500 m in südlicher Richtung entlang der Rue de Molsheim), die Trams B und C halten in der Nähe.

Théâtre de la CHOUC'routerie THEATER
(📞03 88 36 07 28; www.theatredelachouc.com, auf Frz.; 20 rue St-Louis; 🚊Porte de l'Hôpital) 1984 gründete der für seinen beißenden

Spott bekannte Sänger, Komiker, Schauspieler und Produzent Roger Siffer dieses kleine Theater in einer ehemaligen Sauerkrautfabrik. Die Aufführungen sind witzig, experimentell und dreisprachig (auf Elsässisch, Französisch und Deutsch). Das Theater liegt fünf Gehminuten westlich der Tramhaltestelle Porte de l'Hôpital, gegenüber der Grande Île.

L'Artichaut LIVEMUSIK
(http://lartichaut.fr, auf Frz.; 56 Grand' Rue; ⊙Di–So; 📶🚊Langstross) Die „Artischocke" ist das skurrilste Kunst- und Kulturcafé der Stadt und veranstaltet kostenlose Ausstellungen, erstklassige Jazzkonzerte sowie Jamsessions. Das Line-Up ist an der Tür angeschlagen und auch online zu finden.

Le Chalet CLUB
(www.strasbourg-by-night.com, auf Frz.; 376 rte de la Wantzenau; ⊙Fr & Sa) Dieser 15 Taximinuten nördlich der Stadt gelegene Riesenkomplex beherbergt mehrere Themenbars und zwei Clubs. Die DJs legen von Techno bis zu Retromusik und Clubklassikern alles Mögliche auf.

Le Seven CLUB
(www.lesevenstrasbourg.com, auf Frz.; 25 rue des Tonneliers; ⊙Mi–Sa) In diesem zentral gelegenen Club sind Hip-Hop, R&B und House tonangebend. Trotz des beinahe noch vor-

pubertären Publikums und der hohen Bierpreise können sich die Partys hier sehen lassen. Wie der Name vermuten lässt, hat der Laden bis morgens um sieben geöffnet.

Cinéma Star · KINO
(www.cinema-star.com, auf Frz.; 27 rue des Enfants; homme de Fer) Statt synchronisierter Fassungen zeigt das Kino Filme im Original oder mit Untertiteln, viele davon auf Englisch.

Odyssée · KINO
(www.cinemaodyssee.com, auf Frz.; 3 rue des Francs-Bourgeois; Langstross) Ein Programmkino mit Art-House-Filmen.

Shoppen
Die nobelsten Läden der Stadt locken rund um die Rue des Hallebardes mit bildschön arrangierten Schaufensterauslagen (z. B. **Baccarat** in der Nr. 44). Weniger exklusiv geht's in den Haupteinkaufsstraßen Rue des Grandes Arcades und Grand' Rue zu. In Petite France wimmelt es von Souvenirläden, die jede Menge Brezeln und Plüschstörche feilbieten. Vintagemöbel, hippe Accessoires und die Arbeiten lokaler Künstler gibt's in der Rue des Veaux.

Praktische Informationen
Linky's Cyber Café (22 rue des Frères; pro Std. 3 €; Mo–Sa 9.30–21, So 12–21 Uhr; Gallia) Zentral gelegen, schnelle Internetverbindung

Touristeninformation (03 88 52 28 28; www.otstrasbourg.fr; 17 place de la Cathédrale; tgl. 9–19 Uhr; Langstross) Stadtpläne (Zentrum) für Fußgänger kosten 1 €; Bus/ Tram-Fahrpläne und Fahrradkarten sind gratis. Die Broschüre *Spaziergänge durch Straßburg* (4,50 €) führt sechs architektonisch interessante Rundgänge auf.

Nouvel Hôpital Civil (03 88 11 67 68; rue Koeberlé; Porte de l'Hôpital) 24 Std. Notaufnahme (*urgences*)

Post (place de la Cathédrale; Langstross)

Tele SM (3 quai St-Jean; pro Std. 2 €; tgl. 8–23 Uhr; Faubourg National) Bietet 40 PCs und vergünstigtes Telefonieren

Zweigstelle der Touristeninformation (tgl. 9–19 Uhr; Gare Centrale) Im Südflügel des Bahnhofs

An- & Weiterreise
Auto & Motorrad
Autovermietungen, die mit einem Schalter im Südflügel des Bahnhofs vertreten sind:
Avis (www.avis.com)

Europcar (www.europcar.com)
National-Citer (www.citer.fr, in French)
Sixt (www.sixt.com)

Bus
Das Büro von **Eurolines** (www.eurolines.com; 6D place d'Austerlitz; Porte de l'Hôpital) liegt nur ein paar Straßen südöstlich der Grande Île, aber die Busse nutzen eine **Haltestelle** (Lycée Couffignal) 2,5 km weiter südlich in der Rue du Maréchal Lefèbvre (gegenüber der Citroën-Werkstatt).

Stadtbus 21 (1,40 €) fährt von der Straßenbahn-Endhaltestelle Aristide Briand in die deutsche Nachbarstadt Kehl am anderen Rheinufer.

Flugzeug
Der internationale **Flughafen** (www.strasbourg. aeroport.fr) von Straßburg liegt 17 km südwestlich des Stadtzentrums (Richtung Molsheim) in der Nähe des Dörfchens Entzheim.

Zug
Der 1883 erbaute **Bahnhof** (Gare Centrale) wurde mit einer schicken, 120 m langen und 23 m hohen Glasfassade sowie unterirdischen Passagen versehen, um für den TGV Est Européen gerüstet zu sein. Auf der Grande Île verkauft die **SNCF Boutique** (5 rue des Francs-Bourgeois; Langstross) Fahrkarten.

ZIELE INNERHALB FRANKREICHS
Paris Gare de l'Est; 67 €, 2¼ Std., 17-mal tgl.
Lille 94 €, 4 Std., 13-mal tgl.
Lyon 52 €, 6 Std., 5-mal tgl.
Marseille 87 €, 8 Std., 5-mal tgl.
Metz 23 €, 2 Std., 20-mal tgl.
Nancy 22 €, 1½ Std., 25-mal tgl.

INTERNATIONAL Mit dem Eurostar über Paris oder Lille ist London nur fünf Stunden und 15 Minuten entfernt. Direktverbindungen gibt es u. a. zu folgenden Städten außerhalb Frankreichs:
Basel SNCF 21 €, 1¼ Std., 25-mal tgl.
Brüssel-Nord 70 €, 5¼ Std., 3-mal tgl.
Karlsruhe 22 €, 40 Min., 16-mal tgl.
Stuttgart 43 €, 1¼ Std., vier TGVs tgl.

ROUTE DES VINS Zu den Zielen entlang der Route des Vins, die von Straßburg angefahren werden, zählen:
Colmar 10,50 €, 30 Min., 30-mal tgl.
Dambach-la-Ville 8 €, 1 Std., 12-mal tgl.
Obernai 5,50 €, 30 Min., 20-mal tgl.
Sélestat 7,50 €, 30 Min., 46-mal tgl.

Unterwegs vor Ort
Auto & Motorrad
Buchstäblich das ganze Stadtzentrum ist entweder Fußgängerzone oder ein hoffnungsloses

Labyrinth aus Einbahnstraßen, sodass sich Besucher die Idee, mit dem eigenen Fahrzeug auf der Grande Île herumzufahren oder gar länger als ein paar Stunden zu parken, gleich aus dem Kopf schlagen sollten. Infos zu Parkhäusern in der Innenstadt gibt's unter www.parcus.com.

Entlang der Straßenbahnlinien bietet Straßburg neun Park-and-ride-Plätze. Die Tagesgebühr (zahlbar von 7 bis 20 Uhr) von 2,70 € bis 3 € beinhaltet eine freie Hin- und Rückfahrt mit der Tram oder dem Bus ins Stadtzentrum für alle Fahrzeuginsassen. Diese Parkplätze sind ab der Autobahn mit dem Hinweis „P+R Relais Tram" ausgeschildert. Als sicherste gelten **Rives de l'Aar** (🚊Rives de l'Aar) nördlich des Zentrums, **Rotonde** (🚊Rotonde) im Nordwesten und **Baggersee** (🚊Baggersee) im Süden.

Fahrrad

Mit seinem weitläufigen, ständig wachsenden *réseau cyclable* (Fahrradwegenetz) nimmt Straßburg weltweit eine Vorreiterrolle in Sachen fahrradfreundlicher Stadtplanung ein. Kostenlose Radkarten liegen in der Touristeninformation aus.

Gut gepflegte Fahrräder (ohne Gangschaltung; halber/ganzer Tag 5/8 €, Mo–Fr 13 €; Kinderfahrrad pro Tag 5 €, Kindersitz pro Tag 2 €, Helme sind nicht vorhanden) verleiht die städtische Einrichtung **Vélocation** (www.velocation.net). Gegen eine Kaution von 100 bis 200 € bekommt man die Räder in folgenden Filialen:

Bahnhof (🚊Gare Centrale) Auf Ebene 1, daneben befindet sich das Fahrradparkhaus mit 820 Stellplätzen (1 € für 24 Std.).

Stadtzentrum (10 rue des Bouchers; 🚊Porte de l'Hôpital)

Vom/Zum Flughafen

Ein flotter, neuer Shuttlezug pendelt zwischen dem Flughafen und dem Bahnhof (3,50 €, 9 Min. 4-mal stündl.), das Ticket gilt auch für die Weiterfahrt mit der Tram ins Stadtzentrum.

Flight Liner Busse (www.flightliner.de) verbinden Straßburg mit dem Flughafen Karlsruhe/Baden-Baden (17 €, 1 Std.).

Öffentliche Verkehrsmittel

Fünf supereffiziente Straßenbahnlinien (A bis E) bilden das Rückgrat des beispielhaften Straßburger Nahverkehrssystems der **CTS** (www.cts-stras bourg.fr, auf Frz.). Zentraler Knotenpunkt aller Linien ist die Station Homme de Fer. Die Straßenbahnen verkehren im Allgemeinen bis 0.30 Uhr. Busse (nur wenige verkehren auf der Grande Île) sind bis gegen 23 Uhr unterwegs. Freitags und samstags fahren von 23.30 bis 5.30 Uhr Nachtbusse, die an den Hotspots des Nachtlebens wie La Laiterie Station machen.

Für Bus und Tram gleichermaßen gültige Einzelfahrscheine kosten 1,40 € (hin und zurück 2,70 €) und können beim Busfahrer und an den Automaten an den Straßenbahnhaltestellen gekauft werden. Die Tickets „24h Individuel" und „24h Trio" (4/5 € für 1/3 Pers.) gelten ab Entwertung 24 Stunden und sind in den Touristeninformationen sowie an den Tramhaltestellen erhältlich.

In dem Abschnitt über Straßburg sind die nächstgelegenen Tramhaltestellen mit dem Symbol 🚊 gekennzeichnet.

Route des Vins d'Alsace

Die Route des Vins d'Alsace (Elsässische Weinstraße) wirkt wie einem Märchenbuch entsprungen: Über den grünen, von Weinreben bewachsenen Hügeln erheben sich auf Felsklippen gebaute Burgen und die nebelverhangenen Vogesen; die *caves* (Weinkeller) links und rechts der Straße beschwingen den Geist und ein Fachwerkdorf ist malerischer als das andere. Kein Wunder, dass dies eine der beliebtesten Autorouten Frankreichs ist. Die Strecke startet 20 km westlich von Straßburg in Marlenheim, schlängelt sich auf insgesamt 170 km durch eine wunderschöne Landschaft und endet in Thann, ca. 35 km südwestlich von Colmar.

Die örtlichen Touristeninformationen bieten entsprechendes Karten- und Prospektmaterial, darunter die ausgezeichneten Broschüren *Die elsässische Weinstraße* (gratis) und *Alsace Grand Cru Wines* (auf Englisch), in der die 50 renommiertesten AOC-Anbaugebiete des Elsass erklärt werden. Ausführlichere Informationen gibt's im Internet unter www.alsace-route-des-vins.com.

Alle im Folgenden beschriebenen Dörfer – in der Reihenfolge von Norden nach Süden – sind mit Hotels, Restaurants und z. T. auch Campingplätzen gut bestückt. *Chambres d'hôtes* (B&Bs) kosten durchschnittlich 40 bis 60 € (Doppelzimmer) und können bei den jeweiligen Touristeninformationen erfragt werden.

☞ Geführte Touren

Auch eine Möglichkeit: Die Route des Vins im Minibus abzuklappern (ohne Promillegrenze!). Das bieten folgende Agenturen an (Buchungen über die Touristeninformation in Colmar):

LCA Top Tour   BUSTOUR
(☎03 89 41 90 88; www.alsace-travel.com; 8 place de la Gare, Colmar; halber Tag 53–56 €)

Regioscope   BUSTOUR
(☎03 89 44 38 21; www.regioscope.com; Vormittags-/Nachmittagstour 47/55 €)

START **MARLENHEIM**
ZIEL **COLMAR**
WEGSTRECKE **87 KM**
DAUER **EIN BIS ZWEI TAGE**

Tour-Tipp
Route des Vins d'Alsace

Diese Strecke schlängelt sich durch poetische Landschaft entlang der Highlights der weinumrankten Route des Vins d'Alsace.

Von **1 Marlenheim**, dem Tor der Route, führt ein gut ausgeschilderter Feldweg ins mittelalterliche **2 Molsheim**. Dessen Marktplatz wird von einem Brunnen und dem mit Stufengiebeln versehenen Fleischerzunfthaus *Metzig* aus der Renaissance dominiert. Weiter geht's gen Süden nach **3 Rosheim**, wo die romanische Église St-Pierre-St-Paul mit ihren lasziven Wasserspeiern schon für manches prüde Stirnrunzeln gesorgt hat. Anschließend führt die Straße weiter zur Fachwerkstadt **4 Obernai**, deren Marktplatz und Weinlehrpfad sich erkunden lassen. Auf dem Weg nach **5 Mittelbergheim** kommen die Vogesen in Sicht. Im Dörfchen lohnt ein Besuch des preisgekrönten Weinguts Domaine Gilg, wo es *grand crus* zu probieren gibt. Die anschließende Etappe nach **6 Dambach-la-Ville** gibt den Blick auf noch höhere Gipfel frei. Der von Stadtmauern eingerahmte Ort wartet mit vielen Weinkellern auf und man erhascht einen ersten Blick auf die Türme des auf einem Berg gelegenen **7 Château du Haut Kœnigsbourg**. Nach einem kleinen Umweg wegen der Aussicht von den dortigen Festungswällen kann man in dem Fachwerkdörfchen **8 Bergheim** und dem mit Türmen gespickten **9 Ribeauvillé** durch die Kopfsteinpflasterstraßen schlendern. Im nahen **10 Hunawihr** lässt das Centre de Réintroduction Cigognes & Loutres die Herzen von Storchenfans höher schlagen. Danach lädt **11 Riquewihr** mit seinen vielen mittelalterlichen Türmen zu ziellosen Streifzügen ein. Das Geburtshaus des Nobelpreisträgers Albert Schweitzer und eine Kunstglasbläserei gibt es in dem an der Weiss gelegenen Ort **12 Kaysersberg** zu sehen. Südlich lockt in **13 Katzenthal** das Weingut Vignoble Klur mit Bioweinproben. Zum Abschluss erwartet einen die von Kanälen durchzogene Hauptstadt des elsässischen Weins **14 Colmar** zum Dinner in einer ihrer *Winstuben*. Auch kulturell hat die Geburtsstadt von Frédéric Auguste Bartholdi, dem Schöpfer der Freiheitsstatue, viel zu bieten.

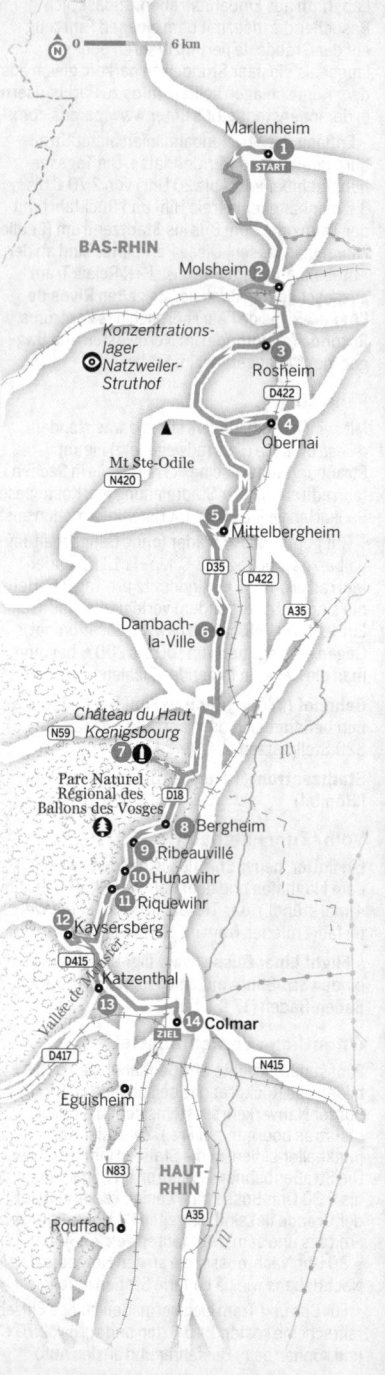

NATZWEILER-STRUTHOF

Etwa 25 km westlich von Obernai steht das einzige Konzentrationslager, das die Nazis auf französischem Boden errichteten. Insgesamt kamen in Natzweiler-Struthof und in den Nebenlagern in der Nähe etwa 22 000 Menschen ums Leben, ca. 40 % der Insassen; viele wurden erschossen oder gehängt. Anfang September 1944, als sich amerikanische Truppen dem Lager näherten, wurden die damals 5517 noch Überlebenden nach Dachau deportiert.

Die düsteren Überreste des **Lagers** (www.struthof.fr; Erw./Kind. 5/2,50 €; ⊘März–Weihnachten tgl. 9–18.30 Uhr) sind auch heute noch von Wachtürmen und konzentrisch angeordneten, damals unter elektrischer Spannung stehenden Stacheldrahtreihen umgeben.

Das **Krematorium** *(four crématoire)*, der **Autopsiesaal** *(salle d'autopsie)* und die 1,7 km vom Lagertor entfernte **Gaskammer** *(chambre à gaz)* zeugen an diesem Ort des Schreckens von den hier begangenen Gräueltaten. Nicht weit davon wurde 2005 das **Centre Européen du Résistant Déporté** (⊘wie oben) eröffnet, das an die Widerstandskämpfer in ganz Europa erinnert.

Der Weg nach Natzweiler-Struthof führt von Obernai über die D426, D214 und D130 und ist mit „Le Struthof" oder „Camp du Struthof" ausgeschildert.

❶ Anreise & Unterwegs vor Ort

Die Route des Vins umfasst mehrere Straßen (D422, D35, D1B usw.), ist aber gut beschildert. Trotzdem ist es sicher kein Fehler, sich die Karte *Alsace Touristique* (5,50 €) von Blay mit farblich markierten Routen ins Handschuhfach zu legen. Radfahrern bieten sich jede Menge möglicher Strecken, sowohl asphaltierte als auch nicht asphaltierte.

AUTO & MOTORRAD Mit Parkplätzen sieht's in der Hochsaison mehr als mies aus, vor allem in Ribeauvillé und Riquewihr. Am besten ist es, das Auto irgendwo außerhalb stehen zu lassen und die letzten paar Meter zu Fuß zu gehen.

BUS & ZUG Die Route des Vins ist auch mit öffentlichen Verkehrsmitteln zu bewältigen (auch wenn das vielleicht ein bisschen umständlich ist), da fast alle der nachstehend aufgeführten Ortschaften eine Zug- und/oder Busverbindung nach Straßburg (S. 329) oder Colmar (S. 352) haben. Nahezu alle Züge nehmen Fahrräder mit.

OBERNAI
11 400 EW.

Das von einer mittelalterlichen Mauer umschlossene Städtchen Obernai („ai" wird wie „ey" ausgesprochen) liegt 31 km südlich von Straßburg und ist mit seinen kunterbunten Fachwerkhäusern eine echte Postkartenschönheit. Wer im Sommer den Besuchermassen entfliehen will, kann sich in kühle, blumengeschmückte Gassen wie die Ruelle des Juifs neben der Touristeninformation zurückziehen.

◉ Sehenswertes & Aktivitäten

Verschiedene Winzer offerieren in ihren Kellern nicht weit vom Ortskern Kostproben (in der Touristeninformation gibt's einen Stadtplan).

Place du Marché   MARKTPLATZ
Auf diesem quirligen Platz wird jeden Donnerstagmorgen ein Markt abgehalten. Hier befinden sich auch das **Hôtel de Ville** (Rathaus) aus dem 16. Jh., das mit prächtigen Barockmalereien in Trompe-l'œil-Technik verziert ist, der Renaissancebrunnen **Puits aux Six Seaux** (Sechs-Eimer-Brunnen) auf der anderen Seite der Rue du Général Gouraud und die **Halle aux Blés** (Kornspeicher) aus dem 16. Jh. mit Glocke auf dem Dach.

Stadtwall   WALLSPAZIERGANG
Der Befestigungswall aus dem 13. Jh. ist über den Platz vor der neogotischen **Église St-Pierre et St-Paul** mit ihren Zwillingstürmen zugänglich und lädt zu einem ausgedehnten Bummel ein.

Sentier Viticole du Schenkenberg
                    WEINLEHRPFAD
Der 1,5 km lange Weinlehrpfad beginnt am Wegkreuz auf dem Hügel nördlich von Obernai und schlängelt sich durch die umliegenden Weinberge.

Wer ihn abwandern will, lässt sich von den gelben Schildern ab dem Friedhof hinter der Église St-Pierre et St-Paul leiten.

SCHLUMMERN IM ZAUBERWALD

Zurück zur Natur? Dann auf ins verträumte **Hôtel de l'Illwald** (📞03 90 56 11 40; www.illwald.fr; Schnellenbuhl; Zi. 72–85 €; 🅿) am Rande des Illwald. Das Naturschutzgebiet beeindruckt nicht nur mit seiner üppigen Vegetation, sondern weist auch den größten Bestand frei lebender Hirsche Frankreichs auf. Das Fachwerkhotel aus rotem Sandstein verwöhnt seine Gäste mit einem sehr persönlichen Ambiente und wunderschönen Zimmern, die teils edel (mit Hartholzböden und Himmelbetten), teils rustikal (mit warmem Pinienholz, Antikmöbeln und kuscheligen Daunenbetten) eingerichtet sind. Nach einer Tageswanderung oder langen Radtour erwarten einen Drinks am Kamin und ein Dinner im freskenverzierten Restaurant. Das Hotel liegt an der D424 in Schnellenbuhl, 6 km südlich von Sélestat.

🛏 Schlafen & Essen

La Cloche   HOTEL €
(📞03 88 95 52 89; www.la-cloche.com; 90 rue du Général Gouraud; EZ/DZ 50/60 €, Hauptgerichte 14–18 €; ❄) Das dem Rathaus gegenüberliegende Hotel verfügt über 20 geräumige, mit Holzmöbeln eingerichtete Zimmer, einige davon blicken auf die Altstadt. Das rustikale Restaurant serviert deftige elsässische Gerichte wie Spätzle mit Munsterkäse.

Halle aux Blés   ELSÄSSISCH €€
(place du Marché; Hauptgerichte 12–19 €) In dem ehemaligen Kornspeicher floriert das Geschäft mit regionalen Spezialitäten wie *tartes flambées* (Flammkuchen, 10 €), die im hiesigen zünftigen Ambiente (Holzbalken, Hirschgeweihe, Hopfenkränze) besonders gut schmecken.

ℹ Praktische Informationen

Touristeninformation (📞03 88 95 64 13; www.obernai.fr; place du Beffroi; ⊙tgl. 9–12 & 14–18 Uhr) Die Touristeninformation befindet sich hinter dem Hôtel de Ville.

ℹ An- & Weiterreise

Der Bahnhof liegt 300 m östlich der Altstadt.

MITTELBERGHEIM
685 EW.

Das entspannte, untouristische Dörfchen Mittelbergheim thront auf einem Hügel und ragt wie eine Insel aus einem Meer von Silvanertrauben und wilden Tulpen (im Frühling) heraus. Entlang der Gässchen ducken sich sandfarbene, rot gedeckte Häuser.

⊙ Sehenswertes & Aktivitäten

Wunderschön altmodische, schmiedeeiserne Schilder verraten, wo sich die *caves* (Weinkeller) des Ortes verstecken.

Sentier Viticole   SPAZIERGANG
Vom Parkplatz beim Friedhof am oberen Dorfrand an der D362 windet sich ein gepflasterter Weinbergsweg hangaufwärts durch die sanfte Hügellandschaft der Vogesen **zum Château du Haut Andlau** mit seinen beiden Türmen.

Domaine Gilg   WEINGUT
(www.domaine-gilg.com, auf Frz.; 2 rue Rotland; ⊙Mo–Fr 8–12 & 13.30–18, Sa 8–12 & 13.30–17, So 9.30–11.30 Uhr) In dem netten, familiengeführten Weingut gibt es preisgekrönte Tropfen zu kosten, darunter *grand crus* der Rebsorten Silvaner, Pinot und Riesling.

🛏 Schlafen & Essen

Es herrscht kein Mangel an preiswerten Privatunterkünften – überall im Dorf hängen Werbeschilder in den Fenstern. Informationen gibt's unter www.pays-de-barr. com.

Hôtel Gilg   HISTORISCHES HOTEL €
(📞03 88 08 91 37; www.hotel-gilg.com; 1 rte du Vin; Zi. 59–89 €, Menü 29–68 €) Wer auf ein wenig altmodische Romantik steht, ist in diesem Fachwerkhaus aus dem 17. Jh. genau richtig.

Über eine Wendeltreppe geht's zu den geräumigen Zimmern hinauf, die in hübschen Pastelltönen gehalten sind und teilweise über Holzbalkendecken verfügen. Elegantrustikal präsentiert sich das dazugehörige **Restaurant** mit klassischer französischer und elsässischer Küche.

DAMBACH-LA-VILLE
1970 EW.

Das romantische, von Weinbergen und soliden Festungswällen umringte Dorf hat es trotz seiner Lage und seinen rund 60 Weinkellern irgendwie geschafft, sich den touristischen Massenandrang vom Hals zu halten. An den Südhängen der vier granithaltigen Hügel im Westen und Südwesten von Dambach wächst der berühmte *grand cru* von Frankstein.

👁 Sehenswertes & Aktivitäten

Einige der bezaubernden Fachwerkhäuser, die in Farbtönen wie Pistaziengrün, Karamellbraun oder Himbeerrot gestrichen sind, wurden vor 1500 erbaut.

Stadtwall   WALLSPAZIERGANG
Perfekt für einen kleinen Spaziergang: Die Stadtmauer aus rosa Granit aus dem 14. Jh. wird von vier Toren durchbrochen; drei davon sind von Wachtürmen gekrönt und nach Ortschaften der Umgebung benannt: Ebersheim, Blienschwiller und Dieffenthal.

Sentier Viticole du Frankstein
                                              WEINBERGSPAZIERGANG
Der 1½-stündige Spaziergang auf diesem Weinlehrpfad beginnt 70 m oberhalb der Touristeninformation in der Rue du Général de Gaulle und windet sich durch die ehrwürdigen Reben. Der Weg führt auch an der auf einem Hügel gelegenen **Chapelle St-Sébastien** (⏰tgl. 9–19 Uhr) vorbei, die für ihren romanischen Turm und gotischen Chor bekannt ist.

🛏 Schlafen

Le Vignoble   HOTEL €
(☑03 88 92 43 75; www.hotel-vignoble-alsace.fr; 1 rue de l'Église; EZ/DZ 60/68 €; @) Das zentral im Stadtzentrum gelegene Hotel ist in einer schmucken Scheune aus dem 18. Jh. untergebracht. Die gemütlichen Zimmer mit Holzbalkendecken sind in erfrischenden Zitronen- und Limonentönen gehalten.

ℹ Praktische Informationen

Touristeninformation (☑03 88 92 61 00; www.pays-de-barr.com; place du Marché; ⏰Mo–Fr 10–12 & 14–18, Sa 10–12 Uhr) Das Büro im Renaissancegebäude des Hôtel de Ville bietet Infomaterial über einen Wanderweg und Radwege nach Itterwiller.

ℹ An- & Weiterreise

Der Bahnhof liegt ca. 1 km östlich der Altstadt.

SÉLESTAT
19 650 EW.

Die zwischen Straßburg im Norden (50 km) und Colmar im Süden (23 km) gelegene Stadt Sélestat ist ein reizvolles Wirrwarr aus kunterbunten Fachwerkhäusern und Kirchturmspitzen. Berühmt wurde sie vor allem wegen ihrer einzigartigen Humanistischen Bibliothek.

Der Weißstorch *(cigogne)* hat in der Elsässer Folklore als Glücks- und Babybringer seit Langem einen Stammplatz. Als Zugvogel überwintert er in Afrika und verbringt den Sommer in Europa, sucht sich seine Nahrung in Feuchtgebieten und baut sein Nest aus Halmen und Zweigen hoch oben auf Dachfirsten und Kirchtürmen.

Veränderte Umweltbedingungen führten Mitte des 20. Jhs. zu einem dramatischen Rückgang der Storchpopulation. Anfang der 1980er-Jahre waren im ganzen Elsass nur noch zwei frei lebende Storchenpaare übrig geblieben. Forscherteams und Aufzuchtstationen bemühten sich daraufhin, den Weißstorch ganzjährig wieder anzusiedeln. Das Projekt hatte einen Riesenerfolg, sodass im Elsass heute wieder über 400 Storchenpaare leben. Und einige davon wird man sicherlich auf der Route des Vins beobachten oder mit dem Schnabel klappern hören können.

👁 Sehenswertes & Aktivitäten

Bibliothèque Humaniste   BIBLIOTHEK
(1 rue de la Bibliothèque; Erw./Kind 4/2,50 €; ⏰Mo & Mi–Fr 9–12 & 14–18, Sa 9–12 Uhr) Die ausgezeichnete Sammlung der 1452 gegründeten Humanistischen Bibliothek beinhaltet u. a. ein Merowingisches Lektionar aus dem 7. Jh., eine Kopie der *Cosmographiae Introductio* (1507 gedruckt), die die Neue Welt erstmals unter dem Namen „Amerika" erwähnt, und – da kann Lappland als vermeintliche Heimat des Weihnachtsmanns nicht mithalten – die erste urkundliche Erwähnung des Weihnachtsbaumes (1521).

Vieux Sélestat   ALTSTADT
Majestätisch erheben sich die Kirchturmspitzen über den roten Dächern der Altstadt, die das linke Ufer des Flusses Ill säumt. Einige der schönsten Fachwerkhäuser und Gebäude mit Trompe-l'œil-Malerei befinden sich in der mittelalterlichen Gerbergasse Quai des Tanneurs.

Église St-Georges   KIRCHE
(place St-Georges; ⏰tgl. 8–18 Uhr) Die riesige gotische Kirche ist eine der eindrucksvollsten des Elsass. Das Gotteshaus mit dem farbenfrohen Ziegelmosaikdach wurde aus

schwerem, rotem Sandstein erbaut. Besonders schön ist der Lichteinfall durch die vorhangartig angeordneten Buntglasfenster im Chorraum.

 Montagne des Singes

FAMILIENATTRAKTION

(Monkey Mountain; www.montagnedessinges.com; Kintzheim; Erw./Kind 8,50/5 €; ⊙April–Nov. tgl. 10–12 & 13–18 Uhr) Ein Riesenspaß für Kinder: In diesem 2,5 ha großen Waldpark lassen sich frei laufende Berberaffen und ihre frechen Sprösslinge mit Popcorn (natürlich speziell für Affen) füttern. Der 6 km westlich von Sélestat gelegene Ort Kintzheim ist über die D35 zu erreichen.

Marché MARKT

(Di 8–12 Uhr) Der riesige Markt wird seit 1435 unter freiem Himmel in den Straßen rund um die romanische Église St-Foy abgehalten.

Marché du Terroir MARKT

(place Vanolles; Sa 8–12 Uhr) Auf diesem Markt am Südrand der Altstadt wird Obst und Gemüse aus heimischem Anbau feilgeboten.

ⓘ Praktische Informationen

Touristeninformation (☑03 88 58 87 20; www.selestat-tourisme.com; bd du Général Leclerc; ⊙Mo–Fr 9–12 & 14–17.45, Sa 9–12 & 14–17 Uhr) Die Touristeninformation befindet sich am Rande des Stadtzentrums und ist zwei Häuserblocks von der Bibliothèque Humaniste entfernt.

ⓘ Anreise & Unterwegs vor Ort

Im Sommer vermietet die Touristeninformation **Fahrräder** (2 Std./halber Tag/ganzer Tag 7/9/14 €, 150 € Kaution). Der Bahnhof liegt 1 km westlich der Bibliothèque Humaniste.

BERGHEIM
1890 EW.

Noch so ein idyllischer Flecken mit robuster Stadtmauer aus dem 14. Jh., überbordenden Geranien und knallbunten Fachwerkhäusern. Allerdings sah es hier nicht immer so freundlich aus. Von wechselnden Herrschern über einmarschierende Invasoren bis hin zu Hexenverbrennungen auf dem Scheiterhaufen hat der kleine Ort im Lauf der Jahrhunderte schon so manches erlebt.

Ein Bummel durch die Kopfsteinpflasterstraßen des gut erhaltenen mittelalterlichen Stadtkerns führt vorbei an der frühgotischen **Kirche**, der **Sonnenuhr** von 1711 an der Wand des Hauses Nr. 44 in der Grand'

Rue und der imposanten **Porte Haute**, die mit ihrem Turm als einziges von drei Haupttoren bis heute durchgehalten hat. Im Park außerhalb der Stadtmauer gibt es die knorrige **Linde im Herrengarten** zu bestaunen, die um 1300 gepflanzt wurde. Entlang der Stadtmauer führt ein 2 km langer Pfad rund um den Ort. Interessant für Weinfreunde: Die lokalen *grands crus* heißen Kanzlerberg und Altenberg de Bergheim.

Die winzige **Touristeninformation** (☑03 89 73 31 98; ⊙Mo–Sa 9.30–12 & 14–18, So 10–13 Uhr) befindet sich zwischen dem **Hôtel de Ville** aus dem 18. Jh. und der **Ancienne Synagogue** (Alte Synagoge, rue des Juifs), die heute als Kulturzentrum genutzt wird.

Gleich hinter der Porte Haute wartet das Hotel **La Cour du Bailli** (☑03 89 73 73 46; www.cour-bailli.com; 57 Grand' Rue; Zi. 83–118 €; Menü 20–31 €; ☎), dessen rustikal eingerichtete Zimmer und Appartements (alle mit Kochnische) rund um einen Innenhof aus dem 16. Jh. gruppiert sind. Entspannung bieten der Pool und ein mit Natursteinen gestalteter Wellnessbereich, in dem sinnliche Vinotherapiebehandlungen angeboten werden. Das stimmungsvolle Restaurant im Keller tischt weingetränkte Spezialitäten wie *coq au riesling* auf. Es gibt keinen Aufzug, die Koffer müssen geschleppt werden.

HAUT KŒNIGSBOURG

Über Weinbergen und Hügeln thront die aus rotem Sandstein erbaute, turmgespickte Märchenburg **Château du Haut Kœnigsbourg** (www.haut-koenigsbourg.fr; Erw./Kind 7,50 €/frei; ⊙tgl. 9.15–17.15 Uhr). Der Umweg hierher lohnt sich: Das Rundumpanorama vom Burgwall mit Blick auf die Vogesen, den Schwarzwald und – bei guter Sicht – die Alpen ist atemberaubend. Audioguides erläutern die turbulente, 800-jährige Geschichte der Burg, die sich trotz pompöser Umbauten durch Kaiser Wilhelm II. im Jahr 1908 ihr typisches mittelalterliches Aussehen bewahrt hat.

RIBEAUVILLÉ
5100 EW.

Das in ein malerisches Tal gebettete mittelalterliche Städtchen Ribeauvillé wird von einer Burg überragt und gehört mit seinen gewundenen, fachwerkhausgesäumten Gässchen zum Pflichtprogramm der Route des Vins. Und es kann drei *grands crus* vorweisen: Kirchberg de Ribeauvillé, Osterberg und Geisberg.

FRANCINE KLUR: WINZERIN AUF VIGNOBLE KLUR

Beim Weingenuss geht es zu 30 % um den Wein selbst und zu 70 % um das Drumherum: die Gesellschaft, das Essen, die Szenerie, das Ambiente. Darum verfolgen wir auf Vignoble Klur eine ganzheitliche Weinphilosophie.

Biotrauben

Mir kommt es beim Anbau von ökologischem, biodynamischem Wein nicht nur darauf an, dass wir Solarenergie und Naturdünger nutzen. Mir geht es auch um den Respekt vor der Natur und der Erde und dem, was sie uns geben; es geht um Leidenschaft, nicht um Profit.

Elsässischer Wein

Es gibt für jede Gelegenheit einen passenden elsässischen Wein. Zu Flammkuchen oder Foie gras empfiehlt sich ein leichter, zitrusfruchtiger Silvaner, zu Fisch oder *choucroute* ein frischer, trockener Riesling. Ein runder Gewürztraminer voll exotischer Frucht- und Gewürznoten ist der ideale Begleiter zu Munsterkäse, Wurst, Fleisch und asiatischen Gerichten. Blumig-würzige Muskatweine eignen sich hervorragend zu Spargel oder als Aperitif und vollmundige Pinot Noirs harmonieren mit Rotfleisch.

Route des Vins

Die Route des Vins unterscheidet sich von anderen französischen Weinregionen, weil die Dörfer klein und familiär sind. So lernen unsere Gäste schnell unseren Wein, unser Essen und unsere Kultur kennen. Es gibt keine großen *châteaux* (Bezeichnung für Weingüter, z. B. rund um Bordeaux), aber die Stimmung ist richtig nachbarschaftlich – unsere Türen stehen Besuchern immer offen.

Insidertipps

Mein Tipp: Einen ganzen Tag lang durch die Weinberge wandern oder radeln, unterwegs zur Weinprobe oder zum Mittagessen einkehren und Zwischenstopps einlegen, um die Atmosphäre zu genießen. Berühmte Dörfer wie Riquewihr und Ribeauvillé sollte man am besten abends besuchen, dann hat man die Straßen für sich. Meine Lieblingsjahreszeiten sind der Herbst, wenn der berauschende Duft von neuem Wein in der Luft liegt, und der Frühling, wenn die Kirschbäume blühen.

◎ Sehenswertes & Aktivitäten

Vieille Ville   ALTSTADT
Entlang der Grand' Rue, der Hauptstraße der Altstadt, gibt es gleich mehrere Hingucker: Das **Pfifferhüs** (14 Grand' Rue) aus dem 17. Jh. beherbergte einst die Querpfeife spielenden Stadtmusikanten; sehenswert sind auch das **Hôtel de Ville** (gegenüber dem Haus Nr. 64 in der Grand' Rue) samt Renaissancebrunnen sowie die mit Glocken bestückte **Tour des Bouchers** (Metzgerturm) ganz in der Nähe.

｜GRATIS｜ Cave de Ribeauvillé   WEINGUT
(www.cave-ribeauville.com; 2 rte de Colmar; ⊙ Mo–Fr 8–12 & 14–18, Sa & So 10–12 & 14–18 Uhr) Frankreichs älteste Winzergenossenschaft (gegründet 1895) unterhält hier ein Weinmuseum, vertreibt informative Broschüren und offeriert Gratisverkostungen ihrer exzellenten Weine. Diese werden aus allen sieben im Elsass angebauten Rebsorten gekeltert. Am Wochenende geben einheimische Winzer fachkundig Auskunft. Die Weinkellerei befindet sich hinter dem zweiten Kreisverkehr nördlich der Touristeninformation.

Burgruinen   SPAZIERGANG
Drei Berge westlich und nordwestlich von Ribeauvillé tragen die Ruinen ehemaliger Schlösser aus dem 12. und 13. Jh.: **St-Ulrich** (530 m), **Giersberg** (530 m) und **Haut Ribeaupierre** (642 m). Wer will, macht sich an der Place de la République (am Nordzipfel der Grand' Rue) auf die Socken und wandert sie der Reihe nach ab (Rundweg ca. drei Stunden).

🛏 Schlafen & Essen

Hôtel de la Tour   HOTEL €€
(☎03 89 73 72 73; www.hotel-la-tour.com; 1 rue
de la Mairie; EZ 69–72 €, DZ 73–79 €; 🛜) Das in
einer stilvoll umgebauten Weinkellerei untergebrachte Fachwerkhotel verfügt über
urige, gemütliche Zimmer, einige davon blicken auf die Tour des Bouchers.

Camping Municipal Pierre de
Coubertint   CAMPINGPLATZ €
(☎03 89 73 66 71; 23 rue Landau; Stellplatz
16,50 €; 🛜) Der schattige Campingplatz mit
Spielplatz, Rad- und Kanuvermietung liegt
500 m östlich des Stadtkerns.

Zum Pfifferhüs   ELSÄSSISCH €€
(☎03 89 73 62 28; 14 Grand' Rue; Menü 22 €;
⊙Fr–Di) Die gastliche *Winstub* im historischen Pfeiferhaus kommt im Holzbalken-
gewand daher und versammelt auf ihrer
Speisekarte deftige Spezialitäten wie zum
Beispiel in Pinot Noir geschmorte Schweinebäckchen, Hechtklöße und Ochsenschwanz.

ℹ Information

Touristeninformation (☎03 89 73 23 23;
www.ribeauville-riquewihr.com; 1 Grand' Rue;
⊙Mo–Sa 9.30–12 & 14 –18 Uhr, So 10–13 Uhr) Am
Südende der Grand' Rue (Einbahnstraße, von
Süden nach Norden befahrbar).

HUNAWIHR
630 EW.

Wer unbedingt Störche sehen will, muss
nach Hunawihr, einem verschlafenen Weiler 1 km südlich von Ribeauvillé. Die **Wehrkirche** auf einem Hügel nicht weit vom
Ortskern stammt aus dem 16. Jh. und dient
seit 1687 als Simultaneum, d. h. als Gotteshaus sowohl für die katholische als auch die
protestantische Gemeinde.

🦢 Centre de Réintroduction Cigognes
& Loutres   NATURERLEBNISZENTRUM
(Zentrum zur Wiederansiedelung von Störchen
& Ottern ; www.cigogne-loutre.com, auf Frz.;
Erw./Kind 8,50/5,50 €; ⊙April–Mitte Nov. tgl.
10–18 Uhr) Rund 500 m östlich von Hunawihr
bietet das ansprechende Zentrum 200 frei
lebenden Störchen ein Zuhause. Sie teilen
sich das Terrain mit Kormoranen, Pinguinen, Ottern und Seelöwen, die jeden Nachmittag mehrmals demonstrieren, wie gut
sie im Fischefangen sind. Im Frühling lassen sich die frisch geschlüpften Jungvögel
bestaunen.

Jardins des Papillons   SCHMETTERLINGSPARK
(www.jardinsdespapillons.fr; Erw./Kind 7,50/5 €;
⊙Ostern–Okt. tgl. 10–18 Uhr) Die Jardins des
Papillons nahe des Centre de Réintroduction Cigognes & Loutres laden zu einem
Spaziergang inmitten von exotischen, frei
herumfliegenden Schmetterlingen ein.

RIQUEWIHR
1310 EW.

Die Konkurrenz ist hart, aber Riquewihr ist
wohlmöglich die bezauberndste Stadt der
Route des Vins. Das von einer mittelalterlichen Stadtmauer umringte Zentrum mit
seinem fotogenen Labyrinth aus gewundenen Gassen, versteckten Höfen und um die
Wette strahlenden Fachwerkhäusern lässt
sich toll zu Fuß erkunden. Diese Postkartenidylle erfreut sich natürlich großer Beliebtheit; wer die Stadt in Ruhe genießen
will, sollte daher besser frühmorgens oder
abends kommen.

👁 Sehenswertes & Aktivitäten

Dolder   STADTTOR
(Eintritt 3 €, inkl. Tour des Voleurs 5 €; ⊙tgl.
10.30–13 & 14–18 Uhr) Das Steintor aus dem
späten 13. Jh. mit Fachwerk und einem
25 m hohen Glockenturm bietet eine traumhafte Aussicht und beherbergt ein kleines
regionalgeschichtliches Museum.

Tour des Voleurs   TURM
(Diebsturm; Eintritt 3 €, inkl. Dolder 5 €; ⊙Os-
tern–1. Nov. tgl. 10–13 & 14–18 Uhr) Vom Dolder
führt die Rue des Juifs (Teil des ehemaligen
jüdischen Viertels) bergab zu dem mittelalterlichen Steinturm, in dem eine grausi-
ge Folterkammer (mit Erläuterungen auf
Deutsch) und eine alte Winzerküche untergebracht sind.

Maison de Hansi   MUSEUM
(16 rue du Général de Gaulle; Erw./Kind 2 €/
frei; ⊙Di–So 10–18 Uhr) Jean-Jacques Waltz
(1873–1951), auch unter seinem Künstler-
namen „Hansi" bekannt, war ein berühmter Zeichner aus Colmar, dessen verklärte
Heimatbilder das Elsass idealisieren und
weltbekannt sind. Das Museum zeigt Poster, Kinderbücher, Stiche und sogar Wein-
etiketten des Künstlers.

Sentier Viticole des Grands Crus
SPAZIERGANG
Ein 2 km langer, gelb markierter Pfad führt
hinaus in die Reben. Besonders die Lagen
Schœnenbourg (nördlich von Riquewihr)
und Sporen (im Südosten) liefern edle Trop-

fen, bei denen Weinkenner mit der Zunge schnalzen. Ein zweiter, rot markierter Weg (15 km) macht die Runde zu fünf Nachbarorten. Beide Wege beginnen gleich neben der Auberge du Schœnenbourg, 100 m rechts vom Hôtel de Ville.

🛏 Schlafen & Essen

Seit im 18. Jh. zum ersten Mal Kokosnüsse hierher gelangten, weht ein süßer Makronenduft durch Riquewihr. Die Stadt hat jede Menge Confiserien und Winstuben zu bieten und in den Bäckereien werden riesige Brezeln verkauft.

Hôtel de la Couronne   HOTEL €
(☏03 89 49 03 03; www.hoteldelacouronne.
com; 23 rue Landau; EZ 49–63 €, DZ 56–75 €; @) Schlafen wie Dornröschen: Ein Turm aus dem 16. Jh. ziert das mit duftendem Blauregen umrankte Hotel, dessen niedrige Zimmer im Landhausstil mit bunten, geblümten Stoffen, niedrigen Eichenbalkendecken und antiken Möbeln ausgestattet sind. Viele bieten eine wunderschöne Aussicht über die Dächer der Stadt bis hin zu den umliegenden Hügeln. Der einzige Nachteil: Es gibt keinen Aufzug, dafür aber eine Wendeltreppe.

Table du Gourmet
[LP TIPP]   FEINSCHMECKERLOKAL €€€
(☏03 89 49 09 09; www.jlbrendel.com; 5 rue de la Première Armée; Menü 39–95 €; ⊙Fr–Mo mittags & abends, Mi & Do nur abends) Der mit einem Michelin-Stern ausgezeichnete Chefkoch John-Lac Brendel ist zu Recht berühmt für seine kreative, saisonale Küche, bei der biologische Zutaten aus dem eigenen Garten zum Einsatz kommen – von knackigem Frühlingsspargel bis zu saftigen Herbstschnecken. Feuerrote Wände, schneeweiße Tischdecken und zeitgenössische Kunst bilden einen netten Kontrast zu dem Originalholzgebälk aus dem 16. Jh. Reservierung empfohlen.

ℹ️ Information

Die **Touristeninformation** (☏03 89 73 23 23; www.ribeauville-riquewihr.com; 2 rue de la Première Armée; ⊙Mo–Sa 9.30–12 & 14–18, So 10–13 Uhr) befindet sich mitten im historischen Ortskern.

KAYSERSBERG
2770 EW.
Mit seinen sanft ansteigenden Weinbergen, der über dem Ort thronenden Burgruine und der alten Wehrbrücke (16. Jh.), die sich über die rauschende Weiss spannt, bietet

das 10 km nordwestlich von Colmar gelegene Städtchen Kaysersberg einen auf Anhieb reizvollen Anblick.

👁 Sehenswertes & Aktivitäten

Bei der Touristeninformation gibt's Audioguides für einen Stadtrundgang (1½–2 Std., 5 €).

Vieille Ville   ALTSTADT
Ein Bummel durch die Altstadt führt zum prächtigen Renaissancepalast des **Hôtel de Ville** und zur **Église Ste-Croix** (⊙tgl. 9–16 Uhr) aus rotem Sandstein, deren **Altar** mit seinen 18 bemalten Holzreliefs die Leidensgeschichte und Auferstehung Christi darstellt. Der **Renaissancebrunnen** auf dem Kirchenvorplatz dient als Sockel für die majestätische Statue des Kaisers Konstantin.

Musée Albert Schweitzer   MUSEUM
(126 rue du Général de Gaulle; Erw./Kind 2/1 €; ⊙tgl. 9–12 & 14–18 Uhr) Das Geburtshaus des Musikwissenschaftlers, Urwalddoktors und Friedensnobelpreisträgers von 1952 Albert Schweitzer (1875–1965) dient heute als Museum und widmet sich dem Leben und Werk dieses Wohltäters im Elsass und in Gabun.

Verrerie d'Art   GLASBLÄSEREI
(30 rue du Général de Gaulle; ⊙Di–Sa) Viele der bunten Fachwerk- und Barockhäuser entlang der Rue Général de Gaulle beherbergen Galerien und Ateliers wie dieses, wo sich Glasbläser bei ihrer kunstvollen Arbeit über die Schulter schauen lassen.

Sentiers Viticoles   WEINBERGSPAZIERGÄNGE
Ein Netz von Fußwegen führt durch die Täler und Weinberge der Umgebung. Wer zehn Minuten bergauf spaziert, stößt auf die Ruine des einstmals imposanten, zinnenbesetzten **Château de Kaysersberg**, die aus den Reben emporzuwachsen scheint.

Wenn die Kondition reicht, bietet sich ein Abstecher nach Riquewihr (2 Std.) oder Ribeauvillé (4 Std.) an. Die Routen beginnen in Kaysersberg hinter dem Torbogen rechts (wenn man vor dem Eingang des Hôtel de Ville steht).

🛏 Schlafen

Hôtel Constantin   HOTEL €
(⊙03 89 47 19 90; www.hotel-constantin.com; 10 rue du Père Kohlmann; DZ 58–74 €; ☎) Das in einem ehemaligen Winzerhaus untergebrachte Hotel im Herzen der Altstadt

verfügt über zwanzig saubere, moderne Zimmer, die mit Holzmöbeln eingerichtet sind.

ⓘ Praktische Informationen

Touristeninformation (☎03 89 71 30 11; www.kaysersberg.com; 37 rue du Général de Gaulle; ◷Mo–Sa 9–12.30 & 14–18, So 10–12.30 Uhr) Die Touristeninformation im Hôtel de Ville versorgt Besucher mit Broschüren über Spazierwege, Wanderungen oder Radtouren und vermittelt *chambres d'hôtes*. Internetnutzung und WLAN sind kostenlos.

KATZENTHAL
550 EW.

Das 5 km südlich von Kaysersberg gelegene Dorf Katzenthal ist rundum von Natur umgeben und eignet sich bestens, um den ausgetretenen Touristenpfaden eine Weile den Rücken zu kehren. Die umliegenden Hügel sind von *grand-cru*-Reben überzogen, darüber erhebt sich die mittelalterliche Ruine des Château du Wineck, die Ausgangspunkt für Wanderungen durch den Wald und die Weinberge ist.

LP TIPP **Vignoble Klur** (☎03 89 80 94 29; www.klur.net; 105 rue des Trois Epis; Zi. 80–110 €; ☀) Das familiengeführte Bioweingut lässt keine Wünsche offen. Angeboten werden Weinproben, elsässische Kochkurse, Kräuterspaziergänge durch die Weinberge, Möbelbauworkshops sowie ein Tandem, mit dem man *à deux* durch die Reben radeln kann. Im Gästehaus sorgen ockerfarbene Wände und warmes Holz für ein heimeliges Ambiente. Die sonnigen Appartements sind mit Küchenzeilen ausgestattet, im Salon kann man es sich mit einem Buch vor dem Kamin gemütlich machen und eine Biosauna lädt zum entspannten Schwitzen ein.

Bemerkenswert ist auch das witzige Wandbild von Jean-Louis Frick über dem Eingang. Die darauf abgebildeten hedonistischen Weinliebhaber sollen im Dorf schon manches pikierte Stirnrunzeln provoziert haben.

Colmar
67 700 EW.

Colmar gleicht einer Märchenidylle. Durch die Hauptstadt der elsässischen Weine zieht sich ein malerisches Labyrinth aus verwinkelten Gassen, deren Fachwerkbauten an Pfefferkuchenhäuser erinnern, und die beschaulichen Kanäle von Petite Venise entlocken Besuchern immer wieder staunende Ohs und Ahs.

Abgesehen von dieser Bilderbuchromantik hat Colmar auch Geschichtsträchtiges zu bieten. Von der illustren Vergangenheit der Stadt zeugen ihre prächtigen Kirchen und Museen, die sich lokalen Größen wie Bartholdi, dem Erbauer der Freiheitsstatue, verschrieben haben und den weltberühmten Isenheimer Altar beherbergen.

◉ Sehenswertes

In der Altstadt lässt es sich wunderbar aufs Geratewohl durch Straßen wie die Rue des Clefs, Grand' Rue und Rue des Marchands schlendern, die von bonbonfarbenen, liebevoll restaurierten Fachwerkhäusern gesäumt sind.

Petite Venise   ALTSTADTVIERTEL
Eines der Highlights von Colmar ist das pittoreske, von Kanälen durchzogene Viertel Petite Venise mit seinen vielen geraniengeschmückten Fachwerkhäusern. Es fällt nicht schwer, sich vorzustellen, wie die Kaufleute im Mittelalter hier Handel trieben. Besonders in der Rue des Tanneurs, wo die Gerber in den offenen Dachgauben einst Tierhäute trockneten, und im ehemaligen Fischerviertel am Quai de la Poissonnerie scheint die Vergangenheit zum Greifen nahe.

Neben der Brücke an der **Rue de Turenne** gibt es **Ruderboote** (6 € für 30 Min.) zu mieten, mit denen „Klein-Venedig" sich ganz entspannt vom Wasser aus erleben lässt. Die Brücke ist auch der beste Ort, um zu beobachten, wie das Viertel sich nach Einbruch der Dunkelheit in ein Lichtermeer verwandelt.

Musée d'Unterlinden   KUNSTMUSEUM
(www.musee-unterlinden.com; 1 rue d'Unterlinden; Erw./Kind inkl. Audioguide 7/3 €; ◷tgl. 9–18 Uhr) Das in den gotischen Gebäuden eines ehemaligen Dominikanerinnenklosters untergebrachte Museum birgt eine wertvolle Sammlung mit mittelalterlichen Steinskulpturen, Drucken von Martin Schongauer (Ende 15. Jh.) und Werken der oberrheinischen Renaissancekunst.

Unbestrittenes Glanzstück des renommierten Museums ist jedoch der spätgotische **Rétable d'Issenheim** (Isenheimer Altar). Der als eines der ausdrucksvollsten und ergreifendsten religiösen Kunstwerke gefeierte Altar wird dem Maler Matthias Grünewald und dem Holzbildhauer Niklaus von Haguenau zugeschrieben und beeindruckt mit realistisch dargestellten

Szenen aus dem Neuen Testament – von der Geburt bis zur Auferstehung Christi.

Die grandiose **Moderne Sammlung** des Museums beinhaltet Originale von Monet, Picasso und Renoir.

Musée Bartholdi   MUSEUM

(www.museebartholdi.com, auf Frz.; 30 rue des Marchands; Erw./Kind 4,50/2,50 €; ◷ Mi–Mo 10–12 & 14–18 Uhr) Frédéric Auguste Bartholdi war jener Bildhauer, der dem Geist einer ganzen Nation mit seiner Freiheitsstatue Ausdruck verlieh. Das Museum in seinem Geburtshaus widmet sich dem Leben und Werk des Künstlers. Zu bestaunen gibt es u. a. ein Gipsmodell des linken Ohrs der Lady Liberty in Originalgröße (das Ohrläppchen hat die Dimensionen einer Wassermelone!) sowie die glanzvollen, großbürgerlichen Wohnräume der Bartholdi-Familie. Ein Saal im Erdgeschoss präsentiert Judaika aus dem 18. und 19. Jh.

Église St-Matthieu   KIRCHE

(Grand' Rue; ◷ tgl. 10–12 & 15–17 Uhr) Die Kirche strahlt zwar durch und durch protestantische Strenge aus, hat aber eine gespaltene Persönlichkeit. Von 1715 bis 1987 teilte eine Trennwand den himmelwärts strebenden gotischen Chor aus dem 14. Jh. vom Kirchenschiff ab. Dank dieses Arrangements hat der *jubé* (Lettner) aus dem 14. Jh. die Gegenreformation überlebt.

Église des Dominicains   KIRCHE

(place des Dominicains; Erw./Kind 1,50/0,50 €; ◷ Mitte März–Dez. tgl. 10–13 & 15–18 Uhr) Das Prunkstück dieser säkularisierten gotischen Kirche ist Martin Schongauers berühmtes Triptychon *La Vierge au Buisson de Roses* (Madonna im Rosenhag) von 1473. Die Buntglasfenster stammen aus dem 14. und 15. Jh.

Maison des Têtes   HISTORISCHES HAUS

(Haus der Köpfe; 19 rue des Têtes) Das 1906 für einen wohlhabenden Weinhändler erbaute Treppengiebelhaus schmückt sich mit 106 Grimassen schneidenden Gesichtern, Tierköpfen, Teufeln und Engeln, die seinem Namen alle Ehre machen.

Ancienne Douane   ALTES ZOLLHAUS

(place de l'Ancienne Douane) Das alte Zollhaus mit bunt gemustertem Ziegeldach und Loggia am südlichen Ende der Rue des Marchands stammt aus dem späten Mittelalter und wird heute für wechselnde Ausstellungen und Konzerte genutzt.

Wer auf der Route de Strasbourg (N83) nach Colmar fährt, sollte sich auf ein Déja-vu-Erlebnis gefasst machen, denn 3 km nördlich der Altstadt kommt – wenn auch etwas kleinwüchsiger als das Original – die Freiheitsstatue in Sicht. Die Stadt Colmar errichtete diese fackelschwingende, 12 m hohe, kupfergrüne Replik zu Ehren des 100. Todestags ihres Sohnes Frédéric Auguste Bartholdi (1834–1904). Fraglich ist nur, was diese Dame (die viermal kleiner ist als ihre Schwester auf der anderen Seite des Atlantiks) von ihrem eher bescheidenen Standort auf einer Verkehrsinsel hält. Dort ist es zwar nicht ganz so spannend wie im Hafen von New York, aber eine Ikone ist sie dennoch.

Collégiale St-Martin   KIRCHE

(place de la Cathédrale; ◷ tgl. 8–19 Uhr) Über kunstvolles Mauerwerk wandert das Auge hinauf zum pagodenähnlichen, kupfernen Turmhelm (1572) der gotischen Kirche. Mit etwas Glück gibt es dort oben einen Storch zu sehen.

Musée du Jouet   SPIELZEUGMUSEUM

(www.museejouet.com, auf Frz.; 40 rue Vauban; Erw./Kind 4,50/3,50 €; ◷ Mi–Mo 10–12 & 14–18 Uhr) Von sittsamen Barbies aus den 1950er-Jahren über echte Gaultierpuppen bis hin zu ganzen Modelleisenbahnsets von Hornby und Märklin: Die hier ausgestellten Spielsachen aus längst vergangenen Zeiten lassen Kinderherzen jeden Alters höher schlagen.

Maison Pfister   HISTORISCHES HAUS

(rue des Marchands, gegenüber der Nr. 36) Das im 16. Jh. erbaute Haus mit seinen aufwändigen Holzmalereien, kunstvollen Erkerfenstern und dem holzgeschnitzten Balkon ist ein absoluter Hingucker.

Maison zum Kragen   HISTORISCHES HAUS

(9 rue des Marchands) Dieses Haus aus dem 15. Jh. ist berühmt für seine viel fotografierte Holzskulptur, die einen marchand (Händler) zeigt.

Synagogue   SYNAGOGE

(☎ 03 89 41 38 29; rue de la Cigogne) Gott allein weiß, warum die klassizistische Colmarer Synagoge aus dem 19. Jh. einen winzigen

Glockenturm hat (Juden läuten normalerweise keine Glocken). Wer den Innenraum besichtigen will, sollte vorher anrufen.

✴ Festivals & Events

Von Mitte Mai bis Mitte September finden dienstags abends volkstümliche **Soirées Folkloriques** (traditionelle elsässische Musik- und Tanzdarbietungen, Eintritt frei) statt. Im Juli, beim **Festival International de Colmar** (www.festival-colmar.com), spielen an verschiedenen historischen Orten der Stadt Orchester auf, einer der Schauplätze ist das Musée d'Unterlinden. Fast jedes Dorf im Elsass feiert irgendwann im Som-

mer seine **Fête du Vin** (Weinfest); genaue Daten und weitere Einzelheiten nennt die Touristeninformation. Colmars zauberhafter **Marché de Noël** (Weihnachtsmarkt; www.noel-colmar.com) wartet vom letzten Novembersamstag bis zum 31. Dezember auf Besucher.

🛏 Schlafen

Ob Kanaluferromantik oder eine Nacht auf einem Weingut: Colmar hat an fast jeder Ecke günstige und charmante *chambres d'hôtes* zu bieten. Wer einen Besuch zu

Colmar

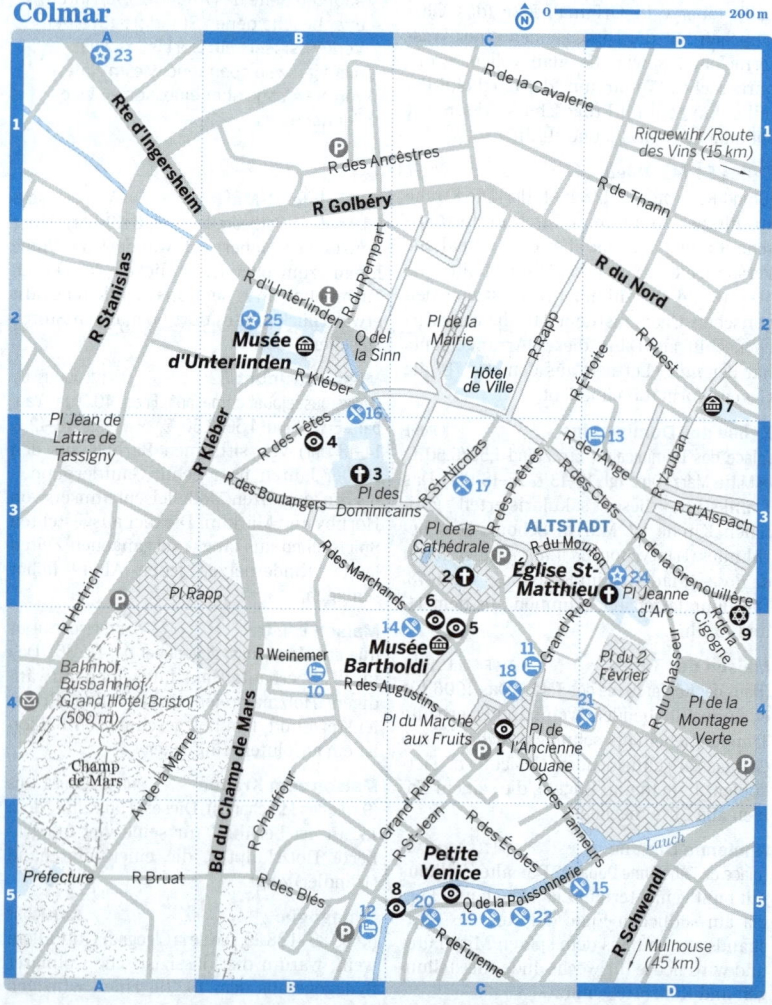

Weihnachten, Ostern oder im Hochsommer plant, sollte lange im Voraus reservieren.

Hôtel les Têtes
HISTORISCHES HOTEL €€

(📞03 89 24 43 43; www.maisondestetes.com; 19 rue des Têtes; DZ 91–146 €; ❄) Dieses luxuriöse, aber keineswegs überkandidelte Hotel residiert in der prachtvollen Maison des Têtes. Alle 21 Zimmer verfügen über eine hochwertige Holzvertäfelung, elegante Sitzecken, marmorne Bäder und eine phantastische Aussicht. Definitiv eine Adresse für die Flitterwochen!

Chez Leslie
B&B €€

(📞03 89 79 98 99; www.chezleslie.com; 31 rue de Mulhouse; EZ 57–62 €, DZ 74–79 €; @🛜🛏) Insidertipps zu Colmar, ein Hochstuhl fürs Baby oder nachmittägliche Teestunden im Garten: Die freundliche Gastgeberin Leslie scheut keine Mühen, um Besuchern den Aufenthalt in ihrem wunderschön renovierten Stadthaus von 1905 so angenehm wie möglich zu gestalten. Jedes der lichtdurchfluteten Zimmer ist individuell eingerichtet und mit Hartholzböden und antiken Betten ausgestattet. Das B&B liegt fünf Fußminuten westlich vom Bahnhof.

🍃 Maison Martin Jund
B&B €

(📞03 89 41 58 72; www.martinjund.com; 12 rue de l'Ange; Zi. 30–55 €, Apt. 55–85 €; 🛜) Das von Altstadtgässchen umzingelte, rosafarbene Fachwerkhaus umschließt einen Innenhof und beherbergt ein Bioweingut. Viele der hellen, gepflegten Studios verfügen über Wohnzimmer und Küchenzeile und das Frühstück ist himmlisch – es gibt frische Croissants, Saft, selbst gemachte Marmeladen und Joghurt.

Hôtel St-Martin
HISTORISCHES HOTEL €€

(📞03 89 24 11 51; www.hotel-saint-martin.com; 38 Grand' Rue; EZ 79 €, DZ 89–115 €; ❄@🛏) Das Patrizierhaus aus dem 14. Jh. wartet mit einer Top-Lage direkt an der Place de l'Ancienne Douane auf. Die Zimmer lassen mit ihren handgefertigten Möbeln die Eleganz vergangener Jahrhunderte aufleben. Wer in der obersten Etage Quartier bezieht, kann die Aussicht über die Dächer der Stadt genießen. Es gibt auch Familienzimmer.

Le Maréchal
BOUTIQUEHOTEL €€

(📞03 89 41 60 32; www.hotel-le-marechal.com; 46 place des Six Montagnes Noires; EZ 85–95 €, DZ 105–140 €; @) Das mit Antiquitäten gespickte Hotel aus dem 16. Jh. liegt in Petite Venise. Die gemütlichen (und kleinen) Zimmer sind superromantisch, viele davon bezaubern mit niedrigen Holzbalkendecken, Himmelbetten und Blick aufs Wasser. Wer noch ein Scheinchen drauflegt, kann sich im eigenen Whirlpool räkeln.

Grand Hôtel Bristol
TRADITIONELLES HOTEL €€

(📞03 89 23 59 59; www.grand-hotel-bristol.com; 7 place de la Gare; Zi. 96–130 €, Menü 44–75 €;

Colmar

STERNSTUNDEN DER FESTUNGSBAUKUNST

Die von Vauban entworfene Festungsstadt **Neuf-Brisach** gleicht in ihrer Form einem achtzackigen Stern. Ludwig XIV. hatte seinen Militärarchitekten 1967 mit dem Bau beauftragt, um Frankreichs Verteidigung zu stärken und um zu verhindern, dass das Gebiet den Habsburgern in die Hände fiel.

Die Festungsanlagen der Zitadelle, die 2008 zum Unesco-Welterbe erklärt wurde, sind bemerkenswert gut erhalten. Das **Musée Vauban** (7 place de Belfort; Erw./Kind 2,50/1,65 €; ⊙Mai–Sept. Mi–Mo 10–12 & 14–17 Uhr) unterhalb des Belforter Tors erläutert anhand von Modellen, Dokumenten und Bauplänen die Geschichte der Zitadelle. Neuf-Brisach ist nur 4 km von ihrer deutschen Zwillingsstadt Breisach am Rhein entfernt.

Der Weg zu der 16 km südöstlich von Colmar gelegenen Verteidigungsanlage ist auf der D415 ausgeschildert.

✳@🛈) Das Bristol vereint historisches und zeitgenössisches Design. Eine Marmortreppe schwingt sich hinauf zu den Zimmern und einem Spa, von dessen Sonnendeck man einen tollen Blick auf die Stadt hat. Zu einem feierlichen Dinner lädt das hauseigene Restaurant Le Rendez-vous de Chasse ein, das mit Mickaela Peters einfallsreicher, regionaler Küche einen Michelin-Stern ergattern konnte.

Hôtel Le Rapp   HOTEL €€
(☎03 89 41 62 10; www.rapp-hotel.com; 1–5 rue Weinemer; EZ 70–80, DZ 95–115 €; ✳@🛈🏊) Dieses Hotel am Rande der Altstadt, das zum Verbund Logis de France gehört, bietet klassisch-elegante Zimmer. Zu den weiteren Annehmlichkeiten des Hauses zählen ein Pool, eine Sauna, ein Hamam und ein Fitnessraum.

🍴 Essen

Die gesamte Altstadt Colmars ist von Bistros und *Winstuben* durchsetzt; die größte Dichte herrscht rund um die Place de l'Ancienne Douane, in der Rue des Marchands und in Petite Venise.

La Maison des Têtes   FRANZÖSISCH €€
(☎03 89 24 43 43; 19 rue des Têtes; Menü 30–65 €; ⊙Mi–Sa mittags & abends, So & Mo nur mittags, Di nur abends) Hinter den Bleiglasfenstern der Maison des Têtes trumpft der opulente Speisesaal mit schmuckvollen Holzschnitzereien, Kunstschmiedearbeiten und Glasmalereien auf. Kredenzt werden hier wunderbare Kompositionen aus vollmundigen Weinen und erlesenen französisch-elsässischen Speisen wie hausgemachte Foie gras von der Gans mit Riesling oder Wolfsbarsch an Hechtschaum mit Champagnersauce.

Le Petit Gourmand   ELSÄSSISCH €€
(☎03 89 41 09 32; 9 quai de la Poissonnerie; Menü 23–26 €; ⊙Di–So) Nur wenige Auserwählte haben das Glück, einen Platz in dieser winzigen *Winstub* zu finden, die an warmen Abenden mit einer Terrasse auf dem Fluss lockt. Nach einer herzlichen Begrüßung wird man mit einem elsässischen Festmahl verwöhnt, das Köstlichkeiten wie frische Foie gras von der Ente mit Feigen und Lebkuchen oder Jean-Pierres unglaublich cremige Mousse au Chocolat beinhalten kann.

Aux Trois Poissons   FISCH & MEERESFRÜCHTE €€
(☎03 89 41 25 21; 15 quai de la Poissonnerie; Menü 21–45 €; ⊙Mo & Do–Sa mittags & abends, So, Di & Mi nur mittags) Orientteppiche und Ölgemälde verleihen diesem Fischrestaurant ein gedämpftes, elegantes Ambiente. Zu den Spezialitäten des Küchenchefs zählen *sandre sur lit de choucroute* (Zander auf Sauerkraut) und eine schmackhafte Bouillabaisse.

Restaurant Le Streusel   ELSÄSSISCH €€
(☎03 89 24 98 02; 4 passage de l'Ancienne Douane; Hauptgerichte 11–16 €) Das in einem ehemaligen Bauernhaus aus dem 16. Jh. untergebrachte Restaurant mit Holzbalkeninterieur serviert gute, traditionelle elsässische Küche von *Fleischnacka* bis *choucroute* mit Schweinshaxe. Im Sommer gibt es Plätze auf dem kopfsteingepflasterten Hof. Ein echtes Schnäppchen ist das Tagesgericht für 7 €.

Au Croissant Doré   TEESALON €
(28 rue Marchands; Tartes 7–8 €; ⊙Di–So; 🖾) Hinter der kaugummipinken Art-nouveau-Fassade erwartet einen *la vie en rose*. Für die entsprechende Stimmung sorgen in diesem wundervoll nostalgischen *salon de thé* ein Grammofon und Chansons, auf den

AUF SCHLEMMERTOUR

Colmar ist ein Paradies für Feinschmecker. Zutaten für ein Gourmetpicknick gibt es an jeder Ecke:

» Fromagerie St-Nicolas (18 rue St-Nicolas; ⊙Mo 14–19, Di-Sa 9–12.30 & 14–19 Uhr) Immer der Nase nach, dann ist der Laden mit seinem Angebot an strengem Munsterkäse, Tomme und reifem Camembert nicht zu verfehlen. Wer sein eigenes Baguette mitbringt, bekommt ein maßgeschneidertes Sandwich.

» Les Foie Gras de Liesel (3 rue Turenne; ⊙Di-Sa) Marco und Marianne Willmann stellen die zarteste und feinwürzigste Foie gras (von Gans und Ente) der ganzen Stadt her. Sie bieten auch Verkostungen an, bei denen die Delikatesse mit frischem Brot, Feigenchutney und einem Glas Gewürztraminer oder Pinot Gris gereicht wird.

» Choco en Têtes (7 rue des Têtes; ⊙Mo 14–18.30, Di-Sa 9.30–12.30 & 14–18.30 Uhr) Dieser Chocolatier kreiert essbare Kunstwerke und jahreszeitlich inspirierte Trüffel und Pralinen. Besonders beliebt bei Kindern sind die Storcheneier aus Schokolade.

» Tentations (quai de la Poissonnerie) In diesem Minifeinkostladen stapeln sich Berge von frischem Käse und wunderbar würzigen *saucissons* (Würsten). Da kann beim Probieren schon mal die Zeitplanung durcheinandergeraten.

» Maison Martin Jund (www.martinjund.com; 12 rue de l'Ange; ⊙Verkostungen Mo–Sa 9–12 & 14–18.30 Uhr) Jetzt fehlt noch ein guter Tropfen, um all die Leckereien runterzuspülen? Auf diesem Bioweingut gibt es selbst gekelterte Pinots, Rieslinge und Silvaner zu probieren.

Tisch kommen knusprige Flammkuchen und mürbe Obsttartes.

Jadis et Gourmande   TEESALON € (8 place du Marché aux Fruits; Tagesgericht 8,50–10,50 €) Hier werden Mädchenträume wahr: Der holzvertäfelte *salon de thé* ist mit jeder Menge Vintage-Teddys geschmückt und es liegen kuschelweiche Schmusedecken aus. Egal ob mittags zum Essen, nachmittags zum Tee mit hausgebackenem Apfelstrudel oder auf ein Glas Wein – diese Teestube ist ein wirklich entspannter Ort.

☆ Unterhaltung

Fnac Billetterie   KARTENVORVERKAUF (☑08 92 68 36 22; www.fnacspectacles.com; 1 Grand' Rue; ⊙Mo 14–19, Di-Fr 10–19, Sa 9–19 Uhr)

Théâtre Municipal   THEATER (☑03 89 20 29 02; 3 rue Unterlinden) Colmars größtes Theater befindet sich neben dem Musée d'Unterlinden und bringt Konzerte, Ballettaufführungen, Theaterstücke und gelegentlich sogar Opern auf die Bühne.

Comédie de l'Est   THEATER (www.atelierdurhin.com, auf Frz.; 6 rte d'Ingersheim) Das experimentelle Theater residiert in einem ehemaligen Fabrikgebäude 400 m nordwestlich der Touristeninformation.

Praktische Informationen

Cyber Didim (9 rue du Rempart; pro Std. 2,80 €; ⊙Mo-Sa 10–22, So 14–22 Uhr) Über dem Döner-Laden.

Hôpital Pasteur (☑03 89 12 40 00; 39 av. de la Liberté; ⊙24 Std.) Das Krankenhaus liegt 700 m westlich vom Bahnhof und ist mit den Bussen 1, 3, 10, A, C und S zu erreichen.

Post (36 av. de la République)

Touristeninformation (☑03 89 20 68 92; www. ot-col mar.fr; 4 rue d'Unterlinden; ⊙Mo–Sa 9–18, So 10–13 Uhr) Vermittelt Unterkünfte und informiert über Wanderungen, Radtouren und Busverbindungen entlang der Route des Vins und in den Vogesen.

An- & Weiterreise

FLUGZEUG Der trinationale Flughafen Basel-Mulhouse-Freiburg (EuroAirport; www.euro airport.com) liegt 60 km südlich von Colmar.

BUS Die Busse des öffentlichen Nahverkehrs sind sicher nicht die schnellste Art der Fortbewegung auf der Route des Vins, aber immerhin eine Möglichkeit. Sie fahren u. a. regelmäßig nach Riquewihr, Hunawihr, Ribeauvillé, Kaysersberg und Eguisheim.

Der Busbahnhof liegt gleich rechts neben dem Ausgang vom Bahnhof. Fahrpläne hängen aus und sind außerdem bei der Touristeninformation erhältlich; sie können aber auch online eingesehen werden (www.l-k.fr., auf Frz.).

Bus 1076 fährt über Neuf-Brisach (3,30 €, 30 Min.) weiter nach Freiburg (8 €, 1¼ Std., werktags 7-mal tgl., an Wochenenden 4-mal tgl.).

AUTO & MOTORRAD Fahrbare Untersätze vermietet **ADA** (www.ada.fr, auf Frz.; 22bis rue Stanislas). **Avis** (www.avis.com) hat einen Schalter im Bahnhof.

ZUG Von Colmar fahren Züge nach:

Basel SNCF 12 €, 43 Min., 25-mal tgl.

Mulhouse 7,50 €, 18 Min., 38-mal tgl.

Paris Gare de l'Est; 74 €, 3 Std. TGV-Direktverbindung, 17-mal tgl.

Straßburg 11 €, 35 Min., 30-mal tgl.

Zwei Orte an der Route des Vins sind von Colmar aus per Bahn zu erreichen: Dambach-la-Ville (5,50 €) und Obernai (7,50 €), jeweils mit Umsteigen in Sélestat (4,50 €, 11 Min., 30-mal tgl.).

Rund 20 Regionalbahnen oder SNCF-Busse fahren täglich (am Wochenende 10-mal tgl.) in die Vallée de Munster nach Munster (3,50 €, 37 Min.) und Metzeral (4,50 €, 50 Min.); die letzte Rückrunde per Bus startet um kurz nach 21 Uhr, an Wochenenden um 19 Uhr.

DURCH DIE REBEN RADELN

Colmar ist eine tolle Basisstation, um sich auf den Sattel zu schwingen und von hier aus die Route des Vins oder das gut beschilderte deutsch-französische Radwegenetz an beiden Ufern des Rheins (www.2rives3ponts.eu) zu erradeln. Vorab lohnt ein Klick auf die Websites www.tourisme68.com und www.tourisme67.com. Hier gibt es detaillierte Informationen rund um den Zweiradspaß (von Fahrradvermietungen über Radwanderungen ohne Gepäck bis hin zu Routenvorschlägen) sowie Streckenpläne zum Downloaden.

Wer lieber in der Gruppe fährt, kann sich an **Bicyclette Go** (☑ 06 87 47 44 31; www.bicyclettego.com; 2 impasse du Tokay, Voegtlinshoffen) wenden. Der 12 km südlich von Colmar beheimatete Veranstalter hat von halbtägigen Ausflügen bis hin zu zweiwöchigen Radwanderungen durch die Region verschiedenste All-inclusive-Tourangebote in petto.

 ## Unterwegs vor Ort

AUTO & MOTORRAD Kostenlos parken kann man auf der Place Scheurer-Kestner nördlich vom Musée d'Unterlinden, außerdem ein paar Häuserblocks östlich des Bahnhofs (bei dem Ziegelstein-Wasserturm aus deutscher Zeit). Ein Abschnitt des Parkplatzes an der Place de la Montagne Verte ist ebenfalls gratis.

FAHRRAD Colmarvélo (place Rapp; halber/ganzer Tag 5/6 €, Kaution 50 €) Der städtische Verleih vermietet Cityräder.

Cycles Geiswiller (4–6 bd du Champ de Mars; halber/ganzer Tag 6/11 €) Hier gibt es Trekkingräder für Ausflüge zur Route des Vins, Helme und Karten inklusive.

VOM/ZUM FLUGHAFEN Zum Flughafen Basel-Mulhouse-Freiburg (EuroAirport) nimmt man zunächst einen der regelmäßig verkehrenden Züge nach St-Louis und von dort einen Flughafen-Shuttlebus (1 €, 8 Min., alle 20 oder 30 Min.).

Vogesen

Die alles andere als touristisch überlaufenen Vogesen sind geprägt von sanft gerundeten, bewaldeten Bergformationen, Gletscherseen, duftenden Weiden und Milchhöfen. Wer es noch abgeschiedener mag, findet sein Glück im **Parc Naturel Régional des Ballons des Vosges** (www.parc-ballons-vosges.fr), einem 3000 km² großen, grünen Paradies in den südlichen Vogesen.

Im Sommer segeln Gleitschirmflieger durch die Lüfte, am Boden durchqueren Radfahrer die ursprüngliche Landschaft und Wanderern stehen 10 000 km markierter Wanderwege zur Verfügung, darunter diverse GRs (*grandes randonnées*, Fernwanderwege). Im Winter bieten rund drei Dutzend preisgünstige Anlagen eher einfache Abfahrtspisten und erstklassige Langlaufloipen.

VALLÉE DE MUNSTER

Dieses von dicht bewaldeten Hügeln flankierte Flusstal mit seinen grünen Kuhweiden und den dazwischen verstreuten, urigen 16 Dörfern gehört zu den malerischsten Gegenden der Vogesen.

Wanderer schätzen das Örtchen Metzeral als Ausgangsbasis für Touren nach Schnepfenried, Hohneck, zum Petit Ballon und in die Vallée de la Wormsa mit ihren drei kleinen Seen, wo auch der GR5 vorbeikommt.

Munster

5080 EW.

Das von sanft gewellten Hügeln umgebene Städtchen am Ufer der Fecht ist berühmt für seinen gleichnamigen, geruchsintensiven Käse und bietet sich als beschauliche Basisstation für Wanderungen durch das Tal an (der GR531 führt hier vorbei). Der Name Munster weist übrigens auf ein früher hier ansässiges Kloster – lat. *monasterium* – hin.

Etwa 20 Störche leben das ganze Jahr über im **Enclos aux Cigognes** (chemin du Dubach; Eintritt frei; ⊘24 Std.) und weitere haben es sich auf den Käfigen gemütlich gemacht. Die Anlage liegt nur 250 m vom Renaissancegebäude des **Hôtel de Ville** entfernt; einfach den Bach überqueren und dann links abbiegen.

Die Website von **Cimes et Sentiers** (www.sentiersrando.com, auf Frz.) informiert über ganzjährig in den Vogesen durchgeführte Wanderungen und Radtouren sowie über Schneeschuhtouren im Winter.

Der 200 m östlich der Touristeninformation gelegene Fahrradverleih **Cycle Hop Evasion** (5 rue de la République; pro Tag 14–18 €; ⊘Mo–Sa 9.30–18.30 Uhr) vermietet Mountainbikes, vermittelt professionelle Radwanderführer und gibt Tipps zur Routenauswahl.

In dem zitronengelben **Hôtel Deybach** (⏚03 89 77 32 71; www.hotel-deybach.com; 4 chemin du Badischhof; EZ/DZ 43/56 €) bereiten Corinna und Dany ihren Gästen einen herzlichen Empfang. Die Zimmer mit Blick auf die Stadt oder die umliegende Landschaft sind einfach und sauber und der blühende Garten lädt zum Entspannen ein.

Es lohnt sich, das Essen ausfallen zu lassen und stattdessen zum Dessert im **Salon de Thé Gilg** (11 Grand' Rue; Kuchen & Gebäck 2–5 €; ⊘Di–Fr 7.30–18.30, Sa 7–18, So 7.30–12.30 Uhr) einzukehren. Die Teestube ist berühmt für ihre köstlichen Gebäckteilchen, Petits Fours und den *Kougelhopf*.

Wer auf dem **Wochenmarkt** (place du Marché; ⊘Di & Sa jeweils vormittags) den Kopf in den Nacken legt, kann gut Ausschau nach Storchennestern halten. In der Grand' Rue laden eine Handvoll Restaurants zu elsässischen Gerichten und Pizza ein.

ⓘ Praktische Informationen

Maison du Parc Naturel Régional des Ballons des Vosges (www.parc-ballons-vosges. fr, auf Frz.; 1 cour de l'Abbaye; ⊘Di–So 10–12

Er ist mächtig, weiß und cremig, reife Exemplare haben ein strenges, erdiges Aroma, junge schmecken dagegen mild: Der Munsterkäse wird in diesem Tal seit dem 7. Jh. nach einem althergebrachten Verfahren der Benediktinermönche hergestellt. Nur die Milch von Kühen, die auf den höchstgelegenen Weiden der Vogesen grasen, ist gut genug für diesen halbweichen Käse. Besonders lecker schmeckt er mit etwas Kümmel bestreut auf Roggenbrot, dazu passt ein Glas kräftiger Gewürztraminer. Die Website der Touristeninformation (www.la-vallee-de-munster.com) listet Meiereien auf, die Verkostungen sowie Besichtigungen anbieten und ihren Käse direkt ab Hof verkaufen.

& 14–18 Uhr) Wer an der Place du Marché durch den Torbogen geht, stößt auf das Besucherzentrum des Naturparks, das jede Menge Informationen (auch auf Deutsch) über den Park bereithält.

Touristeninformation (⏚03 89 77 31 80; www.la-vallee-de-munster.com; 1 rue du Couvent; ⊘Mo–Fr 9.30–12.30 & 14–18, Sa 10–12 & 14–18 Uhr) Das Büro ist im selben Gebäude wie die Maison du Parc untergebracht, befindet sich aber im Untergeschoss. Besucher werden hier mit Informationen rund um das Münstertal (z. B. Käsereibesichtigungen) versorgt und es gibt französischsprachige Wanderkarten und -führer zu kaufen.

Route des Crêtes

Teile der **Route des Crêtes** (Kammstraße) wurden während des Ersten Weltkriegs als Militärstraße zur Versorgung der französischen Truppen an der Front angelegt. Die Route führt an mehreren Schauplätzen des Ersten Weltkriegs vorbei und streift die höchsten *ballons* (unbewaldete Bergkuppen) der Vogesen. Immer wieder bieten sich unterwegs herrliche Ausblicke auf die Rheinebene und den gegenüberliegenden Schwarzwald; an klaren Tagen reicht die Fernsicht bis zu den Schweizer Alpen und dem Montblanc.

Mit den Wegabschnitten D148, D61, D430 und D431 verbindet die Route den **Col du Bonhomme** (949 m) rund 20 km westlich von Kaysersberg mit Cernay, 15 km westlich von Mulhouse. Die Abschnitte rund um den **Col de la Schlucht** (1139 m) sind vom ersten großen Schneefall bis etwa April gesperrt.

Wanderer müssen sich am **Col de la Schlucht**, wo auch ein kleines Skigebiet liegt, für einen der vielen abzweigenden Wege entscheiden. Der GR5 z. B. führt nach Norden zu drei fast unberührten Seen: **Lac Vert, Lac Noir** und **Lac Blanc** (grüner, schwarzer und weißer See).

Auf dem kahlen Gipfel des **Grand Ballon** (1424 m), dem höchsten Punkt der Vogesen, bläst einem der Wind ganz schön um die Ohren; ein kurzer Pfad führt von hier zu einer Radarstation für den Flugverkehr und zu einer Wetterwarte.

BALLON D'ALSACE
Auf dem 1247 m hohen **Ballon d'Alsace** 20 km südwestlich des Grand Ballon (Luftlinie; mit dem Auto über die D465 ab St-Maurice zu erreichen) treffen drei Regionen (Elsass, Franche-Comté und Lothringen) aufeinander. Von 1871 bis zum Ersten Weltkrieg verlief hier die deutsch-französische Grenze und viele Franzosen kraxelten zur **Reiterstatue von Jeanne d'Arc** und dem gusseisernen **Orientierungstisch** hoch, um von dort aus einen Blick auf die „verlorene" Provinz Elsass zu werfen. Während des Ersten Weltkriegs wurde die Kuppe des Ballon d'Alsace militärisch befestigt, doch die Anlagen kamen nie zum Einsatz.

Der Berg eignet sich im Sommer hervorragend als Ausgangspunkt für Wanderungen. Diverse Wege (u. a. der GR5) führen hier vorbei. Zum flaschengrünen **Lac des Perches** sind es vier Stunden. Im Winter locken gut gespurte Waldloipen zum Skilanglauf.

Mulhouse

113 130 EW.

Die dynamische Industriestadt Mulhouse (sprich: Müluus) 43 km südlich von Colmar war zeitweilig Mitglied der Schweizer Eidgenossenschaft, bevor sie 1798 (nach der Französischen Revolution) Teil des Französischen Reichs wurde. Nach schweren Schäden im Zweiten Weltkrieg wurden große Teile der Stadt wieder aufgebaut, deshalb fehlt ihr auch der typische elsässische Charme, den die Orte weiter nördlich ausstrahlen. Aber dafür sind ihre weltweit

ABSTECHER

ZIMMER MIT AUSSICHT

Das **Chalet Hôtel du Grand Ballon** (☎ 03 89 48 77 99; www.chalethotel-grandballon.com, auf Frz.; EZ/DZ 31/56 €, Menü 15–27 €; ☎) wurde 1922 als reine Holzkonstruktion in einsamer, aber absolut phantastischer Lage oben auf dem Grand Ballon errichtet. Es wird von dem regionalen Wanderverein Club Vosgien bewirtschaftet und sitzt wie die Spinne im Netz in der Mitte eines Geflechts aus Wander- und Mountainbike-Wegen. Die Räume sind zwar spartanisch, aber bei der spektakulären Landschaft wäre es ja auch fast eine Sünde, mehr Zeit als nötig in ihnen zu verbringen. Und da Gipfelstürmer meistens einen Riesenappetit mitbringen, schmeckt die deftige elsässische Küche hier besonders gut. Wer schwächelt, kommt auch mit dem Auto ins Hotel: ab Willer-sur-Thur, nordwestlich von Mulhouse, 17 km bergauf (die Straße ist ganzjährig befahrbar).

renommierten Industriemuseen ein Besuchermagnet.

⊙ Sehenswertes

Cité de l'Automobile AUTOMUSEUM
(www.collection-schlumpf.com; 192 av. de Colmar; Erw./Kind 10,50/8 €; ⊙tgl. 10–18 Uhr; ♿) Das beeindruckende Museum aus Stahl und Glas hat sich dem Faszinosum Auto verschrieben und zeigt 400 Raritäten und Klassiker, von Oldtimern wie dem Bugatti Royale bis hin zu Formel-1-Rennmaschinen. Für kleine Möchtegernmechaniker gibt es eine Kinderecke. Zufahrt zum Museum über die A36, Ausfahrt Mulhouse Centre.

Cité du Train EISENBAHNMUSEUM
(www.citedutrain.com; 2 rue Alfred de Glehn; Erw./Kind 10/7,50 €, inkl. Cité de l'Automobile 17,50/12,50 €; ⊙tgl. 10–18 Uhr) Das größte Eisenbahnmuseum Europas beherbergt eine wertvolle Sammlung von Lokomotiven und Waggons der SNCF und ist der Traum eines jeden Eisenbahnenthusiasten. Vom Bahnhof fährt der Bus Nr. 20 hierher, mit dem Auto geht's über die A35 bis zur Abfahrt Mulhouse Dornach.

Musée de l'Impression sur Étoffes

TEXTILDRUCKMUSEUM
(Museum für Textildruck; www.musee-impression.com; 14 rue Jean-Jacques Henner; Erw./Kind 7/3 €; ⊙ Di–So 10–12 & 14–18 Uhr) Für die Industriestadt Mulhouse, die einst den Beinamen „französisches Manchester" hatte, war anfangs v. a. die Textilbranche von großer Bedeutung. Davon zeugt auch dieses Museum. Es besitzt mit sechs Millionen Stoffdruckmustern – von glänzender Kaschmirwolle bis zu komplizierten Siebdrucken – eine unvergleichliche Sammlung, die Stoffdesigner aus aller Welt hierher pilgern lässt. Vom Bahnhof aus liegt es einen (langen) Häuserblock weiter nordöstlich.

Musée du Papier Peint

TAPETENMUSEUM
(www.museepapierpeint.org; 28 rue Zuber, Rixheim; Erw./Kind 6,50/5 €; ⊙ tgl. 10–12 & 14–18 Uhr) Hinter dem vielleicht nicht ganz so spannend klingenden Namen verbirgt sich eine wahre Schatztruhe. Neben einer Sammlung verschiedenster Tapeten (einige der Landschaftsmodelle sind so detailreich wie Ölgemälde) ist auch zu sehen, mit welchen Maschinen diese seit dem 18. Jh. fabriziert wurden. Das Museum ist mit dem Auto über die A36, Ausfahrt Rixheim, oder vom Bahnhof mit dem Bus 18 (Haltestelle Temple) zu erreichen.

🛏 Schlafen & Essen

Le Strasbourg Hotel HOTEL €
(☎ 03 89 36 54 70; www.hotel-le-strasbourg.com; 17 av. de Colmar; EZ/DZ 50/60 €) Das geschmackvoll umgebaute Stadthaus aus dem 19. Jh. liegt fünf Fußminuten nördlich vom Hauptplatz und verfügt über große, helle, luftige Zimmer. Ein nettes Bonbon sind die Gratisparkplätze.

Le Petit Zinc ELSÄSSISCH €€
(☎ 03 89 46 36 78; 15 rue des Bons Enfants; Hauptgerichte 11–17 €; ⊙ Mo–Sa; 🐾) Alte Schwarzweißschnappschüsse, Kaffeemühlen und der blankgewienerte Holztresen verleihen diesem Art-déco-Bistro nostalgisches Flair. Die Küche beglückt mit elsässischen Klassikern wie *Baeckeoffe* und in Pinot Noir geschmorten Schweinebäckchen.

ℹ Praktische Informationen

Touristeninformation (☎ 03 89 66 93 13; www.tourism-mulhouse.com; place de la Réunion; ⊙ Mo–Sa 10–18, So 10–12 & 14–18 Uhr) Das Büro befindet sich 700 m nordwestlich vom Bahnhof im ehemaligen **Hôtel de Ville**

aus dem 16. Jh., das für seine Trompe-l'œil-Malereien bekannt ist.

ℹ Anreise & Unterwegs vor Ort

ZUG Die zweite Eisenbahnlinie Frankreichs verband Mulhouse mit Thann und wurde 1839 eröffnet. Der **Bahnhof** (10 av. du Général Leclerc) liegt südlich vom Stadtzentrum. Zu folgenden Zielen verkehren die Züge mindestens stündlich:

Basel 6,50 €, 23 Min.

Colmar 7,50 €, 17 Min.

St-Louis 5 €, 14 Min.

Straßburg 15 €, 52 Min.

Rund um Mulhouse

🏆 **Écomusée d'Alsace** (www.ecomusee-alsace.fr; Ungersheim; Erw./Kind 13/9 €; ⊙ tgl. 10–18 Uhr) Besonders für Kinder eine spannende und lehrreiche Angelegenheit: Frankreichs sogenanntes größtes „lebendiges Museum" lädt zu einem faszinierenden Trip in das traditionelle elsässische Landleben ein und stellt althergebrachte Handwerkskünste zur Schau. In, vor und zwischen rund 70 alten elsässischen Bauernhäusern, die ein richtiges Dorf bilden, zeigen Schmiede, Küfer, Töpfer, Wagenbauer und andere Handwerker ihre Tricks und Kniffe. Die Häuser, die an ihren ursprünglichen Standorten dem Verfall geweiht waren, wurden in Einzelteilen hierher transportiert und sorgfältig wieder aufgebaut, worüber sich auch viele Störche zu freuen scheinen. Das Écomusée befindet sich in Ungersheim, 17 km nordwestlich von Mulhouse (A35 Richtung Colmar).

🏆 **Bioscope** (www.lebioscope.com; Erw./Kind 13/9 €; ⊙ 10–18 Uhr) Der umweltbewusste Freizeitpark veranschaulicht auf eine pfiffige und witzige Art ökologische Themen und hält Kinder mit zahlreichen Mitmachangeboten auf Trab. Dazu zählen eine virtuelle Reise in die Tiefen des Südpazifiks, ein Labyrinth zum Thema Recycling und ein Garten namens Macroscope, in dem alles (Wurzeln, Apfelbäume etc.) überlebensgroß erscheint. Der Park liegt 5 km nordöstlich vom Écomusée.

LOTHRINGEN

Lothringen, auf Französisch Lorraine, liegt zwischen den Ebenen und Weinbergen der Champagne und den Vogesen und verdankt

Nancy

N
0 — 200 m

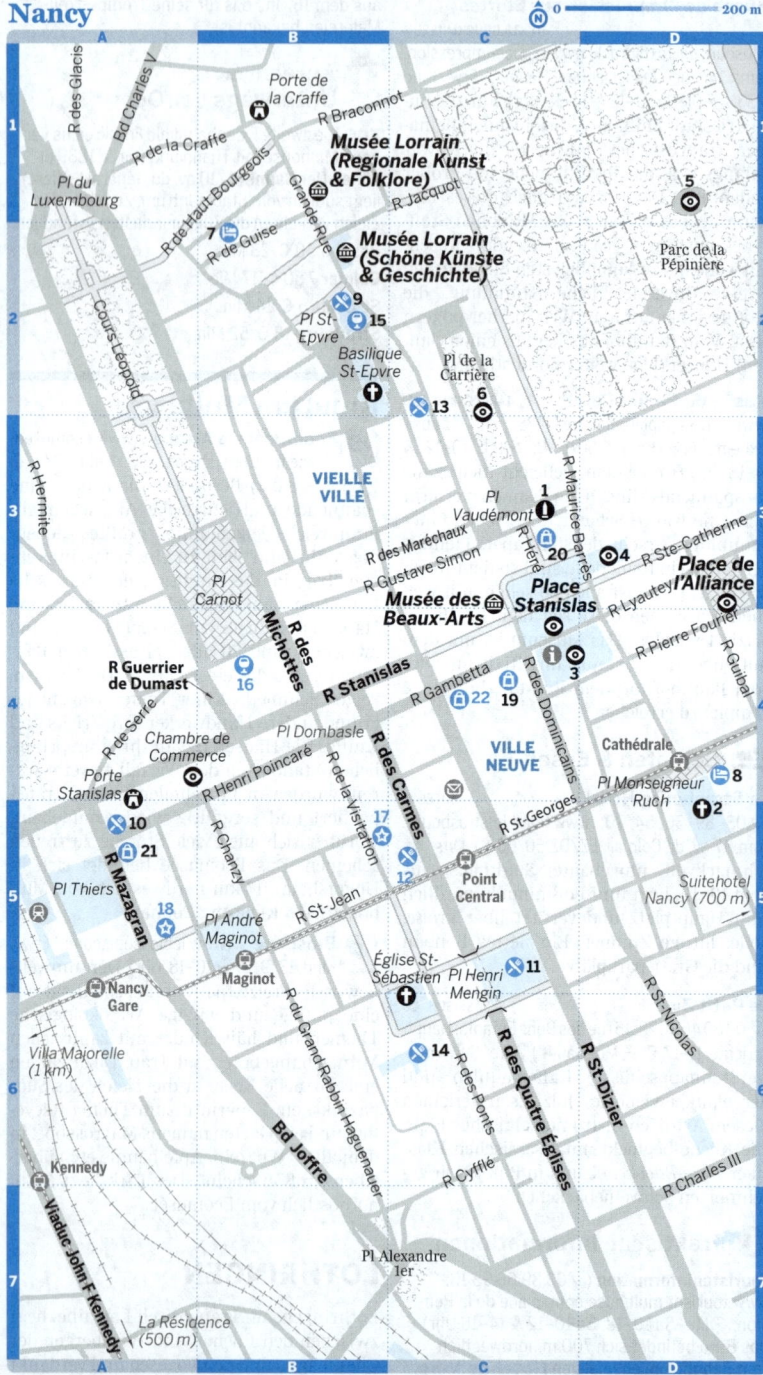

R des Glacis

Bd Charles V

Porte de
la Craffe

R Braconnot

**Musée Lorrain
(Regionale Kunst
& Folklore)**

R de la Craffe

R de Haut Bourgeois

R Jacquot

5

Pl du
Luxembourg

Grande Rue

7 R de Guise

**Musée Lorrain
(Schöne Künste
& Geschichte)**

Parc de la
Pépinière

9
Pl St-
Epvre 15

Pl de la
Carrière

6

Cours Léopold

**Basilique
St-Epvre**

13

R Hermite

**VIEILLE
VILLE**

Pl
Vaudémont 1

R Maurice Barrès

R des Maréchaux 20

R Héré

4

R Ste-Catherine

Pl
Carnot

R Gustave Simon

**Place de
l'Alliance**

**Musée des
Beaux-Arts**

**Place
Stanislas**

R Lyautey

R Pierre Fourier

R Guibal

**R Guerrier
de Dumast**

16

R des Michottes

R Stanislas

R Gambetta

3

R des Dominicains

22 19

R de Serre

Chambre de
Commerce

Pl Dombasle

**VILLE
NEUVE**

Cathédrale

8

Porte
Stanislas

R Henri Poincaré

R des Carmes

Pl Monseigneur
Ruch

2

10

R Chanzy

R de la Visitation

R St-Georges

21

17

R St-Jean

12

**Point
Central**

Suitehotel
Nancy (700 m)

R Mazagran

Pl Thiers

18

Pl André
Maginot

**Église St-
Sébastien**

Pl Henri
Mengin

11

Maginot

R du Grand Rabbin Haguenauer

R des Ponts

R des Quatre Églises

R St-Dizier

R St-Nicolas

Nancy
Gare

14

Villa Majorelle
(1 km)

Bd Joffre

R Cyfflé

R Charles III

Kennedy

Viaduc John F Kennedy

Pl Alexandre
1er

La Résidence
(500 m)

seine fruchtbaren Felder den drei Flüssen Meurthe, Moselle (Mosel) und Meuse (Maas), nach denen auch drei der insgesamt vier Departementes benannt sind (das vierte heißt Vosges).

Geschichte

Der Name Lothringen leitet sich ab von *Lotharii regnum* (Lothars Reich) und stammt aus dem 9. Jh., als die Region dem Frankenkönig Lothar II. zugesprochen wurde. 1766, nach dem Tod des damaligen Herrschers Stanislaus Leszczyński, der als polnischer König abgesetzt worden war und seit Mitte des 18. Jhs. als Herzog von Lothringen amtierte, fiel die Region an Frankreich. 1871 wurde das lothringische Departement Moselle (zusammen mit dem Elsass) von Kaiser Wilhelm I. annektiert und gehörte bis 1918 zum Deutschen Reich. Dieser Periode verdankt Metz seine preußische Prägung, während das französisch gebliebene Nancy typisch gallische Züge trägt. Die beiden Städte sind sich bis heute nicht grün.

ⓘ An- & Weiterreise

AUTO & MOTORRAD Metz liegt an der A4, die Paris mit Reims und Straßburg verbindet. Au-ßerdem führt die A31 von Dijon nach Luxemburg durch Nancy und Metz.

ZUG Mit dem neuen TGV Est Européen dauert die Zugfahrt von Paris nach Metz nur noch 80, nach Nancy 90 Minuten.

Nancy

107 250 EW.

Nancy zeichnet sich durch eine kultivierte Eleganz aus, die im restlichen Lothringen ihresgleichen sucht. Mit dem prächtigen Platz im Zentrum, den wunderschönen Museen, geometrisch angelegten Parks und Schaufenstern voll funkelnder Kristallwaren von Daum und Baccarat entführt die ehemalige Hauptstadt der Herzöge von Lothringen ihre Besucher in die Opulenz des 18. Jhs., als ein Großteil des Stadtzentrums angelegt wurde.

Altes perfektionieren und Neues wagen – mit dieser Kombination ist die Stadt immer gut gefahren. Revolutionäre Ideen einheimischer Künstler, die Alltagsgegenstände in formvollendete Kleinode verwandelten, ließen die Art-nouveau-Bewegung (in Gestalt der Schule von Nancy) aufblühen.

ℹ️ KUNST & KULTUR ZUM SPARTARIF

Der **Pass Nancy Trois Musées** (10 €) öffnet drei Monate lang die Türen zu diesen Museen: Musée de l'École de Nancy, Musée Lorrain und Musée des Beaux-Arts. An allen drei Orten kann man ihn auch erwerben.

In der Touristeninformation gibt's den **City Pass Nancy Culture** (9 €), der folgende Leistungen beinhaltet: eine Stadtführung mit Audioguide, eine freie Bus- oder Straßenbahnfahrt (hin und zurück), eine Kinokarte sowie Ermäßigungen für Leihräder und Museumsbesuche. Von Mai bis Oktober ist der **City Pass Nancy Loisirs** (13 €) erhältlich, der noch einige Vergünstigungen mehr bietet.

⦿ Sehenswertes

Place Stanislas   STADTPLATZ
Nur wenige öffentliche Plätze Frankreichs können der klassizistischen Place Stanislas das Wasser reichen. Ihr Taufpate war ein weitsichtiger Herzog von Lothringen polnischer Abstammung, der sie in den 1750er-Jahren anlegen ließ und als Statue in der Platzmitte thront. Mit ihren opulenten Gebäuden, darunter das **Hôtel de Ville** und die stattliche **Opéra Nationale de Lorraine**, den vergoldeten, schmiedeeisernen Schmuckgittern von Jean Lamour und den **Rokokobrunnen** von Guibal ist die von Emmanuel Héré entworfene Place Stanislas ein Welterbe der Unesco.

Musée des Beaux-Arts   KUNSTMUSEUM
(3 place Stanislas; Erw./Kind 6 €/frei; ⊙Mi–Mo 10–18 Uhr) Zu den Highlights dieses herausragenden Museums zählen die kunstvollen Glasarbeiten im Art-nouveau-Stil von Daum und eine umfangreiche Gemäldesammlung vom 14. bis zum 21. Jh. Neben Meisterwerken von Caravaggio, Rubens, Picasso und Monet hängen Arbeiten von Lothringer Künstlern wie die verträumten Barocklandschaften von Claude Lorrain an den Wänden.

Musée de l'École de Nancy   KUNSTMUSEUM
(Museum der Schule von Nancy; www.ecole-de-nancy.com; 36–38 rue du Sergent Blandan; Erw./Kind 6/4 €; ⊙Mi–So 10–18 Uhr) Einer der Höhepunkt eines Besuchs in Nancy ist das Musée de l'École de Nancy. Die wunderschön möblierten Räume und elegant geschwungenen Glaskunstwerke sowie die Gartenanlagen laden zu einem Trip in die Welt des Art nouveau ein. Das Museum residiert rund 2 km südwestlich des Zentrums in einer Villa aus dem 19. Jh. und ist mit den Bussen 122 und 123 (Haltestelle Nancy Thermal oder Paul-Painlevé) zu erreichen.

Musée Lorrain   REGIONALMUSEUM
(64 & 66 Grande Rue; Erw./Kind für beide Abteilungen 5,50/3,50 €; ⊙Mi–Mo 10–12.30 & 14–18 Uhr) Das im Renaissancestil erbaute Palais Ducal, einst Luxusresidenz der Herzöge von Lothringen, beherbergt heute das Musée Lorrain. Die umfangreiche Sammlung **Schöne Künste & Geschichte** zeigt mittelalterliche Skulpturen, Stiche und glanzvolle Fayencen (mit Zinnglasur überzogene Keramikarbeiten). Die Sammlung **Regionale Kunst & Folklore** ist in einem ehemaligen Franziskanerkloster aus dem 15. Jh., untergebracht. In dessen gotischer **Église des Cordeliers** und der im 17. Jh. erbauten **Chapelle Ducale**, die der Medici-Kapelle in Florenz nachempfunden ist, liegen mehrere Herzöge von Lothringen begraben.

Place de l'Alliance   STADTPLATZ
Einen Häuserblock östlich der Place Stanislas liegt die Place de l'Alliance, die ebenfalls zum Welterbe zählt. Schmuckstück des lindengesäumten Platzes ist der **Barockbrunnen** des in Brügge geborenen Künstlers Louis Cyfflé (1724–1806), der sich von Berninis Vier-Ströme-Brunnen auf der Piazza Navona in Rom inspirieren ließ.

Place de la Carrière   STADTPLATZ
Dieser ruhige Platz grenzt an die Place Stanislas. Zwischen den beiden erhebt sich Nancys höchststeigener **Arc de Triomphe**, der in den 1750er-Jahren zu Ehren von Ludwig XV. errichtet wurde. Wo früher zum Turnier geblasen wurde, spenden heute vier Reihen von Linden Schatten, und die prächtigen, goldglänzenden Rokokotore davor sind Meisterwerke der Schmiedekunst.

Vieille Ville   ALTSTADT
Zu den Sehenswürdigkeiten, die sich bei einem Bummel durch die charmante Altstadt bestaunen lassen, zählen die von silbernen Turmspitzen gekrönte Porte de la Craffe aus dem 14. Jh., ihres Zeichens Nancys ältestes Stadttor, und die von der kunstvollen, neogotischen Basilique St-Epvre dominierte Place St-Epvre.

Parc de la Pépinière
PARK

Wer an heißen Sommertagen den Massen entfliehen will, ist hier genau richtig. Der geometrisch angelegte Park lockt mit verschnörkelten Springbrunnen, Rosenrabatten und einer Rodin-Skulptur, die den barocken Landschaftsmaler Claude Lorrain darstellt.

Cathédrale Notre-Dame-de-l'Annonciation
KATHEDRALE

(place Monseigneur Ruch) Die von einer freskenverzierten Kuppel gekrönte Kathedrale aus dem 18. Jh. verbirgt in ihrem Halbdunkel einen Mix aus klassizistischen und barocken Elementen.

Geführte Touren

Die Touristeninformation bietet mehrsprachige Audioguide-Touren (6 €) durch die Altstadt (2 Std.) und die Art-nouveau-Viertel (bis 3 oder 4 Std.). Alternativ gibt's MP3-Touren im Internet zum kostenlosen Download (www.ot-nancy.fr).

Festivals & Events

Im Oktober bringt das 10-tägige Festival **Jazz Pulsations** (www.nancyjazzpulsations. com) groovige Jazz-, Blues- und Latin-Music-Acts auf die Bühne. Im Dezember sorgt der **Marché de Noël** (Weihnachtsmarkt) auf der Place André Maginot mit funkelnder Festbeleuchtung, Weihnachtsliedern und viel Kunsthandwerk für einen stimmungsvollen Advent.

Schlafen

Nancy hat viele charmante Mittelklassehotels zu bieten; an Budgetunterkünften gibt es tendenziell nur richtige Absteigen oder anonyme Kettenhotels. Die Touristeninformation hält eine Liste mit chambres d'hôtes bereit – ein Doppelzimmer kostet etwa 60–80 €.

LP TIPP ⟩ Hôtel des Prélats
HISTORISCHES HOTEL €€

(☎03 83 30 20 20; www.hoteldesprelats.com; 56 place Monseigneur Ruch; EZ/DZ 69/109 €; ❋ 🎧) Wann gibt es schon mal die Gelegenheit, in einem ehemaligen Bischofspalast aus dem 17. Jh. direkt neben einer Kathedrale zu nächtigen? Die äußerst romantischen Zimmer des eleganten Hotels sind mit Buntglasfenstern, Himmelbetten und schimmernden Vorhängen ausgestattet und der Service ist erstklassig.

Hôtel de Guise
BOUTIQUEHOTEL €€

(☎03 83 32 24 68; www.hoteldeguise.com; 18 rue de Guise; EZ 63 €, DZ 75–100 €; 🎧) Das Hotel aus dem 17. Jh. ist in einer Altstadtgasse versteckt und vereint Boutique-Chic mit historischer Eleganz. Eine schmiedeeiserne Treppe führt hinauf zu den – im besten Sinne des Wortes – altmodischen Zimmern mit Antikmöbeln, Intarsienparkett und schweren Vorhängen. Als nettes Extra lädt der hoteleigene, eingemauerte Garten zum Entspannen ein.

AUF DEN SPUREN DES ART NOUVEAU

Im Jahr 1900 gründete der Glasbläser und Keramiker Émile Gallé die École de Nancy, die als eine der führenden Art-nouveau-Bewegungen Frankreichs kreative Köpfe und Meister des Kunsthandwerks sowie der Gebrauchskunst und der Architektur wie Jacques Gruber, Louis Majorelle und die Brüder Daum zusammenführte. Ob Banken, Villen, Apotheken oder Brasserien: In Nancy haben die Künstler mit ihren Arbeiten an jeder Ecke Spuren hinterlassen – von verschlungenen Schmuckgittern über Buntglasfenster mit geschwungener Linienführung bis hin zu Hauseingängen mit jeder Menge naturinspirierter Ornamente.

Eine Zeitreise in diese kunstvolle Ära lässt sich mit der Gratisbroschüre *Art-nouveau-Wege* der Touristeninformation unternehmen, die vier entsprechende Stadtspaziergänge auflistet. Zwei Highlights, die sich beide in der Rue Henri Poincaré befinden, sind Lucien Weissenburgers **Brasserie Excelsior** von 1910 und die **Chambre de Commerce von 1908 mit** Kunstschmiedearbeiten von Louis Majorelle. Nicht weit vom Musée de l'École de Nancy liegt die verschnörkelte **Villa Majorelle** (1 rue Louis-Majorelle; Erw./Kind 3,50/2,50 €; ⊙geführte Touren Sa & So 14.30 & 15.45 Uhr), die 1901 von Henri Sauvage erbaut wurde und die Handschriften von Majorelle (Möbel) und Gruber (Buntglasfenster) trägt. Das Prunkstück der Villa ist der Speisesaal „Les Blés" mit seinem steinernen Kamin, dessen Verzierungen an Weinranken erinnern.

La Résidence TRADITIONELLES HOTEL €€
(📞03 83 35 42 34; www.hotel-laresidence-nancy.fr; 30 bd Jean-Jaurès; Zi. 70–85 €; 🚐🅿place Centrale) Das gastliche Hotel bietet eines der besten Preis-Leistungs-Verhältnisse von Nancy. Die feschen, neuen Zimmer haben ultramoderne Bäder und Flachbildschirmfernseher. Außerdem gibt's einen gemütlichen Salon und einen begrünten Innenhof zum Frühstücken.

Suitehotel Nancy APPARTEMENTHOTEL €€
(📞03 83 32 28 80; www.suitehotel.com; 2 allée du Chanoine Drioton; Zi. 110 €; @🚐🅿St-George) Das von Gärten umgebene, einheitlich durchgestylte Hotel verfügt über moderne, geräumige Appartements mit Küchenzeile und einen durchgehend geöffneten Fitnessbereich. Wer mindestens drei Wochen im Voraus online bucht, dem winkt ein Rabatt von bis zu 40 %.

 ## Essen

Die Rue des Maréchaux westlich des Arc de Triomphe ist mit ihren vielen Restaurants eine wahre Feinschmeckermeile. Ob französische, italienische, indische oder japanische Küche, Tapas, Fisch oder Meeresfrüchte: Hier ist für jeden etwas dabei. In der Grande Rue gibt's jede Menge kleiner Bistros.

Brasserie Excelsior BRASSERIE €€
(📞03 83 35 24 57; 50 rue Henri Poincaré; Menü 23–38 €; ⏰Mo–Sa 8–0.30, So 8–23 Uhr) Das Excelsior kommt mit seinem Stuck und den Buntglasfenstern so opulent wie ein Fabergé-Ei daher und entführt seine Gäste in die dekadente Ära des Art nouveau. Die kurz angebundenen, flinken Kellner servieren Brasserieklassiker wie Austern (in den Monaten, die auf „r" enden), saftige Steaks und bankettähnliche Fisch- & Meeresfrüchteplatten.

Chez Tony GOURMETTEMPEL €
(Marché Couvert; Tagesgericht 6 €, Antipasti 7–11 €; ⏰Di–Sa) Großzügig beladene Teller mit Antipasti und frisch gemachter Pasta, bunte Gartenstühle und um einen herum lauter glücklich lächelnde Gesichter – bei Chez Tony in Nancys Markthalle findet jeden Mittag eine kleine toskanische Gartenparty statt. Darauf ein Prost mit einem Glas Chianti oder Olivenlikör: „Alla salute!"

Aux Délices du Palais BISTRO €
(📞03 83 30 44 19; 69 Grande Rue; Vorspeisen/Hauptgerichte/Desserts 5/9/5 €; ⏰Mo–Fr mittags & abends, Sa nur abends) Dieses Bistro im Shabby-Chic schmückt sich mit purpurroten Wänden und Diskokugeln. Der Chef kocht einfach, was ihm gerade einfällt – von würzigen Tajine-Gerichten bis hin zu *fajitas*. Da die Preise stimmen, sind die Tische meist von Einheimischen belagert.

Chez Tanésy – Le Gastrolâtre BISTRO €€
(📞03 83 35 51 94; 23 Grande Rue; Menü 27–44 €; ⏰Di–Sa) Das Stadthaus aus dem 16. Jh. wurde zu einem gemütlichen, stimmungsvollen Bistro umgebaut, das leckere provenzalische und lothringische Spezialitäten auftischt und viel mit Geflügel arbeitet.

La Bouche á L'Oreille BISTRO €€
(📞03 83 35 17 17; 42 rue des Carmes; Mittagsmenü/Fondue 12/15 €; ⏰Di–Fr mittags & abends, Mo & Sa nur abends) Mit seinen Kronleuchtern und geblümten Tapeten wirkt dieses Bistro wie eine überdimensionale Puppenstube. Auf der Speisekarte dominieren Käsegerichte – von einfallsreichen Salatvariationen bis hin zu Raclette und Fondue.

Selbstversorger

Marché Couvert MARKTHALLE
(place Henri Mengin; ⏰Di–Sa 7–19 Uhr) Frische Köstlichkeiten für den Picknickkorb.

Monoprix SUPERMARKT
(rue des Ponts) Versteckt sich im Einkaufszentrum St-Sébastien.

 ## Ausgehen

Das bunte Nachtleben von Nancy konzentriert sich auf die mit Bars gespickte Grande Rue, die spektakulär beleuchtete Place Stanislas und die beschauliche Place de St-Epvre in der Vieille Ville, die sich bestens für einen vorabendlichen Aperitif eignet.

Le Ch'timi BAR
(17 place St-Epvre; ⏰Mo–Sa 9–2, So 9–20 Uhr) Back- und Naturstein bestimmen das Ambiente dieser rustikalen Kneipe auf drei Etagen, wo sich vor allem Studenten durch das Angebot von 150 Biersorten (davon 16 vom Fass) trinken.

Le Varadero BAR
(27 Grande Rue; ⏰Di–Sa) Auch wenn Kuba weit weg ist, sorgen Liveacts mit Latin Music und Jazz im Sommer auf der Terrasse dieser angesagten Bar für Karibikflair. Am Wochenende legen DJs auf.

Le P'ti K BAR
(7 place Carnot) Die schnieke eingerichtete Bar an der Place Carnot mit toller Terrasse

zum Leute beobachten ist der ideale Ort für einen *apéro* (Aperitif).

☆ Unterhaltung

Veranstaltungshinweise stehen (jeweils auf Frz.) in den Zeitschriften *Spectacles* (www.spectacles-publications.com) und *Nancy by Night* (www.nancybynight.com). Tickets gibt's bei der Touristeninformation und beim **Fnac-Ticketschalter** (www.fnacspectacles.com; 2. OG, 2 av. Foch; ☺Mo−Sa 10−19 Uhr).

Opéra National de Lorraine OPER
(☎03 83 85 33 11; www.opera-national-lorraine.fr, auf Frz.; 1 rue Ste-Catherine) Nancys noble Adresse für Opern und klassische Musik vereint Elemente des Klassizismus und Art nouveau. Das hier beheimatete Orchester veranstaltet einmal im Monat an einem Samstag ein *concert apéritif* (5 €).

Café Théâtre le Vertigo THEATER
(☎03 83 32 71 97; www.levertigo.fr, auf Frz.; 29 rue de la Visitation; ☺Di−Sa) Das mit schwarz-weißen Fliesen und roten Samtbänken ausgestattete Vertigo ist eine grandiose Mischung aus Künstlercafé und Theater. Das vielseitige Programm reicht von Standup-Comedy über Improvisationstheater bis hin zu Konzerten.

🛍 Shoppen

Die größten Shoppingmeilen der Stadt sind die Rue St-Dizier, St-Jean und St-Georges. In der Grande Rue gibt es jede Menge origineller Galerien und Antiquitätenläden.

LP TIPP **Lefèvre-Lemoine** CONFISERIE
(47 rue Henri Poincaré; ☺Mo−Sa 8.30−19, So 9.30−12.30 Uhr) Das Traditionshaus besteht seit 1840 und gehört einer aussterbenden Spezies an. Neben Karamellbonbons und glasierten Mirabellen hat diese nostalgische Zuckergusswelt auch *Bergamotes de Nancy* im Angebot. Die regionaltypischen Bonbons sind mit Bergamotte aromatisiert (jener Zitrusfrucht, die auch dem Earl-Grey-Tee seinen Geschmack verleiht). Beim Betreten des Ladens ertönt zur Begrüßung Vogelgezwitscher und eine der altmodischen roten Blechdosen hatte sogar einen Kurzauftritt in *Die fabelhafte Welt der Amélie*.

Maison des Sœurs Macarons MAKRONEN
(www.macaron-de-nancy.com; 21 rue Gambetta; ☺Mo vormittags & So geschl.) Ihre berühmten Makronen verdankt die Stadt zwei Benediktinerinnen, die das himmlische Gebäck in den Wirren der Französischen Revolution erfanden und als „Makronen-Schwestern" in die Geschichte eingingen. In dieser traditionellen Konditorei werden die Makronen noch immer nach dem Originalrezept (Eiweiß, Zucker, provenzalische Mandeln) hergestellt. Ein schönes Mitbringsel ist die mit zwölf Makronen gefüllte Geschenkbox (7 €).

Baccarat KRISTALLGLAS
(www.baccarat.fr, auf Frz.; 2 rue des Dominicains; ☺Mo vormittags & So geschl.) Hier kann man shoppen wie ein König oder einfach nur (wie ein Normalsterblicher) die Schaufensterauslagen mit exquisiten Kristallglas- und Schmuckkreationen bestaunen. Schon der einfachste (aber ungemein grazile) Ring kostet hier 150 €.

Daum KRISTALLGLAS
(14 place Stanislas; ☺Mo vormittags & So geschl.) Im Flagshipstore von Daum gibt es allerlei Kristallglas-Schnickschnack und Schmuck in limitierter Auflage mit vielen naturinspirierten Motiven zu bewundern.

❶ Praktische Informationen

Copycom (3 rue Guerrier de Dumast; pro Std. 2 €; ☺Mo−Sa 9−20, So 15−20 Uhr) Internetzugang

E-café Cyber Café (11 rue des Quatre Églises; pro Std. 5,50 €; ☺Mo & Sa 11−21, Di−Fr 9−21 Uhr) Ein richtiges Café; die Computer haben Webcams.

Post (10 rue St-Dizier)

Touristeninformation (☎03 83 35 22 41; www.ot-nancy.fr; place Stanislas; ☺Mo−Sa 9−19, So 10−17 Uhr) Im Hôtel de Ville; bietet Gratisprospekte mit Spaziergängen durch das Stadtzentrum und zu den Architekturhighlights des Art nouveau.

❶ An- & Weiterreise

AUTO & MOTORRAD Hier gibt's fahrbare Untersätze zu mieten:

Europcar (www.europcar.com; 18 rue de Serre)

National-Citer (www.citer.fr, auf Frz.; in der Abfahrtshalle des Bahnhofs)

ZUG Der **Bahnhof** (place Thiers) von Nancy, der für den neuen TGV Est Européen aufgemotzt wurde, liegt auf der Strecke Paris−Straßburg. Von hier fahren u. a. Züge nach:

Baccarat 9,50 €, 45 Min., 15-mal tgl.

Metz 9,50 €, 40 Min., 48-mal tgl.

Paris Gare de l'Est; 54 €, 1½ Std., 11-mal tgl.

Straßburg 22 €, 1½ Std., 12-mal tgl.

AUTO & MOTORRAD Kostenlose Parkplätze gibt's 300 m östlich der Place Stanislas am Kanal in der Straße Quai Ste-Catherine sowie in einigen Seitenstraßen der Arbeiterviertel westlich der Bahnlinie.

FAHRRAD Nancy lässt sich sehr gut per Rad erkunden. **Vélostan** (www.velostan.com, auf Frz.; halber Tag/ganzer Tag/Woche 3/5/10 €) betreibt Leihstationen im **Bahnhof** (⊘Mo–Fr 7.30–19.30, Sa & So 9–18 Uhr) und beim Musée de l'École de Nancy im **Espace Thermal** (43bis rue du Sergent Blandan; ⊘Mo–Fr 10–13 & 15–18, Sa 9–18 Uhr).

TRAM Die meisten Linien des örtlichen Nahverkehrsunternehmens STAN (www.reseau-stan. com, auf Frz.; Büro 3 rue du Docteur Schmitt; ⊘Mo–Sa 7–19.30 Uhr) fahren die Haltestellen Nancy République und Point Central an. Ein Einzelfahrschein kostet 1,30 €, eine Zehnerkarte 8,50 €. Das Symbol 🚊 kennzeichnet in diesem Abschnitt die nächstgelegenen Tramhaltestellen von Orten außerhalb der Karte.

Baccarat

4730 EW.

Die 60 km südöstlich von Nancy gelegene Stadt beheimatet seit 1764 die glamouröse Kristallglashütte Cristallerie de Baccarat. Das **Musée Baccarat** (www.baccarat.fr, auf Frz.; 2 rue des Cristalleries; Erw./Kind 2,50 €/frei; ⊘tgl. 9–12 & 14–18 Uhr) zeigt 1100 edle, handgefertigte Kristallglas-Exponate. Die Boutique im vorderen Bereich ist fast genauso fesselnd wie das Museum. Die Geschäfte für Kristallglaswaren in der Nähe haben weniger berühmte, aber dafür günstigere Marken im Angebot.

Auf der anderen Seite des von Parks gesäumten Flusses Meurthe bohrt sich der spitze Turm der **Église St-Rémy** (⊘tgl. 8–17 Uhr) in den Himmel. Die von außen dunkle, nüchterne Betonkonstruktion aus den 1950er-Jahren wird innen von 20 000 Glasbausteinen aus Baccarat-Kristall kaleidoskopisch in ein mystisches Licht getaucht.

Die **Touristeninformation** (☎03 83 75 13 37; www.ot-baccarat.fr; 11 rue Division Leclerc; ⊘Mo–Sa 9–12 & 14–17 Uhr) ein Stückchen nördlich vom Musée du Cristal versorgt Besucher mit Wanderkarten.

Von Baccarat fahren Züge nach Nancy (9,50 €, 45 Min., 15-mal tgl.). Mit dem Auto ist Baccarat ein netter Stopp zwischen Nancy und Colmar auf der Route über den Col du Bonhomme in den Vogesen.

Metz

125 720 EW.

Metz (sprich: Mess) liegt beiderseits des Zusammenflusses von Mosel und Seille. Es ist der attraktiven Hauptstadt von Lothringen lange gelungen, dem Rampenlicht zu entgehen und der Welt ihre wunderschöne gotische Kathedrale, die mit mehreren Michelin-Sternen ausgezeichnete Restaurantszene und einige erstklassige Kunstsammlungen vorzuenthalten. Aber das war einmal. Seit der spektakulären Eröffnung des Centre Pompidou-Metz hat sich Metz in eine Partyqueen verwandelt. Das gefeierte Centre Pompidou ist aber nur ein Vorgeschmack auf all das, was Metz sonst noch zu bieten hat: quirlige Straßencafés, schattige Parks am Flussufer, eine pittoreske Altstadt aus gelbem Jeaumont-Stein und das majestätische Viertel Quartier Impérial, das sich offiziell für die Aufnahme in die Liste des Unesco-Welterbes beworben hat. Plötzlich ist Metz in aller Munde, und das zu Recht.

◉ Sehenswertes

Cathédrale St-Étienne KATHEDRALE (place St-Étienne; ⊘tgl. 8–18 Uhr) Mit ihren goldenen Kirchturmspitzen, die an feinste Klöppelarbeit erinnern, krönt diese gotische Kathedrale die Skyline von Metz. Die wie gläserne Vorhänge angeordneten Buntglasfenster aus dem 13. bis 20. Jh. erzeugen im Innern der Kirche ein faszinierendes Licht- und Farbenspiel und haben ihr den Spitznamen „Laterne Gottes" eingebracht. Einen interessanten Kontrast zu den **gotischen Fenstern** im nördlichen Querschiff bilden die **Renaissancefenster** des südlichen Querschiffs.

Ebenfalls bemerkenswert sind die prachtvollen **Fenster von Chagall**, die im Chorumgang in Rot-, Blau und Gelbtönen um die Wette leuchten. Dort versteckt sich auch die **Schatzkammer** (Erw./Stud. 2/1 €; ⊘tgl. 10–12.30 & 14–17 Uhr). In der **Krypta** (Erw./Stud. 2/1 €; ⊘tgl. 10–12.30 & 14–17 Uhr) aus dem 15. Jh. lauert die Skulptur des Drachen **Graoully** (sprich: grauli), der das vorchristliche Metz angeblich in Angst und Schrecken versetzte. Besonders eindrucksvoll erstrahlt die Kirche an sonnigen Tagen, nachts setzen Scheinwerfer das Bauwerk effektvoll in Szene.

Centre Pompidou-Metz GALERIE

(www.centrepompidou-metz.fr; 1 parvis des Droits de l'Homme; Erw./Kind 7 €/frei; ⊗Mo, Mi & So 11–18, Do–Sa 11–20 Uhr) Das architektonisch innovative Centre Pompidou-Metz, das im Mai mit Pauken und Trompeten eröffnet wurde, ist der neue Star der Metzer Kunstszene. Als Ableger des Pariser Centre Pompidou profitiert die Galerie von Europas größter Sammlung moderner Kunst und zeigt ambitionierte Wechselausstellungen wie die Eröffnungsschau *Chefs d'oeuvre?* (Meisterwerke?), die herausragende Arbeiten von Picasso, Matisse und Kandinsky präsentierte. Mit seinem äußerst variablen Raumpotential veranstaltet das Centre Pompidou-Metz auch verschiedenste ausgesuchte Kulturevents.

Musée La Cour d'Or GESCHICHTSMUSEUM

(2 rue du Haut Poirier; Erw./Kind 4,60 €/frei; ⊗Mo & Mi–Fr 9–17, Sa & So 10–17 Uhr) Das Museum gleicht einer Schatztruhe voll alter Kostbarkeiten und lädt zu einem Trip in die Vergangenheit ein. Die gallorömische Sammlung beinhaltet Überreste der römischen Bäder der Stadt sowie eine Statue der ägyptischen Göttin Isis, die in Metz ausgegraben wurde. Darüber hinaus gibt es mittelalterliche Kunstwerke und Gemälde ab dem 15. Jh. zu sehen. Eine weitere Sammlung dokumentiert die Geschichte der jüdischen Gemeinde von Metz. Eine Broschüre (auch auf Englisch erhältlich) erläutert die einzelnen Säle.

Quartier Impérial ALTSTADTVIERTEL

Geistiger Vater dieses von herrschaftlichen Boulevards und bürgerlichen Villen geprägten Viertels, zu dem u. a. die Rue Gambetta und Avenue Foch gehören, war Kaiser Wilhelm II. Die Preußen wollten mit dem Quartier Impérial nach 1871 Metz' Zugehörigkeit zum Deutschen Reich demonstrieren und schufen eine skurrile architektonische Mischung, die neoromanische sowie von der Renaissance und vom Art déco beeinflusste Bauten umfasst. Mit seinem einzigartigen Ensemble wilhelminischer Architektur ist das Viertel ein Kandidat für die Unesco-Welterbe.

Am imposanten Bahnhof, der 1908 im neoromanisch-rheinischen Stil errichtet wurde, stehen sich teutonische Skulpturen, die die Macht des deutschen Kaiserreichs versinnbildlichen sollten, und Straßenlaternen von Philippe Starck gegenüber.

Roter Vogesensandstein war das Material der Wahl für die kompakte Hauptpost

von 1911, die im Vergleich zur eleganten Beschwingtheit der Kathedrale umso bulliger wirkt.

Place de la Comédie STADTPLATZ

Der von einem Seitenarm der Mosel umschlossene klassizistische Platz beherbergt mit dem Théâtre (18. Jh.) das älteste noch genutzte Theater Frankreichs. Während der Französischen Revolution hieß er Place de l'Égalité und die dort aufgestellte Guillotine ließ die Köpfe von 63 „Volksfeinden" rollen.

Der neoromanische Temple Neuf (protestantische Kirche; ⊗nur zu den Gottesdiensten) von 1904 ist eine Hinterlassenschaft der Preußen.

Esplanade LANDSCHAFTSGARTEN

Rechts und links der Esplanade mit ihren ornamentalen Blumenbeeten und der Statue eines sehr galant aussehenden Maréchal Ney mit Schwert von 1859 erheben sich mehrere majestätische Gebäude, darunter das Kulturzentrum Arsenal und das strenge, klassizistische Palais de Justice.

Die Église St-Pierre-aux-Nonains (⊗Di–Sa 13–18, So 14–18 Uhr) war ursprünglich Teil eines römischen Bades von 380 n. Chr. und befindet sich in nächster Nähe der achteckigen Chapelle des Templiers (Kapelle der Tempelritter) aus dem 13. Jh., die die einzige ihrer Art in Lothringen ist.

Place St-Louis STADTPLATZ

Die dreieckige Place St-Louis am Ostrand des Stadtzentrums ist von mittelalterlichen Arkaden und Handelshäusern aus dem 14. bis 16. Jh. gesäumt.

Uferpark PARK

(quai des Régates) Im Sommer gibt es am Quai des Régates Tretboote und Ruderboote zu mieten. Der Spazierweg führt durch einen schattigen Uferpark mit Schwanenteichen, Statuen und einem hübschen Brunnen – ein idealer Ort zum Picknicken.

☞ Geführte Touren

Die von der Touristeninformation angebotenen Audioguides (5 €, auch auf Deutsch) führen durch das Stadtzentrum (1½ Std.) und das Quartier Impérial (45 Min.).

★ Festivals & Events

Die Fête de la Mirabelle im August steht ganz im Zeichen der kleinen, süßen, saftigen Frucht. Im Dezember gibt's auf dem festlich beleuchteten Marché de Nöel (www.noel-a-metz.com) weihnachtliche Geschenke zu kaufen.

ELSASS & LOTHRINGEN METZ

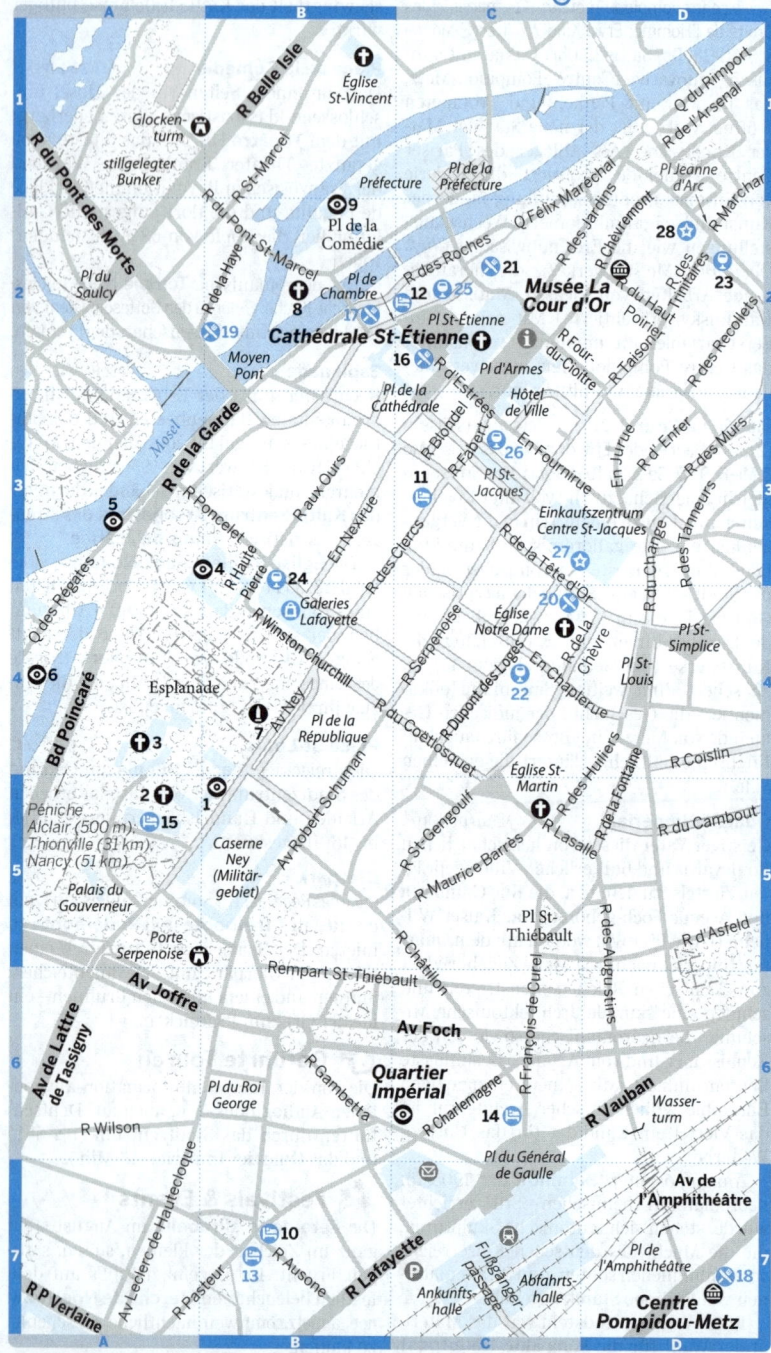

N 0 ———— 200 m

ELSASS & LOTHRINGEN LOTHRINGEN

R du Rimport
Q du Rimport
R de l'Arsenal

R Belle Isle
Glocken-
turm
stillgelegter
Bunker
Église
St-Vincent

Pl Jeanne
d'Arc

R Marchal

Préfecture
Pl de la
Préfecture
Q Félix Maréchal
R des Jardins
R Chevremont

R du Pont des Morts

28

R St-Marcel

R du Pont St-Marcel

Pl de la
Comédie
9

Pl de
Chambre
8
17
12
25
21

Musée La
Cour d'Or

23

R des Roches

R des Trinitaires
R des Recollets

Pl du
Saulcy

R de la Haye

19

Cathédrale St-Étienne
16

Pl St-Étienne
R Four-
du-Cloître
R du Haut
Poirier
R Taison

Moyen
Pont

Mosel

R d'Estrées
Pl d'Armes
Hôtel
de Ville
i

En-Jurue
R d'Enfer
R des Murs

R de la Garde
R Poncelet
R aux Ours
R Blondel
R Fabert
En Fournirue
26
En Nexirue

Pl de la
Cathédrale

Pl St-
Jacques
11

Einkaufszentrum
Centre St-Jacques
R de la Tête d'Or
27
R du Change
R des Tanneurs

5

4
R Haute
Pierre
24
R des Clercs
R Serpenoise
Église
Notre Dame
20
R de la
Chèvre
Pl St-
Simplice

Galeries
Lafayette
R Winston Churchill

En Chaplerue
22
Pl St-
Louis

6

Q des Régates

Esplanade

Av Ney
7
Pl de la
République
R du Coëtlosquet
R Dupont des Loges

Église St-
Martin
R des Huiliers
R de la Fontaine
R Coislin

R du Cambout

Bd Poincaré

3
2
1
15
Péniche
Alclair (500 m);
Thionville (31 km);
Nancy (51 km)

Caserne
Ney
(Militär-
gebiet)

Av Robert Schuman
R St-Gengoulf
R Lasalle

R des Augustins
Pl St-
Thiébault
R d'Asfeld

Palais du
Gouverneur
Porte
Serpenoise
R Châtillon
R Maurice Barrès

Av Joffre
Rempart St-Thiébault
R François de Curel

Av de Lattre
de Tassigny

Av Foch

Pl du Roi
George
R Gambetta
R Wilson

Quartier
Impérial
R Charlemagne
14
R Vauban
Wasser-
turm

Av de Hautecoque
Pl du Général
de Gaulle

Av de
l'Amphithéâtre

R P Verlaine
10
13
R Ausone
R Pasteur
R Lafayette
Fußgänger-
passage
Ankunfts-
halle
Abfahrts-
halle
Pl de
l'Amphithéâtre
18
Centre
Pompidou-Metz

🛏 Schlafen

Die meisten Hotels in der Stadt bieten ein tolles Preis-Leistungs-Verhältnis. Außerhalb der Sommersaison sind sie von Montag bis Donnerstag am stärksten ausgelastet.

LP TIPP **Péniche Alclair** HAUSBOOT **€**
(☎ 06 37 67 16 18; www.chambrespeniche metz.com; allée St-Symphorien; Zi. mit Frühstück 65 €; 📶) Eine wirklich clevere Idee: Cécile und Xavier Bonfils haben einen alten Kahn zu einem schicken, blauen Hausboot umgebaut. Wer Glück hat, ergattert eins der beiden hellen Zimmer mit schmucken Bädern und Blick aufs Wasser. Das großzügige Frühstück mit Gebäck, frischem Brot und Obstsalat genießen die Gäste im Bett oder auf dem Sonnendeck. Vom Zentrum führt ein netter Spaziergang am Fluss entlang in 15 Minuten hierher.

Hôtel de la Cathédrale HISTORISCHES HOTEL **€€**
(☎ 03 87 75 00 02; www.hotelcathedrale-metz. fr; 25 place de Chambre; DZ 75–110 €; 📶) Dieses stilvolle Hotel ist in einem Stadthaus aus dem 17. Jh. gegenüber der Kathedrale untergebracht. Eine schmiedeeiserne Treppe führt zu den klassisch-eleganten Zimmern mit hohen Decken, Hartholzböden und an-

tikem Drumherum. Wer mit Blick auf die Kathedrale nächtigen möchte, sollte weit im Voraus buchen.

La Citadelle DESIGNHOTEL **€€€**
(☎ 03 87 17 17 17; www.citadelle-metz.com; 5 av. Ney; DZ 205–265 €; 🌀 @) Das luxuriöse Boutiquehotel residiert in einer umgebauten Zitadelle aus dem 16. Jh. und vereint historische Elemente mit elegantem Zen-Chic. Die riesigen, ultramodernen Zimmer zeichnen sich durch eine schwarz-weiß-rote Farbgebung und stimmungsvolle Beleuchtung aus. Der ganze Stolz des Hotels ist sein mit einem Michelin-Stern gekürtes Restaurant Le Magasin aux Vivres. Gratisparkplätze vorhanden.

Hôtel Métropole TRADITIONELLES HOTEL **€**
(☎ 03 87 66 26 22; www.hotelmetropole-metz. com; 5 place du Général de Gaulle; EZ 52 €, DZ 58–63 €; 📶) Wer ein Zimmer in diesem wilhelminischen Stadthaus gegenüber dem Bahnhof bezieht, kann den Besuchermassen ein Schnippchen schlagen, denn das Hotel ist nur fünf Fußminuten vom Centre Pompidou-Metz entfernt. Die fröhlichen Zimmer verfügen über Extras wie kostenloses WLAN und Flachbildschirmfernseher.

Metz

NICHT VERSÄUMEN

MARKTTAG

Wenn nur jeder Markt so wäre der große **Marché Couvert** (Markthalle; place de la Cathédrale; ☉Di–Sa 8–18.30 Uhr) von Metz! Der ehemalige Bischofspalast hat sich in einen Gourmettempel verwandelt, in dem heute frische, regionale landwirtschaftliche Erzeugnisse feilgeboten werden. Wer hier eigentlich nur ein Baguette kaufen wollte, verlässt das Gebäude eine Stunde später mit fünf verschiedenen Sorten *fromage* und mehreren Tüten voller Fleisch und Obst.

Es lohnt sich, einen ganzen Vormittag hier zu verbringen, auf ein frühes, günstiges Mittagessen zu bleiben und mit den urigen Marktgestalten ein Schwätzchen zu halten. Bei **Chez Mauricette** (Sandwichs 2–4,50 €, Antipastiteller 5–7 €) verwöhnt die gleichnamige Standinhaberin ihre Kunden mit lothringischen Gaumenfreuden von würzigen *saucissons* bis hin zu regionalen Wurstwaren und Mirabellenkäse.

Am Nachbarstand **Soupes à Soupes** (Suppen 2,80–5,50 €) verkauft Patrick tellerweise selbstgemachte Suppen (z. B. mit Muscheln oder Pilzen).

Hôtel Escurial   HOTEL €€
(☎03 87 66 40 96; www.escurial-hotel.com; 18 rue Pasteur; EZ 64–76 €, DZ 72–84 €; 🐾) Knallige Farben und fließende Konturen verleihen diesem freundlichen Hotel in der Nähe des Bahnhofs ein modernes Ambiente. Die besten der großen, nagelneuen Zimmer haben Blick auf die Stadt und einen Balkon.

Cécil Hôtel   TRADITIONELLES HOTEL €
(☎03 87 66 66 13; www.cecilhotel-metz.com; 14 rue Pasteur; EZ 62–66 €, DZ 69–72 €; 🐾) Das familiengeführte Hotel wurde 1920 erbaut und bietet kleine, adrette, saubere Zimmer in warmen Farbtönen. Ein Parkplatz kostet 9 € pro Tag.

Grand Hôtel de Metz   HISTORISCHES HOTEL €€
(☎03 87 36 16 33; www.hotel-metz.com; 3 rue des Clercs; DZ 61–95 €; 🐾) Das Hotel ist vielleicht nicht *ganz* so groß, wie der Name vermuten lässt, aber trotzdem sehr nett und nur wenige Schritte von der Kathedrale entfernt. Die altehrwürdigen Zimmer sind mit schweren Vorhängen und Holzmöbeln ausgestattet.

✖ Essen

Metz hat eine Menge einladender Restaurants zu bieten, viele davon an oder in der Nähe der Mosel. Wenn die Sonne rauskommt, verwandelt sich die Place St-Jacques in ein riesiges Open-Air-Café. In der kopfsteingepflasterten Rue Taison und in den Arkaden an der Place St-Louis haben sich einige preisgünstige Bistros, Pizzerien und Cafés niedergelassen.

Restaurant Thierry   FUSION
(☎03 87 74 01 23; www.restaurant-thierry.fr; 5 rue des Piques; Menü 24–34 €; ☉tgl. außer Mi & So) Wer dieses würzig duftende, laternenbeleuchtete Restaurant betritt, fühlt sich wie im prunkvollsten Riad von Marrakesch. Im Salon knistert ein Kaminfeuer und der dort gereichte, appetitanregende Aperitif macht Lust auf die asiatischen und marokkanischen Gerichte des Hauses. Dazu zählen *nems* (Frühlingsrollen) mit Garnelen, Meeresfrüchte-Tajine und Seezungen-Tempura. Die Tische sind schnell besetzt, also vorher anrufen!

Le Magasin aux Vivres   FEINSCHMECKERLOKAL €€€
(☎03 87 17 17 17; 5 av. Ney; Hauptgerichte 40–70 €; ☉Di–Fr mittags & abends, Sa nur abends) Der mit einem Michelin-Stern gekrönte Koch Christophe Dufossé ist ein Meister der saisonalen Küche und zaubert mit Zutaten aus der Region exquisite Kreationen. Die hier kredenzten Spezialitäten wie pralle Jakobsmuscheln in lothringischem Bier oder das Karree vom Limousin-Lamm in würzigem Bratensaft lassen sich wunderbar mit einem Moselwein genießen. Reservierung empfohlen!

La Voile Blanche   FRANZÖSISCH, MODERN €€
(☎03 87 20 66 66; 1 parvis des Droits de l'Homme; Menü 25–35 €; ☉Mo & Mi–Sa mittags & abends, So nur mittags; 🛈) Auch in kulinarischer Hinsicht bietet das Centre Pompidou-Metz Kunstvolles. Das von den Architekten Patrick Jouin und Sanjit Manku entworfene Restaurant, dessen verwinkelte Spiegelwände faszinierende optische Effekte schaffen, überzeugt mit seiner frischen, saisonalen Küche. Auf den Tisch kommen Gerichte wie sommerlicher Camargue-Reis mit Rotbarbe oder saftiges Charolais-Rindfleisch.

Maire   FRANZÖSISCH, KLASSISCH €€
(☎03 87 32 43 12; www.restaurant-maire.com, auf Frz.; 1 rue des Ponts des Morts; Menü 37–45 €; ☉Do–Mo mittags & abends, Mi nur abends) Von

DIE ERFOLGSSTORY DES CENTRE POMPIDOU

Endlich ist es da: Nach siebenjähriger Bauzeit und Kosten von 60,7 Mio. € definiert das Centre Pompidou-Metz das angesagte Quartier de l'Amphithéâtre noch einmal neu und sorgt für eine Menge Aufsehen in der Kunstwelt. Auch wenn es bereits mit dem Guggenheim-Museum in Bilbao und der Londoner Tate Modern verglichen wurde, genügt ein Blick auf diese Meisterleistung der Architekten Shigeru Ban (Tokio) und Jean de Gastines (Frankreich), um zu erkennen, dass es vor allem eins ist: einzigartig.

Im Gegensatz zu seinem älteren Bruder in Paris, der sich mit seinem nach außen verlagerten Gerüst und den bunten Röhren einen Namen gemacht hat, ist das Centre Pompidou-Metz weiß und geschwungen. Baumstammförmige Säulen wachsen zu einem Dach empor, das an einen durchs Wasser gleitenden Mantarochen erinnert. Die lichtdurchlässige Membran lässt das Licht am Tage die Ausstellungsräume durchfluten und schimmert nach Einbruch der Dunkelheit ätherisch vor sich hin. Als dynamisch-flexibler Ort für ebenso dynamisch-flexible Ausstellungen hat das Pompidou Nr. 2 inzwischen unter Beweis gestellt, dass große Kunst in Frankreich auch jenseits der Hauptstadt der Kunstliebhaber zu erleben ist.

den Fenstertischen und der Veranda dieses schmucken Restaurants am Fluss hat man einen wunderschönen Blick auf die Kathedrale. Die Küche serviert marktfrische Köstlichkeiten wie langsam geschmortes Lamm oder gegrillten Zander mit gewürzten Mirabellen, und unter den 500 Flaschen, die im Weinkeller lagern, ist garantiert ein passender Tropfen dabei.

La Crêperie CRÊPES €
(11 rue de Faisan; Crêpes 3,50–4 €, Menü 9,50–15,50 €; ☺tgl. außer So & Do) In dieser exzentrischen, bretonischen Crêperie voller Seemanns-Schnickschnack scheint die salzige Atlantikluft zum Greifen nahe. Für Naschkatzen gibt's Crêpes und wer's lieber pikant mag, kann *galettes* mit *fromage* oder Schnecken bestellen. Einmal pro Woche wird bretonische Livemusik geboten.

La Baraka NORDAFRIKANISCH €
(☏03 87 36 33 92; 25 place de Chambre; Hauptgerichte 10–15 €; ☺Do–Di) Lust auf ein wenig Abwechslung? Dieses unprätentiöse nordafrikanische Restaurant bewirtet seine Gäste mit vortrefflichen Tajine-Gerichten, hauchzartem Lammfleisch und delikat gewürztem Safran-Couscous.

Pâtisserie Claude Bourguignon TEESALON €
(31 rue de la Tête d'Or; Snacks 3–8 €; ☺Di–Sa) In dieser Mischung aus Patisserie und Teestube lachen einen lauter Leckereien an: traditionelle Quiche Lorraine (mit geräuchertem Speck, ohne Käse), klebrige Eclairs, Mirabellentarte ... Nichts für die schlanke Linie, aber gut für die Seele!

🍷 Ausgehen

Etwa 22 000 Studenten sorgen in Metz dafür, dass die Bürgersteige abends nicht so schnell hochgeklappt werden. Besonders nett für ein oder zwei Sundowner unter freiem Himmel sind die Straßencafés auf der Place de Chambre und der Place St-Jacques.

Café Jehanne d'Arc CAFÉ
(place Jeanne d'Arc) Die Geschichte dieses Cafés reicht bis ins 13. Jh. zurück, davon zeugen auch seine verblichenen Fresken und knarzigen Deckenbalken. Im Soundtrack ist Serge Gainsbourg ebenso vertreten wie klassische Musik und es gibt oft Jazzkonzerte (Eintritt frei). In den warmen Monaten macht eine kühle Terrasse Laune.

L'Appart BAR, CLUB
(www.l-endroit.com, auf Frz.; 2 rue Haute Pierre; ☺Mi–So) Diese lebendige Bar mit gemischtem (schwul-lesbischem und Hetero-) Publikum hat das Geburtshaus des Dichters Paul Verlaine (1844–1896) bezogen. In den Räumen mit Retrodecke im Stil der 1950er-Jahre finden Events wie DJ-Abende und Dragqueen-Shows statt. Unter demselben Dach residiert auch der Club L'Endroit, der mit coolem Industrie-Chic und schweißtreibenden House-Partys aufwartet.

Pop White DESIGNBAR
(4 place St-Jacques) Bevor die Clubs gestürmt werden, geht es zum kollektiven Sundowner in diese hippe Lounge mit dunklem, silber durchsetztem Edelambiente und angesagter Terrasse.

Le Strapontin   WEINBAR
(15 place de Chambre; ⊘Di–Sa) Mit ihren jazzi-
gen Beats, der Terrasse mit Blick auf die Kathedrale und einer exzellenten Auswahl an
offenen Weinen erfreut sich diese stilvolle
Bar bei Einheimischen großer Beliebtheit.
Zu den Salsakursen am Donnerstagabend
ist jeder willkommen.

Bar Latino   MUSIKBAR
(www.barlatino.fr, auf Frz.; 22 rue Dupont des
Loges) In dieser feierfreudigen Latinobar
stellen anmutige Tänzer ihre Salsa- und
Jive-Künste unter Beweis. Für die passende
Grundlage sorgen die mexikanische Küche
und schwungvolle Cocktails.

☆ Unterhaltung

Einzelheiten zum Angebot der Kulturszene stehen in den kostenlosen, französischsprachigen Monatsmagazinen *Spectacles*
(www.spectacles-publications.com) und *Ce
Mois-Ci à Metz,* die die Touristeninformation bereithält. Karten für Veranstaltungen
gibt's beim **Fnac-Ticketschalter** (www.fnac
spectacles.com; Einkaufszentrum Centre St-Jacques; ⊘Mo–Fr 10–19, Sa 9.30–19.30 Uhr).

Les Trinitaires   LIVEMUSIK
(www.lestrinitaires.com, auf Frz.; place Jeanne
d'Arc) In dem gotischen Gewölbekeller treten experimentelle Rock-, Postrock- und
Jazzbands auf, im Sommer dient der illuminierte Kreuzgang dieses stimmungsvollen
Veranstaltungsortes als Bühne. Vor den
Gigs lockt die Bar Pop Art mit Drinks.

Arsenal   DARSTELLENDE KÜNSTE
(www.arsenal-metz.fr, auf Frz.; 3 av. Ney; ⊘Di–So)
Das ehemalige Zeughaus wurde von dem
postmodernen katalanischen Architekten
Ricardo Bofill in ein Kulturzentrum umgebaut. In dem eindrucksvollen Komplex
aus Jeumont-Stein finden heute Tanz- und
Theateraufführungen sowie Konzerte statt.

❶ Praktische Informationen

Bar St-Jacques (10 place St-Jacques; pro Std.
2 €; ⊘tgl. 7–24 Uhr) Diese Kneipe bietet
kostenloses WLAN und zwei Computer mit
Internetanschluss.

Diacom Internet Café (20 rue Gambetta;
pro Std. 3 €; ⊘Mo–Sa 9–20, So 11.30–20 Uhr)

Krankenhaus (1 place Philippe de Vigneulles;
⊘24 Std) Die Notaufnahme befindet sich in
Gebäude F.

Polizei (10 rue Belle Isle; ⊘24 Std.)

Post (9 rue Gambetta)

Touristeninformation (☏03 87 55 53 76;
http://tourisme.mairie-metz.fr; 2 place
d'Armes; ⊘Mo–Sa 9–19, So 10–17 Uhr) Das
Büro ist in einem ehemaligen Wächterhaus aus
dem 18. Jh. untergebracht, es gibt Gratisstadt-
pläne für Fußgänger und Radfahrer, kostenloses WLAN und einen Internetzugang, der mit
Telefonkarten funktioniert.

❶ An- & Weiterreise

AUTO & MOTORRAD Autovermietungen, die
mit einem Schalter in der Ankunftshalle des
Bahnhofs vertreten sind:

Avis (www.avis.com)

Europcar (www.europcar.com)

National-Citer (www.citer.fr, auf Frz.)

ZUG Der prunkvolle **Bahnhof** (place du Général
de Gaulle) von Metz wurde Anfang des 20. Jhs.
erbaut und liegt auf der TGV-Strecke von Paris
nach Luxemburg. Direktverbindungen bestehen
u. a. zu folgenden Zielen:

Luxemburg 14 €, 50 Min., mind. 15-mal tgl.

Paris Gare de l'Est; 53 €, 80 Min., 13-mal tgl.

Nancy 9,50 €, 40 Min., 48-mal tgl.

Straßburg 23 €, 1¾ Std., 14-mal tgl.

Verdun 13 €, 1½ Std., 3-mal tgl.

❶ Unterwegs vor Ort

AUTO & MOTORRAD Kostenlose Parkplätze
finden sich in der Nähe des Bahnhofs in der
Avenue Foch, nordöstlich des Bahnhofs am
Boulevard André Maginot und entlang des Boulevard Paixhans.

FAHRRAD Zu günstigen Preisen verleiht die
gemeinnützige Organisation **Mob Emploi** (www.
mobemploi.fr, auf Frz.; halber/ganzer Tag/
Woche 2/3/8 €, Kaution pro Rad 100 €) Stadträder und Mountainbikes. Helme und Schlösser
gibt's gratis dazu; gemietet werden können auch
Kinderräder, Kindersitze und sogar ein Tandem.
Mob Emploi hat zwei Verleihstationen: in der Rue
d'Estrées (⊘Mo–Fr 8–18, Sa & So 11–18 Uhr)
und in der Rue Vauban (⊘Mo–Fr 5.45–20 Uhr)
am Fuße des Wasserturms gleich östlich vom
Bahnhof.

Fort du Hackenberg

Das **Fort du Hackenberg** (www.maginot-
hackenberg.com; Veckring; Erw./Kind 8/4 €;
⊘Führungen auf Deutsch: April–Mitte Juni & Mitte
Sept.–Mitte Nov. Mi 15, Sa & So 14.30 Uhr, Mitte
Juni–Mitte Sept. tgl. 15 Uhr, Mitte Nov.–März Sa
14 Uhr) war die größte eigenständige Bunker-
anlage der Region entlang der Maginotlinie
und liegt 30 km nordöstlich von Metz. 1000
Mann konnten in dem Tunnelsystem von

374

ELSASS & LOTHRINGEN LOTHRINGEN

insgesamt 10 km Länge drei Monate lang überleben und im Angriffsfall vier Tonnen Munition pro Minute abfeuern. Besucher fahren mit einer elektrischen Schmalspurbahn 4 km durch die Stollen (in denen eine konstante Temperatur von 12 °C herrscht) zu den unterirdischen Einrichtungen. Die Besichtigungstour dauert zwei Stunden.

Wer gut Englisch oder Französisch spricht, kann sich auch von Jean-Pascal Speck (www.maginot-line.com) durch das Fort du Hackenberg, zu anderen Punkten der Maginotlinie und durch Verdun führen lassen. Der sehr engagierte Amateurhistoriker betreibt außerdem das romantische **Hôtel L'Horizon** (✆ 03 82 88 53 65; www.lhorizon.fr; 5 rte du Crève Coeur; DZ 98–150 €) in Thionville und vermittelt, wenn er selbst ausgebucht ist, andere englischsprachige Guides.

Verdun

20 170 EW.

Sie waren einst Männer in der Blüte ihres Lebens, aber sie sind für den Besitz dieses Hügels gefallen, für einen Hügel, der zum Teil schon auf toten Körpern errichtet worden war. Eine Schlacht, nach der sie am Boden liegend verrotteten, brüderlich vereint im Tod ...

Georges Blond, Verdun

Durch die unsäglichen Grausamkeiten, die sich in und um Verdun zwischen dem 21. Februar und dem 18. Dezember 1916 während der längsten Schlacht des Ersten Weltkriegs abspielten, hat die Stadt traurige Berühmtheit erlangt und ihr Name ist geradezu ein Synonym für das Gemetzel und sinnlose Sterben im Krieg.

Eine solch düstere Vergangenheit bringt es mit sich, dass der Stadt immer etwas Trauriges anhaftet, selbst an schönen Tagen, wenn die Maas und die Fensterläden der Häuser im Sonnenlicht glitzern. Wer die von Schützengräben und Granaten vernarbte Mondlandschaft auf den Hügeln besichtigt und die bleierne Stille auf den Friedhöfen durchschreitet, während sich der Morgennebel lichtet, wird verstehen, warum. Die Zeit hat viele Wunden geheilt und Bäume wachsen lassen, aber die Erinnerung an *l'enfer de Verdun* (die Hölle von Verdun) ist noch lebendig. Und es ist der Wunsch vieler, dass sie nie in Vergessenheit geraten möge.

DAS SÜSSE GEHEIMNIS DER ZUCKERMANDEL

Verdun ist weltberühmt für seine Mandeldragées, die sich auch als *Dragées de Verdun* einen Namen gemacht haben. 1220 kreierte ein Apotheker der Stadt diese alles andere als zahnfreundliche Köstlichkeit, indem er eine Mandel mit einer Schicht aus Zucker und Honig umhüllte. Später zierte die Zuckermandel die Tafeln der Königs- und Adelshäuser und zählte auch Napoleon und Charles de Gaulle zu ihren Fans. Die Firma **Braquier** (✆ 03 29 84 30 00; www.drageesbraquier.com; 50 rue du Fort de Vaux; ◷tgl. 9–12 & 14–19 Uhr) stellt die legendären Dragées seit 1783 her und veranstaltet kostenlose Besichtigungstouren durch die Fabrik; detaillierte Informationen und Zeiten finden sich auf der Website.

Geschichte

Als das Elsass und das lothringische Departement Moselle 1871 von Kaiser Wilhelm I. annektiert wurden, rückte Verdun direkt an die Frontlinie zwischen den beiden Erzfeinden Frankreich und Deutschland. Im Verlauf der folgenden vier Jahrzehnte wurde der Ort zum wichtigsten (und am besten befestigten) Bollwerk der französischen Verteidigung an der Ostgrenze.

Während des Ersten Weltkriegs konnten die Deutschen Verdun zwar nicht erobern, aber die evakuierte Stadt wurde von der Artillerie in Schutt und Asche gelegt. In den Bergen nördlich und östlich von Verdun tobten die brutalen Schlachten (unter Einsatz von Artillerie, Flammenwerfern und Giftgas) besonders heftig und neun Dörfer sind seitdem völlig von der Landkarte verschwunden. Die letzten beiden Kriegsjahre haben über 800 000 Soldaten (rund 400 000 Franzosen, fast ebenso viele Deutsche und ein paar Tausend Amerikaner, die 1918 dazu stießen) in dieser Gegend das Leben gekostet.

⊙ Sehenswertes

Citadelle Souterraine ZITADELLE
(✆ 03 29 86 62 02; av. du 5e RAP; Erw./Kind 6/2,50 €; ◷Feb.–Dez. tgl. 9–19 Uhr) Einer der

größten Besuchermagneten im Stadtzentrum ist diese weitläufige, unterirdische Zitadelle mit ihrem 7 km langen Stollennetz. Sie wurde im 17. Jh. von dem umtriebigen Militärbaumeister Vauban entworfen und 1838 vervollständigt.

1916 bauten die Franzosen die Zitadelle zu einer uneinnehmbaren Kommandozentrale um, in der zeitweise 10 000 *poilus* (französische Soldaten im Ersten Weltkrieg) lebten – viele warteten hier auf ihren Einsatz an der Front.

Rund 10 % der Anlage unter Tage dienen heute als Kulisse für eine audiovisuelle Show, in der Kriegsszenen nachgestellt werden und die Rolle Verduns im Ersten Weltkrieg sehr anschaulich erklärt wird. Halbstündige Touren in batteriebetriebenen Fahrzeugen werden in sechs Sprachen angeboten und sollten im Voraus gebucht werden.

Centre Mondial de la Paix
MUSEUM

(Weltfriedenszentrum; www.cmpaix.fr; place Monseigneur Ginisty; Erw./Kind 5/2,50 €; ☉Di–So 9.30–12 & 14–18 Uhr) Das Museum ist in Verduns ehemaligem Bischofspalast, einem wunderschönen klassizistischen Bau von 1724, untergebracht. Die Dauerausstellung befasst sich mit dem Krieg und seinen Ursachen sowie mit Konfliktvermeidungsstrategien, Menschenrechten und der Bedrohung des Friedens.

Cathédrale Notre-Dame
KATHEDRALE

(place Monseigneur Ginisty; ☉tgl. 8.45–19 Uhr) Die auf einem Hügel thronende Kirche vereint romanische und gotische Stilelemente und beherbergt einen vergoldeten Barockbaldachin. Nach dem Ersten Weltkrieg wurde die schwer beschädigte Kathedrale umfassend renoviert. Viele der Buntglasfenster stammen aus der Zeit zwischen den Kriegen.

GRATIS Monument à la Victoire
SIEGESDENKMAL

(Carrer de la Portella 5) Eine steile Treppe führt zu diesem nüchternen Denkmal hinauf, das in den 1920er-Jahren erbaut wurde und an die Opfer und Überlebenden des Ersten Weltkriegs erinnert. In der Krypta ist ein Buch ausgestellt, das die Namen der Soldaten auflistet, die in der Schlacht um Verdun gekämpft haben.

Porte Chaussée
STADTTOR

(rue Chaussée) Das Stadttor aus dem 14. Jh. diente später zeitweise als Gefängnis.

Porte St-Paul
STADTTOR

(rue St-Paul) Das 1877 erbaute Stadttor wird von einer Marmortafel geschmückt, deren Inschrift an den „Freudenschrei" erinnert, den der „siegreiche Frieden" auslöste.

👉 Geführte Touren

Über die Touristeninformation lassen sich **Busrundfahrten** (auf Frz.; 26 €; ☉Mai–Mitte Sept. Mo–Sa 14–18 Uhr) buchen, zu deren Stationen der Mémorial de Verdun, Fort de Douaumont, Ossuaire de Douaumont und die Tranchée des Baïonnettes zählen. Auf Anfrage werden (auch individuell) englisch- oder deutschsprachige Guides vermittelt.

🛏 Schlafen & Essen

Diverse Brasserien und Fastfoodlokale haben sich in Ufernähe entlang des belebten Quai de Londres angesiedelt (das Schild an einer Hausmauer nicht weit von der Rue Beaurepaire erklärt, woher der Name kommt).

Hôtel Montaulbain
HOTEL €

(☎03 29 86 00 47; 4 rue de la Vieille Prison; DZ 35–45 €) Obgleich dieses zentral gelegene Hotel von einem gewissen Monsieur Poirot (Agatha Christie lässt grüßen) betrieben wird, ist es auch ohne detektivische Spürnase einfach zu finden. Das charmant und mit einem Blick fürs Detail geführte Haus bietet mit seinen makellosen Zimmern ein tolles Preis-Leistungs-Verhältnis.

Auberge de Jeunesse
HOSTEL €

(☎03 29 86 28 28; www.fuaj.org, auf Frz.; place Monseigneur Ginisty; B mit Frühstück 17 €; @) Was für eine Aussicht! Die gepflegte Jugendherberge ist in einem Kloster aus dem 16. Jh. neben der Kathedrale untergebracht und bietet einen umwerfenden Blick auf Verdun.

Hôtel Les Orchidées
FAMILIENHOTEL €

(☎03 29 86 46 46; www.orchidees-hotel.com, auf Frz.; rue d'Etain; DZ/3BZ/4BZ 56/75/85 €; 🛜🗙🅿) Das von einem ruhigen Garten umgebene Hotel verfügt über helle, moderne Zimmer (inkl. große Familienzimmer), einen Swimmingpool, Tennisplatz und ein Restaurant. Die Anlage befindet sich 2 km östlich der Stadt an der D603.

Épices et Tout
FRANZÖSISCH, MODERN €€

(☎03 29 86 46 88; 35 rue des Gros Degrés; Menü 14–23 €; ☉ Mi abends & So geschl.) In diesem stimmungsvollen Kellerbistro sorgt der phantasievolle Einsatz von Gewürzen für Abwechslung. Die einfallsreichen Kreationen wie Schweinebäckchen mit Karamell und Erdnüssen oder die mit Kakao verfeinerte Lachsterrine sind perfekt zubereitet und werden mit viel Elan serviert.

Le Clapier   BISTRO €
(☎03 29 86 20 14; 34 rue des Gros Degrés; Menü 14–22 €; ☺Di-Sa) Die Speisekarte des gemütlichen Bistros lässt das Faible des Küchenchefs für die lieblichen Landstriche der Provence erkennen. Auf den Tisch kommen Spezialitäten wie knusprige Brietarte und Kräuterlammkeule, die sich bestens mit den Weinen von der Maas ergänzen.

Pom'Samba   FRANZÖSISCH, KLASSISCH €
(☎03 29 83 46 34; 7 av. Garibaldi; Menü 11 €; ☺Mo–Sa) Das fröhliche Restaurant mit urigem Kachelboden hat sich ganz und gar der Kartoffel verschrieben und kredenzt die bescheidene Knolle mit verschiedensten „Beilagen" wie Jakobsmuscheln oder Schnecken.

Praktische Informationen

Pass Musées (Erw./Kind 13,50/7,50 €) Dieser Pass ist bei der Touristeninformation erhältlich und gilt als Eintrittskarte für den Ossuaire de Douaumont, das Fort de Douaumont sowie den Mémorial de Verdun. Außerdem erhält man damit bei anderen Sehenswürdigkeiten einen Preisnachlass von 20 %.

Touristeninformation (☎03 29 84 55 55; www.tourisme-verdun.fr, auf Frz.; Pavillon Japiot, av. du Général Mangin; ☺Mo–Sa 8.30–12.30 & 13.30–18.30, So 9–16 Uhr) Angeboten werden geführte Touren und kostenloses Kartenmaterial zu den Schlachtfeldern von Verdun.

Anreise & Unterwegs vor Ort

AUTO & MOTORRAD Die Parkplätze in der Avenue du 8 Mai 1945 und in der Rue des Tanneries (beide südlich der Touristeninformation) sind gebührenfrei.

FAHRRAD Die Schlachtfelder von Verdun lassen sich hervorragend per Mountainbike erkunden. Der Fahrradverleih **Véloland** (Haudainville; halber Tag/ganzer Tag/5 Tage 10/15/50 €) befindet sich 5 km südlich des Stadtzentrums an der D964.

ZUG Am Bahnhof von Verdun, der 1868 von Gustave Eiffel erbaut wurde, verkehren

zwar nicht besonders viele Züge, aber es gibt eine Direktverbindung nach Metz (13 €, 1½ Std., 3-mal tgl.). Drei Busse verbinden Verdun täglich mit dem TGV-Bahnhof Gare Meuse (30 Min.), von wo der TGV Fahrgäste direkt zur Pariser Gare de l'Est katapultiert (40 €, 1¾ Std.).

Die Schlachtfelder von Verdun

Ein Großteil der Schlacht von Verdun spielte sich 5 bis 8 km nordöstlich des Ortes Verdun (Luftlinie) ab. Heute sind in dem wieder bewaldeten Gebiet immer noch massenhaft Spuren wie Schützengräben und Artilleriekrater zu sehen. Wer mit dem Auto hinfahren will, folgt auf der D913 und D112 den Schildern „Douaumont", „Vaux" oder „Champ de Bataille 14–18". Ausgeschilderte Wege führen zu vielen kleineren Hinterlassenschaften des Krieges. Im Januar ist das Gelände geschlossen.

Mémorial de Verdun   KRIEGSGEDENKSTÄTTE
(www.memorial-de-verdun.fr; Erw./Kind 7/3,50 €; ☺Feb.–Mitte Dez. tgl. 9–18 Uhr) Dort, wo früher das Dorf Fleury stand, von dem nach 16 Eroberungen und Rückeroberungen buchstäblich nichts mehr übrig geblieben ist, erhebt sich heute diese Kriegsgedenkstätte. Sie erzählt die Geschichte von „300 Tagen, 300 000 Toten, 400 000 Verwundeten" sehr anschaulich anhand von Kriegsartefakten und persönlichen Gegenständen. Im Untergeschoss zeigt eine Nachbildung, wie es auf dem Schlachtfeld aussah, als die Gewehre endlich schwiegen.

Das von Kratern übersäte, ehemalige Zentrum von **Fleury** liegt ein paar Hundert Meter vom Mémorial entfernt. Inzwischen wächst hier Gras und zwischen den niedrigen Mauerresten erklären Schilder, wie das Dorf früher angelegt war.

GRATIS Ossuaire de Douaumont
                            KRIEGSGEDENKSTÄTTE
(www.verdun-douaumont.com; ☺Mo–Fr 9–18, Sa & So 10–18 Uhr) Das 137 m lange, düstere Beinhaus von Douaumont erhebt sich wie eine riesige Artilleriegranate über einem Meer von 15 000 Kreuzen. Es wurde 1932 eröffnet und gehört zu den wichtigsten französischen Gedenkstätten des Ersten Weltkriegs. Die Gebeine von rund 130 000 nicht identifizierten Soldaten aus Deutschland und Frankreich, die auf den Schlachtfeldern von Verdun eingesammelt wurden,

JEAN-PAUL DE VRIES: TOURGUIDE & MUSEUMSBESITZER

Seit ich mit sechs Jahren zum ersten Mal ein Bajonett in der Hand hielt, hat mich der Erste Weltkrieg nicht mehr losgelassen. Im Laufe der letzten 35 Jahre habe ich hier in der Gegend 60 000 Fundstücke gesammelt: Kämme, Feldgeschirr, Granaten, alles Mögliche. Mit all diesen Dingen befasst sich das Museum Romagne '14–'18 (S. 379): Es geht um Lebensgeschichten, um die Menschen, die unter den Helmen steckten. Mein Museum ist im Grunde eine alte Scheune, in der die Fundstücke in ihrem Originalzustand gezeigt werden, samt Rost und Dreck und allem.

Meine Leidenschaft

Was mich schon immer bewegt hat, ist die Frage: Wie konnte das je geschehen? Allein der Gedanke, jahrelang im Dreck zu hocken, weit weg von der Familie, und zu wissen, dass man wahrscheinlich sterben würde. Das übersteigt doch das Vorstellungsvermögen. Ich glaube, wenn ich darauf eine Antwort fände, würde ich mit dem Sammeln aufhören.

Lieblingsfundstücke

Die Schuhe, die deutsche Soldaten – einigen von ihnen waren die Beine amputiert worden – aus ihren alten Armeestiefeln für französische Kinder gemacht haben. Mir gefallen Dinge, die von menschlichem Einfallsreichtum zeugen, wie zu Kaffeefiltern umgebaute Gasmasken oder Granaten, die zu Brieföffnern, Aschenbechern oder sogar zu Kunst umfunktioniert wurden. Und dann gibt es da noch ein Feldgeschirr mit der Inschrift „no good for shit" (was sowohl „hier gehört keine Scheiße rein" als auch „nicht mal zum Scheißen gut" bedeuten kann). Wer weiß, ob der Soldat damit das Essen oder den Krieg im Allgemeinen meinte.

Geführte Wanderungen

Ich biete jeden Morgen geführte Wanderungen zu den Schützengräben und der ehemaligen deutschen Frontlinie an, damit die Leute sich ein Bild von den Zuständen auf dem Schlachtfeld und der Enge des täglichen Lebens machen können. Irgendetwas finden wir fast immer, meist Munition. Hier alleine herumzulaufen kann wegen der Artilleriekrater und Blindgänger sehr gefährlich sein – ein Drittel davon steckt noch in der Erde.

Beste Besuchszeit

Im Mai, wenn die Bäume in den Wäldern frisches Laub tragen und auf den Soldatenfriedhöfen Meuse-Argonne American Cemetery und Lorraine American Cemetery der Memorial Day begangen wird. Oder im Oktober, in diesem Monat wurde die Region befreit. An einem kalten, verregneten Herbsttag kann man sich besser vorstellen, was hier geschehen ist und wie das gewesen sein muss.

ruhen hier in 52 Massengräbern (geordnet nach dem Ort, wo sie fielen). Jeder der gravierten Steine steht für einen vermissten Soldaten und eine ergreifende Schautafel zeigt Fotos von Verdun-Überlebenden, wobei Aufnahmen aus dem Ersten Weltkrieg und von heute einander gegenübergestellt werden.

Die Eintrittskarte für den ausgezeichneten 20-minütigen Film (Erw./Kind 4/3 €) über die Schlacht gilt auch für den 46 m hohen **Glockenturm**.

Der **französische Militärfriedhof** im vorderen Bereich der Anlage wird östlich und westlich von Denkmälern für muslimische und jüdische Soldaten begrenzt, die im Ersten Weltkrieg für Frankreich ihr Leben ließen. Das Denkmal für die muslimischen Soldaten wurde 2006 eingeweiht und ähnelt einer nordafrikanischen Moschee.

Fort de Douaumont   FESTUNG
(Erw./Kind 3/1,50 €; ⊙tgl. 10–18 Uhr) Das Fort thront rund 2 km nordöstlich des Beinhau-

ses hoch oben auf einem Hügel und ist die mächtigste der 38 Bastionen und Kasematten des 45 km langen Festungsrings, der Verdun schützen sollte. Als die Schlacht von Verdun begann, befand sich nur eine kleine Truppe in den feuchtkalten Stollen, die sich über insgesamt 3 km in dem 400 m langen, zwischen 1885 und 1913 erbauten Fort ausdehnen. Schon am vierten Tag musste sie sich ergeben, was der französischen Kampfmoral einen erheblichen Dämpfer verpasste. Vier Monate später wurde das Fort von französischen Kolonialtruppen aus Marokko zurückerobert. Vom Dach des Forts, das mit Einschusskratern übersät ist, bieten sich den Besuchern herrliche Panoramablicke.

Charles de Gaulle, damals ein junger Hauptmann, wurde 1916 ganz in der Nähe verwundet und geriet daraufhin in Kriegsgefangenschaft.

GRATIS **Tranchée des Baïonnettes**
KRIEGSGEDENKSTÄTTE
Am 12. Juni 1916 warteten zwei Kompanien des 137. Infanterieregiments der französischen Armee in *tranchées* (Schützengräben) kauernd und mit aufgepflanztem *baïonnette* (Bajonett) auf das Ende eines besonders heftigen Artilleriefeuers. Doch sie hofften vergeblich, denn die niederprasselnden Geschosse brachten so viel Schutt und Schlamm mit sich, dass die Soldaten lebend darunter begraben wurden. Erst drei Jahre später entdeckte jemand Hunderte von Bajonettspitzen, die aus dem Boden ragten, und wurde dadurch auf das Massengrab aufmerksam. Heute befindet sich an diesem Ort eine einfache Gedenkstätte, die Besuchern jederzeit zugänglich ist. Im Volksmund heißt das bewaldete Tal an der D913 **Ravin de la Mort** (Tal des Todes).

Amerikanische Kriegsgedenkstätten

Über eine Million Amerikaner nahmen 1918 an der Meuse-Argonne-Offensive teil, der letzten Schlacht des Ersten Weltkriegs an der Westfront. Die blutigen Kämpfe im Nordwesten von Verdun, bei denen über 26 000 US-Soldaten ihr Leben ließen, veranlassten den deutschen Kaiser schließlich, dem US-Präsidenten Woodrow Wilson per Telegramm einen Waffenstillstand anzubieten. Der Film *Sergeant York* (1941) beruht auf realen Ereignissen, die sich hier zutrugen. Die Internetadresse der Touristeninformation des Departements Meuse lautet www.tourisme-meuse.com (auf Frz.).

Abgesehen von dem Museum Romagne '14–'18 werden alle unten aufgeführten Stätten von der **American Battle Monuments Commission** (www.abmc.gov) verwaltet und sind täglich von 9 bis 17 Uhr geöffnet.

Meuse-Argonne American Cemetery
SOLDATENFRIEDHOF
Auf dem größten US-amerikanischen Soldatenfriedhof Europas liegen 14 246 Gefallene des Ersten Weltkriegs begraben. Er befindet sich in Romagne-sous-Montfaucon, 41 km nordwestlich von Verdun an der D38 und der D123.

Romagne '14–'18
KRIEGSMUSEUM
(☑03 29 85 10 14; www.romagne14-18.com; 2 rue de l'Andon; geführte Wanderungen 10 €, Spenden willkommen; ⊙geführte Wanderungen tgl. 9–12 Uhr, Museum Do–Di 12–18 Uhr) In diesem ergreifenden Museum, das sich in demselben Dorf befindet, dokumentiert Jean-Paul de Vries mit seiner faszinierenden Privatsammlung von Kriegsfundstücken den Alltag der Soldaten und sehr persönliche Kriegsschicksale.

Zudem lohnt es sich sehr, Jean-Paul auf einer seiner aufschlussreichen morgendlichen Touren durch die Schlachtfelder zu begleiten.

Lorraine American Cemetery
SOLDATENFRIEDHOF
Auch nach dem Ende des Zweiten Weltkriegs gab es in Verdun eine starke Militärpräsenz, bis Charles de Gaulle 1966 Frankreich aus der Kommandostruktur der Nato herauslöste. Dieser von Wäldern umgebene, parkähnliche Friedhof ist der größte US-amerikanische Soldatenfriedhof des Zweiten Weltkriegs in Europa. Er liegt rund 45 km östlich von Metz bei der Ortschaft St-Avold.

St-Mihiel American Cemetery
SOLDATENFRIEDHOF
Auf diesem Friedhof aus dem Ersten Weltkrieg liegen 4153 US-amerikanische Gefallene der Schlacht von St-Mihiel (1918) begraben. Die strahlenförmig angeordneten Gräber laufen auf eine Sonnenuhr zu, auf der ein weißer amerikanischer Adler hockt. Der Friedhof liegt 40 km südöstlich von Verdun, am Rande von Thiaucourt-Regniéville.

Butte de Montsec   KRIEGSGEDENKSTÄTTE

Auf diesem 375 m hohen Hügel 15 km südwestlich des St-Mihiel American Cemetery errichteten die Amerikaner eine Gedenkstätte mit einer Reliefkarte aus Bronze, die von einem Kreis neoklassizistischer Säulen umringt wird.

Butte de Montfaucon   KRIEGSGEDENKSTÄTTE

Die an die Meuse-Argonne-Offensive erinnernde Gedenkstätte liegt rund 10 km südöstlich von Romagne-sous-Montfaucon. Auf dem 336 m hohen Hügel ragt eine 58 m hohe dorische Säule samt einer die Freiheit symbolisierenden Statue gen Himmel.

Das Loire-Tal

Inhalt »

Gut essen

» Le Pot de Lapin (S. 415)
» Les Années 30 (S. 412)
» Le Gambetta (S. 415)
» Cap Sud (S. 401)
» Chez Noé (S. 388)

Schön übernachten

» Château de Verrières (S. 415)
» Hôtel Diderot (S. 411)
» Château Beaulieu (S. 415)
» Hôtel de l'Abeille (S. 388)
» La Levraudière (S. 397)
» Le Pavillon des Lys (S. 405)
» Hôtel Ronsard (S. 400)

Auf ins Loire-Tal

Aufgrund ihrer strategisch günstigen Lage – nur einen Katzensprung von der Hauptstadt entfernt und genau auf der sensiblen Scheidelinie zwischen Nord- und Südfrankreich – spielte die Loire in den vergangenen Jahrhunderten immer wieder eine wichtige Rolle. Könige, Königinnen, Herzöge und Adlige haben ihre Festungen und Landsitze an ihrem Lauf errichtet, sodass heute das weite, ebene Loire-Tal mit vielen der extravagantesten Schlösser und Burgen Frankreichs gesprenkelt ist. Hunderte von Schlössern mit ihren hoch aufragenden Türmen, funkelnden Festsälen, schiefergedeckten Kuppeln und zinnengekrönten Erkern machen das Loire-Tal – inzwischen ein Unesco-Weltkulturerbe – zu einer Schatztruhe mit unglaublich vielfältigen architektonischen und künstlerischen Kleinodien aus über 1000 Jahren. Wer einen Sinn für aristokratischen Prunk und für Sternstunden der Baukunst hat, der ist im Loire-Tal goldrichtig.

Reisezeit

Tours

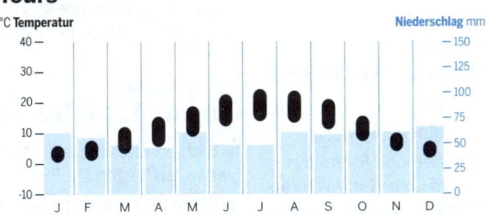

Ende April bis Anfang Mai Die Fêtes de Jeanne d'Arc in Orléans haben ihren Höhepunkt mit Paraden am 8. Mai.

Juni und Juli Mit dem Fahrrad von Schloss zu Schloss durch das Tal.

September und Oktober Weinproben in der Erntezeit.

VORAB PLANEN

Vor der Reise ins Loire-Tal sollten An- und Abreise gebucht, in den beliebten Orten Saumur, Amboise oder Chinon Zimmer reserviert und Schlössertouren (S. 383) oder die Reitshows der Cadre Noir (S. 413) angemeldet werden.

Die schönsten Gärten des Loire-Tals

Musikfestival im Frühling

Jedes Jahr zu Ostern strömen 100 000 Musikbegeisterte nach Bourges, um beim **Printemps de Bourges** (www.printemps-bourges.com) die neuesten Trends aus Rock, Roots und französischer Musik aufzusaugen.

Infos im Internet

» Weltkulturerbe Loire-Tal: www.valdeloire.org

» Wander- und Radtourenwege im Loire-Tal: www.randonnee-en-val-de-loire.com

» Ökosystem Loire und Umgebung: www.observatoireloire.fr, www.cpie-val-de-loire.org, auf Französisch

» Infos zu regionalen Verkehrsmitteln: www.destineo.fr

Weinparadies Loire-Tal

Das Loire-Tal ist reich an Weingütern (www.vinsdeloire.com), die ausgezeichnete, aber eher unbekannte Rot- und Weißweine sowie den *crémant* (Schaumwein) herstellen. Allein in Anjour und Saumur werden 30 AOC-zertifizierte Weine (Appellation d'Origine Contrôlée) hergestellt, Touraine bringt es auf neun, darunter einige spritzige Gamays. Der häufigste Rotwein ist der Cabernet Franc.

Zu den ausgezeichneten Weinbaugebieten gehören Saumur-Champigny (Empfehlung: Domaine Clos Rougeard), Bourgueil (Empfehlung: Domaine de la Butte) und Chinon (Empfehlung: Cuvée des Tireaux der Domaine Olek Mery).

Bei Weißwein sind die Chenin blancs von Vouvray hervorragend, Sancerre und Pouilly-Fumé erzeugen großartige Sauvignon Blancs. Die spritzige Appellation Crémant de Loire verteilt sich auf mehrere Gemeinden.

Maisons des Vins in Blois, Saumur, Cheverny und Angers bieten Weinproben der regionalen Weine. Die Route Touristique des Vignobles ist die Weinstraße des Loire-Tals; Touristeninformationen bieten Broschüren wie *Loire Valley Vineyards* mit Adressen und Karten der Weingüter; *Sur La Route des Vins de Loire* verzeichnet Güter von Blois bis Angers und in der Küstenregion.

AUF DEN SPUREN VON KÜNSTLERN & SCHRIFTSTELLERN

Das Loire-Tal war ein beliebter Schauplatz für die tollen Geschichten und wilden Ausschweifungen des französischen Adels, aber auch Fixpunkt für einige der größten europäischen Künstler und Denker. Der Mathematiker und Philosoph René Descartes, der Dichter Pierre de Ronsard und der Autor und Arzt François Rabelais (S. 411) sind alle an der Loire geboren; Leonardo da Vinci (S. 404) verbrachte hier seine letzten Lebensjahre; und Koryphäen wie der Bildhauer Alexander Calder oder der Schriftsteller Honoré de Balzac (S. 408) lebten und arbeiteten in der Region. Andere, wie Jean Gênet, waren hier im Gefängnis (S. 417). Und dann gab es noch solche wie Alexandre Dumas (s. S. 416), die sich hier einfach nur inspirieren ließen.

Top 5: Aktivitäten für Kinder

» Sich im Maison de la Magie von Illusionen und Magie verwirren lassen (S. 392).

» Wirre und unheimliche Höhlen rund um Saumur erkunden (S. 414).

» Mit den Comicfiguren Tim und Struppi Blitz und Donnerschlag erleben (S. 395).

» In winzige Schlösser hineinschnuppern oder in den Parks rund um eine spitze Pagode spielen (S. 405).

» Im Château de Montsoreau auf Schatzsuche gehen (S. 416).

Geschichte

Mit den Schlössern des Loire-Tals hinterließen die Dramen der französischen Geschichte ihre Spuren. Die Loire war schon
frühzeitig einer der wichtigsten Transport-
wege des römischen Galliens. Die ersten
Adelssitze waren mittelalterliche Festungen, die im 9. Jh. zum Schutz gegen plün-
dernde Wikinger errichtet wurden. Im
11. Jh. kamen dann Burgen mit gewaltigen
Festungsmauern, Wehrtürmen und Gräben
in Mode.

Im Hundertjährigen Krieg (1337–1453)
bildete die Loire die Grenze zwischen französischen und englischen Truppen. Während der heftigen Kampfhandlungen wurde die Region schwer verwüstet. Nachdem
Karl VII. mithilfe der Johanna von Orleans
(Jeanne d'Arc) seine Krone wiedererlangt
hatte, entwickelte sich das Loire-Tal zum
Brennpunkt des französischen Hoflebens.
Karl und seine Mätresse Agnes Sorèl ließen
sich in Loches nieder. Um ihrer Macht und
ihrem Reichtum Ausdruck zu verleihen, ließen sich der Adel und die bürgerliche Elite des Landes ihre eigenen extravaganten
Schlösser errichten.

Franz I. (reg. 1515–47) setzte mit dem ersten verschnörkelten Renaissancepalast einen neuen Akzent an der Loire. Sein Nachfolger Heinrich II. (regierte 1547–59), seine
Frau Katharina von Medici und seine Geliebte Diane de Poitier machten die Schloss-
landschaft dann zur Kulisse ihrer Liebes-
dramen. Und Heinrichs Sohn, Heinrich III.
(regierte 1573–89), nutzte Schloss Blois, um
zwei seiner größten Konkurrenten aus dem
Weg zu räumen, bevor ihn dann acht Monate später dasselbe Schicksal ereilte und
er hingerichtet wurde.

An- & Weiterreise

FLUGZEUG Der Flughafen von Tours wird von
Ryanair aus London Stansted, Dublin, Marseille
und Porto angeflogen, bietet aber auch Verbindungen in andere französische Städte.

ZUG Von St-Pierre-des-Corps, in der Nähe von
Tours, fährt der TGV Atlantique rund eine Stunde
bis zum Bahnhof Montparnasse und zum Flughafen Charles de Gaulle in Paris. Auch andere
Städte an der Loire (darunter Orléans, Blois,
Amboise und Angers) sind mit Hochgeschwindigkeitszügen aus Paris erreichbar.

Unterwegs vor Ort

Die wichtigsten Städte und viele Schlösser sind
per Bahn oder Bus erreichbar. Wer aber Zeit
sparen will, sollte mit dem eigenen Auto reisen.

FAHRRAD Da das Loire-Tal ziemlich eben ist,
sind die Bedingungen für Radtouren ideal. **Loire
à Vélo** (www.loireavelo.fr, auf Frz., www.loire-
radweg.org, auf Deutsch) unterhält ein 800 km
langes markiertes Radwegenetz von Cuffy bei
Nevers bis zum Atlantik. Einen kostenlosen
Radführer hat fast jede Touristeninformation,
aber auch die Websites bieten Material zum
Herunterladen (Routenpläne, Audioguides und
Infos über Fahrradverleihe).

Détours de Loire (☎02 47 61 22 23; www.
locationdevelos.com) verleiht Fahrräder in
Tours, Blois und Saumur sowie in zahlreichen
Partnerläden; die Fahrräder werden gegen eine
kleine Gebühr geliefert, abgeholt und zu fest-
gelegten Orten entlang der Strecke gebracht.
Schloss, Helm, Reparaturzeug und Luftpumpe
sind im Preis enthalten. Ein normales Fahrrad
kostet 14 € pro Tag und 59 € pro Woche (jeder
weitere Tag 5 €). Tandems gibt es für 45 € pro
Tag.

Les Châteaux à Vélo (☑ in Blois 02 54 78 62
52; www.chateauxavelo.com; 12–14 €/Tag) hat
einen Verbund von Fahrradverleihen in Blois,
Chambord und Cheverny mit 300 km ausgeschilderten Radwegen und Minibusshuttle. Von
der Website können Karten und 40 mp3-Audio-
guides heruntergeladen werden, Karten gibt es
auch in den Touristeninformationen.

GEFÜHRTE TOUREN Eingefleischte Individualreisende wird die Idee einer Schlössertour mit
dem Minibus nicht verlocken. Wenn kein eigenes
Auto zur Verfügung steht, ist sie aber nicht die
schlechteste Lösung.

Die Touristeninformation in Blois und **TLC**
(☎02 54 58 55 44; www.tlcinfo.net, auf Frz.)
bieten einen Shuttlebus von Blois nach Chambord und Cheverny, von April bis August dreimal
morgens.

Die meisten Anbieter haben ein Programm mit
gut abgestimmten Routen, die in verschiedenen
Variationen Azay-le-Rideau, Villandry, Cheverny, Chambord und Chenonceau kombinieren
(inkl. Abstecher zur Weinprobe). Halbtägige
Touren kosten zwischen 18 und 33 €; ganztägige zwischen 43 und 50 €. Der Eintritt zu den
Schlössern ist nicht inbegriffen, doch Teilnehmer erhalten einen Rabatt auf den Normalpreis.
Plätze können über die Touristeninformation in
Tours reserviert werden, wo die meisten Touren
auch starten.

Acco-Dispo (☎06 82 00 64 51; www.acco
dispo-tours.com)

Alienor (☎06 10 85 35 39; www.alienor.com)

Loire Valley Tours (☎02 54 33 99 80; www.
loire-valley-tours.com) Touren inklusive Eintritt
zu den Schlössern (125 €).

Luxury Tours (☎06 66 64 20 08; www.luxury
tours.fr) Private Autos aus der Luxusklasse
(105–256 €).

Highlights

1 Phantastisches Essen, Weine und Höhlenwanderungen sowie ein bisschen Reitergeschichte in **Saumur** (S. 412) genießen

2 Das mit Erfindungen vollgestopfte letzte Heim von Leonardo da Vinci in **Clos Lucé** (S. 405) erkunden

3 Das mit Türmchen übersäte Dach von **Chambord** (S. 394) erklimmen, dem extravagantesten Schloss im Tal.

4 Ins quirlige Stadtleben von **Tours** (S. 399), **Angers** (S. 417) oder **Orléans** (S. 385) eintauchen, mit Cafékultur und ausgezeichneten Museen

5 Die akkuraten Gärten und Blumenbeete von **Villandry** (S. 407) bewundern

6 Im mittelalterlichen Schloss **Langeais** (S. 407) in die Vergangenheit reisen

7 Sich in der größten Klosteranlage der **Abbaye Royale de Fontevraud** (S. 417) verlieren

8 Kunst in **Cheverny** (S. 396) und **Chenonceau** (S. 403) erleben

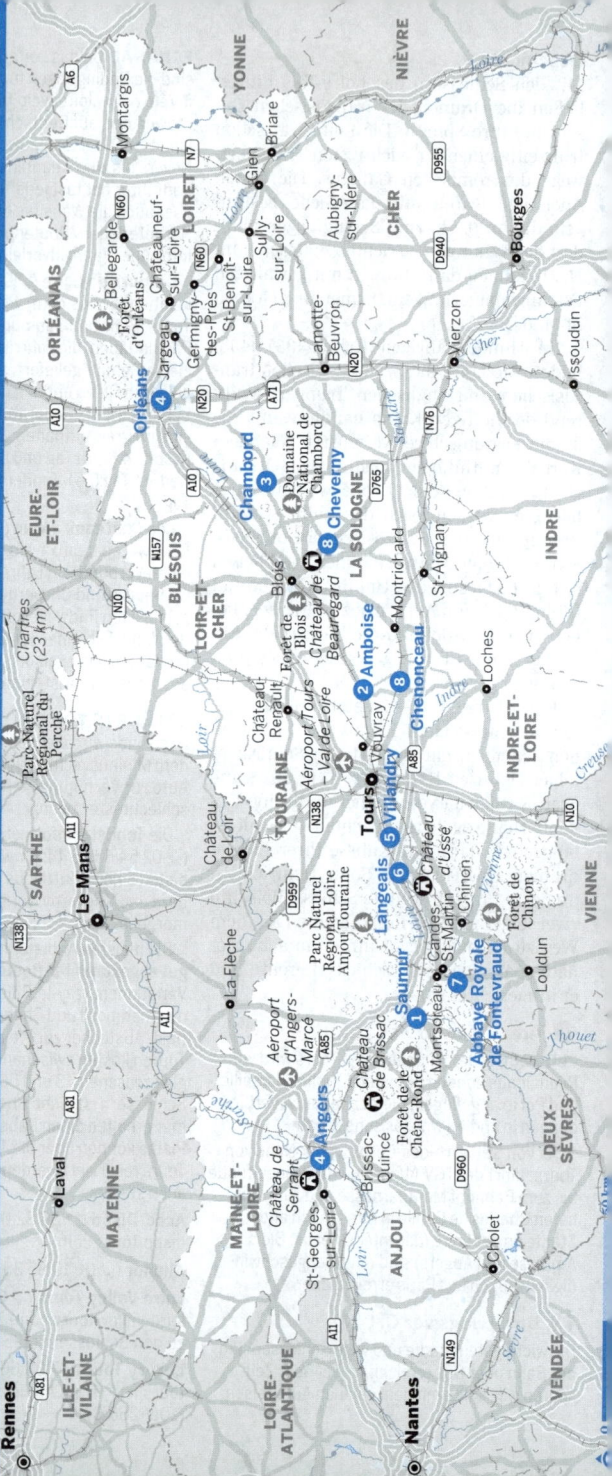

Quart de Tours (📞06 30 65 52 01; www.
quartdetours.com)
St-Eloi Excursions (📞02 47 37 08 04; www.
saint-eloi.com)
Touraine Evasion (📞06 07 39 13 31; www.
tourevasion.com)

ORLÉANAIS

Die Region Orléanais, benannt nach der
historischen Stadt Orléans und Heimat
der berühmten Jeanne d'Arc (Johanna von
Orléans), ist das nördliche Tor zum Loire-
Tal. Im Osten dieses Landstrichs liegen die
kostbaren Kirchen von St-Benoît-sur-Loire
und Germigny-des-Prés, im Süden die
Sümpfe der Sologne, einst das bevorzugte
Jagdrevier der Könige und Prinzen Frankreichs.

Orléans

116 490 EW.

Das 100 km südlich von Paris gelegene
Orléans mit seinen Boulevards, eleganten
Boutiquen und stolzen Bauwerken versprüht das Flair einer Großstadt. Es ist eine
Stadt mit sichtbarer Geschichte: Schon als
die Römer hier ankamen, war Orléans eine
bedeutende Siedlung. Doch ihren prominenten Platz in der Geschichte verdankt
die Stadt einem jungen Bauernmädchen
namens Jeanne d'Arc (Johanna von Orléans), das 1429 die Truppen Karls VII. ein-
te und in einem spektakulären Feldzug die
englische Besatzungsmacht aus dem Land
jagte. Dies war ein entscheidender Wendepunkt im Hundertjährigen Krieg. Sieben
Jahrhunderte später beflügelt die Jungfrau
von Orléans noch immer die Phantasie der

EIN SCHLOSS FÜR JEDEN GESCHMACK

Das Loire-Tal ist ohne Frage ein Eldorado für alle Schlossliebhaber – aber wie um
alles in der Welt soll man sich für das richtige Schloss entscheiden, wenn es gleich
so viele prachtvolle Paläste auf einmal gibt?! Hier ein rascher Überblick als Orientie-
rungshilfe:

Wenn es um reine architektonische Schönheit geht, sind die großen drei nicht zu
schlagen: **Chambord**, der Landsitz von Franz I., das Wasserschloss **Chenonceau**
im Renaissancestil und das zauberhafte Schloss **Cheverny**. Deshalb überrascht es
kaum, dass diese drei auch mit Abstand die mit den meisten Besuchern sind. Wer
den Massen aus dem Weg gehen will, sollte früh am Morgen oder kurz vor Schließung
kommen.

Wer lieber mittelalterliche Burgen à la Monty Python mag, sollte entweder die
imposante Festung **Langeais** mit originaler Einrichtung, hohen Mauern und einer
waschechten Zugbrücke ansteuern oder **Chaumont** mit seinen runden Türmen besuchen, wo einst Katharina von Medici residierte. Ein weiteres Gemäuer, in dem man den
heiligen Gral vermuten könnte, ist die wuchtige Bastion **Loches**.

Ganz oben auf der Liste der historisch bedeutenden Schlösser stehen die Königs-
residenzen von **Blois**, in denen sich vier Epochen französischer Geschichte abgespielt
haben, das prachtvolle Schloss **Amboise**, in dem eine ganze Reihe französischer Monarchen residierte (z. B. Karl VIII. und Ludwig XI.), die Burg **Angers** mit seiner düsteren
Fassade und den phantastischen Wandteppichen im Inneren sowie das ländliche **Clos
Lucé** in Amboise, wo Leonardo da Vinci seine letzten Lebensjahre verbrachte.

Von literarischer Bedeutung sind die Schlösser **Ussé**, die Inspirationsquelle für
Dornröschen, **Saché**, die Residenz von Balzac (s. S. 408), oder **Montsoreau**, das Alexandre Dumas als Kulisse für einen seiner Romanklassiker wählte.

Oder geht es um das perfekte Fotomotiv? Dann empfehlen wir Schloss **Azay-le-
Rideau** mit seinem Wassergraben, die geometrischen Gärten von **Villandry** und das
wenig besuchte Schloss **Beauregard**, das für seine Galerie mit Porträts mittelalterlicher Persönlichkeiten und für seinen friedvollen Landschaftspark berühmt ist.

Diejenigen, die lieber ohne Massenbegleitung reisen, sollten besser eines der hier
nicht genannten Schlösser auswählen. Denn die weniger bekannten Schlösser sind
meist auch weit seltener besucht als die großen und berühmten Prachtbauten im
Loire-Tal.

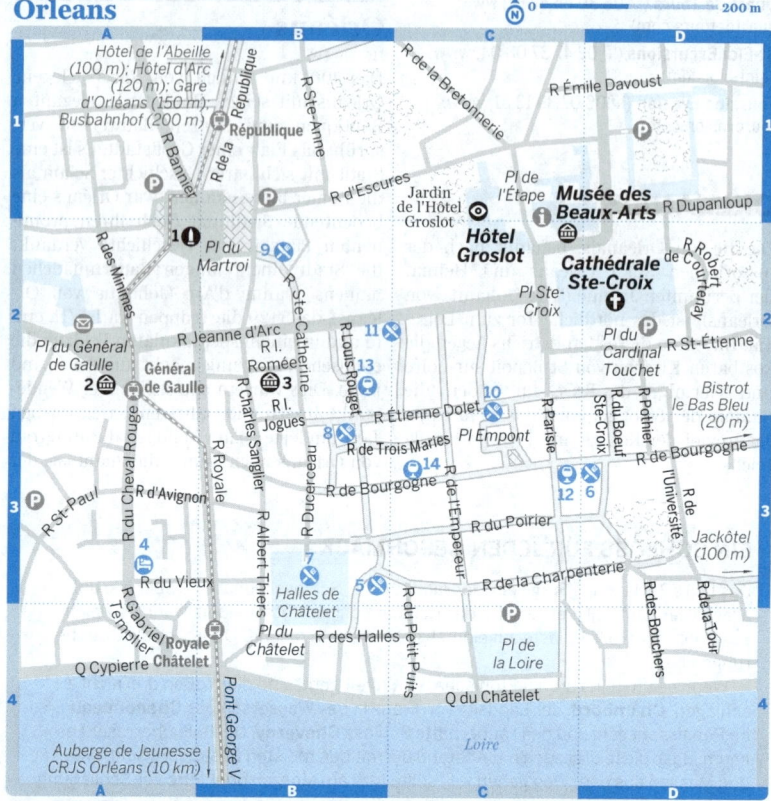

N 0 ——————— 200 m

DAS LOIRE-TAL ORLÉANAIS

Map labels:
Hôtel de l'Abeille (100 m); Hôtel d'Arc (120 m); Gare d'Orléans (150 m); Busbahnhof (200 m)

R de la Bretonnerie
R Émile Davoust
R Bannier
R de la République
R Ste-Anne
République
R d'Escures
Jardin de l'Hôtel Groslot
Pl de l'Étape
Musée des Beaux-Arts
R Dupanloup
Pl du Martroi
Hôtel Groslot
Cathédrale Ste-Croix
R Ste-Catherine
R des Minimes
Pl du Général de Gaulle
R Jeanne d'Arc R l.
Général de Gaulle
Roméee R l.
R Louis Rouget
Pl Ste-Croix
Pl du Cardinal Touchet
R St-Étienne
R Robert de Courtenay
R du Cheval Rouge
R Charles Sanglier
R Jogues
R Étienne Dolet
R de Trois Maries
Pl Empont
R Parisie
R du Bœuf Ste-Croix
R Pothier
Bistrot le Bas Bleu (20 m)
R de Bourgogne
R de l'Université
R St-Paul
R d'Avignon
R Royale
R Albert Thiers
R Ducerceau
R de Bourgogne
R de l'Empereur
R du Poirier
Jackôtel (100 m)
R des Bouchers
R de la Tour
R du Vieux
R Gabriel Templier
Q Cypierre
Royale Châtelet
Halles de Châtelet
Pl du Châtelet
R des Halles
R du Petit Puits
R de la Charpenterie
Pl de la Loire
Pont George V
Q du Châtelet
Loire
Auberge de Jeunesse CRJS Orléans (10 km)

Franzosen. Überall in der Stadt erinnern Statuen, Tafeln und Museen an sie. Das herrliche mittelalterliche Viertel ist größtenteils autofrei, es erstreckt sich von der Loire nach Norden bis zur Rue Jeanne d'Arc und hat ein ausgezeichnetes Kunstmuseum und eine phantastische Kathedrale zu bieten.

⊙ Sehenswertes & Aktivitäten

Die Touristeninformation organisiert im Juli und August sowie in den anderen Monaten zu einzelnen Gelegenheiten geführte **Stadtspaziergänge** zu den Sehenswürdigkeiten von Orléans (meist auf Französisch, manchmal auch auf Englisch). Manchmal werden die Führungen mit einer Flussfahrt verbunden. In der Touristeninformation gibt es auch Broschüren für eigene Erkundungstouren: *Circuit Découverte* (2 €) und *9 Balades Entre Ciel et Loire* (1 €).

LP TIPP **Musée des Beaux-Arts** KUNSTMUSEUM (☎ 02 38 79 21 55; 1 rue Fernand Rabier; inkl. Audioguide Erw./Kind 4/2,50 €; ⊙ Di–So 10–18 Uhr) Das fünfstöckige Museum der Schönen Künste von Orléans ist ein echter Leckerbissen: Es beherbergt eine ausgezeichnete Sammlung italienischer, flämischer und niederländischer Gemälde (darunter Arbeiten von Correggio, Velàzques und Bruegel) sowie eine riesige Anzahl von Werken französischer Künstler, wie zum Beispiel von Léon Cogniet (1794–1880) und dem in Orléans geborenen Alexandre Antigna (1817–78). Zu den Schätzen des Museums gehören eine äußerst seltene Serie von **Pastellen aus dem 18. Jh**. von Maurice Quentin de la Tour und Jean-Baptiste Chardin sowie von Claude Dervet Darstellungen von Luft, Feuer, Erde und (gefrorenem) Wasser: *Les Quatre Éléments* (Mitte des 15. Jhs.). Und auch die Ausstellungsräume des Museums selbst sind riesig und spektakulär anzusehen. Freier Eintritt am ersten Sonntag jeden Monats.

Cathédrale Ste-Croix KATHEDRALE
(place Ste-Croix; ⊙9.15–12 & 14.15–17.45 Uhr) Selbst in einem Land voll mit atemberaubenden Kirchen bleibt einem beim Anblick dieser Kathedrale die Luft weg. Über der Place Ste-Croix thront der flamboyant-gotische Bau, der ursprünglich aus dem 13. Jh. stammt, aber später von zahlreichen Königen mehreren Schönheitskorrekturen unterzogen wurde: Heinrich IV. begann den Umbau 1601, Ludwig XIII. (reg. 1610–43) sorgte für die Restaurierung von Chor und Schiff, Ludwig XIV. (reg. 1643–1715) war für das Querschiff verantwortlich, und Ludwig XV. (reg. 1715–74) und Ludwig XVI. (reg. 1774–92) ließen die Westfassade erneuern und mit mächtigen Bögen und mehrstufigen Türmen verzieren. Im Inneren streben schlanke Säulen zum hohen Deckengewölbe und zum 1895 vollendeten 106 m hohen Turm. Eine Reihe farbenprächtiger Buntglasfenster zeigt Szenen aus dem Leben der Jeanne d'Arc, die 1920 heiliggesprochen wurde. Der Jungfrau wurde hier am 8. Mai 1429 mit einer Prozession für die Rettung der Stadt gedankt.

GRATIS **Hôtel Groslot** BAUDENKMAL
(☑02 38 79 22 30; place de l'Étape; ⊙Mo–Fr 9–12 & 14–18, Sa 17–19, So 10–18 Uhr) Gegenüber dem Kunstmuseum steht der Renaissancebau des Hôtel Groslot aus dem 15. Jh. Das Herrenhaus war als Wohnsitz für den städtischen Gerichtsvollzieher Jacques Groslot erbaut worden und diente während der Revolution als Rathaus. Sehenswert ist die im mittelalterlichen

Stil gestaltete Inneneinrichtung und das prachtvolle Schlafzimmer, in dem König Franz II. 1560 im Alter von 17 Jahren starb. Heute ist dies das Büro des Standesbeamten. Hinter dem Haus liegt ein hübscher Garten.

Maison de Jeanne d'Arc GESCHICHTSMUSEUM
(☑02 38 52 99 89; www.jeannedarc.com.fr, auf Frz.; 3 place du Général de Gaulle; Erw./Kind 2/1 €; ⊙Di–So 10–12 & 14–18 Uhr) Die Maison ist die Rekonstruktion des Hauses aus dem 15. Jh., das die hl. Johanna zwischen April und Mai 1429 bewohnte. Das ursprüngliche Gebäude wurde 1940 durch britische Bomben zerstört (was die Einheimischen gern verschweigen). Die Ausstellung zeigt Manuskripte, Fahnen und alte Schwerter sowie ein maßstabsgerechtes Modell, das die Belagerung von Orléans nachstellt.

Musée Historique et Archéologique
ARCHÄOLOGISCHES MUSEUM
(☑02 38 79 25 60; square Abbé Desnoyers; ⊙Di–So 10–18 Uhr) Die Eintrittskarte für das Musée des Beaux-Arts gilt zugleich für dieses Museum, das aufgrund seiner ausdrucksvollen Darstellungen der Jungfrau von Orléans und der gallorömischen Skulpturen aus dem nahen Neuvy-en-Sullias einen Besuch wert ist.

Place du Martroi MARKTPLATZ
Drei der wichtigsten Boulevards (Rue Bannier, Rue de la République und Rue Royale) laufen auf der Place du Martroi zusammen. Hier steht die eindrucksvollste Darstellung Johannas, die der Bildhauer Denis Foyatier 1855 geschaffen hat: eine riesige **Bronzestatue** der kriegerischen Jungfrau auf einer stolzen Stute.

Orleans

✨ Festivals & Events

Seit 1430 feiern die Bewohner von Orléans jedes Jahr Ende April und Anfang Mai zur Erinnerung an die Befreiung der Stadt von der englischen Besatzung die **Fêtes de Jeanne d'Arc** (www.fetesjeannedarc.com, auf Frz.). Die Woche voller Straßenfeste, prächtiger, mittelalterlicher Paraden und Konzerte wird am 8. Mai mit einer feierlichen Messe in der Kathedrale beendet.

🛏 Schlafen

LP TIPP | Hôtel de l'Abeille

HISTORISCHES HOTEL €€

(📞02 38 53 54 87; www.hoteldelabeille.com; 64 rue Alsace-Lorraine; EZ 47 €, DZ 64–89 €, 5BZ 120 €; 🏠🐾) Bienen schwirren umher, Dielen knarren und historische Bilder von Orléans schmücken die Wände in diesem prachtvollen Haus aus der Zeit um 1900. Es ist herrlich altmodisch – von den abgenutzten Kiefernböden und Blümchentapeten bis zu den klobigen Kommoden und den Vorhängen mit Bienchendruck.
Zum Frühstück (9 €) gibt's Kaffee, Tee, Gebäck und exotische Marmeladen.

Hôtel Archange

BOUTIQUEHOTEL €

(📞02 38 54 42 42; www.hotelarchange.com; 1 bd de Verdun; DZ 47–57 €) Vergoldete Spiegel, Wandbilder mit Engeln und riesige Hände als Sofas erwarten die Gäste dieses Bahnhofshotels, das sich um ein Boutiqueambiente bemüht. Einigen Zimmern verleiht der zitronengelbe Anstrich eine besondere Note. Rollos helfen tagsüber gegen den Lärm der Straßenbahn. Das Hotel liegt unweit der Rue de la République und gegenüber vom Centre Commercial Place d'Arc.

Hôtel d'Arc

HOTEL €€

(📞02 38 53 10 94; www.hoteldarc.fr; 37 ter rue de la République; EZ 90–132 €, DZ 104–171 €; ❄@🏠) Ein altmodischer Aufzug bringt die Gäste in die eleganten Zimmer, die alle komfortabel hergerichtet sind. Die Zimmer sind unterschiedlich groß, die Zimmer Prestige und Deluxe bieten zusätzlich plüschige Morgenröcke. Doppelt verglaste Fenster verbannen tagsüber den Lärm der Straßenbahn aus den Räumen.

Jackôtel

HOTEL €

(📞02 38 54 48 48; www.jackotel.com; 18 cloître St-Aignan; DZ 50–70 €; 🏠) Eine kleine, einfache Unterkunft in einem modernisierten Kloster unter Schatten spendenden Kastanienbäumen. Die Zimmer sind mit Blüm-

chentapete und Möbeln aus dem Katalog ausgestattet. Geräuscharmes Plätzchen mit kostenlosem Parkplatz.

Hôtel Marguerite

HOTEL €

(📞02 38 53 74 32; www.hotel-orleans.fr; 14 place du Vieux Marché; EZ 55–66 €, DZ 64–75 €; 🏠) Dieses Hotel ist einfach, zuverlässig und aufgrund seiner zentralen Lage und der günstigen Preise empfehlenswert. Die Zimmer erstrahlen in hellen Farben und sind mit Blumenmuster dekoriert. Wer ein blitzsauberes Bad und eine Dusche mit ausreichendem Wasserdruck will, sollte eines der besseren Zimmer nehmen.

Auberge de Jeunesse CRJS Orléans

HOSTEL €

(📞02 38 53 60 06; www.creps-crjs-centre.fr, auf Frz.; 7 av. de Beaumarchais, La Source; B mit Mitgliedsausweis bis 26/über 26 J. 10,70/15.25 €; ⏰Anmeldung Mo–Fr 8–19 Uhr) Die karge Herberge beim Stade Omnisports (Sportstadion) 10 km südlich von Orleans bietet 60 Betten mit harten Matratzen in spartanischen Zimmern für Reisende mit knapp bemessenem Budget. Die Rezeption ist an Wochenenden oft geschlossen; also besser vorher anrufen! Anfahrt mit Straßenbahn oder Buslinie 20 bis zur Université L'Indien.

🍴 Essen

Chez Noé

BRASSERIE €€

(📞02 38 53 44 09; 195 rue de Bourgogne; Mittagsmenü 12 €, Abendmenü 21–32 €; ⏰ Di–Fr mittags & abends, Sa nur abends) Stimmungsvolle, quirlige Brasserie mit Holzfußboden, karierten Tischtüchern und Louis Prima aus der Musikanlage. Chez Noé lockt besonders mittags und am Wochenende die Hungrigen mit einfachem Essen zu guten Preisen an, das kulinarische Angebot bewegt sich zwischen Weinbergschnecke und Lachssteak.

Au Bon Marché

FRANZÖSISCH, KLASSISCH €€

(📞02 38 53 04 35; 12 place du Chatelet; Mittagsmenü 7,50–10 €, Abendmenü 14–27 €; 🍴) Eine Bar im Stil der guten alten Zeit mit eleganten, hölzernen Bankettischen und Wandvertäfelung. Der helle, einladende Raum wird vor allem von einheimischen Familien aufgesucht, die sich ein Essen auswärts gönnen wollen: Das Kindermenü (8 €) gibt's sonntags bis mittwochs zum Erwachsenenmenü gratis dazu. Phantasievoll angerichtet werden Gerichte wie z. B. Rosmarinente am Spieß. Vorab reservieren.

Le Brin de Zinc
BISTRO €€

(📞02 38 53 38 77; 62 Rue St-Catherine; Mittagsmenü 16 €, Abendmenü 22–27 €) Verwitterte Schilder, alte Telefone und sogar ein Oldtimer-Motorroller gehören zur Deko in diesem nostalgischen Bistro, das mittags haufenweise Muscheln und Austern serviert und bis spät abends große Teller mit Bistrogerichten auftischt. Der täglich auf einer Tafel angekündigte *plat du jour* zu 7,80 € ist sein Geld allemal wert.

Jin
JAPANISCH €€

(📞02 38 53 80 95; 13 rue Louis Roguet; Mittagsmenü 12 €, Hauptgerichte 12,50–18 €) Peppiges japanisches Restaurant, das authentisches Sushi, yakitori und maki in U-Bahn-Atmosphäre serviert: braunrote und malvenfarbene Sitzbänke, scharlachrote Lampen und blitzendes Chrom. Mit Sonnenterrasse.

Le Dariole
TEESALON €€

(📞02 38 77 26 67; 25 rue Étienne Dolet; Menü 17,50–22 €; ⏰ Mo nur mittags, Di–Fr mittags & abends, Teesalon Mo–Sa 14.30–19 Uhr) Der rustikale salon de thé bietet eine große Auswahl an Tees, von seltenem Jasmintee über georgischen Schwarztee bis zu chinesischem Drachen-Tee, sowie hausgemachte Kuchenspezialitäten und Feingebäck. Abends wird er zum guten Restaurant mit regionaler Küche.

Selbstversorger

Markthalle
LEBENSMITTELMARKT €

(place du Châtelet; ⏰Di–Sa 7.30–19.30, So 8–13 Uhr) Im Shoppingcenter Halles de Châtelet.

Carrefour
SUPERMARKT €

(Centre Commercial Place d'Arc; ⏰Mo–Sa 8.30–21 Uhr)

Petit Casino
SUPERMARKT €

(15 rue Jeanne d'Arc; ⏰Mo–Sa 9–19 Uhr)

Ausgehen & Unterhaltung

Die kostenlose Publikation *Orléans Poche* (www.orleanspoche.com, auf Frz.) informiert über Lokale und Veranstaltungen. In der Rue de Bourgogne und in der Rue du Poirier gibt es jede Menge Bars und Kneipen.

Bistrot le Bas Bleu
LITERATURCAFÉ

(📞02 38 21 69 24; www.lebasbleu.com; 164 rue de Bourgogne; ⏰Di–Sa 15–1 Uhr) Holztische und Kunst an den Wänden bilden in diesem kleine Bistro den Rahmen für Lesungen und Offenes Mikro (Di ab 20 Uhr, freier Drink für Wagemutige).

L'Atelier
JAZZBAR

(📞06 83 02 11 77; www.latelier203.com; 203 rue de Bourgogne; ⏰Mo–Sa 17.30–2, So 17–22 Uhr) Coole Bar nicht nur mit Jazzkonzerten.

O Lodge
MUSIKBAR

(📞02 38 77 70 15; place de la République; ⏰Mo–Di 11–0, Fr & Sa bis 1 Uhr) Livebands und DJs sorgen für die Musik, kulinarische Wünsche werden mit Burgern, Cocktails und Bier gestillt.

Paxton's Head
PUB

(📞02 38 81 23 29; 264–266 rue de Bourgogne; ⏰Di–Sa 15–3 Uhr) Traditioneller Pub im britischen Stil mit düsterer Kellerbar, in der am Wochenende Jazzcombos und andere Bands aufspielen.

Praktische Informationen

Telefonshop (194 rue de Bourgogne; Internet 1 €/15 Min.; ⏰Mo–Sa 10.30–20, So 17–20 Uhr) Internetzugang.

Exagames (5 rue Parisie; Internet 5 €/Std.; ⏰So–Di 14–19, Mi–Do 11–19, Fr 11–22, Sa 14–22 Uhr) Internetzugang.

Hauptpost (place du Général de Gaulle) Internetzugang.

Touristeninformation (📞02 38 24 05 05; www.tourisme-orleans.com; 2 place de l'Étape; ⏰Mo–Sa 9–13 & 14–18 Uhr)

ℹ An- & Weiterreise

BUS Ulys (www.ulys-loiret.com, auf Frz.) informiert über alle Busverbindungen in der Umgebung von Orléans. Fahrkarten können im Bus (2 €) oder am **Busbahnhof** (📞02 38 53 94 75; 2 rue Marcel Proust) gekauft werden.

Sully-sur-Loire Buslinie 7 über Jargeau, 1¾ Std., Mo–Fr 3-mal tgl., Sa & So 1-mal tgl.

Châteauneuf-sur-Loire Buslinie 3, 40 Min., Mo–Sa 5-mal tgl., So 2-mal tgl.

ZUG Zwischen den beiden Bahnhöfen der Stadt (Gare d'Orléans und Gare des Aubrais-Orléans, 2 km weiter nördlich) verkehren Straßenbahnen und regelmäßige Pendelzüge. Die meisten Züge halten an beiden Bahnhöfen.

Blois 13–20 €, 45 Min., stündl.

Paris Gare d'Austerlitz 24–37 €, 70 Min., stündl.

Tours 24–35 €, 1–1½ Std., stündl.

Unterwegs vor Ort

Espace Transport (📞08 00 01 20 00; www.

semtao.fr, auf Frz.; Gare d'Orléans; ☺Mo–Fr 6.45–19.15, Sa 8–18.30 Uhr) Information und Tickets (Einzel-/10er-Ticket 1,40/12,30 €). Die Straßenbahn fährt bis 0.30 Uhr, Busse bis 20 oder 21 Uhr.

Vélo+ (☏08 00 00 83 56; www.agglo-veloplus.fr, auf Frz.; Pfand mit Kreditkarte 3 €, erste 30 Min. kostenlos, folgende 30 Min. 0,50 €, jede folgende Std. 2 €) Städtisches Fahrradverleihsystem mit Stationen überall in der Stadt (z. B. Bahnhof, Kathedrale).

Von Orléans bis Sully-sur-Loire

Nördlich von Orléans erstreckt sich die 350 km² große Forêt d'Orléans (eine der wenigen Gegenden Frankreichs, in denen noch wilde Fischadler leben). Östlich der Stadt sind faszinierende Kirchen und weniger bekannte Schlösser zu entdecken.

In der Gemeinde Châteauneuf-sur-Loire informiert das **Musée de la Marine de Loire** (☏02 38 46 84 46; 1 place Aristide Briand; Erw./Kind 3,50/2 €; ☺Mi–Mo 10–18 Uhr) in den ehemaligen Ställen des **Schlosses** mit seiner Sammlung von Modellbooten und flusslastigen Exponaten über die Geschichte der Flussschifffahrt auf der Loire.

 Oratoire de Germigny-des-Prés (806), weitere 6 km südöstlich, ist eine der wenigen Kirchen Frankreichs aus karolingischer Zeit. Sie ist bekannt für ihren ungewöhnlichen Grundriss in Form eines Malteserkreuzes und für ein Gold- und Silbermosaik mit Darstellung der Bundeslade aus dem 9. Jh.

Noch mal 12 km weiter in südöstlicher Richtung in St-Benoît-sur-Loire befindet sich das romanische Kloster **Abbaye de Fleury** (☏02 38 35 72 43; www.abbaye-fleury.com; ☺6.30–22 Uhr), in dem immer noch Benediktinermönche leben, die im Sommer Führungen anbieten. Bemerkenswert sind hier das berühmte Schmuckportal und die Kapitelle der Klosterbasilika sowie die Reliquien von Benedikt von Nursia (480–547), die 672 von den Mönchen aus Montecassino in Italien geholt wurden.

9 km südöstlich von St-Benoît steht der Prototyp eines Märchenschlosses: das **Château de Sully-sur-Loire** (☏02 38 36 36 86; Erw./Kind 6/3 €; ☺Di–So 10–18 Uhr, Okt.–März 12–14 Uhr geschl.) mit seinen wuchtigen Mauern und Erkern, Schießscharten und Türmchen, die sich im stillen Wassergraben spiegeln. Es wurde 1395 erbaut, um eine der wichtigsten Querungen der Loire zu verteidigen. Später wurde es zum Zufluchtsort von Ludwig XIV. und seiner Frau Anna von Österreich. Das Schloss mit seinem eindrucksvoll gewölbten, hölzernen Dachstuhl und den historischen **Wandteppichen**, welche die Geschichte von Psyche erzählen, wurde 2007–08 umfassend renoviert. Ende Mai und Anfang Juli steigt hier ein Open-Air-**Musikfestival** (www.festival-sully.com, auf Frz.).

La Sologne

Jahrhundertelang waren die sumpfigen Niederungen und düsteren Wälder von La Sologne eines der besten Jagdreviere Frankreichs – mit Rehen, Wildschweinen, Fasanen und Hirschen sowie Teichen und Flüssen voller Aale, Karpfen und Hechte. Franz I. erkor den Landstrich zu seinem königlichen Jagdrevier, doch jahrelange Kriege und Überschwemmungen sorgten dafür,

---

ℹ **SCHLÖSSERPASS**

Viele der Schlösser in der Region Blésois können mit dem **Pass-Châteaux** besucht werden, der je nach ausgewählten Schlössern zwischen 1,20 € und 5,30 € einspart; nähere Auskünfte gibt es bei den Touristeninformationen in Blois, Cheverny und Chambord. Ermäßigungen gelten auch für kleinere Schlösser in Villesavin, Troussay und Talcy.

» Blois–Chambord–Cheverny 20,50 €
» Blois–Chenonceau–Cheverny–Chambord 30,50 €
» Chambord–Cheverny–Beauregard 21 €
» Blois–Chambord–Chaumont 22 €
» Blois–Chambord–Cheverny–Beauregard 28,50 €
» Blois–Cheverny–Chaumont–Chambord 28,50 €

dass sich das Gebiet allmählich in einen Malariasumpf verwandelte. Erst Mitte des 19. Jhs., als Napoleon III. die Sümpfe trocken legen ließ, wurde La Sologne wieder ein angesehenes Jagdgebiet.

Im Winter kann diese Gegend bei dickem Nebel und Nieselregen sehr trist wirken, doch im Sommer ist sie mit ihren grünen Laubbäumen und bunten Wildblumen ein Paradies für Wanderer, Radfahrer und Reitsportbegeisterte. Zahlreiche Pfade und Wanderwege führen durch die Wälder, darunter der GR31 und der GR3C. Während der Jagdsaison sollten Besucher unbedingt auf den markierten Wegen bleiben, um nicht aus Versehen zum Ziel der herumschwirrenden Schrotkugeln zu werden.

Informationen zu Wanderwegen und Ausflüge in die Sologne gibt es bei der **Touristeninformation** (☏02 54 76 43 89; www.tourisme-romorantin.com, auf Frz.; ⊙Mo-Sa 9.45–12.15 & 13.30–18 Uhr, Juli & Aug. auch So nachmittags) in Romorantin-Lanthenay, 41 km südöstlich von Blois. Einige Wanderwege beginnen in der Nähe der **Maison des Étangs** (☏02 54 88 23 00; www.maison-des-etangs.com; 2 rue de la Poste; Erw./Kind 5/2,50 €; ⊙10–12 & 14–18 Uhr) von Saint Viâtre, einem Museum, das sich den 2800 *étangs* (Teichen) der Sologne widmet.

Am letzten Oktoberwochenende werden anlässlich der jährlichen **Journées Gastronomiques de Sologne** auf den Straßen von Romorantin regionale Köstlichkeiten verkauft – wie z. B. gefüllte Forelle, Wildschweinpastete und frische *tarte tatin*, ein auf dem Kopf liegend gebackener Apfelkuchen, den 1888 zwei Schwestern aus dem nahen Lamotte-Beuvron versehentlich kreiert haben.

Es gibt Züge von Romorantin-Lanthenay nach Tours (über Gièvres; 19 €, 1½ Std., 6-mal tgl.). Busse fahren nach Blois (2 €, 1 bis 4-mal tgl.).

BLÉSOIS

Das Blésois, die Region um die einstige Königsresidenz Blois, ist mit einigen der prachtvollsten Schlössern des Landes gesegnet, darunter das schmucke Cheverny, das weniger besuchte Beauregard und als Höhepunkt das riesige, mit zahlreichen Türmchen gespickte Schloss Chambord.

Blois

40 057 EW.

Das auf einem Felsen am rechten Ufer der Loire errichtete Schloss von Blois (einst Residenz der mächtigen Grafen von Blois) repräsentiert einen Querschnitt durch die wichtigsten Epochen französischer Geschichte und Architektur. Im Zweiten Weltkrieg wurde Blois schwer bombardiert und in der Nachkriegszeit wieder aufgebaut. Die kurvigen Altstadtstraßen vermitteln aber eine Vorstellung davon, wie Blois im Mittelalter ausgesehen haben mag.

◉ Sehenswertes & Aktivitäten

Für Schlösser- und Fahrradtouren s. S. 390.

Château Royal de Blois   SCHLOSS
(☏02 54 90 33 32; www.chateaudeblois.fr; place du Château; Erw./Kind 8/4 €; ⊙9–18.30 Uhr) Die ehemalige Königssitz Schloss Blois wurde eher als Prunkbau und weniger als militärische Festung entworfen. Spätere französische Könige haben daran im Laufe der Jahrhunderte immer wieder ihre eigenen Ideen verwirklicht. Vom riesigen **zentralen Hof** aus lassen sich vier verschiedene Epochen der französischen Architektur unterscheiden: die gotische Salle des États mit der ursprünglichen, mittelalterlichen Burg; der von Franz I. erbaute renaissancegeprägte Nordflügel (1515–24); der klassische Westflügel (1635–38), der unter Federführung von Gaston d'Orléans, einem Bruder von Ludwig XIII, entstand; und der von Ludwig XII. im roten Ziegelstein hochgezogene Ostflügel im gotischen Flamboyant-Stil (1498–1503).

Die eindrucksvolle **Salle des États Généraux** (Sitzungssaal, erbaut 1220) trumpft mit ihrem hohen, doppelten Tonnengewölbe in Königsblau und mit goldenen Lilienverzierungen *(fleurs-de-lis)* auf. Hier haben im Mittelalter die Herren von Blois Recht gesprochen. Luc Besson wählte den Saal als Schauplatz für die dramatische Gerichtsszene in seinem Kinohit *Jeanne d'Arc* (1999).

Das berühmteste Detail des Renaissanceflügels, in dem die Gemächer von Franz I. und seiner Gemahlin Claudia lagen, ist die **Loggiatreppe**, die mit den Insignien Franz I. verziert ist (verschlungene „F"s und drachenähnliche Salamander).

ℹ KOMBITICKETS

Bei einem Besuch des Schlosses, der Ton- und Lichtshow und des Hauses der Magie kommt man mit dem Kombiticket günstiger weg. Kinder unter sechs zahlen nichts.

» Schloss & *Son et Lumière* (Erw./ Kind 13/6 €)

» Schloss & Haus der Magie (Erw./ Kind 14/6,50 €)

» Alle drei (Erw./Kind 18/10 €)

Zu seinen Highlights zählt außerdem das Schlafzimmer, in dem Katharina von Medici (die machiavellistische Gemahlin von Heinrich II.) 1589 gestorben ist. Alexandre Dumas zufolge verbarg die Königin ihre Giftmischungen in Geheimschränken hinter den Wandpaneelen des **Studiolo**, einem der wenigen Räume im Schloss mit Originalausstattung.

Im 2. Stock liegen die **Gemächer des Königs**, in denen sich eine der blutigsten Szenen in der Geschichte des Schlosses abgespielt hat. Hier ließ Heinrich III. seinen Erzrivalen, den Herzog Henri I. von Guise, durch seine Leibwache ermorden, während er selbst sich hinter einem Wandteppich verbarg. Am nächsten Tag musste dann noch der Bruder des Herzogs, der Kardinal de Guise, dran glauben. Nur acht Monate später wurde Heinrich III. selbst von einem rachsüchtigen Mönch ermordet. Gemälde aus der Zeit bilden die grauenvollen Taten ab.

Der aus Ziegeln und Naturstein errichtete Flügel von Ludwig XII. beherbergt das **Musée des Beaux-Arts**. Das beliebteste hier ausgestellte Werk ist das Porträt eines stark behaarten kleinen Mädchens (das offenbar unter einer seltenen Erbkrankheit litt) der italienischen Malerin Lavinia Fontana.

Das Schloss bietet eine 45-minütige **Son et lumière Show** (Ton- und Lichtshow; ☎02 54 55 26 31; Erw./Kind 7/4 €; ⏰Mitte April–Ende Sept.) mit riesigen Projektionen auf die Burgmauer (mittwochs in englischer Sprache).

Maison de la Magie   MUSEUM DER MAGIE
(Haus der Magie; ☎02 54 90 33 33; www.maison delamagie.fr, auf Frz.; 1 place du Château; Erw./ Kind 9/5 €; ⏰10–12.30 & 14–18.30 Uhr, Sept.

Mo–Fr morgens geschl.) Direkt gegenüber vom Schloss liegt das Haus des ehemaligen Uhrmachers, Erfinders und Zauberers Jean Eugène Robert-Houdin (1805–71). Es ist kaum zu übersehen, da zu Beginn jeder Stunde Drachenköpfe aus den Fenstern herausschauen. Es gibt unterhaltsame Zaubershows (3- bis 4-mal täglich), eine Ausstellung über die Geschichte der Magie und Unmengen optischer Täuschungen wie das mysteriöse „Hallucinoskop". Eine etwas alberne, aber spaßige Abwechslung! Außerdem läuft im Museum ein historischer Kurzfilm über den großen amerikanischen Zauberer Harry Houdini, der sich nach Houdin benannte.

Musée de l'Objet   KUNSTMUSEUM
(☎02 54 55 37 45; www.museedelobjet.org, auf Frz.; 6 rue Franciade; Erw./Kind 4/2 €; ⏰Fr–So 13.30–18.30, Dez–Feb. geschl.) Dieses brillante Museum für Moderne Kunst geht auf die Sammlung des Künstlers Eric Fabre zurück und zeigt in erster Linie Werke, die aus Alltagsgegenständen gefertigt sind. Zu den besten Stücken zählen eine Skulptur aus Kleiderbügeln von Man Ray, ein *objet scatologique* (mit einem großem Stöckelschuh) von Salvador Dalí und der *TV Buddha* von Nam Juni Paik.

Altstadt   ALTSTADT
Trotz der verheerenden Zerstörungen, die die deutschen Angriffe von 1940 angerichtet haben, ist die Altstadt von Blois einen Besuch wert – insbesondere die Gegend um die **Cathédrale St-Louis** (place St-Louis; ⏰9–18 Uhr) aus dem 17. Jh. mit ihrem schmucken Glockenturm, der nachts effektvoll beleuchtet wird. Die meisten der Buntglasfenster des Baus hat der holländische Künstler Jan Dibberts im Jahr 2000 gestaltet.

Auf der anderen Seite des Platzes steht die **Maison des Acrobates** (3bis rue Pierre de Blois), deren Fassade mit Holzskulpturen aus mittelalterlichen Possentheatern geschmückt ist. Das Haus ist eines der wenigen Bauwerke aus dem 15. Jh., das von dem Bombardement im Zweiten Weltkrieg verschont blieb; ein weiteres ist die Hausnummer 13, das **Hôtel de Villebrême**.

Schöne Panoramablicke über die Stadt eröffnen die stillen **Jardins de l'Évêché** und der **Escalier Denis Papin**.

Führungen Blois   STADTSPAZIERGÄNGE
Die Touristeninformation hat englischsprachige Broschüren mit Routenvorschlägen und organisiert Stadtführungen auf Fran-

zösisch. Besser sind die historisch orientierten Stadtführungen der Schlossführer, 1½ Std. auf Französisch (Erw./Kind 5/3 €).

Von Pferden gezogene **Kutschen** (Erw./Kind 6/4 €; ⏱14–18 Uhr) klappern vom Haupteingang des Schlosses durch die Stadt. Man kann sie bei der Touristeninformation reservieren oder einfach am Schlosstor auf eine freie Kutsche warten.

🛏 Schlafen

Côté Loire   HOTEL €
(☎02 54 78 07 86; www.coteloire.com; 2 place de la Grève; DZ 55–76 €; 🛜) Wer es charmant und farbenfroh mag, wird sich in dem Hotel in zentraler Lage wohlfühlen. Die Zimmer bestechen mit hellen Pastelltönen, bunten Gardinen und zum Teil unverputzten Ziegelwänden. Es gibt eine Frühstücksterrasse mit Holzboden und ein lebendiges Restaurant (Mittags-/Abendmenü 18/28 €).

Hôtel Anne de Bretagne   HOTEL €
(☎02 54 78 05 38; http://annedebretagne.free.fr; 31 av. du Dr Jean Laigret; EZ 45–51 €, DZ 54–56 €, 3BZ 60–72 €; 🛜👶) Dieses ziemlich zugewucherte Hotel hat freundliches Personal und eine Bar mit viel poliertem Holz und historischen Bildern. Die modernen Zimmer zieren Blumentapeten und gestreifte Bettwäsche. Einige davon haben Zwischentüren für Familien.

Le Monarque   HOTEL €
(☎02 54 78 02 35; http://annedebretagne.free.fr; 61 rue Porte Chartraine; EZ 38 €, DZ 58–59 €; ❄🛜) Modern, hell und ohne Schnickschnack sind die Merkmale dieses Hotel am Rande der Altstadt. Es bietet Komfort, Sauberkeit und ein Restaurant (Menü 18 bis 28 €). Parkplatz muss reserviert werden (3 €).

Hôtel Le Savoie   HOTEL €
(☎02 54 74 32 21; www.hotel-blois.com, auf Frz.; 6 rue Ducoux; EZ/DZ/3BZ 48/55/79 €; 🛜) Praktisch für Zugreisende. Einfache und moderne Zimmer von der Stange werden mit hellen Stoffen aufgehübscht. Kostenlose Fahrradstellplätze.

Wohnwagenstellplätze   CAMPINGPLATZ €
Infos zu den zwei Standplätzen für Wohnwagen gibt die Touristeninformation. Ein Platz mit Abfallbeseitigung und Duschen liegt neben dem Schloss (Mai bis September 5 €), der andere am Fluss (Oktober bis April, kostenlos).

🍴 Essen

L'Orangerie   GOURMETKÜCHE €€€
(☎02 54 78 05 36; www.orangerie-du-chateau.fr; 1 av. du Dr Jean Laigret; Menü 33–77 €) Die hohen Absätze raus und den Anzug gebügelt! Gegenüber vom Schloss verbirgt sich hinter schmiedeeisernen Toren die Orangerie – Wolke Sieben für Kenner der *haute cuisine*. Die Teller sind kunstvoll angerichtet (Entenleber, Hummer, Foie gras) und der herrliche Salon würde Ludwig XIV. vor Neid erblassen lassen. An Sommerabenden gibt es nichts Besseres als einen Tisch im Hof. Vorsicht vor den Desserts, bei denen manchmal mit etwas gewagteren Geschmackskombinationen experimentiert wird.

Les Banquettes Rouges
FRANZÖSISCH, KLASSISCH €€
(☎02 54 78 74 92; 16 rue des Trois Marchands; Mittagsmenü 14,50 €, Abendmenü 26–32 €; ⏱Di-Sa) Handgeschriebene Tagesmenüs auf der Schiefertafel und gesundes Essen zeichnen dieses ruhige, herzliche Restaurant aus: Kaninchen mit Marmelade, Ente mit Linsen und Lachs mit Apfelvinaigrette – alles gut gewürzt und mit einem Lächeln serviert.

Au Bouchon Lyonnais   LYONER KÜCHE €€
(☎02 54 74 12 87; 25 rue des Violettes; Mittagsmenü/Abendmenü 12,50/20 €) Klassisches Bistro mit dem Flair vergangener Tage. Die Gerichte kommen direkt aus dem Lyoner Kochbuch, z. B. Schnecken und Ente. Bauernküche in Perfektion.

Le Castelet   FRANZÖSISCH, KLASSISCH €€
(☎02 54 74 66 09; 40 rue St-Lubin; Mittagsmenü 15 €, Abendmenü 18–32 €; ⏱Mi & So geschl.; 🍴👶) Eine rustikale Einrichtung und Wandbilder mit bäuerlichen Motiven schmücken dieses Landrestaurant, in dem mit saisonalen und biologisch angebauten Zutaten gekocht wird, auch vegetarisch.

Selbstversorger

Lebensmittelmarkt   MARKT €
(rue Anne de Bretagne; ⏱Di, Do & Sa 8–13 Uhr)

8 à Huit   SUPERMARKT €
(11 rue du Commerce; ⏱Mo-Sa 8–20, So 8–12 Uhr)

🍷 Ausgehen
Die besten Bars liegen in der Altstadt, besonders in den schmalen Nebenstraßen der Rue Foulerie.

Velvet Jazz Lounge JAZZBAR
(☎02 54 78 36 32; www.velvetjazz.fr;
15bis rue Haute; ⊙Di–Sa 15–2 Uhr) In kunstvoll beleuchteten Gewölben aus dem 13. Jh.
mit meditierenden Buddhas präsentiert die
heißeste Bar von Blois regelmäßig Jazz. Im
Winter sind in Gestalt eines nachmittägli-
chen salon de thé 30 Sorten heißer Schokolade im Angebot.

Loch Ness Pub SCHOTTISCHE BAR
(☎02 54 56 08 67; Ecke rue des Juifs & rue Pierre
de Blois; ⊙15–3 Uhr) Die schottische Aufma-
chung überzeugt nicht besonders, doch
die bechernden Studenten und Nachteulen
scheint das nicht zu stören. Sportübertragungen auf Großbildschirm, Karaoke und
gelegentliche Livegigs sorgen für Stimmung.

 Praktische Informationen

Touristeninformation (☎02 54 90 41 41;
www.bloispaysdechambord.com; 23 place du
Château; ⊙9–19 Uhr)

 An- & Weiterreise

AUTO Einige Autovermietungen:
Avis (☎02 54 45 10 61; Bahnhof)
Europcar (☎02 54 43 22 20; 4 rue Gutenberg)
Ligérienne de Location (☎02 54 78 25 45;
96–100 av. de Vendôme)
BUS TLC (☎02 54 58 55 44; www.tlcinfo.net)
betreibt einen Pendeltransport zum Schloss
sowie Busse, die vom Bahnhof von Blois abfahren (Fahrkarte 2 € im Bus):
Beaugency Buslinie 16, 55 Min., Mo–Sa 4-mal
tgl., So 1-mal

Chambord Buslinie 3, 40 Min., Mo–Sa 4-mal
tgl., So 1-mal
Cheverny Buslinie 4, 45 Min., Mo–Fr 6- bis
8-mal tgl., Sa 2-mal, So 1-mal
ZUG Der Bahnhof liegt auf dem Hügel an der
Av. Jean Laigret.
Amboise 11 €, 20 Min., 10-mal tgl.
Orléans 13–20 €, 45 Min., stündl.
Paris Gares d'Austerlitz und Montparnasse
34–57 €, 2 Std., 26-mal tgl.
Tours 13–19 €, 40 Min., 13-mal tgl.

 Unterwegs vor Ort

BUS Das lokale Busnetz von Blois und den
benachbarten Orten (inkl. Cheverny) wird von
TUB (☎02 54 78 15 66; www.tub-blois.fr; 2
place Victor Hugo; ⊙Mo 13.30–18, Di–Fr 8–12
& 13.30–18, Sa 9–12 & 13.30–16.30 Uhr) betrieben. Fahrkarten kosten 1,10 € und die Busse
fahren Montag bis Samstag bis etwa 20 Uhr,
allerdings so gut wie gar nicht am Sonntag.
FAHRRAD Das Netzwerk Châteaux à Vélo
(S. 389) bietet 11 markierte Radwege rund um
Blois.
Detours de Loire (☎02 54 56 07 73; Bahnhof;
halber/ganzer Tag 9/14 €)
TAXI Taxistand am Bahnhof; ☎02 54 78 07 65.

Château de Chambord

Kein Schloss ist prächtiger als **Chambord**
(☎02 54 50 50 20; www.chambord.org; Erw./
bis 25 J. 9,50 €/frei; ⊙Mitte Juli–Mitte Aug.
9–19.30 Uhr, Mitte März–Mitte Juli & Mitte Aug.–
Sept. 9–18.15 Uhr, Jan.–Mitte März & Okt.–Dez.
9–17.15 Uhr; ♿). Es ist eines der strahlenden Beispiele französischer Renaissance-

---

FLUSSFAHRTEN

Die Loire bietet relativ wenig Möglichkeiten für Flussfahrten, denn die Strömung ist
oft ziemlich unberechenbar. Aber der Fluss ist nicht völlig unschiffbar.

Croisières de Loire (☎02 47 23 98 64; www.labelandre.com; Erw./Kind 8,50/5,50 €; ⊙Ap-
ril–Okt.) Schippert rund um Chenonceau, mit tollen Blicken aufs Schloss.

Ligérienne de Navigation (☎02 47 52 68 88; www.naviloire.com; Erw./Kind 9/6 €;
⊙April–Nov.) Bietet eine der wenigen Ausflugsfahrten auf der Loire selbst an; das
Boot mit 66 Plätzen fährt ab Rochecorbon zu einigen der ursprünglichsten Inseln
und Schutzgebiete.

Promenades en Futreau (☎Blois Touristeninformation 02 54 90 41 41; Erw./Kind
9/6,50 €; ⊙Mai–Aug.) Legt mit einer traditionellen *futreau*-Flussbarke am Kai von
Blois ab.

La Margaretifera, **La Candaise** (☎02 47 95 93 15; Erw./Kind 9/6,50 €); **L'Hirondelle**
(☎02 41 95 14 23) Beide veranstalten Bootsausflüge mit den traditionellen, hohen
Loire-Booten *(toues)*, die von Candes-sur-Martin ablegen.

MITTAGSPAUSE

Eine kleine Pause zur Stärkung gefällig, bevor es weiter geht zum nächsten Schloss? Dann auf nach Bracieux, 7 km südlich von Chambord, zu einem leckeren, leichten Mittagssnack mit frischen Zutaten der Saison. **Au Fil de Temps** (☏ 02 54 46 03 84; 11 place de la Halle; Kindermenü 8 €, Mittagsmenü 15 €, Hauptgerichte 18–22 €; ☻ Fr–Mi) übertrifft mit ihren schwungvoll und herzlich servierten einfachen Spezialitäten wie zartem weißen Spargel mit *beurre blanc* oder pikantem Lachsfilet noch jede Touristenfalle. Darf es noch eine weitere Abwechslung sein? Dann sollte die nahegelegene **Max Vauché Schokoladenfabrik** (☏ 02 54 46 07 96; www.maxvauche-chocolatier.com; 22 Les Jardins du Moulin; Führung Erw./Kind 3,80/3 €; ☻ 10–12.30 & 14–19 Uhr, Sept.–Juni Mo & So geschl.) mit Führung und Kostproben auf dem Plan stehen.

Architektur und mit Abstand das größte, prunkvollste und meistbesuchte Schloss im Loire-Tal. Für die Schlossbesichtigung ist der mehrsprachige Audioguide (Version für Erw./Kind 4/2 €) hilfreich – schon allein um sich in den endlosen Korridoren und Zimmerfluchten nicht zu verlaufen.

Begonnen wurde der Bau im Jahr 1519 ursprünglich als Jagdschloss für Franz I. Doch schon bald entwickelte sich Chambord zu einem der ehrgeizigsten (und teuersten) Bauprojekte, die ein französischer Monarch je in Auftrag gegeben hat. Finanzielle Probleme, Planungsschwierigkeiten und militärische Verpflichtungen unterbrachen die Bauarbeiten immer wieder (ganz zu schweigen von der Entführung der beiden Söhne des Königs in Spanien). Als das Schloss rund 30 Jahre später schließlich fertig war, hatte es 440 Räume, 365 Kamine und 84 Treppen, außerdem einen ganzen Wald von Türmen, Schornsteinen und Laternen auf dem Dach und die berühmte **Doppelspiraltreppe**, die angeblich der mit dem König befreundete Leonardo da Vinci entworfen haben soll. Ironischerweise fand Franz seinen aufwendigen Palast zu zugig und residierte lieber in Amboise und Blois. Während seiner ganzen Regierungszeit von 1515 bis 1547 verbrachte er nur 42 Tage hier.

Trotz seiner scheinbaren Komplexität folgt der Grundriss des Schlosses einfachen mathematischen Regeln. Jeder Gebäudeteil ist nach einem System symmetrischer Gitterquadrate rund um ein Malteserkreuz angelegt. Im Zentrum erhebt sich der rechteckige **Donjon** (Wehrturm), der von vier breiten Korridoren durchkreuzt wird, und jede seiner Ecken wird durch einen der vier runden Türme geschützt. In der Mitte des Wehrturms befindet sich das großartige Treppenhaus: Hier windet sich die doppelte Wendeltreppe zum **Laternenturm** empor bis auf die Dachterrasse des Schlosses. Von dort oben bietet sich ein herrlicher Blick auf die umliegenden Parkanlagen und auf das Gewirr von Türmchen, Kuppeln, Blitzableitern und Kaminen, das sich Tolkien nicht besser ausgedacht haben könnte.

Die interessantesten Räume liegen im 1. Stock, wie die **Gemächer des Königs und der Königin** (mit einem Verbindungsgang für nächtliche Besuche). In einem anderen Flügel wird an das gescheiterte Vorhaben des Comte de Chambord erinnert, der sich nach dem Fall des Zweiten Reiches als Heinrich V. die Krone unter den Nagel reißen wollte. Im 2. Stock ist das unheimliche **Jagdmuseum** mit einer üppigen Ausstellung von Waffen und Jagdtrophäen untergebracht. Sehenswert ist der mehrsprachige Film über die Geschichte des Schlossbaus, der im Erdgeschoss gezeigt wird.

Zwischen all der überwältigenden Pracht sind es oft die kleinen Dinge, die besonders faszinieren – etwa die Ausstellung mit Hunderten von gusseisernen Schlüsseln, einer für jede Tür im Schloss.

Mehrmals täglich startet eine 1½-stündige **Führung** (4 €) in englischer Sprache und während der Schulferien werden auch **kostümierte Führungen** für Kinder angeboten. Chambord, Rêve de Lumière heißen die Ton- und Lichtshows des Schlosses. Sie werden von Juli bis Mitte September jede Nacht auf die Fassade des Schlosses projiziert (Erw./Kind 12/10 €). Zu den Freiluftveranstaltungen im Sommer gehört auch eine tägliche **Pferdeshow** (☏ 02 54 20 31 01; www.ecuries-chambord.com, auf Frz.; Erw./Kind 9,50/7 €; ☻ Mai–Sept.).

KÖNIGLICHE TIERPARADE

Beim Besuch der prachtvollen Schlösser der Loire fallen die überraschend tierischen Wappen an den Mauern, Decken, Türmen und Fußböden ins Auge. Alle entdeckt?

» Stachelschwein: Ludwig XII.

» Salamander in Flammen: Franz I.

» Hermelin: Königin Claudia

» Hirsch: Johann II.

» Geflügelter Hirsch: Karl V. und Karl VII.

» Ginsterkatze: Karl VI.

DOMAINE NATIONAL DE CHAMBORD
Dieses riesige Jagdrevier (das größte in Europa) umfasst ein Areal von 54 km² rund um das Schloss und ist ausschließlich hohen französischen Regierungspersönlichkeiten vorbehalten (auch wenn es schwerfällt, sich Sarkozy auf einem galoppierenden Hengst vorzustellen). Etwa 10 km² des Parks sind öffentlich zugänglich, mit Spazierwegen, Radwegen und Reitpfaden.

Die Wälder sind ideal für **Wildbeobachtungen**, besonders im September und Oktober während der Hirschbrunft. Überall im Park stehen Hochsitze, von denen man aus in der Dämmerung oft Hirsche, Wildschweine und Rehe zu sehen sind.

Fahrräder vermietet ein **Kiosk** (02 54 33 37 54; pro Std./halbem/ganzem Tag 6/10/13 €; April–Okt.) nahe der *embarcadère* (Anlegestelle) am Fluss Cosson; dort kann man auch Boote mieten. Von Mitte August bis September werden auch **geführte Radtouren** (Erw./Kind 10/6 € plus Fahrradmiete) angeboten.

Die nicht öffentlichen Teile des Schutzgebiets können mit einer **Land Rover Safari** (02 54 50 50 06; Erw./Kind 18/10 €; April–Sept.) erkundet werden. Die Exkursionen werden von französisch sprechenden Guides geleitet, die das Gebiet genau kennen und wissen, wann und wo das Wild am besten zu beobachten ist.

ℹ An- & Weiterreise

Chambord liegt 16 km östlich von Blois, 45 km südwestlich von Orléans und 17 km nordöstlich von Cheverny. Infos zu öffentlichen Verkehrsmitteln s. S. 394 und S. 389.

Château de Cheverny

Für viele ist **Cheverny** (02 54 79 96 29; www. chateau-cheverny.fr; Erw./Kind. 7,50/3,60 €; Juli & Aug. 9.15–18.45 Uhr, April–Juni & Sept. 9.15–18.15 Uhr, Okt. 9.45–17.30 Uhr, Nov.–März 9.45–17 Uhr) das Schloss mit den schönsten Proportionen. Es verkörpert den Höhepunkt der klassischen französischen Architektur, die vollkommene Synthese von Symmetrie, Geometrie und Ästhetik.

Erbaut mit dem hellen Granit aus den nahen Steinbrüchen von Bourré und umgeben von grünen Parkanlagen, ist es eines der wenigen Schlösser, deren ursprüngliche Architektur die Jahrhunderte nahezu unverändert überdauert hat. Seit es von 1625 bis 1634 für Henri Hurault, einem Verwalter von Ludwig XII., erbaut wurde, ist es kaum umgestaltet worden. Die Möbel, Wandteppiche und Kunstwerke im Inneren zählen zu den prachtvollsten im ganzen Loire-Tal. Das Schloss ist seit sechs Jahrhunderten im Besitz der Familie Hurault, die auch dort wohnt. Zu ihrer großartigen **Kunstsammlung** gehören u. a. Raffaels Porträt der Johanna von Aragon, ein Pastellgemälde von Maurice Quentin de la Tour aus dem 18. Jh. sowie eine repräsentative Auswahl von Hofmalern. Irgendwo hängt auch ein Zertifikat, das von George Washington, dem ehemaligen Präsidenten der Vereinigten Staaten, unterzeichnet wurde.

Die Innenräume wurden von Jean Mornier gestaltet, der durch seine Arbeit am Palais du Luxembourg für Königin Maria von Medici berühmt geworden ist. Zu den Highlights gehören der **festliche Speisesaal** mit Paneelen, die die Geschichte von Don Quijote erzählen; das **Zimmer des Königs** mit Wandzeichnungen, die an Geschichten aus der griechischen Mythologie erinnern; eine **Brautkammer** und das **Kinderspielzimmer** (mit dem Spielzeug aus der Zeit von Napoleon III.). Der **Wachraum** ist mit Lanzen, Schwertern und Rüstungen vollgestellt – darunter auch eine kleine Garnitur für ein Kind.

Hinter dem Hauptbau liegt die **Orangerie** aus dem 18. Jh., in der man während des Zweiten Weltkriegs viele unbezahlbare Kunstwerke versteckt hielt (übrigens auch die *Mona Lisa*). Heute ist sie ein Teesalon.

Fans von **Tim & Struppi** (frz. *Tintin*) wird die Schlossfassade seltsam bekannt vorkommen: Zeichner Hergé hat sie (ohne die beiden Türme) als Vorlage für Mühlenhof (Moulinsart) benutzt, dem Stammsitz von Tims reizbarem Freund Kapitän Haddock. Die actionreiche Ausstellung **Les Secrets de Moulinsart** (Kombiticket mit Schlossbesuch Erw./Kind 12/7 €), stellt abenteuerliche Szenen mit Tim & Struppi nach – komplett mit Donner und anderen Spezialeffekten.

In der Nähe des Schlosstores befinden sich die **Zwinger** für die rassigen Jagdhunde der Besitzer von Cheverny: Fütterung (bekannt als **Soupe des Chiens**) ist von April bis September täglich um 17 Uhr und von Oktober bis März um 15 Uhr.

❶ An- & Weiterreise

Cheverny liegt 16 km südöstlich von Blois und 17 km südwestlich von Chambord. Informationen über Busverbindungen s. S. 394 und S. 389.

Château de Chaumont

Chaumont-sur-Loire (☑02 54 20 99 22; www.domaine-chaumont.fr, auf Frz.; Erw./Kind. 9/3,50 €; ⏰April–Sept. 10–18.30 Uhr, Okt.–März bis 17 oder 18 Uhr) wurde auf einer leicht zu verteidigenden Anhöhe über der Loire erbaut. Dass dieses Schloss mit seinen runden Ecktürmen und der wuchtigen Zugbrücke im Mittelalter errichtet wurde, sieht man auf den ersten Blick, auch wenn die Inneneinrichtung überwiegend aus dem 19. Jh. stammt.

Vor dem Bau, der heute zu sehen ist, haben bereits mindestens zwei Festungen auf dem Chaumont-Felsen gestanden (dessen Name sich übrigens von *chauve mont*, „kahler Berg", ableitet). Die Hauptbauphase des heutigen Schlosses begann um 1465 unter Pierre d'Amboise. Es war ursprünglich als reine Verteidigungsanlage konzipiert, diente aber nach dem Tod von Heinrich II. 1560 für kurze Zeit als Residenz der Katharina von Medici. Später ging es an Diane de Poitiers (die Mätresse Heinrichs II.), nachdem Katharina sie aus dem prachtvolleren Schloss Chenonceau verdrängt hatte.

1875 kaufte es die Prinzessin de Broglie, Erbin des Say-Zuckerimperiums, und ließ es von Grund auf renovieren (dabei wurde ein kompletter Flügel abgerissen, um den Ausblick auf den Fluss zu verschönern). Der eindrucksvollste Raum ist die **Ratskammer** mit seinem mit Majolika-Fliesen verzierten Fußboden, der aus einem Palast in Palermo stammt. Doch die prachtvollste Architektur ist zweifellos in den **Écuries** (Stallungen) zu bewundern, die 1877 er-

ÜBERNACHTEN AUF DEM LAND

397

Am Fuß der langen Auffahrt zum Schloss Cheverny, umgeben von 3 ha Wiesen, liegt **La Levraudière** (☑02 54 79 81 99; http://lalevraudiere.free.fr; 1 chemin de la Levraudière; EZ mit Frühstück 55 €, DZ 59–65 €, 3BZ 75–83 €) mit einer perfekten Mischung aus Landhaus und Moderne. Die *chambre d'hôtes* in einem friedvollen, restaurierten Bauernhaus aus dem 19. Jh. serviert zum Frühstück an einem langen Holztisch großartige, selbstgemachte Marmelade. Und auch die frische Bettwäsche und das überaus sauber gehaltene Haus sind das Gegenteil von primitivem Landleben.

richtet wurden, um die Pferde der Broglies stilvoll unterzubringen; jedes der edlen Rassepferde hatte seinen eigenen gepolsterten Raum. Heute ist in den Stallungen eine Kutschensammlung zu sehen.

Der englische Park des Château de Chaumont ist Schauplatz des jährlich von Mai bis Mitte Oktober stattfindenden **Festival International des Jardins** (Internationales Gartenfestival; ☑02 54 20 99 22; www.chaumont-jardins.com; Erw./Kind 9,50/7,50 €; ⏰9.30 Uhr–Sonnenuntergang).

❶ An- & Weiterreise

Chaumont-sur-Loire liegt 17 km südwestlich von Blois. Die Bahn fährt von Blois (11 €, 10 Min., 13-mal tgl.) und von Tours (11–15 €, 35 Min., 10-mal tgl.) bis Onzain, auf der anderen Seite der Loire. Von dort ist es noch ein Spaziergang von 2,5 km bis zum Schloss.

Château de Beauregard

Das ebenfalls als Jagdsitz für Franz I. errichtete, friedvolle Schloss **Beauregard** (☑02 54 70 40 05; www.beauregard-loire.com; Erw./Kind 8/6,50 €; ⏰Juni–Aug. 9.30–18.30 Uhr, April–Mai & Sept.–Okt. 9.30–12.30 & 14–18.30 Uhr, Nov., Feb. & März 9.30–12.30 & 14–17 Uhr, Dez. & Jan. geschl., Okt.–März Mi geschl.) hat weniger Besucher als die anderen Schlösser, strahlt aber seinen ganz besonderen Reiz aus. Seine Hauptattraktion ist eine spektakuläre **Porträtsammlung** mit den Konterfeis von 327 europäischen Adeligen, Kirchenleuten

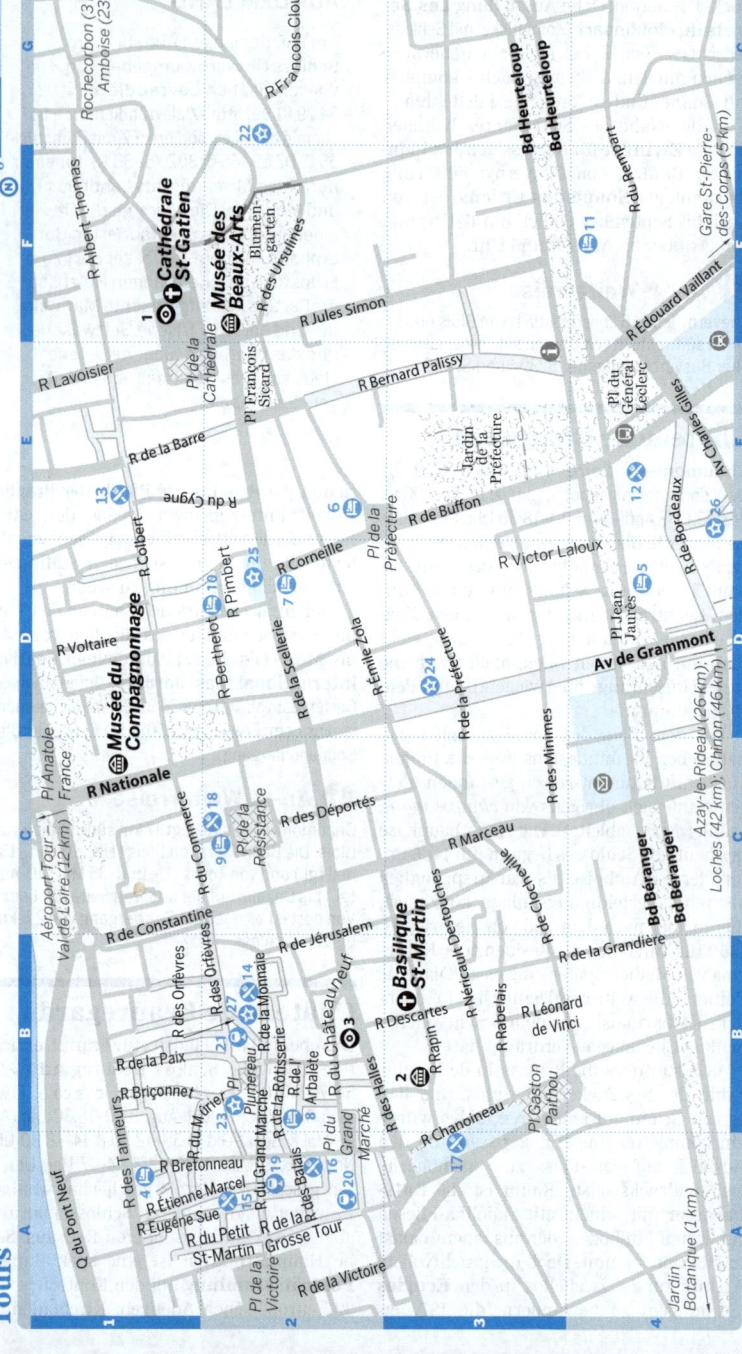

DAS LOIRE-TAL BLÉSOIS

Tours

200 m

0

Cathédrale St-Gatien

Musée des Beaux-Arts

Musée du Compagnonnage

Basilique St-Martin

Rochecorbon (3 km); Amboise (23 km)

R François Clouet

Bd Heurteloup

Bd Heurteloup

R du Rempart

R Édouard Vaillant

Gare St-Pierre-des-Corps (5 km)

R Albert Thomas

Blumen-garten

R des Ursulines

R Jules Simon

Pl de la Cathédrale

R Lavoisier

Pl François Sicard

R Bernard Palissy

Pl du Général Leclerc

Av Charles Gilles

R de la Barre

Jardin de la Préfecture

R du Cygne

R de Buffon

R Victor Laloux

R de Bordeaux

R Colbert

R Corneille

Pl de la Préfecture

R Berthelot

R Pimbert

Pl Jean Jaurès

R Voltaire

R de la Scellerie

R Émile Zola

R de la Préfecture

Av de Grammont

R Nationale

Pl Anatole France

Aéroport Tour Val de Loire (12 km)

R des Minimes

Azay-le-Rideau (26 km); Loches (42 km); Chinon (46 km)

R du Commerce

Pl de la Résistance

R des Déportés

R Marceau

Bd Béranger

Bd Béranger

R de Constantine

R de Jérusalem

R Néricault Destouches

R de la Grandière

R des Orfèvres

Basilique St-Martin

R de Clocheville

R des Orfèvres

R de la Monnaie

R Descartes

R Rapin

R Rabelais

R Léonard de Vinci

R des Tanneurs

R de la Paix

R Briçonnet

R du Mûrier

Pl Plumereau

R de l'Arbalète

R du Châteauneuf

Pl Gaston Paithou

R Bretonneau

R du Grand Marché

R des Balais

R de la Rôtisserie

R des Halles

R Chanoineau

R Étienne Marcel

R Eugène Sue

R du Petit St-Martin

R de la Victoire Grosse Tour

Pl de la Victoire

R de la Victoire

Jardin Botanique (1 km)

und Gelehrten – darunter Berühmtheiten wie Christoph Columbus, Kardinal Richelieu, Sir Francis Drake, Katharina von Medici, Anne de Bretagne, Heinrich VIII. von England mit seiner todkranken Gemahlin Anne Boleyn sowie alle französischen Könige seit Philippe VI. Das ruhige, 40 ha große Grundstück besteht aus zahlreichen **Gärten**, einer davon ist der Garten der Porträts mit 12 verschiedenenfarbigen Variationen.

TOURAINE

Die Region Touraine wird oft als „Garten Frankreichs" bezeichnet und ist berühmt für ihre Küche, ihren köstlichen Käse und das unverfälschte Französisch, das man hier spricht. Auch hier gibt es ein paar großartige Schlösser – einige aus dem Mittelalter (Langeais und Loches), andere aus der Renaissance (Azay-le-Rideau, Villandry und Chenonceau). Die energiegeladene Hauptstadt Tours eignet sich wegen der guten Verkehrsverbindungen als Ausgangspunkt für Ausflüge und Schlosstouren.

Tours

139 958 EW.

Das geschäftige Tours ist abgesehen von seiner Lage mitten im Land der Schlösser eine Stadt mit eigenem Leben. Es ist eine schmucke, temperamentvolle Stadt mit breiten Boulevards aus dem 18. Jh., Parks, imposanten öffentlichen Gebäuden und einer Universität mit rund 25 000 Studenten. Der Charakter dieser Stadt rangiert irgendwo zwischen dem Stil von Paris und der konservativen Sturheit von Zentral-Frankreich. Tours eignet sich als Startpunkt für Ausflüge in die Touraine: Azay-le-Rideau, Villandry und Langeais sind nicht weit entfernt.

⊙ Sehenswertes & Aktivitäten

Die Altstadt erstreckt sich rund um die Place Plumereau (auch kurz Place Plum genannt), etwa 400 m westlich der Rue Nationale.

Musée des Beaux-Arts 🎨   KUNSTMUSEUM
(📞02 47 05 68 73; 18 place François Sicard; Erw./Kind 4/2 €; ⊙Mi–Mo 9–18 Uhr) Ursprünglich war dies der erzbischöfliche Palast, heute ist hier das gelungene Beispiel eines französischen Kunstmuseums in der Provinz untergebracht. Die Gestaltung der prächtigen Räume reflektiert jeweils die Kunstepoche der ausgestellten Werke. Zu den Hauptattraktionen zählen Bilder von Delacroix, Degas und Monet sowie eine seltene Rembrandt-Miniatur und Rubens' Porträt *Jungfrau Maria und Kind*. Vor dem Museum steht eine riesige Libanonzeder aus dem Jahr 1804 mit einem Stammumfang von stolzen 7,5 m. Das Museum ist rollstuhlgerecht ausgestattet.

Cathédrale St-Gatien
KATHEDRALE

(place de la Cathédrale; ⊙9–19 Uhr) Mit ihren beiden Westtürmen, die durch ein Geflecht aus Verzierungen, Streben und Wasserspeiern emporragen, ist die Kathedrale ein wahrer Blickfang. Bekannt ist sie für ihre kunstvollen Buntglasfenster, insbesondere die Rosettenfenster über der Orgel. Das Dekor im Inneren stammt aus dem 13. bis 16. Jh.; die Kuppeln der beiden 70 m hohen Türme sind in der Renaissance entstanden. An der Nordseite liegt das **Cloître de la Psallette** (Erw./Kind 2,50 €/frei; ⊙Mo–Sa 9.30–12.30 & 14–18, So 14–18 Uhr, Okt.–März Mo & Di geschl.), ein Kloster, das von 1442 bis 1524 erbaut wurde.

LP TIPP | Musée du Compagnonnage
HANDWERKSMUSEUM

(☎02 47 21 62 20; 8 rue Nationale, im Cloître St-Julien; Erw./Kind 5/3,30 €; ⊙9–12 & 14–18 Uhr, Mitte Sept.–Mitte Juni Di geschl.) Frankreich ist schon immer stolz gewesen auf die Arbeiten seiner rund 20 000 *compagnons* (Handwerker), deren Können besonders gefragt war, als im frühen Mittelalter die ersten Prachtkathedralen entstanden. Als Mitte der 1980er-Jahre die Freiheitsstatue restauriert wurde, übernahmen französische *compagnons* die schwierigen Metallarbeiten. Neben den klassischen Handwerkern wie Steinmetzen, Zimmermännern und Kunstschmieden nehmen die *compagnonnages* (Zünfte) auch Meister anderer Berufe auf, etwa Konditoren, Böttcher und Schlosser. Das Museum zeigt ihre Geschichte und einige ihrer Meisterstücke, mit denen die *compagnons* ihre Lehrzeit (drei bis zehn Jahre) beendeten. Zu sehen sind hervorragend geschnitzte Truhen und Treppen sowie handgemachte Werkzeuge, raffinierte Schlösser und riesige Kuchen – für einen Kuchen in Form der Hospice de Beaune wurde 20 kg Hefe, winzige Gelatineblätter für die Fenster und 800 Stunden Arbeit benötigt.

Basilique St-Martin
KIRCHE

Dem hl. Martin (317–97), der als Soldat zum Gottesmann bekehrt wurde und im 4. Jh. Bischof von Tours war, ist es zu verdanken, dass sich die Stadt einst zu einem bedeutenden Pilgerzentrum entwickelte. Nach seinem Tod wurde über dem Grab des Heiligen eine romanische Basilika errichtet, von der allerdings nur noch der Nordturm, die **Tour Charlemagne**, erhalten ist. Eine zweite Basilika zur Aufbewahrung der Reliquien entstand 1862 etwas weiter

südlich an der Rue Descartes. Überreste der ursprünglichen Kirche zeigt das kleine **Musée St-Martin** (☎02 47 64 48 87; 3 rue Rapin; Erw./erm. 2/1 €; ⊙Mi–So 9–12.30 & 14–17.30 Uhr).

Jardin Botanique
BOTANISCHER GARTEN

(bd Tonnelle; ⊙7.45–Sonnenuntergang) In Tours gibt es mehrere Parks, darunter den im 19. Jh. angelegten Botanischen Garten, einen 5 ha großen Landschaftspark mit Tropenhaus, Kräutergarten und Streichelzoo. Er liegt 1,6 km westlich der Place Jean Jaurès. Busse der Linie 4 via Boulevard Béranger halten in der Nähe des Eingangs.

☞ Geführte Touren

Spaziergänge
GEFÜHRTE STADTSPAZIERGÄNGE

Die Touristeninformation verleiht **Audioguides** (5 €) für einen zweistündigen Stadtspaziergang sowie verschiedene **Führungen** (Erw./Kind 5,60/4,60 €, auf Frz.).

Touristenbahn
STADTRUNDFAHRT

(☎04 75 07 45 53; Erw./Kind 6/3 €) Siebenmal am Tag startet an der Touristeninformation eine 40-minütige Tour.

Kutschen
KUTSCHFAHRTEN

(1,25 €; ⊙Mai–Sept. Di–Sa 10, 11, 15, 16 & 17, So 15, 16 & 17 Uhr) 50-minütige Kutschfahrten, Abfahrt Place François Sicard an der Kathedrale. Tickets verkauft der Kutscher.

🛏 Schlafen

In Tours gibt es hochwertige Übernachtungsmöglichkeiten.

Hôtel Ronsard
BOUTIQUEHOTEL €

(☎02 47 05 25 36; www.hotel-ronsard.com; 2 rue Pimbert; EZ 53–67 €, DZ 59–72 €; ❄@🛜) Das Ronsard wurde 2010 komplett renoviert und bietet schicke, moderne Zimmer, eine zentrale Lage, Komfort und günstige Preise. In den Fluren hängen bunte Fotografien, die Zimmer erstrahlen makellos in gedämpften Grautönen und mit leuchtend weißer Bettwäsche. Pluspunkte sind die Klimaanlage im Sommer und Fahrradstellplätze.

Hôtel l'Adresse
BOUTIQUEHOTEL €€

(☎02 47 20 85 76; www.hotel-ladresse.com; 12 rue de la Rôtisserie; EZ 50 €, DZ 70–100 €; ❄🛜) Wer Pariser Flair sucht, ist hier in einer Fußgängerzone mitten in der Altstadt buchstäblich an der richtigen Adresse. Die Boutiquezimmer in Schiefer-, Ocker- und Cremetönen bieten Flachbild-TV, Design-Waschbecken und altes Holzgebälk. Am besten sind die Zimmer mit überdachtem Balkon über der belebten Straße.

Hôtel de l'Univers   HOTEL €€€
(☏02 47 05 37 12; www.hotel-univers.fr; 5 bd Heurteloup; DZ 198–270 €; ✳@🐾) In der 150-jährigen Geschichte des Hotels haben sie alle hier übernachtet, von Ernest Hemingway bis Edith Piaf – und es ist noch immer eine namhafte Adresse. Von einem Wandbild schauen ehemalige Gäste (darunter Churchill und Edward VII.) in die Lobby hinab. Die Zimmer sind entsprechend glamourös: riesige Betten, glänzende Badezimmer. Rollstuhlgeeignet. Ein Parkplatz kostet 15 €.

Hôtel Mondial   HOTEL €€
(☏02 47 05 62 68; www.hotelmondialtours.com; 3 place de la Résistance; EZ 52–72 €, DZ 64–87 €; 🐾) Das Hotel kann mit erstklassiger Zentrumslage werben. Die modernisierten Zimmer im Dachgeschoss in peppigen Grau-, Braun- und Scharlachtönen sind die besten, aber auch die älteren Zimmer sind nicht schlecht. Die Rezeption befindet sich im 2. Stock, es gibt keinen Aufzug.

Hôtel des Arts   HOTEL €
(☏02 47 05 05 00; www.hoteldesartstours.com; 40 rue de la Préfecture; EZ 32–45 €, DZ 47–50 €; 🐾) Eine schnuckelige Herberge mit herzlichen Betreibern. Die Zimmer sind winzig, aber ansprechend und in fröhlichen Orange- und Sienatönen gehalten. Die Zimmer mit Balkon sind heller. Gegenüber gibt es einen öffentlichen Parkplatz.

Hôtel Val de Loire   HOTEL €
(☏02 47 05 37 86; www.hotelvaldeloire.fr; 33 bd Heurteloup; EZ 45–48 €, DZ 50–60 €; 🐾) Die bunt zusammengewürfelten Zimmer haben geschichtsträchtige Merkmale wie Parkettfußboden und Ledersessel sowie Doppelfenster, um den Straßenlärm etwas zu dämpfen. Die Zimmer im obersten Stock sind zwischen das Dachgebälk gezwängt. Die Zimmer in den unteren Geschossen sind geräumiger.

Hôtel du Théâtre   HOTEL €
(☏02 47 05 31 29; www.hotel-du-theatre37.com; 57 rue de la Scellerie; EZ 59–64 €, DZ 64–70 €; 🐾) Wie der Name schon sagt, liegt dieses stimmungsvolle Hotel ganz in der Nähe des Stadttheaters. Im Inneren führt eine Wendeltreppe zur Lobby im 1. Stock. Die

Zimmer sind angenehm altmodisch, die Badezimmer sauber.

Auberge de Jeunesse du Vieux Tours
HOSTEL €
(☏02 47 37 81 58; www.ajtours.org; 5 rue Bretonneau; B 19,50 €; ⊙Anmeldung 8–12 & 17–23 Uhr; @🐾) Freundliches, quirliges HI-Hostel (Mitgliedschaft erforderlich, 7 € Jahresbeitrag), beliebt bei ausländischen Studenten und jungen Arbeitern. Die Gemeinschaftsduschen sind etwas derb, aber es gibt viele kleine Küchen und Aufenthaltsräume und einen Fahrradverleih.

🍴 Essen
Die Place Plumereau wird von vielen billigen Restaurants gesäumt, doch die Qualität schwankt.

 Cap Sud   GOURMETKÜCHE €€
(☏02 47 05 24 81; 88 rue Colbert; Mittagsmenü 14,50–17 €, Abendmenü 19,50–36 €; ⊙Di-Sa) Die poppig-rote Innenausstattung passt gut zum freundlichen Ton der Bedienung. Und dann das Essen! Das Essen! Sorgfältig zubereitete Gerichte mit frischesten Zutaten werden stilvoll angerichtet. Die Speisekreationen reichen von zart geschmortem Schwein mit kremiger Polenta und jungem Gemüse bis zu Oktopus und Thunfisch mit grüner Chilisauce und Kirschtomaten. Vorab reservieren.

Tartines & Co   FEINSCHMECKER-SANDWICHES €
(☏02 47 20 50 60; 6 rue des Fusillés; Sandwiches 9–10 €, Mittagsmenü 13,70 €; ⊙mittags Di-Sa, abends Mi-Fr; ✏) Dieses superschicke, kleine, mit Jazztönen und freundlichem Gemurmel erfüllte Bistro hat die traditionellen *croque* (getoastetes Sandwich) neu erfunden. Der Belag wird selbst gewählt (Huhn, geröstetes Gemüse, Rindercarpaccio) und in null Komma nichts liegt ein hausgemachtes getoastetes Brot auf dem Teller. Wer's exklusiver mag, bestellt Foie gras mit Artischocken und Honigvinaigrette (12.90 €).

Le Zinc   FRANZÖSISCH, KLASSISCH €€
(☏02 47 20 29 00; 27 place du Grand Marché; Menü 19–26 €; ⊙Mi & So mittags geschl.) Eines der neuen französischen Bistros, die mehr Wert auf eine schlichte, klassische Küche mit frischen Zutaten (direkt aus den Markthallen) legen als auf Michelin-Sterne und das Prädikat *haute cuisine*. In dem lebhaften Speisesaal wird solide Landküche serviert: z. B. Entenbrust, Rinderfilet und Flussfisch. Ansprechend und authentisch.

L'Atelier Gourmand GOURMETKÜCHE €€
(☎02 47 38 59 87; 37 rue Étienne Marcel; Menü 23 €; ⊙Di–Fr mittags, Mo–Sa abends) Ein weiteres gutes Speiselokal, für das man aber fast eine Sonnenbrille braucht: Die Farbgestaltung mit Purpurrot- und Silbertönen scheint direkt aus einem Bret-Easton-Ellis-Roman zu stammen. Doch am Essen gibt's nichts zu mäkeln: ordentliche Portionen gerösteten Lamms, Ente mit grünem Paprika und eine echte Bouillabaisse – alles zubereitet mit einem modernen Touch.

Comme Autre Fouée REGIONAL €€
(☎02 47 05 94 78; 11 rue de la Monnaie; Mittagsmenü 10 €, Abendmenü 16–21 €; ⊙mittags Di–Do, Sa & So, abends Di–Sa) Unübertreffliche regionale Köstlichkeiten, darunter die Spezialität des Hauses *fouées*, ein an Pita erinnernder, runder Fladen, gefüllt mit Schweinerillettes, weißen Bohnen oder Ziegenkäse.

Selbstversorger

Les Halles TÄGLICHER MARKT
(place Gaston Pailhou; ⊙7–19 Uhr)

Atac SUPERMARKT
(5 place du Général Leclerc; ⊙Mo–Sa 7.30–20 Uhr)

🍷 Ausgehen
An der Place Plumereau und in den umliegenden Straßen gibt es jede Menge Bars und Kneipen, die an warmen Sommerabenden aus allen Nähten platzen.

Bistro 64 JAZZBAR
(☎02 47 38 47 40; 64 rue du Grand Marché; ⊙Mo–Sa 11–2 Uhr) Nur ein paar Schritte vom Gedränge an der Place Plum entfernt. Abgenutzte Einrichtung, Jazz-Combos und viele Biersorten ziehen vor allem Einheimische an.

La Canteen WEINBAR
(☎02 34 74 10 30; 10 rue de la Grosse Tours; ⊙Mo–Sa 12–14.30 & 19.30–23 Uhr) Wer es etwas lässiger und gehobener mag, wird sich in dieser Designer-Weinbar wohlfühlen. Hier bestimmen unverputzte Steinmauern, Ledersofas, verchromte Tische und eine neonbeleuchtete Bar das Ambiente.

L'Alexandra ENGLISCHE BAR
(106 rue du Commerce; ⊙Mo–Fr 12–2, Sa & So 15–2 Uhr; 🛜) Beliebte angelsächsische Bar mit vielen Studenten und Nachtschwärmern.

☆ Unterhaltung
Veranstaltungshinweise enthält die monatlich herausgegebene Publikation *Tours. infos* (www.tours.fr, auf Frz.), die überall in der Stadt kostenlos ausliegt. Tickets verkauft die **Fnac billeterie** (☎08 92 68 36 22; 72 rue Nationale).

Le Paradis Vert BILLARDHALLE
(☎02 47 66 00 94; 9 rue Michelet; Billardtisch/Std. Erw./Student 10/8 €; ⊙10–2 Uhr; 🛜) Frankreichs größte Poolbillard-Halle hat 36 Tische und veranstaltet jede Woche ein Turnier für jedermann.

Les Trois Orfèvres MUSIKCLUB
(☎02 47 64 02 73; 6 rue des Orfèvres; Eintritt 3–10 €; ⊙Mi–Sa 11–17 Uhr) Düsterer Club im Herzen des mittelalterlichen Zentrums. Die DJs tendieren zu Alternative- und Indie-Musik, hier hängen vor allem Trauben von Studenten ab.

Excalibur CLUB
(☎02 47 64 76 78; 35 rue Briçonnet; ⊙Di–Sa 11–18 Uhr) Heißer Club in einer umgebauten Kirche. Wechselnde Musikrichtungen, von Pop bis Drum'n Bass, ziehen die einheimische Tanzgemeinde an.

Grand Théâtre THEATER
(☎02 47 60 20 20; 34 rue de la Scellerie; ⊙Tickets Mo–Sa 9.30–12.30 & 13.30–17.45, sowie 30 Min. vor Vorstellungsbeginn) Für Freunde von Oper (www.operadetours.fr, auf Frz.) und Symphoniekonzerten.

Cinémas Studio KINO
(☎08 92 68 37 01; www.studiocine.com, auf Frz.; 2 rue des Ursulines)

ℹ️ Praktische Informationen
Alli@nce Micro (7 rue de la Monnaie; Internet 2 €/Std.; ⊙Mo–Sa 9.30–18 Uhr) Internetcafé.

Polizei (☎02 47 33 80 69; 70–72 rue Marceau; ⊙24 Std.)

Post (1 bd Béranger)

SOS Médecins (☎02 47 38 33 33) Telefonhotline für medizinische Notfälle.

Top Communication (68–70 rue de la Grand Marché; Internet 2 €/Std.; ⊙Mo–Sa 10.30–22 Uhr) Internetzugang.

Touristeninformation (☎02 47 70 37 37; www.ligeris.com) Zentrale (78–82 rue Bernard Palissy; ⊙Mo–Sa 8.30–19, So 10–12.30 & 14.30–17 Uhr); Place Plumereau (Tout Le Val de Loire; 1 place Plumereau) Ermäßigte Schlosstickets; der Anbau am Place Plumereau gibt Auskünfte, verkauft aber keine Tickets.

ℹ️ An- & Weiterreise

Tours-Val de Loire Airport (☎ 02 47 49 37 00; www.tours-aeroport.fr), etwa 5 km nordöstlich der Stadt, mit Ryanair-Verbindungen nach London Stansted, Dublin, Marseille und Porto.

AUTO Die Einbahnstraßen in Tours machen das Autofahren zu einem Geduldspiel, deswegen den nächstbesten Parkplatz ansteuern. Bei einem Aufenthalt von mehr als zwei Tagen lohnt eine **Tiefgarage** (10 € für 24 Std.), vorher Öffnungszeiten erkunden, manche Garagen haben samstags verkürzte Öffnungszeiten.

Einige Autovermietungen in der Nähe des Bahnhofs:

Avis (☎ 02 47 20 53 27; Bahnhof)

Ecoto (☎ 02 47 66 75 00; www.ecoto.fr; 8 rue Marcel Tribut)

BUS Der Informationsschalter von **Touraine Fil Vert** (☎ 02 47 31 14 00; www.touraine-filvert. com, auf Frz.; Fahrkarten 1,70 €; ⊙ Informationsschalter Mo–Fr 8–18.30, Sa 8.30–12.30 & 13.30–18.30 Uhr) befindet sich an der Bushaltestelle neben dem Bahnhof. Zielorte im Departement Indre-et-Loire sind: Buslinie C nach Amboise (35 Min., Montag bis Samstag 12-mal tgl.) und Chenonceau (1¼ Std., 2-mal tgl.).

ZUG Tours ist der wichtigste Eisenbahnknotenpunkt im Loire-Tal. Häufige Pendelzüge verbinden den Stadtbahnhof mit dem TGV-Bahnhof bei St-Pierre-des-Corps.

Amboise 11 €, 20 Min., 12-mal tgl.

Angers 23–34 €, 1 Std., 26-mal tgl.

Blois 9,10 €, 40 Min., 12-mal tgl.

Chenonceau 11 €, 30 Min., 8-mal tgl.

Loches 11 €, 50 Min., 1- oder 2-mal tgl.

Orléans 24–35 €, 1–1½ Std., stündl.

Paris Gare d'Austerlitz 41–62 €, 2–2¾ Std., 5-mal tgl. (langsame/normale Züge)

Paris Gare Montparnasse 44–83 €, 1¼ Std., 30-mal tgl. (Hochgeschwindigkeitszug TGV)

Saumur 14–21 €, 35 Min., stündl.

TGV-Züge von Tours fahren auch nach Bordeaux (40–62 €, 2¾ Std.), La Rochelle (35–48 €, 2½–3¼ Std.) und Nantes (28–55 €, 1½ Std.).

ℹ️ Unterwegs vor Ort

BUS Städtische Busse von **Fil Bleu** (☎ 02 47 66 70 70; www.filbleu.fr, auf Frz.; Auskunftsbüro 9 rue Michelet; ⊙ Mo–Fr 7.30–19, So 10–17 Uhr) halten in der Nähe der Place Jean-Jaurès. Fahrscheine kosten 1,25 €. Die meisten Linien fahren bis etwa 20.30 Uhr; einige Nachtbusse sind bis 1 Uhr unterwegs. Das Auskunftsbüro befindet sich an der Rue Michelet, jenseits der Avenue Charles Gilles (in der Nähe des Bahnhofs).

FAHRRAD Verleih bei **Détours de Loire** (☎ 02 47 61 22 23; www.locationdevelos.com; 35 rue

Charles Gille; pro Tag/Woche 14/59 €), Partner im Netzwerk **Loire à Vélo** (www.loireavelo.fr), oder **Vélomania** (☎ 02 47 05 10 11; www.velomaniatours.fr, auf Frz.; 109 rue Colbert; pro Tag/Woche 14,50/50,50 €; ⊙ Mo–Sa 10.30–13.30 & 15.30–19.30 Uhr).

ZUM/VOM FLUGHAFEN Ein Pendelbus (5 €) zum Flughafen fährt 1½ bis 2 Std. vor und eine halbe Stunde nach jedem Flug am Busbahnhof ab.

Vouvray

Weingüter mit Chenin-Blanc-Reben pflastern die Gegend um Vouvray (3161 Ew.) und Montlouis-sur-Loire, 10 km östlich von Tours, und Weinkeller berieseln die Region. Eine Liste der örtlichen Weinhändler gibt es bei der **Touristeninformation** (☎ 02 47 52 68 73; 12 rue Rabelais; ⊙ 9.30–13 & 14–18.30, Nov.–April So & Mo geschl.). **Cave des Producteurs de Vouvray** (☎ 02 47 52 75 03; www.cp-vouvray.com; 38 la Vallée Coquette) bietet Führungen und Weinproben.

Château de Moncontour (☎ 02 47 52 60 77; www.moncontour.com, auf Frz.; Vouvray; ⊙ 10–13 & 14–19 Uhr, Mitte Sept.–März So geschl.) veranstaltet auch Weinproben und hat außerdem ein kleines Weinmuseum.

Die Fil-Bleu-Buslinie 61 fährt vom Bahnhof in Tours nach Vouvray (1,25 €, 20 Min., 10-mal tgl.).

Château de Chenonceau

Auf einer Reihe von anmutigen Bögen überspannt eines der elegantesten und ungewöhnlichsten Schlösser im Loire-Tal, Schloss **Chenonceau** (☎ 02 47 23 90 07; www.chenonceau.com; Erw./Kind 10,50/8 €, Audioguide 4,50 €; ⊙ Juli & Aug. 9–20 Uhr, Juni & Sept. 9–19.30 Uhr, April & Mai 9–19 Uhr, Rest des Jahres 9.30–17 oder 18 Uhr), den trägen Fluss Cher. Besucher können sich der faszinierenden, magischen Architektur und der phantastischen Umgebung mit erlesenen Gartenanlagen und Landschaftsparks kaum entziehen.

Dieses architektonische Kleinod ist fast ausschließlich das Werk von einigen außergewöhnlichen Frauen, weshalb es auch Le Château des Dames (Damenschloss) genannt wird. Die Arbeiten begannen 1515 auf Befehl von Thomas Bohier, einem Minister von König Karl VIII., doch die Aufsicht über Planung und Bau des Schlosses hatte in erster Linie seine Gemahlin Katherine Bri-

MONTRICHARD

9 km östlich von Chenonceau liegt friedlich unterhalb eines dramatischen Donjon (Wehrturm) aus dem 12. Jh. der Ort Montrichard und bietet eine belebende Abwechslung. Unter dem Donjon ziehen sich über 15 km Länge die **Caves Monmousseau** (☏02 54 32 35 15; www.monmousseau.com; 1 rue du Pont) durch den Tuffstein und bieten mit ihren 12 °C die perfekte Umgebung für den örtlichen *crémant* (Schaumwein). Eine 45-minütige Führung (Erw./Kind 2,75 €/frei) zeigt und erklärt Weinkeltermethoden und schließt mit einer ausgiebigen Weinprobe.

çonnet. Die charakteristischen Bögen und einer der Gärten wurden unter der Leitung von Diane de Poitiers, der Mätresse von König Heinrich II., begonnen. Nach Heinrichs Tod 1559 wurde Diane von seiner Witwe, der rachsüchtigen Katharina von Medici, nach Chaumont vertrieben. Katharina vollendete den Bau und ließ das große **Eibenlabyrinth** sowie den westlichen Rosengarten anlegen. Der interessanteste Beitrag der Schwiegertochter Katharinas, Louise von Lothringen, war das ganz in schwarz gehaltene **Trauerzimmer** im obersten Stockwerk, in das sie sich nach dem Mord an ihrem Gatten Henri III. zurückzog.

Seine Blütezeit erlebte Schloss Chenonceau, als die Aristokratin Madame Dupin das Heft in die Hand nahm. Sie machte es zu einem Zentrum der vornehmen Gesellschaft des 18. Jhs. und lud Gäste wie Voltaire und Rousseau (der Madames Sohn unterrichtete) hierher ein. Der Legende nach ist es allein ihr zu verdanken, dass das Schloss von den Revolutionären verschont wurde, da sie bei der örtlichen Bevölkerung sehr beliebt war.

Die Innenräume sind randvoll mit prachtvollen Möbeln und Gobelins sowie einer großartigen **Kunstsammlung** mit Werken von Tintoretto, Correggio, Rubens, Murillo, Van Dyck und Ribera. Einige Böden sind mit umwerfenden, original erhaltenen Kacheln ausgelegt.

Prunkstück der Schlossanlage ist die 60 m lange, über den Fluss Cher führende **Grande Galerie** mit ihren vielen Fenstern. Hier wurde unter Katharina von Medici und Madame Dupin so manches rauschende Fest gefeiert. Im Zweiten Weltkrieg bildete die Cher die Grenze zwischen dem freien und dem besetzten Frankreich. Gerüchte besagen, dass die Grande Galerie damals vielen zur Flucht vor den Nazis verholfen hat.

Das langweilige Wachsfigurenkabinett (2 €) kann man getrost links liegen lassen und sich stattdessen von den Gärten bezaubern lassen, die es hier in jeder vorstellbaren Form zu geben scheint: Labyrinth, Landschaftsgarten im englischen Stil, Gemüsegarten, Spielplatz, Blumenbeet ... Im Juli und August sind das angeleuchtete Schloss und die Gärten für **Promenade Nocturne** (Nachtwanderungen, Erw./Kind 5 €/frei) geöffnet.

🛈 An- & Weiterreise

Das Schloss liegt 34 km östlich von Tours, 10 km südöstlich von Amboise und 40 km südwestlich von Blois. Von allen drei Städten ist es per Bus und Bahn zu erreichen. Im Sommer werden am Schloss Bootsfahrten organisiert (s. S. 394).

Amboise

12 929 EW.

Das noble Amboise liegt herrlich am Südufer der Loire. Die Stadt wird überragt von der Burg aus dem 15. Jh., in der Karl VIII. seine Kindheit verbrachte und Leonardo da Vinci beigesetzt wurde. Mit einigen außergewöhnlich vornehmen Hotels und seinem herrlichen Wochenendmarkt hat sich Amboise zu einem beliebten Ausgangsort für Ausflüge zu den Schlössern in der Region gemausert. Dazu kommen Massen von Reisebussen, die Touristen bei Leonardo da Vincis Wohnhaus Clos Lucé abliefern.

👁 Sehenswertes & Aktivitäten

Am entspanntesten ist es, die Sehenswürdigkeiten morgens zu besuchen, bevor die Besucherscharen eintreffen, und während der Hochsaison die Eintrittskarten im Voraus in der Touristeninformation zu kaufen.

Château Royal d'Amboise　　SCHLOSS
(☏02 47 57 00 98; place Michel Debré; Erw./Kind 10/6,50 €; ☉9–18 Uhr, März 9–17.30 Uhr, Jan–Feb & Mitte Nov.–Dez. 9–12.30 & 14–16.45 Uhr) Die Lage des leicht zu verteidigenden Schlosses mitten auf einem Felsen mit einem weiten Rundumblick auf den Fluss und die weitere Umgebung bot potenziellen Angreifern ei-

nen respekteinflößenden Anblick. Tatsächlich hat das Schloss nur selten militärischen Zwecken gedient, vielmehr fungierte es als Wochenenddomizil für die Königsresidenz im nahen Blois. Karl VIII. (reg. 1483–98) ist hier geboren und aufgewachsen. Er war es auch, der das Schloss 1492 im italienischen Stil erneuern ließ. Franz I. (reg. 1515–47), der Erbauer von Chambord, wuchs ebenfalls hier auf, zusammen mit seiner Schwester Margarete von Angoulême. Später bot er dann Leonardo da Vinci an, unter seiner Schirmherrschaft im nahen Clos Lucé zu arbeiten.

Von der ursprünglichen Bausubstanz aus dem 15. und 16. Jh. ist heute nur noch wenig erhalten. Dazu gehören der **flamboyant-gotische Flügel** und die **Chapelle St-Hubert**, eine kleine Kapelle, die dem Schutzheiligen der Jäger geweiht ist. Sie ist mit Hirschgeweihen und Jagdfriesen geschmückt und soll die letzte Ruhestätte von Leonardo da Vinci sein. Zu den Höhepunkten im Inneren zählen ein **Wachraum** und eine **Ratskammer** mit Gewölbedecke und den Initialen von Karl VIII. und seiner Gemahlin Anne de Bretagne. Karl starb überraschend 1498, weil er beim *jeu de paume* (einem Vorläufer des Tennis) mit dem Kopf gegen einen Türbalken gerannt war. Seine Witwe Anne musste gegen ihren Willen den neuen König Ludwig XII. heiraten.

Von 1848 bis 1852 war hier Abd el-Kader, der Führer des algerischen Widerstands gegen den französischen Kolonialismus, mit Familie und Gefolgschaft inhaftiert. Ein Denkmal im Garten erinnert daran.

Besucher sollten das Schloss durch die **Tour Hurtault** verlassen, um sich die raffinierte Spiralrampe nicht entgehen zu lassen, auf der Pferde und Kutschen von der Stadt bequem ins Schloss gelangen konnten.

LP TIPP | **Le Clos Lucé** BAUDENKMAL
(☏02 47 57 00 73; www.vinci-closluce.com; 2 rue du Clos Lucé; Erw./Kind 12,50/7,50 €; ☉9–19 Uhr) Leonardo da Vinci (französisch vän-cie ausgesprochen) kam 1516 auf Einladung von Franz I., einem großen Verehrer der italienischen Renaissance, nach Amboise und wohnte hier in dem prachtvollen Herrenhaus von Le Clos Lucé. Der bei seiner Ankunft bereits 64-jährige Leonardo da Vinci hat seine Zeit in Clos Lucé hauptsächlich mit Plänen, Entwürfen und der Entwicklung neuer Ideen verbracht. Überall im Haus türmen sich Modelle seiner Erfindungen. Die weitläufigen und wunderschönen Gärten winden sich durch den Wald und am Fluss entlang und beherbergen Nachbauten seiner Erfindungen in Originalgröße, darunter ein Autoprototyp, Panzer, Brücken, Hydraulikturbinen und sogar ein primitiver Helikopter. Er starb hier am 2. Mai 1519.

Pagode de Chanteloup PAGODE
(☏02 47 57 20 97; www.pagode-chanteloup.com, auf Frz.; Erw./Kind 8,50/6,50 €; ☉10–19 Uhr; 🖐) Zwei Kilometer südlich von Amboise wurde zwischen 1775 und 1778 die ausgefallene Pagode de Chanteloup gebaut. Ganz im Stil der damaligen Zeit werden klassische französische Architektur mit chinesischen Motiven vermischt. Von ihrer Spitze eröffnet sich ein herrlicher Blick auf den Park und das bewaldete Loire-Tal. Im Sommer werden Picknickkörbe (12–26 €) verkauft für faule Nachmittage im Ruderboot oder einfach zum Herumtollen im Park.

Parc de Mini-Châteaux MINISCHLÖSSER
(☏08 25 08 25 22; www.mini-chateaux.com; Erw./Kind 13,50/9,50 €; ☉10–19 Uhr; 🖐) Hier gibt es aufwendige, maßstabsgetreue Miniaturmodelle von 44 der berühmtesten Schlösser des Loire-Tals zu bestaunen. Fast wie ein Flug im Heißluftballon über das Loire-Tal (nur billiger).

👉 Geführte Touren

Segway SEGWAY TOUR
(10 € für 15 Min.) In der Touristeninformation gibt es Segway-Elektroroller für Ausflüge in die Stadt.

Touristenbahn RUNDFAHRTEN
(Erw./Kind 6/4,50 €) Täglich fahren sechs Züge vom Schloss ab, Kommentare auf Englisch und Französisch.

🛏 Schlafen

Amboise hat einige der nobelsten (aber auch teuersten) Unterkünfte im Loire-Tal zu bieten, vorab buchen.

Le Pavillon des Lys BOUTIQUEHOTEL €€
(☏02 47 30 01 01; www.pavillondeslys.com; 9 rue d'Orange; DZ 98–160 €; 🖐) Schönes Hotel mit jeder Menge modischem Schnickschnack, der besser an die Côte d'Azur passen würde: ein cappuccinofarbenes Wohnhaus aus dem 18. Jh. mit Designerlampen, schicken Möbeln, Spitzenbädern, Hi-Fi-Anlagen und weichen Sofas. Mit beliebtem Restaurant, elegantem Patiogarten, Boutiqueangeboten und Parkplatz.

Villa Mary
ZIMMER MIT FRÜHSTÜCK €€

(☎02 47 23 03 31; www.villa-mary.fr; 14 rue de la Concorde; DZ mit Frühstück 90–120 €) Vier tadellose Zimmer in einem top-ausgestatteten Wohnhaus aus dem 18. Jh., vollgestopft mit polierten Antiquitäten, funkelnden Leuchtern und alten Teppichen. Zur Wahl stehen die Zimmer Rot, Violett, Rosa und Blau – alle mit antiker Einrichtung und gemusterten Tapeten. Zwei Zimmer haben separate Badezimmer über den Flur. Mit Parkplatz.

Le Clos d'Amboise
HISTORISCHES HOTEL €€

(☎02 47 30 10 20; www.leclosamboise.com; 27 rue Rabelais; Zi. 97–149 €; ☒) Ein weiteres nobles Haus mit Stil und vielen kostbaren Stoffen, Holzvertäfelung und antiken Betten. Einige Zimmer haben einen eigenen Wohnbereich, andere einen alten Kamin und die besten bieten Ausblick auf den gepflegten Garten mit Pool. In den ehemaligen Ställen gibt es eine Sauna und einen Fitnessraum; Parkplätze sind auch vorhanden.

Hôtel Blason
HOTEL €

(☎02 47 23 22 41; www.leblason.fr; 11 place Richelieu; EZ/DZ/3BZ 45/55/70 €; @) Das schrullige, alte Billighotel in einem holzverkleideten Haus liegt an einem ruhigen Platz. 25 bunt zusammengewürfelte Zimmer drängen sich an den Korridoren: Meist sind sie winzig, voll mit Blumenmustern und Holzbalken. Parkplatz vorhanden.

Camping Municipal de l'Île d'Or
CAMPINGPLATZ €

(☎02 47 57 23 37; www.camping-amboise.com; Île d'Or; pro Erw./Zelt 2,50/3,50 €; ☺April–Sept.; ☒) Angenehmer Campingplatz auf einer friedlichen Insel im Fluss; mit Tennisplätzen, Tischtennisplatten und Kanuverleih.

Centre Charles Péguy-Auberge de Jeunesse
HOSTEL €

(☎02 47 30 60 90; www.mjcamboise.fr; Île d'Or; B 12 €; ☺Anmeldung Mo–Fr 14–20, Sa & So 17–20 Uhr; @) Zweckmäßige Herberge auf der Île d'Or im Stil eines Internats, mit 72 Betten (meist in Drei- oder Vierbettzimmern) und Angeboten wie Tischtennis und Fahrradvermietung.

Le Manoir Les Minimes
DESIGNHOTEL €€€

(☎02 47 30 40 40; www.manoirlesminimes.com; 34 quai Charles Guinot; DZ 122–195 €; ☒) Teurer Verwöhnpalast rund um einen privaten Hof, der so manchen Schlossbesitzer vor Neid erblassen lassen würde. Rollstuhlgerecht.

Le Vieux Manoir
ZIMMER MIT FRÜHSTÜCK €€€

(☎02 47 30 41 27; www.le-vieux-manoir.com; 13 rue Rabelais; Zi. mit Frühstück 155–190 €; ☒) Ein altes Herrenhaus, von oben bis unten mit zauberhaften Antiquitäten vollgestopft, unter der Leitung von Amerikanern, die sich ihre Sporen mit einem prämierten B&B in Boston verdient haben.

🍴 Essen & Ausgehen

Chez Bruno
REGIONAL €

(☎02 47 57 73 49; place Michel Debré; Menüs ab 12 €; ☺Di–Sa mittags & abends, So nur mittags) Regionale Weine in elegant-moderner Atmosphäre, auf weißen Tischdecken und in funkelnden Gläsern serviert, und eine ehrliche und preiswerte regionale Küche. Wer die Loire-Weine kennen lernen will, ist hier genau richtig.

L'Épicerie
FRANZÖSISCH, KLASSISCH €€

(☎02 47 57 08 94; 46 place Michel Debré; Menü 22–34 €; ☺Mi–So) Eine altehrwürdige Atmosphäre bietet dieses mit viel Holz und Dekor der Neorenaissance ausgestattete Restaurant, das herzhafte Kost wie *cuisse de lapin* (Kaninchenschlegel) und *tournedos de canard* (Entenfilet) auftischt.

Bigot
TEESALON €

(☎02 47 57 59 32; 2 rue Nationale; ☺Di–Fr 9–19.30, Sa & So 8.30–19.30 Uhr) Seit 1913 zaubert dieser preisgekrönte Chocolatier mit Pâtisserie einige der besten Kuchen und Leckereien der ganzen Loire-Region: mehrfarbige *macarons,* handgemachte Schokoladenspezialitäten, *éclairs* und *petits fours.*

Brasserie de L'Hôtel de Ville
BRASSERIE €€

(☎02 47 57 26 30; 1–3 rue François 1er; Mittagsmenü 9–10 €, Abendmenü 16–25 €) Ehrliche Burger und Grillgerichte; für herumtollende Kinder ist Platz auf der Terrasse hinter dem Haus.

Café des Arts
CAFÉ €

(☎02 47 57 25 04; 32 rue Victor Hugo; Hauptgerichte 4–12 €) Nur ein paar Schritte vom Schlosstor entfernt, hier treffen sich die Einheimischen. *Chanteurs* steuern gelegentlich ein Liedchen zum Aperitif bei.

Selbstversorger

Lebensmittelmarkt
MARKT €

(☺Fr & So 8–13 Uhr) Am Flussufer, westlich der Touristeninformation.

Marché Plus
SUPERMARKT €

(5 quai du Général de Gaulle; ☺Mo–Sa 7–21, So 10–14 Uhr)

ⓘ Praktische Informationen

Playconnect (119 rue Nationale; Internet 3 €/ Std.; ⊙So & Mo 15–22, Di–Sa 10–22 Uhr) Internetzugang.

Touristeninformation (☏02 47 57 09 28; www.amboise-valdeloire.com; ⊙Mo–Sa 9–19, So 10–13 & 14–18 Uhr) In einem Gebäude am Fluss gegenüber dem Quai du Général de Gaulle Nr. 7; verkauft Wander- und Radwanderkarten sowie ermäßigte Kombitickets für Schloss, Residenz Clos Lucé und Pagode de Chanteloup.

ⓘ An- & Weiterreise

Amboise liegt 34 km südwestlich von Blois und 23 km nordöstlich von Tours.

BUS Touraine Fil Vert (S. 403) Buslinie C fährt von der Post in Amboise zum Busbahnhof in Tours (1,70 €, 45 Min., Mo–Sa 12-mal tgl.). Zwei fahren nach Chenonceau (1,70 €, 15 Min., Mo–Sa).

FAHRRAD Cycles Richard (☏02 47 57 01 79; 2 rue de Nazelles; 15 €/Std.; ⊙Di–Sa 9–12 & 14.30–19 Uhr).

ZUG Der **Bahnhof** (bd Gabetta) liegt vom Zentrum aus auf der anderen Seite des Flusses.

Blois 11 €, 20 Min., 14-mal tgl.

Paris Gare d'Austerlitz 38–56 €, 2¼ Std., 14-mal tgl.

Paris Gare Montparnasse 107 €, 1¼ Std., 10-mal tgl., TGV

Tours 11 €, 20 Min., 10-mal tgl.

Château de Villandry

Schloss **Villandry** (☏02 47 50 02 09; www. chateauvillandry.com; Schloss & Gärten Erw./ Kind. 9/5 €, nur Gärten 6/3,50 €; ⊙Schloss 9–18 Uhr, März bis 17.30 Uhr, Feb. & Anfang Nov. bis 17 Uhr, Gärten 9–17, im Sommer bis 19.30 Uhr) wurde 1756 als eines der letzten großen Renaissanceschlösser im Loire-Tal vollendet. Bekannt ist es weniger für seine Architektur als für seine umliegenden Gärten, die zu den prachtvollsten **Landschaftsgärten** in ganz Frankreich zählen. Zwischen den schützenden Mauern liegen mehr als 6 ha Land mit tadellos gepflegten Linden, Zierreben, akkurat gestutzten Buschhecken und Springbrunnen.

Die ursprünglichen Gärten und das Schloss wurden von Jean le Breton entworfen, der unter Franz I. Finanzminister und Botschafter in Italien war (er leitete außerdem den Bau von Chambord). Während seiner Zeit als Botschafter begeisterte sich le Breton für die Kunst der italienischen Renaissancegärten und schuf mit dem Bau

von Schloss Villandry selbst ein ornamentales Meisterwerk.

Ein Rundgang auf den Kieswegen führt durch geometrisch angelegte **Wassergärten**, ein **Labyrinth**, **Weingärten** und den **Jardin d'Ornement** (Ornament-Garten), der mit geometrisch geschnittenen Hecken und farbigen Blumenbeeten verschiedene Aspekte der Liebe versinnbildlicht (unbeständige, leidenschaftliche, zärtliche und tragische Liebe). Der **Sonnengarten** ist lockerer gestaltet mit herrlich bunten und vielseitig duftenden Pflanzer. Höhepunkt ist jedoch der **potager** (Gemüsegarten) aus dem 16. Jh., in dem selbst das Gemüse streng geometrisch und nach Farben angeordnet ist. Im Frühjahr und Herbst wird jeweils neu gepflanzt.

Am schönsten ist ein Besuch natürlich zur Blütezeit zwischen April und Oktober – besonders im Hochsommer.

Das Schlossinnere kann mit den Gärten nicht mithalten und fällt auch im Vergleich zu anderen Schlössern in der Region ab. Aber auch hier gibt es ein paar Schmuckstücke, wie das überbordende **orientalische Zimmer** mit einer vergoldeten Decke, die aus einem Maurenpalast (15. Jh.) in Toledo entwendet wurde, oder die **Galerie mit Werken spanischer und flämischer Künstler**. Am besten aber sind die Ausblicke von der Spitze des **Donjon** (das einzige Überbleibsel des ursprünglichen, mittelalterlichen Schlosses) über die Gärten und die naheliegenden Flüsse Loire und Cher sowie das **Belvedere**.

ⓘ An- & Weiterreise

Villandry liegt 17 km südwestlich von Tours und 11 km nordöstlich von Azay-le-Redeau.

BUS Buslinie V der Touraine Fil Vert (S. 403) fährt von Juni bis August zweimal täglich zwischen Tours und Azay-le-Rideau (1,70 €, 50 Min.) mit Halt in Villandry (30 Min. von Tours).

ZUG Der nächste Bahnhof liegt in Savonnières, 4 km nordöstlich von Villandry, mit Zügen nach Tours (11 €, 10 Min., 1-mal tgl.) und nach Saumur (11 €, 40 Min., 3-mal tgl.).

Château de Langeais

Im Gegensatz zu vielen anderen Prachtschlössern wurde **Langeais** (☏02 47 96 72 60; Erw./Kind 8,50/5 €; ⊙9.30–18.30 Uhr, Feb. & März bis 17.30 Uhr, Juli & Aug. 9–19 Uhr) 1460 in erster Linie als Verteidigungsanlage erbaut. Mit ihm sollten die drohendsten Inva-

MUSÉE BALZAC

Im Indre-Tal schlängelt sich die winzige D84 an Herrenhäusern, Dörfern und Höhlen vorbei bis ins herrliche **Saché**, 7 km östlich von Azay-le-Rideau. Der Ort beheimatete einst den amerikanischen Bildhauer Alexander Calder – eines seiner Mobiles steht auf dem zentralen Platz des Ortes – und immer mal wieder auch Honoré de Balzac (1799–1850). Das Leben des Autors der Comédie Humaine wird im reizenden **Musée Balzac** (02 47 26 86 50; www.musee-balzac.fr; Erw./Kind 4,50/3 €; April–Sept. 10–18 Uhr, Okt–März mittags, Di geschl.) im Schloss der Stadt gewürdigt. Balzac war hier häufig bei Jean Margonne, einem Freund seiner Eltern, zu Gast. An einem ruhigen Hang im grünen Flusstal gelegen präsentiert das Schloss Originalmöbel, Manuskripte, Briefe und Erstausgaben. In dieser friedvollen Umgebung konnte Balzac sich von der Hektik seines Pariser Lebens erholen – in einem lauschigen Bett, mit einem Brett auf den Knien und zwölf Stunden am Tag schreibend.

sionswege aus der Bretagne abgeschnitten werden. Es ist innen wie außen ganz wunderbar erhalten und hat seinen mittelalterlichen Charakter bis ins letzte Detail bewahrt: mit Mauern und Wehrtürmen, die über den Dächern des umliegenden Dorfes emporragen.

Als eines der wenigen Schlösser (Zugang über eine knarrende Zugbrücke) mit weitgehend original mittelalterlicher Innengestaltung sind alle gepflasterten Räume noch mit Originalstücken aus dem 15. Jh. möbliert. Zwischen den vielen hübschen flämischen und Aubusson-Wandteppichen sticht einer mit astrologischen Zeichen aus dem Jahr 1530 ebenso hervor wie ein aufwendiger *Les Mille Fleurs*-Teppich und die Teppiche der berühmten Serie *Les Neuf Preux*, die neun Ritter als Repräsentanten mittelalterlicher Tugend porträtieren.

In einem der Räume stellen Wachsfiguren die Vermählung von Karl VIII. und Anne von Bretagne nach, die hier am 6. Dezember 1491 vollzogen wurde und zur historischen Vereinigung von Frankreich und der Bretagne führte.

Von den Burgzinnen haben Besucher einen herrlichen Ausblick über die Stadt. Durch die Öffnungen im Boden wurden damals Angreifer mit Felsblöcken, kochendem Öl und Fäkalien überschüttet. Auf der anderen Seite des Innenhofes erhebt sich die Ruine eines Wehrturms, den der Kriegsherr Comte Foulques Nerra 944 errichten ließ. Er ist das älteste Bauwerk dieser Art in Frankreich.

🛏 Schlafen & Essen

Das Dorf Langeais (4031 Ew.) bietet mit seinen friedlichen Fußgängergassen einen angenehmen Ruhepol inmitten der Schlösserjagd. Sonntags morgens gibt es einen lebendigen **Markt**.

Eine Übernachtung im **Anne de Bretagne** (02 47 96 08 52; www.chambresdhoteslangeais.fr, auf Frz.; 27 rue Anne de Bretagne; DZ mit Frühstück 60–66 €), einem Stadthaus direkt gegenüber dem Schlosszugbrücke, sollte vorab gebucht werden. Im **Au Coin des Halles** (02 47 96 37 25; 9 rue Gambetta; Mittagsmenü 15–18 €, Abendmenü 21–49 €; mittags Fr–Di, abends Do–Di) wird elegant aufgetischt, während **La Maison de Rabelais** (02 47 96 82 20; Sept.–Juni Mo geschl.) gegenüber vom Schloss mit gehaltvoll dekadentem Gebäck und starkem Kaffee lockt.

ℹ An- & Weiterreise

Langeais liegt 14 km westlich von Villandry und etwa 31 km südwestlich von Tours. 400 m vom Schloss befindet sich der Bahnhof, an dem Züge nach Tours (11 €, 15 Min., 15-mal tgl.) und nach Saumur (11 €, 25 Min.) halten.

Château d'Azay-le-Rideau

Azay-le-Rideau (02 47 45 42 04; Erw./Kind 7,50 €/frei; 9.30–18 Uhr, Juli & Aug. bis 19 Uhr, Okt.–März 10–12.30 & 14–17.30 Uhr), ein prachtvoll verziertes Schloss mit schlanken Türmchen, geometrisch angeordneten Fenstern und kunstvollen Steinmetzarbeiten, liegt romantisch von einem Wassergraben umgeben in einem schattigen Landschaftspark. Das im 16. Jh. auf einer natürlichen Insel im Fluss Indre erbaute Schloss ist eines der zauberhaftesten im Loire-Tal. Honoré de Balzac hat es als einen „facettenreichen Diamanten inmitten des Indre" gepriesen.

Am berühmtesten ist die im italienischen Stil erbaute offene **Loggiatreppe** über dem zentralen Hof, verziert mit Salamandern und Hermelinen, den Wappentieren von Franz I. und Königin Claudia. Das ursprüngliche Schloss ist im 16. Jh. von Gilles Berthelot, einem Steuereintreiber und Schatzverwalter von Franz I., errichtet worden. Die heutigen Innenräume stammen jedoch überwiegend aus dem 19. Jh. und sind vom Marquis de Biencourt gestaltet worden. Im Juli und August wird jeden Abend eine **Ton- und Licht-Show** (eine der ältesten und besten im Loire-Tal) auf die Schlossmauern projiziert. Audioguides (4,50 €) gibt es in mehreren Sprachen, außerdem werden täglich sieben kostenlose Führungen (auf Frz.) angeboten.

❶ An- & Weiterreise

Château d'Azay-le-Rideau liegt 26 km südwestlich von Tours. Die D84 und D17 auf beiden Seiten des Flusses Indre eignen sich besonders gut zum Fahrradfahren.

BUS Buslinie V der Touraine Fil Vert (S. 403) fährt von Juni bis August zweimal täglich von Tours nach Azay-le-Rideau (1,70 €, 50 Min.). Der SNCF-Bus hält neben dem Schloss.

ZUG Der Bahnhof liegt 2,5 km vom Schloss entfernt. Verbindungen gehen nach Tours (11 €, 20–50 Min., 6-mal tgl.) und Chinon (11 €, 20 Min.).

Château d'Ussé

Das prachtvolle **Schloss d'Ussé** (☏02 47 95 54 05; www.chateaudusse.fr; Erw./Kind. 13/4 €; ◷April–Aug. 10–19 Uhr, Sept.-Mitte Nov. & Mitte Feb.–März bis 18 Uhr, Mitte Nov.–Mitte Feb. geschl.) ist vor allem deshalb berühmt, weil es Charles Perrault zu seinem klassischen Märchen *La Belle au Bois Dormant* (Dornröschen) inspiriert hat.

Mit seinen Schieferdächern und weißen Türmen erhebt sich das Schloss am Rande der dunklen Wälder von Chinon und bietet einen weiten Ausblick über die Loire-Ebene und den Indre. Große Teile des Schlosses stammen aus dem 15. und 16. Jh. und wurden auf den Fundamenten einer Burg aus dem 11. Jh. errichtet. Am eindrucksvollsten sind seine grandiosen Gärten – entworfen von Le Nôtre, dem Architekten von Versailles. Einem beliebten Gerücht zufolge inspirierte das Schloss Walt Disney, als er den Vergnügungspark Magic Kingdom erdachte – und ein Blick auf das Disney-Logo scheint dies zu bestätigen.

Der Anblick der Außenanlagen ist eigentlich schon der Höhepunkt, denn die Räume im Inneren sind in die Jahre gekommen. Sie werden noch von einigen seltsamen Wachsfiguren aus dem Märchen *Dornröschen* bewohnt.

Ussé liegt am Rande des kleinen Dorfes Rigny-Ussé, etwa 14 km nördlich von Chinon. Es gibt keine Anbindung mit öffentlichen Verkehrsmitteln.

Loches

7076 EW.

Der historische Ort Loches erstreckt sich rings um die mittelalterliche Zitadelle, eine weitere furchterregende Festung, die Foulques Nerra im 10. Jh. errichtet und Karl VII. später ausgebaut hat. Loches bekam seinen Platz in der Geschichte 1429, als Johanna von Orléans Karl VII. dazu überredete, von hier nach Norden zu marschieren, um endlich seinen Anspruch auf die französische Krone anzumelden. Heute hingegen ist Loches ein eher verschlafenes Nest, das nichts Aufregenderes als einen Samstagsmarkt zu bieten hat.

⊙ Sehenswertes

Von der Rue de la République führt die alte Torstraße **Porte Picois** durch die gepflasterte Vieille Ville zur **Porte Royale** (Königspforte), die von zwei bedrohlichen Türmen aus dem 13. Jh. flankiert wird, dem einzigen Eingang zur Zitadelle **Cité Royale de Loches**.

Weiter oben steht die **Maison Lansyer** (Erw./Kind 3/2 €; ◷Mi–Mo 10–12 & 14–18 Uhr), das ehemalige Wohnhaus des Landschaftsmalers Emmanuel Lansyer (1838–93), in dem seine Werke sowie Bilder von Canaletto, Millet, Piranese und Delacroix ausgestellt sind.

Logis Royal   SCHLOSS
(☏02 47 59 01 32; www.chateau-loches.fr; Erw./Kind 7/4,50 €; ◷April–Sept. 9–19 Uhr, Okt.–März 9.30–17 Uhr) Am Nordende der Zitadelle befindet sich die Königsresidenz für Karl VII. und seine Nachfolger. Später wurde es bis in die 1920er-Jahre hinein als Gefängnis genutzt. Im Kellergeschoss gibt es einen runden Raum, in dem der glücklose Kardinal Balue wegen Verrats an Ludwig XI. angeblich in einem hängenden, hölzernen Käfig gefangen gehalten wurde. Tatsächlich war der Raum wohl ein Getreidespeicher, auch wenn an anderer Stelle im Schloss

eine Nachbildung des Käfigs ausgestellt ist. Zu entdecken gibt's außerdem eine gruselige **Salle des Questions** (wörtlich Saal der Fragen, gemeinhin Folterkammer genannt). Ludwig XI. ließ auch die berüchtigten Türme **Tour Ronde** (Runder Turm) und **Tour Martelet** errichten, in denen während der Revolution Gefangene untergebracht waren (einige ihrer Inschriften sind an den Wänden noch zu erkennen).

Am Südende des Felsens erhebt sich der 36 m hohe **Donjon** (Wehrturm), errichtet im 11. Jh. von Foulques Nerra. Die Böden der einzelnen Stockwerke sind zwar eingestürzt, doch über schwindelerregende Stege können Besucher bis zur Spitze gelangen, von wo man einen tollen Ausblick über die Stadt genießen kann.

Collegiale St-Ours   KIRCHE

In dieser Kirche befindet sich das Grab von Agnès Sorel, der Mätresse von Karl VII., die während ihrer unerlaubten Affäre mit dem König im Schloss lebte. Als verführerische Schönheit und intelligente Frau machte sie sich bei Hof zahlreiche Feinde, da sie großen Einfluss auf Karls Entscheidungen hatte. Nachdem sie ihm drei Töchter geschenkt hatte, starb sie unter rätselhaften Umständen während ihrer vierten Schwangerschaft. Offiziell wurde Diarrhöe als Todesursache angegeben, doch einige Wissenschaftler glauben, dass der hohe Quecksilbergehalt in ihrem Körper auf eine Vergiftung hinweisen könnte.

🛏 Schlafen & Essen

Le Moulin L'Étang   HISTORISCHES HOTEL €€

(☎02 47 59 15 10; 1 rue du Moulin, Chanceaux-près-Loches; DZ 70–80 €, Hauptgerichte ab 30 €; 🖵) Diese liebevoll umgebaute Mühle, 3,2 km westlich von Loches an der N143, hat Zimmer mit wuchtigen Holzbalken; durch die blauen Fensterläden fällt der Blick auf einen privaten Mühlteich und den 2,8 ha großen Garten. Die Küche bietet Hausmannskost mit Zutaten aus der Umgebung.

Hôtel de France   HOTEL, RESTAURANT €

(☎02 47 59 00 32; www.hoteldefranceloches. com; 6 rue Picois; DZ 50–62 €, Menü 18–50 €) Ein Bogengang führt auf den gepflasterten Hof dieser alten *relais de poste* (Poststation), in deren Räumen heute ein sauberes, aber recht veraltetes Logis de France untergebracht ist. Die besten Zimmer liegen

über dem Restaurant, das den üblichen französischen Standards gerecht wird.

Lebensmittelmarkt   MARKT €

(☻Mi 7–15, Sa 7–13 Uhr) Überall in der Rue de La République und den Nachbarstraßen.

ℹ Praktische Informationen

Éspace Public Numerique (☎02 47 59 49 85; 24 av. des Bas-Clos; Internet 2,15 €/Std.; ☻Mai–Sept. Di, Do & Fr 14–20, Mi 10–13 & 14–19, Sa 13–17.30 Uhr) Internetzugang.

Touristeninformation (☎02 47 91 82 82; www.loches-tourainecotesud.com; place de la Marne; ☻Mo–Sa 9–12.30 & 14–18.30, So ab 10 Uhr, März–April & Okt.–Feb. So geschl.)

ℹ An- & Weiterreise

Loches liegt 87 km südwestlich von Blois und 41 km südöstlich von Tours. Vom Bahnhof auf der anderen Seite des Indre fahren Züge und SNCF-Busse nach Tours (11 €, 1 Std., 6-mal tgl.).

Chinon

8663 EW.

Das friedlich am Nordufer des Flüsschens Vienne gelegene und von seinem mächtigen Schloss gekrönte Chinon liegt in einem der wichtigsten Weinbaugebiete der Loire. An beiden Ufern erstrecken sich Cabernet-Franc-Weingüter der **Chinon AOC** (Appellation d'Origine Contrôlée; www.chinon.com). Und das Gewirr der weißen Tuffsteinhäuser und schwarzen Schieferdächer entpuppt sich als hübsches mittelalterliches Viertel.

⊙ Sehenswertes

Forteresse Royale de Chinon   SCHLOSS

(☎02 47 93 13 45; www.forteresse-chinon.fr; Erw./Kind 7/4,50 €; ☻9–19 Uhr) Im Juli 2010 ist das Schloss dank einem der größten Restaurationsprojekte der Region (mit Kosten von 14,5 Mio €) wiederauferstanden. Es setzt sich aus drei einzelnen Abschnitten zusammen, die durch trockene Gräben voneinander getrennt sind. Das **Fort-St-George** aus dem 12. Jh. und **das Logis Royal** (Königsresidenz) stammen aus einer Zeit, als das Haus Plantagenet mit Heinrich II. und Eleanore von Aquitanien hier Hof hielt. In der **Tour de l'Horloge** (Uhrenturm) aus dem 14. Jh. wird eine Sammlung von Erinnerungsstücken an Johanna von Orléans gezeigt; sie hat hier 1429 den zukünftigen König Karl VII. getroffen. Von der Spitze

MUSÉE RABELAIS

Der Weg in die Außenbezirke von Seuilly, 9 km südwestlich von Chinon, ist ausgeschildert. Hier liegt **La Devinière**, der Hof, auf dem François Rabelais – Arzt, Franziskaner-Mönch, Theoretiker und Autor – geboren wurde (irgendwann zwischen 1483 und 1894, genau weiß das niemand). Inmitten der Felder und Weinberge mit freiem Blick bis zum privaten Schloss in Coudray Montpensier wurde der Hof zur Inspirationsquelle für Rabelais' fünf satirische und gelehrte Geschichten um Gargantua und Pantagruel. Die weitläufigen Gebäude des Gehöfts beheimaten das **Musée Rabelais** (www.musee-rabelais.fr; Erw./Kind 4,50/3 €; Mi–Mo 10–12.30 & 14–18 Uhr) und eine wohl durchdachte Ausstellung mit Frühausgaben von Rabelais' Werken und einem 1951 von Matisse angefertigten Porträt des Autors. Unterhalb des Gehöfts gibt es eine verschlungene Höhle.

des **Fort du Coudray** aus dem 13. Jh. eröffnet sich ein großartiger Panoramablick über das Tal und im **Château du Milieu** (Mittleres Schloss) wartet eine kleine historische Ausstellung auf Besucher.

Der Eingang zum Schloss liegt gegenüber dem kostenlosen Aufzug, der aus der Altstadt hinauffährt.

Altstadt   ALTSTADT

Der Schriftsteller François Rabelais (1483–1553), der durch seinen Romanzyklus *Gargantua und Pantagruel* bekannt wurde, wuchs in Chinon auf. In der Altstadt, die einen schönen Querschnitt durch die mittelalterliche Baukunst bietet, taucht sein Name überall auf. Die schönsten Bauten stehen an der Rue Haute St-Maurice und der Rue Voltaire. Eindrucksvoll sind auch das **Hôtel du Gouverneur** (rue Haute St-Maurice), ein Wohnhaus mit einer Doppeltreppe hinter einem Torweg, der mit Steinmetzarbeiten verziert ist, und nicht weit davon entfernt der gotische **Palais du Bailliage**, die einstige Residenz des Gerichtsvollziehers (heute Hostellerie Gargantua). Die Touristeninformation verteilt kostenlose Broschüren für einen Stadtrundgang und organisiert **Führungen** (Erw./Kind 4,70/2,50 €).

Caves Painctes de Chinon   WEINKELLER

(02 47 93 30 44; impasse des Caves Painctes; Eintritt 3 €; Führungen Di–So 11, 15, 16.30 & 18 Uhr) Etwas versteckt am Ende einer Kopfsteinpflasterstraße jenseits der Rue Voltaire liegen diese Weinkeller, die im 15 Jh. aus ehemaligen Steinbrüchen entstanden. Die Confrérie des Bons Entonneurs Rabelaisiens, eine Vereinigung ortsansässiger Winzer, organisiert im Juli und August Führungen durch die Höhlen.

Musée d'Art et d'Histoire   MUSEUM

(44 rue Haute St-Maurice; Erw./Kind 3,50/2 €; Do–Mo 14–18 Uhr, Mitte Nov.–Feb. geschl.) Kunst und archäologische Stücke aus der Vorgeschichte bis ins 19. Jh. mit Bezug zu Chinon und Umgebung.

🛏 Schlafen

Hôtel Diderot   HISTORISCHES HOTEL €

LP TIPP (02 47 93 18 87; www.hoteldiderot. com; 4 rue de Buffon; EZ 45–62 €, DZ 55–79 €;) Dieses prachtvolle Stadthaus liegt inmitten eines üppigen Rosengartens und ist mit aufpolierten Antiquitäten vollgestellt. Die freundlichen Besitzer versprühen den begeisterten Charme, den Besucher von einem doppelt so teuren Hotel erwarten würden. Die Zimmer sind alle individuell gestaltet, von überschwenglich napoleonisch bis zu dezentem Art Déco. Alle haben Flachbildfernseher. Parkplatz kostet 6 €.

Hostellerie Gargantua HISTORISCHES HOTEL €€

(02 47 93 04 71; www.hotel-gargantua.com; 73 rue Haute St-Maurice; EZ/DZ 53/79 €;) In diesem mit Türmen verzierten mittelalterlichen Haus würde sich Harry Potter sofort wohlfühlen. Das schlichte und etwas unkonventionelle Haus protzt mit Wendeltreppe, pechschwarzem Holz und wuchtigen Steinblöcken. Die besseren Zimmer lohnen den höheren Preis, z. B. die Zimmer „Grangousier" mit Kamin und Pfostenbett und „Badebec" mit Eichenbalken und Blick auf das Schloss. Parkplatz 5,50 €.

Hôtel Le Plantagenêt   HOTEL €€

(02 47 93 36 92; www.hotel-plantagenet.com; 12 place Jeanne d'Arc; EZ 58–70 €, DZ 65–80 €, 3BZ 90 €;) Schlichtes, aber passables Hotel auf halbem Weg zwischen Zentrum

und Bahnhof. Die Zimmer verteilen sich auf drei Gebäude. Das beste ist die *maison bourgeoise*, einige Zimme haben Klimaanalage. Parkplatz 7 €.

Essen & Ausgehen

An Wochenenden und in der Hochsaison sollte reserviert werden.

LP TIPP Les Années 30

FRANZÖSISCH, KLASSISCH €€

(☎02 47 93 37 18; 78 rue Voltaire; Menü 27–43 €; ⏰Do–Mo mittags & abends, Di nur abends) Hier gibt es das Essen, das ein Gourmet in Frankreich erwartet. Ausgezeichnete und perfekt abgeschmeckte Gerichte werden in entspannter und intimer Atmosphäre serviert. Die Räume im Inneren erstrahlen im Untergeschoss in Gold, im Obergeschoss in kühlem Blau; im Sommer sitzen die Gäste unter einer Pergola an der Straße mitten in der Altstadt. Auf der Karte stehen traditionelle Gerichte wie Coq au vin und Ente mit Kirsch-Coulis, aber auch Extravagantes wie Wildschwein.

Restaurant au Chapeau Rouge

FRANZÖSISCH, KLASSISCH €€

(☎02 47 98 08 08; place du Général de Gaulle; Mittagsmenü 19,50 €, Abendmenü 27–50 €; ⏰Di–Sa mittags & abends, So nur mittags) Das „Rotkäppchen" mit seinen rot-goldenen Markisen hat ein bisschen was von einer Pariser Rive-Gauche-Brasserie. In dem familienfreundlichen Restaurant gibt es Hasenbraten, Räucherfisch und andere ländliche Gerichte.

La Treille

BISTRO €€

(☎02 47 93 07 71; 4 place Jeanne d'Arc; Mittagsmenü ab 16 €, Hauptgerichte 16 €; ⏰mittags & abends, Do nur mittags, Mi nur abends) Herrliche Düfte locken ein paar Stufen hinunter in dieses winzige Bistro. Zu den Spezialitäten gehört Seeteufel à l'orange.

Selbstversorger

Lebensmittelmarkt

WOCHENMARKT €

(place Jeanne d'Arc; ⏰Do morgens)

Carrefour

SUPERMARKT €

(22 place du Général de Gaulle; ⏰Mo–Sa 7–22, So 9–13 Uhr)

🛈 Praktische Informationen

Touristeninformation (☎02 47 93 17 85; place Hofheïm; ⏰10–19 Uhr)

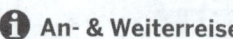

🛈 An- & Weiterreise

Chinon liegt 47 km südwestlich von Tours und 21 km südwestlich von Azay-le-Rideau.

BUS Buslinie **TF** (1,70 €) der Touraine Fil Vert (S. 403) verbindet Chinon, Azay-le-Rideau und Langeais (1- bis 4-mal Mo–Fr).

ZUG Der Bahnhof liegt 1 km östlich der Place du Général de Gaulle. Es gibt Züge und SNCF-Busse (12-mal tgl., an Wochenenden 6-mal) nach Tours (11 €, 45–70 Min) und Azay-le-Rideau (11 €, 25 Min.).

ANJOU

Das Anjou ist weniger für seine Renaissanceschlösser berühmt als für seine kreideweißen Tuffklippen berühmt, die eine erstaunliche Unterwelt mit Weinkellern, Champignonzüchtereien und Kunstskulpturen verbergen. An der Oberfläche stechen die schwarzen Ziegeldächer hervor. Die Weinberge produzieren einige der besten Weine des Loire-Tals.

Angers, die historische Hauptstadt von Anjou, ist berühmt für seine Burg oben auf einem Hügel und einen großartigen, mittelalterlichen Wandteppich. Zu den architektonischen Juwelen der Region gehören zudem die Kathedrale von Angers und im Südosten die romanische Abbaye de Fontevraud. Die Loire-Ufer um das weltoffene Saumur haben die größte Dichte an kultivierten Höhlen Europas.

Die Region um die Flüsse Loire, Authion und Vienne – von Angers südöstlich bis nach Azay-le-Rideau – umschließt den Parc Naturel Régional Loire-Anjou-Touraine.

Saumur

29 587 EW.

Saumur strahlt kultivierten Pariser Flair aus und dazu eine lässige Zufriedenheit. Das Essen ist gut, der Wein ist gut, der ganze Ort ist gut – und die Einwohner von Saumur wissen das. Die Stadt ist berühmt für seine École Nationale d'Équitation, eine staatliche Reitschule, die seit 1828 Sitz des Cadre Noir ist. Weiße Tuffsteinklippen säumen die Ufer östlich und westlich der Stadt; sie sind durchlöchert von ungewöhnlichen Wohnhöhlen, den *habitations troglodytes*.

STÉPHANE MICHON: KURATOR DES PILZMUSEUMS

In der Gegend von Saumur (s. auch S. 416) gibt es 1500 km unterirdische Kellergewölbe. Sie bieten ideale Bedingungen für die Pilzzucht: eine konstante Temperatur von 13 °C bis 14 °C das ganze Jahr hindurch und eine sehr hohe Luftfeuchtigkeit von über 90 %. Und da in der Region von Saumur viele Pferde gehalten werden, herrscht außerdem kein Mangel an erstklassigem Dünger für unsere Pilze! In den Kellern sind wir vor Regen geschützt, trotzdem ist es ziemlich feucht und es kann empfindlich kühl dort unten werden. Außerdem habe ich mich mehrmals fast verirrt – kein Wunder, wenn man bedenkt, dass sich die Gänge über Dutzende von Kilometern erstrecken und es keine Pläne gibt!

Sorten

Neben Champignons züchten wir hier *pied bleu* (Violette Rötelritterlinge), Shiitakepilze und *pleurote* (Austernpilze).

Zubereitung

Die beste Art der Zubereitung ist für mich entweder, sie einfach mit Öl und Petersilie anzubraten, oder die regionale Spezialität *Galipette*: große Champignons, gegrillt und gefüllt mit Ziegenkäse, Petersilienbutter oder *rillettes* (Hackfleisch).

⊙ **Sehenswertes & Aktivitäten**

Base de Loisirs Millocheau (☎02 41 50 62 72; www.canoe.saumur.free.fr) Verleih von Kanus und Kajaks, vorab reservieren.

École Nationale d'Équitation REITSCHULE
(Staatliche Reitschule; ☎02 41 53 50 60; www.cadrenoir.fr; route de Marson; Erw./Kind 7/5 €) Saumur ist seit 1593 ein Reiterzentrum und eng mit der französischen Tradition der Militärreitschule verbunden. Drei Kilometer westlich der Stadt, außerhalb des verschlafenen Ortsteils St-Hilaire-St-Florent, liegt die École Nationale d'Équitation, eine der führenden Reitschulen in Frankreich. Sie ist verantwortlich für das Training der französischen Olympiamannschaft und der Reiter des elitären Cadre Noir, die an ihren besonderen schwarzen Uniformen und Kappen, goldenen Sporen und drei goldenen Flügeln an der Peitsche zu erkennen sind. Die beim Cadre Noir ausgebildeten Reiter und Pferde müssen etwa 5½ Jahre trainieren, bis sie bei Vorführungen auftreten können. Das Ergebnis sind eine verblüffende Disziplin und akrobatische Übungen der Hohen Schule (wie Schulsprünge über der Erde), die alle ohne Steigbügel vorgeführt werden.

Eine Teilnahme an den einstündigen Führungen (4- bis 10-mal tgl.; nach englischsprachigen Führungen fragen) müssen Besucher vorher anmelden. Alle zwei Wochen findet eine **Cadre Noir Vorführung** (Erw./Kind 16/9 €) statt, die Besuchern wie ein Pferdeballett vorkommen müssen – es lohnt sich. Termine stehen auf der Website.

Le Château de Saumur SCHLOSS
(☎02 41 40 24 40; Erw./Kind 3/2,50 €; ☉April–Okt. Di–Son 10–13 & 14–17.30 Uhr) Über den Dächern der Stadt thront das märchenhafte Schloss von Saumur. Es wurde größtenteils im 13. Jh. unter Ludwig XI. erbaut und diente als Gefängnis, Festung und Landsitz. Seinen Ruf als unerschütterliches Bollwerk büßte es jedoch ein, als 2001 ein großer Teil der Westmauer ohne jede Vorwarnung zusammenbrach. Das umfangreiche Sanierungsprojekt läuft nun seit zehn Jahren und eine Fertigstellung ist nicht in Sicht. Zwei Säle mit Ausstellungen über die Reit- und Töpferkunst sind für das Publikum geöffnet. Außerdem sind Spaziergänge auf dem Gelände möglich.

Musée des Blindés MILITÄRMUSEUM
(☎02 41 83 69 95; www.museedesblindes.fr, auf Frz.; 1043 route de Fontevraud; Erw./Kind 7/4 €; ☉10–18 Uhr) Darf es noch mehr militärische Reitgeschichte sein? Dieses reich bestückte Museum mit über 200 Panzern und Militärfahrzeugen ist was für Fans. Kinder dürfen auf einigen der Wagen herumklettern. Zu den Ausstellungsstücken gehören viele Panzer aus dem Ersten Weltkrieg, z. B. ein französischer Schneider CA1, und Dutzende Modelle aus dem Zweiten Weltkrieg, darun-

Jahrhundertelang wurden in den weißen Tuffsteinfelsen rund um Saumur Steine gebrochen. Viele der großen Loire-Schlösser sind aus dem weichen Stein erbaut. Die Höhlen und Tunnel, die dabei entstanden, wurden – ähnlich wie im Vézère-Tal in der Dordogne – von der Bevölkerung als Lagerräume und Wohnstätten genutzt. Auf diese Weise entstand eine außergewöhnliche *culture troglodyte* (Höhlenkultur). Die kühlen und feuchten Höhlen wurden zu einwandfreien Wohnräumen *(habitations troglodytes)* und perfekten Naturkellern für Winzer und Pilzzüchter (S. 417) umgebaut. Bilbo Beutlin würde vor Neid erblassen.

Die Höhlen liegen entlang der Loire östlich und westlich von Saumur und rund um das Dorf Doué-la-Fontaine; die Höhlen sind ganzjährig recht kühl (13 °C), also einen Pulli einpacken.

Rochemenier (☎02 41 59 18 15; www.troglodyte.info; Erw./Kind 5/2,60 €; ☉April–Okt. 9.30–19 Uhr, Nov., Feb. & März Sa–So 14–18 Uhr) Bis in die 1930er-Jahre bewohnt, ist dieses verlassene Dorf, 6 km nördlich von Doué-la-Fontaine, ein Musterbeispiel troglodytischer Kultur. Außerdem zu besichtigen: die Überreste zweier Gehöfte (vollständig mit Gebäuden, Ställen und einer unterirdischen Kapelle).

Les Perrières (☎02 41 59 71 29; www.ville-douelafontaine.fr/perrieres, auf Frz.; Doué-la-Fontaine; Erw./Kind 4,50/3 €; ☉Di–So 14–18.30 Uhr, Okt.–Mai geschl.) Ehemalige Steinbrüche, die wegen ihrer hohen Gewölbe auch als „Höhlenkathedrale" bezeichnet werden.

Les Maisons Troglodytes (☎02 41 59 00 32; Erw./Kind 5,50/3 €; ☉9.30–19 Uhr, Nov.–Feb. geschl.) Noch mehr „Hobbit-Wohnungen", die auf der Erdoberfläche nur an den Schornsteinen zu erkennen sind, die aus dem Untergrund ragen. In Forges, 4 km nordöstlich von Doué-la-Fontaine.

Troglodytes et Sarcophages (☎06 77 77 06 94; www.troglo-sarcophages.fr; Doué-la-Fontaine; Erw./Kind 4,50/3 €; ☉Juni–Aug. 14.30–19 Uhr, Mai Sa & So) Ein merowingischer Steinbruch, in dem vom 6. bis zum 9. Jh. Sarkophage hergestellt wurden. Im Juli und August, jeweils dienstags und freitags um 20.30 Uhr, finden stimmungsvolle Führungen mit Laternen (Erw./Kind 7,50/5,50 €) statt, nur mit Voranmeldung.

Troglo des Pommes Tapées (☎02 41 51 48 30; www.letroglodespommestapees.fr; 11 rue des Ducs d'Anjou, Turquant; Erw./Kind 5,50/3,50 €; ☉Mi–So 10–12.30 & 14–18.30 Uhr, Mitte Nov.–Feb. geschl.) Es ist einer der letzten Orte in Frankreich, in denen die traditionellen *pommes tapées* (Dörräpfel) hergestellt werden. Besichtigungen mit Verkostung, 10 km südöstlich von Saumur.

Im Tal verteilen sich auch ein paar großartige Kunstwerke:

Hélice Terrestre de l'Orbière (☎02 41 57 95 92; Erw./Kind 4/2 €; ☉11–20 Uhr) Beeindruckende, abstrakte Felsskulptur des einheimischen Künstlers Jacques Warminski (1946–96). In St-Georges-des-Sept-Voies, 23 km nordwestlich von Saumur.

La Cave aux Sculptures (☎02 41 59 15 40; Dénezé-sous-Doué; Erw./Kind 4/2,50 €; ☉April–Okt. Di–So 10.30–13 & 14–18.30 Uhr) Ansammlung boshafter Fratzen, verkrümmter Gestalten und teuflischer Wasserspeier aus der Zeit zwischen dem 16. und 17. Jh. 6 km nördlich von Doué-la-Fontaine.

---

ter ein Hotchkiss H39, verschiedene Panzerkampfwagen und ein Infanterieschlepper Issoise.

Distillerie Combier DESTILLERIE
(☎02 41 40 23 00; www.combier.fr; 48 rue Beaurepaire; Erw. 3 €; ☉3–4 Führungen pro Tag, 10–12.30 & 14–19 Uhr, Okt.–Mai Mo & Nov., Jan.–März So geschl.) Obwohl die Destillerie schon seit 175 Jahren existiert, hat sie erst kürzlich den berühmten originalen Ab-

sinth wieder aus der Versenkung gehoben. Neben Absinth werden auch Liköre wie Royal Combier, Triple Sec und Pastis d'Antan verkostet.

GRATIS **Musée de la Cavalerie**
KAVALLERIEMUSEUM
(☎02 41 83 69 23; http://museecavalerie.free.fr, auf Frz.; place Charles de Foucauld; ☉Mo–Do 9–12 & 14–17, Sa & So 14–18 Uhr) In den alten Militärställen der Cadre Noir zeigt dieses

Museum die Geschichte der französischen Kavallerie von 1445 (der Zeit von Karl VII.) bis hin zu den modernen Panzern.

Langlois-Chateau WEINSCHULE
(☎02 41 40 21 40; www.langlois-chateau.fr; 3 rue Léopold Palustre, St-Hilaire-St-Florent; Vortrag Erw./Kind 2 €/frei, Seminare 225 €; ⊙10–12.30 & 14–18 Uhr) Das Gut wurde 1912 gegründet und ist auf den Schaumwein Crémant de Loire spezialisiert. Die Weinschule bietet Führungen, Weinproben und Besuche der Keller sowie Einführungen in die Kunst des Weinkelterns. Für mehr Informationen zu den Weinen des Loire-Tals s. S. 382.

Geführte Touren

Bootsausflug FLUSSTOUR
(☎06 63 22 87 00; www.bateaux-nantais.fr, auf Frz.; Erw./Kind 9/4,50 €; ⊙Juni–Sept. 14.30–16 Uhr) Die *Saumur-Loire* legt gegenüber des Rathauses zu 1¼-stündigen Ausflügen ab. S. auch S. 394.

Kutschfahrten KUTSCHRUNDFAHRT
(Erw./Kind 7/4 €; ⊙Sa–Do 14–17 Uhr) Abfahrt an der Place de la République. Im Juli und August auch freitags.

🛏 Schlafen

Die Unterkünfte in Saumur sind alle hochklassig, vorab reservieren.

LP TIPP Château de Verrières
SCHLOSSHOTEL €€€
(☎02 41 38 05 15; www.chateau-verrieres.com; 53 rue d'Alsace; Zi. 150–210 €, Suite 260–290 €; ☎❄) Jeder der zehn Räume in diesem herrlichen Château von 1890 ist individuell gestaltet. Es liegt etwas versteckt zwischen Bäumen und Teichen in einem 1,6 ha großen englischen Park. Die Atmosphäre ist rundum vornehm und königlich: antike Schreibtische, originale Kunst, Holzverkleidungen und großartige Badezimmer. Einige Zimmer, wie die exquisite Suite Rising Sun (mit einem Tick modischem, japanischem Minimalismus), gewähren einen Blick auf den Sonnenaufgang über dem Schloss – absolut herrschaftlich. Kostenlose Parkplätze.

Château Beaulieu
ZIMMER MIT FRÜHSTÜCK IM SCHLOSS €€
(☎02 41 50 83 52; www.chateaudebeaulieu.fr; 98 route de Montsoreau; DZ mit Frühstück 80–120 €, Suite 140–200 €; ☎❄) Die irischen Betreiber Mary und Conor begrüßen ihre Gäste in ihrem weitläufigen Heim mit einem Glas

sprudelndem *crémant*. Die Zimmer sind phantasievoll und komfortabel hergerichtet und die Stimmung unter den überwiegend geselligen Gästen ist familiär. Es gibt einen Pool für Sonnenbäder und einen Billardtisch im großen Salon. Kostenlose Parkplätze.

Hôtel Saint-Pierre HISTORISCHES HOTEL €€
(☎02 41 50 33 00; www.saintpierresaumur.com; 8 rue Haute St-Pierre; Zi. 70–155 €; ❄🌐) In einer winzigen Gasse gegenüber der Kathedrale liegt dieses sympathische Hotel. Es kombiniert historische Architektur mit modernem Komfort: Hier treffen heller Stein, dicke Teppiche und antike Lampen auf Minibars und Satelliten-TV. Mosaikfliesen schmücken die Bäder und Schwarzweißfotografien von Dressurreitern beleben das Foyer.

Hôtel de Londres HOTEL €
(☎02 41 51 23 98; www.lelondres.com; 48 rue d'Orléans; EZ 40–45 €, DZ 48–70 €; @🌐) Hier gibt es schön hergerichtete Zimmer in frischen Blau- und warmen Gelbtönen, blitzende Bäder sowie nette Details wie Nachmittagstee und eine gut ausgestattete Comic-Bibliothek. Parkplatz 4 €.

Camping l'Île d'Offard CAMPINGPLATZ €
(☎02 41 40 30 00; www.cvtloisirs.com; rue de Verden; Platz für 2 Pers. 16–27 €; ⊙März–Sept.; 🌐❄) Gut ausgestatteter und sehr schöner Platz auf einer Flussinsel, 1,5 km außerhalb der Stadt.

Essen

Saumur ist eines der Feinschmeckerzentren an der Loire; vorab reservieren.

LP TIPP Le Pot de Lapin
FRANZÖSISCH, MODERN €€
(☎02 41 67 12 86; 35 rue Rabelais; Tapas 1,50–5 €, Hauptgerichte 11–19 €; ⊙Di–Sa) Das virtuose Gitarrenspiel von Django Reinhardt dringt aus dem fröhlichen Essraum durch die Weinbar auf die Terrasse an der Straße. Chef Olivier serviert selbst an den Tischen und empfiehlt den passenden Wein zum Essen. Und das Essen – das ist einfach nur dekadent. Im perfekten Garnelenspieß trifft spanische Küche auf französische Raffinesse. Die feine Foie gras ist jede Sünde wert. Hier herrscht die große Zufriedenheit: zufriedene Bedienung, zufriedene Gäste.

Le Gambetta GOURMETKÜCHE €€
(☎02 41 67 66 66; www.restaurantlegambetta.com, auf Frz.; 12 rue Gambetta; Mittagsmenü

20–27 €, andere Menüs 27–82 €; ⊙Mo–Di, Do–Sa mittags & abends, So nur mittags, Mi geschl.) Noch so ein Lokal, von dem man zu Hause schwärmen kann. Phantastische regionale Küche in raffiniert elegantem Ambiente und eine einfallsreiche Karte, die kaum zu toppen ist. Die Parade der exquisit angerichteten Gerichte beginnt bei Schweinelende in dunkler Sauce (Demiglace) mit einem Streifen perfekter Polenta und hört mit der überraschend köstlichen Crème brûlée mit Wasabi noch lange nicht auf. Einige Menüs kommen mit dem passenden Wein zum Essen (ab 25,50 €) und alle werden von der Küche mit einer leckeren Überraschung versehen.

L'Alchimiste   FRANZÖSISCH, MODERN €€
(📞02 41 67 65 18; 6 rue de Lorraine; Menü 15–18 €; ⊙Di, Do mittags & abends, Mi nur mittags, Fr, Sa nur abends) Einfache und klare Geschmacksakzente sind das Markenzeichen dieses schicken Bistros. Die frischen Zutaten sprechen für sich – vom Tomaten-Gazpacho bis zum frischen Fisch.

L'Amuse Bouche   FRANZÖSISCH, KLASSISCH €€
(📞02 41 67 79 63; 512 route Montsoreau, Dampierre-sur-Loire; Mittagsmenü 10 €, Abendmenü 21–58 €; ⊙Do–Sa mittags & abends, So & Di nur mittags, Mo nur abends) Leckere, frische und ideenreich zubereitete Gerichte wie z. B. *chèvre* (Ziegenkäse) mit einem überraschenden Spritzer Honig. Der in Purpurrot und Silber gehaltene Raum mit bunten Ölgemälden schafft eine freundliche und gemütliche Atmosphäre und im Sommer gibt es eine tolle Terrasse. Kindermenü 10 €.

🛈 Praktische Informationen

Touristeninformation (📞02 41 40 20 60; www.saumur-tourisme.com; place de la Bilange; ⊙9.15–12.30 & 14–18 Uhr)

🛈 Anreise & Unterwegs vor Ort

BUS Für Busverbindungen von/nach Angers s. S. 421. **Agglobus** (📞02 41 51 11 87; www.agglobus.fr, auf Frz.) betreibt die örtlichen Busse (Fahrschein 1,35 €).

FAHRRAD Détours de Loire (📞02 41 53 01 01; 1 rue David d'Angers; ⊙9–12.30 & 16.30–18.30 Uhr) Fahrradverleih.

ZUG Zugverbindungen nach Tours (15–23 €, 50 Min., 15-mal tgl.) und Angers (11–19 €, 25 Min., 9-mal tgl.).

Östlich von Saumur

Die Tuffsteinhänge östlich von Saumur gehören zu den wichtigsten Weinbaugebieten in der Region. Namhafte Weingüter und Winzer (www.producteur-de-saumur-champigny.fr, auf Frz.) säumen die Uferstraße D947. Die meisten bieten von Frühjahr bis Herbst zwischen 10 und 18 Uhr kostenlose Weinproben an, wie z. B. **La Grande Vignolle** (📞02 41 38 16 44; www.filliatreau.eu; Turquant), ein Gut mit Räumen für Weinproben in gewaltigen Tuffsteinhöhlen.

Andere Sehenswürdigkeiten sind die Pilzhöhlen (S. 417).

MONTSOREAU & CANDES-ST-MARTIN
Das **Château de Montsoreau** (📞02 41 67 12 60; Erw./Kind 8,50/5,40 €; ⊙10–19 Uhr, Mitte Nov.–Feb. geschl.; 🅿) liegt wunderbar am Ufer der Loire und beherbergt ein lebendiges Museum (mit Geräuschen, Licht und Action), das sich neben der Geschichte des Schlosses auch mit dem Flusshandel beschäftigt, der einst die Lebensgrundlage im Loire-Tal war. Die Mitarbeiter veranstalten auch Schatzjagden für Kinder. Das Schloss selbst bietet tolle Ausblicke; es wurde 1455 von einem der Berater Karls VII. erbaut und erlangte durch Alexandre Dumas' Roman *La Dame de Monsoreau* weltweite Bekanntheit.

Maison du Parc (📞02 41 38 38 88; www.parc-loire-anjou-touraine.fr; 15 av. de la Loire, Montsoreau; ⊙9.30–19 Uhr) ist das Informationszentrum des 2530 km2 großen Parc Naturel Régional Loire-Anjou-Touraine, der die Aufgabe hat, sowohl die Landschaft als auch das außergewöhnlich reiche architektonische Erbe der Region zu schützen.

Das nahe Dorf **Candes-sur-Martin** liegt idyllisch am Zusammenfluss von Vienne und Loire. Die **Kirche** aus dem 9. bis 15 Jh. ehrt den Ort, an dem der hl. Martin gestorben ist und 397 beerdigt wurde (sein Körper wurde später allerdings nach Tours verlegt). Candes wurde daraufhin zu einem wichtigen Pilgerort und trägt deshalb seinen Namen.

Der Weg die kleinen Straßen hinauf führt zu bewohnten Höhlenbehausungen und schönen Aussichtspunkten auf den Fluss. **La Brocante Gourmand** (20 rue Trochet; Sandwich 3 €; ⊙Di–So 10.30–20.30 Uhr) ist ein Teehaus und Antiquariat, das sich für eine einzigartige, entspannte Pause auf der Spitze des Berges anbietet.

Infos zu Bootstouren auf S. 394.

PILZE, ÜBERALL PILZE

Pilzliebhaber – oder solche, die bereit sind, sich von dem Charme des Champignons verführen zu lassen – können in der Gegend um Saumar alles über Pilze erfahren, durch Höhlen wandern und Pilze verkosten.

Musée du Champignon (Pilzmuseum; ☏02 41 50 31 55; www.musee-du-champignon.com; route de Gennes; Erw./Kind 7/4,50 €; ⊙Feb.–Mitte Nov. 10–19 Uhr) In diesem Museum in einer Höhle am westlichen Ende von St-Hilaire-St-Florent kommen Besucher dem sagenumwobenen Pilz näher.

La Cave aux Moines (☏02 41 67 95 64; www.cave-aux-moines.com; Chênehutte-Trèves-Cunault; Menü 20–23 €; ⊙Sa–So mittags, Fr–So abends) Neben Höhlenführungen (Erw./Kind 4,50/3 €) bietet das Restaurant Pilze, Schnecken und *fouées*, das typisch gebackene Brot dieser Gegend, in allen Variationen. Kindermenü 8 €; 9 km nordwestlich von Saumur.

Le Saut aux Loups (☏02 41 51 70 30; www.troglo-sautauxloups.com; Montsoreau; Gerichte 9–15 €; ⊙Mi–Mo mittags, Fr–Sa abends) Noch eine Gelegenheit zur Höhlenforschung (Erw./Kind 5,90/4,50 €) – und dazu frische Fungi, 12 km südöstlich von Saumur.

FONTEVRAUD-L'ABBAYE

Abbaye Royale de Fontevraud

HISTORISCHES KLOSTER

(☏02 41 51 71 41; www.abbaye-fontevraud.com; Erw./Kind 8,50/7 €, Führung oder Audioguide 4 €; ⊙9.30–18.30 Uhr) Bis zu seiner Schließung 1793 war dieser gigantische Komplex aus dem 12. Jh. eines der größten Kirchenzentren Europas. Ungewöhnlicherweise unterstanden hier sowohl Mönche als auch Nonnen einer Äbtissin (meist eine adlige Dame, die sich aus dem öffentlichen Leben zurückgezogen hatte). Auf dem weitläufigen Gelände befinden sich ein **Kapitelsaal** mit Freskenmalereien der Passion Christi von Thomas Pot, Schlafsäle, Werkstätten und Gebetsräume sowie ein gespenstisches, unterirdisches Abwassersystem und ein **Refektorium** mit Tonnengewölbe, in dem die Mönche und Nonnen schweigend aßen, während ihnen aus der Heiligen Schrift vorgelesen wurde.

Bemerkenswert ist auch das mit Kaminen gespickte **Küchengebäude**, das wie eine Raketenspitze geformt ist. Es wurde ganz aus Stein errichtet, um jeder Brandgefahr vorzubeugen.

Highlight ist aber zweifellos die gewaltige und ergreifend schlichte **Klosterkirche** mit ihren hohen Säulen, romanischen Kuppeln und den mehrfarbigen Gräbern von vier berühmten Persönlichkeiten des Hauses Plantagenet: Hier ruhen Heinrich II., 1154–89 König von England, seine Gemahlin Eleonore von Aquitanien (die sich nach Heinrichs Tod nach Fontevraud zurückzog), ihr Sohn Richard Löwenherz und dessen Gemahlin Isabelle von Angoulême.

Nach der Revolution wurden die Gebäude zu einem Gefängnis, das bis 1963 diesen Zweck erfüllte. Der Autor Jean Gênet saß wegen Diebstahls in Fontevraud ein und schrieb auf der Grundlage seiner Erfahrungen dort *Miracle de la Rose* (Wunder der Rose 1963, dt.).

Chez Teresa ZIMMER MIT FRÜHSTÜCK, TEESALON €
(☏02 41 51 21 24; www.chezteresa.fr; 6 av. Rochechouart; DZ mit Frühstück 49–55 €, Menü 12–15 €) Diese herausgeputzte, kleine Teestube setzt Fontevrauds Tradition der Verbundenheit mit England fort. Sie gehört einer Engländerin mit einer Leidenschaft für die traditionelle britische Teatime: Tea for Two mit Sandwiches, Scones und Kuchen kostet nur 8,50 € – und im Stockwerk darüber gibt's nette Gästezimmer.

Hôtel Abbaye Royale de Fontevraud
HOTEL, RESTAURANT €€
(☏02 41 51 73 16; www.hotelfp-fontevraud.com; Zi. 78–122 €, Menü 27–40 €; ⊙So mittags, tgl. abends, Nov.–So geschl.; ☎) Das Feinschmeckerrestaurant in der ehemaligen Krankenstation serviert veritable *Haute cuisine* (Taube, Ente, Hummer, Foie gras). Die Zimmer sind im Vergleich zur himmlischen Küche etwas durchschnittlich, aber komfortabel.

Angers

155 700 EW.

Die lebendige Uferstadt Angers, die wegen ihrer schwarzen Schieferdächer häufig auch „Schwarzes Angers" genannt wird, ist für seine Gobelins bekannt: den aus dem 14. Jh. stammenden Wandteppich *Tenture de l'Apocalypse* im Schloss der Stadt und sein modernes Gegenstück *Chant du Monde* im Museum Jean Lurçat. Mit der geschäftigen Altstadt, seinen vielen Fußgängerzonen und einer vielseitigen Cafékultur ist Angers eine abwechslungsreiche östliche Pforte zum Loire-Tal.

⊙ Sehenswertes & Aktivitäten

Eine kleine Gobelins **Touristenbahn** (☎02 41 23 50 00; Erw./Kind 6/4 €; ⊙Mai–Sept. tgl., Ostern–April an Wochenenden) mit Abfahrt vom Schloss

fährt in einer Rundtour an allen Highlights der Stadt vorbei.

LP TIPP **Château d'Angers**   SCHLOSS
(☎02 41 86 48 77; 2 promenade du Bout du Monde; Erw./Kind 8 €/frei; ⊙9.30–18.30 Uhr) Hinter dem Quai de Ligny erheben sich die hohen Mauern und 17 Wachttürme dieses eindrucksvollen Schlosses aus schwarzem Stein, das früher der Sitz der Grafen von Anjou war. Die blumengeschmückten Innenräume sind überraschend freundlich. Star der Ausstellung ist der atemberaubende **Tenture de l'Apocalypse** (Teppichzyklus der Apokalypse), eine 104 m lange Folge

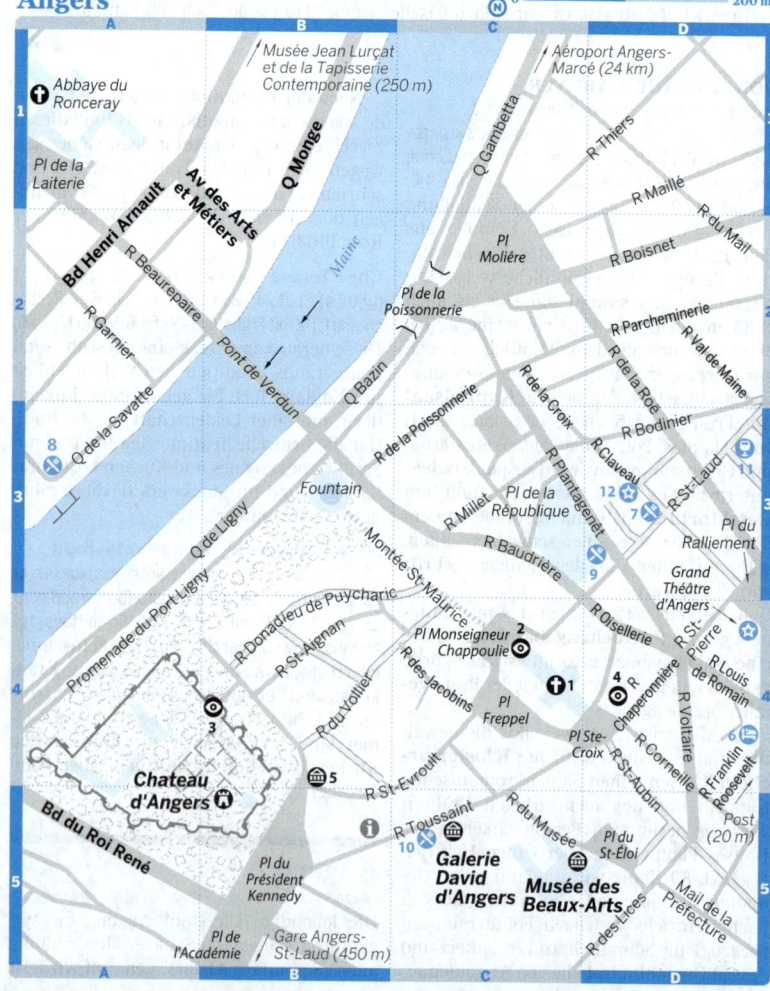

Angers

von Wandteppichen, die Herzog Ludwig I. von Anjou um 1375 in Auftrag gab, um die *Offenbarung des Johannes* zu würdigen. Die dramatischen Illustrationen schildern den Tag des Jüngsten Gerichts von Anfang bis Ende, inklusive der vier apokalyptischen Reiter, der Schlacht von Armageddon und der Wiederkehr des Lamms. Besonders bemerkenswert sind die Darstellungen des Erzengels Michael im Kampf mit dem siebenköpfigen Drachen und der Fall Babylons. Audioguides (4,50 €) geben hilfreiche Erklärungen, die Führungen sind kostenlos. Und der schwarze Stein? Der heißt eigentlich Blauschiefer.

Musée Jean Lurçat et de la Tapisserie Contemporaine WANDTEPPICHMUSEUM

(✆02 41 05 38 00; 4 bd Arago; Erw./Kind 4 €/frei; ☉10–19 Uhr) Als interessantes Gegenstück zu dem anderen berühmten Knüpfwerk von Angers zeigt das Museum eine Sammlung bedeutender Wandteppiche des 20. Jhs. von Jean Lurçat, Thomas Gleb und anderen. Es befindet sich im Hôpital St-Jean, einem ehemaligen Hospital, das im 12. Jh. von Henry Plantagenet gegründet wurde. Im Zentrum steht das Werk *Chant du Monde* (Gesang der Welt), eine beachtliche Serie von Wandteppichen, die Triumphe und Fehlschläge

Angers

des modernen Menschen illustriert – vom nuklearen Holocaust und der Erforschung des Weltalls bis zum Vergnügen des Champagnertrinkens. Etwas ungewöhnlich, aber unbedingt einen Besuch wert.

Galerie David d'Angers SKULPTURENMUSEUM

(✆02 41 05 38 90; 33bis rue Toussaint; Erw./Kind 4 €/frei; ☉10–19 Uhr) Der berühmteste Sohn der Stadt ist der Bildhauer Pierre-Jean David (1788–1856), oft auch nur David d'Angers genannt. Seine lebensechten Büsten und Skulpturen zieren viele öffentliche Bauwerke in ganz Frankreich, insbesondere das Panthéon, den Louvre und den Friedhof Père Lachaise (für den David viele Grabsteine gefertigt hat, u. a. den für Honoré de Balzac). Seine Arbeiten bilden den Grundstock dieses Museums, das sich in der ehemaligen Abtei Toussaint aus dem 12. Jh. befindet. Das Gebäude ist dank des markanten Glasdachs lichtdurchflutet.

Musée des Beaux-Arts KUNSTMUSEUM

(✆02 41 05 38 00; 14 rue du Musée; Erw./Kind 4 €/frei; ☉10–19 Uhr) Die Gebäude dieses ausgedehnten, phantastischen Museums der feinen Künste integrieren Glasflächen in die feinen Linien eines typischen Angevin-Adelshauses. Das Museum bietet eine Abteilung zur Geschichte von Angers und eine einzigartige Sammlung von Kunstwerken vom 17. bis zum 20. Jh. mit Bildern von Monet, Ingres, Lorenzo Lippe und flämischen Meistern wie Rogier van der Weyden.

Quartier de la Cité ALTSTADT

Im Herzen der Altstadt erhebt sich die **Cathédrale St-Maurice** (☉8.30–19 Uhr), eines der frühesten Beispiele der Plantagenet- oder Angevin-Architektur in Frankreich mit einem für diesen Baustil typischen runden Rippengewölbe, Buntglasfenstern aus dem 15. Jh. und einem Portal aus dem 12. Jh. mit Darstellungen des Jüngsten Gerichts. Gegenüber der Kathedrale an der Place Ste-Croix steht die **Maison d'Adam** (um 1500), eines der am besten erhaltenen mittelalterlichen Häuser der Stadt. Es ist mit vielen schlüpfrigen Figuren verziert. Von dem Platz vor der Kathedrale führt die monumentale Treppe **Montée St-Maurice** hinab zum Fluss.

Maison du Vin de l'Anjou WEINZENTRUM

(✆02 41 88 81 13; mdesvins-angers@vinsvaldeloire.fr; 5bis place du Président Kennedy; ☉Di–Sa 10–13 & 14.30–18.30, So 10.30–13 Uhr, Mitte Jan.–Mitte Feb. geschl.) Hier gibt's einen guten Überblick über die Weine des Anjou

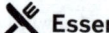

ANGERS CITY PASS

Die Touristeninformation verkauft den **Angers City Pass** (24/48/72 Std. 12/19/24 €), der vergünstigten Eintritt zum Schloss, den Museen, für die Touristenbahn und andere Sehenswürdigkeiten sowie Ermäßigungen bei den öffentlichen Verkehrsmitteln gewährt.

und der Loire-Region: Weinproben, Verkauf, Führungen und Ratschläge für den Weinkauf.

🛏 Schlafen

Hôtel du Mail HISTORISCHES HOTEL €€
(☏02 41 25 05 25; www.hotel-du-mail.com; 8 rue des Ursules; DZ 65–80 €; 🛜) Die Schlafstätte in einem umgebauten Frauenkloster liegt um einen ruhigen Hof herum. Die Zimmer sind hell und luftig, wenn auch etwas abgenutzt. Eine schicke Lobby, ein riesiges Frühstücksbüffet (10 €), freundliches Personal und nette Extras (aktuelle Zeitung, kostenlose Regenschirme) sorgen für eine angenehme Bleibe in Angers. Parkplätze kosten 6 €; östlich des Quartier de la Cité, neben dem Hôtel de Ville.

Hôtel Continental HOTEL €€
(☏02 41 86 94 94; www.hotellecontinental.com; 14 rue Louis de Romain; EZ 51–90 €, DZ 60–93 €; ❄🛜) Das umweltzertifizierte und urbane Hotel in einem waffelförmigen Bau im Zentrum bietet 25 Zimmer in sonnigen Farben und das empfehlenswerte Café Le Green an der Straße. Etwas störend ist der Straßenlärm.

Hôtel Le Progrès HOTEL €
(☏02 41 88 10 14; www.hotelleprogres.com; 26 rue Denis Papin; EZ 45–63 €, DZ 59–73 €; 🛜) Dieses schlichte Bahnhofshotel ist nichts Besonderes, aber zuverlässig, freundlich und blitzsauber. Parkplätze 5 €.

Mercure DESIGNHOTEL €€
(☏02 41 87 37 20; www.mercure.com; 18 bd du Maréchal Foch; EZ 125–150 €, DZ 135–160 €; ❄🛜) Ein Hotel für Gäste, die Wert auf Design legen. Klare Linien, minimalistisches Dekor, Businessatmosphäre und LCD-Bildschirme an den Wänden prägen den modernen, aber manchmal etwas zu spartanischen Stil. Das Hotel liegt drei Blöcke südöstlich vom Grand Théâtre d'Angers.

✗ Essen

Le Favre d'Anne GOURMETKÜCHE €€€
(☏02 41 36 12 12; www.lefavredanne.fr, auf Frz.; 18 quai des Carmes; Mittagsmenü 20–28 €, Abendmenü 55–90 €; ⏲Di-Sa) Gedämpfte Töne, Kristall, Leinen und Blick auf den Fluss sind der Rahmen für einen romantischen Abend oder ein mondänes Mittagsessen. Die Zutaten (Artischocken, Spargel, Ziegenkäse, Fisch aus der Region) sind immer frisch und die Kreationen einfallsreich: eine Prise Kakao hier und ein Spritzer Birnenpüree dort. Kein Wunder, dass Michelin einen Stern hier gelassen hat.

Villa Toussaint FUSIONSKÜCHE, FRANZÖSISCH €€
(☏02 41 88 15 64; 43 rue Toussaint; Hauptgerichte 16–18 €; ⏲Di-Sa) Das Fusionsrestaurant mit schickem Essraum und überdachtem Hof kombiniert asiatische Aromen mit klassischen französischen Zutaten. Die *combinaisons* bringen mehrere Gerichte auf einen Teller: von Sushi über Thai-Hühnchen bis Tapas. Vorab reservieren.

Chez Toi BISTRO €€
(☏02 41 87 85 58; 44 rue St-Laud; Hauptgerichte 13–17 €; ⏲9–1.30 Uhr; 🛜✎) Diese schwungvolle, kleine Loungebar verbindet minimalistisches Mobiliar mit buntem Schnickschnack und ist bei den hippen Einheimischen beliebt. Alle Gerichte sind nach Freunden benannt, um die kumpelhafte Atmosphäre zu betonen. Auf der Terrasse lassen sich an sonnigen Tagen gut Leute beobachten.

Selbstversorger

Lebensmittelmarkt WOCHENMARKT €
(place Louis Imbach & place Leclerc; ⏲Sa früh)

Monoprix SUPERMARKT €
(⏲Mo-Sa 8.30–21 Uhr) Gegenüber von Rue Plantagenêt 59. Mit Imbiss.

Ausgehen & Unterhaltung

Das kostenlose *Angers Poche* informiert über Veranstaltungen. Tickets verkauft die **Fnac billeterie** (☏08 92 68 36 22; 25–29 rue Lenepveu; ⏲Mo-Sa 10–19 Uhr).

Le Kifé du Jour WEINBAR
(☏02 41 86 80 70; rue St-Laud) Gemütliche, kleine Weinbar mit vielen offenen Weinen der Region – im Glas oder *pichet* (Karaffe 3 €).

L'Autrement MUSIKCLUB
(☏02 41 87 61 95; www.lautrementcafe.com, auf Frz.; 90 rue Lionnaise; ⏲Mi-Sa) Jazzgruppen,

Roots-Bands und andere Künstler der Umgebung treten in dieser Bar 100 m westlich der Abbaye du Ronceray auf.

Les Quatre-Cents Coups KINO
(📞02 41 88 70 95; www.les400coups.org; 12 rue Claveau) Arthousekino mit Filmen in Originalfassung.

 Praktische Informationen

Cyber Espace (25 rue de la Roë; Internet 3 €/Std.; ⊙Mo–Do 10–21, Fr–Sa 10–22, So 14–18 Uhr) Internetzugang.

Post (1 rue Franklin Roosevelt) Geldwechsel.

Touristeninformation (📞02 41 23 50 00; www.angersloiretourisme.com; 7 place du Président Kennedy; ⊙Mo 10–19, Di–Sa 9–19, So 10–18 Uhr)

 An- & Weiterreise

Angers liegt 107 km westlich von Tours und 90 km östlich von Nantes.

BUS Anjou Bus (📞08 20 16 00 49; www.anjou bus.fr, auf Frz.) befindet sich am Bahnhof.

Brissac-Quincé Buslinie 9, 4,10 €, 25 Min., 6-mal tgl. Mo–Sa

Doué-La-Fontaine Buslinie 9, 7,60 €, 1 Std.

Saumur Buslinien 5 und 11, 9 €, 1½ Std., 7-mal tgl. Mo–Sa

FLUGZEUG Zum Zeitpunkt der Drucklegung bot der **Angers-Marcé Airport** (📞02 41 33 50 00;

ORANGENSCHALEN & ANISLIKÖRE

Zwei der bekanntesten Spirituosen Frankreichs werden im Loire-Tal destilliert: der bittere Orangenlikör Cointreau und der aus Anis gewonnene (und angeblich halluzinogen wirkende) Absinth.

Cointreau ist die Erfindung der Brüder Adolphe Cointreau, seines Zeichens Süßigkeitenfabrikant, und Édouard-Jean Cointreau, der in Angers 1849 eine Fabrik für Spirituosen mit Fruchtaroma gründete. 1875 entwickelte Édouard-Jeans Sohn (der ebenfalls Édouard hieß) eine Mischung aus süßen und bitteren Orangen mit dem intensiven Aroma der Orangenschalen, die schon bald zur Grundlage ihres Welterfolgs werden sollte. Anfang des 20. Jhs. wurden über 800 000 Flaschen Cointreau nach dem „streng geheimen" Rezept der Brüder hergestellt. Rund 100 Jahre danach sind es 13 Mio. Flaschen, die noch immer nach althergebrachter Rezeptur und am gleichen Ort in Angers abgefüllt werden.

Carré Cointreau (📞02 41 31 50 50; www.cointreau.com; 2 bd des Bretonnières; Erw./ erm. 6/5,40 €, Verkostung 3 €; ⊙Anmeldung erforderlich) bietet Führungen durch die Brennerei und das Cointreau-Archiv. Das Museum liegt unweit der Ringstraße östlich von Angers und ist vom Bahnhof aus mit der Buslinie Nr. 7 zu erreichen.

Der **Absinth** hat eine wechselvollere Geschichte. Echter Absinth besteht aus einer Mischung natürlicher Kräuter und muss drei Zutaten enthalten: grünen Anis, Fenchel und die Blätter von *Artemisia absinthium* (Wermut), die schon bei den alten Ägyptern als traditionelles Heilmittel verwendet wurden. Die Legende behauptet, der heutige Absinth sei Ende der 1790er-Jahre von einem französischen Arzt (mit dem herrlichen Namen Dr. Pierre Ordinaire) erfunden worden. Vater und Sohn Pernod sollen das Rezept dann 1805 gekauft haben, um die erste große Absinth-Brennerei zu gründen: Maison Pernod-Fils.

Die Beliebtheit des Getränks nahm im 19. Jh. explosionsartig zu, als der Absinth von Dichtern und Malern der Bohème entdeckt wurde (außerdem wurde er den französischen Soldaten als Anti-Malariamittel verabreicht). Die traditionelle grüne Farbe und die angeblich psychogene Wirkung trugen dem hochprozentigen Gebräu den beliebten Beinamen „grüne Fee" ein. Von Rimbaud bis Vincent van Gogh waren alle voll des Lobes. Ernest Hemingway erfand sogar seinen eigenen Absinth-Cocktail und gab ihm den vielsagenden Namen *Death in the Afternoon*.

Doch sein Ruf wurde dem Absinth schließlich zum Verhängnis: Da man massenhafte psychische Degeneration befürchtete, haben ihn die Regierungen in aller Welt zu Beginn des 20. Jhs. verboten (Frankreich 1915). In den 1990er-Jahren entdeckte eine Gruppe passionierter *absintheurs* das Rezept für die Herstellung des grünen Getränks wieder. Sie hatten den Inhalt Jahrhunderte alter Flaschen, die dem Verbot entgangen waren, chemisch analysiert. Kostproben gibt es in der Distillerie Combier in Saumur.

24 STUNDEN VON LE MANS

Jede zweite Woche im Juni fallen die Freunde des Autorennsports in **Le Mans** (Einwohner 148 340) ein, um die 24-stündige Autoraserei zu sehen. Corvettes, Porsches, Ferraris und unzählige andere aufgemotzte Speedster kreisen beim ältesten Autorennen der Welt auf dem 13,629 km langen Circuit de la Sarthe. Das erste Rennen fand hier 1923 statt. Ist nicht gerade Juni, bleibt nur ein Besuch im **Museum** (☏ 33 2 43 72 72 24; www.lemusee24h.com), in dem über 150 Fahrzeuge bewundert werden können – von einem dampfbetriebenen Hundewagen von De Dion Bouton et Trepardoux aus dem Jahr 1885 bis zu den letzten Siegerautos, die nur wenig schneller sind.

www.angers.aeroport.fr) keine kommerziellen Flugverbindungen.

ZUG Ticketverkauf im Zentrum bei **Boutique SNCF** (5 rue Chaperonnière; ☉ Mo 13.30–19, Di–Fr 9.30–19, Sa 9.30–18.30 Uhr). Ab Gare Angers-St-Laud:

Paris Gare Montparnasse 46–92 €, 1¾ Std., stündl.

Saumur 11–16 €, 30 Min., 14-mal tgl.

Tours 16 €, 1 Std., 13-mal tgl.

Unterwegs vor Ort

Die Arbeiten am Straßenbahnsystem von Angers waren bei Drucklegung noch nicht abgeschlossen.

AUTO Die großen Autovermietungen (wie Avis, Hertz, Europcar und National) haben Schalter im Bahnhof.

BUS Stadtbusse betreibt **Keolis Angers** (☏ 02 41 33 64 64; www.cotra.fr; Einzel-/Tagesticket 1,30/3,50 €).

FAHRRAD Fahrradverleih bei der Touristeninformation (halber/ganzer Tag 9/14 €), Teil des Détours-de-Loire-Netzwerks (S. 383).

TAXI Taxiruf ☏ 02 41 87 65 00, 02 41 34 96 52.

Rund um Angers

Südlich von Angers mündet die Maine in die Loire, bevor diese in den Atlantik strömt. An den Ufern westlich der Mündung wachsen einige der besten Loire-Weine, darunter Savennières und Coteaux du Layon.

CHÂTEAU DE SERRANT

Das aus hellem Tuffstein erbaute und von Türmen mit glockenförmigen Schieferdächern gekrönte, gewaltige **Château de Serrant** (☏ 02 41 39 13 01; www.chateau-serrant.net; Erw./Kind 9,50/6 €; ☉ Führungen Juni–Mitte Sept. 9.45–17.15 Uhr, Mitte März–Mai & Mitte Sept.–Mitte Nov. Mi–Sa 13.30–17.15, So 9.45–12 & 13.30–17.15 Uhr) ist ein prachtvoller Renaissancebau – eine Art Cheverny im Miniaturformat. Das von Charles de Brie im 16. Jh. begonnene Schloss besitzt eine 12 000 Bände umfassende **Bibliothek** und riesige Küchen. Die **Chambre Empire**, ein extravagantes Schlafzimmer mit Gewölbedecke, war für Kaiser Napoleon gedacht – doch der ist nach zwei Stunden schon wieder abgereist.

Das Schloss steht nahe St-Georges-sur-Loire, 15 km südwestlich von Angers an der N23. Die Anjou-Buslinie 18 fährt von Angers dorthin (4,10 €, 40 Min., 2-mal tgl., So 1-mal).

CHÂTEAU DE BRISSAC

Château de Brissac (☏ 02 41 91 22 21; www.chateau-brissac.fr; inkl. Führung Erw./Kind 9/4,50 €, nur Gärten 4,50 €/frei; ☉ Mi–Mo 10.15–12.15 & 14–18 Uhr), das größte Schloss Frankreichs, liegt 15 km südlich von Angers in Brissac-Quincé. Das Märchenschloss verfügt über sieben Stockwerke und 204 Zimmer und wurde 1502 vom Herzog von Brissac erbaut. Es ist eines der am reichsten ausgestatteten Loire-Schlösser: mit vielen exquisiten Möbeln, schmuckvollen Wandteppichen, glitzernden Kronleuchtern und luxuriösen Schlafzimmern – und sogar mit einem eigenen Theater. Das 8 km² große, von Zedern bewachsene Grundstück umfasst Stallungen aus dem 19. Jh. sowie ein Weingut, das sich rühmen kann, drei verschiedene Weine mit der Kennung AOC zu erzeugen. Im Juli und August täglich von 10 bis 18 Uhr geöffnet.

Vier Zimmer des Schlosses werden als extravagante **chambres d'hôtes** (DZ mit Frühstück 390 €; ✿) vermietet – für alle, die schon immer mal in einem antiken Himmelbett zwischen Gobelins und Ahnenporträts nächtigen wollten.

Die Anjou-Buslinie 9 verbindet Angers mit Brissac-Quincé (1,60 €, 25 Min., 6-mal tgl. Mo–Sa).

Burgund

Inhalt »

Gut essen

L'Espérance (S. 462)

» Loiseau des Vignes
(S. 443)

» La Cimentelle (S. 457)

» Les Terrasses de Corton
(S. 439)

» Le Chambolle (S. 439)

» Auberge du Pot d'Etain
(S.458)

Schön übernachten

» Villa Louise Hôtel (S. 438)

» La Cimentelle (S.457)

» Maison Sainte-Barbe
(S.463)

» Le Moulin des Ruats
(S. 457)

» Domaine Dessus Bon
Boire (S. 450)

Auf ins Burgund

Das Burgund (auf Frz. la Bourgogne) ist eine der schönsten Landschaften Frankreichs: sanfte, grüne Hügelketten, mit mittelalterlichen Dörfern gesprenkelt, heben sich ab von leuchtend gelb blühenden Senffelder. Zwei wunderbare französische Leidenschaften treffen hier auf höchst verlockende Weise zusammen: der Wein und das Essen.

Die Städte in Burgund, vor allem die schöne Hauptstadt Dijon, gleichen dreidimensionalen Geschichtsbüchern – geschrieben von den Baumeistern der Renaissance, des Mittelalters, der galloromanischen Epoche und sogar aus der Keltenzeit.

Auch für Aktivurlauber ist Burgund ein Paradies. In den Weingärten der Côte-d'Or und im Parc Naturel du Morvan (Naturpark des Morvan) locken zahlreiche Radwege zum Wandern und Radfahren. Die Kanäle in Yonne sind ideal für idyllische Bootsfahrten und wer hoch hinaus will, kann im Heißluftballon über die Weinberge schweben.

Reisezeit

Dijon

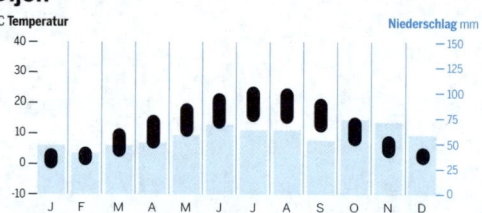

Mai Wenn die Weingärten (und die Winzer) aus dem Winterschlaf erwachen, stehen auch die Senffelder in Blüte.

Juli Herrliches Sommerwetter ist die ideale Zeit für Radtouren im Burgund.

November Auf dem Trois Glorieuses Festival in Beaune geht es rund mit Wein, Musik und Frohsinn.

Top-Weinregionen

Die Rotweine aus dem Burgund, besonders aus der Gegend um Beaune im Departement Côte-d'Or, sind weltberühmt. Allein in den Kellereien von Beaune lagern Millionen Flaschen von einigen der besten Weine überhaupt. Aber es sollte auch noch Zeit bleiben für ein paar der weniger etablierten Weinbaugebiete. Viele Einheimische schätzen den Wein aus dem lieblichen Irancy. An heißen Sommertagen sind die schlichten, frischen Weißweine aus Chablis wunderbar. Und wer das Ungewöhnliche sucht, sollte sich die Weingüter des Mâconnais und Châtillonais vornehmen.

KOCHKURSE

Burgunds gehaltvolle und deftige Küche kombiniert Geräuchertes mit frischen Zutaten. Kursangebote von zwanglos bis edel bieten die Gelegenheit, sich etwas von der hiesigen Kochkunst abzugucken:

Judicäel Ruch vom Plaza Athénée in Paris unterrichtet in der restaurierten Küche aus dem 17. Jh. im Château d'Ancy-le-Franc (S. 455). Die Kurse (120 €, April–Nov. 1-mal monatl.) drehen sich um bestimmte Themen, z. B. Foie gras oder Makronen, und natürlich darf auch der Wein zum fertigen Essen nicht fehlen!

Le Charlemagne (S. 439) in der Weinregion Côte-d'Or bietet jeden Samstag 90-minütige Kurse (70 €) mit saisonalen Zutaten samt Weinprobe und Dessert an.

Nathalie, die Besitzerin des La Cimentelle (S. 457), zeigt in einem Halbtagskurs (80 €) die Zubereitung eines *repas gastronomique* (Feinschmeckermenü) – macht besonders mit einer Gruppe von Freunden Spaß.

L'Espérance (S. 462), Marc Meneaus spitzenmäßiges Restaurant bei Vézelay, hat zweitägige Kochkurse im Angebot, die ein Abendessen und eine Übernachtung im Gasthaus einschließen.

Die Kelten in Burgund

In Bibracte (S. 462), den Ruinen der Hauptstadt der Haeduer, stehen im großartigen Museum für keltische Kultur die Kelten im Mittelpunkt. Vercingetorix wurde an diesem Ort zum Anführer der Gallier ernannt, aber in Alesia, der Hauptstadt der Mandubier, von Julius Cäsar geschlagen.

» Der Trésor de Vix, eine wunderbare Sammlung keltischer, griechischer und etruskischer Artefakte, ist das Glanzstück des Musée du Pays Châtillonnais in Châtillon-sur-Seine (S. 446).

» Die keltische Göttin Sequana gehört zu den Highlights des Musée Archéologique (S. 430) in Dijon: Die Bronzestatue aus dem 1. Jh. n. Chr. ist das einzige existierende Abbild der Göttin. Es zeigt sie in einem Boot stehend.

» Zu den heiligen Quellen und Heiligtümern gehören die Fontaines Salées (S. 462), die Fosse Dionne (S. 455) und die Source de la Douix (S. 446).

WEINTOUREN

In Burgund gibt es unzählige Weingüter, aber geführte Touren werden nur in wenigen Weinbaugebieten angeboten, am ehesten in Dijon, Beaune und Chablis.

Früh buchen

» Weinkurse gibt es in der École des Vins de Bourgogne (S. 453) – sie können von drei Stunden bis zu drei Tagen dauern.

Reiselektüre

» *Claudines Mädchenjahre* von Colette (s. S. 450)

» *Jean-Christophe* von Romain Rolland (s. S. 460)

» *Burgund und seine Weine* von Nicholas Faith

» *Wein und Krieg* von Don und Petie Kladstrupe

Infos im Internet

» Radfahren in Burgund: www.burgund-fur-rad fahrer.com

» Züge und Busse: www.mobigo-bourgogne. com

» Wein aus dem Burgund: www.weine-aus-dem-burgund.de

» Musik und Events: www.magma-magazine.fr, auf Frz.

Während seiner Blütezeit im 14. und 15. Jh. war das Herzogtum Burgund eines der reichsten und mächtigsten Länder Europas. Weit über das heutige Burgund hinaus erstreckte sich das Gebiet bis zum Elsass und nordwestlich davon nach Lothringen, Luxemburg und Flandern bis zu den Niederlanden. Damals waren das Herzogtum Burgund und das Königreich Frankreich erbitterte Rivalen – schließlich hatten die Burgunder im Hundertjährigen Krieg Jeanne d'Arc (Johanna von Orléans) an die Engländer ausgeliefert – und eine Zeit lang sah es sogar fast so aus, als würde das Herzogtum das französische Königreich schlucken. Aber dann wendete sich das Blatt und 1477 fiel Burgund an Frankreich.

Im Mittelalter gewannen zwei burgundische Mönchsorden große Bedeutung für das Christentum. Das Mutterhaus der asketischen Zisterzienser stand in Cîteaux, während ihre Erzfeinde, die mächtigen, weltlichen Benediktiner, aus Cluny stammten.

ⓘ Anreise & Unterwegs vor Ort

Mit Auto oder Zug (z. B. dem TGV Sud-Est) von Deutschland oder Paris aus in die Alpen oder nach Südfrankreich liegt Burgund immer auf dem Weg. Wander- und Radwege s. S. 431.

AUTO Von Dijon führen Autobahnen Richtung Nordosten ins Elsass (A36), Richtung Norden nach Lothringen (A31), nach Norden und dann nach Westen in die Champagne (über die A31 auf die A5 und die A26) und nach Süden ins Rhone-Tal (A6).

BUS & ZUG Alle in diesem Kapitel erwähnten Städte und einige Dörfer sind in der Hochsaison mit Bus und Bahn erreichbar. Vielerorts fahren sie zwar (vor allem an Sonntagen und während der Schulferien) relativ selten oder müssen einen Tag im Voraus gebucht werden, aber mit Geduld und sorgfältiger Planung erreicht jeder sein Ziel.

Mobigo (✆ 08 00 10 20 04; www.mobigo-bourgogne.com) Bus- und Zugverbindungen in Burgund.

CÔTE-D'OR

Das Departement Côte-d'Or ist nach einer der führenden Weinbauregionen der Welt benannt, die sich von Dijon mit seinen kulturellen Perlen nach Süden bis weit über die Weinstadt Beaune hinaus erstreckt. Im Nordwesten des Departements, an der Grenze zur Champagne, wartet Châtillon-sur-Seine mit keltischen Schätzen auf und im Westen liegt die Festungsstadt Semur-en-Auxois.

Dijon
250 000 EW.

Dijon gehört sicherlich zu den attraktivsten Städten Frankreichs. Ein Bummel durch die lebhafte Innenstadt mit ihren Schmuckstücken aus Mittelalter und Renaissance ist nicht nur eine kleine Bildungsreise, sondern hat auch in Sachen Essen, Wein und Shoppen viel zu bieten.

Die Stadt präsentiert ihre lange, ruhmreiche Vergangenheit mit Würde und mit einem Selbstbewusstsein, das überhaupt nicht überheblich oder abstoßend wirkt – schließlich hat sie zu diesem Selbstbewusstsein allen Grund! Die 25 000 Studenten sorgen für ein prickelndes Nachtleben, aber am blühenden Kulturleben der Stadt nehmen Menschen jeden Alters teil.

Geschichte

Vom 11. bis zum 15. Jh. war Dijon die Hauptstadt des Herzogtums Burgund, das unter Philippe-le-Hardi (Philipp dem Kühnen), Jean-sans-Peur (Johann Ohnefurcht) und Philippe-le-Bon (Philipp dem Guten) im 14. und 15. Jh. seine Glanzzeiten erlebte. Sie holten die besten Maler, Bildhauer und Architekten Europas an den Hof, sodass Dijon sich damals mit europäischen Kunstmetropolen durchaus messen konnte.

◉ Sehenswertes

Der Eulenweg (2,50 €), in der Touristeninformation in elf Sprachen erhältlich, beschreibt einen Stadtrundgang durch die Innenstadt. Bronzene Dreiecke auf den Bürgersteigen markieren die Strecke. Der Eintritt zu allen städtischen Museen Dijons ist frei, außer gelegentlich bei Sonderausstellungen. Die wichtigsten Kirchen sind von 8 bis 19 Uhr geöffnet.

Palais des Ducs et des États de Bourgogne PALAST
(Palast der Herzöge und Stände Burgunds) Der monumentale Palast inmitten der Altstadt Dijons war einst die Residenz der mächtigen Herzöge von Burgund. Im 17. und 18. Jh. tagten die Generalstände darin. Zu dieser Zeit erhielt das Gebäude seine klassizistische Fassade; die halbrunde **Place de la Libération** davor wurde 1686 von Jules Hardouin-Mansart angelegt, der auch in Versailles tätig war.

Highlights

1 Eine Kostprobe der berühmtesten Weine Burgunds in **Beaune** (S. 441) und in den Weinbergen der **Côte-d'Or** (S. 438)

2 Die ganze Pracht des Spätmittelalters im **Musée des Beaux-Arts** (S. 429) in Dijon und im **Hôtel-Dieu** (S. 440) in Beaune

3 Das pittoreske Dorf **Noyers-sur-Serein** (S. 455) mit Spaziergang in der ländlichen Umgebung

4 Auf den Spuren mittelalterlicher Mönche in den Abteien von **Cluny** (S. 465), **Fontenay** (S. 446), **Pontigny** (S. 453), **Cîteaux** (S. 437) und **Vézelay** (S. 459)

5 Rückblick in die Frühzeit der Menschheit in den Ruinen der alten Keltensiedlung **Bibracte** (S. 462) auf dem Mont Beuvray

6 Der Bau einer Burg mit Mitteln und Methoden des 13. Jhs. auf dem **Chantier Médiéval de Guédelon** (S. 451)

Dijon

200 m

Palais des Ducs et des États de Bourgogne

Musée des Beaux-Arts

Église Notre-Dame

Av de la 1ère Armée

Jardin Darcy

Bd de Brosses

Bd de Sévigné

Av Albert 1er

Musée d'Histoire Naturelle

Jardin de l'Arquebuse

R de l'Arquebuse

R Chabot Charny

R Pasteur

R Vannerie

R Jeamin

R Buffon

Pl St-Michel

R Vaillant

Pl du Théâtre

R des Bons Enfants

R du Palais

R Chaudronnerie

R Vérrerie

R Auguste Comte

R de la Chouette

Pl de la Banque

R de la Préfecture

Pl de la Libération

R Rameau

R Vauban

R Amiral Roussin

R Victor Dumay

Pl des Cordeliers

R Turgot

Impasse Quentin

R Musette

R des Forges

Hôtel de Ville

R Jules Mercier

R du Bourg

R Ste-Anne

R Bannelier

R Bossuet

R Piron

R du Chapeau Rouge

R Mably

R Grangier

Pl Grangier

L'Espace Bus

R de la Liberté

R Brulard

R Michelet

Pl Bossuet

R Danton

R du Docteur Maret

Pl St-Philbert

Pl Émile Zola

R Crébillon

R Berbisey

R Monge

R Condorcet

R de la Manutention

Rempart Miséricorde

Porte Guillaume

Pl Darcy (Triumphbogen)

Av Maréchal Foch

R du Dr Remy

R Marotte

R Chaussier

R des Perrières

Puits de Moïse (1,3 km); Avallon (105 km)

Transco-Bushaltestelle

R Jehan de Marville

R Jean de Marville

Av de l'Ouche

Beaune (45 km)

Flughafen (6 km)

Der Westflügel dient heute als **Hôtel de Ville** (Rathaus). Im Torbogen gegenüber dem Haus Nr. 92 in der Rue de la Liberté ließ der Architekt Jacques Gabriel in den 1730er-Jahren den **Escalier Gabriel** errichten, eine herrschaftliche Marmortreppe mit vergoldetem Geländer.

Im Ostflügel befindet sich das hervorragende **Musée des Beaux-Arts** mit seinem Eingang neben der **Tour de Bar**, einem gedrungenen Turm aus dem 14. Jh., der einst als Gefängnis diente.

Direkt an der **Cour d'Honneur** bietet die 46 m hohe Tour Philippe le Bon (Turm von Philipp dem Guten; ☎03 80 74 52 71; Erw./Kind 2,30 €/frei; ☉Aufstieg unter Aufsicht alle 45 Min., Mi–So 9–12 & 13.45–17.30 Uhr, Ende Nov.–Ostern Do–Fr geschl.) einen herrlichen Panoramablick über die Stadt und an klaren Tagen sogar bis zum Mont Blanc.

LP TIPP ◆ **Musée des Beaux-Arts**

KUNSTMUSEUM

(☎03 80 74 52 09; Audioguide 4 €, Führungen Erw./Kind 6/3 €; ☉Mi–Mo 9.30–18 Uhr) Die weitläufigen Galerien im Ostflügel des Palais des Ducs bilden eines der herausragendsten Museen Frankreichs. Schon die Säle sind ein Kunstwerk und Anlass genug, das monumentale Gebäude zu besichtigen.

Am großartigsten ist die holzgetäfelte **Salle des Gardes** (Gardensaal), die einst mit einem riesigen gotischen Kamin geheizt wurde. Dort sind die üppig geschmückten, spätmittelalterlichen Grabmäler der Herzöge Johann Ohnefurcht und Philipp des Kühnen (von Jean de Marville, Claus Sluter und Claus de Werve) sowie drei unglaublich filigrane, vergoldete, gotische Altaraufsätze aus dem 14. Jh. ausgestellt. Rogier Van der Weydens Porträt Philipps des Guten hängt hier ebenfalls.

Die moderne und zeitgenössische Kunstabteilung mit Werken von Manet und Monet sowie Skulpturen von Matisse und Rodin birgt ein besonderes Vergnügen: den **Pompon-Saal**. Der Raum an einer Hintertreppe steckt voller stilisierter moderner Tierskulpturen von François Pompon

BURGUND DIJON

(1855–1933) aus dem burgundischen Saulieu. Pompon war ein Assistent von Auguste Rodin, doch seine eigenen Skulpturen, wie der berühmte *Ours Blanc* (Weißer Bär, 1920) und ein phantastischer Orang-Utan aus schwarzem Marmor, geben seine unverwechselbare Sichtweise der Tierwelt wunderbar wieder. Die Abteilung für moderne und zeitgenössische Kunst ist übrigens täglich von 11.30 bis 13.45 Uhr geschlossen. Wer die Werke von Rodin, Rouault, Manet und Matisse sehen will, sollte seinen Besuch also entsprechend planen.

Zu den weiteren Highlights gehört eine schöne Sammlung **frühgotischer Werke**, die einen guten Eindruck der unterschiedlichen künstlerischen und ästhetischen Strömungen in Italien, der Schweiz und im Rheinland des 13. und 14. Jhs. vermittelt, außerdem ein paar alte Meister wie z. B. Lorenzo Lotto sowie etliche naturalistische **Skulpturen** des in Dijon geborenen Künstlers François Rude (1784–1855).

Im **herzöglichen Küchentrakt** (1433) im Innenhof sind oft Werke einheimischer Künstler ausgestellt.

Église Notre-Dame   KIRCHE
Die Église Notre-Dame, einen Straßenzug nördlich des Palais des Ducs, wurde von 1220 bis 1240 errichtet. Die ungewöhnliche Fassade wird von drei grinsender Wasserspeier geziert, unterteilt durch zwei Reihen bleistiftdünner Säulen. Der Innenraum mit seinem riesigen Querschiff ist von Buntglasfenstern aus dem 13. Jh. geschmückt. Alle Viertelstunde schlägt hoch oben die **Horloge à Jacquemart** (Jacquemart-Uhr) aus dem 14. Jh. Philipp der Kühne hatte sie 1383 als Kriegstrophäe aus Flandern mitgebracht.

Hôtels Particuliers   BAUDENKMÄLER
Viele der schönsten Häuser Dijons stehen nördlich des Palais des Ducs in der Gegend um die Rue Verrerie, Rue Vannerie und Rue des Forges; die Straßennamen weisen auf die früher hier angesiedelten Handwerksbetriebe hin (Glasbläser, Korbflechter, Schmiede). Ein echter Hingucker ist die von steinernen Karyatiden, Soldaten und Weinranken üppig geschmückte Fassade der **Maison des Cariatides** (28 rue Chaudronnerie) aus dem frühen 17. Jh. Etwas weiter westlich liegen das **Hôtel Aubriot** (40 rue des Forges) aus dem 13. Jh. und die **Maison Maillard** (38 rue des Forges), ein üppig mit Stuckgirlanden und Steinlöwen geschmücktes Haus im Renaissancestil. Das prächtige **Hôtel Chambellan** (34 rue des Forges; Eintritt frei) kann besichtigt werden. In seinem Innenhof führt eine steinerne Wendeltreppe hinauf bis zu einem bemerkenswerten Gewölbedach.

Das **Hôtel de Vogüé** (8 rue de la Chouette) hinter der Église Notre-Dame stammt aus dem 17. Jh. und ist berühmt für seinen wohlproportionierten Hof und die kunstvollen Steinmetzarbeiten – der Gang durch den rosarot-steinernen Torbogen lohnt sich auf jeden Fall. Auf dem Dach der **Maison Millière** (10 rue de la Chouette) aus dem 15. Jh. thronen Figuren einer Eule und einer Katze. Das Haus diente als Kulisse für den Film *Cyrano de Bergerac* (1990) mit Gérard Depardieu.

Cathédrale St-Bénigne   KATHEDRALE
(place St-Philibert) Die gotische Kirche mit ihren vielfarbigen Dachziegeln wurde um 1300 als Abteikirche über dem Grab des hl. Benignus (der im 2. Jh. das Christentum nach Burgund gebracht haben soll) errichtet. Einige der großen Persönlichkeiten Burgunds sind hier bestattet. Von der einstigen romanischen Basilika aus dem 11. Jh. ist lediglich die **Krypta** (Eintritt 2 €; Mo 9.30–18, Sa bis 16, So 14–18 Uhr) mit ihrem Labyrinth aus Gewölbegängen, gemeißelten Kapitellen und Intarsienböden übrig geblieben. Es gibt auch Führungen.

Musée Magnin   KUNSTMUSEUM
(03 80 67 11 10; 4 rue des Bons Enfants; mit Audioguide Erw./Kind 3,50/2,50 €; Di–So 10–12 & 14–18 Uhr) Jeanne und Maurice Magnin haben ihr historisches Stadthaus dem Staat übereignet, damit ihre exzellente Kunstsammlung auf Dauer der Öffentlichkeit zugänglich ist. Zu den Werken gehören schöne Exemplare der italienischen Renaissance sowie flämische und mittelalterliche Gemälde.

GRATIS Musée Archéologique
ARCHÄOLOGISCHES MUSEUM
(03 80 30 88 54; 5 rue du Docteur Maret; Mi–Mo 9–12.30 & 13.30–18 Uhr, Sept.–Mitte Mai Mo geschl.) Wahrhaft außergewöhnliche Beispiele keltischer, romanischer und merowingischer Kunstfertigkeit sind hier ausgestellt. Aus dem 1. Jh. v. Chr. stammt die wunderschöne Bronze der keltischen Göttin Sequana, die in einem Boot mit zwei Bugs steht. Der frühgotische Saal (12. und 13. Jh.) im Stockwerk darüber mit den von zwei Säulenreihen getragenen Spitzbögen

Weinproben finden meistens in dunklen Kellern statt – aber zum Glück gibt es in Burgund auch zahllose Möglichkeiten, um mal wieder richtig durchzuatmen.

Das **Comité Régional de Tourisme de Bourgogne** (Burgunder Tourismusverband; www.burgund-tourismus.com) publiziert hervorragende Broschüren zu den regionalen Outdoormöglichkeiten – u. a. zu Radtouren und Flussfahrten –, die in den Touristeninformationen ausliegen.

Wandern & Radfahren

In Burgund gibt es Tausende Kilometer Fahrrad- und Wanderwege, darunter auch Abschnitte der Fernwanderwege GR2, GR7 und GR76. Etliche Wege führen durch einige der schönsten Weinbaugebiete Frankreichs, z. B. durch die weltberühmten Weingüter der Côte-d'Or, der Region Chablis und des Mâconnais (in Saône-et-Loire).

Auch im Parc Naturel Régional du Morvan gibt es Wanderwege, von denen einige am Besucherzentrum Morvan beginnen, manche auch an der Abbaye de Fontenay sowie in Autun, Avallon, Cluny, Noyers-sur-Serein oder Vézelay.

Direkt auf dem *chemin de halage* (Treidelpfad) oder auf nahen Nebenwegen am Canal de Bourgogne kann man wunderbar von Dijon bis nach Migennes (225 km) radeln. Der Abschnitt von Montbard bis Tonnerre (65 km) führt am Château d'Ancy-le-Franc vorbei; zwischen Montbard und Pouilly-en-Auxois (58 km) zweigen Wege zur Abbaye de Fontenay und nach Semur-en-Auxois ab.

Unter www.burgund-fur-radfahrer.com oder in Touristeninformationen gibt's Details zu den geplanten 800 km *véloroutes* (Radwegen) und *voies vertes* (Grüne Routen), auch Karten und Radführer.

Bootsfahrten auf Kanälen & Flüssen

Was gibt es Schöneres, als auf einem Hausboot (S. 1075) durch Burgund zu schippern? Die stillen Wasserwege von insgesamt 1200 km Länge umfassen neben den Flüssen Yonne, Saône und Seille auch zahlreiche Kanäle, darunter den Canal de Bourgogne, den Canal du Centre, den Canal du Nivernais und den Canal Latéral à la Loire.

Zuverlässige Agenturen vermieten zwischen Ende März und 11. November Boote (die Kanäle werden im Winter zu Instandhaltungszwecken gesperrt, die Flüsse nicht):

Bateaux de Bourgogne (☎03 86 72 92 10; www.tourisme-yonne.com; 1-2 quai de la République, Auxerre) Buchungszentrum (eine Etage über der Touristeninformation in Auxerre) für vier große Bootsvermieter mit 15 Ablegestellen.

France Fluviale (☎03 86 81 67 87; www.bourgogne-fluviale.com, auf Frz. bzw. www.francea-float.com, auf Englisch; 1 quai du Port, 89270 Vermenton) Hausbootvermietung 23 km südöstlich von Auxerre.

Locaboat Holidays (☎03 86 91 72 72; www.locaboat.com; Port au Bois, Joigny) Vermietet in ganz Frankreich Boote, auch in Joigny (27 km nordwestlich von Auxerre).

Fahrten im Heißluftballon

Von April bis Oktober ist eine Fahrt mit der *montgolfière* in jeder Hinsicht das Höchste! Kostenpunkt ca. 229 € pro Person. Gebucht wird über die Touristeninformationen in Beaune und Dijon. Einige bewährte Anbieter:

Air Adventures (☎06 08 27 95 39; www.airadventures.fr) Befindet sich nicht weit von Pouilly-en-Auxois, 50 km westlich von Dijon.

Air Escargot (☎03 85 87 12 30; www.air-escargot.com) In Remigny, 16 km südlich von Beaune.

war einst der Schlafsaal (Dormitorium) einer benediktinischen Abtei.

GRATIS **Musée de la Vie Bourguignonne**
VOLKSKUNDEMUSEUM
(☎03 80 48 80 90; 17 rue Ste-Anne; ⊗Mi–Mo 9–12 & 14–18 Uhr) Das Museum in einem Zisterzienserkonvent aus dem 17. Jh. veranschaulicht mit Trachten und traditioneller Handwerkskunst das burgundische Dorf- und Stadtleben vergangener Jahrhunderte. Das **Musée d'Art Sacré** (15 rue Ste-Anne) in der Konventkapelle mit ihrer Kupferkuppel (1709) liegt vom Klosterausgang rechts in einer Gasse und zeigt prachtvolle religiöse Ritualobjekte aus dem 12. bis 19. Jh.

Église St-Michel
KIRCHE
(place St-Michel) Die ursprünglich gotische Kirche erhielt später eine reich geschmückte Westfassade im Stil der Renaissance. Die beiden Türme aus dem 17. Jh. tragen Kuppeldächer mit schimmernden Goldkugeln obenauf.

Puits de Moïse
MITTELALTERLICHE SKULPTUR
(Mosesquelle; Centre Hospitalier Spécialisé, 1 bd Chanoine Kir; Eintritt 3,50 €; ⊗9–12.30 & 13.30–18 Uhr) Die mittelalterliche Steinskulptur mit sechs alttestamentarischen Figuren wurde vom Hofbildhauer Claus Sluter und seinem Neffen Claus de Werve von 1395 bis 1405 geschaffen. Seit Sommer 2010 kann sie individuell oder im Rahmen einer Führung der Touristeninformation besichtigt werden. Sie befindet sich auf dem Gelände einer psychiatrischen Klinik 1,2 km westlich des Bahnhofs. Mit dem Bus ist sie mit

> **NICHT VERSÄUMEN**
>
> ## DIE GLÜCKSEULE
>
> Auf der Nordseite der Kirche verläuft die Rue de la Chouette, benannt nach der kleinen Steinskulptur einer Eule (frz. *chouette*) an der äußeren Ecke der Kapelle schräg gegenüber der Hausnummer 24. Sie zu streicheln soll Glück und Weisheit bringen, weshalb ihre Konturen schon ganz glatt poliert sind. Um die Eule rankt sich viel Aberglaube: Wer etwa unter dem Drachen in der linken Ecke des Fenster-Ziergitters nahe der Eule vorbei geht, verscherzt ihren Segen. Andere glauben wiederum daran, dass der Drache den Eulenzauber noch verstärkt.

der Line 3 Richtung Fontaine d'Ouche zu erreichen.

Parks & Gärten
GÄRTEN
In Dijon gibt es reichlich Grünanlagen für ein Picknick, wie den **Jardin Darcy** und den botanischen Garten **Jardin de l'Arquebuse** samt Bach und Teich.

☞ Stadtspaziergänge

Die Touristeninformation hat massenhaft Infos zu Stadtrundgängen und Touren durch die Weinregionen der Umgebung und übernimmt auch die Buchung.

MP3-Tour
STADTSPAZIERGANG
(6 €, mit MP3-Player mit Bildern 12 €) Startpunkt ist die Haupttouristeninformation.

Stadtrundgänge
GESCHICHTSTOUREN
(Erw./Kind 6/3 €) Etliche unterschiedliche Touren starten an der Touristeninformation. Die Termine variieren je nach Jahreszeit.

Segway-Tour
GESCHICHTSTOUR
(Erw./Kind 16/7 €; ⊗Mo–Sa 14.30 & 16 Uhr) Die 1½-stündigen Touren der Touristeninformation surren auf Segway-Elektrorollern durch das Stadtzentrum.

Weingutbesuche
WEINTOUREN
Minibustouren (auch auf Englisch) besuchen die Weingüter der Côte-d'Or. Buchung ist telefonisch, übers Internet oder über die Touristeninformation möglich. Einige Anbieter: **Alter & Go** (☎06 23 37 92 04; www.alterandgo.fr; Touren 60–80 €) mit Schwerpunkt auf Geschichte und Keltermethoden, **Authentica Tour** (☎06 87 01 43 78; www.authentica-tour.com; Touren 55–95 €) und **Wine & Voyages** (☎03 80 61 15 15; www.wineandvoyages.com; Touren 2/3 Std. 48/58 €).

🛏 Schlafen

Hôtel Le Jacquemart
HOTEL €
(☎03 80 60 09 60; www.hotel-lejacquemart.fr; 32 rue Verrerie; DZ 49–65 €; @ 🛜) Das schlichte Hotel mitten in der Altstadt vermietet 31 saubere, komfortable Zimmer; die teureren sind ziemlich groß und haben teilweise Marmorkamine. Blumenkästen lassen das Gebäude aus dem 18. Jh. im Sommer besonders hübsch erscheinen.

Hôtel Le Sauvage
HOTEL €
(Hostellerie du Sauvage; ☎03 80 41 31 21; www.hotellesauvage.com, auf Frz.; 64 rue Monge; EZ 46–55 €, DZ 51–61 €, 3BZ 80 €; 🛜) Das preiswerte Budgethotel in einem *relais de poste*

(Postkutschenstation) aus dem 15. Jh. liegt unweit der lebhaften Rue Monge um einen gepflasterten und weinumrankten Innenhof. Einige Zimmer sind spartanisch, andere mit Antiquitäten eingerichtet. Der Parkplatz kostet 5 €.

Hôtel Le Jura
HOTEL €€

(☎03 80 41 61 12; www.oceaniahotels.com; 14 av. Maréchal Foch; DZ 70–92 €, 4BZ 179 €; ✿🐾📶♿) Das schnörkellose Hotel in Bahnhofsnähe hat freundliches Personal und einige Zimmer mit Blick auf den Innenhof. Die „Superior-Zimmer" sind wirklich besser, sie haben nämlich marmorartige Badezimmer und einen Hauch Luxus. Die Zimmerpreise schwanken, auf der Website sind die aktuellen zu erfahren. Der Parkplatz kostet 9,50 €.

Hôtel Sofitel La Cloche
HOTEL €€€

(☎03 80 30 12 32; www.hotel-lacloche.com; 14 place Darcy; DZ 190–240 €, Suite 300–800 €; ✿@📶) Im Foyer des altehrwürdigen Hotels von 1884 hängt ein riesiger Kronleuchter, der Garten ist perfekt gepflegt und es gibt eine Sauna sowie einen kleinen Fitnessraum. Die ruhigen, behaglichen Zimmer sind mit glänzendem Messing, eleganten Holzmöbeln und blütenweißer Bettwäsche ausgestattet.

Hôtel Chambellan
HOTEL €

(☎03 80 67 12 67; www.hotel-chambellan.com; 92 rue Vannerie; EZ/DZ ab 45/50 €; @📶) Das Haus von 1730 inmitten der Altstadt verströmt einen Hauch von Mittelalter. Die meisten Zimmer sind in fröhlichen Farbtönen aus Rot, Orange, Rosa und Weiß eingerichtet und blicken auf einen stillen Innenhof.

Ethic Étapes Dijon
HOSTEL €

(Centre De Recontres et de Séjour Internationales, CRISD; ☎03 80 72 95 20; www.cri-dijon.com; 1 av. Champollion, Palais de Sports; B/EZ/DZ mit Frühstück 21/39/52 €; @📶) Das anstaltsmäßige (aber freundliche) und barrierefreie Hostel mit 219 Betten liegt 2,5 km nordöstlich des Stadtzentrums (Bus 4 bis Haltestelle Epirey CRI) und wurde 2006 komplett renoviert. Die meisten Zimmer sind geräumig, modern eingerichtet und auf zwei Personen ausgelegt. Parkplätze sind kostenlos.

Hôtel Chateaubriand
HOTEL €

(☎03 80 41 42 18; www.hotelchateaubriand.fr, auf Frz.; 3 av. Maréchal Foch; DZ 45 €, nur mit Waschbecken 37 €) Das altmodische Billighotel mit dem Flair einer heruntergekommenen Absteige hat dank des viktorianischen Frühstücksraums immerhin ein bisschen Charakter.

 Essen

Jede Menge Restaurants gibt es in der belebten Rue Berbisey, rund um die Place Émile Zola, in der Rue Amiral Roussin und im Umfeld der Markthalle. In der warmen Jahreszeit öffnen die Straßencafés an der Place de la Libération.

Le Pré aux Clercs
GOURMETKÜCHE, FRANZÖSISCH €€€

(☎03 80 38 05 05; www.jeanpierrebilloux.com; 13 place de la Libération; Mittagsmenü 35 €, Abendmenüs 50–95 €; ⊙Di–So mittags, Di–Sa abends) In dem Spitzenrestaurant gegenüber dem Palais des Ducs wird auf jedes Detail geachtet, sei es beim köstlichen Mittagsmenü (zu dem ein Glas Wein gehört) oder beim neungängigen Verkostungsmenü. Die Gäste sind baff angesichts von Kreationen wie *flan de foie gras* mit Birnenpüree oder einer ganzen „Trüffeloper". Für ein Schokoladenfondant sollte man aber noch Platz lassen.

Osteria Enoteca Italiana
ITALIENISCH €€

(☎03 80 50 07 36; 32 rue Amiral Roussin; Mittagsmenü 12,50–16 €, Abendmenü 25–36 €; ⊙Di–So mittags, Di–Sa abends; ▸) Das lebhafte italienische *ristorante* ist stolz auf seine üppigen und authentischen Pasta- (auch vegetarische Fettuccine), Fleisch- und Fischgerichte und die köstlichen, hausgemachten Desserts (Tiramisu!). Die Einrichtung erinnert an Venedig, die Heimatstadt des Kochs, auch die Weine stammen aus Italien (pro Glas 3,50 €).

Café Chez Nous
CAFÉ €

(☎03 80 50 12 98; impasse Quentin; Mittagsmenü 8 €; ⊙Mittagessen Di–So 12–14 Uhr, Bar 10–2, So ab 11 Uhr, Mo geschl.) Die meist proppenvolle, urfranzösische *bar du coin* (Eckkneipe) verbirgt sich in einer winzigen Gasse nahe der Markthalle. Das Glas Wein ist ein Schnäppchen (1,20–2,40 €). Auf der Kreidetafel wird hin und wieder ein Abendessen und Livemusik angekündigt.

La Dame d'Aquitaine
BURGUNDISCH €€

(☎03 80 30 45 65; 23 place Bossuet; Mittagsmenü 21 €, Abendmenü 28–43 €; ⊙Di–Sa mittags, Mo–Sa abends, Mitte Juli–Mitte Aug. mittags geschl.) In den raffiniert ausgeleuchteten Gewölben aus dem 13. Jh. wird zu klassischer Musik und einer umfangreichen Weinkarte erstklassige Küche aus dem Burgund und dem Südwesten Frankreichs serviert, wie

BURGUND DIJON

coq au vin rouge und *magret de canard aux baies de cassis* (Entenbrust in schwarzer Johannisbeersauce).

Le Petit Roi de la Lune
BISTRO **€€**
(☏03 80 49 89 93; 28 rue Amiral Roussin; Mittagsgerichte 10 €, Abendgerichte 15–18 €; ⊙Di–Sa mittags, Mo–Sa abends) Hippe jüngere Gäste werden von der französischen Küche angelockt, die, so der Koch, *revisitée, rearrangée et decalée* (modernisiert, variiert und schlichtweg anders) sei. Der höchst beliebte *Camembert frit avec gelée de mûre* (panierter und frittierter Camembert mit Brombeergelee) ist erste Sahne.

La Mère Folle
BURGUNDISCH **€€**
(☏03 80 50 19 76; 102 rue Berbisey; Mittagsmenü 10 €, Abendmenü 15–23 €; ⊙Di–Sa) Wer sich von der übertrieben mittelalterlichen Einrichtung nicht blenden lässt, kann hier burgundische Spezialitäten wie *magret de canard au miel, thym et mirabelles* (Entenbrust in Honig, Thymian und Mirabellen) genießen. Die Mittagsgerichte unter der Woche sind ein Schnäppchen, z. B. frisch gebackene Pasteten.

La Petite Marché
BIORESTAURANT **€**
(☏03 80 30 15 10; 27–29 rue Musette; Mittagsmenü 10–14 €; ⊙Mo–Sa mittags; 🖉🖫) Das Biorestaurant über einem Bioladen serviert sieben verschiedene Salate und etliche vegetarische Gerichte (aber auch Fleisch und Fisch) – und auch glasweise Biowein (1,50 €). Eine echte Erholung von den klassischen burgundischen Sattmachern.

Selbstversorger

Markthalle MARKT **€** (Halles du Marché; rue Quentin; ⊙Di & Do–Sa 7–13 Uhr) Freitags und samstags ein großer Markt, etwas kleiner am Dienstag und Donnerstag.

Fromagerie KÄSE **€** (28 rue Musette; ⊙Mo 14.30–19, Di–Sa 7–12.30 & 14.30–19 Uhr) Netter und erstklassiger Käseladen.

Mulot & Petitjean
BÄCKEREI **€** (13 place Bossuet; ⊙Mo 14–17, Di–Sa 9–12 & 14–17 Uhr) Traditioneller *pain d'épices* (Honigkuchen).

Marché Plus SUPERMARKT **€** (2 rue Bannelier; ⊙Mo–Sa 7–21, So 9–13 Uhr)

Monoprix SUPERMARKT **€** (11–13 rue Piron; ⊙Mo–Sa 9–21.30 Uhr)

Ausgehen
Bars gibt es reichlich in der Rue Berbisey.

O Kil
BAR
(☏03 80 30 02 48; www.lekil.com, auf Frz.; 1 rue Auguste Perdrix) Im Kellergewölbe dieser gemütlichen Kneipe gibt's einmal monatlich Livemusik. Fans des Englischen und anderer Sprachen tauschen sich mittwochs ab 19.20 Uhr im „Café Polyglotte" aus.

Le Cappuccino
BAR
(☏03 80 41 06 35; 132 rue Berbisey) In der meist brummenden Bar wird eigentlich gar kein Kaffee serviert, dafür aber Wein und 80 Biersorten, wie Mandubienne, das einzige in Dijon gebraute Bier. Manchmal gibt es auch Livemusik.

Café de l'Univers
BAR
(☏03 80 30 98 29; 47 rue Berbisey) Die Wände dieser Bar zieren Spiegel und Werbeplakate für Bier. Die Speisekarte ist an der Tafel angeschrieben. Freitags und samstags zwischen 21 und 1 Uhr gibt's im Keller Livemusik. Vor allem von jungen Studenten, aber auch allen anderen Altersstufen frequentiert.

☆ Unterhaltung
Aktuelle Infos zur Kulturszene Dijons und der Region stehen in den kostenlosen Monatsmagazinen *Spectacles* (www. spectacles-publications.com, auf Frz.) oder *Magma* (www.magma-magazine.fr, auf Frz.), beide liegen in der Touristeninformation aus. Veranstaltungstickets verkauft die **Fnac Billeterie** (☏08 92 68 36 22; www. fnacspectacles.com, auf Frz.; 24 rue du Bourg; ⊙Mo–Sa 10–19 Uhr). Klassische Konzerte und Theaterstücke bieten die **Opera Dijon** (☏03 80 48 82 82; www.opera-dijon.fr) und das **Théâtre Mansart** (☏03 80 63 00 00; www. theatre-mansart.com; 94 bd Mansart). Diverse Veranstaltungsorte sind auf der Website der Opera aufgeführt; das Théâtre Mansart liegt 4 km südwestlich des Palais des Ducs.

Clubs konzentrieren sich nahe der Nordwestecke der Place de la République (z. B. in der Rue Marceau), 1 km nördlich des Palais des Ducs.

Lokale mit Livemusik stehen in der Rubrik Ausgehen.

Le Cercle Rhumerie Jamaïque
MUSIKCLUB
(☏03 80 73 52 19; www.lecerclejamaique.com, auf Frz.; 14 place de la République; Eintritt frei; ⊙Di–Sa) Der Club, der wie ein Bordell mit knallroten Wänden und vergoldeten Spiegeln ausgestattet ist, bietet täglich von 23 bis 3 Uhr Livemusik (kubanisch, Jazz, Rock 'n' Roll). Im Keller gibt es eine Disko

mit galaktisch blauer Decke und Musik, die so durchmischt ist wie das Alter der Gäste (überwiegend zwischen 20 und 40). Der Club liegt 1 km nördlich des Palais des Ducs.

Cinéma Eldorado KINO
(✆03 80 66 51 89, Bandansage 08 92 68 01 74; www.cinema-eldorado.fr, auf Frz.; 21 rue Alfred de Musset) Programmkino, 2 km südöstlich des Palais des Ducs.

Cinéma Devosge KINO
(✆03 80 30 74 79, Bandansage 08 92 68 73 33; http://cinealpes.allocine.net, auf Frz.; 6 rue Devosge) Filme in Originalsprache.

Shoppen

Die Haupteinkaufsgegend liegt um die Rue de la Liberté und d eren Querstraße Rue du Bourg.

Moutarde Maille SENF
(✆03 80 30 41 02; 32 rue de la Liberté; ◷Mo–Sa 10–19 Uhr) Beim Eintritt in den Laden dieser Senffabrik schlagen einem scharfe Gerüche entgegen. Im Angebot sind 36 Senfsorten, wie schwarze Johannisbeere oder Trüffel und Sellerie, sowie drei Sorten vom Fass (ab 2,40 € je 200 ml).

Institut Géographique National
LANDKARTEN
(IGN; ✆03 80 49 98 58; 2 rue Michelet) Unübertroffene Auswahl an Auto-, Wander- und Fahrradkarten.

Praktische Informationen

Centre Hospitalier Universitaire (✆03 80 29 30 31; 3 rue du Faubourg Raines; ◷24 Std.) Krankenhaus mit 24-Std.-Notaufnahme/-Unfallstation.

Cyberbisey (✆03 80 30 95 41; 53 rue Berbisey; Internet 3 €/Std.; ◷Mo–Fr 10–20, Sa 12–20 Uhr) Internetzugang.

Cyberspace 21 (✆03 80 30 57 43; 46 rue Monge; Internet 4 €/Std.; ◷Mo–Sa 11–24, So 14–24 Uhr) Internetzugang.

Hauptpost (place Grangier)

Multi-Rezo UnderCity (✆03 80 42 13 89; 55 rue Guillaume Tell; Internet 4 €/Std.; ◷Mo–Fr 9–2, Sa 11–2, So 14–24 Uhr) Internetzugang.

Polizei (✆03 80 44 55 00; 2 place Suquet; ◷24 Std.) Nachts, sonntags und an Feiertagen Eingang in der Rue du Petit Cîteaux.

SOS Médecins (✆03 80 59 80 80) 24-Std.-Notfallärzte.

Touristeninformation (✆08 92 70 05 58; www.visitdijon.com; ◷Mo–Sa 9–18.30, So 10–18 Uhr) Hauptsitz (11 rue des Forges); Nebenstelle (Bahnhof) Der Dijon Côte de Nuits

Pass, gültig für ein bis drei Tage, kann einige Ersparnisse bringen.

An- & Weiterreise

AUTO Avis, Hertz, National-Citer und Europcar haben Schalter im Bahnhof. **ADA** (✆03 80 51 90 90; 109 av. Jean Jaurès) vermietet Autos 2 km südlich des Bahnhofs.

BUS Transco (✆08 00 10 20 04; www.mobigo-bourgogne.com) Die Busse halten vor dem Bahnhof. Das Fahrplanheft *Guide Horaire* gibt es kostenlos am Fahrkartenschalter. Fahrkarten (1,50 €) werden im Bus verkauft. Bus 60 verbindet Dijon mit den Weindörfern Marsannay-la-Côte, Couchey, Fixin und Gevrey-Chambertin (30 Min.) im Norden der Côte de Nuits. Bus 44 fährt nach Nuits-St-Georges und Beaune, Bus 43 zur Abbaye de Cîteaux.

Eurolines (✆03 80 68 20 44; 53 rue Guillaume Tell; ◷Mo–Fr, Sa 10–15 Uhr) Internationale Busverbindungen.

FLUGZEUG Zur Zeit der Recherche gab es keine internationalen Flüge vom/zum **Flughafen Dijon-Bourgogne** (✆03 80 67 67 67; www.dijon.aeroport.fr).

Im Bahnhof gibt es nur einen **Fahrkartenschalter** (◷5.45–21 Uhr) für TER-Züge, Divia-Stadtbusse und die Regionalbusgesellschaft Transco.

ZUG Zugverbindungen innerhalb Burgunds stehen im Kapitel jeweils unter den Ortschaften. Fahrkarten im Zentrum Dijons verkauft die **SNCF Boutique** (55 rue du Bourg; ◷Mo 12.30–19, Di–Sa 10–19 Uhr). Züge fahren vom **Bahnhof** (rue du Dr Remy) in folgende Städte:

Lyon-Part Dieu 34 €, 2 Std., 25-mal tgl.

Nizza 90 €, 6¼ Std. mit dem TGV, 2-mal tgl. direkt

Paris Gare de Lyon 61 €, 1¾ Std. mit dem TGV; 44 €, 3 Std. mit anderen Zügen; 20-mal tgl.

Straßburg 49 €, 3½ Std. mit dem TGV, 4½ Std. mit anderen Zügen; 9-mal tgl.

Unterwegs vor Ort

Derzeit wird ein Straßenbahnnetz gebaut, das 2013 in Betrieb genommen werden soll. Deswegen sind einige Straßen eine einzige Baustelle und die Umleitungen ein verwirrendes Labyrinth.

AUTO & MOTORRAD Alle Parkplätze in der City sind kostenpflichtig. Umsonst parken kann man (vom Bahnhof aus im Uhrzeigersinn) nordwestlich der Rue Devosge, nordöstlich des Boulevard Thiers, südöstlich des Boulevard Carnot, südlich der Rue du Transvaal und vom Stadtzentrum aus gesehen jenseits der Bahngleise. Auch der Parkplatz an der Place Suquet südlich der Polizeistation ist gratis.

BUS Auskünfte zu den Stadtbussen von Divia erteilt **L'Espace Bus** (✆08 00 10 20 04; www.

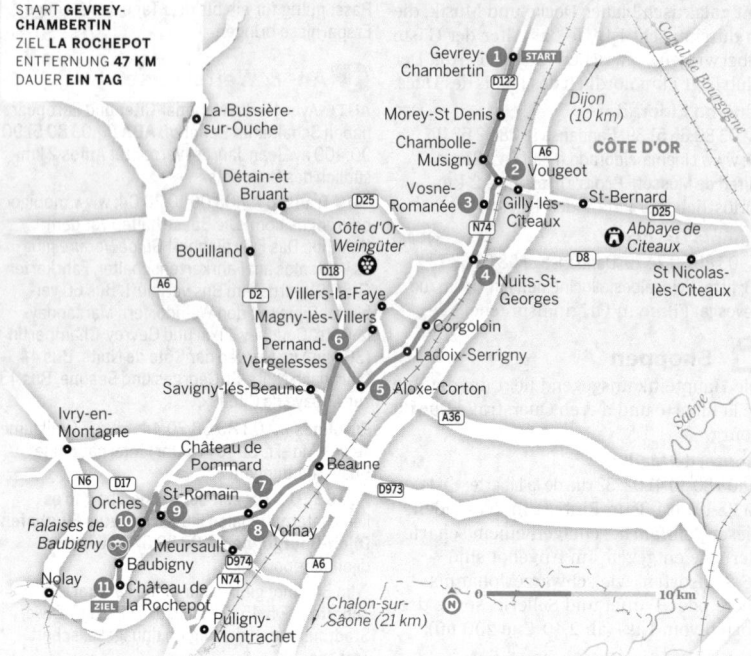

START **GEVREY-CHAMBERTIN**
ZIEL **LA ROCHEPOT**
ENTFERNUNG **47 KM**
DAUER **EIN TAG**

Gevrey- ❶ START
Chambertin
D122
Dijon
(10 km)
Morey-St Denis
Chambolle-
Musigny
A6
CÔTE D'OR
❷ Vougeot
Vosne-
Romanée ❸
Gilly-lès-
Cîteaux
St-Bernard
D25
N74
Abbaye de
Cîteaux
St Nicolas-
lès-Cîteaux
D8
❹ Nuits-St-
Georges
La-Bussière-
sur-Ouche
Détain-et
Bruant
D25
Côte d'Or-
Weingüter
Bouilland
D18
A6
D2
Villers-la-Faye
Magny-lès-Villers
Pernand- ❻
Vergelesses
Savigny-lès-Beaune
Corgoloin
Ladoix-Serrigny
❺ Aloxe-Corton
A36
Saône
Ivry-en-
Montagne
Château de
Pommard
Beaune
N6 D17
Orches
St-Romain ❼
D973
❾
❿ Falaises de
Baubigny
Meursault
❽ Volnay
Baubigny
D974
Nolay
❶❶ Château de
ZIEL la Rochepot
N74
A6
Chalon-sur-
Saône (21 km)
Puligny-
Montrachet
N
0   10 km

Tour
Route des Grands Crus

❭ Die berühmteste Weinstraße Burgunds, die **Route des Grands Crus** (www.route-des-grands-crus-de-bourgogne.com), und ihre oft schmalen Nebenstraßen winden sich durch Dörfer, deren Kirchturmspitzen oder Burgtürme zwischen den Bäumen hervorlugen. Die Hänge zwischen kleinen Dörfern – Chambertin, Chambolle, Chassagne, Montrachet – sind von Reben bewachsen. Dem Meer aus Weingärten an den unteren Hanglagen der Côte folgen an den oberen Hängen Wälder und schroffen Abhänge mit atemberaubenden Aussichten. Die braun ausgeschilderte Route des Grands Crus folgt meist den Landstraßen westlich der N74.

Von Dijon kommend beginnt das Herzland der Côte de Nuits südlich von Marsannay-la-Côte. Die meisten Weingüter des *grand cru* liegen zwischen ❶ **Gevrey-Chambertin** (S. 438) und Vosne-Romanée. In ❷ **Vougeot** gibt's ein historisches Schloss (S. 453), in ❸ **Vosne-Romanée** (S. 438) lockt das Weingut Romanée Conti mit den renommiertesten und teuersten Weinen Burgunds. Weiter südlich wartet ein Besuch im Cassissium (S. 438) in ❹ **Nuits-St-Georges**.

Das unglaublich steile, vielfarbige Ziegeldach des Château Corton-André gleich hinter der einspurigen Hauptstraße von ❺ **Aloxe-Corton** an der Côte de Beaune ist gar nicht zu übersehen. ❻ **Pernand-Vergelesses** verbirgt sich in einem kleinen Tal, das von der N74 nicht zu sehen ist.

Das von einer Steinmauer umgebene ❼ **Château de Pommard** (www.chateau-de-pommard.tm.fr) südlich von Beaune liegt an der D973 am Nordostrand des gleichnamigen Ortes. Lohnenswert ist das malerische ❽ **Volnay** mit seiner Kirche auf einem Hügel. Abseits der Hauptstrecke liegt das idyllische Dorf ❾ **St-Romain** inmitten von Weingärten, Weiden, Wäldern und schroffen Felshängen. Hier beginnen Wanderwege wie der spektakuläre **Sentier des Roches**, ein Rundweg, der teilweise dem GR7 und der D17l über die **Falaises de Baubigny** (Felsen von Baubigny), 300 m über der Saône, folgt. Durch das Bergdörfchen ❿ **Orches** mit atemberaubendem Blick über die Weingärten geht es schließlich zum phantastischen ❶❶ **Château de La Rochepot** (S. 438) aus dem 15. Jh.

divia.fr, auf Frz.; place Grangier; ⊙Mo–Fr 7.30–18.45, Sa 8.30–18.30 Uhr). Die Busse fahren von 5.30 bis 24 Uhr (sonntags ab 9 Uhr) alle 10 bis 15 Minuten.

Forfait Journée 3,40 €, Tageskarte für unbegrenzte Fahrten, gibt es in der Touristeninformation

L'Espace Bus 9,70 €, Wochenkarte, in der Touristeninformation oder im L'Espace Bus erhältlich

Einzelfahrschein 1 €, eine Stunde für unbegrenzte Fahrten gültig, beim Busfahrer erhältlich

Ein **kostenloser Diviaciti-Minibus** fährt montags bis samstags von 7 bis 20 Uhr alle sechs Minuten durch die Innenstadt.

FAHRRAD Die **Haupttouristeninformation** verleiht Räder plus Helm (halb-/ganztags 12/18 €).

Velodi (✆08 00 20 03 05; www.velodi.net, auf Frz.) Dijons Version des Pariser Radverleihs Vélib'. An 33 Stellen in der ganzen Stadt stehen 400 Räder zur Verfügung.

TAXI Taxiruf: ✆03 80 41 41 12.

Weinbaugebiet Côte-d'Or

Die berühmtesten Weine Burgunds stammen aus den endlosen Weingärten der Côte-d'Or (wörtlich Goldener Berghang, tatsächlich eine Abkürzung für Côte d'Orient, Östlicher Berghang), den schmalen, östlichen Hängen einer Hügelkette aus Kalk, Mergel und Lehm, die sich von Dijon etwa 60 km südwärts erstreckt. In der zauberhaften Region mit ihrem Flickenteppich aus mustergültigen, per Handarbeit kultivierten Weingärten liegen stille Dörfer, wo in jedem Haus ein Winzer zu leben scheint.

⊙ Sehenswertes

Die Sehenswürdigkeiten von Beaune sind im entsprechenden Stadtkapitel aufgeführt.

Abbaye de Cîteaux   KLOSTER
(✆03 80 61 32 58; www.citeaux-abbaye.com, auf Frz; D996) Anders als die eher protzigen Benediktiner von Cluny setzte der Zisterzienserorden im Mittelalter auf Askese, Disziplin, Demut und auf die produktive Arbeitskraft seiner Mönche – die u. a. auch zu innovativen Keltermethoden führte. Benannt ist der Orden nach der Abtei von Cîteaux (Lateinisch: Cistercium), die 1098 südlich von Dijon und 13 km östlich von Nuits-St-Georges gegründet wurde. Unter dem hl. Bernhard (1090–1153) verzeichnete

der Orden im 12. Jh. enormen Zulauf und bald gab es von Skandinavien bis in den Nahen Osten rund 600 Zisterzienserklöster.

Die inmitten idyllischer Senffelder gelegene Abtei von Cîteaux wurde während der Französischen Revolution praktisch zerstört. Die Mönche kehrten erst 1898 zurück. Heute leben hier um die 35 Mönche. Das Kloster kann auf einer 1½-stündigen, französischsprachigen **Führung** (Erw./Kind 7,50/4 €; ⊙Führungen Mai–Sept. Mi–Sa 10.30, 11.30 & mehrmals von 14–17 Uhr, So nur nachmittags, Juli & Aug. auch Di) einschließlich einer audiovisuellen Präsentation zum Klosterleben besichtigt werden. Es gibt auch englischsprachige Infoblätter. Reservierungen sind telefonisch oder per E-Mail möglich.

Besucher können auch an der täglichen Andacht oder an der Sonntagsmesse (10.30 Uhr) teilnehmen. Der Klosterladen verkauft Lebensmittel, die in Klöstern in ganz Frankreich hergestellt wurden, und auch den hauseigenen Käse.

🅻🅿 TIPP Château de La Rochepot   BURG
(✆03 80 21 71 37; www.larochepot.com; La Rochepot; Erw./Kind 7,50/4 €; ⊙Mi–Mo 10–17.30 Uhr) Aus dem dichten Wald über dem alten Dorf La Rochepot ragen die konischen Turmspitzen und vielfarbigen Dachziegel dieser prächtigen, mittelalterlichen Festung hervor, deren berühmteste Besitzer die Ritter Régnier und Philippe Pot vom Orden des Goldenen Vlieses waren. Einlass erhält, wer über die Zugbrücke schreitet und dreimal ans Tor klopft. Die Innenräume bilden eine faszinierende Mischung aus Nützlichem (Waffen) und Luxuriösem (schöne Gemälde), die Terrassen der Burg bieten einen tollen Blick über die Umgebung. Die Führungen sind auf Französisch, aber die meisten Burgführer sprechen auch Englisch, ebenso gibt es englischsprachige Infoblätter.

Cassissium   LIKÖRFABRIK
(✆03 80 62 49 70; www.cassissium.com; av. du Jura, Nuits-St-Georges; Erw./Kind 7,50/5,50 €; ⊙10–13 & 14–19 Uhr, letzter Einlass 1½ Std. vor Schließung; ♿) Das Fabrikmuseum widmet sich allem, was mit Likör zu tun hat, insbesondere den schwarzen Johannisbeeren, aus denen der Cassis hergestellt wird. Spannendes gibt es für die ganze Familie: Filme, Ausstellungen, eine 30-minütige Führung und eine alkoholfreie Getränkeprobe mit Fruchtsirup für die Kids. Es liegt nahe der Rue des Frères Montgolfier im Gewerbegebiet östlich der N74. Erhältlich ist auch eine

Karte der *Route du Cassis,* die einen hübschen Ausflug aufs Land bietet.

Château de Savigny
SCHLOSSMUSEUM

(☏03 80 21 55 03; Savigny-les-Beaune; ⏱9–18.30 Uhr) Hier gibt's nicht nur eine Weinprobe, sondern auch eine überraschende Sammlung von Rennwagen, Motorrädern, Flugzeugen und Feuerwehrautos.

🏃 Aktivitäten

Weinproben
WEINPROBEN

In den Dörfern der Côte-d'Or gibt es unzählige Gelegenheiten, Spitzenweine nur ein paar Schritte von der Kellerei entfernt zu probieren und zu kaufen. Touren durch die Weingüter sind in den Kapiteln Dijon oder Beaune aufgelistet. In den Dörfern auf der Route des Grands Crus ist auf folgende Winzer und Weinkellereien zu achten: **Beaune** (Luis Jadot, Joseph Drouhin und Bouchard Père et Fils), **Gevrey-Chambertin** (Denis Bachelet und Domaine Fourrier), **Magny-lès-Villers** (Domaine Cornu), **Meursault** (Comtes Lafon), **Morey-St-Denis** (Domaine Dujac), **Nuits-St-Georges** (Joseph Faiveley), **Savigny-lès-Beaune** (Domaine Chandon de Briailles), **Volnay** (Domaine Hubert de Montille), **Vosne-Romanée** (Domaine de la Romanée Conti).

Fromagerie Delin
KÄSE

(☏03 80 62 87 20; 6 rue des Maizières, Gilly-les-Cîteaux; ⏱Mo–Fr 9–12 & 14–17.30, Sa 8.30–12.30 Uhr) Hier kann traditioneller Käse probiert und gekauft werden.

Wandern
WANDERN

Der Fernwanderweg GR7 und sein Nebenweg GR76 beginnen etwas weiter westlich von Dijon. Beide führen durch die Côte-d'Or zu den Hügeln westlich von Beaune und dann weiter nach Süden. Die Touristeninformation in Beaune verkauft den ausgezeichneten Wanderführer *Promenades en Pays Beaunois* (3 €) mit 30 markierten Wanderwegen.

Radfahren
RADFAHREN

Wer von Dijon nach Beaune radeln will, folgt der ruhigen (aber meist unbefestigten) D122, die südlich von Couchey allmählich besser wird, bis Nuits-St-Georges. Anschließend folgt entweder ein Konditionstraining auf der D8 und D115C oder man radelt auf der ebenen D20 östlich der N74 mit hübschen Ausblicken auf die Rebhänge weiter. Die Tour ist rund 50 km lang

und dauert drei bis vier Stunden. Wer den Rückweg ersparen oder sich das hässliche, verkehrsreiche Umland von Dijon (geht bis Marsannay-la-Côte) nicht antun will, nimmt die Bahn. Die meisten Züge zwischen Beaune und Dijon erlauben die Mitnahme von Fahrrädern, entsprechende Symbole auf dem Fahrplan markieren das.

Ein rechteckiges, weiß-grünes Schild markiert den 20 km langen Radweg **Voie des Vignes** (Weinstraße), der vom Parc de la Bouzaize in Beaune über Pommard, Volnay, Meursault, Puligny-Montrachet und Chassagne-Montrachet nach Santenay führt. Dort bietet sich die Weiterfahrt auf der **Voie Verte** nach Cluny an. Die Touristeninformation in Beaune verkauft eine detaillierte Radkarte für die Tour von Beaune nach Santenay (2 €).

🛏 Schlafen

Die Touristeninformationen haben Verzeichnisse der zahlreichen Unterkünfte der Region, deren Standard oft höher ist als in den Städten.

LP TIPP | Villa Louise Hôtel
HOTEL €€

(☏03 80 26 46 70; www.hotel-villa-louise.fr, auf Frz.; Aloxe-Corton; DZ 100–195 €; @🛜🏊) Wer braucht schon Stadtluft, wenn es so viel Luxus auf einem Weingut gibt? Das stille Landhaus verfügt über elegante, moderne Zimmer, von denen jedes auf eigene Art traumhaft ist. Der große Garten erstreckt sich bis zu den Weingärten und in einem separaten Pavillon gibt es eine Sauna und einen Pool. Chefin ist die mondäne Louise Perrin mit ihrer privaten *cave* für Weinproben. Reservierung ist ratsam, da das Prachtstück oft voll belegt ist.

Domaine Corgette
ZIMMER MIT FRÜHSTÜCK €

(☏03 80 21 68 08; www.domainecorgette.com; rue de la Perrière, St-Romain; DZ mit Frühstück 80–90 €; 🛜) Die sonnige Terrasse der restaurierten Kellerei im Zentrum des stillen Dorfs St-Romain blickt auf die dramatischen Felshänge. Die Zimmer sind licht und luftig, haben blütenweiße Bettwäsche und edle Details wie Kamine und Holzböden.

Maison des Abeilles
ZIMMER MIT FRÜHSTÜCK €

(☏03 80 62 95 42; http://perso.wanadoo.fr/maison-des-abeilles, auf Frz.; Magny-les-Villars; DZ mit Frühstück 58–64 €, 4BZ 90 €; @♿) Die liebenswürdige und fröhliche Jocelyne betreibt dieses makellos saubere *chambre d'hôtes* in einem kleinen Dorf in der Haute Côte. Die

Betten sind bunt bezogen und das Frühstück ist ein Schmaus aus diversen Brotsorten und hausgemachten Marmeladen.

La Closerie de Gilly ZIMMER MIT FRÜHSTÜCK €€
(☑03 80 62 87 74; www.closerie-gilly.com; av. Bouchard, Gilly-lès-Cîteaux; DZ mit Frühstück 75–95 €, 4BZ 120–140 €, App. für 2 Pers. 300–425 €/ Woche; 🛜🏊♿) Die gemütliche *chambre d'hôtes* vermietet fünf Zimmer in einer reizvollen *maison bourgeoise* aus dem 18. Jh. mit einem großen Blumengarten. Fahrradvermietung und Weinproben sind ebenfalls im Angebot.

Château de Gilly SCHLOSSHOTEL €€€
(☑03 80 62 89 98; www.chateau-gilly.com; Gilly-lès-Cîteaux; DZ 170–326 €, Suite 438–768 €; @🏊) In diesem einstigen Nobelhotel residierten im 14. und 17. Jh. die Äbte von Cîteaux. Die großen Zimmer wirken etwas abgenutzt, aber immerhin: Man schläft nicht alle Tage in einem Schloss. Fahrräder stehen kostenlos zur Verfügung.

 **Essen**

In den Dörfern der Côte-d'Or lassen sich hervorragende Restaurants entdecken. Erkunden lohnt sich! Im Château de Gilly gibt es ein dreigängiges Mittagsmenü für 19 €. In der Hochsaison muss reserviert werden.

Les Terrasses de Corton BURGUNDISCH €€
(☑03 80 26 42 37; 38 route de Beaune, Ladoix-Serrigny; Menü 24–40 €, EZ/DZ 48/60 €; ☺12–13.45 & 19.30–21 Uhr, Mi ganz & Do mittags geschl., Ende Okt.–Anfang Mai auch So abends geschl.) Das Lokal an der N74 am Südrand von Ladoix-Serrigny sieht aus wie ein Motel, serviert aber gute und preiswerte französische und burgundische Küche. Das behagliche Restaurant ist stets voll mit plaudernden Dorfbewohnern, die sich Gerichte wie *boeuf bourguignon* nach Hausfrauenart oder glasierte Ente mit Süßkartoffeln schmecken lassen. Oben werden schlichte Zimmer vermietet.

Le Chambolle BURGUNDISCH €€
(☑03 80 62 86 26; 28 rue Basse, Chambolle-Musigny; Menü 23–40 €; ☺Fr–Di 12.15–13.30 oder 14 & 19.15–20.30 Uhr) Dieses unprätentiöse, abgelegene Juwel zaubert mit frischesten Zutaten traditionelle burgundische Gerichte. Spargel im Frühsommer ist eine Sinfonie für den Gaumen. Es liegt an der D122, ein Stück östlich von Vougeot im hinreißenden Chambolle-Musigny.

Le Charlemagne GOURMET- & FUSIONSKÜCHE €€€
(☑03 80 21 51 45; www.lecharlemagne.fr, auf Frz.; Pernand-Vergelesses; Mittagsmenü Mo, Do & Fr 29–35 €, andere Menüs 50–90 €; ☺Do–Mo 12–13.30, Mi–Mo 19–21.30 Uhr, Sept.–Mai Mi abends geschl.) Der Blick auf die Weingärten ist vielleicht noch unverfender als die kreativen Gerichte, welche die französische Küche mit Zubereitungsarten und Zutaten aus Japan verschmilzt. Und die aufmerksame Bedienung ist eingespielt wie ein Symphonieorchester.

La Cabotte FRANZÖSISCH, MODERN €€
(☑03 80 61 20 77; 24 Grand' Rue, Nuits-St-Georges; Menü 28–49 €; ☺Di–Fr mittags, Di–Sa abends) Das intime Restaurant serviert raffinierte und kreative Versionen französischer Gerichte. Nichts Gekünsteltes und auch keine Angeberei, nur exzellentes, wenn auch manchmal überraschendes Essen.

ℹ️ Anreise & Unterwegs vor Ort

Infos zu öffentlichen Verkehrsmitteln zwischen den Weindörfern der Côte-d'Or s. S. 435 und 444.

Beaune

22 720 EW.

Beaune („Bohn" ausgesprochen) liegt 44 km südlich von Dijon und gilt als die heimliche Hauptstadt der Côte-d'Or. In dieser lebhaften Stadt ist der Wein *raison d'être* (Daseinsberechtigung) und Quelle der *joie de vivre* (Lebensfreude) – Wein machen, Wein verkosten, Wein verkaufen und vor allem Wein trinken. Deswegen ist Beaune einer der besten Orte Frankreichs für Weinfreunde.

Die Perle der Altstadt von Beaune ist das prachtvolle Hôtel-Dieu, Frankreichs allerschönstes mittelalterliches Armenhospiz.

◉ Sehenswertes

Die amöbenförmige Altstadt ist von dicken **Festungsmauern** und einem Fluss umgeben. Drumherum führt ein Boulevard (Einbahnstraße), der in sieben Abschnitte mit jeweils eigenem Namen unterteilt ist. Die Festungsmauer ist gespickt mit Weinkellern und gesäumt von überwucherten Gärten und einem Fußweg, auf dem sich wunderbar spazieren lässt.

LP TIPP **Hôtel-Dieu des Hospices de Beaune** HISTORISCHES HOSPIZ

(☎03 80 24 45 00; rue de l'Hôtel-Dieu; Erw./Kind 6,50/2,80 €; ◷9–18.30 Uhr, Innenräume schließen 1 Std. später) Das prachtvolle gotische Gebäude mit seinen bildschönen Türmchen und vielfarbig geziegelten Spitzdächern wurde 1443 von Nicolas Rolin, dem Kanzler Philipp des Guten, gebaut und bis 1971 als Krankenhaus genutzt. Zu den Highlights in den Innenräumen gehören die **Grande Salle** mit ihrem Tonnengewölbe (bemerkenswert sind die Drachen- und Bauernköpfe an den Dachbalken), der mit Wandbildern bemalte **St-Hughes-Saal**, der gro-

ße **Küchentrakt** mit offenen Kochstellen sowie der flandrische **Wandteppich St Eloi** aus dem 16. Jh. – und auch eine **Apotheke** aus dem 18. Jh., in der die Nonnen ihre eigene Medizin herstellten. Sie ist noch immer mit Fläschchen vollgestellt, die einst ätherische Öle, Salben, Elixiere und Puder enthielten, wie *beurre d'antimoine* (Antimonbutter) und *poudre de cloportes* (Asselpuder). Unbedingt sehenswert ist das großartige **Altarbild des Jüngsten Gerichts** des flämischen Malers Rogier van der Weyden. Das mehrteilige Meisterwerk aus dem 15. Jh. in satten Regenbogenfarben zeigt die gnadenlosen Strafen des Jüngsten Gerichts

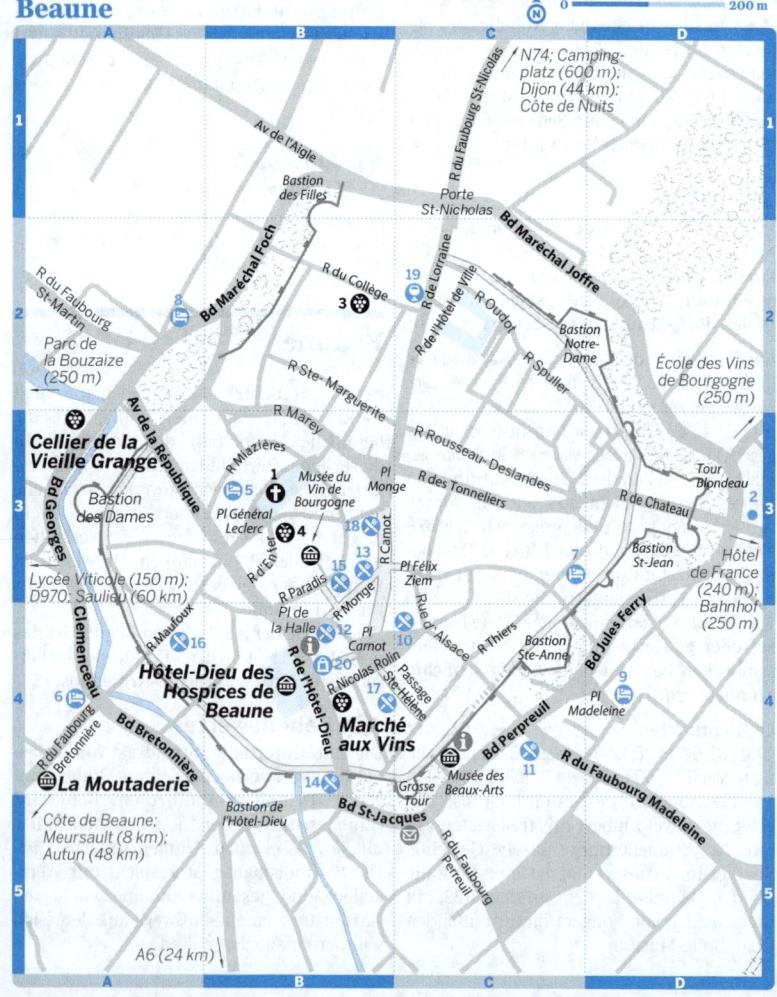

Beaune

0 ———— 200 m

und einen machtvollen, rätselhaften und doch abgeklärten Erzengel Michael.

La Moutarderie SENFFABRIK

(Senfmühle; www.fallot.com; 31 rue du Faubourg Bretonnière; Erw./Kind 10/8 €; ☺Führungen Mo–Sa 10 & 11.30 Uhr, im Sommer auch nachmittags, Nov.–15. März geschl.; ♿) Die Maison Fallot, Burgunds letzte Senfmanufaktur in Familienbetrieb, bietet Führungen durch den Betrieb und das zugehörige Senfmuseum. Zu den Vorführungen gehört auch das handbetriebene Mahlen der Senfkörner – kleine Kinder finden das toll! Buchung ist über die Touristeninformation möglich.

Basilique Collégiale Notre-Dame KIRCHE

(place Général Leclerc; ☺8.30–19 Uhr) Die vom 11. bis 15. Jh. erbaute romanische und go-

tische Basilika gehörte einst zum Kloster von Cluny. Bemerkenswert ist vor allem die übergroße Vorhalle. Von Ostern bis zum dritten Novemberwochenende sind im Kirchenschiff mittelalterliche Wandteppiche ausgestellt.

🏃 Aktivitäten

Unter den Häusern, Straßen und Stadtmauern von Beaune ruhen in kühlen, dunklen Kellern Millionen staubiger Weinflaschen bis zur perfekten Reife. Weinproben gibt es hier mehr als reichlich. Im Folgenden eine kleine Auswahl der zahllosen Kellereien. Siehe auch S. 452-453.

Marché aux Vins WEINPROBE

(☎03 80 25 08 20; www.marcheauxvins.com, auf Frz.; 2 rue Nicolas Rolin; Eintritt 10 €; ☺9.30–11.45 & 14–17.45 Uhr, Mitte Juli–Aug. ohne Mittagspause) In der von Kerzen erleuchteten ehemaligen Kirche Église des Cordeliers und ihren Kellern werden 15 Weine mit dem *tastevin* (Probierschälchen) verkostet. Ein Durchgang von Jahrgang zu Jahrgang dauert etwa eine Stunde. Die besten Weine, besonders die *premier crus* und der *grand cru* kommen ganz zum Schluss.

Cellier de la Vieille Grange WEINPROBE

(☎03 80 22 40 06; www.bourgogne-cellier.com, auf Frz.; 27 bd Georges Clemenceau; ☺Mi–Sa 9–12 & 14–19 Uhr, So–Di nach Vereinbarung) Hier kaufen die Einheimischen ihren Burgunder *en vrac* (vom Fass) für nur 1,25 € pro Liter (AOC-Weine ab 3,40 € pro Liter). Mit einer Pipette werden Kostproben direkt aus den Fässern gezogen. Zum Eindecken am besten einen Kanister mitbringen. Andernfalls gib es aber auch *cubitainer* (5-/20-Liter-Kanister für 2,75/7,60 €) oder merkwürdige sogenannte *Vinibags* zu kaufen.

Lycée Viticole WEINPROBE

(☎03 80 26 35 81; www.lavitibeaune.com, auf Frz.; 16 av. Charles Jaffelin; ☺Mo–Do 8–12 & 14–17.30, Fr bis 17, Sa 8–12 Uhr, Mitte Aug. 2 Wochen geschl.) Eine der 20 weiterführenden Schulen Frankreichs (jede Weinregion hat zumindest eine davon), die dem Nachwuchs alles über Weinanbau beibringen. Bei der Führung durch die Keller gibt's Kostproben ausgezeichneter Weine, die von den Schülern hergestellt wurden, obwohl das für Jugendliche unter 18 Jahren offiziell gar nicht erlaubt ist. (Vor einigen Jahrzehnten wurde zum Essen in der Schulkantine tatsächlich noch Wein serviert!).

ℹ DER PASS BEAUNE

Wer in Beaune und der Côte-d'Or viele Sehenswürdigkeiten besichtigen oder an Aktivitäten wie Weinproben teilnehmen will, sollte sich den Pass Beaune zulegen, der in den Touristeninformationen erhältlich ist. Die Ermäßigungskarte bietet je nach Anzahl der gewünschten Sehenswürdigkeiten von Cluny bis zur Côte-d'Or eine Ersparnis von 5 bis 15 %.

Patriarche Père et Fils WEINPROBE
(☎03 80 24 53 78; www.patriarche.com; 5 rue du Collège; Führung mit Audioguide 10 €; ⊗9.30–11.30 & 14–17.30 Uhr) In der größten Kellerei Burgunds lagern etwa 5 Mio. Weinflaschen. Der älteste Jahrgang ist ein Beaune Villages AOC von 1904. Besucher können 13 Weine verkosten und dürfen den *tastevin* behalten.

Wandern & Radfahren WANDERN, RADFAHREN
Mehrere Rundwege beginnen am **Parc de la Bouzaize**, gleich nordwestlich des Lycée Viticole.
Bourgogne Randonnées (☎03 80 22 06 03; www.bourgogne-randonnees.com; 7 av. du 8 Septembre; Rad pro Tag/Woche 18/96 €; ⊗Mo–Sa 9–12 & 13.30–19, So 14–19 Uhr) organisiert individuelle Fahrradtouren mit Kost und Logis. ADA (S. 444) verleiht auch Mountainbikes (13 €/Tag).

👉 Geführte Touren

Die kleine Touristenbahn **Visiotrain** (☎06 08 07 45 68; Erw./Kind 6,50/4 €; ⊗11–17.30 Uhr, Mi ganztags & Sa morgens geschl.), zuckelt sechsmal täglich ab der Rue de l'Hôtel-Dieu durch die Altstadt.

Die Touristeninformation bucht auch **Flüge mit dem Heißluftballon** (S. 431) und **Touren zu Weingütern** (Erw./Kind 38–42/19–21 €), die folgende Unternehmen anbieten: **Chemins de Bourgogne** (www.chemins-de-bourgogne.com), **Safari Tours** (www.burgund-tourismus-safaritours.com) und **Vinéatours** (www.vineatours.com).

🎉 Festivals & Events

Trois Glorieuses Festival WEINFEST
Am dritten Novemberwochenende findet das großartigste der vielen Weinfeste in der Côte-d'Or statt. Als Teil der dreitägigen Festivitäten versteigern die Hospices de Beaune Weine aus ihren Weinbergen – 61 ha in erstklassiger Lage, die Wohltäter gestiftet hatten. Die Erlöse fließen in medizinische Einrichtungen und in die Forschung.

🛏 Schlafen

Rechtzeitige Buchung ist ratsam.

Hôtel des Remparts HISTORISCHES HOTEL €€
(☎03 80 24 94 94; www.hotel-remparts-beaune.com; 48 rue Thiers; DZ 75–112 €; ❄@🛜) Das Stadthaus aus dem 17. Jh. mit zwei zauberhaften Innenhöfen liegt in einer ruhigen Straße in der Altstadt. Die Zimmer haben rote Terrakottafliesen, schlichte antike Möbel und luxuriöse Bäder. Das freundliche Personal vermietet auch Fahrräder. Parken kostet 8 bis 10 €.

Hôtel Rousseau HOTEL €
(☎03 80 22 13 59; 11 place Madeleine; DZ mit Frühstück 58 €) Das liebenswert altmodische Hotel mit zwölf Zimmern liegt etwas abseits und wird seit 1959 von einer freundlichen Dame geführt. Manchmal schließt sie die Rezeption für eine Weile, um einkaufen zu gehen. Parken ist umsonst.

Hôtel de la Poste HISTORISCHES HOTEL €€€
(☎03 80 22 08 11; www.hoteldelapostebeaune.com; 1 bd Georges Clemenceau; DZ 160–220 €; ❄🛜) An der Stelle des eleganten (barrierefreien) Hauses stand schon seit 1660 ein Gasthaus. Der altmodische, hölzerne Aufzug führt zu großen Wohlfühlzimmern ohne Protz, aber mit vollkommener, dezenter Eleganz. Parken kostet 10 €.

Abbaye de Maizières HISTORISCHES HOTEL €€
(☎03 80 24 74 64; www.beaune-abbaye-maizieres.com; 19 rue Maizières; DZ 112 €; @) Das eigenwillige Hotel in einer Kapelle aus dem 12. Jh. bietet 13 geschmackvoll hergerichtete Zimmer mit modernen Bädern und setzt Sichtmauerwerk und alte Holzbalken geschickt in Szene. Aufzug gibt es keinen, Parken kostet 8 €.

Hôtel de France HOTEL €
(☎03 80 24 10 34; www.hoteldefrance-beaune.com; 35 av. du 8 Septembre; EZ/DZ/3BZ/4BZ ab 38/65/75/85 €; ❄@🛜🅿) Ein nicht sehr aufregendes, aber komfortables und schallisoliertes Hotel mit 21 fröhlichen Zimmern. Es liegt nahe dem Bahnhof und ist daher ideal für Leute, die mit dem Zug anreisen. Parken kostet 8,50 €.

Campingplatz
CAMPINGPLATZ €

(☎03 80 22 03 91; campinglescentvignes@
mairie-beaune.fr; 10 rue Auguste Dubois; Platz pro
Erw./Zelt 3,80/4,50 €; ⊙Mitte März–Okt.) Ein
blumenbewachsener, gut ausgestatteter
Campingplatz 700 m nördlich des Stadtzentrums.

Hôtel le Foch
HOTEL €

(☎03 80 24 05 65; www.hotelbeaune-lefoch.fr,
auf Frz.; 24 bd Maréchal Foch; DZ 43–50 €) Eine
Billigunterkunft mit zehn einfachen, aber
sauberen Zimmern und einer netten Besitzerin.

 Essen

In Beaune gibt es zahlreiche exzellente Restaurants, viele um die Place Carnot, Place
Félix Ziem und Place Madeleine. In der
Hochsaison empfiehlt sich eine Reservierung.

LP TIPP Loiseau des Vignes
GOURMETKÜCHE €€€

(☎03 80 24 12 06; 31 rue Maufoux; Mittagsmenü 20–28 €, Abendmenü 59–75 €; ⊙Di-Sa) Die
köstlichen Kreationen sind einfach zum
Dahinschmelzen, etwa die in Weißwein
pochierten Eier mit Frühlingszwiebeln, –
leicht wie ein Traum und wahrscheinlich
die leckersten Eier überhaupt. Wein wird
nur glasweise (3–80 €) aus pfiffigen, schicken, roten Verkostungsapparaturen ausgeschenkt, die rund um den ruhigen, aber
zwanglosen Raum an den Wänden stehen.
Die Bedienung ist kenntnisreich und aufmerksam, was das Essen zu einem großen
Vergnügen macht.

Caves Madeleine
BURGUNDISCH €€

(☎03 80 22 93 30; 8 rue du Faubourg Madeleine;
Menü 14–24 €; ⊙Do, So & Fr mittags geschl.) Das
fröhliche burgundische Restaurant wird
viel von Einheimischen besucht, die hier
die guten Preise schätzen. Es gibt Klassiker wie *boeuf bourguignon* und *cassolette
d'escargots*. Geschmaust wird an langen,
gemeinschaftlichen Holztischen, umgeben
von Weinregalen.

Le Bistrot Bourguignon
BURGUNDISCH €€

(☎03 80 22 23 24; 8 rue Monge; Mittagsmenü
12,50 €, Hauptgerichte 16–19 €; ⊙Di-Sa) Lebhaft geht es in der Bistro-Weinbar zu, die
deftige Küche serviert, die als *régionale et
originale* bezeichnet wird. Dazu werden 17
Sorten Burgunderwein im Glas (3–9 €) ausgeschenkt. Mindestens einmal im Monat
gibt es Live-Jazz.

Le P'tit Paradis
BURGUNDISCH, MODERN €€

(☎03 80 24 91 00; 25 rue Paradis; Mittagsmenü
19 €, Abendmenü 28–36 €; ⊙Di-Sa) Ein gemütliches Restaurant mit Sommerterrasse
in einem mittelalterlichen Gässchen – der
perfekte Ort für *cuisine elaborée* (kreativ
abgewandelte Versionen traditioneller Gerichte) aus frischen regionalen Zutaten. Im
Sommer öffnet die Terrasse.

Le Jardin des Remparts
GOURMETKÜCHE €€€

(☎03 80 24 79 41; 10 rue de l'Hôtel-Dieu; Mittagsmenü 28 €, Abendmenü 45–70 €; ⊙Di-Sa) Ob
unter Sonnenschirmen auf der coolen Terrasse oder im mondänen Restaurant selbst
– Leckereien wie pochierte Foie gras mit
Estragon sind einfach himmlisch.

Ma Cuisine
BURGUNDISCH €€

(☎03 80 22 30 22; passage Ste-Hélène; Menü
22 €; ⊙Mo, Di, Do & Fr 12.15–13.30 & 19.15–21 Uhr,
Aug. geschl.) Das unauffällige Lokal verbirgt
sich in einer Gasse und serviert traditionel-

443

BURGUND BEAUNE

WAS FÜR EIN KÄSE!

Was würde besser zu einem Gläschen Wein passen als eine der originalen Käsesorten
aus dem Burgund und der Champagne? Es gibt drei davon, alle aus Kuhmilch.

» Époisses – wurde im 16. Jh. von den Mönchen der Abbaye de Cîteaux erfunden
und ist ein runder, weißer Weichkäse mit orangefarbener Rinde. Es braucht einen
Monat, viel Salz- und Regenwasser und Marc de Bourgogne (einheimischen
Trester), bis er seinen kräftigen, cremigen Geschmack erreicht hat. Der mildere
(aber im Nachgeschmack würzigere) Soumaintrain sieht ähnlich aus.

» Langres – ist milder als der Époisses, aber salziger und unterscheidet sich von
anderen Käsesorten durch seine einzigartige Form: auf der Oberfläche ist eine
Mulde, ideal für einen Tropfen Marc.

» Chaource – ist ein elegantes, kleines Rad aus Weichkäse, der unausgereift sehr
weich sein kann. Er erinnert ein bisschen an Camembert und ist ideal zum Sekt.

le Gerichte, z. B. ganze gebratene Bresse-Täubchen (32 €). Auf der Weinkarte stehen 850 Weine (18–830 €).

Selbstversorger

Wochenmarkt   MARKT €
(place de la Halle; ⊘Sa bis 12.30 Uhr) Aufwendiger Wochenmarkt. Mittwochvormittags gibt es noch einen viel kleineren *marché gourmand* (Gourmetmarkt).

Alain Hess Fromager   KÄSELADEN €
(7 place Carnot; ⊘Mo–Sa 9–12.15 & 14.30–19.15 Uhr, Ostern–Dez. auch So 10–13 Uhr) Edle Käse- und Senfsorten.

Petit Casino   SUPERMARKT €
(4 rue Carnot; ⊘Di–Sa 9–19.30, So 8.30–12.30 Uhr)

Ausgehen
Im **Les Mille et Une Vignes** (61 rue de Lorraine; ⊘Di–Sa) drängen sich kommunikative Gäste zum Drink am Abend oder zum gemütlichen Kaffee am Tag.

Shoppen

Athenaeum de la Vigne et du Vin
                                        BUCHLADEN
(📞03 80 25 08 30; www.athenaeumfr.com; 7 rue de l'Hôtel-Dieu; ⊘10–19 Uhr) Hat Tausende Titel zur Önologie (Kunst und Wissenschaft der Weinherstellung), viele auch auf Englisch, sowie Kochbücher und Geschenkartikel rund um den Wein.

❶ Praktische Informationen
Internetzugang bieten die Haupttouristeninformation (1,50 € je 15 Min.) und die Café-Brasserie **Le Clos Carnot** (📞03 80 22 73 43; 34 place Carnot; Internet 4 €/Std.; ⊘8–24 Uhr).

Post (7 bd St-Jacques)

Touristeninformation (📞03 80 26 21 30;

www.beaune-tourisme.fr); Nebenstelle (1 rue de l'Hôtel-Dieu; ⊘10–13 & 14–18 Uhr); Hauptinformation (6 bd Perpreuil; ⊘Mo–Sa 9–19, So 9–18 Uhr) Verkauft die Ermäßigungskarte Pass Beaune.

❶ An- & Weiterreise
AUTO ADA (📞03 80 22 72 90; 26 av. du 8 Septembre) verleiht Autos, Motorroller (23 €/Tag) und Fahrräder (14 €).

BUS Transcos (📞08 00 10 20 04) Bus 44 verbindet Beaune mit Dijon (1,50 €, 1½ Std., 2- bis 7-mal tgl.) und hält in den Dörfern der Côte-d'Or, z. B. in Vougeot, Nuits-St-Georges und Aloxe-Corton. Im Juli und August ist der Fahrplan eingeschränkt. Die Busse halten in Beaune in den Hauptstraßen um die Altstadt. Fahrpläne gibt es in der Touristeninformation.

ZUG Zugverbindungen gibt es mit folgenden Orten:

Dijon 11 €, 25 Min., 40-mal tgl.

Nuits-St-Georges 11 €, 10 Min., 40-mal tgl.

Paris Gare de Lyon 64–118 €, 2¼ Std. mit dem TGV (ansonsten 4½ Std.), 20-mal tgl., 2-mal tgl. direkt mit dem TGV

Lyon-Part Dieu 31–46 €, 1¾ Std., 16-mal tgl.

Mâcon 13 €, 50 Min., 16-mal tgl.

❶ Unterwegs vor Ort
Außerhalb der Stadtmauern ist Parken kostenlos. Fahrradverleih s. S.442.

Taxi Taxiruf: 📞06 09 43 21 31 oder 06 09 43 12 08.

Pays d'Auxois
Das Pays d'Auxois westlich von Dijon um den Canal de Bourgogne ist grün und ländlich. Zwischen den weiten Senffeldern, bewaldeten Hügeln und Felshängen liegen kleine Festungsstädte wie Semur-en-Auxois.

WEINBERGSCHNECKEN

Ein typisch französisches kulinarisches Highlight ist der Genuss dieser Bauchfüßlermollusken, am liebsten mit Knoblauchbutter, Petersilie und Weißbrot. Und dabei denkt fast jeder automatisch an Burgund, denn *Helix pomatia* kommt zwar fast überall in Europa vor, ist aber als *escargot de Bourgogne* (Weinbergschnecke) besonders lecker. Zum Ärger der Winzer hat sie sich früher an den Burgunder Reben gütlich getan, wofür sie in den Kochtopf wanderte – z. B. dem von Katholiken in der Fastenzeit. Ungebremste Sammelwut und die Chemiespritze haben den kriechenden Zwitter fast ausgerottet; heute steht er unter Naturschutz. Deswegen kommen die meisten Tierchen, die die Franzosen auf ihre zweizinkigen Schneckengabeln spießen, aus Griechenland, der Türkei und Osteuropa.

SEMUR-EN-AUXOIS
4568 EW.

◉ Sehenswertes & Aktivitäten

In einer engen Schleife des Flusses Arman-
çon bewachen vier bullige Wehrtürme aus
rosa Granit (13. und 14. Jh.) das bezaubernde Städtchen. Keiner braucht zu bangen,
die 44 m hohe **Tour de la Orle d'Or** könnte
einstürzen: Die bedrohlichen Risse klaffen
schon seit 1589!

Altstadt   ALTSTADT
Die Altstadt entstand zum großen Teil,
als Semur noch ein bedeutendes religiöses Zentrum mit nicht weniger als sechs
Klöstern war. Die Touristeninformation (die eine kostenlose Broschüre zum
Stadtrundgang verteilt) liegt neben zwei
runden mittelalterlichen Toren, der **Porte
Sauvigne** (1417) und der befestigten **Porte
Guillier** (13. Jh.). Hinter den Toren beginnt
die Fußgängerzone **Rue Buffon** mit ihren Häusern aus dem 17. Jh. Dort befindet sich auch der **Süßwarenladen** (14 rue
Buffon; ⊘Di-So), der *Semurettes* herstellt,
köstliche Trüffel aus dunkler Schokolade,
die hier vor einem Jahrhundert erfunden
wurden. Die **Promenade du Rempart** auf
dem westlichen Teil der mittelalterlichen
Festungsmauer Semurs bietet einen weiten Panoramablick.

Musée Municipal   MUSEUM
GRATIS (☎03 80 97 24 25; rue Jean-Jacques Col-
lenot; ⊘Mi-Mo 10–12 & 14–18 Uhr) Das Museum mit den vielen ausgestopften Tieren
und riesigen Fossilien ist toll für Kinder.
Die naturkundlichen Exponate sind noch
genauso arrangiert wie im 19. Jahrhundert. Zur Sammlung gehören auch Skulpturen und Gemälde.

Collégiale Notre-Dame   KIRCHE
(⊘9–12 & 14–18.30 Uhr) Die gotische Stiftskirche mit ihren Zwillingstürmen hat ein
Buntglasfenster (1927) und eine Gedenktafel für die amerikanischen Soldaten, die im
Ersten Weltkrieg in Frankreich fielen.

🛏 Schlafen & Essen

Hôtel de la Côte d'Or   HOTEL €€
(☎03 80 97 24 54; www.auxois.fr; 1 rue de la Liberté; DZ 95–125 €; ❊@🛜) In den 2008 komplett
renovierten Zimmern vereinen sich aufs
schönste moderne Einrichtung, alte Balken
und steinerne Kamine. In einigen der phantastischen Badezimmer gibt es sogar einen
Whirlpool. Angebote sollten vorher erfragt
werden.

ABSTECHER

GRANDE FORGE DE BUFFON

Die wunderschöne **Grande Forge de
Buffon** (http://forge.buffon.ifrance.com,
auf Frz.; Erw./Kind 6 €/frei; ⊘April–Sept.
Mi–Mo 10–12 & 14.30–18 Uhr) am idyllischen Ufer des Brenne-Kanals wurde
1778 als eines der ersten komplett
Schmiedewerke von Georges-Louis Leclerc, dem Grafen von Buffon, gebaut,
der sich als Mathematiker und Natur-
forscher hervortat. Zu den Bauten des
Werks gehören ein Hochofen und ein
Versorgungskanal mit Schaufelrad.
Das Schmiedewerk liegt 8 km westlich
von Montbard nahe dem Dorf Buffon
an der D905.

Hôtel des Cymaises   HOTEL €
(☎03 80 97 21 44; www.hotelcymaises.com; 7 rue
du Renaudot; EZ/DZ/3BZ 58/63/79 €; 🛜) Die
noble *maison bourgeoise* aus dem 18. Jh.
mit einem ruhigen Innenhof bietet komfortable, etwas abgenutzte Zimmer, vier
Appartements und eine helle Frühstücks-
veranda.

Carpe Diem   BISTRO €
(☎03 80 97 00 35; 4 rue du Vieux Marché; Menü
11,50–21 €; ⊘Do–So 10.30–2 Uhr; 🛜) Die
freundliche Kiezbar serviert einfache Gerichte, bietet gelegentlich Livemusik (Jazz,
Blues) und hat Internetzugang.

Café des Arts   CAFÉ €
(4 place Gaveau; ⊘Di–So) Hier gibt es Kunstausstellungen und leichte Mahlzeiten.

Petit Casino   SUPERMARKT €
(32 place Notre-Dame; ⊘8–12.30 & 15–19.30 Uhr,
So nachmittags & Mo geschl.)

ℹ Praktische Informationen

In der **Touristeninformation** (☎03 80 97 05
96; www.ville-semur-en-auxois.fr, auf Frz.; 2
place Gaveau; ⊘Mo–Sa 9–12 & 14–17 oder
18 Uhr, Okt.–April Mo geschl.; 🛜) gibt es eine
kostenlose Broschüre zum Stadtrundgang (auch
auf Englisch) und einen **SNCF-Fahrkartenauto-
maten**. Das Bistro Carpe Diem bietet bei Verzehr
kostenlosen **Internetzugang** und WLAN.

ℹ An- & Weiterreise

Transcos (☎08 00 10 20 04) Bus 49 (2- oder
3-mal tgl.) fährt nach Dijon (1,50 €, 1¼ Std.) und
Avallon (40 Min.) und Bus 70 nach Montbard
(1,50 €, 20–60 Min., 3- bis 9-mal tgl.) an der
Bahnstrecke Paris–Dijon.

ABBAYE DE FONTENAY

Die **Abbaye de Fontenay** (Abtei Fontenay; ☑03 80 92 15 00; www.abbayedefontenay.com; Erw./Kind 9,50/5,50 €; ⊙April–11. Nov. 10–18 Uhr, 12. Nov.–März 10–12 & 14–17 Uhr) wurde 1118 gegründet und vor einem Jahrhundert renoviert, sodass sie ihren mittelalterlichen Glanz zurückbekam. Sie bietet einen faszinierenden Blick auf das asketische und stille Umfeld, in dem Zisterziensermönche ihr Leben mit Kontemplation, Gebet und körperlicher Arbeit verbrachten. Die als Unesco-Weltkulturerbe geschützte Abtei liegt in einem idyllischen, bewaldeten Tal an einem Bach namens Ru de Fontenay. Zu ihr gehören eine schlichte romanische Kirche, ein Schlafsaal der Mönche mit Tonnengewölbe, eine gepflegte Parkanlage und die erste mechanisierte Schmiede Europas von 1220. Die **Führungen** (⊙stündl. 10–17 Uhr) sind auf Französisch (Infomaterial gibt es in sechs Sprachen).

Am Parkplatz beginnt der Fernwanderweg **GR213** als Teil zweier Rundwanderwege durchs Grüne: einer nach Montbard (13 km hin & zurück) und der andere (11,5 km) durch Touillon und Le Petit Jailly. Landkarten und umfangreiche Pflanzenführer sind im Laden der Abtei erhältlich.

Fontenay liegt 25 km nördlich von Semur-en-Auxois. Ein **Taxi** (☑03 80 92 31 49, 03 80 92 04 79) ab dem TGV-Bahnhof Montbard – hier hält der Zug aus Dijon (16–27 €, 40 Min.) – kostet 15 € (So & Feiertage 30 % mehr).

Châtillon-sur-Seine

6257 EW.

Berühmt ist Châtillon für seinen **Trésor de Vix** (Vix-Schatz), eine Sammlung keltischer, etruskischer und griechischer Objekte aus dem 6. Jh. v. Chr. im **Musée du Pays Châtillonnais** (☑03 80 91 24 67; www.musee-vix.fr; 14 rue de la Libération; Erw./Kind 6/3 €; ⊙9–12 & 14–18 Uhr). Der Schatz wurde 1953 im Grab der **Dame de Vix** entdeckt, einer keltischen Prinzessin, die im 6. Jh. den Handel mit kornischem Zinn kontrollierte. Das Zinn aus Cornwall wurde mit dem Schiff über die Seine bis nach Vix gebracht und weiter über Land zur Saône und zur Rhone transportiert. Dort wurde es auf den Flüssen südwärts nach Marseille und weiter zu seinen größten Abnehmern, den Griechen, verschifft, die das Zinn mit Kupfer zu Bronze legierten. Zur herausragenden Sammlung gehört auch ein unglaublich massiver griechischer Bronzekrater (Krug), der 1,64 m hoch und 208 kg schwer ist und 1100 l Wein fassen kann!

Die **Touristeninformation** (☑03 80 91 13 19; www.pays-chatillonnais.fr; 9–11 rue de la Libération; ⊙Mo–Sa 9–12 & 14–18 Uhr, Mai–Sept. auch So 10–12 Uhr) hat Informationen zu Weingütern des Châtillonnais. Im **Au Stand** (☑03 80 91 22 53; 41 rue Maréchal de Lattre; Internet 4 €/Std.; ⊙Di–Sa 8–21, So 8–13 Uhr) gibt es Internetzugang.

Das Geschäftsviertel der Stadt wurde nach dem Krieg wieder aufgebaut und wird von zwei Armen der Seine begrenzt, die hier kaum mehr als ein Bach ist. Ein Stück östlich liegt die idyllische **Source de la Douix** (du'i ausgesprochen), eine artesische Quelle, die pro Sekunde 600 l Wasser von einem 30 m hohen Felsen stürzen lässt. Dieser perfekte Picknickplatz ist eine der ältesten keltischen Kultstätten Europas. In der Nähe liegt die zinnenbewehrte **Tour de Gissey** (ca. 16. Jh.), die von oben schöne Aussichten bietet.

Von den **Châtillonnais-Weingütern** nördlich der Stadt stammt auch der burgundische Sekt, der *Crémant de Bourgogne* (www.cremantdebourgogne.fr, auf Frz.). Die **Route du Crémant**, mit weiß-braunen Schildern markiert, führt zu den Weingütern. Die Weinregion Côte des Bar in der Champagne liegt nur ein paar Kilometer weiter nördlich.

Das nette **Hôtel de la Côte d'Or** (☑03 80 91 13 29; www.logishotels.com; 2 rue Charles Ronot; DZ 60–70 €) hat antik eingerichtete Zimmer und ein rustikales **Restaurant** (Menü 20–40 €).

Bus 50 von **Transco** (☑08 00 10 20 04) fährt nach Dijon (15,50 €, 1¾ Std., 2-mal tgl.). SNCF-Busse fahren zum TGV-Bahnhof in Montbard (40 Min., 2- bis 5-mal tgl.).

YONNE

Das Departement Yonne (www.tourisme-yonne.com) liegt etwa mittig zwischen Dijon und Paris und bildet schon lange das nördliche Tor zum Burgund. Hier in der grünen Landschaft liegen das zauberhafte Bergdorf Vézelay im Parc Natural Régional du Morvan und das Weißweinparadies Chablis. Kanalboote tuckern ab alten Städtchen wie Auxerre über die Wasserwege.

❶ Unterwegs vor Ort

Busse sind in der Yonne billig, verkehren aber extrem selten. Die Busse von **Les Rapides de Bourgogne** (✆ in Auxerre 03 86 94 95 00, in Avallon 03 86 34 00 00; www.rapidesde bourgogne.com, auf Frz.; Büro 39 rue de Paris, Avallon) fahren nur an Schultagen ein- oder zweimal täglich, weitere nur nach Bedarf, also nach vorheriger Reservierung übers Internet oder telefonisch (✆ 08 00 30 33 09) vor 17 Uhr am Tag zuvor. Fahrpläne gibt es in den Touristeninformationen.

Linie 1 Verbindet Auxerre mit Pontigny

Linie 4 Verbindet Auxerre mit Chablis und Tonnerre

Linie 5 Verbindung ab dem Taxistand am Café de l'Europe in Avallon mit Noyers-sur-Serein und Tonnerre

Auxerre

39 756 EW.

Die bezaubernde Stadt Auxerre (sprich: Oh-ssär) ist schon seit römischen Zeiten ein Flusshafen. Die Altstadt hangelt sich am Westufer des Flusses Yonne den Hügel hinauf. Im Gewirr der Kopfsteinstraßen sind römische Relikte, gotische Kirchen und mittelalterliche Fachwerkhäuser zu entdecken und der Blick schweift über Kirchtürme und steile Dächer.

Auxerre ist ein guter Ausgangspunkt für die Erkundung des nördlichen Burgund einschließlich Chablis und für Bootstouren auf dem Fluss.

◉ Sehenswertes & Aktivitäten

Einen herrlichen Blick auf die Stadt bieten der **Pont Paul Bert** (1857) und die bogenförmige Fußgängerbrücke gegenüber der Touristeninformation.

Abbaye St-Germain   KLOSTER

(✆ 03 86 18 05 50; place St-Germain; Erw./Kind 6,50 €/frei; ⊙ Mi–Mo 10–12 & 14–18.30 Uhr) Die alte Abtei mit ihren hinreißenden Strebebögen entstand als Basilika über dem Grab des hl. Germanus (St-Germain), dem Bischof aus dem 5. Jh., der Auxerre zu einem bedeutenden christlichen Zentrum machte. Im Mittelalter strömten Pilger aus ganz Europa hierher.

Die **Krypta** (Führung 4,80 €; ⊙ stündl.), die einige der schönsten Beispiele karolingischer Architektur Europas bietet, kann nur im Rahmen einer Führung besichtigt werden (auf Französisch, Infoblatt auch auf Englisch). 1000 Jahre alte Eichenbalken

stützen die Wände und das Tonnengewölbe, die beide mit Fresken aus dem 9. Jh. bemalt sind. Ganz hinten liegt das Grab des hl. Germanus. Grabungen unter dem Hauptschiff haben Sarkophage aus dem 6. Jh. freigelegt.

Auf dem Klostergelände ist heute das **Musée d'Art et d'Histoire** untergebracht (Eintritt mit Ticket zur Abtei). Es zeigt Wechselausstellungen zeitgenössischer Kunst, prähistorische Artefakte und gallorömische Skulpturen.

Die Eintrittskarte gilt auch für das Musée Leblanc-Duvernoy.

Cathédrale St-Étienne   KATHEDRALE

(place St-Étienne; ⊙ 7.30–18 Uhr) Der imposante, 68 m hohe Glockenturm der gewaltigen gotischen Kathedrale dominiert Auxerres Skyline. Der Chor, Chorumgang und einige der leuchtenden **Buntglasfenster** stammen aus dem 13. Jh. Hugenotten hatten die gotische Westfassade während der Religionskriege schwer beschädigt.

Die romanische **Krypta** (Erw./Kind 3 €/frei; ⊙ Mo–Sa 9–18, So 14–18 Uhr, Nov.–Ostern So geschl.) aus dem 11. Jh. ist mit außergewöhnlichen Fresken geschmückt, darunter auch eine Szene des **Christ à Cheval** (Christus zu Pferde; Ende 11. Jh.), die in der westlichen Kunst einzigartig ist. Oben in der **Schatzkammer** (Erw./Kind 1,90 €/frei) sind illuminierte Manuskripte und ein Gemälde der Grablegung Christi von Luca Penni (16. Jh.) ausgestellt. Eintrittskarten gibt es im Andenkenladen hinter dem Chor.

Von Juni bis September wird in der Kathedrale jeden Abend eine 70-minütige **Ton- und Lichtshow** (5 €; ⊙ 21.30 oder 22 Uhr) geboten. Im Juli und August finden sonntags **Orgelkonzerte** (5 €; ⊙ 17 oder 18 Uhr) statt.

Tour de l'Horloge   UHRENTURM

(zwischen place de l'Hôtel de Ville & rue de l'Horloge) Die goldene, von einer Turmspitze gekrönte Tour de l'Horloge inmitten des teilweise mittelalterlichen Geschäftsviertels wurde 1483 als Teil der Befestigungsanlagen gebaut. Auf den wunderschönen Zifferblättern aus dem 17. Jh. (auf jeder Seite eines) gibt der Sonnenzeiger die Tageszeit an und der Mondzeiger den Mondmonat. Er braucht für eine komplette Umdrehung 29½ Tage.

Musée Leblanc-Duvernoy   MUSEUM

(9bis rue d'Églény; Eintritt 2,20 €; ⊙ Mi–So 10–12 & 14–18.30 Uhr, Okt.–April Mo–Fr geschl.) Hat eine recht gute Sammlung von Fayencen und Wandteppichen aus dem 18. Jh. aus Beauvais. Eintritt mit Ticket für die Abtei.

Radfahren

Radtouren sind u. a. auf dem Treidelpfad am Canal du Nivernais am Südrand der Stadt bis nach Clamecy (etwa 60 km) möglich. Eine Karte gibt es auf www.la-bourgogne-a-velo.com (auf Frz.).

Bootsfahrten

Die Haupttouristeninformation verleiht **Elektroboote** (1 Std./halb-/ganztags 20/48/ 85 €; ⊙Ostern–Sept. Mi–So). Bis zu den Schleusen auf dem Canal du Nivernais dau-

ert es mindestens 1½ Stunden. Für längere Ausflüge gibt es mehrere Bootsvermietungen in der Gegend um Auxerre, s. S. 431.

☞ Geführte Touren

Die Touristeninformation bietet eine **Stadtführung** (Erw./Kind 5/3 €; ⊙Sept.–Juni Sa & So, Juli–Aug. tgl.) in einem Elektrowagen mit Audioguide an sowie Gruppenführungen auf Englisch. Für individuelle Architekturrundgänge gibt es die Broschüre *In the Steps of Cadet Roussel* (1,50 €).

L'Hirondelle (☎09 75 23 27 89; www.bateauxauxerrois.com; Erw./Kind 8,50/6 €; ⊙Di–So) gegenüber der Touristeninformation

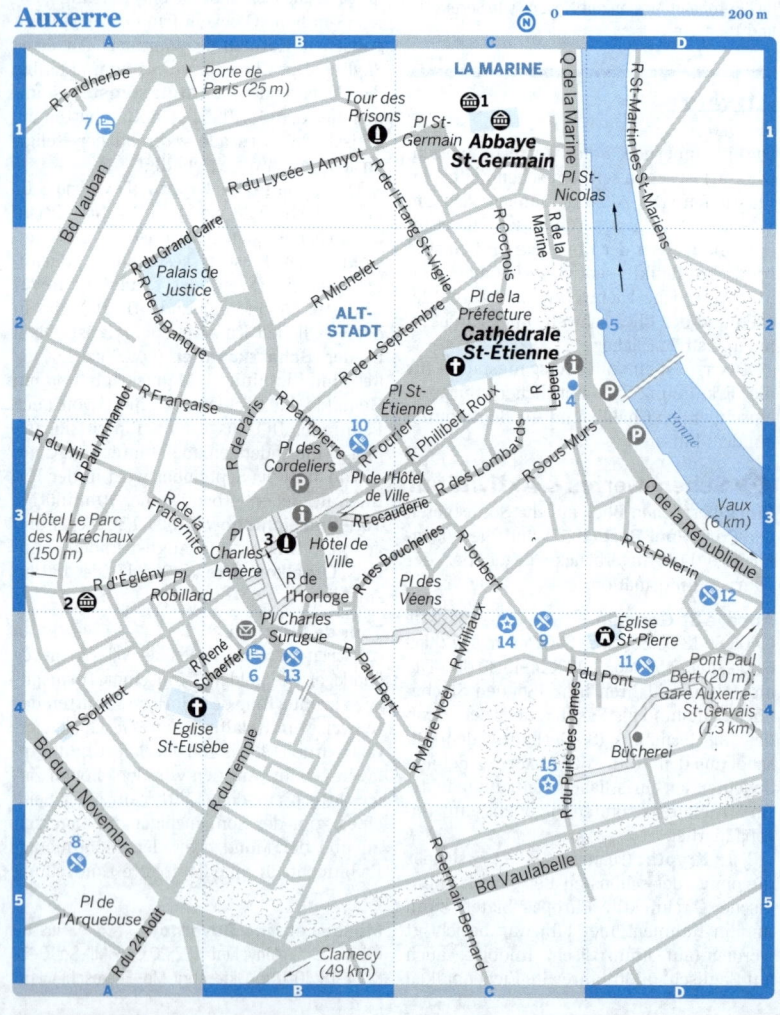

Auxerre

0 ——— 200 m

organisiert Bootsrundfahrten mit Erklärungen.

Schlafen

Hôtel Le Parc des Maréchaux
HISTORISCHES HOTEL €€

(📞03 86 51 43 77; www.hotel-parcmarechaux. com; 6 av. Foch; EZ 84–108 €, DZ 95–129 €; ❄@🛜🏊) Übernachtung in einer Villa mit schlossartigen Proportionen, wo alles mit höchster Noblesse zugeht. Die Salons sind luxuriös und die Zimmer mit unfehlbarem Geschmack eingerichtet. Die zwei schönsten Zimmer haben Balkons mit Blick auf den hoteleigenen Park – ideal für ein romantisches Wochenende. Parken ist kostenlos.

Hôtel Le Commerce
HOTEL €

(📞03 86 52 03 16; hotelducommerceauxerre@ wanadoo.fr; 5 rue René Schaeffer; EZ/DZ 45/52 €; 🛜) Die einfachen Zimmer im Stadtzentrum sind kreativ eingerichtet und erinnern an ferne, sonnige Gestade. Parken kostet 7,50 €.

Auxerre

Hôtel Normandie
HOTEL €€   **449**

(📞03 86 52 57 80; www.hotelnormandie.fr; 41 bd Vauban; DZ 69–99 €, 4BZ 125 €; ❄@🛜🐾) Das Gebäude aus dem 19. Jh. ist von Efeu bewachsen und die Zimmer mit Aussicht vermitteln ein bisschen den Eindruck eines Landgasthauses. Zu den Annehmlichkeiten gehören ein Billardtisch, ein Fitnessraum und eine Sauna (6 €/Pers.). WLAN kostet 3 €.

Essen

La Pause Gourmande
TEESALON €

(📞03 86 33 98 87; 1 rue Fourier; Hauptgerichte 11 €; ⊙Di-Sa mittags) Die schmackhaften, kreativen Salate und hausgemachte Foie gras auf frisch gebackenen Brioche, mit Aprikosen oder Frühlingszwiebeln garniert, locken die Gäste in diesen *salon de thé*. Der Besitzer brutzelt vor den Augen der Gäste und backt auch selbst.

Le Flobert
BISTRO €

(📞03 86 51 16 19; 71 rue du Pont; Mittagsmenü 12,50 €, Hauptgerichte 7,50 €; ⊙Di-Sa mittags, Do-So abends; 🐾) Die Speisekarte in dem niedlichen kleinen Laden, eigentlich nur eine einfache Bar mit ein paar Tischen in einem eleganten, honigfarbenen Raum, wechselt jeden Tag, enthält aber stets saisonale, frische Zutaten. Aktuelle Gerichte sind auf den kleinen Tafeln angekündigt. Das Kindermenü kostet 8 €.

La P'tite Beursaude
BURGUNDISCH €€

(📞03 86 51 10 21; 55 rue Joubert; Mittagsmenü 18,50–20 €, Abendmenü 25–28 €; ⊙Do-Mo) Die Bedienung in original Morvan-Trachten servieren traditionelle Fisch- und Fleischgerichte. Zu den Spezialitäten gehört Rib-Steak mit Époisses-Käse.

Le St-Pèlerin
BURGUNDISCH €€

(📞03 86 52 77 05; 56 rue St-Pèlerin; Menü 25–28 €; ⊙Di-Sa) Aus diesem rustikalen Restaurant, in dem französische und burgundische Gerichte über einem Holzfeuer zubereitet werden, muss niemand hungrig nach Hause gehen. Spezialitäten sind Weinbergschnecken und Fleischgerichte wie Schinken in Chablisienne-Sauce.

Selbstversorger

Wochenmarkt
MARKT €

(place de l'Arquebuse; ⊙Di & Fr 7–13 Uhr)

Super Monoprix
SUPERMARKT €

(place Charles Surugue; ⊙Mo–Sa 8.30–20 Uhr)

ABSTECHER

MAL RICHTIG ABSCHALTEN ...

Die **Domaine Dessus Bon Boire**
(☎03 86 53 89 99; www.dessusbon-
boire.com, auf Frz.; 19 rue de Vallan;
EZ/DZ/3BZ/4BZ mit Frühstück
48/58/70/90 €; 🛜🅿️), ein Bioweingut
in Familienbesitz, ist ideal für einen
idyllischen Landurlaub. Catherine und
André Donat vermieten im verschlafenen Flussstädtchen Vaux, 6 km südlich
von Auxerre, blitzblanke Zimmer mit
hellen, floralen Akzenten und viel Ruhe
und Frieden. Ausgeschenkt wird hier
auch ihr *aligoté* (ein trockener Weißwein) und ihr Côtes d'Auxerre. Zum
Frühstück gibt es oft Hausgebackenes.

Jenseits der Brücke gibt es dann
zum Abendessen authentische, köstli-
che Holzofenpizza im fröhlichen **Pizza-
Cotté** (☎03 86 53 33 30; 1 rue de la
Poire, Champs-sur-Yonne; Pizzas 10–12 €;
⏱Mo–Sa abends).

☆ Unterhaltung

Was wann los ist im Yonne ist auf www.
citedesmusiques.org (auf Frz.) zu erfahren.

Silex KULTURZENTRUM
(☎03 86 40 95 40; www.lesilex.fr, auf Frz.; 7 rue
de l'Île aux Plaisirs) Der neue Theaterkom-
plex der Stadt am rechten Flussufer bietet
ein vollgepacktes Programm aus Theater
und Konzerten, von Reggae über Rock bis
zu Jazz (www.jazzclubdauxerre.com, auf
Frz.), donnerstags Gratiskonzerte und ein
Jazzcafé.

Mo' Better Blues MUSIKBAR (☎03 86 51 36
64; 36-38 rue du Puits des Dames; Eintritt frei;
⏱Mi–Sa) Schwungvolle Jazzbar mit Livekonzerten, Jamsessions und Salsakursen.

Le Théâtre THEATER (☎03 86
72 24 24; www.auxerreletheatre.com, auf Frz.; 54
rue Joubert; ⏱Sept–Juni) Bietet Theater und
Tanzaufführungen.

ℹ️ Praktische Informationen

Centre Hospitalier (☎03 86 48 48 48; 2 bd de
Verdun) Medizinische Versorgung.

Post (place Charles Surugue; ⏱Mo 12–18.30,
Di–Fr 9–18.30, Sa 9–12.15 & 14–17 Uhr)

Speed Informatique 89 (32 rue du Pont; 10
Min./1 Std. 1/5 €; ⏱Mo–Sa 14–21 Uhr) Internetzugang.

Touristeninformation (☎03 86 52 06 19;
www.ot-auxerre.fr) Hauptbüro (1–2 quai de la
République; ⏱Mo–Sa 9–13 & 14–19, So 9.30–
13 & 15–18.30 Uhr); Zweigstelle Place de l'Hôtel
de Ville (7 place de l'Hôtel de Ville; ⏱Di–Sa
10–12 & 13.30–18 Uhr, Juli & Aug. auch So)

ℹ️ An- & Weiterreise

AUTO ADA (☎03 86 46 01 02; 6bis av. Gambetta)

Avis (☎03 86 46 83 47; Bahnhof)

Europcar (☎03 86 46 99 08; 9 av. Gambetta)

BUS Les Rapides de Bourgogne (☎03 86 94
95 00; www.rapidesdebourgogne.com, auf Frz.)
Fahrpläne gibt es in der Touristeninformation.

ZUG Züge fahren vom **Gare Auxerre-St-Gervais**
(rue Paul Doumer) nach:

Autun 28 €, 3¼ Std., 1-mal tgl.

Avallon 13 €, 1¼ Std., 5-mal tgl.

Dijon 33 €, 2 Std., 18-mal tgl.

Paris Gare de Lyon oder Gare de Bercy 33 €,
1½–2½ Std., 20-mal tgl.

Sermizelles-Vézelay 11 €, 1 Std., 3-mal tgl.

ℹ️ Unterwegs vor Ort

Kostenlose Parkplätze gibt es am Fluss am Quai
de la Marine und am Quai de la République sowie
an den Boulevards rund um die Altstadt: Boulevard de la Chainette, Boulevard Vauban, Boulevard du 11 Novembre und Boulevard Vaulabelle.

BUS Kostenlose **Pendelbusse** (⏱Mo–Sa
7.50–12.10 & 13.30–19.10 Uhr) verkehren ab
dem Parkplatz an der Porte de Paris durch die
ganze Altstadt.

FAHRRAD Verleih in der Haupttouristeninformation (3/7 Std. 10/18 €).

TAXI Taxiruf: ☎03 86 48 17 93 oder ☎06 07
80 82 25.

Rund um Auxerre

Zwischen dem Fluss Yonne und dem Canal
de Bourgogne liegen das Auxerrois und das
Tonnerrois, zwei ländliche Gebiete mit Wäldern, Feldern, Weiden und Weinanbau. Die
ruhigen Nebenstraßen (z. B. die D124) und
viele Wanderwege sind perfekt für Radtouren.

LA PUISAYE

Der dünn besiedelte Landstrich La Puisaye
westlich von Auxerre besteht aus Wäldern,
gewundenen Flüssen und dunkel bewaldeten Hügeln. Prominenteste Tochter dieser Gegend ist die Schriftstellerin Colette
(1873–1954). Viele ihrer über 50 Romane –

z. B. *Gigi* und die *Claudine*-Romane – schildern ihre Kindheit im ländlichen Burgund.

Colette lebte bis zu ihrem 18. Lebensjahr in dem winzigen Ort St-Sauveur-en-Puisaye, 40 km südwestlich von Auxerre. Das **Musée Colette** (☏03 86 45 61 95; Erw./Kind 5/2 €; ⊙April–Okt. Mi–Mo 10–18 Uhr, Nov.–März Sa & So 14–18 Uhr) im Dorfschlösschen zeigt Briefe, Manuskripte, zwei original eingerichtete Zimmer aus ihrem Appartement im Pariser Palais Royal und Fotos mit ihrer charakteristischen Frisur.

LP TIPP Der **Chantier Médiéval de Guédelon** (mittelalterliche Baustelle von Guédelon; ☏03 86 45 66 66; www.guedelon. fr; D955 bei Treigny; Erw./Kind 9/7 €; ⊙Do–Di 10–17.30 oder 18 Uhr, Okt.–Mitte März geschl.; ♿) liegt 45 km südwestlich von Auxerre und 7 km südwestlich von St-Sauveur-en-Puisaye. Seit 1997 baut hier ein Team aus sachkundigen Handwerkern mit Unterstützung von Archäologen eine Burg – ausschließlich mit Methoden des 13. Jhs. Strom und Elektrowerkzeuge gibt es nicht: Die Bausteine werden vor Ort mit Eisenwerkzeug geschlagen, das von Schmieden gefertigt wurde, die auch wichtige Dinge wie Türscharniere herstellen. Die Tonerde für die Dachziegel wird drei Tage mit Holz aus der Umgebung gebrannt und der Mörtel, vor Ort aus Kalk gerührt, wird in frisch geflochtenen Weidenkörben transportiert.

Eine lohnenswerte Führung, manchmal auch auf Englisch, kostet 2 € pro Person. Festes Schuhwerk ist ratsam, da die Baustelle oft sehr dreckig ist. Zu den Kinderaktivitäten gehört auch Steinmetz spielen (mit besonders weichen Steinen).

Das elegante **Château de Ratilly** (☏03 86 74 79 54; www.chateauderatilly.fr, auf Frz.; Treigny; Erw./Kind 4 €/frei; ⊙Mo–Fr 10–12 & 14–18, Sa & So 15–18 Uhr, 15. Juni–15. Sept. ohne Mittagspause) aus dem 11. Jh. inmitten der Landschaft bei Treigny zeigt eine Keramiksammlung der Familie Pierlot und exzellente wechselnde Ausstellungen zeitgenössischer Kunst. Auch Konzerte werden veranstaltet.

CHABLIS
2580 EW.

Das wohlhabende und malerische Städtchen Chablis, 19 km östlich von Auxerre, hat seinen Reichtum durch Anbau, Reifung und Vermarktung jenes Weißweins erworben, der den Namen Chablis in der ganzen Welt berühmt gemacht hat.

WEINLAND IRANCY

Viele Einheimische antworten auf die Frage, wo sie Weine aus dem westlichen Burgund probieren: in **Irancy** (www.irancy.org). Diese relativ neue AOC-Weinlage (1999) mit den äußerst malerischen und prosperierenden Dörfern in einer Landschaft aus sanften Hügelketten und blühenden Kirschgärten verwendet überwiegend Pinot-Noir-Trauben. Irancy und das nahe **Coulanges-la-Vineuse** liegen 13 km südlich von Auxerre. Dort sind zahlreiche Weingüter zu finden, die Weinproben anbieten. In Irancy gibt es z. B. **Thierry Richoux** (☏03 86 42 21 60; 73 rue Soufflot), der voll und ganz auf Bio-Methoden umstellt. In Coulanges-la-Vineuse lohnt ein Besuch im **Clos du Roi** (☏03 86 42 25 72; www. closduroi.com, auf Frz.; 17 rue André Vilidieu; Weinprobe und Führung 3 €) oder in der **Domaine Maltoff** (☏03 86 42 32 48; o.maltoff@wanadoo.fr; 20 rue d'Aguesseau; EZ/DZ/3BZ mit Frühstück 49/64/79 €) mitten im Dorf, die auch Zimmer mit Frühstück vermietet.

Chablis wird ausschließlich aus der Chardonnay-Traube gekeltert und zwar erstmals von den Mönchen von Pontigny. Heute wird der Wein in vier AOCs angeboten: Petit Chablis, Chablis, Chablis Premier Cru und der Chablis Grand Cru, der renommierteste von allen. Die sieben *grands crus* werden auf nur einem Quadratkilometer Land an den Hängen nordöstlich des Orts liebevoll kultiviert.

◉ Sehenswertes & Aktivitäten

Zu den besuchenswerten Dörfern in der Umgebung gehören **Courgis** mit tollen Aussichten, **Chichée** und **Chemilly**, beide am Fluss Serein, und **Chitry-le-Fort**, das berühmt für seine Festungskirche ist. Etliche Kellereien gibt es in dem hinreißenden Dorf **Fleys**.

Altstadt ALTSTADT

Mönche, die vor den Angriffen der Normannen auf Tours geflohen waren, legten im 9. Jh. den Grundstein für die gotische **Église St-Martin** (⊙Juli & Aug.) aus dem 12. und 13. Jh. Die Kirche steht zwei Häuserblocks

EINMALEINS DES BURGUNDERWEINS

Die endlosen Weingärten Burgunds erstrecken sich über ungefähr 258 km von Chablis im Norden bis ins Beaujolais im Departement Rhone im Süden und umfasst 100 AOCs (Appellation d'Origine Contrôlée – kontrollierte Herkunftsbezeichnung). Jede Region hat ihre eigenen Herkunftsbezeichnungen und Merkmale, die unter dem Begriff *terroir* zusammengefasst sind: Der Boden verleiht der Frucht, in dem Fall den Trauben, charakteristische Eigenschaften.

1878 gingen die Rebstöcke Burgunds beinahe vollständig ein, als sie von der Reblaus befallen wurden, einem mit der Blattlaus verwandten Saftsauger. Die Lösung war das Pfropfen französischer Rebsorten auf amerikanische Wurzelstöcke, die immun gegen Rebläuse waren. Behörden in der gesamten Region arbeiten eng mit den Winzern zusammen, um sicherzustellen, dass die Anbaumethoden den AOC-Standards entsprechen. Dazu gehören der kontrollierte Gebrauch von Pestiziden und Düngemitteln, Rebschnittmethoden und die Menge des erlaubten Ernteertrags.

Viele Weinliebhaber verbringen ihr ganzes Leben mit dem Probieren und Genießen zahlloser Jahrgänge – deren Qualität vom *cépage* (Rebsorte), vom Wetter, dem Ertrag, der Keltermethode und dem *élevage* (der Weinbehandlung nach der Vergärung) abhängt.

Die Weine Burgunds werden jedes Jahr auf dem **Festival Musical des Grands Crus de Bourgogne** (☎03 80 34 38 40; www.bourgogne-tourisme.com; ⊙Juni–Sept.) gefeiert, auf dem in der gesamten Region 40 Konzerte und Weinfeste stattfinden.

Weitere Infos zu Wein s. S. 1021.

Im Folgenden ein sehr kurzer Überblick über einige Weinbaugebiete Burgunds:

Côte-d'Or Der nördliche Abschnitt, die **Côte de Nuits**, erstreckt sich von Marsannay-la-Côte südwärts bis Corgoloin und erzeugt Rotweine, die für ihren kräftigen, vollmundigen Charakter bekannt sind. Der nördliche Abschnitt, die **Côte de Beaune**, liegt zwischen Ladoix-Serrigny und Santenay und bringt großartige Rot- und Weißweine hervor. Herkunftsbezeichnungen aus dieser Hügelgegend sind **Hautes-Côtes de Nuits** und **Hautes-Côtes de Beaune**.

Chablis Chardonnay-Weißweine mit vier berühmten Appelationen aus 20 Dörfern um Chablis.

Châtillonnais Ungefähr 20 Dörfer um Châtillon-sur-Seine produzieren Rot- und Weißweine.

Côte Chalonnaise Die südlichsten Ausläufer der Hänge der Côte de Beaune, aus der auch der *Crémant de Bourgogne* stammt, ein leichter weißer oder Rosé-Sekt.

---

nordwestlich der Place Charles de Gaulle. Richtung Südosten durch die Rue Porte Noël befinden sich die beiden Wehrtürme der **Porte Noël** (1778), in denen im Juni und August Kunst ausgestellt wird. Das als **Synagoge** (10–14 rue des Juifs) bezeichnete, rätselhafte Gebäude aus dem 16. Jh. ganz in der Nähe wurde restauriert. Im Keller des **Petit Pontigny** (rue de Chichée) aus dem 12. Jh. haben einst Zisterziensermönche aus Pontigny ihren Wein vergoren.

Weinproben WEINPROBEN
Einheimische Kenner sagen, dass Wein am besten morgens verkostet wird, da dann die Geschmacksnerven noch frisch sind. Weintouren organisiert **Chablis Vititours** (☎06

11 47 82 98; www.chablis-vititours.fr; 90 Min./ganztags 20/45 €, unter 12 J. frei). Wein kann in zahllosen Läden probiert und gekauft werden (z. B. in der Rue des Moulins); die Touristeninformation hat ein umfassendes Verzeichnis.

La Chablisienne (☎03 86 42 89 98; 8 bd Pasteur; ⊙9–12.30 & 14–19 Uhr, Juli & Aug. ohne Mittagspause) Die 1923 gegründete große Genossenschaftskellerei führt verschiedene edle Weine, auch fünf der sieben *grands crus* aus Chablis.

Billaud-Simon (☎03 86 42 10 33; 1 quai de Reugny; ⊙nach Vereinbarung) Das unscheinbare Weingut liegt abseits der üblichen Routen am grünen Ufer des Kanals. Jede

Irancy Gehört zu den Weingütern um **Auxerre** und produziert hervorragende Pinot-Noir-Rotweine.

Mâconnais Bekannt für schwere oder fruchtige Weißweine wie den Chardonnay Pouilly-Fuissé.

Und noch mehr Infos

Das **Château du Clos de Vougeot** (☎03 80 62 86 09; www.tastevin-bourgogne.com; Vougeot; Erw./Kind 3,90/2,90 €; ⏲Mo–Fr 9–18.30, Sa bis 17 Uhr, 25. Dez.–Jan. geschl.) bietet eine wunderbare Einführung in die Keltermethoden Burgunds. Das Landschloss aus dem 16. Jh. gehörte einst der Abbaye de Cîteaux und diente den Äbten als Feriendomizil. In den Farmgebäuden aus dem 12. Jh. wurden schon früh die Methoden der Weinherstellung entwickelt. Die Confrérie des Chevaliers du Tastevin (ein Verband, der sich um die Pflege burgundischer Weine und Traditionen kümmert) organisiert Führungen mit vielen interessanten Infos zur Weinherstellung und der Besichtigung von riesigen alten Weinpressen und -fässern.

Die Touristeninformationen haben Broschüren wie *Die burgundische Weinstraße* und eine praktische Karte, *Die Karte der Burgunder Weinstraße* (0,50 €). Nützliche Infos gibt es auch auf www.weine-aus-dem-burgund.de.

Zahlreiche Bücher sind im Athenaeum de la Vigne et du Vin (S. 444) in Beaune erhältlich. Darüber hinaus eine Auswahl in deutscher Sprache:

» *Burgund. Meisterwerke der Natur. Die 90 größten Weine des Burgund* von James Turnbull

» *Clarkes Weinführer: Burgund* von Clive Coates

» *Weinszene Burgund: Essentials und Geheimtipps* von Hubrecht Duijker

» *Wein und Krieg* von Don und Petie Kladstrupe (die Geschichte des französischen Weins und der Winzer im Zweiten Weltkrieg)

Oder lieber gleich einen Weinkurs belegen!

École des Vins de Bourgogne (☎03 80 26 35 10; www.ecoledesvins-bourgogne.com; 6 rue du 16e Chasseurs, Beaune) Bietet vielfältige Kurse (von einem zweistündigen Grundkurs für 40 € bis zu einem Wochenendkurs für 365 €) zum Erlernen der Fachbegriffe und zum Verfeinern der Geschmacksnerven.

Sensation Vin (☎03 80 22 17 57; www.sensation-vin.com; 1 rue d'Enfer, Beaune; ⏲10–19 Uhr) Bietet einführende Weinproben (auch ohne Anmeldung) und individuell zugeschnittene Kurse.

der AOC-Herkunftsbezeichnungen ist durch exzellente Weine vertreten.

Laroche (☎03 86 42 89 00; www.larochewines.com; 22 rue Louis Bro)

Jean-Marc Brocard (☎03 86 42 45 76; www.brocard.fr; place Charles de Gaulle)

Wandern & Radfahren WANDERN, RADFAHREN
Wanderwege ab Chablis zu den Weingärten sind u. a. der **Sentier des Grands Crus** (8 km) und der **Sentier des Clos** (13–24 km, je nach gewählter Strecke). Die Touristeninformation verkauft topografische Wanderführer (3 €).

Mit dem Fahrrad lässt sich die Landschaft um Chablis wunderbar erkunden. Sehr angenehm ist der 45 km lange und flache **Chemin de Serein** (www.chemin-serein.com, auf Frz.), der der alten Schmalspurbahnstrecke südöstlich nach Noyers-sur-Serein und L'Isle-sur-Serein folgt. Die Touristeninformation verleiht von Ostern bis September **Fahrräder** (2 Std./halb-/ganztags 4/7,50/12 €).

Schlafen

Hôtel du Vieux Moulin BOUTIQUEHOTEL €€
(☎03 86 42 47 30; www.larochehotel.fr; 18 rue des Moulins; DZ 125–175 €, Suite 245–270 €; ❄@🛜) Die dezent und sehr modern eingerichteten fünf Zimmer und zwei Suiten in einer ehemaligen Mühle bieten einen herrlichen

Blick auf einen Seitenarm des Serein. Aus dem Frühstücksraum gibt es eine grandiose Aussicht über die Weinberge. Das noble Restaurant, Le Wine Bar, befindet sich im Erdgeschoss (Menü 22–38 €).

Hôtel Le Bergerand's
HOTEL €€

(📞03 86 18 96 08; www.chablis-france.fr, auf Frz.; 4 rue des Moulins; EZ 58–92 €, DZ 68–112 €; ❋@🤶) Das einfache, rustikale Hotel mit antiken Holzmöbeln und fröhlichen Frühlingsfarben befindet sich in einer ehemaligen Kutschenstation. An Wochenenden werden die Zimmer nur mit Frühstück (7,50 €) vermietet.

🍴 Essen

La Cuisine Au Vin
FRANZÖSISCH, MODERN €€

(📞03 86 18 98 52; www.lacuisineauvin.eu; 16 rue Auxerroise; Mittagsmenü 17 €, Abendmenü 25–39 €; ⊙Mi–So mittags, Mi–Sa abends) In dem coolen Keller aus dem 11. Jh. mit neongrünen Stühlen werden exquisit präsentierte Biogerichte serviert. Das Restaurant ist ein Ableger des **Weinguts Defaix** (www.chablisdefaix.com) und bezieht seine Zutaten aus dem eigenen Garten. Oben gibt es Weinproben mit dem sehr kenntnisreichen Ken Haney.

Le Bistrot des Grands Crus
FRANZÖSISCH, KLASSISCH €€

(📞03 86 42 19 41; 8-10 rue Jules Rathier; Menü 20 €; ⊙Mitte Jan.–Mitte Feb. geschl.) Einen Häuserblock südöstlich der Porte Noël verwöhnt dieses relaxte Restaurant seine Gäste mit einer *cuisine du terroir* (regionaltypischer Küche), die nur knackfrische Zutaten verwendet.

Selbstversorger

Wochenmarkt
MARKT €

(place Charles de Gaulle; ⊙So 8–13 Uhr)

Les Jardins Européens
LEBENSMITTEL €

(11 rue Mar de Lattre De Tassigny; ⊙Mo–Sa 8–12.30 & 15–19, So 8–12.30 Uhr) Käse der Region und feines Obst und Gemüse.

Petit Casino
SUPERMARKT €

(rue du Maréchal Leclerc; ⊙Mo–Sa 7.30–13 & 15–19.30 Uhr)

ⓘ Praktische Informationen

Touristeninformation (📞03 86 42 80 80; www.chablis.net; 1 rue du Maréchal de Lattre de Tassigny; ⊙10–12.30 & 13.30–19 Uhr, Nov.–März So geschl.) Hat eine kostenlose (auch englischsprachige) Broschüre mit Stadtrundgang und Lagekarten von Weingütern.

ⓘ An- & Weiterreise

Chablis liegt auf der Busstrecke (www.rapides debourgogne.com) zwischen Auxerre und Tonerre (Linie 4, 2 €, Mo–Sa 1-mal tgl.). Fahrpläne gibt es in der Touristeninformation.

ABBAYE DE PONTIGNY

 Die schlichte **Abbaye de Pontigny** (📞03 86 47 54 99; www.abbayede pontigny.eu, auf Frz.; ⊙9–19 Uhr), 1114 gegründet, liegt 25 km nördlich von Auxerre inmitten üppiger Senffelder. Die spektakuläre *abbatiale* (Abteikirche) ist eines der letzten erhaltenen Beispiele der Zisterzienserarchitektur in Burgund. Die Einfachheit und Klarheit des Bauwerks aus weißem Stein spiegelt die Askese des Zisterzienserordens wider (s. S. 437). Das Sonnenlicht, das im Sommer durch die hohen Fenster fällt, erzeugt ein unglaubliches Gefühl von Frieden und Ruhe. Das Heft *Pontigny entdecken* (2,50 €), erhältlich im Andenkenladen, weist auf faszinierende architektonische Details hin.

Der gotische Sakralbau mit seinem 108 m langen, von 23 Kapellen gesäumten Hauptschiff stammt aus der Mitte des 12. Jhs. Das hölzerne Chorgitter, Chorgestühl und die Orgelempore wurden erst im 17. und 18. Jh. hinzugefügt.

Drei Erzbischöfe von Canterbury sind mit der Geschichte der Abtei von Pontigny verbunden: Thomas Becket verbrachte hier die ersten drei Jahre seines Exils (1164–66), Stephen Langton, der vor den politischen Unruhen aus England geflohen war, lebte hier sechs Jahre lang (1207-13) und Edmund Rich, der auf dem Weg zum Vatikan erkrankte und 1240 in Soissy starb, wurde hier bestattet.

Die hiesigen Mönche hatten als Erste die Herstellung des Chablis-Weins perfektioniert. Von 1913 bis 1922 diente die Kirche als Treffpunkt der Intellektuellengruppe Décades de Pontigny, zu denen Koryphäen wie Gide, Sartre und Malraux gehörten. Im Sommer finden hier Konzerte statt.

Die **Touristeninformation** (📞03 86 47 47 03; http://pontignytourisme.free.fr; 22 rue Paul Desjardins; ⊙Mo–Sa oder Di–Sa 10–12.30 & 14–17.50 Uhr) gegenüber vermittelt Unterkünfte und verkauft Wanderkarten.

TONNERRE
5509 EW.

Bekannteste Sehenswürdigkeit des nicht gerade wohlhabenden Städtchens Tonnerre am Canal de Bourgogne ist das **Hôtel-Dieu** (www.hotel-dieu-tonnerre.com, auf Frz.; rue de l'Hôpital; Erw./Kind 4,50/3,50 €; ⊙Mo–Sa 9–12 & 14–18, So 10–13.30 & 14–16.30 Uhr, Nov.–März So geschl.), ein Armenhospiz, das 1293 von Margarete von Burgund, der Frau von Karl von Anjou, gegründet wurde. Ein Tonnengewölbe überspannt den Krankensaal, an dessen Ostende die aus einem einzigen Steinblock gehauene Skulptur der Grablegung Christi aus dem 15. Jh. fasziniert. Sie steht gleich neben der Kapelle mit Margaretes Grab.

Etwa 400 m westlich sprudeln 200 l Wasser pro Sekunde aus der **Fosse Dionne**, einer natürlichen Quelle, die von den Kelten als heilig verehrt wurde. Die blau-grüne Färbung lässt die Tiefe der Quelle erahnen – der Legende nach soll auf ihrem Grund eine Schlange hausen. Der Quelltopf ist von einem Waschhaus aus der Mitte des 18. Jhs., einem Halbkreis alter Häuser und bewaldeten Hängen umgeben.

Wer in Tonnerre übernachten möchte, kann sich in der **Ferme de Fosse Dionne** (✆03 86 54 82 62; www.fermefossedionne.com; 11 rue de la Fosse Dionne; DZ mit Frühstück 65 €) einquartieren. In der reizenden Unterkunft in einem Bauernhaus aus dem späten 18. Jh. an der Fosse Dionne gibt es auch ein Café und einen Antiquitätenladen.

Die **Touristeninformation** (✆03 86 55 14 48; www.tonnerre.fr, auf Frz.) am Eingang des Hôtel-Dieu verteilt eine Broschüre mit Stadtrundgang und verleiht Fahrräder (halb-/ganztags 10/18 €).

Tonnerre hat Zugverbindungen mit Dijon (16,80 €, 1 Std., 9-mal tgl.) und über Laroche-Migennes mit Auxerre (9,70 €, 1 Std., 8-mal tgl.).

CHÂTEAU DE TANLAY

Das **Château de Tanlay** (✆03 86 75 86 02; Erw./Kind 8/3,50 €; ⊙Führungen Mi–Mo 10, 11.30, 14.15, 15.15, 16.15 & 17.15 Uhr, Mitte Nov.–März geschl.) ist ein elegantes Prachtstück der französischen Renaissance aus dem 17. Jh., umgeben von einem breiten Wassergraben und mehreren kunstvoll gestalteten Nebengebäuden. Highlight in den Innenräumen ist die **Grande Galerie**, deren Wände und Decke über und über mit Trompe-l'oeil-Malereien bedeckt sind. Das Schloss liegt 10 km östlich von Tonnerre im Dorf Tanlay.

CHÂTEAU D'ANCY-LE-FRANC

Zu einem Abstecher in die italienische Renaissance entführt das **Château d'Ancy-**

le-Franc (✆03 86 75 14 63; www.chateau-ancy. com; Erw./Kind 8/5 €; ⊙Führungen Di–So 10.30, 11.30, 14, 15, 16 & 17 Uhr, Mitte Nov.–März geschl.), das in den 1540er-Jahren vom bekannten italienischen Architekten Serlio errichtet wurde. Fast alle Wand- und Deckengemälde stammen, wie das 32 m große Wandbild in der **Galerie de Pharsale**, ebenfalls von italienischen Künstlern, die Franz I. an den Hof von Fontainebleau geholt hatte. Die Führungen sind auf Französisch mit englischsprachigen Handzetteln.

Das Schloss liegt 19 km südöstlich von Tonnerre.

NOYERS-SUR-SEREIN
744 EW.

Das absolut malerische mittelalterliche Dorf Noyers (sprich: „Noa-jähr") in einer engen Kurve des Flusses Serein, 30 km südöstlich von Auxerre, ist von sanft gewelltem Weideland und bewaldeten Hügeln umgeben. Das Dorf ist weitgehend von Steinwällen und Festungsmauern umschlossen und durch zwei imposante Steintore zugänglich. Die Kopfsteinpflasterstraßen sind gesäumt von Giebelhäusern aus dem 15. und 16. Jh., steinernen und hölzernen Bogengängen und mehreren Kunstgalerien.

In der Fassade der **Mairie** (Rathaus) aus dem 18. Jh. neben der Bibliothek markieren eingeritzte Striche die historische Hochwasserstände. Schräg gegenüber befindet sich die **Touristeninformation** (✆03 86 82 66 06; www.noyers-sur-serein.com; 22 place de l'Hôtel de Ville; ⊙10–13 & 14–18 Uhr, Okt.–Mai So geschl.).

Noyers ist ein ausgezeichneter Ausgangspunkt für Wanderungen. Wer durch das von einer Uhr gekrönte Südtor dem Chemin des Fossés nach Osten bis zum Fluss Serein folgt, trifft auf einen **Uferweg** rund um die **Festungsmauer** aus dem 13. Jh. Von den ehemals 23 Türmen sind noch 19 erhalten. Für die 9 km lange **Balade du Château** am rechten Serein-Ufer bis zur Schlossruine nördlich von Noyers stehen die roten Markierungen. Der **Chemin de Serein** (www. chemin-serein.com, auf Frz.) führt zu Fuß oder mit dem Rad bis nach Chablis.

Eine der schrägen Galerien im Ort ist die **Création Maroquinerie** (27 rue de la Petite Étape aux Vins; ⊙Di–So), ein phantastischer Lederladen voller schicker Gürtel und weicher Handtaschen. Die Eigentümer Yazmhil und Brice übernehmen Auftragsarbeiten, fertigen alles vor Ort und verwenden manchmal auch Bisonhäute. Ebenfalls interessant ist Diane Calverts **Studio für Buch-malerei** (47 rue de la Petite Étape aux Vins). Sie stellt ihre eigenen Farbpigmente aus zerriebenen Halbedelsteinen her und malt mit Federkielen auf Pergament.

Das **Moulin de la Roche** (📞 03 86 82 68 13; www.bonadresse.com/bourgogne/le-moulin-de-la-roche.htm; route d'Auxerre; EZ mit Frühstück 58 €, DZ 67–75 €, 4BZ 105 €; 📶) liegt auf drei hinreißenden Hektar Land oberhalb des Serein. In der renovierten Mühle gibt es zwei sehr schöne Gästezimmer und ein Mühlrad im Wohnzimmer.

La Vieille Tour (📞 03 86 82 87 69; Fax 03 86 82 66 04; place du Grenier à Sel; DZ mit Frühstück 55–70 €, 4BZ 80–90 €; ☼April–Sept.; 📶) in einem weitläufigen Haus aus dem 17. Jh. bietet fünf schlicht möblierte *chambres d'hôte,* jede Menge Lokalkolorit und einen herrlichen Garten. Es wird von einem niederländischen Kunsthistoriker geführt, der die Gäste herzlich empfängt, aber offen bekennt: „Dass nirgendwo ein Spinnennetz hängt, kann ich nicht garantieren."

In Noyers gibt es ein paar **Lebensmittelläden** und einen **Wochenmarkt** (☼Mi vormittags). Vier junge Brüder betreiben die herausragende **Maison Paillot** (📞 03 86 82 82 16; www.maison-paillot.com; place de l'Hôtel de Ville; Mittagsmenü 32 €; ☼Laden & Weinkeller Di-So, Feb. geschl., Restaurant Di–So mittags, Di–Sa abends, Jan.–März geschl.), eine Verbindung aus Metzgerei, Feinkostgeschäft, Weinkeller und einem exzellenten Restaurant, Les Millésimes. Einfaches und köstliches Essen serviert das **Restaurant de la Vieille Tour** (📞 03 86 82 87 36; rue Porte Peinte; Menü 14,50–22 €; ☼Sa–Mi mittags, Fr–Mi abends, Okt.–März geschl.; 📶). Die Gerichte haben oft einen exotischen Touch, vegetarische Speisen stehen ebenfalls zur Wahl.

Avallon

7743 EW.

Die in grauer Vorzeit strategisch bedeutsame Festungsstadt Avallon, einst eine Kutschenstation zwischen Paris und Lyon, liegt auf einem malerischen Hügel mit Blick auf die grünen Ufer zweier Nebenflüsse des Cousin. Am lebhaftesten geht es in dem Städtchen auf dem Markt am Samstagvormittag zu. Ansonsten ist es eine gute Ausgangsstation zum Besuch von Vézelay und dem Parc Naturel Régional du Morvan.

⊙ Sehenswertes & Aktivitäten

Die Altstadt liegt auf einer dreieckigen Granithöhe zwischen zwei Schluchten im Osten und Westen. Die Haupteinkaufsstraßen außerhalb der Stadtmauern sind die Rue de Paris und die Rue de Lyon und in der Altstadt die Grande Rue Aristide Briand, die vom **Tour de l'Horloge**, einem stämmigen Uhrenturm aus dem 15. Jh., überspannt wird.

LP TIPP **Musée de l'Avallonnais** MUSEUM (📞 03 86 34 03 19; place de la Collégiale; ☼Juli–Sept. Mi–Mo 14–18 Uhr) Das wunderbare kleine Museum, 1862 gegründet, zeigt sakrale Kunst, darunter auch einige schöne Werke der Romanik. Ebenfalls spannend sind die expressionistischen Aquarelle von Georges Rouault (1871–1958) und eine hervorragende Sammlung von silbernem Art-déco-Schmuck des bekannten Designers und Juweliers Jean Després (1889–1980).

Collégiale St-Lazare KIRCHE (rue Bocquillot) Vor 800 Jahren lockte ein Schädelfragment des hl. Lazarus als angebliches Anti-Lepra-Mittel wahre Pilgerströme herbei. Die Kirche aus dem frühen 12. Jh. hatte ursprünglich drei Eingangsportale. Eines wurde 1633 vom einstürzenden Nordturm zertrümmert, die beiden übrigen sind prachtvoll im romanischen Stil ausgeschmückt, allerdings ist ein Großteil der Steinmetzarbeiten beschädigt. Im Sommer laden Ausstellungen in der Église St-Pierre nebenan und gegenüber im Grenier à Sel (Salzlager) aus dem 18. Jh. zum Kunstgenuss.

Wandern & Radfahren WANDERN, RADFAHREN Vom alten Tor **Petite Porte** führt ein Pfad hinab, der einen schönen Blick über die Vallée du Cousin bietet. Die Stadtmauer mit ihren Türmen und den Bollwerken aus dem 15. bis 18. Jh. bietet ebenfalls einen schönen Spazierweg.

Für eine Wanderung oder Radtour in der ländlichen Idylle der **Vallée du Cousin** eignet sich die schattige, einspurige D427. Sie folgt dem gemächlich plätschernden Cousin durch dichte Wälder und saftige Wiesen. Die Touristeninformation verkauft Wanderkarten (z. B. IGN 2722 ET) und informiert über den Parc Naturel Régional du Morvan.

🛏 Schlafen

AVALLON

Hôtel Les Capucins   HOTEL €
(📞03 86 34 06 52; www.avallonlescapucins.com;
6 av. Paul Doumer; DZ 50 €, 8-Pers.-Suite 130 €;
❄@🖥) Das blitzsaubere Budgethotel liegt
in einer ruhigen Seitenstraße mit Pflau-
menbäumen. Die komfortablen Zimmer
sind mit allen möglichen Schmetterlingen
dekoriert.

Hôtel d'Avallon Vauban   HOTEL €
(📞03 86 34 36 99; www.avallonvaubanhotel.
com; 53 rue de Paris; EZ/DZ 55/61 €, Studio 90 €;
❄@) *Trompe-l'oeil*-Bäume zieren die Fassade und echte Bäume stehen im Garten.
Die sauberen und geräumigen Zimmer und
Studio-Appartements sind schlicht eingerichtet. Parken kostet 2 €.

VALLÉE DU COUSIN

LP TIPP ❯ Le Moulin des Ruats
HISTORISCHES HOTEL €€
(📞03 86 34 97 00; www.moulin-des-ruats.com;
D427; DZ 82–154 €; ⊙15. Nov.–20. Feb. geschl.;
🖥) Die sehr romantische einstige Getreidemühle liegt traumhaft an einem bewaldeten Fleckchen direkt am Fluss und hat eine
hinreißende Uferterrasse. Die makellosen
Zimmer sind im antiken Stil eingerichtet,
einige haben auch kleine Balkons. Zimmer
4 und 12 bieten eine phantastische Aussicht.

Camping Municipal sous Roche
CAMPINGPLATZ €
(📞03 86 34 10 39; campingsousroche@ville-aval-
lon.fr; Platz pro Erw./Zelt/Auto 3,20/2,50/2,50 €;
⊙April–Mitte Okt.) Ein sehr gepflegter Platz
2 km südöstlich der Altstadt an den bewaldeten Ufern des Cousin. Es gibt eine Klet-
terlandschaft für Kids, Stromanschlüsse
(5 €) und Abwasserentsorgung.

Le Moulin des Templiers   HOTEL €€
(📞03 86 34 10 80; www.hotel-moulin-des-
templiers.com; 10 route de Cousin, D427, Pontaubert; DZ 69–78 €; ⊙Jan. geschl.) Die ländlich
eingerichteten Zimmer der umgebauten
Mühle sind ein bisschen klein, aber es gibt
eine zauberhafte Terrasse direkt am rauschenden Fluss.

🍴 Essen & Trinken

Le Gourmillon   BURGUNDISCH €€
(📞03 86 31 62 01; 8 rue de Lyon; Mittagsmenü
11 €, Abendmenü 15–36 €; ⊙tgl. mittags, Mo–Sa

LA CIMENTELLE

La Cimentelle (📞03 86 31 04 85;
http://lacimentelle.com, auf Frz.; 2 rue
de la Cimentelle, Vassy-lès-Avallon; EZ
mit Frühstück 75–90 €, DZ 80–95 €, 3BZ
140 €; 🖥✉) ist eine freundliche Unterkunft, in der Stéphane und Nathalie
Zimmer mit Frühstück vermieten. Die
beiden sind aus Lyon weggezogen,
um ihren Familiensitz auf dem Land
zu renovieren. In dem Schlösschen
auf einem ausgedehnten, baumbestandenen Gelände 6 km nördlich von
Avallon stehen luxuriös ausgestattete
Gästezimmer zur Verfügung, jedes
ein bisschen anders. Im schönsten
Zimmer namens Hippolyte steht eine
freistehende Klauenfußbadewanne vor
dem Kamin. Die Familienappartements
mit drei Schlafzimmern (140–210 €)
sind phantastisch. Den *repas* (32 € mit
Wein) sollte sich niemand entgehen
lassen: Nathalie ist eine Gourmet-
köchin und jede Mahlzeit ein Gedicht.
Der Swimmingpool wurde spektakulär
auf den Ruinen einer alten Zement-
fabrik gebaut.

abends; 🚗) Das zwanglose Lokal mit seinen fröhlichen Farben ist sehr beliebt und
serviert französische und burgundische
Gerichte. Die Desserts sind köstlich. Das
Kindermenü kostet 8 €.

Hôtel Les Capucins   BURGUNDISCH €€
(📞03 86 34 06 52; 6 av. Paul Doumer; Menü 14–
36 €) In dem eleganten Hotel-Restaurant
lassen sich Kenner der französischen und
burgundischen Küche zwischen zeitgenössischen Werken einheimischer Künstler zu
sauce Morvandelle (mit Schalotten, Senf
und Weißwein) verleiten, am besten mit einem Steak vom Charolais-Rind.

Dame Jeanne   TEESALON €
(📞03 86 34 58 71; 59 Grand rue Aristide Briand;
⊙Fr–Mi 8–19 Uhr) Aus dem ganzen Umland
kommen Gäste hierher, um im Garten eines
Teesalons aus dem 17. Jh. einen köstlichen
Mittagsimbiss oder süße Leckereien zu genießen.

Selbstversorger

Samstagsmarkt MARKT € (place des Odebert
⊙Sa bis 13 Uhr) Ein riesiger Wochenmarkt.

NICHT VERSÄUMEN

AUBERGE DU POT D'ETAIN

Kaum jemand würde in dem schlichten Dörfchen L'Isle-sur-Sereine, auf halbem Weg zwischen Avallon und Noyers-sur-Serein, eine solche Gourmetoase vermuten. Aber die **Auberge du Pot d'Etain** (☎03 86 33 88 10; www. potdetain.com, auf Frz.; rue Bouchardot, L'Isle-sur-Sereine; Zi. 60–90 €, Menü 26–52 €; ⊗Mi-So 12–13.30 Uhr, Mo-Sa auch abends, Juli-Aug. Di–So) macht es möglich. Zu den Köstlichkeiten gehören *brochette d'escargot tempura* (frittierte Schneckenspießchen), Täubchen in *chartreuse* (Gemüseauflauf) mit Foie gras und andere überraschende Kombinationen. Die Weinkarte ist umwerfend.

Donnerstagsmarkt　　　　MARKT €
(place du Général de Gaulle; ⊗Do vormittags)

Auchan　　　　SUPERMARKT €
(rue du Général Leclerc; ⊗Mo-Sa 8.30–21 Uhr)

ℹ Praktische Informationen

Touristeninformation (☎03 86 34 14 19; www. avallonnais-tourisme.com; 6 rue Bocquillot; Internet 30 Min. 2 €, WLAN frei) ⊗9–19 Uhr, Mitte Sept.–Mitte Juli So geschl.) Hat auch Internetzugang.

ℹ An- & Weiterreise

BUS Die Busse von **Transco** (☎08 00 10 20 04) fahren ab dem Bahnhof nach Dijon (20 €, 2 Std., 2-oder 3-mal tgl.), Auxerre und Autun, im Juli und August manchmal auch nach Vézelay.

ZUG Züge fahren von hier zu folgenden Orten:

Autun 18 €, 2 Std., 1-mal tgl.

Auxerre 13 €, 1¼ Std., 3-mal tgl.

Dijon 28 €, 2–2½ Std., 2-mal tgl.

Paris Gare de Lyon oder Gare de Bercy 40 €, 3 Std., 3-mal tgl.

Sermizelles-Vézelay 11 €, 20 Min., 3-mal tgl.

ℹ Unterwegs vor Ort

Parken kostet in Avallon nichts, außer an den blauen Markierungslinien, wo Parkscheiben erforderlich sind (für 2 € in Tabakläden erhältlich). Sie gelten für maximal 1½ Stunden.

FAHRRAD Fahrräder verleihen die **Touristeninformation** (pro Std./Tag 4/10 €) und **Gueneau** (☎03 86 34 28 11; 26 rue de Paris; halb-/ ganztags/2 Tage 8/16/28 €; ⊗Di–Sa 8–12 & 14–18 Uhr).

PARC NATUREL RÉGIONAL DU MORVAN

Der 2990 km² große Naturpark Morvan, etwa zwischen Vézelay, Avallon, Saulieu und Autun gelegen, erstreckt sich über die vier Departements Burgunds (der Großteil im Nièvre) und umfasst 700 km² Waldgebiet, 13 km² Seen und unendliches Ackerland, das durch Hecken, Steinmauern und Buchen- und Eichenbestände unterteilt ist. Wer achtgibt, erblickt die größten und majestätischsten Raubvögel Frankreichs, die auf Baumwipfeln nach kleinen Beutetieren Ausschau halten.

⊙ Sehenswertes & Aktivitäten

Outdooraktivisten haben im Morvan (der keltische Name bedeutet „Schwarzer Berg") jede Menge Möglichkeiten. Dazu gehören Wanderungen (der Park bietet über 2500 km markierte Wanderwege), Mountainbiketouren, Reiten, Klettern, Orientierungsläufe und Angeln. Für Rafting-, Kanu- und Kajakfahrten sind die diversen Seen sowie die Flüsse Chalaux, Cousin, Cure und Yonne ideal.

Neben AB Loisirs (S. 246) gibt es noch folgende Anbieter für Wassersportaktivitäten und Fahrradverleih:

Activital (www.activital.net, auf Frz.) Lac de Chaumeçon (☎03 86 22 61 35; St-Martin-du-Puy); Lac des Settons (☎03 86 84 51 98; Montsauche-les-Settons)

Okheanos (☎03 86 84 60 61; www.okheanos. com, auf Frz.; Dun-les-Places)

Besucherzentrum Morvan　　PARKZENTRUM
(Espace St-Brisson; ☎03 86 78 79 57; www. parcdumorvan.org, auf Frz.; ⊗Touristeninformation Mo–Fr 9.30–12.30 & 14–17.30, Sa 10–12.30 & 14–17, So 10–13 & 15–17.30 Uhr, Mitte Nov.–Ostern Sa & So geschl.) Im Informationszentrum Espace St-Brisson, 14 km westlich von Saulieu Richtung St-Brisson inmitten von Hügeln, Wäldern und Seen gelegen, gibt es auch Wander- und Radführer sowie entsprechende Karten. Für Autofahrer ist es als „Maison du Parc" ausgeschildert. Auf der Website stehen aktuelle Informationen zu lokalen Festen, Outdooraktivitäten und Unterkünften zu erfahren.

Wanderführungen (4–10 €) durch den Park (auch Nachtwanderungen, z. B. um Eulen zu beobachten) werden von April bis Oktober angeboten. Im Juli und August dominieren Kinderaktivitäten.

Zu den **Wanderwegen** über St-Brisson gehören drei 5 km lange Rundwege (Coteaux de St-Brisson, Autour de la Maison du Parc und Autour du Vignan), ein 12 km langer Rundweg zum Chevresse-Dolmen und ein 20 km Rundweg zum Dorf Gouloux.

Im **Verger Conservatoire** („Obstsortenerhalt") werden um die 200 Jahre alte Obstbaumarten gezogen, die nicht mehr kommerziell angepflanzt werden. Im **Herbularium** gedeihen 170 Arten Morvantypischer Pflanzen.

Weitere interessante (wenn auch nicht immer aktuelle) Websites sind www.morvantourisme.org und www.patrimoinedumorvan.org, beide auf Frz.

Écomusée du Morvan KULTURZENTREN (☑03 86 78 79 10) Sechs verschiedene Ausstellungen im Park zeigen, wie die Menschen im Morvan früher gelebt haben, darunter eine im Espace St-Brisson. Dort befasst sich die **Maison des Hommes et des Paysages** (Erw./Kind 3/2 €; ⊙10–13 & 14–18 Uhr, 15. Nov.–März geschl., Sa vormittags & Di geschl., außer im Juli & Aug.) um dem Zusammenspiel von Mensch und Umwelt (nur auf Frz.). Der Morvan war im Zweiten Weltkrieg auch ein Zentrum der französischen Résistance; das **Musée de la Résistance en Morvan** (Erw./Kind 4/2,50 €, Audioguide 1 €) erzählt von den wichtigsten Personen und Ereignissen.

La Maison Vauban (☑03 86 32 26 30; www.vaubanecomusee.org; 4 place Vauban; Erw./Kind 5/1 €; ⊙Mi–So 10–13 & 14.30–18.30 Uhr, April–Mai & Okt.–Nov. nur am Wochenende, 15. Nov.–März geschl.) in St-Léger-Vauban ist das Geburtshaus von Feldmarschall Sébastien Le Prestre, dem Marquis de Vauban (1633–1707). Heute würdigt es Leben und Werk des brillanten Militärstrategen, dessen Taktiken jahrhundertelang zur Anwendung kamen, ist bekannt für seine Befestigungsanlagen, von denen viele noch existieren. Berühmt sind auch seine Veröffentlichungen zu allen möglichen Fragen, von gerechten Steuern bis zur Erhaltung der Wälder.

Friedhof Maquis Bernard

HISTORISCHER FRIEDHOF (www.ouroux-en-morvan.com) Sieben Männer der Royal Airforce (die 1944 hier mit ihrem Bomber abgeschossen wurden) und 21 Mitglieder der *Résistance* sind auf dem sorgsam gepflegten Friedhof begraben. In den dichten Wäldern der Umgebung operierten britische Fallschirmjäger zusammen mit den Streitkräften des Freien Frankreichs.

Der Absprungplatz ist durch Schilder markiert.

Der Friedhof liegt 8 km südwestlich von Montsauche-les-Settons (an der D977) und 5,6 km östlich von Oroux-en-Morvan (an der D12) in der Nähe des Weilers Savelot. Von der D977 führt ein 2,8 km langer, schmaler Feldweg dort hin.

Vézelay

486 EW.

Trotz der Touristenhorden, die Vézelay im Sommer heimsuchen, gehört dieses winzige Dörfchen – ein Unesco-Weltkulturerbe – zu den architektonischen Perlen Frankreichs. Vézelay scheint mit seiner Lage auf einem Felsvorsprung, überragt von einer mittelalterlichen Basilika und umgeben von einem grandiosen Flickenteppich aus Weingärten, Sonnenblumenfeldern und Kuhweiden, wie aus einer anderen Zeit hierher verpflanzt.

Hier beginnt auch einer der wichtigsten Pilgerwege ins spanische Santiago de Compostela (www.amis-saint-jacques-de-compostelle.asso.fr, auf Frz.).

Geschichte

Die Reliquien der hl. Magdalena machten das Benediktinerkloster von Vézelay im 11. und 12. Jh. zu einem bedeutenden Wallfahrtsort. Der hl. Bernhard, der erste Abt des Zisterzienserordens, rief hier 1146 zum Zweiten Kreuzzug auf. 1190 trafen sich König Philipp August von Frankreich und Richard Löwenherz von England in Vézelay, um von hier aus zum Dritten Kreuzzug aufzubrechen.

Vézelays Weingärten, zu gallorömischen Zeiten angelegt, wurden Ende des 19. Jhs. durch Reblausbefall vernichtet. Erst seit 1973 wachsen hier wieder Reben.

⊙ Sehenswertes

Vézelay zog schon immer Künstler und Schriftsteller an. In der Rue St-Pierre und der Rue St-Étienne haben sich etwa ein halbes Dutzend **Galerien** und etliche Wein- und Kunsthandwerksläden niedergelassen. Auf dem Festival **Vézelay S'Enflamme** Ende Juli ist die Stadt vier Tage lang ein einziger Jahrmarkt mit Kunstausstellungen, Workshops und Theateraufführungen.

Basilique Ste-Madeleine KIRCHLICHES DENKMAL Die Basilique Ste-Madeleine, in den 880er-Jahren auf einer römischen und später karolingischen Stätte erstmals erbaut, blickt

VON BURGUND ZUM MOND

1971 tauften die Astronauten der NASA-Raumfähre Apollo 15 einen Mondkrater auf den Namen „St-Georges". Damit setzten sie der Flasche Nuits-St-Georges ein Denkmal, die in Jules Vernes Sci-Fi-Klassiker *Von der Erde zum Mond* (1865) unterwegs geköpft wurde:

Und schließlich hatte Ardan, zur Krönung des Mahls, eine edle Flasche Nuits geöffnet, die sich „zufällig" in der Vorratskiste fand. Die drei Freunde tranken auf die Verbindung der Erde und ihres Satelliten.

auf eine bewegte Geschichte zurück. Nach Umbauten zwischen dem 11. und 13. Jh. wurde 1569 von Hugenotten verwüstet, während der Französischen Revolution entweiht und dann auch noch mehrfach vom Blitz getroffen. Mitte des 19. Jh. stand die Kirche kurz vor dem Einsturz. 1840 nahm sich der Architekt Viollet-le-Duc der undankbaren Aufgabe an, das Bauwerk zu retten. Seine Arbeiten, darunter auch die Rekonstruktion der Westfassade mit ihren Portalen, verhalfen der einstigen Geisterstadt Vézelay zu neuem Leben.

Das vom Narthex (Vorhalle) aus sichtbare berühmte **Tympanon** aus dem 12. Jh. zieren romanische Skulpturen der Apostel, die von Jesus auf dem Thron den Segen empfangen. Auch das nach einer Brandkatastrophe 1120 neu errichtete **Mittelschiff** sieht mit Rundbögen und kleinen Fenstern typisch romanisch aus. Gotische Spitzbögen finden sich im **Querschiff** und **Chor** (1185). Unter dem Querschiff liegt eine **Krypta** aus der Mitte des 12. Jhs. Dort birgt ein Reliquienschrein einen Knochen, der von der hl. Magdalena stammen soll.

Besucher können an Andachten oder Gottesdiensten teilnehmen. Von Juni bis September werden im Hauptschiff Konzerte mit geistlicher Musik gegeben; in der Touristeninformation und auf ihrer Website sind die Termine zu erfahren. Auch gibt es gelegentlich Führungen durch die Kirche.

LP TIPP **Musée Zervos** KUNSTMUSEUM
(☎03 86 32 39 26; www.musee-zervos. fr, auf Frz.; rue St-Étienne; Erw./Kind 3 €/frei; ⊙Mitte März–Mitte Nov. Mi–Mo 10–18 Uhr, Juli & Aug. tgl.) Das phantastische Museum im wunderschönen Haus von Romain Rolland (1866–1944), dem pazifistischen Schriftsteller und Nobelpreisträger für Literatur, zeigt die Sammlung von Christian Zervos (1889–1970), dem Gründer der Kunstzeitschrift *Les Cahiers d'Art*. Der Kunstkritiker, Galerist und Freund zahlreicher Größen der modernen Kunst hat zusammen mit seiner Frau Yvonne Gemälde, Skulpturen und Mobiles von Calder, Giacometti, Kandinsky, Léger, Miró und Picasso (für den er einen grundlegenden, 22-bändigen Katalog erstellt hatte) gesammelt. Viele der Werke waren Geschenke oder Gegenleistungen der Künstler.

GRATIS **Maison Jules Roy**
HISTORISCHES WOHNHAUS
(☎03 86 33 35 10; ⊙Mi–So 14–18, Mo 14–17 Uhr, Okt.–März geschl.) Das Haus von Jules Roy (1907–2000) liegt am oberen Ende der Rue des Écoles im Schatten der Basilika. Besonders interessant ist der schöne Garten und das Arbeitszimmer des in Algerien geborenen Schriftstellers.

🏃 Aktivitäten

Wanderwege WANDERN
Der **Park** hinter der Basilika bietet wunderbare Ausblicke auf die Vallée de Cure und die umliegenden Dörfer. Ein Feldweg führt in nördlicher Richtung zum **alten** und zum **neuen Friedhof**. Die **Promenade des Fossés** folgt der mittelalterlichen Stadtmauer von Vézelay. Ein Fußweg mit toller Aussicht auf die Basilika verbindet die Porte Neuve an der Nordseite der Festungsmauer mit dem Dorf **Asquins** (sprich etwa: ah'ka) und dem Flüsschen Cure. Der Fernwanderweg GR13 führt an Vézelay vorbei.

AB Loisirs OUTDOORAKTIVITÄTEN
(☎03 86 33 38 38; www.abloisirs.com, auf Frz.; route du Camping; ⊙Juli & Aug. 9.30–18 Uhr, sonst nach tel. Vereinbarung) AB Loisirs, mit Hauptsitz ein paar Kilometer südöstlich in St-Père, verleiht Fahrräder (25 €/Tag) und organisiert Outdoorabenteuer wie Kajak-

touren (8/18 km ab 19/33 €), Rafting (44 €), Höhlenexkursionen (halber Tag 37 €) und Reitausflüge (ab 17 €). Fahrräder werden auch zum Hotel gebracht. Es empfiehlt sich, vorher anzurufen.

🛏 Schlafen

Vorherige Reservierung ist ratsam.

Les Glycines   HISTORISCHES HOTEL €€
(☑03 86 32 35 30; www.glycines-vezelay.com; rue St-Pierre; EZ 37 €, DZ 69–89 €; ⊙Mitte Nov.–Ostern geschl.; 🐎) Das 1763 erbaute und völlig von Glyzinien überwachsene Bürgerhaus ist heute ein Hotel, das jede Menge altmodischen Charme verströmt. Die sechseckigen Bodenfliesen und Holzbalken wurden schon seit Generationen nicht verändert. Die elf Zimmer sind alle nach berühmten Künstlern benannt; das schönste ist das „Paul Claudet".

Cabalus   HISTORISCHES HOTEL €
(☑03 86 33 20 66; www.cabalus.com; rue St-Pierre; DZ 38–58 €) Die einfachen, aber zauberhaften Zimmer liegen über dem interessanten Café gleich neben der Kathedrale in deren alten *hôtellerie*.

Centre Ste-Madeleine   HOSTEL €
(☑03 86 33 22 14; Fax 03 86 33 22 14; rue St-Pierre; B/DZ 11/40 €; ⊙Rezeption über Mittag geschl.) Das sehr schlichte Hostel mit 38 Betten und einem alten Innenhof wird von drei aufgeschlossenen Franziskanernonnen betrieben. Bettwäsche wird verliehen (5 €) und es gibt eine Küche.

Hôtel Le Compostelle   HOTEL €
(☑03 86 33 28 63; www.lecompostellevezelay. com; 1 place du Champ-de-Foire; DZ 56–64, 3BZ/4BZ 76/86 €; ⊙Jan.–Mitte Feb. geschl.; @🛜🛏) Die 18 blitzsauberen und zweckmäßigen Zimmer bieten romantische Aussichten auf das Tal oder das Dorf.

Hôtel du Cheval Blanc   HOTEL €
(☑03 86 33 22 12; Fax 03 86 33 34 29; place du Champ-de-Foire; EZ/DZ/3BZ 38/42/46 €; ⊙Mitte Jan.–Mitte Feb. geschl., Rezeption 15.30–18 Uhr geschl., außer im Juli & Aug.) Sechs gepflegte, schlichte Zimmer über dem Restaurant.

🍴 Essen

Le Cheval Blanc   FRANZÖSISCH, KLASSISCH €€
(☑03 86 33 22 12; place du Champ-de-Foire; Menü 28–30 €; ⊙Mi & Do abends geschl., außer im Juli & Aug.) Es ist ein bescheidenes Lokal, aber die

Küche mit frischen, saisonalen Zutaten ist köstlich, sie kreiert traditionelle Gerichte mit neuen Ideen. Reservierung empfohlen.

Le Bougainville   FRANZÖSISCH, KLASSISCH €€
(☑03 86 33 27 57; 26 rue St-Etienne; Menü 22–29 €; ⊙Do–Mo; 🛏) Der lächelnde Besitzer serviert üppige französische und burgundische Spezialitäten wie knackigen, grünen Salat mit heißem Ziegenkäse oder Weinbergschnecken. Unbedingt Platz lassen für das phantastische Schokoladenfondant und das hausgemachte Pistazieneis!

Les Glycines   FRANZÖSISCH, KLASSISCH €€
(☑03 86 32 35 30; rue St-Pierre; Menü 19–24 €; ⊙Fr–Mi mittags, abends zu unterschiedl. Zeiten, Nov.–Ostern geschl.) Herzhafte Portionen ungekünstelter französischer Hausmannskost mit frischen regionalen Produkten werden hier aufgetischt. Auf der Tafel unter der Glyzinie werden die abendlichen Öffnungszeiten angekündigt.

Cabalus   CAFÉ €
(rue St-Pierre; Gerichte 5 €; ⊙Mi–So 11–18 Uhr) Das heitere Café voller Charme stellt unter alten Bögen Kunst aus und serviert Quiche und Sandwiches.

Vival   SUPERMARKT €
(rue St-Étienne; ⊙Mo–Sa 8–13 & 15–20 Uhr, Mitte Sept.–Mitte Mai auch So 9.30–13 Uhr)

ℹ Praktische Informationen

Touristeninformation (☑03 86 33 23 69; www.vezelaytourisme.com; 12 rue St-Étienne; ⊙10–13 & 14–18 Uhr, Okt.–Nov. & Nov.–Ostern So geschl.) Verkauft Wanderkarten und bietet Internetzugang (10 Min. 2 €).

ℹ An- & Weiterreise

Vézelay liegt 15 km von Avallon entfernt (19 km über die landschaftlich spektakuläre D427 via Pontaubert). 250 m von der Place du Champ-de-Foire (Richtung Clamecy) gibt's einen kostenlosen Parkplatz.

BUS Im Juli und August fahren manchmal Busse nach Avallon. Die Touristeninformation gibt Auskunft.

TAXI Taxiruf: ☑03 86 32 31 88 oder 03 86 33 19 06. Eine Fahrt vom Bahnhof Sermizelles-Vézelay nach Vézelay kostet etwa 18 € (24 € nach 19 Uhr und sonntags).

ZUG Drei Züge fahren täglich vom Bahnhof Sermizelles-Vézelay, etwa 10 km nördlich von Vézelay, nach Avallon (11 €, 15 Min.) und Auxerre (11 €, 1 Std.).

Rund um Vézelay

Südöstlich von Vézelay liegt am Fuß des Hügels der Ort **St-Père** mit einer Kirche im gotischen Flamboyant-Stil.

LP TIPP ▸ **L'Espérance** (✆03 86 33 39 10; www. marc-meneau.com; Zi. 120–450 €; Mittagsmenü 57 €, Abendmenü 150–210 €; ⊙Do–So mittags, Mi–Mo abends; 🛜🏊), Marc Meneaus legendäres französisches Restaurant (und 30-Zimmer-Hotel) mit zwei Michelinsternen, stiehlt jedoch allem anderen die Show. Das Haus inmitten eines stillen Gartens bietet perfekten Service und ein Flair kultivierter Eleganz.

An den Salzwasserquellen **Fontaines Salées** (✆03 86 33 26 62; Erw./Kind 4/1,60 €; ⊙10–12.30 & 13.30–18.30 Uhr, 11. Nov.–März geschl.), 3 km südlich auf der D958, befand sich einst eine neolithische Siedlung, später ein keltisches Heiligtum (2. Jh. v. Chr.) und schließlich ein römischer Badeort (1. Jh. n. Chr.). Die Eintrittskarte schließt auch das **Musée Archéologique** (⊙gleiche Zeiten wie die Fontaines Salées) in St-Pére ein, in dem Fundstücke von der Stätte ausgestellt sind.

2 km weiter südlich liegt das Dorf **Pierre-Perthuis** (wörtlich „durchlöcherter Stein"), das seinen Namen einem natürlichen Felsbogen verdankt. Nicht weit davon überspannt eine anmutige Brücke von 1770 neben einer modernen Autobahnbrücke den Fluss Cure. Im benachbarten Dörfchen befindet sich das **Les Chènevières** (✆03 86 32 37 80; www.chenevieres-soeuvres.com; 48 Grand Rue, C5; EZ mit Frühstück 56–77 €, DZ 63–84 €, Haus 430 €/Woche; 🏊) mit gemütlichen Zimmern, großem Gelände an einem Bach und Wanderwegen in der Nähe.

Das **Château de Bazoches** (✆03 86 22 10 22; www.chateau-bazoches.com; Erw./Kind 7,50/4 €; ⊙9.30–12 & 14.15–18 Uhr, Juli & Aug. ohne Mittagspause, Mitte Nov.–25. März geschl.) in Bazoches liegt prachtvoll an einem Hang mit Blick bis nach Vézelay 12 km im Norden. Die Burg aus dem 13. Jh., in dem sich schon Hoheiten wie Richard Löwenherz aufhielten, wurde 1675 vom Feldmarschall und Militärstrategen Marquis de Vauban erworben. Sie gehört noch immer seinen Nachfahren.

Bibracte

LP TIPP ▸ **Bibracte** (⊙archäologische Stätte Juni–Okt.), die weitläufige Ruine einer keltischen Stadt, liegt auf dem herrlichen **Mont Beuvray**, 25 km westlich von Autun. Bibracte war im 1. und 2. Jh. v. Chr. die Hauptstadt des keltischen Volks der Haeduer, wo 52 v. Chr. Vercingetorix zum Häuptling der gallischen Stämme ernannt wurde. Kurz darauf wurde er in der Schlacht von Alesia von Julius Cäsar geschlagen, der dann hier sein Quartier aufschlug. Die Hauptstadt wurde später nach Augustodunum (Autun) verlegt. Die Stätte besteht aus 1000 ha Wald, der eine weite Sicht und zahlreiche **Wanderwege**, auch den GR13, zu bieten hat. Zu den steinernen Relikten zählen Festungswälle und mehrere Gebäudekomplexe, die mal mehr, mal weniger ausgegraben sind.

Das exzellente **Museum der keltischen Kultur** (✆03 85 86 52 35; www.bibracte.fr; inkl. Audioguide Erw./Kind 5,75 €/frei; ⊙Mitte März–Mitte Nov. 10–18 Uhr, Juli & Aug. bis 19 Uhr) befindet sich in einem eindrucksvollen, minimalistischen Gebäude, das von Pierre-Louis Faloci entworfen wurde. Die Exponate erläutern die Baukunst, z. B. ein ausgeklügeltes System aus Festungswällen, und die Kultur der gallischen Kelten in ganz Europa. Daneben werden auch Fundstücke der Stätte ausgestellt. In der Hochsaison gibt es Führungen (montags um 14.30 Uhr auch auf Englisch) und Vorträge/Workshops. Ein Café mit Zen-Atmosphäre serviert Tagesgerichte (16 €) und verkauft Picknickkörbe (7 €/Pers.).

SAÔNE-ET-LOIRE

Das Departement Saône-et-Loire (www. bourgogne-du-sud.com) liegt im Süden Burgunds auf halber Strecke zwischen Dijon und Lyon. Zu den Highlights gehören hier die gallorömischen Ruinen in Autun, die prächtigen romanischen Bauten in Cluny und jede Menge Weingüter um Mâcon. Mehrere Flüsse und der Canal du Centre durchziehen die Wälder- und Weidenlandschaft.

Autun

16 310 EW.

Autun ist heute eine unauffällige Stadt, aber vor fast 2000 Jahren war sie (unter dem Namen Augustodunum) eine der bedeutendsten Städte des römischen Galliens. Sie besaß einen 6 km langen Festungswall, vier monumentale Tore, zwei Theater, ein Amphitheater und ein Wasserleitungssystem. Ab 269 n. Chr. wurde die Stadt wiederholt von verschiedenen Stämmen geplündert und verlor dadurch an Bedeutung. Aber im Mittelalter ging es wieder aufwärts, sodass eine eindrucksvolle Kathedrale gebaut werden konnte. Das hügelige Areal um die Cathédrale St-Lazare mit seinen engen Pflasterstraßen bildet die Altstadt.

Mit dem Auto lassen sich von Autun aus schöne Ausflüge in den Südteil des Parc Naturel Régional du Morvan unternehmen.

◉ Sehenswertes & Aktivitäten

Napoleon Bonaparte und seine Brüder Joseph und Lucien gingen in Autun als Teenager zur Schule. Das damalige Jesuitenkolleg an der Westseite des Champ de Mars ist heute ein Gymnasium, das **Lycée Joseph Bonaparte**. Eine kleine **Bahn** (Erw./Kind 6/3 €) steht im Juli und August für kommentierte Stadtrundfahrten bereit; Näheres ist in der Touristeninformation zu erfahren.

LP TIPP **Cathédrale St-Lazare** KATHEDRALE (place du Terreau; ⊗Sept.–Juni 8–19 Uhr, Juli & Aug. auch 21–23 Uhr) Die ursprünglich romanische Kathedrale wurde im 12. Jh. als Stätte für die Reliquien des hl. Lazarus errichtet. Im 15. bis 16. Jh. wurden der **Glockenturm** über der Vierung und im 19. Jh. die Türme über dem Eingang hinzugefügt. Das berühmte romanische **Tympanon** über dem Hauptportal zeigt das Jüngste Gericht, das in den 1130er-Jahren von Gislebertus geschaffen wurde. Sein Name ist unter dem rechten Fuß von Jesus eingemeißelt. Alle möglichen Symbole sind hier zu entdecken: Tierkreiszeichen umrahmen die Erretteten und die Verdammten. Unbedingt sehenswert ist oben der **Kapitelsaal**, in dem die phantasievollen Kapitellreliefs, viele davon von Gislebertus, ausgestellt sind.

Musée Rolin MUSEUM (☑03 85 52 09 76; 5 rue des Bancs; Erw./Kind 4 €/frei; ⊗Mi–Mo 9.30–12 & 13.30–18 Uhr) In dem Museum wartet eine sehenswerte Sammlung gallorömischer Gegenstände und romanischer Kunst aus dem 12. Jh., darunter die *Versuchung Evas* von Gislebertus, außerdem Gemälde aus dem 15. Jh. wie die *Madonna von Autun* von einem französischen Maler, genannt Maître de Moulins. Zur Abteilung für moderne Kunst gehören Werke von Maurice Denis, Jean Dubuffet und Joan Miro.

Im angrenzenden **Gefängnis** (2bis place St-Louis; Eintritt 1 €; ⊗Juli–Sept. Mi–So 14–18 Uhr), einem abweisenden Rundbau von 1854, saßen noch bis 1955 Gefangene ein.

Gallorömische Stätten ANTIKE RUINEN Unter Kaiser Konstantin war die **Porte d'Arroux** eines der vier Tore von Augustodunum. Der Bau ganz ohne Mörtel besteht aus vier Rundbögen von der Art, die verständlich macht, warum der romanische Stil den Bezug zur römischen Architektur im Namen trägt. Zwei Bögen waren für Fuhrwerke, zwei für Fußgänger. Die **Porte St-André** ist ganz ähnlich konstruiert.

Im **Théâtre Romain** (Römisches Theater; ⊗24 Std.) darf die Phantasie ins Kraut schießen: Wie mag es wohl gewesen sein, wenn hier 16 000 in Togen gekleidete Zuschauer jubelten (oder johlten)? Von den obersten Rängen ist die **Pierre de Couhard** (Fels von Couhard) zu sehen, die 27 m hohen Überreste einer gallorömischen Pyramide, die wohl als Grabmal diente.

Der lange Zeit (fälschlicherweise) dem römischen Gott Janus zugeordnete 24 m hohe **Temple de Janus** (www.temple-de-janus.net, auf Frz.) liegt 800 m nördlich des Bahnhofs inmitten von Feldern und soll eine keltische Kultstätte gewesen sein. Nur noch zwei seiner massiven Mauern sind erhalten.

Wandern & Radfahren WANDERN, RADFAHREN Ein schöner **Spaziergang** entlang der Stadtmauer (z. T. römisch, aber hauptsächlich aus dem Mittelalter) startet von der Avenue du Morvan südwärts zur **Tour des Ursulines** aus dem 12. Jh. und folgt dann der Mauer in nordöstlicher Richtung. Der Chemin des Manies führt zur Pierre de Couhard hinaus und trifft dort auf den **Circuit des Gorges**, drei markierte Waldwege, die zwischen 4,7 und 11,5 km lang sind (Wanderkarte IGN 2925 O). Im **Espace Sport et Nature** (☑03 85 52 47 09; route de Chalon) werden Fahrräder (2 Std./21 €) und Kajaks (1 Std./7,50 €) verliehen.

🛏 Schlafen

LP TIPP **Maison Sainte-Barbe** ZIMMER MIT FRÜHSTÜCK € (☑03 85 86 24 77; www.maisonsaintebarbe.com, auf Frz.; 7 place Sainte-Barbe; EZ/DZ mit Frühstück 60/65 €) Das farbenfrohe, blitzsaubere Haus aus dem 15. Jh. mit einem begrünten Innenhof liegt mitten in der Altstadt. Einige der Zimmer haben einen lichtdurchfluteten Blick auf die Kathedrale. Die freund-

CHÂTEAU DE VILLETTE

Das hinreißende **Château de Villette** (📞03 86 30 09 13; www.stork-chateau. com; DZ mit Frühstück 135–235 €, Suite 295–365 €; ▓) aus dem 16. und 18. Jh. auf einem 5 km² großen Anwesen ermöglicht seinen Gästen das Luxusdasein des burgundischen Landadels. Nach dem Aufwachen in einem opulent eingerichteten, historischen Zimmer können die Gäste umherstreifen, radfahren oder in der sanften Landschaft Weinbergschnecken sammeln. Das Schlösschen liegt 20 km südwestlich von Autun; zu erreichen über die N81, dann für 3 km über die D192 bis gleich hinter Poil, dann für 2 km über die C1. Vorher anrufen.

lichen und kenntnisreichen Besitzer servieren ein köstliches Frühstück.

Hôtel de France   HOTEL €
(📞03 85 52 14 00; www.hotel-de-france-autun.fr; 18 av. de la République; DZ 41 €) Die fröhliche Unterkunft im Familienbetrieb gegenüber dem Bahnhof vermietet 26 einfache, saubere Zimmer.

Hôtel St-Louis et de la Poste   HOTEL €€
(📞03 85 52 01 01; www.hotelsaintlouis.net; 6 rue de l'Arbalète; DZ 99–119 €; 📶) Das Hotel mit 39 Zimmern und einem opulenten Foyer aus den 1920er-Jahren ist in einem herrschaftlichen Haus aus dem 17. Jh. untergebracht, in dem sich schon Napoleon viermal aufhielt. Reservierung ist ratsam.

Hôtel de la Tête Noire   HOTEL €€
(📞03 85 86 59 99; www.hoteltetenoire.fr; 3 rue de l'Arquebuse; DZ/3BZ 74/85 €; ✳Jan. geschl.; ✳📶) Zweckmäßige Zimmer, einige ziemlich groß, und ein gutes Restaurant.

🍴 Essen

Einige Restaurants gibt es an der Nordseite des Champ de Mars sowie auch Richtung Kathedrale in der Grande Rue Chauchien, der Petite Rue Chauchien und rund um die Place du Terreau.

Restaurant Le Chapitre
FRANZÖSISCH, KLASSISCH €€
(📞03 85 52 04 01; 11 place du Terreau; Menü 28–37 €; ✳Di–So 12–13.30, Di–Sa 19.30–21.30 Uhr) Das intime Restaurant in mattgrauen Tö-

nen wird gerne von Leuten besucht, die ein ruhiges, elegantes Essen schätzen. Zu den Köstlichkeiten gehört gebratene Seezunge mit Artischockenmousse. Das Kindermenü kostet 15 €. Reservierung ist ratsam.

Le Chalet Bleu   FRANZÖSISCH, MODERN €€
(📞03 85 86 27 30; 3 rue Jeannin; Menü 16,50–58 €; ✳Mi–Mo mittags, Mi–Sa abends) In einem lichtdurchfluteten, mit viel Grün aufgelockerten Speisesaal wird eine kreative französische Gourmetküche aufgetischt, darunter *meurette d'œufs pochés et escargots* (pochierte Eier und Schnecken in Rotweinreduktion) und dicke Steaks vom Charolais-Rind. Nebenan werden Gerichte zum Mitnehmen verkauft.

La Trattoria   PIZZERIA €
(📞03 85 86 10 73; 2 rue des Bancs; Pizzas 12 €; ✳Di–So) Biopizza nahe der Kathedrale.

Wochenmarkt   MARKT €
(Hôtel de Ville; ✳Mi & Fr bis 12.30 Uhr)

Petit Casino   SUPERMARKT €
(6 av. Charles de Gaulle; ✳Di–Sa 7.30–12.30 & 15–20, So 8.30–12.30 & 16–19 Uhr)

☆ Unterhaltung

Bowling du Lac (📞03 85 52 06 06; www. bowling-autun.fr, auf Frz.; route de Chalon-sur-Saône; ✳Di–Do 11–2, Fr 11–4, Sa 15–4, So 15–2 Uhr), 2,5 km östlich der Altstadt neben McDonald's, ist bei Alt und Jung höchst beliebt. Es gibt dort acht Bowlingbahnen, Billardtische, eine Bar und ein Restaurant. Einmal im Monat wird Livemusik geboten.

ℹ Praktische Informationen

Elge Interactive (📞03 85 86 13 07; 6 Grande Rue Chauchien; Internet 4 €/Std.; ✳in der Regel Mo–Fr 10.30–12 & 14–18.30 Uhr) Internetzugang.

Touristeninformation (📞03 85 86 80 38; www.autun-tourisme.com; 13 rue du Général Demetz; ✳9–13 & 14–19 Uhr, Mo vormittags & Okt.–Mitte Mai So geschl.) Verkauft eine Broschüre für den individuellen Stadtrundgang (2 €) und Wanderkarten und hat Infos zum Parc Naturel Régional du Morvan.

ℹ An- & Weiterreise

AUTO Autos vermietet **ADA** (📞03 85 86 37 36; 8 av. de la République).

BUS Fahrpläne hängen in den Wartehäuschen neben dem Bahnhof. **Buscéphale** (📞08 00 07 17 10; www.buscephale.fr) fährt nach Le Creusot und zum TGV-Bahnhof Le Creusot (Linie 5; 1,50 €, 1 Std., 3-mal tgl.).

ZUG Der **Bahnhof** (av. de la République) liegt an einer Bummelbahnstrecke. Umsteigen ist zu fast allen Zielorten nötig, außer nach Auxerre (28 €, 3½ Std., 1-mal tgl.) und Avallon (18 €, 2 Std., 2-mal tgl.).

Château de Sully

Das **Renaissanceschloss** (☎03 85 82 09 86; www.chateaudesully.com, auf Frz.; Erw./Kind 7,50/6 €, nur Park 3,50/2,80 €; ⊙April–11. Nov. 10.30–16.30 Uhr) am Dorfrand von Sully (15 km nordöstlich von Autun über die D973) hat prächtig ausgestattete Räume und einen schönen englischen Garten. Hier wurde Marschall MacMahon geboren, Herzog von Magenta und französischer Präsident von 1873 bis 1879. Seine Vorfahren waren ein paar Jahrhunderte zuvor aus Irland geflohen; das Schloss ist bis heute in Familienbesitz.

Südlich von Autun

Kohlevorkommen und deren preisgünstiger Transport auf dem **Canal du Centre** (1793) machten Le Creusot (24 350 Ew.) im 19. Jh. zu einem Zentrum der Stahlindustrie. Die Geschichte der Stahlwerke Schneider, die einst 15 000 Arbeiter beschäftigten, wird im **Château de la Verrerie** (☎03 85 73 92 00; Erw./Kind/Fam. 6/3,80/15,25 €; ⊙Mo & Mo–Fr 10–12 & 14–18, Sa & So 14–18 Uhr) erzählt. Die einstige Glashütte aus dem späten 18. Jh. wurde später zum Familiensitz umgebaut und birgt heute das **Musée de l'Homme et de l'Industrie** und die **Académie François Bourdon**. Ausgestellt sind hier Modelle von Lokomotiven, Brücken, Schiffen und Atomkraftwerken.

Die Weinbauregion der **Côte Chalonnaise** liegt direkt südlich der Côte de Beaune und erstreckt sich von Chagny südwärts bis St-Gengoux-le-National.

Die Attraktion von **Tournus** (www.tournugeois.fr) an der Saône ist die romanische Abteikirche **Abbatiale St-Philibert** (⊙8.30–19 Uhr) aus dem 10. bis 12. Jh. Deren prachtvolles und äußerst seltenes **Mosaik** aus dem 12. Jh., das den Kalender und die Tierkreiszeichen darstellt, wurde 2002 zufällig entdeckt.

Die malerischen Straßen zwischen Tournus und Cluny, wie die D14, D15, D82 und D56, führen durch zahlreiche winzige Dörfer, oft mit reizenden Kirchen. Das mittelalterliche Dorf **Brancion** liegt zu Füßen einer Burg, während **Chardonnay**, wie nicht anders zu erwarten, von Weingärten umgeben ist. Vom 579 m hohen **Mont St-Romain** öffnet sich ein weiter Blick über die Landschaft.

In Cormatin, 14 km nördlich von Cluny, befindet sich das Renaissanceschloss **Château de Cormatin** (☎03 85 50 16 55; Erw./Kind 9/4 €; ⊙10–12 & 14–18.30 Uhr, Mitte Juli–Mitte Aug. ohne Mittagspause, Park bis Sonnenuntergang geöffnet). Sehenswert ist es wegen seiner opulenten Räume aus dem 17. Jh. im Stil Ludwig XIII. sowie wegen der französischen Gärten.

Cluny

4872 EW.

Von der berühmten Abtei in Cluny – bis zum Bau des Petersdoms in Rom die größte Kirche der Christenheit – sind heute nur noch ein paar traurige Reste übrig, die zwischen den Häusern und Grünanlagen der modernen Kleinstadt kaum auffallen. Aber mit ein bisschen Phantasie ist noch zu erkennen, wie der Komplex im 12. Jh. ausgesehen haben muss. Damals war die Benediktinerabtei berühmt für ihren Reichtum und ihre Macht, hatte sich einzig vor dem Papst zu verantworten und gebot über mehr als 1100 Klöster und Prioreien in einem Gebiet, das sich von Polen bis Portugal erstreckte.

FOTOGRAFEN AUFGEPASST!

Das **Musée Nicéphore Niépce** (☎03 85 48 41 98; www.museeniepce.com, auf Frz.; 28 quai des Messageries, Chalon-sur-Saône; Eintritt frei; ⊙Mi–Mo 9.30–11.45 & 14–17.45 Uhr) ist bis an die Dachkante voll mit allem, was mit Fotografie zu tun hat. Es ist nach Joseph Niépce (1765–1833) aus Chalon-sur-Saône benannt, der 1816 die Fotografie erfunden haben soll, Tausende von Apparaten und Bildern sind hier zu finden, von den Ursprüngen der Fotografie über Daguerreotypen (Niépce arbeitete mit Daguerre zusammen) und Kalotypien bis hin zu moderner Digitaltechnik. Niépce soll auch eine Art Fahrradmoped und einen Verbrennungsmotor erfunden haben.

BURGUND SAÔNE-ET-LOIRE

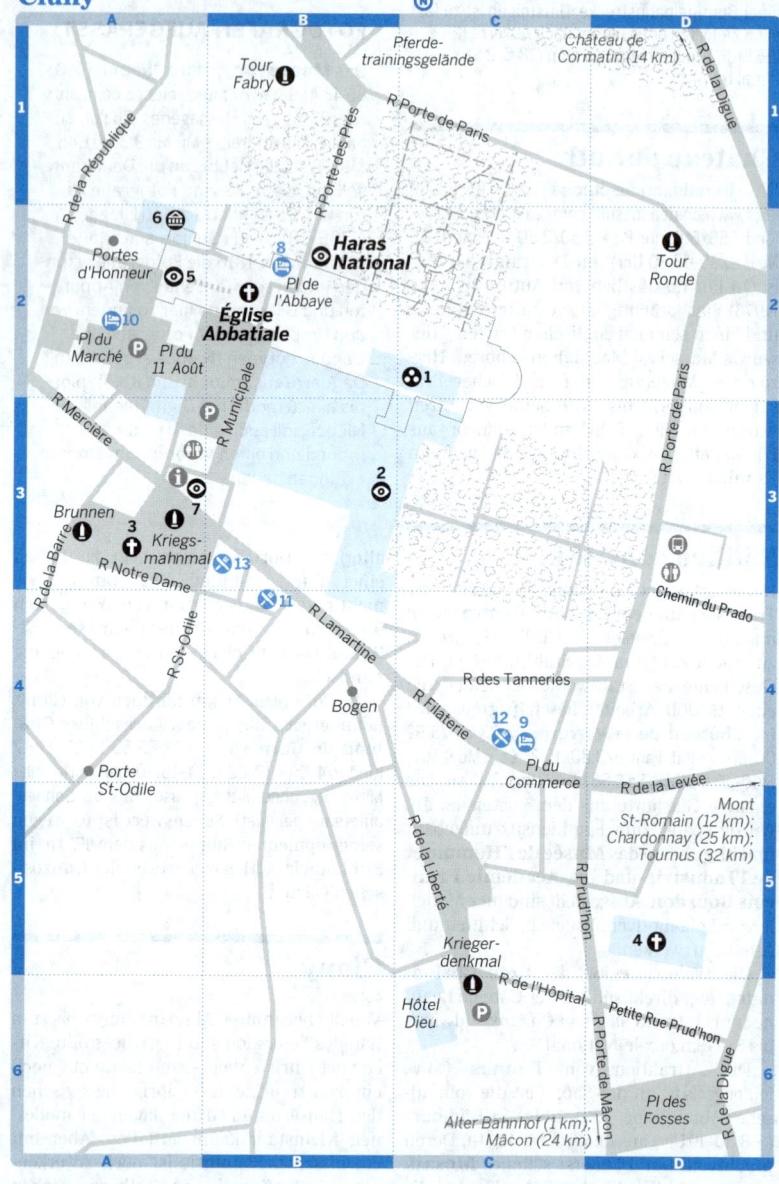

0 ——————— 200 m

Tour Fabry

Pferde-trainingsgelände

Château de Cormatin (14 km)

R Porte de Paris

R de la République

R Porte des Prés

R de la Digue

Portes d'Honneur

6

5

8

Pl de l'Abbaye

Haras National

Tour Ronde

10

Pl du Marché

P

Pl du 11 Août

Église Abbatiale

1

R Mercière

P

R Municipale

R Porte de Paris

Brunnen

3

i

7

Kriegs-mahnmal

13

2

R de la Barre

R Notre Dame

11

R St-Odile

R Lamartine

Chemin du Prado

Bogen

R des Tanneries

R Filaterie

12 9

Pl du Commerce

R de la Levée

Mont St-Romain (12 km); Chardonnay (25 km); Tournus (32 km)

Porte St-Odile

R de la Liberté

R Prud'hon

4

Krieger-denkmal

Hôtel Dieu

P

R de l'Hôpital

Petite Rue Prud'hon

R Porte de Mâcon

R de la Digue

Pl des Fosses

Alter Bahnhof (1 km); Mâcon (24 km)

⊙ Sehenswertes

Église Abbatiale   KIRCHLICHES DENKMAL
(Abteikirche; ☎ 03 85 59 12 79; Erw./Kind 7 €/frei; ⊙ 9.30–18.10 Uhr) Clunys riesige Abteikirche wurde zwischen 1088 und 1130 errichtet und erstreckte sich damals vom rechtecki-gen **Kartentisch** vor dem Musée d'Art et d'Archéologie bis hin zu den Bäumen am achteckigen **Clocher de l'Eau Bénite** (Weihwasserturm) und der viereckigen **Tour de l'Horloge** daneben – das ergibt eine Länge von 187 m!

Startpunkt der Besichtigung und Kartenverkaufsstelle ist das **Musée d'Art et d'Archéologie**. Zu sehen ist dort u. a. ein Modell der Klosteranlage, ein zehnminütiger, computeranimierter 3-D-Rundgang durch die Abtei in mittelalterlichen Zeiten und einige schöne romanische Steinmetzarbeiten. Weiter geht es durch das Gelände der **École Nationale Supérieure d'Arts et Métiers** (ENSAM; place du 11 Août; ⊙wie die Église Abbatiale), einer Ingenieurschule für Maschinenbau und Fertigungstechnik. Das Hauptgebäude wurde im 18. Jh. als Kloster gebaut. Das Gelände ist auch über Mittag und abends eine Stunde nach Schließung des Museums zugänglich. Im Juli und August finden Gratisführungen (auch auf Englisch) statt.

Den besten Eindruck von den Dimensionen der Abtei bietet ein Blick von der Spitze der **Tour des Fromages** (Erw./Kind 2 €/frei; ⊙wieTouristeninformation); der Turm diente früher als Reifelager für Käse. Der Zugang zur Treppe mit ihren 120 Stufen liegt in der Touristeninformation.

Haras National GESTÜT
(Nationalgestüt; ☏06 22 94 52 69; www.haras-na-tionaux.fr, auf Frz.; 2 rue Porte des Prés; Erw./Kind 5/3 €; ⊙Führungen Di–So 14, 15.30 & 17 Uhr) Im Haras National, 1806 von Napoleon gegrün-

det, sind einige der prächtigsten Vollblüter, Ponys und Kaltblüter untergebracht. Ein Besuch ist nur mit Führung möglich.

Église St-Marcel KIRCHE
(rue Prud'hon; ⊙nicht zugänglich) Hat einen achteckigen, dreistöckigen Glockenturm.

Église Notre-Dame KIRCHE (⊙9–19 Uhr)
Eine Kirche aus dem 13. Jh. gegenüber der Touristeninformation.

🛏 Schlafen

LP TIPP **Le Clos de l'Abbaye**
ZIMMER MIT FRÜHSTÜCK €€
(☏03 85 59 22 06; http://pagesperso-orange.fr/clos.abbaye.cluny, auf Frz.; 6 place du Marché; DZ mit Frühstück 85 €) Die fröhliche Unterkunft ist das erste Wohnhaus, das innerhalb des Abteigeländes gebaut wurde. Die Zimmer haben schmiedeeiserne Betten mit dicken Matratzen, einige auch einen Blick auf die Abtei.

Hôtel de Bourgogne
HISTORISCHES HOTEL €€
(☏03 85 59 00 58; www.hotel-cluny.com; place de l'Abbaye; DZ 89–130 €, App. 159 €; ⊙Feb.–Nov.; ❋ 🌐) Clunys luxuriösestes Hotel liegt gleich neben den Ruinen der Abtei. Das Haus von 1817 bietet zwanglose Salons, 13 antik möblierte Zimmer und drei große Appartements.

Hôtel du Commerce
HOTEL €
(☏03 85 59 03 09; www.hotelducommerce-cluny.com, auf Frz.; 8 place du Commerce; EZ/DZ 29/44 €; ⊙12–16.30 Uhr Rezeption geschl.) Das Budgethotel in Familienbesitz hat pfirsichfarbene Flure und 17 saubere, schlichte Zimmer.

🍴 Essen

Das Hôtel de Bourgogne führt auch ein gutes Restaurant.

Le Bistrot BISTRO €
(☏03 85 59 08 07; 14 place du Commerce; Menü 12,50 €; ⊙Mi–Mo 8.30–1 Uhr) Coole, alte Poster peppen das fröhliche Bistro auf, in dem die Älteren an der Bar Sekt schlürfen, während draußen Familien Pesto-Ravioli (9 €) mampfen.

Germain TEESALON €
(☏03 85 59 11 21; 25 rue Lamartine; ⊙7–20 Uhr) Die appetitliche *chocolaterie* mit *salon de thé* (Mittagsmenü 11,50 €) serviert Frühstück und Mittagssnacks wie Quiche und Salate.

Petit Casino SUPERMARKT € (29 rue Lamartine; Di–Sa 8–12.30 & 15–19.30, So 8.30–12 Uhr)

ℹ Praktische Informationen

Cyber Espace (☎03 85 59 25 36; Portes d'Honneur; Internet 3 €/Std.; Di, Mi, Fr & Sa 10–12 & 14–19, Do 14–19 Uhr) Internetzugang, ebenso wie in der Touristeninformation.

Touristeninformation (☎03 85 59 05 34; www.cluny-tourisme.com; 6 rue Mercière; Internet 1,50 €/15 Min.; 10–12.30 & 14.30–18.45 Uhr, Juli & Aug. ohne Mittagspause, April & Sept. So, Okt.–März So & Mo geschl.)

ℹ Anreise & Unterwegs vor Ort

BUS Die Bushaltestelle in der Rue Porte de Paris wird von Bussen der **Buscéphale** (☎03 85 39 93 40; www.cg71.fr, auf Frz.; Fahrkarte 1,50 €) angefahren. Die Linien 7 und 9 (6- oder 7-mal tgl.) fahren nach Mâcon (45 Min.), zum TGV-Bahnhof Mâcon-Loché (30 Min.) und nach Cormatin (20 Min.). Fahrpläne hängen an der Bushaltestelle und in der Touristeninformation aus.

FAHRRAD Ludisport (☎06 62 36 09 58; www.ludisport.com; halb-/ganztags 12/20 €; Feb.–Nov. 10–12 & 14–16 Uhr) liegt am alten Bahnhof, etwa 1 km südlich des Zentrums.

Mâcon

35 040 EW.

Mâcon, 70 km nördlich von Lyon am Westufer der Saône, ist das urbane Zentrum des **Mâconnais**, des südlichsten Weinbau-

RADELN AUF DER VOIE VERTE

Eine stillgelegte Eisenbahnlinie und Teile eines Treidelpfades am Kanal wurden zur **Voie Verte** (Grünen Straße) umgebaut, einem 120 km langen, geteerten Wegenetz durch das ganze Departement Saône-et-Loire, das extra für Wanderer, Radfahrer und Inlineskater angelegt wurde. Von Cluny führt die Voie Verte – durch Weinberge und Täler – nordwärts bis Givry (42 km) und Santenay. Ab dort geht es weiter auf der **Voie des Vignes** (S. 438) bis Beaune. In den Touristeninformationen gibt's die kostenlose Fahrradkarte *Voies Vertes et Cyclotourisme – Bourgogne du Sud*.

gebiets Burgunds mit hauptsächlich trockenen Weißweinen. Die wichtigsten Geschäftsstraßen Mâcons sind die Rue Carnot und die Rue Dombey einen Straßenzug westlich des Flusses sowie die Querstraße Rue Sigorgne.

Die **Touristeninformation** (☎03 85 21 07 07; www.macon-tourism.com; 1 place St-Pierre; Mo–Sa 9.30–12.30 & 14–18.30 Uhr, Nov.–April Mo geschl.) gegenüber dem Rathaus aus dem 18. Jh. und ihre **Nebenstelle** am Flussufer (esplanade Lamartine; Juli–Sept. 10–13.30 & 15–19 Uhr) informiert über Unterkunft und Weingutbesuche, auch im **Beaujolais**.

Die um 1500 völlig aus Holz gebaute **Maison de Bois** gegenüber der Rue Dombey Nr. 95 ist mit Holzfiguren geschmückt, die manchmal ganz schön frech sind.

Das **Musée Lamartine** (☎03 85 38 96 19; 41 rue Sigorgne; Erw./Kind 2,50 €/frei; Di–Sa 10–12 & 14–18, So & Mo 14–18 Uhr) geht dem Leben des Dichters der Romantik und linken Politikers Alphonse de Lamartine (1790–1869) nach.

Das **Musée des Ursulines** (☎03 85 39 90 38; 5 rue des Ursulines; Erw./Kind 2,50 €/frei; Di–Sa 10–12 & 14–18, So & Mo 14–18 Uhr) in einem Ursulinenkonvent aus dem 17. Jh. zeigt archäologische Fundstücke aus gallorömischer Zeit, Gemälde aus dem 16. bis 20. Jh. und Exponate zum Leben im Mâconnais im 19. Jh.

Die Noblesse des Fin de Siècle im **Hôtel d'Europe et d'Angleterre** (☎03 85 38 27 94; www.hotel-europeangleterre-macon.com; 92–109 quai Jean Jaurès; DZ 60–70 €; 12–14 Uhr Rezeption geschl.) ist seit der Zeit, als die britische Königin Victoria hier genächtigt haben soll, etwas verblichen. Aber einige der schlichten Zimmer haben immerhin Aussicht auf den Fluss.

L'Ethym' Sel (☎03 85 39 48 84; 10 rue Gambetta; Menü 16–32 €; Do–Di mittags, Mo & Do–Sa abends), zwei Straßen weiter südlich von der Touristeninformation, ist ein modernes Bistro. Zu den französischen und burgundischen Spezialitäten gehört auch Steak von Charolais-Rindern aus der Umgebung.

Im **Musée de Préhistoire de Solutré** (☎03 85 35 85 24; Erw./Kind 3,50 €/frei 10–18 Uhr, Dez. geschl.), etwa 10 km westlich von Mâcon inmitten des Weinbaugebiets, sind Fundstücke aus einer der reichhaltigsten prähistorischen Ausgrabungsstellen Europas ausgestellt, die von 35 000 bis 10 000 v. Chr. besiedelt war. Ein herrlicher

20-minütiger Spaziergang führt zur Spitze des Felsvorsprungs **Roche de Solutré**, von wo aus manchmal der Mont Blanc zu sehen ist, am schönsten bei Sonnenuntergang.

Die Buslinien 7 und 9 von **Buscéphale** (☏ 03 85 39 93 40; www.cg71.fr, auf Frz.; Fahrkarte 1,50 €) verkehren ab Cluny. Der **Bahnhof** Mâcon-Ville liegt an der Hauptstrecke (18-mal tgl.) nach Dijon (25 €, 1¼ Std.), Beaune (18 €, 50 Min.) und Lyon-Part Dieu (16 €, 50 Min.). Der TGV-Bahnhof Mâcon-Loché befindet sich 5 km südwestlich der Stadt.

Lyon & das Rhone-Tal

Gut essen

» Café des Fédérations
(S. 485)

» La Pyramide (S. 496)

» Restaurant Pic (S. 497)

» L'Auberge du Pont de
Collonges (S. 488)

» Rue Le Bec (S. 485)

Schön übernachten

» Les Roulottes de la Serve
(S. 494)

» Le Royal (S. 482)

» Hostellerie de Pérouges
(S. 494)

» Lyon Guesthouse
(S. 483)

» Péniche Barnum (S. 483)

Auf nach Lyon und an die Rhone

Wo sich die Wege von Mitteleuropa zum Atlantik und vom Rheinland zum Mittelmeer kreuzen, liegt Lyon, die drittgrößte Metropole Frankreichs und seine kulinarische Hauptstadt. In zeitlosen *bouchons,* kleinen Bistros mit karierten Tischdecken, oder in hypermodernen Esstempeln üppige Mahlzeiten zu genießen schafft unvergessliche Eindrücke – genauso wie die majestätischen römischen Amphitheater, die Lyoner Altstadt – ein Unesco-Weltkulturerbe –, die romantischen Parks und das Rhone-Ufer.

Das Beaujolais produziert berühmte Weine, während das malerische Bergdorf Pérouges mit einem traditionellen Zuckerkuchen lockt. Weiter flussabwärts strömt die Rhone vorbei an den jahrhundertealten Weinbergen der Côtes du Rhône, von wo einige der besten Rotweine des Landes stammen. Dann geht es vorbei an den *pâtisseries* von Valence mit ihrem traditionellen Buttergebäck und den Nougat-Produktionsstätten von Montélimar hinunter zu den wilden Gorges de l'Ardèche.

Reisezeit

Lyon

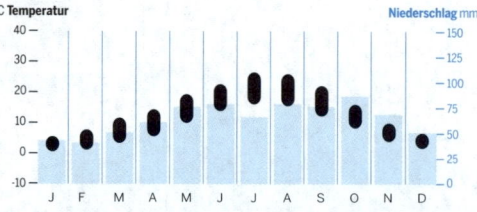

°C Temperatur   Niederschlag mm

Ende Juni/ Anfang Juli In Vienne findet das berühmte Jazzfestival statt.

Mitte November Am dritten Novemberdonnerstag werden die ersten Flaschen des Beaujolais nouveau geköpft.

Anfang Dezember Während der Fête des Lumières erstrahlt Lyon in vollem Glanz.

Lyon

480 660 EW.

Lyon, Banken- und Handelszentrum und seit 500 Jahren industrieller Motor der Region, liegt im Herzen eines wohlhabenden Ballungszentrums mit etwa 1,75 Mio. Einwohnern.

Hervorragende Kunstmuseen, ein dynamisches Kulturleben, eine lebendige Club- und Kneipenszene, dazu eine prosperierende Universität und phantastische Einkaufsmöglichkeiten verleihen der Stadt ein mondänes Flair. Unternehmungslustige Gourmets können hier ihre kulinarischen Träume verwirklichen.

Lyon besteht aus neun Arrondissements (Stadtteilen); hinter den Straßennamen ist in diesem Kapitel die Nummer des jeweiligen Arrondissement vermerkt.

Geschichte

Im Jahr 43 v. Chr. wurde die römische Militärkolonie Lugdunum gegründet. Unter Augustus fungierte diese Kolonie als Hauptstadt der drei römischen Provinzen Galliens. Aber die Stadt musste bis zum 15. Jh. warten, bis sie berühmt wurde: Nachdem 1473 die Technik des Buchdrucks mit beweglichen Metalllettern Lyon erreicht hatte, wurde die Stadt eines der wichtigsten Buchdruckerzentren.

Lyon war schon seit dem 15. Jh. ein Zentrum des Textilgewerbes. Bis zur Mitte des 18. Jhs. verwandelten die einflussreichen Seidenweber – 40 % aller Arbeitskräfte Lyons –, die Stadt in die Seidenweberhauptstadt Europas. Ein Jahrhundert später war Lyon auf das Dreifache angewachsen und hatte 100 000 Webstühle.

1870 zog die Familie Lumière nach Lyon. Die Söhne der Familie, Louis und Auguste, drehten hier schließlich 1895 den ersten Film.

Während des Zweiten Weltkriegs wurden unter Klaus Barbie (1913–91), dem Chef der Lyoner Gestapo, etwa 4000 Menschen (darunter der Résistance-Anführer Jean Moulin) ermordet und 7500 andere in Vernichtungslager deportiert. Das Ende der Naziherrschaft in der Stadt kam im September 1944 und die abziehenden Deutschen sprengten 28 der insgesamt 30 Brücken in die Luft. 1952 wurde Barbie von einem Lyoner Gericht in Abwesenheit zum Tode verurteilt, desgleichen 1954. Aber erst 1987 – nach seiner Auslieferung durch Bolivien – wurde Barbie in Lyon

Highlights

1 In das versteckte Labyrinth der Lyoner **traboules** (Geheimgänge; S. 477) eintauchen

2 Eine Radtour durch die Weinberge des **Beaujolais** (S. 494) unternehmen

3 Vom **Fourvière** (S. 472) aus Basilika und Stadtpanorama bestaunen

4 Bei **Pierrelatte** (S. 498) den Krokodilen beim Dösen zusehen

5 In **Croix Rousse** (S. 478) die Lyoner Seidenweberei kennen lernen

6 Mit dem Kanu unter der natürlichen Steinbrücke Pont d'Arc durch die **Gorges de l'Ardèche** (S. 498) paddeln

7 Ein traditionelles **Puppenspiel** mit dem bekannten Lyoner Geschichtenerzähler **Guignol** anschauen (S. 490)

8 In **Vienne** (S. 496) eindrucksvolle gallorömische Ruinen bestaunen

persönlich für seine Verbrechen vor Gericht gestellt und zu lebenslanger Haft verurteilt. Drei Jahre später starb er im Gefängnis.

Sehenswertes

VIEUX LYON

Die Altstadt von Lyon, mit ihren engen Straßen und ihren Häusern aus Mittelalter und Renaissance ein Unesco-Weltkulturerbe, teilt sich in drei Viertel: St-Paul (Norden), St-Jean (Mitte) und St-Georges (Süden). Zu den *traboules* (Geheimgängen) siehe S. 477.

Cathédrale St-Jean
KATHEDRALE

(place St-Jean, 5e; ⊘Mo–Fr 8–12 & 14–19.30, Sa & So 8–12 & 14–19 Uhr; MVieux Lyon) Die teilweise romanische Kathedrale, Sitz des 133. Bischofs von Lyon, wurde vom späten 11. bis zum frühen 16. Jh. erbaut. Die Portale in ihrer Fassade im gotischen Flamboyant-Stil (1480 fertiggestellt) sind mit 280 quadratischen Steinmedaillons verziert. Sehr schön ist das Glockengeläut der **astronomischen Uhr** im nördlichen Querschiff täglich um 12, 14, 15 und 16 Uhr.

Architektur des Mittelalters & der Renaissance
ARCHITEKTUR

Schöne alte Gebäude liegen an der Rue du Bœuf, Rue St-Jean und Rue des Trois Maries. In der Rue Juiverie, in der im Mittelalter die jüdische Gemeinde Lyons ansässig war, sind oben an den Häusern Wasserspeier und an den Fenstersimsen andere freche Steinfiguren zu sehen.

Musées Gadagne
MUSEEN

(www.museegadagne.com; place du Petit Collège, 5e; 1 Museum Erw./Kind 6 €/frei, beide Museen 8 €/frei; ⊘Mi–So 11–18.30 Uhr; MVieux Lyon) Der kürzlich wiedereröffnete Museumskomplex in einem Stadtpalais aus dem 16. Jh., erbaut für zwei reiche florentinische Bankiers, beherbergt ein **Museum zur Stadtgeschichte** und ein **Internationales Puppenmuseum**, das sich auch der berühmtesten Puppenfigur der Stadt widmet: Guignol (S. 490). Das **Café** im 4. Stock grenzt an einen friedvollen **Garten**, den es hier seit dem 14 Jh. gibt und der zwei Jahrhunderte später neu gestaltet wurde.

Le Petit Musée Fantastique de Guignol
PUPPENMUSEUM

(www.lamaisondeguignol.fr, auf Frz.; 6 rue St-Jean, 5e; Erw./Kind 5/3 €; ⊘Di–So 11–18.30 Uhr; MVieux Lyon) Guignol ist der Star dieses winzigen, aus zwei Räumen bestehenden Museums mit niedlichen, sensoraktivierten Exponaten; auf Anfrage schaltet das Personal den englischen Soundtrack ein.

Musée des Miniatures et Décors du Cinéma
FILMMUSEUM

(www.mimlyon.com, auf Frz.; 60 rue St-Jean, 5e; Erw./Kind 7/5,50 €; ⊘Di–Fr 10–18.30, Sa & So bis 19 Uhr; MVieux Lyon) Das labyrinthische Museum an der von Touristen wimmelnden Rue St-Jean bietet verblüffende Einblicke in die Welt der Filmkulissen und zeigt, wie mit Miniaturmodellen Spezialeffekte erzeugt werden.

FOURVIÈRE

Vor mehr als zwei Jahrtausenden bauten die Römer ihre Stadt Lugdunum an die Hänge von Fourvière. Heute ist der Hügel gekrönt von der Tour Métallique, einem 1893 errichteten eiffelturmähnlichen Bauwerk, das als Funkturm genutzt wird.

Den Hügel hinauf führen Fußwege, aber am einfachsten gelangt man mit der **Standseilbahn** (hin & zurück 2,40 €; MVieux Lyon) nach oben.

Basilique Notre-Dame de Fourvière
BASILIKA

(☎04 78 25 86 19; www.fourviere.org; ⊘Kapelle 7–19, Basilika 8–19 Uhr) Oben auf dem Hügel steht die 66 m lange, 19 m breite und 27 m hohe mit komplizierten Mosaiken verzierte

LYON CITY CARD

Die Lyon City Card (1/2/3 Tage Erw. 20/30/40 €, Kind 11/15/20 €; siehe www.lyon-france.com) umfasst den Eintritt zu allen Museen in Lyon und zum Dach der Basilique Notre-Dame de Fourvière sowie eine Stadtführung, eine Flussrundfahrt (April–Okt.) und Ermäßigungen für die Le Grand Tour, das Aquarium du Grand Lyon und andere ausgewählte Attraktionen, Ausstellungen und Geschäfte.

Die Karte schließt außerdem die Nutzung der städtischen Verkehrsmittel, also der Busse, Straßenbahnen, der Standseilbahn und der Métro, mit ein. Für alle, die keine Verkehrsmittel nutzen wollen, gibt es billigere Karten. Gewöhnlich ist es günstiger, die Karte im Internet zu kaufen; ansonsten ist sie bei der Touristeninformation und in einigen Hotels erhältlich.

Wer nicht viel Zeit hat, sollte seinen Aufenthalt in Lyon mit einer Stadtführung beginnen – die ungewöhnlicheren Varianten sind joggend oder hinten auf einer Harley sitzend. Danach geht's ins prächtige **Musée des Beaux-Arts** inklusive Mittagsschmaus auf der Terrasse. Nach einer Radtour zum weitläufigen **Parc de la Tête d'Or** schließt sich ein Abendessen in einem traditionellen Lyoner **bouchon** und ein Drink in einer der Bars auf den **péniches** (Kähnen) auf der Rhone an.

Der zweite Tag beginnt auf dem lange als „Berg der Arbeit" bekannten Hügel **Croix Rousse** mit seinem **Markt** und den **Seidenwebereateliers**. Dann folgt auf der anderen Seite der Innenstadt eine Fahrt mit der Standseilbahn hinauf auf den „Gebetshügel" **Fourvière** mit seiner Basilika und dem faszinierenden **Musée de la Civilisation Gallo-Romaine** und dem **Théâtre Romain**. Für das Abendessen bietet sich das **Le Restaurant de Fourvière** mit Panoramablick an, danach locken unten in der Stadt die munteren **Bars** von Vieux Lyon.

Am dritten Tag lässt sich die lange Geschichte der Stadt in den verschiedenen **Museen** und bei einer Vorstellung im **Puppentheater** mit dem berühmten kleinen Guignol erkunden.

Am vierten Tag ist noch Zeit für einen Tagesausflug ins Weinanbaugebiet **Beaujolais**, zur Filmkulisse **Pérouges**, ins Designmekka **St-Étienne** oder **flussabwärts die Rhone hinunter**.

Basilika, ein hervorragendes Beispiel für die französische Kirchenbaukunst des späten 19. Jhs. Von ihrer Terrasse bieten sich phantastische Ausblicke über die Stadt. Die einstündigen **Entdeckertouren** (Erw./Kind 2/1 €; April–Nov. mehrmals tgl.) erschließen den Teilnehmern die wichtigsten Details der Kirche und der Krypta. Die **Dachführungen** (Erw./Kind 5/3 €; April–Okt. tgl. 14.30 & 16 Uhr, Nov. Mi & So 14.30 & 15.30 Uhr) finden auf dem mit Steinmetzarbeiten verzierten Dach ihren Höhepunkt.

Musée d'Art Religieux KUNSTMUSEUM
(www.fourviere.org; 8 place de Fourvière, 5e; Erw./Kind 5 €/frei; 10–12.30 & 14–17.30 Uhr; Seilbahnstation Fourvière) Neben der Basilika werden religiöse Kunstwerke und lohnende Wechselausstellungen gezeigt.

Musée de la Civilisation Gallo-Romaine
ARCHÄOLOGISCHES MUSEUM
(www.musees-gallo-romains.com; 17 rue Cléberg, 5e; Erw./Kind 4 €/frei, Do frei; Di–So 10–18 Uhr; Seilbahnstation Fourvière) Das römische Museum der Stadt zeigt im Rhone-Tal gefundene Gegenstände. Im **Théâtre Romain** (Seilbahnstation Fourvière oder Minimes) nebenan, um 15 v. Chr. gebaut und 120 n. Chr. erweitert, fanden 10 000 Zuschauer Platz. Im kleineren **Odéon** daneben veranstalteten die Römer Dichterlesungen und Konzerte.

PRESQU'ÎLE

Das Stadtzentrum von Lyon liegt auf der Presqu'île, einer 500 bis 800 m breiten Halbinsel zwischen der Rhone und der Saône.

LP TIPP **Musée des Beaux-Arts** KUNSTMUSEUM
(www.mba-lyon.fr; 20 place des Terreaux, 1er; Erw./Kind 76 €/frei; Mi, Do & Sa–Mo 10–18, Fr 10.30–18 Uhr; Hôtel de Ville) Das atemberaubende und sehr besucherfreundliche Museum birgt außerhalb von Paris Frankreichs schönste Sammlung von Skulpturen und Gemälden aller Epochen der europäischen Kunst. Zu den Highlights zählen Werke von Rodin, Rubens, Rembrandt, Monet, Matisse und Picasso. Der Rundgang lohnt sich besonders mit dem kostenlosen Audioguide; die hübsche Terrasse des **Café-Restaurants** lädt zu einem Drink oder einer Mahlzeit, der ruhige **Abteigarten** zum Verweilen ein.

Place des Terreaux STADTPLATZ
(Hôtel de Ville) Im Mittelpunkt des schönen Hauptplatzes der Presqu'île steht ein **Brunnen** aus dem 19. Jh., der aus 21 t Blei gegossen und von Frédéric-Auguste Bartholdi, der auch die New Yorker Freiheitsstatue

Lyon

300 m

0

N

La Dombes (25 km), Pérouges (27 km)

Pont Morand

Rive Gauche

Pont Lafayette

Croix Paquet

Montée St-Sébastien

R du Griffon

R Terrailles

R Romarin

Pl Louis Pradel

Pl de la Comédie

R Verdi

R de la Bourse

Hôtel de Ville

Pl de la Bourse

Cordeliers

Le Village des Créateurs

R René Leynaud

R des Capucins

1ER

R Ste-Catherine

Pl des Terreaux

Musée des Beaux-Arts

Brunnen

R Paul Chenavard

R de l'Arbre Sec

R du Bât d'Argent

R Neuve

R Gentil

Pl Francisque Regaud

R de la Poulaillerie

R des Tables Claudiennes

Croix Rousse

R Burdeau

Montée de la Grande Côte

R Terme

R Constantine

R Lanterne

R de la Platière

R de la Fromagerie

R Mercière

R Dubois

Jardin des Plantes

R de l'Annonciade

R du Jardin des Plantes

Pl Sathonay

R Sergent Blandan

R d'Algérie

Q de la Pêcherie

Pont Alphonse Juin

Q Romain Rolland

R Paraille

Q de Bondy

Pl St-Paul

R Octavio Mey

R Juiverie

Montée St-Barthélemy

Gare St-Paul

ST-PAUL

Musées Gadagne

R de Gadagne

Pl du Gouvernement

Pl du Petit Collège

Q Pierre Scize

Saône

R Roger Radisson

5E

Fourvière Hill

Tour Métallique

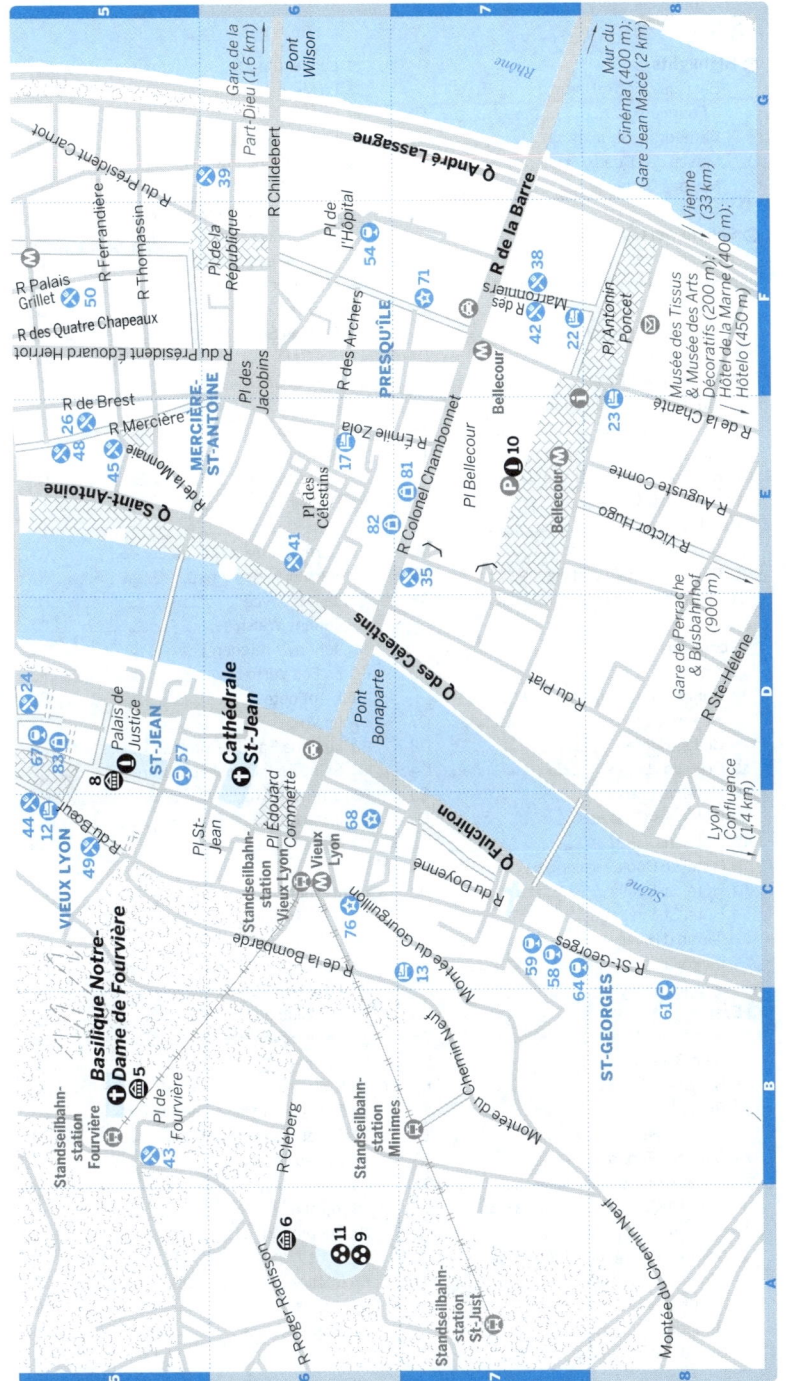

Unter den Vierteln Vieux Lyon und Croix Rousse winden sich dunkle, schmutzige *traboules* (Geheimgänge) durch Wohnblocks, unter Straßen hindurch und in Hinterhöfe hinein. Insgesamt verbinden 315 Passagen 230 Straßen, sie haben zusammengenommen eine Länge von 50 km.

Ein paar der *traboules* in Vieux Rousse stammen noch aus römischer Zeit, doch die meisten wurden im 19. Jh. von *canuts* (Seidenwebern) angelegt, um den Transport der Seide bei schlechtem Wetter zu erleichtern. Im Zweiten Weltkrieg wurden sie dann von der Resistance genutzt.

Echte *traboules* (vom lateinischen *trans ambulare*, „hindurchgehen") verbanden zwei Straßen und oft verliefen sie dabei über raffinierte Wendeltreppen. Passagen, die zu einem Innenhof oder in eine Sackgasse führen, sind eigentlich keine *traboules*, sondern *miraboules*; zwei der schönsten Exemplare befinden sich in der 16 Rue Boeuf und 8 Rue Juiverie, beide in Vieux Lyon.

Die schönsten *traboules* in Vieux Lyon verbinden die 27 Rue St-Jean mit 6 Rue des Trois Maries, 54 Rue St-Jean mit 27 Rue du Bœuf (Knopf der Sprechanlage drücken, um eingelassen zu werden!), 10 Quai Romain Rolland mit 2 Place du Gouvernement, 17 Quai Romain Rolland mit 9 Rue des Trois Maries und 31 Rue du Bœuf mit 14 Rue de la Bombarde.

In die Unterwelt von Croix Rousse gelangt man bei Nr. 9 Place Colbert, überquert den Cours des Voraces – berühmt wegen seiner sieben Stockwerke hohen Treppe – und kommt bei Nr. 29 Rue Imbert Colomès wieder heraus. Andere *traboules* in diesem angesagten Viertel sind z. B. die zwischen 1 Place Colbert und 10 Montée St-Sébastien und zwischen 9 Place Colbert und 14bis Montée St-Sébastien, dazu die Durchgänge bei den Hausnummern 3, 6, 13, 22 und 23 an der Rue des Capucins.

Weitere Informationen bietet die Touristeninformation, deren Stadtrundgänge zumeist auch *traboules* einschließen.

schuf, gestaltet wurde. Die vier einen Wagen ziehenden Pferde symbolisieren dem Meer zustrebende Flüsse. Das **Hôtel de Ville** (Rathaus) an der Stirnseite des Platzes wurde 1655 erbaut, erhielt seine gegenwärtige reich verzierte Fassade aber erst 1702. Das Beste hier ist jedoch Daniel Burens gepunkteter „Wald" aus 69 **Granitbrunnen**, die sich über einen großen Teil des Platzes verteilen. Wenn die Springbrunnen eingeschaltet sind, hüpfen Kinder begeistert durch das kühle Nass, während die Fontänen abwechselnd emporsteigen, zurückfallen, für Sekunden ganz verschwinden und dann neu emporsprudeln.

Place Bellecour   STADTPLATZ
(MBellecour) Im Zentrum der im 17. Jh. angelegten Place Bellecour – einem der größten öffentlichen Plätze Europas – steht eine **Reiterstatue Ludwigs XIV.**

Opéra de Lyon   OPERNHAUS
(MHôtel de Ville) Lyons neoklassizistisches Opernhaus wurde 1832 erbaut und 1993 von dem französischen Architekten Jean Nouvel modernisiert und mit einem auffallenden gläsernen Halbtonnendach versehen. Auf der Nordseite der Oper umschwirren Skateboardfahrer und Inlineskater die Brunnen auf der **Place Louis Pradel**, beobachtet vom **Homme de la Liberté** (Mann der Freiheit) auf Rollschuhen, einer Skulptur aus Altmetall, die der aus Marseille stammende Künstler César schuf.

Fresque des Lyonnais   WANDBILD
(Ecke rue de la Martinière/quai de la Pêcherie, 1er; MHôtel de Ville) Bekannte Lyoner blicken von dem siebenstöckigen Wandbild herab, u. a. der Erfinder des Webstuhls, Joseph-Marie Jacquard (1752–1834), der Renaissance-Dichter Maurice Scève (ca. 1499–1560), der Superkoch Paul Bocuse (geb. 1926), die Puppenfigur Guignol und der kleine Prinz mit gelbem Haar, geschaffen von dem in Lyon geborenen Schriftsteller und Flieger Antoine de St-Exupéry (1900–44).

Musée de l'Imprimerie
MUSEUM FÜR DRUCKKUNST
(www.imprimerie.lyon.fr, auf Frz.; 37 rue de la Poulaillerie, 2e; Erw./Kind/erm. 3,80 €/frei/2 €; ⊙Mi–So 9.30–12 & 14–18 Uhr; MCordeliers) Das

Museum befasst sich mit der langen Geschichte der Druckkunst in der Stadt und zeigt alles von frühen Druckmaschinen bis zu computergesteuerter Drucktechnik. Interessant sind z. B. die Flugpläne aus den 1960er-Jahren.

Musée des Tissus   TEXTILMUSEUM
(www.musee-des-tissus.com, auf Frz.; 34 rue de la Charité, 2e; Erw./Kind 7/4 €; ☺Di–So 10–17.30 Uhr; ⓂAmpère) Hier sind wunderbare Seidenarbeiten aus Lyon und aus dem Ausland zu sehen. Die Eintrittskarte berechtigt auch zum Besuch des benachbarten **Musée des Arts Décoratifs** (Di–So 10–12 & 14–17.30 Uhr), das Möbel, Wandbehänge, Tapeten, Keramik und Silber aus dem 18. Jh. ausstellt.

Aquarium du Grand Lyon   AQUARIUM
(www.aquariumlyon.fr; 7 rue Stéphane Déchant, La Mulatière; Erw./Kind 14/10 €; ☺Mi–So 11–19 Uhr, in den Schulferien tgl.) Am Zusammenfluss von Rhone und Saône sind im gut konzipierten Aquarium der Stadt 280 Meerestierarten zu Hause, darunter über 5000 Fische. Bus 15 fährt von der Place Bellecour hierher.

CROIX ROUSSE
Das auf einem Hügel gelegene Croix Rousse, das erst 1852 von Lyon eingemeindet wurde, zieht sich Richtung Norden die steilen *pentes* (Hänge) hinauf und hat sich mit seinen Bohemiens und seinem üppigen Lebensmittelmarkt einen ganz eigenen Charakter bewahrt.

Nach der Einführung des mechanischen Jaquardschen Webstuhls im Jahr 1805 bauten die Lyoner *canuts* (Seidenweber) hier Zehntausende Werkstätten mit großen Fenstern, um Licht hereinzulassen, und kräftigen, mit Holzbalken gestützten Decken, die mehr als 4 m hoch waren, um die riesigen neuen Maschinen aufstellen zu können. Ein Weber verbrachte 14 bis 20 Stunden pro Tag über seinen Webstuhl gebeugt und atmete dabei Seidenstaub ein, zwei Drittel der Weber waren Analphabeten und sie alle verdienten nur einen Hungerlohn. Die Streiks der Jahre 1830–31 und 1834 hatten keine Verbesserungen, sondern nur den Tod von mehreren Hundert Webern zur Folge.

Die meisten Werkstätten sind heute schicke Loftwohnungen, aber einige sind von der Organisation Soierie Vivante (S. 480) gerettet worden bzw. werden gerade vor dem Verschwinden bewahrt.

Zu den verborgenen Perlen von Croix Rousse gehören die **Place Bertone**, ein Platz mit schattigen Bäumen, der im Sommer als Freiluftbühne für Spontanauftritte genutzt wird, der **Jardin Rosa Mir** (Eingang 87 Grande Rue, 4e; ☺April–Nov. Sa 15–18 Uhr; ⓂCroix Rousse), ein ummauerter Garten, der mit Tausenden von Muscheln verziert und von einer engen Gasse aus zugänglich ist, und der Panoramagarten **Jardin Publique La Cerisaie** (rue Chazière, 4e; ⓂCroix Rousse).

Maison des Canuts   SEIDENMUSEUM
(☎04 78 28 62 04; www.maisondescanuts.com; 10–12 rue d'Ivry, 4e; Erw./Kind 6/3 €; ☺Di–Sa 10–18 Uhr, Führungen 11 & 15.30 Uhr; ⓂCroix Rousse) Über das arbeitsreiche Dasein der Weber und die Geschichte des Handwerks informieren Führungen, bei denen auch die Funktionsweise der Webstühle demonstriert wird. In der angeschlossenen Boutique wird Seide verkauft.

Atelier de Passementerie
          SEIDENWEBERWERKSTATT
(☎04 78 27 17 13; www.soierie-vivante.asso.fr; 21 rue Richan, 4e; Führung Erw./Kind 5/3 €; ☺Di 14–18.30, Mi–Sa 9–12 & 14–18.30 Uhr, Führungen & Webvorführungen Di–Sa 10 & 16 Uhr; ⓂCroix Rousse) Posamenten-Werkstatt, die bis 1979 in Betrieb war und in der Borten und Zierbilder gewebt wurden. Ein Kombiticket mit dem Atelier de Tissage kostet 8/4 € pro Erw./Kind.

Atelier de Tissage   SEIDENWEBERWERKSTATT
(Ecke rue Godart/rue Lebrun, 4e; Führung Erw./Kind 5/3 €; ☺Führungen und Webdemonstrationen Do–Sa 15 & 17 Uhr; ⓂCroix Rousse) Wunderbare alte Werkstatt mit Webstühlen für großflächige Stoffe.

Mur des Canuts   WANDBILD
(Ecke bd des Canuts/rue Denfert Rochereau, 4e; ⓂHénon) Das Wandbild widmet sich dem traditionellen Handwerk der Seidenweberei.

RIVE GAUCHE
Das linke Ufer der Rhone, die Rive Gauche, beherbergt tolle Parks und Museen sowie Einrichtungen wie die größte Universität der Stadt. Hier konzentrieren sich auch die Verkehrsknotenpunkte.

Parc de la Tête d'Or   PARK
(☎04 72 69 47 60; www.loisirs-parcdelatedor. com; bd des Belges, 6e; ☺6–23 Uhr; ⓂMasséna) Lyons 117 ha großer Park, der größte Stadtpark Frankreichs, wurde in den 60er-Jah-

ren des 19. Jhs. angelegt. Er umfasst einen See, einen botanischen Garten mit Treibhäusern, einen Rosengarten sowie einen **Zoo** (Eintritt frei; ☺9–17 Uhr) mit u. a. Löwen, Tigern, Bären und Giraffen. Im Sommer kann man Boote mieten, auf Ponys reiten, sich auf der Kirmes vergnügen oder sich ein **Puppenspiel** (☎04 78 93 71 75; www.theatre-guignol.com) ansehen. Busse der Linien 41 und 47 verbinden den Park mit der Métrostation Part-Dieu.

Musée d'Art Contemporain KUNSTMUSEUM (☎04 72 69 17 17; www.moca-lyon.org; 81 quai Charles de Gaulle, 6e; Erw./Kind 8 €/frei; ☺Mi-Fr 12–19, Sa & So 10–19 Uhr) Die nördlichen Ausläufer des Parks grenzen an das Lyoner Museum für zeitgenössische Kunst, das avantgardistische Wechselausstellungen und Teile seiner Sammlung an Kunstwerken ab 1960 präsentiert. Zwischen den Ausstellungen schließt das Museum für bis zu zwei Monate – also vorher nachfragen, ob es geöffnet ist!

Centre d'Histoire de la Résistance et de la Déportation MUSEUM (CHRD; www.chrd.lyon.fr; 14 av. Berthelot,

7e; Erw./Kind 4 €/frei; ☺Mi-So 9–17.30 Uhr; ⓂPerrache oder Jean Macé) Das Gebäude war von 1942 bis 1944 Gestapo-Hauptquartier und Amtssitz von Gestapo-Chef Klaus Barbie. Heute erzählen bewegende Multimedia-Ausstellungen von Lyons Rolle als „Hauptstadt der Résistance" (wie sie von Charles de Gaulle genannt wurde). Wechselausstellungen kosten 4 € Eintritt extra.

LP TIPP **Musée Lumière** FILMMUSEUM (www.institut-lumiere.org; 25 rue du Premier Film, 8e; Erw./Kind 6/5 €, Audioguide 3 €; ☺Di-So 11–18.30 Uhr; ⓂMonplaisir-Lumière) Im Jugendstilwohnhaus von Antoine Lumière, der mit seinen Söhnen Auguste und Louis 1870 nach Lyon zog, werden die glorreichen Anfänge des Kinos beleuchtet. In einer der Fabriken ihres Vaters erzeugten die beiden Brüder am 19. März 1895 die ersten Filmrollen und drehten den ersten Film der Welt, *La Sortie des Usines Lumières (Arbeiter verlassen die Lumière-Werke)*. Heute beherbergt die Fabrik das Kino Hangar du Premier Film. Sie befindet sich 3 km südöstlich der Place Bellecour den Cours Gambetta entlang.

UFERSANIERUNG

Die Rive Gauche, das linke Rhone-Ufer, einst vom rauschenden Verkehr und von Parkplätzen verschandelt, ist im vergangenen Jahrzehnt umfassend umgestaltet worden und bietet heute auf einer Gesamtfläche von 10 ha und einer Uferlänge von 5 km wunderschön gestaltete Spazier-, Radfahr- und Inlineskaterwege. Die sogenannten **Berges du Rhône** sind im oberen Bereich durch einen Pfad vom Straßenverkehr getrennt; unten gibt es Bäume, Rasenflächen und gepflasterte Bereiche mit Treppen, auf denen sich die Lyoner an schönen Tagen ein Bad in der Sonne gönnen. Dieser Uferbereich schlängelt sich unter der Winston-Churchill-Brücke unter neun weitere Brücken hindurch und vorbei an den beliebten *péniches* (Kähnen) bis zur **Lyon Confluence** (www.lyon-confluence.fr), dem Zusammenfluss von Rhone und Saône südlich der Gare de Perrache.

Die frühere Industriebrache an der Confluence ist heute Brennpunkt eines gigantischen Sanierungsprojektes.

Von der Dachterrasse der **Maison de La Confluence** (☎04 78 38 74 00; 28 rue Casimir Perier, 2e; Eintritt frei; ☺Mi-Sa 14–18.30 Uhr; ☐Straßenbahnlinie 1, Haltestelle Montrochet) bietet sich ein Ausblick auf die Bauarbeiten; drinnen sind Modelle der geplanten Projekte ausgestellt. Schon fertiggestellt ist die einzigartige markthallenähnliche Speisestätte Rue Le Bec (S. 485), die zum expandierenden Imperium des Lyoner Meisterkochs Nicolas Le Bec gehört.

Bis zur Eröffnung des ehrgeizigen Wissenschaftsmuseums **Musée des Confluences** (www.museedesconfluences.fr) in einem durchsichtigen futuristischen Kristall aus Stahl und Glas – die Eröffnung soll 2014 stattfinden, etwa fünf Jahre später als geplant – sind Kostproben der zukünftigen Ausstellung im **Local d'Information du Musée des Confluences** (☎04 78 37 30 00; www.museedesconfluences.fr; 86 quai Perrache, 2e; Eintritt frei; ☺Mi-Sa 13–18, So 10–12 & 13–18 Uhr) zu sehen. Wenn die Verlängerung der Straßenbahnlinie T1 fertig ist, wird das Museum seine eigene Haltestelle haben.

HÉLÈNE CARLESCHI

Animatrice de Patrimoine (Kulturerbe-Beauftragte), Soierie Vivante

Job? Der Verein wurde gegründet, um das Atelier de Passementerie (S. 478) zu bewahren, nachdem Madame Letourneau, die dort 54 Jahre lang gewebt hatte, die Werkstatt gestiftet hatte und erbost darüber war, dass sie in Privatwohnungen umgewandelt werden sollte. Die meisten unserer freiwilligen Mitarbeiter sind ehemalige Textilarbeiter. Ich als Vollzeitangestellte mache alles von Workshops für Kinder und Führungen bis zur Vorführung und Pflege der Webstühle. **Das Beste an der Arbeit?** Die Bewahrung der Geschichte der Gegend – einst gab es 50 000 Seidenweberwerkstätten in Croix Rousse; ich möchte dazu beitragen, dass die Menschen verstehen, was sich hinter der Architektur des Viertels verbirgt und was sein Wesen ausmacht. **Das Leben in Croix Rousse?** Wie in einem Dorf, sehr gesellig, besonders auf dem Markt (S. 486) und in meinem Lieblingsrestaurant Le Cinoche (S. 488). **Und die Stadt als Ganzes?** Lyon ist voll von Kultur, eine wirklich sehr lebendige Stadt. Seit meiner Kindheit gehe ich zum Kunstgewerbemarkt (S. 491). Ich mag die Theater (S. 490), die *péniches* (S. 490) an den Berges du Rhône und die Konzerte im Transbordeur (S. 491). Außerdem veranstalte ich Führungen im Musée des Tissus (S. 478). **Geheimtipp?** Vom Jardin Publique La Cerisaie (S. 478) in Croix Rousse bieten sich wunderschöne Ausblicke über die Stadt.

Mur du Cinéma
WANDBILD

(Ecke cours Gambetta/Grande Rue de la Guillotière, 7e; Ⓜ Guillotière) Die phantastische Kinogeschichte Lyons ist auf einem der vielen Wandbilder der Stadt dargestellt.

NÖRDLICHE VORORTE

Musée Henri Malarte
VERKEHRSMUSEUM

(www.musee-malartre.com, auf Frz.; 645 rue du Musée, Rochetaillée-sur-Saône; Erw./Kind 6 €/frei; ⊙ Di–So 9–18 Uhr) Der Renault Espace von Papst Johannes-Paul II., Hitlers Mercedes sowie rund 50 weitere Motorräder, Fahrräder und andere historische Fortbewegungsmittel sind in einem Schloss aus dem 15. Jh. 11 km nördlich von Lyon zu bewundern. Zu erreichen über die D433 oder mit Buslinie 40 oder 70 bis Haltestelle Rochetaillée.

🏃 Aktivitäten

Inlineskater (www.generationsroller.asso.fr, auf Frz.) treffen sich jeden Freitag auf der Place Bellecour zu einer Rundfahrt durch die Stadt: Anfänger (man muss auf jeden Fall wissen, wie man bremst!) um 20.30 Uhr (12 km, 1¼ Std.), Geschwindigkeits-Junkies um 22 Uhr (25 km, 1½ Std.).

Infos über Mietfahrräder s. S. 493.

👉 Geführte Touren

Stadtspaziergänge
STADTSPAZIERGANG

(Erw./Kind 9/5 €) Die Touristeninformation organisiert verschiedene englischsprachige Rundgänge durch Vieux Lyon und Croix Rousse sowie weitere auf Französisch.

Jogg'in City
JOGGINGTOUR

(☎ 06 77 793 514; www.jogginity.fr; 1 Std. 1/2/3/4 oder mehr Personen 70/40/30/25 €) Wer lieber etwas schneller unterwegs ist (und über 18) ist, kann sich die Sehenswürdigkeiten der Stadt auf einer 5 bis 6 km langen Strecke joggend anschauen.

Harley-Davidson-Touren
MOTORRADTOUR

(☎ 06 19 19 42 43; 80 € pro Pers. & Std.) Eine einzigartige Art, die Stadt und ihre Umgebung zu erleben, bieten die geführten Harley-Touren der Le Wine Bar d'à Côté (S. 489).

Cyclopolitain
FAHRRADTAXI

(☎ 04 78 33 55 90; www.cyclopolitain.com, auf Frz.; 30-/60-minütige Tour für 2 Pers. 25/35 €; ⊙ 10.30–19 Uhr) Bei einer Tour mit der Fahrradriksha haben die müden Füße Pause.

Navig'inter
BOOTSFAHRTEN

(☎ 04 78 42 96 81; www.naviginter.fr, auf Frz.; 13bis quai Rambaud, 2e; Ⓜ Bellecour oder Vieux Lyon) Von April bis Oktober bietet das Unternehmen **Flussexkursionen** (Erw./Kind 9/6 €; 1 oder 1¼ Std.) vom eigenen **Dock** (3 quai des Célestins, 2e; Ⓜ Bellecour oder Vieux Lyon). Die **Touren mit Mittag- oder Abendessen** (23 quai Claude Bernard, 7e; Fahrt 20–25 €, Menüs 26–34 €; Ⓜ Ampère oder Guillotière) sollte man unbedingt vorher reservieren.

Le Grand Tour
BUSTOUR

(☎ 04 78 56 32 39; www.pariscityrama.com/fr/

visiter_lyon; Erw. 1-/2-Tages-Ticket 17/20 €, Kind 1 oder 2 Tage 5 €; ⊙10–18.30 Uhr) Rundfahrten mit Doppeldeckerbussen, bei denen die Passagiere nach Lust und Laune ein- und aussteigen können.

✦ Festivals & Events

Les Nuits de Fourvière
MUSIKFESTIVAL

(Die Nächte von Fourvière; www.nuitsdefourviere .fr, auf Frz.) Vielseitiges Programm mit stimmungsvollen Open-Air-Konzerten im römischen Amphitheater in Fourvière von etwa Anfang Juni bis Ende Juli.

Biennale de la Danse
TANZFESTIVAL

(www.biennale-de-lyon.org) Einmonatige Tanzbiennale in geraden Jahren von etwa Anfang September bis Anfang Oktober.

Biennale d'Art Contemporain
KUNSTFESTIVAL

(www.biennale-de-lyon.org) Riesige Biennale für zeitgenössische Kunst in ungeraden Jahren von etwa Mitte September bis Anfang Oktober.

Fête des Lumières
LICHTERFEST

(Lichterfest; www.lumieres.lyon.fr) Für mehrere Tage rund um den 8. Dezember erstrahlt Lyon zum Fest der unbefleckten Empfängnis. Auf die wichtigsten Gebäude der Stadt werden Ton-Licht-Shows projiziert und die Bewohner stellen Kerzen in ihre Fenster.

🛏 Schlafen

Lyon wartet mit zahllosen Unterkünften für alle Geschmäcker und Budgets auf.

VIEUX LYON

Cour des Loges
HOTEL €€€

(☑04 72 77 44 44; www.courdesloges.com; 2–8 rue du Bœuf, 5e; DZ/Suite ab 240/505 €; ❄@⌘☒; ⓂVieux Lyon) Vier Gebäude aus dem 14. bis 17. Jh. mit italienischen Loggien rings um eine *traboule* (Geheimgang) gehören zu dieser exquisiten Nobelherberge. Die individuell gestalteten Zimmer locken die Gäste mit Badeinrichtungen von Philippe Starck und einer Vielzahl von Antiquitäten. Zur Ausstattung gehören außerdem ein Spa, ein elegantes Restaurant (Menü 60–85 €), ein schickes Café (Hauptgerichte 18–24 €) und eine Bar mit Kreuzgewölbe.

Auberge de Jeunesse du Vieux Lyon
HOSTEL €

(☑04 78 15 05 50; lyon@fuaj.org; 41–45 montée du Chemin Neuf, 5e; B mit Frühstück 18 €; ⊙Rezeption 7–13, 14–20 & 21–1 Uhr; @⌘; ⓂSeilbahnstation Minimes) Der große Trumpf der einzigen Jugendherberge von Lyon ist der grandiose Blick von ihrer Terrasse und aus vielen der Zimmer (zumeist mit 6 Betten). Zu den Angeboten zählen eine kleine Selbstversorgerküche, Waschmaschinen und Bars drinnen und draußen. Außerdem können Gäste zu jeder Tag- und Nachtzeit reinkommen.

Hôtel St-Paul
HOTEL €

(☑04 78 28 13 29; www.hotelstpaul.fr, auf Frz.; 6 rue Lainerie, 5e; DZ 66–80 €; @⌘; ⓂVieux Lyon) Dieses Juwel von einem Altstadthotel mit klassischer austerngrauer Fassade und Reihen großer, symmetrischer Fenster hat in

SCHWULES & LESBISCHES LYON

Das schwulen- und lesbenfreundliche Lyon verfügt über eine ganze Reihe von Treffpunkten. Aktuelle Verzeichnisse der derzeit angesagten Treffs gibt es beim **Forum Gai et Lesbien de Lyon** (☑04 78 39 97 72; www.fgllyon.org, auf Frz.; 17 rue Romarin, 1er; ⓂCroix Paquet) und bei **ARIS** (Accueil Rencontres Informations Service; ☑04 78 27 10 10; www.aris-lyon.org, auf Frz.; 19 rue des Capucins, 1er; ⓂCroix Paquet), die beide auch selbst Events organisieren.

Zu den beliebtesten Schwulentreffs zählen die Bar **Station B** (http://stationb.fr, auf Frz.; 21 place Gabriel Rambaud, 1er; ⊙Mi–So; ⓂHôtel de Ville) und der Club **United Café** (www.united-cafe.com, auf Frz.; impasse de la Pêcherie, 1er; ⊙tgl., ⓂHôtel de Ville), während sich Lesben in der **Le Domaine Bar** (http://ledomainebar.fr, auf Frz.; 9 rue du Jardin des Plantes, 1er; ⊙tgl.; ⓂHôtel de Ville) treffen. Sowohl *filles* (Mädels) als auch *garçons* (Jungs) mögen die **F&G Bar** (www.fg-bar.com, auf Frz.; 20 rue Terrailles, 1e; ⊙Di–Sa; ⓂHôtel de Ville).

Jedes Jahr im Juni finden im Rahmen von **Lesbian and Gay Pride** (www.fierte.net, auf Frz.) Umzüge und andere Festivitäten statt.

Die Website www.lyongay.net (auf Frz.) ist ein Internetführer für das Lyon der Schwulen und Lesben.

SCHLAFEN IN LYON

Das **Reservierungsbüro** (☏04 72 77 72 50; www.lyon-france.com) der Touristeninformation bietet einen kostenlosen Buchungsservice und preisgünstige Pauschalpakete.

Langsam aber sicher erobern die *chambres d'hôtes* auch Lyon; zu den Dachorganisationen zählen **B&B Lyon** (☏04 72 32 02 74; www.bb-lyon.com), **Chambres Lyon** (☏04 72 13 99 35; www.chambreslyon.com) und **Gîtes de France** (☏04 72 77 17 50; www.gites-de-france-rhone.com).

Viele Hotels bieten am Wochenende günstigere Tarife.

den letzten Jahren eine Renaissance erlebt. Am Prädikat „preisgünstig" ist nicht zu rütteln. 20 Zimmer.

Artelit
ZIMMER MIT FRÜHSTÜCK €€

(☏04 78 42 84 83; www.dormiralyon.com; 16 rue du Bœuf, 5e; DZ 100–190 €, Suite 130–250 €, Apt. 150–250 €; ⓂVieux Lyon) In den zwei Turmzimmern und dem Selbstversorger-Appartement dieser vom Lyoner Fotografen Frédéric Jean geführten *chambre d'hôtes* steckt in allen Winkeln und Ritzen jahrhundertelange Geschichte. Wer sich in eins der Kunstwerke verliebt, kann es kaufen und mit nach Hause nehmen. Bei den Doppelzimmern und Suiten ist das Frühstück inklusive.

Collège Hotel
HOTEL €€

(☏04 72 10 05 05; www.college-hotel.com; 5 place St-Paul, 5e; DZ 115–145 €; ✻@☎; ⓂVieux Lyon) Der weiße Minimalismus der Zimmer ist schon ziemlich ernüchternd und sicher nicht jedermanns Geschmack. Das Frühstück kann man auf dem eigenen Balkon genießen, in der *salle de classe petit dejeuner* (Zimmer der Frühstücksklasse), die an ein Klassenzimmer aus dem vergangenen Jahrhundert erinnert, oder im Dachgarten.

PRESQU'ÎLE

Le Royal
HOTEL €€€

(☏04 78 37 57 31; www.lyonhotelleroyal.com; 20 place Bellecour, 2e; DZ ca. 250 €; ✻@☎; ⓂBellecour) Der zeitlose Klassiker, der seit 1895 im Geschäft ist, bietet in Lyon das Höchstmaß an Luxus und verwöhnt seine Gäste mit stilvollen *salons* (Foyers) und mit Stoffen und Mobiliar vom Feinsten. Die Preise

schwanken je nach Saison und Belegung erheblich.

Hôtel Le Boulevardier
HOTEL €

(☏04 78 28 48 22; www.leboulevardier.fr; 5 rue de la Fromagerie, 1er; EZ 49–51 €, DZ 51–53 €; ☎; ⓂHôtel de Ville) Ein ausgesprochen günstiges Hotel mit elf gemütlichen, makellosen Zimmern und uriger Einrichtung wie alten Skiern und Tennisschlägern in den Fluren. Zu erreichen ist es über eine steile Wendeltreppe von einem coolen kleinen Bistro und Jazzclub mit gleichem Namen, der auch als Rezeption dient.

Hôtel de Paris
HOTEL €€

(☏04 78 28 00 95; www.hoteldeparis-lyon.com; 16 rue de la Platière, 1er; EZ 49–59 €, DZ 65–90 €; ✻@☎; ⓂHôtel de Ville) Dieses unglaublich preiswerte Hotel befindet sich in einem Bürgerhaus aus dem 19. Jh. Die ungewöhnlichsten Zimmer sind nostalgisch im Stil der 1970er-Jahre gestaltet: in Schokobraun- und Türkistönen oder in Zuckerwatte-Rosa. Die Zimmer im 4. und 5. Stock verfügen über Klimaanlagen (2 € extra pro Nacht).

Jardin d'Hiver
ZIMMER MIT FRÜHSTÜCK €€

(☏04 78 28 69 34; www.guesthouse-lyon.com; 10 rue des Marronniers, 2e; EZ/DZ mit Frühstück 110/130 €, Apt. 500 €/Woche; ✻☎; ⓂBellecour) Diese schicke *chambre d'hôtes* im 3. Stock (ohne Aufzug) hat nur zwei Zimmer mit Bad – eins in dezentem Lila und Pistaziengrün, das andere in sehr viel lebendigerem Lila und Orange. Dazu gibt es noch einen Frühstücksraum voller Pflanzen und eine Teeküche.

Hôtel St-Vincent
HOTEL €

(☏04 78 27 22 56; www.hotel-saintvincent.com, auf Frz.; 9 rue Pareille, 1er; EZ/DZ 55/70 €; ☎; ⓂHôtel de Ville) Hohe Decken, riesige Fenster sowie ein paar alte Steinmauern und Holzböden verleihen diesem dreistöckigen Hotel mit 32 Zimmern jede Menge Flair.

Hôtel des Célestins
HOTEL €€

(☏04 72 56 08 98; www.hotelcelestins.com; 4 rue des Archers, 2e; EZ 71–121 €, DZ 76–126 €; ✻☎⌨; ⓂBellecour) Diese gemütliche Bleibe nur einen Steinwurf vom Théâtre des Célestins aus dem 18. Jh. ist umgeben von Designerboutiquen. Die teuersten Zimmer schauen aufs Theater, die billigeren in den ruhigen Hof.

Hôtel Iris
HOTEL €€

(☏04 78 39 93 80; www.hoteliris.fr; 36 rue de l'Arbre Sec, 1er; EZ 43–55 €, DZ 56–80 €; ⓂHôtel de Ville) Die Lage dieses szenigen Hotels in einem jahrhundertealten Klosterbau könn-

LYON & DAS RHONE-TAL

te nicht besser sein: In der Straße reiht sich ein hippes Lokal ans nächste. Am besten ein Zimmer nehmen, das über die Freitreppe zu erreichen ist.

Hôtel de la Marne
HOTEL €

(☎04 78 37 07 46; www.hoteldelamarne.fr, auf Frz.; 78 rue de la Charité, 2e; EZ 57–63 €, DZ 63–69 €; 📶; Ⓜ Gare de Perrache) Einige der 23 Zimmer dieses geschmackvoll renovierten Hotels mit schicker Farbgestaltung (z. B. Schokoladenbraun und Kirschrot) liegen an einem offenen Hof. Rollstuhlgerecht.

Hotelo
HOTEL €€

(☎04 78 37 39 03; www.hotelo-lyon.com; 37 cours de Verdun, 2e; DZ ab 70 €; ❄📶; Ⓜ Perrache) Die 17 Zimmer des Hotelo erfreuen sich einer erfrischend modernen Gestaltung; eins der Zimmer ist behindertengerecht eingerichtet, ein anderes bietet Platz für eine vierköpfige Familie.

CROIX ROUSSE

 ### Lyon Guesthouse
ZIMMER MIT FRÜHSTÜCK €€

(☎04 78 29 62 05; www.lyonguesthouse.com; 6 montée Lieutenant Allouche, 1er; EZ 60–65 €, DZ 85 €; 📶; Ⓜ Croix Rousse) Diese *chambre d'hôtes* an den *pentes* (Hängen) von Croix Rousse bietet erstklassige Ausblicke auf Fourvière und ist die Schöpfung der Kunstsammlerin und Galeriebesitzerin Françoise Besson. Die drei Zimmer sind modern und minimalistisch. Das Frühstück ist 100 % biologisch und an den Wänden können die Gäste Teile der Kunstsammlung bewundern.

RIVE GAUCHE

 ### Péniche Barnum
ZIMMER MIT FRÜHSTÜCK €€

(☎06 63 64 37 39; www.peniche-barnum.com; 3 quai du Général Sarrail, 6e; DZ 120–150 €; ❄📶; Ⓜ Foch) Die einzigartigste *chambre d'hôtes* in Lyon befindet sich auf einem Schiff, das zwischen dem Pont Morland und der Fußgängerbrücke Passerelle du Collège auf der Rhone vertäut liegt. Es gibt zwei schicke Zimmer mit Bad, einen Aufenthaltsraum voller Bücher und auf dem Deck eine schattige Terrasse. Bio-Frühstück kostet 10 €.

NÖRDLICHE VORORTE

 ### Camping Indigo Lyon
CAMPINGPLATZ €

(☎04 78 35 64 55; www.camping-indigo. com; Porte de Lyon, Dardilly; Platz 16,30–18,40 €, 5-Pers.-Chalet 39–57 €, Wohnwagen 60–99 €;

@ ⚃) Dieser schattige, ganzjährig geöffnete Campingplatz hat sich voll und ganz dem Schutz der Umwelt verschrieben. In den Holzchalets unter den Bäumen haben jeweils fünf Gäste Platz, in den Wohnwagen zwei bis sechs. Für Familien gibt's Schwimm- und Planschbecken im Freien, einen Spielplatz, Tischtennis und Volleyball.

🍴 Essen

Gleich eine ganze Reihe berühmter Küchenchefs ist in Lyon zu Hause – und mit ihnen die hervorragenden Restaurants, in denen alle kulinarischen Genres bedient werden. Egal ob französische oder internationale Küche, Fusionsküche oder traditionelle *bouchons* (S. 484) – Lyon hat's! Die Website www.lyonresto.com (auf Frz.) bietet Kritiken, Videos und Beurteilungen.

Viele Restaurants bieten nur unter der Woche günstigere Mittagsmenüs. Selbstversorger siehe S. 486.

VIEUX LYON
In der Altstadt tummeln sich – vor allem für die Touristen – jede Menge Restaurants.

Sol Café
SPANISCH €€

(☎04 72 77 66 69; 28 rue du Boeuf, 5e; Hauptgerichte 11,50–21,50 €; ⊘Di mittags geschl.; Ⓜ Vieux Lyon) Das Sol serviert – u. a. auf seiner sonnigen Terrasse – große Tapasplatten, superfrische Salate und brutzelnde Paella, außerdem Calamari, Wurst und Manchego-Käse. Zum Runterspülen gibt's natürlich Sangria.

Die authentischsten *bouchons* in Vieux Lyon:

Aux Trois Maries
BOUCHON €€

(☎04 78 37 67 28; 1 rue des Trois Maries, 5e; Mittagsmenü 9,50 €, Abendmenü 16,30–40 €; ⊘Di–Do & Sa mittags, Di–Sa abends, Aug. geschl.; Ⓜ Vieux Lyon) An einem mit Tischen gesprenkelten Platz und mit einem überdurchschnittlich breiten Angebot an Seafood.

Le Tire Bouchon
BOUCHON €€

(☎04 78 37 69 95; 16 rue du Boeuf, 5e; Menü 19–24 €; ⊘Di–Sa abends; Ⓜ Vieux Lyon) Der „Korkenzieher" liegt hinter einer weinfarbenen Fassade.

FOURVIÈRE

Le Restaurant de Fourvière
LYONER KÜCHE €€

(☎04 78 25 21 15; www.latassee.fr; 9 place de Fourvière, 5e; Mittagsmenü 14,50 €, Abendmenü

In anderen Gegenden Frankreichs ist ein *bouchon* vielleicht ein Korken oder ein Verkehrsstau, aber in Lyon ist es ein kleines, freundliches Bistro, in dem die traditionelle Stadtküche auf den Tisch kommt. Die *bouchons* haben ihren Ursprung in der ersten Hälfte des 20. Jhs., als viele großbürgerliche Familien ihre Köchinnen entlassen mussten, die sich dann mit eigenen Restaurants selbstständig machten. Die erste dieser *mères* (Mütter) war Mère Guy, gefolgt von Mère Filloux, Mère Brazier (unter der Paul Bocuse lernte) und anderen. Nicht alle *bouchons* sind allerdings so authentisch, wie sie auf den ersten Blick wirken. Viele wirklich authentische *bouchons* sind durch die Organisation *Les Authentiques Bouchons Lyonnais* zertifiziert – an diesen Lokalen prangt draußen ein Schild, das die traditionelle Puppenfigur Gnafron (der Kumpel von Guignol) mit einem Glas Beaujolais zeigt.

Ein sicherlich denkwürdiges gastronomisches Erlebnis könnte beginnen mit einem *communard*, einem Aperitif aus rotem Beaujolais-Wein und *crème de cassis*, benannt nach den Anhängern der Pariser Kommune, die 1871 getötet wurden. Wegen seiner blutroten Farbe wäre dieses Mischgetränk in anderen Teilen Frankreichs sicher verboten. Wer Wein bestellt, sollte einfach einen *pot* – eine 46-cl-Glasflasche mit einem Gummiband drum herum, damit sie nicht tropft – mit einem Brouilly, Beaujolais, Côtes du Rhône oder Mâcon aus der Region bestellen, der gewöhnlich 10–12 € kostet; die kleinere Version, ein Viertelliter, kostet 6–7 €.

Als nächstes kommt die Vorspeise, vielleicht *tablier de sapeur* (wörtlich „Schürze des Feuerwehrmanns", aber in Wahrheit gebratene panierte Rindskutteln), *salade de cervelas* (Salat mit Brühwurst aus Schweinefleisch, manchmal mit Pistazien oder schwarzen Trüffelstückchen) oder *caviar de la Croix Rousse* (Linsen in Sahnesauce). Herzhafte Hauptgerichte sind z. B. *boudin blanc* (Kalbswurst), *boudin noir aux pommes* (Blutwurst mit Äpfeln), *quenelles* (sehr fluffige Klößchen aus Mehl, Ei und Sahne), *quenelles de brochet* (Hechtklößchen, serviert mit einer sahnigen Krebssauce), *andouillette* (Gekrösewurst vom Schwein) und *gras double* (eine Art von Innereien). Wem das alles nicht zusagt, der kann sich stattdessen an *pieds de mouton/veau/couchon* (Schafs-/Kalbs-/Schweinsfüßen) gütlich tun.

Der Käsegang besteht normalerweise aus einem der folgenden Dinge: einer Schale *fromage blanc* (Quark) mit oder ohne cremig geschlagener Sahne, *cervelle de canut* (wörtlich „Seidenweberhirn"), Quark mit Schnittlauch und Knoblauch (stammt aus Croix Rousse und war im 19. Jh. bei jeder Mahlzeit der Seidenweber dabei), oder einem Stück perfekt gereiftem St-Marcellin aus Lyon.

Die Desserts sind wie die von Großmutter: *tarte aux pommes* (Apfelkuchen) oder *fromage blanc* (schon wieder) unter einem Früchtecoulis.

Seit Kurzem sind neue *bouchon*-verwandte Lokale aufgetaucht, die das traditionelle rustikale Dekor und die schwere Küche mit einem leichteren Touch versehen.

In den *bouchons* ist wenig Etikette vonnöten. Selten bekommen die Gäste für jeden Gang sauberes Besteck, und den Teller mit einem Stückchen Brot zu säubern ist also kein Problem. Die meisten *bouchons* servieren Mittagessen strikt von 12 bis 14 Uhr – wer ein vollständiges Menü möchte, sollte früh da sein – und akzeptieren nach 21.30 Uhr keine Gäste fürs Abendessen mehr. Eine Reservierung ist zu empfehlen.

26–39 €; 🚻; Ⓜ Seilbahnstation Fourvière) Die Aussicht ist hier so toll, dass dieses grandios gelegene Restaurant leicht eine Touristenfalle sein könnte; zum Glück ist das nicht der Fall! Stattdessen konzentriert es sich auf gut zubereitete örtliche Spezialitäten, darunter ein toller *salade lyonnaise* (grüner Salat, Schinken, pochiertes Ei und Croûtons).

PRESQU'ÎLE

An der kopfsteingepflasterten Rue Mercière, der Rue des Marronniers und an der Nordseite der Place Antonin Poncet – alle im 2. Arrondissement (Métrostation Bellecour) – liegt ein Esslokal neben dem anderen, und im Sommer genießen die vielen Gäste ihr Essen draußen auf den Bürgersteigen – die Qualität des Gebotenen ist allerdings sehr unterschiedlich. Die Rue Verdi in der Nähe der Oper im 1. Arrondissement ist ebenfalls mit Tischen vollgestellt.

LP TIPP Café des Fédérations BOUCHON €€

(☏04 78 28 26 00; www.lesfedeslyon.com, auf Frz.; 8 rue Major Martin, 1er; Mittagsmenü 19 €, Abendmenü 24–42 €; ⏱Mo–Sa; 📶; ⓂHôtel de Ville) An den holzverkleideten Wänden in diesem bekannten *bouchon* hängen jede Menge Schwarz-Weiß-Fotos von Alt-Lyon. Hier hat sich seit Jahrzehnten nichts verändert – weder die großen Portionen, der warmherzige Service und die gesellige Atmosphäre noch das Stehklo. Ein *bouchon*-Erlebnis vom Feinsten!

Le Bec FRANZÖSISCHE & FUSIONSKÜCHE €€€

(☏04 78 42 15 00; www.nicolaslebec.com, 2e; 14 rue Grolée; Mittagsmenü 40 €, Abendmenü 90–135 €; ⏱Di–Sa, Aug. 3 Wochen geschl.) Dieses mit zwei Michelin-Sternen gekrönte Restaurant ist das Flaggschiff des bekanntesten Starkochs von Lyon, Nicolas Le Bec, der für seine saisonal und global inspirierte Küche berühmt ist. Le Bec ist außerdem die treibende Kraft hinter dem innovativen neuen Raumkonzept **Rue Le Bec** (☏04 78 92 87 87; 43 quai Rambaud, 2e; Hauptgerichte 9–30 €, Sonntagsbrunch 45 €; ⏱Di–So; 🚋Straßenbahnlinie 1, Haltestelle Montrochet), einem geräumigen Restaurant inmitten einer markthallenähnlichen Ansammlung von Geschäften und Lokalen (Florist, Käsegeschäft, Feinkost, Bäckerei usw.) um eine baumgesäumte „Straße" herum. Außerdem gibt es noch das Restaurant **Espace Le Bec** (☏04 72 22 71 86; Menü 19,90–25,90 €; ⏱Mo–Sa 10–21.30 Uhr) am Flughafen St-Exupéry.

Le Comptoir des Filles LYONER KÜCHE €€

(☏04 78 38 03 30; 8 quai des Celestins, 2e; Mittagsmenü 13 €, Hauptgerichte 15–23 €; ⏱Di–Sa; 📶; ⓂBellecour) In diesem in seiner Schlichtheit sehr eleganten Lokal an der Saône sind die Spezialität des Hauses *quenelles* (Lyoner Klöße). Jeden Tag gibt es sechs Varianten wie etwa *trois fromages* (mit drei Käsesorten) oder St-Jacques (mit Jakobsmuscheln), außerdem Tagesgerichte mit Zutaten vom Markt und leichte, fluffige Desserts wie Grießkuchen.

Bleu de Toi FISCH & MEERESFRÜCHTE €

(☏04 78 37 24 65; 51 rue Mercière, 2e; Mittagsmenü 10,90 €, Hauptgerichte 12,60–14 €; 🍴; ⓂBellecour) Das wie ein rustikaler Fischerschuppen aufgemachte Lokal mit sonniger Terrasse ist eine echte Fundgrube für preisgünstige ultrafrische Meeresfrüchte; außerdem gibt's Crêpes mit Knusperkante und zum Kaffee bretonische Butterkekse. Sehr nettes Personal.

Comptoir-Restaurant des Deux Places
BOUCHON €€

(☏04 78 28 95 10; 5 place Fernand Rey, 1er; Mittags-/Abendmenü 13/28 €; ⏱Di–Sa; ⓂHôtel de Ville) Rot-weiß karierte Vorhänge, ein Interieur voller Antiquitäten und eine handgeschriebene Speisekarte tragen zur traditionellen Atmosphäre bei. Die Terrasse unter Bäumen ist besonders idyllisch.

Thomas FRANZÖSISCH €€

(☏04 72 56 04 76; www.restaurant-thomas.com, auf Frz.; 6 rue Laurencin, 2e; Mittags-/Abendmenü 18/41 €; ⏱Mo–Fr; ⓂAmpère) Der geniale Küchenmeister Thomas Ponson lässt seinen Gästen die Wahl zwischen gehobener Küche in nur seinem Vornamen tragenden Restaurant und etwas zwangloserer Kost in der Weinbar **Comptoir Thomas** (3 rue Laurencin; Hauptgerichte 14–25 €; ⏱Mo–Fr). Noch lockerer ist die Tapas-Bar **Café Thomas** (1 rue Laurencin; Tapas 1–5 €; ⏱Di–Sa).

Grand Café des Négociants BRASSERIE €€

(☏04 78 42 50 05; www.cafe-des-negociants.com, auf Frz.; 2 place Francisque Regaud, 2e; Mittagsmenü 17,90–21,90 €, Hauptgerichte 17,50–34 €; ⏱7–3 Uhr; ⓂCordeliers) Die von den Einheimischen auch liebevoll „Les Négos" genannte Brasserie mit Wandspiegeln und schattiger Terrasse ist seit 1864 ein beliebter Treff der Lyoner. Zu empfehlen ist auf jeden Fall eine Tasse köstlich cremiger heißer Schokolade (Tipp: vor 12 Uhr ist sie billiger). Die Brasserie ist leicht an den großen Blumentöpfen mit Maulbeersträuchern zu erkennen, das die apfelgrünen und kirschroten Tische draußen einrahmen.

Brasserie Georges BRASSERIE €€

(☏04 72 56 54 54; www.brasseriegeorges.com; 30 cours de Verdun, 2e; Menü 18,50–24 €; ⏱So–Do 11.30–23.15, Fr & Sa 11–24 Uhr; ⓂPerrache) Die Brasserie der 1836 gegründeten Brauerei erfreut sich weiterhin großer Beliebtheit. Sie bietet vier Biere vom Fass und eine Art-déco-Ausstattung aus den 1920er-Jahren und kann pro Tag 2000 Gäste verköstigen! Zu den berühmtesten Gästen zählten Rodin, Balzac, Hemingway, Zola, Jules Verne und Edith Piaf. Auf der Karte stehen Zwiebelsuppe, Sauerkraut, Meeresfrüchte und Lyoner Spezialitäten.

Brasserie Léon de Lyon
BRASSERIE €€

(☑04 72 10 11 12; www.leondelyon.com; 1 rue Plé-ney, 1e; Menü 19,50–34 €; Ⓜ Hôtel de Ville) Der bekannte Lyoner Koch Jean-Paul Lacombe hat sein von Michelin ausgezeichnetes Gourmetrestaurant in eine entspannte Brasserie umgewandelt – mit der gleichen Einrichtung von 1904, dem gewohnten tadellosen Service, aber günstigeren Preisen – der *plat du jour* für 14,60 € ist ein echt tolles Schnäppchen.

La Mère Jean
BOUCHON €€

(☑04 78 37 81 27; 5 rue des Marronniers, 2e; Mittagsmenü 11,50 €, andere Menüs 15,50–25 €; ⊙Di–Sa; Ⓜ Bellecour) Dieser winzige *bouchon*, dessen Fenster mit Empfehlungen aus Reiseführern vollgepflastert sind, stammt von 1923 und bietet eine fleischlastige Küche, für die sich zu reservieren lohnt.

Chez Georges
BOUCHON €€

(☑04 78 28 30 46; 8 rue du Garet, 1e; Mittagsmenü 16–25 €, Hauptgerichte abends 11,50–15 €; ⊙Mo–Fr mittags, Mo–Sa abends; Ⓜ Hôtel de Ville) Dieser bekannte *bouchon* erhält sich mit seinen Spitzenvorhängen und dem gedämpften Licht eine intime Atmosphäre. Die Mittagsmenüs und abendlichen Hauptgerichte sind ebenfalls tief in der Tradition verankert.

Chez Paul
BOUCHON €€

(☑04 78 28 35 83; www.chezpaul.fr, auf Frz.; 11 rue Major Martin, 1er; Mittags-/Abendmenü 13,50/25 €; ⊙Mo–Sa; Ⓜ Hôtel de Ville) Die Lyoner *mère* Josiane ist stolz darauf, dass die Gäste zu ihr kommen, um wie zu Hause

bzw. im Elternhaus zu speisen. Eine Spezialität in dieser *bouchon*-Ikone ist ein überdurchschnittlich cremiger *tablier de sapeur* (gebratene panierte Rindskutteln).

Magali et Martin
LYONER KÜCHE €€

(☑04 72 00 88 01; 11 rue Augustins, 1er; Mittags-/Abendmenü 19,50/35 €; ⊙Mo–Fr mittags & abends, Aug. 3 Wochen & Ende Dez.–Mitte Jan. geschl.; Ⓜ Hôtel de Ville) Durch das dritte der drei riesigen Fenster dieses phantastischen Restaurants kann man den Köchen in die Töpfe gucken. Sie bringen eine traditionelle, dabei aber leichtere und variantenreichere *bouchon*-Küche auf den Tisch.

Le Bouchon des Filles
LYONER KÜCHE €€

(☑04 78 30 40 44; 20 rue Sergent Blandan, 1e; Menü 25 €; ⊙Do–Di abends, So mittags; Ⓜ Hôtel de Ville) Diese zeitgenössische Ode an die legendären *mères* der Lyoner Gastroszene wird von zwei *filles* (Töchtern) geleitet, und die Tischdecken sind nicht rot-weiß, sondern kirschrot-brombeerfarben kariert. Besonders beim sonntäglichen Mittagessen geht es sehr familiär zu.

La Menthe
FRANZÖSISCH €€

(☑04 78 30 40 44; 15 rue Mercière, 2e; Mittags-/Abendmenü ab 12/16 €; ⊙Mo–Sa; Ⓜ Cordeliers) Außerhalb des Fußgängerbereichs der beliebten Restaurantstraße serviert dieses hübsche, in Pastellfarben gehaltene Restaurant einfache, aber stilvolle französische Küche. Wie das Essen ist auch die Bedienung genau richtig und das Preis-Leistungs-Verhältnis ist Spitzenklasse.

LEBENSMITTELMÄRKTE IN LYON

Lebensmittel einzukaufen gehört unbedingt zum Lyon-Erlebnis dazu. Und mit den vielen Plätzen und Parks bieten sich auch jede Menge Gelegenheiten für ein Picknick.

In den legendären Markthallen von Lyon, **Les Halles de Lyon** (http://halledelyon. free.fr, auf Frz.; 102 cours Lafayette, 3e; ⊙Di–Sa 8–19, So bis 12 Uhr; Ⓜ Part-Dieu), kann man an über 60 Ständen exquisite Lebensmittel erwerben, z. B. am Käsestand von Mère Richard einen traumhaft sahnigen St-Marcellin oder bei der Metzgerin Collette Sibilia eine knubbelig-dicke Wurst mit dem Namen „Jésus de Lyon". Wer möchte, kann sich hier auch zu einem Mittagessen niederlassen, etwa zu köstlichen *coquillages* (Schalentieren). Tische stehen auch inmitten der Stände der kleinen Markthalle **La Halle de Martinière** (24 rue de la Martinière, 1er; ⊙Di–So; Ⓜ Hôtel de Ville).

Lyon bietet zwei **Lebensmittelmärkte unter freiem Himmel**: Croix Rousse (bd de la Croix Rousse, 4e; ⊙Di–So vormittags; Ⓜ Croix Rousse); Presqu'île (quai St-Antoine, 2e; ⊙Di–So vormittags; Ⓜ Bellecour oder Cordeliers). Wer sich seine Lebensmittel lieber liefern lässt: Der Obst- und Gemüsedienst **Potager City** (www.potagercity.fr, auf Frz.) kauft für seine Kunden auf dem Markt ein und bringt die Sachen dann per Fahrrad nach Hause (innerhalb der Innenstadt von Lyon).

Salmon Shop FISCH & MEERESFRÜCHTE €€
(☎04 78 42 97 92; 54 rue Mercière, 2e; Mittagsmenü 12,90 €, Hauptgerichte 12,60–14,40 €; 🚸; ⓂBellecour) Ob geräuchert, in der Pfanne gebraten, gegrillt oder als Tatar – in diesem skandinavisch angehauchten Lokal taucht Lachs in so ziemlich *jedem* Gericht auf. Am besten ist vielleicht die Spezialität des Hauses, *pavé de saumon* – eine dicke Scheibe leicht gekochtes Lachsfilet in Schnittlauch-Sahne-Sauce mit Salat, Toast und Pommes bis zum Abwinken.

Yinitial G&G FUSIONSKÜCHE €€
(☎04 78 42 14 14; 14 rue Palais Grillet, 2e; Menü 16,80–32 €; ⏲Di–Sa, Aug. geschl.; 🖉; ⓂCordeliers) In diesen minimalistischen Räumlichkeiten mit tief hängenden Tischlampen und flackernden Teelichten sowie offener Küche kommt neben dem Asiatischen auch ein Schuss Europa in den Wok, sodass eine aromatische globale Küche entsteht.

Chez Hugon BOUCHON €€
(☎04 78 28 10 94; 12 rue Pizay, 1er; Menü 24 €; ⏲Mo–Fr, Aug. geschl.; ⓂHôtel de Ville) Die Original-Innenausstattung von 1937 in Madame Hugons Lokal versetzt ihre Gäste wahrlich zurück in die Vergangenheit. Dank einer loyalen Stammkundschaft ist Chez Hugon einer der beliebtesten *bouchons* der Stadt.

Fubuki JAPANISCH €€
(☎04 78 30 41 48; 17 rue Gentil, 2e; Mittagsmenü 10,50–15,50 €, Abendmenü 19–46 €; ⏲Mo–Sa; ⓂCordeliers) Die Tische in diesem renommierten japanischen Restaurant sind *chauffantes* (beheizt). Traditionell gekleidete und mit großen Messern bewaffnete Köche bereiten direkt vor den Augen der Gäste Fisch zu.

Le Neptune LYONER KÜCHE €€
(☎04 78 37 08 19; 4 rue des Marronniers, 2e; Menü 11–20 €; ⓂBellecour) Die kantinenartige Einrichtung ist sicher nichts Besonderes, aber die angebotenen Gerichte sind angesichts der sehr zivilen Preise überraschend gut; und wer es eilig hat, findet im Personal des Neptune hilfsbereite Geister, was in diesen Breiten nicht unbedingt normal ist.

Unsere Tipps für eine günstige, aber schmackhafte schnelle Küche auf der Presqu'île:

L'épicerie BISTRO €
(☎04 78 37 70 85; 2 rue de la Monnaie, 2e; Tartines 3,80–6,20 €; ⏲12–24 Uhr; 🖉🚸; ⓂCordeliers) In diesem Bistro, das aussieht wie ein Lebensmittelgeschäft vom frühen 20. Jh., mit Schränken voller Geschirr und alter Kästen und Kanister, gibt es dick geschnittene *tartines* (Butterbrote), belegt z. B. mit Brie, Walnüssen und Honig, sowie köstliche Desserts wie Pralinenkuchen. Weitere Filialen in Lyon und Umgebung.

Giraudet LUNCHBAR €
(☎04 72 77 98 58; www.giraudet.fr, auf Frz.; 2 rue Colonel Chambonnet, 2e; Menü 10–13 €; ⏲Mo 11–19, Di–Sa 9–19 Uhr; 🖉; ⓂBellecour) Schickes *quenelle*-Lokal mit Sitzplätzen; neben der Lyoner Spezialität gibt es auch hausgemachte Suppen. Weitere Filiale bei den Les Halles de Lyon.

Best Bagels CAFÉ €
(☎04 78 27 65 61; www.bestbagels.fr, auf Frz.; 1 place Tobie Robatel, 1er; Bagels 4,25–10 €; ⏲Mo & Di 11.30–22, Mi–Fr 11.30–23, Sa 11–23, So 11–15 Uhr; 🖉; ⓂHôtel de Ville) Café mit gefüllten Bagels und klebrigen Donuts zum Mitnehmen oder Essen vor Ort, dazu ein Lebensmittelladen. Hierher kommen vor allem Studenten.

Neo Le Comptoir CAFÉ €
(☎04 78 30 51 01; www.neolecomptoir.com, auf Frz.; 21 rue du Bât d'Argent, 1er; Menü 4,50–10 €; ⏲11–15 Uhr, Juli & Aug. So geschl.; ⓂHôtel de Ville) Salate zum Selbstzusammenstellen in sonnigem Bürgerhaus mit limonengrünen und bonbonrosafarbenen Wänden.

CROIX ROUSSE

Von Dezember bis April ist in den Cafés von Croix Rousse Austernfrühstück mit Weißwein ein echter Renner. Wenn die Sonne scheint, wird es selbst an kalten Tagen draußen genossen.

Mère Brazier LYONER KÜCHE €€€
(☎04 78 23 17 20; 12 rue Royale, 1er; Mittagsmenü 31–35 €, Abendmenü 55–95 €; ⏲Mo–Fr, Aug. 3 Wochen & Feb. 1 Woche geschl.; ⓂCroix Paquet) Küchenchef Mathieu Vianney hat das legendäre Restaurant aus dem frühen 20. Jh. wiederbelebt, das Mère (Eugénie) Brazier 1933 als erster Köchin in Lyon drei Michelin-Sterne einbrachte – ein Exemplar des Original-Restaurantführers ist stolz ausgestellt. Brazier war außerdem die Erste, die sich zweimal drei Sterne erkochte, was ihr Alain Ducasse erst mehrere Jahrzehnte später nachmachte. Vianney wird Braziers Erbe auf grandiose Weise gerecht und verdiente sich mit seiner selbstsicheren Küche zwei Sterne. Begleitet werden die Gerichte

488

von recht preisgünstigen Weinen von einer eindrucksvollen Weinkarte.

Toutes les Couleurs VEGETARISCH €€
(☏04 72 00 03 95; www.touteslescouleurs. fr, auf Frz.; 11 rue Imbert Colomès, 1er; Mittagsmenü 11,50–14,50 €, Abendmenü 19–26 €; ☺Di–Sa mittags, Fr & Sa abends; ☑; ⓜCroixPaquet) Vegetarisches kommt in der Lyoner Gastroszene gewöhnlich eher zu kurz – dagegen kocht dieses rein vegetarische *restaurant bio* an; auf der saisonal ausgerichteten Karte stehen auch *végétalien* (veganische) und glutenfreie Gerichte. Nicht einmal Kuhmilch wird verwendet – nur Soja-, Mandel- oder Reismilch.

Café Cousu CAFÉ €
(☏04 72 98 83 38; www.cafe-cousu.com, auf Frz.; Passage Thiaffait, 19 rue René Leynaud, 1er; Frühstück 4,50 €, Wochenendbrunch 13 €; ☺Di–Fr 8.30–21, Sa & So 11–21 Uhr; ☎☑; ⓜCroix Paquet) Das winzige Café inmitten der Modedesigner im Village des Createurs lockt mit seinem stärkenden Frühstück, herzhaften Mittagessen und hausgemachten Kuchen ein szeniges Publikum an. Am Wochenende kommen die Leute von 11 bis 17 Uhr zum beliebten Brunch.

Le Cinoche CRÊPERIE €
(☏04 72 07 06 99; 7 rue Dumenge, 4e; Galettes 9–9,50 €, Crêpes 3,50–6,50 €; ☺Di–Sa; ☑; ⓜCroix Rousse) Mit den alten Projektoren, Filmrollen, Lampen, Büchern und Plakaten spielt die gemütliche Crêperie auf das cineastische Erbe Lyons an. Die herzhaften *galettes* und süßen Crêpes sind nach berühmten Filmen benannt wie *Orange* Mécanique (Clockwork Orange), mit Orangen, geschmolzener Schokolade und wodkagestärkter Sahne.

Le Canut et Les Gones LYONER KÜCHE €€
(☏04 78 29 17 23; 29 rue de Belfort, 4e; Tagesgericht 9 €, Mittags-/Abendmenü 16/25 €; ☺Di–Sa; ⓜCroix Rousse) Das kulinarische Erlebnis in diesem Retro-Bistro hält, was die senfgelbe Fassade mit minzgrünen Fensterrahmen verspricht. Die kreative Küche bedient sich beim frischen Angebot des Markts von Croix Rousse.

Gd Kfé de la Soierie CAFÉ €
(☏04 78 28 11 26; place des Tapis, 4e; Frühstück 4,90 €, Hauptgerichte 10–17 €; ☺tgl.; ⓜCroix Rousse) Wer sich an einem Morgen, wenn der Markt in vollem Gange ist, vor diesem alteingesessenen Café in einen Stuhl von Fermob pflanzt, der ist verloren: Er wird sich hoffnungslos in dieses Viertel verlieben. Die Zinktheke gehört zu den zahlreichen Original-Einrichtungsteilen dieses Cafés.

RIVE GAUCHE

Le Comptoir CAFÉ, WEINBAR €€
(☏04 72 60 98 64; 7 rue de la Part-Dieu, 3e; Bagelmenü 2,90–4,90 €; ☺Di–Fr mittags, Mi–Sa abends; ☑; ⓜPlace Guichard) Die Spezialitäten des in großzügigen, stilvollen Räumlichkeiten voller frischer Blumen und schön ausgesuchter Antiquitäten untergebrachten Cafés gleich östlich der Rhone sind herzhafte Kuchen, Suppen und Fleischpasteten (Kaninchen, Schwein, Foie gras).

NÖRDLICHE VORORTE

L'Auberge du Pont de Collonges
FRANZÖSISCH €€€
(☏04 72 42 90 90; www.bocuse.com; 40 rue de la Plage; Menü 115–215 €; ☺tgl. mittags & abends, mit Reservierung) 6,5 km nördlich der Innenstadt von Lyon (zu erreichen über den Quai Georges Clemenceau) befindet sich das mit drei Michelin-Sternen ausgezeichnete Restaurant des höchstdekorierten Küchenchefs der Stadt, Paul Bocuse. Zu den Klassikern hier zählen mit Hummermousse gefüllter Seebarsch in Blätterteigmantel sowie Lammkarree mit Thymian, außerdem das Meisterstück von Bocuse, die *soupe VGE*, eine 1975 für den damaligen französischen Präsidenten Valéry Giscard d'Estaing kreierte Trüffelsuppe.

🍷 Ausgehen & Unterhaltung

Viele Lokale beginnen den Abend als gemütliche Orte für einen Drink oder auch für ein Essen und verwandeln sich später in volle Bars und/oder Livemusik- und Tanzschuppen.

Zur Lyoner Puppentheaterszene siehe S. 490.

VIEUX LYON

Bis früh am Morgen geöffnete Bars finden sich in ganz Vieux Lyon – einfach den anderen Nachtschwärmern folgen!

Britische & irische Pubs in Vieux Lyon
PUBS
Britische und irische Pubs gibt es in Städten auf der ganzen Welt, aber Vieux Lyon hat davon außerordentlich viele. Sowohl Touristen als auch die in Lyon lebenden Ausländer und die Lyoner selbst gehen hier ein und aus.

Zu den täglich bis mindestens 1 Uhr geöffneten Dauerbrennern zählen das mit Bücherregalen gefüllte **Smoking Dog** (16 rue Lainerie, 5e; MVieux Lyon) in St-Paul sowie das trubelige **James Joyce** (68 rue St-Jean, 5e; MVieux Lyon) und das gemütliche **St-James** (19 rue St-Jean, 5e; MVieux Lyon) in St-Jean.

Weiter südlich in St-Georges sind gut: **Johnny's Kitchen** (www.myspace.com/johnnys kitchen; 48 rue St-Georges, 5e; MVieux Lyon) mit recht gutem Kneipenessen, der Schwesterpub **Johnny Walsh's** (www.johnnywalshs.com; 56 rue St-Georges, 5e; ☎) mit Livemusik an fünf Abenden der Woche und, etwas abgelegen, das stimmungsvolle **L'Antidote** (www.antidote-pub.com; 108 rue St-Georges, 5e; MVieux Lyon).

Saint Jus: Caviste pas Pareil WEINBAR
(☎06 80 47 21 09; www.myspace.com/lesaint-jus; 76 rue St-Georges, 5e; ⊙variabel; MVieux Lyon) Diese vergnügliche, keineswegs 08/15-Weinbar bietet entspannte Weinprobier-Workshops (18 €).

(L'A)Kroche LIVEMUSIK
(☎04 78 37 38 52; 8 rue Monseigneur Lavarenne, 5e; ⊙Di–So; ☎; MVieux Lyon) In der hippen Bar legen DJs Electro, Soul, Funk und Disco auf und Livebands spielen Rock, Pop und Indie.

PRESQU'ÎLE

Place des Terreaux CAFÉS
(12 rue Ste-Catherine, 1er; MHôtel de Ville) Die Caféterrassen auf dem Hauptplatz der Presqu'île sind stets gut besucht.

Le Wine Bar d'à Côté WEINBAR
(☎04 78 28 31 46; www.cave-vin-lyon.com, auf Frz.; 7 rue Pleney, 1er; ⊙Di–Sa; ☎; MCordeliers) Diese in einer kleinen Gasse versteckte kultivierte Weinbar ist eingerichtet wie eine englischer Herrenclub, mit Ledersofas und Bücherei.

Albion PUB
(12 rue Ste-Catherine, 1er; MHôtel de Ville) Die Rue Ste-Catherine war Lyons *rue de la soif* (Durststraße), aber die Kneipenszene hat sich größtenteils nach Vieux Lyon verlagert. In den Kneipen hier kann man sich aber nach wie vor gut ein Gläschen genehmigen, z. B. im gemütlichen Albion.

La Fée Verte CAFÉ-BAR
(www.myspace.com/lafeevertelyon; 4 rue Pizay, 1er; ⊙unterschiedlich; ☎; MHôtel de Ville) Die ganz in Grün eingerichtete „Grüne Fee" ist

Infos über neue Clubs bieten www.lyonclubbing.com, www.lyon2night.com und www.night4lyon.com (alle auf Frz.).

Zu den wöchentlichen Veranstaltungskalendern zählen *Lyon Poche* (www.lyonpoche.com, auf Frz.; am Zeitungskiosk 1 €) und *Le Petit Bulletin* (www.petit-bulletin.fr, auf Frz.; kostenlos an Straßenecken).

Eintrittskarten verkauft die **Billetterie Fnac** (www.fnac.com/spectacles; 85 rue de la République, 2e; ⊙Mo–Sa 10–19 Uhr; MBellecour).

auf das teuflische alte Gebräu Absinth spezialisiert. Manchmal gibt's abends Electro oder Hip-Hop.

Harmonie des Vins WEINBAR
(www.harmoniedesvins.fr, auf Frz.; 9 rue Neuve, 1er; ⊙Di–Sa 10–2 Uhr; MHôtel de Ville) Charmante Weinbar mit alten Steinwänden, moderner Einrichtung, starkem Kaffee und köstlichem Essen.

Andy Walha BAR
(29 rue de l'Arbre Sec, 1er; ⊙tgl.; MHôtel de Ville) Cocktailbar mit von Andy Warhol inspirierter Pop-Art-Einrichtung, wo die Schönen Champagner und Cocktails schlürfen.

Hot Club de Lyon LIVEMUSIK
(www.hotclubjazz.com, auf Frz.; 26 rue Lanterne, 1er; Eintritt 5–18 €; ⊙Di–Sa; MHôtel de Ville) Ein Dauerbrenner seit 1948 und Lyons wichtigster Jazzclub.

Opéra de Lyon OPERNHAUS
(☎08 26 30 53 25; www.opera-lyon.com, auf Frz.; place de la Comédie, 1er; ⊙Mitte Sept.–Anfang Juli; MHôtel de Ville) Lyons Opernhaus ist die erste Adresse der Stadt für Oper, Ballett und klassische Musik.

CNP-Terreaux KINO
(http://ter.cine.allocine.fr, auf Frz.; 40 rue du Président Édouard Herriot, 1er; MHôtel de Ville) Zeigt nichtsynchronisierte Filme.

Weitere Empfehlungen:

Barberousse BAR
(http://lyon.barberousse.com/, auf Frz.; 18 rue Terrailles, 1er; ⊙Di–Sa; MHôtel de Ville) Schnapsbar mit nautischem Dekor und über 50 verschiedenen Rumsorten,

darunter Zimt, Kastanie, Veilchen und Rhabarber.

Soda Bar BAR
(http://soda-bar.noziris.com, auf Frz.; 7 rue de la Martinière, 1er; ⊙Di–Sa, Mitte Juli–Mitte Aug. geschl.; Ⓜ Hôtel de Ville) Hier wird beim Cocktailmixen mit Flaschen jongliert.

Le Voxx BAR
(1 rue d'Algérie, 1er; ⊙tgl.; Ⓜ Hôtel de Ville) Minimalistische Bar am Fluss mit sehr gemischtem Publikum von Student bis Yuppie.

Broc' Café BAR-CAFÉ
(www.broc-cafe-resto.com, auf Frz.; 2 place de l'Hôpital, 2e; ⊙Mo–Sa; Ⓜ Bellecour) Mit Trödel (*broc* ist die Abkürzung für *brocante*) eingerichtetes Café.

Comptoir de la Bourse BAR
(www.comptoirdelabourse.fr; 33 rue de la Bourse, 1er; ⊙Mo–Sa; Ⓜ Cordeliers) *Très chic.*

CROIX ROUSSE
Das alternative Croix Rousse ist das Pflaster für szenige Kneipen.

modernartcafé BAR
(www.modernartcafe.net; 65 bd de la Croix Rousse, 4e; ⊙tgl.; ☎; Ⓜ Croix Rousse) Mit Retro-Einrichtung, wechselnder Kunst an den Wänden, Wochenend-Brunch und einem bunten Mix aus Foto-, Musik- und Video-Veranstaltungen ist dieses Kunstcafé einer der angesagtesten Treffs von Croix Rousse.

Le Bec de Jazz LIVEMUSIK
(19 rue Burdeau; ⊙Mi–Sa; Ⓜ Croix Paquet) Supercooler, lange geöffneter Jazzclub.

La Bistro fait sa Broc' BAR
(1–3 rue Dumenge, 4e; ⊙Mo–Sa; Ⓜ Croix Rousse) Eine hippe Fassade in Limonengrün und Zuckerwatte-pink begrüßt die Gäste dieser Weinbar im Retrostil, in der kein Stuhl dem anderen gleicht. Gelegentlich spielen Bands.

RIVE GAUCHE

Péniches BARSCHIFFE
Am linken Rhone-Ufer liegen eine Reihe von *péniches* (Lastkähnen) vor Anker, deren Bars bis etwa 3 Uhr geöffnet sind. Je

GUIGNOL: LYONS TRADITIONELLE PUPPENFIGUR

Die Geschichte der berühmten Lyoner Puppenfigur Guignol ist mit der Geschichte der Stadt eng verbunden. 1797 verlegte sich der arbeitslose Seidenweber Laurent Mourguet aufs Zähneziehen. Um Kunden anzulocken, baute er vor seinem Zahnarztstuhl ein Puppentheater auf, in dem anfangs der italienische Pulcinella die Hauptrolle spielte. Da Mourguet mit dem Puppenspiel so erfolgreich war, machte er es zu seiner Vollzeitbeschäftigung und schuf um 1808 herum die Figur Guignol sowie Programme, die sich zum Teil satirisch mit der Lage der Arbeiter, den Themen des Tages und gesellschaftlichem Klatsch befassten.

Heute ist die kleine Handpuppe überall in der Stadt zu sehen, u. a. auf dem Wandbild Fresque des Lyonnais (S. 477) und in den Puppenmuseen (S. 472).

Guignols sehr eingängige slapstickartige Nummern gefallen sowohl Kindern als auch Erwachsenen – einige Theater bieten auch Abendprogramme nur für Erwachsene. Die Vorstellungen sind auf Französisch, aber es fallen auch Wörter aus dem Lyoner Dialekt wie *quinquets* (Augen), *picou* (Nase), *bajafler* (ohne Unterbrechung reden) und *gones* (Kinder bzw. alle Lyoner).

Neben den Aufführungen im Parc de la Tête d'Or (S. 478) gibt es Vorstellungen in drei Guignol-Puppentheatern:

Guignol, un Gone de Lyon (☎04 72 32 11 55; www.guignol-un-gone-de-lyon.com, auf Frz.; 65 bd des Canuts, 4e; Ⓜ Hénon) In Croix Rousse.

Théâtre La Maison de Guignol (☎04 72 40 26 61; www.lamaisondeguignol.fr, auf Frz.; 2 montée du Gourguillon, 5e; Ⓜ Vieux Lyon) Uriges Theater in St-Georges.

Théâtre Le Guignol de Lyon (☎04 78 28 92 57; www.guignol-lyon.com, auf Frz.; 2 rue Louis Carrand, 5e; Ⓜ Vieux Lyon) Nach bestimmten Vorstellungen können sich die Zuschauer hinter den Kulissen Requisiten und Puppen anschauen (Programm auf der Website).

Weitere Infos über Guignol bietet die Website http://amisdeguignol.free.fr (die Freunde von Guignol).

nach Jahreszeit sind am Quai Victor Augagneur zwischen **Pont Lafayette** (MCordeliers oder Guichard) im Norden und **Pont de
la Guillotière** (MGuillotière) im Süden mehr
als ein Dutzend dieser Kähne vertäut. Viele haben DJs und/oder Livebands. Zu den
Klassikern zählen das chillige **Passagère**
(21 quai Victor Augagneur, 7e; ☺tgl.), das schicke
La Pie (http://lapieresto.com, auf Frz.; 2 quai Victor Augagneur, 3e; ☺Mi–Sa), das partyfreudige
Le Sirius (www.lesirius.com, auf Frz.; 4 quai Victor Augagneur, 3e; ☺tgl.; ☎) und das Electro-
lastige **La Marquise** (www.marquise.net, auf
Frz.; 20 quai Victor Augagneur, 3e; ☺Di–So).

Ninkasi Gerland   LIVEMUSIK
(www.ninkasi.fr, auf Frz.; 267 rue Marcel Mérieux,
7e; ☺tgl.; MStade de Gerland) Die von einer fei-
erwütigen, tobenden Menge besuchte Mikrobrauerei am Stadion ist einer von mehreren Ninkasi-Läden in der Stadt, jeder davon
mit eigenem Unterhaltungsprogramm von
DJs und Bands bis zu Filmvorführungen
und anderem; außerdem gibt's stärkendes
Essen wie Fish & Chips und Burger zum
Selbstzusammenstellen.

Le Transbordeur   LIVEMUSIK
(www.transbordeur.fr, auf Frz.; 3 bd de Stalingrad,
Villeurbanne) Lyons renommierteste Konzerthalle in einem alten Industriegebäude
steht auf den Tourneeplänen großer internationaler Stars. Um dorthin zu kommen,
nimmt man von der Métrostation Part-Dieu
die Buslinie 59 bis zur Haltestelle Cité Inter
Transbordeur.

Hangar du Premier Film   KINO
(www.institut-lumiere.org; 25 rue du Premier Film,
8e; MMonplaisir-Lumière) Das Kino neben
dem Musée Lumière zeigt in einer alten
Fabrik, der Geburtsstätte des Films, Filme
aller Genres und Epochen in Originalsprache. Von etwa Juni bis September gibt's
eine Großleinwand im Freien.

Auditorium de Lyon   KLASSISCHE MUSIK
(☎04 78 95 95 95; www.auditorium-lyon.com, auf
Frz.; 82 rue de Bonnel, 3e; ☺Sept.–Juni; MPart-
Dieu) Die 1975 erbaute, raumschiffartige
Konzerthalle ist die Heimat des Orchestre
National de Lyon und veranstaltet auch
Workshops sowie Jazz- und Weltmusikkon-
zerte.

Maison de la Danse   MODERNER TANZ
(www.maisondeladanse.com; 8 av. Jean Merm-
oz, 8e) Die Spielstätte für zeitgenössischen
Tanz ist mit den Bussen 23, 24 und 25 zu
erreichen.

Qui ne saute pas n'est pas Lyonnais!
(Wer nicht springt, ist kein Lyoner!) ist
der Schlachtruf der Fans des mehrma-
ligen französischen Fußballmeisters
Olympique Lyonnais (OL; http://olweb.
fr), der seine Heimspiele im **Stade de
Gerland** (353 av. Jean Jaurès, 7e; MStade
de Gerland) austrägt. Das Stadion fasst
40 000 Zuschauer und wurde in den
1920er-Jahren erbaut. Karten gibt's online und in den Vereinsshops **OL Store**
(☎39 69; ☺Di–Sa 10–19 Uhr, Dez. tgl.)
Gerland (60 av. Tony Garnier, 7e; MStade de
Gerland); Lyon Centre (Ecke rue de Jussieu/
rue Grolée, 2e; MCordeliers).

Im hippen Viertel Gare de Brotteaux
beginnt eine Clubnacht am besten im
ApériKlub (www.aperiklub-first.com, auf Frz.;
13–14 place Jules Ferry; MBrotteaux; ☺Mi–Sa)
und endet im benachbarten **First Ten-
dency** (13–14 place Jules Ferry; MBrotteaux;
☺Do–Sa). Für beide ist schicke Kleidung
angesagt.

Shoppen

VIEUX LYON
Die Gassen von Vieux Lyon sind von Galerien, Antiquariaten und guten Souvenirgeschäften gesäumt.

St-Jean Délices   SÜSSWARENLADEN
(www.achat-lyon.com/st-jean-delices; 19 rue St-
Jean, 5e; ☺Di–So 10–20 Uhr; MVieux Lyon) Dieses verlockende Geschäft verkauft alle acht
süßen Lyoner Spezialitäten, hergestellt von
örtlichen Traditionskonditoren, darunter
les coussins de Lyon (dunkle Schokolade
mit Curaçao-Geschmack in Zucker-Man-
del-Masse) und *les pralines rouges* (Mandeln mit rotem Karamellüberzug mit Va-
nillegeschmack, oft zu finden in örtlichen
Desserts und Backwaren), außerdem handgefertigte Pralinen.

Kunstgewerbemarkt   KUNSTGEWERBEMARKT
(quai de Bondy, 5e; ☺So 9–12 Uhr; MVieux Lyon)
An der Saône verkaufen Künstler ihre Gemälde, Skulpturen, Fotos usw.

PRESQU'ÎLE
Mainstream-Geschäfte säumen die Rue de
la République und Rue Victor Hugo. Teure
Boutiquen und bekannte Designerläden be-

finden sich in der Rue du Président Édouard Herriot und der Rue de Brest sowie in den Straßen zwischen der Place des Jacobins und der Place Bellecour. Weitere findet man zwischen den Galerien und Antiquitätengeschäften um die Rue Auguste Comte im 2. Arrondissement herum.

In Cuisine BUCHLADEN
(www.incuisine.fr; 1 place Bellecour, 2e; MBellecour) Dieses Feinschmeckerparadies bietet eine erstaunliche Auswahl an Büchern zu den Themen Essen und Wein. Außerdem werden Kochkurse und -vorführungen und Weinproben angeboten, dazu im angeschlossenen *salon de thé* Mittagessen.
Weitere Empfehlungen:

Büchermarkt BÜCHERMARKT
(quai de la Pêcherie, 1er; ⊗Sa & So 7–18 Uhr; MHôtel de Ville) Eine Fundgrube für schwer aufzutreibende Bücher (zumeist auf Frz.).

Decitre BUCHLADEN
(www.decitre.fr, auf Frz.; 6 place Bellecour, 2e; MBellecour) Verkauft fremdsprachige Belletristik, jedoch nur wenig Reiseliteratur.

CROIX ROUSSE

Montée de la Grande Côte
GALERIEN, WERKSTÄTTEN
(MCroix Rousse oder Croix Paquet) Seiden-, Buntglas- und andere Galerien und Werkstätten säumen diesen Weg zwischen Croix Rousse und der Place des Terreaux im 1. Arrondissement. Weitere Galerien befinden sich am östlichen Ende der Rue Burdeau im 1. Arrondissement.

Le Village des Createurs MODE
(☑04 78 27 37 21; www.villagedescreateurs.com; Passage Thiaffait, 19 rue René Leynaud, 1e; ⊗Mi–Sa 14–19 Uhr; MCroix Paquet) Boutiquen bekannter und aufstrebender Designer.

RIVE GAUCHE

Centre Commercial La Part-Dieu
EINKAUFSZENTRUM
(www.centrecommercial-partdieu.com, auf Frz.; 3e; MPart-Dieu) Das große Einkaufszentrum neben dem Bahnhof Part-Dieu wird von einem bleistiftförmigen Turm beherrscht, dem *crayon*.

Au Vieux Campeur OUTDOORLADEN
(www.auvieuxcampeur.fr, auf Frz.; 43 cours de la Liberté, 3e; MGuillotière) Toller Campingladen mit einer riesigen Auswahl an Karten und Reiseführern (darunter viele auf Englisch).

❶ Praktische Informationen

Geld

AOC Exchange (20 rue Gasparin, 2e; ⊗Mo–Sa 9.30–18.30 Uhr; MBellecour) Geldwechsel.

Internetinfos

www.bullesdegones.com (auf Frz.) Umfassende Tipps dafür, was man in und um Lyon mit Kindern bis 12 Jahren alles machen kann.

www.lyon-blog.fr (auf Frz.) Portal für fast 400 Blogs über Lyon.

www.lyon.fr Offizielle Website der Stadt.

www.petitpaume.com (auf Frz.) Von Studenten geschriebener Insider-Stadtführer.

www.rhonealpes-tourisme.com Regionale Touristeninformationsseite.

Internetzugang

Planète Net Phone (21 rue Romarin, 1er; MHôtel de Ville; 2 €/Std.; ⊗Mo–Sa 9.30–23, So 12–23 Uhr; 🛜) Einer von mehreren billigen Internet- und Telefonläden der Gegend.

Raconte-Moi La Terre (www.raconte-moi. com, auf Frz.; 14 rue du Plat, 2e; Laptopverleih 4 €/Std.; ⊗Mo–Sa 10–19.30 Uhr; 🛜; MBellecour) Reisebuchladen mit kostenlosem WLAN; verleiht außerdem Laptops – im Café hinten fragen, Ausweis mitnehmen.

Medizinische Versorgung

Hôpital Édouard Herriot (☑08 20 08 20 69; www.chu-lyon.fr, auf Frz.; 5 place d'Arsonval, 3e; ⊗24 Std.; MGrange Blanche) Mit Notfallambulanz.

Pharmacie Blanchet (☑04 78 42 12 42; www.lyon-pharmacie.com, auf Frz.; 5 place des Cordeliers, 2e; ⊗24 Std.; MCordeliers)

SOS Médecins (☑04 78 83 51 51; ⊗24 Std.) Medizinische Notfälle.

Notfälle

Polizei (Commissariat de Police) place Sathonay (☑04 78 28 11 87; 5 place Sathonay, 1er; MHôtel de Ville); rue de la Charité (☑04 78 42 26 56; 47 rue de la Charité, 2e; MPerrache oder Ampère)

Post

Post (10 place Antonin Poncet, 2e; MBellecour) Hauptpost.

Touristeninformation

Touristeninformation (☑04 72 77 69 69; www.lyon-france.com; place Bellecour, 2e; ⊗9–18 Uhr; MBellecour)

❶ An- & Weiterreise

Auto

Die großen Autovermietungen sind vertreten an der Gare de la Part-Dieu, der Gare de Perrache und am Flughafen.

Bus

Eurolines (☎04 72 56 95 30; www.eurolines. fr) und das spanische Busunternehmen **Linebús** (☎04 72 41 72 27; www.linebus.com, auf Spanisch) haben Büros auf der Busbahnhofsetage des Centre d'Échange im Perrache-Komplex (den Schildern mit der Aufschrift „Lignes Internationales" folgen).

Flugzeug

Flughafen Lyon-St-Exupéry (☎08 26 80 08 26; www.lyon.aeroport.fr; ✈) Der 25 km östlich der Stadt gelegene Flughafen wird von 120 Zielen aus direkt angeflogen, auch von einigen Billigfliegern.

Zug

Lyon verfügt über zwei Fernbahnhöfe: **Gare de la Part-Dieu** (Ⓜ Part-Dieu), 1,5 km östlich der Rhone, und **Gare de Perrache** (Ⓜ Perrache). Einige Nahverkehrszüge halten an der **Gare St-Paul** (Ⓜ Vieux Lyon) und an der **Gare Jean Macé** (Ⓜ Jean Macé). Fahrkarten sind an den Bahnhöfen erhältlich und in der **Boutique SNCF** (2 place Bellecour, 2e; Ⓜ Bellecour).

TGVs fahren u. a. nach:

Beaune 23,10 €, 2¼ Std., bis 9-mal tgl.

Dijon 30,20 €, 2 Std., mindestens 12-mal tgl.

Lille-Europe 92 €, 3¼ Std., 9-mal tgl.

Marseille 58,60 €, 1¾ Std., alle 30–60 Min.

Paris Gare de Lyon 64,30 €, 2 Std., alle 30–60 Min.

Straßburg 55,90 €, 4¾ Std., 5-mal tgl.

❶ Unterwegs vor Ort

Fahrrad

An über 200 Radstationen in der ganzen Stadt kann man sich ein rot-silbernes Fahrrad ausleihen und es dann an einer anderen wieder abstellen – dank des städtischen Programms **vélo'v** (www.velov.grandlyon.com). Die ersten 30 Minuten sind gratis, die erste Stunde/weiteren Stunden kosten 1/2 € mit einer *carte courte durée* (Wochenkarte, 3 €) bzw. 0,75/1,50 € mit einer *carte longue durée* (Jahreskarte, 15 €). Beide Karten kann man an den Radstationen mit einer Kreditkarte kaufen.

Oder man hält eine Fahrradriksha von **Cyclopolitain** (☎04 78 30 35 90; www.cyclopolitain. com, auf Frz.; 2 € pro Pers. & km; ⊙10.30–19 Uhr) an oder bestellt eine per Telefon.

Vom/Zum Flughafen

Die Straßenbahn **Rhonexpress** (☎04 72 68 72 17; www.rhonexpress.fr, auf Frz.) braucht vom Flughafen weniger als 30 Minuten bis zum Bahnhof Part-Dieu. Die Bahn verkehrt von 6 bis 21.30 Uhr etwa alle 15 Minuten und von 5 bis 6 und 21.30 bis 24 Uhr alle 30 Minuten. Die einfache Fahrt kostet 13 € (Kinder bis 12 J. frei, ab 12 J. 11 €).

Mit dem Taxi kostet die 30- bis 45-minütige Fahrt vom Flughafen ins Zentrum tagsüber ca. 40 € und zwischen 19 und 7 Uhr 55 €.

Öffentliche Verkehrsmittel

Busse, Straßenbahnen, eine Métro mit vier Linien und zwei Standseilbahnen, die Vieux Lyon mit Fourvière und St-Just verbinden, werden von **TCL** (www.tcl.fr) betrieben. Informationsbüros, in denen Fahrpläne erhältlich sind, gibt es an mehreren Métrostationen, darunter Bellecour, Croix Rousse, Hôtel de Ville, Part-Dieu, Perrache und Vieux Lyon. Die öffentlichen Verkehrsmittel fahren von etwa 5 Uhr bis Mitternacht.

Tickets, gültig für alle öffentlichen Verkehrsmittel, kosten 1,60 € für eine und 14 € für zehn Fahrten und sind bei den Bus- und Straßenbahnfahrern und an Automaten an den Métroeingängen erhältlich. Außerdem gibt es zwei Stunden gültige Zeitkarten (nach 9 Uhr, 2,50 €), Tageskarten (4,80 €) und ein Ticket Liberté Soirée (2,50 €) für unbegrenztes Fahren nach 19 Uhr. Die Automaten nehmen keine Banknoten und auch nicht alle Kreditkarten an – genügend Münzen dabeihaben! In allen öffentlichen Verkehrsmitteln müssen die Fahrkarten bei Fahrtantritt entwertet werden – sonst riskiert man eine Strafe.

In diesem Kapitel sind hinter den Adressen die nächstgelegenen Métrostationen angegeben und mit einem Métrosymbol markiert: Ⓜ.

Taxi

Taxis warten vor den beiden Bahnhöfen, am Place-Bellecour (Ende der Rue de la Barre, 2e), am Nordende der Rue du Président Édouard Herriot (1er) und am Quai Romain Rolland in Vieux Lyon (5e).

Allo Taxi (☎04 78 28 23 23; www.allotaxi.fr, auf Frz.)

Taxis Lyonnais (☎04 78 26 81 81; www.taxi lyonnais.com, auf Frz.)

MEHR INFOS?

Weitere Informationen, Kritiken und Empfehlungen bietet das im Apple App Store erhältliche iPhone-App *Lyon City Guide* von Lonely Planet.

Nördlich von Lyon

Das kosmopolitische Lyon ist umgeben von grünen Hügeln, Seen und Weinbergen.

BEAUJOLAIS

Das hügelige Beaujolais, 50 km nordwestlich von Lyon, ist ein Land der Flüsse, Berggipfel aus Granit (der höchste ist der 1012 m hohe Mont St-Rigaud), Weiden und Wälder.

Die Region ist für ihre fruchtigen Rotweine berühmt, besonders für die zehn besten *crus* und den Beaujolais nouveau, der im zarten Alter von nur sechs Wochen getrunken wird. Die Weinberge erstrecken sich von Mâcon aus südlich mehr als 50 km das westliche Ufer der Saône entlang.

Gleich nach Mitternacht am dritten Donnerstag im November (also in der Nacht von Mittwoch) – sobald es nach französischem Recht möglich ist – wird die *libération* oder *mise en perce* (Anstechen, Öffnen) der ersten Flaschen mit kirschrotem Beaujolais nouveau in ganz Frankreich und der Welt mit großem Trara gefeiert. In **Beaujeu** (2023 Ew.), 64 km nordwestlich von Lyon, gibt's während der **Sarmentelles de Beaujeu** kostenlosen Beaujolais nouveau für alle – eine einzige große Straßenparty mit Weinproben, Musik und Tanz. Während des fünftägigen Festes verkehrt zwischen Lyon und Beaujeu ein Bus, ansonsten ist der Ort nur mit einem eigenen Fahrzeug zu erreichen.

Informationen über Weinkellereien und darüber, wo man Wein probieren und kaufen kann, erteilt die **Touristeninformation** (📞04 74 69 22 88; www.aucoeur dubeaujolais.fr; place de l'Église; ◷9.30–12.30 & 14.30–18 Uhr, Dez.–Feb. geschl.) von Beaujeu, die auch bei

---

GRÜNES BEAUJOLAIS

Billebaudez en Beaujolais Vert (📞04 74 04 77 07; www.billebaudez.com, auf Frz.) wurde gegründet von ortsansässigen Bauern, Käseproduzenten, Ölbauern und Künstlern, die in der Region für Nachhaltigkeit werben wollen. Dank dieser Umweltorganisation können am Landleben Interessierte Bauernhöfe besuchen, sich über die Imkerei informieren, angeln, reiten, malen, an der Obsternte teilnehmen und vieles mehr.

---

der Unterkunftssuche behilflich ist. Hotels gibt es so gut wie keine, dafür ein paar reizende *chambres d'hôtes*.

LP TIPP **Les Roulottes de la Serve** (📞04 74 04 76 40; www.lesroulottes.com; La Serve, Ouroux; DZ im Wohnwagen 60 €, DZ 95 €; ◷April–Okt.), geführt von Pascal, der die traditionellen Zirkuswagen baut, und seiner Hippie-Frau Pascaline, bietet mitten in den Feldern drei romantisch ausgestattete traditionelle Zigeunerwagen aus den 1920er- bis 1950er-Jahren (Heizung 3–5 € extra pro Nacht). Duschen und Toiletten gibt's im Bauernhof, wo auch noch ein uriges Gästezimmer mit Bad (bis Erscheinen des Buches noch ein zweites Zimmer) zu finden ist. Essens- und Picknickkörbe (15 €/ Pers.) müssen mindestens zwei Tage im Voraus bestellt werden. Von Avenas 5 km in Richtung Col de Crie fahren, an der Kreuzung La Serve in Richtung Ouroux abbiegen und nach 100 m rechts in den Weg mit dem Schild *chambres d'hôtes en roulottes* einbiegen.

Die (zumeist) sanften Hügel des Beaujolais mit dem **Rad** zu erkunden ist herrlich. Fahrräder vermietet **Les Sources du Beaujolais** (📞04 74 69 20 56; sources.beaujolais@wanadoo.fr; place de l'Hôtel de Ville, Beaujeu; 15 €/Tag; ◷März–Dez.). Auch das **Wandern** auf den vielen Wegen der Gegend ist sehr reizvoll.

Wer die Region mit einer Harley Davidson erkunden möchte: siehe S. 480.

PÉROUGES

1220 EW.

Freunde des französischen Films erkennen sicher das malerische Pérouges. Das 30 km nordöstlich von Lyon gelegene mittelalterliche Bergdorf, dessen Häuser aus gelbem Stein erbaut sind, dient schon seit Langem als Kulisse für Filme wie *Les Trois Mousquetaires* (*Die drei Musketiere*). Es lohnt sich, den sommerlichen Besucherscharen zu trotzen und durch die Kopfsteinpflastergassen zu schlendern, die Stein- und Fachwerkhäuser zu bewundern, den 1792 gepflanzten **Freiheitsbaum** auf der Place de la Halle zu begutachten und *galettes de Pérouges* (warm servierten Zuckerkuchen) zu verschlingen und Cidre zu trinken.

Um den Reiz von Pérouges auszukosten, nachdem die Tagesausflügler das Dorf geräumt haben, bucht man am besten ein romantisches Zimmer (vielleicht sogar eins mit Himmelbett) in der altehrwürdigen **Hostellerie de Pérouges** (📞04 74 61 00;

Das geschäftige St-Étienne (178 530 Ew.), 62 km südwestlich von Lyon, besinnt sich seiner Blütezeit während der Industriellen Revolution und seiner Geschichte als Produktionsstätte von Waffen, Fahrrädern und Stoffen, um sich heute als Designerstadt neu zu erfinden. Es lohnt einen kurzen Abstecher für einen Besuch im **Musée d'Art Moderne** (MAM; www.mam-st-etienne.fr; rue Fernard Léger, St-Priest-en-Jarez; Erw./Kind 5/4 €, 1. So des Monats frei; ⊙Mi–Mo 10–18 Uhr), dem zweitgrößten Museum für moderne Kunst nach dem Centre Pompidou in Paris. Es hat eine außergewöhnliche Sammlung an Gemälden, Skulpturen und Fotografien aus dem 20. und 21. Jh. Die Straßenbahnlinie 4 (Richtung Hôpital Nord) verbindet das Museum mit dem Zentrum.

Das Neueste vom Neuesten gibt's immer bei der **Biennale Internationale Design**, einer Designmesse, die in geraden Jahren jeweils im November stattfindet. Näheres dazu sowie Ausstellungen gibt's in der **Cité du Design** (☑04 77 49 74 70; www.citedu-design.com; 3 rue Javelin Pagnon; Erw./Kind 4/2 €; ⊙Di–So 10–18 Uhr) in einem glitzernden Gebäude aus Glas und Stahl, zu erreichen mit Straßenbahnlinie 5 (Richtung La Terrasse).

Die **Touristeninformation** (☑04 77 49 39 00; www.tourisme-st-etienne.com; 16 av. de la Libération; ⊙Mo–Sa 9.30–12.30 & 14–18.30 Uhr), 1 km südwestlich des Bahnhofs, hat Infos über Unterkünfte.

Von St-Étienne fahren mindestens stündlich Züge zur Gare Part-Dieu in Lyon (9,80 €, 50 Min.).

---

www.perouges.org; place du Tilleul; EZ 85–128 €, DZ 125–241 €), die auch ein renommiertes **Restaurant** (Menü 35–62 €) betreibt.

Die winzige **Touristeninformation** (☑04 74 46 70 84; www.perouges.org; ⊙Di–Fr 10–12 & 14–17, Sa & So 14–17 Uhr) von Pérouges befindet sich an der Hauptstraße beim Dorfeingang.

Bus Nr. 132 von **Cars Philibert** (☑04 78 98 56 00; www.philibert-transport.fr, auf Frz.) fährt ab dem Zentrum von Lyon und hält 15 Fußminuten vom Dorf entfernt.

LA DOMBES

Nordwestlich von Pérouges liegt La Dombes, ein Sumpfgebiet mit Hunderten von *étangs* (seichten Seen), die über die vergangenen sechs Jahrhunderte von Bauern in den Malariasümpfen angelegt wurden; die Teiche werden heute als Fischteiche genutzt und dann trocken gelegt, damit auf dem fruchtbaren Teichgrund Feldfrüchte angebaut werden können.

Das Gebiet lockt vielerlei Tiere an, besonders Wasservögel. Einheimische und exotische Vögel, darunter Dutzende Storchenpaare, können im **Parc des Oiseaux** (www. parcdesoiseaux.com, auf Frz.; Erw./Kind 13/10 €; ⊙9.30–19 Uhr, Dez.–Feb. geschl.), einem landschaftlich schön angelegten Vogelpark etwas außerhalb von Villars-les-Dombes an der N83, beobachtet werden. Der Vogelpark liegt 1,6 km südlich des Bahnhofs von Vil-

lars-les-Dombes, von dem es Verbindungen zum Lyoner Bahnhof Part-Dieu gibt (6,80 €, 40 Min., mindestens stündl.).

Das Gebiet ist bekannt für die Produktion von Froschschenkeln; probieren kann man diese im **La Bicyclette Bleue** (☑04 74 98 21 48; www.labicyclettebleue.fr, auf Frz.; Mittagsmenü 10 €, Menü 19,50–35,50 €; ⊙Do–Mo mittags & abends; ♿), 7,5 km südöstlich von Villars-les-Dombes in Joyeux an der D61. Der entspannte Familienbetrieb zeichnet sich besonders durch seine *grenouilles fraîches en persillade* (frische Froschschenkel in Butter und Petersilie gebraten) aus, veranstaltet regelmäßig **Kochkurse** (60 €) und vermietet auch **Fahrräder** (halber/ganzer Tag 12,50/15,50 €), mit denen man die Seenlandschaft erkunden kann. Elf markierte Rundwege von 12 km (1 Std.) bis 59 km (4 Std.) Länge stehen zur Auswahl.

Flussabwärts an der Rhone entlang

In der Gegend südlich von Lyon locken Weinberge – und Atomkraftwerke! Zugegebenermaßen nicht gerade der vielversprechendste Kontrast. Und dennoch lohnt sich für Lyon-Besucher ein Ausflug oder ein Halt auf der Fahrt nach Süden.

Diese ehemalige gallorömische Stadt in beherrschender Lage an der Rhone 30 km südlich von Lyon ist heute vor allem für ihr zweiwöchiges **Jazzfestival** (www.jazz avienne.com, auf Frz.) Ende Juni/Anfang Juli bekannt.

Die korinthischen Säulen des **Temple d'Auguste et de Livie** (place Charles de Gaulle) in der Altstadt, um 10 v. Chr. zu Ehren von Kaiser Augustus und seiner Frau Livia errichtet, sind eine Augenweide. In St-Romain-en-Gal auf der anderen Flussseite bilden die ausgegrabenen Überreste der gallorömischen Stadt den Grundstock des **Musée Gallo-Romain** (www.musees-gallo-romains.com, auf Frz.; 2 chemin de la Plaine Gal; Erw./Kind 4 €/frei, Do frei; ⊘Di–So 10–18 Uhr).

Vom **Belvédère de Pipet**, einem Balkon mit einer 6 m hohen Statue der Jungfrau Maria, bietet sich eine schöne Aussicht auf die Stadt. Er liegt direkt über dem tollen **Théâtre Romain** (rue du Cirque; Erw./Kind 2,30 €/frei, 1. So des Monats frei; ⊘9.30–13 & 14–18 Uhr). Das riesige, um 40 bis 50 n. Chr. erbaute römische Amphitheater ist einer der Hauptveranstaltungsorte des Jazzfestivals. Kombitickets für sechs Museen und historische Stätten in und um Vienne kosten 6 €; Näheres in der **Touristeninformation** (☎04 74 53 80 30; www.vienne-tourisme.com; 3 cours Brillier; ⊘Mo–Sa 9–12 & 13.30–18, So 10–12 & 14–17 Uhr).

LP TIPP **Hôtel de la Pyramide** (☎04 74 53 01 96; www.lapyramide.com; 14 bd Fernand-Point; EZ 190–225 €, DZ 200–240 €, Suite ab 390 €; ❄ @ 🛜) Das Hotel liegt bei der **Pyramide de la Cirque**, einem 15,5 m hohen Obelisken, der in römischen Zeiten in der Mitte der Pferderennbahn stand, und

ist die beste Adresse in Vienne für Übernachtung und Essen. Die aprikosenfarbene Villa mit puderblauen Fensterläden ist ein Paradies besonders für Gourmets. Neben dem mit zwei Michelin-Sternen ausgezeichneten Restaurant **La Pyramide** (Mittagsmenü 61 €, Abendmenü 99–158 €; ⊘Do–Mo), in dem Hummer, Stopfleber, schwarze Trüffel, Jakobsmuscheln und andere saisonale Gaumenfreuden auf den Tisch kommen, leitet Küchenmeister Patrick Henriroux auch noch das erschwinglichere **l'espace PH** (Hauptgerichte 13–18 €; ⊘tgl.) und die **Boutique Patrick Henriroux** (⊘Di & Mi geschl.), in der verlockend verpackte Feinkost und schicke Küchenutensilien verkauft werden.

Züge verbinden Vienne mit den vier Lyoner Bahnhöfen (6,10 €, 20–33 Min., mindestens stündl.) und Valence Centre (11,70 €, 1 Std., mindestens stündl.). Zum TGV-Bahnhof von Valence muss man in Valence Centre umsteigen.

RICHTUNG VALENCE

Der **Parc Naturel Régional du Pilat** breitet sich südwestlich von Vienne über 650 km² aus und bietet von seinen höchsten Gipfeln, dem Crêt de l'Œillon (1370 m) und dem Crêt de la Perdrix (1432 m), atemberaubende Panoramablicke auf das Tal der Rhone. Die Gebrüder Montgolfier, die 1783 den Heißluftballon erfanden, wurden an der Südostgrenze des Nationalparks geboren und führten ihre Erfindung hier zum ersten Mal öffentlich vor.

Der nördliche Teil des Weinanbaugebietes Côtes du Rhône zieht sich von Vienne Richtung Süden bis nach Valence. Zwei ihrer angesehensten *appellations* sind St-Joseph und Hermitage bei **Tain l'Hermitage** (5933 Ew.) am linken Rhone-Ufer.

LE CORBUSIERS KLOSTER

Dies ist auf jeden Fall nur etwas für echte Architekturfreaks: das futuristische, alles andere als schöne Betonkloster **Couvent Ste-Marie de la Tourette** (☎04 72 19 10 90; www.couventlatourette.com; Erw./Kind 7/5 €; ⊘Führungen So 15 Uhr), 30 km nordwestlich von Lyon in La Tourette, geschaffen von einer der Ikonen der modernen Architektur, Le Corbusier, und bewohnt von in weiße Kutten gekleideten Dominikanermönchen. Das Kloster kann im Rahmen einer einstündigen Führung besichtigt werden.

Von den Lyoner Bahnhöfen Perrache und St-Paul fahren regelmäßig Züge nach L'Arbresle (7 €, 45 Min.), 2 km nördlich von La Tourette, von wo aus man ein **Taxi** (☎04 74 26 90 19) rufen oder zu Fuß gehen kann (etwa 25 Min.). Autofahrer haben ab Lyon die Wahl zwischen der nach Westen führenden N7 oder der landschaftlich reizvolleren D7.

Ein oder zwei Züge pro Stunde verbinden Tain l'Hermitage mit Valence Centre (3,60 €, 10 Min.) und der Gare Part-Dieu in Lyon (13,50 €, 1 Std.), für Erkundungen benötigt man jedoch ein eigenes Fahrzeug.

VALENCE
66 567 EW.

Mehrere Städte des Rhone-Tals nehmen für sich in Anspruch, das Tor zur Provence zu sein, so auch Valence. Die malerische Altstadt, Vieux Valence, wird von der **Cathédrale St-Apollinaire** überragt, einer Pilgerkirche aus dem ausgehenden 11. Jh., die in den Religionskriegen größtenteils zerstört und im 17. Jh. wieder aufgebaut wurde. Allegorische Kopfplastiken schmücken die **Maison des Têtes** (57 Grande Rue), eine Mischung aus gotischem Flamboyant-Stil und Renaissance von 1530. Wer mehr wissen möchte, erfährt alles Weitere in der **Touristeninformation** (☏08 92 70 70 99; www.tourisme-valence.com; 11 bd Bancel; ⏰Mo-Sa 9.30–18.30, So 10–15.30 Uhr) am Bahnhof.

🛏 Schlafen & Essen

Die Stadt ist bekannt für ein knuspriges Buttergebäck mit Orangengeschmack, das die Form eines Angehörigen der Schweizer Garde hat; damit soll an die Gefangenschaft und an den Tod von Papst Pius VI. erinnert werden, der 1799 in Valence starb,. Wer es probieren möchte, frage in einer Konditorei einfach nach *un suisse*.

Anne-Sophie Pic, die einzige Köchin Frankreichs mit drei Michelin-Sternen, ist die Königin der Gastronomie von Valence, genauso wie ihr Vater und Großvater (beide mit drei Sternen ausgezeichnet) vor ihr.

LP TIPP **Maison Pic** (☏04 75 44 15 32; www. pic-valence.com; 285 av. Victor Hugo; DZ 290–400 €, Suite 410–890 €; ⏰Feb.–Dez.; ✳@🛜🏊) Das trüffelfarbene, 1889 eröffnete Gasthaus der Familie Pic beeindruckt mit superschicken Zimmern und öffentlichen Bereichen, in denen Antiquitäten mit Modernem und Kitsch gemischt sind, sowie zwei phantastischen Restaurants, dem **Restaurant Pic** (Mittagsmenü 85 €, Menü 195–320 €) und dem **Le 7** (Menü 19–28 €). Echte Gourmets melden sich am besten für einen Kurs im **Scook** (☏04 75 44 14 14; www. scook.fr, auf Frz.; 243 av. Victor Hugo; ⏰Di–Sa), Pics richtungsweisender Kochschule, an. 1½-stündige Kurse kosten ab 49 €, ganztägige Kurse ab 240 €, außerdem gibt es Kochunterricht für Kinder ab sechs Jahren (1½ Std. ab 37 €).

ℹ️ An- & Weiterreise

Vom Hauptbahnhof Valence Centre (auch als Valence-Ville bekannt) gibt es Züge nach Montélimar (7,90 €, 23 Min., mindestens 5-mal tgl.), zur Gare Part-Dieu in Lyon (ab 15,80 €, 1¼ Std., 12 tgl.), nach Avignon Centre (18,70 €, 1½ Std., 5-mal tgl.), Marseille (31,90 €, 2½ Std., 5-mal tgl.) und Grenoble (14,80 €, 1¼ Std., 9-mal tgl.). Viele halten am TGV-Bahnhof Rhône-Alpes Sud 10 km weiter östlich.

MONTÉLIMAR
35 988 EW.

Montélimar, 46 km südlich von Valence im sonnigen Teil des Departements Drôme, der sogenannten Drôme Provençale, gelegen, hat innerhalb des industriell geprägten Vorortgürtels einen netten Stadtkern mit einer von Caféterrassen gesäumten schattigen Promenade, die sich wie ein „C" durch die Innenstadt zieht. Bekannt wurde Montélimar durch sein *nougat de Montélimar*, das nach dem Zweiten Weltkrieg zur Erfolgsstory wurde, als Urlauber auf dem Weg an die Riviera in der Stadt einen Stopp einlegten, um diese hypersüße Süßigkeit für unterwegs zu kaufen.

Traditionelles Nougat aus Montélimar besteht aus mindestens 28 % Mandeln, 25 % Lavendelhonig, 2 % Pistazien, Zucker, Eiweiß und Vanille. Das Nougat variiert in seiner Konsistenz (ist also mehr oder weniger weich), der Intensität des Honiggeschmacks und der Knackigkeit der Nüsse. Teilweise wird das Nougat mit Schokolade überzogen oder mit Früchten wie z. B. Feigen angereichert, aber traditionelles Montélimar-Nougat ist einfach cremefarben.

GRATIS Führungen durch die Nougatfabriken bieten zahlreiche Hersteller an; am besten sind die kleinen wie **Diane-de-Poytiers** (☏04 75 01 67 02; www. diane-de-poytiers.fr; 99 av. Jean Jaurès; ⏰Di–Sa 8–11 & 14–16 Uhr); das Unternehmen befindet sich seit drei Generationen im Besitz derselben Familie.

Die **Touristeninformation** (☏04 75 01 00 20; www.montelimar-tourisme.com; allées Provençales; ⏰Mo–Sa 9–12.15 & 14–18.30 Uhr) hat eine Liste der örtlichen Hersteller von Nougat und z. B. Lavendel- und Honigprodukten und ist bei der Unterkunftssuche in der Stadt und in der Drôme Provençale behilflich.

Montélimar liegt an der Bahnstrecke zwischen Valence Centre (7,90 €, 20–30 Min., 5-mal tgl.) und Avignon Centre (12,60 €, 50 Min., etwa stündl.).

ATOMKRAFT & KROKODILE

Atomtourismus der ganz besonderen Art: Auf der **Ferme aux Crocodiles** (www.
lafermeauxcrocodiles.com, auf Frz.; D59; Erw./Kind 12,50/8 €; ⊙9.30–19 Uhr), einer Krokodilfarm bei Pierrelatte 20 km südlich von Montélimar, dösen etwa 400 schlecht
gelaunte Nilkrokodile in tropischen Becken vor sich hin, die von dem benachbarten
Atomkraftwerk **Centre Nucléaire du Tricastin** beheizt werden.

Im **Espace d'Information du Public** (Öffentliches Informationszentrum; ⊙Mo–Fr
9–12.30 & 14–17.30 Uhr; Eintritt frei) gegenüber den Reaktoren kann man sich über die
Atomenergie im Allgemeinen und das Kraftwerk im Besonderen informieren.

Von der A7 die Ausfahrt Montélimar sud oder Bollene nehmen und der Beschilderung folgen.

GORGES DE L'ARDÈCHE

Auf ihrem Weg von **Vallon Pont d'Arc** (2512 Ew.) nach **St-Martin de l'Ardèche** (830 Ew.) ein paar Kilometer westlich der Rhone schlängelt sich die Ardèche an hoch aufragenden Klippen aus malvenfarbenem, gelbem und grauem Kalkstein vorbei. Unterwegs wird sie vom **Pont d'Arc** überspannt, einer natürlichen Steinbrücke, die der Fluss ausgewaschen hat. In den Klippen nisten Adler und es gibt zahlreiche Höhlen zu erkunden.

Das vor Souvenirläden strotzende Vallon Pont d'Arc ist der wichtigste Ort der Gegend; seine **Touristeninformation** (☎04 75 88 04 01; www.vallon-pont-darc.com; place de la Gare; ⊙Mo–Fr 9–12.15 & 13.30–18, Sa bis 17 Uhr) liegt im Dorfzentrum. Vom Dorf aus führt die landschaftlich reizvolle D579 durch die Schlucht; unterwegs ist sie von Campingplätzen und Kanu- und Kajakverleihen gesäumt, z. B. **Base Nautique du Pont d'Arc** (☎04 75 37 17 79; www.canoe-ardeche.com; route des Gorges de l'Ardèche; ⊙April–Nov.). Eine Halbtagesexkursion (8 km) kostet ab 13/9 € pro Erw./Kind (Mindestalter 7 Jahre); im Programm sind außerdem Ganz- und Mehrtagestrips.

SNCF-Busse verbinden den Bahnhof von Montélimar mit Vallon Pont d'Arc (10,40 €, 1¼ Std., 4-mal tgl.).

Etwa 300 m oberhalb der Ardèche verläuft die **Haute Corniche** (D290), an der

eine Reihe großartiger *belvédères* (Panorama-Aussichtspunkte) liegen. Im Sommer sind hier stets chaotische Riesenstaus. Auf den Ebenen oberhalb der Schlucht sind die typischen Midi-Dörfer von *garrigue* (aromatisches Heideland), Lavendelfeldern und Weinbergen umgeben.

Die D579 führt Rad- und Autofahrer Richtung Nordwesten nach **Ruoms** (2263 Ew.); auf der anderen Flussseite windet sich die D4 8 km in wilder Manier durch das **Défilé de Ruoms** (einen engen Felstunnel) und die **Gorges de la Ligne**.

Vom hübschen Dorf **Balazuc** (339 Ew.) führt die D579 Richtung Norden nach **Aubenas** (1453 Ew.), von wo eine Reihe reizvoller Straßen in die umliegenden Gegenden führt. Dies ist **Kastanienland**; hier werden die dunkelbraunen Früchte zu allem Möglichen verarbeitet, von *crème de châtaigne*, einem süßen Püree, das mit Eiscreme, Crêpes oder Kuchen serviert wird, bis zu *bière aux marrons* (Kastanienbier) und *liqueur de châtaigne*, einem Likör mit 21 % Alkohol, der mit Wein gemischt einen süßen Aperitif ergibt. Im Hauptort der Gegend, **Privas** (9002 Ew.), hat die **Touristeninformation** (☎04 75 64 33 35; www.paysdeprivas.com; 3 place Général de Gaulle; ⊙Mo–Fr 9–12 & 14–18, Sa 9–12 & 14–17.30 Uhr) ein Verzeichnis der Hersteller von Kastanienerzeugnissen und von Unterkünften in der Region.

Französische Alpen & Jura

Inhalt »

Gut essen

Schön übernachten

Auf in die Alpen und in den Jura

Die Französischen Alpen sind ein Gebiet grenzenloser natürlicher Schönheit. Ob eine Schussfahrt durch den unberührten Schnee von Chamonix (Tipps zu Skireisen s. S. 574), eine Wanderung auf einem einsamen Gebirgspass oder die Stille eines Sommermorgens bei den ersten Strahlen, die den Montblanc anleuchten, der Zauber dieser Berge lässt sich kaum in Worte fassen. Das Ensemble kolossaler Gipfel und Gletscher mit ihren gewaltigen Höhen und Tiefen erhebt und verführt die Sinne, wie nur wenige andere Orte auf der Welt.

Der Blick Richtung Norden auf den französischen Jura bietet Weinberge, sonnenbeschienene Wälder und glänzende Seen. Die Gegend ist vielleicht nicht so atemberaubend wie die Alpen, aber beim Besuch einer Milchwirtschaft, bei der Verkostung von wohlriechendem *vin jaune* (gelber Wein) in den Weingütern der Region und bei Langlauftouren entlockt sie ihren Besuchern doch Stoßseufzer wie „Ahh, so muss das Leben sein ..."

Reisezeit

Grenoble

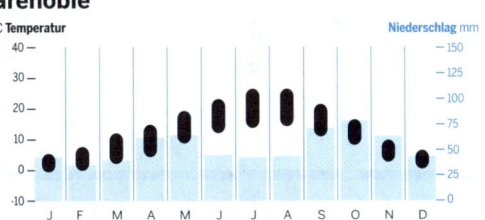

März Jazzfestival in Grenoble und Lachanfälle beim Höhenfestival in Méribel.

Juli bis August Tour de France und Feuerwerk bringen Annecy bei der Fête du Lac zum Leuchten.

Dezember Weltcup-Rennen, Freestylewettbewerbe und Spaß, wenn der erste Schnee in den Alpen fällt.

Highlights

1 Wie James Bond vor der unverwechselbaren Kulisse des Montblanc die Pisten in **Chamonix** (S. 505) hinunterwedeln

2 Auf der kurvigen Straße durch den dramatischen Parc National des Écrins nach **Briançon** (S. 546) die Schwindelgefühle besiegen

3 Im traumhaften **Annecy** (S. 520) in die mittelalterliche Welt mit Burgen und Gassen und einen kristallklaren See eintauchen

4 Zurück zur Natur auf einem Bauernhof in der Wildnis des **Jura** (S. 568)

5 Königlich baden in den mineralreichen Wassern von **Évian-les-Bains** (S. 520)

6 Paaarty bis zum Abwinken in

ITALIEN

VALLE D'AOSTA

Grand Paradiso National Park

PIEMONT

ITALIEN

HAUTES-ALPES

Parc Naturel Régional du Queyras

Col de Montgenèvre

Col d'Izoard

Briançon **2**

Barre des Écrins (4102 m)

Parc National des Écrins

Col du Lautaret (2057 m)

Le Monêtier-les-Bains

Col du Galibier (2645 m)

La Grave

Glacier du Mont du Lans

Les Deux Alpes

Bourg d'Oisans

Alpe d'Huez (1860 m)

Vaujany

Venosc

N91

Romanche

FRANZÖSISCHE ALPEN

St-Georges de Commiers

St-Martin de la Cluze

N85

Grenoble

St-Nizier

Corrençon-en-Vercors

Villard de Lans

Lans-en-Vercors

Autrans

Parc Naturel Régional du Vercors

ISÈRE

A49

Drac

DRÔME

Rhône

ARDÈCHE

LOIRE

A47

RHÔNE

Lyon

La Dombes

Flughafen Lyon St-Exupéry

AIN

Oyonnax

Nantua

A40

Hauteville-Lompnes

Bellegarde-sur-Valserine

N508

N201

Genève

Annemasse

Voltaire

Belley

Lac du Bourget

Aix-les-Bains

Flughafen Chambéry-Savoie

A43

Avressieux

N75

A48

Voiron

N6

Le Sappey

Col de Porte

Parc Régional de Chartreuse

Chambéry

Le Revard

La Féclaz

N41

Parc Régional du Massif des Bauges

Écoly

Le Châtelard

Lac d'Annecy

Sévrier

Duingt

Talloires

Menthon-St-Bernard

Veyrier-du-Lac

Annecy **3**

La Clusaz

Le Grand Bornand

HAUTE-SAVOIE

Bonneville

Cluses

Les Gets

Morzine

Avonaz

N205

Sallanches

Argentière

Col des Montets

Aiguille du Midi (3842 m)

Chamonix **1**

Les Houches

Megève

Massif

Mont Blanc (4807 m)

Val Ferret

Courmayeur

Col du Petit St-Bernard

Bourg St-Maurice

Les Arcs

La Plagne

N90

Tignes

Val d'Isère

Col de l'Iseran

Les Menuires

Val Thorens

Méribel **6**

Le Praz

St-Martin de Belleville

Les Trois Vallées

Brides-les-Bains

Moûtiers

Tarentaise

Albertville

N212

Parc National de la Vanoise **9**

Vanoise-Massiv

Lanslebourg

Bessans

Bonneval-sur-Arc

Col du Mont Cenis

Lac de Mont Cenis

Modane

SAVOIE

Maurienne

N6

Col de la Croix de Fer (2061 m)

Défilé de Maupas

Susa

Arc

Isère

Rhône

Geschichte

Umherziehende Stämme der Kelten, Gallier und Teutonen kamen als Erste in die Alpen; um Christi Geburt hatten sich bereits Siedlungen etabliert – besonders um die Seen von Genf und Annecy.

Während der römischen Expansion waren die Alpen ein strategisch wichtiges Bollwerk, das Rom zur Zeit von Kaiser Augustus eroberte. Die fränkischen Merowinger- und Karolinger-Könige legten dann den Grundstein für die heutige Alpenbevölkerung mit ihren verschiedenen Dialekten, Traditionen und Kulturen.

Im 13. und 14. Jh. kämpften die Herrenhäuser von Savoyen, des Dauphiné und der Provence erbittert um die Alpen. Die folgenden Jahrhunderte waren von ständigen Kriegen und wechselnden Besetzungen gezeichnet. Das Hin und Her endete, als sich Savoyen 1860 Frankreich anschloss.

Michel-Gabriel Paccard und Jacques Balmat gelang 1786 der erste erfolgreiche Aufstieg auf den Montblanc; Ende des 19. Jhs. begannen dann Urlauber in Heerscharen über die Region herzufallen.

Deutsche und italienische Truppen besetzten die Alpen im Zweiten Weltkrieg und die Berge wurden eine der wichtigsten Bastionen des französischen Widerstands. Moderne Industrie, Wasserkraftwerke und Massentourismus trugen in den Nachkriegsjahren zur Neubelebung der Alpen bei.

Klima

Selbst in den Tälern der Skigebiete liegt meist von Dezember bis April Schnee. Die Wetterlage in den Alpen unterliegt extremen und plötzlichen Schwankungen. Aktuelle Wetterberichte gibt's von den Touristeninformationen, den Hotelrezeptionen oder online unter www.meteofrance.com (auf Frz.).

National- & Regionalparks

Wildtiere werden in den beiden Nationalparks Vanoise (östlich von Chambéry) und Écrins (südöstlich von Grenoble) streng geschützt. In den beiden Parks in der Nähe der italienischen Grenze leben Gämsen, Steinböcke, Murmeltiere und Steinadler. Mit weiteren vier Regionalparks – Queyras (südlich von Briançon), Vercors (südwestlich von Grenoble), Chartreuse (nördlich des Vercors) und Massif des Bauges (nördlich der Chartreuse) – haben die Alpen die größte Parkdichte in ganz Frankreich.

Im Jura liegt der Parc Naturel Régional du Haut-Jura.

Gefahren & Probleme

Lawinen sind in Skigebieten eine ernste Gefahr und können tödlich ausgehen. Es gibt eine goldene Regel: Niemals alleine Ski fahren, wandern oder klettern. Bei Skitouren abseits der Pisten sollten unbedingt eine Lawinensonde, ein Lawinensuchgerät und eine Schaufel im Gepäck sein – noch viel wichtiger ist aber ein erfahrener Bergführer. Die Skigebiete informieren über das aktuelle Lawinenrisiko mit Schildern und farbigen Flaggen:

Gelb geringes Risiko

Schwarz und gelb erhöhtes Risiko

Schwarz großes Risiko

Henry's Avalanche Talk (www.henrysavalanchetalk.com) liefert während der Skisaison eine englische Übersetzung des täglichen Lawinenlageberichts von Météo France.

Da die UV-Strahlung in großen Höhenlagen viel stärker ist und durch den Schnee noch verstärkt wird, sind Sonnenbrillen und Sonnenschutzmittel unerlässlich. Die Luft in den Alpen ist trocken, deshalb nicht vergessen, viel Wasser zu trinken. Auch an zusätzliche Kleidung sollte gedacht werden, da das Wetter rasch umschlagen kann.

Skifahren & Snowboarden

Den rund 200 Ferienzentren in den Französischen Alpen wird nachgesagt, einige der besten – vielleicht sogar die besten – Abfahrts- und Snowboardpisten in Europa zu haben. Die Saison beginnt mit dem ersten großen Schnee (meist Mitte Dezember) und endet Ende April oder Anfang Mai. Zur Hochsaison, d. h. um Weihnachten, Neujahr und in den französischen Schulferien, tummeln sich hier die Massen und die Preise sind höher. Es lohnt sich also, in der Nebensaison anzureisen.

Gletscherskifahren im Sommer ist in den hoch gelegenen Skigebieten von Val d'Isère, Les Deux Alpes und Alpe d'Huez je nach Schneelage zwischen Juni und August von zwei Wochen bis zwei Monate lang möglich.

Ski (Alpin-, Langlauf-, Telemark-Ski), Snowboards, Stiefel, Stöcke und Helme können in allen Urlaubsorten in Sportgeschäften ausgeliehen werden. Der Preis für eine komplette Abfahrts- und Snowboardausrüstung liegt bei 32/175 € für 1/6 Tage und bei 15/65 € für die Langlaufaus-

Die Berge bieten neben Skifahren im Winter und Wandern im Sommer noch zahlreiche andere Möglichkeiten für einen abwechslungsreichen und spaßigen Urlaub.

Winter

Langlauf ist günstiger und umweltfreundlicher als der Abfahrtski; es gibt nicht viel, das an die Entspannung beim Gleiten durch die Stille der schneebedeckten Wälder heranreicht. Besonders schön ist's im Jura oder der Savoie Grand Révard.

Um in Skigebieten wie Chamonix und Val d'Isère auf **Skitouren** durch ursprüngliche Natur und grandiosen, unberührten Schnee zu gleiten, sollte man sich einem Bergführer anschließen. Für alle, die schon immer mal merkwürdige Spuren im Schnee hinterlassen wollten, bieten viele Skigebiete gesonderte Strecken und Touren für **Schneeschuhe** abseits der Massen.

Überall angesagt sind waghalsige **Schlittenfahrten**, *la luge*, auf den unterschiedlichsten Geräten; alle wichtigen Schneegebiete haben von Bäumen gesäumte Rennrodelstrecken für rasante Talfahrten.

Gleiten auf eine andere, berauschende und – uff! – anstrengende Art kann man beim **Hundeschlittenfahren** in Chamonix und Les Trois Vallées lernen.

Sommer

In den warmen Monaten dreht sich alles ums Wasser oder den Himmel. Wo immer sich ein Fluss befindet, gibt's **Wassersport** jeder Façon, z. B. Wildwasserfahrten, Kayak, Kanu und Canyoning; und wo immer ein gutes Lüftchen bläst und ein Berg ist, werden Tandem-**Gleitschirmflüge** angeboten. Geschwindigkeitsfanatiker können für ihre Abfahrten die Ski gegen **Mountainbikes** eintauschen, wenn der Schnee geschmolzen ist. Diese Aktivitäten werden praktisch in allen Ferienzentren der Alpen angeboten.

rüstung. Wer vorab im Internet reserviert, bekommt üblicherweise einen Nachlass von 15 %.

Die Abfahrtspisten sind je nach Schwierigkeitsgrad farblich markiert:

Grün Anfänger

Blau Mittelstufe

Rot Fortgeschrittene

Schwarz Profis

Gletscherski im Sommer wird auf kurzen grünen oder blauen Pisten gefahren. Für Snowboarder bieten die größeren Skigebiete Snowparks mit Halfpipes, Schanzen und Rampen. Das Jura besticht mit wunderschön gelegenen und weitläufigen Langlauf-Loipen *(ski de fond)*.

Die rotgekleideten Skilehrer von Frankreichs führender Skischule, der **École de Ski Français** (ESF; www.esf.net) geben Snowboard- und Skikurse. Die Skischule hat in jedem Skiort eine Niederlassung und wirbt mit günstigen Preisen; ein Gruppenkurs kostet gewöhnlich 60 € für einen halben Tag, 143 € für vier Tage und 183 € für sechs Tage. Einzelstunden gibt es auf Anfrage.

Kinder können ab vier Jahren mit dem Unterricht anfangen. Die Kleinsten dürfen ab drei Jahren im *jardin de neige* (Schneegarten) herumtollen.

SKIPÄSSE

Für die Nutzung der verschiedenen *remontées mécaniques* (Schlepplifte), *télésièges* (Sessellifte), *télécabines* (Gondeln), *téléphériques* (Seilbahnen) und *funiculaires* (Drahtseilbahnen) wird ein Skipass *(forfait)* benötigt.

Die Skipässe – die einen beträchtlichen Teil der Reisekosten ausmachen (um 200 € pro Woche) – gelten für einen oder für mehrere Gebiete. Die meisten Skipässe haben einen Chip, der an den Schranken automatisch erkannt wird. Sie können online gekauft und aufgeladen werden. Für Skipässe mit mehrtägiger oder längerer Gültigkeit wird eventuell ein Passfoto benötigt.

Kinder unter fünf Jahren dürfen kostenlos Ski fahren, brauchen aber trotzdem einen Pass, für den der Ausweis als Altersbeweis dient.

Günstigere Pässe – meist um 6 € pro Tag – sind für die Langlaufloipen erforderlich, werden aber kaum kontrolliert.

DER PASS INS SKIGLÜCK

SKIGEBIET	HÖHE (M)	SCHWIERIGKEIT	ABFAHR-TEN (KM)	TAGES-SKIPASS (€)	6-TAGE SKIPASS (€)
Chamonix	1037	Mittelstufe, Fortgeschrittene, Off-Piste	182	50	240
St-Gervais & Megève	810 & 1113	Anfänger, Mittelstufe	445	37	176
Les Portes du Soleil	1000-2466	alle Schwierigkeitsgrade	650	40	205
Les Trois Vallées	1450-2300	alle Schwierigkeitsgrade, vor allem Fortgeschrittene	600	47	220
Val d'Isère	1850	Mittelstufe, Fortgeschrittene, Off-Piste	300	45	219
Les Deux Alpes	1660	Mittelstufe, Fortgeschrittene, Snowboarder	225	40	189
Alpe d'Huez	1860	alle Schwierigkeitsgrade, Snowboarder, längste schwarze Piste Europas	245	41	210
La Clusaz	1100	Anfänger, Familien	128	30	158
Serre-Chevalier	1200	alle Schwierigkeitsgrade, Off-Piste	250	41	195
Le Grand Bornand	1000	Anfänger, Mittelstufe	90	28	132
Chamrousse	1700	Anfänger, Mittelstufe	90	17	102
Métabief Mont d'Or	1000	Langlauf	210	5.50	30

VERSICHERUNG

Eine ausreichende Versicherung sollte abgeschlossen werden, insbesondere wenn es auf die praktisch senkrecht abfallenden schwarzen Pisten gehen soll. Unfälle passieren und teure Bergrettungen, medizinische Behandlungen und Rückführungen machen die Verletzung doppelt schmerzhaft. Versicherungen für die Ausrüstung können bei der Ausleihe für einen kleinen zusätzlichen Betrag abgeschlossen werden.

Die meisten Pauschalreisen beinhalten ohnehin eine Versicherung. Für Individualreisende ist die Carte Neige (www.ffs.fr/site/carteneige, auf Frz.), eine umfassende, einjährige Police, eine gute Lösung. Sie kostet je nach Umfang pro Jahr 33–42 € (27 € für Langläufer). In den Skiorten wird sie meist im ESF-Büro verkauft, kann aber auch online abgeschlossen werden.

Zusammen mit dem Skipass kann alternativ das Carré Neige (www.carreneige.com) erstanden werden. Jedes Skigebiet bietet diese All-inclusive-Versicherung, die 2,70 € pro Tag kostet.

ℹ An- & Weiterreise

AUTO & MOTORRAD Der Verkehr auf den steilen und kurvenreichen Bergstraßen kann höllisch sein, besonders am Wochenende. Bei starkem Schneefall werden Ketten benötigt. Winterreifen sind generell zu empfehlen; Mietwagen sind meistens damit ausgerüstet. Die Straßentunnel Fréjus und Mont Blanc sowie einige Pässe verbinden die Französischen Alpen mit Italien. Straßenschilder zeigen an, ob die Pässe geöffnet sind.

BUS Von beiden Flughäfen verkehren Busse zu zahlreichen Skiorten; von Genf mit **Aeroski-Bus** (www.alpski-bus.com) und von Lyon mit **Satobus-Alpes** (http://satobus-alpes.altibus.com). Preise und Fahrzeiten sind unter An- & Weiterreise beim jeweiligen Urlaubsort angegeben.

FLUGZEUG Der Blick aus dem Flugzeugfenster ist die schönste Einstimmung auf die Alpen. Landemöglichkeiten bieten der **Flughafen Lyon-St-Exupéry** (www.lyon.aeroport.fr), 25 km östlich von Lyon, **Flughafen Grenoble-Isère** (www.grenoble-airport.dom) weiter südlich und der **Flughafen Genf** (www.gva.ch) in der benachbarten Schweiz.

ZUG Frankreich bietet ausgezeichnete Bahnverbindungen in die Alpen, darunter Nachtzüge von Paris-Austerlitz nach Moûtiers oder Bourg St-Maurice.

SAVOYEN

„Alpen wie aus dem Bilderbuch" könnte der Slogan für diesen nördlichen Teil der Französischen Alpen lauten, eine perfekt geformte Landschaft aus wundersamen Gipfeln, spiegelglatten Seen, dichten Gebirgswäldern und ewigem Schnee.

Vom Südufer des größten Alpensees erstreckt sich die Region Savoyen (frz. Savoie; gesprochen: sa-*woa*) zwischen der Schweiz und Italien bis zum Fuß des höchsten europäischen Gipfels, des 4810 m hohen Montblanc. Dazwischen liegen eine Reihe Skizentren wie Chamonix und die Partybastion Val d'Isère neben einigen historischen Schlossstädten, wie Annecy am Ufer des namensgleichen Sees und Chambéry im Südwesten.

In den abgeschiedensten Winkeln der Region, im Bauges Massiv (das so unbekannt ist, dass viele es mit den nördlichen Vogesen verwechseln) und im wilden Parc National de la Vanoise, hat sich das Landleben seit Jahrhunderten kaum verändert.

Chamonix

9400 EW. / 1037 M Ü. M.

Chamonix wäre nicht Chamonix ohne den schneebedeckten Gipfel des Montblanc als Kulisse. Die Stadt wurde 1741 von den Briten William Windham und Richard Pococke erstmals „entdeckt" und ist seitdem Mekka des Bergsports, sein Geburtsort, sein Aushängeschild. Die Stadt bietet einen Winterspielplatz mit unglaublichen Ausmaßen, auf dessen Pisten Olympiasieger und Hardcore-Skifahrer ebenso zu Hause sind wie die partyverrückten Snowboarder in den überlaufenen Bars.

Selbst wenn der „Große" noch zu gewaltig ist, um ihn zu bezwingen, oder die eigene Technik nicht ganz mit den spektakulären Stunts der Skiverfolgungsszenen in James Bonds *Die Welt ist nicht genug* mithalten kann, wird sich niemand der Anziehungskraft dieser Berge entziehen können.

Chamonix und Umgebung haben alles, was für eine Adrenalinkur und einen Spritzer Bond benötigt wird – ob nun beim profimäßigen Slalomwedeln der La Vallée Blanche oder bei der Fahrt in einer der schwindelerregenden Drahtseilbahnen nach Aiguille du Midi, die mit den senkrechten Felswänden zu kollidieren scheinen.

◉ Sehenswertes

Ein Ticket für eines der Museen in Chamonix gilt auch für die anderen. Ermäßigungen gibt es außerdem für Inhalber eines *carte d'hôte*-Passes.

LP TIPP **Aiguille du Midi** AUSSICHTSPUNKT
Über Gletschern, Schneefeldern und schroffen Felsklippen erhebt sich 8 km vom Buckel des Montblanc entfernt die zackige Felsspitze der Aiguille du Midi (3842 m), eines der imposantesten Wahrzeichen von Chamonix. Wer schwindelfrei ist, kann von ihrem Gipfel einen im wahrsten Sinne des Wortes atemberaubenden Rundum-Panoramablick über die Französischen, Schweizer und Italienischen Alpen erleben.

Ganzjährig verkehrt die schwindelerregende Seilbahn **Téléphérique de l'Aiguille de Midi** (☑Voranmeldung 24 Std. 04 50 53 22 75; place de l'Aiguille du Midi; Erw./Kind hin & zurück Aiguille du Midi 41/33 €, Plan de l'Aiguille 24/19,20 €; ☺8.30–16.30 Uhr) zwischen Chamonix und Aiguille du Midi. Die Station auf halber Strecke, Plan de l'Aiguille (2317 m), ist ein hervorragender Ausgangspunkt für Wanderungen oder zum Paragliding. Im Sommer brauchen Passagiere der Seilbahn zusätzlich zum Ticket auch eine Bordkarte (mit Nummer der Abfahrts- *und* der Rückfahrtskabine). Bei Reservierungen per Telefon wird eine Gebühr von 2 € fällig. Selbst im Sommer steigt die Temperatur auf dem Gipfel selten über –10 °C – also unbedingt warme Kleidung mitbringen!

Wem die Aiguille du Midi noch nicht genügt, der kann zwischen Mitte Mai und Mitte September von dort aus in den kleineren Kabinen der **Télécabine Panoramic Mont Blanc** (Montblanc-Panorama-Seilbahn; Erw./Kind hin & zurück 65/52 €; ☺8.30–15.45 Uhr) zum Pointe Helbronner (3466 m) an der französisch-italienischen Grenze gondeln und dabei nochmals für 30 Minuten die überwältigende Landschaft mit Gletschern und Gipfeln, Séracs und glitzernden Eisfeldern genießen. Von der Pointe Helbronner fährt eine weitere Seilbahn hinab zum italienischen Skiort Courmayeur.

Le Brévent AUSSICHTSPUNKT

Le Brévent (2525 m), der höchste Gipfel auf der Westseite des Tals, bietet einen gewaltigen Ausblick auf das Montblanc-Massiv und dazu zahlreiche Wanderpfade, Felsvorsprünge für Paraglider und das Gipfelres-

taurant Le Panoramic. Die **Télécabine du Brévent** (29 rte Henriette d'Angeville; Erw./Kind hin & zurück 24/19,50 €; ☻8.50–16.45 Uhr) fährt am Ende der Rue de la Molard ab, mit Halt in der Mittelstation **Planpraz** (2000 m), bevor es zur Spitze weitergeht.

Chamonix

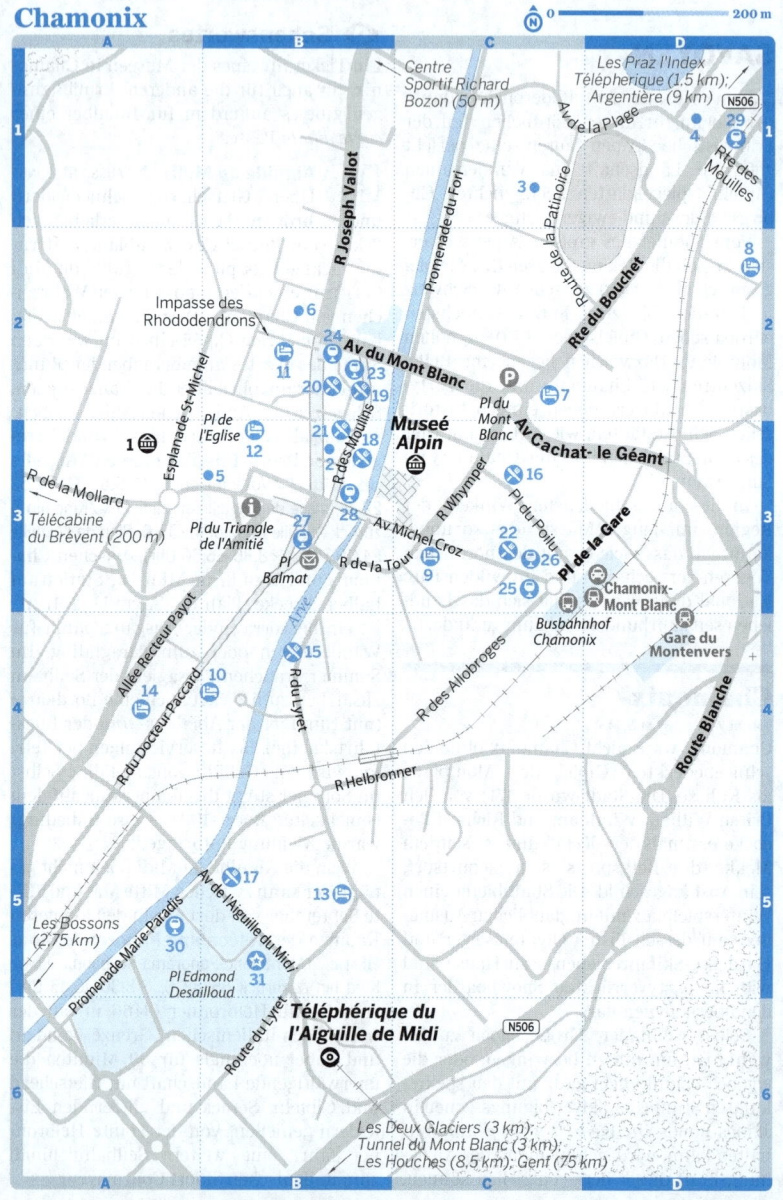

Mer de Glace GLETSCHER

Der größte Gletscher Frankreichs, das funkelnde 200 m tiefe Mer de Glace (Eissee), schlängelt sich 7 km durch gewaltige Felsspitzen und -türme. Seinen Namen hat er vom Engländer William Windham, dem ersten Ausländer, der den Gletscher 1741 zu Gesicht bekam. Der Gletscher steigt jedes Jahr um 90 m und ist inzwischen dank der Zahnradbahn, die 1908 in Betrieb genommen wurde, ein beliebtes Ausflugsziel.

Besucher der **Grotte de la Mer de Glace** (☺Ende Dez.–Mai & Mitte Juni–Sept.), einer Eishöhle mit gefrorenen Tunneln und Eisskulpturen, die ihre Farben wie Stimmungsringe wechseln, sollten sich warm anziehen.

Eine altertümliche, rote Bergbahn zuckelt von der **Gare du Montenvers** (35 place de la Mer de Glace; Erw./Kind 24/19 €; ☺10–16.30 Uhr) in Chamonix hinauf nach Montenvers (1913 m), von wo eine Seilbahn weiter hinab zum Gletscher und zur Höhle fährt. Das Ticket gilt für die 20-minütige Fahrt, den Eintritt zur Höhle und die Fahrt mit der Seilbahn.

Zu Fuß ist das Mer de Glace von Plan de l'Aiguille aus über den Grand-Balcon-Nord-Pfad zu erreichen. Der zweistündige Aufstieg von Chamonix beginnt in der Nähe der Sommerrodelbahn. Die Überquerung des zerklüfteten Gletschers erfordert angemessene Ausrüstung und einen erfahrenen Führer.

Musée Alpin ALPENMUSEUM

(av. Michel Croz; Erw./Kind 5,50 €/frei; ☺tgl. 14–19 Uhr, während der Schulferien auch 10–12 Uhr, Okt.–Mitte Dez. geschl.) Das Museum zeigt die alpinen Glanzpunkte der Stadtentwicklung; von den spannenden Geschichten des Kristallsuchers Jacques Balmat bis zum ersten Aufstieg auf den Montblanc 1786 und dem Beginn des Wintertourismus.

Musée des Cristaux KRISTALLMUSEUM

(Esplanade St-Michel; Erw./Kind 5,50 €/frei; ☺tgl. 14–19 Uhr während der Schulferien auch 10–12 Uhr, Okt.–Mitte Dez. geschl.) Hier dreht sich alles um die reichhaltige Gesteins- und Mineralwelt der Region. Außerdem zeigt das Museum faszinierende Wechselaustellungen wie über die Geschichte des Bergsteigens oder den Einfluss des Klimawandels auf die Berge.

🏃 Aktivitäten

Winteraktivitäten

Maison de la Montagne OUTDOOR-AKTIVITÄTEN (190 place de l'Église; ⏰8.30–12 & 15–19 Uhr) Eine Rundumversorgung mit Infos über das **Montblanc-Gebiet** gibt es in dem Gebäude gegenüber der Touristeninformation. Hier sind die angesehene **Compagnie des Guides de Chamonix** (☎04 50 53 00 88; www.chamonix-guides.com), die **École de Ski Français** (ESF; ☎04 50 53 22 57; www.esf-chamonix.com); und das **Office de Haute Montagne** (OHM; ☎04 50 53 22 08; www.ohm-chamonix.com) untergebracht. Letzteres bietet Informationen zu Wanderwegen und -bedingungen, Wetterprognosen und *refuges* (Berghütten) sowie topographische Wanderführer und Karten zur kostenlosen Ansicht.

Skifahren & Snowboarden

Chamonix bietet reichlich Gelegenheiten zur Legendenbildung: grandiose Off-Piste-Gelände, aufregende Abfahrten und unschlagbare Ausblicke vom Montblanc. Es ist so großartig, dass viele Skifahrer für den Aufstieg zu den Hängen lange Anfahrtswege in Kauf nehmen. Von den neun Skigebieten rund um Chamonix sind **Le Tour**, **Les Planards** und **Les Chosalets** am besten für Anfänger geeignet. Geschwindigkeit und Herausforderung bieten **Brévent Flégère** oberhalb von Chamonix und in **Les Grands Montets**, erreichbar über Argentière, 9 km nördlich von Chamonix. Snowboarder sollten für ihre Luftsprünge die Rampen und Schanzen im Snowpark von **Les Grands Montets** oder die natürliche Half-Pipe in **Le Tour** ansteuern.

La Vallée Blanche OFF-PISTE-ABFAHRT (pro Pers./4 Pers. inkl. Führer 75/283 €; max. 8 Pers.) Diese sagenumwobene Piste ist *die* Off-Piste-Abfahrt schlechthin. Die Abfahrt von La Vallée Blanche wartet mit veritablen Hindernissen auf und dauert zwischen vier und fünf Stunden. Sie führt über 2800 Höhenmeter dramatisch senkrecht hinab von Aiguille du Midi durch das zerklüftete Mer de Glace und Wälder zurück nach Chamonix. Ein Guide ist wegen der offensichtlichen Risiken *zwingend* erforderlich. Snowboarder sollten noch mehr Erfahrung mitbringen als Skifahrer. Der Schnee ist am besten im Februar und März.

Haute Route SKITOUR (pro Pers. inkl. Guide & Vollpension 880 €) Die beste Zeit für *Ski de randonnée* (Skitouren) ist zwischen März und Mai. Skitouren sind in Chamonix schwer angesagt und die Anzahl der Angebote deswegen scheinbar unendlich. Der Renner unter den Überland-

---

NICHT VERSÄUMEN

DIE EXPERTEN FÜRS ABENTEUER

Bei diesen Organisationen gibt es alles, was fürs maßgeschneiderte Abenteuer nötig ist:

Compagnie des Guides de Chamonix (☎04 50 53 00 88; www.chamonix-guides.com; 190 place de l'Église) Diese Organisation vereint die Crème de la Crème der Bergführer und wurde 1821 gegründet. Sie beschäftigt Führer für Skisport, Bergsteigen und Eisklettern, Wandern, Mountainbiking und jeden anderen alpinen Zeitvertreib.

Association Internationale des Guides du Mont Blanc (☎04 50 53 27 05; 98 rue des Moulins) Internationale Bergführer-Vereinigung mit Sitz in Chamonix. Extremskifahren, Bergsteigen, Gletschertouren, Eis- und Felsklettern sowie Paragliding.

Aventure en Tête (☎04 50 54 05 11; www.aventureentete.com; 620 rte du Plagnolet, Argentière) Skitouren und Skiexpeditionen im Hochgebirge, Freeride- und Off-Piste-Kurse; im Sommer Bergsteigen und Klettern. Argentière liegt 9 km nördlich von Chamonix.

Chamonix Experience (☎04 50 54 09 36; www.chamex.com; 141 rue Charlet Straton, Argentière) Kurse zu den Themen Off-Piste-Abfahrten, Lawinensicherheit, Eisklettern und Skitouren; im Sommer Fels- und Alpinklettern.

SKIPÄSSE

Der **Skipass Montblanc** (1/6 Tage 50/240 €) lohnt sich für ambitionierte Skifahrer, die das komplette Programm mit 400 km Abfahrten in allen Skigebieten im Tal von Chamonix, die Seilbahn nach Aiguille du Midi, den Zug nach Montenvers sowie die Skigebiete Courmayeur in Italien und Verbier in der Schweiz nutzen wollen. Günstiger, aber dafür mit eingeschränktem Gültigkeitsbereich, ist der **Chamonix Le Pass** (1/6 Tage 40/200 €), der die meisten Skigebiete von Chamonix abdeckt. Die Website www.compagniedumontblanc.com informiert über alle Möglichkeiten und bietet einen Online-Ticketverkauf.

touren ist die klassische sechstägige Route von Chamonix nach Zermatt in der Schweiz, mit Übernachtungen in *refuges* entlang der Strecke. Teilnehmer sollten Erfahrungen mit Off-Piste Strecken haben und superfit sein. Kürzere zweitägige Touren (um 320 € pro Pers.) eignen sich für fortgeschrittene Skifahrer ohne Tourerfahrung.

Compagnie des Guides de Chamonix
SCHNEESCHUHWANDERUNGEN
(☑04 50 53 00 88; www.chamonix-guides.com; 190 place de l'Église; ½ Tag/1 Tag/Nachtwanderung pro Pers. 32/47/67 €) Ein Paar *raquettes* (Schneeschuhe) reichen, um durch unberührten Schnee und durch glitzernde Wälder zu stapfen. Die Compagnie de Guides organisiert Touren im Gebiet rund um den Montblanc, mit Abstechern nach Italien oder in die Schweiz, sowie romantische Waldspaziergänge in der Dämmerung mit anschließendem Essen. Ausleihe der Schneeschuhe und Transport sind im Preis inbegriffen.

Huskydalen
HUNDESCHLITTENFAHRTEN
(☑04 50 47 77 24; www.huskydalen.com, auf Frz.; Hundeschlittenfahrt 1 Std./½ Tag 55/110 €, Hundespaziergang 2 Std. 18 €) Für alle, die sich schon immer mal beim Mushing (Hundeschlittenfahren) versuchen wollten, sind die Einführungskurse von Huskydalen (Dezember bis April) genau richtig. Im Sommer wird alternative eine altmodische Form des Gassigehens (Cani-rando) angeboten: Es ist der Hund, der den Menschen spazieren führt bzw. den Berg hinaufzieht.

Sommeraktivitäten

Wenn der Schnee geschmolzen ist, tauchen 350 km spektakuläre Wanderwege auf, viele über Seilbahn erreichbar. Im Juni und Juli ist es lange genug hell, um bis 21 Uhr zu wandern.

Lac Blanc
WANDERWEG
Von der Bergstation **Les Praz l'Index Télepherique** (Seilbahn; einfach/hin & zurück 18/22 €) und von der Mittelstation **La Flégère** (11/13 €), führen angenehme Wanderpfade von 1¼ bis 2 Std. Dauer auf 2352 Höhe zum Lac Blanc (wörtlich: Weißer See), einem türkisfarbenen und von imposanten Gipfeln umgebenen Bergsee. Sternengucker können in der **Refuge du Lac Blanc** (☑04 50 53 49 14; B inkl. Halbpension 49 €; ⊙Mitte Juni–Sept.) übernachten, einem gemütlichen Holzhaus, das besonders bei Fotografen wegen seines Ausblicks auf das Dach Europas, den Montblanc, beliebt ist.

Grand Balcon Sud
WANDERWEG
Der einfache Wanderweg verläuft entlang der Westseite des Tals auf ca. 2000 m Höhe und bietet tolle Aussichten auf den Montblanc. Er beginnt hinter der Seilbahnstation von Le Brévents.

Grand Balcon Nord
WANDERWEG
Plan de l'Aiguille ist der Ausgangspunkt mehrerer Routen, u. a. des anspruchsvollen Grand Balcon Nord zum umwerfenden Mer de Glace, von wo sowohl Fußwege als auch die Montenvers-Bahn hinunter nach Chamonix führen.

Bergsteigen & Hochgebirgstouren
BERGWANDERUNGEN
Bergsteiger und Felskletterer gehen im Sommer auf Pilgerfahrt nach Chamonix, wenn die örtlichen Guides berauschende Klettertouren für alle anbieten, die entsprechende Fähigkeiten, Erfahrung und Ausdauer haben, um einen fünftägigen Kletterkurs (585 €) oder den unvergleichlichen **Aufstieg zum Montblanc** (785 €) zu packen. Die größte Herausforderung für Wanderer ist die klassische, zwölftägige **Tour de Mont Blanc** (1240 €) zu den mächtigen Gletschern und Gipfeln in Frankreich, Italien und in der Schweiz. Im Preis enthalten ist Halbpension in *refuges*, Picknicks, Lifttickets und Gepäcktransport.

Cham' Aventure
WASSERSPORT
(☑04 50 53 55 70; www.cham-aventure.com; Maison de la Montagne, 190 place de l'Église) Abenteurer kommen hier voll auf ihrer Kosten:

ERIC FAVRET: BERGFÜHRER

Eric Favret, Guide der Compagnie des Guides de Chamonix, wurde von Nicola Williams befragt.

Seit der Montblanc, der höchste Gipfel der Alpen, 1786 das erste Mal bestiegen wurde, ist Chamonix weltweit ein begehrtes Reiseziel. Chamonix hat wirklich etwas ganz Besonderes: Die Stadt hat nicht nur rundum eine unglaublichen Vielzahl von Klettermöglichkeiten zu bieten, sie steht auch für eine perfekt ausgewogene Kombination von reiner Landschaft und dramatischen Gebirgspanoramen.

Aiguille du Midi

Aiguille du Midi mit einer der höchsten Seilbahnen der Welt darf man einfach nicht verpassen. Hinter dem Gipfelkamm offenbart sich eine eine Welt von Schnee und Eis mit einigen der großartigsten mittelschweren Skipisten der Alpen.

Off-Piste-Abenteuer

Es geht nichts über die Vallée Blanche, aber auch Aiguille du Midi hat ein paar erstaunliche Off-Piste-Abfahrten, wie z. B. Envers du Plan, die sogar etwas steiler und schwieriger ist als die Vallée Blanche und dramatische Blicke in das Herz des Montblanc-Massivs bietet. Etwas weniger befahren ist die „Jungfrau" oder „Schwarze Nadel", eine beachtliche Gletscherabfahrt, während der man den Sérac (Gletschertürme) des Riesen ganz nahe kommt und immer wieder neue Aussichten entdeckt.

Der beste Blick auf den Montblanc überhaupt

Kein Zweifel: die Traverse (Quergang) vom Col des Montets zum Lac Blanc. Für Wanderer im Sommer ist sie so beliebt wie der Eiffelturm in Paris. Ich schwimme gerne in Bergseen, deshalb mache ich etwas unterhalb, am Lac des Chéserys, immer eine Pause, dort ist es ruhiger. Kann es etwas Besseres geben, als im reinen Bergwasser zu schwimmen und dabei auf den Montblanc, den Grandes Jorasses und Aiguille Verte zu blicken? So etwas nenne ich die perfekte Gebirgslandschaft!

Canyoning (½/1 Tag 65/99 € pro Pers.), Rafting (2 Std./Tag 37/130 €) und Hydrospeed-Touren (2 Std./Tag 47/130 €) auf den Flüssen Arve in Chamonix und Dora Baltea im benachbarten Italien. Für kleine Kinder sind die meisten Angebote nicht geeignet.

Radwanderwege   RADFAHREN
Tiefer gelegene Pfade wie der Petit Balcon Sud (1250 m) von Argentière nach Servoz eignen sich bestens für Radtouren. Die meisten Anbieter von Outdoor-Aktivitäten (s. S. 516) organisieren auch geführte Mountainbiketouren.

Paragliding   PARAGLIDING
Im Sommer ist der Himmel über Chamonix übersät mit Paraglidern, die aus den Höhen herunterschweben. Tandemflüge von Planpraz (2000 m) kosten 100 € pro Person (220 € von Aiguille du Midi). Paragliding-Kurse bieten **Summits** (☎04 50 53 50 14; www.summits.fr; 27 allée du Savoy) und **Les Ailes du Mont Blanc** (☎04 50 53 96 72; www.lesailesdumontblanc.com; 24 av. de la Plage).

★ Festivals & Events

Marathon du Mont Blanc   MARATHON
(www.montblancmarathon.fr) Die Kulisse ist so atem(be)raubend wie der mörderische Aufstieg. Ende Juni.

Fête des Guides   FESTIVAL
Die zweitägige Feier Mitte August begrüßt alle neuen Mitglieder der berühmten Compagnie des Guides in Chamonix. Zum Programm gehören fesselnde *son et lumière*, Feuerwerk, Konzerte und Bergsteiger-Austellungen.

🛏 Schlafen

Im Winter sind Hotelbetten besonders teuer, trotzdem sollte man vorab buchen. Viele Unterkünfte schließen von Mitte April bis Mai und von November bis Mitte Dezember. Die Zimmerpreise machen in der Nebensaison und im Sommer einen Sturzflug; die Preise können bis zu 50 % gegenüber denen in der Hochsaison fallen.

LP TIPP **Auberge du Manoir** CHALET €€
(☎04 50 53 10 77; http://auberge
dumanoir.com, auf Frz.; 8 rte du Bouchet; EZ
94–108 €, DZ 104–150 €, 4BZ 165 €; ☎📶) Muriel, Frédéric und ihr freundlicher Golden
Retriever sorgen für gute Stimmung in diesem hübschen, umgebauten Bauernhaus,
das im Sommer von leuchtenden Gerani-
en umrankt ist. Die Auberge du Manoir
erfüllt alle Bedingungen für eine perfekte
Gebirgsunterkunft: unverstellte Blicke auf
die Berge, holzverkleidete, altmodische und
freundliche Zimmer sowie eine einladende
Bar mit offenem Kamin für die Gemütlichkeit. Das Frühstück ist ein Genuss: frische
Früchte, selbstgemachte Torten und auf
den Punkt gekochte Eier.

Hotel Slalom BOUTIQUEHOTEL €€
(☎04 50 54 40 60; www.hotelslalom.net; 44 rue
de Bellevue, Les Houches; Zi 158 €; ☎) Das wun-
derbare chaletartige Hotel liegt am Fuß der
Hänge von Les Houches (8 km westlich vom
Zentrum von Chamonix). Hier sind Tracy,
Heather und Justin ihre freundlichen Gast-
geber. Die Zimmer verkörpern perfekt den
Boutiquestil – klar, schneeweiß und Stoffe
aus ägyptischer Baumwolle. Das englische
Frühstück mit Bacon and Eggs versorgt die
Gäste mit ausreichend Energie für einen
Tag auf Skiern.

Chalet Hotel Hermitage CHALET €€
(☎04 50 53 13 87; www.hermitage-paccard.
com; 63 chemin du Cé; EZ/DZ/3BZ/4BZ
130/144/213/243 €; ☎📶) Die strapaziöse Anreise über die Abfahrtshänge lohnt sich –
das Hermitage ist ein Familienbetrieb und
wahres Schmuckkästchen, mit offenem Ka-

min an der Bar, einem Kinderspielzimmer,
leckerer Hausmannskost und einem blühenden Garten, von wo die Gäste in ihren
Sonnenliegen auf den Montblanc schauen.
Von Kopf bis Fuß in Holz, kommen die Zimmer traditionell daher, bieten aber modernen Komfort und Gebirgspanorama.

Hotel L'Oustalet FAMILIENHOTEL €€
(☎04 50 55 54 99; www.hotel-oustalet.com; 330
rue du Lyret; DZ/4BZ 140/180 €; ☎📶🧺) In diesem Bergchalet in der Nähe der Seilbahn
von Aiguille du Midi wünschen sich die
Gäste Schnee, um es sich am Kamin bei
einer Tasse *chocolat chaud* gemütlich machen und in Sauna und Whirlpool entspannen zu können. Alle Zimmer, auch die für
Familien, sind behaglich mit Holz verkleidet und haben Balkone mit Blick auf den
Montblanc. Im Garten gibt es einen Pool
für entspannte Stunden im Sommer.

Hôtel Faucigny KLEINES HOTEL €€
(☎04 50 53 01 17; www.hotelfaucigny-chamonix.
com; 118 place de l'Église; EZ/DZ/3BZ/4BZ
55/86/98/124 €; @☎) Dieses Schmuckstück
und süßeste Hotel der Stadt wird von Jacqueline und Guy Écochard betrieben. Die
Zimmer sind komfortabel und ruhig und
die Gäste können im Winter am offenen
Kamin und im Sommer auf der blumigen
Terrasse mit Blick auf den Montblanc entspannen.

Grand Hôtel des Alpes
HISTORISCHES HOTEL €€€
(☎04 50 55 37 80; www.grandhoteldesalpes.com;
75 rue du Docteur Paccard; Zi 330–390 €, Suite
580–750 €; ✳@☎🧺) Dieses altehrwürdige

NICHT VERSÄUMEN

KINDERVERGNÜGEN

Rund um Chamonix gibt es auch eine Menge Spaß für *les petits* (die Kleinen).
Parc de Merlet (www.parcdemerlet.com, auf Frz.; Eintritt 6 €; ⏱Di–So 10–18 Uhr) liegt
5 km nördlich von Les Houches. Kinder können in diesem waldigen Park den freilaufen-
den Gämsen, Steinböcken und pfeifenden Murmeltieren ganz nah kommen. Oder sie
können sich den ganzen Tag auf Trampolinen, mit Elektroautos, auf abenteuerlichen
Hindernisparcours im Wald und auf dem Rummelkarussell im **Parc de Loisirs de
Chamonix** (www.chamonixparc.com; ⏱Juli & Aug. 10–19.30 Uhr, April–Okt. wechselnde Öffnungszeiten) austoben. In der Nähe des Sessellifts von Les Planards windet sich durch
die Bäume eine **Sommerrodelbahn** (luge; Abfahrt/Tageskarte 6/13 €) mit Abfahrten in
atemberaubendem Tempo.
Die **Eishalle** (rte de la Patinoire; Erw./Kind 5/4 €; Schlittschuhausleihe 3,50 €; ⏱14–17 Uhr,
in der Nebensaison geschl.) ist eine Alternative, wenn das Wetter mal nicht mitspielt, ebenso wie das benachbarte **Centre Sportif Richard Bozon** (214 av. de la Plage), ein Sport-
zentrum mit **Hallen- und Freibädern** (Erw./Kind 5,50/4 €; ⏱Juli–Aug. 10–19 Uhr).

Hotel (1840 erbaut) ist als eines der ersten und besten in die Geschichte von Chamonix eingegangen. Die holzverkleideten Zimmer erstrahlen in zeitloser Eleganz und im Gegensatz zu anderen Spitzenhotels versprüht es eine ausgesprochen freundliche Atmosphäre: Im Winter erwartet die Skifahrer nach der Piste ein üppiges Kuchenbuffet.

Les Deux Glaciers
CAMPINGPLATZ €
(📞04 50 53 15 84; http://les2glaciers.com; 80 rte des Tissières; Platz 14,50 €; ⊘Mitte Dez.–Mitte Nov.; 📶) Was für ein wunderbarer Morgen! Einfach die Zeltöffnung hochklappen und sich vom Montblanc und seinen Gletschergipfeln bezaubern lassen – und das fast das ganze Jahr lang auf diesem Campingplatz in Les Bossons, 3 km südlich von Chamonix. Anfahrt mit dem Zug nach Les Bossons oder mit dem Bus von Chamonix bis Tremplin-le-Mont.

Hameau Albert 1er
LUXUSHOTEL €€€
(📞04 50 53 05 09; www.hameaualbert.fr; 38 rte du Bouchet; DZ 210–540 €; @🖥) Dieses Ferienzentrum in einem Dörfchen mit umgebauten savoyischen Bauernhöfen und Landhäusern strotzt mit seinem Spa, dem Pool mit Blick auf den Montblanc und dem Michelin-besternten Restaurant vor Klasse. In den Zimmern werden harmonisch ultramoderne Elemente mit antiquarischen Möbeln kombiniert. Die Zimmer mit Jacuzzi und Kamin sind perfekt für Flitterwochen. Schade, dass die Bedienung manchmal etwas hochnäsig ist.

Hôtel Richemond
KLEINES HOTEL €€
(📞04 50 53 08 85; www.richemond.fr; 228 rue du Docteur Paccard; EZ/DZ/3BZ 65/104/133 €; 📶) Dieses freundliche und zentral gelegene Hotel wird seit 1914 von derselben Familie

geführt. Sicher, die Flure haben schon bessere Tage gesehen und die altmodischen Zimmer sind übermäßig blumig, aber der Ausblick auf den Montblanc und die phantastischen gusseisernen Badewannen (ein Glücksfall bei Muskelkater) entschädigen dafür allemal.

Hôtel El Paso
PARTYHOTEL €
(📞04 50 53 64 20; www.cantina.fr; 37 impasse des Rhododendrons; EZ/DZ/3BZ/4BZ 49/64/75/90 €) Abgenutzte Matratzen und vier abgewetzte Wände, die noch Spuren besserer Zeiten aufweisen – aber was soll's: Das El Paso ist günstig, zentral gelegen und *der* Ort für die After-Ski-Party! Tex-Mex-Gerichte und DJs sorgen im Keller für Stimmung. Gäste, die doch lieber schlafen, sollten Ohrstöpsel einpacken.

Le Vert Hôtel
PARTYHOTEL €€
(📞04 50 53 13 58; www.verthotel.com; 964 rte des Gaillands; EZ/DZ/3BZ/4BZ 75/96/120/140 €) Es nennt sich selbst „Haus für Spaß, Sport und Kreativität" und ist ein weiteres Hotel mit Partyfaktor, 1 km südlich von Chamonix. Die Zimmer sind ohne Schnickschnack, einige haben mikroskopisch kleine Badezimmer. Die Gäste kommen aber auch eher wegen der ultrahippen Bar, an der das Leben tobt, mit regelmäßigen Auftritten von Top-DJs und Live-Bands. Aufenthalt nur mit mindestens drei Übernachtungen.

 **Essen**

Ob nun der Burger beim Afterski oder sterngekrönte Feinkost – Chamonix kann die ganze Bandbreite auftischen. Die meisten Restaurants haben während der Saison täglich geöffnet, außerhalb der Saison aber kürzer, sodass es ratsam ist, kurz anzurufen.

NICHT VERSÄUMEN

DIE „SCHWALBENNESTER" VON CHAMONIX

Schwalbennest ist fast noch untertrieben. Viele der 18 *refuges* (Berghütten) im Montblanc-Massiv balancieren halsbrecherisch auf einem schmalen Grat oder klammern sich über einem schwindelerregenden Abgrund an den Fels. Dem **Club Alpin Français** (📞04 50 53 16 03; www.clubalpin-chamonix.com; 136 av. Michel Croz; ⊘Bürozeiten für Anfragen Mo–Di & Do–Sa 16.30–19 Uhr) gehören acht dieser *refuges*; die anderen werden privat betrieben.

Die meisten refuges werden etwa von Mitte Juni bis Mitte September von einem Hüttenwart betreut und müssen telefonisch reserviert werden. Wenn es der Schnee erlaubt, sind viele noch einige Monate länger geöffnet, dann allerdings ohne Hüttenwart. Eine Übernachtung kostet um 23 €, bei Halbpension zwischen 40 € und 50 €. Die Mahlzeiten sind einfach, herzhaft und werden vom Hüttenwart zubereitet.

ESSEN MIT AUSBLICK

Gehobene Küche und ein imposantes Gipfelpanorama bieten folgende Bergrestaurants:

So verrückt es sich für ein Pistenrestaurant anhören mag: Wer im **La Crémerie du Glacier** (☎04 50 54 07 52; www.lacremerieduglacier.fr, auf Frz.; 766 chemin de la Glacière; Hauptgerichte 10–19 €; ⊖Mi geschl.) die weltberühmten *croûtes au fromage* (dicke Scheiben gerösteten Brot mit geschmolzenem Käse drauf) probieren will, muss reservieren. Per Ski ist das Lokal von Les Grands Montets über die rote Piste Pierre à Ric zu erreichen.

Le 3842 (☎04 50 55 82 23; Aiguille du Midi; Hauptgerichte 12–21 €; ⊖Restaurant Mitte Juni–Mitte Sept., Snackbar ganzjährig) Stilvoll und mit Ausblick tafeln und trinken auf dem Gipfel der Aiguille du Midi im angeblich höchsten Lokal Europas.

Im **Le Panoramic** (☎04 50 53 44 11; Menü ab 15 €; ⊖Mitte Dez.–April & Ende Juni–Sept.) ist der Blick auf den Montblanc eine Beilage zu Käse, Rauschfleisch und Grillgerichten. Wer nichts essen will, kann auf der Terrasse einen *vin chaud* (Glühwein) genießen. Das Restaurant liegt auf dem Gipfel von Le Brévent (s. S. 506).

Les Vieilles Luges
FRANZÖSISCH, KLASSISCH €€

(☎06 84 42 37 00; www.lesvieillesluges.com; Les Houches; Menüs 20–35 €) Das 250 Jahre alte Landhaus wirkt wie die Kulisse in einer Schneekugel oder in einem Kindertraum. Die Gäste erreichen das Restaurant auf Skiern oder nach einer 20-minütigen Winterwanderung vom Sessellift Maison Neuve. Unter einer niedrigen Holzdecke verführen Julie und Claude ihre Gäste mit Hausmannskost – wie z. B. Bœuf bourguignon nach Art von *grand mère* und sahniger *farçon* (mit Kartoffeln, Pflaumen und Speck), dazu gibt's *vin chaud* (Glühwein), der über dem Holzfeuer erwärmt wird. Magisch.

La Petite Kitchen
INTERNATIONAL €

(80 place du Poilu; Tagesgericht 7–13 €, Hauptgerichte 14–19,50 €; ⊖Di geschl.) Die Kleine Küche ist genau das: eine Handvoll Tische für wenige Glückspilze, die sich seinem Wohlfühl-Essen mit heimischen Zutaten hingeben können. Das mächtige englische Frühstück, Steak mit selbstgemachten *frites* und der dickste aller Karamellpuddinge machen die Gäste rund und rundum glücklich.

Le Bistrot
GOURMETKÜCHE €€€

(☎04 50 53 57 64; www.lebistrotchamonix.com, auf Frz.; 151 av. de l'Aiguille du Midi; Mittagsmenü 17 €, Abendmenü 42–65 €; ☑) Elegant und stilvoll präsentiert sich dieser Gourmettempel. Der Michelin-besternte Chefkoch Mickey experimentiert mit Texturen und saisonalen Aromen und kreiert so Geschmacks-

sensationen wie kurz angebratenenen, arktischen Saibling mit Esskastanien und himmlische, warme Schokoladen-Makronen mit Himbeer-Paprika-Sauce.

Le GouThé
TEESALON €

(95 rue des Moulins; Menü 9 €; ⊖Fr–Mo 9–18.30 Uhr; ☑) Willkommen in der süßesten aller Teestuben. Philippe zaubert samtige heiße Schokolade mit Pistazien- und Lebkuchenstücken, verblüffend helle Makronen und selbstgemachte Crumble-Törtchen mit Mirabellen und Lakritze und sorgt so für die nötige Zuckerration, um die Abenteuer im Schnee genießen zu können. Er ist auch ein wahrer Könner in Sachen *galettes* (Buchweizen-Crêpes).

Tigre Tigre
INDISCHE KÜCHE €€

(☎04 50 55 33 42; 239 av. Michel Croz; Hauptgerichte 11–17 €; ☑) Dieses hippe indische Restaurant ist der letzte Schrei, besonders die enge Bar, in der die Gäste vor dem Hauptgang an Papadam-Brot knabbern oder ein Cobra-Bier nippen. Leckere und scharfe Tikka-, Tandoori- und Biryani-Gerichte schickt das Restaurant direkt in die Kulissen eines Bollywoodfilms und auch die Bedienung – hurra! – lächelt.

Le Chaudron
SAVOYER KÜCHE €€

(☎04 50 53 57 64; 79 rue des Moulins; Menü 20–23 €; ⊖abends) An einem kalten Wintertag sorgt dieses schicke Gebirgschalet für die innere Wärme. Die Gäste sitzen auf Bänken mit Kuhfellbezügen um ein Savoyer Fondue oder bei einem langsam zur Perfektion geschmorten Lamm in Rotwein.

Munchie
FUSIONSKÜCHE €€

(☑04 50 53 45 41; www.munchie.eu; 87 rue des Moulins; Hauptgerichte 18–24 €; ☺abends) In diesem von Schweden betriebenen, trendigen Restaurant kommt pan-asiatische Fusionsküche auf den Tisch: Sashimi, Sushi, Tempura und malaysisches gelbes Curry werden authentisch zubereitet und kreativ angerichtet. Die Stühle werden schneller frei als bei der Reise nach Jerusalem, sodass auch ohne Reservierungen gute Chancen auf einen Tisch bestehen.

Casa Valério
ITALIENISCHE KÜCHE €€

(☑04 50 55 93 40; www.casavalerio.net; 90 rue du Lyret; Pizza 8,50–13 €, Hauptgerichte 20–28 €; ☺12–14 Uhr) Der geschäftige Italiener begrüßt seine Gäste mit dem ironischen Lächeln der Mona Lisa. Der Laden ist bekannt für seine leckere Pasta, den frischen Fisch und die preisverdächtige Pizza Margherita. Auch Weinliebhaber können sich hier austoben. Schade nur, dass die Bedienung bei der guten Stimmung nicht immer mithalten kann.

Le Refuge Payot
LEBENSMITTELMARKT €

(166 rue Joseph Vallot) Regionale Erzeugnisse: Käse, geräuchertes und luftgetrocknetes Fleisch, Würste, Wein, Honig usw.

🍷 Ausgehen & Unterhaltung

Das Nachtleben in Chamonix ist legendär. Die romantische, alte Uferstraße Rue des Moulins im Zentrum ist von Kneipen regelrecht umzingelt. Einen Überblick über das Geschehen abseits der Pisten gibt es auf www.lepetitcanardchx.com.

Viele der Après-Ski-Läden bieten feste wie flüssige Nahrung.

Chambre Neuf
BAR

(272 av. Michel Croz; 🛜) Coverbands, wilde Après-Ski-Zechereien und schwedische Blondinen, die auf dem Tisch tanzen, machen das Chambre Neuf zu einem der angesagtesten Partyschuppen in Chamonix. An den Tischen dreht sich alles um die dramatischen Off-Piste-Abenteuer und Monstersprünge der Gäste, ungelogen!

MBC
MIKROBRAUEREI

(www.mbchx.com; 350 rte du Bouchet; ☺16–2 Uhr) Die trendige Mikrobrauerei unter der Leitung von vier Kanadiern ist phantastisch: von den Burgern und dem Käsekuchen der Woche bis zur Livemusik und den hier gebrauten und originell benannten Bieren (Blonde de Chamonix, Stout des Drus, Blanche des Guides usw.). Ein Volltreffer.

Monkey Bar
BAR MIT LIVEMUSIK

(81 place Edmond Desailloud; ☺13–2 Uhr; 🛜) Das Schild am Eingang wirbt mit „Live Sport und sexy Barpersonal", etwas frech zwar, aber an diesem sehr coolen, etwas abgewetzten Party-Hotspot gibt's mehrmals die Woche Livemusik und DJ-Sets. Um 16.45 Uhr stürzen die Massen in die Bar, denn da kostet das Bier 15 Minuten lang nur 1,50 € – da heißt's schnell trinken.

Bistrot des Sports
KNEIPE

(182 rue Joseph Vallot; ☺7–2 Uhr) Als traditioneller Treffpunkt für Maultiertreiber, Bergführer und andere Gebirgsbewohner hat sich dieses Schlupfloch einen gewissen Charme und Originalität bewahrt. Die Terrasse an der Straße lädt auf einen gemütlichen Drink ein.

Elevation 1904
BAR

(259 av. Michel Croz; ☺19–2 Uhr) Alpine Erinnerungsstücke zieren die Wände dieses ausgelassenen Ladens am Bahnhof. Snacks werden den ganzen Tag über serviert und die Sonnenterrasse ist genau das Richtige für ein kühles Bier.

La Terrasse
BAR MIT LIVEMUSIK

(www.laterrassechamonix.com; 43 place Balmat; ☺16–2 Uhr; 🛜) Je später der Abend, desto teurer die Drinks (5 € bis 17 Uhr, 6 € bis 18 Uhr usw.); die besten Plätze sind auf der Terrasse am Hauptplatz von Chamonix. Jeden Abend spielt eine Live-Band.

Cantina Club
CLUB

(www.cantina.fr; 37 impasse des Rhododendrons; ☺19–3 Uhr) In diesem brodelnden Kellerclub legen DJs alles von Deep House bis Afrobeat und Hip Hop auf. Auf Straßenebene bietet das Restaurant Tex-Mex-Gerichte.

Andere angesagte Läden:

Office
BAR

(274 rue Charlet Stratton, Argentière; ☺15–2 Uhr; 🛜) Sonntagsbraten, englischer Fußball und massenweise Briten – dies ist das Partyhauptquartier von Argentière.

Bar'd Up
BAR

(123 rue des Moulins; ☺16–2 Uhr) Treffpunkt der Snowboard-Gemeinde, Themenparties, Sport auf großer Leinwand und billige Drinks.

Le Privilège
LOUNGE

(52 rue des Moulins; ☺16–2 Uhr) Lounge im rustikalen Chic mit großartigen Cocktails und Livemusik.

Le Garage
CLUB

(www.nightclubgarage.com; 200 av. de l'Aiguille du Midi; ⊙1–4 Uhr) Electro-House Club, der jede Nacht für drei kurze, aber heftige Stunden öffnet.

Praktische Informationen

In der Touristeninformation gibt es eine Liste mit Adressen von Ärzten, Zahnärzten, Apotheken usw.

Banque de Savoie (1 place Balmat) Mit Geldwechselmöglichkeit.

Enjoy (128 rue des Moulins; Internet je Min./ Std. 0,10/5 €; ⊙9–19 Uhr) Imbiss mit sieben PCs und Skype.

Krankenhaus (☑04 50 53 84 00; 509 rte des Pélerins) In Les Favrands, 2 km südlich vom Zentrum.

Mojo's (21 place Balmat; Internet je Min./Std. 0,10/5 €; ⊙9–20 Uhr) Spaßige Sandwichbar mit sechs PCs.

PGHM (☑04 50 53 16 89; 69 rue de la Mollard) Bergrettung für die gesamte Montblanc-Gegend.

Polizei (☑04 50 53 00 55; 111 rue de la Mollard)

Post (89 place Balmat)

Touristeninformation (☑04 50 53 00 24; www.chamonix.com; 85 place du Triangle de l'Amitié; ⊙8.30–19 Uhr) Unterkünfte, Wetter und Infos zu Aktivitäten.

An- & Weiterreise

Auto & Motorrad

Von Italien gelangen Autoreisende durch den 11,5 km langen **Tunnel du Mont Blanc** (www. atmb.net; einfache Fahrt/hin & zurück 35/44 €) nach Chamonix; der Tunnel endet im südlichen Vorort Les Pélerins. Von Frankreich aus mündet die Autobahn A40 (die Autoroute Blanche) auf der vierspurigen Nationalstraße N205, die nach wenigen Kilometern Chamonix erreicht.

In der Stadt einen Parkplatz zu finden ist nicht immer leicht. Zuverlässig ist der **Parking du Mont Blanc** (place du Mont Blanc; 1. Std. frei, danach je Std./24 Std./Woche 2/8/50 €). Mit viel Glück ist in der Rue Helbronner oder der Allée du Recteur Payot noch eine Parklücke frei.

Autos vermietet z. B. **Europcar** (www.europ car.com; 36 place de la Gare).

Bus

Von der **Bushaltestelle in Chamonix** (www.sat montblanc.com; place de la Gare), direkt neben dem Bahnhof fahren täglich zwei bis drei Busse zum Flughafen und zum Busbahnhof in Genf

DIE GRÜNE KARTE

Chamonix hatte lange Probleme mit der Luftverschmutzung. Damit Einheimische und Besucher möglichst wenig das eigene Auto benutzen, dürfen sie alle Busse im Ortsgebiet sowie die Züge zwischen Servoz (14 km westlich) und Vallorcine (15,5 km nördlich) kostenlos benutzen. Besucher brauchen sich nur vom Hotel oder Campingplatz eine **carte d'hôte** zu holen – und schon fahren sie gratis! Zudem gibt es mit dieser Karte Ermäßigungen für eine Reihe von Aktivitäten. Details enthält das Beiblatt zur Karte.

(einfach/hin & zurück 33/55 €, 1½–2 Std.) sowie zur Bushaltestelle in Courmayeur (einfach/ hin & zurück 13/20 €, 45 Min.). Beide müssen reserviert werden. Abfahrtszeiten und Reservierungen auf der Website.

Zug

Die Schmalspurbahn Mont Blanc Express zuckelt vom Bahnhof Le Fayet in St-Gervais, 23 km westlich von Chamonix, nach Martigny in der Schweiz. Unterwegs hält sie in Les Houches, Chamonix und Argentière. Täglich verkehren neun bis zwölf Züge in beiden Richtungen zwischen Chamonix und St-Gervais (9,50 €, 40 Min.). Für Inhaber der *carte d'hôte* ist die Fahrt zwischen Servoz und Vallorcine kostenlos.

Vom Bahnhof Le Fayet in St-Gervais gibt es Zugverbindungen in die meisten französischen Großstädte.

Unterwegs vor Ort

BUS Der örtliche Busverkehr wird von **Chamonix Bus** (www.chamonix-bus.com; 591 promenade Marie-Paradis) organisiert. Von Mitte Dezember bis Ende April verkehren zwischen 7 und 19 Uhr alle 10 Min. Busse zu den Skiliften und zentralen Parkplätzen (ins Stadtzentrum von 8.30 bis 18.30 Uhr). Im Rahmen des Programms *carte d'hôte* sind sie kostenlos. Eine Ausnahme macht der Nachtbus Chamo-Nuit zwischen Chamonix, Argentière und Les Houches (letzte Abfahrt von Chamonix 23.30 Uhr oder 24 Uhr; 2 €).

FAHRRAD Le Grand Bi Cycles (240 rte du Bouchet; 39 €/Tag; ⊙Di–Sa 10–19 Uhr) verleiht Fahrräder und gibt auch Ausflugstipps.

TAXI Taxiruf ☑04 50 53 13 94. Vor dem Bahnhof ist ein Taxistand.

NICHT VERSÄUMEN

TÖPFERTRAUM

Eigentlich heißt er Monsieur Baranger, aber er nennt sich lieber „der Töpfer hinter der Kirche" – und genau dort in St-Gervais hat er sein geräumiges und vollplakatiertes Atelier mit Galerie eingerichtet. Der Exzentriker ist eine örtliche Legende und steht noch oft an seiner Töpferscheibe, an der er Pötte, Teller, Verzierungen und Vasen formt und dann mit blauen und cremigen Erdtönen glasiert. Er lächelt immer, weil – so sagt er – er jeden Tag aufwacht, um zu tun, was er liebt. Und das sieht man. Seine Werkstatt ist offen *quand vous voyez les lumières* (wenn das Licht brennt).

Megève & St-Gervais

Très chic Megève (4050 Ew., 1113 m) wurde in den 1920er-Jahren von der Baronesse de Rothschild (einem Sproß der berühmten Bankierfamilie) gegründet, weil sie das überfüllte St. Moritz in der Schweiz satt hatte. Heute ist das Skidorf fast zu schön, um wahr zu sein: Pferdeschlitten, exklusiv dekorierte Schaufenster und nicht weniger als acht Restaurants mit Michelin-Stern verteilen sich an den gepflasterten Straßen, die dem Mittelalter nachempfunden sind. Im Winter treffen sich hier die Schönen und Reichen, im Sommer geht es etwas entspannter zu.

Am Fuße des Montblanc und 24 km westlich von Chamonix liegt Megèves erfrischend authentischer Nachbarort, St-Gervais-les-Bains (5780 Ew., 850 m), meist einfach St-Gervais genannt. Das Savoyer Dorf mit seiner barocken Kirche im Zentrum und einem altmodischen Karussell gibt ein perfektes Postkartenmotiv ab und ist durch den legendären Mont Blanc Express mit Chamonix verbunden.

🏃 Aktivitäten

Die Kulisse des Montblanc-Massivs im Hintergrund macht Skifahren in Megève zu einem landschaftlich herrlichen Erlebnis. Die Pisten verteilen sich auf drei Skigebiete: Mont d'Arbois-Princesse (verbunden mit St-Gervais), Jaillet-Combloux und Rochebrune-Côte 2000. Die Pisten in beiden

Orten eignen sich vor allem für Anfänger und gemütliche Abfahrer. Insgesamt gibt es 445 km gut präparierte Pisten zum Austoben. Skipässe werden unter www.skiamegeve.com auch online verkauft.

Wanderwege mit Panoramagarantie in die Gebiete um Bettex, Mont d'Arbois und Mont Joly beginnen in beiden Orten. Zwischen Val d'Arly, Montblanc und Beaufortain liegen einige der besten, ausgeschilderten Mountainbike-Gelände.

Maison de la Montagne OUTDOORAKTIVITÄTEN
(176 rue de la Poste, Megève) Hier haben sich **ESF** (www.megeve-ski.com; ☉Dez.–Anfang April 9–18.30 Uhr, restliches Jahr 9–12 & 14–18 Uhr) und **Compagnie des Guides** (www.guides-megeve.com, auf Frz.; ☉wie ESF) von Megève niedergelassen. Angeboten werden Off-Piste-Touren, Eisklettern, Felsklettern, Gleitschirmfliegen, Canyoning und Mountainbike-Ausflüge.

Tramway du Mont Blanc SEILBAHN
(rue de la Gare, St-Gervais; hin & zurück nach Bellevue/Nid d'Aigle 25/32 €; ☉9–16.50 Uhr) Das Gebirgspanorama als Seelenmassage ohne großen Aufwand bietet Frankreichs höchster Zug. Seit 1913 windet sich der Zug im Winter von St-Gervais–Le Fayet hinauf nach Bellevue (1800 m) und im Sommer bis ins 2380 m hoch gelegene Nid d'Aigle (Adlerhorst).

🛏 Schlafen & Essen

Die Touristeninformationen in Megève (☏04 50 21 29 52) und St-Gervais (☏04 50 47 76 08) kümmern sich um die **Zimmervermittlung**.

Au Coin du Feu BOUTIQUEHOTEL €€€
(☏04 50 21 04 94; www.coindufeu.com; 252 rte de Rochebrune, Megève; DZ 250-355 €; ❋🐾) Dieses bezaubernde Boutiquechalet peppt die Eichenholz-Einrichtung mit sanftem Licht und dicken Stoffen in den weihnachtlichen Farben rot und grün auf. Genau das richtige Ambiente, um am offenen Kamin im Salon einen *vin chaud* zu süffeln, sich im Spa eine Behandlung mit Bergkräutern zu gönnen oder sich im Kellerrestaurant **Le Saint Nicholas** (Hauptgerichte 22–25 €) über leckere Savoyer Küche herzumachen.

Le Gai Soleil CHALET €€
(☏04 50 21 00 70; www.le-gai-soleil.fr; 343 rue Crêt du Midi, Megève; DZ inkl. Frühstück/Halbpension 130/194 €; @🛜🐾) Beth sorgt für eine heimelige Atmosphäre in diesem einladenden Chalet mit herrlich warmen und geräumigen Zimmern, einem Jacuzzi und einem herzlichen Restaurant. Der Ausblick vom

Outdoor-Pool und von der Sonnenterrasse überwältigt mit einem grandiosen Gebirgspanorama.

Les Dômes de Miage CAMPINGPLATZ €
(☑04 50 93 45 96; www.camping-mont-blanc.com; 197 rte des Contamines, St-Gervais; Stellplätze 21 €; ◷Mai–Mitte Sept.; 🛜) Auf diesem gut ausgestatteten Campingplatz, der herrlich zwischen waldigen Hügeln liegt, fallen die ersten Blicke nach dem Aufstehen am Morgen auf den Montblanc. Zu den erstklassigen Einrichtungen gehören ein Restaurant und ein Spielplatz.

La Chaumière FAMILIENHOTEL €
(☑04 50 93 60 10; www.lachaumierehotel.com; 222 av. de Genève, St-Gervais-Le Fayet; EZ/DZ/3BZ/4BZ 39/45/55/69 €; @🛜🚗) Dieses chaletartige Hotel ist ein wahrer Glücksfall für Skifahrer mit knappem Budget. Es bietet helle, moderne Zimmer mit netten Extras wie Flachbild-TV und Balkon. Im Angebot sind auch Familienzimmer, dazu ein kostenloses Minispa, Fitnessgeräte und eine Kletterwand.

LP TIPP Flocons de Sel
FEINSCHMECKERLOKAL €€€
(☑04 50 21 49 99; www.floconsdesel.com; 1775 rte de Leutaz, Megève; Mittagsmenü 35–70 €, Abendmenü 135 €, Kochunterricht 60 €; ◷Kochunterricht Mo–Sa 16–19 Uhr) Das mit zwei Michelin-Sternen ausgezeichnete Restaurant in einem stilvoll umgebauten Landhaus ist das Reich von Emmanuel Renaut, der bei Marc Veyrat im Claridges gelernt hat. Hier kocht und serviert er kunstvoll alles, was an diesem Tag frisch ist, sei es nun Süßwasserfisch oder Taube, die mit seiner Spezialität, *flocon de sucre* (Zuckerschneeflocken), zum Dessert abgerundet werden. Im informativen Kochunterricht werden zwei bis drei Rezepte nachgekocht – von der einfachen Vorspeise bis zu Petits Fours.

Le Galeta SAVOYER KÜCHE €€
(☑04 50 93 16 11; 150 impasse du Lupins, St-Gervais; Hauptgerichte 15–25 €; ◷abends; 🚗) Etwas versteckt hinter der Kirche liegt dieses rustikale, scheunenartige Restaurant mit viel alpinem Charme und Wärme. Sylvie und Serge bereiten saftige Grillgerichte über dem Holzfeuer zu und tippen die (eher bescheidene) Rechnung in eine antike Kasse.

 Praktische Informationen

Megève Touristeninformation (☑04 50 21 27 28; www.megeve.com; 70 rue de Monseigneur Conseil; ◷9–19 Uhr)

St-Gervais Touristeninformation (☑04 50 47 76 08; www.st-gervais.net; 43 rue du Mont-Blanc; ◷9–12.30 & 14–20 Uhr)

 An- & Weiterreise

BUS Von Megèves Bushaltestelle verkehren täglich sieben Busse zu den Bahnhöfen von St-Gervais–Le Fayet und Sallanches. Im Winter pendeln mindestens zwei Busse täglich zwischen Megève oder St-Gervais und dem Flughafen Genf (einfache Fahrt/hin & zurück 44/75 €, 1½ Std.).

ZUG Der Megève am nächsten gelegene Bahnhof befindet sich 12 km nördlich in Sallanches; Auskünfte erteilt der SNCF-Infoschalter im Busbahnhof. St-Gervais ist der Zugangsbahnhof für Chamonix und mit der Stadt durch den Mont Blanc Express verbunden. Es gibt mehrere Verbindungen am Tag (86 €, 5½ Std.) und einen Nachtzug von/nach Paris (93 €, 9½ Std.) sowie regelmäßige Verbindungen nach Lyon (32 €, 3½ Std.), Annecy (13,50 €, 1½ Std.) und Genf (12 €, 1½ Std.).

Les Portes du Soleil

Dieses gigantische Skigebiet mit dem poesievollen Namen „Die Sonnenpforten" (1000–2466 m; www.portesdusoleil.com) ist der größte Skizirkus der Welt und besteht aus einer Reihe von Dörfern entlang der Schweizer Grenze.

Am bekanntesten ist **Morzine** (1000 m), das sich den ursprünglichen Charme eines Alpendorfes zum Teil bewahrt hat – ganz besonders im Sommer, wenn die Urlauber die Bergkäsereien und traditionellen Steinmetzwerkstätten stürmen. Das trendbewusste, kleine **Avoriaz** (1800 m), das wenige Kilometer talaufwärts auf einem Felsen geplant und angelegt wurde, hat einen besonderen Reiz, da es Fahrzeuge strikt verbannt. Romantische, hoch bepackte Pferdeschlitten bringen die Gäste in das verschneite Dörfchen, das mit seiner exzentrischen Imitationsarchitektur der 60er-Jahre als avantgardistisch gilt.

Wer auf der Straße von Cluses heraufkommt, gelangt nach **Les Gets** (1172 m), einem kleinen Ort, der sehr beliebt bei Familien ist.

 Aktivitäten

Überwältigende 650 km Abfahrtspisten und Langlaufloipen, die von 202 Skiliften bedient werden und für die ein einziger Skipass reicht, durchziehen Les Portes de Soleil. Morzine eignet sich besonders für Anfänger und Skifahrer auf mittlerem

MULTIPASS-MAGIE

Das heißeste Sommerangebot in Les Portes du Soleil ist der Multipass; Übernachtungsgäste zahlen 1 € pro Tag und Tagesbesucher 6 €. Zwischen Mitte Juni und Mitte September gewährt der Pass die unbegrenzte Nutzung von Seilbahnen, Sesselliften und Pendelbussen, von Tennisplätzen, Eisbahnen und Schwimmbädern sowie freien Eintritt zu fünf Kulturorten (Heimatmuseen, Klöster u. a.).

Niveau und bietet bei schlechtem Wetter malerische Waldstrecken (Tree Runs). Die schneesicheren Pisten in Avoriaz sind etwas anspruchsvoller; Snowboarder nennen es den Freestyle-Himmel mit tiefem Pulverschnee, mehreren Schneeparks zum Üben der Kunststücke und einer phantastischen Super-Pipe in der Nähe der oberen Seilbahnstation von Prodains.

Mountainbike-Fans können sich auf 380 km aufregender Trails austoben, wie der 100 km langen Portes-du-Soleil-Runde.

Bureau des Guides OUTDOORAKTIVITÄTEN (☑04 50 75 96 65) Auskünfte zu Sommeraktivitäten, wie Wandern, Radfahren, Klettern, Canyoning und Paragliding, sowie Infos über Mountainbike-Verleih und über Morzines atemberaubende 3300 m lange **MB-Abfahrt** (frei; ☉Juni–Sept.) von der Bergstation der Pléney-**Seilbahn** (1/10 Aufstiege 4,50/35 €).

🛏 Schlafen & Essen

Die meisten Unterkünfte sind im Mai, Oktober und November geschlossen; in der Hochsaison gibt es Schlafplätze nur mit Vorausbuchung.

LP TIPP **Farmhouse** BOUTIQUEHOTEL €€ (☑04 50 79 08 26; www.thefarmhouse.fr; Le Mas de la Coutettaz, Morzine; DZ inkl. Halbpension 169–257 €, Abendmenü 40 €) Dieses phantastische Bauernhaus aus dem Jahr 1771 ist die älteste Hütte in Morzine. Der charmante Dorrien Ricardo kümmert sich um die fünf Zimmer (einige mit viktorianischem Badezimmer) im Haupthaus und drei weitere Hütten (darunter das alte mazot, ein Mini-Chalet), die sich auf dem herrlichen Gelände befinden. Das Abendessen – auch für Tagesgäste – ist eine üppige Angelegenheit rund um eine riesige Banketttafel.

Ferme de Montagne BOUTIQUEHOTEL €€€ (☑04 50 75 36 79; www.fermedemontagne.com; Les Gets; Halbpension pro Pers. 1500–2250 €/ Woche) Dieses glamourös-versnobte Spa im Gewand eines Landhauses ist von Europas Hochglanzmagazinen zu einem der angesagtesten Boutiquehotels gekürt worden. Im Preis ist jeder vorstellbare Luxus enthalten: persönliche Skiguides, Nachmittagstee mit selbstgebackenen Kuchen am knisternden Feuer, Champagner im heißen Whirlpool umgeben von schneebedeckten Gipfeln – gehört zum Service, Baby!

Fleur de Neige CHALET €€ (☑04 50 79 01 23; www.chalethotelfleurdes neiges.com; Le Mas de la Coutettaz, Morzine; DZ inkl. Halbpension 90 €; 🕸😋) Ein herzliches Willkommen und solide Hausmannskost gibt es in diesem Familienbetrieb. Das Haus ist mit warmem Holz ausgekleidet und nach einem Tag auf den Pisten winken ein geheizter Pool und die Sauna.

Camping Les Marmottes CAMPINGPLATZ € (☑04 50 75 74 44; http://campinglesmarmottes. com; Essert-Romand; Stellplätze 17 €) Dieser kleine, schattige Campingplatz hat es sich in den Bergen, 5 km nördlich von Morzine, gemütlich gemacht. Er ist ganzjährig geöffnet; Hartgesottene können also auch im Schnee ihr Zelt aufbauen (brrr...).

La Table du Marché d'Avoriaz BISTRO €€ (☑04 94 97 91 91; www.christophe-leroy.com; place des Dromonts, Avoriaz; Menü 19,50–39 €) Avoriaz ist so beliebt geworden, dass sogar der bekannte französische Chefkoch Christophe Leroy hier ein Bistro im minimalistischen Chic eröffnet hat. Den anspruchsvollen Gästen werden frische, einheimische Produkte vom Markt wie Roastbeef mit Schalotten und *gratin dauphinois* (überbackene, fein geschnittene Kartoffeln in Sahne und einem Hauch Muskatnuss) serviert.

ℹ Praktische Informationen

Avoriaz Touristeninformation (☑04 50 74 02 11; www.avoriaz.com; place Centrale; ☉Mo-Fr 9–12 & 14–18 Uhr) Buchung von Chalets und Appartements mit Selbstversorgung.

Les Gets Touristeninformation (☑04 50 75 80 80, Zimmervermittlung 04 50 75 80 51; www.lesgets.com; place de la Mairie; ☉Mo-Sa 9–12 & 14–18 Uhr)

Morzine Touristeninformation (☑04 50 79 11 57; www.morzine-avoriaz.com; place de la Crusaz; ☉Mo-Sa 9–12 & 14–18 Uhr) Bietet auch **Zimmervermittlung** (☑04 50 79 11 57; www.resa-morzine.com).

ℹ️ An- & Weiterreise

Kostenlose Pendelbusse zu den Liften von Télécabine Super Morzine, Télécabine du Pléney und Téléphérique Avoriaz.

Während der Skisaison gibt es einen regelmäßigen Bus von Morzine (einfach/hin & zurück 36/59 €), Avoriaz (39/65 €) and Les Gets (33/55 €) zum Flughafen von Genf, 80 km westlich. Von Morzine fahren außerdem häufige **SAT Busse** (www.sat-montblanc.com) nach Les Gets und Avoriaz. Und es gibt Busse von Morzine zu den nächsten Bahnhöfen: Thonon-les-Bains und Cluses (einfach/hin & zurück 11/22 €).

Thonon-les-Bains

32 850 EW. / 430 M Ü. M.

Genau gegenüber von Lausanne auf der französischen Seite des Genfer Sees (Lac Léman) liegt auf einem Felsen über dem See Thonon-les-Bains, ein eleganter Kurort aus der Belle Époque. Im Winter ist es hier öde und leer, aber im Sommer locken Bootsausflüge und Spaziergänge am Seeufer.

⦿ Sehenswertes & Aktivitäten

Château de Ripaille   SCHLOSS

(www.ripaille.fr, auf Frz.; einstündige Führung 6 €; ⊘Feb.–Okt. 1–5 Führungen tgl.) Dieses vieltürmige Schloss, das im 19. Jh. an der Stelle seines Vorgängers aus dem 15. Jh. erbaut wurde, liegt 1 km östlich am Quai de Ripaille. Dazu gehört ein Weingut, ein Garten, in dem im Sommer (Mitte April–Mitte Sept.) gegessen wird, sowie ein Waldpark zum Erkunden.

Standseilbahn   SEILBAHN

(einfach/ hin & zurück 1/1,80 €; ⊘8–21 Uhr) Diese nostalgische 230 m lange Seilbahn verbindet die Oberstadt mit dem Hafen.

Fontaine de la Versoie   SPRINGBRUNNEN

(Parc Thermal de Thonon) Aus diesem mosaikgeschmückten Brunnen sprudelt Thonon-Mineralwasser, das kostenlos in die eigenen Flaschen abgefüllt werden darf.

CGN   SEERUNDFAHRTEN

(www.cgn.ch; ⊘Mai–Okt.) Regelmäßige Touren vom Hafen in Thonon-les-Bains zu verschiedenen Zielen rund um den See, darunter Genf (einfach/hin & zurück 28/47 €), Évian-les-Bains (12/21 €) und Yvoire (14/24 €). Aktuelle Fahrpläne und Angebote von thematischen Touren stehen auf der Website.

🛏️ Schlafen

La Ferme du Château

ZIMMER MIT FRÜHSTÜCK €€

(☑06 25 06 44 93; www.lafermeduchateau.com, auf Frz.; Hameau de Maugny, Draillant; DZ 85 €; ☒) Der Weg aus der Stadt, 10 km Richtung Süden, bis zu diesem renovierten Savoyer Bauernhaus aus dem 18. Jh. lohnt sich. Die Gastgeber Sophie und Didier sorgen für Ruhe und Behaglichkeit mit ländlich gestalteten Zimmern in Holz und Stein, einem weinberankten Garten und einem Pool im Freien.

Hôtel à l'Ombre des Marronniers HOTEL €

(☑04 50 71 26 18; www.hotellesmarronniers.com, auf Frz.; 17 place de Crète; DZ 50–62 €; 🛜☒) Inmitten blühender Gärten liegt dieses chaletartige Hotel, ein Favorit unter den Schlafstätten in der Stadt. Einfache, ordentliche Zimmer und ein Pool im Freien.

ℹ️ Praktische Informationen

Touristeninformation am See (⊘Juli & Aug. 10–12.30 & 14–18.30 Uhr) Ein Chalet, in dem auch Fahrscheine für Bootsfahrten mit **CGN** (www.cgn.ch) verkauft werden.

Touristeninformation (☑04 50 71 55 55; www.thononlesbains.com; Château de Sonnaz, 2 rue Michaud; ⊘Mo–Fr 9–12.15 & 13.45– 18.30, Sa ab 10 Uhr) In der Oberstadt.

ℹ️ An- & Weiterreise

BUS Von der Bushaltestelle Thonon (place des Arts) bietet **SAT** (www.sat-leman.com) regelmäßige Busse von/nach Évian-les-Bains (1,50 €, 20 Min.) und in die Berge von Chablais, u. a. nach Morzine (11 €, 1 Std.).

ZUG Der Bahnhof (place de la Gare) liegt südwestlich des Hauptplatzes, Place des Arts. Züge von/nach Genf (7 €, 50 Min.) fahren entweder direkt oder über Annemasse (6 €, 30 Min.).

Yvoire

830 EW. / 372 M Ü. M.

Das hübsche mittelalterliche Dorf Yvoire, 16 km westlich von Thonon am Ufer des Genfer Sees, eignet sich für einen Tagesausflug. Türme und Türmchen, steinerne Häuser und mit Geranien umrankte Gassen schmücken das Dorf. Auf einer 1½-stündigen **Führung** (pro Pers. 5,50 €; ⊘Juli–Aug. Di & Do 10.45, Mi & Fr 16.45 Uhr) erfahren Besucher alles über die 700-jährige Geschichte des Ortes.

NICHTS ALS ÉVIAN

Immer am See entlang, 9 km östlich von Thonon, liegt der elegante Belle Époque-Kurort **Évian-les-Bains**, weltberühmt wegen seines Mineralwassers. Das Wasser wurde 1790 „entdeckt" und wird seit 1826 in Flaschen abgefüllt. Es braucht 15 Jahre, um durch die Felsen der Chablais-Berge zu sickern, und löst auf seinem Weg Mineralien aus dem Gestein, ehe es mit einer Temperatur von 11,4°C wieder aus der Erde kommt. Der Ort war die bevorzugte Sommerresidenz der Herzöge von Savoyen, bevor es im 18. Jh. groß in Mode kam, sich in Becken voll Mineralwasser zu suhlen, und er als Luxus-Badeort neu aufblühte. Dies geht heute noch in den Thermalbecken von **Les Thermes Évian** (www.lesthermesevian.com; place de la Libération; „Entdeckungstag" 55 €; ◷Mo–Sa 9–18 Uhr).

Durstige können ihre Flaschen kostenlos an dem Jugendstilbrunnen **Buvette Cachat** (20 av. des sources) auffüllen. Eine „Komplettbehandlung" gibt es nach Bestellung einer **Führung** (📞04 50 84 86 54; Eintritt frei, Transport 2 €; ◷Juni–Sept.) durch die Abfüllanlage von Évian, 5 km außerhalb der Stadt. Die **Touristeninformation** (www.eviantourism.com; place d'Allinges) hilft bei der Buchung.

Im Schatten des Schlosses aus dem 14. Jh. schlummert von Mauern umschlossen der **Jardin des Cinq Sens** (Garten der fünf Sinne; www.jardin5sens.net; rue du Lac; Erw./Kind 10/5,50 €; ◷10–19 Uhr), der alle Sinne anspricht – durch Berühren, Hören (gurgelndes Wasser), Riechen (duftende Blumen) und Schmecken (essbare Blüten).

Die **Touristeninformation** (📞04 50 72 80 21; www.yvoiretourism.com; place de la Mairie; ◷Mo–Sa 9.30–12.30 & 13.30–17, So 12–16 Uhr) gibt Hilfestellung bei der Unterkunftssuche.

Annecy

53 000 EW. / 447 M Ü. M.

Annecy wirkt wie einem Gemälde entsprungen. Umschmeichelt vom saphirfarbenen Lac d'Annecy, umgeben von üppig bewaldeten Bergen und rund um eine mittelalterliche Altstadt gelegen, verführt die Stadt ihre staunenden Besucher (alle zwei Millionen, die im Jahr kommen) zu Knipsarien mit dem Fotoapparat.

Im Sommer entkommt man den Massen mit Abstechern in die ruhigen Seitenstraßen und blühenden Promenaden oder mit einem Sprung in diesen prickelnden, meisterhaften See, der einer der saubersten der Welt ist und nur aus Gebirgsbächen, Regen- und Quellwasser gespeist wird.

◉ Sehenswertes

Palais de l'Isle   MUSEUM
| LP TIPP |

(3 passage de l'Île; Erw./Kind 3,60/1,30 €; ◷10.30–18 Uhr) Auf einem dreieckigen Inselchen im Canal du Thiou steht das Palais de l'Isle aus dem 12. Jh. Das Gebäude mit seinem skurrilen Türmchen an der Spitze war über die Jahrhunderte bisher herrschaftlicher Wohnsitz, Gericht, Münzamt und Gefängnis (glückliche Gefangene!). Heute beherbergt dieses sichtbarste Wahrzeichen von Annecy Ausstellungen zur Heimatgeschichte.

Vieille Ville & Seeufer   ALTSTADT

Es ist ein Vergnügen, einfach ziellos durch die mittelalterliche Altstadt von Annecy zu schlendern. Die schmalen Gassen, türkisen Kanäle und Arkadengänge bieten zahlreiche Fotomotive. Am Seeufer führt der begrünte Weg zum Blumenparadies **Jardins de l'Europe**, von wo es über den romantischen Eisenbogen der **Pont des Amours** (Brücke der Liebenden) zum beliebten Picknickplatz **Champ de Mars** geht.

Château d'Annecy   SCHLOSS

(rampe du Château; Erw./Kind 4,90/2,30 €; ◷10.30–18 Uhr) Oberhalb der Altstadt erhebt sich das mit kecken Türmen besetzte Schloss, einst Wohnsitz der Grafen von Genf. Ältester Teil des Gebäudes ist der Tour de la Reine (Turm der Königin) aus dem 12. Jh. Das Museum zeigt Kunst und Handwerk Savoyens sowie eine Ausstellung zur Naturgeschichte der Alpen.

🏃 Aktivitäten

Sonnenbaden & Schwimmen

Wenn sich die Sonne zeigt, ist es Zeit für die Strände am Seeufer von Annecy.

GRATIS **Plage d'Annecy-le-Vieux** STRAND
(☼Juli & Aug.) Öffentlicher Badestrand
für den schnellen Weg ins kristallklare
Wasser, 1 km östlich von Champ de Mars.

Plage Impérial STRANDBAD (Eintritt 3,50 €;
☼Juil & Aug.) Etwas näher an der Stadt liegt
dieses privat betriebene Strandbad direkt
unterhalb des eleganten Impérial Palace
aus der Zeit vor dem 1. Weltkrieg.

GRATIS **Plage des Marquisats** STRAND
(☼Juli & Aug.) Sand- und Kiesstrand
1 km südlich der Stadt, an der Rue des
Marquisats.

Piscine des Marquisats SCHWIMMBAD
(29 rue des Marquisats; Erw./Kind 4/3 €;
☼Mai–Aug. 10–19 Uhr) Direkt neben dem
Strand liegt dieses Freibad mit drei
Becken.

Annecy

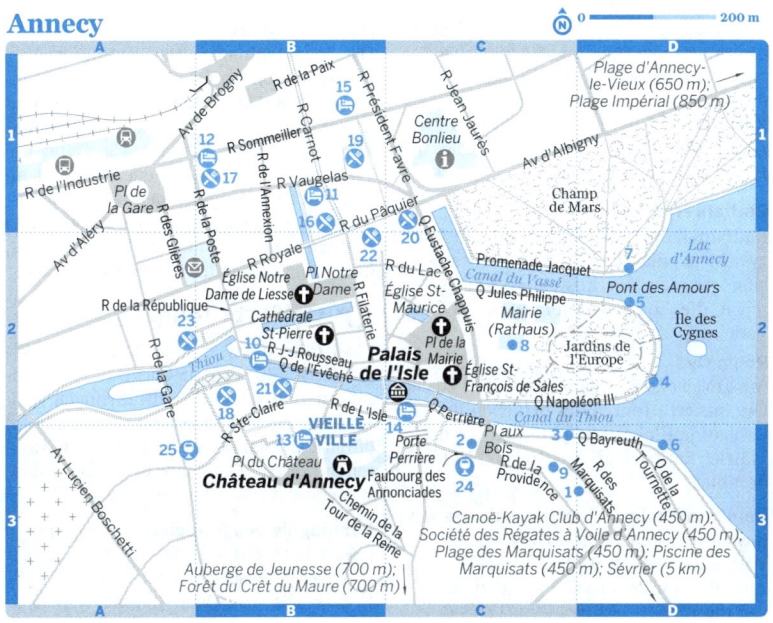

Annecy

⦿ Highlights

Château d'Annecy B3
Palais de l'Isle C2

Aktivitäten, Kurse & Touren

1 Annecy Plongée D3
2 Compagnie des Bateaux C3
3 Abfahrt der Bootsrundfahrten C3
4 Tretbootverleih D2
5 Tretbootverleih D2
6 Tretbootverleih D3
7 Tretbootverleih D2
8 Roll'n Cy C2
9 Roul' ma Poule C3

⊖ Schlafen

10 Auberge du Lyonnais B2
11 Hôtel Alexandra B1

12 Hôtel des Alpes B1
13 Hôtel du Château B3
14 Hôtel du Palais de l'Isle C2
15 Le Pré Carré B1

⊗ Essen

16 Au Fidèle Berger B1
17 Contresens B1
18 Lebensmittelmarkt B2
19 La Ciboulette B1
20 La Cuisine des Amis C1
21 L'Estaminet B2
22 L'Étage B2
23 Nature & Saveur A2

⊙ Ausgehen

24 Finn Kelly's C3
25 River's Café A3

Spaziergänge

Das Seeufer bietet sich für Spaziergänge vom Jardin de l'Europe zur Stade Nautique des Marquisats und weiter an. Eine andere malerische Promenade beginnt am Champ de Mars und schlängelt sich ostwärts am See entlang nach Annecy-le-Vieux. Der **Forêt du Crêt du Maure**, südlich von Annecy, bietet zahlreiche Spazierwege, ebenso wie die tierreichen Sümpfe des **Bout du Lac**, 20 km von Annecy an der Südspitze des Sees, oder das Naturreservat **Roc de Chère**, 10 km weiter am östlichen Ufer.

Die Touristeninformation hat Wanderführer und –karten, darunter die IGN-Karte *Lac d'Annecy* und *Walks and Treks Lake of Annecy* mit Vorschlägen für 15 Wanderrouten in der Gegend (6,50 €).

Radfahren & Rollerblading

Radfahren und Rollerblading sind in Annecy sehr populär, dank der 46 km Radwege rings um den See. Kostenlose Karten verteilen die Touristeninformation und die Verleiher.

Roll'n Cy ROLLERBLADING
(www.roll-n-cy.org; ☺März–Mitte Dez. Fr 20 Uhr) Organisierte Touren des örtlichen Rollerblading-Clubs; Treffpunkt ist vor der Mairie (Rathaus) an der Rue de l'Hôtel de Ville.

Roul' ma Poule RADFAHREN, ROLLERBLADING
(www.annecy-location-velo.com; 4 rue des Marquisats; ☺Mi–Mo 9.30–12.30 & 14–19 Uhr) Ausleihe von Rollerblades (halber/ganzer Tag 12/18 €), Fahrrädern (12/18 €), Tandemrädern (22/33 €) und Cityrollern (10/15 €). Gibt auch Tipps für Tagesausflüge in die Gegend.

Station Roller RADFAHREN, ROLLERBLADING
(www.roller-golf-annecy.com, auf Frz.; 2 av. du Petit Port; ☺9–22 Uhr) Ausleihe von Fahrrädern, Rollerblades und Kayaks in der Nähe der Plage Impérial, am Anfang des Uferradwegs.

Wassersport

Am entspanntesten erlebt man den See auf dem Wasser. Von Ende März bis Ende Oktober vermieten mehrere Stationen entlang des Canal du Thiou und des Canal du Vassé Tretboote und kleine Motorboote. Im Sommer z. B. hier:

Canoë-Kayak Club d'Annecy KAJAKFAHREN
(www.kayak-annecy.com, auf Frz.; 33 rue des Marquisats; pro Std. 7–12 €) Verleih von Kajaks und Kanus.

Société des Régates à Voile d'Annecy SEGELN
(www.srva.info, auf Frz.; 31 rue des Marquisats) Vermietet Segelboote, ab 30 € für zwei Stunden.

Annecy Plongée TAUCHEN
(www.annecyplongee.com; 6 rue des Marquisats) Verkauft und vermietet Taucherausrüstung und organisiert zweistündige Anfängertauchgänge (45 €).

Abenteuersport

Die Touristeninformation gibt Infos über eine Reihe von Veranstaltern von adrenalinsteigernden Aktivitäten auf dem See und drumherum. Der bedeutenste ist **Takamaka** (www.takamaka.fr; 23 faubourg Ste Claire). Die Preise für Einführungskurse im Tandem-Gleitschirmfliegen beginnen bei 85 €, Wasserski und Wakeboarding kosten ab 33 €, Klettern und Mountainbiking ab 39 €, Canonying 49 € und Bungeespringen 55 €.

☞ Geführte Touren

Stadtführungen STADTSPAZIERGÄNGE
(6 €/Pers.; ☺Do & Sa 15 Uhr) Die Touristeninformation bietet Stadtführungen (auf Frz., aber einige Guides sprechen Englisch) durch die Altstadt an. Für Erkudungstouren auf eigene Faust gibt es die kostenlose Broschüre *Annecy Town Walks*.

Compagnie des Bateaux RUNDFAHRTEN
(www.annecy-croisieres.com; 2 place aux Bois; 1-/2-stündige Rundfahrten auf dem See 12,50/16 €; ☺Mitte März–Okt.) Abfahrt vom Quai Bayreuth; Tickets gibt es ab 15 Minuten vor Abfahrt. Von Mai bis September fahren Boote auch über den See nach Menthon-St-Bernard (5,50 €), Talloires (6,50 €) und zu anderen Dörfern.

✹ Festivals & Events

Annecy feiert im Februar einen großspurigen **venezianischen Karneval**, Ende August mit einem großen Feuerwerk über dem See die **Fête du Lac** und im Oktober, wenn die Kühe von ihren Gebirgsweiden mit Blumen und Glocken geschmückt ins Tal zurückkommen, **Le Retour des Alpages**. Im Juli gehört die Stadt während des nächtlichen Festivals **Les Noctibules** den Straßenkünstlern.

🛏 Schlafen

Im Juli und August sind freie Zimmer so selten wie ein Goldfund, deshalb möglichst mehrere Monate im Voraus buchen. Die

Touristeninformation gibt Auskunft über Campingplätze und *chambre d'hôtes* (Zimmer mit Frühstück) rund um den See.

Hôtel Alexandra
FAMILIENHOTEL €
(📞04 50 52 84 33; www.hotelannecy-alexandra. fr; 19 rue Vaugelas; EZ/DZ/3BZ/4BZ48/59/70/89 €; 🛜🐾) Eine schöne Überraschung: Das charmanteste Hotel von Annecy gehört auch zu den günstigeren. Die Begrüßung ist königlich, die Zimmer sind frisch und makellos – für einen Aufschlag gibt es einen Balkon mit Blick auf den Kanal – und das Frühstück bietet eine großzügige Auswahl frischer Backwaren.

Le Pré Carré
BOUTIQUEHOTEL €€€
(📞04 50 52 14 14; www.hotel-annecy.net; 27 rue Sommeiller; EZ/DZ 172/202 €; ✳@🛜) Le Pré Carré ist eines der schicksten Hotels von Annecy. Die Zimmer mit Balkonen oder Terrassen, Jacuzzi und Business-Ecke sind modern eingerichtet und in Zen-Farben gehalten. Die Mitarbeiter kennen Annecy wie ihre Westentasche und geben gerne Tipps.

Hôtel du Château
KLEINES HOTEL €
(📞04 50 45 27 66; www.annecy-hotel.com; 16 rampe du Château; EZ/DZ/3BZ/4BZ 49/68/75/85 €; 🐾🛜) Der Trumpf dieses Hotels am Fuße des Schlosses ist seine sonnige Panorama-Terrasse, auf der das Frühstück serviert wird. Die Zimmer in Pastelltönen und mit Kiefernholzmöbeln sind klein, aber fein.

Hôtel des Alpes
TRADITIONELLES HOTEL €€
(📞04 50 45 04 56; www.hotelannecy.com; 12 rue de la Poste; EZ/DZ/3BZ 67/77/92 €; 🛜) Dieses in Kaugummirosa gehaltene Hotel im Zentrum der Stadt bietet helle Zimmer mit blitzblanken Badezimmern. Obwohl es direkt an der befahrenen Straße liegt, sind die Zimmer recht ruhig.

Hôtel du Palais de L'Isle
HISTORISCHES HOTEL €€
(📞04 50 45 86 87; www.hoteldupalaisdelisle. com; 13 rue Perrière; EZ/DZ 76/108 €; ✳🛜) Die Gäste dieses historischen Hauses aus dem 18. Jh. schlafen mitten im Herzen der pulsierenden Altstadt. Das frische, moderne Ambiente beruhigt nach all dem Touristentrubel draußen. Die Zimmer blicken entweder auf den Palast, auf die Burg oder über das Dächermeer der Altstadt.

Auberge du Lyonnais
TRADITIONELLES HOTEL €€
(📞04 50 51 26 10; www.auberge-du-lyonnais.com; 9 rue de la République; EZ 45–60 €, DZ 50–75 €, Menü 25–30 €; ✳🛜) Dieser Bewerber am Kanal in der Altstadt verfügt über helle und komfortable (allerdings kleine) Zimmer mit Kiefernmöbeln. Das Restaurant ist für seine Fisch- und Meeresfrüchtegerichte bekannt; das Dreigängemenü für 25 € ist jeden Cent wert.

Camping les Rives du Lac
CAMPINGPLATZ €
(📞04 50 52 40 14; www.lesrivesdulac-annecy. com; 331 chemin des Communaux; Stellplätze 21 €; 🕐Mitte April–Mitte Okt.; 🛜) Auf diesem schattigen Campingplatz, 5 km südlich der Stadt in Sérvrier, können Urlauber ihre Zelte unmittelbar am Ufer aufschlagen. Von hier führt ein Fahrradweg direkt ins Zentrum von Annecy.

Auberge de Jeunesse
HOSTEL €
(📞04 50 45 33 19; www.fuaj.org, auf Frz.; 4 rte du Semnoz; B inkl. Frühstück & Laken 19,50 €; 🕐Mitte Jan.–Nov.; 🛜) Die hübsche, holzverkleidete Jugendherberge von Annecy hat eine erstklassige Ausstattung (Bar, Küche, Grill, TV-Saal) und äußerst freundliches Personal. Die Schlafräume verfügen über eigene Duschen. Das Hostel liegt zehn Gehminuten südlich des Zentrums.

🍴 Essen
In den Gassen am Canal du Thiou in der Vieille Ville drängen sich die Touristencafés und Pizzerien. In den Straßen der Fußgängerzone (Rue Carnot, Rue de L'Isle, Rue Fraubourg Ste-Claire) gibt es für jeden Geschmack das passende Angebot: Crêpes, Kebab, klassisch-französische Küche.

Chalet la Pricaz
FRANZÖSISCH, KLASSISCH €€
(📞04 50 60 72 61; Col de la Forclaz, Hauptgerichte 18–30 €; 🕐Mi geschl.; 🅿) Dieser märchenhafte Hochsitz oberhalb des Sees ist prädestiniert für romantische Dinner zum Sonnenuntergang. Die Gerichte bestehen aus heimischen und ökologisch angebauten Zutaten. Würzige *tartiflettes* (Reblochon-Käse mit Kartoffeln, Crème Fraîche, Zwiebeln und Speckscheiben) und frischgeschlachtetes Fleisch werden mit passenden, erstklassigen Weinen aus Savoyen serviert. Das Restaurant liegt etwas versteckt jenseits der D42, 13 km südlich von Annecy.

L'Estaminet
BISTRO €€
(📞04 50 45 88 83; 8 rue Ste-Claire; Hauptgerichte 15–22 €; 🕐So abends & Mo geschl.) Dunkles Holz und verspielter Schnickschnack in diesem unglaublich gemütlichen *estaminet* (flämische Kneipe) versetzt die Gäste in die Gassen von Brüssel. Das belgische Bier vom

Fass passt perfekt zu *carbonnade flamande* (deftiges, flämisches Biergulasch) und *moules* (Muscheln), dazu kommen dann eher ungewöhnliche Zutaten wie Pastis und Curry.

La Cuisine des Amis
BISTRO €€

(✆04 50 10 10 80; 9 rue du Pâquier; Hauptgerichte 16,50–25 €) Hier hat man das Gefühl, in eine private Party einzudringen. Einheimische und alle Gäste, die den Weg hierher gefunden haben, werden wie eine große, fröhliche *famille* behandelt. Hier heißt es, sich einen Stuhl schnappen, *prendre un verre* (einen Schluck nehmen), ein leckeres regionales Gericht schlemmen, den Hund streicheln und schließlich ein Foto schießen – vielleicht landet es an der Wand der guten *amis* (Freunde).

La Ciboulette
FRANZÖSISCH, MODERN €€

(✆04 50 45 74 57; www.laciboulette-annecy.com; cour du Pré Carré, 10 rue Vaugelas; Menü 31–46 €; ◷Di–Sa) Das hat Klasse! Knackige, weiße Tischdecken und goldverzierte Wände umrahmen dieses überraschend günstige, Michelin-besternte Restaurant, in dem Küchenchef Georges Paccard frische Spezialitäten der Saison auf den Teller zaubert, z. B. langsam gebratene Anjou-Taube mit grünem Spargel. Unbedingt reservieren.

Contresens
FUSIONSKÜCHE €€

(✆04 50 51 22 10; 10 rue de la Poste; Hauptgerichte 15 €; ◷Di–Sa; 🚻) Die Karte erinnert ein bisschen an eine Rechenaufgabe, hat aber eine gewisse Logik: Vorspeisen sind A, Hauptgerichte B, Beilagen C und Desserts D. Das Essen ist ebenso experimentell: Burger mit getrockneten Tomaten, Beaufort-Käse und Rucola, Muschel-Ravioli, „dekonstruierte" Snickers – und absolut göttlich: Zicklein.

L'Étage
FRANZÖSISCH, KLASSISCH €€

(✆04 50 51 03 28; 13 rue du Pâquier; Hauptgerichte 14–22 €, 3-Gänge Menü 18 €) Käse, glorreicher Käse … *Fromage* wird im L'Étage mit perfekten Fondues und *raclette* (geschmolzener Käse, gekochte Kartoffeln, Fleisch und Gewürzgurke) zur Ehre gereicht. Sanfte Musik im Hintergrund und freundliche Bedienung sorgen für eine entspannte Atmosphäre.

Au Fidèle Berger
TEESALON €

(2 rue Royale; Kuchen & Gebäck 2–4 €; ◷Di–Sa 9.15–19 Uhr) Vor den Plätzen auf der Terrasse dieser Teestube im altenglischen Stil zeigen Straßenkünstler ihr Können; dazu laben sich Süßmäuler an gehaltvollen Kuchen, Makronen und selbstgemachtem Eis.

Nature & Saveur
BIOKÜCHE €€

(✆04 50 45 82 29; place des Cordeliers; Mittagsmenü mit/ohne Wein 42/32 €; ◷Di–Sa mittags) Das Restaurant von Laurence Salomon kocht ausschließlich biologisch-organisch und ist vor allem bei der bürgerlichen Schickeria beliebt. Die Menüs werden je nach Saison aus Zutaten von heimischen Märkten zusammengestellt. Das können merkwürdige Hülsenfrüchte sein, aber auch Fleisch von Bauernhöfen aus der Region.

Lebensmittelmarkt
MARKT €

(Vieille Ville; ◷So, Di & Fr 7–13 Uhr) Der Markt in der Altstadt bietet alles für ein Picknick.

🍷 Ausgehen

Annecy braucht seinen Schönheitsschlaf, deswegen steppt hier in den Nächten weniger der Bär. Stattdessen trifft man sich zum gepflegten Drink am Kanal. Hier ist auch nachts noch was los:

Finn Kelly's
PUB

(10 faubourg des Annonciades; ◷16.30–3 Uhr; 📶) Mit Live-Sportübertragungen, Darts und Billiard; außerdem regelmäßige DJ-Nächte und Live-Bands am Wochenende.

River's Café
BAR

(2 rue de la Gare; ◷11–3 Uhr) Die Jungen und Hippen nippen in dieser modischen Bar zu Housebeats am gut gemixten Caipirinha.

ℹ️ Praktische Informationen

Krankenhaus (✆04 50 88 33 33; 1 av. de Trésum)

Magic Phone (3 rue de l'Industrie; Internet je 15 Min./1 Std. 1/3 €; ◷10–20 Uhr) Schneller Internetzugang.

Planète Telecom (4 rue Jean Jaurès; Internet 3 €/Std.; ◷9.30–20 Uhr) Internetzugang und günstige Telefontarife.

Polizei (✆04 50 52 32 00; 15 rue des Marquisats)

Post (4bis rue des Glières)

Touristeninformation (✆04 50 45 00 33; www.lac-annecy.com; 1 rue Jean Jaurès, Centre Bonlieu; ◷Mo–Sa 9–18.30, So 10–13 Uhr) Bietet eine Reihe kostenloser Karten und Broschüren und hilft bei der spontanen Zimmersuche.

ℹ️ An- & Weiterreise

BUS An der **Bushaltestelle** (rue de l'Industrie) neben dem Bahnhof verkauft die **Billetterie Crolard** (www.voyages-crolard.com) Tickets für die etwa im Stundentakt verkehrenden Busse zu den Orten rings um den See wie z. B. Menthon-St-Bernard (2,40 €, 20 Min.), Veyrier-du-Lac

KÖNIG DER ZWÖLF SCHLÖSSER

Schlossliebhaber können sich auf der **Route des Ducs de Savoie** (Historische Straße der Herzöge von Savoyen; www.chateaux-france.com/route-savoie) auf die Spur der galanten Herzöge und feudalen Herren begeben. Die Route windet sich durch ursprüngliche Gebirgslandschaften von Thonon-les-Bains bis Avressieux, 30 km westlich von Chambéry, und passiert dabei zwölf Schlösser, Klöster und historische Stätten, wie z. B. Château de Ripaille, Château d'Annecy und Château de Ducs de Savoie.

Das auf einer Bergspitze gelegene **Château de Menthon-St-Bernard** (www.chateau-de-menthon.com; Menthon-St-Bernard; Führungen Erw./Kind 7,50/4,50 €; ⊙ Mai–Sept. Fr–So 14–18 Uhr) mit seinen silbernen Türmchen kommt einem Märchenschloss verdammt nah. Hier wurde 1008 St. Bernard geboren und es geht das Gerücht, dass das Schloß als Vorlage für Walt Disneys Dornröschen diente. Die Führung durch die mittelalterlichen, mit Wandteppichen behängten Säle und die herrliche Bibliothek ist faszinierend und der Blick hinunter auf den Lac d'Annecy hat noch alle Besucher verzaubert.

(2,10 €, 12 Min.) und Talloires (2,80 €, 25 Min.) und die nahe gelegenen Skiorten La Clusaz und Le Grand Bornand (einfach/hin & zurück 8,50/16,50 €, 50 bzw. 60 Min.). Außerdem bietet das Unternehmen täglich vier bis fünf Busverbindungen zum Flughafen Lyon St-Exupéry (einfach/hin & zurück 33/50 €, 2¼ Std.).

Nebenan verkauft **Autocars Frossard** (www.frossard.eu) Tickets für Fahrten nach Genf (10,50 €, 1¾ Std., bis zu 16-mal tgl.), Thonon-les-Bains (16,50 €, 2 Std., 2-mal tgl.), Évian-les-Bains (18,50 €, 2½ Std., 2-mal tgl.) und Chambéry (9,20 €, 1¼ Std.).

ZUG Vom **Bahnhof** (place de la Gare) in Annecy gibt es häufige Verbindungen von und nach Aix-les-Bains (7 €, 30 Min.), Chambéry (9 €, 45 Min.), St-Gervais (13,50 €, 1½ Std.), Lyon (23 €, 2¼ Std.) und Paris Gare de Lyon (75 €, 4 Std.).

❶ Unterwegs vor Ort

BUS Info über Nahverkehrsbusse bietet **Espace SIBRA** (www.sibra.fr; 21 rue de la Gare) gegenüber der Bushaltestelle. Die Busse verkehren von 6 bis 20.30 Uhr; ein einfaches Ticket/Tagesticket/10er-Heft kostet 1,10/3/9,50 €.

FAHRRAD Fahrradverleih für 15 € pro Tag bei **Vélonecy** (place de la Gare) am Bahnhof. Besitzer einer gültigen Bus- oder Zugfahrkarte zahlen nur 5 € pro Tag.

Rund um Annecy

An warmen Sommertagen eignen sich die Ortschaften **Sévrier**, 5 km südlich am Westufer des Lac d'Annecy, und **Menthon-St-Bernard**, 7 km südlich am Ostufer des Sees, für einen schönen Tagesausflug. **Talloires**, südlich von Menthon, ist der exklusivste Ort am See. Alle haben herrliche Strände.

Im Winter streben die Skisportler von Annecy zu den Langlaufloipen in **Semnoz** (1700 m, www.semnoz.fr, auf Frz.), 18 km südlich der Stadt, oder auf die Pisten von **La Clusaz** (1100 m; www.laclusaz.com), 32 km östlich, und **Le Grand Bornand** (1000 m; www.legrandbornand.com), 34 km nordöstlich der Stadt.

Chambéry

59 100 EW. / 270 M Ü. M.

Chambéry hat jede Menge Pluspunkte vorzuweisen: seine günstige Lage am Schnittpunkt zweier großer Alpentäler, die malerische Umgebung am Lac du Bourget, zwei Regionalparks sowie ein reiches Erbe aus seiner Zeit unter französischer, savoyischer und italienischer Herrschaft. Nur ein Bruchteil der Touristen in den Französischen Alpen finden den Weg in die Stadt; wer aber kommt, kann sich über Platz in den Museen freuen und entspannt durch die mit Arkaden geschmückten Straßen schlendern.

Chambéry war ab dem 13. Jh. die Hauptstadt Savoyens, bis die Herzöge ihre Machtzentrale 1563 nach Turin in Italien verlegten. Das Schloss aus dem 11. Jh. war einst Sitz des Hauses von Savoyen und ist heute Verwaltungszentrale des Départements Savoie.

◉ Sehenswertes

Aktuelle Informationen zu Ausstellungen gibt's auf http://musees.chambery.fr (auf Frz.).

Am ersten Sonntag im Monat ist der Eintritt in die Museen der Stadt frei.

Château des Ducs de Savoie SCHLOSS

(Schloss der Herzöge von Savoyen; place du Château; Erw./Kind 2,50 €/frei; ☺Führungen Di–So 14.30 Uhr) Die Hauptattraktion von Chambéry ist dieses abweisende, mittelalterliche Schloss, das einst die Grafen und Herzöge von Savoyen beherbergte. Führungen beginnen im Büro des **Accueil des Guides** gegenüber vom Schloss; sie zeigen eine Ausstellung, die die reiche Geschichte Savoyens darstellt, und den Tour Trésorerie (Schatzturm). Die benachbarte **Ste-Chapelle** wurde im 15. Jh. für das Grabtuch von Turin errichtet und ist für sein 70 Glocken umfassendes Grand Carillon, das größte Glockenspiel Europas, berühmt. Die Kapelle war bei Drucklegung wegen Renovierungsarbeiten geschlossen und soll 2011 wieder eröffnet werden.

LP TIPP Les Charmettes HISTORISCHES HAUS

(890 chemin des Charmettes; Eintritt frei; ☺Mi–Mo 10–12 & 14–18 Uhr) Der Genfer Philosoph, Komponist und Schriftsteller Jean-Jacques Rousseau, eine Schlüsselfigur der Aufklärung und der Französischen Revolution, lebte von 1736 bis 1742 mit seiner Geliebten, der Baronin Louise Éléonore de Warens, in diesem bezaubernden Haus aus dem 17. Jh. In dem Garten voller Kräuter, Blumen und Weinreben bekommen Besucher ein Gefühl für die Leidenschaft Rousseaus für die Botanik. Les Charmettes liegt 1,5 km südöstlich der Stadt.

Fontaine des Éléphants BRUNNEN

(place des Éléphants) Mit seinen vier mächtigen Elefantenskulpturen könnte der Brunnen als Vorlage für eine indische Briefmarke gedient haben. Er wurde 1838 zu Ehren von Général de Boigne (1751–1830) geschaffen, der in Ostindien zu Reichtum gelangt war. Nach seiner Rückkehr vermachte er einen Teil seines Vermögens der Stadt, die ihn dafür nach seinem Tod mit diesem Denkmal ehrte. Die eleganten Straßenarkaden, die vom Brunnen bis zum Château des Ducs de Savoie führen, sind ein weiteres seiner Projekte.

Cathédrale Métropole St-François de Sales KATHEDRALE

(place de la Métropole; ☺8–12 & 14–18.30 Uhr) Die Kathedrale von Chambéry wurde im 15. Jh. als Kapelle der Franziskaner gebaut. Sie birgt überraschende Schätze im Inneren, darunter die größte europäische Sammlung von *trompe-l'œil*-Malereien (etwa 6000 m²) von Sevesi und Vicario und

einen 35 m langen Mittelgang mit dem Muster eines Irrgartens auf dem Fußboden aus der Mitte des 19. Jhs.

Musée Savoisien MUSEUM

(sq de Lannoy de Bissy; Erw./Kind 3 €/frei; ☺Mi–Mo 10–12 & 14–18 Uhr) Das Museum befindet sich in einem franziskanischen Kloster, das über Kreuzgänge mit der Kathedrale verbunden ist, und zeigt archäologische Funde wie eine Freskengalerie aus dem 13. Jh. Im zweiten Stock finden wechselnde Ausstellungen statt, die sich vor allem mit dem Leben der Savoyer in den Bergen beschäftigen.

GRATIS Musée des Beaux-Arts KUNSTGALERIE

(place du Palais de Justice; ☺Mi–Mo 10–12 & 14–18 Uhr) Zeigt eine kleine Sammlung italienischer Kunst aus dem 14. bis 18. Jh. Zum Zeitpunkt der Drucklegung wurde die Galerie renoviert; sie soll 2011 wieder eröffnet werden.

🛏 Schlafen

Die *chambres d'hôtes* und Selbstversorgerunterkünfte von Chambéry sind gegenüber den gleichförmigen Hotelketten die bessere Wahl; Buchungen über **Gîtes de France** (☎04 79 33 22 56; www.gites-de-france-savoie. com; 24 bd de la Colonne). Das nächste Hostel liegt in Aix-les-Bains.

LP TIPP La Ferme du Petit Bonheur

LANDGASTHOF €€

(☎04 79 85 26 17; www.fermedupetitbonheur.fr; 538 chemin Jean-Jacques; EZ/DZ/3BZ inkl. Frühstück 80/90/110 €; 🅿) *Bonheur* gehört in diesem mit Wein bewachsenen Bauernhof in den Bergen zum guten Ton. Die Gastgeber Eric (ein Musiker) und Chantal (eine Malerin) beweisen ihren guten Geschmack in den fünf ländlichen Zimmern und mit netten Kleinigkeiten wie den selbstgebackenen Croissants zum Frühstück. Im Sommer lädt ein duftender Garten mit wundervollen Blicken auf das Bauges-Massiv ein und im Winter schmiegen sich die Gäste an den mit Holz befeuerten Ofen in der Stube. La Ferme liegt einen 15-minütigen Spaziergang oder eine zweiminütige Autofahrt südlich der Stadt; einfach den Schildern nach Les Charmettes folgen.

Château de Candie HISTORISCHES HOTEL €€€

(☎04 79 96 63 00; www.chateaudecandie.com; rue du Bois de Candie, Chambéry-le-Vieux; Zi. 160–210 €; @🛜🛁) Gestaltete Landschaften mit verzierten Springbrunnen, die Eleganz der alten Welt in den mit Antiquitäten ausgestatteten Zimmern, ein Pool mit traumhaften Ausblicken auf die Berge und ein mit einem Michelin-Stern ausgezeichnetes Restaurant – dieses noble Schloss aus dem 14. Jh. bietet Normalsterblichen einen Vorgeschmack auf das Leben auf großem Fuß. Mit dem Auto auf der N201 die Ausfahrt 15 nach Chambéry-le-Vieux nehmen.

Les Pervenches
FAMILIENHOTEL €€
(☏04 79 33 34 26; 600 chemin des Charmettes; Zi. 65–85 €; 🛜🅿) In einem ruhigen Dörfchen nur 1 km vom Zentrum und 200 m von Les Charmettes entfernt, bieten Les Pervenches neun gemütliche Zimmer mit reizvollem Ausblick auf die Berge. Das Restaurant **Le Clos Normand** (Menüs 19–32 €) serviert viele Köstlichkeiten mit Käse, aber diesmal aus einer anderen Region Frankreichs (der Besitzer stammt aus der Normandie).

Art Hôtel
HOTEL €
(☏04 79 62 37 26; www.arthotel-chambery.com; 154 rue Sommeiller; EZ/DZ/3BZ 53/63/70 €; 🛜) Es gibt nichts Kunstvolles an diesem Hotel, weder an seiner fahnengeschmückten Betonfassade noch an den eintönigen Zimmern, vor deren Fenstern die Züge entlangrumpeln. Aber zweifellos ist es ordentlich, günstig und zentral gelegen, auf halbem Weg zwischen Stadtzentrum und Bahnhof.

🍴 Essen

Le Savoyard
SAVOYER KÜCHE €€
(☏04 79 33 36 55; 35 place Monge; Hauptgerichte 13–20 €; 🕒Mo–Sa) Die Ausstattung hat hier einmal gar nichts mit den Alpen zu tun (eher städtisches Design als Savoyer Chalet), aber die Karte umfasst eine herrliche Auswahl an Käsegerichten. Genug Fondue gehabt? Na, dann gibt's ja auch noch Gerichte wie Muschelrisotto oder Steak mit hausgemachten *frites*.

Le Modesto Café
BISTRO €
(☏04 79 68 74 64; 58 rue Ste-Real; Menü 12–14 €; 🕒Mo–Sa; 🛜) Im Modesto, einer intimen, schicken Loungebar mit Bistro im Keller, werden riesige Salate, *tartines* (belegte Brote) und Tapas zu vollmundigen offenen Weinen serviert. Gelegentlich gibt es Veranstaltungen und DJ-Nächte.

La Maniguette
FUSIONSKÜCHE €€
(☏04 79 62 25 28; 103 rue Juiverie; Hauptgerichte 16 €, 3-Gänge-Menü 30 €; 🕒Mi–Sa, mittags nur Di) Alles in diesem schicken Bistro strebt nach einer besonderen Note: Das Brot ist selbstgebacken, die Karte wechselt jeden Monat und heimische Gerichte erhalten immer noch einen exotischen Touch. Beispielhaft: *magret de canard* (Entenbrust) mit Mango, Polenta und Serrano-Schinken.

L'Atelier
INTERNATIONAL €€
(☏04 79 70 62 39; 59 rue de la République; Menü 20–26 €) Sanftes Licht, dicht gedeckte Tische und liebliche Musik bestimmen die Atmosphäre in diesem modernen Bistro. Das Karte wechselt täglich mit frischen Zutaten vom Markt und offenbart eine Liebe zu Italien mit Gerichten wie Muschelrisotto und Ossobuco alla milanese. Auf der Terrasse dinieren die Gäste unter freiem Himmel.

La Table de Marie
TEESALON €
(193 rue Croix d'Or; Hauptgerichte 10–15 €; 🕒So geschl.) Dieser winzige *salon de thé* mit sprödem Blumendekor bietet mittags Savoyer Spezialitäten; die meisten Einheimischen stürzen sich aber meist direkt aufs Dessert: leckere Kuchen und Torten und dazu Bio-Tee oder heiße Schokolade.

Selbstversorger
Der sonntägliche **Lebensmittelmarkt** von Chambéry (bis 2011 an der Place du Palais de Justice, während die Markthalle an der Place de Genève renoviert wird) ist ein gastronomisches Erlebnis. Die Fußgängerzone entlang der Rue du Sénat säumen Metzgereien, Bäckereien und Schokoladenhersteller.

Laiterie des Halles
FEINKOST €
(2 place de Genève; 🕒Di–Sa 7.30–12.15 & 15–19.15 Uhr) Käsefanatiker werden hier wahnsinnig!

Monoprix
SUPERMARKT €
(place du 8 Mai 1945) Zum Auffüllen der Vorräte.

🍷 Ausgehen

Die riesige Place St-Léger ist im Sommer der Ort, wo sich abends das Leben abspielt.

O'Cardinal's
PUB
(5 place de la Métropole; 🕒Di–Sa 10–1.30, So & Mo 17–1.30 Uhr) Dank Lederbänken, munterem Personal und ordentlichem Kneipenessen ist diese Kneipe der Favorit von Chambérys Studentenszene. Bei schönem Wetter wird auch draußen auf der Place de la Métropole im Schatten der Kathedrale gefeiert.

Le Café du Théâtre
CAFÉ
(place du Théâtre; 🕒7–1.30 Uhr; 🛜) Dieses winzige Café direkt neben dem städtischen Theaterbau aus dem 19. Jh. hat eine leben-

dige Terrasse für ein kaltes Bier, Crêpe oder Eis. Studenten beginnen hier meist ihre nächtlichen Partyausflüge.

❶ Praktische Informationen

Crédit Agricole (place du Château)

Crédit Lyonnais (26 bd de la Colonne)

Maison des Parcs et de la Montagne (www. maisondesparcsetdelamontagne.fr, auf Frz.; 256 rue de la République; ⊙Di–Sa 10–12 & 14-19 Uhr) Bietet Infos und Ausstellungen über die drei Parks der Region: den Nationalpark La Vanoise sowie die Regionalparks Les Bauges und La Chartreuse.

Post (11 place de l'Hôtel de Ville)

Touristeninformation (☏04 79 33 42 47; www.chambery-tourisme.com; 5bis place du Palais de Justice; ⊙Mo–Sa 9–12 & 13.30–18 Uhr) Organisiert geführte Altstadtrundgänge – auch nachts – und bietet Infos über die Käse- und Weinstraßen der Region.

❶ An- & Weiterreise

BUS Vom **Busbahnhof** (place de la Gare) fahren Busse in das Skigebiet La Féclaz (6 €, 50 Min. 4-mal tgl. im Winter) und nach Annecy (6 €, 1 Std. 7-mal tgl.). Fünf Busse fahren täglich von/ nach Grenoble (12 €, 55 Min.)

FLUGZEUG Vom **Flughafen Chambéry-Savoie** (www.chambery-airport.com), 10 km nördlich von Chambéry in Viviers-du-Lac, starten Flüge zu regionalen Flughäfen in Großbritannien, darunter London Stansted, Manchester und Bristol.

ZUG Vom **Bahnhof** (place de la Gare) verkehren regelmäßig Züge nach Paris Gare de Lyon (93 €, 4 Std.), Lyon (16 €, 1½ Std.), Annecy (9 €, 50 Min.), Genf (15,50 €,1½ Std.) und Grenoble (10,50 €, 1 Std.). Neun Züge pro Tag fahren durch das Maurienne-Tal nach Modane (15 €, 1½ Std.) und weiter nach Italien. In der Stadt gibt es Tickets in der **SNCF Boutique** (21 place St-Léger).

❶ Unterwegs vor Ort

BUS Die Stadtbusse der Gesellschaft **STAC** (www.bus-stac.fr, auf Frz.) verkehren von Montag bis Samstag zwischen 6 und ca. 20 Uhr. Ein einfacher Fahrschein/Tageskarte/10er-Heft kosten 1,10/2,90/7,50 €; Verkaufsstellen sind Tabakgeschäfte und der **STAC Informationskiosk** (23 bvld du Musée). Busse der Linien 3, 5, 6, 7 und 9 verkehren zwischen dem Bahnhof und der Fontaine des Éléphants.

FAHRRAD Fahrräder für 2/10 € pro Std./Tag plus Tipps zu Radwegen und Touren bietet Vélo Station am Bahnhof. Im Großraum Chambéry gibt es 66 km Radwege.

VOM/ZUM FLUGHAFEN Leider gibt es keine Busverbindung zwischen dem Zentrum von Chambéry und dem Flughafen. Die 15-minütige Fahrt mit dem Taxi kostet ca. 20 € – etwa mit **Allo Taxi Chambéry** (☏04 79 69 11 12). Es gibt täglich fünf Busse von/zu den Flughäfen in Genf (30 €, 1½ Std.) und Lyon St-Exupéry (22 €, 1 Std.)

Rund um Chambéry

PARC NATUREL RÉGIONAL DE CHARTREUSE

Der **Parc Naturel Régional de Chartreuse** (www.parc-chartreuse.net, auf Frz.) schützt die wilden Bergwälder des Massiv Chartreuse bzw. die „Wüste", wie die Karthäusermönche, die sich hier vor über 1000 Jahren ansiedelten, sie nannten. Die Mönche produzieren seit 1737 einen Kräuterlikör nach geheimem Rezept mit 130 verschiedenen Kräutern und Pflanzen.

Die **Parkverwaltung** (☏04 76 88 75 20; www.chartreuse-tourisme.com) in St-Pierre-de-Chartreuse, 40 km südlich von Chambéry, informiert über Besichtigungsmöglichkeiten der **Brennerei** von Voiron, in der dieser Kräuterlikör hergestellt wird, und über das **Musée de la Grande Chartreuse** (www. musee-grande-chartreuse.fr; La Correrie, St-Pierre de Chartreuse; Erw./Kind 6/2,50 €; ⊙Feb.–Okt. 10–18.30 Uhr), das sich mit der tausendjährigen Geschichte des Klosters und der zurückgezogenen Lebensweise der Mönche befasst.

PARC NATUREL RÉGIONAL DU MASSIF DES BAUGES

Nach Nordosten erstreckt sich der wenig bekannte **Parc Naturel Régional du Massif des Bauges** (www.parcdesbauges.com) mit 800 km² Fläche, endlosen Almweiden und Plateaus und traumhaften Trails für Wanderer und Biker. Einige markierte Pfade beginnen an der **Maison Faune-Flore** (Erw./Kind 2,50/1,50 €; ⊙Di–So 10–12.30 & 13.30–18.30 Uhr) in École, in der es auch Tipps zum Beobachten der rund 600 Gämsen und zahlreichen Mufflons des Parks gibt.

An Winterwochenenden zieht es die Bewohner von Chambéry vor allem ins nahegelegene **Savoie Grand Révard** (www. savoiegrandrevard.com). Es bietet zwar gerade mal 50 km an Abfahrtspisten, aber für Langläufer gibt es großartige 140 km Loipen und für Schneeschuhwanderer 60 km markierte Wege.

Die Touristeninformationen in **Le Revard** (☏04 79 54 01 60), **La Féclaz** (☏04 79 25 80 49) und **Le Châtelard** (☏04 79 54 84 28; www. lesbauges.com), der zentralen Infostelle des Parks, geben weitere Auskünfte.

AIX-LES-BAINS

27 920 EW. / 234 M Ü. M.

Mit bewaldeten Ufern, einem prachtvollen Kasino und zahlreichen Villen versprüht Aix-les-Bains, ein kleiner, thermaler Kurort 11 km nordwestlich von Chambéry, ein dezent vornehmes Flair. **Lac du Bourget**, der größte natürliche See Frankreichs, lädt zum Segeln, Schwimmen, Tretbootfahren, Spazierengehen und Skaten ein.

Über Schifffahrten auf dem See informieren die **Compagnie des Bateaux** (www.gwel. com, ⊙Mo–Fr 9–12.30 & 14–18 Uhr) und die **Touristeninformation** (☎04 79 88 68 00; www.aixlesbains.com; place Maurice Mollard; ⊙Mo–Sa 9–12.30 & 14–18.30 Uhr) der Stadt. Eine einstündige Tour kostet 9,50 € und ein Ausflug zur **Abbaye d'Hautecombe**, einem Kloster aus dem 12. Jh. am anderen Ufer, 13 €.

ALBERTVILLE

18 680 EW. / 328 M Ü. M.

Der wichtigste Grund für die Bekanntheit von Albertville, einem eher uninteressanten Ort 39 km östlich von Chambéry, sind die olympischen Winterspiele von 1992. Höhen und Tiefen dieses Ereignisses werden abwechslungreich im **Maison des Jeux Olympiques d'Hiver** (11 rue Pargoud; Erw./Familie 3/8 €; ⊙Mo–Sa 10–12 & 14–18 Uhr) dargestellt.

Les Trois Vallées

Von diesem Koloss hat jeder schon mal gehört: gewaltig, schnell und das größte Skigebiet der Welt. Der Schnee war nie heißer als in Les Trois Vallées. Rund 600 km Pisten und 174 Lifts verstreuen sich zwischen drei noblen Ferienorten: **Val Thorens**, auf luftigen 2300 m der höchstgelegene in Europa; das wohlhabende und „so very british" **Méribel** (1450 m), das 1938 vom Schotten Colonel Peter Lindsay gegründet wurde, und der Trendsetter **Courchevel**, das sich auf 1550 m, 1650 m und 1850 m über drei Orte aus der Retorte erstreckt – Favorit von Victoria Beckham und der champagnerseligen Gucci-Gemeinde. Dazwischen eingestreut liegen einige weniger bekannte Orte wie **Le Praz** (1300 m), **St-Martin de Belleville** (1450 m) und **La Tania** (1400 m), die durch schnelle Lifte mit den größeren Skizentren verbunden sind.

✦ Aktivitäten

Winteraktivitäten

Les Trois Vallées befriedigen selbst extravaganteste Ansprüche der Wintersportler.

NICHT VERSÄUMEN

HOCHWOHLGEBORENE HERBERGE

Einmal herrschaftlich aufwachen? Das **Château des Allues** (☎06 75 38 61 56; www.chateaudesalues.com; Les Allues, St-Pierre d'Albigny; DZ 120–180 €, Abendessen Erw./Kind 42/25 €), ein Herrenhaus aus dem 19. Jh., das sich hoch auf der Spitze eines Berges erhebt und weite Blicke auf die Belledonne-Kette bietet, wurde von Stéphane und Didier liebevoll renoviert. Das Schlösschen strahlt Eleganz und Originalität aus und bietet fünf geräumige, prachtvoll möblierte Zimmer – teilweise mit Himmelbett, kupfernem Kamin und Antiquitäten. Das hervorragende Essen, das Stéphane mit frischen Kräutern, Gemüsen und Früchten aus dem eigenen Garten zubereitet, wird am Esstisch der Familie serviert.

Das sonnige **Méribel** ist mit 150 km leichtgängigen (meist blauen und roten) Abfahrten, 57 Skiliften, zwei Snowboard-Parks mit Sprüngen, Pipes und Geländern, einem Slalomparcours und zwei olympischen Strecken ein Paradies für den Durchschnittsfahrer.

In **Courchevel** stehen weitere 150 km gut gepflegter Pisten zur Auswahl, darunter einige furchterregende schwarze *couloirs* (steile Schluchten) für die Tapferen, sowie ausgezeichnete Off-Piste-Gelände. Eine 2 km lange Rodelbahn mit Flutlicht, die direkt durch den Wald verläuft, ist eine Après-Ski-Alternative für Adrenalinjunkies.

Das schneesichere **Val Thorens** ist zwar kleiner, kann aber mit Sommerski auf dem Glacier de Péclet aufwarten. Die Landschaft entfaltet sich etwas langsamer auf 17 km langen Schneewanderungen und Schneeschuhpfaden oder auf 100 km kostenlosen Langlaufloipen. Wer Zeit sparen will, kauft den Skipass online auf www. les3vallees.com.

Courchevel ist auch großartig für Schneevergnügen abseits der Pisten. Alle wichtigen Infos gibt es im **La Croisette** (place du Forum; ⊙8.30–19 Uhr) in Courchevel 1850. **ESF** (www.esfcourchevel.com) schlägt hier im Winter seine Zelte auf, das **Maison de la Montagne** ganzjährig. Letztere bieten Off-Piste-Abenteuer, Schneeschuhwanderungen sowie Skibergtouren und Eisklettern. Außerdem ist hier das **Bureau des Guides** (☏04 79 01 03 66; www.guides-courchevel-meribel.com) untergebracht.

Sommeraktivitäten

Auch im Sommer haben Les Trois Vallées viel für Outdoorfreunde zu bieten: Felsklettern, Gleitschirmfliegen, Gipfelbesteigungen, mit Wildblumen übersäte Weiden und blau glitzernde Seen im Parc National de la Vanoise. In Méribel und Courchevel können sich Wagemutige in die schwindelerregenden **via ferrata** (befestigte Gebirgspfade) einklinken, als Vorgeschmack auf weitere Bergsteigerabenteuer. Die Gelände sind mit Hunderten von Rundstrecken- oder Abfahrtskilometern für **Mountainbiker** durchzogen; ein Verzeichnis der Trails gibt es bei den Touristeninformationen.

Im Juli und August organisiert **Chardon Loisirs** (☏04 79 08 39 60; www.chardonloisirs.com; La Croisette) Wildwasserrafting auf dem Fluss Doron de Belleville (40 €).

✨ Festivals & Events

Altitude Festival COMEDYFESTIVAL
(www.altitudefestival.com) Lacher im Minutentakt bei diesem Festival in Méribal im März: sechs Tage Stand-up-Comedy, DJs und Konzerte, bei denen schon Kate Tunstall und Al Murray aufgetreten sind.

3 Vallées Enduro SKIRALLYE
(www.les3vallees.com/enduro) Den Profis bei dieser offenen Rundfahrt durch die Les Trois Vallées im April nacheifern.

Boarderweek SNOWBOARDEVENT
(www.boarderweek.com) Freestyle-Wettkämpfe und Partys für Snowboarder, im Dezember in Val Thorens.

🛏 Schlafen & Essen

Zimmervermittlungen gibt es in **Courchevel** (☏04 79 08 14 44), **Méribel** (☏04 79 00 50 00; www.meribel-reservations.com) and **Val Thorens** (☏04 79 00 01 06). Die meisten Hotels und Restaurants sind zwischen Mai und Mitte Juni sowie von September bis November geschlossen.

LP TIPP **La Bouitte** BOUTIQUEHOTEL €€€
(☏04 79 08 96 77; www.la-bouitte.com; St-Marcel; DZ 265–312 €; 2-/3-Gänge-Menü 69/86 €, Hauptgerichte 50–100 €; 🐾) Ein Wort nur: Wow! Dieses Savoyer Bauernhaus aus Holz und Stein lädt zum Verweilen in Zimmern mit rustikalem Chic und in dem blubbernden Hot Pot ein. Im Spa-Bereich locken Behandlungen wie duftende Heubäder. Die Vorliebe von René und Maxime Mailleur für Gebirgskräuter und saisonale Zutaten scheint in dem michelinbesternten Restaurant und den großartigen Kochkursen überall durch. La Bouitte liegt in St-Marcel, 1 km südlich von St-Martin de Belleville.

Hôtel Les Arolles CHALET €€
(☏04 79 00 40 40; www.arolles.com; Méribel-Mottaret; Zi. inkl. Halbpension pro Pers. 130–160 €; 🐾) Dieses riesige Gebirgschalet bekommt als perfektes Pistenhotel und für seine komfortablen und extravaganten Zimmer Bestnoten. Klassische Savoyer Küche, ein Holzfeuer im Kamin des Aufenthaltsraums sowie ein Swimmingpool und ein Spielzimmer versüßen den Aufenthalt.

Hôtel Olympic HOTEL €€
(☏04 79 08 08 24; www.courchevelolympic.com; rue des Tovets, Courchevel 1850; DZ 138–148 €; 🐾) Vom Olympic ist's nur ein kurzer Sprung zu den Skiliften. Die hellen, farbenfrohen Zimmer verfügen über Balkone und große Badewannen. Gäste mit leichtem Schlaf sollten Ohrstöpsel einpacken, denn ruhig ist es nicht. Ein großzügiges Frühstück sorgt für genügend Energie für einen Tag auf den Pisten. Zum Après-Ski geht's dann in die lauschige Bar.

Le Doron CHALET €€
(☏04 79 08 60 02; http://hoteldoron.mountainpub.com; rte de la Chaudanne, Méribel-Centre; EZ/DZ/3BZ 121/146/177 €) Nichts Besonderes, und dann noch direkt über einem lärmigen Brit-Style-Pub gelegen. Die Leuten kommen trotzdem ins Le Doron, wegen des deftigen Après-Ski und des direkten Zugangs zur Piste. Gegenüber der Touristeninformation.

Le Farçon FEINSCHMECKERLOKAL €€
(☏04 79 08 80 34; www.lefarcon.fr; La Tania; Mittagsmenü 25 €, andere Menüs 36–95 €) Sternekoch Julien Machet hat sich ein Plätzchen im Wald gesucht, wo er der Savoyer Küche seinen kreativen Stempel aufdrückt. Dabei entstehen dann Geschmacksfeuerwerke wie die Parmesan-Ananas-Kastaniensuppe oder biologisch gefüttertes Jungschwein mit Polenta. Das dreigängige Skifahrer-Mittagsmenü kostet 25 €, wofür andernorts nicht mal eine Pizza auf den Tisch käme.

La Fromagerie BISTRO €€
(☏04 79 08 55 48; Méribel-Centre; Menü 20–30 €; ⊙abends) In diesem Duo von Delika-

SO EIN KÄSE!

Jedes Alpenrestaurant, das etwas auf sich hält, bietet Raclette, *tartiflette* oder Fondue an. Wer Geld sparen und doch den vollen Genuss haben will, sollte es mal selbst versuchen. Die meisten Käsegeschäfte verleihen das nötige Zubehör, wenn man die Zutaten bei ihnen kauft. Hier einige Tipps für die Zubereitung des eigenen Käsefestivals:

Fondue Savoyarde

Benötigt werden drei Käsesorten (Emmentaler, Beaufort und Comté) zu jeweils einem Drittel, dazu ein trockener Weißwein (etwa 0,4 l Wein für 1 kg Käse). Käse und Wein werden in einem gusseisernen Kessel vorsichtig erhitzt und dann am Tisch über einem kleinen Stövchen warm gehalten. In den geschmolzenen Käse werden kleine Stücke Brot getunkt.

Unser Tipp: Etwas zerdrückten Knoblauch in die Mischung geben. Nach Käse riecht man ja nachher sowieso, also was soll's?!

Raclette

Zu diesem Gericht, das nach dem gleichnamigen Schweizer Käse benannt ist, gehören geschmolzener Käse, gekochte Kartoffeln, Wurst und Gewürzgürkchen. Das Raclette-Set für Zuhause besteht aus einer ovalen Metallplatte mit einem Grillstab darunter und einzelnen kleinen Pfännchen, in denen kleine Stücke Käse geschmolzen werden.

Unser Tipp: Der Käse klebt nicht an, wenn die Pfännchen eingefettet und der Grill vorgeheizt wird; lieber kleinere Portionen (dafür eben häufiger) überbacken.

Tartiflette

Ganz einfach. Ein ganzer Reblochon-Käse wird horizontal in zwei Scheiben geschnitten. In einer ofenfesten Form werden halbgare Kartoffeln, Crème fraîche, Zwiebeln und *lardons* (Speckwürfel) vermischt. Die Käsenhälften kommen obenauf und dann etwa 40 Min. bei 180° C backen. Et voilà!

Unser Tipp: Mehr Crème fraîche und mehr Speckwürfel (eine Prise Muskat ist auch super)!

tessenladen und Bistro kommen nur die würzigsten und cremigsten Käse auf die Karte. Im Keller werden die leckersten Fondues und Raclettes von Méribel serviert. Vorab reservieren.

Evolution INTERNATIONAL €€
(☑04 79 00 44 26; www.evolutionmeribel.com; Méribel-Centre; Hauptgerichte 16–21 €, Menü inkl. Wein 25 €; ☎) Eine lustige Après-Ski-Bar mit Restaurantbetrieb, die vor allem wegen ihres monstermäßigen englischen Frühstücks, ihres Sonntagsbratens und der gut gewürzten Currygerichte gerühmt wird. Das bunte Livemusikprogramm wird von Richard auf die Beine gestellt, ebenso wie das Altitude Festival im März.

Ausgehen & Unterhaltung

Im Promi-Ort Courchevel und im partyverrückten Méribel können sich die Besucher auf reichlich Après-Ski mit Champagner und wackelnden Hüften einstellen. Die meisten Läden haben nur in der Skisaison geöffnet.

Rond Point BAR
(www.rondpointmeribel.com; Méribel-Rond Point; ☺9–19.30 Uhr) Während der Happy Hour zwischen 16 und 17 Uhr herrscht auf der Terrasse ein großes Gedränge; Stammgäste nennen es „The Ronnie". Zwischen Chips und Toffee-Wodka (erst probieren, dann ablehnen) wird in Ski-Boots eine kesse Sohle aufs Parkett gelegt.

Jack's Bar BAR
(www.jacksbarmeribel.com; Méribel-Centre; ☺12–2 Uhr; ☎) Jack's ist immer für einen denkwürdigen Kater gut. Gute Drinks, gesprächige Mitarbeiter und eine nicht endende Serie von Veranstaltungen: Stand-up-Comedy, Luftgitarrenwettbewerbe, Flaschendrehen am Sonntag, Unterwäsche-Partys und was sonst noch so einfällt...

Andere beliebte Kneipen:

Le Kalico BAR
(www.lekalico.com; Le Forum, Courchevel 1850; ⏱9–4 Uhr) Der erschwingliche Après-Ski König von Courchevel. Livemusik und Themenpartys werden mit Wodka-Mixgetränken angeheizt und gehen in lange Clubnächte über mit DJs, die für die unermüdlichen Nachtschwärmer auflegen.

La Taverne BAR
(www.tavernemeribel.com; Méribel-Centre; ⏱8–2 Uhr; 🛜) Von der Piste direkt auf die Terrasse, auf der sich die Adrenalin-Junkies ihre legendären Abfahrten nacherzählen. Shooters (Minicocktails) und tödliche Jägermeister-Mischungen begleiten Live-Bands und Sportübertragungen auf großer Leinwand.

Dick's Tea Bar CLUB
(www.dicksteabar.com; rte de Mussillon, Méribel; ⏱21–4 Uhr) Der angesagteste Club in Méribel; jede Nacht legen hier berühmte DJs auf, wie z. B. Mitglieder von Ministry of Sound-Housexy.

❶ Praktische Informationen

Courchevel 1850 Touristeninformation
(☏04 79 08 00 29; www.courchevel.com; ⏱9–19 Uhr) Filialen auf 1650 m, 1550 m und 1300 m.

Méribel Touristeninformation (☏04 79 08 60 01; www.meribel.net; Maison du Tourisme; ⏱9–19 Uhr)

Val Thorens Touristeninformation (☏04 79 00 08 08; www.valthorens.com; Maison de Val Thorens; ⏱8.30–19 Uhr)

❶ An- & Weiterreise

AUTO & MOTORRAD Die vierspurige Autobahn A43 verbindet Chambéry (78 km westlich) mit Moûtiers, der nächsten Stadt 18 km nördlich von Méribel. Ab Moûtiers sind alle Skiorte ausgeschildert.

BUS Transdev Savoie (www.transavoie.com) bietet täglich bis zu zwölf Busverbindungen zwischen Moûtiers und Méribel (10 €, 45 Min.), Courchevel (10 €, 40–60 Min.) und Val Thorens (10 €, 1 Std.).

VOM/ZUM FLUGHAFEN Regelmäßige Busse verbinden alle drei Orte mit den Flughäfen von Genf (75 €, 3½ Std.) und Lyon-St-Exupéry (68 €, 3–4 Std.). An den Wochenenden verkehren regelmäßige Busse zwischen dem Flughafen von Chambéry und Moûtiers (30 €, 1 Std.), von dort bringen Zubringerbusse die Reisenden zu den Skiorten.

ZUG Moûtiers ist der nächste Bahnhof und bietet Verbindungen von/nach Chambéry

(12,50 €, 1¼ Std.). Zwischen Ende Dezember und März verkehren auch zahlreiche TGVs von und nach Paris (74 €, 3½ Std.). **Eurostar** (www.eurostar.com) betreibt während der Skisaison Direktzüge nach und nach London (hin & zurück ab 150 €, 8 Std., Tag- und Nachtzüge, nur an Wochenenden).

Val d'Isère

730 EW. / 1850 M Ü. M.

Wenn Skifahrer erzählen, warum sie Jahr für Jahr nach Val d'Isère zurückkehren, leuchten ihre Augen. Viele kommen wegen der großartigen schwarzen Abfahrten und des Off-Piste-Angebotes, andere wegen der Partyatmosphäre und dem „Tanz auf den Pisten" und noch andere kommen, weil „Val" ein *richtiges* Dorf mit einem Herz und einer Seele ist. Was auch immer sie erzählen, eines haben sie gemeinsam: einmal in Val d'Isère gewesen, können sie nicht mehr davon lassen.

Auf dem Weg nach Val d'Isère im oberen Tarentaise-Tal, 32 km südöstlich von Bourg St-Maurice, leuchtet der mächtige Lac du Chevril. Der türkise Stausee und sein Damm ziehen sich hoch bis Tignes (2100 m), ein Retortenurlaubsort am Ufer, das zusammen mit Val d'Isère das gigantische Skigebiet Espace Killy bildet. Es wurde nach dem dreifachen olympischen Goldmedaillengewinner Jean-Claude Killy benannt, der hier aufgewachsen ist. Im Februar 2009 war es Austragungsort der Alpinen Skiweltmeisterschaft des FIS.

🏃 Aktivitäten

Winteraktivitäten

Espace Killy bietet 300 km Pisten (zwischen 1550 m und 3450 m), vor allem für das mittlere und fortgeschrittene Niveau, ein umfangreiches Off-Piste Gelände und Sommerski auf den Gletschern Pissaillas und Grande Motte. Der Parc National de la Vanoise verfügt außerdem über tolle Möglichkeiten für Skitouren. Der **Snowspace Park** für Snowboarder in La Daille bietet eine Halfpipe, Sprungtische, Spalten, Quarterpipes sowie Kicker-Rampen, während die Abfahrten rund um Tignes bei Snowboardern und Skifahrern gleichermaßen beliebt sind.

Alternativ zum Pistensport gibt es weitere Schneeaktivitäten, wie Eisklettern, Schneemobil-Touren, Hundeschlittenfahrten und Winter-Paragliding. Viermal die

PATRICK ZIMMER: GRÜNDER VON TOP SKI

Patrick ist ein ehemaliger Abfahrtskifahrer und Gründer von Frankreiches ältester unabhängiger Skischule, Top Ski.

Absolute Anfänger

Wenn Anfänger in Val d'Isère ankommen, denken sie „Verdammt, ist das steil." Aber Espace Killy hat einige wunderschöne grüne und blaue Pisten, wie die weitläufige und sonnige Bellevarde-Hochebene mit Ausblick auf den Montblanc sowie die blaue Abfahrt von Leissière in der Nähe des Pissaillas-Gletschers. Die kostenlosen Übungshügel im Val Village sind eine gute Möglichkeit, ein Gefühl fürs Skifahren zu bekommen.

Fortgeschrittene Fahrer

Auf der Face Olympique de Bellevarde haben schon Weltcup-Rennen stattgefunden und das olympische Abfahrtsrennen der Männer. Die Abfahrt bietet großartige Aussichten auf Tignes und La Grande Motte (3656 m). Es ist so steil, dass man glaubt, ins Dorf einzutauchen! Wenn man gleich früh hinauffährt, kann man in der Morgensonne abfahren. Aber auch Forêt in Le Fornet ist eine echte Herausforderung.

Off-Piste

Es kommt vor allem darauf an, die besten und sichersten Schneebedingungen zu finden, deswegen sind erfahrene Guides so wichtig. Zu meinen Favoriten gehört das Gelände zwischen Le Fornet und Grand Vallon, aber auch Super L und der Solaise-Klassiker Les Marmottes sind großartig. Bellevarde bietet phantastisches Off-Piste-Gelände wie La Spatule und die quasi senkrecht abfallende Banane.

Reisezeit

Zwischen Dezember und Februar gibt es den besten Pulverschnee. Die längeren Tage und der verharschte Schnee im März sind besser für Telemark-Touren im herrlichen Parc National de la Vanoise. Im Sommer kann man auf den Gletschern Pissaillas und Grane Motte skifahren.

Woche wird auf dem Savonette-Übungshang gegenüber von Val Village Airboarding und Snake-Gliss-Sledging unter Flutlicht geboten.

ESF SKISCHULE
(☑04 79 06 02 34; carrefour des Dolomites; www.esfvaldisere.com) An der Hangseite von Val Village.

STVI SKIPÄSSE
(www.stvi-valdisere.com, auf Frz.; ☉Mo–Fr & So 8.30–19, Sa 8–20 Uhr) Neben ESF, verkauft Skipässe. Die Anfängerlifte gegenüber vom Val Village sind – ganz unüblich – kostenlos.

Top Ski SKIUNTERRICHT
(☑04 79 06 14 80; www.topskival.com) Die erste unabhängige und hoch angesehene Skischule Frankreichs (seit 1976) bietet Einzel- und Gruppenunterricht für Abfahrtsski, Off-Piste-Abfahrten, Snowboarding sowie von Experten geführte Touren auf Ski oder Schneeschuhen.

Sommeraktivitäten

Die Täler und Wanderwege, die sich von Val d'Isère in den nahegelegenen Parc National de la Vanoise winden, betteln förmlich nach Outdoor-Abenteurern.

Bureau des Guides OUTDOORAKTIVITÄTEN
(☑06 14 62 90 24; www.guide-montagne-tarentaise.com) Wandern, Mountainbiking, Canyoning, Felsklettern – egal was, dieses Büro im Sportladen Killy kann es organisieren.

Nebenan gibt die Touristeninformation Auskunft über familienfreundliche Aktivitäten wie Eselreiten oder Besuche auf dem Bauernhof.

🛏 Schlafen

Für Hotelzimmer und Reservierungen (in der Hauptsaison ein Muss!) ist das Centre de Réservation Hôtellerie (☑04 79 06 18 90) zuständig; um Selbstversorgerunterkünfte kümmert sich Val Location (☑04 79

NICHT VERSÄUMEN

DIE MILCH MACHT'S

Seinen Charme verdankt Val d'Isère in erster Linie dem Umstand, dass es ganzjährig bewohnt ist. Claudine ist eine dieser Einwohnerinnen und Inhaberin der köstlichen **La Fermette de Claudine** (www.lafermettedeclaudine. com, auf Frz.; Val Village), die unpasteurisierte Milch, wunderbare Käse und Joghurts verkauft. Ihr Milchbauernhof **La Ferme de l'Adroit**, nur 1 km vom Dorfzentrum auf der Straße nach Col de l'Iseran, ist für Besucher geöffnet, die am Morgen um 8.30 Uhr bei der Käseherstellung (Tomme, Avalin, Beaufort) und um 17.30 Uhr beim Melken zuschauen können. All diese Milchprodukte landen nebenan im **L'Étable d'Alain** (🖉04 79 06 13 02; www.ferme-deladroit.com, auf Frz.; Hauptgerichte 22–29 €; 🐾) in Form von superleckeren Fondues und Raclettes auf den Tellern der Gäste, die in einem ansprechend umgebauten Stall sitzen und beim Essen den Kühen beim (Wieder)Käuen in der angrenzenden Scheune zusehen können. Unbedingt vorab reservieren, besonders wenn man den beliebten „Käsetrog" probieren möchte.

06 06 60). Die Preise sind sehr unterschiedlich, doch das Preisniveau ist generell hoch.

Hôtel L'Avancher CHALET €€
(🖉04 79 06 02 00; http://avancher.com, auf Frz.; Val Village; EZ 90–170 €, DZ 170–206 €; 🐾) Die freundlichen Mitarbeiter in diesem heimeligen Chalet sorgen für eine herzliche Begrüßung. Die Zimmer sind mit Kieferholz verkleidet, die Betten haben Daunendecken. In der kleinen Gaststube gibt es Magazine, Brettspiele und ein Klavier.

Chalet Hôtel Sorbiers CHALET €€€
(🖉04 79 06 23 77; www.hotelsorbiers-valdisere. com; Val Village; EZ/DZ/3BZ/4BZ 190/258/ 369/388 €; 🐾) Das Chalet im traditionellen alpinen Stil bietet im Winter knisternde Kaminfeuer im Salon und im Sommer einen sonnigen Garten. Die gemütlichen und ordentlichen Zimmer sind holzverkleidet und haben einen Balkon – und einige sogar, ahhhh... einen Jacuzzi. Frühstück gibt's mit allem Drum und Dran: mit frischem Gebäck, Eiern und Speck.

Relais du Ski & La Bailletta HOTEL €€
(🖉04 79 06 02 06; http://lerelaisduski.valdisere. com; rte Fornet, Val Village; ES/DZ/3BZ/4BZ inkl. Frühstück im Relais 90/108/126/160 €, im Bailletta 145/176/216/300 €; 🐾) Dieses Doppelhotel liegt einen fünfminütigen Spaziergang vom Zentrum entfernt. La Bailletta bietet komfortable Mittelklassezimmer, Relais du Ski neun einfache Budgetzimmer mit Etagenbad. Das gemeinsame Frühstücksbuffet beider Hotels ist ein Festmahl.

🍴 Essen

Im Val Village reihen sich Supermärkte, Bäckereien und ausgesuchte Imbissbuden aneinander. Im Winter sind die beliebten Plätze schnell vergeben, deshalb vorab reservieren. Die meisten Restaurants haben von Dezember bis April täglich geöffnet, in den anderen Monaten aber eingeschränkte Öffnungszeiten, die telefonisch erfragt werden können.

LP TIPP ▸ **La Fruitière** FRANZÖSISCH, MODERN €€
(🖉04 79 06 07 17; Hauptgerichte 20–25 €; ⏰mittags) Das gehobene Speiserestaurant am oberen Ende von La Daille liegt auf 2400 m gleich bei den Pisten. Die kreative Küche dieses legendären Lokals verwendet frische Produkte direkt vom Bauernhof; serviert werden die Gerichte zusammen mit dem passenden Grand-Cru-Wein in den aufgehübschten Räumen einer ehemaligen Molkerei. Unbedingt Platz für den Savoyer Käseteller lassen. Für das phantastische Gebirgspanorama können die Gäste auf der Terrasse unter Wolldecken kriechen.

L'Atelier d'Edmond SAVOYER KÜCHE €€€
(🖉04 79 00 00 82; Le Fornet; Mittagsgerichte 15–25 €, Abendmenü 50–65 €; ⏰So & Mo abends geschl.) Kerzenlicht umschmeichelt die Steinwände, die niedrigen Balken und Familienerbstücke in diesem herrlichen Chalet in Le Fornet, 2 km östlich vom Val Village. Für die appetitlich angerichteten Speisen, wie Hummer und Sellerieravioli oder schmackhaftes Lammkarree mit Knoblauchpüree, werden Zutaten aus der Region verarbeitet.

Wine Not BISTRO €€
(🖉04 79 00 48 97; Val Village; leichte Mahlzeiten 10–16 €) Kräftige Farben, sichtbare Steinwände und weiche Linien zeichnen den schicksten Neuling von Val aus. Brodelnde Wokgerichte, Tapasteller und Salate werden von der erstklassigen Weinkarte inspiriert, die eine regelrechte Tour de France

absolviert, mit Weinen von der Rhône bis Bordeaux.

Le Salon des Fous CAFÉ €

(☎04 79 00 17 92; Val Village; Süßes & Snacks 2,50–10 €) Hellrote Bänke und schräges Licht machen das Café zu einem angesagten Laden, der aber ganz und gar nicht aufgeblasen daherkommt. Aus der Küche strömt ein duftender Vorgeschmack auf die selbstgemachten Torten, Quiches, Kuchen und Crêpes. Dazu wird eine ausgefallene Auswahl von Tees, wie z. B. *la vie en rose* (Vanille, Zitrone, Rose), angeboten.

Bananas INTERNATIONAL €€

(☎04 79 06 04 23; www.bananas.fr; Val Village; Hauptgerichte 14–22 €; ☺11.30–2 Uhr; 🖥) Dieser ultracoole Après-Ski-Schuppen am Fuß von La Face, hinter dem Bellevarde Express, tischt kalorienreiche Energiepakete auf. Hungrige Skifahrer machen sich über Tex-Mex, Cheeseburger mit extra Käse und klebrige Brownies her.

Ausgehen & Unterhaltung

Der Après-Ski in Val d'Isère gehört zu den wildesten in den französischen Alpen. Die kostenlosen, wöchentlichen Magazine *Mountain Echo* und *Valscope* geben Hinweise und Tipps für Veranstaltungen und andere organisierte Späße. Zu den angesagtesten Bars zählen:

La Folie Douce BAR

(www.lafoliedouce.com; Val Village; ☺12–17 Uhr) Wenn die Party schon vor der Rückkehr ins Dorf losgehen soll, dann auf dieser Außenterrasse am Ziel der La-Daille-Seilbahn, auf der jeden Tag DJs und Live-Bands für gute Musik sorgen. Ibiza in den Alpen.

Le Petit Danois BAR (www.lepetitdanois.

com; Val Village; ☺8–1.30 Uhr) Günstiges Bier, Livemusik und ausgelassene Schweden; gottlob gibt es zur Regeneration am nächsten Morgen ein sattes englisches Frühstück.

Dick's Tea Bar CLUB

(www.dicksteabar.com; Val Village; ☺9–4 Uhr) Das Partyhauptquartier von Val d'Isère und das sagenumwobene Heim von *vodka pomme* (Apfelwodka). Livemusik gibt es ab 16.30 Uhr, später legen dann bis zum Morgen DJs auf.

Warm Up BAR

(www.warmupvaldisere.com; Val Village; ☺11.30–2 Uhr; 🖥) Der perfekte Après-

Ski-Treff mit gemütlichen, altmodischen Sofas, Pfefferkuchen, heißer Schokolade und Crème-brulée-Shots, kostenlosem WLAN, Poolbillard und guter Stimmung.

Moris Pub PUB

(http://morispub.mountainpub.com; Val Village; ☺16–2 Uhr) Ein lebhafter britischer Pub mit Happy Hours, Sportübertragungen auf Großbildschirmen und nächtlichen Live-Bands – die Rock'n'Roller von Mullit bringen den Schuppen regelmäßig zum Kochen.

❶ Praktische Informationen

Touristeninformation (☎04 79 06 06 60; www.valdisere.com; place Jacques Mouflier; ☺8.30–19.30 Uhr; 🖥) Internetzugang kostet 9 € pro Std. oder 5 € für WLAN.

❶ An- & Weiterreise

BUS In der Saison verkehren täglich sechs Busse zwischen Val d'Isère und Tignes (3 €, 25 Min.) sowie dem Bahnhof von Bourg St-Maurice (10 €, 40 Min.). Tickets müssen 48 Std. im Voraus bei der **Boutique Autocars Martin** (☎04 79 06 00 42) an der Hauptstraße reserviert werden. Bahntickets verkauft der dortige SNCF-Schalter.

VOM/ZUM FLUGHAFEN In Bourg St-Maurice gibt es Busverbindungen zum Flughafen von Chambéry (einfach/hin & zurück 30/50 €, 1½ Std., nur am Wochenende). In der Saison fahren außerdem täglich drei bis vier Busse zum Flughafen von Genf (einfach/hin & zurück 57/97 €, 4 Std.) sowie täglich zwei bis fünf zum Flughafen Lyon St-Exupéry (einfach/hin & zurück 58/88 €, 4 Std.). Reservierung ist notwendig.

ZUG Eurostar (www.eurostar.com) betreibt an Wochenenden im Winter Direktzüge zwischen Bourg St-Maurice und London (hin & zurück 180 €, 8 Std., Tages- oder Nachtfahrt).

Parc National de la Vanoise

Zerklüftete, schneebedeckte Gipfel, spiegelgleiche Seen und weite Gletscher sind nur die Spitze dieses Eisbergs der Superlative im 530 m² großen **Parc National de la Vanoise** (www.parc national-vanoise.fr, auf Frz.), der sich akurat zwischen den Täler Tarentaise und Maurienne ausbreitet. Dieses unglaubliche Bündel wilder Natur wurde 1963 zum ersten Nationalpark Frankreichs erklärt. 5 Naturschutzgebiete und 28 Dörfer umgeben die streng geschützte Kernzone, in der Murmeltiere, Gämsen und Frankreichs größte Population von Alpensteinböcken frei und friedlich unter den Lärchen grasen. Und in den Lüften darüber kreisen Steinadler (20 Brutpaare) sowie gelegentlich ein einsamer Bartgeier.

Der Park ist wahrhaftig ein Wanderparadies, wenngleich die Wanderpfade nur ein paar Monate im Jahr zugänglich sind – meist von Juni bis Ende September. Die **Grand Tour de Haute Maurienne** (www.hautemaurienne.com), eine fünftägige (oder auch längere) Tour durch die Hochlagen der Täler, erschließt die schönsten Gebiete des Nationalparks. Der GR5 und der GR55 durchqueren ihn und weitere Pfade winden sich nach Süden zum Park National des Écrins sowie nach Osten zum Grand-Paradiso-Nationalpark in Italien.

Lanslebourg und **Bonneval-sur-Arc**, zwei hübsche Bergdörfer am Südrand des Parks, sind die wichtigsten Ausgangspunkte für Erkundungen. Die **Maison du Val Cénis** (☏04 79 05 23 66; www.valcenis.com; ◉Mo-Fr 9–12 & 15–18 Uhr) in Lanslebourg und die **Touristeninformation** von Bonneval-sur-Arc (☏04 79 05 95 95; www.bonneval-sur-arc. com; ◉Mo-Sa 9–12 & 14–18.30 Uhr) geben nützliche Infos zu Wandermöglichkeiten, den begrenzten Möglichkeiten zum Skifahren (Touren und Abfahrt) und anderen Aktivitäten im Park. In Termignon-la-Vanoise, 6 km südwestlich von Lanslebourg, liegt die winzige, vom Nationalpark geführte **Maison de la Vanoise** (☏04 79 20 51 67; Eintritt frei; ◉9–12 & 14–17 Uhr). Sie informiert über die ethnografischen Aspekte des Parks.

❶ An- & Weiterreise

AUTO & MOTORRAD Alle drei Pässe zwischen dem Nationalpark und Italien – der Kleine St-Bernard, der Col de l'Iseran und der Col du Mont Cénis – sind im Winter geschlossen.

ZUG Züge durch das Tal verkehren von Chambéry bis nach Modane, 23 km südwestlich von Lanslebourg. Von Modane fahren täglich drei bis vier Busse der Gesellschaft **Transdev Savoie** (www.transavoie.com) von und nach Termignon-la-Vanoise (6 €, 40 Min.), Val Cénis-Lanslebourg (10 €, 50 Min.) und Bonneval-sur-Arc (10 €, 1¼ Std.).

DAUPHINÉ

Die Dauphiné ist nicht nur für ihr Gratin *(gratin dauphinois)* berühmt, sondern hat auch einen wesentlichen Beitrag zur französischen Geschichte geleistet. 1339 gründete Humbert II., der Herrscher der Dauphiné, in Grenoble eine Universität. Ein

Jahrzehnt später verkaufte er – in Geldnot geraten und ohne einen Nachfolger – die Dauphiné an den französischen König Karl V. So etablierte sich die Tradition, dass der älteste Sohn des Königs (der Kronprinz) die Dauphiné als Herrschaftsgebiet erhielt und damit den Titel „Dauphin".

Heute umfasst die Dauphiné das Gebiet südlich und südwestlich von Savoyen zwischen der Rhône im Westen und der italienischen Grenze im Osten. Grenoble gehört ebenso dazu wie der etwas weiter östlich im Hochgebirge gelegene Parc National des Écrins. Der bei Skiwanderern und Langläufern sehr beliebte Parc Naturel Régional du Vercors ist charakteristisch für die weniger schroffe Landschaft im Westen der Dauphiné. Im Osten bildet der Bilderbuchort Briançon die Grenzfeste zu Italien.

Grenoble

159 400 EW. / 215 M Ü. M.

Der Logenplatz mit dem tollen Panorama der gezackten Gipfel des Parc Natural Régional de Chartreuse und des Parc Naturel Régional du Vercors verschafft Grenoble eine außerordentliche Kulisse. Die Stadt mit ihren Bürotürmen, 08/15-Hotels und dem starken Verkehr selbst ist dagegen bestenfalls etwas für die Liebe auf den zweiten oder dritten Blick. Bei genauerem Hinsehen gibt es dann doch ein paar Gründe für einen Umweg über Grenoble: interessante Museen und gute Restaurants, ein uriges *Quartier des Antiquaires* (Antiquitätenviertel) und dank der 60 000 Studenten ein überschwängliches Nachtleben.

◉ Sehenswertes

Der Eintritt in viele der Museen von Grenoble ist am ersten Sonntag im Monat kostenlos.

LP TIPP ▸ **Musée de Grenoble** GALERIE
(Musée des Beaux-Arts; www.museedegrenoble.fr, auf Frz.; 5 place de Lavalette; Erw./Kind 5 €/frei; ◉Mi–Mo 10–18.30 Uhr) Die schlanke Glas- und Stahlkonstruktion von Grenobles kühnstem Museumsbau erstreckt sich über einen ganzen Straßenblock. Auch Musée des Beaux-Arts genannt, ist es bekannt für seine hervorragende Sammlung moderner Kunst mit Meisterwerken von Chagall, Matisse, Canaletto, Monet, Picasso und anderen. Auch die klassische Sammlung mit Werken vom 13. bis 19. Jh. ist beeindruckend.

Fort de la Bastille FESTUNG

(www.bastille-grenoble.com) Auf den Bergen oberhalb der Isère thront das bekannteste Wahrzeichen von Grenoble, diese Festung aus dem 19. Jh. Hoch und mächtig gebaut, sollte sie den Invasionsversuchen der Herzöge von Savoyen widerstehen. Die Festung stand lange im Brennpunkt des Interesses von Politikern und Militärs.

Heute zieht sie mit ihrem weiten Blick über Grenoble und die flott fließende Isère bis zu den Gipfeln von Vercors zahlreiche kamerabewehrte Touristen an, die an wolkenfreien Tagen hier sogar einen Blick auf die Schneegipfel des Montblanc erhaschen können. Tafeln geben Auskunft über Wanderwege, vom familienfreundlichen Spaziergang bis zur Tageswanderung.

Vom Flussufer fährt die **Téléphérique Grenoble Bastille** (quai Stéphane Jay; Erw./Kind einfach 4,50/2,90 €, hin & zurück 6,50/4,05 €; ⊙Feb.–Dez.) zur Festung hinauf. In den Glaskabinen vom Kai die 264 m hoch hinaufzufahren, macht fast noch mehr Spaß als die Festung selbst. Wer zeitig kommt, steht weniger lange an. Aber auch der einstündige Spaziergang hinauf ist nett (hinunter etwa eine halbe Stunde).

Magasin Centre National d'Art Contemporain KUNSTMUSEUM

(National Centre of Contemporary Art; www.magasin-cnac.org; 155 cours Berriat; Erw./Kind 3,50/2 €; ⊙Di–So 14–19 Uhr) Versteckt in einem entkernten Lagerhaus, einem Glas-Stahlbau von Gustave Eiffel, liegt eines der führenden Zentren zeitgenössischer Kunst. Allein die Architektur ist den Besuch wert. Die Ausstellungen sind immer topaktuell, viele werden speziell für diesen Raum geschaffen. Anfahrt mit der Straßenbahnlinie A bis zur Haltestelle Berriat-Le Magasin, etwa 2 km westlich vom Stadtzentrum.

GRATIS Musée Dauphinois REGIONALMUSEUM

(www.musee-dauphinois.fr, auf Frz.; 30 rue Maurice Gignoux; ⊙Mi–Mo 10–19 Uhr) In der Umgebung eines Klosters aus dem 17. Jh. dokumentiert dieses Museum Kultur, Handwerk und Traditionen sowie die Geschichte des Skifahrens in der Alpenregion. Das Museum schmiegt sich unterhalb des Fort de la Bastille an den Felsen.

GRATIS Musée de l'Ancien Évêché
GESCHICHTSMUSEUM

(www.ancien-eveche-isere.fr, auf Frz.; 2 rue Très Cloîtres; ⊙Mi–Sa & Mo 9–18, So 10–19, Di 13.30–18 Uhr) Die italienisch wirkende **Cathédrale**

Notre Dame und der benachbarte **Bischofspalast** aus dem 13. Jh., in dem ursprünglich die Bischöfe von Grenoble residierten, beherbergen das Museum an der Place Notre-Dame. Die umfangreiche Sammlung skizziert die örtliche Geschichte von der Vorgeschichte bis ins 21. Jh. und führt die Besucher in eine Krypta unter dem Platz der Kathedrale, wo römische Mauerreste und eine Taufkapelle aus dem 4. bis 10. Jh. erhalten geblieben sind.

GRATIS Musée de la Résistance et de la Déportation de l'Isère
GESCHICHTSMUSEUM

(www.resistance-en-isere.fr, auf Frz.; 14 rue Hébert; ⊙Mo & Mi–Fr 9–18, Di 13.30–18, Sa & So 10–18 Uhr) Dieses emotionsgeladene Museum befasst sich mit der Deportation von Juden und anderen „unerwünschten Elementen" während des Zweiten Weltkriegs. Außerdem verdeutlicht es die Bedeutung des Vercors für die französische Résistance.

🏃 Aktivitäten

Wer in den umliegenden Skigebieten nicht für seinen Liftpass anstehen will, kann ihn vorab bei der Touristeninformation oder der *billetterie* von **Fnac** (119 Grand Place; ⊙Mo–Sa 9.30–20 Uhr) erwerben.

Maison de la Montagne GEBIRGSAKTIVITÄTEN

(www.grenoble-montagne.com; 3 rue Raoul Blanchard; ⊙Mo–Fr 9.30–12.30 & 14–18 Uhr, Sa 10–13 & 14–17 Uhr) Hier gibt's aktuelle Infos über alle Gebirgsaktivitäten rund um Grenoble – Skifahren, Snowboarding, Skihochtouren, Eisklettern, Wandern, Mountainbiking, Fahrradfahren, Klettern usw. Die gut informierten Mitarbeiter buchen Aktivitäten oder helfen bei der Planung von Tagestouren oder Wanderungen mit Übernachtung im *refuge*. Im Angebot ist auch eine ausgezeichnete Auswahl an Karten, Wanderführern und topographischen Karten und es gibt eine Bibliothek, die kostenlos genutzt werden kann. Für Rundgänge in und um Grenoble bietet SIPAVAG kostenlose Karten und Routenpläne.

Club Alpin Français de l'Isère
GEBIRGSVEREIN

(32 av. Félix Viallet; www.clubalpingrenoble.com, auf Frz.; ⊙Di & Mi 14–18, Do & Fr bis 20 Uhr) Betreibt die meisten der *refuges* in der Umgebung; im Fenster hängt eine Liste der aktuellen Aktivitäten aus.

Bureau des Guides et Accompagnateurs de Grenoble BERGFÜHRER

(www.guide-grenoble.com, auf Frz.; Maison de

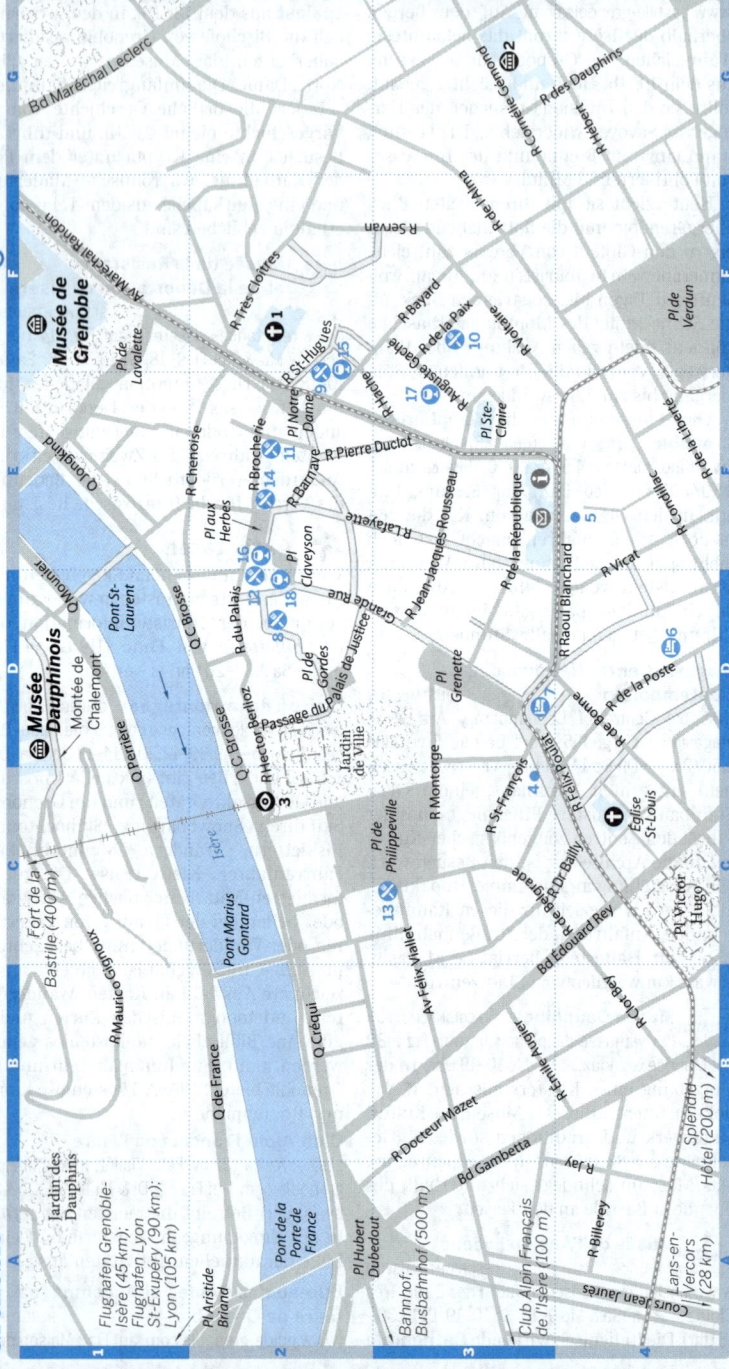

FRANZÖSISCHE ALPEN & JURA DAUPHINÉ

Grenoble

Jardin des Dauphins

Flughafen Grenoble-
Isère (45 km);
Flughafen Lyon
St-Exupéry (90 km);
Lyon (105 km)

Pl Aristide
Briand

Pont de la
Porte de France

Fort de la
Bastille (400 m)

R Maurice Gignoux

Q de France

Q Créqui

Pont Marius
Gontard

Isère

Pl Hubert
Dubedout

Bahnhof;
Busbahnhof (500 m)

R Docteur Mazet

Bd Gambetta

Club Alpin Français
de l'Isère (100 m)

Cours Jean Jaurès

R Billerey

R Jay

Pl Victor
Hugo

Splendid
Hôtel (200 m)

Lans-en-
Vercors
(28 km)

R Clot Bey

R Émile Augier

Av Félix Viallet

R de Belgrade

R du Dr Bailly

Bd Édouard Rey

R St-François

R Montorge

R Félix Poulat

R de Bonne

R de la Poste

Pl de
Philippeville

13 ✕

Pl de
Grenette

Église
St-Louis

Pl Ste-
Claire

R Raoul Blanchard

R Vicat

R de la République

R Cornélius Capot

R de la Liberté

Pl de
Verdun

Q Perrière

Q C Brosse

Q C Brosse

Montée de
Chalemont

Musée
Dauphinois

R Hector Berlioz

Passage du Palais de Justice

Jardin
de Ville

Pl de
Gordes

R du Palais

8 ✕

12 ✕

18

16 ✕

Pl
Claveyson

Grande Rue

Pl aux
Herbes

R Barnave

R Brocherie

R Chenoise

14 ✕

11

Pl Notre-
Dame

R Pierre Duclot

R Jean-Jacques Rousseau

R de la Paix

R Lafayette

O Longchid

Q C Brosse

Pont St-
Laurent

O Monnier

Av Maréchal Randon

Pl de
Lavalette

Musée de
Grenoble

R Très Cloîtres

R St-Hugues

9 ✕

15 ✕

R Servan

R de l'Alma

Bd Maréchal Leclerc

R Bayard

10 ✕

17

R Haxo

R Auguste Gache

R Voltaire

R des Dauphins

R Hébert

1

3

4

5

6

7

2

la Montagne) Auf der Suche nach einem Guide? Egal ob für Sommer- oder Winteraktivitäten, die hiesigen Guides decken das gesamte Spektrum ab.

👉 Geführte Touren

Das Touristenbüro organisiert sehr interessante geführte **Rundgänge** (6–12,50 €, nur auf Frz.), darunter eine zweistündige Tour auf den Spuren des in Grenoble geborenen Schriftstellers Stendhal sowie verschiedene Rundgänge zu Museen und wirtschaftlichen Themen. Wer lieber auf eigene Faust loszieht, kann sich im Touristenbüro einen MP3-Audioguide für eine zweistündige Tour ausleihen (5 €; auch auf Englisch).

✨ Festivals & Events

Grenoble Jazz Festival   JAZZFESTIVAL
(www.jazzgrenoble.com, auf Frz.) Dieses Festival im März fährt die Größen des Jazz auf; viele Konzerte finden im MC2 statt.

Vues d'en Face   FILMFESTIVAL
(www.vuesdenface.com, auf Frz.) Über diesem schwul-lesbischen Filmfest im April weht stolz die Regenbogenfahne.

Cabaret Frappé   MUSIKFESTIVAL
(www.cabaret-frappe.com, auf Frz.) Konzerte am Pool, im Juli.

Festival des 38e Rugissants MUSIKFESTIVAL
(www.38rugissants.com) Nomadenklänge im November.

🛏 Schlafen

Übernachten in Grenoble ist eine nüchterne Angelegenheit. Die Hotels sind zwar recht günstig, meist aber öde und von Geschäftsleuten belegt. Alternativ gibt es in der Touristeninformation eine Liste mit *chambres d'hôtes* in der Umgebung.

Patrick Hôtel   MODERNES HOTEL **€€**
(☎04 76 21 26 63; www.patrickhotel-grenoble. com; 116 cours de la Libération; EZ/DZ 89/99 €; ❄🛜) Klare Linien und zeitgenössisches Ambiente in Zimmern mit Flachbildschirm-TV und kostenlosem WLAN. Am Wochenende sinken die Preise um etwa 40 %. Das Hotel liegt an einer belebten Straße, 2 km südlich vom Zentrum (direkt jenseits der A480) und verfügt über eigene Parkplätze.

📶Auberge de Jeunesse   HOSTEL **€**
(☎04 76 09 33 52; www.fuaj.org, auf Frz.; 10 av. du Grésivaudan; B inkl. Frühstück 19 €; @) Grün, sauber und ultramodern – das ökobewusste Hostel von Grenoble liegt 5 km vom Zentrum in einem Park. Die erstklassige Ausstattung umfasst Bar, Küche und Sonnenterrasse. Mit der Buslinie 1 bis zur Haltestelle La Quinzaine und dann zwei Minuten dem ausgeschilderten Weg folgen. Oder mit der Straßenbahn A bis zur Haltestelle La Rampe und 15 Minuten laufen (etwa 1,5 km).

Splendid Hôtel   HOTEL **€€**
(☎04 76 46 33 12; www.splendid-hotel.com; 22 rue Thiers; EZ 59 €, DZ 75–95 €; ❄🛜) Farbenfroh, frisch und mit schrillen Bildern

aufgepeppt ist diese Unterkunft eine willkommene Abwechslung in der eintönigen Hotellandschaft von Grenoble. Einige der einfachen, aber gemütlichen Zimmer haben Dusche mit Hydromassage; WLAN gibt es in allen Zimmern. Das üppige Frühstück mit frischem Gebäck und Früchten kann in dem begrünten Hof eingenommen werden.

Hôtel de l'Europe
HISTORISCHES HOTEL €

(☎04 76 46 16 94; www.hoteleurope.fr; 22 place Grenette; EZ 31–45 €, DZ 41–70 €) An Grenobles lebhaftestem Platz liegt diese Herberge aus dem 17. Jh., die sich einigen Charme erhalten hat. Der schicke, in pink gehaltene Frühstücksraum und die mächtige Wendeltreppe sind wie ein Versprechen, das die Zimmer mit Tapeten im Stil der 1970er-Jahre und Badezimmern im Briefmarkenformat nicht erfüllen können.

Hôtel de la Poste
KLEINES HOTEL €

(☎04 76 46 67 25; 25 rue de la Poste; EZ/DZ/3BZ 39/47/60 €; ☎) Die weitläufigen und wunderschön renovierten Privatzimmer mit altmodischem Charme gehören zu den Geheimtipps der Stadt. Die Zimmer sind absolut sauber, einige gibt es nur mit Gemeinschaftsbad. Die Küche darf mitbenutzt werden. Die Zimmer B3 und B5 sind die beste Wahl.

✗ Essen

Die ansprechendsten Bistros von Grenoble drängen sich in den Nebenstraßen des *Quartier des Antiquaires*. In der Hauptstadt der Dauphiné gehört natürlich das *gratin dauphinois* (im Ofen überbackene, dünn geschnittene Kartoffeln in Sahne und einem Hauch Muskatnuss) auf den Tisch.

Chez Mémé Paulette
LP TIPP   CAFÉ €

(☎04 76 51 38 85; 2 rue St-Hugues; Snacks 3–5,50 €, Tagesgericht 8 €; ☺Di–Sa 12–24 Uhr) Mémé Paulette ist als Café ein kleines Kuriositätenkabinett, vollgestellt mit antiquarischen Büchern, Milchkannen, Kuckucksuhren und anderem auffälligen Krimskrams. Die Bohème-Atmosphäre und die günstigen Preise zieht vor allem junge Gäste aus der Kreativszene an. Die Karte reicht von dicken Suppen bis zu *tartines* und selbstgebackenen Torten.

Ciao a Te
ITALIENISCH €€

(☎04 76 42 54 41; 2 rue de la Paix; Hauptgerichte 15 €; ☺Di–Sa, Aug. geschl.) Das stylische, aber entspannte Ciao serviert authentische italienische Küche: selbstgemachte Pasta, knusprige *panzerotti* (gefüllte Teigtaschen), zartes Kalb und die frischesten Fische und Meeresfrüchte der Stadt. Äußerst beliebt in Grenoble, deshalb reservieren!

L'Épicurien
FRANZÖSISCH, MODERN €€

(☎04 76 51 96 06; 1 place aux Herbes; Menü 25–41 €) Kronleuchter sorgen für eine schmeichelnde Beleuchtung der Lederbänke, sichtbaren Steinwände und schmiedeeisernen Wendeltreppe in diesem schicken, zweistöckigen Restaurant. Der Aperitif an der Bar macht Appetit auf Gerichte wie das sahnige *gratin dauphinois* und Lamm mit Kräuterkruste.

Le Dix Vins
FUSIONSKÜCHE €€

(☎04 76 17 14 72; 4 rue de Belgrade; Menü 17–38 €; ☺Mo–Sa; ☂) Pink, schwarz und Blumenmotive – das kreative Dekor dieser Diva unter den Restaurants spiegelt sich in der Karte wider. Wie wäre es mit Dauphiné-Ravioli, gefüllt mit Gambas und Koriander, gefolgt von erfrischender Erdbeer-Mint-Suppe? Das Kindermenü kostet 7 €.

Café de la Table Ronde
BISTRO €€

(☎04 76 44 51 41; 7 place St-André; Mittagsmenü 10 €, Abendmenü 22–30 €; ☺9–24 Uhr; ☂) Alle lieben dieses historische Café von 1739, in dem schon Stendhal und Rousseau verkehrten. Zur Atmosphäre am Altstadtmarktplatz wird regionale Küche geboten: geschmorte *diots* (Gebirgswurst) mit *gratin dauphinois* und nussige *tarte aux noix* (Walnusstorte).

La Peña Andaluza
TAPAS €€

(☎04 76 00 07 77; 3 rue du Palais; Tapas 3,50–5,50 €, Hauptgerichte 17–20 €; ☺11.30–1 Uhr) Salsarhythmen, unwiderstehliche Tapas und Sangria in dieser lockeren, mit Mosaiken geschmückten Bar sorgen für südspanischen Schwung in Grenoble.

La Fondue
FRANZÖSISCH €€

(☎04 76 15 20 72; 5 rue Brocherie; Fondue 17–20 €; ☺Di–Sa mittags, Mo–Sa abends) Abfüllstation für wunderbar milde Fondues, die mit Kirschwasser, Génépi und Chartreuse oder (doppelt lecker) Schokolade verfeinert wurden. Eine Auswahl von Raclettes und *tartiflettes* ergänzt das mächtige Käsefest.

☻ Ausgehen & Unterhaltung

Wie in jeder anständigen Universitätsstadt besteht in Sachen Ausgehen auch in Grenoble die Qual der Wahl. Die Websites www.grenews.com und www.petit-bulletin.fr (beide auf Französisch) geben Auskunft über aktuelle Tipps und Veranstaltungen. Für den Anfang hier eine kleine Auswahl:

Le 365
WEINBAR
(3 rue Bayard; ⊙Di–Sa) Wenn der Weingott Dionysos ein Haus hätte, dann müsste es etwa so aussehen. Ein unwiderstehliches Durcheinander von Flaschen, Ölgemälden und Kerzen sorgen für eine super-relaxte Atmosphäre – perfekt, um einen der vielen Weine zu kosten.

Le Tord Boyaux
WEINBAR
(4 rue Auguste Gaché; ⊙18–2 Uhr) Mehr als 30 aromatisierte Weine, darunter extravagante Aromen (Veilchen, Kastanie, Génépi, Feige) und jeden Dienstagabend ein Blindtest für die Geschmacksnerven.

Le Couche Tard
BAR
(1 rue du Palais) Noch mal ein bisschen Jugendrebellion ausprobieren? In der Grunge-Bar „Die Nachteule" können Gäste die Wände bemalen. Je fröhlicher die Happy Hour (jeden Tag bis 22 Uhr), desto schräger werden die Kritzeleien ...

Styx
BAR
(6 place Claveyson; ⊙Mo–Sa 13–2 Uhr) Designer-Cocktails, DJs, gedämpftes rotes Licht und eine Bombenstimmung. An milden Abenden ist die Terrasse ein beliebter Treffpunkt.

MC2
THEATER
(☎04 76 00 79 00; www.mc2grenoble.fr, auf Frz.; 4 rue Paul Claudel) Das beste Allround-Programm an Theater-, Tanz-, Opern-, Jazz- und anderen Musikveranstaltungen von Grenoble; 2 km südlich des Zentrums an der Straßenbahnlinie A (Haltestelle MC2).

La Soupe aux Choux
JAZZCLUB
(☎04 76 87 05 67; http://jazzalasoupe.free.fr, auf Frz.; 7 rte de Lyon; ⊙Di–Sa) Die „Kohlsuppe" rührt seit 25 Jahren Live-Jazz von Swing bis Blues in den Nachtmix von Grenoble. Vom Musée Dauphinois sind's noch fünf Minuten Fußweg in westlicher Richtung.

❶ Praktische Informationen

WLAN gibt's in vielen Hotels, Cafés und Bars von Grenoble; die Touristeninformation hat eine Liste mit kostenlosen Hot-Spots.

Celsius Café (15 rue Jean-Jacques Rousseau; Internet 30/60 Min. 1,50/2,50 €; ⊙9–20 Uhr, Sa morgens geschl.; 🛜) Großartige Lage und Ausstattung.

Cyber Phone (2bis rue Très-Cloîtres; Internet 15/60 Min. 0,50/2 €) Schnelles Internet und günstige Telefongebühren.

Apothekennotdienst (☎04 76 63 42 55)

Grenoble Universitätskrankenhaus (☎04 76

76 75 75); Hôpital Nord La Tronche (av. de Marquis du Grésivaudan; Straßenbahnhaltestelle La Tronche); Hôpital Sud (av. de Kimberley, Échirolles; Bus 11 oder 13).

Post (rue de la République) Neben der Touristeninformation.

Touristeninformation (☎04 76 42 41 41; www.grenoble-tourisme.com; 14 rue de la République; ⊙Mo–Sa 9–18.30, So 10–13 & 14–17 Uhr) Im Inneren der Maison du Tourisme; verkauft Karten und Bücher und organisiert Stadtführungen.

❶ An- & Weiterreise

AUTO & MOTORRAD Grenoble ist gut an die Autobahnen A48 (Lyon), A 41 (Chambéry, Annecy) und A 51 (Marseille) angebunden. Die großen Autovermietungen haben ihre Büros im Europole-Komplex unter dem Bahnhof.

BUS Die **Bushaltestelle** (rue Émile Gueymard) neben dem Bahnhof ist der Hauptterminal für Busunternehmen, u. a. von **VFD** (www.vfd.fr, auf Frz.) und **Transisère** (www.transisere.fr, auf Frz.). Es gibt täglich mehrere Verbindungen zum Flughafen Genf (43 €, 2½ Std.), zum Flughafen Lyon-St-Exupéry (22 €, 1 Std.), nach Chamrousse (3,20 €, 1¼ Std.), Bourg d'Oisans (6 €, 50 Min.), Les Deux Alpes (5,50 €, 1¾ Std.) und Briançon (29 €, 2½ Std.). **Eurolines** (www.eurolines.fr) ist für Ziele im Ausland zuständig.

FLUGZEUG Eine ganze Reihe von Billigfliegern, darunter Ryanair und easyJet, starten und landen auf dem **Flughafen Grenoble-Isère** (www.grenoble-airport.com), 45 km nordwestlich der Stadt, mit Verbindungen von und nach London, Glasgow, Stockholm und Warschau.

ZUG Vom **Bahnhof** (rue Émile Gueymard) fahren regelmäßig Züge nach Paris (Gare de Lyon, ab 76 €, 3½ Std.), Chambéry (10,50 €, 1 Std.) und Lyon (19 €, 1½ Std.). Tickets gibt's am Bahnhof und in der Stadt in der **SNCF Boutique** (15 rue de la République).

❶ Unterwegs vor Ort

AUTO & MOTORRAD Grenoble ist wegen seines verwirrenden Einbahnstraßensystems, des riesigen Straßenbahnnetzwerks und der teuren und begrenzten Parkmöglichkeiten nicht gerade eine autofreundliche Stadt. Am günstigsten ist es, das Auto in einem der 13 **P+R** (www.semitag.com, auf Frz.) in den Außenbezirken abzustellen. Die Kosten belaufen sich auf 2 bis 3 € pro Tag, inkl. kostenloser Straßenbahn- oder Busfahrt für alle Mitfahrer des Autos.

BUS & STRASSENBAHN In der Innenstadt rumpeln die vier umweltfreundlichen Straßenbahnlinien Grenobles – A, B, C und D. Eine einfache Fahrkarte für Straßenbahn und Bus kostet 1,40 €. Man kann sie an Ticketautomaten oder beim Fahrer kaufen und muss sie vor dem

Einsteigen an den blauen Automaten abstempeln. Heftchen mit zehn Tickets (11,50 €) und Tagespässe (3,90 €) gibt's nur in einem der TAG-Büros, die sich in der Touristeninformation und neben dem Bahnhof befinden. Die Straßenbahnen verkehren etwa zwischen 5 und 1 Uhr, die Busse von 6 bis 21 Uhr.

FAHRRAD Métrovélo (www.metrovelo.fr) unterhalb des Bahnhofs vermietet Fahrräder für 3/5 € für den halben/ganzen Tag. Helm, Kindersitz und Schlösser sind gratis. Es werden ein Ausweis und eine Kaution von 50 € pro Fahrrad verlangt.

VOM/ZUM FLUGHAFEN Pendelbusse von **Grenoble Altitude** (http://grenoble-altitude. com) verbinden den Flughafen mit dem Busbahnhof (einfach/hin & zurück 12,50/22 €, 45 Min., Di und Sa 2-mal tgl.).

Rund um Grenoble

Grenoble liegt in einem weiten Tal nur wenige Hundert Meter über Meereshöhe. Daher zieht es die Stadtbewohner an den Wochenenden zum Wandern und Skifahren in die umliegenden Berge. Die weite Vercors-Ebene wird von 1000 km Langlaufloipen durchzogen, mit Abstechern in schneebedeckte Waldabschnitte. Von **Chamrousse** (1700 m) aus eröffnet sich das ausladende Panorama des felsigen Belledonne-Massivs. Familien kommen im Winter vor allem wegen der guten Anfängerpisten und im Sommer wegen der leichten Wanderwege durch Sommerwiesen, auf denen sich die Murmeltiere tummeln. Die **Touristeninformation** ([✆]04 76 89 92 65 www.chamrousse. com; 42 place de Belledonne) hält alle erforderlichen Informationen bereit.

Mehrere Busse verbinden Grenoble täglich mit allen umliegenden Ferienorten (Einzelheiten im jeweiligen Abschnitt), u. a. mit Chamrousse (3,20 €, 1¼ Std.). Für Tagesausflüge sind die von Transisère betriebenen Skiligne-Busse zu elf verschiedenen Orten sehr interessant; der Preis (von 23 € für Chamrousse und Villard de Lans bis zu 37 € für Les Deux Alpes und Alpe d'Huez) umfasst einen Tages-Skipass sowie die Hin- und Rückfahrt mit dem Bus.

PARC NATUREL RÉGIONAL DU VERCORS
Die sanft hügeligen Wiesen und kantigen Kalksteingipfel in diesem 1750 km² Naturpark südwestlich von Grenoble eignen sich perfekt für Abenteuer der entspannteren Art. Der tierreiche Park ist ruhiger und

günstiger als die anderen Bergzentren und damit ein Magnet für Familien, die sich an der frischen Luft beim Langlaufen oder bei Schneeschuhtouren, Wanderungen und Höhlenerkundungen austoben wollen.

Von dem bescheidenen Ferienort **Lans-en-Vercors** (1020 m), 28 km südwestlich von Grenoble, bringen Busse die Skisportler 4 km nach Osten zu dem Skigebiet Montagnes de Lans mit seinen 24 Pistenkilometern. Das Postkartendorf **Villard de Lans** (1050 m), 9 km weiter das Tal hinauf, ist durch Liftanlagen mit **Villard Correncon** verbunden, wo sich insgesamt 130 km Abfahrtspisten durch ein Winterwunderland ziehen, und das zu günstigen Preisen (30 € pro Tag!). Die **Colline des Bains** (1 Std./3 Std. 9/12 €) in Villars-de-Lans wartet mit sechs Schlittenhängen für schnelle Rutschfahrten mit Einzelschlitten, Autoschlauch oder Bob auf.

Die **Touristeninformation** (www.villard delans.com; place Mure Ravaud) von Villard de Lans bietet einen Onlinedienst für Reservierungen von Hotels, Aufenthalten auf dem Bauernhof und *chambres d'hôtes* und ist erster Anlaufpunkt für Informationen über Aktivitäten im Vercors, vom Canyoning bis zu Mountainbiking.

[✆] **Les Accompagnateurs Nature et Patrimoine** ([✆]04 76 95 08 38; www. accompagnateur-vercors.com) bietet Halbtages- (Erw./Kind 15/13 €) und Tageswanderungen (Erw./Kind 26/21 €) durch die Wunder der Natur; erfahrene Guides bestimmen die wilden Gebirgsblumen und spüren Murmeltiere und Gämsen auf.

[ⓘ] An- & Weiterreise
Bis zu sieben tägliche Busse der **Transisère** (http://transisere.altibus.com) verbinden Grenoble mit Lans-en-Vercors (4,30 €, 45 Min.), Villard de Lans (4,30 €, 1 Std.) und Corrençon-en-Vercors (4,30 €, 1¼ Min.).

PARC NATIONAL DES ÉCRINS
Keine noch so blumige Beschreibung der mächtigen Gipfel, schimmernden Bergseen und schmalen Abhänge wird dem ungezähmten **Parc National des Écrins** (www. les-ecrins-parc -national.fr, auf Frz.) wirklich gerecht. Der zweitgrößte Nationalpark Frankreichs wurde 1973 gegründet. Eingeschlossen von engen, steilen Tälern und geformt durch die Flüsse und ihre ehemaligen Gletscher Romanche, Durance und Drac, erstreckt er sich zwischen den Städten Bourg d'Oisans, Briançon und Gap. Seine höchste

SCHÖNE SCHLUPFWINKEL

Im Vercors gibt es einige faszinierende Chalets und naturverbundene Bauernhöfe zum Übernachten. Diese drei gehören zu den Favoriten des Autors; die Websites zeigen Karten und Anfahrtsdetails.

Les Allières (☎04 76 94 32 32; www.aubergedesallieres.com, auf Frz.; Lans-en-Vercors; Halbpension pro Pers. 45 €, Hauptgerichte 16–25 €). Auf 1476 m Höhe liegt dieses Waldchalet mit einfacher Ausstattung (Etagenbett, Gemeinschaftstoiletten) und erstaunlicher Alpenküche. Das Raclette wird über Holzfeuer zubereitet und ist ebenso göttlich wie die *tarte aux myrtilles* (Blaubeertorte).

À la Crécia (☎04 76 95 46 98; www.gite-en-vercors.com, auf Frz.; 436 Chemin des Cléments, Lans-en-Vercors; EZ/DZ/3BZ/4BZ 52/57/72/87 €, Abendessen 17 €; 🅟) Ziegen, Schweine und Hühner sind die Hauptmieter auf diesem mit Solarenergie beheizten Hof aus dem 16. Jh. Véronique und Pascal haben ihn originalgetreu restauriert, die Zimmer mit rustikalen Balken sind in Erdtönen gehalten, die Badezimmer mit Mosaiken geschmückt. Das Abendessen ist ein Festmahl mit frischen Zutaten aus eigenem Anbau.

Gîte La Verne (☎04 76 95 21 18; http://gite.laverne.free.fr, auf Frz.; La Verne, Méaudre; Apt. für 4/8 Pers. pro Woche 500/750 €) Die wunderbaren Appartements dieser *gîtes* mit voll ausgestatteten Küchen verbinden alpine Gemütlichkeit mit moderner Ausstattung. Ob nun als Selbstversorger oder mit Halbpension, alle können den Hamam und das norwegische Bad im Freien nutzen – die wunderbare Gastlichkeit von Besitzerin Edwige ist inklusive.

Bergspitze erreicht stolze 4102 m: Die Barre des Écrins in Form einer Pfeilspitze ist ein mythenbesetzter Gipfel für Bergsteiger.

Bourg d'Oisans, 53 km südöstlich von Grenoble, sowie Briançon, weitere 67 km südöstlich, sind gute Ausgangspunkte, um den Park zu erkunden.

BOURG D'OISANS
720 M Ü. M.

👁 Sehenswertes & Aktivitäten

Insgesamt 700 km uralte Fußpfade, von Hirten und Schmugglern vor Jahrhunderten ausgetreten, durchziehen den Nationalpark und machen ihn zu einem erstklassigen Wandergebiet. Als Ausgangspunkt zu einigen schwindelerregenden Bergpässen ist Bourg d'Oisans aber auch ein Paradies für Mountainbiker. Infos zu Trails, Karten und Ausleihmöglichkeiten gibt es auf www.bikes-oisans.com. Kajakfahrten auf dem türkisgrünen Wasser des Drac, *via ferrata* und Gleitschirmflüge sind weitere Aktivitäten; Touristen- und Parkinformationen geben Auskunft.

Musée des Minéraux et de la Faune des Alpes
MUSEUM

(place de l'Église, Bourg d'Oisans; Erw./Kind 4,60/2 €; ⊘Mi–Mo 14–18 Uhr) Dieses Natur-

kundemuseum bietet allerlei Lehrreiches über die faszinierende Geologie, Pflanzen- und Tierwelt (u. a. mit Steinböcken und Gämsen) des Nationalparks.

Chemin de Fer de la Mure
ZUGFAHRT

(www.trainlamure.com; Erw./Kind hin & zurück 19,20/9,70 €; ⊘April–Okt. 2–4 Abfahrten tgl.) Im Sommer bietet die winzige rote Bergbahn aus den 1920er-Jahren die Möglichkeit, Tiere in einer spektakulären Landschaft zu beobachten. Auf den 30 km (1¾ Std.) zwischen St-Georges de Commiers und La Mure gräbt sich durch Tunnel, balanciert an steilen Abhängen entlang und überfährt Viadukte.

🛏 Schlafen & Essen

Die Touristeninformation in Bourg d'Oisans gibt Auskunft über die ganzjährig geöffneten *gîtes d'étape*.

🅟 Au Fil des Saisons
ZIMMER MIT FRÜHSTÜCK €

(☎04 76 30 07 01; www.chambresdhotes-afs.com, auf Frz.; Ferme du Cros, Les Côtes de Corps; EZ/DZ 50/60 €;) In diesem herrlichen Bergbauernhof von 1731 mit Balkendecke heißen Dany und Domi ihre Gäste herzlich willkommen. Das Frühstück ist eine gesunde Angelegenheit – mit selbstgebackenem Biobrot,

Honig und frischem Käse direkt vom Hof. Kinder fahren auf das Zugpferd Hôtesse ab. Die Ferme du Cros liegt 2 km von Corps entfernt in Les Côtes de Corps und ist von Grenoble über die Nationalstraße N85 zu erreichen. Unbedingt vorher reservieren.

La Cascade
CAMPINGPLATZ €
(☏04 76 80 02 42; www.lacascadesarenne.com; rte de l'Alpe d'Huez; Stellplätze 14–26 €; ☉Mitte Dez.–Sept.; ☒) Der Campingplatz, 1,5 km vom Zentrum von Bourg d'Oisans entfernt, liegt unter schattenspendenden Bäumen.

Le Colporteur
CAMPINGPLATZ €
(☏04 76 79 11 44; www.camping-colporteur. com; Le Mas de Plan; Stellplätze 18–25 €; ☉Mitte Mai–Mitte Sept.; @☒) Gut ausgestatteter Campingplatz mit Restaurant-Bar, nur ein kurzes Stück von Bourg d'Oisans entfernt.

ℹ Praktische Informationen
Maison du Parc (rue Gambetta, Bourg d'Oisans; ☉Mo–Do 9–11.30 & 14–17 Uhr, Fr 9–11 Uhr) Verkauft Karten und Bücher.

Oisans (www.tourisme-oisans.com) Eine ausgezeichnete Infoquelle zur Region mit einem Verzeichnis von Unterkünften und Aktivitäten.

Touristeninformation (www.bourgdoisans. com, Bourg d'Oisans; quai Girard; ☉Mo–Sa 9–12 & 14–18, So 9–11 Uhr)

ℹ An- & Weiterreise
An der **Bushaltestelle** von Bourg d'Oisans (av. de la Gare) stoppen täglich zwei bis drei Busse von und nach Briançon (14,50 €, 1¾ Std.), Les Deux Alpes (2,10 €, 40 Min.) und Alpe d'Huez (2,10 €, 40 Min.) sowie bis zu acht Busse täglich von und nach Grenoble (6 €, 50 Min.).

LES DEUX ALPES
1600 M Ü. M.

Ganzjährig Skifahren auf dem 3200–3425 m hohen Glacier du Mont de Lans, auf phantastischem Off-Piste-Gelände im Pulverschnee oder anspruchsvollen Terrain-Parks für Snowboarder; dazu Partys, die denen in anderen Orten der französischen Alpen in nichts nachstehen – Lex Deux Alpes hat sich von zwei bescheidenen Bergdörfern in ein lebhaftes Skizentrum mit Anspruch verwandelt. Es liegt 19 km südöstlich von Bourg d'Oisans.

Freerider kommen von weit her, um die atemberaubende, nahezu vertikale Abfahrt Vallons de la Meije in **La Grave** (www.la-grave. com), 21 km östlich des Orts, zu wagen. Diese sagenhafte Route stürzt über 2150 Höhenmeter in die Tiefe und ist nur etwas für die Crème de la Crème der Off-Piste-Fahrer.

☉ Sehenswertes
Grotte de Glace
EISHÖHLE
(Eishöhle; Eintritt 4 €; ☉10–15 Uhr) Eisskulpturen von meterhohen Tieren, Bergblumen und Schafhirten glitzern in dieser Eishöhle, die in den Glacier du Mont de Lans bei Dôme de Puy Salie (3425 m) geschlagen wurde. Mit der Jandri Express *télécabine* geht's bis auf 3200 m und dann mit dem Funiculaire Dôme Express bis auf 3400 m. Die Anfahrt dauert etwa eine Stunde. Ein Ticket für die Seilbahnen und den Eintritt in die Höhle kostet 25 €.

La Croisière Blanche
LANDSCHAFTLICH SCHÖNE FAHRT
(Weiße Kreuzfahrt; pro Fahrt 7 €; ☉So–Fr 10.30–15 Uhr) In einem Miniraupenbus 50 Minuten auf den Gipfel bei 3600 m heraufkriechen und ein herrliches Panorama genießen. Auch wenn es ein ganz schöner Luxustrip sein mag, haben Nicht-Skifahrer so immerhin die Möglichkeit, den Gipfel zu erreichen. Die Temperaturen liegen hier unter 0 °Grad, deshalb warm anziehen. Die Fahrt plus Seilbahn inklusive Eintritt zur Eishöhle kostet 32 €. Reservierungen sind Pflicht.

🏃 Aktivitäten
Les Deux Alpes punktet mit 225 km Pisten, einem **Schneepark** (www.2alpes-snowpark. com) auf 2600 m mit einer 800 m langen Axepipe, einer 120 m langen Halfpipe und zahlreichen Sprüngen sowie Technik-Parcours mit Mauerbrüstungen, Canyons und Korridoren in der „Slide"-Zone. Das Hauptskigebiet von Les Deux Alpes liegt unterhalb von **La Meije** (3983 m), einem der höchsten Gipfel im Parc National des Écrins. Skifahrer, die von Les Deux Alpes nach La Grave wollen, werden ab der Endstation der **Dôme-Express-Seilbahn** (☉Nov.–April 8–17 Uhr, Mitte Juni–Aug. 7–13 Uhr) mit einer Pistenraupe weitergezogen. Im Winter ist die Nutzung der Seilbahn im Skipass (s. S. 504) enthalten; im Sommer kostet ein Tagespass 33,50 €.

Neben Skifahren und Snowboarding haben Schneefreunde hier noch andere Möglichkeiten, sich in das Wintervergnügen zu stürzen: z. B. beim Ice-Gliding über die Eisbahn der **Open-Air-Eisbahn** (Skizentrum, rue des Sagnes, 3,50 €; ☉Mitte Juni–Aug. & Ende Nov.–April 15–18.30 & 20.30–22.30 Uhr, Ice-Gliding Winter: Do nachmittag & Fr abend, Sommer: Mi abend & Do nachmittag) flitzen oder einen Ausflug mit dem Schneemobil *(motoneige)* machen. Das Bureau des Guides organisiert im Winter Eisklettern, Schneeschuh-Expeditionen und Off-Piste-Skitouren und im Sommer Felsklettern, Canyoning und Fahrradausflüge.

Der Gletscher bietet das größte **Sommerskigebiet** Europas vor der imposanten Kulisse von Montblanc, Zentralmassiv und Mont Ventoux. Die Sommer-Skisaison dauert von Mitte Juni bis Ende August. Und in der schneefreien Zeit gibt es 26 atemberaubende Abfahrten und fünf Crosscountry-Trails für Mountainbiker sowie viele Wanderwege und zahlreiche Paragliding-Möglichkeiten.

🛏 Schlafen & Essen

Die Öffnungszeiten von Hotels und Restaurants orientieren sich an der Reisesaison; die meisten sind von Dezember bis April und von Mitte Juni bis August geöffnet.

Hotel Côte Brune FAMILIENHOTEL €€
(☎04 76 80 54 89; www.hotel-cotebrune.com; 6 rue Côte Brune; DZ inkl. Halbpension 164–184 €; 🛜🚗) Vom Hotelzimmer auf die Piste und umgekehrt. Dieses Hotel bietet holzverkleidete Zimmer mit alpiner Atmosphäre und Südbalkonen; es gibt einige Familienzimmer. Kaminfeuer oder Terrasse laden zum Drink ein, bevor abends das leckere Dreigängemenü aufgetischt wird.

Hotel Serre-Palas CHALET €
(☎04 76 80 56 33; www.hotelserre-palas.fr; 13 place de Venosc; DZ inkl. Frühstück 70–106 €) Mit seinen hellen, ruhigen Zimmern und tollen Ausblicken auf die Berge ist das nagelneue Chalet kaum zu überbieten. Lionel, der freundliche Gastgeber, ist außerdem Skilehrer und kann viele Insider-Tipps geben.

Le P'tit Polyte FEINSCHMECKERLOKAL €€
(☎04 76 80 56 90; www.chalet-mounier.com; Chalet Mounier, 2 rue de la Chapelle; Menü 40–63 €) In diesem kultivierten Restaurant mit Michelin-Stern sind sowohl das Panorama als auch das Essen erstklassig. Zu den einfallsreichen Spezialitäten wie Muscheln mit Lebkuchenkruste und Chicorée-Arabicakaffee-Remoulade wird einer der 800 Weine passend ausgesucht. Reservierung erforderlich.

🍷 Ausgehen

Les Deux Alpes hat sich wegen seiner deftigen Après-Ski-Parties einen wohlverdienten Ruf erarbeitet. Zu den aufregenden Bars des Skizentrums gehören diese beiden Favoriten:

Smokey Joe's BAR
(www.smokeyjoes.fr; @) Livemusik zum Après Ski, scharfe Tex-Mex-Küche und Shots ohne Ende sorgen dafür, dass hier jeder seine Schneestiefel zum Swingen bringt. Der Schuppen liegt direkt an der Basisstation der Jandri-Gondel und bietet Gast-DJs, Sportübertragungen auf Großbildschirmen und Themenparties bis zum Abwinken.

Smithy's BAR
(www.smithystavern.com; 7 rue de Cairou) Wodka, Fajitas und Nachos, noch mehr Wodka – vor allem darum geht's in diesem rockenden Chalet mit langer Bar. Smithy's hat Livemusik, DJ-Nächte und wilde Partys im Programm.

❶ Praktische Informationen

Die **Maison des Deux Alpes** (place des Deux Alpes) ist die Hauptanlaufstelle, denn sie beherbergt die **Touristeninformation** (☎04 76 79 22 00; www.les2alpes.com; ⏰8–19 Uhr), die **Zimmervermittlung** (☎04 76 79 24 38; www.les2alpesreservation. com), die **ESF** (☎04 76 79 21 21; www.esf2alpes. com) und das **Bureau des Guides** (☎04 76 11 36 29; www.guides2alpes.com, auf Frz.).

❶ An- & Weiterreise

Transisère-Busse verbinden Grenoble und Les Deux Alpes (5,50 €, 1¾ Std., bis zu 10-mal tgl.) via Bourg d'Oisans. Rückfahrten nach Grenoble müssen 72 Std. vorher bei der **Agence Transisère VFD** (112 av. de la Muzelle) in Les Deux Alpes reserviert werden. Außerdem gibt es Verbindungen vom und zum Flughafen Lyon St-Exupéry (einfach/hin & zurück 32/48 €, 3½ Std.).

ALPE D'HUEZ
1860 M Ü. M.

Haarnadelkurven: 21. Länge: 14 km. Durchschnittliche Steigung: 7,9 %. Rekordzeit: 37 Min., 35 Sekunden. So lautet der Steckbrief dieser legendären Etappe der Tour de France zwischen Bourg d'Oisans und Alpe d'Huez, einem Ferienort aus der Retorte im Massif des Grandes Rousses.

🏃 Aktivitäten

Neben phantastischen Möglichkeiten für Radsportler gibt es hier 245 km ordentliche Pisten aller Schwierigkeitsgrade, von kinderleicht bis mörderisch. Die schier atemberaubende Piste **La Sarenne** (erreichbar mit der Seilbahn von Pic Blanc) ist mit 16 km die längste schwarze Piste Europas. Wer genügend Erfahrung hat, kann im Juli und

August auf den Gletschern in 2530–3330 m Höhe Ski fahren. Das ist nur etwas für Geschwindigkeitsfanatiker, schon ein Blick auf die Karte zeigt, wie schwarz und brenzlig es hier wird ...

Der **Pic du Lac Blanc** (3330 m) ist der höchste Punkt, der mit den **Seilbahnen** Tronçons und Pic Blanc (hin & zurück 14,50 €; ⊙Juli–Aug. & Dez.–April 9–17 Uhr) erreichbar ist. Das zauberhafte Panorama erstreckt sich über die rauhen Gipfel der französischen Alpen bis weit hinein in die Nachbarländer Italien und Schweiz.

Und wenn der Schnee schmilzt, kommt ein ansehnliches Netz markierter Wander- und Radwege zum Vorschein.

🛏 Schlafen & Essen

Le Printemps de Juliette   CHALET €€
(☑04 76 11 44 38; www.leprintempsdejuliette. com; av. des Jeux; DZ 125–165 €; 🛜) Das sehr hübsche, sehr pinke Chalet von Juliette lässt manchen Prinzessinnentraum wahr werden: Die Zahl der alten Teddybären und Puppen scheint die der Gäste zu übertreffen. Die supersauberen Zimmer und der *salon de thé*, in dem die Gäste am offenen Kamin ihren Tee nippen und selbstgebackenen Kuchen knabbern, erstrahlen in Pastell und üppigem Blumendekor.

Le Passe Montagne
                       FRANZÖSISCH, KLASSISCH €€
(☑04 76 11 31 53; rte de la Poste; Hauptgerichte 15–25 €) Die Bedienung in diesem schicken Holzchalet ist so sanft wie das Savoyer Fondue. Im Gastraum knistert zwischen Holzbalken ein offenes Feuer – genau der richtige Ort für ein Tête-à-Tête mit saftigem Rumpsteak mit Morcheln und Roquefort oder Ochsenschwanz in einer kräftigen Madeira-Sauce.

❶ Praktische Informationen

Alle Informationsquellen sind in der **Maison de l'Alpe** (place Paganon), das auch Skipässe verkauft, unter einem Dach vereint: Die hilfsbereite **Touristeninformation** (☑04 76 11 44 44; www. alpedhuez.com; ⊙9–19 Uhr), **Zimmervermittlung** (☑04 76 80 90 00; www.alpe-vacances. com) und **ESF** (☑04 76 80 31 69; www.esf-alpedhuez.com).

❶ An- & Weiterreise

Transisère-Busse verbinden Alpe d'Huez und Grenoble (5,50 €, 1¾ Std., bis zu 10-mal tgl.) via Bourg d'Oisans. Im Winter gibt es auch einen regelmäßigen Skibus von/zum Flughafen von Genf (51 €, 2½ Std.).

Briançon

11 950 EW. / 1320 M Ü. M.

Es ist ein wirklich langer, langer Weg hinauf nach Briançon, egal ob man mit dem Bus oder dem Auto fährt. Aber er ist jedes Hupsignal, Schwindelgefühl und jeden Zipfel Gletscher, dessen Anblick man erhascht, wert. Die Straße von Grenoble ist ein reines Abenteuer, nicht nur wegen der tollen Kulisse, sondern auch wegen der sorglosen Fahrweise der Einheimischen – frei nach dem Motto: Überholen in einer Haarnadelkurse, *pas de problème*! Der Mut am Steuer wird in jedem Fall belohnt mit donnernden Wasserfällen, steilen Felswänden und zerklüfteten Gipfeln, die hinter dunklen Lärchenwäldern auftauchen.

All das ist wie ein Trommelwirbel für Briançon. Auf einem hohen Hügel gelegen, scheint der Ort direkt aus dem Märchen zu kommen. Hinter den Stadtmauern lauern in der Altstadt an jeder Ecke erhabene Vauban-Wehranlagen und das Panorama der schneebedeckten Gipfel des Écrins-Massivs. Es verwundert nicht, dass der Ort sehr italienisch wirkt – die Grenze liegt nur weitere 20 schwindelerregende Kilometer entfernt.

◉ Sehenswertes

LP TIPP Vauban Fortifications
                              FESTUNGSANLAGEN

Briançons Hauptattraktion ist seine weitläufige, sternförmige Festungsanlage aus dem 17. und frühen 18. Jh., die von Vauban entworfen wurde und die ganze Altstadt einschließt. Sie umfasst die Festungen Fort des Têtes, Fort des Salettes, Fort du Dauphin und Fort du Randouillet sowie die Brücke Pont d'Asfeld. Das architektonische Ensemble wurde 2008 in die Liste des Unesco-Weltkulturerbes aufgenommen, um den Pioniergeist dieses Baumeisters zu würdigen.

Vieille Ville   ALTSTADT

Etwas abseits auf einem einzelnen Felsen und umgeben von massiven Wällen liegt die Altstadt von Briançon, die mit ihren gewundenen Kopfsteinpflastergassen und den Häusern mit bonbonfarbenen Fensterläden ein spätmittelalterliches Flair entfaltet – trotz der Geschäfte, die endlos pfeifende Murmeltiere verkaufen.

Die Hauptstraße der Altstadt ist die steile Grande Rue, die wegen ihres sprudelnden Baches auch **Grande Gargouille** (Großer

Wasserspeier) genannt wird. Sie verbindet die beiden Haupttore: die **Porte de Pignerol** im Norden am Champ de Mars und die **Porte d'Embrun** am oberen Ende der Avenue de la République. Die korallenrote Kirche **Collégiale Notre Dame et St Nicholas** (place du Temple), ebenfalls ein Werk Vaubans, lohnt einen Besuch wegen ihrer Barockmalereien.

Fort du Château
FESTUNG

Überragt wird die Altstadt von dem verschlafenen Fort du Château, von dessen Mauern sich ein grandioser Blick auf die Berge eröffnet. Wem der steile Aufstieg über die Avenue Vauban zu mühsam ist, der kann von der nördlichen Stadtmauer aus einen ähnlich spektakulären Blick auf die Schneegipfel des Parc National des Écrins genießen.

🏃 Aktivitäten

Das Skigebiet **Serre Chevalier** (www.serre-chevalier-ski.com) – korrekt Le Grand Serre Chevalier – umfasst 250 km Pisten und verbindet 13 Dörfer entlang dem Serre-Chevalier-Tal zwischen Briançon und Le Monêtier-les-Bains, 15 km in nordwestlicher Richtung.

Die Touristeninformation verteilt die ausgezeichnete Broschüre *Guide des Itinéraires dans la Vallée de Serre Chevalier* (auf Französisch) mit kulturell interessanten Rundgängen und Schneeschuhrouten.

Télécabine du Prorel
SEILBAHN

(av. René Froger; Winter: Tagespass 41,50 €, Sommer: hin & zurück Erw./Kind 11,50/9 €; ☺Dez.–April & Juli–Aug. 9–17.30 Uhr) Von der Station Briançon-Serre Chevalier auf 1200 m in der Unterstadt von Briançon sind es nur noch ein paar Minuten bis zu den Pisten.

École du Ski Français
SKIFAHREN (☑04 92 20 30 57; www.esf-serrechevalier.com, auf Frz.; 7 av. René Froger; ☺Dez.–April 8.45–18 Uhr) ESF unterhält während der Saison in der Seilbahnstation Prorel ein Büro.

Bureau des Guides et Accompagnateurs
OUTDOORAKTIVITÄTEN (☑04 92 20 15 73; www.guides-briancon.fr, auf Frz.; Central Parc; ☺Juli–Aug. 10.30–12 & 16–19 Uhr, Sept.–Juni 16–19 Uhr) Organisiert die üblichen Off-Piste-Exkursionen und im Sommer Aktivitäten wie Wandern, Paragliding, Rafting, Radfahren, Canyoning und Klettersteig-Touren.

Maison du Parc
WANDERUNGEN

(place du Médecin Général Blanchard; ☺Mo–Fr 14–18 Uhr) Informationen und Karten für Wandertouren im nahegelegenen Écrins-Nationalpark.

👉 Geführte Touren

Service du Patrimoine STADTSPAZIERGÄNGE (☑04 92 20 29 49; Porte de Pignerol; ☺Mo–Fr 9.30–12 & 14–17.30 Uhr) Das Büro dieser Organisation ist in eines der Stadttore eingezogen. Im Angebot sind geführte Rundgänge durch die Altstadt (5,50 € auf Frz., 6,50 € auf Englisch, 1½ Std.).

🛏 Schlafen

Die von der Touristeninformation organisierte Zimmervermittlung **Briançon Réservation** (☑04 92 21 01 01) hilft bei der Suche nach Schlafplätzen. In der Fußgängerzone der Altstadt gibt es kaum Hotelparkplätze; besser das Auto an der Stadtmauer abstellen und zu Fuß gehen. Viele Unterkünfte schließen in der Zwischensaison.

Auberge de la Paix
HISTORISCHES HOTEL €€ (☑04 92 21 37 43; www.auberge-de-la-paix.com; 3 rue Porte Méane; EZ 62–73 €, DZ 71–86 €, Menü 26 €; 🕿) Etwas versteckt in einer Nebenstraße in der Altstadt liegt das älteste Hotel Briançons aus dem Jahr 1845. Aus dieser Zeit stammen noch die alten, knarrenden Holzdielen, der Rest des Hotels ist aber komplett modernisiert worden, einige Zimmer mit tollem Whirlpool und Flachbildschirm-TV. Das kitschige Restaurant in einer Höhlenattrappe serviert regionale Gerichte

Hôtel de la Chaussée
TRADITIONELLES HOTEL € (☑04 92 21 10 37; www.hotel-de-la-chaussee.com; 4 rue Centrale; Zi. 65–78 €) Dieses Haus wird seit 1892 von der Bonnafoux-Familie mit viel Charme und Tüchtigkeit betrieben. Die renovierten Zimmer erfüllen jeden Traum vom Gebirgschalet: holzverkleidet, herrlich eingerichtet, leicht duftend und sooo gemütlich. Das Restaurant im Untergeschoss steht dem in nichts nach und serviert ein Vauban-Menü.

Auberge de Jeunesse Serre Chevalier
HOSTEL € (☑04 92 24 74 54; www.fuaj.org, auf Frz.; Le Bez, Serre Chevalier 1400; B inkl. Frühstück 13,50 €; @) Dieses Hostel liegt 8 km nordwestlich in Serre Chevalier-le-Bez direkt am Fuß der Pisten. Es bietet viel Gemeinschaft (große Schlafsäle, großer Speisesaal, große Partys)

GRÜNE VERSTECKE

Umgeben von den majestätischen Gipfeln des Écrins-Nationalparks liegt **La Juliane** (☎04 92 23 47 49; www.lajuliane.com; Le Martouret, Pelvoux; B/DZ 19/52 €, inkl. Halbpension 40/91 €; 🖥), ein nobles Chalet aus Lärchenbalken und trockenem Stein. Das Chalet ist zugleich ein Paradebeispiel für verantwortungsbewussten Tourismus, mit Solarpaneelen, Windrädern, Wasserkraftturbine und Hanfisolation. Obwohl sich das alles etwas rustikal anhört, ist die Unterkunft urgemütlich und Inhaber Jean-Claude bereitet leckeres (Bio)-Essen zu.

Wer aktiv sein will, kann in der Umgebung Schneeschuhtouren machen, skifahren, wandern, klettern und die Gegend mit dem Mountainbike erkunden. Jean-Claude bietet im Frühjahr außerdem Wildkräuter-Exkursionen und Kochkurse.

La Juliane liegt 25 km südwestlich von Briançon im Vallée de la Vallouise: Von Pelvoux-le-Saret rechts auf die Route de l'Eychauda abbiegen und 500 m den Berg hinauffahren bis zu einem großen Parkplatz. Von dort ist ein kleiner Weg nach La Juliane ausgeschildert. Gepäck und kleine Kinder kann Jean-Claude mit seinem Allradfahrzeug abholen.

und eine freundliche Atmosphäre. Mit dem Bus Richtung Monêtier-les-Bains bis Villeneuve Pré Long fahren und 500 m zu Fuß gehen.

✖ Essen

Briançon versucht den Namen Vauban in jeder denkbaren Weise zu nutzen – und die Küche macht da keine Ausnahme. Fünf Restaurants der Stadt haben sich zu einem Vauban-Interessenverband zusammengeschlossen und vereinbart, dass keiner die aus dem 17. Jh. stammenden Rezepte des anderen kopieren will. Dazu gehören z. B. Taube, Kanincheneintopf und Gemüsesorten, von denen kaum einer je gehört hat. Die Touristeninformation hat eine Liste der teilnehmenden Lokale.

Le Valentin   REGIONAL €€
(☎04 92 21 37 72; www.levalentin.fr; 6 rue de la Mercerie; Menü 17,50–32 €; ⊙abends ganzjährig Di–So, Juli–Mitte Sept. auch mittags; 🖥) Séverine und Arnaud begrüßen ihre Gäste herzlich in diesem sanft beleuchteten Kellerlokal. Im Angebot ist gute alte Hausmannskost mit sahnigen *tartiflettes*, Rosmarin-Lamm mit *gratin dauphinois* und nahrhaften Desserts. Für *les petits* gibt es ein Kindermenü für 8,50 €.

L'Étage   CRÊPES €
(☎04 92 23 09 22; 35 Grand Rue; Crêpes 3,50–8 €) Diese Crêperie im alpinen Schick ist eine Fluchtmöglichkeit vor den Massen auf der Grand Rue. Nach den süßen Crêpes mit Schlagsahne oder den herzhaften Varianten der Normandie mit Camembert, Schinken und Kartoffeln sitzt der Gürtel wahrscheinlich etwas enger.

Le Pied de la Gargouille   REGIONAL €€
(☎04 92 20 12 95; 64 Grande Rue; Menü 18,50–22 €; ⊙Mi–So abends) Der „Fuß des Wasserspeiers" ist eine Altstadthomage an Fondue, Raclette und *tartiflette*. Wer die Spezialität des Hauses kosten will, *gigot d'agneau à la ficelle* (über der Glut gegrillte Lammkeule), sollte vorbestellen – und drei Freunde mitbringen, um das ganze Stück zu schaffen.

❶ Praktische Informationen

Die **Touristeninformation** (☎04 92 21 08 50; www.ot-briancon.fr, auf Frz.; Maison des Templiers, 1 place du Temple; ⊙Mo–Sa 9–12 & 14–18, So 10.15–12.15 & 14.30–17 Uhr) hilft bei der Zimmersuche.

❶ An- & Weiterreise

Auto & Motorrad

Der gewundene Gebirgspass Col de Montgenèvre (1850 m) verbindet Briançon mit dem benachbarten Italien. Er ist ganzjährig geöffnet, ebenso wie der nahe Col du Lautaret (2058m) zwischen Briançon und Grenoble. Beide können zeitweise durch Schneemassen blockiert sein.

Bus

Das in Grenoble ansässige Unternehmen **VFD** (www.vfd.fr, auf Frz.) bietet mindestens eine Busverbindung täglich von/nach Grenoble (29 €, 2¾ Std.) via Bourg d'Oisans. Tickets müssen mindestens 72 Std. vorher reserviert werden.

Busse von **SCAL** (www.scal-amv-voyages.com, auf Frz.) verkehren von der Haltestelle an der Ecke zur Rue Général Colaud – darunter sieben Verbindungen (tgl. außer So) von/nach Gap (10 €, 2 Std.), Marseille (31 €, 5–6 Std.) und Aix-en-Provence (28 €, 5 Std.). Pendelbusse transportieren Wintersportler alle 20 Min. von/nach Villeneuve-la-Salle (4,60, 25 Min.). Im Winter bietet **Satobus** (http://satobus-alpes.altibus.com) Verbindungen zum Flughafen Lyon St-Exupéry (58 €, 4 Std., 2-mal tgl.); mindestens sieben Tage im Voraus buchen.

Zug

Vom **Bahnhof** (av. du Général de Gaulle), ca. 1,5 km von der Altstadt entfernt, fahren Züge nach Paris Gare de Lyon (76 €, 7 Std., 5-mal tgl). Weitere Verbindungen gibt es nach Grenoble (29 €, 4½ Std., 6-mal tgl.), Gap (13 €, 1½ Std., 7-mal tgl.) und Marseille (39 €, 4½ Std., 3-mal tgl.).

DER JURA

Die dunklen Waldberge, die ausgedehnten Kuhweiden und die Kalksteinplateaus des Jura erstrecken sich in einem Bogen über 360 km entlang der französisch-schweizerischen Grenze, vom Rhein bis zur Rhône, und bilden einen der am wenigsten bekannten Winkel Frankreichs: ländlich, tief verwurzelt in Traditionen und *un petit peu* exzentrisch. Damit ist der Jura ein perfektes Reiseziel für alle, denen der Sinn nach entspanntem, authentischem Bauern- und Bergleben steht.

Der Jura, das Wort stammt vom gallischen Wort für Wald, ist das beste Langlaufgebiet Frankreichs. Die Bergkette ist durchsetzt von zahlreichen Skistationen und jeden Winter findet hier die Transjurassienne statt, einer der härtesten Langlauf-Wettkämpfe der Welt.

Auch an Kultur und Geschichte herrscht kein Mangel. Wirtschaftlich reicht das Spektrum von Schwerindustrie bis zur Diamantenschleiferei und geschichtlich hat die Region im Zweiten Weltkrieg als Zentrum der französischen Résistance eine bedeutende Rolle gespielt.

Besançon

121 850 EW. / 262 M Ü. M.

Besançon hat erstaunlich viel zu bieten – eine mächtige Vauban-Festung und das erste öffentliche Museum Frankreichs, dazu ist es Geburtsstadt von Victor Hugo und den Lumière-Brüdern – doch erstaunlicher-

VISI'PASS

Die Eintrittsgebühren zu den besten Sehenswürdigkeiten und Museen von Besançon, darunter auch die Zitadelle und das Musée des Beaux Arts, sind mit dem Kauf des günstigen **Visi'Pass** (Erw./Kind 8/4,10 €) bereits abgedeckt. Der Pass ist direkt an den Kassen der Sehenswürdigkeiten, in der Touristeninformation oder online erhältlich.

weise liegt die Stadt abseits der großen Besucherströme. Die kultivierte Hauptstadt von Franche-Comté, die sich über sieben Hügel erstreckt und die Ufer des Doubs umarmt, ist eine angenehm bescheidene und untouristische Stadt mit einer Altstadt aus dem 18. Jh., erstklassigen Restaurants und szeniger Bars, die von Studenten bevölkert werden.

Das war nicht immer so. Zur gallisch-römischen Zeit war Besançon eine bedeutende Station entlang der alten Handelsrouten zwischen Italien, den Alpen und dem Rhein. Diese Rolle wird die Stadt wieder einnehmen, wenn im Dezember 2011 der neue TGV-Bahnhof in Auxon, 10 km nördlich des Zentrums, eingeweiht wird. Besançon wird dann auf den Karten der Welt wieder dorthin rücken, wo es hingehört.

⊙ Sehenswertes

Citadelle de Besançon ZITADELLE (www.citadelle.com; rue des Fusillés de la Résistance; Erw./Kind 8/4,60 €; ⊙9–18 Uhr) Krönende Attraktion von Besançon ist dieses von der Unesco als Weltkulturerbe geführte phantastische Baudenkmal, das von dem fleißigen Vauban Ende des 17. Jhs. für Ludwig XIV. entworfen wurde. Die Zitadelle liegt auf einem Hügel oberhalb der Stadt und bietet von dort einen weitläufigen Blick über deren rote Dächer und den kurvenreichen Verlauf des Doubs. Nachts wird der Bau effektvoll angeleuchtet.

In der Zitadelle befindet sich ein Museumstrio: Das **Musée Comtois** beleuchtet regionale Traditionen, das **Musée d'Histoire Naturelle** erzählt Naturgeschichte und das erschütternde **Musée de la Résistance et de la Déportation** befasst sich eingehend mit dem Aufstieg von Nationalsozialismus und Faschismus sowie mit

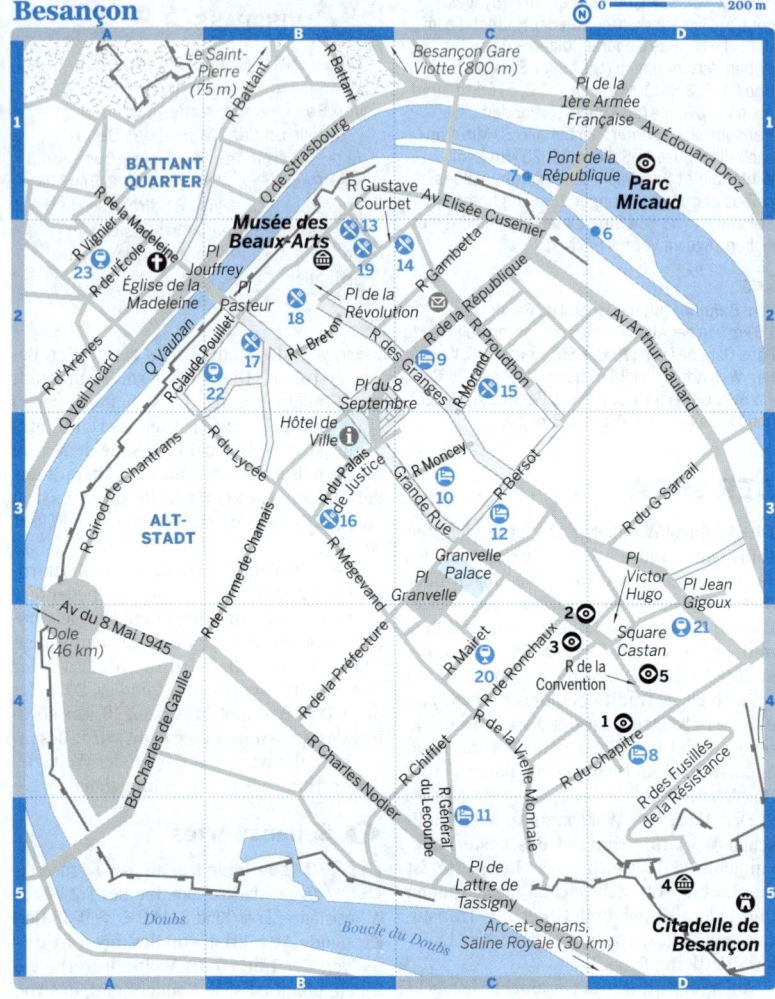

FRANZÖSISCHE ALPEN & JURA DER JURA

der Résistance. Letzteres eignet sich nicht für einen Besuch mit kleinen Kindern.

Familienfreundlicher sind da das **Insektarium** (mit einigen Vogelspinnen), das **Aquarium**, das stockdunkle, etwas langweilige **Noctarium** und der überfüllte **Zoologische Garten**. Die Eintrittskarte für die Zitadelle gilt zugleich für alle Museen und Sehenswürdigkeiten.

LP TIPP ⟩ **Musée des Beaux-Arts**

GALERIE, MUSEUM
(Museum der Schönen Künste; www.musee-arts-besancon.org, auf Frz.; 1 place de la Révolution; Erw./Kind 5 €/frei; ⊙ Mi–Mo 9.30–12 & 14–18 Uhr) Ein

Besuch in Besançon wäre unvollkommen ohne einen Rundgang durch dieses stattliche Museum. Es ist das älteste Frankreichs, denn es wurde 1694 gegründet, als der Louvre in Paris noch in den Sternen stand. Die großartige Sammlung erstreckt sich von archäologischen Stücken, wie ägyptischen Mumien, Werkzeugen aus dem Neolithikum und gallo-römischen Mosaiken, bis zur verwinkelten Präsentation von 5500 Zeichnungen, darunter Meisterwerke von Dürer, Delacroix und Rodin, sowie Malereien aus dem 14. bis 20. Jh. mit Titian, Rubens, Goya und Matisse als herausragenden Vertretern.

Besançon

Parc Micaud PARK

(av. Edouard Droz) Dies ist der perfekte Standort für den unvermeidlichen Schnappschuss der Zitadelle mit sanft plätscherndem Doubs im Vordergrund. Die bewaldete Uferpromenade lädt zum Picknick mit Aussicht. Für Kinder gibt es ein Karussell, einen Spielplatz und Eselreiten.

Horloge Astronomique ASTRONOMISCHE UHR

(rue de la Convention; Erw./Kind 3 €/frei; ⊘Mi–Mo je 7 Führungen tgl.) Diese unglaubliche astronomische Uhr in der **Cathédrale St-**

Jean aus dem 18. Jh. besteht aus 30 000 beweglichen Teilen, 57 Schauseiten und 62 Zifferblättern. Sie zeigt u. a. die Zeit an 16 verschiedenen Orten der Erde, die Gezeiten für acht verschiedene Häfen Frankreichs sowie die örtlichen Zeiten für Sonnenauf- und -untergang. Unvorstellbar für alle, die es noch nicht gesehen haben.

Porte Noire ROMANISCHER BOGEN

(Schwarzes Tor; rue de la Convention) Ein steiler, 15-minütiger Fußweg von der Zitadelle hinab führt zur Porte Noire, einem Triumphbogen aus der Zeit der Römer (2. Jh. n. Chr.).

👉 Geführte Touren

Bei Sonnenschein ist eine Flussfahrt die angenehmste Art, die Stadt zu besichtigen. Zwischen April und Oktober legen unterhalb des Pont de la République Passagierschiffe für eine 1¼-stündige Kreuzfahrt auf der Doubs-Schleife ab. Diese beiden Gesellschaften durchfahren dabei u. a. einen 375 m langen Tunnel unter der Zitadelle:

Bateaux du Saut du Doubs (www.sautdudoubs.fr, auf Frz.; Erw./Kind 10,50/8 €)

Vedettes de Besançon (www.vedettesdebesancon.com, auf Frz.; Erw./Kind 10,50/8 €).

🎆 Festivals & Events

Festival de Musique Besançon

MUSIKFESTIVAL

(www.festival-besancon.com) Klassische Musik der Extraklasse tönt im September durch die historischen Gebäude der Stadt.

Marché de Noël WEIHNACHTSMARKT

Im Dezember zur Einstimmung aufs Fest mit blinkenden Karussells, Weihnachtsliedern und *vin chaud* in der Altstadt.

🛏 Schlafen

Charles Quint Hôtel HISTORISCHES HOTEL €€

(📞 03 81 82 05 49; www.hotel-charlesquint.com; 3 rue du Chapitre; DZ 89–145 €; @ 🏊) Das dezent vornehme Stadthaus aus dem 18. Jh. ist heute ein nobles Boutiquehotel, mit antiken Möbeln, prächtigen Stoffen, einem Garten mit winzigem Pool und einem holzverkleideten Speisesaal. Die neun Zimmer liegen verschlafen hinter der Kathedrale im Schatten der Zitadelle.

Maison de Verre ZIMMER MIT FRÜHSTÜCK €€

(📞 03 81 81 82 27; http://lamaisondeverre.com, auf Frz.; 26 rue Bersot; EZ/DZ 75/85 €, Menü 35 €; 🛜) Katherine Bermond hat eine ehemalige Au-

LICHT, KAMERA, HUGO

Victor Hugo, einflussreicher Bürger, politische Figur und einer der Nationaldichter Frankreichs, bekannt für Meisterstücke *wie Les Misérables* und *Notre-Dame de Paris* (Der Glöckner von Notre-Dame), wurde 1802 in Besançon geboren. Am **Haus von Victor Hugo** (140 Grand Rue) erinnert eine Gedenktafel an ihn. Ganz in der Nähe, in der gleichen Straße, markiert eine Plakette das **Haus der Brüder Lumière**, die hier 1862 bzw. 1864 geboren wurden. Auguste und Louis Lumière (ganz treffend übrigens: *lumière* heißt Licht) gehören zu den frühesten Pionieren des Kinos. Ihre ersten Filmvorführungen fanden 1895 statt.

tofabrik geschickt in dieses schicke *chambre d'hôtes* mit industriellem Touch verwandelt. Klare Linien, Designermöbel und gedeckte Farben bestimmen den Stil der Zimmer und des Speiseraums. Das Angebot richtet sich nach der Saison, aber alles wird stets aus regionalen Zutaten zubereitet.

Hôtel de Paris DESIGNHOTEL €€
(📞03 81 81 36 56; www.besanconhoteldeparis.com; 33 rue des Granges; EZ 60 €, DZ 75–105 €; @🛜) Etwas versteckt in einer Seitenstraße der Altstadt liegt diese ehemalige Poststation aus dem 18. Jh. Heute besticht sie durch ausgefallenes Design. Durch bleiverglaste Fenster fällt das Licht in die Flure und die geschmeidigen, silbrig schimmernden Zimmer, in den kleinen Fitnessraum und den schattigen Innenhof.

Hôtel du Nord HOTEL €
(📞03 81 81 34 56; www.hotel-du-nord-besancon.com; 8 rue Moncey; DZ 42–67 €, 4BZ 63–83 €; 🛜🅿) Ein günstiges, familienfreundliches Hotel mit geräumigen und komfortablen (wenn auch altmodischen) Zimmern mitten im Zentrum. Kostenlose Parkplätze.

Hôtel Granvelle TRADITIONELLES HOTEL €
(📞03 81 81 33 92; www.hotel-granvelle.fr; 13 rue Lecourbe; EZ 52–62 €; DZ 55–68 €; @🛜) Dieser Steinbau hinter einem Hof unterhalb der Zitadelle bietet 30 saubere, ordentliche Zimmer. „Interaktive" Zimmer sind mit Computern und Internetzugang sowie Flachbildschirm-TV ausgestattet. Rollstuhlgerecht.

Essen

 **Le Saint-Pierre**
FRANZÖSISCH, MODERN €€
(📞03 81 81 20 99; www.restaurant-saintpierre.com, auf Frz.; 104 rue Battant; Menü 35–60 €; 🕐Mo–Fr mittags, Mo–Sa abends) Dieses kunstbeflissene Restaurant wurde ruckzuck zu einem der beliebtesten von Besançon. Knackig weiße Leinentischtücher, sichtbare Steinwände und raffinierte Beleuchtung schaffen die richtige Atmosphäre für intensive Geschmackserlebnisse wie Hummerfrikassee mit Spinat und Kräuterravioli, zu denen der passende Wein aus der Region serviert wird. Das dreigängige *menu marché*, inklusive Wein und Kaffe, ist mit 35 € ein echtes Schnäppchen. Das Restaurant liegt 500 m (ein fünfminütiger Spaziergang) nördlich der Grand Rue auf der anderen Seite des Flusses.

La Table des Halles FRANZÖSISCH, MODERN €€
(📞03 81 50 62 74; 22 rue Gustave Courbet; Menü 15–29 €; 🕐Di–Sa) Der urbane Loftstil dieses modischen Restaurants passt perfekt in den Meatpacking District von New York. Auf den Tellern wird aber ausschließlich französische und regionale Küche serviert: Fisch aus dem Genfer See, Rinderfilet mit Trüffeljus, Foie-gras-Streusel mit Apfelkuchenkompott. Großartig.

Mirabelle CAFÉ €€
(📞03 81 81 40 56; 5 rue Mégevand; Hauptgerichte 11–14 €; 🕐Mo–Fr mittags, Mo–Sa abends; 📞) An der Decke baumeln Vogelkäfige und die Käsekarte wird auf eine Schiefertafel in Mäuseform geschrieben in diesem irgendwie kitschigen, irgendwie coolen Café. Die städtische Bohème stürzt sich hier auf Gratins, *croûtes* und leckere Kuchen, meist aus Biozutaten der Saison.

Brasserie du Commerce BRASSERIE €€
(📞03 81 81 33 11; 31 rue Granges; Hauptgerichte 14–18 €) Stuckdecken, vergoldete Spiegel und opulente Kronleuchter lassen die Gäste dieser gut besuchten Brasserie zurück in die glamouröse Zeit der Belle Époque schweben. Serviert werden Klassiker von frischem Fisch bis Rindercarpaccio.

MI:AM BISTRO €€
(📞03 81 82 09 56; 8 rue Morand; Hauptgerichte 15 €; 🕐Di–So) Mit auf dem Kopf stehenden Weihnachtsbäumen (zu Mitsommer) und mit Popcorn gefüllten Kugeln beweist das trendige MI:AM (wie „mjam"!) seine Eigenwilligkeit. Plätze gibt es auf der beleb-

ten Straßenterrasse oder drinnen hinter dem schweren Samtvorhang. Auf die Teller kommt ein *apéro dînatoire* (leichtes Häppchen) oder zum Mittag leckere *tartine*.

Pum
THAI €

(☎03 81 81 18 47; 1 rue Jean Petit; Hauptgerichte 6,50–7,50 €; ☑) Das knallorange Pum ist ideal für Reisende mit kleinem Geldbeutel. Die Gäste setzten sich dort an die langen Holztische, wo gerade ein Platz frei ist. Serviert werden gängige thailändische Pfannen- und Currygerichte. Die Bår im Stock darüber bietet Cocktails mit Thai-Touch.

Selbstversorger

Selbstversorger finden eine große Auswahl in der **Markthalle** (rue Claude Goudimel; ☺Di–So vormittags) und auf dem **Markt** (place de la Révolution; ☺Di & Fr vormittags) oder im Supermarkt **Monoprix** (10 Grande Rue).

Ausgehen

Die Studenten von Besançon sorgen für ein reges Nachtleben, das sich vor allem im alten Battant-Viertel und am Flussufer abspielt. In der belebten Rue Claude Pouillet reihen sich die Lokale Wand an Wand, genau richtig für eine ausgedehnte Kneipentour.

Les Passagers du Zinc
BAR

(5 rue Vignier; ☺Mo geschl.) Die schmuddelige Clubbar mit abgewetzten Ledersofas und bunter Beleuchtung ist wegen ihrer regelmäßigen Liveauftritte und Musikabende eines der beliebtesten Treffs der Stadt. In den Keller geht es durch die Kühlerhaube eines alten Citroën DS.

Bar de l'U
BAR

(5 rue Mairet; ☺Mo–Fr 8–1, Sa 11–2, So 18–24 Uhr; ☎) In diesem Studententreff ist fast jeden Abend Livemusik angesagt und an jedem zweiten Montag gibt's einen Poetry Slam. Zu vielen Veranstaltungen werden nur Studenten mit Ausweis eingelassen.

Le Gibus
BAR

(11 rue Claude Pouillet) Der mit Pin-ups aus den 1950er-Jahre dekorierten Laden ist fast jeden Abend zum Bersten gefüllt. Im Angebot ist Musik (live oder aus der Konserve) und immer gute Stimmung.

Carpe Diem
CAFÉ

(2 place Jean Gigoux; ☺Mo–Sa 9–1 oder 2, So 9–20 Uhr) In diesem typisch französischen Café mit Stammpublikum treffen sich am Tag die Älteren und am Abend die Jüngeren. Regelmäßige Live-Konzerte.

Praktische Informationen

ID PC (28 rue de la République; Internet pro Std. 3 €; ☺Di–Sa) Computerladen mit Internetterminals.

Post (23 rue Proudhon) In der Altstadt.

Touristeninformation (☎03 81 80 92 55; www.besancon-tourisme.com; Hôtel de Ville, place du 8 Septembre; ☺Mo–Sa 10–18, So bis 13 Uhr)) Verkauft Stadtpläne und -führer; organisiert Stadtführungen (nur auf Frz.).

ⓘ An- & Weiterreise

BUS Besançon hat keinen Busbahnhof. Die täglichen Busse nach Ornans (3 €, 45 Min.) und Pontarlier (6 €, 1¼ Std.) verkehren von der Haltestelle am Bahnhof. Tickets verkauft die **Boutique Mobilignes** (www.mobilignes.com) am anderen Ende des Bahnhofs Gare Viotte.

FAHRRAD Die Fahrradleihe ist mit einem gültigen Busticket der örtlichen Busgesellschaft **Boutique Ginko** (www.ginkobus.com; 4 place du 8 Septembre) kostenlos. Ein Busticket kostet einfach/Tagesticket/10-er Ticket 1,20/3,60/10 €.

ZUG Von der Gare Viotte in Besançon, vom Zentrum 800 m den Hang hinauf, gibt es Verbindungen von und nach Paris (41 €, 2¾ Std., 26-mal tgl.), Dijon (14 €, 70 Min., 20-mal tgl.), Lyon (28 €, 3½ Std., 25-mal tgl.), Belfort (15 €, 1¼ Std., 20-mal tgl.), Arbois (8,50 €, 45 Min., 10-mal tgl.) und Arc-et-Senans (6,50 €, 30 Min., 10-mal tgl.). Tickets sind direkt am Bahnhof oder in der **Boutique SNCF** (44 Grande Rue) in der Stadt erhältlich.

Rund um Besançon

SALINE ROYALE

Die im 18. Jh. errichtete **Saline Royale** (Königliche Saline; www.salineroyale.com; auf Frz.; Erw./Kind 7,50/3,50 €; ☺9–12 & 14–18 Uhr) in Arc-et-Senans, 35 km südwestlich von Besançon, wurde von ihrem Planer Claude-Nicolas Ledoux als „ideale Stadt" konzipiert und ist ein Paradestück frühindustrieller Stadtplanung. Auch wenn sich Ledoux' Traum nicht ganz erfüllt hat, gehört die halbkreisförmige Anlage heute doch zum Unesco-Weltkulturerbe.

Züge verkehren regelmäßig zwischen Besançon und Arc-et-Senans (6,50 €, 30 Min., 10-mal tgl.).

ROUTE PASTEUR

Nahezu jeder Ort in Frankreich hat eine Straße, einen Platz oder einen Park nach Louis Pasteur benannt, dem berühmten

Auf der Höhe der Berge

Mit dem Mountainbike die Alpen hinunterpreschen, das Haar im Wind flatternd; mit bimmelnden Kuhglocken durch blumige Almweiden hüpfen; auf Schussfahrt im Schatten des Montblanc in Chamonix. Das Glücksgefühl ist immer dabei.

Alpinski

1 In den Off-Piste-Himmel auf der Vallée Blanche (S. 508) gleiten, wie ein Olympiafahrer die schwarze Piste von Val d'Isère hinunterwedeln (S. 532) oder einige der 650 Pistenkilometer von Les Portes du Soleil antesten (S. 517).

Magische Aussichten

2 Von der Aiguille du Midi (S. 505) Nahaufnahmen des Montblanc einfangen oder die Schönheit der Cascade du Hérisson auf dem nebligen Wasserfall-Pfad genießen (S. 570). Der Lac d'Annecy breitet sich vor dem märchenhaften Château de Menthon-St-Bernard (S. 525) wie ein flüssiger Spiegel aus.

Vom Himmel hoch …

3 Der Himmel ist blau, die Bergluft süß – „Jappadappadu". Genau richtig zum Gleitschirm- oder Drachenfliegen über dem glitzernden Lac d'Annecy (S. 520).

Bergwandern

4 Es gibt nichts Schöneres, als auf einem der Pfade in den Regionalparks der Regionen zu wandern. Die zerklüftete Wildheit des Parc National des Écrins (S. 542) und die schneebedeckte Majestät des Parc National de la Vanoise (S. 535) sind atemberaubend.

Risikooo

5 Der Kick ist auf der Herzschlagabfahrt für Mountainbikes bei Morzine garantiert (S. 517). Noch nicht aufregend genug? Dann rauf auf einen der Viertausender bei Chamonix (S. 505), wo sich die ganz und gar Furchtlosen tummeln.

Von oben links im Uhrzeigersinn
1. Off-Piste-Abfahrt auf der Vallée Blanche **2.** Atemberaubende Aussicht bei Aiguille du Midi **3.** Drachenfliegen über dem Lac d'Annecy **4.** Im Parc National de la Vanoise

Höhlenkunst im Vézère-Tal

Frankreich ist bekannt für seine Kunstschätze – und einige der frühesten Werke europäischer Kunst sind hier zu finden.

Tief im Vézère-Tal schufen prähistorische Cromagnon-Künstler ihre Werke. Nur Steinwerkzeuge, Naturfaserpinsel, Tupfer und Schwämme sowie Farben aus Mineralien wie Magnesium und Kohle (schwarz), Brauneisenstein (rot/gelb) und Eisen (rot) kamen dabei zum Einsatz. Normalerweise malten diese Künstler Tiere, die sie von ihren Jagdzügen kannten. Manchmal hinterließen sie auch Handabdrücke und Skizzen von abstrakten Figuren oder Jagdszenen wie das Bild eines verletzten Jägers mit einem Bullen in Lascaux. Die Motive der Cromagnon-Künstler sind bis heute nicht endgültig entschlüsselt.

Landschaften, Bäume, Himmel oder Felsen sind auf den Bildern in den Höhlen von Vézère *nicht* zu sehen – nur Tiere. Das könnte darauf hindeuten, dass die Malereien eine rituelle Bedeutung hatten, vielleicht heilige Stätten markierten. Am geheimnisvollsten sind die geometrischen Figuren, die in allen Höhlen auftauchen, vielleicht primitive Schriftzeichen oder magische Markierungen?

In einer der vielen außergewöhnlichen prähistorischen Stätten des Tals können sich Besucher ihre eigene Theorie zurechtbasteln.

DIE KUNSTVOLLSTEN HÖHLEN

» **Grotte de Lascaux** (S. 636) Atemberaubende Reproduktionen der ausgefeiltesten Höhlenkunstwerke von Vézère

» **Grotte de Rouffignac** (S. 634) Eine der größten je entdeckten Höhlenmalereien – vor allem bekannt für sein Mammutfries

» **Grotte de Font de Gaume** (S. 633) Die einzige mehrfarbige Malerei, die noch zugänglich ist

» **Abri du Cap Blanc** (S. 634) In Stein gehauene Reliefs

Von oben links im Uhrzeigersinn
1. Malerei in der Grotte de Lascaux **2.** Die Mammuts der Grotte de Rouffignac **3.** Detail eines Rinderkopfs, Grotte de Lascaux

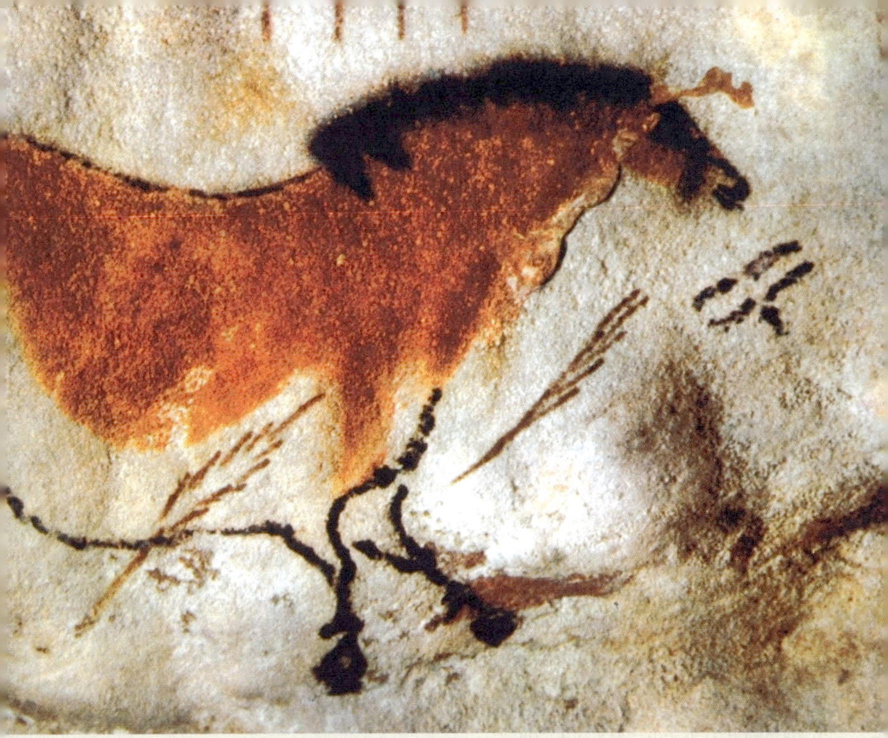

2

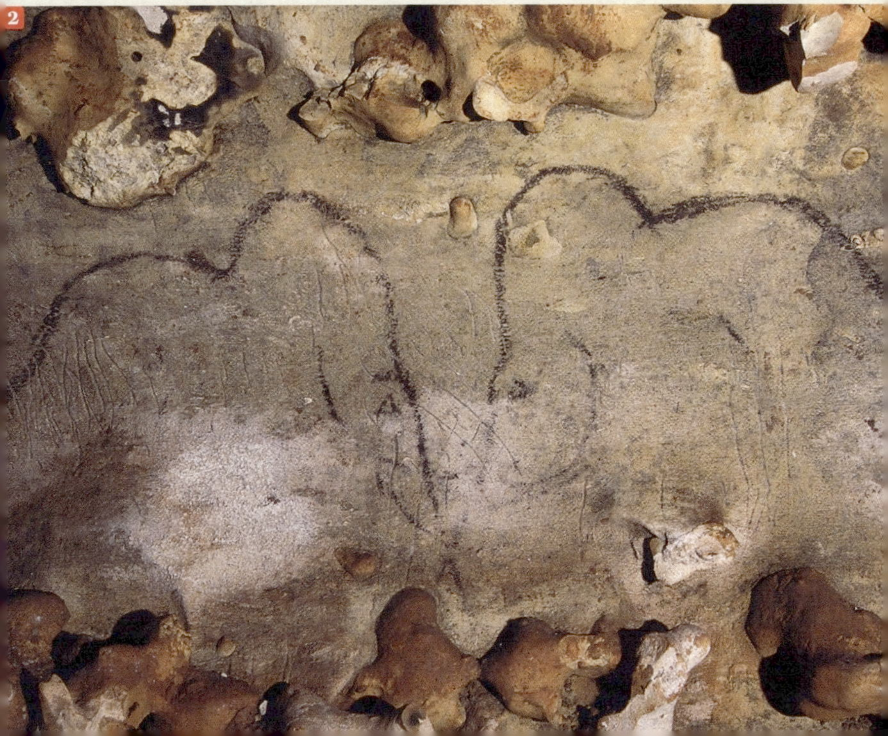

Weinseligkeit

Das Land in der Region von Bordeaux ist gespickt mit renommierten Weingütern und legendären Châteaux, von denen viele besichtigt werden können. Etwas weiter Richtung Norden liegt die Cognac-Region für weitere Geschmacksnuancen.

Cognac

1 Die Aufmerksamkeit der Weinkenner an der Atlantikküste gilt Bordeaux, doch die Weinregion hat noch mehr zu bieten. Cognac (S. 673) stellt ein so himmlisches Gesöff her, dass selbst Engel sich angeblich gerne einen genehmigen.

St-Émilion

2 Der Inbegriff des französischen Winzerörtchens ist St-Émilion (S. 686), das sich ganz besonders für einen Ausflug in Sachen Wein lohnt. Das Dorf in der ältesten Weinregion Frankreichs schimmert honigfarben und seine robusten und vollmundigen Weine kitzeln die Geschmacksnerven.

Bordeaux

3 Keine Weinproben-Tour im Südwesten ist vollständig ohne einen Kurs an der École du Vin (S. 679). Der Wohlstand von Bordeaux (S. 675) beruht auf der Traube und die Stadt macht ihrem bürgerlichen Ruf noch immer alle Ehre. Allerdings sorgen heute die Studentenmassen für ein leichteres Flair in der Stadt.

Der Médoc

4 Im Médoc (S. 685) liegt eine der renommiertesten Weingegenden Frankreichs mit so großen Namen wie Mouton Rothschild, Latour und Lafite Rothschild.

Geheimnisse des Weins

5 Den Geheimnissen einer guten Flasche Wein lässt sich auf einer Tour durch Schlösser, Weingüter oder -keller in Bordeaux (S. 678 und S. 679) und St-Émilion (S. 686) auf die Spur kommen oder beim Besuch eines Cognac-Hauses (S. 674).

Von oben links im Uhrzeigersinn
1. Fässer mit Hennessy Cognac **2.** Das mittelalterliche Dorf St-Émilion **3.** Ein Blick über die Dächer der Stadt von der Tour Pey-Berland, Bordeaux

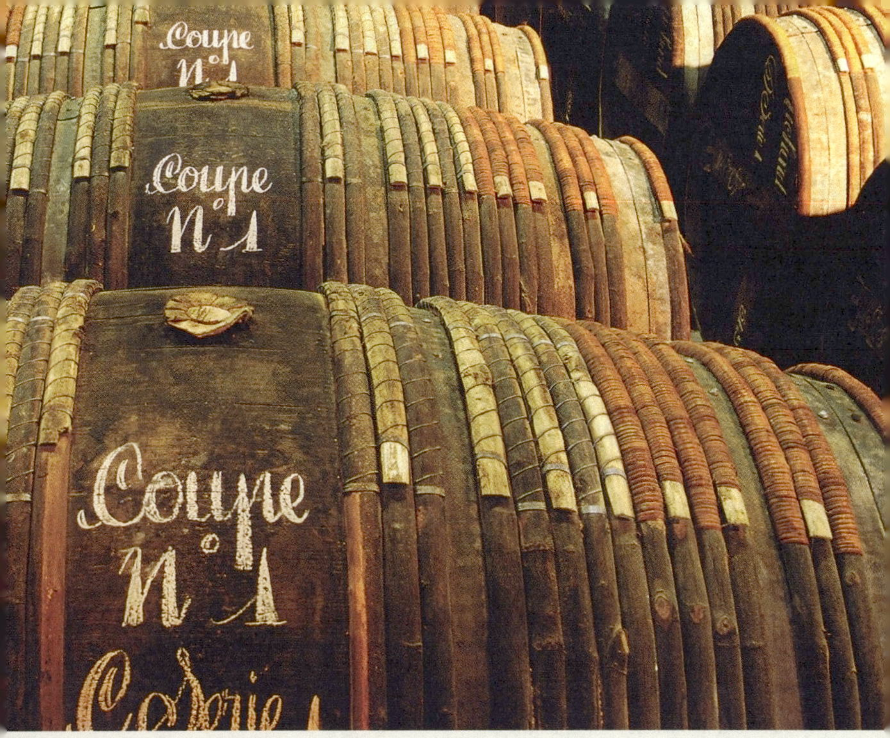

2

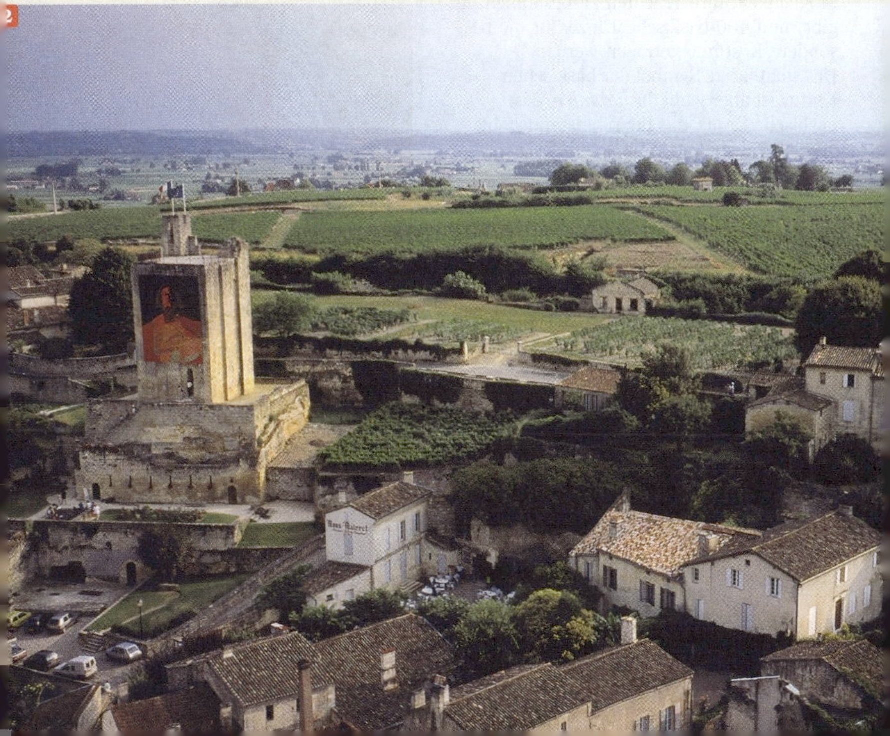

Baskische Kultur

Wer einen Basken als Franzosen oder Spanier bezeichnet, erntet garantiert eine harsche und bestimmte Reaktion: „Ich bin ein Baske!" Denn die Basken haben eine ganz eigene Kultur.

Das Spiel der Basken heißt *pelote basque (Pelota)*, in fast jedem Dorf gibt es ein Spielfeld – meist an der Rückwand der Kirche. *Pelota* ist eigentlich ein Oberbegriff für 16 verschiedene baskische Ballspiele, die bekannteste Variante ist die, bei der die Spieler einen kellenförmigen Korb, *chistra* genannt, benutzen. Einige Spieler können den Ball auf bis zu 300 km/h beschleunigen.

In ganz Frankreich sind die Basken für ihre Feste bekannt. Die Fête du Thon in St-Jean-de-Luz (S. 713), feiert das großartige Essen der Region. Bei anderen, wie der Fête de Bayonne (S. 698), wird einfach die Lebensfreude der Basken zelebriert.

Die Feste der Basken sind eine gute Möglichkeit, ihre Trachten zu bestaunen. Es gibt rund 400 baskische Tänze, für die besondere Kostüme getragen werden. Das sichtbarste Symbol der baskischen Kultur ist aber wohl das *lauburu*, das baskische Kreuz, das für Wohlstand steht, aber auch Leben und Tod symbolisiert.

TOP-SPEZIALITÄTEN DER BASKEN

» **Piment d'Espelette** Die kleine Chilischote gehört in viele baskische Gerichte.

» **Fromage des Pyrénées** Käse, frisch vom Schafhirten. Der bekannteste Käse ist Ossau-Iraty.

» **Jambon de Bayonne** Dünn geschnittener Schinken mit einem eigenen, ihm eigens gewidmeten Markt (S. 697).

» **Axoa** Klassisches baskisches Gericht – besonders gut im Chiloa Gurmenta Restaurant (S. 699) in Bayonne.

» **Bayonne-Schokolade** Hier gibt's die besten Schokoläden im Land (S. 695).

Von oben links im Uhrzeigersinn
1. Das baskische Spiel *pelote basque* **2.** Fête de Bayonne
3. In der Stierkampfarena (Les Arènes) von Bayonne

HEMIS/ALAMY

HEMIS/ALAMY

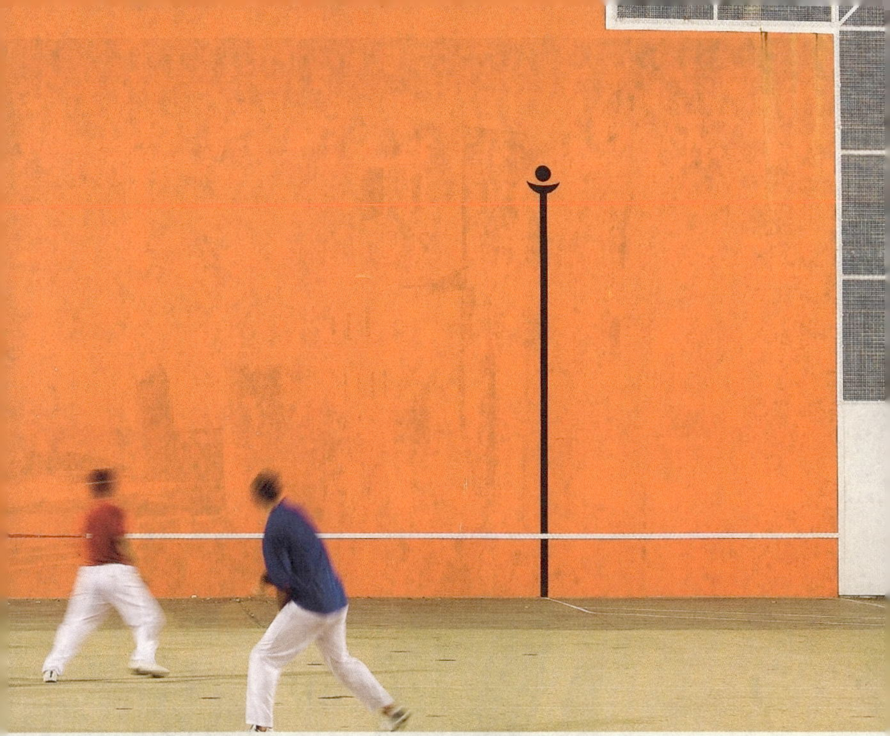

2

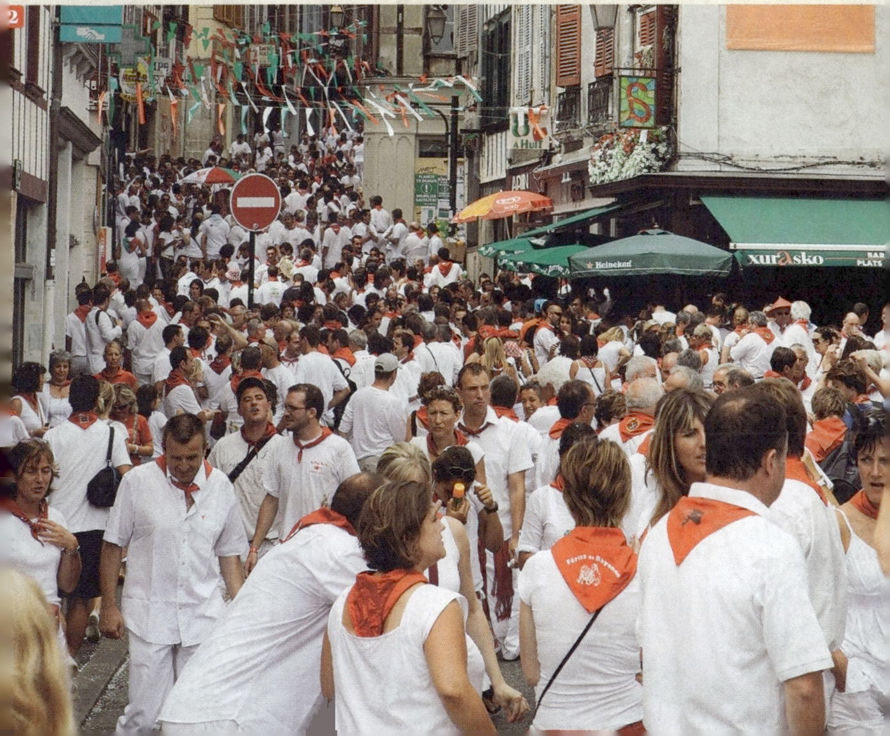

JOHN ELK III

1. Château Royal, Collioure (S. 820)
Das künstlerische Collioure war Inspirationsquelle für Matisse, Derain, Picasso und Braque.

2. Pont du Gard (S. 780)
Der riesige römische Aquädukt wurde etwa 19 v. Chr. gebaut und hat es auf die Liste des Weltkulturerbes geschafft.

3. Notre-Dame de Anges, Collioure (S. 820)
Die mittelalterliche Kirche, die auch schon als Leuchtturm diente, entzückt mit einem tollen Altarbild.

4. Burg Puilaurens (S. 818)
Die Katharer zogen sich während des Albingenserkreuzzugs im 13. Jh. auf diese Burg oben auf einer Felsspitze zurück.

Vieux Port

RUNDGANG

Kühn, geschäftig und zum Meer hin weit offen, das ist Marseille, die älteste Stadt Frankreichs. Steht man auf dem Quai des Belges, sind die Ausmaße des alten Hafens kaum vorstellbar, der sich beiderseits auf einer Länge von 1 km zu den mächtigen Bollwerken St-Jean und St-Nicolas hinzieht, deren Kanonen früher öfter auf die rebellische Bevölkerung als aufs Meer hinaus gerichtet waren. Hier der Vorschlag für einen geschichtlichen Tagesrundgang.

Früh geht's auf den Fischmarkt **1** zum Schwätzchen mit den Verkäufern. Hungrig? An einem Balkontisch im La Caravelle mit Blick auf die Basilique Notr-Dame de la Garde frühstücken. Anschließend eine Bootsfahrt **2** zum Château d'If, berühmt durch Dumas' Roman von *Der Graf von Monte Cristo*. Oder durch die aprikotfarbenen Gässchen von Le Panier **3** schlendern und die Ausstellung im Centre de la Vieille Charité **4** betrachten.

Nachmittags nimmt man die kostenlose Fähre zur Südseite des Hafens und besucht in der Abbaye St-Victor **5** die sterblichen Überreste von Märyrern. Dann bewundert man auf einer Steinbank im Jardin du Pharo **6** den Sonnenuntergang. Und bei Anbruch der milden Nacht des Südens mischt man sich unter die Menge auf dem Cours Honoré d'Estienne d'Orves und trinkt Pastis im Schatten der riesigen Statue eines Löwen, der gerade einen Mann verschlingt – den *Milo de Croton* **7**.

KULTURHAUPTSTADT 2013

Im Rahmen des größten Stadterneuerungsprojekts Europas, dem Projekt Euroméditerranée, sollen die brach liegenden Hafenanlagen des Kai Joliette wieder mit Leben erfüllt werden, ähnlich den Londoner Docklands. Den Mittelpunkt wird die seit Jahren verwaiste grün-weiß-gestreifte Cathédrale de la Major bilden.

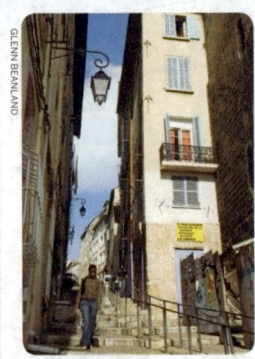

GLENN BEANLAND

Le Panier

Das Viertel, wo einst die griechische Stadt Massilia lag, lockt Spaziergänger mit ihren abschüssigen Sträßchen. Die Grand Rue folgt der antiken Straße und mündet in den Place de Lenche, den ehemaligen griechischen Marktplatz.

Cathédrale de la Major

4

Fort St-Jean

Centre de la Vieille Charité

Bis ins 18. Jh. wurden die Armen von Bettlerjägern eingefangen und ins Gefängnis geworfen. Mit dem 1749 eröffneten Armenhaus Vieille Charité verbesserte sich ihre Lage, denn es war gleichzeitig ein Arbeitshaus. Heute werden hier Ausstellungen gezeigt.

Jardin & Palais du Pharo

6

Jardin du Pharo

Napoléon ließ das Palais du Pharo für Kaiserin Eugénie erbauen. Heute ist hier ein Kongresszentrum untergebracht, doch die Parkanlage steht Besuchern den ganzen Tag offen.

Fischmarkt

Jeden Morgen wird auf dem kleinen Fischmarkt der frische Fang verkauft. Er bietet Anschauungsunterricht in hiesiger Meeresfauna, z. B. Skorpionfische, Seeigel und Meeraale. Zum Einkaufen vor 9 Uhr herkommen.

Milo de Croton

Bildhauer Pierre Puget schnitzte die Statue *Milon mit dem Löwen kämpfend* für Ludwig XIV. Das Original steht im Louvre und ist eine Reflexion über menschlichen Stolz. Es zeigt den griechischen Olympiasieger, wie er von einem Löwen gefressen wird.

Frioul If Express

Mit dem Frioul If Express geht's zum Château d'If, Frankreichs Äquivalent des Alcatraz. Die Gefangenen wurden nach Klassen getrennt untergebracht: die ärmsten in fensterlosen Kellerverliesen, die reichsten in Privatzellen mit Fenstern und Kamin.

Rue de la République

La Caravelle →

Quai des Belges

↓

1

2

3

7

Quai du Port

Hafen-fähre →

Quai de Rive Neuve

↑
Cours Honoré d'Estienne d'Orves

Bas Fort St-Nicolas

5

Mittagessen

Sandwiches von einem Stand im Jardin des Vestiges, ein Tisch in Hafenatmosphäre bei Une Table au Sud oder bodenständige korsische Spezialitäten im La Cantine.

Abbaye St-Victor

St-Victor wurde (420–30) für die sterblichen Überreste gefolterter christlicher Märtyrer erbaut. An Mariä Lichtmess (2. Feb) wird die schwarze Madonna aus der Krypta geholt und der Erzbischof segnet Stadt und Meer..

Lavendel-Pfad

Von überall her pilgern die Menschen, um auf den Routes de la Lavande (www.routes-lavande.com) der Spur der duftenden Pflanzen zu folgen. Die Blüte dauert von Juni bis August, den Höhepunkt ihrer Pracht erreicht sie meist Ende Juli. Einfach durch die Felder schlendern, die Destillerien an den Berghängen besuchen oder auf den Märkten in Lavendelprodukten stöbern.

Abbaye Notre-Dame de Sénanque

1 Die kurvige D177 führt von Gordes nach Norden zu diesem idyllischen Zisterzienserkloster (S. 880) . Die Mönche dort kümmern sich um die Ernte und verkaufen im eigenen Laden selbst gemachte Leckereien.

Château du Bois

2 In der Provence gibt es unzählige Destillerien; im winzigen Lagare d'Apt (S. 879) aber ein besonderes Schmuckstück. 80 ha Lavande des Alpes de Haute Provence, „echter Lavendel" (*Lavandula angustifolia*).

Sault

3 An den Hängen des Mont Ventoux (S. 875), nördlich von Lagarde d'Apt, wächst vor allem Berg-Lavendel. Ein Besuch zur Fête de la Lavande (www.saultenprovence.com), Mitte August, lohnt sich besonders.

Forcalquier

4 Montagmorgens auf dem Markt in Forcalquier (S. 884) haben Besucher die Qual der Wahl: Lavendel in jeder Form und Konsistenz, aber auch Gebirgshonig, sahnige Käse und selbst gemachte Würste.

Plateau de Valensole

5 Den ultimativen Lavendelrausch bieten die zauberhaften Lavendelfelder auf dem Plateau de Valensole. Auf der D6 oder D8 östlich von Manosque und der A51 kann man einmal quer hindurchfahren.

Von oben links im Uhrzeigersinn
Lavendelreihen, Sault; Lavendelsträucher auf dem Markt; Ein lila Blütenteppich, Plateau de Valensole

DAVID TOMLINSON

JEAN-BERNARD CARILLET

1€
le
Bouquet
de
Lavandin

VERTRÄUMTES JURA

Diese mehr als idyllischen Schlupfwinkel sind ideal, um alles hinter sich zu lassen. Reservierungen sind ein Muss.

Das von Schweizern betriebene **Amondans** (☏03 81 86 53 53; www.amondans.com, auf Frz.; place du Village, Amondans; EZ/DZ/3BZ inkl. Halbpension 73/106/147 €; ☺Mai–Okt.) liegt 30 km südlich von Besançon im verschlafenen Amondans. In dem Bauernhof aus dem 18. Jh. trifft Möblierung im Retro-Chic auf jahrhundertealte Bausubstanz. Aus den großen, schlicht eingerichteten Zimmern fällt der Blick auf offene Wiesen. Die Gäste sind hippe und fröhliche Outdoor-Liebhaber, die sich am Abend nach dem Essen am riesigen Kaminfeuer in der umgebauten Scheune treffen. Die Betreiber George und Geneviève organisieren Picknicks und andere Aktivitäten.

Ferme Auberge du Rondeau (☏03 81 59 25 84; http://sebou25.free.fr, auf Frz.; Lavans-Vuillafans; EZ/DZ 42/53 €; Menü 24–35 €; ☺Mitte Jan–Mitte Dez.; 🐾) liegt 33 km südlich von Besançon jenseits der N57. Auf dem Biohof leben neben Ziegen, Wildschweinen und Milchkühen vor allem die freundlichen Boudiers, die die hübschen, holzverkleideten Zimmer tadellos in Schuss halten und ein phantastisches Frühstück mit selbstgemachtem Joghurt und Marmelade sowie frisch gebackenem Brot zubereiten. Mittags und abends gibt es weitere Spezialitäten frisch vom Hof, etwa Ziegenkäse oder *sanglier saucisson* (Wildschweinwurst) mit selbst gezogenem Gemüse. Die Boudiers verkaufen auch flauschige Mohairpullis, die aus der Wolle der eigenen Angoraziegen handgestrickt wurden.

Chemiker des 19. Jhs., der die Methode des Pasteurisierens und den Tollwut-Impfstoff entwickelt hat. Im Jura ist sein Name noch häufiger anzutreffen, denn er stammt von hier.

Pasteur wurde in der gut erhaltenen mittelalterlichen Stadt **Dole**, der ehemaligen Hauptstadt von Franche-Comté, geboren, das an der D472 rund 20 km westlich von Arc-et-Senans liegt. Ein hübscher Spaziergang durch das historische Gerberviertel entlang des Canal des Tanneurs führt zu seinem Geburtshaus, **La Maison Natale de Pasteur** (www.musee-pasteur.com; 43 rue Pasteur; Erw./Kind 5 €/frei; ☺Mo–Sa 10–12 & 14–18, So 14–18 Uhr), das heute ein ansprechend gestaltetes Museum ist. Zu den Ausstellungsstücken gehören z. B. seine Kinderkrippe, seine ersten Zeichnungen sowie Professorenhut und -umhang.

1827 zog die Familie Pasteur in die ländliche Gemeinde **Arbois** (3480 Ew.), 35 km östlich von Dole. Sein hiesiges Labor und seine Werkstätten sind in der **Maison de Louis Pasteur** (83 rue de Courcelles; Erw./Kind 5,50/2,80 €; ☺Führungen stündl. 9.45–11.45 & 14–18 Uhr) zu sehen. Und alles noch in der Originalausstattung aus dem 19. Jh.!

ROUTE DES VINS DE JURA

Die **Route des Vins de Jura** (Jura-Weinstraße; www.laroutedesvinsdujura.com) schlängelt sich über 80 km durch gut gepflegte Weinberge und hübsche Dörfer mit Steinhäusern. Für die Reiseplanung hält die Website einen Weingutführer und Karten zum Download bereit.

Zu einem Besuch von Arbois, der Weinhauptstadt des Jura, gehört unbedingt ein Gläschen des berühmten *vin jaune*. Die Geschichte dieses nussig schmeckenden „gelben Weins" dokumentiert das **Musée de la Vigne et du Vin** (Erw./Kinder 3,50/2,70 €; ☺Mi–Mo 10–12 & 14–18 Uhr) im urigen, turmbesetzten Château Pécauld. Außerdem gibt es noch den **Chemin des Vignes**, einen 2,5 km langen Wanderpfad, und den 8 km langen Mountainbiketrail **Circuit des Vignes**, die sich durch die Weinberge winden. Beide Pfade sind orangefarben ausgeschildert und beginnen an den Stufen neben dem Château Pécauld in Arbois. Die Touristeninformation verteilt eine Broschüre mit weiteren Informationen.

La Balance Mets et Vins (☏03 84 37 45 00; 47 rue de Courcelles; Menü 23–55 €; ☺Do–Mo mittags & abends, Di mittags; 🐾) bietet Mittagsgerichte mit Biozutaten aus der Region und damit den perfekten Ausklang für eine Weintour. An den Spezialitäten des Hauses, *coq au vin jaune et aux morilles* und Crème brûlée in *vin jaune*, kommt kaum ein Gast vorbei, ebenso wenig wie an den Weinmenüs mit je fünf Gläsern Jura-Wein (15 €) oder *vin jaune* (25 €, inklusive eines alten Weins). Auch Kinder können schnüffeln und süffeln – an drei Sorten Bio-Traubensaft (7,50 €).

Hoch über Arbois liegt das winzige **Pupillin**, ein hübsches Dörfchen mit gelben Steinhäusern, das für seine Weine berühmt ist. Rund zehn verschiedene Weinkeller (*caves*) können besucht werden.

Die **Touristeninformation** (☎03 84 66 55 50; www.arbois.com; 17 rue de l'Hôtel de Ville; ⊙Mo–Sa 9–12 & 14–18 Uhr) von Arbois hat Infos über Wander- und Radtourenstrecken und eine Liste von Kellereien, die Weinproben und den Verkauf ihrer regionalen Erzeugnisse anbieten.

Züge verkehren zwischen Arbois und Besançon (8,50 €, 45 Min. 10-mal tgl.).

Von Poligny in die Région des Lacs

Der Comté ist fraglos der König unter den Käsesorten des Jura. Jährlich werden 40 Mio. Tonnen davon produziert und das kleine Städtchen **Poligny** (4600 Ew.) ist die Hauptstadt seiner Herstellung. Die **Maison du Comté** (www.comte.com; av. de la Résistance; Erw./Kind 4/2,50 €; ⊙Führungen Di–So 14.30, 15.30 & 16.40 Uhr) zeigt, wie aus 450 l Milch ein 40 kg schweres, würziges Käserad wird,

bietet Geruchsproben seiner 83 verschiedenen Aromavarianten und Verkostungen. Besucher können Dutzende von *fruitières* (Käsemolkereien) besichtigen. Die **Touristeninformation** (☎03 84 37 24 21; place des Déportés; ⊙Mo–Fr 9–12 & 14–18, Sa 9–17 Uhr) von Poligny hat jede Menge Käse-Infos auf Lager.

In Richtung Süden windet sich die reizvolle D68 nach Plasne, dann geht's Richtung Süden weiter nach **Château-Chalon**, einem mittelalterlichen Städtchen aus gelben Steinhäusern und umgeben von Weinbergen, auf denen der legendäre *vin jaune* des Jura wächst. Im Nachbarort Voiteur gibt es eine ausgezeichnete **Touristeninformation** (☎04 84 44 62 47; www.hauteseille.com; 3 place de la Mairie; ⊙Mo–Fr 9.30–12.30 & 14–18 Uhr) mit vielen Infos und Karten zu den Dörfern, Weinen und Wanderwegen der Umgebung.

Am Fuß von üppig bewaldeten Kalksteinhängen zwischen drei eiszeitlichen Tälern, 20 km südlich von Poligny, liegt **Baume-les-Messieurs**, ein hübsches Dorf mit honiggelben Häusern und roten Ziegeldächern. Die verlassene, benediktinische **Abbaye Impériale** (Kaiserliche Abtei; Erw./Kind 4,50/2,50 €; ⊙Führungen Mitte Mai–Sept. 10–12 & 14–18 Uhr) beherbergt einen außerordentlichen, mehrfarbigen flämischen Altar aus dem 16. Jh. In den nahe gelegenen 30 Mio. Jahre alten **Grottes de Baume** (Höhlen von Baume; Erw./Kind 5,50/3 €; ⊙Führungen April–Sept. 10–17 Uhr)

FLÜSSIGES GOLD

Die Legende behauptet, der *vin jaune* (gelber Wein) sei dadurch erfunden worden, dass ein Winzer ein vergessenes Fass erst sechs Jahre und drei Monate nach Abfüllung wiederentdeckte. Sein Inhalt hatte sich in der Zeit auf wunderbare Weise in goldenen Wein verwandelt (daher der Name).

Eine lange, ununterbrochene Gärung ist der Grund für das einzigartige Aroma des Markenzeichens aus dem Jura, des *vin jaune*. Der zuckerreiche Saft spät geernteter Savagnin-Trauben gärt mindestens sechs Jahre und drei Monate in Eichenfässern. An der Oberfläche entsteht dabei eine dünne Haut von Hefepilzen, die verhindert, dass der Wein oxidiert. Die Menge, die verdunstet (die Winzer nennen sie *la part des anges*, „Anteil für die Engel") wird nicht nachgefüllt. Von 100 l Traubensaft bleiben am Ende 62 l *vin jaune* (nicht schlecht für die Engel!). Er wird in besondere 0,62-Liter-Flaschen abgefüllt, die man *clavelin* nennt. Der *vin jaune* ist berühmt für seinen hervorragenden Alterungsprozess. Die besten können gut ein Jahrhundert gelagert werden. Die älteste Flasche stammte von 1774 und war satte 220 Jahre alt, als das erstaunte Expertenkomitee sie 1994 kostete.

Das Fest **La Percée du Vin Jaune** (www.percee-du-vin-jaune.com) wird jährlich Anfang Februar gefeiert, wenn sechs Jahre und drei Monate nach der Kelterung der erste Wein verkostet wird. Die Weindörfer des Jura wechseln sich bei der Ausrichtung ab. Während der zweitägigen Feierlichkeiten wird die neue Ernte gesegnet und bewertet und auf den Straßen wird der Wein verkostet. Kochwettbewerbe, Besuche von Kellereien und Weinauktionen halten die Schar der *vin-jaune*-Freunde bei Laune.

kann man imposante Tropfsteine bewundern.

Unmittelbar östlich schließt sich die **Région des Lacs** (Seengebiet) des Jura an, ein wildes Gebiet mit einsamen Höhen, düsteren Wäldern, von Höhlen durchzogenen Kalksteinfelsen und smaragdfarbenen Seen. Die familienfreundliche Region eignet sich perfekt für ungefährliche Outdoorabenteuer wie Wandern, Fischen und Reiten. An einem 7 km langen Wasserfall-Pfad liegen die bezaubernden Wasserfälle der **Cascades du Hérisson**, u. a. mit dem schmächtigen, 65 m hohen Cascade de l'Éventail. Details über Sehenswertes, Aktivitäten und Veranstaltungen stehen auf www.juralacs.com.

🛏 Schlafen & Essen

In ländlichen Gegenden sind die meisten Restaurants zwischen November und April unter der Woche abends geschlossen. In der Region verteilen sich überall stimmungsvolle *chambres d'hôtes* und Bauernhöfe; ein eigenes Auto ist von Vorteil.

LP TIPP ✏ Escargot Comtois
ZIMMER MIT FRÜHSTÜCK €

(📞03 84 24 15 29; www.escargot-comtois.com; 215 rue de Montorient, Courbouzon; EZ/DZ/3BZ/4BZ 48/55/65/80 €; 📶🚗) Eine Ode an die bescheidene Schnecke ist dieses von Muriel und David Blanchard sorgfältig restaurierte, steinerne Dorfhaus von 1747, denn sie betreiben eine von 400 Schneckenzuchtfarmen in Frankreich. Das große Grasfressen der 200 000 Gastropoden hat seinen Höhepunkt zwischen Mai und September. Die Zimmer mit Holzfußboden sind hell und geräumig und im Garten gibt es einen Sandkasten und Schaukeln für Kinder. Zum Abendessen sollte man die Schnecken mit saftiger Knoblauch-Kräuterbutter probieren, zusammen mit einem Glas Wein aus der Region. Courbouzon liegt 16 km südlich von Baume-les-Messieurs.

Hôtel de la Vallée Heureuse
HOTEL €€

(📞03 84 37 12 13; www.hotelvalleeheureuse.com; rte de Genève, Poligny; DZ 90–120 €, Menü 28–65 €; 🏊🚗) Diese wunderbar umgebaute Mühle aus dem 18. Jh. ist ein wahrer Glücksgriff. Sie liegt in einem Park am Fluss und bietet hinreißende Aussichten auf Wälder und Berge. Der ländliche Rückzugsort punktet mit geschmackvoll ausgestatteten Zimmern und einem Restaurant mit Spezialitäten der Jura-Küche. Dazu gibt es einen Mini-Spa und Pools, drinnen wie draußen.

✏ Au Douillet Gourmet
BAUERNHOF €

(📞0384512724;www.au-douillet-gourmet.com; rue du Château, Montigny-sur-l'Ain; EZ/DZ/3BZ/4BZ inkl. Frühstück 40/52/63/78 €, inkl. Halbpension 57/86/108/148 €; 🚗) Wer in dem einladenden Bauernhof von Pascal und Christelle übernachtet, kann einiges lernen und beim Melken, Kälbersäugen und Eiereinsammeln mithelfen. Christelle kocht ausgezeichnet und weitgehend mit Produkten vom eigenen Hof. Der liegt 16 km östlich von Baume-les-Messieurs und am nördlichen Ende des Seengebiets des Jura.

Le Relais des Abbesses
ZIMMER MIT FRÜHSTÜCK €€

(📞03 84 44 98 56; www.chambres-hotes-jura.com; rue de la Roche, Château-Chalon; DZ 72 €, Abendessen 25 €) In diesem türmchengekrönten *chambre d'hôtes* auf der Bergkuppe von Château-Chalon haben Agnès und Gérard die Zimmer mit Dielenboden, romantischen Himmelbetten und asiatischen Antiquitäten wunderbar ausgestattet. Beide sind auch ausgezeichnete Köche; das Abendessen ist deshalb ein echter Genuss, egal ob im eleganten Speisesaal oder auf der Terrasse mit Blick über das Land.

Le Grand Jardin
ZIMMER MIT FRÜHSTÜCK €

(📞03 84 44 68 37; www.legrandjardin.fr, auf Frz.; rue des Grands Jardins, Baume-les-Messieurs; EZ/DZ/3BZ/4BZ 42/52/63/75 €, 3-Gänge-Menü 13,50 €) Im Sommer muss rechtzeitig vorab gebucht werden, um eines der drei Sonnenzimmer zu bekommen. Das entzückende *chambre d'hôtes* liegt gegenüber der Abtei in Baume-les-Messieurs. Auf der Karte des Restaurants stehen Leckereien wie Käse aus der Region, Wurst und Forelle.

Café Restaurant de l'Abbaye
JURA-KÜCHE €

(📞03 84 44 63 44; place Guillaume de Poupet, Baumes-les-Messieurs; Menü 21 €; ⏱Mitte Juni–Sept. tgl. mittags, Fr & Sa abends) Dieses Restaurant mit steinernen Wänden liegt versteckt in einem der alten Gebäude der Abtei und bietet köstliche regionale Küche. Die *vin-jaune*-Terrine oder das Forellenfilet in Savagnin sind der Inbegriff der Landküche des Jura.

Belfort
51 350 EW.

Irgendwo zwischen Norden und Osten, zwischen Frankreich und Deutschland und zwischen Kunst und Industrie hat Belfort

GRANDE TRAVERSÉE DU JURA

Die Grande Traversée du Jura (GTJ) – Große Durchquerung des Jura – ist eine 200 km lange Strecke von Villers-le-Lac (nördlich von Pontarlier) bis nach Hauteville-Lompnes (südwestlich von Bellegarde), die nicht nur Langläufer, sondern auch Mountainbiker, Wanderer und Schneeschuhwanderer anlockt. Die genaue Route variiert etwas, je nach Disziplin, doch sie führt durch eines der kältesten Täler Frankreichs und klettert nahe Mouthe (südlich von Métabief) bis auf 1500 m empor. Auf der gut gespurten und sehr beliebten Loipe ist man zehn ganze Tage unterwegs – selbst für die Fittesten eine Herausforderung!

Die 76 km lange Etappe des GTJ zwischen Lamoura und Mouthe lockt jedes Jahr Anfang Februar 4000 Sportler zum zweitgrößten Langlaufwettkampf der Welt, der **Transjurassienne** (www.transjurassienne.com). Ihnen folgen zur **Trans' Roller** (www.transroller.com) im September einige Hundert Sportler auf Rollerblades.

Umfassende Infos über die GTJ inklusive Landkarten und Unterkünften gibt es unter www.gtj.asso.fr.

---

seine ganz eigene Identität entwickelt (es bezeichnet sich als *territoire*, nicht als *département*). Historisch gesehen gehört die Stadt zum Elsass und wurde erst 1921 der Region Franche-Comté zugeordnet. Heute ist Belfort vor allem als Fertigungsort des superschnellen TGV bekannt.

⊙ Sehenswertes & Aktivitäten

Citadelle de Belfort   ZITADELLE
(Erw./Kind 7/5,50 €; ⊙Mai–Okt. Mi–Mo 10–18 Uhr) Weit oberhalb der Altstadt steht das Aushängeschild der Stadt, diese robuste Zitadelle, gebaut vom produktiven Vauban. Im Inneren erzählt das **Musée d'Histoire** anhand von Kunstwerken regionale Geschichte. Im Sommer finden in der Zitadelle Open-Air-Konzerte statt.

Zu ihren Füßen hält die 22 m hohe, rote Sandsteinstatue eines Löwen Wache. Geschaffen hat sie Frédéric-Auguste Bartholdi, der Schöpfer der Freiheitsstatue, zur Erinnerung an den tapferen Widerstand, den die Stadt 1870–71 gegen die preußische Besetzung leistete.

Während das ganze übrige Elsass damals vom Deutschen Reich annektiert wurde, behauptete sich Belfort wacker als Teil Frankreichs.

Musée de l'Aventure Peugeot   AUTOMUSEUM
(www.musee-peugeot.com; Carrefour de l'Europe; Erw./Kind 7/3,50 €; ⊙10–18 Uhr) Glänzende Oldtimer, Prototypen und daumengroße Miniaturautos – in diesem Museum, 12 km südlich von Belfort in Sochaux, schwelgt Peugeot in Firmengeschichte.

Église du Sacré Cœur   KIRCHE
(Carrer del Palau Reial 27; Erw./Kind 3,50/2,50 €; ⊙Di–So 10–18 Uhr) Diese moderne Kirche, 4 km südöstlich von Audincourt, gehört auf den Routenplan jedes Architekturfans.

✦ Festivals & Events

Les Eurockéennes   MUSIKFESTIVAL
(www.eurockeennes.fr, auf Frz.) Belfort ist im Juli Gastgeber eines dreitägigen Open-Air-Rockfestivals.

Entre Vues   FILMFESTIVAL
(www.festival-entrevues.com) Internationales Filmfestival Ende November.

🛏 Schlafen & Essen

Zu einem Besuch in Belfort gehört unbedingt, ein *Belflore* zu probieren, ein superleckeres Gebäckstück aus Mandelteig, mit Himbeerfüllung und Haselnüssen obendrauf.

Grand Hôtel du Tonneau d'Or
    HISTORISCHES HOTEL €€
(✆03 84 58 57 56; www.tonneaudor.fr; 1 rue Reiset; DZ/3BZ 139/154 €; ❋🛜) Stuck, geschwungene Treppen und Jugendstil-Buntglas – ein Grand Hotel mit moderaten Preisen und großen Zimmern, die moderner sind, als die Lobby verrät. Es gibt Komfortextras wie Minibar und kostenloses WLAN. An Wochenenden sinken die Preise um 40 %.

Relais d'Alsace   KLEINES HOTEL €
(✆03 84 22 15 55; www.arahotel.com; 5 av. de la Laurencie; EZ 40–60 €, DZ 60–70 €; 🛜) Die hellen Zimmer ohne Schnickschnack in diesem günstigen Gästehaus sind wie aus dem

HEISSE SCHACHTEL, WEIHNACHTSEIS & JÉSUS-WURST

Er ist heiß, cremig und in einer Schachtel verpackt: der Vacherin Mont d'Or – wohl der einzige französische Käse, der gelöffelt wird (heiß oder kalt, je nach Geschmack). Hergestellt zwischen dem 15. August und dem 15. März aus lait cru (Rohmilch), erhält er seinen unverwechselbar nussigen Geschmack dadurch, dass er in Fichtenrinde eingewickelt wird. Kenner geben eine Mischung aus gehackten Zwiebeln, Knoblauch und Weißwein auf diesen Weichkäse und backen ihn 45 Minuten lang im Ofen, um eine boîte chaude (heiße Schachtel) zu erhalten. Nur elf Käsereien im Jura dürfen den Vacherin Mont d'Or herstellen.

Mouthe, 15 km südlich von Métabief Mont d'Or, ist der Ursprungsort des *liqueur de sapin* (Fichtenlikör). *Glace de sapin* (Fichten-Eiscreme) kommt ebenfalls aus Mont d'Or, das wegen seiner extremen Temperaturen von bis zu −38 °C auch als „französischer Nordpol" bekannt ist. Beides schmeckt ziemlich nach Weihnachtsbaum! Apropos: Es gibt da noch die *Jésus*-Wurst, eine kleinere und fetthaltigere Variante der *saucisse de Morteau* (Morteau-Wurst) und leicht an dem Holzpflock an ihrem Ende zu erkennen, der angebracht wird, nachdem die Wurst in einer traditionellen *tuyé* (Berghütte) mit Fichtensägemehl geräuchert wurde.

Ei gepellt. Es liegt an einer Hauptstraße, etwas nördlich vom Zentrum. Das Frühstück für zusätzliche 7 € ist jeden Cent wert.

❶ Praktische Informationen

Touristeninformation (☎03 84 55 90 90; www.ot-belfort.fr; 2bis rue Clémenceau; ⊙Mo-Sa 9–12.30 & 14–18.30 Uhr) Verteilt kostenlose Stadtpläne und gibt Informationen über Unterkünfte und Aktivitäten.

❶ An- & Weiterreise

Vom **Bahnhof** (av. Wilson) in Belfort gehen Züge nach Paris Gare de Lyon über Besançon (62 €, 4 Std., 10-mal tgl.), Montbéliard (3,60 €, 15 Min. 20-mal tgl.) und Besançon (15 €, 1¼ Std., 14-mal tgl.)

Ronchamp

Der einzige Grund, das 20 km westlich von Belfort gelegene Ronchamp zu besuchen, ist die von Le Corbusier entworfene und ebenso beeindruckende wie moderne Kapelle, die zwischen 1950 und 1955 auf einem Hügel über der alten Bergbaustadt errichtet wurde. Mit ihrem geschwungenen Betondach, den plastischen Details und grellen Buntglasfenstern ist die surreale **Chapelle de Notre Dame du Haut** (Kapelle Unserer Lieben Frau auf der Höhe; www.chapellederonchamp.fr, auf Frz.; Erw./Kind 5/3 €; ⊙9.30–19 Uhr) eines der architektonischen Meisterwerke des 20. Jhs.

Vom Ortszentrum führt ein 15-minütiger Fußweg zur Kapelle hinauf. Die **Touristen-**

information (☎03 84 63 50 82; 14 place du 14 Juillet; ⊙Di–Fr 9–12.30 & 13.30–18, Sa 9–12.30, Mo 13.30–18 Uhr) ist bei der Suche behilflich.

Es gibt eine Zugverbindung von Ronchamp nach Belfort (4,30 €, 20 Min., 6-mal tgl.).

Métabief

890 EW. / 1000 M Ü. M.

Métabief, 18 km südlich von Pontarlier an der Hauptstrecke nach Lausanne, ist das führende Langlaufzentrum der Region. Das ganze Jahr hindurch fahren Lifte fast bis zum Gipfel des Mont d'Or (1463 m) hinauf. Als höchster Gipfel in weitem Umkreis bietet er ein phantastisches 180°-Panorama über das dunstverhangene Schweizer Tiefland bis zum Genfer See (Lac Léman) und vom Matterhorn bis zum Montblanc.

Métabief ist berühmt für seinen einzigartigen Käse, den *Vacherin Mont d'Or*, den die Familie Sancey-Richard neben Comté- und Morbier-Käse seit 1953 in der **Fromagerie du Mont d'Or** (www.fromagerie dumontdor.com, auf Frz.; 2 rue Moulin; ⊙Mo–Sa 9–12.15 & 15–19, So 9–12 Uhr) herstellt. Wer die Käseherstellung erleben will, muss mit dem Milchlastwagen gegen 9 Uhr ankommen.

Die nächste ganzjährig geöffnete **Touristeninformation** (☎03 81 49 13 81; www. tourisme-metabief.com, auf Frz.; 1 place de la Mairie, Les Hôpitaux-Neufs; ⊙Mo–Fr 9–12.30 & 13.30–18 Uhr) findet sich 2,5 km nordöstlich von Métabief in Les Hôpitaux-Neufs. Die

Außenstelle in Métabief ist zwischen Oktober und November sowie im April und Mai geschlossen – wie fast alles im Dorf.

Der Familienbetrieb **Hôtel Étoile des Neiges** (☎03 81 49 11 21; www.hoteletoile desneiges.fr, auf Frz.; 4 rue du Village; EZ/DZ/3BZ/4BZ 54/66/80/94 €, mit Halbpension 70/100/138/168 €; ☒☖) bietet helle und ordentliche Zimmer, darunter auch Familienzimmer. Außerdem gibt es einen Pool im Gebäude und ein Restaurant im Stil einer Kantine.

Um nach Métabief zu gelangen, benötigt man ein Auto: Das Dorf liegt an der D9 (ein paar Kilometer abseits der N57, 58 km östlich von Arbois und 75 km südlich von Besançon.

Rund um Métabief Mont d'Or

In dieser Region dem Nordpol noch am „nächsten gelegen" ist der weihnachtliche **Parc Polaire** (www.parcpolaire.com, auf Frz.; Erw/Kind 7,50/5,50 €; ☉10–12 & 14–17 Uhr; Mo, Sa morgens & Nov. geschl.) in Chaux-Neuve, in dem Claude und Gilles Malloire ihre Gäste auf einer anderthalbstündigen Führung mit Huskies, Rentieren und einigen haarigen Yaks bekannt machen.

Das dramatisch gelegene **Château de Joux** (www.chateaudejoux.com, auf Frz.; Erw./Kind 6/3,20 €; ☉Führungen April–Mitte Nov. 10–11.30 & 14–16.30 Uhr), 10 km nördlich von Métabief, bewachte einst die Straße zwischen Frankreich und der Schweiz. Heute ist dort das eindrucksvollste Waffenmuseum Frankreichs untergebracht. Außerdem hat es einen 100 m tiefen Brunnen. Die Führungen sind interessant und voller Anekdoten; im Sommer werden nächtliche Rundgänge mit Fackeln angeboten.

Parc Naturel Régional du Haut-Jura

Den Jura in seiner ursprünglichsten Form verkörpert der Parc Naturel Régional du Haut-Jura mit einer Fläche von 757 km². Der Park erstreckt sich von Chapelle-des-Bois im Norden fast bis zur Westspitze des Genfer Sees. Die Seen, Berge und tiefen Täler des Parks sind ohne eigenes Fahrzeug kaum zu erkunden.

Ein guter Ausgangspunkt ist das Besucherzentrum **Maison du Parc** (www.parc-haut-jura.fr; Lajoux; Erw./Kind 5/3 €; ☉Di–Fr 10–12.30 & 14–18.30, Sa & So 14–18.30 Uhr) mit interaktivem Museum, in dem die Region und ihre Geschichte mit allen Sinnen (Hören, Riechen, Berühren, Sehen) erfahren werden kann. Die Maison du Parc liegt im Osten des Haut-Jura-Regionalparks, 19 km östlich von St-Claude und 5 km westlich von Mijoux an der Grenze zur Schweiz.

St-Claude, die größte Stadt innerhalb des Parks, hat nicht viel zu bieten – außer ihrer berühmten Diamantenschleiferei, die aber nicht besichtigt werden kann.

🄿 **Les Louvières** (☎03 84 42 09 24; www.leslouvieres.com, auf Frz.; Pratz; 2-/3-Gänge-Menü 32/38 €; ☉Mi–Sa mittags & abends, So mittags), ein mit Solarenergie versorgtes alpines Bauernhaus-Restaurant zum Schwärmen, 20 Minuten Autofahrt in westlicher Richtung bis Pratz. Dort zaubert Philippe Kreationen der Fusionsküche (*Foie-gras-Maki-Sushi* mit Ahornsirup, Fisch in Wasabisauce usw.).

🄿 **Le Clos d'Estelle** (☎03 84 42 01 29; www.leclosdestelle.com; Hameau La Marcantine, Charchilla; DZ 64–82 €, 4BZ 120 €), 12 km nördlich, bietet vier *chambres d'hôtes* in absolut ruhiger Lage. Die freundlichen Besitzer Christine und Jean-Pierre Thévenet sind im Jura verwurzelt und freuen sich, den Gästen etwas von ihrem Wissen weitergeben zu können.

Les Rousses, am nordöstlichen Rand des Parks, ist sein bedeutendstes Sport-

---

ABSTECHER

IM GRENZBEREICH

Im **Hôtel Franco-Suisse** (☎03 84 60 02 20; www.arbezie-hotel.com; La Cure; EZ/DZ/3BZ/4BZ inkl. Halbpension 88/127/166/254 €) schlafen die Gäste mit dem Kopf in der Schweiz und mit den Füßen in Frankreich. Das einzigartige Bistro-Gasthaus liegt direkt auf der französisch-schweizerischen Grenze. Seit 1920 bietet die Familie Arbez gemütliche Zimmer (einige mit Holzbalken im Chaletstil) und regionale Küche mit Hühnchen in *vin jaune* wie bei Muttern. Das Hotel liegt im Örtchen La Cure, 2,5 km von Les Rousses, eingezwängt zwischen dem Col de la Faucille (Frankreich) und dem Col de la Givrine (Schweiz).

DIE SKIFERIEN PLANEN

Die Planung der Skiferien lohnt sich: Das Geld hält länger, wenn man nicht in den Schulferien fährt, und die Online-Buchung von Skipässen erspart das Schlangestehen. Mit den besten der besten Skilehrer der allgegenwärtigen École du Ski Français gelingen auch die weiten Schwünge oder Freestyle-Nummern im Nu. Hier sind noch ein paar Tipps:

» Der Kauf eines SnowBall-Passes (www.snowballpass.com) gewährt Ermäßigungen auf Skipässe, Unterrichtsstunden und die Ausleihe von Ausrüstung.

» Der Club Alpin Français (www.ffcam.fr) gibt Auskunft über *refuges* (Berghütten) und bucht Übernachtungen.

» France Montagnes (http://ski-resort-france.co.uk) ist eine gute Informationsquelle für die Skizentren der Alpen, Karten, Schneelagenberichte und Weiteres.

» Der Abstecher auf die Seite Piste Hors (http://pistehors.com) lohnt sich für Off-Piste-Abenteurer.

» Empfehlenswerte Karten s. S. 1054.

---

zentrum – Skisport im Winter und Wandern sowie Mountainbiking im Sommer. Es umfasst die vier kleineren Skigebiete (vor allem für Langlauffahrer) Prémanon, Lamoura, Bois d'Amont und den Ort Les Rousses. Nähere Informationen hierzu liefert die **Maison du Tourisme** (Fort des Rousses; ⊙Mo–Sa 9–12 & 14–18, So 9.30–12.30 Uhr), die gleichzeitig die **Touristeninformation** (☎03 84 60 02 55; www.lesrousses.com, auf Frz.) und die **ESF** (☎03 84 60 01 61; www.esf-lesrousses.com) beherbergt. Möglichkeiten zum Essen und/oder Übernachten direkt auf der Grenze bietet das Hôtel Franco-Suisse (s. S. 573).

Den weitesten Ausblick eröffnet der Gebirgspass **Col de la Faucille**, 20 km südlich von Les Rousses. Die Sicht reicht über den Jura bis zum Genfer See und die schneebedeckten Alpen. Besonders eindrucksvoll ist das Panorama bei Sonnenuntergang von der Terrasse oder im Sommer auch vom Pool des **La Mainaz** (☎04 50 41 31 10; www.la-mainaz.com; 5 rte du Col de la Faucille; DZ 80–120 €, Menü 32–43 €; ⊙Mitte Dez.–Mitte Okt.; ▨), einem gemütlichen Chalet auf halber Strecke der Passstraße.

Entlang der Nationalstraße N5, die sich durch den kleinen Skiort **Mijoux** vom Jura herunterschlängelt, bietet sich ein ähnlich beeindruckendes Panorama vom Genfer See, der von den Französischen Alpen und dem Montblanc eingerahmt wird. Wer den besten Aussichtspunkt erreichen will, fährt mit dem **Telesiège Val Mijoux** (Sessellift; Erw./Kind hin & zurück 6 €; ⊙Mitte Juli–Mitte Aug. Sa & So 10.30–13 & 14.15–17.30 Uhr) ab Mijoux und wandert dann hinauf zum Mont Rond auf 1533 m.

Weitere 25 km südöstlich führt der Weg zur Grenze zwischen Frankreich und der Schweiz bei **Ferney-Voltaire** (www.ferney-voltaire.net), 5 km nördlich von Genf. Nach seiner Verbannung aus der Schweiz im Jahr 1759 lebte Voltaire in Ferney, bis er 1778 nach Paris zurückkehrte, wo er kurz darauf starb. Führungen durch seinen eleganten Wohnsitz, **Château de Voltaire** (allée du Château; Erw./Kind 5 €/frei; ⊙Führungen Mitte Mai–Mitte Sept. stündl. Di–So 10.30–16.30 Uhr), zeigen das Schloss, die Kapelle und den 7 ha großen Park. Auden, Blake und Flaubert haben dieses Schloss besucht, um über die Exilzeit des Philosophen zu schreiben.

Zentralmassiv

Inhalt »

Gut essen

» Emmanuel Hodencq
(S. 580)
» François Gagnaire (S. 599)
» Table d'Antoine (S. 586)
» La Parenthèse (S. 599)
» Jean-Claude Leclerc
(S. 580)

Schön übernachten

» Chastel Montaigu (S. 592)
» Camping Domaine de la
Grande Cascade (S. 590)
» Hôtel du Parc (S. 599)
» Villa St-Hubert (S. 593)
» Aletti Palace Hôtel
(S. 584)

Auf ins Zentralmassiv

Im Zentralmassiv, einer der wildesten und einsamsten Regionen Frankreichs, sind die Urgewalten der Natur bis heute zu spüren. Tief aus dem Erdinneren sprudeln vulkanische Quellen und bescheren Vichy und Volvic das berühmte Mineralwasser. Und oben in den Bergen entstehen aus beschaulichen Bächen drei der mächtigsten Flüsse Frankreichs: Dordogne, Allier und Loire.

Das Zentralmassiv und die Auvergne sind tief in ihren Traditionen verwurzelt und bis heute landwirtschaftlich geprägt. Hier liegt auch das größte Schutzgebiet des Landes, das aus zwei riesigen Regionalparks besteht, dem Parc Naturel des Volcans d'Auvergne und dem benachbarten Parc Naturel Régional Livradois-Forez. Outdoorfreunde können sich über herrliche Wanderwege und steile Skiabfahrten freuen, Gleitschirmflieger schwingen sich von eisigen Gipfeln in die Tiefe, ein uralter Pilgerweg lädt zu Erkundungen ein und das Ganze wird abgerundet von einer der gesündesten und herzhaftesten Küchen in Frankreich.

Reisezeit

Clermont-Ferrand

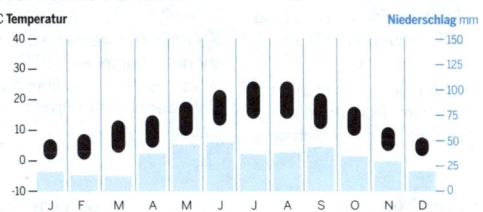

Februar Zum berühmten Kurzfilmfestival in Clermont-Ferrand.

15. August Den heiligen Vierges Noires (Schwarzen Madonnen) bei Mariä Himmelfahrt die Ehre erweisen.

Dezember bis März Die Abfahrtshänge hinunterschwingen oder zum Eisfischen aufbrechen.

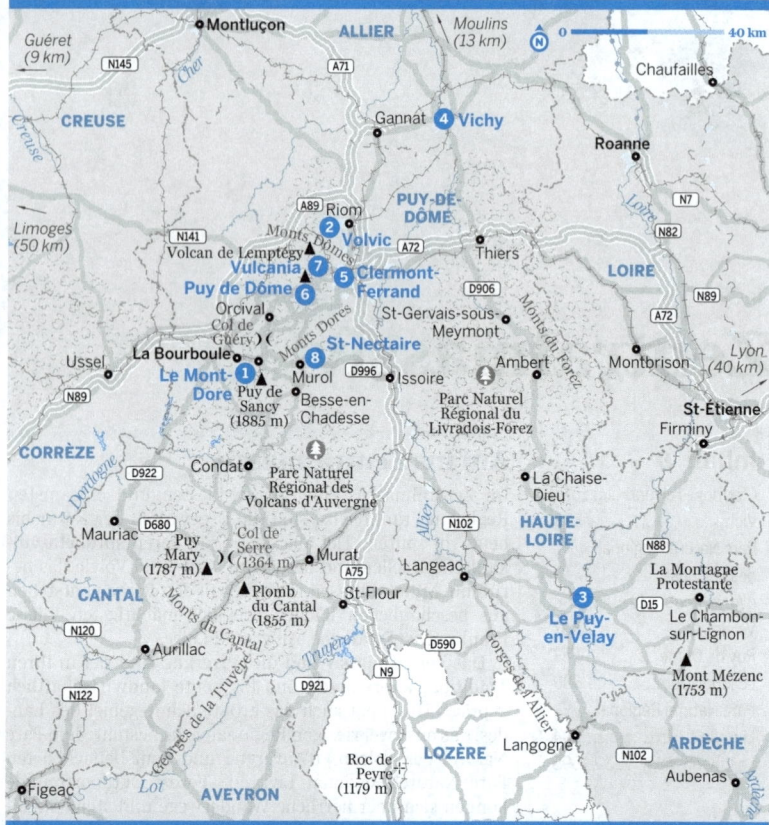

Highlights

1 Mit Schneeschuhen durch frischen Pulverschnee rund um **Le Mont Dore** (S. 589) stapfen

2 Eine Festung aus dem Märchenbuch, das **Château de Tournoël** (S. 587) in Volvic, besuchen

3 Die Seele des feurigen Verveine-Likörs bei einer Führung durch die **Schnaps-brennerei** in Le Puy-en-Velay entdecken (S. 597)

4 Das mineralreiche Wasser in den Belle-Époque-Bädern von **Vichy** (S. 583) genießen

5 Im kreativ gestalteten **Michelin-Museum** (S. 549) in Clermont-Ferrand über die Ideen der Michelin-Brüder staunen

6 Den Panorama-Gipfel von **Puy de Dôme** (S. 587) erklettern

7 Sich in einen brodelnden Vulkan wagen im Park **Vulcania** (S. 588)

8 In einem Heißluftballon über die malerische Landschaft und die berühmte Käsestadt **St-Nectaire** (S. 592) gleiten

Geschichte

Die historische Provinz Auvergne verdankt ihren Namen dem gallischen Stamm der Arverner, die das Gebiet beherrschten, bis die Römer unter Julius Cäsar sie unterwarfen. Einer ihrer Häuptlinge mit Namen Vercingétorix war der einzige, der Cäsars Legionen ernsthaften Widerstand leistete. Trotz einiger

beherzter Siege wurde seine Armee schließlich bei Alésia im Burgund geschlagen und die Auvergne fiel unter römische Herrschaft.

Die Römer gründeten eine Reihe von Städten, darunter Augustonemetum (heute Clermont-Ferrand). Nach dem Fall des Römischen Reichs begann für die Auvergne eine Phase interner Konflikte zwischen

Bei so viel grünem Weideland überrascht es nicht, dass die Auvergne auf eine lange Geschichte der Käseherstellung zurückblickt und einige der besten Käsesorten Frankreichs produziert. Von hier kommen fünf Käse mit AOC- (Appellation d'Origine Contrôlée) und AOP-Siegel (europaweite geschützte Ursprungsbezeichnung): der halbfeste, cheddarähnliche Cantal und der erstklassige Salers, die beide aus der Milch von Almkühen hergestellt werden; der würzige, flache und halbweiche St-Nectaire; der Fourme d'Ambert, ein milder, weicher Blauschimmelkäse; und der Bleu d'Auvergne, ein kräftiger, cremiger Blauschimmelkäse, der ähnlich schmeckt wie der Roquefort.

Wer diese Sorten in authentischer Atmosphäre probieren möchte, kann sich auf die **Route des Fromages** (www.fromages-aop-auvergne.com) begeben, die Bauern und Produzenten der Region miteinander verbindet. Eine Karte kann auf der Website heruntergeladen werden.

Die Käse der Region spielen in vielen der traditionellen Gerichte der Auvergne eine wichtige Rolle, wie z. B. im *aligot* (Kartoffelpüree mit Knoblauch und Tomme-Käse) und bei *truffade* (Kartoffelscheiben mit Cantal-Käse). Beide Spezialitäten werden meistens mit einer riesigen Portion *jambon d'Auvergne* (Schinken) serviert. Zusätzliche Einblicke in die Küchen der Region und eine weitere AOC-Spezialität, die *lentilles vertes du Puy* (grüne Puy-Linsen), gibt es auf S. 600.

rivalisierenden Franken, Aquitaniern und Karolingern. Im Mittelalter teilten die in Riom residierenden Herzöge der Auvergne das Territorium in Feudalgebiete auf.

Nach der Französischen Revolution wurde die Hauptstadt nach Clermont-Ferrand verlegt. Die Stadt wuchs und gedieh, vor allem weil die Brüder Michelin Ende des 19. Jhs. dort ihre Fabriken gründeten. Unterdessen strömten wohlhabende Aristokraten in die eleganten Badeorte der Region, insbesondere nach Vichy (S. 583). Im Zweiten Weltkrieg war Vichy Hauptstadt des Regimes unter Maréchal Pétain, das mit den Deutschen kollaborierte.

🛈 An- & Weiterreise

AUTO Die neue Autobahn A75 (auch *La Méridienne genannt*) bietet über die Viadukte bei Garabit und Millau eine schnelle Verbindung in den Süden Frankreichs, während die A89 (La Transeuropéenne) Richtung Westen bis nach Bordeaux führt. Ansonsten sind die Straßen der Region überwiegend kurvenreich und nur langsam zu befahren, aber sehr reizvoll. Entlegenere Orte sind nur mit dem eigenen Fahrzeug zu erreichen, da kaum Busse fahren.

FAHRRAD Infos für Radtouren in der Region gibt es auf shop.lonelyplanet.com, wo eine PDF-Datei des Kapitels „Zentralmassiv" aus dem Lonely Planet Führer *Cycling in France* heruntergeladen werden kann.

FLUGZEUG Der einzige Flughafen der Region liegt in Clermont-Ferrand.

ZUG Die Region ist zwar noch nicht an das TGV-Netz angeschlossen, die größeren Städte sind aber alle mit dem Zug erreichbar. Unter anderem gibt es eine direkte Verbindung von Clermont-Ferrand nach Paris (3½ Std.).

CLERMONT-FERRAND & UMGEBUNG

Clermont-Ferrand

142 948 EW. / 400 M Ü. M.

Clermont-Ferrand liegt am Fuß eines erloschenen Vulkans mitten im Herzen des Zentralmassivs. Es ist die Hauptstadt der Auvergne und die einzige größere Stadt der Region. Als Heimat des pummeligen Michelin-Männchens (in Frankreich Bibendum genannt) und des Reifen-Imperiums von Michelin ist Clermont-Ferrand seit über hundert Jahren ein blühendes Industriezentrum. Aus der reizvollen Altstadt, die von Fabrikschornsteinen und Lagerhäusern umgeben ist, erhebt sich eine zweitürmige Kathedrale.

👁 Sehenswertes

Die von der Kathedrale ausgehenden, gewundenen Gassen der Altstadt sind gesäumt von Häusern aus dem 17. und 18. Jh.

Cathédrale Notre-Dame KATHEDRALE
(place de la Victoire; ⊙Mo–Sa 8–12 & 14–18, So 9.30–12 & 15–19.30 Uhr) Die pechschwarze Kathedrale von Clermont mit ihrer wuch-

N

0 ————— 200 m

tigen gotischen Fassade wurde zwischen dem 13. und 19. Jh. aus dem schwarzen Lavagestein der Steinbrüche von Volvic erbaut. Ein kontrastreiches Spiel von Licht und Schatten prägt den Innenraum, der am Nachmittag von Sonnenstrahlen hell erleuchtet wird. Ein fantastischer Ausblick – nach Osten bis Thiers und nach Westen bis Puy de Dôme – bietet sich, wenn man die 250 Stufen auf die Plattform der **Tour de la Bayette** (Eintritt 1,50 €; ⏰ Mo–Sa 9–11.15 & 14–17.15, So 15–17.30 Uhr) erklimmt, des einzigen Vierungsturms, der die französische Revolution überlebt hat. Zwei Straßen weiter Richtung Norden bietet auch die **Fontaine**

d'Amboise aus dem 16. Jh. einen prachtvollen Blick auf den Puy de Dôme und die benachbarten Gipfel.

Basilique Notre-Dame du Port KIRCHE
(⏰ 8–19 Uhr) Frisch renoviert erstrahlt dieses Unesco-Weltkulturerbe, eine romanische Kirche aus dem 12. Jh., in neuer Frische. Glanzstücke im schlichten Inneren sind das Chorhaupt und die hübschen Mosaike.

Place de Jaude PLATZ
Am südwestlichen Ende der Altstadt wird dieser mächtige, nur für Fußgänger zugängliche Platz von der **Statue** des heldenhaften Keltenhäuptlings Vercingétorix bewacht.

Clermont-Ferrand

LP TIPP ⟩ **L'Aventure Michelin**   MUSEUM
(www.laventuremichelin.com; 32 rue du Clos Four; Erw./Kind 8/5 €, Audioguide 2 €; ⏰Di–So 10–18 Uhr) Direkt neben der gigantischen Fabrik von Michelin markiert ein 5300 kg schwerer Reifen (der größte der Welt) den Eingang dieses hervorragenden neuen Museums, in dem sich natürlich alles um die Geschichte des Reifenimperiums dreht. Besucher erfahren aber auch, welchen Einfluss Michelin auf Flug- und Eisenbahnindustrie, Kartenherstellung, Reise- und Restaurantführer und GPS-Technologie hatte. Die spielerisch erfahrbaren, interaktiven Ausstellungsstücke und animierten historischen Rückblenden sind für Erwachsene und Kinder gleichermaßen unterhaltsam. Besucher sollten mehrere Stunden einplanen; der letzte Einlass ist 90 Minuten vor Schließung. Anfahrt mit der Straßenbahnlinie A bis zur Haltestelle Stade Marcel Michelin. Der

Museumsshop verkauft alles – von der Straßenkarte bis zum Schlüsselanhänger mit Gummi-Michelinmännchen. Die typischen Souvenirs gibt es aber auch in der **Michelin-Boutique** (2 place de la Victoire) im Stadtzentrum.

Für die folgenden Museen gibt es einen Drei-Museen-Pass (9 €), der in der Touristeninformation gekauft werden kann. Einzeltickets kosten Erw./Kind 4,50 €/frei.

Musée d'Art Roger Quilliot   KUNSTMUSEUM
(http://museedart.clermont-ferrand.fr; place Louis Deteix; ⏰Di–Fr 10–18, Sa & So 10–12 & 13–18 Uhr) In dem ehemaligen Ursulinenkloster werden Kunstwerke aus dem späten Mittelalter bis zum 20. Jh. gezeigt; darunter sind bedeutende Werke von Delacroix, der Ryckaert-Familie und François Boucher, aber auch Arbeiten einheimischer Künstler.

Das Museum liegt nordöstlich vom Zentrum in Montferrand (das sich 1630 mit Clermont zusammengeschlossen hat); Anfahrt mit der Straßenbahnlinie A bis Place de Jaude oder mit dem Bus Nr. 31 vom Bahnhof.

Musée Bargoin   MUSEUM
(http://museebargoin.clermont-ferrand.fr; 45 rue Ballainvilliers; ⏰Di–Sa 10–12 & 13–17, So 14–19 Uhr) Dieses Museum ist in zwei Bereiche gegliedert: eine **archäologische** Abteilung, in der ausgegrabene römische Münzen und Holzschnitzereien aus dem Neolithikum gezeigt werden, und eine **Textilkunst**-Abteilung mit einer beeindruckenden Sammlung von Teppichen, z. B. aus Tibet, Iran, Syrien und China.

Musée d'Histoire Naturelle Henri-Lecoq
    MUSEUM
(http://museelecoq.clermont-ferrand.fr; 15 rue Bardoux; ⏰Mo–Sa 10–12 & 14–18, So 14–18 Uhr) Das Museum ist nach dem berühmten Apotheker und Naturwissenschaftler benannt, der im 19. Jh. in Clermont-Ferrand gelebt und massenweise Steine, Fossilien, Pflanzen und ausgestopfte Tiere aus der Region angehäuft hat. Besonders interessant sind die Sammlung von Schmetterlingen aus der Region und über 50 heimische Orchideenarten.

🛏 Schlafen

Als Wirtschaftszentrum hat Clermont viele Unterkünfte (allerdings kaum hochklassige) zu bieten; am Wochenende sinken die Preise.

Hôtel de Lyon
HOTEL €€

(☎04 73 17 60 80; www.hotels-puy-de-dome.com/clermon_ferrand/hoteldelyon; 16 place de Jaude; DZ 69–98 €; ❄) Gäste dieser super-zentralen Herberge können aus dem Fenster direkt auf Vercingétorix blicken. Trotz der klassischen Fassade sind die schallge-schützten Zimmer modern eingerichtet (Kiefernmöbel, Landschaftsmalereien) und bieten gute Ausblicke auf die Stadt. Im Untergeschoss serviert die **Pub-Brasserie** (Menü 14,50–22 €) Drinks und mächtige Speisen der Auvergner Küche.

Hôtel Saint-Joseph
HOTEL €

(☎04 73 92 69 71; www.hotelsaintjoseph.fr, auf Frz.; 10 rue de Maringues; EZ 39–47 €, DZ 61 €; @🛜🕭) Dieses freundliche, kleine Hotel liegt über einer Eckkneipe in der Nähe des Freitagsmarkts von St-Joseph. Die güns-tigste Unterkunft in Clermont hat ordent-liche, doppelt-verglaste Zimmer im hellen Streifenlook.

Dav' Hôtel
HOTEL €

(☎04 73 93 31 49; www.davhotel.fr, auf Frz.; 10 rue des Minimes; DZ 55–60 €; ❄@🛜🕭) Kei-ne Sorge: Die gut ausgestatteten Zimmer sind schlichter gehalten als die erdbeerrot und orangefarben dekorierte Rezeption. In diesem Hotel in einer Gasse im Zentrum beginnt der Tag mit einem üppigen Buffet (10 €) in einem freundlichen limettengrün-roten Frühstücksraum.

Volcan Hôtel
HOTEL €€

(☎04 73 19 66 66; www.volcanhotel.fr; 6 rue Sainte-Rose; EZ/DZ ab 68/78 €; ❄@🛜🕭) In einer ruhigen Straße im Zentrum bietet das Volcan nüchterne, moderne Zimmer zu moderaten Preisen. Einige haben einen schönen Blick auf die Altstadt.

Hôtel des Puys
HOTEL €€

(☎04 73 91 92 06; www.hoteldespuys.fr; 16 place Delille; DZ 92–184 €; ❄@🛜🕭) Von außen hat es den Charme eines Parkhauses, doch die-ses Hotel bietet schicke, minimalistische Zimmer, von denen die meisten einen Bal-kon mit Blick auf die verkehrsreiche Place Delille haben. Es gibt auch teurere und geräumigere Zimmer mit einem separaten Wohnbereich und einem größeren Bad; das Beste ist jedoch der Frühstücksraum mit Panoramablick über die Dächer von Clermont. Parkplätze (11 €) und Frühstück (13 €) sind überteuert.

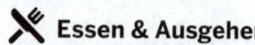 Essen & Ausgehen

An der Place de Jaude und in der Gegend nördlich der Rue St-Dominique drängen sich günstige Lokale. Caféterrassen reihen sich um die Place de la Victoire und in der Rue Ballainvilliers.

Emmanuel Hodencq
GOURMETKÜCHE €€€

(☎04 73 31 23 23; www.hodencq.com; 6 place St-Pierre; Mittagsmenü 23 €, andere Menüs inkl. Getränke 37–140 €; ⊘Mo-Sa, Mitte–Ende Aug. geschl.; 🕭) Hummer, Wildpilze und Trüffel aus der Region gehören zu den Attraktio-nen dieses eleganten, Michelin-Sterne-Lokals, in dem Küchenchef Emmanuel Ho-dencq den Kochlöffel schwingt. Der Meister gibt samstagvormittags **Kochkurse** (inkl. Frühstück & Mittagessen 130 €), nur mit Vor-anmeldung.

Les Goûters de Justine
TEESALON €

(11bis rue Blaise Pascal; Kuchen/Mittagessen 3,90/5,90 €; ⊘Mi–Fr 12–19, Sa 14.30–19 Uhr) Alte und durcheinander gewürfelte Möbel vom Trödler und selbstgebackener Kuchen auf der Anrichte geben einem hier das Ge-fühl, wieder bei Oma auf der Couch zu sitzen.

Jean-Claude Leclerc
GOURMETKÜCHE €€€

(☎04 73 36 46 30; www.restaurant-leclerc.com, auf Frz.; 12 rue Saint Adjutor; Mittagsmenü 30 €, andere Menüs 40–90 €; ⊘Di–Sa, Mitte–Ende Aug. geschl.; 🕭) Eigelbfarbene Wände und elegante Gemälde bilden die Kulisse für die ausgezeichneten Meisterstücke von Jean-Claude Leclerc aus den feinsten Zutaten Frankreichs: Schnecken, frischer Ziegenkä-se und Foie gras.

Le St-Vincent
REGIONAL €€

(☎04 73 90 63 45; www.le-st-vincent.com, auf Frz.; 10, rue de la Coifferie; Mittagsmenü 13 €, Menü 24–49 €; ⊘Di–Sa) Die Einrichtungsmix-tur aus Balken, Krimskrams und Holzmö-beln in diesem ruhigen Lokal täuscht, denn die Küche bewegt sich in der Feinschme-ckerklasse. Die Einheimischen wissen das schon, deshalb reservieren!

Ah! St Tropez
PROVENZALISCH €

(☎04 73 90 44 64; Hauptgerichte 16–33 €; 10 rue Massillon; ⊘Mo–Sa) Wandgemälde und son-nige Farben sorgen für ein kleines Stück Provence in Clermont-Ferrand und bieten das perfekte Kontrastprogramm an dunk-len, kühlen Tage. Serviert werden sättigen-de mediterrane Gerichte wie Fischsuppe, gebratene Paprika und Feigen mit Laven-del. Reservieren, denn Tische sind knapp.

L'Amphitryon Capucine GOURMETKÜCHE €€€
($\boxed{\jmath}$0473313839; www.amphitryoncapucine.com,
auf Frz.; 50 rue Fontgiève; Menüs 23–75 €; ⊘Di-
Sa; 🐾) Die Jeans bleibt besser im Schrank,
denn hier trägt man etwas Festliches. Zur
Belohnung gibt es ausgezeichnete saisonale
Küche in mehreren Gängen (z. B. beim dekadenten achtgängigen *menu gourmand*).
Kinder bekommen ihr eigenes Menü.

Le 1513 CRÊPERIE €€
(3 rue des Chaussetiers; Crêpes 2,50–12 €, Menüs 19–25 €; ⊘Mo–Fr mittags & abends, Sa & So
12–00.20 Uhr; 🖊️🐾) Durch einen steinernen
Torbogen geht es in dieses Kellergewölbe
eines Herrenhauses aus dem Jahr 1513. Zu
den landestypischen Spezialitäten in der
höhlenartigen Crêperie gehört *galette Au-
vergnate* mit Schinken aus der Region und
St-Nectaire-Käse.

Bistrot Bancal BISTRO, BAR €€
($\boxed{\jmath}$0473142392; 15 rue des Chaussetiers; Hauptgerichte 15–17 €; ⊘Do–So mittags, Di–Sa abends)
Einer der Geheimtipps der Stadt für hand-
verlesene, ökologisch angebaute Weine der
Region und authentische *saveurs de terroir*
(Landküche), Wurstwaren und Käsespezia-
litäten.

Selbstversorger

Die **Markthalle** (Mo–Sa 7–19.30 Uhr) von
Clermont, die mit ihrer Legofassade ein
wenig wie ein verunglücktes modernes
Kunstwerk aussieht, liegt an der Place
Saint-Pierre.

☆ Unterhaltung

Das monatlich erscheinende Stadtmagazin
Zap (auf Frz.) wird kostenlos in der Stadt
verteilt, z. B. in der Touristeninformation.
Es enthält auch die Spieltermine des beliebten Rugbyteams von Clermont.

La Cooperative de Mai LIVEMUSIK
(www.lacoope.org, auf Frz.; rue Serge Gainsbourg)
Höhlenartiges Lagerhaus für Konzerte und
andere Liveauftritte; die Straßenbahnlinie
A hält an der Place du 1er Mai.

Le B-Box CLUB
(www.bboxclub.com; av. Ernest Cristal, La Par-
dieu; ⊘Di–So) Einfach nur gigantisch: Diese
mehrstöckige Lagerhalle mit 4000 m² ist
der größte Indoor-Club Frankreichs. Die
DJs legen hier alles auf – von schnulzigen
Chart-Hits bis zu House, Jungle und Hard-
core. Die Busse 6 und 22 fahren bis zur Haltestelle Cristal.

ⓘ Praktische Informationen

Atlanteam (www.atlanteam.com, auf Frz.; 11
av. Carnot; 2,50 €/Std.; ⊘Mo–Sa 10–22, So
14–20 Uhr) Internetzugang.

Hauptpostamt (rue Maurice Busset)

Touristeninformation ($\boxed{\jmath}$0473986500;
www.clermont-fd.com; place de la Victoire;
⊘Mo–Fr 9–19, Sa & So 10–19 Uhr) Gegenüber
der Kathedrale; mit einer kostenlosen Multime-
dia-Ausstellung über die Kirchen der Auvergne
im Kellergeschoss.

ⓘ An- & Weiterreise

AUTO Die wichtigen Autovermietungen haben
Büros am Flughafen und im Stadtzentrum.

FLUGZEUG Der **Clermont-Ferrand Auvergne
Airport** (www.clermont-aeroport.com) liegt
7 km östlich des Zentrums und ist ein Drehkreuz
für Air-France-Flüge. Angeflogen werden u. a.
Nizza, Marseille, Strasbourg und Paris sowie
Amsterdam direkt.

ZUG Clermont ist der wichtigste Knotenpunkt
für den Zugverkehr in der Region. Tickets verkaufen die beiden **Boutiques SNCF** ($\boxed{\jmath}$0892 35
35 35; 43 rue du 11 Novembre & 80 bd François
Mitterand) im Stadtzentrum.

ZENTRUM DES KURZFILMS

Eines der führenden Kurzfilmfestivals der Welt findet jährlich in Clermont statt: das
Festival International du Court Métrage (www.clermont-filmfest.com; ⊘Feb.), mit
drei Wettbewerben für internationale und einheimische Kurzfilme sowie mit dem Programm „Coup de Cœrs", das durch verschiedene Kinos überall in der Auvergne tourt.
Tickets gibt's in der Touristeninformation.

Das ganze Jahr über gibt es Filme (in normaler Länge) in den folgenden Kinos zu
sehen:

Ciné Capitole (www.allocine.fr, auf Frz.; 32 place de Jaude) Aktuelle, nicht synchronisierte Filme.

Cinéma Les Ambiances (www.cinema-lesambiances.fr, auf Frz.; 7 rue St-Dominique)
Großartiges Arthouse-Kino, das Filme in der Originalfassung zeigt.

DIE SCHWARZEN MADONNEN DER AUVERGNE

In den Kirchen und Kathedralen der Auvergne gibt es auffällig viele Vierges Noires (Schwarze Madonnen), denen eine große religiöse Bedeutung und Wunderkräfte zugeschrieben werden.

Die Skulpturen sind in der Regel weniger als einen Meter hoch und aus Zedern- oder Walnussholz geschnitzt. Über ihren Ursprung wird nach wie vor spekuliert. Manche Historiker glauben, dass die Tradition der Schwarzen Madonnen auf die Zeit der Kreuzzüge zurückgeht, weil christliche Soldaten von maurischen Bildhauern beeinflusst wurden. Andere vermuten viel ältere Wurzeln in der ägyptischen Göttin Isis oder gar einer heidnischen Muttergottheit. Besonders umstritten ist die Theorie, die Skulpturen der Schwarzen Madonna könnten ein Versuch sein, Maria mit ihrer wirklichen Hautfarbe darzustellen, die sicher den dunkelhäutigen Bewohnern Afrikas oder aus Nahost ähnlicher war als der hellen Haut heutiger Europäer.

Spekulationen gibt es auch über die Farbe der Figuren, so wird z. B. von einigen angenommen, dass dunkle Hölzer oder Lacke verwendet wurden, während andere den natürlichen Alterungsprozess oder Kerzenruß als Ursache für die dunkle Färbung sehen.

Jedes Jahr an Himmelfahrt (15. August) werden die Statuen in einer Prozession durch die Straßen der Auvergne getragen, um der Aufnahme Marias in den Himmel zu gedenken.

Zu den Fernzielen gehören Paris Gare du Lyon (52,40 €, 3½ Std., 6- bis 10-mal tgl.) und Lyon (30,20 €, 2½ Std., mehr als 10-mal tgl.); von dort gibt es Anschlüsse nach Nîmes.

Häufige Nahverkehrszüge fahren von/nach Riom (3 €, 15 Min.), Vichy (9,30 €, 30 Min.), Volvic (4,10 €, 30 Min.) und Thiers (8 €, 45 Min.) und es gibt regelmäßige Verbindungen nach Le Mont-Dore (11,70 €, 1¼ Std., 4- bis 5-mal tgl.) und Le Puy-en-Velay (21,30 €, 2 Std., 3- bis 4-mal tgl.).

ℹ Unterwegs vor Ort

BUS & STRASSENBAHN Das öffentliche Verkehrssystem in Clermont wird von **T2C** (www.t2c.fr, auf Frz.; 24 bd Charles de Gaulle) betrieben. Ein einfacher Fahrschein kostet 1,40 € und ist 70 Minuten sowohl für Busse als auch für Straßenbahnen gültig; ein Tagesticket kostet 3,50 €. Busse verbinden die Stadt und den Bahnhof; von der Place de Jaude nach Montferrand fährt die Straßenbahnlinie A.

FAHRRAD Moovicité (☏08 10 63 00 63; www.moovicite.com, auf Frz.; halber/ganzer Tag 2/3 €; ⊙Mo–Fr 7–19, Sa 8–19 Uhr); Moovicité Gare (43 av. de l'Union Soviétique); Moovicité Renoux (20 place Hippolyte Renoux) verleihen Fahrräder (gegen Kaution). Bis zu einer Stunde ist der Verleih kostenlos. Fahrräder können in jeder der Filialen abgeholt und abgegeben werden.

VOM/ZUM FLUGHAFEN Die Buslinien 10 und 20 fahren Montag bis Samstag 4-mal täglich und 1- bis 2-mal täglich am Sonntag, vom/zum Flughafen. Ein Taxi (☏04 73 60 06 00) kostet um 15 €.

Riom

18 745 EW.

Riom war im Mittelalter die Hauptstadt der Auvergne. Die Boulevards seiner Altstadt sind gesäumt von herrschaftlichen Häusern und *hôtel particuliers* (Baudenkmäler), die meist aus dunklem Lavagestein erbaut wurden.

Die **Touristeninformation** (☏04 73 38 59 45; www.tourisme-riomlimagne.fr; 27 place de la Fédération; ⊙Di, Mi, Fr & Sa 9.30–12.30 & 14–17.30, Mo & Do 14–17.30 Uhr) liegt neben der hübschen romanischen Kirche **Église St-Amable** (rue St-Amable; ⊙9–19 Uhr).

Nach den 167 Stufen hinauf auf die **Tour de l'Horloge** (Uhrenturm; rue de l'Horloge; Eintritt 0,50 €; ⊙Sept.–Juni Di–So 10–12 & 14–17 Uhr) aus dem 15. Jh. erwarten einen wundervolle Blicke auf die Stadt und die umliegenden Berge.

Gebräuche und Traditionen des Lebens in der Auvergne werden in dem hervorragenden **Musée Régional d'Auvergne** (10bis rue Delille; Erw./Kind 3 €/frei; ⊙Di–So 10–12 & 14–17.30 Uhr, Mitte Nov.–März geschl.) beleuchtet, während das **Musée Francisque Mandet** (14 rue de l'Hôtel de Ville; Erw./Kind 3 €/frei; ⊙Di–So 10–12 & 14–17.30 Uhr) archäologische Fundstücke und Malereien aus dem 15. bis 19. Jh. ausstellt.

Die **Église Notre-Dame du Marthuret** (rue du Commerce; ⊙9–18 Uhr) aus dem 15. Jh.

bewahrt die kostbaren Reliquien von Riom auf: eine Vierge Noire (Schwarze Madonna; s. S. 582) und die grazile Vierge à l'Oiseau, die Jungfrau mit dem Kind und einem flatternden Vogel.

Riom liegt 15 km nördlich von Clermont an der N9 und wird regelmäßig von Zügen angefahren (3 €, 15 Min.).

Vichy

25 899 EW.

Vichys Blütezeit der Belle Époque gehört schon lange der Vergangenheit an, doch seine Prachtstraßen und Landschaftsgärten vermitteln noch immer eine Ahnung von verkannter Größe. Die Stadt liegt 55 km nordöstlich von Clermont-Ferrand und ist, seitdem sich hier im 19. Jh. Napoleon III. mit seinem Gefolge erholt hat, für sein Mineralwasser berühmt, das vom Vulkangestein gefiltert wird. Berüchtigt wurde Vichy im Zweiten Weltkrieg als Sitz des mit den Nazis kollaborierenden Regimes unter Marschall Pétain. Heute ist die Stadt ein wohlhabendes Provinznest, das vor allem wegen seines therapeutischen Wassers bei Besuchern sehr beliebt ist.

⊙ Sehenswertes & Aktivitäten

Parks   PARKS

Das Herz von Vichy ist der weitläufige **Parc des Sources**, den Napoleon III. 1812 anlegen ließ. Das Gelände mit zahlreichen Kastanienbäumen und Platanen ist ein herrlicher Ort für Spaziergänge; es wird von einem schmiedeeisernen Wandelgang gesäumt – so werden die Besucher nicht nass, wenn es regnet.

Weitere schöne Parks in Vichy sind der **Parc Kennedy** und der **Parc Napoléon III** am Fluss. In den Häusern im Stil von Schweizer Chalets am Rand der Parks residierten früher die Kurgäste.

Quellen   MINERALQUELLEN

Die meisten *sources* (Quellen), die Mineralwasser zum Trinken ausgeben (darunter auch die elegant-gläserne **Hall des Sources** und die **Source de l'Hôpital**, beide im Parc des Source), sind nur mit einem ärztlichen Rezept zugänglich. Für den Fall der Fälle hält die Touristeninformation eine Liste mit örtlichen *médecins* (Ärzten) bereit.

Die einzige Quelle, von der jeder kosten darf, sind die **Messinghähne** der **Source des Célestine** (bd du Président Kennedy),

an denen man sich seine eigene Flasche kostenlos auffüllen darf. Im Winter sind die Hähne abgedreht, damit sie nicht einfrieren.

Thermalbäder   HEILBÄDER

Behandlungen in den Spas von Vichy müssen vorab gebucht werden.

Das luxuriöseste Thermalbad von Vichy ist **Les Célestins** (☏04 70 30 82 82; www.vichy-spa-hotel.com; 111 bd des États-Unis), das exklusive Anwendungen wie eine *douche d'eau de Vichy* (Vierhandmassage unter der Thermaldusche, ab 62 € für 12 Min.) oder eine *douche au jet* (Hochdruckwasserstrahl, ab 41 €, für 10 Min.) anbietet.

Ähnliche Anwendungen bietet das **Centre Thermal des Dômes** (☏04 70 97 39 65; www.destinationvichy.com; 132 bd des États-Unis). Der einst aufwendig herausgeputzte Komplex mit maurischen Bögen und gefliesten Türmen wird von einer byzantinischen Kuppel gekrönt. Heute sehen die prächtigen Gebäude allerdings ziemlich vergessen aus.

Vieille Ville   ALTSTADT

Die Altstadt von Vichy ist klein, aber durchaus einen Abstecher wert.

Die Art-déco-Kirche **Église St-Blaise** (rue d'Allier) aus den 1930er-Jahren mit Buntglasfenstern und Fresken aus dem 20. Jh. gehört zu den berühmtesten Kirchen Frankreichs. Die ursprüngliche Kapelle an der Rückseite beherbergt die Schwarze Madonna von Vichy.

Das **Musée de l'Opéra de Vichy** (http://opera.vichy.musee.free.fr; 16 rue de Maréchal Foch; Erw./Kind 3,50/2,50 €; ⊙Di–So 15–18 Uhr) zeigt Fotografien und andere Ausstellungsstücke aus der Geschichte des Opernhauses von Vichy, das Anfang des 20. Jh. eröffnet wurde.

GRATIS Das **Musée de Vichy** (www.ville-vichy.fr/musee-vichy, auf Frz.; 15 rue du Maréchal Foch; ⊙Di–Fr 14–18, Sa bis 17 Uhr) ist erstaunlich klein für eine Stadt mit einer solch reichen Geschichte. Gezeigt werden archäologische Funde aus der Umgebung, einige impressionistische Malereien sowie Briefe und Münzen aus der Zeit Pétains.

🛏 Schlafen

Es gibt zahlreiche günstige Übernachtungsmöglichkeiten und die Kurbäder bieten Übernachtungspakete mit Verwöhneffekt.

DIE SÜSSEN AUS VICHY

1825 verwendete man für die Herstellung der *Pastilles de Vichy* noch Speisenatron, später sorgte das Mineralwasser der Stadt für den besonderen Geschmack der süßen Spezialität. 1875 ersetzte man das Natron durch Salze aus dem heimischen Mineralwasser und vermischte es mit Zucker und Minz-, Anis- oder Zitronenaroma.

Aber nicht alle Versionen der achteckigen Bonbons werden auf die gleiche Weise hergestellt. Diejenigen, die in Geschäften und Supermärkten erhältlich sind, haben eine andere Rezeptur als jene, die in Apotheken verkauft werden. Letztere enthalten 10 % mehr Mineralsalze, um ihre verdauungsfördernde Wirkung zu verstärken. Und an keinem anderen Ort auf der Welt gibt es die Pastillen mit dem „Vichy Etat"-Logo, die in einer aufwendigen Metallbüchse verpackt sind. Verkauft werden sie z. B. in der wunderschön verglasten **Maison des Pastilles** (Parc des Sources; ☉April–Okt. Di–So 10–12 & 14–18.30 Uhr). Viel Wissenswertes rund um die köstlichen Bonbons gibt es im Werk der **Pastillerie de Vichy** (☏04 70 30 94 70; 94 Allée des Ailes; Eintritt frei; ☉April–Okt. Mo–Do 9–12 & 14–17, Fr 9–11 Uhr), 2,5 km nördlich vom Zentrum. Hier werden die Geschichte und der Produktionsprozess der Bonbons unter die Lupe genommen – inklusive kostenloser Verkostung.

Vichy ist aber auch eine wahre Fundgrube für exquisite *confiseries* und *chocolateries*, die selbst gemachte Leckereien verkaufen. Die pastell-pinken Schaufenster bei **Prunelle** (36 Rue Montaret) locken mit leuchtenden Lutschern in Regenbogenfarben, während **Aux Marocains** (www.auxmarocains.com, auf Frz.; 33 rue Georges Clemenceau) bis unter die Decke mit Marzipan, Petit Fours und Karamell vollgestopft ist.

Aletti Palace Hôtel
HOTEL €€€
(☏04 70 30 20 20; www.aletti.fr; 3 place Joseph Aletti; DZ 125–191 €; ❄☎☲♨) Ein Billardzimmer, eine holzverkleidete Pianobar und ein von Blumen umrankter Außenpool gehören zu den luxuriösen Annehmlichkeiten dieser *grande dame*, die oberhalb des Parc des Sources residiert. Die palastartigen Zimmer haben Marmorbadezimmer und riesige Schränke. Unter einem Glasdach wird im **Restaurant** (Menü 16–36 €) klassische Küche mit Produkten aus der Region serviert.

Hotel de Naples
HOTEL €
(☏04 70 97 91 33; www.hoteldenaples.fr, auf Frz.; 22 rue de Paris; DZ 36–42 €; @☎) Einladend und in guter Lage bietet dieses entzückende, kleine Hotel große Zimmer, die sich auf das Hauptgebäude und den ruhigen Anbau verteilen; mit Parkplatz (kostenlos) und Terrassengarten. Im Sommer wird das Frühstück (6 €) auf der Terrasse serviert.

Pavillon d'Enghien
HOTEL €€
(☏04 70 98 33 30; www.pavillondenghien.com; 32 rue Callou; DZ 60–81 €; ☎☲) Die beruhigenden cremig-weißen Zimmer in diesem umgebauten Herrenhaus werden hier und da von einzelnen Farbtupfern belebt. Besonders schön sind die Zimmer mit Blick auf den Pool im Innenhof, wo auch das hauseigene **Restaurant** (Menüs 19–27 €; ☉Di–So mittags, Di–Sa abends) liegt und marktfrische Gerichte der Auvergne unter freiem Himmel serviert. Das Hotel liegt nördlich hinter der Centre Thermal des Dômes; an der Avenue Thermale links abbiegen.

Hôtel Les Nations
HOTEL €€
(☏04 70 98 21 63; www.lesnations.com; 13 bd de Russie; DZ 60–105 €; ☉April–Mitte Okt.; ☎) Die Zimmer in diesem Jugendstilhotel sind individuell gestaltet. Das Haus ist außen mit grün-weißen Markisen und einem schmiedeeisernen Tor geschmückt und blickt auf die Bäume der Place Général Leclerc. Die „Confort Plus"-Zimmer mit eigener Sitzecke und Massagedusche sind den Aufpreis wert. Es gibt auch ein elegantes, traditionelles **Restaurant** (Menü 15–23 €; ☉tgl. mittags, Mo–Sa abends).

Hôtel Chambord
HOTEL €
(☏04 70 30 16 30; www.hotel-chambord-vichy. com; 82–84 rue de Paris; EZ 45–54 €, DZ 52–64 €; ❄☎♨) Aus den Zimmern im obersten Stock dieses soliden Logis-Hotels blicken die Gäste auf die Stadt und bekommen vom Straßenlärm nicht so viel mit. Einige Zimmer haben Klimaanlage. Im **Restaurant** (Menü 25–45 €; ☉Di–So mittags, Di–Sa abends) von 1933 stehen schmackhafte Schnecken auf der Karte.

Vichy

Hôtel Arverna HOTEL €€
(☏04 70 31 31 19; www.hotels-vichy.com, auf Frz.; 12 rue Desbrest; DZ 50–75 €; ❄️📶) Ein charmanter Schlupfwinkel in einer ruhigen Nebenstraße. Die Zimmer des Arverna sind in warmen Rottönen und in Maisgelb gehalten. Die meisten haben eine Klimaanlage und manche bieten Blick auf den verwilderten Hofgarten.

 Essen

Viele der Hotels in Vichy haben auch gute Restaurants, die sowohl für Gäste als auch für Nicht-Gäste geöffnet sind.

La Table d'Antoine GOURMETKÜCHE €€€
(☏04 70 98 99 11; www.latabledantoine.com; 8 rue Burnol; Mittagsmenü 20 €, andere Menüs 32–60 €; ⏲️Di–So mittags, Di–Sa abends) Abstrakte Porträts und hohe Lehnstühle verleihen diesem exquisiten Tempel der feinen französischen Küche eine vornehme Atmosphäre. Das Essen ist wirklich etwas Besonderes: vom Kokoshühnchen bis zu Langustini mit Räucherfisch. Unbedingt reservieren.

Le Samoa BRASSERIE, CAFÉ €
(13 rue Source de l'Hôpital; Gerichte 4,50–14 €; ⏲️So–Mi 12–24, Do–Sa 12–2 Uhr; 📶) Die schattige Terrasse dieser Belle-Époque-Schönheit liegt direkt neben dem Konzertpavillon ist genau richtig für einen *plat de jour* (9 €), *tartine* oder Salat – oder auch nur einen kühlen Drink.

Brasserie du Casino BRASSERIE €€
(☏04 70 98 23 06; 4 rue du Casino; Hauptgerichte 17,50–24,50 €; ⏲️Do–Mo) In diesem zeitlosen Lokal geben glänzendes Messing, ausgeblichenes Holz und Leder den Ton an. Eine Wand mit Fotos zeigt Schauspieler und Sänger der nahen Oper, die hier zu Gast waren. Das Essen ist gehaltvoll (Enten-*confit*, Kanincheneintopf) und die Atmosphäre urfranzösisch.

L'Hippocampe FISCH & MEERESFRÜCHTE €€€
(☏04 70 97 68 37; 3 bd de Russie; Menü 18–56 €; ⏲️Mi–So mittags, Mi–Sa abends) Wie es sich für ein Restaurant mit dem Namen „Seepferdchen" gehört, kommt hier vor allem Fisch auf den Tisch: Jakobsmuscheln, Scholle und über Eichenholz geräucherte Sardinen – und nicht zu vergessen die monumentale *assiette de fruits de mer* (Meeresfrüchteplatte).

Selbstversorger
Die **Markthalle** von Vichy befindet sich an der Place PV Léger.

☆ Unterhaltung

Das kostenlose, monatlich erscheinende Veranstaltungsmagazin *Vichy Mensuel* ist überall in der Stadt erhältlich.

Opéra de Vichy OPER
(☏04 70 30 50 50; www.ville-vichy.fr/opera-vichy, auf Frz.; rue du Casino) Die Opéra de Vichy bringt regelmäßig eigene Produktionen auf die Bühne. Karten verkauft die Touristeninformation.

Casino Vichy Grand Café KASINO
(www.casinovichygrandcafe.com, auf Frz.; 7 rue du Casino; ⏲️12–3 Uhr) Das Kasino von Vichy gehörte zu den ersten, die in Frankreich eröffnet wurden. Zocker können heute in dem Anbau des inzwischen geschlossenen Originalbaus ihr Glück (ver)suchen.

Casino Vichy Les Quatre Chemins KASINO
(www.casino-4chemins.com, auf Frz.; 35 rue Lucas; ⏲️10–3 Uhr) Sonntagstee mit Orchesterbegleitung um 15 Uhr.

ℹ️ Praktische Informationen

Zur Zeit unserer Recherchen gab es in Vichy kein Internetcafé.

Hauptpost (place Charles de Gaulle)

Touristeninformation (☏04 70 98 71 94; www.vichy-tourisme.com; 19 rue du Parc; ⏲️Mo–Sa 9–12 & 14–18, So 15–18 Uhr)

ℹ️ An- & Weiterreise

FAHRRAD Cycles Peugeot Gaillardin (☏04 70 31 52 86; 48 bd Gambetta), in der Nähe des Bahnhofs, verleiht Fahrräder.

ZUG Züge u. a. nach Paris Gare de Lyon (47,80 €, 2½ Std., 6- bis 8-mal tgl.) und in regelmäßigen Abständen nach Clermont-Ferrand (9,30 €, 30 Min.) und Riom (7,40 €, 25 Min.).

PARC NATUREL RÉGIONAL DES VOLCANS D'AUVERGNE

Der riesige **Parc Naturel Régional des Volcans d'Auvergne** (☏04 73 65 64 00; www.parc-volcans-auvergne.com, auf Frz.) umschließt ein weites Gebiet wolkenverhangener Gipfel, schneebedeckter Hochebenen und jadegrüner Täler. Mit einer Fläche von etwa 3950 km² und einer Länge von 120 km umfasst er den größten Teil des westlichen Zentralmassivs. Spuren der vulkanischen Geschichte der Region gibt es überall – siehe S. 587.

Beim Anblick der grünen Hügel und friedlichen Weiden ist es kaum vorstellbar, dass das Zentralmassiv einst eines der aktivsten Vulkangebiete Westeuropas gewesen ist.

Das Gebiet umfasst drei geologische Bereiche. Die **Chaîne des Puys** und **Monts Dômes**, eine Kette erloschener Vulkane und Aschekegel, die sich von Nord nach Süd 40 km durch das nördliche Zentralmassiv erstreckt, sind vor rund 100 000 Jahren entstanden. Die zentralen **Monts Dores** sind viel älter: Ihre Entstehung begann vor 3 Mio. Jahren und war vor 100 000 Jahren abgeschlossen. Am ältesten sind am südlichen Ende des Parc Naturel Régional des Volcans d'Auvergne die **Monts du Cantal** mit ihren Überresten eines 9 Mio. Jahre alten Riesenvulkans, der in sich zusammengestürzt ist, sodass nur noch seine Kaldera (Rand eines gigantischen Kraterbeckens) erhalten blieb.

Obwohl die Vulkane seit Tausenden von Jahren inaktiv sind (der letzte größere Ausbruch war 5000 v. Chr.), sind noch überall Zeugnisse der turbulenten Vergangenheit zu finden – von den geothermischen Quellen und Mineralwasservorkommen bis zum charakteristischen schwarzen Stein, mit dem viele Gebäude der Region errichtet wurden.

Das Gebiet ist ein Paradies für Outdoorfans: Skifahrer, Wanderer und Mountainbiker ebenso wie Gleitschirmflieger, die oft von den Gipfeln herunterschweben.

Volvic
4786 EW.

An der Nordostgrenze des Parc Natural Régional des Volcans d'Auvergne, 13 km nördlich von Clermont-Ferrand, gibt der konzerneigene **Espace d'Information** (www.volvic.fr, auf Frz.; rue des Sources; Eintritt frei; ☉Mo–Fr 9–12 & 14–18, Sa & So 14.30–18 Uhr) einen faszinierenden Überblick über die Ursprünge des weltberühmten Mineralwassers von Volvic, Geschmackstest natürlich inklusive. Vor der Tür beginnen mehrere **Wanderpfade** (von 30 Min. bis 3 Std.) in die grüne Umgebung, mit Verbindung zum GR441.

GRATIS **Fabrikführungen** (☎04 73 64 51 24; ☉nur mit Anmeldung) durch die nahe gelegene Abfüllanlage, dauern etwa eine Stunde; zwischen Juni und August.

LP TIPP **Château de Tournoël** (www.tournoel.com, auf Frz.; Erw./Kind 6/3 €; ☉Mi–Mo 14–18 Uhr), eine mittelalterliche Burg aus dem Bilderbuch, am GR441 oberhalb des hübschen Dorfzentrums. Für Besucher geöffnet sind die Küche, der Küchengarten und der runde Verteidigungsturm aus dem 14. Jh. mit Panoramablicken in die Umgebung.

Im **Maison de la Pierre** (www.maisondelapierre-volvic.com, auf Frz.; 2 route du Pont Jany; Erw./Kind 6,30/4,80 €; ☉14–18 Uhr) werden die Abbruchkanten des Vulkangesteins

mit Sound- und Lichteffekten aufgepeppt (warm anziehen!). Das Kombiticket inklusive Eintritt zum Volcan de Lemptégy (s. S. 588) kostet 16,10/13,30 € (einschließlich Zugfahrt).

Die **Touristeninformation** (☎04 73 33 58 73; www.volvic-tourisme.com; ☉Di–Sa 9–12 & 14–18 Uhr) am zentralen Platz im Dorf informiert über Übernachtungsmöglichkeiten.

Zwischen Volvic und Clermont-Ferrand gibt es eine regelmäßige Zugverbindung (4.10 €, 30 Min.).

Puy de Dôme & Umgebung

Der vereiste Gipfel des Puy de Dôme (1465 m) erhebt sich 15 km westlich von Clermont-Ferrand. Er ist vor 10 000 Jahren durch einen Vulkanausbruch entstanden und von September bis Mai mit Schnee bedeckt. Schon die Kelten und Römer betrachteten ihn als Heiligtum oder nutzten ihn als Tempel. Überreste seiner Vergangenheit als religiöse Stätte sind noch heute zu bewundern und bei klarem Wetter reicht der Blick bis weit in die Alpen hinein.

Der Gipfel ist über den landschaftlich schönen „Maultierpfad" zu erreichen, ein steiler Aufstieg von einer Stunde ab dem Col de Ceyssat, 4 km von der D941A. Die Mautstraße zum Gipfel ist bis Mitte 2012 gesperrt, da eine neue Zugstrecke auf die Spitze gebaut wird. Aktuelle Infos zum Fortschritt dieses Bauvorhabens gibt es in der Touristeninformation von Clermont-Ferrand.

Die lange erloschenen Vulkane der Auvergne werden im Park **Vulcania** (☏08 20 82 78 28; www.vulcania.com; Erw./Kind 23/15 €; ⏱10–18 Uhr, Sept. Mo & Di geschl.) auf faszinierende Weise wieder zum Leben erweckt. Er liegt 15 km westlich von Clermont an der D941B.

Der Park, in dem Lehrreiches aufregend vermittelt wird, war ein Traum der französischen Geologen Katia und Maurice Krafft. Tragischerweise kamen sie 1992 – ein Jahr vor der Eröffnung – bei einem Ausbruch des Unzen in Japan ums Leben. Besucher betreten die Anlage durch einen goldglitzernden Kegel und einen nachgebildeten Krater mit aufwallenden Dämpfen und dröhnenden Eruptionen. Der Park wird regelmäßig um neue Attraktionen ergänzt. Zu den Highlights gehören der „dynamische" 3D-Film **Das Erwachen der Riesen der Auvergne**, der Vulkaneruptionen samt Druckwelle und sprühendem Wasser veranschaulicht, der **Entschleierte Erdball**, der die Besucher neuerdings anhand von Satellitenaufnahmen die Erde bereisen lässt, und der merkwürdige **Dragon Ride** – nicht besonders lehrreich, aber dafür ein Mordsspaß!

Im **Volcan de Lemptégy** (☏04 73 62 23 25; www.auvergne-volcan.com; Erw./Kind 8/6 €, mit dem Zug 12/9,50 €; ⏱10.30–18.30 Uhr), genau gegenüber vom Park Vulcania an der D941B, können Besucher die Vulkanlandschaften (Schlote, Lavaflüsse usw.) auf eigene Faust oder an Bord eines kleinen motorisierten Zugs erkunden. Zum Abschluss gib es den explosiven „dynamischen" 3D-Grubenfilm (nicht für Kleinkinder geeignet). Letzter Einlass ist zwei Stunden vor Schließung; es gibt ein Kombiticket mit der Maison de la Pierre in Volvic (S. 587).

Orcival

266 EW. / 870 M Ü. M.

Auf halber Strecke zwischen dem Puy de Dôme und Le Mont-Dore liegt Orcival, der Geburtsort des ehemaligen französischen Präsidenten Giscard d'Estaing. Den Mittelpunkt des winzigen Dorfs mit seinen hübschen schiefergedeckten Häusern und alten Scheunen am Ufer des Flüsschens Sioulet bildet die romanische **Basilique Notre-Dame** (⏱8–12.30 & 14–19.30 Uhr), die für ihre elegante Krypta und für die aus dem 12. Jh. stammende Jungfrau von Orcival bekannt ist. Bemerkenswert sind auch die kunstvollen Eisenarbeiten am Hauptportal mit Darstellungen der Apokalypse.

Wenn die winzige **Touristeninformation** (☏04 73 21 85 19; www.terresdomes-sancy. com; ⏱Di–Sa 14–18 Uhr) von Orcival gegenüber der Basilique Notre-Dame geschlossen ist, geben die Touristeninformationen in Le Mont-Dore oder La Bourboule Tipps zu **Wandermöglichkeiten** in der Umgebung und am Lac de Guéry.

Fans von französischen Gärten sollten auf jeden Fall das **Château de Cordès** (☏04 73 65 81 34; www.chateau-cordes-orcival. com, auf Frz.; Garten & Schloss Erw./Kind 4 €/frei, nur Garten 2,50 €/frei; ⏱Mi–So 10–12 & 14–18 Uhr) aus dem 15. Jh. besuchen. Das Schloss ist im Stil des 18. Jhs. möbliert und besitzt einen phantastischen Park nach Plänen von Le Nôtre, der auch die Gärten von Versailles gestaltet hat. Es liegt nördlich des Dorfes an der D27.

Paraglider kommen auf den Gipfeln der Umgebung ebenfalls auf ihre Kosten. **Aero Parapente** (☏0661241145; www.aeroparapente .fr, auf Frz.; je Sprung inkl. Ausrüstung 80 €; ⏱April–Okt.) in Orcival bietet Tandemsprünge.

Orcival eignet sich gut für einen Tagesausflug. Für Übernachtungen hat das einfache **Hôtel Notre-Dame** (☏04 73 65 82 02; EZ 40 €, DZ 45–48 €; ⏱Feb.–Dez.) sieben gemütlich hergerichtete Zimmer, von denen eines sogar eine winzige Terrasse bietet – und einen „eingebauten Wecker", denn die Glocken der Basilika bimmeln gleich nebenan. Das rustikale **Restaurant** (Menüs 13–25 €) serviert ordentliche Portionen *chou farci* (Kohlrouladen) und *aligot* (Kartoffelpüree mit Knoblauch und Tomme-Käse).

Orcival ist nicht an das öffentliche Verkehrsnetz angeschlossen, ein eigenes Auto ist deshalb unverzichtbar.

Col de Guéry

Südlich von Orcival schlängelt sich die D27 auf den Pass Col de Guéry, der ringsum großartige Ausblicke bietet. Im Winter legt das **Foyer Ski de Fond Guéry-Orcival** (☏04 73 65 20 09; www.leguery.fr; Tagesskipass Erw./Kind 6,90/2,90 €) hier ein Netz von Langlaufloipen an.

Jenseits des Passes glitzert der kalte **Lac de Guéry**, auf 1250 m der höchstgelegene See im Zentralmassiv. Der See ist randvoll mit Forellen und Hechten; **Angeln** (6 €/Tag) kann man hier auch im Winter, denn dies ist der einzige See in Frankreich, an dem *pêche blance* (**Eisfischen**, 23 €/Tag) erlaubt ist. Infos gibt's bei den Touristeninformationen der Region oder nach einem Anruf bei **Moniteurs de Pêche** (📞04 73 65 61 04). In unschlagbarer Lage am Ufer bietet das gemütliche Gasthaus **Auberge du Lac de Guéry** (📞04 73 65 02 76; www.auberge-lac-guery.fr, auf Frz.; DZ 61 €; 🛜📶) in seinem **Restaurant** (Menü 20–41 €) frischen Fisch direkt aus dem See. Die Öffnungszeiten vorab erfragen.

Le Mont-Dore

1735 EW. / 1050 M Ü. M.

In einem engen Tal 44 km südwestlich von Clermont-Ferrand und nur vier Kilometer nördlich von Puy de Sancy (1886 m) liegt der höchste Gipfel in Zentralfrankreich und das wichtigste Wintersportgebiet im Zentralmassiv – Le Mont-Dore. Hier geht es wesentlich entspannter zu als in den actionreichen Skigebieten der Alpen, daher ist es perfekt für Wanderer und Schnee-Enthusiasten, die es etwas ruhiger angehen lassen wollen.

🎯 Sehenswertes & Aktivitäten

Thermes du Mont-Dore   SPA
(📞04 73 65 05 10; 1 place du Panthéon; ⏰Mo–Fr 9–12 & 14–17.30, Sa 9–12 Uhr) Lange bevor jemand auf die Idee kam, sich Bretter unter die Füße zu schnallen und damit die Hänge hinunterzurasen, kamen die Besucher wegen der heißen Quellen nach Le Mont-Dore, die hier mit Temperaturen zwischen 37 °C und 40 °C aus dem Boden sprudeln. Die ersten Badegäste waren (natürlich) die reinlichen Römer und einige der Grundmauern ihrer Bäder sind noch heute zu entdecken. Neben den Anwendungen werden in der Nebensaison 45-minütige **Führungen** (Erw./Kind 3,60/2,50 €; ⏰Mo–Sa 14, 15 & 16 Uhr, auf Frz.) durch das neobyzantinische Gebäude aus dem 19. Jh. angeboten.

Funiculaire du Capucin   SEILBAHN
(av. René Cassin; Erw. einfach/hin & zurück 3,50/4,40 €, Kind einfach/hin & zurück 2,80/3,50 €; ⏰Mi–So 10–12.10 & 14–17.40 Uhr, Okt.–Mitte Mai geschl.) Diese Seilbahn von 1898, die älteste Frankreichs, ist heute ein historisches Denkmal. Mit einer Geschwindigkeit von 1 m pro Sekunde kriecht sie zum 1270 m hohen Plateau von Les Capucins hinauf. Auf dem Plateau gibt es eine Reihe von Wanderwegen, u. a. den **GR30**, der sich südwärts zum Puy de Sancy schlängelt und weiter zum Pic du Capucin (1450 m; ca. 45 Min. eine Richtung). Ein anderer führt steil hinab in die Stadt.

Téléphérique du Sancy   SEILBAHN
(Erw. einfach/hin & zurück 5,80/7,50 €, Kind einfach/hin & zurück 5,20/6,80 €; ⏰Juli & Aug. 9–19 Uhr, Mitte April–Juni & Sept. 9–12.10 & 13.30–17 Uhr, Okt. am Wochenende & Ostern 9–12.15 & 13.30–17 Uhr) Den schneebedeckten Gipfel des Puy de Sancy erreicht man mit der Seilbahn. Von der Station führt ein kurzer Fußweg mit Stufen zum Gipfel, von wo sich fabelhafte Ausblicke zu den nördlichen *puys* und den Monts du Cantal bieten.

Wintersport   WINTERSPORT
In der Nähe von Le Mont-Dore bieten die beiden Ski- und Snowboardgebiete **Puy de Sancy** und **Super-Besse** (S. 592) insgesamt 85 km lange Abfahrtspisten (Tagespass Erw./Kind 26,50/18,50 €) für Anfänger und Fortgeschrittene sowie zahlreiche Langlaufloipen (Tagespass Erw./Kind 6,90/2.90 €).

Auch Ausflüge mit Schneeschuhen werden immer beliebter. **Mont-Dore Aventures** (📞04 73 65 00 00; www.montdore aventures.com; Le Salon du Capucin; Telefonauskunft zu Mietpaketen), 3 km nordwestlich von Le Mont-Dore (ausgeschildert ab Route de la Tour d'Auvergne), verleiht *racquettes* (Schneeschuhe in Tennisschlägerform), aber auch Langlaufausrüstung und Schlitten.

In Le Mont-Dore gibt es zahlreiche Möglichkeiten, Wintersportausrüstung auszuleihen.

Wandern   WANDERN
In der Umgebung von Le Mont-Dore verlaufen zahlreiche Wanderwege, die alle hervorragend ausgeschildert und auf guten Wanderkarten verzeichnet sind; z. B. auf der Karte *Massif du Sancy* (9,50 €) im Maßstab 1:30 000 von Chamina oder in dem Wanderführer *Massif du Sancy* (9,50 €), der 36 Wanderwege der Umgebung beschreibt. Beide werden in der Touristeninformation verkauft.

Mont-Dore Aventures   OUTDOORAKTIVITÄTEN
(📞04 73 65 00 00; www.montdoreaventures.com; Le Salon du Capucin; für 3½ Std. Erw./Kind 21/16 €; ⏰Kurse April–Okt.) Ein *parcour acrobatiques en hauteur* – das heißt, man kann hier wie Tarzan an Lianen durch die Baumwipfel schwingen. Inhaber und Abenteurer der Region, Gilles Riocreux, hat jede Menge Tipps rund um Outdooraktivitäten jenseits der üblichen Pfade.

Eislaufbahn   EISLAUFEN, BOWLING
(📞04 73 65 06 55; allée Georges Lagaye; Schlittschuhlaufen Erw./Kind 6,70/5,30 €, Bowling vor/

nach 20 Uhr 6/5 €; ☺Juli–April) Bei schlechtem Wetter ist die Eisbahn von Le Mont-Dore genau richtig für einen Ausflug mit Kind und Kegel. Öffnungszeiten telefonisch erfragen.

🛏 Schlafen

Camping Domaine de la Grande Cascade
CAMPINGPLATZ €

(📞04 73 65 06 23; www.camping-grandecascade. com; rte de Besse; Plätze ab 10 €; ☺Juni–Sept.; 📶🛜) Auf 1250 m Höhe ist dieser Campingplatz nicht gerade behaglich warm. Aber er ist ein überwältigender Ort zum Zelten: neben einem 30 m hohen Wasserfall und mit wunderschönen Blicken auf die umliegenden Berge. Von Le Mont-Dore auf der D36 3 km Richtung Süden.

Hôtel Le Progrès-Dorlotel
HOTEL €

(📞04 73 65 05 96; www.hotel-leprogres-dorlotel.com; 5 & 6 rue Marie-Thérèse; EZ 40 €, DZ 55–60 €; 🛜) Dieses zentral gelegene, von einer Familie geführte Hotel ist eines der wenigen hier in der Region, die ökologisch nachhaltig wirtschaften – mit biologisch abbaubaren Produkten, Abfallmanagement und mehr. Die schnieken Zimmer bieten klare Linien und helle Farben. Im **Restaurant** (Menü 13 €) gibt es Spezialitäten der Region, z. B. Kalbsroulade.

Hôtel de Russie
HOTEL €€

(📞04 73 65 05 97; www.lerussie.com; 3 rue Favart; DZ 60–75 €; @🛜🛜) Das geschmackvoll modernisierte Stadthotel mit Designakzenten ist ein Genuss – von den Parkettböden und bunt gekalkten Wänden bis zum antiken Holz und den Laternen in der Lobby. Sehr schöne Zimmer in Cappuccinobraun und Weiß und herrliche Doppelzimmer für Familien. Das **Restaurant** (Menü ab 18 €) überzeugt mit ländlicher Eleganz.

Grand Hôtel
HOTEL €

(📞04 73 65 02 64; www.hotel-mont-dore.com; 2 rue Meynadier; EZ/DZ 54/64 €; ☺Mitte Dez.– Mitte Nov.; 🛜🛜) Dieses Wahrzeichen von Le Mont-Dore wurde 1850 erbaut und geschmackvoll renoviert. Es bietet mehr Komfort und Stil, als die günstigen Preise vermuten lassen: tiefrote Ledersofas, Wandbilder im Stil von Chagall und Designerlicht in der Lobby. Außerdem gibt's schicke Zimmer mit dicken Daunendecken und großen Badewannen; einige haben sogar Balkon. Zum Frühstück (7,50 €) gibt es u. a. selbst gemachte Marmelade, frisch gepresste Säfte und Mini-Pasteten.

Auberge de Jeunesse Le Grand Volcan
HOSTEL €

(📞04 73 65 03 53; le-mont-dore@fuaj.org; rte du Sancy; B inkl. Frühstück 17,20 €; ☺Mitte Dez.– Mitte Nov.; 🛜) Das ausgezeichnete Hostel ist sehr beliebt bei Skifahrern und Wanderern, denn es liegt direkt an der Seilbahn Puy de Sancy, 3,5 km südlich der Stadt – deshalb lange im Voraus buchen! Die blitzsauberen 2- bis 6-Bettzimmer haben ein eigenes Bad. Zum Unterhaltungsangebot gehören Tischtennis, Tischfußball und eine hauseigene Bar.

Le Buron de Dame Tartine
ZIMMER MIT FRÜHSTÜCK €€

(📞04 73 65 28 40; www.auberge-dame-tartine. com, auf Frz.; rte du Sancy; DZ 65–80 €; @) Dieser renovierte *buron* (Schäferhütte) bietet rustikale Zimmer mit Kiefernmöbeln, polierten Fußböden und einer unvergesslichen Aussicht auf die Berge. Steinmauern, unverputzte Ziegelwände und dicke Balken bestimmen die Atmosphäre des **Restaurants** (Menüs 25 €), das sich auf Gebirgskost spezialisiert hat: *truffade* (Kartoffelscheiben und Cantal-Käse) und *tartiflette* (Savoyer Kartoffel-Käse-Wurstgratin).

🍴 Essen

Die meisten Hotels von Le Mont-Dore bieten Halbpension, in der Saison oft obligatorisch.

La Vieille Étable
CRÊPERIE €€

(📞04 73 65 20 49; rue Maurice Sauvagnat; Hauptgerichte 7,20–16,20 €; ☺Do–Mo) Bei Einheimischen ist diese einfache, mit Holz ausgekleidete Crêperie äußerst beliebt (früh kommen!), besonders die wunderbaren *galettes* des Hauses, die von deftigen Rezepten der Auvergne inspiriert sind, wie z. B. Galette Montdorienne mit Auvergne-Schinken und *bleu d'Auvergne*-Käse.

Le Salon du Capucin
REGIONAL €€

(📞04 73 21 89 43; Menü 15–35 €; ☺Mi–So mittags, Di & Sa abends; 🛜) Die Lage im Wald und der Abenteuerpark (Mont-Dor Aventures) nebenan sorgen für den Appetit auf die üppige Küche dieses ländlichen Lokals.

Le Bougnat
REGIONAL €€

(📞04 73 65 28 19; av. Georges Clemenceau; Menü 20–28 €) Herzhafte Bergkost gibt's auch in diesem alten Landrestaurant. Auf die soliden Holztische kommen meist Fondues und Eintöpfe.

Selbstversorger

La Petite Boutique du Bougnat (1 rue Montlosier) bietet einen Querschnitt durch die Köstlichkeiten der Region: Würste, Schinken und Wein der Auvergne. Eine gute Auswahl an Käse hat gleich gegenüber die **Fromagerie** (rue Montlosier).

Praktische Informationen

Post (place Charles de Gaulle)

s@ncyber (allée Georges Lagaye; 5 €/Std.; ☺Mo–Fr 14–19 Uhr) Internetzugang, während der Ferien und in der Skisaison längere Öffnungszeiten.

Touristeninformation (☑04 73 65 20 21; www.sancy.com; av. de la Libération; ☺Mo–Sa 9–12.30 & 13.30–18, So 9–12.30 & 13.30–17 Uhr) Hängt täglich Wetterbericht und Pistenreport aus.

Anreise & Unterwegs vor Ort

Direktzüge verbinden Le Mont-Dore mit Clermont-Ferrand (12,40 €, 1½ Std., 2-mal tgl.), zusätzlich fährt auch ein SNCF-Bus, teilweise mit Umsteigen in Lacqueuille.

Im Winter verkehrt für Skifahrer eine kostenlose *navette* (Pendelbus) zwischen Le Mont-Dore und der Sancy-Seilbahn.

Rund um Le Mont-Dore

LA BOURBOULE
2103 EW. / 850 M Ü. M.

Die Kurquellen des Belle Époque-Örtchens La Bourboule liegen 7 km flussabwärts von Le Mont-Dore. Anwendungen werden u. a. in den auffälligen **Les Grands Thermes** (☑04 73 81 21 00; www.grandsthermes-bourboule.com, auf Frz.; bd Georges Clémenceau; Bad/Massagedusche 14 €) angeboten.

Der auch als *la station oxygène* bekannte Ort bietet nette Gelegenheiten für einen eleganten Stadtbummel und um in der klaren Bergluft etwas trinken zu gehen. Vom Landschaftspark **Fenestre** mit Mammutbäumen, Kiefern und Openair-Spielen fährt eine **télécabine** (Erw./Kind hin & zurück 4,55/2,55 €) hinauf zum **Plateau de Charlannes** (1300 m) mit zahlreichen Sommer-Wanderwegen.

🛏 Schlafen & Essen

Le Pavillon　　　　BOUTIQUEHOTEL €
(☑04 73 65 50 18; www.hotellepavillon.fr, auf Frz.; 209 av. de l'Angleterre; DZ 67–87 €; @🖥🅿) Die Zimmer in diesem Jugendstil-Schmuck-

stück bieten sanftes Licht sowie Kakao- und Karamelltöne. Der Salon ist perfekt, um sich zum Lesen bei einer Tasse Kaffee zurückzuziehen. Und im hauseigenen **Restaurant** (Menü 16–39 €) besticht die Küche mit selbst angebauten Kräutern und Gemüsesorten.

Hôtel Le Parc des Fées　　　HOTEL €€
(☑04 73 81 01 77; www.parcdesfees.com, auf Frz.; 107 quai Maréchal-Fayolle; DZ 66–71 €; @🖥🅿) Diese renovierte Herberge mischt Gestaltungselemente der Belle Époque mit neueren Ausstattungsdetails (Ledersessel, Topfpflanzen usw.). Möglichst ein Zimmer mit Blick auf den Puy de Sancy nehmen. Es gibt ein Kinderspielzimmer und ein nobles **Restaurant** (Menü 12–32 €).

✆ Praktische Informationen

Die gute **Touristeninformation** (☑04 73 65 57 71; www.sancy.com; place de la République; ☺Mo–Sa 9–12 & 13.30–18 Uhr) von La Bourboule liegt im Hôtel de Ville.

WANDERN IM ZENTRALMASSIV

Das Zentralmassiv ist ein erstklassiges Wandergebiet mit einem Netz gut markierter Pfade, 13 GR-Fernwanderwege (darunter der in Nordsüdrichtung verlaufende GR4) werden ergänzt durch Hunderte kleinerer Fußwege. Zentren sind der Parc des Volcans d'Auvergne und die Monts du Cantal um Murat sowie das Berggebiet um Le Mont-Dore, Puy de Sancy und den Col de Guéry.

Die Möglichkeiten reichen von Tageswanderungen bis zu mehrwöchigen Touren. Passionierte Wanderer wagen sich an die 290 km lange **Durchquerung der Hoch-Auvergne** über die Chaîne des Puys; an den **Robert Louis Stevenson Trail** ab Monastier-sur-Gazeille, der den Spuren des berühmten Schriftstellers durch die Cevennen folgt; oder an die Pilgerroute **Via Podensis** ab Le Puy-en-Velay.

Zahlreiche französischsprachige Wanderführer decken auch das Zentralmassiv ab, darunter die Bücher von **Chamina** (www.chamina.com, auf Frz.).

Auch online gibt es viele Informationen: www.rando-massifcentral.com (auf Frz.) führt eine Datenbank mit mehr als 400 Wanderwegen im Zentralmassiv.

🛈 An- & Weiterreise

Der Zug nach Le Mont-Dore (1,50 €, 10-mal tgl.) braucht nur 8 Minuten.

MUROL & LAC CHAMBON
568 EW. / 849 M Ü. M.

Etwa 10 km östlich von Le Mont-Dore thront das im 12. Jh. erbaute **Château de Murol** (📞04 73 26 02 00; www.chateaude murol.fr, auf Frz.; Erw./Kind 9/7 €; ⊙wechselnde Öffnungszeiten) auf einem Hügel, der von einem Dorf umgeben ist. Führungen mit mittelalterlichen Inszenierungen (im Sommer bis zu 5-mal tgl.), bei denen kostümierte Erzähler, Mägde und Hofnarren den Burgalltag wieder aufleben lassen und Ritter vor der Kulisse des Wehrturms aufeinander eindreschen, müssen vorab gebucht werden.

1,5 km westlich von Murol liegt der bei **Wassersportlern** beliebte **Lac Chambon**, an dessen hübschen Ufern Kanus und Surfbretter verliehen werden.

📍 **Camping les Bombes** (📞04 73 88 64 03; www.camping-les-bombes.com; Chemin de Pétary, Chambon-sur-Lac; Platz ab 13,30 €; ⊙Mai–Mitte Sept.; ▣▣) westlich des Sees ist einer von mehreren ökologischen Campingplätzen in der Umgebung des Lac Chambon.

BESSE-EN-CHANDESSE & UMGEBUNG
1632 EW. / 805 M Ü. M.

Kleine Häuser aus Basaltblöcken und Kopfsteinpflasterstraßen prägen das Bergdorf Besse-en-Chandesse (auch bekannt als Besse-et-Saint-Anastaise), 9,4 km südlich von Murol. Hier ticken die Uhren noch gemächlich. Während der **Transhumance de la Vierge Noire** anlässlich des Almauftriebs am 21. Juli und des Almabtriebs am ersten Sonntag nach dem 21. September werden Straßenfeste mit Feuerwerk veranstaltet.

Besse ist vor allem für seinen Skiort **Super-Besse** (www.sancy.com) bekannt, der etwas weniger als 7 km westlich des Dorfs liegt. Super-Besse ist über die D978 zu erreichen oder auf dem Wanderweg GR30 mit optionalem Abstecher zum Gipfel des 1407 m hohen Puy de Montchal. Die Skipässe (S. 589) gelten auch für Le Mont-Dore.

Im Ort können sich Skifahrer im **Musée du Ski** (📞04 73 79 57 30; 11 rue de la Boucherie; Eintritt 4,50 €; ⊙Schulferien 9–12 & 14–19 Uhr) altmodische Skiausrüstung anschauen. Öffnungszeiten besser telefonisch bestätigen lassen.

ST-NECTAIRE
735 EW. / 760 M Ü. M.

6 km östlich von Murol breitet sich an der D996 entlang des Flusses St-Nectaire aus. Der Ort, der weithin für seinen gleichnamigen AOC-Käse berühmt ist, besteht aus zwei Hälften: das jüngere St-Nectaire-le-Bas mit einigen Belle-Époque-Bauwerken aus seiner Vergangenheit als Kurort und das weit ältere St-Nectaire-Le-Haut, das über eine steile serpentinenreiche Nebenstraße zu erreichen ist.

👁 Sehenswertes & Aktivitäten

Romanische Kirche   KIRCHE
(⊙9–19 Uhr) Die architektonische Hauptattraktion des Ortes liegt im Oberdorf. Im Inneren gibt es eine schöne Madonnenstatue aus dem 12. Jh.

Grottes du Cornadore   RÖMISCHE RUINE
(www.grottes-de-cornadore.com; Erw./Kind 6,20/4,70 €; ⊙10–17 Uhr, Nov.–Mitte Feb. geschl.) Die Überreste der römischen Bäder des Ortes sind faszinierend.

Site Troglodyte de Jonas   HÖHLE, FRESKO
(www.grottedejonas.fr; Erw./Kind 6/5 €; ⊙13.30–18 Uhr) Höhlensystem und mittelalterliche Fresken, 6 km südlich des Ortes.

La Maison du Fromage   KÄSEVERKOSTUNG
(📞04 73 88 57 97; route de Murol; Erw./Kind 5,50/4,50 €; ⊙10–12 & 15–19 Uhr) Alles Wissenswerte über den Käse der Stadt, inkl. Kostprobe.

Auvergne Montgolfière   BALLONFAHRTEN
(📞04 73 88 40 00; www.auvergne-montgolfiere. com; 1/2 Erw. 240/460 €) St-Nectaire aus der Vogelperspektive erleben bei einer Fahrt mit dem Heißluftballon. Preise inklusive Transport mit dem Geländewagen; der Abfahrtsort hängt von den Wetterbedingungen ab.

🛏 Schlafen & Essen

Zu den Hotels von St-Nectaire zählt auch ein riesiges Mercure.

LP TIPP | **Le Chastel Montaigu**
ZIMMER MIT FRÜHSTÜCK €€€
(📞04 73 96 28 49; www.lechastelmontaigu.com, auf Frz.; Montaigut-le-Blanc; DZ inkl. Frühstück 135–145 €) 11 km von St-Nectaire Richtung Osten an der D996 liegt auf einem privaten Hügelgrundstück diese Märchenburg, die mit authentischen mittelalterlichen Materialien auf Ruinen errichtet wurde. Die vier Zimmer sind mit wuchtigen Steinblöcken,

kostbaren Stoffen und antiken Wandbehängen ausstaffiert. Eines der Zimmer hat sogar eine eigene Turmterrasse, alle bieten einen traumhaften Blick über das Tal. Und wer die Wendeltreppen zu den mittelalterlichen Terrassen emporsteigt, fühlt sich tatsächlich ein bisschen wie ein echter *seigneur*. Mindestaufenthalt: zwei Übernachtungen bzw. die volle Länge gesetzlicher Feiertage und Ferien.

🏡 **Villa St-Hubert** ZIMMER MIT FRÜHSTÜCK €€
(📞04 73 88 41 30; www.villasthubert.com; St-Nectaire-Le-Haut; DZ 50–75 €; 🅿️) Schicke Tapeten, weiche Betten und ein weitläufiger Garten mit Kastanienbäumen machen dieses hübsch renovierte Herrenhaus aus dem 17. Jh. zu einem echten Schmuckstück. Hervorragend sind auch die *tables d'hôtes* (20 €, vorab reservieren), die in einem fürstlichen, von Kandelabern beleuchteten Speisesaal serviert werden.

ℹ️ **Praktische Informationen**

Die **Touristeninformation** (📞04 73 88 50 86; 🕙Mo–Fr 9–12 & 14–18 Uhr) von St-Nectaire liegt an der Hauptstraße in St-Nectaire-Le-Bas.

ℹ️ **An- & Weiterreise**

St-Nectaire wird nur äußerst selten, etwa an ein oder zwei Tagen in der Woche, von öffentlichen Verkehrsmitteln angefahren. Fahrzeiten gibt es bei der Touristeninformation.

Murat & Monts du Cantal

2154 EW. / 930 M Ü. M.

Das Dorf Murat klammert sich an eine steile Basaltklippe, auf der eine Statue der Jungfrau Maria thront. Es liegt ideal, um die Bergwelt der Monts du Cantal zu erkunden. Das Knäuel dunkler Steinhäuser, die sich unter dem Rocher Bonnevie zusammendrängen, ist eine der schönsten Ortschaften im Cantal und ein beliebtes Wander- und Skizentrum.

👁 **Sehenswertes & Aktivitäten**

Die gewundenen Gassen und windschiefen Häuschen von Murats Altstadt bieten sich für einen entspannten Nachmittagsspaziergang an.

Im Westen erheben sich die Gipfel Puy Mary (1787 m), Plomb du Cantal (1858 m) und Puy de Peyre-Arse (1806 m) als letzte Überreste eines explodierten Riesenvulkans, der einst das gesamte Massiv Cantal umfasste.

Église Notre-Dame-des-Oliviers KIRCHE
Direkt im Ort lohnt die Kirche einen kurzen Abstecher, vor allem wegen ihres Glockenturms aus dem 15. Jh. und ihrer *Verge Noire*.

Maison de la Faune MUSEUM
(www.murat.fr, auf Frz.; Erw./Kind 4,50/2,90 €; 🕙Mo–Sa 10–12 & 14–17, So 14–17 Uhr) Nachwuchsentomologen schwärmen auf direktem Weg zu diesem gewundenen Steinturm, gegenüber der Place de l'Hôtel de Ville. Hier lagern 10 000 Insekten, Schmetterlinge und Tierpräparate aus aller Welt.

Rocher Bonnevie WANDERN
Die schönste Aussicht gibt es nur zum Preis einer anstrengenden Besteigung des Rocher Bonnevie. Einheimische Fitness-Fans veranstalten regelmäßig Wettrennen zum Gipfel, Normalsterbliche brauchen etwa 45 Minuten für die Strecke. Rot-weiße GR-Markierungen und Schilder weisen den Weg zum Rocher.

Le Lioran SKIFAHREN
(📞08 25 88 66 00; www.lelioran.com; Tagespass Erw./Kind 23,50/18,90 €) Etwa 14 km westlich von Murat können Skifahrer die Pisten erobern.

🛏 **Schlafen & Essen**

Auberge de Maître Paul HOTEL €
(📞04 71 20 14 66; www.auberge-paul.fr, auf Frz.; 14 place du Planol; EZ 40 €, DZ 50–55 €, 3BZ 65–70 €; 🅿️) Diese gesellige und viel besuchte Herberge aus dem 16. Jh. im Ortszentrum bietet schlichte Zimmer mit Pfirsich- und Gelbtönen und knarrendem Korridor. Wanderern fährt der Betreiber manchmal sogar das Gepäck zum nächsten Zielort. Das solide **Restaurant** (Menü ab 9,50 €) serviert riesige Pizzas.

Aux Globe-Trotters HOTEL €
(📞04 71 20 07 22; www.murathotelglobe trotters.com, auf Frz.; 22 av. du Docteur Mallet; DZ 34–43 €; @) Einige der Zimmer in dieser gemütlichen Unterkunft quetschen sich im oberen Stockwerk zwischen die Dachschrägen, einige bieten einen Ausblick in den Hotelgarten, manche gehen zur betulichen Straße raus. Alle sind hübsch und freundlich eingerichtet, mit Naturholzmöbeln und Wanne oder Dusche.

A la Maison de Justine
ZIMMER MIT FRÜHSTÜCK €
(📞04 71 20 75 72; maurinjc@yahoo.fr; 4 place Gandilhon Gens d'Armes; DZ 50–65 €) Mitten

im mittelalterlichen Herz von Murat bietet dieses charmante B&B drei Zimmer vollgestellt mit Büchern und Antiquitäten.

Camping Municipal Stalapos

CAMPINGPLATZ €

(☑04 71 20 01 83; www.camping-murat.com, auf Frz.; rue du Stade; Platz ab 6,20 €; ☺April–Sept. & Mitte Dez.–Mitte März; @) Dieser hübsche Campingplatz am Fluss Alagnong liegt 750 m südlich vom Bahnhof.

Selbstversorger

Neben der Touristeninformation verkauft Caldera (3 rue Justin Vigier) Käse aus der Region, Aufschnitt, Honig, Marmelade und Likör.

❶ Praktische Informationen

Die **Touristeninformation** (☑04 71 20 09 47; www.officedetourismepaysdemurat.com; place de l'Hôtel de Ville; ☺Mo–Sa 9–12 & 14–18, So 10–12 Uhr) schöpft aus einem riesigen Reservoir von Wandermöglichkeiten und Aktivitäten in der Gegend von Cantal.

❶ Anreise & Unterwegs vor Ort

SNCF-Busse verbinden Murat mit Clermont-Ferrand (18,20 €, 2¼ Std., 6-mal tgl.) und mit Aurillac (8,30 €, 1 Std.).

Die Landschaft ermöglicht herrliche, wenngleich etwas anstrengende Radtouren. **Ô P'tit Montagnard** (☑04 71 20 28 40; www.mag sport-cantal.com, auf Frz.; rue Faubourg Notre-Dame) vermieten zuverlässige Räder.

PARC NATUREL RÉGIONAL LIVRADOIS-FOREZ

Dieser Naturpark mit Nadelwäldern ist eines der größten Schutzgebiete in Frankreich. Er erstreckt sich von der Limagne-Ebene im Westen bis zu den Monts du Forez im Osten. Einst ein Zentrum der Land- und Forstwirtschaft, ist das Gebiet heute ein Paradies für Naturfreunde und Spaziergänger.

Die Maison du Parc (Informationsbüro des Parks; ☑04 73 95 57 57; www.parc-livradois-forez. org, auf Frz.; ☺ Mo–Fr 9–12.30 & 13.30–17.30, Sa & So 14–18 Uhr, Anfang Juni & Ende Sept. Sa & So geschl.) befindet sich an der D906 in St-Gervais-sous-Meymont. Sie bietet zahlreiche Infos über regionale Hersteller von Honig,

Spitzen und Parfums sowie zu Wanderwegen und Mountainbike-Trails.

Eine nette (aber unregelmäßig verkehrende) **Touristenbahn** (☑04 73 82 43 88; www.agrivap.fr, auf Frz.) fährt von Courpière (15 km südlich von Thiers) über Ambert nach La Chaise-Dieu durch den Park. Es gibt verschiedene Strecken zu unterschiedlichen Zeiten im Jahr, entweder im Doppeldeckerwagen des *train panoramique* oder in einer historischen Dampflok.

Thiers

12 559 EW. / 420 M Ü. M.

An die Hänge über den Gorges de la Durolle klammert sich die Industriestadt Thiers, in der seit Jahrhunderten Besteck am laufenden Band produziert wird. Noch heute kommen etwa 70 % der Messer aus französischer Produktion von hier.

Einen Überblick ermöglicht das Musée de la Coutellerie (Besteck-Museum; www. musee-coutellerie-thiers.com, auf Frz.; 23 & 58 rue de la Coutellerie; Erw./Kind 6,90/2,80 €; ☺10–12 & 14–18 Uhr), das sich auf zwei Gebäude an der Rue de la Coutellerie verteilt. Haus Nr. 23 befasst sich mit der Geschichte der Besteckherstellung, Haus Nr. 58 birgt die einzigartige Messersammlung des Museums. 4 km stromaufwärts von Thiers liegt das Vallée des Rouets (Tal der Wasserräder; ☺12–18 Uhr), ein Freiluftmuseum zu Ehren der Messerschleifer, die hier einst an wassergetriebenen Schleifsteinen gearbeitet haben. Im Eintrittspreis enthalten ist das Ticket für den Pendelbus vom Museum in der Stadt ins Tal.

Überall in den mittelalterlichen Gassen und Fachwerkhäusern der Stadt haben sich Messerhändler niedergelassen – die freundliche **Touristeninformation** (☑04 73 80 65 65; www.thiers-tourisme.fr, auf Frz.; 1 place du Pirou; ☺9.30–12 & 14–18 Uhr) empfiehlt Geschäfte.

Thiers lohnt sich nicht für eine Übernachtung, Interessierte können von Clermont-Ferrand bequem mit einem der regelmäßigen Züge anreisen (8 €, 45 Min.).

Ambert

7323 EW. / 560 M Ü. M.

Im 16. Jh. gab es in Ambert, 30 km nördlich von La Chaise-Dieu, mehr als 300 Wassermühlen für die Herstellung von Papier. Heute ist die Stadt jedoch vor allem für einen der klassischen Käse der Auvergne bekannt, den Fourme d'Ambert.

Die **Touristeninformation** (☎04 73 82 61 90; www.ambert-tourisme.fr; 4 place de l'Hôtel de Ville; ⊙Mo–Sa 9.30–12.30 & 13.30–18 Uhr), gegenüber dem Hôtel de Ville, hilft bei der Zimmersuche.

In der restaurierten Mühle **Moulin Richard de Bas** (www.richarddebas.fr, auf Frz.; Erw./Kind 6,50/4,50 €; ⊙9.30–12.30 & 14–18 Uhr) aus dem 14. Jh. werden heute noch rund 500 Seiten Papier pro Tag streng nach traditionellen Verfahren hergestellt. Die Mühle liegt 4 km außerhalb der Stadt an der D57.

Die **Maison de la Fourme d'Ambert** (www.maison-fourme-ambert.fr, auf Frz.; 29 rue des Chazeaux; Erw./Kind 5/4 €; ⊙Di–Sa 10.30–12.30 & 13.30–18.30 Uhr) in der Fußgängerzone im Stadtzentrum präsentiert alles Wissenswerte zur Geschichte und Herstellung des Käses, der zum Markenzeichen der Stadt wurde. Die Drei-Käse-Verkostung kostet zusätzlich 2 €.

Lokales Flair in jeder Hinsicht gibt es in der beliebten **Brasserie Le Bon Coin** (☎04 73 82 03 08; 1 place St-Jean; Menü ab 29 €; 🍴), wo der *plat de jour* für günstige 7,90 € angeboten wird. Nach dem Essen kommt ein leckerer *café gourmand* (Kaffee mit einem Minidessert) auf den Tisch.

Der **Markt** am Donnerstagmorgen breitet sich rund um das Hôtel de Ville aus und ist wegen seiner Produkte von Biobauern aus der Region äußerst beliebt.

Von Clermont-Ferrand fahren SNCF-Busse nach Ambert (12,90 €, 2 Std.).

La Chaise-Dieu

885 EW. / 1082 M Ü. M.

Im Zentrum des geschichtsträchtigen Ortes La Chaise-Dieu, 42 km nördlich von Le Puy-en-Velay, steht die monumentale **Église Abbatiale de St-Robert** (⊙10–12 & 14–18 Uhr). Papst Clemens VI., der hier als Novize gelebt hatte, ließ sie im 14. Jh. den Grundmauern einer Klosterkapelle errichten.

Sehenswertes gibt es vor allem im **Chœur de l'Église** (Erw./Kind 4/1 €). Zu den Attraktionen dort zählen die gewaltige **Orgel** aus dem 18. Jh., das Marmorgrab von Clemens VI. und flämische Wandteppiche aus dem 16. Jh. Am bekanntesten ist jedoch die schauerliche **Danse Macabre**, ein Totentanz-Fresko aus dem 15. Jh.

Die wertvolle Orgel von La Chaise-Dieu spielt auch eine wichtige Rolle beim renommierten **Festival der Kirchenmusik**, das Ende August stattfindet.

Hinter der Kirche befindet sich die **Salle de l'Echo** – eine architektonische Besonderheit, die so beschaffen ist, dass sich Personen an den gegenüberliegenden Enden des Raums gegenseitig deutlich verstehen können, ohne dass diejenigen, die dazwischen stehen, etwas davon mitbekommen. Es wird behauptet, der Raum sei so gebaut worden, damit Mönche Leprakranken die Beichte abnehmen konnten, ohne sich zu infizieren.

Die **Touristeninformation** (☎04 71 00 01 16; www.la-chaise-dieu.info, auf Frz.; place de la Mairie; ⊙Di–So 10–12.30 & 14–19 Uhr) bietet englischsprachige Infoblätter mit Vorschlägen für einen Stadtspaziergang.

Hinter der Kirche, liegt sehr ruhig das **Hotel de l'Echo** (☎04 71 00 00 45; hotel delecho@orange.fr; place de l'Echo; DZ 49–72 €; ⊙April–Mitte Nov.) in einem renovierten Stadthaus mit herrlichen Zimmern und einem guten **Restaurant** (Menü ab 17 €) in den Küchenräumen des ehemaligen Klosters.

Die reizenden Zimmer im **La Jacquerolle** (☎04 71 00 07 52; www.lajacquerolle.com, auf Frz.; rue Marchédial; DZ 60–65 €) sind nach Blumen benannt und mit dicken Federbetten, Antiquitäten und holzverkleideten Wänden ausgestattet. Die *tables d'hôtes* (25 €) mit Zutaten aus der Region müssen vorab reserviert werden.

Es gibt bis zu drei Busse (2,50 €, 45 Min.) täglich zwischen La Chaise-Dieu und Le Puy-en-Velay.

LE PUY-EN-VELAY & UMGEBUNG

Le Puy-en-Velay

20 052 EW. / 630 M Ü. M.

Das in einem weiten Tal gelegene Städtchen Le Puy-en-Velay ist eine der überraschendsten Attraktionen in Zentral-Frankreich. Drei Vulkansäulen ragen hoch über die Häuser empor und werden von einem Trio kirchlicher Wahrzeichen gekrönt: einer Kirche aus dem 10. Jh., einer romanischen Kathedrale und einer mächtigen Gusseisenstatue der Jungfrau mit Kind, die seit 1860 über der Stadt wacht. Le Puy ist seit über 1000 Jahren Pilgerzentrum, vor allem für Pilger auf der Via Podensis, die von Santiago de Compostela hierher führt. Davon zeugen auch die vielen Heiligenfiguren in den Nischen der Mittelalter- und Renaissancehäuser in den gepflasterten Straßen der Stadt.

Überall in der verkehrsberuhigten Altstadt verkaufen Geschäfte die Markenzeichen von Le Puy: Spitzen, Linsen und den grünen Likör Verveine.

⊙ Sehenswertes & Aktivitäten

Cathédrale Notre-Dame & Kreuzgang
KATHEDRALE, KREUZGANG
(www.cathedraledupuy.org; Kreuzgang Erw./Kind 5 €/frei; ☺9–12 & 14–18.30 Uhr) Die Kathedrale aus dem 11. Jh. ist ein echtes Schmuckstück, das sogar als Weltkulturerbe gelistet ist: Die mehrstöckige Fassade, die hohen Säulen, romanischen Bogengänge und byzantinischen Kuppeln bilden ein himmlisches Ensemble und das Portal wird von Porphyrsäulen aus Ägypten flankiert. Im Inneren ist eine Statue des heiligen Jakobus zu sehen, dem Schutzheiligen der Pilger auf dem Jakobsweg, sowie eine der berühmtesten Vierge Noire (Schwarze Madonna) der Auvergne. Der **Kreuzgang** aus dem 12. Jh. mit seinen mehrfarbigen Ziegeln und Säulen verrät maurische Einflüsse.

Rocher Corneille & Notre-Dame de France
DENKMAL
(Erw./Kind 3/1,50 €; ☺9–18 Uhr) Durch die winzigen Luken im Inneren der rostroten Statue der Notre-Dame de France (oder Jungfrau Maria), die auf der 757 m hohen Vulkansäule Rocher Corneille aus dem Dächerwald der Stadt herausragt, eröffnen sich schwindelerregende Ausblicke über die Stadt. Eine knackende Wendeltreppe führt auf die 22,70 m hohe und 835 t schwere Antwort von Le Puy auf die Freiheitsstatue. Die Figur wurde aus 213 im Krimkrieg erbeuteten Kanonen gegossen.

Chapelle St-Michel d'Aiguilhe
KAPELLE
(www.rochersaintmichel.fr, auf Frz.; Erw./Kind 3/1,50 €; ☺9–18.30 Uhr) Le Puys älteste Kapelle (im 10. Jh. erbaut und danach mehrfach umgebaut) balanciert auf der Spitze einer zweiten, 85 m hohen Vulkansäule, zu der eine Treppe mit 268 Stufen hinaufführt. Das Innere wirkt wie eine Kulisse aus *Indiana Jones* – der Bau ist der Form des Felsens angepasst und seine eigenartigen Skulpturen und Fresken aus dem 12. Jh. schaffen eine unwirkliche Atmosphäre.

Centre d'Enseignement de la Dentelle au Fuseau
SPITZENMANUFAKTUR
(☎04 71 02 01 68; www.ladentelledupuy.com; 38–40 rue Raphaël; Erw./Kind 3,50 €/frei; ☺Mo-Fr 9–12 & 13.30–17.30, Sa 9.30–16.30 Uhr) Spitze war ein wichtiger Bestandteil von religiösen Gewändern. In ihrer Blütezeit als Pilgerzentrum war die Stadt Heimat von über 5000 Spitzenmanufakturen. Heute sind davon nur noch wenige übrig geblieben. Diese gemeinnützige Manufaktur, in der auch die Spitzenherstellung demonstriert

Le Puy-en-Velay

wird, zeigt ständige und wechselnde Ausstellungen zum Thema (z. B. über komplizierte Muster). Auch **Kurse** (pro Std. Erw./Kind 16,50/12 €) sind im Angebot. Die Touristeninformation gibt Auskunft über weitere Manufakturen, die besucht werden können.

La Distillerie de la Verveine du Velay

VERVEINE-BRENNEREI

(☎0471030411; www.verveine.com; ⊙Di–Sa 10–12 & 13.30–18.30 Uhr) Der feurige grüne Likör von Le Puy, Verveine Verte, wurde erstmals 1859 aus 32 Pflanzen und Kräutern zusammengemixt. Trotz seines hohen Alkoholge-

Le Puy-en-Velay

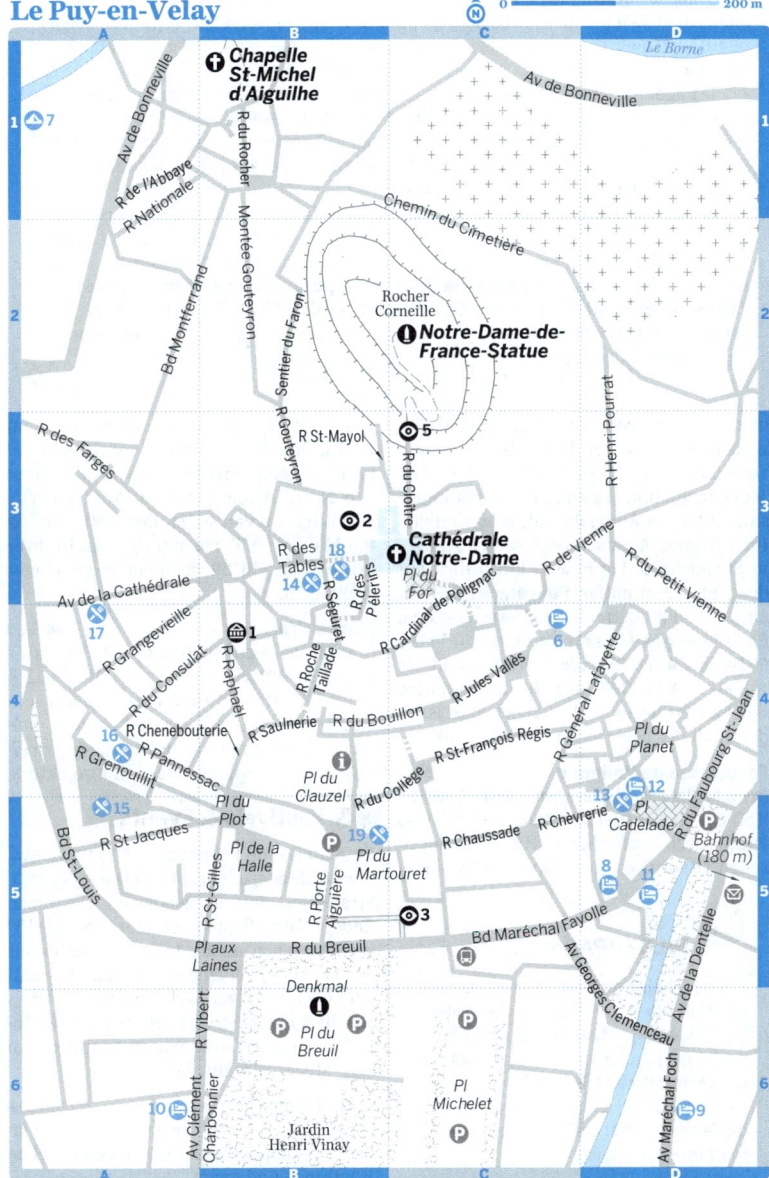

0 ————————— 200 m

🕆 **Chapelle St-Michel d'Aiguilhe**

Av de Bonneville

Le Borne

Av de Bonneville

R de l'Abbaye

R Nationale

R du Rocher

Montée Gouteyron

Bd Montferrand

Chemin du Cimetière

Rocher Corneille

Notre-Dame-de-France-Statue

R des Farges

Sentier du Faron

R Gouteyron

R St-Mayol

R du Cloître

R Henri Pourrat

2

R des Tables

18

14

R Séguret

R des Pèlerins

Cathédrale Notre-Dame

Pl du For

R de Vienne

R du Petit Vienne

Av de la Cathédrale

17

R Grangevieille

R du Consulat

R Raphaël

1

R Roche Taillade

R Cardinal de Polignac

6

R du Bouillon

R Chenebouterie

R Saulnerie

R Jules Vallès

R Général Lafayette

Pl du Planet

16

R Pannessac

R Grenouillit

R St-François Régis

R du Faubourg St-Jean

Pl du Clauzel

R du Collège

13

12

Pl Cadelade

15

Pl du Plot

R Chaussade

R Chèvrerie

R St Jacques

Pl de la Halle

19

Pl du Martouret

Bahnhof (180 m)

Bd St-Louis

R St-Gilles

R Porte Aiguière

8

11

3

Pl aux Laines

R du Breuil

Bd Maréchal Fayolle

Av de la Dentelle

R Vibert

Denkmal

Av Georges Clemenceau

Pl du Breuil

Pl Michelet

Av Clément Charbonnier

10

Jardin Henri Vinay

Av Maréchal Foch

9

5

7

PILGERN AUF DER VIA PODENSIS

Seit im 9. Jh. ein Eremit Namens Pelayo dort das Grab des Jakobus (ein Jünger Jesu und Bruder des Apostels Johannes) entdeckt hat, ist die spanische Stadt Santiago de Compostela einer der heiligsten Orte des Christentums.

Der Pilgerweg nach Santiago de Compostela wird traditionell als der Camiño de Santiago (Jakobsweg) bezeichnet. Er verbindet zahlreiche verschiedene Routen, die in London, Deutschland und Italien beginnen. Vier davon führen durch Frankreich. Die älteste und beliebteste französische Route wurde 951 vom ersten Bischof von Le Puy begründet: die 736 km lange Via Podensis von Le Puy-en-Velay via Figeac, Cahors, Moissac und Rocamadour.

Die Pilger früherer Zeiten haben den beschwerlichen Marsch auf sich genommen, um ein paar Jahre weniger im Fegefeuer zu schmoren. Heute ist die Belohnung handfester: Wer als Wanderer oder Reiter die letzten 100 km bis Santiago zurücklegt (Radfahrer müssen die letzten 200 km schaffen), kann sich bei Ankunft in der Kathedrale ein Compostela-Zertifikat ausstellen lassen.

Der heutige **GR36** folgt in groben Zügen dem Verlauf der Via Podensis. Für Abweichungen von der Hauptroute sind gute topographische Karten erforderlich. Eine Reihe von Organisationen helfen bei der Planung; z. B. die Touristeninformation von Le Puy oder in Toulouse die **Association de Coopération Interrégionale: Les Chemins de Saint-Jacques de Compostelle** (☑05 62 27 00 05; www.chemins-compostelle.com, auf Frz.). Nützliche Online-Guides sind www.webcompostella.com und www.fernwege.de.

halts von 55 % schmeckt er erfrischend süß, weshalb er bei vielen Desserts der Region Verwendung findet. Die Varianten Verveine Jaune (gelb) und Verveine Extra (rotbraun) sind mit 40 % Alkoholgehalt etwas milder. Im Juli und August bietet die Destillerie in St-Germaine Laprade, 6 km östlich auf der N88, 45-minütige **Führungen** (5,90 €) an. In Le Puy betreibt die Destillerie eine **Espace Pagès Maison Verveine du Velay** (☑04 71 02 46 80; 29 place du Breuil; Eintritt frei; ⏰10–12.30 & 14.30–19 Uhr); die dazugehörige Bar **La Distillerie** (⏰Mo–Sa) nebenan ist in der Stadt der beste Ort für einen Drink.

Forteresse de Polignac BURG
(www.fondationspolignac.com; Erw./Kind 5/3,50 €; ⏰Di–So 10–12.30 & 13.30–18.30 Uhr) Dramatisch auf einem Hügel vulkanischen Ursprungs, nur 5 km nordwestlich

von Le Puy, liegt diese Festung aus dem 11. Jh. Sie wurde von der mächtigen Familie Polignac erbaut, die von hier einst den Nordzugang zur Stadt kontrollierte. Die Burg ist von einer fast völlig intakten Mauer mit Türmen umgeben. In ihrer Mitte steht ein 32 m hoher rechteckiger Wehrturm.

Musée Crozatier MUSEUM
(www.mairie-le-puy-en-velay.fr, auf Frz.; Erw./Kind 3,20 €/frei; ⏰Feb.–Nov. Mi–Mo 10–12 & 14–18 Uhr) Das Museum beherbergt ein Sammelsurium aus Saurierknochen, holländischen Gemälden und das erste *praxinoscope*, ein Vorläufer des Filmprojektors.

★ Festivals & Events

Fête du Roi de l'Oiseau STRASSENFESTIVAL
(www.roideloiseau.com, auf Frz.) Das viertägige Straßenfest mit ausgefallenen Kostümen findet Mitte September statt. Seine Ursprünge gehen auf das Jahr 1524 zurück, als der Titel des Schützenkönigs *(Roi)* erstmals dem Bogenschützen verliehen wurde, der es schaffte, einen Strohvogel *(oiseau)* herunterzuschießen. Dafür wurde er mit einem Jahr Steuerbefreiung belohnt.

Latin Music Festival LATINOMUSIK
Eine Woche Mitte Juli mit Tango, Flamenco, kubanischen und brasilianischen Rhythmen und mehr.

PILGERPASS

Die vier Hauptattraktionen von Le Puy (die Kathedrale, der Rocher Corneille, die Chapelle St-Michel d'Aiguilhe und das Musée Crozatier) können mit einem **Kombiticket** (8,50 €) besichtigt werden, das bei jeder der Sehenswürdigkeiten und bei der Touristeninformation erhältlich ist.

Interfolk FOLKMUSIK
Einwöchiges Folkfestival Ende Juli.

🛏 Schlafen

Die Touristeninformation verfügt über eine Liste mit *gîtes* und *chambres d'hôtes* in der Stadt und näheren Umgebung.

Hôtel du Parc HOTEL €€
(📞04 71 02 40 40; www.hotel-du-parc-le-puy. com, auf Frz.; 4 av. Clément Charbonnier; DZ 75–195 €; ❄@🖥) Direkt neben dem Restaurant François Gagnaire bietet diese Herberge Zimmer mit minimalistischem Schick, Neo-Retro-Möbeln und riesigen Badezimmern. Zum Frühstücksbuffet (12 €) gehört auch der Linsenjoghurt von Gagnaire (s. S. 600).

Hôtel St-Jacques HOTEL €
(📞04 71 07 20 40; www.hotel-saint-jacques.com; 7 place Cadelade; EZ 56 €, DZ 68–85 €; ⊘Feb.–Dez.; 🖥♿) Es ist zwar etwas in die Jahre gekommen, doch das gemütliche, kleine Hotel ist immer noch ein günstiges Basislager. Die besten Zimmer haben Holzfußböden, kleine Badezimmer und Ausblick auf den Platz. Der Kaffee, der im Patio-Café serviert wird, kann Tote aufwecken.

Hôtel Le Régina HOTEL €€
(📞04 71 09 14 71; www.hotelrestregina.com; 34 bd Maréchal Fayolle; EZ 53–67 €, DZ 60–88 €; ❄🖥♿) Unter einem Art-déco-Turm mit Neonlichtern bietet das Régina individuell gestaltete Zimmer (unser Favorit: Zimmer 207 mit einem Pop-Art Wandbild des Chrysler-Gebäudes), einige auch mit Klimaanlage. Größe und Stil variieren stark, je nach Preislage. Im erneuerten **Restaurant** (Menü 16,50–47 €) wird häufig Klavierbegleitung geboten.

Hôtel Bristol HOTEL €€
(📞04 71 09 13 38; www.hotelbristol-lepuy.com; 7–9 av. Maréchal Foch; EZ 52–98 €, DZ 62–98 €; ❄🖥) Die Businesszimmer in diesem Logis-Hotel liegen rund um einen kleinen Garten mit Parkplatz. Die Zimmer im hinteren Anbau sind geräumiger und schicker (im obersten Stock mit schönem Blick über die Dächer). Im **Restaurant** (Menü 11–28 €) bestimmen Messing und Ledersessel die Atmosphäre.

Auberge de Jeunesse HOSTEL €
(📞04 71 05 52 40; auberge.jeunesse@mairie-le-puy-en-velay.fr; 9 rue Jules Vallès; B 11,20 €) Diese HI-Herberge in einem ehemaligen Kloster bietet klösterliche Schlafsäle und eine winzige Wohnküche. Es kann etwas eng

werden, wenn die Wanderer kommen. Aber die Unterkunft ist sauber und ordentlich geführt und es gibt ein gemütliches Fernsehzimmer. Öffnungszeiten (und abendliche Schließzeiten) in der Nebensaison telefonisch erfragen.

Camping Bouthezard CAMPINGPLATZ €
(📞04 71 09 55 09; chemin de Bouthezard; Platz 14,70 €; ⊘Mitte März–Mitte Okt.) Der Platz hat eine reizvolle Lage am Flüsschen Borne. Busse der Linie 6 halten davor.

Dyke Hôtel HOTEL €
(📞04 71 09 05 30; www.dykehotel.fr, auf Frz.; 37 bd Maréchal Fayolle; EZ 39–56 €, DZ 46–56 €; 🖥) Benannt nach einer Vulkansäule bietet das kleine, unspektakuläre Hotel in guter Lage moderne Zimmer in unterschiedlichen Größen, einige mit einem Balkon über der (sehr) belebten Straße.

🍴 Essen

Die örtliche *lentille verte du Puy* (grüne Puy-Linse; www.lalentillevertedepuy.com) ist die einzige Hülsenfrucht mit AOC-Zertifikat auf dem französischen Festland (die einzige andere ist die *lentille de Cilaos* von der französischen Insel Réunion). Reich an Proteinen, Vitamin B und glutenfrei ist die Puy-Linse eine beliebte Zutat in traditionellen und innovativ-modernen Gerichten. S. auch S. 600.

📍 La Parenthèse REGIONAL €€
LP TIPP
(📞04 71 02 83 00; http://laparenthese 43.free.fr, auf Frz.; 8 av. rue de la Cathédrale; Menü 18,50–26,50 €; ⊘Mo–Fr) Rustikaler Landhausstil sorgt für Gemütlichkeit in diesem Lokal, in dem traditionelle Gerichte mit viel Lokalkolorit serviert werden. Für den Anfang bietet sich *tartare de saumon et lentilles vertes du Puy* (roher Lachs mit Puy-Linsen) an; zu den Hauptgerichten gibt es als Beilage einen brodelnden Topf *aligot*. Und zum Abschluss folgt dann *assiette verveine*: Verveine-Eis in einem Schokoladenbecher, eine getränkte, smaragdfarbene *macaron* und ein Schuss Likör.

François Gagnaire GOURMETKÜCHE €€€
(📞04 71 02 40 40; www.francois-gagnaire-restaurant.com, auf Frz.; 4 av. Clément-Charbonnier; Menü 36–97 €; ⊘nur mit Reservierung; ♿) Die Öffnungszeiten in diesem sternegekrönten Restaurant von François Gagnaire sind saisonabhängig; es ist in jedem Fall sinnvoll vorab zu reservieren. Für kleine Geschmacksabenteurer gibt es das „junge Feinschmecker"-Menü (25 €).

GEHEIMTIPP

FRANÇOIS GAGNAIRE: CHEFKOCH

Hintergrund

Ich bin in Le Puy-en-Velay geboren und habe bei verschiedenen Drei-Sterne-Köchen in Paris gelernt. Ich habe überall gearbeitet – in Frankreich, Japan und Chile. Und nun bin ich zurückgekehrt, um mein eigenes Restaurant (S. 599) zu eröffnen, denn die Lebensqualität und die Qualität der Produkte sind hier einfach unvergleichlich.

Kulinarische Philosophie

Ich setze vorwiegend traditionelle Produkte der Region ein, doch stets mit einem modernen Ansatz. Ich führe ein persönliches Notizbuch mit Ideen und versuche immer wieder neue Kombinationen … Mit der *lentille verte du Puy* könnte man z. B. ein komplettes Menü zaubern.

Ein modernes Linsenmenü?

Als Vorspeise schlage ich *le caviar du Velay* vor. Linsen waren lange Zeit bekannt als *caviar du pauvre* (Kaviar der Armen), was mich zu diesem ersten Gang inspirierte. Erst koche ich die Linsen separat, dann in einer Hummersuppe. Danach werden sie mit der gelierten Suppe vermischt und in eine kleine Büchse gefüllt – et voilà: Es sieht aus wie echter Kaviar! Das Ganze wird auf Blinis aus Linsenmehl und mit einer Linsensuppe serviert. Zum Hauptgang, einem *Noire du Velay* (schwarzes Lamm aus der Region), werden Vollkorn-Linsen gereicht. Statt Käseplatte gibt es dann Linsenjoghurt aus Linsencoulis. Und zum Dessert wird Verveine-Soufflé mit Linsen-Confit (mit Vanille und Zucker gekocht) sowie Linseneis serviert.

Comme à la Maison
FRANZÖSISCH €€

(☑04 71 02 94 73; rue Séguret; Menü 23–53 €; ⊙Di–Fr & So mittags, Di–Sa abends) Das kleine Restaurant ist leicht zu übersehen, doch wer es findet, wird mit ideenreichen Gerichten belohnt: z. B. Fenchel-Makrelen-Kuchen oder *Foie gras* mit Trockenfrüchten. Geschlemmt wird in einem eleganten Speisesaal, der historische Architektur mit gewagten Farben kombiniert. Ausgezeichnet und avantgardistisch, hier essen die führenden Küchenchefs von Le Puy an ihren freien Tagen.

Entrez les Artistes
REGIONAL €€

(☑04 71 09 71 78; 29 rue Pannessac; Menü 14,50–25 €; ⊙Di–Sa mittags, Do–Sa abends) Einheimische Spitze dekoriert dieses gemütliche Lokal, in dem solide lokale Küche auf den Tisch kommt – nicht sensationell, aber sättigend.

Außerdem empfehlenswert:

A Choumas'
REGIONAL €€

(☑04 71 03 03 94; 1 place Cadelade; Menü 15–30 €; ⊙Mi–So) Käse in Hülle und Fülle, auch dampfendes Fondue.

L'Âme des Poètes
REGIONAL €€

(☑04 71 05 66 57; 16 rue Séguret; Menü 22 €;

⊙Mitte März–Mitte Okt.) Hübscher Garten unter Sonnenschirmen, Spezialität des Hauses ist Linsenlasagne.

Le Croco
REGIONAL €

(☑04 71 02 40 13; 5 rue Chaussade; Menü 8–19 €; ⊙Mo–Sa; 🍴) Einfaches Lokal, Spezialist für riesige Salate und Platten mit Zutaten der Auvergne.

Selbstversorger

Le Puys **Wochenmarkt** beherrscht jeden Samstagmorgen die Place du Plot (Start der Via Podensis). Die **Markthalle** der Stadt liegt an der Rue Grenouillit. Die **Fromagerie Coulaud** (24 rue Grenouillit; ⊙Di–Sa) bietet eine gute Auswahl an regionalen Käsesorten.

ℹ Praktische Informationen

Cyb'Aire (17 rue Général Lafayette; je Std. vor/nach 14 Uhr 2,70/3,50 €; ⊙Mo–Sa 9–20, So 15–19 Uhr) Freundliches Internetcafé.

Hauptpost (8 av. de la Dentelle)

Touristeninformation (☑04 71 09 38 41; www.ot-lepuyenvelay.fr; 2 place du Clauzel; ⊙8.30–12 & 13.30–18.15 Uhr; @)

ℹ An- & Weiterreise

Zugverbindungen nach Lyon (20,40 €, 2½ Std., 3- bis 5-mal tgl.) und Clermont-Ferrand (21,30 €, 2 Std., 4- bis 6-mal tgl.).

ℹ Unterwegs vor Ort

Alle fünf Linien der örtlichen TUDIP-Busse (einfache Fahrt/10er-Ticket 1,15/8 €) halten an der Place Michelet.

Taxiruf ✆04 71 05 42 43.

Gorges de l'Allier

Etwa 30 km westlich von Le Puy windet sich der lachsreiche Fluss Allier zwischen felsigen Bergen und steilen Klippen hindurch. Parallel dazu verläuft die reizvolle Bahnstrecke Clermont-Ferrand–Nîmes. Oberhalb des Ostufers führt die schmale D301 durch ursprüngliches, weitläufiges Bauernland mit winzigen Kuhnestern und eröffnet schöne Ausblicke.

Die **Touristeninformation** (✆04 71 77 05 41; www.haut-allier.com, auf Frz.; place Aristide Briand; ◷Mo–Sa 9–12 & 14–18 Uhr) des verschlafenen Städtchens **Langeac** (3943 Ew.) bietet Infos zu den **Wanderpfaden**, die das Tal durchziehen, sowie Adressen von Anbietern von Canyoning- und Wildwassertouren wie z. B. **Tonic Rafting** (✆04 71 57 23 90; www.raft-canyon.fr, auf Frz.; 54–119 €).

Etwas gemächlicher lässt sich das Tal mit dem **Train des Gorges de l'Allier** (✆04 71 77 70 17; www.trainstouristiques-ter.com; Erw. 10,90–19,90 €, Kind 6,90–11,90 €; ◷Mai–Sept.) erkunden, der von Langeac aus auf einem Rundkurs durch die Schluchten zuckelt. Unregelmäßiger Fahrplan.

Zu den zahlreichen Campingplätzen im Tal gehört auch der am Fluss gelegene, schattige **Camping les Gorges de l'Allier** (✆04 71 77 05 01; www.campinglangeac.com, auf Frz.; Platz 12,50 €; ◷April–Okt.) in Langeac.

✏ **Le Moulin Ferme-Auberge** (✆04 71 74 03 09; www.gite-aubergedumoulin. com, auf Frz.; St-Arcons-d'Allier; B 15 €, mit Halbpension 35 €, DZ inkl. Frühstück/Halbpension 55/95 €) bietet schick renovierte Steinhütten; das Abendessen wird an einem großen Gemeinschaftstisch in der Mühle aus dem 15. Jh. serviert.

La Montagne Protestante

40 km östlich von Le Puy erstreckt sich ein Bergland, das als La Montagne Protestante bekannt ist. Diesen Beinamen verdankt es den strikt protestantischen Grundsätzen und einigen seltsamen Gebräuchen seiner Bewohner. Es ist eine dünn besiedelte Gegend mit üppigen Weiden und dichten Tannenwäldern. Ihre auffälligsten Orientierungspunkte sind der Mont Meygal (1436 m) und der Mont Mézenc (1753 m), auf dessen Gipfel die Wanderwege GR73 und GR7 führen. Bei klarem Wetter eröffnet er einen weiten Blick über den ganzen Südosten Frankreichs: vom Montblanc, 200 km in nordöstlicher Richtung, bis zum Mont Ventoux, 140 km in südöstlicher Richtung.

Das interessanteste der wenigen weit verstreuten Dörfer ist **Le Chambon-sur-Lignon** (2834 Ew.), 45 km östlich von Le Puy-en-Velay, das im Zweiten Weltkrieg eine mutige Rolle gespielt hat. Zusammen mit den umliegenden Orten hat Chambon über 3000 Flüchtlingen (darunter Hunderten von jüdischen Kindern) Zuflucht geboten, um sie vor der Deportation durch die Nazis zu bewahren. Nähere Infos über die Geschichte des Ortes und über Aktivitäten in der Umgebung wie Reiten oder Klettern bietet die **Touristeninformation** (✆04 71 59 71 56; www.ot-hautlignon.com; route de Tence; ◷Mo–Sa 9–12 & 14–18.30, So 10–12 Uhr).

Limousin, Dordogne & Lot

Inhalt »

Gut essen

» Le Clos St-Front (S. 624)
» Le Grand Bleu (S. 630)
» La Ferme de Biorne (S. 643)
» Auberge de la Truffe (S. 626)
» Bistro de l'Octroi (S. 630)

Schön übernachten

» Château de Castel-Novel (S. 618)
» Château les Merles (S. 642)
» Oustal del Barry (S. 650)
» Camping à la Ferme du Masvidal (S. 620)
» Domaine des Chapelles (S. 613)

Auf ins Limousin, in die Dordogne & ins Departement Lot

Limousin, Dordogne und Lot bilden zusammen das Herz dessen, was die Franzosen *la belle France* nennen. In dem Landstrich mit dichten Eichenwäldern, saftig-grünen Feldern und einer deftigen Landküche säumen verspielte Schlösschen und mittelalterliche Dörfer die Flussufer und *gabarres* (hölzerne Lastkähne) gleiten über das Wasser.

Die ursprünglichste der drei Regionen ist das Limousin. Neben vereinzelten Bauernhöfen und verschlafenen Dörfern gibt es hier die Regionalhauptstadt Limoges, die einige mittelalterliche Architekturschätze zu bieten hat. Südlich davon erstreckt sich die Dordogne. Hier wimmelt es nur so von Baudenkmälern: wehrhafte *bastides* (Festungsstädte), auf Felsen errichtete Burgen und prähistorische Stätten, darunter die ältesten Höhlenmalereien Europas. Noch weiter südlich liegt das Departement Lot mit seinen gewundenen Flüssen, Kalksteinschluchten, unterirdischen Höhlen und uralten Weinbergen.

Reisezeit

Limoges

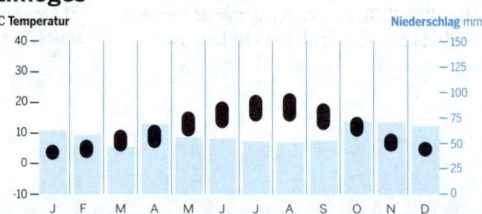

Ende Februar Mit typischen Gänse-spezialitäten feiert Sarlat-la-Canéda sein gefiedertes Maskottchen.

Mitte Mai Erd-beerparaden, -auktionen und mehr tauchen das malerische Beau-lieu-sur-Dordogne in leuchtendes Rot.

Dezember bis März Schwarz-trüffelsaison auf den Märkten des Périgord, v. a. in der „Trüffelhaupt-stadt" Sorges.

Regionalparks

Dieser Teil Frankreichs ist bekannt für die Schönheit seiner Natur, und es gibt hier drei *parcs naturels régionaux*: **Périgord-Limousin** (www.parc-naturel-perigord-limousin.fr, auf Frz.) im Nordwesten, **Millevaches en Limousin** (www.pnr-millevaches.fr, auf Frz.) im Osten und **Causses de Quercy** (www.parc-causses-du-quercy.org, auf Frz.) im Süden. Alle drei Parks bieten eine Vielzahl an Möglichkeiten für Outdooraktivitäten. In den Touristeninformationen sind die Infoblätter *balades à la journée* (Tageswanderungen) sowie ein *VTT-Führer* (*vélo tout terrain*; Mountainbike) erhältlich. Passionierte Wanderer bevorzugen die speziellen Park-Topoguides mit Infos zu den größeren Wanderwegen, darunter mehrere GR-Pfade (*Grands Randonées*; Langstreckenwanderungen). Viele der Wege lassen sich auch auf dem Pferderücken erkunden.

FLUSSFAHRTEN

Mit dem Boot einen der malerischen Flüsse hinunterzupaddeln, ist eine der schönsten Arten, diese Region zu erkunden. Kanu- und Kajakanbieter gibt es reichlich; ein Tagesausflug inklusive Anreise mit dem Kleinbus, *gilets* (Schwimmwesten) und Einführung in grundlegende Sicherheitsmaßnahmen (z. B. über das Verhalten beim Kentern) kostet um die 30 €. Wer will, kann aber auch ganz entspannt an Bord einer traditionellen *gabarre* (Lastkahn mit flachem Boden, s. S. 640) die Landschaft an sich vorüberziehen lassen.

Sehenswerte Dörfer

» **Rocamadour** Dieser uralte Pilgerort auf einer steilen Felsklippe gehört zu den spektakulärsten Sehenswürdigkeiten Frankreichs.

» **St-Cirq Lapopie** In den Gässchen von St-Cirq, das scheinbar allen physikalischen Gesetzen zum Trotz auf einem Felsgrat über dem Fluss Lot balanciert, warten jede Menge Künstlerateliers.

» **Brantôme** Ausflugsboote gleiten über die Kanäle dieses venezianisch anmutenden Dorfs, das kreuz und quer von mittelalterlichen Brücken durchzogen ist.

» **Collonges-la-Rouge** Rote Sandsteinhäuser und eine Kirche aus dem 11. Jh. stehen dicht gedrängt in den engen Gassen eines der „schönsten Dörfer" Frankreichs.

» **Najac** Am Fuß eines Märchenschlosses liegt dieses Dorf, eingebettet in eine idyllische, üppig grüne Landschaft.

BESTE WANDERROUTEN

» Nordwestliche Berge des Limousin

» Durch das Tal des Flusses Lot

» Der jahrhundertealte Pilgerweg nach Santiago de Compostela, der durch viele der südlichen Städte der Region führt.

Infos im Internet

Die Websites der Touristeninformationen sind eine gute Quelle für aktuelle Infos über Feste, Veranstaltungen und Ausstellungen.

» www.tourisme limousin.com

» www.tourisme-haute vienne.com

» www.tourisme-creuse.com

» www.vacances-en-correze.net

» www.dordogne-perigord-tourisme.fr

» www.tourisme-lot.com

Märkte mit Atmosphäre

» **Sarlat-La-Canéda** Samstags wimmelt es auf Sarlats Kopfsteinpflaster-Gassen von Marktständen mit lokaltypischen Spezialitäten wie Walnüssen, Wein und Foie gras.

» **Périgueux** Feinste Gourmetköstlichkeiten werden mittwochs und samstags auf den Plätzen von Périgueux feilgeboten.

» **Brive-la-Gaillarde** Dienstags und samstags tobt das Leben auf Brivels Wochenmärkten unter freiem Himmel.

Highlights

1 Die prähistorischen Höhlenmalereien im bewaldeten **Vézère-Tal** (S. 632) bestaunen

2 Der Musik der exzentrischen Diva Josephine Baker in ihrem früheren Wohnhaus im **Château des Milandes** (S. 640) lauschen

3 In **Arnac-Pompadour** (S. 616) Ställe, Marstall und das wunderschöne Schloss eines alten französischen *haras* (Gestüts) besichtigen

4 In der 1839 eröffneten Brennerei in **Brive-la-Gaillarde** (S. 617) den heimischen Rachenputzer *eau de noix* (Walnusslikör) probieren

5 In einer der ältesten Akkordeonwerkstätten Frankreichs in **Tulle** (S. 617) solide Handwerkskunst begutachten

6 Die Ausgrabungsstätte einer römischen Villa aus dem 1. Jh. in **Périgueux** (S. 623) besichtigen

7 In Frankreichs berühmten Manufakturen in **Limoges** (S. 609) feines Porzellan bewundern

❶ Anreise & Unterwegs vor Ort

AUTO Wie überall in den ländlichen Gebieten Frankreichs erweist sich auch hier ein eigenes Auto als praktisch. Die Autobahn A20 verläuft von Limoges aus in nördlicher Richtung nach Paris und führt in Richtung Süden bis Toulouse.

BUS Das Busnetz ist lückenhaft und die Fahrzeiten orientieren sich leider hauptsächlich an den Schulzeiten. Die meisten Städte und Dörfer sind bequemer und schneller mit dem Zug zu erreichen. Eine praktische Zugverbindung fährt von Limoges aus über Brive-la-Gailarde, Souillac und Cahors nach Toulouse; Limoges und Périgueux liegen an der Hauptstrecke von Paris in Frankreichs Südwesten.

FLUGZEUG Der wichtigste Flughafen ist Limoges; von hier verkehren regelmäßig französische Inlandsflüge. Und Deutschland, Österreich und die Schweiz können mit Zwischenstation in Lyon oder Paris-Orly angeflogen werden. Bergerac bietet ebenfalls günstige In- und Auslandsflüge, genauso wie der neue Flughafen in Brive-la-Gaillarde.

LIMOUSIN

Mit seinen ruhigen Straßen, Dörfern voller Blumen und Bauernmärkten ist das Limousin wie geschaffen für Wanderer und Radfahrer – der perfekte Ort, wenn man im Sommer den Touristenmassen weiter im Süden entgehen möchte.

Die Region Limousin umfasst drei Departements: Haute-Vienne im Westen, dessen *préfecture* (Hauptstadt) das lebendige Limoges ist, das ländliche Departement Creuse im Nordosten und Corrèze im Süden, wo die schönsten Dörfer der Region liegen.

Limoges

141 287 EW.

Für Porzellanfans ist Limoges wahrhaft legendär. Seit über 200 Jahren ist diese elegante Stadt das bevorzugte Ziel der französischen Upperclass, wenn es um den Kauf von Geschirr geht und bis heute wird in den Manufakturen in und um Limoges feinstes Porzellan hergestellt. Eindrucksvolle Beispiele für die Limoger Porzellankunst sind in Museen, Galerien und an anderen Orten überall in der Stadt zu sehen.

Limoges ist kompakt und deshalb leicht zu Fuß zu erkunden. Die meisten historischen Gebäude und Museen konzentrieren

sich auf das mittelalterliche Viertel La Cité, einige sind aber auch im teilweise autofreien Viertel Château im Stadtzentrum zu finden. Wer mit dem Zug anreist, wird stilvoll empfangen: Die 1929 fertiggestellte, eindrucksvolle Gare des Bénédictins im Art-Déco-Stil ist einer der schönsten Bahnhöfe Frankreichs – mit kupferner Kuppel, Steinfresken und einem Glockenturm, ebenfalls mit einem Dach aus Kupfer.

⊚ Sehenswertes

Mehr Infos über die berühmte Emaille- und Porzellankunst von Limoges stehen auf S. 609.

CHÂTEAU-VIERTEL

Dieses quirlige Viertel ist das Herz der Altstadt von Limoges. Nur wenige Schritte von der Place St-Aurélien entfernt, stehen in der **Rue de la Boucherie** (benannt nach den Metzgereien, die sie im Mittelalter säumten) einige der schönsten Fachwerkhäuser der Stadt. Die **Maison de la Boucherie** (36 rue de la Boucherie; Eintritt frei; ⊙Juli–Sept. 10–13 & 14–19 Uhr) beherbergt ein kleines Geschichtsmuseum und die winzige **Chapelle Saint-Aurélien** ganz in der Nähe ist dem Schutzheiligen der Metzger geweiht.

Etwas weiter nördlich liegt die Place de la Motte mit den Halles Centrales (Markthallen) und der **Église St-Michel des Lions** (rue Adrien Dubouché), benannt nach den beiden Granitlöwen, die ihr Portal flankieren. Sie wurde zwischen dem 14. und 16. Jh. erbaut und birgt die **Reliquien** von St-Martial (samt Schädel) sowie einige prachtvolle Buntglasfenster aus dem 15. Jh. Doch das Bemerkenswerteste an ihr ist wohl die große Kupferkugel an der Spitze ihres 65 m hohen Turms.

Ganz in der Nähe liegt der **Cour du Temple**, ein kleiner, ummauerter Hofgarten, der über eine Gasse von der Rue du Temple aus zu erreichen ist. Früher gehörte dieser ehemals private Garten zu den *hôtels particuliers* (herrschaftlichen Wohnhäusern) nebenan. In den Randbereichen des Gartens gibt es verschiedene Wappen und eine Steintreppe aus dem 16. Jh. zu entdecken.

Von der berühmten, 848 n. Chr. gegründeten Pilgerabtei St-Martial ist nur noch der auf der Place de la République markierte Grundriss zu sehen. Die **Krypta St-Martial** (⊙Mitte Juni–Mitte Sept.) enthält das Grab des ersten Bischofs von Limoges, der die Stadt zum Christentum bekehr-

Limoges

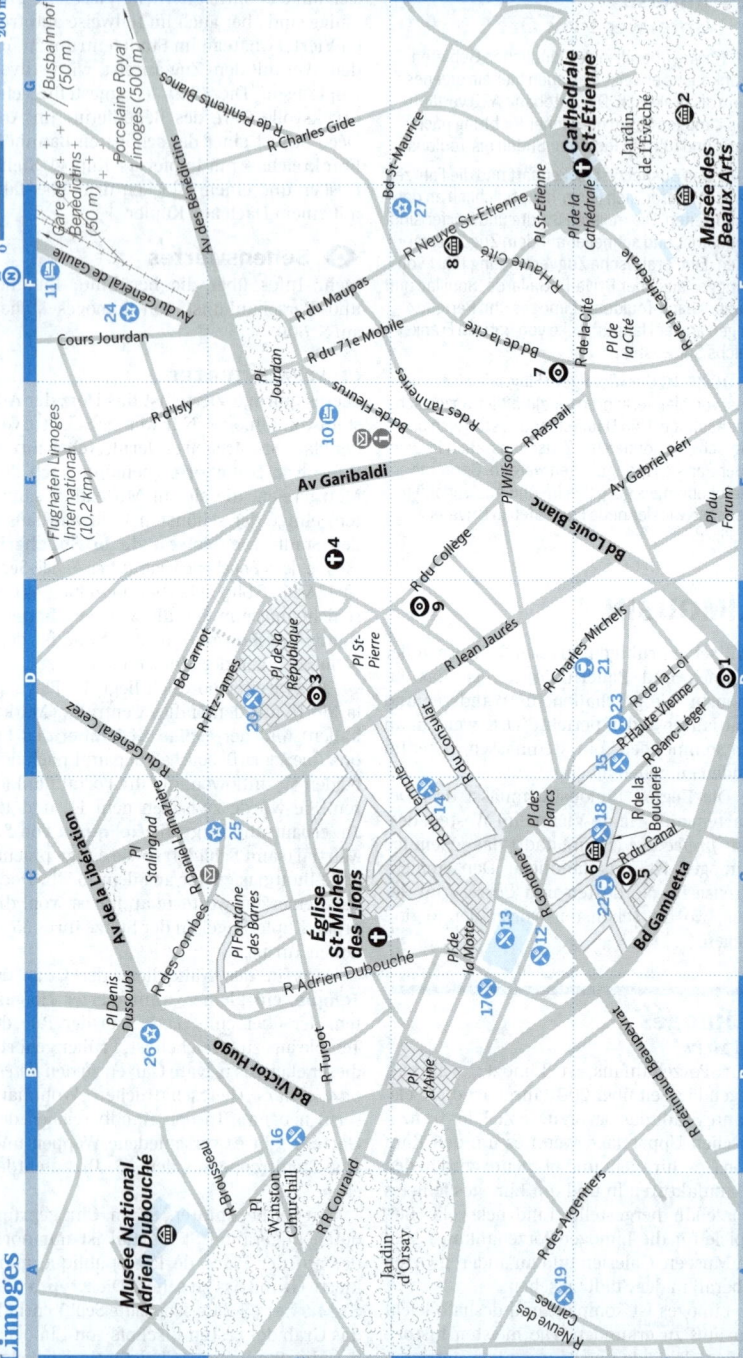

LIMOUSIN, DORDOGNE & LOT LIMOUSIN

200 m
0
N

Busbahnhof (50 m)
Porcelaine Royal Limoges (500 m)
R de Pénitents Blancs

Cathédrale St-Étienne

R Charles Gide

Gare des Bénédictins (50 m)

Av du Général de Gaulle

Av des Bénédictins

Bd St-Maurice

27

Jardin de l'Évêché

Musée des Beaux Arts

2

11

24

R Neuve St-Étienne

Pl St-Étienne

Pl de la Cathédrale

Cours Jourdan

R du Maupas

8

R Haute Cité

R de la Cité

Pl de la Cité

R de la Cité

Pl Jourdan

R du 71e Mobile

Bd de la cité

R de la Cité

7

R d'Isly

R des Tanneries

Bd de Fleurus

10

R Raspail

R Wilson

Pl Wilson

Av Gabriel Péri

Pl du Forum

Flughafen Limoges International (10.2 km)

Av Garibaldi

4

R du Collège

Bd Louis Blanc

Bd Carnot

Pl de la République

3

R Fitz-James

20

Pl St-Pierre

9

R Jean Jaurés

R Charles Michels

21

R de la Loi

1

R du Général Cérez

Av de la Libération

Pl Stalingrad

R Daniel Lamazière

25

R du Temple

14

R du Consulat

R Haute Vienne

23

15

R Blanc-Léger

R des Combes

Pl Fontaine des Barres

Église St-Michel des Lions

Pl de la Motte

13

Pl des Bancs

6

18

5

R du Canal

R de la Boucherie

R Gondinet

22

12

Bd Gambetta

Pl Denis Dussoubs

26

Bd Victor Hugo

R Turgot

R Adrien Dubouché

17

Pl d'Aine

Musée National Adrien Dubouché

R Brousseau

Pl Winston Churchill

16

R R Couraud

Jardin d'Orsay

R Réhmindd Beauregard

R des Argentiers

R Neuve des Carmes

19

te. Östlich davon steht die düstere **Église St-Pierre du Queyroix** (place St-Pierre) mit ihren sehenswerten Kirchenfenstern und einem für das Limousin typischen Glockenturm.

Nach so viel geballter Kultur ist ein Besuch im **Aquarium du Limousin** www.aquarium

dulimousin.com; 2 bd Gambetta; Erw./Kind 7/4,50–5,50 €; ⊘10.30–18.30 Uhr) genau das Richtige zum Ausspannen. In den unterirdischen Räumen des alten Wasserspeichers tummeln sich 2500 Fische.

LA CITÉ

Weitere schöne Bauwerke aus dem Mittelalter zieren das Viertel La Cité östlich des Château-Viertels. Es wird von der strengen **Cathédrale St-Étienne** dominiert, einer der wenigen gotischen Kirchen südlich der Loire. Sie wurde zwischen 1273 und 1888 erbaut und ist vor allem für ihr reich verziertes Portail St-Jean bekannt. Sehenswert sind auch das prachtvolles Rosettenfenster und ein Renaissance-Lettner. Südlich der Kathedrale erstreckt sich der **Jardin de l'Évêché**, der Botanische Garten von Limoges, in dem Heil- und Giftpflanzen gedeihen.

Das aufwendig renovierte **Musée des Beaux Arts** (www.museedesbeaux-artsdelimoges.fr; place de la Cathédrale), das in Limoges' Bischofspalais aus dem 18. Jh. untergebracht ist, dürfte nach Erscheinen dieses Buches wieder geöffnet sein. Zu der umfangreichen Kunstsammlung gehören u. a. einige weniger bekannte Gemälde von **Pierre Auguste Renoir** (1841–1919), der in Limoges geboren wurde und in seiner Jugend als Porzellanmaler in der Porzellanmanufaktur tätig war.

Das **Musée de la Résistance et de la Déportation** soll demnächst in einem neuen, größeren Gebäude wieder eröffnen. Das Limousin war im Zweiten Weltkrieg eine Hochburg der Resistance und die Sammlung des Museums umfasst Funkgeräte, Waffen, Tagebücher und Briefe und sogar ein Flugzeug der Freien Französischen Streitkräfte. Den aktuellen Stand zur Neueröffnung bitte bei der Touristeninformation erfragen.

Unweit der Kathedrale zeigt die **Cité des Métiers et des Arts** (www.cma-limoges.com, auf Frz.; 5 rue de la Règle; Erw./Kind 5/2,50 €; ⊘14–18 Uhr) Meisterstücke berühmter Mitglieder der französischen Handwerkerzunft.

🛏 Schlafen

Limoges ist ein ideales Ausflugsziel fürs Wochenende, weil dann die Übernachtungspreise häufig niedriger ausfallen. Die meisten Hotels der Stadt liegen rund um den Bahnhof angesiedelt.

VOM HIRTENOUTFIT ZUR LUXUSKAROSSE

Limosinen – ob in normaler Länge oder als Stretchversion – stammen zwar nicht aus dem Limousin, aber ihre Bezeichnung schon. Vor vielen Jahrhunderten trugen die Hirten, die die berühmten Limousin-Rinder hüteten, lange Umhänge als Schutz gegen Kälte und Regen. Lange Zeit später, Anfang des 20. Jhs., baute man die ersten Luxuskarossen. Sie hatten geschlossene Fahrgastzellen und ungeschützte, aber überdachte Führerstände. Die seitlich offenen Überdachungen erinnerten an die Umhänge der Hirten aus dem Limousin, weshalb man diese Wagen auch „Limousine" nannte (die weibliche Form von limousin). Die Abkürzung „Limo" tauchte erstmals in den 1960ern auf, und bis heute sitzen die Fahrer von Limousinen von ihren Fahrgästen getrennt (im Gegensatz zu anderen, von Chauffeuren gesteuerten Autos) – genauso wie in den ersten von Pferden gezogenen Modellen.

Nos Rev
HOTEL €

(☎05 55 77 41 43; www.hotelnos-rev.com, auf Frz.; 16 rue du Général du Bessol; DZ 47–72 €; ☎) Nos Rev bringt frischen Wind in die Hotelszene in Limoges, indem es ganz auf altmodische Einrichtung verzichtet. Das Hotel bietet ein Dutzend modern gestalteter Zimmer in abenteuerlichen Farben – von Limette bis Kirschrot – und mit puristisch-stilvoller Badezimmereinrichtung. Ein besseres Preis-Leistungs-Verhältnis gibt es in der Stadt nicht. Das Hotel liegt nur wenige Straßenzüge vom Bahnhof entfernt in westlicher Richtung.

Arthôtel Tendance
HOTEL €€

(☎05 55 77 31 72; www.arthoteltendance.com; 37 rue Armand Barbès; EZ 65–85, DZ 71–95 €; @☎) Skurriles 13-Zimmer-Hotel mit einem wilden Deko-Sammelsurium aus aller Welt. Zu seinen chambres de thème zählen unter anderem ein in Ahornholz verkleideter Raum im kanadischen Holzhüttenlook, ein Bali-Zimmer mit Möbeln aus Lombok und ein ganz in Weiß und Meerblau gehaltenes griechisches Zimmer. Weitere Einrichtungsthemen sind Afrika, Ägypten, die Provence und Marokko.

Das Hotel liegt etwa 500 m nordwestlich des Bahnhofs.

Hôtel de la Paix
HOTEL €

(☎05 55 34 36 00; hoteldelapaix87@hotmail.com; 25 place Jourdan; DZ 42,50–72 €; ☎) Kautziger, etwas in die Jahre gekommener Klassiker, der aber immer noch viel Charme versprüht. Im Erdgeschoss betreibt der Besitzer eine Art Musikautomaten-Museum, vollgestopft mit Grammophonen, klapprigen Plattenspielern, Drehorgeln und anderen musikalischen Merkwürdigkeiten. Im Stockwerk darüber gibt es kleine, passable Zimmer, die mit allerlei Theaterrequisiten aufgepeppt wurden.

Château Ribagnac
ZIMMER MIT FRÜHSTÜCK €€

(☎05 55 39 77 91; www.chateauribagnac.com; St Martin-Terressus; DZ inkl. Frühstück 100–180 €; ☎🖶) Etwas weiter draußen (19 km östlich von Limoges) liegt dieses vornehme Anwesen, das heute im Besitz von zwei britischen Ex-Anwälten ist. Die Arbeit, die sie in die mühevolle Restaurierung des Schlosses investiert haben, wurde in der britischen Reality-TV-Serie No Going Back dokumentiert. Das Schloss ist ein wahrer Palast mit grandiosen Suiten inklusive Kronleuchter und einer sehr romantischen Flitterwochen-Suite mit eigenem Balkon. Bei den gemeinschaftlichen tables d'hôtes (HP ab 200 €/2 Pers. inklusive Wein, nur gegen Reservierung) dürfen sich Eltern entspannen – die Kinder essen vorher separat.

Hôtel Familia
HOTEL €

(☎05 55 77 51 40; www.hotelfamilia.fr, auf Frz.; 18 rue du Général du Bessol; EZ 48–55 €, DZ 53–60 €) Dieser kleine Familienbetrieb ist das Beste der Budgethotels rund um den Bahnhof. Dekorative Schnickschnack gibt es keinen, nur praktisch-pflegeleichte Oberflächen und viel Pastell, dafür aber günstige Preise – besonders die hinteren Zimmer zum blumenbepflanzten Hinterhof sind ein guter Deal.

Hôtel Jeanne d'Arc
HOTEL €€

(☎05 55 77 67 77; www.hoteljeannedarc-limoges. fr; 17 av. du Général de Gaulle; EZ 66–84 €, DZ 79–98 €; ☎) Dieses gediegene Hotel (ursprünglich ein relais de poste, eine Poststation) ist eine gute Option für Reisende, die auch ohne modernen Schnickschnack auskommen. Die Einrichtung ist klassisch (Karo- und Streifenmuster, kräftige Farben, schwere Vorhänge und klobige Möbel).

Seit über 300 Jahren ist der Name Limoges ein Synonym für die *arts du feu* (Brennkünste): Emaille *(émail)* und Porzellan *(porcelaine)*. Emailleschmuck wird in Limoges mindestens seit dem 12. Jh. hergestellt, doch erst die Entdeckung einer besonders reinen Form von Kaolin bei St-Yrieix-La-Perche 1768 verhalf der Stadt zu ihrem heutigen Ruhm. Dieser (neben Quartz und Feldspat) für die Porzellanherstellung unverzichtbare, feine weiße Ton war bis dahin aus dem Fernen Osten teuer importiert worden. Seine Entdeckung auf heimatlichem Boden führte im späten 18. und 19. Jh. zu einem Boom der Porzellanherstellung in Limoges.

Porzellan unterscheidet sich von anderen Arten der Tonkeramik in drei Punkten: Es ist weiß, besonders hart und leicht lichtdurchlässig. Porzellan wird dreimal gebrannt, zunächst bei ca. 950 °C; dann nach dem Überziehen mit einer flüssigen Glasur bei etwa 1450 °C und ein letztes Mal bei rund 900 °C – so wird sichergestellt, dass das von Hand oder maschinell aufgebrachte Dekor an der Oberfläche haften bleibt.

Wer beim Stadtrundgang die Augen offen hält, entdeckt an vielen Gebäuden in Limoges Porzellan- oder Emaillekacheln, z. B. am **Pavillon du Verdurier** (place St-Pierre), einem achteckigen, mit Kacheln verkleideten Bau von 1900. In den Halles Centrales sind auf einem Porzellanfries die auf dem Markt feilgebotenen Waren zu sehen.

Einige Museen und Galerien, in denen ausgewählte Produkte der berühmten Limoger Brennkunst zu sehen sind:

Musée National Adrien Dubouché (www.musee-adriendubouche.fr; 8bis place Winston Churchill; Erw./Kind 4,50/frei, 1. So im Monat frei; ⊙Mi–Mo 10–12.25 & 14–17.40 Uhr) Ein staatliches Museum mit einem eindrucksvollen neuen Anbau, der noch in diesem Jahr eröffnen soll. Das Museum beherbergt eine der beiden berühmtesten Porzellansammlungen Frankreichs (die zweite befindet sich in Sèvres bei Paris). Die Sammlung mit 12 000 Exponaten konzentriert sich auf das goldene Zeitalter des Limoges-Porzellans, zeigt aber auch einige Beispiele aus konkurrierenden Manufakturen wie Meissen, Royal Doulton und Worcester. Die Stücke reichen von Essgeschirr und handbemalten Vasen bis zu Porzellanuhren und zierlichen Figurinen.

Musée des Beaux Arts (S. 607) Ausstellung mit Emaille- und Porzellanstücken.

Maison de l'Émail (www.enamel-house.com; 18–20 bd de la Cité; Eintritt frei; ⊙Mi–Sa 14–19 Uhr) Museum, das faszinierende Einblicke in Herstellungstechniken gewährt; mit wechselnden Ausstellungen. Führungen (auf Französisch) für Porzellanfans.

Galerie du Canal (www.galerieducanal.fr, auf Frz.; 15 rue du Canal; Eintritt frei; ⊙Di–Sa 10–12 & 14–19 Uhr) Eine von einheimischen Emaillekünstlern betriebene Galeriekooperative, die zeitgenössische Arbeiten zeigt.

Viele der berühmten Markenmanufakturen in Limoges sind noch immer in Betrieb. Allen hier aufgelisteten Betrieben sind Läden angeschlossen.

Porcelaine Royal Limoges (☑05 55 33 27 30; www.royal-limoges.fr; 28 rue Donzelot; ⊙Laden Mo–Sa 10–18.30 Uhr) Eine der ältesten Manufakturen (aus dem Jahr 1797). Hier steht auch der **Four des Casseaux** (www.fourdescasseaux.fr; Eintritt 3 €; ⊙Mo–Sa 10.30–17.30 Uhr), das letzte erhaltene Exemplar der imposanten Porzellan-Ziegelöfen. Er ist 19,50 m hoch und die extrem heißen Temperaturen im Inneren, die für den Porzellanbrand notwendig sind, lassen jede Mikrowelle ziemlich alt aussehen. Die Manufaktur liegt 500 m vom Bahnhof in südöstlicher Richtung.

Haviland (www.haviland.fr; av. du Président Kennedy; Eintritt frei; ⊙Mo–Sa 10–13 & 14–18.30 Uhr) Kleines Museum mit interessanter Filmvorführung, 3 km südöstlich des Stadtzentrums.

Bernardaud (☑05 55 10 55 91; www.bernardaud.fr; 27 av. Albert Thomas; Führungen: Erw./Kind 4,50/frei; ⊙9–11.15 & 13–16 Uhr) Der Betrieb hat ein kleines Museum und bietet Führungen an, die den Herstellungsprozess vom Rohmaterial bis zu den fertigen Stücken erläutern. Die Termine der Führungen vorab telefonisch oder bei der Touristeninformation erfragen. Bernardaud liegt 1 km nordwestlich des Zentrums.

 Essen

Les Petits Ventres
REGIONAL €€

(📞05 55 34 22 90; www.les-petits-ventres.com; 20 rue de la Boucherie; Mittagsmenü 14,50–25 €, Abendmenü 25–35 €; ⏱Sept. So & Mo geschl.; 🖐) Eines der vielen Restaurants mit Atmosphäre im alten Metzgerviertel, mit Holzbalken im Speisesaal. Der Schwerpunkt liegt auf fleischlastigen Klassikern wie *andouillettes* (Innereienwurst) oder *fricassée de rognons* (Nierenfrikassee).

Le 27
FRANZÖSISCH €€

(📞05 55 32 27 27; www.le27.com, auf Frz.; 27 rue Haute-Vienne; Mittagsmenü 13,50–14,50 €, Hauptgerichte 15–23,50 €; ⏱Mo–Sa) Dieses ausgezeichnete Restaurant bietet modernes Dekor und kulinarische Innovation. Im Schein der tropfenförmigen Hängelaternen und summenden Neonleuchten hasten weiß gekleidete Kellner geschäftig von Tisch zu Tisch; die Karte reicht von „Perlhuhn mit Ingwer" bis *meringue mystérieuse*. Die Weinauswahl nimmt eine komplette Wand ein – hier findet garantiert jeder den passenden Tropfen.

Chez Alphonse
REGIONAL €€

(📞05 55 34 34 14; 5 place de la Motte; Menü 10–25 €; ⏱Mo–Sa) Herzhafte Zutaten, gehaltvolle Saucen und traditionelle französische Küche sind die Markenzeichen dieses bodenständigen, unprätentiösen Lokals (karierte Tischtücher inklusive). Die Karte bietet eine Vielzahl an regionalen Spezialitäten, darunter auch Pferdesteak und Kalbskopf. Wer die traditionelle Küche des Limousin probieren möchte, ist hier goldrichtig.

La Parenthèse
RESTAURANT, TEESALON €

(www.restaurant-tearoom-parenthese-limoges. com; Cour du Temple, 22 rue du Consulat; Menü 13,50–16 €; ⏱Mo 11.45–14.30, Di–Sa 10–18.30 Uhr; 🖐) Dieses charmante Teehaus serviert 40 Tee- und 14 Kaffeesorten, natürlich in Porzellantassen aus Limoges. Gegen den Hunger gibt es diverse Salate und traditionelle Menüs aus regionalen Zutaten. Aber wer hier speisen will, sollte unbedingt noch etwas Platz im Magen für die herrlichen Desserts lassen: Die *tarte au citron meringuée* (Zitronen-Baiser-Tarte) ist ein Gedicht.

Le Bistrot Gourmand
FRANZÖSISCH €€

(www.bistrotgourmand.fr, auf Frz.; 7 place Winston Churchill; Menü 10–19,50 €; ⏱Mo–Sa; 🖐) Ein bunt gemischtes Studentenvolk versammelt sich an den Marmortischen dieses geschäftigen Bistros, das mit altmodischen Werbeplakaten und Bildern dekoriert ist. Bei sage und schreibe 105 *plats* (Gerichten) und 60 verschiedenen Desserts dauert es eine Weile, bis man sich für etwas entscheiden hat.

🍴 Planetalis
BIO-KÜCHE €

(www.planetalis.com, auf Frz.; place de la République; Menü 10–11 €; ⏱Mo–Sa 7.30–20.30 Uhr; 🖐) Wer sich als Vegetarier in dieser Region bisher eher vernachlässigt fühlte, sollte einen Abstecher in die kantinenartige Limoger Filiale der französischen Biofood-Kette machen – angeboten werden vitaminreiche Baguettesnacks, Salate und warme Gerichte zum Mitnehmen oder Vor-Ort-Essen.

Wer essen will wie die Einheimischen, sollte die Bistros in und um die Halles Centrales aufsuchen. Sie sind täglich bis auf den letzten Platz gefüllt und hier essen sie alle – vom Büroangestellten bis zum Markthändler.

Le Bistrot d'Olivier
REGIONAL €

(Halles Centrales; Menü 12–15 €; ⏱Mo–Sa 7–14 Uhr) Französischer als dieses urige Bistrojuwel geht es kaum.

Chez François
REGIONAL €

(Halles Centrales; Menü 11–20 €; ⏱Mo–Sa 6–14 Uhr) Wer im Bistrot d'Olivier keinen Platz mehr findet, kann sich hier hineinquetschen und die echte Limoger Küche probieren.

Le P'tit Bouchon
REGIONAL €

(17 place de la Motte; Menü 13 €; ⏱Di–Sa 7–15 Uhr) Liebenswert heruntergekommenes kleines Bistro gegenüber dem Markt, das seinen geselligen Gästen zur Mittagszeit lokale Spezialitäten serviert.

Selbstversorger

Halles Centrales (place de la Motte; ⏱bis 13 Uhr) Dieser überdachte Markt bietet eine breite Auswahl an einheimischen Erzeugnissen. Dazu gehören Köstlichkeiten wie lokaltypischer Käse oder Limousin-Rind.

Der Gourmettempel **Paroles de Chef** (📞05 55 32 30 66; www.parolesdechef.com; 15 rue Neuve des Carmes; ⏱Laden Di–Sa geöffnet) hat eine Gourmet-*épicerie* (Delikatessenladen) und bietet Koch- und Weinverkostungskurse an (ab 50 €). Angeschlossen ist auch ein eigenes Restaurant.

🍸 Ausgehen & Unterhaltung

Limoges' große Studentenszene sorgt für ein lebendiges Nachtleben; am meisten los ist rund um die rue Charles Michels und die place Denis Dussoubs.

Veranstaltungstickets verkauft **Fnac** (☑ 08 25 02 00 20; 8 rue des Combes; ⊙Mo 14–19, Di–Sa 10–19 Uhr).

Le Buckingham   BAR, CLUB
(www.lebuckinghamclub.com, auf Frz.; 23 bd St-Maurice; ⊙Do–Sa) Ultracoole Latenight-Bar mit Disko, in der bis 7 Uhr früh das Aktuellste aus den Charts gespielt wird.

Le Duc Étienne   BAR
(place St-Aurélien; ⊙tgl.) Dieses Urgestein im mittelalterlichen Viertel hat eine hippe kleine Bar, die ihren Gästen vor dem Clubbing europäisches Bier oder einen späten Kaffee serviert. Im Sommer verlagert sich das Geschehen auf die Außenterrasse vor der Église St-Aurélien.

La Fourmi   LIVEMUSIK
(www.lafourmi87.net, auf Frz.; 3 rue de la Font Pinot) Die angesagteste Adresse der Stadt für Musikfans: Zum Angebot in den zweistöckigen Gebäude mit Lagerhausambiente gehören Newcomer-Acts, Alternative-Bands und Theateraufführungen. Das La Fourmi liegt 1 km außerhalb der Stadt, aber der Weg lohnt sich. Die Öffnungszeiten wechseln; was wann gespielt wird, steht auf der Website.

L'Amicale des Parachutistes Belges
                                                LIVEMUSIK
(www.myspace.com/parachutistes_belges; 17 rue Charles Michels; ⊙Di–So) Belgisches Bier und lebendige Livemusik sind die Attraktion in diesem Schuppen, auf dessen Bühne regelmäßig Soul, Funk, Ragga oder Rock gespielt wird.

Le Tabernacle   LIVEMUSIK
(http://limoges.limousin.free.fr/tabernacle, auf Frz.; 19 rue de la Loi; ⊙Mi–Sa) Le Tabernacle ist Kneipe, Club und Grunge-Bühne in einem. Unverputzte Ziegelmauern und Industriedesign sorgen für eine urige Liveatmosphäre in diesem Nachtschuppen.

Grand Écra   KINO
(www.grandecran.fr, auf Frz.; 9–11 place Denis Dussoubs) Multiplexkino, das Filme im Originalton zeigt.

Cinéma Lido   KINO
(www.allocine.fr; 3 av. du Général de Gaulle) Programm-Kino.

ℹ️ Praktische Informationen

Hauptpost (1 rue Daniel Lamazière) Hier gibt es auch einen Geldautomaten.

Postamt (6 bd de Fleurus) Ebenfalls mit Geldautomat.

TendanceWeb (www.tendanceweb.com, auf Frz.; 5 bd Victor Hugo; 3 €/Std.; ⊙ Mo–Do 10–14, Fr & Sa 10–16 und So 14–2 Uhr) Internetzugang.

Touristeninformation (☑05 55 34 46 87; www.tourisme-limoges.com; 12 bd de Fleurus; ⊙ Mo–Sa 9–19, So 10–18 Uhr; ☎)

ℹ️ An- & Weiterreise

Auto

Regionale Autovermietungen sind **ADA** (☑05 55 79 61 12; 27 av. du Général de Gaulle) und **National-Citer** (☑05 55 77 10 10; 3 cours Bugeaud).

Bus

Der Busbahnhof Limoges befindet sich hinter den Eisenbahnschienen direkt am Bahnhof. Fahrkarten innerhalb des Departementes Haute-Vienne kosten pauschal 2 €.

Buslinie 12 fährt nach Oradour-sur-Glane (45 Min., Mo–Sa 5-mal tgl.), die Linien 14 und 21 fahren nach Rochechouart (1 Std., Mo–Sa 4–6-mal tgl.) und die Busse der SNCF-Linie 9 verkehren nach St-Léonard de Noblat (30 Min., 8-mal tgl.).

Flugzeug

Direkt an der A20 10 km westlich der Stadt liegt der internationale Flughafen **Aéroport International de Limoges** (☑05 55 43 30 30; www.aeroportlimoges.com). Zu den Inlandsdestinationen gehören Paris Orly, Lyon, Nizza und Figari (Korsika). Direktflüge nach Deutschland, Österreich oder in die Schweiz gibt es nicht. (Zwischenstationen sind entweder Paris Orly oder Lyon.) Von Mitte Juni bis September verkehrt ein Shuttle (einfache Fahrt 7 €) zwischen Flughafen und Bahnhof Limoges; mit dem Taxi dauert die Strecke 15 Minuten und kostet rund 20 €.

Zug

Züge verkehren zum Gare d'Austerlitz in Paris (52,10 €, 3 Std., stündl.), nach Périgueux (15 €, 1 Std., 15-mal tgl.), Cahors (30,50 €, 2¼ Std., 4-mal tgl.), Brive-la-Gaillarde (18,20 €, 1 Std., 15-mal tgl.), Tulle (18,70 €, 1¼ Std., 5- bis 7-mal tgl.) und Arnac-Pompadour (10,80 €, 1¼ Std., 2- bis 3-mal tgl.); außerdem gibt es einen Nachtzug nach Barcelona. Fahrkarten gibt es am Bahnhof und in der **SNCF boutique** (4 rue Othon Péconnet) im Stadtzentrum.

DAS MÄRTYRERDORF

Am Nachmittag des 10. Juni 1944 wurde das Städtchen **Oradour-sur-Glane**, 21 km nordwestlich von Limoges, Zeuge eines der schlimmsten Naziverbrechen auf französischem Boden. Lastwagen des SS-Sonderkommandos „Das Reich" umstellten den Ort und die Bewohner mussten sich auf dem Marktplatz versammeln. Die Männer wurden gruppenweise in Heuschober (*granges*) getrieben, wo sie im Maschinengewehrhagel umkamen, bevor die Gebäude in Flammen aufgingen. Mehrere Hundert Frauen und Kinder wurden in der Kirche zusammengepfercht, die man anschließend zusammen mit der ganzen Stadt in Brand setzte. Nur eine Frau und fünf Männer überlebten dieses Massaker. 642 Menschen, darunter 193 Kinder, wurden ermordet. Nur zwei Tage zuvor hatte das gleiche SS-Kommando in Tulle eine ähnlich brutale Tat verübt. Dort wurden 99 Sympathisanten der Résistance als abschreckendes Beispiel an den Balkonen der Stadt aufgehängt.

Seit diesen barbarischen Ereignissen ist der gesamte **Ort** (⊘9–18 Uhr) unverändert geblieben. Die alten Bahngleise, die Stromleitungen der Vorkriegszeit, die ausgebrannten Häuserruinen und die rostenden Wracks der Autos aus den 1930er-Jahren bilden ein ergreifendes Mahnmal zur Erinnerung an das einst friedliche Dorf, das durch die Grausamkeit des Krieges ausgelöscht wurde. Eine unterirdische Gedenkstätte in der Ortsmitte listet die Namen der Opfer auf. Besonders bewegend ist die Ausstellung mit den letzten Habseligkeiten der Verstorbenen: Uhren, Geldbörsen, Haarspangen und ein paar Kinderfahrräder.

Der Besuch beginnt im **Centre de la Mémoire** (Erw./Kind 7,70/5,20 €), das mit historischen Ausstellungen, Videos und den Aussagen von Überlebenden über das Massaker informiert. Es gibt verschiedene Theorien zu den Gründen für diese fürchterlichen Ereignisse (Panik der Deutschen vier Tage nach der Landung der Alliierten oder Rache für Sabotageakte der Résistance bei der Invasion) – aber vielleicht war es auch eine jener Grausamkeiten des Krieges, für die es nie eine Erklärung geben wird.

Nach dem Krieg wurde Oradour wenige Hundert Meter westlich der Ruinen neu aufgebaut. Mehrere Busse fahren täglich von der Busstation in Limoges nach Oradour-sur-Glane (2 €, 30 Min., tgl. außer So im Winter). Wer selbst fährt, nimmt die D9 und folgt den Schildern zum *village martyr* (Märtyrerdorf).

Westlich von Limoges

ROCHECHOUART & CHASSENON
3930 EW.

Meteoriten und moderne Kunst sind eine etwas seltsame Kombination, aber es sind die Hauptattraktionen in der befestigten Stadt Rochechouart, 45 km westlich von Limoges. Die Gegend um Rochechouart hat einen der veherendsten Meteoriteneinschläge der Erdgeschichte erlebt, als vor 200 Mio. Jahren ein gewaltiger, intergalaktischer Felsblock von 1,5 km Durchmesser mit einer Geschwindigkeit von 72 000 km/h und der Wucht von 14 Mio. Hiroshima-Bomben auf die Erde knallte. Am Einschlagsort, etwa 4 km westlich der Stadt, entstand ein Krater von 20 km Breite und 6 km Tiefe. Doch alles, was davon heute noch zu sehen ist, sind die seltsamen Steinblöcke, die bei der gewaltigen Explosion entstanden und heute in der Gegend gern als Baumaterial genutzt werden. Die Ausstellung **Éspace Météorite Paul Pellas** (✆05 55 03 02 70; www.espacemeteorite.com; 16 rue Jean-Parvy; Erw./Kind 4/2 €; ⊘ Mo–Fr 10–12.30 & 13.30–18, Sa & So 14–18 Uhr) dokumentiert diese kosmische Katastrophe mit Mineralien, Modellen und Videovorführungen. Die Öffnungszeiten richten sich nach den Schulferien; am besten vorab nachfragen, ob die Ausstellung geöffnet ist.

Im kürzlich renovierten Stadtschloss befindet sich das **Musée Départemental d'Art Contemporain** (✆05 55 03 77 91; www.musee-rochechouart.com, auf Frz.; place du Château; Erw./Kind 4,60/2,30 €, 1. So im Monat frei; ⊘Mi–Mo 10–12.30 & 13.30–18 Uhr). Zu seinen Attraktionen zählen Werke des gefeierten Dadaisten Raoul Haussman sowie eine weiße Steininstallation des britischen Künstlers Richard Long in einem Raum mit Fresken aus dem 16. Jh.

5 km von Rochechouart entfernt liegen die gallorömischen Bäder von **Chassenon** (✆05 45 89 32 21; www.cassinomagus.fr; Erw./ Kind 5/2,50 €, Audioführer 1 €, Führungen 1,50 €; ☉Mo–So 10–18.30 Uhr). Die 1844 entdeckten und von 1958 bis 1988 ausgegrabenen Bäder waren Teil einer luxuriösen Raststätte, die bei den Römern als Cassinomagnus bekannt war und an einer wichtigen Kreuzung der Via Agrippa lag, der Straße, die über Saintes, Périgueux, Limoges, Clermont-Ferrand und Lyon quer durch Frankreich führte. Ein großer Teil der Anlage (darunter ein Tempel und ein Amphitheater) wurden geplündert und als Baumaterial genutzt, doch die Bäder, Tauchbecken und Hypokausten (römische Fußbodenheizung) sind noch zu erkennen. Regelmäßig finden hier Aufführungen, römische Sportevents und Ausstellungen statt.

Domaine des Chapelles (✆05 55 78 29 91; www.domainedeschapelles.com; Oradour-sur-Vayres; DZ 85–140 €; 🅿🛜) Dieser ehemalige Schafstall bei Oradour-sur-Vayres ist heute ein romantischer Ferienschlupfwinkel. In den schicken Zimmern wurden Cappuccino- und Creme-Farbtöne mit Naturstein und rustikalen Fliesen kombiniert. Manche Räume haben eine eigene Terrasse, und Zimmer Nr. 8 bietet sogar ein eigenes Hydromassagebad mit Sauna. Das **Landrestaurant** (Menü 18–29 €) ist ebenfalls ausgezeichnet (mit witzigen Wandbildern von Schafen!).

Infos zu den Busverbindungen von Limoges nach Rochechouart stehen auf S. 611.

GUÉRET & BOURGANEUF
GUÉRET 15 089 EW. / BOURGANEUF 3184 EW.

Das lebhafte Städtchen Guéret wurde rund um ein im 12. Jh. gegründetes Kloster und das im 15. Jh. erbaute Château de Moneyroux errichtet. Heute ist Guéret der Verwaltungshauptsitz des Departements Creuse und zugleich seine Hauptstadt. Der Ort selbst ist nicht sonderlich aufregend, doch er eignet sich prima als Ausgangsbasis für die Erkundung der umliegenden Attraktionen. Dazu gehören das faszinierende Wolfsreservat **Le Parc Animalier des Monts de Guéret** (www.loups-chabrieres.com, auf Frz.; Erw./Kind 8,50/7 €; ☉10–20 Uhr), in dem sich schwarze und graue Wölfe auf einem 12 ha großen Parkgelände frei bewegen, und das **Labyrinthe Géant** (www.labyrinthe-gueret.fr, auf Frz.; Erw./Kind 6,50/4,50 €; ☉Juli & Aug. tgl. 10–20 Uhr, Mai–Juni & Sept. Sa & So 14–20 Uhr), wo man sich zwischen den Hecken des angeblich größten Labyrinths der Welt verirren kann.

Das Bürgerstädtchen Bourganeuf lohnt ebenfalls einen Abstecher, besonders wegen seiner reizvollen Altstadt. Bekannt wurde es, als es 1886 als einer der ersten Orte Frankreichs an das Stromnetz angeschlossen wurde. Im Hochsommer widmet sich das **Musée de l'Électrification, de l'Eau et de la Lumière** (✆05 55 64 07 61; rte de la Cascade; Eintritt frei; ☉Juli & Aug. 10–12 & 14–18 Uhr) diesem elektrisierenden Ereignis.

DER LÖWE DES LIMOUSIN

Der Geist von Richard, Coeur de Lion (Richard Löwenherz) schwebt bis heute über dem Departement Haute-Vienne. Der König auf Kreuzzug schlug hier im 12. Jh. mehrere blutige Schlachten, bevor ihn im Jahre 1199 sein Schicksal ereilte. Beim Kampf um den inzwischen zerfallenen Burgfried von **Château de Chalûs-Chabrol**, 40 km westlich von Limoges, wurde er von einem Armbrustbolzen tödlich getroffen. Der Legende nach soll Richard, nachdem die Festung gefallen war, dem Armbrustschützen (der noch im Knabe war) verziehen haben, ehe er am 6. April 1199 in den Armen seiner Mutter Eleanor von Aquitanien verstarb. Richards Herz wurde in Rouen beigesetzt, sein Gehirn in der Abtei von Charroux in Poitiers und sein Leib in der Abbaye de Fontevraud neben seinem Vater Heinrich II. Sein unerbittlicher Hauptmann Mercadier verstand keinen Spaß und ließ dem Armbrustschützen bei lebendigem Leib die Haut abziehen.

Viele andere mittelalterliche Schlösser und Monumente in der Umgebung erinnern an Richard Löwenherz. Sie sind entlang der **Route de Richard Coeur de Lion** (www.routerichardcoeurdelion.fr, auf Frz.) ausgeschildert, ein kostenloses (englischsprachiges) Infoblatt gibt es bei den örtlichen Touristeninformationen.

ALLES EINSTEIGEN!

Wer die sattgrünen Landschaften des Limousin aus einer ganz besonderen Perspektive erleben will, kann in einen Wagen des **Chemin Touristique Limousin–Périgord** (www.trainvapeur.com, auf Frz.) steigen. Diese Dampfeisenbahn von 1932 schnauft zwischen Mitte Juli und Mitte August durch die Felder und Wälder des Limousin. Reservierungen sind unbedingt notwendig und können über die Touristeninformation in Limoges erledigt werden. Insgesamt gibt es sechs verschiedene Strecken; auf den drei hier genannten Routen fahren die Züge während der Saison dreimal täglich. Die Preise beinhalten Hin- und Rückfahrt.

Limoges–Eymoutiers (Erw./Kind 24/10 €) Alte Hochlandbahn via St-Leonard-de-Noblat.

Limoges–Pompadour (Erw./Kind 50/45 €) Besuch des Gestüts von Arnac-Pompadour inklusive.

Eymoutiers–Châteauneuf-Bujaleuf (Erw./Kind 13/5 €) Durch die tiefen Schluchten der Vienne.

Südlich von Bourganeuf ist das Limousin am grünsten und schönsten – besonders rund um das **Plateau de Millevaches** (www.pnr-millevaches.fr, auf Frz.) und den glasklaren **Lac de Vassivière** (www.vassiviere.com, auf Frz.), der bei Wassersportlern und Picknickgästen beliebt ist.

🛏 Schlafen & Essen

Abbaye du Palais   ZIMMER MIT FRÜHSTÜCK €€
(☏05 55 64 02 64; www.abbayedupalais.com; DZ 90–160 €; ☲ 🐾) Diese zauberhafte *chambre d'hôtes* zwischen Bourganeuf und Guéret ist in einer ehemaligen Zisterzienserabtei untergebracht. Katzen, Hunde, Kaninchen und Kinder rennen über das Gelände, auf dem Ruinen einer Kapelle und eines Schlafsaals für Mönche sowie ein kleiner Streichelzoo liegen. Im Hauptgebäude gibt es drei Doppelzimmer und vier Suiten mit Antiquitäten, Wandteppichen und offenen Kaminen. Im Angebot sind auch *tables d'hôtes* – und Kochkurse für alle, die selbst das Küchenmesser schwingen wollen.

Le Moulin Noyé   HOTEL €€
(☏05 55 52 81 44; www.moulin-noye.com, auf Frz.; route de La Châtre, Glénic; DZ ab 120 €) Dieses gemütliche, 9 km nordwestlich von Guéret gelegene Landhotel bietet einen schönen Blick auf die umliegende bewaldete Flusslandschaft. Die Gästezimmer sind nach Komponisten benannt und mit Wandfarben von Himbeerrosa bis Apfelgrün gestaltet. Das **Restaurant** (Menü 12–62 €) ist bei den einheimischen Gourmets sehr beliebt. Das liegt vor allem an der saisonalen Küche, die vorwiegend lokale Produkte verwendet, vom Fisch direkt aus dem See bis zum Fleisch von Limousin-Rindern. Reservierung empfohlen.

La Ferme de la Gorce
FERIEN AUF DEM BAUERNHOF €
(☏05 55 41 11 55; www.gites-de-france-limousin.com, auf Frz.; 86 av. du Limousin, Guéret; EZ/DZ 45/55 €) Ganz in der Nähe von Guéret liegt diese angenehm rustikale Bleibe mit viel Holz und Stein in den niedrigen Zimmern. Die Gastgeber sind freundlich und halten viele Tipps für die Region bereit.

AUBUSSON
4400 EW.

Neben Keramik und Porzellan ist das nördliche Limousin für seine Gobelins bekannt, die einst die Adelshäuser von London bis zum Loire-Tal zierten und Schutz gegen Kälte boten – vor allem in zugigen Schlössern.

Das reizende an einem Fluss gelegene Städtchen Aubusson war im 19. Jh. das pulsierende Zentrum der französischen Teppichproduktion – nur die Gobelin-Manufakturen von Paris konnten ihm das Wasser reichen. Die meisterhaft gearbeiteten Teppiche von Aubusson zeichneten sich durch leuchtende Farben und feinste Details aus. Nach der Französischen Revolution ging es stetig bergab mit der Teppichindustrie, bis sie zwischen dem Ersten und Zweiten Weltkrieg durch innovative Designer wie Jean Lurçat, Sylvaine Dubuisson und Dom Robert einen neuen Aufschwung erlebte.

◉ Sehenswertes

Teppichwebereien WERKSTÄTTEN
Heute gibt es etwa 20 Teppichwebereien in Aubusson und im nahe gelegenen Felletin (10 km südlich). Die Touristeninformation in Aubusson organisiert Besuche in den örtlichen *ateliers* (Webereien) und hält eine Liste der Galerien und Ausstellungen bereit – darunter ist auch das **Atelier Duché** (www.atelier-duche-aubusson.com, auf Frz.; 35 Grand Rue; ⊘Di–Sa 9–18 Uhr).

Maison de Tapissier TEPPICHMUSEUM
(http://mtapissier.lacreuse.com, auf Frz.; Erw./Kind 5/3 €; ⊘9.30–12.30 & 14–18 Uhr) In einem Herrenhaus aus dem 16. Jh. direkt neben der Touristeninformation ist dieses Teppichmuseum untergebracht. Mit Werkzeugen, Originalmobiliar und (natürlich) antiken Teppichen wird in der Maison de Tapissier die Atmosphäre einer Weberei aus dem 17. Jh. nachempfunden.

Musée Départemental de la Tapisserie
TEPPICHMUSEUM
(av. des Lissiers; Erw./Kind 5 €/frei; ⊘Mi–Mo 9.30–12 & 14–18 Uhr) Einen geschichtlichen Überblick bietet dieses Museum, das besonders fein gearbeitete Beispiele historischer und moderner Teppichkunst in Aubusson besitzt.

Exposition-Collection Fougerol
TEPPICHMUSEUM
(34 rue Jules Sandeau; Erw./Kind 3 €/frei; ⊘9.30–12.30 & 14–18 Uhr) Die Exposition-Collection Fougerol zeigt rund 135 Teppiche aus Aubusson und Flandern vom 16. bis 19. Jh.

🛏 Schlafen & Essen

Villa Adonis BOUTIQUEHOTEL €
(☎05 55 66 46 00; www.villa-adonis.com; 14 av. de la République; DZ 55–65 €; 🛜) Mit seinen hippen Ausstattungsdetails wie batteriebetriebenen Schlüsseln, Hochdruckduschen und der schlichten Farbgestaltung verströmt dieses in einer Steinvilla aus dem 19. Jh. untergebrachte Hotel am Rand von Aubusson Großstadtflair. Alle Zimmer haben Ausblick auf den hübschen Garten und das Frühstücksbuffet (7 €) bietet neben frischer Marmelade auch echten Espresso.

L'Hôtel de France HOTEL €€
(☎05 55 66 10 22; www.aubussonlefrance.com; 6 rue des Déportés; DZ 62–95 €; 🛜) Die ehemalige Poststation wurde zu einem noblen Logis-de-France-Hotel mit 21 luxuriösen

Zimmern umgebaut – teils modern, teils nostalgisch und plüschig, manche davon unter dem Dach mit schrägen Decken und sichtbaren Balken. Zum Wellnessbereich gehört auch ein Hamam. Das **Restaurant** (Menü 20–36 €) ist das beste der Stadt und serviert zu sanften Pianoklängen eine breite Palette an Spezialitäten des Limousin.

ℹ Informationen

Touristeninformation (☎05 55 66 32 12; rue Vieille; www.ot-aubusson.fr, auf Frz.; ⊘9.30–12.30 & 14–18 Uhr)

ℹ An- & Weiterreise

Aubusson liegt 90 km östlich von Limoges. Züge (oder SNCF-Busse) verbinden Aubusson und Limoges (13,90 €, 1¾ Std., Mo–Sa 3-mal tgl., So 1-mal)

Südlich von Limoges

SOLIGNAC
1497 EW.
Im dicht bewaldeten Briance-Tal, 10 km südlich von Limoges, liegt das winzige mittelalterliche Städtchen Solignac, eine wichtige Station an der Pilgerroute nach Santiago de Compostela. Seine **Kirche** aus dem 11. Jh. ist ein Wunder romanischer Baukunst und bekannt für ihr 14 m überspannendes Kuppeldach. Die Nischen des Kirchenschiffs sind verziert mit geschnitzten Bildnissen von menschlichen Köpfen, Fabeltieren und einem Mönch, der über die Welt sinniert. An den Säulen sind menschliche Gestalten zu erkennen, die von Drachen verschlungen werden.

5 km südöstlich liegen die Ruinen des **Château de Chalucet**, einer Festung aus dem 12. Jh., die im Hundertjährigen Krieg von den Engländern besetzt war. Die Ruinen sind ein hübscher Picknickplatz und der zerfallene Turm bietet einen schönen Blick ins Tal. Der **Parc Zoologique du Reynou** (www.parczooreynou.com; Erw./Kind 13/9 €; ⊘10–20 Uhr, letzter Einlass 2 Std. vor Schließung) im nahe gelegenen Le Vigen ist ein 35 ha großer Safaripark auf den ehemaligen Ländereien der Haviland-Porzellandynastie. Zu seinen teilweise exotischen Bewohnern zählen Wölfe, Giraffen, Gnus, Schnee-Eulen und ein Tigerpärchen mit Nachwuchs.

Das **Hôtel Le St-Eloi** (☎05 55 00 44 52; www.lesainteloi.fr; 66 av. St-Eloi; DZ 58–85 €) ist so ziemlich die einzige Unterkunft der Gegend. Das Gebäude mit den Fensterläden gegenüber der Kirche bietet 15 sonnige Zimmer; diejenigen mit Whirlpool und Terrasse sind supergünstig. Das in der Halbpension enthaltene Essen gibt's im dazugehörigen **Restaurant** (Menü 34–37 €; ⊘So abends geschl.).

Drei bis vier Busse pro Tag (außer So) verbinden Limoges mit Solignac (2 €, 25 Min.) und Le Vigen (2 €, 35 Min.). Der Bahnhof Solignac-Le Vigen bietet mehrmals täglich Verbindungen nach Limoges (2,70 €, 10 Min.) und Uzerche (8,20 €, 40 Min.).

ARNAC-POMPADOUR
1279 EW.

In Arnac-Pompadour, das sich eigentlich aus zwei kleinen Dörfern zusammensetzt, dreht sich alles um das Schloss, das sich im Zentrum vom Ortsteil Pompadour erhebt. Es ist berühmt (und berüchtigt) aufgrund seiner Verbindung zu Madame de Pompadour (geborene Jeanne-Antoinette Poisson), der Mätresse von Ludwig XV. Nachdem sie 1745 am Hof eingeführt worden war, lebte sie nicht nur hier, sondern trug dazu bei, dass sich Arnac zu einem der bedeutendsten Gestüte *(haras)* Frankreichs entwickelte. Die für ihre Zucht englischer Reitpferde und Araber bekannte *Cité de Cheval* (Pferdestadt) wurde 1872 zum Nationalgestüt *(Haras National)*.

Der Veranstalter **Les Trois Tours** (✆05 55 98 51 10; www.les3tours-pompadour.com), der sich im Schloss niedergelassen hat, organisiert einstündige Besichtigungstouren durch das **Château** (Erw./Kind 7/6 €), die **écuries des étalons** (Hengstställe; Erw./Kind 6/5 €) und die **jumenterie de la rivière** (Stutenstall; Erw./Kind 6/5 €) sowie von Juli bis September Besuche auf dem 80 ha großen Gebiet des **Chignac** (Erw./Kind 6/5 €), wo die Fohlen aus dem Stutenstall leben, ehe sie im Alter von zwei Jahren ihr Training beginnen. Kombipässe für zwei/drei/vier Touren kosten 11/16,50/22 € pro Person und 9/13,50/18 € pro Kind.

Gegenüber dem Eingang dieses Schlosses befindet sich die **Touristeninformation** (✆05 55 98 55 47; www.pompadour.net; ⊙10.30–12.30 & 14–18 Uhr) mit Infos zu den regelmäßigen Rasseschauen sowie zur großen Pferdeparade am 15. August und der etwas bescheideneren Veranstaltung am 14. Juli, die ganz im Zeichen des *âne* (Esels) steht.

Die Touristeninformation organisiert außerdem Besichtigungstouren durch die **Chapelle St-Blaise** (Erw./Kind 4/2 €; ⊙Mo–Sa bis zu 6 Führungen tgl.) hinter dem Schloss, die im 16. Jh. erbaut wurde. Wände und Decke der Kapelle werden von einem imposanten **Gemälde** des französischen Künstlers André Brasilier (geb. 1929) in frischen Blau- und Grüntönen verziert. Im Preis der Führung enthalten ist auch der Eintritt in den **Espace Culturel St-Blaise** (place de la Poste), wo Brasiliers Werke ausgestellt sind und eine (französischsprachige) Filmvorführung die Entstehung des Wandgemäldes dokumentiert.

Arnac-Pompadour liegt 60 km südlich von Limoges, es gibt eine direkte Bahnverbindung (10,80 €, 1¼ Std., 2- bis 3-mal tgl.).

UZERCHE
3271 EW.

Das befestigte Städtchen Uzerche auf einem Vorsprung über der tosenden Vézère ist eine der hübschesten Felssiedlungen des Limousin. Spitze Türmchen ragen wie Hexenhüte über den Mauern der **Maisons à tourelles** (Turmhäuser) aus dem 15. und 16. Jh. empor. Die **Porte Bécharie**, eines von ursprünglich neun Toren, die im 14. Jh. Einlass in die Stadt gewährten, ist bemerkenswert gut erhalten und die einzige Straße von Uzerche führt hinauf zur **Église St-Pierre**, einer Wehrkirche mit einer der ältesten Krypten des Limousin (11. Jh.). Davor liegt die **place de la Lunade**, von der sich ein phantastischer Blick auf das Flusstal eröffnet. Der Platz ist nach einer heidnischen Sonnenwendfeier benannt, an deren Stelle heute eine christliche Prozession getreten ist. Die nahe gelegene **Touristeninfomation** (✆05 55 73 15 71; www.pays-uzerche.fr; place de la Libération; ⊙Mo–Fr 10–12 & 14–18 Uhr) verkauft im Sommer Arbeiten einheimischer Künstler (Teddybären und handgemachte Keramik).

Es gibt nur zwei Hotels in Uzerche. Auch wenn es von außen etwas heruntergekommen wirkt, bietet das **Hôtel Jean Teyssier** (✆05 55 73 10 05; www.hotel-teyssier.com; rue du Pont-Turgot; DZ 54–68 €; ✳✉✈🚗) im Inneren modernen Komfort. Die 14 Zimmer sind freundlich und hübsch möbliert, haben magnolienfarbene Wände und sind mit Karo- und Streifenmustern ausstaffiert. Im Erdgeschoss serviert das **Restaurant** (Menü 20–26 €) Spezialitäten des Limousin mit mediterranem Einschlag in einem Speisesaal mit Panoramablick auf den Fluss.

Die Alternative ist das **Hôtel Ambroise** (✆05 55 73 28 60; www.hotel-ambroise.com, auf Frz.; av. Charles de Gaulle; EZ 46 €, DZ 51 €;

AKKORDEONS AUS TULLE

Was könnte französischer sein, als ein *accordéon*, das an einer Straßenecke traditionelle Melodien dudelt?! Die Industriestadt **Tulle** (16 474 Ew.), 28 km nordöstlich von Brive, ist als Welthauptstadt des Akkordeonbaus bekannt. Ein Akkordeon besteht aus 3500 bis 6800 Einzelteilen und die Herstellung erfordert bis zu 200 Arbeitsstunden. Massenproduktion stand hier daher nie zur Debatte. Spitzeninstrumente können bis zu 9000 € kosten.

Tulles berühmte Fabrik **Maugein** (☑05 55 20 08 89; rte de Brive; Eintritt frei ☺Mo–Do 8–12 & 14–17.30 Uhr) ist eine der ältesten traditionellen Fertigungsstätten für Akkordeons in der Stadt und bietet bei vorheriger Reservierung Führungen an. Dabei kann man den Handwerkern über die Schulter schauen und durch das Akkordeonmuseum bummeln.

Jedes Jahr Mitte September steht das Akkordeon bei dem viertägigen Straßenfest **Nuits de Nacre** im Mittelpunkt. Die **Touristeninformation** (☑05 55 29 27 74; 2 place Emile Zola; ☺Mo–Sa 9–12 & 14–18 Uhr) in Tulle hat nähere Infos.

Zwischen Tulle und Limoges verkehren täglich zwischen fünf und sieben Züge (18,70 €, 1¼ Std.)

☺Mitte Nov.–Feb. geschl.; 🛜) mit behaglichen, altmodisch eingerichteten Zimmern (einige davon mit Flussblick) und einem **Restaurant** mit Garten (Menü 13,50–26 €).

In Uzerche gibt es Zugverbindungen zum 56 km weiter nördlich gelegenen Limoges (12,60 €, 40 Min., 6- bis 8-mal tgl.). Der Bahnhof liegt 2 km nördlich der Altstadt an der N20.

Brive-la-Gaillarde

51 629 EW.

Das geschäftige Brive-la-Gaillarde ist das Hauptwirtschafts- und Verwaltungszentrum des Departements Corrèze. Neben den belebten Wochenmärkten gibt es in Brive nicht viel zu sehen, doch die Stadt ist ein guter Ausgangspunkt, um die Corrèze, den Nordteil des Departements Lot und die nordöstliche Dordogne zu entdecken.

👁 Sehenswertes & Aktivitäten

Maison Denoix   BRENNEREI
(☑05 55 74 34 27; www.denoix.fr; 9 bd du Maréchal-Lyautey; ☺Sept.–Juni Di–Sa 9–12 & 14.30–19 Uhr) Diese traditionelle Brennerei produziert seit 1839 den beliebtesten Rachenputzer der Region Corrèze, *l'eau de noix* (Walnusslikör), außerdem so ausgefallene Kreationen wie Schokoladenlikör, Quittenlikör und Curaçao. Besucher können auf eigene Faust zwischen den alten Kupferkesseln herumspazieren und im Juli und August dienstags und donnerstags um 14.30 Uhr an einer Führung teilnehmen.

Es gibt einen gut sortierten Laden, in dem auch einiges probiert werden darf – unter anderem *moutarde violette de Brive* (violetter Senf, der mithilfe von Traubenmost hergestellt wird).

Musée Labenche   MUSEUM
(www.musee-labenche.com; 26bis, bd Jules-Ferry; Erw./Kind 4,70/2,50 €; ☺Mi–Mo 10–18.30 Uhr) Die Ausstellungsstücke im städtischen Museum dokumentieren die lokale Geschichte und Archäologie und zeigen eine einzigartige Sammlung englischer Gobelins aus dem 17. Jh., Akkordeons vom Ende des 19. Jhs. bis 1939 und ein Klavier, das einst Debussy gehörte.

Collegiale St-Martin   KIRCHE
Die romanische Collegiale St-Martin aus dem 11. Jh. im Zentrum der Stadt musste im Laufe der Jahrhunderte einiges einstecken. Vom ursprünglichen Bau sind nur noch das Querschiff und einige verzierte Säulen mit Fabelwesen und biblischen Szenen übrig.

🍴 Schlafen & Essen

Brive hat sage und schreibe 150 Restaurants, Cafés und Bars zu bieten. Limousin-Rind, Produkte aus der Gänsezucht, Liköre, Pflaumenbranntwein und *galette corrézienne* (ein Kuchen aus Walnüssen und Maronen) sind nur einige der Spezialitäten auf den **Märkten** von Brive, die jeden Dienstag- und Samstagvormittag die zentrale place du 14 Juillet bevölkern. Am Donnerstagvormittag gibt es einen weiteren kleineren Markt.

LP TIPP ⟩ **Château de Castel-Novel** €€€
(📞05 55 85 09 03; www.castelnovel.
com; Varetz; DZ 140–390 €; ❄🛜🏊) Dieses
10 km nördlich von Brive-la-Gaillarde gelegene Schmuckstück von einem Schloss
ging bereits in die Literaturgeschichte ein,
denn die französische Autorin Colette hat
während der Arbeit an ihren Büchern *Er-
wachende Herzen* und *Cheri* hier gelebt.
Es wundert nicht, dass dieses von Türmchen, Giebeln und Holzschindeln gekrönte Schloss mit seinen originell gestalteten
Zimmern (darunter ein Turmzimmer und
Colettes Appartement im Stil Ludwigs XV.)
und den 10 ha großen grünen Wiesen samt
Orangerie aus dem 18. Jh. inspirierend auf
Madame Colette gewirkt hat. Ebenso kreativ wie die Autorin ist das Michelin-gekrön-
te, erstklassige **Restaurant** (Menü 26–78 €).

La Truffe Noire HOTEL €€
(📞05 55 92 45 00; www.la-truffe-noire.com, auf
Frz.; 22 bd Anatole-France; DZ 95–135 €; ❄🛜)
Das mit Abstand nobelste Hotel im Stadt-
zentrum hat 27 elegante Räume in Beige-
und Cremetönen mit großzügigen Betten
und hier und da sichtbaren Balken. Das
Restaurant (Menü 25,50–39 €) setzt sogar
noch einen drauf: Serviert werden üppige
Spezialitäten des Limousin wie marinierter
Lachs und Limousin-Rind mit getrüffeltem
Kartoffelpüree.

Hôtel du Chapon Fin HOTEL €€
(📞05 55 74 23 40; www.chaponfin-brive.com,
auf Frz.; 1 place de Lattre-de-Tassigny; DZ 54–84
€; @🛜🅿) Die Zimmer in diesem kürzlich
renovierten Hotel mit weißen Fensterläden
sind tipptopp und modern, ebenso wie das
Restaurant (Menü 12–40 €), das international inspirierte Küche serviert.

Auberge de Jeunesse HOSTEL €
(📞05 55 24 34 00; brive@fuaj.org; 56 av. Maréchal
Bugeaud; Schlafsaal 13,20 €; 🛜) Dieses gut geführte und freundliche Hostel wurde rund
um ein ehemaliges Herrenhaus angelegt
(in dem sich die Rezeption befindet). Die
blitzblanken Schlafsäle befinden sich im
neueren Flügel, und eine kleine Küche für
Selbstversorger in den Ställen aus dem 16.
Jh. Das Hostel liegt 1,5 km vom Bahnhof
entfernt; am besten vor der Ankunft erfragen, ob die Rezeption besetzt ist.

❶ Praktische Informationen

Die **Touristeninformation** (📞05 55 24 08 80;
www.brive-tourisme.com; place du 14 Juillet;
⊙Mo–Sa 9–12.30 & 13.30–18.30 Uhr) ist in

einem ehemaligen Wasserturm am Marktplatz
untergebracht, der von den Einheimischen auch
phare (Leuchtturm) genannt wird.

❶ An- & Weiterreise

Brive ist ein wichtiger Bahn- und Busknoten-
punkt.

BUS Der **Busbahnhof** (place du 14 Juillet) ist
neben der Touristeninformation.

FLUGZEUG Der **Aéroport Brive-Vallée de la
Dordogne** (www.aeroport-brive-vallee-
dordogne.com) liegt 10 km südlich der Stadt und
bietet Billigflüge nach Paris-Orly.

ZUG Der **Bahnhof** (av. Jean Jaurès) liegt 1,3 km
außerhalb des Zentrums und ist mit den meisten
Bussen in Richtung Süden erreichbar. Regelmäßig fahren Züge nach Limoges (18,20 €, 1 Std.,
15- bis 18-mal tgl.), Périgueux (11,80 €, 1 Std., 6-
bis 8-mal tgl.) und Cahors (18,20 €, 1 Std., 8- bis
10-mal tgl.). Wer nach Sarlat fahren will (8,80 €,
1½ Std., 3- bis 5-mal tgl.), muss in Souillac umsteigen (normalerweise in den SNCF-Bus).

Östlich von Brive

GIMEL-LES-CASCADES
703 EW.

Dieses winzige Nest mit seinen dicht gedrängten Schieferdächern und einem Gewirr von Häuschen mit Blumenbalkonen
am Ufer eines munteren Bachs ist ein typisches Dörfchen für das Departement Corrèze. Und es ist genau der richtige Ort, um
bei Spaziergängen durch die Straßen oder
am Flussufer die Atmosphäre dieser Region
auf sich wirken zu lassen. Die drei tosenden
Cascades, die dem Dorf seinen Namen
gegeben haben, sind über einen Uferweg
am unteren Ende des Orts zu erreichen.
Die **Dorfkirche** birgt eine kostbare, email-
lierte Reliquie, bekannt als **Châsse de St-
Étienne**, die im 12. Jh. von Kunsthandwerkern aus Limoges gefertigt wurde.

Weitere Sehenswürdigkeiten der Gegend sind die Überreste der zisterziensischen **Abbaye d'Aubazine** (📞05 55 84 61
12; ⊙Führungen Juli & Aug. 10.30, 15 und 16 Uhr
oder nach Vereinbarung) und der **Étang de
Ruffaud**, ein kristallklarer Badeteich –
bestens geeignet für eine erfrischende Abkühlung und ein Picknick an einem schattigen Plätzchen.

Die winzige **Touristeninformation**
(📞05 55 21 44 32; www.gimellescascades.fr, auf
Frz.; ⊙Mo–Fr 14–16.30, Sa 10–12 & 15–18.30, So
15–18.30 Uhr) teilt sich ein Gebäude mit dem
Postamt.

Die **Hostellerie de la Vallée** (☏05 55 21 40 60; www.logishotels.com; DZ 60 €; ☺März–Dez.) bietet mit neun hübschen, kleinen Zimmern eine behagliche Übernachtungsmöglichkeit in einem alten Natursteinhaus im Ortskern. Das **Restaurant** (Menü ab 17 €) mit Panoramablick ins Tal serviert leckere Hausmannskost in einem altmodischen Speisesaal – deftige Gerichte wie z. B. Kaninchen- und Rindfleischtopf.

Südlich von Brive

Eine hügelige Landschaft und grünes Weideland erstrecken sich südlich von Brive bis zu den Ufern der Dordogne und zur Nordgrenze des Departments Lot.

TURENNE
812 EW.

Das auf einem Felsen kauernde Dörfchen Turenne bietet einen spektakulären Anblick: Honigfarbene Steinhütten und windschiefe Häuschen stehen aufgereiht wie Dominosteine am Fuß des imposanten **Château** (☏05 55 85 90 66; www.chateau-turenne. com; Erw./Kind 4/2,60 €; ☺10–12 & 14–18 Uhr), das einst zum Schutz der Feudalherren, der Vicomtes von Turenne, erbaut wurde. Der Ausblick auf die umliegende Landschaft aus der Tour de César, dem kerzengeraden Turm der Burg, ist so unwirklich schön, dass man sich am liebsten kneifen möchte. Von ein paar Mauerresten und einem Wachraum aus dem 14. Jh. abgesehen, ist der Rest der Burg allerdings zerfallen. Wo einst die edlen Herren residierten, erstreckt sich heute ein Ziergarten.

Die **Touristeninformation** (☏05 55 24 12 95; Führungen Erw./Kind 4 €/frei, Fackeln 1 €; ☺Di–So 10–12.30 & 15–18 Uhr) unterhalb des Dorfes organisiert im Sommer Führungen sowie nächtliche Fackelzüge in Kostümen (gegen Reservierung).

Das einzige Hotel in Turenne ist **La Maison des Chanoines** (☏05 55 85 93 43; maison-des-chanoines.com, auf Frz.; DZ 56–100 €; ☺April–Mitte Okt.). Hinter der Fassade des im gotischen Flamboyantstil gebauten Hauses verbergen sich sparsam möblierte Zimmer im Landhausstil und ein gutes **Restaurant** (Menü 34–49 €; ☺Di–Do Abendessen), umgeben von steinmauern.

Von Brive nach Turenne fahren zwischen Montag und Samstag normalerweise drei **Busse** (www.cftaco.fr, auf Frz.) täglich (2 €; 35 Min.). Wer mit dem Zug anreist (3,20 €, 15

Min.), steigt am Bahnhof Turenne aus, der 3 km südöstlich des Dorfs liegt, und muss den Rest des Weges zu Fuß gehen.

COLLONGES-LA-ROUGE
475 EW.

Mit seiner Silhouette aus spitzen Türmchen, windschiefen Dächern und rostroten Sandstein-Häusern (daher auch der Name) gehört Collonges-la-Rouge zu den klassischen Postkartenmotiven im Department Corrèze. 1942 wurde das Dorf dank der Bemühungen seiner Bewohner zum *monument historique* erklärt und steht seither unter Denkmalschutz. 1982 gründete der damalige Bürgermeister von Collonges Charles Ceyrac die französische Organisation **plus beaux villages** („schönste Dörfer"; www.les-plus-beaux-villages-de-france.org).

Die zum Teil im romanischen Stil erbaute **Kirche** im Zentrum von Collonges wurde zwischen dem 11. und 15. Jh. auf den Grundmauern einer Benediktinerabtei aus dem 8. Jh. erbaut, die eine wichtige Raststation auf dem Pilgerweg nach Santiago de Compostela war. Ende des 16. Jhs. beteten hier die Protestanten im südlichen Schiff, ihre katholischen Mitbürger im nördlichen – ein Musterbeispiel der Ökumene. Unter dem Schieferdach der nahe gelegenen alten **Markthalle** gibt es einen historischen Backofen zu entdecken.

In den Kunsthandwerksläden von Collonges und in den traditionellen Cafés und Restaurants kann man problemlos ein paar Stunden verbringen. Allerdings empfiehlt es sich, schon früh aufzubrechen, da im Laufe des Tages immer mehr Touristenhorden einfallen.

Am Ortsrand bietet das sensationelle Frühstückspension **Jeanne Maison d'Hôte** (☏05 55 25 42 31; www.jeannemaisondhotes. com; DZ 90 €; ☎) in einem imposanten Bürgerhaus (*maison bourgeoise*) aus dem 15. Jh. einen Rückzugsort, in dem man sich wie Zuhause fühlen kann. Alle fünf Zimmer sind eigenwillig gestaltet und antik möbliert – mit Schreibtischen, dekorativen Raumteilern, Recamièren und Fenstergittern. Unser Favorit ist das Kaminzimmer mit seiner gewaltigen Kaminecke. Ebenfalls ein Gedicht sind die *tables d'hôtes* (35 € inkl. Wein).

Ein paar Kilometer entfernt im Dorf Meyssac liegt das **Relais du Quercy** (☏05 55 25 40 31; www.relaisduquercy.com.fr; Meyssac; DZ 55–70 €; ☎☎), ein freundliches, schiefergedecktes kleines Landhotel mit einem hübschen Garten und behaglichen, wenn auch unspektakulären Zimmern. Die schönsten bieten Ausblick auf die hintere Terrasse und alle sind mit blitzblanken Bädern und weichen Betten ausgestattet.

Die **Touristeninformation** (✆05 55 25 47 57; www.ot-collonges.fr, auf Frz.; ◷10–12 & 14–18 Uhr) hat ihren Sitz neben dem Rathaus, an der „Hauptstraße" des Dorfs unweit der D38.

Collonges hat Busverbindungen nach Brive, 18 km nordwestlich via D38 (3 €, 30 Min., wochentags 4- bis 6-mal tgl., samstags 1-mal).

BEAULIEU-SUR-DORDOGNE
1326 EW.

An einer friedlichen Biegung der Dordogne, eingerahmt von üppigen Wäldern und Feldern liegt der Ort Beaulieu, der seinem Namen (wörtlich übersetzt „schöner Ort") alle Ehre macht. Auch Beaulieu war ein wichtiger Pilgerstop auf dem Weg nach Compostela und das gut erhaltene mittelalterliche Viertel ist eines der schönsten in der Region: ein Labyrinth aus krummen Gassen mit Fachwerkhäusern und stolzen Herrensitzen, von denen viele aus dem 14. und 15. Jh. stammen.

Beaulieus größtes Event ist die **Fête de la Fraise** (Erdbeerfest) zur Erdbeererntezeit am zweiten Sonntag im Mai. Dann dreht sich in den Straßen der Stadt alles um die süßen Früchte: Es gibt Erdbeerauktionen, Erdbeerparaden und zum Ausklang der Festlichkeiten wird stilgerecht eine riesige Erdbeertorte verputzt.

◉ Sehenswertes & Aktivitäten

Abbatiale St-Pierre   ABTEIKIRCHE
Die gefeierte Hauptattraktion von Beaulieu ist diese romanische Abteikirche aus dem 12. Jh. mit einem wunderschönen **Tympanon** (1130), das Szenen des Jüngsten Gerichts mit tanzenden Aposteln und wiederauferstehenden Sündern zeigt. Die nahe gelegene **Chapelle des Pénitents** wurde für fromme Gemeindemitglieder erbaut – der Zugang zur Abteikirche war allein den Mönchen und zahlenden Pilgern vorbehalten.

Faubourg de la Chapelle   ARCHITEKTUR
Ein Viertel mit Häusern aus dem 17. und 18. Jh. ganz in der Nähe der Abbatiale St-Pierre.

Aventures Dordogne Nature   FLUSSFAHRTEN
(www.adndordogne.org, auf Frz.; ◷Mai–Okt.) Der Anbieter organisiert Fahrten auf dem malerischen Fluss in *gabarres* (Schiffen mit flachem Rumpf, mehr s. S. 640); das Angebot reicht von 1¼-stündigen Rundfahrten um Beaulieu (Erw./Kind 6/5 €) bis zu 2½-stündigen Picknicktouren für Feinschmecker (Erw./Kind 18/13 €).

🛏 Schlafen & Essen

Markt ist in Beaulieu am Mittwoch- und Samstagvormittag.

Auberge Les Charmilles   HOTEL €€
(✆05 55 91 29 29; www.auberge-charmilles.com, auf Frz.; 20 bd Rodolphe de Turenne; DZ 75–120 €; 🖧) Alle acht Zimmer dieser hübschen *maison bourgeoise* sind nach verschiedenen Erdbeersorten benannt. Auch das Dekor ist frisch und fruchtig: mit wattierten Tagesdecken, Holzböden und sommerlich gestalteten Bädern. In dem ruhigen **Restaurant** (Menü 19–48 €) am Flussufer wird fabelhafte Hausmannskost serviert; aber Vegetarier sollten aufpassen: Die „Vegetarier-Speisekarte" besteht komplett aus Fischgerichten.

Manoir de Beaulieu   HOTEL €€
(✆05 55 91 01 34; www.manoirdebeaulieu.com; 4 place du Champ-de-Mars; EZ 99 €, DZ 109–129 €, Suite 169–179 €; 🖧) Dieses noble Hotel im Ortszentrum ist eine echte Offenbarung – altmodische *auberge* und modernes Verwöhnhotel in einem. Die Zimmer verbinden alle Vorteile aus Alt und Neu: Abgeschliffene Dielenböden, Glaswaschbecken und Flachbild-TV treffen auf Massivholzmöbel, Samtsessel und hier und da ein altes Wagenrad oder einen antiken Schreibtisch. Auch das **Restaurant** (Menü 16–70 €) im Hof ist erstklassig.

Auberge de Jeunesse   HOSTEL €
(✆05 55 91 13 82; beaulieu@fuaj.org; place du Monturu; Schlafsaal 13,50 €; ◷April–Okt.) Teile dieser kuriosen kleinen Herberge mit 28 Betten stammen aus dem 15. Jh. und das Ambiente ist entschieden nostalgisch: Fenstergitter und ein Minitürmchen schmücken die Außenfassade, drinnen warten eine gemütliche Kaminstube, eine gut ausgestattete Küche und schnuckelige Vierbettzimmer mit Bad.

🏕 Camping à la Ferme du Masvidal   CAMPINGPLATZ €

(✆05 55 91 53 14; www.masvidal.fr; bd de Turenne; Platz ab 5 €, DZ inkl. Frühstück 55 €; ◷April–Sept.; 🖧♿) Dieser bewirtschaftete Hof 7 km südwestlich von Beaulieu bietet neben schattigen Stellplätzen mit Blick auf die Tierherden drei *chambres d'hôtes* (Zimmer

mit Frühstück) mit gewölbten Decken und herzhafte Hausmannskost (Menü 12–20 €) aus Produkten eigener Herstellung.

Camping des Îles CAMPINGPLATZ €
(☏05 55 91 02 65; www.camping-des-iles.fr; bd de Turenne; Platz 10,90–26,90 €; ☉April–Okt.; 🛜🏊🐾) Schattiger Campingplatz auf einer Flussinsel zwischen zwei Armen der Dordogne.

❶ Praktische Informationen

Die **Touristeninformation** (☏05 55 91 09 94; www.beaulieu-tourisme.com; place Marbot; ☉Mo–Sa 9.30–12.30 & 14.30–18, So 9.30–12.30 Uhr) liegt am Hauptplatz im Ort.

❶ An- & Weiterreise

Von Montag bis Samstag fahren Busse zwischen Beaulieu und Brive (2 €, 1 Std., 1- bis 3-mal tgl.).

DORDOGNE

Üppiges Essen, eine bewegte Geschichte und grüne Hügel mit vielen alten Burgen sind die Markenzeichen der großartigen Dordogne. Schon seit Langem ist sie ein bevorzugtes Ziel für Briten, die einen Zweitwohnsitz suchen, und für die *grandes vacances* französischer Familien. Und schon lange vor den ersten Burgherren waren die Ufer der Dordogne besiedelt: Im Vézère-Tal

hinterließen die Menschen der Cromagnon-Zeit einige der spektakulärsten Höhlenmalereien Europas.

Das Departement Dordogne, bei den Franzosen eher unter dem Namen „Périgord" bekannt, ist in vier Regionen aufgeteilt. Zur besseren Orientierung wurde jeder Region eine Farbe zugeteilt: Das Périgord Blanc (weiß) ist nach den hellen Kalksteinfelsen rund um die Hauptstadt Périgueux benannt, das Périgord Pourpre (purpur) bezeichnet die Weinbauregion rund um Bergerac, Périgord Vert (grün) ist der waldreiche Nordwesten und Périgord Noir (schwarz) heißen die dunklen Eichenwälder des Vézère-Tals und in der Gegend um Sarlat-la-Canéda.

Périgueux
30 808 EW.

Das Gebiet um das heutige Périgueux ist schon seit über 2000 Jahren besiedelt. Zuerst hatten sich hier gallische Stämme niedergelassen. Später wurde diese Siedlung von den Römern zur Stadt Vesunna ausgebaut. Bis heute ist Périgueux das größte (und betriebsamste) Handelszentrum im Departement Dordogne. Vieles in der Stadt erinnert an ihre lange Geschichte: Das

---

LAND DER 1001 BURGEN

Im Hundertjährigen Krieg markierte die Dordogne die Grenzlinie zwischen den französischen und britischen Streitkräften. Aufgrund der Fülle an alten Festungen wird die Gegend manchmal auch „Land der 1001 Burgen" genannt. Die undurchdringlichen Befestigungen der Burgen waren allerdings selten notwendig, da Frontalangriffe an der Dordogne zu viel Geld und zu viele Männer gekostet hätten; die Burgherren wurden eher durch heimtückische Intrigen als durch brachiale Gewalt in die Knie gezwungen.

Viele der Burgen der Dordogne können besichtigt werden; hier unsere Favoriten:

Château de Biron (S. 641) Südlich von Montpazier. Acht Jahrhunderte lang wurde an dieser Burg herumgebastelt. Heute vereint sie ein wildes Sammelsurium an Architekturstilen.

Puymartin (S. 628) Nordwestlich von Sarlat-la-Canéda. Ein stimmungsvolles Schloss mit vielen Türmchen, in dem es angeblich spukt.

Château de Losse (S. 637) Südwestlich von Montignac. Umgeben von einem Original-Burggraben aus dem 15. Jh.

Château de Beynac (S. 639) Über dem Ort Beynac-et-Cazenac, nordwestlich von La Roque Gageac. Eine imposante Festung mit schwindelerregender Aussicht auf die Dordogne.

Château de Castelnaud (S. 639) Südwestlich von La Roque Gageac. Das ehemalige prachtvolle Bollwerk der Briten; mit mittelalterlichem Waffenmuseum.

Périgueux

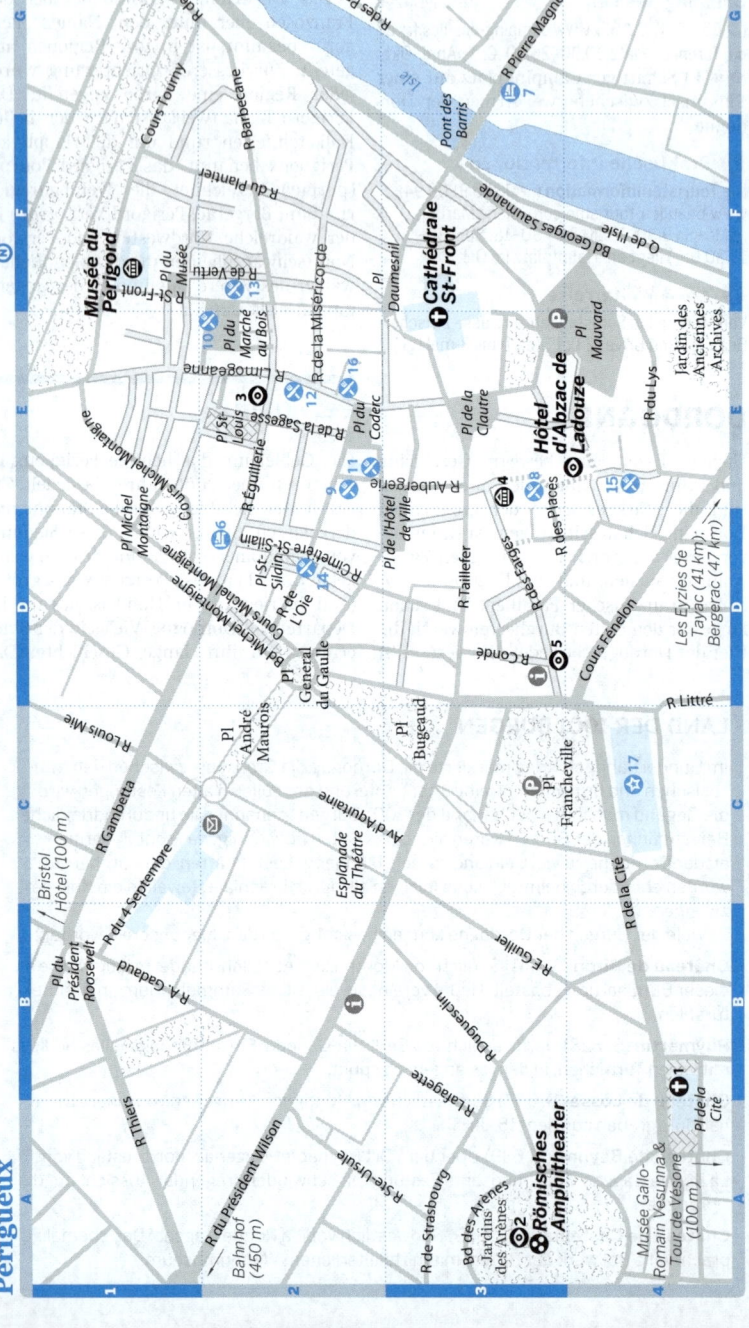

Musée du Périgord

Cathédrale St-Front

Hôtel d'Abzac de Ladouze

Römisches Amphitheater

Musée Gallo-Romain Vesunna & Tour de Vésone (100 m)

Bahnhof (450 m)

Bristol Hôtel (100 m)

Les Eyzies de Tayac (41 km); Bergerac (47 km)

Jardin des Anciennes Archives

Pont des Barris

R du Président Wilson
R Thiers
Pl du Président Roosevelt
R Gambetta
R Louis Mie
R A. Gadaud
R du 4 Septembre
R de Strasbourg
R Ste-Ursule
R Lafargue
R E Guillier
R Duguesclin
R du Plantier
Cours Tourny
R Barbecane
R de l'Arsault
R des Prés
R Pierre Magne
Q de l'Isle
Bd Georges Saumande
R de la Misericorde
R de Vertu
R du Musée
Pl St-Front
Pl du Musée
Pl du Marché au Bois
R Limogeanne
R de la Sagesse
R Eguillerie
R du Codec
Pl du Codec
Pl St Louis
Cours Michel Montaigne
Bd Michel Montaigne
Pl Michel Montaigne
R Aubergerie
R du Cimetière St-Silain
Pl St-Silain
R de l'Olé
Pl de l'Hôtel de Ville
Pl de la Clautre
Pl Daumesnil
Pl Mauvard
R du Lys
R des Places
R des Farges
R Taillefer
R Conde
Cours Fénelon
Pl du General du Gaulle
Pl André Maurois
Pl Bugeaud
R Littré
Pl Francheville
R de la Cité
Esplanade du Théâtre
Av d'Aquitaine
Bd des Arènes / Jardins des Arènes
Pl de la Cité
Isle

Viertel La Cité zieren römische Überreste, und im Straßengewirr der Altstadt Puy St-Front sind zahlreiche Mittelalter- und Renaissancebauten zu bewundern.

◉ Sehenswertes

PUY ST-FRONT

Cathédrale St-Front   KATHEDRALE
(place de la Clautre; ⊘8–12.30 & 14.30–19.30 Uhr) Das auffälligste Wahrzeichen der Stadt besticht vor allem durch seine fünf byzantinischen Kuppeln, die entweder vom Markusdom in Venedig oder von der Apostelkirche in Konstantinopel inspiriert sein sollen. Sie wurde im 12. Jh. erbaut und von Abadie (dem Architekten des Pariser Sacré Cœur) aufwendig restauriert. Der Innenraum ist in Form eines griechischen Kreuzes angelegt und die hoch über dem Raum thronenden Kuppeln werden von schlanken Säulen getragen. Das Glockenspiel im Turm lässt zu jeder vollen Stunde die gleiche Melodie wie Big Ben erklingen.

Périgueux

◉ Highlights

◉ Sehenswertes

◉ Schlafen

◉ Essen

◉ Unterhaltung

Den besten Blick auf die Kathedrale hat man von der **Pont des Barris**, der Brücke über den Fluss Isle nach Osten.

Mittelalter- & Renaissance-Architektur
ARCHITEKTUR
Nördlich der Kathedrale werden die breiten Boulevards von einem Gewirr aus gepflasterten Gassen und bunt zusammengewürfelten Häusern abgelöst. Die schönsten Bauten stehen in der **Rue du Plantier**, **Rue de la Sagesse** und **Rue de la Miséricorde**. Die **Rue Limogeanne** beherbergt mit den Häusern Nr. 3 und 12 anmutige Renaissancebauten. Die kunstvoll verzierte **Maison du Pâtissier** steht am Ende der Rue Éguillerie. Am eindrucksvollsten ist jedoch das **Hôtel d'Abzac de Ladouze** (16 rue Aubergerie), eine befestigte Kaufmannsresidenz aus dem 15. Jh. Von den 28 Türmen der mittelalterlichen Festung von Puy St-Front ist nur die im 15. Jh. erbaute Tour Mataguerre erhalten geblieben – sie steht direkt neben der Touristeninformation, wo ein Stadtplan erhältlich ist, der über weitere Baudenkmäler der Stadt Auskunft gibt.Puy St-Front besitzt zwei Museen, die einen Besuch lohnen:

Musée du Périgord   MUSEUM
(22 cours Tourny; Erw./Kind 4,50/2,50 €; ⊘Mo & Mi–Fr 10.30–17.30, Sa & So 13–18 Uhr) Zu den hier ausgestellten archäologischen Funden zählen einige schöne römische Mosaiken und einzigartige prähistorische Elfenbeinschnitzereien.

Musée Militaire   MILITÄRMUSEUM
(32 rue des Farges; Erw./Kind 4 €/frei; ⊘Mo–Sa 14–18 Uhr) In diesem Museum ist eine bunte Sammlung aus Schwertern, Schusswaffen, Uniformen und Orden aus der Zeit vom Mittelalter bis zum Zweiten Weltkrieg zu sehen; gesonderte Abteilungen sind dem Ersten Weltkrieg und der französischen Résistance gewidmet.

LA CITÉ

Römische Ruinen   RÖMISCHE RUINEN
Périgueux (oder Vesunna, wie es die Römer nannten) war in gallorömischer Zeit eine der bedeutendsten Städte der Region. Die letzten Überreste dieser einst florierenden römischen Metropole sind in La Cité, westlich des Stadtzentrums, zu entdecken. Die **Tour de Vésone** ist der letzte übrig gebliebene Teil eines imposanten gallorömischen Tempels zu Ehren der gallischen Göttin Vesunna. Der Turm erhebt sich südlich

der **Église St-Étienne de la Cité** (place de la Cité), die bis 1169 als Kathedrale von Périgueux diente.

Römisches Amphitheater RÖMISCHE RUINEN

Nördlich der Tour de Vésone zerbröckeln die Ruinen des römischen Amphitheaters, das einst Platz für 30 000 grölende Zuschauer bot und eines der größten Bauwerke dieser Art in Gallien war. Heute sind nur noch ein paar überwucherte Torbögen erhalten und wo sich einst die Gladiatoren prügelten, liegt heute der ruhige Park **Jardins des Arènes**.

Musée Gallo-Romain Vesunna
RÖMISCHE VILLA

(www.vesunna.fr, auf Frz.; rue Claude Bernard; Erw./Kind 6/4 €; ⏱Mo–Fr 9.30–12.30 & 13.30–17, Sa & So 10–12.30 & 14.30–18 Uhr) Westlich der Tour de Vésone steht dieses Museum, das der französische Architekt Jean Novel auf den Grundmauern einer 1959 entdeckten römischen Villa aus dem 1. Jh. n. Chr. errichten ließ. Die Stahl-Glas-Konstruktion lässt viel Licht in das Gebäude und Gänge führen kreuz und quer durch das ausgegrabene Haus. Der zentrale Brunnen, Stützpfeiler und das unterirdische Hypocaust-System (Fußbodenheizung) sind bis heute deutlich zu erkennen, erhalten sind außerdem originale Wandmosaiken, Schmuck, Keramik und sogar eine Wasserpumpe.

☞ Geführte Touren

Die Touristeninformation organisiert verschiedene **geführte Touren** (Erw./Kind 6/4,50 €) durch die Altstadt, darunter eine gallorömische Führung und ein Rundgang durch das Mittelalter- und Renaissanceviertel von Puy St-Front.

🛏 Schlafen

Château des Reynats SCHLOSSHOTEL €€€
(☎05 53 03 53 59; www.chateau-hotel-perigord. com; 15 av. des Reynats, Chancelade; DZ im chateau 190–260 €, in der Orangerie 96 €; 🤖🌊) Périgueux selbst bietet keine Hotels der gehobenen Preisklasse, aber 3 km westlich der Stadt erhebt sich dieses stattliche Anwesen mit noblen Gästezimmern in einem Château und etwas einfacheren Zimmern in der der angrenzenden Orangerie. Im Reynats werden außerdem feudale Menüs serviert (mittags 28 €, abends 39 bis 75 €) sowie Feinschmeckerwochenenden und andere Gourmet-Events veranstaltet.

Hôtel des Barris HOTEL €
(☎05 53 53 04 05; www.hoteldesbarris.com; 2 rue Pierre-Magne; EZ 47–49 €, DZ 53–55 €; ❄🤖📶) Das am breiten Fluss Isle gelegene Logis de France-Hotel mit schöner Terrasse direkt am Wasser bietet das beste Preis-Leistungs-Verhältnis in Périgueux – vorausgesetzt, es ist ein Zimmer mit Flussblick frei (die zur Hauptstraße hin können fürchterlich laut sein). Die teureren der insgesamt preiswerten Zimmer haben eine Klimaanlage.

Hôtel de l'Univers HOTEL €
(☎05 53 53 34 79; www.hotelrestaurantlunivers. fr; 18 cours Michel Montaigne; EZ/DZ ab 50/58 €; 🤖) Zentraler als das Univers liegt kein anderes Hotel in Périgueux. Es befindet sich direkt oberhalb vom Le Cercle, einem schicken kleinen Weinlokal mit Brasserie in der Altstadt. Neun frische, schnörkellose Zimmer mit Schatten spendenden Jalousien und rustikaler Deko liegen im Obergeschoss; die Zimmer zur Straße hin sind am ruhigsten.

Bristol Hôtel HOTEL €€
(☎05 53 08 75 90; www.bristolfrance.com; 37–39 rue Antoine Gadaud; EZ 60–69 €, DZ 66–78€; ❄📧🤖) Hinter der klobigen Legoeinfassade des Bristol verbergen sich traditionell eingerichtete Zimmer in warmen Orange-, Pfirsich- und Rottönen mit Holzmöbeln. Ein nettes Extra: Das Hotel bietet Gratisparkplätze.

🍴 Essen

LP TIPP Le Clos St-Front GOURMETKÜCHE €€€
(☎05 53 46 78 58; www.leclossaintfront. com; 12 rue St-Front; Menüs 20–62 €; 📶) Dieses in einem schattigen Lindengarten gelegene Restaurant neben einem *hôtel particulier* aus dem 16. Jh. gilt zu Recht als *grande table* der Stadt und ist in jeder Hinsicht ein Gedicht: Inhaber und Küchenchef Patrick Feruga ist bekannt für seine innovativen Variationen traditioneller Gerichte, z. B. Gänsebrust an Kardamomsauce, Brassen-Sashimi und „heiß-kaltes" Karamellsoufflé. Wer im Sommer einen Tisch auf dem sehr gefragten Innenhof ergattern will, sollte generalstabsmäßig im Voraus planen.

Au Bien Bon REGIONAL €€
(☎05 53 09 69 91; 15 rue des Places; Menü mittags/abends 10,50/22 €; ⏱Di–Fr mittags, Di–Sa abends) Karierte Tischdecken, die auf eine Tafel gekritzelte Speisekarte und abgewetzte Fliesen sorgen für eine authentische Atmosphäre in diesem rustikalen Lokal. Es

ist der perfekte Ort, um die traditionelle Küche des Périgord zu probieren: *confit de canard* (im eigenen Fett geräuchertes und gegartes Entenbein), *omelette aux cèpes* (Steinpilzomelette) oder sogar *tête de veau* (Kalbskopf).

Café de la Place   CAFÉ, BRASSERIE €€
(☎05 53 08 21 11; 7 place du Marché au Bois; Hauptgerichte 14–21 €) Dieses wunderbare Straßencafé auf der place du Marché au Bois mit seinen Deckenventilatoren, blitzblanken Messingarmaturen und einer rauchgeschwärzten Holzbar ist der ideale Ort, um bei einem *petit café* die Welt an sich vorüberziehen zu lassen. Für knurrende Mägen gibt es typische Brasserie-Küche und einen göttlichen *café gourmand* (Kaffee mit Minidessert).

L'Estaminet   REGIONAL €€
(☎05 53 06 11 38; 2 Impasse Limogeanne; Menü mittags 15–18 €, abends 18–26 €; ⊘tgl. mittags, Di, Do & Fr auch abends) Dieses versteckt in einem mittelalterlichen Hof gelegene, gemütliche Bistro serviert, was der nahe gelegene Markt an frischen Lebensmitteln zu bieten hat. Und das kann eigentlich alles sein: vom frischen Seebarsch bis zum Rumpsteak. Aber alle Gerichte sind stets nach Art des Périgord zubereitet.

Au Petit Chef   BISTRO €€
(☎05 53 53 16 03; 5 place du Coderc; Menü mittags/abends 13,50/24 €; ⊘Mo–Sa) Alle Zutaten für die Gerichte in diesem kitschigen kleinen Bistro stammen direkt aus der Markthalle gegenüber, deshalb sind hier die authentischen *plats régionaux* garantiert frisch. Besonders an Markttagen ist zur Mittagszeit der Teufel los – also am besten frühzeitig kommen.

Vegetarier werden hier fündig:

Le Cocoon   VEGETARISCH €
(☎05 53 53 63 35; 9 place St-Silain; Menü 10–15 €; ⊘Mo–Sa mittags, Mo–Fr abends; 🌱) Eine echte Rarität im Périgord ist dieses strikt vegetarische Restaurant, das einen stilvollen Speisesaal und eine gut besuchte Terrasse mit Sonnenschirmen zu bieten hat.

L'Eden   REGIONAL €€
(☎05 53 06 31 08; www.leden-restaurant.com, auf Frz.; 3 rue Aubergerie; Menü 10–15 €; ⊘Mo-Sa mittags, Mo–Fr abends; 🌱) Bietet hübsch angerichtete Köstlichkeiten wie Tarte mit Äpfeln und Foie gras; auf Nachfrage werden gerne vegetarische Gerichte serviert.

Selbstversorger
Die chaotischen **Straßenmärkte** von Périgueux beleben mittwochs und samstags die Gegend um die Place de la Clautre, Place de la Mairie und Place du Coderc, wo sich auch die **Markthalle** befindet (⊘tgl. bis 13.30 Uhr). Am lebhaftesten sind die **Marchés de Gras** auf der Place St-Louis. Hier werden von Mitte November bis Mitte März Köstlichkeiten der Region wie Trüffel, Wildpilze und Foie gras verkauft.

In der Altstadt drängen sich viele Läden, die lokale Gourmetspezialitäten anbieten. Sensationellen Käse verkauft **La Ferme Périgourdine** (9 rue Limogeanne).

Unterhaltung

Das Nachtleben von Périgueux ist nicht gerade berauschend. Das **CAP Cinéma** (www.cap-cine.fr, auf Frz.; place Francheville) mit zehn Kinosälen zeigt hauptsächlich neue Filme, einige davon in der unsynchronisierten *version originale*.

ⓘ Praktische Informationen

Espace Tourisme Périgord (☎05 53 35 50 24; 25 rue du Président Wilson; ⊘Mo–Fr 8.30–17.30 Uhr) Bietet Informationen über das Departement Dordogne.

Postamt (1 rue du 4 Septembre)

Touristeninformation (☎05 53 53 10 63; www.tourisme-perigueux.fr; 26 place Francheville; ⊘Mo–Sa 9–19, So 10–13 & 14–18 Uhr)

ⓘ An- & Weiterreise

AUTO Die wichtigsten Autovermietungen haben ihre Büros am Bahnhof.

BUS Den Großteil der Busverbindungen organisiert **Peribus** (www.peribus.fr, auf Frz.); das einfache Ticket im Stadtverkehr kostet 1,25 €.

Für Überlandfahrten ist **Trans Périgord** (www.transbus.org, auf Frz.) zuständig. Angefahren werden Sarlat (1½ Std., Mo–Fr 2-mal tgl.), Montignac (1 Std. 40 Min., Mo–Fr 1-mal tgl.) und Bergerac (70 Min., Mo–Fr 6-mal tgl.). Die Fahrkarten kosten pauschal 2 € für Erwachsene und 1 € pro Kind.

ZUG Zum **Bahnhof** (rue Denis Papin), 1 km nordwestlich der Altstadt, fahren die Busse 1, 4 und 5. Direktverbindungen gibt es nach Bordeaux (19,10 €, 1½ Std., 18-mal tgl.), Limoges (15 €, 1 Std., 15-mal tgl.) und Brive-la-Gaillarde (11,80 €, 1 Std., 6- bis 8-mal tgl.). Sonntags fahren die Züge seltener.

Wer nach Sarlat-la-Canéda will (13,90 €, 1¾ Std., 3-mal tgl.), muss in Le Buisson umsteigen.

DIE TRÜFFELHAUPTSTADT

Die Dordogne ist zwar berühmt für zahlreiche Delikatessen, doch für die wahren Feinschmecker zählt nur eines: der schwarze Trüffel, oft auch *diamant noir* (schwarzer Diamant) oder in dieser Region auch *perle noire du Périgord* (schwarze Perle des Périgord) genannt.

Dieser unter der Erde wachsende, geheimnisvolle Pilz, der Kalkböden bevorzugt (und in der Dordogne zwischen Eichenwurzeln wächst), ist äußerst eigenwillig. Wo in diesem Jahr ein ganzes Nest zum Vorschein kommt, ist im Jahr darauf vielleicht kein Krümel mehr zu finden. Und keiner weiß warum! Eine Zucht in nennenswerten Mengen ist daher bislang praktisch unmöglich. Die Kunst der Trüffelsuche ist ein streng gehütetes Geheimnis. Sie erfordert Glück, Urteilsvermögen und langjährige Erfahrung. Professionelle Sucher setzen speziell ausgebildete Hunde ein (manchmal auch Schweine). Am besten kommt das kräftige Aroma der Trüffel in einem schlichten Omelette oder einfach nur in Scheiben auf frischem knusprigen Brot zur Geltung, aber findige Köche verarbeiten sie in unzähligen unterschiedlichen Gerichten. Sie ist nicht nur eine kulinarische Köstlichkeit, sondern auch ein großes Geschäft: Ein Kilo davon kann auf dem Markt bis zu 1000 € einbringen, und im Laden sogar noch deutlich mehr.

Höhepunkt der Trüffelsaison ist zwischen Dezember und März. In dieser Zeit finden in vielen Orten der Dordogne spezielle Trüffelmärkte statt; u. a. in Péigueux, Sarlat und vor allem in dem Örtchen **Sorges** (1234 Ew.), das als „Welthauptstadt des Trüffels" gilt.

Mehr über die Geheimnisse der Trüffel verrät das **Ecomusée de la Truffe** (☏05 53 05 90 11; www.truffe-sorges.org; Le Bourg, Sorges; Erw./Kind 4/2 €; ◷10–12 & 14–17 Uhr, Okt.–Jan. Mo geschl.) in Sorges. Es zeigt zahlreiche Ausstellungen rund um die Trüffeln und kann vielleicht sogar die Teilnahme an einer Trüffelsuche arrangieren.

Alternativ dazu bietet **La Truffe Noire de Sorges** (☏06 08 45 09 48; www.truffe-sorges.com; 1½-Std.-Touren 10 €; ◷Dez.–Feb. & Jun.–Sept. bei Reservierung) Führungen in die *truffières* (die Gebiete, in denen Trüffel gezüchtet werden) mit anschließender Verkostung.

Die **Auberge de la Truffe** (☏05 53 05 02 05; www.auberge-de-la-truffe.com, auf Frz.; Sorges; EZ 52–105 €, DZ 56–120 €; ❉❖❂) im Ortszentrum bietet mehrere stilvoll eingerichtete Zimmer in unterschiedlichen Farben – von Karmesinrot bis Himmelblau – und ist in der ganzen Dordogne bekannt für sein **Restaurant** (Menü 23–57 €). Serviert wird exzellente saisonale Küche, u. a. ein Trüffelmenü (100 €) mit Trüffelgebäck zum Dessert.

Sorges liegt 23 km nordöstlich von Perigueux an der N21.

Brantôme

2169 EW.

Mit seinen fünf mittelalterlichen Brücken über den Fluss Dronne und seiner romantischen Uferarchitektur wird Brantôme oft als „Venedig des Perigord" gepriesen, auch wenn das aufgrund der Größe des Ortes etwas übertrieben ist. Umgeben von grünen Parks und Wäldern mit einer dichten Weidenvegetation, ist es ein traumhafter Ort für einen faulen Nachmittag oder eine Flussfahrt.

◉ Sehenswertes & Aktivitäten

Das Wahrzeichen von Brantôme ist die ehemalige **Benediktinerabtei**, die vom 11. bis 18. Jh. erbaut und immer wieder erneuert wurde. Heute ist das Rathaus in dem Gebäude untergebracht und daneben befinden sich die gotische **Abteikirche** und die Touristeninformation.

Hinter dem moderneren Bau der Abtei und der Touristeninformation liegen die Überreste der ursprünglichen Abtei, bekannt als **Parcours Troglodytique** (Erw./ Kind 4/2 €; ◷10–18 Uhr), die fleißige Mönche im 8. Jh. aus dem Fels gehauen haben. Ihr Highlight ist ein Felsenfries aus dem 15. Jh. mit Darstellungen des Jüngsten Gerichts. Der im 11. Jh. errichtete, romanische **clocher** (Glockenturm) der Abtei ist angeblich der älteste – und sicher einer der schönsten – in Frankreich.

Ausflugsboote starten am Ufer vor der Abtei. Zu den Anbietern zählen **Promenade en Bateau** (📞05 53 04 74 71; Erw./Kind 7/5 €) und **L'Arche de la Noë** (Erw./Kind 7/5 €). Die Fahrten dauern 50 Minuten und finden von April bis Mitte Oktober bis zu sechsmal täglich statt.

🛏 Schlafen & Essen

Hostellerie les Griffons

HOTEL, ZIMMER MIT FRÜHSTÜCK €€

(📞05 53 45 45 35; www.griffons.fr; Bourdeilles; DZ 87–110 €; 🏊) In dieser umgebauten Mühle mit uriger Atmosphäre und blauen Fensterläden hat man einen schönen Blick auf den Fluss. Die Zimmer sind liebevoll gestaltet mit mittelalterlichen Kaminen, niedrigen Deckenbalken und kleinen Fenstern – am schönsten sind Nr. 6 (mit einem Gewirr aus Querbalken) und Nr. 2 (mit gemauertem Kamin und Blick auf die Stadt). Es gibt preiswerte Halbpensionsangebote mit Essen im angrenzenden **Restaurant** (Menü ab 29,50 €; ⏰So mittags, tgl. abends gegen Reservierung), dessen Flügeltüren auf eine Terrasse hinausführen. Das Hotel befindet sich in Bourdeilles, 9 km südwestlich von Brantôme an der D78.

Maison Fleurie

ZIMMER MIT FRÜHSTÜCK €€

(📞05 53 35 17 04; www.maison-fleurie.net; 54 rue Gambetta; EZ 45–50 €, DZ 60–90 €; 🏊) Hinter den blütengeschmückten Blumenkästen dieses adretten Steinbaus verstecken sich fünf tadellose Pensionszimmer mit Bad. Romantiker sind im „Rosenzimmer" mit Himmelbett am besten aufgehoben. Der sonnige Innenhof ist ein Meer von Geranien und Petunien.

Hostellerie du Périgord Vert

HOTEL €

(📞05 53 05 70 58; www.hotel-hpv.fr; 7 av. André Maurois; DZ 48–55 €, 3BZ 72 €; 📶🏊) Schlingpflanzen überwuchern die Fassade dieses alten Landgasthauses an einem privaten Innenhof, der von der Hauptstraße und vom Fluss aus etwas zurückversetzt liegt. Die Zimmer sind auf unspektakuläre Weise einladend, mit soliden Betten, schlichten Bädern und Hof- oder Poolblick. Mit seinen Weinen aus dem Südwesten und seiner *cuisine de terroir* (Landküche) ist das **Restaurant** (Menü 18–39 €) vor allem für seinen sonntäglichen Mittagstisch beliebt.

ℹ Praktische Informationen

Touristeninformation (📞05 53 05 80 63; www.ville-brantome.fr; ⏰10–18 Uhr)

ℹ An- & Weiterreise

Brantôme liegt 27 km nördlich von Périgueux an der D939. Drei **Busse** (www.cftaco.fr, auf Frz.) täglich (sonntags nur einer) verkehren zwischen Brantôme und Périgueux (2 €; 50 Min.). Die Bushaltestelle liegt vor der *gendarmerie* (Polizeistation) im Ortszentrum.

Sarlat-la-Canéda

9943 EW.

Das Städtchen Sarlat-la-Canéda ist ein malerisches Gewirr aus honiggelben Häusern, winkeligen Gassen und verborgenen Plätzen. Seine herzförmige, von bewaldeten Hügeln umgebene Cité Médievale (mittelalterliche Stadt) beherbergt einige der besterhaltenen architektonischen Schätze aus dem Mittelalter.

Die malerische Kulisse der Stadt ist auch einigen Regisseuren nicht entgangen – hier werden mehr Filme gedreht als irgendwo sonst in Frankreich, abgesehen von Nizza und Paris. Sarlat ist eine reizvolle Ausgangsbasis für die Erkundung des Périgord Noir und des Vézère-Tals. Leider hat sich das auch unter den Touristenhorden herumgesprochen und die Stadt ist eines der beliebtesten Reiseziele der Region. Im sommerlichen Gedränge ist es deshalb schier unmöglich, die Schönheit des Ortes zu entdecken.

◉ Sehenswertes & Aktivitäten

Zu einem Bummel durch Sarlat gehört es ganz einfach dazu, sich im Gewirr der Gassen und Nebenstraßen gründlich zu verirren. Als Startpunkte eignen sich die **Rue Jean-Jacques Rousseau** oder die **Rue Landry**. Doch die eindrucksvollsten Bauwerke und *hôtels particuliers* liegen an der **Rue des Consuls**. Etwas suchen muss man nach dem mittelalterlichen Brunnen, der ein paar Stufen abwärts am hinteren Ende einer moosbewachsenen Grotte liegt.

Cathédrale St-Sacerdos

KATHEDRALE

Egal, welche Straße man nimmt, früher oder später landet jeder bei der Kathedrale an der Place du Peyrou, die einst zur kluniazensischen Abtei von Sarlat gehörte. Die ursprüngliche Abteikirche wurde im 12. Jh. erbaut, Anfang des 16. Jhs. erneuert und im 18. Jh. erneut umgebaut, sodass heute ein wilder Stilmix zu sehen ist. Die ältesten Gebäudeteile sind der Glockenturm und die Westfassade, während Hauptschiff, Orgel und Nebenkapellen später hinzukamen.

Maison de la Boétie ARCHITEKTUR
Gegenüber der Kathedrale steht dieser im
16. Jh. errichtete Fachwerkbau, das Geburtshaus des Schriftstellers Étienne de la
Boétie (1530–63).

Église Ste-Marie ARCHITEKTUR
Etwas südlich der Place du Marché aux
Oies (s. S. 630) befindet sich die vom Star-
architekten Jean Nouvel kunstvoll umgestaltete Église Ste-Marie; Nouvels Eltern
leben in Sarlat. In der Kirche ist nicht nur
Sarlats herrlicher **Marché Couvert** (Markthalle) untergebracht – wenn dieses Buch
erscheint, dürfte auch der **Ascenseur panoramique** (Panoramafahrstuhl) eröffnet
sein, den Nouvel für den Glockenturm entworfen hat. Detaillierte Infos gibt's bei der
Touristeninformation

Altstadtviertel ARCHITEKTUR
Von der Rue Tourny aus führt eine Gasse zu
zwei mittelalterlichen Höfen, der **Cour des
Fontaines** und der **Cour des Chanoines**.
Von dort verläuft eine Passage zur **Chapelle
des Pénitents Bleus**, einer romanischen
Kapelle, die als architektonische Vorlage
für die Kathedrale diente.

Ganz in der Nähe erstreckt sich der **Jardin des Enfeus**, Sarlats ältester Friedhof,
mit der spitz zulaufenden **Lanterne des
Morts** (Totenlaterne). Sie wurde anlässlich
eines Besuchs des Hl. Bernard aufgestellt,
der 1147 den Zisterzienserorden mitbegrün-
dete.

Puymartin SCHLOSS
(www.chateau-de-puymartin.com, auf Frz.; Erw.
7 €, Kind 3,50–5 €; ◷10–12 & 14–18 Uhr) 8 km
nordwestlich der Stadt liegt dieses mit
Türmen verzierte Schloss. Die Innenräume
sind teilweise noch immer elegant möbliert.
Besser bekannt ist es jedoch für die rätselhafte Dame Blanche (weiße Dame), deren
ruheloser Geist in den Fluren sein Unwesen
treiben soll.

🛏 Schlafen
Im Sommer sind Hotelzimmer in Sarlat rar
und billige Zimmer sind das ganze Jahr
über spärlich gesät. Wer knapp bei Kasse
ist, fragt bei der Touristeninformation nach
chambres d'hôtes.

Plaza Madeleine & Spa WELLNESSHOTEL €€
(☎05 53 59 10 41; www.hoteldelamadeleine-sarlat
.com; 1 place de la Petite Rigaudie; DZ 99–149
€; ❄🎧🏊) Das ideale Verwöhnhotel – zur
Ausstattung dieses luxuriösen Etablissements gehören ein Outdoor-Whirlpool, ein

Solarium und eine finnische Sauna. Die
in Herbstfarben eingerichteten, modernen
Zimmer verströmen ein dezent nostalgisches Flair.

Hôtel La Couleuvrine HOTEL €€
(☎05 53 59 27 80; www.la-couleuvrine.com; 1
place de la Bouquerie; DZ 56–88 €; @🎧) Giebel, Schornsteine und rote Ziegeldächer
schmücken dieses weitläufige Hotel, dessen
Gebäude einst Teil von Sarlats Stadtmauer
war. Es ist alt, eigenwillig und liebenswert
antiquiert. Seltsam geschnittene Zimmer
liegen eingekeilt zwischen dicken Steinmauern und schwerem Gebälk – und wer
es noch ausgefallener mag, kann eines der
beiden Turmzimmer nehmen. Stilvoll tafeln
lässt es sich vor dem gewaltigen Kamin im
Salon aus dem 13. Jh., in dem das **Restaurant** untergebracht ist (Menü 19–32 €).

Hôtel Les Récollets HOTEL €
(☎05 53 31 36 00; www.hotel-recollets-sarlat.
com; 4 rue Jean-Jacques Rousseau; DZ 45–69 €;
❄🎧) Verborgen im mittelalterlichen Gas-

sengewirr der Altstadt liegt dieses schöne und preiswerte Hotel mit 19 kunterbunten Zimmern und einem zauberhaften Frühstücksraum mit Gewölbedecke in einem mittelalterlichen Wohnhaus. Unsere Favoriten sind Zimmer Nr. 305 und 308 mit unverputzten Ziegelwänden und extragroßen Betten.

Clos La Boëtie BOUTIQUEHOTEL €€€
(☎05 53 29 44 18; www.closlaboetie-sarlat.com; 95–97 av. de la Selves; DZ 210–280 €, Suite 300–340 €; ❄@🛜🏊) Jedes der elf Zimmer in diesem herrschaftlichen Haus aus dem 19. Jh. ist ein Schmuckstück – ausgestattet mit dicht gewebtem Leinen und traumhaft

Sarlat-la-Canéda

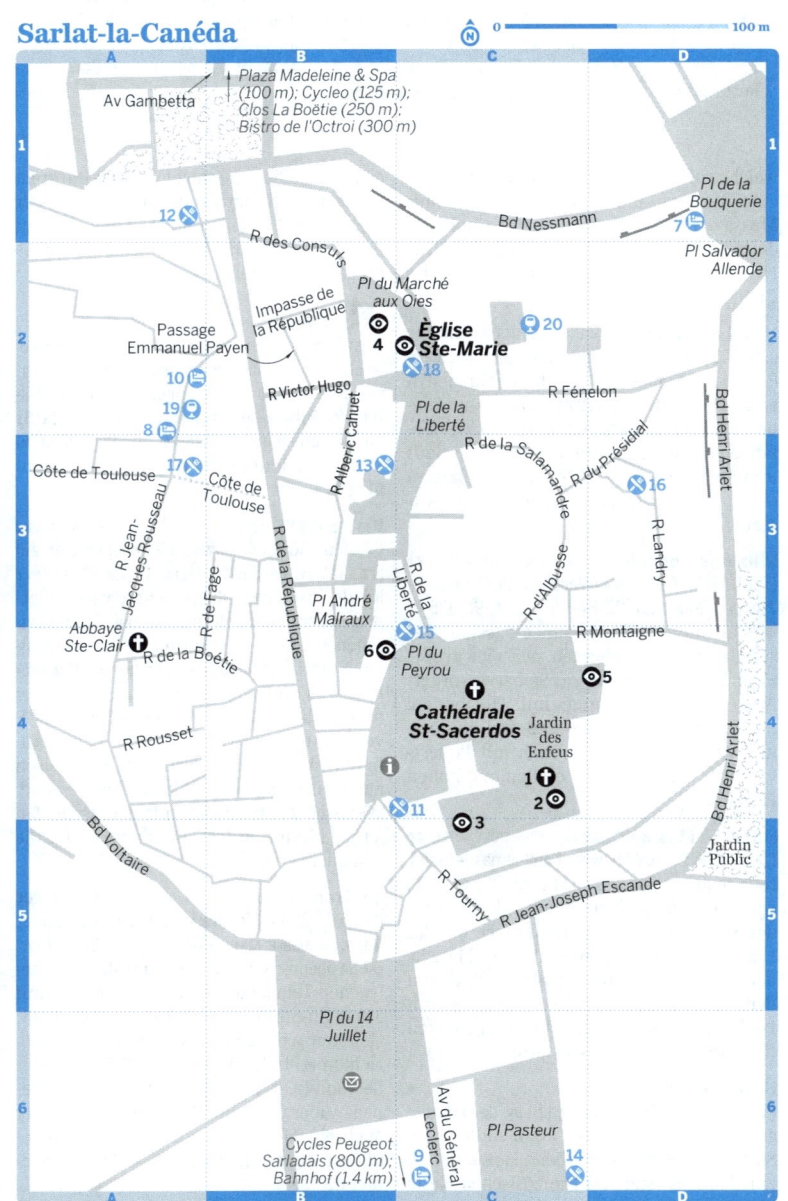

0 — 100 m

Av Gambetta

Plaza Madeleine & Spa (100 m); Cycleo (125 m); Clos La Boëtie (250 m); Bistro de l'Octroi (300 m)

Pl de la Bouquerie

Bd Nessmann

🟦7

Pl Salvador Allende

🟦12

R des Consuls

Impasse de la République

Pl du Marché aux Oies

Passage Emmanuel Payen

◎4 ◉ **Église Ste-Marie**

🟦20

🟦18

🟦10

R Victor Hugo

R Fénelon

🟦19

Pl de la Liberté

🟦8

R de la Salamandre

R du Présidial

Côte de Toulouse

🟦17

Côte de Toulouse

🟦13

R Albéric Cahuet

R de la Liberté

🟦16

R Jean-Jacques Rousseau

R de Fage

R de la République

Pl André Mairaux

R d'Albusse

R Landry

Abbaye Ste-Clair ✝

R de la Boétie

🟦15

6◉

Pl du Peyrou

R Montaigne

◎5

R Rousset

✝ **Cathédrale St-Sacerdos**

Jardin des Enfeus

Bd Henri Arlet

ℹ️

1✝

2◎

🟦11

◎3

Bd Voltaire

Jardin Public

Bd Henri Arlet

R Tourny

R Jean-Joseph Escande

Pl du 14 Juillet

✉️

Cycles Peugeot Sarladais (800 m); Bahnhof (1,4 km)

Av du Général Leclerc

🟦9

Pl Pasteur

🟦14

FÜR DIE GÄNSE NUR DAS BESTE

Drei lebensgroße goldene Bronzegänse in der Mitte der **Place du Marché aux Oies** (Gänsemarkt) zeugt von der wichtigen Rolle, die diese Vögel für die Wirtschaft und Gastronomie der Region spielen. Die Markthalle und Wochenmärkte von Sarlat verkaufen eine breite Palette an Gänsespezialitäten und die Restaurants tischen diverse typische Gerichte rund um das Federvieh auf, z. B. *grillons* (eine grobkörnige Paté), *magret* (Gänsebrust), *aiguillettes* (dünne Gänsebrustscheiben) and *civet* (Eintopf).

Das Geschnatter lebender Gänse erfüllt die Stadt während der **Fête d'Oie** (Gänsefest) am dritten Sonntag im Februar. Dazu gibt es Marktstände, Musik und ein Bankett, das von Sarlats besten Köchen bestückt wird.

weichen Kissen. Einige der Zimmer haben eine Terrasse und alle versprechen mit Massageduschen und Balneotherapie-Bädern Erholung für reisemüde Glieder. Das Hotel liegt fünf Gehminuten nördlich der Cité Médiévale.

Hôtel St-Albert   BOUTIQUEHOTEL €€
(☎05 53 31 55 55; www.hotel-saintalbert.eu; place Pasteur; DZ ab 60 €; ☎) Das bescheiden-stilvolle Haus mit Ansätzen zum Boutiquehotel (klare Linien, Schoko- und Cremefarben sowie edle Pflegeprodukte im Bad) und kostenlosem WLAN erinnert eher an ein Stadthotel als eine *auberge* in der Altstadt.

Villa des Consuls   ZIMMER MIT FRÜHSTÜCK €€
(☎05 53 31 90 05; www.villaconsuls.fr; 3 rue Jean-Jacques Rousseau; DZ 87–98 €, Apt. 98–175 €; @☎) Hinter der Renaissance-Fassade dieser Unterkunft verbergen sich vier große, topmoderne Zimmer und Selbstversorger-Appartements – einige mit Holzböden, hohen Fenstern, Sofas und Originalbalken, andere unter dem Dach mit Podesttreppen, winzigen Fensterchen und hohen Decken.

Hôtel Le Mas de Castel   BOUTIQUEHOTEL €€
(☎05 53 53 59 02 59; www.hotel-lemasdecastel. com; route du Sudalissant; DZ 65–75; @🛏🚲) Dieses ehemalige Bauernhaus, 3 km südlich der Stadt, ist ein wunderbarer Ort, um der Hektik im Zentrum zu entfliehen. Manche der 14 sonnigen Zimmer bieten Blick auf den blumengeschmückten Innenhof mit Pool, ein Zimmer ist mit Kochmöglichkeit für Selbstversorger ausgestattet.

Hôtel Altica   HOTEL €
(☎05 53 28 18 00; www.altica.fr; av. de la Dordogne; DZ 42–44 €; ☎) Das 1,5 km südlich von Sarlat gelegene, ockerfarbene Hotel, das zu einer kleinen südwest-französischen Kette

gehört, macht sicher nicht viel her. Dafür ist es die billigste Unterkunft überhaupt in der Gegend, und in den Zimmern können bis zu drei Personen zum einheitlichen Zimmerpreis übernachten.

✖ Essen

Restaurants gibt es in Sarlat zur Genüge, doch die meisten geht es eher darum, ihren Speisesaal mit anspruchslosen Touristen zu füllen, als mit gutem Essen dafür zu sorgen, dass die Gäste wiederkommen. Deshalb will die Wahl des Restaurants gut überlegt sein.

Bistro de l'Octroi   REGIONAL €€
(☎05 53 30 83 40; www.lebistrodeloctroi.fr, auf Frz.; 111 av. de Selves; Menü 18–26 €) Dieser lokale Insidertipp liegt zwar etwas außerhalb, aber der Weg lohnt sich. Die Einheimischen kommen in Scharen in das gemütliche Stadthaus wegen seiner liebevoll angerichteten und hervorragenden Küche – hier muss sich das Essen nicht hinter einem stilvollen Ambiente verstecken. Zu den Highlights zählen große Portionen Rindfleisch aus dem Limousin und köstliches Seafood. Wer sich beim Dessert nicht entscheiden kann, nimmt einfach die *symphonée*, die von allem etwas bietet.

Le Grand Bleu   GOURMETKÜCHE €€€
(☎05 53 29 82 14; www.legrandbleu.eu, auf Frz.; 43 av. de la Gare; Menü 33–90 €; ☉Do–So mittags, Di–Sa abends; 🚲) In diesem am Bahnhof gelegenen Tempel des guten Geschmacks mit Michelin-Stern ist jedes Menü ein Gedicht: Geboten wird eine Auswahl an Fleischgerichten (z. b. Kalbsbries mit Trüffeln) oder Seafood (z. b. Hummerrisotto mit gebratenen Auberginen und Trüffelschaum), aber auch ein Menü für *petits gourmets*. Demnächst werden hier auch Kochkurse angeboten.

Le Présidial
REGIONAL €€

(☎05 53 28 92 47; 6 rue Landry; Menü ab 29 €; ☺April–Nov. Di–Sa mittags, Mo–Sa abends) Dieses Restaurant ist in einem der ältesten Häuser von Sarlat untergebracht. (Es diente im 17. Jh. ursprünglich als Gerichtsgebäude.) Hinter den wuchtigen Toren des Présidial wartet die romantische Terrasse der Stadt mit einem Meer aus Sommerblumen und rankendem Efeu. Die perfekte Kulisse, um in entspannter Atmosphäre die *saveurs de terroir* (Köstlichkeiten der Region) zu genießen. Gänse- und Entenspezialitäten sowie Foie gras dominieren auf der wechselnden Karte. Das Weinangebot ist grandios, vor allem, was die Sorten aus Sarlat und Cahors betrifft.

Le Bistrot
REGIONAL €€

(☎05 53 28 28 40; place du Peyrou; Menü 18,50–24,50 €; ☺Mo–Sa) Das winzige Bistro ist das beste unter den zahllosen Cafés an der Place du Peyrou. Rotkarierte Tischdecken und Lichterketten schaffen eine intime Atmosphäre. Auf der Karte stehen viele regionale Klassiker wie Walnüsse, *magret de canard* (Entenbrust) und *pommes sarladaises* (in Entenschmalz gebratene Kartoffeln).

Le Quatre Saisons
REGIONAL €€

(☎05 53 29 48 59; www.4saisons-sarlat-perigord. com, auf Frz.; 2 côte de Toulouse; Menü ab 19 €; ☺Do–So; ☑ ♿) Dieses Lokal liegt versteckt an einer steilen Straße in der Cité Médiévale. Das Team aus Vater und Sohn tischt auf, was der Markt gerade an frischen Zutaten zu bieten hat, und kreiert daraus eine innovative Küche. Die Weinkarte ist überraschend international.

Criquettamu's
INTERNATIONAL €€

(☎05 53 29 48 59; www.criquettamus.fr, auf Frz.; 5 rue des Armes; Menü 19–35 €; ☺März–Okt. So; ☑ ♿) Wer sich auf die Suche macht nach diesem schicken kleinen Lokal, das etwas verborgen in der Cité Médiévale liegt, wird mit „Weltküche" belohnt, u. a. mit japanischen oder exotischen Gerichten (z. B. Bananencurry) oder europäischen Gerichten wie Gourmet-Hamburgern. Aber auch lokale Küche wird geboten.

Chez Le Gaulois
SAVOYARD €

(☎05 53 59 50 64; 3 rue Tourny; Hauptgerichte 9–13 €; ☺Di–Sa) In dieser *auberge* im Alpenstil kommen zünftige Platten auf den Tisch, beladen mit Räucherwürsten, kaltem Braten und Käse. Außerdem gibt es authentische *tartiflettes* (Käse, Kartoffeln und Speck, überbacken).

Selbstversorger

Praktisch jedes zweite Geschäft in Sarlat verkauft Köstlichkeiten der Region – vom *confit de canard* (Entenconfit) bis zum Walnusskuchen.

Marché Couvert
MARKTHALLE €

(☺8.30–14 Uhr) Dieser in der umgebauten Église Ste-Marie einquartierte Markt ist die beste Adresse für Waren einheimischer Erzeuger.

Samstagsmarkt
MARKT €

(place de la Liberté & rue de la République; ☺Sa 8.30–18 Uhr) Dieser chaotische Samstagsmarkt, der die Straßen rund um die Kathedrale beherrscht, ist das ultimative französische Markterlebnis, das keiner verpassen sollte. Je nach Saison gibt es hier Delikatessen wie einheimische Pilze, Enten- und Gänsespezialitäten wie Foie gras und sogar die heilige *truffe noir* (schwarze Trüffel).

Obst- & Gemüsemarkt
MARKT €

(☺Mi 8.30–13 Uhr) Dieser kleinere Markt findet auf der Place de la Liberté statt.

Andere gute Einkaufsmöglichkeiten:

Distillerie du Périgord
LIKÖR €

(place de la Liberté) Bietet einheimische Liköre.

Julien de Savignac
WEIN €

(place Pasteur)

Ausgehen

Das Nachtleben von Sarlat ist sehr überschaubar. Die Schließzeiten sind unterschiedlich, je nach Saison. Die besten Adressen sind:

Le Pub
BAR

(1 passage de Gérard du Barry; ☺tgl.) Hier erwacht im Sommer der Innenhof zum Leben. Dann können sich die Gäste ihren Drink draußen genehmigen.

Café Lébèrou
BAR

(5 rue Jean Jacques Rousseau; ☺Di–Sa) Treff der Einheimischen mit tollen Cocktails.

Praktische Informationen

An der Rue de la République liegen mehrere Banken, alle mit Geldautomaten.

Postamt (place du 14 Juillet)

Touristeninformation (☎05 53 31 45 45; www.sarlat-tourisme.com; rue Tourny; ☺Mo–Sa 9–18, So 10–13 & 14–17 Uhr)

ⓘ An- & Weiterreise

Sarlats Bahnhof liegt 1,3 km südlich der Altstadt an der Avenue de la Gare. Züge fahren nach Périgueux (über Le Buisson; 13,90 €, 1¾ Std., 3-mal tgl.), Les Eyzies (über Le Buisson; 8,60 €, 50 Min. bis 2½ Std. je nach Anschluss, 3-mal tgl.) und Bergerac (11,20 €, 2½ Std., 6-mal tgl.). Außerdem gibt es eine Direktverbindung nach Bordeaux (23,90 €, 2¾ Std., 7-mal tgl.).

ⓘ Unterwegs vor Ort

AUTO Für Autos ist die Cité Médiévale von Juni bis September gesperrt. Und die Rue de la République (La Traverse), die Hauptstraße, die durch die Cité Médiévale verläuft, wird im Juli und August teilweise zur Fußgängerzone. Kostenlose Parkplätze gibt es in Sarlat-la-Canéda nicht.

FAHRRAD Fahrräder für 12 € für einen halben Tag vermieten **Cycles Sarladais** (☏ 05 53 28 50 08; www.cycles-sarladais.com, auf Frz.; 16 av. Aristide Briande) am Bahnhof und **Cycleo** (☏ 05 53 31 90 05; www.cycleo.fr; 44 rue des Cordeliers).

Vézère-Tal

Das Vézère-Tal mit seinen Kalkfelsen, Höhlen und alten Wäldern ist weltberühmt für seine prähistorischen Stätten, vor allem für seine Fülle an atemberaubenden Höhlenmalereien. Nirgends sonst in Europa gibt es eine vergleichbare Konzentration steinzeitlicher Kunstwerke. Die zahlreichen Höhlen rund um die Vézère boten den Menschen der Cromagnon-Zeit Schutz und heute gibt es hier eine prähistorische Stätte neben der anderen zu entdecken. Im Sommer trüben Touristenmassen die phantastische Atmosphäre des Tals und im Winter haben die meisten Sehenswürdigkeiten geschlossen. Frühjahr und Herbst sind daher eindeutig die besten Jahreszeiten für einen Besuch.

Die wichtigsten Stätten liegen zwischen Les Eyzies-de-Tayac-Sireuil und Montignac; beide Städte bieten eine gute touristische Infrastruktur. Das nahe gelegene Sarlat-la-Canéda zwischen Vézère-Tal und

Vézère & Dordogne Valleys

der Dordogne im Westen ist ebenfalls eine gute Ausgangsbasis, um diesen Teil der Region zu erkunden.

ℹ️ Unterwegs vor Ort

Öffentliche Verkehrsmittel sind rar; es fahren nur wenige Züge und noch weniger Busse. Die Städte sind oft problemlos zu erreichen, die Höhlen jedoch nur selten. Radfahren ist eine Möglichkeit und Räder sind bei Campingplätzen, Hotels oder Fahrradvermietungen erhältlich (bei der Touristeninformation nachfragen). Doch wie überall im ländlichen Frankreich erleichtert ein Auto die Dinge erheblich.

LES EYZIES-DE-TAYAC-SIREUIL & UMGEBUNG
860 EW.

Das Dorf Les Eyzies mitten im Vézère-Tal bildet einen eher nüchternen Auftakt zu den Wundern der Vézère: Die Hauptstraße des Orts wird von Ansichtskartenverkäufern und Souvenirläden gesäumt. Dennoch bietet das Städtchen ein paar nette Hotels und Campingplätze sowie ein hervorragendes Museum für Frühgeschichte und viele bedeutende Sehenswürdigkeiten liegen nur einen Katzensprung entfernt.

◉ Sehenswertes

LES EYZIES

Musée National de Préhistoire
MUSEUM FÜR FRÜHGESCHICHTE

(www.musee-prehistoire-eyzies.fr, auf Frz.; 1 rue du Musée Erw./Kind 5 €/frei, 1. So im Monat frei; ⊙Mi–Mo 9.30–18 Uhr) Das prachtvolle, moderne Gebäude unterhalb der Felsen bietet eine erstklassige Einführung in die Frühgeschichte (Französischkenntnisse vorausgesetzt), denn es besitzt die umfangreichste Sammlung prähistorischer Funde in ganz Frankreich. Zu den Highlights zählen eine enorme Galerie mit steinzeitlichen Werkzeugen, Waffen und Schmuckstücken, den Skeletten der Tiere, die einst durch das Tal der Vézère streiften (z. B. Wisent, Wollnashorn, Riesenhirsch und Höhlenbär), sowie eine Sammlung von Felsritzungen im 1. Stock. Absolut phantastisch ist ein Fries mit Pferden und einem Wisent, der sich gerade die Flanke leckt. Die Schmuckstücke bestehen meist aus Knochen, Geweihstücken und Muscheln und sind kunstvoll mit Punkten, Flächen, Rauten und anderen Mustern verziert.

Abri Pataud
PRÄHISTORISCHE STÄTTE

(www.mnhn.fr, auf Frz.; 20 rue du Moyen Âge; Erw./Kind 5/3 €; ⊙So–Do 10–12 & 14–18 Uhr)

250 m nördlich des Musée National de Préhistoire liegt dieser *abri* (Unterschlupf), in dem Cromagnon-Menschen 15 000 Jahre lang Schutz suchten und der vor 37 000 Jahren zum ersten Mal genutzt wurde. Im Eintrittspreis enthalten ist eine einstündige Führung auf Französisch (manchmal auch auf Englisch).

ÖSTLICH VON LES EYZIES

Grotte de Font de Gaume
PRÄHISTORISCHE STÄTTE

(☎05 53 06 86 00; http://eyzies.monuments-nationaux.fr; Erw./Kind 7 €/frei; ⊙So–Fr 9.30–12.30 & 14–17.30 Uhr) Ein verblüffendes Zeugnis der Vielfalt und Komplexität prähistorischer Kunst ist diese faszinierende Höhle 1 km nordöstlich von Les Eyzies an der D47. Sie enthält die einzigen mehrfarbigen Höhlenbilder, die noch im Original öffentlich zugänglich sind. Die Meister der Steinzeit haben vor rund 14 000 Jahren diese Galerie mit über 230 Wisenten, Rentieren, Pferden, Mammuts, Bären und Wölfen geschaffen, von denen allerdings normalerweise nur 25 zugänglich sind. Besonders bemerkenswert sind die **Chapelle des Bisons**, eine Darstellung von Rentieren in der Paarungszeit und mehrere erstaunlich lebensecht dargestellte Pferde, die wie mitten in der Bewegung eingefroren wirken. Die Bilder von Font de Gaume sind so selten und kostbar, dass zu ihrem Schutz eine Schließung der Höhle erwogen wird. Schon jetzt ist die Zahl der Besucher auf 200 pro Tag begrenzt. Man sollte daher einige Tage vorher telefonisch oder über die Touristeninformation reservieren, zwischen Juli und September sogar eine oder zwei Wochen vorher. Die 45-minütigen Führungen sind meist in französischer Sprache, auf Anfrage teilweise auch auf Englisch.

Grotte des Combarelles
PRÄHISTORISCHE STÄTTE

(☎05 53 06 86 00; http://eyzies.monuments-nationaux.fr; Erw./Kind 7 €/frei; ⊙So–Fr 9.30–12.30 & 14–17.30 Uhr) Die enge Höhle wurde 1901 1,5 km östlich der Höhle von Font de Gaume entdeckt. Sie ist berühmt für ihre plastisch wirkenden Tierdarstellungen, die sich das natürliche Relief des Felsens zunutze machen. Besonders eindrucksvoll sind die fein herausgearbeiteten Mammuts, Pferde und Rentiere sowie ein atemberaubender Berglöwe, der geradezu aus der Felswand herauszuspringen scheint. Eine der Wände sieht aus, als ob sie als prähistorischer Skizzenblock diente, da sich hier zahlreiche Tierdarstellungen und geometrische Symbole gegenseitig überlagern. Die Führungen mit Gruppen von sechs bis acht Personen dauern eine Stunde und können beim Ticketbüro Font de Gaume reserviert werden.

Abri du Cap Blanc   PRÄHISTORISCHE STÄTTE

(☑05 53 06 86 00; http://eyzies.monuments-nationaux.fr; Erw./Kind 7 €/frei; ◷So–Fr 9.30–12.30 & 14–17.30 Uhr) Während in den meisten Höhlen des Vézère-Tals sowohl Ritzzeichnungen als auch Malereien zu finden sind, birgt dieser Felsunterschlupf Skulpturen, die vor 14 000 Jahren mit schlichten Feuersteinwerkzeugen in den Fels gehauen wurden. Die **Skulpturengalerie** mit Pferden, Wisenten und Hirschen erstreckt sich über einen 40 m langen Abschnitt des natürlichen Unterschlupfs. Die Höhle befindet sich 7 km östlich von Les Eyzies und ist sehr ruhig gelegen.

NORDWESTLICH VON LES EYZIES

Grotte du Grand Roc   PRÄHISTORISCHE STÄTTE

(www.semitour.com; Erw./Kind 8,50/4,50 €; ◷So–Fr 10–12 & 14–18 Uhr) 3 km nordwestlich von Les Eyzies an der D47 liegt diese verblüffende Höhle mit einer Ansammlung von glitzernden Stalaktiten und Stalagmiten. Im Eintrittspreis enthalten ist auch ein Besuch in dem angrenzenden **Abris de Laugerie Basse**, einem Felsunterschlupf, den schon die Menschen der Cromagnon-Zeit bewohnten und der noch in jüngster Zeit als natürlicher Wetterschutz diente.

LP TIPP   Grotte de Rouffignac
PRÄHISTORISCHE STÄTTE

(www.grot700derouffignac.fr; Erw./Kind 6,30/4 €; geführte Touren auf Frz. ◷10–11.30 & 14–17 Uhr) Die 15 km nördlich von Les Eyzies in den Wäldern verborgen liegende Grotte de Rouffignac ist eine der komplexesten und sehenswertesten Höhlen der Dordogne. Die riesige Höhle führt durch ein unüberschaubares Gewirr von Tunneln und Schächten 10 km tief in die Erde hinein. Glücklicherweise werden die Besucher mit einer klapprigen Elektrobahn durch das Labyrinth gekarrt, sodass sich niemand verirren kann.

Rouffignac wird auch die „Höhle der 100 Mammuts" genannt. Auf dem Weg in die Unterwelt begegnen einem tatsächlich zahlreiche Dickhäuter, darunter ein Fries mit zehn Mammuts, eines der größten Höhlenbilder, die je entdeckt wurden. Am Ende der Rundfahrt erreicht man eine verborgene Galerie, deren gesamte Decke über und über mit Mammuts, Steinböcken, riesigen Pferden und sogar einigen Nashörnern bemalt ist. Einige Figuren sind detailreich ausgearbeitet, andere mit einfachen Strichen stilisiert. Bemerkenswert sind auch die Kratzer und Mulden am Boden: Sie sind Spuren der längst ausgestorbenen Höhlenbären, die diese Höhle einst mit unseren prähistorischen Ahnen teilten. Da können unsere heutigen Haustiere nicht mithalten ...

Tickets werden am Höhleneingang verkauft, Reservierung ist leider nicht möglich. Deshalb frühzeitig kommen und warm anziehen – unter der Erde sind die Temperaturen frostig.

NORDÖSTLICH VON LES EYZIES

Die folgenden Sehenswürdigkeiten liegen an der Hauptstraße zwischen Les Eyzies und Montignac.

Le Village Troglodytique de la Madeleine   PRÄHISTORISCHE STÄTTE

(www.village-la-madeleine.com, auf Frz.; Erw./Kind 5,50/3,50 €; ◷10–19 Uhr) Die Menschen der Cromagnon-Zeit waren nicht die Einzigen, die in den Höhlen des Vézère-Tals Unterschlupf suchten. Wie die Höhlen an der Loire wurden auch hier viele Höhlen bis ins Mittelalter als Lagerräume, Wetterschutz oder zur Verteidigung genutzt. Dieses Höhlendorf, das 8 km nördlich von Les Eyzies in einer malerischen Waldlandschaft liegt, ist der beste Beweis dafür. Die Höhlen, die aus einer Felswand über der Vézère gehauen wurden, erstrecken sich über zwei Ebenen: Auf der unteren lebten vor 10 000 bis 14 000 Jahren die Menschen der Urzeit; die obere diente mittelalterlichen Siedlern als Festungsdorf. Die **Kapelle Ste-Madeleine** (der übrigens das Zeitalter des Magdalénien seinen Namen verdankt) ist zwar stark zerfallen, aber bis heute zu erkennen. Die meisten Fundstücke befinden sich jedoch im Musée National de Préhistoire in Les Eyzies.

La Roque St-Christophe
PRÄHISTORISCHE STÄTTE

(www.roque-st-christophe.com; Erw. 7,50 €, Kind 3,50–4,50 €; ◷10–18.30 Uhr) Oberhalb einer nackten Felswand, 80 m über der Vézère liegt diese 900 m lange Aneinanderreihung von Terrassen und Tropfsteinhöhlen. Deshalb ist es kein Wunder, dass die Höhlen fast 50 000 Jahre als natürliche Festung genutzt wurden. Erste Bewohner waren

Wer die Höhlenmalereien im Tal der Vézère besuchen will, sollte ein bisschen was über die Künstler der Urzeit wissen, die sie geschaffen haben. Die meisten Bilder entstanden gegen Ende der letzten Eiszeit – zwischen 20 000 und 10 000 v. Chr.

Ihre Schöpfer waren Cromagnon-Menschen, Nachfahren jener ersten *Homo-erectus*-Siedler aus Nordafrika, die Europa zwischen 700 000 und 100 000 v. Chr. erreichten. Diese Frühmenschen gehörten einer völlig anderen Spezies an als der kleinere und massigere Neandertaler, der um die gleiche Zeit in Europa lebte und um 35 000 v. Chr. plötzlich ausstarb.

Bis 20 000 v. Chr. waren weite Teile Nordeuropas von riesigen Gletschern und Eisplatten bedeckt. Die Cromagnon-Menschen lebten als Jäger und Sammler. Sie benutzten Höhleneingänge als natürlichen Unterschlupf und folgten den Wanderungen ihrer Beutetiere. Dazu zählten Mammuts, Wollnashörner, Rentiere und Auerochsen (frühe Vorfahren der heutigen Rinder).

Die ersten Höhlenbilder stammen aus der Epoche des Gravettien: Sie zeigen abstrakte Gravuren oder Darstellungen weiblicher Genitalien und sogenannte „Venus"-Figuren. Mit der Zeit entwickelten sich aber komplexere Tierbilder und Friese, die heute in den Höhlen von Lascaux, Rouffignac und Font de Gaume zu finden sind. Sie stammen aus der Zeit von 15 000 bis 10 000 v. Chr. Eigenartigerweise sind die Werke in jüngeren Höhlen oft weniger hoch entwickelt als die in Lascaux. Das lässt darauf schließen, dass die Stämme unterschiedliche Traditionen pflegten und künstlerisch nicht das gleiche Niveau erreichten. Es kann aber auch bedeuten, dass Lascaux für die Künstler eine ganz besondere Bedeutung hatte. Neben Bildern schufen die Cromagnon-Künstler auch Schmuckstücke aus Muscheln, Knochen und Geweihstücken, verziert mit feinen Ritzarbeiten, die Tiere und geometrische Muster darstellen.

Die Zeit der Höhlenbilder endet schlagartig um 10 000 v. Chr., als die letzten eiszeitlichen Gletscher verschwanden und die sesshaft gewordenen Menschen begannen, Ackerbau und Viehzucht zu betreiben.

die Neandertaler der Moustérien-Epoche vor 50 0000 Jahren. Danach wurden die Höhlen bis ins 16. Jh. hinein kontinuierlich genutzt. Der Ausblick ist grandios, doch die Höhlen selbst sind weitgehend leer – und die paar Plastikrekonstruktionen machen wirklich nicht viel her.

🏃 Aktivitäten

Eine willkommene Abwechslung zu den Felswundern des Vézère-Tals bietet **Canoës Vallée Vézère** (✆05 53 05 10 11; www.canoes valleevezere.com; 10 promenade de la Vézère, Les Eyzies; Touren 12–22 €; ☺April–Sept.). Der Anbieter organisiert Kanu- und Kajaktouren zwischen 10 und 26 km Länge, inklusive Anfahrt im Minibus. Eine 5 km lange Übungsfahrt kostet 8 € und es gibt auch mehrtägige Ausflüge mit Übernachtung auf Campingplätzen oder in Hotels.

🛏 Schlafen & Essen

Hôtel des Glycines HOTEL €€
(✆05 53 06 97 07; www.les-glycines-dordogne. com; 4 av. de Laugerie; DZ 112–162 €, Suite 232 €; ❄🛜🏊)

Das alte Postamt von Les Eyzies wurde zu diesem schicken Verwöhnhotel umgebaut, in dem sogar schon Prince Charles genächtigt hat. Die schicken Zimmer reichen von sogenannten „Classics" bis zu ausgewachsenen Suiten mit eigener Terrasse und Gartenblick (die „Hofzimmer" lieber meiden, da sie auf die Hauptstraße von Les Eyzies blicken). Das hoteleigene **Gourmetrestaurant** (Menü ab 39 €) passt zum luxuriösen Rest.

Hôtel Le Cro-Magnon HOTEL €€
(✆05 53 06 97 06; www.hostellerie-cro-magnon. com; 54 av. de la Préhistoire; DZ 75–130; ☺Mitte März–Mitte Nov.; 🛜🏊) Die Zimmer in diesem Gasthaus von 1850 sind zwar modern ausgestattet, aber die altmodische Einrichtung macht das wieder wett. Wenn die Wände hier sprechen könnten, würden sie davon berichten, wie im Jahr 1868 bei den Nebengebäuden des Anwesens prähistorische Stücke aus der Cromagnon-Zeit entdeckt wurden. Seitdem ist dieses Haus eine beliebte Anlaufstelle für Frühgeschichtsexperten. Preiswert und gut essen kann man

im balkengeschmückten **Restaurant** (Menü ab 17 €).

Hostellerie du Passeur
HOTEL €€

(☎05 53 06 97 13; www.hostellerie-du-passeur. com; place de la Mairie; DZ 92–120 €, Suite 180 €; ☺Feb.–Okt.; ✺🛜) Das efeuumrankte Hotel mitten in Les Eyzies steht am Ufer der Vézère. Es bietet Zimmer in den Kategorien „Charme", „Elegance" und „Prestige". Die teureren sind den Mehrpreis wert – mit Blick aufs Tal und dicken, luxuriösen Betten.

Hôtel des Roches
HOTEL €€

(☎05 53 06 96 59; www.roches-les-eyzies.com; 15 av. de la Forge; EZ 60–80 €, DZ 75–98 €; ☺April–Nov.; 🛜✺🅿) Ein modernes Ambiente bietet dieses schicke Hotel, errichtet aus dem hellen Stein der Region und im schlichten Landhausstil möbliert. Die nach hinten gelegenen Zimmer blicken auf Pool und Garten, doch dieser Luxus ist auch etwas teurer.

Les Eyzies hat viele Campingplätze, die aber im Sommer deutlich überlastet sind. Zeitig reservieren.

Camping La Rivière
CAMPINGPLATZ €

(☎05 53 06 97 14; www.lariviereleseyzies.com; Platz ab 15,50 €; @🛜✺🅿) Dies ist der Campingplatz, der der Stadt am nächsten liegt, zu erreichen mit einem kurzen Fußmarsch in Richtung Westen. Prima Ausstattung mit Restaurant, Bar, Waschsalon und Lebensmittelläden.

❶ Praktische Informationen

Die Touristeninformation (☎05 53 06 97 05; www.tourisme-terredecromagnon.com; ☺Mo–Sa 9–12 & 14–18, So 10–12 & 14–17 Uhr) bietet eine kleine Internetstation (1,50 €/15 Min.).

❶ An- & Weiterreise

Les Eyzies liegt an der D47, 21 km westlich von Sarlat. Der Bahnhof befindet sich 700 m nördlich des Ortes und bietet Verbindungen nach Périgueux (7,20 €, 30 Min., 10-mal tgl.) und Sarlat (über Le Buisson; 8,60 €, 50 Min. bis 2½ Std. je nach Anschluss, 3-mal tgl.).

MONTIGNAC & UMGEBUNG
2946 EW.

Das Uferstädtchen Montignac ist vor allem berühmt für seine Nähe zu den Grottes de Lascaux. Diese liegen versteckt in den dicht bewaldeten Hügeln etwas außerhalb der Stadt. Montignac selbst, das sich über beide Uferseiten der Vézère erstreckt, ist ein reizvoller, beschaulicher Ort und nicht

so hektisch wie Les Eyzies oder Sarlat. Die Altstadt und das Geschäftsviertel liegen am rechten Ufer, die meisten Hotels haben sich auf der linken Seite des Flusses an der Place Tourny angesiedelt.

Adressen von Kanu- und Kajakverleihern für Ausflüge auf dem Fluss vermittelt die Touristeninformation.

❂ Sehenswertes

LP TIPP Grotte de Lascaux & Lascaux II
PRÄHISTORISCHE STÄTTE

(☎Lascaux II 05 53 51 95 03; www.semitour.com; Erw./Kind 8,80/6 €; Kombi-Ticket mit Le Thot 12,50/8,50 €; ☺9.30–18 Uhr) Die berühmtesten Höhlenmalereien Frankreichs befinden sich in der Grotte de Lascaux, 2 km südöstlich von Montignac. Entdeckt wurden sie 1940 von vier Jungen, die auf der Suche nach ihrem Hund waren. In ihren weitverzweigten Gängen und Galerien sind die bedeutendsten und höchst entwickelten prähistorischen Malereien zu sehen, die je gefunden wurden. Die für ihre künstlerische Ausgereiftheit berühmten Bilder deuten auf einen weit höheren Entwicklungsstand hin als die vergleichsweise groben Felsritzungen manch anderer Höhlen im Vézère-Tal. Die Tiergalerie mit rund 600 Darstellungen in leuchtenden Rot-, Schwarz-, Gelb- und Brauntönen enthält Rentiere und Auerochsen, Mammuts und Pferde sowie einen monumentalen, 5,50 m langen Stier, das größte je entdeckte Höhlenbild. Lascaux wird oft als prähistorisches Gegenstück zur Sixtinischen Kapelle bezeichnet – und der Vergleich ist nicht übertrieben: Nach einem Besuch 1940 soll Picasso gemurmelt haben: „Wir sind heute keinen Schritt weiter".

Berechnungen mithilfe der C14-Methode haben gezeigt, dass die Bilder zwischen 15 000 und 17 000 Jahre alt sind. Doch trotz endloser Diskussionen und wissenschaftlicher Forschungen weiß bis heute niemand genau, warum die Menschen damals so viel Zeit und Mühe in diese Malereien investiert haben und warum gerade diese Höhle so wichtig für sie war.

1948 wurde die Originalhöhle für Besucher geöffnet und – wen wundert's?! – der Andrang war enorm. Doch schon nach wenigen Jahren zeigte sich, dass der Atem und die Körperwärme der vielen Besucher die Malereien irreparabel beschädigten. Daher wurde sie nur 15 Jahre später im Jahr 1963 wieder geschlossen.

PHILIPPE CAMBA: HÖHLENFÜHRER VON LASCAUX II

Job

Eigentlich bin ich von Beruf Lehrer, aber die Vorgeschichte hat mich schon immer fasziniert. Studiert habe ich Umweltbiologie und Paläontologie – und seit drei Jahren arbeite ich im Winter als Lehrer und im Sommer als Höhlenführer. Im Sommer haben wir in Lascaux täglich bis zu 2000 Besucher; jeder Führer muss täglich bis zu sechs Gruppen begleiten. Ich mache Führungen in französischer und englischer Sprache. Am amüsantesten sind Touren mit Japanern oder Chinesen. Sie haben meist ihren Reiseleiter, der übersetzt – aber nicht immer die passenden Wörter kennt. Daher habe ich in den letzten Jahren die Bezeichnungen für alle wichtigen Farben, Tiere und Körperteile auf Japanisch gelernt. Das hilft enorm!

Lascaux-Impressionen

Lascaux ist eine einzigartige Höhle mit über 2000 der schönsten, mehrfarbigen Bilder, die je entdeckt wurden. Leider konnte ich bisher nie die Originalbilder sehen. Die Bilder sind umso beeindruckender, wenn man sich klar macht, dass jedes von ihnen in einem Zug entstanden ist. Es gab keine Skizzen und Entwürfe, denn Radieren und Korrigieren war unmöglich. Das waren echte Künstler, die etwas von Farben, Form und Perspektive verstanden. Auf ihre Art sind die Bilder von Lascaux ebenso formvollendet wie die Bilder von Picasso oder Van Gogh.

Die besten Höhlenmalereien?

Mich begeistern besonders die Darstellungen der Tiere in Bewegung – für mich sind sie fast so etwas wie steinzeitliche Filme.

Aufgrund der großen Publikumsnachfrage wurde nur wenige Hundert Meter von der Höhle entfernt eine exakte Nachbildung des berühmtesten Abschnitts geschaffen – ein gewaltiges Projekt, an dem 20 Künstler über elf Jahre lang arbeiteten. Lascaux II wurde 1983 eingeweiht. Obwohl das ganze Unternehmen auf den ersten Blick etwas erzwungen erscheint, sind die Reproduktionen absolut beeindruckend – besonders wenn die Lichter ausgehen und die Bilder im Schein der Fackeln zum Leben erwachen.

Stündlich werden mehrere Führungen angeboten. Der Ticketschalter informiert über Führungen in verschiedenen Sprachen – auch auf Deutsch. Von April bis Oktober werden Eintrittskarten *nur* in Montignac verkauft (neben der Touristeninformation).

Le Thot　　　　　　MUSEUM, TIERPARK
(☑05 53 50 70 44; www.semitour.com; Erw./Kind 6,50/4,50 €, Kombi-Ticket mit Lascaux 12,50/8,50 €; ⊙10–18 Uhr)
Um die Urgeschichte hautnah zu vermitteln, zeigt Le Thot, 7 km südwestlich von Montignac, neben Ausstellungen über das Leben zur Cromagnon-Zeit auch lebende

Tiere, die unsere prähistorischen Vorfahren gemalt haben: Rentiere, Hirsche, Pferde, Steinböcke und Wisente (sowie Rekonstruktionen von ausgestorbenen Arten wie dem Mammut). Am interessantesten ist aber wohl die Ausstellung, die die Arbeiten zu Lascaux II veranschaulicht.

Le Château de Losse　　　　BURG, PARK
(www.chateaudelosse.com; Erw./Kind 7,50/4 €; ⊙So–Fr 12–18 Uhr) Ein Original-Burggraben aus dem 15. Jh. und Zinnen umgeben diese stilecht eingerichtete Burg, 5 km südwestlich von Montignac. Ein intensives Dufterlebnis verspricht der schön angelegte Park.

🛏 Schlafen & Essen

Die Touristeninformation hält eine Liste nahe gelegener Campingplätze und *chambres d'hôtes* bereit.

Hostellerie la Roseraie　　HOTEL €€
(☑05 53 50 53 92; www.laroseraie-hotel.com; 11 place des Armes; DZ 90–170 €; ⊙April–Okt.; ☎⊛) Sein Name verrät es schon: Highlight dieses zum Hotel umgebauten Herrensitzes ist der prachtvolle Rosengarten dahinter, der das Grundstück mit palmengesäumtem Pool umgibt. Die Rokoko-Zimmer in diver-

sen Farben von Damastrosa bis Sonnenblumengelb sind alle mit soliden Möbeln ausgestattet, haben blitzsaubere Bäder und Ausblick auf den Rosengarten. Im Juli und August werden die Zimmer nur mit Halbpension vermietet (100–162 € pro Pers.), aber es empfiehlt sich sowieso, hier zu essen. Auf der je nach Jahreszeit wechselnden Speisekarte stehen Trüffeln, Kastanien, Schweinefleisch und Perlhuhn. An warmen Sommerabenden ist die Terrasse mit Sonnensegel ein traumhaftes Plätzchen.

Hôtel de la Grotte
HOTEL €€

(☎05 53 51 80 48; www.hoteldelagrotte.fr; place Tourny; DZ 56–85 €; ☎) Die kleine, schnuckelige und bescheidene *auberge* im Herzen von Montignac ist eine zauberhafte Unterkunft – wenn man keine Allergie gegen plüschige Bettwäsche und Blumentapeten hat. Die verspielten Zimmer sind schon recht altersschwach (besonders die unter den Dachbalken), aber sie sind preisgünstig und einigermaßen komfortabel. Die im Garten aufgestellten Tisch des **Restaurants** (Menü 12,50–32 €) sind im Sommer herrlich zum Draußenessen; das ganze Jahr über werden Fahrräder vermietet.

Hotel le Lascaux
HOTEL €

(☎05 53 51 82 81; 109 av. Jean-Jaurès; DZ 46–67 €; ☎) Gestreifte Markisen, die an Zuckerstangen erinnern, und rankender Efeu zieren die Fassade dieses Familienbetriebes an der Hauptstraße von Montignac nach Lascaux, 300 m vom Ortszentrum. Das Hotel ist gemütlich und entspannt, mit einfachen, netten Zimmern – einige mit gestreiften Tapeten und Holzbetten. Am besten sind die auf der Rückseite mit Blick auf den schattigen Garten.

❶ Praktische Informationen

Touristeninformation (☎05 53 51 82 60; www.tourisme-lascaux.com; place Bertrand de Born; ☉Mo–Sa 9.30–12.30 & 14–18 Uhr) 200 m westlich der Place Tourny, neben der im 14. Jh. erbauten Église St-Georges le Prieuré.

❶ An- & Weiterreise

Die einzigen Busse (Haltestellen an der Place Tourny) fahren leider nur zur Schulzeit, deshalb ist ein fahrbarer Untersatz hier ein Muss. Montignac liegt 25 km nordöstlich von Les Eyzies an der D706.

Dordogne-Tal

DOMME
1037 EW.

Mit seiner unschlagbaren Aussicht auf die Umgebung gehört das schwindelerregend hoch auf einem Felsen über der Dordogne gelegene Domme ganz offiziell zu Frankreichs *plus beaux villages*. Es ist außerdem eine der am besten erhaltenen *bastides* im Land mit Festungsanlagen aus dem 13. Jh. sowie drei Originaltoren. Nur über eine steile Serpentinenstraße zu erreichen, ist es der perfekte Ort für eine Verteidigungsanlage – das wusste auch Philipp III. von Frankreich, der die Stadt 1281 als Bastion gegen die Engländer bauen ließ. Auf der Esplanade du Belvédère und der angrenzenden Promenade de la Barre zeigt sich die imposante Felsenlage der Stadt am deutlichsten. Von hier eröffnet sich ein herrlicher Panorama-Ausblick über das Tal.

◉ Sehenswertes

Grottes Naturelles à Concrétions HÖHLEN (Erw./Kind inkl. Museum 8/5,50 €; ☉Führungen 10.15, 11, 12, 14.15, 15, 16, 17 & 18 Uhr) Der Fels unter dem Dorf ist wie ein Schweizer Käse mit mehreren großen Höhlen durchlöchert, in denen einige der schönsten Stalaktiten und Stalagmiten der Dordogne zu bewundern sind. Besucher werden nach der 45-minütigen Führung mit einem Lift ins Tageslicht befördert. Eintrittskarten verkauft die Touristeninformation gegenüber dem Eingang zu den Höhlen.

Musée d'Arts et Traditions Populaires
GESCHICHTSMUSEUM

(Erw./Kind 4/3 €, mit Ticket für die Höhle frei; ☉April–Sept. 10.30–12.30 & 14.30–18 Uhr) In diesem Museum auf der anderen Seite des Platzes vor der Touristeninformation werden Ausstellungsstücke wie Kleidung, Spielzeug und Werkzeug, vorwiegend aus dem 19. Jh., gezeigt.

🛏 Schlafen & Essen

La Guérinière ZIMMER MIT FRÜHSTÜCK €€ (☎05 53 29 91 97; www.la-gueriniere-dordogne.com; Cénac et St-Julien; DZ 80–95 €; ☎⊠▥)Die Zimmer in dieser wunderbaren *chambre d'hôtes* auf einem 6 ha großen Gelände inklusive Tennisplatz, 5 km südlich von Domme an der D46, sind alle nach Blumen benannt und geschmackvoll eingerichtet. Unsere Favoriten sind das „Mimosa" mit seiner schrägen Decke und einem Chinoiserie-Schrank sowie das extragroße Blaue Zimmer. Rechtzeitig reserviert werden sollten die *tables d'hôtes* (25 € inkl. Wein), für die vorwiegend Produkte aus biologischem Anbau verwendet werden.

L'Esplanade HOTEL €€
(☎05 53 28 31 41; www.esplanade-perigord.com; rue du Pont-Carral; DZ 85–150 €; ❄🕿) Dieses Hotel ist in jeder Hinsicht ein absolutes Highlight. Schon die Lage am Rand der Stadtmauer ist bombastisch. Das Haus ist ein traditionelles Familienhotel mit einem Touch Designerschick; seine stilvollen Zimmer sind mit Himmelbetten, antiken Schreibtischen und Polstersesseln ausgestattet und einige haben Balkone mit einem Ausblick, der einem den Atem verschlägt. Auch das **Spitzenrestaurant** (Menü 25–45 €) lockt mit einer Aussichtsterrasse an der Esplanade du Belvédère, die einfach nur umwerfend ist.

❶ Praktische Informationen
Touristeninformation (☎05 53 31 71 00; www.ot-domme.com; place de la Halle; ◷10–12 & 14–18 Uhr)

❶ An- & Weiterreise
Domme liegt 18 km südlich von Sarlat an der D46.

LA ROQUE GAGEAC & UMGEBUNG
431 EW.

Mit seinem Gewirr aus bernsteinfarbenen Häusern auf einem Felsen über der Dordogne gehört auch La Roque Gageac ganz offiziell zu Frankreichs *plus beaux villages*. Und dank eines ausgezeichneten Mikroklimas gedeihen hier prachtvolle Gärten. Das idyllische Fleckchen eignet sich gut als Startpunkt für eine Kanufahrt und drei der berühmtesten Burgen der Region liegen nur wenige Autominuten entfernt.

◉ Sehenswertes

Fort Troglodyte FESTUNG
(Erw./Kind 5/2 €; ◷10–18 Uhr) Ein Gewirr aus gewundenen Gassen führt zu La Roques imposanter Festung, deren mittelalterliche Baumeister die Verteidigungsanlagen direkt aus dem überhängenden Fels gehauen haben.

Jardins de Marqueyssac PARK
(www.marqueyssac.com; Erw./Kind 7,20/3,60 €; ◷10–19 Uhr) Ausgeschilderte Spazierpfade winden sich durch die hängenden Gärten von Marqueyssac, 3 km westlich von La Roque, und führen zu einem atemberaubenden *belvédère* (Aussichtspunkt).

Château de Castelnaud BURG
(www.castelnaud.com; Erw./Kind 7,80/3,90 €; ◷10–19 Uhr) Die wuchtigen Festungsanlagen und meterdicken Mauern dieser typischen Burg werden von Zinnen und stolzen Türmen überragt, die einen Ausblick über das Dordogne-Tal bis zum einstigen Erzrivalen Château de Beynac erlauben. Das **Museum mittelalterlicher Kriegskunst** zeigt Dolche, Hellebarden und riesige Katapulte. Wer diese Gerätschaften in Aktion erleben will, sollte die nachgestellten Kämpfe im Juli und August besuchen. Einstündige Abendführungen (9,60/5 € Erw./Kind) mit kostümierten Schauspielern sind ebenfalls im Programm – Termine verrät der Veranstaltungskalender auf der Website.

Château de Beynac FESTUNG
(www.beynac-en-perigord.com; Beynac-et-Cazenac; Erw./Kind 7,50/3,20 €; ◷10–18.30 Uhr) Auf einer hohen Kalksteinklippe 5 km nordwestlich von La Roque erhebt sich drohend dieses im 12. Jh. erbaute Schloss. Dank seiner günstigen Lage mit gutem Blick über die Dordogne war diese Burg eine der entscheidenden Verteidigungsanlagen im Hundertjährigen Krieg. Abgesehen von einem kurzen Intermezzo unter Richard Löwenherz hielt Beynac dem französischen Königshaus die Treue und geriet dadurch oft in Konflikt mit der von Engländern beherrschten Burg Castelnaud gegenüber. Geschützt durch die 200 m hohen Felsen, eine Doppelmauer und einen doppelten Burggraben war es gegen potenzielle Angreifer gut geschützt – allerdings gab es auch so gut wie keine direkten Angriffe.

Besonders sehenswert sind der romanische Burgfried, die große Salle des États (Prunksaal), die Kapelle mit ihren Fresken und die im 16. und 17. Jh. erbauten Gemächer der Barone. Von der Festungsmauer aus bietet sich ein schwindelerregender Ausblick über die Dordogne bis zum Château von Marqueyssac. Unterhalb der Burg führt ein steiler Pfad hinab ins 150 m weiter unten am Ufer gelegene Dorf **Beynac-et-Cazenac** (515 Ew.). Auch dieser Ort gehört zu den *plus beaux villages* in Frankreich. In der Rue de l'Ancienne Poste drehte Lasse Hallström einige der Szenen seines Films *Chocolat* (2000) mit Johnny Depp und Juliette Binoche in den Hauptrollen.

FLUSSFAHRTEN PER GABARRE

Eine faszinierende Art, die Landschaft der Region zu erkunden, ist eine Fahrt an Bord einer *gabarre*. Diese hölzernen Schiffe mit flachem Rumpf wurden traditionell dazu benutzt, um Frachten über die Täler von Périgord und Lot zu transportieren. Früher sind *gabarres* in diesem Teil Frankreichs ein alltäglicher Anblick gewesen, doch schon zu Beginn des 20. Jhs. wurden sie durch den Siegeszug von Eisenbahn und Automobil verdrängt.

Heutzutage erleben die *gabarres* ein Comeback als Ausflugsboote für beschauliche Entdeckungstouren. Sie starten zwischen April und Oktober an verschiedenen Orten, die Fahrten dauern in der Regel 55 Minuten und kosten pro Erw./Kind 8,50/6 €; eine Vorabreservierung ist empfehlenswert.

Angebote gibt es u. a. in und um das Örtchen La Roque Gageac: **Gabarres Caminade** (☑ 05 53 29 40 95; gabarrescaminade@wanadoo.fr; Le Bourg, La Roque Gageac); **Gabarres de Beynac** (☑ 05 53 28 51 15; www.gabarre-beynac.com, auf Frz.; Le Port, Beynac-et-Cazenac) mit etwas kürzeren, preiswerteren Fahrten, die in Beynac starten (Kinder dürfen vormittags kostenlos mitfahren) und **Gabarres Norbert** (☑ 05 53 29 40 44; www.norbert.fr; Le Bourg, La Roque Gageac).

Bergerac und Beaulieu-sur-Dordogne bieten ebenfalls Bootstouren per Gabarre an.

Château des Milandes FESTUNG
(www.milandes.com; Castelnaud-la-Chapelle; Erw./Kind 8,50/5,50 €; ⊙10–19 Uhr) Dieses im 15. Jh. erbaute **Château** 9,5 km südwestlich von La Roque ist weniger berühmt durch seine Architektur als durch seine ehemalige Besitzerin, die afroamerikanische Tänzerin, Sängerin und Varieté-Berühmtheit Josephine Baker (1906–75), die in den 1920er-Jahren mit ihren anrüchigen Auftritten die Pariser Kulturszene im Sturm eroberte. Ihr legendärstes Bühnen-Outfit bestand aus nicht mehr als einer Perlenkette und einem Bananenröckchen. Zu ihren Lieblingsbeschäftigungen gehörte es, mit ihrem Lieblingsgeparden Chiquita an der diamantenbesetzten Leine Pariser Passanten zu erschrecken.

Frau Baker kaufte die Burg 1936 und lebte hier bis 1958. Für ihre Unterstützung der französischen Résistance im Zweiten Weltkrieg wurde sie mit dem Croix de Guerre und einem Orden der Légion d'Honneur ausgezeichnet. Später engagierte sie sich in der amerikanischen Bürgerrechtsbewegung. Besser in Erinnerung ist ihre „Regenbogenfamilie" mit zwölf adoptierten Kindern aus allen Teilen der Welt als „Experiment der Brüderlichkeit". Dagegen sehen Brad Pitt und Angelina Jolie heute blass aus.

Ein Museum im Château dokumentiert das Leben der großen Miss Baker und aus Lautsprechern tönen ihre berühmten Melodien. Als Erläuterung zur Ausstellung ist ein englischsprachiges Faltblatt erhältlich. Von Mai bis Oktober werden außerdem täglich die Greifvögel des Schlosses vorgeführt.

🏃 Aktivitäten

Eine Fahrt auf dem Fluss bietet ein abwechslungsreiches Panorama: steile Felsen, Burgen und malerische Dörfer. Am Steg von La Roque starten kurze **Flussfahrten** an Bord der traditionellen *gabarres* (s. Kasten S. 640). Außerdem bieten mehrere Veranstalter Kanutouren an:

Canoë Dordogne KANU
(☑ 05 53 29 58 50; www.canoe-dordogne.fr, auf Frz.; 5–19 €) Ein- bis fünfstündige Fahrten auf eigene Faust von verschiedenen Startpunkten am Fluss oberhalb von La Roque, aber auch geführte Touren in einem Kanu für 8 bis 10 Personen.

Canoë Vacances KANU
(☑ 05 53 28 17 07; www.canoevacances.com; La Peyssière; Kanu 5–20 €, Canyoning 4–7 €) Angeboten werden Touren von La Roque nach Les Milandes (9 km), von Carsac nach La Roque (16 km) und von Carsac nach Les Milandes (25 km); Abenteuerlustige können sich auch im Canyoning versuchen, 2 km nordöstlich von La Roque.

🛏 Schlafen & Essen

Die Zahl der Unterkünfte ist ziemlich begrenzt; in der Gegend gibt es nur eine Handvoll Hotels. Die Touristeninformationen in La Roque Gageac und Beynac-et-

Cazenac haben aber Listen mit Camping-plätzen und *chambres d'hôtes*.

La Belle Étoile HOTEL €€
(☎05 53 29 51 44; www.belleetoile.fr; Le Bourg; DZ 55–75 €, Suite 130 €; ☺April–Okt.; 🛜) Dieser direkt am Flussufer von La Roque Gageac gelegene Familienbetrieb ist in einem alten Steinbau mit massiven Holzbalken untergebracht. Die teureren Zimmer bieten Aussicht auf den Fluss, die der unteren Preisklasse auf das Dorf. Das **Restaurant** (Menü ab 28 €; ☺April–Okt. Di & Do–So mittags, Di–So abends) hat eine weinüberwucherte Terrasse.

ℹ Praktische Informationen
Die Öffnungszeiten der Touristeninformation sind saisonal unterschiedlich.

Touristeninformation Beynac-et-Cazenac
(☎05 53 29 43 08; www.cc-perigord-noir.fr, auf Frz.; D703)

Touristeninformation La Roque Gageac
(☎05 53 29 17 01; www.cc-perigord-noir.fr, auf Frz.; Le Bourg)

ℹ An- & Weiterreise
La Roque Gageac liegt 15 km südlich von Sarlat und ist über die D46 und D703 zu erreichen; öffentliche Verkehrsmittel gibt es nicht.

Monpazier
539 EW.

Monpazier, die besterhaltene *bastide* (Festungsstadt) in diesem Teil Frankreichs, wurde 1284 von einem Vertreter Edwards I. (König von England und Herzog von Aquitanien) gegründet. Der Ort erlebte eine turbulente Zeit während der Religionskriege und Bauernaufstände im 16. Jh., doch trotz zahlreicher Angriffe und Feldzüge ist die Stadt erstaunlich gut erhalten.

◉ Sehenswertes

Place des Cornières MARKTPLATZ
Ausgehend von den drei Stadttoren führen die flachen, schnurgeraden Straßen von Monpazier zu den Arkaden dieses Marktplatzes (auch Place Centrale genannt). Dort steht eine bunt zusammengewürfelte Reihe alter Steinhäuser, denen man die jahrhundertelangen Bau- und Umbauarbeiten deutlich ansehen kann. In einem alten *lavoir* (Waschtrog) in der Ecke wurde einst die Wäsche gewaschen. Donnerstags ist **Markttag,** und das schon seit dem Mittelalter.

Château de Biron FESTUNG
(www.pays-de-bergerac.com; Erw./Kind 6,50/ 4,50 €; ☺Feb.–Dez. 10–12.30 & 14–18 Uhr) Etwas mehr als 8 km südlich von Monpazier steht dieses Château, das schon häufig als Filmkulisse diente – ein grandioser Stilmix, an dem über acht Jahrhunderte lang viele Generationen einer Familie herumgebastelt haben. Das Geschlecht verhökerte schließlich Anfang des 20. Jhs. das Schloss, um den ausschweifenden Lebensstil eines besonders liederlichen Sohnes zu finanzieren.

🛏 Schlafen & Essen

Hôtel Edward 1er HOTEL €€
(☎05 53 22 44 00; www.hoteledward1er.com; 5 rue St-Pierre; DZ 84–104 €, Suite 132–162 €; 🛜❄) Die Zimmer in dieser von Türmen gekrönten Mischung aus Schloss und Herrenhaus werden mit steigendem Preis immer luxuriöser: In den besten Suiten mit Blick auf die umliegenden Berge hat man die Wahl zwischen Whirlpool und Hamam. Gemessen an den Preisen, wirkt das Ganze etwas angestaubt, aber die Besitzer sind sehr engagiert und es gibt ein hervorragendes **Restaurant** (Menü 29–37,50 €; ☺April–Okt. Do–Di abends).

Hôtel de France HOTEL €
(☎05 53 22 60 06; www.hoteldefrancemonpazier. fr; 21 rue Saint Jacques; DZ 40–70 €; ☺April–Okt.) Einige Teile dieser aus gelben Ziegeln errichteten *auberge* sind viele Jahrhunderte alt (die zentrale Treppe ist im 15. Jh. entstanden). Kein Wunder, dass sie so viel historische Atmosphäre versprüht. Außerdem gibt es Zimmer mit Holzmöbeln, alten Teppichen und Blumentapeten, kleine Fenster mit Fensterläden und Blick über die Dächer der Stadt und ein solides **Landgasthaus** (Menü ab 16 €). Die Öffnungszeiten für Hotel und Restaurant variieren, deshalb vorher anrufen.

Bistrot 2 REGIONAL €€
(☎05 53 22 60 64; www.bistrot2.fr; Monpazier; Menü 24 €) Modernes Bistro in einem Gasthaus mit Steinfassade gegenüber einem der mittelalterlichen Tore. Minimalistische Gerichte, zeitgemäße Aromen und Großstadtatmosphäre verleihen den traditionellen Zutaten des Périgord das gewisse Etwas. Die Freiterrasse ist ein Traum für ein gemütliches Mittagessen oder ein Dinner bei Sonnenuntergang.

ℹ️ Praktische Informationen

Die **Touristeninformation** (☎05 53 22 68 59; www.pays-des-bastides.com; place des Cornières; ⊙Di–So 10–12.30 & 14.30–18 Uhr) befindet sich am Südwestteil des Platzes.

ℹ️ An- & Weiterreise

Monpazier liegt 50 km südwestlich von Sarlat und 50 km südöstlich von Bergerac.

Bergerac
28 638 EW.

Üppige Weinreben und flache Felder umgeben Bergerac mit seiner kopfsteingepflasterten Altstadt und seinem mittelalterlichen Hafen. Es ist die Hauptstadt des Périgord Pourpre und eines der größten Weinbaugebiete Aquitaniens.

Berühmt wurde die Stadt vor allem durch den Dramatiker und Satiriker Savinien Cyrano de Bergerac (1619–55), der mit seinen romantischen Heldentaten (und seiner überdimensionalen Nase) viele inspirierte – von Molière bis Steve Martin. Anders als in der Legende (die vor allem der Dramatiker Edmond Rostand im 19. Jh. schuf) hatte Cyrano zu der Stadt ein eher gespaltenes Verhältnis – er soll hier nur wenige Nächte verbracht haben.

Der internationale Flughafen und die zentrale Lage von Bergerac zwischen Périgueux (47 km nordöstlich) und Bordeaux (93 km westlich) macht die Stadt zur praktischen Zwischenstation.

◉ Sehenswertes & Aktivitäten

Die schönsten Ecken der Altstadt von Bergerac sind die Place de la Mirpe mit ihren Schatten spendenden Bäumen und Fachwerkhäusern und die Place Pelissière, wo ein keckes Standbild von Cyrano de Bergerac zur nahen Kirche aufschaut.

Gabarres de Bergerac FLUSSFAHRTEN
(☎05 53 24 58 80; www.gabarres.fr, auf Frz.; quai Salvette; Erw./Kind 8/5 €; ⊙Ostern–Okt.) Der Weinhandel von Bergerac florierte vor allem durch den Flusstransport mit den *gabarres* (S. 640). An ihre bedeutsame Rolle wird auf dieser 50-minütigen Rundfahrt erinnert.

GRATIS Maison des Vins WEINPROBE
(www.vins-bergerac.fr; 1 rue des Récollets; ⊙10–12.30 & 14–19 Uhr) Hier können die berühmten Tropfen der Region probiert werden. Außerdem gibt's viele Infos zu

Ausflügen durch das lokale Weinbaugebiet. Karten und Informationen bietet aber auch die Touristeninformation.

Die größten Museen der Stadt befassen sich mit den beiden Lastern Bergeracs:

Musée du Vin et de la Batellerie WEINMUSEUM
(place de la Mirpe; Eintritt 3 €; ⊙Di–Fr 10–12 & 14–17.30, Sa 10–12, So 14.30–18.30 Uhr) Eine herrlich verstaubte Ausstellung mit alten Winzergeräten und Modellen von Flussbooten aus der Gegend.

Musée d'Anthropologie du Tabac TABAKMUSEUM
(10 rue de l'Ancien Port; Erw./Kind 4 €/frei; ⊙Di–Fr 10–12 & 14–18, Sa 10–12 & 14–17, So 14.30–18.30 Uhr) In diesem Museum in der Maison Peyrarède aus dem 17. Jh. werden Rauchutensilien aus drei Jahrtausenden gezeigt, darunter auch eine Sammlung schmucker Pfeifen.

🛏️ Schlafen & Essen

Wen es nicht stört, etwas weiter außerhalb zu wohnen, der findet in der näheren Umgebung einige herrliche Übernachtungsmöglichkeiten.

LP TIPP Château les Merles BOUTIQUEHOTEL €€€
(☎05 53 63 13 42; www.lesmerles.com; Tuilières, Mouleydier; DZ 165–185 €, Suite 215 €; @🛜🏊) Hinter der klassizistischen Fassade aus dem 19. Jh. verbirgt sich ein innenarchitektonischer Traum, ein Plädoyer für modernen Minimalismus. Zur monochromen Farbgebung gehören schwarz-weiße Sofas, schiefergraue Überwürfe und sorgfältig ausgewählte Antiquitäten in allen Zimmern, von denen die meisten eher nach Paris als ins tiefste Dordogne-Tal, 13 km östlich von Bergerac, passen würden. Stiltreue, Schick und durchdachtes Design herrschen hier bis ins letzte Detail: dreibeinige Bodenlampen, Spiegel, Goldrahmen und diverse Kunstgegenstände; dazu gibt es einen Neun-Loch-**Golfplatz** und ein absolut bezauberndes **Restaurant** (Menü 36–43 €) mit Fusionküche.

Château Les Farcies du Pech' ZIMMER MIT FRÜHSTÜCK €€
(☎06 30 19 53 20; www.chambre-hote-bergerac. com; Hameau de Pécharmant; DZ 110 €; ⊙Mitte März–Mitte Nov.) Neben einem eigenen Weinberg besitzt diese *chambre d'hôtes* mit

Weinverkauf im Château, 2 km nördlich von Bergerac, fünf Zimmer, die alle im gleichen Stil gestaltet sind: gemusterte Teppiche, farbig lasierte Wände, Hartholzparkett und hier und da alte Natursteinmauern. Das französische Frühstück in der Küche ist köstlich.

Le Colombier de Cyrano et Roxane

ZIMMER MIT FRÜHSTÜCK €€

(✆05 53 57 96 70; 17 rue du Grand Moulin; www.samedimidi.com, auf Frz.; DZ 68–78 €; 🖥) Eine der charmanten *chambres d'hôtes* in Bergeracs Altstadt an der Place de la Mirpe ist dieses Steinhaus mit blauen Fensterläden aus dem 16. Jh. Es bietet nur zwei bunte Zimmer mit massiven Holzbalken und eine mit Blumen übersäte Terrasse, wo die Gäste in der Hängematte dösen können.

Hotel du Commerce

HOTEL €

(✆05 53 27 30 50; www.hotel-du-commerce24.fr; 36 place Gambetta; DZ 58–62 €; ❄🖥♿) Dieses preiswerte Hotel an einer gemütlichen Ecke der Place Gambetta bietet zweckmäßige, wenn auch etwas charakterlose Zimmer mit moderner Möblierung und neuen Bädern (Zimmer mit Klimaanlage kosten ein paar Euro extra).

✍ La Ferme de Biorne

REGIONAL €

(✆05 53 57 67 26; Lunas; www.biorne.com; Menü 19–27 €; ⊙April–Okt. Di–So auf Vorbestellung) In dieser *ferme auberge* (Landgasthof) in einer ländlichen Gegend des Périgord 13 km nordwestlich von Bergerac tauchen Vögel in allen Variationen auf der Speisekarte auf, z. B. über dem offenen Feuer gegrillte *magret* (Brust) und mit Foie gras gefüllte Wachteln.

L'Imparfait

REGIONAL €€

(✆05 53 57 47 92; 6–10 rue des Fontaines; www.imparfait.com; Menü 21–27 €) Dieser lokale Geheimtipp ist in einem Kloster aus dem 12. Jh. untergebracht und täuscht mit günstigen Preisen darüber hinweg, dass hier hervorragend gekocht wird.

❶ Praktische Informationen

Touristeninformation (✆05 53 57 03 11; www.bergerac-tourisme.com; 97 rue Neuve d'Argenson; ⊙Mo–Sa 9.30–13 & 14–19 Uhr; @🖥) Freundliche, gut informierte Mitarbeiter.

❶ An- & Weiterreise

FLUGZEUG Der **Flughafen** (www.bergerac. aeroport.fr, auf Frz.) von Bergerac, 4 km südöstlich der Stadt gelegen, wird von mehreren Billigfliegern angesteuert. Von hier aus gehen regelmäßig Inlandsflüge nach Paris Orly, von wo die Möglichkeit zum Direktflug ins deutschsprachige Ausland besteht.

ZUG Bergerac liegt an der Regionalstrecke zwischen Bordeaux (15 €, 1½ Std., stündl.) und Sarlat (11,20 €, 1½ Std., alle 2 Std.). Wer ein anderes Ziel ansteuern will, muss in Le Buisson umsteigen.

LOT

Südöstlich der Dordogne liegt das wärmere, schon deutlich südfranzösisch geprägte Departement Lot, das früher den Nordteil der alten Provinz Quercy (zusammen mit der Nordhälfte des heutigen Departements Tarn-et-Garonne) umfasste. Das trockene Kalksteinplateau dieser Gegend ist mit Eichen bewachsen und von Schluchten durchzogen, die der windungsreiche Fluss Lot in den Stein gefräst hat. Die *prefecture* der Region, Cahors, ist von berühmten Weinbaugebieten umgeben.

Cahors

21 128 EW.

Cahors an einer U-förmigen Schleife *(boucle)* des Flusses Lot bietet das mediterrane Flair einer sonnenverwöhnten Stadt, denn die Hitze des nahen Languedoc ist auch hier spürbar. Pastellfarbene Häuser säumen die schattigen Plätze des mittelalterlichen Viertels, das mit seinem Labyrinth aus Straßen und Gassen an die mittelalterlichen Kaianlagen angrenzt.

Mitten durch das Zentrum von Cahors verläuft der Boulevard Léon Gambetta (benannt nach dem 1838 in Cahors geborenen Politiker) und teilt die Stadt sauber in zwei Hälften – in Vieux Cahors (Alt-Cahors) im Osten und in den modernen Teil im Westen.

Die Stadt ist auf drei Seiten von den Anlegern umgeben, die früher von den Flussschiffen genutzt wurden. Heute sind hauptsächlich Radfahrer, Rollerblader und Spaziergänger in den Hafenanlagen unterwegs.

◉ Sehenswertes & Aktivitäten

Pont Valentré

BRÜCKE

Der sechsbögige Pont Valentré südlich des Bahnhofs auf der Westseite der Stadt ist eine der malerischsten mittelalterlichen Brücken des Landes. Die im 14. Jh. als Teil der städtischen Festungsanlagen errichtete

Brücke wird von drei hohen Türmen gekrönt, zwei davon mit Brüstungen, von denen aus die Verteidiger der Stadt Geschosse auf die Angreifer schleudern konnten. Am gegenüberliegenden Ufer sprudelt die natürliche Quelle Fontaine des Chartreux, in der zahlreiche römische Münzen gefunden wurden. Sie war der galloromanischen Göttin Divona geweiht und versorgt die Stadt bis heute mit Trinkwasser.

Cathédrale St-Étienne
KATHEDRALE

Die romanische Kathedrale von Cahors wurde 1119 geweiht. Mit ihrem hohen Kirchenschiff, gekrönt von zwei Kuppeln (mit

18 m Durchmesser die größten in Frankreich), ähnelt sie der Cathédrale St-Front in Périgueux. Einige ihrer Fresken gehen bis auf das 14. Jh. zurück, doch die Nebenkapellen und die Steinmetzarbeiten im **cloître** (Kreuzgang; ☉Juni–Sept.) stammen überwiegend aus der Spätgotik (Flamboyant) im 16. Jh. Das Tympanon an der Nordfassade zeigt Christus inmitten von flatternden Engeln und Heiligen.

Tour du Pape Jean XXII
ARCHITEKTUR

(3 bd Léon Gambetta) Die gesamte Altstadt wird überragt von der Tour du Pape Jean XXII (nicht für Besucher zugänglich), mit

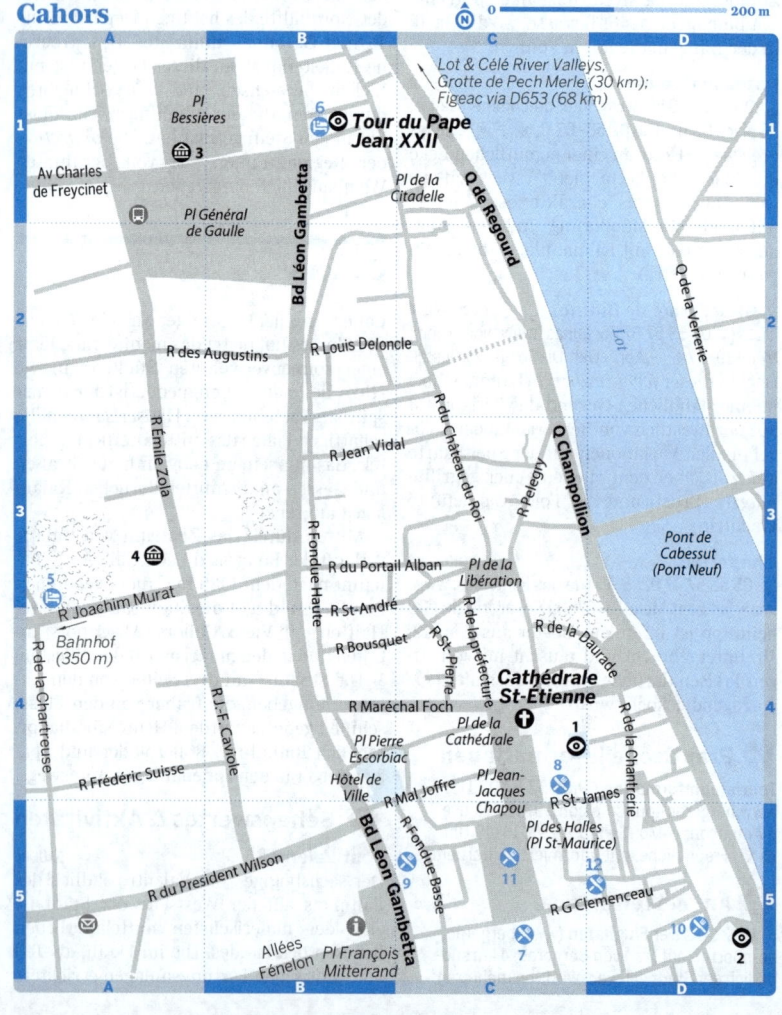

Cahors

0 — 200 m

Lot & Célé River Valleys,
Grotte de Pech Merle (30 km);
Figeac via D653 (68 km)

Tour du Pape Jean XXII 6

Pl Bessières

3

Av Charles de Freycinet

Pl Général de Gaulle

Bd Léon Gambetta

Pl de la Citadelle

Q de Regourd

Q de la Verrerie

R des Augustins

R Louis Deloncle

R Émile Zola

R Jean Vidal

R du Château du Roi

R Pélégry

Q Champollion

Lot

R Fondue Haute

R du Portail Alban

Pl de la Libération

Pont de Cabessut (Pont Neuf)

4

5

R Joachim Murat

Bahnhof (350 m)

R de la Chartreuse

R St-André

R Bousquet

R Ste-Pierre

R de la préfecture

R de la Daurade

Cathédrale St-Étienne

1

R Maréchal Foch

R J.-F. Caviole

Pl de la Cathédrale

8

R de la Chantrerie

R Frédéric Suisse

Pl Pierre Escorbiac

Hôtel de Ville

R Mal Joffre

Pl Jean-Jacques Chapou

R St-James

R Fondue Basse

Pl des Halles (Pl St-Maurice)

11

12

R du President Wilson

Bd Léon Gambetta

9

7

R G Clemenceau

10

Allées Fénelon

Pl François Mitterrand

2

34 m das höchste Bauwerk der Stadt. Sie war ursprünglich Teil einer Residenz aus dem 14. Jh., die Jacques Duèse (alias Papst Johannes XXII.) gehörte, der den Pont Valentré erbauen ließ und die Universität von Cahors gründete.

Altstadt
ARCHITEKTUR

Im Mittelalter war Cahors eine blühende Handelsmetropole. Davon zeugen heute noch die vielen Fachwerkbauten und Kaufmannshäuser mit Galerien in der Altstadt. Viele der Gebäude sind auch auf dem Infoblatt *Itinéraires à Travers la Ville* der Touristeninformation zu finden.

Mechanische Uhr
UHR

(place St-Urcisse) Die in der Nähe der Kathedrale aufgestellte Uhr von 1997 könnte geradewegs dem Skizzenbuch von Tim Burton entsprungen sein.

Cahors besitzt nur zwei Museen:

Musée Henri Martin
MUSEUM

(Musée Municipal; www.mairie-cahors.fr/musee, auf Frz.; 792 rue Émile Zola; Erw./Kind 3/1,50 €; ⊙Mo & Mi–Sa 11–18, So 14–18 Uhr) Die Ausstellung zeigt Werke des in Cahors geborenen pointillistischen Malers Henri Martin (1893–1972).

GRATIS Musée de la Résistance
MUSEUM

(place Général de Gaulle; ⊙14–18 Uhr) Dieses kleine Museum erinnert an die Geschichte der Stadt im Zweiten Weltkrieg.

Cahors

🛏 Schlafen

645

Grand Hôtel Terminus
HOTEL €€

(☎05 65 53 32 00; www.balandre.com; 5 av. Charles de Freycinet; DZ 70–100 €, Suite 130–160 €; ❄🔊) Das 1920 erbaute, ursprüngliche Bahnhofshotel von Cahors verströmt eine etwas altmodische Grandezza. Die meisten Zimmer sind geräumig und komfortabel, mit wuchtigen Heizkörpern, frei stehenden Badewannen und Kingsize-Betten. Die Einrichtung wirkt etwas angestaubt und die Suiten sind eindeutig überteuert. Das Restaurant Le Balandre allerdings ist unschlagbar gut.

Hôtel Jean XXII
HOTEL €

(☎05 65 35 07 66; www.hotel-jeanxxii.com, auf Frz.; 2 rue Edmond-Albé; EZ 48 €, DZ 58–65 €; 🔊) Dieses ausgezeichnete kleine Hotel an der Tour Jean XXII kombiniert alte Steinmauern, Topfpflanzen und viel Holz mit einem Schuss großstädtischem Minimalismus. Die Zimmer sind adrett und in gedämpften Farben gehalten. Im 1. Stock lädt ein Lesezimmer mit Ledersesseln zum Relaxen ein.

Auberge de Jeunesse
HOSTEL €

(☎05 65 35 64 71; fjt46@wanadoo.fr; 222 rue Joachim Murat; Schlafsaal 13,20 €; ⊙9–12.30 & 14–19 Uhr; 🔊) Die in einem alten Kloster untergebrachte Jugendherberge von Cahors ist einfach, aber freundlich und funktional. Die 50 Schlafplätze sind in Schlafsälen mit vier bis zehn Betten untergebracht und es gibt einen schönen Garten.

🍴 Essen

Le Balandre
GOURMETKÜCHE €€€

(☎05 65 53 32 00; www.balandre.com; 5 av. Charles de Freycinet; Menü 42–90 €; ⊙Di–Sa mittags, tgl. abends) Mit Kronleuchtern, funkelnden Gläsern und akkurat gefalteten Servietten, an denen man sich fast die Finger schneidet, und nicht zuletzt mit seiner deliziösen Foie gras und seinem *confit de canard* verwöhnt der Gourmettempel des Grand Hotel Terminus nach wie vor seine begeisterten Stammkunden. Auch **Kochkurse** (6 Std. für 95 €) sind im Angebot.

L'O à la Bouche
FRANZÖSISCH €€

(☎05 65 35 65 69; 134 rue St-Urcisse; Menü 19,50–26,50 €; ⊙Di–Sa) *„Cuisine creative"* lautet die Devise in diesem vornehmen kleinen Restaurant, das klassische Zutaten innovativ einsetzt. Wie wär's also z. B. mit Kabeljau im Erdnussmantel oder dem verführerischen Schokoladenkuchen *„tout coco"*?

Le Marché FUSIONSKÜCHE €€

(☎05 65 35 27 27; www.restaurantlemarche.com; 27 place Jean-Jacques Chapou; Mittagsmenü 19 €, Abendmenü 28–50 €; ☺Di-Sa) Samtrote und cremefarbene Sessel, makelloses Holz und Schieferwände setzen die Designakzente im Le Marché. Die Karte ist genauso exklusiv und reicht vom Estragon-Roastbeef bis zur Seebrasse mit Zitrone.

Marie Colline VEGETARISCH €

(☎05 65 35 59 96; 173 rue Georges Clemenceau; Hauptgerichte 8,50 €; ☺Di-Fr mittags, im Aug. geschl.; ☑) Dieses familiengeführte kleine Bistro verströmt ein so traditionelles Flair, dass es fast schon überrascht, auf der Karte (mit einer Handvoll Tagesangeboten) nur fisch- und fleischlose Gerichte vorzufinden. Wer allein isst, darf am geselligen Gemeinschaftstisch Platz nehmen.

Außerdem zu empfehlen:

Les 2 Pâtes ITALIENISCH, BELGISCH €

(81 bd Leon Gambetta; Menü 7,50–10 €; ☺Mo-Sa 11–21 Uhr; ☑) Italienischer Takeaway für Panini, Pastagerichte oder belgische Pommes (mit Minigabel). Wer nicht im Gehen essen will, kann sich an einen Tisch auf der überdachten Straßenterrasse setzen.

Le Lamparo ITALIENISCH €€

(☎05 65 35 25 93; www.lelamparo.com; 76 rue Georges Clémenceau; Menü 12–23 €; ☺Mo-Sa; ☑☑) Leckere Holzofenpizza, Pasta und andere typisch italienische Gerichte werden in diesem Lokal im mediterranen Stil serviert.

Selbstversorger

Erste Adresse für Lebensmittel ist der **Marché Couvert** (place des Halles), meist einfach „Les Halles" genannt.

Der **Markt im Freien** findet immer mittwochs und samstags auf der nahe gelegenen Place Jean-Jacques Chapou statt.

☆ Unterhaltung

Les Docks (☎05 65 22 36 38; 430 allées des Soupirs; @☎), eine zum Kulturzentrum umgebaute Lagerhalle am Port de Valentré, bietet regelmäßig Konzerte, Theater- und Filmaufführungen sowie ein Multimediacafé.

Veranstaltungstipps für Cahors hat die Touristeninformation.

ℹ Praktische Informationen

Comité Départemental du Tourisme (☎05 65 35 07 09; www.tourisme-lot.com; 1. OG, 107 quai Eugène Cavaignac; ☺8–12.30 & 13.30–17.30 Uhr) Bietet Informationen über das Departement Lot.

Cyber Informatique (place Clement Marot; pro Std. 2 €; ☺Mo-Sa 10–20, 14–20 Uhr) Internetzugang.

Postamt (257 rue Président Wilson)

Touristeninformation (☎05 65 53 20 65; www.tourisme-cahors.com, auf Frz.; place François Mitterrand; ☺Mo-Sa 9.30–18.30 Uhr)

ℹ An- & Weiterreise

AUTO Einige große Autovermietungen haben ihren Sitz am Bahnhof. Die Parkplätze am Fluss und auf der Place Charles de Gaulle sind gebührenrenfrei.

BUS Bei der Touristeninformation gibt es den Busfahrplan *Les Bus du Lot* (www.lot.fr, auf Frz.), aber die meisten Busse fahren nur zur Schulzeit, sodass das Busnetz nur begrenzt nutzbar ist. Die Busse von Cahors nach Figeac (11,70 €, 1½ Std., 4- bis 5-mal tgl.) halten in Tour-de-Faure, dem nächstgelegenen Punkt bei St-Cirq Lapopie.

ZUG Cahors liegt an der Hauptlinie zur Pariser Gare d'Austerlitz (68 €, 5 Std., 8- bis 10-mal tgl.), die über Brive-la-Gaillarde (18 €, 1¼ Std.), Limoges (30,50 €, 2¼ Std.) und Souillac (13 €, 45 Min.) verläuft. Von Souillac aus fahren SNCF-Busse nach Sarlat (2 €, 40 Min., 2-mal tgl.).

Östlich von Cahors

Die schmale, kurvenreiche D662 (ausgeschildert als „Vallée du Lot") folgt dem Ufer des Lot von Cahors in Richtung Osten nach Figeac. Die Strecke ist zwar halsbrecherisch, aber landschaftlich sehr reizvoll, mit vielen guten Möglichkeiten für schöne Zwischenstopps und Abstecher auf dem Weg. Figeac ist von Cahors aus auch direkt über die D653 zu erreichen.

GROTTE DE PECH MERLE

Die 1922 entdeckte, 1200 m lange **Grotte de Pech Merle** (☎05 65 31 27 05; www.pechmerle.com; Erw./Kind 8/4,50 €; ☺April–Okt. 9.30–12 & 13.30–17 Uhr) liegt 30 km nordöstlich von Cahors, hoch über dem Uferstädtchen Les Cabrerets. Sie ist eine der wenigen Höhlen im Lot-Tal mit Wandmalereien. Die Bilder von Pech Merle werden oft mit denen im Vézère-Tal verglichen. Auch hier finden sich mehrere prachtvolle Galerien mit Mammuts, Rindern, Wisenten und springlebendigen Pferden sowie etliche einzigartige Hand- und Fingerabdrücke und menschliche Figuren. Doch der absolute Höhepunkt kommt zum Schluss: der perfekt erhaltene Fußabdruck eines steinzeitlichen Teenagers im lehmigen Höhlenboden.

Zu besichtigen ist die Höhle im Rahmen einer Führung (meist auf Frz., aber gelegentlich auch mit englischer Übersetzung); im Preis enthalten ist auch der Eintritt ins Museum und ein 20-minütiger Film (in frz. und engl. Sprache). In der Hochsaison ist eine frühzeitige telefonische Reservierung erforderlich, da die Besucherzahl auf 700 pro Tag begrenzt ist.

ST-CIRQ LAPOPIE
223 EW.

Das winzige Dörfchen St-Cirq Lapopie balanciert auf dem Grat einer senkrechten Felswand hoch über dem Fluss Lot. Mit seinen Terrakottadächern und krummen Gassen an einem steilen Hang bietet es sensationelle Ausblicke ins Tal. Es gehört zu den spektakulärsten Sehenswürdigkeiten im Lot-Tal, aber Achtung: Im Hochsommer sind hier Ruhe und Beschaulichkeit Fremdwörter!

◉ Sehenswertes

Unweit der Touristeninformation erhebt sich die **gotische Kirche** aus dem frühen 16. Jh. Ein steiler Fußweg führt hinauf zur **Burgruine** am höchsten Punkt des Dorfes, wo ein phantastischer Panoramablick den Aufstieg belohnt.

Viele der Häuser im Dorf sind heute Ateliers, in denen Keramikarbeiten, Kunsthandwerk und Schmuck entstehen.

Museen in St-Cirque:

Maison de la Fourdonne   GESCHICHTSMUSEUM
(☑05 65 31 21 51; Erw./Kind 1,50/1 €; ☉14.30–19 Uhr) Das kleine Museum für Stadtgeschichte birgt eine Sammlung historischer Postkarten, alter Töpfe und archäologischer Überreste.

Musée Rignault   KUNSTMUSEUM
(Eintritt 1,50 €; ☉10–12.30 & 14.30–18 Uhr) Hier gibt's eine bunt zusammengewürfelte Sammlung französischer Möbel sowie afrikanischer und chinesischer Kunst neben einem herrlichen Garten.

🛏 Schlafen & Essen

Auberge de Sombral   HOTEL €€
(☑05 65 31 26 08; www.lesombral.com; EZ 50 €, DZ 72–80 €; ☎) Eine erstklassige Wahl mit sieben gemütlichen Doppelzimmern und einem winzigen Dachstübchen unter dem roten Ziegeldach, alle großzügig mit

Kunstwerken dekoriert. Die überall im Haus verteilten Zimmer sind mit modernen Bädern ausgestattet. Heimische Speisen wie Foie gras, Lamm und Forelle bietet das hervorragende **Restaurant** (Mittagsmenü 15–19,50 €, sonst ab 26,50 €; ☉tgl. mittags, Fr & Sa abends).

Le Gourmet Quercynois   REGIONAL €€
(☑05 65 31 21 20; www.restaurant-legourmet quercynois.com, auf Frz., Menü 20–36 €) Das Spitzenrestaurant im Ort ist ein zauberhaft chaotisches Lokal mit einer Karte von biblischem Umfang – vom *nougat de porc* bis zum ländlichen *cassoulet* (Eintopf) steht alles drauf. Die Tische stehen dicht an dicht, aber als Rückzugsort gibt es einen kleinen Innenhof, auf dem man die letzten Strahlen der Abendsonne erhaschen kann. Das hauseigene **Delikatessengeschäft** verkauft lokale Spezialitäten wie *cèpes* (Steinpilze), Lebkuchen und Walnusskuchen.

Gute Campingplätze bei St-Cirq:

🏕 **La Plage**   CAMPINGPLATZ €
(☑05 65 30 29 51; www.campingplage. com; Platz 15 €; ☉April–Mitte Okt.; ☎🖥) Am linken Ufer des Lot erstreckt sich dieser Campingplatz unweit eines kleinen Badestrandes. Zu den Extras gehört eine Kajak- und Kanuvermietung.

La Truffière   CAMPINGPLATZ €
(☑05 65 30 20 22; http://camping-truffiere. com; Le Causse; Platz 16 €; ☎) 2,5 km vom St-Cirq entfernt an der D42 auf bewaldetem Gelände.

❶ Praktische Informationen

Die **Touristeninformation** (☑05 65 31 29 06; www.saint-cirqlapopie.com, auf Frz.; ☉10–19 Uhr) ist im Rathaus untergebracht.

❶ An- & Weiterreise

St-Cirq liegt 25 km östlich von Cahors und 44 km südwestlich von Figeac.

AUTO Der Hauptparkplatz (3 €) befindet sich am oberen Ende des Dorfes. Weiter unten gibt es auch einen kostenlosen Parkplatz, von dem aus ein Fußpfad zur Hauptstraße von St-Cirq hinaufführt.

BUS Die Busse nach Cahors (45 Min.) und Figeac (11,70 €, 1 Std., 4- bis 5-mal tgl.) halten an der Tour-de-Faure; von dort aus geht es strapaziöse 3 km steil bergauf zum Dorf.

FIGEAC
10 736 EW.

Das Uferstädchen Figeac, 70 km nordöstlich von Cahors, bezaubert mit seinem etwas improvisierten Charme – eine erfrischende Abwechslung zu den vielen herausgeputzten Touristenorten in dieser Region. Auf den Uferstraßen brummt der Verkehr und die Altstadt mit ihren schattigen Straßen verströmt eine liebenswert unverfälschte Atmosphäre. Viele der windschiefen Häuser aus Mittelalter und Renaissance sind noch mit den offenen Galerien in den Obergeschossen ausgestattet, auf denen früher Leder getrocknet wurde. Figeac wurde von Benediktinermönchen gegründet und war im Mittelalter ein bedeutender Markt- und Pilgerort.

⊙ Sehenswertes

Architektur aus Mittelalter & Renaissance ARCHITEKTUR

Das historische Zentrum von Figeac ist die Place Vival. Dort befindet sich die Touristeninformation im Erdgeschoss eines Arkadenbaus aus dem 13. Jh., der zum ehemaligen Kloster der Stadt gehört. Ein hervorragender Leitfaden für die Entdeckung der Bauwerke aus Mittelalter und Renaissance ist das von der Touristeninformation herausgegebene Infoblatt *Les Clefs de la Ville* (0,30 €). Die schönsten Beispiele aus dem 14. und 15. Jh. säumen die Rue de Balène und die Rue Caviale – viele mit alten Holzgalerien, Fachwerk und original erhaltenen Steinmetzarbeiten. An der Rue de Colomb stehen einige prachtvolle *hôtels particuliers* aus der Renaissance.

Musée du Vieux Figeac GESCHICHTSMUSEUM

(Erw./Kind 2/1 €; ☉Sept.–Juni Mo–Sa 10–12.30 & 14.30–18, So 10–12.30 Uhr) Über der Touristeninformation zeigt das Geschichtsmuseum der Stadt eine Sammlung alter Uhren, Münzen, Mineralien und einen Propeller, den ein einheimischer Flugzeugbauer hergestellt hat.

Musée Champollion MUSEUM DER SCHRIFTEN

(place Champollion; Erw./Kind 4/2 €; ☉Di–So 10.30–12.30 & 14–18 Uhr) Das Museum ist benannt nach dem in Figeac geborenen Ägyptologen und Sprachwissenschaftler Jean-François Champollion (1790–1832), dem es gelang, den Stein von Rosetta zu entziffern und damit den Schlüssel für die Übersetzung der Hieroglyphen lieferte. Das Museum befindet sich in seinem aufwendig restaurierten Geburtshaus und ist der Geschichte der Schrift gewidmet. Gezeigt werden die unterschiedlichsten Exponate: vom chinesischen Schreibgerät bis zur illuminierten mittelalterlichen Handschrift.

Hinter dem Museum, an der Place des Écritures, ist eine große **Nachbildung des Steins von Rosetta** zu sehen, die der Künstler Joseph Kosuth 1990 schuf.

🛏 Schlafen & Essen

Hostellerie de l'Europe HOTEL €€

(☏05 65 34 10 16; www.hotel-europe-figeac.com; 51 allée Victor Hugo; EZ 54–61 €, DZ 62–72 €; ❋🛜♿🐾) Hinter der Fassade mit karmesinroten Fensterläden liegen moderne Zimmer mit geräumigen Bädern, zweckmäßiger Ausstattung und WLAN – aber wenig Atmosphäre. Die große Trumpfkarte des Hotels ist sein **Restaurant** (Menü 14,50–34 €; ☉So–Do mittags, Sa–Di abends) „La Table de Marinette", das beste der Stadt, wenn man traditionelle Gerichte aus dem Quercy genießen will. Es liegt am anderen Flussufer direkt gegenüber der Altstadt an einer der größten Ausfallstraßen.

Hôtel-Café Champollion HOTEL €

(☏05 65 34 04 37; hotelchampollion@orange.fr; 3 place Champollion; DZ 45–53 €; 🐾) Die coole Café-Bar dieses zentral gelegenen Hotels mit moderner Kunst im Untergeschoss ist für den Morgenkaffee ebenso beliebt wie für ein spätes *bière à la pression* (Fassbier). Über dem Laden liegen überraschend schicke, moderne Gästezimmer mit modernem Komfort wie Flachbildschirm-TVs. Der Barlärm ist allerdings auch in der Unterkunft zu hören. Weitere Nachteile: Es gibt keinen Lift und keinen Parkplatz in der Nähe.

Hôtel des Bains HOTEL €

(☏05 65 34 10 89; www.hoteldesbains.fr; 1 rue Griffoul; DZ 45–70 €; ❋🛜🐾) Dieses Hotel in Familienbesitz liegt am Flussufer wie ein lachsfarbenes Vergnügungsschiff und ist eine freundliche und preisgünstige Übernachtungsmöglichkeit in Figeac. Das Haus war früher eine Badeanstalt (daher der Name): 19 kleine und schlichte Zimmer (die meisten mit Klimaanlage) in frischem Weiß und sonnigen Pastelltönen. Die besten haben einen Balkon mit Blick auf den Fluss.

Brasserie 5 BRASSERIE €€

(☏05 65 50 10 81; 5 place Champollion; Menü 15–26 €; ☉Di–So) Dunkles Holz, Spiegelglas und eine breite Farbpalette verleihen diesem noblen Restaurant kosmopolitisches Flair. Die Küche bietet innovative Variationen klassischer Gerichte, aber serviert wird leider im Schneckentempo.

Selbstversorger

Figeacs geschäftiger **Markt** findet an der Place Carnot unter den gusseisernen Arkaden aus dem 19. Jh. statt; einige Stände gibt es auch an der Place Champollion und der Place Vival.

ℹ Praktische Informationen

Postamt (8 av. Fernand Pezet)

Touristeninformation (📞 05 65 34 06 25; www.tourisme-figeac.com; place Vival; 🕐 Sept.–Juni Mo–Sa 10–12.30 & 14.30–18, So 10–12.30 Uhr)

ℹ An- & Weiterreise

BUS SNCF-Busse fahren in Richtung Westen nach Cahors (11,70 €, 1½ Std., 4- bis 5-mal tgl.) über Tour-de-Faure, in Richtung Süden nach Villefranche de Rouergue (6,60 €, 1 Std., 6- bis 8-mal tgl.) und Najac (8,90 €, 1¼ Std., 6- bis 8-mal tgl.).

ZUG Züge fahren in Richtung Norden nach Brive-la-Gaillarde (13,60 €, 1¼ Std., 6-mal tgl.).

VILLEFRANCHE DE ROUERGUE
12 673 EW.

Hinweise auf Villefranches Ursprünge als *bastide* sind kaum noch zu erkennen zwischen all den großen Boulevards, renovierten Bauten und quirligen Geschäftsstraßen. Doch trotzdem lohnt sich ein Zwischenstopp. Inmitten der Fachwerkhäuser der Altstadt liegt die von Arkaden umrahmte **Place Notre Dame**, ein typischer *bastide*-Platz – sie erwacht jeden Donnerstagmorgen zu lebhaftem Markttreiben. Wenige Schritte entfernt thront die von eckigen Säulen getragene **Collégiale Notre Dame** aus dem 15. Jh. mit ihrem nie vollendeten Glockenturm. Ihr Chorgestühl ist mit einer ganzen Menagerie frecher und witziger Figuren verziert.

GRATIS Wenige Blocks südwestlich zeigt das **Musée Urbain Cabrol** (📞 05 65 45 44 37; place de la Fontaine; 🕐 Juli & Aug. Di–Sa 10–12 & 14–18.30 Uhr, April–Juni & Sept. Di–Sa 14–18 Uhr) eine etwas konzeptlose Sammlung sakraler Kunst, regionaler Volkskunst und medizinischer Geräte aus dem 19. Jh. Aus dem **Brunnen** vor dem Gebäude, der mit Steinmetzarbeiten aus dem 14. Jh. verziert ist, sprudelt eine natürliche Quelle.

Die **Touristeninformation** (📞 05 65 45 13 18; www.villefranche.com, auf Frz.; promenade du Guiraudet; 🕐 Mo–Fr 9–12 & 14–18, Sa 9–12 Uhr) befindet sich neben dem Rathaus.

Hotels gibt es in Villefranche nur vereinzelt. Die beste Adresse ist **Le Relais de Farrou** (📞 05 65 45 18 11; www.relaisdefarrou.com; rte de Figeac; EZ 70–95 €, DZ 75–106 € 📶📱), ein schonungslos modernisierter *relais de poste* (Poststation), 4 km außerhalb der Stadt in einem ruhigen Park. Geboten wird das volle Programm an Komfortausstattung: Tennisplätze, Minigolf und ein eigener Hubschrauber-Landeplatz (für alle, die zufällig mit dem eigenen Heli anreisen wollen). Außerdem gibt es ein glasverkleidetes **Gourmetrestaurant** (Menü 22–48 €).

Regelmäßig verkehren Busse nach Figeac (6,60 €, 40 Min., alle 2 Std.) und Najac (4,60 €, 15 Min., alle 2 Std.).

NAJAC
774 EW.

Najac wäre die perfekte Kulisse für einen Film über Schloss Camelot. Der Ort thront auf einer Bergspitze über einer engen Schleife des Flusses Aveyron und seine mittelalterliche Burg **Fortresse Royal** (📞 05 65 29 71 65; Erw./Kind 4,50/2,80 €; 🕐 10–12.30 & 15–17.30 Uhr) sieht aus wie die Illustration in einem Märchenbuch: schlanke Türme und wehende Fahnen über hohen Mauerzinnen. Und ringsum stürzen schwindelerregenden *falaises* (Felswände) bis zur Talsohle in die Tiefe – ein Meisterwerk mittelalterlicher Festungsbaukunst und praktisch uneinnehmbar. Najac hatte eine Schlüsselfunktion im Mittelalter, und alle rissen sich um diese Stadt: von den englischen Kriegsherren bis zu den mächtigen Grafen von Toulouse. Seine Architektur ist hervorragend erhalten und der Ausblick vom zentralen Burgfried einfach bombastisch.

Zur Burg führt eine steile, 1,2 km lange gepflasterte Straße von der **Place du Faubourg**. Der zauberhafte Platz ist umgeben von alten Fachwerkhäusern, die bis ins 13. Jh. zurückreichen. Jenseits der Burg steht die strenge, gotische **Église St-Jean**. Erbaut und finanziert haben sie die Dorfbewohner – allerdings nicht freiwillig. Sie wurden von der Inquisition dazu gezwungen, als Buße für ihre ketzerischen Neigungen. Auf dem Pferderücken erkunden lässt sich die herrliche Landschaft ebenfalls: Pferde gibt es im **Centre Équestre de Najac** (📞 05 65 29 72 90; 12,50/59 € pro Std./Tag; 🕐 April–Sept.).

🛏 Schlafen & Essen

LP TIPP **Oustal del Barry** HOTEL €€ (📞 05 65 29 74 32; www.oustaldelbarry.com; place du Faubourg; EZ 49 €, DZ 59–77 €; 🕐 Ende März–Okt.; ❄🌐) Die beste Unterkunft im Ort ist diese rustikale und zauberhaft nostalgische *auberge* mit ziemlich willkürlich eingerichteten Zimmern voller Firlefanz und Massivholzmöbeln, die zu der ehrwürdigen Fachwerkfassade passen. Unbedingt nach einem Zimmer mit Balkon fragen. Auch wer nicht hier schläft, sollte im hoteleigenen **Restaurant** (Mittagsmenü 19 €, Menü 25–43,50 € 🖋🚶) vorbeischauen – es ist weithin bekannt für seine traditionelle Küche des Südwestens. Selbst Hand anlegen kann man im Rahmen eines fünftägigen **Kochkurses** (inkl. 4 Nächte mit Halbpension 400 €).

La Salamandre   REGIONAL **€€**
(☎05 65 29 74 09; rue du Barriou; Menü 18–36 €) Das schlichte aber reizvolle kleine Restaurant lohnt den Besuch wegen seiner regionalen Küche und seiner wunderbaren Panoramaterrasse mit Blick auf die Burg.

ⓘ Praktische Informationen

Najacs winzige **Touristeninformation** (☎05 65 29 72 05; www.tourisme-najac.com, auf Frz.; 25 place du Faubourg; ⊙Mo–Sa 9.30–12.30 & 14.30–18, So 10–13 Uhr) liegt an der Südseite des zentralen Platzes.

ⓘ An- & Weiterreise

Züge verkehren zwischen Najac und Figeac (8,50 €, 50 Min., 2- bis 4-mal tgl.).

Westlich von Cahors

Unterhalb von Cahors schlängelt sich der untere Flusslauf des Lot durch die Weinberge der Region Cahors Appellation d'Origine Contrôlée (AOC) – vorbei an den Dämmen von **Luzech**, dessen mittelalterlicher Teil von einem alles überragenden Wehrturm gekrönt wird, und unter der spektakulären Hängebrücke von **Castelfranc** hindurch. Echte Highlights sind spärlich gesät. Hier wird in erster Linie gearbeitet – und von Puy l'Évêque Richtung Westen wird das Land zunehmend industrialisierter. Die D9 am rechten Ufer bietet schöne Blicke auf die Weinberge und die zahlreichen Windungen des Flusses.

15 km westlich von Puy l'Évêque am Fernwanderweg GR36 erhebt sich das imposante **Château de Bonaguil** (www.bonaguil.org, auf Frz.; Fumel; Erw./Kind 7/4 €; ⊙10–12.30 & 14–18 Uhr), ein Musterbeispiel für eine Festungsanlage aus dem 15. Jh.: Felswände und -vorsprünge finden sich hier kunstvoll vereint mit Türmen, Verteidigungsanlagen, Schießscharten, Pechnasen und Mauerzinnen.

Nördlich von Cahors

Einige der spektakulärsten Sehenswürdigkeiten des Lot befinden sich nördlich von Cahors unweit von Limousin und Dordogne. Dazu gehört auch die berühmte Pilgerstätte Rocamadour. Öffentliche Verkehrsmittel sind in dieser Gegend Fehlanzeige, deshalb ist ein eigenes Auto unverzichtbar.

ROCAMADOUR
653 EW.

Die dramatische Silhouette von Rocamadour sieht wie wie ein Schauplatz aus dem Roman *Sakrileg*: ein Wirrwarr aus Kirchtürmen und hellen Steinhäusern, die sich an die steile Felswand unterhalb der Burg aus dem 14. Jh. klammern. Berühmt für die Wunderkräfte seiner *Vierge Noire* (Schwarzen Madonna), lockte Rocamadour im Mittelalter einen nie versiegenden Strom von Pilgern und Gläubigen aus ganz Europa an. Auch Jahrhunderte danach reißt der Besucherstrom nicht ab.

Eine Besichtigungstour beginnt mit den Festungsanlagen der **Burg** (2 €; ⊙8–21 Uhr). Von hier aus können Besucher entweder die Zickzack-Treppe zur Altstadt hinuntersteigen (das haben die bußfertigen Pilger früher auch gemacht – aber auf den Knien!) oder sie nehmen den **ascenseur incliné** (Seilbahn; einfach/hin & zurück 2,50/4 €; ⊙9–19). Auf halbem Wege kleben die **Sanctuaires** am Fels, eine Reihe von Kapellen aus dem 12. bis 14. Jh., die die kostbaren Reliquien von Rocamadour enthalten, darunter die gruselige Vierge Noire in der **Chapelle Notre Dame**. Von den Sanctuaires geht es über weitere Treppen und einen **ascenseur** (Fahrstuhl; einfach/hin & zurück 2,50/3 €; ⊙9–21 Uhr) hinunter zur **Cité**, wo sich die **Touristeninformation der Cité** (⊙10.30–12.30 & 13.30–18 Uhr) befindet. Die Hauptgeschäftsstraße des Orts, die **Grande Rue**, ist (wie vermutlich schon zur Pilgerzeit) zugepflastert mit Souvenirläden und Touristenlokalen. Am gegenüberliegenden Ende wird sie von einem der original erhaltenen mittelalterlichen Stadttore begrenzt.

Das Hauptbüro der **Touristeninformation** (☎05 65 33 22 00; www.rocamadour.com; ⊙Mo–Sa 10–12.30 & 14–18, So 13.30–18 Uhr) liegt auf einem Felsplateau 1,5 km von der Cité entfernt in dem ziemlich modernen und touristischen Vorort **L'Hospitalet**. Hier ist es weniger interessant, auch wenn sich Kinder für die Stalaktiten und Stalagmiten der **Grotte des Merveilles** (www.grotte-des-merveilles.com, auf Frz.; Erw./Kind 6/4 €; ⏲10–12 & 14–18 Uhr) begeistern können.

Um die überteuerten Hotels und Restaurants von Rocamadour macht man besser einen weiten Bogen. Selbst die einfachste Kammer kostet hier im Sommer ein Heidengeld – und meist ist sowieso alles für Busgruppen reserviert.

Rocamadour liegt 59 km nördlich von Cahors und 51 km östlich von Sarlat; Parken ist in L'Hospitalet und an der Burg möglich.

GOUFFRE DE PADIRAC

LP TIPP **Gouffre de Padirac** (☎05 65 33 64 56; www.gouffre-de-padirac.com; Erw./Kind 9,20/6 €; ⏲10–19 Uhr) Die glitzernde Höhlenwelt des Gouffre de Padirac wurde 1889 entdeckt und ist eine der spektakulärsten in ganz Frankreich. 103 m tief unter der Erde strömt ein schiffbares Flüsschen, das durch einen 75 m tiefen und 33 m breiten Schacht zu erreichen ist. Bootsführer geleiten die Besucher 1 km weit über die unterirdischen Wasserwege und durch eine Reihe prachtvoll erleuchteter Hallen, darunter die **Salle de Grand Dôme** und der **Lac des Grands Gours**, ein 27 m breiter, unterirdischer See. Die Höhlen liegen 15 km nordöstlich von Rocamadour.

CHÂTEAU DE CASTELNAU-BRETENOUX

Nicht zu verwechseln mit Château de Castelnaud (S. 639), wurde **Castelnau-Bretenoux** (http://castelnau-bretenoux.monuments-nationaux.fr; Erw./Kind 6,50 €/frei; ⏲10–12.30 & 14–17.30 Uhr, letzter Einlass 1 Std. vor Schließung) ursprünglich im 12. Jh. erbaut und war während des Hundertjährigen Kriegs heftig umkämpft. Mit dem Aufkommen stärkerer Geschütze im Mittelalter wurde die Burg grundlegend umgebaut. Wuchtige Türme, verbunden durch Mauern und Festungsanlagen, umgeben einen dreieckigen Innenhof. Die meisten für Besucher zugänglichen Räume stammen aus dem 17. und 18. Jh., als die Burg in erster Linie eine Residenz und weniger eine Verteidigungsanlage war. Als sie im 19. Jh. zur Ruine zu verfallen drohte, ließ der Pariser Opernsänger Jean Mouliérat die Burg renovieren und stiftete sie anschließend 1932 dem Staat. Sie erhebt sich 5 km südlich von Beaulieu-sur-Dordogne an der D940.

CARENNAC
401 EW.

Das winzige Dörfchen Carennac mit seinen bunt zusammengewürfelten, bernsteinfarbenen Steinbauten und Ziegelhäuschen schmiegt sich malerisch ans linke Ufer der Dordogne. Sein auffälligstes Wahrzeichen ist das im 16. Jh. erbaute **Château du Doyen** mit dem Heimatmuseum **L'Espace Patrimoine** (☎05 65 33 81 36; patrimoine-vallee-dordogne@wanadoo.fr; auf Frz.; Eintritt frei; ⏲ Di–Fr 10–12 & 14–18 Uhr), das die Kunst und Geschichte der Region dokumentiert. Darüber erhebt sich die quadratische **Tour de Télémaque**, benannt nach dem Helden aus *Les Aventures de Télémaque,* die Fénelon 1699 hier geschrieben hat.

Gleich hinter dem Burgtor erheben sich die **Priorei** und die romanische **Église St-Pierre** (⏲10–19 Uhr) mit einem bemerkenswerten romanischen Tympanon, das den auferstandenen Christus sehr erhaben darstellt und an die Gegenstücke in Cahors und Beaulieu erinnert. Gleich beim **Cloître** (Erw./Kind 2,50/0,80 €), das unter der Revolution schwer gelitten hat, ist eine faszinierende **Mise au Tombeau** (Statue der Grablegung, spätes 15. Jh.) zu bewundern. Die **Touristeninformation** (☎05 65 10 97 01; www.tourisme-carennac.com; auf Frz.; ⏲ 10–12 & 14–18, So 14–18 Uhr) befindet sich neben der Kirche.

Der 8 km nordwestlich von Carennac in Vayrac ansässige Kanu- und Kajakanbieter **Safaraïd** (☎05 65 37 44 87; www.canoe-kayak-dordogne.com; Vayrac; 15–28 €/Tag) hat viele verschiedene Ausflugsrouten, aber auch mehrtägige Fahrten im Programm.

Mit seinen hängenden Blumenkörben und gestreiften Markisen erinnert die **Hostellerie Fénelon** (☎05 65 10 96 46; www.hotel-fenelon.com; EZ 49–58 €, DZ 54–70 €; ▣) an ein Ferienhaus im Elsass. Die Zimmer sind eher unscheinbar (rosa gefliste Bäder, geblümte Bettwäsche und sonnengelb gestrichene Wände), doch die teureren haben einen schönen Blick über den Fluss und die bewaldete Île Calypso. Ein besonders guter Deal ist das Angebot mit Halbpension, serviert im **Restaurant** (Menü 24–43 €) unter dem Hotel.

MARTEL
1591 EW.

Die Ortschaft Martel mit seinen hellen Steinbauten und roten Dächern ist wegen seiner auffälligen Turmsilhouette auch als *la ville aux sept tours* (Stadt der sieben

Türme) bekannt. Die ehemalige Residenz des Vicomte de Turenne bietet heute einige der besterhaltenen mittelalterlichen Baudenkmäler in diesem Teil Frankreichs.

Gut versteckt in der Fußgängerzone im Zentrum liegt die **Touristeninformation** (☎05 65 37 43 44; www.martel.fr, auf Frz.; place des consuls; ☉Mo–Sa 9–12 & 14–18 Uhr). Hier gibt es Karten, die auf die architektonischen und historisch bedeutsamen Highlights des Ortes hinweisen, sowie detaillierte Auskünfte über die Sehenswürdigkeiten der Region – u. a. über einige Mühlen, die noch in Betrieb sind und besichtigt werden können. Außerdem sind hier die Fahrpläne für den **Chemin de Fer Touristique du Haut-Quercy** (www.trainduhautquercy.info, auf Frz.; ☉April–Sept.) erhältlich: Angeboten werden einstündige Fahrten entlang einer steilen Felswand von Martel nach St-Denis in Diesel- (Erw./Kind 7/4 €) und Dampfzügen (Erw./Kind 9,50/5,50 €).

Das beste Hotel am Platz ist **Relais Sainte-Anne** (☎05 65 37 40 56; www.relais-sainte-anne.com; EZ 50 €, DZ 90–145 €, Suite 175–265 €; ☎☀) mit 16 individuell eingerichteten Zimmern, die ländlichen Komfort mit modernem Flair vereinen. Das dazugehörige **Restaurant** (Menü 23 €) verwendet frische Produkte von Martels **Wochenmärkten**, die mittwochs und samstags im Ortszentrum stattfinden. **Trüffelmärkte** gibt es im Dorf ebenfalls – in der Zeit von Dezember bis Januar. Martel liegt 15 km nordwestlich von Carennac und 15 km nordöstlich von Souillac.

Atlantikküste

Inhalt »

Gut essen

Schön übernachten

Auf an die Atlantikküste

Zurück zur Natur! An der Atlantikküste präsentiert Frankreich sich von seiner ursprünglichen Seite: Durch die Weinberge schlängeln sich beschauliche Landsträßchen und wilde Küstenabschnitte warten mit Sandstränden und vorgelagerten Inseln auf. Hier geht's (bei fast genauso viel Sonnenschein) sehr viel relaxter zu als am Mittelmeer.

Aber die Atlantikküste hat auch pulsierende Städte und kulturelle Highlights zu bieten. Da wären z. B. das bürgerlich geprägte Bordeaux mit seinem prachtvollen alten Zentrum, das quirlige Nantes mit einer Fülle an faszinierenden Museen und die backbords am Meer gelegene Hafenstadt La Rochelle mit ihrem spektakulären Aquarium.

Was die Menschen hier verbindet, ist ihr Savoir-vivre: Der exzellente hiesige Wein ist weltberühmt, auf den Speisekarten und in den Läden tummeln sich fangfrische Fische und Meeresfrüchte und es gibt jede Menge regionaler Delikatessen zu probieren – von Crêpes im Norden über Schnecken in der Mitte bis zu Foie gras im Süden.

Reisezeit

Bordeaux

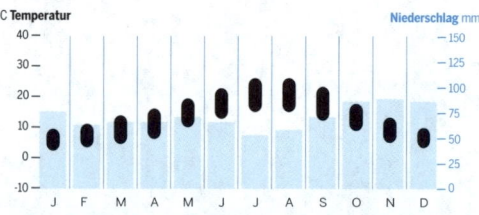

Mai bis Juni Entenküken plantschen im Marais Poitevin, die beste Zeit für einen La Rochelle-Besuch

Juni & September Die Sonne strahlt, aber die Strände sind nicht so überlaufen wie im Hochsommer.

September bis Oktober Rund um Bordeaux ist Weinlese, Steinpilze und Austern haben Saison.

Top 5: Museen

» Beim Anblick der laufenden, sprechenden, nahezu lebendigen Puppen im Musée des Automates (S. 667) würde Barbie vor Neid platzen.

» Das Musée des Beaux-Arts (S. 659) in Nantes kann sich einer der beeindruckendsten Kunstsammlungen des Landes rühmen.

» Zeitgenössische Werke, die aus der Zeitspanne von den 1970er-Jahren bis heute stammen, zeigt das CAPC Musée d'Art Contemporain (S.677) in Bordeaux.

» In der Miniaturwelt des Musée des Modèles Réduits (S. 668) kommt man sich vor wie Alice im Wunderland.

» Das Musée d'Aquitaine (S. 677) in Bordeaux vermittelt Wissenswertes über die gleichnamige Region.

AN- & WEITERREISE

Drei Stunden braucht der TGV von Paris nach Bordeaux, dem Hauptverkehrsknotenpunkt der Region; von hier aus fahren Züge in fast jede größere Stadt Frankreichs. Auch Nantes, Poitiers und La Rochelle sind an das TGV-Streckennetz angeschlossen. Fast alle Hauptattraktionen der Region sind problemlos mit dem Zug erreichbar. Wer eine Weintour unternehmen will, ist mit dem Auto natürlich unabhängiger.

Mit insgesamt fünf Flughäfen kann die Region auch mit guten Flugverbindungen dienen. Bordeaux, Nantes, Poitiers und La Rochelle werden u. a. von den Billiggesellschaften Ryanair und EasyJet angeflogen.

Toll für Kinder

Die Atlantikküste hat jede Menge zu bieten, um Kinder und Teenies bei Laune zu halten.

» An den wunderschönen Stränden rund ums **Cap Ferret** (S. 691) können die Kleinen Sandburgen bauen, während die großen Jungs und Mädchen sich mit ihren Surfbrettern in die Wellen stürzen.

» Im **Hightech-Aquarium** (S. 667) von La Rochelle gibt es von Schleimfischen und Seepferdchen bis hin zu Riesenrochen und Piranhas allerlei spannendes Getier zu bestaunen.

» Wenn die Kinder schon ganz quadratische Augen vom vielen Fernsehen haben, empfiehlt sich ein Besuch des Erlebnisparks **Futuroscope** (S. 664), der die Zukunft des Films veranschaulicht.

» Der haushohe mechanische Elefant des Ausstellungsprojekts **Les Machines de l'Île de Nantes** (S. 657) beeindruckt nicht nur Kinder und lässt sich sogar reiten.

» In Le Teich können kleine Tierfreunde im **Parc Ornithologique** (S. 691) Störche, Eisvögel und Sumpfschildkröten beobachten.

PARADIESISCHE TROPFEN

Die Atlantikküste ist für ihre guten Reben berühmt, Namen wie Médoc (S. 685), St-Émilion (S. 687), Bordeaux (S. 679) oder Cognac (S. 674) zergehen Kennern nur so auf der Zunge. Es lohnt es sich, einige der *châteaux* (Weingüter) zu besuchen.

Abseits vom Touristenrummel

» Arçais (S. 665)
» Cap Ferret (S. 691)
» Cognac (S. 673)
» Île d'Aix (S. 668)
» Le Croisic (S. 661)

Infos im Internet

» Einblicke in die Region Loire-Atlantique: www.ohlaloireatlantique.com

» Anregungen für Poitou-Charentes: www.poitoucharentes.visite.org

» Infos über die Region Gironde: www.tourisme-gironde.fr

» Für Weinkenner und solche, die es werden wollen: www.bordeaux.com

» Für Cognacfreunde: www.cognac-world.com

Die besten Orte zum Vögelbeobachten

» Réserve Naturelle du Marais d'Yves (S. 668)
» Parc Ornithologique du Teich (S. 691)
» Marais Poitevin (S. 665)

0   50 km

Highlights

1 Über die smaragdgrünen Wasserwege des **Marais Poitevin** (S. 665) gleiten,

2 Im spektakulären **Aquarium** (S. 667) von La Rochelle glibberigen Quallen und zähnefletschenden Haien in die Augen schauen

3 Per Drahtesel die flachen und bestens ausgebauten Radwege auf der sonnigen **Île de Ré** (S. 672) erkunden

4 In **Nantes** auf einem dreistöckigen, 50 t schweren mechanischen Elefanten (S. 657) reiten

5 In der Innenstadt von **Bordeaux** (S. 675) die imposant beleuchteten Monumente und Baudenkmäler des größten städtischen Unesco-Weltkulturerbes bewundern

6 Auf ein Gläschen Wein im berühmten **St-Émilion** (S. 687) vorbeischauen

7 Im futuristischen Erlebnispark **Futuroscope** (S. 664) auf animierten Sitzen einen wilden Ritt durch simulierte Filmtrick-Abenteuer bestehen

NÖRDLICHE ATLANTIKKÜSTE

Dieser Abschnitt des Departements Loire-Atlantique, in dem die Loire ins Meer mündet, könnte genauso gut „Niederbretagne" heißen, denn er ist kulturell, architektonisch und historisch durch und durch bretonisch geprägt. Das Zentrum der Region ist Nantes, die frühere Hauptstadt der Bretagne.

Nantes

290 950 EW.

Man kann zwar Nantes aus der Bretagne entfernen (wie im Zweiten Weltkrieg, als die Grenzen der französischen Regionen neu gezogen wurden), nicht aber die Bretagne aus ihrer langjährigen Hauptstadt Nantes (auf Bretonisch „Naoned").

Die temperamentvolle und wandlungsfähige Stadt an den Ufern der Loire liegt 55 km östlich vom Atlantik und hat sich im Laufe der Geschichte mehr als einmal neu erfunden. Die Kelten gründeten sie bereits 70 v. Chr. Nach einer Reihe von Invasionen rief 937 n. Chr. Alain Barbe-Torte, der Enkelsohn des letzten Königs der Bretagne, hier das Herzogtum Bretagne aus. Ein Meilenstein in der Geschichte der Stadt ist die Unterzeichnung des Edikts von Nantes durch König Heinrich IV. im Jahr 1598. Diese königliche Charta gewährte den französischen Hugenotten (Protestanten) Bürgerrechte. Als das Edikt 1685 aufgehoben wurde, flüchteten die Hugenotten aus der Region.

Im 18. Jh. war Nantes der wichtigste französische Hafen. Nach der Abschaffung der Sklaverei im 19. Jh. entwickelte es sich zu einem hochmodernen Industriezentrum.

ⓘ STADTPASS FÜR NANTES

In der Touristeninformation gibt's den **Pass Nantes** (18/28/36 € für 24/48/72 Std.). Er gilt für alle Busse und Straßenbahnen sowie als Eintrittskarte für Museen und Denkmäler. Außerdem bringt er noch ein paar nette Extras mit sich wie eine kostenlose Stadtführung und Ermäßigungen beim Shoppen.

1826 nahm hier mit dem Omnibus das erste öffentliche Verkehrssystem der Welt seinen Betrieb auf. Der Schiffsbau bestimmte das wirtschaftliche Leben der Stadt noch bis ins späte 20. Jh. Als die Werften weiter westlich nach St-Nazaire zogen, verwandelte sich Nantes in eine blühende Studenten- und Kulturmetropole. Mittlerweile hat sie Bordeaux in der Rangliste der größten französischen Städte von Platz sechs verdrängt und wächst ständig weiter, wobei jeder zweite Nantaiser unter 40 ist.

⊙ Sehenswertes

LP TIPP Les Machines de l'Île de Nantes

RIESENELEFANT

(www.lesmachines-nantes.fr; Ausstellung Erw./Kind 7/5,50 €, Elefantenritt 7/5,50 €; ⊙tgl. 10–20 Uhr; ♿) Die kurioseste Sehenswürdigkeit in dieser ohnehin ziemlich skurrilen Stadt ist das Ausstellungsprojekt Les Machines de l'Île de Nantes. In dieser Phantasiewelt kann man wie ein Maharadscha auf dem Rücken eines 50 t schweren **mechanischen Elefanten** herumreiten und die in seinem Bauch verborgene Lounge gibt den Blick auf das maschinelle Innenleben frei. Außerdem lädt ein Boot zu einer rauen und gefährlichen Ozeanüberquerung ein, bei der mit Angriffen von überdimensionalen Kraken und Riesengarnelen zu rechnen ist. Jules Verne würde bestimmt in seinem Grab vor sich hin schmunzeln, wenn er all das sehen könnte. Im Eintritt für die Ausstellung ist auch ein Besuch der Werkstatt enthalten, in der diese phantastischen Apparate gebaut werden.

Château des Ducs de Bretagne

SCHLOSSMUSEUM

(www.chateau-nantes.fr; Museum Erw./Kind 5/3 €, Museum & Ausstellung 8/4,80 €, Anlagen kostenlos; ⊙ tgl. 9.30–20 Uhr) Endlich mal keine verstaubten Möbel! Die luftigen, hellen Räume des restaurierten Château des Ducs de Bretagne zeigen eine neu arrangierte Ausstellung über die Geschichte der Stadt mit vielen Multimedia-Exponaten. Faszinierend sind z. B. die Computerterminals mit Bildern von einem Rundgang durch die mittelalterliche Innenstadt, über die sich aktuelle Bilder von heute legen. Ebenfalls sehenswert sind die ernüchternde Dokumentation über den Sklavenhandel und die Modelle der sich entwickelnden Stadt. Die Anlage ist auch für Rollstuhlfahrer bestens zugänglich.

Nantes

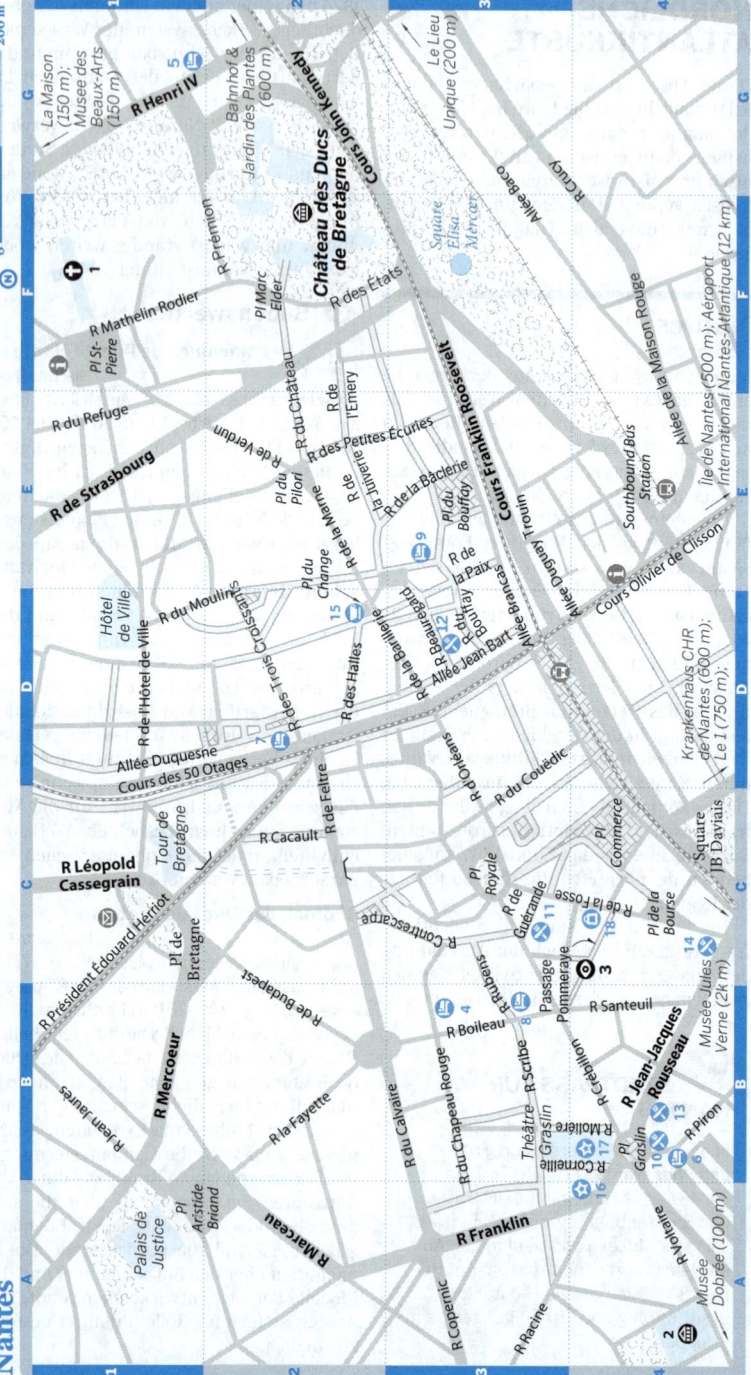

200 m

0

La Maison (150 m); Musée des Beaux-Arts (150 m)

R Henri IV

5

Bahnhof & Jardin des Plantes (600 m)

Le Lieu Unique (200 m)

R Prémion

Cours John Kennedy

R Marc Elder

Château des Ducs de Bretagne

R Mathelin Rodier

Pl St-Pierre

1

R des États

R du Refuge

R du Château

R de l'Emery

R de Verdun

R de la Marne

Pl du Piloti

R des Petites Écuries

R de la Baclerie

Pl du Bouffay

Square Élisa Mercœur

Allée Baco

R Guy

Allée de la Maison Rouge

Île de Nantes (500 m); Aéroport International Nantes-Atlantique (12 km)

R de Strasbourg

Hôtel de Ville

R de l'Hôtel de Ville

R du Moulins

Pl du Change

9

R de la Paix

R de la Baleine

R Beaurepaire

R du Fray

R des Halles

R des Trois Croissants

15

12

Allée Jean Bart

Allée Brancas

Cours Franklin Roosevelt

Allée Duguay Trouin

Southbound Bus Station

Cours Olivier de Clisson

i

Allée Duquesne

Cours des 50 Otages

7

R de Feltre

R d'Orléans

R du Couëdic

Krankenhaus CHR de Nantes (500 m); Le 1 (750 m);

R Léopold Cassegrain

Tour de Bretagne

R Cacault

R Président Édouard Herriot

Pl de Bretagne

R de Guerande

R Contrescarpe

R Rubens

Pl Royale

Pl Commerce

Square JB Daviais

R Jean Jaurès

R Mercœur

R de Budapest

R du Calvaire

R Boileau

4

8

Passage Pommeraye

11

R de la Fosse

Pl de la Bourse

14

Musée Jules Verne (2k m)

R Marceau

Pl Aristide Briand

Palais de Justice

R la Fayette

R du Chapeau Rouge

R Scribe

R Crébillon

R Santeuil

3

R Jean-Jacques Rousseau

13

R Copernic

R Franklin

R Racine

Théâtre Graslin

R Molière

R Corneille

16

17

Pl Graslin

10

6

R Piron

R Voltaire

2

Musée Dobrée (100 m)

Musée des Beaux-Arts KUNSTMUSEUM
(10 rue Georges Clemenceau; Erw./Kind 3,50 €/
frei, erster So im Monat Eintritt frei; ⊙Mi & Fr–Mo
10–18, Do 10–20 Uhr) Die opulenten Räume
dieses Museums sind durch prachtvolle
Steintreppen miteinander verbunden und
beherbergen eine der wertvollsten Sammlungen französischer Malerei außerhalb
von Paris. Zu sehen sind u. a. Werke von
Georges de La Tour, Chagall, Monet, Picasso und Kandinsky.

Musée Jules Verne MUSEUM
(www.julesverne.nantes.fr, auf Frz.; 3 rue de
l'Hermitage; Erw./Kind 3/1,50 €; ⊙Mo & Mi–Sa
10–12 & 14–18, So 14–18 Uhr) Die kinderfreundliche, interaktive Ausstellung entführt in
die Welt von Jules Verne, der 1828 in Nantes
geboren wurde. Das zauberhafte Museum
mit Blick auf den Fluss zeigt u. a. Erstausgaben, handschriftliche Manuskripte sowie
kleine Amphitheater aus Pappe. Beschriftet ist alles ausschließlich auf Französisch,
doch seine Bücher, etwa *In 80 Tagen um die*

Welt, kennt fast jeder, sodass ein Besuch
sich auf jeden Fall lohnt. Das Museum ist
rollstuhlgerecht, vom Stadtzentrum führt
ein 2 km langer Spaziergang am Fluss entlang hierher.

Musée d'Histoire Naturelle MUSEUM
(www.museum.nantes.fr; 12 rue Voltaire; Erw./
Kind 3,50/2 €; ⊙Mi–Mo 10–18 Uhr) Die faszinierende Sammlung umfasst neben Mineralien, Fossilien und ausgestopften Tieren
auch ein riesiges Walskelett sowie mehrere
Vivarien voll hübscher, lebender Schlangen. Zudem werden oft Wechselausstellungen gezeigt.

Musée Dobrée MUSEUM
(18 rue Voltaire; Erw./Kind 3/1,50 €; ⊙Di–Fr
13.30–17.30, Sa & So 14.30–17.30 Uhr) Das Museum präsentiert ein wunderbares Sammelsurium an religiösen Schätzen, Rüstungen,
todbringenden Schwertern, funkelnden
Juwelen und prachtvollen Keramiken. Außerdem ist hier in einer Goldschatulle das
Herz von Anne de Bretagne, der Herzogin
der Bretagne, ausgestellt.

Jardin des Plantes PARK
Der zu Beginn des 19. Jhs. angelegte **Jardin
des Plantes** voller Blumenbeete, Ententei-
che, Springbrunnen und mächtiger Sequo-
ias (Mammutbäume) ist einer der kostbars-
ten botanischen Gärten in ganz Frankreich.
Am nördlichen Ende des Parks, der dem
Bahnhof gegenüberliegt, gibt es Gewächshäuser und einen **Kinderspielplatz**.

Cathédrale St-Pierre et St-Paul KATHEDRALE
(place St-Pierre) In der Kathedrale, die im
gotischen Flamboyantstil erbaut wurde, befindet sich das als Meisterwerk der Renaissancekunst gerühmte **Grab von Franz II.**
(reg. 1458–88), Herzog der Bretagne, und
seiner zweiten Frau, Marguerite de Foix.

🛏 Schlafen
Ein Wochenendausflug nach Nantes lohnt
sich besonders, denn die Hotelpreise sind
dann oft günstiger. Reservierungen (auch
für Wochenendarrangements mit kostenlosen Extras) sind online möglich: www.
resanantes.com

Hôtel Pommeraye BOUTIQUEHOTEL €€
(☎0240487879; www.hotel-pommeraye
.com; 2 rue Boileau; EZ 54–99 €, DZ 59–129 €;
🛜) Das schicke, elegante Interieur erinnert
eher an eine Kunstgalerie als an ein Hotel.
Die Zimmer sind mit schimmernden Ve-
lourssteppichen und Seidentapeten in aufei-

nander abgestimmten Schattierungen von Hellgrau, Gold, Schokobraun und Blauviolett ausgestattet. In der Empfangslounge und den anderen öffentlichen Bereichen gibt es außergewöhnliche Kunstwerke zu bewundern, wie z. B. aufgeblasene, mit Cocktailsticks gespickte Kopfkissen, die wie surreale Igel aussehen, und wo man normalerweise antike Wasserspeier vorfindet, starren einem Pop-Art-Gesichter entgegen.

Hôtel Graslin
BOUTIQUEHOTEL €€

(☑02 40 69 72 91; www.hotel-graslin.com; 1 rue Piron; Zi. 75–105 €; ☎) Das vor einiger Zeit renovierte Hôtel Graslin präsentiert eine ungewöhnliche (aber für Nantes durchaus typische) Mischung aus Art déco und dem Stil der 1970er-Jahre. In der Empfangshalle stehen Ohrensessel mit Samtpolstern in Aubergine- und Orangetönen, in den schicken Zimmern erwarten einen Holzimitate und ausgefallene Farbkombinationen (etwa Pfefferminze und Beige) und die Dachzimmer sind mit Fransenteppichen ausgelegt.

Hôtel des Colonies
BOUTIQUEHOTEL €

(☑02 40 48 79 76; www.hoteldescolonies.fr/ Francais--Accueil.phtml; 5 rue du Chapeau Rouge; EZ 58–78 €, DZ 65–78 €; ☎) In der Lobby des zentral gelegenen Hotels stellen einheimische Künstler monatlich abwechselnd ihre Werke aus. Die öffentlichen Bereiche sind in kirschroten Farbtönen gestaltet und die Zimmer supergeschmackvoll eingerichtet: Jeweils eine Wand ist Lila, Grün oder Orange abgesetzt und über den Betten sind quaderförmige Bernsteinlampen angebracht. Der einzige Minuspunkt ist, dass einige der Zimmer etwas klein ausfallen.

🖋 Hôtel La Pérouse
DESIGNHOTEL €€

(☑02 40 89 75 00; www.hotel-laperouse.fr; 3 allée Duquesne; Zi. 118 €; ✳☎🖥) Das Designhotel beeindruckt mit seinem Baustil, der die Schiffsbautradition der Stadt widerspiegelt. So führt z. B. eine hölzerne Gangway zu der in Stein und Holz gehaltenen Lobby. Die 46 Zimmer sind mit Zickzack-Stühlen, Vorhängen aus Segeltuch sowie gläsernen Waschtischen und Kleiderschränken ausgestattet. Das Haus wurde als erstes Hotel in Nantes mit einem EU-Ökosiegel ausgezeichnet und das aus gutem Grund: Unter anderem kommen zum Frühstück Fair-Trade-Produkte und regionale Erzeugnisse auf den Tisch, statt verpackungsaufwendigen Duschgelpröbchen sind Seifenspender im Einsatz und die Klimaanlage schaltet sich ab, sobald das Fenster geöffnet wird.

Hôtel du Château
TRADITIONELLES HOTEL €

(☑02 40 74 17 16; www.hotelduchateau-nantes.fr, auf Frz.; 5 place de la Duchesse Anne; EZ 40–50 €, DZ 44–60 €; ☎) Dieses gemütliche, kleine Hotel liegt gegenüber vom Schloss und versucht, mit seinem Nachbarn mitzuhalten. Die Zimmertüren sind mit kurzen Geschichten über verschiedene Könige und Königinnen verziert und in den Zimmern, die teilweise auf das Schloss blicken, sorgen edle Bettüberwürfe und antike Nachttische für ein entsprechend fürstliches Ambiente.

Hôtel St-Daniel
TRADITIONELLES HOTEL €

(☑02 40 47 41 25; www.hotel-saintdaniel.com, auf Frz.; 4 rue du Bouffay; Zi. 38–65 €; ☎) In ruhiger Lage, mit Blick auf den Hof der Kirche St-Croix im Herzen der Altstadt, verfügt das saubere, freundliche Hotel über unterschiedlich große Zimmer – ein paar sind wirklich riesig. Und kostenlos dazu gibt's noch einen netten Labradorhund!

Auberge de Jeunesse La Manu
HOSTEL €

(☑02 40 29 29 20; www.fuaj.org/Nantes, auf Frz.; 2 place de la Manu; B mit Frühstück 18,50 €; ◷Weihnachten geschl.; ☎) Dieses gut ausgestattete, rollstuhlgerechte 123-Betten-Hostel liegt in einer alten, umgebauten Fabrik zu Fuß 15 Minuten von der Innenstadt entfernt. Straßenbahn 1 bis Haltestelle Manufacture. Leider ist es von 12 bis 16 Uhr geschlossen.

🍴 Essen

In Nantes' mittelalterlichem Viertel Bouffay nur zwei Straßen vom Schloss entfernt zwischen der Rue de la Juiverie, der Rue des Petites Écuries und der Rue de la Bâclerie bieten Restaurants Spezialitäten aus aller Herren Länder an. Typisch bretonische *Crêperien* gibt's hier an jeder Ecke. Die Rue Jean-Jacques Rousseau und die Rue Santeuil westlich vom Cours des 50 Otages säumen kleine Esslokale.

Weitere Einkehrmöglichkeiten sind in den Abschnitten Ausgehen und Unterhaltung aufgelistet.

LP TIPP Le Bistrot de l'Écrivain
FRANZÖSISCH, MODERN €€

(☑02 51 84 15 15; 15 rue Jean-Jacques Rousseau; Menü 14,50–18,50 €; ◷Mo–Sa) Warme Rottöne und an den Wänden aufgereihte Weinflaschen schmücken dieses Bistro. Das Ambiente ist entspannt und unaufgeregt, das Essen dagegen aufwendig und mühevoll zubereitet. Aufgetischt werden die üb-

Eimer und Schippe nicht vergessen und auf geht's ans Meer, denn von Nantes aus lassen sich einige schöne Ausflüge an die Küste unternehmen. Das ursprüngliche Hafenstädtchen **Le Croisic** gruppiert sich um einen pittoresken Fischerhafen am Rande der Altstadt, in dem Garnelen, Hummer, Krebse, Jakobsmuscheln und Seebarsche angelandet werden. Von Nantes aus kostet das Tagesticket **MétrOcéane** (www.metroceane.fr, auf Frz.) nach Le Croisic 14,50 €. Das Ticket gilt auch für alle öffentlichen Verkehrsmittel in Nantes und erlaubt auf dem Weg nach Le Croisic einen Zwischenstopp in **St-Nazaire**. Hier werden Kreuzfahrtschiffe gebaut – z. B. die Queen Mary II – und die Airbus-Fabrik vor Ort steht für Besichtigungen offen. Ebenfalls an diesem Küstenabschnitt liegt der glamouröse Belle-Époque-Badeort **La Baule**, der mit einem riesigen Strand auftrumpft.

lichen Nantaiser Klassiker, die allerdings meist mit unerwarteten Nuancen und dem gewissen Extra überraschen. Als Beispiel seien nur Himbeeren in Crème brulée und die mit wunderbaren Dips gereichte Ente genannt.

Un Coin en Ville   FRANZÖSISCH, MODERN €€
(☏02 40 20 05 97; 2 place de la Bourse; Menü ab 13 €; ⊗Di–Fr mittags & abends, Sa nur abends) Hier erwarten einen flackernde Teelichter, gefühlvoller Jazz und Blues plus eine Küche, die einheimische Produkte mit exotischen Einflüssen kombiniert. Serviert werden z. B. Garnelen und Jakobsmuscheln in rotem Curry.

Le 1   GOURMETKÜCHE €€
(☏02 40 08 28 00; 1 rue Olympe de Gouges; Mittags-/Abendmenü 15/23 €) Die Juristen aus dem benachbarten Gerichtshof im Stil des 21. Jhs. treffen sich in dieser ultramodernen Bar oder genießen im Restaurant mit Blick auf die Loire die vortreffliche Fusionsküche. Ein schöner Blickfang ist der Weinkeller, der sich hinter Glaswänden mit über 2000 Flaschen in Edelstahlregalen präsentiert.

Crêperie Heb-Ken   BRETONISCH €
(☏02 40 48 79 03; 5 rue de Guérande; Crêpes 4,80–18 €; ⊗Mo–Sa; 🎵) Das gemütliche Lokal erfreut seine Gäste mit vielerlei liebevoll zubereiteten Crêpes (etwa einer köstlichen Kombination aus Forelle und Lauch oder mit Honig, Zitrone und Mandeln zum Nachtisch). Dass hier *lait ribot* (Dickmilch) in der *bolée* (Trinkschale) oder im Krug bestellt werden kann, spricht für echte Traditionalität.

La Table d'Oscar   BISTRO €€
(☏02 40 35 44 33; 13 rue Beauregard; Menü 15–25 €) Mit seinen gerüschten Spitzengardinen und karierten Tischdecken sieht dieses

rustikale Restaurant genauso aus, wie man sich ein klassisches französisches Bistro vorstellt. Die Küche ist ebenso traditionell wie die Einrichtung – insgesamt eine nette Kostprobe des guten, alten Frankreich.

Brasserie La Cigale   BRASSERIE €€
(☏02 51 84 94 94; 4 place Graslin; Frühstück 11 €, Brunch 20 €, Hauptgerichte 12,50–24,50 €; ⊗tgl. 7.30–0.30 Uhr) Zu einem Besuch von Nantes gehört es, dass man wenigstens einmal zu Kaffee und Kuchen oder auf ein üppiges Festmahl in der Brasserie La Cigale von 1890 war. Sie umfasst mehrere Salons mit alten, vergoldeten Fliesen und Deckenfresken, die Bedienungen tragen weiße Schürzen und die Stammkundschaft besteht vorwiegend aus tadellos frisierten, älteren Damen.

🍸 Ausgehen

Die Nantaiser Kneipenszene hat einiges zu bieten. Besonders vielversprechende Gegenden sind das mittelalterliche Viertel Bouffay und das Gelände rund um den **Hangar à Bananes** (www.hangarabananes.com, auf Frz.; 21 quai des Antilles), eine alte Lagerhalle auf der Île de Nantes, in der Importeure früher die Bananen zum Reifen einlagerten. Heute drängen sich dort Dutzende Restaurants, Bars und Clubs (bzw. Kombinationen daraus), die sich in puncto Hipness gegenseitig übertrumpfen. Die meisten haben eine Terrasse mit Blick auf die Anneaux de Buren, eine permanente Kunstinstallation aus nachts beleuchteten Metallringen.

Café Cult   CAFÉ-BAR
(www.cafe-cult.com, auf Frz.; 2 rue des Carmes; ⊗Mo & Sa 14–2, Di–Fr 12–2 Uhr) Das von Studenten bevölkerte Künstlercafé zwängt sich in ein dunkles Fachwerkhaus, dessen Wände mit Werken einheimischer Künst-

ler vollhängen. Ab und zu finden Konzerte statt. Tagsüber gibt's supergünstiges, aber leckeres Essen für ca. 7,50 €.

La Maison BAR
(4 rue Lebrun; ⊙tgl. 15–1.30 Uhr) Nur wer schon mal hier war, weiß, wie abgefahren dieser Laden ist: Alle Räume sind in *schlechtem* 1970er-Jahre-Stil eingerichtet und es läuft (was sonst?) Housemusik.

☆ Unterhaltung

Eine empfehlenswerte Website mit Veranstaltungshinweisen ist www.leboost.com (auf Frz.).

Le Lieu Unique DARSTELLENDE KÜNSTE
(📞02 40 12 14 34; www.lelieuunique.com, auf Frz.; 2 rue de la Biscuiterie) Die frühere Lu-Keksfabrik mit originalgetreu wieder aufgebautem Turm (der Aufstieg kostet 2 €) dient heute als Veranstaltungsort für Tanz- und Theateraufführungen. In dem schicken, einstigen Industriebau finden zudem philosophische Diskussionen und Kunstausstellungen statt und regelmäßig legen DJs coole elektronische Musik auf. Außerdem gibt es hier ein stets gut besuchtes Restaurant, eine Bar aus poliertem Beton und im Keller einen luxuriösen Hamam-Komplex.

Théâtre Graslin THEATER, OPER
(📞02 40 69 77 18; www.angers-nantes-opera. com; place Graslin) Das liebevoll restaurierte Théâtre Graslin von 1788 beheimatet die Nantaiser Oper.

Cinéma Katorza KINO
(www.katorza.fr; 3 rue Corneille) In sechs Kinosälen werden Filme in Originalfassung gezeigt.

⌂ Shoppen

Sockelstatuen symbolisieren die traditionellen Nantaiser Industriezweige in der reich verzierten, dreistöckigen Einkaufspassage **Passage Pommeray** von 1843.

Gautier-Debotté PRALINEN
(9 rue de la Fosse; ⊙Di–Sa 9–19.15 Uhr) Als Jules Verne noch ein kleiner Junge war, hat ihn diese herrliche Confiserie mit Kronleuchtern und Marmorböden ehrfurchtsvoll verstummen lassen. Seit 1823 warten die Nantaiser auf den runden Samtsofas, bis ihre Bestellung verpackt ist. Hier gibt's handgemachte Spezialitäten wie *mascarons* (Pralinen aus Zartbitterschokolade gefüllt mit feinen Schokoladenraspeln) und Bonbons in allen Regenbogenfarben.

❶ Praktische Informationen

Krankenhaus CHR de Nantes (📞02 40 08 33 33; quai Moncousu)

Hôtel de Police (📞02 53 46 70 00; 6 place Waldeck Rousseau) 1 km nordöstlich vom Monument des 50 Otages befindet sich eine Dienststelle der Police Nationale, die rund um die Uhr geöffnet hat. Straßenbahnhaltestelle Motte Rouge.

Hauptpost (place de Bretagne)

Touristeninformation (📞08 92 46 40 44; www.nantes-tourisme.com) Feydeau (3 cours Olivier de Clisson; ⊙10–18, Do ab 10.30 Uhr, So geschl.) St-Pierre (2 place St-Pierre; ⊙10–13 & 14–18, Do ab 10.30 Uhr, Mo geschl.)

❶ An- & Weiterreise

AUTO Budget, Europcar und Hertz haben Niederlassungen direkt am Südeingang des Bahnhofs.

BUS Das Busnetz von **Lila** versorgt das gesamte Departement Loire-Atlantique. Tickets kosten 2/18 € für eine/zehn Fahrten.

Eurolines (📞08 92 89 90 91; www.eurolines. com; allée de la Maison Rouge; ⊙Mo–Sa 9.30–12.30 & 13.30–18 Uhr) hat ein Büro in der Stadt.

FAHRRAD Detours de Loire (www.location develos.com; pro Tag/Woche 14/59 €; ⊙April–Okt.) vermietet Räder, die man an verschiedenen Stationen im Loire-Tal abholen und zurückgeben kann – u. a. in Nantes. Aktuelle Infos über die Stationen bietet die Website.

FLUGZEUG Aéroport International Nantes-Atlantique (📞02 40 84 80 00; www.nantes. aeroport.fr) Der Flughafen liegt 12 km südöstlich der Stadt.

ZUG Der **Bahnhof** (27 bd de Stalingrad) ist gut an das landesweite Streckennetz angebunden. Es bestehen u. a. Verbindungen nach:

Paris Gare Montparnasse ab 58 €, 2 Std., 15- bis 20-mal tgl.

Bordeaux 45 €, 4 Std., 3- bis 4-mal tgl.

La Rochelle ab 24 €, ab 1¾ Std., 3- bis 4-mal tgl.
Auskunft und Fahrkarten gibt's auch am **SNCF-Ticketschalter** (La Bourse, 12 place de la Bourse; ⊙ Mo–Fr 9–19.20, Sa 9–19 Uhr) in der Innenstadt.

❶ Unterwegs vor Ort

BUS & STRASSENBAHN Das **TAN-Netz** (www. tan.fr, auf Frz.) besteht aus drei modernen Straßenbahnlinien, die sich am Bus- und Straßenbahn-Knotenpunkt Gare Centrale (Commerce) kreuzen, und der ersten „Busway"-Linie Frankreichs, die auf einer eigenen Fahrbahn fährt. Die Busse fahren von 6.45 bis 22 Uhr; Nachtbusse fahren bis 0.30 Uhr.

Einzelfahrscheine (1,50 €) gibt's beim Busfahrer (nicht beim Straßenbahnfahrer!) und an den Fahrscheinautomaten an den Straßenbahnhaltestellen. Nach dem Abstempeln sind sie eine Stunde lang gültig. Ein *ticket journalier* kostet 4 € und gilt 24 Stunden – also erst direkt vor Beginn der ersten Fahrt abstempeln.

FAHRRAD Das neue Leihfahrrad-System von Nantes, **Bicloo** (www.bicloo.nantesmetropole.fr, auf Frz.), hat Stationen an zahlreichen Orten der Stadt. Sie sind von 4 Uhr bis 1 Uhr geöffnet (man kann die Räder aber auch über Nacht ausleihen). Die Tarife liegen bei günstigen 1/5 € pro 24 Std./Woche.

VOM/ZUM FLUGHAFEN Ein Shuttlebus verkehrt zwischen dem Flughafen und dem Busbahnhof Gare Centrale bzw. dem Südeingang des Zugbahnhofs (7 €, 20 Min.) von 6.45 bis 23 Uhr.

TAXI Taxiruf ☎ 02 40 69 22 22

MITTLERE ATLANTIKKÜSTE

Die Region Poitou-Charentes im mittleren Abschnitt der Atlantikküste hält ein ganzes Potpourri an Attraktionen bereit – von der geschichtsträchtigen Hauptstadt Poitiers über La Rochelle mit Hafenstadtflair und die Strände der Île de Ré, die zum Faulenzen einladen, bis hin zum hübschen Städtchen Cognac, wo der gleichnamige Weinbrand herkommt.

Poitiers

91 900 EW.

Östlich der Atlantikküste im Inland liegt Poitiers, eine geschichtsträchtige Stadt, gegründet vom keltischen Stamm der Piktonen. Die Römer erweiterten die Stadt und hinterließen unzählige Spuren, z. B. die weitläufigen Ruinen, die vor ungefähr zehn Jahren beim Bau des großen Einkaufszentrums Cordeliers in der Innenstadt auftauchten. Bedeutung erlangte Poitiers als Hauptstadt der Region Poitou, die im Mittelalter von den Grafen von Poitiers regiert wurde. Als historisch bedeutsam gilt die Schlacht bei Poitiers (der genaue Ort ist nicht bekannt) 732 n. Chr. Damals besiegte die Kavallerie von Karl Martell die muslimischen Streitkräfte von Abd ar-Rahman, dem Gouverneur von Cordoba, und beendete so die Versuche der Mauren, Frankreich einzunehmen. Die be-

merkenswerten romanischen Kirchen der Stadt sind zum Teil Eleonore von Aquitanien und ihrer finanziellen Unterstützung zu verdanken.

In Poitiers steht eine der ältesten Universitäten des Landes. Sie wurde 1432 gegründet und ist heute Mittelpunkt der lebendigen Stadt.

⦿ Sehenswertes

Poitiers' Kirchen   KIRCHEN
Poitiers' Vergangenheit scheint zum Greifen nah, wenn man durch die geschichtsträchtigen Straßen schlendert. Auf den Bürgersteigen markieren rote, gelbe und blaue Linien drei **Stadtrundgänge**, zu denen die Touristeninformation kostenlose, detaillierte Stadtpläne bereithält.

Vom 21. Juni bis zum dritten Septemberwochenende erstrahlt die Westfassade der romanischen **Église Notre-Dame la Grande** (place Charles de Gaulle) mittels Videoprojektionen jeden Abend in spektakulären Farben. Die ältesten Teile der Kirche stammen aus dem 11. Jh. Im 15. Jh. kamen drei der fünf Chorkapellen dazu und im 16. Jh. die sechs Kapellen entlang der Nordwand des Mittelschiffs. Die einzig erhaltenen Originalfresken sind die verblassten Kunstwerke aus dem 12. oder 13. Jh., die die u-förmige Kuppel über der Chorempore schmücken.

Das aus dem 13. Jh. stammende Buntglasfenster mit der Kreuzigung und Auferstehung gegenüber der Chorempore in der gotischen **Cathédrale St-Pierre** (rue de la Cathédrale) ist eines der ältesten in ganz Frankreich.

Das Baptisterium, **Baptistère St-Jean** (rue Jean Jaurès; Erw./Kind 2/1 €; ⦿Mi–Mo 10.30–12.30 & 15–18 Uhr, Nov.–März kürzere Öffnungszeiten), wurde 100 m südlich der Kathedrale im 4. und 6. Jh. auf römischen Grundmauern errichtet. Nach dem Umbau im 10. Jh. wurde es Pfarrkirche. Das achteckige Loch unter den Fresken diente als Taufbecken für die bis ins 7. Jh. praktizierten Ganzkörpertaufen.

Musée Ste-Croix   MUSEUM
(www.musees-poitiers.org, auf Frz.; rue Jean Jaurès; Erw./Kind 4 €/frei, erster So im Monat frei; ⦿Di 10–12 & 13.15–20, Mi–Fr 10–12 & 13.15–18, Sa & So 10–12 & 14–18 Uhr) Das Highlight in diesem kleinen Museum sind sieben signierte Statuen von Camille Claudel.

🛏 Schlafen

Neben Hotelketten wie Ibis hat Poitiers eine Handvoll charmanter, nett gelegener Hotels zu bieten.

Hôtel de l'Europe HISTORISCHES HOTEL €
(📞 05 49 88 12 00; www.hotel-europe-poitiers. com; 39 rue Carnot; EZ/DZ 55/61 €; 🛜) Hinter einem langen, überdachten Durchgang versteckt sich das 1710 erbaute Hauptgebäude dieses eleganten, untypischen Zweisternehotels. Es ist rollstuhlgerecht und beeindruckt mit einer imposanten Treppe in der Lobby, großen Zimmern und stilvollem Mobiliar. Das Nebengebäude verfügt über modern eingerichtete Zimmer zum selben Preis.

Le Grand Hôtel HISTORISCHES HOTEL €€
(📞 05 49 60 90 60; www.grandhotelpoitiers.fr; 28 rue Carnot; EZ/DZ ab 68/79 €; ❄🛜) Das beste Haus am Platz kommt alles andere als extravagant daher, sondern verspricht solide Qualität der alten Schule. Die Einrichtung mit Art-déco-Imitationen verleiht den öffentlichen Bereichen einen besonderen Charme und die Zimmer sind geräumig und gut ausgestattet.

Hôtel Central TRADITIONELLES HOTEL €
(📞 05 49 01 79 79; www.centralhotel86.com, auf Frz.; 35 place du Maréchal Leclerc; DZ 38–65 €) Ein echtes Schnäppchen ist dieses Zweisternehotel am südlichen Ende der hübschen, von Fachwerkhäusern gesäumten Fußgängerzone. Die kleinen, aber hellen und gemütlichen Zimmer haben alle Dusche oder Bad. Außerdem gibt's einen Fahrstuhl bis in den 3. Stock mit Platz für Gepäck.

🍴 Essen & Ausgehen

Die besten Restaurants liegen hauptsächlich südlich der Place du Maréchal Leclerc.

La Serrurerie FRANZÖSISCH, KLASSISCH €
(📞 05 49 41 05 14; 28 rue des Grandes Écoles; Hauptgerichte 10–17,50 €; ⊙ tgl. 8–2 Uhr) Diese Bistro-Bar mit Mosaiken und Stahl zeigt Werke regionaler Künstler, Skulpturen und eine phantastische Sammlung antiker Spielsachen. Sie ist zugleich so etwas wie das Ess- und Wohnzimmer von Poitiers. Auf einer Tafel sind die Spezialitäten des Hauses aufgelistet, wie *tournedos* (dicke Scheiben) vom Lachs, Pastagerichte und eine *Crème brulée,* von der man bis zum nächsten Besuch träumen wird.

Weitere empfehlenswerte Restaurants sind das im Stil eines Atriums gestaltete Bistro **La Gazette** (📞 05 49 61 49 21; 1 rue Gambetta; Menü 11–12 €; ⊙ Mo–Sa) und das kleine, außen wie innen grasgrüne Restaurant **La Table du Jardin** (📞 05 49 41 68 46; 42 rue du Moulin à Vent; Menü 21 €, Hauptgerichte 13–18 €; ⊙ Di–Sa), das ausschließlich marktfrische Produkte der Saison serviert.

❶ Praktische Informationen

An der Place du Maréchal Leclerc liegen mehrere Banken.

Meissi Cyber (28 rue Carnot; 2 €/Std.; ⊙ 9.15–2 Uhr) Internetzugang im Hof des Grand Hôtel.

Post (21 rue des Écossais)

Touristeninformation (📞 05 49 41 21 24; www.ot-poitiers.fr; 45 place Charles de Gaulle; ⊙ Mo–Sa 10–23, So 10–18 & 19–23 Uhr) Nahe der Église Notre-Dame.

❶ An- & Weiterreise

Vom **Bahnhof** (📞 36 35; bd du Grand Cerf) gehen direkte Verbindungen nach Bordeaux (ab 35 €, 1¾ Std.), La Rochelle (21 €, 1½ Std.), Nantes (ab 28 €, 3¼ Std.), Paris Gare Montparnasse (ab 51 €, 1½ Std., 12-mal tgl.) und in viele andere Städte.

Rund um Poitiers

FUTUROSCOPE

Der futuristische Erlebnispark **Futuroscope** (📞 05 49 49 30 80; www.futuroscope. com; Erw./unter 16 J. 35/26 €; ⊙ Mitte Feb.–Dez. 10–23.15 Uhr) wirbelt seine Besucher durchs Weltall, lässt sie in die Tiefen der Meere hinabtauchen und ermöglicht neben vielen anderen filmischen Weltraumerlebnissen hautnahe Begegnungen mit spacigen Zukunftsgeschöpfen. **Arthur l'Aventure** sprengt den Rahmen des herkömmlichen 3-D-Films und entführt das Publikum auf einen 4-D-Trip. Um stets etwas Neues auf Lager zu haben, wird jährlich ein Drittel der Attraktionen ausgewechselt. Viele davon arbeiten mit beweglichen Sitzen und schütteln einen so tüchtig durch, dass sie für Kinder unter 120 cm nicht geeignet sind. Zum Ausgleich gibt's für die Kleinen ein Spielgelände mit Miniaturautos etc.

Für die Hauptattraktionen braucht man mindestens fünf Stunden; wer alles sehen will, muss zwei Tage einplanen. Die zahlreichen Hotels des Parks können online oder direkt am entsprechenden Schalter reserviert werden.

Das Futuroscope liegt 10 km nördlich von Poitiers in Jaunay-Clan (A10, Ausfahrt 28). Der Park hat einen eigenen TGV-Bahnhof mit Verbindungen u. a. von und nach Paris und Bordeaux (Preise und Fahrzeiten weichen nur geringfügig von denen für Poitiers ab).

Zwischen 6.15 Uhr und 19.30 bzw. 21 Uhr verkehren die **Vitalis-Busse** der Linien 9 und E (1,30 €, 30 Min.) ein- oder zweimal pro Stunde zwischen dem Futuroscope (Haltestelle Parc de Loisirs) und dem Bahnhof in Poitiers (Haltestelle vor der Avis-Autovermietung).

MARAIS POITEVIN

LP TIPP | **Parc Naturel Interrégional du Marais Poitevin** Dieses vogelreiche Feuchtgebiet verdankt seinen Spitznamen Venise Verte (Grünes Venedig) der Entengrütze, die das Labyrinth aus Gräben und Kanälen im Frühling und Sommer smaragdgrün färbt. Das Naturschutzgebiet umfasst rund 800 km² teils intakter, teils trockengelegter Sumpflandschaft, durchsetzt von Dörfern und Wäldern und durchzogen von einem Netz von Radwegen. Die gesamte Gegend erfreut sich bei französischen Touristen zunehmender Beliebtheit und wenn man mal so richtig abschalten und Natur pur genießen will, ist der Marais Poitevin genau das Richtige. Als Ausgangspunkt für Touren durch die hiesigen Wasserwelten bieten sich zwei Orte an: das kleine honigfarbene Städtchen Coulon und – sehr zu empfehlen – das idyllische Dorf **Arçais**.

Am besten lässt sich die Gegend mit **Booten** und **Fahrrädern** erkunden. Zahlreiche Veranstalter organisieren geführte Touren und vermieten Drahtesel, Flachbodenboote oder Kajaks. In Arçais warten drei Bootsvermietungen auf Kundschaft, die Angebote und Preise sind identisch (Kajak pro Std./halber Tag ab 12/30 €, Boot pro Std./halber Tag ab 15/38 €): **Arçais Venise Verte** (www.veniseverteloisirs.fr, auf Frz.), **Au Martin Pecheur** (www.aumartinpecheur. com, auf Frz.) und **Bardet-Huttiers** (www. marais-arcais.com, auf Frz.). In Coulon gibt es noch mehr Anbieter, die Preise sind die gleichen. Fahrräder kann man in beiden Orten bei diversen Verleihstationen mieten (pro Std./halber Tag 6/13 €).

Ohne eigenes Auto gestaltet sich die Anreise nach Coulon oder Arçais ziemlich schwierig.

🛏 Schlafen & Essen

LP TIPP | **Maison Flore** BOUTIQUEHOTEL € (☎05 49 76 27 11; www.maisonflore. com; rue du Grand Port, Arçais; EZ/DZ 57/72 €; 🛜) Das wunderschöne, romantische Gästehaus liegt in Arçais direkt am Wasser. Jedes seiner zehn Zimmer ist in den Farben einer heimischen Sumpfblume gehalten und entsprechend eingerichtet – von der zartgrünen Angelika (Engelwurz) bis zur violetten Iris. Doch das Umweltbewusstsein reicht noch weiter: Warmes Wasser kommt aus der Solaranlage, geheizt und gekühlt wird mit Erdwärme und zum Biofrühstück (9,50 €) kommen frisch gepresster O-Saft, Fair-Trade-Kaffee, sowie hausgemachter Kuchen und Joghurt auf den Tisch. Zudem spendet das Hotel einen Teil seines Umsatzes an Projekte zur Trinkwasserversorgung von Dörfern in Entwicklungsländern. In der gemütlichen Gästelounge liegen Bücher und Brettspiele bereit – und wer Lust dazu verspürt, kann ein Boot mieten.

Hôtel-Restaurant Le Central

TRADITIONELLES HOTEL €
(☎05 49 35 90 20; www.hotel-lecentral-coulon. com; 4 rue d'Autremont, Coulon; EZ/DZ ab 54/64 €, Menü ab 19 €, Hauptgerichte 16–22 €; ⊙Di–Sa mittags & abends, So nur mittags, 3 Wochen im Feb. geschl.; ❄🛜) Dieses Hotel bietet das beste Preis-Leistungs-Verhältnis von Coulon. Die Zimmer sind holzvertäfelt und einige überblicken einen Garten. Im hauseigenen Restaurant gibt's köstliches Essen wie knusprigen Aal, Engelwurz-Sorbet und eine verlockende Käseplatte.

La Rochelle

79 520 EW.

Wenn die hellen Kalksteinfassaden von La Rochelle im gleißenden Küstensonnenlicht um die Wette strahlen, erklärt sich der Beiname La Ville Blanche („die weiße Stadt") von selbst. Zwischen dem 14. und 17. Jh. war La Rochelle einer der wichtigsten Seehäfen in Frankreich. Zu den vielen Zeugnissen dieser Vergangenheit gehören die von Arkaden überspannten Gehwege, die Fachwerkhäuser, die mit Schieferschindeln vor der salzhaltigen Luft geschützt sind, und die gruseligen Fratzen der Wasserspeier. Von hier stachen im 17. Jh. die ersten französischen Siedler Richtung Kanada in See – darunter die Gründer von Montreal.

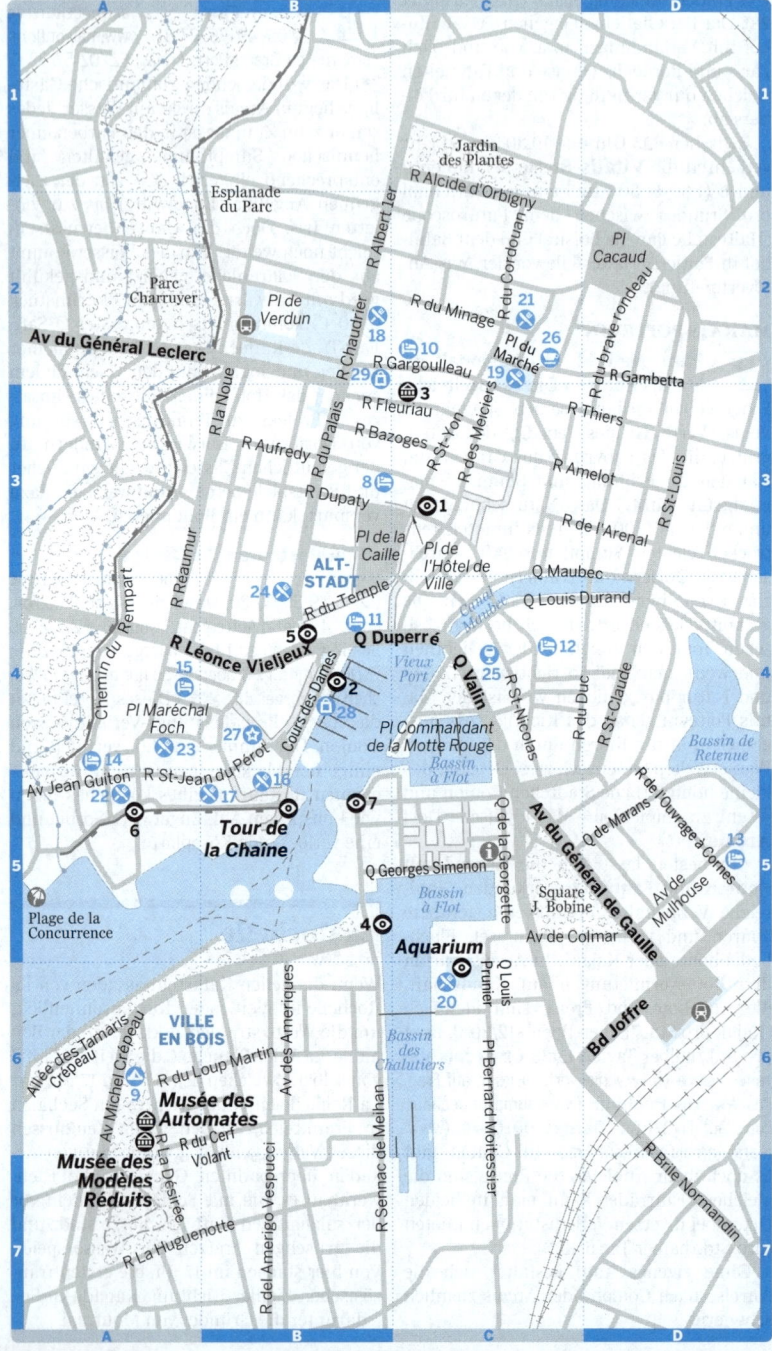

ATLANTIKKÜSTE MITTLERE ATLANTIKKÜSTE

0 ———— 200 m

Jardin des Plantes

R Alcide d'Orbigny

Esplanade du Parc

R du Cordouan

Pl Cacaud

Parc Charruyer

Pl de Verdun

R Albert 1er

R du Minage

21

Av du Général Leclerc

R Chaudrier

18 ⊗ 10

R Gargoulleau

Pl du Marché

26

29

19

R du brave rondeau

R Gambetta

3

R Fleuriau

R St-Yon

R des Merciers

R Thiers

R la Noue

R Aufredy

R du Palais

R Bazoges

R Amelot

R de l'Arenal

R St-Louis

R Réaumur

R Dupaty

8

1

Pl de la Caille

ALT-STADT

Pl de l'Hôtel de Ville

Canal Maubec

Q Maubec

Q Louis Durand

24 ⊗

R du Temple

11

5 ⊙

Q Duperré

12

R Léonce Vieljeux

2

Vieux Port

Q Valin

25

R St-Nicolas

Q du Duc

R St-Claude

Bassin de Retenue

Chemin du Rempart

15

Pl Maréchal Foch

Cours des Dames

28

Pl Commandant de la Motte Rouge

Bassin à Flot

Av Jean Guiton

27 ☆ 23

R St-Jean du Pérot

16

14

22 ⊗

17

6

Tour de la Chaîne

7

Q Georges Simenon

Bassin à Flot

Q de la Georgette

Av du Général de Gaulle

Q de Marans

R de l'Ouvrage à Cornes

13

Av de Mulhouse

Plage de la Concurrence

4

Aquarium

Q Louis Prunier

20

Square J. Bobine

Av de Colmar

Bd Joffre

Allée des Tamaris Crépeau

VILLE EN BOIS

R du Loup Martin

Av des Amériques

Bassin des Chalutiers

Pl Bernard Moitessier

Av Michel Crépeau

9

Musée des Automates

R du Cerf Volant

R La Désirée

Musée des Modèles Réduits

R del Amerigo Vespucci

R Sennac de Melhan

R Brile Normandin

R La Huguenotte

Als „die weiße Stadt" ist La Rochelle mit einem innovativen Verkehrssystem und vielen Freiflächen doch sehr grün. Zudem präsentiert sie sich mit ihren vielen Aktivitäten für kleine Gäste als sehr kinderfreundlich.

Das Viertel Les Minimes entstand Ende des 20. Jhs. auf dem Meer abgerungenem Land. Heute befindet sich hier einer der größten Yachthäfen des Landes. Im Gegensatz zum Mittelmeer, wo hauptsächlich Motoryachten unterwegs sind, belegen die 3500 Liegeplätze des Hafens fast ausschließlich Segelyachten, deren Spinnaker munter im Wind flattern.

⊙ Sehenswertes & Aktivitäten

LP TIPP **Aquarium**   AQUARIUM
(www.aquarium-larochelle.com; quai Louis Prunier; Erw./Kind 13/10 €, Audioguide 3,50 €; ⊙tgl. 9–23 Uhr) Dieses topmoderne, familienfreundliche Aquarium ist La Rochelles Touristenattraktion Nummer eins. Zu Beginn besteigen die Besucher ein monströses, altes „U-Boot" und tauchen damit auf den Meeresgrund ab. Weiter geht's dort zu Fuß durch einen Tunnel mit fluoreszierenden Quallen, die ihre Tentakel im Takt zu der durch das Aquarium wabernden klassischen Musik wiegen. Zu den weiteren Höhepunkten zählen das riesige Meeresbecken voll Ufo-ähnlicher Rochen und furchterregender Haie, der Dschungelbereich mit Hängebrücken, die durch die Bäume führen, zähnefletschende Piranhas, anmutig tanzende Seepferdchen, zahme Schildkröten und die bizarren Schlammspringer, die als molchähnliche Fische amphibisch leben. Ziel des Museums ist es, die Wunder der Unterwasserwelten zu veranschaulichen und die Bedrohungen aufzuzeigen, denen das Meer ausgesetzt ist. So erfahren die Gäste, dass Seegurken bei Gefahr ihre Gedärme auswerfen und sie anschließend einfach nachwachsen lassen können oder – was wohl alle Eltern nachvollziehen können – dass die armen Krakenmütter allein schon bei dem Gedanken daran, ihre laichen Sprösslinge aufziehen zu müssen, vor Erschöpfung sterben, sobald diese schlüpfen. Für den Rundgang sollte man mindestens zwei Stunden einplanen.

Spielzeugmuseen   MUSEEN
(www.museeslarochelle.com, auf Frz.; 14 rue La Désirée; Erw./3–10 J. pro Museum 7,50/5 €, Kombiticket Erw./Kind 11/6,50 €; ⊙tgl. 9.30–19 Uhr) Diese beiden Adressen sind ein echtes Highlight für Kinder (und Junggebliebene). Das **Musée des Automates** (Museum

AUF VOGELPIRSCH IM MARAIS D'YVES

Von La Rochelle führt eine gemütliche Autofahrt zur 15 km weiter südlich gelegenen **Réserve Naturelle Marais d'Yves** (www.marais.yves.reserves-naturelles.org, auf Frz.; N137, Yves; ☉So & Schulferien 14–18 Uhr). In ihrem kostenlosen Centre Nature können Besucher per Teleskop einige der 250 Vogelarten beobachten, die in den Feuchtgebieten des 192 ha großen Schutzgebiets Nahrung finden. Während des Vogelzugs sind hier zeitweise Schwärme von über 20 000 Vögeln zu sehen. Die Website informiert über geführte Wanderungen und Radtouren durch das Sumpfland (auch auf Engl.), bei denen die Teilnehmer zudem einiges über die 750 Arten von Fröschen, Blumen und Insekten des Schutzgebiets lernen können.

für mechanisches Spielzeug) ist aufgemacht wie ein kleiner Freizeitpark. Es zeigt 300 bewegliche Puppen aus den letzten beiden Jahrhunderten sowie eine fast lebensgroße Nachbildung des Montmartre um 1900 inklusive Moulin Rouge und Seilbahn. Das **Musée des Modèles Réduits** (Modellbaumuseum) mit seinen Miniaturautos, den computergesteuerten Seeschlachten und einer pfeifenden Modelleisenbahn ist was für Eisenbahnliebhaber. Beide Museen sind rollstuhlgerecht.

Wehrtürme BERÜHMTES WAHRZEICHEN

(Erw./Kind 8 €/frei; ☉tgl. 10–18.30 Uhr) Zu Kriegszeiten schützte den Hafen von La Rochelle bei Nacht eine gewaltige Kette zwischen den beiden Türmen (14. Jh.) am Hafeneingang. Daher hat die **Tour de la Chaîne** (Kettenturm) ihren Namen. Im Turminneren erwartet die Besucher eine faszinierende Ausstellung über die Auswanderer nach Kanada und von oben eröffnet sich eine tolle Aussicht.

Auf der anderen Hafenseite lässt sich der 36 m hohe, fünfeckige **Tour St-Nicolas** erklimmen.

Die **Tour de la Lanterne** heißt so, weil sie (von einer riesigen Kerze erleuchtet) früher als Leuchtturm diente und einer der ältesten Türme dieser Art auf der ganzen Welt ist. Zwei von vier Sergeanten aus der Stadt, die angeblich ein Komplott zum Sturz der gerade wieder eingesetzten Monarchie geplant hatten, waren bis zu ihrer Hinrichtung 1822 in Paris hier eingekerkert, darum trägt der kegelförmige Turm aus dem 15. Jh. auch den Beinamen „Tour des Quatre Sergents". Englische Freibeuter, die im 18. Jh. hier gefangen waren, ritzten die fremdsprachigen Inschriften in die Mauern.

Die preisgünstigste Lösung für eine Besichtigung der drei Wehrtürme ist ein Kombiticket für 8 €, es gibt aber auch ein Kombiticket für nur zwei der Türme.

Das ehemalige Stadttor **Tour de la Grosse Horloge** (quai Duperré) verbindet Hafen und Altstadt. Der untere Teil dieses massiven, gotischen Uhrenturms stammt aus dem 12. Jh., der obere kam erst nachträglich im 18. Jh. dazu. Aus Sicherheitsgründen ist dieser Turm nicht zugänglich.

Inselhopping INSELAUSFLÜGE

Vor La Rochelle liegen mehrere Inseln im Meer verstreut; dicht vor der Küste die Île de Ré (S. 672), etwas weiter südlich drei weitere.

Genau 16 km südlich von La Rochelle lockt die nur per Boot zugängliche kleine, halbmondförmige **Île d'Aix** („Ihl Dex" ausgesprochen) mit traumhaften Stränden. Zwischen der Île d'Aix und der größeren **Île d'Oléron** (die eine mautfreie Brücke mit dem Festland verbindet) befindet sich die Festungsinsel **Fort Boyard** aus der ersten Hälfte des 19. Jhs.

Inter-Îles (☎08 25 13 55 00; cours des Dames) bietet von Ostern bis Anfang November Bootsausflüge zum Fort Boyard (Erw./Kind 18,50/11,50 €), zur Île d'Aix und zur Île d'Oléron (jeweils 27/17,50 €) sowie von Ostern bis September zur Île de Ré (18,50/11,50 €) an.

Die **Touristeninformation** von La Rochelle hat weitere Infos, wie man mit öffentlichen und privaten Verkehrsmitteln zu den Inseln kommt.

Musée Maritime MARITIMES MUSEUM

(Erw./Kind 8/5,50 €; ☉tgl. 10–19.30 Uhr) Am Bassin à Flot beherbergen drei dort vor Anker liegende Schiffe das **Musée Maritime: die** schwimmende Wetterstation *France 1*, ein *chalutier* (Fischerboot) und ein Schlepper. Wer glaubt, einen harten Job zu haben, sollte sich erst mal anschauen, was die Crews auf dieser Art von Schiffen an einem durchschnittlichen Arbeitstag zu bewältigen haben.

Musée du Nouveau Monde MUSEUM
(Museum der Neuen Welt; 10 rue Fleuriau; Erw./
Kind 4 €/frei; ☺Mo & Mi–Sa 10.30–12.30 & 14–18,
So 14–18 Uhr) Das in einer Villa aus dem
18. Jh. untergebrachte Museum arbeitet die
Bedeutung von La Rochelle als Ausgangs-
hafen für die damaligen Schiffsreisen in die
nordamerikanische Neue Welt auf.

👉 Geführte Touren

Eine Mauer aus dem 15. Jh. im Flamboyantstil umgibt das **Hôtel de Ville** (Rathaus;
place de l'Hôtel de Ville; Erw./Kind 4/1,50 €); der
prächtige Renaissance-Innenhof stammt
aus dem 17. Jh. Im Juni und September
gibt's täglich Führungen auf Französisch
um 15 Uhr, im Juli und August täglich um
15 und 16 Uhr und von Oktober bis Mai an
Wochenenden um 15 Uhr.

In den Sommermonaten veranstaltet die
Touristeninformation zahlreiche Stadtfüh-
rungen (Erw./Kind 9/6 €; oft nur auf Frz.).
Nur mit Voranmeldung.

✨ Festivals & Events

Festival International du Film FILMFESTIVAL
(www.festival-larochelle.org, auf Frz.) Bei dem
zehntägigen Filmfestival Anfang Juli kommen sowohl Stummfilmklassiker als auch
neue Filme in Originalfassung auf die Leinwand.

Francofolies TANZFESTIVAL
(www.francofolies.fr, auf Frz.) Das angesagte
Festival für zeitgenössische Musik und darstellende Künste findet Mitte Juli statt und
dauert vier Tage.

Jazz Festival JAZZFESTIVAL
(www.larochelle-jazz-festival.com) Im Oktober
swingen Jazzfans zur Musik auf La Rochelles Jazzfestival.

🛏 Schlafen

In den warmen Monaten öffnen um La
Rochelle und die Île de Ré Dutzende von
Campingplätzen – und füllen sich super-
schnell. Ein Verzeichnis der stadtnahen
Plätze gibt's bei der Touristeninformation.
Am nächsten liegt der **Camping du Soleil**
(📞05 46 44 42 53; av. Michel Crepeau; Erw. & Zelt
13,50 €; ☺Ende Juni–Ende Sept.), erreichbar
mit dem Bus 10.

LP TIPP **Un Hôtel en Ville** BOUTIQUEHOTEL €€
(📞05 46 41 15 75; 20 place du Maréchal
Foch; DZ 95–135 €; 🐾) In diesem smarten,
neuen Boutiquehotel wird Qualität ganz
groß geschrieben – sogar die Kopfkissen

und Matratzen sind eine Liga besser als
in den meisten anderen Hotels. Die zugegebenermaßen ziemlich kleinen Zimmer
sind schneeweiß gestrichen, was gut zu der
dunklen, steingrauen Einrichtung passt.
Das Frühstück kostet ab 11 €, ein Parkplatz
12,50 €.

Trianon de la Plage HISTORISCHES HOTEL €€
(📞05 46 41 21 35; www.hoteltrianon.com; 6 rue
de la Monnaie; Zi. ab 80 €; 🐾) Das würdevoll
altmodische Art-déco-Hotel mit Buntglasfenstern, Wendeltreppe, großem Speisesaal und
verschiedenfarbigen Zimmern versteckt
sich in einem ruhigen Winkel der Stadt, ist
aber nur einen Katzensprung von der Altstadt und dem städtischen Strand entfernt
(wo das Baden wegen der enormen Wasser-
verschmutzung jedoch verboten ist).

Hôtel La Marine TRADITIONELLES HOTEL €€
(📞05 46 50 51 63; www.hotel-marine.com; auf
Frz.; 30 quai Duperré; DZ 70–140 €; ✳🐾📶) Die
Zimmer 1, 6, 9 und 13 dieses am Wasser
gelegenen Hotels nahe des Vieux Port bieten einen atemberaubenden Blick auf die
Türme – die Wahrzeichen von La Rochelle. Alle 13 Zimmer sind unterschiedlich in
dezenten Farben und mit Designermöbeln
eingerichtet. Das Frühstück kostet 7 €.

Masq Hotel DESIGNHOTEL €€
(📞05 46 41 83 83; www.masqhotel.com; 17 rue de
l'Ouvrage à Cornes; Zi. 98–138 €; ✳🐾📶) Dieses
Designhotel verdankt seine Existenz der
Tatsache, dass sein Schöpfer und Besitzer
zufällig den Brüdern Mantra und Geredeg
begegnete, zwei hinduistischen Künstlern
aus Bali. Sie erhielten den Auftrag für die
abstrakten Bilder in allen 76 Zimmern
sowie für die Gestaltung des kunstvoll
beleuchteten Foyers im Neo-Retro-Stil.
Weitere Interieurelemente, die von sich reden machen, sind die Tische aus Carrara-
Marmor von Philippe Starck und die von
Pierluigi Cerri entworfenen, apfelgrünen
Lederstühle im Frühstücksraum. Ein paar
der riesigen Suiten haben eine eigene Terrasse. Das Frühstück kostet 12 €, ein Parkplatz 7 €.

Hôtel St-Nicolas BOUTIQUEHOTEL €€
(📞05 46 41 71 55; www.hotel-saint-nicolas.com;
13 rue Sardinerie et place de la Solette; Zi. ab
120 €; ✳🐾📶) Dieses neue Hotel überzeugt
mit seinem klaren, durchdachten, minimalistischen Stil. Die Betten sind so weich und
einladend, dass das morgendliche Aufstehen zum Kampf wird, die Bäder verfügen
über riesige Regenduschen und der Service

ist erstklassig. Ein Parkplatz kostet 7 €, das Frühstück 10 €.

Hôtel de la Paix
HISTORISCHES HOTEL €

(📞05 46 41 33 44; www.hotelalarochelle.com; 14 rue Gargoulleau; EZ 63 €, DZ 69–79 €; 🛜) Das in einem hübschen Gebäude aus dem 18. Jh. untergebrachte Hotel bietet ein gutes Preis-Leistungs-Verhältnis. Eine geschwungene Treppe aus poliertem Holz führt zu den Zimmern hinauf, die teilweise mit unverputzten Steinwänden und alle mit vielen Farbtupfern sowie jeder Menge Charme daherkommen. Das umfangreiche Frühstück wird im Café nebenan eingenommen. Außerdem im Angebot: vergünstigte Parkmarken (6 €) für einen nahe gelegenen Parkplatz.

Bar de l'Hôtel de Ville
TRADITIONELLES HOTEL €

(📞05 46 41 30 25; 5 rue St-Yon; DZ ab 50 €, Hauptgerichte ab 8 €) Das belebte Bistro mit angeschlossenem Hotel hat nur neun Zimmer. Diese wurden vor Kurzem renoviert, sind durch und durch rustikal im mediterranen Stil eingerichtet und die rau verputzten Wände wurden in Pastelltönen gestrichen. Einige sind mit kleinen Sitzgruppen und leider nicht mehr funktionstüchtigen Kaminen ausgestattet.

Centre International de Séjour – Auberge de Jeunesse
HOSTEL €

(📞05 46 44 43 11; www.fuaj.net/homepage/larochelle; av. des Minimes; B 16–18 €, EZ/DZ 27/38 €; ⏰Rezeption 8–12, 14–19 & 21–22 Uhr, über Weihnachten geschl.) Das beliebte HI-Hostel liegt 2 km südwestlich vom Bahnhof in Les Minimes.

🍴 Essen

Im Hafen, besonders an der Nordseite, fällt die Wahl zwischen den unzähligen Restaurants und Cafés schwer. Die Kais am Vieux Port sind im Sommer von Montag bis Samstag zwischen 20 und 24 Uhr und sonntags zwischen 14 und 24 Uhr für den Verkehr gesperrt. Dort geht's dann zu wie auf einem riesigen Straßenfest. Abseits des Touristenrummels, an der Rue St-Jean du Pérot und den Straßen um die Place du Marché (z. B. Rue des Cloutiers), liegen die Lieblingsrestaurants der Einheimischen.

LP TIPP Le Soleil brille pour tout le Monde
INTERNATIONAL, VEGETARISCH €

(📞05 46 41 11 42; 13 rue des Cloutiers; Menü/ Hauptgerichte ab 13/9,50 €; ⏰Di–Sa; 🍴) Das exzellente, kleine Restaurant mit alternativem Flair schmückt sich mit hippiesken Farben und beeindruckt mit einigen höchst originellen (meist vegetarischen) Gerichten. Letztere sind größtenteils von der Küche der französischen Tropeninseln Réunion und Martinique inspiriert. Soweit möglich werden die Zutaten auf dem nahe gelegenen Markt eingekauft und das schmeckt man. Außerdem ist dies eins der wenigen französischen Restaurants, die sich nicht scheuen, mit Gewürzen zu experimentieren. Unbedingt im Voraus reservieren!

André
FISCH & MEERESFRÜCHTE €€

(📞05 46 41 28 24; 8 place de la Chaîne; Menü 32–39 €, Hauptgerichte 17–30 €; ⏰tgl. 12–16 & 19–24 Uhr) Das 1950 als kleines Fischlokal eröffnete André hat mit zunehmender Beliebtheit umliegende Geschäfte dazugekauft, sodass ein Labyrinth zusammenhängender Räume entstand. Jeder ist individuell eingerichtet (etwa wie eine Kajüte mit Bullaugen), doch zu essen gibt es überall das Gleiche: fangfrische, köstliche Fische und Meeresfrüchte. Die Gäste suchen sich draußen in den Vitrinen ihre persönlichen Favoriten aus und diese landen dann in einem Topf mit heißem Wasser.

Les Quatre Sergents
GOURMETKÜCHE €€

(📞05 46 41 35 80; 49 rue St-Jean du Pérot; Menü & Hauptgerichte ab 18 €) Das in einem wunderschön gefliesten, historischen Gewächshaus untergebrachte Feinschmeckerlokal beherbergt auch heute noch einen kleinen Dschungel mit baumhohen Grünpflanzen. Aber keine Sorge, ansonsten geht es hier alles andere als wild zu. Das führende Restaurant der Stadt präsentiert sich mit der Eleganz weißer Tischdecken und kredenzt ausgesuchte französische Spezialitäten wie Froschschenkel in cremiger Pineau-Sauce (aus süßem Weißwein und Cognac).

L'Estaminet
FRANZÖSISCH, KLASSISCH

(📞05 46 30 38 74; Échoppe du Marché, rue Gambetta; Mittagsmenü 12 €; ⏰Mo–Sa) Das familiengeführte, gesellige Restaurant befindet sich im Marktgebäude. Die leckeren, magenfüllenden Mittagsmenüs mit französischen Bistroklassikern erfreuen sich bei den vielen Stammkunden großer Beliebtheit. Reservierung empfohlen.

Le Café de l'Aquarium
FRANZÖSISCH, MODERN

(📞05 46 50 17 17; www.cafe-aquarium.com; Hauptgerichte 14 €; 🅿) Das Café im Aquarium lockt mit einer erlesenen regionalen Küche. Zum Einsatz kommen dabei saisonale Zutaten aus der Gegend (u. a. erstaunlich viel Fisch und Meeresfrüchte!). Der Speisesaal punktet mit einem tollen Blick auf den Hafen und als ob das nicht genug wäre, lässt sich von hier auch noch beobachten, wie die Riesenhaie ihre Runden drehen – damit kann wohl kein anderes Restaurant in La Rochelle auftrumpfen. Das Café steht nicht nur Aquariumbesuchern offen, aber leider können Letztere die Unterwasserwelt nicht kurz zum Mittagessen verlassen und dann wieder mit demselben Ticket reinkommen.

Chez Mah Monir ORIENTALISCH
(☎05 46 37 50 56; Échoppe du Marché, rue Gambetta; Mittagsmenü/Hauptgerichte ab 17/9 €; ⊙Mo–Sa) Das beliebte Chez Mah Monir neben dem Restaurant L'Estaminet (im Marktgebäude) verführt zu einem kulinarischen Trip in den Iran und nach Nordafrika. Mittags sollte man reservieren.

Lulu FRANZÖSISCH, MODERN €€
(☎05 46 50 69 03; 19ter place de la Préfecture; Menü ab 16 €, Hauptgerichte 16 €) In dem knalligen Rottönen gehaltene Lulu ist das coolste Restaurant von La Rochelle. In der Küche werkelt ein hippes, junges Team, das eine gelungene Gourmetküche kreiert – und die Lounge-Atmosphäre kann sich an den regelmäßigen Pianoabenden voll entfalten.

Café de la Paix BRASSERIE €
(☎05 46 41 39 79; 54 rue Chaudrier; Mittagsmenü 13,50 €, Hauptgerichte 11–18,50 €; ⊙Mo–Sa 7–22 Uhr) Die Mischung aus Brasserie und Bar im Stil der Belle Époque bietet sowohl was fürs Auge als auch für den Gaumen: In den prächtigen Räumlichkeiten mit hohen, bemalten Decken und bogenförmigen, goldgerahmten Spiegeln mundet die traditionelle Küche des Hauses (Rind, Ente, Foie gras und Fisch) ebenso wie das Frühstück und der Nachmittagstee.

Aux Tables Rondes FRANZÖSISCH, KLASSISCH €€
(☎05 46 41 31 37; 33 rue St-Jean du Pérot; Hauptgerichte 15–19 €; ⊙Di & Do–Sa mittags & abends, Mo & Mi nur abends) Wer Hunger auf ein ordentliches Stück Fleisch hat, ist hier genau richtig. Abgesehen von saftigen Steaks werden auch Spezialitäten wie *cochon du lait* (Spanferkel) serviert.

Selbstversorger

Die lebendige **Markthalle** (place du Marché; ⊙tgl. 7–13 Uhr) aus dem 19. Jh. quillt über von Ständen, die frische Waren feilbieten: Obst, Gemüse, Fleisch und Fisch, der auf einem Eisbett ausgebreitet liegt. Ein **Markt im Freien** findet freitagnachmittags auf der Place Verdun statt.

Der **Monoprix-Supermarkt** (30–36 rue du Palais) in der Altstadt hat alles, was man sonst so braucht.

 ## Ausgehen

Dort, wo sich die Restaurants konzentrieren, herrscht auch kein Mangel an Kneipen, doch einige der besten Bars der Stadt (meist bis 2 Uhr geöffnet) liegen an der alternativen Rue St-Nicolas.

Cave de la Guignette WEINBAR
(☎05 46 41 05 75; 8 rue St-Nicolas; ⊙Mo 16–20, Di & Mi 10–13 & 16–20, Do–Sa 10–13 & 15–20 Uhr) An einem heißen Sommernachmittag gibt's kaum etwas Erfrischenderes als hier ein Glas Guignette (leicht perlender Weißwein mit dem Aroma frischer Früchte) zu trinken.

Merling TEESALON & CAFÉ
(25 rue Gambetta; ⊙Mo vormittags & So geschl.) Dieser Ableger der gleichnamigen Rösterei, die die meisten Cafés der Stadt mit ihren Tee- und Kaffeemischungen beliefert, befindet sich im 1. Stock und duftet nach frisch gemahlenen Bohnen.

☆ Unterhaltung

La Coursive MUSIK, KINO
(☎05 46 51 54 00; 4 rue St-Jean du Pérot; ⊙Ende Aug.–Mitte Juli) In den zwei Sälen des Hauses werden regelmäßig Konzerte veranstaltet und Kunstfilme in der Originalversion gezeigt.

 ## Shoppen

Kunstgewerbemarkt MARKT
(cours des Dames; ⊙Juli–Mitte Sept. tgl., Ostern–Juni Sa & So) Direkt am Wasser verkaufen Künstler selbst gefertigte Leder- und Schmuckarbeiten, Sandbilder etc.

Paul Bossuet WEIN
(21 rue Gargoulleau) Allein schon wegen der dekorativen Flaschen sind der Cognac und *pineau* dieses örtlichen Winzers ein tolles Souvenir.

ℹ Praktische Informationen

In der Rue du Palais in der Altstadt liegen mehrere Banken.

Krankenhaus (☎05 46 45 50 50; rue du Dr Schweitzer)

Hôtel de Police (Polizei; ☎05 46 51 36 36; 2 place de Verdun; ⊙24 Std.)

Post (6 rue de l'Hôtel de Ville)

Touristeninformation (📞05 46 41 14 68; www.
larochelle-tourisme.com, www.ville-larochelle.
fr; Le Gabut, 2 quai Georges Simenon; ⏰Mo–
Sa 9–19, So 11–17 Uhr) Hier gibt's den **Pass
Rochelais**, der verschiedene Ermäßigungen für
öffentliche Verkehrsmittel, Sehenswürdigkeiten
und Aktivitäten bietet.

An- & Weiterreise

AUTO Zu den preisgünstigen Autovermietungen
in Bahnhofsnähe gehören **ADA** (📞05 46 41 02
17; 19 av. du Général de Gaulle) und **National/
Citer** (📞05 46 29 19 00; 17 av. du Général de
Gaulle).

BUS Vom **Busbahnhof** (place de Verdun) aus
fährt **Océcars** (📞05 46 00 95 15) zu verschiedenen Zielen in der Region. Die Busverbindungen zur Île de Ré sind auf S. 673 aufgeführt.

FLUGZEUG Vom **Flughafen La Rochelle**
(📞05 46 42 30 26; www.larochelle.aeroport.
fr) nördlich der Innenstadt an der N237 gibt es
innerfranzösische Flüge in alle Richtungen. Nach
Deutschland gehen keine Direktflüge, jedoch
bestehen gute Verbindungen über Lyon und
Brüssel. Letztere werden von La Rochelle mit
Airlinair bzw. Ryanair angeflogen.

ZUG Vom **Bahnhof** (📞08 36 35 35 35) fährt der
TGV zur Pariser Gare Montparnasse (ab 65 €,
3¼ Std.). Regelmäßig gehen Direktzüge nach
Nantes (24,50 €, 1¾ Std.), Poitiers (21,50 €,
1½ Std.) und Bordeaux (27 €, 2¼ Std.).

Unterwegs vor Ort

Auto & Motorrad

Vom preisgünstigen Park- & Ride-Parkplatz
(P+R) an der Avenue Jean Moulin verkehren
kostenlose Pendelbusse.

Bus

In der Stadt verkehren Elektrobusse. Das
Nahverkehrssystem **RTCR/Yélo Bus** (📞05 46
34 02 22) betreibt einen Busbahnhof und ein
Informationsbüro (place de Verdun; ⏰Mo–Fr
7.30–18.30, Sa 8–18.30 Uhr). Die meisten Linien
verkehren bis irgendwann zwischen 19.15 und
20 Uhr. Tickets kosten 1,20 €.

Der Bus 1 fährt von der Place de Verdun zum
Bahnhof und auf dem Rückweg am Vieux Port
vorbei.

Fahrrad

Yélo Vélo (place de Verdun; die ersten 2 Std.
gratis, danach 1 €/Std.) verleiht die gelben Fahrräder, die in ganz La Rochelle herumsausen und
an 26 Mietstationen abgeholt und zurückgegeben werden können.

Vom/Zum Flughafen

Bus 7 (sonntags Bus 40A oder B) fährt vom
Flughafen in die Innenstadt (1,20 €). Die Zeiten

sind auf der Website des Flughafens aufgelistet.
Ein Taxi kostet etwa 10 €.

Schiff/Fähre

Die Fähre **Le Passeur** (Tickets 0,70 €; ⏰7.45–
20 Uhr) braucht drei Minuten von der Tour de la
Chaîne zum Avant Port. Sie fährt auf Anfrage:
einfach den roten Knopf drücken, der oben an
der Gangway an einer Tafel angebracht ist.

Der **Bus de Mer** (Tickets 1,30 €, 20 Min.)
pendelt zwischen der Tour de la Chaîne und Les
Minimes. Von April bis September verkehrt er
täglich; von Oktober bis März nur an Wochenenden und Feiertagen. Die Schiffe fahren in der
Zeit von 10 bis 19 Uhr einmal zur vollen Stunde
(außer um 13 Uhr) am Vieux Port ab (im Juli und
August halbstündlich bis 23.30 Uhr).

Taxi

Taxiruf 📞05 46 41 55 55

Île de Ré
16 000 EW.

Die sonnenverwöhnte, tiefenentspannte
Île de Ré ist einer der reizvollsten Flecken
an der Westküste Frankreichs. Vom nördlichsten bis zum südlichsten Punkt misst
das idyllische Eiland 30 km, an der breites-
ten Stelle nur 5 km. Kreuz und quer über
die Insel verstreut finden sich romantische
Dörfer mit weiß getünchten Häusern samt
grünen Fensterläden und roten Ziegeldächern. Aber Achtung, die Île de Ré ist alles
andere als ein Geheimtipp, in Hochsommer bekommt man hier kaum einen Fuß
an den Boden und die Hotels und Campingplätze sind dann *hoffnungslos* überfüllt.

An der Nordküste, etwa 12 km von der
mautpflichtigen Brücke entfernt, die die Île
de Ré mit La Rochelle verbindet, liegt der
Hauptort der Insel: der malerische Fischerhafen **St-Martin-de-Ré** (2600 Einwohner).
Das Städtchen ist von Festungsanlagen aus
dem 17. Jh. umgeben, auf deren Wällen es
sich nett spazieren lässt, und besteht aus
einem Labyrinth hübscher Gassen mit
Kunsthandwerksläden, Galerien und einer
immer wieder grandiosen Aussicht aufs
Meer. Die **Touristeninformation** (📞05 46
09 20 06; www.iledere.com; av. Victor Bouthillier;
⏰Mo–Sa 10–18, So 10–12 Uhr) von St-Martin
versorgt Besucher mit Informationen über
die gesamte Insel.

Die schönsten **Strände** liegen ganz
im Süden, darunter auch die inoffiziel-
len **FKK-Strände** in Rivedoux Plage und
La Couarde-sur-Mer, und am westlichen

Zipfel (nordöstlich und südöstlich vom Leuchtturm Phare des Baleines). Die meisten Strände sind von Dünen umgeben, die zum Schutz der Vegetation eingezäunt sind.

🏃 Aktivitäten

🚲 Radfahren   FAHRRADVERLEIH
Die hügellose Insel gilt als Paradies für **Radfahrer**, weil sie über ein dichtes Netz von gut ausgebauten Radwegen verfügt. Die Touristeninformationen halten Radwanderkarten bereit. Im Sommer hat fast jedes noch so winzige Dörfchen einen Fahrradverleih am Start. Das ganze Jahr über geöffnet hat der Verleih **Cycland** (www.cycland.fr), der die Räder bei Bedarf direkt zur Brücke bringt.

🛏 Schlafen

Die Île de Ré gibt ein prima Tagesausflugsziel von La Rochelle aus ab. Wer länger auf der Insel bleiben will (und das wollen fast alle), findet im Sommer in jedem Dorf eine Touristeninformation mit einem Verzeichnis der Übernachtungsmöglichkeiten (inkl. Campingplätze und Privatunterkünfte).

La Baronnie Domaine HISTORISCHES HOTEL €€€
(☎05 46 09 21 29; 21 rue Baron de Chantal, St-Martin de Ré; DZ ab 160 €) Dieses Hotel atmet Geschichte und kommt ganz königlich daher – kein Wunder, wo es doch einst Ludwig XVI. gehörte.

Hôtel Le Sénéchal BOUTIQUEHOTEL €€
(☎05 46 29 40 42; www.hotel-le-senechal.com; 6 rue Gambetta, Ars-en-Ré; Zi. 80–200 €; 📶🏊🍴) Etwas bodenständiger, aber nicht weniger charmant ist diese Unterkunft mitten in dem bezaubernden Dörfchen Ars-en-Ré. Bei unserem Besuch rief ein Pärchen, das gerade die Zimmer begutachtete, aus: „Oh, wie schnuckelig!" Dem können wir uns nur anschließen.

ℹ An- & Weiterreise

Die Maut fällt nur auf der Hinfahrt an und liegt bei 9 € (stolze 16,50 € von Mitte Juni bis Mitte September).

Das ganze Jahr über kriechen Busse im Schneckentempo von La Rochelle (Parkplatz am Bahnhof, Tour de la Grosse Horloge und Place de Verdun) in alle größeren Orte der Insel. Die Fahrt nach St-Martin dauert eine Stunde und kostet 4 €. Weitere Busse verbinden die einzelnen Inseldörfer miteinander.

Cognac
19 850 EW.

An den Ufern der Charente, mitten in den Weinbergen, liegt das Städtchen Cognac. Bekannt ist es vor allem für den gleichnamigen doppelt gebrannten Weinbrand, der die regionale Wirtschaft florieren lässt. Die meisten Gäste wollen sich die berühmten Cognac-Häuser ansehen, doch die pittoreske Stadt ist sogar einen Zwischenstopp wert, wenn man kein Fan des hiesigen Feuerwassers ist.

Die von Cafés gesäumte, zentrale Place François 1er liegt 200 m nordöstlich der **Touristeninformation** (☎05 45 82 10 71; www.tourism-cognac.com; 16 rue du 14 Juillet; ⊙Mo–Sa 9.30–17.30 Uhr). Vom Platz zum Fluss führt der Boulevard Denfert Rochereau.

⊙ Sehenswertes & Aktivitäten

Fachwerkhäuser aus dem 15. bis 17. Jh. säumen die engen Gassen der **Vieille Ville** (Altstadt), die sich zwischen die zum Teil romanische **Kirche St-Léger** (rue Aristide Briand) und den Fluss schmiegt.

Museen   MUSEEN
(Kombiticket Erw./Kind 4,60 €/frei; ⊙tgl. 10–18 Uhr) Am südlichen Ende des belaubten **Jardin Public** informiert das **Musée de Cognac** (☎05 45 32 07 25; www.musees-cognac.fr, auf Frz.; 48 bd Denfert Rochereau) über die Geschichte der Stadt. Das **Musée des Arts du Cognac** (☎05 45 36 21 10; place de la Salle Verte) erklärt Schritt für Schritt die Cognacproduktion – vom Wein bis zur Flasche.

La Dame Jeanne   FLUSSFAHRTEN
(☎05 45 82 10 71; Erw./Kind 7/4 €; ⊙Mai–Sept.; 🐾) Auf der *La Dame Jeanne* kann man sich zusammen mit Stichlingen die Charente hinabtreiben lassen. Das Boot ist ein Nachbau der als gabarres bezeichneten flachen Lastkähne, die einst die Hauptrolle für den Handel auf diesem Fluss spielten. Die Tour dauert 90 Minuten und es empfiehlt sich eine Reservierung über die Touristeninformation.

🛏 Schlafen & Essen

Hôtel Héritage   BOUTIQUEHOTEL €€
(☎05 45 82 01 26; www.hheritage.com; 25 rue d'Angoulême; DZ 70–80 €, Hauptgerichte 10–18 €; 📶🏊) Die Villa aus dem 17. Jh. mitten im Zentrum beeindruckt mit ihrer Farbkombination aus Lindgrün, Fuchsia und

Kirschrot. Sie ist der Beweis dafür, dass zeitgenössisches Ambiente und die Eleganz vergangener Jahrhunderte miteinander einhergehen können. Ein besonderer Hingucker sind übrigens die ausgefallenen „mittelalterlichen" Porträts. An die liebevoll restaurierte Bar schließt sich das Hotel-Restaurant *La Belle Époque* an, das längst vergessene traditionelle Gerichte der Region wieder auf den Tisch bringt.

Hôtel Le Cheval Blanc TRADITIONELLES HOTEL **€** (☎05 45 82 09 55; www.hotel-chevalblanc.fr; 6 place Bayard; DZ 56 €; ❀❀) Die eher kleinen, aber supersauberen Zimmer des rollstuhlgerechten Hotels gruppieren sich um einen Innenhof. Ein Automat zum Ziehen von kleinen Cognacfläschchen befriedigt nächtliche Gelüste.

Bistrot de Claude BISTRO **€€** (☎05 45 82 60 32; 35 rue Grande; Menü ab 17 €, Hauptgerichte 12–29 €; ☺Mo–Fr) Dieses charmante Restaurant ist mitten in der Altstadt in einem windschiefen Fachwerkhaus untergebracht und hat sich auf Austern, Fluss- und Meeresfische spezialisiert.

An- & Weiterreise

Vom **Bahnhof**, (1 km südlich des Zentrums an der Avenue du Maréchal Leclerc) verkehren regelmäßig Züge von/nach La Rochelle (ab 15 €, ab 1¼ Std.).

Rund um Cognac

Nur eine kurze Autofahrt hinaus aus der Stadt Cognac lohnen einige faszinierende

DIE HEIMAT DES COGNACS

Gemäß der hiesigen Überlieferung haben sogar die Götter bei der Cognacproduktion ihre Hände im Spiel. Cognac wird aus *eaux de vie* (Weinbrand, dem sogenannten Wasser des Lebens) verschiedener Jahrgänge hergestellt. Er reift in Eichenfässern und wird von einem erfahrenen *maître de chai* (Kellermeister) verschnitten. Jedes Jahr entweichen etwa 2 % vom Inhalt der Fässer – *la part des anges* (der Anteil der Engel) – durch die Poren im Holz und nähren so die kleinen schwarzen Pilze, die an den Wänden der Cognaclager wachsen. Diese 2 % hören sich zwar nicht nach besonders viel an, aber pro Jahr beläuft sich das auf etwa 20 Mio. Flaschen. Wenn sich das alles die Engel im Himmel hinter die Binde kippen, dann scheint es da oben tatsächlich paradiesisch zuzugehen.

Die bekanntesten **Cognac-Häuser** lassen sich besichtigen. Sie bieten Führungen durch ihre Kellereien und Destillerien an, die dann in einer Cognacprobe ihren krönenden Abschluss finden. Die Öffnungszeiten variieren von Jahr zu Jahr; es ist daher ratsam, sich telefonisch anzumelden.

Camus (☎05 45 32 72 96; www.camus.fr; 29 rue Marguerite de Navarre; Erw./Kind ab 7 €/ frei) 250 m nordöstlich vom Jardin Public.

Hennessey (☎05 45 35 72 68; www.hennessey.com; 8 rue Richonne; Erw./12–18 J./unter 12 J. 9 €/7 €/frei; ☺März–Dez.) Vom Quai des Flamands 100 m den Hügel hinauf. Die Führungen beinhalten eine Filmvorführung (auch auf Engl.) und eine Bootsfahrt auf der Charente zu den Kellereien.

Martell (☎05 45 36 33 33; www.martell.com; place Édouard Martell; Erw./Kind 7,50/3 €) 250 m nordwestlich der Touristeninformation; letzter Einlass eine Stunde vor Schließung.

Otard (☎05 45 36 88 86; www.otard.com; 127 bd Denfert-Rochereau; Erw./Kind 8,50/4 €) 650 m nördlich der Place François 1er ist dieses Cognac-Haus im Château de Cognac, dem 1494 erbauten Geburtshaus von König Franz I., untergebracht.

Rémy Martin (☎05 45 35 76 66; www.visitesremymartin.com) Zwei Standorte: der **Landsitz** (Erw./Kind 15/7 €; ☺Mai–Sept.) 4 km südwestlich der Stadt Richtung Pons; und in der Stadt das **Haus** (Erw./12–18 J./unter 12 J. 25/14/7 €; ☺nach Vereinbarung) für gemütliche Cognacproben in Achtergruppen.

Eine Liste der kleineren Cognac-Häuser im Umland gibt's in der Touristeninformation; die meisten von ihnen sind zwischen Oktober und Mitte März geschlossen.

Orte einen Besuch. Einer der Glanzpunkte ist die einstige Hauptstadt der gallorömischen Provinz Aquitanien: **Saintes** (26 300 Ew.) am Ufer der Charente. Die Stadt geht auf das 1. Jh. n. Chr. zurück und besitzt eine ganze Reihe römischer Hinterlassenschaften: einen Doppelbogen, der einst als Stadttor gedient hat, ein imposantes, von Pflanzen überwuchertes Amphitheater aus der Regierungszeit von Kaiser Claudius und ein archäologisches Museum mit Statuen und einem kompletten Streitwagen samt Geschirr.

In der autofreien Altstadt wimmelt es nur so von netten Cafés, Restaurants und Boutiquen.

Ebenfalls am Ufer der Charente liegt **Jarnac** (5000 Ew.), wo 1916 der frühere Präsident François Mitterrand geboren wurde. Sein Geburtshaus ist heute ein Museum; er selbst liegt auf dem Friedhof der Stadt begraben. Die Gewässer um Jarnac sind ein gefragtes Angelrevier.

Die Touristeninformation von Cognac hat Infos über diese und weitere Ausflugsziele der Umgebung.

✖ Essen

 **La Ribaudière**   GOURMETKÜCHE €€€ (☏ 05 45 81 30 54; www.laribaudiere. com; Bourg-Charente; Menü ab 42 €; ⊗ Mi–Sa mittags & abends, Mo & Di nur abends, So nur mittags) Dieses mit einem Michelin-Stern gekrönte Feinschmeckerparadies verbirgt sich zwischen Obstgärten am Ufer der Charente im winzigen Weiler Bourg-Charente (auf halbem Weg zwischen Cognac und Jarnac). Küchenchef Thierry Verrat baut sein eigenes Gemüse an, das sich dann auf seiner jahreszeitlich wechselnden Karte wiederfindet. Wer seine Geschmacksknospen auf Dauer verwöhnen will, kann an einem der **Kochkurse** (110 €) des Restaurants teilnehmen. Details dazu finden sich auf der Website.

SÜDLICHE ATLANTIKKÜSTE

Am südlichen Ende der Atlantikküste erstreckt sich die ausgedehnte Region Aquitaine (Aquitanien) bis zur Dordogne im Osten und dem Baskenland im Süden. Mitten in herrlichen Weinbergen liegt die Hauptstadt Bordeaux, das Tor zu den unzähligen Attraktionen der Region.

Bordeaux

238 920 EW.

Das neue Jahrtausend war ein Wendepunkt für die Stadt, die lange Zeit den Beinamen La Belle au Bois dormant (Dornröschen) getragen hat. Ihr Bürgermeister, der umstrittene frühere Premierminister Alain Juppé, riss sie aus ihrem Dornröschenschlaf: Er ließ die Boulevards in Fußgängerzonen umwandeln, restaurierte ihre klassizistische Architektur und schuf ein hochmodernes Verkehrssystem.

Juppé war zwar wegen Missbrauchs öffentlicher Gelder in Paris 2004 rechtskräftig verurteilt worden, doch in Bordeaux hatte man das rasch vergessen und wählte ihn 2006 und 2008 erneut zum Bürgermeister. Seine Bemühungen zahlten sich aus: Mitte 2007 wurde die Hälfte des gesamten Stadtgebiets (18 km², von den äußeren Boulevards bis zum Ufer der Garonne) als bislang größtes städtisches Weltkulturerbe in die Liste der Unesco aufgenommen.

Mit ihren vielen, feierfreudigen Studenten und den 2,5 Mio. Besuchern pro Jahr scheint La Belle Bordeaux heute selbst nachts kaum noch zu schlafen.

Geschichte

56 v. Chr. kolonisierten die Römer Aquitanien und nannten die Siedlung 100 km östlich vom Atlantik an der tiefsten Furt der Garonne Burdigala. Von 1154 bis 1453 war die Stadt durch die Hochzeit von Eleonore von Aquitanien mit König Heinrich II. von England in englischer Hand und erlebte damals eine wirtschaftliche Blütezeit. Die Vorliebe der Engländer für den einheimischen Rotwein (auf der anderen Kanalseite *claret* genannt) begründete den bis heute andauernden, internationalen Ruf der Bordeauxweine.

◉ Sehenswertes & Aktivitäten

Jeden ersten Sonntag im Monat ist die Innenstadt von Bordeaux autofrei und die Besucherattraktionen haben meist länger geöffnet.

Cathédrale St-André   KATHEDRALE
Die **Cathédrale St-André** thront majestätisch über der Stadt. Mit ihrem ältesten Gebäudeteil von 1096 hat die Unesco sie zum Weltkulturerbe erklärt – schon ehe die Stadt dieses Prädikat erhielt – doch ein Großteil entstand erst im 13. und 14. Jh. Das Nordportal schmücken einzigartige

Steinmetzarbeiten. Vielleicht noch imposanter als die Kirche selbst ist die 50 m
hohe **Tour Pey-Berland** (Erw./Kind 5 €/frei;
⏱tgl. 10–13.15 & 14–18 Uhr). Dieser Glockenturm mit Wasserspeiern wurde zwischen
1440 und 1466 errichtet. Im 19. Jh. erhielt

er eine Wendeltreppe und 1863 die Marienstatue Notre-Dame de l'Aquitaine obenauf. Wer sich nicht scheut, die 232 schmalen
Stufen des Turms zu erklimmen, wird mit
einem spektakulären Blick über die ganze
Stadt belohnt.

ATLANTIKKÜSTE BORDEAUX

Museen MUSEEN

(Dauer-/Wechselausstellungen frei/ 5 €, wenn unten nicht anders aufgeführt; ⊙Di–So 11–18 Uhr) Bordeaux hat jede Menge Museen und Galerien zu bieten. Zu den Highlights im beeindruckenden **Musée d'Aquitaine** (20 cours Pasteur; Wechselausstellungen 3 €) zählen gallorömische Statuen und Relikte, die bis zu 25 000 Jahre alt sind. Den Leihkatalog gibt's auch auf Englisch.

Die 1824 errichteten, höhlenartigen Entrepôts Lainé – ehemalige Lagerräume für französische Kolonialwaren wie Kaffee, Kakao, Erdnüsse und Vanille – bilden die eindrucksvolle Kulisse für die topaktuelle moderne Kunst im **CAPC Musée d'Art Contemporain** (Entrepôt 7, rue Ferrére).

Die Entwicklung der abendländischen Kunst von der Renaissance bis zur Mitte des 20. Jhs. dokumentiert das **Musée des Beaux-Arts** (20 cours d'Albret; ⊙Mi–So). Zu beiden Seiten des vornehmen öffentlichen Parks **Jardin de la Mairie** nimmt es zwei Flügel des Rathauses von 1770 ein. Das 1801 eröffnete Museum konzentriert sich auf flämische, niederländische und italienische Gemälde aus dem 17. Jh. In der nahe gelegenen **Galerie des Beaux-Arts** (place du Colonel Raynal), einem Ableger des Museums, finden regelmäßig Wechselausstellungen statt.

Das **Musée des Arts Décoratifs** (39 rue Bouffard; ⊙Mi–Mo 14–18 Uhr, Wechselausstellungen Mo–Fr ab 11 Uhr) zeigt Fayencen, Porzellan, Gold- und Eisenschmiedearbeiten, Glaswaren und Möbel. Dekoschätze für den Hausgebrauch verkaufen die Antik- und Einrichtungsläden an der Rue Bouffard.

Parks PARKS

Die Landschaftsgestaltung im **Jardin Public** (cours de Verdun) ist so kunstvoll wie lehrreich. 100 Jahre nach seiner Eröffnung 1755 erhielt er ein neues Gesicht im englischen Stil und der bereits 1629 gegründete und akribisch katalogisierte **Jardin Botanique** wurde 1855 hierher verlegt.

An dem riesigen Platz **Esplanade des Quinconces** von 1820 erinnert ein Springbrunnen an die **Girondisten**. Sie bildeten eine Fraktion gemäßigter, bürgerlicher Abgeordneter in der Nationalversammlung zur Zeit der Französischen Revolution. 1793 wurden 22 von ihnen hingerichtet, nachdem sie wegen konterrevolutionärer Aktivitäten angeklagt und verurteilt worden waren.

Die neu gestaltete, 4 km lange **Uferpromenade** umfasst Spielplätze, Radwege und einen allseits beliebten, handtuchschmalen „Swimmingpool", in dem sich in den Sommermonaten die übermütige Bordelaiser Jugend austobt.

Die hübsche **Place Gambetta** säumen schattige Bänke. Der große Platz mitten in der Stadt wartet jedoch auch mit einer historischen Bedeutung auf: Während der Schreckensherrschaft, die auf die Revolution folgte, trennte hier eine Guillotine 300 angeblichen Konterrevolutionären den Kopf ab.

Palais Gallien   RÖMISCHE RUINEN
(rue du Docteur Albert Barraud; Erw./Kind 3/2,50 €; ⊙tgl. 14–19 Uhr) Die einzigen erhaltenen Überreste von Burdigala sind die bröckelnden Ruinen dieses Amphitheaters aus dem 3. Jh.

👉 Geführte Touren

Die Touristeninformation bietet ein breites Spektrum an zweisprachigen Stadtführungen, z. B. einen auch für Rollstuhlfahrer geeigneten zweistündigen **Morgenrundgang** (Erw./Kind 8/7 €, optionale Weinprobe 3,50 €; ⊙Touren tgl. 10 Uhr, Mitte Juli–Mitte Aug. 10 & 15 Uhr) und einen **nächtlichen Spaziergang** (Erw./Kind 15/10 €) zu den beleuchteten Bauwerken und Monumenten. Sie versorgt Besucher außerdem mit Tipps und Broschüren zu Dutzenden weiterer Möglichkeiten, darunter **Gourmet**- und **Weintouren** sowie **Flussfahrten** in den wärmeren Monaten.

Über Exkursionen (u. a. längere Tagestouren) und Kurse zum Thema Wein informiert der Kasten auf S. 679.

Die Teilnehmerzahl ist stets begrenzt, sodass es ratsam ist, die Touren im Voraus zu buchen.

🍽 Kurse

Wer bei so viel Wein auch mal etwas zu essen braucht, kann an einem der renommierten, halbtägigen Kochkurse teilnehmen, die Nicolas Frion an der **École de Cuisine au Chapon Fin** (📞05 56 90 91 92; www.chapon-fin.com; 5 rue Montesquieu, pro Pers. 95 €) anbietet.

Weitere **Kurzkochkurse**, die regelmäßig stattfinden, können über die Touristeninformation gebucht werden.

🛏 Schlafen

An Unterkünften aller Kategorien herrscht in Bordeaux kein Mangel. Das Paket *Découverte* (Bordeaux entdecken), ein nettes, kleines Angebot der Touristeninformation, umfasst zwei Übernachtungen in einem teilnehmenden Hotel nach Wahl plus freie Fahrt in den öffentlichen Verkehrsmitteln, freien Eintritt bei den wichtigsten Denkmälern und Sehenswürdigkeiten, eine Stadtführung, eine Weinberg-Besichtigung mit Weinprobe (beide Exkursionen auf Frz. und Engl.) sowie eine Flasche Wein. Die Preise beginnen bei 200 € für zwei Übernachtungen mit zwei Personen; Kinder unter 12 Jahren übernachten kostenlos im Zimmer der Eltern. Mindestens zehn Tage vorher buchen.

LP TIPP ⟩ **Ecolodge des Chartrons**
          ZIMMER MIT FRÜHSTÜCK €€
(📞05 56 81 49 13; www.ecolodgedeschartrons. com; 23 rue Raze; EZ/DZ 98/110 €) An einer kleinen Nebenstraße hinter den Kais von Bordeaux verbirgt sich im Weinhändler-Viertel Chartrons diese *chambre d'hôtes*, die als umweltbewusste Unterkunft eine Vorreiterrolle in der Stadt einnimmt. Die Besitzer und Gastgeber Vronique und Yann haben die „Seele" des alten Weinhändlerhauses bewahrt, aber einige Neuerungen hinzugefügt: ein Warmwassersystem mit Solarenergie, eine energieeffiziente Gasheizung sowie eine Schalldämmung auf Hanfbasis. Sie haben die alten Steinmauern abgekratzt und frisch gekalkt, die breiten Bodendielen neu geschliffen und antike Möbel wieder aufgearbeitet. Die Bäder aller fünf Gästezimmer bestehen aus natürlichen Materialien wie z. B. Basalt. Gäste können es sich mit einem Buch in der Lounge bequem machen, in die mit einem Inselherd ausgestattete Küche hineinschnuppern und den Tag mit einem Biofrühstück beginnen, das an einem langen Holztisch serviert wird.

La Maison Bord'eaux HISTORISCHES HOTEL €€
(📞05 56 44 00 45; www.lamaisonbord-eaux. com; 113 rue du Docteur Albert Barraud; EZ/DZ ab 130/150 €; 🅿) Der Name klingt nach

Durstig? Neben Burgund ist das 1000 km² große Weinanbaugebiet rund um Bordeaux Frankreichs bedeutendster Produzent erstklassiger Weine.

Die Gegend um Bordeaux ist in 57 Appellationen (Anbaugebiete, deren spezifische Boden- und Mikroklimaverhältnisse den hier produzierten Weinen einen unverwechselbaren Charakter verleihen) aufgeteilt. Sie sind in sieben *familles* (Familien) zusammengefasst, die dann wiederum hierarchisch klassifiziert sind (an der Spitze steht z. B. der *premier grand cru classé*), wobei die Klassifizierung von Appellation zu Appellation oft variiert. Der Großteil der um Bordeaux angebauten Rot- und Roséweine, lieblichen und trockenen Weißweine, Champagner- und Sektsorten trägt die Abkürzung AOC (Appellation d'Origine Contrôlée) auf dem Etikett. Sie bedeutet, dass Anbau, Fermentierung und die Reifeprozedur nach strengen Weinbaunormen erfolgt sind, die z. B. die Anzahl der Rebstöcke pro Hektar oder die zu verwendenden Rebschnitttechniken regeln.

In und rund um Bordeaux gibt's mehr als 5000 *châteaux* (auch *domaines*, *crus* oder *clos* genannt), wobei der Begriff nicht für palastartige Schlösser steht, sondern für Besitzungen, auf denen Trauben angebaut, geerntet und fermentiert werden und schließlich zu Wein reifen. Die kleineren *château* kann man manchmal ohne Vorankündigung besichtigen, doch bei den meisten – besonders bei den renommierten – läuft ohne vorherige Terminabsprache gar nichts. Viele haben während der *vendange* (Weinlese) im Oktober geschlossen.

Die geselligen Wein- und Käse-Einführungskurse (Erw. 24 €), die die Touristeninformation jeden Dienstag um 16.30 Uhr organisiert, sind äußerst appetitanregend und machen Lust auf mehr. Hierbei kommen Käse und drei verschiedene Weine direkt aus dem Keller auf den Tisch.

Wer ernsthaft am Studium der Trauben interessiert ist, kann sich bei einem Kurs an der **École du Vin** (Weinschule; ✆05 56 00 22 66; www.bordeaux.com/Ecole-du-Vin) einschreiben. Diese befindet sich in der **Maison du Vin de Bordeaux** (Haus des Weins von Bordeaux; 3 cours du 30 Juillet) gegenüber der Touristeninformation. Von Juni bis September finden hier zweistündige Einführungskurse statt (Mo–Sa 10–12 Uhr, Erw. 25 €). Und wer seine Nase mal so richtig schulen (und seinen Dinnerpartys den letzten Schliff geben) will, sollte einen der drei Intensivkurse (335–600 €) belegen. Sie werden von Mai bis Oktober angeboten, dauern zwei bis drei Tage und schließen Besuche umliegender *châteaux* mit ein.

Weitere Infos zu *châteaux*-Ausflügen und Weinproben finden sich auf S. 685.

---

einem edlen Landgut aus dem 18. Jh. mit von Koniferen bewachtem Innenhof und Stallungen daneben, doch diese grandiose *maison d'hôtes* liegt mitten in der Stadt. In der Bibliothek liegen Bücher und CDs für die Gäste bereit. Eine *table d'hôtes* ist auf Anfrage ebenfalls möglich (Menü 30–150 € inkl. Wein).

Une Chambre en Ville   BOUTIQUEHOTEL €€
(✆05 56 81 34 53; www.bandb-bx.com; 35 rue Bouffard; EZ/DZ 103/115 €, Einzel-/Doppelsuite 126/138 €) Das geschmackvolle Hotel liegt in einer Straße mit lauter Antiquitäten- und Kunstläden und fügt sich bestens in seine Umgebung ein, denn jedes der individuell gestylten Zimmer ist schon für sich genommen ein Kunstwerk. Die Einrichtung reicht von rotem Plüsch und „pikanten" Bildern im orientalischen Zimmer bis hin zur klassisch-edlen Ausstattung der Suiten. Une Chambre en Ville ist schwulen- und lesbenfreundlich, aber auch Heteros sind herzlich willkommen.

La Maison du Lierre   BOUTIQUEHOTEL €€
(✆05 56 51 92 71; www.maisondulierre.com; 57 rue Huguerie; DZ 68–128 €; ❖▮) Das liebevoll restaurierte „Efeuhaus" ist sehr einladend und wirkt wie eine *chambre d'hôtes*. Eine schmucke Bordelaiser Steintreppe (leider gibt's keinen Lift) führt zu den sonnendurchfluteten Zimmern mit poliertem Dielenboden, rosenbedruckten Stoffen und blitzblanken Badezimmern. Der weinberankte Garten ist ein perfekter Platz, um einen frisch gepressten O-Saft zum Frühstück zu genießen (ab 8 €).

Seeko'o
DESIGNHOTEL €€€

(☎05 56 39 07 07; www.seekoo-hotel.com; 54 quai de Bacalan; DZ ab 189 €; ✵⊛) Die monochrome Lobby in diesem eisbergförmigen Hotel führt zu 45 retro-futuristischen Zimmern mit Vinyl- und Lederdekoration (einige mit rundem Bett), die von Designern aus Bordeaux gestaltet wurden. Gäste können kostenlos im türkischen Hamam relaxen, die Champagnerbar im 1. Stock besuchen oder die moderne Kunst bewundern, die das gesamte Haus schmückt.

Hôtel du Théâtre
BOUTIQUEHOTEL €

(☎05 56 79 05 26; www.hotel-du-theatre.com, auf Frz.; 10 rue Maison-Daurade; EZ/DZ ab 50/75 €; ⊛) Die Zimmer dieses kürzlich renovierten Hotels in direkter Nähe der Haupteinkaufsstraße sind teilweise im klassischen Stil, teilweise in sonnigen, mediterranen Farben gehalten. Am besten haben uns die mit funkelnden Pailletten und schrillem Glitter verzierten Zimmer gefallen, die aussehen, als wären sie gerade aus der Disko nach Hause gekommen.

Hôtel de la Tour Intendance
BOUTIQUEHOTEL €€

(☎05 56 44 56 56; www.hotel-tour-intendance.com; 14–16 rue de la Vieille Tour; EZ 78 €, DZ 88–148 €; ✵⊛) Das stylishe Boutiquehotel liegt in einer ruhigen Gegend und verzaubert seine Gäste mit hohen Balkendecken und freigelegten Sandsteinwänden. Die Einrichtung der lichtdurchfluteten Zimmer besticht durch naturfarbene Stoffe, die wunderschön mit der weißen Holzvertäfelung und den geometrischen Vinylmustern an den Wänden harmonieren. Die Badezimmer beeindrucken mit Kieselsteindekor hinter einer Milchglaswand.

Adare House
ZIMMER MIT FRÜHSTÜCK €€

(☎05 56 52 48 45; 8 rue Emile Zola; EZ/DZ ab 90/110 €; ⊛) Diese von zwei Engländern betriebene *chambre d'hôtes* logiert in einem soliden, alten Bordelaiser Stadthaus in der Nähe des prachtvollen Jardin Public. Es gibt nur zwei Zimmer, diese sind stilvoll eingerichtet und mit modernen Farben und Mustern versehen. Eines der Zimmer hat eine Badewanne, das andere eine Hightech-Dusche. Unbedingt im Voraus reservieren.

Hôtel de la Presse
TRADITIONELLES HOTEL €€

(☎05 56 48 53 88; www.hoteldelapresse.com; 6–8 rue de la Porte Dijeaux; DZ 78–98 €; ✵⊛) Seiden- und Trockenblumen sowie purpurrote Bettüberwürfe verleihen dem Hotel in einer Seitenstraße der autofreien Rue Ste-Catherine einen eleganten Touch. Der Service ist professionell und formvollendet.

Hôtel Touring
TRADITIONELLES HOTEL €

(☎05 56 81 56 73; www.hoteltouring.fr; 16 rue Huguerie; EZ/DZ 47–55 €, mit Gemeinschaftsbad 38/45 €; ⊛) Stolzer Besitzer ist eine warmherzige Bordelaiser Familie. In den Zimmern stehen Originalmöbel aus den 1940er- und 1950er-Jahren wie aufklappbare Schulpulte und Clubsessel. Die meisten Zimmer verfügen über einen Kühlschrank, TV und Telefon.

Hôtel Notre-Dame
TRADITIONELLES HOTEL €

(☎05 56 52 88 24; 36–38 rue Notre-Dame; EZ/DZ 47–54 €; ⊛) Dieses saubere, einfache Hotel punktet vor allem mit seiner Lage. Es befindet sich wenige Schritte vom Stadtzentrum entfernt fast direkt am Fluss und mitten in einem hübschen, dörflichen Viertel voller Antiquitätenläden und entspannter Cafés (nachts ist es hier allerdings weniger gemütlich, lieber ein bisschen aufpassen!).

Auberge de Jeunesse
HOSTEL €

(☎05 56 33 00 70; www.auberge-jeunesse-bordeaux.com; 22 cours Barbey; B inkl. Bettwäsche & Frühstück 22 €; ⊙Rezeption 7.30–13.30 & 15.30–21.30 Uhr; ⊛) Bordeaux' einzige Jugendherberge residiert in einem ultramodernen Gebäude. In dem rollstuhlgerechten Hostel mit Selbstversorgerküche lädt ein Kicker zu heißen Matches ein. Vom Bahnhof aus folgt man dem Cours de la Marne 300 m Richtung Nordwesten und biegt gegenüber vom Park links ab. Die Jugendherberge kommt nach 250 m auf der linken Seite.

✗ Essen

Zu dem vielen erlesenen Wein gehört auch eine gute Küche und in Bordeaux gibt's eine Fülle an ausgezeichneten Restaurants. Die meisten liegen an der Place du Parlement, in der Rue du Pas St-Georges und der Rue des Faussets, zudem ballen sich rund um die Place de la Victoire preisgünstige Cafés und Restaurants. Das ehemalige Speicherviertel am Quai des Marques beherbergt heute Dutzende Restaurants, Bars und Fabrikläden in bester Lage direkt am Wasser. Ein toller Ort, um den Sonnenuntergang bei einem Essen oder einem Drink zu genießen.

LP TIPP Le Cheverus Café
BRASSERIE €

(☎05 56 48 29 73; 81–83 rue du Loup; Menü ab 10,50 €; ⊙Mo–Sa) Von den vielen Bistros, die in Bordeaux fest in ihren Viertel

DIE BORDELAISER KÜCHE – JEAN-PIERRE XIRADAKI

Die schönsten Momente sind für mich, wenn ich die Augen meiner Gäste vor *bonheur* (Glückseligkeit) leuchten sehe, während sie ein bestimmtes Gericht essen. Ich bin 50 km entfernt von Bordeaux in Blaye geboren und meine Küche ist *paysanne* (ländlich) und rustikal. In meinen Töpfen landen nur die besten Zutaten und die Zubereitung erfolgt nach traditionellen, südwest-französischen Rezepten.

Der Koch empfiehlt: Jean-Pierre Xiradakis lukullisches Pflichtprogramm

Marché des Capucins Die *cuisine bordelaise* (Bordelaiser Küche) hat ihre Ursprünge im Süden und geht zurück auf die Frauen aus dem Baskenland, die nach Bordeaux kamen, um hier in den großbürgerlichen Häusern zu arbeiten. Die Auswahl an Lebensmitteln aus dem Umland ist enorm vielfältig, es gibt Fluss- und Meeresfische, Schalentiere, Austern, Enten, Gänse, Lamm, Rindfleisch, Pilze, Gemüse, Geflügel, Trüffel ... Wir haben hier wirklich alles. Was uns jedoch fehlt, ist Käse. Ich kaufe bei regionalen Erzeugern und auf Märkten ein: zum einen auf dem Marché des Capucins (s. S. 683) und zum anderen auf dem zweimal pro Woche stattfindenden Markt in Blaye (mittwoch- und samstagmorgens).

Cassoulet, Macaronade und Aale Ich liebe *cassoulet*; dieser herzerwärmende Bohneneintopf mit ein paar Innereien, Wurst und Schweinefleisch ist ein typisches Gericht im ländlichen Südwesten und wird traditionell zu feierlichen Anlässen gegessen. Dann haben wir da noch *macaronade aux cèpes et au foie gras*: frische Makkaroni mit hiesigen Steinpilzen, Foie gras und Sahne. Das Ganze ist sehr mächtig, sehr lecker und erfordert einen sehr gesunden Appetit! *Lamproie à la bordelaise* (ein aalähnliches Neunauge) ist sehr typisch für unsere regionale Küche, der Wanderflussfisch wird mit Wein und Lauch zubereitet.

La Soupe Im Winter haben wir in unserem Restaurant La Tupina (S. 682) immer einen Kessel Suppe über dem Feuer köcheln, das Feuer brennt den ganzen Tag, genau wie früher bei meinen Großeltern. In den Topf kommen Kohl, Möhren, Bohnen, ein wenig Enten- oder Schweinefleisch für den Geschmack und noch einiges mehr, genauso wie die Bauern das vor Hunderten von Jahren schon machten. Die Suppe lieferte ihnen alles, was sie an täglicher Nahrung brauchten – Wasser, Gemüse und ein bisschen Fleisch.

Wein & Austern Bordelaiser Lebenselixiere! L'Essentiel (☑ 05 57 24 39 76; 6 rue Guadel) in St-Émilion ist *die* Adresse, um sich durch verschiedene Weine zu probieren, und La Boîte à Huitres (S. 682), ein auf Fisch, Meeresfrüchte und Schalentiere spezialisiertes Restaurant in Bordeaux, bietet sich an, um Austern zu kosten. Zu meinen bevorzugten Weingütern zählen Château Mayne Lalande (7 route du Mayne) und Château Lestage (www.chateau-lestage.com), beide befinden sich 35 km nördlich von Bordeaux in Listrac.

Wissenswertes

Märkte im Umland In jedem Dorf ist mindestens einmal pro Woche vormittags Markt.

Saucenrezept Alles, was sich *à la bordelaise* nennt, wird in einer Sauce auf Weinbasis serviert, die mit Petersilie, Schalotten und Knochenmark gewürzt ist.

Kochkurse Der Bordelaiser Koch Nicolas Frion veranstaltet Kurse an der École de Cuisine au Chapon Fin (S. 678).

Jean-Pierre Xiradaki ist Autor kulinarischer Bücher und Besitzer eines renommierten Restaurants. Das Interview führte Nicola Williams.

STILVOLL BECHERN

Wer es in Bordeaux den Einheimischen gleichtun und kultiviert Wein trinken will, besucht am besten die ultrastylische, dabei aber sehr einladende **Bar du Vin** (3 cours du 30 Juillet; Glas Wein ab 3 €, mit Käse ab 5 €; ☺ Mo–Sa 11–22 Uhr) in den geheiligten Hallen der Maison du Vin de Bordeaux. Hier trifft man auf wahre Weinkenner und kann sich mit erlesensten Tropfen gepflegt einen antütern.

verankert sind, ist dieses mitten im Stadtzentrum gelegene am stimmungsvollsten. Die Atmosphäre ist nett und gemütlich und es geht hier ziemlich wuselig zu (mittags muss man auf einen Tisch warten). Das Essen schmeckt frisch und selbst gemacht und die Küche wagt sich über Bistrostandards wie Steak mit Pommes hinaus. Ein echtes Schnäppchen sind die Mittagsmenüs, bei denen der Wein inklusive ist.

LP TIPP **La Tupina** GOURMETKÜCHE €€
(☑ 05 56 91 56 37; 6 rue Porte de la Monnaie; Mittags-/Abendmenü 18/60 €, Hauptgerichte 18–40 €) In diesem Lokal mit weißen Tischdecken köchelt über dem offenen Feuer eine Suppe in einer alten *tupina* („Kessel" auf Baskisch) und erfüllt den ganzen Raum mit einem köstlichen Duft. Das Restaurant wird in weitem Umkreis für seine südwest-französischen Spezialitäten der Saison gepriesen – zu diesen zählen ein Miniauflauf aus Foie gras und Eiern, das Milchlamm oder die Gänseflügel mit Kartoffeln und Petersilie. An Wochentagen ist ein Mittagsmenü zu 18 € im Angebot. Vom Stadtzentrum führt flussaufwärts ein zehnminütiger Spaziergang entlang einer kleinen Seitenstraße hierher. Den Weg kann einem jeder Einheimische erklären.

La Bôite à Huîtres FISCH & MEERESFRÜCHTE €
(☑ 05 56 81 64 97; 36 cours du Chapeau Rouge; Menü/Hauptgerichte 18/8 €) Das kleine, verhutzelte Restaurant mit Holzvertäfelung wirkt wie eine Fischerhütte in Arcachon und ganz so weit hergeholt ist der Vergleich tatsächlich nicht: Dies ist bei Weitem die beste Adresse in Bordeaux, um sich an frischen Austern aus Arcachon gütlich zu tun. Traditionell werden sie mit Würstchen gereicht, aber es gibt sie hier in vielerlei Variationen, u. a. auch mit Foie gras, jener

anderen Delikatesse des Südwestens. Wer die Austern lieber beim Picknick am Fluss verzehren möchte, kann sie sich auch einpacken lassen.

Baud et Millet KÄSE & WEIN €€
(☑ 05 56 79 05 77; 19 rue Huguerie; Menü 23–25 €; Hauptgerichte 16–18 €) Wer Käse oder Wein oder gar beides mag, sollte unbedingt dieses schnuckelige Lokal besuchen, in dem über 250 verschiedene Käsesorten auf unterschiedlichste Art (u. a. als Käse-Tajine) zubereitet werden. Die Auswahl an Weinen ist fast genauso umfangreich. Passionierte Käsefreunde sollten das *all-you-can-eat*-Raclette probieren.

L'Estaquade GOURMETKÜCHE €€€
(☑ 05 57 54 02 50; quai de Queyries; Menü 50 €, Hauptgerichte 22–26 €) Was für eine Lage! Auf Stelzen überragt dieser Gourmettempel das Ostufer des Flusses. Die hier servierten Seafood- (Brasse, Kabeljau, Scampi, Muscheln etc.) und Fleischgerichte (wie Taube mit Portwein und schwarzer Johannisbeersauce) schaffen es sogar, den grandiosen Blick auf die klassizistische Architektur von Bordeaux in den Schatten zu stellen. Von der Place de la Bourse sieht man das Restaurant am gegenüberliegenden Flussufer thronen.

Karl INTERNATIONAL €€
(☑ 05 56 81 01 00; place du Parlement; Brunch 20 €; ☺ tgl. 8.30–19.30 Uhr; ♠) Die v. a. beim jungen Publikum angesagteste Adresse der Stadt für den Morgen am Tag nach der Nacht vor dem Brunch. Das Café ist immer gut besucht und die Palette reicht von einem leichten, kontinentalen Frühstück bis hin zum vollen Programm mit Lachs, Käse, Schinken und Eiern. Aber auch zu jeder anderen Tageszeit schmeckt hier ein Snack.

L'Entrecôte BRASSERIE €€
(☑ 05 56 81 76 10; 4 cours du 30 Juillet; Menü 16,50 €) Das 1966 eröffnete, bescheidene Lokal nimmt keine Reservierungen entgegen und hat nur ein einziges Menü auf der Karte. Doch die Einheimischen stehen nach wie vor Schlange dafür: saftige, fein geschnittene Fleischscheiben (unten von Teelichtern erhitzt und oben mit einer Sauce aus Schalotten und Knochenmark nach „Geheimrezept" überzogen), Salat und hausgemachte *frites* so viel man will.

Selbstversorger

Eine echte Spezialität von Bordeaux (die ausnahmsweise einmal nichts mit Wein zu tun hat!) bietet **Baillardran** (www.baillardran.com; place des Grands Hommes) mit mehreren Filialen in der Stadt, darunter eine im Einkaufszentrum Galerie des Grands Hommes. Dort können Gäste zuschauen, wie die traditionellen *canelés* hergestellt werden, mit Vanillecreme gefüllte, geriffelte Minikuchen. Im Untergeschoss des Einkaufszentrums gibt es einen **Carrefour-Supermarkt**. Und wenig weiter wartet die exzellente *fromagerie* von **Jean d'Alos** (4 rue Montesquieu) mit über 150 Sorten Rohmilch- und Bauernkäse auf.

Ausgehen

Dafür, dass der Name Bordeaux gleichbedeutend mit Wein ist, hat die Stadt überraschend wenig Bars. Die Lücke füllen Restaurants und Bistros.

Zu den Studententreffs, die die Place de la Victoire säumen, zählt z. B. das seit eh und je beliebte **Chez Auguste** (3 place de La Victoire).

L'Autre Petit Bois BAR €

(12 place du Parlement) Die beliebte Weinbar beeindruckt mit ihrem „modernen" Barockund Art-déco-Stil. Dieser bewegt sich samt jeder Menge verschnörkelter Sofas an der Grenze zum Kitsch, ist aber so geschmackvoll in Szene gesetzt, dass er noch die Kurve kriegt.

Café Brun JAZZBAR €

(45 rue St-Rémi) Diese Bistro-Bar mit heimeliger Atmosphäre und coolem Jazz ist ein grandioser Ort für den abendlichen Aperitif.

L'Orangerie du Jardin Public CAFÉ €

(Jardin Public; ⏰ mittags; 🍴) Inmitten der Blumenpracht des Parks lädt dieses farbenfrohe Café mit Glasfront am Rande des Jardin Public zu einem entspannten Drink oder leichten Mittagessen (Menü 9 €) ein.

☆ Unterhaltung

Veranstaltungsinfos liefert *Clubs & Concerts* (www.clubsetconcerts.com, auf Frz.), das kostenlos in der Touristeninformation ausliegt.

Tickets für Konzerte und andere Events verkauft die **Virgin Megastore Billeterie** (15–19 place Gambetta).

Clubs & Livemusik

Die angesagten, autofreien Straßen wie die Rue St-Rémi eignen sich gut als Ausgangspunkt für einen vergnüglichen Abend. Die meisten Clubs befinden sich außerhalb des Wohnviertel am Quai de la Paludate, einige Straßen nordöstlich der Gare St-Jean. Weitere Tanzschuppen haben sich am Flussufer nördlich der Innenstadt angesiedelt.

AUSTERN AUF DEM MARCHÉ DES CAPUCINS

Zu einem klassischen Samstagmorgen in Bordeaux gehört es dazu, auf dem **Marché des Capucins** an einem der Fischstände Austern und Weißwein zu schlürfen (6 Austern und ein Glas Wein 6 €; ⏰ 7–12 Uhr). Beim anschließenden Marktbummel füllt sich der Einkaufskorb mit den frischesten Leckereien für ein Picknick in einem der Stadtparks. Zum **Marché des Capucins** dem Cours Pasteur in südlicher Richtung folgen und an der Place de la Victoire links in die Rue Élie Gintrec abbiegen.

Die Türsteher lassen nicht jeden rein; dafür kosten die Clubs selten Eintritt.

Le Port de la Lune CLUB

(www.leportdelalune.com; 58 quai de la Paludate) Die Gigs in diesem schummrigen, stimmungsvollen Jazzclub werden auf der Website angekündigt.

Rock School Barbey MUSIKCLUB

(📞 05 56 33 66 00; www.rockschool-barbey.com, auf Frz.; 18 cours Barbey) In der Rock School, die fast direkt neben der Jugendherberge liegt, spielen regelmäßig Livebands. Sowohl französische Newcomer als auch internationale Indiebands geben sich hier ein Stelldichein, außerdem werden verschiedene Ausstellungen gezeigt.

Bar de l'Hôtel de Ville BAR

(4 rue de l'Hôtel de Ville) In dieser Bar machen viele Schwule die Nacht zum Tage, sonntags finden hier extravagante Shows statt.

Theater & Klassische Musik

Grand Théâtre OPER

(📞 05 56 00 85 95; www.opera-bordeaux.com, auf Frz.; place de la Comédie) Das von Victor Louis (dem Architekten der Kathedrale von Chartres) entworfene **Grand Théâtre** aus dem 18. Jh. bringt Opern, Ballettaufführungen, Orchester- und Kammerkonzerte auf die Bühne. Mittwochs und samstags werden um 15, 16 und 17 Uhr Führungen (3 €) mit Blick hinter die Kulissen angeboten.

Théâtre Femina THEATER

(📞 05 56 52 45 19; www.theatrefemina.fr, auf Frz.; 10 rue de Grassi) Auf dem Programm stehen Schauspiel, Tanz, Varieté und Konzerte.

Kinos

Cinéma Utopia KINO
(www.cinemas-utopia.org/bordeaux, auf Frz.; 3 place Camille Jullian) Dieses Kino zeigt Arthouse-Filme im Originalton.

 ## Shoppen

Europas längste Einkaufsstraße, die Rue Ste-Catherine, ist nicht gerade ein Vorzeigepflaster. Besonders das südliche Ende mit seinen unzähligen Dönerbuden ist ziemlich trist. Etwas interessanter präsentiert sich die Einkaufsmeile allerdings an ihrem nördlichen Ende, wo etwas noblere Ketten vorherrschen. Hier befindet sich auch die Einkaufspassage **Galerie Bordelaise** (rue de la Porte Dijeaux & rue Ste-Catherine) aus dem 19. Jh.

Die Allées de Tourny, der Cours Georges Clemenceau und der Cours de l'Intendance bilden ein Dreieck namens *le triangle*, wo sich luxuriöse Markenboutiquen angesiedelt haben.

Antikmarkt MARKT
(place St-Michel) Sonntagmorgens ist der Platz voller Stände, die Antiquitäten verkaufen. Vom Stadtzentrum führt ein kleiner Spaziergang (700 m) flussabwärts hierher.

Bordeaux Magnum WEIN
(3 rue Gobineau) Weinspezialitäten.

L'Intendant WEIN
(2 allées de Tourny) Rund um eine Wendeltreppe, die vier Stockwerke miteinander verbindet, lagern in zylindrischen Regalen 15 000 Flaschen mit regionalem Wein.

Bradley's Bookshop BÜCHER
(8 cours d'Albret) Buchhandlung mit großer Auswahl an englischsprachigen Büchern und Reiseführern.

Librairie Mollat BÜCHER
(15 rue Vital Carles) Bücher in mehreren verschiedenen Sprachen.

 ## Praktische Informationen

Internetzugang

Le Cyb (23 cours Pasteur; 2,50 €/Std.; ⊙Mo–Sa 10–2, So 14–24 Uhr)

Medizinische Versorgung & Notfall

Hôpital St-André (☑05 56 79 56 79; 1 rue Jean Burguet)

Polizei (☑05 57 85 77 77; 23 rue François de Sourdis; ⊙24 Std.)

Geld

In der Nähe der Touristeninformation gibt's am Cours de l'Intendance, der Rue de l'Esprit des Lois und am Cours du Chapeau Rouge mehrere Banken.

Post

Die Postfilialen an der 43 Place Gambetta und der Place St-Projet haben außer an den Wochentagen auch samstags von 9 bis 12.30 und von 13.30 bis 17 Uhr geöffnet.

Hauptpost (37 rue du Château d'Eau)

Touristeninformation

Bordeaux Monumental (☑05 56 48 04 24; 28 rue des Argentiers; ⊙Mo–Sa 9.30–13 & 14–18, So 10–13 & 14–18 Uhr) Touristeninformation, die sich auf die Stadtgeschichte spezialisiert hat. Kostenlose Multimedia-Shows und Wechselausstellungen zu historischen Themen.

Hauptbüro der Touristeninformation (☑05 56 00 66 00; www.bordeaux-tourisme.com; 12 cours du 30 Juillet; ⊙Mo–Sa 9–19 Uhr, So 9.30–18.30 Uhr) Bietet eine große Vielfalt an Stadtführungen und Ausflügen in die Region.

Maison du Tourisme de la Gironde (☑05 56 52 61 40; www.tourisme-gironde.fr; 21 cours de l'Intendance; ⊙Mo–Fr 9–18, Sa 10–13 & 14–18.30 Uhr) Informationen zum Departement Gironde.

Touristeninformation am Bahnhof (⊙Mo–Sa 9–12 & 13–18, So 10–12 & 13–15 Uhr) Kleine, aber hilfreiche Filiale vor dem Bahnhofsgebäude.

An- & Weiterreise

AUTO Autovermietungen sind mit Büros im Bahnhofsgebäude und am Flughafen vertreten.

BUS Die Busse von **Citram Aquitaine** (www.citram.fr, auf Frz.) fahren fast alle Ziele im Departement Gironde an.

Das internationale Busunternehmen **Eurolines** (32 rue Charles Domercq) befindet sich gegenüber vom Bahnhof.

FLUGZEUG Am **Flughafen von Bordeaux** (☑05 56 34 50 00; www.bordeaux.aeroport.fr) in Mérignac, 10 km westlich vom Stadtzentrum, werden neben Inlandsflügen zunehmend auch viele internationale Flüge zu zahlreichen Zielen in Westeuropa und Nordafrika abgewickelt.

ZUG Bordeaux ist einer der wichtigsten Bahnknotenpunkte in Frankreich. Der Bahnhof Gare St-Jean liegt etwa 3 km von der Innenstadt entfernt am Südende des Cours de la Marne.

Paris Gare Montparnasse 70 €, 3 Std., mind. 16-mal tgl.

Bayonne 28 €, 2 Std.

La Rochelle 27 €, 2¼ Std.

Nantes 45 €, 4 Std.

Mit die berühmtesten Weinanbaugebiete um Bordeaux erstrecken sich nordwestlich der Stadt entlang des Westufers der Gironde-Mündung, wo Garonne und Dordogne zusammenfließen. Weiter westlich, von der Pointe de Grave aus entlang der Côte d'Argent (Silberküste) nach Süden bis hinter das Bassin d'Arcachon, erstrecken sich zwischen Dünen und *étangs* (Lagunen) feine Sandstrände mit erstklassigen Surfspots – s. Kasten S. 706. An den Ufern der trüben Gironde liegt die Hafenstadt **Pauillac** (1300 Einwohner) mitten im Herzen der Weinbauregion, umgeben von den renommierten Weinbaugebieten Haut-Médoc, Margaux und St-Julien. Zur Weinappellation Pauillac zählen 18 *crus classés* einschließlich der der weltberühmten Weingüter Mouton Rothschild, Latour und Lafite Rothschild. Die örtliche Touristeninformation beherbergt die **Maison du Tourisme et du Vin** (☎05 56 59 03 08; www.pauillac-medoc.com; La Verrerie; ☺Mo–Sa 9.30–19, So 10–13 & 14–18 Uhr) und informiert über die Besichtigungsmöglichkeiten der umliegenden *châteaux*.

Da die meisten *châteaux* nicht von öffentlichen Verkehrsmitteln angefahren werden, lässt sich die Gegend am besten mit dem eigenen Auto oder im Rahmen einer der Touren erkunden, die die Touristeninformation von Bordeaux organisiert. Die verschiedenen Ausflugsangebote werden regelmäßig überarbeitet und neu zusammengestellt. Zur Zeit der Recherche für dieses Buch umfassten die halbtägigen **Médoc-Touren** (30 €; Abfahrt donnerstags und samstags um 13.30 Uhr an der Touristeninformation) den Besuch von zwei *châteaux* und Weinproben. An anderen Tagen stehen andere Weinbaugebiete auf dem Programm. Mittwochs veranstaltet die Touristeninformation eine ganztägige **Médoc 1855 Tour** (inkl. Mittagessen 90 €; ☺Tourbeginn 9.15 Uhr), die zu drei der bekanntesten *châteaux* führt (welche genau angesteuert werden, variiert von Mal zu Mal). Die ganztägigen Touren zum Weinzentrum **La Winery** (s. unten) starten dienstags und samstags um 9.45 Uhr ebenfalls an der Touristeninformation in Bordeaux. Die Kosten von 45 € beinhalten ein Mittagessen und eine Weinprobe. Für alle Touren ist eine Anmeldung erforderlich. Der Veranstalter **Bordeaux Excursions** (www.bordeaux-excursions.com) arrangiert maßgeschneiderte, private Landpartien in die Weinbaugebiete. Ein halbtägiger Trip für bis zu fünf Personen kostet (exklusive der *châteaux*-Gebühren) ab 190 €.

Wer die Welt des Weins auf eigene Faust erkunden will, erhält bei der *Maison du Vin de Bordeaux* kostenlos Karten, auf denen die Weinanbaugebiete farblich markiert sind, sowie Infos über die *châteaux* und die Adressen der örtlichen *maisons du vin* (Touristeninformationen, die auf Weingutbesichtigungen spezialisiert sind). Eines der *châteaux*, die sich ganz unkompliziert besuchen lassen, ist das **Château Lanessan** (☎05 56 58 94 80; www.lanessan.com; Cussac-Fort-Medoc; Erw./Teenager 8/2 €). Das ganze Jahr über werden täglich einstündige Führungen angeboten, einige davon sind extra auf Kinder und schwer zu beeindruckende Teenager zugeschnitten; Anmeldung erforderlich.

Das Médoc bietet sich von Bordeaux aus als Ziel für einen entspannten Tagesausflug an, aber für alle, die abends vom vielen Wein ganz müde sind, gibt es in der Gegend zahlreiche *chambres d'hôtes*. In dem Dorf Margaux erwartet einen zudem das einladende, familiengeführte Hotel **Pavillon de Margaux** (☎05 57 88 77 54; www.pavillonmargaux.com; 3 rue Georges Mandel, Margaux; DZ ab 95 €; ☎). Die Einrichtung der einzelnen Zimmer ist verschiedenen berühmten *châteaux* der Region nachempfunden. Dieselbe Familie betreibt auch ein höchst feudales Hotel im **Château Marojallia** (☎05 57 88 77 54; www.marojallia.com; 2 rue du Général de Gaulle, Margaux; DZ 175–270 €; ☎), das – dem Wein der Region angemessen – als palastartiges Anwesen daherkommt. Hier können auch Kochkurse und Seminare zum Thema Weinproduktion belegt werden.

Wer schon mal in der Gegend ist, sollte auch in Philippe Raoux' **La Winery** (☎05 56 39 04 90; www.lawinery.fr, auf Frz.; rond-point des Vendangeurs, D1, Arsac-en-Médoc) vorbeischauen. Das in Frankreich bislang einmalige, riesige Weinzentrum aus Glas und Stahl hat über 1000 verschiedene Weine auf Lager und veranstaltet neben diversen kostenpflichtigen Weinproben auch Konzerte und Ausstellungen moderner Kunst. Zu den innovativen Angeboten zählt eine Verkostung, bei der der individuelle *signe œnologique* („Weinzeichen") der Teilnehmer ermittelt wird (ab 16 €; Anmeldung erforderlich).

Poitiers 36 €, 1¾ Std.
Toulouse ab 33 €, 2¼ Std.

 ## Unterwegs vor Ort

Auto
Parkplätze in der Innenstadt sind rar und teuer. Mit etwas Glück tut sich in den Seitenstraßen nördlich vom Musée d'Art Contemporain oder westlich vom Jardin Public einer auf.

Bus & Straßenbahn
TBC (www.infotbc.com; auf Frz.) betreibt Stadtbusse und Straßenbahnen sowie die *Espace Bus* genannten Informations- und Ticketbüros am Bahnhof, der Place Gambetta (4 rue Georges Bonnac) und an der Esplanade des Quinconces. Die Straßenbahnlinie C verkehrt am Fluss entlang zwischen Bahnhof und Zentrum.

Einzelfahrscheine (1,40 €) gibt's im Bus und an Automaten an den Haltestellen (beim Einsteigen entwerten!). Umsteigen erfordert ein neues Ticket.

Nachtbusse verkehren donnerstags, freitags und samstags bis 1.30 Uhr; die Linie 11 verbindet die Place de la Victoire mit der Partyzone am Quai de la Paludate.

Fahrrad
Le Vélo de la Cub (www.vcub.fr; 0,15 €/Min.) ist die Bordelaiser Version des günstigen, stadtweiten Fahrradverleihsystems (2 €/Std.). Mietstationen, bei denen die Fahrräder abgeholt und abgegeben werden können, befinden sich u. a. an allen größeren Plätzen.

Vom/Zum Flughafen
Jet'Bus (☏05 56 34 50 50) unterhält einen Shuttleservice (einfache Fahrt 7 €) zwischen dem Bahnhof, der Place Gambetta, der Touristeninformation und dem Flughafen. Vom Flughafen fährt der erste Bus um 7.45 Uhr vor dem Terminal B ab (der letzte tgl. um 22.45 Uhr). Der erste Bus zum Flughafen fährt am Bahnhof montags bis freitags um 6.45 Uhr ab, samstags und sonntags um 7.30 Uhr (der letzte tgl. um 21.45 Uhr). Die Busse verkehren den ganzen Tag über alle 45 Minuten. Die Fahrt dauert etwa 45 Minuten. Ein Taxi in die Stadt kostet um die 50 €.

Taxi
Taxiruf ☏05 56 96 00 34 oder ☏05 56 29 10 25

St-Émilion
2160 EW.

Das mittelalterliche Dörfchen St-Émilion, thront über den Weinbergen, die für ihren vollmundigen, dunklen Rotwein bekannt sind. Der Ort gilt als charmantestes Weindorf der Region und ist nach dem wunder-

tätigen Benediktinermönch Émilion benannt, der zwischen 750 und 767 in einer Höhle in der Nähe lebte. Schon früh führten daher Pilgerwege hier entlang. Mittlerweile zählen das Dorf und die umliegenden Weinberge zum Unesco-Welterbe und die 40 km lange Fahrt von Bordeaux lohnt sich! Besonders abends, wenn die Sonne über dem Tal untergeht und den alten Häusern aus Kalkstein einen goldenen Heiligenschein verpasst, entfaltet St-Émilion einen magischen Zauber.

Wegen der steilen Hügel und holperigen Gassen gestaltet sich der Besuch für körperlich Beeinträchtigte ein wenig schwierig. Es wurden jedoch drei neue Wege angelegt, die Gehbehinderten zumindest einen Teil des Orts erschließen. Sie sind auf den Karten eingezeichnet, die kostenlos in der Touristeninformation ausliegen.

Sehenswertes

Clocher   TURM
(Glockenturm; Eintritt 1,25 €) Den Schlüssel für den Kirchturm gibt's bei der Touristeninformation; der Blick von oben über das ganze Dörfchen ist überwältigend. Der Eingang befindet sich an der Place des Créneaux.

Collégiale   KIRCHE
(Stiftskirche) Die Kuppel des romanischen Mittelschiffs aus dem 12. Jh. beherrscht die frühere Collégiale, der zwischen dem 14. und 16. Jh. eine fast quadratische, gewölbte Chorempore hinzugefügt wurde. Im dazugehörigen friedvollen Kloster **Cloître de l'Église Collégiale** (12.–14. Jh.) finden diverse Veranstaltungen statt.

Porte de la Cadène   STADTMAUER
(Kettentor) Zu den Überresten der mittelalterlichen Stadtmauer zählt dieses Stadttor an der Rue Guadet.

Cloître des Cordeliers   KLOSTER
(rue Porte Brunet; Eintritt frei) Bereits seit mehr als hundert Jahren ist die Weinkellerei **Les Cordeliers** (Führungen mit/ohne Weinprobe 3,50/2 €) in den Ruinen des Mönchsklosters untergebracht und stellt dort ihren berühmten Schaumwein her.

Castel daou Rey   BURG
(Eintritt 1,25 €; ⌚11–19.15 Uhr) Der Burgturm aus dem 13. Jh. ist auch als Tour du Roi (Königsturm) bekannt und von oben hat man eine phantastische Aussicht auf das Dorf und das Dordogne-Tal.

⚡ Aktivitäten

Die **École du Vin de St-Émilion** (www.vignobleschateaux.fr; 4 rue du Clocher; Weinkurse 29 €; ⊙April–Okt. tgl. 15 Uhr, Nov.–März nach Vereinbarung) veranstaltet vergnügliche und äußerst informative Weinseminare (auch auf Englisch), bei denen die Teilnehmer neben anderen Spielchen Weine mit verbundenen Augen probieren. Auch die benachbarte **Maison du Vin** (place Pierre Meyrat; Kurse 21 €; ⊙Mitte Juli–Mitte Sept.) gibt 1½-stündige Kurse ab 11 Uhr (auch auf Engl.).

Durch den weitläufigen Bereich des Weltkulturerbes ziehen sich acht **Rundwanderwege** von 4 km bis 14 km Länge. Karten sind bei der Touristeninformation erhältlich.

☞ Geführte Touren

Die interessantesten historischen Sehenswürdigkeiten der Stadt lassen sich nur im Rahmen einer **Stadtführung** (Erw./Kind 11 €/frei) besichtigen, aber das lohnt sich! Die französischsprachigen Touren starten täglich um 11 Uhr an der Touristeninformation, englischsprachige Stadtführungen finden nur am Wochenende um 11 Uhr statt. Die Tour **St-Émilion Souterrain** (Das unterirdische St-Émilion; Erw./Kind 7 €/frei) führt unter den hübschen Straßen entlang in ein faszinierendes Labyrinth von Katakomben. Höhepunkte sind die berühmte Höhle **Grotte de l'Ermitage,** in der der heilige Eremit gelebt haben soll, und die **Église Monolithe**, eine Felsenkirche, die zwischen dem 9. und 12. Jh. aus dem Kalkstein gehauen wurde. Von morgens bis abends gibt's regelmäßig Führungen auf Französisch (auf Anfrage auch auf Dt.). Dort unten ist es recht frisch – Pullover nicht vergessen!

Nachmittags bietet die Touristeninformation zweistündige **Châteaux-Besichtigungen** (Erw./Kind 12 €/frei; ⊙Mai–Sept.) auf Französisch und Englisch an. Außerdem organisiert sie das ganze Jahr über verschiedene Arrangements wie z. B. **La Journée Viticole** (Tag des Winzers; mind. 2 Pers. 385 €; ⊙Juni–Sept. 11–17 Uhr). Dieses Paket umfasst den Besuch eines Weinguts, ein Mittagessen, eine Stadtführung und einen Weinkurs.

★ Festivals & Events

Les Grandes Heures de St-Émilion

MUSIKFESTIVAL

Im Rahmen dieses Festivals werden zwischen März und Dezember in verschiedenen *châteaux* klassische Konzerte veranstaltet. Tickets (30 €) müssen vorher reserviert werden. Details stehen auf der Website der Touristeninformation.

Marché du Gout

MARKT

Jährlich vom 10. bis 15. Oktober findet im Dorfkloster dieser Markt mit regionalen Produkten statt. Von Mai bis November dient das Kloster auch als Veranstaltungsort für **kostenlose Konzerte**; Programm bei der Touristeninformation.

🛏 Schlafen & Essen

Im Dorf und drum herum gibt's einige bezaubernde, aber sehr teure Boutiquehotels. Für alle, die sparen müssen und nicht campen wollen, bietet sich die Tour nach St-Émilion besser als Tagesausflug von Bordeaux aus an. Die Touristeninformation hat eine Liste der günstigeren *chambres d'hôtes* in der Umgebung. Viele der besten Restaurants von St-Émilion sind an Hotels angeschlossen.

IM DORF

Hôtel-Restaurant du Palais Cardinal

HISTORISCHES HOTEL €€

(☏05 57 24 72 39; www.palais-cardinal.com; place du 11 Novembre 1918; EZ/DZ ab 71/88 €, Menü ab 28 €; 🛜🅿🌂) Seit fünf Generationen ist das Hotel in Familienhand. Es präsentiert sich ein wenig stilsicherer und geschmackvoller als die anderen „billigen" Hotels in St-Émilion. Der von Teilen der alten Stadtmauer aus dem 13. Jh. umgebene, weitläufige Garten imponiert mit seiner Blütenpracht und einem beheizten Pool. Sehr lohnenswert ist auch ein Besuch im hauseigenen Restaurant (Mi & Do mittags sowie Dez.–März geschl.).

Auberge de la Commanderie

TRADITIONELLES HOTEL €€

(☏05 57 24 70 19; www.aubergedelacommanderie.com; 2 rue Porte Brunet; Zi. ab 76 €; ⊙Mitte Feb.–Mitte Jan.; 🛜🌂) Im Inneren der alten Mauern aus dem 13. Jh. wartet das Hotel mit modernisierten Zimmern und gigantischen Wandgemälden auf, die als Pop-Art-Technicolor-Version einer alten Schwarz-Weiß-Postkarte des Dorfes beeindrucken. Ein zusätzliches Gebäude auf der anderen Straßenseite beherbergt größere Zimmer. Das Frühstück kostet 10 €.

Hostellerie de Plaisance BOUTIQUEHOTEL €€€

(☏05 57 55 07 55; www.hostellerie-plaisance.com; place du Clocher; Zi. 350–650 €, Suite 510–670 €; ⊙Feb.–Dez.; 🌂🛜) Im Schatten des

Glockenturms schlummert dieses lauschige Schmuckstück samt gemütlicher Bar, die auf eine umlaufende Terrasse führt. Ein gläserner Lift, verborgen in einer kleinen Gartenlaube, bringt die Gäste durch die Felswand hinunter in den neuen Flügel. Die 17 recht eigenwillig gestalteten Zimmer sind riesig und überblicken ein Meer aus roten Terracottaziegeln und einen Kirchturm. Aber so schön das Hotel auch ist, es scheint doch etwas überteuert. Das Frühstück schlägt mit stattlichen 28 € zu Buche.

Hôtel au Logis des Remparts

TRADITIONELLES HOTEL €€
(☏05 57 24 70 43; www.logisdesremparts.com; 18 rue Porte Guadet; Zi. mit Blick auf die Straße/den Garten ab 98/140 €; ✳🛜🛏) Die Zimmer in diesem sorgsam restaurierten Stadthaus sind modern und komfortabel, aber nicht besonders glanzvoll. Umso reizvoller ist dagegen der Garten im Hof samt Swimmingpool. Das Frühstück kostet 14 €.

LP TIPP Restaurant Hostellerie de Plaisance

GOURMETKÜCHE €€€
(☏05 57 55 07 55; www.hostellerie-plaisance. com; place du Clocher; Menü 95–130 €; ⊙Di–Sa) Das mit zwei Michelin-Sternen ausgezeichnete Restaurant logiert samt Speisesaal in Zartblau und Weißgold im gleichnamigen Hotel. Der preisgekrönte Küchenchef Philippe Etchebest überzeugt mit unvergleichlich guten Köstlichkeiten. Eine Auswahl seiner Kreationen versammelt das achtgängige „Entdeckermenü". Unbedingt vorher reservieren!

L'Huîtres Pie

FISCH & MEERESFRÜCHTE €€
(☏05 57 24 69 71; 11 rue de la Porte Bouqueyre; Mittags-/Abendmenü 18/32 €; ⊙Do–Mo) Austern aus Arcachon und andere Meeresfrüchte dominieren die Speisekarte, aber wer nicht so sehr auf schlüpfrige Schalentiere steht, kann auf die herzhaften Fleisch- und Fischgerichte ausweichen. Draußen gibt's auch Tische auf einem schattigen Hof unter Olivenbäumen.

L'Envers du Décor

REGIONAL €€
(☏05 57 74 48 31; http://envers-dudecor.com; 11 rue du Clocher; Mittags-/Abendmenü 19/30 €) Das L'Envers du Décor ist eins der Lieblingsrestaurants der Einheimischen. In den Wintermonaten heizt hier ein Holzfeuer ein, im Sommer lockt eine versteckte, schattige Terrasse zum Verweilen und auf den Tisch kommen marktfrische Leckereien.

RUND UM ST-ÉMILION

Grand Barrail

HISTORISCHES HOTEL €€€
(☏05 57 55 37 00; www.grand-barrail.com; route de Libourne/D243; Zi. ab 290 €, Menü ab 28 €; ✳🛜🏊) Das prächtige Herrenhaus von 1850 ist mehr als eindrucksvoll. 3 km vom Dorf bietet es einen luxuriösen Wellnessbereich mit beheiztem Natursteinpool und einen supermodernen Fitnessraum (Benutzung kostenfrei). Das Hotel ist rollstuhlgerecht eingerichtet und sollte jemand per Hubschrauber anreisen, kann er auf dem hoteleigenen Heliport im Vorgarten landen. Der beste Tisch im Hotelrestaurant ist zweifelsohne der im Erker mit den Buntglasfenstern aus dem 19. Jh., die jede Durchschnittskirche vor Neid erblassen lassen würden.

Château de Roques

HISTORISCHES HOTEL €€
(☏05 57 74 55 69; www.chateau-de-roques.com; Puisseguin; DZ 71–111 €, Menü ab 24 €; 🛜🏊) Wer schon immer davon geträumt hat, auf einem romantischen Landgut zu übernachten, von den Preisen aber jedes Mal wieder jäh auf den Boden der Tatsachen geholt wurde, wird von diesem erschwinglichen Hotel begeistert sein. Das rollstuhlgerechte Haus aus dem 16. Jh. liegt mitten in den Weinbergen 5 km außerhalb von St-Émilion. Das Restaurant (Ende Dez. bis Anfang Feb. geschl.) serviert Foie gras mit Cognac und Gelee aus dem hier angebauten Sauternes-Weißwein. Am besten ist das Anwesen über die D122 (von St-Émilion aus Richtung Norden) zu erreichen – es liegt nahe der Kreuzung mit der D21.

Camping Domaine de la Barbanne

CAMPINGPLATZ €
(☏05 57 24 75 80; www.camping-saint-emilion. com; route de Montagne; Platz für 2 Pers., Zelt & Auto 30 €; ⊙April–Sept.; 🏊) Der familienfreundliche Campingplatz liegt etwa 2 km nördlich von St-Émilion an der D122. Im Juli und August sind fünf Nächte Minimum. Es gibt auch kleine Hütten für bis zu fünf Personen zu mieten.

Selbstversorger

Die *boulangeries* (Bäckereien), wie z. B. die an der Rue de la Grande Fontaine, haben bis etwa 19 Uhr geöffnet. Jeden Sonntag belebt ein Markt die Place de la Porte Bouqueyre. Der Supermarkt **Utile Grocery** (⊙Mai–Mitte Sept. Mo–Sa 8–19, So 8–13 Uhr) befindet sich an der D122, 150 m nördlich der Stadt.

Shoppen

Ungefähr 50 Weingeschäfte säumen die Straßen und Plätze von St-Émilion – eins für jeden achten Bewohner der Altstadt. Das größte ist die **Maison du Vin** (place Pierre Meyrat; ◷9.30–12.30 & 14–18 Uhr), die von 250 Weingütern gemeinschaftlich unterhalten wird und deren Weine zu Erzeugerpreisen verkauft werden. Besucher können außerdem Fachliteratur erwerben und an einem „Aromentisch" kostenlos testen, ob sie ein feines Näschen für die edlen Tropfen haben. Wer glaubt, St-Émilion sei ein gutes Pflaster, um ein paar Flaschen Wein zu Schnäppchenpreisen zu ergattern, ist auf dem Holzweg. Hier gibt's nur erlesene Spitzenweine, die entsprechend kosten. Bei einem kurzen Bummel durch ein paar der Geschäfte entdeckten wir eine Flasche Petrus 1947 zum Höchstpreis von 9200 €. Nicht gerade ein Mitbringsel, von dem man möchte, dass der Flughafenzoll es im Handgepäck entdeckt und konfisziert.

Im 17. Jh. brachten Ursulinenschwestern das Rezept für *macarons* (Mandelmakronen) nach St-Émilion. Fachgeschäfte der Stadt verkaufen zwei Dutzend davon für 6 €.

ⓘ Praktische Informationen

Die Apotheke und die meisten Banken befinden sich an der Rue Guadet.

Post (rue Guadet)

Kiosk der Touristeninformation (place de l'Église Monolithe) Im Sommer zu unterschiedlichen Zeiten geöffnet (meist Mo–Fr und manchen Wochenenden 10–12 & 14–18 Uhr).

Touristeninformation (☏05 57 55 28 28; www.saint-emilion-tourisme.com; place des Créneaux; ◷9.30–12.30 & 13.45–18.30 Uhr) Hat stapelweise Broschüren (auch auf Engl.) zu den über 100 *châteaux* der Gegend.

ⓘ An- & Weiterreise

AUTO Von Bordeaux aus den Schildern nach Libourne folgen, dann weiter auf der D243.

BUS Die Busse von **Citram Aquitaine** (www.citram.fr, auf Frz.) verkehren im Sommer zweimal täglich zwischen St-Émilion und dem Bahnhof von Bordeaux (einfach/hin & zurück 8/13 €, ab Bordeaux 9.20 und 12.25 Uhr, ab St-Émilion 13.35 und 18 Uhr).

FAHRRAD Die Touristeninformation verleiht ganzjährig Fahrräder für 15 € pro Tag.

TAXI Taxiruf ☏06 77 75 36 64 (www.taxi-saintemilion.com).

ZUG Von Bordeaux fahren täglich etwa sechs Züge nach St-Émilion (8 €, 35 Min.). Der Bahnhof liegt 1 km südlich der Stadt.

Arcachon

11 965 EW.

Die Austernzucht besitzt eine lange Tradition in dem auf der Südseite des stillen, dreieckigen Bassin d'Arcachon (Bucht von Arcachon) gelegenen Seebad, das Ende des 19. Jhs. das Bordelaiser Bürgertum anlockte. In den vier Stadtteilen, romantisch nach den vier Jahreszeiten benannt, erinnern vornehme Villen an die goldene Vergangenheit der Stadt. Dazwischen erheben sich hier und da Gebäude aus den 1950er-Jahren.

Im Sommer wimmelt es in Arcachon nur so von Sonnenanbetern, doch per Fahrrad gibt's fast menschenleere Strände in allernächster Reichweite.

◉ Sehenswertes

Stadt & Strände STADT, STRÄNDE
Im Viertel **Ville d'Été** (Sommerstadt) flankieren zwei Piere den Sandstrand **Plage d'Arcachon**. Auf der **Jetée Thiers** am Westende herrscht immer viel Betrieb. Vor dem östlichen Pier, der **Jetée d'Eyrac**, steht das turmgeschmückte **Casino de la Plage** – das Adalbert Deganne 1953 als exakte Kopie des Château de Boursault (im Departement Marne) errichtete. Innen verliert sich angesichts der bimmelnden und blinkenden Pokerautomaten und Spieltische der prachtvolle Eindruck.

Ein kurzer Spaziergang – oder wahlweise der **öffentliche Aufzug im Art-déco-Stil** (Eintritt frei; ◷9–12.45 & 14.30–19 Uhr) im Parc Mauresque – bringen einen in die jahrhundertealte **Ville d'Hiver** (Winterstadt). Auf einem baumbewachsenen Hügel südlich der Ville d'Été stehen hier mehr als 300 Villen, viele mit filigranem Holzmaßwerk verziert, wobei von der Neugotik bis zum Kolonialstil alles vertreten ist.

Aquarium et Musée AQUARIUM
(2 rue du Professeur Jolyet; Erw./unter 10 J. 5/3,50 €; ◷tgl. 9.45–12.15 & 13.45–19 Uhr) In einer Holzhütte gegenüber dem Kasino wird eine kleine Auswahl an Atlantikfischen in beleuchteten Aquarien präsentiert.

🏄 Aktivitäten

Ocean Roots SURFKURSE
(☏06 62 26 04 11; www.oceanroots.com; 228 bd de la Côte d'Argent, Le Moulleau; ☝) Die meisten der wilden Strände südlich der Stadt bieten gute Surfbedingungen. Ocean

Roots gibt Unterricht und verleiht Ausrüstungen. Weitere Infos zu Surfspots s. Kasten S. 706.

Radwege
RADFAHREN

Radwege führen von Arcachon zur Dune du Pilat und nach Biscarosse (30 km südlich) sowie rund um das Bassin d'Arcachon bis zum Cap Ferret. Von hier aus verläuft ein mit dem Rad befahrbarer Weg die Strände entlang Richtung Norden bis zur Pointe de Grave.

Geführte Touren

Les Bateliers Arcachonnais
BOOTSFAHRTEN

(UBA; ☑ 05 57 72 28 28; www.bateliers-arcachon. com, auf Frz.; ♿) Dieser Anbieter veranstaltet ganzjährig jeden Tag Bootsfahrten rund um die einsame „Vogelinsel" **Île aux Oiseaux** (Erw./Kind 14/10 €) in der Mitte der Bucht. Ein Fernglas lohnt sich, denn die Insel ist ein Zufluchtsort für Seeschwalben, Brachvögel und Wasserläufer. Im Sommer finden regelmäßig Ganztagsausflüge (11–17.30 Uhr) zu der Sandbank **Banc d'Arguin** (Erw./Kind 16/11 €) statt, die sich an die Dune du Pilat anschließt.

Schlafen

Arcachon hat jede Menge Unterkünfte – viele in etwas geschmacklosen Bauten aus den 1950er- und 1960er-Jahren, aber sonst ganz nett.

Hôtel le Dauphin
HISTORISCHES HOTEL €€

(☑ 05 56 83 02 89; www.dauphin-arcachon.com; 7 av. Gounod; EZ/DZ ab 88/108 €; ❄☎🛜♿) Das im 19. Jh. gebaute Lebkuchenhaus samt rotweiß gemustertem Ziegelwerk muss man einfach direkt ins Herz schließen. Mit seinen zwei halbrunden Treppenaufgängen, Magnolien und Palmen ist es ein Sinnbild seiner Epoche. Die schlichten, aber geräumigen Zimmer eignen sich bestens für Familien. Parken ist kostenlos.

Park Inn
DESIGNHOTEL €€

(☑ 05 56 83 99 91; www.parkinn.fr; 4 rue du Professeur Jolyet; EZ/DZ ab 125/135 €; ❄🛜♿) Der hiesige Ableger unterscheidet sich dank seines markanten Stils sehr von anderen Vertretern dieser Hotelkette und erinnert mit lebhaft gemusterten Teppichen, bunt gestreiften Vorhängen und Systemmöbeln in kräftigen Grundfarben an einen fröhlichen Kindergarten. Es gibt drei rollstuhlgerechte Zimmer und das Personal ist sehr sympathisch.

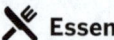 Essen

Die Austern der Bucht (roh serviert mit den für die Gegend typischen kleinen, flachen Würstchen namens *crepinettes*) fehlen auf keiner Speisekarte.

Die Strandpromenade zwischen der Jetée Thiers und der Jetée d'Eyrac ist gesäumt von Lokalen, die Pizza und Crêpes anbieten. Außerdem gibt's dort einige herausragende Restaurants für Liebhaber von Fisch und Meeresfrüchten.

Chez Diego
FISCH & MEERESFRÜCHTE

(☑ 05 56 83 84 46; bd Veyrier-Montagnères; Menü 36 €, Hauptgerichte 19–44 €) Eine der Ausnahmeerscheinungen inmitten der vielen Touristenfallen.

Chez Pierre
FISCH & MEERESFRÜCHTE

(☑ 05 56 22 52 94; 1 bd Veyrier Montagnères; Menü ab 19 €, Meeresfrüchte-Platten 20–48 €) Bei Pierre wandert massenhaft köstliches Seafood über den Tresen, aber es geht auch ums Sehen und Gesehenwerden.

Aux Mille Saveurs
FRANZÖSISCH, KLASSISCH €€

(☑ 05 56 83 40 28; 25 bd du Général Leclerc; Menü 19–48 €; ⊙Mo & Mi–Sa mittags & abends, So & Di nur mittags) Das vornehme, lichtdurchflutete Restaurant mit wallenden, weißen Tischdecken ist berühmt für seine traditionelle französische Küche. Die Speisen sind kunstvoll angerichtet und werden auf edlem Porzellan gereicht.

❶ Praktische Informationen

Touristeninformation (☑ 05 57 52 97 97; www. arcachon.com; esplanade Georges Pompidou; ⊙tgl. 9–19 Uhr)

❶ An- & Weiterreise

Zwischen Bordeaux und Arcachon verkehren regelmäßig Züge (10 €, 50 Min.).

Rund um Arcachon

DUNE DU PILAT

Diese riesige Düne (auch Dune de Pyla genannt, da sie in dem Badeort Pyla-sur-Mer liegt) erstreckt sich 8 km südlich von Arcachon von der Mündung des Bassin d'Arcachon fast 3 km nach Süden. Sie ist heute schon die größte Sanddüne Europas und wächst jedes Jahr um weitere 4,5 m nach Osten. Sie hat bereits Bäume, eine Straßenkreuzung und sogar ein ganzes Hotel verschlungen.

Vom Gipfel – ungefähr 114 m über dem Meeresspiegel – bietet sich eine phantastische Aussicht: Im Westen sind die Sandbänke an der Mündung des Bassin d'Arcachon, das **Vogelschutzgebiet Banc d'Arguin** und Cap Ferret zu sehen, im Osten ziehen sich vom Fuß der Düne bis zum Horizont dichte, dunkelgrüne Pinienwälder.

Beim Schwimmen in der Gegend ist jedoch Vorsicht geboten: Von den trügerisch stillen *baïnes* (kleine Buchten) können einen kräftige Strömungen aufs Meer hinauswirbeln.

Die Gegend rund um die Düne ist zwar nicht weit von Arcachon, lohnt sich zum Abschalten aber auch für eine längeren Aufenthalt. Die meisten Urlauber entscheiden sich für einen der vielen Sommercampingplätze, die (ebenso wie auch stabilere Unterkünfte aus Mörtel und Stein) auf der Website www.bassin-arcachon.com aufgelistet sind.

CAP FERRET
6392 EW.

Das unter Pinien versteckte Dörfchen Cap Ferret an der Spitze der gleichnamigen Halbinsel erstreckt sich über 2 km zwischen der stillen Bucht und der donnernden Brandung des Atlantik. Seine Dächer überragt der 53 m hohe rot-weiße **Leuchtturm** (Erw./Kind 4,50/3 €; ☉10–19.30 Uhr) mit interaktiven Ausstellungen und bombastischer Aussicht. Wer mit den Meereswogen auf Tuchfühlung gehen möchte, kann sich an das **Surf Center** (☎05 56 60 61 05; www.surfcenter.fr; 22 allées des Goëlands; ☉Juni–Sept.) wenden. Dort werden Surfbretter vermietet und Kurse angeboten.

In Cap Ferret locken zahlreiche Campingplätze, Infos dazu versammelt die Website www.bassin-arcachon.com. Ein sehr empfehlenswertes Hotel ist **La Maison du Bassin** (☎05 56 60 60 63; www.lamaisondubassin.com; 5 rue des Pionniers; EZ 120–200 €, DZ 140–240 €, Apt. 330 €; ☉Feb.–Dez.). Die gemütlichen Zimmer im Haupthaus bestechen mit liebevollen Details wie einem Schlittenbett samt Musselin-Baldachin oder einer frei stehenden Badewanne mitten im Raum. Im Nebengebäude dieser abgeschiedenen Unterkunft verstecken sich zudem vier traumhafte Zimmer, die das Ausmaß einer Suite haben. Das moderne, hoteleigene Restaurant **Le Bistrot du Bassin** (Menü 25–60 €) ist in warmen Brauntönen gehalten und bietet kulinarischen Hochgenuss.

Les Bateliers Arcachonnais (UBA; www.bateliers-arcachon.com, auf Frz.) unterhält ganzjährig Fährverbindungen von Arcachon nach Cap Ferret (Erw./Kind hin & zurück 11,50/8 €). Im Sommer gibt's außerdem Verbindungen zwischen Cap Ferret und der Dune du Pilat sowie zwischen Cap Ferret und Moulleau. Fahrpläne stehen auf der Website und sind bei den Touristeninformationen erhältlich.

Nach Cap Ferret zieht sich eine landschaftlich reizvolle Straße um das Bassin d'Arcachon herum. Der direkte Weg von Bordeaux (71,8 km) führt über die D106.

GUJAN MESTRAS
17 680 EW.

Malerische Austernhäfen prägen das Gesicht des Städtchens Gujan Mestras, das sich 9 km an der Küste entlangzieht.

Die **Touristeninformation** (☎05 56 66 12 65; www.ville-gujanmestras.fr, auf Frz.; 19 av. de Lattre de Tassigny; ☉Mo–Sa 9.30–12.30 & 14–18.30, So 9.30–12.30 Uhr) befindet sich am westlichen Ende der Stadt im Viertel La Hume.

Der Bahnhof von Gujan Mestras liegt an der Strecke zwischen Bordeaux und Arcachon.

◉ Sehenswertes

Parc Ornithologique du Teich
VOGELBEOBACHTUNG

(Vogelschutzgebiet; ☎05 56 22 80 93; www.parc-ornithologique-du-teich.com; Erw./Kind 7,50/5,10 €; ☉10 Uhr–Sonnenuntergang; ♿) Ein Labyrinth von Pfaden windet sich um und durch die Sümpfe, Seen und Wälder des idyllischen Parc Ornithologique in Le Teich, 5 km östlich von Gujan Mestras. Das Schutzgebiet kommt bei seiner gefiederten Zielgruppe bestens an und so haben sich hier etwa 260 Arten von Zug- und Standvögeln niedergelassen. Zu den Stars der Show zählen Weißstörche, Löffler, Kraniche, Rohrweihen und Schwarzmilane. Sie alle lassen sich von einer Vielzahl gut instand gehaltener Hochsitze beobachten. Aber nicht nur Vögel haben in diesem Park ein Zuhause gefunden. Nirgendwo sonst in Frankreich ist die Wahrscheinlichkeit größer, eine der inzwischen bedrohten Europäischen Sumpfschildkröten zu Gesicht zu bekommen. Das gilt besonders für den Teich direkt hinter dem Ticketschalter.

AUSTERN-GESCHMACKSTEST

Die Austern aus jedem der vier Zuchtgebiete des Bassin d'Arcachon haben ein eigenes Aroma. Wer schmeckt es heraus?

Banc d'Arguin – Milch und Zucker

Île aux Oiseaux – Mineralien

Cap Ferret – Zitrusfrüchte

Grand Banc – geröstete Haselnüsse

Port de Larros
AUSTERN

Der größte Austernhafen in der Umgebung von Gujan Mestras ist gesäumt von verwitterten Holzhütten, an denen die für die Austernzucht typischen Flachbodenboote festgemacht sind. Die kleine **Maison de l'Huître** (Erw./Kind 4,50/2,50 €; ⌚Mo–Sa 10–12.30 & 14.30–18 Uhr) zeigt in einer Ausstellung über die Austernzucht auch einen kurzen Film auf Englisch. Ganz in der Nähe werden die hier gezüchteten Austern verkauft. Genießen kann man sie in den Fischrestaurants mit Terrassen am Meer.

Französisches Baskenland

Inhalt »

Gut essen

» Ithurria (S. 716)

» Chez Arrambide (S. 720)

» Chiloa Gurmenta Restaurant (S. 699)

» Bar Bodega Xurasko (S. 700)

» Bar Jean (S. 708)

Schön übernachten

» La Devinière (S. 713)

» Zazpi (S. 713)

» Hôtel Mirano (S. 705)

» Villa le Goëland (S. 705)

» Hôtel des Arceaux (S. 697)

Auf ins französische Baskenland

Das Baskenland erstreckt sich beiderseits der spanisch-französischen Grenze von den Ausläufern der Pyrenäen bis zum Golf von Biskaya. Obwohl sich zwei grundverschiedene Nationen diesen eigenwilligen Landstrich einverleibt haben, hat er seinen ganz eigenen Charakter bewahrt.

Das Baskenland ist für seinen glamourösen Badeort Biarritz bekannt, aber es gibt dort noch viel mehr als nur Sonne und Surfen. Das nahe gelegene Bayonne, *die* französische Schokoladen-Stadt, gleicht mit seinen schmalen Gassen und kulturgeschichtlichen Highlights selbst einer kleinen Pralinenschachtel. Weiter südlich liegt das reizvolle St-Jean-de-Luz mit seinem idyllischen Fischereihafen. In den Hügeln landeinwärts laden kleine Dörfer in grünen Tälern verstreut mit zahlreichen Wanderwegen zur Erkundung ein. Als Nachtquartier eignet sich hier St-Jean-Pied-de-Port, eine uralte Raststation für Pilger auf dem Weg ins spanische Santiago de Compostela.

Reisezeit

Bayonne

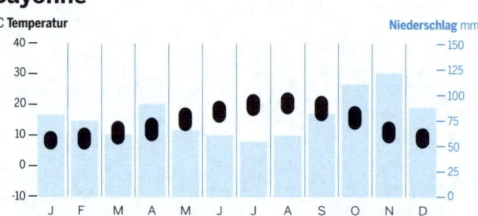

Mai Schokoladen-tage in Bayonne, Frühlingsblumen in den Bergen und leere Strände warten auf Entdeckung.

August Belebte Strände locken ebenso wie die lauten und schrillen Fêtes de Bayonne.

September bis Oktober Der Herbst taucht die Berge in Farben und ist der beste Zeitpunkt zum Surfen.

Bayonne

44 200 EW.

Bayonne (Baiona auf Baskisch), die in Rot-Weiß getauchte Hauptstadt des französischen Baskenlandes, ist von massiven Festungsanlagen umgeben und zählt zu den schönsten Städten Südwest-Frankreichs. Die vollständig erhaltene Altstadt (bis 1907 war es verboten, außerhalb der Stadtmauern zu bauen) und die zahlreichen, am Fluss gelegenen Restaurants laden zu einem stimmungsvollen Besuch ein.

Bayonne ist nicht nur berühmt für seine Schokolade, die in ganz Frankreich verkauft wird, sondern auch für seinen erstklassigen Schinken und das *baïonnette* (Bajonett), das 1640 hier in der Rue des Faures (Schmiedestraße) zum ersten Mal geschmiedet wurde.

Die beiden Flüsse Adour und Nive teilen Bayonne in drei Teile: St-Esprit, die Vorstadt nördlich des Adour; Grand Bayonne, die Altstadt am westlichen Ufer der Nive; und am östlichen Ufer das typisch baskische Viertel Petit Bayonne.

Im Westen grenzt Bayonne an die Vororte von Anglet (bekannt für seine Strände, S. 703) und an den glamourösen Badeort Biarritz.

◉ Sehenswertes & Aktivitäten

Musée Basque et de l'Histoire de Bayonne
MUSEUM

(www.musee-basque.com, auf Frz.; 37 quai des Corsaires; Erw./Kind 5,50 €/frei, Kombiticket mit dem Musée Bonnat 9 €; ◷10–18.30 Uhr) Das großartige Museum befasst sich mit der Geschichte, den Traditionen und der kulturellen Identität des außergewöhnlichen baskischen Seefahrervolks. Es zeigt ein rekonstruiertes Gehöft und die Ausstattung eines typischen *etxe* (Wohnhaus). Die Beschriftung ist auf Französisch, Spanisch und Baskisch, Informationsblätter gibt's auch auf Englisch. Im Juli und August hat das Museum mittwochs zusätzlich von 18.30 bis 21.30 Uhr geöffnet, der Eintritt für den Abendbesuch ist frei.

Musée Bonnat
MUSEUM

(www.museebonnat.bayonne.fr; 5 rue Jacques Lafitte; Erw./Kind 5,50 €/frei, Kombiticket mit dem Musée Basque 9 €; ◷ Mi–Mo 10–18.30 Uhr) Ungeahnte Schätze verbergen sich im Musée Bonnat, darunter Ölgemälde von El Greco, Goya, Ingres und Degas sowie ein ganzer Raum nur mit Gemälden von Rubens. Ganz

Highlights

❶ Auf einer Führung durch eine Schokoladenfabrik von **Bayonne** das Geheimnis der hiesigen Leckerei entdecken (S. 699)

❷ In den in Nebel getauchten Pyrenäen den schmalen **Iparla-Gebirgskamm** (S. 718) entlangbalancieren

❸ Tapas genießen und Surfer beim Wellenreiten in **Biarritz** (S. 703) zuschauen

❹ In **St-Jean-de-Luz** (S. 714) in Fisch- und Meeresfrüchtegerichten schwelgen

❺ Über den traditionellen Bauernmarkt von **St-Jean-Pied-de-Port** (S. 717) schlendern

❻ Die hübschen Dörfer **Ainhoa** (S. 716) und **Espelette** (S. 717) entdecken und zum Gipfel von **La Rhune** (S. 716) tuckern

❼ In der Region Les Landes an den Stränden von **Hossegor** oder **Moliets** (S. 702) Sonne tanken

in der Nähe befindet sich das **Carré Musée Bonnat** (9 rue Frédéric Bastiat; Eintritt frei), das ständig wechselnde Ausstellungen zeitgenössischer baskischer Künstler zeigt.

Cathédrale Ste-Marie KATHEDRALE
(⊙Mo–Sa 10–11.45 & 15–17.45, So 15.30–18 Uhr)

Die beiden Türme der gotischen Kathedrale erheben sich weithin sichtbar über die Stadt. Der Bau, dessen schlecht aufeinander abgestimmte Materialien an Legosteine erinnern, wurde im 13. Jh. begonnen und 1451 geweiht. Über dem Nordflügel sind drei wunderschöne Buntglasfenster zu sehen.

Bayonne

Das älteste, in der Chapelle Saint Jérôme, stammt von 1531. Der Eingang zum stattlichen **Kloster** (☺9–12.30 & 14–18 Uhr) aus dem 13. Jh. befindet sich an der Place Louis Pasteur.

697

Stadtmauer   PARK
Die im 17. Jh. errichtete Stadtmauer von Bayonne ist heute mit Bäumen und Gras bewachsen und von hübschen Parkanlagen umgeben. Ein Spaziergang über den Festungswall führt über den Boulevard Rempart Lachepaillet und die Rue Tour de Sault.

✨ Feste & Events

Schinkenfest   KULINARISCHES FEST
In der Osterwoche feiert Bayonne das Schinkenfest zu Ehren des *jambon de Bayonne*, des berühmten hiesigen Schinkens. Man könnte denken, das Fest wurde erst vor Kurzem erfunden, um Touristen anzulocken, es findet jedoch bereits seit 1462 jedes Jahr im März oder April statt.

Journées du Chocolat   KULINARISCHES FEST
Meister-Chocolatiers enthüllen das süße Geheimnis der Schokoladenherstellung (mit Verkostung) im Mai.

Fêtes de Bayonne   KULTURFEST
Das fünftägige Spektakel mit Essen, Trinken, Musik, Tanz und Feuerwerk findet Anfang August statt.

🛏 Schlafen

Auch außerhalb der Fêtes de Bayonne ist es von Mitte Juli bis Mitte August schwer, ein freies Bett zu ergattern.

LP TIPP | **Hôtel des Arceaux** BOUTIQUEHOTEL €€
(📞05 59 59 15 53; www.hotel-arceaux. com, auf Frz.; 26 rue Port Neuf; DZ ab 79 €; 📶)
Wenn dieses Hotel in einer der schönsten Straßen der Altstatt ein Pop-Star wäre, wäre es bestimmt Lady Gaga oder eine andere schrille Diva. Was Flair und Charakter angeht, so übertrifft das sehr gut geführte Haus mit Leichtigkeit alle anderen Unterkünfte in Bayonne zusammengenommen. Alle Zimmer (einige davon Familienzimmer) sind unterschiedlich, es lohnt sich deshalb, sie sich vorher anzuschauen.

Péniche Djébelle   HAUSBOOT €€
(📞05 59 25 77 18; www.djebelle.com; gegenüber von 17 Quai de Lesseps; DZ mit Frühstück 140 €; ☺Okt.–April geschl.) Etwas ganz Ausgefallenes: Wer hier übernachtet, hat den besten Blick auf den Fluss und die Möglichkeit, sich in Bayonne schlafen zu legen und ganz woanders aufzuwachen. Na, schon eine Idee? Okay, noch ein Hinweis: Es ist mög-

---

Bayonne

FRANZÖSISCHES BASKENLAND BAYONNE

FÊTES DE BAYONNE

Die Fêtes de Bayonne beginnen meistens am ersten Mittwoch im August (gelegentlich auch am letzten Mittwoch im Juli) und ziehen bis zu 1 Mio. Besucher aus ganz Frankreich und Spanien an. Fünf Tage lang finden Trinkgelage, Tanzmarathons, Festumzüge, Feuerwerke und „Stierläufe" statt. Das Fest gleicht in vielem dem berühmten Festival San Fermín in Pamplona (Spanien), ist aber weniger kommerziell. Wie in Pamplona vergnügt man sich auch in Bayonne mit Rindviechern auf der Straße, mit dem Unterschied, dass es sich hier um Kühe statt Stiere handelt und dass diese nicht durch die Straßen gejagt, sondern vor dem Château Neuf auf die Massen losgelassen werden. Aber von einer wilden Kuh umgerannt zu werden, tut genauso weh, denn auch diese hat harte Hufe und spitze Hörner! Während der *fêtes* sind in der mit 10 000 Sitzplätzen ausgestatteten alten Arena, Les Arènes, Stierkämpfe zu sehen (Tickets ab 20 €; Stierkämpfe finden den gesamten Sommer über zu verschiedenen Terminen statt – bei der Touristeninformation gibt's weitere Infos und Tickets).

Eines der größten Highlights des Festes ist die Eröffnungszeremonie, die am Mittwoch um 22 Uhr vor dem *hôtel de ville* (Rathaus) stattfindet. Da die Nachtaktivitäten für Kinder etwas überfordernd sein könnten, werden tagsüber Festumzüge, Marschkapellen, Picknicks und sogar ein extra auf die Kleinen zugeschnittener „Stierlauf" organisiert.

Wer die *Fêtes de Bayonne* miterleben möchte, sollte mindestens sechs bis acht Monate im Voraus buchen – ansonsten kann man es gleich vergessen, denn alle Hotels in und um Bayonne sind restlos ausgebucht. Zur Entzerrung werden vorübergehend einige Campingplätze um die Stadt herum errichtet (40 €/5 Tage) – und wer dort trotzdem kein Plätzchen erhascht, kann das tun, was die meisten Besucher machen: in ihren Autos, unter einem Busch oder in einer Pfütze Erbrochenem schlafen. Wildes Campen ist nicht gestattet. Alleinreisenden Frauen wird geraten, möglichst nicht allein im Freien zu übernachten, es sei denn, sie sind in einer Gruppe.

Und zuletzt, die Festkleidung nicht vergessen: Wer nicht wie ein bunter Hund auffallen möchte, sollte ganz in weiß mit einer roten Schärpe und einem roten Halstuch kommen. Weitere Termine und mehr Infos zu der großen Party gibt's unter www.fetes.bayonne.fr.

lich, dass einige der Gäste Meerjungfrauen oder Piraten sind. Na? Ja, richtig getippt! Diese einzigartige *chambre d'hôtes* ist ein Hausboot, das auf dem Adour schwimmt! Aber deswegen ist es keinesfalls unbequem! Ganz im Gegenteil – die beiden Zimmer sind picobello und mit viel Kreativität eingerichtet: das eine im marokkanischen Stil und das andere, mit Steuerrad im Badezimmer, mit einem Hauch tropischer Inseln. Unbedingt im Voraus buchen.

Hôtel Côte Basque TRADITIONELLES HOTEL €
(☎05 59 55 10 21; www.hotel-cotebasque.fr; 2 rue Maubec; Zi. ab 65 €; ❄🛜) Mit dem scheppernden altmodischen Lift hoch auf die modernen Zimmer fahren, wo niedrige Betten und geschmackvolle Kunst an den Wänden die Gäste willkommen heißen. Das erst vor Kurzem renovierte Hotel befindet sich gegenüber vom Bahnhof und man bekommt

gute Qualität für sein Geld geboten. Zwischen Ende Juli und Mitte August steigen die Zimmerpreise auf mindestens 100 €.

Hotel Paris-Madrid TRADITIONELLES HOTEL €
(☎05 59 55 13 98; sorbois@wanadoo.fr; place de la Gare; Zi. ab 38 €; @) Dieses Hotel, direkt neben dem Bahnhof, ist der reinste Zoo – Krokodile vergnügen sich hinter der Rezeption und Giraffen stecken ihre Köpfe an alle möglichen ungeahnten Orte. Das bunte und lebhafte Hotel hat viel Charakter und Charme, obwohl die Zimmer sehr einfach und viele nur mit Gemeinschaftsbad sind. Und die Preise – unschlagbar! Seit einiger Zeit gehen Gerüchte um, dass das Gebäude abgerissen werden soll, um für die neue Hochgeschwindigkeitsstrecke Platz zu schaffen. Die sehr um ihre Umwelt besorgten Anwohner sind natürlich starke Gegner dieses Projektes. Reservierungen nur per E-Mail.

Le Grand Hôtel HISTORISCHES HOTEL €€
(☎05 59 59 62 00; www.legrandhotelbayonne.
com; 21 rue Thiers; EZ/DZ ab 106/111 €; ❄🛜🐾)
Das alte Gebäude war früher ein Kloster,
aber nachdem die Nonnen verschwunden
waren, wurde ein Hotel daraus. Cremefarbene Wände, behindertengerechte Zimmer
und eine gemütliche Bar (die es höchstwahrscheinlich nicht gab, als die Nonnen
noch dort wohnten ...) laden in dieses erstklassige und freundliche Hotel ein. Parkgebühr 13 €.

Auberge de Jeunesse JUGENDHERBERGE €
(☎05 59 58 70 00; www.hibiarritz.org; 19 route
des Vignes, Anglet; DZ mit Frühstück 19 €, Camping mit Frühstück 12 €; ⏰Rezeption 8.30–12.30
& 18–22 Uhr, Nov.–März geschl.; @) Die im
nahen Strandvorort Anglet gelegene Jugendherberge hat einen legendären Ruf
als ständiger internationaler Partytreff.
Um die Gäste immer gut in Stimmung zu
halten, gibt's einen schottischen Pub und
Filmvorführungen zum Thema Surfen. Zu
erreichen mit der Buslinie 7 (C an Sonn-
und Feiertagen) von der Haltestelle Mairie
de Bayonne (Rathaus) bis Les Sables, von
wo es zu Fuß noch 500 m bergauf sind.
Oder man nimmt vom Bahnhof Biarritz die
Buslinie 9 bis zur Haltestelle Auberge de
Jeunesse. Man muss HI-Mitglied sein (das
Mitgliedsformular kann bei der Anreise
ausgefüllt werden).

 **Essen**

Bayonne hat einige phantastische Restaurants und generell sind die Preise hier niedriger als im nahe gelegenen Biarritz. Restaurants konzentrieren sich um die Markthalle, am Quai Amiral Jauréguiberry, am
Quai Galuperie und am Quai des Corsaires
auf der anderen Seite der Nive.

699

LP **Chiloa Gurmenta Restaurant**
TIPP BASKISCH €
(7 rue des Tonneliers; Menü/Hauptgericht 12,50
/10 €; 🐾) Dieses einfache und rustikale
kleine Restaurant befindet sich in einem
ehemaligen Bordell und ist so baskisch
wie ein *pelota*-Spiel. Hier gibt's nur eins im
Angebot, nämlich *axoa*. Das typisch baskische Bauerngericht hat seinen Ursprung im
nahe gelegenen Dorf Espelette und besteht
aus Kalbshackfleisch, Espelette-Chilis,
Reis, Kartoffeln und was sonst noch gerade
zur Hand ist. Und an Anne, der Gastgeberin des Hauses, ist definitiv ein Showbusi-
ness-Star verloren gegangen.

Al Piccola Ristorante ITALIENISCH €€
(☎05 59 59 54 87; 63 rue d'Espagne; Hauptgerichte 12 €; ⏰Mo–Sa mittags) Jeden Tag um
die Mittagszeit bildet sich vor diesem Mini-
Restaurant, eigentlich nur ein Wohnzimmer, eine Schlange Hoffnungsvoller, die auf
Einlass warten. Aber das Warten lohnt sich,
denn man wird mit wunderbaren hausgemachten italienischen Gerichten verwöhnt
– la dolce vita. Wer das Warten vermeiden
möchte, muss im Voraus reservieren.

Bar-Restaurant du Marché BASKISCH €
(☎05 59 59 22 66; 39 rue des Basques; Menü/
Hauptgerichte 13/7,50 €; ⏰Mo–Sa mittags) Das
von einer gastfreundlichen Baskenfami-
lie betriebene, unscheinbare Lokal bringt
Hausmannsküche in ordentlichen Portionen auf den Teller – aus frischen Zutaten
vom nahen Markt – und ist eine Institution.

SCHOKOLADE AUS BAYONNE

Bayonnes lange Schokoladentradition geht auf die spanische Inquisition zurück,
als aus Spanien geflohene Juden ihre Geschäfte in St-Esprit eröffneten. 1870 gab es
in Bayonne 130 *chocolatiers* (Spezialisten für die Schokoladenherstellung) – mehr
als in der ganzen Schweiz. Heute sind davon noch elf im Geschäft. Zu ihnen zählen
Daranatz (15 rue Port Neuf) und das im 19. Jh. gegründete Unternehmen **Cazenave**
(19 rue Port Neuf), das eine sündhaft gute *chocolat mousseaux* (cremige heiße Schokolade; 5,50 €) zubereitet. Das **Atelier du Chocolat** (www.atelierduchocolat.fr; Frz.;
1 allée de Gibéléou; Erw./Kind 6/3 €; ⏰Mo–Sa 9.30–18.30 Uhr) lässt sich bei der Schoko-
ladenzubereitung in die Töpfe schauen und bietet einen historischen Überblick über
die Schokoladenherstellung in Bayonne – und natürlich Süßes zum Probieren.

Die Kostproben sind auch das Highlight bei den **Journées du Chocolat**, die jedes
Jahr im Mai ein Wochenende lang stattfinden. Dann präsentieren die Meister-Chocolatiers ihre Künste vor ihren Geschäften.

Wem das alles noch nicht genügt, der sollte Planète Musée du Chocolat in Biarritz vorbeischauen (S. 705).

Jeder kennt jeden, was vielleicht für einige Gäste etwas einschüchternd sein mag, aber keine Sorge, hier sind alle willkommen! Also, einfach rein ins Vergnügen!

La Criée Bayonnaise

FISCH & MEERESFRÜCHTE **€€**

(📞05 59 59 56 60; 14 quai Chaho; Menü ab 15 €, Hauptgerichte 13–15 €; ⏰Mo–Sa mittags, Di–Sa abends) Das unscheinbare Lokal ist in den Farben des Meeres gehalten und bringt leckere baskische Fisch- und Meeresfrüchtegerichte wie z. B. *les chipirons à l'espagnole* (Tintenfisch mit süßen Paprikaschoten und fein geriebenem Reis) auf den Tisch. Aber es gibt auch frische Muscheln und sogar *Fish and Chips*. Der Nachtisch sollte auf keinen Fall ausgelassen werden – *ardi gasna* (ein Käse aus der Region mit Kirschmarmelade).

Restaurant Agadir

MAROKKANISCH **€€**

(📞05 59 55 66 56; 3 rue Ste-Catherine; Menü 15 €, Hauptgerichte 9–15 €; ⏰Mo mittags geschl.) Das in Rot- und Goldtönen leuchtende Restaurant in St-Esprit serviert wahre Holzfällerportionen von südmarokkanischem Couscous und dampfenden Tagines.

Le Chistera

BASKISCH **€€**

(📞05 59 59 25 93; 42 rue Port Neuf; Hauptgerichte 10–16 €; ⏰Di–So mittags, Do–So abends) Das traditionelle baskische Lokal ist ein Treff für Einheimische. Benannt ist es nach der *chistera* (Korb), die *pelota*-Spieler am Handgelenk tragen, und auch die Deko ist diesem Sport gewidmet. Kein Wunder! Schließlich wird das Lokal seit zwei Generationen von Profispielern im Ruhestand betrieben.

La Chayote Restaurant Bio

VEGETARISCH **€**

(9 rue d'Espagne; Menü 13 €; ⏰Mo–Sa mittags; 🚫🪑) Obwohl das kinderfreundliche Bio-Café hauptsächlich hausgemachte vegetarische Kost anbietet, gibt's auch das ein oder andere Hühnchengericht. Und wem es hier geschmeckt hat, der kann danach durch die Seitentür direkt in den Bio-Supermarkt schlüpfen und seine Einkäufe tätigen.

Selbstversorger

Die **Markthalle** (quai Commandant Roquebert) liegt direkt am Flussufer. Entlang der Rue Port Neuf und der Rue d'Espagne finden sich so einige verführerische Lebensmittel- und Feinkostgeschäfte. Supermarktkost bietet der **Monoprix** (8 rue Orbe).

Ausgehen

Petit Bayonne wimmelt nur so von Pubs und Bars (meist geöffnet Mo–Sa 12–2 Uhr), insbesondere an den Straßen Rue Pannecau, Rue des Cordeliers und Quai Galuperie.

Chai Ramina

BAR

(11 rue Poissonnerie) Die Rue Poissonnerie ist bei schönem Wetter total blockiert von den Gästescharen vor dem Chai Ramina.

Café-Bar Le Patio

BAR

(38 rue Pannecau) Ein weiterer beliebter Treffpunkt am Abend.

Massaï Café

BAR

(14 rue des Cordeliers) *Die* Bar zum Cocktailtrinken auf der Rue des Cordeliers.

Cafés Ramuntcho

TEESALON

(9 rue du Pilori) Nicht weniger als 380 Sorten Tee (wohl das größte Angebot in Frankreich) zum Trinken oder Kaufen bietet das

---

EIN HAUCH SPANIEN

Wenn einem plötzlich überall Tapas begegnen, weiß man, dass man der spanischen Grenze immer näher kommt. In Bayonne gibt es immer mehr Bars mit *Pintxo* (Tapas auf Baskisch) und einige können definitiv mit den legendären *Pintxo*-Bars von San Sebastián auf der anderen Seite der Grenze, in Spanien, mithalten. Zwei der besten sind die Bodega-Bars **Xurasko** (16 rue Poissonnerie; Pintxos ab 2,50 €) und **Ibaia** (45 quai Amiral Jauréguiberry; *raciones* ab 8 €; ⏰ Okt–März So & Mo geschl.). Ab 19 Uhr gibt's im Xurasko Tapas und viele schauen auf dem Weg vom Büro nach Hause auf ein Gläschen Wein und ein paar leckere Häppchen vorbei. Die goldene Regel beim Tapas-Essen lautet: nur ein oder zwei verschiedene Portionen bestellen (bezahlt wird beim Gehen) und dann in die nächste Bar einkehren. Nur Touristen bestellen massenhaft und schlagen sich die Bäuche voll! Vom Xurasko aus geht's dann am besten gleich ins Ibaia – die Bar mit den von der Decke hängenden Schinken und ihrer knoblauchschweren Atmosphäre ist legendär in Bayonne. Hier sind größere Teller mit warmen Tapas, die an der Tafel stehen, die Spezialität, wie z. B. Garnelen in Knoblauch und feurige Chorizo. Ein Teller reicht meistens für zwei Personen.

1920 gegründete Cafés Ramuntcho; die Gäste sitzen zwischen Metallkanistern.

Unterhaltung

In der Touristeninformation liegen zwei kostenlose Magazine mit Infos zu Kulturveranstaltungen aus: *À l'Affiche* und das alle drei Monate erscheinende *Les Saisons de la Culture*. Im Juli und August wird auf der Place Charles de Gaulle jeden Donnerstag traditionelle **baskische Musik** gespielt (Eintritt frei; ☉21.30 Uhr). Zwischen Oktober und Juni finden jeden Donnerstag um 16.30 Uhr im **Trinquet St-André** (rue des Tonneliers; Tickets etwa 9 €) *main nue pelota*-Wettkämpfe statt.

L'Autre Cinéma KINO
(3 quai Sala) Das L'Autre zeigt gemeinsam mit dem Kino **Cinéma l'Atalante** (www.cinema-atalante.org, auf Frz.; 7 rue Denis Etcheverry) anspruchsvolle Filme in Originalversion. Beide Kinos befinden sich im Viertel St-Esprit.

La Luna Negra MUSIK
(www.lunanegra.fr; auf Frz.; rue des Augustins; ☉Mi–Sa 19–2 Uhr) Der alternative Kabarett- und Theatertreff bietet Livemusikabende mit Jazz, Salsa und Tango sowie Weltmusikkonzerte.

Shoppen

Leckere Schokolade gibt's bei Daranatz oder Cazenave in der Rue Port Neuf.

Pierre Ibaïalde ESSEN
(41 rue des Cordeliers) Den berühmten Schinken von Bayonne bekommt man am günstigsten an den Ständen in der Markthalle. Wer jedoch auf der Suche nach der besten Qualität ist, sollte ein Fachgeschäft wie das Pierre Ibaïalde aufsuchen, denn da kann man alles probieren, bevor man kauft.

Elkar BÜCHER
(place de l'Arsenal) Hier gibt's eine Fülle von Texten zur baskischen Geschichte und Kultur, zum Wandern durch das Baskenland, Karten und CDs mit baskischer Musik.

ⓘ Praktische Informationen

Es gibt mehrere Internetcafés in den Straßen um den Bahnhof.

Post (11 rue Jules Labat & 21 bd Alsace-Lorraine)

Touristeninformation (📞08 20 42 64 64; www.bayonne-tourisme.com; place des Basques; ☉ Mo–Sa 9–19, So 10–13 Uhr) Ef-

fizient und freundlich, bietet viele informative Broschüren sowie kostenlosen Fahrradverleih und Stadtführungen an (nur nach Voranmeldung; ab 100 € für Gruppen unter 20 Pers.).

ⓘ An- & Weiterreise

Auto & Motorrad
Am Flughafen gibt's alle gängigen Autovermietungen; ansonsten befindet sich **Avis** in der Nähe des Bahnhofs (www.avis.fr; 1 rue Ste-Ursule).

Bus
Von der Place des Basques aus folgen **ATCRB Busse** der Küste bis zur spanischen Grenze. Nach St-Jean-de-Luz (3 €, 40 Min.) fahren neun Busse am Tag. Von dort aus hat man Anschluss nach Hendaye (3 €, 1 Std.). Im Sommer dauert es manchmal doppelt so lang wegen des Verkehrs vom/zum Strand. Die Busse von **Transportes Pesa** (www.pesa.net) fahren von Montag bis Samstag zweimal am Tag ins spanische Bilbao (18,50 €) mit Zwischenstopps in Biarritz, St-Jean-de-Luz, Irún und San Sebastián (8,50 €). Am Bahnhof fahren die **RDTL** (www.rdtl.fr, auf Frz.) Richtung Norden ins Département Les Landes, inklusive Capbreton/Hossegor (2 €, 40 Min., tgl. 6- bis 7-mal).

Flugzeug
Der **Flughafen Biarritz-Anglet-Bayonne** (📞05 59 43 83 83; www.biarritz.aeroport.fr) liegt 5 km südwestlich des Zentrums von Bayonne und 3 km südöstlich des Zentrums von Biarritz. Er wird von verschiedenen Billiggesellschaften wie Easyjet und Ryanair angeflogen. Air France bietet mehrmals in der Woche Flüge nach Genf und Lyon sowie täglich mehrere Flüge von/nach Paris (Orly und Roissy).

Die Buslinie 6 verbindet sowohl Bayonne als auch Biarritz mit dem Flughafen (Busse fahren ungefähr stündl.). Ein Taxi aus der Innenstadt kostet etwa 15 bis 20 €.

Zug
Der TGV verbindet Bayonne mit der Pariser Gare Montparnasse (97 €, 5–6 Std., 8-mal tgl.).

Täglich fahren fünf Züge nach St-Jean-Pied-de-Port (9 €, 1¼ Std.) und ziemlich regelmäßige Verbindungen gibt's nach St-Jean-de-Luz (4,50 €, 25 Min.) über Biarritz (2,50 €, 9 Min.) sowie in die Städte an der französisch-spanischen Grenze wie Hendaye (7 €, 40 Min.) und Irún (ab 7 €, 45 Min.). Busse zwischen Bayonne und Biarritz verkehren jedoch häufiger und sind billiger. Weitere Verbindungen:

Bordeaux ab 28 €, 2 Std., mind. 10-mal tgl.

Pau 16 €, 1¼ Std., 9-mal tgl.

Toulouse ab 40 €, 3¾ Std., 9-mal tgl.

DIE STRÄNDE VON LES LANDES

Nördlich von Bayonne liegt das Département Les Landes, eine weite Halbwildnis aus Nadelwäldern und Seen. Die Region verzaubert durch eine ganz besondere, wilde Schönheit und ist mit vielen Rad- und Wanderwegen ausgestattet. Karten mit Routenvorschlägen gibt's bei den meisten Touristinformationen. Die Wanderwege führen zu zahlreichen Seen, wobei sich die beiden schönsten in **Soustons** und in dem kleinen Dorf **Léon** befinden und zahlreiche Möglichkeiten zum Windsurfen, Kanufahren und für andere Wassersportaktivitäten bieten. Aber die meisten Besucher fühlen sich von den traumhaften Stränden des Departements angezogen. Ein breites Band aus goldfarbenen Sandstränden und Dünen zieht sich unter strahlend blauem Himmel von der Mündung des Adour in Anglet bis in den Norden nach Arcachon und weiter bis zur Mündung der Gironde.

Vor allem aber ist diese Region als das europäische Surfmekka bekannt. Städte wie die Nachbarorte **Capbreton** und **Hossegor** verdanken ihre heutige Popularität dem Surfsport. Capbreton ist bei Weitem reizvoller, denn hier gibt es außer Wellen und Surfbrettern noch einen kleinen Hafen, der die vielen Fischrestaurants der Stadt mit frischem Fisch versorgt.

Chez du Camp (☏ 05 58 72 11 33; 4 rue Port d'Albert; Menü 28–38 €, Hauptgerichte 16 €) ist eines der besten Restaurants der Stadt. Die Gäste können von ihren Tischen aus die riesigen Wasserbecken sehen, in denen das bevorstehende Mahl munter herumschwimmt. Oder, noch besser: Aus der bunten Mischung aus Garnelen, Muscheln, Krabben, Tintenfischen und allem, was gerade noch so an diesem Morgen gefangen wurde, das Beste heraussuchen, vor Ort kochen lassen, mitnehmen und unter freiem Himmel ein Picknick machen.

Brash Hossegor, nur einen Kilometer nördlich von Capbreton, ist weltweit für seine phantastischen Tube-Wellen bekannt (s. S. 706), aber man muss dazu sagen, dass ihr Ruf die Stadt zu einer angesagten Surfer-Stadt gemacht hat, und wer nicht die richtige Sonnenbrille oder das passende T-Shirt trägt, ist hier nicht gerade sehr angesehen. Andererseits sind die Strände hier traumhaft und je weiter man nördlich in Richtung Seignosse fährt, desto schöner werden sie. Das beste Essen gibt's in **La Tetrade** (☏ 05 58 43 51 48; 1187 av. du Touring Club de France; Mittagsmenü unter der Woche 19,40 €, sonst 28–33 €). Das Restaurant befindet sich an den Ufern des Hossegor-Sees und bietet eine Aussicht, wie man sie sich bei einer Traumhochzeit nur wünschen könnte. Und auch das Meeresfrüchte-Menü ist himmlisch – einfach zum verlieben!

Aber den besten Strand gibt's noch 20 Minuten weiter nördlich, in dem kleinen Dörfchen **Moliets**. Der weite Strand zählt zu den schönsten Frankreichs und ist an der Mündung des langsam dahintreibenden, tintenfarbenen Flusses **Courant d'Huchet** gelegen. Der Sand glitzert wie mit Diamantenstaub übersät in der Sonne und ist weich wie Daunenfedern. Und im Fluss selbst können Kinder sicher baden.

Leider gibt's in der Region nicht sehr viele Unterkünfte und die wenigen, die zur Verfügung stehen, sind nicht sehr empfehlenswert. Die meisten Besucher campen daher auf einem der zahlreichen Campingplätze entlang der Küste. Mehr Infos dazu gibt's bei den örtlichen Touristeninformationen.

❶ Unterwegs vor Ort

AUTO & MOTORRAD Gebührenfreie Parkplätze finden sich am südlichen Ende der Avenue des Allées Paulmy, von wo aus man die Touristeninformation mühelos zu Fuß erreichen kann.

BUS Die Chronoplus-Busse verbinden Bayonne, Biarritz, Anglet, Boucau, St-Pierre-d'Irube, Bidart und Tarnos. Eine einfache Fahrt kostet 1 €, ein Heftchen mit zehn Tickets 8 €. Informationen zu Fahrplänen finden sich auf der Chronoplus-Website (www.chronoplus.eu, auf Frz.; place du Gaulle). Zwischen Bayonne und Biarritz gibt es Pendelbusse, die an den *hôtels de ville* (Rathäusern) und Bahnhöfen beider Städte halten. Der kostenlose, knallorange *navette* (Pendelbus) fährt eine Runde durch die Innenstadt.

FAHRRAD Bayonnes Touristeninformation verleiht Fahrräder kostenlos (aber nicht über Nacht); als Sicherheit muss nur ein Ausweis hinterlegt werden.

TAXI **Taxi Bayonne** (☏ 05 59 59 48 48)

Biarritz

30 700 EW.

Das schicke Küstenstädtchen Biarritz, 8 km westlich von Bayonne, war bereits Mitte des 19. Jhs. ein beliebter Badeort. Napoleon III. und seine spanische Frau Eugénie verbrachten hier regelmäßig ihre Sommerfrische. Biarritz' Küste ist gesäumt von Baudenkmälern aus diesem goldenen Zeitalter bzw. aus der späteren Belle Époque oder dem Art déco. Ihren exklusiven Touch (und die entsprechend hohen Preise) hat sich die Stadt zwar bis heute bewahrt, doch zugleich lockt sie scharenweise Surfer an, die sich hier in die besten Wellen Europas stürzen.

◉ Sehenswertes & Aktivitäten

Strände   STRÄNDE

An heißen Sommertagen liegen an den beliebten Stränden von Biarritz braungebrannte Leiber dicht an dicht wie die Ölsardinen – besonders an der **Grande Plage** und der **Plage Miramar**. Hier gibt's gestreifte **Strandzelte** im 1920er-Jahre-Stil für 9,50 € pro Tag zu mieten. Ein anderer zentral gelegener Strand, der sich wegen seines ruhigen Seegangs gut zum Baden für Kleinkinder eignet, ist die winzige Bucht **Plage du Port Vieux**. Nördlich der Pointe St-Martin erstrecken sich über mehr als 4 km die tollen Surfstrände von **Anglet** (hier wird das „t" ausgesprochen). Zu erreichen mit Bus 9 (an Sonn- und Feiertagen Linie C) Richtung Osten, vom Ende der Avenue Verdun (gleich bei der Avenue Édouard VII).

Im Süden, vorbei an der langen, den Winden ausgesetzten **Plage de la Côte des Basques**, etwa 500 m südlich des Port Vieux, schließen sich die **Plage de Marbella** und die **Plage de la Milady** an, wohin Bus Nr. 9 Richtung Westen ab Rue Gambetta fährt, dort wo sie die Rue Broquedis kreuzt.

Musée de la Mer   AQUARIUM

(www.museedelamer.com; esplanade du Rocher de la Vierge; Erw./Kind 8/5,50 €; ⊙9.30–24 Uhr) Das Musée de la Mer in Biarritz befindet sich in einem wunderschönen Art-déco-Gebäude und zeigt das Meeresleben der Bucht von Biskaya und darüber hinaus sowie Relikte, die an die ehemalige Walfangtradition in Biarritz erinnern. Die Hauptattraktion sind jedoch zweifellos die Seelöwen (Fütterzeit ist 10.30 und 17 Uhr, besonders beliebt bei Kindern). Wer das Museum in Ruhe besichtigen möchte, sollte spät abends kommen – selbst in der Hauptsaison ist es dann fast wie leer gefegt.

Art-déco-Kulisse   ARCHITEKTUR

Biarritz bietet eine phantastische Mischung architektonischer Stile von Art-déco-Villen über russisch-orthodoxe Kirchen bis hin zu Bauklotzdesastern aus den 1970er-Jahren. Bei hohem Seegang kann einem die Fußgängerbrücke am Ende der Pointe Atalaye, die zum **Rocher de la Vierge** (Jungfrauenfelsen) hinüberführt, schon mal eine kleine Dusche verpassen. Der Felsen ist benannt nach einer weißen Madonnenstatue. Von der imposanten Felsnase reicht der Blick bis zu den Bergen des spanischen Baskenlandes.

Der kleine Fischereihafen von **Port des Pêcheurs** ist ideal zum romantischen Ausgehen. Darüber erhebt sich die neogotische **Église Ste-Eugénie**, die Ende des 19. Jhs. zu Ehren von – na, wem wohl? – der Kaiserin Eugénie errichtet wurde.

Das nördliche Ende der Grande Plage dominiert das **Hôtel du Palais** aus dem 19. Jh., das ebenfalls für Kaiserin Eugénie erbaut wurde und heute ein Luxushotel beherbergt. Gegenüber befindet sich die russisch-orthodoxe **Église Alexandre Newsky** (8 av. de l'Impératrice). Bis zur Russischen Revolution logierten häufig russische Aristokraten in Biarritz, die die Kirche für ihresgleichen errichten ließen. Eugénie – da ist sie wieder! – inspirierte auch den Architekten der winzigen 1864 erbauten **Chapelle Impériale** (⊙ Di, Do & Sa 15–19 Uhr).

Wer die 258 Stufen der Wendeltreppe im 73 m hohen und 1834 erbauten **Phare de Biarritz** (Eintritt 2,50 €; ⊙10–12.30 & 14.30–19 Uhr) erklimmt, wird mit einem weiten Blick über die baskische Küste belohnt.

Musée d'Art Oriental Asiatica   KUNSTMUSEUM

(www.museeasiatica.com; 1 rue Guy Petit; Eintritt 7 €; ⊙ Mo–Fr 10.30–18.30, Sa–So 14–19 Uhr) Diese unerwartete Schatzkammer, voll mit alten indischen, chinesischen und tibetischen Statuen, Monumenten und Tempelkunstwerken befindet sich am Rande der Stadt. Das Museum ist zwar etwas planlos angelegt, die Informationskarten (in mehreren Sprachen) erläutern aber ausführlich das jeweilige Kunstobjekt. Die Sammlung wird allgemein als die beste ihrer Art außerhalb von Paris angesehen.

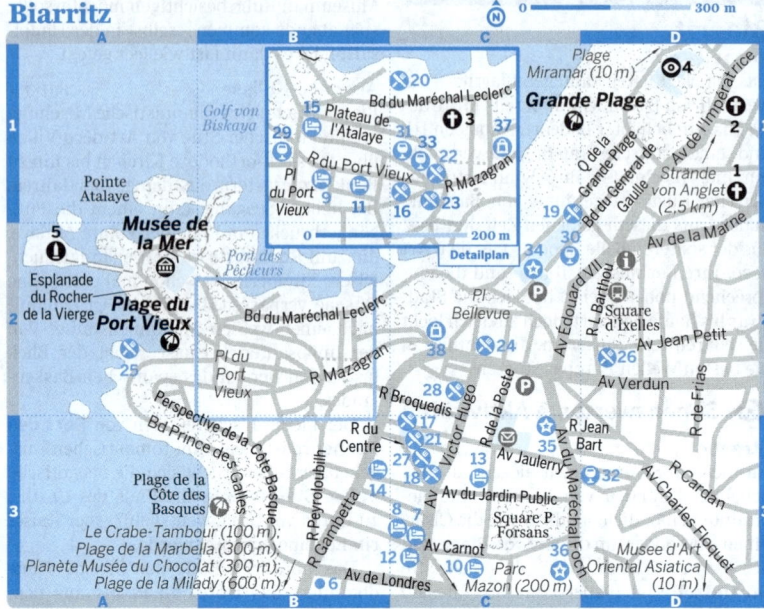

Biarritz

Surfen

SURFKURSE

Biarritz, einst ein fast exklusiver Badeort für die Schönen und Reichen, ist heute eher als Europas Surfmekka bekannt (aber eigentlich liegt das wahre Surfzentrum in der kleinen Stadt Hossegor, ca. 25 km nördlich von Biarritz). Die **Grande Plage** eignet sich bei Ebbe und mäßigem Seegang gut zum Surfen, aber der 4 km lange Strand von **Anglet** ist beständiger und generell besser dafür geeignet.

Ein ganzes Dutzend Vermieter bietet Ausrüstung und Kurse an (ab 35 €/Std.), bei der Touristeninformation gibt's eine Liste mit den meisten Schulen. Es sollte darauf geachtet werden, dass die Schule bei der Féderation Française de Surf (FFS; www. surfingfrance.com, auf Frz.) registriert ist – viele unregistrierte Schulen sind etwas „windig" und es kann durchaus sein, dass das Trainingspersonal nur ein bisschen mehr Erfahrung beim Surfen hat als die Schüler. Aber selbst bei den registrierten Schulen scheinen die Surflehrer ihre Unterrichtsstunden oft nur dazu zu nutzen, sich selbst in die Wellen stürzen zu können.

Planète Musée du Chocolat

SCHOKOLADENMUSEUM

(www.planetemuseeduchocolat.com; 14 av. Beau Rivage; Erw./Kind 6/4 €; ⊙Mo–Sa 10–12.30 & 14.30–18.30 Uhr) Besucher dieses Museums fühlen sich wahrhaftig in eine Szene aus *Charlie und die Schokoladenfabrik* versetzt und entdecken hier die Welt der Schokoladenherstellung von ihren Anfängen bis zur heutigen Massenproduktion.

✵ Festivals & Events

Das ganze Jahr hindurch finden bedeutende Surfwettkämpfe statt.

Biarritz Maider Arosteguy

SURFEN

Ein dreitägiger Surfwettkampf um Ostern.

Festival des Arts de la Rue

KULTURFESTIVAL

Darstellende Künstler präsentieren sich Anfang Mai fünf Tage lang auf den Straßen der Stadt.

Roxy Jam

SURFEN

(www.roxyjam.com) Ein wichtiger Longboarding-Wettkampf für Frauen auf einer Strecke der ASP (Association of Surfing Professionals) mit Konzerten und anderen Rahmenveranstaltungen. Fünf Tage lang im Juli.

Le Temps d'Aimer

TANZFESTIVAL

Mitte September huldigt dieses Festival zwei Wochen lang dem Tanz in jeglicher Form.

🛌 Schlafen

Günstige Hotels sind in Biarritz eine Seltenheit und im Juli und August sind freie Zimmer absolute Mangelware. In der Nebensaison sind die Preise oft gut 25 % günstiger.

Hôtel Mirano

BOUTIQUEHOTEL €€

LP TIPP

(☎05 59 23 11 63; www.hotelmirano.fr, auf Frz.; 11 av. Pasteur; DZ 100–110 €, Suite 140 €) Verschnörkelte violette, orangefarbene und schwarze Tapeten und übergroße, orangefarbene Lampenschirme aus Plexiglas prägen den krassen 1970er-Jahre-Stil dieses Boutiquehotels. Es liegt zu Fuß nur zehn Minuten vom Zentrum entfernt. Das Personal hier ist überfreundlich und scheut keine Mühen, den Gästen ihren Aufenthalt so angenehm wie möglich zu gestalten. Und an der Bar wartet, ganz verführerisch, eine flirtende Betty Boop! Alles in allem hat dieses exzentrische Hotel das beste Angebot der Stadt. Anfahrt mit dem Auto über die D910 südöstlich raus aus der Stadt, links in die Avenue de Grammont und dann rechts in die Avenue Pasteur einbiegen.

Villa le Goëland

HISTORISCHES HOTEL €€€

(☎05 59 24 25 76; www.villagoeland.com; 12 plateau de l'Atalaye; Zi. ab 170 €; 🅿) Das beeindruckende Wohnhaus mit Schlosstürmchen thront hoch oben auf einem Plateau über der Pointe Atalaye und ist eines der schönsten Gebäude der Stadt. Die Zimmer sind geschmackvoll mit Antiquitäten, Familienfotos und Erinnerungsstücken eingerichtet und bieten einen Ausblick über die Stadt und das Meer bis nach Spanien. Da es nur vier Zimmer gibt (erste Wahl ist die *chambre Goëland* mit einer eigenen riesigen 35-m²-Terrasse, 250 €), sollte man auf jeden Fall im Voraus buchen.

Hôtel Édouard VII

HISTORISCHES HOTEL €€

(☎05 59 22 39 80; www.hotel-edouardvii.com; 21 av. Carnot; DZ ab 118 €; 🛜♿) Vom dekorativen Esszimmer mit vielen leise tickenden Wanduhren bis zu den mit Lavendel gefüllten Töpfchen, die farblich sorgfältig auf die Blumentapete abgestimmt sind, versetzt alles in diesem schnuckeligen kleinen Hotel seine Gäste in das Biarritz der 1920er-Jahre.

Maison Garnier

BOUTIQUEHOTEL €€

(☎05 59 01 60 70; www.hotel-biarritz.com; 29 rue Gambetta; Zi. ab 115 €) Die sieben Boutiquezimmer (Suiten wäre eigentlich eine bessere Beschreibung) in diesem eleganten Herrenhaus sind geschmackvoll in dezenten, neutralen Farbtönen gestaltet und möbliert. Besonders romantisch sind die Zimmer unter dem Dach. Ein ordentliches Frühstück kostet 11 € extra.

Hôtel les Alizés BOUTIQUEHOTEL €

(☎05 59 24 11 74; www.alizes-biarritz.com; 13 rue du Port Vieux; EZ/DZ/Suite 62/90/179 €; 🖥) Das in raffinierten Farbtönen gehaltene Familienhotel, in dem die frechen Farben im krassen Gegensatz zu den altmodischen Möbeln stehen, gehört zu den unvergesslichen und preiswerteren Hotels der Stadt. Und die Lage, gleich oberhalb vom winzig kleinen Strand Plage du Port Vieux, ist phänomenal.

Hôtel Maïtagaria TRADITIONELLES HOTEL €€

(☎05 59 24 26 65; www.hotel-maitagaria.com; 34 av. Carnot; EZ/DZ 72/83 €) Mit ihren makellosen, modernen Zimmern mit Art-déco-Ausstattung und Parksicht, Möbeln im Leopardenmuster und blitzsauberen Bädern ist diese freundliche Unterkunft unglaublich günstig. Zudem bietet sie eine tolle Sommerterrasse vor der Gäste-Lounge, in der im Winter ein gemütliches Kaminfeuer knistert.

Hôtel St-Julien TRADITIONELLES HOTEL €€

(☎05 59 24 20 39; www.saint-julien-biarritz.com, auf Frz.; 20 av. Carnot; DZ 120–130 €; 🖥) Die reizende Villa wurde Ende des 19. Jhs. erbaut und besticht durch ihre helle Fassade mit Fensterläden und Originalparkettböden. Die Zimmer im 3. Stock blicken sowohl auf die Berge als auch aufs Meer. Da das Hotel durch unbestrittene Qualität besticht, ist es oft ausgebucht. Das Personal spricht auch Englisch.

Hôtel Palym TRADITIONELLES HOTEL €

(☎05 59 24 16 56; 7 rue du Port Vieux; Zi. mit Toilette 40 €, Zi. mit Bad 45–58 €; ⊘Mitte Jan.–Mitte Nov.) Das bunt gestrichene Stadthaus, in dem dieser freundliche Familienbetrieb sitzt, fällt zwischen den vielen anderen Hotels in der Straße sofort ins Auge. Die 20 Zimmer über dem gut besuchten, familieneigenen Restaurant sind ebenfalls schön bunt eingerichtet. Einziges Manko: Die Badezimmer sind winzig.

La Maison du Lierre BOUTIQUEHOTEL €€€

(☎05 59 24 06 00; www.maisondulierre.com; 3 av. du Jardin Public; Zi. 56–139 €; 🖥) Dieses Hotel ist eine bunte Mischung aus kleinen, unattraktiven Zimmern mit offen einsehbarer Toilette (allerdings kann man über den Preis nicht klagen) und etwas teureren,

---

TOP SURF SPOTS – BASKENLAND- & ATLANTIKKÜSTE

Frankreichs Baskenland- und Atlantikküste bieten einige der besten Surfmöglichkeiten Europas. Die beste Zeit dafür ist der Herbst, mit (einigermaßen) warmen Wassertemperaturen, beständig guten Bedingungen und (etwas) weniger Leuten. Surfspots sind Biarritz und Hossegor (S. 702), wo während der im September stattfindenden **ASP**-Meisterschaften (Association of Surfing Professionals; www.aspeurope.com) Kelly Slater und Freunde in der tosenden Brandung von La Gravière auf halsbrecherischen Wellen reiten und um die entscheidenden Punkte in der Weltklasseliste wetteifern. Aber eigentlich sind die Surfmöglichkeiten überall zwischen St-Jean-de-Luz im Süden und Soulac-sur-Mer im Norden an der Gironde-Mündung super.

Es mag schon sein, dass es mittlerweile noch halsbrecherische Stellen zum Surfen gibt, aber die Reef Breaks in Europas ursprünglichem Surferparadies bei **Guéthary**, südlich von Biarritz, fesseln immer noch mit ihrer ganz besonderen Magie.

Die sanften Wellen bei **Hendaye**, südlich von St-Jean-de-Luz, eignen sich wunderbar für Surfanfänger. Bei der **Touristeninformation** (☎05 59 20 00 34; www.hendaye-tourisme.fr; 67 bd de la Mer; ⊘Mo–Sa 9–19, So 10–13 & 15.30–18 Uhr) gibt's weitere Informationen zu Surfschulen. Anfängerstunden kosten zwischen 30 und 35 €.

Weitere beliebte Surfspots sind die mit Kiefern bewachsene Halbinsel **Cap Ferret** (S. 691) oder die wunderbaren Strände um **Lacanau**, wo sich die Surfer von Bordeaux ihren Adrenalinkick holen.

Surfen im Landesinneren? Ja, auch das gibt's! Longboard-Surfer kommen auf den **mascaret** (http://mascaretgironde.free.fr) – Gezeitenwellen, die sich landeinwärts von der Flussmündung der Gironde bilden – voll auf ihre Kosten. Am besten fängt man sie in St-Pardon während der Springfluten ab.

THALASSOTHERAPY

Thalassotherapie („Heilung durch das Meer") nutzt die regenerativen Kräfte des Meerwassers (und von Seetang und Schlamm). Sie ist in Biarritz schon seit dem späten 18. Jh. populär und auch in der Lage, die Leiden des 21. Jhs. wie Stress und Schlaflosigkeit zu lindern.

In Biarritz kann man bei folgenden Adressen die Heilkraft der Thalassotherapie kennenlernen – oder sich auch einfach nur verwöhnen lassen.

Spa Kémana (☎05 59 22 12 13; 3 carrefour Hélianthe)

Thalassa Biarritz (☎08 25 82 55 28; www.accorthalassa.com; 11 rue Louison-Bobet)

Thermes Marins (☎08 25 12 64 64; www.biarritz-thalasso.com; 80 rue de Madrid)

dafür aber super Zimmern. Letztere bieten einen wunderschönen Blick auf den Garten, geschmackvolle Einrichtung, polierte Fußböden und himmlische Textilien. Leider ist das Personal nicht sehr freundlich.

Hôtel Gardènia TRADITIONELLES HOTEL €
(☎05 59 24 10 46; www.hotel-gardenia.com; 19 av. Carnot; EZ €49–66 €, DZ 49–76 €; ☎) Die Zimmer mit Bad sind etwas klein und eng, dafür aber hell gestrichen und bieten eine preiswerte Alternative in Biarritz. Für Rugby-Fans ist eine Übernachtung hier ein Muss – die Gemeinschaftsbereiche sind mit Erinnerungsstücken des Rugby-Clubs Biarritz Olympique bestückt, der zu den Top-Teams Frankreichs gehört.

Auberge de Jeunesse de Biarritz
JUGENDHERBERGE €
(☎05 59 41 76 00; www.hibiarritz.org; 8 rue Chiquito de Cambo; Bett mit Bettwäsche & Frühstück 19,50 €; ☺Rezeption 8.30–11.30 & 18–21 Uhr, Mitte Dez.–Anfang Jan. geschl.; @☎) Wie ihre Schwester in Anglet bietet auch diese beliebte Jugendherberge neben Zimmern mit Bad für zwei bis vier Gäste Outdooraktivitäten wie Surfen an. Vom Bahnhof 800 m lang immer den Bahnschienen folgen.

Biarritz Camping CAMPINGPLATZ €
(☎05 59 23 00 12; www.biarritz-camping.fr; 28 rue d'Harcet; 2 Pers. & Zelt 24 €; ☺Mitte Mai–Mitte Sep.; ☎) Der Campingplatz 2 km südwestlich der Innenstadt bietet große, schattige Stellplätze. Bus 9 in Richtung Westen bis zur Haltestelle Biarritz Camping.

✖ Essen

Cafés und Restaurants zum Sehen und Gesehenwerden säumen den Strand von Biarritz. Auch die Strände von Anglet kommen immer mehr in Mode und bieten zahlreiche Cafés.

Casa Juan Pedro FISCH & MEERESFRÜCHTE €
(☎05 59 24 00 86; Port des Pêcheurs; Hauptgerichte 5–15 €) Versteckt unten am alten Hafen, der mit seinen kleinen Holzkaten und den alteingesessenen Bewohnern fast ein kleines Dorf ist, liegt dieses schnuckelige Restaurant in einer Fischerhütte. In geselliger Atmosphäre lassen sich Thunfisch, Sardinen oder Tintenfische genießen, während drumherum Personal und Gäste scherzen. Es gibt etliche ähnliche Restaurants in der Gegend.

Le Crabe-Tambour FISCH & MEERESFRÜCHTE €€
(☎05 59 23 24 53; 49 rue d'Espagne; Mittagsmenü 13 €, Abendmenü ab 18 €) Das Restaurant ist nach dem gleichnamigen Film von 1977 benannt (*Der Haudegen*), bei dem der Inhaber des Restaurants damals Koch am Set war. Das freundliche kleine Restaurant befindet sich etwas außerhalb der Innenstadt, bietet aber sagenhafte Meeresfrüchtegerichte zu unschlagbaren Preisen. Besonders lecker sind die Garnelen in Knoblauch.

Bistrot des Halles BASKISCH €€
(☎05 59 24 21 22; 1 rue du Centre; Menü 27 €) Eines von vielen Restaurants an der Rue du Centre, die ihre Zutaten frisch aus der nahen Markthalle beziehen. Es ist mit alten Reklameschildern aus Blech dekoriert und stets gut besucht. Auf der Tafel stehen u. a. ausgezeichnete Fischgerichte.

Le Clos Basque BASKISCH €€
(☎05 59 24 24 96; 12 rue Louis Barthou; Menü 24 €; ☺Di–So mittags, Di–Sa abends) Das kleine Lokal mit seinem Fliesenboden, abstrakten Bildern und dem freigelegten Mauerwerk scheint sich aus Spanien hierher verirrt zu haben. Die Küche ist jedoch typisch baskisch, traditionell mit modernem Pep; z. B. Sirloin-Steak mit grünem Senf oder gefüllte Aubergine mit Safran. Im Sommer unbe-

TAPAS AM MEER

Wie schon im benachbarten Bayonne sprießen auch in Biarritz immer mehr Tapas-Bars wie Pilze aus dem Boden. Besonders in der Gegend um die Markthalle Les Halles gibt es zahlreiche gemütliche Tavernen mit den leckeren Häppchen. Hier sind einige Empfehlungen:

Bar Jean (5 rue des Halles; Tapas 1–2 €) In dieser gemütlichen Bar mit Flamenco-Musik und den typisch blau-weißen Kacheln aus Andalusien gibt's zweifellos die originellsten und leckersten Tapas der Stadt. Schon beim Zuhören läuft einem das Wasser im Mund zusammen: Speckstreifen umhüllt von Tintenfischringen mit aromatischem Olivenöl beträufelt – einfach himmlisch! Außerdem gibt's bei Jean auch *raciones* (Tellergerichte) für 6 bis 7 €.

Le Comptoir du Foie Gras/Maison Pujol (1 rue du Centre; Tapas 1 €) Dieser kuriose kleine Laden verkauft tagsüber die leckerste Foie gras und verwandelt sich abends in eine Tapas-Bar. Neben den vielen mit Foie gras zubereiteten Tapas gibt's auch vegetarische Optionen wie z. B. die mit Guacomole. Der Laden ist so klein, dass viele Gäste draußen stehen und ihre Bestellung durch das Fenster rufen.

Bar Basque (1 rue du Port Vieux; Tapas 1,20–7 €) Dieser rustikale Newcomer serviert baskische Tapas in Häppchengröße und bietet dazu eine prima Auswahl an Weinen.

La Santa María (Plage du Port Vieux; Tapas-Teller 12 €; ⌚Nov.–Ostern & in der Nebensaison Mi geschl.) Das Lokal liegt am Ende des beliebtesten Strandes von Biarritz, an der niedlichen kleinen Plage du Port Vieux, und eignet sich perfekt zum Tapas-Schlemmen und für einen Drink bei Sonnenuntergang. Die Lage ist einfach unbezahlbar – leider sind die Preise auch dementsprechend!

dingt einen Tisch auf der stets voll besetzten Terrasse reservieren.

Bleu Café LEICHTE KOST **€**
(☎05 59 22 34 53; Grand Plage; Nudelgerichte 8–9 €; ⌚9–24 Uhr) Es klingt etwas klischeehaft, aber auf der Terrasse des Bleu Café schlurfen die Gäste ihren Morgenkaffee, nippen an einem Dämmerschoppen oder genießen ihren leichten Mittagstisch, während sie den Wellen in der Brandung zuschauen.

Crêperie CRÊPERIE **€**
(22 rue Mazagran; galettes 1,80–6 €; 👪) Der einfache Name verrät schon alles – eine einfache *crêperie*/Imbissbude, in der sich die Gäste entweder hinsetzen und mit dem freundlichen Besitzer schwatzen oder ihre Crêpes für ihr Picknick am Strand besorgen. Den ganzen Tag geöffnet.

Selbstversorger

Die frischesten Zutaten gibt's in der **Markthalle** und ganz in der Nähe lockt das **Mille et Un Fromages** (8 av. Victor Hugo) mit seiner verführerischen Riesenauswahl an Käse, Weinen und Pasteten. Exzellente Feinkost bietet auch die **Épicerie Fine du Port Vieux** (41bis rue Mazagran) direkt am Meer.

Einen größeren Supermarkt gibt's im Untergeschoss des Kaufhauses **Galeries Lafayette** (17 place Clemenceau).

🍷 Ausgehen

Einige nette Kneipen gibt's an und nahe der Rue du Port Vieux, der Place Clemenceau und rund um den Markt. Sofern nicht anders angegeben, haben sie meist von 11 bis 2 Uhr geöffnet.

LP TIPP **Miremont** CAFÉ **€**
(1bis place Georges-Clemenceau; Tee & Kuchen 7–9 €; ⌚9–20 Uhr) Dieses wunderschöne Café, eine Grande Dame der Belle Époque, ist seit 1880 in Betrieb und reicht in die Zeit zurück, als Biarritz *der* Badeort für die Reichen und Schönen Europas war. Auch heute noch zieht das Lokal die perfekt Frisierten an (womit natürlich nur die Pudel gemeint sind!), aber auch weniger gestylte Gäste können hier ihren Tee und Kuchen bei einem wundervollen Blick auf die Bucht genießen.

Ventilo Caffé BAR **€**
(rue du Port Vieux; ⌚in der NS Di geschl.) Das herausgeputzte Café ähnelt einem Boudoir und ist nach wie vor einer der beliebtesten Treffs in der Biarritzer Kneipenszene.

Arena Café Bar BAR **€**
(Plage du Port Vieux; ⌚9–2 Uhr, Okt.–März Mo & Di geschl.) Dieser Strandtreff an einer winzigen Bucht kombiniert ein stilbewusstes Restaurant (Hauptgerichte 15–22 €) mit einer DJ-Bar in Rot und Violett.

Milk Bar BAR €
(17 bd du Géneral-de-Gaulle; ⊘Mo geschl.) Wer auf der Suche nach einem Surfer (oder zumindest einem Surffan) ist, hat in dieser Bar, direkt hinterm Strand, unzählige Möglichkeiten, sein Sex Wax zu zücken.

Red Bar BAR €
(9 av. du Maréchal Foch; ⊘Di–So) Kaum zu glauben, dass eine Rugbykneipe ein hippes Publikum anlocken kann, doch dieser Tempel für die Mannschaft Biarritz Olympique (die Vereinsfarben sind Rot und Weiß – daher der Name) mit Reggae- und Rockmusik der 70er-Jahre ist der Beweis.

☆ Unterhaltung

Im Hochsommer finden an einigen Orten der Stadt kostenlose Open-Air-Klassikkonzerte statt; das Programm gibt's bei der Touristeninformation.

Cinéma Le Royal KINO
(8 av. du Maréchal Foch) Zeigt eine gute Auswahl an Filmen in Originalversion.

Casino Municipal CASINO
(1 av. Édouard VII) Im 1928 erbauten Casino von Biarritz surren und klimpern über 200 Spielautomaten bis in die frühen Morgenstunden.

Fronton Couvert Plaza Berri SPORT
(42 av. du Maréchal Foch) Hier werden praktisch das ganze Jahr über *pelota*-Spiele ausgetragen. Spielpläne gibt's bei der Touristeninformation.

Parc Mazon SPORT
Von Juli bis Mitte September kann man sich donnerstags um 21 Uhr auf dem Open-Air-Fronton (*pelota*-Spielfeld) im Parc Mazon regelmäßig *chistera*-Spiele ansehen.

Euskal-Jaï SPORT
(av. Henri Haget) Zwischen Mitte Juni und Mitte September finden um 21 Uhr im Sportkomplex Parc des Sports d'Aguiléra, 2 km östlich des Stadtzentrums, regelmäßig *cesta-punta*-Profispiele (Eintritt 10–20 €) statt. Bus 1 hält in der Nähe.

🛍 Shoppen

Pare Gabia SCHUHE
(18 rue Mazagran) Das Geschäft wird heute von Vincent Corbun geführt. Gegründet hat es 1935 sein Großvater. Es fertigt und verkauft Espadrilles in allen Formen und Regenbogenfarben. Auf Wunsch werden sie im Laden mit Riemen und Bändern individuell angepasst. Das Paar gibt's ab 10 €.

Robert Pariès SCHOKOLADE
(1 place Bellevue) Robert Pariès stellt mit köstlicher Schokolade und baskischen Süßigkeiten die Standhaftigkeit seiner Kunden auf eine harte Probe.

ℹ Praktische Informationen

Form@tic (15 av. de la Marne; 1,20 €/15 Min.; ⊘ Mo–Fr 9–12 & 14–20, Sa 10–12 & 14–18 Uhr) Helles, modernes Internetcafé mit kompletter Ausstattung.

Post (rue de la Poste)

Touristeninformation (☎05 59 22 37 00; www.biarritz.fr; square d'Ixelles; ⊘Mo–Sa 9–18, So 10–17 Uhr) Im Juli und August betreibt die Touristeninformation Außenstellen am Flughafen, am Bahnhof und am Kreisverkehr gleich nach der Ausfahrt (*sortie*) nach Biarritz: Nr. 4 von der A63.

ℹ An- & Weiterreise

BUS Zwischen Bayonne (S. 701) und Biarritz verkehren regelmäßige Busse. Die Anreise mit dem Bus ist preiswerter als mit dem Zug, denn die Busfahrt vom Biarritzer Bahnhof ins Stadtzentrum kostet genauso viel wie die direkte Busfahrt von Bayonne nach Biarritz.

Zehn **ATCRB-Busse** (www.transdev-atcrb. com) pro Tag halten in der Nähe der Touristeninformation am Square d'Ixelles und fahren die Küste runter nach St-Jean-de-Luz (20 €). Busse nach Spanien (S. 701) halten auch hier.

FLUGZEUG Zum Airport Biarritz-Anglet-Bayonne (S. 701) fahren Chronoplus-Busse, die im 30-Minuten-Takt vom/zum *hôtel de ville* (Rathaus) von Biarritz verkehren.

ZUG Der Bahnhof Biarritz-La Négresse liegt ca. 3 km südlich des Zentrums. Allerdings sollte man die Strecke nicht zu Fuß zurücklegen, da die Straßen stark befahren sind und keinen Bürgersteig haben. Besser ist es, einen Bus ins Stadtzentrum zu nehmen. Die **SNCF** (13 av. du Maréchal Foch; ⊘Mo–Fr) hat ein Büro im Zentrum. Ziele, Fahrpläne und Preise unterscheiden sich kaum von denen in Bayonne (S. 701), das mit dem Zug neun Minuten entfernt liegt.

ℹ Unterwegs vor Ort

BUS Die meisten Linien halten am *hôtel de ville* (Rathaus); von hier aus fahren ständig Pendelbusse nach Bayonne, wo sie ebenfalls am Rathaus sowie am Bahnhof halten.

TAXI Atlantic Taxis (☎05 59 23 18 18)

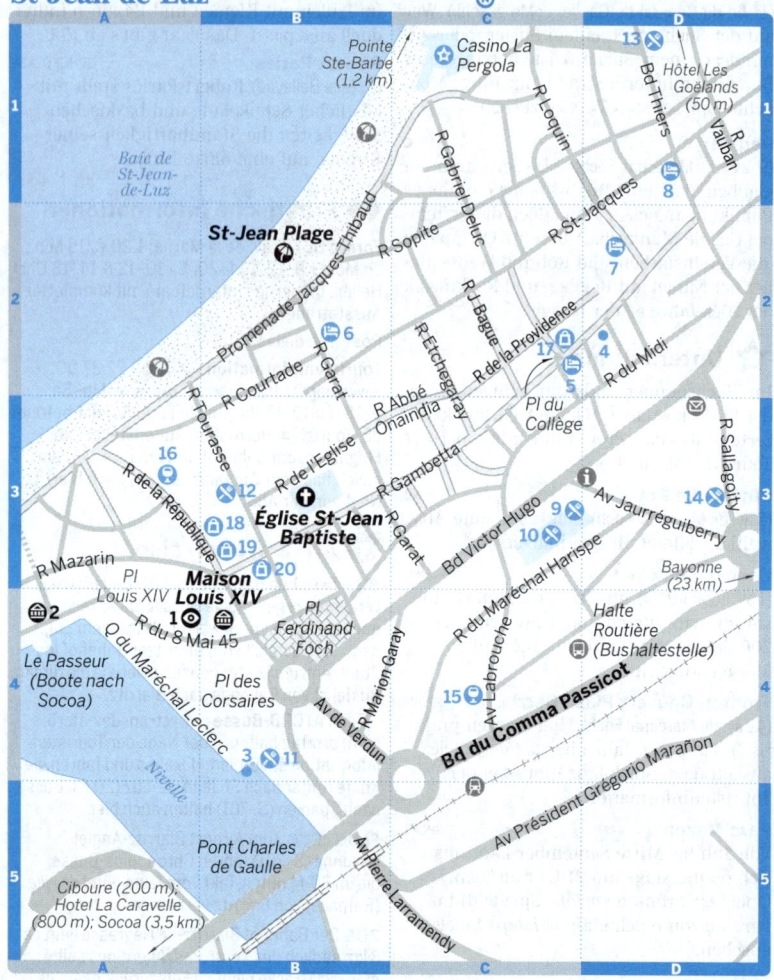

St-Jean Plage

Baie de St-Jean-de-Luz

Pointe Ste-Barbe (1,2 km)

Casino La Pergola

Hôtel Les Goélands (50 m)

Bd Thiers

R Vauban

R Gabriel Deluc

R Loquin

R St-Jacques

R Sopite

Promenade Jacques Thibaud

R Courtade

R Garat

R J Bague

R Etcheagray

R de la Providence

R du Midi

R Abbé Onaindia

R Tourasse

R de l'Eglise

Pl du Collège

R Sallagoity

R de la République

Église St-Jean Baptiste

R Gambetta

R Garat

Av Jaurréguiberry

R Mazarin

Pl Louis XIV

Maison Louis XIV

Bd Victor Hugo

R du Maréchal Harispe

Bayonne (23 km)

Pl Ferdinand Foch

R du 8 Mai 45

Halte Routière (Bushaltestelle)

R du Maréchal Labrouche

Q du Maréchal Leclerc

Le Passeur (Boote nach Socoa)

Pl des Corsaires

R Marion Garay

Av de Verdun

Bd du Comma Passicot

Nivelle

Av Président Grégorio Marañon

Ciboure (200 m); Hotel La Caravelle (800 m); Socoa (3,5 km)

Pont Charles de Gaulle

Av Pierre Larramendy

St-Jean-de-Luz & Ciboure

13 600 EW.

St-Jean-de-Luz ist der Inbegriff einer baskischen Hafenstadt: mit stimmungsvollen Gassen, einer geschützten Bucht, hervorragenden Wellen und einem lebhaften Fischereihafen, in dem Massen von Sardinen, Thunfisch und Anchovis umgeschlagen werden. Außerdem gibt es hier die richtigen Restaurants, die den Fisch traditionell zubereiten können.

Die Stadt mit ihrem langen Strand liegt 24 km südwestlich von Bayonne, am Fuß der üppig bewachsenen Gebirgsausläufer der Pyrenäen, direkt an der Mündung der Nivelle und an der Ostseite der Baie de St-Jean-de-Luz.

Das kleinere und etwas verschlafene Gegenstück Ciboure liegt auf der Westseite der Bucht und ist von St-Jean-de-Luz durch den Fischereihafen getrennt.

Die Auto- und Fußgängerbrücke Pont Charles de Gaulle verbindet St-Jean-de-Luz und Ciboure und macht das Pendeln zwischen beiden Orten zu einem Kinderspiel. Eine weitere Option sind die Fähren, die im Sommer zwischen beiden Häfen verkehren (s. S. 715).

⦿ Sehenswertes

Wer den örtlichen Strand etwa 1 km hinter sich lässt und einen Spaziergang auf die Landzunge **Pointe Ste-Barbe** am nördlichen Ende der Baie de St-Jean-de-Luz unternimmt, wird mit einem herrlichen Blick auf die Stadt belohnt. Am Ende des Boulevard Thiers einfach weiterlaufen.

Strände   STRÄNDE

Auf dem wunderschönen, mondsichelförmigen Sandstrand in St-Jean-de-Luz sprießen von Juni bis September Badezelte aus dem Boden. Ciboure hat einen eigenen kleinen Strand, die **Plage de Socoa** 2 km westlich von Socoa an der Küstenstraße (D912) gelegen. Dorthin fahren ATCRB-Busse auf dem Weg nach Hendaye und in der Hochsaison auch Boote. Beide Strände werden vor dem stürmischen Atlantik durch Wellenbrecher und Stege geschützt, was sie zu den kinderfreundlichsten Stränden im Baskenland macht.

Kirchen   KIRCHEN

Hinter der schmucklosen Fassade der größten und schönsten baskischen Kirche innerhalb Frankreichs, der **Église St-Jean Baptiste** (rue Gambetta; ⊗8.30–12 & 14–19 Uhr), verbirgt sich ein pompöser Innenraum mit einem prachtvollen barocken Altar. Vor diesem Altar wurden 1660 Ludwig XIV. und Maria Theresia, die Tochter König Philipps IV. von Spanien, getraut. Nachdem die Ringe ausgetauscht worden waren, schritt

das Brautpaar durch das Seitenschiff zum südlichen Portal hinaus. Danach wurde die Pforte zugemauert, um für immer daran zu erinnern, dass die beiden Länder nach 24 Jahren Krieg endlich Frieden geschlossen hatten. Gegenüber von Haus Nr. 20 in der Rue Gambetta kann man die Umrisse des Portals immer noch erkennen.

Die aus dem 17. Jh. stammende **Église St-Vincent** (rue Pocalette) in Ciboure hat einen achteckigen Glockenturm, auf dem ein ungewöhnliches dreistöckiges Holzdach thront. Der prächtige hölzerne Innenausbau und die mehrgeschossigen Emporen sind typisch für baskische Kirchen. Die Kirche liegt nur eines kleines Stück von der Hauptküstenstraße Quai Maurice Ravel entfernt.

Maison Louis XIV   BAUDENKMAL

(www.maison-louis-xiv.fr, auf Frz.; Erw./Kind 5,50/3 €; ⊗Mi–Mo 10.30–12.30 & 14.30–18.30 Uhr, Mitte Okt.–Ostern geschl.) An einem hübschen autofreien Platz steht die Maison Louis XIV, die 1643 von einem reichen Reeder erbaut und im damaligen Stil eingerichtet wurde. In diesem Haus verbrachte Ludwig XIV. seine letzten Tage als Junggeselle, bevor er Maria Theresia heiratete. Auf der Website (auf Frz.) gibt's weitere Informationen zu den halbstündigen Führungen.

Neben diesem Glanz verblasst das aus dem Jahr 1657 stammende, benachbarte **Hôtel de Ville** (Rathaus) von St-Jean-de-Luz ein bisschen.

GRENZÜBERSCHREITENDE BEGEGNUNGEN: EIN TAG IN SAN SEBASTIÁN

Spanien und die pulsierende Stadt San Sebastián sind so nah, dass es schon fast eine Sünde wäre, nicht kurz über die Grenze zu springen und sich selbst davon zu überzeugen, warum die ganze Welt so einen Wind um San Sebastián macht. Kurz gesagt: San Sebastián ist einfach umwerfend! Die Stadt zieht sich entlang zweier sichelförmiger Strände und zumindest einer davon, die Playa de la Concha, kann sich mit jedem Stadtstrand Europas messen. Aber das ist noch nicht alles. San Sebastián ist cool, elegant und kokett und hier kann sich jeder amüsieren. Mit mehr Bars pro Quadratmeter und mehr mit Michelin-Sternen ausgezeichnete Restaurants pro Kopf als irgendwo anders auf der Welt kann die Stadt sich wahrlich sehen lassen! Aber nicht nur wir von Lonely Planet denken, dass San Sebastián *die* Stadt überhaupt ist. Eine Reihe der weltberühmtesten Chefköche, wie z. B. der katalanische Superstar-Chefkoch Ferran Adriá, sagen, dass man auf der ganzen Welt in San Sebastián am besten isst!

Also dann, wie am besten hinkommen? Mit dem Auto ist es nur eine 20-minütige Fahrt über die A64. Der Nachteil ist, dass man hier durch mehrere Mauten durch muss. Die Alternative dazu ist die N10. Dort muss man zwar keine Mautgebühren zahlen, aber die Straße ist meist so stark befahren und verstopft, dass die Fahrt auf dieser kurzen Strecke locker bis zu zwei Stunden dauern kann. Eine weitere Möglichkeit sind Bus oder Zug. Die Züge fahren etwa stündlich (2,90 €, 12 Min.) von St-Jean-de-Luz nach Hendaye (manchmal bis Irun), von wo aus der häufig verkehrenden Zug Eusko Trens nach San Sebastián (1,30 €; 30 Min.) fährt. Ansonsten fahren die PESA-Busse zweimal täglich zwischen beiden Städten (4,40 €, 1¼ Std.).

Und wie war das mit den Tapas? Die ganze Altstadt ist mit Tapas-Bars (*pintxo* auf Baskisch) bestückt, von denen alle, und wir meinen wirklich *alle*, die leckersten Häppchen anbieten. Einige, die trotzdem herausstechen, sind **Astelena** (Calle de Iñigo 1), in der Ecke der Plaza de la Constitución, und **La Cuchara de San Telmo** (Calle de 31 de Agosto 28), eine versteckte kleine Bar, die Leckereien wie *carrílera de ternera al vino tinto* (Kalbsbacken in Rotwein) anbieten. Das Fleisch ist so zart, dass es schon zu zergehen scheint, bevor es überhaupt im Mund gelandet ist.

Und wo gibt's gehobenere Küche? Das mit drei Michelin-Sternen ausgezeichnete **Arzak** (☎943 27 84 65; Avenida Alcalde José Elósegui 273; Hauptgerichte 100–160 €) wird von dem gefeierten Chefkoch Juan Mari Arzak geführt und ist in Sachen *nueva cocina vasca* (neue baskische Küche) unschlagbar. Unbedingt lange im Voraus buchen.

Und wie sieht's mit Übernachtungsmöglichkeiten aus? **Pensión Amaiur Ostatua** (☎943 42 96 54; www.pensionamaiur.com; Calle de 31 de Agosto 44; EZ/DZ ab 45/54 €) und **Pensión Bellas Artes** (☎943 47 49 05; www.pension-bellasartes.com; Calle de Urbieta 64; EZ/DZ ab 59/79 €) gehören zu unseren heißen Favoriten.

Und was kann man sonst noch machen? Was? Essen, trinken und sich am Strand aalen reicht nicht?! Okay, also, es gibt ein super Shopping-Center, ein tolles Aquarium, ein paar Museen und, naja, also Essen, Trinken und halt den Strand.

Socoa ALTSTADT

Der Ortskern von Socoa erstreckt sich an der Verlängerung des Quai Maurice Ravel (benannt nach dem Komponisten des *Boléro*, der 1875 in Ciboure geboren wurde), etwa 2,5 km westlich von Ciboure. Die berühmte **Festung** wurde 1627 erbaut und später von Vauban fertiggestellt (s. S. 1038). Man kann über die Buhne Digue de Socoa spazieren oder über die Rue du Phare zum **Leuchtturm** hochklettern, dann weiter auf der Rue du Sémaphore wandern, um die phantastischen Küstenpanoramen zu genießen.

Écomusée Basque MUSEUM

(Erw./Kind 5,50/2,30 €; ☺10–18.30 Uhr, Nov.–März geschl.) Die einstündige Audioguide-Tour durch dieses multimediale Museum lässt baskische Traditionen lebendig werden. Es befindet sich 2 km nördlich von St-Jean-de-Luz an der N10. Drei komplette Räume sind dem traditionellen Kräuterschnaps Izarra (Baskisch für „Stern") gewidmet, der aus 20 verschiedenen Pflanzen hergestellt wird.

Maison de l'Infante
BAUDENKMAL

(quai de l'Infante; Erw./Kind 2,50 €/frei; ☺Di–Sa 11–12.30 & 14.30–18.30 Uhr, Mitte Okt.–Mai geschl.) Die Tage vor ihrer Hochzeit schlief Maria Theresia in diesem Haus, der Maison Joanoenia. Wie auch der vorübergehende Wohnsitz ihres Zükünftigen gehörte es einem Reeder. Das aus Ziegeln und Natursteinen errichtete Gebäude in der Nähe der Place Louis XIV protzt mit kostbaren architektonischen Details.

☂ Aktivitäten

Sportangebote im, auf und unter Wasser gibt es hier wie Sand am Meer. Die beste Brandung (selten im Sommer) findet sich 5,5 km nordöstlich von St-Jean-de-Luz an der **Plage de Lafitenia** mit einem langen, aber langsamen Point Break.

Odysée Bleue
TAUCHSCHULE

(www.odyssee-bleue.com, auf Frz.; hangar 4, chemin des Blocs) Mit der Tauschschule in Socoa auf Unterwassersuche nach Seesternen und Lippfischen gehen.

Tech Ocean
TAUCHSCHULE

(www.tech-ocean.fr, auf Frz.; 45 av. Commandant Passicot) Eine weitere Tauchschule in Socoa.

Youkoulélé
SURFSCHULE

(H2O-Surfschule; ☎05 59 26 81 95; 72 rue Gambetta) Die Surfschule befindet sich im Surfgeschäft Youkoulélé im Stadtzentrum und bietet Surfstunden ab 35 € an.

Espace Voile
SURFSCHULE

(http://espacevoile.free.fr, auf Frz.) Windsurf- und Segelkurse in Socoa.

École de Voile International
SEGELN UND BOOTFAHREN

(www.ecoledevoileinternationale.fr, auf Frz.) Die in Socoa ansässige Wassersportschule vermietet Dingis und Motorboote und bietet außerdem Windsurfunterricht und Segelkurse an.

Nivelle Trois
BOOTSFAHRTEN

(www.nivelle3.sextan.com, auf Frz.) Mitte Mai bis Mitte September sticht ein Schiff vom Quai du Maréchal Leclerc aus in See – morgens zum Hochseeangeln (30 €), nachmittags für Bootsausflüge (15 €). Der eigentliche Name des Schiffes ist *Nivelle V.*

☂ Festivals & Events

Fêtes de la St-Jean
KULTURFEST

Feuerwerke, Musik und Tanz am Wochenende, das dem 24. Juni am nächsten liegt.

Régates de Traînières
REGATTEN

Regatten am ersten Juliwochenende.

Fête du Thon
KULINARISCHES FEST

Zum Thunfischfest, ebenfalls an einem Juliwochenende, füllen sich die Straßen mit Blaskapellen, baskischer Musik und Tänzen sowie zahlreichen Ständen, die frisch gebratene Thunfischsteaks anbieten.

Danses des Sept Provinces Basques
TANZFESTIVAL

Baskische Volkstanzgruppen sowohl aus dem spanischen als auch aus dem französischen Teil treffen sich Anfang des Sommers.

La Nuit de la Sardine
KULTURFEST

Die Nacht der Sardinen – eine Nacht voller Musik, Folklore und Tanz – findet an zwei Samstagen im Jahr statt: einmal Anfang Juli und einmal am 15. August.

☂ Schlafen

Von Juli bis Mitte September ist alles voll, doch in der Nebensaison können die Preise spürbar fallen. Es gibt einige gute und preiswerte Optionen gegenüber vom Bahnhof.

Zwischen St-Jean-de-Luz und Guéthary, 7 km nach Norden die Küste rauf, gibt es ganze 16 Campingplätze. Die ATCRB-Busse aus Biarritz und Bayonne halten nie weiter als 1 km entfernt.

La Devinière
BOUTIQUEHOTEL €

LP TIPP (☎0559260551; www.hotel-la-deviniere.com; 5 rue Loquin; Zi. auf Straßen-/Gartenseite 120/160 €; ☷) Ein Hotel, das auf TV-Geräte verzichtet und dafür lieber antiquarische Bücher anbietet, muss man einfach lieben (Zimmer 11 hat sogar eine eigene Mini-Bibliothek). Hinter dem Aufenthaltsraum mit Piano und bequemen Sesseln öffnet sich ein entzückender, kleiner Innenhof mit Sofas. Dieses zauberhafte Hotel gleicht eher einem kleinen Landhaus, das sich irgendwie in die Innenstadt verirrt hat. Die Zimmer sind mit antiken Möbeln und sogar Schreibtischen eingerichtet. Es lohnt sich, etwas mehr auszugeben und ein Zimmer mit Gartenblick zu buchen – von den kleinen Balkons aus hat man einen super Ausblick auf das wilde Grün. Frühstück 12 €.

Zazpi
DESIGNHOTEL €€€

(☎05 59 26 07 77; www.zazpihotel.com; 21 bd Thiers; Zi./Suite ab 205/400 €; ✳☂☷) Absolut hip. Dieses wundervolle, in ein Designhotel umgewandelte alte Herrenhaus gehört zu den schicksten Hotels in Südwest-Frankreich. Wer hier übernachtet, könnte glatt meinen, in einer glamourösen Zeitschrift für Innendesign gelandet zu sein. Von der Dachterrasse gibt's einen umwerfenden Blick über ein Meer von Terrakottadächern auf die märchenhaften grünen baskischen Berge. Am Eingang befinden sich eine flotte Bar mit Sofas in Grüntönen und ein Teesalon (11–20 Uhr), der Suppen, Salate und Pasta serviert. Das Frühstück für 16 € ist etwas teuer. Das Haus ist rollstuhlgerecht.

Hôtel Les Goëlands BOUTIQUEHOTEL €€ (☎05 59 26 10 05; www.hotel-lesgoelands. com; 4 & 6 av. d'Etcheverry; EZ/DZ ab 60/79 €; 📶🅿) Das Les Goëlands kann sich seiner fortschrittlichen Recycling- und Energiesparmaßnahmen rühmen, denn im französischen Baskenland sind Ökohotels immer noch eine Seltenheit. Auch an den Zimmern wurde nicht geknausert – sie sind groß, hell und bequem und bieten einen Blick auf den schönsten Hotelgarten von St-Jean-de-Luz. Hier können die Gäste frühstücken und in der Sonne faulenzen. Es gibt außerdem elektrische Fahrräder zu mieten und Gäste können ihre eigenen Mahlzeiten mit frischen Zutaten aus der Region zubereiten. Im Juli und August ist nur Halbpension möglich.

Hôtel Ohartzia BOUTIQUEHOTEL €€ (☎05 59 26 00 06; www.hotel-ohartzia.com, auf Frz.; 28 rue Garat; Zi. mit Dusche/Bad 79/89 €; 📶) Nur ein paar Schritte vom Strand entfernt liegt das entzückende blumengeschmückte Baskenhaus mit kobaltblauen Fensterläden. Nach einem herzlichen Empfang geht's auf die blitzblanken, hübsch und gut ausgestatteten Zimmer oder in den schattigen Garten, eine Oase der Ruhe, die mit Tischen und Stühlen ausgestattet ist. Einige Zimmer befinden sich in diesem Garten. Frühstück 7 €.

Hôtel La Caravelle BOUTIQUEHOTEL €€ (☎05 59 47 18 05; www.hotellacaravelle.com; bd Pierre Benoît; Zi. zur Straßen-/Seeseite ab 90/110 €; ❄📶) Die Themen Meer und Seefahrt bestimmen die Einrichtung in den zwei ehemaligen Fischerhäuschen in Ciboure. 7 der 19 hellen, renovierten Zimmer bieten einen tollen Blick über die Bucht. Parkgebühr 10 €. Frühstück 8 €.

Hôtel Les Almadies BOUTIQUEHOTEL €€ (☎05 59 85 34 48; www.hotel-les-almadies.com, auf Frz.; 58 rue Gambetta; Zi. 110–130 €; ⊘Nov.

geschl.; 📶) In diesem schmucken Familienbetrieb bieten sieben Zimmer einen Balkon mit Blick auf die autofreie Einkaufsstraße von St-Jean-de-Luz. Alle Zimmer kombinieren Stoffe im dezenten Landhausstil mit modernen Möbeln, die in Topzustand sind. Der Frühstücksraum mit viel Holz führt auf eine sonnige Terrasse. Parkgebühr 9 €. Frühstück 12 €.

✖ Essen

Fast alle Restaurants in St-Jean-de-Luz sind auf Fisch und Meeresfrüchte spezialisiert und die Auswahl ist wirklich spitzenklasse – die meisten Besucher kommen schon allein deshalb hierher. Gute Restaurants säumen die Rue de la République, die Rue Tourasse und die Place Louis XIV.

LP TIPP ❯ Buvette des Halles
FISCH & MEERESFRÜCHTE €
(☎05 59 26 73 59; bd Victor Hugo; Gerichte 7–14 €; ⊘6–14 Uhr & abends) Dieses winzige Restaurant in einer Ecke der Markthalle serviert Ziegenkäse, Bayonne-Schinken, gegrillte Sardinen, Fischsuppe, Muscheln und vieles mehr. Von Juni bis September gibt es Tische draußen auf dem kleinen Platz unter den Platanen. Das übrige Jahr hindurch kann man drinnen schlemmen – aber wer die beste Auswahl will, sollte zeitig kommen.

Grillerie du Port FISCH & MEERESFRÜCHTE €
(☎05 59 51 18 29; quai du Maréchal Leclerc; ⊘Mitte Juni–Mitte Sept.) In der alten Hütte am Hafen trifft man sich, um sich den Bauch mit fangfrischen Sardinen, Salaten und dicken Thunfischsteaks vollzuschlagen. Zwanglos und günstig (die Preise richten sich nach dem Fang des Tages, sind aber immer okay).

Pilpil-Enea FISCH & MEERESFRÜCHTE €
(☎05 59 51 20 80; 3 rue Sallagoity; Hauptgerichte mittags 10–14 €, Mittags-/Abendmenü ab 12/25 €; ⊘Di, Mi & So abends geschl.) Das mit Fischernetzen dekorierte, kleine Lokal in einem schlichten, dunklen Holzraum mit blau-weißen Karos liegt etwas abseits des Touristenstroms und ist wegen seiner hervorragenden Küche aus Fisch und Meeresfrüchten bei den Einheimischen beliebt.

Le Peita FISCH & MEERESFRÜCHTE €
(☎05 59 26 86 66; 21 rue Tourasse; Hauptgerichte 14,50–20 €, Menü ab 16 €; ⊘Mi–So) Getrocknete Espelette-Chilis und Schinken hängen von der Decke dieses authentischen Lokals mit Seidentischdecken und freundlichen Besitzern. Wer die Köstlichkeiten der Region kennenlernen will, sollte eine gemischte

Platte bestellen, zu der auch Käse der Region serviert wird. In der gleichen Straße gibt's noch weitere ähnliche Lokale.

Olatua
BRASSERIE €€
(☎ 05 59 51 05 22; 30 bd Thiers; Menü/Hauptgerichte 30/20 €) Dieses helle Restaurant im Stil einer Brasserie überzeugt mit seinen marktfrischen Produkten, z. B. mit *coquilles St-Jacques* (Jakobsmuscheln) mit Risotto und einem luftigen Schokosoufflé mit Pistazieneis als Nachtisch. An sonnigen Tagen kann man auch auf der Terrasse sitzen.

Selbstversorger
Jeden Donnerstag- und Freitagmorgen werden in der **Markthalle** (bd Victor Hugo) Lebensmittel angeboten.

Ausgehen & Unterhaltung

La Taverne de Nesle
BAR
(5 av. Labrouche; ⏰ 17–2 Uhr, Okt.–Juni Di geschl.) Jeden Freitag legt ein DJ in der im irischen Stil eingerichteten Kneipe Musik auf (im Juli und Aug. 2-mal wöchentl.).

Pub du Corsaire
BAR
(16 rue de la République; ⏰ 17–2 Uhr) Hier gibt's ungefähr 100 verschiedene Biersorten, davon zehn vom Fass, und raffinierte Cocktails.

Sport
Im Juli und August gibt's *cesta punta* auf dem **Jaï Alaï Compos Berri** (route de Bayonne, N10), 1 km nordöstlich des Bahnhofs. Weitere Infos zum Spielplan und zu den Preisen gibt's bei der Touristeninformation.

Shoppen

Sandales Concha
SCHUHE
(2 rue Gambetta) Espadrilles sind die traditionellen Schuhe aus dem Baskenland. Hier gibt's ab 8 € eine Riesenauswahl der regional handgefertigten Schuhen.

Macarons Adam
ESSEN
(49 rue Gambetta) Wem der Sinn nach etwas Leckerem steht, der sollte die wunderbaren keksähnlichen Delikatessen von hier probieren. In der 6 Rue de la République gibt's eine weitere Filiale.

Maison Charles Larre
HAUSHALTSWAREN
(4 rue de la République) In St-Jean-de-Luz kann man auch hervorragende Leinenstoffe kaufen.

ℹ Praktische Informationen

Internet World (7 rue Tourasse; 1/6 € pro 10 Min/1 Std.; ⏰ 10–13 & 14.30–18 Uhr;) Freundliches Internetcafé mit englischen Tastaturen (und gebrauchten englischen Büchern).

Post Ciboure (quai Maurice Ravel); St-Jean-de-Luz (Ecke bd Victor Hugo & rue Sallagoity)

Touristeninformation (☎ 05 59 26 03 16; www.saint-jean-de-luz.com; 20 bd Victor Hugo; ⏰ Mo–Sa 9–12.30 & 14.30–18.30, So 10–13 Uhr, Juli und Aug. erw. Öffnungszeiten) Organisiert ein breites Spektrum an Führungen in französischer Sprache – sowohl durch die Stadt als auch über die Grenze nach Spanien (im Sommer teilweise auch auf Engl.).

ℹ An- & Weiterreise

BUS Die Busse von **ATCRB** (www.transdev-atcrb.com, auf Frz.) halten an der Bushaltestelle **Halte Routière** in der Nähe des Bahnhofs, bevor sie sich weiter auf den Weg Richtung Nordosten nach Biarritz (3 €, 30 Min., 9-mal tgl.) und Bayonne (3 €, 40 Min., 9-mal tgl.) machen. Richtung Südwesten fahren ungefähr zehn Busse am Tag nach Hendaye (1 €, 35 Min.).

An der Haltestelle Halte Routière hält auch zweimal am Tag der Bus von **Transportes Pesa** (S. 701) mit Verbindungen nach San Sebastián und Bilbao.

Von April bis Oktober bringen die Busse von **Le Basque Bondissant** (Der springende Baske; ☎ 05 59 26 25 87; www.basquebondissant.com, auf Frz.) Urlauber nach La Rhune (inkl. Le Petit Train Erw./Kind 17/12 €) und zu den Grottes de Sare (Eintritt 10,50/7,50 €). Die Busse fahren ebenfalls an der Halte Routière ab.

ZUG Regelmäßig fahren Züge nach Bayonne (4,50 €, 25 Min.) über Biarritz (3 €, 15 Min.) und nach Hendaye (2,90 €, 15 Min.) mit Anschluss nach Spanien.

ℹ Unterwegs vor Ort

AUTO Die Autovermietung **ADA** (www.ada.fr) hat eine Niederlassung am Bahnhof.

BUS Zwischen Juni und September bedient Navette Intercommunale mit ATCRB-Bussen einen täglichen, regionalen Fahrplan; in den restlichen Monaten fahren die Busse nur sporadisch. Linie 2 fährt von der Halte Routière nach Erromardie und zu den Campingplätzen nördlich der Stadt, Linie 4 über Ciboure nach Socoa.

SCHIFF/FÄHRE Zwischen Juni und September pendelt das Schiff **Le Passeur** unermüdlich jede halbe Stunde zwischen dem Quai de l'Infante und Socoa (einfache Fahrt 2 €) hin und her.

TAXI ☎ 05 59 47 38 38.

Linguisten fanden heraus, dass die baskische Sprache Euskara mit keiner anderen Sprache der Welt verwandt ist. Sie ist die einzige Sprache in Südwesteuropa, die von Lateinischen und den damit verwandten Sprachen unbeeinflusst geblieben ist.

Baskisch sprechen rund 1 Mio. Menschen in Spanien und Frankreich; fast alle von ihnen sind zweisprachig. Im französischen Baskenland wird die Sprache vor allem in Bayonne und in seinem bergigen Hinterland gesprochen. In Spanien ist Baskisch als offizielle Sprache anerkannt – in Frankreich nicht. Trotzdem unterrichten hier einige Grundschulen auf Baskisch. Auf der spanischen Seite behauptet sich das Baskische besser.

Doch auch in Frankreich gibt es noch baskische Fernsehsender und hier und da an den Geschäften hängt ein Schild mit der Aufschrift „Hemen Euskara emaiten dugu" („Hier wird Baskisch gesprochen"). Auch der baskischen Flagge begegnet man immer wieder. Sie ähnelt der britischen, hat aber einen roten Hintergrund mit einem senkrechten weißen Kreuz und einem diagonalen grünen. Ein weiteres verbreitetes Symbol der Basken ist der *lauburu* (ähnlich einem vierblättrigen Kleeblatt), der Wohlstand oder Leben und Tod symbolisiert.

Rund um St-Jean-de-Luz

LA RHUNE
Ganz symbolisch liegt eine Hälfte des 905 m hohen, von einer riesigen Antenne gekrönten Berges La Rhune (auf Baskisch „Larrun") im französischen Baskenland, die andere im spanischen. Der 10 km südlich von St-Jean-de-Luz gelegene Berg wurde schon immer von den Basken geheiligt, heute kommen Besucher jedoch eher wegen der phänomenalen Aussicht als aus religiösen oder kulturellen Gründen. Bester Ausgangspunkt für den Aufstieg ist der **Col de St-Ignace**, 3 km nordwestlich von Sare an der D4 (die Straße nach St-Jean-de-Luz). Der Fußmarsch nach oben ist jedoch nicht ohne – hin und zurück in ca. 5 Std.. Bequemer geht's mit **Le Petit Train de la Rhune** (www.rhune.com; einfache Fahrt/hin & zurück Erw. 14/17 €, Kind 7/10 €; ☉Mitte Feb.–Nov.), einem bezaubernden hölzernen Zahnrad-Bimmelbähnchen, das sich in 35 Minuten die 4 km vom Fuß bis zum Gipfel hinaufkämpft. Es ist von Ostern bis September in Betrieb und fährt ungefähr alle 35 Minuten; im Oktober fährt es nur montags und donnerstags um 10 und 15 Uhr. Außerhalb der Hauptsaison kosten die Fahrkarten ein paar Euros weniger. Im Sommer muss man Wartezeiten von bis zu einer Stunde einkalkulieren.

GROTTES DE SARE
Die ersten Bewohner der Grottes de Sare **Grottes de Sare** (www.grottesdesare.fr; Erw./

Kind 7/4 €; ☉10–19 Uhr) vor rund 20 000 Jahren kämen aus dem Staunen nicht mehr heraus, wenn sie all die Hightech-Tricks (wie Lasershows und Hologramme) sehen könnten, die heute in ihrer ehemaligen Behausung installiert sind. Die 45-minütige Führung in mehreren Sprachen führt vom klaffenden Höhleneingang durch enge Passagen bis zur riesigen Haupthalle. Zu erreichen über die D306; 6 km südlich des Dorfes Sare.

AINHOA
599 EW.
„Un des plus jolis villages de la France" steht auf den Schildern am Ortseingang dieses in der Tat äußerst hübschen Dorfes. Da wir aber im Baskenland sind, hat jemand „de la France" kurzerhand durchgestrichen ...

Imposante Fachwerkhäuser aus dem 17. Jh. säumen die lange Hauptstraße von Ainhoa. In viele Türstürze sind das Baujahr und der Familienname der Besitzer eingraviert. Die Wehrkirche weist die typisch baskischen Merkmale auf: eine Empore und einen reich verzierten Altar.

Zu einem unvergesslichen baskischen Essen lädt das mit Michelin-Sternen ausgezeichnete **Ithurria** (☏05 59 29 92 11; www.ithurria.com; EZ 85–105 €, DZ 105–120 €, Menü 35–58 €; ❋🅿🄫🄫) ein, das die Familie Isabal in einer historischen Pilgerherberge eingerichtet hat. Heute führen hier die beiden Söhne von Maurice Isabal Regie (einer als Weinkellner, der andere als Küchenchef). Damit man anschließend nicht mehr fahren muss, gibt es modern und komfortabel ausgestattete Zimmer in allen Regenbogenfarben – und als i-Tüpfelchen einen traumhaften Swimmingpool.

ESPELETTE
1879 EW.

Das weiß gekalkte Baskenstädtchen Espelette ist berühmt für seine dunkelroten Chilischoten, die in kaum einem traditionell baskischen Gericht fehlen. *Le piment d'Espelette* ist so exquisit, dass ihm der Status Appellation d'Origine Contrôlée (AOC) verliehen wurde, der sonst nur Wein, Käse u. Ä. zusteht. Im Herbst verschwinden die Häuser hinter all den Chilis, die auf Schnüren aufgereiht zum Trocknen an den Wänden hängen. Am letzten Wochenende im Oktober feiert Espelette die **Fête du Piment** mit Prozessionen, einer rituellen Segnung der Chilischoten und dem Ritterschlag für den *chevalier du piment* (Ritter der Chilis).

Die **Touristeninformation** (⌨05 59 93 95 02; www.espelette.fr, auf Frz.) ist zusammen mit dem *Hôtel de Ville* (Rathaus) in einem mittelalterlichen Schlösschen untergebracht.

Chilies sind auch der Star auf der Speisekarte des berühmten **Hôtel Restaurant Euzkadi** (⌨05 59 93 91 88; www.hotel-restaurant-euzkadi.com; Zi. ab 64 €, Menü 17,50–34 €; 🌐☀). Auf den Tisch kommen sie z. B. in Gerichten wie *axoa* (zartes, mit Zwiebeln und frischen Chilies geschmortes Kalbshack). Die komfortablen Zimmer gibt's zu einem echten Schnäppchenpreis.

St-Jean-Pied-de-Port
1700 EW.

Jahrhundertelang war das am Fuß der Pyrenäen gelegene St-Jean-Pied-de-Port, 53 km südöstlich von Bayonne, die letzte Raststätte in Frankreich für Pilger auf dem Weg über die nur 8 km entfernte Grenze nach Santiago de Compostela im Westen Spaniens. Noch heute erfreut es sich großer Beliebtheit bei Wanderern und Radfahrern, die den alten Pilgerpfad in Angriff nehmen. Doch in seiner Umgebung gibt es auch zahlreiche kürzere Wege für Wanderer und Mountainbiker.

Wer lieber mit dem Auto fährt und das Laufen anderen überlässt, sollte trotzdem hier einen kurzen Halt einlegen. Der durch die Nive geteilte reizende alte Stadtkern ist auf alle Fälle einen Besuch wert.

Von Bayonne aus kann man einen netten Tagesausflug hierher machen – besonders montags, wenn in St-Jean-Pied-de-Port Markt ist. Allein schon die Fahrt durch die wunderschöne Landschaft südlich von Cambo-les-Bains lohnt den Weg. Sowohl die Bahnschienen als auch die Straße (die D918) schlängeln sich durch felsige Hügel, grüne Wälder und saftige Wiesen. Nur hier und da gibt's ein weißes Bauernhäuschen, an dem ein Schild *ardi* (das baskische Wort für „Käse") zum Kauf anbietet.

⊙ Sehenswertes & Aktivitäten

Vieille Ville   ALTSTADT
Der reizende, von einer Mauer umgebene alte Stadtkern ist von gepflasterten und mit schnuckeligen kleinen Boutiquen gesäumten Straßen durchzogen, auf die Balkons hinabblicken, die von Geranien geradezu überquellen. Besonders sehenswert sind hier die Kirche **Notre-Dame du Bout du Pont**, deren Grundmauern genauso alt sind wie die Stadt selbst, die aber im 17. Jh. vollkommen wiederaufgebaut wurde. Ein Foto wert ist der **Vieux Pont** (alte Brücke) hinter der Porte de Notre-Dame, von wo aus man einen herrlichen Blick auf die weiß gestrichenen Häuser hat, deren Balkone über dem Wasser hängen. Im Stadtgebiet ist das Fischen in der Nive verboten und das scheinen die fetten Forellen genau zu wissen. Ein hübscher Spaziergang 500 m stromaufwärts führt zum stark gekrümmten **Pont Romain** (was „römische Brücke" bedeutet, obwohl sie erst im 17. Jh. entstand).

Stattliche Häuser aus rosa Granit aus dem 16. bis 18. Jh. säumen die Rue de la Citadelle. Interessant ist das Baujahr, das jeweils in den Türsturz eingraviert ist (das älteste, das wir gefunden haben, war von 1510). Außerdem ist hier die Jakobsmuschel – Symbol von St-Jacques (hl. Jakob) und der Pilger nach Santiago de Compostela – ein beliebtes Motiv. Die Pilger spazierten durch die **Porte de St-Jacques** am nördlichen Ende in die Stadt hinein und verließen sie, erfrischt und wahrscheinlich ein bisschen ärmer als zuvor, südlich des Flusses durch die **Porte d'Espagne** Richtung Spanien.

Prison des Évêques   BAUDENKMAL
(Bischofsgefängnis; 41 rue de la Citadelle; Erw./ unter 10 J. 3 €/frei; ⊙10.30–21 Uhr) Der bedrückend enge Keller bringt seine eigene Geschichte durcheinander. In der Tat diente er ab 1795 als Stadtkerker, im 19. Jh. als Mi-

IPARLA-GEBIRGSKAMM-WANDERUNG

Der auf beiden Seiten steil abfallende **Iparla-Gebirgskamm** (1056 m) markiert die Grenze zu Spanien und gehört zu den vielen saftig grünen Bergen, die sich wie Meereswellen aneinandergereiht majestätisch über St-Étienne-de-Baïgorry erheben. Jeder einigermaßen gesunde Wanderer kann die wunderschöne Tageswanderung (4½ Std. ohne Pause, Bewältigung eines Höhenunterschiedes von 900 m) leicht zurücklegen, die unter erfahrenen Pyrenäenwanderern als die schönste Kammwanderung im gesamten Gebirge bekannt ist. Bei Nebel, Schnee oder schlechten Wetterbedingungen sollte die Wanderung allerdings nicht unternommen werden. Ins Gepäck gehört unbedingt ein Kompass und eine Ausgabe des Büchleins (mit Karten) *Rando Éditions 1:50,000 Pays Basque Ouest,* das in jedem örtlichen Buchladen und bei vielen Zeitungshändlern erworben werden kann. Kinder brauchen eventuell im ersten Teil der Wanderung etwas Unterstützung (unser Autor bewältigte die Strecke bei 30 Grad Hitze mit seinem sechs Monate alten Baby auf dem Rücken!), aber erst einmal auf dem Kamm angelangt, ist die Wanderung ein Kinderspiel.

Der Wanderweg beginnt am **Bordazar Berroa**, einem traditionellen baskischen Bauernhaus. Mit dem Auto von St-Étienne-de-Baïgorry aus die D9418 in Richtung Norden fahren und nach ein paar Kilometern links die schmale Abfahrt in Richtung Urdos und La Bastide nehmen. Danach ca. 3 km weiterfahren, vorbei an der zweiten Abfahrt nach Urdos und zum Dörfchen La Bastide. Kurz dahinter liegen auch schon das Bauernhaus und der Parkplatz, wo der Wanderweg beginnt.

In Richtung Nordwesten auf dem Pfad loslaufen, der nach Iparla weist. Nach 15 Minuten an der Gabelung mit dem Betonpfad rechts abbiegen und in Richtung Westen weitergehen. Zehn Minuten später, gleich nach dem kleinen Bach und der Schäferhütte, führt der Pfad steil nach oben. An der nächsten Gabelung rechts abbiegen und in Richtung Nordosten weiterlaufen. Es scheint jetzt, als ob man sich vom Gebirgskamm entfernt. Nach weiteren 15 Minuten biegt der Wanderweg um die Spitze eines niedrigen Kamms und beginnt nach unten zu führen. Links müsste jetzt eine Wassermulde zu sehen sein und ein Pfad, der hoch in Richtung Nordwesten, zurück nach Iparla führt. Auf diesem Pfad etwa zehn Minuten bis zu einer weiteren Schäferhütte/

litärgefängnis, dann als Internierungslager im Zweiten Weltkrieg für diejenigen, die ins angeblich neutrale Spanien fliehen wollten. Der untere Teil stammt in der Tat aus dem 13. Jh., also aus der Zeit, bevor St-Jean-Pied-de-Port Diözese des Avignonesischen Papsttums wurde. Doch der Gebäudeteil darüber stammt erst aus dem 16. Jh., als die Bischöfe längst fort waren. Im Innenraum gibt es temporäre Ausstellungen.

La Citadelle   FESTUNG

Vom oberen Ende der Rue de la Citadelle führt ein holpriger Kopfsteinpflasterweg hinauf zur wuchtigen Zitadelle, von der aus man einen herrlichen Blick über die Stadt und die umliegenden Hügel hat. Die Festung wurde 1628 erbaut und um 1680 von den Militärbaumeistern der Vauban-Schule neu gestaltet. Heute beherbergt sie eine weiterführende Schule und kann daher nicht besichtigt werden.

Man muss schon schwindelfrei sein, um über die Stufen des *escalier poterne* (rück-

wärtige Treppe) hinabzusteigen. Vorsicht! Nach einem Regenguss sind die Stufen superglitschig. Neben dem moosbedeckten Festungswall führen sie steil hinunter zur **Porte de l'Échauguette** (Wachturmtor).

Wandern & Radfahren

Wer den sommerlichen Touristenscharen entfliehen will, kann eine Wanderung oder Radtour in den Ausläufern der Pyrenäen unternehmen, wo nur Kuhglocken und das Säuseln des Windes die Stille stören. Sowohl der GR10 (ein in 45 Tagen zu bewältigender Fernwanderweg, der sich vom Atlantik durch die Pyrenäen bis zum Mittelmeer zieht) als auch der GR65 (Chemin de St-Jacques, der Jakobsweg) verlaufen mitten durch die Stadt. Außerhalb der Sommersaison sollte man bei der Touristeninformation oder den Herbergen Infos über die Schneebedingungen und eventuelle Alternativrouten einholen und die Übernachtung vorausplanen, da viele Unterkünfte auf der spanischen Seite dann geschlossen sind.

Scheune gehen, wo man rechts einbiegt und einem schmalen Pfad in Richtung Nord-Nordwesten folgt.

Nach einer Viertelstunde gelangt man zu einem Geröllabhang und folgt dem steilen, zickzackförmigen Pfad nach oben zum Iparla-Kamm. Er ist mit gelegentlichen Steinhäufchen markiert und führt über einen Zaun. (Den anderen, offensichtlicheren Wanderweg ignorieren – dieser führt an der Bergflanke weiter.) Dies ist der härteste Teil der Wanderung und Wanderstöcke sind hier sehr nützlich! Nach 15 Minuten Aufstieg und viel Schnaufen und Prusten ist endlich der **Iparla-Kamm** erreicht, der mit einem alten BF90-Stein markiert ist. Nun befindet man sich auf dem **GR10**, einem sehr anspruchsvollen Wanderweg, der über 45 Tage über die gesamte Länge der Pyrenäen führt. Aber vorerst wird's jetzt einfacher.

Nach links biegen und dem deutlichen Pfad und der rot-weißen Markierung auf dem GR10 in Richtung Westen nach oben folgen. Dabei immer am Kammrand bleiben. Fast sofort bietet sich eine spektakuläre Aussicht als Belohnung, aber die ist noch lange nichts im Vergleich zu dem, was einen einige Minuten später am Gipfel von Iparla erwartet, der mit einem Leitpfosten markiert ist. Fast überflüssig zu erwähnen, aber es lohnt sich, hier eine kleine Verschnaufpause einzulegen und die phänomenale Aussicht über das französische und spanische Baskenland zu genießen. Über den Bergen in den warmen Luftströmen kreisen riesige Gänsegeier und verschiedene Adler und Falken.

Ab jetzt ist es eigentlich unmöglich, sich zu verlaufen. Einfach ungefähr eine Stunde lang auf dem Kammrand (irgendwann neigt der Pfad sich ein wenig nach unten, bevor er wieder nach oben führt) der rot-weißen Markierung des GR10 folgen. Schließlich führt der Weg steil nach unten, weg vom Kamm, in Richtung Südwesten und erreicht einen Wegweiser mit der Aufschrift Col d'Harrieta.

Hier wird der GR10 verlassen (der wieder nach oben auf einen anderen Kamm führt), links (in Richtung Osten) abbiegen und dem Pfad nach unten durch den Wald folgen. Nach 15 Minuten erreicht man eine Gabelung und eine Schäferhütte. Den linken Pfad in Richtung Nordwesten zum Col de Larrarté nehmen (der andere führt nach Urdos). Der Wanderweg geht in eine Betonstraße über, dieser eine halbe Stunde lang nach unten folgen (alle anderen Abzweigungen ignorieren), bis man wieder bei seinem Auto ist.

Absolut lohnend ist das Büchlein *Le Guide Rando: Pays Basque* (17,50 €), erhältlich in örtlichen Buchläden, das Karten und Beschreibungen (auf Frz.) zu zahlreichen Wanderrouten enthält. Im Kasten auf der gegenüberliegenden Seite gibt's weitere Informationen zu dem angeblich besten Tagesausflug in der Region. Wer es etwas gemütlicher angehen und dabei die wunderschöne Landschaft des Nive-Tals bewundern will, verfrachtet seinen Drahtesel in Bayonne in den Zug – Fahrradmitnahme kostenlos – und rollt von St-Jean-Pied-de-Port aus durch das Tal zurück. Wem der Weg zurück zur Küste zu lang vorkommt, der kann z. B. in Pont-Noblia oder Cambo-les-Bains einfach wieder in den Zug steigen.

☞ Geführte Touren

Im Juli und August organisiert die Touristeninformation französisch- und spanischsprachige Führungen durch die Altstadt sowie Besichtigungen der Zitadelle.

🛏 Schlafen & Essen

Die meisten Unterkünfte sind auf Wanderer eingerichtet, die sich auf dem Weg nach Santiago de Compostela in Galizien befinden. Diese Unterkünfte sind oft sehr einfach und es handelt sich meistens nur um ein Bett in einem Gemeinschaftszimmer. Das Gute daran ist, dass sie preiswert sind, normalerweise 8 bis 10 € pro Person. Viele dieser Unterkünfte nehmen allerdings nur Pilger mit dem Ziel Santiago de Compostela auf. Für diejenigen, die kürzere Strecken wandern wollen, gibt's zahlreiche preiswerte und bequeme *gîtes* und *chambres d'hôtes*.

LP TIPP **Itzalpea** ZIMMER MIT FRÜHSTÜCK **€**
(☎05 59 37 03 66; www.maisondhotes-itzalpea.com; 5 place du Trinquet; EZ 52–55 €, DZ 62–78 €; ❄🛜🅟) Die freundliche und gemütliche *maison d'hôte* hat fünf renovierte Zimmer (einige davon mit Klimaanlage), die alle unterschiedlich eingerichtet und nach einheimischen Blumen benannt sind.

Sie liegen über dem Teesalon, der nicht weniger als 20 Sorten Tee zur Auswahl hat.

Maison E. Bernat ZIMMER MIT FRÜHSTÜCK €€
(☑05 59 37 23 10; www.ebernat.com; 20 rue de la Citadelle; DZ 78–88 €, pro zusätzl. Pers. 25 €; ☎) Das einladende Haus mit dicken Steinmauern aus dem 17. Jh. hat zwar nur vier Zimmer, aber sie sind gut ausgestattet und sehr gepflegt. In jedem stehen ein Doppel- und ein Einzelbett. Zudem gibt es ein phantastisches, kleines Restaurant mit einer winzigen Terrasse (Menü ab 19 €) und Wochenendangebote mit Schlemmerprogramm (180 €).

Central Hôtel HISTORISCHES HOTEL €
(☑05 59 37 00 22; 1 place Charles de Gaulle; Zi. 60–71 €; ☎) Das Hotel liegt tatsächlich so zentral, wie sein Name es verspricht. Eine polierte Holztreppe führt hinauf zu den zwölf altmodischen, aber etwas öden Zimmern. Die Inhaber sind sehr gastfreundlich und es gibt ein Restaurant (Menü 19,50–45 €) mit Terrasse am Fluss.

Hôtel Les Pyrénées HISTORISCHES HOTEL €€
(☑05 59 37 01 01; www.hotel-les-pyrenees.com; 19 place Charles de Gaulle; Zi. 100–160 €, Apt. 185–250 €; ☺Mitte Jan.–Mitte Nov.; ✱☎☒) Einige der großen und gut ausgestatteten Zimmer in dieser ehemaligen Poststation haben Balkone mit traumhaftem Blick auf die Berge, aber im Vergleich zu anderen ähnlichen Angeboten ist das Hotel etwas überteuert.

Camping Municipal Plaza Berri CAMPING €
(☑05 59 37 11 19; av. du Fronton; pro Erw./Zelt/Auto/Strom 2,50/2/2/2,50 €; ☺April–Okt.) Der kleine Platz am Fluss bietet reichlich Schatten.

Chez Arrambide GOURMETKÜCHE €€€
(Menü 40–100 €, Hauptgerichte 30–48 €) Das mit zwei Michelin-Sternen dekorierte Restaurant ist der eigentliche Grund für eine Übernachtung im Hôtel les Pyrénées. Hier zaubert Küchenchef Firmin Arrambide mit frischen Marktprodukten wahre Wunder auf den Teller: etwa in der Pfanne geschmorte Entenbrust mit Ingwer und Zimt oder Hasenbraten, gefüllt mit Foie gras.

Côté Tarte CAFÉ €
(☑05 59 49 16 78; 5 rue de la Citadelle; Menü 14–16 €; ☺ Mo & Mi–Sa 9–18 Uhr; ☺) Frisches und modernes, kleines Lokal mit kalkweißen Tischen und Kokosteppichen, das sich auf köstliche Kuchen und *tartes* spezialisiert hat, die manchmal mit ungewöhnlichen

Zutaten wie Muscheln oder Kaviar gefüllt sind.

Selbstversorger

Auf dem Montagsmarkt (place Charles de Gaulle) bieten Bauern aus den umliegenden Bergen frische Lebensmittel wie Chilies und Käse an. Im Hochsommer werden in der Markthalle donnerstags oft Lebensmittel und Handarbeiten angeboten.

Wanderer können ihren Proviant auch im Supermarkt Champion (av. du Jaï Alaï) nahe dem Bahnhof aufstocken.

☆ Unterhaltung

Das ganze Jahr hindurch finden auf dem *trinquet*, dem städtischen *fronton* und dem *jaï alaï*-Platz verschiedene Arten von *pelota*-Wettkämpfen statt, u. a. ein *pelota*-Tournier mit bloßen Händen (Eintritt 7–10 €). Das aktuelle Programm gibt's bei der Touristeninformation.

Im Hochsommer beleben jeden Donnerstag um 21.30 Uhr Musik und Tänze des Baskenlandes die *jaï alaï*-Arena oder die Kirche – man stelle sich eine Mischung aus stimmgewaltigen Männerchören mit Moriskentänzern vor! Auch das Programm dafür gibt's bei der Touristeninformation.

ⓘ Praktische Informationen

Touristeninformation (☑05 59 37 03 57; www.pyrenees-basques.com; place Charles de Gaulle; ☺Mo–Sa 9–19, Juli & Aug. So 10–16. Sept.–Juni Mo–Sa 9–12 & 14–18 Uhr)

ⓘ An- & Weiterreise

Der Zug bietet die besten Verbindungen von/nach Bayonne (9 €, 1¼ Std., bis zu 5-mal tgl.), da die unregelmäßig verkehrenden Busse einen weiten Umweg machen (und dann die Passagiere am Bahnhof absetzen und nicht im Zentrum – obwohl sie vorher mitten durch fahren!).

St-Étienne-de-Baïgorry

Das Dörfchen St-Étienne-de-Baïgorry und die dazugehörigen Weiler liegen verstreut in der Vallée de Baïgorry. Nach dem lebhaften St-Jean-Pied-de-Port ist die Ruhe hier ein wahrer Segen. Das schmale Dorf erstreckt sich an einem Arm der Nive und wie in den meisten baskischen Orten gibt es zwei Gemeindetreffpunkte: die Kirche und den *fronton* (*pelota*-Platz). Das Dorf ist ein guter Ausgangspunkt für Wanderer, die den **Iparla-Gebirgskamm** (S. 718) in

Angriff nehmen wollen. Und selbst weniger Wanderlustige können nicht leugnen, von der wunderschönen Landschaft beeindruckt zu sein. Eine Übernachtung sollte unbedingt eingeplant werden.

🛏 Schlafen & Essen

Hôtel-Restaurant Manechenea   HOTEL **€**
(☑05 59 37 41 68; DZ 48 €, Menü ab 16 €) Das ländliche Hotel mit seinen buttergelben Zimmern, die auf saftig grüne Wiesen und einen plätschernden Gebirgsbach schauen, befindet sich einige Kilometer nördlich des Dörfchens Urdos. Mittags werden im Restaurant einige der schmackhaften Bewohner des Gebirgsbachs angeboten, wie z. B. frische Forellen.

Hôtel-Restaurant Arcé   HOTEL **€€**
(☑05 59 37 40 14; www.hotel-arce.com; EZ/DZ ab 85/105 €, Menü ab 29 €, Hauptgerichte 17 €; 🖥📶) Das beeindruckende Hotel in St-Étienne-de-Baïgorry mit seiner wundervollen Lage am Fluss bietet geräumige, antik möblierte Zimmer. Zum Swimmingpool gelangt man vorbei an Orangenbäumen und über den Bach, über den eine kleine bucklige Brücke führt. Das Restaurant ist bei Einheimischen sehr beliebt.

Die Pyrenäen

Inhalt »

Gut essen

» Le Viscos (S. 734)
» Au Fin Gourmet (S. 726)
» Château de Beauregard
(Kasten S. 744)
» Le Sacca (S. 741)
» Hôtel les Remparts
(S. 746)

Schön übernachten

» Le Viscos (S. 734)
» Auberge les Myrtilles
(Kasten S. 745)
» Maison des Consuls
(S. 746)
» Château de Beauregard
(S. 744)
» Hôtel du Lion d'Or (S. 741)

Auf in die Pyrenäen

Gut, die Pyrenäen sind vielleicht nicht *ganz* so grandios wie die Alpen, aber trotzdem verschlagen sie einem den Atem. Die schroffen und beinahe das ganze Jahr über schneebedeckten Gipfel bilden eine 430 km lange natürliche Grenze zwischen Südwestfrankreich und Nordspanien. Der 1967 eingeweihte Nationalpark Parc National des Pyrénées, der sich als schmaler Streifen über etwa 100 km durch die Pyrenäen zieht, ist ein wichtiges Naturschutzgebiet, in dem heute seltene Tierarten wie Adler, Gänsegeier, Pyrenäengämsen *(izards)* und einige der letzten wilden Braunbären Frankreichs leben.

Wer gern wandert, Ski fährt oder einfach nur eine Schwäche für tolle Ausblicke hat, wird sich in den Pyrenäen wie im siebten Himmel vorkommen. Von historischen Skiorten über abgeschiedene Täler und unterirdische Höhlen bis zu schneebedeckten Gipfeln gibt's hier genug, um damit ein ganzes Leben zu füllen. So, und jetzt tief durchatmen, denn die Wildnis ruft!

Reisezeit

Pau

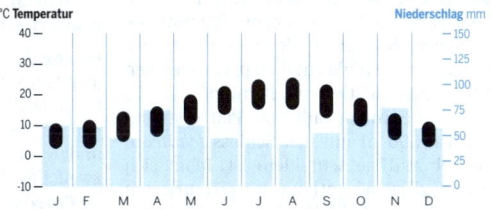

Februar Zum Karneval nach Pau. Ostern gibt's hier das Festival International de Musique Sacrée.

Juli Wanderhirten treiben ihr Vieh auf die Weiden. Die Tour de France führt durch die Berge.

November bis März Hauptsaison zum Skifahren – Hotels unbedingt weit im Voraus buchen.

ⓘ An- & Weiterreise

Die beiden wichtigsten Städte Pau und Lourdes haben gute Bahnverbindungen und verfügen über einen Flughafen. Pau wird von Ryanair (ab Großbritannien und Belgien) angeflogen, Air France bietet von hier aus Inlandsflüge an und andere Billigfluganbieter fliegen zu weiteren europäischen Destinationen. In Lourdes starten und landen Linienflüge von/nach Paris.

Außerhalb der Städte gibt's nur begrenzte Busverbindungen und wer die Pyrenäen wirklich kennen lernen möchte, sollte mit dem eigenen Fahrzeug reisen. Fahrer können unbesorgt sein – die Straßen sind in gutem Zustand und bei Weitem nicht so abenteuerlich wie in anderen Bergregionen (z. B. den Alpen).

Pau

80 600 EW.

Auch wenn die Palmen hier etwas fehl am Platze erscheinen, die bedeutendste Stadt in den Pyrenäen, Pau (gesprochen wie der italienische Fluss), ist schon lange für ihr mildes Klima berühmt. Im 19. Jh. war sie ein beliebter Winterurlaubsort für wohlhabende Briten und Amerikaner, die hier imposante Villen, englische Parks voller Blumen und Promenadenwege mit berauschenden Ausblicken auf die schneebedeckten Gipfel hinterlassen haben. Auch heute noch ist Pau eine elegante Stadt und bietet sich als ideale Basis zur Erkundung der nördlichen Pyrenäen an.

◉ Sehenswertes

Das Stadtzentrum liegt auf einem kleinen Hügel, an dessen Fuß der Fluss Pau (Gave de Pau) dahinströmt. Entlang des Hügelrückens erstreckt sich der Boulevard des Pyrénées, eine breite Straße mit Panoramablick auf die Berge. Eine knarrende alte **Standseilbahn** von 1908 scheppert vom Boulevard des Pyrénées runter zur Avenue Napoléon Bonaparte. Sie befördert ihre Passagiere kostenlos und erspart ihnen den mühsamen Aufstieg vom Bahnhof.

Die alte Innenstadt von Pau erstreckt sich ca. 500 m um das Schloss *(château)* und obwohl sie sehr klein ist, lohnt sich ein Spaziergang entlang der restaurierten Gebäude aus dem Mittelalter und der Renaissance.

Château   SCHLOSS

(www.musee-chateau-pau.fr, auf Frz.; Erw./18–25 J. 5/3,50 €; ⊘9.30–12.30 & 13.30–18.45 Uhr) Das Schloss von Pau war einst die Residenz der Monarchen von Navarra. Im 16. Jh. ließ

Marguerite d'Angoulême es in ein Renaissanceschloss mit prachtvollen Gärten umbauen. Marguerites Enkel, Heinrich von Navarra (der spätere König Heinrich IV.), wurde dort geboren. Als seine Wiege soll ein Schildkrötenpanzer gedient haben, der noch heute in einem der Museumsräume zu sehen ist.

Das sorgfältig restaurierte Schloss ist berühmt für seine wertvollen Sammlungen von Gobelin-Tapisserien aus dem 16. bis 18. Jh., sein kostbares Sèvres-Porzellan und seine feine Renaissancearchitektur.

In der **Tour de la Monnaie** unterhalb des Hauptbaus befindet sich ein moderner Lift, der die Besucher von der Place de la Monnaie kostenlos auf die Festungsmauer bringt.

Im Eintrittspreis inbegriffen ist die obligatorische, einstündige Schlossführung auf Französisch (Beginn alle 15 Min.); an der Rezeption gibt es aber auch Infoblätter mit dem deutschen Text.

Musée Bernadotte   MUSEUM

(8 rue Tran; Erw./Stud. 3/1,50 €; ⊘Di–So 10–12 & 14–18 Uhr) Das Musée Bernadotte illustriert die unglaubliche, aber wahre Geschichte des französischen Generals Jean-Baptiste Bernadotte, der seinen Beinamen „Sergent belle-jambe" angeblich seinen eleganten Beinen zu verdanken hatte. Er wurde in diesem Gebäude geboren und 1810 zum König von Schweden und Norwegen gekrönt. Diese steile Karriere verdankt er der Tatsache, dass der schwedische Riksdag (Parlament) damals den einzigen Weg aus der dynastischen und politischen Krise darin sah, einen Ausländer auf den Thron zu setzen. Der heutige König von Schweden, Carl Gustaf, ist der siebte Herrscher der Bernadotte-Dynastie. Das Museum ist schon von Weitem an seiner blaugelben Schwedenflagge zu erkennen.

Musée des Beaux-Arts   KUNSTMUSEUM

(rue Mathieu Lalanne; Erw./Stud. 3/1,50 €; ⊘Mi–Mo 10–12 & 14–18 Uhr) Das Museum der schönen Künste enthält u. a. Werke von Rubens und El Greco, aber der größte Schatz ist zweifellos das berühmte Werk von Degas *Le Bureau de Coton à la Nouvelle Orléans* (Die Baumwollbörse von New Orleans) aus dem Jahr 1873.

✪ Feste & Events

Karnevalswoche Der nahende Frühling wird in der Stadt und ihrer Umgebung Ende Februar ausgelassen gefeiert.

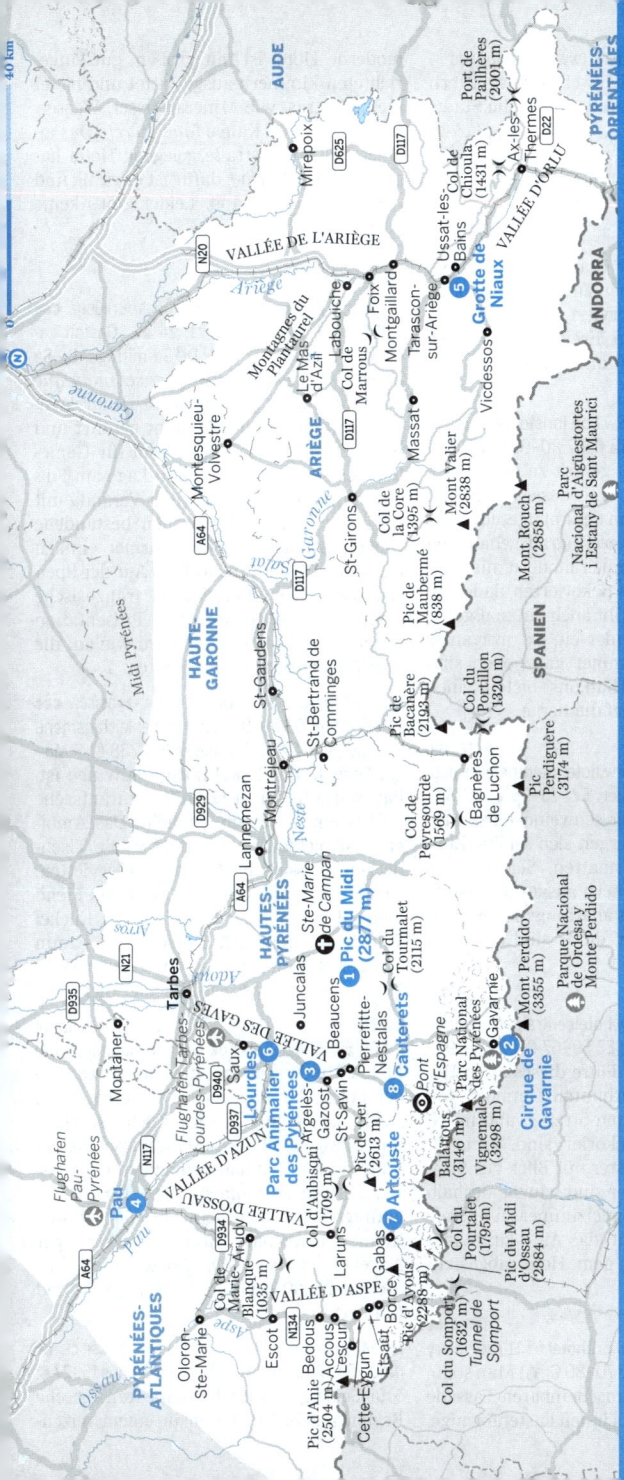

Highlights

1 Mit der Standseilbahn zum Gipfel des schwindelerregenden **Pic du Midi** fahren (S. 743)

2 Trekking zur atemberaubenden Felswand des **Cirque de Gavarnie** (Kasten S. 742)

3 Wilde Tiere im **Parc Animalier des Pyrénées** beobachten (S. 733)

4 Die dünne Luft von **Pau** tief einatmen (S. 724)

5 Die prähistorischen Höhlenmalereien der **Grotte de Niaux** bestaunen (S. 746)

6 In der heiligen Stadt **Lourdes** seine spirituelle Seite entdecken (S. 729)

7 Mit der schwindelerregenden Artouste-Bergbahn durch das **Vallée d'Ossau** fahren (S. 738)

8 Die Wanderwege vom Pont d'Espagne in der Nähe von **Cauterets** bewältigen (S. 739)

Grand Prix Historique (www.grandprixde
pauhistorique.com) Alle zwei Jahre knattern
Oldtimer in einer Parade durch die Stadt.

L'Été à Pau Von Ende Juli bis Anfang
August findet hier ein lebhaftes Sommer-
Musikfestival statt.

🛏 Schlafen

Pau ist eine beliebte Stadt für Kongresse.
Zimmer sollten daher zu jeder Jahreszeit
möglichst zeitig reserviert werden. Zu Festen und besonderen Ereignissen können
die Preise sprunghaft ansteigen.

Hôtel Bristol   HOTEL €€
(☎05 59 27 72 98; www.hotelbristol-pau.com; 3
rue Gambetta; EZ 70–88 €, DZ 80–99 €, FZ 105–
110 €; 🕾) Das Bristol gehört zu den besten
Hotels der mittleren Preisklasse in Pau und
befindet sich in einem denkmalgeschützten
Gebäude. Die in rot-weiß-grau gehaltenen
Zimmer sind erstaunlich modern, mit coolen, in schwarz-weiß dekorierten Badezimmern. Hier und da gibt auch ein maßgefer-
tigtes Kunstobjekt oder ein extravagantes
Möbelstück. Die Zimmer ganz oben sind
am besten – ihre Balkons bieten einen
traumhaften Blick auf die Berge.

Hôtel Montpensier   HOTEL €€
(☎05 59 27 42 72; www.hotel-montpensier-pau.
com; 36 rue Montpensier; EZ. 75–95 €, DZ 85–
95 €; ❄🕾) Hinter der schweinchenrosafar-
benen Fassade verbergen sich schöne Zimmer, die mit Kokosmatten, Seidenkissen
und Flachbildfernsehern ausgestattet sind.
Einigen Zimmern ist allerdings so langsam
ihr Alter anzusehen, dafür sind die Parkplätze kostenlos.

Hôtel Central   HOTEL €€
(☎05 59 27 72 75; www.hotelcentralpau.com, auf
Frz.; 15 rue Léon Daran; EZ 59–67 €, DZ 56–79 €;
🕾) Die weitläufigen Flure dieses alten Hotels führen zu kunterbunten Zimmern, von
denen viele mit bunten Streifen und in frischen Zitrustönen dekoriert sind. Die meisten haben hohe Fenster mit Blick zur Straße. Die Einzelzimmer sind winzig, deshalb
lohnt es sich, ein Doppelzimmer zu mieten.
Parkplatz gibt's nicht, das Auto kann aber
auf der Straße vor dem Hotel abgestellt
werden.

Hôtel Bosquet   HOTEL €€
(☎05 59 11 50 11; www.brithotel.fr; 11 rue Valéry
Meunier; EZ 65–75 €, DZ 70–80 €; 🕾) Man sollte
sich nicht von der unscheinbaren Fassade
täuschen lassen – das innen kastenförmige,

moderne Hotel ist mit großen, gut eingerichteten Zimmern ausgestattet und bietet
kleine Extras, wie Mineralwasser, Wasser-
kocher, Tee und Kaffee *(quel luxe!)*. Das an
einer Fußgängerstraße gelegene Hotel hat
zwar wenig Charme, dafür ist es ruhig und
das Frühstück ist toll. Leider gibt's keine
Parkmöglichkeit.

🍴 Essen

**LP
TIPP** **Au Fin Gourmet** GOURMETKÜCHE €€€
(☎05 59 27 47 71; 24 av.. Gaston Lacoste; Menüs 28–62 €; ⏰Di–So mittags, Di–Sa
abends) Dieses *restaurant gastronomique*
wird von den vielgepriesenen Ithurriage-
Brüdern Patrick und Laurent geführt und
ist ein wahres Schlaraffenland für Genießer. Mit seiner wunderbaren Lage am Fuß
der Standseilbahn und seiner Veranda mit
Blick auf einige mit Büschen bestandene
Gärten ist das Au Fin Gourmet einfach
das beste Restaurant in Pau. Auf der Speisekarte stehen überwiegend französische
Gourmet-Gerichte, auf deren Präsentation
genau so viel Wert gelegt wird wie auf die
sorgfältig ausgewählten Zutaten.

Le Majestic   FRANZÖSISCH, KLASSISCH €€€
(☎08 92 68 06 89; 9 place Royale; Mittagsmenü
2/3 Gänge 15/18 €, Abendmenü 28/38 €; ⏰Mo–
Sa) Obwohl das Lokal noch relativ neu ist,
hat es sich in der hiesigen Restaurantszene
bereits einen Namen gemacht. Das Ambiente ist piekfein – strahlend weiße Tischdecken, messerscharf gefaltete Servietten,
Anzug tragende Kellner –, aber das Menü
bietet das Beste der französischen Küche:
Täubchen, Steinbutt, Dorsch und Lamm
aus der Region. Es liegt am grünen Place
Royale, eine Terrasse gibt's leider nicht.

Le Berry   BRASSERIE €€
(☎05 59 27 42 95; 4 rue Gachet; Hauptgerichte
13–18 €) In diesem eher ungehobelt wirkenden Lokal, das alles andere als versnobt ist,
wird klassische Brasserie-Küche serviert,
mit riesigen Steaks, Schweineschnitzeln
und traumhaften hausgemachten Desserts.
Der Service ist einfach, aber effizient (allerdings sollte man kein Lächeln von den
Kellnern erwarten). Mittags gibt's ein super
Angebot – *plat du jour* (Tagesgericht) für
8 € (oder 9,30 € mit einem Glas Wein und
Kaffee).

La Michodière   FRANZÖSISCH, KLASSISCH €€
(☎05 59 27 53 85; 34 rue Pasteur; Menüs 15–27 €;
⏰Di–So) Das gemütliche kleine französische
Restaurant befindet sich in einem reizen-

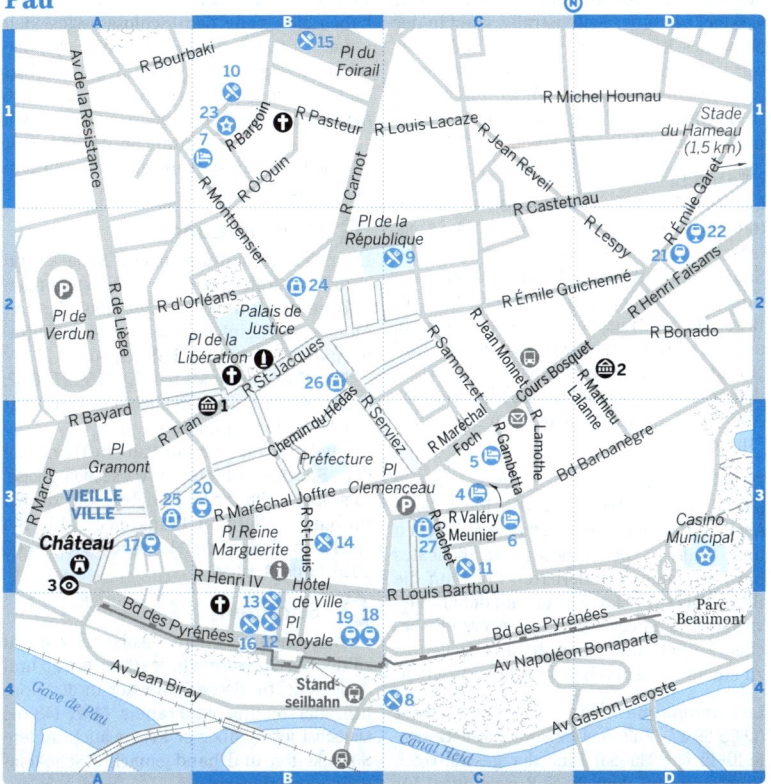

Pau

den Gebäude aus dem Jahr 1609 und liegt versteckt in einer Seitenstraße, ganz in der Nähe des Kinos. Hier wird rustikale Kost serviert und besonders empfehlenswert ist *poissons sauvages* (wilder Fisch), der in den hiesigen Flüssen gefangen wird. Je nach Saison gibt's auch Forelle und Brasse.

L'Entracte
BISTRO €

(✆05 59 27 68 31; 2bis rue St-Louis; Hauptgerichte, mittags 7–12 €, Menüs 19–23 €; ⊙Mo–Sa mittags, Do–Sa abends) Für einen entspannten Snack ist L'Entracte („Die Theaterpause"), direkt gegenüber vom Theater, der Hit. Besonders mittags lohnt sich ein Besuch, da gibt's knusprige *croques monsieur* und „Croutons" (gerösteter Käse in verschiedenen Varianten) nach Art des Hauses. Abends ist die Speisekarte dann etwas vielfältiger.

Royal St-André
CAFÉ €

(26 bd des Pyrénées; ⊙Mai–Okt. 10–14, Nov.–April 14–19 Uhr) Von den schattigen Tischen und Stühlen dieses netten Straßencafés hat man einen wunderbaren Blick auf die Berge. Die super Lage direkt auf dem Boulevard des Pyrénées sowie die leckeren Eisbecher, Sorbets und Milchshakes machen es zu einem Favoriten bei den Einheimischen.

Le Champagne
BRASSERIE €

(✆05 59 27 72 12; 5 place Royale; Hauptgerichte 10–15 €; ⊙Mo–Sa) Eine der geschäftigen Brasserien auf dem Place Royale; ideal für ein Bierchen am Abend oder einen Teller *steak-frites*.

Selbstversorger

Eine gute Auswahl bietet die große **Markthalle** (place de la République). Der kleinere und ganz auf Bioprodukte spezialisierte **Marché Bio** wird jeden Mittwoch- und Samstagmorgen auf der Place du Foirail abgehalten.

🍸 Ausgehen

Pau hat mehrere gute Kneipenviertel. Die Lokale haben meist von 10 bis 2 Uhr geöffnet.

Das Nightlife-Zentrum der Jugendlichen ist „Le Triangle" zwischen der Rue Henri Faisans, der Rue Émile Garet und der Rue Castetnau. Heiße Tipps sind **Le Garage** (49 rue Émile Garet) – das Gebäude mit der Riesen-Gipsfigur auf dem Dach – und **Péna Muxu** (35 rue Émile Garet), wo manchmal Livemusik spielt.

Ein paar etwas abgewetzte Bars (wie **Galway** und **Australia**) liegen am Boule-

vard des Pyrénées. Zwei nette Weinbars haben sich nahe dem Schloss angesiedelt – das **Au Grain de Raisin** (11 rue Sully) bietet auch eine gute Auswahl an Fassbier und um die Ecke wartet **Le Bouchon** (46 rue Maréchal Joffre). Besonders zu empfehlen sind die heimischen Jurançon-Weine (www.cavedejurancon.com), die an den umliegenden Hängen gedeihen.

⭐ Unterhaltung

Über Theateraufführungen, Musik- und Tanzveranstaltungen sowie Ausstellungen informiert *La Culture à Pau*, das alle drei Monate erscheint und bei der Touristeninformation kostenlos erhältlich ist.

Das **Cinéma Le Méliès** (✆05 59 27 60 52; 6 rue Bargoin), das einzige Kino in Pau, zeigt nur Filme in Originalton.

Rugbyfans können in Pau ein Heimspiel der **Section Paloise** (www.section-paloise.com/accueil.php, auf Frz.) erleben, die zu den führenden Clubs in Frankreich zählt. Sie spielt im **Stade du Hameau** (✆05 59 02 50 91; bd de l'Aviation).

🛍 Shoppen

Zu den renommierten Chocolatiers von Pau zählen **La Couronne** (place Clemenceau) und **Josuat** (23 rue Serviez). Meister in der Konfitüreherstellung ist **Francis Miot** (48 rue Maréchal Joffre), aber er kriegt auch andere Süßigkeiten und handgemachte Schokola de ganz erstklassig hin.

Wer schon immer mal einen absolut wind- und regendichten Schirm haben wollte, sollte bei **Au Parapluie des Pyrénées** (12 rue Montpensier) vorbeischauen. Seine traditionellen Schirme mit Buchenholzgriff und Rattanstreben benutzen sogar die Hirten in den Pyrenäen.

❶ Praktische Informationen

⊙ Cyber Café (20 rue Lamothe; pro Std. 4,50 €; ⊙Mo–Fr 10–14, Sa & So 14–2 Uhr) Eines von mehr als einem Dutzend Internetcafés in der Stadt.

Hauptpost (21 cours Bosquet)

Touristeninformation (✆05 59 27 27 08; www.pau-pyrenees.com; place Royale; ⊙9–18 Uhr) Schließt sonntags zeitig.

❶ An- & Weiterreise

BUS Es gibt nur wenige Busverbindungen. Busse von **Citram Pyrénées** (✆05 59 27 22 22; http://citrampyrenees.fr) fahren viermal täglich das Vallée d'Ossau hinauf nach Laruns (1 Std.) und einmal pro Tag nach Agen (3½ Std.).

FLUGZEUG Der **Aéroport Pau-Pyrénées** (☎05 59 33 33 00; www.pau.aeroport.fr) liegt etwa 10 km nordwestlich der Stadt. Im Moment fliegt Ryanair nach London Stansted, Brüssel und Paris Beauvais. Air France fliegt nach Paris (sowohl zum Flughafen Orly als auch zum Flughafen Charles de Gaulle) und nach Lyon.

ZUG Wie immer bietet auch hier der Zug die beste Option. Es fahren täglich mindestens zwei bis drei TGVs nach Paris. Von Oloron-Ste-Marie fahren SNCF-Busse das Vallée d'Aspe entlang, aber die saisonbedingten Fahrpläne ändern sich häufig. Bei der Touristeninformation gibt's mehr Infos dazu.

Angefahrene Reiseziele:

Bayonne 15,50 €, 1¼ Std.

Oloron-Ste-Marie 6,70 €, 30 Min.

Toulouse 29 €, 3¼ Std.

Paris Montparnasse 84,10 €, 7½ Std.

ⓘ Unterwegs vor Ort

AUTO & MOTORRAD Jede Menge kostenlose Parkplätze bietet die Place de Verdun. Die großen Autovermieter haben Büros am Flughafen und am Bahnhof.

FAHRRAD Vélo Station (☎05 59 02 27 54; 9 bd Alsace Lorraine) vermietet Fahrräder jeder Art.

ÖFFENTLICHE VERKEHRSMITTEL Die örtliche Busgesellschaft **STAP** (☎05 59 14 15 16; www.bus-stap.com, auf Frz.) hat ihr Info- und Ticketbüro in der Rue Jean Monnet. Ein Einzelticket/Tagespass/*carnet* (Fahrscheinheft) für acht Fahrten kostet 1,10/2,50/5,60 €.

ZUM/VOM FLUGHAFEN Täglich fahren drei **navettes** (Shuttlebusse; ☎05 59 26 25 87; www.aeroportexpress.com) zwischen Pau und den Flughäfen von Biarritz (damit Reisende direkt von Pau nach Paris Orly oder Paris Charles de Gaulle fliegen können). Die Innenstadt ist nur per Taxi zu erreichen, das je nach Verkehr und Tageszeit zwischen 25 € und 30 € kostet. Am Wochenende sollte reserviert werden – ☎05 59 02 22 22 oder online unter http://pau-taxi.com (auf Frz.).

Lourdes

15 700 EW. / 400 M Ü. M.

Wer sich schon immer gefragt hat, wie wohl ein religiöser Themenpark aussehen würde, findet hier die Antwort – wahrscheinlich so wie Lourdes. Die kleine Provinzstadt, 43 km südöstlich von Pau, hat sich zu einem der bedeutendsten Pilgerorte der Welt entwickelt, seitdem die vierzehnjährige Bernadette Soubirous (1844–79) hier 1858 in einer Felsgrotte außerhalb der Stadt 18 Erscheinungen der Jungfrau Maria hatte.

Der Vatikan erklärte die Erscheinungen als echt, und das kleine Bauernmädchen, das später Nonne geworden war, wurde 1933 heiliggesprochen. Die Felsgrotte, in der Bernadette die Erscheinungen sah, gehört heute zu den **Sanctuaires Notre-Dame de Lourdes** und zählt zu den heiligsten Stätten des Christentums.

Obwohl Lourdes spirituell sehr hoch bewertet wird, ist wahre Heiligkeit schwer zu finden. Die Stadt wimmelt von Hotels mit Neonreklamen, die mit einer Flut von jährlich 6 Mio. Besuchern fertig werden müssen. Zahlreiche Souvenirstalls verkaufen religiösen Firlefanz: Plastikkruzifixe und Rosenkränze zu Schleuderpreisen und eine Unmenge an Verkörperungen der Heiligen Madonna in allen Formen und Größen. Besonders beliebt sind die Plastikflaschen in Gestalt der Jungfrau – man braucht sie nur noch mit heiligem Wasser in der Grotte aufzufüllen.

Doch zwischen all dem kommerziellen Touristenramsch wird immer wieder deutlich, dass manche Menschen ihre ganzen Ersparnisse ausgeben, um hierher zu kommen. Jedes Jahr sind unter den Pilgern 70 000 Behinderte, die darauf hoffen, von ihren Beschwerden und Leiden erlöst zu werden. Und obwohl die Stadt selbst ein einziger religiöser Rummelplatz ist, kann man Gott sei Dank sagen, dass die heiligen Stätten gänzlich frei von Souvenirshops sind.

⊙ Sehenswertes

Sanctuaires Notre-Dame de Lourdes

HEILIGE HÖHLEN

Kaum ein Jahrzehnt nach Bernadettes wundersamem Erscheinungen von 1858 entstanden bereits die Heiligtümer unserer Lieben Frau von Lourdes . Die heiligste Stätte ist über die **Porte St-Michel** und über die **Porte St-Joseph** (beide ⊙5–24 Uhr) oder den **Entrée des Lacets** (rue Monseigneur Theas; ⊙24Std.) zu erreichen. Am beeindruckendsten ist der Zugang über die Porte St-Joseph, von wo aus ein breiter Boulevard westlich zur neobyzantinischen **Basilique du Rosaire**, der Rosenkranz-Basilika, und zur **Basilique Supérieure** (Obere Basilika) führt. Letztere wird von einem mit verschwenderischem Gold verzierten Turm überragt und zeigt getäfelte Fresken, die an Bernadette und ihre heiligen Erscheinungen erinnern. Unter der Basilika befindet sich die heiligste Stätte von Lourdes, die

Lourdes

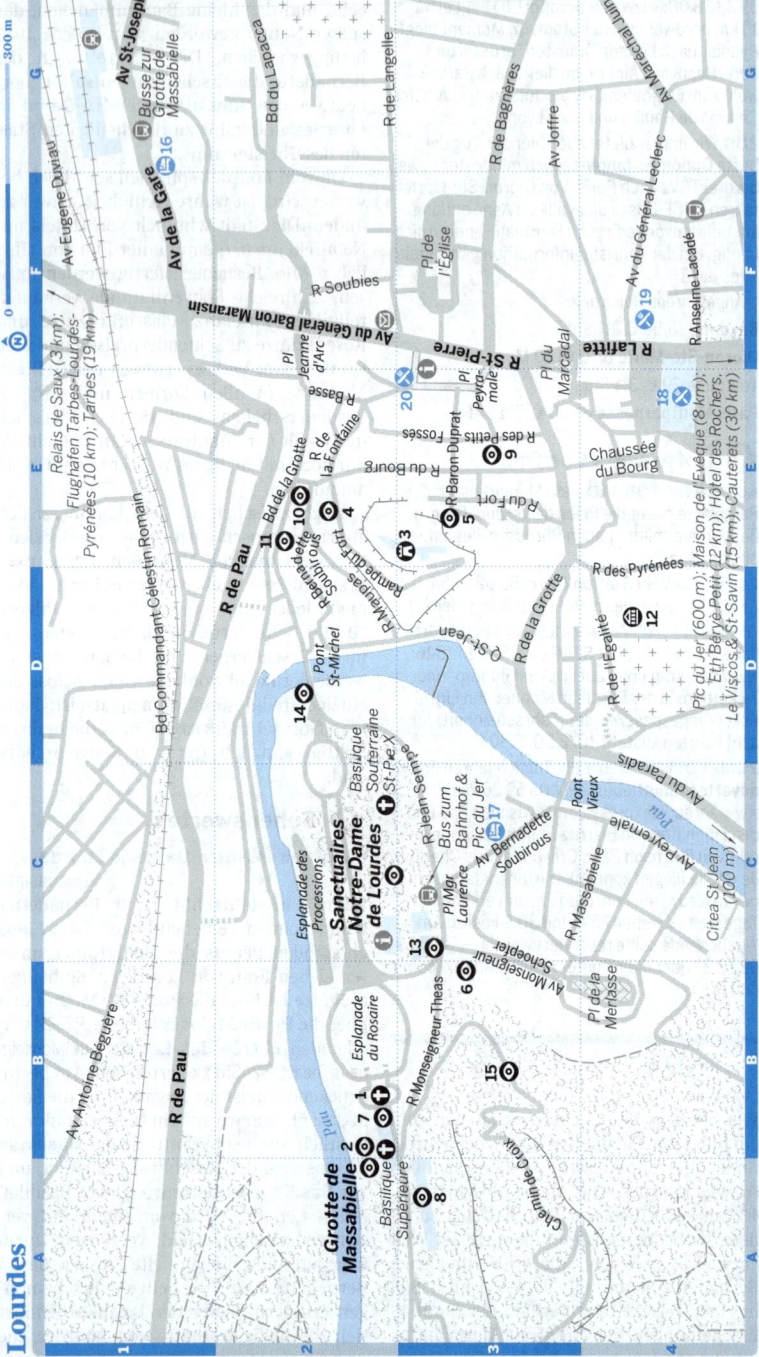

Grotte de Massabielle

Sanctuaires Notre-Dame de Lourdes

Esplanade des Processions

Esplanade du Rosaire

Basilique Supérieure

Basilique Souterraine St-Pie X

R Jean Sempé

Bus zum Bahnhof & Pic du Jer

Av Bernadette Soubirous

Pl Mgr Laurence

Av Monseigneur Schoepfer

R Monseigneur Theas

Pl de la Mérlasse

R Massabielle

Av Peyramale

Pont Vieux

Av du Paradis

Pont St-Jean

Chemin de la Croix

Pont St-Michel

R de Pau

Av Antoine Béguère

R du Paradis

Gave de Pau

R Basse

Pl Jeanne d'Arc

Av du Général Baron Maransin

R St-Pierre

R Soubies

Pl de l'Église

Pl Peyramale

R du Bourg

R Baron Duprat

R des Petits Fossés

Pl du Marcadal

Chaussée du Bourg

R des Pyrénées

R de la Grotte

Ô St-Jean

Bd de la Grotte

R Bernadette Soubirous

R de la Fontaine

R Mechtis du Fort

Rampe du Fort

R du Fort

R de l'Égalité

R de Pau

Bd Commandant Célestin Romain

Av Eugène Duvau

Av de la Gare

Av St-Joseph

Bd du Lapacca

R de Langelle

R de Bagnères

Av Joffre

Av Maréchal Foch

Av du Général Leclerc

R Anselme Lacadé

R Lafitte

Citéa St-Jean (100 m)

Relais de Salux (3 km); Flughafen Tarbes-Lourdes-Pyrénées (10 km); Tarbes (19 km)

Pic du Jer (600 m); Maison de l'Évêque (8 km); Eth Bérye Petit (12 km); Hôtel des Rochers; Le Viscos & St-Savin (15 km); Cauterets (30 km)

300 m

0

N

Grotte de Massabielle – manchmal auch Grotte Miraculeuse (Wunderhöhle) oder Grotte des Apparitions (Höhle der Erscheinungen) genannt –, in der Bernadette angeblich ihre berühmten Erscheinungen sah.

Die *Esplanade des Processions* ist von riesigen flackernden Kerzen gesäumt, die von Pilgern, die bereits hier waren, hinterlassen wurden. Sie führt am Fluss entlang zum Eingang der Höhle, wo sich Besucher in eine lange Schlange einreihen, um in der Höhle in das eisige Wasser eines der heiligen **Bäder** (☉Mo–Sa 9–11 & 14.30–16, So & kirchliche Feiertage 14–16 Uhr) einzutauchen. Die Bäder stehen jedem offen, egal welcher Religion er angehört, sind aber nichts für Zimperliche: Die Gäste ziehen sich hinter einem Vorhang nackt aus, werden dann in ein Tuch gehüllt und rücklings in das eiskalte Wasser getaucht.

Von Palmsonntag bis mindestens Mitte Oktober beginnen jede Nacht um 21 Uhr vor der Massabielle-Grotte feierliche **Fackelprozessionen**. Und um 17 Uhr findet

auf der Esplanade des Processions die **Procession Eucharistique** (Prozession der Heiligen Eucharistie) statt.

Château Fort BURG, MUSEUM

(Befestigte Burg; Erw./Kind 5/2,30 €; ☉9–12 & 13.30–18.30 Uhr) Das imposante Château Fort thront auf einer Felsspitze an der Stelle, wo sich schon zu römischen Zeiten eine Art Fort befand. Der größte Teil des heutigen Bauwerks, einschließlich der Festungsmauer und des Hauptturms, stammt aus dem Mittelalter. Die Befestigungsanlagen der Burg, die während der Revolution als Staatsgefängnis dienten, wurden im 17. und 18. Jh. erneut verstärkt.

Seit den 1920er-Jahren birgt die Burg das **Musée Pyrénéen**, das eine der größten Sammlungen über Volkskunst, lokales Brauchtum, Werkzeuge und andere Ausstellungsobjekte der Region besitzt.

Von der Rue Baron Duprat führt ein kostenloser Lift hinauf und vom Nordende der Rue du Bourg ein Weg.

Pic du Jer AUSSICHTSPUNKT, BERG

(bd d'Espagne) Wem das Gewimmel der Pilger in Lourdes zu viel wird, kann sich auf den 948 m hohen Gipfel des Pic du Jer zurückziehen, der einen Panoramablick auf Lourdes und die Kette der Zentral-Pyrenäen bietet.

Es gibt zwei Möglichkeiten, nach oben zu gelangen: Man kann sich auf einem markierten Pfad drei Stunden lang nach oben quälen oder mit der hundertjährigen **Standseilbahn** (bd d'Espagne; Erw./Kind hin & zurück 9/6 €; ☉März–Nov. & Winterferien 10–18, Mitte Juli–Aug. 9–20 Uhr) innerhalb von sechs Minuten bis zur Spitze fahren. Die Wahl liegt bei jedem selbst.

Wie dem auch sei, der Gipfel eignet sich wunderbar für ein Picknick. Dann gibt's verschiedene Wanderwege, die wieder nach unten führen: eine relativ schwierig zu bewältigende Mountainbikestrecke oder die familienfreundlichere Variante – der **Voie Verte des Gaves**, eine stillgelegte Bahnstrecke, die am unteren Ende der Standseilbahn endet.

Anfahrt mit der Buslinie 2 ab der Place Monseigneur Laurence.

Chemin de Croix WANDERWEG

Der auch Chemin du Calvaire (Kalvarienweg) genannte, 1,5 km lange Chemin de Croix (Kreuzweg) führt von der Basilique Supérieure den bewaldeten Hang hinauf und an den 14 Kreuzstationen vorbei. Be-

Lourdes

sonders fromme Pilger legen den Weg bis zur ersten Station auf ihren Knien zurück.

Weitere Bernadette-Sehenswürdigkeiten

In der Rue Bernadette Soubirous wären da zum Beispiel die **Moulin de Boly** (Boly-Mühle; Nr. 12), Bernadettes Geburtshaus, und die **Maison Paternelle de Ste-Bernadette** (Nr. 2; Eintritt 1 €), das Haus, das die Stadt Lourdes für die Familie Soubirous kaufte, nachdem Bernadette ihre Erscheinungen gehabt hatte. **Le Cachot** (15 rue des Petits Fossés), ein ehemaliges Gefängnis, ist das Haus, in dem Bernadette zu der Zeit lebte, als ihr die Jungfrau erschien.

Das **Musée de Lourdes** (Erw./Kind 5,50/2,70 €; ⊙April–Okt. 9–12 & 13.30–18.30 Uhr) dokumentiert das Leben der Hl. Bernadette sowie die allgemeine Geschichte von Lourdes. Das **Cinéma Bernadette** (6 av. Monseigneur Schoepfer; Erw./Kind 6,50/4,50 €) zeigt den zwei Stunden langen Spielfilm *Bernadette*.

✨ Festivals & Events

Lourdes berühmtes **Festival International de Musique Sacrée** ist eine Woche der Kirchenmusik und findet um Ostern statt.

🛏 Schlafen

Lourdes hat mehr Hotels als irgendeine andere Stadt in Frankreich – außer Paris natürlich. Angesichts der Pilgerscharen, die jedes Jahr in die Stadt einfallen, ist das kein großes Wunder. Nur wenige Unterkünfte sind jedoch wirklich zu empfehlen und es lohnt sich, weit im Voraus zu buchen, besonders zwischen August und Oktober und um religiöse Feiertage. Eine bessere Variante sind die hübschen *chambres d'hôtes*.

Eth Béryè Petit   ZIMMER MIT FRÜHSTÜCK €€
(☎05 62 97 90 02; www.beryepetit.com; 15 rte de Vielle, Beaucens; Zi. 58–64 €) Aus jedem Fenster dieser idyllischen Pension, die sich in einem Bauernhaus aus dem 17. Jh. befindet, eröffnet sich ein wunderbarer Blick auf die Berge. Im gemütlichen Gemeinschaftsraum strahlt ein riesiger Kamin an kalten Tagen kuschelige Wärme aus und eine grandiose Treppe aus Eichenholz führt hoch auf drei gemütliche Zimmer. Das schönste von ihnen ist das mit Möbeln aus dem 19. Jh. eingerichtete Era Galeria, von dem aus hohe Flügeltüren auf einen privaten Balkon führen. Das Eth Béryè Petit befindet sich 12 km südlich von Lourdes, in der Nähe von Beaucens, an der N21.

Relais de Saux   ZIMMER MIT FRÜHSTÜCK €€
(☎05 62 94 29 61; www.lourdes-relais.com; Saux; DZ 90 €) Noch feiner geht's in dieser mit Efeu bewachsene Villa zu, ein bisschen nördlich von Lourdes. Girlanden, Rüschen und Baldachine schmücken die Zimmer aus längst vergangenen Tagen, aber es ist vor allem die Umgebung, die dieses Hotel so reizvoll macht: gepflegte Rasen und mit Bäumen bepflanzte Gärten vor dem Panorama der schneebedeckten Pyrenängipfel.

Citea St Jean   HOTEL €€
(☎05 62 46 30 07; lourdes@citea.com; 1 av. du Paradis; EZ 48–60 €, DZ 68–90 €; ☎) Wer unbedingt in Lourdes übernachten möchte, für den ist dieses Stadthotel die beste Option. Es bietet einfache, moderne Zimmer, die ganz ohne Madonna oder Kruzifix auskommen. Das Hotel gehört zur Kette Citea und wirkt deshalb eher nüchtern, aber dafür sind die Preise selbst im Sommer sehr günstig.

Bestwestern Beauséjour   HOTEL €€
(☎05 62 94 38 18; 16 av. de la Gare; DZ 78–105 €; ☎) Die denkmalgeschützte Fassade und die glänzende Vorhalle in diesem Best Western sehen vielversprechend aus – leider sind die Zimmer, wie in allen Hotels dieser Kette, etwas eintönig und fade. Trotzdem, der Service ist gut und effizient und das Hotel liegt günstig in der Nähe des Bahnhofs. Es ist deutlich sauberer als viele andere Hotels der Stadt und in der Vorhalle gibt's eine recht akzeptable Bar-Brasserie.

Hôtel Gallia et Londres   HOTEL €€€
(☎05 62 94 35 44; www.hotelgallialondres.com; 26 av. Bernadette Soubirous; DZ 120–240 €; ⊙April–Okt.; ❋@) Das Hotel liegt weitab vom Trubel der Stadt und bietet ein mit Kronleuchtern ausgestattetes, aufwendig hergerichtetes Restaurant, eine holzgetäfelte Lobby und einen schönen Garten. Die Zimmer, eine Mischung aus 1970er-Jahre und 17. Jh., sind weitaus weniger spektakulär.

Maison de l'Evêque   ZIMMER MIT FRÜHSTÜCK €
(☎05 62 42 02 04; www.maisondeleveque.com; Juncalas; DZ 50–57 €) Wer mit Rüschen und Deckchen nicht so viel am Hut hat, sollte dieser Pension in Juncalas, ca. 8 km südlich von Lourdes, lieber fern bleiben. Alle vier Zimmer sind in Pastellfarben gestrichen und mit Rüschen besetzten Bettüberwürfen und Himmelbetten aus Spitze dekoriert. Aber das weiße Haus birgt eine interessante Geschichte – es gehörte einst dem Abt, der die Wahrhaftigkeit von Bernadettes heiligen Erscheinungen bestätigte.

Hôtel des Rochers
HOTEL €€

(☎05 62 97 09 52; www.lesrochershotel.com; 1 place du Castillou, St-Savin; DZ/3BZ 54/74 €; ☎) Wer dem kommerziellen Trubel von Lourdes ein wenig entkommen möchte, ist in diesem gemütlichen Hotel in dem Dörfchen St-Savin, ca. 16 km südlich von Lourdes, genau richtig (hier befindet sich auch das berühmte Hotel-Restaurant Le Viscos). Das englische Paar John und Jane hat hier eine Oase der Ruhe geschaffen, mit frischer Bergluft, einfachen Zimmern, freundlichen Gastgebern und ordentlicher Hausmannskost. Das Restaurant bietet einen phantastischen Blick auf die umliegenden Täler.

 Essen

Machen wir uns doch nichts vor – die Auswahl an netten Lokalen ist in Lourdes leider nicht sehr groß. Es gibt einen Haufen Restaurants entlang der Hauptstraße, aber die meisten sind unter aller Niveau, also Vorsicht bei der Auswahl.

Restaurant le Magret
FRANZÖSISCH, KLASSISCH €€

(☎05 62 94 20 55; 10 rue des Quatre Frères Soulas; Menü mittags 11,50–14 €, Menü abends 28 €; ☺Feb.–Dez. Di–So) Das einzige wirklich empfehlenswerte Lokal. Eine rustikale Ausstattung und alte Fotos von Lourdes bilden eine passende Kulisse für die Regionalküche des Hauses. Auf der Speisekarte stehen Gerichte vom Schwein, Forelle, Ente und Käse aus dem Vallée d'Ossau. Das Ambiente könnte einigen allerdings etwas zu schmuddelig sein.

Selbstversorger

Die **Markthalle** (place du Champ Commun) nimmt den größten Teil des Platzes ein. Gegenüber gibt's einen **Monoprix-Supermarkt** (9 place Champs Commun).

❶ Praktische Informationen

Informationsbüro im Forum (☎05 62 42 78 78; www.lourdes-france.com; Esplanade des Processions; ☺8.30–18.30 Uhr) Für Informationen über die Sanctuaires Notre-Dame de Lourdes.

Touristeninformation (☎05 62 42 77 40; www.lourdes-infotourisme.com; place Peyramale; ☺9–18.30 Uhr)

❶ An- & Weiterreise

AUTO & MOTORRAD Um für Chancengleichheit unter den Souvenirgeschäften in Lourdes

zu sorgen, wechselt man alle zwei Wochen die Fahrtrichtung der Einbahnstraßen! Da die Straßen wegen der Touristenmassen sowieso immer verstopft sind, lässt man sein Fahrzeug besser am Bahnhof oder der Busstation stehen. Dort gibt's kostenlose Parkplätze.

BUS Der kleine **Busbahnhof** (place Capdevieille) bietet Verbindungen in Richtung Norden nach Pau (Züge sind aber deutlich schneller) und ist eine Haltestelle der Busse zwischen Tarbes und Argelès-Gazost (mind. 8 tgl.) und Tor zu den Pyrenäen-Orten Cauterets, Luz-St-Sauveur und Gavarnie. SNCF-Busse nach Cauterets (7 €, 1 Std., mind. 5 tgl.) fahren am Bahnhof ab.

FLUGZEUG Der **Flughafen Tarbes-Lourdes-Pyrénées** (www.tlp.aeroport.fr) liegt 10 km nördlich von Lourdes an der N21. Air France fliegt dreimal täglich von/nach Paris. JetAir bietet einige Flüge pro Woche nach Brüssel und Ryanair fliegt nach London und Manchester. Der Flughafen ist nur per Auto oder Taxi erreichbar.

ZUG Lourdes ist hervorragend an das französische Schienennetz angebunden; u. a. fahren täglich vier TGVs nach Pau und zum Pariser Bahnhof Montparnasse. Wer nach Toulouse fahren will, muss zumeist in Tarbes umsteigen.

Angefahrene Reiseziele:

Bayonne 21 €, 1¾ Std.

Paris Montparnasse 89,30 €, 6½ Std.

Pau 7,10 €, 30 Min.

Toulouse 25,10 €, 2 Std.

Rund um Lourdes

Grottes de Bétharram
HÖHLEN

(www.betharram.com; Erw./Kind 12,50/7 €; ☺Mitte März–Okt. 9–12 & 13.30–17.30 Uhr) Die Grottes de Bétharram, 14 km westlich von Lourdes über die D937 zu erreichen, gehören zu den spektakulärsten Karsthöhlen des Landes und sind mit beeindruckenden Stalaktiten und Stalagmiten übersät. Die Führungen mit Minizug und Boot dauern anderthalb Stunden, im Sommer ist es jedoch zum Erbrechen voll.

 **Parc Animalier des Pyrénées**
NATIONALPARK

(www.parc-animalier-pyrenees.com; Erw./Kind 12/8 €; ☺April–Okt. 9.30–18 Uhr) In diesem wunderschönen Nationalpark ganz in der Nähe des Dorfes Argelès-Gazost leben heute viele Tiere, die einst in freier Wildbahn vorkamen, aber vollständig vom Menschen ausgerottet wurden, wie z. B. der Wolf. Außerdem bietet er vielen noch heute vom Aussterben bedrohten Tieren Unterschlupf. Zu den heutigen Bewohnern zählen u. a.

LE VISCOS

Nur 4 km südlich von Argelès-Gazost (16 km südlich von Lourdes) liegt St-Savin, ein echtes Schmuckstück der Pyrenäen und ganz offiziell „eines der schönsten Dörfer Frankreichs". Die Besucher erwartet hier das traumhafte Hotel-Restaurant **Le Viscos** (☎05 62 97 02 28; www.hotel-leviscos.com; 1 rue Lamarque; DZ 76–111 €; ⊘Jan. zwei Wochen geschl.; ❋ 🛜).

Es wird bereits in der siebten Generation von Familie St-Martin geführt und punktet mit einer der besten Küchen in den Pyrenäen. Die gemütlichen Zimmer im Landhausstil glänzen mit handgenähten Bettüberwürfen und antiken Möbeln und bieten einen unbezahlbaren Blick auf die Berge.

Doch der eigentliche Knüller ist das **Restaurant** (Menüs 27–89 €), das zu den angesehensten in Südwestfrankreich gehört und zahlreiche Gäste von nah und fern anzieht. Hier zaubert der Gastgeber und ehemalige TV-Küchenchef Jean-Pierre St-Martin Fusionsküche aus baskischen, bretonischen und regionalen Zutaten mit einem ganz besonderen Touch auf den Tisch. Die Spezialität des Hauses ist Foie gras, der in verschiedenen Kreationen serviert wird, wie z. B. als gekühltes Mousse oder auf Röstbrot mit schwarzen Trüffeln. Und auch die Weinkarte kann sich sehen lassen: lokale Spitzenweine aus den Anbaugebieten Jurançon und Madiran sind führend auf der Liste. Wer auf ein wahres kulinarisches Abenteuer aus ist, sollte sich das *menu gastronomique* (89 €) gönnen – eine kulinarische Reise durch die Spezialgerichte des Hauses, alle vom Küchenchef Jean-Pierre persönlich präsentiert. Man sollte sich auf einen langen Aufenthalt und ein extra Loch im Gürtel gefasst machen.

An der Rezeption des Viscos hängen Fotos einiger berühmter Persönlichkeiten, die hier schon zu Gast waren, darunter Paulo Coelho, Michael und Kirk Douglas sowie der französische Präsident Nicolas Sarkozy.

Murmeltiere, Wölfe, Luchse, Raben, Eichhörnchen, Fischotter und ein paar Braunbären.

Parc National des Pyrénées

Der Parc National des Pyrénées (Pyrenäen-Nationalpark) birgt einige der letzten wilden Schätze Frankreichs und erstreckt sich rund 100 km entlang der französisch-spanischen Grenze. Gemeinsam mit dem südlich angrenzenden spanischen Parque Nacional de Ordesa y Monte Perdido (156 km²) bildet er ein artenreiches Refugium für Flora und Fauna. Hier kreisen noch einige der letzten Steinadler des Landes und sowohl Braunbär als auch Pyrenäengämse (*izard*, eine enge Verwandte der Alpengämse) sind hier wieder heimisch. Der Park blickt außerdem mit großem Stolz auf sein kulturelles Erbe – hier werden, wenn auch nur im kleineren Rahmen, traditionelle Alpenwirtschaft und Hirtentum wie vor hundert Jahren betrieben.

Innerhalb des Parks liegen glitzernde Seen, Bergwiesen und die höchsten Gipfel Südwestfrankreichs, darunter der Vignemale (3298 m), das Dach der französischen Pyrenäen. Natürlich ist der Park bei Wanderern und Wintersportlern gleichermaßen beliebt, aber selbst in der Hauptsaison im Sommer findet man zahlreiche unberührte Wanderwege und die so wohltuende Bergruhe.

Der Park umfasst eine genau bestimmte Fläche, die am südlichen Ende der westlichen Haupttäler der französischen Pyrenäen beginnt und sich über die Grenze bis nach Spanien erstreckt.

 **Aktivitäten**

Wandern

Der Nationalpark ist von einem 350 km langen Netz markierter Pfade durchzogen (darunter der GR10 zwischen Mittelmeer und Atlantik), von denen einige an spanische Pfade anschließen.

Innerhalb des Parks gibt es rund 20 *refuges* (Berghütten), die überwiegend vom Club Alpin Français (CAF) betreut werden. Die meisten sind nur von Juli bis September besetzt, haben aber auch ganzjährig geöffnete Räume.

Zu jedem der sechs Täler innerhalb des Parks (Vallée d'Aure, Vallée de Luz, Vallée de Cauterets, Val d'Azun, Vallée d'Ossau und Vallée d'Aspe) gibt es eine französische Broschüre mit dem Titel *Randonnées dans le Parc National des Pyrénées,* die zehn bis fünfzehn Wanderungen beschreibt. Diese Broschüren werden von den einzelnen Parkbüros und Touristeninformationen verkauft und allein schon die darin enthaltenen Karten sind den Preis wert.

Der Park wird von den topografischen IGN-Karten 1547OT *Ossau,* 1647OT *Vignemale,* 1748OT *Gavarnie* und 1748ET *Néouvielle* im Maßstab 1:25 000 abgedeckt.

Wildwassersport

Die Flüsse, die von den Höhen der Pyrenäen herabstürzen, bieten einige der besten Möglichkeiten für Wildwasserfahrten in Frankreich. Da sie neben der Schneeschmelze auch von mäßigen (manchmal aber auch heftigen) ganzjährigen Regenfällen genährt werden, ist die Wasserführung einigermaßen konstant. Veranstalter, die Rafting- oder Kanutouren organisieren, sind u. a. **A Boste Sport Loisir** (☏ 05 59 38 57 58; www.aboste.com; rue Léon Bérard, 64390 Sauveterre de Béarn) und **Centre Nautique**

de Soeix (☏ 05 59 39 61 00; http://soeix.free.fr; quartier Soeix, 64400 Oloron-Ste-Marie).

❶ Praktische Informationen

Nationalparkbüros mit Touristeninformation gibt es in Etsaut, Laruns, Arrens-Marsous, Cauterets, Luz-St-Sauveur, Gavarnie und St-Lary-Soulan. Die offizielle Website des Nationalparks **PNR Pyrenees** (www.parc-pyrenees.com) bietet eine Fülle nützlicher Informationen.

Vallée d'Aspe

Das Vallée d'Aspe diente schon als Grenzübergang, als hier Julius Cäsars Legionen durchmarschierten. Südlich von Pau strömt der Fluss Aspe (Gave d'Aspe) vom Col du Somport an der spanischen Grenze etwa 50 km weit bis nach Oloron-Ste-Marie. In den 13 Dörfern dieses Tals leben weniger als 3000 Menschen.

Der obere Teil zählt bis jetzt noch zu den entlegensten Gebieten der Französischen Pyrenäen und ist eines der letzten Rückzugsgebiete für die scheueren Tierarten.

735

DIE PYRENÄEN VALLÉE D'ASPE

DER PYRENÄEN-BRAUNBÄR   *MILES RODDIS*

2004 erschoss ein Wildschweinjäger im Vallée d'Aspe den letzten Bären, der (mit sehr viel Glück!) vielleicht das genetische Überleben der Pyrenäenbären gesichert hätte. „Aus Notwehr" behauptete der Täter und beharrte darauf, die Bärin, von Naturschützern Cannelle genannt, habe ihn angegriffen. Frankreich war empört. Sogar der damalige Präsident Chirac schaltete sich ein und bedauerte „den großen Verlust für die französische und europäische Artenvielfalt".

Der Pyrenäen-Braunbär ist damit endgültig ausgestorben. Doch in den letzten 15 Jahren wurden Bären aus Slowenien hier angesiedelt und haben sich erfolgreich vermehrt. Heute leben wieder 15 bis 20 Braunbären in den Pyrenäen. Allerdings wurden in den letzten Jahren einige davon tragischerweise getötet. Einer fiel von den Klippen in den Abgrund und ein anderer wurde auf der Straße zwischen Argelèse-Gazost und Lourdes von einem Auto überfahren.

Die Wiederansiedlung des Bären wird allerdings nicht überall begrüßt – am wenigsten in den westlichen Pyrenäen, wo Schafe für die Fleischproduktion frei gehalten werden (während man sie im Osten für die Käseproduktion in Pferchen hält). Es wird geschätzt, dass jährlich zwei- bis dreihundert Schafe Bären zum Opfer fallen. Für einen wirksamen Schutz der Herden müssen entweder die ganze Nacht über Wachen aufgestellt oder kilometerlange Zäune errichtet werden.

Mit der Zahl der Bären wachsen auch die Konflikte. In den Tälern sieht man immer mehr Schriftzüge wie „Non aux ours" („Nein zu Bären") oder „Pas d'ours" („Keine Bären"), die Schafzüchter hier auf die Felsen sprühen. Andererseits haben die Bären auch ihre Befürworter – wie gelegentliche Aufschriften dieser Art beweisen: „Bonne année et longue vie aux ours" („Ein gutes neues Jahr und ein langes Leben für die Bären!").

Pläne, wieder mehr Bären anzusiedeln und damit die Anzahl der Bären zu vergrößern, wurden laut Regierung erst einmal auf Eis gelegt. Es kommen also wieder härtere Zeiten auf das zottelige Wahrzeichen des französischen Naturschutzes zu.

LESCUN

Der schwindelerregende Abstecher über die steile Serpentinenstrecke nach Lescun, 5,5 km südlich von Bedous, ist absolut lohnend. Das Bergdorf auf 900 m Höhe bietet einen atemberaubenden Postkartenblick auf den Cirque de Lescun, ein Amphitheater aus schroffen Kalkgipfeln, hinter denen sich der 2504 m hohe Pic d'Anie erhebt.

Mehrere phantastische **Tagestouren** beginnen bei Lescun. Eine davon folgt dem GR10 nach Nordwesten via Refuge de Labérouat und entlang dem Fuß der **Les Orgues de Camplong** (Orgelpfeifen von Camplong). Bei gutem Wetter locken spektakuläre Ausblicke über das Vallée de Lescun und auf den unverkennbaren Pic du Midi d'Ossau (2884 m). Wer sich auf diese Gebirgswanderung begibt, sollte sich unbedingt über das Wetter informieren, ordentliches Schuhwerk tragen und, für den Fall der Fälle, wetterfeste Kleidung einpacken.

Eine weitere sehr beliebte Wanderroute führt über den GR10 ab Borce oder Etsaut nach **Fort du Portalet**, eine Burg aus dem 19. Jh., die während des Zweiten Weltkrieges von den deutschen Besatzern und der Vichy-Regierung als Gefängnis genutzt wurde. Im Sommer organisiert die Touristeninformation in Bedous auf Anfrage zwei- bis dreistündige Wanderungen (3 €).

Doch mit dieser Abgeschiedenheit ist es nun wohl bald vorbei, seit der heftig umstrittene 8 km lange Tunnel de Somport, der über die spanische Grenze führt, 2003 unter heftigen Protesten der Einheimischen eingeweiht wurde.

◉ Sehenswertes & Aktivitäten

GRATIS Ecomusée de la Vallée d'Aspe
VOLKSKUNDEMUSEUM

(http://ecomusee.vallee-aspe.com) Die Zeit scheint im Vallée d'Aspe stehen geblieben zu sein und noch immer beruft man sich hier auf die traditionelle Lebensweise. Im Tal gibt es vier Attraktionen, zusammen als Écomusée de la Vallée d'Aspe bekannt, die an die kulturellen und landwirtschaftlichen Traditionen sowie an den Bezug der Gegend zur Pilgerroute nach Santiago de Compostela erinnern.

In den Dörfern Sarrance, Lourdios-Ichère und Borcé gibt es kleine Heimatmuseen, aber der bei Weitem interessanteste Ort ist **Les Fermiers Basco-Béarnais** (in Accous; ◷9.30–13 & 14.30–19.30 Uhr), eine Bauern-Kooperative mit einer erfolgreichen *fromagerie* (Käserei), deren Besucher die von hiesigen Schafen, Ziegen und Kühen gewonnenen Käseprodukte probieren und danach kaufen können.

Die Öffnungszeiten ändern sich je nach Jahreszeit; genauere Infos auf der Website.

Sonstige Aktivitäten

Es gibt eine ganze Palette an möglichen Freizeitaktivitäten im Vallée d'Aspe, wie geführte Wanderungen, Wildwasserfahrten und Paragliding. Die Touristeninformation in Bedous hat eine vollständige Liste von akkreditierten Anbietern sowie Informationen zu geführten Wanderungen und Naturausflügen im und um das Tal.

Am schönsten lässt sich die Gegend vom Sattel aus erkunden – die **Auberge Cavalière** (☑05 59 34 72 30; www.auberge-cavaliere.com) in Accous bietet mehrtägige Reitausflüge an (595/1030 €, für vier/sieben Tage), während **La Garbure** (☑05 59 34 88 98; www.garbure.net, auf Frz.) in Etsaut geführte Trekking-Touren und Esel-Trekking anbietet. Unterbringung in örtlichen *gîtes* und Essen sind im Preis inbegriffen. Drei-Tage-Expeditionen gibt's ab 110/81 € pro Erw./Kind oder man mietet seinen eigenen Esel für 42 € pro Tag.

✿✦ Feste & Events

Im Vallée d'Aspe finden jedes Jahr drei große Märkte statt, auf denen regionale Produkte verkauft werden: der Ostermarkt in Bedous, der Sommermarkt in Aydius (am ersten Sonntag im August) und der Herbstmarkt in Sarrance.

Ein weiteres Fest ist das **Le Transhumance de Lourdios** Anfang Juni, bei dem die Hirten ihre Schafherden auf die Sommerwiesen treiben. Am letzten Sonntag im Juli findet die **Fête du Fromage d'Etsaut** (Käsemarkt) statt.

⛏ Schlafen & Essen

Die Unterkünfte im Vallée d'Aspe sind hauptsächlich auf Wanderer ausgerichtet, sodass man nur selten auf Hotels oder Gästehäuser trifft. Dafür gibt's in den Dörfern zahlreiche Campingplätze und *gîtes d'étapes* (Berghütten). Im Folgenden eine Liste unserer Favoriten. Die meisten bieten *demi-pension* (Halbpension) an.

Auberge Cavalière
ZIMMER MIT FRÜHSTÜCK, RESTAURANT **€€**
(☏05 59 34 72 30; www.auberge-cavaliere.com; in der Nähe von Accous; EZ/DZ m. HP 60/101 €; 🚗🛜) In den rustikalen alten Bauernhaus verstecken sich fünf gemütliche, hell gestrichene und mit Holzfußböden ausgelegte Zimmer (alle mit WLAN). Die Inhaber betreiben außerdem ein super Restaurant und bieten geführte Ausritte durch das Tal an. Es gibt auch eine *gîte* (Berghütte für Selbstversorger) mit wunderbarem Blick auf den Cirque de Lescun. Die Hauptherberge liegt etwa 3 km südlich von Accous nahe der Hauptstraße.

Au Château d'Arance
ZIMMER MIT FRÜHSTÜCK **€€**
(☏05 59 34 75 50; www.hotel-auchateaudarance.com; in der Nähe von Cette-Eygun; Zi. 59–69 €) Von dem Weiler Cette-Eygun, 12 km von Lescun, windet sich ein schmales Sträßchen 2,25 km nach Osten zu dieser idyllischen Burg aus dem 13. Jh. empor. Sie beherbergt acht etwas altmodische Zimmer, die aber einen grandiosen Blick auf die Berge bieten. Das Restaurant (Menüs 12 und 31 €) ist auf *cuisine du terroir* (ländliche Küche) spezialisiert.

La Toison d'Or
ZIMMER MIT FRÜHSTÜCK **€€**
(☏06 08 70 75 18; www.aubergetoisondor.com; place de l'Église de Cette, Cette-Eygun; EZ/DZ/3BZ/FZ 40/50/65/75 €) Die gemütliche, (sehr) rustikal eingerichtete Herberge liegt ebenfalls in Cette-Eygun und bietet zwei Doppel- und vier Familienzimmer. Von Luxus kann hier nicht die Rede sein, aber die tolle Berglage und das schöne Restaurant – komplett mit Südterrasse und Bergblick – sind definitiv eine Übernachtung wert.

Le Pic d'Anie
ZIMMER MIT FRÜHSTÜCK **€**
(☏05 59 34 71 54; www.hebergement-picdanie.com; Lescun; DZ/3BZ 43/58 €; ⏲April–Sept.) Es gibt in den ganzen Pyrenäen keine andere *chambre d'hôtes*, die so viel Atmosphäre ausstrahlt. Das Le Pic d'Anie liegt im Herzen des Bergdorfes Lescun und erwartet seine Gäste mit spartanisch eingerichteten Zimmern und einem von Holzbalken durchzogenen Speisesaal, dessen Tische mit rot-weiß karierten Tischdecken ge-

schmückt sind. Der Familie Carrafancq gehören außerdem ein paar *gîtes* im Dorf.

La Garbure
GÎTE **€**
(☏05 59 34 88 98; www.garbure.net, auf Frz.; pro Pers. 12 €, HP 28 €) Beliebter *gîte d'étape* in Etsaut; organisiert auch Trekking mit Eseln.

Le Mandragot
GÎTE **€**
(☏05 59 34 59 33; place Sarraillé, Bedous; Bett 12 €) Dieser *gîte d'étape* (Pension für Wanderer) ist sehr beliebt bei Wanderern auf dem Jakobsweg (Chemin de St-Jacques).

Maison de la Montagne
GÎTE **€**
(☏05 59 34 79 14; http://montagne.randonnee.chez-alice.fr; pro Pers. 15 €, HP 32 €) *Gîte* in einer umgebauten Scheune in Lescun. Der Inhaber ist auch Bergführer.

Camping Municipal de Carole
CAMPINGPLATZ **€**
(☏05 59 34 59 19; Stellplatz 8–12 €; ⏲März–Mitte Nov.) Kleiner und ruhiger Campingplatz, an der N134, in der Nähe von Bedous.

Camping Despourrins
CAMPINGPLATZ **€**
(☏05 59 34 71 16; Stellplatz 6–8 €; ⏲März–Okt.) Der kleine Platz liegt kurz abseits der N134 hinter der Käse-Kooperative Fermiers Basco-Béarnais.

❶ Praktische Informationen

Touristeninformation
Touristeninformation in Bedous (☏05 59 34 57 57; www.tourismeaspe.com, auf Frz. & Span.; place Sarraillé, Bedous; ⏲Mo–Sa 9–12.30 & 14–17.30 Uhr) Hauptbüro der Touristeninformation im Tal.

Maison du Parc National des Pyrénées (Informationszentrum des Parks; ☏05 59 34 88 30; ⏲Mai–Okt. 10.30–12.30 & 14–18.30 Uhr) Das Hauptinformationszentrum des Parks befindet sich im ehemaligen Bahnhof von Etsaut.

Karten
Die hilfreichste allgemeine Wanderkarte ist die *Béarn: Pyrénées Carte No 3* im Maßstab 1:50 000 von Rando Éditions. Detaillierter ist die IGN-Karte Top 25 im Maßstab 1:25 000 mit der Nummer 1547OT Ossau.

Das Informationszentrum des Parks publiziert *Randonnées dans le Parc National des Pyrénées: Aspe*, ein Paket an Informationsblättern mit elf empfohlenen anderthalb- bis achtstündigen Wanderungen im und um das Tal.

Die Touristeninformation führt die Publikation *45 Randonnées en Béarn: la Vallée d'Aspe* (9 €), in der viele Wanderwege im und um das Tal beschrieben werden.

An- & Weiterreise

Busse und Züge von **SNCF** fahren bis zu zehnmal täglich nach Pau und Oloron-Ste-Marie. Ab Oloron gehen drei bis vier Busse weiter das Tal hinauf über Bedous nach Etsaut – und die meisten davon bis nach Somport und zum spanischen Canfranc.

Vallée d'Ossau

Wunderschöne Landschaft und erstklassige Ausblicke bietet auch das benachbarte Ossau-Tal, durch das sich auf 60 km Länge der gleichnamige Fluss windet. Er entspringt am Col du Pourtalet (1794 m) und mündet in Oloron-Ste-Marie in die Aspe. Der Taleingang bis nach Laruns ist von weitem, grünem Weideland geprägt, doch weiter aufwärts wird es enger und düsterer, ehe sich das Tal nahe dem Weiler Gabas erneut weitet.

Das größte Dorf im Tal ist Laruns (37 km von Pau). Die dortige Touristeninformation und das Informationszentrum des Nationalparks vermitteln verschiedene Aktivitäten wie Klettern, Canyonwandern, Kajakfahren und Reiten. Es gibt nur wenige Hotels und Restaurants und die meisten Besucher übernachten auf einem der vielen Campingplätze oder in *gîtes*. Wer also nicht unbedingt mit dem Zelt losziehen möchte, kann das Tal auch auf einem Tagesausflug erkunden.

Sehenswertes & Aktivitäten

Falaise aux Vautours   SCHUTZGEBIET
(Geierklippen; www.falaise-aux-vautours.com; Erw./Kind 7/5 €; ⊙10.30–12.30 & 14–18.30 Uhr, Jan. & März geschl.) Hoch oben am Himmel kreisende Gänsegeier *(Gyps fulvus)* gehörten einst zum alltäglichen Bild in den Pyrenäen, aber die Reduzierung ihres natürlichen Lebensraumes, die Jagd auf sie und die moderne Farmwirtschaft haben ihre Opfer gefordert. Heute steht der majestätische Vogel per Gesetz unter Naturschutz und über 120 Paare nisten in den Kalksteinklippen des 82 ha großen Naturschutzgebietes. An den Nestern sind Kameras angebracht, über die Besucher das Brut- und Nistverhalten der Vögel im Informationszentrum von Aste-Béon live mitverfolgen können. Außerdem informiert eine Tafel (Texte auf Engl.) über den Lebenszyklus der Gänsegeier.

Le Petit Train d'Artouste   BERGBAHN
6 km südöstlich von Gabas liegt der eigentlich reizlose See- und Skiort Artouste-Fab-

règes (1250 m), aber ein kurzer Besuch lohnt sich allein schon wegen der **Drahtseilbahn**, die sich die Flanken des 2032 m hohen Pic de la Sagette hinaufarbeitet. Außerdem verkehrt hier der **Petit Train d'Artouste** (⏴Reservierungen unter 05 59 05 36 99; www.train-artouste.com, auf Frz.; Erw./Kind 21,50/17 €; ⊙halbstündl. 8.30–17 Uhr), ein offener und ursprünglich in den 1920er-Jahren für die Arbeiter am Staudamm gebauter Zug.

Er trudelt in etwa 2000 m Höhe auf der 10 km langen Strecke von der Bergstation der Drahtseilbahn nach Lac d'Artouste (1991 m). Die Ausblicke über das Tal und auf den spitzen Pic du Midi d'Ossau sind buchstäblich atemberaubend – nicht umsonst transportiert der „kleine Zug" während der vier kurzen Sommermonate zwischen Ende Mai und September über 100 000 Passagiere. Wer allerdings Höhenangst hat, sollte die Finger davon lassen! Insgesamt sind gut vier Stunden für diese Exkursion einzuplanen.

Erfahrene Mountainbike-Fahrer können auf der haarsträubenden Abfahrtsstrecke BDD *(bicycles de descente)* vom **Artouste-Fahrradpark** den Berg hinunterdüsen. Fahrräder können für 12/15 € pro halben/ganzen Tag ausgeliehen werden; nähere Infos an den Haltestellen der Artouste-Drahtseilbahn.

Festivals & Events

Das Vallée d'Ossau ist für seinen streng riechenden Käse *fromage d'Ossau* bekannt, der in den umliegenden Bergen aus Schafsmilch hergestellt wird. Man bekommt ihn überall im Tal zu kaufen und im Oktober findet jährlich die **Foire au Fromage** (Käsemarkt) statt.

Praktische Informationen

La Maison de la Vallée d'Ossau Office de Tourisme (⏴05 59 05 31 41; www.valleedossau-tourisme.com; ⊙9a–12 & 14–18 Uhr) Touristeninformation am Hauptplatz von Laruns.

Besucherzentrum des Nationalparks (⏴05 59 05 41 59; ⊙9–12 & 14–17.30 Uhr) Neben der Touristeninformation in Laruns.

Anreise & Unterwegs vor Ort

Citram Pyrénées (⏴05 59 27 22 22) bietet Busse zwischen Pau und Laruns (1 Std., 4-mal tgl.).

Die SNCF-Züge von Pau halten in Buzy-en-Béarn, von wo täglich drei Busse weiter nach Laruns fahren (40 Min.).

Wer mit dem Auto unterwegs ist, sollte beachten, dass die hohen Bergpässe um das Vallée d'Ossau, das Vallée d'Aspe und das Vallée de Gaves oft wegen Schnee geschlossen sind. Unter Radfahrern sind viele dieser Bergpässe berühmt-berüchtigt, denn sie stellen bei der Tour de France einige der schwierigsten Abschnitte dar. Schilder entlang der Hauptstraße informieren darüber, ob die Bergpässe *ouvert* (offen) oder *fermé* (geschlossen) sind.

Die folgenden Hauptpässe sollten im Auge behalten werden: der **Col d'Aubisque** (1709 m) in westliche Richtung nach Argelès-Gazost ist im Allgemeinen von Mai bis Oktober geöffnet. Als Alternative dazu bietet sich die ganzjährig geöffnete D35 zwischen Louvie-Juzon und Nay an.

Eine gute Straßenverbindung zwischen den beiden Tälern Aspe und Ossau bietet die schmale D294 zwischen Escot und Bielle, die sich auf einer Länge von 21 km über den **Col de Marie-Blanque** (1035 m) schlängelt. Im Regelfall ist sie zwischen Spätfrühling und Herbst geöffnet.

Der **Col du Pourtalet** (1795 m), eine wichtige Verbindungsstraße nach Spanien, ist im Prinzip ganzjährig geöffnet, schließt jedoch regelmäßig bei starken Schneefällen.

Der **Col du Tourmalet** (2115 m) zwischen Barèges und La Mongie ist der höchste Bergpass in den Pyrenäen. Er ist nur für einige Monate im Jahr geöffnet, was etwas nervig sein kann, besonders für diejenigen, die z. B. von Cauterets aus in Richtung Osten zum Pic du Midi fahren möchten. Wenn der Pass geschlossen ist, gibt's nur eine ewig lange Umgehungsroute in Richtung Norden über Lourdes und Bagnères-de-Bigorre.

Cauterets

1300 EW. / 930 M Ü. M.

Cauterets mag weniger hoch liegen und sich nicht so herausgeputzt präsentieren wie seine großen Schwestern in den Alpen, dafür ist es in vielerlei Hinsicht ein weitaus angenehmeres Skiressort. Während viele der alpinen Skiorte gnadenlos modernisiert wurden und in den Winter- und Sommermonaten bis zum Bersten ausgebucht sind, hat sich der kleine Ort mit seinem Thermalbad und seinen Wohnhäusern aus dem 19. Jh. viel von seinem *fin-de-siècle*-Charakter bewahrt.

Cauterets, umgeben von schneebedeckten Bergen, ist im Sommer eine hervorragende Basis, um die Wälder, Bergwiesen, Seen und Bäche des Parc National des Pyrénées zu erkunden. Im Winter ist es sehr schneereich und daher meist die erste Skistation in den französischen Pyrenäen, die öffnet, und die letzte, die schließt.

⊙ Sehenswertes & Aktivitäten

Thermal Spas   THERMALBÄDER

Eigentlich waren es nicht die Skiabfahrten, die die ersten Touristen nach Cauterets lockten, sondern die heißen Heilquellen, die mit Temperaturen zwischen 36° C und 53° C aus dem Boden sprudeln. Es wird gesagt, dass die Quellen so einige wundersame Heilkräfte in sich bergen, aber wie dem auch sei, gegen ein schönes heißes Bad nach einem langen Wandertag hat bestimmt niemand etwas einzuwenden.

Die **Thermes César** (www.thermesde cauterets.com; rue Docteur Domer; ⊙Feb.–Nov.) bieten verschieden Spa-Pakete an – von 10 € für ein heißes Bad bis zu mehreren Hundert Euro für ein mehrtägiges Spa-Paket.

Pavillon des Abeilles   BIENENSTÖCKE

(23bis av. du Mamelon Vert; Eintritt frei; ⊙Mi–Sa 15–19 Uhr) Diese informative Attraktion widmet sich ganz den Bienen – mit einem geöffneten Bienenstock hinter Glas, einem Video und Honig aller denkbaren Geschmacksrichtungen. Längere Öffnungszeiten während der Schulferien.

Pont d'Espagne   WANDERWEGE

Im Sommer eignet sich Cauterets ideal als Basis zum Wandern. Zahlreiche hoch gelegene Wanderrouten beginnen am Aussichtspunkt und dem riesigen Puntas-Parkplatz am Pont d'Espagne, der über die über 6 km lange D920 von Cauterets zu erreichen ist. Die Serpentinenstraße ist bei den Einheimischen dank ihrer spekta-

SKIFAHREN IN DEN FRANZÖSISCHEN PYRENÄEN

Offen gesagt: Das beste Skigebiet der Pyrenäen liegt jenseits der Wasserscheide in Spaniens Baqueira-Beret und Andorras Gran Valira. Die bescheideneren Skiorte auf der französischen Seite hingegen bieten günstigere Abfahrten für Anfänger und etwas fortgeschrittene Ski- und Snowboardfahrer.

Die Pyrenäen erhalten weniger Schnee als die höheren Alpen – und meist ist er hier auch schwerer und feuchter. Doch neben den Abfahrten bieten sie immer mehr Möglichkeiten für Langlauf, Skitouren und Schneeschuhwanderungen.

Auf der französischen Seite liegen über 20 alpine Skistationen und mehr als zehn Langlauf-Gebiete.

Ax Trois Domaines Bei Ax-les-Thermes gibt es 75 km sanfte Abfahrten durch Kiefernwälder und, weiter oberhalb, über die kahlen Hänge von Campels.

Barèges-La Mongie Das Skigebiet auf beiden Seiten des Col du Tourmalet und am Fuß des Pic du Midi de Bigorre umfasst 69 Abfahrten und das größte Wintersportangebot der gesamten französischen Pyrenäen.

Cauterets In diesem alteingesessenen Kur- und Wintersportort hält sich der Schnee länger als anderswo. Deshalb herrscht hier noch Betrieb, wenn andere schon die Saison beendet haben.

Superbagnères Eine Kabinenbahn bringt die Skifans vom Kurort Bagnères de Luchon bis über die Baumgrenze hinauf zu den Pisten auf über 1800 m Höhe.

Val d'Azun Der beste Ort für Langläufer in den Pyrenäen liegt 30 km südwestlich von Lourdes und bietet 110 km Loipen in Höhen zwischen 1350 m und 1600 m.

kulären Wasserfälle, die sich direkt neben der Straße ins Tal stürzen, auch als Chemin des Cascades bekannt. Am oberen Ende der Straße liegt ein riesiger Parkplatz, der im Sommer randvoll ist. Die ersten 15 Minuten ist das Parken frei, danach kostet es 5 € für bis zu vier Stunden.

Vom Pont d'Espagne südwärts stehen zwei sehr unterschiedliche Täler zur Auswahl. Der Pfad entlang der Gave de Gaube stromaufwärts führt durch Nadelwälder zum viel fotografierten **Lac de Gaube** mit der Hôtellerie de Gaube, die Getränke, Snacks und Mittagsmenüs (um 15 €) serviert und eine Terrasse mit Blick auf den Wasserfall hat. Für den Hin- und Rückweg (ohne Pausen) reichen drei Stunden bequem. Als Alternative für weniger Wanderlustige bietet sich die Kombination **télécabine und télésiege** (Seilbahn und Sessellift) (Erw./Kind 8/5 €), die einen vom Besucherzentrum des Pont d'Espagne nach oben bringt und die Wanderzeit auf ganze 20 Minuten verkürzt.

Eine längere Wanderung (ca. 5 Std. hin & zurück) führt das sanftere und offenere **Vallée de Marcadau** hinauf zum **Refuge Wallon-Marcadau** (☏ 05 62 92 64 28; ☺ Feb.–Mitte Apr. & Juni–Sept.), der auf 1866 m Höhe liegt.

Im Winter ist der Pont d'Espagne ein beliebter Ausgangspunkt für Schneeschuhwanderungen und *ski au fond* (Ski-Langlauf). Die Touristeninformation gibt Auskünfte über hiesige Bergführer.

Pendelbusse (einfach/hin & zurück 4/7 €) verkehren zwischen dem Busbahnhof in Cauterets und Pont d'Espagne – in der Ski-Saison zweimal täglich, im Sommer sechsmal täglich. Das Parken auf dem Puntas-Parkplatz kostet 3 € für eine Stunde, 5 € für ein bis sechs Stunden und 7 € für über zwölf Stunden.

Ski- & Mountainbike fahren

Die schnelle, neue **Télécabine du Lys** fährt Mitte Juni bis Mitte September und von Dezember bis April. Sie überwindet einen Höhenunterschied von mehr als 900 m bis hinauf zum Cirque du Lys, von wo im Sommer der Sessellift Grand Barbat die Passagiere weiter bis Crêtes du Lys (2400 m) transportiert. Hin und zurück kostet die Fahrt 8/6 € pro Erw./Kind bis Cirque du Lys und 10/7,50 € inkl. Sessellift.

Im Winter bietet Cirque du Lys auf einer Höhe zwischen 1850 und 2415 m ca. 36 km sanfte Abfahrten, die für Anfänger und etwas fortgeschrittere Skifahrer geeignet sind. Sessellift-Pässe kosten 29,50 €

pro Tag oder 150 € für sechs Tage. Im Sommer verwandelt sich die Gegend in ein Paradies für Mountainbike-Fans, mit zahlreichen Pisten, die einen Höhenunterschied von 1500 m überwinden.

Zahlreiche Anbieter im Ort verleihen Ski- und Mountainbikeausrüstung.

🛏 Schlafen

Cauterets bietet eine gute Auswahl an großen Hotels, aber während der Skisaison übernachten die meisten Besucher in *gîtes* oder Appartments für Selbstversorger.

LP TIPP | Hôtel du Lion d'Or   HOTEL €€

(☎05 62 92 52 87; www.liondor.eu; 12 rue Richelieu; DZ 82–174 €; 🛜) Dieses alpine Hotel gehört zur Logis-Kette und strahlt eine warme Bergatmosphäre aus. Die Fassade ist mit hübschen Fensterläden und Blumenkästen geschmückt und innen laden gemütliche, in pastellfarbenen Rosa-, Gelb- und Blautönen gestrichene Zimmer ein, die an längst vergangene Zeiten erinnern. Überall im Haus gibt's Schnickschnack und Kuriositäten, wie z. B. ein altes Grammophon und ein ausgestopfter Hirschkopf, und das gemütliche Restaurant serviert typische regionale Küche. Der Inhaber des Hotels ist gleichzeitig auch Skilehrer und gibt gerne Auskunft über Sehenswertes und Aktivitäten in der Region. Die Preise wechseln je nach Saison.

Hôtel-Restaurant Astérides-Sacca
HOTEL €€

(☎05 62 92 50 02; www.asterides-sacca.com; 11 bd Latapie-Flurin; Zi. 41–75 €; ⊗Anfang Okt.–Anfang Dez. geschl.) Dieses ehrwürdige Familienunternehmen liegt an einer der schönsten Straßen der Pyrenäen. Sie ist gesäumt von Bauwerken aus dem 19. Jh. und hat schon für so manchen Film als Kulisse gedient. Die Zimmer mit Karostoffen wirken etwas moderner als die in Pastelltönen und mit Blumenmustern, aber alle sind ansprechend und geräumig. Wer Halbpension oder Vollpension bucht, kommt in den Genuss der renommierten Küche des Hauses.

Hôtel Christian   HOTEL €€

(☎05 62 92 50 04; www.hotel-christian.fr, auf Frz.; 10 rue Richelieu; EZ/DZ 66/80 €; ⊗Dez.–Sept.; 🛜) Das 80er-Jahre-Dekor des lachsfarbene Hotels, das sich in einer feinen, ehemaligen *residence* aus dem 19. Jh. befindet, scheint mittlerweile etwas überholt. Dennoch: Das

Hotel ist sauber und komfortabel und einen schönen Garten gibt's auch.

Camping Le Péguère   CAMPINGPLATZ €€

(☎05 62 92 52 91; www.les-campings.com/peguere; Stellplatz 11–13 €, Hütten pro Woche 300–420 €; ⊗Mai–Sept.) Dieser Wiesenplatz, 1,5 km nördlich der Stadt an der D920 und mit traumhaftem Blick auf die Berge, hat so einige reizvolle Stellplätze. Die besten sind direkt am Fluss. Wer auf etwas mehr Komfort aus ist, kann auch eines der Chalets oder Hütten mieten.

🍴 Essen & Ausgehen

LP TIPP | Le Sacca   FRANZÖSISCH, KLASSISCH €€

(☎05 62 92 50 02; www.asterides-sacca.com; 11 bd Latapie-Flurin; Menüs 17,50–43 €; ⊗10. Okt.–20. Dez. geschl.) Das Restaurant im Asterides-Sacca ist unbestritten das beste Speiselokal im Ort. Hier wird klassische französische Küche künstlerisch präsentiert. Auf der Speisekarte stehen Produkte aus der Bergregion, wie z. B. Forelle, Wildschwein und Wild. Obwohl das Restaurant auf den ersten Blick sehr formell wirkt – weiße Stoffservietten, geschniegelte und gebügelte Kellner –, ist die Atmosphäre doch eher locker.

En So de Bedau   REGIONALE KÜCHE €€

(☎05 62 92 60 21; 11 rue de la Raillère; Hauptgerichte 13–19 €, Menü 20 €; ⊗variabel) Das ganz regional geprägte Lokal wirkt etwas schroff, ist aber eine der besten Adressen für deftige *cuisine paysanne* (Bauernkost) aus den Pyrenäen. Es ist ohne viel Firlefanz und sehr einfach eingerichtet – unverputzte Steinwände, einfache Korbstühle, abgewetzte Tische –, aber die traditionellen Gerichte werden mit den besten Zutaten der Region zubereitet und sind einfach traumhaft. Besonders empfehlenswert sind die mit einheimischem, schwarzem Bigorre-Schwein zubereiteten Gerichte.

La Sierra   REGIONALE KÜCHE €

(☎05 62 42 68 97; 8 rue Verdun; Menüs 14–17 €; ⊗Do–Di) Das Restaurant bietet gute regionale Kost, wie gegrillte Forelle, Ente und *garbure*, ein kräftiger Eintopf mit Fleisch und Gemüse der jeweiligen Saison.

La Ferme Basque   BAR €

(rte de Cambasque; ⊗variabel) Das Lokal, etwa 4 km westlich der Stadt, bietet von der Terrasse einen herrlichen Blick auf Cauterets und ist das perfekte Plätzchen für einen Drink.

CIRQUE DE GAVARNIE

Neben dem Pic du Midi gibt's in den Pyrenäen eine weitere Attraktion, die man unbedingt sehen sollte: der **Cirque de Gavarnie**, ein atemberaubendes Fels-Amphiteater, gesäumt von eisbedeckten Gipfeln, von denen einige über 3000 m emporragen. Der Gebirgskessel ist vom Talboden bis zum Gipfel fünfmal so hoch wie der Eiffelturm und ist schon deswegen eine Attraktion für sich. Er ist außerdem für seine mächtigen **Wasserfälle** bekannt, die gerade nach starken Regenfällen besonders beeindruckend sind. Im Winter bieten die dann gefrorenen Wasserfälle weltweit eine der besten Möglichkeiten zum Eisklettern und werden von vielen Profi-Bergsteigern als Trainings- und Vorbereitungsstrecke für ihren Aufstieg zum Himalaja oder zu anderen Gipfeln genutzt.

Gavarnie liegt 52 km südlich von Lourdes am Ende der D921. Es gibt einige große Parkplätze im Dorf, von denen man in ca. zwei Stunden zum Fuß des Amphitheaters gelangt. Festes Schuhwerk ist ratsam, denn auch im Frühsommer liegt vereinzelt noch Schnee auf den Wanderwegen. Zwischen Ostern und Oktober kann die Strecke auch auf dem Rücken eines Pferdes oder Esels bewältigt werden (ca. 25 € hin und zurück).

Wer von all dem immer noch nicht beeindruckt ist, ist vielleicht mutig genug, einen kleinen Umweg zu einem weiteren, weniger besuchten Amphitheater, dem **Cirque de Troumouse**, zu wagen. Auch hier werden die Besucher mit spektakulären Ausblicken belohnt – nach einer haarsträubenden Fahrt auf der sich aufwärts schlängelnden Mautstraße (4 € pro Fahrzeug). Die Straße ist nicht mit Leitplanken befestigt und die Abgründe sind nichts für schwache Nerven, deshalb unbedingt langsam fahren!

Bis zur Spitze sind es ca. 8 km. Je nach Schneelage ist die Straße zwischen April und Oktober geöffnet. 6,5 km nördlich von Gavarnie, in der Nähe von Gèdre, stehen Wegweiser.

Selbstversorger

An den Ständen von Cauterets **Markthalle** (av. Leclerc) gibt's u. a. Käse, Fleisch und leckere Würste der Region. Weitere empfehlenswerte Läden sind:

A La Reine Margot   SÜSSWARENLADEN €
(pl Clemenceau) Einer der vielen Läden der Stadt, der die für Cauterets typischen *berlingots* (süße Bonbons mit Obstgeschmack) verkauft. Wer am Nachmittag hierher kommt, kann bei der Herstellung zusehen.

Fromagerie du Saloir   GOURMET €
(av. Leclerc) Käse, Fleisch, Geschenkkörbe und edle Liköre (wie der *Gratte Cul* oder auch „Hinternkratzer").

Gailhou Durdos   GOURMET €
(rue de Belfort) Regionale Weine und andere Spezialitäten.

ℹ Praktische Informationen

Maison du Parc National des Pyrénées (☑05 62 92 52 56; place de la Gare; ☉9.30–12 & 15–19 Uhr) Verkauft Wanderkarten und -bücher und organisiert im Sommer geführte Wanderungen.

Touristeninformation (☑05 62 92 50 50; www.cauterets.com; place Maréchal Foch; ☉9–12.30 & 14–19 Uhr) Die Touristeninformation führt *Sentiers du Lavaudon* (auf Frz.; 5 €) mit Beschreibungen von sieben einfachen Wanderungen in der Region.

ℹ An- & Weiterreise

Der letzte Zug aus Cauterets prachtvollem, ganz mit Holz verkleidetem Bahnhof ist 1947 abgedampft. Heute dient das an eine Westernkulisse erinnernde Gebäude als **Busbahnhof** (☑05 62 92 53 70; place de la Gare). SNCF-Busse verkehren zwischen Cauterets und dem Bahnhof von Lourdes (7 €, 1 Std., mind. 5-mal tgl.).

Vallée des Gaves & Umgebung

Das Vallée des Gaves (Tal der Bergbäche) mit seinen idyllischen Weideflächen erstreckt sich von Lourdes in Richtung Süden bis Pierrefitte-Nestalas. Dort teilt sich das Tal: Der enge und zerklüftete östliche Teil windet sich durch Gavarnie, während sich das westliche Ende bis nach Cauterets erstreckt.

LP TIPP **Pic du Midi** AUSSICHTSPUNKT
(www.picdumidi.com; Erw./Kind 25/15 €;
⊙ Feb. & Juni–Ende Sept. tgl.) Das Highlight
einer Talwanderung ist zweifellos der unvergessliche Aufstieg zum Pic du Midi de
Bigorre (2877 m), einem der höchsten Pyrenäengipfel. Einst nur Astronomen und
Wissenschaftlern vorbehalten, bietet er
heute einen der eindrucksvollsten Panoramablicke in den Pyrenäen. Es gibt mehrere
Aussichtsplattformen, die einen 360-Grad-Rundblick eröffnen. Es versteht sich vermutlich von selbst, aber man sollte den
Berg nur bei gutem Wetter und klarer Sicht
besteigen. Die beste Aussicht besteht am
frühen Morgen oder spät abends.

Vom Skiressort La Mongie (1800 m)
führt eine Seilbahn in 15 Minuten zur Spitze. Die Website informiert über zusätzliche,
hier nicht angegebene Öffnungszeiten. Wer
von den anderen Tälern über Col du Tourmalet in Richtung Osten fährt, sollte sich
doppelt vergewissern, dass die Seilbahn geöffnet ist (s. Kasten S. 739).

Le Donjon des Aigles VOGELPARK
(☎ 05 62 97 19 59; www.donjon-des-aigles.com;
Beaucens; Erw./Kind 12/7 €; ⊙ 10–12 & 14.30–
18.30 Uhr) Ungefähr 15 Minuten Autofahrt
südlich von Lourdes befindet sich das
Château de Beaucens. Es wurde im 12. Jh.
erbaut und beherbergt heute die größte
Raubvogelsammlung der Welt. Zu den gefiederten Bewohnern zählen u. a. Weißkopfseeadler, Fischadler, Uhus, Geier und
eine Schar bunter Papageien. Der Park ist
ganztags geöffnet, ein Besuch zu den Flugvorführungen um 15.30 und 17 Uhr (im Juli
und August um 15, 16.30 und 18 Uhr) lohnt
sich besonders.

Oberes Garonne-Tal

ST-BERTRAND DE COMMINGES
Auf einem einsamen Hügel thront St-Bertrand mit seiner **Cathédrale Ste-Marie**
(Erw./Kind inkl. Audioguide auf Englisch 4/1,50 €;
⊙ Mo–Sa 9–19, So 14–19 Uhr). Sie erhebt sich
über das Vallée de Garonne und die arg
geplünderten Überreste der gallisch-römischen Stadt **Lugdunum Convenarum**, die
frei besichtigt werden kann.

Im Ostteil der hoch aufragenden gotischen Kathedrale befindet sich ein prachtvolles, aus Eichenholz geschnitztes Chorgestühl aus der Renaissance-Zeit. Es wurde
1535 von Künstlern der Region gefertigt.

BAGNÈRES DE LUCHON
3032 EW. / 630 M Ü. M.

Bagnères de Luchon (oder einfach Luchon)
ist ein schmuckes Städtchen mit reizvollen
Bauwerken aus dem 19. Jh., das erweitert
wurde, um Platz für die *curistes* (Kurgäste) zu schaffen, die in den Heilbädern Genesung suchten. Heute ist der Ort ein beliebtes Skiresort, das für seine herausfordernden Skiabfahrten von Superbagnères
bekannt ist.

⊙ Sehenswertes & Aktivitäten
Die ganze Palette an möglichen Freizeitaktivitäten stellt die Broschüre *La Montagne
Active* vor; sie ist kostenlos bei der Touristeninformation erhältlich.

Thermes HEILBÄDER
(Heilbad; ☎ 05 61 79 22 97; www.thermes-luchon.
fr; ⊙ März–Mitte Nov.) Die Thermen von Luchon liegen am Südende der Allées d'Étigny.
Es kostet 12 €, sich in den duftenden Dämpfen des 160 m langen unterirdischen *vaporarium* zu rekeln und anschließend ein
wohltuendes Bad im 32 °C warmen Wasser
des Pools zu nehmen. Für diejenigen, die
sich noch ein bisschen mehr verwöhnen lassen möchten, gibt's u. a. Schlammpackungen, Behandlungen mit heißen Steinen und
Nasenduschen.

Télécabine SKILIFT
(Erw./Kind 7,90/5,90 €; ⊙ Juli–Aug. 9–12.15 &
14–18 Uhr, Mai–Juni & Sept. am Wochenende
13.30–18 Uhr, im Winter je nach Schneebedingungen tgl. geöffnet) Die Kabinenbahn fährt nach
Superbagnères auf 1860 m hinauf, wo im
Winter die Skiabfahrten und im Sommer
Wanderwege und Mountainbike-Trails beginnen.

Wandern
Ein erstaunliches Netz von 250 km markierten Pfaden – vom bequemen Talspaziergang bis zur anspruchsvolleren Gebirgstour
– beginnt bei Luchon und Superbagnères.
Die Touristeninformation gibt kostenlos
die nützliche Broschüre *Sentiers Balisés
du Pays de Luchon* heraus und verkauft die
ausführliche Routenbeschreibung *Randonnées autour de Luchon* (10,95 €).

🛏 Schlafen

Le Castel de la Pique HOTEL €€
(☎ 05 61 88 43 66; www.castel-pique.fr; 31 cours
des Quinconces; EZ 50–60 €, DZ 60–70 €; ☎)
Das Hotel, einst eines der schönsten Privathäuser von Luchon, bezaubert mit seinem

Charme aus längst vergangenen Tagen. Die Zimmer sind zwar nicht sehr luxuriös, dafür gibt's abgeschliffene Holzfußböden, Originalkamine, hohe Fenster mit super Ausblick und ein herzliches Willkommen der Inhaber.

Hôtel d'Etigny · HOTEL €€€

(☑05 61 79 01 42; www.hotel-etigny.com; DZ 49–138 €; 🐕) Das elegante Hotel direkt gegenüber der Thermes ist der ideale Ort, um sich nach einem erholsamen Aufenthalt in den Heilbädern weiter verwöhnen zu lassen. Die Gemeinschaftsräume sind sehr vornehm mit Polstersesseln und Kronleuchtern ausstaffiert, während die Zimmer von historisch und schwer drapiert bis modern und spärlich eingerichtet reichen. Es lohnt sich, ein wenig mehr auszugeben und eines der etwas teureren Zimmer zu nehmen. Im Sommer kann im Garten gefrühstückt werden.

Hôtel Panoramic · HOTEL €€

(☑05 61 79 30 90; www.hotelpanoramic.fr; 6 av. Carnot; EZ 44–75 €, DZ 53–75 €; 🐕) Eine weitere tipptoppe Adresse in der Nähe der Innenstadt. Die in Pfirsich-, Scharlachrot- und Orangetönen gehaltenen Zimmer

---

CHÂTEAU DE BEAUREGARD

Wer sich schon immer wie der Herr oder die Herrin eines fürstlichen Hauses fühlen wollte, kommt in diesem opulenten **Schlosskomplex** (☑05 61 66 66 64; www.chateaubeauregard.net; av. de la Résistance, St-Girons; DZ 80–200 €; 🐕🏊) in **St-Girons** voll auf seine Kosten. Das kleine Dorf liegt an der D117, auf halbem Weg zwischen St-Gaudens und Foix. Das mit Türmchen bestückte und von einem 2,5 ha großen Privatpark umgebene Herrenhaus gleicht einem kleinen architektonischen Wunder und die ganz unterschiedlich eingerichteten Zimmer halten, was die vielverheißende Fassade verspricht. Das skurrile Hotel bietet so einige Eigenarten, wie z. B. versteckte Bäder in den Ecktürmen des Schlosses. Und mit Swimmingpool im Garten, einem mit Kerzenlicht beleuchteten Wellness-Bereich und einem ausgezeichneten Gascon-Restaurant (Menü 33 €) gehört es zu den bestgehüteten Geheimnissen in ganz Südwestfrankreich. Aber psst, nicht weitersagen!

---

sind zwar nicht besonders inspirierend und vermitteln ein wenig den Eindruck eines Hotels für Geschäftsleute, dafür ist das Frühstück super. Das Hotel bietet auch Paragliding-Pakete an.

Essen

Café de la Paix · BRASSERIE €€

(☑05 61 94 74 70; 19 allée d'Etigny; Hauptgerichte 12–18 €) Die gut besuchte Brasserie serviert die leckersten Gerichte in Windeseile. Besonders gut sind die Fleisch- und Fischgerichte *grillée à la plancha* (auf spanische Art, auf einer heißen Platte gegrillt).

L'Héptaméron des Gourmets

GOURMETKÜCHE €€€

(☑05 61 79 78 55; 2 blvd Charles de Gaulle; Menüs 25–55 €; ⊙So mittags, Di–So abends) Dieses supertraditionelle und bei den Einheimischen sehr beliebte Restaurant serviert echte Gourmetküche. Die wie für das Königshaus zubereiteten Speisen sind bis auf das letzte Detail durchdacht und dementsprechend präsentiert und wer die formelle Atmosphäre mag, fühlt sich hier wie im siebten Gourmethimmel. Besonders empfehlenswert sind *filet de jeune cerf* (Hirschfilet) and *brandade de truite* (Forelle).

L'Arbesquens · REGIONALE KÜCHE €€

(☑05 61 79 33 69; 47 allée d'Étigny; Menüs 11–25 €; ⊙Mi & So abends geschl.) Die Spezialität des von Holzbalken durchzogenen Restaurants ist zweifellos Fondue. Es stehen über 18 Variationen auf der Karte und jedes Gericht reicht für mindestens zwei Personen. Es kann durchaus sein, dass man auch am nächsten Tag noch den Drang verspürt, einige Kalorien abarbeiten zu müssen …

Selbstversorger

Die **Markthalle** von Luchon (rue Docteur Germès; ⊙April–Okt. tgl., Nov.–März Mi & Sa) wurde 1897 errichtet und bietet seit eh und je gute Frischwaren.

ℹ️ Praktische Informationen

Touristeninformation von Luchon (☑05 61 79 21 21; www.luchon.com; 18 allée d'Étigny; ⊙9–19 Uhr) Außerhalb der Hauptsaison kürzere Öffnungszeiten.

ℹ️ Anreise & Unterwegs vor Ort

SNCF-Züge und -Busse verkehren zwischen Luchon und Montréjeau (6,60 €, 50 Min., 7 tgl.), von wo es häufige Verbindungen nach Toulouse (15,60 €) und Pau (17,30 €) gibt.

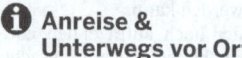

Die **Auberge les Myrtilles** (📞05 61 65 16 46; www.auberge-les-myrtilles.com; Col des Marrous; Zi. 55–105 €, HP pro Person 53,50–65,50 €; 🅿 📶) liegt ca. 10 km westlich von Foix versteckt in den Bergen und ist eines der schönsten Juwelen der Pyrenäen. Wer hierher kommt, könnte fast meinen, in einer Szene aus *Heidi* gelandet zu sein. Sechs moderne Chalet-Zimmer bieten einen phantastischen Blick über die Landschaft von Ariège. Es handelt sich hier aber nicht um eine rustikale *auberge* – ganz im Gegenteil: Es gibt ein Jacuzzi, eine Sauna und ein tolles Schwimmbad, die alle jeweils eine andere Perspektive auf die umliegenden Gipfel bieten. Und das ist noch nicht alles. Das exzellente Restaurant serviert hausgemachte Kost aus Ariègeoises, wie z. B. *cèpes ravioli*, Enteneintopf und die regionale Spezialität *azinat* (Eintopf mit Würstchen, Ente und Gemüse). Und wer an einem schönen Sommertag unter den Schatten spendenden Bäumen im alpinen Garten träumt, wünscht sich sicher, für immer hier sitzen bleiben zu können.

Vallée de l'Ariège

Unterirdische Flüsse haben tief unter dem Kalkgebirge des verschlafenen Vallée de l'Ariège einige der faszinierendsten und märchenhaftesten unterirdischen Höhlen Europas geschaffen, von denen viele mit prähistorischen Höhlenmalereien dekoriert sind.

⊙ Sehenswertes & Aktivitäten

Lombrives UNTERIRDISCHE HÖHLEN
(www.grotte-lombrives.fr; Standardtour Erw./Kind 7,50/4,50 €; ⊗Mai–Sept. & während der Schulferien) Das Labyrinth aus über 200 mit Stalaktiten gesäumten Tunneln, Grotten und Felsenhöhlen bildet den größten Höhlenkomplex Europas. Besonders bemerkenswert sind die weiten Sandausläufer, bekannt als Sahara-Wüste, und die Kalksteinformationen, die angeblich ein Mammut, einen Zauberer und die Heilige Jungfrau darstellen. Abenteuerlustige mit etwas mehr Zeit können sich auf eine im Voraus gebuchte, fünfstündige „Reise zum Mittelpunkt der Erde" (34,70/25 € pro Erw./Kind) begeben. Die Höhle befindet sich 22 km nördlich von Ax-les-Thermes an der N20, nahe dem Dorf Ussat-les-Bains.

Rivière Souterraine de Labouiche
UNTERIRDISCHER FLUSS
(📞05 61 65 04 11; Erw./Kind 8,50/6,50 €; ⊗9.30–17.15 Uhr) Die Rivière Souterraine de Labouiche, hinter Labouiche und 6 km nordwestlich von Foix, ist Europas längster schiffbarer unterirdischer Fluss. Eine spektakuläre 75-minütige Bootsfahrt auf einer 1500 m langen Teilstrecke führt vorbei an unterirdischen Höhlen und unheimlichen Felskammern, die im Verlauf von Millionen von Jahren hier entstanden sind.

Château des Comtes de Foix SCHLOSS
(www.sesta.fr/chateau-de-foix.html; Erw./Kind 4,50/3,30 €; ⊗9.45–18.30 Uhr) Das von drei Türmen überragte Château des Comtes de Foix wacht über die Stadt Foix. Im 10. Jh. als Festung der Grafen von Foix errichtet, diente der Bau ab dem 16. Jh. als Gefängnis – und wer genau hinschaut, kann an den Mauern noch Ritzzeichnungen und Sprüche der ehemaligen Insassen entdecken. Heute ist ein kleines archäologisches Museum darin untergebracht. Generell finden mindestens einmal täglich Führungen auf Englisch statt. Im Sommer herrschen verkürzte Öffnungszeiten.

Les Forges de Pyrène MUSEUM
(www.sesta.fr/forges-de-pyrene.html; Erw./Kind 8/6 €; ⊗10–19 Uhr) Les Forges de Pyrène in Montgaillard, 4,5 km südlich von Foix, ist ein aktives Museum über die handwerklichen Traditionen der Ariège mit einer Schmiede, einer Bäckerei, einer Schusterei und einer Korbmacherei. Auf einer Fläche von über 5 ha illustriert es eine Fülle alter Handwerkskünste, wie z. B. Glasbläserei, Gerberei, Dachdeckerei und Nagelschmiede.

Grotte du Mas d'Azil HÖHLE, MUSEUM
(www.sesta.fr/grotte-du-mas-d-azil.html; Erw./Kind 6,30/4 €; ⊗Höhlen 10–18, Museum 11–13 & 14–19 Uhr) In diesem riesigen natürlichen Felsvorsprung gibt es zahlreiche Höhlen mit prähistorischen Wandmalereien von Bisons, Pferden, Fischen, Rehen, einer Katze und sogar – ganz besonders beeindruckend – von einem menschlichen Gesicht. Im Preis enthalten ist der Eintritt zu

einem kleinen prähistorischen Museum, das in der Höhle gefundene Artefakte wie Werkzeuge aus Feuerstein, Pfeilspitzen und Schnitzereien zeigt.

Die Höhlen befinden sich ca. 25 km nordwestlich von Foix, nahe dem Dorf Le Mas d'Azil. Im Sommer herrschen verkürzte Öffnungszeiten.

LP TIPP | **Grotte de Niaux**   HÖHLENMALEREI
(☏05 61 05 88 37; www.sesta.fr/grotte-de-niaux.html; Erw./Kind 9,40/7 €) Es gibt zahlreiche Höhlen in Ariège, in denen schon vor Tausenden von Jahren Menschen wohnten. Die bekannteste davon ist La Grotte de Niaux; sie ist in ihrer Größe und Bedeutung mit denen von Lascaux in der Dordogne und Altamira in Spanien vergleichbar.

An den Höhlenwänden befinden sich zarte Skizzen, die Bisons, Pferde und Steinböcke darstellen. Die Besucherzahl wird beschränkt, um die Temperatur von 12 °C in der Höhle konstant zu halten.

Führungen müssen im Voraus gebucht werden. Im Sommer finden stündliche Führungen statt, im Winter ca. dreimal pro Tag. Zwischen April und September gibt es täglich mindestens eine Führung auf Englisch, die Zeiten ändern sich jedoch ständig und können an der Kasse erfragt werden.

Die Höhlen liegen in der Nähe von Tarascon-sur-Ariège, ca. 12 km südlich von Foix.

Parc de la Préhistoire   MUSEUM
(☏05 61 05 10 10; www.sesta.fr; Tarascon-sur-Ariège; Erw./Kind 9,70/7,20 €; ☺10–20 Uhr) Dieser Museumspark verwaltet fünf der Hauptattraktionen der Gegend und beherbergt ein tolles Museum, das die regionale Frühgeschichte illustriert. Die Hauptattraktion ist das Grand Atelier, ein modernes Gebäude mit Filmvorführungen, Projektionen, Rekonstruktionen von Höhlenmalereien, Artefakten und Ausstellungsobjekten in fünf verschiedenen Bereichen, die sich mit den künstlerischen und kulturellen Entwicklungsphasen der Region beschäftigen.

🛏 Schlafen & Essen

Die Schlaf- und Essensmöglichkeiten um Ariège reißen einen nicht unbedingt vom Hocker, aber es gibt diverse Optionen in und um Foix sowie einige empfehlenswerte Hotels und Lokale in dem süßen kleinen Dorf Mirepoix, ca. 25 km nordöstlich.

LP TIPP | **Hôtel les Remparts**   HOTEL €€
(☏05 61 68 12 15; www.hotelremparts.com; 6 cours Pons Tarde, Mirepoix; EZ 60–80 €, DZ 70–90 €; ☎) Wer mit dem Auto unterwegs ist, bereut diesen kleinen Umweg zu dem attraktiven Hotel-Restaurant im wohlhabenden Mirepoix keinesfalls. Es ist ein sehr intimes Hotel mit nur neun Zimmern, von denen jedes individuell gestaltet ist (teilweise freiliegende Steinwände, Korkenzieherweidensträucher, abgeschliffene Holzfußböden), und einem wunderschönen Frühstückssalon mit Originalbalken und -kamin. Dank seines jungen Küchenchefs Nicolas Coutand und seiner Lage in dem mit Backstein errichteten Kellergewölbe hat sich das Restaurant (Menüs 26–48 €) bereits einen Namen gemacht.

Maison des Consuls   HOTEL €€€
(☏05 61 68 81 81; www.maisonsdesconsuls.com; 6 place du Maréchal Leclerc, Mirepoix; DZ 110–130 €; ☎) Alle Zimmer dieses eleganten Hotels sind so eingerichtet, dass sie an historische Figuren aus der Geschichte von Mirepoix erinnern. Die schönsten sind Dame Louise mit ihrem Himmelbett und phantastischem Blick auf den Platz und die Suite de l'Astronome mit einer kleinen Privatterrasse, die einen Blick auf die roten Ziegeldächer der Stadt bietet.

Hôtel Restaurant Lons   HOTEL €€
(☏05 34 09 28 00; www.hotel-lons-foix.com; 6 place Dutilh, Foix; DZ ab 53,50 €) Einige der preiswerten bunten Zimmer dieser ehemaligen Poststations-Herberge blicken auf den Fluss. Das Restaurant (Menüs mittags/abends ab 11,50 €) bietet einen ähnlichen Ausblick und preiswerte Halbpension.

Hostellerie la Barbacane du Château
  HOTEL €€
(☏05 61 65 50 44; http://hotelbarbacane.fr; 1 av. de Lérida, Foix; DZ ab 50 €; ☎) Altes Haus mit alten Zimmern in einer beeindruckenden *maison bourgeoise* aus rotem Backstein in Foix. Es ist komfortabel, wirkt aber eine Spur zu altmodisch.

🛈 Praktische Informationen

Touristeninformation in Foix (☏05 61 65 12 12; www.tourisme-foix-varilhes.fr; 29 rue Delcassé, Foix; ☺9–18 Uhr) Außerhalb des Sommers herrschen verkürzte Öffnungszeiten.

🛈 An- & Weiterreise

Es verkehren regelmäßige Züge zwischen Toulouse und Foix (13 €, 1¼ Std., mind. 10-mal tgl.).

Region Toulouse

Inhalt »

Gut essen

» Chez Navarre (S. 756)

» 7 place St-Sernin (S. 756)

» L'Esprit du Vin (S. 763)

» L'Épicurien (S. 762)

» La Table des Cordeliers (S. 769)

Schön übernachten

» Les Bains Douches (S. 755)

» Château de Pomiro (S. 771)

» La Lumiane (S. 771)

» Au Château (S. 766)

» Domaine de Peyloubère (S. 767)

Auf nach Toulouse

Üppiges Essen, guter Wein, Gemächlichkeit – in diesem sonnengetränkten südwestlichen Zipfel Frankreichs gibt es das alles im Überfluss. Die rote Backsteinschönheit Toulouse gehört traditionell zur Region Languedoc; allerdings führen die Stadt und ihre Umgebung seit dem Zweiten Weltkrieg ein ziemlich isoliertes Dasein.

Die Hauptstadt der Region ist perfekt als Einstieg in den Lebensrhythmus des Südens: Mit ihren lebhaften Märkten, ihrer herrschaftlichen Architektur und der Kulturszene ist sie eine der lebendigsten Provinzstädte. Jenseits der letzten Ausläufer der *ville rose* ist die Landschaft von trutzigen *bastides* (befestigte Städte) übersät, von himmelhohen Kathedralen und traditionellen Landmärkten. Und nirgends fehlen die fettgestopften Enten und Gänse und der feurige Armagnac. Mitten durch diese lebendige Mischung fließt in aller Seelenruhe der Canal du Midi, die Königin der französischen Wasserstraßen. Daran sollte man sich ein Beispiel nehmen und alles ganz entspannt angehen lassen.

Reisezeit

Toulouse

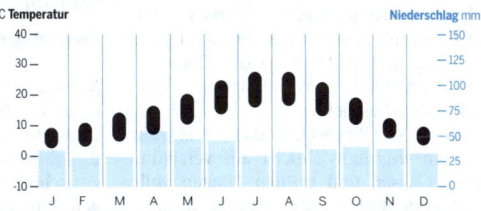

Februar Das Veilchen, schon fast ein Synonym für Toulouse, wird im Februar mit dem duftigen *Festival de la Violette* gefeiert.

März Straßenkarneval in Albi!

August Mit der *Legende des Quatre Cents Coups* feiert Montauban seine militärische Vergangenheit.

Toulouse

446 200 EW.

Die elegante Stadt am Zusammenfluss des Canal du Midi und der Garonne trägt aufgrund der typischen roséfarbenen Steine ihrer Gebäude auch den hübschen Beinamen *la ville rose*. Die Grande Dame am Flussufer schaut auf eine 2000-jährige Geschichte zurück, ist aber keine verstaubte Provinz-Oma. Die quirlige, lebhafte Studentenstadt hält ihren Blick fest aufs die Zukunft gerichtet: Bereits seit den 1930er-Jahren ist sie eine wichtige Drehscheibe der Luft- und Raumfahrt-Industrie; in jüngeren Jahren ist sie aber in Frankreich zum Vorreiter erneuerbarer, grüner Energiequellen geworden. Außerdem lebt und leidet Toulouse mit seinem Rugbyteam Stade Toulousain (unter Einheimischen auch einfach *les rouges et noirs*), das 2010 bei der Europameisterschaft ganz oben auf dem Treppchen stand.

Die lebendige Café- und Kulturszene, die große Auswahl an *hôtels particuliers* (herrschaftliche Stadthäuser) und die besonders stimmungsvolle Altstadt machen Frankreichs viertgrößte Stadt definitiv zu einem Ort, an dem man verweilen möchte.

⊙ Sehenswertes

Die **Place du Capitole** ist der Hauptplatz in Toulouse und bevorzugter Treffpunkt seiner Einwohner für einen Kaffee oder Aperitif an sonnigen Abenden. An der Ostseite des Platzes erstreckt sich die 128 m lange Fassade des **Capitole**, des in den 1750er-Jahren erbauten Rathauses von Toulouse. Darin befindet sich auch das **Théâtre du Capitole**, eines der renommiertesten Opernhäuser Frankreichs, und die reichlich großspurige **Salle des Illustres** (Saal der Berühmten) vom Ende des 19. Jhs. Unmittelbar östlich davon ist die **Place Wilson**, ebenfalls bestens mit Bäumen, Cafés und Bistros bestückt.

Südlich des Platzes liegt das **Vieux Quartier**, ein wuseliges Gewirr aus verschlungenen Gassen und grünen Plätzen voller einladender Cafés, Läden und Restaurants.

Basilique St-Sernin KIRCHE
(place St-Sernin; ☉8.30–12 & 14–18 Uhr) In der ganzen Stadt taucht die Turmspitze der berühmten roten Backsteinbasilika mit ihrem herrlichen achteckigen Turm über den Dächern auf. Die Kirche ist der besterhaltene romanische Bau in ganz Frankreich und ein ganz wunderbarer Anblick: Innen führen ein himmelhohes Kirchenschiff und grazile Säulen zum aufwendig verzierten Grab des St-Sernin, das dort unter einem prachtvollen Himmel prunkt. Die Basilika war einst eine wichtige Pilgerstation auf dem Jakobsweg.

Cité de l'Espace LUFT- & RAUMFAHRTSMUSEUM
(www.cite-espace.com; av. Jean Gonord; Erw./Kind 22/15,50 €; ☉9.30–19 Uhr, Jan. geschl.) Bereits seit dem Zweiten Weltkrieg gilt Toulouse als erste Adresse in Sachen Luftfahrt. Später starteten hier die ersten Postflieger nach Nordwest-Afrika und Südamerika; auch Antoine de St-Exupéry, Frankreichs heiß geliebter fliegender Dichter und Erfinder des *Kleinen Prinzen*, übernachtete zwischen Flugaufträgen oft in Toulouse. Nach dem Zweiten Weltkrieg wurde Toulouse zur Drehscheibe für Frankreichs wachsende Luft- und Raumfahrt-Industrie. In den letzten 50 Jahren wurden hier viele wichtige Flugzeugtypen entwickelt, darunter die Concorde und der 555-sitzige Airbus A380. Viele Komponenten für führende Raumfahrt-Programme in aller Welt stammen ebenfalls aus Toulouse.

Die Cité de l'Espace liegt am östlichen Stadtrand, wo sie mit vielen interaktiven Exponaten zeigt, wie Toulouse nach den Sternen greift. Dazu gehören Spaceshuttle-Simulatoren, 3D-Kinos, ein lebensgroßes Modell der Raumstation MIR und eine 53 m hohe Kopie der Ariane-Rakete. Französischsprachige **Führungen** (Erw./Kind 4,90/3,90 €) werden den ganzen Tag über angeboten; es gibt aber auch mehrsprachige **Audioguides** (4,90/3,90 €). Am besten mit der Buslinie 15 von der Allée Jean Jaurès bis zur Endstation fahren und von dort aus noch 500 m zu Fuß gehen.

Ensemble Conventuel des Jacobins
MUSEUM
(www.jacobins.mairie-toulouse.fr, auf Frz.; rue Lakanal; ☉9–19 Uhr) Den Mittelpunkt dieses großartigen Klosterkomplexes bildet die **Église des Jacobins**. Das ungewöhnliche gotische Bauwerk, bei Tag durch die riesigen Buntglasfenster in vielfarbiges Licht getaucht, scheint der Schwerkraft zu widerstehen. Aus der Mitte des Kirchenschiffs wachsen in einer einzigen Reihe sieben 22 m hohe Säulen wie Palmen ins Gewölbe.

Die Kirche wurde im 19. Jh. als Artilleriekaserne genutzt und ist die Mutterkirche der Dominikanermönche. Sie wurde

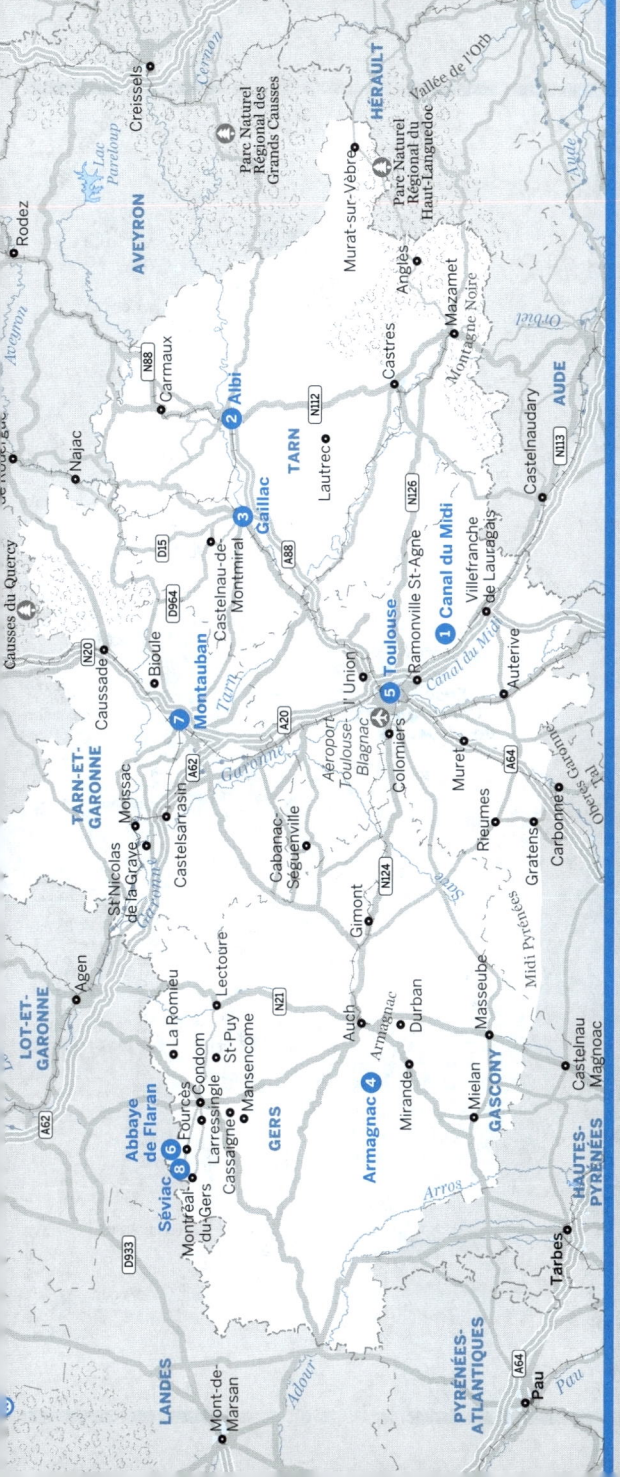

LANDES

Mont-de-Marsan

PYRÉNÉES-ATLANTIQUES

Pau

Tarbes

HAUTES-PYRÉNÉES

Castelnau Magnoac

LOT-ET-GARONNE

Agen

Abbaye de Flaran ❻

Séviac ❽❻
Montréal-du-Gers

Fourcès
Condom
La Romieu
Larressingle
Cassaigne
Mansencome
Lectoure

St-Puy

GERS

Auch
Armagnac ❹
Durban
Mirande

Mielan

Masseube

GASCONY

Midi Pyrénées

Gimont

Arros

Adour

Pau

Causses du Quercy

Najac

AVEYRON

Rodez

Lac Pareloup

Creissels

Parc Naturel Régional des Grands Causses

Carmaux

Albi ❷

TARN

Gaillac ❸

Lautrec

Castelnau-de-Montmiral

Castres

Mazamet

Anglès

Murat-sur-Vèbre

HÉRAULT

Vallée de l'Orb

Parc Naturel Régional du Haut-Languedoc

Montagne Noire

TARN-ET-GARONNE

Montauban ❼

Caussade

Bioule

St-Nicolas de-la-Grave

Moissac

Castelsarrasin

Cabanac-Seguenville

Montech

Aéroport Toulouse-Blagnac

Colomiers

Muret

Rieumes

Gratens

Carbonne

Toulouse ❺

L'Union

Ramonville St-Agne

Canal du Midi ❶

Villefranche de Lauragais

Auterive

Castelnaudary

AUDE

Canal du Midi

Garonne

Tarn

Tarn

Aveyron

Highlights

❶ Eine gemächliche Bootsfahrt auf dem historischen **Canal du Midi** (s. Kasten S. 755)

❷ Plakate, Kunstdrucke und Portraits in Albis **Toulouse-Lautrec-Museum** (S. 760) bewundern

❸ Rund um das Weinstädtchen **Gaillac** die Winzer abklappern (s. Kasten S. 764)

❹ **Armagnac** (S. 769) direkt vom Fass probieren

❺ In den lebhaften **Markthallen** von Toulouse die Vorräte auffüllen (S. 757)

❻ Seelenheil suchen in der **Abbaye de Flaran** (S. 770), einer der schönsten Abteien in Südwest-Frankreich

❼ Die typische *bastide*-Stadt **Montauban** besuchen (S. 763)

❽ In Séviac bei Montréal-du-Gers die Mosaike der **römischen Villa** (S. 770) bestaunen

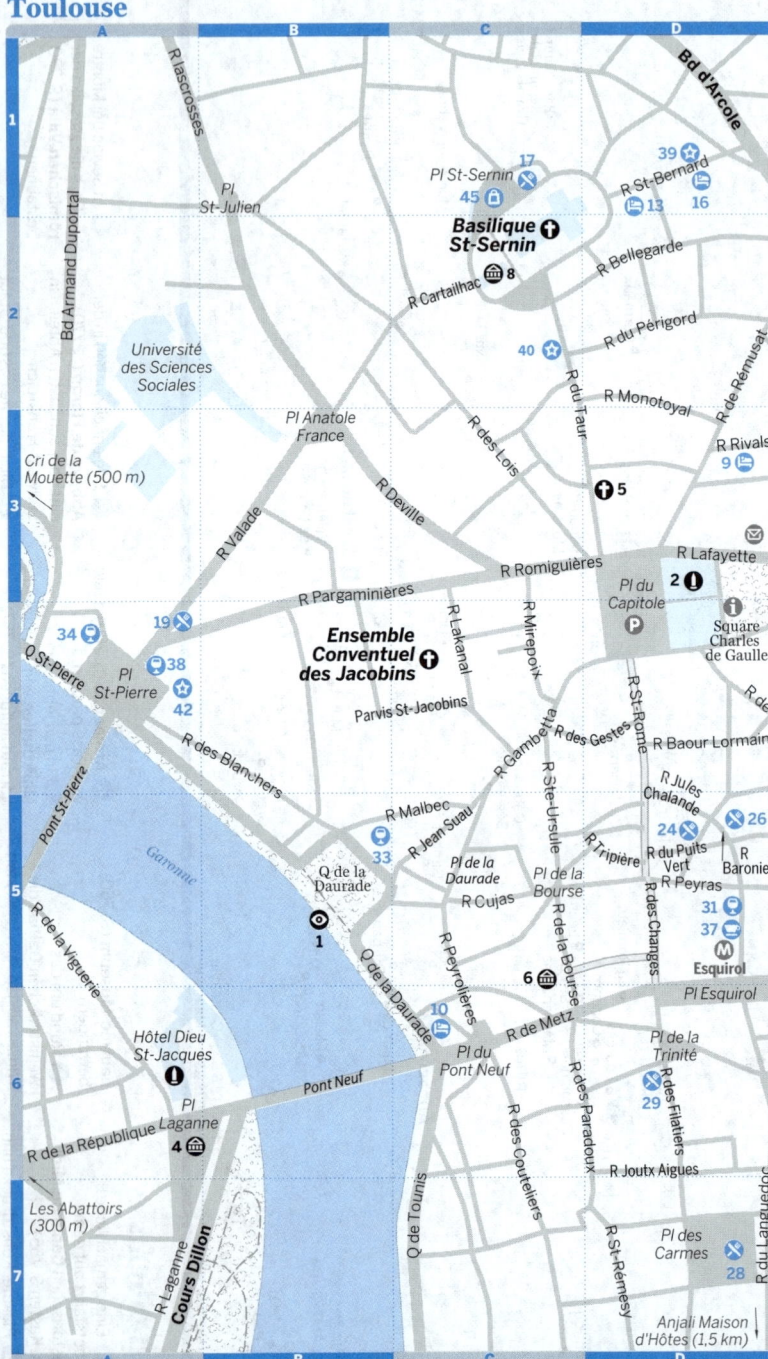

A **B** **C** **D**

1

Bd d'Arcole

R Iascrosses

Pl St-Julien

Pl St-Sernin

17
45 **39**
R St-Bernard
13 **16**

Basilique St-Sernin

R Bellegarde

R Cartailhac **8**

2

Université des Sciences Sociales

Pl Anatole France

40

R du Périgord

R du Taur

R Monotoyal

R de Rémusat

R des Lois

R Rivals
9

Cri de la Mouette (500 m)

R Deville

5

R Valade

R Romiguières

R Lafayette

3

R Pargaminières

Pl du Capitole

2

Square Charles de Gaulle

34

19

38
Pl St-Pierre
42

Ensemble Conventuel des Jacobins

R Lakanal

R Mirepoix

R St-Rome

R de

4

Q St-Pierre

R des Blanchers

Parvis St-Jacobins

R Garnbetta R des Gestes

R Baour Lormain

R Jules Chalande

24 **26**

R du Puits Vert
R Baronie
R Peyras

Pont St-Pierre

R Malbec

R Jean Suau

33

Pl de la Daurade

R Ste-Ursule

R Tripière

31

37

Esquirol

Garonne

Q de la Daurade

R Cujas

Pl de la Bourse

R des Changes

5

R de la Viguerie

1

Q de la Daurade

R Peyrolières

R de la Bourse

6

Pl Esquirol

10

R de Metz

Pl de la Trinité

29

R des Filatiers

Hôtel Dieu St-Jacques

Pl Laganne

Pont Neuf

Pl du Pont Neuf

R des Paradoux

R des Couteliers

R Joutx Aigues

R du Languedoc

6

R de la République

4

Les Abattoirs (300 m)

Q de Tounis

R St-Rémésy

Pl des Carmes

28

7

R Lagarne

Cours Dillon

Anjali Maison d'Hôtes (1,5 km)

A **B** **C** **D**

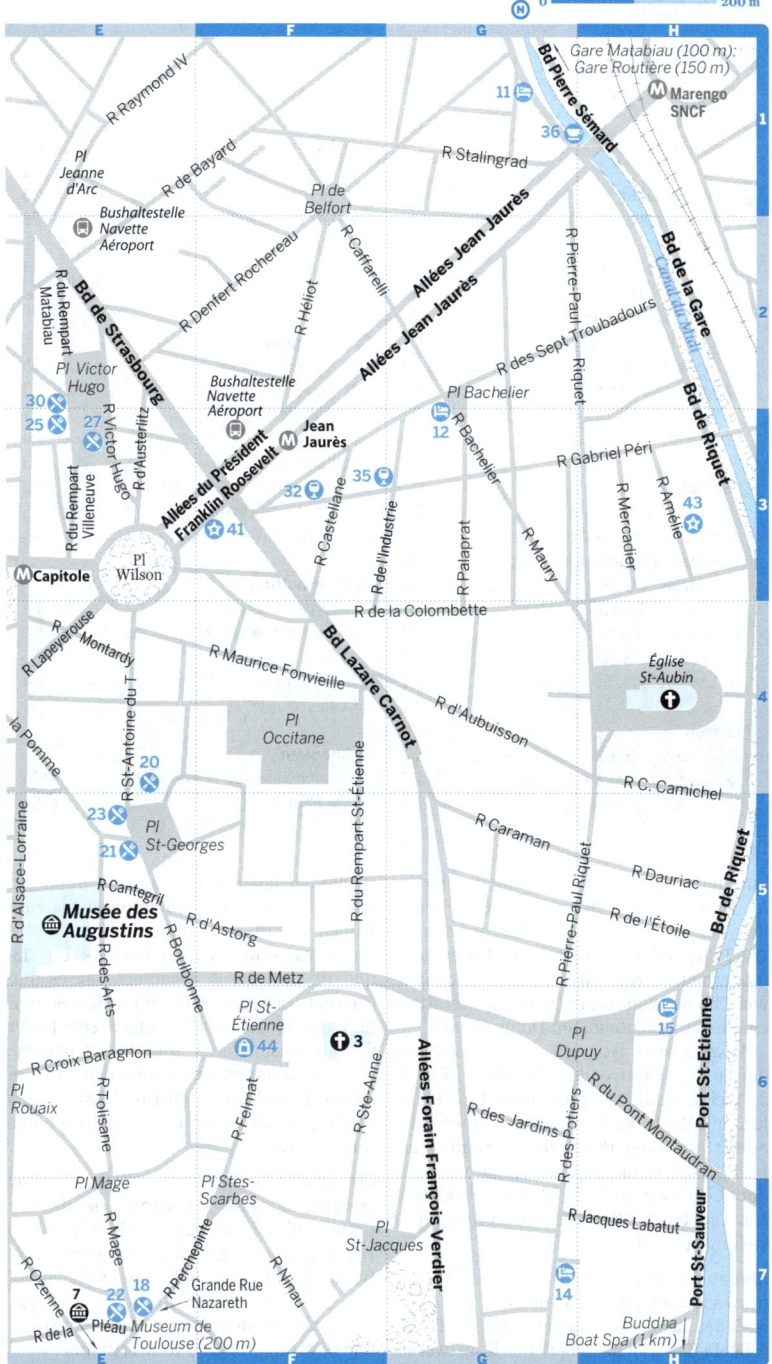

0   200 m

N

R Raymond IV

Pl Jeanne d'Arc

R de Bayard

R Stalingrad

Gare Matabiau (100 m):
Gare Routière (150 m)

Marengo SNCF

11

36

Bd Pierre Sémard

Pl de Belfort

R Caffarelli

R Denfert Rochereau

R Héliot

Allées Jean Jaurès

Allées Jean Jaurès

R Pierre-Paul Riquet

R des Sept Troubadours

Bd de la Gare
Canal du Midi

Bd de Riquet

Bushaltestelle Navette Aéroport

R du Rempart Matabiau

Bd de Strasbourg

Pl Victor Hugo

R Victor Hugo

R d'Austerlitz

R du Rempart Villeneuve

30

25

27

Bushaltestelle Navette Aéroport

Allées du Président Franklin Roosevelt

Jean Jaurès

Pl Bachelier

12

R Bachelier

R Gabriel Péri

R Mercadier

R Amélie

43

32

35

41

R Castellane

R de l'Industrie

R Palaprat

R Maury

M Capitole

Pl Wilson

R de la Colombette

Église St-Aubin

R Lapeyrouse

R Montardy

la Pomme

R St-Antoine du T

R Maurice Fonvieille

Bd Lazare Carnot

R d'Aubuisson

Pl Occitane

R du Rempart St-Étienne

R C. Camichel

20

R Caraman

R Pierre-Paul Riquet

R Dauriac

Bd de Riquet

23

21

Pl St-Georges

R Cantegril

R d'Alsace-Lorraine

Musée des Augustins

R d'Astorg

R de l'Étoile

R des Arts

R Boulbonne

R de Metz

Pl St-Étienne

44

3

15

Port St-Étienne

R Croix Baragnon

Pl Rouaix

R Tolisane

P. Felmat

R Ste-Anne

Allées Forain François Verdier

Pl Dupuy

R du Pont Montaudran

R des Jardins

R des Potiers

Pl Mage

R Mage

Pl Stes-Scarbes

R Perchepinte

Pl St-Jacques

R Jacques Labatut

Port St-Sauveur

R Ninau

R Ozenne

7

22

18

Grande Rue Nazareth

R de la Pléau

Museum de Toulouse (200 m)

14

Buddha Boat Spa (1 km)

Toulouse

kurz nach der Ordensgründung durch den hl. Dominik 1215 erbaut und (einschließlich des 45 m hohen Glockenturms) erst 170 Jahre später fertiggestellt. Unter dem modernen Marmoraltar ist der Leichnam von Thomas von Aquin (1225–74) bestattet, einem der bedeutendsten Dominikaner.

Faszinierend ist auch ein Spaziergang durch den **Cloître des Jacobins** (Eintritt 3 €), eine meditativ anmutende Klosteranlage mit Buchsbaumhecken und einer Bühne für die Klavierkonzerte im September. Im Speisesaal aus dem 14. Jh. namens **Les Jacobins** (☎05 61 22 23 82; 69 rue Pargaminières; Eintritt frei; ⏱9–19 Uhr) finden Kunstausstellungen statt.

Musée des Augustins KUNSTMUSEUM
(www.augustins.org; 21 rue de Metz; Erw./Kind 3 €/frei, temporäre Ausstellungen 6 €/frei; ⏱Do–Di 10–18, Mi 10–21 Uhr) Die Kunstwerke

in diesem fabelhaften Museum umfassen die Zeitspanne von den Römern bis zum frühen 20. Jh. Die Highlights finden sich unter den französischen Werken: Das 18. und 19. sind durch Delacroix, Ingres und Courbet vertreten, während in der Sammlung des 20. Jhs. einige erstklassige Bilder von Toulouse-Lautrec und Monet hängen. Die Ausstellungsräume befinden sich in einem ehemaligen Augustinerkloster; auch die beiden Gärten im Kreuzgang sind eine Augenweide.

Les Abattoirs KUNSTMUSEUM
(www.lesabattoirs.org; 76 allée Charles de Fitte; Eintritt 3–10 €; ⏱Sa & So 11–19, Mi–Fr 10–18 Uhr) Wie der Name schon sagt, war dieses rote Backsteinhaus einst der größte Schlachthof der Stadt. Inzwischen wurde es wiedergeboren als Ausstellungsraum der künstlerischen Avantgarde und Konzertbühne.

Hôtel d'Assézat

MUSEUM

(www.fondation-bemberg.fr; place d'Assézat; ☺Di–So 10–12.30 & 13.30–18, Do 13.30–21 Uhr) In Toulouse stehen mehr als 50 *hôtels particuliers* – Privatvillen, die im 16. und 17. Jh. für Vertreter ihres Geld- bzw. blaublütigen Adels gebaut wurden. Eines der schönsten ist das Hôtel d'Assézat. Es wurde 1555 für einen Färberwaidhändler erbaut und beherbergt heute die **Fondation Bemberg**, bekannt für ihre ausgezeichnete Sammlung von Malerei, Plastiken und Kunstobjekten. Im ersten Stock ist hauptsächlich Renaissancekunst zu sehen, das Obergeschoss widmet sich dem Impressionismus, Pointilismus und anderen Bewegungen des 20. Jhs. Führungen beginnen täglich um 15.30 Uhr.

Château d'Eau

GALERIE

(www.galeriechateaudeau.org; 1 place Laganne; Erw./Kind 2.50 €/frei; ☺Di–So 13–19 Uhr) Fotoausstellungen in einem Wasserturm aus dem 19. Jh.

Musée St-Raymond

MUSEUM

(www.saintraymond.toulouse.fr, auf Frz.; place St-Sernin; Erw./Kind 3/1,50 €; ☺10–19 Uhr) Im städtischen Archäologiemuseum sind römische Statuen, christliche Sarkophage und keltischer Halsschmuck ausgestellt.

Musée Paul Dupuy

MUSEUM

(13 rue de la Pléau; Erw./Kind 3 €/frei; ☺Mi–Mo 10–18 Uhr) In diesem Museum für dekorative Kunst gibt's alles von der Ritterrüstung bis zu seltenen Uhren.

753

Museum de Toulouse

MUSEUM

(www.museum.toulouse.fr, auf Frz.; 35 allée Jules-Guesde; Erw./Kind 7/5 €; ☺10–18 Uhr) Im Naturkundemuseum spielen Dinosaurierskelette, Fossilien und Riesenreptilien die Hauptrolle.

Cathédrale de St-Étienne

KATHEDRALE

(Kathedrale des hl. Stephanus; place St-Étienne; ☺ Mo–Sa 8–19, So 9–19 Uhr) Die Kathedrale von Toulouse stammt hauptsächlich aus dem 12. und 13. Jh. und lohnt sich allein schon wegen der herrlichen Fensterrosette.

Église Notre-Dame du Taur

KIRCHE

(12 rue du Taur; ☺Mo–Fr 2–19, Sa & So 9–13 Uhr) Wie die Basilique St-Sernin ist auch diese Kirche dem Schutzpatron geweiht, der angeblich genau hier zum Märtyrer wurde.

🏃 Aktivitäten

Bootsfahrten

BOOTSFAHRTEN

Da Toulouse am Flussufer liegt, ist eine Bootsfahrt natürlich Pflicht. Von März bis November betreiben mehrere Gesellschaf-

---

TOULOUSE IN ...

... zwei Tagen

Toulouse-Besucher beginnen ihren Aufenthalt am besten mit einem Spaziergang durch das **Vieux Quartier**. Dabei bieten sich zwischendurch Besuche der **Basilique St-Sernin**, des **Ensemble Conventuel des Jacobins** und bei ein paar **hôtels particuliers** an. Zum Mittagessen stehen **Au Jardins des Thés** oder die Restaurants über den **Halles Victor Hugo** zur Auswahl, dann geht's frisch gestärkt in die städtische Institution für moderne Kunst, **Les Abbatoirs**. Danach rundet ein Abendessen im **Chez Navarre** oder **7 place St-Sernin** den Tag schön ab. Schließlich kann man sein müdes Haupt bei **Les Loges de St-Sernin** betten; wer tiefer in den Geldbeutel greifen will, geht zu **Les Bains Douches**.

Tag zwei beginnt auf den **Märkten** der Stadt mit dem Einkauf fürs Picknick. So hat man genug Brennstoff, um in der **Cité de l'Espace** durchzustarten. Oder, entspannter: eine **Bootsfahrt** auf dem Canal du Midi und der Garonne. Danach warten entweder extravagante Gourmetküche bei **Anges et Démons** oder relaxteres Essen im **Au Coin de la Rue**. Wer will, kann sich danach in ein paar Bars an der **Place St-Pierre** noch ein, zwei Gläschen genehmigen.

ten vom Quai de la Daurade landschaftlich schöne Bootsfahrten auf der Garonne. Im Sommer geht's außerdem durch die Schleuse bei St-Pierre auf den Canal du Midi und den Canal de Brienne.

Die Preise beginnen bei 8/5 € pro Erwachsene/Kind für eine einstündige Rundfahrt. Normalerweise ist Buchen überflüssig; Fahrkarten sind bis zehn Minuten vor der Abfahrt auf dem Schiff erhältlich. Zur Auswahl stehen **Les Bateaux Toulousains** (🖉05 61 80 22 26; www.bateaux-toulousains.com), **L'Occitania** (🖉05 61 63 06 06; www.loccitania.fr, auf Frz.), wo es auch Fahrten mit Abendessen gibt, und **Toulouse Croisières** (🖉05 61 257 257; www.toulouse-croisieres.com, auf Frz.).

👉 Geführte Touren

Die Touristeninformation bietet regelmäßige **Rundgänge** (2 Std.; Erw./Kind 9/7,50 €) zu den historischen Gebäuden der Stadt an. Seltener gibt's noch eine Führung, die verschiedenes behandelt, von den versteckten Gärten der Stadt bis zur Kunst in der Métro. In der Regel sind die Führungen auf Französisch, in der Hochsaison werden sie aber auch auf Englisch angeboten. Einfach in der Touristeninformation nachfragen.

Wer wirklich hinter die Kulissen der Stadt sehen will, geht zum Spezialisten für Stadtrundgänge: Zweimal im Monat star-

---

AIRBUS-FÜHRUNGEN

Etwa 10 km westlich der Stadt steht in Colomiers das riesige Hauptquartier des weltberühmten Luft- und Raumfahrt-Herstellers Airbus. Hier können Führungen der **Jean-Luc-Lagardère-Fabrik** (Erw./Kind 14/11 €) gebucht werden, in der hauptsächlich A380-Flieger gebaut werden. Gegen einen kleinen Aufpreis (Erw./Kind 4,50/3 €) kann man sich noch die Concorde Nr. 1 anschauen, eines der allerersten Produktionsmodelle für das Überschallflugzeug, das zum französischen Wahrzeichen wurde und später als Privatmaschine des Präsidenten diente.

Führungen müssen im Voraus bei **Taxiway** (www.taxiway-resa.fr) gebucht werden. Kameras sind verboten; Teilnehmer müssen einen Reisepass oder anderen Ausweis mit Foto mitbringen.

---

ten die französischsprachigen Führungen von **La Gargouille** (🖉05 34 60 12 75; www.la-gargouille.org, auf Frz.; Erw./Student 6/3 €), jeweils an einer anderen Métrostation.

✨ Festivals & Events

Festival de la Violette   BLUMENFEST
Ein Fest Anfang Februar zu Ehren des Veilchens, der Lieblingsblume von Toulouse.

Le Marathon des Mots   KULTURFESTIVAL
(www.lemarathondesmots.com, auf Frz.) Der „Wortmarathon" im Juni ist ein Festival rund um Sprache und Literatur in allen Formen.

Toulouse d'Été   MUSIKFESTIVAL
Im Juli und August gibt's in der ganzen Stadt Jazz, Klassik und andere Musik.

Piano aux Jacobins   MUSIKFESTIVAL
(www.pianojacobins.com, auf Frz.) Klavierkonzerte im September in der Église des Jacobins.

Jazz sur Son 31   JAZZFESTIVAL
Internationales Jazzfestival im Oktober.

🛏 Schlafen

In Toulouse orientieren sich die Hotels stark an den Bedürfnissen der Geschäftsleute. Die Preise fallen daher erstaunlicherweise am Wochenende sowie im Juli und August. Mit dem Auto anzureisen ist nur begrenzt empfehlenswert; die Parkplatzsuche kann richtig nerven. Die Hotels haben teilweise Privatparkplätze (meist gegen Aufpreis) oder bieten eine Ermäßigung für Parkhäuser in der Umgebung. Ansonsten gibt's nur die teuren Parkplätze an der Straße.

Anjali Maison d'Hôtes
LP TIPP   ZIMMER MIT FRÜHSTÜCK €€
(🖉09 54 22 42 93; www.anjali.fr, auf Frz.; 86 grande rue St-Michel; Zi. 80–125 €; 🕸🚇) In einem Haus aus dem 19. Jh. mit hölzernen Fensterläden und einem ummauerten Garten hat Delphine vier reizende Zimmer eingerichtet, jedes mit eigenem künstlerischem Einschlag. Hampi ist so ruhig-heiter wie die Reise nach Südindien, die seine Einrichtung inspirierte; das familienfreundliche Brédoury hat bootsähnliche Etagenbetten; Tolosa ist für Gäste im Rollstuhl ausgerichtet; und das schwarz-weiße Cinema Paradiso verfügt neben dem Bett über einen eigenen Projektor für Filmvorführungen.

Les Loges de St-Sernin
    ZIMMER MIT FRÜHSTÜCK €€
(🖉05 61 24 44 44; www.dormiratoulouse.net; 12 rue St-Bernard; Zi. 110–125 €; 🕸🚇) Die hüb-

Der Canal du Midi plätschert gemütliche 240 km lang von Toulouse bis zur sonnenverwöhnten südlichen Hafenstadt Sète und ist eine der größten Wasserstraßen in Südfrankreich. Der im 17. Jh. erbaute und seit 1996 als Unesco-Weltkulturerbe anerkannte Kanal verbindet den Étang de Thau im Süden mit der Garonne in Toulouse. Zusammen mit dem Canal de Garonne bildet er einen Teil des Canal des Deux Mers (Kanal der zwei Meere), der hindernisfreie Schifffahrt vom Mittelmeer bis zum Atlantik ermöglicht.

Ursprünglich wurde der Kanal 1666 von Ludwig XIV. in Auftrag gegeben und vom Ingenieur und ehemaligen Landwirt Pierre-Paul Riquet erbaut. Das riesige Bauvorhaben fraß Unsummen und nahm 15 Jahre in Anspruch. Um mit dem schwierigen und wechselnden Terrain sowie der ständigen Gefahr der Überflutung zurechtzukommen, ließ sich Riquet ein kompliziertes System einfallen. Dazu gehörten über 90 Schleusen und 40 Aquädukte sowie zahllose Dämme und Brücken und außerdem der erste unterirdische Kanaltunnel des Landes.

Als der Kanal 1681 endlich als Canal Royal de Languedoc eröffnet wurde, war es Riquet, der dafür den höchsten Preis zahlte: Während des Baus hatte er sich nicht nur finanziell ruiniert, in der Hoffnung, die Unkosten nach der Eröffnung für die Handelsschifffahrt wieder auszugleichen. Auch seine Gesundheit war so schwer angeschlagen, dass er die offizielle Eröffnung nicht mehr erlebte.

Sein Werk wurde jedoch zu einer wichtigen Lebensader der Industrie, bis es schließlich Mitte des 19. Jhs. von der Eisenbahn verdrängt wurde. Heute wird der Kanal hauptsächlich von Ausflugsdampfern genutzt. Hobbykapitäne können auch selbst beim Bootsverleih ein Wasserfahrzeug mieten: einfach bei der Touristeninformation nach den Verleihadressen fragen.

Und schließlich lohnt sich auch eine Fahrt flussaufwärts zum wunderschön gelegenen **Musée Canal du Midi** (www.museecanaldumidi.fr; bd Pierre-Paul Riquet, St-Ferréol; Erw./Kind 4/2 €; ⊙10–19 Uhr), das die Geschichte des Kanals und das Leben von Pierre-Paul Riquet nachzeichnet. Es liegt im Örtchen St-Ferréol, an der D2 und D622 etwa auf halbem Weg zwischen Toulouse und Castres.

scheste *chambre d'hôtes* in der Stadt versteckt sich nur einen Katzensprung von der Basilika entfernt hinter einer eleganten roséfarbenen Fassade. Die Inhaberin Sylviane Tatin hat ihre Zimmer in lebendigen Pink-, Hellgrün- und Buttergelbtönen herausgeputzt. Besonders schön sind die Zimmer St-Sernin (mit Natursteinwänden) und Garonne (mit winzigem Balkon).

Les Bains Douches HOTEL €€€
(☑05 62 72 52 52; www.hotel-bainsdouches.com, auf Frz.; 4 & 4bis rue du Pont Guilhemery; DZ 140–210 €, Suite 280–330 €; ❄) Wer Wert auf Stil legt, ist in diesem supercoolen Haus an der richtigen Adresse. Es stammt komplett vom Reißbrett des Designer-Ehepaars Monsicur und Madame Henriette (er Motorraddesigner, sie Innenarchitektin), das keine Mühe gescheut hat, sein Hotel zur unangefochtenen Designunterkunft der Stadt zu machen: Die glänzenden Chromarmaturen, glatten Oberflächen, hippen Lichtinstallationen und die Salon-Bar müssten sich selbst in den schickeren Pariser Arrondissements nicht verstecken.

Hôtel St-Sernin HOTEL €€
(☑05 61 21 73 08; www.hotelstsernin.com; 2 rue St-Bernard; DZ 111–131 €; ❄) Noch so ein schickes Teil im Schatten der Basilique St-Sernin, herausgeputzt von einem Pariser Paar mit viel Gefühl für Innenarchitektur. Die Einrichtung ist wunderschön (schiefergraue Wände, weißes Bettzeug, pfiffige Farbtupfer), seit Abschluss der Renovierungsarbeiten haben die Preise allerdings scharf angezogen. Wer ein Zimmer mit Blick auf die Basilika will, muss außerdem sehr frühzeitig buchen.

Le Clos des Potiers HOTEL €€
(☑05 61 47 15 15; www.le-clos-des-potiers.com; 12 rue des Potiers; DZ 100–125 €, Suite 150–225 €; ❄) Dieses kleine Juwel versteckt sich in einem *hôtel particulier* nahe der Cathédrale St-Etienne. Es ist immer noch ein Geheimtipp und bleibt es hoffentlich noch lange. In den acht Zimmern und zwei Suiten vereinen sich die Atmosphäre eines maßgeschneiderten Nobel-B&Bs (antike Teppiche, interessante Möbel, Originalkamine) mit dem Komfort und dem flotten Service

eines guten Hotels (eigener Garten, schöne Lounge, Verwöhn-Extras).

Hôtel des Beaux Arts HOTEL €€€

(☎05 34 45 42 42; www.hoteldesbeauxarts.com; 1 place du Pont Neuf; DZ 110–250 €; ▣☎) Das attraktive Traditionshotel sitzt mit schönem Ausblick über der Garonne. Leider liegt es gleichzeitig an einer der meistbefahrenen Pendlerstraßen der Stadt, was durchaus zu Lärmbelästigungen führen kann. Aber innen ist es eine Wohltat: Im Erdgeschoss gibt's eine Lobby mit vielen Büchern, Sesseln und Kunstobjekten. Und nicht zuletzt auch eine hervorragende Brasserie. Oben hat jedes Zimmer eine individuelle Tapete und peppige Dekokissen. Das Frühstück ist mit 14 € eher teuer.

Hôtel La Chartreuse HOTEL €

(☎05 61 62 93 39; www.chartreusehotel.com; 4bis bd de Bonrepos; EZ/DZ/3BZ 41/47/57 €) Bahnhofshotels in französischen Städten sind normalerweise eher leicht angeschmuddelt. Toulouse ist da keine Ausnahme, aber dieser tolle Familienbetrieb hat einen Trumpf im Ärmel: Es ist sauber, freundlich und erstaunlich ruhig. Auch das kleine Frühstückszimmer und die Gartenterrasse sind wirklich süß. Okay – dafür sind die Zimmer etwas muffig und klein. Aber was kann man für den Preis schon erwarten?

Hôtel Albert 1er HOTEL €€

(☎05 61 21 17 91; www.hotel-albert1.com, auf Frz.; 8 rue Rivals; DZ 69–89 €; ▣☎) Die zentrale Lage ist das wichtigste Argument bei dieser Grande Dame eines Hotels, das seit drei Generationen von derselben Familie geführt wird. Die Zimmer sind hell und gemütlich, mit kühlen Cremefarben und bunten Karos, und das Frühstücksbuffet ist so üppig, dass es die 10 € allemal wert ist.

Hôtel St-Claire HOTEL €€

(☎05 34 405 888; www.stclairehotel.fr; 29 place Bachelier; EZ 63–69 €, DZ 69–129 €; ☎) Nicht erschrecken: Die langweilige Fassade dieses kleinen Hotels ist ein krasser Gegensatz zu den gemütlichen Zimmern in sonnigem Gelb und Cremeweiß, aufgepeppt durch eine Prise Feng Shui. Die Wochenendpreise sind besonders verlockend.

✗ Essen

Der Boulevard de Strasbourg, die Place St-Georges und die westliche Seite der Place du Capitole sind eigentlich eine einzige große Caféterrasse, perfekt für ein Mittagessen im Sommer. Allerdings schwankt die Qualität je nach Andrang. Die Rue Pargaminières hingegen ist eher die Adresse für einen nächtlichen Studentenimbiss mit Döner oder Burger.

7 Place St-Sernin REGIONAL €€€

(☎05 62 30 05 30; www.7placesaintsernin.com, auf Frz.; Hauptgerichte 27–31 €) Wenn feine französische Küche gefragt ist, ist dieses höchst kultivierte Restaurant die Topadresse der Stadt. Chefkoch Benoît Cantalloube hat sich unter den führenden Kochtalenten in Toulouse einen Namen gemacht mit Kreationen, die hauptsächlich auf südwestfranzösischen Zutaten basieren: Jakobsmuscheln, Charolais-Rind, Quercy-Lamm und Tarbais-Bohnen. Das Ambiente einer umgebauten Kirche mit Blick auf die Basilika rundet das Erlebnis für die Sinne ab. Reservierung empfehlenswert.

Chez Navarre GASKOGNISCH €€

(☎05 62 26 43 06; 49 grande rue Nazareth; Mittags-/Abendmenü 13/20 €; ⊘Mo–Fr) Lust auf ein Essen unter Franzosen? Dann ist diese wunderbare *table d'hôtes* mit einfacher gaskognischer Küche, knarzendem Gebälk und

---

GANZ GECHILLT AUF DEM KANAL

Sonnenstich in Toulouse? Keine Bange, der Canal du Midi ist das ideale Gegenmittel. Ein paar entspannende Vorschläge zum Chillen auf dem Wasser …

Buddha Boat Spa (☎05 61 55 54 87; www.buddhaboat-spa.com; bd Montplaisir; ⊘Mo–Fr 11–20, Sa 10–20, So 12–18 Uhr) Zum luxuriösen Angebot dieses topmodernen Wellnessdampfers gehören ein türkisches Bad, eine Sauna und ein Sonnendeck. Der perfekte Fluchtpunkt für gestresste Städter.

La Terrasse aux Violettes (☎05 61 99 01 30; www.lamaisondelaviolette.fr; Kuchen 3–8 €; ⊘Mo–Sa 14–18.30 Uhr) Gegenüber vom Bahnhof liegt dieser schnuckelige Kahn und serviert leckere Kuchen, Nachmittagstee und Eis mit Veilchenaroma (schließlich sind wir in Toulouse).

kerzenbeschienenen Gemeinschaftstischen genau richtig. Meist gibt's nur ein Hauptgericht sowie eine Suppe und eine Terrine. Aber die ungezwungene Atmosphäre und unprätentiöse Küche haben noch jeden herumgekriegt.

Au Jardin des Thés
CAFÉ €€

(16 place St-Georges; Menü 12,50–15,50 €) Der erste Blick auf die voll besetzte Terrasse verrät es bereits: Die Einheimischen lieben diesen Laden. Salate, *tartes salées* (herzhafte Tartes) und andere leckere Mittagssnacks ziehen die Leute aus den Büros in der Gegend an. Aber der schattige Ort über einem der schönsten Plätze der Stadt ist auch perfekt für einen Nachmittagstee.

Les Halles Victor Hugo
BISTRO €

(place Victor Hugo; Menü 10–20 €; ⊙Di–So Mittag) Wer es mal typisch französisch haben will, schließt sich der Kundenschar an, die in die winzigen Restaurants im 1. Stock des Lebensmittelmarkts Victor Hugo strömt. Sie sind nur mittags geöffnet und das Essen ist einfach und schnörkellos, aber die Lokale haben Charakter und die Menüs sind ein Schnäppchen.

Faim des Haricots
CAFÉ €

(www.lafaimdesharicots.fr; 3 rue du Puits Vert; ⊙Mo–Sa; 🖋) Tolle Idee: Hier ist alles 100 % vegetarische Vollwertkost und *à volonté* (*all you can eat*). Fünf Gänge stehen zur Auswahl, darunter üblicherweise eine herzhafte *tarte*, ein Salat, ein paar warme Gerichte und ein Nachtisch. Für 15,50 € bekommt man alle fünf inklusive einer Karaffe Wein.

Anges et Démons
KONZEPTKÜCHE €€

(☏05 61 52 66 69; www.restaurant-angeset demons.com, auf Frz.; 1 rue Perchepinte; Menü 37–54 €; ⊙Di–Sa Abend) Ein ganz heißer Tipp: Hier wird Essen zur Kunstform. Das Ambiente ist trendig gestaltet mit gedämpftem Licht, Backsteinwänden und minimalistischem Mobiliar (wobei hier und da ein Engelchen als Kontrapunkt dient). Die Speisekarte nimmt die Gäste mit auf eine Reise zu Zwischenstopps bei extravaganten Zutaten wie gelben Pfifferlingen und Minispargel mit Kaninchen und Kalbsleber. Ganz ausgezeichnet!

Au Coin de la Rue
BISTRO €€

(2 rue Pargaminières; Menü 19–22 €) Dieses Eckbistro ist eine verlässliche Adresse für einfaches, unprätentiöses Essen, gewürzt mit dem üblichen französischen Flair. Die hübsche Inneneinrichtung besteht aus blin-

kendem Kronleuchter und winzigen Tischchen; draußen auf dem Gehsteig ist Platz für ein paar Tische im Freien, an denen das Stadtleben vorbeizieht.

Emile
FRANZÖSISCH €€€

(www.restaurant-emile.com; place St-Georges; Hauptgerichte 26–31 €, Menü 36–55 €; ⊙Di–Sa) Diese ganz alte Adresse für die gute alte Schule des französischen Essens gibt's schon seit den 1940er-Jahren und sie steht immer noch regelmäßig in den besten Gourmetführern. Insbesondere das *cassoulet* ist bekannt als das beste in Toulouse.

Selbstversorger

Toulouse hat zwei phantastische Lebensmittelmärkte: **Les Halles Victor Hugo** (place Victor Hugo; ⊙Di–So 7–13 Uhr) und den **Marché des Carmes** (place des Carmes; ⊙Di–So 7–13 Uhr). Daneben gibt's noch jede Menge faszinierender Delikatessenläden und Gourmetspezialisten. Hier ein paar unserer Lieblingsadressen:

Boulangerie St-Georges
BÄCKEREI €

(6 place St-Georges; ⊙Mo–Sa 9–17 Uhr) Toller Sandwichladen. Im *formule déjeuner* für 7,50 € sind Sandwich, Getränk und Nachtisch enthalten.

Papillotes et Berlingots
SÜSSWARENLADEN €

(www.papillotes-berlingots.fr, auf Frz.; 49 rue des Filatiers; ⊙Mo 12–19, Di–Sa 10–14 & 15–19 Uhr) Süßmäuler finden in diesem altmodischen Süßwarenladen den siebten Himmel. Die typischen Toulouser Schokoladen und Süßigkeiten mit Veilchenaroma sollte keiner verpassen!

Le Fournil de Victor Hugo
BÄCKEREI €

(place Victor Hugo; ⊙Mo–Sa 10–5 Uhr) Selbst gebackenes Brot und frisch belegte Sandwiches.

Le Paradis Gourmand
FEINKOST €

(65 rue des Tourneurs; ⊙Mo–Sa 10–12 & 14–19 Uhr) Kekse, Süßigkeiten und andere Leckereien.

Xavier
KÄSELADEN €

(place Victor Hugo; ⊙9.30–13.15 & 14.30–19.15 Uhr, Mo geschl.) Der beste Käseladen der Stadt.

🍷 Ausgehen

Fast jeder Platz im Vieux Quartier hat mindestens ein Café, in dem Tag und Nacht was los ist. Zu den übrigen Amüsiermeilen zählen die Rue Castellane und die Rue Gabriel Péri sowie in Flussnähe die Place St-Pierre.

Au Père Louis BAR
(45 rue des Tourneurs; ⊙Mo–Sa 8.30–15 & 17–22.30 Uhr) Diese wunderschöne Straßenbar löscht den Durst der Stadt seit 1889. Das ganze Lokal ist voller interessanter Details, aber auch die Wein- und Bierauswahl kann sich sehen lassen. Ebenfalls sehr schön für einen Nachmittagstee.

Le Bar Basque BAR
(7 place St-Pierre; ⊙Mo–Fr 11–2, Sa 13–5, So 13–2 Uhr) Lebhafte Sportbar mit riesiger Außenterrasse, auf der sich scheinbar halb Toulouse versammelt, wenn ein Rugbyspiel läuft.

L'Autre Salon de Thé CAFÉ
(☑05 61 22 11 63; 45 rue des Tourneurs; Mittagsmenü 12–14 €, So Brunch 17 €; ⊙12–19 Uhr) Diese niedliche, altmodische Teestube, die sich in die älteste Bar in Toulouse, **Au Père Louis**, gequetscht hat, ist der perfekte Ort für ein Mittagessen mit *tarte* und Salat oder ein Tässchen Tee aus Omas Blümchenteekanne. Der Kuchen ist besonders unwiderstehlich.

Bodega Bodega BAR
(1 rue Gabriel Péri; Tapas 4,50–10 €; ⊙19–2 Uhr) Fiesta pur in einem historischen Gebäude, in dem einst das Finanzamt zu Hause war. Am Wochenende gibt's Livemusik und die Tapas sind erstklassig.

Café des Artistes CAFÉ
(13 place de la Daurade; ⊙11–14 Uhr) Alles, was sich in dieser Stadt für künstlerisch angehaucht hält, versammelt sich in diesem Café, um mit Blick auf die Garonne einen Cappuccino oder Aperitif zu schlürfen.

La Couleur de la Culotte CLUB
(14 place St-Pierre; ⊙9–14 Uhr) Flippiger Café-Club in knalligen Pink-, Orange- und Blautönen, mit viel Backstein an der Wand und Retro in der Ausstattung. Tagsüber gibt's Kaffee und leichte Snacks, abends serviert der DJ Elektro- und Ambience-Klänge.

La Maison BAR
(☑05 61 62 87 22; 9 rue Gabriel Péri; ⊙17–2 Uhr) „Das Haus" ist für Studenten und trendige Typen ein hipper Treffpunkt mit Schmuddelschick. Das alte Stadthaus ist gemütlich eingerichtet mit vielen abgewetzten Sofas und Stühlen vom Trödelmarkt, während die Bar hauseigene Cocktails und importierte Biersorten ausschenkt.

Opus Café CLUB
(24 rue Bachelier; ⊙23–6 Uhr) Hier treffen sich Clubber zum typisch französischen *l'after*

und schwingen das Tanzbein bis zum Morgengrauen.

☆ Unterhaltung

Kinos
Die besten Kinos für alle, die Filme lieber in der *v. o.* (*version originale*, d. h. in der Originalfassung) sehen, sind die filmverliebten Kinos im **Cinéma ABC** (www.abc-toulouse.fr, auf Frz.; 13 rue St-Bernard) und die auf Kunstfilme spezialisierte **Cinémathèque de Toulouse** (www.lacinemathequedetoulouse.com, auf Frz.; 69 rue du Taur).

Livemusik
Toulouse hat eine quicklebendige Musik- und Clubszene. Die nächsten Events stehen in einem kostenlosen Veranstaltungsführer – erhältlich in der *billetterie spectacles* (Kartenvorverkaufsstelle) und bei der **Fnac** (16 allée Franklin Roosevelt) – oder im Internet unter http://toulouse.sortir.eu.

Le Cri de la Mouette MUSIK, CLUB
(www.lecridelamouette.com, auf Frz.; 78 allée de Barcelone) Club-Bar und Konzertbühne auf einem umgebauten Kanalkahn.

Le Bikini ROCK
(www.lebikini.com, auf Frz.; rue Hermès, Ramonville St-Agne) Legendärer Musikclub, der inzwischen seit fast einem Vierteljahrhundert rockt. Liegt am Ende der Métrolinie B (Haltestelle Ramonville).

Le Saint des Seins JAZZ, LIVEMUSIK
(www.lesaintdesseins.com, auf Frz.; 5 place St-Pierre) Hipper Club mit regelmäßigen Jamsessions und Konzerten in einem Eckhaus der Place St-Pierre.

Le Zénith CONCERTS
(11 av. Raymond Badiou) Die große Stadionbühne der Stadt. In der Nähe der Métrohaltestellen Arènes und Patte d'Oie.

Rest'ô Jazz JAZZ
(www.restojazz.com, Frz.; 8 rue Amélie; ⊙So geschl.) Düster, stimmungsvoll und jazzig.

🛍 Shoppen

Die Mainstream-Ladenketten konzentrieren sich um die Rue du Taur, Rue d'Alsace-Lorraine, Rue de la Pomme, Rue des Arts und Umgebung. Boutiquen sind hingegen rund um die Place St-Georges angesiedelt.

Märkte gibt's auch für jeden Geschmack: einen **Markt für alles Mögliche** (place du Capitole; ⊙Mi), einen **Flohmarkt** (place St-Sernin; ⊙Sa & So) und einen antiquarischen **Buchmarkt** (place St-Étienne; ⊙Sa).

Praktische Informationen

Laverie des Lois (19 rue des Lois; http://laveriedeslois.spaces.live.com; 4 €/Std.; ⊙Internetcafé 9.30–21 Uhr, Waschsalon 8–21 Uhr) Surfen, bis die Socken sauber sind.

Le Ch@t de la Voisine (25 rue des Sept Troubadours; 2 €/Std; ⊙10–24 Uhr) Internetzugang.

Touristeninformation (🖰05 61 11 02 22; www.toulouse-tourisme.com; square Charles de Gaulle; ⊙9–19 Uhr) Außerhalb des Sommers kürzere Öffnungszeiten.

An- & Weiterreise

BUS Wie immer in Frankreich geht's mit dem Zug deutlich einfacher. Die zahlreichen Busunternehmen orientieren sich hauptsächlich an den Bedürfnissen der Schulen. Alle Linien- und Reisebusse halten an der **Gare Routière** (Busbahnhof; bd Pierre Sémard).

FLUGZEUG Flughafen Toulouse-Blagnac (www.toulouse.aeroport.fr/en) Der Hauptflughafen von Toulouse liegt 8 km nordwestlich der Stadtmitte. Paris und andere französische Großstädte werden regelmäßig angeflogen, aber auch die größeren Flughäfen in Deutschland (Berlin, Frankfurt, Hamburg, München, Bremen und Düsseldorf), Großbritannien (London Gatwick und Stansted, Bristol, Leeds, Birmingham, Newcastle und Manchester), Spanien (Barcelona, Madrid, Sevilla und Malaga) und Italien (Mailand, Neapel, Rom, Venedig). Der Flughafen wird außerdem von den Billigfliegern Easyjet, BMIBaby, Ryanair und Flybe bedient.

ZUG Fahrkarten gibt's in der Innenstadt bei der **SNCF-Boutique** (5 rue Peyras) oder 1 km nordöstlich der Innenstadt in der **Gare Matabiau** (bd Pierre Sémard), dem Hauptbahnhof von Toulouse. Toulouse wird regelmäßig von schnellen TGVs bedient, die Richtung Westen von Montauban, Agen und Bordeaux (dort wiederum mit Anschluss nach Bayonne und Südwesten sowie nach Paris) und Richtung Osten nach Carcassonne, Narbonne, Montpellier und weiterfahren. Die meisten kleineren Orte werden von den langsameren Corail-Zügen angefahren.

Ziele:

Albi 12,00 €, 1 Std.

Auch 13,60 €, 1½ Std.

Bayonne 39,90 €, 3¼ Std.

Bordeaux 36,90 €, 2 Std.

Carcassonne 12 €, 2 Std.

Castres 13,40 €, 1¼ Std.

Lourdes 25,10 €, 1¾ Std.

Montauban 8,50 €, 30 Min.

Pau 29,00 €, 2¼ Std.

Unterwegs vor Ort

Bus & Métro

Das städtische Busnetz, wie auch die beiden Métrolinien werden von **Tisséo** (www.tisseo.fr, auf Frz.) betrieben. Tisséo unterhält auf der Place Jeanne d'Arc und dem Cours Dillon Fahrkartenkioske. Der Fahrpreis für Busse und Métros beträgt einfach/hin & zurück 1,40/2,50 €, eine Zehnerkarte kostet 11,70 €, ein 1-/2-Tageskarte 4,20/7 €.

Die meisten Busse fahren täglich bis mindestens 20 Uhr, die Nachtbusse zwischen 22 Uhr und Mitternacht.

Fahrrad

Der städtische Fahrradverleih **Vélô Toulouse** (www.velo.toulouse.fr, auf Frz.) hat in der ganzen Stadt etwa alle 300 m Abhol- und Abgabestationen. Der Verleih kostet pro Tag/Woche 1/5 € und 150 € Kreditkartenpfand. Für die Automaten braucht man einen Chip und eine Pinkarte.

Weniger Sportliche können auch die anderen arbeiten lassen und ein Fahrradtaxi mieten. **Cycloville** (www.cycloville.com, auf Frz.; ⊙11–19 Uhr Mo–Sa) hat Taxistände an der Place Esquirol, der Place Jeanne d'Arc und der Allée Jean-Jaurès. Die Fahrt kostet pro Person und Kilometer 1 € bei einer Mindestgebühr von 1 €.

Vom/Zum Flughafen

Die **Navette Aéroport Flybus** (Shuttlebus zum Flughafen; 🖰05 61 41 70 70; www.tisseo.fr, auf Frz.) verbindet den Flughafen mit der Stadt (einfach 5 €, alle 20 Min., aus der Stadt 5–20.20 Uhr, vom Flughafen 7.35–24 Uhr). Abfahrt vor dem Busbahnhof, vor der Métrostation Jean Jaurès oder an der Place Jeanne d'Arc. Die Fahrt dauert je nach Verkehrsaufkommen 20 bis 40 Minuten.

Ein **Taxi** (🖰05 61 30 02 54) in die Stadt oder hinaus kostet 25 bis 35 € und wird über eine Taxizentrale bestellt.

Albi

48 600 EW.

Aus dem Zentrum von Albi wächst eines der imposantesten Bauwerke in ganz Südwest-Frankreich empor: die riesige gotische Cathédrale Ste-Cécile. Die hoch aufragenden Mauern haben mehr mit einer Festung gemein und tatsächlich wurden sie auch als Asyl gebaut in einer Stadt, die im gesamten Mittelalter von religiösen Unruhen geplagt war.

Neben der Kathedrale ist Albi hauptsächlich bekannt als Geburtsort eines der beliebtesten Maler in Frankreich. Henri de Toulouse-Lautrec, dessen künstlerische

Abenteuer ihn an der Wende zum 20. Jh. in die Pariser Bars und Bordelle führten, ist das phantastische Musée Toulouse-Lautrec gewidmet.

◉ Sehenswertes & Aktivitäten

Cathédrale Ste-Cécile   KATHEDRALE
(place Ste-Cécile; ⊘9–18.30 Uhr) Die Arbeiten an der mächtigen Cathédrale Ste-Cécile im Herzen von Albi begannen bereits 1282, wurden aber erst über 100 Jahre später abgeschlossen. Schön ist sie nicht gerade – aber in ihrer Monumentalität über der Stadt haut sie einen um: eher wie ein Tolkien'scher Turm eines finsteren Herrschers denn ein Hort christlicher Anbetung.

Der Kontrast zwischen dem abweisenden Äußeren und dem Inneren ist jedoch überwältigend. Keine Fläche entging den italienischen Künstlern, die im 16. Jh. Kapelle für Kapelle das gesamte Kirchenschiff bemalten. Aufwendig geschnitzte, filigrane Chorschranken umgeben den Altarraum,

allerdings wurden viele Statuen während der Revolution zerschmettert. Die Buntglasfenster in der Apsis und im Chor stammen aus dem 14. bis 16. Jh.

Am **Grand Chœur** (Großer Chor; Erw./Kind 2 €/frei) mit seinen Fresken, Kapellen und 30 bunten biblischen Steinfiguren sollte wirklich niemand vorbeigehen.

Ein weiteres Highlight ist hinter dem heutigen Hauptaltar an der Westseite: *Le Jugement dernier* (Das Jüngste Gericht; 1490), eine lebhafte Horrorshow der Verdammten, die in Öl kochen oder von Dämonen und Monstern geköpft oder gefoltert werden.

Im Juli und August finden mittwochs um 17 Uhr und sonntags um 16 Uhr Orgelkonzerte statt.

Musée Toulouse-Lautrec   MUSEUM
(www.museetoulouselautrec.net, auf Frz.; place Ste-Cécile; Erw./Student 5/2,50 €; ⊘9–18 Uhr, Okt.–März Di geschl.) Das Palais de la Berbie (erbaut im frühen Mittelalter für den Erz-

Albi

Map scale: 0 — 200 m

Labels on map:
- Tarn
- Musée Toulouse-Lautrec
- O Choiseul
- R d'Engueysse
- R Émile Grand
- La Table du Sommelier (170 m); Cordes (20 km)
- R de la République
- Lycée Georges Pompidou
- Pl de l'Archevêché
- Pl de l'Archevêché
- Pl Ste-Cécile
- Pl St-Julien
- R de Rhônel
- R du Castelviel
- Cathédrale St-Cécile
- R A. Malroux
- R Mariès
- R Christian Temple
- R de la Piale
- R Ste-Cécile
- R Henri de Toulouse-Lautrec
- R St-Clair
- Espace Albibus
- R de l'Hôtel de Ville
- Pl du Vigan
- R Séré de Rivières
- R de Verdusse
- R de l'Ort-en-Salvy
- Bd Roger Salengro
- Bd Général Sibille
- R de la Porte Neuve
- Krankenhaus
- Pl Lapérouse
- R Hippolyte Savary
- Av du Général de Gaulle
- R de la Berchère
- Pl Jean Jaurès
- R de Genève
- Halte des Autobus
- Bahnhof (300 m)
- R Timbal

bischof von Albi) ist ein weiteres Wahrzeichen der Stadt aus rotem Backstein. Darin verbirgt sich ein wunderbares Museum mit einem umfassenden Überblick über das Leben und Schaffen des berühmtesten Sohnes von Albi und über 500 Originalen von Toulouse-Lautrec. Die größte Sammlung außerhalb des Musée d'Orsay beleuchtet den Werdegang des Künstlers von seinen impressionistischen Frühwerken bis zu den berühmten Plakaten und Pariser Bordellszenen.

Den Ehrenplatz belegen zwei Versionen des Bildes *Au Salon de la Rue des Moulins*, die nebeneinander hängen, um die feinen Unterschiede in der Technik des Malers zu demonstrieren. Ansonsten hat das Museum noch eine faszinierende Sammlung von Toulouse-Lautrec-Portraits sowie (im Obergeschoss) Werke anderer Künstler seiner Zeit zu bieten, darunter von Degas, Matisse und Rodin.

Nur ein paar Schritte entfernt steht die **Maison Natale de Toulouse-Lautrec** (14 rue Henri de Toulouse-Lautrec), das Geburtshaus des Künstlers, das sich allerdings in Privatbesitz befindet. Nebenan ist die **Maison de Lapérouse** (14 rue Henri de Toulouse-Lautrec), wo der in Albi gebürtige Entdecker Lapérouse lebte, bevor er 1785 den Pazifik befuhr. Gruppen können über die Touristeninformation eine Führung buchen.

Die Altstadt   ARCHITEKTUR
Le Vieil Alby ist ein hübsches Gewirr aus verschlungenen Gassen und Fachwerkhäusern, darunter auch die **Maison du Vieil Alby** (1 rue de la Croix Blanche; ⊘Mo 15–19, Di–Sa 10.30–12.30 & 15–19 Uhr) mit einer kleinen Ausstellung zur Geschichte der Stadt und deren Verbindung zu Toulouse-Lautrec.

Bootsfahrten   RUNDFAHRTEN
Von Juni bis September bietet **Albi Croisières** (www.albi-croisieres.com, auf Frz.) halbstündige **Bootsrundfahrten** (Erw./Kind 6/

ⓘ ERMÄSSIGUNGSKARTE FÜR ALBI

Die **Karte**, in der Touristeninformation für 6,50 € erhältlich, erlaubt freien Eintritt ins Musée Toulouse-Lautrec sowie zum Chor der Kathedrale und gewährt einige andere Ermäßigungen in der Stadt.

4 €; ⊘11, 11.45 & 14–18 Uhr alle 40 Min.) auf einem *gabarre*. Mit solchen Lastkähnen wurden einst Waren auf der Garonne bis nach Bordeaux transportiert. Los geht's vom Bootsanleger Berges du Tarn.

Wem das nicht reicht, für den hat derselbe Anbieter einen **Ganztagesausflug** (einfach/hin & zurück 15/23 €) zwischen dem Dörfchen Aiguelèze in der Nähe von Gaillac und Albi im Programm. Abfahrt ist um 10 Uhr, am Nachmittag gibt's einen gemütlichen Landgang in Albi und um ca. 19 Uhr legt der Dampfer wieder in Aiguelèze an.

✦ Festivals & Events

Carnaval   KARNEVAL
Albi feiert frivolerweise Karneval mit Begeisterung und tonnenweise Konfetti zu Beginn der Fastenzeit.

Voix-là   MUSIKFESTIVAL
Achtung: Wortspiel! Im Mai feiert Voix-là die Vokalmusik in all ihrer Vielfalt.

Pause Guitare   MUSIKFESTIVAL
Im Juli gibt's Gitarrenkonzerte und traditionellen Gesang vor der prächtigen Kulisse der Place Ste-Cécile.

🛏 Schlafen

Hôtel St-Clair   HOTEL €
(📞05 63 54 25 66; www.hotel-albi-saintclair.com; 8 rue St-Clair; EZ 40–48 €, DZ 48–75 €; ❄🛜) Zentraler geht's nicht. Das windschiefe

Albi

TOULOUSE-LAUTREC

Henri de Toulouse-Lautrec (1864–1901), Albis berühmtester Sohn, war bekanntermaßen klein. Als Teenager brach er sich bei Unfällen zweimal beide Beine, was deren Wachstum verkümmern ließ und es ihm unmöglich machte, ohne seine charakteristischen Krücken zu laufen.

Mit Anfang 20 studierte er Malerei in Paris, wo er auf andere Künstler wie van Gogh traf. 1890, auf dem Höhepunkt der Belle Époque, ließ er den Impressionismus hinter sich und beobachtete und zeichnete die schillernde Halbwelt von Paris. Zu seinen Lieblingsobjekten gehörten der Cabaretsänger Aristide Bruant, Cancan-Tänzerinnen vom Moulin Rouge und Prostituierte der Rue des Moulins, deren Bewegung und Ausdruck er mit wenigen Linien einfing.

Mit sicheren, schnellen Strichen zeichnete er auf allem, was ihm in die Finger kam – einem Fetzen Papier oder einer Tischdecke, Pauspapier oder braunem Karton. Auch wurde er zum geschickten und gesuchten Lithografen und Plakatzeichner, bis Alkohol und übermäßige Genusssucht im berauschenden Nachtleben 1901 zu seinem frühzeitigen Tod führten.

Hotel in einem hübschen mittelalterlichen Haus liegt genau in der Stadtmitte. Innen sieht's aus wie im Kaninchenbau: schiefe Böden, dicke Balken, niedrige Decken. Aber alles süß und charmant und an sonnigen Tagen wird das Frühstück auf einer wunderschönen verglasten Terrasse serviert. Für 8 € gibt's sogar einen hauseigenen Parkplatz (allerdings nach einem kleinen Fußmarsch).

Le Vieil Alby   HOTEL €

(📞05 63 54 14 69; www.levieilalby.com; 25 rue Henri de Toulouse-Lautrec; EZ/DZ 44/53 €; ⊗Jan. geschl.) Noch ein großartiges Hotel nach altmodischem französischem Strickmuster. Es liegt am Stadtrand und gehört heute zur Logis-Gruppe. Die Zimmer sind einfach, aber sehr nett, doch der eigentliche Renner ist das hervorragende **Restaurant** mit regionaler Küche.

Les Buis de St-Martin
ZIMMER MIT FRÜHSTÜCK €€

(📞05 63 55 41 23; http://pagesperso-orange.fr/les-buis-de-saint-martin; 11 rue St-Martin, Marssac sur Tarn; DZ 110 €; 🐾) Das göttliche *chambre d'hôtes* in einem Schloss aus dem 19. Jh. steht 10 km außerhalb der Stadt in westlicher Richtung. Nicht gerade der nächste Weg, für alle mit Auto lohnt es sich aber auf jeden Fall. Die beiden Zimmer (Sophie und Julie) sind elegant in weichen Cremetönen eingerichtet; für längere Aufenthalte empfiehlt sich der freistehende *gîte* (Ferienhaus). Frühstück gibt's in der wunderschönen Landküche.

🍴 Essen

In Albi gibt's jede Menge Restaurants etwas unterhalb der Kathedrale an der Rue Toulouse-Lautrec.

Le Lautrec   RESTAURANT €€

(📞05 63 54 86 55; 13–15 rue Henri de Toulouse-Lautrec; Mittagsmenü 15–17 €, Abendmenü 16–38 €; ⊗Di–Sa mittags, Di–Sa abends) Das hervorragende Restaurant liegt direkt gegenüber vom Wohnhaus der Familie Toulouse-Lautrec (früher Kutschengarage und Pferdestall). Die Speisekarte orientiert sich am Marktangebot und bietet jede Menge gaskognische Leckerbissen, Weine aus dem Gaillac und diverse lauschige Plätzchen: einen Innenraum voller Nippes und eine Außenterrasse mit duftender Glyzinie. Definitiv einer der besten Restauranttipps in Albi.

L'Epicurien   RESTAURANT €€€

(📞05 63 53 10 70; www.restaurantlepicurien.com, auf Frz.; 42 place Jean Jaurès; Menü 26–68 €; ⊗Di–Sa) Die Fassade in Stahlgrau und Glas sagt schon alles: Dies ist ein Tempel. Er ist der französischen Avantgardeküche geweiht und seine Priester sind der schwedische Koch Rikard Hult und dessen Frau Patricia. Die Kreationen auf dem Teller sind so kunstvoll angerichtet, dass es fast eine Schande ist, sie zu essen: zarte Türme aus gebratenem Seeteufel oder Lamm-Noisettes mit künstlerischem Soßenspritzer bzw. perfekt platziertem Kräuterzweig. Verwöhnung pur.

La Table du Sommelier BISTRO €€

(☎05 63 46 20 10; 20 rue Porta; Mittagsmenü 13–16 €, Abendmenü 25 €; ⊙Di–Sa) Einen Katzensprung entfernt über den Pont Vieux aus dem 11. Jh. liegt dieses helle, freundliche Bistro, in dem der Wein fast wichtiger ist als das Essen. Der Inhaber ist ausgebildeter Sommelier mit einer Leidenschaft für regionale Weine.

L'Esprit du Vin GOURMETKÜCHE €€€

(☎05 63 54 60 44; 11 quai Choiseul; Menü 60–98 €; ⊙Di–Sa) In David Enjalrans Gourmetrestaurant ist das große Fressen angesagt: Die Portionen sind uferlos – die Preise allerdings auch. Die Menüs richten sich nach den Jahreszeiten und es geht hier so Michelin-konform zu, dass es dem einen oder anderen vielleicht zu steif ist. Die *Pause Gourmande*, das Mittagsmenü, mit einem Gang/zwei Gängen ist mit 23/27 € etwas erschwinglicher. Reservierung empfohlen.

Le Vieil Alby GASKOGNISCH €€

(☎05 63 54 14 69; 25 rue Henri de Toulouse-Lautrec; Menü 17,50 €; ⊙Jan. geschl.) Die südwest-französische Küche macht diesem Hotel-Restaurant so schnell keiner nach: Hier ist reichhaltiges, traditionell gaskognisches Essen mit viel Rind, Ente und Tarbais-Bohnen Trumpf. Spezialitäten des Hauses sind hausgemachte *melsat*-Würste, luftgetrocknetes, mit Rettich gefülltes Schweinefleisch und (natürlich) siedend heißes *cassoulet*.

Selbstversorger

Albis charakteristischer **Hallenmarkt** (place St-Julien; ⊙8–14, Fr & Sa auch 15–20 Uhr) stammt von der Wende zum 20. Jh. und ist (selbstverständlich) ein Gourmetparadies. Es gibt sogar Wein zum Selbstabfüllen (1,10 €/l).

❶ Praktische Informationen

Post (place du Vigan)

Touristeninformation (www.albi-tourisme. fr; place Ste-Cécile; ⊙9–19 Uhr) Hier gibt's themenorientierte Faltblätter mit Rundgängen durch die Altstadt von Albi. Das Personal übernimmt auch Hotelreservierungen (telefonisch/per E-Mail frei, vor Ort 2 €). Außerhalb des Sommers kürzere Öffnungszeiten.

❶ An- & Weiterreise

Infos zu örtlichen Busverbindungen gibt der **Espace Albibus** (4 rue de l'Hôtel de Ville; ⊙Mo 2–5, Di–Fr 10–17 Uhr). Von der Haupthaltestelle an der Place Jean Jaurès fahren Busse nach Castres (2 €, 50 Min., bis zu 10-mal tgl.).

Vom **Bahnhof** (place Stalingrad) gibt's Zugverbindungen von/nach Rodez (13 €, 1½ Std., 7-mal tgl.), Millau (21,50 €, 2¾ Std., 2-mal tgl.) und Toulouse (12 €, 1 Std., mind. 1-mal stündl.).

Castres

42 900 EW.

Das von den Römern als *castrum* (Siedlung) gegründete Städtchen ist ziemlich verschlafen und vor allem bekannt als Geburtsort von Jean Jaurès, dem Gründungsvater des französischen Sozialismus. Ein Besuch lohnt sich aber vor allem wegen des **Musée Goya** (www.ville-castres.fr/contenus/_contenus.php?clef=museegoya; Hôtel de Ville, rue de l'Hôtel de Ville; Erw./Kind 3 €/frei; ⊙10–18 Uhr), in dem eine berühmte Sammlung spanischer Kunst ausgestellt ist, darunter Werke von Goya, Murillo, Ribera und Picasso. Die Gärten des Museums wurden von Le Nôtre entworfen, dem Landschaftsarchitekten des Versailler Schlossparks.

La Terrasse de Lautrec ZIMMER MIT FRÜHSTÜCK €

(☎05 63 75 84 22; rue de l'Église; DZ 75–105 €; Lautrec; ✱) Diese tolle *chambre d'hôtes* im ruhigen Dörfchen Lautrec liegt wenige Kilometer nördlich von Castres und hat großzügige Zimmer mit der Eleganz einer verflossenen Ära: hohe Decken, Originalstuck, offene Kamine, Polstermöbel und einen unglaublichen Salon mit Rokoko-Fresko. Parkplätze sind vorhanden.

Montauban

53 200 EW.

Ganz Südwest-Frankreich ist mit *bastides* (befestigte Städte) übersät, aber keine ist schöner als Montauban am Ufer des Tarn. Die im Jahr 1144 gegründete Stadt ist die zweitälteste *bastide* in Südfrankreich (die älteste ist Mont-de-Marsan). Alle Straßen führen – nicht nach Rom, sondern zum typischen zentralen Platz, der **Place Nationale**, die von Arkaden und hohen roséfarbenen Gebäuden umrahmt ist. Viele der Straßen rund um den Platz folgten wohl ursprünglich den befestigten Mauern der Stadt. Diese wurde während des Hundertjährigen Krieges und der Hugenottenkriege ziemlich gebeutelt. Der bekannteste Angriff auf die Stadt war aber eine 86-tägige Belagerung durch Ludwig XIII. im Jahr 1621, der die Einwohner der Stadt trotzten, indem sie schließlich Pferde, Ratten und Hunde aßen.

WEINE AUS DEM GAILLAC

Ganz egal, wo man in diesem Zipfel von Frankreich essen geht: Gaillac steht garantiert irgendwo auf der Speisekarte. Das kleine Dörfchen ist einer der größten Weinproduzenten der Region und vor allem für seinen Rosé, leichten Weißwein und warmen Rotwein bekannt.

Rund um Gaillac finden sich Anbaugebiete, die bereits von den Römern bewirtschaftet wurden und damit zu den ältesten Weinbergen Frankreichs gehören. Besonders günstig ist in dieser Region das Übergangsklima zwischen den milden Temperaturen des Mittelmeers und dem kühlen Regen des Atlantiks.

Mehrere AOCs (*Appellations d'Origines Contrôlées*) befinden sich in dieser Region, darunter Gaillac Rouge, Gaillac Blanc Sec und Gaillac Rosé, aber auch ungewöhnlichere wie die AOC Gaillac Perle, Herkunft des hiesigen weißen Perlweins (*petillant*), und die AOC Mousseux Méthode Gaillacoise, aus der ein besonderer champagnerartiger Schaumwein stammt, der nur in einigen wenigen Weinbergen angebaut wird.

Verstreut über die ganze Region sind viele Schlösser, die eine *dégustation* (Verkostung) mit Weinkellerbesichtigung anbieten. Alle liegen an der beschilderten Route des Vins (Weinstraße).

Nützliche Infos stehen unter www.vins-gaillac.com und sind bei der **Touristeninformation von Gaillac** (☎05 63 57 14 65; tourisme@ville-gaillac.fr; place St-Michel), erhältlich, wo auch Besuche bei regionalen Winzern vereinbart werden können.

☉ Sehenswertes

Musée Ingres
KUNSTMUSEUM

(13 rue de l'Hôtel de Ville; Erw./Kind 4 €/frei; ☉10–18 Uhr) Durch die schattigen Straßen von Montauban zu schlendern ist an sich schon wunderschön. Aber die Krönung des Besuchs ist dieses Kunstmuseum, das sich dem klassizistischen Maler (und ausgezeichneten Geigenspieler) Jean Auguste Dominique Ingres widmet. Der 1780 in Montauban geborene Künstler wurde (inspiriert durch Poussin und David) zu einem der berühmtesten Portraitmaler seiner Zeit. Im Museum hängen viele seiner wichtigsten Werke neben alten Meistern wie Tintoretto, van Dyck und Gustave Courbet. Die Eintrittskarte gilt auch für folgende nahe gelegene **Museen**: Musée d'Histoire Naturelle (Naturkundemuseum), Musée du Terroir (Volkskundemuseum) und Musée de la Résistance et de la Déportation (dem Zweiten Weltkrieg gewidmet).

Die **Cathédrale Notre-Dame de l'Assomption** (place Franklin Roosevelt; ☉Mo–Sa 10–12 & 14–18 Uhr) aus dem 18. Jh. birgt ein weiteres Meisterwerk von Ingres, *Le Vœu de Louis XIII,* auf dem der König der Jungfrau Maria die Insignien Frankreichs überreicht.

✵ Festivals & Events

Alors Chante
LIEDERFESTIVAL

Festival traditioneller französischer Lieder im Mai.

Jazz à Montauban
JAZZFESTIVAL

Einwöchige Jamsession im Juli.

Légende des Quatre-Cent Coups
STRASSENFEST

(400 Schüsse) Das Straßenfest an einem Wochenende Ende August erinnert an den Moment, als der Legende nach ein Wahrsager Ludwigs XIII. mitteilte, dass er gleichzeitig 400 Kanonen auf die von ihm belagerte Stadt schießen solle. Sie fiel trotzdem nicht.

🛏 Schlafen

Mas des Anges
ZIMMER MIT FRÜHSTÜCK €€

(☎05 63 24 27 05; www.lemasdesanges.com; ☎) Diese von 4,5 ha alten, noch heute bewirtschafteten Weinbergen umgebene Landidylle liegt nur 8 km südlich von Montauban. Die Inhaber, Sophie und Juan Kervyn, sind ein freundliches Paar, die ihre Leidenschaft für den Weinanbau zu ihrem Leben gemacht haben. Jedes der Erdgeschosszimmer hat ein anderes Thema (Afrika, Lateinamerika, Meer), während ein baumbestandener Garten, ein schöner Pool und ein Grill das perfekte Sahnehäubchen abgeben.

Hôtel du Commerce
HOTEL €€

(☎05 63 66 31 32; www.hotel-commerce-montauban.com; 9 place Franklin Roosevelt; EZ 58 €, DZ 59–77 €; ❋☎) Dieser smarte Familienbetrieb ist zwar nicht gerade spektakulär, aber so ziemlich die beste Hoteladresse der Stadt. Die Fensterläden der schönen Zimmer mit Blümchenmuster gehen auf den Kathedralenplatz und der eindrucksvolle Frühstücksraum hat immer noch die Originalfliesen aus den 1930er-Jahren.

Château de Seguenville
ZIMMER MIT FRÜHSTÜCK €€
(☎05 62 13 42 67; www.chateau-de-seguenville. com; Cabanac Séguenville; DZ 100–130, 3BZ 140–180, FZ 180–195 €; ☎) Diese *chambre d'hôtes* in einem alten Schloss mit Spitzdach liegt ziemlich genau zwischen Toulouse, Montauban und Auch und eignet sich daher ideal als Ausgangsbasis für alle drei Orte und die ganze Umgebung von Toulouse. Das riesige Treppenhaus in der Mitte des Hauses führt im ersten Stock zu fünf alternativchic eingerichteten Zimmern, alle nach verschiedenen Blaublütern benannt und mit Blick auf den wunderschönen Park.

✖ Essen
Bauernmärkte finden samstags (place Prax-Paris) und mittwochs (place Lalaque) am Vormittag statt. Einen kleineren gibt es täglich auf der Place Nationale.

Le Meilleur Restaurant de la Rue BISTRO €€
(☎05 63 63 18 07; 52 rue de la Palisse; Mittagsmenü 15 €, Hauptgerichte 16–21 €) Das ist also „das beste Restaurant der Straße"? Könnte tatsächlich gut hinkommen. Spezialität des kecken Lokals sind klassische Gerichte mit originellen Details (genannt: *cuisine inventive*), z. B. Entenbrust gefüllt mit Ziegenkäse oder gekräuterter Kaisergranat mit türkischem *kadaïf*-Gebäck. Das Dekor ist ähnlich eklektisch: braunrote Stühle, Kronleuchter in Form einer Sternenexplosion, Nippes, Meeresschnickschnack und eine herzerweichend schöne Terrasse.

Au Fil de l'Eau GOURMETKÜCHE €€
(☎05 63 66 11 85; www.aufildeleau82.com, auf Frz.; 14 quai du Dr Lafforgue; Menü 35–50 €; ☎Di-Sa, So Mittag) Fragt man die Leute aus Montauban, wo man sich so richtig verwöhnen lassen kann, werden wohl alle direkt auf dieses Restaurant am Flussufer zeigen, wo sich moderne Kunst und Kuriositäten in der edlen *cuisine gastronomique* widerspiegeln. Dienstags bis freitags gibt's ein Mittagsmenü für 18 €.

Les Boissières REGIONAL €€
(☎05 63 24 50 02; www.lesboissieres.com, auf Frz.; Bioule; Menü 22–51 €) Eine kleine Autofahrt kann sehr appetitanregend sein, vor allem, wenn sie ins Dörfchen Bioule führt, wo dieses wärmstens empfohlene Restaurant

eine *cuisine régionale* serviert, die ihresgleichen sucht. Mehrere Menüs stehen auf der Karte, besonders gut passt aber das Marktmenü in den ländlichen Rahmen: frische französische Kost vor Gartenkulisse. Und die Hotelzimmer sind auch nicht schlecht.

ℹ Praktische Informationen
Touristeninformation (☎05 63 63 60 60; www.montauban-tourisme.com; 4 rue du Collège; ☎Mo–Sa 9.30–18.30, So 9.30–12.30 Uhr)

ℹ An- & Weiterreise
Vom **Bahnhof** (av. Mayenne), etwa 1 km von der Place Nationale auf der anderen Seite des Tarn, verkehren Züge nach Toulouse (8,50 €, 30 Min., häufig), Bordeaux (27,30 €, 2 Std., häufig) und Moissac (5,60 €, 20 Min., 5-mal tgl.).

Moissac
12 300 EW.

Das am Flussufer gelegene Moissac ist schon seit dem 12. Jh. eine wichtige Station auf dem Jakobsweg. Das verdankt es der herrlichen **Abbaye St-Pierre** (place Durand de Bredon), die zu Frankreichs schönster romanischer Architektur gehört. Berühmt ist vor allem das **Tympanon**, ein halbmondförmiger Fries über dem Südportal. Es wurde 1130 fertiggestellt und zeigt die Apokalypsevision aus dem Johannesevangelium: In der Mitte thront Christus, umgeben von Aposteln, Engeln und 24 in Ehrfurcht erstarrten Kirchenältesten. Für alle, die Zeit haben, lohnt sich der Vergleich mit dem Fries in Beaulieusur-Dordogne. Man geht davon aus, dass beide etwa zur gleichen Zeit und möglicherweise von denselben Steinmetzen gemeißelt wurden.

Draußen ist der wunderschöne **Kreuzgang** (Erw./Kind 5/3,50 €; ☎9–19 Uhr) von zierlichen Marmorsäulen umgeben, jede mit einem Kapitell aus Blättern, Figuren oder Bibelszenen. Allerdings sieht man leider die Spuren der Revolution: Fast jedes Gesicht ist zerschlagen.

Der Eingang zur Abtei führt durch die **Touristeninformation** (www.moissac.fr, auf Frz.; 6 place Durand de Bredon; ☎9–19 Uhr). Hier gelten wie auch im Kreuzgang außerhalb des Sommers kürzere Öffnungszeiten.

🛏 Schlafen & Essen

Le Pont Napoléon HOTEL €
(☎05 63 04 01 55; www.le-pont-napoleon.com, auf Frz.; 2 allée Montebello; EZ 43 €, DZ 50–70 €;

🐦) Dieses Hotel liegt wunderschön am Flussufer neben einer Brücke, die Napoleon 1808 nach seinem Besuch in Moissac bauen ließ. Der höhere Preis für ein Zimmer mit Blick auf den Tarn lohnt sich auf jeden Fall; ein besonderer Tipp ist die Junior-Suite mit Blick auf den Pont Napoléon, die mit beflockter Tapete im Retrolook und peppigen Farben ein besonderes Designerflair hat. Im Hotelrestaurant, **La Table de Nos Fils** (Menü 28–42 €; ☺Fr-Di), schwingt Patrick Delaroux den Kochlöffel – und gibt am Wochenende auch Kochkurse.

Le Moulin de Moissac
HOTEL **€€**

(☎05 63 32 88 88; www.lemoulindemoissac. com, auf Frz.; esplanade du Moulin; DZ 80–152 €; 🐦) Die ehemalige Getreidemühle aus dem 15. Jh. ist auch so ein Leckerli. Die Zimmer haben auf alt getrimmte Tapete, Korbstühle und hohe Flügeltüren zu den Balkonen mit Flussblick. Ansonsten gibt's noch ein tolles **Restaurant** am Flussufer (Hauptgerichte 18–55 €), einen schicken Wellnessbereich mit Sauna und einen tollen Whirlpool unter dem Backsteingewölbe.

Au Château
ZIMMER MIT FRÜHSTÜCK **€€**

(☎05 63 95 96 82; www.au-chateau-stn.com; St Nicolas de la Grave; Zi. 52–103 €; ❄🐦☀) Hinter der historischen Fassade aus dem 19. Jh. versteckt sich in dieser Villa eine noble Pension mit modernem Herzen. Alle Zimmer gelten – ganz zu Recht – als Suite. Sie sind riesig und die glänzenden Holzböden, luxuriösen Dekostoffe und großen Flachbildfernseher bilden einen eleganten Kontrast zur traditionsreichen Architektur des Hauses. Die Suite Madeleine hat sogar eine eigene Lounge und das Schlafzimmer unter dem Dach. Das Ganze liegt etwa 10 km südlich von Moissac.

ℹ An- & Weiterreise

Es fahren zwar ein paar Regionalbusse nach Moissac, aber mit dem **Zug** geht's einfacher. Es gibt regelmäßige Verbindungen nach Montauban (5,40 €, 20 Min.) und von dort aus Züge nach Toulouse (12,50 €).

Auch
23 500 EW.

Seit Römerzeiten ist die Stadt Auch ein wichtiger Knotenpunkt – damals wurde sie sogar zur Hauptstadt der Provinz Novempopulana. Ihre Glanzzeit war jedoch das Mittelalter, als die Grafen von Armagnac und ihre Erzbischöfe gemeinsam hier regierten und die Kathedrale bauten. Eine zweite Blütezeit erlebte die Stadt Ende des 18. Jhs., als neue Straßen südwärts nach Toulouse und in die Pyrenäen gebaut wurden. Im 20. Jh. wurde sie schließlich zur Hauptstadt des Departement Gers.

Die Altstadt von Auch sitzt auf einer Hügelkuppe, von wo aus ein Gewirr aus Gassen, Treppen und Höfen zum Ufer des Gers und zu den neueren Stadtvierteln hinunterführt. In den letzten Jahren ist die Stadt eher etwas heruntergekommen, aber viele Bauwerke (einschließlich der berühmten Renaissancetreppe) sollen nun im Rahmen eines größeren Investitionsprogramms wieder aufgehübscht werden.

⊙ Sehenswertes

Cathédrale Ste-Marie
KATHEDRALE

(☺8.30–12 & 2–5 Uhr) Selbst nach französischen Maßstäben ist die Kathedrale von Auch ein echter Hingucker. Napoleon II. war einst derart beeindruckt von ihr, dass er angeblich sagte, eine solche Kathedrale gehöre eigentlich in ein Museum. Da die Bauarbeiten 1489 begannen und sich über zwei Jahrhunderte zogen, vereint das Gotteshaus eine ganze Palette an Architekturstilen von klassischer Gotik bis zu prächtiger Renaissance. Berühmt sind vor allem der kunstvoll geschnitzte Chor, diverse Buntglasfenster aus dem 16. Jh., die vom Kunsthandwerker Arnaud de Moles entworfen wurden, sowie eine gigantische Orgel aus dem 17. Jh., die von Jean de Joyeuse gebaut wurde und zu Frankreichs größten zählt.

Es ist wirklich kein Wunder, dass das gesamte Gebäude als Unesco-Weltkulturerbe eingestuft wurde. Wer die Kathedrale aber in ihren schönsten Momenten erleben will, sollte sich einen Gottesdienst gönnen oder eines der Kammerkonzerte im Sommer. Einfach in der Touristeninformation nach aktuellen Veranstaltungen fragen.

Hinter der Kathedrale wurde im 14. Jh. die 40 m hohe **Tour d'Armagnac** als Archiv der Erzbischöfe von Auch erbaut, die der Revolution kurzzeitig als Gefängnis diente.

Musée des Jacobins
MUSEUM

(4 place Louis Blanc; Erw./Kind 4/2 €; ☺10–12 & 2–6) Dieses eklektische Museum wurde 1793 in einem ehemaligen Dominikanerkloster gegründet und gehört zu den ältesten in Frankreich. Die bunte Sammlung mit frühen gallorömischen Villenfresken,

Das ist Lebensgenuss pur: **Les Linottes** (✆05 62 61 04 79; www.leslinottes.com, auf Frz.; Porteteny, Durban; DZ inkl. Frühstück 59–65 €) liegt 17 km südlich von Auch und bietet ökologisch-schickes Landleben mit echt grünem Anspruch. Die kreativen Besitzer Laurence und Patrice haben die drei Zimmer ihrer *chambre d'hôtes* auf rein umweltfreundliche Weise renoviert: Die Wände bestehen aus Heuballen, sind mit Erde und Stroh verputzt, bei den Balken handelt es sich ausschließlich um Altholz und in den Bädern wurde nur Naturstein verwendet.

Trotz der rustikalen Baumethode sind die Zimmer jedoch hochmodern: Jedes hat eine eigene kleine Terrasse mit Gartenblick. Als i-Tüpfelchen haben die kreativen Bauherren kürzlich einen Öko-Swimmingpool gebaut, der ganz natürlich von Wasserpflanzen und Schilf gefiltert wird.

präkolumbianischen Objekten aus Amerika und einer großen Zahl von Kostümen aus der Gascogne aus dem 19. Jh. stammt aus Beschlagnahmungen während der Revolution. Mit der Eintrittskarte zum Chor der Kathedrale halbiert sich der Eintrittspreis für das Museum (und umgekehrt).

Escalier Monumental   ARCHITEKTUR

Der riesige Escalier Monumental (Monumentale Treppe) in Auch reicht von der Place Salinis bis hinunter zum Fluss. Er wurde 1863 erbaut und besteht aus 275 bzw. 370 Stufen, je nachdem wie man den doppelten Treppenabschnitt am oberen Ende zählt. Aber so oder so ist dies eine der prächtigsten Treppen aller Zeiten. Auf halber Höhe steht noch eine Statue von d'Artagnan, Alexandre Dumas' verwegene gaskognische Figur aus den Romanklassiker *Les trois Mousquetaires (Die drei Musketiere)*. Für die Romanfigur gab es übrigens ein echtes Vorbild: den Edelmann Charles de Batz, der um 1610 in etwa 35 km südwestlich von Auch gelegenen Lupiac geboren wurde.

Am oberen Ende der Treppe findet sich das **Observatoire du temps (Zeitobservatorium)**, ein abstraktes Kunstwerk des katalanischen Künstlers J. Plensa, das zum Andenken an die katastrophale Überschwemmung von Auch im Jahr 1976 in Auftrag gegeben wurde.

Der Escalier Monumental wird momentan im Rahmen eines riesigen Restaurationsprojekts instand gesetzt. Teile davon werden also wahrscheinlich mindestens bis 2011 eingerüstet sein.

🛏 Schlafen

In Auch gibt's nicht gerade viele Hotels, sodass sich vielleicht eher ein Tagesausflug empfiehlt.

Hôtel de France   HOTEL €€€

(✆05 62 61 71 71; www.hoteldefrance-auch.com, auf Frz.; 2 place de la Libération; EZ 67–87 €, DZ 72–92 €, Suite 150–220 €; ❄) Das Hotel direkt im Herzen der Stadt ist seit 2009 unter neuer Leitung, aber immer noch die beste Adresse in Auch. Nach und nach wird allen Zimmern neues Leben eingehaucht: In den meisten findet sich eine angenehme Mischung aus altmodischem Stil und moderner Einrichtung. Gäste, die sich eine *chambre prestige* leisten können, werden rundum glücklich sein.

Domaine de Peyloubère

ZIMMER MIT FRÜHSTÜCK, FERIENHÄUSER €€

(✆05 62 05 74 97; www.peyloubere.com; Pavie, Le Gers; 1 Übernachtung EZ/DZ 95/125 €, länger 80/110 €, Ferienhaus 480–1850 €/Woche; 🛜🚭♿) Dieses königliche Anwesen zehn Minuten südlich von Auch ist für einen längeren Aufenthalt die pure Wohltat. Mitten im schönen Grün liegt ein denkmalgeschütztes Landhaus aus dem 17. Jh., das bis zum Ende der 1960er-Jahre dem italienischen Künstler Mario Caviglieri gehörte. Viele der wunderbaren Pensionszimmer haben auch heute noch vom Künstler selbst gestaltete Fresken und bemalte Schränke. Sauna, Wellnessbereich und beheizter Pool runden das Bild ab – und für Langzeitgäste gibt's Ferienhäuser mit Selbstversorgung.

🍴 Essen & Ausgehen

Spaziergänger an der Rue Dessoles stolpern gleich über mehrere zwanglose, freundliche Bar-Bistros.

La Table d'Oste   BISTRO €€

(www.table-oste-restaurant.com, auf Frz.; 7 rue Lamartine; Mittags-/Abendmenü 16/24 €; ☺Di–Sa mittags, Mo–Fr abends) Ein piekfeines Restaurant sieht sicher anders aus. Aber für schnörkelloses gaskognisches Essen lohnt sich das kleine Straßenbistro allemal. Das Ambiente besteht aus Kupferpfannen, wackligen Möbeln und rustikalem Nippes, die Speisekarte aus Ente, Huhn, Rind und Foie gras in gesunden Riesenportionen.

Au Café Gascon RESTAURANT €€

(☎05 62 61 88 08; 5 rue Lamartine; ⊙Mi–Sa mittags & abends, Mo & Di nur abends) Georges Nosella nebenan hat etwas raffinierteres Essen, aber auch hier dominiert der Südwesten in Geschmack und Zutaten. Menüs müssen im Voraus bestellt werden. Ansonsten gibt's ein Standardgericht für 22 € und dazu oft Livemusik.

ⓘ Praktische Informationen

Touristeninformation (www.auch-tourisme. com; 1 rue Dessoles; ⊙9.30–18.30 Uhr) In der Maison Fedel aus dem 15. Jh. Außerhalb des Sommers kürzere Öffnungszeiten.

ⓘ An- & Weiterreise

Es gibt Busse nach Condom (7,50 €, 50 Min., 3-mal tgl.) und Agen (12 €, 1½ Std., 5- bis 7-mal tgl.). Der **Busbahnhof** (☎05 62 05 76 37; av. Pierre Mendès-France) ist gleich neben dem **Bahnhof** (av. Pierre Mendès-France).

Condom

7250 EW.

Armes Condom, dessen Name englisch- wie deutschsprachige Besucher zu viel Gekicher und doofen Witzen veranlasst. Dabei benutzen die Franzosen das Wort noch nicht einmal, sie sagen *préservatif* oder geläufiger *capote anglaise*, die „englische Haube". Condom – dessen Name sich in Wirklichkeit vom alten gallorömischen Namen Condatomagus ableitet – wurde wie viele andere Städte im Departement Gers später zu einer wichtigen Anlaufstelle für Pilger auf dem Weg nach Santiago de Compostela. Auch heute sieht man kaum noch von ihnen in der Stadt.

Heute ist Condom ein relaxtes, verschlafenes Städtchen an beiden Ufern des Baïse, dessen Umgebung hauptsächlich von Landwirtschaft und Weinbergen geprägt ist. Außerdem wird hier der Armagnac hergestellt, das scharfe Feuerwasser, das so oft auch der gaskognischen Küche eine besondere Würze verleiht.

◉ Sehenswertes & Aktivitäten

In Condom gibt's nicht so wahnsinnig viel zu sehen – obwohl die **Cathédrale St-Pierre** (place St-Pierre) einen Blick wert ist. Das hohe Kirchenschiff und die verschnörkelte Kanzel sind ein schönes Beispiel der Flamboyant-Gotik, während an der Nordseite ein **Kreuzgang** aus dem 16. Jh. von einer zeltähnlichen Konstruktion überdacht wurde, um Compostela-Pilgern Schutz zu bieten.

Musée de l'Armagnac MUSEUM

(2 rue Jules Ferry; Erw./Kind 2,20/1,10 €; ⊙10–12 & 15–18 Uhr, Jan. geschl.) Was hat es eigentlich mit Armagnac, dem traditionellen gaskognischen Feuerwasser, genau auf sich? Neugierige finden in diesem kleinen Museum Aufschluss. Neben einem guten Überblick über die Geschichte der Herstellung ist verschiedener Armagnac-Krimskrams zu sehen wie alte Flaschen, landwirtschaftliche Werkzeuge und eine riesige 18 t schwere Presse aus dem 19. Jh.

Das Einzige, was hier fehlt, ist eine Probe des edlen Tröpfchens. Dafür gibt's z. B. **Armagnac Ryst-Dupeyron** (36 rue Jean Jaurès; ⊙Mo–Fr 10–12 & 14–18.30 Uhr), einer der Armagnac-Produzenten aus der Umgebung mit kostenlosen Proben. Auch die **Cave Coopérative** (☎05 62 28 12 16) an der D931 ist eine gute Adresse.

Musée du Préservatif MUSEUM

(Kondommuseum; ☎05 62 68 25 69; 2 rue Jules Ferry; Erw./Kind 3/1,50 €; ⊙im Sommer 10–12 & 15–19 Uhr) Das saisonabhängig geöffnete Musée du Préservatif zeigt eine kleine Ausstellung zur Geschichte des berühmten Gummis, von seiner Erfindung im Jahr 1665 bis zur Gegenwart. Einige der Exponate hinterlassen durchaus eine tiefe Dankbarkeit für die Erfindung von Latex.

Flussfahrten RUNDFAHRTEN

Von April bis Oktober gibt's bei **Gascogne Navigation** (☎05 62 28 46 46; www.gascogne-navigation.com; La Capitainerie, 3 av. d'Aquitaine) 1½-stündige Rundfahrten (Erw./Kind 8/6 €) und 2½-stündige Fahrten mit Mittagessen (33/19 €) auf der Baïse mit Abfahrt vom Quai Bouquerie. Hobbykapitäne können auch ein kleines Motorboot für bis zu sechs Passagiere mieten (Std./halber Tag/ganzer Tag 30/65/150 €).

🛏 Schlafen

Le Logis des Cordeliers HOTEL €€

(☎05 62 28 03 68; www.logisdescordeliers.com, auf Frz.; rue de la Paix; DZ 53–75 €; ⊙Feb.–Dez.; 🅿🛁) Diese moderne Schuhschachtel eines Gebäudes ist zwar nicht gerade hübsch,

Wie jeder gute Gascogner bestätigen wird, gleitet Armagnac genauso weich die Kehle hinunter wie der in größeren Mengen produzierte und besser vermarktete Cognac von weiter nördlich. Er wird aus den weißen Trauben hergestellt, die im sandigen Boden der Region wachsen, und in Fässern aus örtlicher schwarzer Eiche gereift. Ursprünglich diente er medizinischen Anwendungen, aber er wird auch heute noch sehr gerne getrunken, oft als Verdauungsschnaps. In den Restaurants am Ort ist Floc de Gascogne – ein Likörwein aus Armagnac und rotem oder weißem Traubensaft – der traditionelle Aperitif.

Condom ist Hauptsitz einiger größerer Brennereien. Wer mit dem Fahrrad oder dem Auto zwischen den Weingütern unterwegs ist, den locken auch immer wieder Schilder zu einer Kostprobe und zum Kauf eines Fläschchens direkt vom *chai* (traditioneller Weinkeller) einer bäuerlichen Kleindestille.

Zwei traumhafte, traditionsreiche Adressen sind das **Château de Cassaigne** (☑ 05 62 28 04 02; www.chateaudecassaigne.com; Cassaigne; ☉ Juli & Aug. 10–19, Sept.–Juni Di–So 9–12 & 14–18 Uhr) aus dem 13. Jh., das etwas abseits der D931 Richtung Eauze und 6,5 km südwestlich von Condom liegt, wo Interessierte die Kellerei besichtigen und Armagnac aus der Destillerie probieren können, und 5,5 km weiter die reizvolle D229 entlang Richtung Süden in Mansencome das **Château du Busca Maniban** (☑ 05 62 28 40 38; www.buscamaniban.com, auf Frz; Mansencome; ☉ April–Nov. Mo–Sa 14–18 Uhr) aus dem 17. Jh.

aber der Familienbetrieb ist eine tolle Ausgangsbasis etwas außerhalb des Zentrums, mit eigenem Garten und wunderschönem Pool. Die hinteren Zimmer mit Blick auf die Straße sind billiger.

Hôtel Continental
HOTEL €€

(☑ 05 62 68 37 00; www.lecontinental.net; 20 rue Maréchal Foch; DZ 43–68 €; 🖀) Das flotte Hotel steht in Kainähe am Fluss und kann mit sauberen, schnieken Zimmern und einem hervorragenden Restaurant aufwarten. Die Zimmer zum Garten sind deutlich ruhiger als die zur viel befahrenen Straße.

Le Relais de la Ténarèze
HOTEL €€

(☑ 05 62 28 02 54; 22 av. d'Aquitaine; DZ/3BZ 51/74 €) In diesem einladenden *étape pélerin* (Boxenstopp für Pilger), seit 15 Jahren regiert von einer schürzenbewehrten Madame, versammeln sich scharenweise Radfahrer und Wanderer auf dem Jakobsweg. Die herzhafte Hausmannskost schmeckt am besten in Form eines gigantischen *menu du terroir* für 19 €. Zwischen April und Oktober sieht's ohne Reservierung schlecht aus.

Les Trois Lys
HOTEL €€€

(☑ 05 62 28 33 33; 38 rue Gambetta; DZ 130–170 €; ❄🖀🌐🏊) Stimmt: Das ist mit Abstand das teuerste Hotel der Stadt. Aber definitiv die erste Wahl, für alle, die denkmalgeschützte Häuser, Antiquitäten und aristo-

kratisches Prestige mögen. Die Villa aus bernsteinfarbenem Stein stammt aus dem 18. Jh. und hat zehn Zimmer, einige mit Blick auf den niedlichen Innenhof.

Camping Caravaning Municipal de l'Argenté
CAMPING €

(☑ 05 62 28 17 32; www.condom.org/index.php/camping-municipal; chemin de l'Argenté; Zelt/ Erw./Kind unter 7 J. 4/2/1,50 €; ☉ April–Sept., Rezeption 13.30–20 Uhr) Der städtische Campingplatz von Condom liegt etwa 2,5 km südwestlich der Stadt an der D931. Die Anlage ist recht einfach, aber direkt am Flussufer gelegen; ein angenehmer Ort, um sein Zelt aufzuschlagen. Im Sommer gibt's sogar einen Kajak- und Kanuverleih.

✖ Essen

Condom hat diverse Restaurants mit dem Motto „fröhlich und billig". Anspruchsvollere sind aber mit einer Halbpension im Hôtel Continental oder Relais de la Ténarèze besser bedient. Und die Stadt hat sogar ein Wunderwerk mit zwei Michelin-Sternen.

La Table des Cordeliers
RESTAURANT €€€

(☑ 05 62 68 43 82; 1 rue des Cordeliers; Menü 25–67 €; ☉ Di–Sa) Michelin-gekrönt und sehr beeindruckend. Die atemberaubende *table gastronomique* hat sich unter dem Gewölbe einer früheren Kapelle eingerichtet. Chefkoch Eric Sampietro ist einer der großen Kochlöffelartisten der Region und seine Speisekarte steckt voller komplexer gaskognischer Leckereien. Die absolute Nummer Eins ist das Vorspeisenmenü *Tout Canard* (alles Ente), gefolgt von der *Assiette des Cordeliers* mit Entensteak, Entenleber und Entenpastete.

Librairie Gourmande CAFÉ €
(3 place Bossuet; Tagesgericht 7 €; ⊙Sa 10–12.30 & 15.30–19, Sa 10–12.30 Uhr) In diesem entzückenden kleinen Café an einem ruhigen Platz in Kathedralennähe können Bücherwürmer gleichzeitig nach Büchern stöbern und krümeligen Früchtekuchen mit einem Nachmittagstee schnabulieren.

Selbstversorger
Der Marché au Gras, der Mittwoch- und Samstagvormittag in der **Markthalle** (place Sapian Dupleix) stattfindet, eignet sich eher zum Schauen als zum Einkaufen.
Churchill's: The British Grocer in Gers (place Sapian Dupleix; ⊙Di–Sa 10–12.30 & 14–17.30 Uhr) Regale voller Marmite, englischer Teebeutel und Kellogg's Knuspermüslis. Die Anlaufstelle schlechthin für heimwehkranke Briten.

❶ Praktische Informationen

Touristeninformation (☎05 62 28 00 80; www.tourisme-tenareze.com, auf Frz.; 50 bd de la Libération; ⊙Mo–Sa 9–12 & 14–18 Uhr) Die Touristeninformation ist nach einem Feuer in neue Räume am Stadtrand gezogen.

❶ An- und Weiterreise

In Sachen Verkehrsanbindung ist Condom ein ziemlich verschlafenes Nest. Dreimal täglich fährt ein **Bus** von/nach Auch (7 €, 50 Min.) – und das war's. Je nach Jahreszeit fährt normalerweise ein Bus weiter nach Toulouse (17 €, 2½ Std.) und einer nach Bordeaux (Mo–Sa, 20,50 €, 2¾ Std.).

Rund um Condom

Dieses Eck der alten Provinz Gascogne war einst Grenzland, das von den Franzosen in Toulouse und der englischen Bastion in Bordeaux in die Zange genommen wurde. Die etwas wohlhabenderen unter den unglückseligen Dörfern, die im Kreuzfeuer der Kämpfe lagen, bauten Befestigungen gegen die Außenwelt. Dadurch entstanden die typischen *bastides*, die auch heute noch in der Gegend so weit verbreitet sind.

Mehrere sind von Condom aus leicht erreichbar und können mit dem Auto ganz entspannt an einem Vormittag abgefahren werden. Noch schöner ist freilich ein Tagestrip mit dem Fahrrad.

◉ Sehenswertes

Fourcès BASTIDE
Fourcès (das „s" wird hier ausgesprochen), 13 km nordwestlich von Condom gelegen, ist eine malerische *bastide* am Fluss Auzoue. Im Gegensatz zu den meisten *bastides* ist sie nicht quadratisch, sondern rund angelegt und allein schon deshalb einen Besuch wert. Am letzten Wochenende im April erblüht das Dorf in vielen Farben, wenn Tausende zum **Marché aux Fleurs** strömen (mehr Blumenfestival als Markt).

Cité des Machines du Moyen Age MUSEUM
(http://larressingle.free.fr; Erw./Kind 8/5 €; ⊙10–19 Uhr, im Winter geschl.) Das in der Umgebung auch als „Klein-Carcassonne" bekannte **Larressingle** liegt 5 km westlich von Condom und ist wohl Frankreichs schnuckeligste Festungsstadt. In diesem Freiluftmuseum unmittelbar am Stadtrand stehen verschiedene nachgebaute Triböcke, Katapulte und Belagerungsmaschinen wie zum Angriff auf die Stadt angeordnet. Mehrere der Maschinen werden auch in Aktion vorgeführt und für die Kids gibt's eine Minifestung.

Villa Gallo-Romaine RÖMISCHE VILLA
(☎05 62 29 48 57; Erw./Kind 4 €/frei; ⊙10–19 Uhr, im Winter geschl.) Etwa 1,5 km südwestlich der *bastide*-Stadt **Montréal du Gers** ist die Ausgrabung einer luxuriösen gallorömischen Villa aus dem 4. Jh., die einst zum Gutsbetrieb eines römischen Adeligen gehörte. Bislang wurden das Badehaus, die Nebengebäude und riesige spektakuläre Mosaikböden freigelegt, die auch heute noch unglaubliche Farben zeigen, obwohl sie jahrhundertelang vergraben lagen.
Im Eintritt inbegriffen ist auch der Besuch im kleinen Museum in Montréals **Touristeninformation** (☎05 62 29 42 85; place Hôtel de Ville; ⊙Di–Sa 9.30–12.30 & 14–18 Uhr), wo Artefakte aus Séviac ausgestellt sind.

Abbaye de Flaran KLOSTER
(☎05 62 28 50 19; www.fources.fr/abbayeflaran. html, auf Frz.; Valence sur Baïse; Erw./Student 4/2 €; ⊙Juli & Aug 9.30–19 Uhr, im Jan. 2 Wochen geschl.) Die reizende , 1151 von Mönchen aus Escaladieu in den Pyrenäen gegründet Abtei ist die schönste in Südwest-Frankreich. Sie wird von einem Festungstor aus dem

14. Jh. bewacht, das heute Tauben als Unterschlupf dient. Die Abtei liegt sehr abgelegen und war bis zur Französischen Revolution bewohnt, allerdings nur noch von einer Handvoll Mönchen. Besonders schön sind der Kapitelsaal mit einem Deckengewölbe, das von farbigen Marmorsäulen getragen wird, der Speisesaal mit einem Drillingsbogenfenster aus dem 15. Jh. und Ziergesimsen (mit Phönix und Pelikan) sowie die renovierten Mönchszellen. In der Klosteranlage finden auch Ausstellungen und klassische Konzerte statt.

Collégiale St-Pierre KIRCHE
(Erw./Kind 4.80 €/frei; ☉Mo–Sa 9.30–19, So 2–19 Uhr) Diese riesige Stiftskirche aus dem 14. Jh. thront hoch über dem Dorf **La Romieu**, 11 km nordöstlich von Condom. Berühmt ist sie vor allem wegen ihrer 33 m hohen Zwillingstürme und des gotischen Kreuzgangs. Links vom Altar lohnt ein Blick auf die Sakristei mit originalen mittelalterlichen Fresken voller obskurer biblischer Gestalten, schwarzer Engel und esoterischer Symbole. Einen herrlichen Ausblick über die Landschaft bietet der achteckige Turm, zu dessen Spitze eine Doppelhelixtreppe mit 136 Stufen führt.

Eintrittskarten und Zutritt gibt's über die hilfsbereite **Touristeninformation** (☎05 62 28 86 33; www.la-romieu.com).

Les Jardins de Coursiana PARK
(☎05 62 68 22 80; www.jardinsdecoursiana.com, auf Frz.; Erw./Kind 6,50/4 €; ☉Mitte April–Okt. Mo–Sa 10–20 Uhr) Diese Gartenanlage (ebenfalls in La Romieu) wurde von einem hiesigen Agraringenieur angelegt. Hier gedeihen über 700 Bäume und seltene Pflanzen, alle klar beschriftet. Es gibt u. a. einen englischen Garten, einen Duftgarten und einen *potager familial* (Familien-Gemüsegarten). Ein Ticket für Kirche und Park kostet 9,50 €.

Musée Archéologique
ARCHÄOLOGISCHES MUSEUM
(☎05 62 68 70 22; place du Général de Gaulle; Erw./Kind 4 €/frei; ☉März–Sept. 10–12 & 14–18 Uhr, Okt.–Feb. Mi–Mo) Lectoures archäologisches Museum zeigt verschiedene Fundstücke aus gallorömischen Ausgrabungen (z. B. 20 heidnische Opferaltare mit Stier- oder Widderkopf), römischen Schmuck und Mosaike.

🛏 Schlafen & Essen

📍La Lumiane ZIMMER MIT FRÜHSTÜCK €
TIPP (☎05 62 28 95 95; www.lalumiane.com; grande rue, St-Puy; EZ 42–52 €, DZ 51–61 €; 🛜🏊) Auf halbem Weg zwischen Condom und Auch im Dörfchen St-Puy liegt eine der absolut schönsten *chambres d'hôtes* in Südwest-Frankreich. Die entzückend schlichte und herzerwärmend heimelige Unterkunft ist in einem Steinhaus mit blauen Fensterläden, einem süßen Gärtchen und riesigem baumbeschatteten Teich untergebracht. Innen führt eine herrliche Steintreppe zu zwei geräumigen Suiten hinauf, jede mit eigenem Kamin und rustikalen Deckenbalken, und im Obergeschoss sind noch drei gemütliche Zimmer. Zwischen den Natursteinwänden der Küche im Erdgeschoss servieren die Inhaber Alain und Gisèle tolles regionales Essen. Wer erst mal hier ist, will nie wieder fort.

Château de Pomiro ZIMMER MIT FRÜHSTÜCK €
(☎05 62 69 57 99; www.chateaupomiro.com; Montréal du Gers; DZ 150 €; 🏊) In dieser zinnenbewehrten Villa bei Montréal werden Gäste zu Königen. Das einstige Jagdschloss des Marquis und der Marquise de Noë hält heute wundervolle antike Zimmer mit schönen Antiquitäten und Details bereit. Die Grande Chambre hat sogar einen eigenen Riesenkamin. Tafeln kann man hier auch (4-Gänge-Menü 40 €).

Languedoc-Roussillon

Inhalt »

Gut essen

» Terroirs (S. 782)
» Carré d'Art (S. 779)
» La Girafe (S. 788)
» La Péniche (S. 792)
» Octopus (S. 794)

Schön übernachten

» Hôtel Restaurant du Général d'Entraigues (S. 782)
» Hôtel Le Guilhem (S. 788)
» Hôtel des Arcades (S. 817)
» L'Orque Bleue (S. 792)
» Hôtel des Poètes (S. 794)

Auf ins Languedoc-Roussillon

Languedoc-Roussillon hat drei verschiedene Gesichter. Das Bas-Languedoc (Unteres Languedoc), das Land der Stierkämpfe, des Rugby und der kräftigen Rotweine, grenzt im Osten an die lieblichere Provence. Hier in der Ebene liegen die größeren Städte der Region: die pulsierende Hauptstadt Montpellier, das sonnenverwöhnte Nîmes mit seinem römischen Amphitheater und das märchenhafte Carcassonne mit seinen kegelförmigen Turmdächern.

Das Haut-Languedoc (Oberes Languedoc) ist eine dünn besiedelte Region. Die Kalksteinhügel, von Gras oder Kastanien bedeckt und voller Höhlen und Schluchten, sind ideal für Wanderungen und schweißtreibende Radtouren.

Das Roussillon verbindet mit dem spanischen Katalonien Sprache und Kultur. An der felsigen Küste liegt Collioure, das Künstler wie Matisse und Picasso anzog. Die Pyrenäen, auf deren Ausläufern die finsteren Festungen der Katharer thronen, erstrecken sich Richtung Westen bis zum mächtigen Mont Canigou, dem Symbol katalanischer Identität.

Reisezeit

Montpellier

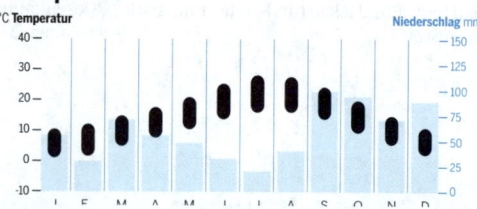

April und Mai Wandern oder Radfahren im frühlingshaften Haut-Languedoc.

Drittes Septemberwochenende Weinlese und Feiern auf der Féria des Vendanges in Nîmes.

September und Oktober Besuch in Carcassonne, wenn Sommerurlauber schon wieder weg sind.

BAS-LANGUEDOC

Der Name Languedoc leitet sich von der *langue d'oc* (Okzitanisch) ab, einer Sprache, die mit dem Katalanischen eng verwandt ist. Sie unterscheidet sich stark von der *langue d'oïl,* dem Vorläufer des modernen Französisch, der weiter nördlich gesprochen wurde (die Wörter *oc* und *oïl* bedeuteten beide „ja"). In den Ebenen des Bas-Languedoc liegen alle wichtigen Städte des Languedoc, seine Strände, sein reiches römisches Erbe sowie das größte Weinanbaugebiet Frankreichs.

Phönizier, Griechen, Römer, Westgoten, Mauren und Franken – sie alle waren im Languedoc anzutreffen. Um das 12. Jh., als Okzitanisch die Sprache der Troubadoure und der Oberschicht in Südfrankreich war, erreichte Okzitanien (das heutige Languedoc) seinen Zenit. Doch als 1208 zum Albigenserkreuzzug aufgerufen wurde, um die „Ketzerei" der Katharer zu unterdrücken, führte dies zur Annektierung des Languedoc durch das französische Königreich. Durch den Vertrag von Villers-Cotterêts (1539), der die *langue d'oïl* zur offiziellen Sprache des Reiches erklärte, verlor Okzitanisch seine Bedeutung. Nur im Süden wurde es weiterhin gesprochen und erlebte im 19. Jh. durch den Dichter Frédéric Mistral, der im provenzalischen Dialekt dieser Sprache schrieb, eine literarische Renaissance.

Nîmes

146 500 EW.

Wer das wahre Herz von Nîmes erreichen möchte, das immer noch dort schlägt, wo die Römer vor mehr als 2000 Jahren die Stadt gründeten, muss sich erst durch die öden und vom Verkehr verstopften Vororte der Stadt quälen. Im Zentrum finden die Besucher dann antike Bauwerke, die zu den besterhaltenen Frankreichs zählen; daneben gibt es auch einige beeindruckende Neubauten, da Nîmes nach wie vor eine gesunde Rivalität mit dem nur einen Katzensprung entfernten Montpellier pflegt.

Ein weniger offensichtlicher Grund für die Bedeutung der Stadt ist stofflicher Natur. Während des kalifornischen Goldrausches 1849 fertigte ein gewisser Levi Strauss Hosen für Bergarbeiter. Auf der Suche nach einem robusten, strapazierfähigen Gewebe begann er die traditionelle blaue *serge de Nîmes* zu importieren, heute als der Jeansstoff Denim bekannt.

◉ Sehenswertes

Les Arènes ·········· RÖMISCHES AMPHITHEATER

(inkl. Audioguide Erw./Kind 7,80/4,50 €; ⊙9–18.30 Uhr) Nîmes' großartiges römisches Amphitheater gilt als das am besten erhaltene des ehemaligen Römischen Reichs und wurde um das Jahr 100 n. Chr. für 24 000 Zuschauer erbaut. Angesichts der architektonischen Meisterleistung der alten Römer übersieht man leicht ihre grausamen Eigenschaften: Hier wurden Tiere niedergemetzelt, Hirsche zu Tode gehetzt, Löwen und Bären auf Menschen losgelassen und natürlich gab es auch Gladiatorenkämpfe. Heute werden in der Arena nur noch Stiere getötet – ein kleiner Fortschritt.

Es gibt Nachbauten der Unterkünfte der Gladiatoren und wer das richtige Timing erwischt, kann ein paar Schauspieler in voller Kampfmontur in der Arena erleben. Karten gibt's am Kartenhäuschen in der Nordmauer.

Maison Carrée ·········· RÖMISCHER TEMPEL

(Viereckiges Haus; place de la Maison Carrée; Erw./Kind 4,50/3,70 €; ⊙10–18.30 Uhr) Die Maison Carrée ist ein bemerkenswert gut erhaltener rechteckiger römischer Tempel, der um das Jahr 5 n. Chr. zu Ehren der beiden Adoptivsöhne Kaiser Augustus' erbaut wurde. Alle halbe Stunde wird hier der 22-minütige 3D-Film *Héros de Nîmes* gezeigt, ein haarsträubendes Geschichtsdrama über die historischen Figuren der Stadt (mit englischen Untertiteln).

Carré d'Art ·········· MODERNE ARCHITEKTUR

Das auffällige Gebäude aus Glas und Stahl gegenüber der Maison Carrée ist das 1993 fertiggestellte **Carré d'Art** (Kunstkarree), in dem die Stadtbücherei und das **Musée d'Art Contemporain** untergebracht sind. In dem wunderbaren, luftigen Bauwerk des

BILLET NÎMES ROMAINE

Ein **Kombiticket** (Erw./Kind 9,90/7,60 €) kann einiges an Geld sparen. Es ist für drei Tage gültig und gilt für den Eintritt in die Arènes, die Maison Carrée und die Tour Magne. Das Ticket ist in jeder der Sehenswürdigkeiten erhältlich.

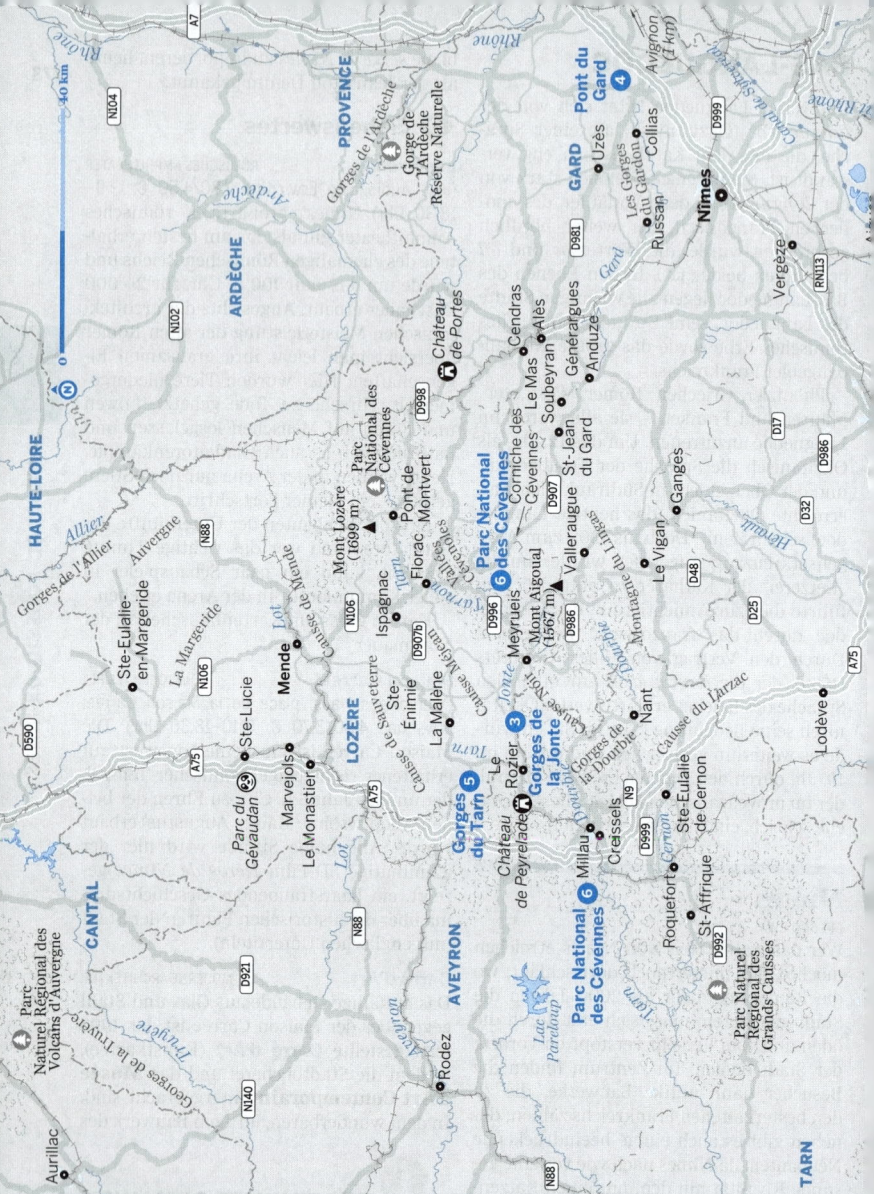

Highlights

1 Nach Luft schnappen beim Anblick der kegelförmigen Türme der Cité von **Carcassonne** (S. 796)

2 Mindestens einen Vormittag lang das wunderbare **Musée Fabre** (S. 785) in Montpellier erkunden

3 Die hoch über die **Gorges de la Jonte** (S. 808) kreisenden Geier beobachten

4 Für eine ungewöhnliche Perspektive auf die **Pont du Gard** (S. 780) unter die Brücke schwimmen

5 Sich mit dem Kanu durch die **Gorges du Tarn** (S. 806) treiben lassen

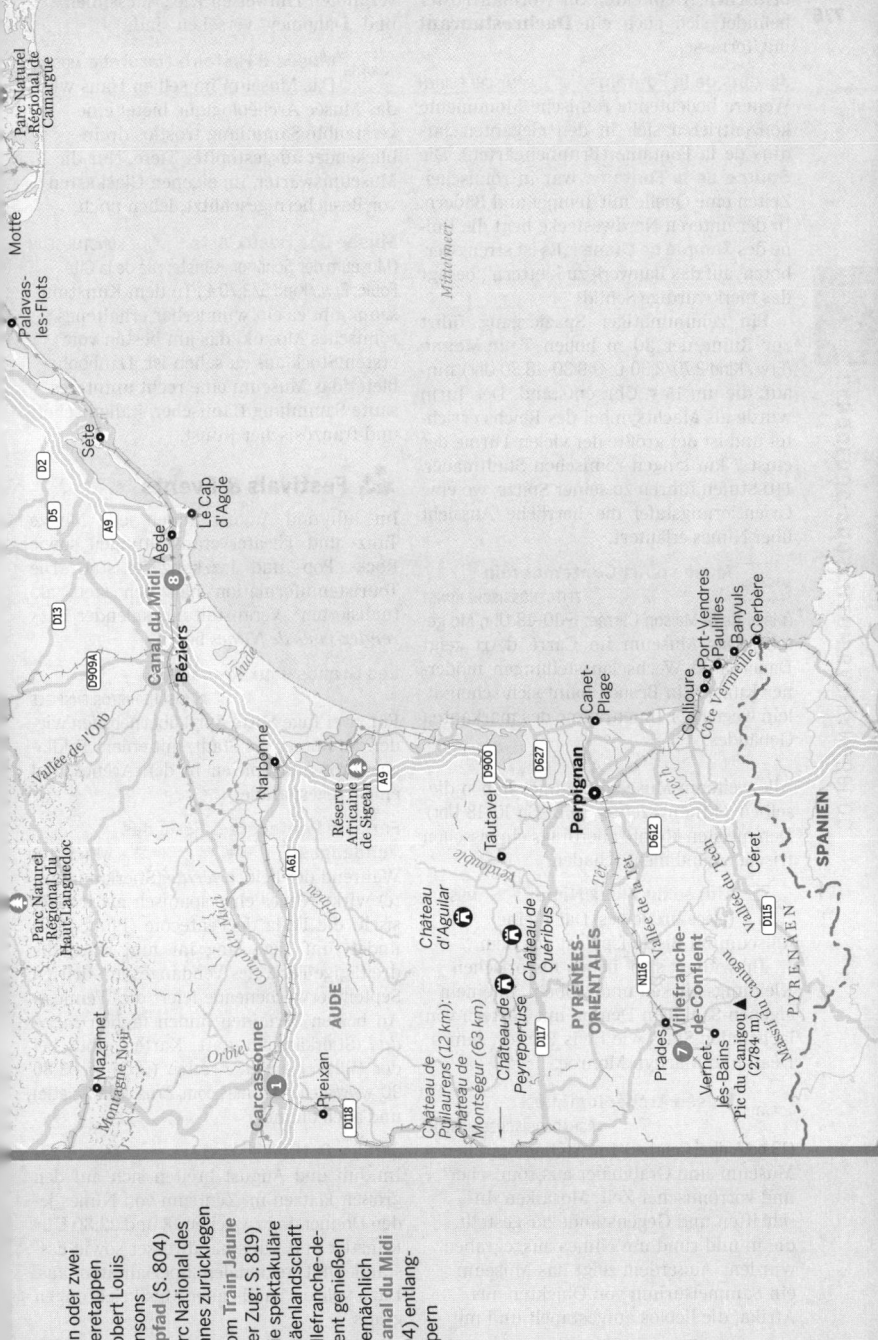

6 Ein oder zwei Wanderetappen auf Robert Louis Stevensons Eselspfad (S. 804) im Parc National des Cévennes zurücklegen

7 Vom Train Jaune (Gelber Zug; S. 819) aus die spektakuläre Pyrenäenlandschaft bei Villefranche-de-Conflent genießen

8 Gemächlich den Canal du Midi (S. 794) entlangschippern

britischen Architekten Sir Norman Foster befindet sich auch ein **Dachrestaurant** mit Terrasse.

Jardins de la Fontaine RÖMISCHE RUINEN

Weitere bedeutende römische Monumente konzentrieren sich in den eleganten Jardins de la Fontaine (Brunnengärten). Die **Source de la Fontaine** war in römischen Zeiten eine Quelle mit Tempel und Bädern. In der unteren Nordwestecke liegt die Ruine des **Temple de Diane** („Es ist streng verboten, auf das Bauwerk zu klettern", besagt das merkwürdige Schild).

Ein zehnminütiger Spaziergang führt zur Ruine der 30 m hohen **Tour Magne** (Erw./Kind 2,70/2,30 €; ⊙9.30–18.30 Uhr) hinauf, die um 15 v. Chr. entstand. Der Turm wurde als Machtsymbol des Reichs errichtet und ist der größte der vielen Türme der einst 7 km langen römischen Stadtmauer. 140 Stufen führen zu seiner Spitze, wo eine Orientierungstafel die herrliche Aussicht über Nîmes erläutert.

Musée d'Art Contemporain
GRATIS ZEITGENÖSSISCHE KUNST

(place de la Maison Carrée; ⊙10–18 Uhr, Mo geschl.) Das Museum im Carré d'Art zeigt Dauer- und Wechselausstellungen moderner Kunst. Ein Besuch lohnt sich schon allein wegen der Innenräume des markanten Gebäudes.

Alle weiteren Museen in Nîmes haben dieselben Öffnungszeiten (⊙Di–So 10–18 Uhr). Den meisten könnte allerdings ein bisschen frischer Wind nicht schaden.

Musée du Vieux Nîmes MUSEUM
GRATIS

(place aux Herbes) Das kleine Museum im Bischofspalast aus dem 17. Jh. widmet sich, neben historischen Kleidungsstücken und Möbeln, in einem eigenen Saal dem Denim, mit Postern von lächelnden Stars wie Elvis Presley, James Dean und Marilyn Monroe.

Musée Archéologique
GRATIS ARCHÄOLOGISCHES MUSEUM

(13 bd Amiral Courbet) Im Archäologischen Museum sind Grabmäler aus römischer und vorrömischer Zeit, Mosaiken, Inschriften und Gegenstände ausgestellt, die in und rund um Nîmes ausgegraben wurden,. Außerdem zeigt das Museum ein Sammelsurium von Objekten aus Afrika, die lieblos aufgestapelt und mit

vergilbten Hinweisen wie „Abessinien" und „Dahomey" versehen sind.

Musée d'Histoire Naturelle MUSEUM
GRATIS

Das Museum im selben Haus wie das Musée Archéologique bietet eine verstaubte Sammlung trostlos dreinblickender ausgestopfter Tiere. Nur die Museumswärter, im eigenen Glaskasten vor Besuchern geschützt, leben noch.

Musée des Beaux-Arts KUNSTMUSEUM

(Museum der Schönen Künste; rue de la Cité Foulc; Erw./Kind 5/3,70 €) In dem Kunstmuseum gibt es ein wunderbar erhaltenes römisches Mosaik, das am besten vom ersten Stock aus zu sehen ist. Daneben bietet das Museum eine recht uninteressante Sammlung flämischer, italienischer und französischer Kunst.

✴ Festivals & Events

Im Juli und August finden jede Menge Tanz- und Theaterveranstaltungen sowie Rock-, Pop- und Jazzkonzerte statt. Die Touristeninformation hält den stets aktualisierten Veranstaltungskalender *Les rendez-vous de Nîmes* bereit.

Les Grands Jeux Romains
RÖMISCHE HISTORIENSPIELE

Für zwei Tage Mitte April übernehmen wieder die Römer die Stadt, mit einem Feldlager, Brot und Spielen in den Arènes und einer Siegesparade.

Féria de Pentecôte & Féria des Vendanges WEIN, STIERE

Während der beiden *férias* (Stierkampffeste) wirkt Nîmes eher spanisch als französisch: die Féria de Pentecôte (Pfingstfest) findet fünf Tage lang im Juni statt, die dreitägige Féria des Vendanges am dritten Septemberwochenende feiert die Weinlese. An beiden Terminen finden täglich *corridas* (Stierkämpfe) statt. Karten gibt's bei der **Billeterie des Arènes** (☎04 66 02 80 90; www.arenesdenimes.com; 2 rue de la Violette) und auch online.

Jeudis de Nîmes ESSEN, MUSIK

Im Juli und August breiten sich auf den großen Plätzen im Zentrum von Nîmes jeden Donnerstag zwischen 18 und 22.30 Uhr Künstler und Kunsthandwerker sowie Essstände mit regionalen Spezialitäten aus. Dazu spielen Bands aller Musikrichtungen gratis.

Nîmes

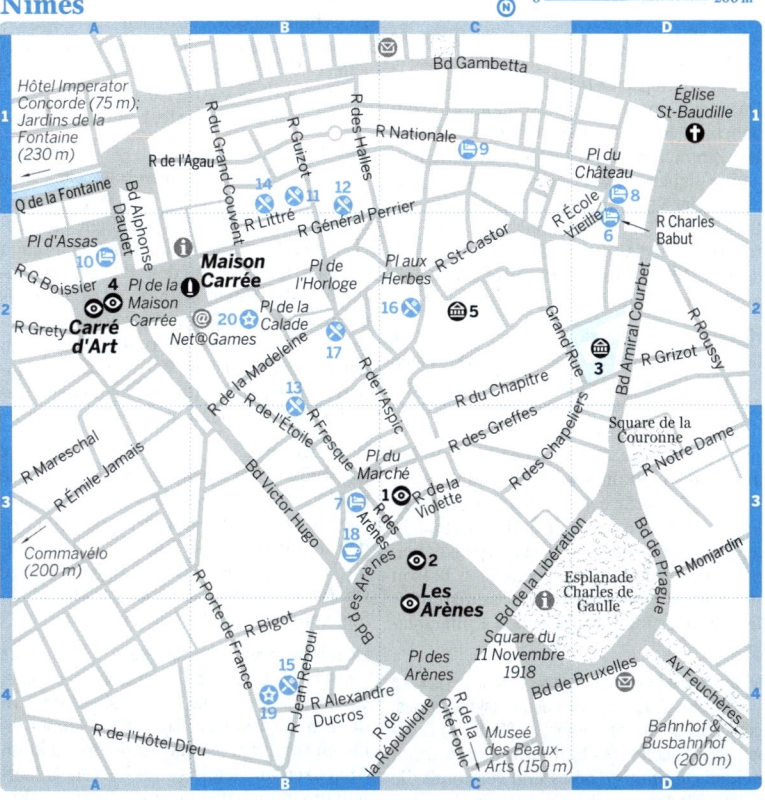

Nîmes

🛏 Schlafen

Royal Hôtel
HOTEL €€

(☎04 66 58 28 27; www.royalhotel-nimes.com, auf Frz.; 3 bd Alphonse Daudet; Zi. 60–80 €; ❄🕾) Das bei Künstlern und Nonkonformisten beliebte Hotel passt in keine Schublade. Die Zimmer sind mit Gespür eingerichtet, einige haben einen Deckenventilator, andere eine Klimaanlage und fast alle eine Badewanne. Die meisten blicken auf die autofreie Place d'Assas, die fast schon als modernes Gesamtkunstwerk durchgeht (aber an Sommerabenden etwas laut sein kann).

Hôtel Amphithéâtre
HOTEL €

(☎04 66 67 28 51; http://perso.wanadoo.fr/hotel-amphitheatre; 4 rue des Arènes; EZ 41–45 €, DZ 53–70 €; ❄) Der freundliche Familienbetrieb liegt ganz in der Nähe des Römischen Amphitheaters. Die ursprünglich zwei Villen aus dem 18. Jh. haben 15 Gästezimmer in warmen Naturfarben, die nach Schriftstellern und Malern benannt sind. Wir empfehlen das Montesquieu oder das Arrabal; beide sind geräumig und haben einen Balkon mit Blick auf die autofreie Place du Marché. Die Zimmer im 3. Stock haben Klimaanlage.

Maison de l'Octroi
ZIMMER MIT FRÜHSTÜCK €€

(☎04 66 27 15 95; www.bed-breakfast-nimes. com; 209 chemin de Russan; Zi. 80–85 €) Gastgeberin Nicole Crès hält Ordnung in ihren belden *chambres d'hôtes* und verwöhnt die Gäste mit einem tollen Frühstück. Ihr Haus liegt 1,5 km nördlich des Stadtzentrums in einem 5000 m² großen Garten mit Eichen und Linden.

Auberge de Jeunesse
JUGENDHERBERGE €

(☎04 66 68 03 20; www.hinimes.com; 257 chemin de l'Auberge de Jeunesse, la Cigale; B/DZ 13,50/34 €; ⊙Jan. geschl.) Die bewährte, gut ausgestattete Jugendherberge mit Küche für Selbstversorger bietet auf einem großzügigen Gelände 3,5 km nordwestlich des Bahnhofs alles vom Bett im Schlafsaal bis zu schnuckeligen Häuschen für zwei bis sechs Personen. Es gibt einen Fahrradverleih (14 €/Tag) und sogar ein paar Zeltplätze (6,35 €/Pers.). Anreise mit Bus I Richtung Alès oder Villeverte, Haltestelle Stade.

New Hôtel La Baume
HOTEL €€

(☎04 66 76 28 42; www.new-hotel.com; 21 rue Nationale; EZ/DZ 110/140 €; ❄@🕾) Dieses 34-Zimmer-Hotel in einem nicht so schicken Teil der Stadt hat offensichtlich schon ein paar Jährchen auf dem Buckel, aber dafür ist es in einem attraktiven Stadtpalais aus dem 17. Jh. mit wunderschönem Innenhof und Wendeltreppe untergebracht. In den in warmen Ocker-, Beige- und Cremetönen gehaltenen Zimmern harmoniert Traditionelles mit kompromisslos Modernem.

Hôtel Central
HOTEL €

(☎04 66 67 27 75; www.hotel-central.org; 2 place du Château; EZ/DZ 45/50 €; 🕾) Das freundliche Hotel mit seinen knarrenden Holzböden und den auf die Zimmertüren gemalten Wildblumensträußen hat jede Menge Charakter. Zimmer 20 im 5. Stock hat einen Superausblick auf die Dächer.

Hôtel Imperator Concorde
HOTEL €€€

(☎04 66 21 90 30; http://nimes.concorde-hotels. com; quai de la Fontaine; Zi. 175–243 €; ❄🕾) In der *grande dame* der Hotels von Nîmes logieren vorzugsweise die Matadore. Und im Andenken an Hemingways kurzen Aufenthalt in Zimmer 310 wurde die Bar nach ihm benannt. Die 62 Zimmer sind verschwenderisch ausgestattet und im weitläufigen Garten tanzen die Wasserfontänen des Springbrunnens. Ebenso luxuriös und edel ist das dazugehörige Restaurant **L'Enclos de la Fontaine**.

Hôtel Acanthe du Temple
HOTEL €

(☎04 66 67 54 61; www.hotel-temple.com; 1 rue Charles Babut; EZ 42–50 €, DZ 54–65 €; ❄🕾) In dem alteingesessenen Hotel ist jedes der individuell eingerichteten Zimmer gepflegt und sauber. Fünf davon haben eine Klimaanlage, der Rest nur Ventilatoren.

Camping Domaine de la Bastide
CAMPINGPLATZ €

(☎04 66 62 05 82; www.camping-nimes.com; route de Générac; Platz für 2 Pers. 14,90 €; ⊙ganzjährig) Der schattige Campingplatz mit Bar-Restaurant und kleinem Kinderspielplatz liegt 4 km südlich der Stadt an der D13. Zu erreichen mit dem Bus D bis zur Endhaltestelle La Bastide.

 **Essen**

Die Gastronomie von Nîmes orientiert sich gleichermaßen an der Küche der Provence wie an der des Languedoc. Leckereien des Südens wie *rouille* (eine scharfe Mayonnaise aus Olivenöl, Knoblauch und Chilischoten) sind genauso oft zu finden wie Cassoulet (ein deftiger Eintopf aus weißen Bohnen, Schweine- und Entenfleisch). Auch die Weine aus dem steinigen Anbaugebiet Costières de Nîmes südlich der Stadt sind unbedingt empfehlenswert.

LP TIPP **Carré d'Art** FRANZÖSISCH, KLASSISCH €€
(04 66 67 52 40; www.restaurantlecarredart.com, auf Frz.; 2 rue Gaston Boissier; 1-/2-/3-Gänge-Menü 19/24/29 €; So geschl.) Das Lokal serviert außergewöhnliche Küche in einem ausgenommen geschmackvollen Ambiente. Das klassische Dekor mit vergoldeten Spiegeln und Deckenstuck harmoniert aufs Feinste mit frischen Blumen, heiteren zeitgenössischen Kunstwerken, federleicht anmutenden Kronleuchtern und gedämpftem Jazz vom Band.

 Le Marché sur la Table
FRANZÖSISCH, MODERN €€
(04 66 67 22 50; 10 rue Littré; Hauptgerichte 17–19 €; Mi-So) Theoretisch ist es auch möglich, in diesem freundlichen Lokal nur ein Glas Wein zu trinken, aber das viel gerühmte Nachwuchstalent Éric Vidal (die beeindruckende Liste seiner Auszeichnungen hängt in der Toilette!) und seine Partnerin Caroline machen solche Vorsätze schnell zunichte. Éric kauft frische, biologische Zutaten auf dem nahen Markt und Zuchtfisch ist hier verpönt. Caroline kümmert sich um die Weine, alle aus der Umgebung. Serviert wird im ansprechend möblierten Speisesaal oder im ruhigen, begrünten Hinterhof.

Au Plaisir des Halles MEDITERRAN €€
(04 66 36 01 02; 4 rue Littré; Hauptgerichte 24–30 €; Di-Sa) Die Zutaten könnten frischer nicht sein und das dreigängige Mittagsmenü (20 €) ist ein echt gutes Angebot. Die Porträtfotos an den Wänden zeigen Languedoc-Winzer, deren Erzeugnisse auf der beeindruckenden Weinkarte zu finden sind. Das Lokal liegt in der Nähe der Markthalle.

Le 9 BAR, RESTAURANT €€
(04 66 21 80 77; 9 rue de l'Étoile; Hauptgerichte 15–18 €, Mittagsmenü 15 €; Mo-Sa, Mai-Sept. auch So mittags) Ob zum Essen oder nur auf ein Glas Wein, der Weg lohnt in dieses leicht exzentrische Lokal, über dessen hoher, grüner Eingangstür ein unauffälliges Schild baumelt. Die Gäste sitzen entweder in den weitläufigen, umgebauten Stallungen mit Gewölbedecke oder im weinumrankten Innenhof. Abgesehen vom Mittagsmenü gibt's nur Gerichte à la carte.

Les Olivades RESTAURANT, WEIN €€
(04 66 21 71 78; 18 rue Jean Reboul; Hauptgerichte um 13 €, Mittags-/Abendmenü 12/22 €; Di-Fr & Sa abends) Im hinteren Bereich geht dieser ausgezeichnete Weinladen, der selbst schon einen Besuch wert ist, in ein intimes Speiselokal über, wo Monsieur sich intensiv um die Gäste kümmert, während Madame in der Küche zaubert.

Selbstversorger

Im Juli und August locken bunte Märkte in der Altstadt. Das ganze Jahr über bietet die **Markthalle** (rue Général Perrier) alles, was das Herz begehrt.

Maison Villaret BÄCKEREI
(13 rue de la Madeleine) Der Familienbetrieb hat 25 verschiedene Brotsorten im Angebot, dazu Kuchen, Gebäck und lokale Spezialitäten wie *caladons* (Kekse mit Honig und Mandeln).

L'Oustaù Nadal FEINKOST
(place aux Herbes; Mo geschl.) Hier stapeln sich Leckerbissen wie *brandade, tapenade*, Berghonig und natives Olivenöl, das zum Teil direkt vom Fass abgefüllt wird.

 Ausgehen

Die Place aux Herbes und die Place du Marché sind im Sommer ein einziges quirliges Straßencafé. Etwas ruhiger geht es auf der Place d'Assas zu, die der exzentrische französische Künstler Martial Raysse gestaltet hat.

Le Ciel de Nîmes DACHTERRASSENBAR
(04 66 36 71 70; place de la Maison Carrée; ganzjährig Di-So 10–18 Uhr, Mai-Sept. Fr & Sa bis 22.30 Uhr) Auf der Dachterrasse des Carré d'Art lädt dieses relaxte Lokal zu einem gemütlichen Drink ein – hoch über dem Gewusel unten auf dem Platz. Mittags werden hier auch leckere, sättigende und hübsch präsentierte **Gerichte** serviert (16–28 €).

Grand Café de la Bourse et du Commerce CAFÉ
(bd des Arènes) Das geräumige, extravagante Café gegenüber Les Arènes ist ideal zum Frühstücken, für einen Kaffee zwischen-

durch oder für den Sundowner – bei schönem Wetter auch draußen.

La Bodeguita
BAR

(place d'Assas; ⊙Mo–Sa) Mit seinem spanischen Touch zieht die Bar im Hôtel Royal vor allem die Intellektuellen der Stadt an. Im Sommer gibt's abends oft Livemusik.

☆ Unterhaltung

Les Arènes ist der Schauplatz für Freiluftveranstaltungen wie Konzerte, Historienspektakel und Stierkämpfe.

Ciné Sémaphore
KINO

(☏04 66 67 83 11; www.semaphore.free.fr, auf Frz.; 25 rue Porte de France) In den fünf Sälen laufen vor allem Filme in Originalfassung.

Théâtre de Nîmes
THEATER

(☏04 66 36 02 04; www.theatredenimes.com, auf Frz.; place de la Calade) Die größte Bühne der Stadt für Theater und Konzerte

❶ Praktische Informationen

Net@Games (place de la Maison Carrée; Internet 2 €/Std.; ⊙Mo–Fr 9–1, Sa & So 12–1 Uhr) Internetzugang.

Touristeninformation (☏04 66 58 38 00; www.ot-nimes.fr; 6 rue Auguste; ⊙Mo–Fr 8.30–18.30, Sa 9–18.30, So 10–17 Uhr) Verleiht Audioguides für die Altstadt von Nîmes (1/2 Geräte 8/10 €).

❶ An- & Weiterreise

AUTO & MOTORRAD Avis, Europcar und Hertz haben am Flughafen und im Bahnhof Schalter.

BUS Der **Busbahnhof** (☏04 66 38 59 43; rue Ste-Félicité) liegt hinter dem Bahnhof. Die internationalen Busunternehmen **Eurolines** (☏08 92 89 90 91) und **Line Bus** (☏04 66 29 50 62) haben hier Kartenschalter.

Eine einfache Fahrkarte innerhalb des Departement Gard kostet nur 1,50 €. Zielorte in der Region:

Pont du Gard 30 Min., 2- bis 7-mal tgl.

Uzès 45 Min., 4- bis 10-mal tgl.

FLUGZEUG Der **Flughafen** von Nîmes (☏04 66 70 49 49) liegt 10 km südöstlich der Stadt an der A54 und wird derzeit nur von Ryanair ab Brüssel oder London angeflogen.

ZUG Über zwölf TGV-Züge fahren täglich von/nach Paris Gare de Lyon (52–99,70 €, 3 Std.). Häufige Zugverbindungen gibt es mit:

Alès 8,50 €, 40 Min.

Arles 7,50 €, 30 Min.

Avignon 8,50 €, 30 Min.

Marseille 19 €, 1¼ Std.

Montpellier 8,60 €, 30 Min.

Sète 12,20 €, 1 Std.

❶ Unterwegs vor Ort

FAHRRAD Commavélo (☏06 07 41 80 61; www.commavelo.com; 28 rue Émile Jamais; ⊙9.30–13 & 14–19 Uhr) verleiht Fahrräder (halb-/ganztags/3 Tage 7/12/30 €) und Mountainbikes (halb-/ganztags/3 Tage 9/15/37,50 €).

Wer sein Auto auf den Parkplätzen von Les Arènes oder der Place d'Assas stehen lässt, kann sich kostenlos ein Cityrad ausleihen – einfach den Parkschein am Schalter vorzeigen.

ZUM/VOM FLUGHAFEN Ein **Flughafenbus** (5 €, 30 Min.) für Ryanair-Passagiere pendelt je nach Abflugs- und Ankunftszeit der Flieger zwischen Bahnhof und Flughafen. Abfahrtszeiten sind telefonisch unter ☏04 66 29 27 29 zu erfahren.

TAXI Taxiruf: ☏04 66 29 40 11.

Rund um Nîmes

PERRIER PLANT

Wer sich je gefragt hat, wie die Kohlensäure in eine Flasche Perrier-Mineralwasser kommt oder warum die Flaschen diese rundliche Form haben, kann auf einer einstündigen (französischsprachigen) Führung durch die **Abfüllanlage von Perrier** (☏04 66 87 61 01; Erw./Kind 5/2 €; ⊙Führungen ungefähr stündl. Mo–Fr 10–16 Uhr) die Antwort bekommen. Die Abfüllanlage in Vergèze an der RN113, 13 km südwestlich von Nîmes, füllt jährlich um die 400 Mio. Flaschen Mineralwasser ab. Die Ankündigung *dégustation gratuite* (Verkostung gratis) ist wahrscheinlich ironisch gemeint. Telefonische Anmeldung ist erforderlich.

PONT DU GARD

Pont du Gard
RÖMISCHER AQUÄDUKT

Der außergewöhnlich gut erhaltene, dreistöckige römische Aquädukt – ein Unesco-Weltkulturerbe – war einst Teil eines 50 km langen Kanalsystems, das um 19 v. Chr. angelegt wurde, um Wasser aus der Nähe von Uzès nach Nîmes zu leiten. Die Ausmaße des Bauwerks sind gewaltig: Die 35 Bögen des 275 m langen oberen Stocks 50 m über dem Fluss Gard tragen eine Wasserleitung, die pro Tag bis zu 20 000 m³ Wasser transportierte. Jeder einzelne Baustein (die größten wiegen über 5 t) wurde aus Steinbrüchen aus nah und fern mit Karren oder Flößen herbeigeschleppt.

Von den Parkplätzen auf beiden Seiten des Gard führt ein 400 m langer, rollstuhlgerechter Fußweg direkt zum Aquädukt. Parallel zu seinem untersten Geschoss wurde 1743 eine Straßenbrücke gebaut. Der beste und unverstellteste Blick auf das Bauwerk bietet sich ein Stück flussaufwärts, wo an heißen Sommertagen auch viele schwimmen gehen.

Das **Besucherzentrum** (☎04 66 37 50 99; www.pontdugard.fr; ◷Mai–Sept. 9.30–19 Uhr, Okt.–April bis 17 oder 18 Uhr) am linken, nördlichen Ufer verleiht **Audioguides** in mehreren Sprachen (6 €).

Museo de la Romanité   KULTURMUSEUM
Das riesige, ungemein informative und innovative Hightechmuseum zur Welt der Römer sollte unbedingt besucht werden. Die Beschriftungen sind auch auf Englisch. Auf der Großleinwand des Museumskinos zeigt ein **Film** (auf Englisch um 12 und 15 Uhr) den Aquädukt vom Land und aus der Luft. Langeweile wird hier bestimmt nicht aufkommen, aber für Kinder gibt es auch noch das **Ludo**, das angrenzende Kinderspielmuseum für Fünf- bis Zwölfjährige.

Mémoires de Garrigue   WANDERN
Umsonst und abseits der Massen führt eine Wanderung auf dem 1,4 km langen, mit Informationstafeln versehenen Weg durch typisch mediterranes Buschland. Es gibt dazu auch ein englischsprachiges Begleitheft, das im Museum verliehen oder verkauft (4 €) wird.

ⓘ An- & Weiterreise
Der Pont du Gard steht 21 km nordöstlich von Nîmes und 26 km westlich von Avignon. Die Busse halten normalerweise an der D981, 500 m nördlich des Besucherzentrums. Im Sommer machen einige den Umweg zum Parkplatz am Pont du Gard.

Bus B21 von **Edgard** (www.edgard-transport.fr, auf Frz.) fährt 3- bis 7-mal täglich von/nach Nîmes, Bus A15 3- bis 6-mal täglich ab Avignon.

Parken auf den riesigen Parkplätzen an beiden Flussufern kostet 5 €.

DER GARD
Der wilde, unberechenbare Gard ergießt sich aus den Bergen der Cevennen. Durch starke Regenfälle kann sein Wasserstand in

PONT DU GARD EINTRITTSPREISE

Auto mit bis zu fünf Passagieren April bis Oktober 15 €, November bis März 10 €

Radfahrer und Fußgänger Freier Eintritt zur Brücke, Eintritt für Museum, Film und Ludo 10 €

Abends Kostenloses Parken und freier Eintritt zur Brücke Mai bis September ab 19 oder 20 Uhr, Oktober bis April ab 18 Uhr

ⓘ SOMMER-SHOW

Ein abendlicher Besuch des **Pont du Gard** bietet ein ganz besonderes Erlebnis: Jeden Abend von Sonnenuntergang bis Mitternacht wird die Brücke spektakulär angestrahlt. Parken ist ab 19 Uhr umsonst.

kürzester Zeit um bis zu 5 m steigen. Nach langen Trockenzeiten hingegen kann es vorkommen, dass manche Flussabschnitte völlig verschwinden, da das wenige Wasser durch unterirdische Kanäle abfließt.

Der Fluss hat sich zwischen **Russan** und dem Dorf **Collias** etwa 6 km flussaufwärts vom Pont du Gard eine mäandernde Schlucht (Les Gorges du Gardon) durch die Berge gegraben. Der Fernwanderweg GR6 führt fast die ganze Strecke an der Schlucht entlang.

In Collias, 4 km westlich der D981, vermieten **Le Tourbillon** (☎04 66 22 85 54; www.canoe-le-tourbillon.com), **Kayak Vert** (☎04 66 22 80 76; www.canoefrance.com/gardon) und **Canoë Collias** (☎04 66 22 87 20; www.canoe-collias.com, auf Frz.) Kajaks und Kanus. Bei Kayak Vert gibt's auch Mountainbikes.

Wer will, kann die 8 km hinunter zum Pont du Gard (20 € pro Pers., 2 Std.) paddeln oder sich flussaufwärts in Russan absetzen lassen und dann 23 km durch die Gorges du Gardon flussabwärts zurück nach Collias gleiten (30 €, ganzer Tag), was normalerweise nur zwischen März und Mitte Juni möglich ist, wenn der Fluss genug Wasser führt.

Uzès liegt 25 km nordöstlich von Nîmes und ist früher einmal mit Seide, Leinen und – kaum zu glauben – Lakritze reich geworden. Nachdem alle drei Einnahmequellen versiegt waren, brachen harte Zeiten an und der Aufschwung kam erst wieder mit dem Tourismus. Besuchermagnete sind vor allem die originalgetreu restaurierten Renaissancefassaden, der beeindruckende Duché (Herzogspalast) und das Herzstück des Städtchens, die malerische, baumbestandene Place aux Herbes mit ihren krummen und schiefen Arkaden.

Die Bauern aus der Umgebung verkaufen ihre Erzeugnisse immer mittwochs und samstags auf dem **Markt** auf der Place aux Herbes.

◉ Sehenswertes & Aktivitäten

In der Touristeninformation gibt's die kostenlose mehrsprachige Broschüre *Uzès: Premier Duché de France* mit der Beschreibung eines Rundgangs zu den Highlights der Altstadt.

Jardin Médiéval   GARTEN
(Mittelaltergarten; Erw./Kind 4/2 €; ⊘April–Okt. 10.30–12.30 & 14–18 Uhr) Der entzückende Garten im Schatten des Burgfrieds des Duché liegt hinter der Rue Port Royal. In ihm gedeihen mittelalterliche Pflanzen und Blumen, die ausführlich erklärt und beschrieben sind (auch mit englischer Übersetzung).

Musée du Bonbon   SÜSSIGKEITENMUSEUM
(Pont des Charrettes; Erw./Kind 6/4 €; ⊘Di–So 10–13 & 14–18 Uhr, Juli–Sept. tgl., Jan. geschl.) Ein Eldorado für Naschkatzen. Ein Schild am Eingang erklärt: „Dieses Museum ist all denjenigen geweiht, die ihr Leben einer etwas lasterhaften Leidenschaft gewidmet haben – der Gier." Die Erläuterungen in diesem Tempel der Süßigkeiten (der übrigens Haribo gehört) sind mehrsprachig. Eltern sollten sich darauf gefasst machen, dass ihre Kinder das Zuckerzeug kiloweise zum Großhandelspreis mitnehmen wollen.

Duché   BURG
(www.duche-uzes.fr; ⊘10–12 & 14–18 Uhr) Die Festung gehörte über 1000 Jahre lang den Herzögen von Uzès. Zwischen dem 11. und 18. Jh. wurde sie fast ständig umgebaut; heute ist sie eine echte Schatzkammer voller historischer Möbel, Wandteppiche und Gemälde. Wer sich nicht der einstündigen

französischsprachigen **Führung** (Erw./Kind 16/12 €) anschließen will, kann sich im **Burgfried** (Eintritt 11 €) umschauen.

☆☆ Festivals & Events

Foire aux Truffes   TRÜFFELMARKT
Ein gigantischer Trüffelmarkt am dritten Sonntag im Januar.

Foire à l'Ail   KNOBLAUCHMARKT
Am 24. Juni durchweht der Duft des Knoblauchmarkts Uzès.

Nuits Musicales d'Uzès   MUSIKFESTIVAL
Das internationale Festival für Barockmusik und Jazz findet in der zweiten Julihälfte statt.

🛏 Schlafen & Essen

LP TIPP > **Hôtel Restaurant du Général d'Entraigues**   HOTEL, RESTAURANT €€
(☏04 66 22 32 68; www.hoteldentraigues.com, auf Frz.; place de l'Évêché; Zi. 90–130 €; ✳🛜☷) Ein Gang durch das Hotel ist wie eine historische Zeitreise: Es besteht aus vier zusammengeschlossenen Wohnhäusern aus dem 15. bis 18. Jh. mit einer reizvollen Mischung aus schiefen Winkeln, niedrigen Balkendecken, Bögen, Nischen, Fluren und Treppen, von denen niemand weiß, wo sie hinführen. Zu den modernen Errungenschaften gehören Klimaanlagen in den meisten der 36 Zimmer und ein kleiner erhöhter Pool, wo Frühstücksgäste morgendliche Schwimmer beobachten können – von unten. Das Hotel-Restaurant **Les Jardins de Castille** (Menü 15–21 €) serviert moderne Küche in einem ebenfalls traditionellen Ambiente.

LP TIPP > **Terroirs**   CAFÉ & FEINKOST €
(www.enviedeterroirs.com; 5 place aux Herbes; Snacks um 4,50 €, gemischte Platte 10–14 €; ⊘9–22.30 Uhr, Okt.–März bis 18 Uhr) Unter den Arkaden oder auf dem Platz mit Kopfsteinpflaster verwöhnen Tom und Corinne Graisse ihre Gäste mit leckeren Snacks, deren Zutaten fast alle aus der Region stammen. Schon die ausführlichen Beschreibungen der leckeren gemischten Tapasteller und Toasts auf der Karte (auch in Englisch) lassen einem das Wasser im Munde zusammenlaufen.

🛍 Shoppen

Maison de la Truffe   TRÜFFEL
(27 place aux Herbes) In der großartigen Maison de la Truffe gibt's Trüffel in allen Kombinationen – mit Schokolade, in Öl, mit Reis und vieles mehr.

Praktische Informationen

Die **Touristeninformation** (✆ 04 66 22 68 88; www.uzes-tourisme.com; ⊘ Mo–Fr 10–18 oder 19, Sa & So 10–13 & 14–17 Uhr, Sa nachmittags & Okt.–Mai So geschl.) liegt an der Place Albert I. am äußeren Rand der Altstadt. Sie verleiht **Audioguides** (5 €) für Stadtspaziergänge.

An- & Weiterreise

Der Busbahnhof – eigentlich nur eine bescheidene Haltestelle – liegt in der Avenue de la Libération neben der Banque Populaire. Die Busse zwischen Avignon (1 Std.) und Alès (50 Min.) halten hier drei- bis fünfmal täglich, nach Nîmes (45 Min.) mindestens fünfmal täglich. Alle Fahrkarten kosten nur 1,50 €.

Alès & Umgebung

41 100 EW.

Alès, 45 km von Nîmes und 70 km von Montpellier entfernt am Gard gelegen, ist die zweitgrößte Stadt des Departements Gard und das Tor zu den Cevennen. Vom 13. Jh. an, als Mönche sich in die umliegenden Berge buddelten, wurde hier Kohle abgebaut, die letzte Grube machte aber 1986 dicht.

Das autofreie Stadtzentrum, das sich längst von seiner rußigen Vergangenheit verabschiedet hat, erstrahlt im Sommer im Blumenschmuck.

Sehenswertes & Aktivitäten

Train à Vapeur des Cévennes

DAMPFEISENBAHN

(www.trainavapeur.com; Erw./Kind einfach 10/6,50 €, hin & zurück 13/8 €; ⊘ April–Okt.) Die authentische Dampfeisenbahn braucht 40 Minuten für die 13 km von St-Jean du Gard bis Anduze. Sie fährt drei- bis viermal täglich und hält auch an der Bambouseraie.

Mine Témoin

BERGWERKSMUSEUM

(www.mine-temoin.fr, auf Frz.; chemin de la Cité Ste-Marie; Erw./Kind 7/4,50 €; ⊘ März–Mitte Nov. 9.30–12.30 & 14–18 Uhr) In einer echten Mine in Alès bekommen Besucher einen Helm aufgesetzt und eine Broschüre in die Hand gedrückt, um dann im Korb hinunter in die Mine zu fahren, in der früher der Bergarbeiternachwuchs ausgebildet wurde. Auf ein 20-minütiges Video folgt eine einstündige Führung (beides auf Französisch) durch die 700 m langen unterirdischen Stollen. Ein Pulli sollte mitgenommen werden, da die Temperatur da unten kaum 16 °C erreichen.

Musée du Désert

HUGENOTTENMUSEUM

(Museum der Wildnis; www.museedudesert.com; Erw./Kind 5/4 €; ⊘ März–Nov. 9.30–12 & 14–18 Uhr) Das Musée du Désert im bezaubernden Dörfchen Le Mas Soubeyran, 5,5 km nördlich der Bambouseraie, erzählt die Geschichte der Hugenotten (s. Kasten S. 784): Sie wurden verfolgt und kämpften über 100 Jahre lang in einer Widerstandsbewegung. Rund eine halbe Million von ihnen emigrierte schließlich in tolerantere Gefilde.

Bambouseraie de Prafrance

TROPISCHER GARTEN

(www.bambouseraie.com; Erw./Kind 8/4,50 €; ⊘ März–Mitte Nov. 9.30 Uhr–Sonnenuntergang) Die ersten Setzlinge für dieses weitläufige, ausgewachsene Bambuswäldchen pflanzte ein Gewürzhändler, als er vor 150 Jahren aus den Tropen zurückgekehrt war. Mittlerweile sprießen in dieser Anlage in Générargues, 12 km südwestlich von Alès, 150 verschiedene Bambusarten. Wassergärten, ein laotisches Dorf und ein japanischer Garten vervollständigen die fernöstliche Idylle. Die Dampfeisenbahn der Cevennen hält direkt am Eingang.

La Caracole

SCHNECKENFARM

(✆ 04 66 25 65 70; www.lacaracole.fr; Erw./Kind 6/4 €; ⊘ Führungen Juli & Aug. 16.30 & 18.30 Uhr, April–Juni & Sept. Mi & So 15 & 16.30 Uhr) Hier dürfen sich die Kids wohlig ekeln. La Caracole präsentiert mithilfe von 250 000 Tierchen die „erstaunliche, spannende Welt der Schnecken". Das passenderweise etwa schneckenhausgroße Museum informiert über die Rolle der Schnecke in Religion, Kunst und Geschichte. Nach der 1½-stündigen Führung (gleichzeitig auch auf Englisch) kann man Schnecken (gratis) probieren und die eine oder andere Dose mit ehemaligen Bewohnern der Farm in verschiedenen leckeren Saucen erstehen. La Caracole liegt in St-Florent sur Auzonnet, 12 km nördlich von Alès, zu erreichen über die D904 Richtung Aubenas und dann links auf die D59.

Schlafen & Essen

Mas de Rochebelle

ZIMMER MIT FRÜHSTÜCK €€

(✆ 04 66 30 57 03; www.masderochebelle.fr; 44 chemin de la Cité Ste-Marie; EZ 55–70 €, DZ 70–90 €; ☒) Die einladende *chambre d'hôtes* in Alès nicht weit von der Mine Témoin war einst das Wohnhaus des Minendirektors. Für Gäste stehen fünf hübsche Zimmer und ein großer Garten zur Verfügung, wo

DER KAMISARDENAUFSTAND

Anfang des 18. Jhs. tobte in den Cevennen ein Guerillakrieg der Protestanten gegen die Armee Ludwigs XIV. Durch die Aufhebung des Edikts von Nantes 1685 waren die Rechte der protestantischen Hugenotten, die ihnen seit 1598 zugestanden wurden, beschnitten worden. Viele emigrierten, während andere tief in die Cevennen flüchteten. Dort organisierte ein lokaler Anführer, der erst 22-jährige Roland Laporte, den Widerstand gegen die französische Armee, die zu seiner Niederwerfung entsandt worden war.

Zwei Jahre lang leisteten die schlecht ausgerüsteten Aufständischen Widerstand. Sie kämpften im bloßen Hemd – *camiso* in der *langue d'oc* –, daher ihr volkstümlicher Name *camisards*. Dann gewann die königliche Armee die Oberhand, massakrierte die ortsansässige Bevölkerung oder schlug sie in die Flucht. Roland wurde getötet und die meisten Dörfer niedergebrannt.

Jedes Jahr am ersten Sonntag im September treffen sich Tausende französischer Protestanten in Rolands Geburtshaus in Le Mas Soubeyran. Es ist heute das Musée du Désert (S. 783), das die Verfolgung der Protestanten in den Cevennen zwischen 1685 und dem Toleranzedikt von 1787, das erneut Religionsfreiheit garantierte, dokumentiert.

sie umherschlendern, schwimmen oder einfach nur unter der prächtigen Eibe relaxen können. Kreditkarten werden nicht akzeptiert.

Hôtel Restaurant Le Riche HOTEL **€**
(📞04 66 86 00 33; www.leriche.fr, auf Frz.; 42 place Pierre Sémard; EZ/DZ 52/68 €; ⊙Aug. geschl.; ❄🛜) Das wirklich günstige Hotel gegenüber dem Bahnhof in Alès ist nicht nur wegen der 19 hübschen, modernen Zimmer höchst empfehlenswert, sondern auch wegen der guten Küche des **Restaurants** (Menü 21–50 €) mit seiner schönen Stuckdecke und der aufmerksamen Bedienung.

Camping la Croix Clémentine
CAMPINGPLATZ **€**
(📞04 66 86 52 69; www.clementine.fr, auf Frz.; Platz für 2 Pers. je nach Jahreszeit 14–26,60 €; ⊙April–Sept.; 🛝) Der Campingplatz in Cendras, 5 km nordwestlich von Alès, liegt an und in einem schattigen Eichenwald. Viel Platz zum Spielen für Kinder.

ℹ Praktische Informationen

Die **Touristeninformation** (📞04 66 52 32 15; www.ville-ales.fr, auf Frz.; place Hôtel de Ville; ⊙Mo–Sa 9–12, 13.30–17.30 Uhr, Juli & Aug. auch So 9.30–12.30 Uhr) von Alès sitzt in einem modernen Gebäude in den Mauern einer Barockkapelle.

ℹ An- & Weiterreise

BUS Von der **Gare Routière** (📞04 66 52 31 31; place Pierre Sémard) neben dem Bahnhof fährt ein Bus in die Cevennen nach Florac (13 €, 1¼ Std., Mitte April–Mitte Sept. Mo–Fr, sonst nur Mi & Sa) und drei bis fünf Busse fahren nach Uzès (1,50 €, 50 Min.), oft auch weiter nach Avignon (1,50 €, 1¾ Std.).

ZUG Bis zu zehn Zugverbindungen gibt es täglich mit Montpellier (15 €, 1½ Std.), einige erfordern Umsteigen in Nîmes (8,45 €, 40 Min.).

Montpellier

257 100 EW.

Der Philosoph John Locke hatte im 17. Jh. wohl ein Glas Minervois zu viel intus, als er schrieb: „Ich finde es viel besser, zweimal nach Montpellier zu reisen als einmal ins Jenseits." Montpellier ist vielleicht nicht ganz das Paradies auf Erden, aber diese Stadt, in der Studenten fast ein Drittel der Bevölkerung ausmachen, wächst schnell und ist innovativ, selbstbewusst und mittlerweile eine ernsthafte Konkurrentin für Toulouse im Kampf um den Titel der wichtigsten Stadt Südfrankreichs. Mit zwei superschnellen Straßenbahnlinien – eine dritte ist gerade im Bau –, über 12 000 Parkplätzen, rund 1000 Leihfahrrädern und 150 km Fahrradwegen fällt es nicht schwer, in dieser unglaublich fußgängerfreundlichen Stadt auf das Auto zu verzichten.

Montpellier, eine der wenigen Städte Südfrankreichs ohne römisches Erbe, war ein Spätstarter. Die Stadt wurde von den Grafen von Toulouse gegründet und 985 das erste Mal schriftlich erwähnt. Im Mittelalter war Montpellier eine reiche Stadt mit Handelsbeziehungen im gesamten Mittelmeerraum. Außerdem kann es auf eine lange akademische Tradition zurückblicken: Im 12. Jh. wurde hier die erste medizinische Hochschule Europas gegründet. In den 1960er-Jahren wuchs die Bevölkerung dramatisch, weil viele französische Siedler das unabhängig gewordene Algerien verließen und sich hier niederließen.

Die Stadt verdankt ihren modernen Stil und ihre Tendenz zur Protzigkeit (wie die gigantische, neoklassizistische Wohnanlage Antigone aus den 1980er-Jahren) Georges Frêche. Der frühere Bürgermeister von 1977 bis 2004 war stets umstritten, ist aber in der Stadt hoch verehrt.

⊙ Sehenswertes

Musée Fabre KUNSTGALERIE
(www.museefabre.fr; 39 bd Bonne Nouvelle; Erw./Kind 6/4 €, mit Département des Art Décoratifs 7/5 €; ☺Di & Do–So 10–18, Mi 13–21 Uhr) Ein erfreulich geräumiges und exzellent ausgeleuchtetes Haus mit einer der brillantesten Sammlungen europäischer Kunst ab dem 16. Jh. sowie sieben Galerien mit lebhaftdynamischen Werken des 20. Jhs. Der Anbau, das jüngst eröffnete **Département des Arts Décoratifs**, zeigt im passenden Rahmen elegante Möbel, Keramiken und Schmuck des 18. und 19. Jhs.

Serre Amazonienne REGENWALDSIMULATION
(www.zoo.montpellier.fr, auf Frz.; 50 av. Agropolis; Erw./Kind 6/2,50 €, Audioguide 2 €; ☺9–17 oder 19 Uhr) Das Tropenhaus, das dem Amazonasregenwald nachempfunden ist, ergänzt spektakulär den Zoo von Montpellier und liegt nur zehn Minuten zu Fuß vom Agropolis entfernt. In den ersten zwei Becken tummeln sich Alligatoren und Piranhas, aber danach wird's friedlicher. Stars sind u. a. die kecken Jungleoparden, eine Familie bolivianischer Totenkopfäffchen und die herumflirrenden Fledermäuse. Im Anschluss kann der restliche Zoo, der zweitgrößte Frankreichs, kostenlos besichtigt werden.

Agropolis KULTURMUSEUM
(www.museum.agropolis.fr; 951 av. Agropolis; Erw./Kind 5 €/frei; ☺Mo–Fr & gelegentlich an Wochenenden 10–12.30 & 14–18 Uhr) Im Agropolis, 4 km nördlich des Stadtzentrums, dreht sich alles um Nahrungsmittel und wie sie in der ganzen Welt angebaut werden – eine für Alt und Jung faszinierende und lehr-

reiche Reise von Jägern und Sammlern bis zum modernen Supermarkt. Zu erreichen, ebenso wie die Serre Amazonienne, mit der Straßenbahn Linie 1 bis zur Haltestelle St-Eloi, von wo regelmäßig ein Shuttlebus abfährt.

Odysseum FREIZEITKOMPLEX
In dem Freizeitkomplex 3,5 km östlich des Zentrums an der Endhaltestelle der Straßenbahn Linie 1 gibt es eine Eisbahn, ein Planetarium, ein Multiplex-Kino und vor allem das **Aquarium Mare Nostrum** (Erw./Kind 12,50/9 €; ☺10–19, 20 oder 22 Uhr) mit 15 Wasserbiotopen vom Polarmeer bis zum Tropenwald.

Hôtels Particulier BAUDENKMÄLER
Im 17. und 18. Jh. bauten sich die reichen Händler der Stadt luxuriöse Residenzen, die von außen oft ganz unauffällig wirken, dafür aber mit wunderschönen Innenhöfen ausgestattet sind (die aber leider meist nicht einsehbar sind). Beispiele dafür sind das **Hôtel de Varennes** (2 place Pétrarque), ein ursprünglich mittelalterliches Gebäude, das im 18. Jh. stilvoll umgebaut wurde, und das **Hôtel St-Côme** (Grand Rue Jean Moulin), in dem heute die Handelskammer residiert. Das **Hôtel des Trésoriers de France** (7 rue Jacques Cœur) aus dem 17. Jh. beherbergt heute das Musée Languedocien. Weitere schöne Exemplare – erkennbar an den Hinweisschildern auf Französisch – stehen in der Altstadt.

Place Royale du Peyrou & Umgebung ESPLANADE, GARTEN
Am östlichen Ende der breiten, von Bäumen gesäumten Esplanade steht der **Arc de Triomphe** (1692). Das **Château d'Eau**, ein kunstvoller, sechseckiger Wasserturm am Westende ist Ausgangspunkt des **Aqueduc de St-Clément**, das nachts spektakulär

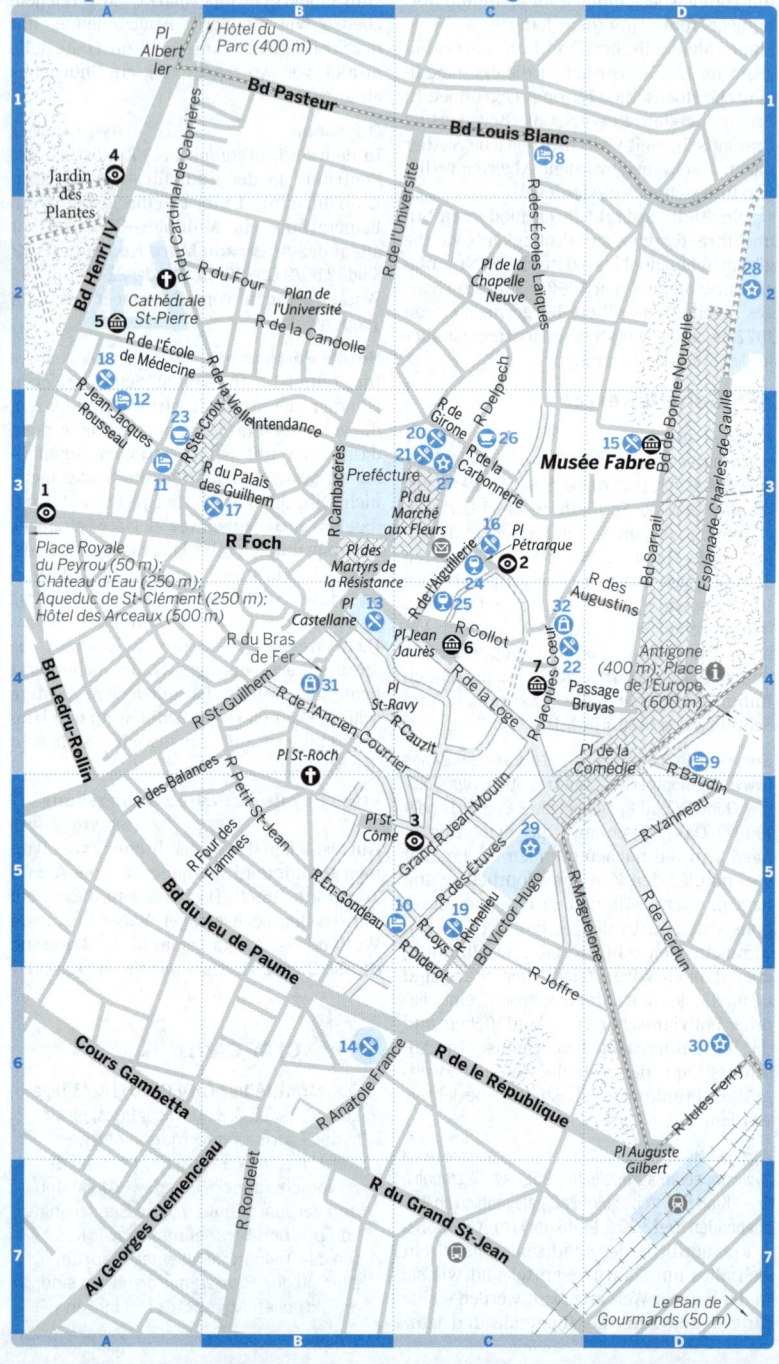

beleuchtet wird. Nördlich der Esplanade beginnt der **Jardin des Plantes** (☉Di–So 12–18 oder 20 Uhr; Eingang am Boulevard Henri IV), Frankreichs ältester botanischer Garten, der 1593 angelegt wurde und von der Universität von Montpellier immer noch für Forschungszwecke genutzt wird.

In Montpellier gibt es mehrere spannende Museen zur reichen Geschichte der Stadt:

Musée Languedocien
ARCHÄOLOGISCHES MUSEUM

(7 rue Jacques Cœur; Erw./Stud. 6/3 €; ☉Mo–Sa 15–18 Uhr) Stellt die unzähligen archäologischen Fundstücke der Umgebung seit der Frühzeit aus, aber auch Kunstwerke vom 16. bis 19. Jh.

GRATIS Musée du Vieux Montpellier

(2 place Pétrarque; ☉Do–Sa 9.30–12 & 13.30–17 Uhr) Eine Fundgrube mit unterschiedlichsten Objekten, die die Stadtgeschichte vom Mittelalter bis zur Französischen Revolution dokumentieren.

Musée de l'Histoire de Montpellier
HISTORISCHES MUSEUM

(place Jean Jaurès; Eintritt inkl. Audioguide 1,60 €; ☉Di–Sa 10.30–11.45 & 13.30–17.15 Uhr)

Das Museum in der einstigen Krypta der Kirche Notre-Dame des Tables bietet eine eher lahme, 35-minütige Version der Stadtgeschichte, die durch die Hightech-präsentation etwas aufgepeppt wird.

GRATIS Musée Atger
KUNSTMUSEUM

(2 rue de l'École de Médecine; ☉Sept.–Juli Mo, Mi & Fr 13.30–17.45 Uhr) Das Museum in der medizinischen Fakultät zeigt eine bemerkenswerte Sammlung französischer, italienischer und flämischer Zeichnungen.

⭐ Festivals & Events

Printemps des Comédiens
KULTURFEST

(www.printempsdescomediens.com) Ein Musik-, Tanz- und Theaterfestival im Juni.

Montpellier Danse
TANZFESTIVAL

(www.montpellierdanse.com, auf Frz.) Ein zweiwöchiges internationales Tanzfestival im Juni oder Juli.

Festival de Radio France et Montpellier
MUSIKFESTIVAL

(www.festivalradiofrancemontpellier.com, auf Frz.) Spitzenmäßige klassische Konzerte und Opern in der zweiten Julihälfte, mit einem Rahmenprogramm aus kostenlosen Konzerten aller Musikrichtungen.

Montpellier

🛏 Schlafen

LP TIPP **Hôtel Le Guilhem**   HOTEL €€
(📞0467529090; www.hotel-le-guilhem.
com; 18 rue Jean-Jacques Rousseau; EZ 85 €, DZ
96–192 €;❄@🛜) Die 35 schick und individuell ausgestatteten Zimmer des Hotels
verteilen sich auf mehrere miteinander
verbundene Gebäude aus dem 16. Jh. und
bieten fast alle einen Ausblick auf den
verträumten Garten des nahe gelegenen
Restaurants Le Petit Jardin. Zimmer 100
(158 €) hat eine eigene Terrasse mit kleinem Garten. Da das Le Guilhem eine treue
Stammkundschaft hat, empfiehlt es sich,
rechtzeitig zu reservieren. WLAN gratis.

Hôtel du Parc   HOTEL €€
(📞04 67 41 16 49; www.hotelduparc-montpellier.
com, auf Frz.; 8 rue Achille-Bégé; EZ 68–75 €,
DZ 83–90 €, EZ/DZ mit Dusche 46/53 €;❄🛜)
In diesem ehemaligen *hôtel particulier*
aus dem 18. Jh. sorgen die geschwungene,
schmiedeeiserne Treppe sowie allerlei Nippes und Krimskrams für Gemütlichkeit in
den 19 individuell eingerichteten Zimmern
(besonders in Zimmer 7, dem Schlafgemach
des Vorbesitzers Comte Vivier de Châtelard). Die Zimmer im Erdgeschoss haben
kleine Balkons. Zu erreichen ist es von der
Place Albert I über die Avenue Faubourg-
Boutonnet Richtung Norden.

Hôtel des Arceaux   HOTEL €
(📞04 67 92 03 03; www.hoteldesarceaux.com;
33–35 bd des Arceaux; EZ 54–65 €, DZ 65–70 €;
❄🛜) Das reizende Stadthaus unter einem
Aquädukt liegt in einer nahezu dörflichen
Ecke Montpelliers, die nur zehn Minuten
zu Fuß vom Zentrum entfernt ist. Frühstück, Brunch und Abendessen werden im
beschaulichen Garten serviert.

Hôtel du Palais   HOTEL €€
(📞0467604731; www.hoteldupalais-montpellier.
fr; 3 rue du Palais des Guilhem; EZ 66 €, DZ 72–
85 €;❄🛜) Alle 26 Zimmer des entzückenden
Hotels wurden von einem einheimischen
Künstler gestaltet und geschmackvoll und
individuell eingerichtet. Mit den schmiedeeisernen Balkons, austerngrauen Fensterläden, Blumenkästen und dem Blick auf
einen ruhigen Platz bezaubert es jeden auf
den ersten Blick.

Hôtel des Étuves   HOTEL €
(📞04 67 60 78 19; www.hoteldesetuves.fr; 24
rue des Étuves; EZ 31–42 €, DZ 39–49 €;🛜) Das
freundliche Familienhotel vermietet 13
Zimmer, die sich wie Weinranken rund um
eine Wendeltreppe gruppieren und außerordentlich günstig sind. Die Zimmer sind
zwar einfach, aber praktisch und die sechs
mit Blick auf eine ruhige Fußgängerzone
sind schön sonnendurchflutet. Kreditkarten werden nicht akzeptiert.

Hôtel de la Comédie   HOTEL €
(📞04 67 58 43 64; hoteldelacomedie@cege-
tel.net; 1bis rue Baudin; EZ 42–49 €, DZ 52–
69 €;❄🛜) Der gemütliche Familienbetrieb
in der Nähe der Place de la Comédie ist bei
Musikern und Theaterleuten populär. Alle
20 Zimmer haben Klimaanlage, Heizung
und Doppelfenster.

Auberge de Jeunesse   JUGENDHERBERGE €
(📞04 67 60 32 22; montpellier@fuaj.org; 2 impasse de la Petite Corraterie; B mit Frühstück
16,70 €; ⊙Dez. geschl.; @) Das HI-Hostel liegt
in unmittelbarer Nähe der Rue des Écoles
Laïques. Die Zimmer haben zwei bis zehn
Betten und es gibt einen kleinen schattigen
Garten. Anfahrt mit der Straßenbahn bis
zur Haltestelle Louis Blanc.

Camping Oasis Palavasienne
    CAMPINGPLATZ €
(📞04 67 15 11 61; www.oasis-palavasienne.com;
route de Palavas; Platz je nach Jahreszeit 16–33 €;
⊙Mitte April–Mitte Sept.;❄) Der baumbe-
schattete Campingplatz verfügt über einen
großen, beheizten Swimmingpool mit Was-
serrutsche und bietet Sauna, Kinderspielplatz, Bar und Restaurant. Zu erreichen mit
dem Bus 17 ab dem Busbahnhof. Der Campingplatz hat auch einen eigenen Shuttlebus zum 4 km entfernten Badeort Palavas.

🍴 Essen

Viele preiswerte, quirlige Lokale liegen
rund um die Rue de l'Université und die
Rue des Écoles.

La Girafe   FUSIONSKÜCHE €€
(📞04 67 54 48 89; 14 rue du Palais des Guilhem;
Hauptgerichte 15–18 €; ⊙Di–Sa) Gäste werden
tatsächlich von einer großen Giraffenfigur
begrüßt. Serviert wird unten im intimen
Raum mit dunkelrotem Ambiente und Original-Kunstwerken oder oben unter dem
Kreuzgewölbe der ehemaligen Kapelle. Der
Koch Pascal Schmitt bezieht seine Zutaten
frisch vom Markt, nichts, aber auch gar
nichts kommt aus der Tiefkühltruhe. Göttlich ist die mit Garnelen und Koriander gefüllte Hühnerbrust mit Satay-Sauce.

Le Petit Jardin FRANZÖSISCH, MODERN €€
(☏04 67 60 78 78; www.petit-jardin.com, auf Frz.;
20 rue Jean-Jacques Rousseau; Hauptgerichte
22–29 €, Mittagsmenü 17–33 €; ⊙Mitte Mai–Mitte Okt., ansonsten Mo geschl.) Der „Kleine Garten" hält, was er verspricht: Das Restaurant
serviert kreative Küche und die großen
Erkerfenster blicken nach hinten auf eine
schattige und märchenhafte Grünanlage.
Die Speisekarte mit einem Touch asiatischer Fusionsküche ist kurz, einfach und
doch abwechslungsreich.

LP TIPP **Tamarillos** FRÜCHTE & BLUMEN €€
(☏04 67 60 06 00; http://tamarillos.
biz; 2 place du Marché aux Fleurs; Hauptgerichte 24–34 €, Menü 38–88 €) „Eine Küche aus
Früchten und Blumen" lautet das Motto des
Tamarillos und so enthalten alle Gerichte,
ob süß oder pikant, auf die eine oder andere
Art Früchte, ob nun bei einem kompletten
Menü oder mittags bei einem Salat (14–
19 €) oder Tagesgericht (15 €). Küchenchef
Philippe Chapon ist „zweifacher Champion
für Desserts in Frankreich" und hat dem
britischen Starkoch Gordon Ramsay das
Backen beigebracht.

Mesdames Messieurs
FRANZÖSISCH, MODERN €€
(☏04 67 63 49 53; www.mesdamesmessieurs.
com, auf Frz.; 5 rue de Girone; Hauptgerichte
13–19 €; ⊙Di–Sa 19–1, So 11–16 Uhr; 🖉) Das hippe neue Lokal ist Weinbar und Restaurant
zugleich und serviert überwiegend Bioprodukte. Auch schenkt es mindestens 15 verschiedene Weine glasweise aus. Der üppige
Sonntagsbrunch (23 €) macht für den Rest
des Tages satt.

Les Bains de Montpellier
FISCH, FRANZÖSISCH €€
(☏04 67 60 70 87; www.les-bains-de-montpellier.
com; 6 rue Richelieu; Hauptgerichte 21–25 €, Menü
24 €; ⊙Di–Sa) Das einstige öffentliche Badehaus ist heute ein höchst empfehlenswertes
Restaurant. Die Tische sind um die Bäder
arrangiert und die Gäste können fast noch
das Plätschern und Glucksen der längst
verwaisten Wannen hören. Zu den leichten
Speisen gehört die *assiette des Bains,* eine
Platte mit Salaten, Pasta, Gemüse und einem Hauch von Fleisch. Für größeren Hunger empfiehlt sich eines der erstklassigen
Fischgerichte.

Insensé MUSEUMSRESTAURANT €€
(☏04 67 58 97 78; Musée Fabre; Hauptgerichte um 15 €, 2-/3-Gänge-Mittagsmenü 21/28 €;

⊙Di–Sa mittags & abends, So nur mittags) Das
Restaurant ist so trendig und geschmackvoll, wie es sich für das Musée Fabre gehört. Schwarz dominiert die Einrichtung
(Tische, Stühle, Bodenfliesen und sogar die
Pfefferstreuer), dafür setzt die innovative
Küche farbenfrohe Akzente.

Le Ban des Gourmands
FRANZÖSISCH, KLASSISCH €€
(☏04 67 65 00 85; www.bandesgourmands.com,
auf Frz.; 5 place Carnot; Hauptgerichte 16–27 €,
Menü 28 €; ⊙Di–Sa) Jacques und Catherine
Delépine servieren köstliche, klassische
Küche in ihrem reizvollen Restaurant, das
unter Einheimischen ein Geheimtipp ist. Es
liegt versteckt südlich des Bahnhofs.

La Diligence FRANZÖSISCH, KLASSISCH €€
(☏04 67 66 12 21; 2 place Pétrarque; Mittagsmenü 15–20 €, Abendmenü 26–63 €; ⊙Di–Fr, Sa
mittags & abends, So nur abends) Stilvoll speisen unter den Bögen und Gewölben eines
ehemaligen Stofflagers: Die Küche arbeitet
kreativ, der Weinkeller lässt keine Wünsche
offen und der elegante Patio gibt den Blick
auf das Hôtel de Varennes frei.

Tripti Kulai FUSIONSKÜCHE, VEGETARISCH €
(☏04 67 66 30 51; 20 rue Jacques Cœur; Salate
9,50 €, Menü 12–16,50 €; ⊙Mo–Sa 12–21.30 Uhr;
🖉) Das beliebte und gemütliche vegetarische Restaurant mit Teesalon unter einem
Tonnengewölbe zeichnet sich durch seine
Säfte und die Originalität vieler Gerichte aus, die aus der ganzen Welt abgeguckt
wurden.

Selbstversorger
Zu den Wochenmärkten der Stadt zählen
auch die Markthalle **Halles Castellane** (rue
de la Loge), der größte Markt der Stadt, und
die **Halles Laissac** (rue Anatole France).

Samstags findet unter den Bögen des
Aqueduc de St-Clément ein **Biomarkt** statt
und jeden Sonntagvormittag ein **Bauernmarkt** in der Rue Samuel de Champlain im
Antigone-Komplex östlich des Stadtzentrums.

🍸 Ausgehen

Bei fast 80 000 Studenten herrscht in Montpellier kein Mangel an Kneipen und Clubs.
Besonders dicht gedrängt findet man sie
rund um die Rue En-Gondeau, die Grand
Rue Jean Moulin, die Place Jean Jaurès und
die Kreuzung von Rue de l'Université und
Rue Candolle.

Um die Place de la Comédie (von Einheimischen wegen der ovalen Form *l'œuf*, das Ei, genannt) wimmelt es von Cafés, die genau das Richtige für einen Drink, einen Happen zu essen oder zum Beobachten der Straßenkünstler sind. Ebenso beliebt ist nordwestlich davon die kleinere, intimere Place St-Ravy.

Chez Boris
WEINBAR

(20 rue de l'Aiguillerie; ⊙Mo–Sa mittags & abends, So nur mittags) Die freundliche Weinbar (Tapas 4–11 €, Hauptgerichte 13–20 €) mit ihren regelmäßig wechselnden Gerichten und dazu abgestimmten Weinen könnte genauso gut als Restaurant empfohlen werden. Am frühen Abend schauen Gäste auf einen Aperitif und vielleicht einen Snack vorbei. Wenn später die letzten Gäste ihr Mahl beendet haben, ist das Chez Boris auch ein klasse Laden für einen Absacker.

Café Latitude
CAFÉ

(1 rue Ste-Croix; ⊙Di–Sa 7.30–20 Uhr) Was für eine Wohltat sind die bequemen Sitze in dem relaxten Café mit dem Hauch kolonialen Flairs, wo das alltägliche Geschehen auf der Place Canourgue, dem geruhsamsten Platz Montpelliers, vorbeiplätschert.

L'Heure Bleue
TEESALON

(1 rue de la Carbonnerie; ⊙Di–So) Exotische Tees zu klassischer Musik oder etliche vegetarische Gerichte (um 15 €) als leichter Mittagsimbiss werden in dem Teesalon serviert – oder auch nur ein Aperitif.

Le Huit
MUSIKBAR

(☎04 67 66 14 18; 8 rue de l'Aiguillerie) Lokale Bands spielen in dem trendigen Schuppen, mittwochs ist Indie dran.

☆ Unterhaltung

Wer wissen will, was läuft, schnappt sich die aktuelle Ausgabe des wöchentlich erscheinenden Veranstaltungskalenders *Sortir à Montpellier,* der überall in der Stadt und in der Touristeninformation gratis ausliegt. Was los ist in der Schwulen- und Lesbenszene, ist im **Café de la Mer** (5 place du Marché aux Fleurs) zu erfahren; die freundlichen Angestellten versorgen jeden mit einer Karte mit eingezeichneten Schwulentreffs.

Der Nachtbus **L'Amigo** fährt donnerstags bis samstags den Diskokomplex Espace Latipolia und andere Tanzschuppen am Stadtrand an. Abfahrt ist am Bahnhof um 24 und um 1 Uhr, Rückfahrt um 2.30, 3.30 und (gähn!) 5 Uhr.

Opéra-Comédie
KARTENVERKAUF

(☎04 67 60 19 80; place de la Comédie) Karten für die Theater Montpelliers werden an der Theaterkasse der Opéra-Comédie verkauft.

Rockstore
CLUB, DISKO

(☎04 67 06 80 00; www.rockstore.fr, auf Frz.; 20 rue de Verdun) Der alteingesessene Disko-Club im Zentrum der Stadt ist am Heck eines Cadillacs der 1970er-Jahre zu erkennen, das über dem Eingang aus der Wand ragt. Öffnungszeiten und -tage sind unterschiedlich.

Espace Latipolia
DISKOS

Im Espace Latipolia, etwa 10 km außerhalb von Montpellier über die Route de Palavas Richtung Küste, gibt es ein Überangebot an Diskos. Zu den wichtigsten gehören **La Nitro** (☎04 67 22 45 82; www.lanitro.com, auf Frz.), wo Techno und House dröhnen, und **Le Matchico** (☎04 67 64 19 20; www.matchico.fr, auf Frz.), wo die DJs auch Oldies auflegen.

Le Corum
VERANSTALTUNGSHALLE

(☎04 67 61 67 61; esplanade Charles de Gaulle) Erstes Haus der Stadt für Konzerte.

Le Heaven
SCHWUL & LESBISCH

(1 rue Delpech) Ab 20 Uhr geht es in dieser Schwulenbar um die Ecke vom Café de la Mer so richtig rund.

🛍 Shoppen

Le Bookshop
BUCHLADEN

(www.lebookshop.com; 8 rue du Bras de Fer) Der Buchladen fungiert auch als Treffpunkt, er hat nicht nur eine Riesenauswahl an neuen und Secondhandbüchern (auch in englischer Sprache), sondern organisiert auch Gesprächskreise und Kulturveranstaltungen.

Les Cinq Continents
REISEBUCHLADEN

(20 rue Jacques Cœur) Eine Fachbuchhandlung für Reiseliteratur mit einer exzellenten Auswahl an Karten und Reisebüchern.

ℹ Praktische Informationen

Dimension 4 Cybercafé (11 rue des Balances; Internet 3 €/Std.; ⊙10–24 Uhr) Internetzugang.

Touristeninformation (☎04 67 60 60 60; www.ot-montpellier.fr; esplanade Charles de Gaulle; ⊙Mo–Fr 9–18.30, Sa 10–18, So 10–13 & 14–17 Uhr)

ℹ An- & Weiterreise

BUS Der **Busbahnhof** (☎04 67 92 01 43; rue du Grand St-Jean) liegt nur ein kuzes Stück zu Fuß vom Bahnhof entfernt. Die Busse von **Hérault Transport** (☎04 34 88 89 99; www. herault-transport.fr) fahren vom Odysseum an der Endstation der Straßenbahn Linie 1 ungefähr stündlich über Carnon nach La Grande Motte (Bus 106, 4 €, 35 Min.). Viermal täglich fahren sie weiter nach Aigues Mortes (8,60 €, 1 Std.).

Eurolines (☎08 92 89 90 91; 8 rue de Verdun) hat Busverbindungen nach Barcelona (18 €, 5 Std.) und zu vielen anderen europäischen Städten.

FLUGZEUG Montpelliers **Flughafen** (☎04 67 20 85 00; www.montpellier.aeroport.fr) liegt 8 km südöstlich der Stadt. Ryanair bietet regelmäßige Direktflüge zwischen Frankfurt/Hahn und Montpellier an.

ZUG Vom zweigeschossigen Bahnhof fahren Züge zu folgenden Städten:

Carcassonne (22,70 €, 1½ Std., bis zu 10-mal tgl.)

Millau (26,10 €, 1¾ Std., 3-mal tgl.)

Narbonne (14,80 €, 1 Std., häufig)

Nîmes (8,60 €, 30 Min., häufig)

Paris Gare de Lyon (100–119,50 €, 3½ Std., mindestens 10-mal tgl.)

Perpignan (23,10 €, 1¾ Std., häufig)

ℹ Unterwegs vor Ort

AUTO & MOTORRAD Am einfachsten und umweltfreundlichsten ist es, das Fahrzeug auf einem der großen Parkplätze neben den wichtigsten Straßenbahnhaltestellen (z. B. Odysseum) abzustellen. Ein Parkticket für den ganzen Tag und eine Hin- und Rückfahrkarte für die Straßenbahn ins Stadtzentrum für bis zu fünf Personen kosten nur 4 €.

FAHRRAD Montpellier ist enorm fahrradfreundlich. Fahrräder verleihen (halb-/ganztags 1/2 €) gegen Vorlage des Reisepasses oder Persos die Touristeninformation oder **VéloMagg** (27 rue Maguelone; ⏱8–20 Uhr), das günstig in Bahnhofsnähe liegt.

VOM/ZUM FLUGHAFEN Ein **Shuttlebus** (☎08 25 34 01 34; 1,50 €; ⏱alle 15 Min.) pendelt regelmäßig zwischen Flughafen und Straßenbahnhaltestelle Place de l'Europe.

STRASSENBAHN & BUS Montpelliers superschnelle, ultramoderne Straßenbahnen werden, ebenso wie die Stadtbusse, von **TaM** (☎04 67 22 87 87; www.tam-way.com, auf Frz.) betrieben. Eine einfache Fahrt für Bus oder Straßenbahn kostet 1,40 €, eine Tageskarte 3,40 € und eine Zehnerkarte 11,50 €. Alle Tickets gibt's in Zeitschriftenläden und an jeder Straßenbahnhaltestelle.

TAXI Taxiruf: **Taxis Bleu** (☎04 67 03 20 00) oder **Taxis Tram** (☎04 67 58 10 10).

Rund um Montpellier

Die am nächsten gelegenen Strände sind in **Palavas-les-Flots**, 12 km südlich der Stadt, wo sich im Sommer *tout* Montpellier tummelt. Dorthin fährt der TaM-Bus 131 ab der Straßenbahnhaltestelle Port Marianne. Wer von Palavas die Küstenstraße D21 Richtung Osten nach Carnon nimmt, hat gute Chancen, in den seichten Gewässern der Lagunen beiderseits der Straße Flamingos zu sehen.

Carnon selbst steht trotz seines riesigen Yachthafens ziemlich weit unten auf der Charmehitliste. Da bietet sich die Weiterfahrt auf der D59 (Le Petit Travers) an einem mehrere Kilometer langen, weißen Sandstrand entlang an, wo es noch keine Menschenmassen, Kioske und Cafés gibt.

Etwa 10 km nordöstlich von Carnon liegt **La Grande Motte**, das in den 1960er-Jahren aus dem Boden gestampft wurde, um das Abwandern der Touristenströme nach Spanien zu stoppen. Die Architektur des Mammutkomplexes galt damals als revolutionär, erscheint aber heute ziemlich klobig und erdrückend, besonders im Vergleich zu dem natürlicher gewachsenen **Grau du Roi**, dem traditionellen und bis heute aktiven Fischereihafen gleich daneben.

Aigues-Mortes (S. 860) liegt 11 km weiter im Osten am Westrand der Camargue.

Sète

43 600 EW.

Sète ist der größte französische Fischereihafen am Mittelmeer und nach Marseille auch der größte Warenumschlaghafen. Die Stadt wurde im 17. Jh. von Ludwig XIV. gegründet und florierte, da die Häfen von Aigues Mortes und Narbonne weiter im Norden bzw. Süden versandeten und keinen Meerzugang mehr hatten.

Überragt vom Mont St-Clair hat Sète vieles zu bieten: natürliche Wasserwege und Kanäle, Strände und Unmengen von Restaurants mit Fisch und Meeresfrüchten.

⊙ Sehenswertes & Aktivitäten

Musée International des Arts Modestes
SKURRILES MUSEUM

(MIAM; www.miam.org, auf Frz.; 23 quai Maréchal de Lattre de Tassigny; Erw./Kind 5 €/frei; ⏱Juli & Aug. 10–12 & 14–18 Uhr, Sept.–Juni Di geschl.) Die lokalen Künstler Hervé di Rosa und

Bernard Belluc stellen hier eine exzentrische, absolut hinreißende Sammlung einfacher Alltagsgegenstände aus. Die meisten dürften jedem Besucher vertraut sein, andere sind eher exotisch.

Cimetière Marin FRIEDHOF
Sète war der Geburtsort des symbolistischen Lyrikers Paul Valéry (1871–1945). Er liegt auf diesem Friedhof am Meer begraben, der ihn zu seinem berühmtesten Gedicht inspiriert hatte. Bei der Aussicht ist das auch gut nachzuvollziehen.

Espace Georges Brassens MUSIKMUSEUM
(67 bd Camille Blanc; Erw./Kind 5 €/frei; ⊙Juni–Sept. 10–12 & 14–18 Uhr, Okt.–Mai Mo geschl.) In der Stadt verbrachte auch der Chansonnier und sehr viel leichter verständliche Dichter Georges Brassens (1921–81) seine Kindheit. Seine samtene Stimme ist in dem Multimediamuseum noch immer zu hören.

Azur Croisières & Sète Croisières BOOTSFAHRTEN
Zwischen April und November tuckern die Boote von Azur Croisières und Sète Croisières ab dem Pont de la Savonnerie durch die Kanäle, den Hafen und die Lagune Bassin de Thau. Beide Unternehmen bieten im Juli und August auch halbtägige **Angelausflüge** an.

✸ Festivals & Events

Fête de la St-Pierre TRADITIONELLES FEST
An einem verlängerten Wochenende in der ersten Julihälfte. Auch Fête des Pêcheurs (Fischerfest) genannt.

Fête de la St-Louis TRADITIONELLES FEST
Ein ausgelassenes, sechstägiges Fest um den 25. August mit *joutes nautiques* (Schifferstechen), bei denen die Teilnehmer in ihren jeweiligen Booten versuchen, sich gegenseitig ins Wasser zu stoßen.

🛏 Schlafen & Essen

Vom Pont de la Savonnerie bis zum Fischgroßmarkt säumen verlockende Fischrestaurants den Quai Durand und den Quai Maximin Licciardi.

Auberge de Jeunesse JUGENDHERBERGE €
(✆04 67 53 46 68; sete@fuaj.org; rue Général Revest; mit Frühstück 17,20 €, DZ 38,50 €; ⊙Feb.–Mitte Dez.) Die Jugendherberge liegt knapp 1 km nordwestlich der Touristeninformation auf einem schönen baumbestandenen Areal mit einem tollen Blick auf die Stadt und den Hafen.

L'Orque Bleue HAFENHOTEL €€
(✆04 67 74 72 13; www.hotel-orquebleue-sete.com; 10 quai Aspirant Herber; Zi. zum Innenhof 89–93 €, zum Kanal 115–125 €; ⊙Jan. geschl.; ❋🤝) Das Hotel in der marmorverkleideten einstigen Villa eines Großreeders direkt am Hafen sticht zwischen seinen blasseren Nachbarn deutlich hervor. Um die echte Hafenatmosphäre von Sète zu spüren, empfehlen sich die teureren neun Zimmer zum Kanal raus, die allerdings auch lauter sind.

🄻🄿 TIPP La Péniche SCHIFFSRESTAURANT €€
(✆04 67 48 64 13; 1 quai des Moulins; Hauptgerichte 13–15 €, Menü 10–22 €; ⊙Mo–Fr, Sa nur abends, So nur mittags) Freundliches, flinkes Personal umsorgt die bunt gemischte Kundschaft – vom Fischer im dicken Pulli bis zum Banker mit Anzug und Krawatte – auf diesem umgebauten Boot. Das *menu du matelot* (Matrosenmenü, 15 €) beginnt mit zwei Töpfen Pâté, aus denen sich jeder nach Lust und Laune bedienen kann, gefolgt von einer großzügigen Portion grünem und russischem Salat. Als Hauptgang kommt natürlich die Spezialität des Hauses auf den Tisch: *rouille sétoise* – Babytintenfisch, der in pikanter *rouille* (Mayonnaise aus Olivenöl, Knoblauch und Chili) schwimmt. Und danach noch ein Dessert …

Les Demoiselles Dupuy FISCH & MEERESFRÜCHTE €€
(✆04 67 74 03 46; 4 quai Maximin Licciardi; Hauptgerichte 10–18,50 €; ⊙Do–Di) Das winzige, stets proppenvolle und urtümliche Lokal serviert im schlichten Ambiente die allerfrischesten Meeresfrüchte zu bezahlbaren Preisen. Die Austern, die vor den Gästen geöffnet werden, kommen direkt von den eigenen Austernbänken der Demoiselles Dupuy.

❶ Praktische Informationen

Die **Touristeninformation** (✆04 99 04 71 71; www.tourisme-sete.com; 60 Grand' Rue Mario Roustan; ⊙9.30–18 Uhr, Juli & Aug. bis 19.30 Uhr) verleiht **Audioguides** (pro Strecke 5 €) für sechs Rundgänge durch die Stadt und Umgebung (zwei auch auf Englisch).

Agde
21 600 EW.

Eigentlich gibt es drei Agdes: die ursprüngliche Siedlung am Fluss Hérault, den kleinen, modernen Fischereihafen Grau d'Agde und schließlich Le Cap d'Agde, ein riesiges Sommertouristenzentrum, das für seine langen Strände und die große FKK-Kolonie berühmt ist.

Am interessantesten ist das alte Agde, ursprünglich eine phönizische, später griechische Siedlung, die nach der griechischen Göttin Agatha Tyche benannt wurde. Die Bewohner werden deshalb immer noch Agathois genannt.

Der dunkelgraue Basalt der imposanten **Hotels particulier** (Privatresidenzen) und die festungsähnliche **Cathédrale St-Étienne**, die hauptsächlich aus dem 12. Jh. stammt, inspirierten Marco Polo zu seiner Beschreibung von Agde als „schwarze Perle des Mittelmeers".

Das **Musée Agathois** (5 rue de la Fraternité; Erw./Kind 4,70/1,80 €; ☉Juli u. Aug. tgl. 9.30–18.30 Uhr, Sept.–Juni Mi–Mo 9–12 & 14–18 Uhr) in einer hübschen Villa aus dem 17. Jh. ist ein wunderbarer Hort lokaler Schätze. Dazu gehören historisch eingerichtete Zimmer mit lebensgroßen Puppen in entsprechender Kleidung, ein paar Küchen, Modellboote, ausgestopfte Vögel, Schwerter und Sextanten, Votivgaben, eine einmalige Sammlung von Bettpfannen und vieles mehr.

Das **Hôtel le Donjon** (☎04 67 94 12 32; www.hotelagde.com; place Jean Jaurès; Zi. 55–74 €;☏), einst ein Konvent, dann eine Poststation, steckt voller Charme und ist zweifellos auf dem aufsteigenden Ast. Der dynamische neue Besitzer und fachkundige Heimwerker hat sich eigenhändig an die längst überfällige Renovierung gemacht. Die Möbel sind schick, auch wenn sie an die Mitte des 20. Jhs. erinnern, die Zimmer sind adrett und frisch gestrichen.

LP TIPP **Lou Pescadou** (☎04 67 21 17 10; 18 rue Chassefière; Menü 15 €) serviert schon seit 1965 das immer gleiche Fünfgängemenü. Den Anfang macht eine gehaltvolle Fischsuppe, danach gibt's einen Berg dampfender Muscheln, gefolgt von einer Riesenportion Pâté. Als Nächstes landet ein gegrillter Fisch oder ein dickes Steak auf dem Teller und das Dessert ist ebenfalls reichlich. Wer wiederkommt, egal, ob einen Tag, einen Monat oder ein Jahr später, wird exakt dasselbe vorfinden, denn das Lou Pescadou gehört zu den wenigen Dingen, die sich nie ändern!

Am Hafen gibt es reichlich Fischrestaurants mit Terrassen und Pontons.

Die **Touristeninformation** (☎04 67 62 91 99; www.capdagde.com; ☉Juli u. Aug. tgl. 10–12 & 14–18 Uhr, Sept.–Juni Di–Sa) befindet sich in der Rue Jean Roger. Dort gibt es auch das englischsprachige Heft *Capital City*, einen Stadtrundgang beschreibt. Verkauft werden hier auch die Tickets für die **Bootsfahrten** der drei Anbieter, die den **Canal du Midi** entlangtuckern, der etwas oberhalb vom alten Agde in den Hérault mündet.

Busse fahren mindestens stündlich die 6 km bis zum modernen Touristenort Le Cap d'Agde.

Béziers

74 200 EW.

Béziers war zunächst eine phönizische Siedlung und in römischer Zeit ein wichtiger militärischer Stützpunkt. 1209 wurde die Stadt während des Albigenserkreuzzugs fast vollständig zerstört. 20 000 „Ketzer", von denen viele in der Kathedrale Zuflucht gesucht hatten, wurden damals ermordet. In friedlicheren Zeiten leitete der lokale Steuereintreiber Paul Riquet (1604–80) den Bau des heutigen Weltkulturerbes **Canal du Midi**, ein 240 km langes Wunder der Ingenieurskunst (s. S. 755) zwischen Toulouse und Sète. An den Allées Paul Riquet, einer breiten, baumbestandenen Esplanade im Zentrum Béziers, wurde dem berühmtesten Sohn der Stadt eine schöne Statue errichtet. Freitags findet dort ein toller **Blumenmarkt** statt.

Die befestigte **Cathédrale St-Nazaire** (☉9–12 & 14.30–17.30 Uhr) ist von engen Gassen umgeben und mit ihren massiven Türmen, der imposanten Fassade und einer riesigen Fensterrose aus dem 14. Jh. typisch für die Region.

Das **Musée du Biterrois** (place des Casernes; Erw./Kind 2,80/1,40 €; ☉Di–So 9–12 & 14–18 Uhr) ist ein gut ausgeleuchtetes und organisiertes Museum für Stadtgeschichte, in dem die größten Abteilungen römischen Funden und der Weinproduktion gewidmet sind.

Der **Pont-Canal**, nur ein kurzes Stück zu Fuß vom Zentrum Béziers entfernt, ist ein prachtvoller Aquädukt über das flache Flusstal des Orb, der in der Mitte des 19. Jhs. gebaut wurde, um einen Knick im Canal du Midi zu überbrücken. Ein Stück flussaufwärts gibt es bei den **Écluses de Fontseranes**, neun dicht aufeinanderfolgenden Schleusen, einen Verleih für **Fahrräder** und **Elektroboote**.

Zu den beliebtesten Veranstaltungen des Jahres zählen die einwöchige **Festa d'Oc** Ende Juli, ein Fest mit Musik und Tänzen des Mittelmeerraums, und die **Féria**, ein fünftägiges Fest mit Stierkämpfen, das die Stadt fast spanisch wirken lässt. Es findet rund um den 15. August statt.

LP TIPP **Hôtel des Poètes** (☏04 67 76 38 66; www.hoteldespoetes.net; 80 al-lées Paul Riquet; EZ/DZ ab 45/55 €; ☏) ist ein adrettes, herrlich ruhiges 14-Zimmer-Hotel mit stylischen Möbeln, frischen Blumen und fröhlichen Blumenmustern auf den Bettkopfteilen – der weibliche Touch ist überall zu spüren. Die beiden freundlichen Besitzer (die auch sehr gut Englisch spre-chen) holen die Autos der Gäste aus der nahen privaten Garage ab, verleihen um-sonst Fahrräder und reservieren auch einen Tisch im Restaurant.

LP TIPP **Octopus** (☏04 67 49 90 00; www. restaurant-octopus.com, auf Frz.;

12 rue Boïeldieu; Hauptgerichte 26–28 €, Menü 29–75 €; ⊙Di–Sa) ist ein geschmackvolles Lokal, wo jedes verführerische Gericht ein visuelles und kulinarisches Kunstwerk ist. Das Mittagsmenü ist ungemein günstig (Vorspeise, Hauptgericht, Kaffee und Wein für 21 € – oder 29 €, wenn noch Platz für ein Dessert ist).

Die **Touristeninformation** (☏04 67 76 84 00; www.beziers-tourisme.fr; 29 av. St-Saëns; ⊙Mo–Sa 9–12 & 14–17 oder 18 Uhr) befindet sich im Palais des Congrès.

Narbonne

52 500 EW.

Narbonne, einst eine Hafenstadt an der Küste, liegt heute wegen Verlandung 13 km landeinwärts.

Sie war die Hauptstadt der Gallia Narbo-nensis und eine der wichtigsten römischen Städte in Gallien.

Carcassonne

Die prächtige **Cathédrale St-Just** (Eingang in der Rue Armand Gauthier; ⊘9–12 & 14–18 oder 19 Uhr) besteht eigentlich fast nur aus ihren beiden Türmen und einem hoch aufragenden Chor, da die Bauarbeiten Anfang des 14. Jhs. eingestellt wurden. Die Kapelle direkt hinter dem Hauptaltar besticht mit einer bewegenden Alabastermadonna mit Kind und schönen, mehrfarbigen Steinmetzarbeiten, die viel mitgemacht zu haben scheinen. In der **Schatzkammer** (Eintritt 2,20 €, Juli–Sept. 11–18 Uhr, Okt.–Juni 14–17 Uhr) gibt es schöne flämische Tapisserien mit der Schöpfungsgeschichte und auf den **Kreuzgang** aus dem 16. Jh. grinsen groteske Wasserspeier hinab.

Die kunstvolle Fassade des **Hôtel de Ville** (place de la Hôtel de Ville) hatte Viollet-le-Duc im 19. Jh. im Stil der Renaissance entworfen.

Im befestigten **Palais des Archevêques** (Erzbischofspalast; ⊘April–Sept. 9.30–12.15 & 14–18 Uhr, Okt.–März Di–So 10–12 & 14–17 Uhr) am gleichen Platz (von dem aus ein Stück der Römerstraße Via Domitia zu sehen ist) sind das **Musée d'Art et d'Histoire** und das **Musée Archéologique** untergebracht, letzteres mit einer beachtlichen Sammlung römischer Mosaiken und Wandmalereien. In der Nähe befinden sich auch das **Horreum**, ein unterirdischer Arkadengang

mit gallorömischen Läden, und das **Musée Lapidaire** mit seiner eingängigen, 30-minütigen **Ton- und Lichtshow** (zu jeder vollen Stunde), die an Mauern, die Decke und große Stücke original römischen Gemäuers projiziert wird. Die Öffnungszeiten aller hier genannten Museen sind die gleichen wie die für das Palais des Archevêques.

Ein Besuch lohnt sich in Narbonnes imposanter Jugendstilmarkthalle **Les Halles** (⊘Mo–Sa), nicht nur ein farbenfroher Ort zum Einkaufen, sondern auch selbst ein architektonisches Schmuckstück.

Im **Réserve Africaine de Sigean** (www.reserveafricainesigean.fr; Erw./Kind 26/20 €; ⊘9–18.30 Uhr), etwas abseits der A9 15 km südlich von Narbonne, leben Löwen, Tiger und weitere „Safaritiere" in Freigehegen. Für Radfahrer und Fußgänger gibt es kostenlose Kleinbusse durch das Reservat.

Die **Touristeninformation** (☎04 68 65 15 60; www.narbonne-tourisme.com; 31 rue Jean Jaurès; ⊘April–Mitte Sept. 9–19 Uhr, Mitte Sept.–März So Nachmittag geschl.) befindet sich in einem schicken Gebäude am Canal de la Robine.

Carcassonne

49 100 EW.

Von Weitem sieht Carcassonne wie eine mittelalterliche Märchenstadt aus. Im Licht des späten Nachmittags und vor dem Hintergrund dunkler Wolken ist der Anblick von La Cité, wie die von einer Stadtmauer umgebene Altstadt genannt wird, wirklich atemberaubend. Aber innerhalb der Mauern verliert die Cité schnell ihren Reiz und alles Geheimnisvolle. Besonders im Hochsommer geht es in der Altstadt, die pro Jahr fast 4 Mio. Touristen anlockt, nicht gerade beschaulich zu. Trotzdem – nur die abgestumpftesten Besucher bleiben unbeeindruckt.

Aber Carcassonne ist mehr als nur La Cité. Die Ville Basse (Unterstadt), sehr viel

KOMBI-TICKET

Wer mehr als nur ein Museum in Narbonne besuchen will, kommt mit der **Vier-Museen-Karte** (5,20 €) billiger davon. Sie ist drei Tage gültig und gilt für das Palais des Archevêques, das Musée Archéologique, das Horreum und das Musée Lapidaire.

ruhiger und im 13. Jh. gegründet, kommt bescheidener daher als die affektierte Schöne oben auf dem Berg und verdient mehr als nur einen kurzen Abstecher.

Den Berg, auf dem die Cité thront, hatten über die Jahrhunderte Gallier, Römer, Westgoten, Mauren und Franken befestigt. Im 13. Jh. waren ihre Mauern eines der wichtigsten Bollwerke der Katharer (s. Kasten S. 818). Nachdem Roussillon 1659 von Frankreich annektiert worden war, verlor Carcassonne seinen Status als Grenzstadt und damit an Bedeutung. Zu Beginn des 19. Jhs. hatte bereits ein starker Verfall der Bausubstanz eingesetzt. Gerettet wurde

La Cité schließlich durch die umfassenden Eingriffe von Viollet-le-Duc, der auch anderen Bauwerken wie der Kathedrale Notre-Dame in Paris und der Basilika von Vézelay im Burgund seinen umstrittenen Stempel aufdrückte.

◉ Sehenswertes & Aktivitäten

La Cité ALTSTADT
Die nachts dramatisch angestrahlte Cité ist von zwei Festungsmauern mit 52 steinernen Türmen umgeben. Aber nur die unteren Teile der Mauern sind original; der Rest, inklusive der anachronistischen

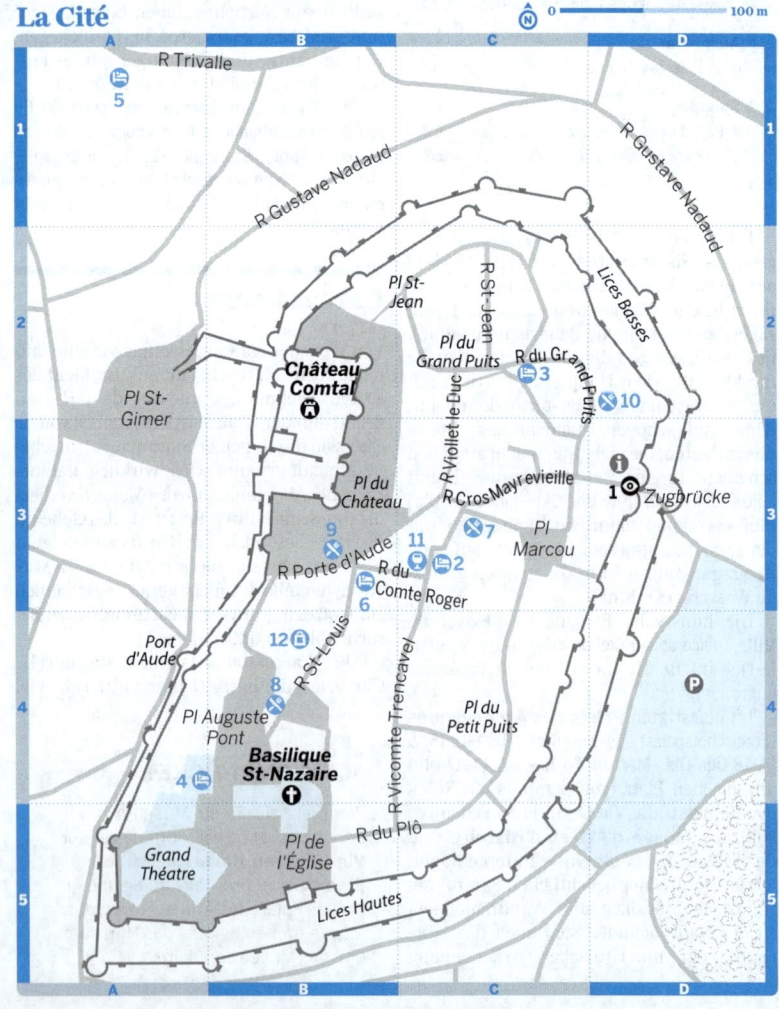

Spitzdächer (die ursprünglich flacher und nicht schiefergedeckt waren), wurde im 19. Jh. von Viollet-le-Duc ergänzt.

Wer die Cité durch den Haupteingang betritt, blickt zunächst auf eine mächtige Bastion, die **Porte Narbonnaise**; gleich dahinter befindet sich eine Zweigstelle der Touristeninformation. Die Rue Cros Mayrevieille, die in Geschäften voller kitschiger Souvenirs erstickt, führt hinauf zur Place du Château, dem Zentrum der Cité.

Hinter einem weiteren Portal und einem zweiten, trockenen Burggraben wartet das **Château Comtal** (Erw./Kind 8,50 €/frei; ◷10–18.30 Uhr) aus dem 12. Jh. Im Eintrittspreis sind neben der Schlossbesichtigung auch eine 11-minütige Filmvorführung sowie eine 30- bis 40-minütige Führung über die Befestigungsanlagen (im Juli und August auch auf Englisch) enthalten. Auch die Hinweisschilder sind sehr informativ (auf Französisch und Englisch) und wer's ganz genau wissen will, leistet sich einen **Audioguide** (1/2 Pers. 4/6 €).

Südlich der Place du Château erhebt sich die **Basilique St-Nazaire** (◷9–11.45 & 13.45–17 oder 17.30 Uhr). Hingucker sind die wunderschönen Fensterrosen aus dem 13. und 14. Jh., die die beiden Fassaden des eleganten, gotischen Querschiffs schmücken.

Der **Petit Train de la Cité** (Erw./Kind 7/3 €; ◷Mai–Sept.), mit mehrsprachigem Kommentar, zuckelt rund um die Befestigungsanlagen. Etwas romantischer traben die prächtigen Zugpferde der **Kutsche** (www.carcassonne-caleches.com; Erw./Kind 7/4 €; ◷Juli, Aug. & Schulferien), deren Rundfahrt ebenfalls 20 Minuten dauert.

Canal du Midi   BOOTSFAHRTEN
(Karte S. 794) **Lou Gabaret**, **L'Hélios** und **Solal** (Erw. 8–10,50 €, Kind 6,50–7,50 €; ◷April–Okt.) legen an der Brücke neben dem Bahnhof zu Bootsausflügen auf dem Canal du Midi ab. Segeltörns mit Kommentar dauern zwischen 1¾ und 2½ Stunden. Der Preis entspricht der Fahrtdauer.

Génération VTT   RADFAHREN
(Karte S. 794; ☏06 09 59 30 85; www.generation-vtt.com/carcassonne, auf Frz.; ◷April–Okt. 9–13 & 14–19 Uhr) Hier am Canal du Midi werden Fahrräder (2 Std./halb-/ganztags 10/12/18 €) für eine Tour am Ufer entlang oder durch die Stadt verliehen. Das junge Team bietet auch geführte **Radtouren** (2/3 Std. 20/30 €) für Kulturinteressierte und Feinschmecker an.

✯✯ Festivals & Events

Embrasement de la Cité   NATIONALFEIERTAG
(Feuer über der Cité) Carcassonne weiß, wie man eine Party schmeißt. Am 14. Juli um 22.30 Uhr wird der französische Nationalfeiertag mit einem Feuerwerk gefeiert, das nur noch von dem in Paris übertroffen wird.

Festival de Carcassonne   KULTURFEST
(www.festivaldecarcassonne.fr) Drei Wochen im Juli beherrschen Musik, Tanz und Theater die Stadt. 70 der über 100 Veranstaltungen sind umsonst und draußen.

🛏 Schlafen

Chambres d'Hôtes Nicole Cordonnier
        ZIMMER MIT FRÜHSTÜCK €€
(Karte S. 796; ☏04 68 25 16 67; http://legrand-puits.free.fr, auf Frz.; 8 place du Grand Puits; DZ mit Frühstück 50–70 €) Mitten in La Cité verwöhnt Madame Cordonnier ihre Gäste mit

ℹ BESUCH IN DER CITÉ

Wer die Cité besuchen möchte, stellt am besten wie die meisten Besucher das Fahrzeug auf einem der großen Parkplätze neben dem Haupteingang ab. Aber für einen wunderbaren Blick auf die Festungsmauern, die beim Aufstieg immer gewaltiger werden, ist eine Annäherung zu Fuß von der Ville Basse viel schöner. Der Weg führt über den schmalen Pont Vieux, über die Rue de la Barbacane und oben schließlich durch die Porte d'Aude.

drei Zimmern; zwei davon sind riesig, haben eine eigene Terrasse, eine Kochnische und bieten bis zu sechs Schlafplätze (10 € Aufpreis für jede weitere Person).

Sidsmums
ZIMMER MIT FRÜHSTÜCK €
(☑ 04 68 26 94 49; www.sidsmums.com; 11 chemin de la Croix d'Achille; B 21,50 €, DZ mit Etagenbad 42–48 €) Die preiswerte Unterkunft liegt in Preixan, 10 km südlich von Carcassonne. Gäste können Fahrräder ausleihen, mit den Hunden George und Jim Wanderungen unternehmen und sich in der Selbstversorgerküche etwas brutzeln. Im Garten stehen vier Chalets (46–51,50 €) mit jeweils vier Schlafplätzen. Anfahrt mit dem Bus nach Quillan (4-mal tgl.).

Hôtel Le Donjon
HOTEL €€
(Karte S. 796; ☑ 04 68 11 23 00; www.hotel-donjon.fr; 2 rue du Comte Roger; DZ 105–153 €; ❄@🛜) Niedrige Balkendecken und dicke Mauern machen dieses ehemalige Waisenhaus aus dem 15. Jh. richtig gemütlich; die Zimmer blicken auf den schattigen Garten oder die Stadtmauer. Les Remparts ist der modernere, wenn auch weniger historische der beiden komfortabel ausgestatteten Anbauten, während die Zimmer in der Maison du Comte Roger mit der imposanten mittelalterlichen Eingangstreppe einen höheren Standard haben.

Hôtel du Pont Vieux
HOTEL €€
(Karte S. 796; ☑ 04 68 25 24 99; www.lacitede carcassonne.fr; 32 rue Trivalle; Zi. 56–90 €; ❄@🛜) Für viel Flair sorgen die Natursteinmauern in den Zimmern, die größtenteils auch über eine Badewanne verfügen. Zimmer 18 und 19 im 3. Stock bieten eine überwältigende Aussicht auf die Cité. Das Frühstücksbuffet (7 €) ist wirklich üppig und

der große Garten bezaubert mit blühenden Sträuchern, Oliven- und Feigenbäumen.

Hôtel de la Cité
HOTEL €€€
(Karte S. 796; ☑ 04 68 71 98 71; www.hoteldela cite.orient-express.com; place Auguste Pont; Zi. ab 425 €; ❄🛜🏊) Die Zimmer des neogotischen Hôtel de la Cité sind wahrhaft königlich – das bestätigt auch der Hotelprospekt, in dem steht, das Hotel sei „ein beliebtes Refugium europäischer gekrönter Häupter sowie von Filmstars, Schriftstellern und Intellektuellen". Wem also der Sinn nach illustrer Gesellschaft steht, der ist hier richtig.

Hôtel des Trois Couronnes
HOTEL €€
(Karte S. 794; ☑ 04 68 25 36 10; www.hotel-destroiscouronnes.com; 2 rue des Trois Couronnes; Zi. ab 90 €; ❄🛜🏊) Zimmer und Foyer des hübschen modernen Hotels an der Aude wurden jüngst renoviert. Die Zimmer Richtung Osten haben einen unverstellten Blick auf die Cité (20 € extra). Im 4. Stock gibt es einen beheizten Swimmingpool und ein wirklich gutes **Restaurant**.

Hôtel Astoria
HOTEL €
(Karte S. 794; ☑ 04 68 25 31 38; www.astoria carcassonne.com, auf Frz.; 18 rue Tourtel; DZ/3BZ/4BZ 52/64/79 €, Zi. mit Gemeinschaftsbad 34 €; ☉Feb. geschl.; ❄🛜) Die Zimmer (einige mit Klimaanlage) sind frisch und freundlich, sowohl im Hotel selbst als auch im ebenfalls hübschen Anbau. Die Badezimmer sind etwas beengt, aber alles in allem ist es eine angenehme und recht preiswerte Unterkunft. Parken ist umsonst.

Auberge de Jeunesse
JUGENDHERBERGE €
(Karte S. 796; ☑ 04 68 25 23 16; carcassonne@ fuaj.org; rue Vicomte Trencavel; mit Frühstück 20,80 €; ☉Feb.–Mitte Dez.; @🛜) Carcassonnes fröhliches, einladendes HI-Hostel im Zentrum der Cité hat Schlafsäle mit vier bis sechs Betten, eine Küche für Selbstversorger (für HI-Mitglieder), eine schöne Terrasse, Internetzugang und im Sommer eine Snackbar. Außerdem können Gäste Fahrräder (pro Tag 10 €) ausleihen. Trotz der Kapazität von 120 Betten ist es immer ratsam, rechtzeitig zu buchen.

Camping de la Cité
CAMPINGPLATZ €
(☑ 04 68 25 11 77; www.campeole.com; Platz 16–28,40 €; ☉Mitte März–Mitte Okt.;🏊) Ein Wander- und Fahrradweg führt von der Cité und der Ville Basse hierher. Von Mitte Juni bis Mitte September pendelt ein Shuttlebus

im 20-Minuten-Takt zwischen Bahnhof bzw. La Cité und Campingplatz.

 Essen

Selbst an einem glühend heißen Sommertag sollte man die Stadt nicht verlassen, ohne *cassoulet* probiert zu haben, ein dampfend heißes Gericht aus weißen Bohnen, saftigem Schweinefleisch, großen Wurststücken und, in der populärsten örtlichen Variante, einem Stück Ente, das Ganze dampfend heiß serviert.

VILLE BASSE

 Cantine Robert Rodriguez

RETRORESTAURANT €€

(Karte S. 794; ☑04 68 47 37 80; www.restaurant robertrodriguez.com; 39 rue Coste Reboulh; Hauptgerichte um 25 €; ☺Mi abends & So geschl.; ☎) Chefkoch Robert Rodriguez arbeit ausschließlich mit biologischen Rohstoffen und sieht sich nicht nur als Koch, sondern auch als Künstler. *Fraîcheur, saison, tradition, créativité* (frisch, saisonal, traditionell und kreativ) sind die Leitmotive in seiner *cantine*. Die Einrichtung ist bewusst altmodisch gehalten: marmorne Tischplatten, Bugholzstühle und Hintergrundmusik von Edith Piaf und Charles Trenet. An den Wänden hängen seine vielen Urkunden und Auszeichnungen sowie Fotos des schnauzbärtigen Gastgebers mit berühmten Gästen.

Restaurant des Trois Couronnes

RESTAURANT €€

(Karte S. 794; ☑04 68 25 36 10; Hauptgerichte 15–16 €, Menü 21 €; ☺Di–Sa) Das feine Restaurant im 4. Stock des Hôtel des Trois Couronnes bietet wunderbare Küche mit einem herrlichen Blick auf die Cité als Dreingabe.

L'Écurie

RESTAURANT €€

(Karte S. 794; ☑04 68 72 04 04; www.restaurant-lecurie.fr; 43 bd Barbès; Hauptgerichte 12–23 €, Mittagsmenü 15 €, Menü 24,50–34 €; ☺Mo–Sa mittags & abends, So nur mittags) Die Leckerbissen aus der Küche werden entweder im ehemaligen Pferdestall aus dem 18. Jh. serviert, der mit viel Holz, Messing und Leder liebevoll renoviert wurde, oder im großen, schattigen Garten. Ein weiteres Plus ist die riesige Auswahl an Weinen aus der Gegend.

Chez Fred

RESTAURANT €€

(Karte S. 794; ☑04 68 72 02 23; www.chez-fred.fr; 31 bd Omer Sarraut; Menü 25–30 €; ☺tgl. abends & Di–Fr auch mittags) Durch ein großes Fenster im dunkelrot gehaltenen Speiseraum

lassen sich die Köche in die Töpfe schauen, und darin brodelt es nur so vor Kreativität. Das *menu bistro* (nur an Werktagen, mittags 17 €, abends 21 €) ist bei den Preisen wirklich unschlagbar. Es gibt auch schöne, schattige Sitzplätze auf der Terrasse.

LA CITÉ

Die Place Marcou ist auf drei Seiten von Speiselokalen umgeben und überhaupt scheint in der Cité in jedem zweiten Haus ein Café oder ein Restaurant zu sein. Es ist ratsam, stets einen Tisch zu reservieren, besonders mittags.

Chez Saskia

BRASSERIE €€

(Karte S. 796; ☑04 68 71 98 71; place Auguste Pont; Hauptgerichte 18–23 €, Menü 23–45 €; ☺März–Jan.) Die Brasserie, die leckere und preisgünstige Gerichte und eine besonders reiche Auswahl an Desserts serviert, gehört zum Hôtel de la Cité. An den Wänden hängen Fotos der Prominenz, die im Hotel genächtigt hat: Jacques Chirac, Winston Churchill, Yves Montand und viele andere mehr oder weniger bekannte Gesichter.

Auberge de Dame Carcas

FRANZÖSISCH, KLASSISCH €€

(Karte S. 796; ☑04 68 71 23 23; 3 place du Château; Hauptgerichte 12–15 €, Menü 15–26 €; ☺Do–Di) Spezialität des zwanglosen Restaurants ist Spanferkel (Schweinchenfiguren sind auch überall als Deko zu sehen) und es führt preisgünstige regionale Weine (darunter ein wunderbar weicher roter Hauswein für 11 €). Der Speisesaal im rustikal-gemütlichen Erdgeschoss erlaubt Einblicke in die Küche. Heller und größer ist der Saal im 1. Stock und Sitzplätze im Freien gibt's auch.

L'Écu d'Or

REGIONAL €€

(Karte S. 796; ☑04 68 25 49 03; 7–9 rue Porte d'Aude; Hauptgerichte 14–20 €, Mittagsmenü

ℹ️ DIE SCHÖNSTE ZEIT IN DER CITÉ

Wer mag, sollte warten, bis die Massen verschwunden sind und La Cité wieder ihren rund 100 Einwohnern gehört sowie den wenigen Besuchern, die in den Hotels innerhalb der Festungsmauern wohnen.

18 €, Menü 25–33 €) Im Souterrain zwischen dicken Mauern ist stilvolles Tafeln angesagt: Unter den vielen verführerischen Angeboten machen vor allem die fünf Varianten des *cassoulet* sowie die köstliche Dessertauswahl Appetit.

Auberge des Musées RESTAURANT €€
(Karte S. 796; ☎06 17 05 24 90; 17 rue du Grand Puits; Menü 14,50–28 €) Das schlichte Lokal mit drei Terrassen nach hinten raus und mit Blick auf die Stadtmauer serviert selbstgebackenes Biobrot und preisgünstige Mahlzeiten. Kreditkarten werden nicht akzeptiert.

Selbstversorger
Lebensmittel gibt es in der **Markthalle** (Karte S. 794; rue Aimé Ramond; ☺Mo–Sa) und auf dem **Wochenmarkt** (Karte S. 794; place Carnot; ☺Di, Do & Sa). Siehe auch Rubrik Shoppen.

Ausgehen
Im Sommer füllt sich die Place Carnot in der Ville Basse mit den Tischen und Stühlen der umliegenden Cafés. Und die Place Marcou in der Cité ist ein einziges, riesiges Straßencafé.

Comptoir des Vins et Terroirs WEINBAR
(Karte S. 796; 3 rue du Comte Roger; Gerichte 6,50–15 €; ☺Ostern–Mitte Okt.) Die Weinbar von zwei ausgebildeten Sommeliers führt eine sorgfältige Auswahl von Weinen überwiegend aus dem Languedoc-Roussillon, die meist von kleineren Winzern stammen und oft auch glasweise ausgeschenkt werden. Ein besonderes Vergnügen ist das Probierangebot von drei Weinen (die auch in gutem Englisch beschrieben werden), dazu Käsehäppchen und Snacks mit Wurst, die ebenfalls meist aus der Umgebung stammt.

La Cité des Arômes CAFÉ
(Karte S. 794; 14 place Carnot) Aus diesem Café in der Nordwestecke der Place Carnot weht ein intensiver Kaffeeduft – die Kaffeeauswahl ist riesig.

Shoppen

La Ferme FEINKOST
(Karte S. 794; 26 rue Chartran) Das Angebot dieses Feinkostgeschäfts ist unschlagbar: Die Regale biegen sich unter reifem Käse, Weinen, Würsten und sonstigen Leckereien, darunter auch hausgemachte *crème Chantilly* (Schlagrahm).

Esprit de Sel NIPPES
(Karte S. 794; 10 rue de la République; ☺Di–Sa) In dem wunderbaren Warenhaus könnte man ewig herumstöbern und vor Vergnügen kreischen, wenn ein Teil entdeckt wird, das nie jemand vermisste oder brauchte – bis jetzt. Jocelyne Feller hat einen Blick für abgefahrene und schräge Sachen von echtem Retrokram bis zu absoluten Neuheiten. In den drei Etagen finden sich allerlei Sachen, die von kleinen und großen Lieferanten und von lokalen Herstellern stammen, – Regenschirme, Koffer, Stiefel, Seifen und Lotionen, winziges und großes Dekozeug, Leuchter, Keramiken, Kleidung und vieles mehr.

L'Art Gourmand SCHOKOLADE
(Karte S. 796; 13 rue St-Louis) Schokoladensüchtige sollten sich unbedingt in diesen Laden mit einem riesigen Angebot an Leckereien begeben. Auch das Eis ist klasse – alle 31 Sorten.

ℹ Praktische Informationen

Alerte Rouge (73 rue de Verdun; Internet 3 €/Std.; ☺Mo–Sa 9.30–22 Uhr) Gegen Kauf eines Getränks kann jeder Gast das WLAN für eine Stunde umsonst nutzen. Und endlich ein Internetcafé, das auch tatsächlich guten Kaffee serviert.

Touristeninformation (☎04 68 10 24 30; www.carcassonne-tourisme.com; 28 rue de Verdun; ☺Mo–Sa 9–18 oder 19, So 9–12 oder 13 Uhr) Verleiht **Audioguides** durch die Ville Basse (2 Std. 3 €).

Zweigstellen der Touristeninformation La Cité (Porte Narbonnaise; ☺ganzjährig); Ville Basse (av. Joffre; ☺Mitte April–Okt.)

ℹ An- & Weiterreise

FLUGZEUG Ryanair ist die einzige Fluggesellschaft, die den **Flughafen** (☎04 68 71 96 46) von Carcassonne, 5,5 km von der Stadt entfernt, anfliegt. Allerdings bedient sie, von Brüssel abgesehen, derzeit nur Ziele in Großbritannien und Irland.

ZUG Carcassonne liegt an der viel befahrenen Strecke zwischen Toulouse (14 €, 50 Min.), Narbonne (9,80 €, 30 Min.) und Montpellier (22,70 €, 1½ Std.). Nach Perpignan (18,30 €, 1½ Std.) muss man in Narbonne umsteigen.

Unterwegs vor Ort

AUTO & MOTORRAD Wer in die Cité will, sollte sein Fahrzeug auf dem riesigen Parkplatz (5 € für bis zu 5 Std.) an der Ostseite des Haupteingangs parken.

FAHRRAD Génération VTT (s. Sehenswertes & Aktivitäten) verleiht Touringfahrräder und Mountainbikes, auch Kindersitze und Anhänger.

ZUM/VOM FLUGHAFEN Die **Navette Aéroport** pendelt zwischen Flughafen und Bahnhof (5 €, 25 Min.). Abfahrt am Bahnhof ist rund zwei Stunden vor den Ryanair-Abflügen. Autofahrer nehmen die Ausfahrt Carcassonne Ouest von der A61.

ÖFFENTLICHE VERKEHRSMITTEL Busse verkehren nur Montag bis Freitag bis etwa 19 Uhr.

Bus 4 fährt ungefähr alle 45 Minuten vom Bahnhof und der Ville Basse zum Haupteingang der Cité.

Zwischen Juli und September fährt alle 20 Minuten ein **motorisiertes Bähnchen** (einfach/hin & zurück 2/3 €; ⊙Mo–Sa 10–12.45 & 14.15–19.30 Uhr) über den Pont Vieux zwischen La Cité, Stadtzentrum und Bahnhof.

TAXI Taxiruf: ☎04 68 71 50 50.

HAUT-LANGUEDOC

Das Haut-Languedoc ist Welten entfernt von den Städten, Weingärten und Stränden der breiten Küstenebene. Es ist viel dünner besiedelt und ein Land tiefer Schluchten, windgepeitschter Hochplateaus und dichter Wälder, die es zum idealen Reiseziel für alle Naturliebhaber machen.

Mende

13 200 EW.

Mende, ein ruhiges kleines Städtchen beidseitig des Lot, ist die Hauptstadt des Lozère, dem bevölkerungsärmsten Departement Frankreichs. Das ovale Ortszentrum ist von einer Einbahnstraße umgeben, die als *cordon sanitaire* (Isolationsgürtel) fungiert, sodass die Altstadt so gut wie autofrei ist.

⊙ Sehenswertes & Aktivitäten

In der Touristeninformation gibt's Broschüren über die wichtigsten historischen Sehenswürdigkeiten.

Cathédrale Notre-Dame KATHEDRALE
(Place Urbain V) Der dunkle Innenraum der zweitürmigen Kathedrale aus dem 14. Jh. hebt die leuchtenden, gewölbten Scheiben des Rosetenfensters aus dem 17. Jh. an der Westfassade erst recht hervor. Dafür sind die Details der Aubusson-Tapisserien aus dem 18. Jh. nur schwer zu erkennen. Sie hängen hoch über dem Kirchenschiff und stellen das Leben der Jungfrau Maria dar.

Mimat Adventures ERLEBNISPARK
(☎04 66 45 00 24; Erw./Kind 19/16 €; ⊙Juli & Aug. 9.30–19.30 Uhr, April–Juni & Sept. Sa & So 14–19 Uhr) Der Erlebnispark hoch auf dem Causse de Mende, der die Stadt im Süden überragt, bietet für alle Altersgruppen 76 verschiedene Aktivitäten in luftiger Höhe an. Auch stehen hier Mountainbikes für Bergtouren zum Verleih bereit.

🛏 Schlafen & Essen

LP TIPP | Hôtel de France HOTEL €€
(☎04 66 65 00 04; www.hoteldefrance-mende.com, auf Frz.; 9 bd Lucien Arnault; DZ 58–95 €; ❄@🐾) Die meisten Zimmer in der alten Poststation (deren Besitzer auch Englisch sprechen) haben einen weiten Blick über das Tal und die Gärten. Alle 19 Zimmer sind recht groß und haben separate Toiletten und blitzblanke Badezimmer. Für Familien gibt es zwei Doppelhaushälften (98 €) und zwei verbundene Zimmer mit einer kleinen Dachterrasse (ebenfalls 98 €). Zum Hotel gehört auch ein erstklassiges **Restaurant** (Menü 28–32 €) an der inneren Ringstraße.

Hôtel le Commerce HOTEL €
(☎04 66 65 13 73; www.lecommerce-mende.com; 2 bd Henri Bourrillon; EZ/DZ 43/53 €; 🐾) Das angenehme, verwinkelte Hotel gegenüber der Place du Foirail an der verkehrsreichen Ringstraße wird schon seit drei Generationen von derselben Familie betrieben und bietet zehn makellose Zimmer. Der Besitzer ist Bierfanatiker und in seiner beliebten Bar gibt's ein tolles Angebot an Gerstensäften.

Restaurant Les Voûtes GRILLGERICHTE, PIZZAS €€
(☎04 66 49 00 05; 13 rue d'Aigues-Passes; Menü 25 €; ⊙Mo–Sa) Das von drei Brüdern geführte „Gewölbe" in einem ehemaligen Konvent hat ein wunderbares Ambiente. Geboten werden hier Salate, die eine Obstschüssel füllen könnten, Pizzas und Grillgerichte. Mittags gibt es ein tolles Tagesangebot: eine Mischplatte mit allem Drum und Dran (13,50 €).

Le Mazel REGIONAL €€
(☎04 66 65 05 33; 25 rue du Collège; Hauptgerichte 19–26 €, Mittagsmenü 16 €; ⊙So abends & Mi geschl.) Das stylisch eingerichtete Restaurant serviert hauptsächlich lokale Küche, die kreativ variiert wird (Vorspeise ist z. B. *pigeon ramier crème de foie gras*, Waldtäubchen mit Foie-gras-Sahne). Für ein anerkanntes Feinschmeckerlokal ist es erstaunlich preiswert.

Selbstversorger

Samstags findet auf der Place Urbain V ein Bauernmarkt statt. **La Fromagerie** (30bis rue Soubeyran), im Schatten der Ostfassade der Kathedrale, verkauft eine überwältigende Auswahl an Käse, Pâtés und Würsten aus der Region.

 Praktische Informationen

Touristeninformation (☑04 66 94 00 23; www.ot-mende.fr; place du Foirail; ☺Mo–Fr 9–12 & 14–18, Sa 9–12 Uhr, Juli & Aug. auch So geöffnet; ☎) Kostenloses WLAN, das auch bis zur benachbarten Café-Terrasse reicht.

 An- & Weiterreise

BUS Busse fahren am Bahnhof ab; die meisten halten an der Place du Foirail neben der Touristeninformation. An Werktagen gibt's täglich einen Bus nach Le Puy-en-Velay (26 €, 2 Std.). Zwei SNCF-Busse fahren täglich nach Clermont-Ferrand im Zentralmassiv (31 €, 3 Std.).

ZUG Der Bahnhof liegt 1 km nördlich der Stadt auf der anderen Seite des Lot. Zwei Züge fahren täglich nach Alès (17,20 €, 2½ Std.).

Rund um Mende

Parc du Gévaudan   WOLFSRESERVAT (www.loupsdugevaudan.com, auf Frz.; Erw./Kind 7/4 €; ☺10–18 oder 19 Uhr) Einst durchstreiften Wölfe die Wälder des Lozère, doch heute sind sie nur noch in diesem Reservat in Ste-Lucie, 7 km nördlich von Marvejols, zu erleben. In den Freigehegen des Parks leben um die 100 mongolische, kanadische, sibirische und polnische Wölfe.

Réserve de Bisons d'Europe   BISONRESERVAT (☑04 66 31 40 40; www.bisoneurope.com, auf Frz.; ☺10–17 oder 18 Uhr) In der Nähe des Dörfchens Ste-Eulalie-en-Margeride leben rund 40 Bisons. Besucher müssen an einer 50-minütigen Führung teilnehmen, entweder in der Pferdekutsche (Erw./Kind 12/7 €) oder im Winter auf dem Schlitten (14,50/8 €). Von Mitte Juni bis September können Besucher eigenständig auf einem 1 km langen Weg (Erw./Kind 6/4 €) um das Reservat herum laufen.

Parc National des Cévennes

Die Cevennen sind trockener, heißer und im Allgemeinen bewaldeter als die Auvergne im Norden und haben daher eher einen mediterranen Charakter. Der Nationalpark ist mit vereinzelten Weilern gespickt und beherbergt eine enorme Vielfalt an Tieren und Pflanzen – 2250 Pflanzenarten sind hier schon entdeckt worden. Tiere wie Rotwild, Biber und Geier, eigentlich lange aus der Gegend verschwunden, sind erfolgreich wieder angesiedelt worden. Der Park besteht aus vier Hauptteilen: dem Gebiet um den Mont Lozère, einem großen Teil der Causse Méjean, den Vallées Cévenoles (Cevennen-Tälern) und dem Gebiet um den Mont Aigoual.

Die beste Karte des Parks ist die IGN-Karte *Parc National des Cévennes* (6,20 €) im Maßstab 1:100 000.

Geschichte

Der 910 km² große Park wurde 1970 eingerichtet, um ökologische Stabilität in ein Gebiet zu bringen, das durch religiöse und später ökonomische Umbrüche lange Zeit stark beeinträchtigt wurde. Auf die Zuwanderung vieler Menschen, mit der die Zerstörung von Wäldern für Bauholz und Weideland einherging, folgten Abwanderungen, als die Menschen den Kampf gegen das unwirtliche Klima und Terrain aufgaben. Dadurch wurden kleine Dörfer und Bauernhöfe einfach aufgegeben, und viele sind mittlerweile von reichen Parisern und Ausländern billig aufgekauft worden.

 Sehenswertes

MONT LOZÈRE

Der 1699 m hohe Granitbrocken im Norden des Parks hüllt sich im Winter in Wolken und Eis und zeigt sich im Sommer als Landschaft mit Torfmooren und plätschernden Bächen, Heidekraut und Heidelbeeren. Das **Musée du Mont Lozère** (inkl. Audioguide Erw./Kind 3,50/2,50 €; ☺April–Okt. 14.30–18.30 Uhr, Juni–Sept. auch 10.30–12.30 Uhr) versteckt sich in einem hässlichen Betonbau am Pont de Montvert, 20 km nordöstlich von Florac, aber es bietet eine packende Einführung in die Region und ihre traditionellen Handwerkskünste.

VALLÉES CÉVENOLES

Die erstmals im Mittelalter gepflanzten *châtaigniers* (Edelkastanienwälder) bedecken die Vallées Cévenoles, das Herzstück des Parks mit seinen tiefen Schluchten und zerklüfteten Bergkämmen. Auf einem dieser Höhenrücken verläuft zwischen St-Jean du Gard und Florac die atemberaubende Panoramastraße Corniche des Cévennes.

MONT AIGOUAL

Der Mont Aigoual (1567 m) und die benachbarte Montagne du Lingas sind wegen ihrer schneidenden Winde und schweren Schneefälle berüchtigt. Das ganze Gebiet ist dank eines Wiederaufforstungsprogrammes, nach jahrelangem unkontrolliertem Abholzen, dicht mit Buchenwäldern bewachsen. Im Observatorium auf dem Gipfel erläutert eine **Ausstellung** (www.aigoual.asso.fr; Eintritt frei; ☉Mai–Sept. 10–13 & 14–18 Uhr) Wolkenformationen, die Wissenschaft der Wettervorhersage (Besucher können sogar an der Vorbereitung für eine kurzfristige Vorhersage teilnehmen) und dergleichen. Die Beschriftungen sind auf Französisch, aber der größte Teil der Ausstellung spricht ohnehin für sich selbst.

 **Aktivitäten**

Im Winter verwandelt sich das Gebiet um den Mont Aigoual und Mont Lozère in ein Eldorado für **Skilanglauf** mit über 100 km markierter Loipen, und in den wärmeren Monaten ist **Eseltrekking** im Park beliebt. Es gibt 600 km Reitwege für Esel und Pferde sowie 200 km Pisten für Mountainbiker.

Ein genauso gut ausgebautes Netz an Wanderwegen macht den Park das ganze Jahr über zu einem Wanderparadies. Er wird von einem Dutzend Fernwanderwegen (GR: *grandes randonnées)* durchzogen und zusätzlich sind mehr als 20 Wanderungen ausgeschildert, die zwischen zwei und sieben Stunden dauern.

 **An- & Weiterreise**

Mit dem Auto ist die spektakulärste Strecke von Osten die Corniche des Cévennes, eine Bergstraße, die zwischen St-Jean du Gard und Florac 56 km auf den Bergkämmen der Cevennen verläuft.

Autofahrer, die von Mende und dem Norden nach Florac fahren, zweigen in Balsièges von der N106 (auch eine malerische Strecke) auf die viel ruhigere und noch hübschere D31 ab. Sie durchquert das wilde Hochland des Causse de Sauveterre und führt dann hinab nach Ispagnac, wo ein Abzweig nach links wieder zurück auf die Hauptstraße N106 führt.

Florac

2000 EW.

Florac, 79 km nordwestlich von Alès und 38 km südöstlich von Mende, ist ein sehr guter Ausgangspunkt für die Erkundung des Parc National des Cévennes und des oberen Teils der Gorges du Tarn. Im Sommer erwacht der Ort aus dem Dornröschenschlaf, in dem er den Rest des Jahres

FERIEN AUF DEM BAUERNHOF

Zwei tolle Bauernhöfe in der Nähe von Florac bieten Unterkunft für eine Nacht oder länger.

La Ferme de Vimbouches (☎04 66 31 56 55; www.causses-cevennes.com/ferme-vimbouches; Zi. mit Frühstück 50 €, HP pro Pers. 45 €; ☉März–Nov.), auf der Philip seine Pferde trainiert und Cathy sich herzlich um die Gäste kümmert, ist ein liebenswürdiges Refugium, das sich bestens für eine Übernachtung oder einen längeren Aufenthalt eignet, besonders für Familien. Die Gäste können sich einen Esel für eine Tageswanderung ausleihen, sich den Schweinepferch und den Hühnerhof anschauen und sich mit den Rassepferden oder mit ordinären Schweinen, Hasen und Ziegen beschäftigen. Zu erreichen ist der Hof von Florac über die N106 Richtung Alès und nach 27 km (lohnt sich wirklich) links auf die D29. Das 6 km entfernte Vimbouches ist ab dort ausgeschildert.

La Ferme de la Borie (☎04 66 45 10 90; www.encevennes.com, auf Frz.; mit Frühstück EZ 23–29 €, DZ 36–44 €; ☉März–Nov.) Der ungebremste Enthusiasmus und die Lebenslust des Besitzers Jean-Christophe Barthes hauen jeden um. Und nach einem ausgiebigen Abendessen mit Bioerzeugnissen vom eigenen Hof und so viel Wein, wie man trinken kann, fallen die Gäste nur noch mit einem zufriedenen Seufzer ins Bett. Reservieren ist unbedingt erforderlich – telefonisch oder per E-Mail (ferme-auberge-la-borie@orange.fr), es gibt keinen Kontaktlink auf der Website. Anfahrt ist über die N106 und dann rechts auf die schmale C4 mit der Ausschilderung La Borie, das knapp einen Kilometer südöstlich von Florac liegt.

MIT DEM ESEL UNTERWEGS

Als der schottische Schriftsteller Robert Louis Stevenson im Oktober 1878 die Cevennen nur in Gesellschaft seiner Eselin Modestine durchquerte, war die Landschaft noch viel wilder und ungezähmter.

„Man betrachtete mich mit Geringschätzung, wie einen Mann, der eine Reise zum Mond plant, aber dennoch mit einem gewissen respektvollen Interesse, wie jemanden, der zum Nordpol aufbricht", schrieb Stevenson in seiner *Reise mit dem Esel durch die Cevennen.*

Von der störrischen, für 65 Francs und ein Glas Brandy gekauften Modestine begleitet, benötigte Stevenson zu Fuß (Modestine trug sein Gepäck) respektable zwölf Tage für die 232 km von Le Monastier-sur-Gazelle (südöstlich von Le Puy-en-Velay) nach St-Jean du Gard (westlich von Alès).

Stevensons Route, die erstmals im Jahre 1978 von einer Schottin zurückverfolgt und mit einem Andreaskreuz markiert worden war, ist mittlerweile ein Wanderweg, der GR70 von Le Puy nach Alès.

Ob die Reise auf einem schwankenden Eselsrücken oder zu Fuß zurückgelegt wird, auf jeden Fall ist das Buch *The Robert Louis Stevenson Trail* von Alan Castle ein hervorragender, praktischer und kenntnisreicher Begleiter. Auch die Websites www.chemin-stevenson.org und www.gr70-stevenson.com liefern Informationen und in den Touristeninformationen gibt es die kostenlose Broschüre *Sur Le Chemin de Robert Louis Stevenson* (Auf dem Weg von Robert Louis Stevenson) mit einer langen Liste von Unterkünften an der Strecke. Wer nichts schleppen will, kann sich sein Gepäck von folgenden Organisationen von Etappe zu Etappe transportieren lassen:

La Malle Postale (☑06 67 79 38 16; www.lamallepostale.com, auf Frz.)

Stevenson Bagages (☑06 07 29 01 23; www.stevenson-bagages.com, auf Frz.)

Transbagages (☑04 66 65 27 75)

dahindämmert. Er liegt am Westufer des Tarnon, einem Nebenflüsschen des Tarn, im Schatten der rund 1000 m hohen, steilen Felsen des Causse Méjean.

🏃 Aktivitäten

Das Heft *Guide Touristique* aus der Touristeninformation steckt voller Tipps für Outdooraktivitäten, von kurzen Wanderungen über Höhlenklettern bis zu Gleitschirmfliegen.

Wandern

Auskunft über die reichlichen Wandermöglichkeiten im Park gibt die **Maison du Parc National des Cévennes** (☑04 66 49 53 01; www.cevennes-parcnational.fr, auf Frz.; ⊙Juli & Aug. 9–18.30 Uhr, Okt.–April Mo–Fr 9.30–12.15 & 13.30–17.30 Uhr) im hübschen, restaurierten Château de Florac aus dem 17. Jh. Verkauft werden dort u. a. ein Dutzend hervorragender Informationspakete (jeweils 5 €), die Rundwege ab verschiedenen Startpunkten im Park beschreiben, und auch eine englischsprachige Ausgabe des Parkführers *Parc National des Cévennes* (15 €). Auch

gibt es die höchst informative **interaktive Ausstellung** (Eintritt frei) *Passagers du Paysage* mit Begleittexten, einem englischsprachigen Kommentar vom Band und einer 15-minütigen Diashow. Im Sommer findet im Park das **Festival Nature** mit einem Programm aus Outdooraktivitäten, Vorträgen und Exkursionen statt.

Eseltrekking

Warum sich nicht ein Beispiel an Robert Louis Stevenson nehmen und ein Lasttier mieten? Mehrere Anbieter um Florac arbeiten mit Eseln zusammen, darunter **Gentiâne** (☑04 66 41 04 16; http://anegenti.free.fr) in Castagnols und **Tramontane** (☑04 66 45 92 44; chantal.tramontane@nomade.fr) in St-Martin de Lansuscle.

Die Preise liegen bei etwa 45 bis 50 € pro Tag bzw. 225 bis 245 € pro Woche. Über beide Anbieter können auch Unterkünfte entlang der Route gebucht werden. Obwohl beide Agenturen außerhalb von Florac ansässig sind, bringen sie die Esel für ein gewisses Entgelt (ca. 1 € pro km) gerne in die Stadt oder an einen anderen Ort.

Weitere Aktivitäten

Cévennes Évasion (www.cevennes-evasion. com, auf Frz.; 5 place Boyer) vermietet **Mountainbikes** für 13/19 € pro halben/ganzen Tag und versorgt die Radler mit praktischen, farbigen Streckenkarten. Im Sommer bringt Cévennes Évasion Radfahrer (ab 5 Pers.) umsonst auf den Causse Méjean, von wo aus sie dann bequem nach unten düsen können. Das Unternehmen organisiert außerdem **Klettertouren** in Höhlen, Schluchten und an Felsen (die Jungs können was; für die Eröffnungszeremonie des Burj Khalifa in Dubai, des höchsten Gebäudes der Welt, haben sie 2010 an der 828 m hohen Fassade die Feuerwerkskörper angebracht). Cévennes Évasion bietet außerdem geführte und individuelle **Wander-** und **Fahrradferien** mit vorgebuchten Unterkünften und Gepäcktransport an.

🛏 Schlafen

La Carline WANDERUNTERKUNFT €
(☑04 66 45 24 54; www.gite-florac.fr, auf Frz.; 18 rue du Pêcher; pro Pers. 13 €; ☺Ostern–Okt.) Die freundliche und bei Wanderern beliebte Unterkunft mit Selbstversorgerküche befindet sich in einem Haus aus dem 18. Jh. Alle Zimmer haben Etagenbäder, im obersten Stock gibt es auch zwei gemütliche Doppelzimmer.

Grand Hôtel du Parc HOTEL €
(☑04 66 45 03 05; www.grandhotelduparc.fr; 47 av. Jean Monestier; Zi. 50–70 €; ☺Mitte März–Mitte Nov.; 🛜❄) Ein altehrwürdiges Haus mit 55 Zimmern und großem Grundstück, Pool, Terrasse und herrlichem, gepflegten Garten, in dem alte Zedern Schatten spenden.

Hôtel Les Gorges du Tarn HOTEL €
(☑04 66 45 00 63; www.hotel-gorgesdutarn.com; 48 rue du Pêcher; DZ 46–62 €; ☺Ostern–Okt.; 🛜🍽) Die 26 Zimmer sowohl im Hauptgebäude als auch im Anbau des Logis de France sind so heiter wie ein Sommertag. Gleichwohl lohnt es sich, den höheren Preis für ein Doppelzimmer im cool designten Anbau zu zahlen. Zwei Appartements (82 €) mit Kochnische bieten jeweils Platz für bis zu vier Personen. Das Hotelrestaurant **Adonis** (Hauptgerichte 17–22 €, Menü 16–47 €; ☺Mi geschl.) verdient auch einen Besuch, wenn keine Übernachtung geplant ist.

Camping Le Pont du Tarn CAMPINGPLATZ €
(☑04 66 45 18 26; www.camping-florac.com; Platz für 2 Pers. 16 €; ☺April–Sept.;❄) Auf dem großen, schattigen Campingplatz, 2 km außerhalb von Florac an der D998, können Gäste im beheizten Pool baden – oder im Tarn, der direkt daran vorbeifließt.

🍴 Essen

Im Sommer verwandelt sich die schattige, autofreie Esplanade in ein einziges gigantisches Restaurant mit gutem und preiswertem Essen.

La Source du Pêcher MEDITERRAN €€
(☑04 66 45 03 01; 1 rue de Remuret; Menü 16–38 €; ☺Ostern–Okt.) Am schönsten isst es sich hier auf der zauberhaften Terrasse oberhalb eines Forellenteichs. Die Küche in dem hoch gelobten Restaurant ist, zusammen mit einer großen Wein-, Tee- und Kaffeeauswahl, genauso bestechend. Nachteilig ist, dass die Bedienung manchmal etwas langsam ist und dass keine Reservierungen angenommen werden – frühe Ankunft ist daher ratsam.

Chez les Paysans REGIONAL €
(☑04 66 31 22 07; 3 rue Théophile Roussel; Hauptgerichte 10–13 €, Menü 12–15 €; ☺Mai–Okt., Nov.–April nur Di-Sa mittags) Ein Restaurant mit frischer, sehr preisgünstiger Regionalküche, die im Speiseraum oder auch auf der weinumrankten Terrasse schmeckt. Die Produkte der Bauern aus der Umgebung werden auch im angeschlossenen **Laden** verkauft.

🛍 Shoppen

Maison du Pays Cévenol GOURMETFEINKOST
(3 rue du Pêcher) Dieser Tempel der Genüsse verkauft alles, was die Region hergibt: Liköre, Konfitüren, Pélardon-Käse und Kastanien in jeder erdenklichen Form.

Biojour BIOLADEN
(5 rue du Pêcher) Das Biojour, nur ein paar Schritte von der Maison du Pays Cévenol entfernt und um einiges kleiner, verkauft alle möglichen Bioerzeugnisse.

ⓘ Praktische Informationen

Touristeninformation (☑04 66 45 01 14; www.mescevennes.com, auf Frz.; 33 av. Jean Monestier; ☺Mo-Sa 9–12 & 14–17 oder 18 Uhr)

ⓘ An- & Weiterreise

Ohne Auto ist die Anreise ziemlich nervig. Von Mitte April bis Mitte September fährt ein einziger Minibus von **Transports Reilhes** (☑04 66 45 00 18, 06 60 58 58 10) von und nach Alès (13 €, 1¼ Std.). Er verkehrt nur von Montag bis Samstag und fährt um 9 Uhr am alten Bahnhof ab. Im übrigen Jahr fährt er um 8 Uhr nur mittwochs und samstags los.

Gorges du Tarn

Der Tarn strömt die Hänge des Mont Lozère hinab. Über die Jahrtausende haben er und seine paar Nebenflüsse die tiefen und spektakulären Gorges du Tarn ausgewaschen. Diese tiefe Schlucht, die sich vom Dorf Ispagnac, 9 km nordwestlich von Florac, über etwa 50 km Richtung Südwesten erstreckt, bildet die Grenze zwischen dem Causse Méjean im Süden und dem Causse de Sauveterre im Norden. Bis zum Bau der Uferstraße 1905 waren Boote als einzige Fortbewegungsmittel durch die Schlucht. Im Sommer, wenn sich täglich über 2500 Fahrzeuge durch Ste-Énimie schieben, ist diese Straße (die D907bis) oft ein einzige Blechlawine. Im übrigen Jahr herrscht hier kaum Verkehr.

STE-ÉNIMIE
550 EW.

Ein kleiner Aufenthalt in Ste-Énimie lohnt sich, zumal die Sehenswürdigkeiten alle gut (auf Französisch und Englisch) ausgeschildert sind. Das Dorf liegt 27 km von Florac und 56 km von Millau entfernt und ergießt sich auf halber Strecke der Schlucht wie eine graubraune Steinlawine den Hang hinab. Der einst isolierte Ort ist heute ein beliebter Start- oder Endpunkt für Kanu- und Kajakfahrer, die den Tarn hinabpaddeln.

Das winzige **Écomusée Le Vieux Logis** (Erw./Kind 2/1,50 €; ☺Mitte Juni–Mitte Sept. So, Mo & Mi–Fr) besteht aus einem Gewölberaum, der mit alten regionalen Möbeln, Lampen, Geschirr und Trachten vollgestopft ist.

Highlights des kleinen, gepflasterten Dorfkerns mit den meist frisch gestrichenen und restaurierten Häusern sind die romanische **Église de Ste-Énimie** aus dem 12. Jh. und die **Halle aux Blés**, in der einst Getreide aus den hohen Causses gegen Wein, frisches Obst und Walnussöl getauscht wurde.

Aktivitäten

Am besten lässt sich der Tarn mit dem Kanu im Hochsommer befahren, wenn der Wasserstand niedrig ist und die Fahrt flussabwärts ein gemütliches Dahingleiten auf zumeist ruhigem Gewässer ist. Die Strecke endet an der unpassierbaren Pas de Soucy, einer Felsbarriere etwa 9 km flussabwärts von La Malène; südlich dieser Barriere

gibt's weitere Möglichkeiten zum Kanufahren.

Die Touristeninformation in Ste-Énimie hat Informationen zu den vielen Unternehmen, die von April bis September **Kanu-** und **Kajaktouren** anbieten. Zu diesen zählen **Au Moulin de la Malène** (☎04 66 48 51 14; www.canoeblanc.com) in La Malène, **Canoë 2000** (☎04 66 48 57 71; www.canoe2000.fr) in Ste-Énimie und La Malène, **Locanoë** (☎04 66 48 55 57; www.gorges-du-tarn.fr, auf Frz.) in Castelbouc und Ste-Énimie sowie **Le Canophile** (☎04 66 48 57 60; www.canoe-tarn.com, auf Frz.) in Ste-Énimie.

Typische Strecken und Preise für Kanu- und Kajaktouren sind: von Castelbouc nach Ste-Énimie (13 €, 7 km, 2 Std.), von Ste-Énimie nach La Malène (18 €, 13 km, 3½ Std.), von Castelbouc nach La Malène (21 €, 20 km, 1 Tag), von Ste-Énimie nach Les Baumes Basses (22 €, 22 km, 1 Tag).

Wer die Schufterei lieber anderen überlässt, kann sich von **Les Bateliers de la Malène** (www.gorgesdutarn.com; ☺April–Okt.) für 20,50 € pro Person ab La Malène 8 km weit die Schlucht hinunterpaddeln und mit dem Auto wieder zurückbringen lassen.

Schlafen

Die ganze Schlucht entlang stehen reichlich Campingplätze zur Auswahl.

Am Anfang und Ende der Gorges du Tarn gibt es jeweils eine *chambre d'hôtes*.

La Pause ZIMMER MIT FRÜHSTÜCK €
(☎05 65 62 63 06; www.hebergement-gorgesdutarn.com; route de Caplac, Le Rozier; EZ/DZ 40/50 €; ☒) In Le Rozier, am Südende der Schlucht, vermietet La Pause geschmackvoll eingerichtete Zimmer in hübschen Farben und einige Suiten. Die Marmeladen fürs Frühstück (Feige, Quitte, Kirsche …) hat die Herrin des Hauses, Pierrette Espinasse, selbst eingekocht. Einfach nach der Kirche links abbiegen (Schild „Capluc").

Maison de Marius ZIMMER MIT FRÜHSTÜCK €
(☎04 66 44 25 05; www.maisondemarius.fr, auf Frz.; 8 rue Pontet, Quézac; Zi. 40–80 €; ☺März–Okt.) In Quézac, am Nordende der Schlucht, nicht weit von Ispagnac, bietet Dany Méjean ansprechende, individuell eingerichtete Zimmer an. Das Wasser, das hier serviert wird, schmeckt umwerfend, denn es stammt aus einer Mineralquelle ganz in der Nähe. Die Anfahrt ist ab der Kirche ausgeschildert (man muss den Dorfkern umfahren, da die Hauptstraße eine Einbahnstraße in entgegensetzter Richtung ist).

Manoir de Montesquiou   HOTEL **€€**
(☎04 66 48 51 12; www.manoir-montesquiou.
com; Zi. 77–111 €; ☺April–Okt.; ☎) Das Landhaus aus dem 16. Jh. mit seiner breiten
Terrasse liegt an der Brücke in La Malène.
Die komfortablen Zimmer sind traditionell
eingerichtet und das **Restaurant** (Menü
28–49 €) genießt einen guten Ruf. Für den
kleinen Hunger gibt es auch eine Auswahl
an Schokoladengetränken – oder ein großes
Stück saftigen Schokoladenkuchen.

Praktische Informationen

Die **Touristeninformation** (☎04 66 48 53 44;
www.gorgesdutarn.net; ☺Mo–Sa 9.30–12.30 &
14–17.30 oder 18 Uhr, Juli & Aug. auch So) ist für
die gesamte Schlucht zuständig. Sie führt Landkarten und Wanderführer, darunter auch die
IGN-Top-25-Karte Nr. 2640OT *Gorges du Tarn*.
Im Sommer ist auch eine kleine **Zweigstelle**
(☺Mitte Mai–Aug.) in La Malène geöffnet.

Parc Naturel Régional des Grands Causses

Die Grands Causses, die südlichsten Ausläufer des Zentralmassivs, sind größtenteils
karge Kalksteinplateaus, die im Sommer
glühend heiß und im Winter den Winden
ungeschützt ausgesetzt sind. Die steinigen
Böden speichern nur wenig Feuchtigkeit, da
das Wasser durch den Kalkstein hindurch-
sickert und so im Untergrund im Laufe der
Jahrhunderte eine Welt entstehen ließ, die
ein Paradies für Höhlenkletterer ist.

Die Flüsse Tarn, Jonte und Dourbie
haben im 5000 km² großen Plateau tiefe
Schluchten geschnitten und auf diese Weise

vier *causses* (wie die Hochebenen hier heißen) geschaffen: Sauveterre, Méjean, Noir
und Larzac, jeder mit seinen ganz eigenen
geologischen Formen. So ähnelt ein *causse*
einer dunklen Mondlandschaft, ein anderer
einem schottischen Moor mit einer hauchdünnen Grasschicht, während ein dritter
sanfter und fruchtbarer ist. Aber alle sind
gespenstisch und leer – bis auf einen gelegentlichen Schäfer mit seiner Herde – und
bieten tolle Möglichkeiten zum Wandern
und Mountainbiken.

Millau im Herzen des Parks ist ein guter
Ausgangspunkt für Streifzüge durch diese
wilde Gegend. Die Gorges de la Jonte, über
denen Raubvögel ihre Kreise ziehen, streifen die Ostgrenze des Parks und können
es mit ihrer rauen Schönheit durchaus mit
den benachbarten, berühmteren Gorges du
Tarn aufnehmen.

◉ Sehenswertes

CAUSSE DE SAUVETERRE
Der nördlichste der *causses* ist ein sanftes,
hügeliges Plateau, hier und da mit ein paar
gedrungenen, abgelegenen Bauernhöfen.
Jedes mögliche Stückchen fruchtbarer Boden ist kultiviert, sodass die unregelmäßi-
gen Weizenfelder ein kompliziertes geomet-
risches Mustern entstehen lassen.

CAUSSE MÉJEAN
Der Causse Méjean ist die höchste, aber
auch ödeste und einsamste der Hochebenen. Begrenzt wird er von den Gorges du
Tarn im Norden und den Gorges de la Jonte
im Süden. Im Osten ragt er hoch über Florac empor. Er besteht hauptsächlich aus

---

DIE KASTANIE: EIN ALLZWECKBAUM

In den Cevennen waren Kastanien (als *l'arbre à pain*, Brotbaum, bezeichnet) ein
Grundnahrungsmittel vieler Familien. Sie wurden roh, geröstet und getrocknet gegessen oder zu Mehl verarbeitet. Mit Milch oder Wein vermischt ergaben sie *bajanat*, eine
nahrhafte Suppe. Ein Teil der Ernte wurde an die Schweine verfüttert, während die
Blätter gekappter Zweige und Äste als Futter für Schafe und Ziegen dienten.

Die Früchte wurden mit kleinen Rechen – natürlich aus Kastanienholz – einge-
sammelt und durch kräftiges Trampeln mit genagelten Stiefeln von ihren stacheligen
Hülsen (genannt *hérissons;* Igel) befreit. Heute sind Kastanien hauptsächlich die
Leibspeise der Wildschweine in den Cevennen, sie werden aber auch noch zu einigen
Saucen und Desserts verarbeitet.

Nichts blieb ungenutzt: Ausgehöhlte Baumstämme dienten als Bienenstöcke, kleinere Äste wurden zu Körben geflochten, größere zu Pfählen geschnitzt und für Zäune
und Rankgitter verwendet. Aus dem Holz, hart und resistent gegen Parasiten, wurden
Balken, Rechen und Möbel gemacht – alles von der Wiege bis zum Sarg.

kargem Weideland, das nur gelegentlich durch fruchtbarere Niederungen abgelöst wird, in denen Bäche gluckernd durch Karsttrichter, Schächte und Spalten im Kalkstein verschwinden.

Durch diese Kombination von Kalkstein und Wasser ist eine spektakuläre unterirdische Landschaft entstanden. In der Höhle **Aven Armand** (www.aven-armand. com; Erw./Kind 9,10/6,20 €; ☉April–Okt. 10–12 & 13.30–17 Uhr) führt eine Standseilbahn 60 m senkrecht nach unten, wo die weltgrößte Ansammlung von Stalagmiten wartet. Führungen starten im 20-Minuten-Takt und dauern rund 45 Minuten (es gibt auch einen Begleittext auf Englisch). Das **Kombiticket** (Erw./Kind 12,80/8,25 €) gilt auch für den Chaos de Montpellier-le-Vieux.

CAUSSE NOIR

Der „Schwarze Causse" unmittelbar östlich von Millau ist berühmt für den **Chaos de Montpellier-le-Vieux** (www.montpellier levieux.com; Erw./Kind 5,70/4,05 €; ☉April–Okt. 9.30–17.30 Uhr), 18 km nordöstlich von Millau und oberhalb der Gorges de la Dourbie. Durch Wassererosion ist eine mehr als 120 ha große Fläche mit bizarren Kalksteinformationen entstanden, die so phantasievolle Namen wie Sphinx und Elefant tragen. Drei ein- bis dreistündige Wanderrouten führen durch das Gebiet und es fährt auch eine **Touristenbahn** (Erw./Kind 3,65/2,70 €).

Wer außerhalb der Öffnungszeiten hierher kommt, kann uneingeschränkt umherwandern.

CAUSSE DU LARZAC

Der Causse du Larzac ist der größte der vier *causses*. Charakteristisch für ihn sind endlose Horizonte und steinige Steppen, in denen hin und wieder mittelalterliche Dörfer auftauchen – diese Hochebene heißt auch die „Französische Wüste".

Hier und da liegen altehrwürdige, ummauerte Dörfer wie **Ste-Eulalie de Cernon**, lange Zeit Hauptort der Region Larzac, und **La Cavalerie**, beide erbaut von Templern, einem Ritterorden, der während der Kreuzzüge zu Ruhm gelangte.

GORGES DE LA JONTE

Die 15 km langen Gorges de la Jonte verlaufen in ostwestlicher Richtung von Meyrueis nach Le Rozier und bilden eine scharfe Trennlinie zwischen dem Causse Noir und dem Causse Méjean.

Gleich südlich der Schlucht liegt die Höhle **Dargilan** (www.grotte-dargilan.com; Erw./ Kind 8,50/5,80 €; ☉April–Okt. 10–17.30 oder 18.30 Uhr), wegen ihrer auffälligen Färbung auch La Grotte Rose (die rosa Grotte) genannt. Der faszinierendste Moment der einstündigen, 1 km langen Führung durch den riesigen Stollen ist ein völlig unerwarteter Ausgang auf einen spektakulären Felsvorsprung mit einem schwindelerregenden Blick auf die Gorges de la Jonte tief unten.

Der **Belvédère des Vautours** (Geierbeobachtungspunkt; ☎05 65 62 69 69; www.vautourslozere.com; Erw./Kind 6,50/3 €; ☉April–Okt. 10–17 oder 18 Uhr) liegt westlich von Le Truel an der D996. Geier waren hier schon fast ausgestorben, wurden aber wieder angesiedelt und kreisen nun erneut über den Causses. Ihre Horste kleben an den steilen Felswänden auf der gegenüberliegenden Talseite. Die Beobachtungsstation hat eine beeindruckende Multimediaausstellung, zu der auch eine Video-Liveübertragung von den Brutstätten gehört. Auch drei unterschiedliche, halbtägige **Vogelwanderungen** (Erw./Kind 7/3,50; Buchung erforderlich) werden angeboten.

ℹ️ Praktische Informationen

Parkbüro des Parc Naturel Régional des Grands Causses (☎05 65 61 35 50; www.parc-grands-causses.fr, auf Frz.; 71 bd de l'Ayrolle, Millau; ☉Mo–Fr 9–12 oder 12.30 & 14–17 Uhr)

Millau

22 900 EW.

Millau (mi-jo ausgesprochen) zwängt sich am Zusammenfluss von Tarn und Dourbie zwischen Causse Noir und Causse du Larzac. Obwohl es schon im Departement Aveyron in der Region Midi-Pyrénées liegt, ist es historisch und kulturell eng mit dem Languedoc verbunden. Millau ist in Frankreich für die Handschuhherstellung bekannt. Außerdem liegt es ideal im Parc Naturel Régional des Grands Causses, um von hier Wanderungen und andere Outdooraktivitäten zu starten – aufgrund der günstigen Thermik besonders Drachen- und Gleitschirmfliegen.

👁️ Sehenswertes

GRATIS **Causse Gantier** HANDSCHUHMUSEUM (bd des Gantières; ☉Mo–Sa 9.30–12.30 & 14–19 Uhr) Causse Gantier ist der einzige

DER PONT DE MILLAU

Die mautpflichtige Brücke ist Teil der Autobahn A75 und spannt sich über das weite Tal des Tarn. Sie ist ein wahres Symbol des 21. Jhs. Über 4,5 Mio. Fahrzeuge donnern jährlich über dieses Wunder der Ingenieurskunst, das der britische Architekt Sir Norman Foster entworfen hat. Nur sieben Pfeiler, hohl und scheinbar nadeldünn, tragen die 2,5 km lange, vierspurige Autobahn. Mit einer Höhe von bis zu 343 m über dem Talgrund gehört sie zu den höchsten Autobrücken der Welt.

Ihr Bau kostete 400 Mio. € und verschlang 127 000 m³ Beton, 19 000 t Betonstahl und 5000 t Kabel und Spannseile. Und doch scheint die Brücke trotz dieser gewichtigen Superlative wie aus Spinnfäden gefertigt.

Der **Viaduc Espace** (🕙10–17 Uhr, April–Okt. bis 19 Uhr) am Fuß des Viadukts zeigt einen zehnminütigen Film über den Bau der Brücke, auch werden 45-minütige **Führungen** angeboten (auf Wunsch auch auf Englisch; Erw./Kind 6/3,50 €).

Ein eigenes Auto ist für den Besuch des Pont de Millau nicht nötig. Ein offener, kanariengelber **Bus** (Erw./Kind 10/6 €) fährt fünfmal täglich ab der Place de la Capelle in Millau zu einer 1¾-stündigen Besichtigungstour mit Kommentar los. Wer lieber gemütlich auf dem Tarn schippern und sich den Nacken verrenken will, um die Brücke aus der Froschperspektive zu betrachten, bucht eine 1½-stündige Bootsfahrt mit **Bateliers du Viaduc** (www.bateliersduviaduc.com; Creissels; Erw./Kind 22/12,50 €; 🕙ab 9.45 Uhr alle 45 Min.).

übriggebliebene Betrieb, der in Millau noch Handschuhe selbst herstellt (die übrigen importieren die Lederwaren und vertrauen auf ihren guten Ruf vergangener Tage). In dem architektonisch ansprechenden Firmengebäude mit Werkstatt und Ausstellungsraum lassen sich die Handwerker über die Schulter schauen. Wer sich ein paar Handschuhe kauft, kann sicher sein, dass sie auch hier hergestellt wurden.

Musée de Millau
MUSEUM
(place Maréchal Foch; Erw./Kind 5,10 €/frei; 🕙Sept.–Juni 10–12 & 14–18 Uhr, Okt.–April So geschl.) Millaus Museum zeigt eine umfangreiche Fossiliensammlung, darunter ein 4 m langes, fast unbeschädigtes Skelett eines prähistorischen Meeresreptils vom Causse du Larzac. Im Untergeschoss stehen zahlreiche Teller und Vasen von **La Graufesenque**, seinerzeit die größte Töpferei im Weströmischen Reich. Eine Abteilung für Lederwaren und Handschuhe im 1. Stock verfolgt die Entwicklung von Millaus Gerbereien und Lederwarenindustrie. Das **Kombiticket** für 6 € gilt auch für die Ausgrabungsstätte La Graufesenque am Zusammenfluss von Tarn und Dourbie.

Le Beffroi
GLOCKENTURM
(rue Droite; Erw./Kind 3 €/frei; 🕙Mitte Juni–Sept. 10–12 & 14–18 Uhr) Von der Spitze des 42 m hohen Glockenturms bietet sich ein toller Blick über den Ort. Der Aufstieg vom qua-

dratischen Sockel aus dem 12. Jh. führt bis zum schmaleren achteckigen Turm aus dem 17. Jh.

Aktivitäten

Drachen- & Gleitschirmfliegen
Mehrere Unternehmen bieten Einführungskurse (um 350 € für 5 Tage) und Anfängerflüge mit Ausbildern (55–70 €). Zwei bewährte Anbieter:

Horizon DRACHENFLIEGEN, GLEITSCHIRMFLIEGEN (www.horizon-millau.com, auf Frz.; 6 place Lucien Grégoire) Bietet auch Höhlen-, Schluchten- und Felsklettern sowie das sogenannte Naturaventure, eine Wanderung mit diversen Aktivitäten.

Roc et Canyon DRACHENFLIEGEN, GLEITSCHIRMFLIEGEN (www.roc-et-canyon.com, auf Frz.; 55 av. Jean Jaurès) Im Sommer am Pont de Cureplat vertreten; bietet auch Höhlen-, Schluchten- und Felsklettern, Rafting und Bungeejumping an.

Klettern
Die steilen Felswände der Gorges de la Jonte sind ein international bekannter Ort für Kletterer. Sowohl Horizon als auch Roc et Canyon bieten begleitetes Klettern an und vermitteln Kontakte zu Kletterern aus der Gegend.

LANGUEDOC-ROUSSILLON MILLAU

Wandern & Radfahren

Die Touristeninformation verkauft ein praktisches Paket mit 15 Faltblättern (8 €; pro Blatt 1 €) von übersichtlich beschriebenen Wanderungen von 1 bis 4½ Stunden in der Region. Das Büchlein *Les Belles Balades de l'Aveyron* (8 €) beschreibt 22 Wanderungen in der Umgebung sowie zehn Mountainbike- und zehn Fahrradstrecken.

✥ Festivals & Events

Natural Games   SPORTFEST
(www.naturalgames.fr) Ein internationales Fest für Outdoorsportarten wie Klettern, Kanufahren und Extremmountainbiken. Vier Tage Ende Juni.

Millau Jazz Festival   JAZZFESTIVAL Eine Woche lang Jazztöne Mitte Juli.

Mondial de Pétanque
PÉTANQUE-FESTIVAL (Pétanque-Weltmeisterschaft; www.millau-petanque.com, auf Frz.) Sechs Tage Mitte August mit über 10 000 Teilnehmern und mehr als doppelt so vielen Zuschauern.

🛏 Schlafen

An beiden Ufern des Tarn gibt es mehrere große Campingplätze.

Château de Creissels   SCHLOSSHOTEL €€
(☎05 65 60 16 59; www.chateau-de-creissels. com; Creissels; Zi. neuer Flügel 71–85 €, alter Flügel 108 €; ⊙März–Dez.) Das Schloss in Creissels, 2 km südwestlich von Millau an der D992 (gut ausgeschildert), hat zwei Gesichter. Die Zimmer im alten Turm (12. Jh.) verströmen historischen Charme, während die im neuen Flügel aus dem 20. Jh. (die meisten wurden 2010 umfassend renoviert) Balkons mit Blick auf den weitläufigen Garten haben. Dazu gibt's ein ausgezeichnetes **Restaurant**.

Hôtel La Capelle   HOTEL €
(☎05 65 60 14 72; www.hotel-millau-capelle.com; 7 place de la Capelle; Zi. 48–61 €, mit Gemeinschaftsbad 30–45 €; ❄🛜) Das Hotel in einer einstigen Lederfabrik bietet preiswerte Unterkünfte. Die großen Zimmer haben Bad und separate Toilette und die große Terrasse mit Blick Richtung Causse Noir ist ideal zum Frühstücken. Einige Zimmer haben eine Klimaanlage (5 € extra).

🍴 Essen

La Mangeoire   REGIONAL €€
(☎05 65 60 13 16; 8 bd de la Capelle; Mittagsmenü 14,50 €, Menü 19,50–46 €; ⊙Di–So) Millaus ältestes Restaurant in den Gewölben unter der ehemaligen Stadtmauer bietet wunderbare, hauptsächlich regionale Gerichte. Der Stolz des Hauses ist der offene Holzkohlengrill. Im Winter gibt's z. B. Hase und Rebhuhn vom Spieß. Fleisch und Fisch (14–22 €) kommen das ganze Jahr hindurch perfekt gebrutzelt auf den Tisch.

La Marmite du Pêcheur
MODERN & KREATIV €€
(☎05 65 61 20 44; 14–16 bd de la Capelle; Mittagsmenü 14,50 €, Hauptgerichte 17–19 €, Menü 19,50–55 €; ⊙Juli–Sept. Di mittags & Mo, Okt.– Juni Di & Mi geschl.) Ein paar Meter hinter La Mangeoire betreibt ein nettes, junges Paar dieses Lokal mit schöner Gewölbedecke und herzhaften, regional geprägten Menüs in gleicher Preislage. Besonders gut gelingt dem Küchenchef die *marmite du pêcheur à ma façon,* ein Gratin aus Lachs, Flussbarsch, Seebarbe, Garnelen und Jakobsmuscheln (24 €).

Le Capion   FRANZÖSISCH, KLASSISCH €€
(☎05 65 60 00 91; 3 rue J-F Alméras; Hauptgerichte 15,50–19,50 €, Mittagsmenü 14,50 €, Menü 16–39 €; ⊙Do–Mo mittags & abends, Di nur mittags) Auf dem Weg in den größeren der zwei Speiseräume können die Gäste einen Blick in die Küche werfen und dem Team bei der Arbeit zusehen. Das Essen ist gut und die Portionen sind großzügig – das gilt besonders für die reichhaltige Käseplatte, auf der natürlich Roquefort im Mittelpunkt steht, und die verlockenden, hausgemachten Desserts.

Restaurant Château de Creissels
GOURMETKÜCHE €€
(☎05 65 60 16 59; Hauptgerichte 16–22 €, Menü 23–53 €; ⊙Di–Sa mittags & abends, So nur mittags) Im Schlossrestaurant wird klassisch französisch gekocht und Fleischfans freuen sich besonders über das *menu autour de l'agneau des Grands Causses* (Menü rund ums Lamm aus den Grands Causses; 34 €), bei dem das zarte Lammfleisch aus der Region mit Schafskäse in zwei Hauptgängen auf den Tisch kommt.

Selbstversorger

Auf der Place du Maréchal Foch, der Place Emma Calvé und in der **Markthalle** an der Place des Halles ist mittwoch- und freitagvormittags **Markt**.

Ein **abendlicher Markt** breitet sich im Juli und August auf der Place Mancharous aus.

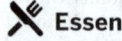

Shoppen

L'Atelier du Gantier (21 rue Droite) ist ein wundervoller kleiner Laden, der nichts als Handschuhe aus herrlich weichem Leder verkauft. Wer Glück hat, kann dem Personal bei der Arbeit an drei uralten Singer-Nähmaschinen zusehen.

Les Vitrines du Terroir (17 bd de l'Ayrolle) und **Le Buron** (18 rue Droite) sind zwei Läden, die wunderbar kräftigen, stark duftenden Käse und Feinkost verkaufen.

ℹ Praktische Informationen

ABCD PC (Ecke rue Droite & rue Solignac; Internet 3 €/Std.; ☉Mo–Fr 9.30–12.30 & 16.30–19.30, Sa 14.30–19.30 Uhr) Internetzugang.

Touristeninformation (☎05 65 60 02 42; www.ot-millau.fr; 1 place du Beffroi; ☉9.30–12.30 & 14–18.30 Uhr, Okt.–Ostern So geschl.)

ℹ Anreise & Unterwegs vor Ort

BUS Millaus **Busbahnhof** (www.gareroutieredemillau.com, auf Frz.) liegt neben dem Bahnhof; der **Informationsschalter** (☎05 65 59 89 33) befindet sich im Gebäude. Zwei Busse fahren täglich nach Albi (17,80 €, 2¼ Std.), einer davon weiter nach Toulouse (26,80 €, 4 Std.). Mindestens sechs Verbindungen gibt es täglich mit Montpellier (18 €, 2¼ Std.).

FAHRRAD Cycles Arturi (☎05 65 60 28 23; 2 rue du Barry; ☉Juli & Aug. So geschl., Sept.–Juni So & Mo geschl.) vermietet halb-/ganztags Cityräder für 9/12 € und Mountainbikes für 11/15 €.

ZUG Zug- oder SNCF-Busverbindungen ab Millau gibt es u. a. mit Montpellier (22,10 €, 1¾ Std., 1-mal tgl.) und Rodez (11,80 €, 1½ Std., 5-mal tgl.).

Rund um Millau

ROQUEFORT
700 EW.

Im Herzen des Parc Naturel Régional des Grands Causses liegt 25 km südwestlich von Millau das Dorf Roquefort, wo Schafsmilch in den berühmtesten Blauschimmelkäse Frankreichs verwandelt wird. Die steilen Straßen des Dorfes führen hinab in die kühlen Kalksteinhöhlen, in denen sieben Hersteller jedes Jahr 22 000 t Roquefort reifen lassen.

Vier Käsereien stehen Besuchern offen.

DER KÄSEKÖNIG

Die schimmeligen, blaugrünen Adern, die sich durch den Roquefort ziehen, sind eigentlich Sporen mikroskopisch kleiner Pilze, die auf Sauerteigbrot kultiviert werden.

Da der Käse in natürlichen Höhlen reift, die in die Berghänge hinein erweitert wurden, strömt durch Felsspalten (*fleurines* genannt) Luft, durch die sich das blaue *Penicillium roqueforti* im weißen Rohkäse ausbreiten kann.

Der Roquefort gilt als einer der edelsten Käsesorten Frankreichs. 1407 gewährte Karl VI. den Dorfbewohnern das alleinige Recht der Roquefortherstellung, und im 17. Jh. verhängte das Oberste Gericht des Parlaments von Toulouse schwere Strafen gegen betrügerische Käsehersteller, die ihren Käse unter dem Namen Roquefort vertrieben hatten.

La Société (www.roquefort-societe.com), 1842 gegründet, ist der größte Roquefort-Hersteller, der 70 % des Weltbedarfs produziert, davon 30 % für den Export. Die einstündige **Führung** (Erw./Kind 3,50 €/frei; ☉9.30–12 & 13.30–17 Uhr) durch die Höhlen schließt eine ziemlich dürftige Ton- und Lichtshow und eine Kostprobe der drei Käsesorten des Unternehmens ein.

GRATIS **Le Papillon** (www.roquefort-papillon.com; ☉9.30–12 & 13–17 oder 18.30 Uhr) bietet ebenfalls Führungen durch ihre kräftig riechenden Höhlen. Sie dauern 45 Minuten, einschließlich eines 15-minütigen Films.

GRATIS **Le Vieux Berger** (www.le-vieux-berger.com, auf Frz.; ☉Mo–Fr 8.30–12 & 13.30–18.30 Uhr) ist die kleinste der Roquefort-Käsereien und die einzige, in der Besucher den Produktionsvorgang beobachten können. Auch ist der 18-minütige Werbefilm der professionellste. Anfahrt über den ersten Abzweig rechts nach der Touristeninformation und dann noch 500 m weiter über die Avenue du Combalou.

GRATIS In **Gabriel Coulets** (www.gabriel-coulet.fr; ☉9.30–11.50 & 13.30–16.50 oder 17.50 Uhr) Laden kann die Roquefort-Herstellung zügiger erlebt werden. Besucher dürfen in die von Edelschimmel verschlierten Höhlengewölbe unter dem Laden hinabsteigen, sie auf eigene Faust besichtigen und sich den 10-minütigen Film anschauen.

Parken ist in Roquefort ein Albtraum. Autofahrer parken besser neben der **Touristeninformation** (☏05 65 58 56 00; www. roquefort.fr; ⏱Mo–Sa 9–17 oder 18 Uhr, Juli & Aug. tgl. bis 19 Uhr) am westlichen Dorfeingang von Roquefort.

MICROPOLIS
Ein Blick aus der Ameisenperspektive: Das unglaubliche Hightechabenteuer **Micropolis** (☏05 65 58 50 50; www.micropolis.biz; Erw./ Kind 11,20/7,60 €, Audioguide 2 €; ⏱10–17 Uhr, Sept. Mo geschl., Okt.–März Mo–Fr geschl. Mitte Nov.–Jan. geschl.) befindet sich in einem Gebäude, in dem 6 m hohes Gras die Besucher zu Zwergen macht. Die zahllosen Fakten über Insekten, alle spannend präsentiert, erscheinen zunächst ebenfalls unglaublich, sind aber alle wahr. Es wird ein 20-minütiger 3D-Film gezeigt und der erklärende Text auf den Tafeln ist auf Französisch und Englisch. Ein Besuch dauert gute zwei Stunden (der skurrile und phantasievolle Outdoor Trail sollte unbedingt dazugehören), der mit einem Snack oder einer lokalen Spezialität im lichten, preisgünstigen **Restaurant** abgerundet werden kann. „La Cité des Insectes" (Insektenstadt) liegt an der D911, 19 km nordwestlich von Millau.

PASTORALIA
Pastoralia (☏05 65 98 10 23; www.pastoralia. com, auf Frz.; Erw./Kind 4,80/3,50 €, 2 Erw. & 2 Kinder 15 €; ⏱Ostern–Okt. 10–12 & 14–18 Uhr) liegt 3 km westlich von St-Affrique und erzählt die Geschichte der 800 000 Schafe, die auf den Hochplateaus grasen und jährlich fast 200 Mio. Liter Milch liefern. Über die Hälfte davon wird zu Roquefort und anderen regionalen Käsesorten verarbeitet. Interaktive Infotafeln (auch auf Englisch) und ein zehnminütiger Film runden das Ganze ab und im Sommer dürfen Kinder die Schafe füttern.

ROUSSILLON

Das Roussillon, manchmal auch Französisch-Katalonien genannt, liegt auf der Ostseite der Pyrenäen an der Grenze zu Spanien. Es ist das Land des Tramontane, eines gewaltigen Windes, der heulend von den Bergen herunterpfeift, im Winter eiskalt und im Sommer stark genug, um ein Wohnmobil umzupusten. Roussillons einzige Großstadt ist Perpignan, die Hauptstadt des Departements Pyrénées-Orientales.

Geschichte
Die Geschichte des Roussillon war lange Zeit eng mit den Ereignissen auf der anderen Seite der Pyrenäen im heutigen Spanien verknüpft. Nach einer Blütezeit mit Perpignan als Hauptstadt des Königreichs Mallorca fiel es im ausgehenden Mittelalter unter die Herrschaft von Aragon. 1640 revoltierten Katalanen auf beiden Seiten der Pyrenäen gegen die kastilischen Könige im fernen Madrid. 1659 wurde mithilfe des Pyrenäenvertrags schließlich Frieden geschlossen, die Grenze zwischen Spanien und Frankreich ein für alle Mal festgelegt und das Roussillon, bis dahin der nördliche Teil Kataloniens, zur großen Entrüstung der Einheimischen an Frankreich abgetreten.

Das Roussillon gehörte lange Zeit zu Katalonien (heute bezeichnet dieser Name offiziell nur noch die halbautonome Region in der Nordostecke Spaniens) und hat sich viele Symbole katalanischer Identität bewahrt. Der Volkstanz *sardane* wird immer noch aufgeführt und die katalanische Sprache, die eng mit dem Provenzalischen verwandt ist, ist recht verbreitet.

❶ Unterwegs vor Ort
Das Auto kann hier ruhig daheim bleiben, denn die **Busse** fahren das ganze Jahr über für nur 1 € pro Strecke kreuz und quer durchs Roussillon – dank der umweltfreundlichen Verkehrspolitik der Region. Streckenpläne und -nummern gibt es als Faltblatt in jeder Touristeninformation oder über ☏04 68 80 80 80.

Perpignan
118 200 EW.

Im 13. und 14. Jh. war Perpignan (Katalanisch: Perpinyà) Hauptstadt des Königreichs Mallorca, ein mächtiges Mittelmeerreich, das sich im Norden bis nach Montpellier erstreckte und die gesamten Balearen umfasste. Später wurde die Stadt ein wichtiges Handelszentrum und ist heute nach Barcelona und Lleida (Lérida) in Spanien die drittgrößte katalanische Stadt.

Die Stadt ist noch immer ebenso katalanisch wie französisch und weit davon entfernt, eine „üble hässliche Stadt" zu sein, wie sie der Reisende Henry Swinbourne im 18. Jh. bitter beschrieb. Die heutige Bevölkerung ist gemischt: Die Nachfahren von Tausenden Flüchtlingen, die am Ende des Spanischen Bürgerkrieges über die Berge flohen, haben iberisches Blut. Viele andere Familien, sowohl Araber als auch vertriebene französische Siedler, haben ihre Wurzeln in Nordafrika.

Mit seiner Lage an den Ausläufern der Pyrenäen und der Côte Vermeille im Südosten ist Perpignan ein guter Ausgangspunkt für Tagestouren entlang der Küste, in die Berge und zu den Burgen der Katharer im Landesinneren. In der Stadt selbst weisen Schilder auf alle wichtigen historischen Gebäude hin – und das sogar dreisprachig (Französisch, Katalanisch und Englisch).

◉ Sehenswertes

Le Castillet & Casa Païral   HEIMATMUSEUM
(place de Verdun; Erw./Kind 4 €/frei; ⊙Mi–Mo 9.30–12 & 13.30–18 Uhr) Das backsteinerne Stadttor Le Castillet aus dem 14. Jh. war einst ein Gefängnis und ist heute das einzige Überbleibsel der von Vauban erbauten Stadtmauer. In den Innenräumen befindet sich die Casa Pairal, ein Heimatmuseum mit allem möglichen katalanischem Zeugs, von traditionellen Hauben und Spitzenmantillas bis zu einer voll eingerichteten Küche aus dem 17. Jh.

Place de la Loge   PLATZ
An der Place de la Loge stehen drei schöne Gebäude. Die **Loge de Mer** aus dem 14. Jh. mit Umbauten aus der Renaissance war einst die Börse Perpignans und später das Seegericht. Zwischen diesem Gebäude und dem **Palais de la Députation**, einst Sitz des Regionalparlaments, befindet sich das **Hôtel de Ville** mit seiner für das Roussillon typischen Backstein- und Kieselfassade.

Palais des Rois de Majorque   PALAST
(Palast der Könige von Mallorca; Eingang in der Rue des Archers; Erw./Kind 4 €/frei; ⊙10–18 Uhr) Der Palais des Rois de Majorque steht auf einem kleinen Hügel und war einst Symbol der Glanzzeit Perpignans im ausgehenden Mittelalter. Heute jedoch herrscht in den kaum möblierten Hallen nur noch Leere. Der Palast wurde 1276 für den Herrscher des neu gegründeten Königreichs errichtet und war einst von weitläufigen Feigen- und Olivenhainen und einem Jagdrevier umgeben.

All das ging jedoch verloren, als Vaubans gewaltige Festungsmauern um den Palast gezogen wurden.

Am Eingang liegen Handzettel aus, die durch den Palast führen. Die Tour de l'Hommage, über 70 Stufen zu erklimmen, bietet einen weiten Blick über die Pyrenäen und das Mittelmeer.

Cathédrale St-Jean   KATHEDRALE
(place Gambetta; ⊙7.30–18 Uhr) Die Cathédrale St-Jean mit ihrem typisch provenzalischen schmiedeeisernen Glockenkäfig auf dem Turm wurde ab 1324 gebaut, aber erst 1509 vollendet. Ihre schlichte Fassade besteht aus Backsteinen und glatten, unregelmäßig angeordneten Flusskieseln. Merkmale des riesigen Kirchenschiffs sind die feinen Steinmetzarbeiten und das relativ schlichte katalanische Altarbild. Jahrhundertelang beteten die Gläubigen von Perpignan die rührend naive Marienstatue mit Kind an, die in der Kapelle Nostra Senyora dels Correchs auf der Nordseite steht.

⚜ Festivals & Events

Wie es sich für eine Stadt so nah an der spanischen Grenze gehört, werden in Perpignan viele Fiestas gefeiert.

Jeudis de Perpignan   STRASSENFEST
Buden, Theater und Konzerte aller Richtungen füllen Mitte Juli bis Mitte August jeden Donnerstag Abend die Straßen.

Procession de la Sanch
             KARFREITAGSPROZESSION
Barfüßige Büßer in ihrer *caperutxa* (traditionelle Kapuzenkutten) ziehen am Karfreitag schweigend durch die Altstadt.

Fête de la Saint Jean   RELIGIÖSES FEST
Eine „heilige" Flamme wird vom Mont Canigou heruntergetragen. Um den 23. Juni.

Fête du Vin   WEINFEST
Auf dem Weinfest wird ein Fass mit neuem Wein feierlich zur Cathédrale St-Jean getragen und dort gesegnet. Drittes Oktoberwochenende.

🛏 Schlafen

Hôtel de La Loge   HOTEL €
(☎04 68 34 41 02; www.hoteldelaloge.fr; 1 rue des Fabriques Nabot; EZ/DZ ab 47/55 €; ✳🞷) Mireille und Hervé Barraud, die das altersschwache Hotel 2010 übernommen hatten, haben ihrem neuen Haus bereits ihren Stempel aufgedrückt: Sie renovierten und erneuerten es, behielten aber die besten der

schönen katalanischen Holzmöbel bei. Von den teureren Zimmern blicken Nr. 106 und 206 auf die Place de la Loge.

Park Hotel
HOTEL €€

(☎04 68 35 14 14; www.parkhotel-fr.com; 18 bd Jean Bourrat; Zi. ab 80 €; ❊@☎) Jedes der schallisolierten Zimmer dieses freundlichen Hotels wurde individuell und einnehmend eingerichtet, aber die der Kategorie *supérieure* (ab 100 €) mit separatem Bad, Duschkabine und Toilette sind noch um einiges besser. Die geräumigsten (deren Nummern auf 04 und 05 enden) bieten Ausblick auf den Park. Der renommierte Koch Alexander Klimenko führt das Hotelrestaurant **Le Chap'**, das mit einem Michelinstern ausgezeichnet ist.

Hôtel New Christina
HOTEL €€

(☎04 68 35 12 21; www.hotel-newchristina.com, auf Frz.; 51 cours Lassus; Zi. 93 €; ❊☎☎) Blau und beige dominieren die Einrichtung in den attraktiven Zimmern, die Bäder haben Wannen und die Toiletten sind separat. Die vorderen Zimmer blicken auf eine Grünanlage. Auf dem Dach locken ein Schwimmbecken sowie der einzige Whirlpool im Zentrum Perpignans.

Perpignan

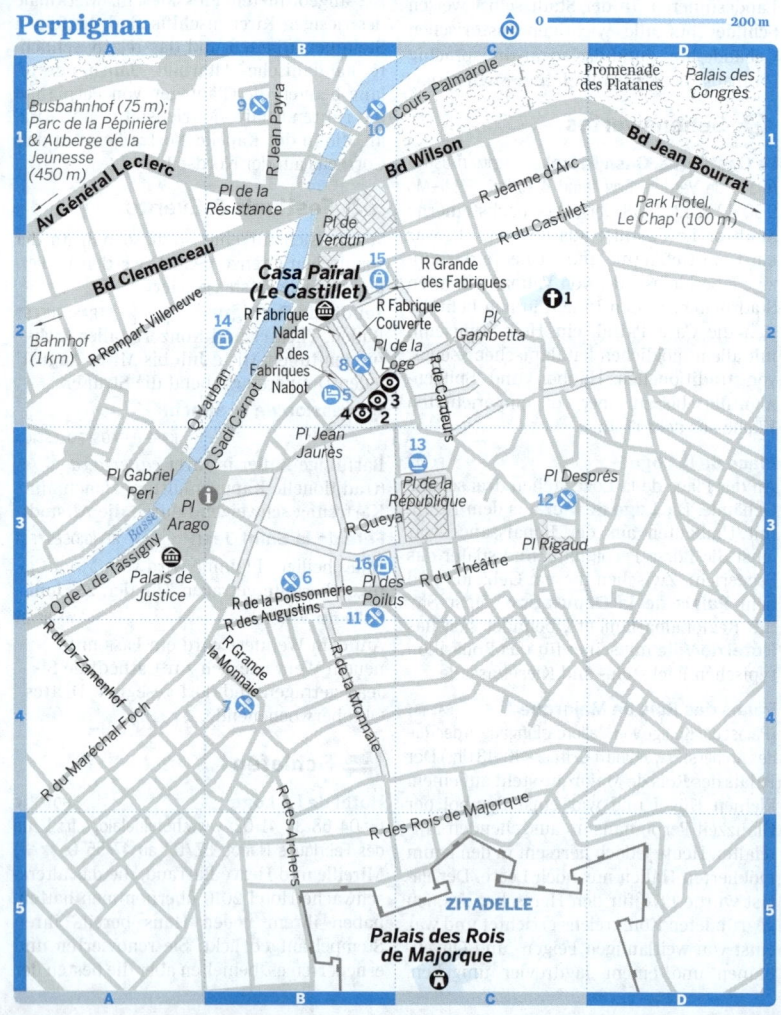

Auberge de Jeunesse
JUGENDHERBERGE €

(☑04 68 34 63 32; perpignan@fuaj.org; allée Marc Pierre; mit Frühstück 16,70 €; ☺März–Mitte Nov.) In Perpignans HI-Jugendherberge nördlich des Parc de la Pépinière geht's relaxt zu und eine Küche für Selbstversorger gibt es auch.

Camping La Garrigole
CAMPINGPLATZ €

(☑04 68 54 66 10; 2 rue Maurice Lévy; Platz für 2 Pers. 12 €; ☺ganzjährig) Der kleine Campingplatz liegt 1,5 km westlich vom Bahnhof und ist mit Bus Nr. 2 (Haltestelle Garrigole) zu erreichen.

 **Essen**

La Galinette
GOURMETKÜCHE €€

(☑04 68 35 00 90; 23 rue Jean Payra; Hauptgerichte 28–30 €, Mittagsmenü 19 €; ☺Di–Sa) Ein elegantes Lokal mit raffinierter Küche, delikat zubereiteten Desserts und einer Riesenauswahl an regionalen Weinen. Wer Überraschungen liebt, wählt das *menu confiance* („Menü des Vertrauens", hauptsächlich Fisch, 55 €) und überlässt es dem Küchenchef, das Beste aus dem Tagesfang zu wählen.

La Passerelle
FISCH €€

(☑04 68 51 30 65; 1 cours Palmarole; Hauptgerichte 19–28 €, Mittagsmenü 22 €; ☺Di–Sa mittags & abends, Mo nur abends) Das ansprechende, maritime Dekor lässt schon vermuten, was in der Küche die Hauptrolle spielt: La Passerelle ist *das* Fischrestaurant in Perpignan, das die Schätze des Mittelmeers fangfrisch verarbeitet; Zuchtfisch und Tiefkühlware sind hier definitiv tabu.

Al Trés
MEDITERRAN, MODERN €€

(☑04 68 34 88 39; 3 rue de la Poissonnerie; Hauptgerichte 19–25 €, Mittagsmenü 14 €, Menü 25 €; ☺Di–So) In dem schicken Lokal mit seinem tiefroten Putz und der mächtigen, mit Schnitzereien verzierten Holztheke (die stark an einen Altar erinnert) überzeugen vor allem der Frische der Speisen und die Kreativität bei der Zubereitung.

Laurens'O
FUSIONSKÜCHE, MEDITERRAN €€

(☑04 68 34 66 66; 5 place des Poilus; Hauptgerichte 17–23 €, Mittagsmenü 17 €; ☺Di–Sa) Das fröhliche, moderne Lokal mit gestreiften Tischdecken und Deko in Orange und Schwarz serviert eine innovative Mittelmeerküche, die italienische Gerichte mit französischem Touch und einer Prise thailändischem Pepp kombiniert.

Au Vrai Chic Parisien
FRANZÖSISCH €

(☑04 68 35 19 16; www.auvraichicparisien.com, auf Frz.; 14 rue Grande la Monnaie; Hauptgerichte abends um 18 €, Mittagsmenü 10–11,50 €; ☺Mo-Fr mittags, Fr & Sa abends) Nein, kein versnobtes Pariser Implantat, sondern ein freundliches, gut besuchtes Lokal in einem beliebten Viertel. Die Möbel sind einfach, rustikal und in leuchtenden Farben gestrichen und die Wände sind vollgehängt mit Postern, alten Speisekarten, Zeitungsausschnitten und Krimskrams. Das Mittagsangebot ist klein aber lecker (z. B. die dampfend heiße *tartiflette*, ein Kartoffelauflauf). Am Wochenende werden abends Savoyard-Fondues und gegrilltes Fleisch serviert. Die Toiletten sind besonders klasse (den Grund soll jeder selbst rausfinden).

Perpignan

Les Antiquaires FRANZÖSISCH, KLASSISCH €€

(☎04 68 34 06 58; place Desprès; Hauptgerichte 14–23 €, Menü 24–43 €; ☺Di-Sa mittags & abends, So nur mittags) Die Küche ist genau so traditionell, solide und reif wie die Gäste und die vielen Weinflaschen über dem Kamin. Die Portionen, wie die zwei Berge Mousse au Chocolat zum Nachtisch, sind großzügig bemessen.

Casa Sansa KATALANISCHE KÜCHE €€

(☎04 68 34 21 84; Eingang 2 rue Fabrique Nadal & rue Fabrique Couverte; Hauptgerichte 15–39 €, Menü 14–32 €) Noch eine populäre Adresse – oder besser gesagt, zwei. Wir empfehlen die ältere, eher südlich geprägte Abteilung mit leckeren katalanischen Spezialitäten, die – den mit Fotos zugepflasterten Wänden nach zu urteilen – auch schon vielen Promis geschmeckt haben.

Le France MEDITERRAN €€

(☎04 68 51 61 71; place de la Loge; Pizzas 10–15 €, Hauptgerichte 14–26 €; ☺12–22 Uhr) Im Le France bilden die ultramoderne Ausstattung – mit gläsernen Waschbecken in den Toiletten – und das historische Gebäude (die ehemalige Börse von Perpignan) eine perfekte Symbiose. Die Portionen sind eher knapp, dafür aber echte Hingucker, und die Auswahl an Tapas und Pizzas lässt keine Wünsche offen.

Selbstversorger

Täglich außer montags findet am Vormittag auf der Place de la République ein **Obst- und Gemüsemarkt** statt. Samstags kommen die Biobauern. Siehe auch Rubrik Shoppen.

 ## Ausgehen

Républic Café CAFÉ

(2 place de la République) Morgens einen Kaffee auf der belebten Terrasse des Républic Café und der Tag ist gerettet. Später kann man zu einem gemütlichen Aperitif wiederkommen und in dem von Gaudí inspirierten Innenraum mit organischen Kurven und weißen Keramiksplittern sitzen.

☆ Unterhaltung

Die Touristeninformation gibt den monatlichen Veranstaltungskalender *L'Agenda* heraus, der über Ausstellungen und Kulturevents informiert. *Catacult* erscheint ebenfalls monatlich, *Le Bizz* alle zwei Monate; beide konzentrieren sich auf die Clubszene und das Nachtleben von Perpignan.

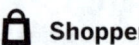 ## Shoppen

Maison Sala FEINKOST

(1 rue Paratilla; ☺Di-Sa & So vormittags) Die Läden in der kurzen, duftenden Rue Paratilla, von den Einheimischen auch Rue des Épices (Gewürzstraße) genannt, verkaufen Trockenfrüchte, Kräuter, Marmelade, Schinken, Käse und dergleichen. Am berühmtesten ist die Maison Sala, die seit fast einem Jahrhundert in Familienbesitz ist.

Maison Quinta NIPPES

(3 rue Grande des Fabriques; ☺Di-Sa) Wer sich durch diese Schatzkammer voller origineller, kitschiger, praktischer, überflüssiger und manchmal absolut alberner Objekte wühlen will, braucht Zeit: Die Waren stapeln sich kunterbunt auf den drei Etagen eines ehemaligen Herrschaftshauses.

Espi SCHOKOLADE, KUCHEN

(43 bis quai Vauban) Für alle, die sich mal was Gutes gönnen wollen, gibt's Espis hausgemachte Schokolade, bunte Makronen oder leckere Eiscreme. Auf Bestellung werden auch mehrstöckige Geburtstagstorten angefertigt. Der Laden ist auch ein nettes **Café**, das guten Kaffee serviert.

❶ Praktische Informationen

Net & Games (45bis av. Général Leclerc; Internet 3 €/Std.; ☺Mo-Sa 8 oder 13–1, So 13–20 Uhr) Internetzugang.

Touristeninformation (☎04 68 66 30 30; www.perpignantourisme.com; ☺Mo-Sa 9–18 oder 19, So 10–13 oder 16 Uhr) Im Palais des Congrès an der Promenade des Platanes.

Zweigstelle der Touristeninformation (Espace Palmarium, place Arago; ☺10–18 oder 19 Uhr, So geschl.)

❶ An- & Weiterreise

AUTO Autovermietungen sind u. a. **Avis** (☎Flughafen 04 68 61 58 97) und **Budget** (☎Flughafen 04 68 61 38 85).

BUS Busfahrten auf allen Strecken innerhalb des Departments Pyrénées-Orientales kosten nur 1 €.

Die Busse der **Courriers Catalans** (www.courrierscatalans.com, auf Frz.) fahren ab dem **Busbahnhof** (av. Général Leclerc) zu den folgenden Orten:

Côte Vermeille 9-mal tgl. von/nach Collioure und Port-Vendres, sechs Busse fahren weiter nach Banyuls (1¼ Std.).

Têt Valley 9-mal tgl. nach Prades (1 Std.), Villefranche-de-Conflent (1¼ Std.) und Vernet-les-Bains (1½ Std.)

Tech Valley Häufige Verbindungen mit Céret (50 Min.)

FLUGZEUG Perpignans **Flughafen** (📞04 68 52 60 70) liegt 5 km nordwestlich des Stadtzentrums. Direktverbindungen mit dem deutschsprachigen oder grenznahen Raum gibt es nur mit Mulhouse/Basel/Freiburg, Straßburg und Genf. Mit Großbritannien hat Perpignan die folgenden Verbindungen:

Ryanair London (Stansted)

Flybe Southampton und Birmingham (nur im Sommer)

BMI Baby Manchester

ZUG Züge fahren über die Pyrenäen nach Barcelona (37 € direkt, 3 Std., 2-mal tgl.; 18,50 € mit Umsteigen in Cerbère/Portbou, 4½ Std., mindestens 4-mal tgl.). Häufige Zugverbindungen gibt es mit Montpellier (23,10 €, 1¾ Std.) über Narbonne (10,40 €, 45 Min.) und Béziers (13,70 €, 1 Std.). Nach Carcassonne (18,30 €, 1½ Std.) muss in Narbonne umgestiegen werden. Bis zu neun TGV-Züge fahren täglich nach Paris Gare de Lyon (108,50 €, 5 Std.).

Näher ist es nach Cerbère/Portbou an der spanischen Grenze (7,50 €, 40 Min., etwa 15-mal tgl.) über Collioure (5,20 €), Port-Vendres (5,80 €) und Banyuls (6,60 €).

🛈 Unterwegs vor Ort

BUS Ein Einzelfahrschein kostet 1,10 €, eine Tageskarte 4,10 € und eine Zehnerkarte 7,80 €. **Le P'tit Bus** ist ein kostenloser Minibus, der mit beliebigen Haltestellen auf einer Rundstrecke durch die Innenstadt fährt.

FAHRRAD Die **Vélostation** (📞04 68 35 45 82) im ersten Untergeschoss des Parkhauses Arago verleiht Fahrräder – zum Tiefpreis von 1,50/3 € für halb-/ganztags.

VOM/ZUM FLUGHAFEN Vom Bahnhof fährt ein Flughafenbus (**Navette Aéroport**) über die Place de Catalogne und den Busbahnhof zum Flughafen.

TAXI Accueil Perpignan Taxis (📞04 68 35 15 15)

Rund um Perpignan

CÉRET
7850 EW.

Besucher kommen hauptsächlich wegen des **Musée d'Art Moderne** (www.musee-ceret.com, auf Frz.; 8 bd Maréchal Joffre; Erw./Kind 5,50 €/frei; ⊙10–18 oder 19 Uhr, Okt.–April Di geschl.) nach Céret, das eingebettet in den Ausläufern der Pyrenäen nicht weit vom Tech-Tal liegt. Die gut bestückte Sammlung geht in erster Linie auf eine frühere Generation von Besuchern und

Einwohnern des Ortes zurück, darunter Picasso, Braque, Chagall, Matisse, Miró und Dalí, von denen jeder eigene Werke stiftete (Picasso allein 53).

Das sehr katalanisch geprägte Céret ist bekannt für seine saftigen Kirschen (die erste Ernte des Jahres geht an den französischen Präsidenten) und seine Feste, allen voran die **Fête de la Cerise** (Kirschenfest) Ende Mai. Im Sommer folgen dann die **La Féria** mit Stierkämpfen und allgemeinem Frohsinn, sowie die **Fête de la Sardane**, die dem katalanischen Volkstanz *sardane* gewidmet ist und **Les Méennes**, ein Festival, bei dem es hauptsächlich um klassische Musik geht.

🛏**Hôtel des Arcades**(📞04 68 87 12 30; www.hotel-arcades-ceret.com; Zi. 44–60 €;❄) ist ein freundliches Hotel mit Blick auf die alte Stadtmauer und die Place Picasso mit ihren mächtigen Platanen. Es wird von einem dynamischen Geschwisterpaar geführt. Sie haben das ganze Haus in eine Art Galerie verwandelt, wo fast jeder Quadratzentimeter mit Postern, Fotos und Kunstdrucken ausstaffiert ist.

Die **Touristeninformation** (📞04 68 87 00 53; www.ot-ceret.fr, auf Frz.; 1 av. Clemenceau; ⊙Mo–Fr 9–12 & 14–18, Sa 9–12.30 Uhr) liegt gleich um die Ecke vom Museum.

Busse fahren stündlich nach/von Perpignan (50 Min.). Wer mit dem eigenen Wagen unterwegs ist, parkt am besten auf dem gut ausgeschilderten Parkplatz des Musée d'Art Moderne.

TAUTAVEL

In der Arago-Höhle in den Hängen oberhalb des Dorfes Tautavel, 30 km nordwestlich von Perpignan an der D117, wurde neben anderen prähistorischen Funden ein menschlicher Schädel entdeckt, dessen Alter auf 450 000 Jahre geschätzt wird.

Das **Musée de Préhistoire** (Prähistorisches Museum; www.tautavel.com, auf Frz.; av. Jean Jaurès; inkl. Audioguide Erw./Kind 8/4 €; ⊙10–12.30 & 14–17 oder 18 Uhr) zeigt eine Rekonstruktion der Höhle in Originalgröße (in der Hochsaison läuft eine Direktübertragung von den Ausgrabungsarbeiten der Archäologen) und informative Hologramme, Dioramen und Fernsehfilme sowie viele versteinerte Knochen und Steinwerkzeuge. Die Eintrittskarte gilt auch für eine Nebenausstellung im **Musée des Premiers Habitants d'Europe**, das (ausgeschildert) 300 m entfernt liegt. Ein Besuch in beiden Museen dauert gute 1½ Stunden.

DIE KATHARER

Der Ausdruck *le Pays Cathare* (Land der Katharer) erinnert an den blutigen Albigenserkreuzzug – die Verfolgung und Vernichtung einer religiösen Sekte, der Katharer.

Sie waren die Fundamentalisten ihrer Zeit: Leute mit extremen Glaubensvorstellungen, von der Masse misstrauisch beobachtet, selbst aber überzeugt davon, dass nur sie allein den richtigen Weg zur Erlösung kannten. Die Katharer (vom griechischen Wort *katharos*, „rein") glaubten, dass sich das Reich Gottes im ewigen Kampf mit dem teuflischen Reich des Bösen befindet und die Menschen im Grunde ihres Herzens schlecht sind. Aber, so dachten sie, ein reines Leben könnte den Geist nach mehreren Reinkarnationen befreien. Sie lehnten sich gegen das weltliche Rom auf, predigten in der regionalen Sprache *langue d'oc* und hatten deshalb bald viele Anhänger. Die extremsten unter ihnen waren die asketischen *parfaits* („Perfekten"), die sich streng vegetarisch ernährten und dem Sex entsagten.

1208 rief Papst Innozenz III. zum Kreuzzug gegen die Katharer auf. Der folgende Albigenserkreuzzug hatte neben der spirituellen auch eine starke politische Dimension, da er den Herrschern des Nordens die Chance bot, sich das Languedoc unter den Nagel zu reißen.

Nach langen Belagerungen wurden die wichtigen Katharerzentren Béziers, Carcassonne, Minerve und die spektakulär gelegenen Festungen Montségur, Quéribus und Peyrepertuse eingenommen. Hunderte „Perfekte" wurden als Ketzer verbrannt, in Béziers wurden sogar 20 000 Gläubige ermordet. Montségur war 1244 Schauplatz eines weiteren grausamen Massakers, als 200 Katharer, die sich weigerten, ihrem Glauben abzuschwören, auf einem riesigen Scheiterhaufen endeten. Der Verbrennungstod des letzten „Perfekten", Guillaume Bélibaste, markierte 1321 das Ende der Katharerbewegung im Languedoc.

KATHARERFESTUNGEN

Die vier bedeutendsten Katharerfestungen sind gut auf einer Tagestour mit dem Auto von Perpignan oder, bei frühem Start, von Carcassonne zu besuchen.

Als der Albigenserkreuzzug dic Katharer zur Flucht in die Berge zwang, die einst die Grenze zwischen Frankreich und Aragon bildeten, suchten sie in den unzugänglichen Festungen Zuflucht, die schon seit Langem diese Grenze sicherten. Alle Burgen stehen auf Felskuppen und bieten einen dramatischen Rundblick, erfordern aber einen strammen Aufstieg vom Parkplatz. Hier herrscht Wildnis, im Sommer ist es glühend heiß, viel Wasser gehört also ins Gepäck. **Puilaurens** (Erw./Kind 3,50/1,50 €; ☉Feb.–Mitte Nov. 10 Uhr–Sonnenuntergang) diente zuletzt als Gefängnis. **Peyrepertuse** (☎04 68 45 40 55; Erw./Kind 5/3 €, Audioguide 4 €; ☉Juni–Aug. 9–20.30 Uhr, Sept.–Mai 10–17 oder 19 Uhr) ist die größte Festung, die mehrere 100 m an allen Seiten abfällt. Auf **Quéribus** (☎04 68 45 03 69; Erw./Kind 5/3 €, Audioguide 2 €; ☉Juli & Aug. 9–20 Uhr, April–Juni & Sept. 9.30–19 Uhr, Okt.–Mai 10–17 oder 18.30 Uhr) kämpften die Katharer 1255 ihr letztes Gefecht und **Aguilar** (☎04 68 45 51 00; Erw./

Kind 3,50/1,50 €; ☉Mitte Juni–Sept. 10–19 Uhr, April–Mitte Juni 10.30–17.30 Uhr, Okt.–Mitte Nov. 11–17 Uhr) ist die kleinste und leider auch vernachlässigste Burg.

Wer mehr über die Katharer erfahren will, kann sich auf www.payscathare.org weiter informieren oder sollte 3 € in einen *Passeport des Sites du Pays Cathare* investieren, mit dem es an 20 größeren und kleineren Stätten Ermäßigungen gibt.

Têt-Tal

Im unteren Têt-Tal gedeihen Obstgärten. Hinter der strategischen Festungsstadt Villefranche-de-Conflent wird die Landschaft Richtung Katalonien und Andorra wilder, offener und hügeliger.

PRADES
6750 EW.

Prades ist eine hübsche Stadt mit Häusern aus Flusskieseln und Ziegeln, die großzügig mit rosa Marmor aus den Steinbrüchen der Umgebung geschmückt sind. Sie liegt in der Mitte des Têt-Tals, 44 km von Perpignan, und ist weltweit für ihr alljährliches Festival klassischer Musik bekannt.

Der Glockenturm der **Église St-Pierre** (⊙9–12 & 14–18.30 Uhr) ist alles, was von der früheren, im 17. Jh. umgestalteten romanischen Kirche übrig geblieben ist. Die wunderbar ausdrucksstarke, aber schlecht beleuchtete *Grablegung Christi* aus dem 17. Jh. am Westende der Kirche stammt von dem katalanischen Altarschnitzer Josep Sunyer, der auch den opulenten Hochaltar schuf, ein Meisterwerk des katalanischen Barock.

GRATIS **Musée Pablo Casals** (☎04 68 96 28 55; 33 rue de L'Hospice; ⊙Di–Fr 10–12 & 14–17 Uhr) ist dem weltbekannten katalanischen Cellisten gewidmet, der sich nach seiner Flucht aus Francos Spanien in Prades niederließ. Das zweiwöchige **Festival Pablo Casals** (www.prades-festival-casals. com) Ende Juli oder Anfang August bringt die weltbesten Interpreten klassischer Musik in diesen kleinen Ort.

Das Büchlein Hiking & Walking Around Prades beschreibt (auf Englisch) 20 einfache bis mittelschwere **Wanderungen** von 1¼ bis 3½ Stunden Länge. Sechs anspruchsvollere Tagestouren sind in *Six Grandes Randonnées en Conflent* (auf Französisch) beschrieben, darunter der klassische Aufstieg auf den Mont Canigou (2784 m), der für die Katalanen beiderseits der Grenze großen Symbolwert besitzt. Beide Führer sind in der Touristeninformation für je 3 € erhältlich.

Die **Touristeninformation** (☎04 68 05 41 02; www.prades-tourisme.fr; 10 place de la République; ⊙Mo–Sa 9–12 & 14–18, So 10–12 Uhr) befindet sich am Hauptplatz.

Cycles Flament (8 rue Arago; ⊙Di–Sa) nahe der Place de la République verleiht Fahrräder (halb-/ganztags 10/13 €).

Jeden Dienstag findet auf der Place de la République ein ländlicher **Wochenmarkt** statt, am Samstag ein **Bauernmarkt**.

VILLEFRANCHE-DE-CONFLENT
240 EW.

Villefranche, umgeben von hohen Felsen, liegt strategisch günstig am Zusammenfluss von Têt und Cady (daher der Namenszusatz „de Conflent" – Zusammenfluss). Das Dorf ist umringt von dicken Befestigungsmauern, die im 17. Jh. errichtet wurden, um die ursprüngliche (und noch immer intakte) Befestigung aus dem 11. Jh. zu verstärken.

Das massiv beworbene **Château-Fort Liberia** (www.fort-liberia.com, auf Frz.; Erw./Kind 6/3,50 €; ⊙10–18 Uhr) ist eine von Vauban erbaute und unter Napoleon III. verstärkte

Festung hoch über dem Ort. Sie bietet eine spektakuläre Aussicht.

Die **Touristeninformation** (☎04 68 96 22 96; www.villefranchedeconflent.fr, auf Frz.; 2 rue St-Jean; ⊙10.30–12.30 & 14–18 Uhr) liegt am Eingang zu den überwältigenden **Festungsmauern** (Erw./Kind 4 €/frei; ⊙Juni–Sept. 10–19 oder 20 Uhr, sonst unterschiedliche Zeiten) neben der westlichen Porte d'Espagne.

Fahrzeuge sollten auf einem der Parkplätze vor den beiden größeren Stadttoren abgestellt werden.

VERNET-LES-BAINS
1550 EW.

Ein Bienenkorb im Sommer, im Winter eine Geisterstadt: Dieser bezaubernde, kleine Badeort war Ende des 19. Jhs. bei der britischen Aristokratie groß in Mode. Heute hat Vernet den Status *village arboretum*, dank der über 300 Baumarten, die in und um den Ort herumwachsen. Viele davon sind als Samen im Gepäck von Besuchern aus Übersee eingereist. Die Touristeninformation hat Heftchen, die auf Französisch vier Spaziergänge von 1 bis 2 km unter ihrem Blätterdach beschreiben.

Vernet ist der ideale Startpunkt zum **Mountainbiken** und **Wandern** – vor allem auf den **Mont Canigou** (2784 m). Die Touristeninformation hat eine Broschüre (auch auf Englisch), die Wanderstrecken ab dem Dorf beschreibt. Wer es sich etwas einfacher machen will, lässt sich mit dem Allradfahrzeug (25 € pro Pers. hin & zurück) von **Garage Villacèque** (☎04 68 05 51 14; rue

---

UNTERWEGS MIT DEM KANARIENVOGEL

Fast eine halbe Million Besucher fahren in den drei Monaten der Hochsaison mit dem **Train Jaune** (Gelber Zug; Juni–Sept. 4-mal tgl., Okt.–Mai 2-mal tgl.), der auch liebevoll „der Kanarienvogel" genannt wird. Er schnauft von Villefranche-de-Conflent (427 m) durch die spektakuläre Pyrenäenlandschaft nach Latour de Carol (1231 m). Der umwerfendste Streckenabschnitt geht nach **Mont Louis** (hin & zurück Erw./Kind 18,20/9,20 €) oder **Font Romeu** (hin & zurück Erw./Kind 22,20/11,20 €). Platzreservierungen sind nicht möglich, Passagiere sollten im Hochsommer mindestens eine Stunde vor der Abfahrt da sein.

du Conflent) oder **Jeeps de Canigou** (📞04 68 05 99 89; 17 bd des Pyrénées) bis Les Cortalets (2175 m) bringen. Von dort sind es zu Fuß bis zum Gipfel und wieder zurück nur noch drei Stunden.

Randonnées dans la Vallée de Cady et le Massif du Canigou (auf Frz., 6 €) beschreibt eine Unmenge einfacher Wanderungen mit detaillierten Karten. In der kostenlosen Broschüre *Espace VTT-FFC Le Canigou* (auf Frz.) sind zwölf markierte Mountainbikestrecken ab dem Dorf dargestellt.

Die **Touristeninformation** (📞04 68 05 55 35; www.ot-vernet-les-bains.fr; ⏰Mo–Fr 9–12 & 14–18 Uhr, Mai–Sept. auch Sa) befindet sich am Hauptplatz Place de la République. Im oberen Stock gibt es eine kostenlose und gut bestückte Ausstellung über die Geschichte Vernets.

Côte Vermeille

Die Côte Vermeille (Zinnoberrote Küste) verläuft von Collioure Richtung Süden bis nach Cerbère an der spanischen Grenze, wo die Ausläufer der Pyrenäen ins Meer abfallen. Eingezwängt zwischen Mittelmeer und Bergen und umgeben von Weingärten bietet der Küstenabschnitt kleine Felsbuchten und Hafendörfer. Wer mit dem Auto von Perpignan kommt, verlässt die N114 bei der Ausfahrt 13 und kann dann der schönen Küstenstraße bis hinunter nach Banyuls folgen.

COLLIOURE
3000 EW.

Collioure, wo Boote vor den pastellfarbenen Häusern im Wasser schaukeln, ist der kleinste und malerischste Badeort an der Côte Vermeille. Berühmt wurde der einstige Hafen von Perpignan Anfang des 20. Jhs., als er die fauvistischen Künstler Henri Matisse und André Derain, später auch Picasso und Braque, bezauberte.

Im Sommer brechen wahre Heerscharen von Touristen über Collioure herein, angezogen von seinem Ruf als Künstlerdorf (mit über 30 Galerien und Ateliers), seinem Wein und den berühmten Collioure-Anchovis, die es hier direkt vom Erzeuger gibt.

Auf der anderen Seite der schmalen Bucht liegt das **Château Royal** (Erw./Kind 4/2 €; ⏰10–16.15 oder 17.15 Uhr), das seine Glanzzeit als Sommerresidenz der Könige von Mallorca erlebte. Die hohen Festungsmauern hatte Vauban im 17. Jh. angebaut.

Der mittelalterliche Kirchturm von **Notre-Dame des Anges** (⏰9–12 & 14–18 Uhr) am Nordende des Hafens diente auch einst als Leuchtturm. Der großartige Altaraufsatz im Innenraum stammt vom katalanischen Meister Josep Sunyer.

Das **Musée d'Art Moderne** (route de Port-Vendres; Erw./Kind 2 €/frei; ⏰Juli & Aug. 10–12 & 14–18 Uhr, Sept.–Juni Di geschl.) hat eine nette Sammlung moderner und zeitgenössischer Gemälde.

Der **Cellier des Dominicains** (📞04 68 82 05 63; ⏰April–Sept. 9–12 & 14–18 Uhr, Okt.–März So geschl.) neben dem Eingangstor zum Museum vertritt über 150 Weinkellereien aus der Umgebung.

`GRATIS` Der **Moulin de la Cortina** (⏰April–Sept. Mi & Sa 10–12 Uhr), eine restaurierte Windmühle aus dem 14. Jh., ist über einen 20-minütigen Spaziergang (hin & zurück) durch Oliven- und Mandelbaumhaine leicht zu erreichen. Von der Terrasse bietet sich ein weiter Blick über die Bucht.

Für einen ebenso reizvollen Blick auf Collioure und die Burg empfiehlt sich ein Essen auf der Terrasse des Restaurants **La Voile de Neptune** (📞04 68 82 02 27; www.leneptune-collioure.com; auf Frz.; Salate 11–13 €, Hauptgerichte 19–30 €; ⏰April–Okt.), dessen starre Segel auch jenseits der Bucht zu sehen sind. Exzellentes Essen gibt es auch im Mutterrestaurant **Neptune** (Menü 38–79 €, Hauptgerichte 19–30 €; April–Sept. Di geschl., Okt.–März Do & Mi geschl.) gleich oberhalb, das sich mit einem Michelinstern schmücken darf.

DIE FAUVISTEN & COLLIOURE

„Nirgendwo in Frankreich ist der Himmel blauer als in Collioure. Ich muss nur die Fensterläden meines Zimmers öffnen und schon habe ich alle Farben des Mittelmeers vor mir." So schwärmte Henri Matisse (1869–1954), einer der Väter des Fauvismus. *Les Fauves* (Die Wilden) arbeiteten mit reinen Farben und füllten ihre Leinwände mit harten Linien und Streifen, Rechtecken und bunten Farbklecksen.

Der **Chemin du Fauvisme** (Fauvismus-Weg) ist ein Spaziergang durch Collioure, der an 20 Reproduktionen von Arbeiten vorbeiführt, die Matisse und sein jüngerer Kollege André Derain schufen, als sie hier lebten. In der Touristeninformation gibt's einen kleinen Führer auf Französisch (5,50 €).

Die **Touristeninformation** (✆04 68 82 15 47; www.collioure.com; ◷Mo–Sa 9–20 Uhr, Juli & Aug. auch So 10–18 Uhr, Sept.–Juni Mo–Sa 9–12 & 14–18 oder 19 Uhr) befindet sich an der Place 18 Juin.

Von Mai bis September werden Autos am besten auf dem Parkplatz Cap Dourats abgestellt, auf der Kuppe des Hügels oberhalb des Dorfs. Von dort fährt ein Shuttlebus alle zehn Minuten ins Dorf. Der große Parkplatz hinter dem Schloss ist ganzjährig geöffnet.

PORT-VENDRES
4500 EW.

Drei Kilometer südlich von Collioure liegt Port-Vendres, der einzige Natur- und Tiefwasserhafen des Roussillon, er wurde schon in der Antike von griechischen Seefahrern genutzt. Bis zur Unabhängigkeit der ehemaligen französischen Territorien in Nordafrika in den 1960er-Jahren war er ein wichtiges Bindeglied zwischen den Kolonien und dem Mutterland. Port-Vendres ist immer noch ein bedeutender Handels- und Fischereihafen, wo alles – von kleinen Küstenkuttern bis zu radarbestückten Hochseeschiffen – zu finden ist. Außerdem gibt's einen großen Yachthafen.

Die **Touristeninformation** (✆04 68 82 07 54; www.port-vendres.com; 1 quai François Joly; ◷Mo–Sa 9–12.30 & 14–17 oder 18 Uhr) befindet sich an der Nordwestseite des Hafens.

PAULILLES

Das 35 ha große Küstenareal zwischen Port-Vendres und Banyuls ist teils Industriedenkmal, teils Naturschutzgebiet. Die einstige, entsprechend abgelegene Dynamitfabrik wurde von dem Schweden Alfred Nobel, dem Stifter des Nobelpreises, aufgebaut, aber lag anschließend über ein Vierteljahrhundert brach. Eindrucksvolle Fotos und Texte (auch auf Englisch) im ehemaligen **Direktorenhaus** (Eintritt frei; ◷9–13 & 14–19 Uhr, Okt.–April Di geschl.) berichten vom harten Leben und dem engen Zusammenhalt der Arbeiter, deren Sprengstoffe den Weg für den Panama-Kanal, die transsibirische Eisenbahn und den Mont-Blanc-Tunnel freisprengten.

BANYULS
4750 EW.

Banyuls, 7 km südlich von Port-Vendres, ist bekannt für seinen Wein, insbesondere kräftige Rot- und diverse Dessertweine.

Das **Aquarium du Laboratoire Arago** (✆04 68 88 73 39; Erw./Kind 4,80/2,40 €; ◷9–12 & 14–18.30 Uhr, im Sommer bis 20.30 Uhr) am Südende der Promenade zeigt nicht nur die einheimische Meereswelt (und über 250 ausgestopfte Meeres- und Bergvögel), sondern ist auch eine Meeresforschungsstation der Pariser Université Pierre et Marie Curie.

Etwas anstrengender, aber die Mühe wert ist das kostenlose Schnorcheln im 500 m langen **Unterwasserparcours** *sentier soumarin* im Meeresschutzgebiet an der Plage de Peyrefite, auf halbem Weg zwischen Banyuls und Cerbère. Unterwegs erläutern fünf Infopunkte unter Wasser, was es zu sehen gibt. Flossen und Masken können ausgeliehen werden (im Juli und Aug., 12–17 Uhr, 7 €). Wer seine eigene Ausrüstung hat, kann in den beiden Monaten den Parcours jederzeit durchschwimmen.

GRATIS **Cellier des Templiers** (www.banyuls.com; route du Mas Reig; ◷10–19.30 Uhr), 1,75 km landeinwärts gelegen, ermöglicht eine Kostprobe der kräftigen Rot- und Roséweine Banyuls und Collioures. Vor den Führungen wird ein 15-minütiges Video mit englischen Untertiteln gezeigt (das Getue des Chefs geht wohl jedem auf die Nerven) und danach gibt es eine Verkostung.

Die **Touristeninformation** (✆04 68 88 31 58; www.banyuls-sur-mer.com, auf Frz.; av. de la République; ◷Mo–Sa 9–12 & 14–18 oder 19 Uhr) liegt oberhalb des Kieselstrands.

ABSTECHER

DIE BERGSTRASSE

Die 15 km lange Strecke zwischen Port-Vendres und Banyuls ist eine wunderbare Alternative für alle, die dem sommerlichen Küstentrubel entgehen und sich so richtig den Wind durch die Haare blasen lassen wollen. Auf der D914 südöstlich von Port-Vendres geht es direkt hinter dem Verkaufsstand der Winzerei Cave Tambour (aber nicht anhalten, sonst leidet die Konzentration!) in einer scharfen Kurve rechts ab. Die D86, nach Medaloc und zum Circuit du Vignoble ausgeschildert, führt landeinwärts und ist in weiten Teilen schmal und einspurig, oft nicht mehr als eine Piste. Aber die Aussichten sind atemberaubend, wie höher es über die Weinberge, Feigen- und Mandelhaine hinweg und schließlich durch Busch-land und Schieferfelsen geht.

LANGUEDOC-ROUSSILLON CÔTE VERMEILLE

Provence

Inhalt »

Gut essen

» Véranda (S. 883)
» L'Épuisette (S. 838)
» La Ferme Ste-Cécile
   (S. 888)
» L'Oustau de Baumanière
   (S. 871)
» La Bastide de Moustiers
   (S. 887)

Schön übernachten

» Domaine des Andéols
   (S. 882)
» Le Mas Julien (S. 870)
» Hôtel La Mirande (S. 864)
» Le Mas de la Beaume
   (S. 880)
» L'Hôtel Particulier
   (S. 855)

Auf in die Provence

Bei Provence denken wir sofort an Lavendelfelder, blühende Sonnenblumen, malerische Steindörfer, tolles Essen und erstklassigen Wein. Die Regionen Vaucluse und Luberon verkörpern perfekt das provenzalische Klischee. An der Rhone-Mündung wird der zerklüftete Kalkstein von Salzsümpfen mit leuchtend rosa Flamingos abgelöst. Weiter im Süden verändert sich das Licht, das van Gogh und Cézanne einst so fesselte – ein Vorgeschmack auf die von der Sonne gebleichten Landschaften der Camargue. Inmitten der steil aufragenden Gipfel und unberührten Natur der Haute-Provence thronen in den Gorges du Verdon 800 m hohe Granitfelsen über dem Fluss. Weitere Überraschungen der Region sind ihre Städte – darunter das heißblütige Marseille, das 2013 Europäische Kulturhauptstadt sein wird.

Und überall isst man hervorragend, mit kräftigen, unverfälschten Aromen wie dem sonnengereifter Tomaten, die nur mit ein paar Tropfen Olivenöl und ein paar Körnchen Fleur de Sel aus der Camargue verfeinert werden.

Reisezeit

Marseille

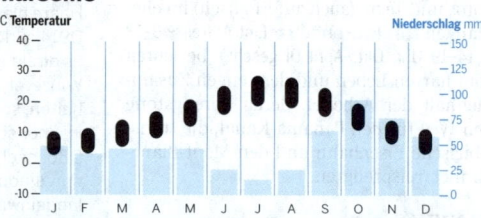

Ostern Die Stierkampfsaison wird mit der Feria Pascale in Arles eingeläutet.

Juli und August Kniehoch wächst der blühende Lavendel und beim Festival d'Avignon glänzt die Schauspielkunst.

September und Oktober Nach der Weinernte ist die schönste Zeit für eine Radtour auf den Nebenstraßen des Luberon.

Kunstkurse & Co.

Perfekte Urlaubsfotos? Eine Verbesserung der Fotografierkünste verspricht ein maßgeschneiderter, zweitägiger Kurs (ab 250 €) bei den **Fotografie-Workshops** von **Les Ateliers de L'Image** (☑04 90 92 51 50; www.hotelphoto.com; 36 bd Victor Hugo, St-Rémy de Provence) in einem Designhotel.

Malerisch betätigen können sich die Kursteilnehmer in Jean-Claude Lorbers Mal- und Zeichenworkshops im **Atelier Doré** (☑04 90 06 29 60; www.mas-des-amandiers.com, auf Frz.; 48 chemin des Puits Neufs, Cavaillon; 2 Std. Erw./Kind 21/17 €, 20 Std. 195/140 €) in einem Bauernhaus aus dem 18. Jh.

Im **Mas Perréal** (☑04 90 75 46 31; www.masperreal.com; Lieu-dit la Fortune, St-Saturnin-lès-Apt) kann, wer mag, sein Französische aufbessern. Die langjährige Sprachlehrerin Elisabeth erteilt ihren Gästen in ihrer charmanten *chambre d'hôtes* (Zimmer mit Frühstück) Unterricht (30 €/Std.).

ABSEITS DER AUSGETRETENEN PFADE

In der Provence ist es nicht schwer, den Touristenströmen zu entkommen. Outdoorfeeling bieten eine Tour entlang der zerklüfteten Küste von Marseille zu den Calanques (S. 842) oder ein Picknick in den friedvollen Jardins de l'Abbaye (S. 869) – nur einen Sprung über den Fluss. Auch die Landzungen und Inseln der Réserve Nationale de Camargue (S. 857) oder die Bergpfade auf dem Mont Ventoux (S. 875) versprechen Natur pur.

Wem der Sinn eher nach Luxus steht, der zieht sich zurück in die Combe de Lourmarin zur Ferme Auberge Le Castelas (S. 883) oder zur Auberge de l'Aiguebrun (S. 884) und genießt dort sonntags ein köstliches Essen. Gut versteckt an einer Nebenstraße des Luberon liegt der Eissalon L'Art Glacier (S. 884) mit hausgemachtem Eis und Bergpanorama.

Lehrreich ist ein Abstecher in den Prieuré de Ganagobie (S. 885), wo sich die Mönche vor allem an zwei Gebote halten. Eines davon heißt „Zuhören". Von ihrer Gelassenheit kann sich jeder eine Scheibe abschneiden.

Top-Kochkurse

» Auberge La Fenière (S. 884) Kochkurse und Mittagessen bei Sterneköchin Reine Sammut (145 €) oder ihrem Team (75 bis 95 €), u. a. Backen für Kinder.

» La Chassagnette (S. 856) Selbst ausgewählte Zutaten aus dem Garten von Alain-Ducasse-Schützling Armand Arnal werden gemeinsam mit ihm zu einem unvergesslichen Mittagessen verarbeitet (90 €).

» Le Marmiton (S. 864) Im Hôtel la Mirande in Avignon kochen Kursteilnehmer ein fabelhaftes Mittag- (110 €) oder Abendessen (135 €) mit dem besten Chefkoch der Region oder die Kinder legen Hand an (46 €).

» La Table de Pablo (S. 882) Starkoch Thomas Gallardo zeigt am Samstagmorgen Tricks und Kniffe (70 €).

NACH TRÜFFELN SCHNÜFFELN

Einblick in die Welt der „schwarzen Diamanten" bietet eine traditionelle Trüffelsuche bei Carpentras in **La Truffe du Ventoux** (☑04 90 66 82 21; www. truffes-ventoux.com; La Quinsonne, 634 chemin du Traversier, Monteux; ⊙Okt.–Mitte März).

Fahrradverleih

Viele Verleihe liefern Fahrräder kostenlos bis vor die Haustür; es empfiehlt sich, im Voraus zu buchen. Mehr Infos unter www. provence-a-velo.fr oder in den Regionalkapiteln.

Reiseplanung

Wer während der größten Festivals in der Region ist, sollte Eintrittskarten und Unterkünfte reservieren:

» Arles Feria Pascale (Stierkampf-Festival; S. 854)

» Festival d'Avignon (S. 864)

» Festival de Lacoste (S. 882)

Infos im Internet

» Ferien auf dem Bauernhof (www.bienvenue-a-la-ferme.com)

» Route Napoléon (www. route-napoleon.com)

» Allgemeine Infos über Provence-Alpes-Côte d'Azur (www.decouverte-paca.fr)

» Aktuelle Veranstaltungen (www.visitprovence.com)

» Vaucluse-Führer (www.provenceguide.com)

» Busabfahrtszeiten (www.vaucluse.fr)

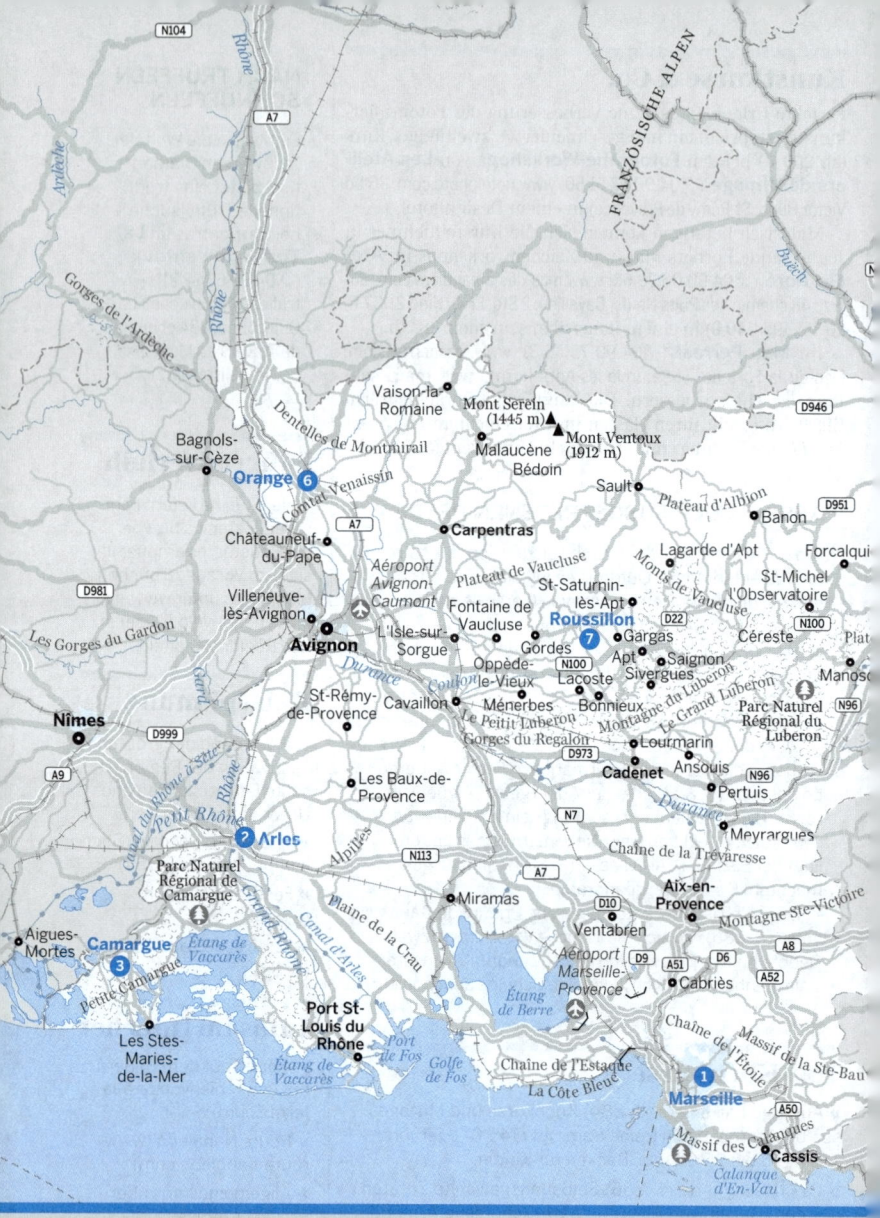

Highlights

1 Das brodelnde, hitzige **Marseille** erleben (S. 826)

2 Den Spuren von **van Gogh** (S. 853) zu den Orten rund um Arles folgen, wo er berühmte Werke malte

3 In der **Camargue** (S. 857) auf weißen Pferden reiten und rosa Flamingos bestaunen

4 Die schwindelerregenden **Gorges du Verdon** (S. 886) per Kanu, Floß oder Rad erkunden

5 Die atemberaubend wilden Täler des **Parc National du Mercantour** (S. 888) durchwandern

6 An einem lauen Sommerabend im wunderbaren **Römischen Theater** (S. 871) in Orange eine Opernaufführung erleben

7 Die kurvigen Straßen und Felsdörfer wie **Roussillon** (S. 881) inmitten der Kirschgärten und Sonnenblumenfelder des Luberon entdecken

Geschichte

Das Gebiet zwischen Alpen, Meer und Rhone war über die Jahrhunderte von Ligurern, Kelten und Römern besiedelt und erlebte seine Blütezeit nach der Eroberung durch Julius Cäsar Mitte des 1. Jhs. v. Chr. Die Römer nannten die Gegend *Provincia Romana*, was sich im Namen Provence niederschlägt. Nach dem Untergang des Römischen Reichs überfielen im späten 5. Jh. die Westgoten, die Burgunder und die Ostgoten die Provence.

Während des 14. Jhs. verlegte die katholische Kirche – unter einer Abfolge französischstämmiger Päpste – ihren Hauptsitz vom fehdenerschütterten Rom nach Avignon. Damit begann die glanzvollste Zeit in der Geschichte der Stadt und der Region. 1481 fiel die Provence an die französische Krone, aber Avignon und Carpentras blieben bis zur Revolution unter päpstlicher Herrschaft.

ⓘ Anreise & Unterwegs vor Ort

Der TGV (Train à Grande Vitesse, wörtlich „Hochgeschwindigkeitszug") flitzt Paris nach Aix-en-Provence (3 Std.), nach Arles (4 Std.), nach Avignon 2¾ Std.) und nach Marseille (3 Std.). Zwischen April und Oktober fahren regelmäßig **DB-Autozüge** (www.dbautozug.de) von Hamburg-Altona und Berlin-Wannsee nach Avignon (S. 1067).

Lignes Express Régional (LER; www.info-ler.fr) betreibt Regionalbusse. Die Abfahrtszeiten der Busse von den Alpen in die Haute-Provence stehen auf der Website www.cg04.fr (auf Frz.) – einfach „transport" anklicken.

Der Aéroport Marseille Provence (S. 843) wird von zahlreichen Fluggesellschaften angeflogen. Fähren verbinden Marseille mit Sardinien, Tunesien und Marokko (S. 843).

REGION MARSEILLE

Marseille

860 363 EW.

Es gab Zeiten, da war Marseille eine beliebte Zielscheibe französischer Witze. Aber das ist vorbei. Die *cité phocéenne* hat ein unglaubliches Comeback hingelegt und sich quasi neu erfunden. Heute sonnt sie sich in ihrem liebhaften neuen Look: Da wären z. B. das Panier-Viertel, das neue Viertel République mit seinen schicken Boutiquen und Gebäuden im Stil Haussmanns, die schicke neue Straßenbahn und

die nagelneuen Docks mit Bootshafen rund um die berühmte gestreifte Cathédrale de la Major.

Die Einwohner von Marseille behaupten, dass das raubeinige Chaos der Stadt zu ihrem Charme dazugehört und sie trotz all ihrer Fehler ein sehr liebenswerter Ort sei. Und sie haben recht: Mit seiner einzigartigen Geschichte, seinem Mix der Kulturen, seinen Märkten, die an nordafrikanische Basare erinnern, seinem uralten Hafen und seinen Corniches (Küstenstraßen), die sich an felsigen Meeresarmen, Buchten und sonnenverwöhnten Stränden entlangwinden, schleicht sich Marseille langsam, aber sicher in die Herzen der Besucher. Und der letzte Beleg dafür, dass sich die Stadt nicht verstecken muss, kam mit der Wahl zur Europäischen Kulturhauptstadt 2013.

Geschichte

Wo sich heute der Vieux Port (Alter Hafen) von Marseille befindet, gründeten griechische Seeleute um 600 v. Chr. den Handelsposten Massilia. Im 1. Jh. v. Chr. stand die Stadt auf der Verliererseite, als sie Pompejus Magnus gegen Julius Cäsar unterstützte, dessen Truppen 49 v. Chr. Massilia eroberten und den römischen Handel in andere Bahnen lenkten.

Marseille wurde in den 80er-Jahren des 15. Jhs. mit Frankreich vereinigt, bewahrte sich aber seine rebellische Ader. So begrüßten die Bürger von Marseille auch die Revolution und entsandten 1792 500 Freiwillige zur Verteidigung von Paris. Auf ihrem Weg gen Norden sangen sie einen mitreißenden Marsch, der seither *La Marseillaise* heißt – die heutige Nationalhymne Frankreichs. Der Handel mit Nordafrika war nach der Eroberung Algeriens 1830 und der Eröffnung des Suezkanals 1869 im Aufschwung.

Die Nachkriegsjahre brachten einen konstanten Zustrom nordafrikanischer Einwanderer und die rasche Ausdehnung von Marseille ins Umland.

◉ Sehenswertes

Vieux Port   HISTORISCHES VIERTEL
(Karte S. 832-833) Seit über 2600 Jahren gehen im malerischen Vieux Port von Marseille Schiffe vor Anker. Zwar wurde der Handelshafen in den 1840er-Jahren überwiegend in das nördlich von hier gelegene Viertel La Joliette verlegt, doch der Alte Hafen quillt noch immer über von Fischerbooten, Yachten und örtlichen Fährschiffen.

... zwei Tagen

Frühstück bei **Pain & Cie** (S. 839) und belegte Sandwiches zum Mitnehmen in der Nähe des Fähranlegers im **Jardin des Vestiges,** dann eine Bootsfahrt zum **Château d'If**. Für zusätzliches Strandvergnügen sorgt ein Kombi-Ticket zu den **Îles du Frioul**. Nach der Rückkehr zum **Vieux Port** geht's die Kais entlang und hinauf zum Altstadtviertel **Le Panier**. Bei **Chez Madie Les Galinettes** gibt es frischen Fisch und in der Bar **La Caravelle** abends leckere Cocktails.

Am zweiten Tag führt eine Radtour zur **Espace Borély** zum Wassersport. Alternativ geht es mit dem Bus **Le Grand Tour** rauf zur **Basilique Notre-Dame de la Garde** mit ihrer grandiosen Aussicht. Abends lockt **Au Petit Nice** zum Aperitif am szenigen Cours Julien und danach geht's zum Abendessen ins **La Cantinetta**.

... vier Tagen

An Tag drei winkt das herrliche türkisfarbene Wasser vor den **Calanques**. Für den Fußmarsch gibt's zur Belohnung eine **Bouillabaisse**. Am vierten Tag steht ein Besuch des tollen **Musée d'Histoire de Marseille** und der wunderschönen Springbrunnen vor dem **Palais de Longchamp** auf dem Programm. Mit Picknickvorräten vom **Markt** bestückt folgt ein Aufstieg zu den kunstvollen Steinbänken des **Jardin du Pharo**. Ein Besuch im schönen **Vallon des Auffes** rundet den Ausflug mit gebratenem Tintenfisch und Knoblauchpizza auf der Dachterrasse des **Chez Jeannot** ab.

PROVENCE MARSEILLE

GRATIS Die **Hafenfähre** (☺8–12.30 & 13–17 Uhr) verkehrt zwischen dem Rathaus (auf der Nordseite) und der Place aux Huiles (auf der Südseite).

Über den Hafen wachen an der Südseite zwei Festungen, das **Bas Fort St-Nicolas** und jenseits des Wassers das **Fort St-Jean**, das im 13. Jh. vom Ritter- und Hospitalerorden des hl. Johannes von Jerusalem errichtet wurde.

1943 wurde das Viertel auf der Nordseite des Quai du Port, das historische Viertel Le Panier, von deutschen Truppen in die Luft gesprengt und nach Kriegsende weitgehend wieder aufgebaut.

Zwischen dem alten und dem „neuen" Hafen erhebt sich die auffällige byzantinische **Cathédrale de la Major**. Ihre gestreifte Fassade besteht aus weißem Cassis-Stein aus der Gegend und grünem Marmor aus Florenz. Lange stand dieses einzigartige Bauwerk in einer ziemlich öden Gegend, aber jetzt erhält es im Rahmen der Neuerschließung des Hafengebiets **La Joliette** einen neuen Stellenwert. In den kleinen Fußgängerstraßen rund um die **Place Thiars** und den **Cours Honoré d'Estienne d'Orves** an der Südseite des Vieux Port wimmelt es von Restaurants und Cafés, die bis in die Nacht geöffnet haben. Nordöstlich der Canebière und des Cours Belsunce

wird das heruntergekommene **Belsunce-Viertel** nach und nach saniert.

Im hippen **6. Arrondissement**, besonders in der Fußgängerzone **Rue St-Ferréol**, winken modische Schnäppchen. Auch die früher trostlose, inzwischen aber aufgefrischte **Rue de la République** erinnert an eine Pariser Shoppingmeile, auf der alle großen Modeketten vertreten sind.

Wer vom Vieux Port Richtung Westen geht, gelangt zur **Abbaye St-Victor**, dem Geburtsort des Christentums in Marseille, errichtet auf einer Nekropole des 3. Jhs. v. Chr. Am Ende der Landzunge lockt der friedliche **Jardin du Pharo** als perfektes Picknickplätzchen und zum Beobachten des Sonnenuntergangs.

Le Panier   HISTORISCHES VIERTEL

(Karte S. 832-833) Nördlich des Vieux Port liegt Marseilles Altstadtviertel Le Panier (2e), wörtlich „Korb". Hier befand sich früher ein griechischer *agora* (Marktplatz). Heute bilden die engen, verwinkelten Gassen ein Gewirr aus Kunsthandwerksläden und Wäscheleinen zwischen bonbonfarbenen Häusern. Sich hier zu verlaufen, ist keine Kunst (und passiert sogar Einheimischen); aber das gehört dazu. An warmen Abenden kann man von den Cafés an der **Place de Lenche** aus die Leute vorüberflanieren sehen.

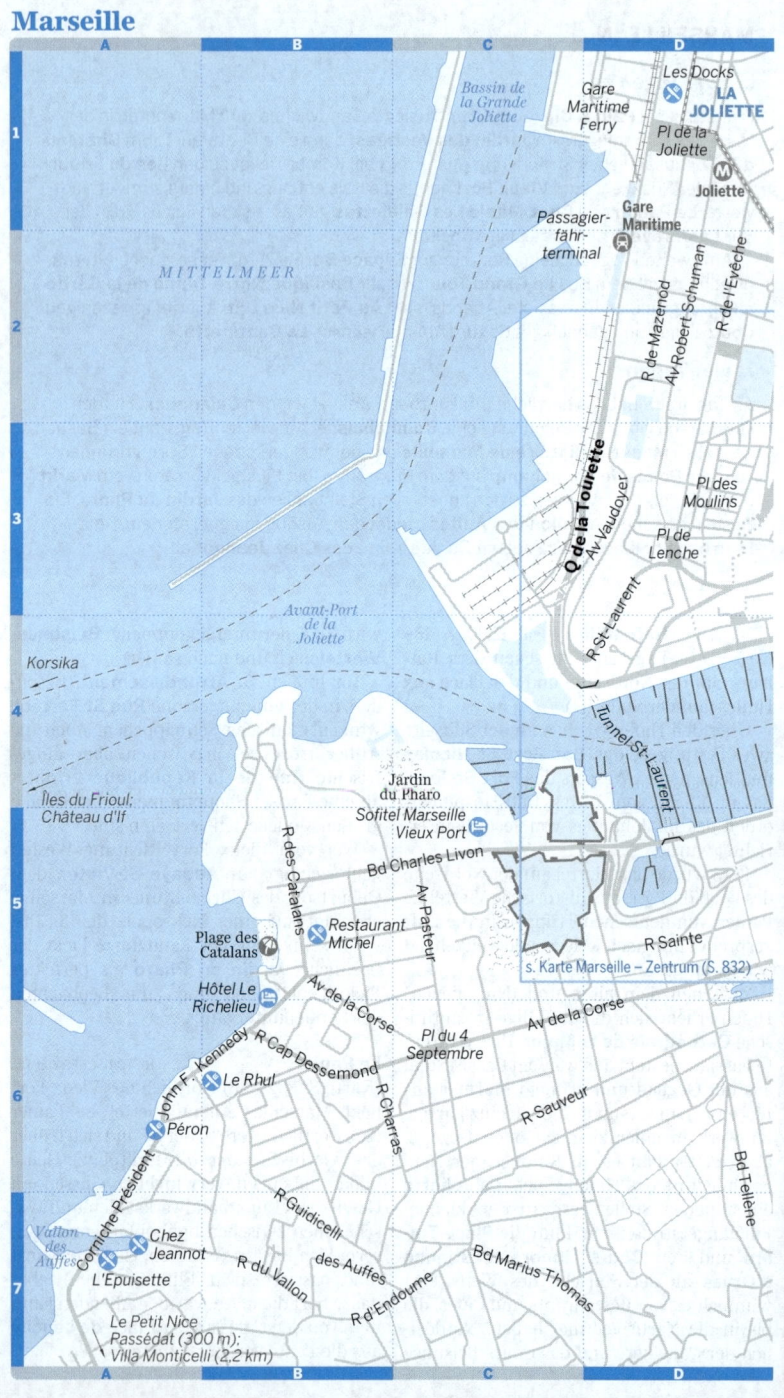

A · B · C · D

1 · 2 · 3 · 4 · 5 · 6 · 7

Bassin de la Grande Joliette

Gare Maritime Ferry

Les Docks

LA JOLIETTE

Pl de la Joliette

Joliette

Passagier-fähr-terminal

Gare Maritime

R de Mazenod

Av Robert Schuman

R de l'Evêché

MITTELMEER

Q de la Tourette

Av Vaudoyer

Pl des Moulins

Pl de Lenche

R St-Laurent

Avant-Port de la Joliette

Korsika

Tunnel St-Laurent

Îles du Frioul; Château d'If

Jardin du Pharo

Sofitel Marseille Vieux Port

R des Catalans

Bd Charles Livon

Av Pasteur

R Sainte

s. Karte Marseille – Zentrum (S. 832)

Plage des Catalans

Restaurant Michel

Av de la Corse

Hôtel Le Richelieu

Av de la Corse

Pl du 4 Septembre

John F. Kennedy

R Cap Dessemond

R Charras

R Sauveur

Le Rhul

Péron

Corniche Président

R Guidicelli

Bd Tellène

Vallon des Auffes

Chez Jeannot

R du Vallon

des Auffes

Bd Marius Thomas

L'Epuisette

R d'Endoume

Le Petit Nice Passédat (300 m); Villa Monticelli (2,2 km)

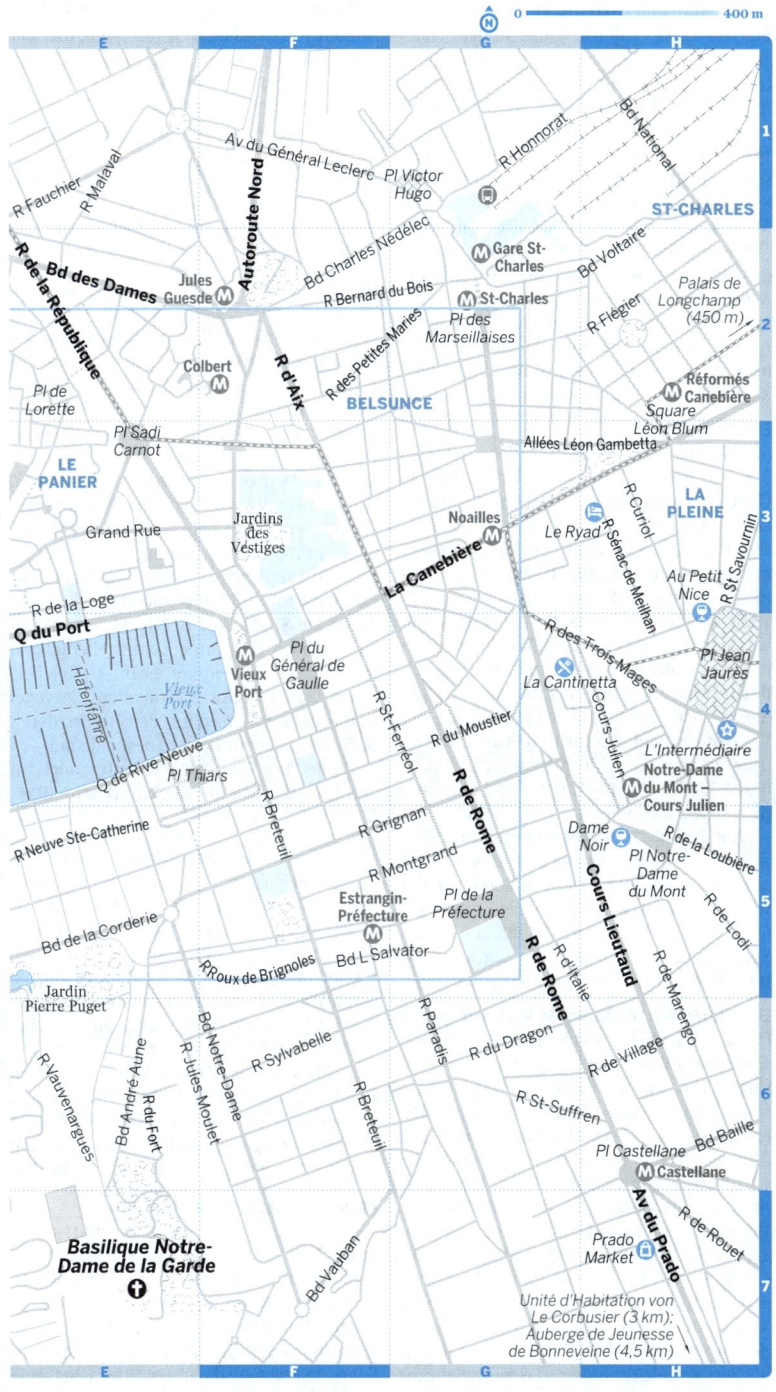

0   400 m

St-Charles

R Honnorat

Bd National

ST-CHARLES

Av du Général Leclerc   Pl Victor Hugo

R Fauchier

R Malaval

Autoroute Nord

Bd Charles Nédélec

Gare St-Charles

Bd Voltaire

R Flégier

Palais de Longchamp (450 m)

R de Bd des Dames

R de la République

Jules Guesde

R Bernard du Bois

St-Charles

Pl des Marseillaises

Colbert

R des Petites Maries

R d'Aix

BELSUNCE

Réformés Canebière

Square Léon Blum

Pl de Lorette

Pl Sadi Carnot

Alléés Léon Gambetta

LE PANIER

Grand Rue

Jardins des Vestiges

Noailles

Le Ryad

R Curiol

LA PLEINE

R Sénac de Meilhan

R St Savournin

R de la Loge

La Canebière

Au Petit Nice

Q du Port

Havre Havre

Pl du Général de Gaulle

Vieux Port

R des Trois Mages

Pl Jean Jaurès

Vieux Port

La Cantinetta

Cours Julien

Q de Rive Neuve

Pl Thiars

R St-Ferréol

R du Moustier

L'Intermédiaire

Notre-Dame du Mont – Cours Julien

R Neuve Ste-Catherine

R Breteuil

R Grignan

Dame Noir

R de la Loubière

Pl Notre-Dame du Mont

R de Lodi

R Montgrand

Cours Lieutaud

Estrangin-Préfecture

Pl de la Préfecture

R de Rome

R d'Italie

R de Marengo

Bd de la Corderie

R Roux de Brignoles

Bd L Salvator

Jardin Pierre Puget

R Vauvenargues

Bd André Aune

Bd Notre-Dame

R du Fort

R Jules Moulet

R Sylvabelle

R Breteuil

R Paradis

R du Dragon

R de Village

R St-Suffren

Bd Baille

Pl Castellane

Castellane

Basilique Notre-Dame de la Garde

Bd Vauban

Av du Prado

R de Rouet

Prado Market

Unité d'Habitation von Le Corbusier (3 km); Auberge de Jeunesse de Bonneveine (4,5 km)

Der Marseiller Architekt und Bildhauer Pierre Puget (1620–94) wurde in dem Haus gegenüber der Rue du Petit Puits 10 geboren. Er entwarf den von Arkaden gesäumten Hof des **Centre de la Vieille Charité** (Kulturzentrum Alte Charité; 2 rue de la Charité, 2e; MJoliette). Das ehemalige Armenhaus mit seinen eindrucksvollen rosafarbenen Säulenarkaden beherbergt heute das schöne **Musée d'Archéologie Méditerranéenne** (Museum für Mittelmeerarchäologie) und das **Musée d'Arts Africains, Océaniens & Amérindiens** (Museum für afrikanische, ozeanische und indianische Kunst). Letzteres zeigt u. a. eine bemerkenswerte Sammlung von Masken aus Nord- und Südamerika, Afrika und dem Pazifikraum.

Château d'If
INSELFESTUNG

(http://if.monuments-nationaux.fr/en/;Erw./Kind 5 €/frei; ⊙9.30–18.30, im Winter Mo geschl.) Unsterblich wurde das Château d'If durch Alexandre Dumas' Klassiker *Le Comte de Monte Cristo* (Der Graf von Monte Cristo) aus den 1840er-Jahren. Die zum Gefängnis umfunktionierte Festung aus dem 16. Jh. steht auf einer 3 ha großen Insel, 3,5 km westlich des Vieux Port. Politische Gefangene jeder Couleur wurden hier eingesperrt, darunter Hunderte von Protestanten (von denen viele in den Kerkern umkamen), der Revolutionsheld Mirabeau (dem es im Gefängnis nicht so schlecht erging, nachdem er die Köchin verführt hatte) und die Kommunarden von 1871.

Von **Frioul If Express** (Karte S. 832-833; ☎04 91 46 54 65; www.frioul-if-express.com; 1 quai des Belges, 1er) betriebene Boote starten vom Vieux Port, Ecke Quai de la Fraternité/ Quai de Rive Neuve, zum Château d'If, im Sommer mehr als 15-mal am Tag, im Winter seltener (Rückfahrkarte 10 €, 20 Min.).

Basilique Notre-Dame de la Garde
KIRCHE

(Karte S. 828-829; montée de la Bonne Mère; ⊙Basilika & Krypta 7–19 Uhr, im Sommer auch länger) Die imposante römisch-byzantinische Basilika mit ihrem Kuppelgewölbe erhebt sich an Marseilles höchstem Punkt und prägt die Silhouette der Stadt. Sie wurde zwischen 1853 und 1864 erbaut und ist reich verziert mit farbigem Marmor, Wandgemälden mit Darstellungen von Segelschiffen und kunstvollen Mosaiken mit Goldeinlegearbeiten, die 2006 hervorragend restauriert wurden. Den Glockenturm krönt eine 9,7 m hohe vergoldete Statue der Jungfrau Maria auf einem 12 m hohen Sockel. Kugeleinschläge und tiefe Schrap-

nellnarben an der Nordfassade der Basilika zeugen von den heftigen Kämpfen, die hier während des Befreiungskampfs der Stadt (15.–25. Aug. 1944) tobten.

Die Buslinie 60 verbindet den Vieux Port mit der Basilika. Außerdem gibt es einen „kleinen Zug" (S. 831), der am Hafen abfährt. Oben hat er 20 Minuten Aufenthalt, ehe er die Rückfahrt antritt. Zu Fuß dauern Auf- und Abstieg vom/zum Vieux Port etwa 30 Minuten (wegen der steilen Wege).

Îles du Frioul
HISTORISCHE INSELN

Wenige hundert Meter westlich des Château d'If liegen die Inseln **Ratonneau** und **Pomègues**. Diese winzigen Eilande (je etwa 2,5 km lang) wurden in den 1820er-Jahren durch einen Damm verbunden. Vom 17. bis 19. Jh. dienten sie als Quarantänestation für Menschen, die im Verdacht standen, Pest oder Cholera zu übertragen. 1720 wurde die Stadt von der Pest heimgesucht, als ein verseuchtes Handelsschiff die Quarantäne durchbrach, um seine Ladung nicht zu verlieren. Die nun ausbrechende Epidemie tötete 50 000 von 90 000 Einwohnern der Stadt. Auf der Insel Ratonneau stehen noch die Ruinen eines ehemaligen Quarantänekrankenhauses für Gelbfieberkranke. Heute gibt es vor allem Seevögel und seltene Pflanzen auf den Inseln, deren Strände angenehm wenig besucht sind.

Boote zum Château d'If halten auch an den Îles du Frioul (Ruckfahrkarte 10 €; 35 Min.).

GRATIS Palais de Longchamp
SCHLOSS, PARK

(bd Philippon, 4e; MCinq Avenues–Longchamp, ⊙Longchamp) Der säulengeschmückte Palais de Longchamp und seine spektakulären Springbrunnen stammen aus den 1860er-Jahren und hatten einst den Zweck, einen Wasserturm am Ende eines Durance-Aquädukts zu verbergen. Sein Nordflügel beherbergt das älteste Museum von Marseille, das **Musée des Beaux-Arts**, das nach Renovierungsarbeiten 2012 wiedereröffnet werden soll. Der schattige Park des Palais ist eine der wenigen Grünflächen im Zentrum und bei den einheimischen Familien beliebt.

Musée d'Histoire de Marseille
GESCHICHTSMUSEUM

(Karte S. 832-833; Erdgeschoss, Einkaufszentrum Centre Bourse, 1er; ⊙Mo–Sa 12–19 Uhr; MVieux Port) Dieses Museum bietet einen faszinierenden Einblick in das kulturelle Erbe von Marseille und besitzt einige ungewöhnliche Exponate, darunter die Überreste eines Handelsschiffs, das 1974 im Vieux Port entdeckt wurde und im frühen 3. Jh. die umliegenden Gewässer befuhr. Um das durchnässte und moderne Holz zu konservieren, wurde es genau an der Stelle, wo es jetzt hinter Glas steht, gefriergetrocknet. Leider sind die meisten Erläuterungen im Museum nur auf Französisch.

Die Unité d'Habitation von Le Corbusier
MODERNE ARCHITEKTUR

(☑04 91 16 78 00; www.hotellecorbusier.com; 280 bd Michelet, 8e; ⊙nach Vereinbarung; Ⓜ Le Corbusier) 1952 definierte der visionäre Architekt Le Corbusier den Begriff „urbanes Wohnen" neu: 337 Wohnungen umfasst seine vertikale „Gartenstadt", auch bekannt als Cité Radieuse (Strahlende Stadt). Entlang der verdunkelten Flure erzeugen Bodenleuchten in Primärfarben unheimliche Tunnel, die zu einem Minisupermarkt, einer Architekturbuchhandlung und einem Dachgarten mit Panoramablick führen. So vorausschauend die Architektur für Einzelne auch sein mochte, viele sehen darin einfach einen Wohnblock aus Beton.

Fans von Le Courbusier können im **Hôtel Le Corbusier** (DZ 95 bis 125 €) übernachten, das sich über zwei Stockwerke in der Mitte des Wohnturms erstreckt. Die *cabines* sind winzige Zellen; die Appartements sind richtig schick, vor allem diejenigen mit Meerblick und Stühlen von Le Corbusier. Aus Designgründen wurden allerdings die Originaltoiletten aus den 1950ern beibehalten und der Service ist mau. Weniger eiserne Fans können zumindest im hauseigenen Gourmetrestaurant **Le Ventre de l'Architecte** (☑04 91 16 78 00; Mittagsmenü 28 €, Abendmenü 59–69 €; ⊙Di–Sa) essen, eine gute Fernsicht aufs Mittelmeer bietet und Foie-gras-Spezialitäten serviert. Buslinie 83 oder 21 bis Haltestelle Le Corbusier.

GRATIS **Musée du Santon** PUPPENMUSEUM
(Karte S. 832-833; 49 rue Neuve Ste-Catherine, 7e; ⊙Di–Sa 10–12.30 & 14–18.30 Uhr; Ⓜ Vieux Port) Eine der langlebigsten und liebenswertesten Weihnachtstraditionen der Provence sind die *santons*. Diese in Gipsformen im Ofen gebrannten Krippenfiguren wurden ursprünglich von dem Marseiller Kunsthandwerker Jean-Louis Lagnel (1764–1822) kreiert. Das winzige Museum zeigt eine Privatsammlung von *santons* aus dem 18. und 19. Jh. In den angeschlossenen **Ateliers** (Werkstätten; ⊙ Mo–Do 8–13 & 14–17 Uhr) kann man bei der Herstellung der Figuren zusehen und oder sie im Laden erwerben.

Radfahren
RADTOUREN

Auf einem Leihrad von *le vélo* (S. 843) geht's Richtung Palais du Pharo, dann nach Süden entlang der Corniche, um Küstenluft zu schnuppern. Nach einem Zwischenstop im niedlichen Fischerhafen **Vallon des Auffes** geht's in vollem Tempo weiter zu den Stränden der **Escale Borély**, wo Radwege beginnen. Diese Tour ist etwa 6 km lang. Energiebündel können von dort aus noch einen Ausflug zu dem charmanten kleinen Dorf **Les Goudes** dranhängen (10 km hin & zurück). Einst war es total in, hier eine Fischerhütte zu besitzen.

Strände
STRÄNDE

An heißen Tagen drängen sich die Einheimischen an der leicht zugänglichen **Plage des Catalans** (Karte S. 828-829; 3 rue des Catalans; ⊙8.30–18.30 Uhr) und etwas weiter südlich am **Prado-Strand** (am Ende der Avenue du Prado). Beschaulich, aber felsig sind die Strände der Îles du Frioul.

La Bastide des Bains
WELLNESSTEMPEL

(Karte S. 832-833; ☑04 91 33 39 13; www.bastide-des-bains.com, auf Frz.; 19 rue Sainte; 30 €; ⊙Mo-Sa 10–20 , So bis 18 Uhr) Ein schöner Hamam, der sowohl Badezeiten für gemischtes Publikum als auch nur für Frauen anbietet. Auch Anwendungen sind zu haben.

👉 Touren

Le Grand Tour
SIGHTSEEING-BUS

(Karte S. 832-833; ☑04 91 91 05 82; www.marseillelegrandtour.com; Erw./Kind 18/8 €; ⊙10-19 Uhr) Der offene Doppeldeckerbus zum unterwegs Zu- und Aussteigen verkehrt zwischen den wichtigsten Sehenswürdigkeiten. Er startet am Vieux Port und fährt auch die Corniche und die Basilique Notre-Dame de la Garde an. Fahrkarten bei der Touristeninformation oder im Bus.

Petit Train
TOURISTENZUG

(Karte S. 832-833; www.petit-train-marseille.com; Erw./Kind 7/4 €; ⊙10-18 Uhr) Tuckert durch die hügeligen Straßen des Panier-Viertels.

Geführte Tour
WANDERTOUR

(6,50 €/Pers.; ⊙Touren Juli & Aug. Sa 10 Uhr, Sept.–Juni jeden 2. Sa 14 Uhr) Start an der Touristeninformation.

GRATIS **Marseille Provence Greeters**
WANDERTOUR

(www.marseilleprovencegreeters.com) Kostenlose Wandertouren mit Einheimischen; vorab auf der Website reservieren.

Marseille – Zentrum

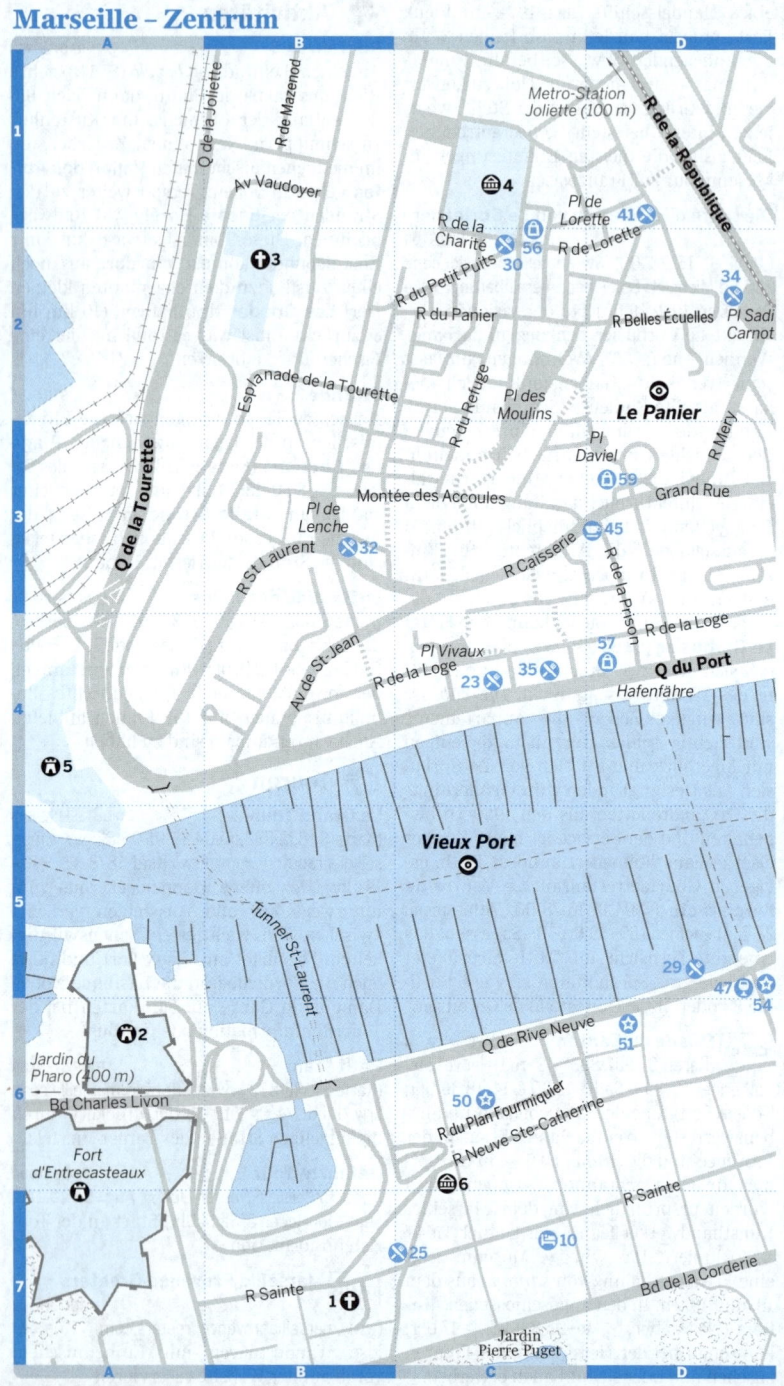

Metro-Station
Joliette (100 m)

R de la République

Q de la Joliette

R de Mazenod

Av Vaudoyer

⌂ 4

R de la
Charité

Pl de
Lorette

✕ 41

✕ 56

30

R de Lorette

34

♦ 3

R du Petit Puits

R Belles Écuelles

✕

Pl Sadi
Carnot

R du Panier

Esplanade de la Tourette

R du Refuge

Pl des
Moulins

Le Panier

Q de la Tourette

Pl
Daviel

59

R Méry

Montée des Accoules

Grand Rue

Pl de
Lenche

✕ 32

R St Laurent

✕ 45

R Caisserie

R de la Prison

Av de St-Jean

Pl Vivaux

R de la Loge

R de la Loge

57

Q du Port

23 ✕

35 ✕

Hafenfähre

♦ 5

Vieux Port

Tunnel St-Laurent

29 ✕

47

54

Q de Rive Neuve

51

♦ 2

Jardin du
Pharo (400 m)

50

Bd Charles Livon

R du Plan Fourmiguier

R Neuve Ste-Catherine

Fort
d'Entrecasteaux
♦

⌂ 6

R Sainte

R Sainte

✕ 25

10

1 ♦

Bd de la Corderie

Jardin
Pierre Puget

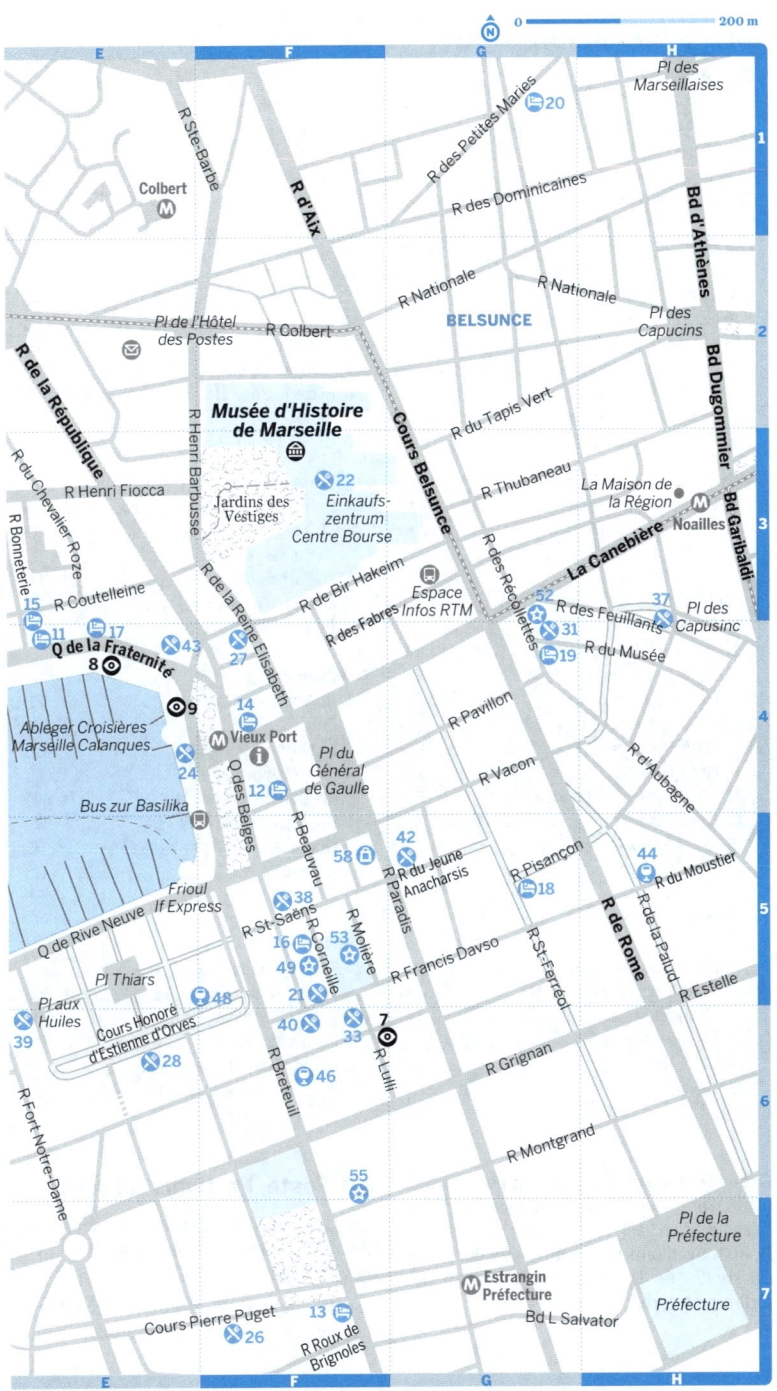

0 ——— 200 m

N

Pl des Marseillaises

R Ste-Barbe

Colbert Ⓜ

R d'Aix

R des Petites Maries

20

R des Dominicaines

Bd d'Athènes

R Nationale

R Nationale

BELSUNCE

Pl des Capucins

Bd Dugommier

R de la République

Pl de l'Hôtel des Postes

R Colbert

R du Tapis Vert

Musée d'Histoire de Marseille

R Henri Barbusse

R du Chevalier Roze

R Henri Fiocca

Jardins des Vestiges

22 Einkaufs-zentrum Centre Bourse

Cours Belsunce

R Thubaneau

La Maison de la Région

Ⓜ Noailles

La Canebière

Bd Garibaldi

R Bonneterie

R Coutelleine

15

11 17

Q de la Fraternité

8

9

Ableger Croisières Marseille Calanques

24

Bus zur Basilika

Frioul If Express

Q de Rive Neuve

R de la Reine Elisabeth

R de Bir Hakeim

R des Fabres

Espace Infos RTM

R des Récollets

52 R des Feuillants

31

19 R du Musée

37 Pl des Capusinc

43

27

14 Vieux Port ℹ

Q des Belges

12

R Beauvau

Pl du Général de Gaulle

R Pavillon

R Vacon

R d'Aubagne

58

42

R du Jeune Anacharsis

R Paradis

R Pisançon

44 R du Moustier

18

R de la Palud

38

16 53

R St-Saëns

R Corneille

R Molière

49

21

40

33

7 R Lulli

R Francis Davso

R St-Ferréol

R de Rome

R Estelle

Pl aux Huiles

39

Cours Honoré d'Estienne d'Orves

48

28

46

R Breteuil

R Grignan

Pl Thiars

55

R Montgrand

Pl de la Préfecture

R Fort Notre-Dame

Ⓜ Estrangin Préfecture

Préfecture

Cours Pierre Puget

26

13

R Roux de Brignoles

Bd L Salvator

PROVENCE MARSEILLE

Croisières Marseille Calanques BOOTSTOUR
(☎08 25 13 68 00; www.croisieres-marseille-
calanques.com, auf Frz.; 74 quai du Port, 2e)
Bootstouren (auf Frz.) vom Vieux Port nach
Cassis (25 €). Die Fahrten führen an den
Calanques vorbei.

 Feste, Festivals & Events

Carnaval de Marseille STRASSENKARNEVAL
Ein ausgelassenes Fest mit dekorierten Wagen; im März.

Beachvolleyball-Weltmeisterschaft SPORT
Gastgeber ist die Plage du Prado; im Juli.

Festival de Marseille

THEATER

(www.festivaldemarseille.com, auf Frz.) Zeitgenössisches internationales Tanz-, Theater-, Musik- und Kunstfestival; drei Wochen im Juli.

Festival Jazz des Cinq Continents

JAZZ

(www.festival-jazz-cinq-continents.com, auf Frz.) Musikfestival mit Acid-Jazz, Funk & Folk; im Juli.

Fiesta des Suds

WELTMUSIK

(www.dock-des-suds.org) Weltmusik am Dock des Suds; im Oktober.

Foire aux Santonniers

KRIPPENFIGUREN

Seit 1803 strömen traditionelle Hersteller von *santons* zu dieser Jahresmesse nach Marseille; im Dezember.

🛏 Schlafen

Die Hotels von Marseille wurden im Hinblick auf die Feierlichkeiten 2013 runderneuert. Im mittleren Preisbereich gibt es eine gute Auswahl, aber auch einige Spitzenklassehotels. Hostels sind ziemlich unterrepräsentiert.

LP TIPP — **Casa Honoré** BOUTIQUE-PENSION €€€
(Karte S. 832-833; ☏04 96 11 01 62, 06 09 50 38 52; www.casahonore.com; 123 rue Sainte, 7e; DZ 150–200 €; ❄🛜🏊; MVieux Port) Ein Stück Los Angeles in Marseille ist diese *maison d'hôtes* mit vier Zimmern, die um einen zentralen Hof herum angelegt sind; der ruhig dahinplätschernde Pool wird von Bananenbäumen beschattet. Der betont modische Einrichtungsstil zeigt die Liebe der Besitzerin zu zeitgemäßem Möbeldesign – ihr gehört auch das Geschäft ein paar Häuser weiter. So entsteht ein sexy Stilmix mit vielen schwarzen Korbmöbeln und dem einen oder anderen Kuhschädel. Einen Makel gibt es allerdings: Die Bäder sind nur durch Vorhänge, nicht durch Türen, abgetrennt.

Villa Monticelli

ZIMMER MIT FRÜHSTÜCK €€

(☏04 91 22 15 20; www.villamonticelli.com; 96 rue du Commandant Rolland, 8e; DZ 90–110 €; ❄🛜) Colette und Jean lieben ihre Stadt und sind bereit, ihre Geheimtipps mit den Gästen zu teilen. Die fünf exquisiten *chambres d'hôtes* (Gästezimmer) in ihrer atemberaubenden Villa entschädigen absolut für die etwas abseitige Lage. Das tolle Frühstück mit hausgemachten Köstlichkeiten wie Marmeladen, Joghurts, Crêpes usw. und Rundumblick von der Terrasse sorgt für einen hervorragenden Start in den Morgen. In dieser Unterkunftsklasse bietet die Villa Monticelli wahrscheinlich das meiste fürs Geld.

Der **Marseille City Pass** (1-/2-Tages-Pass 22/29 €) gewährt freien Eintritt in alle Museen der Stadt, kostenlose Teilnahme an Stadtführungen und unbegrenzte Fahrt mit allen öffentlichen Verkehrsmitteln (auch mit dem „kleinen Zug" hoch zu Notre-Dame de la Garde). Inbegriffen sind auch die Bootstour und der Eintritt zum Château d'If und zahlreiche Rabatte, z. B. im Sightseeing-Bus Le Grand Tour. Für Kinder unter 12 Jahren lohnt sich der Pass nicht, da viele Attraktionen für sie gratis oder stark vergünstigt sind. Erhältlich ist er bei der Touristeninformation.

Hôtel Résidence du Vieux Port

HOTEL MIT AUSSICHT €€€

(Karte S. 832-833; ☏04 91 91 91 22; www.hotel-marseille.com; 18 quai du Port, 2e; DZ 180–200 €, Apt., 260 €; ❄@🛜🍴; MVieux Port) Dieses Hotel mit dem besten Ausblick von Marseille wurde 2010 komplett neu eingerichtet – „Futurismus trifft Mondrian" beschreibt es am besten, denn es dominieren hochlehnige Sitzmöbel und satte Primärfarben. Alle Zimmer sind sehr schick und haben Balkone mit umwerfendem Ausblick auf den alten Hafen und Notre-Dame de la Garde. Die Zimmer weiter unten sind 20 € günstiger.

Le Petit Nice-Passédat

LUXUSPENSION €€€

(☏04 91 59 25 92; www.passedat.fr; Anse de Maldormé, 7e; DZ ab 370 €; ❄@🛜🏊) Das beste kleinere Luxushotel Marseilles beherbergt auch das Restaurant von Kochvirtuose **Gerald Passédat** (Menü 85–250 €; ⊙Di-Sa), dem einzigen in Marseille mit drei Michelin-Sternen.

Sofitel Marseille Vieux Port

LUXUSHOTEL €€€

(Karte S. 828-829; ☏04 91 15 59 55; www.sofitel-marseille-vieuxport.com; 36 bd Charles Livon, 7e; DZ ab 205 €; ❄@🛜🏊) Dieses erstklassige Marseiller Hotel mit allem Drum und Dran bietet eine spektakuläre Aussicht aufs Meer und den Alten Hafen. Die Zimmer sind mit viel Schnickschnack ausgestattet, von iPod-Dockingstationen bis Federbetten. Manche Zimmer haben übergroße Badewannen für zwei Personen und es gibt einen tollen Wellnessbereich.

Hôtel Saint-Ferréol
HOTEL €€

(Karte S. 832-833; ☏ 04 91 33 12 21; www.hotel-saintferreol.com; 19 rue Pisançon, 1er; DZ 99-120 €; ✴@🖥; ⓜVieux Port) Dieses Nobelhotel liegt an der Ecke zur schönsten Fußgänger-einkaufsstraße der Stadt. Die Zimmer sind individuell ausgestattet und teilweise von berühmten Künstlern wie van Gogh oder Cézanne inspiriert. Außergewöhnlich guter Service.

Hôtel Belle-Vue
HOTEL MIT AUSSICHT €€

(Karte S. 832-833; ☏ 04 96 17 05 40; 34 quai du Port, 2e; DZ 84-135; ✴@🖥; ⓜVieux Port) Die Zimmer in diesem altmodischen Hotel sind geschmackvoll, aber preisbewusst-schlicht eingerichtet; dafür bieten sie einen unbezahlbaren Blick auf den Hafen. Die Bäder zeigen den einen oder anderen kleinen Schimmelfleck, aber nichts Dramatisches. Das Hotel hat keinen Lift und steile Treppen, aber dafür liegt eine der coolsten Bars von Marseille, La Caravelle, im Obergeschoss.

Hôtel Le Richelieu
HOTEL €€

(Karte S. 828-829; ☏ 04 91 31 01 92; www.lerichelieu-marseille.com; 52 corniche Président John F. Kennedy, 7e; DZ 53-88 €, 3BZ 91-110 €; ✴@🖥) Das recht günstige Hotel am Meer hat seltsam geformte Zimmer, die von den Besitzern aber piccobello in Schuss gehalten werden. Die besten liegen zum Meer hin und vermitteln Strandhaus-Feeling. Es gibt einen angrenzenden Strand und eine Gemeinschaftsterrasse mit Ausblick aufs Wasser, aber keinen Lift.

Hôtel Hermès
HOTEL €€

(Karte S. 832-833; ☏ 04 96 11 63 63; www.hotel-marseille.com; 2 rue Bonneterie, 2e; EZ 50 €, DZ 70-90 €; ✴@🖥; ⓜVieux Port) Die Zimmer sind ein bisschen klein und könnten etwas Farbe und neue Tapeten vertragen, sind aber ansonsten sauber und gut in Schuss. Ein Plus ist die Dachterrasse, auf der es sich wunderbar frühstücken oder einen Drink genießen lässt. Die erhöhte Hochzeitssuite auf dem Dach, mit eigener Terrasse und Designerbad, bietet einen umwerfenden Panoramablick.

Le Ryad
BOUTIQUEHOTEL €€

(Karte S. 828-829; ☏ 04 91 47 74 54; www.leryad.fr; 16 rue Sénac de Meilhan, 1er; EZ 80-125 €, DZ 95-140 €; ⓜNoailles, 🚋Canebière-Garibaldi) Mit bogenförmigen Schlafnischen, warmen Farben und minimalistischem Dekor bezieht das Ryad einige seiner Einflüsse aus Marokko. Trotz des mühsamen Aufstiegs in den vierten Stock lohnt sich das höchstge-legene Zimmer (Mogador) wegen der winzigen Dachterrasse. Der tolle Service entschädigt für das eher unansehnliche Viertel.

Hôtel Escale Oceania
HOTEL €€

(Karte S. 832-833; ☏ 04 91 90 61 61; www.oceaniahotels.com; 5 La Canebière, 1er; DZ 140-160 €; ✴🖥; ⓜVieux Port) Die Zimmer sind zwar klein – der Preis wird natürlich durch die Lage am Vieux Port bestimmt –, aber nach einer Renovierung 2009 frisch und sauber. Die blitzblanken Badezimmer sind mit großen Walk-In-Duschen ausgestattet. Die Zimmer zur Canebière hin haben schmiedeeiserne Balkone mit Hafenblick.

🅛🅟 Hôtel Vertigo
TIPP
HOSTEL, HOTEL €

(Karte S. 832-833; ☏ 04 91 91 07 11; www.hotelvertigo.fr; 42 rue des Petites Maries, 1er; B25-27 €, DZ 60-70 €; @🖥; ⓜGare St-Charles SNCF) Dieses fesche Boutiquehostel verabschiedet sich ein für allemal von unbequemen Feldbetten und Krankenhausflair. Stattdessen glänzt es mit altmodischen Himmelbetten, Designerküche mit viel Chrom, gemütlichen Gemeinschaftsräumen und höflichem, mehrsprachigem Personal. Die Doppelzimmer sind besonders zu empfehlen, einige haben eigene Terrassen. Eine Sperrstunde gibt es nicht (aber leider auch keinen Lift). Ein zweites Hostel, allerdings nur mit Schlafsälen, liegt näher am Alten Hafen.

Hôtel du Palais
HOTEL €€

(Karte S. 828-829; ☏ 04 91 37 78 86; www.hotel-marseille.com; 26 rue Breteuil, 6e; DZ 98-130 €; ✴🖥; ⓜEstrangin–Préfecture) 10 der 22 Zimmer in diesem stilvollen Hotel verfügen über himmlische breite Doppelbetten, was in Frankreich selten ist. Wer einen leichten Schlaf hat, sollte ein Zimmer zum Hof buchen. Die Zimmer im vierten Stock sind am reizvollsten wegen der Dachschrägen und freigelegten Deckenbalken.

Hôtel Carré du Vieux Port
HOTEL €€

(Karte S. 832-833; ☏ 04 91 33 02 33; www.hotel-carre-vieux-port.com; 6 rue Beauveau, 1er; EZ 86-92 €, DZ 92-98 €, 3BZ 110 €; ✴@🖥; ⓜVieux Port) Der Look ist nichts Besonderes, mit stuckverzierten Wänden und Niedrigfloor-teppichen, aber die Lage ist zentral, die Zimmer sind sauber und die Bäder blitzblank. Doppelverglaste Fenster halten den Lärm draußen.

Hôtel Relax
HOTEL €

(Karte S. 832-833; ☏ 04 91 33 15 87; http://relax-hotel.free.fr, auf Frz.; 4 rue Corneille, 1er; DZ 60-

70 €; ❄🛜; Ⓜ Vieux Port) Dieses 20-Zimmer-Hotel mit Blick auf die Marseiller Oper ist ein Familienbetrieb. Lärmisolierung und Raumangebot lassen zwar zu wünschen übrig, aber für die Lage, die Sauberkeit und Extras wie Kühlschrank und Fön ist es ein echtes Schnäppchen. Kein Lift.

Hôtel St-Louis
BUDGETHOTEL €

(Karte S. 832-833; 🖰 04 91 54 02 74; www. hotel-st-louis.com; DZ 67–72 €, 3BZ 90 €; ❄🐾🛜; Ⓜ Noailles, 🚲 Canebière–Garibaldi) Obwohl uns die altmodische Fassade aus dem 18. Jh., die guten Matratzen, die Holzmöbel, die zentrale Lage und der freundliche Service gefallen, finden manche Leute die Zimmer schäbig und zu laut (Zimmer 11 und 12 sind am lautesten).

Auberge de Jeunesse de Bonneveine
HOSTEL €

(🖰 04 91 17 63 30; www.fuaj.org, auf Frz.; impasse du Docteur Bonfils, 8e; B 18,60 €, DZ mit Bettwäsche und Frühstück 44 €; ☺ Feb.–Dez.; @) Die Zimmer sind spartanisch und die Lage nicht gerade zentral, aber die Jugendherberge liegt nahe am Strand und organisiert Aktivitäten wie Kajaken und Kitesurfen. Anfahrt mit dem Bus 44 (Haltestelle Bonnefon).

✖ Essen

Marseille ist am bekanntesten für seine Bouillabaisse und für *supions* (pfannengebratener Thunfisch mit Knoblauch, Petersilie und Zitrone). Am Vieux Port wimmelt es nur so von Restaurants und nicht alle sind ihren Preis wert – also vorher genau hingucken. Am Cours Julien und in den Straßen der Umgebung wird internationale Küche geboten. Pizza und Couscous unter 10 € finden sich am ehesten in der Nähe des Marché des Capucins. Im Sommer sind am Vieux Port an dem nur saisonal geöffneten Stand neben dem *petit train* für 2 € frisch gepresste Säfte zu haben. Neue Lokale sprießen vor allem um **Les Docks** (Karte S. 828-829; 10 place de la Joliette, 2e; Ⓜ Joliette) aus dem Boden, im neu entstandenen Viertel La Joliette.

Cafés in Hülle und Fülle säumen den Quai de Rive Neuve und den Cours Honoré d'Estienne d'Orves (1e), einen großen, langen offenen Platz zwei Straßenzüge südlich vom Kai. Eine weitere Café-Hochburg befindet sich am Südende der Rue St-Ferréol mit Blick auf die Place de la Préfecture (1er).

Péron
MODERN €€€

(Karte S. 828-829; 🖰 04 91 52 15 22; www. restaurant-peron.com, auf Frz.; 56 corniche Président John F. Kennedy, 7e; Hauptgerichte 35 €; ☺ Di–So mittags, Di–Sa abends) Das Péron, das am Rande der Corniche mit toller Aussicht auf das Château d'If liegt, ist eins der Spitzenrestaurants von Marseille. Das Essen mit Schwerpunkt auf Fisch und Meeresfrüchten (z. B. marinierter Thunfisch oder Jakobsmuscheln mit Zitronenpolenta) ist phänomenal. Vor Einbruch der Dunkelheit reservieren, die Sonnenuntergänge sind grandios.

La Cantinetta
ITALIENISCH €€

(Karte S. 828-829; 🖰 04 91 48 10 48; 24 cours Julien; Hauptgerichte 9–19 €; ☺ Di–Sa; Ⓜ Notre-Dame du Mont–Cours Julien) Dieses Spitzenlokal am Cours Julien serviert perfekt al dente zubereitetete, hausmachte Pasta, hauchdünnen Prosciutto, mariniertes Gemüse, *bresaola* (luftgetrocknetes Rindfleisch) und Risotto. Die Tische im gemütlichen Speisesaal stehen dicht an dicht. Unser Lieblingsplatz ist die sonnenverwöhnte Terrasse im Garten. Unbedingt reservieren!

Chez Madie Les Galinettes
PROVENZALISCH €€

(Karte S. 832-833; 🖰 04 91 90 40 87; 138 quai du Port, 2e; Menü 25–35; ☺ Mo–Sa mittags & abends, im Sommer Sa mittags geschl.; ♿Ⓜ Vieux Port) Die Terrasse zum Hafen hin eignet sich perfekt für lange Sommerabende und wenn das Wetter nicht mitspielt, entschädigt einen die moderne Kunst an den Wänden drinnen. Die Karte mit provenzalischem Schwerpunkt bietet jede Menge Fisch, u. a. eine leckere bouillabaise, die aber 48 Stunden im Voraus bestellt werden muss.

Jardin des Vestiges
ARMENISCH-MEDITERRAN €

(Karte S. 832-833; 15 rue Reine Elizabeth, 1er; Hauptgerichte 7–13 €; ☺ Mo–Sa 9–18 Uhr; Ⓜ Vieux Port) Unser Favorit unter den Budgetrestaurants serviert eine Auswahl an armenischer, griechischer und libanesischer Küche wie Kebab, gefüllte Auberginen, Moussaka und Taboulé. Ideal, um sich vor der Fährfahrt zu den kleinen Inseln mit belegten Baguettes zum Mitnehmen (4–6 €) einzudecken.

La Cantine
FRANZÖSISCH-KORSISCH €€

(Karte S. 832-833; 🖰 04 91 33 37 09; 27 cours Honoré d'Estienne d'Orves, 1er; Hauptgerichte 15–18; ☺ Mo–Sa mittags, tgl. abends; Ⓜ Vieux Port) Gemächliches Tempo, schummrige Beleuchtung und Decken mit Holzbalken liefern die behagliche Kulisse für korsische Spezialitä-

BOUILLABAISSE

Die Bouillabaisse, die ursprünglich von Fischern aus ihren Fangabfällen zubereitet wurde, ist die Marseiller Spezialität schlechthin. Echte Bouillabaisse besteht aus mindestens vier Fischsorten, manchmal auch aus Schalentieren. Deshalb wird sie auch nur für mindestens zwei Personen zubereitet. Vorsicht vor Touristenfallen, die bouillabaisse zum Schleuderpreis anbieten: Echte bouillabaisse kostet um die 55 € pro Person und muss 48 Stunden im Voraus bestellt werden, damit rechtzeitig die richtigen Zutaten besorgt werden können. Das Gericht wird getrennt serviert: Die Brühe (*soupe de poisson*) kommt mit viel Tomate, Safran und Fenchel auf den Teller, der gekochte Fisch wird am Tisch zerlegt und auf einer Platte angerichtet. Dazu gibt es geröstetes Weißbrot und *rouille* (eine scharfe Paste aus Brot, Olivenöl, Knoblauch und Chili) sowie geriebenen Käse, meistens Gruyère. Zum Essen streicht man *rouille* auf das Weißbrot, streut etwas Käse darüber und gibt es in die Suppe. Die Bouillabaisse ist ein reichhaltiges Essen (sie liefert über 200 g Eiweiß pro Person) und strotzt nur so vor Knoblauch.

Verlässliche Adressen für gute Bouillabaisse sind:

Le Rhul (Karte S. 828-829; ☑04 91 52 01 77; www.lerhul.fr, auf Frz.; 269 corniche John F. Kennedy; 50 €) Dieser alteingesessene Klassiker bietet viel (wenn auch etwas kitschige) Atmosphäre in einem Hotel am Meer aus den 1940er-Jahren mit Blick aufs Mittelmeer.

L'Épuisette (Karte S. 828-829; ☑04 91 52 17 82; www.l-epuisette.com; Vallon des Auffes; 55 €; ☉Di-Sa) Diese mit großem Abstand nobelste Adresse glänzt mit einem Michelin-Stern und einem schlicht und elegant eingerichteten Speisesaal mit umwerfendem Meerblick. Hauptgerichte kosten 34 bis 45 €, Desserts (für die, die noch Platz im Magen haben) 20 €.

Restaurant Michel (Karte S. 828-829; Chez Michel; ☑04 91 52 30 63; http://restaurant-michel-13.fr, auf Frz.; 6 rue des Catalans; 60 €; ☉abends) Erstklassige Küche seit 1946. Der grell erleuchtete Speisesaal ist allerdings nicht gerade heimelig.

---

ten, darunter *figatelli* (eine grobe, kräftig gewürzte Wurst) und bodenständige französische Gerichte wie gebratene Kalbsleber mit *persillade* (Petersilie, Knoblauch und andere Kräuter) und gegrillter Fisch. Reservierung empfohlen.

Pizzaria Chez Étienne ITALIENISCH €€
(Karte S. 832-833; 43 rue de Lorette, 2e; Hauptgerichte 12-15 €; ☉Mo-Sa; MColbert) Dieser familiäre, im Viertel fest verwurzelte Klassiker serviert die beste Holzofenpizza von Marseille, saftige Rindersteaks und knusprig gebratenen Thunfisch. Reservierung geht nur persönlich (es gibt kein Telefon). Die unspektakulären Pasta-Gerichte lieber auslassen. Keine Kreditkarten.

Chez Jeannot MARSEILLER KÜCHE €€
(Karte S. 828-829; ☑04 91 52 11 28; 129 rue du Vallon des Auffes; Hauptgerichte 12-25 €; ☉Di-Sa, So mittags) Die schöne Dachterrasse mit Blick auf den Fischerhafen Vallon des Auffes ist eine Marseiller Institution und daher auf Tage im Voraus ausgebucht (drinnen sind normalerweise aber noch Tische zu kriegen). Wer hier isst, hält sich am besten

an die knusprig-dünnen Pizzen und *supions*, die hier auf der Karte „chippirons" heißen; Meeresfrüchte sowie Fisch- und Fleischgerichte sind eher überteuert.

Le Mas FRANZÖSISCH, KLASSISCH €€
(Karte S. 832-833; ☑04 91 33 25 90; 4 rue Lulli; Hauptgerichte 18-26 €; ☉Mo-Sa 12-16 & 20-6 Uhr; MEstrangin-Préfecture) Fotos von Promis zieren die Wände dieses kleinen, bis in die Morgenstunden geöffneten Lokals – die ideale Anlaufstelle für Nachteulen nach einem langen Cocktailabend. Das Essen ist üppig und lecker, besonders gut sind das *steak au poivre* und Spaghetti mit Muscheln, aber auch sonst kann man hier nicht viel falsch machen.

Le Clan des Cigales PROVENZALISCH €
(Karte S. 832-833; www.leclandescigales.com; 8 rue du Petit Puits, 2e; Hauptgerichte 9-11 €; ☉Mo-Sa 9-19 €; MJoliette, ☒Sadi-Carnot) Freitags serviert dieses kleine Café hausgemachte aïoli (provenzalische Knoblauchmayonnaise) mit Kabeljau, Schnecken, gedünstetem Gemüse und hartgekochten Eiern. Die leckeren Tartes sind toll zum Mitnehmen für einen Bummel durch das Panier-Viertel.

Le Moment
MODERN €€€

(Karte S. 832-833; ☑04 91 52 47 49; www.lemoment-marseille.com; 5 place Sadi Carnot, 2e; Mittagsmenü 19–25 €, Abendmenü 46–64 €; ☺Di–Sa, Mo mittags; Ⓜ Colbert, 🚋Sadi-Carnot) Der neue Shootingstar der Marseiller Gastroszene Christian Ernst gibt in seinem vornehmen Restaurant auch Kochkurse.

Une Table au Sud
MODERN, MEDITERRAN €€€

(Karte S. 832-833; ☑04 91 90 63 53; www.unetableausud.com; 2 quai du Port, 2e; Mittagsmenü 33–47 €, Abendmenü 68–125 €; ☺Di–Sa; Ⓜ Vieux Port) Mit seinem *milkshake de bouillabaisse* hat dieses Spitzenrestaurant bei uns gepunktet; diese erste Adresse am Vieux Port hat sogar einen Michelin-Stern.

Le Femina
ALGERISCH €€

(Karte S. 832-833; ☑04 91 54 03 56; 1 rue du Musée, 1er; Menü 16 €; ☺Di–Sa; Ⓜ Noailles, 🚋Canebière–Garibaldi) Köstliches Couscous seit 1921.

Le Souk
MAROKKANISCH €€

(Karte S. 832-833; ☑04 91 91 29 29; 100 quai du Port, 2e; Menü 20–30 €; ☺Di–Sa, So mittags; Ⓜ Vieux Port) Marokkanische Küche vom Feinsten mit *tagines* (Schmorgerichte im Spezialtopf) und Honig-Nuss-Gebäck.

La Nautique
FRANZÖSISCH €€

(Karte S. 832-833; ☑04 91 33 01 78; gegenüber dem quai de Rive Neuve 20, 7e; Hauptgerichte 13–18 €) Fisch und Steaks vom Grill mit schöner Aussicht, ideal am Sonntag, wenn andere Lokale geschlossen haben.

Simply Food
BIO-KÜCHE €

(Karte S. 832-833; 16 rue du jeune Anacharsis, 1er; Hauptgerichte 4–6 €; ☺ Mo–Sa 9–19 Uhr; Ⓜ Vieux Port) Salate, Smoothies, Wraps, Sandwiches und Suppen mit Zutaten aus biologischem Anbau.

Pain & Cie
CAFÉ €

(Karte S. 832-833; place aux Huiles, 1er; Brunch 21 €; ☺Di–Sa 8–22.30, So & Mo bis 18 Uhr; Ⓜ Vieux Port) Trendiges Lokal für Wochenendbrunch, Sandwich-Snack oder Kaffee und Kuchen.

O'Stop
SCHNELLIMBISS €

(Karte S. 832-833; 15 rue St-Saëns, 1er; Menü 10 €; ☺24 Std.; Ⓜ Vieux Port) Ultraleckeres Sandwich mit *boulettes de viandes* (Fleischbällchen) und Pommes.

Café Debout
CAFÉ €

(Karte; 46 rue Francis Davso, 1er; ☺ Mo–Sa 8.30-19 Uhr; Ⓜ Vieux Port) Die perfekte Adresse, um Espresso, Kakao oder Kuchen aufzutanken und dabei Leute zu beobachten.

Selbstversorger

Mehr Adressen für Märkte auf S. 841. Supermärkte gibt es im **Einkaufszentrum Centre Bourse** (Karte S. 832-833).

Marché des Capucins
MARKT €

(Karte S. 832-833; place des Capucins, 1er; ☺Mo–Sa 8–19 Uhr; Ⓜ Noailles, 🚋Canebière–Garibaldi) Einen Straßenzug südlich der Canebière.

Obst-& Gemüsemarkt
MARKT €

(Karte S. 832-833; cours Pierre Puget, 6e; ☺Mo–Fr 8–13 Uhr; Ⓜ Estrangin–Préfecture)

Fischmarkt
FISCHMARKT €

(Karte S. 832-833; quai des Belges; ☺8–13 Uhr; Ⓜ Vieux Port) Kleiner, aber malerischer Markt am Vieux Port.

Four des Navettes
BÄCKEREI €

(Karte S. 828-829; 136 rue Sainte, 7e) Hier gibt's die typischen Marseiller Navettes, die rautenförmigen Orangenblütenkekse.

Pain de l'Opéra
BÄCKEREI €

(Karte S. 832-833; 61 rue Francis Davso, 1er; Ⓜ Vieux Port) Die beste Pâtisserie am Vieux Port; im Angebot sind auch kleine Gerichte zum Mitnehmen.

Le Glacier du Roi
EISDIELE €

(Karte S. 832-833; 4 place de Lenche, 2e) Sensationelles, hausgemachtes italienisches Eis.

🍷 Ausgehen

Cafés und Bars gibt es um den Vieux Port herum reichlich. Studierende und Künstler treffen sich lieber am Cours Julien und den umliegenden Straßen. Sonntags ist tote Hose.

LP TIPP La Caravelle
CAFÉ, BAR

(Karte S. 832-833; 34 quai du Port, 2e; ☺7–14 Uhr; Ⓜ Vieux Port) Wer nicht genau hinsieht, entdeckt sie kaum: La Caravelle, eine stylishe Bar über den Dächern der Stadt mit viel Holz und Leder, verzinkter Bar und vergilbenden alten Wandgemälden. Bei warmem Wetter lockt ein Plätzchen auf der überdachten Terrasse mit Hafenblick. Freitags von 21 bis 0 Uhr gibt's Livejazz.

La Part des Anges
WEINBAR

(Karte S. 832-833; 33 rue Sainte; Hauptgerichte 15 €; ☺Mo–Sa mittags, tgl. abends) Die Weinliste in dieser wunderbaren Weinbar mit Restaurant ist ein Traum für jeden Weinkenner. Leckere Käse- und *charcuterie*-Platten.

Dame Noir
BAR

(Karte S. 828-829; 30 place Notre-Dame de Mont, 6e; ☺Di–Sa 17–2 Uhr; Ⓜ Notre-Dame du Mont–

Cours Julien) Hippe Szenegänger strömen aus dieser angesagten Bar. Von Donnerstag bis Samstag legen DJs auf. Es gibt kein Schild, deshalb auf die roten Lampen an der Tür achten.

Au Petit Nice
CAFÉ, BAR

(Karte S. 828–829; 28 place Jean Jaurès, 6e; ⊘10–2am; ⓂNotre-Dame du Mont–Cours Julien) Ist billig und macht glücklich: Bier kostet nur 2 € in diesen szenigen Innenhofcafé mit jungem, gemixtem Publikum. (Achtung für alle, die mit dem Taxi kommen: Die Bar hat mit dem gleichnamigen Hotel nichts zu tun!)

Le Bar de la Marine
BAR

(Karte S. 832–833; 15 quai de Rive Neuve, 7e; ⊘7–1 Uhr; ⓂVieux Port) Die Kartenspielszenen in Marcel Pagnols Film *Marius* wurde in dieser Marseiller Institution gedreht, die Leute aus allen Schichten anlockt.

Cup of Tea
TEESALON €

(Karte S. 832–833; 1 rue Caisserie, 2e; ⊘Mo–Sa 8.30–19 Uhr; ⓈSadi-Carnot) Niedlicher Teesalon mit 55 Teesorten und korsischen Bier.

☆ Unterhaltung

Über kulturelle Events berichtet der Veranstaltungskalender *L'Hebdo* (auf Frz.; 1,20 €), der überall in der Stadt ausliegt, oder www.marseillebynight.com (auf Frz.).

Karten für die meisten Veranstaltungen gibt es in *billetteries* (Vorverkaufsstellen), u. a. bei der **Fnac** (Karte S. 832–833; Einkaufszentrum Centre Bourse; ⓂVieux Port) und an der Touristeninformation.

Olympique de Marseille
FUSSBALL

Marseilles geliebtes Fußballteam spielt im **Stade Vélodrome** (3 bd Michelet, 8e; ⓂRond Point du Prado). Karten gibt es in der **Boutique Officielle de l'OM** (Karte S. 832–833; ☎04 91 33 20 01; 44 La Canebière, 1er; ⊘ Mo–Sa 10–19 Uhr; ⓂNoailles, ⓈCanebière–Garibaldi) schon ab 20 €.

Opéra Municipal de Marseille
OPER

(Karte S. 832–833; ☎04 91 55 11 10; http://opera.mairie-marseille.fr; 2 rue Molière, 1er; ⓂVieux Port) Die Spielzeit geht von September bis Juni.

Livemusik & Nachtclubs

Pelle Mêle
JAZZCLUB

(Karte S. 832–833; 8 place aux Huiles, 1er; ⊘18–1 Uhr, Okt.–April So geschl.; ⓂVieux Port) In diesem quirligen Bistro am Hafen swingen Gäste in den Dreißigern zu gutem Jazz.

L'Intermédiaire
SZENECLUB

(Karte S. 828–829; 63 place Jean Jaurès, 6e; ⊘19–2 Uhr; ⓂNotre-Dame du Mont–Cours Julien) Dieser Schuppen mit Wänden voller Graffiti ist eine der besten Adressen für Livebands oder DJs (Techno oder Alternative).

La Noche
NACHTCLUB

(Karte S. 832–833; www.lanocheclub.com; 40 rue plan Fourmiguier, 7e; ⊘Fr & Sa) Unten spielen Bands, oben legen DJs so ziemliches alles von Elektro bis Salsa auf.

Le Trolleybus
NACHTCLUB

(Karte S. 832–833; 24 quai de Rive Neuve, 7e; ⊘Mi–Sa; ⓂVieux Port) In diesem tunnelähnlichen Club am Hafen kann man zu Techno, Funk und Indie abtanzen.

Au Son des Guitars
NACHTCLUB

(Karte S. 832–833; 18 rue Corneille, 1er; ⊘Do–So; ⓂVieux Port) Dieser bei Korsen beliebte kleine Club bietet nur wenig Platz zum Tanzen, aber viele Drinks; gelegentlich treten auch korsische Sänger auf. Wer hier rein will, sollte sich aufbrezeln.

Ma Demoiselle
NACHTCLUB

(Karte S. 832–833; 8 rue Corneille, 1er; ⓂVieux Port) In diesem Girl's Club legen manchmal Gast-DJs auf.

Schwule & Lesben

Die Website www.gaymapmarseille.com bietet Infos für die Schwulen- und Lesbenszene in Marseille und Aix-en-Provence. Die kleine Marseiller Szene trifft sich nur am Wochenende. Es gibt keinen festen Treffpunkt; Schwulenpartys finden in verschiedenen Bars statt, die sonst für Heteros oder gemischtes Publikum sind.

Caffè Noir (Karte S. 832–833; 3 rue Moustier, 1er) und **Polikarpov** (Karte S. 832–833; 24 cours Honoré d'Estienne d'Orves, 1er ⓂVieux Port) sind gute Adressen für ein junges, gemischtes, trinkfestes Völkchen. Skip Cargo, die Sauna neben dem Caffè Noir, hat im Dampfraum eine schadhafte Dampfdüse, an der sich schon einige Leute verbrannt haben. Ein besserer Hamam ist **XY Le Club** (Karte S. 832–833; www.xy-leclub.com; 66 rue Montgrand, 6e; ⊘ Mo, Di, Do 13.30–Mitternacht, Mi, Fr–So 13.30–14 Uhr; ⓂEstrangin–Préfecture), wo es nur am Sonntagnachmittag brechend voll wird; manchmal gibt es hier auch gemischte Angebote. Das freundliche Türpersonal ist eine prima Quelle für Veranstaltungstipps. Der Baggerschuppen **Le Trash** (www.trash-bar.com; 28 rue du Berceau, 5e; ⊘Fr–Mi; ⓂBaille) ist genau so, wie der Name klingt.

Im Panier-Viertel gibt es viele Handwerks- und Kunsthandwerksläden der Stadt und es ist die netteste Adresse, um sich mit Reisemitbringseln einzudecken. Die klassische *savon de Marseille* gibt es bei **La Compagnie de Provence** (1 rue Caisserie); wunderbare provenzalische Olivenöle mit AOC-Gütesiegel (Appellation d'Origine Contrôlée; das Gütesiegel garantiert, dass Produkte aus einer bestimmten Region stammen) und Gläser mit Tapenade und Aïoli bietet **Place aux Huiles** (2 place Daviel). Wunderbar duftende Olivenseife, einige davon mit Schokoladenstückchen oder Tomatenblättern und köstliche Konserven verkauft **72 % Pétanque** (10 rue du Petit Puits). Nebenan haben eine Reihe von Keramikwerkstätten angeschlossene Geschäfte; also einfach mal auf ein kurzes „Bonjour" hineinschauen.

Shoppen

Kunsthandwerk wird in den Straßen angeboten, die vom Vieux Port abzweigen, vor allem im Altstadtviertel Le Panier.

La Maison du Pastis BRENNEREI
(Karte S. 832-833; ☑04 91 90 86 77; 108 quai du Port) Über 90 Sorten der regionalen Spezialität Pastis (Aperitif mit Anisaroma) können hier probiert werden, aber auch Absinth.

Librairie de la Bourse BÜCHER
(Karte S. 832-833; 8 rue Paradis, 1er; Ⓜ Vieux Port) Gute Auswahl an Karten und Lonely Planet Reiseführern.

Le Prado MARKT
(Karte S. 828-829; ☺8–13 Uhr; ⓂCastellane oder Périer) Dieser täglich stattfinden Markt erstreckt sich von der Metrostation an der Avenue du Prado bis zur Metrostation Périer und bietet eine gigantische Auswahl an Kleidung, Obst und Spezialitäten. Am Freitagmorgen ist Blumenmarkt.

Märkte MÄRKTE
(Karte S. 828-829; cours Julien; ☺8–19 Uhr; ⓂNotre-Dame du Mont–Cours Julien) Am Mittwochvormittag gibt es einen Markt mit Obst und Gemüse aus biologischem Anbau und jeden zweiten Sonntag im Monat einen Trödelmarkt wie aus *1001 Nacht*.

Praktische Informationen

Internetzugang
Info Café (☑04 91 33 74 98; 1 quai de Rive Neuve, 1er; 3 €/Std.; ☺ Mo–Sa 9–22 Uhr, So 14.30–19.30 Uhr; ⓂVieux Port) Auch Faxversand.

Medizinische Versorgung
Hôpital de la Timone (☑04 91 38 60 00; 264 rue St-Pierre, 5e; ⓂLa Timone) Östlich des Stadtzentrums.

Notfall
Préfecture de Police (☑04 91 39 80 00; place de la Préfecture, 1er; ☺24 Std.; ⓂEstrangin–Préfecture)

Post
Hauptpost (1 place de l'Hôtel des Postes, 1er; ⓂColbert)

Sicherheit
Marseille ist keine Brutstätte des Verbrechens, aber Kleinkriminalität und Überfälle gehören zum Alltag. Insgesamt cool bleiben, aber wer nachts um vier sichtlich betrunken allein nach Hause torkelt, bietet natürlich eine Zielscheibe.

Ängstliche Gemüter sollten das Viertel Belsunce südwestlich des Bahnhofs und begrenzt von der Canebière, dem Cours Belsunce, der Rue d'Aix, der Rue Bernard du Bois und dem Boulevard d'Athènes lieber meiden. Der Weg an der Canebière entlang ist zwar nicht angenehm, aber eigentlich ungefährlich, allerdings begegnet man vielen jugendlichen Haschdealern.

Alleinreisende Frauen sollten sich darauf einstellen, von fremden Passanten angemacht zu werden.

Touristeninformation
Maison de la Région (61 La Canebière, 1er; Mo–Sa 11–18 Uhr; ⓂVieux Port)
Touristeninformation (☑04 91 13 89 00; www.marseille-tourisme.com; 4 La Canebière, 1er; ☺ Mo–Sa 9–19 Uhr, So 10–17 Uhr; ⓂVieux Port)

Websites
2013 European Capital of Culture (www.marseille-provence2013.fr)

An- & Weiterreise

Auto
Am Bahnhof:
Avis (☑08 20 61 16 36; www.avis.com)
Europcar (☑08 25 82 56 80; www.europcar.com)

DIE CALANQUES: FRANKREICHS JÜNGSTER NATIONALPARK

Marseille grenzt an die unberührten und spektakulären **Calanques**, einen 20 km langen Küstenabschnitt mit steilen Felsvorsprüngen, der sich aus dem leuchtend türkisfarbenen Mittelmeer erhebt. Die nackten Klippen werden hier und da von kleinen, idyllischen Stränden unterbrochen, einige davon sind nur mit dem Kajak zu erreichen.

Die Einwohner von Marseille lieben die Calanques und kommen hierher, um Sonne zu tanken oder den ganzen Tag zu wandern. Diese Felsenlandschaft steht seit 1975 unter Naturschutz und soll in einen Nationalpark umgewandelt werden (www.gipcalanques.fr, auf Frz.).

Am besten lassen sich die Calanques von Oktober bis Juni mit einer Wanderung über die von Maquis gesäumten Pfade erkunden. Im Sommer schließen die Wege wegen zu großer Brandgefahr. Dann bietet sich eine Bootsfahrt an (S. 831), allerdings ohne Zwischenstopps zum Baden. Manche Fischer lassen sich auch überreden, vom Vieux Port aus überzusetzen. Ansonsten helfen nur noch Auto oder öffentliche Verkehrsmittel.

Die **Calanque de Sormiou** ist die größte Felsbucht. Zwei saisonal geöffnete Restaurants servieren Mittagessen mit phantastischem Ausblick – aber nur auf Reservierung. **Le Château** (📞 04 91 25 08 69; Hauptgerichte 18–24 €; ⊙ April–Mitte Okt.) bietet das bessere Essen und **Le Lunch** (📞 04 91 25 05 39/37; http://wp.resto.fr/lelunch; Hauptgerichte 16–28 €; ⊙ April–Mitte Okt.) die bessere Aussicht. Die Buslinie 23 fährt von der Metrostation Rond Point du Prado zur Haltestelle La Cayolle; von dort aus sind es noch 3 km zu Fuß (Restaurantgäste mit Reservierung dürfen auch mit dem Auto vorfahren, ansonsten sind die Straßen nur an Wochentagen und von September bis Juni geöffnet). Östlich der Corniche (der Küstenstraße) von Marseille und damit näher liegt **Callelongue**, ein idyllischer Fischerhafen, wo man sich vor der Wanderung im **Restaurant La Grotte** (www.lagrotte-13.com; 1 av. des Pébrons; Menü 12–22 €) mit knusprig-dünner Pizza oder Fischgerichten stärken kann. Mit der Buslinie 19 geht es von der Metrostation Rond Point du Prado bis zur Endstation, dann umsteigen auf den Bus 20.

Die Touristeninformation von Marseille bietet geführte Touren (Kinder erst ab acht Jahren) durch die Calanques und informiert über die Schließzeiten der Pfade. Geeignetes Schuhwerk tragen. Die Küstenwanderung von Cassis nach Morgiou vorbei an den sechs größten Calanques (15 km) dauert 5½ bis 6½ Stunden.

Wer mit dem Auto kommt, kann kann einen schönen Ausflugstag im Bilderbuchdorf **Cassis** verleben. Nach einem erfrischenden Tauchgang am Morgen in einer türkisblauen Bucht lockt ein Mittagessen mit dem obligatorischen Fläschchen Weißwein aus Cassis in einem der Hafenrestaurants. Die **Touristeninformation von Cassis** (www.ot-cassis.com; quai des Moulins; ⊙ Di–Sa 9–12.30 & 14–18 Uhr) bietet kostenlose Karten zu den Weinkellern, die Weinproben anbieten.

Bus

Der **Busbahnhof** (3 rue Honnorat, 3e; Ⓜ Gare St-Charles SNCF) liegt auf der Rückseite des Zugbahnhofs. Fahrkarten gibt es am Infoschalter im Bahnhof oder beim Fahrer.

Aix-en-Provence 4,90 €, 35–60 Min., alle 5–10 Min.

Avignon 18,50 €, 2 Std., 1-mal tgl.

Cannes 25 €, 2 Std., bis zu 3-mal tgl.

Carpentras 14 €, 2 Std., 3-mal tgl.

Nizza 27 €, 3 Std., bis zu 3-mal tgl.

Busse mit anderen Fahrtzielen (u. a. Cassis) fahren an der Bushaltestelle auf der **Place Castellane** (6e; Ⓜ Castellane) südlich des Zentrums ab. Fahrkarten beim Fahrer.

Eurolines (www.eurolines.com; 3 allées Léon Gambetta; ⊙ Di–Fr 9–18 Uhr, Mo–Fr 9–12 & 14–18 Uhr) bietet auch Fahrten ins Ausland an (S. 1067).

Flugzeug

Aéroport Marseille-Provence (MRS; 📞 04 42 14 14 14; www.marseille.aeroport.fr) Der Flughafen wird auch Aéroport Marseille-Marignane genannt, denn er liegt 25 km nordwestlich der Stadt Marignane.

Schiff

Der **Fährenanleger** (www.marseille-port.fr; Ⓜ 🚢 Joliette) liegt 250 m südlich der Place de la Joliette (1er).

Algérie Ferries (📞04 91 90 89 28; 58 bd des Dames, 2e; 🕐Mo–Fr 9–12 & 13–17 Uhr; Ⓜ️Colbert)

Die **Société Nationale Maritime Corse-Méditerranée** (www.sncm.fr; 61 bd des Dames, 2e; 🕐 Mo–Fr 8–18 Uhr, Sa 8.30–12 & 14–17.30 Uhr; Ⓜ️Joliette) betreibt Fähren von Marseille nach Korsika, Sardinien, Algerien und Tunesien.

Zug

Die **Gare St-Charles** (Karte S. 828-829; 🕐Mo–Sa Informationen 9–20 Uhr, Fahrkarten 5.15–22 Uhr) wird von zwei Metrolinien angefahren. Die **Gepäckaufbewahrung** (ab 3,50 €; 🕐7.30–10 Uhr) liegt in der Nähe von Bahnsteig A.

In der Stadt gibt es Fahrkarten in der SNCF-Boutique im Einkaufszentrum Centre Bourse.

Von Marseille aus fahren Züge (auch der TGV) nach ganz Frankreich und Europa.

Avignon 23 €, 35 Min., 27 tgl.

Lyon 47 €, 1¾ Std., 16 tgl.

Nizza 30 €, 2½ Std., 21 tgl.

Paris Gare de Lyon 84 €, 3 Std., 21 tgl.

ℹ️ Unterwegs vor Ort

Infos über Verkehrsmittel in englischer Sprache: www.lepilote.com.

Fahrrad

Fahrräder ausleihen und wieder abstellen kann man in der ganzen Stadt an über 100 Stationen von **le vélo** (www.levelo-mpm.fr). Für die ersten 30 Minuten ist die Nutzung kostenlos, die nächsten 30 Minuten kosten 1 € und jede weitere Stunde auch jeweils 1 €. Für die Anmeldung ist eine Kreditkarte erforderlich; die Anleitung gibt es auf Französisch. Die Stationen sind über das Zentrum und zwischen der Corniche und der Anse de la Pointe Rouge verteilt (8 km südlich vom Vieux Port). Als Sicherheit muss eine Kreditkarte oder Geldkarte hinterlegt werden.

Vom/Zum Flughafen

Navette (📞Marseille 04 91 50 59 34, Flughafen 04 42 14 31 27; www.lepilote.com) Shuttlebusse fahren zum Bahnhof Marseille (8,50 €, 25 Min., alle 20 Min., 5–23.30 Uhr).

Öffentliche Verkehrsmittel

Marseille hat zwei Metrolinien (Métro 1 und Métro 2), zwei Straßenbahnlinien (gelb und grün) und ein gut ausgebautes Busnetzwerk, das von der Régie des Transports Marseillais (RTM) betrieben wird.

Die Busse fahren bis 21.30 Uhr, danach übernehmen die Nachtbusse bis 0.30 Uhr. Die meisten fahren vor der **Espace Infos RTM** (6 rue des Fabres, 1er; 🕐Mo–Fr 8.30–18 Uhr, Sa 9–12.30 & 14–17.30 Uhr; Ⓜ️Vieux Port) ab. Dort gibt es auch Informationen und Fahrkarten.

Die Metro fährt montags bis donnerstags von 5 bis 22.30 Uhr sowie von Freitag bis Sonntag bis 0.30 Uhr, die Straßenbahn verkehrt täglich von 5 bis 1 Uhr morgens.

Bus, Metro oder Straßenbahnfahrkarten (1,50 €) können in allen öffentlichen Verkehrsmitteln innerhalb einer Stunde nach Entwertung benutzt werden. Eine 1-/3-Tageskarte kostet 5/10,50 €.

Taxi

Die Fahrer sprechen oft nur Französisch, sollen aber bis 2013 Englisch lernen: *bon courage!* (Viel Spaß dabei!). Am Bahnhof gibt es einen Taxistand.

Taxi Radio Marseille (📞04 91 02 20 20)

Aix-en-Provence

146 700 EW.

Aix-en-Provence ist für die Provence, was die *rive gauche* für Paris ist: eine Enklave des Bohemeschicks. Nicht zu fassen, dass Aix (sprich „Ex") nur 25 km vom chaotisch-exotischen Marseille entfernt ist, und es ist kein Wunder, dass die zwei schlecht aufeinander zu sprechen sind. Die 30 000 Studenten der Université de Provence Aix-Marseille, darunter viele aus dem Ausland, prägen das Stadtleben mit unzähligen Bars, Cafés und erschwinglichen Restaurants. Aix ist reich an Kultur (Paul Cézanne und Émile Zola sind berühmte Söhne der Stadt) und macht mit seinen platanengesäumten Boulevards und schicken Boutiquen einen sehr ehrwürdigen Eindruck. Vor allzu viel Snobismus aber bewahrt die fröhliche Studentenschaft.

⊙ Sehenswertes & Aktivitäten

Vieil Aix   ALTSTADT

Kunst, Kultur und Architektur bietet Aix im Überfluss und die Stadt ist ein Paradies für Flaneure – vor allem in der autofreien Altstadt **Vieil Aix**.

Der elegante **Cours Mirabeau** bildet das Herz von Aix. Auf der sonnigen Nordseite drängen sich die Cafés auf dem Bürgersteig. Die Südseite schmücken vornehme *hôtels particuliers* (herrschaftliche Stadthäuser) aus der Renaissance. Aus der bemoosten **Fontaine d'Eau Thermale** an der Kreuzung Cours Mirabeau und Rue du 4 Septembre sprudelt 34° C warmes Wasser, ein netter Vorgeschmack auf das, was Besucher in den **Thermes Sextius** (Thermalbad; 📞04 42 23 81 82; www.thermes-sextius.com; 55 av. des Thermes; Tagespass 40 €) erwartet.

Das im 17. Jh. angelegte **Quartier Mazarin** südlich vom Cours Mirabeau birgt einige der schönsten Gebäude von Aix. Noch weiter südlich liegt der friedliche **Parc Jourdan**, der vom größten Brunnen der Stadt beherrscht wird. Im Park liegt auch das **Boulodrome Municipal**, in dem die Einheimischen unter Platanen *pétanque* spielen.

Noch mehr Grün gefällig? Na ja, eigentlich eher trockenes Gestrüpp ... Die nahe gelegene **Montagne Ste-Victoire** lockt mit ein paar Dutzend Wander- und Radwegen. Die Touristeninformation verkauft die hervorragende Karte *Montagne Ste-Victoire* (4,50 €) mit 24 detaillierten Tourbeschreibungen.

Musée Granet KUNSTMUSEUM
(www.museegranet-aixenprovence.fr, auf Frz.; place St-Jean de Malte; Erw./Kind 4 €/frei; ⏰ Di–So 11–19 Uhr) Der ganze Stolz dieses in einer Priorei des Malteserordens untergebrachten Museums sind seine neun Gemälde von Cézanne. Die einzigartige Sammlung von Cézanne bis Giacometti umfasst neben diesen beiden u. a. Werke von Picasso, Léger, Matisse und Tal Coat. Außerdem besitzt das Museum eine umfangreiche Sammlung von Werken der italienischen, flämischen und

Aix-en-Provence

französischen Malerei des 16. bis 20. Jhs. und zeigt wechselnde Ausstellungen.

LP TIPP ⟩ **Fondation Victor Vasarely**
MODERNE KUNST
(www.fondationvasarely.fr; 1 av. Marcel Pagnol; Erw./Kind 9/6 €; ☺Di–So 10–13 & 14–18 Uhr) Das spannende Gebäude der Fondation Victor Vasarely, 4 km westlich der Stadt, wurde vom Meister der Op-Art selbst entworfen und besteht aus einer Abfolge von wiederkehrenden Drei- und Sechsecken, die sich bis in die wabenförmige Deckenverglasung fortsetzen. Obwohl reparaturbedürftig, ist das Gebäude ein Meisterwerk: 16 ineinander übergehende sechseckige Galerien wurden speziell zu dem Zweck gebaut, die Muster von Vasarelys raumhohen, psychedelischen Geometriekunstwerken in Szene zu setzen. Bus 4 oder 6 fährt bis zur Haltestelle Vasarely.

Cathédrale St-Sauveur KATHEDRALE
(rue Laroque; ☺8–12 & 14–18 Uhr) Die Kathedrale wurde zwischen 1285 und 1350 in einem wahren Potpourri an Baustilen erbaut. Ins südliche Seitenschiff wurde ein romanisches Mittelschiff aus dem 12. Jh. integriert, die Kapellen wurden im 14. und 15. Jh. hinzugefügt und die Apsis enthält einen Sarkophag aus dem 5. Jh. Die Akustik macht die gregorianischen Choräle, die hier sonntags um 16.30 Uhr gesungen werden, unvergesslich.

Auf Cézannes Spuren KUNST ERLEBEN
Der Ruhm von Paul Cézanne (1839–1906) erreichte zwar erst nach dessen Tod seinen Höhepunkt, aber in seiner Heimatstadt Aix wird das Andenken an sein Leben in allen Ehren gehalten. Der **Circuit de Cézanne** (Cézanne-Weg) führt zu den Orten, wo er aß, trank, studierte und malte. Gekennzeichnet ist er mit kleinen Bronzeplatten, die in den Weg eingelassenen sind und die Aufschrift C. tragen. Dazu gibt es den Führer *Auf den Spuren Cézannes*, der kostenlos bei der Touristeninformation erhältlich ist.

Aix-en-Provence

AIX-ZELLENT

Tolle Sparmöglichkeiten bietet der **Aix City Pass** für 15 €, der fünf Tage gültig ist und freien Eintritt zum Atelier Paul Cézanne, zur Bastide du Jas de Bouffan und zum Musée Granet gewährt und außerdem eine Fahrt mit der Minitram und die Teilnahme an einer der Stadtführungen der Touristeninformation umfasst. Erhältlich ist der Pass bei der Touristeninformation und den beiden Cézanne-Sehenswürdigkeiten.

Obwohl hier keines seiner Gemälde hängt, ist Cézannes letztes Atelier, das 1,5 km nördlich der Touristeninformation auf einem Hügel gelegene **Atelier Paul Cézanne** (www.atelier-cezanne.com; 9 av. Paul Cézanne; Erw./Stud. 5,50/2 €; ⊙10–12 & 14–18 Uhr, im Winter So geschl.), ein Muss für alle Cézanne-Fans. Es wurde gewissenhaft genauso erhalten, wie es zum Zeitpunkt seines Todes aussah, mit den überall verstreuten Werkzeugen und Modellen für seine Stillleben. Seine Bewunderer meinen, dass Cézanne hier am präsentesten sei. Die Buslinien 1 oder 20 fahren zur Haltestelle Atelier Cézanne; ansonsten sind es vom Zentrum aus 20 Minuten zu Fuß.

Die beiden anderen wichtigsten Sehenswürdigkeiten im Zusammenhang mit Cézanne sind die **Bastide du Jas de Bouffan** (am westlichen Stadtrand), das ehemalige Haus der Familie, wo Cézanne als junger Mann zu malen begann, und die **Bibémus-Steinbrüche**, wo er die meisten seiner Gemälde der Montagne Ste-Victoire schuf. Die Touristeninformation erledigt die (obligatorischen) Buchungen und gibt nähere Auskünfte.

☞ Geführte Touren

Touristeninformation   TOUREN
Die Touristeninformation bietet **Tourvorschläge** zum Selbstentdecken und ein dicht gepacktes Programm an **geführten Stadtrundgängen** (8 €) oder **Bustouren** (ab 28 €), auch auf Deutsch, u. a. *Auf den Spuren Cézannes.* Im Angebot sind auch Busfahrten in die Regionen Luberon und Alpilles.

Mini-Tram   TRAM
(☎06 11 54 27 73; www.cpts.fr, auf Frz.; 6 €) Abfahrt ist an der Place du Général de Gaulle;

von hier aus zuckelt die Mini-Straßenbahn, mit Kommentaren in mehreren Sprachen, durch das Quartier Mazarin, den Cours Mirabeau entlang und durch Vieil Aix.

✸ Festivals & Events

Die Touristeninformation hält eine Liste der zahlreichen Festivals in Aix bereit.

Rencontres du 9ème Art   COMIC
(www.bd-aix.com, auf Frz.) Comics, Zeichentrick und Cartoons; März.

Festival International d'Art Lyrique d'Aix-en-Provence   THEATER
(Internationale Musikfestspiele; www.festival-aix.com) Die Krönung des üppigen Kulturkalenders von Aix. Einen Monat lang gibt es klassische Konzerte, Opernaufführungen und Straßenmusik; Juli.

Festival de La Roque d'Anthéron
                                                    KLAVIERMUSIK
(www.festival-piano.com) Von Aix bis zum Luberon; Mitte Juli bis Mitte August.

🛌 Schlafen

In der Touristeninformation gibt es Listen mit *chambres d'hôtes* und *gîtes ruraux* (Landferienhäuser für Selbstversorger). Hotelreservierungen werden über die **Centrale de Réservation** (☎04 42 16 11 84; www.aixenprovencetourism.com) koordiniert.

Hôtel Cardinal   HOTEL €
(☎04 42 38 32 30; www.hotel-cardinal-aix.com; 24 rue Cardinale; EZ/DZ/Suite 60/70/110 €, Selbstversorger-Suite 110 €) Die 29 romantischen Zimmer mit endlos hohen Decken sind hübsch eingerichtet mit Antiquitäten, Quastenvorhängen und frisch gefliesten Badezimmern. Besonders zu empfehlen sind die sechs gigantischen Suiten im Nebengebäude 100 m weiter die Straße rauf, jede mit Kochnische und Esszimmer, ideal für längere Aufenthalte.

Hôtel Cézanne   BOUTIQUEHOTEL €€€
(☎04 42 91 11 11; http://cezanne.hotelaix.com; 40 av. Victor Hugo; DZ 179–249 €; ❋@☎) Die hipste Absteige in Aix ist eine einzige Ansammlung von klaren Linien mit kantigen Einbauschreibtischen und Zweiersofas im Ikea-Stil. Wir bevorzugen die günstigeren Zimmer mit dem Vermerk „luxe": Die Bettwäsche ist genauso nobel, aber die Einrichtung verspielter (bemalte Möbel im provenzalischen Stil). Leider geht das auf Kosten der extragroßen Badewanne. Das Beste ist das Frühstück (19 €), da werden Räucher-

lachs und Champagner serviert. Parken ist kostenlos.

Hôtel Saint-Christophe

HOTEL MIT RUNDUM-SERVICE €€

(📞04 42 26 01 24; www.hotel-saintchristophe. com; 2 av. Victor Hugo; EZ 82–108 €, DZ 89–117 €, Suite 128–152 €; ❄🛜♿) Das Saint-Christophe ist ein solides Hotel mit großer Lobby und hilfsbereitem Personal. Die Zimmer sind mit Art-déco-Flair eingerichtet und bieten die übliche Standardausstattung eines Mittelklassehotels, u. a. ordentliche Bäder. Ein paar Zimmer haben eine Terrasse, manche sind auch für vier Personen geeignet. Parken (12 €) nur mit Reservierung. Die hauseigene **Brasserie Léopold** (Hauptgerichte 15–20 €) ist gut für *steak-frites* (Steak mit Pommes).

L'Épicerie

ZIMMER MIT FRÜHSTÜCK €€

(📞06 08 85 38 68; www.unechambreenville.eu; 12 rue du Cancel; EZ 80–120 €, DZ 100–130 €; 🛜♿) Diese heimelige Unterkunft ist die geniale Kreation von Aix-Urgestein Luc. Sein Frühstücksraum ist im Stil eines Lebensmittelladens aus den 1950ern gestaltet und der Blumengarten hinter dem Haus eignet sich perfekt für ein lauschiges Abendessen (unbedingt reservieren). Das Frühstücksangebot ist ein echtes Festmahl. In zwei Zimmern können vierköpfige Familien übernachten.

Hôtel les Quatre Dauphins

HOTEL €€

(📞04 42 38 16 39; www.lesquatredauphins.fr; 54 rue Roux Alphéran; EZ 55–60 €, DZ 70–85 €; ❄🛜) Dieses süße 13-Zimmer-Hotel in der Nähe des Cours Mirabeau war früher ein Privathaus und wurde 2010 generalüberholt. Jetzt wirkt es frisch und sauber mit neuen Badezimmern und Regendusche. Die große Treppe mit Terrakottafliesen (kein Lift) führt zu vier Mansardenzimmern mit Balkendecken und Dachschrägen.

La Petite Maison de Carla

ZIMMER MIT FRÜHSTÜCK €€

(📞04 42 21 20 73, 06 74 18 60 98; www.la-petite-maison-de-carla.com; 7 rue du Puits Neuf; EZ 60–75 €, DZ 75–90 €, Suite 130–150 €; 🛜) Besser bekannt unter dem Namen „Chez Carla" oder „Chez Maria" (die beiden sind Schwestern) ist diese *maison d'hôtes* mit fünf Zimmern in einem Stadthaus aus dem 18. Jh., das in erdigen Farben gestaltet und überall mit Blumen geschmückt ist. Jedes Zimmer sieht anders aus; am schönsten ist die Suite „Manuela" mit Whirlpool, offener Küche und Dachterrasse.

Auberge de Jeunesse du Jas de Bouffan

HOSTEL €

(📞04 42 20 15 99; www.auberge-jeunesse-aix.fr; 3 av. Marcel Pagnol; B mit Frühstück & Bettwäsche 19–22 €; ⏰Rezeption 7–14.30 & 16.30–24 Uhr, Mitte Dez.–Jan. geschl.; 🛜) Dieses nagelneue HI-Hostel mit Bar, Tennisplätzen, sicherem Fahrradschuppen und im Sommer großen Grillstellen liegt 2 km westlich der Stadtmitte. Nur schade, dass unterhalb die Autobahn verläuft ... Bus 4 fährt von La Rotonde bis zur nahen Haltestelle Vasarely.

Camping Arc-en-Ciel

CAMPINGPLATZ €

(📞04 42 26 14 28; www.campingarcenciel.com; route de Nice; Platz für 2 Pers. & Auto 19 €; ⏰April–Sept.; 🛜🏊) Im Hintergrund liegen ruhige, bewaldete Hügel, aber vorne verläuft eine viel befahrene Autostraße. Der Platz liegt 2 km südlich der Stadt am Pont des Trois Sautets. Buslinie 3 bis zur Haltestelle Les Trois Sautets.

Hôtel Concorde

HOTEL €

(📞04 42 26 03 95; 68 bd du Roi René; DZ ohne Bad 52 €, mit Bad 62–90 €; ❄🛜) Wer nicht von pausenlosem Verkehrslärm in den Schlaf gesungen werden möchte, sollte nach einem Zimmer nach hinten raus („sur jardin") fragen. Die Zimmer sind schlicht und funktional; zehn verfügen über kleine Balkone, die teureren über eine Klimaanlage. Parken 8 €.

🍴 Essen

Die Gastroszene von Aix ist insgesamt wie die Stadt selbst: klassisch und bloß nicht zu gewagt. Die Restaurants am Cours Mirabeau sind überteuert.

Le Poivre d'Ane

MODERN €€

(📞04 42 21 32 66; www.restaurantlepoivredane.com; 40 place des Cardeurs; Menü 28–45 €; ⏰Do-Di abends) Das Poivre d'Ane scheut sich nicht, mit kulinarischen Normen zu brechen: Wie wär's mit einem Schellfisch-Milchshake, Entensushi oder Apfelkuchen mit Thymian und Zimt an Baileys-Schlagsahne? Der Speisesaal mit zehn Tischen ist eher spartanisch, abgesehen von ein paar knalligen Farbtupfern, die die Eigenwilligkeit des Küchenchefs widerspiegeln. Im Sommer stehen die Außentische direkt auf einem der schönsten verkehrsfreien Plätze von Aix. Unbedingt reservieren!

Amphitryon

PROVENZALISCH, FRANZÖSISCH €€

(📞04 42 26 54 10; www.restaurant-amphitryon.fr; 2–4 rue Paul Doumer; Mittagsmenü 25 €, Abendmenü 30–40 €; ⏰Di–Sa) Das von einem feuri-

PROVENCE AIX-EN-PROVENCE

SÜSSE SÜNDE

Die süßeste Versuchung seit dem Hochzeitsbankett von König René II. ist die marzipanähnliche Spezialität *calisson d'Aix*, eine mandelförmige, etwas zähe Delikatesse aus gemahlenen Mandeln und Fruchtsirup zwischen zwei Oblaten mit einem Überzug aus Zuckerguss. Die traditionellen *Calissonniers* stellen sie noch heute her, z. B. die **Confiserie Léonard Parli** (04 42 26 05 71; www.leonard-parli.com; 35 av. Victor Hugo), die auch kostenlose Führungen durch ihre angeschlossene Backstube anbietet; nähere Infos vorab telefonisch erfragen.

gen Duo aus Chefkellner Patrice Lesné und Chefkoch Bruno Ungaro geführte Amphitryon genießt bei der Bourgeoisie von Aix einen hervorragenden Ruf – vor allem im Sommer, wenn mit frischen Zutaten vom Markt im Klostergarten aufgetischt wird. Das angeschlossene **Comptoir de l'Amphi** (Hauptgerichte 12–17 €) ist eine preiswertere Alternative.

La Tomate Verte   PROVENZALISCH, MODERN €€
(04 42 60 04 58; www.latomateverte.com, auf Frz.; 15 rue des Tanneurs; Mittags-/Abendmenü 19/29 €; Di–Sa) Die Spezialität des Hauses in diesem apfelgrünen Bistro ist eine Tarte aus grünen Tomaten, eine köstlich-würzige Einführung in das provenzalische Essen, das eigentlich jeden glücklich macht und vorzugsweise ganz schlicht mit gebratener Lammkeule mit Rosmarin und Knoblauch daherkommt. Der gekachelte Boden macht ziemlich viel Lärm; wen das stört, der sollte sich einen Tisch im Neben-Speisesaal suchen.

Le Petit Verdot PROVENZALISCH, FRANZÖSISCH €€
(04 42 27 30 12; www.lepetitverdot.fr; 7 rue d'Entrecasteaux; Hauptgerichte 15–25 €; Mo–Sa abends, Sa mittags) Wein steht im Mittelpunkt in diesem bodenständigen Restaurant, wo die Tischplatten aus Weinkistenlatten gezimmert sind. Das fleischlastige Essen soll hier zum Wein passen, nicht umgekehrt. Das Lokal ist für gesellige Runden gut geeignet, für ein romantisches Abendessen zu zweit ist der Lärmpegel aber deutlich zu hoch.

Charlotte   BISTRO €€
(04 42 26 77 56; 32 rue des Bernardines; 2-/3-Gänge-Menü 15/18 €; Di–Sa) In diesem trubeligen Lokal versammeln sich die Einheimischen wie eine Großfamilie. In der offenen Küche wird köstlich-schlichte Hausmannskost zubereitet, u. a. Terrinen, Suppen, Grillgerichte und herzhafte Kuchen. Im Sommer findet das Schlemmen draußen im Garten statt.

La Chimère Café   SUPPERCLUB €€
(04 42 38 30 00; www.lachimerecafe.com; 15 rue Bruyes; Menü 28–32 €) Das Partyvolk von Aix ergötzt sich an der Varieté-Atmosphäre dieses ehemaligen Nachtclubs: Gewölbedecke mit Sternenhimmel im Keller, große Lüster und purpurrote Samtmöbel oben. Das Essen, das auf den Tisch kommt, ist gute, klassische französische Küche. Das Richtige für alle, die einen ganzen Abend auf Highheels durchstehen.

Selbstversorger

Aix ist mit einer Vielzahl von Läden und Supermärkten gesegnet (S. 850).

La Boulangerie du Coin   BÄCKEREI €
(4 rue Boulegon; Di–So) Backt auch sonntags.

Boulangerie   BÄCKEREI €
(5 rue Tournefort; 24 Std.)

Monoprix   SUPERMARKT €
(24 cours Mirabeau; Mo–Sa 8.30–21 Uhr)

Petit Casino   SUPERMARKT €
(rue d'Italie; Mo–Sa 9–19 Uhr)

Ausgehen

Die Ausgehszene von Aix macht Laune, ist aber ziemlich unbeständig. Die Gegenden um die Rue de la Verrerie und die Place Richelme sind erstklassige Nightlife-Meilen. Die Veranstaltungstipps auf der Website www.marseillebynight.com (auf Frz.) decken auch Aix ab. Straßencafés bevölkern die Plätze der Stadt, vor allem die Place des Cardeurs, die Place de Verdun und die Place de l'Hôtel de Ville.

La Belle Époque   BAR
(29 cours Mirabeau; h7–2 Uhr) DJs und studentische Clubber sind gleichermaßen heiß auf das mondäne Belle Époque mit seinem neonbeleuchteten lila Dekor. Jeden Abend zwischen 19 und 21 Uhr ist Happy Hour: zwei Getränke zum Preis von einem.

L'Unic
BAR, CAFÉ

(40 rue de Vauvenargues; ⊘6–14 Uhr) An einem der reizvollsten Plätze der Stadt, der Place Richelme, liegt dieses zeitlose, verlässliche Café – vom Frühstück bis zum Aperitif ist alles geboten. Rentner kommen gern in der Zeit zwischen Markt und Mittagessen, Studenten eher als Auftakt zu einem feuchtfröhlichen Abend.

Le Med Boy
SCHWULENBAR

(www.med-boy.com; 6 rue de la Paix; ⊘21.30–2 Uhr) In der einzigen Schwulenbar von Aix nehmen Gays in den Zwanzigern einen schnellen Drink im Stehen.

Les Deux Garçons
CAFÉ

(53 cours Mirabeau; ⊘7–2 Uhr) Schon Cézanne und Zola trieben sich hier früher herum, aber das Café ruht sich auch auf seinen Lorbeeren aus; am besten sind hier die Drinks und kleinen Snacks.

L'Orienthé
LOUNGE

(5 rue de Félibre Gaut; ⊘13–1 Uhr) Ein Lokal wie aus *1001 Nacht* – sanft beleuchtet, Loungemusik, *shishas* (Wasserpfeifen) und Tee.

☆ Unterhaltung

Le Mois à Aix (kostenlos bei der Touristeninformation erhältlich) berichtet, was los ist.

Nachtclubs

Le Mistral
NACHTCLUB

(3 rue Fréderic Mistral; ⊘Di–Sa 0–6 Uhr) Wer nach Mitternacht noch auf den Beinen ist, trifft sich höchstwahrscheinlich in diesem szenigen Kellerclub mit drei Bars und Tanzfläche. Die DJs legen House, R'n'B, Techno und Rap auf. Wer einen Tisch haben will, bestellt eine Flasche.

Kinos

Das kunstbeflissene studentische Publikum in Aix sorgt für ein tolles Filmangebot, von aktuellen Oskaranwärtern bis hin zu Kultfilmen. Das aktuelle Programm findet sich auf www.lescinemasaixois.com (auf Frz.). Kinos: **Ciné Mazarin** (6 rue Laroque), **Cinéma Renoir** (24 cours Mirabeau), **Le Cézanne** (1 rue Marcel Guillaume).

Theater

Grand Théâtre de Provence
THEATER

(✆04 42 91 69 70; www.legrandtheatre.net; 380 av. Max Juvénal) Erstklassiges Theater mit 1380 Sitzplätzen, zur Aufführung kommen vor allem Konzerte und Opern.

ABSTECHER

849

KULINARISCHER ABSTECHER: VENTABREN

Das kaum bekannte Bergdorf Ventabren (5000 Ew) 16 km westlich von Aix ist ein perfektes Ziel für einen faulen Tag. Nach einem Streifzug durch die sonnenwarmen, gepflasterten Gassen, einem Abstecher in eine Kirche aus dem 17. Jh. und einer phantastischen Aussicht auf die Provence von der Ruine des **Château de la Reine Jeanne** lockt ein köstliches Mittag- oder Abendessen im **La Table de Ventabren** (✆04 42 28 79 33; www.latabledeventabren.com; 1 rue Cézanne; Menü 41–50 €; ⊘Mi–So mittags, Di–So abends), das allein schon Grund genug ist, hierherzukommen. Die Terrasse bietet Aussicht auf die fernen Berge, die an sternenklaren Nächten geradezu magisch wirken. Küchenchef Dan Bessoudo, der erst kürzlich einen der heiß begehrten Michelin-Sterne ergatterte, kreiert einfallsreiche, hoch moderne französische Gerichte und umwerfende Desserts. Schnell hinfahren, bevor sich die Preise verdoppeln! Und auf jeden Fall reservieren.

Le Ballet Preljocaj
BALLET

(✆04 42 93 48 00; www.preljocaj.org; 530 av. Mozart) Die Balletttruppe tritt im Pavillon Noir auf (650 Plätze).

Shoppen

Die schicksten Läden von Aix drängen sich auf der Fußgängerstraße Marius Reynaud und am Cours Mirabeau. In den neu eröffneten **Allées de Provence** (zwischen Avenue Guisseppe Verdi, Avenue Mozart und Avenue Max Juvénal) haben Ketten wie Fnac, H&M und Sephora ihren Sitz.

Cave du Félibrige
WEIN

(www.aix-en-provence.com/cave-felibrige; 18 rue des Cordeliers) Herrliche Weinauswahl, manche davon irre teuer.

Book in Bar
ENGLISCHSPRACHIGE BÜCHER

(4 rue Cabassol) Das größte Angebot an englischsprachigen Büchern und ein tolles Literaturcafé.

Librairie Goulard
BÜCHER

(37 cours Mirabeau) Die beste Auswahl an Lonely Planet Reiseführern.

Paradox Librairie Internationale

BÜCHER, LEBENSMITTEL

(15 rue du 4 Septembre) Verkauft fremdsprachige Bücher und dazu paradoxerweise auch Lebensmittel!

Erzeugermarkt

MARKT

(place Richelme) Jeden Morgen quellen die Stände hier über von Oliven, Lavendel, Honig, Melonen und anderen sonnenverwöhnten Produkten.

Lebensmittelmarkt

LEBENSMITTELMARKT

(place des Prêcheurs) Dienstag-, Donnerstag- und Samstagmorgen.

Blumenmarkt

BLUMENMARKT

Blumen in allen Regenbogenfarben füllen die Place des Prêcheurs am Sonntag- und die Place de l'Hôtel de Ville am Dienstag-, Donnerstag- und Samstagmorgen.

Flohmarkt

FLOHMARKT

(place de Verdun; ⊙Di, Do & Sa vormittags) Bunter alter Trödel.

❶ Praktische Informationen

Centre Hospitalier du Pays d'Aix (☎04 42 33 50 00; www.ch-aix.fr, auf Frz.; av. des Tamaris) Medizinische Versorgung.

Netgames (52 rue Aumône Vieille; 3 €/Std.; ⊙10–24 Uhr) Internetzugang.

Polizeirevier (☎04 42 93 97 00; 10 av. de l'Europe)

Postamt (place de l'Hôtel de Ville)

SOS Médecins (☎04 42 26 24 00) Medizinische Beratung.

Touristeninformation (www.aixenprovenc-etourism.com; 2 place du Général de Gaulle; ⊙ Mo–Sa 8.30–19, So 10–13 & 14–18 Uhr) Im Sommer länger geöffnet; sehr zuvorkommend und hilfsbereit.

❶ An- & Weiterreise

AUTO & MOTORRAD Das dreispurige Einbahnstraßen-Ringsystem um die Altstadt ist schlicht ein Alptraum. Straßenparkplätze sind selten wie Regen in der Wüste, aber sichere, teure Parkhäuser gibt es im Überfluss.

BAHN Der winzige **Innenstadt-Bahnhof** (⊙7–19 Uhr) von Aix liegt am Südende der Avenue Victor Hugo. Von dort aus fahren Züge nach Marseille (7 €, 50 Min.).

Der **TGV-Bahnhof** 15 km vom Stadtzentrum entfernt und mit Pendelbussen erreichbar, bietet deutlich mehr Verbindungen. Von hier sind es nur zwölf Minuten nach Marseille (7 €) und es fahren etwa 20 Züge täglich.

BUS Der **Busbahnhof** (av. de l'Europe) von Aix liegt zehn Fußminuten südwestlich der Rotonde.

Sonntags ist das Busangebot sehr begrenzt. Die Busse fahren nach Marseille (4,90 €, 35 Min. über die Autobahn bzw. 1 Std. über die D8), Arles (9 €, 1½ Std.), Avignon (15 €, 1¼ Std.) und Toulon (10,50 €, 1 Std.).

FLUGZEUG Der **Aéroport Marseille-Provence** (www.marseille.aeroport.fr) auch Aéroport Marseille-Marignane genannt, liegt 25 km von Aix-en-Provence entfernt und wird regelmäßig von Shuttlebussen angefahren.

❶ Unterwegs vor Ort

BUS La Rotonde ist der Hauptknotenpunkt des Busverkehrs. Die meisten Linien fahren bis 20 Uhr. Eine Einzelfahrkarte/zehn Karten kosten 1/7 €; eine 3-Tages-Karte 5 €.

Aix en Bus (www.aixenbus.com, auf Frz.) Informationsschalter innerhalb der Touristeninformation.

Bahnhof Der Minibus 2 fährt zur Rotonde und zum Cours Mirabeau.

Vieil Aix Die Fahrt mit den Dabline-Elektrobussen kostet 0,50 €.

VOM/ZUM FLUGHAFEN & TGV-BAHNHOF Vom Busbahnhof in Aix fahren von 4.40 bis 22.30 Uhr halbstündlich Pendelbusse zum TGV-Bahnhof (15 km außerhalb der Stadt; 3,70 €) und zum Flughafen (8 €).

TAXI Taxi-Stand vor dem Busbahnhof.

Taxi Mirabeau (☎04 42 21 61 61)

Taxi Radio Aixois (☎04 42 27 71 11)

ARLES & DIE CAMARGUE

Arles

52 400 EW.

Das Aushängeschild von Arles ist der berühmte impressionistische Maler Vincent van Gogh. Wer sein Werk kennt, kennt Arles: das Licht, die Farben, die Wahrzeichen, die Atmosphäre – alles realitätsnah eingefangen.

Lange bevor Vincent van Gogh die Stadt an der Grand Rhone auf Leinwand bannte, waren schon die Römer dem Charme dieses Ortes erlegen. 49 v. Chr. erlebte Arles' Reichtum und politische Bedeutung einen kometenhaften Aufstieg, als es in Julius Cäsar einen Sieger unterstützte (der in seiner Karriere keine einzige Niederlage erlebte). Marseille hingegen hatte an der Seite seines Rivalen Pompejus Magnus gekämpft und wurde von Cäsar erobert und geplündert. Arles löste Marseille deshalb als größten Hafen der Region ab. Eineinhalb

Arles

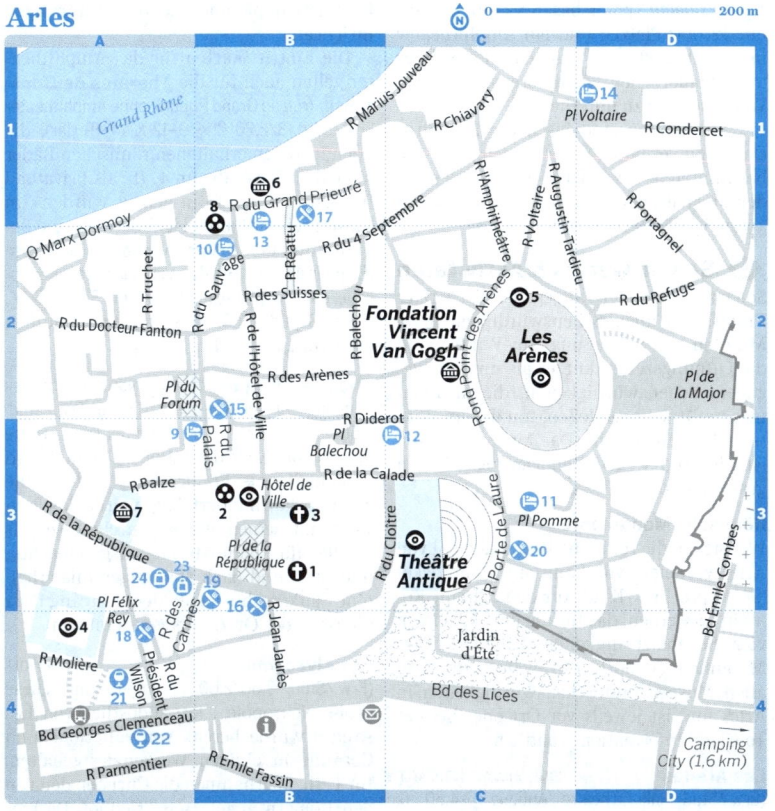

PROVENCE ARLES

Arles

Jahrhunderte später besaß es ein Theater mit 12 000 Plätzen und ein Amphitheater mit 20 000 Plätzen, um seine Einwohner mit schauerlichen Gladiatorenspielen und Wagenrennen zu unterhalten.

Beide Bauten sind bis heute beeindruckend gut erhalten. Hier finden u. a. die berühmten *ferias* (Stierfeste) von Arles mit den umstrittenen Stierkämpfen und dreitägigen Straßenfesten statt.

⊙ Sehenswertes & Aktivitäten

Sofern nicht anders angegeben, ist letzter Einlass bei allen Sehenswürdigkeiten 30 Minuten vor Schließung. Im Winter sind die Öffnungszeiten kürzer als unten angegeben; Sehenswürdigkeiten, die im Sommer um 19 Uhr schließen, tun das im Winter schon um 17 Uhr. Das Museon Arlaten ist bis 2013 wegen Renovierungsarbeiten geschlossen.

Römische Monumente

Wer sich in die römische Vergangenheit von Arles vertiefen will, kann ein Kombiticket (9/7 € pro Erw./Kind) für den „Circuit Romain" erwerben, das für die nachfolgenden vier Sehenswürdigkeiten gilt. Der Pass Monument (13,50/12 €) gewährt Zutritt zu allen Museen und Sehenswürdigkeiten in Arles und ist jeweils vor Ort oder bei der Touristeninformation erhältlich.

Les Arènes   RÖMISCHES AMPHITHEATER
(Erw./Stud. inkl. Théâtre Antique 6/4,50 €; ☺9–19 Uhr) Das bemerkenswerte römische Amphitheater von Arles, Les Arènes, wurde gegen Ende des 1. oder Anfang des 2. Jhs. erbaut. Es war Austragungsort von Wagenrennen und Gladiatorenspielen, bei denen Sklaven und Kriminelle vor jubelnden Massen den Tod fanden.

Während der Sarazenenüberfälle im frühen Mittelalter wurde das Amphitheater zu einer Festung ausgebaut. Als in den 1820er-Jahren beschlossen wurde, es in den ursprünglichen Zustand zurückzuversetzen, standen in der Anlage noch 212 Häuser und zwei Kirchen. Das Amphitheater wird jetzt restauriert, aber nicht alle sind begeistert vom polierten Aussehen der renovierten Mauern. Auch wird weiter diskutiert, was mit den Metalltribünen passieren soll, auf denen während der Stierkampfsaison 12 000 Zuschauer Platz finden.

Das **Bureau de Location** (Kartenschalter; ☏08 91 70 03 70; www.arenes-arles.com) liegt an der Nordseite des Amphitheaters am Rond Point des Arènes und verkauft Karten

für Stierkämpfe und andere Aufführungen im Theater.

Die Eintrittskarten für das Amphitheater gelten auch für die **Thermes de Constantin** (rue du Grand Prieuré; ohne Amphitheater Erw./Stud. 3/2,20 €; ☺9–12 & 14–19 Uhr), die noch in Teilen erhaltenen römischen Bäder nahe dem Fluss, die im 4. Jh. als Privatbad für Kaiser Konstantin gebaut wurden. Im Ticketpreis enthalten ist außerdem eine Besichtigung der **Cryptoporticus du Forum** (Eingang über das Hôtel de Ville, place de la République; ohne Amphitheater Erw./Stud. 3,50/2,60 €; ☺Mai–Sept. 9–12 & 14–19 Uhr), Lagerräumen aus dem 1. Jh. v. Chr.

Théâtre Antique   RÖMISCHES THEATER
(Eingang auf der Rue de la Calade; Erw./Stud. 3,50/2,60 €; ☺9–19 Uhr) Das Théâtre Antique datiert vom Ende des 1. Jhs. v. Chr. und wird regelmäßig als Freilichtkino und -bühne genutzt. Jahrhundertelang wurde das Bauwerk mit seinen 102 m Durchmesser als Quelle für Baumaterial ausgeschlachtet und nach und nach abgetragen (die erhaltene Säule rechts neben dem Eingang lässt die Höhe des Originalbogens erahnen).

Les Alyscamps   NEKROPOLE
(Erw./Stud. 3,50/2,60 €; ☺9–19 Uhr) Diese große Nekropole 1 km südöstlich von Les Arènes wurde bereits von van Gogh und Cézanne in einigen Werken festgehalten. Im 4. Jh. übernahmen die Christen den von den Römern angelegten Friedhof. Da hier der Märtyrer St-Genest und die ersten Bischöfe von Arles bestattet sind, war er eine begehrte letzte Ruhestätte.

Auf van Goghs Spuren

Obwohl van Gogh in Arles etwa 200 Ölgemälde schuf, findet sich hier heute kein einziges davon. Vielleicht ein wenig ausgleichende Gerechtigkeit, denn nach der heftigen Auseinandersetzung mit seinem Hausgenossen Paul Gauguin an der Place Victor Hugo (Kasten S. 853) reichten ängstliche Nachbarn ein Gesuch ein und van Gogh wurde auf Befehl des Bürgermeisters für einen Monat ins Spital Hôtel-Dieu eingewiesen.

Aber Arles bietet wunderbaren Ersatz. Seine Kunst würdigt die **Fondation Vincent Van Gogh** (☏04 90 49 94 04; 24bis Rond Point des Arènes; Erw./Stud. 6/4 €; ☺10–19 Uhr), wo bedeutende zeitgenössische Künstler wie David Hockney, Francis Bacon und Fernando Botero dem charakteristischen Stil des Malers huldigen. Die Sammlung

Es gerät leicht in Vergessenheit, dass Vincent van Gogh bei seinem Tod erst 37 Jahre alt war, da er auf seinen Selbstporträts viel älter aussieht.

Der 1853 geborene niederländische Maler kam 1888 nach Arles. Vorher hatte er bei seinem jüngeren Bruder Theo in Paris gelebt, der ihn als Kunsthändler mit seinem bescheidenen Einkommen finanziell unterstützte. Und van Gogh konnte dort aufstrebende Künstler wie Edgar Degas, Camille Pissarro, Henri de Toulouse-Lautrec und Paul Gauguin kennenlernen.

In Arles aber schwelgte er in dem gleißenden Licht und den leuchtenden Farben. Er malte mit einer glühenden Leidenschaft, die auch der Mistral nicht abzukühlen vermochte. Wenn dieser kalte Wind heulte, kniete er sich auf seine Leinwand und malte in der Horizontalen oder er band seine Staffelei an tief in den Boden getriebene Eisenpfähle. Seine Gemälde schickte er zu Theo nach Paris, der sie verkaufen sollte. Und er träumte davon, eine Künstlerkolonie zu gründen, aber nur Gauguin folgte seiner Einladung. Die künstlerische Herangehensweisen der beiden war konträr – Gauguin setzte beim Malen auf die Phantasie, van Gogh malte, was er sah. Dieser Konflikt und ihre feurigen Künstlertemperamente gipfelten in dem Streit, bei dem sich van Gogh einen Teil seines Ohrs abschnitt.

Im Mai 1889 lieferte sich van Gogh selbst in die Pflegeanstalt **Monastère St-Paul de Mausole** (📞04 90 92 77 00; www.cloitresaintpaul-valetudo.com, auf Frz.; Erw./Kind 4/3 €; ☉ April–Sept. 9.30–19 Uhr, Okt.–März 10.15–17.15 Uhr) in St-Rémy-de-Provence ein. In der 25 km nördlich von Arles jenseits der Alpilles liegenden Anstalt schuf er während seines ein Jahr, einen Monat und einen Tag dauernden Aufenthaltes rund 150 weitere Ölgemälde, u. a. das Meisterwerk *Sternennacht* (nicht zu verwechseln mit *Sterne über der Rhone*, das er in Arles malte).

Im Februar 1890 kaufte Anne Boch, die Schwester seines Freundes Eugène Boch, für 400 Francs (umgerechnet etwa 50 €) sein 1888 in Arles geschaffenes Gemälde *Der rote Weinberg*, das heute im Puschkin-Museum in Moskau hängt.

Am 16. Mai 1890 zog van Gogh nach Auvers-sur-Oise bei Paris, um in Theos Nähe zu sein. Aber am 27. Juli desselben Jahres erschoss er sich. Wahrscheinlich wollte er seinem Bruder nicht länger zur Last fallen, der auch die kränkliche Mutter unterstützte und dessen Frau gerade einen Sohn (namens Vincent) geboren hatte. Theo erlitt anschließend einen Nervenzusammenbruch und wurde ebenfalls eingewiesen, bevor er einem körperlichen Leiden erlag. Er starb 33-jährig nur sechs Monate nach seinem Bruder. Erst ein Jahrzehnt später wurde van Goghs Talent allmählich breite Anerkennung zuteil, sodass bedeutende Museen seine Gemälde erwarben.

zeigt in ihrer Vielfalt, wie umfassend der Einfluss van Goghs auf die Kunstwelt gewesen ist.

Die **Espace Van Gogh** (Place Félix Rey) in dem ehemaligen Spital, in dem van Gogh wegen seiner Selbstverstümmelung behandelt und später eingesperrt wurde (nicht zu verwechseln mit der Nervenheilanstalt Monastère St-Paul de Mausole, S. 853), zeigt regelmäßig Ausstellungen moderner Kunst.

Am besten lässt sich van Goghs Zeit in Arles anhand des exzellenten **Van-Gogh-Wegs** nachvollziehen: In den Bürgersteig eingelassen Platten markieren den Stadtrundgang und eine Broschüre der Touristeninformation liefert die Beschreibung. Der Weg führt an Orte, wo van Gogh seine Staffelei aufstellte, um Gemälde wie *Sterne über der Rhone* (1888) und *Die Arenen von Arles* (1888) zu malen. An jedem Halt des Rundgangs steht ein Schild mit einer Reproduktion des Gemäldes samt Information und Deutung (auch auf Englisch).

Außerdem sehenswert

Église St-Trophime   KIRCHE

Arles war vom 4. Jh. bis 1790 Erzbistum und diese **Kirche** im romanischen Stil war früher eine Kathedrale. Sie wurde im späten 11. und 12. Jh. an der Stelle mehrerer Vorgängerbauten errichtet und nach dem hl. Trophime benannt, der im späten 2. und frühen 3. Jh. Bischof von Arles war. Auf der linken Seite der mit Bibelszenen kunstvoll

HELDEN IN DER ARENA – STIERKÄMPFE

Keine Angst, Tierfreunde: Nicht alle *corridas* (Stierkämpfe) enden in einem Blutbad.

Bei der Camargue-Variante, der *Course Camarguaise*, gehen Amateur-*razeteurs* (von dem Wort „rasieren") so nah an den *taureau* (Stier) heran, wie sie sich trauen, und versuchen mit den klauenförmigen Haken zwischen ihren Fingern die Kokarden und Bänder von seinen Hörnern zu reißen. Wenn der Stier angreift, springen sie über die Brüstung der Arena – den Zuschauern versetzt das jedenfalls einen ordentlichen Schreck.

Die Stiere werden auf *manades* (Stierfarmen) von *manadiers* gezüchtet, denen *gardians* (Camargue-Cowboys) zur Hand gehen. Diese berittenen Kuhhirten ziehen während der Fête des Gardians im Mai hoch zu Ross in einer Parade durch Arles.

Viele *manades* züchten auch die cremeweißen *chevaux de Camargue* (Camargue-Pferde) und manche bieten auch Besichtigungen an; die Touristeninformationen in Arles und Les Stes-Maries-de-la-Mer geben darüber Auskunft.

Ein Veranstaltungskalender der *Courses Camarguaises* findet sich auf der Website der **Fédération Française de la Course Camarguaise** (Französischer Camargue-Stierkampfverband; ☑04 66 26 05 35; www.ffcc.info, auf Frz.). *Recortadores* (sogenannte Stiersprünge) finden auch während der Stierkampfsaison (Ostern–Sept.) statt.

---

verzierten Fassade am westlichen Portal (viel sensationeller als das Kircheninnere) ist ganz rechts, mit dem gedrehten Bischofsstab in der Rechten, St-Trophime abgebildet. Im Innern der kargen Kirche ist das faszinierendste Element die Schatzkammer, die die Gebeine der Bischöfe von Arles birgt, die später heiliggesprochen wurden. Viele der kaputten Statuen wurden während der Französischen Revolution enthauptet.

Am anderen Ende des Hofes liegt der **Cloître St-Trophime** (Kreuzgang von St-Trophime; ☑04 90 49 36 36; Erw./Stud. 3,50/2,60 €; ☺Mai–Sept. 9–18.30 Uhr, März, April & Okt. 9–18 Uhr, Nov.–Feb. 10–17 Uhr) aus dem 12. und 14. Jh. Das Kloster wurde als Unterkunft für die Mönche gebaut und beherbergt Lese-, Schlaf- und Speisesäle.

Musée de l'Arles et de la Provence Antiques MUSEUM
(av. de la 1ère Division Française; Erw./Kind 5,50 €/frei; ☺Mi–Mo 9–19 Uhr) Das Museum befindet sich in einem bemerkenswerten, hochmodernen kobaltblauen Gebäude am Rand der ehemaligen römischen Wagenrennenbahn (Zirkus) 1,5 km südwestlich der Touristeninformation. Es bietet eine reiche Sammlung heidnischer und christlicher Kunst, darunter atemberaubende Mosaike. Das Museum ist gleichzeitig ein führendes Zentrum für die Restaurierung von Mosaiken und Besucher können den Restaurateuren bei der Arbeit über die Schulter schauen.

Musée Réattu MUSEUM
(10 rue du Grand Prieuré; Erw./Kind 7/5 €; ☺Di-So 10–12.30 & 14–18.30 Uhr) Dieses wundervolle Museum ist in einem ehemaligen Malteserkloster aus dem 15. Jh. untergebracht. Es besitzt zwei Gemälde und 57 Zeichnungen von Picasso aus den frühen 1970er-Jahren sowie Werke von provenzalischen Künstlern des 18. und 19. Jhs., aber am bekanntesten ist es für seine hochkarätigen Fotoausstellungen.

☞ Touren

Außer für den Van-Gogh-Weg gibt es auf den Bürgersteigen von Arles Markierungen für weitere Rundgänge (Römerzeit, Mittelalter, Renaissance und Klassik), die es in Kombination mit einer erläuternden Broschüre ermöglichen, die Stadt auf eigene Faust zu erkunden.

Von Juli bis September bietet die Touristeninformation verschiedene Themenrundgänge an, die in der Regel zwei Stunden dauern und 6 € kosten, darunter auf Englisch samstags um 17 Uhr eine Vieil-Arles-Tour und dienstags um 17 Uhr eine Van-Gogh-Tour.

⚑ Festivals & Events

Feria Pascale STIERKAMPF
Um Ostern herum eröffnet Arles mit diesem Fest die Stierkampfsaison.

Fête des Gardians KULTUR IN DER CAMARGUE
Im Rahmen dieses Festes im Mai finden die Krönung der Königin von Arles, die Parade

der Camargue-Cowboys durch die Straßen der Stadt und die Camargue-Spiele im Amphitheater statt.

Fêtes d'Arles
THEATER

Ende Juni stehen zwei Wochen Tanz, Theater, Musik und Dichterlesungen auf dem Programm.

Les Rencontres Internationales de la Photographie
FOTOGRAFIE

(Internationales Festival der Fotografie; www.rencontres-arles.com) Von Anfang Juli bis September stellen Fotografen aus der ganzen Welt ihre Werke aus.

🛏 Schlafen

Außer im Juli und August sowie zur Festival- und Stierkampfsaison gibt es in Arles reichlich Unterkünfte zu vernünftigen Preisen. Die meisten Hotels haben im Januar geschlossen, z. T. sogar die ganze Nebensaison, deshalb vorher erkundigen. Im ländlichen Umland gibt es viele **Gîtes ruraux** (☏04 90 59 49 40); die Touristeninformation bietet eine Liste.

LP TIPP L'Hôtel Particulier
BOUTIQUEHOTEL €€€

(☏04 90 52 51 40; www.hotel-particulier.com; 4 rue de la Monnaie; DZ 239–259 €; ❄@🛜🏊) Dieses etwas versteckt liegende, exklusive Boutiquehotel mit Restaurant, Wellnessbereich und Hamam verströmt Charme und Eleganz. Von der großen schwarzen Tür mit imposantem Türklopfer bis hin zum steif gestärkten weißen Leinen und dem minimalistischen Dekor ist alles in diesem Herrenhaus aus dem 18. Jh. wie aus dem Ei gepellt. Zwei Straßenzüge von der Espace Van Gogh entfernt.

Hôtel de l'Amphithéâtre
HISTORISCHES HOTEL €€

(☏04 90 96 10 30; www.hotelamphitheatre.fr; 5–7 rue Diderot; DZ 55–95 €; ❄@🛜) Karminrot, Schokoladenbraun, Terrakotta und andere satte Erdfarben schmücken das Interieur dieses vornehmen Hotels in einem Steinhaus aus dem 17. Jh. mit engem Treppenhaus, flackerndem Kaminfeuer und Frühstück im Freien im hübschen Innenhof. Die romantische Suite (155 €) mit ihrer verträumten Terrasse mit fliederfarbenen Wänden bietet einen Ausblick über die Dächer der Stadt. Rollstuhlgerecht.

Hôtel Arlatan
HISTORISCHES HOTEL €€

(☏04 90 93 56 66; www.hotel-arlatan.fr; 26 rue du Sauvage; DZ 85–155; ❄@🛜🏊) Viel spricht für dieses Hotel, z. B. der beheizte Pool, der hübsche Garten und die vornehmen Zimmer mit ihrem antiken Mobiliar. Dazu kommt noch die geschichtsträchtige Lage: In der Lobby sind durch den Glasfußboden hindurch römische Fundamente zu sehen und eine der Decken in den Lounges ist mit Malereien aus dem 15. Jh. verziert. Rollstuhlgerecht.

Grand Hôtel Nord Pinus
LUXUSHOTEL €€€

(☏04 90 93 44 44; www.nord-pinus.com; place du Forum; DZ 170–310 €; ❄) Dieses Hotel thematisiert das Roma- und spanische Erbe der Stadt und ist mit alten *feria*-Plakaten und Gegenständen dekoriert. Im beeindruckenden Zimmer 10 mit dem Beinamen „Zimmer der Matadore" haben schon viele berühmte Stierkämpfer übernachtet. Die Bar unten ist mit tollen Schwarz-Weiß-Tierfotos aus Afrika von Peter Beard bebildert.

Hôtel du Musée
BOUTIQUE HOTEL €

(☏04 90 93 88 88; www.hoteldumusee.com; 11 rue du Grand Prieuré; DZ 60–70 €, 3BZ/4BZ 80/95 €; ❄🛜🏊) Ein tadellos gepflegtes 28-Zimmer-Hotel in einem schönen Gebäude aus dem 17. bis 18. Jh.; der Boden im Frühstücksraum ist im Schachbrettmuster gefliest und ein zuckersüßer Garten im Hinterhof schwelgt in einem Blütenmeer.

Le Bélvedère Hôtel
BOUTIQUEHOTEL €€

(☏04 90 91 45 94; www.hotellebelvedere-arles.fr; 5 place Voltaire; DZ 70–90 €; ❄🛜) Dieses elegante Hotel mit 17 Zimmern ist eine der besten Hoteladressen in Arles. Ein roter Glaslüster schmückt die Lobby und die Zimmer sind in modischem Rot, Schokladenbraun, Grau und Beige gehalten.

Hôtel Calendal
HOTEL €€

(☏04 90 96 11 89; www.lecalendal.com; 5 rue Porte de Laure; DZ 109–159; ❄@🛜) Dieses Hotel liegt neben dem Amphitheater und gegenüber dem Théâtre Antique. Die Zimmer haben Balkendecken und sind mit farbenfrohen provenzalischen Stoffen eingerichtet. Auf der Rückseite gibt es eine ruhige Gartenterrasse mit einem riesigen Gartenschachspiel und einen nagelneuen Whirlpool. Rollstuhlgerecht.

Auberge de Jeunesse
HOSTEL €

(☏04 90 96 18 25; www.fuaj.org, auf Frz.; 20 av. Maréchal Foch; B mit Frühstück & Bettwäsche 17 €; ⊘Rezeption 10–17 Uhr geschl.; 🛜) Dieses sonnige 100-Betten-Haus mit seinen 8-Personen-Zimmern liegt nur zehn Fußminuten vom Zentrum entfernt. Die Herberge hat eine Bar, die aber um 23 Uhr schließt, genauso wie die Tore des Hauses (außer während der *ferias*).

Camping City
CAMPINGPLATZ €

(📞04 90 93 08 86; www.camping-city.com; 67 route de Crau; Platz 18 €; ⊙April–Sept.; ☒) Dieser Campingplatz ist der stadtnahste, 1,5 km südöstlich an der Straße nach Marseille. Neben Fahrradverleih und Waschsalon gibt es einen Supermarkt in der Nähe. Bus 2 bis Haltestelle Hermite.

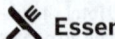 Essen

Die römische Place du Forum, die im Schatten ausladender Platanen liegt, verwandelt sich im Sommer mittags und abends in eine riesige Esstafel. Hier befindet sich auch das **Café la Nuit**, das angeblich das Motiv für van Goghs Gemälde *Das Nacht-Café* (1888) lieferte. Heute ist es leider eine Touristenfalle.

L'Atelier
GOURMETKÜCHE €€€

(📞04 90 91 07 69; www.rabanel.com; 7 rue des Carmes; Mittags-/Abendmenü ab €45/85; ⊙Mi–So mittags & abends) Ein Gourmeterlebnis der feinen und modernen Art: Zur Auswahl stehen sieben von 13 essbaren Kunstwerken und was dann folgt, ist ein himmlischer Genuss. Jean-Luc Rabanel kreiert aus biologisch angebauten Zutaten eine wunderbare Geschmackssinfonie. Kein Wunder, dass der Küchenchef mit dem grünen Daumen und eigenem Gemüsegarten mit zwei Michelin-Sternen belohnt wurde.

Le Cilantro
PROVENZALISCH €€

(📞04 90 18 25 05; www.restaurantcilantro.com, auf Frz.; 3 rue Porte de Laure; Hauptgerichte 35 €; ⊙Di–Fr mittags, Di–Sa abends) Meisterkoch Jérôme Laurent, der in der Stadt geboren und aufgewachsen ist, führt dieses Toprestaurant und kombiniert lokale Zutaten mit Gewürzen aus aller Welt zu raffinierten Gerichten wie Lamm in Mandelöl.

La Mule Blanche
BISTRO €€

(📞04 90 93 98 54; www.restaurant-mule-blanche.com, auf Frz.; 8 rue du Président Wilson; Hauptgerichte 12–20 €; ⊙Di–So mittags, Mi–So abends, im Winter So geschl.) Auf dem Klavier im Gewölbezimmer des „Weißen Maultiers" wird oft Jazz gespielt, aber die begehrtesten Tische in diesem stimmungsvollen Bistro sind die auf der Straßenterrasse. Mit ihrer violetten Markise ist sie mit Sicherheit die hübscheste der Stadt mit Ausblick auf den Markt am Samstagvormittag und entspanntem Feeling.

Comptoir du Sud
CAFÉ €

(📞04 90 96 22 17; 2 rue Jean Jaurès) Wunderbarer Gourmettoast (leckere Saucen, saftiges Fleisch, Foie gras) und göttliche Salate, alle zu bodenständigen Preisen. Serviert wird an der Theke.

La Chassagnette
GOURMETKÜCHE €€€

(📞04 90 97 26 96; http://lachassagnette-uk.blogspot.com; route du Sambuc, Le Sambuc; Mittags-/Abendmenü 34/54 €; ⊙Do–Mo mittags & abends) Camargue-Küche vom Feinsten: Armand Anal, Schützling von Alain Ducasse, verarbeitet zu 100 % Bio-Lebensmittel. 12 km südlich von Arles an der D36.

Corazón
EUROPÄISCHE FUSIONSKÜCHE €€

(📞04 90 96 32 53; 1bis rue Réattu; Hauptgerichte 18–25 €; ⊙Di–Sa mittags & abends) Kombiniert eine Galerie für moderne Kunst mit einem modernen Restaurant, das einfallsreiche Gerichte serviert. Kleine Kostprobe: Kaninchenravioli mit Kürbissauce.

Au Jardin du Calendal
FRANZÖSISCH, KLASSISCH €€

(📞04 90 96 11 89; 5 rue Porte de Laure; Hauptgerichte 15 €; ⊙Di–So 12–19 Uhr; 🛜) Serviert Gourmetsalate oder Tee und Kuchen in einem schattigen Garten.

Selbstversorger

Lebensmittelmärkte
MÄRKTE €

(bd Georges Clemenceau & bd des Lices; ⊙Sa) Die ganze Hauptstraße entlang zieht sich dieser Markt, auf dem es würzigen Käse, Salz aus der Camargue, Olivenöl und Stierwurst zu kaufen gibt. Mittwochs stehen die Marktstände am Boulevard Émile Combes östlich der Arena.

Monoprix
SUPERMARKT €

(place Lamartine; ⊙Mo–Sa 8.30–19 Uhr) Am nördlichen Ende des Boulevard Émile Combes.

🍷 Ausgehen

Oli Pan
CAFÉ

(📞04 90 96 11 89; 5 rue Porte de Laure; kl. Gerichte 3–10 €; ⊙9–19 Uhr; 🛜) Der neue Publikumsliebling im Le Calendal serviert Bio-Baguettes und Mövenpick-Eis auf einer Terrasse mit Blick auf den Sonnenuntergang.

L'Australian Café Walla Beer
BAR

(📞04 90 97 22 17; 7 rue Molière) Das Nachtleben von Arles ist außerhalb der *ferias* ziemlich beschaulich, aber sie treffen sich die Einheimischen abends gern zu einem Drink auf der Terrasse mit Blick auf den Boulevard Georges Clemenceau.

Paddy Mullins MUSIKBAR

(04 90 49 67 25; 5 bd Georges Clemenceau; ⊙22–2 Uhr) Irish-Pub, in dem regelmäßig Livemusik gespielt wird.

Shoppen

Tür an Tür mit der allerersten Boutique des Modedesigners und Sohns der Stadt **Christian Lacroix** (52 rue de la République) liegt **Puyricard** (54 rue de la République) mit seinem Sortiment aus exquisitem provenzalischem Konfekt.

ⓘ Information

Cyber Saladelle (04 90 93 13 56; www. cybersaladelle.com; 17 rue de la République; 3,50 €/Std.; ⊙Di–Sa 10–19 Uhr) Internetzugang.

Postamt (5 bd des Lices)

Touristeninformation Hauptstelle (📞04 90 18 41 20; www.tourisme.ville-arles.fr; esplanade Charles de Gaulle; ⊙ April–Sept. 9–18.45 Uhr, Okt.-März 9–16.45 Uhr); Bahnhof (📞04 90 43 33 57; ⊙ April–Sept. Mo–Fr 9–13.30 & 14.30–16.45 Uhr)

ⓘ An- & Weiterreise

BUS **Telleschi** (📞04 42 28 40 22) bietet Busverbindungen mit folgenden Städten:

Aix-en-Provence 9 €, 1½ Std.

Les Stes-Maries-de-la-Mer 2,50 €, 1 Std.

Nîmes 1,50 €, 1 Std.

FLUGZEUG Der **Aéroport de Nîmes** (S. 780) liegt 20 km nordwestlich von Arles über die A54. Zwischen Arles und dem Flughafen fahren keine öffentlichen Verkehrsmittel.

ZUG Zugverbindungen gibt es mit diesen Städten:

Avignon 7 €, 20 Min.

Marseille 13 €, 55 Min.

Nîmes 7,50 €, 30 Min.

Unterwegs vor Ort

BUS Das Busunternehmen **Star** (📞08 10 00 08 16; Informationsbüro 24 bd Georges Clemenceau; ⊙Mo–Fr 8.30–12 & 14–17.30 Uhr) betreibt die örtlichen Buslinien; Busse fahren montags bis samstags von 6.30 bis 19.30, und sonntags von 9.30 bis 17.30 Uhr. Vor dem Informationsbüro liegt der Bushauptbahnhof, aber die meisten Busse halten auch an der Place Lamartine südlich des Bahnhofs. Die Fahrkarten kosten 0,80 €. Die kostenlosen Starlet-Minibusse fahren montags bis samstags von 7.10 bis 19. Uhr alle 20 bis 25 Minuten durch die Altstadt.

TAXI 📞04 90 96 90 03.

Die Camargue

Direkt südlich von Arles wird die hügelige Landschaft der Provence von der flachen, sumpfigen Wildnis der Camargue abgelöst. Berühmt ist diese Gegend für ihre reiche Tierwelt, die rund 500 Arten umfasst, vor allem aber wohl für den rosa Flamingo, der im milden Klima der ausgedehnten Feuchtgebiete überwintert. Ebenso berühmt sind aber die kleinen, weißen Pferde der Camargue, die wegen ihrer Sanftmütigkeit das ideale Fortbewegungsmittel durch das Mosaik aus Salzfeldern, Stierweiden und Reisfeldern sind. An ein Fernglas denken – und unbedingt an ein Mückenschutzmittel!

Der größte Teil des Sumpflands der Camargue, eingeschlossen zwischen Petit Rhone und Grand Rhone, liegt innerhalb des 850 km² großen Parc Naturel Régional de Camargue. Er wurde 1970 eingerichtet, um das empfindliche Ökosystem zu erhalten und gleichzeitig die lokale Landwirtschaft zu unterstützen. Der an der Peripherie gelegene Étang de Vaccarès und die nahen Halbinseln und Inseln bilden die Réserve Nationale de Camargue, ein Naturschutzgebiet von 135 km² Größe.

Die zwei größten Städte der Camargue sind der Wallfahrtsort Les Stes-Maries-de-la-Mer an der Küste und die mittelalterliche Festung Aigues-Mortes im Nordwesten.

◉ Sehenswertes

Musée Camarguais MUSEUM

(📞04 90 97 10 82; Mas du Pont de Rousty; Erw./Kind 4,50 €/frei; ⊙Mi–Mo 9–18 Uhr) Das Camargue-Museum ist in einem 1812 errichteten Schafstall untergebracht und bietet eine phantastische Einführung in die Geschichte und die Ökosysteme dieser einzigartigen Landschaft sowie mit

---

PROVENCE DIE CAMARGUE

SCHON GEWUSST?

Die Tiere der Camargue wechseln ihre Farbe: Die rosa Flamingos werden im Winter weiß, weil es für sie dann nicht so viele karotinhaltige Salinenkrebse zu fressen gibt. Und die berühmten weißen Pferde werden braun geboren und erreichen ihre endgültige Fellfarbe erst, wenn sie ausgewachsen sind.

dem neuen *gardian*-Raum (über die Cowboys der Camargue) einen Einblick in das traditionelle Leben der Region. Von hier aus führt ein 3,5 km langer Naturlehrpfad zu einem Aussichtsturm, der einen Überblick aus der Vogelperspektive bietet. Das Museum liegt 10 km südwestlich von Arles an der D570 Richtung Les Stes-Maries-de-la-Mer.

Le Parc Ornithologique du Pont de Gau
NATURSCHUTZGEBIET
(☎04 90 97 82 62; Erw./Kind 7/4 €; ☉9 Uhr–Sonnenuntergang) Dieser wunderbare Park ist ein halbwildes Naturreservat 4 km nördlich von Les Stes-Maries an der D570. Vogelfreunde können hier 2000 rosa Flamingos auf den Leib rücken. Im Reservat leben noch Dutzende weiterer Vogelarten, die von dem schönen 7 km langen Wegenetz aus beobachtet werden können.

🏃 Aktivitäten

Spaziergänge & Wanderungen
Spazierwege und Pfade winden sich auf den Uferstraßen und entlang der Küste durch den Parc Naturel Régional und die Réserve Nationale. Buchläden verkaufen detaillierte Wanderkarten, u. a. die Karten der Série Bleue des IGN Nr. 2943ET und 2944OT. Die Touristeninformationen haben außerdem zahlreiche kostenlose Karten vorrätig.

Bootsfahrten & Wassersport
Die sumpfige Camargue lässt sich bestens per Boot erkunden. Alle Touren kosten pro Erwachsenen/Kind um 10/5 € für 1½ Stunden. In Les Stes-Maries sind **Camargue Bateau de Promenade** (☎04 90 97 84 72; http://bateau-camargue.com; 5 rue des Launes) und **Quatre Maries** (☎04 90 97 70 10; www.bateaux-4maries.camargue.fr; 36 av. Théodore Aubanel) ansässig. **Le Tiki III** (☎04 90 97 81 68; www.tiki3.fr) ist ein abgewrackter alter Raddampfer, der an der Mündung der Petit Rhone, 1,5 km westlich von Les Stes-Maries, anlegt.

Kanu- und Kajaktouren auf der Petit Rhone organisiert **Kayak Vert Camargue** (☎04 66 73 57 17; www.kayakvert-camargue.fr; Mas de Sylvéréal) 14 km nördlich von Les Stes-Maries hinter der D38.

Reiten
Mehrere Bauernhöfe an der Route d'Arles (D570) bieten *promenades à cheval* (Ausritte) auf weißen Camargue-Pferden an, aber einige dieser Höfe sind ziemlich schäbig.

Die Preise von **Les Cabanes de Cacharel** (☎04 90 97 84 10, 06 11 57 74 75; www.cabanesdecacharel.com, auf Frz.; route de Cacharel/D85A) sind auch in anderen Ställen üblich (15/26/38 € für 1-/2-/3-stündige Touren durch die Sümpfe); hier werden auch Ausflüge mit der Pferdekutsche angeboten.

Ponyreiten für Kinder gibt es im Ranch-Themenpark **Domaine Paul Ricard** (☎04 90 97 10 62; www.mejanes.camargue.fr; ☉das ganze Jahr geöffnet, Okt.–Ostern auf Reservierung) am Nordwestufer des Étang de Vaccarès in Méjanes. Dazu 14 km südlich an der D570 aus Richtung Arles entlangfahren, dann links in die D37 nach Osten abbiegen und anschließend rechts in Richtung Méjanes.

ℹ️ Information

Büro der Réserve Nationale de Camargue (☎04 90 97 00 97; www.reserve-camargue.org; La Capelière; ☉Okt.–März 9–18 Uhr, Di geschl.) Das Büro liegt an der D36B auf der Ostseite des Étang de Vaccarès und zeigt Ausstellungsstücke über die Ökosysteme der Camargue. Viele Spazierpfade und Wanderwege starten hier.

ℹ️ An- & Weiterreise
Im Juli und August gibt es täglich zwei Busverbindungen von Les Stes-Maries über Aigues-Mortes nach Montpellier (10,50 €, 2 Std.).

ℹ️ Unterwegs vor Ort
Fahrräder sind perfekt geeignet, um die flache (wenn auch windige) Camargue zu durchqueren. Östlich von Les Stes-Maries sind an der Küste und auch weiter im Inland ganze Bereiche für Wanderer und Radfahrer reserviert.

Bei **Le Vélo Saintois** (19 rue de la République, Les Stes-Maries) gibt es ein (englischsprachiges) Verzeichnis mit Radwegen. Verleih von Mountainbikes (1 Tag/3 Tage 15/34 €).

Le Vélociste (☎04 90 97 83 26; place Mireille, Les Stes-Maries) vermietet Fahrräder und organisiert kombinierte Rad- und Reitausflüge (36 €) bzw. Rad- und Kanutouren (30 €).

LES SAINTES-MARIES-DE-LA-MER
2500 EW.
Eigentlich kein Wunder, wenn sich Besucher in dieser abgelegenen kleinen Hafenstadt an Spanien erinnern fühlen – sonnengebleichte Häuser säumen die staubigen Straßen und Tänzer in grellbunten Kleidern drehen sich zum Flamenco. Während der Romawallfahrten werden chaotische Horden aus bunt gekleideten Gitarristen,

Tänzern und berittenen Cowboys mit Paella abgefüttert, die in großen Pfannen auf der Straße zubereitet wird.

Außerhalb des kleinen Dorfs liegen 30 km durchgehender Sandstrand in der gleißenden Mittagssonne und die schmalen Straßen rufen förmlich danach, per Fahrrad bezwungen zu werden: Die nach Norden führende D85A und die D38 sind landschaftlich besonders schöne Radstraßen.

◉ Sehenswertes

Karten für die **Stierkämpfe** in den Arenen von Les Stes-Maries werden vor Ort verkauft. Zu dem feinen **Sandstrand**, der sich über 30 km durchgehend erstreckt, gehört auch das Gebiet rund um den Leuchtturm **Phare de la Gacholle** (zum Nacktbaden) 11 km östlich der Stadt.

Église des Stes-Maries   HISTORISCHE KIRCHE (place de l'Église) Während ihrer Wallfahrten strömen die Roma scharenweise in diese Kirche aus dem 12. bis 15. Jh., um ihrer hochverehrten Schutzpatronin, der Statue der Schwarzen Sarah, zu huldigen. Die Reliquien der hl. Sarah wurden neben denen der hl. Maria Salome und der hl. Maria Jacobaea 1448 von König René in der Krypta entdeckt. Seither ruhen sie in einem hölzernen Schrein in der Steinmauer über dem Chor. Von der **Dachterrasse** (Erw./Kind 2/1,50 €; ⊙Mo–Fr 10–12.30 & 14–18.30, Sa & So 10–19 Uhr, Nov–Feb nur Mi, Sa & So) der Kirche aus bietet sich ein herrliches Panorama.

🛏 Schlafen

Niedrige Hotels säumen die D570 nach Les Stes-Maries. Im Umland vermieten auch einige Bauernhöfe Gästezimmer.

LP TIPP ⟩ **L'Auberge Cavalière**
HISTORISCHES BAUERNHAUS €€ (☎04 90 97 88 88; www.aubergecavaliere.com; D570; DZ 140–195 €; ❄@⊛) Etwa 1,5 km nördlich von Les Stes-Maries liegt dieses bodenständige Hotel inmitten von typischer Camargue-Landschaft mit Feuchtland und Wiesen. Zimmer 340 und 345 bieten einen Ausblick auf einen Teich voller Vögel, während die strohgedeckten Hütten behaglich individuelle Unterkünfte darstellen. Das Hotel organisiert auch Pferdeausritte und ein tolles **Restaurant** (Menü 18–42 €) mit regionaler Küche.

Hôtel Méditerranée   HOTEL € (☎04 90 97 82 09; www.mediterraneehotel.com, auf Frz.; 4 av. Frédéric Mistral; DZ 46–60 €; ❄)

Dieses Hotel in günstiger zentraler Lage gehört zu den billigsten und reizvollsten Optionen im Ort: einfache Zimmer, nur wenige Sekunden vom Meer entfernt.

Le Mas de Peint   HISTORISCHES BAUERNHAUS €€€ (☎04 90 97 20 62; www.masdepeint.com; Le Sambuc; DZ/Suite ab 235/375 €; ⊙Mitte März–Mitte Nov. & Mitte Dez.–Mitte Jan.; ❄⊛) Der vornehmste *mas* (Bauernhaus) der Camargue: schicke, für Städter aufgemöbelte Landquartiere wie direkt aus dem Lifestyle-Magazin *Côté Sud*. Pferde und und einen Fahrradverleih gibt es auch und obendrein noch ein hauseigenes **Restaurant**.

Camping La Brise   CAMPINGPLATZ € (☎04 90 97 84 67; fax 04 90 97 72 01; av. Marcel Carrière; Platz 19–22 €; ⊙Mitte Nov.–Mitte Dez. geschl.; ⊛) Direkt am Strand und mit zwei Swimmingpools ist dieser Campingplatz eine gute Anlaufstelle für Familien. Manchmal wird es hier ziemlich windig, deshalb ist es wichtig, auf einen geschützten Standort zu achten.

Auberge de Jeunesse   HOSTEL € (☎04 90 97 51 72; www.auberge-de-jeunesse.camargue.fr, auf Frz.; Pioch Badet; B mit Frühstück, Abendessen & Bettwäsche 30 €; ⊙Rezeption Sept.–Juni 7.30–10.30 & 17–23 Uhr) Die Halbpension ist in der Preispauschale dieses ländlich gelegenen Hostels enthalten. Es liegt 8 km nördlich von Les Stes-Maries an der D570 nach Arles. Busse ab Arles halten auf Anfrage direkt vor der Tür.

🍴 Essen

LP TIPP ⟩ **La Cabane aux Coquillages**
FISCH & MEERESFRÜCHTE € (rue Théodore Aubanel) Wenn die Gluthitze des Tags langsam zurückgeht, strömen die Massen in dieses winzige Fischlokal an der Küste. Drinnen locken bergeweise Schalentiere, draußen Entspannung auf den meerblauen Stühlen. Die Krustentiere werden außer Haus verkauft und auf köstlichen Seafood-Platten auf der Außenterrasse serviert. Alternative: ein Glas trockener Weißwein zum halben Dutzend Austern (6 €).

ⓘ Praktische Informationen

Touristeninformation (☎04 90 97 82 55; www.saintesmaries.com; 5 av. van Gogh; ⊙9–19 Uhr) Hervorragende Website mit Informationen über Aktivitäten, Rad- und Wanderkarten und Angeboten für geführte Wanderungen (7 €).

28 km nordwestlich von Les Stes-Marie und eigentlich schon jenseits der Provence im Departement Gard liegt am äußersten Westrand der Camargue Aigues-Mortes, mitten in flachem Marschland und umgeben von Wehrmauern. Die Stadt wurde Mitte des 13. Jhs. von Ludwig IX. gegründet, um der französischen Krone einen nur von ihr kontrollierten Mittelmeerhafen zu verschaffen. Von hier aus brach Ludwig IX. 1248 auch mit seiner Flotte von 1500 Schiffen zum Siebten Kreuzzug ins Gelobte Land auf.

Die gepflasterten Sträßchen innerhalb der Stadtmauern sind von Restaurants, Cafés und Bars gesäumt, was dem Ort eine festliche Atmosphäre verleiht und ihn zu einem charmanten Startpunkt für die Erkundung der Gegend macht.

◉ Sehenswertes & Aktivitäten

Wer die Wehrmauern erklimmt, wird mit einem umwerfenden Blick belohnt. Auch eine Besteigung der **Tour de Constance** (Erw./Kind 6,50 €/frei; ⊙10–19 Uhr) ist möglich. Der 1,6 km lange Spaziergang auf der Wehrmauer entlang dauert eine Stunde.

Die südliche Festungsmauer bietet Ausblick auf die Salzbecken (Salins du Midi), zwischen denen der **Salzzug** (☎04 66 73 40 24; www.salins.fr; Erw./Kind 8/6 €; ⊙März–Okt.) auf seinen Besichtigungstouren hin- und herfährt (mit Begleitkommentar auf Englisch). Karten sind im Ticketbüro Porte de la Gardette erhältlich, von wo aus ein Bus zu den Salzbecken fährt.

⊨ Schlafen & Essen

Innerhalb der Stadtmauern zu parken, ist praktisch unmöglich, aber außerhalb gibt es jede Menge Parkplätze.

LP TIPP **L'Hermitage de St-Antoine**
ZIMMER MIT FRÜHSTÜCK €€
(☎06 03 04 34 05; www.hermitagesa.com; 9 bd Intérieur Nord; DZ 79 €; ✺) Diese winzige *chambre d'hôtes* innerhalb der Festungsmauer hat drei exquisit ausgestattete Zimmer, eins davon mit eigener kleiner Terrasse, ein anderes mit Dachschräge, und alle sind frisch und freundlich. Im sonnigen Innenhof schmeckt das Frühstück gleich doppelt so gut. Kinder haben erst ab zwölf Jahren Zutritt!

Hôtel L'Escale HOTEL €
(☎04 66 53 71 14; http://hotel.escale.free.fr; 3 av. Tour de Constance; DZ 32–40 €, 4–5 Pers.-Zi.

65–75 €; ⊞) L'Escale ist die perfekte Wahl für Reisende mit schmalem Geldbeutel. Die einfachen Zimmer sind tadellos, genauso wie die Gemeinschaftsbäder und -toiletten der billigeren Zimmer. Die größeren Zimmer im Nebengebäude sind eine preiswerte Option für Familien. Das **Restaurant** (Hauptgerichte 7–10 €) hat eine blumengesäumte Terrasse.

Le Café de Bouzigues
FRANZÖSISCH, MODERN €€
(☎04 66 53 93 95; 7 rue Pasteur; Menü 30 €) Ein unerwarteter Glückstreffer – trendig, witzig und unkonventionell. Sowohl Essen als auch Innenausstattung haben einen Hang zum Exzentrischen (warme und kalte Austern mit Feigen und Zwiebel-Ingwer-Püree), aber in beiden Fällen ist das Ergebnis ein voller Erfolg!

ⓘ Information

Touristeninformation (☎04 66 53 73 00; www.ot-aiguesmortes.fr; place St-Louis; ⊙9–12 & 13–18 Uhr) Innerhalb der Stadtmauern.

DIE VAUCLUSE

Die Vaucluse vereinigt alle Provence-Klischees in sich: Lavendelfelder, reizvolle Hügellandschaften, Weinberge, soweit das Auge reicht, zauberhafte Dörfer und malerische Märkte, traditionelle Steinhäuser, flirrende Sommersonne und heulender Mistral im Winter. Im Herzen der Vaucluse – was „geschlossenes Tal" bedeutet – liegt die wunderschöne Stadt Avignon.

Die Vaucluse lässt sich am besten mit dem Auto bereisen, aber es ist durchaus möglich (wenn auch nicht praktisch), hier mit dem Bus unterwegs zu sein.

Avignon
93 566 EW.

Diese anmutige Stadt innerhalb eines 4,3 km langen, vorzüglich erhaltenen Mauerrings ist die Schönste unter den Schönen der Provence. Ehemals Sitz der päpstlichen Kurie, ist Avignon heute eine Schatzkammer prächtiger Kunst- und Architekturdenkmäler, deren großartigstes der Palais des Papes ist, die gewaltige mittelalterliche Burg und Papstresidenz.

Die lebendige Studentenstadt Avignon ist auch berühmt für das alljährliche Theaterfestival und zugleich ein idealer Startpunkt für Reisen in die umliegende Region. Darüber hinaus ist Avignon bekannt für seine legendäre Brücke, den Pont St-Bénezet alias Pont d'Avignon.

Geschichte

Den Grundstein für seine Stadtmauer und für seinen Ruhm als Stadt der Kunst und Kultur legte Avignon im 14. Jh., als Papst Clemens V. mit seinem Hof vor den politischen Fehden in Rom nach Avignon floh. Von 1309 bis 1377 investierten die sieben französischstämmigen Päpste riesige Geldsummen in den Bau und die Ausschmückung des Papstpalastes. Unter der päpstlichen Regierung fanden Juden und politische Dissidenten hier Schutz. Papst Gregor XI. verließ Avignon 1376, aber sein Tod zwei Jahre später führte zum Großen Schisma (1378–1417), in dessen Verlauf rivalisierende Päpste – bis zu drei gleichzeitig – in Rom und Avignon residierten und sich gegenseitig anklagten und exkommunizierten. Auch nachdem das Schisma beendet war und der gewählte Papst Martin V. sich in Rom niedergelassen hatte, blieb Avignon im Besitz der Kurie. Bis zu ihrer Vereinigung mit Frankreich 1791 wurden die Stadt und die Grafschaft Venaissin (heutiges Departement Vaucluse) von päpstlichen Legaten regiert.

⊙ Sehenswertes & Aktivitäten

Der **Mauerring**, der Avignons Altstadt vollständig umschließt, wurde zwischen 1359 und 1370 erbaut und während des 19. Jhs. instand gesetzt, nicht jedoch der Burggraben. Einer der schönsten Zeitvertreibe in der Stadt ist es, einfach ziellos herumzustreifen und all ihre verborgenen Winkel zu entdecken. Der Kartenverkauf für die meisten Sehenswürdigkeiten endet eine Stunde vor Schließung.

Palais des Papes   HISTORISCHER PALAST
(Papstpalast; ☎ 04 90 27 50 00; www.palais-des-papes.com; place du Palais; Erw./Kind inkl. Audio-guide 6/3 €; ⊙9–19 Uhr) Der als Unesco-Weltkulturerbe gelistete, größte gotische Palast der Welt entstand, als Papst Clemens V. Rom 1309 verließ und nach Avignon übersiedelte. Sein gewaltiges Ausmaß mit den höhlenartigen Steinsälen und ausgedehnten Höfen zeugt vom einstigen Wohlstand der Päpste; an den 3 m dicken Wänden, Fallgittern und Wachtürmen erkennt man aber auch, wie dringend sie der Verteidigung bedurften.

Der praktische Pass **Avignon PASSion** gewährt Ermäßigungen bei Museumsbesuchen, Ausflügen und Touren innerhalb von Avignon und Villeneuve-lès-Avignon. Ab dem zweiten Besuch erhalten Benutzer des Passes 20 bis 50 % Nachlass. Der Pass gilt für eine fünfköpfige Familie und zwei Wochen und ist an der Touristeninformation, aber auch bei allen Sehenswürdigkeiten erhältlich.

Heute ist schon einiges an Phantasie nötig, um sich in den riesigen, kahlen Räumen vorzustellen, welcher Prunk hier einst herrschte. Einen kleinen Eindruck davon vermitteln die wundervollen **Kapellenfresken** von Matteo Giovannetti aus dem 14. Jh., die mit dunkelroten Blumen bemalten dunkelblauen Wände in den **Papstgemächern** und die herrliche **Chambre du Cerf** (Hirschzimmer), die mit mittelalterlichen Jagdszenen geschmückt ist. Wer Touristengruppen meiden will, sollte zur Mittagszeit kommen.

Place du Palais   BERÜHMTER PLATZ
Eine goldene Statue der Jungfrau Maria (mit stattlichen 4,5 t Gewicht!) steht auf der Kuppel der romanischen **Cathédrale Notre-Dame des Doms** (erb. 1671–72) und gewährt der Stadt mit ihren ausgestreckten Armen Schutz. Eine schöne Aussicht bietet der Park **Rocher des Doms**. Gegenüber vom Palast steht das **Hôtel des Monnaies** aus dem 17. Jh. mit seinem Steinrelief aus Wappentieren und Obstgirlanden. Hier befand sich früher die Münzanstalt.

Pont St-Bénézet   BERÜHMTE BRÜCKE
(Brücke St. Bénézet; Erw./Kind 4,50/3,50 €; ⊙9–20 Uhr, Nov.–März 9.30–17.45 Uhr) Der Legende nach hatte Pfarrer Bénézet drei Heiligenerscheinungen, die ihn drängten, eine Brücke über die Rhone zu bauen. Vielen Kindern ist diese Brücke aus dem berühmten Kinderlied *Sur le Pont d'Avignon* bekannt. Sie wurde 1185 vollendet und verband Avignon mit Villeneuve-lès-Avignon; so konnte der Handel auf dieser wichtigen Durchgangsstrecke kontrolliert werden. Die Brücke wurde mehrfach repariert und wieder aufgebaut, ehe Mitte des 16. Jhs. ein Hochwasser von den 22 Bögen alle bis auf vier fortriss.

Wer für den Besuch der Brücke nicht bezahlten möchte: Schöne Ausblicke auf den Pont St-Bénézet bieten sich kostenlos vom Park Rocher des Doms, vom Pont Édouard Daladier oder aber vom Chemin des Berges auf der Île de la Barthelasse am anderen Flussufer.

Musée Angladon KUNSTMUSEUM

(☎04 90 82 29 03; www.angladon.com; 5 rue Laboureur; Erw./Kind 6/4 €; ⊙ April–Nov. Di–So 13–18 Uhr, Jan.–März Mi–So 13–18 Uhr, Dez. geschl.) Dieses bezaubernde Museum geht auf die Privatsammlung des Modeschöpfers Jacques Doucet (1853–1929) zurück und zeigt

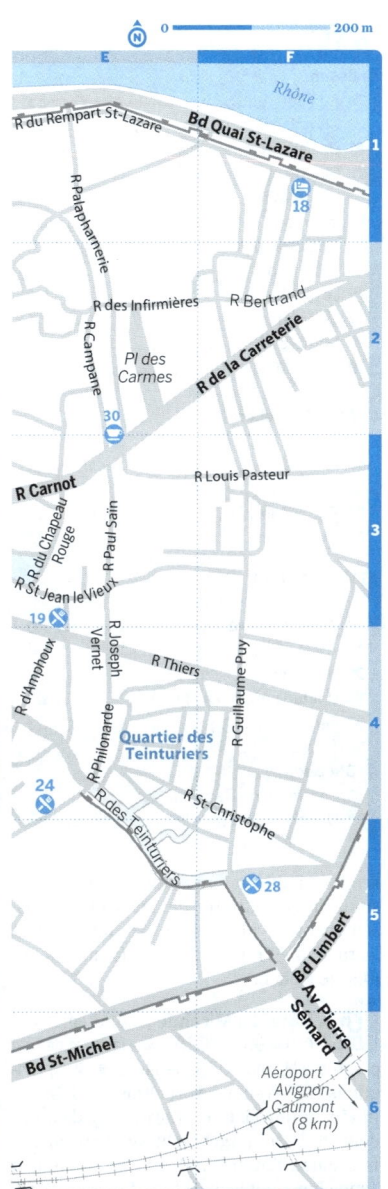

Musée du Petit Palais

MUSEUM FÜR SAKRALE KUNST

863

(☎04 90 86 44 58; www.petit-palais.org; place du Palais; Erw./Kind 6 €/frei; ◷Mi–Mo 10–13 & 14–18 Uhr) Im 14. und 15. Jh. war das Museum ein bischöflicher und erzbischöflicher Palast. Heute beherbergt es eine herausragende Sammlung italienischer Sakralmalerei des 13. bis 16. Jhs. von Künstlern wie Botticelli, Carpaccio und Giovanni di Paolo.

Musée Calvet

KUNSTMUSEUM

(☎04 90 86 33 84; 65 rue Joseph Vernet; Erw./Kind 6/3 €; ◷Mi–Mo 10–13 & 14–18 Uhr) Im eleganten Hôtel de Villeneuve-Martignan (erbaut 1741–54), in dem sich das Musée Calvet befindet, verschmelzen eindrucksvolle Architektur und Kunst zu einem Ganzen. Zur Sammlung gehören Kunstschmiedearbeiten aus dem 15. Jh. und Malerei des 16. bis 20. Jhs.

GRATIS Pendelboot

PENDELBOOTE

(◷10–12.30 & 14–18.30 Uhr, Juli & Aug. 11–21 Uhr, Okt.–Dez. & Mitte Feb.–März nur Sa & So) Direkt am Pont St-Bénézet fahren diese Pendelboote ab, die die ummauerte Stadt mit der Île de la Barthelasse verbinden.

☞ Geführte Touren

Die Touristeninformation hält eine (englischsprachige) Karte bereit, die vier **Stadtrundgänge** durch die Altstadt beschreibt.

Les Grands Bateaux de Provence

BOOTSFAHRTEN

(☎04 90 85 62 25; www.mireio.net, auf Frz.; allées de l'Oulle) Von April bis September verkehren unter der Brücke Boote nach Villeneuve-lès-Avignon (8 €). Das ganze Jahr über fährt ein Restaurantschiff über die Rhone nach Arles oder in das Weinbaugebiet Châteauneuf-du-Pape (48 € inkl. Essen).

Geführte Touren

STADTSPAZIERGÄNGE

(Erw./Kind 17/7 €; ◷tgl. 10 Uhr, Nov.–März nur Sa) Zweistündige Touren durch Avignon in französischer Sprache, die an der Touristeninformation starten.

Autocars Lieutaud

BUSTOUREN

(☎04 90 86 36 75; 36 bd Saint-Roch; www.carslieutaud.fr) Halbtages- und Tagestouren in die nahe gelegenen Weinberge, zum Pont du Gard oder in den Luberon (45 €). Ein altmodisches und typisch französisches Erlebnis ist die Fahrt in einem alten Citroën 2CV (145 € für eine dreistündige Fahrt mit Chauffeur durch die Alpilles).

viele impressionistische Schätze, darunter die *Eisenbahnwaggons* von van Gogh, das einzige Werk des Malers, das sich dauerhaft in der Provence befindet, sowie Werke von Cézanne, Manet, Degas und Picasso. Im Obergeschoss sind alte Möbel sowie Gemälde aus dem 16. und 17. Jh. ausgestellt.

PROVENCE AVIGNON

Avignon

✨ Festivals & Events

Festival d'Avignon   THEATER

(☏04 90 27 66 50; www.festival-avignon.com;
Espace St-Louis, 20 rue du Portail Boquier; Karten
16–50 €) Während dieses weltberühmten
Festivals, das seit 1946 jedes Jahr zwischen
Anfang Juli und Anfang August stattfindet,
treten auf den Bühnen und in den Straßen
Hunderte von Künstlern auf.

Festival Off   THEATER

(☏04 90 85 13 08; www.avignonleoff.com, auf
Frz.; 5 rue Ninon Vallin) Dieses parallel zum
offiziellen Festival stattfindende alternative
Festival bietet ein vielseitiges, preisgünstigeres Programm mit experimentellem Theater. Mit der Carte Off (13 €) gibt es 30 %
Rabatt bei allen Veranstaltungen.

🛏 Schlafen

Avignon ist einer der wenigen Orte in der
Provence, die gut mit Unterkünften für Reisende mit kleinerem Budget ausgestattet
sind. Unterkünfte für die Festivalzeit müssen mehrere Monate im Voraus gebucht
werden; die Preise erreichen dann astronomische Höhen.

LP TIPP | **Hôtel La Mirande**   LUXUSHOTEL €€€
(☏04 90 14 20 20; www.la-mirande.fr; 4
place de la Mirande; DZ 390–540 €; ❄️✳️@🛜) Avignons (bei Weitem) vornehmstes Hotel ist
in einem umgebauten Kardinalspalast aus
dem 16. Jh. untergebracht. Seine wahnsinnig hohen Räume sind mit orientalischen
Teppichen, goldgewirkten Tapeten, Mar-
mortreppen und etwas überladener französischer Deko ausgestattet. Die günstigeren
Zimmer sind klein, geben einem aber noch
immer das Gefühl, in einem vornehmen
Privatschlösschen zu Gast zu sein. Das noble, hoteleigene Restaurant **Le Marmiton**
(Hauptgerichte ab 35 €) bietet auch Kochkurse (ab 80 €) und zweimal wöchentlich ein

DIE ROMA & IHRE BEIDEN MARIAS

Der Katholizismus erreichte die europäische Küste zuallererst an der Stelle, wo heute die kleine Gemeinde Les Stes-Maries liegt. Der Legende nach flohen die hl. Maria Salome und die hl. Maria-Jacobaea (einige sagen auch Maria-Magdalena) in einem winzigen Boot gen Gelobtes Land und trieben, von einem Sturm überrascht, auf dem Meer, bis sie hier an Land gespült wurden.

Die provenzalische und die katholische Überlieferung gehen hier auseinander: Der Katholizismus glaubt, dass Sarah – Schutzpatronin der *gitans* (Roma) – mit den beiden Marias im Boot saß; der provenzalischen Legende zufolge war Sarah bereits hier und erkannte als Erste, dass es sich um Heilige handelte. 1448 wurden in einer Krypta in Les St-Maries Skelettreste gefunden, die Sarah und den beiden Marias zugeschrieben wurden.

Die *gitans* pilgern bis heute am 24. und 25. Mai (Pèlerinage des Gitans) hierher und bleiben oft bis zu drei Wochen. Sie tanzen und musizieren in den Straßen und tragen in einem Festzug die Statue der hl. Sarah durch die Stadt. Eine zweite Pilgerfahrt zu Ehren der beiden Marias findet am Sonntag vor oder nach dem 22. Oktober statt; dies ist auch die Zeit der *Courses Camarguaises* (Stierkämpfe ohne tödlichen Ausgang).

Chefmenü an (92 €, Reservierung erforderlich). Nachmittags gibt es Tee in der prachtvollen Lobby – der Service ist allerdings sehr langsam.

Le Limas ZIMMER MIT FRÜHSTÜCK €€
(☏04 90 14 67 19; www.le-limas-avignon.com; 51 rue du Limas; DZ/3BZ ab 120/200 €; ❋@) Hinter der (leicht zu verfehlenden) lavendelfarbenen Tür eines Stadthauses aus dem 18. Jh. verbirgt sich eine schicke Pension, die direkt aus *Schöner Wohnen* entsprungen sein könnte. Sie repräsentiert all das, was Innenarchitekten erreichen wollen, wenn sie Altes und Neues mischen, von der ultramodernen Küche und der minimalistischen in Weiß gehaltenen Ausstattung bis zu den antiken Kaminen und der Wendeltreppe aus dem 18. Jh. Das Frühstück am Kamin im Speisesaal oder auf der sonnenüberfluteten Terrasse ist ein echter Genuss, genauso wie die Anwesenheit der temperamentvollen Marion.

Hôtel Boquier HOTEL €
(☏04 90 82 34 43; www.hotel-boquier.com, auf Frz.; 6 rue du Portail Boquier; DZ 50–70 €; ❋☏) Die Begeisterung der beiden Betreiber dieses kleinen Hotels, Sylvie und Pascal Sendra, ist wirklich ansteckend: Es präsentiert sich hell, luftig und geräumig; besonders attraktiv sind die Zimmer, die unter einem bestimmten Motto stehen, z. B. Marokko oder Lavendel.

Lumani ZIMMER MIT FRÜHSTÜCK €€
(☏04 90 82 94 11; www.avignon-lumani.com; 37 rue du Rempart St-Lazare; DZ 100–170 €; ❋☏) Diese fabelhafte *maison d'hôtes* wird von Elisabeth geführt, deren Kunst in dem schönen Haus ausgestellt ist und anderen Künstlern viele Inspirationen liefert. Außer Zimmern gibt es auch zwei Suiten und einen Garten mit Springbrunnen.

Hôtel de l'Horloge HOTEL €€
(☏04 90 16 42 00; www.hotels-ocre-azur.com; place de l'Horloge; DZ 95–180 €; ❋☏) Die meisten Zimmer in diesem superzentralen Hotel sind erwartungsgemäß komfortabel und mit den üblichen Annehmlichkeiten ausgestattet. Am besten sind aber die fünf Terrassenzimmer mit ihrer raffinierten Einrichtung und schönen Lage. Am allerbesten ist Zimmer 505 mit seinem unglaublichen Ausblick auf den Palais des Papes. Rollstuhlgerecht.

Hôtel de Garlande HISTORISCHES HOTEL €€
(☏04 90 80 08 85; www.hoteldegarlande.com; 20 rue Galante; DZ 80–108; ❋☏) Dieses süße Hotel mit farbenfrohen Zimmern befindet sich in einem historischen *hôtel particulier* in einer schmalen Seitenstraße und liegt günstig zu praktisch allem. Die Zimmer sind elegant eingerichtet, die Bäder funkelnagelneu, aber die Treppe ist sehr steil.

Hôtel du Palais des Papes
HISTORISCHES HOTEL €€
(☏04 90 86 04 13; www.hotel-avignon.com; 3 place du Palais; DZ 75–85 €, Suite 120 €) Eine altmodische Unterkunft mit schmiedeeisernem Mobiliar, Deckenfresken und frei gelegten Ziegelwänden. Die teureren Räume

bieten tatsächlich einen Ausblick auf den Palais des Papes. Zum Hotel gehört auch ein wunderbar authentisches Restaurant, **Le Lutrin** (Menü 25–35 €).

Hôtel Mignon
HOTEL €

(☎04 90 82 17 30; www.hotel-mignon.com; 12 rue Joseph Vernet; DZ mit Frühstück 45–80 €; ❄ @) Dieses niedliche, komfortable 16-Zimmer-Haus innerhalb der Stadtmauern gehört zu unseren Lieblingen: heimelige Zimmer in hübschen Farben (und mit kleinen Bädern) und ein sehr freundliches Personal.

Hôtel Splendid
HOTEL €

(☎04 90 86 14 46; www.avignon-splendid-hotel.com; 17 rue Agricol Perdiguier; EZ 40 €, DZ 57–70 €, Apt. 75–95 €; ❄) Diese radlerfreundliche Unterkunft bietet charmante Zimmer, die Hälfte mit Blick auf den hübschen benachbarten Park. Das Studio-Appartement im Erdgeschoss verfügt sogar über einen eigenen Innenhof. Die umweltbewussten Betreiber benutzen nur umweltfreundliche Reinigungsmittel.

Hôtel d'Europe
LUXUSHOTEL €€€

(☎04 90 14 76 76; www.heurope.com; 12 place Crillon; DZ 195–480 €; ❄ 🛜) Hier nächtigten einst berühmte Gäste von Napoleon bis Jaqueline Kennedy-Onassis, doch heute ruht sich das Hotel allzu sehr auf seinem Ruf aus und könnte dringend ein paar neue Möbelstoffe und eine bessere Beleuchtung gebrauchen.

YMCA–UCJG
HOSTEL €

(☎04 90 25 46 20; www.ymca-avignon.com; 7bis chemin de la Justice; B ohne/mit Bad 25/36 €; ⏱Rezeption 8.30–18 Uhr, Dez.–Anf. Jan. geschl.; 🛜⚊) Blitzsauberes Hostel etwas außerhalb von Villeneuve-lès-Avignon am anderen Flussufer, das auch Zimmer, einen Swimmingpool und eine Terrasse mit Panoramablick auf die Stadt bietet. Bettwäsche wird gestellt; rollstuhlgerecht. Buslinie 10 bis Haltestelle Monteau.

Camping & Auberge Bagatelle
CAMPINGPLATZ, HOSTEL €

(☎04 90 86 30 39; www.campingbagatelle.com; Île de la Barthelasse; pro Pers. 6 €, Platz 13 €, B mit Frühstück 18 €; ⏱Rezeption 8–21 Uhr) Ein schattiger Platz, der nur 20 Minuten Fußweg vom Zentrum der Île de la Barthelasse entfernt liegt. Im Angebot sind auch einfache Schlafsäle mit zwei bis acht Betten, Bettwäsche kostet 2,50 €.

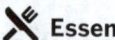 Essen

An der Place de l'Horloge drängen sich Touristencafés, aber das Essen ist dort nicht gerade prickelnd. Während der Festivalzeit im Sommer sind die Restaurants die ganze Woche geöffnet, ohne Reservierung geht dann gar nichts. Die *Papaline d'Avignon* ist eine rosafarbene Pralinenkugel, deren Kern mit hochprozentigem Mont-Ventoux-Kräuterlikör gefüllt ist.

LP TIPP | Cuisine du Dimanche
PROVENZALISCH, FRANZÖSISCH €€

(☎04 90 82 99 10; www.lacuisinedudimanche. com, auf Frz.; 31 rue Bonneterie; Hauptgerichte 15–25 €; ⏱Okt.–Mai So & Mo geschl.) Die quirlige Küchenchefin Marie kauft jeden Morgen in der Markthalle die frischesten Zutaten für ihre bodenständige, höchst aromatische Küche und geht kulinarisch keine Kompromisse ein. Die vom Marktangebot bestimmte Karte wechselt täglich; Spezialitäten des Hauses sind Jakobsmuscheln oder schlichtes Brathähnchen mit Soße. Der schmale Speisesaal mit Steinwänden zeigt einen bunten Stil- und Materialmix, von modernen Kunstharzstühlen bis zu antiken Kristallbechern, passend zum abwechslungsreichen Geschmack der Chefin. Reservierung empfohlen.

Les 5 Sens
GOURMETKÜCHE €€

(☎04 90 85 26 51; www.restaurantles5sens.com; 18 rue Joseph Vernet; Mittagsmenü 20 €, Hauptgerichte mittags 13–17 €, abends 22–30 €; ⏱Di-Sa) Küchenchef Thierry Baucher, einer von Frankreichs *meilleurs ouvriers* (renommierte Auszeichnung in Frankreich) verrät seine südwestfranzösische Herkunft mit Spezialitäten wie *cassoulet* und *Foie gras*, bietet als Gourmetgerichte aber auch moderne, mediterrane Küche wie Ravioli mit Butternut-Kürbisfüllung und Schnecken an. Der Speisesaal ist angenehm schlicht mit einem Hauch französischem Kolonialstil (Rattanmöbel und Holzschnitzereien). Der Service ist tadellos.

Au Tout Petit
FRANZÖSISCH, MODERN €€

(☎04 90 82 38 86; 4 rue d'Amphoux; Mittagsmenü 11 €, Abendmenü 16–24 €; ⏱Di-Sa) „Im Klitzekleinen" glänzt die Küche mit großen Aromen: es gibt z. B. Thunfisch-Carpaccio mit Vanille oder Aprikosen-*Tarte-Tatin* mit Rosmarin-Eis. Schlicht, aber raffiniert zubereitet, kommen die Gewürze hier voll zur Geltung. Offene Weine kosten nur 2,50 € und das Mittagessen ist praktisch geschenkt. Bei nur acht Tischen ist Reservierung ein Muss!

L'Epice and Love
FRANZÖSISCH €

(☎04 90 82 45 96, 30 rue des Lices; Hauptgerichte 11–12 €; ⏰Mo–Sa abends) In diesem kleinen Restaurant mit künstlerischem Flair stehen die Tische dicht gedrängt, einzige Deko sind alte Küchengeräte und die kunterbunt zusammengewürfelten Stühle. Geboten wird bodenständige Bistroküche ohne Schnickschnack, verschiedene Braten und andere typisch französische Gerichte. Keine Kreditkarten.

Numéro 75
FRANZÖSISCH, MODERN €€

(☎04 90 27 16 00; 75 rue Guillaume Puy; Menü 26–32 €; ⏰Mo–Sa) Der imposante Speisesaal des ehemaligen *hôtel particulier* von Absinth-Erfinder Jules Pernod bietet die passende Kulisse für stilvolle mediterrane Küche. Das Angebot wechselt täglich und manchmal stehen nur drei Hauptgerichte zur Auswahl, aber dafür ist Frische garantiert. An milden Abenden lohnt sich eine Tischreservierung im Garten.

Christian Etienne
GOURMETKÜCHE €€€

(☎04 90 86 16 50; 10 rue de Mons; Hauptgerichte 28–45 €; ⏰Di–Sa) Avignons Gourmettempel ruht sich etwas auf seinen Lorbeeren aus und könnte eine Renovierung vertragen, aber die feine provenzalische Küche bleibt exzellent – vor allem das außergewöhnliche Sommermenü, bei dem von der Vorspeise bis zum Dessert alles mit Tomaten zu tun hat. Unbedingt reservieren!

Ginette et Marcel
SNACKS €

(27 place des Corps Saints; Gerichte 4–6 €; ⏰11–24 Uhr) Snacks oder *tartines* (belegte Baguettes) und Obsttartes.

Terre de Saveurs
VEGETARISCH €€

(☎04 90 86 68 72; rue Saint Michel, hinter der Place des Corps Saints; Hauptgerichte 14,50 €; ⏰Di–Sa mittags, Fr & Sa abends; ☝) Die Hälfte der Speisen sind rein vegetarisch und aus biologischem Anbau, die andere Hälfte sind Fleischgerichte mit viel Gemüse.

Selbstversorger

Ein malerischer Picknickplatz ist der **Rocher des Doms**, ein Park auf einem steilwandigen Felsen, der Aussicht auf die Rhone, den Pont St-Bénézet, Villeneuve-lès-Avignon und den Mont Ventoux bietet.

Les Halles
LEBENSMITTELMARKT €

(place Pie; ⏰Di–So 7–13 Uhr)

Monoprix
SUPERMARKT €

(24 rue de la République; ⏰Mo–Sa 8–21 Uhr)

La Tropézienne
PÂTISSERIE €

(22 rue St-Agricol; ⏰Mo–Fr 8.30–19.30, Sa bis 14 Uhr) Hier gibt es die berühmte Sahne- und Kuchenkreation *tarte tropézienne* aus St-Tropez sowie Leckereien aus Avignon.

Ausgehen

Mon Bar
CAFÉ

(17 rue Portail-Matheron; ⏰8–20 Uhr) Dieses Bistro im Pariser Stil gibt es seit 70 Jahren und wird es wahrscheinlich auch noch weitere 70 Jahre geben. Eine echte Institution im Viertel!

Tapalocas
TAPASBAR

(15 rue Galante; Tapas ab 3 €; ⏰12–1 Uhr) Der richtige Ort, um in der Fußgängerzone das scheinbar endlose Aufgebot traditioneller spanischer Tapas zu genießen und dazu ein oder zwei Sangria zu schlürfen.

Utopia Bar
BAR

(4 rue des escaliers Ste-Anne; ⏰12–24 Uhr) Das am Fuße der eindrucksvollen Mauern des Papstpalastes gelegene Utopia verrät mit seinen mit rotem Samt bezogenen Sitzbänken, der schönen Glasveranda und den tollen Spiegeln einen gewissen Hang zum Theatralischen. Wunderbar für einen kühlen Weißwein.

Le Cid Café
MUSIKBAR

(☎04 90 82 30 28; 11 place de l'Horloge; ⏰11-spät) DJs treiben den Puls in die Höhe in dieser neonbeleuchteten Bar im Mittelpunkt des Geschehens auf der Place de l'Horloge. Sehr beliebt bei Einheimischen und Besuchern, die sich ins Avignoner Nachtleben stürzen möchten.

Red Sky
ENGLISCHER PUB

(☎04 90 85 93 23; rue St-Jean le Vieux; ⏰22–1 Uhr) Dieser kirschrote englische Pub wirkt, als hätte ihn jemand in London aufgelesen und in Avignon wieder fallen gelassen. Hier gibt's auch Livemusik, Mottopartys und viele TV-Sportübertragungen.

☆ Unterhaltung

Typisch für Avignons Nachtleben sind eher Livemusik und Theater als angesagte Bars und Clubs. Das kostenlose Wochenmagazin *César* und das alle 14 Tage erscheinende Heft der Touristeninformation *Rendez-vous d'Avignon* (beide auf Frz.) geben Veranstaltungstipps. Karten gibt es bei der **Fnac** (☎08 25 02 00 20; 19 rue de la République;

⊙Mo–Sa 10–19 Uhr) oder an der Touristen-information.

Opéra Théâtre d'Avignon
THEATER

(☏04 90 82 81 40; www.operatheatredavignon.fr; place de l'Horloge; ⊙Kartenbüro Di–Sa 11–18 Uhr) Die Opéra d'Avignon in einem beeindruckenden Gebäude von 1847 bringt von Oktober bis Juni alles von Oper bis zu Ballett auf die Bühne.

AJMI
JAZZCLUB

(Association pour Le Jazz & La Musique Improvisée; ☏04 90 86 08 61; www.jazzalajmi.com, auf Frz.; 4 rue des Escaliers Ste-Anne) Dieser 30 Jahre alte Jazzclub liegt im Kulturzentrum La Manutention.

Cinéma Utopia
KINO

(☏04 90 82 65 36; www.cinemas-utopia.org, auf Frz.; 4 rue des Escaliers Ste-Anne) Im Kulturzentrum, zeigt Filme in Originalfassung.

Red Zone
CLUB

(☏04 90 27 02 44; 25 rue Carnot) Studenten treffen sich hier zum Dancen und zu regelmäßigen Livegigs oder drängen sich an der immer vollen Bar.

L'Esclave
SCHWULENCLUB

(☏04 90 85 14 91; www.esclavebar.com, auf Frz.; 12 rue du Limas) Avignons Schwulentreff in der Innenstadt bietet ab 23.30 Uhr an den meisten Abenden der Woche Programm.

Shoppen

Comtesse du Barry
DELIKATESSEN

(25 rue St-Agricol) Bietet Gourmetspezialitäten wie guten Wein oder Foie gras.

Oliviers & Co
OLIVENPRODUKTE

(19 rue St-Agricol) Feines Olivenöl und darauf basierende Produkte wie Seifen, Cremes und Kekse.

Information

Mehrere Internetcafés tummeln sich auf der Place Pie.

CIC (13 rue de la République) Mit Geldautomat.

La Cabine (☏04 90 14 18 20; 15 rue Florence; 1 €/Min.; ⊙Mo–Sa 9–24 Uhr) Internetzugang.

Postamt (cours Président Kennedy)

Provence Guide (www.provenceguide.com) Regionale Infos über die Vaucluse, u. a. über chambres d'hôtes.

Touristeninformation (www.avignon-tourisme. com; 41 cours Jean Jaurès; ⊙Mo–Sa 9–17, So 9.45–17 Uhr)

 An- & Weiterreise

Auto & Motorrad Die meisten Autovermietungen befinden sich entweder im Hauptbahnhof oder in der Nähe.

Um den Verkehr innerhalb der Stadtmauern zu reduzieren, gibt es über 900 kostenlose, bewachte Parkplätze auf dem Parking de L'Île Piot und dem Parking des Italiens, von denen aus ein kostenloser Pendelbus verkehrt. Auch direkt außerhalb der Stadtmauern an der Süd- und Ostseite der Stadt ist Parken kostenlos.

Bus Der **Busbahnhof** (bd St-Roch; ⊙Infoschalter Mo–Fr 8–19, Sa 8–13 Uhr) liegt im Untergeschoss des Gebäudes, das beim Verlassen des Bahnhofs auf der rechten Seite unten an der Rampe steht. Fahrkartenverkauf im Bus. Sonntags fahren die meisten Busse seltener.

Aix-en-Provence 14 €, 1¼ Std.

Arles 8, 1½ Std.

Carpentras 2 €, 35 Min.

Marseille 20 €, 2 Std.

Nîmes 8 €, 1¼ Std.

Orange 3 €, 45 Min.

Linebús (☏04 90 85 30 48; www.linebus.com), ein Anbieter mit Direktverbindungen nach Barcelona, und **Eurolines** (☏04 90 85 27 60; www. eurolines.com) haben ihre Büros am Ende des Busbahnhofs.

Flugzeug **Aéroport Avignon-Caumont** (☏04 90 81 51 51; www.avignon.aeroport.fr) Acht Kilometer südöstlich von Avignon. Bietet Flüge von/zu verschiedenen Flughäfen im deutschsprachigen Ausland, u. a. Frankfurt, Stuttgart, Düsseldorf und Wien.

Zug Avignon hat zwei Bahnhöfe: die **Gare Avignon TGV** 4 km südwestlich im Vorort Courtine und die zentrale **Gare Avignon Centre** (42 bd St-Roch), von der aus folgende Regionalzüge fahren:

Arles 6,50 €, 20 Min.

Nîmes 8,50 €, 30 Min.

Orange 5,50 €, 20 Min.

Einige TGVs von/nach Paris halten an der Gare Avignon Centre, aber TGV-Verbindungen nach Marseille (23 €, 35 Min.) und Nizza (54 €, 3 Std.) halten ausschließlich an der Gare Avignon TGV.

Zwischen April und Oktober fahren regelmäßig **DB-Autozüge** (www.dbautozug.de) von Hamburg-Altona und Berlin-Wannsee nach Avignon.

Im Bahnhof gibt es eine **Gepäckaufbewahrung** (ab 4 € pro Gepäckstück; ⊙Winter 7–19 Uhr, Sommer 7–22 Uhr).

ℹ️ Unterwegs vor Ort

Bus Fahrkarten der öffentlichen Busse von **TCRA** (Transports en Commun de la Région d'Avignon; www.tcra.fr, auf Frz.) kosten beim Fahrer 1,20 €. Die Busse verkehren zwischen 7 und 19.40 Uhr (sonntags seltener und nur zwischen 8 und 18 Uhr) Die beiden wichtigsten Umsteigehaltestellen sind die Hauptpost (Poste) und die Place Pie.

Bei der **Agence Commerciale TCRA** (av. de Lattre de Tassigny; ☉Mo–Fr 8.30–12.30 & 13.30–18 Uhr) oder ihrer Filiale am TGV-Bahnhof gibt es kostenlose Karten und *carnets* mit zehn Fahrkarten (9,50 €).

Der Bus 11 nach Villeneuve-lès-Avignon hält vor der Hauptpost und an der Westseite der Stadtmauer in der Nähe der Porte de l'Oulle.

Navettes (Pendelbusse) verbinden die Gare Avignon TGV mit dem Stadtzentrum (1,20 €, 10–13 Min., halbstündl. zwischen 6.15 und 23.30 Uhr); die Busse halten an der Post auf dem Cours Président Kennedy.

Fahrrad & Motorrad **Provence Bike** (www.provence-bike.com, auf Frz.; 52 bd St-Roch) Verleiht auch Motorroller und Motorräder.

Vélopop (☎08 10 45 64 56; www.velopop.fr, auf Frz.) Fahrrad-Sharing mit 19 Stationen in der ganzen Stadt. Eins stellt man ab, eins nimmt man mit. Die ersten 30 Minuten sind kostenlos. Ein Fahrrad kostet pro Tag/Woche 1/3 € plus 150 € Kaution (Kreditkartenbelastung), die bei der Anmeldung fällig werden. Anmeldung per Telefon oder per Kreditkartenautomat an den Stationen.

Vom/Zum Flughafen Zwischen Flughafen und Stadt verkehren keine öffentlichen Verkehrsmittel, ein Taxi kostet rund 20 €.

Taxi Vor dem Bahnhof gibt es einen Taxistand. Taxiruf ☎04 90 82 20 20.

Rund um Avignon

VILLENEUVE-LÈS-AVIGNON
13 084 €

Die Stadt Villeneuve-lès-Avignon aus dem 13. Jh. schielt von der anderen Seite der Rhone wehmütig nach Avignon herüber wie eine ungeliebte Schwester. Die meisten Besucher erliegen dem Charme der größeren Stadt und würdigen Villeneuve kaum eines Blickes, aber uns gefällt Villeneuve besser: Seine Sehenswürdigkeiten können durchaus mit Avignon mithalten und es ist längst nicht so viel los.

Villeneuve ist nur 3 km von Avignon entfernt und daher leicht zu Fuß oder

mit Buslinie 11 ab Hauptpost Avignon zu erreichen. Der Museumspass Avignon Passion gilt auch für die Sehenswürdigkeiten hier.

Chartreuse du Val de Bénédiction
KLOSTER

(☎04 90 15 24 24; www.chartreuse.org; 58 rue de la République; Erw./Kind 6,50 €/frei; ☉9.30–18.30 Uhr) Mit drei Kreuzgängen, 40 Zellen, Kirchen, Kapellen, Waschhaus und Gärten an allen Ecken ist dies das größte Kartäuserkloster Frankreichs. Papst Innozenz VI. gründete es 1352 und wurde hier zehn Jahre später in einem aufwändig gestalteten Mausoleum beigesetzt.

Musée Pierre de Luxembourg
SAKRALE KUNST

(☎04 90 27 49 66; 3 rue de la République; Eintritt 3,10 €; ☉10–12.30 & 14–18.30 Uhr). Wer sich auch nur entfernt für sakrale Kunst interessiert, sollte sich hier von Enguerrand Quartons opulentes und dramatisches Gemälde *Krönung Mariä* von 1435 (Zusatzinfos erklären Hintergrund und Entstehungsgeschichte) und die seltene *Elfenbeinmadonna* aus dem 14. Jh. anschauen.

Fort St-André
FESTUNG

(☎04 90 25 45 35; Erw./Kind 5 €/frei; ☉10–13 & 14–17.30 Uhr) Wer einen Abschnitt dieser majestätischen Festung aus dem 14. Jh. erklimmt, kann von der Spitze der **Tour des Masques** (Maskenturm) und der **Tours Jumelles** (Zwillingstürme) einen Rundumblick genießen. Die gewundenen Pfade in einem der 100 schönsten Parks Frankreichs, den **Jardins de l'Abbaye** (Eintritt 5 €), führen durch einen Rosengarten, unter glyzinienberankten Pergolen hindurch und vorbei an drei antiken Kirchenruinen.

Tour Philippe-le-Bel
VERTEIDIGUNGSTURM

(☎04 32 70 08 57; Eintritt 2 €; ☉Di–So 10–12.30 & 14–18.30 Uhr, Okt., Nov. & März 12–14 Uhr geschl.) Wer über die Wendeltreppe auf diesen Verteidigungsturm aus dem 14. Jh. steigt, der am damaligen Nordwestende des Pont St-Bénézet erbaut wurde, wird mit einer überwältigenden Aussicht auf die Stadtmauern von Avignon belohnt.

LES BAUX DE PROVENCE
380 €

Im Herzen der Alpilles, 30 km südlich von Avignon Richtung Arles, thront über malerischen Weinbergen, Olivenhainen und Obstgärten eines der meistbesuchten Dör-

Wie Teppiche schmiegen sich die Weinberge um das kleine mittelalterliche Dörfchen Châteauneuf-du-Pape, Mittelpunkt eines der bedeutendsten Weinbaugebiete der Erde. Vom einstigen Château, das früher die Sommerresidenz der Päpste von Avignon war und im Zweiten Weltkrieg von den Deutschen zerbombt wurde, steht heute nur noch eine Ruine – genauer gesagt, eine einzelne Wand, die über einem Berg aufragt. Mittlerweile tummeln sich hier Picknickgäste und Tagesausflügler, die den Berg erklimmen, um von oben den Panoramablick zu genießen.

Die Qualität des Weines ist geologisch bedingt: Nach dem Abschmelzen der Gletscher blieben auf dem roten Lehmboden sogenannte *galets* (große Kieselsteine) zurück, die die Wärme nach Sonnenuntergang wieder abgeben und die Trauben deshalb bei konstanter Temperatur reifen lassen. Aus Châteauneuf-du-Pape kommen vorwiegend Rotweine; die Weißweine machen nur 6 % der Produktion aus (Roséwein ist verboten). Strenge Auflagen (die die Grundlage für das gesamte System der *appellation contrôlée* bildeten) regeln die Produktion. Für die Rotweine finden 13 verschiedene Traubensorten Verwendung (vor allem die Grenache-Traube), die mindestens 5 Jahre reifen müssen. Die vollmundigen Weißweine schmecken (bis auf die reinen Roussane-Weine) jung am besten und sind, mit etwas Mineralwasser verdünnt, perfekt zum Aperitif. Vor dem Kauf aber unbedingt probieren, manchen fehlt es an Säure.

Probiert werden kann der Wein in über zwei Dutzend Weingeschäften, die kostenlose Weinproben (*dégustations gratuites*) anbieten – oder im **Musée du Vin** (www. brotte.com; route d'Avignon; Eintritt frei; ☉9–13 & 14–19 Uhr), das eine umfangreiche Sammlung zum Thema Weinherstellung zeigt. Eine Broschüre der **Touristeninformation** (place du Portail; ☉ Juni–Sept. Mo–Sa 9.30–18 Uhr, Okt.–Mai Mi & So geschl.) verrät, welche Weingüter Besichtigungen oder fremdsprachige Führungen ihres Weinkellers anbieten oder wo Spontanbesuche oder kostenlose Weinproben möglich sind.

Unterhalb des Schlosses bietet das Restaurant **Le Verger des Papes** (☎04 90 83 50 40; 4 rue du Château; Menü 20–30 €; ☉variiert, telefonisch erkundigen) von seiner begrünten Terrasse aus eine umwerfende Aussicht und serviert die beste französische Küche der Stadt – und Brot aus dem Holzofen. Unbedingt vorher anrufen: An manchen Tagen bleibt das Restaurant ohne Vorankündigung geschlossen. Parkmöglichkeiten gibt es an der Schlossruine; von dort aus sind es nur noch ein paar Stufen nach unten.

Für einen Wochenendtrip bietet sich ein Bauernhaus aus dem 17. Jh. inmitten der Weinberge an. Jedes der Zimmer im **Le Mas Julien** (☎04 90 34 99 49; www.masjulien.com; 704 chemin de Saint Jean, Orange; DZ/Apt.mit Küche und Frühstück 110/130 €; ✳@☎☎) mixt gekonnt modernen und provenzalischen Stil. Es gibt auch ein Studio mit Küche, in dem drei Personen übernachten können (die 3. Pers. kostet 30 € extra). Nach einem Tag auf Erkundungstour geht hier nichts über ein Glas Wein auf einem Liegestuhl am großen Pool.

fer Frankreichs: Les Baux-de-Provence. Während seines Aufenthalts in St-Rémy de Provence (s. Kasten S. 853) hat van Gogh das Dorf in lebendigen Farben auf Leinwand gebannt und damit unsterblich gemacht.

Die günstigste Besichtigungszeit ist der frühe Abend, wenn sich die Kolonne von Touristenbussen langsam hügelabwärts wälzt.

Das **Château des Baux** (☎04 90 54 55 56; www.chateau-baux-provence.com; Erw./Kind 7,50/5,50 €; ☉9–18 Uhr, Juli & Aug. bis 20 Uhr) krallt sich oberhalb des Dorfes an einen 245 m hohen grauen Kalkfelsen (*baou* ist das provenzalische Wort für Felsen) und dominiert die umliegende Landschaft. Es soll aus dem 10. Jh. stammen und wurde 1633 unter Ludwig XIII. fast vollständig zerstört. Besucher können das 7 ha große Ruinenlabyrinth mit kostenlosen Audioguides selbst erkunden, alternativ aber auch einfach kreuz und quer zwischen Verliesen und verfallenen Türmen umherstreifen (und die atemberaubende Aussicht ins Tal genießen). Im Sommer finden Vorführungen mittelalterlicher Kampfkunst statt.

An der **Cathédrale d'Images** (www.cathedrale-images.com; Erw./Kind 7,50/3,50 €), die zu Fuß nur wenige Minuten nördlich des Dorfes liegt, werden spektakuläre Ton- und Lichtshows vor dem Hintergrund eines ehemaligen Steinbruchs gezeigt. Die Shows sind jedes Jahr anders gestaltet und wirklich sehenswert – warme Kleidung ist aber ein Muss!

Das legendäre **L'Oustau de Baumanière** (☏04 90 54 33 07; www.oustaudebaumaniere.com; Menü 95–150 €; ☏) serviert raffinierte Küche, u. a. ein vegetarisches Gourmetmenü aus Zutaten, die im eigenen Biogarten geerntet wurden. Für Übernachtungsgäste stehen hübsche Unterkünfte bereit (DZ ab 290 €). Zum kulinarischen Imperium von Küchenchef und Besitzer Jean-André Charial gehören auch das mit einem Michelin-Sern ausgezeichnete Restaurant und die luxuriösen Zimmer des **La Cabro d'Or** (☏04 90 54 33 21; www.lacabrodor.com; DZ ab 245 €), ebenfalls in Les Baux. Beides unbedingt reservieren!

Die **Touristeninformation** (☏04 90 54 34 39; www.lesbauxdeprovence.com; ☉Mo-Fr 9.30–17, Sa & So 10–17.30 Uhr) nennt Übernachtungsmöglichkeiten. Ein Parplatz im Umkreis von 800 m rund um das Dorf kostet zwischen 3 und 5 €; an der Cathédrale d'Images ist das Parken kostenlos.

Orange

29 000 EW.

Angesichts der Bedeutung des römischen Theaters von Orange – wer nur eine römische Stätte in Frankreich besuchen will, sollte diese auswählen – ist es erstaunlich, wie wenig touristisch und wie ausgestorben diese erzkonservative Stadt im Winter ist. Die Unterkünfte hier sind daher im Vergleich zu schickeren Nachbarstädten wie Avignon recht preisgünstig, aber sonntag- und montagabends ist es schwierig, ein geöffnetes Restaurant zu finden.

Das Haus der Oranier – das Fürstengeschlecht, das Orange seit dem 12. Jh. regierte – hat durch Heirat mit der niederländischen Linie des Hauses Nassau im 16. Jh. die Geschichte der Niederlande nachhaltig geprägt; und durch Wilhelm III. (Wilhelm von Oranien) später auch die englische Geschichte. Orange wurde 1713 durch den

Vertrag von Utrecht an Frankreich abgetreten. Bis heute tragen viele Mitglieder des niederländischen Königshauses den Titel eines Prinzen bzw. einer Prinzessin von Oranien-Nassau.

◉ Sehenswertes

LP TIPP **Théâtre Antique** RÖMISCHES THEATER (www.theatre-antique.com; Erw./Kind 8/6 €, 2. Kind frei; ☉9–18 Uhr, Nov.–Feb. 9–16.30 Uhr) Das Römische Theater von Orange ist bei Weitem die beeindruckendste römische Stätte in Frankreich. Allein schon seine Größe und sein Alter gebieten Ehrfurcht: Das riesige Theater, das unter Augustus (römischer Kaiser 27 v. Chr.–14 n. Chr.) erbaut worden sein soll, ist für 10 000 Zuschauer ausgelegt. Die 103 m breite und 37 m hohe Bühnenmauer ist eines von weltweit nur drei römischen Bauwerken dieser Art, das – bis auf ein paar Mosaike und das Dach – vollständig erhalten ist; die anderen beiden stehen in Syrien und der Türkei. Im Eintritt enthalten ist ein Audioguide in sieben Sprachen.

Im Theater finden noch regelmäßig Theateraufführungen und Konzerte statt (S. 872). An lauen Sommerabenden ist der Besuch einer Veranstaltung hier ein wahrlich zauberhaftes Erlebnis.

Die Eintrittskarte für das Theater gilt auch für das **Museum** (Museumseintritt sonst Erw./Kind 4,60/3,60 €) auf der anderen Straßenseite, das ein paar bescheidene Schätze besitzt. Dazu gehören Fragmente römischer Kataster (Vorläufer der heutigen Finanzämter) und die Friese, die einst die Theaterkulisse bildeten.

Vorbei an den Ruinen des **Schlosses** aus dem 12. Jh., der früheren Residenz der Fürsten von Orange, geht es über die Montée Philibert de Chalons oder die Montée Lambert hinauf auf den Stadthügel **Colline St-Eutrope** (Höhe 97 m), der einen ausgezeichneten Blick auf das Theater sowie auf den Mont Ventoux und die Dentelles de Montmirail bietet.

Arc de Triomphe RÖMISCHES MONUMENT
Der Triumphbogen wurde 2009 restauriert und zeigt einige schöne Details: Seine reich verzierten Steinmetzarbeiten erinnern an den Sieg der Römer über die Gallier 49 v. Chr. Der 19 m hohe Bogen steht am Nordende der baumbestandenen Avenue de l'Arc de Triomphe 450 m nordwestlich des Stadtzentrums.

✦ Festivals & Events

Jazzfestival
MUSIK

Bringt die Stadt in der letzten Juniwoche zum Swingen.

Les Chorégies d'Orange
BÜHNENKUNST

(www.choregies.asso.fr) Im Juli und August erwacht das Théâtre Antique zu neuem Leben: Dann stehen abendfüllende Konzerte, Opern oder Choräle auf dem Programm. Die Karten (25–240 €) müssen Monate im Voraus bestellt werden.

🛏 Schlafen

Hôtel Arène
HOTEL €€

(☏04 90 11 40 40; www.bestwestern.fr; place de Langes; DZ 78–180 €; ✽@🛜🍽🚲) Das Hôtel Arène bietet die bei Weitem größten und besten Bäder der Stadt und reicht damit noch am ehesten an ein Hotel der Businessklasse heran. Es hat sich einen Teil seiner Individualität bewahrt, obwohl es zu einer Hotelkette gehört, und bietet eine ganze Etage mit hypoallergen eingerichteten Zimmern an. Kinder lieben die beiden beheizten Pools (einen drinnen, einen draußen); Eltern gefallen eher die geräumigen Familienzimmer. Am besten sind die modernisierten Zimmer, aber auch die etwas älteren Räume sind durchaus komfortabel.

Le Glacier
HOTEL €€

(☏04 90 34 02 01; www.le-glacier.com; 46 cours Aristide Briand; DZ 49–130 €; ✽@🛜) Alle 28 Zimmer sind individuell mit frischen Stoffen eingerichtet und die detailverliebten Besitzer achten darauf, dass alles tadellos in Schuss und blitzsauber ist. Das Hotel verleiht auch Fahrräder (halber/ganzer Tag 12/16 €) und liegt gleich weit entfernt von Theater, Touristeninformation und Stadtmitte.

Hôtel Saint Jean
HOTEL €

(☏04 90 51 15 56; www.hotelsaint-jean.com; 1 cours Pourtoules; EZ 60–70 €, DZ 70–85 €, 3BZ/4BZ 95/110 €; ✽@🛜🚲) Uns gefallen die geräumigen Zimmer und die farbenfrohen provenzalischen Stoffe in diesem einfachen, aber pfiffigen Hotel am Theater. Extras wie kostenlose Fahrradaufbewahrung, schalldichte Fenster und Flachbildfernseher sind ein zusätzliches Plus.

Hôtel l'Herbier d'Orange
HOTEL €

(☏04 90 34 09 23; www.lherbierdorange.com, auf Frz.; 8 place aux Herbes; EZ/DZ/3BZ mit Frühstück 55/60/70 €; ✽@🛜🚲) Neue, nette Betreiber haben dieses einfache, aber saubere

Hotel 2009 übernommen, doppelt verglaste Fenster eingebaut und die Bäder runderneuert. Im Preis ist ein abendlicher Aperitif enthalten.

Camping Le Jonquier
CAMPINGPLATZ €

(☏04 90 34 49 48; www.campinglejonquier.com, auf Frz.; 1321 rue Alexis Carrel; 2 Pers. 20–26 €; ☀Ostern–Sept.; 🛜🍽) Der perfekte Platz für Aktivitätsjunkies mit Swimmingpool, Minigolfanlage, Tennisplatz, Tischtennisplatten und heißer Quelle. Vom Arc de Triomphe aus geht es 100 m nach Norden, dann nach rechts in die Rue du Bourbonnais und dann am nächsten Kreisel wieder rechts in die Rue Alexis Carrel. Der Campingplatz liegt dann nach 300 m auf der linken Seite.

✖ Essen

Jeden Donnerstag breiten sich in der Innenstadt die Stände des **Wochenmarkts** aus. Selbstversorger können auch im **Petit Casino** (35 rue St-Martin) einkaufen gehen.

À la Maison
BISTRO €

(☏04 90 60 98 83; 4 place des Cordeliers; Hauptgerichte 10–16 €; ☀Mo–Sa) An warmen Abenden gibt es nichts Schöneres als einen Tisch auf dem begrünten, mit einem Brunnen geschmückten Innenhof dieses Bistros, das durchweg gute, bodenständige Küche wie gegrillten Fisch und Steaks, Pastagerichte und gemischte Salate serviert.

Le Forum
FRANZÖSISCH, KLASSISCH €€

(☏04 90 34 01 09; 3 rue Mazeau; Menü 19–39 €; ☀Di–Fr & So mittags & abends, Sa abends) Klassiker wie Rinderfilet mit Morchelsauce werden hier perfekt zubereitet und der Service ist herzlich und freundlich. Schön für ein lauschiges Tête-à-Tête.

Le Parvis
GOURMETKÜCHE €€

(☏04 90 34 82 00; 55 cours Pourtoules; 2-/3-Gänge-Menü 23/26 €; ☀Di–Sa mittags & abends, So mittags) Im Spitzenrestaurant von Orange spricht kaum jemand lauter als im Flüsterton. Das Restaurant ist deshalb zwar ein wenig steif, serviert aber exzellentes Essen zum günstigen Preis.

La Roselière
BISTRO €

(3 rue Mazeau; Hauptgerichte 12–15 €; ☀Di–Sa) Eine bunt gemixte Gästeschar versammelt sich in diesem Bistro, in dem der Küchenchef und Besitzer von der Küche her lautstark Witze reißt – meistens auf Kosten anderer Lokale im Ort. Spätestens beim zweiten Glas Wein lachen alle mit – Schüchterne sollten also lieber gar nicht erst her-

kommen. Zum Speisenangebot gehören Klassiker wie Linsen mit Würstchen. Nur Barzahlung.

Brasserie Le Palace BRASSERIE €
(7 rue de la République; Hauptgerichte 10–14 €; ⊙Mo–Sa 8–19.30 Uhr) Die Ledersofas auf der Terrasse laden zum Kaffee oder zum *plat du jour* ein.

Praktische Informationen

Postamt (679 bd Édouard Daladier)

Touristeninformation (☏04 90 34 70 88; www.otorange.fr; 5 cours Aristide Briand; ⊙ 10–18.30 Uhr, Okt.–März So geschl.) Hotelreservierungen.

❶ An- & Weiterreise

BUS Die Busse von **Trans Vaucluse** (www.cars-lieutaud.fr) halten auf dem Boulevard Édouard Daladier südwestlich der Post.

Avignon 3 €, 45 Min.

Carpentras 2 €, 45 Min.

Vaison-la-Romaine 3 €, 45 Min.

ZUG Bahnhof (www.voyages-sncf.com; av. Frédéric Mistral)

Avignon 5,50 €, 15 Min.

Lyon 27 €, 2 Std.

Marseille 22 €, 1½ Std.

Vaison-la-Romaine

6392 EW.

Das in ein Tal zwischen sieben Hügeln eingebettete Vaison-la-Romaine hat eine lange Geschichte als Handelsplatz; diese Tradition lebt in dem quirligen Dienstagsmarkt fort. Das reiche römische Erbe der Stadt ist offensichtlich: Gebäude aus dem 20. Jh. konkurrieren hier mit den Ruinen von Frankreichs größter archäologischer Stätte. Eine römische Brücke überspannt den glitzernden Fluss Ouvèze, der die Stadt in zwei Teile schneidet – zur einen Seite liegt ein hübsches Fußgängerzentrum und zur anderen die gepflasterte und ummauerte Cité Médiévale auf dem Burgberg. Vaison ist eine gute Ausgangsbasis für Ausflüge in die Bergdörfer der Dentelles oder für eine Besteigung des nahen Mont Ventoux.

⊙ Sehenswertes

Gallorömische Ruinen ARCHÄOLOGISCHE STÄTTE
(Erw./Kind 8/3,50 €; ⊙Jan.–Anf. Feb. geschl.) Die Überreste der römischen Stadt Vasio Vocontiorum, die hier zwischen dem 6. und

dem 2. Jh. v. Chr. florierte, sind an zwei Ausgrabungsstätten zu sehen. Mit dem zwei Tage gültigen Pass haben Besucher Zutritt zu allen römischen Stätten sowie zur Kathedrale und zum Kreuzgang und auch ein mehrsprachiger Audioführer ist inbegriffen.Von April bis September gibt es **Führungen** durch die Ruinen (auf Frz.), aber auch Rundgänge mit thematischen Schwerpunkten wie römische Gastronomie. Termine können bei der Touristeninformation erfragt werden.

Im **Quartier de Puymin** (av. du Général de Gaulle; ⊙9.30–18 Uhr, Okt.–März 12–14 Uhr geschl.) sind die Häuser des römischen Adels,, Mosaike und das immer noch funktionsfähige **Théâtre Antique** (20 n. Chr. für 6000 Zuschauer errichtet) sowie ein **Archäologisches Museum** zu besichtigen. Letzteres mit zahlreichen schönen Statuen, u. a. von Kaiser Hadrian und seiner Frau Sabina.

An der Westseite derselben Straße liegt das **Quartier de la Villasse** ⊙10–12 & 14.30–18 Uhr), in dem eine kalksteingepflasterte Geschäftsstraße mit typischem Kolonnadengang und Säulen, die Fundamente öffentlicher Bäder sowie ein Abwasserkanal zu sehen sind. Die **Maison au Dauphin** besitzt wunderschöne, marmorumrandete Fischteiche.

Im Kartenpreis enthalten ist auch der Eintritt in den beschaulichen Kreuzgang der **Cathédrale Notre-Dame de Nazareth** (Kreuzgang 1,50 €; ⊙10–12.30 & 14–18 Uhr, Jan. & Feb. geschl.) aus dem 12. Jh.; die Kathedrale liegt fünf Minuten Fußweg westlich von La Villasse. Der Kreuzgang ist im Sommer auch eine angenehme Zuflucht vor der glühenden Hitze.

Cité Médiévale MITTELALTERLICHE STADT
Jenseits des hübschen **Pont Romain** (Römische Brücke) führen gepflasterte Gassen (*calades*) durch die Steinmauern hinauf zu einer imposanten **Burg** (Führungen auf Frz. 2 €; ⊙Zeiten bei der Touristeninformation erfragen) der Grafen von Toulouse aus dem 12. Jh. Von hier aus lässt sich das Tal aus der Vogelperspektive betrachten.

🛏 Schlafen

Die Touristeninformation hält Listen mit *chambres d'hôtes* und Unterkünften für Selbstversorger bereit.

Hôtel Le Burrhus DESIGNHOTEL €
(☏04 90 36 00 11; www.burrhus.com; 1 place de Montfort; DZ 55–87 €, Apt. 140 €; 🛜) Mitten auf dem pulsierenden Hauptplatz von Vaison

liegt dieses Hotel. Es mag von außen altmodisch wirken, aber die 38 Zimmer sind ultramodern mit der neuesten Designer-Ausstattung, Originalkunstwerken an den Wänden und hippen Mosaikbädern eingerichtet. Parken kostet 7 €.

Hostellerie Le Beffroi HISTORISCHES HOTEL €€
(☎04 90 36 04 71; www.le-beffroi.com; rue de l'Évêché; DZ 90–144 €; ⊘April–Jan.; 🕸) Diese *hostellerie* von 1554 innerhalb der Mauern der mittelalterlichen Stadt besteht aus zwei Gebäuden (das „neuere" datiert von 1690) und ist ein märchenhafter Zufluchtsort: Die 22 Zimmer aus rohem Stein und Holzbalken sind romantisch eingerichtet und das angeschlossene **Restaurant** (Menü 28–45 €) gibt den Blick auf einen wildromantischen Rosen- und Kräutergarten mit Schaukeln für Kinder frei. Parken kostet 10 €.

L'Évêché ZIMMER MIT FRÜHSTÜCK €€
(☎04 90 36 13 46; http://eveche.free.fr; rue de l'Évêché, Cité Médiévale; DZ 80–135 €) Ächzende Bücherregale, Gewölbedecken, eine gewundene Treppe, gemütliche Lounges und exquisite Kunst an den Wänden: Diese *chambre d'hôtes* mit fünf Zimmern ist absolut göttlich. Die Besitzer Jean-Loup und Aude können alle möglichen Ausflüge und guten Adressen empfehlen und verleihen außerdem Räder zur Erkundung der Gegend.

Le Moulin de César FAMILIENHOTEL €
(☎04 90 36 00 78; www.escapade-vacances.com/vaison; av. César Geoffray; DZ mit HP pro Pers. 43 €; ⊘März–Nov.) Dieses moderne Familienhotel etwa 500 m südöstlich der Stadt liegt auf einem friedlichen, weitläufigen Ufergelände mit Blick auf den Mont Ventoux. Typisch französisch: Im Preis für die (obligatorische) Halbpension ist der Wein inbegriffen. Parken ist kostenlos.

Camping du Théâtre Romain
CAMPINGPLATZ €
(☎04 90 28 78 66; www.camping-theatre.com; chemin de Brusquet; Platz für 2. Pers. 21 €; ⊘Mitte März–Mitte Nov.) Dieser Campingplatz gegenüber dem Théâtre Antique im nördlichen Abschnitt der Fouilles de Puymin bietet wenig Schutz vor der provenzalischen Sonne, dafür aber einen Pool zum Abkühlen.

🍴 Essen

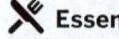 **Moulin à Huile** GOURMETKÜCHE €€€
(☎04 90 36 20 67; www.moulin-huile.com; quai Maréchal Foch; Mittagsmenü 40 €, Abendmenü 60–75 €; ⊘Di-Sa, So mittags) Das gastronomische Genie von Sternekoch Robert Bardot können die Gäste in dieser alten Ölmühle im Schatten der Cité Médiévale genießen. Einen Querschnitt seiner Kreationen bietet das Probiermenü für 75 € oder man wählt von der altmodisch handgeschriebenen *carte* (die ein bisschen schwer zu lesen ist!).

Im Sommer gibt es Plätze auf der Terrasse am Flussufer. Wer gleich ein Komplettpaket buchen will, quartiert sich in einem der drei hübschen **Gästezimmer** (130–150 €; 🕸) ein.

La Lyriste BISTRO €€
(☎04 90 36 04 67; 45 cours Taulignan; Menü 18–36 €; ⊘Mi-So) Die moderne provenzalische Küche in diesem charmanten Bistro legt ihren Schwerpunkt auf saisonale Zutaten aus regionalem Anbau mit Gerichten, die von *bourride* (Fischeintopf) bis zu einem Foie-gras-*Probiermenü* (36 €) reichen. Im Angebot sind auch preiswerte Dreigängemenüs für 18 €. Im Sommer empfiehlt sich ein Tisch auf der Terrasse.

Selbstversorger

Zu den örtlichen Spezialitäten gehören Weine sowie Honig und Nougat, aber das ist nichts im Vergleich zu den köstlichen schwarzen Trüffeln. Sie sind nicht billig (500–1000 € pro Kilogramm je nach Saison und Niederschlagsmenge), aber schon ein paar hauchdünne Scheiben verzaubern jedes Gericht.

Jeden Dienstag wird in den Straßen der Innenstadt bis 13 Uhr ein wunderschöner **Markt** abgehalten, der sich selbst zu einer Besucherattraktion entwickelt hat.

Praktische Informationen

Die **Touristeninformation** (☎04 90 36 02 11; www.vaison-la-romaine.com; place du Chanoine Sautel; ⊘Mo–Sa 9–12 & 14–17.45 , So 9–12 Uhr, Mitte Okt.–März So geschl.) befindet sich in der Maison du Tourisme et des Vins, direkt an der Avenue du Général de Gaulle.

ℹ An- & Weiterreise

Der Busbahnhof liegt 400 m östlich des Stadtzentrums an der Avenue des Choralies; dort hat die Busgesellschaft **Autocars Lieutaud/Trans Vaucluse** (www.cars-lieutaud.fr) ihr Büro.

Avignon via Orange; 6 €, 1½ Std.

Carpentras 3 €, 45 Min.

Orange 3 €, 45 Min.

Mont Ventoux

Über der nördlichen Provence thront der meilenweit sichtbare Mont Ventoux (1909 m), auch *le géant de Provence* (der Riese der Provence) genannt. Von seinem Gipfel, der zwischen Mai und Oktober über eine Straße erreichbar ist, reicht der Blick bis zu den Alpen und – bei klarem Wetter – sogar bis zur Camargue.

Aufgrund der Ausmaße des Mont Ventoux ist jede europäische Klimazone vertreten, vom Mittelmeerklima an den unteren südlichen Hängen bis zum arktischen Klima am ungeschützten nördlichen Gipfelgrat. Während des Aufstiegs über die unbarmherzig steilen Hänge (die regelmäßig in der Tour de France erklommen werden) kann die Temperatur um bis zu 20 °C fallen, und die Niederschlagsmenge ist oben doppelt so hoch wie im Flachland. An 130 Tagen des Jahres weht der erbarmungslose Mistral, manchmal mit Geschwindigkeiten von bis zu 250 km pro Stunde. Warme Kleidung und Regenausrüstung sind daher unerlässlich, auch im Sommer.

Dieser einzigartige und ungewöhnliche klimatische Flickenteppich spiegelt sich in der außerordentlich vielfältigen Flora und Fauna des Berges wider, die jetzt als Unesco-Biosphärenreservat aktiv geschützt wird.

Im Winter tummeln sich Wintersportfreunde im Skigebiet **Mont Serein** (1445 m) (04 90 63 42 02; www.stationdumontserein. com), 5 km vom Gipfel des Mont Ventoux an der D974. Der Schnee ist normalerweise im April verschwunden, sodass das, was im Sommer auf dem Gipfel weiß schimmert, kein Schnee ist, sondern *lauzes* – Kalkschotter.

Im Westen des Mont Ventoux bohren sich die spektakulären Kalksteinspitzen der **Dentelles de Montmirail** in den Himmel, ein Paradies für Wanderer. Auf der anderen Seite der Dentelles liegt das Dorf **Beaumes de Venise**, Heimat des besten Muskatellers Frankreichs.

Der übliche Startpunkt für Ausflüge in die Ventoux-Region ist die Stadt **Malaucène**, eine ehemalige Sommerresidenz der Päpste von Avignon.

☆ Aktivitäten

Wandern

Der GR4 verläuft von der Ardèche in östlicher Richtung und durchquert die Dentel-les de Montmirail, bevor er die Nordwand des Mont Ventoux erklimmt, wo er auf den GR9 trifft. Beide Fernwanderwege überqueren den Bergkamm, ehe der GR4 nach Osten Richtung Gorges du Verdon (S. 886) abzweigt.

Der GR9 führt weiter über die Monts du Vaucluse und den Gebirgszug des Luberon. Der Wanderführer Wandern in der Provence aus der Reihe DuMont aktiv beschreibt mehrere Wanderungen im Luberon.

Karten

Die Karte *Massif du Ventoux* im Maßstab 1:50 000 der Editions Didier-Richard umfasst den Mont Ventoux, die Monts du Vaucluse und die Dentelles de Montmirail. Detaillierter sind die Série-Bleue-Karten des IGN im Maßstab 1:25 000 *Mont Ventoux* (Nr. 3140ET) und *Carpentras/Vaison-la-Romaine/Dentelles de Montmirail* (Nr. 3040ET).

Alle Touristeninformationen der Gegend bieten Dutzende Wandervorschläge, z. B. die hervorragende Broschüre *Randonnées dans les Dentelles* (15 detaillierte, herausnehmbare Routenbeschreibungen auf Französisch, Englisch und Deutsch; 5 €).

Radfahren

Der Mont Ventoux kann es hinsichtlich legendärer, herausfordernder, Bergetappen durchaus mit der Alpe d'Huez (s. S. 545) aufnehmen. Bevor sich Interessierte also locker aufs Rad schwingen, um den Gipfel von Bédoin, Malaucène oder Sault aus zu erstürmen, sollten sie Folgendes wissen: Wer es in eineinhalb bis zwei Stunden schafft, hat schon Tour-de-France-Potenzial und selbst zweieinhalb Stunden sprechen schon für echte Radlerbeine. Aber die Gegend bietet noch viele andere, weniger anstrengende Alternativstrecken zum Radeln.

In den Touristeninformationen gibt es Karten wie *Massif du Mont Ventoux: 9 Itinéraires VTT,* eine kostenlose Broschüre mit genauer Beschreibung von neun Mountainbike-Strecken zwischen 3,9 km (1 Std.) und mörderischen 56,7 km (7–8 Std.) Länge. Mehr Infos über 16 weitere Radstrecken rund um den Mont Ventoux unter www.lemontventoux.net/ventoux-anglais.htm.

Ein Fahrrad, Mountainbike oder Tandem zu leihen kostet ab 25/15/30 € für einen halben Tag. Die Anbieter heißen **Vélo France Locations** (04 90 67 07 40; www.larouteduventoux.com; route du Ventoux, Bédoin), **Ventoux Bikes** (04 90 62 58 19; www.ventoux-bikes.fr; 1 av. de Verdun, Malaucène) oder

Albion Cycles (☏04 90 64 09 32; www.albion-cycles.com; route de St-Trinit, Sault).

❶ Praktische Informationen

TOURISTENINFORMATION

Beaumes de Venise (☏04 90 62 94 39; www.ot-beaumesdevenise.com; place du Marché; ⏱Mo–Sa 9–12 & 14–19 Uhr, im Winter bis 17 Uhr) Jede Menge Informationen über die nahen Dentelles und Karte aller Kellereien und Winzer, die den berühmten Muskateller verkaufen.

Malaucène (☏04 90 65 22 59; place de la Mairie; ⏱Mo–Fr 10–12 & 15–17, Sa 10–12 Uhr) Informationen für Wanderer und Radfahrer.

Sault (☏04 90 64 01 21; www.saulten-provence.com; av. de la Promenade; ⏱Mo–Sa 9–12 & 14–18 Uhr)

WEBSITES

Destination Ventoux (www.destination-ventoux.com)

Provence Cycling (www.provence-cycling.com)

Provence des Papes (www.hautvaucluse.com)

❶ Anreise & Unterwegs vor Ort

Der Mont Ventoux ist mit dem Auto über die D164 ab Sault oder – im Sommer – ab Malaucène oder St-Estève über die Serpentinenstraße D974 erreichbar, die oft bis April wegen Schnee gesperrt ist.

Carpentras

29 601 EW.

Wer es einrichten kann, sollte Carpentras für einen Freitagvormittag einplanen. Dann drängen sich auf den Straßen 350 Marktstände mit Brot, Honig, Käse, Oliven, Nüssen, Obst, Nougat und *berlingots* in allen Regenbogenfarben – den gestreiften, kissenförmigen, harten Bonbons von Carpentras. Im Winter gibt es außerdem einen Trüffelmarkt, der von würzigen Gerüchen umhüllt ist und auf dem in gedämpften Tönen Transaktionen getätigt werden. Die Trüffelsaison startet mit der größten Messe von Carpentras, die während der **Fête de St-Siffrein** am 27. November stattfindet. Dann füllen über 1000 Stände die Innenstadt.

Neben ihren Märkten bietet die etwas heruntergekommene Agrarstadt auch einige architektonische Schätze. In griechischer Zeit war sie ein Handelszentrum und später ein gallorömisches Städtchen. Ab 1229 fiel sie in päpstlichen Besitz. Während

dieser Zeit suchten die vom Territorium der französischen Krone vertriebenen Juden hier Zuflucht, sodass sich in der Stadt auch viele jüdische Einflüsse finden. Die Synagoge aus dem 14. Jh. ist die älteste noch genutzte Synagoge Frankreichs.

❂ Sehenswertes

Etwas hinter der Kathedrale versteckt steht der **Arc Romain**, der im 1. Jh. n. Chr. unter Kaiser Augustus erbaut wurde; seine etwas schadhaften Steinmetzarbeiten zeigen als Motiv versklavte Gallier. Die Museen von Carpentras sind nur in den Monaten April bis September geöffnet, und zwar mittwochs bis montags von 10 bis 12 und 14 bis 18 Uhr geöffnet. Der Eintrittspreis beträgt 2 €.

Synagoge   HISTORISCHE SYNAGOGE
(☏04 90 63 39 97; place Juiverie; ⏱Mo–Do 10–12 & 15–17, Fr 10–12 & 15–16 Uhr) Die ergreifende Synagoge von Carpentras zeugt von den Jahrhunderten der Verfolgung, die die Juden erleiden mussten. Obwohl sie ursprünglich auf päpstlichem Territorium aufgenommen wurden, waren sie im 17. Jh. gezwungen, in Ghettos in Avignon, Carpentras, Cavaillon und L'Isle-sur-la-Sorgue zu leben. Die Synagoge wurde 1367 geweiht, zwischen 1741 und 1743 umgebaut, 1929 und dann wieder 1954 instand gesetzt. Im holzverkleideten **Betraum** im 1. Stock sind liturgische Geräte aus dem 18. Jh. zu sehen, während das Erdgeschoss ältere Einrichtungen wie ein Bad für rituelle Waschungen und Bäckereien beherbergt. Die Touristeninformation bietet **Führungen** an (April–Sept. jeweils Di, Mi & Do).

Cathédrale St-Siffrein   KATHEDRALE
(⏱7.30–12 & 14–17 Uhr, keine Besichtigung während der Gottesdienste) Die Église St-Siffrein, einst die Kathedrale von Carpentras, wurde zwischen 1405 und 1519 im meridionalen (südfranzösischen) Flamboyantstil erbaut und ist von einem für die damalige Zeit charakteristischen Glockenturm gekrönt. Leider ist der **Trésor d'Art Sacré** (Schatzkammer), der kostbare religiöse Relikte aus dem 14. bis 19. Jh. enthält, wegen Diebstahlsgefahr heutzutage für die Öffentlichkeit nicht zugänglich, nur ausnahmsweise während der Fête de St-Siffrein am 27. November.

Musée Comtadin   VÖLKERKUNDEMUSEUM
(243 bd Albin Durand) Exponate zur Geschichte und Volkskultur der Umgebung.

Musée Duplessis
KUNSTMUSEUM

(243 bd Albin Durand) Gemälde aus neun Jahrhunderten.

Musée Sobirats
MÖBELMUSEUM

(112 rue du Collège) Eine reich verzierte Privatresidenz aus dem 18. Jh. voller Möbel, Fayencen und *objets d'art* im Stil Ludwigs XV. und Ludwigs XVI.

Hôtel Dieu
HISTORISCHES SPITAL

(place Aristide Briand) Im ehemaligen Spital aus dem 18. Jh. sind eine bemerkenswert gut erhaltene altmodische Apotheke und eine Kapelle zu besichtigen.

Schlafen & Essen

Hôtel du Fiacre
HOTEL €€

(☑04 90 63 03 15; www.hotel-du-fiacre.com; 153 rue Vigne; DZ 68–110 €; ☺Rezeption 8–21 Uhr; ☎) Der verblichene Charme dieses liebenswerten Herrenhauses aus dem 18. Jh. hält einen gefangen, sobald man es betritt: Der schöne Innenhof, die Himmelbetten, die elegante Inneneinrichtung und die herzliche Wärme der Betreiber tragen allesamt dazu bei, dass man gar nicht mehr weg möchte. Parkplätze kosten 5 €.

Hôtel La Lavande
HOTEL €

(☑04 90 63 13 49; 282 bd Alfred Rogier; DZ 32–70 €) Die lilafarben leuchtende Fassadenverkleidung des Hôtel La Lavande ist kaum zu übersehen, aber drinnen ist es Gott sei Dank nicht ganz so knallig; die Zimmer sind einfach und sauber. Im Restaurant unten (Hauptgerichte 7–15 €) gibt's nordafrikanisches Essen sowie traditionelle, schnelle Mittagsgerichte.

Les Palmiers
BRASSERIE €

(☑04 90 63 12 31; 77 place du Général de Gaulle; Hauptgerichte ab 9 €; ☺19–22 Uhr) Diese billige und freundliche Brasserie erfreut sich mittags regen Zuspruchs: Der *plat du jour* für 9 € und der *café gourmand* (Espresso mit Minidessert, z. B. Schokoladenfondant und Vanillecreme) locken viele Angestellte aus ihren Büros hierher.

La Ciboulette
PROVENZALISCH €€

(☑04 90 60 75 00; 30 place de l'Horloge; Mittags-/Abendmenü ab 18/24 €; ☺Di–So) Die frischen Zutaten aus lokalem Anbau schmecken gleich noch mal so gut, wenn sie in der Sonne auf dem blumengeschmückten Innenhof genossen werden. Zimtfarbene Wände, großzügige Tische und herzliche Stimmung schaffen eine entspannte Atmosphäre. In der Trüffelsaison wird ein Gourmet-Trüffelmenü serviert; das ganze Jahr über kommen beliebte Klassiker im modernen Gewand auf den Tisch – z. B. Crème brûlée, mit Lavendel parfümiert.

Chez Serge
PROVENZALISCH €€

(☑04 90 63 21 24; www.chez-serge.com; 90 rue Cottier; Mittags-/Abendmenü 17/35 €; ☺So–Fr mittags, Mo–Sa abends) Paris und die Provence treffen sich in diesem Bistro, in dem Serge seine kulinarischen Kreationen in reizvoller Umgebung serviert – gute Auswahl an mit Trüffeln verfeinerten Gerichten.

Shoppen

Freitagsmarkt
MARKT

Der phantastische Freitagsmarkt von Carpentras spielt sich hauptsächlich in der Rue d'Inguimbert und einem Großteil der Avenue Jean Jaurès (sowie deren Seitenstraßen) ab.

Trüffelmarkt
MARKT

(place Aristide Briand; ☺Ende Nov.–Anf. März 9–10 Uhr) Im Winter handeln Makler, Einzel- und Großhändler aus ganz Frankreich mit den „schwarzen Diamanten".

Chocolats Clavel
SÜSSIGKEITEN

(30 Porte d'Orange) Sensationell geformte und köstliche Süßigkeiten.

Praktische Informationen

Touristeninformation (www.carpentras-ventoux.com; 97 place du 25 Août 1944; ☺Mo–Sa 9.30–12.30 & 14–18 Uhr) Hervorragende Website; mehrsprachige **Führungen**(Erw./Kind 4/2,50 €; ☺April–Sept.). Die kostenlose Broschüre *Circuit Découverte* ist hier erhältlich (auch auf Engl.), der beschriebene Rundgang ist mit *berlingots* markiert.

An- & Weiterreise

Es verkehren keine Passagierzüge. Der **Busbahnhof** (place Terradou) liegt 150 m südwestlich der Touristeninformation. Fahrpläne gibt es auf der anderen Seite der Place Terradou bei **Cars Comtadins** (192 av. Clemenceau) und bei **Cars Arnaud** (www.voyages-arnaud-carpentras.com, auf Frz.; 8 av. Victor Hugo).

Avignon 2 €, 40 Min.

Cavaillon 3 €, 45 Min.

L'Isle-sur-Sorgue 2 €, 25 Min.

Marseille 14,50 €, 2 Std. 2-mal tgl.

Vaison-la-Romaine 3 €, 45 Min. (via **Malaucène** am südwestlichen Fuß des Mont Ventoux, 2 €, 35 Min.)

ABSTECHER

L'ISLE-SUR-LA-SORGUE

Ein Wassergraben umgibt das wohlhabende, antike L'Isle-sur-la-Sorgue 7 km westlich von Fontaine. In diesem „Venedig der Provence" drängt sich ein Antiquitätenladen an den anderen: In stillgelegten Mühlen und Manufakturen an der Hauptstraße bieten über 300 Händler Waren in sieben **„Antiquitätendörfern"** (⏱Sa–Mo 10–18 Uhr) an. Wer gern handelt, kommt am besten zu den viertägigen Antiquitätenmessen Mitte August und über Ostern hierher.

Fontaine de Vaucluse

694 EW.

Frankreichs mächtigste Quelle sprudelt mitten aus dem Nichts oberhalb des hübschen kleinen Dorfs Fontaine de Vaucluse. Der gesamte Regen, der im Umkreis von 1200 km² fällt, bricht sich hier aus den Felsen als Fluss Sorgue seine Bahn. Das wunderbare Schauspiel dieser kristallklar sprudelnden Quelle lockt jedes Jahr 1,5 Mio. Besucher an. Wer sie sehen möchte, sollte frühzeitig kommen, bevor aus den ersten, tröpfchenweise eintrudelnden Besuchern eine Sturzflut wird. Am beeindruckendsten ist die Quelle nach starkem Regen, während die normalerweise sprudelnde Quelle zu Trockenzeiten in ihrem ruhigen, gespenstischen Dunkelgrün an unheimliche Szenen aus Harry Potter erinnert.

⊙ Sehenswertes

Die meisten Besucher kommen, um sich die Quelle anzusehen.

Musée d'Histoire 1939–1945 KRIEGSMUSEUM
(☏04 90 20 24 00; chemin de la Fontaine; Erw./Kind 3,50/1,50 €; ⏱Mi–Mo 10–18, nur März, Nov. & Dez. Sa & So) Hervorragend gemachte Ausstellung über das Leben im besetzten Frankreich während des Zweiten Weltkriegs.

Musée Pétrarque LITERATURMUSEUM
(☏04 90 20 37 20; rive Gauche de la Sorgue; Erw./Kind 3,50/1,50 €; ⏱Mi–Mo 10–12.30 & 13.30–18 Uhr, Nov.–März geschl.) Das Museum ist dem italienischen Renaissancedichter Francesco Petrarca gewidmet, der von 1337 bis 1353 in Fontaine-de-Vaucluse lebte und

seiner unglücklichen Liebe zu Laura, der Gattin von Hugues de Sade, in herzzerreißenden Versen Ausdruck verlieh.

Ecomusée du Gouffre HÖHLENMUSEUM
(☏04 90 20 34 13; chemin de la Fontaine; Erw./Kind 5,50/4 €; ⏱10–12 & 14–18 Uhr, Mitte Nov.–Jan. geschl.) Besucher können in unterirdischen Tunneln von einem Höhlenspezialisten mehr über die Quelle von Fontaine und die Geschichte der Höhlenerforschung und Höhlennutzung lernen.

🛏 Schlafen & Essen

Hôtel du Poète HISTORISCHES HOTEL €€
(☏04 90 20 34 05; www.hoteldupoete.com; DZ 90–240 €; ⏱Dez.–Mitte Feb. geschl.; ❄🖥🏊) In den eleganten Zimmern dieser umgebauten Windmühle können sich die Gäste vom rauschenden Wasser in den Schlaf wiegen lassen, sich am Pool oder an einem der Teiche entspannen oder im Whirlpool, der über einem Bach thront, die Seele baumeln lassen. Dieses kleine Paradies liegt direkt am Dorfeingang am Fluss.

La Figuière PROVENZALISCH €€
(☏04 90 20 37 41; www.la-figuiere.com; chemin de la Grangette; Menü 20–28 €) Köstliche provenzalische Gerichte (z. B. Kaninchen, Seebarsch) werden im reizvollen Vorgarten serviert oder man bucht eines der *chambres d'hôtes* in dem hübschen Steinhaus.

Auberge de Jeunesse HOSTEL €
(☏04 90 20 31 65; www.fuaj.org; chemin de la Vignasse; B mit Frühstück & Bettwäsche 17,50 €; ⏱Rezeption 7.30–10 & 17.30–21 Uhr, Mitte Nov.–Jan. geschl.; 🅿) Diese friedliche Jugendherberge in einem hübschen alten Bauernhaus etwa 800 m südlich von Fontaine de Vaucluse Richtung Lagnes ist bei Familien und Wanderern beliebt (sie liegt am Fernwanderweg GR6). Im Sommer können im Garten Zelte aufgestellt werden.

ⓘ Praktische Informationen

Touristeninformation (www.oti-delasorgue.fr; place de la Colonne; ⏱10–13 & 14–18 Uhr)

ⓘ An- & Weiterreise

Fontaine de Vaucluse liegt 21 km südöstlich von Carpentras und 30 km westlich von Apt. Von Avignon aus fahren Busse der Gesellschaft **TransVaucluse/ Voyages Raoux** (www.voyages-raoux.fr, auf Frz.) (3 €, 1 Std.) über L'Isle-sur-Sorgue.

Parken kostet 3 €.

DER LUBERON

Die malerische Landschaft des Luberon hat auf der Karte die Form eines Rechtecks; wer aber zwischen den sanften Hügeln, in goldenes Licht getauchten Bergdörfern und versteckten Tälern hindurchfährt, hat eher das Gefühl, verstreute Puzzleteile zusammenzusetzen. Der Luberon ist nach seinem Hauptgebirgszug benannt, der in seinem Zentrum durch die Combe de Lourmarin, ein hübsches schmales Flusstal, durchschnitten wird. Das Licht, die Düfte und die Aromen des Luberon wandeln sich mit dem Lauf der Jahreszeiten.

Der Hauptort der Region, Apt, ist eine gute Anlaufstelle für praktische Erledigungen, aber das eigentliche Herz des Luberon bilden die winzigen, über einen 1200 km² großen Regionalpark verstreut liegenden Steindörfer, die Abbaye de Sénanque und die alten, steinernen *bories* (Trockenmauerhütten). Der Luberon lässt sich am besten auf Rädern erkunden (motorisiert oder per Drahtesel). **Le Luberon en Vélo** (www.veloloisirluberon.com) bietet ein Netz mit 236 km ausgeschilderten Routen.

Apt

11 450 EW.

Das verschlafene kleine Apt erwacht jeden Samstagvormittag zum Leben, wenn auf dem üppigen Markt die örtlichen Spezialitäten verkauft werden. Ansonsten ist es vor allem eine Anlaufstelle zum Einkaufen oder für praktische Erledigungen.

⊙ Sehenswertes

GRATIS **Confiserie Kerry Aptunion**
SÜSSWARENFABRIK
(☏04 90 76 31 43; route Nationale 100, quartier Salignan; Laden Mo-Sa 9-12.30 & 13.30-18.30 Uhr, Besichtigung auf Reservierung) Die größte Fabrik der Welt für kandierte

COULEUR PASS

Der praktische Couleur Pass Luberon (5 €), der von den örtlichen Touristeninformationen verkauft wird, bietet Ermäßigungen von bis zu 50 % auf die Eintrittspreise zu 16 großen Sehenswürdigkeiten und Aktivitäten in der Region.

Früchte: Täglich werden hier 30 t Kirschen kandiert. Zum Angebot gehören die kostenlose Filmvorführung, Kostproben und Führungen. Die Fabrik liegt 2,5 km westlich der Stadt.

GRATIS **Fondation Blachère** KUNSTMUSEUM
(☏04 32 52 06 15; 384 av. des Argiles; ⊙Di-So 14-18.30 Uhr) Zeigt einige interessante Kunstausstellungen.

🛏 Schlafen

LP TIPP **Le Couvent** ZIMMER MIT FRÜHSTÜCK €€
(☏04 90 04 55 36; www.loucouvent.com, auf Frz.; 36 rue Louis Rousset; DZ 95-120 €; @🐾) Hinter einer hohen Steinmauer und einem blühenden Garten verborgen, liegt im Stadtzentrum diese wunderschöne *maison d'hôtes* in einem Kloster aus dem 17. Jh. und bietet ein außergewöhnlich gutes Preis-Leistungs-Verhältnis: Zur Auswahl stehen fünf prunkvolle Räume; das Frühstück wird in einem steinernen Speisesaal mit Gewölbedecke serviert.

Hôtel l'Aptois HOTEL €
(☏04 90 74 02 02; www.aptois.fr, auf Frz.; 289 cours Lauze de Perret; DZ 40-66 €) Stilvolles, radfahrerfreundliches Hotel mit gutem Rollstuhlzugang.

Camping Municipal Les Cèdres
CAMPINGPLATZ €
(☏/Fax 04 90 74 14 61; www.camping-les-cedres.fr, auf Frz.; route de Rustrel; Platz 4,30 €; ⊙Mitte Feb.-Mitte Nov.) Auf das Notwendigste beschränkter Campingplatz gleich außerhalb der Stadt am Fluss.

🍴 Essen

L'Intramuros PROVENZALISCH €€
(☏04 90 06 18 87; 120 rue de la République; Menü 24-30 €; ⊙Di-Sa) In einem Lebensmittelladen aus dem 19. Jh. ist dieses mit nostalgischem Krimskrams vollgestopfte Lokal untergebracht. Die Einheimischen lieben es für seine „instinktsichere provenzalische Küche". Samstags köchelt in der Küche eine Suppe mit tagfrischem Gemüse vom Markt duftend vor sich hin.

Les Délices de Léa BISTRO €
(☏04 90 74 32 77; 87 rue de la République; Hauptgerichte 10 €; ⊙Di-Sa) Die Einwohner von Apt besuchen Léas Lokal wegen der zarten grünen Salate und innovativen *plats du jour*.

Thym, te Voilà BISTRO €

(☎04 90 74 28 25; 59 rue St-Martin; Hauptgerichte 10 €; ◷Di–Sa 11.30–18 Uhr) Für ein Essen im Sitzen mitten im Stadtzentrum.

Sylla WEIN & KÄSE €

(☎04 90 74 95 80; N100; ◷Mo–Sa 9–19 Uhr) Westlich von Apt serviert dieser lokale Weinkeller Käse und leichte Mahlzeiten zum hauseigenen Wein.

Le Fournil du Luberon BÄCKEREI €

(☎04 90 74 20 52; place de la Bouquerie; ◷ Di–Sa 7–19 Uhr, So 7–13 Uhr) Die beste Bäckerei von Apt, direkt gegenüber der Touristeninformation.

❶ Praktische Informationen

Maison du Parc (www.parcduluberon.fr, auf Frz.; 60 place Jean Jaurès; ◷Mo–Fr 8.30–12 & 13–18, Sa 9–12, Okt. –März Sa & So geschl.) Informationen über den Parc Naturel Régional du Luberon und die Geschichte der Gegend.

Touristeninformation (☎04 90 74 03 18; www.luberon-apt.fr; 20 av. Philippe de Girard; ◷ Mo–Sa 9.30–12 & 14.30–18.30, So 9.30–12.30 Uhr) Hervorragende Infoquelle über Aktivitäten, Ausflüge und Wanderungen, übernimmt auch Hotelreservierungen. Verkauft werden Karten des IGN wie *Apt/Parc Naturel Régional du Luberon* im Maßstab 1:25 000 IGN (3242OT; 9,50 €).

❶ An- & Weiterreise

Der **Busbahnhof** (250 av. de la Libération) liegt östlich des Stadtzentrums. Busse der Gesellschaft **Trans Vaucluse** (www.vaucluse.fr, auf Frz.) fahren nach Aix-en-Provence (5 €, 2 Std.), Avignon (5 €, 1½ Std.) und Cavaillon (3 €, 45 Min., 4-mal tgl.).

Nördlich von Apt

GORDES

Wie ein Amphitheater thront das terrassenförmig angelegte Dorf Gordes in spektakulärer Lage über den Flüssen Sorgue und Calavon hoch oben auf dem weißen Felsen des Vaucluse-Plateaus. Am frühen Abend erleuchtet die untergehende Sonne das Dorf spektakulär und taucht die Steinbauten in schimmerndes Gold. Gordes steht ganz oben auf der Liste der touristischen Sehenswürdigkeiten (vor allem bei besichtigungswütigen Parisern); deshalb rollt hier in der Hochsaison regelmäßig eine ganze Buskarawane an.

◉ Sehenswertes

Village des Bories STEINHÜTTEN

(☎04 90 72 03 48; Erw./Kind 6/4 €; ◷9–Sonnenuntergang) Die bienenkorbförmigen *bories* sieht man beim Herumfahren in der Provence immer wieder (bisher wurden 1610 gezählt), aber das Village des Bories 4 km südwestlich von Gordes bietet eine ganze Ansammlung davon. Diese aus Kalksteinsplittern gebauten Trockenmauerhütten erinnern an die irischen Clocháns und wurden in dieser Gegend erstmals in der Bronzezeit errichtet. Ihr ursprünglicher Zweck ist nicht bekannt, aber im Laufe der Zeit wurden sie als Unterkünfte, Werkstätten, Weinkeller und Seidenraupenhütten genutzt. Dieses „Dorf" umfasst etwa 20 *bories*, die wegen des interessanten Schattenspiels am besten gleich frühmorgens oder kurz vor Sonnenuntergang besichtigt werden sollten.

Abbaye Notre-Dame de Sénanque ABTEI

(☎04 90 72 05 72; Führung auf Frz. Erw./Kind 7/3 €; ◷Führungen auf Reservierung) Diese im Juli von malerisch blühenden Lavendelfeldern eingerahmte Zisterzienserabtei 4 km nordwestlich von Gordes an der D177 liegt in einem zauberhaften Tal. Sie wurde 1148 gegründet und wird heute noch von einigen Mönchen bewohnt, die von Dienstag bis Samstag um 12 Uhr sowie sonntags um 10 Uhr hier ihre Messe abhalten. Von Gordes aus zu Fuß 1½ Stunden entfernt.

⊨ Schlafen & Essen

[LP TIPP] Le Mas de la Beaume

ZIMMER MIT FRÜHSTÜCK €€

(☎04 90 72 02 96; www.labeaume.com; am Dorfeingang von Gordes; DZ 125–150 €; ✦) Hinter einer Steinmauer liegt diese tadellose *maison d'hôtes* mit fünf Zimmern, die der ganze Stolz ihrer Besitzer Wendy und Mighuel ist. Das „blaue Zimmer" bietet vom Bett aus einen schönen Ausblick auf die Burg von Gordes und den Glockenturm. Morgens zum Frühstück kommen Köstlichkeiten aus eigenem Anbau auf den Tisch.

Le Mas Regalade ZIMMER MIT FRÜHSTÜCK €€

(☎04 90 76 90 79; www.masregalade-luberon. com; D2, quartier de la Sénancole, Les Imberts; DZ ab 110 €; ✦✦) Der gewissenhafte Betreiber Stefane bietet geschmackvoll eingerichtete Zimmer, einerseits mit modernem Touch, andererseits mit stilvollen Antiquitäten. Das Dekofieber setzt sich sogar bis zum Swimmingpool fort, wo ein alter Citroën zwischen Lavendel- und Rosmarinbüschen hervorlugt. 3,5 km südlich von Gordes.

Le Mas Tourteron
GOURMETKÜCHE €€€

(☏04 90 72 00 16; chemin de St-Blaise, Les Imberts; www.mastourteron.com; Menü ab 45 €) Wer bei Küchenchefin Elisabeth Bourgeois und ihrem Ehemann und Sommelier Philippe in diesem gemütlichen Bauernhaus speist (egal ob im Speisesaal mit violetten Tischtüchern oder im blühenden Garten), fühlt sich, als wäre er bei Freunden zum Essen eingeladen. Elisabeths saisonabhängiges Menü und ihre legendären Desserts gehen eine köstliche Verbindung mit den erlesenen Weinen ein, die Philippe aus über 200 Sorten auswählt. Das Restaurant liegt 3,5 km südlich von Gordes und ist ab der D2 ausgeschildert. Öffnungszeiten auf der Website.

❶ Praktische Informationen

Touristeninformation (☏04 90 72 02 75; www.gordes-village.com; place du Château; ⏱9–12 & 14–18)

ROUSSILLON

Vor gut 2000 Jahren stellten die Römer Keramikglasuren aus der ockerfarbenen Tonerde her, die den eindrucksvollen Ort Roussillon umgibt. Er liegt eingebettet in das Tal zwischen Plateau de Vaucluse und Luberon. Heutzutage besteht das gesamte Dorf, ja selbst die Grabsteine auf dem örtlichen Friedhof, aus dem rötlichen Stein.

Vom Ort aus führt ein 45-minütiger Weg auf dem **Sentier des Ocres** (Ockerweg; Erw./Kind 2,50 €/frei; ⏱Juli & Aug. 9–19.30, März–11. Nov. 9–17 Uhr) entlang. Durch eine Märchenlandschaft aus Kastanienwald, Seekiefern und Maquis führt der Weg vorbei an einer verblüffend vielfarbigen Palette aus ockerfarbenen Gesteinsschichten.

Das **Conservatoire des Ocres et de la Couleur** (Ocker- & Farbkonservatorium; ☏04 90 05 66 69; www.okhra.com; route d'Apt; Führungen Erw./Kind 6/4 €; ⏱9–19 Uhr Sept.–Juni) ist eine einzigartige, nicht gewinnorientierte Organisation, die sich mit Naturfarben unter ökologischen und nachhaltigen Aspekten befasst. Sie ist in einer alten Ockerfabrik an der D104 in Richung Osten nach Apt untergebracht und bietet Workshops an (einige davon auf Engl.), untersucht die Eigenschaften des Ockers und betreibt einen hochinteressanten Shop.

In **Gargas** 7 km östlich von Roussillon befindet sich der letzte Ockersteinbruch

Europas, **Les Mines d'Ocre de Broux** (☏04 90 06 22 59; Eintritt 7,50 €; ⏱10–19 Uhr). Hier werden jährlich 1000 t Ocker produziert, von denen 45 % exportiert werden. Die der Öffentlichkeit zugänglichen Teile des 45 km langen Minenareals erinnern an eine Kathedrale aus Mineralgestein mit zahlreichen spitzen Türmchen.

Der freundliche Besitzer von **Les Passiflores** (☏04 90 71 43 08; www.passiflores.fr; Hameau des Huguets; DZ mit Frühstück ab 70 €; 🅿) empfängt seine Gäste in einer ruhigen *chambre d'hôtes* auf einem etwas versteckt gelegenen Platz im winzigen Weiler Huguets südlich von Roussillon. Die sauberen Zimmer haben extragroße Betten mit geblümten Überwürfen. Der Pool ist ein Naturbecken mit Wasserpflanzen.

Unter Weidenbäumen isst man in der bescheidenen *ferme auberge* **Les Grands Camps** (☏04 90 74 67 33; Le Chêne; Menü Erw./Kind inkl. Wein & Kaffee 26/13 €; ⏱Juli & Aug. So mittags, Mo, Mi, Fr & Sa abends, Sept.–Juni Fr & Sa abends). Nicht weit vom Ockersteinbruch von Gargas werden hier üppige Schlemmereien aus frischen Enten- und Lammspezialitäten serviert. Einfach dem beschilderten Feldweg nördlich des Weilers Le Chêne folgen.

Weitere Informationen über die Gegend bietet die **Touristeninformation** (☏04 90 05 60 25; www.roussillon-provence.com; place de la Poste; ⏱Mo–Sa 10–12 & 13.30–17 Uhr)

ST-SATURNIN-LÈS-APT & UMGEBUNG

Um einen Blick auf die Dächer von Apt und die umgebenden Berge der Vaucluse zu genießen, bietet es sich an, in St-Saturnin-lès-Apt 9 km nördlich von Apt die Ruinen oberhalb des Dorfes oder die Windmühle aus dem 17. Jh. zu erklimmen, die 1 km nördlich des Dorfs an der D943 Richtung Sault liegt. Mittags lockt ein Essen im **Restaurant L'Estrade** (☏04 90 71 15 75; 6 av. Victor Hugo; Menü ab 13 €; ⏱mittags). Die freundlichen Betreiberinnen tischen saisonale Küche auf.

In **Lagarde d'Apt** 20 km nordöstlich von Apt erklären Freiwillige im **Observatoire Sirene** (☏04 90 75 04 17; www.obs-sirene.com, auf Frz.; Tag/Nacht/Kind 10/40 €/frei; ⏱auf Reservierung) tagsüber die Astronomie über den Lavendelfeldern; am schönsten ist aber ein Besuch bei Nacht zum Sternegucken.

Lagarde d'Apt besitzt außerdem eine 800 000 km² großeLavendelfarm, **Château du Bois** (☏04 90 76 91 23; www.lechateaudubois.com). Dort erstreckt sich von Ende Juni bis Mitte Juli ein 2 km langer Lavendelpfad, wenn die aromatisch duftenden Blüten geerntet werden.

LP TIPP > **Domaine des Andéols** (☏04 90 75 50 63; www.domainedesandeols. com; D2, 2 km westlich von St-Saturnin-lès-Apt; Suite 260–770 €; ☺April–Nov.; ✸@≋) Diese Ode an das zeitgenössische Design von Alain Ducasse befindet sich in einem samtig grünen Tal, das von seinem Endlospool Aussicht auf die rostbraunen Felsvorsprünge bietet. Die individuell gestalteten Häuser sind bis ins letzte Detail durchgestylt. Im angeschlossenen **Restaurant** (Menü 39–59 €) kann man an Sommerabenden bei Kerzenlicht unter freiem Sternenhimmel tafeln.

LP TIPP > **Colorado Provençal** (☏04 32 52 09 75; ☺9 Uhr–Sonnenuntergang) auf der Ostseite des Luberon findet sich eine wilde Landschaft aus rotockerfarbenem Sandstein mit außergewöhnlichen Felsformationen wie dem flammend roten, aufrecht stehenden Cheminée de Fée (Märchenschornstein).

In der Nähe von Rustrel innerhalb des Colorado Provençal und von einem Wald begrenzt liegt **La Forge** (☏04 90 04 92 22; www.laforge.com.fr; Notre-Dame des Anges; DZ mit Frühstück 86–199 €; ☎≋). Die ehemalige Eisenschmelzerei aus dem Jahr 1840 wurde zu einer ungewöhnlichen *maison d'hôtes* umgebaut. Keine Kreditkarten.

LP TIPP > **La Table de Pablo** (☏04 90 75 45 18; www.latabledepablo.com; Hameau Les Petits Cléments; Mittags-/Abendmenü ab 16/28 €; ☺Mi geschl., Do & Sa mittags) Dieses Restaurant in der Nähe von Villars ist das Reich des jungen Starkochs Thomas Gallardo. Seiner ersten Michelin-Erwähnung wird er mit innovativen kulinarischen Kreationen wie einer köstlichen Maissuppe mit Maronen oder einem cremigen Frischkäse-Frappé gerecht. Der von ihm gestaltete moderne und komfortable Speisesaal ist mit einheimischer Kunst dekoriert und lohnt den Abstecher durch die Kirschplantagen. Gallardo bietet auch Kochkurse an.

Südlich von Apt

Südlich der N100 gräbt die tiefe Combe de Lourmarin eine Nord-Süd-Schneise durch den Gebirgszug des Luberon. Der Petit Luberon (Kleiner Luberon) befindet sich auf der Westseite und seine Felslandschaft ist wie eine Torte mit verstreut liegenden *vil-*

lages perchés (Bergdörfer) verziert, die über dichten Zedernwäldern und den Weinbergen der Côtes du Luberon aufragen. Der Grand Luberon im Osten besticht durch dramatische Schluchten, imposante Festungen und Lavendelfelder.

⊙ Sehenswertes & Aktivitäten

Zu den Highlights gehören **Bonnieux**, das 2006 schlagartig durch den Hollywoodfilm *Ein gutes Jahr* als das Dorf bekannt wurde, in dem Russell Crowe alias Max Skinner, ein britischer Finanzmakler, in den Weinbergen der Provence die französische *joie de vivre* entdeckt.

Lacoste beherbergt das **Château de Lacoste** aus dem 9. Jh., in das sich der berüchtigte Marquis de Sade (1740–1814) zurückzog, als seine Texte für Paris zu skandalträchtig wurden. Die von dem Marquis verfassten erotischen Romane (von dessen Namen der Begriff „Sadismus" abgeleitet ist) wurden erst nach dem Zweiten Weltkrieg veröffentlicht. Der Palast mit seinen 45 Zimmern blieb eine gespenstische Ruine, bis ihn der Modeschöpfer Pierre Cardin zu einer Theater- und Opernbühne umbauen ließ, auf der im Juli das einmonatige **Festival de Lacoste** stattfindet (www.festivaldelacoste.com).

Wer die steilen Straßen hinauf nach **Ménerbes** erklimmt, das auf einer Bergspitze thront, wird mit einem unverstellten Ausblick belohnt. In dem Labyrinth aus Straßen verstecken sich eine **Dorfkirche** aus dem 12. Jh. und die fabelhafte **Maison de la Truffe et du Vin** (☏04 90 72 52 10; www.vin-truffe-luberon.com; place de l'Horloge; ☺Do–Sa 10–12.30 & 14–17 Uhr, Juli & Aug. tgl.), wo die Trüffel- und Winzergenossenschaft des Luberon 60 Winzereien vertritt und ihre Weine zu senationell günstigen Preisen anbietet. Im Juli und August werden zweistündige Weinproben (20 €) und Trüffel-Workshops (95 €) angeboten.

Ménerbes zog die Aufmerksamkeit einer millionenfachen Leserschaft auf sich, als es von dem britischen Autor Peter Mayle literarisch verewigt wurde. In den Büchern *Ein guter Jahrgang* und *Toujours Provence* beschrieb Mayle detailliert, wie er Ende der 1980er-Jahre einen *mas* direkt außerhalb des Dorfes restaurierte. Anschließend verkaufte er das Haus wieder und zog ins Ausland, doch die reizvolle Landschaft des Luberon zog ihn zurück nach Lourmarin. Sein früheres Zuhause 2 km südöstlich von

Ménerbes an der D3 in Richtung Bonnieux ist das zweite Haus auf der rechten Seite direkt hinter dem Fußballplatz.

Oppède-le-Vieux, ein mittelalterliches Dorf 6 km südwestlich von Ménerbes, wurde 1910 von den Dorfbewohnern verlassen, die hinunter ins Tal zu den bebauten Ackerflächen zogen, um sich dort ihren Lebensunterhalt zu verdienen. Heute leben hier eine Handvoll Künstler (20 Ew.) zwischen malerischen Ruinen. Der **Sentier Vigneron d'Oppède**, eine 1½-Stunden-Weinstraße, schlängelt sich zwischen Olivenhainen, Kirschplantagen und Weinbergen hindurch.

Lila Lavendel überzieht das **Plateau de Claparèdes** zwischen Buoux (im Westen), Sivergues (im Süden), Auribeau (im Osten) und dem malerischen **Saignon** (im Norden). Den Weg durch die Lavendelfelder und entlang der Nordhänge des **Mourre Nègre** (1125 m) kann man zu Fuß, mit dem Rad oder dem Motorrad erkunden. Ein lohnenswerter Abstecher ist das wunderschöne Saignon, bevor es wieder weiter über die Straßen geht.

Am unteren Ende der Combe de Lourmarin und im Gegensatz zu den vielen spektakulär hoch gelegenen Bergdörfern des Luberon leicht zugänglich liegt das charmante Dorf **Lourmarin**. Hier lockt ein Spaziergang mit zauberhaften Straßen, Cafés und einem quirligen **Markt am Freitagmorgen**.

🛏 Schlafen

Le Clos du Buis HOTEL, ZIMMER MIT FRÜHSTÜCK €€
(☎04 90 75 88 48; www.leclosdubuis.fr; rue Victor Hugo, Bonnieux; DZ 84–112 €, Ferienhäuser pro Woche ab 300 €; ☺Mitte Feb.–Mitte Nov.; ✳🛜🖥♿) Mitten im Dorf liegt dieses steinerne Stadthaus mit Blick auf einen großen Garten. Im Speisesaal gibt's zu den *tables d'hôtes* (Menü zum Festpreis; auf Reservierung) die Aussicht gleich gratis dazu und Selbstversorger finden hier auch eine Küche. Ein Zimmer ist rollstuhlgerecht.

LP TIPP **Auberge de Presbytère**
HISTORISCHES HOTEL €€
(☎04 90 74 11 50; www.auberge-presbytere.com; place de la Fontaine, Saignon; DZ 85–145 €; ☺Mitte Jan.–Mitte Feb. geschl.) Im 11. und 12. Jh. befanden sich hier drei Presbyterien. Heute ist das Ganze ein Dorfgasthaus mit hübschen Zimmern samt Holzbalken und einem verlockenden **Restaurant** (Menü 26–35 €) mit Terrasse und Blick auf den Dorfbrunnen. Am schönsten sind die Zimmer im hinteren

Teil des Hauses, die auf die Ruinen und das Tal schauen.

La Magnanerie ZIMMER MIT FRÜHSTÜCK €€
(☎04 90 72 42 88; route de Bonnieux, Lieu-dit le Roucas, Ménerbes; DZ 95 €; ☺Mitte März–Mitte Nov. & Mitte Dez.–Anf. Jan.; 🛜🖥) In dieser einladenden *maison d'hôtes* in den erhabenen, dunstigen Bergen werden sechs stilvolle Zimmer und dazu hausgemachte Marmeladen und Fruchtpasteten zum Frühstück angeboten. Gäste dürfen in der Sommerküche grillen. Das Gasthaus liegt 200 m weiter in einer Gasse, die von der D103 aus ausgeschildert ist. Keine Kreditkarten.

Le Mas de Foncaudette
ZIMMER MIT FRÜHSTÜCK €€
(☎04 90 08 42 51; www.foncaudette.com; ab D27 zw. Lourmarin & Puyvert ausgeschildert; DZ 110 €; 🛜🖥♿) Farbenfrohe Zimmer und ideale Suiten für Familien umgeben hier einen zentralen Innenhof, der von einem Feigenbaum beschattet wird. Die tolle Lage bietet eine schöne Aussicht ins Tal.

Chambre de Séjour avec Vue
ZIMMER MIT FRÜHSTÜCK €€
(☎04 90 04 85 01; www.chambreavecvue.com, auf Frz.; Saignon; DZ/Apt. 80/100 €) Das Künstlerehepaar Kamila Regent und Pierre Jaccaud sind die kreativen Köpfe hinter diesem beeindruckenden Landhaus aus dem 16. Jh., das zu einer Mischung aus *chambre d'hôtes* und Künstleratelier umgebaut wurde.

🍴 Essen

LP TIPP **Véranda** FRANZÖSISCH, MODERN €€
(☎04 90 72 33 33; 104 av. Marcellin Poncet, Ménerbes; mittags Hauptgerichte 10–13 €, Abendmenü 38 €; ☺Di–So mittags, Di–Sa abends) Der weit gereiste Küchenchef Laurent Jouin kreiert eindrucksvolle kulinarische Kunstwerke in seinem hervorragenden Restaurant hoch oben im Dorf mit Blick auf das Tal. Seine mühelos eleganten Gerichte bestehen größtenteils aus saisonalem Obst und Gemüse. Und für die köstlichen Räucherlachsravioli könnte man sterben!

LP TIPP **Ferme Auberge Le Castelas**
BAUERNKÜCHE €€
(Chez Gianni; ☎04 90 74 60 89; Sivergues; Menü inkl. Wein 25–30 €; ☺nur März–Dez. auf Reservierung) Abseits von allem gelegen, empfängt dieses bäuerliche Restaurant Promis wie Catherine Deneuve, die hier einfach mal per Hubschrauber vorbeischauen, um an den langen Gemeinschaftstischen aus Holz von üppigen Platten zu speisen. Zu

den Schlemmereien frisch vom Bauernhof gehören mundgerechte Baguettebissen mit *tomme* (milder, halbfester Kuhmilchkäse) und gebratene Spanferkel.

Auberge La Fenière GOURMETKÜCHE, HOTEL €€€
(☏04 90 68 11 79; www.reinesammut.com; route de Cadenet; 🛜🏊) Dieses restaurierte Postamt 3 km südlich von Lourmarin ist auf jeden Fall einen Besuch wert, sowohl des ausgezeichneten Essens als auch der idyllischen Unterkünfte wegen (EZ/DZ ab 150/180 €). Hier ist das Reich von Sterne-köchin Reine Sammut, die ihr exzellentes **Restaurant** (Mittags-/Abendmenü ab 46/80 €) und ihr schlichteres, aber ebenfalls wun-derbares **Bistro** (Menü ab 35 €) aus dem eige-nen Küchengarten versorgt.

La Bastide de Capelongue
GOURMETKÜCHE, HOTEL €€€
(☏04 90 75 89 78; www.capelongue.com; Mit-tags-/Abendmenü ab 70/120 €; ⊙Mitte Nov.–Mit-te März geschl.) Hoch über Bonnieux thront diese Bastion von Koch-Wunderkind Édou-ard Loubet, der aus der Moulin de Lourma-rin mit seinen zwei Michelin-Sternen hier-her umzog. Das Hotel (DZ ab 160 €) ist von Edouards Mutter liebevoll gestaltet und sei-ne Großmutter lieferte die Inspiration für viele seiner berühmten Rezepte.

Café du Progrès CAFÉ €
(☏04 90 72 22 09; place Albert Roure, Ménerbes; Menü 13–16 €; ⊙mittags, Bar 6–24 Uhr) Diese Mischung aus Bar, Tabakladen und Zei-tungskiosk wird von dem gut gelaunten Patrick betrieben und hat sich kaum verän-dert, seit es vor einem Jahrhundert eröffnet wurde. Diese absolut authentische Adresse ist perfekt für einen Abstecher zum Mittag-essen und bietet eine spektakuläre Aussicht auf die Landschaft.

Auberge de l'Aiguebrun KNEIPE, BISTRO €€€
(☏04 90 04 47 00; www.aubergedelaiguebrun. fr; DZ 175–205 €; ❄🏊) Hier tafeln die Gäste an Steintischen auf einer gepflasterten Ter-rasse mit Blick auf das Flussufer (Mittags-/ Abendmenü 27/45 €) oder spazieren durch den Park mit Pfauen, einem Treibhaus und einem Taubenschlag. Das Gasthaus befin-det sich mitten im eindrucksvollen Herzen der Combe de Lourmarin, 6 km südöstlich von Bonnieux an der D943.

L'Art Glacier EISDIELE €
(☏04 90 77 75 72; Les Hautes Terres, Ansouis; ⊙verschieden) Noch etwas weiter abseits gibt es Eiscremekunst vom Feinsten. Michel und Sigrid Perrière stellen per Hand unzählige Sorten der süßen Sünde her: von Lavendel-über Sesam- bis hin zu Cassis-Eis. Die Eis-diele liegt zwischen Ansouis und La Tour d'Aigues auf einer Bergspitze an der D9 (nach den Schildern an den Kreiseln Ausschau hal-ten). Den Rundumblick gibt es gratis dazu.

NORDÖSTLICHE PROVENCE

Die hohen Bergketten der Haute-Provence krönen die Côte d'Azur bis zur italienischen Grenze mit schneebedeckten Gipfeln und spektakulären Tälern. Westlich davon ziert eine Abfolge von hübschen, touristisch noch unerschlossenen Bergdörfern und Lavendel-feldern die Vallée de la Durance. Das magi-sche Moustiers Ste-Marie ist das Schleusen-tor zum reißenden Wildwasser von Europas größtem Canyon, den Gorges du Verdon. Östlich davon besticht das „Tal der Wunder" mit 36 000 Felsgravuren aus der Bronzezeit. Hoch im Norden liegen im Winter die Ski-pisten und im Sommer die Berghöfe der Val-lée de l'Ubaye und der Vallée de la Blanche. Außerhalb der Skigebiete schließen viele Lokale und Hotels über den Winter.

Vallée de la Durance

Am Westrand derHaute-Provence windet sich der 324 km lange Fluss Durance, ein Zufluss der Rhone, an der Via Domitia ent-lang. Über diese Straße fielen die Römer seinerzeit in ganz Frankreich ein.

⊙ Sehenswertes & Aktivitäten

Zu den größten Sehenswürdigkeiten der Region gehört das **Pays de Forcalquier**, das glücklicherweise abseits der üblichen Tou-ristenrouten liegt. Hier finden sich hübsche Bergdörfer und malerische, mit Wildblu-men übersäte Landschaften. Im Zentrum liegt die namensgebende Stadt **Forcalquier** auf einem Felsgipfel, deren phantastischer **Montagsmarkt** Einheimische aus der gan-zen Region anlockt. Steile Stufen führen hinauf zur goldgekrönten **Zitadelle** und achteckigen Kapelle, in der an den meisten Sonntagen zwischen 11.30 und 12.30 Uhr Glockenspielkonzerte stattfinden. Auf dem Weg nach oben liegen zahlreiche Werkstät-ten einheimischer Kunsthandwerker, die Keramik und Möbel anbieten.

Es gibt kaum einen friedlicheren Ort in der Provence als den **Prieuré de Salagon** (📞04 92 75 70 50; www.musee-de-salagon.com, auf Frz.; Erw./Kind 6/3,60 €; ⏱10–19.30, Okt. & Feb.–April 14–17 Uhr, Nov. & Dez. So 14–17 Uhr, Jan. geschl.) 4 km südlich von Forcalquier außerhalb der Stadtmauern von Mane. Hier gibt es wunderschöne Parks und in der restaurierten Priorei finden Konzerte und Ausstelllungen statt.

In **St-Michel l'Observatoire** geht es über gewundene Pfade und vorbei an kleinen Werkstätten hinauf zu einem Aussichtspunkt auf dem Berggipfel. Hinter der Église Haute aus dem 12. Jh. bietet sich ein Rundumblick vom Luberon bis zu den Alpen. Ganz in der Nähe liegt auch das **Observatoire de Haute-Provence** (📞04 92 70 64 00; www.obs-hp.fr, auf Frz.; Erw./Kind 2,50/1,50 €), ein nationales Forschungszentrum. Karten für die 30-minütige Führung gibt es beim Ticketbüro am Dorfplatz von St-Michel.

> **LP TIPP** Der **Prieuré de Ganagobie** (📞04 92 68 00 04; ⏱Di–So 15–17 Uhr) 10 km südlich von Les Mées bietet Besuchern die Chance, durch stille Hügellandschaften zu spazieren und den erhabenen Zauber seines noch in Betrieb befindlichen Benediktinerklosters aus dem 10. Jh. zu genießen. Die Kapelle ist der einzige geschlossene Bereich des Klosters, das ansonsten komplett für Besucher geöffnet ist. Sein herrliches Bodenmosaik aus dem 12. Jh. ist das größte seiner Art in Frankreich. Im Klosterladen gibt es handgemachte Seifen, Honig und ähnliche Produkte, alle aus klostereigener Herstellung. Außerdem ist eine kleine Sammlung archäologischer Fundstücke ausgestellt, die vor Ort entdeckt wurden.

Absolut sehenswert ist **Sisterons** spektakuläre Zitadelle, eine imposante Festung, die zwischen dem 3. und 16. Jh. erbaut wurde und auf einem Felsen über einem Quertal thront. Die Stadt selbst verströmt authentisches Flair und ist kein bisschen touristisch. Die Touristeninformation bietet 1¼-stündige **Rundgänge** (1 €) an. Während des Festival des Nuits de la Citadelle von Mitte Juli bis Mitte August finden hier klassische Open-Air-Konzerte statt.

🛏 Schlafen & Essen

> **LP TIPP** **Le Vieil Aiglun**
> ZIMMER MIT FRÜHSTÜCK €€
> (📞04 92 34 67 00; www.vieil-aiglun.com; außerhalb von Aiglun; EZ/DZ 65/85 €; ✈) Rückzugs-

ort in der zauberhaften Bergenklave eines sorgfältig restaurierten keltischen Dorfes. Eine alte Kirche aus dem Jahr 1555 befindet sich noch immer hinter dieser einzigartigen und wundervollen *chambre d'hôtes*, wo einfach jedes Detail stimmt. 11 km südwestlich von Digne-les-Bains.

Mas Saint-Joseph   ZIMMER MIT FRÜHSTÜCK €€
(📞04 92 62 47 54; www.lemassaintjoseph.com; Châteauneuf-Val-St-Donat; DZ/4BZ ab 54/92 €; ⏱April–Okt.; ✈ 📶) Was für eine Lage: Dieses umgebaute Bauernhaus liegt über einem wunderschönen Tal und ist von mehrstufigen Terrassen und Blumenbeeten umgeben. Akzente aus altem Holz stehen in reizvollem Kontrast zu puristisch weißgekalkten Zimmern. Angenehme Extras sind ein Whirlpool und eine Gemeinschaftsküche. An der D951 nach Sisteron.

Auberge La Bannette
ZIMMER MIT FRÜHSTÜCK, FRANZÖSISCH, KLASSISCH €
(📞04 92 34 68 88; www.aubergelabannette.com, auf Frz.; EZ/DZ ab 48/53 €) Die freundliche Familie Wisner führt dieses Bauerngasthaus mit Blick auf das Dörfchen Thoard. Rustikale Hütten liegen hier unter sternbedecktem Himmel und das Nachtmahl gleicht einem mittelalterlichen Gelage (*menu* für Gäste 20 €).

La Magnanerie   HOTEL, GOURMETKÜCHE €€
(📞04 92 62 60 11; www.la-magnanerie.net; N85; Menü 17–50 €; ⏱mittags & abends) Im zurückhaltend-eleganten Speisesaal dieses erst kürzlich von Logis de France ausgezeichneten Hotels ist Entspannung angesagt. Das Hotel liegt 1 km nördlich von Château-Arnoux-St-Auban. Zu den gekonnt angerichteten Speisen gehört auch eine perfekt gegarte Ente, die mit Himbeersauce serviert wird. Die eleganten Zimmer kosten ab 59 €.

Restaurant La Marmite du Pêcheur
GOURMETKÜCHE €€
(📞04 92 34 35 56; Les Mées; Menü 20–56 €; ⏱Do–Mo mittags & abends) Küchenchef Christophe Roldan bereitet sündhaft gute mehrgängige Menüs mit Foie gras und zartem, langsam gegartem Lamm zu.

ℹ Praktische Informationen

Touristeninformation von Forcalquier
(📞04 92 75 10 02; www.forcalquier.com; 13 place du Bourguet; ⏱Mo–Sa 9–12 & 14–18 Uhr)

Gorges du Verdon

Europas größter Canyon, die tiefen Gorges du Verdon, die seit 1997 im Rahmen des Parc Naturel Régional du Verdon unter Naturschutz stehen, schneiden eine 25 km lange Bahn durch das Kalksteinplateau der Provence.

Die Hauptschlucht beginnt bei Rougon in der Nähe des Zusammenflusses von Verdon und Jabron und schlängelt sich westwärts, bis die grünen Wasser des Verdon in den Lac de Ste-Croix fließen. Bei schwindelerregenden 250 bis 700 m Tiefe ist die Schlucht nur 8 bis 90 m breit, während ihre überkragenden Kanten 200 bis 1500 m auseinanderliegen.

Die zwei wichtigsten Startpunkte für eine Erkundung der Schlucht sind die Dörfer Moustiers-Ste-Marie im Westen und Castellane, das östlich von Rougon liegt.

◉ Sehenswertes

Die Tiefen der Schlucht sind nur zu Fuß oder per Boot zugänglich. Auto-, Motorrad- und Radfahrer können von zwei schwindelerregenden Klippenstraßen phantastische Rundblicke genießen. In Castellane balanciert die **Chapelle Notre-Dame du Roc** in spektakulärer Höhe über der Stadt auf einer Felsnadel.

Das auch als *étoile de Provence* (Stern der Provence) bezeichnete, reizende kleine Dorf **Moustiers Ste-Marie** (635 €, Höhe 634 m) hat sich diesen Titel redlich verdient. Zwischen zwei Kalksteinfelsen eingekeilt, bietet es eine gute Aussicht auf freie Felder und entfernt gelegene Berge. Eine 227 m lange Goldkette mit einem glänzenden Stern sei, so die Legende, vom Ritter von Blacas über die Stadt gelegt worden, weil dieser so froh über seine Rückkehr von den Kreuzzügen war. Unterhalb des „Sterns der Provence" klammert sich die **Chapelle Notre-Dame de Beauvoir** (Führungen Erw./Kind 3 €/frei; ⊘Führungen Juli–Aug. Di & Do 10 Uhr) aus dem 14. Jh. an einen Felsen; sie wurde am Standort eines Tempels um 470 n. Chr. errichtet. Moustiers ist auch bekannt für seine dekorativen **Fayencen** (Keramiken); 15 Werkstätten zeigen hier ihre individuellen Stile.

🏃 Aktivitäten

Radfahren & Autofahren

Die **Route des Crêtes** (D952 & D23; ⊘Nov.–Feb. geschl.) zieht sich in Haarnadelkurven über die nördliche Klippe vorbei am **Point Sublime**, der einen Nadelöhrblick auf gezackte Felsformationen bietet, die zum Fluss weiter unten abfallen. Der beste Blick von der Nordseite ergibt sich vom **Belvédère de l'Escalès**.

Ebenfalls herzschlagbeschleunigend wirkt **La Corniche Sublime** (die D955 zur D71 und zur D19), die sich über die südliche Klippe schlängelt, vorbei an den **Balcons de la Mescla** (Mescla-Terrassen) und dem **Pont de l'Artuby** (Artuby-Brücke), der höchsten Brücke Europas.

Eine komplette Umrundung der Gorges du Verdon über Moustiers-Ste-Marie bedeutet 140 km pausenloses Kurvenfahren. Die Touristeninformationen von Castellane und Moustiers haben Streckenkarten. Das einzige Dorf auf der Tour ist **La Palud-sur-Verdon** (930 m). Im Winter können die Straßen vereist oder verschneit sein und das ganze Jahr über besteht Steinschlaggefahr. Im Sommer bilden Wohnmobile das größte Hindernis, da sich auf den engen Straßen so gut wie keine Möglichkeiten zum Überholen bieten.

Wandern

Ein Großteil des Canyons kann über den oft schwierigen GR4 bewältigt werden, eine Route, die von der IGN-Karte 34420T *Gorges du Verdon* im Maßstab 1:25 000 abgedeckt wird. Die ganze Route umfasst zwei Tage, obwohl auch kürzere Abstiege im Canyon möglich sind. Taschenlampe (Blinklicht) und Trinkwasser dürfen auf den Wanderungen nicht fehlen. Das Campen auf den Kiesstränden ist illegal; das Wasser steigt hier schnell an und schwemmt Dinge weg. Am besten vor dem Start bei der Touristeninformation nachfragen.

Neben den Abstiegen in die Schlucht erstrecken sich noch Dutzende von Wanderwegen von Castellane und Moustiers aus durch die urwüchsige Landschaft. Der erstklassige (englischsprachige) Führer *Canyon du Verdon* (4,20 €), der bei der Touristeninformation erhältlich ist, listet 28 Wanderwege durch die Gorges auf und die Karte *Canyon du Verdon* zeigt ebenfalls fünf.

Outdooraktivitäten

Die Touristeninformationen in Castellane und Moustiers haben vollständige Listen mit Firmen, die Rafting, Canyoning, Reiten, Bergsteigen, Radfahren und mehr anbieten. Der neueste Schrei in Sachen Nervenkitzel ist das sogenannte **Floa-**

ting: Dabei lässt man sich nur mit einem Schwimmsack auf dem Rücken durch den Fluss treiben.

Castellane ist der Hauptsitz aller Wassersportanbieter; alle haben Touren in ähnlicher Preisklasse (April–Sept., auf Reservierung) im Programm. Eltern sollten bedenken, dass viele Aktivitäten für Kinder unter acht Jahren nicht geeignet sind.

Guides Aventure — OUTDOORSPORT
(☑06 85 94 46 61; www.guidesaventure.com) Canyoning (halber/ganzer Tag 45/70 €), Felsklettern, Rafting (55/75 €) und „Floating" (50/90 €).

Latitude Challenge — BUNGEE-JUMPING
(☑04 91 09 04 10; www.latitude-challenge.fr, auf Frz.; 105 €) Adrenalin-Junkies stürzen sich vom 182 m hohen Pont d'Artuby.

Aboard Rafting — WASSERSPORT
(☑/Fax 04 92 83 76 11; www.aboard-rafting.com; place de l'Église, Castellane) Wildwasser-Rafting und Canyoning-Touren.

🛏 Schlafen & Essen

CASTELLANE & UMGEBUNG
Den nahe gelegenen Fluss säumen saisonal geöffnete Campingplätze. Hotels und Restaurants drängen sich vor allem um den zentralen Platz, die Place Marcel Sauvaire, und die Place de l'Église.

Gîte de Chasteuil — ZIMMER MIT FRÜHSTÜCK €
(☑04 92 83 72 45; www.gitedechasteuil.com; Hameau de Chasteuil; EZ/DZ/3BZ ab 56/66/84 €) Diese unwiderstehliche *chambre d'hôtes* in einem alten Schulhaus in dem Weiler Chasteuil aus dem 16. Jh. bietet einen phantastischen Blick auf die Berge 12 km westlich von Castellane. Die tadellosen Zimmer mit steif gestärkter Bettwäsche sind eine perfekte Anlaufstelle für Wanderer auf dem GR4, der direkt vor dem Haus verläuft.

Domaine de Chasteuil Provence
CAMPINGPLATZ €
(☑04 92 83 61 21; www.chasteuil-provence.com; Platz 14,50–25 €; ☉Mai–Sept.; 🌧🏊) Schönes, grünes Gelände, Plätze optional mit Stromanschluss und Holzhütten (ab 105 € für 2 Nächte und 4 Pers.). Direkt südlich von Castellane.

Nouvel Hôtel Restaurant du Commerce
HOTEL, PROVENZALISCH €€
(☑04 92 83 61 00; www.hotel-fradet.com; place de l'Église; EZ/DZ 75/95 €; ☉März–Okt.; 🏊@🌧) Dieses besonders freundliche Hotel blickt auf einen großen Garten. Am bekanntesten

ist es für sein rustikales **Gourmetrestaurant** (Menü 22–28 €), das provenzalische Spezialitäten auftischt.

Auberge du Teillon — PROVENZALISCH €€
(☑04 92 83 60 88; D4805 nach Grasse; Menü €22–34; ☉Di–So mittags, Di–So abends, Mitte Nov.–Mitte März geschl.) Die Einheimischen strömen in das 5 km östlich von Castellane gelegene La Garde, um hier die beste Küche der Gegend zu genießen: hausgemachte Pâté oder zart gebratenes Täubchen.

MOUSTIERS & UMGEBUNG

🔷 LP TIPP — Le Petit Ségriès
ZIMMER MIT FRÜHSTÜCK €
(☑04 92 74 68 83; www.gite-segries.fr; EZ/DZ ab 50/60 €) Die freundlichen Gastgeber Sylvie und Noël bieten sechs typisch französische Zimmer und quirlige *tables d'hôtes* an (21 € inkl. Wein). Auf den Tisch aus massivem Kastanienholz kommen Gerichte wie farmfrisches Lamm, Kaninchen oder Berghonig. Fahrräder können geliehen werden (19 €/ halben Tag) oder man meldet sich zu einer Radtour an (ab 65 €).

La Bastide de Moustiers
LUXUSHOTEL, GOURMETKÜCHE €€€
(☑04 92 70 47 47; www.bastide-moustiers.com; DZ ab 240 €, Menü 55–75 €; 🏊🌧) Dieses exquisite provenzalische Haus im Besitz des legendären Meisterkochs Alain Ducasse ist in ganz Frankreich für seine tolle Küche bekannt – daher auch der Hubschrauberlandeplatz im Garten. Die Zimmer sind genauso raffiniert wie die Küche; Frühstück wird auf einer Terrasse im Schatten einer alten Platane serviert, während Hirschkälber über das Gelände staksen.

La Ferme Rose — LANDHOTEL €€
(☑04 92 75 75 75; www.lafermerose.com; chemin de Quinson; DZ 78–148 €; 🏊🌧) Dieses umgebaute Bauernhaus steckt voller Kuriositäten wie einer Wurlitzer-Orgel und einer Vitrine mit Kaffeemühlen. Die zwölf Boutique-Zimmer mit bestickten Baldachinen sind nach der Farbe benannt, die jeden der schick gestalteten Schlafplätze in Szene setzen. Das Hotel liegt 1 km von Moustiers entfernt an einem Abzweig der D952.

🔷 Le Petit Lac — CAMPINGPLATZ €
(☑04 92 74 67 11; www.lepetitlac.com; route du lac de Ste-Croix; Platz pro Pers. 14–22 €, Öko-Häuschen pro Woche ab 229 €; ☉Campen Mitte Juni–Sept., Hütten April–Mitte Okt.;

🛏) Dieser auf Aktivurlaub ausgerichtete Campingplatz in einem friedlichen Örtchen am Seeufer hat tolle Öko-Häuschen (zwei Nächte Mindestaufenthalt) mit Wänden aus Hanffaser, Solar-Warmwasser und Ökostrom.

La Ferme Ste-Cécile

GOURMETKÜCHE €€

(📞04 92 74 64 18; D952, quartier St-Michel; Menü 26–35 €; ⏰Di–So mittags & abends, Mitte Nov.–Dez. geschl.) Hier stehen die besten Gerichte der Haute-Provence zur Auswahl. Unter den köstlichen kulinarischen Überraschungen, die auf der Terrasse dieser authentischen *ferme auberge* serviert werden, findet sich u. a. eine hauchdünne Scheibe Roquefort mit Birne in Filoteig gebacken oder Foie gras, eingehüllt in süßes Quittengelee. Alles auf der Karte ist saisonabhängig, auch die erlesene Crème brûlée mit frischen Trüffeln!

Les Comtes EUROPÄISCHE FUSIONSKÜCHE €€

(📞04 92 74 63 88; rue de la Bourgade; Hauptgerichte 16–28 €; ⏰Di–So mittags, Di–Sa abends, Nov.–Feb. geschl.) Das entspannte Menü beginnt mit einem Aperitif aus Bergfrüchten. Danach folgen Gerichte wie Sepia-Tagliatelle mit Safran. Im Sommer wird das Essen draußen in der Sonne serviert, im Winter in dem mosaikverzierten Speisesaal.

❶ Praktische Informationen

TOURISTENINFORMATION Castellane (www.castellane.org; rue Nationale; ⏰Juli & Aug. 9–13 & 14–19 Uhr, Sept.–Juni Mo–Fr 9.15–12 & 14–18 Uhr)

Moustiers Ste-Marie (📞04 92 74 67 84; www.moustiers.fr; ⏰tgl., Öffnungszeiten variieren) Touristeninformation der Spitzenklasse mit gut informiertem Personal und exzellentem Broschürenangebot für die Erkundung der Gegend.

❶ An- & Weiterreise

Öffentliche Verkehrsverbindungen rund um die Gorges du Verdon sind begrenzt. Die Website der Touristeninformation in Moustiers gibt Auskunft über die aktuellen Fahrpläne.

Im Juli und August und von April bis September fahren an den Wochenenden die Pendelbusse Navettes des Gorges (7 €) zwischen Castellane und Point Sublime, La Palud, La Maline und Moustiers. Die Touristeninformationen halten Fahrpläne und Infos zum Fahrradverleih bereit.

Parc National du Mercantour

Der völlig isoliert gelegene und atemberaubend schöne Parc National du Mercantour (www.mercantour.eu) ist eine der letzten Bastionen unberührter Wildnis in Frankreich. Das Gelände ist bergig, aber die Sonnenscheindauer (im Extremfall 300 Tage pro Jahr) ist definitiv provenzalisch. Der Park erstreckt sich über sechs Täler (Ubaye, Haut Verdon, Haut Var, Tinée, Vésubie und Roya-Béréva).

VALLÉE DE L'UBAYE

Die Vallée de l'Ubaye ist umzingelt von einem Auf und Ab schroffer Berge. Die einzige Stadt im Tal, **Barcelonnette** (Höhe 1135 m), ist durch ein mexikanisches Erbe geprägt, das sich in einer faszinierenden, völlig unalpinen Architektur zeigt. Zwischen dem 18. Jh. und dem Zweiten Weltkrieg wanderten 5000 Einwohner von Barcelonette nach Mexiko aus, um dort ein Vermögen in der Seiden- und Wollwebindustrie zu machen. Nach ihrer Rückkehr ließen sie stattliche Häuser in der ganzen Stadt bauen.

8,5 km südwestlich erheben sich die Zwillingsskigebiete **Pra Loup 1500** (auch Les Molanes genannt) und **Pra Loup 1600** (das mehr Infrastruktur und Nachtleben zu bieten hat). Beide sind durch ein Liftsystem mit dem Skigebiet **La Foux d'Allos** verbunden. Pra Loup hat 50 Lifte zwischen 1600 und 2600 m und eine Pistenlänge von 180 km mit einem Höhenunterschied von fast 1000 m. Im Sommer ist es ein Paradies für Wanderer und Mountainbiker. Anbieter in **Le Martinet** verleihen Mountainbikes und organisieren geführte Radtouren.

Die **Touristeninformation** (📞04 92 84 10 04; www.praloup.com; ⏰Mai–Nov. 9–12 & 14–17 Uhr, Dez.–April 9–19 Uhr) hält Unterkunftslisten bereit. Kostenlose Pendelbusse verkehren zwischen Barcelonnette und Pra Loup.

VALLÉE DE LA VÉSUBIE

Die Vallée de la Vésubie ist ein nur von Süden her zugängliches Sacktal, das wegen seiner Nähe zur Côte d'Azur oft als die „Schweiz von Nizza" bezeichnet wird. In **St-Martin-Vésubie** organisiert **Escapade Bureau des Guides** (📞04 93 03 31 32; www.guidescapade.com; place du Marché; ⏰Juli & Aug.) geführte Wanderungen, Klettertouren (35 €) und Canyoning (30–60 €) und bietet Touren in die Vallée des Merveilles.

VALLÉE DE LA BLANCHE & LAC DE SERRE-PONÇON

Die abgelegene und dünn besiedelte schöne **Vallée de la Blanche** (www.valleedel ablanche.com) ist ein unverdorbenes Naturparadies. Das wichtigste Feriengebiet (was fast schon übertrieben klingt, weil der Ort so winzig ist) ist **St-Jean Montclar** in 1350 m Höhe. Es ist besonders für Familien geeignet und bietet im Winter Skifahrt- und im Sommer reichlich Wandermöglichkeiten an. Die **Touristeninformation** (04 92 30 92 01; www.montclar.com) hält jede Menge Infomaterial bereit.

Direkt an der Grenze zwischen Haute-Provence und Hautes-Alpes liegt Europas größter von Menschen angelegter See, der **Lac de Serre-Ponçon**. Er liegt hoch oben in den Bergen und fließt hinunter in die Vallée de l'Ubaye. Die größte Stadt im Umkreis des Sees ist **Embrun** (auf 870 m Höhe). Sie war die römische Alpenhauptstadt und später ein Bischofssitz. Ihr bezauberndes Gewirr aus gepflasterten Straßen führt zu einer auffällig in Schwarz und Weiß gehaltenen Kathedrale. In der Stadt bietet es sich an, sich für ein Picknick mit Erzeugnissen direkt vom Bauernhof in **La Ferme Embrunaise** (04 92 43 01 98; place Barthelon) und in der Chocolaterie und Pâtisserie **Luc Eyriey** (04 92 43 01 37; place Barthelon) einzudecken.

Tief im Wald verborgen, 3 km bergauf vom Ostufer des Sees, liegt die schöne **Abbaye de Boscodon** (04 92 43 14 45; Crots; Eintritt 3,50 €; Mo–Sa 8.30–19, So 12.15–19 Uhr) aus dem 12. Jh.

Die **Touristeninformation** (04 93 03 21 28; www.saintmartinvesubie.fr, auf Frz.; place Félix Faure; Mo–Sa 9–12 & 14–18, So 9–12 Uhr) und das **Besucherzentrum des Parc National du Mercantour in St-Martin-Vésubie** (04 93 03 23 15; 9–12 & 14–18 Uhr) bieten eine Menge Informationen.

Nachdem er 1000 Jahre lang konsequent gejagt wurde, kam es 1930 zum endgültigen Aussterben des Wolfs (Canis lupus) in Frankreich. 1992 wurden jedoch zwei „seltsam aussehende Hunde" bei Utelle gesichtet. Seitdem erleben die Wölfe hier ein natürliches Comeback, indem sie über die Alpen von Italien her einwandern. Hoch oben in den Bergen von Le Boréon können Besucher bei **Alpha** (04 93 03 33 69; www. alpha-loup.com; Le Boréon; Erw./Kind 10/8 €) selbst erleben, wie der Mensch mit dem Wolf zu leben lernt: Hier können die Wölfe in freier Wildbahn beobachtet werden. Besuche sind das ganze Jahr über möglich, aber die Öffnungszeiten variieren; am besten vorher anrufen oder auf der Website nachsehen.

Ein magischer Ausblick auf die Berge entfaltet sich von der Holzterrasse des abgelegenen **Le Boréon** (04 93 03 20 35; www. hotel-boreon.com, auf Frz.; DZ/3BZ 67/96 €, HP pro Pers. 64 €), einem typischen Chalet. Hier können sich die Gäste in einem der ein Dutzend Räume einkuscheln und dem Schneeflockentreiben draußen zusehen oder köstliche Alpenspezialitäten genießen (menu ab 22 €).

Im nahen **La Colmiane** 7 km westlich von St-Martin-Vésubie organisiert das **Bureau des Guides** (04 93 02 88 30) Outdooraktivitäten. **Colmiane Sports** (04 93 02 87 00) und **Ferrata Sport** (04 93 02 80 56) bieten Wandertouren an und verleihen Mountainbikes. Die kleine **Skistation** hat einen Sessellift zum Pic de la Colmiane (1795 m) und 30 km lange Skipisten sowie Wander- und Mountainbike-Strecken.

Das Angebot an öffentlichen Verkehrsmitteln ist in der Gegend sehr begrenzt, aber **TRAM** (04 93 85 92 60) bietet zweimal täglich Busse zwischen Nizza und St-Martin an.

VALLÉE DES MERVEILLES

Das „Tal der Wunder" birgt eine der verblüffendsten Sammlungen von bronzezeitlichen Felsritzungen der Welt. Die Gravuren stammen aus der Zeit zwischen 1800 und 1500 v. Chr. und werden einem ligurischen Ritus zugeschrieben. Die Freiluftgalerie zwischen Vallée de la Vésubie und Vallée de la Roya umfasst 36 000 Felsgravuren von menschlichen Gesichtern, Stieren und anderen Tieren, die sich rund um den Mont Bégo (2870 m) über eine Fläche von 30 km² erstrecken. Die Hauptzufahrtsstraße ins Tal ist die D91 in Richtung Osten, die von St-Dalmas de Tende in der Vallée de la Roya nach Castérino verläuft, wo der Parc National du Mercantour im Sommer ein **Parkbüro** (04 93 04 89 79) betreibt. Alternativ einfach die Sackgasse D171 befahren, die nördlich des Tals von Roquebillière in die Vallée de la Vésubie führt. Da die Gegend einen Großteil des Jahres schneebedeckt ist, bietet sich als beste Reisezeit die Periode zwischen Juli und September an (ansonsten sind Schneeschuhe erforderlich!).

Der Zutritt ist zum Schutz der wertvollen historischen Kunstwerke begrenzt: Wanderer sollten das Gelände nur mit einem offiziellen Führer betreten, dazu eines der **Besucherzentren des Parc National du Mercantour** (Castérino ☎04 93 04 89 79, Tende 04 93 04 67 00) oder einen der privaten Anbieter wie das **Bureau des Guides** (☎04 93 04 67 88; www.berengeraventures. com, auf Frz.; 6bis rue Grandis, Tende) kontaktieren.

Die Côte d'Azur & Monaco

Inhalt »

Gut essen

» Auberge de l'Oumède (S. 932)
» Luc Salsedo (S. 904)
» Mantel (S. 918)
» Les Charavins (S. 928)
» Les Deux Frères (S. 939)

Schön übernachten

» Château Eza (S. 939)
» Pastis (S. 930)
» Villa Rivoli (S. 902)
» Hôtel 7e Art (S. 916)
» La Colombe d'Or (S. 912)

Auf an die Côte d'Azur und nach Monaco

Die Côte d'Azur mit ihren glitzernden Buchten, idyllischen Stränden und dem fabelhaften Wetter verkörpert die guten Seiten des Lebens. Aber die azurblaue Riviera hat viel mehr zu bieten hat als nur Strände – wobei es von FKK bis zu abgeschiedenen Buchten oder exklusiven Clubs hier für jeden etwas gibt.

Daneben wartet die Côte d'Azur auch mit tollen Museen auf, u. a. für moderne Kunst von Weltrang, ebenso wie mit einer reichen Geschichte, die in Form von römischen Ruinen, Denkmälern zum Zweiten Weltkrieg und exzellenten Museen auf Erkundung wartet.

Freunde des guten Essens freuen sich auf den entspannten Bummel über Wochenmärkte, den Besuch auf Weingütern und den Genuss bester französischer Küche. Outdoorfans eröffnet sich ein breites Angebot an Küstenwanderwegen und Schnorchel- und Badegelegenheiten.

Reisezeit

Monaco

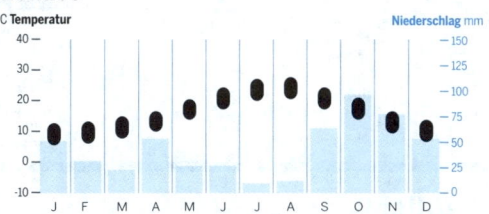

Februar Karnevalszeit mit zwei Wochen voller Festlichkeiten in Nizza und Menton.

Mai Der Jetset trifft sich zum Grand Prix in Monaco und zum Filmfestival in Cannes an der Riviera.

Juli Feuerwerk am 14. Juli, Outdoor-Clubbing in Cannes und Jazz in Antibes.

Highlights

① In den opulenten **Kasinos** von Monaco sein Glück versuchen (S. 941)

② Mit der Fähre zur **Île de Port-Cros** (S. 935) übersetzen und unverfälschte

Mittelmeerlandschaften genießen

③ Einen wunderbaren Tag in einem **Strandclub in St-Tropez** verbringen (S. 930)

④ Die Weingüter rund um Bandol abklappern und in der **Maison des Vins** (S. 937) einige der berühmten Weine der Region probieren

ALPES-MARITIMES

Comté de Nice

Plateau de Calern

Loup

N85

Gourdon

Vence

St-Paul
de Vence

Cagnes-
sur-Mer

N98

N7

Aéroport
International
Nice-Côte d'Azur

Côte d'Azur

Parc Naturel
Régional de la
Grande Corniche

N202

Moyenne
Corniche

Villefranche-sur-Mer

Nizza **7**

Grande Corniche

La Turbie

Éze

N7

Beaulieu-
sur-Mer

St-Jean-
Cap Ferrat

A8

Roquebrune

Beausoleil

6

Monaco

Corniche Inférieure

Tourettes

D5

Grasse

D562

Lac
de St-
Cassien

Biot

D103

N85

A8

Antibes

Golfe-Juan

Cannes **5**

Golfe
Juan

Golfe de
Napoule

Île Ste-
Marguerite

Île
St-Honorat

Cap
d'Antibes

ÎLES DE
LÉRINS

Juan-les-Pins

Théoule-sur-Mer

A8

N7

Massif de l'Estérel

Fréjus

Agay

Pic de l'Ours
(496 m)

Pic du
Cap Roux
(452 m)

N98

Le Dramont

St-Raphaël

N98

Ste-
Maxime

Golfe de
St-Tropez

Mittelmeer

naud **3**

La Moutte

t-Tropez

Plage de
Tahiti

59

Croix-
ner

Plage de
Pampelonne

ro
ch
ie de
calaire

Ramatuelle

Plage de
l'Escalet

Côte d'Azur

(N) 0 ————————— 20 km

5 Sich ordentlich aufbrezeln
und in **Cannes** die Nacht zum
Tag machen (S. 918)

6 Bei einer Fahrt entlang
der **Grande Corniche** (S. 939)

atemberaubende Ausblicke
aufs Mittelmeer genießen

7 In und um **Nizza** (S. 899)
auf den Spuren von Matisse
wandeln

Geschichte

Der östliche Teil von Frankreichs Mittelmeerküste einschließlich der heute als Côte d'Azur bekannten Region wurde im ersten vorchristlichen Jahrtausend von Ligurern aus Italien besiedelt. Um 600 v. Chr. kolonisierten Griechen aus Kleinasien die Küste beim heutigen Marseille (Massilia), Hyères, St-Tropez, Antibes und Nizza. Gegen die Bedrohung einer Invasion von Keto-Ligurern aus Entremont von Massilia zu Hilfe gerufen, triumphierten die Römer 125 v. Chr. und blieben gleich da. Sie gründeten die Provincia Romana – die Gegend zwischen den Alpen, dem Meer und der Rhône –, aus der später die Provence wurde.

1388 wurde Nizza gemeinsam mit den Bergstädten der Haute-Provence Barcelonette und Puget-Théniers dem Haus von Savoyen angegliedert, während der Rest der Region 1482 Teil des französischen Königreichs wurde. Infolge eines Abkommens zwischen Napoleon III. und dem Haus von Savoyen wurden 1860 die Österreicher vertrieben und Frankreich ergriff auch Besitz von Savoyen.

Innerhalb der *région* Provence-Alpes-Côte d'Azur umfasst die Côte d'Azur die größten Teile der Departements Alpes-Maritimes und Var. Im 19. Jh. flohen reiche Touristen vor der Kälte des nordeuropäischen Winters und prägten zusammen mit bekannten Künstlern und Schriftstellern das Ambiente dieser Gegend; kleine Fischerhäfen wandelten sich zu exklusiven Refugien. Bezahlte Urlaubstage für alle Franzosen seit 1936 und ein verbessertes Verkehrswesen brachten schließlich jede Menge Urlauber, die die Gegend in einen ganzjährigen Ferienspielplatz verwandelten. Aber hier wird nicht nur gespielt: Im späten 20. Jahrhundert wurde die Inlandregion um Antibes die Heimat des französischen „Silicon Valley", Sophia Antipolis, dem größten technologisch-industriellen Zentrum des Landes.

Sicherheit

Die Côte d'Azur ist keine gefährliche Gegend, aber Diebstahl ist an der Tagesordnung – Rucksäcke, Portemonnaies, Taschen, Autos, sogar Wäsche wird geklaut. Es ist ratsam, seine Habseligkeiten immer im Auge zu behalten, besonders an Bahnhöfen, in Bussen und Nachtzügen und am Strand. Pass, Kreditkarte und Geld sollte man am Körper tragen, nicht im Gepäck. Bei Autofahrten ist es klug, die Türen zu verriegeln und die Fenster geschlossen zu lassen, da flinke Diebe oft an roten Ampeln zuschlagen. Wer mit dem Rad unterwegs ist, sollte es nachts nicht draußen stehen lassen.

ℹ An- & Weiterreise

Das gut organisierte Eisenbahn- und Busnetz der **SNCF** (www.voyages-sncf.com) verbindet die Côte d'Azur mit der Provence und dem übrigen Frankreich. Ein hervorragendes Straßennetz macht die Region leicht zugänglich für Autofahrer, außer im Juli und August, wenn die Hauptstraßen besonders um St-Tropez herum verstopft sind. Zwischen der Provence und der Côte d'Azur verkehren außerdem Busse von **LER** (www.info-ler.fr). Nizza und Toulon verfügen über internationale Flughäfen; derjenige von Nizza ist der Flughafen mit der zweitgrößten Auslastung Frankreichs.

Informationen zum Fährverkehr von Nizza und Toulon nach Korsika s. S. 956.

ℹ Unterwegs vor Ort

SNCF-Züge zuckeln zwischen St-Raphaël und der italienischen Grenze die Küste entlang und nordwärts bis Grasse. An der Küste zwischen St-Raphaël und Toulon fahren keine Züge, dafür gibt es hier regelmäßige Busverbindungen. Im Sommer sind nach St-Tropez Fähren im Einsatz – was einer Autofahrt auf jeden Fall vorzuziehen ist.

Abgesehen von der Hauptsaison im Hochsommer ist die Côte d'Azur prima mit dem Auto zu erkunden (und wer sich abseits der großen Touristenströme umsehen will, braucht eins). Bei Weitem die schnellste Durchgangsstraße ist die relativ reizlose Autobahn A8 mit vielen Blitzern und Mautgebühren. Sie beginnt bei Aix-

---

WARNUNG

Während der Filmfestspiele von Cannes und des Grand Prix von Monaco (beide im Mai) ist es fast unmöglich, eine der dann außerdem extrem teuren Unterkünfte zu ergattern. Dies gilt für die Küste zwischen Menton und Cannes; anders ist es in den Orten jenseits des Massif de l'Estérel wie St-Raphaël und St-Tropez. Im Juli und August ist es überall voll; wer also ein bestimmtes Hotel im Auge hat, sollte sehr frühzeitig buchen.

en-Provence, erreicht bei Fréjus das Meer, zieht sich ums Massif de l'Estérel und verläuft mehr oder weniger parallel zur Küste von Cannes bis nach Ventimiglia (französisch: Vintimille) an der italienischen Grenze.

VON NIZZA BIS TOULON

Nizza
352 400 EW.

Die meisten Menschen kommen wegen des Lichts hierher. Ich selbst komme aus dem Norden und was mich anzog sind die strahlenden Farben und der Glanz des Tageslichts im Januar.
Henri Matisse

Diese Worte stammen von Matisse, aber sicherlich würde ihnen jeder Maler, ja eigentlich jeder, der Nizza schon einmal besucht hat, zustimmen, denn das Licht ist hier einfach magisch. Die Stadt bietet eine außergewöhnliche Lebensqualität: die Küsten am glitzernden Mittelmeer, bestes mediterranes Essen, ein einzigartiges historisches Erbe und die Wildnis der Berge nur eine

Stunde entfernt. Kein Wunder, dass so viele junge Franzosen hier leben möchten und die Touristen in Scharen hierher strömen.

Geschichte
Nizza wurde um 350 v. Chr. von griechischen Seefahrern gegründet, die auch Marseille besiedelt hatten. Sie nannten die neue Kolonie Nikaia, wohl zum Gedenken an einen vor Kurzem errungenen Sieg (griechisch *nike*). 154 v. Chr. wurden die Griechen von Römern abgelöst, die sich ein Stück hügelaufwärts dort niederließen, wo heute Cimiez liegt und wo es noch immer römische Ruinen gibt.

Im 10. Jh. stand Nizza unter der Regierung der Grafen der Provence, 1388 schloss es sich Amadeus VII. von Savoyen an. Im 18. und 19. Jh. war es mehrfach von Franzosen besetzt, aber zu Frankreich gehört es erst seit 1860, als Napoleon III. mit dem Haus von Savoyen den Vertrag von Turin schloss.

Während des Viktorianischen Zeitalters labten sich englische Aristokraten und europäische Königshäuser am milden Klima des winterlichen Nizzas. Im 20. Jh. genoss Nizza eine außergewöhnliche Kunstszene, die alle Richtungen vom Impressionismus bis zum Nouveau Réalisme abdeckte. Die

NIZZA IN …

… zwei Tagen
Der Tag beginnt mit einem erfrischenden Spaziergang oder skatend an der **Promenade des Anglais**. Auf den duftenden Blumen- und Lebensmittelmärkten gibt's alles für ein Picknick oben auf der **Colline** du Château. Danach ist es wunderbar, durch die Gässchen von Vieux Nice zu bummeln, um dann einen herrlich faulen Nachmittag am Strand einzuläuten oder mit dem Katamaran durch die **Baie des Anges** zu fahren. Zum Abendessen geht's ins fabelhafte **Luc Salsedo** und danach in eine nette Bar oder Kneipe, um den Abend ausklingen zu lassen. Am folgenden Tag lohnt ein Blick auf Matisses künstlerische Entwicklung im Musée Matisse. Danach verleihen die Tapas à la Nizza bei **Chez René Socca** genügend Energie, um im schönen **Musée Masséna** in die Ära der Belle Époque in Nizza einzutauchen. Der Tag endet mit einem genüsslichen Aperitif bei Les Distilleries Idéales (S. 905) und einem schicken italienischen Abendessen im **Luna Rossa**.

… vier Tagen
Eine Fahrt über die sich an der Steilküste entlang windenden kurvenreichen Corniches (Küstenstraßen) zum mittelalterlichen Dorf Èze, dann zu Fuß auf dem Nietzsche-Pfad nach Èze-sur-Mer und von dort mit dem Zug nach Monaco: Ein Spielchen im Casino de Monte Carlo, eine Führung durchs Aquarium im Musée Océanographique de Monaco und eine Kostprobe der kulinarischen Freuden des Fürstentums in der **Bar Nautique**. Am vierten Tag geht's ins Landesinnere nach Grasse zu einer Führung durch die Parfümerien und, je nach Saison, auch in die Blumenfelder. Oder man wandert weiter im Westen auf einem der etwa 100 Wanderwege über die rauen roten Felsklippen des Massif de l'Estérel.

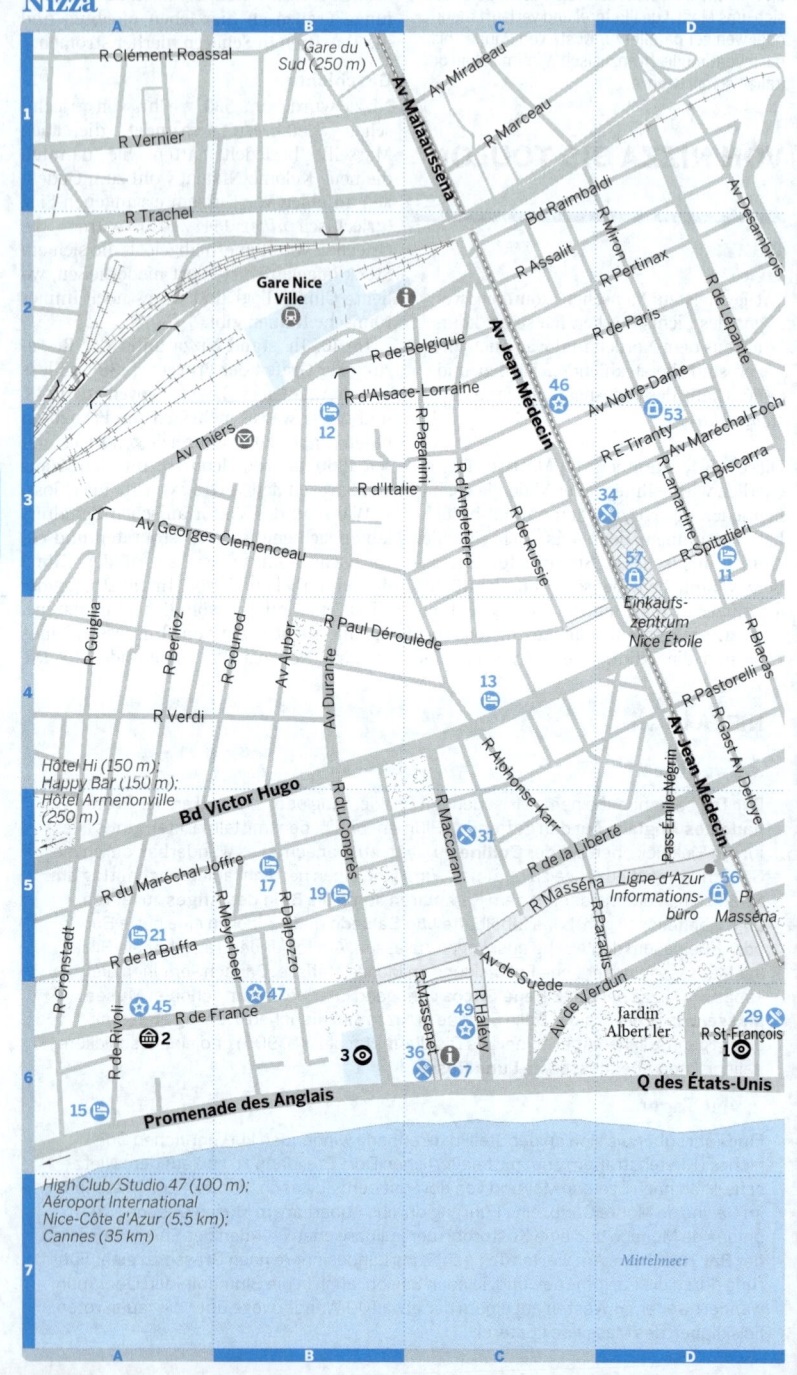

Gare du Sud (250 m)

R Clément Roassal

Av Mirabeau

R Vernier

R Marceau

R Trachel

Av Malaussena

Bd Raimbaldi

R Miron

Av Desambrois

R Assalit

R Pertinax

R de Lépante

Gare Nice Ville

R de Belgique

Av Jean Médecin

R de Paris

46

Av Notre-Dame

R d'Alsace-Lorraine

53

12

R E Tiranty

Av Maréchal Foch

Av Thiers

R Paganini

R d'Italie

R d'Angleterre

34

R Biscarra

R Lamartine

R Spitalieri

Av Georges Clemenceau

R de Russie

57

11

R Guglia

R Berlioz

R Gounod

Av Auber

R Paul Déroulède

Einkaufs-zentrum Nice Étoile

R Blacas

R Verdi

Av Durante

13

R Pastorelli

Hôtel Hi (150 m);
Happy Bar (150 m);
Hôtel Armenonville (250 m)

Bd Victor Hugo

R du Congrès

R Alphonse Karr

R de la Liberté

R Gast Av Deloye

Av Jean Médecin

R du Maréchal Joffre

R Maccarani

31

R Masséna

Pass Émile Négrin

56

Ligne d'Azur Informations-büro

R Meyerbeer

R Dalpozzo

17

19

R Paradis

Pl. Masséna

R de la Buffa

21

Av de Suède

R Cronstadt

45

47

R Masséna

49

R Halévy

Av de Verdun

Jardin Albert 1er

29

R de Rivoli

R de France

2

3

36

7

R St-François

1

15

Promenade des Anglais

Q des États-Unis

High Club/Studio 47 (100 m);
Aéroport International
Nice-Côte d'Azur (5,5 km);
Cannes (35 km)

Mittelmeer

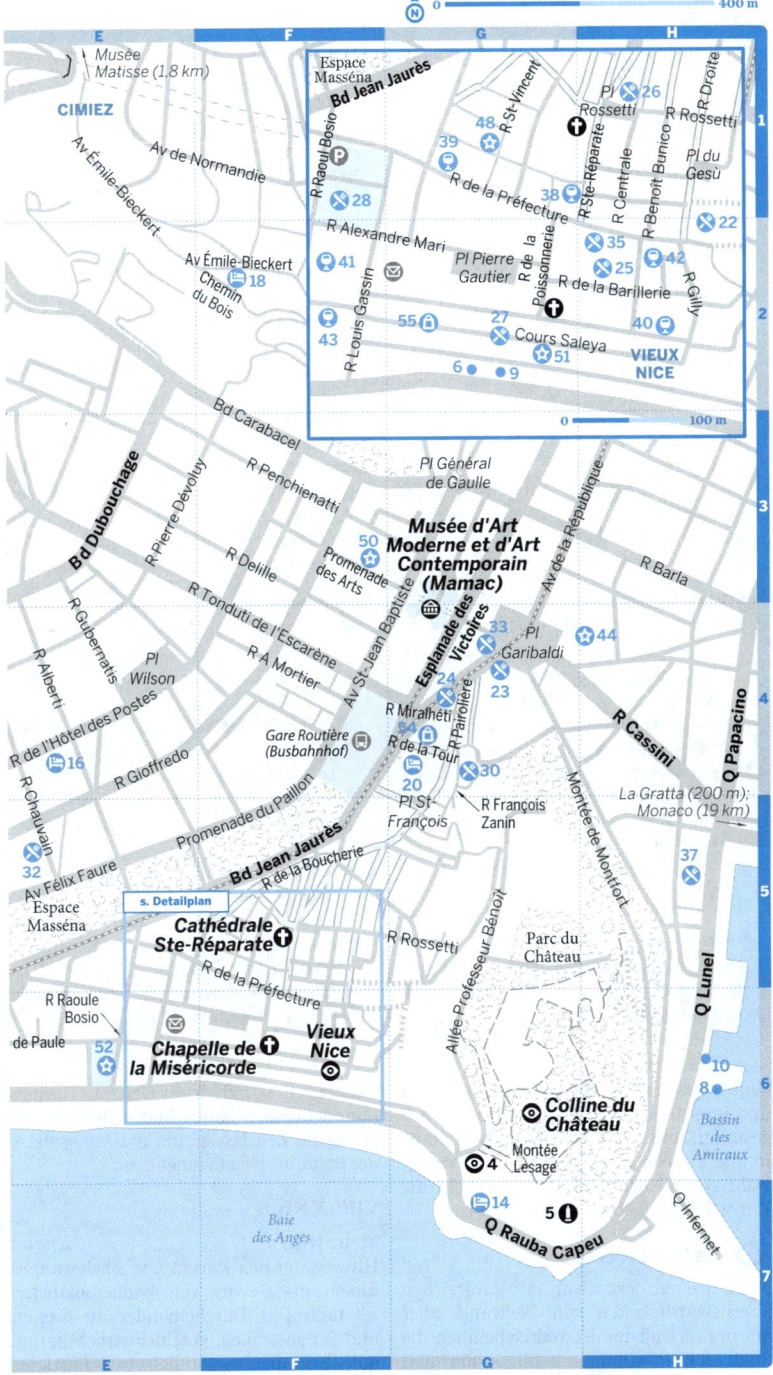

N

0 ———————————— 400 m

897

Musée Matisse (1.8 km)

CIMIEZ

Av de Normandie

Av Émile-Bieckert

Av Émile-Bieckert
Chemin du Bois

Espace Masséna

Bd Jean Jaurès

R Raoul Bosio

R de la Préfecture

R Alexandre Mari

Pl Pierre Gautier

R de la Poissonnerie

R St-Vincent

Pl Rossetti

R Ste-Réparate

R Centrale

R Benoît Bunico

R Rossetti

R-Droite

Pl du Gesù

R Gilly

R de la Barillerie

Cours Saleya

VIEUX NICE

R Louis Gassin

Bd Carabacel

Bd Dubouchage

R Pierre Devoluy

R Penchienatti

R Delille

R Tonduti de l'Escarène

R A Mortier

Pl Wilson

R Gubernatis

R Alberti

R de l'Hôtel des Postes

R Gioffredo

R Chauvain

Av St-Jean Baptiste

Promenade des Arts

Pl Général de Gaulle

Musée d'Art Moderne et d'Art Contemporain (Mamac)

Esplanade des Victoires

Pl Garibaldi

Av de la République

R Barla

R Cassini

Q Papacino

R Miralhéti

R de la Tour

R Pairolière

Gare Routière (Busbahnhof)

Pl St-François

R François Zanin

La Gratta (200 m); Monaco (19 km)

Q Lunel

Montée de Montfort

Bd Jean Jaurès

R de la Boucherie

Av Félix Faure

Espace Masséna

s. Detailplan

Cathédrale Ste-Réparate

R de la Préfecture

R Rossetti

Parc du Château

Allée Professeur Benoît

Bassin des Amiraux

Q Infernet

R Raoule Bosio

de Paule

Chapelle de la Miséricorde

Vieux Nice

Colline du Château

Montée Lesage

Q Rauba Capeu

Baie des Anges

0 ———————— 100 m

DIE CÔTE D'AZUR & MONACO NIZZA

neue Straßenbahnlinie (von einheimischen und internationalen Künstlern individuell gestaltet) und die Entscheidung von 2008, in alle Museen kostenlosen Eintritt zu gewähren, sind Beispiele dafür, wie sehr die Kunst Teil des Lebens in der Stadt ist.

◉ **Sehenswertes**

Nizza beeindruckt zwar mit zahlreichen Sehenswürdigkeiten von Weltrang, aber am umwerfendsten ist wahrscheinlich die Stadt selbst: stimmungsvoll, schön und fotogen, ein wunderbarer Ort zum Herumbummeln und Schauen. Man sollte sich also genügend Zeit lassen, um die Atmosphäre der Stadt in sich aufzunehmen.

VIEUX NICE

Vieux Nice   ALTSTADT
Hinweg mit den Karten und Büchern und hinein ins Gewirr von Nizzas barocker Altstadt. Das Durcheinander an Gassen und Seitenstraßen, geschichtsträchtig und quicklebendig, hat wirklich etwas Einzigar-

tiges. Das Nordende des historischen Zentrums führt zum Boulevard Jean Jaurès und ist voll mit Läden und Kneipen, die jeweils noch authentischere *specialités niçoises* verkaufen wollen als ihre Nachbarn. Weiter südlich gibt's stimmungsvolle Plätze mit Cafés, Straßenkünstlern und entzückten *flâneurs* (Spaziergängern). Der Cours Saleya, der am südlichen Ende von Vieux Nice parallel zum Wasser verläuft, ist Schauplatz eines der lebhaftesten und buntesten **Märkte** Südfrankreichs.

Über den Dächern der Stadt ragen die Türme einiger historischer Kirchen empor, darunter die der barocken **Cathédrale Ste-Réparate** (place Rossetti) mit ihrer überwältigenden glasierten Terrakottakuppel, die um 1650 herum errichtet wurde, und der überbordenden **Chapelle de la Miséricorde** (cours Saleya) aus der Mitte des 18. Jhs.

Im rechten Winkel zur Rue Rossetti verläuft die berüchtigte **Rue Benoît Bunico**, Nizzas altes jüdisches Viertel: Ein Gesetz von 1430 befahl, die Juden von Sonnenuntergang bis Sonnenaufgang innerhalb der Tore an jedem Ende der Straße einzusperren.

Colline du Château   PARK

Dieser Park auf einem 92 m hohen Hügel eröffnet einen umwerfenden Blick über die glitzernden Kirchtürme von Vieux Nice und die Baie des Anges.

Benannt sind der schattige Hügel und Park am östlichen Ende des Quai des États-Unis nach einem Schloss aus dem 12. Jh., das 1706 von Ludwig XIV. in einem Anfall von Groll geschleift und nie wieder aufgebaut wurde. Zu Fuß ist der Park über die Montée Lesage oder über die Treppen am Ostende der Rue Rossetti erreichbar oder aber mit dem **ascenseur** (Fahrstuhl; 1,10 €/ Pers.; ⊙9–19 Uhr) unterhalb der Tour Bellanda.

Port Lympia   HAFEN

Der Yachthafen von Nizza mit seinen schönen Gebäuden in Venezianischrot wird oft links liegen gelassen, doch ein Spaziergang entlang der Bootsanleger ist genauso reizend wie der Weg hierher, am besten über die Colline du Château oder den Quai Rauba Capeu an der stimmungsvollen Landspitze am Ende der Uferpromenade entlang; hier erinnert ein großes, aus dem Fels geschlagenes **Denkmal** an die 4000 Bewohner von Nizza, die in den beiden Weltkriegen ihr Leben ließen.

CIMIEZ

In Cimiez überwinterten einst europäische Adlige; heute leben hier die reichen Bewoh-

MAGISCHE MATISSE-TOUR

Wer verrückt nach Matisse ist, kann sich die Rosinen aus einer Côte-d'Azur-Route picken, die zu den wichtigsten Stationen seines Lebens führen.

1869 am Silvesterabend geboren, kam Henri Matisse 1917 von Paris nach Nizza, um sich von einer Bronchitis zu erholen. Er lebte und arbeitete bis zu seinem Tod 1954 in seinem Zuhause und Atelier im Villenviertel Cimiez.

Er mietete sich erst im **Hôtel Beau Rivage** ein, später nahm er eine Wohnung am Quai des États-Unis, zog dann in das heutige **Palais de la Mediterranée**, ein Luxushotel an der Promenade des Anglais, wo er auch ausstellte. Viele Arbeiten, die er in Nizza gemalt hat, hängen im **Musée Matisse**.

Seine Besuche in **Renoirs Villa** (S. 910) in Cagnes-sur-Mer inspirierten ihn zu weiteren Gemälden, u. a. zu *Oliviers, Jardin de Renoir à Cagnes* (Olivenbäume, Renoirs Garten in Cagnes) von 1917.

Während des Zweiten Weltkrieges mietete Matisse in Vence die **Villa Le Rêve** (www.villalerevevence.com; 261 av. Henri Matisse, Vence), wo ihn Picasso, Aragon und andere besuchten. In Vence entwarf er auch die **Chapelle du Rosaire** (S. 912). In der Villa Le Rêve finden heute regelmäßig Malworkshops statt.

Matisse liegt bei der **Monastère Notre-Dame de Cimiez** (Kloster Notre-Dame de Cimiez; ⊙8.30–12.30 & 14.30–18.30 Uhr) in der Nähe des Musée Matisse begraben; Schilder führen zu seinem Grab.

Die Touristeninformationen an der ganzen Côte-d'Azur haben Broschüren zu den Spuren von Matisse.

TRAIN DES PIGNES

Die zwischen den Bergen und der See verkehrende Schmalspurbahn **Train des Pignes** (Pinienzapfenbahn; www.trainprovence.com) bietet eine der malerischsten Bahnfahrten in der Provence. Auf der 151 km langen Strecke zwischen Nizza und Digne-les-Bains werden Höhen von bis zu 1000 m erklommen und im dünn besiedelten Hinterland der Haute Provence eröffnen sich atemberaubende Ausblicke.

Der Zug verkehrt fünfmal am Tag und eignet sich hervorragend für einen Tagesausflug ins Landesinnere. Das nur 1½ Stunden von Nizza entfernte schöne mittelalterliche Dorf **Entrevaux** (18 € hin & zurück) ist ein perfektes Örtchen für ein Picknick und einen Bummel durch die Altstadt samt Zitadelle.

ner von Nizza in wunderschönen viktorianischen Villen.

Musée Matisse GRATIS KUNSTMUSEUM
(www.musee-matisse-nice.org; 164 av. des Arènes de Cimiez; ☺Mi–Mo 10–18 Uhr) Das kleine Museum in einer Genueser Villa aus dem 17. Jh. hat zwar nicht die Meisterwerke, welche die Massen anziehen würden, zeigt aber Matisses Entwicklung als Künstler. Ausgestellt sind einige bekannte Werke wie seine blauen Scherenschnitte *Akt in Blau IV* und *Femme à l'amphore,* aber auch zahlreiche weniger bekannte Skulpturen und Werke auf Leinwand, Papier, in Öl, Tusche etc.

Der Bus 17 fährt vom Bahnhof, der Bus 22 von der Place Masséna zur Haltestelle Arènes.

Musée National Message Biblique Marc Chagall KUNSTMUSEUM
(Nationalmuseum der Biblischen Botschaft Marc Chagall; www.musee-chagall.fr, auf Frz.; 4 av. Dr Ménard; Erw./Kind 7,50/5,50 €; ☺Mi–Mo 10–18 Uhr) Dieses kleine Museum birgt die größte öffentlich zugängliche Sammlung von alttestamentarischen Szenen, die der in Russland geborene Künstler in bahnbrechenden Gemälden auf Leinwand gebannt hat. Unbedingt lohnenswert: ein Blick durch eins der Spiegelglasfenster, wo über einen reflektierenden Teich hinweg das Mo-

saik einer Rosette der Kathedrale von Metz zu erspähen ist. Das Museum ist mit dem Bus 22 von der Place Masséna (Haltestelle Masséna/Guitry) oder zu Fuß zu erreichen. Der gleiche Bus fährt zum Musée Matisse. Chagall (1887–1985) ist in St-Paul de Vence begraben.

Musée et Site Archéologiques GRATIS ARCHÄOLOGISCHES MUSEUM
(Archäologisches Museum & Ausgrabungsstätte; 160 av. des Arènes de Cimiez; ☺Mi–Mo 10–18 Uhr) Nizzas selten gesprochene, aber überlieferte Sprache, das Nissart, verdankt den Großteil ihres Wortschatzes der römischen Stadt Cemenelum, im Jahr 14 v. Chr. von Augustus gegründet. Ihre Ruinen liegen hinter dem Musée Matisse an der Ostseite des Parc des Arènes und sind Mittelpunkt des Musée et Site Archéologiques. Um die öffentlichen Bäder, das Amphitheater und die original gepflasterten Straßen zu erkennen, die auf dem Gelände ausgeschildert sind, bedarf es etwas Phantasie, aber die Artefakte im Museum, wie Keramiken, Glas, Münzen und Werkzeuge, erwecken das Ganze zum Leben.

ZENTRUM VON NIZZA

Promenade des Anglais PROMENADE
Die breite, von Palmen gesäumte Uferpromenade wurde 1822 von englischen Auswanderern angelegt – daher „Promenade der Engländer" – und ist ein zeitlos elegantes Plätzchen für einen Spaziergang am Strand entlang. Die Promenade des Anglais ist von prächtigen Gebäuden gesäumt, darunter vor allem das **Hôtel Negresco** von 1912 mit seiner pinkfarbenen Kuppel. Ein weiteres Wahrzeichen an der Promenade ist das im Art-déco-Stil erbaute **Palais de la Méditerranée**, das in den 1980er-Jahren vor der Abrissbirne gerettet wurde und heute Teil eines Luxushotels ist.

Gewöhnlich ist es von April bis Oktober warm genug zum Baden – dann tummeln sich am Strand die Sonnenanbeter. Wer sich lieber an Land aufhält, dem bietet die Promenade eigene Rad- und Skatingwege.

Musée Masséna GRATIS STADTMUSEUM
(65 rue de France; ☺Mi–Mo 10–18 Uhr) Dieses Museum in einer wunderschönen italienisch angehauchten klassizistischen Villa von 1898 erzählt die Geschichte der Stadt und der Côte d'Azur vom frühen 19. Jh. bis zum Zweiten Weltkrieg. Es entführt die Besucher auf eine faszinierende

Zeitreise, bei der zahlreiche Monarchen, Menschen verschiedenster Nationalitäten (Briten, Russen, Amerikaner), der Beginn des Tourismus und der Karneval eine Rolle spielen. Hier wird Geschichte anhand einer tollen Mischung aus Möbeln und anderen Gegenständen wie Art-déco-Plakaten, alten Fotografien und Gemälden anschaulich erzählt; das Erdgeschoss des netten Gebäudes wird von der Stadt Nizza für besondere Anlässe genutzt.

GRATIS Musée d'Art Moderne et d'Art Contemporain (Mamac)
KUNSTMUSEUM

(Museum für moderne & zeitgenössische Kunst; www.mamac-nice.org; Promenade des Arts; ⊙Di–So 10–18 Uhr) Das von Yves Bayard und Henri Vidal entworfene Mamac lohnt den Besuch schon allein wegen seiner umwerfenden Architektur. Aber es bietet auch phantastische Avantgarde-Kunst von den 1960ern bis zur Gegenwart, u. a. legendäre Pop-Art von Roy Lichtenstein und Andy Warhols *Campbell's Soup Can* von 1965. Die verglasten Gänge zwischen den gewaltigen Marmorblöcken führen zu Highlights wie den Pappmachéskulpturen von Niki de St-Phalle und einem von Christo verpackten Einkaufswagen. Der Dachgarten eröffnet einen atemberaubenden Panoramablick auf Vieux Nice, seine Galerie zeigt Arbeiten des in Nizza geborenen Yves Klein (1928–62).

Cathédrale Orthodoxe Russe St-Nicolas
KATHEDRALE

(Russisch-orthodoxe Kathedrale St-Nicolas; av. Nicolas II; Eintritt 3 €; ⊙Mo–Sa 9–12 & 14.30–17, So 14.30–17 Uhr) Die von sechs bunten Zwiebeltürmchen gekrönte Cathédrale Orthodoxe Russe St-Nicolas ist die größte russisch-orthodoxe Kathedrale außerhalb Russlands. Sie wurde zwischen 1902 und 1912 für die wachsende russische Gemeinde in Nizza errichtet. Shorts, Miniröcke und ärmellose Tops sind tabu.

🏃 Aktivitäten

Inlineskaten
Glatt und eben, dazu noch mit grandiosen Aussichten: Die 7 km lange Uferpromenade von Nizza zwischen Hafen und Flughafen ist ideal zum Skaten.

Roller Station
INLINESKATEN

(www.roller-station.fr, auf Frz.; 49 quai des États-Unis) Verleiht Skates für 7 € pro Tag und Fahrräder für 15 € pro Tag. Als Pfand ist ein Ausweis zu hinterlegen.

Strände & Wassersport

Wer Nizzas Strände aus rund gewaschenen Kieseln aufsucht, braucht zumindest eine Strandmatte als Polster. Am Strand werden Katamarane, Paddelboote und Jetskis verliehen; außerdem gibt's Fallschirmspringen, Wasserski und Kitesurfing. Auf jedem Strandabschnitt stehen Duschen und Toiletten.

Plages privées
STRÄNDE

(Privatstrände; www.pagesdenice.com, auf Frz.; ⊙Mai–Sept.) Öffentliche Strände wechseln sich mit 15 bewirtschafteten Privatstränden ab, an denen die Sonnenbadenden einen Liegestuhl (etwa 15 €/Tag) oder eine Matte (10 €/Tag) mieten müssen.

Le Poséidon
TAUCHEN

(☏04 92 00 43 86; www.poseidon-nice.com; quai Lunel; Einstiegstauchgänge 45 €) Bietet PADI-Kurse an und organisiert Tauchexpeditionen.

Nice Diving
TAUCHEN

(☏04 93 89 42 44; www.nicediving.com; 14 quai des Docks) Organisiert PADI-Kurse und Tauchexpeditionen. Ein Einstiegstauchgang kostet etwa 45 € inklusive Ausrüstung.

🛈 RIVIERA PASS

Wer plant, in und um Nizza viel zu besichtigen und einige geführte Touren mitzumachen, kann mit dem **French Riviera Pass** (siehe www.frenchrivierapass.com) ein bisschen Geld sparen. Er kostet für 1/2/3 Tage 24/36/54 € und berechtigt zum freien Eintritt zu Nizzas kostenpflichtigen Stätten – dem Marc-Chagall-Museum und der Cathédrale Orthodoxe Russe St-Nicolas – und zur Teilnahme an geführten Touren, die Nizzas Touristeninformation und das Centre du Patrimoine organisieren. Außerdem umfasst er den Eintritt zu einigen Sehenswürdigkeiten in der Umgebung wie dem Jardin Exotique und dem Musée Océanographique in Monaco, dem Musée Renoir in Cagnes-sur-Mer und dem Musée Picasso in Antibes. Mit dem Pass gibt's auch in vielen Läden und Restaurants Ermäßigungen. Weitere Infos auf der Website.

☞ Geführte Touren

Stadtspaziergänge   SPAZIERGÄNGE

Die Touristeninformation bietet 2½-stündige **Stadtspaziergänge** (Erw./Kind 12/6 €; ⏱Sa 9.30 Uhr) durch Vieux Nice (auch auf Englisch), die an der Hauptfiliale an der Promenade des Anglais beginnen. Das **Centre du Patrimoine** (📞04 92 00 41 90; www.nice.fr, auf Frz.) bietet elf thematische zweistündige Rundgänge (Erw./Kind 5/2,50 €). Englische Führungen müssen zwei Tage im Voraus gebucht werden. In der Touristeninformation gibt's eine ausführliche Liste.

Trans Côte d'Azur   BOOTSFAHRTEN

(www.trans-cote-azur.com, auf Frz.; quai Lunel; ⏱April–Okt.) Veranstaltet landschaftlich reizvolle einstündige Kreuzfahrten an der Küste entlang (Erw./Kind 15/9 €) und Tagesausflüge zu den Îles de Lérins (Erw./Kind 34/24 €), nach St-Tropez (Erw./Kind 55/41 €) und nach Monaco (Erw./Kind 32/23 €).

✨ Festivals & Events

Carnaval de Nice   KARNEVAL

(www.nicecarnaval.com) Das zweiwöchige Fest im Februar ist v. a. für seine Blumenschlacht berühmt, bei der Karnevalisten von fahrenden Festwagen aus Tausende von Blüten in die Menge werfen, sowie für sein phantastisches Feuerwerk.

Nice Jazz Festival   MUSIKFESTIVAL

(www.nicejazzfestival.fr) Im Juli swingt Nizza zum einwöchigen Jazzfestival in den Arènes de Cimiez, mitten zwischen römischen Ruinen.

🛏 Schlafen

Nizza bietet eine Vielfalt an Schlafplätzen vom Rucksackhotel bis zu Luxussuiten voller namhafter Kunstwerke. Im Sommer und bei regionalen Festivals wie dem Großen Preis von Monaco oder dem Filmfestival in Cannes schnellen die Zimmerpreise in die Höhe.

LP TIPP **Villa Rivoli**   BOUTIQUEHOTEL €€

(📞04 93 88 80 25; www.villa-rivoli.com; 10 rue de Rivoli; EZ 85–155 €, DZ 99–175 €, 4BZ 210 €; ❄@🛜) In den 1890 erbauten stattlichen Villa im Herz von Nizza fühlen sich die Gäste wie zu Hause. Eine Marmortreppe führt zu makellos sauberen Zimmern voller Flair, einige davon mit Stofftapeten, Spiegeln mit vergoldeten Rahmen und marmornen Kaminsimsen. Frühstück wird im schattigen Garten oder im prächtigen Belle-Époque-Salon serviert. 8 der 26 Zimmer gehen zur Straße hinaus und verfügen nur über Einfachverglasung (Stand 2011); wer einen leichten Schlaf hat, sollte nach einem Zimmer zum Garten hin fragen.

Hôtel Windsor   BOUTIQUEHOTEL €€

(📞04 93 88 59 35; www.hotelwindsornice.com; 11 rue Dalpozzo; DZ 120–175 €; ❄@🛜🏊) Obwohl sich das Windsor seit 1942 im Besitz derselben Familie befindet, ist in diesem Hotel nichts wirklich traditionell. Underground-Graffitikünstler haben mehrere der großen Zimmer mit schrillen Farbklecksen dekoriert. Die anderen Zimmer präsentieren sich etwas zurückhaltender, haben aber mit handgemalten Wandbildern ebenfalls einen künstlerischen Touch. Die Zimmer zum üppigen Garten hinterm Haus verfügen nur über einfache Verglasung, haben dafür aber einen schönen Ausblick; Gäste, die nichts so leicht aus ihrem Schlaf reißt, sollten eins dieser Zimmer wählen. Den unbeheizten Pool macht der warmherzige Service wieder wett.

Hôtel La Pérouse   LUXUSHOTEL €€€

(📞04 93 62 34 63; www.hotel-la-perouse.com; 11 quai Rauba Capeu; DZ 260–510 €; ❄@🛜🏊) Das in eine Klippe neben der Tour Bellanda gebaute La Pérouse verströmt die Aura einer vornehmen Villa. Die Zimmer unten haben ihre Fenster zum Innenhof mit Endlos-Pool, dem Zitronenbäume Schatten spenden; aus den oberen Zimmern bieten sich wunderbare Ausblicke auf die Promenade und das Meer. Die ansonsten eher traditionelle Einrichtung wird durch geschickt gesetzte Farbtupfer aufgelockert; die Marmorwaschbecken in den Bädern bieten viel Platz für die Waschutensilien. Toller Service und Privatstrand.

Nice Garden Hôtel   BOUTIQUEHOTEL €€

(📞04 93 87 35 63; www.nicegardenhotel.com; 11 rue du Congrès; EZ/DZ 75/100 €; ❄🛜) Das kleine Juwel von einem Hotel versteckt sich hinter schweren Eisentoren: neun wunderschön eingerichtete Zimmer mit einer raffinierten Mischung aus Alt und Neu überblicken einen ebenso schönen Garten mit einem prächtigen Orangenbaum. Erstaunlicherweise liegt diese charmante und ruhige Oase nur zwei Blocks von der Promenade entfernt.

Villa Saint-Exupéry   HOSTEL €

(📞04 93 84 42 83; www.villahostels.com; 22 av. Gravier; B 25–30 €, EZ/DZ 45/90 €; @🛜♿) Warum können nicht alle Hostels wie dieses sein? Das Hostel in einem zauberhaften umgewandelten Kloster im Norden der Stadt ist der ideale Ort, um sein Gepäck für ein paar Tage auszupacken. Der 24-Stunden-Gemeinschaftsraum in der alten Kapelle mit Buntglasfenstern lädt zum Chillen ein, auf der Veranda mit Grillplätzen wird Bier für 1 € ausgeschenkt, zum Kochen ist die moderne Selbstversorgerküche da und man kann sich neue Tipps für die Reise abholen. Das Personal der Villa holt seine Gäste bei der Ankunft gerne an der nahen Straßenbahnhaltestelle Comte de Falicon oder an der Bushaltestelle St-Maurice vom Bus 23 (fährt direkt vom Flughafen) ab. Frühstück inklusive.

Hôtel Wilson
BOUTIQUEHOTEL €

(☏ 04 93 85 47 79; www.hotel-wilson-nice.com; 39 rue de l'Hôtel des Postes; EZ/DZ 50/55 €; ☎) Jahrelange Reisen, viel Experimentierfreude und ein ausgezeichneter Geschmack haben die weitläufige Wohnung von Jean-Marie in eine unwiderstehliche Unterkunft verwandelt. Die 16 Zimmer sind individuell und mit sorgfältig von Hand gefertigtem Dekor eingerichtet und teilen sich ein ungewöhnliches Gemeinschaftsesszimmer. Das Frühstück mit frischem Brot und Croissants wird bis zu einer sehr großzügig definierten Mittagszeit serviert. Besonderes Augenmerk gelte dabei den zwei hiesigen Schildkröten. Das Hotel befindet sich im 3. Stock und es gibt keinen Lift.

Le Petit Palais
HOTEL €€

(☏ 04 93 62 19 11; www.petitpalaisnice.fr, auf Frz.; 17 av. Émile-Bieckert; DZ 150 €; ☀☎) In den luftigen Höhen von Cimiez bietet dieses gelbe klassizistische Herrenhaus eine atemberaubende Aussicht über Nizza – mit jedem weiteren Stockwerk (insgesamt drei) werden die Ausblicke schöner. Bei den Zimmern im Erdgeschoss macht der private Garten die fehlende Aussicht wieder wett. Das Dekor ist durch und durch elegant. Der einzige Nachteil ist der zehnminütige, äußerst steil bergauf führende Fußmarsch vom Boulevard Carabacel.

Villa la Tour
BOUTIQUEHOTEL €€

(☏ 04 93 80 08 15; www.villa-la-tour.com; 4 rue de la Tour; EZ/DZ 78/89 €; ☀@) Die entzückende Villa la Tour ist klein, aber perfekt geschnitten und im Herzen von Vieux Nice gelegen. Sie hat behagliche, romantische provenzalische Zimmer und eine winzige, mit Blumen übersäte Dachterrasse mit Blick auf die

Colline du Château und die umliegenden Dächer.

Hôtel Armenonville
HOTEL €€

(☏ 04 93 96 86 00; www.hotel-armenonville. com; 20 av. des Fleurs; DZ 86–105 €; @☎⛩) Das prächtige Herrenhaus aus dem frühen 20. Jh. liegt, geschützt durch einen großen Garten, am Ende einer Gasse. Drei der nüchternen Zimmer (Nr. 12, 13 und 14) verfügen über eine riesige Terrasse mit Blick auf den Garten. Einige der Zimmer bieten eine Klimaanlage, aber es gibt keinen Aufzug.

Hôtel Hi
HOTEL €€€

(☏ 04 97 07 26 26; www.hi-hotel.net; 3 av. des Fleurs; EZ/DZ ab 249/269 €; ☀@☎☂) Man stelle sich den verrücktesten, futuristischsten und unkonventionellsten Platz auf Erden vor – dann vervierfache man das und raus kommt das Hôtel Hi. Das von Matali Crasset, einem Schüler von Philippe Starck, entworfene Hi ist sicher nicht jedermanns Geschmack und einige der Designs wirken inzwischen schon wieder veraltet, aber das Hotel hat sich der Nachhaltigkeit verschrieben und der Dachpool, das Spa und die tolle Bar sind echte Pluspunkte. Ein Bio-Frühstücksbuffet ist im Preis inbegriffen. Einen Aufzug gibt's auch.

Weitere Empfehlungen:

Hôtel Negresco
HOTEL €€€

(☏ 04 93 16 64 00; www.hotel-negresco-nice. com; 37 promenade des Anglais; DZ ab 400 €; ☀@) Nizzas extravagantester Hotelpalast gönnt sich eine zweijährige Renovierungsphase, um sich zum 100-jährigen Bestehen 2012 von seiner besten Seite zeigen zu können. Auch ohne Übernachtung lohnt sich, zumindest die prächtigen Säle anzuschauen.

Belle Meunière
HOSTEL €

(☏ 04 93 88 66 15; www.bellemeuniere.com; 21 av. Durante; B 18–24 €, DZ 55–62 €; ☎⛩) Toll für nicht so anspruchsvolle Familien, aber die Straße vorm Hostel ist laut und es gibt nur einfache Verglasung.

Auberge de Jeunesse – Les Camélias
HOSTEL €

(☏ 04 93 62 15 54; www.fuaj.org, auf Frz.; 3 rue Spitaleri; B inkl. Frühstück & Bettwäsche 23 €; @☎) Diese Jugendherberge offeriert saubere, geräumige Schlafsäle, eine Bar, eine Küche für Selbstversorger und Waschmaschinen. Das Haus ist von 11 bis 15 Uhr geschlossen, dafür gibt's abends keine Sperrstunde.

Exedra DESIGNHOTEL €€€
(04 97 03 89 89; www.boscolohotels.com; 12 av. Victor Hugo; DZ 240–460 €;) Hinter der Belle-Époque-Fassade verbirgt sich eines der sexysten Hotels der Stadt. Leider entspricht der gebotene Service nicht dem Preis.

 Essen

Die Restaurants in Vieux Nice sind eine Mischung aus Touristenfallen und guten authentischen Lokalen. Einfach dem Instinkt folgen – oder unseren Empfehlungen.

Luc Salsedo FRANZÖSISCH, MODERN €€€
(04 93 82 24 12; www.restaurant-salsedo.com, auf Frz.; 14 rue Maccarani; Mittags-/Abendmenü 26/44 €, Hauptgerichte 26 €; Fr & So–Di mittags, Do–Di abends, Juli & Aug. nur abends;) Luc Salsedo hat sich mit seiner örtlich und saisonal ausgerichteten Küche einen guten Ruf erkocht. Die Karte – die gewöhnlich auch Vegetarier gut bedient – wechselt gemäß dem Angebot an den Marktständen alle zehn Tage. Das köstliche Essen wird prachtvoll auf Tellern, rustikalen Brettchen und in authentischen gusseisernen Töpfen serviert. Toll ist auch die rein französische Weinkarte.

Luna Rossa ITALIENISCH €€
(04 93 85 55 66; www.lelunarossa.com; 3 rue Chauvain; Hauptgerichte 15–25 €; Di–Fr mittags & abends, Sa abends) Das Luna Rossa ist ein Traum für Liebhaber der italienischen Küche: frische Pasta, exquisit zubereitete Meeresfrüchte (in der Pfanne gebratener Petersfisch, gegrillter Seebarsch, sautierte Riesengarnelen), von der Sonne verwöhntes Gemüse (Artischockenherzen, sonnengetrocknete Tomaten, Spargelspitzen) und göttliches Fleisch (Carpaccio vom Rind mit gehobelten Trüffeln und Parmesan). Dazu passt natürlich ein Rotwein oder ein Rosé aus dem Weinkeller.

La Merenda NIZZAER KÜCHE €€
(4 rue Raoul Bosio; Hauptgerichte 12–15 €; Mo–Fr) Am Wochenende geschlossen, keine Telefonnummer und keine Kreditkartenmaschine – das La Merenda ist in der Tat einzigartig. Dieses winzige Restaurant serviert mit die ungewöhnlichsten Gerichte in der Stadt: Spezialität des Hauses sind Stockfisch (getrockneter Kabeljau, der tagelang in Wasser weicht und dann mit Zwiebeln, Tomaten, Knoblauch, Oliven, Paprika und Kartoffeln gedünstet wird) und

Kutteln. Hier gibt es außerdem die seltenen Bellet-Weine aus der Umgebung.

La Petite Maison NIZZAER KÜCHE €€€
(04 93 92 59 59; www.lapetitemaison-nice.com; 11 rue St-François de Paule; Hauptgerichte 20–40 €; Mo–Sa) Das angesagteste Restaurant der Stadt lockt Promis und Politiker mit seinen elegant zubereiteten Nizzaer Spezialitäten. Im von Kerzenlicht erleuchteten Speiseraum mit seiner hohen Decke geht es angenehm munter zu und die örtlichen Klassiker sind um einen modernen Touch bereichert worden. Die Bedienung ist allerdings etwas umständlich – es sei denn, man ist berühmt –, die Portionen sind eher klein und die Tische stehen eng zusammen. Dennoch gut für einen Abend, an dem man sich etwas gönnen will. Ohne Reservierung geht nichts.

Fenocchio EISCREME €
(2 place Rossetti; Eiscreme ab 2 €; 9–24 Uhr, Nov.–Jan. geschl.) Das beste Mittel gegen die Hitze von Nizza bietet diese Eisdiele mit ihren 50 verschiedenen Sorten Eis – man spare sich die altbekannten und probiere mal was Neues wie schwarze Olive, Tomate-Basilikum, Rhabarber, Avocado, Rosmarin, *calisson* (Mandelkeks mit Puderzucker), Lavendel, Ingwer oder Lakritz.

Chez René Socca BISTRO €
(2 rue Miralhéti; Gerichte ab 2 €; Di–So 9–21 Uhr, Nov. geschl.) Hier geht es nicht um Präsentation und Tischmanieren, sondern ausschließlich um den Geschmack. Nach einer Portion *socca* (Pfannkuchen aus Kichererbsenmehl) oder einem Teller *petits farcis* (gefülltes Gemüse) geht's auf die andere Straßenseite in die Bar auf ein *grand pointu* (Glas) Rosé, Rot- oder Weißwein.

Zucca Magica VEGETARISCH €€
(04 93 56 25 27; www.lazuccamagica.com; 4 bis quai Papacino; Menü 30 €; Di–Sa;) Der „Zauberkürbis" ist eine Seltenheit in Frankreich: ein vegetarisches Restaurant, in das auch Nicht-Vegetarier gerne gehen. Ein gesunder Appetit ist Voraussetzung: Die Menüs umfassen vier Gänge plus Dessert (fünf am Abend), mit allen guten Sachen, die der Gemüsefan und Koch Marco Folicaldi auf dem Markt findet.

Le Safari NIZZAER KÜCHE €€
(04 93 80 18 44; restaurantsafari.fr; 1 cours Saleya; Hauptgerichte 12–27 €; 12–23.30 Uhr) Das Le Safari ist das einzige Restaurant am touristischen Cours Saleya, das einen Be-

Wenn die Einheimischen schnell etwas essen möchten, halten sie Ausschau nach einem *pan bagnat* – einem „gebadeten Brot". Es handelt sich hierbei um die örtliche Version eines Thunfisch-Baguettes mit Blattsalat, Tomaten, Zwiebeln, Radieschen und Ei, das Ganze beträufelt mit Olivenöl aus der Region. In der ganzen Stadt findet man verschiedene Versionen der Spezialität, aber das beste *pan bagnat* gibt's in einer Snackbar am Hafen, **La Gratta** (2 bd Franck Pilatte; Sandwiches 4,50 €; ⊙mittags), wo nur beste Zutaten wie frisches Brot mit schöner Kruste und fruchtiges grünes Olivenöl verwendet werden. Und dann sucht man sich für den Verzehr ein schönes Plätzchen am Hafen.

such lohnt. Es serviert auf einer beliebten beheizten Terrasse und in einem romantischen Nichtraucher-Speisesaal mit Holzbalken und Gläsern voller Oliven Spezialitäten aus Nizza wie *daube de boeuf* (Rindfleischschmortopf), *petite friture* (kleine gebratene Fische) und *petits farcis*.

La Table Alziari   NIZZAER KÜCHE €€
(☎04 93 80 34 03; 4 rue François Zanin; Hauptgerichte 9–15 €; ⊙Di–Sa) Das zitronengelbe Restaurant abseits der belebten Rue Pairolière wird vom Enkel der berühmten Olivenölfamilie Alziari betrieben, gibt aber keineswegs damit an. Die Tageskarte wird mit Kreide an eine Tafel geschrieben und umfasst u. a. lokale Spezialitäten wie *morue à la niçoise* (Kabeljau mit Kartoffeln, Oliven und Tomatensauce) oder gegrillten Ziegenkäse, dazu gibt's regionale Weine.

Sarao   SPANISCH €€
(☎04 92 00 50 90; www.sarao-restaurant.com; 7 promenade des Anglais; 2-/3-Gänge-Menü 14/18 €; ⊙8–23 Uhr) Günstige Gerichte mit Anleihen aus der spanischen und französischen Küche, dazu gibt's samstagabends Bossa Nova und sonntags Brunch. Viele Weine unter 30 €.

Pasta Basta   ITALIENISCH €
(☎04 93 80 03 57; 18 rue de la Préfecture; 3-Gänge-Menü 14,50 €, Hauptgerichte 13 €) Man wählt die Nudeln und eine Sauce und fertig ist ein Teller mit phantastischer, hausgemachter Pasta! Am besten auf der Straßenterrasse genießen.

Acchiardo   BISTRO €
(☎04 93 85 51 16; 38 rue Droite; Hauptgerichte 14–20 €; ⊙Mo–Fr) Das Acchiardo zieht schon seit 1927 die Einheimischen an, die für den *plat du jour* (Tagesgericht), ein Glas Wein und haufenweise Klatsch am Tresen hierher kommen.

Café de Turin   FISCH & MEERESFRÜCHTE €€
(☎04 93 62 29 52; www.cafedeturin.fr; 5 place Garibaldi; Meeresfrüchteplatten ab 20 €; ⊙8–22 Uhr) Die besten Austern und *plateaux de fruits de mer* (kalte Meeresfrüchteplatten) in Nizza.

Delhi Belhi   INDISCH €€
(☎04 93 92 51 87; www.delhibelhi.com; 22 rue de la Barillerie; Hauptgerichte 13 €, Menüs ab 22 €; ⊙abends; 🍴) Tolles indisches Restaurant, eine gute Abwechslung zur mediterranen Küche.

Selbstversorger

Wer schlemmen möchte, packt sich den ultimativen Picknickkorb mit Früchten, Backwaren, *fruits confits* (glasierte oder kandierte Früchte wie Feigen, Ingwer, Birnen usw.) u. a. vom tollen **Obst- und Gemüsemarkt** (⊙Di–So 6–13.30 Uhr) am Cours Saleya.

Die Stadt ist voll mit Supermärkten und kleinen Lebensmittelläden: **Monoprix** av. Jean Médecin (42 av. Jean Médecin; ⊙Mo–Sa 8.30–21 Uhr); place Garibaldi (place Garibaldi; ⊙Mo–Sa 8.30–20.45 Uhr).

🍷 Ausgehen

In den Sträßchen von Vieux Nice wimmelt es nur so von Bars und Cafés: für alle Gelegenheiten vom Morgenespresso über einen Pastis (der Lieblingsschnaps im Süden Frankreichs) am Mittag oder ein kühles Feierabendbier bis hin zum Mitternachtscocktail.

Les Distilleries Idéales   CAFÉ
(24 rue de la Préfecture; ⊙9–0.30 Uhr) Egal, ob man auf dem Weg zum Cours Saleya einen Kaffee trinken oder einen Dämmerschoppen zu sich nehmen möchte, die Atmosphäre in diesem brillanten Bistro ist ansteckend: Jeder geht leicht beschwingt wieder raus.

Ma Nolan's
PUB

(www.ma-nolans.com; 2 rue St-François de Paule; Mo–Fr 12–2, Sa & So 11–2 Uhr) Der irische Pub ist mit seinem montäglichen Quizabend, Sportübertragungen, abendlicher Livemusik und dem durch und durch englischen Frühstück v. a. bei Backpackern sehr beliebt.

Le Six
SCHWULENBAR

(www.le6.fr; 6 rue Raoul Bosio; Di–So 22–4.30 Uhr) Rausgeputzte, hübsche, gut situierte Gays drängeln sich Schulter an Schulter in dieser kleinen, seit Langem beliebten Nizzaer Schwulenkneipe. Beim Hochklettern zum Zwischengeschoss den Kopf einziehen!

La Civette du Cours
CAFÉ

(1 cours Saleya; 8–1 Uhr) Das muntere Café eignet sich gut für einen *petit noir* in der Morgensonne oder einen Pastis vor dem Mittagessen.

Happy Bar
BAR

(www.hi-hotel.net; 3 av. des Fleurs; Di–Sa 19–24 Uhr) Diese einst trendige Bar wirkt heute etwas veraltet, aber im Garten kann man immer noch nett ein Gläschen zu sich nehmen. Einmal im Monat legen DJs auf.

Chez Wayne's
BAR

(www.waynes.fr; 15 rue de la Préfecture; 14.30–0.30 Uhr) In der etwas rauen Kneipe gibt's jeden Abend Livemusik.

☆ Unterhaltung

Die Touristeninformation gibt Infos zu Nizzas kulturellen Aktivitäten, die in den kostenlosen Broschüren *Nice Rendez-vous* (monatlich) und *Côte d'Azur en Fêtes* (vierteljährlich) aufgelistet sind. Auch in der wöchentlichen *Semaine des Spectacles* (1 €), die es mittwochs am Zeitungsstand gibt, stehen nützliche Informationen. Alle drei sind auf Französisch. Kartenvorverkauf bei **Fnac** (44 av. Jean Médecin).

Kinos

Wer keine Lust auf synchronisierte Hollywoodstreifen hat, geht ins **Cinéma Nouveau Mercury** (16 place Garibaldi) oder ins **Cinéma Rialto** (4 rue de Rivoli).

Livemusik

Le Bar des Oiseaux
KABARETT

(www.bardesoiseaux.com, auf Frz.; 5 rue St-Vincent; wochentags bis 24 Uhr, Fr & Sa bis 1 oder 2 Uhr) Livejazz, *chansons françaises*

(französische Lieder) und Kabarettnächte locken Künstler in diese Bohème-Bar (mit angeschlossenem Theater). An Abenden mit Programm gibt's eine Einlasspauschale von etwa 5 €; auch speisen kann man hier (Menüs um die 20 €; Mo–Sa mittags, Di–Sa abends).

La Havane
LATEINAMERIKANISCH

(32 rue de France; 14–2.30 Uhr) Zu heißen lateinamerikanischen Rhythmen geht's in dieses Bar-Restaurant mit Live-Salsa und Latino-Jazz, *merengue* und *bachata* von Dienstag bis Samstag. Die Musiker spielen dreimal 45 Minuten, Beginn ist um 21.30 Uhr.

Opéra de Nice
OPER

(www.opera-nice.org; 4–6 rue St-François de Paule; Kartenschalter Di–Sa 9–17.45, Fr bis 19.45 Uhr, Mitte Juni–Sept. geschl.) In dieser 1885 erbauten und kürzlich renovierten *grande dame* finden Opern- und Ballettaufführungen sowie Orchesterkonzerte statt. Karten kosten zwischen 7 und 85 €.

Clubs

Le Smarties
LOUNGEBAR

LP TIPP (http://nicesmarties.free.fr; 10 rue Defly; Di–Sa 18–2 Uhr) Die Bar mit ihrem 70er-Jahre-Look zieht ein gemischtes Publikum aus gut aussehenden Heteros und Homos an. Am Wochenende füllen DJs mit Deep House, Electro, Techno und manchmal Disko die winzige Tanzfläche; unter der Woche geht es ruhiger zu. Zur Happy Hour gibt's ein kostenloses Buffet (tgl. 18–21 Uhr).

High Club/Studio 47
CLUB

(www.highclub.fr, auf Frz.; 45 Promenade des Anglais; Fr–So 23.30–5 Uhr) Die Wahnsinnsanlage des High Club zieht zuweilen bekannte DJs an, am Wochenende aber immer jede Menge Leute in den Zwanzigern. Leute über 30 gehen eher ins Studio 47 nebenan, eine Bar in einem Raum hinter der riesigen Tanzfläche. Die Türsteher sind kritisch; wer nicht schick genug ist, kommt nicht rein. Jeden zweiten Sonntag Schwulenabend.

Bliss Bar
LOUNGEBAR

(www.myspace.com/blissbar06; rue de l'Abbaye, Ecke rue Colonna d'Istria; Mi–Sa 22–2 Uhr) Das trendige Bliss ist besonders bei Leuten in den Zwanzigern angesagt. Wer unschlüssig ist, ob sich das Warten vor dem Eingang lohnt, späht besser mal durch die Fenster und kann dann gleich sehen, ob der Laden seinem Geschmack entspricht.

DIE CÔTE D'AZUR & MONACO VON NIZZA BIS TOULON

Les Trois Diables
CLUB
(2 cours Saleya; ⊙17–2.15 Uhr) Der kleine Club zieht mit Trip-Hop, House und Electro-Beats v. a. einheimisches Publikum an. Donnerstags ist Studentenabend – Studentenausweis nicht vergessen; mittwochs gibt's Karaoke.

Le Klub
SCHWULENCLUB
(www.leklub.net; 6 rue Halévy; ⊙Do–So 23.30–5 Uhr) Topp oder Flopp: Die Nächte in diesem Schwulenclub sind der unterschiedlich. Der Club erstreckt sich über zwei Etagen: Tanzfläche unten, Bar oben. Freitags bis sonntags ist mit 10 bis 15 € Eintritt zu rechnen (inkl. 1 Getränk).

Shoppen
In dem zum Teil verkehrsberuhigten Viertel um die Rue Paradis, Avenue de Suède, Rue Alphonse Karr und Rue du Maréchal Joffre (alle westlich der Avenue Jean Médecin) trifft man auf Schritt und Tritt auf Designernamen.

Märkte auf dem Cours Saleya
MÄRKTE
(⊙Di–Sa 6–17.30, So bis 13.30 Uhr) Der Cours Saleya teilt sich in den schönen **Blumenmarkt** und den zu Recht berühmten **Lebensmittelmarkt**. Montags findet stattdessen von 6 bis 18 Uhr ein Antiquitätenmarkt statt.

Cat's Whiskers
BUCHLADEN
(30 rue Lamartine) Linda und ihr vierbeiniger Assistent Vodka helfen bei der Auswahl neuer und gebrauchter Bücher in englischer Sprache.

Cave de la Tour
WEIN
(3 rue de la Tour) Der beste Ort für Weinprobe und -kauf.

Maison de la Presse
BUCHLADEN
(1 place Masséna) Karten und Reiseführer plus englische Bücher und Zeitschriften.

Nice Étoile
EINKAUFSZENTRUM
(av. Jean Médecin) Das riesige Einkaufszentrum umfasst einen ganzen Häuserblock und beherbergt die üblichen Modegeschäfte.

Praktische Informationen
Barclays Bank (2 rue Alphonse Karr)

Polizei (☎04 92 17 22 22, Abteilung für ausländische Touristen 04 92 17 20 31; 1 av. Maréchal Foch)

Post Hauptpost (23 av. Thiers); Vieux Nice (2 rue Louis Gassin)

Touristeninformation Touristeninformation am Flughafen (Terminal 1; ⊙8–21 Uhr, Okt.–Mai So geschl.); Haupttouristeninformation (www.nicetourisme.com; 5 promenade des Anglais; ⊙Mo–Sa 8–20, So 9–19 Uhr); Touristeninformation am Bahnhof (av. Thiers; ⊙Mo–Sa 8–20, So 9–19 Uhr)

Travelex (13 av. Thiers; ⊙Mo–Fr 8–20, Sa & So 9–17.30 Uhr) Gegenüber vom Bahnhof.

An- & Weiterreise
Eine zweite Straßenbahnlinie, die das Zentrum von Nizza mit dem Flughafen verbinden soll, ist in Planung. Der Busbahnhof soll abgerissen und an anderer Stelle neu gebaut werden. Informationen über den Stand der Dinge gibt's bei der Touristeninformation und unter ☎08 00 06 01 06.

Bus
Die Busse von **Ligne d'Azur** (www.lignedazur.com) fahren vom **Busbahnhof** (gare routière; 5 bd Jean Jaurès). Eine einfache Fahrt für 1 € bringt Fahrgäste innerhalb des Departement Alpes-Maritimes überallhin (mit wenigen Ausnahmen wie dem Flughafen), sofern man nur einmal umsteigt und das binnen 74 Minuten. Es gibt täglich Verbindungen nach Antibes (1 Std.), Cannes (1½ Std.), Grasse (1½ Std.), Menton (1½ Std.), Monaco (45 Min.), St-Paul de Vence (55 Min.) und Vence (1 Std.).

Eurolines (www.eurolines.com) Bietet vom Busbahnhof Fernverbindungen in etliche europäische Städte.

Flugzeug
Nizzas internationaler Flughafen **Aéroport International Nice-Côte d'Azur** (www.nice.aeroport.fr) liegt 6 km westlich vom Zentrum. Ein kostenloser **Shuttlebus** (⊙4.30–24 Uhr alle 10 Min.) verbindet die beiden Terminals. Zu den Fluglinien, die den Flughafen anfliegen, zählen die Billigflieger **BMIBaby** (www.bmibaby.com), **EasyJet** (www.easyjet.com/de) und **Germanwings** (www.germanwings.com).

Heli Air Monaco (www.heliairmonaco.com) Die Hubschrauber benötigen vom Flughafen Nizza nur sieben Minuten nach Monaco; einfacher Flug Erw./Kind 120/80 €.

Schiff/Fähre
Die schnellsten und preiswertesten Fähren vom französischen Festland nach Korsika verkehren von Nizza aus (s. S. 956). Die Busse 9 und 10 fahren von der Avenue Jean Médecin (Haltestelle Médecin/Pastorelli) zum Hafen. Fährgesellschaften:

Corsica Ferries (www.corsicaferries.com; quai Lunel)

SNCM (www.sncm.fr; Fährterminal, quai du Commerce)

Zug

Von Juli bis September bietet die SNCF die Carte Isabelle an (14 €, erhältlich an Bahnhöfen): unbegrenzt viele Fahrten innerhalb eines Tages (nicht mit TGV-Zügen) von Fréjus bis Ventimiglia in Italien und von Nizza bis Tende.

Nizzas Hauptbahnhof **Gare Nice Ville** (av. Thiers) liegt 1,2 km nördlich vom Strand. Es gibt regelmäßige Bahnverbindungen in die Küstenstädte Antibes (4 €, 30 Min.), Cannes (6,50 €, 40 Min.), Menton (4,50 €, 35 Min.), Monaco (3,40 €, 20 Min.) und St-Raphaël (11 €, 50 Min.). Direkte TGV-Züge verbinden Nizza mit Paris (Gare de Lyon, 115 €, 5½ Std.).

SOS Voyageurs (☑ 04 93 16 02 61; ◷ Mo–Fr 9–12 & 15–18 Uhr) Kümmert sich um verlorenes Gepäck und andere Dinge.

❶ Unterwegs vor Ort

Fahrten innerhalb des regionalen Transportnetzwerks **Ligne d'Azur** (www.lignedazur. com; 3 place Masséna; ◷ Mo–Fr 7.45–18.30, Sa 8.30–18 Uhr) kosten 1 € (inkl. aller innerstädtischen und Überlandbusse und der Straßenbahn; außer zum Flughafen); einmal Umsteigen ist im Fahrpreis inbegriffen. Tickets gibt's beim Fahrer oder an den Fahrkartenautomaten an den Straßenbahnhaltestellen. Ein Tagespass kostet 4 €.

Vom/zum Flughafen

Ligne d'Azur betreibt zwei Flughafen-Buslinien; ein Ticket für 4 € ist den ganzen Tag in allen Bussen der Gesellschaft gültig. Route 99 pendelt täglich von etwa 8 bis 21 Uhr alle halbe Stunde zwischen der Gare Nice Ville und dem Flughafen hin und her. Route 98 fährt von 6 bis 21 Uhr alle 20 Minuten (So alle 30 Min.) vom Busbahnhof

STRASSENBAHNKUNST

13 internationale Künstler haben zum schrillen Look der Straßenbahnen beigetragen, von originellen Sprüchen an jeder Haltestelle bis hin zu den schön geschriebenen Haltestellennamen des einheimischen Künstlers Ben und den futuristischen Kunstinstallationen entlang der gesamten Straßenbahnroute. Das auffälligste Werk ist *Die Unterhaltung* des katalanischen Künstlers Jaume Plensa, das in der Nähe der Place Masséna über der Avenue Jean Jaurès thront. Die meisten Leute halten die sieben leuchtenden Figuren für Buddhas. Tatsächlich jedoch stellen sie die Kontinente dar und wechseln synchron die Farbe, um einen globalen Dialog zu symbolisieren.

zum Flughafen und hält unterwegs mehrmals an der Promenade des Anglais.

Ein Taxi vom Flughafen ins Zentrum von Nizza kostet je nach Tageszeit zwischen 25 und 30 €.

Auto, Motorrad & Fahrrad

Alle größeren Autovermietungen (Avis, Budget, Europcar, Hertz etc.) haben Büros am Bahnhof. Die besten Angebote gibt's meistens über ihre Websites, je früher die Buchung desto günstiger.

Wer es wie die Einheimischen machen will, ist auf zwei Rädern unterwegs. Die Fahrradverleihe verlangen allerdings ein deftiges Sicherheitspfand.

Elite Rent-a-Bike (www.elite-rentabike.com; 21 rue de Rivoli) In Strandnähe.

Holiday Bikes (www.holiday-bikes.com; 23 rue de Belgique; ◷ Okt.–Mai 12.30–14 Uhr & So geschl.) Vermietet Fahrräder/50-cc-Motorroller/125-cc-Motoroller für 14/26/57 €. Preise für größere Motorräder bitte erfragen.

Vélo Bleu (☑ 04 93 72 06 06, auf Englisch; www.velobleu.org, auf Frz.) Ein Fahrradleihsystem mit über 100 Leihstationen in der Stadt – an einer Station ausleihen und an einer anderen zurückgeben. Die Mitgliedschaft kostet 1 € für einen Tag, 5 € für eine Woche. Dazu kommen die Benutzungsgebühren: Die erste halbe Stunde ist gratis, die nächste halbe Stunde kostet 1 €, danach kostet jede Stunde 2 €. Zur Anmeldung und zur Nutzung des Systems (auch auf Englisch möglich) braucht man ein Handy. Die Pfandgebühr in Höhe von 200 € wird erst nach einer Woche des zehn Tagen erstattet und wird bei jeder Neuanmeldung fällig – es ist also besser, sich für eine Woche anzumelden als für mehrere einzelne Tage hintereinander, ansonsten schöpft man u. U. sein Kreditkartenvolumen aus.

Bus

Am besten erkundet man das Stadtzentrum zu Fuß oder mit der Straßenbahn. Alles, was hinter dem Dreieck Bahnhof-Masséna-Vieux Nice liegt, wird von Bussen angefahren. Vier Nachtbusse (N1, N2, N3 und N4) fahren zwischen 21.10 und 2 Uhr von der Place Masséna alle halbe Stunde Richtung Norden, Osten und Westen.

Straßenbahn

Nizzas schicke neue Straßenbahn eignet sich bestens zur Erkundung der Stadt. Die Linie 1 fährt zwischen 4.30 und 1.30 Uhr auf einer V-förmigen Route von Nordwest nach Süden und Nordosten. Sie verbindet alle wichtigen Orte, so kommt sie am Bahnhof, der Altstadt und dem Kongresszentrum Acropolis im Zentrum vorbei.

Taxi

Nur Auswärtige fahren mit dem Taxi und das wissen die Fahrer – ständig hagelt es bei der

Touristeninformation Beschwerden. Wer nicht verladen werden möchte, achte darauf, dass der Fahrer das Taxameter anmacht und den korrekten Kurs einstellt (ablesbar von einer laminierten Karte, die in jedem Taxi aushängen muss). Taxistände gibt's vor der Gare Nice Ville und an der Avenue Félix Faure nahe der Place Masséna. Taxiruf: ☑04 93 13 78 78.

Antibes & Juan-les-Pins

76 800 EW.

In Antibes konzentriert sich die mediterrane Geschichte. Die Stadtmauern zum Meer hin sind Zeugen einer defensiven Vergangenheit (das benachbarte Nizza hielt zum verfeindeten Savoyen). Am Golfe Juan kehrte Napoleon Bonaparte triumphierend aus dem Exil auf Elba zurück. Picasso malte im Château Grimaldi und F. Scott Fitzgerald schrieb seinen bahnbrechenden Roman *Zärtlich ist die Nacht*, der das Leben in Antibes zugrunde legt.

Der Yachthafen von Antibes ist heute der zweitgrößte in Europa und zieht Horden von Seglern an, die das Abenteuer der Seefahrt suchen. Die Stadt selbst ist relativ klein und zurückhaltend; ein Paradies für Millionäre ist das Cap d'Antibes. Antibes ist das perfekte Ziel für einen Tagesausflug von Nizza oder Cannes, eignet sich für Reisende, die es lieber ruhiger haben als in den größeren Städten an der Küste, ist aber auch ein schöner Ausgangspunkt für Ausflüge an die Côte d'Azur.

⊙ Sehenswertes & Aktivitäten

Musée Picasso KUNSTMUSEUM
(www.antibes-juanlespins.com; Château Grimaldi, 4 rue des Cordiers, Antibes; Erw./Kind 6/3 €; ⊙Di–So 10–18 Uhr) Das spektakulär am Meer gelegene Château Grimaldi aus dem 14. Jh. diente Picasso von Juli bis Dezember 1946 als Atelier. Das umfassend renovierte Museum beherbergt eine bedeutende Sammlung von Gemälden, Lithografien, Zeichnungen und Keramiken des Künstlers sowie Fotografien, die den Meister bei der Arbeit zeigen.

Vieil Antibes ALTSTADT
Vieil Antibes ist ein netter Mix aus Lebensmittelläden, Boutiquen und Restaurants. Besonders schön ist es, vormittags durch die engen Gassen zu bummeln, wenn der **marché** (Markt; cours Masséna) in vollem Gange ist. Von den Befestigungen am Meer bieten sich tolle Ausblicke auf Nizza, die schneebedeckten Gipfel der Alpen und das nahe Cap d'Antibes. Schon seit jeher wirkt die Gegend wie ein Magnet auf Künstler und prominente Persönlichkeiten; Näheres erfährt man auf einer der zweistündigen Führungen (Erw./Kind 7 €/frei) des **Accueil Touristique du Vieil Antibes** (☑04 93 34 65 65; 32 bd d'Aguillon; ⊙Mo–Sa 10–12 & 13–18 Uhr). Genaue Zeiten bitte erfragen.

Cap d'Antibes WANDERN
Die 4,8 km langen bewaldeten Buchten des Cap d'Antibes eignen sich perfekt für einen Nachmittag mit Wandern und Baden. Die Pfade sind gut ausgeschildert. Mögliche Routen sind auf Karten der Touristeninformation verzeichnet.

Musée Peynet KUNSTMUSEUM
(www.antibes-juanlespins.com; place Nationale, Antibes; Erw./Kind 3 €/frei; ⊙Di–So 10–12 & 14–18 Uhr) Über 300 humorige Bilder, Cartoons und Kostüme von dem in Antibes geborenen Cartoonisten Raymond Peynet. Es gibt auch ausgezeichnete Gastausstellungen.

Strände STRÄNDE
Antibes' kleiner Sandstrand **Plage de la Gravette** ist immer überfüllt; am besten ist es im Seebad **Juan-les-Pins**, u. a. an den öffentlichen Stränden am Boulevard Littoral und am Boulevard Charles Guillaumont. Von der **Plage de la Salis** an der Straße zwischen Vieil Antibes und dem Kap bieten sich die unglaublichsten Ausblicke auf die Alpen.

MUSÉE RENOIR

Die Stadt Cagnes-sur-Mer ist eigentlich nichts Besonderes. Allerdings gibt es hier das exquisite **Musée Renoir** (www.cagnes-tourisme.com; chemin des Collettes, Cagnes-sur-Mer; Erw./Kind 4 €/ frei; ☉Mi–Mo 10–12 & 14–17 Uhr). Le Domaine des Collettes (wie das Anwesen genannt wurde) diente dem von der Arthritis geplagten Renoir (1841–1919) von 1907 bis zu seinem Tod als Zuhause und Atelier. Hier lebte er mit Frau und drei Kindern. Das Haus lässt die Zeit wunderbar wieder aufleben.

Zu den ausgestellten Werken zählt *Les Grandes Baigneuses* (Die großen Badenden, 1892), eine Neubearbeitung des Originalmotivs von 1887. Die Zimmer sind gespickt mit Fotografien und persönlichen Gegenständen. Ebenso wunderbar wie das Museum selbst sind die schönen Oliven- und Zitrushaine. Viele Besucher bringen sich ihre eigenen Utensilien zum Malen mit.

✪ Festivals & Events

Jazz à Juan   MUSIKFESTIVAL
(www.jazzajuan.fr) Auf diesem Sommerfestival haben schon alle Jazzgrößen gespielt, von Sidney Bechet und Miles Davis bis John Coltrane und Keith Jarrett. Es findet Mitte Juli im Park La Pinède neben dem Kasino von Antibes statt.

🛏 Schlafen

Hôtel La Jabotte   B&B €€
LP TIPP
(☎04 93 61 45 89; www.jabotte.com; 13 av. Max Maurey, Cap d'Antibes; EZ/DZ mit Frühstück ab 108/118 €; ❄🐾🛜) Das La Jabotte ist ein Hotel mit der Atmosphäre einer *chambre d'hôtes* und Antibes' verborgenes Juwel. Es liegt nur 50 m vom Meer und 20 Fußminuten von Vieil Antibes entfernt. Die zehn provenzalischen Zimmer gehen alle auf eine wunderbare Terrasse hinaus, auf der von Frühling bis Herbst das Frühstück serviert wird. Ein großer Teil der Dekoration stammt vom Hotelbetreiber Yves, dessen Werke auch käuflich zu erwerben sind.

Villa Val des Roses   BOUTIQUE-B&B €€€
(☎06 85 06 06 29; www.val-des-roses.com; 6 chemin des Lauriers; DZ mit Frühstück NS/HS ab 140/250 €; ❄@🛜🏊) Diese schöne Bürger-

villa aus dem 19. Jh. mit Marmorboden, Laptop und Whirlpool in jedem Zimmer ist nur 20 Fußminuten von der Altstadt und nur einen Katzensprung von der feinsandigen Plage de la Salis entfernt. Der von einer Mauer umgebene Garten ist eine Oase der Stille, die beim morgendlichen Frühstücksbuffet wunderbar zu genießen ist.

Relais International de la Jeunesse
HOSTEL €
(☎04 93 61 34 40; www.clajsud.fr; 272 bd de la Garoupe, Cap d'Antibes; B mit Frühstück & Bettwäsche 18 €) Das freundliche Hostel in bester Lage am Mittelmeer ist besonders bei Seglern sehr beliebt, die im Hafen von Antibes einen neuen Job suchen. Und der Blick aufs Meer zieht den Neid der benachbarten Millionäre auf sich.

Le Relais du Postillon
HOTEL €
(☎04 93 34 20 77; www.relaisdupostillon.com; 8 rue Championnet, Antibes; EZ/DZ 49/73 €; 🛜) Das sehr preisgünstige Postillon ist in einem Kutschenhaus aus dem 17. Jh. im Herzen der Altstadt untergebracht.

🍴 Essen

Le Broc en Bouche
LP TIPP
FRANZÖSISCH, MODERN €€
(☎04 93 34 75 60; 8 rue des Palmiers, Antibes; Hauptgerichte 15–30 €; ☉Di abends & Mi geschl.) Im Gourmetbistro von Flo und Fred schmilzt man dahin, und zwar angesichts ihrer Foie gras, ihres *magret de canard* (Entenbrust) oder eines anderen Tagesgerichts, das sie gerade auffahren. Und wem etwas von dem phantastischen Einrichtungsschnickschnack gefällt, der kann es mit nach Hause nehmen, denn es steht alles zum Verkauf.

La Taverne du Safranier
FISCH & MEERESFRÜCHTE €€
(☎04 93 34 80 50; place Safranier, Antibes; Hauptgerichte 10–20 €, 2-Gänge-Menü 25 €; ☉Mi–So mittags, Di–Sa abends) Zu den Spezialitäten in diesem zwanglosen Restaurant in einer Nebenstraße zählen Muscheln, *petite friture* (winzige gebratene Fische) und *soupe de poisson* (Fischsuppe); serviert werden die Speisen an Tischen mit Papiertischdecken und Plastikstühlen – also genau richtig für ein ehrliches Meeresfrüchteessen ohne jeden Schnickschnack.

Le Jardin
FRANZÖSISCH, MODERN €€
(☎04 93 34 64 74; www.restaurant-lejardin.fr; 5 rue Sade, Antibes; Menü 19,50–33 €, Hauptgerichte 20 €) Der reizende Garten liefert die

perfekte Kulisse für die sonnige Küche des Restaurants. Die Karte wechselt mit den Jahreszeiten und das phantasievolle Essen wird immer schön präsentiert.

Auberge Provençale FISCH & MEERESFRÜCHTE €€
(✆04 93 34 13 24; www.aubergeprovencale.com; 61 place Nationale, Antibes; Menü 17,50–60 €; ⏱Di–Sa) Diese *auberge* (Gasthaus) ist berühmt für ihre fabelhaften Meeresfrüchte. Im Winter sollte man versuchen, einen Tisch im Vieux Couvent zu bekommen, im Sommer einen im Hof.

La Ferme au Foie Gras BELEGTE BAGUETTES €
(www.vente-foie-gras.net; 35 rue Aubernon, Antibes; belegte Baguettes 3,50–8 €; ⏱Di–So 7–19 Uhr) So sollte ein gutes Baguette aussehen: belegt mit Foie gras und köstlichen Chutneys. Der benachbarte Laden verkaufte hervorragende Foie gras.

Selbstversorger

Marché Provençal MARKT €
(cours Masséna, Antibes; ⏱Sept.–Mai Mo geschl.) Der Vormittagsmarkt ist ideal, um sich für ein Picknick einzudecken.

 Ausgehen & Unterhaltung

Balade en Provence ABSINTHBAR
(25 cours Masséna, Antibes; ⏱18–2 Uhr) In dieser auf Absinth spezialisierten Bar mit Original-Zinktheke von 1860, runden Tischen und alten Einrichtungsgegenständen kann man mit der „Grünen Fee" flirten. Das Personal kennt sich bestens aus.

Pearl La Siesta CLUB
(route du Bord de Mer, Antibes; Eintritt 15–20 €; ⏱Do–Sa 19–5 Uhr) Diese legendäre Einrichtung ist an der ganzen Küste für ihren Strandclub (Le Pearl) berühmt und dafür, dass man die ganze Nacht unter den Sternen tanzen kann. Der Strandclub hat nur von Anfang Juni bis Mitte September geöffnet, im übrigen Jahr wird drinnen in der Bar-Lounge (Le Flamingo) gefeiert.

 Praktische Informationen

Eurochange (4 rue Georges Clémenceau, Antibes; ⏱Mo–Sa 9–18 Uhr)

Post (2 av. Paul Doumer, Antibes)

Touristeninformation (www.antibesjuanles pins.com; ⏱Mo–Fr 9–12.30 & 13.30–18, Sa 9–12 & 14–18, So 10–12.30 & 14.30–17 Uhr) Antibes (11 place du Général de Gaulle); Juan-les-Pins (55 bd Charles Guillaumont)

Workstation Cyber Café (1 av. St-Roch,

Antibes; 4,50 €/Std.; ⏱Mo–Fr 9–19, Sa & So 10–18 Uhr)

 An- & Weiterreise

Antibes eignet sich gut als Tagesausflug mit der Bahn von Nizza (4 €, 30 Min.) oder von Cannes (2,60 €, 15 Min.).

Vom **Busbahnhof** (gare routière, place Guynemer) fahren Busse in umliegende Städte wie Biot, manche Busse fahren auch gegenüber der Touristeninformation ab.

Biot
9200 EW.

Vom 16. bis 18. Jh. war das kleine Bergdorf Biot im ganzen Mittelmeerraum für die außerordentliche Qualität seiner Olivenölkrüge bekannt. Aber von dieser Töpfereihegemonie ist nur noch wenig übrig. Biot ist heute für eine andere, viel schönere, aber weitaus weniger pragmatische Kunstform bekannt: die Glasbläserei.

Die berühmten Bläschen von Biot entstehen durch eine chemische Reaktion beim Wälzen von geschmolzenem Glas in brennendem Soda. Die Blasen werden dann durch Auftrag einer weiteren Glasschicht eingeschlossen. Das matte Aussehen entsteht am Schluss durch Eintauchen in Säure.

Wer sich den Arbeitsprozess ansehen möchte, kann dies in der Fabrik **La Verrerie de Biot** (Glasfabrik von Biot; www.verrerie

NICHT VERSÄUMEN

LES ARCADES

Das bezaubernde Hotel und Restaurant **Les Arcades** (✆04 93 65 01 04; www.hotel-restaurant-les-arcades.com, auf Frz.; 16 place des Arcades, Biot; DZ 55–100 €, Menü 28–32 €; ⏱So abends & Mo geschl.) hat sich zu einer Institution in Biot entwickelt: Das Gebäude aus dem 15. Jh. beherbergt heute eine angesehene Sammlung moderner Kunst, das Ergebnis der 50 Jahre langen Freundschaft zwischen André und Mimi Brothier (den Besitzern) und den vielen Künstlern, die nach dem Krieg in Biot lebten, wie z. B. César, Novaro, Vasarely und Léger. Die teureren Zimmer mit ihren einzigartigen Kunstwerken, den schweren Eichenmöbeln, imposanten Kaminen und palastartigen Badezimmern sind jeden Cent wert.

Sidebar:

DIE CÔTE D'AZUR & MONACO BIOT

biot.com; chemin des Combes; Eintritt frei, 45-min. Führungen (auch auf Englisch) 6 €; ⏱Mo–Sa 9.30–18, So 10.30–13.30 & 14.30–18.30 Uhr) am Fuß des Dorfes.

Die **Touristeninformation** (✆04 93 65 78 00; www.biot.fr; 46 rue St-Sébastien; ⏱Mo–Fr 9–12 & 14–18, Sa & So 14–18 Uhr) von Biot befindet sich im Dorf selbst, einem Labyrinth voller alter Gebäude oben auf dem Hügel.

Bus 10 (1 €, 10 Min.) fährt alle halbe Stunde vom Bahnhof ins Dorf. Im Sommer verkehrt ein kostenloser Shuttlebus zwischen Bahnhof, *verrerie* und Dorf.

St-Paul de Vence & Umgebung

3400 EW.

Sein phänomenales Kunsterbe unterscheidet das mittelalterliche Bergdorf St-Paul de Vence von allen anderen mittelalterlichen Bergdörfern der Umgebung. St-Paul zog viele wegweisende Künstler des 20. Jhs. an, die im Dorf lebten und arbeiteten. Einer davon war der russische Maler Marc Chagall, der auf dem interkonfessionellen Friedhof von St-Paul begraben ist.

Die Kopfsteinpflasterstraßen von St-Paul de Vence und die Ringmauer aus dem 16. Jh., die nachts dramatisch angestrahlt wird, sind eine Attraktion für sich und ziehen jährlich 2,5 Mio. Besucher an.

◉ Sehenswertes

Fondation Maeght KUNSTMUSEUM
(www.fondation-maeght.com; 623 chemin des Gardettes, St-Paul de Vence; Erw./Kind 14/9 €; ⏱10–19 Uhr) Durch die von Galerien gesäumten Dorfstraßen (insgesamt 64 Galerien!) zu flanieren, mag für Kunstliebhaber eine pri-

---

ℹ **DER WEG ZUR FONDATION MAEGHT**

Die meisten Besucher gelangen über die Hauptstraße zur Fondation, sehr viel inspirierender ist jedoch der Chemin Ste-Claire. Dies war nämlich Chagalls Weg ins Dorf und am Wegesrand stehen drei Kapellen, ein Kloster sowie zwei Chagall-Reproduktionen, die ungefähr dort aufgestellt sind, wo er die Originale schuf. Der Weg ist nicht so hügelig wie die Hauptstraße und die Aussicht ist von hier großartig.

---

ma Vorspeise sein, aber der Hauptgang ist dieses private Museum, etwa 500 m außerhalb der Altstadt gelegen. Der Architekt Josep Luis Sert gestaltete das ganze Gelände gemeinsam mit zeitgenössischen Künstlern wie Chagall, der ein Außenmosaik beisteuerte. Der spanische Surrealist Joan Miró schuf ein „Labyrinth" aus Skulpturen, von blitzenden Wasserbecken und Mosaiken durchzogen. Die Fondation Maeght wurde 1964 eröffnet. Ihre außergewöhnliche ständige Sammlung von 40 000 Arbeiten wird im Rotationsverfahren ausgestellt.

Chapelle du Rosaire KAPELLE
(Rosenkranzkapelle; www.vence.fr/the-rosaire-chapel.html; 466 av. Henri Matisse, Vence; Eintritt 3 €; ⏱Mo, Mi & Sa 14–17.30, Di & Do 10–11.30 & 14–17.30 Uhr, Mitte Nov.–Mitte Dez. geschl.) Während er in Vance lebte, inspirierte Matisse seine Freundschaft zu seinem ehemaligen Modell, der späteren Dominikanerin Jacques-Marie, zu seinem – wie er selbst sagte – Meisterwerk, das er mit 81 Jahren fertigstellte. Der Vormittag ist die beste Zeit, um das Sonnenlicht durch die bunten Glasfenster strahlen zu sehen. Die künstlerischen Entwürfe zur Kapelle, 42 Zeichnungen, 21 Papierschnitte, zwei Buntglasfenster, zwei Keramiken und eine Skulptur, sind im Musée Matisse in Nizza ausgestellt.

🛏 Schlafen & Essen

La Colombe d'Or BOUTIQUEHOTEL €€€
(✆04 93 32 80 02; www.la-colombe-dor.com; St-Paul de Vence; Zi. ab 250–430 €, Hauptgerichte mittags 20–60 €, abends 60–70 €; ⏱Nov.–Weihnachten geschl.; 🛜✱) Das weltbekannte Gasthaus könnte gleichzeitig als Nebengebäude der Fondation Maeght dienen: Das außerhalb der Stadtmauern am Dorfeingang gelegene La Colombe d'Or war ein Lieblingstreffpunkt vieler Künstler des 20. Jhs. – Chagall, Braque, Matisse, Picasso etc. –, die ihr Essen oft mit Kunstwerken bezahlten und so eine unglaubliche private Kunstsammlung aufzubauen halfen. Hier muss man für einen Tisch (oder ein Zimmer) Wochen im Voraus reservieren. Wer ein Zimmer ergattert, kann von Glück reden: Jedes Zimmer ist mit einzigartigen Kunstwerken und antiken Möbeln ausgestattet, genauso wie der Speisesaal und der Garten.

ℹ Praktische Informationen

Touristeninformation (✆04 93 32 86 95; www.saint-pauldevence.com; 2 rue Grande; ⏱10–19 Uhr)

Für zwölf Tage im Mai wird Cannes zum Mittelpunkt des Kinouniversums. Über 30 000 Produzenten, Verleiher, Regisseure, Publizisten, Stars und ihr Anhang fallen alljährlich in Cannes ein, um mehr als 2000 Filme zu kaufen, zu verkaufen oder zu promoten.

Im Zentrum des Wirbelsturms steht der überraschend hässliche **Palais des Festivals et des Congrès** (Festival- und Kongresspalast; von Einheimischen auch „der Bunker" genannt), wo die offizielle Auswahl gezeigt wird. In ihrem großen Moment steigen die Stars unter Blitzlichtgewitter die Treppen des Palastes hinauf (wer auch einmal über den roten Teppich schreiten möchte: Er liegt fast das ganze übrige Jahr verlassen da).

Die ersten Filmfestspiele wurden in Cannes zum 1. September 1939 als Antwort auf Mussolinis faschistisches Propaganda-Filmfestival in Venedig organisiert. Hitlers Einmarsch in Polen brachte das Festival abrupt zum Erliegen, aber 1946 wurde es wieder aufgenommen. Über die Jahre teilte sich das Festival in „Wettbewerbssektionen" und „Sektionen außer Wettbewerb". Das Ziel der Wettbewerbsfilme ist es, die prestigeträchtige Palme d'Or zu ergattern. Die Jury und ihr Präsident verleihen die Goldene Palme für den Film, der die Filmkunst am stärksten voranbringt. Meilensteine unter den Gewinnern sind u. a. Federico Fellinis *La Dolce Vita* (1960), Francis Ford Coppolas *Apocalypse Now* (1979), Quentin Tarantinos *Pulp Fiction* (1994), die polemische Dokumentation *Fahrenheit 9/11* (2004) vom Bush-Gegner Michael Moore und *Die Klasse* (2008) von Laurent Cantet, Chronik des Alltags in einer rauen Pariser Schule.

Karten für das Festival sind generell den Größen der Filmindustrie vorbehalten, aber man bekommt vielleicht kostenlose Karten für einzelne ausgewählte Filme, gewöhnlich nachdem sie schon einmal gelaufen sind. Diese in begrenzter Zahl vergebenen „Einladungen" müssen am Tag der Vorführung im **Espace Cannes Cinéphiles** (La Pantiéro; ⊙9–17.30 Uhr) abgeholt werden. Das Programm des Filmfestivals steht auf der offiziellen Website www.festival-cannes.com.

An- & Weiterreise

Von Nizza aus fährt der Bus 400 regelmäßig nach St-Paul de Vence (1 €, 55 Min.) und Vence (1 €, 1 Std.).

Cannes

71 800 EW.

Fast jeder hat schon von Cannes und den gleichnamigen Filmfestspielen gehört. Das Festival dauert zwar nur zwei Wochen im Mai, aber Glitzer und Glamour bleiben – anders als im benachbarten St-Tropez, das im Winter die Bürgersteige hochklappt – das ganze Jahr, v. a., da regelmäßig Promis kommen, um den Komfort der Paläste am Boulevard de la Croisette zu genießen.

Was die meisten jedoch nicht vermuten ist Cannes' – bei allem Glamour – echte Kleinstadtatmosphäre: Wie überall im Süden stehen Rentner unter den Platanen am Hauptplatz, dem Square Lord Brougham, und diskutieren hitzig darüber, wer die letzte Runde *pétanque* gewonnen hat. Glamourgenervte haben die Chance, auf die unverbauten Îles de Lérins zu flüchten

und sich mit über 2000 Jahren Geschichte vertraut zu machen – von ligurischen Fischergemeinden um 200 v. Chr. über eine der ältesten religiösen Gemeinden Europas (5. Jh. n. Chr.) bis hin zum Mann in der eisernen Maske und im antifaschistischen Kampf erworbenem Ruhm.

⊙ Sehenswertes & Aktivitäten

CANNES

Le Suquet ALTSTADT
Die historische Altstadt von Cannes aus Zeiten, als noch lange kein Festivalglamour eingezogen war, hat sich mit ihren steilen, gewundenen Gassen ein ursprüngliches Dorfflair erhalten. Oben vom Hügel eröffnen sich wunderbare Ausblicke auf die Baie de Cannes, genauso wie vom faszinierenden **Musée de la Castre** (place de la Castre; Erw./Kind 3,20 €/frei; ⊙10–19 Uhr, Sept.–Juni Mo geschl.) mit einer schön präsentierten völkerkundlichen Sammlung.

Palais des Festivals WAHRZEICHEN
(Festivalpalast; bd de la Croisette) Es erscheint ein wenig überraschend, dass dieser Beton-

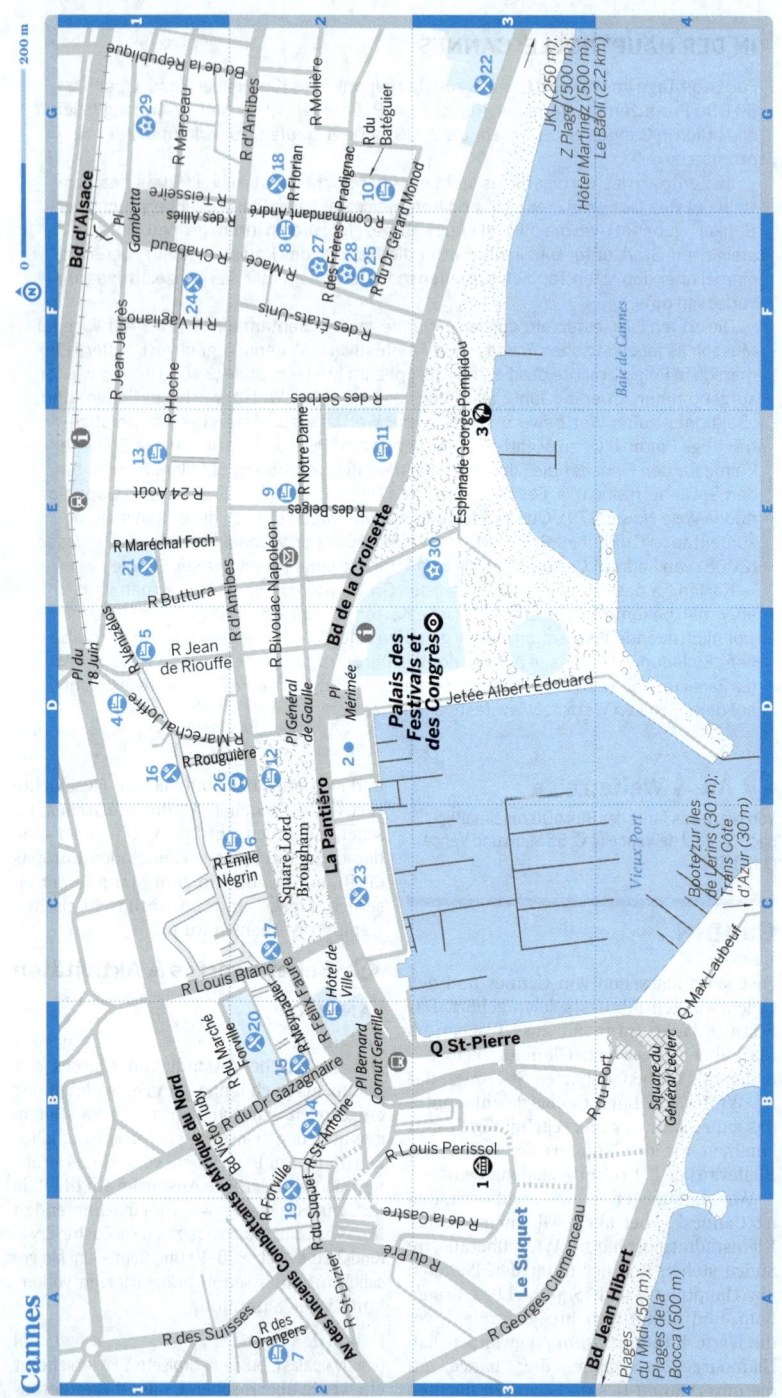

Cannes

200 m
0
N

Bd de la République
R Moll ère
R du Batéguier
29
R Marceau
R d'Antibes
18
R Florian
10
R des Frères Pradignac
R Commandant André
8
27
R Macé
28
R Chabaud
R du Dr Gérard Monod
Pl Gambetta
24
R H Vagliano
R des Allés
R Teisseire
R des États-Unis
22
Bd d'Alsace

JKL (250 m):
Z Plage (500 m);
Hôtel Martinez (500 m);
Le Bâoli (2.2 km)

R Jean Jaurès
R Hoche
R des Serbes
R Notre Dame
11
13
R 24 Août
9
R des Belges
3
Esplanade George Pompidou
Baie de Cannes

R Maréchal Foch
21
R Buttura
R Bivouac Napoléon
Bd de la Croisette
30

R Jean de Riouffe
5
R Vlanelos
Pl du 18 Juin
R d'Antibes
i
Palais des Festivals et des Congrès
Jetée Albert Édouard

R Maréchal Joffre
4
16
R Rouguière
26
12
Pl Général de Gaulle
Pl Mérimée
2

R Émile Négrin
6
Square Lord Brougham
La Pantiéro
23

Vieux Port

R Louis Blanc
17
R Félix Faure
Pl Bernard Cornut Gentille
Q St-Pierre

Boots zur Îles de Lérins (30 m);
Trans Côte d'Azur (30 m)

R du Marché Forville
20
15
R Meynadier
R Félix Faure
Hôtel de Ville
R du Port
Square du Général Leclerc

Bd Victor Tuby
R St-Antoine
R du Dr Gazagnaire
14
Q Max Laubeuf

Bd des Combattans d'Afrique du Nord
R Forville
19
R du Suquet
R Louis Perissol
1
R de la Castre
Le Suquet

R des Suisses
R des Orangers
7
Av des Anciens Combattans
R St-Dizier
R du Pré
R Georges Clemenceau
Bd Jean Hibert

Plages du Midi (50 m);
Plages de la Bocca (500 m)

bunker am westlichen Ende der Croisette das glamouröseste Filmfestival der Welt beherbergt. Die Touristeninformation bietet 1½-stündige **Führungen** (Erw./Kind 3 €/ frei; ☺14.30 Uhr), bei denen die Teilnehmer über den roten Teppich wandeln und das Auditorium samt Bühne betreten dürfen sowie allerlei Anekdoten über das Festival zu hören bekommen. Außer im Mai finden die Führungen mehrmals pro Monat statt. Auskunft über die Termine erteilt die Touristeninformation, wo man die Touren auch buchen kann, die sehr stark nachgefragt werden.

Strände   STRÄNDE

Die zentralen Sandstrände am Boulevard de la Croisette sind weitgehend abgegrenzt und Hotelgästen vorbehalten; an einigen sind Tagesgäste erlaubt. Die Preise reichen von 19 € für eine Matte und einen gelb-weißen Sonnenschirm an der **Plage du Gray d'Albion** (☺März–Okt. 10–17 Uhr) – mit Wasserskischule – bis zu 51 € für die perlweißen Liegestühle auf dem von der superschicken **Z Plage** (☺Mai–Sept. 9.30–18 Uhr), dem Strand des Hôtel Martinez.

Ein winzig kleiner Sandstreifen am Palais des Festivals ist öffentlich, die schönsten kostenlosen Strände, **Plages du Midi** und **Plages de la Bocca**, erstrecken sich jedoch westlich vom Vieux Port am Boulevard Jean Hibert und am Boulevard du Midi.

ÎLES DE LÉRINS

Obwohl sie nur 20 Minuten mit dem Boot entfernt sind, scheinen die stillen Îles de Lérins weitab vom hektischen Trubel der Stadt.

Die nähere der zwei winzigen Inselchen ist die 3,25 km mal 1 km große **Île Ste-Marguerite**, wo Ende des 17. Jhs. der rätselhafte Mann mit der eisernen Maske im Kerker saß. Die Küsten sind eine endlose Aneinanderreihung von perfekten, einsamen Stränden und Anglerbuchten; die Eukalyptus- und Pinienwälder bieten eine himmlische Abkühlung von der Hitze der Riviera.

Beim Von-Bord-Gehen zeigt ein Plan eine Handvoll ländlicher Restaurants sowie Wege und Pfade über die Insel. Er weist auch den Weg zum Fort Royal, das im 17. Jh. gebaut wurde und heute das **Musée de la Mer** (Meeresmuseum; Erw./Kind 3,20 €/ frei; ☺10–17.45 Uhr) beherbergt. Die Tür links beim Eingang führt ins alte, unter Ludwig XIV. erbaute Staatsgefängnis. Ausstellungen zeigen die Geschichte des Forts und dokumentieren Schiffbrüche in Inselnähe.

Noch kleiner, nämlich 1,5 km lang und 400 m breit, ist die **Île St-Honorat**, die seit dem 5. Jh. ein Klostersitz ist. Die Zisterziensermönche heißen Besucher das ganze

Cannes

◉ Highlights
Palais des Festivals et des
  Congrès..D3

◉ Sehenswertes
  1 Musée de la Castre B3

Aktivitäten, Kurse & Touren
  2 Espace Cannes Cinéphiles..................D2
  3 Plage du Gray d'Albion E3

◉ Schlafen
  4 Hôtel 7e Art D1
  5 Hôtel Alnéa...D1
  6 Hôtel des Allées C2
  7 Hôtel des Orangers A2
  8 Hôtel Le Florian....................................F2
  9 Hôtel Le Mistral....................................E2
 10 Hôtel Le Romanesque........................G2
 11 Hôtel Majestic Barrière E2
 12 Hôtel Splendid D2
 13 La Villa Tosca E1

◉ Essen
 14 Auberge Provençale.............................B2
 15 Aux Bons Enfants B2
 16 Carrefour D1
 17 Coquillages Brun..................................C2
 18 Le Riad..G2
 19 Mantel...B2
 20 Marché Forville.....................................B2
 21 Monoprix...E1
 22 Park 45..G3
 23 PhilCat..C2
 24 Volupté..F1

◉ Ausgehen
 25 Le Sun 7..F2
 26 Zanzibar..D2

◉ Unterhaltung
 27 Da Da Da Club.......................................F2
 28 For You..F2
 29 Le Night...G1
 30 Le Palais...E3

TOP-STRÄNDE

» **Plage de Pampelonne, St Tropez** (S. 931) Meer, Sand und Promis.

» **Z Plage, Cannes** (S. 915) Hinsichtlich Glamour und Komfort ist der Strand des Hôtel Martinez nicht zu übertreffen.

» **Plage de Gigaro, La Croix-Valmer** (S. 934) Nicht zu groß, an bewaldetem Ufer. Schön.

» **Calanques, Massif de l'Estérel** (S. 921) Hier hat man die Qual der Wahl zwischen einem Dutzend Buchten mit kristallklarem Wasser.

» **Île de Port-Cros** (S. 935) An den meisten Stränden dieser schönen Insel fühlt man sich wie Robinson Crusoe.

Jahr über willkommen: Man kann die Kirche und überall auf der Insel verteilte kleine Kapellen besichtigen und zwischen den Weinbergen und Wäldern spazieren gehen. Zelten und Radfahren ist verboten. Die Mönche führen ein Restaurant, **La Tonnelle** (☎04 92 99 18 07; Hauptgerichte 25 €; ☺mittags), von dem sich schöne Ausblicke aufs Meer bieten und das Wein von den eigenen Weinbergen der Abtei kredenzt (in der Flasche teuer, aber er wird auch per Glas ausgeschenkt). Auch für einen Nachmittagstee ist das Restaurant ein tolles Plätzchen.

Schiffe zu den Inseln legen in Cannes am Quai des Îles (hinter dem Quai Max Laubeuf) an der Westseite des Hafens ab. **Riviera Lines** (www.riviera-lines.com) betreibt Fähren zur Île Ste-Marguerite (Erw./Kind 11,50/6 € hin & zurück) und Boote der **Compagnie Planaria** (www.cannes-ilesdelerins.com) fahren zur Île St-Honorat (Erw./Kind 12/6 € hin & zurück).

☞ Geführte Touren

Trans Côte d'Azur   BOOTSFAHRT
(☎04 92 98 71 30; www.trans-cote-azur.com; quai Max Laubeuf) Die schönste Art, die Küste zu sehen. Im Angebot sind Tagesausflüge zu den überwältigenden roten Klippen des Massif de l'Estérel (Erw./Kind 25/15 €), nach St-Tropez (Erw./Kind 41/28 €) und nach Monaco (Erw./Kind 46/28 €).

✸ Festivals & Events

Festival de Cannes   FILMFESTIVAL
Rein kommt man nicht, aber es macht trotzdem Spaß angesichts all der herumlaufenden prominenten Gesichter. Und man kann auch ohne Eintrittskarte dicht an den roten Teppich kommen. Im Mai.

Les Plages Électroniques   TANZFESTIVAL
(www.plages-electroniques.com; 5 €; ☺19.30–0.30 Uhr) Bei diesem relaxten Festival legen DJs an der Plage du Palais des Festivals Musik auf. Jeder ist willkommen, allerdings in Strandkleidung. Im Juli und August.

Festival Pantiero   MUSIKFESTIVAL
(www.festivalpantiero.com; 20 €) Festival für elektronische Musik auf der Dachterrasse des Palais des Festivals; sehr cool. Mitte August.

Festival d'Art Pyrotechnique   FEUERWERK
(www.festival-pyrotechnique-cannes.com) Jeden Sommer drängeln sich etwa 200 000 Menschen an der Croisette und bestaunen atemberaubende Feuerwerkskunst über der Baie de Cannes. Zauberhaft. An sechs Abenden im Juli und August.

🛏 Schlafen

Die Hotelpreise in Cannes schwanken stark je nach Saison und klettern zum Filmfestival in schwindelerregende Höhen. Trotzdem ist Monate im Voraus alles ausgebucht. Viele Unterkünfte akzeptieren in der Zeit der Festspiele nur Buchungen von mindestens 12 Tagen. Ein Hostel gibt es in Cannes nicht.

LP TIPP Hôtel 7e Art   BOUTIQUEHOTEL €
(☎04 93 68 66 66; www.7arthotel.com; 23 rue Maréchal Joffre; EZ 68 €, DZ 60–98 €; ✳🐾) Im 2010 eröffneten Hôtel 7e Art können sich auch Reisende mit knapperer Urlaubskasse stilvolle Boutiquehotelzimmer leisten. Die Betreiber haben ihre Ausbildung in der Schweiz absolviert und bei den grundlegenden Dingen alles richtig gemacht – große Betten, blitzsaubere Bäder und hervorragende Schallisolierung. Die schicke Einrichtung mit kittfarbenen Wänden, gepolsterten Kopfenden und Pop-Art bietet weit mehr, als für den Preis zu erwarten wäre.

Hôtel Le Mistral   BOUTIQUEHOTEL €€
(☎04 93 39 91 46; www.mistral-hotel.com; 13 rue des Belges; DZ ab 89 €; ✳🐾) Dieses kleine Hotel gewinnt die Goldene Palme für das bes-

te Preis-Leistungs-Verhältnis der Stadt: Die Zimmer sind in schmeichelhaften Rot- und Lilatönen gehalten, die Bäder beeindrucken mit Designer-Einrichtung, vom obersten Geschoss bieten sich Ausblicke aufs Meer und das Hotel liegt nur 50 m von der Croisette entfernt. Kein Aufzug.

Hotel Le Romanesque   BOUTIQUEHOTEL €€
(☎04 93 68 04 20; www.hotelleromanesque. com; 10 rue Batéguier; Zi. 90–150 €; ❋🔊) Dieses reizende Boutiquehotel liegt im Herzen des Ausgehviertels Carré d'Or – wer einen leichten Schlaf hat, sollte nach einem Zimmer nach hinten raus fragen. Jedes der acht Zimmer ist individuell gestaltet, darunter „Charlotte" mit sonnendurchflutetem Bad und „Elizabeth", das ehemalige Dienstmädchenquartier, mit niedrigen Deckenbalken. Schwulenfreundlich. Toller Service.

La Villa Tosca   HOTEL €€
(☎04 93 38 34 40; www.villa-tosca.com; 11 rue Hoche; EZ/DZ 80/100 €; ❋🔊🛗) Das elegante Bürgerhaus im Herzen des Einkaufsviertels von Cannes ist eine tolle Wahl. Die Rue Hoche ist teilweise verkehrsberuhigt, sodass Lärm kein Thema ist. Die in Beige- und Brauntönen gehaltenen Zimmer sind gemütlich und diejenigen mit Balkon eignen sich dazu noch bestens, das Treiben auf der Straße zu beobachten. Das Hotel hat einen Aufzug.

Hôtel Alnéa   HOTEL €€
(☎04 93 68 77 77; www.hotel-alnea.com; 20 rue Jean de Riouffe; EZ/DZ 68/88 €; ❋🔊) Diese wunderbar freundliche Unterkunft erobert schnell die Herzen der Gäste. Noémi und Cédric haben ein bisschen frischen Wind in diese Stadt der Stars gebracht und ihr Hotel mit Herz und Seele eingerichtet, mit hellen, farbenfrohen Zimmern, Originalgemälden und zahlreichen kleinen Details wie Nachmittagskaffee, Selbstbedienungs-Minibar und Fahrrad- und *boules*-Verleih (für *pétanque*). Kein Aufzug.

Hôtel Splendid   BOUTIQUEHOTEL €€€
(☎04 97 06 22 22; www.splendid-hotel-cannes. com; 4–6 rue Félix Faure; EZ/DZ ab 160/190 €; ❋) Das kunstvolle Gebäude von 1871 hat alles, was es braucht, um den nahe gelegenen Palästen Konkurrenz zu machen: wunderschön dekorierte Zimmer, eine fabelhafte Lage, atemberaubende Ausblicke. Aber die Besitzer haben dem auch noch einen Hauch Pragmatismus hinzugefügt: 15 der 62 Zimmer verfügen über eine Kochnische – das ist die Chance, das Beste aus den Balkonen mit Meerblick zu machen! Das Hotel verfügt über einen Aufzug.

Hôtel Majestic Barrière   LUXUSHOTEL €€€
(☎04 92 98 77 00; www.lucienbarriere.com; 10 bd de la Croisette; Zi. ab 300 €; ❋@🔊🛗) Das prächtigste Luxushotel von Cannes eröffnete nach einer 80 Mio. € teuren Renovierung 2010 erneut seine Pforten. Hier steigen während des Filmfestivals die Stars ab. Erste Wahl für ein „Ich gönn mir ja sonst nichts"-Wochenende!

Hôtel 3.14   BOUTIQUEHOTEL €€€
(☎04 92 99 72 00; www.3-14hotel.com; 5 rue François Einesy; DZ ab 200 €; ❋❋🛗) Die Dekoration aus aller Welt sowie Samt und schummrige Beleuchtung im Überfluss wirken inzwischen ein wenig gealtert, aber das Zen-Spa, eine schwindelerregende Dachterrasse mit Whirlpool und DJ-Partys unter der Woche ziehen immer noch die Reichen und Schönen an. Die Rue François Einesy zweigt östlich des Restaurants Park 45 vom Boulevard de la Croisette ab.

Weitere Empfehlungen:

Hôtel des Orangers   HOTEL €€
(☎04 93 39 99 92; www.hotel-orangers.com; 1 rue des Orangers; EZ/DZ 90/100 €; ❋@🛗) Das provenzalisch ausstaffierte Les Orangers liegt ideal für die vielen Restaurants an der Rue du Suquet. Fahrstuhl vorhanden.

Hôtel Martinez   LUXUSHOTEL €€€
(☎04 92 98 73 00; www.hotel-martinez.com; 73 bd de la Croisette; DZ ab 270 €; ❋🔊🛗) Inmitten von fabelhaftem Art déco lässt sich hier bestens im Luxus schwelgen.

Parc Bellevue   CAMPINGPLATZ €
(☎04 93 47 28 97; www.parcbellevue.com; 67 av. Maurice Chevalier, Cannes-la-Bocca; 2 Erw., Zelt & Auto 20 €; ⊙April–Sept.; 🛗) Etwa 5,5 km westlich vom Stadtzentrum: Der Cannes am nächsten gelegene Campingplatz bietet alle möglichen Annehmlichkeiten.

Hôtel Le Florian   HOTEL €€
(☎04 93 39 24 82; www.hotel-leflorian.com; 8 rue Commandant André; EZ/DZ ab 66/ 74 €; ❋@) Sauber, tolle Lage und sehr umgänglicher Betreiber.

Hôtel des Allées   HOTEL €€
(☎04 93 39 53 90; www.hotel-des-allees.com; 6 rue Émile Négrin; EZ/DZ 55/80 €; ❋🔊) Von einer Schweizer Familie geführtes makelloses Hotel in einer belebten Fußgängerzone.

✗ Essen

Die preiswertesten Restaurants liegen in der und um die Rue du Marché Forville. Angesagtere und teurere Lokale finden sich in Le Suquet und im Carré d'Or (den Straßen zwischen der Croisette und der Rue d'Antibes). Viele Restaurants haben auch Tische im Freien. Ein toller Platz für ein Picknick ist der Square Lord Brougham beim Vieux Port.

☺ Mantel   EUROPÄISCH, MODERN €€

(☎04 93 39 13 10; www.restaurantmantel.com; 22 rue St-Antoine; Mittags-/Abendmenü 25/28 €; ⊘Di & Do mittags & Mi geschl.) Der italienische Oberkellner gibt einem das Gefühl, ein Millionär zu sein, und Noël Mantels Küche zu günstigen Preisen ist göttlich. Das Beste dabei ist, ein Menü endet nicht mit einem, sondern gleich zwei Desserts (oh, die Panna cotta …). Vergessen sind die Paläste an der Croisette, bei Mantel lebt man wie Gott in Frankreich.

Coquillages Brun   FISCH & MEERESFRÜCHTE €€

(☎04 93 39 21 87; www.astouxbrun.com; 27 rue Félix Faure; Menü ab 28 €; ⊘12–1 Uhr) Die bekannteste Meeresfrüchte-Brasserie von Cannes ist *die* Adresse für Austern, Muscheln, Garnelen, Langusten und andere wunderbar frische Schalentiere zu einem kühlen Weißwein. Das Restaurant ist jeden Abend voll, also vorher einen Tisch bestellen!

Aux Bons Enfants   FRANZÖSISCH, KLASSISCH €€

(80 rue Meynadier; Menü 23 €; ⊘Di–Sa) Das familiäre kleine Lokal hat kein Telefon und wird sich auch so schnell keins zulegen: Es ist auch so immer voll. Die Glücklichen, die einen Tisch ergattern (also entweder früh oder spät genug da waren), kommen in den Genuss regionaler Gerichte aus Zutaten vom Markt nebenan.

Le Riad   MAROKKANISCH €€

(☎04 93 38 60 95; www.restaurant-le-riad.fr; 6 impasse Florian; Hauptgerichte 13–26 €; ⊘Di–Sa 12–24 Uhr) Das Le Riad am Ende einer Gasse im Ausgehviertel Carré d'Or bringt marokkanische Gastfreundschaft und Küche nach Cannes, mit Klassikern wie *tagine* (in tönernem Schmortopf mit konischem Deckel gekocht), *méchoui* (geröstetes Lamm vom Spieß) und eine echte *pastilla* (Taubenpastete) – selbst in Marokko eher selten. Am Wochenende bringt Bauchtanz die Gäste in Stimmung. Hervorragender Service.

Weitere Empfehlungen:

Auberge Provençale   PROVENZALISCH €€

(☎04 92 99 27 17; www.auberge-provencale. com; 10 rue St-Antoine; Hauptgerichte 24–55 €) Das älteste Restaurant in Cannes mit rustikalem Dekor und sonnenverwöhnter Küche.

PhilCat   SNACKBAR €

(La Pantiéro; Baguettes und Salate 5 €; ⊘8.30–17 Uhr) An dem einfachen Kiosk werden frisch belegte Baguettes, Salate und hausgemachter Kuchen angeboten.

Volupté   CAFÉ €

(www.volupte-cannes.com; 32 rue Hoche; Snacks 4,50 €, Hauptgerichte 13–15 €; ⊘Mo–Sa 9–20 Uhr) Elegantes, trendiges Café für eine Pause oder ein leichtes Mittagessen.

Park 45   GOURMETKÜCHE €€€

(☎04 93 38 15 45; www.grand-hotel-cannes. com; 45 bd de la Croisette; Menü 40–80 €, Hauptgerichte 30–36 €) Perfekt für ein ausgedehntes Mittagessen oder ein schickes romantisches Dinner; ein Michelin-Stern belohnt die phantasievolle Küche.

Selbstversorger

Marché Forville   MARKT

(rue du Marché Forville; ⊘Di–So vormittags) Hier kaufen viele Restaurantköche der Stadt ein, außerdem gibt's hier alles für ein üppiges Picknick.

Carrefour   SUPERMARKT

(6 rue Meynadier; ⊘Mo–Sa 8.30–19.30 Uhr)

Monoprix   SUPERMARKT

(9 rue Maréchal Foch; ⊘Mo–Sa 8.30–20 Uhr)

☻ Ausgehen

Die Partymeile der Stadt befindet sich um die Kreuzung der Rue des Frères Pradignac und Rue du Commandant André herum.

In den todschicken Bars der Hotelpaläste von Cannes kann man sich unter die Reichen und Berühmten mischen. Die Normalsterblichen gehen in folgende Läden:

☺ Le Sun 7   COCKTAILBAR

(5 rue du Dr Gérard Monod; ⊘21–2.30 Uhr; ☎) Die Cocktailkarte ist (wortwörtlich) armlang und beinhaltet noch nicht einmal die 350 Whiskys und die vielen Fassbiere, die in dieser angesagten Bar ebenfalls serviert werden. Am Wochenende, wenn DJs auflegen, ist das Publikum ziemlich jung, aber unter der Woche ist es gemischter. Eintritt ist kostenlos und die Türsteher sind nicht sonderlich streng.

For You

TANZBAR

(www.sparklingforyou.com; 6–8 rue des Frères Pradignac; ⊙18–4 Uhr) Relaxte Bar, wo man zum Bier oder Cocktail ein bisschen mit den Hüften wackeln kann. Einlass und Kleiderordnung werden locker gehandhabt.

Zanzibar

SCHWULENBAR

(www.lezanzibar.com, auf Frz.; 85 rue Félix Faure; ⊙18–4 Uhr) In der ältesten Schwulenbar von Cannes ist oft nicht viel los, aber die fabelhafte Mahagoni-Wandvertäfelung und die ein halbes Jahrhundert alten Seefahrer-Wandbilder sind klasse. Ideal für einen ruhigen Cocktail. Nach einer Postkarte fragen!

☆ Unterhaltung

In der Touristeninformation gibt's jeden Monat kostenlos *Le Mois à Cannes,* wo drinsteht, was wo los ist.

Wer reinkommen möchte, der sollte sich schick machen – und seine Kreditkarte aufladen: Cannes' Nachtleben ist nicht billig.

Le Palais

CLUB

(www.palais-club.com; Palais des Festivals, bd de la Croisette; ⊙Juli & Aug. Mitternacht–Morgendämmerung) Dieser temporäre Club (er hat jährlich nur in 50 Nächten im Juli und August geöffnet) ist das heißeste Pflaster in DJ-Land, eine Kombination der angesagtesten Namen der Musikszene und der spektakulären Lage im Herzen des Palais des Festivals. Er ist der Lieblingsclub der Promis, daher ist der Einlass recht streng: keine Männer ohne Frauenbegleitung, nur schöne Menschen und mindestens 25 € Eintritt (manchmal bis zu 60 €).

Le Bâoli

CLUB

(☑04 93 43 03 43; www.lebaoli.com; Port Pierre Canto, bd de la Croisette; ⊙Do–Sa 20–6 Uhr) Der coolste, angesagteste und wählerischste Club der Stadt. Wenn sich hier jemand nicht genug rausgeputzt hat, kommt vielleicht die ganze Clique nicht rein. Das Bâoli ist zugleich Club und Restaurant – wer also sichergehen möchte, dass er reinkommt, bucht einen Tisch im Restaurant (Hauptgerichte; 60 €) und verbringt den ganzen Abend hier. Ganzjährig geöffnet.

Le Night

SCHWUL & LESBISCH

(www.nightlife06.fr; 52 rue Jean Jaurès; ⊙21.30–5 Uhr) Cannes' angesagte junge Schwulenbar veranstaltet Mottonächte wie Konfettibomben-Partys und Gesangswettbewerbe. Am besten kommt man um Mitternacht.

Da Da Da Club

CLUB

(☑04 93 39 62 70; www.dadadaclub.com; 15 rue Frères Pradignac; ⊙23–5 Uhr) In dieser Disko legen die DJs neben Elektro und House auch französischen Pop auf; manchmal sind hier auch internationale Stars wie Boy George zu Gast. Wer nicht schick genug ist, kommt nicht rein.

❶ Praktische Informationen

Entlang der Rue d'Antibes gibt es ein halbes Dutzend Banken.

Cap Cyber (12 rue 24 Août; Internet 3 €/Std.; ⊙Mo–Sa 10–21 Uhr)

Post (22 rue Bivouac Napoléon; ⊙Mo–Fr 9–19, Sa 9–12 Uhr) Mit Geldautomat.

Touristeninformation (☑04 92 99 84 22; www.cannes.travel; bd de la Croisette; ⊙Mo–Sa 9–19 Uhr) Im Erdgeschoss des Palais des Festivals.

Touristeninformation/Filiale (☑04 93 99 19 77; ⊙Mo–Sa 9–19 Uhr) Am Bahnhof.

❶ An- & Weiterreise

BUS Regelmäßige Busse nach Nizza (Bus 200, 1 €, 1½ Std.), zum Flughafen Nizza (Bus 210, 15 €, 50 Min., 8–18 Uhr alle halbe Std.) und zu anderen Reisezielen fahren vom Busbahnhof an der Place Bernard Cornut Gentille.

ZUG Am Bahnhof gibt's einen Informationsschalter und eine Gepäckaufbewahrung.

Leicht zu erreichen sind Nizza (6,50 €, 40 Min.), Grasse (3,80 €, 30 Min.) und Marseille (22 €, 2 Std.) sowie St-Raphaël (6,50 €, 25 Min.), von wo aus Busse nach St-Tropez und Toulon fahren.

❶ Unterwegs vor Ort

AUTO, MOTORRAD & FAHRRAD Es gibt jede Menge gebührenpflichtige Parkhäuser wie das unterirdische Palais Parking (2,60 €/Std., 20 €/Tag) gleich bei der Touristeninformation. Wer hier parkt, bekommt kostenlos ein Fahrrad geliehen. An der Pointe de la Croisette ist das Parken umsonst.

Elite Rent-a-Bike (www.elite-rentabike.com; 32 av. Maréchal Juin) Verleiht Fahrräder/Motorroller/Motorräder ab 16/25/100 € sowie Harleys ab 130 €; man wende sich an Thiéry.

JKL (www.jkl-forrent.com; 59 angle de la Croisette) Verleiht Luxus- und Spezialfahrzeuge.

Mistral Location (www.mistral-location.com; 4 rue Georges Clemenceau) Verleiht Motorroller ab 26 € pro Tag, Fahrräder ab 16 €.

BUS Cannes und die Umgebung im Radius von 7 km befährt **Bus Azur** (www.busazur.com; place Bernard Cornut Gentille; Tickets 1 €). Buslinie 8 fährt am Ufer entlang zum Hafen und zum Palm Beach Casino an der Pointe de la Croisette.

919

DIE CÔTE D'AZUR & MONACO CANNES

Für 0,60 € pro Tag kann man überall in der Stadt den elektrischen **Élo Bus** anhalten und zusteigen, feste Haltestellen gibt's nicht. Eine blaue Linie auf der Straße kennzeichnet die Route, sie umfasst nützliche Orte wie das Buszentrum am Hôtel de Ville, die Croisette, die Rue d'Antibes und den Bahnhof. Mit einem Parkplatzticket ist der Bus kostenlos.

TAXI Überall in der Stadt gibt es Taxistände, auch am Bahnhof und am Palais des Festivals. Taxiruf 08 90 71 22 27.

Grasse

51 300 EW.

Grasse ist nicht gerade der hübscheste Ort an der Côte d'Azur – ein wichtiges Verwaltungszentrum mit einem ausgedehnten Speckgürtel und einem vernachlässigten historischen Zentrum. Daneben ist Grasse aber auch ein international führender Ort der Parfümproduktion. Für Reisende, die sich nicht für Parfüms interessieren, hat die Stadt wenig zu bieten. Wer jedoch ein gewisses Interesse an Düften aufbringen kann, für den lohnt sich ein Besuch bei den Parfümherstellern oder einem der Blumenfelder der Umgebung auf jeden Fall.

Sehenswertes & Aktivitäten

Parfümhersteller PARFÜMHERSTELLER
Es gibt in Grasse mehr als 30 Parfümhersteller, deren Essenzen in erster Linie an

---

ROUTE NAPOLÉON

Im Jahr 1814 dankte Kaiser Napoleon Bonaparte nach seiner Niederlage in der Vielvölkerschlacht bei Leipzig ab und wurde auf die Insel Elba im Mittelmeer verbannt. Als ihm aber ein Jahr später Gerüchte zu Ohren kamen, dass er auf die Atlantikinsel St-Helena verfrachtet werden sollte, versuchte er wieder an die Macht zu gelangen. Er floh von Elba und landete in Golfe-Juan; sein Plan war, über die Alpen hinweg Lyon zu erreichen, um den königstreuen Gegnern aus dem Weg zu gehen, und er schaffte es über Grasse, Dignes und Gap nach Grenoble.

Die Straße von Grasse nach Grenoble ist heute die landschaftlich reizvolle N85 oder **Route Napoléon** (www.route-napoleon.com), beliebt bei Auto- und Motorradfahrern.

Fabriken geliefert werden (für Aromen in der Lebensmittel- und Seifenherstellung), aber auch an angesehene Modehäuser. Einige Parfümerien bieten kostenlose Besichtigungen an, die Schritt für Schritt durch den Produktionsprozess geleiten: von Auszug und Destillation bis zur Arbeit der „Nasen" (Parfümschöpfer).

Fragonard (www.fragonard.com; 20 bd Fragonard; ⊙9–18 Uhr) am Sockel der Altstadt ist am leichtesten zu Fuß zu erreichen. Die Touristeninformation informiert über weitere Parfümhersteller, die weiter draußen besichtigt werden können.

Musée International de la Parfumerie
PARFÜMMUSEUM
(www.museesdegrasse.com; 2 bd du Jeu de Ballon; Erw./Kind 3 €/frei; ⊙10–19 Uhr, Okt.–April Di geschl.) Tolles interaktives Museum über Geschichte und Kunst der Parfümherstellung.

Domaine de Manon BAUERNHOF
(04 93 60 12 76; Eintritt 6 €) Zur Erntezeit kann man bei diesem Familienbetrieb mehr über die Blumenzucht erfahren. Die Rosenernte ist von Mitte Mai bis Mitte Juni, die Jasminernte von Juli bis Ende Oktober.

Praktische Informationen

Am Boulevard du Jeu de Ballon gibt es verschiedene Banken.

Touristeninformation (04 93 36 66 66; www.grasse.fr; 22 cours Honoré Cresp; ⊙Mo–Sa 9–19, So 9–13 & 14–18 Uhr) Erteilt Auskünfte über Unterkünfte.

An- & Weiterreise

BUS Der **Busbahnhof** (place de la Buanderie) liegt nördlich des Zentrums. Bus 600 fährt nach Cannes (1 €, 50 Min., alle 20 Min.) und Bus 500 nach Nizza (1 €, 1½ Std., stündl.).

ZUG Der Bahnhof von Grasse liegt rund 2 km südlich vom Zentrum. Von dort fahren kostenlose Shuttlebusse zwischen 6.40 und 20 Uhr in die Altstadt und zum Busbahnhof. Züge fahren regelmäßig nach Cannes (3,80 €, 25 Min.) und Nizza (9 €, 1 Std.).

Massif de l'Estérel

Das tiefrote zerklüftete Küstengebirge *Massif de l'Estérel* schafft einen ungeheuer eindrucksvollen Kontrast zum leuchtend blauen Meer. Pinienwälder, Eichen und Eukalyptusbäume unterstreichen diese Wirkung.

Von St-Raphaël ostwärts bis Mandelieu-La Napoule (bei Cannes) schlängelt sich die berühmte Küstenstraße Corniche de l'Estérel (auch Corniche d'Or genannt und zugleich die N98). Sie führt durch Ferienorte und kleine Buchten, die sich ideal zum Schwimmen eignen. Viele dieser kleinen Buchten (**calanques** genannt) bieten gerade einmal ein paar Familien Platz. Meist führen kleine Pfade dorthin, die von der Straße ausgeschildert ist. In **Le Dramont** landete am 15. August 1944 die 36. US-Division; **Agay** liegt in einer geschützten Bucht mit einem wundervollen Strand.

Über hundert Wanderwege ziehen sich durchs *Massif de l'Estérel*. Die beliebtesten Wege sind meist beschildert, so auch die Touren auf den **Pic de l'Ours** (496 m) und den **Pic du Cap Roux** (452 m). Die Ausblicke sind von beiden Gipfeln aus atemberaubend. Die Wege sind von 9 bis 17 Uhr geöffnet (also kein Camping möglich); an windigen und besonders heißen Tagen ist der Zugang zu den Pfaden gewöhnlich wegen der Waldbrandgefahr gesperrt – also erst bei der Touristeninformation nachfragen!

Fréjus & St-Raphaël

In den Zwillingsstädten Fréjus (53 300 Ew.) und St-Raphaël (35 000 Ew.) finden sich herausragende Hinterlassenschaften aus der jahrtausendealten Geschichte der Region.

Fréjus, Standort wunderbarer römischer Ruinen, wurde von Massiliten (den Griechen, die Marseille gründeten) besiedelt und um 49 v. Chr. von Julius Caesar als Forum Julii kolonisiert. Besiedelt wurde die Stadt dank der Erweiterung der römischen Straße Via Aurelia, die Italien mit Arles verband. Die wirtschaftliche Aktivität kam beinahe zum Erliegen, als im 16. Jh. der Hafen versandte – das Zentrum von Fréjus liegt heute 3 km vom Meer entfernt. Die römischen Ruinen sind im und rund um das lebhafte Stadtzentrum verstreut, in dem keine Autos fahren dürfen.

St-Raphaël ist besser bekannt für seine Naturwunder. Es liegt geschützt am Fuß des Massif de l'Estérel und kam in den 1920ern als Ferienort in Mode, als F. Scott Fitzgerald hier seinen Roman *Zärtlich ist die Nacht* schrieb. St-Raphaëls Entwicklung zum Tauchparadies besiegelte endgültig sein Schicksal als Reiseziel für Abenteurer.

Das Zentrum von St-Raphaël liegt 2 km südöstlich der Ortsmitte von Fréjus. Die

Vororte der beiden Städte sind allerdings zu einer durchgehenden städtischen Siedlung verflochten.

⊙ Sehenswertes

Römische Ruinen   RÖMISCHE STÄTTEN
(⊙Di–So 9.30–12.30 & 14–18 Uhr) Fréjus hatte zur Römerzeit geschätzte 10 000 Einwohner, zumindest würde das zum Fassungsvermögen der **Arènes** (Amphitheater; rue Henri Vadon, Fréjus) aus dem 1. und 2. Jh. passen. Das Amphitheater war einst eines der größten in Gallien und man hofft, dass ein umfassendes Sanierungsprogramm – zahlreiche archäologische Ausgrabungsarbeiten fanden hier statt – ihm wieder neues Leben einhauchen kann.

Das nördlich der Altstadt gelegene **Römische Theater** (rue du Théâtre Romain, Fréjus) ist heute ebenfalls nur noch ein Schatten seiner selbst. Erheblich interessanter ist das kleine, aber faszinierende **Musée Archéologique** (Archäologisches Museum; place Calvini, Fréjus) mit Ausgrabungsschätzen wie einer Marmorstatue von Hermes mit zwei Gesichtern, einem Jupiterkopf und einem tollen Mosaik aus dem 3. Jh., das einen Leoparden zeigt.

Le Groupe Épiscopal   KATHEDRALE
(58 rue de Fleury, Fréjus; Erw./Kind 5/3,50 €; ⊙9–18.30 Uhr, Okt.–Mai Mo geschl.) Das Kronjuwel des imposanten Domviertels ist eine Reihe seltener, im 14. Jh. aufwendig bemalter Gesimse an der Decke des **Kreuzgangs**, die sowohl echte als auch fabelhafte Tiere und Charaktere darstellen.

Das Ensemble wurde an der Stelle eines römischen Tempels errichtet und umfasst die aus dem 11. und 12. Jh. stammende **Kathedrale** und eine einzigartige achteckige **Taufkapelle** aus dem 5. Jh. Der Kreuzgang aus dem 12. und 13. Jh. diente als Vorraum der Kathedrale. Einige der Säulen stammen vom Podium des römischen Theaters. Der Eintritt beinhaltet einen zehnminütigen Film in diversen Sprachen.

☆ Aktivitäten

Sentier du Littoral   WANDERN
Der leicht zu findende gelb markierte Pfad führt auf 11 km an der atemberaubenden Küste entlang. Er beginnt am Port Santa Lucia, südöstlich von St-Raphaël, und endet am Leuchtturm von Beaumette. Man kann die Wanderung jederzeit abkürzen, indem man zurück zur Küstenstraße geht und den Bus 8 (Haltestellen alle 500 m) in die Stadt

1. St-Paul de Vence (S. 912)
Auf den Pflasterstraßen von St-Paul-de-Vence wandelten zahlreiche Künstler aus dem 20. Jh., wie z. B. Chagall.

2. Èze (S. 939)
Das mittelalterliche Èze liegt auf einem 427 m hohen Hügel und bietet wunderbare Ausblicke über das Mittelmeer.

3. Musée Picasso, Antibes (S. 909)
1946 richtete Picasso sein Atelier im Château Grimaldi ein. Heute zeigt hier ein Museum seine Werke.

4. Die Croisette in Cannes (S. 915)
In Cannes herrschen das ganze Jahr Glanz und Glamour, nicht nur während des Filmfests.

BILL WASSMAN

Casino von Monte Carlo

ZEITTAFEL

1863 Karl III. weiht das erste Kasino auf dem Plateau des Spélugues ein. Das Atrium **1** ist ein kleiner Raum mit einer Holzbühne, auf der ein Orchester für Stimmung sorgt.

1864 Das Hôtel de Paris eröffnet, die Gegend bekommt den Spitznamen „Goldener Platz".

1865 Errichtung des Salon Europe **2**. Einer Kathedrale ähnlich, von Onyxpfeilern gesäumt und von acht böhmischen, je 150 kg schweren Kristallleuchtern erhellt.

1868 Die Dampfeisenbahn erreicht Monaco, das Café de Paris **3** wird vollendet.

1878–79 Die Spielbank zieht ins Hôtel de Paris um. Charles Garnier baut ein neues Kasino mit einer Miniausgabe des Pariser Opernhauses, Salle Garnier **4**.

1890 Elektrizität wird eingeführt und beleuchtet die von Architekt Jules Touzet hinzugefügten Spielhallen **5** für hohe Einsätze.

1903 Inspiriert durch Spielerinnen schmückt Henri Schmit den Salle Blanche **6** mit Karyatiden und *Les Grâces Florentines*.

1904 Rauchen wird aus den Spielsälen verbannt, das Raucherzimmer Salon Rose **7** kommt hinzu.

1910 Im Salle Médecin **8** trifft sich der um Riesenbeträge spielende private Zirkel.

1966 Trotz zweier Weltkriege feiert man 100 Jahre ununterbrochener Spielfreude.

JOHN VLAHIDES

Salle Blanche

Schaut man statt zu den plärrenden Spielautomaten nach oben, lassen sich Schmits Karyatiden mit den zum Flug ausgebreiteten Flügeln bewundern. Sie sind berühmten Kurtisanen wie La Belle Otero nachempfunden, die hier mit 18 zum ersten Mal um Geld spielte.

Salon Rose

Rauchen in den Salons wurde verboten, nachdem ein Betrug aufflog, an dem ein Asche auf den Boden schnippender Croupier beteiligt war. Der Blick von Gallellis rauchenden Nackten soll den Betrachter nie loslassen.

Hôtel de Paris

In der Lobby steht eine Statue von Ludwig XIV. zu Pferde. Nase (und Hoden) des Pferdes glänzen, denn angeblich bringt es Glück beim Spiel, wenn man sie reibt.

Hôtel de Paris

Salle Garnier

Der Bau des Opernhauses dauerte acht Monate, die Restaurierung zwei Jahre (2004–06). Da der Enkel des Baumeisters die Gussformen aufbewahrt hat, konnten die Plastiken im Originalzustand wieder hergestellt werden. Jeder der 525 Sessel hat ein individuell regulierbares Heiz-/Kühlungssystem.

JOHN VLAHIDES

GIANNI DAGLI ORTI/ALAMY

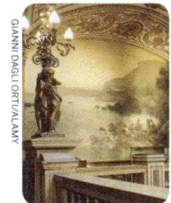

Atrium

Das „Foyer“ des Casinos besitzt einen Marmorfußboden und 28 ionische Säulen, die eine von Balustraden gesäumte Galerie unter einem Glasdach tragen.

BONNEMAISON JOACHIM

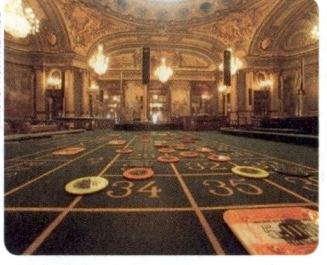

Salon Europe

Im ältesten Teil des Spielkasinos wird schon seit 1863 *trente et quarante* und Roulette gespielt. Die Bullaugenfenster ringsum waren früher Beobachtungsposten der Wachleute.

COTE D'AZUR/ALAMY

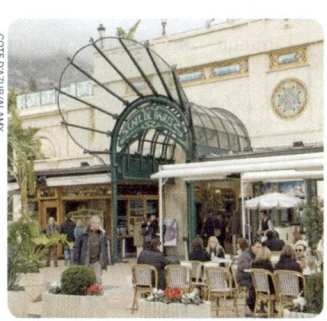

Café de Paris

Als Diaghilev 1911 Direktor der Oper von Monte Carlo wurde, entwickelte sich das Café de Paris zur Topadresse für Künstler und Glücksspieler. Sein glamouröses Ambiente hat es sich bewahrt. Tipp: Von der Terrasse aus kann man herrlich Leute beobachten.

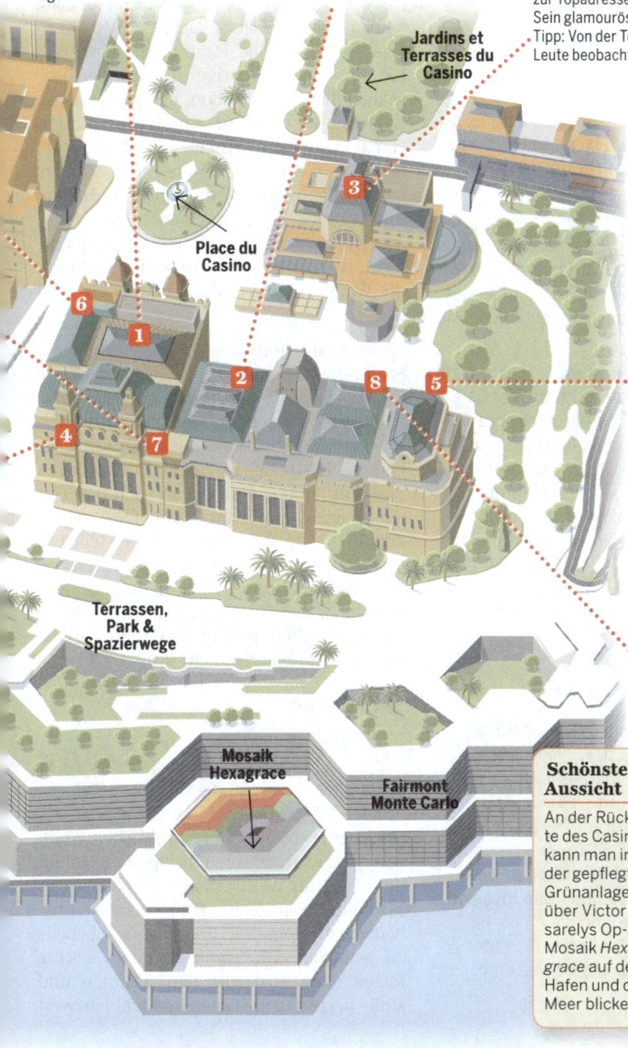

Jardins et Terrasses du Casino
3
Place du Casino
6
1
2
8
5
4
7
Terrassen, Park & Spazierwege
Mosaik Hexagrace
Fairmont Monte Carlo

Salles Touzet

Der riesige Salon ist 21 m mal 24 m groß und überaus verschwenderisch ausgestaltet. Er ist mit Eiche, Mahagoni und Jaspis verkleidet und mit riesigen Gemälden, Bronzen aus Marseille, italienischen Mosaiken und Buntglasfenstern verziert.

Schönste Aussicht

An der Rückseite des Casinos kann man in der gepflegten Grünanlage über Victor Vasarelys Op-art-Mosaik *Hexagrace* auf den Hafen und das Meer blicken.

Salle Médecin

Der wegen seines extravaganten Dekors im Empirestil auch Salle Empire genannte Spielsalon des monegassischen Architekten François Médecin war ursprünglich für die hingebungsvollsten Spieler des Casinos gedacht. Heute sind sie in drei Super Privés vor neugierigen Blicken geschützt.

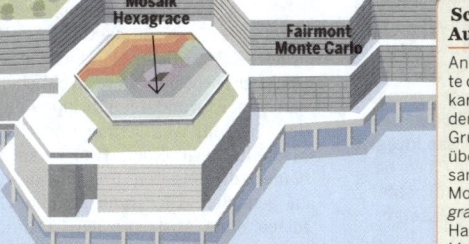

nimmt. Die gesamte Wanderung dauert etwa 4½ Stunden.

Tauchen & Schnorcheln
TAUCHTOUREN

St-Raphaël ist ein bedeutendes Tauchzentrum mit zahlreichen Schiffswracks des Zweiten Weltkriegs vor der Küste. **Euro Plongée** (☏04 94 19 03 26; www.europlongee. fr, auf Frz.; Port de Boulouris, St-Raphaël; ⊙März–Nov.) bietet Tauchgänge und -kurse für Anfänger sowie tolle zweistündige Schnorcheltouren (25 €). Letztere sind ein phantastisches Abenteuer für Familien: Kinder haben ungeheuren Spaß an den Seesternen, Seeanemonen, Seeigeln und anderen bunten Mittelmeerbewohnern.

Strände
BADEN

An der 36 km langen Küste von St-Raphaël und der Corniche de l'Estérel liegen nicht weniger als 30 Strände aller Art: Sandstrände, Kieselstrände, felsige Strände, lange Strände, Buchten, Nacktbadestrände ... was es auch sein soll, St-Raph' hat's.

👉 Geführte Touren

Geführte Tour
STADTSPAZIERGANG

Eine von der Touristeninformation Fréjus organisierte Tour (5 €, 2 Std.) ist die beste Möglichkeit, das reiche römische Erbe der Stadt zu erkunden.

Les Bateaux de St-Raphaël
BOOTSFAHRTEN

(www.bateauxsaintraphael.com, auf Frz.; Gare Maritime, St-Raphaël) Les Bateaux organisiert Bootsausflüge von St-Raphaël zur Île Ste-Marguerite (Erw./Kind 18/10 €) sowie zum nahe gelegenen Estérel-Gebirge (Erw./Kind 15/9 €). Von April bis Oktober veranstaltet das Unternehmen auch Touren nach St-Tropez (einfache Fahrt/hin & zurück Erw. 14/23 €, Kind 9/13 €); Fahrpläne je nach Saison unterschiedlich.

FÜR SPARFÜCHSE

Der sieben Tage gültige **Fréjus Pass** (Erw./Kind 4,60/3,10 €) gewährt Einlass zum römischen Amphitheater und Theater und zum archäologischen Museum (ansonsten sind es 2 € pro Stätte). Wer auch die Groupe Épiscopal besichtigen möchte, erwirbt den sieben Tage gültigen **Fréjus Pass Intégral** (6,50 €). Erhältlich sind die Pässe bei den Arènes, dem Römischen Theater und beim archäologischen Museum.

🛏 Schlafen

L'Aréna
HOTEL €€

(☏04 94 17 09 40; www.hotel-frejus-arena.com; 145 rue du Général de Gaulle, Fréjus; DZ 95–170 €; ✳@🌐🏊♿) Das reizende elegante Hotel mit sienafarbenen Wänden und einem üppigen Garten liegt ideal, um die römischen Ruinen von Fréjus zu erkunden. Die 39 gemütlichen Zimmer schmücken provenzalische Muster in warmen Farbtönen. Die Zimmer im Gebäude „Jasmin" sind geräumiger, jedoch gibt es dort keinen Fahrstuhl.

Hôtel Cyrnos
HOTEL €

(☏04 94 95 17 13; www.hotel-cyrnos.com; 840 bd Alphonse Juin, St-Raphaël; DZ 40–80 €) Das wunderschöne Herrenhaus von 1883 hat mit seiner prächtigen Treppe, den Terrakottafliesen am Boden, den geräumigen Balkonen und einem wunderbar kühlen Garten viel von seinem Riviera-Charme des frühen 20. Jhs. behalten. Die Zimmer sind einfach, aber gemütlich und Hélène und Patrick sind charmante Gastgeber. Das Hotel liegt nur 300 m vom Strand entfernt, ist also ein guter Ausgangspunkt für die Wanderungen entlang dem *sentier du littoral*.

Auberge de Jeunesse Fréjus-St-Raphaël
HOSTEL €

(☏04 94 53 18 75; www.fuaj.org, auf Frz.; chemin du Counillier, Fréjus; B mit Fruhstuck & Bettwäsche 15,50 €; ⊙Mitte Nov.–Feb. geschl.; @) Ein weitläufiges HI-Hostel in einem 10 ha großen Park mit Pinien, in dem man auch sein Zelt aufschlagen kann. Vom Bahnhof St-Raphaël oder Fréjus Buslinie 7 bis zur Haltestelle Les Chênes nehmen, dann über den Kreisverkehr und links in den Chemin du Counillier einbiegen; das Hostel kommt nach 600 m geradeaus. Zwischen 12 und 17.30 Uhr ist die Jugendherberge geschlossen.

🍴 Essen

Les Charavins
FRANZÖSISCH, KLASSISCH €€

(☏04 94 95 03 76; 36 rue Charabois; Hauptgerichte 18–26 €; ⊙Do–Fr, Mo–Di mittags & abends, Sa–So nur abends) In dieser fröhlichen Weinbar ist der formidable Philippe Furnémont der Chef, ein Weinkenner und ehemaliger Michelin-Sterne-Koch. Hier zu speisen bedeutet, die feineren Freuden des Lebens zu genießen. Die französischen Gerichte folgen ohne Abstriche der Tradition und sind perfekt zubereitet; empfehlenswert sind z. B. die hausgemachte Foie gras mit Schalottenmarmelade oder die Makkaroni mit Würstchen und Seeigel. Die Weinempfehlung des Meisters zu ignorieren wäre fürwahr eine Majestätsbeleidigung!

Le Poivrier FUSIONSKÜCHE €€
(☏04 94 52 28 50; 52 place Paul Albert Février; Mittags-/Abendmenü 16/30 €; ☺Di–Sa) Das Restaurant liegt versteckt an einem der hübschen Marktplätze von Fréjus. Von den hübschen Tischarrangements draußen würde man nicht darauf schließen, dass sich unten ein grandioser Gewölbesaal mit einem gewaltigen Kamin befindet. Das Kreuz der Tempelritter an der Wand weist darauf hin, dass dies vor langer Zeit ein Garnisonsraum war. Das Le Poivrier serviert exquisite, frische Gerichte, die sich gleichermaßen aus örtlichen Traditionen wie aus weit entfernten Gefilden speisen – der Betreiber ist ein passionierter Reisender.

L'Arbousier GOURMETKÜCHE €€
(☏04 94 95 25 00; www.arbousier.net; 6 av. de Valescure; Mittags-/Abendmenü 30/44 €, Hauptgerichte 35 €; ☺im Winter Mo & Di geschl.) Eins der bekanntesten Restaurants von St-Raphaël: Die Küche ist eine feine Mischung aus französischer Gastronomie und Einflüssen aus aller Welt, die am besten im Schatten der *arbousiers* (Erdbeerbäume) genossen wird.

Praktische Informationen

BNP (232 rue Jean Jaurès, Fréjus) Bank westlich der Touristeninformation; mit Geldautomat.

Post Fréjus (av. Aristide Briand); St-Raphaël (av. Victor Hugo)

Touristeninformation Fréjus (☏04 94 51 83 83; www.frejus.fr; 249 rue Jean Jaurès; ☺Mo–Fr 9–18, Sa 9.30–12.30 & 14–18 Uhr, Juli & Aug. auch So); St-Raphaël (☏04 94 19 52 52; www.saint-raphael.com; 99 quai Albert 1er; ☺Mo–Sa 9–12.30 & 14–18.30 Uhr; @☏)

An- & Weiterreise

BUS Bus 5 von **AggloBus** (www.agglo-frejus-saintraphael.fr, auf Frz.) verbindet den Bahnhof Fréjus und die Place Paul Vernet (auch in Fréjus) mit St-Raphaël.

ZUG Fréjus und St-Raphaël liegen an der Bahnlinie Nizza–Marseille. Es gibt regelmäßige Verbindungen (11 €, 50 Min.) von Nizza zum Bahnhof St-Raphaël Valescure mit atemberaubender Aussicht auf das Mittelmeer und die roten Hänge des Estérel.

5700 EW.

Im warmen Herbst- oder Winterlicht ist es schwer zu glauben, dass das hübsche Fischerdorf St-Tropez in Terrakottatönen nur ein weiterer Halt auf der Rivieraroute der Reichen und Schönen ist. Es scheint Welten entfernt von seinen glitzernden Schwesterstädten an der Küste, aber das ändert sich schlagartig im Frühling und Sommer: Die Bevölkerung des Ortes verzehnfacht sich, während sich die Preise verdreifachen und die Vergnügungssüchtigen in Scharen in die Stadt einfallen, um bis zum Morgen zu feiern – ganz nach dem Motto sehen und gesehen werden – und am exklusiven Strand das Leben zu genießen.

Wer es irgendwie vermeiden kann, im Juli und August hierherzukommen, sollte das unbedingt tun. Wenn nicht, tröste man sich mit dem Spiel „Ich sehe … (einen Star)".

Geschichte

St-Tropez erhielt seinen Namen 68 n. Chr.: Da wurde ein römischer Offizier namens Torpes auf Neros Geheiß in Pisa enthauptet und mit einem Hund und einem Hahn, die seine Überreste verzehren sollten, in einem Boot ausgesetzt. Sein kopfloser Körper wurde indessen hier unversehrt an den Strand gespült und die Dörfler nahmen ihn als ihren Schutzpatron in Empfang.

Für Jahrhunderte blieb St-Tropez ein kleines, friedliches Fischerdorf, das Maler wie den Pointillisten Paul Signac anzog, aber wenige Touristen. Das änderte sich schlagartig 1956, als hier *Et Dieu Créa la Femme* (Und immer lockt das Weib) mit Brigitte Bardot (alias BB) gedreht wurde, was den Ort ins internationale Rampenlicht katapultierte.

⊙ Sehenswertes

Musée de l'Annonciade KUNSTMUSEUM
(place Grammont, Vieux Port; Erw./Kind 6/4 €; ☺Mi–Mo 10–12 & 15–19 Uhr, Nov. geschl.) In einer ausgedienten Kapelle zeigt das Musée de l'Annonciade eine imposante Sammlung mit Arbeiten von Matisse, Bonnard, Dufy und insbesondere Signac, der sein Heim und Atelier in St-Tropez hatte.

Citadelle de St-Tropez BAUDENKMAL
(Eintritt 2,50 €; ☺10–18.30 Uhr) Das Panorama der Bucht von St-Tropez ist besonders sehenswert von der Citadelle de St-Tropez aus dem 17. Jh.: buchstäblich ein Höhepunkt.

✦ Aktivitäten

Strände
STRÄNDE

Der glitzernde Sandstrand **Plage de Tahiti**, 4 km südöstlich des Ortes, geht in den Promistrand **Plage de Pampelonne** über, wo sich im Sommer die exklusiven Restaurants und Bars aneinanderreihen. Der Bus nach Ramatuelle fährt auf der Straße, die etwa 1 km hinter dem Strand verläuft, und hält hier an verschiedenen Stellen. Strandmattenmiete beträgt um die 15 € am Tag.

Sentier du Littoral
WANDERN

Der mit gelben Wegmarkierungen als leicht gekennzeichnete 35 km lange **Küstenpfad** beginnt in St-Tropez' altem Fischerviertel La Ponche und windet sich um die Halbinsel Presqu'Île de St-Tropez nach Cavalaire-sur-Mer wunderschön an spektakulären Felsbrüchen und versteckten Buchten entlang. Bis zur Plage des Salins sollten 2½, bis zur Plage de Tahiti 3½ Stunden veranschlagt werden. Bei der Touristeninformation gibt es eine kostenlose und leicht zu lesende Karte mit Entfernungen und durchschnittlichen Wegzeiten.

🛏 Schlafen

St-Tropez ist keine Gegend für Pfennigfuchser, allerdings gibt es im Südosten entlang der Plage de Pampelonne eine Menge Campingplätze. Die meisten Hotels schließen irgendwann im Winter; die Touristeninformation hat eine Liste. Wer mit dem Auto unterwegs ist, sollte sich auch erkundigen, ob das ausgewählte Hotel einen Parkplatz besitzt und was das Parken kostet.

LP TIPP ➤ Lou Cagnard
HOTEL €€

(☎0494970424; www.hotel-lou-cagnard. com; 18 av. Paul-Roussel; DZ 69–140 €, 3BZ 160 €; ❋🔊) Dieses preisgünstige Hotel mit jeder Menge Charme und einem Innenhof mit Zitronen- und Feigenbäumen gehört ausgebildeten Hoteliers. Die Zimmer sollten weit im Voraus gebucht werden. Sie sind mit provenzalischen Möbeln eingerichtet und makellos in Schuss gehalten. Fünf Zimmer verfügen über eine Gartenterrasse. Zu den Extras gehören beleuchtete Schminkspiegel und Safes auf den Zimmern. 15 der 19 Zimmer haben eine Klimaanlage – bei der Buchung entsprechend angeben!

Pastis
BOUTIQUEHOTEL €€€

(☎04 98 12 56 50; www.pastis-st-tropez.com; 61 av. du Général Leclerc; DZ ab 200–350 €; ❋❋🏊) Das überwältigende Hotel ist die Idee eines englischen Pärchens, das besessen ist von der Provence und moderner Kunst. Das klingt nicht gerade nach einer naheliegenden Kombination? Dann wird ein Blick auf das Pastis jeden Zweifel ausräumen: Die Pop-Art-Einrichtung des Hotels, ein paar Runden im smaragdgrünen Pool und ein Nickerchen unter den 100 Jahre alten Palmen verheißen Genuss par excellence.

La Mistralée
BOUTIQUEHOTEL €€€

(☎04 98 12 91 12; www.hotel-mistralee.com; 1 av. du Général Leclerc; DZ ab 330 €; ❋🔊🏊) Das extravagante frühere Heim des Star-Coiffeurs Alexandre (berühmt für den fehlenden Nachnamen). Die im 60er-Jahre-Stil überdekorierten Zimmer der historischen Villa bergen u. a. Stoffe, die der König von Marokko Alexandre geschenkt hat. Das Restaurant (Menü 50–60 €), am hinteren Ende eines üppigen Gartens neben dem Pool aus Mosaiksteinen, mutet abends an wie ein Palast aus *1001 Nacht*.

Hôtel Le Colombier
HOTEL €€

(☎04 94 97 05 31; impasse des Conquettes; Zi. ohne Bad 76 €, mit Bad 84–158 €; ❋) Makelllos sauberes umgebautes Wohnhaus fünf Fußminuten von der Place des Lices. Die frische, sommerliche Einrichtung wirkt feminin und klar. Es gibt blassrosafarbene Zimmer mit strahlend weißen provenzalischen Bettdecken und handgefertigten Spitzen auf antikem Holzmobiliar. Nicht alle Zimmer verfügen über eine Klimaanlage. Die Zimmer ohne eigenes Bad teilen sich die Toiletten mit anderen Zimmern, sind aber mit Bidet, Waschbecken und Dusche (zum Zimmer hin offen) ausgestattet. Die Zimmer mit Bad haben teilweise keine durchgehende Trennwand zwischen Bad und Zimmer. Bei der Buchung entsprechend nachfragen.

Hôtel Ermitage
BOUTIQUEHOTEL €€€

(☎04 94 27 52 33; www.ermitagehotel.fr; av. Paul Signac; Zi. 180–300 €; ❋@🔊) Kate Moss und Lenny Kravitz bevorzugen die aktuelle Rockerabsteige von St-Tropez, die sich stilistisch bei den 50ern bis 70ern bedient – Disko trifft die Moderne der Jahrhundertmitte. Die coolen Zimmer mit viel Velours und Lack wurden von Größen wie Chloë Sevigny und Lapo Elkann entworfen. Die etwas abgelegene Lage in einem Wohngebiet am Hügel trägt zur Exklusivität des Hotels bei und verschafft den Gästen hinreißende Ausblicke auf die Stadt. Ein Pool soll im Laufe des Jahres 2011 entstehen.

Eigentlich soll der Platz beschränkt werden, den die Strandrestaurants an der Plage de Pampelonne, dem Hauptstrand von St-Tropez, einnehmen dürfen. Derzeit okkupieren sie allerdings noch den Großteil der Sandfläche. Zwar gibt es hier und da auch öffentliche Strandabschnitte, aber die Strandszene von St-Tropez wird definitiv von den Restaurants beherrscht – die übrigens alle äußerst unterschiedlich sind. Strandmatten (15 bis 20 €) und Parken (5 €) kostet extra. Die meisten Restaurants sind von Mai bis September geöffnet (vorher anrufen!); sie sind alle auf einer Karte der Touristeninformation verzeichnet. Ein Tisch für ein Mittagessen sollte in den folgenden Restaurants weit im Voraus gebucht werden.

Club 55 (☑04 94 55 55 55; www.leclub55.fr; 43 bd Path; Hauptgerichte 28–43 €) Das Urgestein unter den Restaurants stammt aus den 1950ern und diente ursprünglich als Kantine für die Filmcrew von *Und ewig lockt das Weib*. Heute sind hier vor allem Promis zu Gast, die *nicht* gesehen werden wollen. Das Essen ist allerdings kaum der Rede wert.

Nikki Beach (☑04 94 79 82 04; www.nikkibeach.com/sttropez; route de l'Epi; Hauptgerichte 15–30 €) Besonders bei auf den Tischen tanzenden Stars wie Paris Hilton und Pamela Anderson beliebt, die *unbedingt* gesehen werden wollen. Die ohrenbetäubende Party endet um Mitternacht.

Plage des Jumeaux (☑04 94 55 21 80; route de l'Epi; Hauptgerichte 22–30 €; ♠) Erste Wahl für Familien, mit Spielplatz und Strandspielzeug und außerdem tollem Seafood. Ganzjährig geöffnet.

Aqua Club (☑04 94 79 84 35; www.aqua-club-plage.fr; route de l'Epi; Hauptgerichte 22–29 €) Freundliches gemischtes Publikum, Heteros und Homos – bei Weitem der vielseitigste Laden.

Moorea Plage (☑04 94 97 18 17; www.moorea-plage-st-tropez.com; route des Plages, Ramatuelle; Hauptgerichte 15–29 €) Moorea Plage eignet sich bestens für Unterhaltungen und Backgammon; auch das Steak ist toll.

Liberty Plage (☑04 94 79 80 62; chemin des Tamaris; Hauptgerichte 16–29 €) Nacktbadestrand – wer möchte, kann auch nackt speisen. Ganzjährig geöffnet.

Kube Hôtel DESIGNHOTEL €€€
(☑04 94 97 20 00; www.kubehotel.com; 13 chemin de Rogon de la Valette, Gassin; Zi. ab 390 €; ❄@🛜☲) Warum nicht mal in einem Nachtclub übernachten? Das Hotel beherbergt mehrere Bars, und schwarzlichtbeleuchtete Flure – Taschenlampe nicht vergessen! – führen zu schicken Gästezimmern mit glitzernden Tapeten. Geeignete Einstellung mitbringen!

Les Palmiers HOTEL €€
(☑04 94 97 01 61; www.hotel-les-palmiers.com; 26 bd Vasserot; DZ 89–189 €; ❄) Das Les Palmiers in einer alten Villa gegenüber der Place des Lices bietet freundlichen Service und einfache Zimmer. Diejenigen im Hauptgebäude sind besser als die im Nebengebäude.

La Maison Blanche DESIGNHOTEL €€€
(☑04 94 97 52 66; www.hotellamaisonblanche. com; place des Lices; DZ ab 220 €; ☉Feb. geschl.; ❄) Die Maison Blanche ist eine Ode an minimalistisches Design und beim Streben nach Komfort und Eleganz wurden keine Kosten gescheut.

Essen

Der Quai Jean Jaurès am alten Hafen strotzt vor Restaurants und Cafés – das Essen ist zwar nur mittelmäßig, dafür hat man eine gute Sicht auf den gewaltigen Reichtum der nahe gelegenen Yachten. Im Winter schließen viele der Lokale, dann ist die Auswahl also unter Umständen erheblich eingeschränkt.

Auberge des Maures PROVENZALISCH €€
(☑04 94 97 01 50; 4 rue du Docteur Boutin; Menü 49 €, Hauptgerichte 31–39 €; ☉abends) Das älteste Restaurant der Stadt ist nach wie vor der Liebling von Einheimischen, denen der Sinn nach guten, bodenständigen provenzalischen Gerichten wie *daube* oder Lammschulter mit Tapenadefüllung in großen

Portionen steht. Am besten einen Tisch auf der schattigen Terrasse buchen (auch sonst geht ohne Reservierung nichts).

Le Sporting
BRASSERIE €€

(☏04 94 97 00 65; place des Lices; Hauptgerichte 14–24 €; ☺8–1 Uhr) Das stets volle Le Sporting bietet eine sehr vielseitige Karte, Spezialität sind jedoch Hamburger mit Foie gras und Morchelcremesauce – überraschend köstlich, wenn auch sehr sättigend. Der aus der Bretagne stammende Betreiber serviert außerdem perfekte Buchweizen-Crêpes, preisgünstige Mittagsgerichte sowie einen einfachen Salat mit *croque monsieur* (überbackener Schinken-Käse-Toast). Nachteil: besonders in der Nähe der offenen Ladenfront sehr verraucht. Reservierung erforderlich.

Brasserie des Arts
FRANZÖSISCH, MODERN €€

(☏04 94 40 27 37; www.brasseriedesarts.com; 5 place des Lices; Hauptgerichte/Menü 20/29 €) Die „BA" ist ein Lieblingslokal der Einheimischen, eingezwängt zwischen verschiedenen Ess- und Trinklokalen am wichtigsten Leuteguckspot von St-Tropez. In der Nebensaison ist die Stimmung im hinteren Bereich am besten – also dort einen Tisch ergattern. Wer keine so üppig gefüllte Reisekasse hat, sollte auf das Dreigängemenü ausweichen: lecker und sehr preisgünstig.

Auberge de l'Oumède
PROVENZALISCH €€€

(☏04 94 44 11 11; www.aubergedeloumede.com; chemin de l'Oumède, Ramatuelle; Hauptgerichte 39–59 €; ☺abends, April–Juni, Sept. & Okt. So & Mo geschl.) Genießer kommen von Nah und Fern, um Jean-Pierre Frezias himmlische provenzalische Küche in idyllischen Ambiente seines *mas* (traditionelles provenzalisches Steingebäude) auf dem Hügel zu genießen. Rotbarbe und Spinat-Cannelloni, gegrillter frisch gefangener Fisch und sensationelle Desserts – und dazu ein paar sehr gute Weine. Ein Essen im l'Oumède ist ein einmaliges Erlebnis.

La Tarte Tropézienne
CAFÉ €

(☏04 94 97 71 42; www.tarte-tropezienne.com; 36 rue Georges Clémenceau; ☺7–19.30 Uhr) Ein absolutes Muss: die lokale Spezialität *tarte Tropézienne*, ein Kuchen mit doppeltem Biskuitboden und Orangenblütengeschmack, gefüllt mit einer dicken Creme. Die Tarte wurde von einem polnischen Bäcker erfunden und in den 50er-Jahren von BB getauft. Am besten kauft man sie in dieser Bäckerei, ihrer Geburtsstätte. Das gleichnamige Café an der Place des Lices bietet Mittagessen in

zwangloser Umgebung, z. B. gesunde Salate (10–15 €), gefolgt natürlich von einem Stück (nicht ganz so gesundem) Kuchen.

Selbstversorger

Markt auf der Place des Lices
MARKT

(☺Di & Sa vormittags) Hier tobt das einheimische Leben: Die Leute kommen sowohl wegen des Klatsches als auch wegen der bunten Stände hierher.

Monoprix
SUPERMARKT

(9 av. du Général Leclerc; ☺Mo–Sa 8–20 Uhr) Lebensmittel.

Ausgehen & Unterhaltung

Gutes Aussehen und gut gefüllte Geldbörsen sind erforderliche Accessoires für einen Abend auf der Piste in St-Tropez. In Shorts und Turnschuhen braucht man erst gar nicht aufzutauchen – die Türsteher stehen eher auf Klunker, hohe Absätze und Haarspray.

Im Winter haben die meisten Bars nur am Wochenende geöffnet, während im Sommer sieben Tage die Woche Party angesagt ist.

Ice Bar
KONZEPTBAR

(☏04 94 97 20 00; www.kubehotel.com; 13 chemin de Rogon de la Valette, Gassin; Eintritt 30 €; ☺18.30–1 Uhr) Für diese Bar aus Eis muss man auf jeden Fall reservieren; für das Eintrittsgeld gibt's vier Grey-Goose-Wodka-Cocktails, zu konsumieren innerhalb von einer halben Stunde – und dann geht man vielleicht auch schon wieder. Parka, Handschuhe und Hut sind inklusive. Am besten zwischen 23 und 1 Uhr.

L'Esquinade
CLUB

(rue du Four; ☺23–5 Uhr, Okt.–Mai Mo–Fr geschl.) Hier landet, wer bis zum Morgengrauen durchtanzen will. Der einzige ganzjährig geöffnete Club ist auch der Favorit der Einheimischen.

L'Octave Café
CLUB

(☏04 94 97 22 56; place de la Garonne; ☺20–5 Uhr, Nov.–März geschl.) In diesem intimen Club mit Liveband, die Standards und Pop spielt, tanzt man am besten im Cocktailkleid – Aufbrezeln ist angesagt.

Bar im Ermitage
LOUNGEBAR

(www.ermitagehotel.fr; av. Paul Signac; ☺17–24 Uhr) Die Flucht vor den Massen ermöglicht die entspannte Bar im Ermitage, eingerichtet im 50er-Jahre-Schick mit abgenutzten Bodenfliesen und wackeligen alten Cafétischen. Tolle Aussicht.

Bar du Port BAR

(www.barduport.com; quai Suffren; ⏱7–3 Uhr) Junge, angesagte Bar für schöne Leute mit affektiert-elegantem Dekor in Weiß und Silber.

Les Caves du Roy CLUB

(www.byblos.com; Hôtel Byblos, av. Paul Signac) Bars voller Stars und Sternchen im berühmt-berüchtigten Hôtel Byblos. Oben ist die Musik besser. Wer rein will, muss sich in Schale werfen.

Café de Paris CAFÉ

(www.saint-tropez.com/cafe-de-paris; Hotel Sube, quai Suffren; ⏱8–2 Uhr) Auf der Caféterrasse kann man zum Aperitif um fünf die neuen Riemchensandalen spazieren führen. Oder man gönnt sich morgens ein Frühstück für 13 € – für St-Tropez ein guter Deal.

🛍 Shoppen

Atelier Rondini SANDALEN

(www.rondini.fr; 16 rue Georges Clémenceau) Als die Schriftstellerin Colette aus Griechenland nach St-Tropez zurückkam, brachte sie ein Paar Sandalen mit, die ihr so gut gefielen, dass sie damit zu ihrem Schuster ging, um ein ähnliches Paar in Auftrag zu geben. Dieser Schuster war das Atelier Rondini, das seit 1927 besteht und immer noch die gleichen Sandalen macht, heute für rund 120 €. Sie sind nur hier erhältlich und werden auch nicht verschickt. Wer keine findet, die passen, kann sie sich auch nach Maß anfertigen lassen; nach einer Woche muss man sie persönlich abholen und anprobieren.

K Jacques SANDALEN

(www.kjacques.com; 25 rue Allard & 16 rue Seillon) Der andere Sandalenmacher von St-Tropez beliefert nicht nur Promis, weil er auch exportiert und übers Internet verkauft.

ℹ Praktische Informationen

In den Touristeninformationen der Gegend ist die englischsprachige Broschüre *Out and About* erhältlich.

Bay of St-Tropez (www.bay-of-saint-tropez.com) Eine gute Informationsquelle zu den umliegenden Orten und Stränden.

Crédit Lyonnais (21 quai Suffren) Am Hafen.

Kreatik Café (www.kreatik.com; 19 av. Général Leclerc; Internet 7 €/Std.; ⏱Mo–Sa 9.30–21, So 14–20 Uhr) Sogar das Internetcafé ist promikompatibel.

Post (place Celli)

Touristeninformation (☎04 94 97 45 21; www.ot-saint-tropez.com; quai Jean Jaurès; ⏱9.30–12.30 & 14–19 Uhr) Hat eine nützliche Liste mit Hotels und Restaurants, die auch außerhalb der Saison geöffnet sind.

933

ℹ An- & Weiterreise

AUTO & MOTORRAD Um in der Hauptsaison den schlimmsten Staus zu entgehen, von der Autoroute A8 aus kommen und die Ausfahrt bei Le Muy nehmen (sortie 35). Dann die Landstraße D558 durchs Massif des Maures und über La Garde Freinet nach Port Grimaud, dort parken und das Boot nehmen, das von Ostern bis Oktober nach St-Tropez pendelt.

BUS Der **Busbahnhof** (av. Général de Gaulle) von St-Tropez liegt am südwestlichen Rand der Stadt an der Hauptstraße. Im Bahnhof ist ein **Informationsschalter** (⏱Mo–Fr 8.30–12 & 14–16.30, Sa 8.30–12 Uhr).

Die Busse von **VarLib** (www.varlib.fr, auf Frz.) transportieren ihre Fahrgäste für nur 2 € zu allen Zielen im Departement Var (außer zum Flughafen Toulon-Hyères), darunter nach Ramatuelle (35 Min.), über Grimaud und Port Grimaud nach St-Raphaël (1¼ Std.) sowie nach Fréjus (1 Std.). Busse nach Toulon (2 Std., 7-mal tgl., im Sommer weniger oft) halten in Le Lavandou (1 Std.) und Hyères (1½ Std.). Zum Flughafen Toulon-Hyères (15 €, 1½ Std.) fahren tgl. vier Busse.

SCHIFF/FÄHRE Les Bateaux de St-Raphaël (www.bateauxsaintraphael.com, auf Frz.) betreibt von April bis Oktober Bootsverbindungen zwischen St-Raphaël und St-Tropez (einfach/hin & zurück Erw. 14/23 €, Kind 9/13 €).

Trans Côte d'Azur (www.trans-cote-azur.com) bietet von April bis September Tagesausflüge ab Nizza (Erw./Kind 55/41 €) und Cannes (Erw./Kind 41/28 €).

Les Bateaux Verts (www.bateauxverts.com; Ste-Maxime) unterhält von Februar bis Oktober und für zwei Wochen um Weihnachten und Neujahr einen Fährdienst zwischen Ste-Maxime und St-Tropez (einfache Fahrt Erw./Kind 7/3,75 €, 20 Min.) sowie zwischen Port Grimaud und St-Tropez (einfache Fahrt Erw./Kind 6,50/3,50 €, 15 Min.).

ℹ Unterwegs vor Ort

Wer in St-Tropez eine gewisse innere Ruhe bewahren will, sollte von vier auf zwei Räder umsteigen: Der Verkehr hier ist mörderisch. Wer im Sommer einen Parkplatz ergattern will, muss vor 7 Uhr in der Stadt sein; und am besten fährt man erst nach 20 Uhr wieder ab, um die Ausreisestaus zu vermeiden. Das Parken auf öffentlichen Parkplätzen über Nacht kostet über 40 € und die Parkplätze füllen sich früh am Tag.

NATUR PUR

Kein Fan von Bräunungsstreifen? Dieser Küstenabschnitt der Côte d'Azur ist gut mit *plages naturistes* (FKK-Stränden) versorgt. Am bekanntesten ist wohl die **Plage de Tahiti**, der nördliche Teil der Plage de Pampelonne in St-Tropez. Abgeschiedener liegt die **Plage de l'Escalet** an der Südseite des Cap Camarat auf der Presqu'île de St-Tropez – schön, aber schwer zu erreichen.

Am isoliertesten liegt die älteste und größte Nudistenkolonie der Region auf der Hälfte der 8 km langen **Île du Levant**.

Das Image dieser Küste als locker und spontan war Grundlage für Jean Giraults Kultfarce von 1964: *Le Gendarme de St-Tropez*, in der Louis de Funès als Polizist alles gibt, um gegen die Nudisten durchzugreifen.

Autovermietungen gibt es an der Avenue du Général Leclerc.

Marine Service (☎06 09 57 31 22; Le Pilon) Taxiboot.

Rolling Bikes (www.rolling-bikes.com, auf Frz.; 14 av. du Général Leclerc) Verleiht Fahrräder/ Motorroller/Motorräder ab 15/40/120 € pro Tag, dazu kommt ein beträchtliches Pfand.

Taxi ☎04 94 97 05 27

Von St-Tropez nach Toulon

MASSIF DES MAURES

In einen Wald aus Pinien, Kastanien und Korkeichen gehüllt, überragt das Massif des Maures das Inland zwischen Hyères und Fréjus. Die fast schwarze Vegetation, in der die Wildschweine herumstreifen, gab dem Wald den Namen, abgeleitet von dem provenzalischen Wort *mauro* (dunkler Pinienwald).

Das **Conservatoire du Patrimoine** (☎04 94 43 08 57; www.conservatoiredufreinet.org; Chapelle St-Jean, place de la Mairie) in **La Garde Freinet** bietet verschiedene Workshops, Pferde- und Eseltreks und wöchentliche Waldspaziergänge zur Korkernte. Möglichkeiten für Wanderungen und Fahrradtouren gibt's im Überfluss, speziell rings um La Sauvette (779 m), die höchste Spitze des Massif des Maures. Der größte Ort im Massif ist das Dorf **Collobrières**, wo ein herrliches Maronenpüree und *marrons glacés* (kandierte Maronen) zubereitet werden. Die **Touristeninformation** (☎04 94 48 08 00; www.collobrieres-tourisme.com; bd Charles Caminat, Collobrières; ⊗Mo–Sa 10–12.30 & 15–18.30 Uhr, Sept.–Juni So & Mo geschl.) hat Karten, Informationen über geführte Wanderungen und jede Menge Tipps für die Gegend.

CORNICHE DES MAURES

Diese Küstenstraße schlängelt sich entlang der D559 von La Croix-Valmer nach Le Lavandou. Neben den tollen Ausblicken lockt die Straße auch mit einigen wunderbaren Stellen zum Baden, Sonnenbaden und Wandern.

Auslassen sollte man auf keinen Fall die **Plage de Gigaro** in La Croix-Valmer sowie den Wanderweg zum **Cap Lardier**, einem der schönsten und am wenigsten überlaufenen Abschnitte der Küste.

LP TIPP Ein wunderbares Örtchen ist auch die **Domaine du Rayol** (☎04 94 04 44 00; www.domainedurayol.org; av. des Belges, Le Rayol-Canadel; Erw./Kind 9/6 €; ⊗9.30–18.30 Uhr). Das ehemalige Anwesen am Meer wurde vor dem Verfall gerettet und in einen atemberaubenden, 20 ha großen botanischen Garten verwandelt, mit Pflanzen aus mediterranen Klimazonen auf der ganzen Welt. Pfade führen zum Meer hinunter. Die sommerlichen **Schnorcheltouren** (Erw./Kind 18/14 €) durch den Unterwasser-Meeresgarten und die botanischen Führungen sollten vorgebucht werden. Die Anlage ist als eine von wenigen auch mittags geöffnet und wartet sogar mit einem Café auf.

Le Lavandou (www.ot-lelavandou.fr) ist berühmt für seine 12 km langen schönen Strände mit zwölf unterschiedlichen Sorten Sand. Der Ort selbst hat sich einen hübschen mittelalterlichen Kern bewahrt; abends lädt der Yachthafen mit seinen 1000 Liegeplätzen zu einem Bummel ein.

Oben in den Bergen liegt das typisch provenzalische Dorf **Bormes-les-Mimosas**. Der alte Dorfkern ist das ganze Jahr über schön mit Blumen geschmückt, mit den namengebenden Mimosen im Winter und Bougainvilleen im Sommer. Die alten Kopfsteinpflastergassen sind von Galerien und Läden gesäumt, in denen u. a. traditionelle provenzalische Produkte, Naturseifen und ätherische Öle verkauft werden. Ein nobles Hotel mit phantastischem Ausblick und einem verträumten Pool ist die **Hostellerie du Cigallou** (📞04 94 41 51 27; www. hostellerieducigallou.com; place Gambetta, Bormes-les-Mimosas; DZ 136–173 €; ✳🤫📶). Billiger, aber äußerst charmant und ebenfalls mit grandioser Aussicht ist das **Hôtel Bellevue** (📞04 94 71 15 15; www.bellevuebormes. com; place Gambetta, Bormes-les-Mimosas; DZ 42–74 €; ✳🤫📶). Beide Unterkünfte liegen in der Dorfmitte.

Atemberaubende Ausblicke auf die Inseln eröffnen sich auf der **Route des Crêtes**, die sich etwa 400 m über dem Meer durch die Macchia windet. Am Ende von Bormes-les-Mimosas an der Chapelle St-François vorbei die D41 nehmen; nach 1,5 km den Berg hinauf direkt nach dem Schild zum Col de Caguo-Ven rechts abbiegen – nun folgen 13 kurvenreiche Kilometer mit spektakulären Ausblicken. Besonders am späten Nachmittag und frühen Morgen hat das Licht einen herrlichen Glanz.

LP TIPP Ein verstecktes Juwel ist in diesen Bergen der **Relais du Vieux Sauvaire** (📞04 94 05 84 22; route des Crêtes; Hauptgerichte 18–30 €; ⏰Okt.–Mai geschl.; 📶). Das Restaurant mit 180-Grad-Traumblick und Pool – die meisten Leute kommen zum Mittagessen hierher und bleiben dann den ganzen Nachmittag – ist wirklich einzigartig. Eigentümer Roland Gallo ist seit 1960 hier ansässig und wird sich wohl auch kaum jemals wieder fortbewegen. Das Essen ist so sonnig wie der Ausblick: Pizza, Melonen und Parmaschinken oder ganzer Wolfsbarsch in Salzkruste. Hinter dem Restaurant führt die Route des Crêtes auf der Küstenstraße D559 wieder hinunter Richtung Le Rayol-Canadel.

Um nach Bormes zu gelangen und die Route des Crêtes entlangzufahren, benötigt man ein Auto; die Küstenstraße wird jedoch von dem zwischen Toulon und St-Tropez verkehrenden Bus von **VarLib** (www.varlib.fr, auf Frz.; Ticket 2 €) befahren, der in den meisten Orten hält, so auch in Le Lavandou.

HYÈRES

Trotz ihrer vielen Palmen ist die Kleinstadt Hyères eher eine Enttäuschung. Viel interessanter ist die nahe **Presqu'Île de Giens** (Halbinsel Giens), ein geschütztes Feuchtbiotop mit einem erstaunlichen Vogelreichtum, darunter rosa Flamingos, Reiher, See-

schwalben und Kormorane. Die **Maison du Tourisme** (📞04 94 38 50 91), im selben Gebäude wie die **Touristeninformation** (📞04 94 01 84 50; www.hyeres-tourisme.com; 3 av. Ambroise Thomas; ⏰Mo–Fr 9–18, Sa 10–16 Uhr), veranstaltet zweistündige **Führungen** (5 € pro Pers.) zu den Feuchtgebieten und Salzmarschen. Termine telefonisch erfragen und buchen.

ÎLES D'HYÈRES

Aus einem unerfindlichen Grund sind diese paradiesischen Inseln (wegen ihrer schimmernden Glimmerfelsen auch bekannt als Îles d'Or – Goldinseln) den Touristenmassen noch größtenteils verborgen geblieben.

Die östlichste und größte der drei Inseln ist die wenig besuchte **Île du Levant**, die seltsamerweise in Armeegelände und Nudistenkolonie unterteilt ist. Die **Île de Port-Cros**, die mittlere und kleinste Insel, ist das Juwel dieser Inselkrone. Frankreichs erster **Meeresnationalpark** (www.portcrosparcnational.fr, auf Frz.) ist die Heimat einer außergewöhnlichen Meeresfauna und -flora, die daraus ein Paradies für Schnorchler macht. Die Insel ist durchzogen von 30 Kilometern an markierten Pfaden durch dichte Wälder, zu rauen Klippen und verlassenen Stränden.

Die größte und westlichste Insel ist die **Île de Porquerolles** (www.porquerolles.com). Anfang des 20. Jhs. wurde sie als Hacienda betrieben und hat viele ihrer wuchernden Pflanzenarten bewahrt. Es gibt viele Wanderwege, aber die beste Möglichkeit, die Insel zu erkunden, ist per Rad. Zahlreiche Fahrradverleihe sowie einige Restaurants und Hotels sind vorhanden.

ℹ️ An- & Weiterreise

Boote zu den Îles d'Hyères fahren von verschiedenen Orten entlang der Küste. **Vedettes Îles d'Or** (www.vedettesilesdor.fr) unterhält ab Le Lavandou Boote zu allen drei Inseln. Im Sommer fahren außerdem Boote zwischen Port-Cros und Porquerolles.

Le Levant hin & zurück Erw./Kind 25/21 €, 35 Min. oder 1 Std. (je nachdem, welche Insel zuerst angesteuert wird)

Porquerolles hin & zurück Erw./Kind 33/26 €, 40 Min.

Port-Cros hin & zurück Erw./Kind 25/21 €, 35 Min.

TLV-TVM (www.tlv-tvm.com) fährt vom Hafen La Tour Fondue am Ende der Halbinsel Giens aus Porquerolles an (hin & zurück Erw./Kind 17/15 €, 10 Min.); vom Hafen in Hyères fahren Boote nach Port-Cros (hin & zurück Erw./Kind 25/22 €, 1 Std.) und Le Levant (Erw./Kind 25/22 €, 1½ Std.).

Toulon

168 800 EW.

Toulon glänzt nicht gerade als Riviera-Highlight. Als wichtiger Hafen und Marinestützpunkt hat es Reisenden eher wenig zu bieten, es sei denn, man ist stark an der Geschichte des Zweiten Weltkriegs interessiert. Hier versenkte sich 1942 die gesamte französische Flotte selbst, um den Deutschen nicht in die Hände zu fallen. Nach der alliierten Landung 1944 wurde die Stadt mehr oder weniger dem Erdboden gleichgemacht.

Wenn es Reisende nach Toulon verschlägt, dann zumeist, weil es als wichtiger Verkehrsknotenpunkt gute Bahnverbindungen, Fährverbindungen nach Korsika und einen expandierenden internationalen Flughafen hat.

Sehenswertes & Aktivitäten

Le Batelier de la Rade BOOTSFAHRT
(quai de la Sinse; 10 €) Am Hafen beginnt eine Runde um die *rade* (Toulons Küstenlinie) mit Erläuterungen (auf Frz.) zu den örtlichen Ereignissen während des Zweiten Weltkriegs.

Plages du Mourillon STRÄNDE
Schöne Strände, um ein paar Sonnenstrahlen abzukriegen, liegen 2 km südöstlich bei Mourillon. Bus Nr. 3 bis zur Haltestelle Michelet.

Mont Faron KRIEGSDENKMAL
Über der Altstadt thront im Norden der Mont Faron (580 m) und bietet einen phantastischen Panoramablick über die Bucht. In der Nähe des Gipfels befindet sich das **Mémorial du Débarquement** (Erw./Kind 3,90/1,70 €; ⊘Di–So 10–12 & 14–17.30 Uhr), ein Museum zum Zweiten Weltkrieg, mit dem der alliierten Landung an dieser Küste im August 1944 gedacht wird. Eine **téléphérique** (Seilbahn; www.telepherique-faron.com, auf Frz.; hin & zurück Erw./Kind 6,50/4,60 €; ⊘9.30–19 Uhr) erklimmt den Berg vom Boulevard de Vence. Von der Place de la Liberté den Bus 40 bis zur Haltestelle Téléphérique nehmen. Ein Kombiticket für Bus und Seilbahn kostet 6 €.

Schlafen & Essen

Hôtel Little Palace HOTEL €
(☑04 94 92 26 62; www.hotel-littlepalace.com; 6–8 rue Berthelot; EZ/DZ 54/64 €; ✳@🔊) Dem etwas übertriebenen italienisch inspirierten Dekor fehlt es an Authentizität, aber das Little Palace ist ein gut geführtes Hotel. Es gibt keinen Aufzug – wer schwer zu schleppen hat, sollte nach einem Zimmer im Erdgeschoss fragen.

Grand Hôtel Dauphiné HOTEL €
(☑04 94 92 20 28; www.grandhoteldauphine.com; 10 rue Berthelot; EZ/DZ ab 60/66 €; ✳🔊) Ein sauberes, zweckmäßiges Hotel mit vor Kurzem sanierten Bädern und effizientem Personal. Aufzug vorhanden.

Le Chantilly BRASSERIE €
(☑04 94 92 24 37; place Puget; Hauptgerichte 10–25 €; ⊘6.30–23 Uhr) Das Chantilly erfreut sich seit 1907 großer Beliebtheit und bietet den ganzen Tag über bis zum späten Abend Hungrigen eine Stärkung.

ℹ Praktische Informationen

Entlang des Boulevard de Strasbourg gibt's viele Banken.

Post (rue Dr Jean Bertholet)

Touristeninformation (www.toulontourisme.com; 12 place Louis Blanc; ⊘Mo–Sa 9–18, So 9–13 Uhr) Verteilt ein nützliches monatliches Programm mit Museumsöffnungszeiten und Veranstaltungen in der Stadt.

ℹ Anreise & Unterwegs vor Ort

BUS VarLib-Busse (www.varlib.fr, auf Frz.) fahren vom Busbahnhof neben dem Bahnhof. Fahrten innerhalb des Departements Var kosten 2 €. Bus 103 nach St-Tropez (8-mal tgl.) fährt Richtung Osten an der Küste entlang über Hyères (35 Min.) und Le Lavandou (1 Std.).

Die Touristeninformation verkauft einen **Tagespass** (www.reseaumistral.com; 6 €) für die unbegrenzte Nutzung der städtischen Busse und der Pendelboote, inklusive einer Rückfahrkarte für die Mont Faron Téléphérique. Eine einfache Fahrt mit den Stadtbussen kostet 1,40 €.

FLUGZEUG Der kleine internationale **Flughafen Toulon-Hyères** (www.toulon-hyeres.aeroport.fr) liegt 23 km von Toulon entfernt am Rand der Halbinsel Giens. Bus 102 (5-mal tgl.) verbindet den Flughafen mit dem Zug- und Busbahnhof von Toulon (1,40 €, 40 Min.).

SCHIFF/FÄHRE Fähren von **Corsica Ferries** (www.corsica-ferries.de; Port de Commerce) fahren nach Korsika und Sardinien.

ZUG Es verkehren regelmäßig Züge nach Marseille (11,50 €, 40 Min.), St-Raphaël (15 €, 50 Min.), Cannes (19,50 €, 1¼ Std.), Monaco (26 €, 2¼ Std.) und Nizza (23,50 €, 1¾ Std.).

Westlich von Toulon

BANDOL
8800 EW.

Für viele ist der Name Bandol gleichbedeutend mit perfekt gekühlten Rosés und noblen Rotweinen, die jedes Fleischgericht zu einem Gedicht machen. Der Badeort Bandol selbst ist weniger bekannt, aber mit seinem Yachthafen mit 1600 Liegeplätzen, den hübschen Stränden und steilen Hügeln mit unverbauten Ausblicken aufs Meer ist der Ort bei französischen Ferienhausbesitzern schon lange sehr beliebt.

◉ Sehenswertes & Aktivitäten

Maison des Vins   WEINPROBE
(www.maisondesvins-bandol.com, auf Frz.; place Artaud; ☺Mo–Sa 10–13 & 15–19, So 10–13 Uhr) Die 49 Weingüter von Bandol verwalten ihre wertvolle Produktion (allesamt unter dem Label *Appellation d'Origine Contrôlée Vins de Bandol*) von Rot-, Rosé- und Weißweinen sehr sorgfältig. Näheres erfahren Weinfreunde in der Maison des Vins, wo Pascal Perier (ein wandelndes Bandol-Lexikon) Weinproben organisiert und einen gut bestückten Laden betreibt.

Sentier du Littoral   WANDERN
Der gelb markierte Küstenwanderweg erstreckt sich über 12 km (3½–4 Std. einplanen) von Bandols Hafen nach La Madrague in St-Cyr-Les-Lecques. Etwa auf halbem Weg kommt man zur überwältigenden Felsbucht **Calanque de Port d'Alon**. Am einfachsten ist es, mit dem Bus von Bandol nach Les-Lecques (die Touristeninformation hat Fahrpläne) zu fahren und dann zurück nach Bandol zu laufen.

🛏 Schlafen & Essen

Key Largo   HOTEL €€
(☎04 94 29 46 93; www.hotel-key-largo.com; 19 corniche Bonaparte; DZ 75–105 €; ✳) Die acht Zimmer mit Meerblick (drei davon mit eigener Terrasse) liegen strategisch gut zwischen dem Hafen und dem hübschen Strand von Renécros und sind ein absolutes Schnäppchen. Die anderen zehn sind genauso schlicht und elegant eingerichtet und haben Blick auf die benachbarten Gärten. Und egal, wo man schläft, zum Frühstück gibt es hausgemachten Kuchen.

L'Assiette des Saveurs   FUSIONSKÜCHE €€
(☎04 94 29 80 08; 1 rue Louis Marçon; Hauptgerichte 10 €) Eine Straße hinter dem belebten Yachthafen liegt L'Assiette mit einer hübschen Straßenterrasse und bereitet klassische Rezepte auf freche Weise zu – z. B. Seeteufel in Orangensauce oder Saté-Lammkoteletts. Das Lokal mit dem besten Preis-Leistungs-Verhältnis in der Stadt.

KV&B   FRANZÖSISCH, MODERN €€
(☎04 94 74 25 77; 5 rue de la Paroisse; Mittags-/Abendmenü 15/28 €; ☺Mo, Di & Do–Sa mittags & abends, So mittags) Frische moderne Weinbar mit örtlichen Weinen und kleinen Speisen – und Haribo-Konfekt auf der Theke.

❶ Praktische Informationen

Banque Populaire (31 quai de Gaulle) Am Yachthafen; wechselt Geld.

Touristeninformation (www.bandol.fr, auf Frz.; allées Vivien; ☺Mo–Sa 9–12 & 14–18 Uhr) Bietet eine ausführliche Broschüre auf Englisch und Deutsch.

❶ An- & Weiterreise

BUS Bus 8804 von **VarLib** (www.varlib.fr, auf Frz.) verbindet Bandol mit Toulon, Bus 8806 mit Sanary. Tickets kosten 2 €.

ZUG Bandol liegt auf der Bahnstrecke zwischen Toulon (3,40 €, 15 Min.) und Marseille (9 €, 45 Min.).

RUND UM BANDOL

Bandols 1500 Hektar **Weinberge** erstrecken sich ins Landesinnere durch schöne, geschwungene Landschaften und umwerfende Dörfer (hier braucht man ein eigenes Fahrzeug). Das berühmteste von allen ist das Bergdorf **Le Castellet**, ein mittelalterliches Schmuckstück, das in einem Schloss aus dem 12. Jh. gipfelt. Die steilen, von Boutiquen gesäumten Fußgängergassen sind im Sommer gerammelt voll.

LP TIPP ⟩ **Les Quatre Saisons** (☎04 94 25 24 90; www.lesquatresaisons.com; 370 montée des Oliviers, route du Brûlat, Le Castellet; DZ mit Frühstück 90–130 €; ✳ ❄) ist ein wunderbares B&B unterhalb von Le Castellet. In ihrem hübschen *mas* (traditionelles provenzalisches Steinhaus) haben Patrice und Didier fünf ausgezeichnete Zimmer in original provenzalischem Stil eingerichtet. Alle Zimmer gehen auf einen mittigen Swimmingpool hinaus, einige haben auch einen atemberaubenden Ausblick auf die Umgebung. Patrices *tables d'hôtes* (festes Menü; 40 €, inkl. Getränke) sind jeden Cent wert. Seine kulinarischen Geheimnisse verrät Patrice in halbtägigen Kochkursen (40 € pro Pers.).

Zurück an der Küste ist der bildhübsche Badeort **Sanary-sur-Mer** ein Paradies für Spaziergänger. Entweder man schaut den Fischern am Kai beim Entladen ihres Fangs zu – im Winter kann man sich an *oursinade* ergötzen, frischem Seeigel, der mit ein wenig Zitronensaft und einer Scheibe Brot mit Butter serviert wird – oder man bewundert von einem Café am Ufer aus die traditionellen Fischerboote. Der bunte Mittwochsmarkt **grand marché** (Markt; ☺7.30–13 Uhr) ist der Hauptmarkt der Gegend und zieht Besucher von weither an.

VON NIZZA BIS MENTON

Die Corniches

Zwischen Nizza und Menton liegen mit die spektakulärsten Abschnitte der ganzen Côte d'Azur. Gleich drei *corniches* (Küstenstraßen) schmiegen sich zwischen Nizza und Monaco in unterschiedlicher Höhe an die Felsen der Steilküste. Die mittlere *corniche* endet in Monaco, die obere und untere führen weiter bis nach Menton.

Eng verbunden mit dieser Gegend ist der Name der Schauspielerin und späteren Fürstin von Monaco, Grace Kelly. Die Grande Corniche taucht in Hitchcocks *Über den Dächern von Nizza* auf, genauso wie die Brücke nach Èze an der Moyenne Corniche. Kelly selbst starb bei einem Autounfall auf der D53, die die Grande mit der Moyenne Corniche verbindet.

CORNICHE INFÉRIEURE

Am villengesäumten Ufer entlang führt die Corniche Inférieure (auch bekannt als Basse Corniche – Untere Corniche – oder N98). Sie hält sich ziemlich dicht an der Bahnlinie und verläuft (von West nach Ost) durch die Orte Villefranche-sur-Mer, St-Jean-Cap-Ferrat, Beaulieu-sur-Mer, Èze-sur-Mer und Cap d'Ail.

VILLEFRANCHE-SUR-MER
6700 EW.

Dieses malerische, pastellfarbene Fischerdorf mit Ziegeldächern überblickt die Halbinsel Cap Ferrat und war einer der Lieblingsplätze von Jean Cocteau, der die Fresken in der **Chapelle St-Pierre** aus dem 17. Jh. malte. Stufen teilen die steilen Kopfsteinpflasterstraßen, die sich durch die Altstadt winden, darunter auch die älteste, die Rue Obscure, eine unheimliche Gewölbepassage von 1295. Die Zitadelle aus dem 16. Jh. blickt auf die Gemeinde hinab. Hinter dem Hafen liegt ein Sandstrand mit toller Aussicht auf den Ort.

ST-JEAN-CAP-FERRAT
2100 EW.

Auf der Halbinsel Cap Ferrat befindet sich das einstige Fischerdorf St-Jean-Cap-Ferrat, das sich in einen Spielplatz der Reichen verwandelt hat. Der Ort verbirgt eine Enklave von Millionärsvillen mit erlauchten Bewohnern von gestern und heute. Auf der schmalen Landenge des Ortes liegt die extravagante **Villa Ephrussi de Rothschild** (www.villa-ephrussi.com; Erw./Kind 10/7,50 €; ☺10–18 Uhr) und vermittelt den richtigen Eindruck vom Reichtum dieses Orts: Die 1912 für die Baroness de Rothschild erbaute toskanische Villa quillt über von Möbeln aus dem 18. Jh., Gemälden, Wandteppichen und Porzellan. Ein Kombiticket für diese Villa und die Villa Grecque Kérylos in Beaulieu kostet 15/10,50 € für Erwachsene/ Kinder.

Auf der Halbinsel gibt's auch drei **Wanderwege** mit glitzerndem Meerespanorama und abgelegenen Buchten zum Schwimmen.

BEAULIEU-SUR-MER
3700 EW.

Mit die besterhaltene *Belle-Époque*-Architektur an der Küste gibt es im Seebad Beaulieu-sur-Mer, beispielsweise die kunstvolle **Rotunde** von 1904 mit korinthischen Säulen und einer Kuppel. Ebenfalls eine *Belle-Époque*-Schönheit ist die **Villa Grecque Kérylos** (www.villa-kerylos.com; av. Gustave Eiffel; Erw./Stud. 8,50/6,50 €; ☺10–18 Uhr), eine 1902 von dem Archäologen Théodore Reinach errichtete Reproduktion einer Athener Villa.

MOYENNE CORNICHE

Die Moyenne Corniche – die mittlere Küstenstraße (N7) – klebt eng am Steilhang. Wer die Aussicht genießen möchte, fährt mit dem Bus nach Monaco diese Straße entlang und setzt sich von Nizza kommend auf die rechte Seite (in entgegengesetzter Richtung natürlich auf die andere). Von Nizza führt die Moyenne Corniche am Col de Villefranche vorbei durch Èze nach Beausoleil, der französischen Grenzstadt zu Monte Carlo.

ÈZE

3000 EW.

Hoch oben auf der Spitze eines 427 m hohen Felsgipfels liegt das mittelalterliche Steindorf Èze. Einst von Ligurern und Phöniziern besetzt, sind heute zwischen den Ringmauern einzigartige Galerien und Kunsthandwerkläden zu Hause (es gibt nur einen Durchgang in der Stadtmauer). Der Höhepunkt ist der **Jardin Èze** (Eintritt 5 €; ◷9 Uhr–Sonnenuntergang), ein schräg im Felshang liegender Garten mit exotischen Kakteen und Aussicht aufs Mittelmeer– an einem schönen Tag bis nach Korsika.

Wer in Ruhe die schönsten Ecken und Schlupfwinkel des Dorfes auskundschaften möchte, nachdem die Reisebusse weg sind, übernachtet am besten im großartigen **Château Eza** (☎04 93 41 12 24; www.chateaueza. com; rue de la Pise; DZ ab 180 €; ❄🐾), wo es auch ein erhabenes Feinschmeckerlokal samt Terrasse mit Meerblick gibt (Mittagsmenüs 49–59 €, Hauptgerichte abends 50 €).

Ganz unten am Ufer liegt das Gegenstück von Èze im Belle-Époque-Stil, Èze-sur-Mer (wo Bono von U2 eine Villa hat). Èze-sur-Mer und Èze sind durch einen spektakulären (und steilen!) Wanderweg verbunden, auf dem Friedrich Nietzsche (1844–1900) den Theorien nachhing, aus denen sein Werk *Also sprach Zarathustra* entstand. Der mittlerweile beschilderte Felsweg **Chemin de Nietzsche** bedeutet etwa eine Stunde Kletterei und ist im Winter die einzige Verbindung zwischen den beiden Dörfern, wenn man kein Auto hat. Im Sommer fährt zu jeder Zugankunft in Èze-sur-Mer (auf der Bahnstrecke zwischen Nizza und Ventimiglia, mit Halt in Monaco und Menton) ein Shuttlebus von dort nach Èze.

Von Nizza aus fahren die Buslinien 82 und 112 direkt nach Èze (1 €, 20 Min.). Unten im Ort gibt's eine hilfreiche **Touristeninformation** (☎04 93 41 26 00; www.eze-riviera.com; place du Général de Gaulle).

GRANDE CORNICHE

Die Grande Corniche mit den aufregendsten Panoramablicken führt als D2564 aus Nizza heraus. Sie verläuft durch **La Turbie**, einen Ort auf einem Bergsattel über Monaco mit schwindelerregendem Blick auf das Fürstentum. Den besten Ausblick bietet der **Trophée des Alps** (cours Albert 1; Erw./Kind 5/3,50 €; ◷Di–So 9.30–13 & 14.30–18.30 Uhr), eins von weltweit nur zwei reinen Siegesdenkmälern der Römer (das andere steht in Rumänien), 6 v. Chr. von Augustus erbaut.

939

TOP-GÄRTEN AN DER CÔTE D'AZUR

» **Jardin d'Èze** Tausende von Kakteen, die Geschichte von Èze und fesselnde weite Blicke aufs Mittelmeer.

» **Jardin Exotique de Monaco** Jahrhundertealte Kakteen und Tausende von Sukkulenten, dazu atemberaubende Ausblicke aufs Fürstentum.

» **Jardin Botanique Exotique du Val Rahmeh, Menton** Der sehr gepflegte ursprüngliche botanische Garten mit einem der letzten Osterinselbäume, die auf den Osterinseln schon ausgestorben sind.

» **Villa Ephrussi de Rothschild, St-Jean-Cap-Ferrat** Neun verschiedene Gärten, alle exquisit, auf dem Gelände dieses Prunkbaus vom frühen 20. Jh.

» **Domaine du Rayol** Mittelmeerflora und einzigartiger Meeresgarten.

Das an luftiger Stelle im Dorf gelegene **Restaurant La Terrasse** (☎04 93 41 21 84; www.restaurant-la-terrasse-laturbie.fr; 17 place Neuve; 3-Gänge-Menü 19,50 €, Hauptgerichte 9–20 €; 🐾) serviert ein sehr preisgünstiges Dreigängemenü. Hierher kommen die Monegassen gerne zum Abendessen, wenn es unten an der Küste zu heiß wird. Die Eigentümer des Restaurants lebten früher in den USA und lassen amerikanische Besucher aus Nostalgiegründen bei ihren Müttern in den Staaten anrufen.

Die Corniche führt weiter nach **Roquebrune**, jenem Bergdorf, in dem der Architekt Le Corbusier begraben ist. Ein sehr gutes Restaurant im Dorf ist **Les Deux Frères** (☎04 93 28 99 00; www.lesdeuxfreres. com; place des Deux Frères; Mittags-/Abendmenü 28/48 €; ◷Mi–Sa mittags & abends, So mittags, Di abends). Von der dramatisch gelegenen Panoramaterrasse genießen die Gäste umwerfende Ausblicke aufs Mittelmeer. Die Kellner tragen elegantes Schwarz und die traditionellen französischen Hauptgerichte werden unter silbernen Speiseglocken serviert. Im Winter wird das Mittag- und Abendessen im minimalistischen Speisesaal mit Kamin eingenommen. Ein guter Deal ist das Mittagsmenü mit einer halben Flasche Wein.

EINE FRUCHTIGE FETE

Seit den 1930er-Jahren wird mit der **Fête du Citron** (Zitronenfest; www. feteducitron.com) die Zitronenkultur von Menton gefeiert. Jeden Februar fährt eine Prozession von kitschigen, zitronengeschmückten Festwagen, begleitet von Marschkapellen und leicht geschürzten Tänzerinnen, die Küste hinunter und riesige Skulpturen, an deren Drähten Tausende Zitronen hängen, füllen die Jardins Biovès.

5 von den insgesamt 150 Tonnen Zitronen für das Festival werden allein als Ersatz für die während des Festes verrottenden Früchte verbraucht. Nach dem Fest werden die Skulpturen zerlegt und die unverdorbenen Früchte zu Schnäppchenpreisen vor dem Palais de l'Europe verkauft. Absurderweise kommen die für das Fest benötigten Zitronen aus Spanien, da Mentons Zitronen zu ungleichmäßig geformt sind, um richtig auf die Festwagen zu passen.

Menton

29 100 EW.

Östlich von Monaco liegt die in Pastelltönen gehaltene, von Palmen gesäumte Küstenstadt Menton, nur einen kurzen Fußmarsch von der italienischen Grenze entfernt.

Menton ist von den umliegenden Bergen geschützt und genießt somit ein warmes, fast subtropisches Klima, das schon ein beachtliches Vermögen eingebracht hat: Europäische Könige aus dem 19. Jh. machten die Küsten zu ihrer Winterresidenz und bis in die 1930er-Jahre war Menton Europas größter Zitronenlieferant. Heutzutage ist die Produktion sehr viel geringer, die sonnengereifte Frucht wird dennoch jedes Jahr auf der Fête de Citrons im Februar gefeiert.

Besuchern hat Menton nicht sonderlich viel an Sehenswertem oder an Nachtleben zu bieten. Allerdings wartet es mit einem hervorragenden Restaurant auf, einem idealen Ort für ein Mittagessen auf einer Fahrt von Nizza nach Italien.

☉ Sehenswertes & Aktivitäten

Jardin Botanique Exotique du Val Rahmeh
PARK
(www.jardins-menton.fr; av. St-Jacques; Erw./Kind 6/3,50 €; ⏲Mi–Mo 10–12.30 & 15.30–18.30 Uhr)

Dieser wunderbare Park wurde 1905 für Lord Radcliffe angelegt, den damaligen Gouverneur von Malta. Die Terrassen strömen über von exotischen Obstbäumen und subtropischen Pflanzen, darunter das einzige europäische Exemplar des von der Osterinsel stammenden Baumes *Sophora toromiro*, den es auf der Insel inzwischen nicht mehr gibt.

Musée Jean Cocteau
KUNSTMUSEUM
(quai Napoléon III; Eintritt 3 €; ⏲Mi–Mo 10–12 & 14–18 Uhr) Das Museum zeigt Zeichnungen, Gobelins und Mosaike des vielseitigen Dichters, Bühnenautors, bildenden Künstlers und Filmemachers. 2005 vermachte der engagierte Cocteau-Sammler Séverin Wunderman Menton rund 1500 Werke des Künstlers, die in einem neuen Museum ausgestellt werden, das 2011 eröffnet werden soll.

Plage de Menton
STRAND
Bei mehr als 300 Sonnentagen im Jahr wird wohl jeder ein bisschen Zeit an den kostenlosen Kieselstränden oder privaten Sandstränden von Menton verbringen wollen.

🛏 Schlafen & Essen

Le Paris-Rome
HOTEL €€
(☏04 93 35 73 45; www.paris-rome.com; 79 av. Porte-de-France; EZ/DZ 52/90 €, Mittags-/Abendmenü 34/5 €; ⏲Mi–So mittags & abends, Di abends; ❄🛜) Die bei Weitem beste Unterkunft in Menton liegt direkt an der französisch-italienischen Grenze. Die rund 20 Zimmer sind alle individuell und geschmackvoll gestaltet, wobei die Stile von modernem Zen bis zu Louis-seize reichen. Und im Hotelrestaurant besitzt Menton nun auch einen Sternekoch: Yannick Fauries serviert eine moderne, kreative Küche und hat sich u. a. dem informellen Essen verschrieben, mit Gourmet-Picknickkörben (35 €) und einem Menü mit kleinen Köstlichkeiten (19 €).

A Braïjade Méridiounale
PROVENZALISCH €€
(☏04 93 35 65 65; 66 rue longue; Menü 28 €, Hauptgerichte 18–25 €; ⏲Do–Di) Die Spezialität des Restaurants in einem schönen Speisesaal mit Steinwänden und schweren Holzbalken sind flambierte Spieße, z. B. in Orangensaft mariniertes Huhn und in Pesto marinierte Garnelen, flambiert mit Cognac. Und es schmeckt nicht nur gut, sondern sieht auch toll aus – z. B. das am Tisch flambierte Kebab. Sehr preiswert ist das Menü, zu dem ein Aperitif, ein Glas Wein aus der Gegend und ein Digestif gehört.

Sucre & Salés

(8 promenade Maréchal Leclerc; Kuchen/belegte Baguettes 3/5 €; ☺Mo–Sa 7.30–20 Uhr) Modernes Café gegenüber dem Busbahnhof, gut für einen Kaffee, ein Stück Kuchen oder ein belegtes Baguette. Kleine Kunstwerke sind die Desserts. Auch Frühstück (5 €) wird angeboten.

🛈 Praktische Informationen

In der Rue Partouneaux gibt's jede Menge Banken.

Banque Populaire Côte d'Azur (31 av. Félix Faure)

Post (cours George V)

Touristeninformation (☎04 92 41 76 76; www. menton.fr; 8 av. Boyer; ☺9–19 Uhr) Nimmt Zimmerbuchungen für den selben Abend vor und hat ein Verzeichnis der Internetcafés.

🛈 An- & Weiterreise

BUS Bus RCA (www.rca.tm.fr, auf Frz.) betreibt seine Busse vom Busbahnhof an der Promenade Maréchal Leclerc, der nördlichen Verlängerung der Avenue Boyer. Es verkehren Busse nach Monaco (30 Min.), Nizza (1¼ Std.) und zum Flughafen Nizza (1½ Std.). Die Fahrt kostet 1 €, außer zum Flughafen (18 €).

TUM (Transports Urbains de Menton) unterhält das örtliche Busnetz. Busse 1 und 2 verbinden den Bahnhof mit der Altstadt (1 €).

ZUG Es gibt regelmäßige Verbindungen nach Monaco (1,90 €, 15 Min.) und Nizza (4,50 €, 1 Std.).

MONACO (PRINCIPAUTÉ DE MONACO)

32 000 EW. / ☎377

Der erste Eindruck von diesem winzigen Fürstentum lässt einem wahrscheinlich das Herz in die Hose sinken: Nach all den hinreißenden mittelalterlichen Bergdörfern, den glitzernden Stränden und den abgeschiedenen Halbinseln in der Umgebung sind Monacos Betonhochhäuser, das künstlich aufgeschüttete Küstengebiet und die astronomischen Preise ein ziemlicher Schock.

Aber Monaco ist zugleich faszinierend. Der zweitkleinste Staat der Welt (ein kleines bisschen größer als der Vatikan) ist genauso berühmt als Steuerparadies wie für sein glamouröses Kasino, seine blühende Kunst- und Sportszene – die Formel 1, ein weltbekanntes Zirkusfestival und ein Tennis-Open – sowie eine Fürstenfamilie, die ständig in der Regenbogenpresse vertreten ist.

Für Besucher bietet ein Besuch in Monaco einen eventgefüllten Tag mit abendlichem Kasinobesuch und einem Abstecher zum hervorragenden Musée Océanographique, während man den ganzen Tag die Augen offenhält auf der Suche nach Stars und Angehörigen der europäischen Adelshäuser.

Genau genommen ist Monaco ein souveräner Staat, aber es gibt keine Grenzkontrollen. Monaco hat seine eigene Flagge (rot und weiß), einen Nationalfeiertag (19. November), ein eigenes Postsystem (kommt der Ansichtskarte für Oma zugute) und eine eigene Landesvorwahl (377), aber die Amtssprache ist Französisch und im Land wird mit Euro gezahlt, obwohl Monaco nicht zur EU gehört.

Geschichte

Die Familie Grimaldi, ursprünglich aus der nahen Region um Genua in Italien stammend (daher die Verwandtschaft der monegassischen Sprache mit dem Genueser Dialekt), herrscht seit 1297 fast durchgehend über Monaco. Ausnahmen waren nur die Besetzung während der Französischen Revolution sowie Verluste von Territorien 1848. Monacos Unabhängigkeit wurde von Frankreich 1860 wieder anerkannt. Fünf Jahre später halfen ein Finanzabkommen mit Frankreich und die Eröffnung des Kasinos von Monte Carlo dem Land wieder auf die Beine. Heutzutage sind nur 7800 Einwohner durch Geburt oder Hochzeit monegassische Bürger (von einer Gesamtbevölkerung von 32 000 Ew. und 107 Nationalitäten). Sie leben ein idyllisches, von der Wiege bis zum Grab abgesichertes Leben, ohne Steuern zahlen zu müssen. Tja, alle anderen Bewohner und Geschäfte sind steuerpflichtig.

Seit der Hochzeit von Fürst Rainier III. von Monaco (der von 1949 bis 2005 regierte) und der Hollywood-Schauspielerin Grace Kelly im Jahr 1956 ist Monacos Herrscherfamilie nonstop in der Boulevardpresse präsent. Auch Albert II., seit dem Tod seines Vaters 2005 Fürst, konnte dem prüfenden Blick der Medien nicht entkommen (er hat keine gesetzlichen Erben, aber zwei uneheliche Kinder), aber seine Erfolge als Sportler (er spielte in der Fußballmannschaft von Monaco und hat den Schwarzen Gürtel im Judo), seine Wohltätigkeitsarbeit und die Förderung der Kunst haben ihm vorteilhafte Presse beschert. Seit Juli 2011 ist er nun mit der

0 — 200 m

**France
(Beausoleil)**

N7

*Fairmont
Monte Carlo
(100 m)*

**Monte
Carlo**

Bd des Moulins

Hôtel
Métrople

Av de
la Madone

19

12

14

Av des Spélugues

R de Roqueville

Bd Princesse Charlotte

7

Av Princesse
Alice

*Hôtel de
Paris*

Pl du
Casino

21

**Gare de
Monaco**

Bd de Suisse

Av de
l'Hermitage

18

17

4

**Casino
de Monte
Carlo**

Av de la Costa

8

Av Princesse Grace
Bd Louis-II)

Av d'Ostende

Av du Président JF Kennedy

5

Q des États-Unis

Q Albert 1er

*Port de
Monaco*

Av Hector Otto

Bd du Jardin Exotique

Bd de Belgique

Bd Rainier III

R Louise Auréglia

R Bretelle Auréglia

R Princesse

R Grimaldi

9

R Louise
Notari

R Suffren Reymond

La Condamine

13

Q Albert 1er

11

R Princesse Caroline

16

Q Antoine 1er

**Jardin
Exotique**

2

3

Av Prince Pierre

R de la Turbie

10

Pl d'Armes

15

Av de la Quarantaine

Bd Rainier III

**Palais du
Prince**

Av du Port

Av de la Porte Neuve

**Jardins
St-Martin**

Pl de la
Visitation

Av des Pins

20

Bd Charles III

*Terrasses de
Fontvieille*

*Rampe
Major*

R Basse

R des Remparts

**Monaco
Ville**

*Hôtel de
Ville*

Av St-Martin

Ciappaira

Av Pasteur

Av de Fontvieille

Pl du
Palais

1

**Musée
Océanographique
de Monaco**

Av du Gabian

R du Gabian

Pointe
Ste-Barbe

*Port de
Fontvieille*

Pointe
St-Martin

Av des Papalins

Av Albert II

**Stade
Louis II**

Fontvieille

*Port de
Fontvieille*

Mittelmeer

Av des Castelans

Parc
Fontvieille

Av des Papalins

südafrikanischen Olympiaschwimmerin und dem ehemaligen Model Charlene Wittstock verheiratet.

👁 Sehenswertes & Aktivitäten

Casino de Monte Carlo KASINO

(www.casinomontecarlo.com; place du Casino; Eintritt zu den Salons Européens/Salons Privés 10/20 €; 🕐 Salons Européens Sa & So ab 12, Mo–Fr ab 14 Uhr) Es gibt keinen besseren Ort, seine James-Bond-Phantasien auszuleben, als das monumentale, reich verzierte Schaustück Monte Carlos, das 1910 gebaute Kasino. Bezahlen kommt vor dem Spielen: 10 € Eintritt für die Salons Européens mit Poker, Spielautomaten, Roulette und *trente et quarante* (ein Kartenspiel); 20 € für die Salons Privés, wo zusätzlich Bakkarat, Blackjack, Craps und Amerikanisches Roulette gespielt wird. Nach 20 Uhr herrscht Jackett- und Krawattenpflicht. Mindestalter für den Eintritt ist an beiden Orten 18; Ausweis einstecken.

🅛🅟 Musée Océanographique de
TIPP 🔖 Monaco AQUARIUM

(www.oceano.org; av. St-Martin; Erw./Kind 13/6,50 €; 🕐 9.30–19 Uhr) Das anmutige Musée Océanographique de Monaco, das 1910 erbaut wurde, thront auf den nackten Felsklippen und beherbergt ein phantastisches Aquarium. Dort gibt es schauerliche Haie und nette tropische Fische, ein Streichelbecken, wo man eine Vielzahl an Meereslebewesen berühren kann, und tägliche Sitzungen mit den Technikern des Aquariums, in denen über die Pros und Contras eines Aquariums diskutiert wird. Alle Infotafeln wurden ins Englische, Deutsche und Italienische übersetzt. Ein riesiger Säulengang zeigt die Entwicklung der Ozeanografie anhand verblüffender Fossilien und Schiffsnachbauten.

Auf keinen Fall sollte man sich die spektakuläre Aussicht von der Dachterrasse entgehen lassen.

Palais du Prince PALAST

(www.palais.mc; Monaco Ville; Erw./Kind 8/3,50 €; 🕐 9.30–18.30 Uhr, Nov.–März geschl.) Einen Einblick ins königliche Leben gewähren Führungen durch die Prunkgemächer, dazu gibt's Audioführer in elf Sprachen. Der Palast präsentiert sich so, wie man sich einen Adelssitz vorstellt, mit üppiger Ausstattung und wertvoller Kunst aus dem 18. und 19. Jh. Vor dem Palast ist jeden Tag um 11.55 Uhr Wachablösung.

Cathédrale de Monaco KATHEDRALE

(4 rue Colonel) Eine ehrfürchtige Menschenmasse schiebt sich stetig an den Gräbern von Fürst Rainier und Fürstin Gracia Patricia vorbei. Sie liegen im Chor der neoromanisch-byzantinischen Cathédrale de Monaco von 1875 begraben. Monacos Knabenchor, Les Petits Chanteurs de Monaco, singt von September bis Juni um 10 Uhr die Sonntagsmesse.

Monaco

Jardin Exotique
PARK

(www.jardin-exotique.mc; 62 bd du Jardin Exotique; Erw./Kind 7/3,70 €; ☺9–19 Uhr) Über 1000 Spezies von Kakteen und Sukkulenten ergießen sich über die Hänge des Jardin Exotique, die ganzjährig in Blütenpracht stehen. Für Nicht-Gärtner ist die Hauptattraktion zweifellos die spektakuläre Aussicht über das Fürstentum und das glitzernde Mittelmeer. Der Eintritt berechtigt zugleich zu einer halbstündigen geführten Tour durch die Stalaktiten und Stalagmiten in der **Grotte de l'Observatoire**. Der Zugang zu den Gärten erfolgt nur über den Boulevard du Jardin Exotique. Von der Touristeninformation fährt Buslinie 2 zur Endhaltestelle Jardin Exotique.

Strände

Monacos Strände liegen im Stadtteil **Larvotto**, östlich von Monte Carlo. Es gibt sowohl kostenlose als auch kostenpflichtige Strände.

✥ Festivals & Events

Internationales Zirkusfestival von Monaco
FESTIVAL DER DARSTELLENDEN KÜNSTE

(www.montecarlofestivals.com) Das Internationale Zirkusfestival von Monaco stellt jedes Jahr Ende Januar die atemberaubendsten Artistiknummern der Erde zur Schau.

Großer Preis von Monaco
AUTORENNEN

(Automobile Club de Monaco; www.formula1monaco.com) Der brasilianische dreifache Weltmeister Nelson Piquet prägte den berühmten Vergleich: den Großen Preis von Monaco zu fahren sei wie „per Fahrrad durch sein Wohnzimmer zu jagen". Doch das Monaco-Siegel macht den im Mai stattfindenden Grand Prix zur meistbegehrten Trophäe der Welt. Die engen Gassen, die wild gewundenen Straßen mit den Haarnadelkurven ermöglichen den Zuschauern viel mehr Nähe zum Geschehen als an den meisten Formel-1-Ringen. Karten für die Rennstrecke (ab 70 € für Stehplätze und ab 270 € für Sitzplätze) beim großen Ereignis können im Automobilclub Monaco erworben werden – aber besser frühzeitig, die Nachfrage steigt steiler als die fast vertikalen Straßen. Echte Fans können den 3,2 km langen Ring auch ablaufen, in der Touristeninformation gibt's Karten.

🛏 Schlafen

Wenn die Urlaubskasse zur Neige geht, ist es vielleicht sinnvoll, sich in Nizza im Hostel oder Budgethotel einzuquartieren und 20 Minuten mit dem Zug nach Monaco zu fahren. Während des Grand Prix schießen die Preise natürlich noch weiter in die Höhe.

Ni Hôtel
BOUTIQUEHOTEL €€

(☏97 97 51 51; www.nihotel.com; 1bis rue Grimaldi; EZ/DZ ab 120/150 €; ❄🤚) Dieses superhippe und moderne Hotel ist ein Neuling in der Hotelszene von Monaco. Beim einzigartigen Design wurden kräftige Primärfarben eingesetzt – die Duschwände, Stühle und Treppen bestehen aus durchsichtigem buntem Plastik. Der Rest ist nüchtern schwarzweiß. Zu einem abendlichen Drink lädt die schöne Dachterrasse ein.

Hôtel Miramar
HOTEL €€

(☏93 30 86 48; http://miramar.monaco-hotel. com; 1 av. du Président J F Kennedy; DZ 145 €; ❄🤚) Dieses Seehotel aus den 1950er-Jahren mit Dachterrasse für entspanntes Frühstück und Mittagessen oder einen abendlichen Drink ist eine fabelhafte Unterkunft direkt am Hafen. Abgesehen von den gepunkteten oder gestreiften Teppichen ist das Dekor recht minimalistisch. Sieben der elf Zimmer haben tolle Balkone, von denen man den Yachten beim Schaukeln zuschauen kann.

Fairmont Monte Carlo
LUXUSHOTEL €€€

(☏93 50 65 00; www.fairmont.com/monte carlo; 12 av. des Spélugues; Zi. ab 350 €; ❄@🤚🏊) Die altehrwürdige nordamerikanische Luxushotelkette wartet mit etwas auf, was in Frankreich selten ist: breite Doppelbetten. Die Zimmer verfügen über Balkone mit Meerblick; noch schöner sind die, die auch einen Blick aufs *Hexagrace* erlauben, das große Mosaik von Victor Vasarely hinter dem Kasino.

Port Palace
BOUTIQUEHOTEL €€€

(☏97 97 90 00; www.portpalace.com; 7 av. du Président J F Kennedy; Zi. ab 365 €; ❄@🤚) Dieses diskret sexy Boutiquehotel an einem Hang oberhalb des Yachthafens wurde von der künstlerischen Direktorin von Hermès gestaltet, die feine Seide, Carrera-Marmor und (natürlich) superweiches Leder einsetzte, aber auf die Farbe Schwarz verzichtete. Von allen Zimmern blicken die Gäste aufs Wasser; die besten sind oben.

Relais International de la Jeunesse Thalassa
HOSTEL €

(☏04 93 81 27 63; www.clajsud.fr; 2 av. Gramaglia, Cap d'Ail; B mit Bettwäsche & Frühstück 18 €;

Nov.–März geschl.) Das Monaco am nächstgelegene Hostel, an einem schönen Fleckchen direkt am Meer am Cap d'Ail.

Novotel
KETTENHOTEL €€€

(📞99 99 83 00; www.novotel.com/5275; 16 bd Princesse Charlotte; Zi. mit Frühstück 180 €; ❄@🛜🏊🐾) In diesem Businesshotel übernachten Kinder unter 16 gratis. Wer lange im Voraus bucht, zahlt nur 129 € fürs Zimmer.

Hôtel Hermitage
HOTEL €€€

(📞98 06 40 00; www.montecarloresort.com; square Beaumarchais; DZ ab 385 €; ❄@🛜🏊) Dieser mit Fresken geschmückte Meilenstein italienischer Opulenz ist für seine edle Inneneinrichtung bekannt. Für Meerblick muss man noch erheblich tiefer in die Tasche greifen.

🍴 Essen

Für Leute mit eher schmalerem Reisebudget ist ein Picknick die beste Option. Es gibt viele Parks und Bänke, wo man die Atmosphäre auf sich wirken lassen kann, und etliche Sandwichbars und preiswerte Lokale gibt's am Quai Albert 1er.

Le Nautique
CAFÉ €

(3 av. du Président J F Kennedy; Hauptgerichte 9–13 €; ⏰Mo–Sa mittags) Das Clubhaus des Rudervereins von Monaco bietet neben dem grandiosen Ausblick auch Mittagessen für 10 €, das oben in einem Speisesaal mit Linoleumfußboden serviert wird; hier herrscht Erminia, die darüber wacht, dass auch alle aufessen. Das Ganze ist etwas schwer zu finden, und wenn man die Treppe hochgeht, fühlt man sich wie in einem Wohnhaus – auf der Straße nach den Fitnessgeräten und dem unauffälligen Schild mit der Aufschrift „Société Nautique Fédération Monégasque Sport Avion Snack Bar" Ausschau halten. Und Beeilung: 2013 soll alles abgerissen werden.

Mandarine
GOURMETKÜCHE €€€

(📞97 97 90 00; www.portpalace.com; 7 av. du Président J F Kennedy; Hauptgerichte 32–37 €) Der locker-raffinierte, glaswandige Speisesaal des Hotels Port Palace ermöglicht den Gästen Ausblicke auf den Yachthafen und das Restaurant wurde 2010 für seine erfolgreiche Verschmelzung von bodenständiger Küche, kunstvoller Präsentation und durchdachtem Service mit einem Michelin-Stern ausgezeichnet. Montags bis freitags gibt es ein Mittagsmenü für 36 €.

Tip Top
PIZZERIA €

(11 rue Spélugues; Hauptgerichte 12–24 €; ⏰24 Std.) Im Tip Top treffen sich die Monegassen den ganzen Abend lang zur Pizza, Pasta und zum Tratschen. Von einer der Sitznischen bei der Bar kann man die Szenerie am besten beobachten. Mittags gibt's ein preiswertes Menü für 13 €.

Cosmopolitan
EUROPÄISCH, MODERN €€

(📞93 25 78 68; www.cosmopolitan.mc; 7 rue du Portier; Mittagsmenü 19,50 €, Hauptgerichte 16–31 €) Das Cosmopolitan serviert mit Begeisterung zeitlose europäische Klassiker, von Fish & Chips über Gnocchi mit drei Käsesorten bis zum Kalbsschnitzel an Sauce Béarnaise, wobei alle Gerichte von den hervorragenden Köchen neu interpretiert werden. Das Ergebnis ist erfrischend gut und unprätentiös und schmeckt noch besser mit einem der vielen zur Auswahl stehenden Weine, von denen etwa ein Dutzend auch per Glas erhältlich ist.

Huit & Demi
ITALIENISCH €€

(📞93 50 97 02; www.huit-et-demi.com; rue Princesse Caroline; Hauptgerichte 13–27 €; ⏰Mo–Fr mittags & abends, Sa abends) Sehr schick und sehr beliebt. Man kann sein italienisches Essen entweder drinnen zwischen tiefroten Wänden, an denen Schwarz-Weiß-Porträts von Promis hängen, oder auch draußen auf der Straßenterrasse genießen.

Selbstversorger

Casino
SUPERMARKT

(17 quai Albert 1er; Pizzastücke & belegte Baguettes ab 3 €; ⏰Mo–Sa 8.30–22 Uhr) Mit hervorragenden Shops mit Baguettes und Pizza zum Mitnehmen – beides für Monaco sehr günstig.

Lebensmittelmarkt
MARKT

(place d'Armes; ⏰7–13 Uhr) Obst und Gemüse.

🍺 Ausgehen

Brasserie de Monaco
MIKROBRAUEREI

(www.brasseriedemonaco.com; 36 route de la Piscine; ⏰So–Do 11–1, Fr & Sa 11–3 Uhr) In Monacos einziger Brauereikneipe gesellen sich Touristen zu Einheimischen. Der Kleinbetrieb braut deftige Bio-Biere und serviert dazu köstliche – wenn auch teure – Vorspeisenteller. Happy Hour von 17 bis 21 Uhr.

Stars 'n' Bars
BAR

(www.starsnbars.com; 6 quai Antoine 1er; ⏰12–2.30 Uhr, Okt.–Mai Mo geschl.; 🐾) Jeder Star, der seinen Ruf wert ist, hat schon mal in

KUNST AN DER CÔTE D'AZUR

Jeder einflussreiche Künstler des 20. Jhs. scheint zur Inspiration an die Côte d'Azur gekommen zu sein und irgendeine Spur hinterlassen zu haben: hier eine Kapelle (Matisse, S. 912), dort ein Museum (Picasso, S. 909), ein paar bedeutende Romane (F. Scott Fitzgerald, J. G. Ballard) oder das eine oder andere Meisterwerk als Bezahlung in einem freundlichen Restaurant (Les Arcades, S. 912, oder La Colombe d'Or, S. 912).

Viele dieser Künstler lebten in der Region: Heute steht Besuchern Renoirs Haus und Atelier (S. 910) offen oder sie können zwischen Nizza und Vence (S. 899) auf den Spuren von Matisse wandeln.

Die Region beherbergt außerdem die erstklassige Fondation Maeght (S. 912), ein modernes Kunstmuseum von Weltrang, wo es Werke von Miró und Giacometti zu bestaunen gibt, sowie weitere hervorragende Kunstmuseen wie das Mamac (S. 901) in Nizza oder das kleine Musée de l'Annonciade (S. 829) in St-Tropez.

dem amerikanischen Westernsaloon gefeiert: Während man einen gigantischen Burger verdrückt und das Ganze mit Flaschenbier oder starken Cocktails runterspült, kann man die Unmengen von Fotos berühmter Gäste und die Grand-Prix-Utensilien bewundern.

Café de Paris   CAFÉ
(www.montecarloresort.com; place du Casino; Hauptgerichte 17–53 €; ☺7–2 Uhr) Gleich neben dem prächtigen Kasino von Monte Carlo: ein fabelhaftes Lokal für einen anständigen – wenn auch lächerlich überteuerten – Kaffee oder Aperitif, während man von der weitläufigen Terrasse mit 300 Plätzen die Limousinen bestaunt.

☆ Unterhaltung

Abendgarderobe sollte schon dabei sein für Konzerte, Oper und Ballett in den verschiedenen Häusern. Die Touristeninformation gibt Veranstaltungspläne aus. Karten für die meisten kulturellen Ereignisse verkauft **fnac** (Centre Commercial le Métropole).

Black Legend   CLUB
(www.black-legend.com; 20 route de la Piscine; ☺Restaurant 12–23.30 Uhr, Club 0.30–5 Uhr) In diesem 70er-Jahre-Retro-Club mit schwarzen Veloursesseln und von unten beleuchtbarer Tanzfläche direkt aus *Saturday Night Fever* schlürfen die Yachtbesitzer über 30 ihre Cocktails. Vor Mitternacht wird gespeist (Reservierung erforderlich, Hauptgerichte 25–40 €), nach Mitternacht legen DJs House auf. Drinks kosten 20 €. Schicke Kleidung, keine Turnschuhe.

Flashman's   BAR
(7 av. Princesse Alice; ☺Mo & Mi–Fr 8–5, Sa & So 19–5 Uhr) Der Retro-American-Diner-Stil mit Neonlichtern und verchromtem Tresen ist nachts ziemlich irre. Happy Hour ist wochentags von 17.30 bis 20 Uhr. DJs legen ab etwa 22 Uhr auf.

Cinéma Le Sporting   KINO
(place du Casino) Zeigt Filme in Originalfassung.

Freilichtkino   KINO
(parking des Pêcheurs) Abendliche Vorstellungen von Juni bis September mit Blockbustern, meist auf Englisch.

Opéra de Monte-Carlo   OPER
(www.opera.mc) Die Spielzeit in der prächtigen Opera de Monte-Carlo neben dem Kasino dauert gewöhnlich von Oktober bis Mai.

❶ Praktische Informationen

GELD Monaco-geprägte Euromünzen sind selten im Umlauf – sie verschwinden schnell in den Taschen von Sammlern.

Es gibt – *naturellement!* – einige Banken in der Nähe des Kasinos. In La Condamine finden sich einige am Boulevard Albert 1er.

INTERNETZUGANG Téléphone Européen (30 bd des Moulins; 2/5 € pro 15 Min./Std.; ☺Mo–Sa)

MEDIZINISCHE VERSORGUNG Centre Hospitalier Princesse Grace (☎Notruf 97 98 97 69, Zentrale 97 98 99 00; av. Pasteur)

POST Post innerhalb Monacos und in andere Länder muss mit monegassischen Briefmarken frankiert werden, aber in gleicher Höhe wie in Frankreich. Es gibt Postfilialen in jedem Bezirk von Monaco.

Post (1 av. Henri Dunant)

TELEFON Telefonate zwischen Monaco und Frankreich sind internationale Ferngespräche. Bei Anrufen aus Frankreich oder anderem Ausland erst 00 wählen und dann Monacos Vorwahl

(377). Um von Monaco aus in Frankreich anzurufen, nach der 00 Frankreichs Vorwahl (33)
wählen, auch bei einem Gespräch zwischen der
Ostseite des Boulevard de France (in Monaco)
und der Westseite (in Frankreich)!

TOURISTENINFORMATION Monacos **Touristeninformation** (www.visitmonaco.com; 2a bd
des Moulins; ⊗Mo–Sa 9–19, So 11–13 Uhr) liegt
vom Kasino gesehen auf der anderen Seite des
Parks. Zwischen Mitte Juni und Ende September
sind in der Hafengegend und am Bahnhof weitere Informationskiosks in Betrieb.

❶ An- & Weiterreise

AUTO & MOTORRAD Rund 25 offizielle,
kostenpflichtige Parkplätze sind über das Fürstentum verstreut. Besonders praktisch ist der
Parking des Boulingrins unter dem Kasino. Die
erste Stunde kostet nichts, die nächsten sechs
2,40 € pro Stunde und jede weitere 0,80 €.

Wer Auto fährt (nicht wirklich nötig in diesem
gedrängten kleinen Land), sollte bedenken, dass
Autos nur nach Monaco Ville hineindürfen, wenn
sie ein Nummernschild von Monaco oder eins
mit der 06 (Alpes-Maritimes) haben.

BUS Bus Nr. 100 stellt die wichtigste Busverbindung zwischen Nizza und Menton über Monaco
dar. Er hält an verschiedenen Stellen in der
Stadt; Fahrpläne und Karten gibt's bei der Touristeninformation. Die Fahrt kostet 1 €.

HUBSCHRAUBER Heli Air Monaco (www.heli
airmonaco.com; einfach Erw./Kind 120/80 €)
Mit dem Hubschrauber gelangt man vom Flughafen Nizza in sieben Minuten nach Monaco.

ZUG Die Züge von und nach Monacos
Bahnhof (av. Prince Pierre) werden von der
französischen SNCF betrieben. Die drei
Ausgänge des Bahnhofs führen in sehr unter-
schiedliche Richtungen: Fontvielle zur Avenue
Prince Pierre, Le Port/La Condamine zum
Hafen und zum Boulevard Albert 1er und Monte
Carlo/Jardin Exotique zum Boulevard Princesse
Charlotte. Um zur Touristeninformation zu
gelangen, nimmt man den Ausgang Monte
Carlo/Jardin Exotique, überquert die Straße
und nimmt dort Bus 2 (Richtung Monaco Ville)
oder Bus 4 (Richtung La Condamine–Place des
Moulins).

Eine Bahnfahrt entlang der Küste bietet
hypnotisierende Ausblicke auf das Mittelmeer
und die Berge. Es gibt regelmäßige Züge nach
Nizza (3,40 €, 20 Min.), ostwärts nach Menton
(1,90 €, 10 Min.) und in die erste Stadt hinter
der italienischen Grenze, Ventimiglia (3,80 €,
20 Min.)

❶ Unterwegs vor Ort

BUS Diverse städtische Buslinien kreuzen durch
Monaco. Nummer 4 verbindet den Bahnhof mit
der Touristeninformation und dem Kasino. Eine
Karte kostet 1 €.

FAHRSTÜHLE Rund 15 *ascenseurs publics*
(öffentliche Fahrstühle) rauschen die Steilhänge
rauf und runter. Die meisten sind 24 Stunden in
Betrieb, manche von 6 bis 24 oder 1 Uhr.

TAXI Der Mindestfahrpreis beträgt 10 €. Eine
zehnminütige Taxifahrt kostet erfahrungsgemäß
an die 14 €. Taxiruf: ☎04 93 15 01 01.

Korsika

Inhalt »

Gut essen

» Auberge Santa Barbara (S. 971)

» Pasquale Paoli (S. 959)

» L'Altru Versu (S. 969)

» Pâtisserie Casanova (S. 979)

» Emile's (S. 961)

Schön übernachten

» A Pignata (S. 977)

» Hôtel Demeure Castel Brando (S. 956)

» Hôtel Kallisté (S. 969)

» Hôtel La Villa (S. 960)

» Chambre d'hôtes Osteria di l'Orta (S. 979)

Auf nach Korsika

Korsika ist das Traumziel aller Liebhaber – ob sie nun den Strand lieben, die Kultur, Wandern, Tauchen oder einfach nur die Angebetete. Die Insel kombiniert eine endlos scheinende Küstenlinie mit der Schönheit der Berge und viele Aktivitäten für sportlich Begeisterte mit einer reichhaltigen Geschichte für Bildungshungrige. Die Insel, die wie eine uneinnehmbare Festung aus dem Mittelmeer ragt, ist landschaftlich so vielseitig, als wäre es ein ganzer Kontinent *en miniature*. Es ist möglich, in einer halben Stunde glitzernde Buchten, protzige Küstenstädte, phantastische Strände, zerklüftete Berge, atemberaubende Täler, dichte Wälder und geheimnisvolle Hügeldörfer vors staunende Auge zu bekommen. Auf diesen kurvigen Straßen reiht sich ein unwiderstehliches Fotomotiv an das andere.

Zwar gehört Korsika seit mehr als 200 Jahren offiziell zu Frankreich, aber es unterscheidet sich in einfach allem vom Festland, von der Tradition über die Küche und Sprache bis hin zum Charakter. Genau das macht den Reiz aus.

Reisezeit

Ajaccio

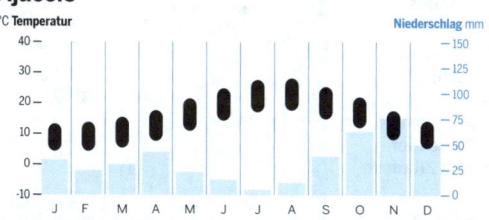

März/April (Ostern) Ostern wird mit einer feierlichen Prozession und farbenfrohen Passionsspielen gefeiert.

Mai und Juni Die Macchia steht in voller Blüte; der Duft und die Farben sind ein unvergessliches Erlebnis.

Juli bis September An glitzernden Stränden braun werden oder das wilde Herz der Insel erkunden.

Highlights

❶ Auf den kristall-
blauen Wellen der
**Réserve Naturelle
de Scandola** (S. 963)
schaukeln

❷ Auf kurvigen
Küstenstraßen die
entlegene Halbinsel
Cap Corse (S. 956)
erkunden

❸ Durch die
Kopfsteingassen
des geheimnisvollen
Sartène (S. 971)
schlendern – am
besten zu Ostern

❹ Weißer Sand
und türkisblaues
Wasser: ein Paradies
für Sonnenanbeter
an der **Plage de
Palombaggia** und
der **Plage de Santa
Giulia** (S. 976)

❺ Eine Zeitreise
zwischen geheimnis-
vollen Dolmen und
Menhiren in **Filitosa**
oder **Cauria** (S. 972)

❻ Zurück zur Natur
in der grandiosen
Landschaft am **Col
de Bavella** (S. 977)

❼ Eine
unvergessliche
Küstenfahrt mit
der **Tramway de la
Balagne** (S. 961)

❽ Ein Inselparadies
im Westentaschen-
format: die **Îles
Lavezzi** (S. 973)

❾ Viel Geschichte
und ein atem-
beraubendes
Meerespanorama
in den Gassen von
Bonifacios Zitadelle
(S. 972)

❿ Eine lebendige
Geschichtsstunde in
Napoleons Heimat-
stadt **Ajaccio**
(S. 966)

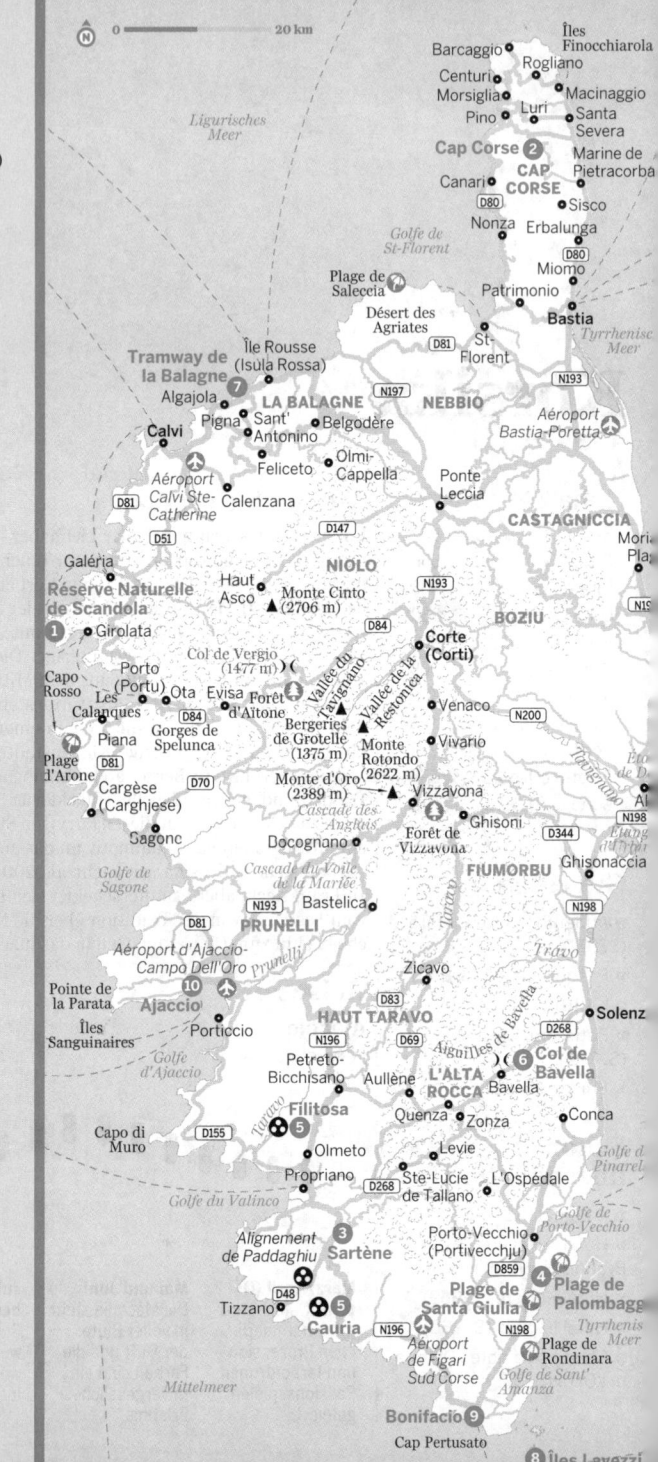

Käse

Wie Asterix schon wusste, ist korsischer Käse etwas ganz Besonderes – und jeder Feinschmecker wird ihm recht geben. Die Palette reicht vom pikanten Schnittkäse *Tomme Corse* (Schaf) bis zur krümeligen Königin des Inselkäses: *Brocciu* (Schaf oder Ziege).

Charcuterie

Prisuttu (getrockneter Schinken), *lonzu* (zart geräuchertes Filet), *coppa* (Schulter), *figatellu* (Leberwurst), *salamu* (salamiartige Wurst), *terrine de sanglier* (Wildschwein-pastete) – die große Auswahl an Wurstwaren aus dem Fleisch der frei laufenden, kastanienfressenden Schweine ist allgegenwärtig. Am besten im Feinkostladen kaufen.

Süße Sachen

Naschkatzen werden Freudentränen vergießen: *canistrelli* (Kekse aus Mandeln, Walnüssen, Zitrone oder Anis), *frappe* (kleine Krapfen aus Kastanienmehl), *fiadone* (ein leichter Kuchen aus Käse, Zitrone und Ei), *falculelli* (frittierter *Brocciu*-Käse, serviert auf einem Kastanienblatt) – das ist Korsika! Übrigens gibt es auch teuflisch gute Eissorten in originellen Geschmacksrichtungen wie Myrte, *Brocciu* oder Kastanie.

Wein & Likör

Auf Korsika gibt es neun Weine mit AOC-Erzeugerabfüllung und unendlich viele Fruchtliköre, z. B. den Mattei vom Cap Corse. Liebhaber des edlen Tropfens sollten in den folgenden Gebieten die Augen offenhalten: Patrimonio Cap Corse, Ajaccio, Sartène und Porto-Vecchio.

Olivenöl

In La Balagne und L'Alta Rocca gibt's besonders aromatisches Olivenöl. Am besten direkt beim Hersteller kaufen.

Meeresfrüchte

Für Fischfans ist Korsika der siebte Himmel. Hummer, Austern, Muscheln, Tintenfisch, Loup de mer ... hier gibt es alles. Aber Vorsicht: Nur in guten Fischlokalen essen.

Geschichte

Vom 11. bis 13. Jh. stand Korsika unter der Herrschaft des italienischen Stadtstaates Pisa, bis es 1284 von dessen Erzrivalen Genua übernommen wurde. Um Überfälle von See zu verhindern, errichteten die Genueser massive Verteidigungsanlagen mit Zitadellen und Wachtürmen entlang der Küste, von denen viele noch heute zu sehen sind.

Nachdem sie 25 Jahre lang Krieg gegen die Genueser geführt hatten, erklärten die Korsen 1755 unter der Führung von Pascal Paoli (1725–1807) ihre Unabhängigkeit. Unter Paolis Herrschaft gründeten sie eine Nationalversammlung und gaben sich die demokratischste Verfassung von ganz Europa.

Die Korsen machten die Bergstadt Corte im Landesinneren zu ihrer Hauptstadt, aber die Zeit der Unabhängigkeit war nur von kurzer Dauer: 1768 traten die Genueser Korsika an den französischen König Ludwig XV. ab, dessen Truppen Paolis Armee 1769 vernichtend schlugen. Mit Ausnahme zweier Jahre unter britischer Herrschaft (1794–96) und der Besetzung durch Deutschland und Italien von 1940 bis 1943 gehört die Insel seitdem zu Frankreich.

In den 1960er-Jahren entstand eine korsische Autonomiebewegung gegen die „Kolonialpolitik" der Franzosen, aus der 1976 die Front de Libération Nationale de la Corse (FLNC) hervorging. Nun wurden zunehmend Forderungen nach vollständiger Unabhängigkeit laut. Allerdings war die FLNC in den 1990er-Jahren bereits in zahlreiche (größtenteils gewaltbereite und bewaffnete) Splittergruppen zerfallen. Heute gibt es relativ wenige Korsen, die die Separatistenbewegungen tatsächlich unterstützen. Als

2003 mit dem lange erwarteten Referendum über eine größere Autonomie für die Insel abgestimmt wurde, entschieden sich die Korsen trotz eines bis zuletzt spannenden Wahlkampfes dagegen. Der Nationalismus ist immer noch ein heißes Thema, aber Touristen sind immer sehr willkommen.

ⓘ An- & Weiterreise

Fähre

FRANZÖSISCHES FESTLAND Korsika hat sechs Fährhäfen (Ajaccio, Bastia, Calvi, L'Île-Rousse, Porto-Vecchio und Propriano), die von Nizza, Marseille und Toulon bedient werden. Bei den folgenden Fährunternehmen kann gebucht werden:

Corsica Ferries (www.corsicaferries.com) verbindet das ganze Jahr über Nizza mit Ajaccio, Bastia, Calvi und L'Île-Rousse sowie Toulon mit Ajaccio, Bastia und L'Île-Rousse. Die Überfahrt dauert 5½ bis 6¼ Stunden.

La Méridionale (www.lameridionale.fr) fährt ganzjährig über Nacht von Marseille nach Ajaccio, Bastia und Propriano (alle 12 Stunden).

Moby Lines (www.mobylines.de) fährt seit 2010 von Toulon nach Bastia.

SNCM (www.sncm.fr, auf Frz.) betreibt von April bis September NGV-Schnellboote (navires à grande vitesse) von Nizza nach L'Île-Rousse (3½ Std.), Ajaccio (5 Std.) und Bastia (4½ Std.). Normale Fähren fahren von Marseille nach Ajaccio (9¾ Std.), Bastia (10 Std.), L'Île-Rousse (10 Std.), Porto-Vecchio (13 Std.) und Propriano (9¼ Std.).

In der Hochsaison verkehren täglich bis zu zehn Fähren, im Winter gerade mal eine. Trotzdem sollte man im Sommer unbedingt rechtzeitig buchen. Der Preis einer Fahrkarte variiert je nach Route, Zeitpunkt, Komfort und Art des PKW und liegt etwa zwischen 40 und 90 € pro Person (einfach), es gibt aber immer wieder ermäßigte Angebote. Wer im Juli und August nach Korsika übersetzt, kann für einen PKW und zwei Personen auf dem NGV hin und zurück mit einem Fahrpreis von bis zu 400 € rechnen.

ITALIEN Zwischen April und September bzw. Oktober verbinden Corsica Ferries und Moby Lines die Insel mit den italienischen Häfen Genua, Livorno und Savona sowie mit Porto Torres auf Sardinien. Die Überfahrt von Italien ist günstiger als von Frankreich aus, Preise variieren aber auch hier je nach Zeitpunkt und Route. Ein einfache Fahrt beginnt bereits bei ca. 10 € pro Erwachsenem und 50 € für ein kleines Auto.

Die folgenden Fährunternehmen fahren von Italien aus:

Corsica Ferries (www.corsicaferries.de) verbindet Livorno, Piombino und Savona mit Bastia. Von Juni bis August werden auch Überfahrten von Savona nach Calvi und L'Île-Rousse angeboten.

La Méridionale (www.lameridionale.fr) betreibt ganzjährig eine Fährverbindung zwischen Porto Torres auf Sardinien und Propriano.

Moby Lines (www.mobylines.de) bietet saisonale Fährdienste von Genua und Livorno nach Bastia. Außerdem gibt's eine Verbindung von Santa Teresa di Gallura (Sardinien) nach Bonifacio.

Saremar (www.saremar.it, auf Italienisch) betreibt eine saisonale Fährverbindung zwischen Santa Teresa di Gallura (Sardinien) und Bonifacio.

FLUGZEUG

Korsika hat vier Flughäfen: Ajaccio, Bastia, Calvi und Figari (nördlich von Bonifacio). Verschiedene Flughäfen auf dem französischen Festland werden das ganze Jahr über regelmäßig von der **Air France** (www.airfrance.com) und der korsischen Fluglinie **CCM Airlines** (der „Air Corsica") angeflogen, darunter Paris, Marseille, Lyon und Nizza. **EasyJet** (www.easyjet.com) bietet je nach Jahreszeit Flüge von Paris nach Ajaccio sowie von Lyon und Paris nach Bastia, während **XL Airways** (www.xl.com, auf Frz.) von Paris nach Figari fliegt.

Von vielen europäischen Ländern aus gibt's auch internationale Direktflüge, aus Deutschland z. B. von der Air France, Air Berlin und Germanwings.

ⓘ Unterwegs vor Ort

Ob eigene Gurke oder Mietwagen: Das Auto ist auf Korsika auf jeden Fall das geeignetste Verkehrsmittel. Allerdings sind die schmalen Serpentinen der Insel nicht ganz leicht zu bewältigen und eine gute Landkarte sollte auf jeden Fall an Bord sein. Hervorragend sind beide Carte de Promenade von IGN (Nr. 73 für den Norden und Nr. 74 für den Süden) im Maßstab 1:100 000. Die Busse der Insel sind dünn gesät und unpraktisch. Zuglinien gibt's eigentlich auch nur eine: zwischen Bastia und Ajaccio, mit einer Abzweigung nach Calvi. Dafür geht die Fahrt durch atemberaubende Landschaft und ist ein wirklich lohnendes Erlebnis.

BASTIA & CAP CORSE

Bastia
44 000 EW.

Die lebhafte alte Hafenstadt Bastia ist eine echte Überraschung voller Herz und Charakter. Ja gut, sie ist nicht so sexy wie Ajaccio und kann nicht mit der Architektur von Bonifacio konkurrieren. Aber sie ist auf ihre Weise wirklich unwiderstehlich. Nicht irritieren lassen von hektischem Verkehr, blätternden Fassaden und schmuddeligen Mietshäusern: Bastia zeigt das authentische Gesicht des modernen Korsikas und hat sich noch nie für Touristen zurechtgeschminkt. Besucher sollten sich mindestens einen Tag Zeit nehmen für den wuseligen alten Hafen, das faszinierende Museum (2010 neu eröffnet) und die dramatische Zitadelle.

⊙ Sehenswertes

Place St-Nicolas   MARKTPLATZ
Bastias quirliger Mittelpunkt ist die Place St-Nicolas aus dem 19. Jh., die sich an der Uferpromenade zwischen Fähranleger und Hafen entlang zieht. Der zur Erinnerung an das korsische Seefahrererbe nach dem Schutzheiligen der Matrosen benannte Platz ist von Platanen umrahmt und an der Westseite durch eine Reihe attraktiver Terrassencafés belebt. Die **Statue von Napoleon** darf hier natürlich auch nicht fehlen.

Terra Vecchia   ALTSTADT
Ein Gewirr von engen Gassen führt nach Süden zum alten Hafen und in das verwinkelte Stadtviertel Terra Vecchia mit seinen baufälligen Häuschen und Wohnblocks mit geschmückten Balkonen. Auf der schattigen **Place de l'Hôtel de Ville** findet dienstags bis samstags jeden Morgen ein Markt statt. Einen Häuserblock weiter

westlich steht die barocke **Chapelle de l'Immaculée Conception** (rue des Terrasses) mit ihrem kunstvoll bemalten Tonnengewölbe, die 1795 als Sitz des kurzlebigen anglokorsischen Parlaments diente. Unbedingt anschauen! Weiter nördlich ist noch die für ihre Orgel aus dem 18. Jh. und ihre *trompe l'œil*-Decke berühmte **Chapelle St-Roch** (rue Napoléon).

Vieux Port   HAFEN
Unmittelbar südlich von Terra Vecchia liegt, gesäumt von pastellfarbenen Wohnhäusern und lebhaften Brasserien, der Vieux Port (Alter Hafen), der wohl malerischste Bezirk der Stadt. Darüber erheben sich die beiden Glockentürme der Kirche **Église St-Jean Baptiste**. Der beste Ausblick auf den Hafen hat man vom hügeligen Park **Jardin Romieu**, der über gewundene Stufen vom Ufer aus zu erreichen ist.

Zitadelle   ALTSTADT
Hinter dem Jardin Romieu ragt die Zitadelle auf, die vom 15. bis 17. Jh. als Bollwerk der genuesischen Herrscher errichtet wurde. Im **Palais des Gouverneurs** (Gouverneurspalast; place du Donjon), einem der Wahrzeichen der Zitadelle, ist heute das **Musée d'Histoire de Bastia** (☑04 95 31 09 12; Eintritt 5 €; ⊙Di–So 10–18 Uhr) untergebracht, das einen Überblick über die Geschichte der Stadt gibt. Einige Straßen weiter nach Süden lohnt sich auch ein Besuch der majestätischen **Église Ste-Marie** (rue de l'Évêché) und gleich in der Nähe der **Église Ste-Croix** (rue de l'Évêché) mit ihrer vergoldeten Decke und einem mysteriösen schwarzen Kruzifix, das 1428 vom Meer angespült wurde.

🛏 Schlafen

Hôtel Central   HOTEL €€
(☑04 95 31 71 12; www.centralhotel.fr, auf Frz.; 3 rue Miot; DZ 85–100 €, Suite 120–140 €; ❄🛜) Dieser Familienbetrieb in einem stattlichen Bau aus dem 19. Jh. bietet seine 21 Zimmer mit Retrofeeling (Parkett- und Terracottaböden, antike Möbel) für die zentrale Lage sehr günstig an. Nachteile: kein Aufzug und keine Klimaanlage in den Zimmern (in den Suiten allerdings schon).

Hôtel Les Voyageurs   HOTEL €€
(☑04 95 34 90 80; www.hotel-lesvoyageurs.com; 9 av. Maréchal Sébastiani; EZ 75–95 €, DZ 90–115 €; ❄🛜) Selbst wählerische Traveller werden hier hoch zufrieden sein. Einzigartig schön sind die buttermilchfarbenen Wände, die modernen Kunstdrucke und die

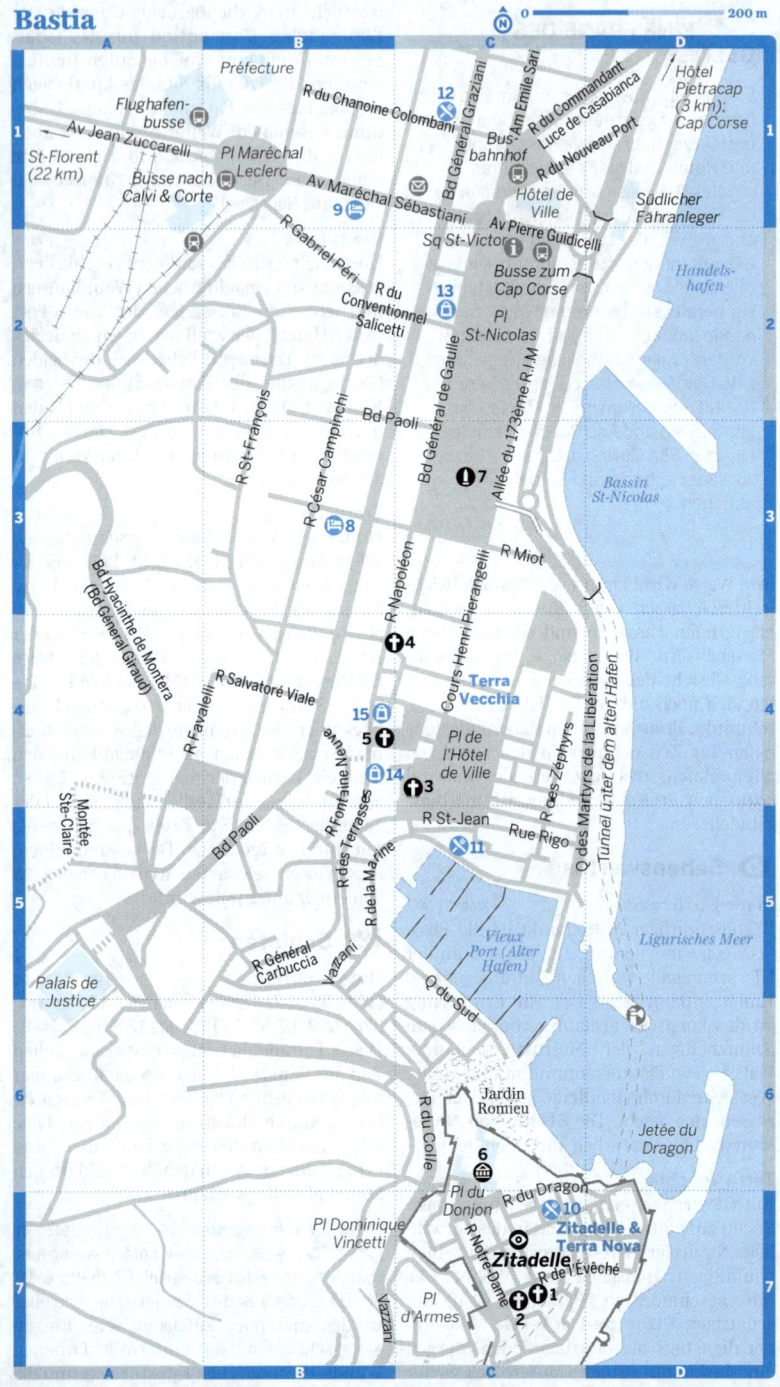

0 — 200 m

Préfecture

St-Florent
(22 km)

Flughafen-
busse

Av Jean Zuccarelli

Busse nach
Calvi & Corte

Pl Maréchal
Leclerc

R du Chanoine Colombani

Av Maréchal Sébastiani

9

R Gabriel Péri

R du
Conventionnel
Salicetti

Bd Paoli

R St-François

R César Campinchi

8

Bd Hyacinthe de Montera
(Bd Général Giraud)

R Salvatoré Viale

R Favalelli

Bd Paoli

Montée
Ste-Claire

R Napoléon

4

15

5

14

3

R Fontaine Neuve

R de la Marine

R des Terrasses

R Général
Carbuccia

Vazzani

Palais de
Justice

R du Chanoine Colombani

12

Bd Général Graziani

Am Emile Sari

R du Commandant
Luce de Casabianca

R du Nouveau Port

Bus-
bahnhof

Hôtel
Pietracap
(3 km);
Cap Corse

Hôtel de
Ville

Av Pierre Guidicelli

Sq St-Victor

Busse zum
Cap Corse

Pl
St-Nicolas

Bd Général de Gaulle

13

Allée du 173ème R.I.M

7

R Miot

Cours Henri-Pierangeli

Terra
Vecchia

Pl de
l'Hôtel
de Ville

R St-Jean

Rue Rigo

11

R des Zéphyrs

Q des Martyrs de la Libération

Tunnel unter dem alten Hafen

Südlicher
Fähranleger

Handels-
hafen

Bassin
St-Nicolas

Ligurisches Meer

Vieux
Port (Alter
Hafen)

Q du Sud

Jardin
Romieu

Jetée du
Dragon

6

R du Dragon

Pl du
Donjon

10

Zitadelle &
Terra Nova

R du Colle

Pl Dominique
Vincetti

R Notre-Dame

Zitadelle

R de l'Évêché

Pl
d'Armes

1

2

Vazzani

blendend weißen Bäder – ein scharfer Kontrast zur strengen Fassade. Der überdachte Parkplatz kostet 7 €.

Hôtel Pietracap HOTEL €€

(☎04 95 31 64 63; route de San Martino, Pietranera; DZ 92–215 €; ❄🎧🏊) In dieser Oase der Ruhe 3 km nördlich von Bastia ist Hektik ein Fremdwort. Die Zimmer sind nicht unbedingt außergewöhnlich, aber der schattige Park, die Ruhe, der Ausblick auf das Meer und der riesige Swimmingpool machen das Hotel zu etwas ganz Besonderem. Vom Hafen aus gut erreichbar.

 ## Essen

Rund um den alten Hafen und den Quai des Martyrs sind endlos viele Restaurants.

A Casarella KORSISCH, MODERN €€

(☎04 95 32 02 32; 6 rue Ste-Croix; Hauptgerichte 15–28 €; ⊗Di–So) Das Lokal versteckt sich mitten in der Zitadelle hoch über dem alten Hafen und hat die schönste Terrasse von ganz Bastia. Auch die innovative Küche aus korsischen Biozutaten kann sich sehen lassen, z. B. karamellisiertes Schweinefleisch aus der Region oder Sepien vom Grill mit Petersilie. Und der Blick auf die Lichter des Hafens ist das Tüpfelchen auf dem i.

Raugi EISDIELE €

(2 rue du Chanoine Colombani; Kugel 1,50 €, Eisbecher 4–19 €; ⊗Di–Sa 9–12.30 & 14–23 Uhr) Ein heiß geliebter Dauerbrenner für Eisjunkies. Die Eisbecher sind so riesig wie unwiderstehlich und stillen selbst die heftigsten Gelüste.

Chez Vincent KORSISCH €€

(☎04 95 31 62 50; 12 rue St-Michel; Hauptgerichte 9–22 €; Menü 25 €; ⊗Mo–Fr mittags & abends; Sa nur abends) Chez Vincent ist gleich neben A Casarella und hat neben typisch Korsischem auch Holzofenpizza im Programm. Die *assiette du bandit Corse* (18,50 €) ist ein Streifzug quer durch die korsische Küche: geschmortes Kalbfleisch mit Kastanien, Wurstwaren, Schafskäse, Wildfleischpastete und gegrillter *figatellu* (Leberwurst).

Le Bouchon BISTRO €€

(☎04 95 58 14 22; 4bis rue St-Jean; Hauptgerichte 16–29 €; Menü 25 €; ⊗Sept.–Juni Mi & So geschl.) Dieses renommierte Restaurant mit Weinbar über dem Vieux Port lockt Feinschmecker mit Gerichten wie korsisches Kalb (in der Bio-Variante) oder *tartare de liche* (rohe Gabelmakrele). Wein wird ebenfalls großgeschrieben – die gut sortierte korsische Weinkarte (ab 3,10 €) bietet Verwöhnung pur.

 ## Ausgehen

Bierliebhaber auf der Suche nach einem kühlen Pietra (regionales Bier, gebraut aus Zutaten wie Kastanienmehl aus der Region Castagniccia) begeben sich am besten direkt zur Place St-Nicolas und in die kleineren Gassen um den Vieux Port.

Shoppen

Bastia hat eine Handvoll verführerischer Läden mit regionalen Spezialitäten in bester Qualität. Der Klassiker ist **LN Mattei** (www.capcorsemattei.com; 15 bd Général de Gaulle), das zudem noch in einem wunderbar altmodischen Gebäude logiert. Lohnenswert sind auch **U Paese** (www.u-paese.com, auf Frz.; 4 rue Napoléon) und **Santa Catalina** (8 rue des Terrasses).

ℹ️ Praktische Informationen

Touristeninformation (www.bastia-tourisme. com; place St-Nicolas; ☺April–Sept. 8.30– 20 Uhr) Mehrsprachige Touristeninformation.

ℹ️ An- & Weiterreise

BUS Neben dem „Busbahnhof" (eigentlich ein Parkplatz) nördlich der Place St-Nicolas gibt es noch verschiedene über die Innenstadt verstreute Bushaltestellen. Infos zu Bussen nach Cap Corse s. S. 959.

Autocars Cortenais (☎04 95 46 02 12) fährt montags, mittwochs und freitags einmal täglich nach Corte (11 €, 2 Std.). Abfahrt vor dem Bahnhof.

Beaux Voyages (☎04 95 65 11 35) bietet täglich außer sonntags Busse nach L'Île-Rousse (13 €, 90 Min.) und Calvi (16 €, 2½ Std.); Abfahrt vor dem Bahnhof.

Eurocorse (☎04 95 31 73 76) fährt zweimal täglich außer sonntags über Corte (11,50 €, 2 Std.) nach Ajaccio (21 €, 3 Std.). Abfahrt ist am „Busbahnhof" von Bastia.

Les Rapides Bleus (☎04 95 31 03 79; 1 av. Maréchal Sébastiani) fahren zweimal täglich außer sonn- und feiertags vor dem Postamt in Porto-Vecchio (22 €, 3 Std.) ab.

FÄHRE Bastia verfügt über zwei Fährterminals. Alle Fährgesellschaften haben Infoschalter im südlichen Terminal und beginnen dort jeweils einige Stunden vor dem Ablegen der nächsten Fähre mit dem Ticketverkauf. Es gibt Fährverbindungen mit dem französischen Festland (Marseille, Toulon und Nizza) und Italien (Livorno, Savona, Piombino und Genua). Die Büros der Corsica Ferries, Moby Lines und La Méridionale sind ganz in der Nähe.

Corsica Ferries (www.corsicaferries.de; 15bis rue Chanoine Leschi) Gegenüber dem nördlichen Fährterminal.

La Méridionale (www.lameridionale.fr)

Moby Lines (www.mobylines.de; 4 rue du Commandant Luce de Casabianca)

SNCM (www.sncm.fr, auf Frz.; im südlichen Fährterminal)

FLUGZEUG Der **Aéroport Bastia-Poretta** (www.bastia.aeroport.fr) liegt 24 km südlich der Stadt. Busse (8,50 €, 30 Min., 10-mal tgl.) fahren vor der Préfecture ab. Fahrpläne hängen an der Bushaltestelle und sind bei der Touristeninformation erhältlich. Ein Taxi der **Taxis Bleus** (☎04 95 32 70 70) kostet tagsüber/nachts 40/55 €.

ZUG Der **Bahnhof** (av. Maréchal Sébastiani) befindet sich neben dem großen Kreisverkehr an der Place Maréchal Leclerc. Hauptreiseziele sind Ajaccio (25 €, 3¾ Std., 4-mal tgl.) über Corte (1¾ Std.) sowie Calvi (3 Std., 3- bis 4-mal tgl.) über Île-Rousse.

Cap Corse

Wie ein knochiger Riesenfinger (40 km lang und 10 km breit) zeigt die Halbinsel Cap Corse auf Frankreich. Wer auf den Geschmack gekommen ist, findet auf der „Insel in der Insel" eine reich gedeckte Tafel: Als Appetithäppchen gäbe es da eine Handvoll Fischerdörfer und kleine Örtchen, die an steilen Hügeln kleben. Als Hauptspeise können sich Landschaftsgourmets ein herrliches Panorama servieren lassen, garniert mit geheimnisvollen genuesischen Türmen, die die Küste bewachen. Zum Dessert gibt's dann noch eine reiche Auswahl an zerklüfteten Buchten und Steilküsten. Der Preis für das Festmahl ist eine abenteuerliche Autofahrt: Die Halbinsel ist zwar nur 40 km lang, die Küstenstraße bringt aber mit allen Serpentinen 120 km auf den Tacho. Nichts für schwache Nerven sind auch die atemberaubenden Klippen, die neben der Straße ins Meer stürzen – vor allem an der Westküste.

ℹ️ An- & Weiterreise

Die wichtigste Straße auf Cap Corse ist die D80. Täglich fahren mehrere Busse der **Société des Transports Interurbains Bastiais** von Bastia nach Cap Corse mit Endstation in Erbalunga oder Pietracorbara. **Transports Miguelli** betreibt eine Buslinie nach Macinaggio (7 €, Mo–Sa 2-mal tgl.). Die Busse fahren in Bastia vor der Touristeninformation ab.

ERBALUNGA

Hinter Bastia führen 9 km Küstenstraße durch Seebäder und an Stränden vorbei zur hübschen Hafenstadt Erbalunga. Ein gemächlicher Spaziergang führt zum Marktplatz und schließlich zum Kai, der mit einigen charmanten Cafés und Restaurants aufwartet. Enge Gässchen winden sich durch schattige Höfe zum **Turm**. Jedes Jahr im August findet auf dem zentralen Marktplatz das **Festival d'Erbalunga** mit Open-Air-Konzerten statt.

Stilvoll und einladend ist das **Hôtel Demeure Castel Brando** (☎04 95 30 10 30; www.castelbrando.com; route Principale; DZ 115–225 €; ✳☀☎) in einer Mitte des 19. Jhs. erbauten Villa untergebracht – umgeben von drei modernen Anbauten (noch mehr Luxus!) und palmenbeschatteten Gärten.

Le Pirate (☎04 95 33 24 20; am Hafen; Menü 35–90 €; ☺März–Dez., in der Nachsaison Mo & Di geschl.) ist an sich schon Grund genug für eine Fahrt nach Erbalunga. Das preisgekrönte Restaurant hat eine wunderschöne Terrasse über dem Hafen (pure Magie an sternenklaren Sommerabenden!). Die moderne Küche des Lokals ist kreativ und raffiniert.

MACINAGGIO

Macinaggio, Drehscheibe des östlichen Kaps, hat einen netten kleinen Hafen mit den besten Anlegeplätzen der ganzen Insel. Hier ist auch die einzige **Touristeninformation** (www.ot-rogliano-macinaggio.com, auf Frz.; port de Plaisance; ☺Mo–Sa 9–12 & 14.30–18 Uhr) am Kap.

Die Stadt ist eine hervorragende Ausgangsstation für diverse Aktivitäten im Norden der Landzunge. Im Sommer legt die **San Paulu** (☑04 95 35 07 09; www.sanpaulu. com; port de Plaisance; 🚤) gegenüber der Touristeninformation ab, um an der atemberaubenden Küste zum abgelegenen Örtchen **Barcaggio** zu fahren (hin & zurück 23 €, 2 Std.). Die Rundfahrt führt auch um das Naturschutzgebiet der **Îles Finocchiarola**, einem wichtigen Nistplatz für Meeresvögel.

Wanderer werden begeistert sein vom **Sentiers des Douaniers** (Zollbeamtenweg), einem wilden Küstenpfad nach Barcaggio, der auch an zwei genuesischen Türmen vorbeiführt.

In Macinaggio herrscht gewiss kein Mangel an Unterkünften, aber ein kleiner Umweg ins Landesinnere zur Ortschaft **Rogliano** (ca. 4 km von Macinaggio) wird belohnt durch die besonders charmante *chambre d'hôtes* **U Sant'Agnellu** (☑04 95 35 40 59; www.hotel-usantagnellu.com, auf Frz.; DZ mit Frühstück 90–160 €; ☺Mai–Mitte Okt.; 🖭). Die wunderschön restaurierte Villa steht gegenüber der Kirche im Ortszentrum. Unbedingt eines der sieben Zimmer mit Meerblick buchen!

CENTURI

Langusten gefällig? Der winzige Hafen Centuri ist nicht nur der hübscheste in Cap Corse, er ist auch vollgepfropft mit zahllosen Booten – viele davon sind Teil der größten Langustenfangflotte der Insel. Wer schlau ist, geht direkt in eines der vielen Lokale am Kai und bestellt das begehrte Krustentier. Die *pâtes à la langouste* (Nudeln mit Langusten) im **Au Vieux Moulin** (☑04 95 35 60 15; Hauptgerichte 17–45 €, Menü 15–60 €; ☺Mai–Okt.) sind unvergesslich. Aber auch **A Macciotta** (☑04 95 35 64 12; Hauptgerichte 13–35 €; ☺Mai–Okt.) genießt in Sachen Meeresfrüchte einen sehr guten Ruf.

Ein günstiges Hotel im Herzen von Centuri? Die beste Wahl ist **L'Auberge du**

Pêcheur (☑04 95 35 60 14; DZ 60–75 €; ☺April–Okt.). Es hat zwar nur fünf einfache Doppelzimmer, aber die sind frisch und ordentlich. Eine fette Verwöhnpackung gibt's hingegen im Au Vieux Moulin (DZ 110–220 €).

NONZA

Nonza, die unangefochtene Schönheitskönigin des westlichen Kaps, hängt über einem schwarzen Sandstrand an einem turmbewachten Steinhang. Die schiefergedeckten Steinhäuser sehen aus wie zufällig hingeworfen – oder kurz vor dem Absturz – und geben das ideale wildromantische Postkartenmotiv ab. Besonders schön ist auch die rot-gelbe **Église Ste-Julie** aus dem 16. Jh. mit ihrem 1693 in Florenz hergestellten Altar aus mehrfarbigem Marmor. Auch die riesige **Tour de Nonza** (Wachturm von Nonza) ist einen Spaziergang wert.

🛏 Schlafen & Essen

Chambre d'hôtes Le Relais du Cap

ZIMMER MIT FRÜHSTÜCK €

(☑04 95 37 86 53; www.relaisducap.com; Marine de Negru; DZ mit Gemeinschaftsbad 60–80 €; ☺April–Okt.; 🖭) Die freche kleine *chambre d'hôtes* 4 km von Nonza quetscht sich ganz unglaublich zwischen eine riesige Steilklippe und einen winzigen Kieselstrand und muss wohl das ultimative Strandversteck sein. Im Angebot sind vier unprätentiöse, ordentliche Doppelzimmer, alle mit Blick auf die unglaublichen Sonnenuntergänge über dem Meer. Klimaanlage gibt's keine, aber wer braucht die schon bei der frischen Meeresbrise? Unwiderstehlich ist auch das üppige Frühstück auf der Terrasse über dem Meer.

Chambre d'hôtes Casa Maria

ZIMMER MIT FRÜHSTÜCK €€

(☑04 95 37 80 95; www.casamaria.fr, auf Frz.; DZ 75–95 €; 🖭🖭) Diese chambre d'hôtes in einer cool renovierten Villa aus dem 18. Jh. ist ein zauberhafter kleiner Fluchtpunkt im Herzen des Dorfes. Vier der fünf Zimmer blicken aufs Meer, drei sind harmonisch unter die Dachschräge gebaut.

A Sassa

RESTAURANT €

(☑06 11 99 49 03; Hauptgerichte 12–24 €; ☺Mai–Okt. mittags, Juli–Aug. abends) Knurrender Magen? Das Gegenmittel heißt A Sassa. Es schmiegt sich zwischen die Felsen unter dem Turm; ein paar wacklige Tische und Bänke stehen auch draußen auf der Terrasse. Schwerpunkte der Speisekarte sind Grillfleisch, Nudeln und Salate.

LA BALAGNE

Neben dem sensationellen Golfe de Porto ist das die zweite Region, die man unbedingt gesehen haben muss: La Balagne ist eine einmalige Mischung aus Geschichte, Kultur und Strand, gewürzt mit ein wenig mediterranem Glamour. In Calvi und L'Île-Rousse gibt's nochmal *dolce vita* satt, bevor weiter im Hinterland die Konkurrenz um die schönste Postkartenidylle beginnt.

L'Île-Rousse (Isula Rossa)

3000 EW.

Ob Sonnenanbeter, Promis oder Hobbysegler – alle zieht es in den lebendigen Ferienort L'Île-Rousse an einer weit geschwungenen Bucht mit strahlend weißem Sandstrand und bergigem Hintergrund mit Macchia-Bewuchs. Der von Pasquale Paoli 1758 als Gegenstück zum genuatreuen Calvi gegründete Hafen ist nach dem roten Granit der vorgelagerten Felseninsel Île de la Pietra benannt. Heute befinden sich hier der städtische Fährhafen und ein Leuchtturm.

⊙ Sehenswertes

Die Altstadt   ALTSTADT
In den stimmungsvollen Gassen des alten Stadtkerns gibt es viel zu entdecken – eine Überraschung ist z. B. der um 1850 erbaute **Lebensmittelmarkt** (place Paoli; ⊙8–13 Uhr), der mit 21 klassischen Säulen eher wie ein griechischer Tempel anmutet als wie ein Markt. Er grenzt an die **Place Paoli**, den zentralen Platz und allabendlichen Bouletreff von L'Île-Rousse. Was kann es da Schöneres geben, als das gemütliche Spiel bei einem Aperitif auf der Terrasse des altehrwürdigen **Café des Platanes** zu verfolgen? Der Beginn eines typisch korsischen Abends ...

Promenade a Marinella
                          STRANDPROMENADE & STRÄNDE
Die Sandstrände von L'Île-Rousse erstrecken sich über 3 km entlang der Strandpromenade Promenade a Marinella im Osten der Stadt. Noch schöner sind allerdings die weniger überlaufenen Strände der Umgebung, z. B. die **Plage de Bodri** (unmittelbar südwestlich der Stadt), **Algajola** (7 km weiter westlich) oder die großartige **Plage de Lozari** (6 km Richtung Osten). Die klapprige Tramway de la Balagne fährt sie alle an.

Île de la Pietra   LANDZUNGE
Ein angenehmer Spaziergang führt über die kurze Dammstraße, die die felsige **Île de la Pietra** mit dem Festland der Insel verbindet. Danach geht's vorbei an einem kleinen **genuesischen Wachturm** zum **Leuchtturm** mit spektakulärer Aussicht über das Meer. **Club Nautique d'Île Rousse** (www.cnir.org, auf Frz.; route du Port) organisiert sanft schaukelnde Ausflüge mit dem Seekajak (30 €, 2 Std.) um die Landzunge und die kleinen Inselchen an der Küste.

Parc de Saleccia   BOTANISCHE GÄRTEN
(☏04 95 36 88 83; www.parc-saleccia.fr, auf Frz.; route de Bastia; Erw./Kind 7/5 €; ⊙10–20 Uhr) Die 7 ha dieser Gartenanlage sind der ideale Ort, um Korsikas Pflanzenwelt kennenzulernen: die zähen Gewächse der Macchia, Pinien, Myrten, Feigenbäume und Olivenbäume in mehr als 100 Sorten. Die Anlage liegt 4,5 km außerhalb der Stadt an der Straße nach Bastia; außerhalb der Sommersaison sind die Öffnungszeiten kürzer.

🛏 Schlafen & Essen

Hotel Cala di L'Oru   HOTEL €€
(☏04 95 60 14 75; www.hotel-caladiloru.com; bd Pierre Pasquini; EZ 74–114 €, DZ 78–166 €; ⊙März–Okt.; ❄❄🐾) Diese friedliche Unterkunft hat 26 Zimmer und wird von einer Künstlerfamilie geführt. Wie praktisch, wenn man eigene Ausstellungsräume hat: Alle Gemälde und Fotos in den Gemeinschaftsbereichen stammen von den Söhnen des Inhabers. Zwischen den Blumen im Garten lässt es sich prima abhängen – und der Swimmingpool ist ein Wundermittel gegen Stress.

Hôtel-Restaurant Le Grillon   HOTEL €
(☏04 95 60 00 49; www.hotel-grillon.net, auf Frz.; 10 av. Paul Doumer; DZ 52–62 €; ⊙April–Okt.; ❄🐾) Das Grillon ist der beste Tipp für Traveller mit begrenzter Reisekasse. Die Zimmer sind schlicht, gepflegt, gut aufgeteilt und haben hübsche Bäder. Im Erdgeschoss gibt's ein beliebtes Restaurant.

Hôtel Perla Rossa   BOUTIQUEHOTEL €€€
(☏04 95 48 45 30; www.hotelperlarossa.com; 30 rue Notre-Dame; Suite ab 260 €; ⊙März–Okt.; ❄🐾🐾) Das feine Refugium mitten im Zentrum verleiht der Hotelszene einen Hauch Glamour. Die Zimmer haben ein kunstvolles Design und sind mit Fingerspitzengefühl eingerichtet.

DAS HINTERLAND VON LA BALAGNE

Keine Lust mehr auf die Fleischtöpfe der Küste? Dann nichts wie ins Auto! Nur wenige Serpentinen weiter beginnt im Hinterland der Balagne eine ganz andere Welt. Zahllose Täler und Gebirgsausläufer zerteilen eine spektakuläre Landschaft, die mit entzückenden Hügeldörfern, romanischen Kapellen, Olivenhainen und üppigen Weinbergen gesprenkelt ist. Kein Wunder, dass sich hier so viele von der Muse geküsst fühlen – was die Kunsthandwerksstraße beweist. Die gut beschilderte **Strada di L'Artigiani** (route des Artisans; www.routedesartisans.fr, auf Frz.) führt durch die schönsten Dörfer der Balagne und vorbei an allen möglichen Werkstätten. Eine Broschüre mit Straßenkarte gibt's in den Touristeninformationen von Calvi und Île-Rousse. Besonders interessant ist das Handwerkerdorf **Pigna**, 7 km von L'Île-Rousse entfernt (immer der D151 nach), wo die unzähligen Werkstätten entlang der kopfsteingepflasterten Straßen buchstäblich alles herstellen, von Kerzen über Lauten bis hin zu Spieldosen. Südlich von Pigna (immer weiter auf der D151) balanciert das reizende Dörfchen **Sant'Antonino** auf einem Felsen. Es ist genauso einen Abstecher wert wie **Feliceto**, bekannt für seine großartigen AOC-Weine (Appellation d'Origine Contrôlée). Anschließend führt die D71 (und später die D63) nach **Olmi-Cappella** und danach zur entzückenden Ortschaft **Belgodère**.

Für alle, die sich so in die Gegend verliebt haben, dass sie bleiben wollen, gibt's verschiedene stimmungsvolle Unterkunftsmöglichkeiten. In Pigna bietet die **Casa Musicale** (☏04 95 61 77 31; www.casa-musicale.org; DZ 70–110 €, Hauptgerichte 11–24 €) originelle Zimmer mit Fresken und fabelhaftem Ausblick, während **Hôtel U Palazzu** (☏04 95 47 32 78; www.hotel-corse-palazzu.com, auf Frz.; DZ ab 140 €, Suite ab 240 €; ⊙April–Okt.) luxuriöse Zimmer in einer Villa aus dem 18. Jh. im Programm hat. In Olmi-Cappella gibt's die **Chambre d'hôtes U Chiosu di a Pietra** (☏04 95 61 91 01; DZ 70–82 €), eine Landidylle mit vier äußerst einladenden Zimmern.

Restaurant Pasquale Paoli

KORSISCHE GOURMETKÜCHE **€€€**

(☏04 95 47 67 70; 2 place Paoli; Hauptgerichte 15–39 €, Menü 45–80 €; ⊙Juli–Aug. Mo–Di, Do–Sa mittags & abends, Mi, So nur abends, Sept.–Juni So nur mittags) Das feinste Lokal in L'Île-Rousse ist stolzer Besitzer eines Michelin-Sterns. Unter dem geweißelten Gewölbe ist die innovative Küche aus den besten Zutaten der Insel auf jeden Fall ein Erlebnis. Wer beim Essen auch noch einem entspannten Boulespiel zuschauen will, sollte sich einen Tisch auf der Terrasse mit Blick auf die Place Paoli ergattern.

U Spuntinu

KORSISCH **€€**

(☏04 95 60 00 05; 1 rue Napoléon; Hauptgerichte 15–22 €, Menü 22–26 €; ⊙Mo–Sa mittags & abends, So nur mittags) Dieses zentrale Lokal ist mittags voll mit glücklichen Gästen, die sich am superleckeren korsischen Essen ergötzen. Die *assiette Corse* (korsische Platte; 21,50 €) mit lauter Inselgoodies ist ein absolutes Muss!

U Libecciu

FISCH & MEERESFRÜCHTE **€€**

(☏04 95 60 13 82; rue Notre-Dame; Hauptgerichte 12–32 €; ⊙April–Okt.) Dieses Restaurant ist nur einen Katzensprung vom Markt entfernt und serviert die besten Meeresfrüchte der Stadt, z. B. zahlreiche Muschelvariationen (ein guter Tipp: mit Cap-Corse-Sauce).

Praktische Informationen

Touristeninformation (www.balagne-corsica.com, auf Frz.; place Paoli; ⊙Mo–Sa 9–19, So 10–13 Uhr) Außerhalb des Sommers kürzere Öffnungszeiten.

An- & Weiterreise

BUS Les Beaux Voyages (☏04 95 65 11 35) bietet Busverbindungen zwischen Calvi und Bastia über L'Île-Rousse. Die Busse fahren ganzjährig montags bis samstags.

FÄHRE Fährverbindungen gehen von/nach Nizza, Marseille und Toulon (Frankreich) sowie Savona (Italien). Weitere Details auf S. 956.

ZUG Täglich fahren zwei Züge nach Bastia (2½ Std.) und Ajaccio (4 Std.), jeweils mit Umsteigen in Ponte Leccia.

Calvi

5600 EW.

Eingebettet zwischen den leuchtend roten Festungsanlagen der Zitadelle aus dem 15. Jh. und dem glitzernden Blau der halbmondförmigen Bucht wirkt Calvi wie ein Schickimicki-Badeort an der Côte d'Azur und nicht wie ein geschichtsträchtiger Hafenort auf Korsika. Prachtvolle Luxusyachten und Boote drängeln sich an der Hafenpromenade mit ihren noblen Restaurants und Cafés. Hoch über dem Hafen thronen die Wachtürme und Wehrmauern der genuesischen Festung, von wo der Ausblick weit ins Landesinnere bis zum Monte Cinto (2706 m) reicht. Kein Wunder, dass Calvi einer der beliebtesten Ferienorte auf Korsika und im Sommer dementsprechend überlaufen ist. Nur in der Nebensaison kann man in Ruhe durch die kopfsteingepflasterten Gassen der Zitadelle schlendern.

Sehenswertes & Aktivitäten

Zitadelle ALTSTADT

Calvis riesige befestigte Zitadelle sitzt hoch oben auf einem Vorgebirge mit erstklassigem Rundumblick auf Stadt und Bucht. Die von den genuesischen Gouverneuren erbaute Zitadelle erlebte im Laufe der Jahrhunderte zahlreiche schwere Angriffe, konnte jedoch weder von den französisch-türkischen noch der englisch-korsischen Armee eingenommen werden. Innerhalb der Befestigung ist die wohlproportionierte **Caserne Sampiero** (place d'Armes), einst mächtiger Verwaltungssitz der Genueser, einen Blick wert. In der **Cathédrale St-Jean Baptiste** aus dem 13. Jh. ist vor allem die Ebenholzreliquie *Christ des Miracles* berühmt, die die Stadt 1553 angeblich vor einer Invasion der Sarazenen bewahrte.

Die Zitadelle hat fünf **Bollwerke**, alle mit einzigartigem Blick aufs Meer.

Pointe de la Revellata WANDERUNG

Eine zweistündige Rundwanderung auf einem gut bezeichneten Weg führt zu der Stelle, die dem französischen Festland am nächsten ist. Hier steht ein **Leuchtturm** mit wunderschönem Ausblick auf Calvi und die spitzen Gipfel von La Balagne. 4 km westlich von Calvi.

Wassersport

Sonnenanbeter müssen nicht weit fahren: Der wunderschöne **Strand** von Calvi beginnt am Yachthafen und erstreckt sich über 4 km Richtung Osten rund um den Golf von Calvi. Wer nicht nur braten will, hat hier auch sportlichere Alternativen: **Kajakfahrer** und **Windsurfer** können sich das Gefährt ihrer Wahl beim **Calvi Nautique Club** (www.calvinc.org, auf Frz.; Base Nautique, port de Plaisance; ⌚Mai–Okt.) ausleihen. An der Pointe de la Revellata lässt es sich außerdem hervorragend **tauchen** und **schnorcheln**. Einen guten Ruf haben die Tauchbasen **Calvi Plongée Citadelle** (www.calviplongee2b.com, auf Frz.; quai Landry) und **EPIC** (www.epic-plongee.com, auf Frz.; quai Landry; 👪). Beide sind am Hafen.

Festivals & Events

La Semaine Sainte OSTERFEST

Höhepunkt der einwöchigen Osterfeierlichkeiten ist die große Prozession am Karfreitag.

Calvi Jazz Festival JAZZFESTIVAL

Korsikas größtes Jazzfestival findet Ende Juni statt.

Rencontres Polyphoniques MUSIKFESTIVAL

Fünftägiges Musikfestival im September mit traditionellen korsischen Gesängen.

Festiventu WINDFESTIVAL

Ein Festival Ende Oktober, das die Bedeutung des Windes mit Hunderten von Drachen am Strand feiert.

Schlafen

Hôtel La Villa HOTEL €€€

(☎04 95 65 10 10; www.hotel-lavilla.com; DZ ab 400 €; ⌚April–Jan.; ❄🏊📶) Wer's in Calvi richtig stilvoll haben will, mietet sich in diesem luxuriösen Boutiquehotel am Berg ein. Klare Linien, Brauntöne in allen Schattierungen, Designerstoffe und eine minimalistische Gestaltung prägen das Interieur der Zimmer. Zu den weiteren Einrichtungen gehören ein Wellnessbereich, Tennisplätze, ein Restaurant mit Michelin-Stern und eines der schönsten Endlos-Schwimmbecken dieser Erde.

Hôtel Belvedere HOTEL €€

(☎04 95 65 01 25; www.resa-hotels-calvi.com; place Christophe Colomb; DZ 70–120 €; ❄📶) Unschlagbar: Das Belvedere hat 24 eher kleine, aber bequeme Zimmer einen Steinwurf von der Zitadelle entfernt. Die Zimmer im 3. Stock bieten einen erstklassigen Ausblick auf Calvi.

Hôtel du Centre HOTEL €

(☎04 95 65 02 01; 14 rue Alsace Lorraine; DZ mit Gemeinschaftsbad 32–47 €; ⌚Juni–Sept.)

TRAMWAY DE LA BALAGNE

Die unkomplizierteste Verbindung zu den vielen versteckten Buchten und Stränden entlang der Küste der Balagne ist die Tramway de la Balagne. Die nette kleine Bimmelbahn mit dem liebevollen Spitznamen *trinighellu* (der Zitternde) ist nicht nur praktisch (kein Stau!), sie macht die Fahrt zum einsamen Strand auch zu einem unvergesslichen Erlebnis. Von Ostern bis September rattert sie bis zu achtmal täglich zwischen Calvi und L'Île-Rousse hin und her; dazwischen liegen bis zu 15 Stationen, je nach Haltewunsch der Fahrgäste. Unterwegs gibt es viele steinige Buchten, bei denen man aussteigen kann. Wer aber Sand will, muss in Algajola oder Plage de Bodri (letzte Station vor L'Île-Rousse) aussteigen. Die einfache Fahrt kostet 5,40 €.

Bestimmt nicht das hübscheste Hotel (die Einrichtung ist wirklich nicht mehr die neuste). Aber bei dieser Lage und diesem Preis – wer will da meckern? Die teuersten Zimmer haben eine eigene Dusche.

Weitere Möglichkeiten:

Camping La Pinède   CAMPINGPLATZ €
(☑04 95 65 17 80; www.camping-calvi.com; route de la Pinède; Erw./Zelt/Auto 9/5/3,50 €; ⊙April–Okt.; ⛱⚓) Calvi und der Strand sind von hier aus beide gut erreichbar.

Hôtel Christophe Colomb   HOTEL €€
(☑04 95 65 06 04; www.hotelchristophecolomb. com, auf Frz.; place Bel Ombra; DZ 85–120 €; ❄🖥) Eine Unterkunft mit fairen Preisen in der Nähe der Zitadelle. Die Zimmer sind in fröhlich mediterranen Farben gehalten.

Hôtel Le Magnolia   HOTEL €€
(☑04 95 65 19 16; www.hotel-le-magnolia.com; rue Alsace Lorraine; DZ 95–140 €; ❄🖥) Diese willkommene Abwechslung vom Trubel des Hafens verbirgt sich in einem ummauerten Innenhof mit schönem Magnolienbaum.

✗ Essen

Im Hafen von Calvi drängt sich ein Restaurant ans andere, doch die meisten können eher mit der schönen Lage am Wasser punkten als mit der Qualität des Essens.

Emile's   GOURMETKÜCHE €€€
(☑04 95 65 09 60; quai Landry; Hauptgerichte 38–46 €, Menü 50 €; ⊙April–Okt.) Das Menü verursacht vielleicht einen sofortigen Kreditkarteninfarkt, aber das Emile's ist das beste Lokal in der Innenstadt von Calvi. Die romantische Terrasse im 1. Stock, die den Kai überblickt, verspricht in Kombination mit unaufdringlicher Bedienung und fabelhaftem Essen einen denkwürdigen Sinnesgenuss. Für alle, die noch nie Hummer vom Grill gegessen haben: Nirgends schmeckt er besser als hier. Am besten mit einem eiskalten Weißwein.

U Fornu   KORSISCH, MODERN €€
(☑04 95 65 27 60; www.ufornu.com, auf Frz.; bd Wilson; Hauptgerichte 18–25 €, Menü 18 €; ⊙April–Okt.) Dieses restaurierte Herrenhaus beherbergt ein erstaunlich hippes Restaurant mit kreativer Küche, die sich nicht scheut, die üblichen Pfade der korsischen Küche zu verlassen. Das elegant angerichtete Essen steckt voller subtiler Geschmacksnuancen – und das *menu Corse* ist ein Preisknüller. Das U Fornu sitzt mitten im Stadtzentrum, aber abseits der Hauptstraße in einer ruhigen Sackgasse. Ob drinnen im schicken grau-roten Interieur oder auf der schattigen Terrasse: immer ein Genuss.

Le Tire-Bouchon   BISTRO €€
(☑04 95 65 24 41; rue Clémenceau; Hauptgerichte 12–20 €, Menü 19 €; ⊙April–Okt., April, Mai & Okt. Mi geschl.) Das lebhafte Lokal ist sowohl Weinbar als auch Restaurant und Lieblingsrevier der Feinschmecker. Die Tageskarte steht auf einer Schiefertafel und enthält Leckerbissen wie Kalbsragout, Tagliatelle mit *Brocciu* (Schafs- oder Ziegenfrischkäse), Käseplatten und superleckere regionale Weine. Am besten schmeckt's auf dem Balkon mit Blick auf das geschäftige Treiben der Rue Clémenceau.

A Scola   TEESALON €
(☑04 95 65 07 09; Zitadelle; Hauptgerichte 10–18 €, Menü 18 €; ⊙März–Okt., im Sommer 10–19 Uhr) Wer bei den Mamas Kuchen nicht leben kann, muss dringend diese kleine Teestube gegenüber der Kathedrale besuchen (mmmmh … der Schokoladenkuchen schmilzt auf der Zunge). Wer bei der Erkundung der Zitadelle zwischendurch eine kleine Erfrischung oder eine schnelle und günstige Stärkung braucht, ist hier goldrichtig. Die Tische im hinteren Teil bieten eine atemberaubende Aussicht über die Bucht.

U Callelu
FISCH & MEERESFRÜCHTE €€

(☎04 95 65 22 18; quai Landry; Hauptgerichte 16–29 €, Menü 24 €; ⊙März–Okt., Mo außer Juli-Aug. geschl.) Das Menü dieses einfachen Restaurants richtet sich nach dem Angebot der Saison. Geführt wird es von einem waschechten Insulaner, der mit viel Leidenschaft und sicherem Gefühl die besten einheimischen Zutaten zu köstlichen Gerichten verarbeitet. Fleisch und Gemüse kommen direkt vom Markt, Fisch direkt vom Boot und der Wein direkt vom Erzeuger. Direkt am Kai.

La Voûte
KORSISCH, TRADITIONELL €

(☎06 22 14 40 87; 2 rue St-Antoine, Citadel; Hauptgerichte 10–20 €; ⊙im Winter So geschl.) Das schlichte Lokal in einem Kellergewölbe serviert deftige korsische Klassiker wie Lasagne mit Wildschwein, Nudeln mit *Brocciu* und Kalbsragout.

🍷 Ausgehen

Eigentlich kann man sich hier fast überall einen auf die Lampe gießen. Am lebhaftesten geht es allerdings am Kai zu.

Chez Tao
MUSIKBAR

(rue St-Antoine; ⊙Juni–Sept.) In der Zitadelle ist Chez Tao bereits eine Institution. Die supercoole Pianobar in einem üppig dekorierten Gewölbe wurde 1935 von Tao Kanbey de Kerekoff, einem Einwanderer aus Weißrussland, eröffnet. Noch siebzig Jahre später ist es der unwiderstehliche Anziehungspunkt für coole Hedonisten.

Le Havanita
COCKTAILBAR

(quai Landry; ⊙April–Sept.) Der Abend beginnt ganz wunderbar mit ein paar Mojitos in diesem fröhlichen Laden am Kai.

A Cantina
WEINBAR

(10 rue Joffre; ⊙April–Okt.) In dieser supercoolen Tapas- und Weinbar am Kai kann man sich mit feinsten AOC-Tröpfchen aus Calvi verwöhnen.

ⓘ Praktische Informationen

Touristeninformation (☎04 95 65 16 67; www. balagne-corsica.com, auf Frz.; port de Plaisance; ⊙Juli & Aug. tgl. 9–12 & 15–18.30 Uhr, Mai, Juni, Sept. & Okt. So geschl., Nov.–April Sa & So geschl.)

ⓘ An- & Weiterreise

BUS Les Beaux Voyages (☎04 95 65 11 35; place de la Porteuse d'Eau) betreibt ganzjährig montags bis samstags einen Bus von Calvi nach Bastia (16 €, 2½ Std.) über die Île-Rousse. Gegenüber dem Super-U-Supermarkt in Calvi fährt täglich ein Bus von **Transports Ceccaldi** (☎04 95 22 41 99) nach Porto (16 €, 2¾ Std.) ab. In Porto startet er in der Hauptstraße gegenüber der Apotheke. Von Juli bis Mitte September fährt jeweils ein Bus täglich, von Mitte Mai bis Juni sowie Ende September bis Mai fällt der Sonntagsbus aus.

FÄHRE Der Fährhafen von Calvi befindet sich am nordöstlichen Ende des Quai Landry. Die Fähren von SNCM und Corsica Ferries verkehren regelmäßig nach Nizza (Frankreich) und Savona (Italien). Details gibt's auf S. 956. Fahrkarten gibt's am Hafen bei **CCR/Tramar** (☎04 95 65 01 38, 04 95 65 00 63; quai Landry).

FLUGZEUG 7 km südöstlich der Stadt liegt der Flughafen **Aéroport Calvi Ste-Catherine** (www. calvi.aeroport.fr). Shuttle gibt's keinen; ein **Taxi** (☎04 95 65 03 10) zwischen Flughafen und Stadt kostet 20 €. Weitere Details auf S. 978.

ZUG Der Bahnhof von Calvi liegt südlich des Hafens in der Nähe der Touristeninformation. Täglich fahren mindestens zwei Züge nach Bastia (3 Std.) und Ajaccio (5 Std.), jeweils mit Umsteigen in Ponte Leccia. Von April bis Oktober rattert die Inselbahn Tramway de la Balagne an der Küste entlang von Calvi nach L'Île-Rousse (5,50 €, 45 Min.).

VON PORTO NACH AJACCIO

Porto (Portu)
600 EW.

Grandioser kann eine Stadt am Meer nicht gelegen sein als Porto, das Kronjuwel der Westküste: eingezwängt zwischen roten Felsen am Fuß eines dicht bewaldeten Tals. Während der Saison hoffnungslos überlaufen, im Winter praktisch menschenleer, ist das Städtchen ein idealer Ausgangspunkt zur Erkundung der glitzernden Gewässer rund um das Unesco-Schutzgebiet von Scandola sowie für Ausflüge in die Calanche oder ins wilde Hinterland.

Ein restaurierter genuesischer Turm aus dem 16. Jh. sitzt hoch oben auf einem Gebirgsausläufer, der den Ort in zwei Hälften teilt, wo er die Bucht einst vor Berberangriffen schützte.

⊙ Sehenswertes

Alle Sehenswürdigkeiten in Porto gruppieren sich rund um den Hafen. Nach dem Aufstieg über die roten Felsen zum **Genu-**

esischen **Wachturm** (2,50 €; ⊙Juli & Aug. 9–21, Sept.–Juni 11–19 Uhr) kann man hinüber zum geschäftigen Yachthafen schlendern. Von dort geht es über eine Bogenbrücke für Fußgänger auf die andere Seite der Flussmündung und weiter durch die Eukalyptuswäldchen zum **Kieselstrand** von Porto. Für Fischfans interessant ist das **Aquarium de la Poudrière** (☎04 95 26 19 24; 5,50 €, Kombiticket mit der Tour Génoise 6,50 €), in dem die Meeresbewohner zu bestaunen sind, die rund um den Golf von Porto leben.

🏃 Aktivitäten

Bootsfahrten

In das großartige Naturschutzgebiet **Réserve Naturelle de Scandola** führen weder Straßen noch Fußwege. Man kann sich ihr also nur übers Wasser nähern. Von April bis Oktober bieten mehrere Unternehmen am Yachthafen von Porto Fahrten über Calanche und Girolata zu den Vogelklippen an.

Eine Bootsfahrt in die Calanche kostet etwa 25 € bzw. 40 €, wenn auch die Réserve Naturelle de Scandola und das Dorf Girolata angesteuert werden sollen. Die meisten Fahrten sind mit Erklärungen (im Allgemeinen auf Französisch).

Tauchen & Schnorcheln

Die Küste des Golfe de Porto ist eine außergewöhnlich wilde Schönheit mit den berühmten scharfen Klippen und Felsen, die am Horizont nagen. Nicht so viele wissen aber, dass es unter Wasser mehr oder weniger genauso aussieht. Die Vielfalt ist unglaublich: Dank der Nähe zur Réserve Naturelle de Scandola tummeln sich hier riesige Schwärme von Fischen. Und wie an Land ist auch die Topografie unfassbar schön.

Alle drei Tauchbasen in Porto sind am Kai und bieten Schnupperkurse ab 45 € an, aber auch Anfängerkurse sowie Schnorchelsafaris (15 €) zu besonders schönen Revieren wie das an der Grenze zur Réserve Naturelle de Scandola.

Centre de Plongée du Golfe de Porto (www.plongeeporto.com, auf Frz.; Yachthafen; ⊙Ostern–Okt.)

Génération Bleue (www.generationbleue.com; Yachthafen; ⊙Mai–Okt.)

Méditerranée Porto Sub (www.plongeecorse.fr; Yachthafen; ⊙Mitte April–Sept.)

Wandern

Die Gegend um Porto ist ein Mekka für Wanderfans. Bei der Touristeninformation gibt's die englischsprachige Broschüre *Hikes & Walks in the Area of Porto*, die 28 markierte Wanderwege mit allen Schwierigkeitsgraden beschreibt. In Portos Hinterland (immer der D124 nach) verstecken sich die typisch korsischen Dörfer **Ota** und **Evisa** nur einen Steinwurf entfernt von den **Gorges de Spelunca** (eine der tiefsten Schluchten der Insel). Von hier aus führt eine tolle Wanderung unter riesigen, ehrfurchterregenden Klippen an den steilen Flanken der Schlucht entlang.

🛏 Schlafen

Le Colombo HOTEL €€
(☎04 95 26 10 14; www.hotellecolombo.com, auf Frz.; route de Calvi; DZ mit Frühstück 67–110 €; ⊙April–Okt.; ❄) Das smarte Colombo ist auf drei Ebenen an den Hang gebaut. Fast alle Zimmer sind in beruhigendem Himmelblau getüncht und bieten einen Ausblick über Garten, Meer und Gebirge. Auf dem Flur hängen eindrucksvolle Bilder des korsischen Fotografen Robert Candela, während der entzückende kleine Garten zwischen Riesenpalmen und wuchernder Bougainvillea zum Relaxen einlädt.

Le Maquis HOTEL €
(☎04 95 26 12 19; www.hotel-lemaquis.com, auf Frz.; Ecke D214/D81; DZ 48–110 €; ⊙April–Mitte Nov.; ☎) Das gut geführte Le Maquis liegt abseits des Trubels am Hafen. Die Zimmer veranlassen nicht zu Begeisterungsstürmen, sind aber dezent eingerichtet und komfortabel, mit guten Matratzen und ordentlichen Bädern (die billigeren Zimmer haben kein eigenes Bad). Ganz toll sind der abgrundtiefe Talblick und das hauseigene Restaurant.

Le Belvédère HOTEL €
(☎04 95 26 12 01; www.hotel-le-belvedere.com; Yachthafen; DZ 55–125 €; ⊙April–Okt.; ❄🛜🐾) Das königlich über dem Yachthafen gelegene Belvédère hat modernisierte Zimmer mit glänzendem Bad. Richtiges Porto-Feeling kommt aber nur in den Zimmern mit Blick auf die Bucht auf; bei den übrigen ist der Ausblick verbaut. Einziger Nachteil: Es gibt keinen Parkplatz.

Camping Les Oliviers CAMPING €
(☎04 95 26 14 49; www.camping-oliviers-porto. com; pro Pers. 7,50–10 €, Zelt 3–3,50 €; ⊙Ende März–Anfang Nov.; 🏊🐾) Idyllischer, luxuriö-

ser Platz im Schatten von Olivenbäumen, mit Fitnessstudio, Pizzeria und einem natürlichen Felsenschwimmbecken. Die hübschen Holzhäuschen sind wochenweise zu vermieten.

Essen

Le Sud KORSISCH, MODERN €€
(☎04 95 26 14 11; Yachthafen; Hauptgerichte 16–27 €, Menü 29 €; ⏱April–Okt.) Es gibt drei gute Gründe hierherzukommen: die entzückende Veranda mit Weinpergola und Blick auf den Yachthafen und Wachturm; die superleckeren Fisch- und Fleischgerichte (z. B. Kalbfleisch mit Banane); und nicht zuletzt die entspannte Atmosphäre zwischen schönem mediterranem Dekor. Wer sich mittags mal so richtig verwöhnen will, bestellt die riesige *assiette repas*.

La Mer FISCH & MEERESFRÜCHTE €€
(☎04 95 26 11 27; Yachthafen; Hauptgerichte 13–38 €, Menü 19–29 €; ⏱April–Okt.) Fernab vom quirligen Hafen hat La Mer von seiner Terrasse den schönsten Ausblick auf Golf und genuesischen Turm. Welcher Fisch auf der Karte steht, hängt vom Inhalt der Netze am Vorabend ab. Fleisch steht aber auch auf der Karte.

Le Maquis KORSISCH, TRADITIONELL €€
(☎04 95 26 12 19; Ecke D214/D81;; Hauptgerichte 21–29 €, Menü 22–34 €; ⏱April–Okt.) Dieses charakterstarke Lokal in einem Granithaus steht bei Einheimischen wie Touristen hoch im Kurs. Das traditionell korsische Essen ist hervorragend und der ganz in Holz gehaltene Innenraum ist urgemütlich. Noch besser ist aber ein Tisch auf dem Balkon, von dem aus die Gäste eine irrsinnige Aussicht genießen können.

Praktische Informationen

Touristeninformation (www.porto-tourisme.com, auf Frz.; place de la Marine; ⏱9–7 Uhr, Okt.–März Sa & So geschl.) Direkt hinter dem oberen Parkplatz des Yachthafens.

An- und Weiterreise

Die Busse von **Autocars Ceccaldi** (☎04 95 22 41 99), die von Porto nach Ajaccio (12 €, 2½ Std., 2-mal tgl., in der Hochsaison von Juli–Mitte Sept. auch sonntags) fahren, halten unterwegs in Piana und Cargèse. Infos zu Bussen von Porto nach Calvi auf S. 962.

Transports Mordiconi (☎04 95 48 00 44) fährt zwischen Juli und Mitte September einmal täglich von Porto nach Corte (20 €, 2¾ Std.). Sonntags fährt kein Bus.

Piana

500 EW.

Hoch über dem Golf von Porto, umgeben von den dunkelroten Felsen der Calanche, liegt Piana. Auch in der Hochsaison geht es hier bei Weitem nicht so hektisch zu wie im nahegelegenen Porto. Das Dorf ist ein guter Ausgangspunkt zur Erkundung der malerischen Strände von **Ficajola** (4 km von Piana entfernt) und **Arone** (11 km südwestlich, an der D824). Hauptsehenswürdigkeit des Ortes ist die Kirche **Ste-Marie**, die im Mittelpunkt der alljährlichen Karfreitagsprozession **La Granitola** steht.

Schlafen & Essen

Hôtel Scandola HOTEL €€
(☎04 95 27 80 07; www.hotelscandola.com; DZ 82–120 €; ❄📶) Nur nicht irritieren lassen von der rosa Fassade! Das Hotel, das linkerhand oberhalb des Dorfes an der D81 nach Cargèse steht, ist eine gute Adresse. Die Zimmer sind renoviert, der Service ist professionell und der Ausblick unbezahlbar.

Les Roches Rouges HOTEL €€
(☎04 95 27 81 81; www.lesrochesrouges.com, auf Frz.; an der D81; DZ mit Frühstück 114–135 €; ⏱Mitte März–Mitte Nov.; 📶) Das älteste Luxushotel auf Korsika stammt aus dem Jahr 1912 und ist immer noch eine der originellsten Herbergen der Insel. Es liegt von Porto kommend auf der rechten Seite der D81, kurz vor Piana. Badezimmer, WLAN und Telefonanlagen zeugen zwar vom Einzug der Moderne, doch die endlosen Hotelflure und antiquierten Räume atmen immer noch den Charme des frühen 20. Jhs. Und wenn Hercule Poirot plötzlich schnurrbartzwirbelnd aus dem nächsten Zimmer käme, würde sich auch keiner wundern. Wer aus Kostengründen auf ein Zimmer mit Meerblick verzichtet, wird es bereuen. Aber man muss ja auch nicht unbedingt hier übernachten. Bei dieser Aussicht wird bereits ein Drink zum Hochgenuss – und erst recht ein Essen im überragenden Feinschmeckerlokal (Hauptgerichte 21–34 €, Menü 37–44 €).

U Spuntinu REGIONAL €€
(☎04 95 27 80 02; Hauptgerichte 8–16 €, Menü 19 €; ⏱im Sommer mittags & abends; in der Nachsaison nur mittags) Das U Spuntinu ist ganz in der Nähe des Hôtel Scandola und das Essen fällt zwar nicht in die Kategorie „Gourmet", verführt aber mit seinem authentisch regi-

onalen Charakter. Mit am besten schmecken das *omelette au Brocciu* (Omelette mit Brocciu-Käse) und das Lammkarree.

ⓘ Praktische Informationen

Touristeninformation (www.otpiana.com, auf Frz.; place Mairie; ⊙Mo–Fr 9–18 Uhr) Neben der Post.

ⓘ An- und Weiterreise

Die zwischen Porto und Ajaccio verkehrenden Busse halten neben der Kirche und beim Postamt.

Die Calanche

Niemand sollte Korsika verlassen, ohne die Calanche zu besuchen. Kein Superlativ kann zum Ausdruck bringen, mit welch überwältigender Schönheit diese steilen Felsen als Säulen, Türme und unregelmäßige Formationen in Rosé-, Ocker- und Rosttönen aus dem Meer ragen. Wenn sie im Sonnenlicht feuerrot glühen, zeigt sich Korsika von seiner fotogenster Seite: Wer der D81 zwischen Porto und Piana folgt, wird Serpentine um Serpentine mit neuen atemberaubenden Ausblicken belohnt. Aber um die Calanche wirklich zu erleben, muss man sie eigentlich zu Fuß erkunden, indem man sich auf einen Wanderweg durch die spektakulären Felsklippen begibt. Viele beginnen in der Nähe des Pont de Mezzanu, einer Straßenbrücke an der D81, 3 km von Piana entfernt. Die Touristeninformation in Piana hat das Faltblatt *Piana: Sentiers de Randonnée* mit sechs verschiedenen Wanderungen in der Umgebung.

Cargèse (Carghjese)

900 EW.

Nanu? Ist das noch Korsika? Mit seinen weiß getünchten Häusern und den in der Sonne flimmernden Straßen sieht Cargèse eher aus wie ein griechisches Bergdorf als eine korsische Hafenstadt. Was aber nicht weiter überraschend ist, denn das Städtchen wurde im 19. Jh. von aus dem Osmanischen Reich geflüchteten Griechen gegründet.

ⓞ Sehenswertes & Aktivitäten

Bekannt ist Cargèse für seine beiden **Kirchen** – eine (orthodoxe) im Osten und eine (römisch-katholische) im Westen –, die sich, umgeben von Gemüsefeldern, wie zwei Boxer im Ring gegenüberstehen. In der griechisch-orthodoxen Kirche aus dem 19. Jh. werden Originalreliquien aufbewahrt, die die Einwanderer aus ihrer Heimat auf dem Peloponnes mitbrachten.

Unternehmungslustige können im Sommer eine **Bootsfahrt** zur Halbinsel Scandola, nach Girolata und in die Calanche machen.

Bewacht von genuesischen Wachtürmen, 1 km nördlich von Cargèse, liegt der kleine Strand **Plage de Pero**. Wer etwas mehr Platz braucht, fährt auf der Küstenstraße D81 noch 10 km weiter nach Süden in die beliebte **Bucht von Sagone**.

🛏 Schlafen & Essen

Hôtel Cyrnos   HOTEL €

(☑04 95 26 49 47; www.torraccia.com; rue de la République; DZ 38–68 €; 🕿) Das freundliche Hôtel Cyrnos ist ein zitronengelbes Stadthaus im Herzen von Cargèse mit neun sonnendurchfluteten, günstigen Zimmern. Die schönsten haben niedliche Balkönchen hoch über den Dächern der Stadt.

Motel Ta Kladia   MOTEL €€

(☑04 95 26 40 73; www.motel-takladia.com; Plage de Pero; DZ 70–120 €; ⊙April–Okt.; 🅿) Kein echtes Urlaubsfeeling ohne das Rauschen der Brandung? Dann ist dieses Motel am Strand von Pero perfekt. Die Zimmer sind komfortabel, aber nicht gerade aufregend. Macht nichts – selbst härteste Kritiker können nicht bestreiten, dass die Lage *les pieds dans l'eau* (direkt am Wasser) nicht zu toppen ist.

A Volta   RESTAURANT €€

(☑06 19 55 11 84; Hauptgerichte 14–25 €; ⊙im Sommer) Das peppige A Volta serviert seine knackfrischen Salate, einfallsreiche Pasta und die gut zubereiteten Fleisch- und Fischgerichte mit zauberhaftem Blick über das Mittelmeer. Ebenfalls voller Magie ist die endlose Liste der Eis- und Sorbetsorten.

ⓘ Praktische Informationen

Touristeninformation (www.cargese.net, auf Frz.; rue du Docteur Dragacci; ⊙9–19 Uhr, Okt.–Mai So geschl.) Etwas weiter nördlich als die Kirchen.

ⓘ An- und Weiterreise

Zweimal täglich fährt der Bus von Ota (1½ Std.) über Porto (1 Std.) nach Ajaccio (1 Std.) vor dem Postamt ab; im Juli und August auch sonntags.

Ajaccio (Aiacciu)

52 880 EW.

Ajaccio – das ist reinrassige Klasse und Verführung. Wunderschön in der Bucht gelegen, strahlt die Stadt eine große Portion Selbstbewusstsein und auch eine Prise Côte d'Azur aus. Ob Alleinreisende, Paare auf der Suche nach Romantik oder Familien: Alle lieben das schöne Zentrum mit seinen pastellfarbenen Häusern und lebendigen Cafés. Ganz zu schweigen vom großen Yachthafen und der trendigen Gegend um die Route des Sanguinaires, die ein paar Kilometer weiter westlich liegt.

Über Ajaccio schwebt der Geist des korsischen Generals. Napoleon Bonaparte wurde hier 1769 geboren und überall in der Stadt wird an den kleinen Diktator erinnert, vom Haus seiner Kindheit über die Denkmäler der Strandpromenade und die Museen bis zu den zahllosen Straßennamen, die auf ihn verweisen.

◉ Sehenswertes

Musée National de la Maison Bonaparte
MUSEUM

(☏04 95 21 43 89; rue St-Charles; Erw./erm. 5/3,50 €; ☺9–11.30 & 14–17.30 Uhr) In diesem Haus wurde Napoleon geboren und verbrachte hier die ersten neun Jahre seines Lebens. Nachdem es korsische Nationalisten 1793 geplündert und englische Truppen 1794–96 beschlagnahmt hatten, ließ Napoleons Mutter das Haus schließlich umbauen. Es entwickelte sich zu einer Pilgerstätte für französische Revolutionäre und noch heute werden die Besucher gebeten, angemessen leise zu sprechen. Zu sehen sind Erinnerungsstücke des korsischen Kaisers und dessen Geschwister, darunter ein Glasmedaillon mit einer Haarlocke Napoleons. Montags ist das Museum morgens geschlossen.

Palais Fesch – Musée des Beaux-Arts
MUSEUM

(☏04 95 21 48 17; www.musee-fesch.com, auf Frz.; 50–52 rue du Cardinal Fesch; Erw./Kind 8/5 €; ☺Mo, Mi & Sa 10.30–17, Do, Fr & So 12–17 Uhr) Dieses großartige Museum ist ein absolutes Muss. Die von einem Onkel Napoleons gegründete Galerie wurde 2010 nach umfangreicher Renovierung neu eröffnet und hat nach dem Louvre die größte Sammlung italienischer Malerei in Frankreich. Es handelt sich hauptsächlich um die Werke weniger bekannter und namenloser Künstler

des 14. und 19. Jhs., es hängen aber auch ein paar Bilder von Tizian, Fra Bartolomeo, Veronese, Botticelli und Bellini aus. Eines der Highlights ist *La Vierge à l'Enfant Soutenu par un Ange* (Mutter und Kind unterstützt von einem Engel), eines von Botticellis größten Werken. Das *Portrait de l'Homme au Gant* (Bildnis des Mannes mit Handschuh) von Tizian hat einen Zwilling im Louvre. Aber auch Wechselausstellungen werden hier gezeigt. In der Krypta der 1860 erbauten **Chapelle Impériale** (Kaiserliche Kapelle) wurden mehrere Mitglieder der kaiserlichen Familie beigesetzt. Was aber nicht heißt, dass Napoleon ebenfalls hier liegt – seine Gebeine sind in Les Invalides in Paris begraben.

Salon Napoléonien
MUSEUM

(☏04 95 21 90 15; www.musee-fesch.com, auf Frz.; place Foch; Erw./Kind 2,30/1,50 €; ☺Mo–Fr 9–11.45 & 14–17.45 Uhr) Dieses Museum im 1. Stock des Hôtel de Ville ist ein gefundenes Fressen für Napoleon-Fans: Hier gibt's Medaillen, Porträts und Büsten des kleinen Korsen – und ein phantastisches Deckenfresko zeigt Napoleon mit Gefolge.

Musée a Bandera

MUSEUM

(☎ 04 95 51 07 34; 1 rue du Général Lévie; Eintritt 4 €; ⊙ Mo–Sa 9–19, So 9–12) Dieses kuriose Museum der korsischen Geschichte bis zum Zweiten Weltkrieg versteckt sich in einer kleinen Seitenstraße. Zu den Highlights gehören ein Diorama der Schlacht um Ponte Novo (1769), das die französische Eroberung der Insel bestätigte, ein Modell des Hafens von Ajaccio und eine Proklamation von Gilbert Elliot, Vizekönig des kurzlebigen anglokorsischen Königreichs (1794–96). Ein paar Schautafeln zur Rolle der Frau in der korsischen Gesellschaft lohnen ebenfalls einen Blick.

Ajaccio

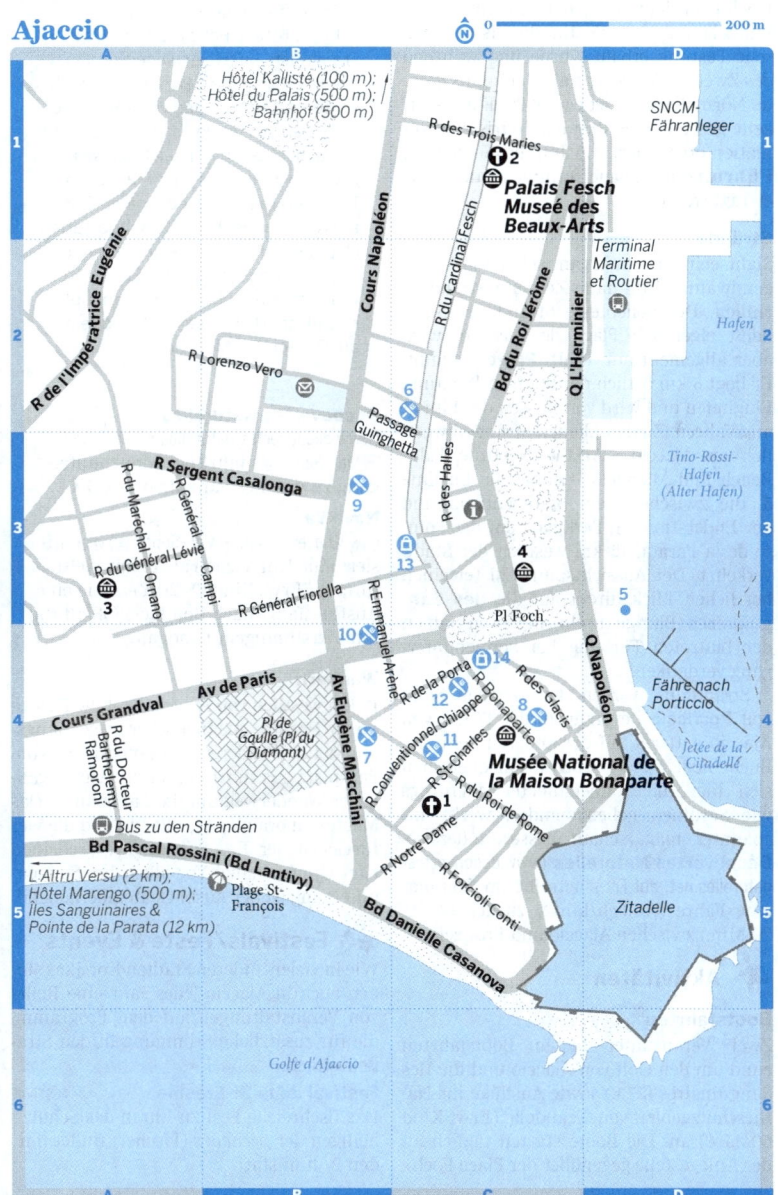

Cathédrale Ste-Marie KATHEDRALE
(rue Forcioli Conti) In der Kathedrale aus dem 16. Jh. sind das Taufbecken Napoleons und das Gemälde der Heiligen Jungfrau (*Vierge au Sacré-Cœur*) von Eugène Delacroix (1798–1863) zu bewundern.

Zitadelle FESTUNG
Hoch über dem Meer steht eine imposante Zitadelle aus dem 15. Jh., die als militärische Festung erbaut wurde und während des Zweiten Weltkriegs als Gefängnis diente. Normalerweise ist es für Publikumsverkehr geschlossen, aber die Touristeninformation organisiert von Juni bis September **Führungen**. Genaue Termine können dort erfragt werden.

Strände
Sightseeing macht ja ganz schön müde – irgendwann wird's dann Zeit, am Strand zu chillen. Der beliebteste Strand der Stadt heißt eigentlich Plage de Ricanto, wird aber allgemein nur **Tahiti Plage** genannt. Er liegt 5 km östlich der Stadt in Richtung Flughafen und wird von Bussen der Linie 1 angefahren. Zu den kleinen Stränden westlich von Ajaccio – Ariane, Neptune, Palm Beach und Marinella – fährt die Buslinie 5, die zwischen dem Stadtzentrum und der Endstation am Parkplatz auf der Pointe de la Parata, 12 km westlich der Stadt, verkehrt. Der Aussichtspunkt bietet einen herrlichen Blick direkt auf die **Îles Sanguinaires** (Blutige Inseln), die ihren Namen der blutroten Färbung bei Sonnenuntergang verdanken.

Strandfans werden den weichen Sand von **Porticcio** bevorzugen, der 17 km von Ajaccio entfernt auf der anderen Seite der Bucht liegt. In der Hochsaison quetschen sich hier die Sonnenanbeter allerdings wie Sardinen nebeneinander; wer's entspannter mag, schaut besser anderswo. **Découvertes Naturelles** (www.decouvertes-naturelles.net, auf Frz.) betreibt im Sommer eine Fähre (einfach/hin & zurück 5/8 €, 20 Min.) zwischen Ajaccio und Proticcio.

🏃 Aktivitäten

Bootsfahrten
Zwei Veranstalter bieten Bootsfahrten rund um den Golf von Ajaccio und die Îles Sanguinaires (27 €) sowie Ausflüge ins Naturschutzgebiet von Scandola (Erw./Kind 50/35 €) an. Die Boote starten täglich an der Anlegestelle gegenüber der Place Foch.

NAPOLEON, SOHN KORSIKAS?

Trotz der engen Verbundenheit Napoleons mit Ajaccio hatte *le petit caporal* ein eher gespaltenes Verhältnis zu seiner Geburtsinsel. Der Sohn eines italienischen Vaters und einer korsischen Mutter wuchs größtenteils in Frankreich auf (wo er wegen seines starken korsischen Akzents gnadenlos verspottet wurde) und verbrachte nur einen relativ kurzen Teil seines Lebens tatsächlich auf der Insel. Nach seiner Krönung zum Kaiser der Franzosen 1804 setzte er nie wieder einen Fuß auf Korsika. Doch zweifelsohne hatten Napoleons korsische Wurzeln seinen Geist nachhaltig geprägt. So soll er während des Exils auf Elba behauptet haben, er erkenne seine Heimat einzig am Geruch der Macchia.

Découvertes Naturelles
(www.decouvertes-naturelles.net, auf Frz.; ⊙Mai–Sept.; 🚢) fährt bei Sonnenuntergang zu den Îles Sanguinaires (27 €).

Nave Va
(www.naveva.com; ⊙Mai–Sept.; 🚢) organisiert eine lehrreiche Fahrt zum Weltnaturerbe (Erw./Kind 28/20 €) sowie eine Ausflugsfahrt nach Bonifacio (58/40 €) mit vierstündigem Landgang.

Wandern
12 km westlich von Ajaccio liegt die **Pointe de la Parata**, magnetischer Anziehungspunkt für Wanderer und Fotografen. Vom Parkplatz aus führt ein kurzer, viel begangener Wanderweg um die Landzunge. Das Meerespanorama ist großartig und die vier Inselchen der Îles Sanguinaires scheinen zum Greifen nahe. Vor allem bei Sonnenuntergang ist der Ausblick atemberaubend.

🎭 Festivals/Feste & Events
Wie in vielen anderen Städten Korsikas stehen auch in Ajaccio jedes Jahr eine Reihe von Veranstaltungen auf dem Programm, die für zusätzliche Stimmung in den Straßen sorgen.

Festival de la St-Érasme FESTIVAL
Das fischreiche Fest zu Ehren des Schutzheiligen der *pêcheurs* (Fischer) findet um den 2. Juni statt.

Fêtes Napoléoniennes NAPOLEONS GEBURTSTAG
Beim größten Fest des Jahres am 15. August feiert Ajaccio den Geburtstag von Napoleon Bonaparte mit Militärparaden, Straßentheater und einem riesigen Feuerwerk.

La relève de la Garde Impériale ZEREMONIE
Im Sommer kann man jeden Donnerstag ab 19 Uhr die prunkvolle Zeremonie des Wachwechsels auf der Place Foch vor dem Rathaus verfolgen.

🛏 Schlafen

Hôtel Kallisté HOTEL €€
(☎04 95 51 34 45; www.hotel-kalliste-ajaccio. com; 51 cours Napoléon; EZ 67–77 €, DZ 85–105 €; ❄🛜🅿) Hotel im Neoboutiquestil mit freiliegendem Mauerwerk, neutralen Farben, Terrakottafliesen und einem abgefahrenen gläsernen Aufzug. Doppelverglaste Fenster und elektrische Rollläden halten in diesem typischen Stadthaus aus dem 19. Jh. den Verkehrslärm vom nahen Cours Napoléon ab. Annehmlichkeiten wie WLAN, Satellitenfernsehen und das großzügige Frühstücksbuffet im geräumigen Speisesaal sind klasse. Leider ist es kein Geheimtipp mehr, deshalb frühzeitig buchen.

Hôtel Marengo HOTEL €
(☎04 95 21 43 66; www.hotel-marengo.com; 2 rue Marengo; DZ 61–83 €; ☀April–Okt.; ❄) Persönliche Note gefällig? Dieses herrlich exzentrische, kleine Hotel in einer Sackgasse abseits des Boulevard Madame Mère hat genau das. Außerdem hat es 17 Zimmer (alle mit Balkon), einen ruhigen, blumenbewachsenen Innenhof und eine Rezeption, die ein freundliches Chaos aus geschmackvollen Kunstdrucken und persönlichem Krimskrams ist. Ach so, ja: Der Strand ist auch gleich um die Ecke.

Hôtel du Palais HOTEL €€
(☎04 95 22 73 68; www.hoteldupalaisajaccio. com; 5 av. Beverini Vico; EZ mit Frühstück 70–75 €, DZ 80–85 €; ❄🛜) Eine günstige Bleibe in Hafennähe. Die Fassade ist eher schmuddelig – dafür strahlt es innen vor modernen Farben. Designpreise werden die acht Zimmer zwar nicht abräumen, aber sie erfüllen ihren Zweck.

🍴 Essen

In der Altstadt wimmelt es vor kleinen Restaurants, deren Tische die Straßen säumen: an warmen Sommerabenden unschlagbar.

Le Grand Café Napoléon MEDITERRAN €€
(☎04 95 21 42 54; 10–12 cours Napoléon; Hauptgerichte 23–30 €, Menü 17–45 €) Wenn man Begeisterung messen könnte, wäre die Nadel des Messgeräts in diesem Lokal am Anschlag. Dekor und Küche sind unschlagbar: Hinter der ohnehin schon stimmungsvollen Terrasse an der Straße eröffnet sich ein ehemaliger Ballsaal aus der erhabenen Belle Époque, mit riesigen Spiegeln, hoher Decke, schwarz-weißem Terrazzo-Boden und himmelhohen cremefarbenen Türbögen. Trotz des klassischen Ambientes ist die Speisekarte erstaunlich modern und mit eleganten Fisch- und Fleischkreationen bestückt. Ein ausgezeichnetes Preis-Leistungs-Verhältnis bietet das wochentags angebotene Mittagsmenü *menu du marché*.

L'Altru Versu GOURMETKÜCHE €€
(☎04 95 50 05 22; route des Sanguinaires, Les Sept Chapelles; Hauptgerichte 22–30 €, Menü 32–40 €; ☀Okt.–Mai Mo geschl.) Dieses erstklassige Lokal gehört den Gebrüdern Mezzacqui (Jean-Pierre gibt den Wirt, Pierre macht die Küche). Beide sind leidenschaftliche Feinschmecker und Sänger: Freitags und samstags abends schnallen sich die Hausherren die Gitarre um und bringen ihren Gästen ein Ständchen. Und die würden angesichts der kreativen Küche am liebsten vor Freude zurücksingen. Wer würde das nicht bei so etwas Feinem wie Schweinefleisch mit Honig und Clementinenzesten?

U Pampasgiolu KORSISCH, TRADITIONELL €€
(☎06 09 39 26 92; 15 rue de la Porta; Hauptgerichte 14–28 €; ☀Mo–Sa abends) Das rustikale Restaurant mit Gewölbedecke ist eine Institution in Ajaccio und jeden Abend rappelvoll. Schuld ist das erstklassige korsische Essen aus sorgfältig ausgewählten Zutaten. Wer sich auskennt, bestellt *à la carte*. Ansonsten bieten sich die *planche spuntinu* (Snackplatte) und *planche de la mer* (Platte mit Fisch und Meeresfrüchten) an, eine tolle Auswahl korsischer Spezialitäten, serviert auf einer Holzplatte.

Le 20123 KORSISCH, TRADITIONELL €€
(☎04 95 21 50 05; www.20123.fr, auf Frz.; 2 rue du Roi de Rome; Menü 32 €; ☀Di–So abends) Ursprünglich stand dieses einzigartige Lokal in dem Dorf Pila Canale (mit der Postleitzahl 20123 – alles klar?) und als der Besitzer sein typisch korsisches Bistro nach Ajaccio verfrachtete, nahm er sein Dorf einfach mit – komplett mit Wasserpumpe, Wäscheleinen, lebensgroßen Puppen in tra-

ditioneller Tracht etc. Klingt etwas kitschig – ist es auch (siehe Website) – aber es gibt auf ganz Korsika wohl kaum ein Lokal mit mehr Charakter. Natürlich ist das Essen ebenfalls 100 % original. Speisekarte gibt's keine, sondern nur ein Menü, das mündlich präsentiert wird.

Le Bilboq – Chez Jean Jean
FISCH & MEERESFRÜCHTE **€€€**
(☑04 95 51 35 40; 1 rue du Glacis; Hauptgerichte ca. 50 €; ☺abends) Diesen Laden gibt's in Ajaccio schon seit Jahrzehnten und er hat eine einzige Spezialität: *langouste*. Am besten schmeckt's auf der Bilderbuchterrasse in einer Fußgängerzone. Zusammen mit einem sorgfältig ausgewählten korsischen Wein ist das die Fahrkarte in den siebten Himmel.

Da Mamma
KORSISCH, TRADITIONELL **€**
(☑04 95 21 39 44; 3 passage Guinghetta; Hauptgerichte 12–25 €, Menü 12–21 €; ☺Di–Sa mittags & abends; Mo nur abends) Neben der bodenständigen korsischen Küche in diesem unkomplizierten Lokal ist die Hauptattraktion seine Lage unter einem herrlichen Gummibaum in einem steilen Gässchen.

Ebenfalls verführerisch:

Le Spago
FUSIONSKÜCHE **€**
(☑04 95 21 15 71; rue Emmanuel Arène; Hauptgerichte 12–20 €; ☺Mo–Fr mittags & abends; Sa nur abends) Korsische Spezialitäten sind in diesem lindgrün getünchten Designerrestaurant nicht zu erwarten. Hier gibt's eher Salate und innovative Kreationen wie Schweinefleisch mit Aprikosen.

L'Estaminet
MEDITERRAN **€€**
(☑04 95 50 10 42; 5 rue du Roi de Rome; Hauptgerichte 17–25 €; Menü 19–25 €; ☺Juni–Sept. abends, Okt.–Mai Mo, Sa & So abends, Di mittags, Do & Fr mittags & abends) Brasserie im alten Stil mit polierter Holzverkleidung, glänzendem Messing und haufenweise leckerem Essen.

 ## Shoppen
Für korsische Spezialitäten kommt nur eine Adresse infrage: **U Stazzu** (1 rue Bonaparte; ☺9–12.30 & 14.30–19 Uhr), das für seine selbst gemachten Wurstwaren bekannt ist. Ebenfalls im Angebot ist die übliche Palette korsischer Delikatessen von anderen Kleinerzeugern. Zuckersüchtige werden in der **Boulangerie Galeani** (3 rue du Cardinal Fesch; ☺Di–Sa 7–20, So 7–13 Uhr) komplett die Beherrschung verlieren. Und wer dem teuflisch

guten *beignets de Brocciu* (*Brocciu*-Krapfen) und *canistrelli* (Kekse aus Mandeln, Walnüssen, Zitrone oder Anis) in der alteingesessenen Bäckerei widerstehen kann, hat wahrscheinlich keine Geschmacksnerven.

 ## Ausgehen
In Ajaccio pulsiert das Leben hauptsächlich am Boulevard Lantivy, der mit einer Reihe schöner Bars aufwartet. Der Hafen Charles-Ornano am Yachthafen ist auch ganz gut, wenn auch etwas schickimicki. Im Sommer verschiebt sich das Epizentrum des Ausgehens in die Route des Sanguinaires, die jede Menge *paillotes* (Strandbars) und Diskos zu bieten hat.

 ## Praktische Informationen
Touristeninformation (www.ajaccio-tourisme. com; 3 bd du Roi Jérôme; ☺Juni–Sept. Mo–Sa 9–18, So 9–13 Uhr, Okt.–Mai Mo–Fr)

An- & Weiterreise
BUS Im Gebäude des Fährterminals haben auch viele einheimische Busgesellschaften einen Verkaufsschalter. Wie überall auf Korsika fahren die Busse sonntags und in den Wintermonaten wesentlich seltener. Fahrpläne sind am Informationsschalter des Busbahnhofs erhältlich.

Autocars Ceccaldi (☑04 95 22 41 99) bietet Verbindungen nach Porto (2½ Std., 2-mal tgl., sonntags nur Juli–Mitte Sept.) über Cargèse (1 Std.) und Piana (1½ Std.).

Eurocorse (☑04 95 21 06 30) fährt zweimal täglich über Corte (2 Std.) nach Bastia (3 Std.). Ein weiterer Bus fährt nach Bonifacio (4 Std., Mo–Sa 2-mal tgl., So 1-mal tgl.) über Sartène (2 Std.).

FÄHRE Fähren zum französischen Festland (Toulon, Nizza und Marseille) legen am **Terminal Maritime et Routier** (quai l'Herminier), dem gemeinsamen Bus- und Fährterminal, ab. Weitere Details auf S. 956.

Corsica Ferries (www.corsicaferries.de) hat sein Büro im Fährterminal.

La Méridionale (www.lameridionale.fr; bd Sampiero) hat sein Büro ebenfalls im Fährterminal.

SNCM (www.sncm.fr, auf Frz.) Das Hauptbüro befindet sich am Quai L'Herminier; der Fahrkarten- und Informationsschalter im Fährterminal öffnet normalerweise vor jeder Abfahrt.

FLUGZEUG Der Flughafen **Aéroport d'Ajaccio-Campo dell'Oro** (www.ajaccio.aeroport.fr, auf Frz.) befindet sich 8 km östlich des Stadtzentrums. Der Stadtbus 8 (4,50 €, 20 Min.) verkehrt häufig zwischen Flughafen und Busbahnhof. Ein Taxi kostet rund 25 €.

ZUG Züge fahren vom **Bahnhof** (place de la Gare) nach Bastia (4 Std., 3- bis 4-mal tgl.), Corte (2 Std., 3- bis 4-mal tgl.) und Calvi (mit Umsteigen in Ponte Leccia 5 Std., 2-mal tgl.).

DER SÜDEN

Sartène (Sartè)

3500 EW.

Mit seinen grauen Granithäusern, dunklen Gassen und der leicht düsteren, abweisenden Stimmung gilt Sartène schon lange als Sinnbild der rauen Seele Korsikas. Der französische Schriftsteller Prosper Mérimé bezeichnete es als „die korsischste aller korsischen Städte". Zweifelsohne ist Sartène meilenweit entfernt vom Glanz der korsischen Küste. Die Häuser am Berg sind ziemlich verfallen, die Straßen zwielichtig und schmuddelig und das Leben geht seinen traditionell langsamen Gang. Doch der Ort vermittelt eine weit bessere Vorstellung davon, wie das ländliche Leben auf Korsika einst aussah, als jede andere der besser situierten Städte der Insel. Im 19. Jh. war Sartène berüchtigt für Banditen und Blutrache. Heute kennt man es vor allem wegen seiner alljährlichen Karfreitagsprozession des Catenacciu, einer Neuinszenierung der Passionsgeschichte.

◉ Sehenswertes & Aktivitäten

Sartène ist nur zu Fuß zu erkunden, aber glücklicherweise sind die verwinkelten Gassen und schattigen Aufgänge auch im Hochsommer angenehm kühl. Durch die Passage im **Rathaus** (dem früheren Gouverneurspalast) gelangt man ins alte **Santa Anna**, das stimmungsvollste Wohnviertel der Stadt.

Beim Ehrenmal für die Opfer des Ersten Weltkrieges auf der Place Porta steht die **Église Ste-Marie** aus hellgrauem Granit. Hier werden das 35 kg schwere Kreuz und die 17 kg schwere Kette für die alljährliche **Prozession des Catenacciu** aufbewahrt. Seit dem Mittelalter schleppt der Catenacciu („der in Ketten gelegte") jeden Karfreitag das riesige Kreuz aus massivem Holz durch die Stadt, genau wie Jesus auf dem Weg nach Golgatha. Der barfüßige Büßer in einer roten Kutte mit Kapuze (zur Wahrung seiner Anonymität) wird jeweils vom Priester der Gemeinde aus allen Bewerbern ausgewählt, die Vergebung für eine schwe-

re Sünde suchen. Der Überlieferung zufolge sollen früher berüchtigte Banditen aus dem Maquis das Kreuz als Strafe für ihre Verbrechen getragen haben.

971

Die Gegend um Sartène muss man ja nicht unbedingt aus dem Autofenster anschauen – wie wär's mit einem Ausritt? Die **Domaine de Croccano** (www.corsenature. com; D148, route de Granace) liegt 3,5 km außerhalb der Stadt an der Straße nach Granace und hat verschiedene Reitangebote ab 23 € pro Stunde. Die dreistündige *Promenade – Découverte du Sartenais* ist z. B. ein wunderschöner Ausflug durch die Macchia, mit einem ganz anderen Blick auf Sartène und das Meer.

🛏 Schlafen & Essen

Hôtel San Damianu   HOTEL €€
(📞04 95 70 55 41; www.sandamianu.fr, auf Frz.; DZ 95–167 €; ⏱April–Okt.; ✳🌐⟲) Das San Damianu hat alles im Überfluss: eine perfekte Lage (nur einmal umfallen, und schon ist man in der *vieille ville*), schicke Zimmer in beruhigenden Gelbtönen und mit allen modernen Schikanen, einen schier unbezahlbaren Blick über das Rizzanese-Tal und natürlich einen glitzernden Swimmingpool.

Hôtel-Restaurant des Roches   HOTEL €€
(📞04 95 77 07 61; www.sartenehotel.fr, auf Frz.; rue Jean Jaurès; EZ 60–91 €, DZ 70–105 €; ✳🌐) Die einzige Unterkunft im Stadtzentrum und daher im Sommer ziemlich ausgebucht. Das Haus mit 60 modernisierte Zimmer, makellose Bäder, Klimaanlage und eine wahrhaft majestätische Lage über dem Tal und dem Golfe du Valinco. Ein hauseigenes Restaurant gibt's auch. Unbedingt ein Zimmer mit Aussicht ergattern – die anderen schauen nämlich auf den Parkplatz.

Auberge Santa Barbara   KORSISCH, MODERN €€
(📞04 95 77 09 06; www.santabarbara.fr; Hauptgerichte 12–38 €, Menü 36 €; ⏱April–Okt. Di–So) Hier lernen Geschmacksnerven fliegen! Das kultige Restaurant serviert korsische Klassiker mit kreativem Kick. Was die preisgekrönte Köchin Gisèle Lovichi hier auf den Tisch bringt, ist pure Alchemie (wie wär's z. B. mit Taube in Myrtensauce oder Kalbsragout mit Tagliatelle?). Ebenso zauberhaft ist die Idylle aus eleganten Tischen um einen gepflegten Blumengarten. Endgültig verhext sind die Gäste, die schon die Weinkarte gelesen haben. Es liegt etwa 1,3 km vom Stadtzentrum an der Straße nach Propriano. Der Weg ist ausgeschildert.

KORSIKA SARTÈNE (SARTÈ)

 Praktische Informationen

Touristeninformation (www.oti-sartenaisvalinco.com; cours Sœur Amélie; ⊙9–19 Uhr)

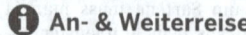 An- & Weiterreise

Sartène ist Zwischenstation der Busse von **Eurocorse** (📞04 95 21 06 30), die täglich zweimal und sonntags einmal von Ajaccio nach Bonifacio fahren.

Rund um Bonifacio (Bunifaziu)

2700 EW.

Die glitzernde Bucht, die strahlend weißen Kreidefelsen und die wuchtige Zitadelle hoch über dem tiefblauen Wasser der Straße von Bonifacio machen die wunderschöne Hafenstadt zu einem Muss für Korsikabesucher. Nur einen Katzensprung von Sardinien entfernt, erinnert Bonifacio tatsächlich sehr an Italien: Sonnengebleichte Häuser mit Wäscheleinen vor den Fenstern und düstere Kirchen beherrschen das Gewirr der Gassen in der alten Zitadelle, während unten am Hafen Restaurants und Ausflugsboote um die Massen von Tagesausflüglern buhlen. Die Stadt ist außerdem ein idealer Ausgangspunkt für die Erkundung der Îles Lavezzi und der schönen Strände im Süden Korsikas.

⊙ Sehenswertes

Zitadelle (Haute Ville)   ALTSTADT
Den Zauber Bonifacios, die einzigartige Architektur und Atmosphäre genießt man am besten bei einem Bummel durch die schattigen Straßen der Zitadelle. Vom Yachthafen führt der Weg zur Zitadelle über das alte Pflaster der Montée Rastello und der Montée St-Roch zum alten Tor, der **Porte des Gênes** aus dem 16. Jh., die inklusive Zugbrücke komplett erhalten ist. Im Inneren des Tores befindet sich die **Bastion de l'Étendard** (Eintritt 2,50 €; ⊙April–Okt. 9–19 Uhr) aus dem 13. Jh., in der ein kleines historisches Museum über die Geschichte Bonifacios informiert. Beim Spaziergang entlang der Festungsmauer eröffnen sich von der **Place du Marché** und der **Place de la Manichella** herrliche Ausblicke auf die Straße von Bonifacio.

DAS PRÄHISTORISCHE KORSIKA

Für alle, die sich für Korsikas antike Hochkulturen interessieren, ist Südkorsika Pflicht, denn hier liegen die erstaunlichsten prähistorischen Fundstätten der Insel. Irgendwann zwischen 4000 und 3000 v. Chr. entwickelte sich eine Megalithkultur auf der Insel, die möglicherweise auf seetahrende Siedler des europäischen Festlandes zurückgeht. Die meisten Hinkelsteine und Menhire der Insel stammen aus dieser Zeit. Die bedeutendste Fundstätte ist **Filitosa** (📞04 95 74 00 91; www.filitosa.fr; Eintritt 6 €; ⊙April–Okt. 8–20 Uhr), nordwestlich von Sartène, wo Charles-Antoine Césari 1946 zufällig eine Reihe von außergewöhnlich reich verzierten Menhiren auf seinem Land entdeckte. Und sie sind wirklich außergewöhnlich: Teilweise sind deutliche Gesichtszüge und anatomische Merkmale wie die Rippen eines Brustkorbs zu erkennen. Eingemeißelte Schwerter und andere Waffen deuten darauf hin, dass es sich um Gedenksteine für verdiente Krieger oder Häuptlinge handeln könnte.

Auf dem wunderschönen **Cauria-Plateau** etwa 15 km südlich von Sartène befinden sich gleich drei Kuriositäten dieser Art: die *alignements* (Steinalleen) von **Stantari** und **Renaju** – deren Menhire ähnliche anatomische Details und ähnliche Waffen darstellen wie die von Filitosa. Der Dritte im Bunde ist eines der wenigen Grabkammern auf der Insel: der **Dolmen von Fontanaccia** mit seinen wuchtigen Trag- und Decksteinen. Die Straße dorthin zweigt etwa 8 km vor Tizzano von der D48 ab. Welche Bedeutung hatten diese seltsamen Megalithen für die Menschen, die sie errichteten? Waren sie rituelle Tempelstätten? Waren es heilige Grabanlagen, mystische Armeen oder sogar so etwas wie Sonnenkalender? Trotz zahlloser Theorien hat niemand die leiseste Ahnung.

Im Hinterland von Porto-Vecchio bietet die Region Alta Rocca ebenfalls eine Handvoll gut erhaltener Megalithen. **Pianu di Levie** (Erw./Kind 5,50/3 €; ⊙9–19 Uhr) liegt etwa 7 km nördlich von Levie und verbindet gleich zwei archäologische Fundstätten durch einen Lehrpfad: die *castelli* (Burgen) von Cucuruzzu und Capula. Man geht davon aus, dass sie während der Bronzezeit (um 1200 v. Chr.) errichtet wurden.

Über einige dieser Straßen verlaufen gebogene Aquädukte, in denen einst das Regenwasser für die zentrale Zisterne gegenüber der **Église Ste-Marie Majeure** gesammelt wurde. Die überdachte Holzloggia vor der Kirche ist, auch wenn sie größtenteils nur eine Rekonstruktion ist, eines der schönsten Zeugnisse mittelalterlicher Zimmermannskunst auf Korsika.

Von der Zitadelle aus führt der **Escalier du Roi d'Aragon** (Treppe des Königs von Aragon; Eintritt 2,50 €; ☺April–Okt. 9–19 Uhr) quer über die Felsen der Südseite hinunter zum Meer. Angeblich ließ der König von Aragon die 187 Stufen in einer einzigen Nacht in den Fels hauen, als er die Stadt 1420 belagerte. Als die Spanier endlich oben ankamen, wurden sie trotzdem von den wehrhaften Bonifaciern besiegt.

Im Westen des Kreidefelsplateaus steht die **Église Ste-Dominique** (Eintritt 2,50 €; ☺Mitte Juni–Mitte Sept. 9.30–12.30 & 15–18 Uhr), eine der wenigen gotischen Kirchen auf Korsika. Ihre Reliquien werden bei zahlreichen religiösen Festen in einer Prozession durch den Ort getragen.

Richtung Westen geht's an ein paar Windmühlen vorbei zur Église St-François. Der dazugehörige **Friedhof** über dem Meer mit makellosen Gräberreihen und imposanten Mausoleen strahlt eine unheimliche Stille aus. An der westlichen Spitze der Halbinsel führt ein im Zweiten Weltkrieg von Hand gegrabener Tunnel zum **Gouvernail de la Corse** (Steuerruder von Korsika; Eintritt 2,50 €; ☺9–18 Uhr), einem etwa 12 m vom Ufer entfernt gelegenen Felsen, dessen Form an ein Schiffsruder erinnert.

Îles Lavezzi   ARCHIPEL

Hier ist das Paradies. Die Îles Lavezzi sind Teil des Naturschutzgebiets La Réserve Naturelle des Bouches de Bonifacio. Wer sich nichts Schöneres vorstellen kann, als den ganzen Tag in türkisblauem Wasser zu planschen, wird diese unbewohnten Inselchen lieben.

Die namensgebende Île Lavezzi am südlichsten Zipfel Korsikas ist 65 ha groß und am einfachsten zu erreichen. Ganz abgesehen von ihrer rauen Schönheit laden die wunderbaren natürlichen Becken und malerischen Sandstrände ein zum endlosen Faulenzen im und am Wasser. Einzige Sehenswürdigkeit der Insel: der Friedhof für die Opfer der *Sémillante*, einer Dreimastfregatte, die im Februar 1855 an der Île Lavezzi auf Grund lief.

Im Sommer bieten verschiedene Unternehmen **Bootsausflüge** zur Insel an, Fahrkarten gibt's an den Ticketständen im Yachthafen von Bonifacio. Die Boote fahren als Shuttledienst, sodass Inselbesucher so lange bleiben können, wie sie wollen. Allerdings: Kaufen kann man hier nichts, Essen und Getränke muss also jeder selbst mitbringen. Die Îles Lavezzi werden auch von Porto-Vecchio aus angefahren.

Strände

Die Stadtstrände von Bonifacio sind nicht gerade überwältigend. Der kleine Kieselstrand **Plage de Sotta Rocca** unterhalb der Zitadelle ist über eine Treppe in der Avenue Charles de Gaulle zu erreichen. Zu den Sandstränden **Plage de la Catena** und **Plage de l'Arinella** im Norden der Meeresstraße von Bonifacio führt ein kleiner Fußweg, der bei der Esso-Tankstelle in der Avenue Sylvère Bohn beginnt.

Wer feinere Sandstrände sucht, muss auf der D58 in Richtung Osten fahren, bis zur kleinen Bucht von **Spérone** gegenüber den Inselchen Cavallo und Lavezzi. In der Bucht nebenan liegt der bei Windsurfern beliebte Strand **Piantarella** und noch weiter östlich der strahlend weiße Sandstrand **Calalonga**. Weitere schöne Strände finden sich rund um den **Golfe de Sant'Amanza**, 8 km östlich von Bonifacio. Dort ist z. B. auch die **Plage de Maora**.

🏃 Aktivitäten

Phare de Pertusato   WANDERUNG

Fotofreaks auf der Suche nach dem perfekten Motiv müssen unbedingt die anspruchslose, aber phantastisch schöne Klippenwanderung zum Phare de Pertusato (Leuchtturm von Pertusato) machen, der einen Rundum-Panoramablick auf die Steilklippen, die Îles Lavezzi, Bonifacio und Sardinien bietet. Der ausgeschilderte Anfangspunkt liegt gleich links der scharfen Kurve am Anstieg zur Zitadelle von Bonifacio. Die Rundwanderung dauert mindestens drei Stunden.

Mérouville   TAUCHREVIER

Das Meer vor Bonifacio ist ein gefundenes Fressen für Taucher. Am beliebtesten sind die Îles Lavezzi (S. 973), die für jedes Niveau etwas zu bieten haben. In Bonifacios Hausrevier Mérouville können alle Taucher garantiert dem einen oder anderen riesigen Zackenbarsch die Flosse schütteln. Bei der gut etablierten Tauchbasis **Corsica Diving** (www.corsicadiving.com, auf Frz.; quai Sennola) beginnen die Preise für einen einzelnen Tauchgang bei 40 €.

Bootsfahrten

Ein Aufenthalt in Bonifacio ohne **Bootsausflug**? Geht ja wohl gar nicht. Die Küste ist spektakulär und vom Meer aus sieht man besonders deutlich, wie gewagt die Stadt auf den weißen Steilklippen balanciert. Die einstündige Rundfahrt (19 €) führt vorbei an mehreren *calanques* (tiefe Felseneinbuchtungen) mit klarem, türkisblauen Wasser, einem Leuchtturm, dem Escalier du Roi d'Aragon und der Grotte du Sdragonato (Kleine Drachenhöhle), einer riesigen wässrigen Höhle mit natürlichem Oberlicht.

Im Sommer konkurrieren zahlreiche Bootsunternehmer am Yachthafen um Kundschaft. Das Angebot ist bei allen mehr oder weniger gleich; Ticketstände sind gleich am Hafen.

🛏 Schlafen

Hôtel des Étrangers   HOTEL €

(☎04 95 73 01 09; hoteldesetrangers.ifrance. com; av. Sylvère Bohn; DZ 46–65 €; ⊘April–Mitte Okt.; ❄🅿) Spektakulär ist es ja nicht gerade, das „Hotel der Ausländer". Aber günstig! Die solide, schnörkellose Bleibe hat blitzsaubere Zimmer, alle mit Kachelboden, sauberem Badezimmer und schlichter Farbgebung. Für ein paar Euro mehr auch mit Klimaanlage. Na klar: Die Hauptstraße vor der Tür nervt, aber für den Preis drückt man schon mal ein Ohr zu. Das Hotel liegt nördlich des Hafens.

Hôtel Le Colomba   HOTEL €€

(☎04 95 73 73 44; www.hotel-bonifacio-corse. fr; rue Simon Varsi; DZ 100–160 €; ⊘März–Nov.; ❄🅿) Das geschmackvoll renovierte Haus aus dem 14. Jh. steht in einer malerischen Straße im Herzen der Altstadt und ist einfach nur entzückend. Die Zimmer sind schlicht und eher klein, aber frisch und angenehm individuell, mit schmiedeeisernen Bettgestellen und Dekostoffen im Landhausstil oder geschnitzten Bettrahmen und Fliesen im Schachbrettmuster. Ein weiteres Highlight ist das Frühstück im Kellergewölbe.

Domaine de Licetto   HOTEL €€

(☎04 95 73 03 59, 04 95 73 19 48; www.licetto. com, auf Frz.; route du Phare; DZ 65–100 €; ❄🅿) Was für eine angenehme Überraschung! Nur wenige Kilometer östlich von Bonifa-

cio und doch Lichtjahre entfernt von der Hektik der Küste. Alle sieben Zimmer sind geschmackvoll gekachelt und modern eingerichtet: Das fühlt sich frisch und komfortabel an. Außerdem gibt's ein hauseigenes Restaurant mit sehr gutem Ruf.

Hotel Genovese   HOTEL €€

(☎04 95 73 12 34; www.hotel-genovese.com; route de Bonifacio; DZ 130–185 €; ⊘Okt.–März; ❄🅿🏊) Dieses geschmackvolle Hotel auf der Festung bringt frischen Wind in die Hotelauswahl. Der schöne Pool, die stilvollen Möbel, die beruhigenden Farben – wer könnte da Nein sagen? Die außen liegenden Zimmer sind die bessere Wahl; die Zimmer zum Hof sind recht dunkel.

Camping l'Araguina   CAMPING €

(☎04 95 73 02 96; www.camping-araguina-bonifacio.com, auf Frz.; av. Sylvère Bohn; Erw./ Zelt/Auto 6,60/2,70/2,70 €; ⊘März–Okt.) Der Hauptcampingplatz von Bonifacio neben dem Hôtel des Étrangers verfügt über jede Menge Stellplätze und vermietet Bungalows. Weniger angenehm ist die Lage direkt an der Straße.

🍴 Essen

An der Hafenpromenade gibt es viele schicke Straßenrestaurants, doch das Essen ist nicht immer so toll wie das Ambiente.

Kissing Pigs   KORSISCH, MODERN €€

(☎04 95 73 56 09; quai Banda del Ferro; Hauptgerichte 10–19 €, Menü 13–20 €; ⊘in der Nachsaison Mi & So geschl.) Das viel gelobte Restaurant mit Weinbar hat einiges zu bieten: die ruhige Lage am Hafen, das leckere Essen, das verführerisch gemütliche Interieur mit Holzeinrichtung und von der Decke baumelnden Würsten. Bekannt ist es vor allem für seine Käse- und Wurstplatten. Für Unentschlossene gibt's auch eine *moitié-moitié*-Platte (halbe/halbe), die beides vereint. Ein weiterer Volltreffer ist die Weinkarte, auf der eine gute Auswahl korsischer Tröpfchen offen angeboten wird.

Cantina Doria   KORSISCH €

(☎04 95 73 50 49; 27 rue Doria; Hauptgerichte 10–14 €; ⊘April–Sept. Mo–Sa) Das höhlenartige kleine Lokal mit seinen Holzbänken, Kupfertöpfen, Bauernwerkzeugen und verbeulten Blechschildern ist in Bonifacio eine Institution. Auf der Karte stehen sämtliche Klassiker der korsischen Küche. Gäste schwelgen in kulinarischen Dauerbrennern wie *lasagnes au fromage Corse* (Lasagne mit korsischem Käse), *soupe Corse* (korsische Suppe) oder *aubergines à la bonifacienne* (Auberginen gefüllt mit Semmelbröseln und Käse) und reiben sich nach dem Essen zufrieden die Bäuche.

Domaine de Licetto KORSISCH, TRADITIONELL €€
(☑04 95 73 03 59; route du Phare; Menü 36 €; ☺Aug. tgl. abends, April–Juli & Sept.–Mitte Okt. Mo–Sa abends) Viel korsischer als hier geht kaum. Und wer keinen Hunger mitbringt, der hat gar keine Chance: Das Fünfgängemenü ist ein kulinarisches Fest aus Zutaten von regionalen Kleinbauern. Oft mit dabei: Milchlamm und *aubergines à la bonifacienne*. Es liegt mitten in der Macchia auf dem Weg zum Phare de Pertusato.

Le Gregale FISCH & MEERESFRÜCHTE €€
(☑04 95 73 51 46; Plage de Maora; Fisch: 100 g 7 €, Hummer: 100 g ab 14 €; ☺Juni–Sept. abends) Das Le Gregale an der Plage de Maora ist jeden Umweg wert. Wenn der Fisch wirklich fangfrisch sein soll, ist dies die beste Adresse. Der Inhalt der Speisekarte richtet sich nach dem, was heute ins Netz gegangen ist: Petersfisch, Seebrasse, Loup de mer … und Hummer. In dem Familienunternehmen arbeiten Mama und Papa in der Küche, die beiden Söhne fangen den Fisch und bedienen die Gäste. Wunderschön ist der rustikale Schick des Lokals mit hellen Holzmöbeln und Deckenbalken.

L'Archivolto KORSISCH, MODERN €€
(☑04 95 73 17 58; rue de l'Archivolto; Hauptgerichte 13–21 €; ☺Juli–Aug. abends, April–Juni & Sept. Mo–Sa mittags) Dieses grandios exzentrische Bistro ist nur wenige Schritte von der Église Ste-Marie Majeure entfernt und so voll mit Kuriositäten, dass es sich eher anfühlt wie ein Antiquitätenladen. Die Speisekarte steht auf einer Schiefertafel und ist genauso eklektisch zusammengestellt aus Fisch, Fleisch und üppigen Salaten. Im Sommer wuchern die Tische nach draußen in die hübsche Piazza.

ℹ Praktische Informationen
In Bonifacio gibt es nur zwei Geldautomaten: einen am Postamt (in der Zitadelle) und einen an der Bank Société Générale (am Yachthafen).
Touristeninformation (www.bonifacio.fr, auf Frz.; 2 rue Fred Scamaroni; ☺9–20 Uhr)

ℹ An- & Weiterreise
BUS Die Busse der **Eurocorse** (☑04 95 70 13 83) fahren zweimal täglich (samstags einmal) zwischen Bonifacio und Porto-Vecchio, Sartène,

Propriano; im Juli und August fahren sie auch nach Ajaccio. Von September bis Juni fährt montags bis samstags täglich ein Bus. Passagiere, die nach Bastia wollen, müssen in Porto-Vecchio umsteigen.

FÄHRE Im Sommer verkehren die Fähren der größten Anbieter Sardiniens **Saremar** (www.saremar.it, auf Italienisch) und **Moby Lines** (www.mobylines.de) zwischen Bonifacio und Santa Teresa di Gallura. Eine einfache Fahrt kostet zwischen 10 und 19 € plus Steuern, je nach Tag und Zeit der Überfahrt. Diese dauert etwa eine Stunde.

FLUGZEUG Der **Flughafen Figari-Sud Corse** (www.2a.cci.fr/Aeroport_Figari-Sud_Corse. html, auf Frz.) liegt etwa 21 km nördlich von Bonifacio. Weitere Details auf S. 978. Öffentliche Verkehrsverbindungen zum Flughafen gibt es nicht; ein Taxi kostet ca. 40 €.

Rund um Porto-Vecchio (Portivecchju)
10 600 EW.

Das schamlos verführerische, hippe Porto-Vecchio wird gerne das korsische St-Tropez genannt. Kein Wunder: Es liegt in einer großartigen Bucht und zieht französische Promis und reiche Touristen unwiderstehlich an. In der Hochsaison hat sich die Stadt außerdem längst als Zentrum der Partyszene etabliert. Einen eigenen Strand hat Porto-Vecchio zwar nicht, aber einige der schönsten, berühmtesten Strände sind in unmittelbarer Nähe.

⦿ Sehenswertes & Aktivitäten
Sehenswürdigkeiten sind in Porto-Vecchio eher dünn gesät. Aber die hübschen Gässchen der **Haute Ville** mit ihren Restaurantterrassen und Designerläden haben mehr als genug Charme. Die stimmungsvolle **Rue Borgo** zeigt die Stadt so, wie sie einst war, und die Ruine der alten **genuesischen Zitadelle** ist auch einen Blick wert: Die **Porte Génoise** und die **Bastion de France** (für den Publikumsverkehr geschlossen – aber von außen zu bewundern!) muss man unbedingt gesehen haben.

Bootsfahrten
Verschiedene Unternehmen bieten **Bootsausflüge** zu den Îles Lavezzi (S. 973) und nach Bonifacio an. Eine ganztägige Rundfahrt führt an der Réserve Naturelle des Îles Cerbicale und den Stränden südlich von Porto-Vecchio vorbei. Sie kostet pro Erwachsenem/Kind 60/30 €; das Mittagessen ist im Preis enthalten.

Monte Cristo (www.croisieres-montecristo. com, auf Frz.; Mai–Sept.;) und **Ruscana** (www.amour-des-iles.com, auf Frz.; Mai–Sept.;) haben beide einen Stand am Yachthafen.

Strände

Strandliebhaber kommen in Korsika voll auf ihre Kosten. Die endlose **Plage de Palombaggia** ist quasi der Inbegriff des Strandparadieses. Hier werden korsische Träume wahr: klares türkisblaues Wasser sowie kilometerlanger Sandstrand mit Palmen und grandiosem Blick auf die Îles Cerbicale. Die weiter südlich gelegene **Plage de la Folacca** (auch Plage de Tamaricciu) ist genauso eindrucksvoll. Noch ein paar Kilometer weiter nach Süden und über den Pass der Bocca di L'Oru liegt ein weiteres Juwel – die eine Kurve beschreibende **Plage de Santa Giulia**. Von Porto-Vecchio immer der N198 nach in Richtung Süden, dann nach links der Beschilderung zur Route de Palombaggia folgen, die sich in Serpentinen um die Küste schlängelt.

Richtung Norden hat die Küste auch eine Handvoll malerischer Sandstrände zu bieten. Das traumhaft klare Wasser an den Stränden der **Cala Rossa** und **Baie de San Ciprianu** bringt jedes Herz in Wallung. Noch weiter nördlich liegt der atemberaubende **Golfe de Pinarello**. Hier locken ein genuesischer Turm und noch mehr perfekter Sand mit flach plätschernden Wellen.

🛏 Schlafen

LP TIPP **Chambre d'hôtes A Littariccia**

ZIMMER MIT FRÜHSTÜCK €€

(04 95 70 41 33; www.littariccia.com; route de Palombaggia; DZ 90–200 €;) Diese hübsche *chambre d'hôtes* in den Hügeln oberhalb der Plage de Palombaggia ist eine Landidylle in unfassbar schöner Lage. Der traumhafte Blick über das Mittelmeer lässt jedes Herz höher schlagen, die sechs entzückenden Zimmer sind Balsam für die Seele und der kleine Swimmingpool bringt selbst den verspanntesten Körper wieder ins Lot. Winziger Minuspunkt: Nicht alle Zimmer haben Meerblick.

Hôtel-Restaurant Le Goéland HOTEL €€

(04 95 70 14 15; www.hotelgoeland.com; La Marine; DZ mit HP 180–360 €; März–Nov.;) Dieses schön herausgeputzte Hotel steht direkt am Meer in der Nähe des Yachthafens: Die Lobby ist stilvoll und die Zimmer wirken frisch, mit weichen Gelb- und Pastelltönen, Terrakottaböden und dunklen Möbeln. Nach einem harten Touristentag

wartet hier ein entspannender Sonnenstuhl zwischen den gepflegten Oleandern, Pinien und Eukalyptusbäumen im Garten. Es gibt sogar ein hauseigenes Restaurant. Wichtigste Vokabel bei der Zimmerreservierung: *vue mer* (mit Meerblick).

Hôtel San Giovanni HOTEL €€

(04 95 70 22 25; www.hotel-san-giovanni. com; route d'Arca; DZ 90–140 €; März–Okt.;) Die großen Pluspunkte am San Giovanni: Die 1,25 ha große Gartenlandschaft mit vielen Blumen, Teichen und Palmen, vom tollen Swimmingpool ganz zu schweigen. Fahrradverleih, Whirlpool und Tennisplatz sind auch nicht übel. Im Vergleich dazu sind die schlicht eingerichteten Zimmer fast eine Enttäuschung.

🍴 Essen

Tamaricciu KORSISCH, MODERN €€

(04 95 70 49 89; www.tamaricciu.com, auf Frz.; route de Palombaggia; Hauptgerichte 15–32 €; Mai, Juni & Sept. mittags, Juli–Aug. abends) An den Stränden südlich von Porto-Vecchio nehmen die *paillottes* (Strandlokale) ja schier kein Ende, aber das hippe Tamaricciu ist etwas Besonderes. Seine Spezialität sind wunderschön servierte Klassiker der mediterranen Küche: Fisch vom Grill (Seebrasse, Petersfisch), Fleischgerichte (Lamm, Rind) und Pasta. Mittags steht auch ofenfrische Pizza auf der Speisekarte. Das Tamaricciu liegt an der Südspitze der Plage de Palombaggia.

A Cantina di L'Orriu KORSISCH €

(04 95 70 26 21; cours Napoléon; Hauptgerichte 10–28 €; Mai–Sept.) Nirgends in Porto-Vecchio ist das Essen besser als im Cantina di L'Orriu: Fleisch, Käse, Wurstwaren, hausgemachte Ravioli mit *Brocciu*-Käse, Salate … alles ganz hervorragend. Weinliebhaber werden auch von der guten Auswahl regionaler Weine begeistert sein.

Sous La Tonnelle KORSISCH, MODERN €€

(04 95 70 02 17; rue Abbatucci; Hauptgerichte 13–25 €; in der Nachsaison So & Mo geschl.) Das Essen ist hier immer eine Wonne – ob draußen auf der weinumrankten Terrasse oder drinnen im hübschen, in erdigen Farbtönen gehaltenen Speisesaal. Und die schönen korsischen Fleisch- und Fischkreationen lassen jeden Gaumen jubeln.

Ausgehen & Unterhaltung

Gute Nachrichten für Nachtgewächse: In der Hochsaison ist hier die Partyhoch-

L'ALTA ROCCA

Überall nur Türkis und Blau? Nein, Korsika hat auch noch andere Farben, wie man nach ein paar Tagen in der Alta Rocca nördlich von Porto-Vecchio schnell feststellt. Diese Landschaft fernab von der hochpolierten Hektik der Küste ist noch richtig ungezähmt. Am südlichen Ende des langen Rückgrats von Korsika hängen Dörfer aus Granit an Felsvorsprüngen inmitten eines Dickichts aus Immergrün und Laub.

Die kurvige D368 verlässt Porto-Vecchio, um in einer Höhe von ca. 1000 m in das ruhige Umland von **L'Ospédale** zu gelangen. In der Nähe der Ortschaft bietet die **Forêt de L'Ospédale** hervorragende Möglichkeiten für Wanderungen und Picknicks. Wer den Schildern nach **Zonza** folgt, findet ein typisches Bergdorf vor der dramatischen Kulisse der Aiguilles de Bavella. Zonza ist ein perfekter Ausgangspunkt für Ausflüge in die Alta Rocca. Auch die Auswahl an Restaurants und Unterkünften ist sehr gut. **L'Aiglon** (☎04 95 78 67 79; Hauptgerichte 16–23 €, Menü 23 €; ☺April–Okt.) ist die beste Adresse für ein raffiniertes korsisches Essen. Etwa 2 km außerhalb von Zonza bietet die **Chambre d'hôtes de Cavanello** (☎04 95 78 66 82; www.locationzonza.com, auf Frz.; DZ 60–70 €; ☎☒) neun gemütliche Zimmer und mehrere Hektar Wald und Wiese.

Ebenfalls sehr charmant ist das nahe gelegene Dorf **Quenza**: rundum geschützt von dicht bewaldeten Bergen, am Horizont die Aiguilles de Bavella. Stressflüchtlinge, die etwas typisch Korsisches in maximaler Abgeschiedenheit auf 1200 m suchen, sind im **Chez Pierrot** (☎04 95 78 63 21; Ghjallicu; DZ mit HP 110 €) super aufgehoben. Südkorsikas eigenwilligste Bleibe hat viel zu bieten – *gîte*, chambre d'hôtes, Restaurant (Gerichte 23 €) und Reitstall – und gehört dem charismatischen Pierrot, der seit seiner frühen Kindheit hier lebt. Es liegt etwa 5 km oberhalb von Quenza auf dem Plateau de Ghjallicu; der Weg ist beschildert.

Von Zonza oder Quenza aus führt eine kurze Fahrt zum **Col de Bavella** (Bavella-Pass; 1218 m), der den staunenden Blick auf die **Aiguilles de Bavella** (Nadeln der Bavella) freigibt. Die Granitgipfel, die hier in über 1600 m am Himmel kratzen, sehen aus wie riesige Haifischzähne und haben schon fast Kultstatus. Entsprechend oft dienen sie natürlich als Fotomotiv. Die Gegend um den Col ist außerdem ein phantastischer Spielplatz für Wanderer, Kletterer und Canyoningfans – oder auch einfach für einen Picknick. Zum Batterien wieder Aufladen eignet sich die **Auberge du col de Bavella** (☎04 95 72 09 87; www.auberge-bavella.com, auf Frz.; Hauptgerichte 10–25 €; ☺April–Okt.), einem typisch korsischen Gasthaus mit hervorragenden Fleischgerichten.

Kulturfans müssen unbedingt nach **Levie**, das mit einem interessanten Museum und einer schönen archäologischen Fundstätte in großartiger Landschaft aufwartet. Das gut strukturierte **Musée de l'Alta Rocca** (Eintritt 4 €; ☺Mai–Okt. tgl. 9–18, Nov.–April 10–17 Uhr) liefert anschauliche Erklärungen der korsischen Geologie sowie des Klimas, der Flora und der Fauna. Weitere Exponate beschäftigen sich mit Ethnologie und Archäologie. Anschließend geht's zum **Pianu di Levie** (s. Kasten S. 972) etwa 7 km weiter nördlich (immer der Beschilderung nach), wo die Ausgrabungsstätte ein realistisches Gefühl für das Leben im alten Korsika vermittelt. In Levie ist auch **A Pignata** (☎04 95 78 41 90; www.apignata.com; route du Pianu; DZ 110–260 €; ☺April–Okt.; ☎☒), eine der schönsten Unterkünfte der Insel. Das boutiqueartige Gasthaus hat wunderbare Zimmer und noch schönere Suiten; das hauseigene Restaurant (Menü 38 €) gilt außerdem als eines der besten in Südkorsika.

Von Levie führt die Straße nach **Ste-Lucie de Tallano**, in dem einige interessante Bauten stehen, darunter die wohlproportionierte **Église Ste-Lucie** und der imposante, im Renaissancestil erbaute Kloster **Couvent St-François**, das besonders malerisch am Ortsrand liegt.

burg. Rund um die Place de la République, in der Oberstadt sowie an der Strandpromenade gibt es jede Menge hippe Cafés. Wenn es etwas „korsischer" sein soll (mit korsischem Gesang und Gitarre), bietet sich die intime **La Taverne du Roi** (☺ab 22 Uhr) an, die sich an der Porte Génoise versteckt.

Das **Via Notte** (www.vianotte.com, auf Frz.; route de Porra; ☻während der Saison tgl.) am südlichen Stadtrand von Porto-Vecchio muss man einfach gesehen haben. Es ist der angesagteste Club auf Korsika – im ganzen Mittelmeerraum sind nur wenige noch bekannter. Im Sommer legen hier die DJ-Superstars auf, während sich bis zu 5000 Partywütige auf der Tanzfläche drängeln.

❶ Praktische Informationen

Touristeninformation (www.destination-sudcorse.com; rue Camille de Rocca Serra; ☻Mo–Sa 9–20, So 9–13 Uhr) Außerhalb der Saison sonntags geschlossen.

❶ An- & Weiterreise

BUS Les Rapides Bleus (☎04 95 70 10 36; rue Jean Jaurès) hat eine Busverbindung nach Bastia (3 Std., 1-mal tgl. außer So und an Feiertagen im Winter). Das gleiche Unternehmen betreibt im Sommer einen Strandshuttle zur Plage de Palombaggia und zur Plage de Santa Giulia (hin & zurück 7 €, 4-mal tgl.). Die Busse der **Balési Évasion** (☎04 95 70 15 55; route de Bastia) fahren über die Alta Rocca nach Ajaccio (Juli & Aug. tgl., im Winter nur Mo und Fr). **Eurocorse** (☎04 95 71 24 64; rue Pasteur) bietet eine Buslinie nach Ajaccio (3½ Std.) über Sartène. Im Sommer fahren sie montags bis samstags viermal täglich, an Sonn- und Feiertagen zweimal. In der anderen Richtung fährt zweimal täglich ein Bus nach Bonifacio (30 Min.).

FÄHRE Zwischen Marseille und Porto-Vecchio gibt es eine regelmäßige Fährverbindung (Details auf S. 956).

FLUGZEUG Der **Flughafen Figari-Sud Corse** (www.2a.cci.fr/Aeroport_Figari-Sud_Corse.html, auf Frz.) liegt etwa 25 km von Porto-Vecchio entfernt in der Nähe des Dorfes Figari. Er wird täglich vom französischen Festland angeflogen, im Sommer landen aber auch Chartermaschinen aus dem übrigen Europa in Porto-Vecchio und Bonifacio. Weitere Infos auf S. 1068.

REGION CORTE

Corte (Corti)

5700 EW. / 400 M Ü. M.

Verschwiegen. Introvertiert. Durch und durch korsisch. Man spürt es sofort: Der Bergort Corte ist anders als andere korsische Städte. Kein Wunder – hier schlägt das Herz der Insel. Seit Pascal Paoli den Ort 1755 zur Hauptstadt der kurzlebigen Korsi-

schen Republik ernannte, ist er untrennbar mit dessen Schicksal verbunden und ist auch heute noch eine Hochburg der Nationalisten.

Corte ist mit einer unglaublich schönen Lage am Zusammenfluss mehrerer Gewässer gesegnet. Märchenhaft ist auch die Zitadelle, die dramatisch auf einem zerklüfteten Felsen im Tal sitzt. Trotz seiner isolierten Lage ist die Stadt voller Atmosphäre und während des Semesters von studentischem Flair erfüllt. Im Sommer ist die Stadt eher von Touristen bevölkert, die sie als Basislager für Ausflüge ins Restonica- oder Tavignano-Tal direkt außerhalb der Stadt nutzen.

⊙ Sehenswertes & Aktivitäten

Zitadelle ALTSTADT
Die einzige der sechs Zitadellen Korsikas, die nicht an der Küste steht, erhebt sich hoch über die Kopfsteinpflastergassen der Oberstadt und die beiden Flüsse Tavignanu und Restonica. Der höchste Punkt der Zitadelle, die als *Nid d'aigle* (Adlerhorst) bekannte **Festung**, wurde 1419 erbaut.

Außerhalb der Festungsmauern führt eine steile Treppe zum Aussichtspunkt **Belvédère** hinauf, von dem aus man den schönsten Blick auf die Stadt hat. Die einstigen Kasernen und Verwaltungsgebäude in der Zitadelle dienten im Zweiten Weltkrieg als Gefangenenlager und später als Stützpunkt der französischen Fremdenlegion. Heute befinden sich hier die Touristeninformation und das korsische Nationalmuseum **Museu di a Corsica** (☎04 95 45 25 45; Eintritt 5,50 €; ☻im Sommer 10–20 Uhr, in der Zwischensaison geschl., im Winter So & Mo geschl.). Alle, die sich für die korsische Kultur interessieren – unbedingt hingehen! Zu sehen ist eine überragende Ausstellung zu Korsikas Traditionen, Handwerk, Landwirtschaft und Anthropologie. Das Gebäude beherbergt zwei Hauptgalerien sowie eine dritte Ausstellungsfläche für Wanderausstellungen.

Cours Paoli STRASSE
Ein kleiner Spaziergang an der Hauptstraße weckt aufs Angenehmste den Appetit auf einen Aperitif oder ein leckeres Essen in einem von Cortes guten Restaurants. Der beste Ausgangspunkt ist Cortes belebtester Platz, die Place Paoli, die von einer **Statue des Pascal Paoli** bewacht wird. Von dort aus geht's ganz gemächlich die Cours hinunter. Der Weg ist nicht weit, dafür aber mit lauter kleinen Versuchungen gepflastert.

Place Gaffory
PLATZ

Am Fuß der Zitadelle liegt die lebhafte Place Gaffory, umrahmt von Restaurants und Cafés und bewacht von der Mitte des 15. Jhs. erbauten **Église de l'Annonciation**. Die Einschusslöcher in den Mauern der Häuser sollen aus der Zeit des korsischen Unabhängigkeitskampfes stammen.

Outdooraktivitäten

Die Region um Corte ist ein Mekka für alle, die es in den Füßen juckt. Canyoning, Wandern, Klettern, Mountainbiken: Die umliegenden Täler bieten alle Möglichkeiten. Im Outdoorladen **Altipiani** (www.altipiani-corse.com; 5 rue du Pr Santiaggi) gibt's nähere Details.

 Schlafen

Chambre d'hôtes Osteria di l'Orta – Casa Guelfucci
ZIMMER MIT FRÜHSTÜCK €€

(☑04 95 61 06 41; www.osteria-di-l-orta.com, auf Frz.; DZ 85 €; ❄🛜🏊) Die wunderschöne *chambre d'hôtes* in einem hellblauen Stadthaus an der N193 wird von einem reizenden Ehepaar mit Sinn für kühnes Design geführt. Die vier nach bedeutenden einheimischen Persönlichkeiten benannten Zimmer sind einfach nur schön: mit polierten Holzfußböden, schneeweißen Wänden und phantastischen Duschen. Den absoluten Luxus bietet die riesige Pascal-Paoli-Suite. Am Ende eines schönen Urlaubstages ist ein üppiges Abendessen (26 €) im Speisesaal unter dem Haupthaus angesagt. Die Landschaft jenseits der riesigen Erkerfenster ist eine Augenweide, die korsischen Spezialitäten aus feinsten regionalen Zutaten sind ein Gaumenschmaus.

Hôtel du Nord
HOTEL €€

(☑04 95 46 00 68; www.hoteldunord-corte.com; 22 cours Paoli; DZ mit Frühstück 80–100 €; ❄🛜) Im Sommer ist die Durchgangsstraße zwar recht stark befahren und die Fassade könnte auch einen Anstrich vertragen. Aber keine Bange: Die Grande Dame unter Cortes Hotels ist tipptopp in Form. Die fröhlichen, geräumigen Zimmer haben moderne Farben und allen Komfort, den das Herz begehrt.

Hôtel Duc de Padoue
HOTEL €€

(☑04 95 46 01 37; www.ducdepadoue.com; place Padoue; DZ 92–123 €; ❄🛜) Das Hotel wird hoch professionell geführt – wenn auch die Fassade schmuddelig ist. Das einladende Interieur wurde vor wenigen Jahren komplett renoviert und bietet gut ausgestattete Zimmer mit Flachbild-TV, flauschigen Decken, dezenten Farbtönen und pieksauberen Bädern.

Camping Saint-Pancrace
CAMPING €

(☑04 95 46 09 22; Erw./Zelt/Auto 3/6/3 €; ⊙Juni–Sept.) Cortes schönster Campingplatz liegt nördlich der Stadt und bietet viele angenehme Stellplätze unter Oliven und Eichen. Die Umgebung ist ruhig und die Stadt zu Fuß nur 20 Minuten entfernt. Käsefans aufgepasst: Die Inhaber betreiben auch einen kleinen Milchviehbetrieb mit Molkerei.

 Essen

Pâtisserie Casanova
KONDITOREI €

(☑04 95 46 00 79; 6 cours Paoli; Gebäck ab 2 €; ⊙Mo-Sa 7–19 Uhr) Hier schaukeln Feinschmecker auf Wolke sieben. Wer sich süße Sünden nicht leisten kann, kommt besser erst gar nicht in die 1887 gegründete Konditorei rein: allein schon die *falculella* (korsischer Nachtisch aus *Brocciu* und Kastanienmehl) – wer kann da Nein sagen? Die Kaffeelounge ist aber auch der perfekte Ort für einen erstklassigen Kaffee nach einem Rundgang durch das Stadtzentrum.

Le 24
KORSISCH, MODERN €€

(☑04 95 46 02 90; 24 cours Paoli; Hauptgerichte 13–24 €, Menü 18–25 €; ⊙Sept.–Juni So mittags geschl.) Darf's auch etwas feiner sein? Dann immer nur hereinspaziert in dieses schicke Lokal an der Hauptstraße. Die Einrichtung ist modern, die Atmosphäre sexy und die saisonale Speisekarte innovativ aus erstklassigen Zutaten kreiert. Die Nachtische des Hauses stehen auf der Schiefertafel und treffen genau ins Schwarze.

A Scudella
KORSISCH, MODERN €€

(☑04 95 46 25 31; 2 place Paoli; Hauptgerichte 10–17 €, Menü 13–23 €; ⊙Mo–Sa) Diese gemütliche Einkehr am lebhaftesten Platz in Corte verdankt ihren guten Ruf einer sorgfältig aus hochwertigen regionalen Zutaten zusammengestellten Speisekarte. Drinnen ist die Deko wahrlich nichts Besonderes, draußen sitzt man aber durchaus angenehm.

🍷 Ausgehen

Am Cours Paoli pulsiert eine lebhafte Barszene. Im schnörkellosen **Café du Cours** (22 cours Paoli) kann man prima die Welt vorbeiziehen lassen, während das schicke **Le Rex Lounge** (1 cours Paoli) hervorragende Cocktails hat.

Praktische Informationen

An- & Weiterreise

BUS Die sinnvollste Busverbindung bietet **Eurocorse** (☎04 95 31 73 76), dessen Busse von Ajaccio über Corte nach Bastia fahren (2 Std.). Die Busse fahren zweimal täglich außer sonntags. **Transports Mordiconi** (☎04 95 48 00 44) verbindet Corte mit Porto (2¾ Std.). Die Busse fahren von Juli bis Mitte September einmal täglich außer sonntags vor dem Bahnhof ab.

ZUG Der Bahnhof liegt östlich des Stadtzentrums mit Zugverbindungen nach Bastia (2 Std., 3- bis 4-mal tgl.) und Ajaccio (2 Std., 3- bis 4-mal tgl.).

Rund um Corte

Die unberührte Gebirgslandschaft um Corte hat alles, was man zur Belebung von Körper und Geist braucht: frische Bergluft, dichte Wälder, malerische Täler und endlos viele Wanderwege.

VALLÉE DE LA RESTONICA

Die Vallée de la Restonica ist eine der hübschesten Orte in ganz Korsika. Auf seinem Weg durch die graugrünen Berge hat der Fluss kleine Mulden ins Gestein geschliffen, kleine kiefernbeschattete Planschbecken, die wie geschaffen sind zum Schwimmen und Sonnen. Von Corte aus schlängelt sich die D623 15 km durch das Tal zu den **Bergeries de Grotelle** (1375 m). Das Ende der Straße markieren ein Parkplatz (5 €) und eine Handvoll Schäferhütten (in dreien gibt's Getränke, regionalen Käse und Snacks). Von dort aus führt ein Pfad zu zwei Gletscherseen wie aus dem Bilderbuch: dem **Lac de Melu** (1711 m), den man nach ca. einer Stunde erreicht, und dem **Lac de Capitellu** (1930 m), der etwa 45 Minuten weiter liegt.

Am Anfang des Tals gibt's ein paar verführerische Bleiben, darunter **Les Jardins de la Glacière** (☎04 95 45 27 00; www.lesjardinsdelaglaciere.com, auf Frz.; DZ 85–100 €; ⊘April–Mitte Nov.; ❋🛜🏊). Die Zimmer sind sauber und frisch, die Gemeinschaftsbereiche makellos und die Lage am Fluss ist phantastisch (aber Vorsicht vor den Zimmern zur Straße).

VALLÉE DU TAVIGNANO

Alle, die sich noch einen Tag mehr gönnen können, sollten unbedingt eine Wanderung in die Vallée du Tavignano machen. Autos sind verboten, daher ist das Tal auch viel ruhiger. Korsikas tiefste Schlucht ist nur zu Fuß erreichbar und damit weit weg von jeglichem Rummel, obwohl Corte praktisch um die Ecke liegt. Von Corte aus führt ein beschilderter Weg nach ca. 2½ Stunden zur Fußgängerbrücke **Passerelle de Ros-solino**. Die idyllische Umgebung lädt ein zum Picknick – und das klare grüne Wasser der vielen natürlichen Felstümpel zum Baden. Zu Pferde kommt man natürlich auch durch das Tal – nähere Infos dazu bei **L'Albadu** (www.hebergement-albadu.fr, auf Frz.; ancienne route d'Ajaccio, Corte).

VIZZAVONA

Südlich von Corte klettert die N193 steil nach oben in den Schatten des Monte d'Oro (2389 m), um schließlich im kühlen Bergdörfchen Vizzavona anzukommen. Eigentlich ist es nur ein Bahnhof, garniert mit einer Handvoll Häusern und Hotels. Aber es ist der ideale Ausgangspunkt zum Erkunden der **Forêt de Vizzavona**, deren 1633 ha hauptsächlich aus Buchen und Laricio-Pinien bestehen. Die Gegend ist voller toller Wanderwege und wirkt magisch anziehend auf Wanderfans. Besonders schön ist die kurze, liebliche Wanderung, die sich in sanften Kurven durch den großartigen Wald zu den **Cascades des Anglais**, einer Reihe funkelnder Wasserfälle, windet. Der Weg ist beschildert.

Frankreich verstehen

Frankreich heute

Ein neuer Präsidentenschlag

Zu den Präsidentschaftswahlen 2007 trat Urgestein Jacques Chirac (mit über 70 Jahren und zwei Amtszeiten auf dem Buckel) nicht mehr an und machte Platz für Nicolas Sarkozy (geb. 1955). Der dynamische, ehrgeizige und alles andere als medienscheue Ex-Innenminister und Vorsitzende der gemäßigten Rechtspartei UMP *(Union pour un Mouvement Populaire)* lockte die Wähler mit großen Versprechungen: mehr Arbeitsplätze, niedrigere Steuern, Verbrechensbekämpfung und Hilfe beim drängenden Thema Einwanderung. Das klang natürlich besonders überzeugend aus dem Mund eines Mannes, der Sohn eines ungarischen Einwanderers und einer griechisch-jüdisch-französischen Mutter ist. Die sozialistische Gegenkandidatin Ségolène Royal (geb. 1953) lieferte ihm einen erbitterten Wahlkampf. Doch die Mehrheit der Franzosen hatte offenbar die Nase voll von wirtschaftlicher Stagnation und sozialem Notstand und wollte deshalb den Wechsel. Und dieser extrovertierte, redegewandte Politiker schien der richtige Mann dafür zu sein. Ein neuer Präsidentenschlag war geboren.

Doch es war weniger Sarkozys politische Arbeit zur Einführung strikter Wirtschaftsreformen als sein Privatleben, das in den ersten Monaten seiner Amtszeit für Schlagzeilen sorgte. Erst kam die Trennung und Scheidung von seiner Ehefrau Cecilia, dann verliebte er sich in die italienische Multimillionärin und Sängerin Carla Bruni und heiratete erneut – und das innerhalb weniger Monate. Seiner Popularität tat das gewaltigen Abbruch und seine Schonzeit war ganz offensichtlich vorbei.

» Einwohner: 64,4 Mio.

» Fläche: 551 000 km²

» BIP: 1,58 Billionen €

» Wirtschaftswachstum: -2,2 %

» Inflation: 0,1 %

» Arbeitslosigkeit: 9,1 %

Knigge

» In Restaurants die Rechnung getrennt zu zahlen, gilt als unfein. Wer einlädt, bezahlt. Ausnahmen gibt's höchstens unter guten Freunden.

» Wer Obst, Gemüse oder Kleider im Laden anfasst, wird dafür von den Verkäufern mit vernichtenden Blicken gestraft.

» Zu Einladungen Blumen (keine Chrysanthemen, die gelten als Friedhofsblumen) oder Champagner als Gastgeschenk mitbringen.

» Nie beim Essen über Geld reden.

Top-Bücher

Ich ein Tag sprechen hübsch (David Sedaris) Bissige Darstellung eines Amerikaners, der nach Frankreich geht und dort mühsam die Sprache lernt

Religionszugehörigkeit
(% der Bevölkerung)

87 Katholiken

2 Juden

1 Protestanten

10 Muslime

Gäbe es nur 100 Franzosen, würden …

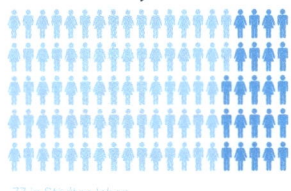

77 in Städten leben
23 in ländlichen Gebieten leben

Wirtschaftliche Probleme

Sarkozy versprach die Senkung der Arbeitslosigkeit und der Einkommenssteuer (auf 5,5–40 %), die Schaffung neuer Jobs und höheres Wirtschaftswachstum für ein Land, das immerhin zu den acht wirtschaftskräftigsten der Welt zählt. Die Arbeitslosenquote sank während der globalen Bankenkrise 2008 (in der die Regierung 10,5 Milliarden Euro in Frankreichs sechs größte Banken investierte) von 8,7 % 2007 auf 7,6 %, um 2010 auf 9,1 % zu klettern – zum großen Entsetzen der Franzosen, die traditionell hohe Erwartungen an die Wirtschaft haben. Wie hierzulande sind in Frankreich staatliche Schulbildung und das Gesundheitswesen kostenlos (Angestellte zahlen einen Krankenversicherungsbeitrag von 8 %); außerdem gibt es staatlich bezuschusste Kinderbetreuung, Fahrpreisvergünstigungen für Familien und eine 35-Stunden-Woche mit viel Freizeit. Im Juni 2009 schrumpfte das Wirtschaftswachstum um 1,3 % und ein paar Monate lang war Frankreich in puncto Rezession gleichauf mit vielen anderen europäischen Ländern.

In Frankreich herrscht eine strikte Trennung zwischen Kirche und Staat. Das Land ist eine säkulare Republik, sodass Religion aus den Lehrplänen der staatlichen Schulen verbannt ist.

Versuche, das seit 1982 unveränderte Pensionssystem zu reformieren – 1,6 Mio. Eisen- und U-Bahner, Mitarbeiter von Energiekonzernen und Fischer haben nach 37,5 Jahren Anspruch auf Pensionen in voller Einkommenshöhe (und alle anderen nach 40 Jahren) – erzeugten nur Unmut und es kam zu einer Welle landesweiter Streiks und Protestkundgebungen. Ähnlich waren die Reaktionen auf Vorschläge, das derzeitige Renteneintrittsalter von 60 auf 62 anzuheben (in fast allen europäischen Ländern liegt es höher). Als die französische Regierung im Juni 2010 konkrete Pläne bekanntgab, das Renteneintrittsalter bis 2018 auf 62 zu erhöhen, wurde fast im ganzen Land gestreikt.

Top-Websites

Gebrauchsanweisung für Frankreich (Johannes Willms) Einblicke des SZ-Korrespondenten in Politik und Gesellschaft, französische Lebensweise und Kultur

Paris by Mouth (http://paris bymouth.com) Der letzte Schrei in Paris: englische Website rund um gutes Essen und Trinken
Weinreiseführer (www. hidden-wineries.com) Maßgeschneiderte Reiseführer zu unbekannten Weingütern

France 24 (www.france24. com/en/france) Französische Nachrichten auf Englisch

Talfahrt in der Wählergunst

Nach den Ergebnissen der Regionalwahlen 2010 zu urteilen, könnte Sarkozy seinen Job nach den nächsten Präsidentschaftswahlen 2012 los sein. Seine Partei erlitt eine echte Schlappe, die Linke heimste 54 % der Stimmen ein und ist nun in 21 von 22 Wahlbezirken auf dem französischen Festland und auf Korsika stärkste Partei. Nur im Nordosten des Landes, im Elsass, konnte sich die gemäßigte Rechtspartei UMP noch behaupten.

Im Frühjahr 2010 kletterte die Arbeitslosenquote auf beunruhigende 10 % und die Popularität der Regierung erreichte einen neuen Tiefstand. Weiter geschürt wurde die Regierungsverdrossenheit durch einen im Juli bekannt gewordenen Skandal: Der Nachrichtensender Mediapart behauptete, Frankreichs reichste Frau und Erbin von L'Oréal, die 87-jährige Liliane Bettencourt, hätte 2007 illegal 150 000 € für Sarkozys Wahlkampagne gespendet. Per Gesetz dürfen Nichtangehörige der Partei nur bis zu 7500 € spenden (maximal 150 € in bar). Die französische Staatsanwaltschaft ermittelt.

Ein guter Gradmesser für die explosive Stimmung waren noch im gleichen Monat Unruhen in der Alpenstadt Grenoble, nachdem ein 27-jähriger von der Polizei erschossen wurde, der angeblich versucht hatte, ein Casino auszurauben. Die brennenden Autos und Zusammenstöße mit Polizeikräften auf der Straße erinnerten an die Gewalttakte, die 2005 in den Pariser Vorstädten für Blutvergießen gesorgt hatten. Wie ein Lauffeuer hatte sich die Stimmung damals ausgebreitet und das Land in den Ausnahmezustand versetzt, als zwei Jugendliche an Stromschlägen starben, die sich auf der Flucht vor der Polizei in einem Umspannwerk versteckt hatten.

Frankreich war schon immer ein Einwanderungsland: Zwischen 1850 und dem Ersten Weltkrieg kamen 4,3 Mio. Menschen aus anderen europäischen Ländern hierher, weitere 3 Mio. bis 1945. Nach dem Zweiten Weltkrieg folgten Millionen ungelernter Arbeiter aus Nordafrika und dem französischsprachigen Afrika südlich der Sahara.

Top-Alben

Histoire de Melody Nelson (Serge Gainsbourg, 1971) Frankreichs meistgeliebter Sänger
Moon Safari (AIR; 1998) Elektropop
Made in Medina (Rachid Taha, 2002) *Rai*
Dante (Abd al Malik, 2008) Rap

Top-Filme

Code Inconnu (Code: unbekannt; 2001) Künstlerischer Kinofilm
Les Choristes (Die Kinder des Monsieur Mathieu; 2004) Toller Soundtrack!

La Môme (La Vie en Rose; 2007) Die Lebensgeschichte der Sängerin Edith Piaf
Lucky Luke (2009) Frankreichs berühmtester Cowboy

Die beiden Jugendlichen stammten aus dem Maghreb und gehörten damit zu einer ethnischen Minderheit in diesem Land, das für seine Multikulturalität bekannt ist. Nachdem mehrere Tausend Autos und Gebäude niederbrannten, versicherte Jacques Chirac, dass es keine Gewalt mehr in den Städten geben solle und man für mehr Chancengleichheit für Immigranten sorgen wolle.

Burka-Verbot

Das Tragen von Kruzifixen, islamischen Kopftüchern und anderen religiösen Symbolen ist in Frankreich seit 2004 an staatlichen Schulen verboten. Seit April 2011 ist ein umstrittenes Gesetz in Kraft, mit dem das Tragen von gesichtsverhüllenden Schleiern verboten wird. Dieses Gesetz, das für mehr Chancengleichheit im Klassenraum sorgen sollte, werten viele, besonders Muslime, als Intoleranz und als Beweis dafür, dass Frankreich nicht an einer vollen gesellschaftlichen Integration von Muslimen interessiert sei. Frauen, die eine Burka oder einen Nikab tragen, müssen mit einer Geldbuße von 150 € rechnen und werden zu Kursen in Staatsbürgerkunde verpflichtet.

Begrüßung

» „Monsieur" für Männer; „Madame" („Mademoiselle") für (unverheiratete) Frauen; – beim Betreten eines Ladens, Restaurants etc.

» „S'il vous plaît" ist die *einzige* Art, einen Kellner zu rufen – nie „garçon" („Junge")

Käse-Etikette

» Kleine, runde Käse in Tortenstücke schneiden

» Größere Käse, die schon in Tortenstückform sind, schneidet man längs – nicht die Spitze abschneiden!

» Mittelharte Käse quer schneiden

Leitungswasser

» Kann man trinken, ebenso wie Wasser aus Brunnen, an denen steht „eau potable"

» Wenn ein Schild sagt „eau non potable", nicht trinken!

» Geld sparen und kostenloses Leitungswasser (une carafe d'eau) bestellen

Geschichte

Die Geschichte Frankreichs ist quasi ein Mikrokosmos der europäischen Geschichte. Wie fast überall begann alles mit der Völkerwanderung einer nomadischen Kultur (der reiselustigen Kelten), der Unterwerfung durch die Römer und deren – wenn man so sagen darf – zivilisierender Prägung und schließlich der Entstehung eines einheimischen Adels. Das Christentum sorgte für ein gewisses Maß an Einheit, aber wohl nirgendwo sonst hätte eine derart unabhängige Kirche neben einem so mächtigen zentralistischen Staat bis heute bestehen können. Von Karl Martell („dem Hammer") und Ludwigs XIV. Anspruch, er sei der Staat, bis zum ehrgeizigen Präsidenten der gegenwärtigen Regierung, der „60 Millionen verschiedene Meinungen" zu jonglieren hat, ist diese Zweiteilung die Grundlage der Geschichte Frankreichs.

Das folgende Kapitel ist nur eine kurze Einführung in die französische Geschichte. Wer sich näher für das umfassende und sehr komplexe Thema interessiert – sei es im Allgemeinen oder zu einem bestimmten Themengebiet – findet auf S. 991 einige empfehlenswerte Buchtitel.

Das römische Gallien

Das heutige Gebiet Frankreichs war in der Eisenzeit von verschiedenen Bevölkerungsgruppen besiedelt, die größte und einheitlichste war die der keltischen Gallier. Die Unterwerfung dieses Volks und ihres Gebiets durch Rom ging schrittweise vor sich, aber nach ein paar Jahrhunderten hatten sie den Galliern ihre Regierungsform, Straßen, Handel, Kultur und sogar ihre Sprache aufgezwungen. Eine gallorömische Kultur entwickelte sich und Gallien wurde mehr und mehr zum Teil des Römischen Reichs.

Diese Entwicklung begann im ersten Jahrtausend v. Chr., als die Griechen und Römer an der Mittelmeerküste Kolonien gründeten, wie z. B. Massilia (Marseille). Die jahrhundertelangen Konflikte zwischen Galliern und Römern endeten 52 v. Chr., als die Legionen Julius Cäsars einen Aufstand etlicher gallischer Stämme unter dem keltischen

ZEITACHSE	ca. 30 000 v. Chr.	ca. 7000 v. Chr.	1500–500 v. Chr.
	Im mittleren Paläolithikum bemalen Cro-Magnon-Menschen ihre Höhlen im Vézère-Tal mit lebendigen Tier- und Menschenszenen und geometrischen Formen.	Die Menschen der Neusteinzeit errichten monumentale Menhire und Dolmen. Eine besonders eindrucksvolle Ansammlung in der Bretagne stellt die Historiker bis heute vor Rätsel.	Keltische Gallier wandern in die Region ein und knüpfen Handelsbeziehungen zu den Griechen, die Kolonien wie Massilia (Marseille) an der Mittelmeerküste unterhalten; diese führen Trauben und Oliven ein.

Averner-Häuptling Vercingetorix bei Gergovia nahe dem heutigen Clermont-Ferrand niederschlugen. Ein paar Jahre plagten die Gallier die Römer in den sogenannten Gallischen Kriegen noch mit Partisanenkämpfen und stellten sich ihnen in mehreren unentschiedenen Schlachten entgegen. Doch nach und nach brach der gallische Widerstand zusammen und die Römer errangen die Herrschaft über ganz Gallien.

Die architektonischen Hinterlassenschaften der römischen Besatzer sind beeindruckend und noch heute überwältigend. Zu den Glanzstücken gehört der gewaltige Aquädukt Pont du Gard, der die südfranzösische Stadt Nîmes mit Wasser versorgte. In Nîmes sind auch noch prächtige Arenen und Amphitheater jener Zeit erhalten, ebenso wie in Autun, Arles und Orange. Einige römische Bauten fanden eine neue Verwendung. In einer frühen Form des Recycelns wurde das römische Amphitheater aus dem 1. Jh. in Périgueux in der Dordogne im 3. Jh. abgetragen, um die Steine zum Bau der Stadtmauer zu nutzen.

Ebenso bedeutend ist das geistige Erbe der Römer, das schließlich zu einer neuen Kultur beitrug. Hochentwickelte urbane Zentren mit Märkten und Bädern mit fließend kaltem und warmem Wasser entstanden. Die Römer legten Weingärten an, besonders in Burgund und Bordeaux, und brachten die Kunst des Weinkelterns mit. Ihr wichtigster Import war jedoch die Einführung des neumodischen christlichen Glaubens, der schließlich die nicht ganz unähnliche Mithra-Anbetung im Beliebtheitswettbewerb schlug.

Später übernahmen die Franken wichtige Elemente der gallorömischen Zivilisation (u. a. den christlichen Glauben) und ihre letztendliche Assimilierung führte zu einer Vermischung der germanischen, keltischen und römischen Kultur.

Inferno & Ekstase: Das mittelalterliche Frankreich

Der Zusammenbruch des Römischen Reichs bereitete den Weg für eine Welle von Franken und anderen germanischen Stämmen, die unter Merowech aus dem Norden und Nordosten in das Land einfielen. Merowechs Enkel, Chlodwig I., trat zum Christentum über, was ihm mehr Legitimität und Macht über seine christlichen Untertanen verlieh, und machte Paris zu seiner Hauptstadt. Seine Nachfolger gründeten die Abtei St-Germain des Prés in Paris und später die Abtei St-Denis nördlich der Stadt, die zum reichsten und bedeutendsten Kloster Frankreichs und zur letzten Ruhestätte der französischen Könige wurde.

Die fränkische Tradition, nach der die Erbschaft der Königswürde allen jeweiligen Söhnen zustand, führte zu internen Machtkämpfen und schließlich zur Auflösung des Königreichs in kleine Feudalstaaten. Die Karolinger traten als das vorherrschende Haus hervor.

Die Franzosen erfanden den ersten digitalen Taschenrechner, den Heißluftballon, die Blindenschrift Braille und die Margarine, die Grand-Prix-Rennen und das erste öffentliche interaktive Computernetzwerk. Hier sind weitere Erfindungen aufgezählt: http://inventors.about.com/od/frenchinventors.

3. Jh. v. Chr.	121 v. Chr.	55–52 v. Chr.	ca. 100–300 n. Chr.
Der keltische Stamm der Parisier baut eine Handvoll Hütten aus Lehmflechtwerk auf der heutigen Île de la Cité von Paris; die heutige Hauptstadt wird später von den Römern Lutetia genannt.	Die Römer dringen in gallisches Gebiet vor und annektieren das südliche Gallien als Provinz Gallia Narbonensis (in der Provence und im Languedoc der Gegenwart) mit dem heutigen Narbonne als Hauptstadt.	Julius Cäsar beginnt von der nordfranzösischen Côte d'Opale aus seine Invasion Britanniens. Die Gallier besiegen die Römer bei Gergovia, in der Nähe des heutigen Clermont-Ferrand.	Die Römer stürzen sich in eine regelrechte Bauorgie und errichten prachtvolle Bäder, Tempel und gigantische Aquädukte wie den Pont du Gard nahe dem südfranzösischen Nîmes.

Die Cro-Magnon-Menschen, ein Typus des Homo sapiens, die etwa vor 15 000 Jahren ins heutige Frankreich kamen, hatten größere Gehirne als ihre Vorfahren, die Neandertaler, lange, schmale Schädel und kurze, breite Gesichter. Sie besaßen geschickte Hände und jagten mit raffinierten Werkzeugen Rentiere, Wisente, Pferde und Mammuts. Sie musizierten, tanzten und hatten recht komplexe soziale Strukturen.

Ihr Geschick nutzten die Cro-Magnons nicht nur zur Werkzeugherstellung und zur Jagd; sie waren auch Künstler. Eine Tour durch die Grotte de Lascaux II – eine Nachbildung der Höhle von Lascaux, in der 1940 eines der schönsten Beispiele von Cro-Magnon-Malereien entdeckt wurde – veranschaulicht, wie anfangs einfachste Zeichnungen und Gravuren von Tieren nach und nach immer detaillierter und realistischer wurden. Die Lascaux-Höhle, „Périgords Sixtinische Kapelle" genannt, birgt 2000 Bilder von menschlichen Gestalten, Tieren und abstrakten Zeichen und ist eine von 25 bekannten Höhlen mit Malereien im Vézère-Tal in der Dordogne (s. S. 632 und S. 635).

Im Neolithikum entstanden Frankreichs zahllose Menhire und Dolmen: Die Morbihan-Küste in der Bretagne ist übersät von megalithischen Monumenten.

Die Macht der Karolinger erreichte unter Karl dem Großen ihren Höhepunkt. Er erweiterte die Grenzen seines Königreichs und wurde 800 zum Kaiser des Heiligen Römischen Reichs (Weströmisches Reich) gekrönt. Im 9. Jh. plünderten skandinavische Wikinger (auch Nordmänner genannt, daher der Name Normannen) die Westküste Frankreichs und siedelten im unteren Seine-Tal, wo ein Jahrhundert später das Herzogtum Normandie entstand.

Dieses Jahrhundert war eine Zeit der Zerrissenheit in Frankreich, teils auf politischer Ebene durch den Aufstieg der Normannen, teils auf religiöser Ebene durch die Gründung einflussreicher Klöster wie das der Benediktiner in Cluny. Als 987 Hugo Capet den Thron bestieg und mithin die Ankunft der Dynastie der Kapetinger einläutete, bestand der Herrschaftsbereich des Königs nur noch aus einem bescheidenen Gebiet um Paris und Orléans.

Die spannende Geschichte, wie Wilhelm der Eroberer und seine Truppen 1066 von der Normandie aus die erfolgreiche Invasion Englands bewerkstelligten, wird auf dem Wandteppich von Bayeux erzählt, der im Musée de la Tapisserie de Bayeux ausgestellt ist. Noch komplizierter gestalteten sich die Herrschaftsverhältnisse, als 1152 Eleonore von Aquitanien Heinrich von Anjou heiratete und somit ein weiteres Drittel Frankreichs an die englische Krone fiel. Der anschließende Machtkampf zwischen Frankreich und England um die Herrschaft über Aquitanien und die großen englischen Gebiete in Frankreich dauerte drei Jahrhunderte.

GESCHICHTE INFERNO & EKSTASE: DAS MITTELALTERLICHE FRANKREICH

ca. 455–70	732	800–900	987
Frankreich bleibt bis zum 5. Jh. römisch. Dann überrennen die Franken (daher der heutige Name des Landes) und Alemannen von Osten das Land.	Bei Poitiers stoppen Karl Martell und seine Reitertruppen den Vormarsch der muslimischen Mauren. Sein Enkel Karl der Große erweitert die Grenzen des Reichs und wird Kaiser des Heiligen Römischen Reichs.	Skandinavische Wikinger (auch Nordmänner bzw. Normannen genannt) überfallen Frankreichs Westküste. Sie lassen sich im unteren Seine-Tal nieder, wo sie später das Herzogtum Normandie gründen.	Die Krönung Hugo Capets beendet fünf Jahrhunderte merowingischer und karolingischer Herrschaft; die Dynastie der Kapetinger regiert die nächsten 800 Jahre eines der mächtigsten Länder Europas.

Der Hundertjährige Krieg

1337 führte die Feindschaft zwischen den Kapetingern und den Anglo-normannen zum Hundertjährigen Krieg, der mit Unterbrechungen bis Mitte des 15. Jhs. anhielt. Die Pest, die ein Jahrzehnt nach Ausbruch der Feindseligkeiten zwei Jahre lang wütete, brachte allein in Paris schätzungsweise 80 000 Menschen (über einem Drittel der Bevölkerung), den Tod, unterbrach die Kämpfe aber nur für kurze Zeit.

Die Franzosen erlitten bei Crécy und Agincourt verheerende Niederlagen. Die Abteeninsel Mont-St-Michel in der heutigen Normandie war der einzige Ort in Nord- und Westfrankreich, der nicht in englische Hände fiel. Die Herzöge von Burgund (Verbündete der Engländer) besetzten Paris und 1422 wurde John of Lancaster, Herzog von Bedford, Regent von Frankreich – stellvertretend für Englands König Heinrich VI., der damals noch ein Kleinkind war. Keine zehn Jahre später wurde Heinrich zum König von Frankreich gekrönt.

Zum Glück für die Franzosen tauchte ein 17-jähriges Mädchen namens Jeanne d'Arc auf. Sie verkündete eine absonderliche Geschichte: Sie habe den göttlichen Auftrag, die Engländer aus Frankreich zu vertreiben und für die Krönung des rechtmäßigen Thronfolgers Karl VII. in Reims zu sorgen.

Infos zu Politik, Geschichte, Kultur und anderen Themen gibt es auf www.frankreich.org und auf www.frankreich-experte.de.

NEWS

Die Jungfrau von Orléans

Viele Geschichten ranken sich um die Herkunft von Jeanne d'Arc, der legendären *pucelle* (Jungfrau) und Kriegerin, die von den Engländern auf dem Scheiterhaufen verbrannt und später zur Schutzheiligen Frankreichs erklärt wurde. Einige behaupten, sie sei das uneheliche Kind von Ludwig von Orléans, dem Bruder König Karls VI. Die weniger glamouröse, aber dafür wohl zutreffende Darstellung ist die, dass sie 1412 in Domrémy im Nordosten Frankreichs (heute Domrémy-la-Pucelle) als Kind einer einfachen Bauernfamilie geboren wurde.

Offenbarungen des Erzengels Michael veranlassten Jeanne d'Arc 1428, ihr Zuhause zu verlassen. Ihre Mission: Die Belagerung der Stadt Orléans zu durchbrechen und den Dauphin (den Kronprinzen, der zukünftige Karl VII.) zum König von Frankreich krönen zu lassen. Geistliche und Universitätsangehörige in Poitiers versuchten herauszufinden, ob sie eine Schwindlerin oder, wie sie behauptete, ein Geschenk des Himmels an den König von Frankreich sei. Auch ihre Jungfräulichkeit wurde untersucht und bestätigt. Nach dem sechswöchigen Verhör schickte der Dauphin Jeanne nach Tours, wo sie mit Hofgesandten, Pferd, Schwert und ihrem eigenen Banner ausgerüstet wurde, auf dem Gott auf einer Wolke zu Gericht sitzt. In Blois scharte die göttliche Kriegerin ihre Armee um sich, die der Dauphin aus dem dortigen Hauptquartier der königlichen Armee rekrutiert hatte. Im April 1429 begann Jeanne d'Arc

1066	1095	1152	1253
Wilhelm der Eroberer und seine normannischen Truppen erobern England. Die Normandie und später England unter der Herrschaft der Plantagenets werden erbitterte Rivalen des französischen Königs.	Papst Urban II. ruft in Clermont-Ferrand zum ersten Kreuzzug auf. Frankreich übernimmt eine führende Rolle und baut in der Folge eine Reihe großartiger Kathedralen – u. a. in Reims, Straßburg, Metz und Chartres.	Eleonore von Aquitanien heiratet Heinrich von Anjou: ein weiteres Drittel Frankreichs gerät unter englische Herrschaft und ein drei Jahrhunderte langer Machtkampf zwischen den beiden Ländern wird ausgelöst.	Robert de Sorbon, Beichtvater Ludwigs IX., gründet am linken Seine-Ufer, dem Quartier Latin, die Sorbonne als theologische Hochschule für verarmte Studenten.

» **Die Bartholomäusnacht** (Alexandre Dumas der Ältere, 1845) Eine packende Erzählung über Mord und Intrigen am französischen Hof in der Renaissance. Die Hauptfigur ist der Ehefrau Heinrichs IV. nachempfunden.

» **Der zaudernde Citoyen. Rückschritt und Fortschritt in der Französischen Revolution** (Simon Schama; 1989) Ein hochgelobtes und wahrhaft monumentales Werk über die ersten Jahre der Revolutionsregierung nach 1789.

» **Desirée** (Annemarie Selinko, 1951) Der große Klassiker erzählt die Lebensgeschichte der Ex-Verlobten Napoleons und bietet Einblicke in die damalige Zeit.

» **Brennt Paris?** (Larry Collins & Dominique Lapierre; 1966) Eine spannende und hoch intelligente Reportage aus den letzten Tagen der Naziokkupation von Paris.

» **Geschichte Frankreichs seit 1945. Von de Gaulle bis zur Gegenwart** (Ernst Weisenfeld, 1997) Einen kurzweiligen Überblick über die Innen- und Außenpolitik der Vierten und Fünften Republik vermittelt dieses Standardwerk zur französischen Geschichte seit dem Zweiten Weltkrieg vom langjährigen Frankreichkorrespondenten Eisenfeld.

ihren Angriff auf Orléans, das seit Oktober des Vorjahres von den Engländern belagert wurde. Sie durchbrach den Verteidigungsring und zog in die Stadt ein, wo sie die Einwohner um sich versammelte und ihre Unterstützung gewann. Am 5. und 6. Mai eroberten die Franzosen die Bastille St-Loup und die Bastille des Augustins. Am nächsten Tag folgte das legendäre Fort des Tourelles – die Festung wachte über den einzigen Zugang zur Stadt vom linken Flussufer. Dieses letzte Fiasko bewegte die Engländer, die Belagerung am 8. Mai aufzugeben – ein entscheidender Wendepunkt des Hundertjährigen Kriegs.

Nach Orléans besiegte Jeanne d'Arc die Engländer bei Jargeau, Beaugency und Patay. Der Dauphin wartete so lange in seinen Burgen in Loches und Sully-sur-Loire und betete mit seinem Protegé in der Abbaye de St-Benoît in St-Benoît-sur-Loire zum heiligen Benedikt. Obwohl er wie versprochen im Juli 1429 zum König Karl VII. gekrönt werden konnte, tobte der Krieg zwischen Engländern und Franzosen bis 1453 weiter, doch zu der Zeit war die jungfräuliche Kriegerin, die das Kriegsglück gewendet hatte, längst tot. Jeanne wurde von den Burgundern gefangen genommen, an die Engländer verkauft, von einem französischen Kirchengericht in Rouen 1431 wegen Hexerei und Ketzerei zum Tode verurteilt und auf dem Scheiterhaufen verbrannt. 1920 wurde sie heilig gesprochen.

1309	**1337**	**1358**	**1422**
Der französische Papst Klemens V. verlegt seinen Sitz von Rom nach Avignon, wo der Heilige Stuhl bis 1377 residiert. Benedikt XII. (1334–42) lässt den prunkvollen Palais des Papes von Avignon errichten.	Das Ringen der Kapetinger und des englischen Königs Eduard III. aus dem Hause Plantagenet um den französischen Thron eskaliert zum Hundertjährigen Krieg, der bis 1453 dauert.	Der Krieg zwischen Frankreich und England sowie die Verheerungen und Armut als Folgen der Pest führen zum verhängnisvollen Bauernaufstand unter Führung von Étienne Marcel.	John of Lancaster, Herzog von Bedford, wird für den noch unmündigen englischen König Heinrich VI. Regent von Frankreich. Keine zehn Jahre später wird Heinrich in Paris zum König von Frankreich gekrönt.

GESCHICHTE INFERNO & EKSTASE: DAS MITTELALTERLICHE FRANKREICH

Der Aufstieg des französischen Hofs

Mit beginnendem Einfluss der italienischen Renaissance zur Zeit der Herrschaft von Franz I. (reg. 1515–47) verlagerte sich das höfische Leben ins Loire-Tal. Italienische Künstler gestalteten die Schlösser in Amboise, Azay-le-Rideau, Blois, Chambord und Chaumont; Leonardo da Vinci lebte bis zu seinem Tod 1519 im Schloss Le Clos Lucé in Amboise.

In der Renaissance erlangten Wissenschaft, Geografie und Entdeckungen einen neuen Stellenwert, auch waren weltliche Angelegenheiten bedeutender als religiöse. Autoren wie Rabelais, Marot und Ronsard aus der Dichterbewegung La Pléiade gewannen ebenso Einfluss wie Schüler von Michelangelo und Raphael in Kunst und Architektur. Zeugnis dieses architektonischen Einflusses geben zwei Schlösser nahe Paris, das Petit Château in Chantilly und das Schloss von Fontainebleau von Franz I., an dem herausragende Handwerker aus Italien französische und italienische Stilformen verbanden und somit die erste „Schule von Fontainbleau" schufen. Dieser neue Baustil sollte den Glanz einer Monarchie widerspiegeln, die sich rasch zum Absolutismus hin bewegte. Doch all die Pracht und Machtdemonstration konnten nicht verhindern, dass der Protestantismus nach Frankreich eindrang.

In den 1530er-Jahren erfasste die Reformation Europa, in Frankreich ausgehend von den Lehren des Jean (Johannes) Calvin, der in der Picardie geboren, aber nach Genf verbannt worden war. Nach dem Januaredikt von 1562, das den Protestanten einige Rechte gewährte, brachen die Hugenottenkriege zwischen den Hugenotten (französischen Protestanten, die Unterstützung von den Engländern erhielten), der Katholischen Liga (unter Führung des Herzogsgeschlechts Guise) und der katholischen Monarchie aus, die 36 Jahre dauern sollten.

Heinrich IV., der Gründer der Bourbonendynastie, erließ 1598 das umstrittene Edikt von Nantes, das den Hugenotten viele bürgerliche und politische Rechte, insbesondere die Gewissensfreiheit zugestand. Das ultrakatholische Paris verweigerte dem neuen protestantischen König den Zutritt, was zu einer fast fünfjährigen Belagerung der Hauptstadt führte. Erst als Heinrich IV. in der Kathedrale von St-Denis zum Katholizismus übertrat, ergab sich die Stadt.

Le Roi Soleil (der Sonnenkönig) Ludwig XIV. (reg. 1643–1715), der zweifellos berühmteste König Frankreichs aller Zeiten, bestieg den Thron im zarten Alter von fünf Jahren. Eigentlich war er nur ein weiterer Ludwig, der nach dem Schutzheiligen Frankreichs benannt wurde, aber Gemälde in der königlichen Kapelle von Versailles vermitteln den Eindruck, als sei der französische König von Gott selbst zu seinem Stellvertreter auf Erden erwählt worden. Beseelt vom Anspruch auf sein Gottesgnadentum verwickelte er sein Reich fast ununterbrochen

1431

Jeanne d'Arc (Johanna von Orléans) wird in Rouen wegen Ketzerei auf dem Scheiterhaufen verbrannt; die Engländer werden erst 1453 aus Frankreich vertrieben.

1491

Karl VIII. heiratet Anne von Bretagne im Château de Langeais im Loire-Tal, wodurch die unabhängige Bretagne mit der französischen Krone vereint wird.

» Statue Jeanne d'Arc, Paris

in teure Kriege mit Holland, Österreich und England, die Frankreich zwar neue Territorien einbrachten, aber die Staatskasse an den Rand des Bankrotts trieben. Die Steuern, die das Staatssäckel auffüllen sollten, führten im ganzen Land zu Armut und Obdachlosigkeit, besonders in den Städten. Ludwig XIV. baute derweil in Versailles einen extravaganten Palast und ließ seine Höflinge um die königliche Gunst buhlen. Dadurch entmachtete er die ehrgeizige und sich befehdende Aristokratie und schuf den ersten zentralistischen französischen Staat. 1685 hob er das Edikt von Nantes auf.

Der Urenkel des Sonnenkönigs, Ludwig XV., ließ sich auf etliche katastrophale militärische Abenteuer ein, darunter auch auf den Siebenjährigen Krieg (1756–63), der halb Europa erfasste. Er führte zum Verlust von Frankreichs blühenden Kolonien in Kanada, auf den Westindischen Inseln und in Indien. Auch um sich für diese Verluste zu rächen, stellte sich sein Nachfolger Ludwig XVI. zwölf Jahre später im amerikanischen Unabhängigkeitskrieg auf die Seite der Kolonisten. Der Siebenjährige Krieg kostete Frankreich ein Vermögen und trug dazu bei – was für die Monarchie katastrophal war – radikale demokratische Ideen zu verbreiten, die durch die Amerikanische Revolution die Weltbühne betraten.

Von der Revolution zur Republik

Neue wirtschaftliche und soziale Umstände im 18. Jh. machten deutlich, dass das Ancien Régime (der Absolutismus) von den gesellschaftlichen Realitäten gefährlich entfernt war. Zudem wurde das Regime auch durch die nonkonformistischen und kirchenfeindlichen Anschauungen der Aufklärung geschwächt, zu deren führenden Protagonisten Voltaire, Rousseau und Diderot gehörten. Doch fest verwurzelte Eigensucht, ein schwerfälliges Machtgefüge und Tatenlosigkeit des Königs verhinderten Reformen, bis es in den 1770er-Jahren für die Monarchie zu spät war.

Ende der 1780er-Jahre hatten der unentschlossene Ludwig XVI. und seine dominierende Gemahlin Marie Antoinette praktisch jede Gesellschaftsschicht verprellt. Der König war bereits weitgehend isoliert, als Unruhen und Unzufriedenheit ihren Siedepunkt erreichten. Nachdem er im Mai und Juni 1789 versucht hatte, die reformorientierten Delegierten der États-Généraux (Generalstände) im Jeu de Paume in Versailles auszuschalten, gingen die Massen in Paris auf die Straße. Am 14. Juli überfiel ein Mob das Arsenal im Hôtel des Invalides, schnappte sich 32 000 Musketen und stürmte schließlich das Gefängnis in der Bastille – das ultimative Symbol des despotischen Ancien Régime. Es war das Fanal für die Französische Revolution.

Alles Wissenswerte über Frankreichs Nationalversammlung auf einer mehrsprachigen, aktuellen Website: www.assemblee-nationale.fr.

1515	1530er-Jahre	1572	1588
Unter Franz I. zieht der königliche Hof ins Loire-Tal, wo eine Fülle prachtvoller Renaissancepaläste und Jagdschlösser entsteht.	Die Reformation, angezettelt durch die Schriften des Franzosen Jean (Johannes) Calvin, erfasst Frankreich, bringt Katholiken gegen Protestanten auf und führt schließlich zu den Hugenottenkriegen (1562–98).	Etwa 3000 Hugenotten werden in Paris bei der Hochzeit des protestantischen Heinrich von Navarra (des zukünftigen Heinrich IV.) in der Nacht des 23. August, der Bartholomäusnacht, niedergemetzelt.	Die Katholische Liga zwingt Heinrich III. (reg. 1574–89), den letzten König des Hauses Valois, seinen Königshof im Louvre fluchtartig zu verlassen. Im Jahr darauf wird er von einem fanatischen Dominikaner ermordet.

Zunächst lag die Revolution in den Händen gemäßigter Republikaner, den Girondisten. Sie erklärten Frankreich zur konstitutionellen Monarchie und führten diverse Reformen ein. So verabschiedeten sie auch die Déclaration des Droits de l'Homme et du Citoyen (Erklärung der Menschen- und Bürgerrechte) nach dem Vorbild der amerikanischen Unabhängigkeitserklärung. Als sich jedoch die Massen bewaffneten, um ihre neue Regierung gegen Bedrohungen von außen – Österreich, Preußen und exilierte französische Adlige – zu schützen, schäumten Patriotismus und Nationalismus über, wodurch sich die Revolution radikalisierte und schnell ausbreitete. Bald darauf unterlagen die Girondisten den extremistischen Jakobinern, die schließlich, als sich Ludwig XVI. für die konstitutionelle Monarchie als untragbar erwies, die Monarchie abschafften und die Erste Republik ausriefen. Die Assemblée Nationale (Nationalversammlung) wurde durch ein gewähltes Nationalkonvent ersetzt.

Im Januar 1793 wurde Ludwig XVI., der versucht hatte, mit seiner Familie zu fliehen, aber nur bis Lothringen kam, wegen „Verschwörung gegen die Freiheit der Nation" verurteilt. Auf der Pariser Place de la Révolution, der heutigen Place de la Concorde, wurde er mit der Guillotine hingerichtet. Zwei Monate später gründeten die Jakobiner den berüchtigten Wohlfahrtsausschuss, der sich mit der Landesverteidigung und der Verhaftung und Aburteilung von „Verrätern" befassen sollte. Der Ausschuss übte während der sogenannten Schreckensherrschaft (September 1793 bis Juli 1794) uneingeschränkte Macht aus, eine Zeit, in

EINE „HUMANE" HINRICHTUNG

Hängen, dann Aufschlitzen und Vierteilen – die Gliedmaßen des Opfers werden an vier Ochsen gefesselt, die dann in vier verschiedene Richtungen lostraben – war einst die beliebteste Methode der öffentlichen Hinrichtung einfacher Bürger. Um diese „humaner" zu gestalten, erfand der französische Arzt Joseph Ignace Guillotin (1738–1814) die Guillotine.

Nach mehreren Versuchen an Leichen war am 25. April 1792 der Straßenräuber Nicolas Jacques Pelletie schließlich der erste Mann in Frankreich, dem auf der Place de Grève in Paris (die heutige Place de l'Hôtel de Ville) der Kopf von der über zwei Meter herabfallenden Klinge abgetrennt wurde. Während der Schreckensherrschaft starben mindestens 17 000 Menschen unter der Guillotine.

Als in Frankreich 1977 die letzte Person (der Mörder Hamida Djandoubi in Marseille) unter der Guillotine hingerichtet wurde (hinter geschlossenen Türen – die letzte öffentliche Hinrichtung fand 1939 statt), war die tödliche Apparatur bereits so ausgefeilt, dass sie einen Kopf in zwei Hundertstelsekunden abtrennte. 1981 schaffte Frankreich die Todesstrafe ab.

1589	1598	1635	1643
Heinrich IV., der erste Bourbonenkönig, besteigt nach seiner Abkehr vom Protestantismus den Thron. *„Paris vaut bien une messe"* (Paris ist eine Messe wert), soll er bei seiner Kommunion gesagt haben.	Heinrich IV. gewährt den französischen Protestanten im Edikt von Nantes Religionsfreiheit. Das zutiefst katholische Paris ist entsetzt und weigert sich, das fortschrittliche Dokument anzuerkennen.	Kardinal Richelieu, faktischer Herrscher unter Heinrichs IV. Sohn Ludwig XIII., gründet die Académie Française, die erste und bekannteste der fünf französischen Institute für Kultur und Wissenschaft.	Ludwig XIV., gerade mal fünf Jahre alt, besteigt den französischen Thron. 1682 zieht der Roi Soleil (Sonnenkönig) mit seinem Hof – mit Kind, Kegel und Satinpantoffeln – vom Pariser Palais des Tuileries nach Versailles.

der die Religionsfreiheit zum großen Teil widerrufen, Kirchen geschlossen und entweiht, Kathedralen zu „Tempeln der Vernunft" erklärt und Tausende in die Kerker der Pariser Conciergerie auf der Île de la Cité geworfen und anschließend geköpft wurden.

Nach der Schreckensherrschaft bildete sich eine Delegation aus fünf gemäßigten Republikanern, die als Directoire (Direktorium) die Republik regierte.

Napoleon & das Kaiserreich

Es war reiner Zufall, dass ein verwegener, junger korsischer General namens Napoleon Bonaparte in Frankreich auf sich aufmerksam machte. Im Oktober 1795 wurde eine Gruppe junger Royalisten, die das Direktorium stürzen wollte, in der Rue St-Honoré in Paris aufgehalten – von einer Truppe unter dem Kommando Bonapartes, der wild in die Menge schoss. Für diesen „Paff einer Kartätsche" erhielt er das Kommando über die französischen Truppen in Italien, wo er sich besonders im Feldzug gegen Österreich auszeichnete. Seine Siege sollten ihn bald zu einem unabhängigen politischen Machtfaktor machen.

1799 stürzte Napoleon das Direktorium und übernahm per Volksabstimmung als Erster Konsul die Macht. Drei Jahre später wurde er durch ein Referendum zum „Konsul auf Lebenszeit" erklärt und sein Geburtstag wurde fortan als Nationalfeiertag begangen. Als er sich 1804 in Anwesenheit von Papst Pius VII. in der Pariser Notre-Dame selbst zum „Kaiser von Frankreich" krönte, waren das Ausmaß und die Art seiner Ambitionen für alle klar ersichtlich.

Um seine Macht zu untermauern und zu legitimieren brauchte Napoleon mehr Siege auf dem Schlachtfeld. Somit begann eine scheinbar endlose Reihe an Kriegen und Siegen, durch die Frankreich schließlich fast ganz Europa beherrschte. 1812 eroberte eine Armee Moskau, ging dann aber am grausamen russischen Winter zugrunde. Zwei Jahre später besetzten die verbündeten Armeen Paris, verbannten Napoleon auf die Insel Elba und setzten auf dem Wiener Kongress die Bourbonen wieder auf den französischen Thron.

Anfang 1815 floh Napoleon von der Mittelmeerinsel, landete in Südfrankreich und versammelte auf dem Marsch nach Paris eine große Armee um sich. Am 1. Juni nahm er bei Feierlichkeiten auf dem Champ de Mars den Thron wieder ein. Doch seine Herrschaft fand nach nur drei Wochen ein Ende, als seine Truppen im belgischen Waterloo geschlagen wurden. Napoleon wurde erneut verbannt, dieses Mal auf die Insel St. Helena im Südatlantik, wo er 1821 starb. Sein Leichnam wurde 1840 in die Église du Dôme in Paris umgebettet.

Napoleon war zwar in mancher Hinsicht reaktionär – so führte er 1802 in Frankreichs Kolonien die Sklaverei wieder ein –, aber er setzte

1756–63	**1789**	**1793**	**1795**
Der Siebenjährige Krieg gegen Großbritannien und Preußen ist nur einer von mehreren ruinösen Kriegen unter Ludwig XV., die Frankreich seine Kolonien in Kanada, Indien und auf den Westindischen Inseln kosten.	Die Französische Revolution beginnt, als ein Mob mit erbeuteten Waffen aus dem Hôtel des Invalides das Gefängnis in der Bastille stürmt und nur sieben Gefangene befreit.	Ludwig XVI. wird als Bürger „Louis Capet" (da alle Könige seit Hugo Capet für illegale Herrscher erklärt wurden) verurteilt und hingerichtet. Marie Antoinette ist neun Monate später an der Reihe.	Ein fünfköpfiges *directoire* (Direktorium) gemäßigter Republikaner unter Leitung von Paul Barras bildet sich und regiert die nächsten fünf Jahre die Republik.

auch etliche wichtige Reformen durch, darunter die Umstrukturierung des Rechtssystems, die Verfassung eines neuen Gesetzbuchs (Code Napoléon, Zivilrecht), das bis heute die Basis für das französische Recht ist, und die Einrichtung eines neuen Bildungssystems. Vor allem aber bewahrte er den Kern jener Veränderungen, die aus der Revolution geboren wurden.

Der Kampf zwischen extremen Monarchisten, die eine Rückkehr zum *ancien regime* anstrebten, Bürgern, die die von der Revolution geschaffenen Veränderungen als unumkehrbar ansahen, und den Radikalen der armen Arbeiterviertel von Paris prägte die Regierungszeit (1815–24) Ludwigs des XVIII.

Ludwigs Nachfolger Karl X. (reg. 1824–30) reagierte ungeschickt auf diesen Konflikt und wurde in der sogenannten Julirevolution von 1830 gestürzt. Die Gefallenen der Pariser Straßenschlachten sind in Grüften unter der Colonne de Juillet (Julisäule) in der Mitte der Place de la Bastille begraben. Louis-Philippe, konstitutioneller Monarch mit bürgerlichen Neigungen, folgte Karl auf den Thron und wurde später als Regent vom Parlament gewählt, aber in der Revolution 1848 wieder abgesetzt.

EINE REVOLUTIONÄRE ZEITRECHNUNG

Neben der Vereinheitlichung der französischen Maße und Gewichte mit dem nahezu universalen metrischen System hat die Revolutionsregierung auch einen neuen „rationaleren" Kalender eingeführt, aus dem alle „abergläubischen" Zuordnungen (wie Heiligenfeiertage und Mythologisches) entfernt wurden. Das Jahr 1 begann am 22. September 1792, dem Tag, an dem die Erste Republik verkündet wurde.

Die zwölf Monate wurden nach den Jahreszeiten benannt: Vendémaire, Brumaire, Frimaire, Nivôse, Pluviôse, Ventôse, Germinal, Floréal, Prairial, Messidor, Thermidor und Fructidor. Zum Beispiel hießen die Herbstmonate Vendémaire (von *vendange*, Weinlese), Brumaire (von *brume*, Dunst oder Nebel) und Frimaire (von *frimas*, Raureif). Jeder Monat war in drei zehntägige „Wochen", die *décades*, aufgeteilt, deren letzter Tag als Ruhetag galt. Die fünf übrigen Tage des Jahres waren Feiertage für Tugend, Erfindungsgabe, Arbeit, Überzeugung und Verdienst. Diese Feste hießen ursprünglich *sans-culottides*, zu Ehren der *sans-culottes*, jener extremen Revolutionäre, die lange Hosen statt der Kniehosen der Oberschicht trugen.

Der republikanische Kalender funktionierte zwar theoretisch gut, sorgte aber für reichlich Verwirrung in Frankreichs Kommunikation und Handel mit anderen Ländern, da sich die Monate und Tage von denen im gregorianischen Kalender stark unterschieden. 1806 wurde der revolutionäre Kalender von Napoleon Bonaparte abgeschafft und die alte Zeitrechnung wieder eingesetzt.

1799

Napoleon Bonaparte stürzt das Direktorium und ergreift in einem Putsch die Regierung. Es folgen 16 Jahre Despotie sowie Siege und schließlich Niederlagen auf dem Schlachtfeld.

1815

Britische und preußische Streitkräfte unter dem Herzog von Wellington besiegen Napoleon bei Waterloo. Erneut wird er verbannt, diesmal auf eine entlegene Insel im Südatlantik, wo er sechs Jahre später stirbt.

» Napoléon und Familie in Wachs, Musée Grévin, Paris

Die Zweite Republik wurde gegründet und der unfähige Neffe Napoleons, der in Deutschland aufgewachsene (und mit stark deutschem Akzent sprechende) LouisNapoléon Bonaparte, wurde zum Präsidenten gewählt. 1851 führte er einen Staatsstreich durch und ließ sich zum Kaiser Napoleon III. des Zweiten Kaiserreichs ausrufen, das bis 1870 dauerte.

Frankreich genoss in dieser Zeit ein deutliches Wirtschaftswachstum. Paris wurde unter der Leitung des Stadtplaners Baron Haussmann (1809–91) umgestaltet, der die zwölf breiten Boulevards schuf, die sternförmig vom Arc de Triomphe wegführen. Napoleon III. feierte rauschende Feste im königlichen Palast zu Compiègne und atmete Seeluft in den modischen Badeorten Biarritz und Deauville.

Ebenso wie sein Onkel verwickelte Napoleon III. Frankreich in etliche kostspielige Kriege, auch in den katastrophalen Krimkrieg (1854–56). 1870 ließ sich Napoleon III. von Otto von Bismarck zur Kriegserklärung gegen Preußen provozieren. Nach nur wenigen Monaten war die völlig unvorbereitete französische Armee geschlagen und der Kaiser gefangen genommen.

Die Belle Époque

Die Dritte Republik brachte zwar die glanzvolle Belle Époque (das schöne Zeitalter) mit sich, aber ansonsten begann sie nicht gerade sehr erfreulich. Im September 1870 als provisorische Regierung der Landesverteidigung ins Leben gerufen, war sie schnell bedrängt von den Preußen, die Paris belagerten und verlangten, dass Wahlen zur Nationalversammlung abgehalten würden. Leider war die erste Tat der daraus resultierenden monarchistisch kontrollierten Versammlung, den Frieden von Frankfurt (1871) zu unterzeichnen. Die harten Vertragsbedingungen – eine gewaltige Kriegsentschädigung und die Abtretung der Provinzen Elsass und Lothringen an das Deutsche Reich – führten sofort zum Volksaufstand, der Pariser Kommune, in dem mehrere tausend Kommunarden umkamen und weitere 20 000 hingerichtet wurden. Die Mauer der Kommunarden auf dem Pariser Friedhof Père Lachaise erinnert als Mahnmal an das Blutvergießen.

In der Belle Époque entstanden die Jugendstilarchitektur und eine ganze Reihe künstlerischer Richtungen, allen voran der Impressionismus. Auch in der Wissenschaft und Technik wurden Fortschritte gemacht, wie der Bau der ersten Métrolinie in Paris beweist. Die Hauptstadt richtete 1889 die Weltausstellung aus (mit dem Eiffelturm als Aushängeschild), wie auch 1901 im eigens dafür gebauten Petit Palais.

Doch in der Republik gärte es. Frankreich war nach der Niederlage gegen das Deutsche Reich besessen vom Wunsch nach Rache und suchte nach Sündenböcken. Die sogenannte Dreyfus-Affäre begann

1830	1851	1858	1870
Julirevolution. Karl X. muss abdanken, der „Bürgerkönig" Louis-Philippe wird gewählt. Da er die Hoffnungen nach Demokratie nicht erfüllt, kommt es 1848 erneut zur Revolution und zur Ausrufung der Zweiten Republik.	Louis-Napoléon führt einen Staatsstreich an und proklamiert sich zum Kaiser Napoleon III. des Zweiten Kaiserreichs (1852–70), eine Zeit des Wirtschaftswachstums und der regen Bautätigkeit unter Baron Haussmann.	Ein 14-jähriges Bauernmädchen aus Lourdes hat in einer Grotte insgesamt 18 Visionen der Jungfrau Maria. Das Städtchen in den Pyrenäen wird später zum Wallfahrtsziel für Pilger aus aller Welt.	Die mit dem Krieg gegen Preußen blutig beginnende Dritte Republik läutet die Belle Époque ein. In dieser Ära entwickelt sich u. a. die Pariser Boheme mit ihren frivolen Nachtclubs und Künstlercafés.

1894, als ein jüdischer Artilleriehauptmann namens Alfred Dreyfus des Verrats von Militärgeheimnissen an das Deutsche Reich beschuldigt wurde. Er kam vor ein Kriegsgericht und wurde zu lebenslänglicher Haft auf der Teufelsinsel in Französisch-Guayana verurteilt. Liberale Politiker und Schriftsteller setzten sich trotz erbitterten Widerstands der Armeeführung, rechter Politiker und vieler katholischer Gruppen erfolgreich für die Wiederaufnahme des Verfahrens ein – und Dreyfus wurde 1900 rehabilitiert. Die Folge der Affäre war eine schärfere Zivilkontrolle des Militärs und 1905 schließlich die gesetzliche Trennung von Kirche und Staat.

Die zwei Weltkriege

Im Ersten Weltkrieg war für den Kriegseintritt Frankreichs gegen Österreich-Ungarn und das Deutsche Reich der Wunsch entscheidend, die im deutsch-französischen Krieg verlorenen Provinzen Elsass und Lothringen wiederzugewinnen. Doch es sollte, gemessen an Menschenleben, ein teurer Grundstückshandel werden. Als im November 1918 schließlich der Waffenstillstand unterzeichnet wurde, waren 1,3 Mio. französische Soldaten tot und fast eine Million verkrüppelt. Allein in

DIE MAGINOT-LINIE

Die Ligne Maginot wurde nach dem französischen Kriegsminister der Jahre 1929 bis 1932 benannt und erwies sich als eine der spektakulärsten Fehler des Zweiten Weltkriegs. Das aufwendige, größtenteils unterirdisch angelegte Verteidigungsbauwerk (in der Geschichte der Militärarchitektur an Größe nur von der Chinesischen Mauer übertroffen) entstand zwischen 1930 und 1940 und war vor dem Krieg Frankreichs ganzer Stolz. Es war mit allem ausgestattet, was nach Meinung der besten französischen Militärarchitekten notwendig war, um das Land in einem „modernen Krieg" gegen Angriffe mit Giftgas, Panzern und Flugzeugen zu verteidigen: Stahlbetonbunker, unterirdische Versorgungs- und Verbindungstunnel, Minenfelder, Panzergräben, Flutungsbecken und sogar Geschützstände, die zum Feuern aus dem Boden hochfuhren und dann wieder abtauchten. Über der Erde waren nur Geschützstellungen und Beobachtungstürme sichtbar. Die Linie erstreckte sich an der deutsch-französischen Grenze entlang der Schweizer Grenze bis nach Belgien hinüber, wo sie aus politischen und finanziellen Gründen endete. Die Maginot-Linie hatte sogar einen eigenen Slogan: „Ils ne passeront pas" (Hier kommen sie nicht durch).

Das versuchten „sie" – die Deutschen – dann auch gar nicht erst. Statt die Maginot-Linie direkt anzugreifen, umgingen Hitlers Panzerdivisionen sie einfach durch Belgien und rückten über die ungeschützte Nordgrenze nach Frankreich ein. Dann griffen sie die Maginot-Linie von der Rückseite an.

1871	1889	1894	1903
Unterzeichnung des Friedens von Frankfurt, dessen harte Bedingungen – 5 Mrd. Francs Kriegsentschädigung und die Abtretung der Provinzen Elsass und Lothringen an Deutschland – eine Revolte auslösen.	Der Eiffelturm wird rechtzeitig zur Eröffnung der Exposition Universelle (Weltausstellung) fertiggestellt, aber in der Presse als „Metallspargel" verspottet.	Hauptmann Alfred Dreyfus wird unter der falschen Anschuldigung der Spionage für Deutschland verurteilt und zu lebenslanger Haft verurteilt. Später wird er trotz breiten konservativen Widerstands freigesprochen.	Das nach Olympiade und Fußball-WM drittgrößte Sportereignis der Welt flitzt zum ersten Mal durch Frankreich: Die Tour-de-France-Teilnehmer radeln die Nacht durch und legen in 19 Tagen 2500 km zurück.

der Schlacht von Verdun verloren die Franzosen (unter dem Kommando von General Philippe Pétain) und die Deutschen jeweils 400 000 Mann.

In den 1920er- und 30er-Jahren war Paris das Zentrum der Avantgarde. Maler erkundeten neue Kunstformen wie den Kubismus und den Surrealismus und Le Corbusier revolutionierte die Architektur. Die liberale Atmosphäre (und der billige Alkohol) lockte Schriftsteller aus dem Ausland, wie Ernest Hemingway und James Joyce, in die Stadt und das Pariser Nachtleben erwarb sich in jeder Hinsicht, ob Jazzclub oder Striptease, den Ruf als Trendsetter.

Die Ernennung Adolf Hitlers zum deutschen Reichskanzler 1933 markierte das Ende eines Jahrzehnts der Kompromisse zwischen Deutschland und Frankreich über Grenzgarantien. Zunächst versuchten die Franzosen, Hitler zu beschwichtigen, doch zwei Tage nach dem deutschen Überfall auf Polen 1939 erklärte Frankreich ebenso wie Großbritannien Deutschland den Krieg. Im Juni 1940 musste Frankreich kapitulieren. Die Maginot-Linie (s. S. 998) hatte sich als nutzlos erwiesen, da die deutschen Panzerdivisionen sie über Belgien umgingen.

Die Deutschen teilten Frankreich auf in eine Zone unter direkter deutscher Herrschaft (die Westküste und der Norden, einschließlich Paris) und in einen Marionettenstaat mit Sitz im Kurort Vichy unter Führung von General Pétain, dem alternden Helden der Schlacht von Verdun im Ersten Weltkrieg. Das Vichy-Regime war radikal antisemitisch und die Polizei erwies sich als treuer Helfer der Nazis. Sie verhaftete französische Juden und andere Menschen, die dann nach Auschwitz und in weitere Todeslager deportiert wurden.

Die Untergrundbewegung Résistance (Widerstand), auch Maquis genannt, deren aktive Mitglieder nie mehr als 5 % der französischen Bevölkerung ausmachten, sabotierte Eisenbahnstrecken, spionierte für die Alliierten, half abgeschossenen alliierten Fliegern und verteilte antideutsche Flugblätter. Die große Mehrheit der restlichen Bevölkerung trug wenig oder nichts zum Widerstand gegen die Besatzer oder zur Unterstützung von deren Opfern bei, oder sie kollaborierte.

An einem 80 km langen Strandstreifen (s. Kasten S. 220-221) landeten am 6. Juni 1944, dem „D-Day", über 100 000 alliierte Soldaten, um schließlich einen großen Teil der Normandie und die Bretagne zu befreien. Am 25. August wurde Paris unter Führung von Einheiten des Freien Frankreichs befreit. Die Amerikaner überließ ihnen den Vortritt, damit den Franzosen die Ehre zukam, ihre Hauptstadt selbst zu befreien.

Der Krieg hatte Frankreich ruiniert. Über ein Drittel der industriellen Produktion diente während des Zweiten Weltkriegs der deutschen Kriegsmaschinerie. Die Besatzer hatten praktisch alles beschlagnahmt,

20 % aller Franzosen zwischen 20 und 45 Jahren – jeder fünfte Mann im Land – kamen im Ersten Weltkrieg um.

ERSTER WELTKRIEG

GESCHICHTE DIE ZWEI WELTKRIEGE

1904	1905	1918	1920er-Jahre
Die kolonialen Rivalitäten zwischen Frankreich und Großbritannien in Afrika enden mit der Entente Cordiale (Gütliches Einverständnis). Dies ist der Beginn einer Kooperation, die mehr oder weniger bis heute anhält.	Die Aufregungen um die Dreyfus-Affäre und die Einmischung der katholischen Kirche führen zur Verkündung der laïcité (Säkularität), der gesetzlichen Trennung von Kirche und Staat.	Durch den bei Paris unterzeichneten Waffenstillstand erhält Frankreich verlorenes Gebiet (Elsass und Lothringen) zurück, doch der Krieg kostete über eine Million französische Soldaten das Leben.	Paris glänzt als Zentrum der Avantgarde. Der luxuriöse Train Bleu (Blaue Zug) macht seine erste Fahrt und Sylvia Beach vom Buchladen Shakespeare & Company veröffentlicht James Joyce' Ulysses.

NEIL SETCHFIELD

was nicht niet- und nagelfest war: Metalle, Statuen, Eisengitter, Kohle, Leder, Textilien, Chemikalien und Bartresen aus Zink. Die landwirtschaftliche Produktion verringerte sich mangels Rohstoffen um 25 %.

Bei ihrem Rückzug sprengten die Deutschen die Brücken (2600 zerstört) und die Alliierten bombardierten die Schienenstränge (40 000 km zerstört). Die Straßen waren seit 1939 nicht mehr repariert worden, die Häfen waren beschädigt und nahezu eine halbe Million Gebäude sowie 60 000 Fabriken zerstört. Die Franzosen mussten für die Versorgung der Besatzungssoldaten täglich 400 Mio. Francs aufbringen, was eine galoppierende Inflation auslöste.

Wiederaufbau & Verlust der Kolonien

Der verheerende Zustand der französischen Wirtschaft bei Kriegsende erforderte eine starke Zentralregierung mit umfassenden Machtbefugnissen, um Industrie und Handel des Landes neu aufzubauen. Schon bald nach der Befreiung fielen die meisten Banken, Versicherungsgesellschaften, Autofabriken und Energieproduzenten unter staatliche Kontrolle. Andere Unternehmen blieben in privater Hand, mit der Absicht, die Effizienz staatlicher Planwirtschaft mit der Dynamik privater Initiative zu verbinden. Doch der Fortschritt vollzog sich nur langsam. 1947 wurden Lebensmittel noch immer rationiert und Frankreich musste sich an die USA wenden, um im Rahmen des Marshallplans Anleihen zum Wiederaufbau Europas zu erhalten.

Eines der Ziele war die finanzielle und politische Stabilisierung Nachkriegseuropas, um die Expansionspläne der Sowjetunion zu durchkreuzen. Als sich der Eiserne Vorhang über Osteuropa legte, geriet die stalinistisch ausgerichtete Kommunistische Partei Frankreichs in eine politisch unhaltbare Lage. Einerseits strebte sie nach Beteiligung in der Regierung, andererseits war sie in ständiger Opposition zu deren antimarxistischen Maßnahmen. Die Kommunisten sahen sich als Verlierer in der Diskussion um kolonialpolitische Fragen, die Ansprüche der Arbeiter und amerikanische Wirtschaftshilfe. 1947 flogen sie aus der Regierung.

In den 1950er-Jahren kam die Wirtschaft wieder in Schwung. Die französische Regierung investierte in Wasser- und Atomkraftwerke, Öl- und Gasbohrungen, petrochemische Raffinerien, Stahlproduktion, Autofabriken, Schiffsbau und Wohnungsbau, um dem Babyboom und wachsenden Konsumbedürfnissen Rechnung zu tragen. Die Zukunft sah in der Heimat rosiger aus, aber die Lage in *la France d'outre-mer* (Übersee-Frankreich) war eine ganz andere Geschichte.

Frankreichs Demütigung durch die Deutschen war den unruhigen französischen Kolonien nicht entgangen. Als sich die Kriegswirtschaft verschärfte, begriffen die ohnehin ärmeren Einheimischen der Kolonien, dass sie die Hauptlast zu tragen hatten. In Nordafrika schlossen

ZWEITER WELTKRIEG

Seit dem Ende des Zweiten Weltkriegs ist Frankreich eines der fünf ständigen Mitglieder im UN-Sicherheitsrat: www.un.org/docs/sc

» Kriegsgräber aus dem Ersten Weltkrieg, Verdun

1939

Frankreich tritt am 3. September 1939 an der Seite Großbritanniens in den Zweiten Weltkrieg ein, bleibt aber militärisch defensiv und vertraut vor allem auf die Maginot-Linie.

1940

Nazideutschland besetzt Frankreich und teilt das Land in eine deutsche Besatzungszone (entlang der Nord- und Westküste) und einen Marionettenstaat unter der Führung von General Pétain mit Sitz im Kurort Vichy.

sich die Algerier in einer Bewegung für mehr Autonomie zusammen, die sich bis Kriegsende zu einer ausgewachsenen Unabhängigkeitsbewegung entwickelt hatte. Die Japaner besetzten das strategisch wichtige Indochina. Die vietnamesische Widerstandsbewegung zeigte bald eine antifranzösische, nationalistische Tendenz und bereitete somit den Boden für Vietnams Unabhängigkeit.

Die 1950er-Jahre brachten dann das Ende des französischen Kolonialismus. Nachdem Japan sich 1945 den Alliierten ergeben hatte, setzte sich der nationalistische Ho Chi Minh für ein autonomes Vietnam ein, was bald zum Unabhängigkeitskampf führte. Unter dem brillanten General Giap perfektionierten die Vietnamesen eine Form des Guerillakriegs, die sich als hocheffizient gegen die französischen Truppen erwies. Nach deren Niederlage in Dien Bien Phu 1954 zogen sich die Franzosen aus Indochina zurück.

Der Kampf um die Unabhängigkeit Algeriens war noch blutiger. Verwaltungstechnisch war Algerien ein französisches Departement. In Wirklichkeit regierten dort jedoch etwa 1 Mio. französische Siedler, die bereit waren, jeden Preis für den Erhalt ihrer Privilegien zu zahlen. Deren Köpfe steckten sozusagen tief im Saharasand (besonders im Süden, wo Öl floss). Die Kolonialisten und ihre Unterstützer in der Armee und unter den Rechten wiesen alle algerischen Ansprüche auf politische und wirtschaftliche Gleichbehandlung zurück.

Der Algerische Unabhängigkeitskrieg (1954–62) war brutal. Die Attacken der nationalistischen Rebellen wurden mit Massenerschießungen, Verhören, Folter und Massakern erwidert, was die Algerier nur noch härter um ihre Unabhängigkeit kämpfen ließ. Die französische Regierung reagierte mit halbherzigen Reformen und Programmen zur Neustrukturierung, die aber die Tatsache ignorierten, dass die meisten Algerier gar kein Teil von Frankreich sein wollten.

Das preisgekrönte und posthum 2004 veröffentlichte Werk *Suite Française* der in der Ukraine geborenen Schriftstellerin Irène Némirovsky, die 1942 in Auschwitz ermordet wurde, schildert die Schrecken im von Nazis okkupierten Paris von Juni 1940 bis Juli 1941.

DIE GEBURT DES BIKINI

Der knappe zweiteilige Badeanzug, der seiner Winzigkeit wegen fast den Namen *atome* (Atom) statt Bikini erhalten hätte, wurde 1946 von dem Modedesigner Jacques Heim aus Cannes und dem Kraftfahrzeugmechaniker Louis Réard kreiert.

Zweiteilige Schwimmanzüge gab es schon seit Jahrhunderten, aber das französische Duo reduzierte die Stoffmenge drastisch und wählte den Namen Bikini für seine Kreation – nach einem Atoll der Marshall-Inseln, das die USA im gleichen Jahr als Atombomben-Testgelände gewählt hatte.

Als dann Brigitte Bardot, die kurvenreiche Sexbombe der 1950er-Jahre, das Teil an der Plage de Pampelonne in St-Tropez trug, gab es kein Halten mehr: Der Bikini wurde ein Hit.

1944	1949	1951	1946–62
Die Normandie und die Bretagne werden als erste Gebiete nach der Landung der Alliierten am „D-Day" im Juni befreit. Am 25. August befreit eine Armee unter Führung von Einheiten des Freien Frankreichs Paris.	Frankreich unterzeichnet den Nordatlantikpakt, der Nordamerika und Westeuropa in einer gegenseitigen Verteidigungsgemeinschaft (Nato) vereint. Frankreich wird Gründungsmitglied des neuen Europarats.	Erste Schritte zur europäischen Integration: Zuerst entsteht die Europäische Gemeinschaft für Kohle und Stahl (Montanunion); drei Jahre später das Verteidigungsbündnis der Westeuropäischen Union.	Die französische Kolonialzeit geht mit dem Indochinakrieg (1946–54) und dem Algerischen Unabhängigkeitskrieg (1954–62) zu Ende. Der Accord d'Évian gewährt Algerien die Unabhängigkeit.

Internationaler Druck auf Frankreich, sich aus Algerien zurückzuziehen, kam von der UN, der UdSSR und den USA. Indessen empörten sich die *pieds noirs* („Schwarzfüße", wie die in Algerien geborenen Franzosen in Frankreich genannt werden) sowie Teile der Armee und Rechtsradikale über die „Unfähigkeit", mit der in ihren Augen die Algerienfrage behandelt wurde. Nur knapp entging Frankreich Umsturzplänen mit dem Ziel eines Militärregimes, bis Charles de Gaulle 1958 einwilligte, die Präsidentschaft anzunehmen. De Gaulle war Staatssekretär im Kriegsministerium gewesen und 1940 nach der Kapitulation Frankreichs nach London geflohen. In der Nachkriegszeit stemmte er sich über zwölf Jahre lang gegen die Vierte Republik.

De Gaulles erster Versuch einer Reform – gemäß der geforderten Gleichstellung der Algerier und in prinzipieller Anerkennung ihres Rechts auf Selbstbestimmung – steigerte nur die Wut der Rechten, ohne das Verlangen der Algerier nach Freiheit zu erfüllen. Nach einem fehlgeschlagenen Putsch einiger Armeeoffiziere 1961 wandte sich die Organisation de l'Armée Secrète (OAS, eine Gruppierung französischer Siedler und Sympathisanten gegen die algerische Unabhängigkeit) dem Terrorismus zu. Sie versuchten mehrfach, de Gaulle zu ermorden. Noch 1961 brach die Gewalt auf den Straßen von Paris aus. Die Polizei griff demonstrierende Algerier an und tötete über 100 Menschen. Im folgenden Jahr erlangte Algerien die Unabhängigkeit.

Der Weg zum Wohlstand & nach Europa

Ende der 1960er-Jahre erschien de Gaulle, mittlerweile seit fast einem Jahrzehnt Präsident der Fünften Republik, immer mehr als Mann von gestern. Der Verlust der Kolonien, eine Welle von Einwanderern und die steigende Arbeitslosigkeit hatten seine Regierung geschwächt. De Gaulles restriktiver Regierungsstil begann die antiautoritäre Babyboom-Generation zu erbittern, die nun an den Universitäten den sozialen Wandel verlangte. Studenten, die Herbert Marcuse und Wilhelm Reich lasen, bewunderten Fidel Castro, Che Guevara und den Kampf der Afroamerikaner für Bürgerrechte und verurteilten lautstark den Vietnamkrieg.

Die Studentenproteste gipfelten 1968 in einer gewalttätigen Überreaktion der Polizei auf eine Protestkundgebung in der Sorbonne, der renommierten Pariser Universität. Über Nacht schlug sich die Öffentlichkeit auf die Seite der Studenten, während diese die Sorbonne besetzten und im Quartier Latin Barrikaden errichteten. Binnen weniger Tage befanden sich 10 Mio. Arbeiter landesweit im Generalstreik. Frankreich war paralysiert.

Allerdings währte die Kameradschaft zwischen Arbeitern und revolutionären Studenten nicht lange. Erstere kämpften letztlich für einen

1966	1968	1969-1974	1977
Frankreich zieht sich aus dem Militärkommando der Nato zurück. Das Land unterhält seit 1960 ein eigenes Nuklearwaffenarsenal. Ein Jahr später zieht die Nato von ihrem Hauptquartier bei Paris nach Brüssel um.	Antiautoritäre Studentenproteste (als „Mai 1968" berühmt geworden) gegen die Gaulles absolutistischen Regierungsstil steigern sich zu landesweiten Unruhen, die letztlich zum Rücktritt des Präsidenten führen.	Regierungszeit von Staatspräsident Georges Pompidou. Er treibt die Industrialisierung des bisher stark landwirtschaftlich geprägten Landes voran. Politisch steht er in der Nachfolge Charles de Gaulles.	Das Centre Pompidou, der erste Bau von etlichen *grands projets* – große öffentliche Gebäude, mit denen französische Oberhäupter unsterblich werden wollen – eröffnet unter heftigen Kontroversen nahe Les Halles in Paris.

größeren Anteil an der Konsumgesellschaft, während Letztere diese abschaffen wollten. Nach langem Zögern zog de Gaulle seinen Vorteil aus dieser Spaltung und schürte die Angst der Massen vor der Anarchie. Gerade als das Land an der Schwelle zur Revolution und vor dem Zusammenbruch der Fünften Republik stand, kehrte wieder Ordnung ein. Die Regierung dezentralisierte umgehend das höhere Bildungssystem und setzte in den 1970er-Jahren mit weiteren Reformen nach (Senkung des Wahlalters auf 18, Legalisierung von Schwangerschaftsabbrüchen usw.). De Gaulle trat 1969 zurück, nachdem er ein wichtiges Referendum zur Regionalisierung verloren hatte. Im folgenden Jahr erlitt er einen schweren Herzanfall.

Georges Pompidou, Premierminister unter de Gaulle, übernahm 1969 das Präsidentenamt. Ungeachtet seines ehrgeizigen Modernisierungsprogramms mit Investitionen in Raumfahrt, Telekommunikation und Atomenergie scheiterte er an dem Versuch, die Inflation einzudämmen und die soziale Unruhe nach der weltweiten Ölkrise von 1973 zu besänftigen. Er starb im folgenden Jahr.

1974 trat Valéry Giscard d'Estaing ein schweres Erbe an: Das Wirtschaftsklima verschlechterte sich und die Spaltung zwischen den Rechten und der Linken verschärfte sich. Aufgrund seiner mangelnden Medientauglichkeit und seines arroganten Benehmens erwies sich Giscard d'Estaing als unpopulär. Seine Freundschaft mit dem Kaiser des Zentralafrikanischen Kaiserreichs und angeblichen Kannibalen, Jean Bédel Bokassa, machte ihn nicht gerade beliebter. 1981 wurde er von dem langjährigen Führer der Parti Socialiste (PS; Sozialistische Partei), François Mitterrand, aus dem Amt gedrängt.

Obwohl Frankreichs erster sozialistischer Präsident Mitterrand sich bei der Geschäftswelt umgehend unbeliebt machte, indem er 36 Pri-

Mal einen Blick in den Élysée-Palast werfen? Alles über den Wohnsitz des Präsidenten und allerlei Drumherum gibt's bei www.elysee.fr.

GESCHICHTE DER WEG ZUM WOHLSTAND & NACH EUROPA

GAULLISTISCHE FAKTEN

» Charles de Gaulle war ein Rekordbrecher: Er steht im *Guinness Buch der Rekorde* als Überlebender von mehr Mordanschlägen – 32 um genau zu sein – als irgendjemand sonst auf der Welt.

» Die gegenwärtige Verfassung, bekannt als die Fünfte Republik, ist die elfte seit 1789 und wurde vom guten alten de Gaulle 1958 eingesetzt.

» Die Sache mit dem Käse und den Meinungen seiner Landsleute hat er wirklich gesagt: *On ne peut pas rassembler à froid un pays qui compte 265 spécialités de fromages.* (Man kann ein Land, das 265 Käsesorten hat, nicht so einfach unter einen Hut bringen.)

Mehr Zitate und Berichte seiner Taten unter www.charles-de-gaulle.org.

1981	**1989**	**1994**	**1995**
Der Hochgeschwindigkeitszug TGV macht seine erste Passagierfahrt von Paris nach Lyon und bricht mit einer Fahrtzeit von zwei statt bisher sechs Stunden alle Geschwindigkeitsrekorde.	Präsident Mitterrands *grand projet*, die Opéra Bastille, eröffnet zum 200. Jahrestag der Französischen Revolution. IM. Peis umstrittene Grande Pyramide im Louvre wird ebenfalls eröffnet.	Der 50 km lange Eurotunnel, der Frankreich mit England verbindet, eröffnet nach sieben Jahren Bauzeit (mit 10 000 Arbeitern). Ein Jahr später meldet die erste Landverbindung seit der letzten Eiszeit 925 Mio. £ Verlust.	Nach zwei Amtszeiten als Premierminister wird Jacques Chirac Präsident von Frankreich. Man schätzt seine klaren Worte und Taten in EU-Angelegenheiten und im Zusammenhang mit dem Krieg in Bosnien.

vatbanken, Konzerne und andere Teile der Wirtschaft verstaatlichte, brachte er Frankreich etwas neuen Glanz. Mächtige Symbole des zukunftsweisenden technologischen Know-Hows Frankreichs – Minitel, ein Online-Dienst zur privaten Nutzung, und der Hochgeschwindigkeitszug TGV zwischen Paris und Lyon – wurden 1980 bzw. 1981 eingeführt, in der Hauptstadt wurden viele *grands projets* (Bauprojekte; S. 1039) in Angriff genommen und Les Quatre Temps, das damals größte Einkaufszentrum Europas, eröffnete 1981 in La Défense, dem futuristischen Wolkenkratzerviertel 3 km westlich von Paris. Die Todesstrafe wurde abgeschafft, Homosexualität legalisiert, die 39-Stunden-Woche eingeführt, die Jahresurlaubszeit von vier auf fünf Wochen verlängert und das Recht auf Ruhestand mit 60 garantiert.

1986 jedoch schwächelte die Wirtschaft und bei den Parlamentswahlen errang die rechte Opposition, geführt von Jacques Chirac (Pariser Bürgermeister seit 1977), die Mehrheit in der Nationalversammlung. Für die nächsten zwei Jahre arbeitete Mitterrand mit einem Premierminister und einem Kabinett der Opposition, ein beispielloses Arrangement, das unter der Bezeichnung *cohabitation* bekannt wurde. Der ultrarechte Front National (FN) gewann indessen unbeachtet an Boden, indem er lauthals die Immigranten als Ursache der wirtschaftlichen Probleme diffamierte.

Die Präsidentschaftswahlen von 1995 brachten Chirac (der kranke Mitterrand trat nicht an und starb im folgenden Jahr) in den Élysée-Palast. Der Senkrechtstarter und Außenminister Alain Juppé wurde zum Premierminister ernannt und mehrere Frauen in Spitzenpositionen des Kabinetts berufen. Chiracs Schritte, Frankreichs aufgeblähten öffentlichen Sektor zu reformieren, um den Kriterien der Europäischen Währungsunion (EWU) gerecht zu werden, lösten die größten Proteste seit 1968 aus. Seine Entscheidung, die Atomtests auf Mururoa und einem Nachbaratoll in Französisch-Polynesien wieder aufzunehmen, stieß weltweit auf Empörung. Chirac, wie stets im Alleingang, rief 1997 vorgezogene Parlamentswahlen aus – bei denen seine Partei Rassemblement pour la République (RPR; Zusammenschluss für die Republik) gegen eine Koalition von Sozialisten, Kommunisten und Grünen verlor. Eine neue Periode der *cohabitation* begann – diesmal mit Chirac auf der anderen Seite – die bis weit ins neue Jahrtausend andauern sollte.

Die Präsidentschaftswahlen 2002 waren für alle eine Überraschung. Der erste Wahlgang brachte nicht nur das Aus für den Führer der linken PS, Lionel Jospin, sondern auch 17 % der Stimmen für den rassistischen Demagogen des Front National, Jean-Marie Le Pen – berüchtigt für seine Verharmlosung des Holocaust als „unbedeutendes Detail der Geschichte" in den 1980er-Jahren und Parolen wie „Es gibt rassische Unterschiede" in den 1990er-Jahren. In den zwei Wochen bis zur

The Death of French Culture (Der Tod der französischen Kultur; Donald Morrison; 2010), das Buch, das aus dem berühmt-berüchtigten Artikel im Magazin *Time* im Jahr 2001 hervorging, beschreibt die Gedanken dieses Amerikaners in Paris über den vergangenen Glanz Frankreichs und dass das Land und seine Kultur für die Welt nicht mehr von Bedeutung sind. Regt zum Nachdenken an.

1998	2000	2001	2002
Frankreich, das Anfang der 1990er-Jahre die Atomtests im Südpazifik wieder aufgenommen hatte, unterzeichnet das weltweite Kernwaffenteststopp-Abkommen und stellt seine Atomtests endgültig ein.	Eine Concorde-Maschine der Air France mit Ziel New York geht kurz nach dem Start in Paris in Flammen auf und stürzt ab. Alle 109 Insassen und vier Personen am Boden kommen ums Leben.	Der Sozialist Bertrand Delanoë wird zum ersten offen schwulen Bürgermeister von Paris. Im folgenden Jahr wird er durch einen schwulenfeindlichen Angreifer mit dem Messer verletzt.	Der französische Franc, 1360 erstmals gemünzt, landet auf dem Schrotthaufen der Geschichte: Frankreich führt zusammen mit 14 weiteren EU-Ländern den Euro ein.

Stichwahl gingen die Menschen auf die Straße und riefen: „Wählt den Gauner, nicht den Faschisten" („Gauner" bezog sich auf die diversen Parteifinanzierungsskandale, in die Chirac verwickelt war). Am großen Tag selbst wählten die Linken – ohne einen eigenen Kandidaten – das kleinere von zwei Übeln: Chirac kam auf 82 % der Stimmen. Sein Erdrutschsieg wiederholte sich bei den Parlamentswahlen einen Monat später, als die Partei hinter dem Präsidenten, die sich mittlerweile UMP (Union pour un Mouvement Populaire) nannte, 354 der 577 Parlamentssitze errang. Die Jahre der *cohabitation* waren somit vorbei. Le Pens FN errang keinen einzigen Sitz im Parlament.

Im gleichen Jahr trat Frankreich, eines der sechs Gründungsmitglieder der Europäischen Wirtschaftsgemeinschaft (EWG), der Währungsunion bei und sicherte sich damit erneut einen zentralen Platz in Europa.

2003	**2005**	**2006**	**2007**
Frankreich stellt sich gegen den Irak-Krieg der USA, was bei den Amerikanern Ressentiments auslöst. Der US-Verteidigungsminister Rumsfeld tut Frankreich (und Deutschland) als „altes Europa" ab.	Die Franzosen versetzen dem Gedanken der europäischen Einigung einen schweren Schlag, indem sie die Europäische Verfassung in einer Volksabstimmung durchfallen lassen.	Die Regierung hebt den 2005 als Reaktion auf Straßenkrawalle ausgerufenen Notstand auf. Die gewalttätigen Ausschreitungen gehen jedoch aus Protest gegen das neue Jugendarbeitsgesetz weiter.	Frankreich erlebt die bedeutsamste Präsidentschaftswahl seit dem Zweiten Weltkrieg: Nicolas Sarkozy tritt gegen die Sozialistin Ségolène Royal an und gewinnt.

Die Franzosen

Über Frankreich und die Franzosen kursieren so viele hartnäckige Vorurteile wie über kein anderes europäisches Land: Todschick, stilsicher, sexy, charmant, arrogant, ungehobelt, bürokratisch oder nationalistisch sind nur einige der Etiketten, die sich die Baskenmützen tragende, angeblich ständig *Sacrebleu!* schimpfende Grande Nation über die Jahrhunderte verdient hat. Ob zu Recht oder zu Unrecht sei dahin gestellt – Baskenmützen und *Sacrebleu!* sind jedenfalls definitiv out. Wer einen Nachmittag in einem Pariser Straßencafé verbummelt und zuschaut, wie Passanten ständig auf den Hinterlassenschaften von Hunden ausrutschen (fast überall ein vertrauter Anblick), wird weit öfter ein genervtes *Merde!* (Scheiße) zu hören bekommen.

Vom Glück, Franzose zu sein: Unglaubliche Geschichten aus einem unbekannten Land: Ulrich Wickert, langjähriger Frankreich-Korrespondent der ARD, zeichnet in seinen teilweise wirklich unglaublichen Erzählungen ein ungewohntes Bild von der Grande Nation.

Als eingefleischte Traditionalisten brauchen die Franzosen eine längere Anlaufzeit, um sich für neue Ideen und Technologien zu erwärmen; das Internet konnte sich nur zögerlich durchsetzen, da alle beharrlich an ihrem geliebten (und zu seiner Zeit ultramodernen) Minitel festhielten. Diese Widersprüchlichkeit lässt sich auf alle Bereiche übertragen: Die Franzosen trinken und rauchen mehr als viele andere Nationen, leben aber trotzdem länger. Und sie essen wie Gott in Frankreich, werden aber nicht dick – beneidenswert!

Snobismus

Viele Franzosen sind unglaublich stolz auf sich und ihr Land und deshalb enorm nationalbewusst. Kein Wunder, denn in diesem Land steht die Nationalität als Identität stiftendes Element ganz oben auf der Liste, weit vor der Religion beispielsweise. Die Franzosen betrachten sich als den kulturellen und intellektuellen Nabel der Welt, und das kommt manchmal ziemlich arrogant rüber.

Entgegen der landläufigen Meinung sind viele Franzosen durchaus fit in Fremdsprachen, die sie auf Auslandsreisen im Bedarfsfall auch gerne austesten. Wer natürlich nach Frankreich kommt und sich nicht einmal den Versuch eines *Bonjour* abringen kann, darf auch nicht erwarten, von den stolzen Franzosen sofort in fließendem Deutsch begrüßt zu werden. Der starke Akzent deutscher Frauen, die französisch sprechen, soll auf französische Männer übrigens genauso unwiderstehlich sexy wirken wie der von Französinnen auf die deutsche Männerwelt – kaum zu glauben, aber wahr!

Natürlicher Sex-Appeal

A propos sexy: Nicht alle Franzosen sind die geborenen Herzensbrecher, die von morgens bis abends Gitanes rauchen. Auch mit der ehelichen Treue gehen sie längst nicht so lässig um, wie es uns das französische Kino glauben macht. Ein Seitensprung galt bis 1975 als Straftat und war noch bis Mitte 2004 ein zwingender Scheidungsgrund.

Küssen ist bei den Franzosen so normal wie bei uns das Händeschütteln (warum die Engländer einen Zungenkuss allerdings „French Kiss"

Der französische Begrüßungskuss verläuft nicht immer ganz unproblematisch: „Wie viele?" und „Welche Seite zuerst?" ist oft unklar. In Paris sind zwei Bussis (rechts und links) üblich, mehr gilt als affig und wird nur unter Verwandten, sehr engen Freunden und Leuten, die sich schon ewig nicht mehr gesehen haben, toleriert. Andererseits ist es unter hippen Twentysomethings gerade schick, drei- oder viermal Wange an Wange mit geschürztem Mündchen die Luft zu küssen, und viele Teenager machen es ihnen auf dem Schulhof nach.

Weiter südlich nehmen die *bisous* (Küsse) zu; in der Provence sind drei bis vier die Regel. Das Grenzgebiet zur Schweiz in der Nähe des Genfer Sees ist Drei-Küsse-Zone (angepasst an die Gewohnheiten der Eidgenossen), und im Loire-Tal wird viermal geküsst. Erstaunlicherweise begnügen sich die Korsen mit zwei Schmatzern, fangen dafür aber links an – was zu peinlichen Zusammenstößen führen kann, da im übrigen Frankreich die rechte Wange zuerst dran ist.

nennen, ist auch den Franzosen schleierhaft). Und wenn Pariser(innen) in die Provence kommen, fragen sich ratlose Ausländer, ob die wohl jemals mit dem Geknutsche wieder aufhören. Egal ob intime Freunde, gute Bekannte, flüchtige Bekanntschaften oder völlig Fremde, jeder bekommt links und rechts ein Küsschen hingehaucht. Abgesehen von Südfrankreich (wo jeder jeden küsst) ist unter Männern der Händedruck verbreiteter als das Küssen (es sei denn, sie sind verwandt oder Künstler). Dafür verteilen schon Kids, die kaum aus den Windeln sind, ganz lässig ihre Schmatzer.

Lebensart

Wer bei Monsieur et Madame Tout le Monde (Herr und Frau Jedermann) im fünften Stock eines bürgerlichen Wohnhauses Mäuschen spielt, wird Folgendes beobachten: Zum Frühstück tunken die beiden ihre Croissants in ihren bol (Schale) mit *Café au lait* (Milchkaffee), Monsieur kauft jeden Tag ein frisches Baguette (und knabbert auf dem Nachhauseweg die Spitze an) und außer ein paar Glasflaschen wird in ihrem Haushalt nichts recycelt.

Einmal im Monat gehen die beiden ins Kino, arbeiten exakt 35 Stunden die Woche (obwohl viele Franzosen noch immer 39 Stunden und mehr buckeln müssen; gegen entsprechende Bezahlung kann der Arbeitgeber eine 39-Stunden-Woche festsetzen). Fünf Wochen Jahresurlaub und fünf staatliche Feiertage es im Jahr. Das Web-Radio, das ihr 24-jähriger Sprössling produziert, betrachten sie mit einer Mischung aus Stolz, Belustigung und Skepsis. Die 20-jährige Tochter studiert noch an einer von Frankreichs komplett überlaufenen staatlichen Unis. Dort darf jeder hin, der das *baccalauréat* (Abitur) in der Tasche hat. Studiengebühren gibt es nicht, obwohl Sarkozy schon Anläufe unternahm, die Universitäten unabhängiger zu machen, indem sie Studenten aussieben und um externe Fördergelder werben dürfen.

Madame zieht sich jede Woche einen Stapel Magazine mit Promiklatsch rein, Monsieur geht mit seinen Kumpels Boule spielen, und der August ist der einzige Ferienmonat, in dem ein Sommerurlaub in Frage kommt (und ganz Frankreich Ferien macht). Hundehäufchenslalom ist ein von Geburt an praktizierter Nationalsport und bezahlt wird nur mit der *carte bleue* (Bank- oder Kreditkarte). Schließlich hatten die Franzosen schon Mikrochipkarten, als für alle anderen das Ritschratsch mit Unterschrift noch revolutionär modern war. Wahrscheinlich wohnt das Ehepaar zur Miete, denn das ist in Frankreich gang und gäbe: Nur 57 % aller Haushalte leben in den eigenen vier Wänden.

DIE FRANZOSEN

„Wurde auch langsam Zeit", werden sich wohl die Feministinnen in der restlichen Welt gedacht haben, als sich die Französinnen jetzt endlich entschlossen, ihre Mademoiselle abzuschaffen. Das Fräulein impliziere „nicht verheiratet", „Jungfrau", „sexuelles Freiwild" und Schlimmeres, argumentiert die Pariser Feministinnengruppe Les Chiennes de Garde (zu Deutsch „Wachhündinnen") und reichte eine Petition zur Eliminierung des Wortes „Mademoiselle" auf administrativer und politischer Ebene ein. Auch das Kästchen „Geburtsname" soll von offiziellen Formularen und Dokumenten verschwinden.

„Mademoiselle" stammt von dem mittelalterlichen Wort „Damoiselle" ab, das ein junges Mädchen aus gutem Hause bezeichnete (das männliche Pendant hieß „Damoisel"). Mit der Vorsilbe „Ma" mutierte das Wort zur Bezeichnung für unverheiratete Frauen und bedeutete im 17. und 18. Jahrhundert so viel wie „schrullige alte Jungfer, die keinen mehr abkriegt". Im 19. Jh. missbrauchte der Schriftsteller Adolphe Belot den Ausdruck als Bezeichnung für eine frigide Ehefrau in *Mademoiselle Giraud, ma Femme*.

Deshalb kämpfen die Frauen nun darum, schon von Geburt an eine „Madame" zu sein – auch wenn viele gestresste Mütter Mitte dreißig (ich eingeschlossen) es mittlerweile als Kompliment auffassen, wenn jemand sie „Mademoiselle" nennt. Denn dann fühlen sie sich trotz quengelnder Kids, Bergen von Schmutzwäsche und ersten Fältchen wieder richtig jung.

Frauen in Frankreich

Seit 1945 dürfen Frauen in Frankreich wählen, aber erst seit 1964 brauchen sie keine Erlaubnis ihres Ehemanns mehr, um ein Bankkonto zu eröffnen oder einen Reisepass zu beantragen. Vor allem die jüngeren Französinnen sind ziemlich emanzipiert und sagen deutlich, was sie denken. Trotzdem ist der Weg zu einer Gleichberechtigung am Arbeitsplatz noch lang: Verantwortliche und leitende Positionen bleiben für Frauen auch in Frankreich oft unerreichbar. Gegen sexuelle Belästigung am Arbeitsplatz gibt es ein Gesetz, die Täter werden mit Bußgeldern bestraft. Eine der großen Errungenschaften der letzten zehn Jahre ist das Gesetz der *Parité*, das die politischen Parteien verpflichtet, bei Wahlen 50 % Kandidatinnen aufzustellen.

Eine legale Abtreibung ist in den ersten zwölf Schwangerschaftswochen möglich. Junge Frauen unter 16 Jahren in Begleitung einer erwachsenen Person ihrer Wahl benötigen dafür keine Zustimmung der Eltern. Auf 100 Lebendgeburten kommen in Frankreich 30 Abbrüche.

Für nichts sind die Französinnen besser bekannt als für natürlichen Schick, Stil und Klasse. Dabei sind die Französinnen heute zweifellos frecher denn je. Typisches Beispiel: Mutter und Tochter Rykiel. In den 1970er-Jahren steckte die legendäre Strickwarendesignerin Sonia Rykiel ihre Models in hautenge Pullis, die alle Rundungen betonten (und ohne BH getragen wurden). Im neuen Jahrtausend gründete Tochter Nathalie das sinnliche Label Rykiel Woman, das alles von reizvoller Wäsche bis hin zu Sexspielzeug vertreibt und sich explizit an Frauen richtet, die wissen, was sie wollen. Das trendige Mutter-Tochter-Duo bloggt unter dem Pseudonym Dita du Flore (www.rykielles.com), besitzt einen e-shop (www.soniarykiel.com) und ist auf Facebook vertreten.

Nationalheiligtum Sprache

In einer Fremdsprache zu sprechen, ist für die Franzosen noch lange keine Selbstverständlichkeit, was Präsident Jacques Chirac vor ein paar Jahren eindrucksvoll unter Beweis stellte: Er verließ demonstrativ den

Saal, als sich ein Landsmann erdreistete, seine Rede auf einem EU-Gipfel auf Englisch zu halten. „Don't speak English!" titelte *Le Monde* tags darauf und unter französischen Bloggern war der Sprachpatriotismus ein heiß diskutiertes Thema. „Wachen Sie auf, Herr Staatspräsident, Sie leben auf einem anderen Planeten" oder „Dass Französisch die Sprache der internationalen Verständigung war, ist schon ziemlich lange her" hackten die Blogger, die sowieso größtenteils auf Englisch schreiben, in ihre PCs.

Der derzeitige Präsident Sarkozy schlägt sich kaum besser als sein fremdsprachlich unbedarfter Vorgänger. Er hält sich in der Öffentlichkeit grundsätzlich an den gleichen Sätzen fest, die er am besten kann. Das Video, in dem er sich mühsam ein paar englische Zeilen abringt, wurde Internet gepostet und breitete sich aus wie eine Seuche.

Nachdem sich immer mehr englische Ausdrücke („weekend", „jogging", „stop", „okay") in der Alltagssprache eingebürgert haben, müssen wohl auch Puristen langsam einsehen, dass da nichts mehr zu machen ist. Das zeigt auch ein Blick auf die Website der in Paris ansässigen Vereinigung DLF (Défense de la langue française, „Verteidigung der französischen Sprache"; www.langue-francaise.org., auf Frz.), die unter der Rubrik „Musée des horreurs" (Museum des Schreckens) französische Plakate, Restaurantschilder u. ä., die mit englischen Ausdrücken werben, an den Pranger stellt.

Bis 1995 Schweden und Finnland zur EU stießen, war Französisch dort die Hauptsprache. Ein Gesetz schreibt französischen Radio- und Fernsehsendern vor, wie groß der Anteil an fremdsprachlichen Musikbeiträgen sein darf – es hat aber keinen Einfluss darauf, was im Internet verbreitet wird.

Multikulturelles

Auch wenn Frankreich von außen betrachtet wirklich multikulturell ist (mit einem Ausländeranteil von 7,4 %), wird seine – durchaus integrative und antidiskriminierende – republikanische Gesetzgebung doch immer wieder dafür kritisiert, wenig für die Schaffung einer wirklich multikulturellen Gesellschaft zu tun. Interessanterweise vertritt auch keines der Mitglieder der Assemblée Nationale die ausländische Bevölkerung der ersten oder zweiten Generation. Nichts spiegelt diesen Zwiespalt besser wider als das 2004 eingeführte Gesetz, welches das islamische Kopftuch (zusammen mit der jüdischen Kippa, Kruzifixen und anderen religiösen Symbolen) aus den französischen Schulen verbannte (s. S. 985).

90 % der islamischen Gemeinde (die größte Europas) sind keine Franzosen, sondern (meist illegale) Einwanderer, die in den hoffnungslos verarmten *bidonvilles* (Vorortghettos, wörtlich „Kanisterstädte") rund um Paris, Lyon und andere Großstädte ihr Leben fristen. Viele Immigranten haben keinen Job (in vielen Vorstädten liegt die Jugendarbeitslosigkeit bei 40 %) und wenig Aussicht, je einen zu bekommen.

Der französische Fußball ist ein echter Multikultiverein, über die Hälfte der 23 Spieler bei der WM 2010 kommen aus der Karibik oder sonst woher. Bestes Beispiel: die Nationalikone Zinedine Zidane (geb. 1972), Mittelfeldass aus Marseille und mittlerweile „im Ruhestand". Der Sohn algerischer Einwanderer hatte die Nation mit seiner unglaublichen Beinarbeit und legendären Kopfballtoren verzaubert, dann aber einen unrühmlichen Abgang bei der WM 2006 erlebt, als er einem italienischen Spieler im Finale einen Kopfstoß verpasste. Doch sein unschuldiges Grinsen (das er seither mit allen möglichen Werbeaufträgen, von adidas-Schuhen über Volvic-Mineralwasser bis hin zu Klamotten von Christian Dior, vergoldet hat) rettete ihn – die Franzosen verziehen ihm den Ausfall sofort.

Immer seltener treten französische Paare vor den Traualtar (jedes Jahr werden es 3 % weniger). Wer trotzdem heiratet, tut es später (Frauen im Alter von 29, Männer von 31 Jahren), und auch mit dem Kinderkriegen (zwei Kinder im Durchschnitt) lassen sich die Franzosen länger Zeit. Wie überall in Europa steigt die Scheidungsrate (49 % aller Ehen enden mit einer Scheidung, 1985 waren es noch 30 %).

DAS FRANZÖSISCHE NORD-SÜD-GEFÄLLE

Kein Film hätte besser auf den Punkt bringen können als Dany Boons *Bienvenue chez les Ch'tis* (Willkommen bei den Sch'tis; 2008), was die Südfranzosen von den Nordfranzosen, sprich: „Sch'tis", halten. Mit Gags am laufenden Band kommentiert die rührend menschliche Komödie das französische Nord-Süd-Gefälle. Kaum ein Franzose ließ sich den Film entgehen, der die verbreiteten Klischees über den äußersten Norden Frankreichs auf ihren Wahrheitsgehalt überprüft.

Schon allein das Wetter ist im kalten, regnerischen Norden schlicht indiskutabel („1 °C im Sommer und bis zu -40 °C im Winter!") und der Norden fängt für Südfranzosen praktisch gleich hinter Lyon an. Also mummelt sich Philippe, der Leiter der Postfiliale von Salon-de-Provence an der sonnenverwöhnten Côte-d'Azur, in mehrere Strickpullis, Daunenjacke und Wollschal ein, ehe er sich theatralisch von seiner knackig braunen Frau Julie verabschiedet.

Zu seiner Überraschung hält das Wetter – bis er das Schild „Nord-Pas de Calais" passiert. Schlagartig öffnen sich die Himmelsschleusen und kein Regen, sondern ein ausgewachsener Wolkenbruch zwingt seine Scheibenwischer zur sofortigen Kapitulation. Selbst der Autobahnpolizist, der ihn wegen zu langsamen Fahrens anhält, lässt ihn mit verständnisvollem Lächeln und einem Ausdruck tiefsten Mitleids ungeschoren weiterfahren, als er erfährt, wohin Philippe unterwegs ist: Sein Zielort heißt Bergues, ein gottverlassenes ehemaliges Bergarbeiterstädtchen mit 4300 Einwohnern, 9 km von Dunkerque. (Der Ort existiert wirklich, ist aber lange nicht so gottverlassen, grau und hässlich, wie die Südfranzosen glauben. Er wird momentan von neugierigen Besuchern überschwemmt, die das Postamt, den Glockenturm, den Marktplatz mit der Imbissbude und andere Filmlocations sehen wollen.)

Bienvenue chez les Ch'tis ist ein wahres Kaleidoskop witziger Slapstickszenen, die sich gnadenlos alle Klischees vornehmen, die sich in den Köpfen festgesetzt haben. Der nördliche Zipfel des Landes gilt als der französische Ruhrpott mit arbeitslosen, ausgemergelten, blassen und „ungebildeten" Einwohnern, die zu viel Bier trinken und Unverständliches wie *Ej t'ermerci inne banes* (soll *Merci beaucoup* heißen) nuscheln.

Denn der breite Dialekt der Sch'tis (ein mit flämischen Ausdrücken durchsetztes, altertümisches Picardisch) ist für Außenseiter Chinesisch. Außerdem tunken die Sch'tis zum Frühstück Brot mit ihrem stinkenden Maroille Käse in *chicorée café* (Instant-Getreidekaffee) und anstatt mittags wie jeder anständige Franzose ein Dreigängemenü zu verspeisen, bestellen sie am Frittenstand eine Runde *frites fricadelle, sauce picadilly* (Pommes mit Buletten dubioser Zusammensetzung und Würzsauce), alles im Freien aus der Hand gegessen. Ihre langen, windgepeitschten Sandstrände eignen sich hervorragend zum *char à voile* (Sandsurfen). Und ihren Spitznamen – *les Ch'tis* – verdanken die Bewohner französischen Soldaten aus dem Ersten Weltkrieg, die den Dialekt der Kameraden aus dem Norden nachäfften: aus *c'est toi, c'est moi* („das bist du, das bin ich") machen die Nordfranzosen *ch'est ti, ch'est mi*, woraus sich dann die Bezeichnung „Ch'ti" entwickelte.

Den Norden und seine Eigenheiten kennt Regisseur Dany Boon in- und auswendig – er ist in Armentières bei Lille geboren und mit Hausmannskost wie *tarte au Maroilles* (einer Art Quiche mit besagtem Stinkekäse), *chicons au gratin* (überbackenem Chicoree, der in der Region *chicon* heißt) und *carbonnade flamande* (Gulasch mit Bier) groß geworden. Sein Vater stammte aus Algerien und war Busfahrer, seine Mutter ging putzen. Heute gehört Boon zu Frankreichs populärsten Comedystars, er führt Regie und zählt – seit diesem Film – zu den bestbezahlten Schauspielern. Im Film gibt er den liebenswert-tollpatschigen Postangestellten Antoine. Wenn jemand den nötigen Background hat, um die Sch'tis und ihre Heimat unverfälscht rüberzubringen, dann er. Wenn er als Mamasöhnchen Antoine im Film sagt: „Fremde, die in den Norden kommen, weinen zweimal: Wenn sie ankommen – und wenn sie wieder gehen", dann nimmt ihm das jeder ab.

» Erfinder der Tour de France war der französische Journalist und Radsportler Henri Desgrange, der sie 1903 als Werbeevent für seine Sportzeitung *L'Auto* (der heutigen *L'Équipe*) ins Leben rief.

» Abgesehen von zwei durch die beiden Weltkriege bedingten Zwangspausen wurde die Tour seitdem jedes Jahr gefahren.

» Die Tour von 1998 wurde zur Tour de la Honte („Tour der Schande"): Nachdem mehrere Teams wegen Doping disqualifiziert wurden, radelten weniger als 100 Sportler über die Ziellinie.

» *Le blaireau* (der Dachs), wie der legendäre französische Radprofi Bernard Hinault (geb. 1954) genannt wurde, war fünffacher Toursieger, 1986 hing er den Radsport an den Nagel.

» Unbestrittener König der Tour de France ist Lance Armstrong (geb. 1971). Die amerikanische Ikone gewann das Rennen ab 1999 sieben Mal in Folge, überwand außerdem eine Krebserkrankung und verabschiedete sich nach dem Sieg 2005 vorübergehend, 2009 kehrte er zum Profiradsport zurück (damals beendete er die Tour als Dritter).

DIE FRANZOSEN

Sportskanonen

Die meisten Franzosen würden lieber sterben, als sich in Sporthosen oder Jogginganzug auf der Straße sehen zu lassen. Aber der Schein trügt: Die Grande Nation ist nämlich richtig sportverrückt. Scharen durchtrainierter Herren mit rasierten Beinen radeln den Mont Ventoux hoch, die Fußballstadien sind brechend voll und wer kann, fährt im Winter am Wochenende Ski oder Snowboard.

Die 24 Stunden von Le Mans und der Formel-1-Grand-Prix von Monte Carlo sind Topevents in der Welt des Motorsports, die French Open finden immer von Ende Mai bis Anfang Juni als zweites der jährlichen vier Grand-Slam-Turniere im Pariser Roland-Garros-Stadion statt und die Tour de France ist das berühmteste Radrennen der Welt. Jedes Jahr im Juli bringt sie 189 Topradfahrer (21 Teams mit je neun Fahrern) und 15 Mio. Zuschauer auf den über 3000 km langen Parcours quer durch Frankreich. Die Strecke, die in drei Wochen bewältigt werden muss, beinhaltet immer Etappen in den Alpen und den Pyrenäen und endet traditionell auf den Champs-Élysées in Paris. Die Strecke ändert sich jährlich, aber egal, wo sie verläuft, lockt sie stets Scharen von Zuschauern mit Tischen, Klappstühlen und Picknickkörben an, die den Tag als Fest begehen. Der den Sportlern vorausfahrende Werbepulk lässt Luftballons, Kugelschreiber und sonstige Werbeartikel auf die Schaulustigen am Straßenrand niederregnen und ist fast unterhaltsamer als die Radprofis selbst, die in zehn Sekunden an einem vorbeizischen.

Den glorreichsten Moment in Sachen Sport erlebten die Franzosen 1998, als Frankreich die Fußballweltmeisterschaft ausrichtete und gewann. Bei der WM 2006 dagegen verlor man im Endspiel gegen Italien. Und bei der WM in Südafrika 2010 hatten *les Bleus* überhaupt kein Glück: Das französische Team schied in der ersten Runde aus, nachdem der Rauswurf von Stürmer Nicolas Anelka wegen Beschimpfung des Schiedsrichters den Rest des Teams mit einem Trainingsstreik quittiert wurde. Zu Hause schämte sich die französische Fußballnation für ein Team, das keine gute Figur abgegeben hatte.

Dass es als Gastgeber der Olympischen Sommerspiele 2012 von London ausgestochen wurde, war hart für Paris. Zum letzten Mal wurde das Megaevent 1924 in der französischen Hauptstadt ausgetragen.

PÉTANQUE

Typisch französische, traditionelle Ballspiele sind *pétanque* sowie Boules, dessen weitaus kompliziertere Regeln in einem 70-seitigen Werk festgelegt sind. Beide Varianten werden von Männern auf einer Kiesbahn gespielt. Der beliebteste Ballsport im französischen Baskenland heißt *pelote Basque* (*Pelota*) und wird mit einem Holzschläger gespielt.

Essen wie Gott in Frankreich

LA CUISINE FRANÇAISE

Die meisten Franzosen finden gutes Essen unglaublich wichtig. Sie können wahnsinnig viel Zeit damit verbringen, über Essen nachzudenken, mit anderen über Kulinarisches zu diskutieren und mit Genuss zu schlemmen. Aber deswegen muss ein Restaurantbesuch keine steife Angelegenheit sein, bei der Uneingeweihte von einem Fettnäpfchen ins andere treten. Wer bei seinen gastronomischen Ausflügen nur halb so viel Enthusiasmus zeigt wie *les français*, wird überall herzlich empfangen, bestens beraten und kulinarisch verwöhnt.

Im Frankreichurlaub diktiert die Natur den Speisezettel: Jahreszeit und geografische Lage sorgen dafür, dass im heißen Süden Olivenöl, Tomaten und Knoblauch dominieren; in den kühleren, grünen Gegenden Nordfrankreichs spielen Butter und Sahne die Hauptrolle, die Küstenregionen steuern Muscheln, Austern, Fische und andere Meeresfrüchte bei.

Dabei sind die Grenzen fließend; zwar ist jede Region stolz auf ein paar lokale Spezialitäten, trotzdem können Gerichte am Atlantik Einflüsse aus der Gascogne aufweisen und Lokale in Marseille elsässische *choucroute* (Sauerkraut mit diversen Fleisch- und Wurstsorten) auf die Karte setzen oder Pariser Gastronomen eine *andouillette* (Wurst aus Schweineinnereien) aus Lyon servieren.

Essensfahrplan

Was die Franzosen *petit déjeuner* nennen, erfüllt nicht unbedingt jedermanns Erwartung an ein Frühstück. Diese Mahlzeit ist für sie eher nebensächlich: Ihr Tag beginnt meist mit einer simplen *tartine* (ein Stück Baguette mit Butter und Marmelade), die sie mit einem *café* (Espresso) oder *café au lait* (Milchkaffee) runterspülen. Auch heiße Schokolade ist beliebt, vor allem bei Kindern. In Hotels werden Kaffee und Schokolade in normalen Tassen serviert, zu Hause dagegen aus *bols* mit den Ausmaßen einer Müslischale geschlürft, die sich bestens zum Brot Eintunken eignen.

Manche Städter vertilgen auf dem Weg zur Arbeit einen Kaffee und ein Croissant (pur, nie mit Butter oder Marmelade), aber normalerweise sind Croissants, Brioches, *pains au chocolat* und *pains aux raisins* (Blätterteiggebäck mit Rosinen oder Schokofüllung), *chaussons aux pommes* (Apfeltaschen) und sonstige *viennoiserie* (süße Teilchen) Leckereien, die nur am Wochenende – oft noch ofenwarm – aus der Bäckerei um die Ecke geholt werden.

Auf das *déjeuner* (Mittagessen) dagegen würde kein Franzose freiwillig verzichten und sich auch niemals mit einem schnellen Sandwich im Stehen abspeisen lassen. Die traditionelle Hauptmahlzeit des Tages umfasst mindestens eine Vorspeise, ein Hauptgericht mit einem Glas Wein und einen starken, schwarzen *café* (kein Franzose würde statt-

Vive la France! von Stéphane Reynaud (Christian Verlag, 2009) ist ein wunderschön aufgemachtes Lese- und Kochbuch, das die herzhafte Küche der französischen Metzger und Bäcker, Bauern, Hausfrauen und Köche mit lebendigen Porträts und ansprechenden Fotos ausführlich beschreibt.

dessen Cappuccino, *café au lait* oder Tee bestellen, der übrigens nie mit Milch getrunken wird). Vielen ist – trotz der Tageszeit – der Aperitif vor dem Essen heilig.

Das Sonntagsessen artet in vielen französischen Familien zu einer stundenlangen, genüsslichen Schlemmerei aus. So ein traditionelles Mahl, egal ob mittags oder abends, kann ganz schön anstrengend sein und aus sechs oder mehr Gängen bestehen, zu denen der jeweils passende Wein eingeschenkt wird. Ähnlich wie in vielen Nobelrestaurants gibt's dann ein *amuse-bouche* („Gaumenkitzler") vor der Vorspeise und, als süße Variante, vor dem Dessert sowie *mignardises* (Petit-fours und Konfekt) zum Kaffee.

Wohin zum Essen

» Auberge Landgasthof mit traditionellen, rustikalen Gerichten. Bietet oft auch Zimmer mit Frühstück an oder gehört zu einem kleinen Hotel.

» Ferme auberge Bauernhof, der Gäste bewirtet und dafür vor allem Produkte aus eigener Herstellung verwendet. Hier ist die *table d'hôte* (wörtlich „Gasttisch") sehr verbreitet: ein festes Menü (fast) ohne Auswahlmöglichkeiten.

» Bistro (auch *bistrot* geschrieben) Dahinter kann sich alles verstecken, von der Bar oder Kneipe mit Snacks und kleinen Mahlzeiten bis zum kleinen Restaurant mit allen Schikanen.

» Brasserie Ähnelt einem Café, bietet aber außer Kaffee und Getränken auch durchgehend von morgens bis 23 Uhr oder noch später komplette Mahlzeiten an. Typische Brasserie-Gerichte sind *choucroute* (Sauerkraut) und *moules frites* (Muscheln mit Pommes).

» Restaurant Diese Institution hielt 1765 in Paris Einzug, als ein gewisser Monsieur A. Boulanger in der Rue Bailleuil im 1. Arrondissement eine Suppenküche eröffnete. Seine Brühen und Eintöpfe nannte er *restaurants* (aufbauend, belebend). Heutige Restaurants servieren meist an fünf oder sechs Tagen die Woche Mittag- und Abendessen; Hinweise zu Öffnungszeiten stehen auf S. 1055.

» Buffet (oder *buvette*) Solche Kioske finden sich an Bahnhöfen und Flughäfen; sie verkaufen Getränke, belegte Baguettes und Snacks.

» Café Hier gibt's die Standardgetränke und einfache Kleinigkeiten wie Baguette mit Camembert oder Pâté und Cornichons, *croque monsieur* (Käse-Schinken-Toast) und *croque madame* (dito mit Spiegelei).

» Crêperie (auch *galetterie*) Lockeres Lokal, das süße Crêpes und pikante *galettes* (Crêpes aus Buchweizenmehl) bäckt.

» Salon de Thé Entspricht in etwa einem altmodischen deutschen Café und bietet neben Kuchen und Gebäck auch oft leichte Gerichte (Quiches, Salate, Tartes) sowie Schwarz- und Kräutertees an.

DIE SPEISEKARTE

Auch in Frankreich entspricht der Aufbau der *carte* der Speisenfolge: Zuerst kommen die *entrées* (Vorspeisen), gefolgt von *plats* (Hauptgerichten), *fromage* (Käse) und *desserts*.

Meistens werden zu einem Festpreis auch noch ein oder mehrere *menus* angeboten, die aus zwei oder drei Gängen bestehen. In vielen Lokalen werden sie täglich auf einer Schiefertafel notiert und bieten das beste Preis-Leistungs-Verhältnis. Bei Mittagsmenüs ist oft noch ein Glas Wein und/oder ein *café* dabei, bei manchen Abendmenüs in Feinschmecker-Restaurants ein passender Wein zu jedem Gang.

Im Vergleich zum *menu* ist die *formule* meist ein preisgünstigeres Mittagsangebot, bei dem aus drei Gängen zwei ausgewählt werden können, also z. B. *plat du jour* (Tagesgericht) plus Vorspeise oder Nachspeise.

Brot

Eine Säule der französischen Küche ist *pain* (Brot), das zu jeder Mahlzeit gegessen wird. Ein Wink genügt und es steht in jedem Speiselokal in Sekundenschnelle auf dem Tisch. Außer in einigen Nobelrestaurants wird dazu keine Butter gereicht.

Brot gibt's in unendlich vielen Größen, Formen und Sorten. *Pain* ist der traditionelle, 400 g schwere, längliche Laib mit weicher Krume und knuspriger Kruste. Der Klassiker – *une baguette* – steht als 250 g schwere, krosse Stange im Regal. Die dickere Version davon heißt *flûte*, die dünnere *ficelle*. Für den kleinen Appetit verkaufen die *boulangeries* (Bäckereien) auch ein *demi-baguette* oder *demi-pain* (halber Laib), was ganz praktisch ist, weil die Baguettes frisch aus dem Ofen zwar unschlagbar sind, aber schon nach vier Stunden trocken und nach zwölf Stunden steinhart werden.

Viele Bäckereien bieten auch schwerere Brote aus allen möglichen Getreidesorten an, veredelt mit Nüssen, Trockenfrüchten, Kräutern, Käse usw. Sie bleiben meist erheblich länger frisch als die Backwaren aus Weißmehl.

Strenge Vegetarier sollten daran denken, dass die meisten französischen Käse mit Lab gemacht werden, einem Enzym aus dem Magen von Kälbern und jungen Ziegen. Einige Rotweine (vor allem aus dem Bordeaux) werden mit Hühnereiweiß geklärt.

DIE PERFEKTE KÄSEPLATTE

Wer das ultimative Geschmackserlebnis haben will, nimmt sich von allen folgenden Käsetypen mindestens eine Kostprobe von der Käseplatte:

» **Ziegenkäse** *(fromage de chèvre)* Die Sorten aus Ziegenmilch sind zu Anfang cremig und süßlich mit leicht salziger Note, werden aber mit zunehmender Reife härter und salziger. Zu den besten Vertretern dieser Kategorie gehören der Ste-Maure de Touraine, ein milder, sahniger Käse aus dem Loire-Tal, der etwas salzigere Klassiker Crottin de Chavignol aus dem Burgund, der Cabécou de Rocamadour aus der Region Midi-Pyrénées, der oft warm zu Salat oder in Öl und Rosmarin eingelegt serviert wird, und der weiche, weiße St-Marcellin aus Lyon, der unbedingt zerfließen muss.

» **Blauschimmelkäse** *(fromage à pâté persillée)* Das Marmormuster erinnert an *persil* (Petersilie), daher der Name. Ein absolutes Muss ist der Roquefort aus dem Languedoc, der König der französischen Käse aus Schafsmilch. Außerdem unbedingt probieren: die mildere Variante aus Kuhmilch, Fourme d'Ambert aus dem Rhone-Tal, und den ebenfalls milden Bleu du Haut Jura (auch Bleu de Gex genannt), der aus den Bergen des Jura stammt.

» **Weichkäse** *(fromage à pâté molle)* Unter den Weichkäsen, die mit Weiß- oder Rotschimmel überzogen sind, haben sich vor allem zwei Klassiker einen Namen gemacht: der Camembert aus der Normandie und der etwas feinere Brie de Meaux, die beide aus unbehandelter Kuhmilch gemacht werden. Munster aus dem Elsass und der noch strenger riechende Époisses de Bourgogne sind zwei Weichkäse mit Rotschimmel.

» **Halbfester Schnittkäse** *(fromage à pâté demi-dure)* Mit das feinste Aroma unter den bei mittlerer Temperatur hergestellten und nur leicht gepressten Käsen hat der Tomme de Savoie, der aus unbehandelter oder pasteurisierter Milch von Kühen aus dem Alpenvorland gekäst wird. Cantal heißt ein Kuhmilchkäse aus der Auvergne, der dem englischen Cheddar ähnelt. St-Nectaire hat einen ausgeprägteren Duft und Geschmack und der Ossau-Iraty aus Schafsmilch stammt aus dem Baskenland.

» **Hartkäse** *(fromage à pâté dure)* Unter den Hartkäsen, die bei höheren Temperaturen gekäst und stärker gepresst werden, ist der Beaufort ein Highlight, ein körniger Kuhmilchkäse mit leicht fruchtigem Aroma aus dem Gebiet Rhône-Alpes. Comté wird aus unbehandelter Kuhmilch in der Franche-Comté hergestellt, Emmental besteht ebenfalls aus Kuhmilch und wird in ganz Frankreich produziert, während der leuchtend orangene Mimolette aus Lille stammt und bis zu 36 Monate reifen darf.

Käse

Frankreich ist das Käseparadies schlechthin und schon der Duft verrät, wo sich die *fromageries* (Käseläden) einer Stadt verstecken. Angesichts der über 500 Sorten – die aus Rohmilch, pasteurisierter Milch oder *petit-lait* (Molke) gekäst werden – kann der Einkauf dort kompliziert werden. Aber jeder Käsehändler, der etwas auf sich hält, lässt unentschlossene Kunden probieren und fragt, wann der Käse gegessen werden soll, um dann das Stück mit dem genau richtigen Reifegrad einzupacken.

Dass Franzosen jedes Essen mit Käse beschließen, ist ein Gerücht. Aber bei feudaleren Anlässen wird vor dem Dessert auf jeden Fall der Käsewagen hereingerollt (zur Überraschung aller, die zu Hause den Käse erst nach dem Dessert servieren). Dazu gibt's auf jeden Fall Baguette, aber niemals Crackers und auch keine Butter.

Wein und Käse sind ein Traumpaar. Normalerweise passt zu würzigem Käse ein kräftiger Rotwein oder ein süßer Weißwein, während das feine Aroma von Weichkäse nach älteren, qualitativ besseren Weinen verlangt. Klassische Kombinationen sind Munster mit elsässischem Gewürztraminer, Roquefort mit Côtes du Rhône, Brie oder Camembert mit einem Roten von der Côte d'Or (Burgund) sowie Emmental oder Cantal mit einem schweren Bordeaux. Sogar Champagner kann zu Käse schmecken, z. B. zu einem Chaource mit leichter Pilznote.

Charcuterie

Fast alle französischen Regionen produzieren *charcuterie* (Fleisch- und Wurstwaren), den Grundstock eines zünftigen Picknicks. Lyon, das Elsass und die Auvergne im Zentralmassiv liefern die besten Frisch- und Hartwürste, die Dordogne und Nordfrankreich steuern die leckersten Pâtés und Terrinen bei.

Ursprünglich bestand Charcuterie nur aus Schweinefleisch, aber heute werden auch Rind, Kalb, Huhn und Gans zu Würsten, Pökel- und Räucherspezialitäten aller Art verarbeitet. Pâtés, Terrinen und *rillettes* (zerkleinertes, im eigenen Fett gekochtes Fleisch) zählen ebenfalls zur Charcuterie. Übrigens unterscheiden sich Pâtés und Terrinen nur dadurch, dass Pâtés aus dem Behälter genommen und vor dem Servieren aufgeschnitten werden, während Terrinen direkt im Behälter auf den Tisch kommen. *Rillettes* bestehen aus Fleisch (seltener auch Fisch), das nicht geschnitten, sondern im eigenen Fett gekocht und dann mit zwei Gabeln zerrupft, gewürzt und mit dem Fett zu einem Aufstrich vermengt wurde, der kalt auf Brot oder Toast köstlich schmeckt.

Beliebte Charcuterie-Spezialitäten sind *andouillette* (weiche Rohwurst aus Innereien vom Schwein, die gebraten und mit Kartoffeln und Zwiebeln serviert wird – Lyon ist berühmt dafür), *boudin noir* (Blutwurst aus gerührtem Schweineblut mit Zwiebeln und Gewür-

Januar

In der Provence und der Dordogne werden schwarze Trüffeln ausgebuddelt, an der Côte d'Azur Zitronen gepflückt und Skihasen in den Alpen tauchen Brotwürfel ins Käsefondue.

Februar

Jetzt haben Seeigel am Mittelmeer westlich von Marseille Saison, während Gänseliebhaber weiter landeinwärts in der Dordogne mit Foie gras verwöhnt werden.

März

Auf den Märkten Südfrankreichs taucht der erste Spargel auf. Letzter Aufruf, um in der Provence Ölivenöl aus letztjähriger Ernte zu kaufen und in den Alpen Fondue zu essen.

April

Der Frühling bringt frischen Ziegenkäse, Artischocken und Osterüberraschungen wie *œufs au chocolat* (Schokoladeeier), die mit kleinen Bonbon-Fischen und -Küken gefüllt sind und von den Kindern gesucht werden, während das traditionelle Osterlamm im Ofen schmort.

Mai

Beim Almauftrieb wandern die Schäfer mit ihren Kuh- und Schafherden auf die Bergweiden, im Süden erröten die ersten Erdbeeren.

Juni

Frischer Knoblauch, zu Zöpfen geflochten, türmt sich zwischen Melonen und Kirschen auf den Marktständen der Provence, in der Bretagne werden feine Schalotten von Hand geerntet.

zen), *jambon* (gekochter oder gepökelter Schinken) *saucisse* (kleine Roh-wurst, die gekocht oder gebraten wird); *saucisson* (dickere Frischwurst, als Aufschnitt) und *saucisson sec* (luftgetrocknete Dauerwurst).

Regionale Spezialitäten

Die französische Küche ist zwar vielfältig, aber die typischen Gerichte, an die jeder gleich denkt, stammen vor allem aus der Normandie, dem Burgund, der Dordogne, Lyon und in kleinerem Ausmaß aus dem Loire-Tal, dem Elsass und der Provence. Andere Regionen wie die Bretagne, das Languedoc, das Baskenland und Korsika lieferten wichtige Beiträ-ge, die im Oberbegriff „französische Küche" aufgegangen sind.

NORMANDIE

Sahne, Äpfel und Cidre heißen die Basics der normannischen Küche. Also werden Muscheln in Sahnesauce mit einem Schuss Cidre als *moules à la crème normande* serviert und Kutteln, die stundenlang mit Gemüse in Cidre simmern, heißen *tripes á la mode de Caen*. Als Käse-gang oder Picknickzutat schmeckt vor allem cremiger Camembert aus der Milch heimischer Kühe, während *coquilles St-Jacques* (gebratene Jakobsmuscheln, himmlisch!) und *huîtres* (Austern) die Stars der Küste sind. Aus Äpfeln werden die Getränkeklassiker der Region hergestellt: säuerlicher Cidre (S. 202) und wärmender Calvados (Apfelschnaps); der auch ein Apfelsorbet veredeln kann.

BURGUND

Das Weinparadies, in dem auch viele Kochkurse (S. 425) abgehalten werden, huldigt dem gastronomischen Dreigestirn aus Rindfleisch, Rotwein und Dijon-Senf. Es bietet sich an, hier ein authentisches *bœuf bourguignon* (in jungem Rotwein marinierte und gekochte Rind-fleischwürfel mit Pilzen, Zwiebeln, Karotten und Speck) oder Rind-fleisch mit *sauce Morvandelle* (aus Weißwein, Schalotten und Senf) zu probieren, gefolgt von einer Auswahl regionaler Käse mit AOC-Siegel (Herkunftsgarantie; S. 443).

Auch Schnecken (S. 444), die hier traditionell im Ofen gebacken und im Dutzend zusammen mit Knoblauch- oder Petersilienbutter serviert werden, sind eine regionale Delikatesse – die flüssige Butter mit Brot aufzutupfen ist besonders lecker!

DORDOGNE

Die auch Périgord genannte Gegend im Südwesten Frankreichs ist be-rühmt für schwarze Trüffeln (S. 626) und Geflügel, vor allem Enten und Gänse, dessen Fettlebern als *pâté de foie gras* (Enten- oder Gänseleber-pastete) serviert werden – oft mit Cognac und (wer hätte das gedacht?!)

Städte für Foodies

» **Le Puy-en-Velay**, berühmt für Linsen

» **Dijon**, berühmt für Senf

» **Privas**, berühmt für Kastanien

» **Cancale**, berühmt für Austern

» **Espelette**, berühmt für Pfefferschoten

» **Colmar**, berühmt für Storcheneier aus Schokolade

» **Lyon**, berühmt für Innereien vom Schwein

EIN KÖNIGLICHER KUCHEN

Die Tradition, am 6. Januar den *Jour des Rois* (Dreikönigstag) zu feiern, an dem die drei Weisen aus dem Morgenland dem Jesuskind ihre Gaben überbrachten, ist in Frankreich noch weit verbreitet. Dazu gehört, eine *galette des rois* (wörtlich: Königs-kuchen; ein mit Marzipancreme gefüllter Kuchen aus Blätterteig) in die Tischmitte zu stellen und in Stücke zu schneiden, während der oder die Jüngste unter den Anwesen-den unter dem Tisch sitzt und die Namen der Gäste in der Reihenfolge aufruft, in der die Stücke verteilt werden sollen. Die Spannung steigt, weil sich in einem der Stücke die *fève* (eigentlich Bohne, aber heutzutage meist eine kleine Plastikfigur) versteckt. Wer sie findet, bekommt die Krone aus Goldpapier aufgesetzt, die mit dem Königsku-chen verkauft wird.

Trüffeln veredelt. *Confit de canard* und *confit d'oie* ist Enten- bzw. Gänseklein, das im eigenen Fett simmerte und dann als Konserve erst ein paar Monate ruhen muss um seinen geschmacklichen Höhepunkt zu erreichen. Schnecken sind ein weiteres Highlight der Dordogne und werden dort z. B. mit Foie gras gefüllt.

LYON

Auch wenn Lyon als kulinarische Hauptstadt Frankreichs gepriesen wird, kann sie mit dem internationalen Gastronomieangebot der tatsächlichen Hauptstadt natürlich nicht mithalten. Aber dafür werden hier die Geschmacksnerven mit überraschenden und ungewöhnlichen Genüssen verwöhnt: Zu den traditionellen, herzhaften Spezialitäten, die in den legendären *bouchons* (kleine Bistros) der Stadt serviert werden, gehören panierte Kutteln, dicke *andouillettes* (für die, grob gesagt, alles Essbare vom Schwein verwurstet wird), Schweinefüße und *cervelle de canut* („Seidenwebergehirn", ein angemachter Frischkäse) – also wirklich nicht gerade jedermanns Sache.

Perfekt fürs Picknick sind Cornichons und die in hauchdünne Scheiben geschnittene *saucisson de Lyon* (luftgetrocknete Schweinesalami). Weniger deftig (und ausnahmsweise ohne Fleisch) sind *quenelles de brochet* (Fischklößchen, meist aus Hecht) mit *sauce Nantua* (aus Sahne und Flusskrebsen).

Was sonst noch in Lyoner Kochtöpfen schmurgelt, steht auf S. 484.

LOIRE-TAL

Mit dem von Rabelais geprägten Begriff *„le jardin de France"* (der Garten Frankreichs) schmücken sich alle Regionen des Landes gern, obwohl der Schriftsteller aus dem 16. Jh. damit eigentlich seine Heimat meinte, die Tourraine. Aber das Loire-Tal verkörpert seine Vorstellung von einem fruchtbaren, grünen Landstrich mit üppigen Blumenwiesen, Obstgärten und Gemüsekulturen wohl am besten. *Pruneaux de Tours* (saftig-weiche getrocknete Pflaumen) sind zu Recht berühmt und in den Wäldern sprießen unzählige Pilze, während die *champignons de Paris* (kleine, feste Champignons) in den faszinierenden Höhlen des Loire-Tals gezüchtet werden (s. S. 417).

Da scheint es nur logisch, dass die feinere Küche, die in den vielen Loire-Schlössern im 16. Jh. gepflegt wurde, zum Synonym für die französische Küche überhaupt wurde: *Coq au vin* (Hühnchen in Rotwein), *cuisses de grenouilles* (Froschschenkel) und *tarte tatin* (gestürzter Apfelkuchen) stammen alle aus dieser Gegend. Wild und Geflügel bereicherten hier schon den Speisezettel vergangener Jahrhunderte, ein- oder zweimal jährlich wurde ein gemästetes Schwein geschlachtet und aus seiner Nackenpartie *rillettes* gekocht, die als typische Spezialität der Region gelten.

Fische aus der Loire und dem Atlantik werden seit dem 19. Jh. mit *beurre blanc* (heller Buttersauce) serviert und die Ziegenkäse aus dem Loire-Tal – Crottin

Tomaten leuchten um die Wette, die Märkte quellen über vor Aprikosen, Feigen, Pfirsichen, Kirschen und Melonen.

August

Der erste Lavendel wird geerntet. Das Angebot an Fisch und Meeresfrüchten aus Atlantik und Mittelmeer lässt nicht nach, Muscheln und Austern sind überall zu haben.

September

Der nussige rote Reis der Camargue wird geerntet, in Bordeaux und anderswo schießen die ersten Steinpilze aus dem Boden. Die Viehherden werden für den Winter in den Bergen werden für den Winter in die Täler getrieben.

Oktober

In der Normandie fallen die Äpfel von den Bäumen und werden in Cidre verwandelt. Die Pfefferschoten von Espelette hängen in Girlanden zum Trocknen aus, in der Ardèche, den Cevennen und auf Korsika beginnt die Kastanienernte.

November

Netze hängen in den Olivenhainen der Provence und auf Korsika, um die herabfallenden Früchte aufzufangen, aus denen das Öl gepresst wird. In feuchten Wäldern machen Pilzsammler fette Beute.

Dezember

Auf den Märkten der Dordogne und Provence kauft man schwarze Trüffeln. In den Alpen wird die Ski- und Fonduesaison eröffnet. Weihnachten ist eine Schlemmerei mit Champagner, Austern, Truthahn mit Kastanienfüllung und *bûche de noël* (Biskuitrolle in Baumform mit Cremefüllung).

de Chavignol, Ste-Maure de Touraine, Pouligny St-Pierre und der Selles-sur-Cher im schwarzen Aschemantel – gehören zu den besten Frankreichs.

ELSASS

Aufgrund der deutschen Wurzeln nimmt die elsässische Küche in Frankreich eine Sonderstellung ein (s. S. 339). Kein anderes Gericht macht das so deutlich wie die in einer urigen *winstub* (traditionelles elsässisches Weinlokal) servierte *choucroute alsacienne* (auch *choucroute garnie* genannt): Mit Wacholder gewürztes Sauerkraut wird zu einem Berg aufgetürmt und mit Würstchen, Speck und gepökeltem Schweinefleisch garniert. Auch *Wädele braisé au pinot noir* (in Rotwein geschmorte Schweinshaxe) wird mit Sauerkraut serviert. Zu beidem schmeckt eine Flasche kühler Riesling oder auch Pinot Noir aus der Gegend und als Dessert bietet sich die *tarte alsacienne* an, ein leckerer Mürbteigkuchen mit Puddingcreme, auf der elsässische Früchte wie Mirabellen oder *quetsches* (Zwetschgen) liegen. Bier wird im Elsass ausgiebig getrunken – aber niemals zu Sauerkraut!

Eine leichtere Delikatesse ist Flammekueche, auf Französisch *tarte flambée*. Für die elsässische Variante einer Pizza wird der dünne Hefeteigboden mit Crème fraîche, *lardons* (Speckwürfeln) und Zwiebeln bestückt und im Holzofen zu einer knusprigen Leckerei gebacken, die süchtig machen kann.

Die Empfehlung fürs Picknick: Brot und das Regionalheiligtum Münsterkäse (s. S. 359).

PROVENCE & CÔTE D'AZUR

Schon seit Jahrhunderten spielen in der von der Sonne verwöhnten Region Tomaten, Melonen, Kirschen, Pfirsiche, Oliven, Mittelmeerfisch und Bergkäse die Hauptrolle. Bis heute bieten die Bauern ihr Obst und Gemüse, Oliven, Knoblauchzöpfe und säckeweise getrocknete Kräuter auf Wochenmärkten an. *À la Provençal* bedeutet immer, dass Tomaten und Knoblauch (in großzügigen Dosen) im Spiel sind, ein köstliches, seit Generationen beliebtes Sonntagsessen sind Filetspitzen, die in Olivenöl gebraten und mit frischem Rosmarin aus dem Garten bestreut werden.

Doch die Regionalküche ist auch reich an Kontrasten: In der Hafenstadt Marseille steuern Fischer ihren Tagesfang bei, in der Camargue grasen Stiere neben ausgedehnten Reisfeldern, Lämmer aus den Alpilles sind besonders zart, in der Vaucluse wachsen schwarze Trüffeln, die Alpen liefern würzigen Almkäse und die Küche Nizzas sorgt für einen italienischen Touch.

Bouillabaisse ist der berühmteste provenzalische Beitrag zur französischen Küche. Die Fischsuppe muss mindestens drei verschiedene Meeresfische enthalten, die eine knappe Viertelstunde lang in einer Brühe mit Zwiebeln, Tomaten, Safran und verschiedenen Kräutern ziehen. Sie wird als Hauptgericht mit geröstetem Brot und *rouille,* einer roten Mayonnaise mit Olivenöl, Knoblauch und Chili, gegessen.

BRETAGNE

Für Fans von Fisch und Meeresfrüchten ist die Bretagne ein Paradies (Hummer, Muscheln, Seebarsch, Steinbutt, ...). Kinder lieben Crêpes und *galettes*, die in dieser Region schon seit Jahrhunderten zur Küchentradition gehören. Dazu schmeckt *une bolée* (ein rustikaler Keramikbecher) mit bretonischem Cidre. Wer die himmlischen Pfannkuchen, ob süß oder pikant aus Buchweizenmehl, zu Hause nachbacken will, kann in Kochkursen vor Ort (S. 298) trainieren.

Käse ist in der Bretagne kein großes Thema, dafür aber die *beurre de Bretagne* (bretonische Butter). Ein Stück dieser außerordentlich cremigen, mit Meersalz gewürzten Spezialität veredelt neben Crêpes auch den buttrigsten Kuchen, der jemals aus einem Ofen kam, den *kouig amann* (bretonischer Butterkuchen): Die Kombination aus karamellisiertem Zucker und salziger Butter ist einfach hinreißend. Anders als die übrigen Franzosen streichen sich die Bretonen sogar Butter aufs Brot! Die handgeschöpfte Butter von Jean-Yves Bourdier (die er in seinem Laden in St-Malo verkauft; S. 261) kommt in Nobelrestaurants rund um den Erdball auf den Tisch.

Algen und Schalotten (80 % der französischen Gesamtproduktion) sind weitere bretonische Spezialitäten.

LANGUEDOC-ROUSSILLON

Kein Gericht ist typischer für das Languedoc als *cassoulet,* ein deftiger, magenwärmender Eintopf aus weißen Bohnen und Fleisch, an dem sich leidenschaftliche Debatten entzünden (doch, er kann auch im Sommer gegessen werden!). Jeder will besser wissen, welche Bohnensorte und welches Stück Fleisch in die *cassole* gehören, den traditionellen Tontopf, in dem diese Spezialität geschmort und serviert wird. In Toulouse schwimmen darin außerdem noch *saucisses de Toulouse,* milde, fette Schweinswürstchen.

Die Region steht zu ihrer *cuisine campagnarde* (ländlichen Küche), für die an der Küste Austern kultiviert werden, in den sanften Hügellandschaften Olivenöl gepresst wird und in den Höhlen von Roquefort (S. 811) der König aller Käse heranreift. Rund um Toulouse schnattern fette Enten und Gänse, Schafe grasen in den Salzwiesen bei Montpellier und in den Wäldern verstecken sich Pilze.

Im benachbarten Roussillon verleihen spanische Akzente der Landesküche katalanisches Feuer.

BASKENLAND

Zu den Grundzutaten der baskischen Küche gehören die tiefroten Pfefferschoten von Espelette, die vielen landestypischen Gerichten den richtigen Pepp verleihen. Auch der berühmte *jambon de Bayonne* (Schinken aus Bayonne) wird damit bestreut. Durch die Nachbarschaft zu Katalonien macht Essen gehen in dieser Region besonders Spaß: In relaxten Bars werden *pintxo* (ähnlich wie Tapas, s. S. 700) serviert, zu denen z. B. Knoblauchgarnelen oder würzige Chorizo-Würste gehören.

Basken lieben Kuchen, vor allem ihren *gâteau basque* (Schichtkuchen mit Creme oder Kirschkonfitüre). Besonders lecker ist die Schokolade von Bayonne (S. 699).

KORSIKA

Seit jeher ist die mit Bergen reich gesegnete Insel ein Paradies für Zucht- und Wildtiere. Der dichte Bewuchs im korsischen *maquis* (Buschland) duftet nach wilden Kräutern. Aus diesen „Rohstoffen" entstanden aromatische Inselspezialitäten wie *stufatu* (Hammelragout), *premonata* (Rinderbraten mit Wachholderbeeren) und *lonzo* (Eintopf aus weißen Bohnen, korsischen Würsten, Weißwein und Kräutern). Mehr über die korsische Küche steht auf S. 951.

Französischer Wein

Auch wenn nicht alle französischen Weine unbedingt zur Weltspitze gehören, so ist ihre Produktion doch eine alte Kunst und Tradition, auf die das Land zu Recht stolz ist. Deshalb gehört eine *dégustation* (Weinprobe) auf jeden Fall zu einer Frankreichreise dazu, egal ob mit Freunden in der Champagnerbar in Lille, die 1892 von Gustave Eiffels Architekturbüro entworfen wurde, bei einem Bio-Winzer während einer Wanderung durch die elsässischen Weinberge, auf einem Spaziergang durch St-Emilion, dessen Rebanlagen die Unesco zum Weltkulturerbe erklärt hat, oder unter Anleitung eines Top-Sommeliers, der sogar jedem Sternzeichen einen bestimmten Wein zuordnen kann. Erst durch solche Erlebnisse wird die französische Weinkultur richtig lebendig.

Es gibt mehrere Dutzend Weinanbaugebiete in Frankreich, doch die acht wichtigsten sind Burgund, Bordeaux, das Rhone- und das Loire-Tal, Champagne, Languedoc, Provence und Elsass. Bis auf wenige Ausnahmen bestimmt nicht die Traube, aus der ein Wein gekeltert wurde, seinen Namen, sondern seine geografische Herkunft. Biologisch und biodynamisch erzeugte Weine werden auch in Frankreich immer beliebter.

Die besseren Tropfen tragen das Herkunftssiegel AOC (Appellation d'Origine Contrôlée), eine Garantie dafür, dass bei Anbau, Ausbau und Abfüllung bestimmte Regeln beachtet wurden. In einigen Anbaugebieten (z. B. im Elsass) gibt es nur ein einziges Herkunftssiegel, andere (z. B. das Burgund) sind in mehrere Zonen mit jeweils eigenen Siegeln unterteilt. Rund ein Drittel aller französischen Weine darf das AOC-Siegel tragen.

Manche Winzer besitzen besonders günstige Lagen und haben ihre Fähigkeiten und Techniken so weit entwickelt, dass ihr Wein als *grand cru* (wörtlich: großes Gewächs) eingestuft wurde. Wächst so ein edler Tropfen in einem Jahr mit optimalen Klimabedingungen heran, avanciert er zum *millésime* (großer Jahrgang). Viele *grands crus* reifen zuerst in kleinen Eichenfässern, dann in Flaschen. Oft dauert es 20 Jahre oder noch länger, bis so ein Spitzengewächs seinen (auch preislichen!) Höhepunkt erreicht und Weinexperten in Ekstase versetzt.

Burgund

Als Mönche unter Karl dem Großen im Burgund Reben anpflanzten, legten sie damit den Grundstein für den Ruf dieser Region als Topweinanbaugebiet. Heute produzieren die dortigen *vignerons* (Winzer) auf Parzellen, die meist kaum größer als 10 ha sind, keine Riesenmengen, aber dafür Weine von exzellenter Qualität. Pinot Noir (Spätburgunder) heißt die Traube, aus der die roten Burgunderweine gekeltert werden; gute Jahrgänge erreichen ihren Höhepunkt erst nach 10 bis 20 Jahren

Top Weinakademien

» **Langlois-Château** Saumur, Loire-Tal

» **École des Vins de Bourgogne & Sensation Vin** Beaune, Burgund

» **École du Vin** Bordeaux

» **Château Marojallia** Médoc

» **École du Vin de St-Émilion** St-Émilion

» **Centre de Dégustation Jacques Vivet** Paris

Früher begannen die Franzosen ihren Tag mit einem Glas Rotwein, gefolgt von einem starken, schwarzen Kaffee – dieses Ritual nannten sie *tuer le ver* (den Wurm töten). Heute genehmigen sie sich erst zum Mittagessen ein *verre du vin* – aber da gehört es dann unbedingt dazu!

Lagerung. Für die Weißweine werden Chardonnay-Trauben verwendet. Adressen für Weinproben usw. stehen auf S. 452-453.

Die berühmtesten Anbaugebiete des Burgunds sind Côte d'Or, Chablis, Châtillon und Mâcon. Aber auch das weniger bekannte, bezaubernde Irancy (S. 451) bietet sich für Weinverkostungen an.

Bordeaux

Besonders die Briten lieben die körperreichen Roten aus dem Bordeaux, die sie *clarets* nennen. Das geht zurück auf ihren König Henry II., dem das Gebiet Mitte des 12. Jhs. durch Heirat zufiel. Um sich bei der Bevölkerung einzuschmeicheln, erlaubte er ihnen die zollfreie Ausfuhr ihrer Produkte nach England und stellte damit die Weichen für einen florierenden Weinexport.

Im Bordeaux herrscht ein perfektes Weinklima, daher wird auf den rund 1100 km² Rebfläche mehr Spitzenwein produziert als irgendwo sonst auf der Welt. Die Rotweine gelten als ausgewogen, was an der perfekten Mischung mehrerer Weinsorten (Cuvée) liegt. Die dafür verwendeten Reben sind hauptsächlich Merlot, Cabernet Sauvignon und Cabernet Franc.

Die begehrtesten Tropfen kommen aus den Anbaugebieten Médoc, Pomerol, St-Émilion und Graves. Der süße, weiße Sauternes, der wie Nektar durch die Kehle rinnt, wird als bester Dessertwein der Welt gepriesen.

Côtes du Rhône

Die Böden, das Klima, die Topografie und die Rebsorten sind im Rhone-Tal so speziell, dass die Weine dieser großen AOC-Region (mit 771 km² die zweitgrößte Frankreichs) ihren ganz eigenen Charakter haben. Der herausragende Star heißt Châteauneuf du Pape, ein körperreicher Roter mit mindestens 12,5 % Alkohol. Er wächst 10 km südlich von Orange und ist eine Hinterlassenschaft der Päpste von Avignon, die die auffälligen, von Steinen übersäten Rebgärten anlegen ließen.

Für seinen harmonischen Geschmack machen die Winzer eben diese *galets* verantwortlich, die glatten, gelblichen Steine, von denen die Erde durchsetzt ist. Die Reben werden ausschließlich von Hand gelesen; die Weine (auch die weißen) schmecken jung (zwei bis drei Jahre alt) aber auch nach längerer Lagerung (über sieben Jahre).

Eine weitere berühmte *grand cru*-Lage im Rhone-Tal ist Gigondas. Das aus goldgelbem Stein erbaute mittelalterliche Städtchen mit seiner Schlossruine, dem provenzalischen Turm und schönen Ausblicken lockt nicht nur mit herausragenden Rot- und Roséweinen, sondern auch als attraktives Ausflugsziel. Nicht weit davon produziert Beaumes de Venise einen Süßwein namens Muscat de Beaumes de Venise, der gerne als Apéritif getrunken wird, aber auch als flüssige Füllung einer Cavaillon-Melonenhälfte ein hervorragendes Dessert abgibt.

Vokabeln für die Weinprobe

» **bar à vins** Weinbar

» **cave** Weinkeller

» **caveau** kleiner Weinkeller

» **dégustation** Weinverkostung

» **gratuit** gratis

» **maison des vins** wörtlich: Haus der Weine; eine Önothek, wo regionale Weine probiert und gekauft werden können.

» **vente** Verkauf

WEIN PROBIEREN & KAUFEN

Weine können direkt beim *producteur* (Weinproduzent) oder *vigneron* (Winzer) gekauft werden. Die meisten lassen Interessenten vorher zwei oder drei Sorten probieren; so eine *dégustation* (Weinverkostung) ist kostenlos und ohne Kaufzwang. Wer einen billigen Zechwein *(vin de table)* für um die 2 € pro Liter sucht, geht am besten mit einem Kanister zur Winzergenossenschaft, die es in jedem Weinort gibt, und lässt ihn sich dort abfüllen. In Touristeninformationen und *maisons des vins* (Önotheken) größerer Orte liegen oft Listen der lokalen Weingüter, *caves* und Genossenschaften aus.

Die Herstellung von Champagner ist ein aufwändiger Prozess. Er muss zweimal gären, einmal im Tank und zum zweiten Mal, nachdem er in Flaschen abgefüllt und mit Hefe und Zucker versetzt wurde. Je nach *cuvée* (Mischung) und Jahrgang müssen die Flaschen dann zwei bis fünf Jahre im Keller lagern.

Im Frühjahr, während der ersten beiden Monate nach der Abfüllung, entwickelt sich bei einer Kellertemperatur von 12° C die Kohlensäure. Dabei bilden sich auch Trübstoffe, die die *remuage* erforderlich machen: Wochenlang werden die anfangs waagerecht liegenden Flaschen tagtäglich gerüttelt, leicht gedreht und schräger gestellt, sodass sich das Sediment allmählich im Flaschenhals sammelt. Beim anschließenden *dégorgement* wird der Flaschenhals in flüssigen Stickstoff getaucht, so dass der Sedimentpropfen gefriert und entfernt werden kann.

Loire

Mit 700 km² ist die Loire das drittgrößte französische Anbaugebiet von Qualitätsweinen. Das Klima ist zwar sonnig, aber feucht, was nicht alle Rebsorten mögen. Trotzdem ist die Palette an Weinsorten nirgends so groß wie hier; im Anbau dominieren Muscadet, Cabernet Franc und Chenin Blanc. Die Weine präsentieren sich leichter und duftiger, besonders empfehlenswert sind die Weißweine aus Pouilly-Fumé, Vouvray und Sancerre; Bourgueil, Chinon und Saumur produzieren auch anständige Rote.

Champagne

Die Champagne nordöstlich von Paris ist die Heimat von Frankreichs berühmtestem Tropfen, seit ein gewitzter Mönch, Dom Pierre Pérignon, im 17. Jh. die Technik der Schaumweinherstellung perfektionierte.

Champagner wird aus den beiden roten Trauben Pinot Noir und Pinot Meunier sowie der weißen Chardonnaytraube gekeltert. Alle Reben werden sorgfältig erzogen und geschnitten, was den Ertrag senkt, dafür aber die Qualität steigert. Um die Exklusivität (und den Preis) der Edelbrause aufrechtzuerhalten, sind Anbauflächen und jährliche Weinmengen für ihre Herstellung streng reglementiert. 2008 wurde das Anbaugebiet für AOC-Champagner auf weitere 40 Dörfer ausgeweitet, was den dortigen Winzern einen schlagartigen Gewinnzuwachs in zweistelliger Millionenhöhe bescherte. Seitdem gibt es genug Stoff für Partys rund um den Erdball, auch wenn ein Großteil des Champagners immer noch in Frankreich getrunken wird.

Steht *brut* auf dem Etikett, dann ist der Inhalt staubtrocken mit einem Restzuckergehalt von maximal 1,5 %. *Extra-sec* bedeutet extra trocken, *sec* trocken und *demi-sec* halbtrocken, also eher lieblich. Die süßeste Variante heißt *doux*. Ein Sakrileg wäre es, Champagner (egal ob trocken oder süß) aus einem anderen Glas als einer *flûte* zu trinken, deren Form unten schmal ist (damit sich die Bläschen entwickeln), in der Mitte bauchiger wird (damit sich die Aromen entfalten) und sich nach oben wieder verengt (damit die Aromen nicht so schnell entweichen).

Die meisten berühmten Champagnerhäuser bieten Besichtigungen an, Näheres dazu steht auf S. 311.

Top-Wein-routen mit dem Auto

» **Champagner-straßen durch die Marne & an der Côte des Bar** Champagne

» **Route des Vins d'Alsace** Elsass

» **Route Touristique des Vignobles** Loire-Tal

Languedoc

Der Wein dieser Region erlebt gerade eine Renaissance. Nach wütenden Protesten gegen italienische Importware in den 1970er-Jahren bekamen die Winzer Subventionen, mussten dafür aber neue, bessere Rebsorten anpflanzen. Daher leistet das Languedoc sowohl in puncto

APÉRITIFS & DIGESTIFS

In Frankreich wird ein Essen von einem *apéritif* eingeleitet, also z. B. von einem *kir* (Weißwein mit einem Schuss Cassis), *kir royale* (Champagner mit einem Schuss Cassis), *pineau* (likörähnliche Mischung aus Traubensaft und Cognac) oder einem Glas Coteaux du Layon, einem süßen Weißwein aus dem Loire-Tal. Auf den Terrassen von Südfrankreich beherrscht der Pastis die Szene, den hinzugegossenes Wasser im Glas milchig werden lässt. Im Südwesten schwören die Einheimischen auf ihren Floc de Gascogne, der aus Armagnac und weißem oder rotem Traubensaft besteht.

Der Digestif wird zum Abschluss des Mahls mit dem Kaffee serviert. Cognac und Armagnac liefern die Trauben für die beiden berühmtesten französischen Weinbrände gleichen Namens. *Eaux de vie* heißt so viel wie „Wasser des Lebens" und ist ein Destillat aus Trester (Marc de Champagne, Marc de Bourgogne) oder Früchten wie Apfel (Calvados), Birne (Poire William), Pflaume *(eau de vie de prune)*, Himbeere *(eau de vie de framboise)* usw. Im Loire-Tal helfen Orangen (in Form von Cointreau) der Verdauung nach.

Bei festlichen Anlässen in der Normandie wird der Gaumen zwischen den Gängen mit einem *trou normand* (wörtlich: normannisches Loch) neutralisiert – traditionell war das ein Schluck *calva* (Calvados), heute gibt's meist eine Kugel Apfelsorbet, die mit dem berühmten Apfelschnaps begossen wird.

Qualität wie auch Quantität mittlerweile Beachtliches: 40 % der französischen Gesamtproduktion stammen von hiesigen Rebstöcken, die die Landschaft wie ein endloses, grünes Meer überziehen.

In letzter Zeit haben sich unter der Bezeichnung Vin de Pays d'Oc (www.vindepaysdoc.com) ausgezeichnete, moderne Tischweine entwickelt. Da sie keinen AOC-Regeln unterliegen, setzen sich ihre Erzeuger kühn über Traditionen hinweg und mischen Traubensorten zu ganz neuen, oft gewagten Cuvées. Das Ergebnis sind bezahlbare Kreationen mit witzigem Namen und Design, das dem Zeitgeist entspricht (z. B. Rosés mit Kunststoffkorken in knalligem Pink). Vertreter dieses Trends sind u. a. Mas de Daumas Gassac (www.daumas-gassac.com) oder die Flaschen des Weinpioniers Sacha Lichine (www.sachalichine.com), auf deren Etikett ein roter Hahn prangt.

Die bekanntesten AOC-Weine des Languedoc sind Minervois und Corbières, zwei ausgewogene Rote. Aber auch der weiße Minervois macht Freude und ist der Traumpartner von Sardinen! Eine Enklave von sechs Dörfern im Minervois produziert den Minervois La Livinière, einen ausgezeichneten *vin de garde* (Lagerwein). Auch der Fitou, der Methusalem unter den AOC-Lagen des Languedoc (seit 1948), zeigt erst nach vier, fünf Jahren, was in ihm steckt.

Provence

Wer an die heiße Provence denkt, kann sich nichts Schöneres vorstellen, als mit einem Glas gut gekühltem Rosé unter einer schattigen, von Reben bewachsenen Pergola zu sitzen.

Seit 1977 ist Côtes de Provence die größte AOC-Lage der Region und die sechstgrößte von ganz Frankreich, die für 75 % der provenzalischen Gesamtproduktion sorgt. Ihre Reben bedecken einen 200 km² großen Streifen zwischen Nizza und Aix-en-Provence mit sehr unterschiedlichem *terroir* (Boden). Daher wächst hier eine größere Vielfalt an Reben (weit über ein Dutzend) als in anderen Weinregionen. Da die Griechen in Massilia (Marseille) bereits um 600 v. Chr. Reben pflanzten, gehören die Weine der Provence zu den ältesten der Welt – sollten aber jung getrunken werden. Ideale Serviertemperatur ist 8 bis 10 °C.

Wer privat eingeladen wird, sollte als Mitbringsel keinen Wein wählen, höchstens eine Flasche gut gekühlten Champagner! Die Weinauswahl ist an diesem Abend das Privileg des Gastgebers, der das anbietet, was ihm selbst schmeckt. Nur Champagner ist eine sichere Nummer – er schmeckt allen.

Zu den kleineren Appellationen gehören Coteaux d'Aix-en-Provence und Palette bei Aix-en-Provence, Côtes du Ventoux (leichte, fruchtige, jung zu trinkende Rotweine), Côtes du Luberon (Rotweine, die ihren Popularitätsschub Ausländern und Promis verdanken, die sich hier Weinberge kauften) und Coteaux Varois, wo sich Angelina Jolie und Brad Pitt 2008 im Château de Miraval von Correns einmieteten, nachdem Pink Floyd in dem goldgelben Schloss mit renommiertem Bioweingut 1979 einen Teil von *The Wall* aufgenommen hatten.

Aber der unbestrittene Star der Provence ist Bandol, das seit 1941 ein eigenes AOC-Siegel besitzt. Seine tiefroten Geschmackswunder werden aus der seltenen, dunklen *mourvèdre*-Traube gekeltert, die in der prallen Sonne an der Küste bei Toulon wächst. Die Römer machten diesen Wein in ganz Gallien populär, und da er durch Meeresluft besonders gut reift, reiste er im 16. und 17. Jh. auf Schiffen durch die ganze Welt.

Etwas westlich von Bandol liegt Cassis, das knackige Weißweine produziert, die ideal zu den anderen Schätzen des malerischen Hafenstädtchens passen – zu Fisch und Meeresfrüchten.

Elsass

Aus dem Elsass kommen fast ausschließlich Weißweine, und zwar Sorten, die im restlichen Frankreich rar sind. Sie bestechen durch ihre Klarheit und Frische, schmecken aber erstaunlich gut zur eher deftigen, schweren Regionalküche. Einige der fruchtigeren Sorten passen sogar zu Rindfleisch und Wild. Nur in der Nähe von Straßburg bauen ein paar Winzer auch Pinot Noir (Spätburgunder) an, einen leichten, hellen Rotwein, der kühler als andere Rote getrunken wird.

Die wichtigsten Elsässer Rebsorten sind Riesling (der für seine Raffinesse berühmt ist), Gewürztraminer (vollmundig und allseits beliebt), Pinot Gris (Grauburgunder, robust und alkoholreich) und Muscat d'Alsace, der im Gegensatz zu seinen südlicheren Muskatellerkollegen trocken ausgebaut wird.

Kunst & Kultur

Literatur

Vom Minnesang zum Symbolismus

Im Mittelalter dominierte der lyrische Minnesang der Troubadoure die französische Literatur. Die damaligen Romane orientierten sich an keltischen Sagen. Als eines der einflussreichsten französischen Werke jener Zeit gilt der aus 22 000 Versen bestehende Roman de la Rose (Rosenroman) von Guillaume de Lorris und Jean de Meung. Bahnbrechend hieran war, dass nicht real vorstellbare Personen, sondern allegorische Darstellungen von Wollust, Scham oder Furcht als handelnde Figuren auftraten.

Die Renaissance ist als eine äußerst produktive Epoche in die Geschichte der französischen Literatur eingegangen. Anteil daran hatte auch die Dichtergruppe La Pléiade, die zwischen 1550 und 1570 aktiv war. Der aus dem Loire-Tal stammende François Rabelais (1494–1553) verwob in seinen prallen Erzählungen deftigen Humor mit enzyklopädischem Wissen. In seinen Werken sind alle möglichen Charaktere, Berufe und Dialekte jener Zeit vertreten und so schuf er ein breit angelegtes Panorama des damaligen Frankreich. Breit gefächert sind auch die Themen, die Michel de Montaigne (1533–92) in seinen Essays verhandelte: z. B. Kannibalismus, Schlachtrösser, Trunkenheit oder die Ähnlichkeit von Kindern mit ihren Vätern.

Im *grand siècle* (17. Jh. in Frankreich) hatten die klassischen Oden und Tragödien ihren großen Auftritt. François de Malherbe (1555–1628) stellte für das Versmaß in der Dichtung neue Regeln auf und Marie de La Fayette (1634–93) verfasste mit *La Princesse de Clèves* (Die Prinzessin von Clèves, 1678) den ersten psychologischen Roman der französischen Literatur.

Das 18. Jh. stand im Zeichen der philosophischen Werke Voltaires (1694–1778). 1802 wurde der französische Romantiker Victor Hugo in Besançon geboren. Seine Gedichte und Romane – darunter *Les Misérables* (Die Elenden) und *Notre-Dame de Paris* (Der Glöckner von Notre-Dame) umfassen eine enorme Themenvielfalt und räumen technischen Neuerungen einen besonderen Platz ein. Nach Hugos Tod wurde der Sarg des Dichters eine Nacht lang unter dem Arc de Triomphe zur Totenwache aufgestellt.

1857 erschienen die literarischen Meilensteine *Madame Bovary* von Gustave Flaubert (1821–80) und die Gedichtsammlung *Les Fleurs du Mal* (Die Blumen des Bösen) von Charles Baudelaire (1821–67). Derweil überträgt Émile Zola (1840–1902) in seinem gewaltigen Zyklus *Les Rougon-Macquart* naturwissenschaftliche Methoden auf das Schreiben von Romanen.

Die Symbolisten Paul Verlaine (1844–96) und Stéphane Mallarmé (1842–98) machten sich die Beschreibung von Gemütszuständen zur

Auf den Spuren der Literatur

» Colettes Paris: Die Cafés in St-Germain

» Die Gräber von Sartre und Simone de Beauvoir auf dem Cimetière Montparnasse in Paris

» Das Grab von Oscar Wilde auf dem Cimetière du Père Lachaise in Paris

» Das Musée Colette im Burgund

» Das Musée Jules Verne in Nantes

Aufgabe. Verlaine führte eine stürmische homosexuelle Beziehung mit dem Dichter Arthur Rimbaud (1854–91) und den beiden sind die ersten modernen Gedichte der französischen Literatur zu verdanken.

Moderne Literatur

Das 20. Jh. wurde vom längsten Roman der Welt eingeläutet: Marcel Prousts *À la Recherche du Temps perdu* (Auf der Suche nach der verlorenen Zeit) ist ein siebenbändiges Werk mit 9 609 000 Buchstaben. Minutiös untersuchte Proust darin die wahre Bedeutung erlebter Erfahrungen, die das Unterbewusstsein als „unwillkürliche Erinnerungen" abspeichert.

Bis zum Zweiten Weltkrieg war der Surrealismus die treibende Kraft in der französischen Literatur. In seinen autobiografischen Erzählungen fing André Breton (1896–1966) den Geist dieser Bewegung ein, die das Traumhafte, Unterbewusste und alle Erscheinungsformen des „Wunderbaren" ins Zentrum rückte. In Paris schockierte und faszinierte die Lebenskünstlerin Colette (1873–1954) ihre Leser und Leserinnen mit pikanten Romanen, die die amourösen Abenteuer ihrer Heldinnen, z. B. die des Schulmädchens Claudine, bis ins kleinste Detail ausleuchten.

Nach dem Zweiten Weltkrieg mündeten die Debatten zwischen Jean-Paul Sartre (1905–80), Simone de Beauvoir (1908–86) und Albert Camus (1913–60) in den Pariser Cafés am linken Seine-Ufer in die Philosophie und Literatur des Existenzialismus.

In den 1950er-Jahren beschritten experimentelle junge Autoren mit dem Nouveau Roman neue Wege der Erzählkunst. Nathalie Sarraute gelang mit Les Fruits d'Or (Die goldenen Früchte) ein bestechendes Psychogramm der handelnden Figuren. Dominique Aury brachte 1954

OSS 117 – DER FRANZÖSISCHE JAMES BOND

OSS 117 wurde nicht im Kino geboren. Der französische Geheimagent erblickte als literarisches Kind des Schriftstellers Jean Bruce (1921–63) bereits 1949 das Licht der Welt – vier Jahre vor Ian Flemmings 007. Hubert Bonisseur de La Bath, ein Agent des Geheimdienstes OSS, begann seine Karriere mit *Tu parles d'une Ingénue* und kämpfte sich durch 87 weitere Agententhriller (von denen über 24 Mio. Exemplare verkauft wurden), bis sein geistiger Vater 1963 bei einem Autounfall ums Leben kam.

Aber der aalglatte, dunkelhaarige Actiontyp mit einer Schwäche für schöne Frauen und technische Spielereien lebte weiter. Drei Jahre nach Bruces Tod setzte sich dessen Frau Josette an die Schreibmaschine und ließ den tollkühnen Helden zwischen 1966 und 1985 weitere 143 Abenteuer erleben. Josette starb 1996.

Als nächstes machten sich François und Martine Bruce, die Kinder von Josette und Jean, ans Werk. Mit *OSS 117 est mort* setzten sie 1987 die Familientradition fort und dachten sich noch einmal 24 Episoden aus. Als der gute Hubert Bonisseur de La Bath 1992 endlich mit *OSS 117 prend le Large* in Pension ging, waren die französischen Bestseller bereits in 17 Sprachen übersetzt und über 75 Mio. Mal verkauft worden.

Wie 007 wurde auch der charmante, Frauen betörende Geheimagent OSS 117 zum Leinwandhelden. Dafür sorgte der französische Regisseur Jean Sacha 1957 mit seiner Kinoadaption von *OSS 117 n'est pas mort* (Männer, Frauen und Gefahren) und weiteren Verfilmungen. Noch größeren Erfolg hatten allerdings die Parodien auf diese Streifen, die in jüngerer Zeit entstanden: *OSS 117: Le Caire, Nid d'Espions* (Der Spion, der sich liebte, 2006) *und OSS 117: Rio ne répond plus* (Er selbst ist sich genug, 2009). In beiden Fällen schlüpfte Frankreichs derzeit erfolgreichster Komiker Jean Dujardin (geb. 1972) in der Rolle des sexistischen, machohaften, rassistischen, unkultivierten und furchtbar altmodischen „Bond, ... James Bond" oder vielmehr „Bonisseur de La Bath, ... Hubert Bonisseur de La Bath".

Wer sich mit topaktueller Strandlektüre versorgen will, kann sich an die jüngsten Gewinner des **Prix Goncourt** halten, des renommiertesten Literaturpreises Frankreichs. Marcel Proust erhielt ihn 1919 für *À l'Ombre des jeunes Filles en Fleurs* (Im Schatten junger Mädchenblüte, 1924) und Simon de Beauvoir 1954 für *Les Mandarins* (Die Mandarins von Paris, 1957). Zu den Preisträgern der letzten Jahre zählten 2008 der afghanisch-französische Schriftsteller und Filmemacher Atiq Rahimi (geb. 1956) mit *Syngué sabour* (Stein der Geduld, 2009) und 2009 die senegalesisch-französische Roman- und Theaterautorin Marie NDiaye mit *Trois Femmes puissantes* (Drei starke Frauen, 2010). Letztere beeindruckte die Literaturwelt im Alter von 21 Jahren mit *Comédie classique* (1988), einem 200-seitigen Roman, der aus einem einzigen Satz besteht. 2010 ging der Preis an *La Carte et le Territoire* (Karte und Gebiet, 2011) von Michel Houellebecq (geb. 1958). Die mit dem **Prix Goncourt** ausgezeichneten Bücher werden im Allgemeinen ziemlich schnell ins Deutsche übersetzt.

Komplettieren lässt sich die Urlaubsleseliste mit den stolzen Preisträgern des **Prix du Roman de l'Académie Française,** der zweiten großen französischen Literaturauszeichnung. 2009 erhielt ihn der französische Romanautor Pierre Michon (geb. 1945) für *Les Onze. Das Buch* ist bisher nicht in deutscher Sprache erschienen, aber da mehrere seiner Titel – darunter Leben der kleinen Toten (2004) oder Rimbaud der Sohn (2008) – bereits übersetzt wurden, ist das wohl nur eine Frage der Zeit. 2010 ging der Preis an *Nagasaki* von Eric Faye (geb. 1963).

unter einem Pseudonym *Histoire d'O* (Geschichte der O) heraus, einen sadomasochistischen Erotikroman, der im Ausland höhere Auflagen erzielte als irgendein anderer französischer Roman jener Zeit. In den 1960er-Jahren sorgte Philippe Sollers mit seinen experimentellen Romanen für Aufsehen.

Zeitgenössische Literatur

Zu den bedeutenden zeitgenössischen Autoren gehören Françoise Sagan, Pascal Quignard, Anna Gavalda, Emmanuel Carrère und Stéphane Bourguignon. Kein französischer Schriftsteller versteht es besser als Faïza Guène (geb. 1985), in die Lebenssituationen, das politische Denken und die Gefühlswelten von Migranten und deren Kindern einzutauchen. Die in einer Ghettosiedlung vor den Toren von Paris geborene und aufgewachsene Autorin wird in Frankreich als Literatursensation gefeiert und begeisterte die Kritiker mit ihrem Debütroman *Kiffe kiffe demain* (2004), der in 27 Länder verkauft und auf Deutsch unter dem Titel Paradiesische Aussichten (2006) veröffentlicht wurde. Wie die Eltern der meisten ihrer Freunde und Nachbarn stammt auch Faïza Guènes Vater aus Algerien und zog mit 17 Jahren von einem Dorf im Westen des Landes in den Norden Frankreichs, um dort im Bergbau zu arbeiten. Erst in den 1980er-Jahren konnte er nach Algerien heimkehren. Dort lernte er seine Frau kennen, mit der er zurück nach Frankreich in die Hochhaussiedlung Les Courtillières in Seine-St-Denis zog. Etwa 6000 Immigranten leben dort auf engstem Raum in fünfstöckigen Häuserblocks, die sich auf einer Länge von 1,5 km aneinanderreihen. Dies ist der Schauplatz von Guènes erstem Buch und ihrem zweiten, halbbiografischen Roman *Du Rêve pour les Œufs* (2006), der in Deutschland unter dem Titel Träume für Verrückte (2008) erschien. Auf die deutsche Übersetzung ihres ebenso erfolgreichen dritten Romans *Les Gens du Balto* (www.faiza-guene-lesgensdubalto.fr, auf Frz.) darf man gespannt sein.

Musik

Klassische Musik

Die französische Barockmusik hatte im 17. und 18. Jh. europaweit einen maßgeblichen Einfluss. Im 19. Jh. konnte Frankreich sich einer ganzen Armada musikalischer Koryphäen rühmen – unter ihnen Charles Gounod (1818–93), César Franck (1822–90) und Georges Bizet (1838–75), der die Oper Carmen komponierte. Hector Berlioz (1803–69), ein wichtiger Vertreter der französischen Romantik, gilt als Begründer der modernen Orchesterinstrumentation. Dabei liebte er es bombastisch: Seine ideale Orchesterbesetzung sah 240 Streicher, 30 Flügel und 30 Harfen vor.

Claude Debussy (1862–1918) revolutionierte die klassische Musik mit seinem *Prélude à l'Après-Midi d'un Faune* (Vorspiel zum Nachmittag eines Fauns). Er schuf zarte, fast asiatisch anmutende, impressionistische Klanggebilde, während Maurice Ravel (1875–1937) seine Werke (wie z. B. den *Boléro*) mit sinnlichen Harmonien und subtilen Klangfarben aufpeppte. Ein weiterer Zeitgenosse, Olivier Messiaen (1908–92) kombinierte moderne, fast mystische Kompositionen mit Vogelgesang und anderen Klängen aus der Natur. Da überrascht es nicht, dass sein Schüler Pierre Boulez (geb. 1925) ähnlich experimentierfreudig mit computergenerierten Tönen arbeitet.

Jazz & Französische Chansons

Der Jazz schlug im Paris der 1920er-Jahre wie eine Bombe ein. Ein Highlight war damals die afroamerikanische Varietétänzerin Josephine Baker im Bananenröckchen. Nach dem Zweiten Weltkrieg bereicherten weitere internationale Stars wie Sidney Bechet, Kenny Clarke, Bud Powell und Dexter Gordon die Szene. 1934 lief der Pariser Jazzgeiger Stéphane Grappelli in einem Nachtclub in Montparnasse zufällig dem Sinti-Musiker Django Reinhardt über den Weg, der trotz des Verlustes zweier Finger virtuos Gitarre spielte (und dessen hundertster Geburtstag 2010 landesweit groß gefeiert wurde). Infolge dieser Begegnung gründeten die beiden das legendäre Quintette du Hot Club de France. In den 1950er-Jahren machte Claude Luter mit seiner Dixieland-Band Furore.

Die französische Volkslied-Tradition des *chanson française*, die auf die Troubadoure des Mittelalters zurückgeht, wurde Anfang des 20. Jhs. vom Varieté und der Burleske in den Schatten gestellt, erlebte mit Édith Piaf und Charles Trenet in den 1930er-Jahren aber ein glänzendes Comeback. Zwanzig Jahre später sorgten die Cabarets der *rive gauche* (linkes Seine-Ufer in Paris) mit Chansonniers wie Léo Ferré, Georges Brassens, Claude Nougaro, Jacques Brel und – sehr charmant, sehr französisch und sehr sexy – Serge Gainsbourg für Nachwuchs. Vom Leben des Letzteren erzählt die gefeierte Filmbiografie *Serge Gainsbourg: Une Vie héroïque* (Gainsbourg – Der Mann, der die Frauen liebte), die 2010 in die Kinos kam.

In den 1980er-Jahren setzten u. a. Jean-Pierre Lang und Pierre Bachelet die Chansontradition mit Klassikern wie *Les Corons* (1982), einer leidenschaftlichen Ode an die Bergarbeiter Nordfrankreichs, fort. Derzeit erfreut sich das unvergängliche Genre so interessanter Vertreter wie Vincent Delerm, Bénabar, Jeanne Cherhal, Camille, Soha und einer Band namens Les Têtes Raides. Momentan schwer angesagt in der Szene, auf Facebook und Youtube ist Arnaud Fleurent-Didier (www.arnaudfleurentdidier.com).

Pilgerstätten für Musikfans

» Das Grab von Serge Gainsbourg auf dem Cimetière Montparnasse in Paris

» Jim Morrisons letzte Ruhestätte auf dem Cimetière du Père Lachaise in Paris

» La Cigale in Paris

» Château des Millandes in der Dordogne

» Le Lieu Unique in Nantes

» Espace Georges Brassens in Sète

Rap

Jüngere Musikfans kennen sich vor allem in der französischen Rapszene aus, die in den 1990er-Jahren aufkam, angeführt von Größen wie dem im Senegal geborenen und in Paris aufgewachsenen MC Solaar oder der Gruppe Suprême NTM (NTM ist die Abkürzung einer ziemlich derben französischen Aufforderung, auf die Fußballer gelegentlich mit Kopfstößen reagieren). Die meisten bekannten Rapper sind zwischen 20 und 30 Jahre alt, haben arabische oder afrikanische Wurzeln und lassen den Frust und die Wut der in den banlieus lebenden Vorstädter mit Migrationshintergrund raus. Ein Beispiel: Disiz La Peste, geb. 1978 in Amiens, ultracool, Vater Senegalese, Mutter Belgierin. Bei seinem dritten Album *Histoires extra-ordinaires d'un Jeune de Banlieue* (Ungewöhnliche Geschichten eines Jugendlichen aus der Vorstadt, 2005) war der Titel ebenso Programm wie bei seinem „letzten" Album *Disiz the End* (2009), denn danach verwandelte er sich in Peter Punk (www.disizpeterpunk.com) und legte mit *Dans le Ventre du Crocodile* (Im Bauch des Krokodils; 2010) einen ganz anderen Sound Richtung Punk/Rock/Electro hin.

Ebenfalls hörenswerten Rap macht Monsieur R (bekannt für seine aggressiven, fuck-lastigen Anti-Establishment-Texte, mit denen er sich schon ein Gerichtsverfahren einhandelte), das Pariser Schwergewicht Booba mit senegalesischen Wurzeln, das Ghetto-Kid Rohff (www.roh2f.com, auf Frz.) und das Trio Malekal Morte.

Eine der wenigen Rapperinnen Frankreichs ist die aus Zypern stammende Diam's (Abkürzung für „Diamant"; www.diams-lesite.com). Sie kam mit sieben Jahren nach Paris und wurde 2007 von MTV zur französischen Künstlerin des Jahres gekürt. Zu den bekannten Rapbands zählen die supererfolgreiche Combo IAM (www.iam.tm.fr, auf Frz.) aus Marseille, die fünfköpfige Gruppe KDD aus Toulouse und das bretonische Trio Manau (www.manau.com, auf Frz.), das seinen Hip-Hop mit traditionellen keltischen Klängen unterlegt.

Kein Musiker hat den Ruf Frankreichs in Sachen Weltmusik so zementiert wie der in Paris geborene kongolesisch-französische Rapper, Slam-Poet und dreifache Gewinner der Victoires de la Musique Abd al Malik (www.abdalmalik.fr). Seine Alben *Gibraltar* (2006) und *Dante* (2008) sind bereits Klassiker und sein jüngstes Album *Château Rouge* (2010) wird da sicherlich nachziehen.

Rock & Pop

Manche unken, die Popmusik entwickle sich in Frankreich zur reinen Familienangelegenheit: M (für Mathieu) ist der extravagante Sohn des Sängers Louis Chédid, Arthur H der Stammhalter des Poprockers Jacques Higelin und Thomas Dutronc der Sprössling der legendären 1960er-Ikonen Jacques Dutronc und

1920er

Der französische Film floriert. Mit dem Tonfilm kommen René Clairs (1898–1981) phantasievolle und surrealistische Satiren in die Kinos. **Anschauen:** Abel Gances Antikriegsfilm *J'accuse!* (Ich klage an!; 1919). Der Kassenknüller wurde an Originalschauplätzen des Ersten Weltkriegs gedreht.

1930er

Der Erste Weltkrieg inspiriert einen neuen Realismus: Das tägliche Leben kleiner Leute ist das beherrschende Thema der Filme. **Anschauen:** *La grande Illusion* (Die große Illusion; 1937), eine erschütternde Darstellung der Grausamkeiten des Krieges, die der Regisseur Jean Renoir in den Schützengräben am eigenen Leib erfahren hatte.

1940er

Die Surrealisten wenden sich vom Realismus ab. **Anschauen:** Jean Cocteaus *La Belle et la Bête* (Es war einmal; 1945) und *Orphée* (Orpheus; 1950). Der Zweite Weltkrieg raubt der Filmindustrie Talente und Geld.

1950er

Die Nouvelle Vague (neue Welle) kommt ohne große Budgets oder berühmte Stars aus und setzt sich mit dem realen Leben auseinander. **Anschauen:** *Le beau Serge* (Die Enttäuschten; 1958) thematisiert Armut und Alkoholismus; *Hiroshima, mon Amour* (1959) verhandelt Zeit und Erinnerung.

Françoise Hardy. Auch die Dynastie Gainsbourg scheint so bald nicht zu enden. Im Winter 2009 veröffentlichte Serge Gainsbourgs und Jane Birkins Tochter Charlotte ihr drittes Album.

Noir Désir verkörperten den Sound der französischen Rockmusik schlechthin, bis der Sänger Bertrand Cantat wegen Mordes an seiner Freundin ins Gefängnis wanderte und die Band sich auflöste. Bemerkenswert sind auch Louise Attack, Mickey 3D und Nosfell, der in einer selbst erfundenen Sprache singt. Die angesagteste Newcomerband der letzten Jahre heißt Pony Pony Run Run (www.ponyponyrun-run.net), die mit englischen Texten Erfolg hat.

Weltmusik

Die sono *mundiale* (Weltmusik) ist in Frankreich ganz groß vertreten. Die Palette reicht vom algerischen *rai* über andere nordafrikanische Stilrichtungen (mit Interpreten wie Cheb Khaled, Natacha Atlas, Jamel oder Cheb Mami) und senegalesischen *mbalax* (Youssou N'Dour) bis hin zu karibischem *zouk* (Kassav', Zouk Machine) und kubanischem Salsa. Ein Musiker, der all diese Stile virtuos kombiniert, ist Manu Chao (www.manuchao.net). Der in Paris geborene Sohn spanischer Einwanderer hat mit seinen Alben auch international die Nase vorn.

In den späten 1980er-Jahren kombinierten die beiden Bands Mano Negra und Les Négresses Vertes viele dieser Elemente mit genialem Resultat. Magic System von der Elfenbeinküste haben mit ihrem Album *Premier Gaou* dazu beigetragen, *zouglou* (eine Art westafrikanische Rap- und Tanzmusik) populär zu machen, und der Kongolese Koffi Olomide sorgt nach wie vor für volle Häuser. Ein weiterer Tipp sind das blinde Duo Amadou und Mariam sowie die Sängerin Rokia Traoré aus Mali.

Auch das Pariser Duo Daft Punk (www.daftalive.com), dessen Debütalbum *Homework* (1997) Disco, House, Funk und Techno miteinander vermischte, hat sich mit seinem Electro-Dance zum französischen Exportschlager hochgegroovt. Das Elektronikduo Air (der Name steht für Amour, Imagination, *Rêve*, d. h. Liebe, Phantasie, Traum) hat mit

Highlights für Cineasten

» Musée Lumière, Lyon

» Hangar du Premier Film, Lyon

» Internationale Filmfestspiele von Cannes

» Musée Jean Cocteau, Menton

» Festival des amerikanischen Films, Deauville

FRANZÖSISCHE KINOKLASSIKER

» **La Règle du Jeu** (Die Spielregel; 1939) **Jean Renoirs schwarze Satire um eine bourgeoise Jagdgesellschaft, die in den 1930er-Jahren durch das Loire-Tal streift, fiel seinerzeit** beim Publikum durch und rief die Zensur auf den Plan.

» **Et Dieu créa la Femme** (Und ewig lockt das Weib; 1956) Roger Vadims Hymne an die moderne, von konventionellen Fesseln befreite Jugend machte Brigitte Bardot zum Star und St-Tropez berühmt.

» **Les quatre cents Coups** (Sie küssten und sie schlugen ihn; 1959) Der Nouvelle-Vague-Regisseur François Truffaut (1932–84) hat seine eigene rebellische Jugend in diesen Streifen einfließen lassen.

» **Diva** (1981) und **37°2 le Matin** (Betty Blue – 37,2 Grad am Morgen; 1986) Zwei visuell überwältigende Filme von Jean-Jacques Beineix. In *Diva spielt die französische Filmikone* Richard Bohringer die Hauptrolle.

» **Jean de Florette** (1986) Claude Berris berühmtes Porträt der Provence in der Zeit vor dem Ersten Weltkrieg.

» **Shoah** (1985) Claude Lanzmann interviewte weltweit Überlebende des Holocaust und arbeitete elf Jahre an diesem 9½-stündigen Schwarz-Weiß-Dokumentarfilm.

» **Subway** (1985), **Le grand Bleu** (Im Rausch der Tiefe; 1988), **Nikita** (1990) und **Jeanne d'Arc** (Johanna von Orléans; 1999) Eine Auswahl der Kassenschlager von Luc Besson.

seinem sensationellen Album Moon Safari (1998) eine riesige, treue Fangemeinde erobert und zeigt auch auf dem fünften Album *Pocket Symphony* (2007) keine Konditionsschwächen. Und dann gibt es da noch den algerisch-französischen Sänger Rachid Taha. Das fünfte Album des ehemaligen DJ, *Made in Medina* (2002), verbindet arabische und westliche Einflüsse zu einem extrem vielschichtigen Mix aus Rock, Punk, Afro-Pop, algerischem *rai*, Salsa und so ziemlich allen anderen Musikstilen. Was das Ganze noch reizvoller macht: Es gibt sowohl englische als auch berberische und französische Songtexte.

Malerei

Vom Höhlenbild zur Landschaftsmalerei

Die ältesten bekannten Höhlenmalereien Frankreichs (vor 31 000 Jahren entstanden) zieren die Grotte Chauvet-Pont-d'Arc im Rhone-Tal und die Unterwassergrotte Cosquer (bei Marseille). Leider können beide nicht besichtigt werden.

Der gute alte Voltaire war der Meinung, die französische Malerei wäre erst seit Nicolas Poussin (1594–1665) und dessen in goldenes Licht getauchten mythologischen und biblischen Szenen erwähnenswert. Rund hundert Jahre nach dem Barockmaler setzte Jean Baptiste Chardin (1699–1779) mit seinen Stillleben einen neuen Meilenstein. Im folgenden Jahrhundert ließ sich Jacques Louis David (1748–1825) mit seinen klassizistischen Monumentalporträts feiern.

Romantiker wie Eugène Delacroix (der auf dem Pariser Friedhof Père Lachaise begraben ist) reformierten in Abkehr vom Klassizismus die Darstellung von Personen und Situationen, während die Schule von Barbizon Ähnliches in der Landschaftsmalerei anstrebte. Prominente Vertreter dieser Bewegung sind Jean-Baptiste Camille Corot (1796–1875) und Jean-François Millet (1814–75). Millet wuchs auf einem Bauernhof in der Normandie auf und verarbeitete bäuerliche Motive in seinen Bildern. Sein *L'Angélus* (Das Angelusgebet; 1857) gehört – gleich nach der *Mona Lisa* – zu den Favoriten der Franzosen und hat in fast allen Wohnzimmern auf dem Land einen Ehrenplatz auf dem Kaminsims. Das Original hängt im Pariser Musée d'Orsay.

Realismus & Impressionismus

Die Realisten verstanden ihre Arbeit als gesellschaftlichen Kommentar: Édouard Manet (1832–83) porträtierte das Leben der Pariser Mittelschicht und Gustave Courbet (1819–77) stellte die Plackerei des Proletariats dar.

In einem blühenden Garten in einem Dorf in der Normandie erging sich Claude Monet (1840–1926) dagegen im Impressionismus. Ihre Bezeichnung verdankt die Stilrichtung einem Spottnamen, der

1960er
Frankreich als Land der Liebe und Romanzen. **Anschauen:** Claude Lelouchs *Un Homme et une Femme* (Ein Mann und eine Frau; 1966) und Jacques Demys bittersüßen Musikfilm *Les Parapluies de Cherbourg* (Die Regenschirme von Cherbourg; 1964).

1970er
Ins Rampenlicht treten unbekanntere Regisseure wie Éric Rohmer (geb. 1920), die schöne, aber handlungsarme Filme machen, in denen sich die Protagonisten in endlosen Analysen ihrer Befindlichkeiten ergehen.

1980er
Superstars, Big Business und Nostalgie: Mittels großzügiger staatlicher Finanzspritzen und als Antwort auf die wachsende Konkurrenz aus den USA stürzen sich die Regisseure auf Kostümfilme und Komödien.

1990er & Jahrtausendwende
Eine Reihe von Kinofilmen mit Frankreichs bekanntestem und großnasigstem Schauspieler Gérard Depardieu feiern im In- und Ausland große Publikumserfolge. **Anschauen:** *Cyrano de Bergerac* (Cyrano von Bergerac; 1990) und *Astérix et Obélix: Mission Cléopâtre* (Asterix und Obelix: Mission Kleopatra; 2002).

auf den Titel eines experimentellen Gemäldes von Monet zurückgeht – *Impression: Soleil levant* (Impression: Sonnenaufgang; 1874). Im Musée d'Orsay begegnen einem viele weitere Künstler dieser Schule wie Boudin, Sisley, Pissarro, Renoir oder Degas.

Seine letzten Impressionen pinselte der von Arthritis geplagte Renoir in einer Villa an der Côte d'Azur. Das unvergleichlich warme und intensive Licht der französischen Riviera inspirierte auch Dutzende von Künstlern nach ihm: Paul Cézanne (1839–1906) hat seine bezaubernden postimpressionistischen Stillleben und Landschaften in seinem Geburtsort Aix-en-Provence gemalt; Paul Gauguin (1848–1903) malte in Arles und sein niederländischer Freund Vincent van Gogh (1853–90) hat Arles und St-Rémy-de-Provence auf Bildern verewigt. St-Tropez gilt als Keimzelle des Pointillismus; Georges Seurat (1859–91) war der Erste, der reine, unvermischte Farben in kleinen Tupfern oder gleichmäßigen Pinselstrichen auftrug und so feinste Mosaike aus warmen und kühlen Tönen schuf. Der berühmteste Vertreter der Pünktchengeneration war jedoch sein Schüler Paul Signac (1863–1935).

20. Jahrhundert

Die französische Malerei des 20. Jhs. zeichnet sich durch eine ungemeine Vielfalt von Stilrichtungen aus, zu denen u. a. der Kubismus und der Fauvismus gehören. Letzterer verdankt seinen Namen dem abfälligen Kommentar eines Kunstkritikers, der die Aussteller des Pariser Herbstsalons von 1905 als *fauves* (wilde Tiere) bezeichnete, weil sie sich in hemmungslosen Farborgien ergingen. Den kubistischen Stil prägte das spanische Ausnahmetalent Pablo Picasso (1881–1973), den fauvistischen Henri Matisse (1869–1954). Beide hatten ihr Atelier in Südfrankreich, Matisse lebte in Nizza und Picasso residierte in einem Schloss aus dem 12. Jh. (dem heutigen Musée Picasso) in Antibes. Auch Georges Braque (1882–1963) zählte zu den Kubisten, die ihre Motive in einzelne Fragmente zerlegten und diese so zusammensetzten, dass sich das Objekt aus mehreren Perspektiven gleichzeitig darbot.

Anfang des 20. Jhs. machte auch der Dadaismus Furore. Marcel Duchamps Verfremdung der Mona Lisa (samt Schnauzer und Ziegenbärtchen) mit dem Titel L.H.O.O.Q. ist das französische Paradebeispiel schlechthin für den rebellischen Geist der Bewegung. 1922 zog Max Ernst von Deutschland nach Paris, wo er den Dadaismus in Richtung Surrealismus weiterentwickelte. Ganz im Sinne von Freud verbindet Letzterer das Bewusste und Unbewusste und durchsetzt das Alltägliche mit Phantasien und Träumen.

Nach dem Zweiten Weltkrieg konnte Paris sich nicht länger als Welthauptstadt der Kunst behaupten und seither fragen sich die Kritiker, wo all die Künstler hin sind. In den 1960er-Jahren verzeichnete Südfrankreich mit Vertretern des Nouveau Réalisme wie Arman (1928–2005) und Yves Klein (1928–62) einen neuen Boom. Beide stammten aus Nizza. Klein schuf 1960 seinen berühmten Zyklus *Anthropométrie de l'Époque bleue*, für den sich nackte, in blaue Farbe getauchte Frauen zu den Klängen eines Streichorchesters auf einer weißen Leinwand wälzten – das Ganze vor einem Publikum in Frack und Abendkleid. Ein Jahrzehnt später dekonstruierte die Künstlergruppe Supports/Surfaces das herkömmliche Konzept von einem Gemälde und erhob dessen einzelne Bestandteile (Rahmen, Leinwand usw.) zum eigentlichen Kunstwerk.

Die Künstler der 1990er-Jahre konzentrierten sich auf den urbanen Alltag mit seinen sozialen und politischen Problemen und griffen zu anderen Mitteln als Pinsel und Palette, um sich auszudrücken. Der Konzeptkünstler Daniel Buren (geb. 1938) beschränkt sich auf die inzwischen zu seinem Markenzeichen gewordenen 8,7 cm breiten, senkrechten

Mekkas moderner Kunst

» Monets Garten, Giverny

» Renoirs Atelier, Côte d'Azur

» Picassos Schlossatelier, Antibes

» Musée Matisse, Nizza

» Cézannes Atelier, Aix-en-Provence

» Chemin du Fauvisme (Fauvismus-Weg), Collioure

» La Piscine Musée d'Art et d'Industrie, Lille

» Les Abattoirs, Toulouse

Streifen, die er auf jeder möglichen und unmöglichen Oberfläche anbringt – z. B. auch auf den weißen Marmorsäulen im Hof des Pariser Palais Royal. Buren (der 1967 als Mitglied der radikalen *groupe BMPT* ein Manifest unterzeichnet hatte, mit dem er ausdrücklich erklärte, kein Maler zu sein) galt in den 1980er-Jahren als *enfant terrible* der französischen Kunstszene. Sein Genosse Michel Parmentier (1938–2000) verlegte sich auf monochrome Gemälde: 1966 stand er auf Blau, 1967 auf Grau und 1968 auf Rot.

Die 1953 in Paris geborene Konzeptkünstlerin Sophie Calle gibt mit ihren aufsehenerregenden Installationen viel von ihrem Privatleben preis. Bei einer Performance im Sommer 2007 ließ sie 107 Frauen – darunter Carla Bruni, damals noch nicht First Lady – eine E-Mail vorlesen und interpretieren, mit der Calles Lover ihr den Laufpass gegeben hatte. Herausgekommen ist dabei ein fesselndes Kunstwerk, das sie in ihrem Buch *Take Care of Yourself* eingefangen hat.

Einige der Trendsetter in Sachen zeitgenössischer Kunst, die einen Besuch lohnen, sind das Palais de Tokyo in Paris, die Fondation Maeght in St-Paul-de-Vence und das Centre Pompidou-Metz in Metz.

Architektur

Die prähistorischen Megalithen rund um Carnac in der Bretagne zeigen ebenso wie die 33 sternförmig angelegten Festungsanlagen, die Vauban zum Schutz der französischen Grenzen im 17. Jh. in ganz Frankreich errichtete, dass die französische Architektur schon immer zur Gigantomanie neigte.

Von der Vorgeschichte bis zu den Römern

In keinem Teil Frankreichs lässt sich die Arbeit der ersten Architekten des Landes besser bewundern als in der Bretagne, wo es mehr megalithische Menhire (aufrecht stehende Steinmonumente), Gruften, Hügelgräber und Grabkammern als irgendwo sonst auf der Welt gibt. Viele stammen aus der Zeit um 3500 v. Chr. und das verbreitetste Bauwerk ist der Dolmen, eine überdachte Grabkammer, die aus vertikalen Menhiren und einem horizontal darauf ruhenden flachen Deckenstein besteht. Bizarrerweise hatten die alten Baumeister in der Bretagne einen ganz anderen Geschmack als ihre europäischen Nachbarn. Während man in Großbritannien, Irland, Deutschland und Spanien für gewöhnlich Cromlechs (Steinkreise) vorfindet, hatte man hier eine Vorliebe für pfeilgerade, als alignements bezeichnete Menhir-Reihen. Entsprechend stellen die imposanten Alignements von Carnac die größte bekannte prähistorische Anlage der Welt dar.

Die Römer hinterließen in der Provence und an der französischen Riviera ein gigantisches architektonisches Erbe. Tausende Männer arbeiteten drei bis fünf Jahre allein daran, die 21 000 m³ Gestein heranzuschaffen, die für den Bau des Pont du Gard bei Nîmes benötigt wurden. Weitere beeindruckende – und nach wie vor funktionstüchtige – Beispiele römischer Architektur sind die Amphitheater in Nîmes und Arles, die Open-Air-Theater in Orange und Fréjus und die Maison Carrée in Nîmes.

Romanik

Im Zuge des religiösen Aufschwungs kam es im 11. Jh. zu der Erbauung neuer, romanischer Kirchen, die so genannt wurden, weil deren Architekten viele bauliche Elemente (z. B. die Gewölbetechnik) von damals noch erhaltenen gallorömischen Bauwerken übernahmen. Typisch für die romanische Bauweise waren Rundbögen, dicke Mauern, wenige Fenster und ein Mangel an Dekoration, der ans Spartanische grenzte.

Zu den romanischen Meisterwerken zählen die Basilique St-Sernin in Toulouse, die Église Notre-Dame la Grande in Poitiers, die überwältigende Basilique St-Rémi in Reims, die beiden berühmten Abteien von Caen und die drei sogenannten provenzalischen Schwestern (die Klöster Sénanque, Le Thoronet und Silvacane) im Luberon. Beispielhaft für die normannische Romanik sind das Mittelschiff und das südliche Querschiff der Abteikirche auf dem Mont-St-Michel in der Normandie.

Im Burgund gibt es einen erstaunlichen Reichtum an romanischen Klöstern, die zu den schönsten der Welt gehören.

Bauwerke namhafter Architekten

» **Frank Gehry** Cinémathèque Française (Paris)

» **Jean Nouvel** Institut du Monde Arabe und Fondation Cartier pour l'Art Contemporain (Paris), Les Docks Vauban (Le Havre)

» **Sir Norman Foster** Carrée d'Art (Nîmes), Pont de Millau (Languedoc), Musée de la Préhistoire des Gorges du Verdon (Quinson)

Gotik

Eines der Megaprojekte der gotischen Architektur war der Papstpalast von Avignon. Seine Ursprünge hatte der gotische Baustil Mitte des 12. Jhs. im Norden Frankreichs, dessen enormer Reichtum die besten Baumeister, Architekten und Handwerker hierherpilgern ließ. Zu den charakteristischen Merkmalen gotischer Baukunst zählen präzise gearbeitete Kreuzrippengewölbe, Spitzbögen, schlanke Vertikalen, Kapellen (die oft von reichen Einzelpersonen und Gilden erbaut oder gestiftet wurden), Emporen und Arkaden entlang dem Mittelschiff und Altarraum, kunstvolle Ausschmückungen und große Buntglasfenster. Wer genauer hinschaut, kann bei bestimmten gotischen Bauten asymmetrische Elemente entdecken, die integriert wurden, um Monotonie zu vermeiden.

Das erste gotische Bauwerk der Welt war die Basilique de St-Denis bei Paris, die verschiedene spätromanische Elemente zu einer neuen Art von Strebewerk verband, bei dem jeder Bogen den nächsten stützt und hält. Die Basilika diente als Vorbild für viele andere französische Kathedralen des 12. Jhs., darunter Notre-Dame de Paris und die Kathedrale von Chartres, die beide für ihre hoch aufstrebenden Säulen bekannt sind. Übrigens gibt es keinen schöneren gotischen Glockenturm zu erklimmen als den der Cathédrale St-André in Bordeaux.

Im 14. Jh. entwickelte sich der gotische Rayonnantstil, dessen Name auf das strahlenförmige Maßwerk der Fensterrosen zurückgeht. Dank größerer Fenster und lichtdurchlässigerem Buntglas wurden die Innenräume nun noch heller. Eines der einflussreichsten Bauwerke der Rayonnantgotik war die Pariser Ste-Chapelle, deren Buntglasfenster rund um die obere Ebene wie ein gläserner Vorhang angeordnet sind.

Renaissance

Die Renaissance hatte ihre Anfänge zu Beginn des 15. Jhs. in Italien. Ihr Ziel war die „Wiedergeburt" der antiken griechisch-römischen Kultur. Erste Einflüsse auf Frankreich zeigten sich Ende jenes Jahrhunderts, als Karl VIII. militärische Vorstöße nach Italien unternahm und mit ein paar neuen Ideen im Gepäck von dort zurückkehrte.

Der Übergang von der Spätgotik zur Renaissance lässt sich auf einem Trip durch das Loire-Tal verfolgen: Das Château de Chambord ist mit seiner Mischung aus baulichen Formen und dekorativen Elementen im klassischen Stil einerseits (Säulen, Tonnengewölbe, Rundbögen, Kuppeln etc.) und den reichen Verzierungen im gotischen Flamboyantstil andererseits ein typisches Beispiel für die Architektur der Frührenaissance. Auf S. 244-255 kann man sich im wahrsten Sinne des Wortes ein Bild von der eindrucksvollen Architektur im Loire-Tal machen.

Der Manierismus, der auf die Frührenaissance folgte, wurde von italienischen Architekten und Künstlern in Frankreich eingeführt. Franz I. hatte sie um 1530 ins Land geholt, um sein Königsschloss in Fon-

---

ARCHITEKTUR

Zeitreisen zu den prähistorischen Architekten Südfrankreichs bieten das Centre de la Vieille Charité in Marseille, das Musée de la Préhistoire des Gorges du Verdon in Quinson und die bienenstockförmigen Hütten namens *bories* in der Nähe von Gordes im Luberon.

BORIES

DIE SCHÖNSTEN DÖRFER FRANKREICHS

Eine der typischen französischen Bauweisen entwickelte sich ab dem 13. Jh. im ländlichen Frankreich mit den *bastides* oder *villages perchés*. Diese burgenähnlich angelegten Dörfer wurden hoch oben auf Hügeln oder Bergen gebaut, um der zuvor verstreut lebenden Bevölkerung größtmöglichen Schutz zu gewähren. Vor allem in der Provence und der Dordogne lässt sich ein mittelalterliches Bergdorf nach dem anderen erwandern, aber sie begegnen einem in fast jeder Region Frankreichs. Die imposantesten und spektakulärsten finden sich auf der Liste *Les plus beaux villages de France* (Die schönsten Dörfer Frankreichs; www.les-plus-beaux-villages-de-france.org).

VAUBANS FESTUNGSANLAGEN

Von der Mitte des 17. bis zur Mitte des 19. Jhs. orientierten sich die Erbauer und Konstrukteure von Verteidigungsanlagen weltweit an der Arbeit eines Mannes: Sébastien le Pestre de Vauban (1633–1707).

Vauban stammte aus einer relativ armen Familie des niederen Adels. Fast während der gesamten Regierungszeit Ludwigs XIV. diente er dem Sonnenkönig als Militärbaumeister und revolutionierte sowohl die Konstruktion von Festungsanlagen als auch die Belagerungstechniken. Um Frankreichs Grenzen zu schützen, errichtete er 33 gigantische, oft sternförmige, von Wallgräben umgebene Forts und war am Wiederaufbau und der Verbesserung von über 100 weiteren Verteidigungsanlagen beteiligt. Seine berühmteste Festung steht in Lille, aber auch Antibes, Belfort, Belle-Île, Besançon, Concarneau, Neuf-Brisach, Perpignan, St-Jean-Pied-de-Port und St-Malo sind Zeugen seiner Schaffenskraft. Die von Vauban erbaute Zitadelle in Verdun beherbergt unterirdische Gänge, die insgesamt 7 km lang sind. Seit 2008 wurden 13 der Forts (www.sites-vauban.org) in die Unesco-Liste des Weltkulturerbes aufgenommen.

tainebleau von ihnen gestalten zu lassen. In den folgenden Jahrzehnten übernahmen französische Architekten, die in Italien studiert hatten, das Kommando und beerbten ihre italienischen Kollegen. Anfang des 17. Jhs. ging der Manierismus schließlich in den Barock über.

Barock

Während des Barock (Ende 16. bis Ende 18. Jh.) verwischten die Grenzen einzelner Kunstgattungen. Malerei, Bildhauerei und Architektur vereinigten sich zu Bauwerken und Interieurs von großer Feinsinnigkeit, Raffinesse und Eleganz. Die Architektur wurde bildhafter, in den Kirchen veranschaulichten Deckenmalereien den Gläubigen das Leiden Christi und die Paläste beschworen staatliche Macht und Ordnung.

Salomon de Brosse, der 1615 das Palais du Luxembourg in Paris erbaute, bereitete den Boden für zwei der bedeutendsten französischen Architekten des Frühbarock: François Mansart (1598–1666), der den klassizistischen Flügel des Château de Blois entwarf, und sein jüngerer Rivale Louis Le Vau (1612–70), der sich in Versailles an Frankreichs berühmtestem Prunkschloss austobte.

Klassizismus

Die Place Stanislas in Nancy im Norden Frankreichs gilt als schönster klassizistischer Platz des Landes. Die klassizistische Architektur, die um 1740 entstand und sich bis weit ins 19. Jh. großer Beliebtheit erfreute, wurzelte im wieder erwachten Interesse an klassischen Elementen und Konventionen der griechisch-römischen Antike: Säulen, schlichte geometrische Formen und traditionelle Ornamentierungen.

Zu den frühesten Beispielen dieses Stils gehören die italienisch anmutende Fassade der Pariser Église St-Sulpice, die Giovanni Servandoni 1733 in Anlehnung an Christopher Wrens St Paul's Cathedral in London gestaltete, und der Petit Trianon in Versailles, den Jacques-Ange Gabriel 1761 für Ludwig XV. erbaute. Frankreichs berühmtester klassizistischer Architekt des 18. Jhs. war Jacques-Germain Soufflot, der Schöpfer des am linken Seine-Ufer in Paris beheimateten Panthéon.

Groß auftrumpfen konnte der Klassizismus dann unter Napoleon III., der diesen Stil ausgiebig für Monumentalbauten nutzte, die die Größe und Erhabenheit des kaiserlichen Frankreichs und seiner Hauptstadt verkörpern sollten: der Arc de Triomphe, die Église de la Madeleine, der Arc du Carrousel am Louvre, das Parlamentsgebäude der Assemblée Nationale und das Palais Garnier.

Unterkünfte für Architekturfans

» BLC Design Hôtel, L'Apostrophe, Cadran Hôtel & Kube Hôtel, Paris

» Les Bains Douches, Toulouse

» Hôtel Le Corbusier, Marseille

» Hôtel Negresco, Nizza

» Hôtel 3.14, Cannes

» Zazpi, St-Jean-de-Luz

» L'Hermitage Gantois, Lille

Das wahre Prunkstück dieser Epoche ist jedoch das Casino von Monte Carlo in Monaco, das 1878 von dem französischen Architekten Charles Garnier (1825–98) erbaut wurde. Details s. S. 943.

Art nouveau

Der Art nouveau (1850–1910) kombinierte Materialien wie Schmiedeeisen, Backstein, Glas und Keramik in einer nie zuvor gesehenen Weise. In Europa und den USA verbreitete sich der Stil unter verschiedenen Namen (Jugendstil, Sezessionsstil, Stile Liberty) und fand rasch Anklang in Paris. Seine Merkmale sind geschwungene Linien und fließende, asymmetrische Formen, die an Rankengewächse, Seerosen, die Muster auf Insektenflügeln und Blütenzweige erinnern. Seinen französischen Namen verdankt der von exotischen *objets d'art* (Kunstgegenstände) aus Japan beeinflusste *Art nouveau* einer Pariser Galerie, die Werke im Stil dieser „neuen Kunst" ausstellte. Echte Fans sollten sich schnurstracks nach Nancy begeben, wo geführte Touren durch die Art-nouveau-Viertel der Stadt (s. S. 365) angeboten werden.

Belle Époque

Die glanzvolle Belle Époque war dem Art nouveau dicht auf den Fersen und läutete einen Eklektizismus ein, bei dem dekorative Stuckfriese und *Trompe-l'œil-Gemälde* genauso zum Einsatz kamen wie funkelnde Wandmosaike oder bunte maurische Minarette. Bei einem Stadtbummel durch das Quartier Impérial in Metz oder entlang der Promenade des Anglais in Nizza lässt es sich vortrefflich in diese legendäre und skurrile Designwelt eintauchen. Als Sahnehäubchen erwartet einen in der südfranzösischen Hafenstadt das von einer rosa Kuppel gekrönte Hôtel Negresco (1912). Apropos eintauchen: Ebenfalls sehr lohnenswert ist der Besuch in einem der schönen Belle-Époque-Kurorte wie Vichy.

Moderne

Mit seiner Fondation Vasarely, die 1976 in Aix-en-Provence eröffnet wurde, gelang Victor Vasarely (1908–97), dem „Vater der Op-Art", ein architektonischer Coup. Die 14 riesigen, monumentalen Sechsecke spiegelten wider, was Vasarely bereits in der Kunst erreicht hatte: das Erzeugen optischer Illusionen und wechselnder Perspektiven durch die Nebeneinanderstellung geometrischer Formen und Farben.

Frankreichs berühmtester Architekt des 20. Jhs., Charles Édouard Jeanneret (besser bekannt als Le Corbusier, 1887–1965), kam in der Schweiz zur Welt, ließ sich aber 1917 im Alter von 30 Jahren in Paris nieder. Der radikale Modernist machte es sich zur Aufgabe, Bauwerke ihren Funktionen in der industrialisierten Gesellschaft anzupassen, ohne den menschlichen Faktor zu vernachlässigen. Mit seinen schwungvollen Linien und funktionalisierten Formen, die auf den Menschen und seine Bedürfnisse zugeschnitten waren, stellte er die bisherigen Regeln der Baukunst auf den Kopf. Le Corbusiers Chapelle de Notre-Dame-du-

ARCHITEKTUR

Art nouveau in Paris

» Die nudelähnlich verflochtenen Métroeingänge von Hector Guimard

» Das Interieur des Musée d'Orsay

» Die Kaufhäuser Le Bon Marché & Galeries Lafayette

» Das Glasdach über dem Grand Palais

Vom Skandal zum Erfolg – die umstrittensten Architektursensationen Frankreichs: das Centre Pompidou von Renzo Piano und Richard Rogers und die Glaspyramide am Louvre von Ieoh Ming Pei, beide in Paris.

GRÜNE WÄNDE

Ein architektonisches Markenzeichen der französischen Hauptstadt, das inzwischen in andere europäische Städte exportiert wurde, sind die vertikalen Gärten – auf Französisch *murs végétaux* (Pflanzenwände) – vor allem die von Patrick Blanc (www.verticalgardenpatrickblanc.com). Sein berühmtester gehört zum Musée du Quai Branly. Rund 15 000 Schatten liebende Grünpflanzen aus Mitteleuropa, den USA, Japan und China scheinen dort auf die Gesetze der Schwerkraft zu pfeifen und klettern auf einer Fläche von 800 m² gen Himmel. Allerdings werden sie dabei von einem Gerüst aus Metall, PVC und Filz unterstützt. Nur auf Erde müssen sie verzichten.

Haut de Ronchamp im Jura und der Couvent Ste-Marie de La Tourette bei Lyon gehören zu den Ikonen der Architektur des 20. Jhs.

Bis 1968 wurden die französischen Architekten fast ausschließlich an der konformistischen École des Beaux-Arts ausgebildet, was den meisten der frühen Bauten des Pariser Hochhausviertels La Défense und auch der unansehnlichen, 210 m hohen Tour Montparnasse (1973) deutlich anzusehen ist.

Zeitgenössische Architektur

Schon viele französische Staatsmänner strebten nach Unsterblichkeit und setzten sich zu diesem Zweck mit gigantischen, öffentlichen Bauten (sogenannten grands projets) ein Denkmal. George Pompidou gab das Centre Pompidou (1977) in Auftrag. Um die Ausstellungsräume möglichst geräumig und unverbaut zu halten, kehrten dessen Architekten sozusagen das Innere des Gebäudes nach außen. Valéry Giscard d'Estaing verwandelte einen baufälligen Bahnhof in das wunderbare Musée d'Orsay und François Mitterand bescherte der Hauptstadt gleich mehrere Highlights der zeitgenössischen Architektur (die den Steuerzahler satte 4,6 Mrd. € kosteten), darunter die Glaspyramide am Louvre von Ieoh Ming Pei, die Opéra Bastille, die Grande Arche in La Défense und die vier Glastürme der Nationalbibliothek. Fast bescheiden gab sich dagegen Jaques Chirac mit nur einem einzigen *grand projet* zufrieden und beauftragte Jean Nouvel mit dem Bau des direkt an der Seine gelegenen, architektonisch herausragenden Musée du Quai Branly.

In der Provinz machen Hingucker wie das Europaparlament in Straßburg, das Projekt Euralille des niederländischen Architekten Rem Koolhaas in Lille oder das gallorömische Museum Vesunna aus Stahl und Glas von Jean Nouvel in Périgueux Furore. Ebenso bemerkenswert sind das zu einem Kunstmuseum mutierte Art-déco-Schwimmbad aus den 1920er-Jahren in Lille, der phantastische Louvre II im kleinen Städtchen Lens bei Lille, die ehemalige Abtei Toussaint aus dem 11. Jh. in Angers, die heute eine imposante Skulpturensammlung beherbergt, und das frisch renovierte Hafenviertel von Le Havre aus dem 19. Jh. Und dann gibt es im Languedoc natürlich noch eine der höchsten Brücken der Welt zu bestaunen: den atemberaubenden Viaduc de Millau von Sir Norman Foster. Weitere architektonisch einfallsreiche Brücken sind der Pont de Normandie (1995) bei Le Havre und die markante Passerelle Simone de Beauvoir (2006) in Paris. Beide führen über die Seine.

Eines der schönsten und gelungensten zeitgenössischen Bauwerke Frankreichs ist das Institut du Monde Arabe in Paris. Die hochgelobte Konstruktion wurde 1987 eingeweiht und ist ein stimmiger Mix aus modernen und traditionellen arabischen und westlichen Elementen. Entworfen hat sie Jean Nouvel, Frankreichs führender und wohl talentiertester Architekt. Sein aktuelles ehrgeiziges Projekt ist die Philharmonie de Paris. Deren Auditorium wird 2400 Plätze haben, die das Orchester wie in einem Amphitheater umringen. Die Eröffnung ist für 2014 geplant. In Metz beeindruckt das schneeweiße, lichtdurchflutete Centre Pompidou-Metz (2010), ein Meisterwerk des wagemutigen Architektenduos Shigeru Ban (Tokio) und Jean de Gastines (Paris).

Das neue, innovative Kulturzentrum von Arles wird von dem berühmten Architekten Frank Gehry geplant. Seine in der gleißenden Sonne der Provence schimmernde Fondation Luma (geplante Eröffnung 2013) soll einem Felsgebilde gleichen und mit ihren beiden aluminiumbedeckten Türmen auf den nahe gelegene Gebirgszug der Alpillen anspielen. Sir Norman Foster entwirft derzeit einen neuen Yachtclub für Monaco (2012) und in Lyon wird sich mit dem Musée des Confluences in Bälde eine schimmernde Wolke aus Stahl und Glas über den Niederungen des Zusammenflusses von Rhone und Saône erheben.

Architecture et Musique (www. architecmusique. com) ist eine geniale Eventidee: Perlen der Architektur werden zum Konzertsaal für Topacts aus der Klassikszene; das Jahresprogramm ist online abrufbar.

Malerische Landschaften

Das Land

Frankreich ist ein Land der Kunst. Nicht nur sind die Wände seiner großen und kleinen Galerien mit phantastischen Porträts und Gemälden geschmückt, auch seine Dörfer wirken wie in Öl gebannte, ländliche Stillleben aus längst vergessener Zeit. Und mit ihrer angeborenen Stilsicherheit wirken sogar die Menschen selbst wie wandelnde Kunstwerke. Aber so betörend die menschengemachte Kunst in Frankreich auch sein mag, sie verblasst gegenüber der strahlenden Schönheit seiner Natur.

Frankreich bildet grob ein Sechseck und ist nach Russland und der Ukraine das drittgrößte Land Europas. Abgesehen vom relativ flachen Nordosten wird es ringsum von Meeren oder Bergen begrenzt.

Seine 3200 km lange Küste ist unglaublich vielfältig, sie reicht von weißen Kalkklippen (Normandie) und tückischen Kaps (Bretagne) bis hin zu breiten feinsandigen Stränden (Atlantikküste) und Kiesstränden (Mittelmeerküste).

Europas höchster Gipfel, der eindrucksvolle Montblanc (4807 m), überragt die Französischen Alpen, die sich entlang der östlichen Landesgrenze erstrecken. Nördlich des Genfer Sees zieht sich das sanfte Kalksteingebirge des Jura an der Schweizer Grenze entlang und erreicht Höhen von bis zu 1700 m, während die urwüchsigen, bis zu 3404 m hohen Pyrenäen die 450 km lange Grenze zu Spanien und Andorra bilden.

Fünf große Flusssysteme durchziehen das Land: die Garonne (zu der die Flüsse Tarn, Lot und Dordogne gehören) mündet in den Atlantik;

Travellers Nature Guides: France von Bob Gibbons (auf Engl.) ist der ultimative Führer für Wildbeobachtungstipps in Frankreich.

HOHER SCHUTZFAKTOR FÜR DIE KÜSTEN

Über 10 % der Küsten von Frankreich und Korsika werden vom **Conservatoire du Littoral** (www.conservatoire-du-littoral.fr) verwaltet, einem staatlichen Verband, der bedrohte Küstengebiete aufkauft – teils zwangsenteignet –, um sie zu erhalten und wiederherzustellen.

Zu den *espaces naturels protégés* (geschützten Naturräumen), die dem Conservatoire unterliegen, zählen z. B. die von seltenen Orchideen bewachsenen Sanddünen östlich von Dünkirchen, die Baie de Somme mit ihrem Vogelpark, mehrere Feuchtgebiete und Wasserflächen des Wildpferdeparadieses Camargue sowie eine Wüste auf Korsika (das sogenannte Désert des Agriates umfasst über 16 000 ha ursprüngliche Landschaft zwischen den Städten St-Florent und La Balagne; bis vor nicht allzu langer Zeit war hier fruchtbares Land, doch eine durch die menschliche Nutzung bedingte schwere Bodenerosion führte zur Verkarstung).

Eine Liste von Frankreichs 24 Feuchtgebieten gemäß der **Ramsar-Konvention** bietet die Internetseite www.wetlands.org/rsis.

die Rhône fließt von den Alpen und dem Genfer See ins Mittelmeer; durch Paris schlängelt sich in poetischem Schwung die Seine, die vom Burgund zum Ärmelkanal strömt, während die Nebenflüsse des in die Nordsee mündenden Rheins die Gebiete nördlich und östlich der Hauptstadt entwässern. Der längste Fluss Frankreichs schließlich ist die Loire, die sich, von zahlreichen Schlössern gesäumt, aus dem Zentralmassiv bis zum Atlantik windet

Tiere & Pflanzen

Frankreich ist mit einer vielfältigen Flora und Fauna gesegnet, obwohl nur wenige Lebensräume vom Menschen unberührt geblieben sind. Intensive Agrarwirtschaft, Trockenlegung von Feuchtgebieten, Urbanisierung, Jagd sowie der Eingriff durch Industrie und Tourismus bedrohen Dutzende von Arten.

Tiere

In Frankreich ist eine größere Vielfalt von Säugetieren (ca. 135 Arten mit Meeressäugern und einigen eingeführten Spezies) beheimatet als in irgendeinem anderen Land Europas. Zusammen mit den 500 Vogelarten (je nachdem, welche seltenen Zugvögel man hinzurechnet), 40 Amphibien-, 36 Reptilien- und 72 Fischarten machen sie das Land zu einem Paradies für Tierfreunde. Von Frankreichs 40 000 bekannten Insektenspezies sind allein im alpinen Parc National du Mercantour 10 000 Arten heimisch.

Auf den Hochebenen der Alpen und Pyrenäen lebt das Murmeltier, das von Oktober bis April Winterschlaf hält und an seinem schrillen Pfiff zu erkennen ist. Weitere Alpentiere sind die gewandt kletternde *Gämse* (Alpenantilope) mit ihrem dunkel gestreiften Kopf und der Alpensteinbock *(bouquetin; s. S. 1046)*, der in großer Zahl im Parc National de la Vanoise lebt. Das in den 1950er-Jahren eingeführte Mufflon (wildes Bergschaf) kraxelt über sonnige Felshänge in die Berge, während in den tiefer gelegenen Wäldern zahlreiche Rehe, Hirsche und Wildschweine leben. Der Alpenhase trägt im Winter einen schneeweißen Pelz und 19 der 29 in Europa heimischen Fledermausarten durchflattern nachts die Nationalparks der Alpen.

Wo und wann welche Vögel beobachtet werden können, verraten die Ligue de Protection des Oiseaux (LPO; Vogelschutzbund; www.lpo. fr, auf Frz.) und ihre regionalen *délégations* (auf der Website unter „Nos sites web").

WILDTIERE BEOBACHTEN

Nationalparks und regionale Schutzgebiete ermöglichen Wildtierbeobachtungen in natürlicher Umgebung und bieten von Experten geführte Touren. Einzelheiten stehen in den jeweiligen Regionskapiteln. Besonders lohnende Beobachtungsposten (außerhalb der Nationalparks):

» Zehntausende Flamingos in der Camargue, dem bekanntesten Sumpfgebiet Frankreichs, sowie weitere 400 Vogelarten wie Racken und Braunsichler.

» Geier in den Pyrenäen an der La Falaise aux Vautours (Geierfelsen) in der Vallée d'Ossau, im Languedoc am Belvédère des Vautours im Parc Naturel Régional des Grands Causses.

» Störche im Elsass im Centre de Réintroduction des Cigognes von Hunawihr und im Enclos Cigognes von Munster; an der Atlantikküste im Parc Ornithologique von Le Teich, im Parc Ornithologique du Marquenterre sowie im Parc des Oiseaux von Villars-les-Dombes nahe Lyon.

Andere, leicht zu erreichende und lohnenswerte Wildbeobachtungsgebiete sind der Forêt de Fontainebleau außerhalb von Paris, der Marais Poitevin an der Atlantikküste, die berauschende Unterwasserwelt zwischen Cerbère und Banyuls sowie das korsische Zentralgebirge rund um Corte.

Der Wolf (*loup*), der in den 1930er-Jahren aus Frankreich verschwunden war, ist 1992 in den Parc National du Mercantour, zurückgekehrt – sehr zum Leidwesen des Mufflons (eines seiner Beutetiere) und der Schäfer. Hunde, Zäune und Lärm sind wirkungsvolle, unblutige Methoden, um Schafherden vor der im Mercantour und anderen Alpenregionen umher streifenden Wolfspopulation zu schützen.

Der Braunbär ist Mitte der 1930er-Jahre aus den Alpen verschwunden. Von über 150 heimischen Bären, die noch vor einem Jahrhundert in den Pyrenäen lebten, blieb nach dem umstrittenen Abschuss der letzten Bärin im Jahr 2004 nur ein verwaistes Jungtier übrig. Inzwischen sind 12 bis 18 slowenische Bären in den französischen und spanischen Pyrenäen zu Hause, obwohl die Neuansiedlung bei Schäfern auf erbitterten Widerstand traf (s. Kasten S. 735).

Ein seltenes und umso eindrucksvolleres Erlebnis ist es, einen Steinadler (*aigle royal*) zu erblicken: 40 Paare nisten im Parc National du Mercantour, 20 Paare im Vanoise-Park, etwa 30 im Écrins-Park und etwa 50 in den Pyrenäen. Andere Greifvögel sind beispielsweise der Wanderfalke, der Turmfalke, der Bussard und der Knochen fressende Bartgeier. Letzterer – Europas größter Raubvogel, mit einer Ehrfurcht gebietenden Flügelspannweite von 2,80 m – war im 19. Jh. ganz aus den Alpen verschwunden, bis er in den 1980er-Jahren wieder eingeführt wurde. Neuerdings breitet sich auch der kleinere und heller gefärbte Schmutzgeier (auch Ägyptischer Geier genannt, da er von den Ägyptern verehrt wurde) in den Alpen und Pyrenäen aus.

Selbst das schärfste Auge wird Schwierigkeiten haben, das Schneehuhn auszumachen, das sich mehrmals pro Jahr mausert, um für jede Jahreszeit die perfekte Tarnfärbung zu haben (braun im Sommer, weiß im Winter). Es lebt an felsigen Hängen und auf Bergwiesen in über 2000 m Höhe. Der in den Lärchenwäldern beheimatete Tannenhäher mit seinem lauten und lebhaften Geschrei, das Birkhuhn, das Alpen-Steinhuhn, der sehr seltene Uhu und der Dreizehenspecht sind einige der weiteren rund 120 Arten, die Vogelbeobachter im Hochland begeistern werden.

Auch in anderen Gegenden Frankreichs gibt es für Vogelfreunde einiges zu sehen: In Frankreich leben 12 000 Weißstorchenpaare (1974 waren es gerade mal sieben brütende Paare); 10 % der weltweiten Flamingo-Population ist in der Camargue zu Hause; riesige schwarze Kormorane – einige mit einer Flügelspannweite von 1,70 m – leben auf einer Insel vor Pointe du Grouin an der bretonischen Küste; und die Réserve Naturelle de Scandola auf Korsika (S. 963) beherbergt eine einzigartige Population von Seemöwen und Seeadlern. Der Fischadler (*balbuzard pêcheur*) – ein Zugvogel, der in Afrika überwintert und im Februar oder März nach Frankreich zurückkehrt, – kommt heute nur noch in zwei Regionen Frankreichs vor: auf Korsika und im Loire-Tal.

Pflanzen

Rund 140 000 km² Wälder, hauptsächlich Buchen-, Eichen-, Tannen-, Fichten- und Kiefernwälder, bedecken 20 % Frankreichs. Landesweit wurden 4900 einheimische Blumen- und Pflanzenarten gezählt, von denen 2250 allein im Parc National des Cévennes wachsen. In den Wäldern der Champagne im Parc Natural Régional de la Montagne de Reims stehen bizarr gewachsene Buchen.

An den Nordhängen der Pyrenäen und Alpen gedeihen zwischen 800 und 1500 m Höhe Tannen-, Fichten- und Buchenwälder. Lärchen, Latschen- und Zirbelkiefern sowie Rhododendron- und Wacholderbüsche bedecken die subalpine Zone zwischen 1500 und 2000 m; und auf den Bergwiesen oberhalb der Baumgrenze (bis 3000 m) explodiert im Frühling und Sommer ein Farbenrausch aus Wildblumen.

FERUS

MALERISCHE LANDSCHAFTEN TIERE & PFLANZEN

Wer sich für die seltenen Wölfe, Bären und Luchse Frankreichs interessiert, kann die Entwicklung ihrer Populationen auf der Website der französischen Naturschutzgruppe FERUS verfolgen, die sich um diese bedrohten Raubtiere kümmert: www.ferus.org, auf Frz.

Wer einen Bartgeier beobachten konnte, darf sich glücklich schätzen und sollte Details zu seiner Beobachtung (Ort, Zeit, Erkennungsmerkmale und Verhalten des Vogels) notieren, um sie an das Projekt zur Wiedereinbürgerung des Bartgeiers in den Alpen zu melden: www.wild.unizh. ch/bg.

Zur Blütenpracht der Alpen gehören u. a. die Arnika mit ihrer gold-gelben Blüte, die in der Kräuterheilkunde und Homöopathie noch heute zur Behandlung von Prellungen und Stauchungen verwendet wird; die leuchtend rote Feuerlilie und die zähe Alpenakelei mit ihren zarten, blauen Blütenblättern. Das unter Naturschutz stehende Alpen-Mannstreu, auch Alpendistel genannt, ähnelt der Gewöhnlichen Kratzdistel, gehört aber (wie auch die Karotte) zur Familie der Doldenblütler und wächst auf felsigen Bergwiesen.

Das sehr seltene Moosglöckchen gedeiht nur im Parc National de la Vanoise. Von Frankreichs 150 Orchideenarten ist besonders das Schwarze Kohlröschen interessant, dessen kleine, rotbraune Blüten einen süßlichen Vanilleduft verströmen.

Korsika und das Massif des Maures an der Côte d'Azur westlich von St-Tropez sind einander botanisch sehr ähnlich. In beiden Gebieten gedeihen Maronenbäume und Korkeichen (aus deren Rinde Flaschenkorken hergestellt werden) und beide sind von *garrigues* und *maquis* bedeckt – stark duftendem Buschland, in dem Dutzende von Aromapflanzen und Kräutern wachsen.

Nationalparks

Gemessen an der Landesfläche Frankreichs ist der Anteil geschützter Gebiete überraschend gering: Sechs kleine Nationalparks *(parcs nationaux; www.parcsnationaux-fr.com)* bieten nur 0,8 % des Landes umfassenden Schutz. Weitere 13 % (70 000 km^2) des Mutterlands und der Überseegebiete werden in weit geringerem Maß durch 45 regionale Naturparks *(parcs naturels régionaux; www.parcs-naturels-regionaux. tm.fr, auf Frz.)* und ein weiterer geringer Prozentsatz durch 320 kleinere Schutzgebiete *(réserves naturelles; www.reserves-naturelles.org)* geschützt. Manche dieser Schutzgebiete überwacht das Conservatoire du Littoral.

Während die Kernzonen der Nationalparks unbesiedelt und streng geschützt sind (Hunde, Fahrzeuge und Jagd sind strengstens verboten und das Zelten ist eingeschränkt), erstrecken sich die sensiblen Ökosysteme weit in die bewohnten Randzonen hinein, in denen – oft umweltbelastende – Wirtschaftszweige erlaubt sind und sogar gefördert werden.

Tatsächlich wurden die meisten regionalen Naturparks und Schutzgebiete nicht nur eingerichtet, um die dortigen Ökosysteme zu regenerieren (oder wenigstens zu erhalten), sondern auch um in Gebieten mit schlechter Wirtschaftslage und hoher Abwanderungsrate (z. B. im Zentralmassiv und auf Korsika) wirtschaftliche Erschließung und Tourismus zu fördern.

Einige weitgehend ursprünglich erhaltene Naturgebiete – die Pyrenäen, die Bucht von Mont-St-Michel, Teile des Loire-Tals und eine Handvoll Kaps von Korsika – sind als Unesco-Welterbe geschützt.

Umweltprobleme

Frankreichs Flora und Fauna sind diversen Bedrohungen ausgesetzt.

Wie überall ist die Gesamtfläche der für das Überleben zahlreicher Vogel-, Reptilien-, Fisch- und Amphibienarten lebenswichtigen Feuchtgebiete – die ungeheuer produktive Ökosysteme darstellen – rückläufig. Über 20 000 km^2 (3 % des Landes) gelten als wichtige Feuchtgebiete, aber nur 4 % davon werden derzeit geschützt.

Jeden Sommer hinterlassen Waldbrände riesige verkohlte Flächen. Häufig verursacht von achtlosen Tagesausflüglern, manchmal aber auch (wie in den Maures- und Estérel-Bergen an der Côte d'Azur) von Brandstiftern, die sich für das verkohlte Land eine Baugenehmigung erhoffen. Seit Mitte der 70er-Jahre haben durchschnittlich 540 Feuer

Der *Guide de la Nature en France* von Michel Viard ist ein hervorragendes Bestimmungsbuch für die häufigsten Pflanzen, Vögel und Tiere Frankreichs. Der Führer ist zwar auf französisch geschrieben, ist durch seine brillanten Fotos aber allgemein verständlich.

PARK	CHARAKTERISTIK	AKTIVITÄTEN	BESTE ZEIT
Parc National des Cévennes (S. 802)	Wilde Torfmoore, Granitgipfel, Schluchten & Grate; angrenzend an das Zentralmassiv & das Languedoc (910 km^2); Rotwild, Biber, Geier, Wölfe, Wisente	Wandern, Esel-Trekking, Mountainbike, Reiten, Langlauf, Höhlen erkunden, Kanusport, Pflanzen bestimmen (2250 Arten)	Frühjahr & Winter
Parc National des Écrins (S. 542)	Gletscher, Gletscherseen & bis zu 4102 m hohe Gipfel in den Französischen Alpen (1770 km^2); Murmeltiere, Luchse, Steinböcke, Gämsen, Bartgeier	Wandern, Klettern, Drachenfliegen & Paragliding, Kajakfahren	Frühjahr & Sommer
Parc National du Mercantour (S. 889)	Provence in ihrer erhebensten Form mit über 3000 m hohen Gipfeln & abgeschiedenen Tälern entlang der italienischen Grenze; Murmeltiere, Mufflons, Gämsen, Alpensteinböcke, Wölfe, Stein- & Schlangenadler, Bartgeier, Felsmalereien aus der Bronzezeit	Alpinski, Wildwasser, Mountainbike, Wandern, Esel-Trekking	Frühjahr, Sommer & Winter
Parc National de Port-Cros (S. 935)	Europas erster Meerespark (700 ha Küste & 1288 ha Wasser) und Frankreichs kleinster Nationalpark auf einer Insel vor der Côte d'Azur; Papageientaucher, Sturmtaucher, Zugvögel	Schnorcheltauchen, Vögel beobachten, Schwimmen, Spaziergänge	Sommer & Herbst (Vogelbeobachtung)
Parc National des Pyrénées (S. 734)	100 km Gebirge entlang der spanischen Grenze (457 km^2); Murmeltiere, Eidechsen, Braunbären, Steinadler, Geier, Bussarde	Alpin- & Langlaufski, Wandern, Bergsteigen, Klettern, Wildwasser, Kanu & Kajak, Mountainbike	Frühjahr, Sommer & Winter
Parc National de la Vanoise (S. 535)	Von Gletschern geprägte Gebirgslandschaft mit hohen Gipfeln, Buchen- und Tannenwäldern und 80 km^2 Gletschern; 1. Nationalpark Frankreichs; Gämsen, Alpensteinböcke, Murmeltiere, Steinadler, Bartgeier	Alpin- & Langlaufski, Wandern, Bergsteigen, Mountainbike	Frühjahr, Sommer & Winter

pro Jahr zwischen 31 und 615 km^2 Wald- und Buschland vernichtet. Inzwischen gibt es mehr Brandschutz- und Bekämpfungsmaßnahmen und das für die staatlichen Wälder zuständige Office National des Forêts (www.onf.fr, auf Frz.) vermeldet einen Rückgang der Brände.

ÜBERLEBEN DES STEINBOCKS

Das Symboltier der Französischen Alpen ist der gewandt kletternde Alpensteinbock *(bouquetin des Alpes)* mit seinen imposanten langen und gewundenen Hörnern (sie können 1 m lang und gut 5 kg schwer werden!) und einer Vorliebe für schwindelerregende Steilwände und Abgründe. Im 16. Jh. war der imposante Steinbock in den Hochlagen der Alpen sehr verbreitet. Doch dann wollte jeder Macho, der etwas auf sich hielt, ein Paar seiner auffälligen und außergewöhnlichen Hörner für seine Trophäen-Sammlung – mit dem Ergebnis, dass der Alpensteinbock innerhalb weniger Jahre nahezu ausgerottet war.

1963 wurde in den Alpen der Parc National de la Vanoise gegründet, um die Jäger davon abzuhalten, die letzten noch überlebenden Alpensteinböcke im Massif de la Vanoise abzuschießen. Da weitere Reservate folgten und strenge Schutzmaßnahmen ergriffen wurden, hat sich die Population zunehmend erholt, sodass der Alpensteinbock heute nicht mehr bedroht ist. Die Chancen, eines dieser eindrucksvollen Tiere zu sehen, sind allerdings gering, denn der gewiefte Steinbock hat spitz gekriegt, welchen Säugern er besser aus dem Weg geht.

Weniger positiv war die Entwicklung in den Pyrenäen, wo der Steinbock früher – ähnlich wie in den Alpen – weit verbreitet war, seine Population dann jedoch bis zum Jahr 1900 auf gerade mal 100 Exemplare zurückging. Anders als in den Alpen fruchteten die Schutzmaßnahmen hier nicht, sodass der Pyrenäensteinbock im Januar 2000 endgültig ausstarb, als das letzte überlebende Weibchen von einem umstürzenden Baum erschlagen wurde. Aber war er damit wirklich ausgestorben? Neun Jahre nach der Ausrottung des Pyrenäensteinbocks wurde zum ersten Mal in der Geschichte das Aussterben einer Tierart vorübergehend „rückgängig gemacht": Ein geklontes Weibchen kam zur Welt, starb aber sieben Minuten später an Atemproblemen.

Eine weitere Bedrohung für die französische Tierwelt, einschließlich der Braunbären (S. 735), sind Hunde und Schusswaffen. Zwar ist die Zahl der Jäger in den letzten zehn Jahren um mehr als 20 % gesunken, doch noch immer gibt es in Frankreich weitaus mehr Jäger (beinahe 1,3 Mio.) als in irgendeinem anderen Land Westeuropas.

Die Brüssler Verordnung von 1979 zum Schutz von Wildvögeln sowie ihrer Eier, Nester und Lebensräume hat die französische Regierung bis heute noch nicht umgesetzt. Das bedeutet, dass Vögel, die alle anderen Länder sicher überfliegen können, über Frankreich nach wie vor abgeschossen werden dürfen. Ein Gutteil der Vögel, die dem Abschuss entgehen, sterben durch Hochspannungsleitungen (mindestens 1000 Greifvögel pro Jahr)..

Die staatliche Stromgesellschaft Electricité de France ist Rekordhalterin, was die Minimierung von Treibhausgasen angeht – fossile Brennstoffe machen nur 4,6 % der Gesamtproduktion aus. 8,8 % der Energie stammen aus sauberer, erneuerbarer Wasserkraft, sprich von 220 Staudämmen, die wiederum Lebensräume zerstören. Ganze 75 % (der höchste Anteil weltweit) des französischen Stroms stammt aus einer zwar CO_2-neutralen, aber äußerst umstrittenen Energiequelle, der Atomkraft, die 59 Reaktoren in 20 Kraftwerken erzeugen.

Das ambitionierteste Atomprogramm der Welt wird weiter ausgebaut. Ein neuer Reaktor, Flamanville 3, soll 2012 an der Westküste der Normandie bei Cherbourg in Betrieb gehen. Fest steht: Nur dank der Kernenergie konnte Frankreich das Kyoto-Abkommen ohne großen Verzicht erfüllen. Der Reaktorunfall im japanischen Fukushima erschütterte allerdings den Glauben in die Atomkraft und führte zu Protesten und Demonstrationen, wenngleich die Antiatomkraftbewegung nicht so stark ist wie im benachbarten Deutschland.

Schon zuvor war die Öffentlichkeit in Frankreich eher gegen (zu 57 %) als für Atomkraft eingestellt. Gründe dafür waren einerseits die erhöhten Strahlungswerte im Elsass sowie um Lyon, Nizza und auf Korsika in Folge der Tschernobyl-Katastrophe, andererseits ließen im Juli 2008 Lecks in zwei Atomkraftwerken die Sicherheitsbedenken wachsen.

Eine offizielle Darstellung, wie verbrauchte Nuklearbrennstoffe wieder aufbereitet werden, können sich Besucher in der Wiederaufbereitungsanlage La Hague anhören (www.lahague.areva-nc.com), die 25 km westlich von Cherbourg auf der Halbinsel Cotentin in der Normandie liegt.

Europas größter Solarstrom-Lieferant entsteht an einem 1000 m hohen Südhang nahe dem kleinen Städtchen Curbans in der Provence. Das 300 ha große Photovoltaikfeld wird letztendlich 33 MW produzieren und soll 2011 in Betrieb gehen. Damit wird der französische Kohlendioxidausstoß um jährlich 120 000 Tonnen reduziert.

Praktische
› Informationen

Allgemeine Informationen

Aktivitäten

Frankreichs großartige Landschaften bieten von den Gletschern, Flüssen und Schluchten der Alpen über die vulkanischen Höhen des Zentral-Massivs bis zur 3200 km langen Küste, die von Italien nach Spanien und vom Baskenland bis zum Ärmelkanal reicht, zahlreiche Möglichkeiten für aufregende Unternehmungen.

Informationen zu regionalen Aktivitäten, Kursen, Ausrüstungsverleih, Sportvereinen und Anbietern stehen in den einzelnen Regional- oder Städtekapiteln oder gibt es in den lokalen Touristeninformationen.

Sportverbände

Die folgenden Verbände helfen Gipfelstürmern, Wellenreitern oder abenteuersüchtigen Mountainbikern bei der Planung des *petit* Abenteuers.

BERG- & SCHNEESPORT

Club Alpin Français (Französischer Bergsportverein; www.ffcam.fr, auf Frz.) Die hoch angesehene Dachorganisation von 280 Bergsportvereinen vermittelt professionelle Bergführer für Unternehmungen wie *alpinisme* (Bergsteigen), *escalade* (Steilwandklettern), *escalade de glace* (Eisklettern) und weitere alpine Aktivitäten. Sie verwaltet auch viele der *refuges* (Berghütten) in den französischen Alpen.

École du Ski Français

(ESF; Französische Skischule; www.esf.net) Die größte Skischule der Welt ist überall in Frankreich aktiv, wo es einen Skilift und garantiert Schnee gibt. Der Unterricht ist erstklassig.

RADFAHREN

Fédération Française de Cyclisme (www.ffc.fr, auf Frz.) Der 1881 gegründete französische Radsportverband ist *die* Autorität für Radrennen und Mountainbiken (VTT), einschließlich Freeride-, Gelände- und Abfahrtstouren.

Fédération Française de Cyclotourisme (www.ffct.org, auf Frz.) Die 1923 gegründete Organisation fördert Radtouren und Mountainbiken.

Union Touristique Les Amis de la Nature (http://troisv.amis-nature.org, auf Frz.) Bietet Infos über örtliche, regionale und nationale *véloroutes* (Radwege) in Frankreich.

Véloroutes et Voies Vertes (www.af3v.org) Verfügt über eine Datenbank von 250 ausgeschilderten *véloroutes* (Fahrradwegen) und *voies vertes* (autofreien Straßen) zum Radfahren und Inlineskaten.

SEGELFLIEGEN

Fédération Française de Vol à Voile (FFVV; www.ffvv.org, auf Frz.) Hat Informationen zu landesweiten Segelflugclubs (*vol à voile*).

Fédération Française de Vol Libre (http://federation.ffvl.fr, auf Frz.) Dachorganisation regionaler Clubs für *deltaplane* (Drachenfliegen), *parapente* (Gleitschirmfliegen) und *le kite-surf* (Kitesurfen).

WANDERN

Parcs Nationaux (http://federation.ffvl.fr, auf Frz.) Beste Informationsquelle, wenn es um einen Besuch in einem der sechs Nationalparks in Frankreich geht.

ZU FUSS DURCHS LAND

Frankreich ist von umwerfenden 120 000 km **sentiers balisés** (markierte Wanderwege) durch jedes erdenkliche Terrain in allen Regionen des Landes durchzogen. Eine Wandererlaubnis ist nicht nötig. Die wohl bekanntesten Wanderwege sind die **sentiers de grande randonnée (GR)**, Fernwanderwege, die durch rot-weiß gestreifte Markierungen ausgeschildert sind.

Karten und *topoguides* (Wanderführer) werden auf S. 1054 empfohlen.

LAND	TELEFON	WEBSITE	ADDRESSE	MÉTRO
Deutschland	☎01 53 83 45 00	www.paris.diplo.de	13 av Franklin D Roosevelt	Ⓜ Franklin D Roosevelt
Österreich	☎01 40 63 30 63	www.aussenministerium.at/paris	6 rue Fabert	Ⓜ Invalides
Schweiz	☎01 49 55 67 00	www.eda.admin.ch	142 rue de Grenelle	Ⓜ Varenne

Parcs Naturels Régionaux (www.parcs-naturels-regionaux.tm.fr, auf Frz.) Hat Infos zu Aktivitäten, Unterkunft und Events in den 46 regionalen Naturparks.

Grande Randonnée (www.grande-randonnee.fr, auf Frz.) Eine gute Informationsquelle zu Frankreichs Fernwanderwegen. Die Website www.gr-infos.com hat auch Infos auf Deutsch zu einzelnen Wanderabschnitten.

Arbeiten in Frankreich

» Bürger aus EU-Mitgliedsstaaten – außer aus den zwölf EU-Staaten, die erst 2004/2007 beigetreten sind – und Schweizer dürfen in Frankreich ohne besondere Genehmigung arbeiten.

Arbeitssuche

EU-Bürger können während der Saison Arbeit in Restaurants, Bars und Hotels finden – vor allem während der Skisaison in den Alpen. Sprachunterricht für Firmen oder Privatpersonen sind eine weitere Möglichkeit. Hilfreiche Websites für die Arbeitssuche:

AJF (www.afj-aupair.org/apfrance.htm) Seriöse Agentur für Au-pair-Vermittlung in Frankreich.

Centre d'Information et de Documentation Jeunesse (CIDJ; www.cidj.com, auf Frz.) Bietet jungen Leuten Informationen zu

Jobs (auch Saisonarbeit), Unterkunft, Bildung und dergleichen und hat landesweit Zweigstellen.

Job d'Été (www.jobdete.com, auf Frz.) Hier sind die tollsten Sommerjobs nach Region aufgelistet.

Mountain Pub (www.mountainpub.com) Lohnenswerte Website für Jobs in Bars und Hotels in den französischen Alpen.

Pôle Emploi (www.pole-emploi.fr, auf Frz.) Die nationale Arbeitsagentur hat in ganz Frankreich Nebenstellen. Auf der Website stehen auch Stellenanzeigen.
Eine erste Anlaufstelle ist auch die **Bundesagentur für Arbeit** (www.ba-auslandsvermittlung.de; Klick auf „Arbeiten im Ausland", dann „Frankreich").

Botschaften & Konsulate

» Alle Botschaften befinden sich in Paris.

» Konsulate gibt es oft auch in Städten wie Bordeaux, Lyon, Nizza, Marseille und Straßburg.

» Konsulate und Botschaften sind auch auf www.embassiesabroad.com verzeichnet oder unter *ambassade* in der Sektion Paris in den benutzerfreundlichen **Pages Jaunes** (Gelbe Seiten; www.pagesjaunes.fr, auf Frz.) zu finden.

Ermäßigungen

Ermäßigungskarten bringen phantastische Vergünstigungen und machen sich schnell bezahlt. Außer der Kartengebühr ist oft auch ein Passfoto und ein Identitätsnachweis mit Geburtsdatum erforderlich (z. B. Pass oder Ausweis).

Personen über 60 bzw. 65 Jahre sind in Frankreich zu Ermäßigungen bei öffentlichen Verkehrsmitteln, Eintritt in Museen und Theatern berechtigt. Mehr Infos zur Carte Sénior des SNCF gibt's auf S. 1076.

Ermäßigungskarten:

Camping Card International (CCI; www.campingcardinternational.com; Fam. 51 €) Gilt als Ausweis für Campingplätze, beinhaltet eine Haftpflichtversicherung und bringt meist 5 bis 20 % Ermäßigung. Erhältlich bei Automobilclubs, Campingverbänden und auf Campingplätzen.

European Youth Card (Euro<26-Jugendkarte; www.euro26.de; 14 €) Viele Ermäßigungen für Personen unter 26 Jahren. Erhältlich im Internet.

Internationaler Studentenausweis (ISIC; www.isic.de; 12 €) Ermäßigungen für Verkehrsmittel, Einkäufe, Attraktionen und Unterhaltung für Vollzeitstudenten. Erhältlich bei den ISIC-Ausgabestellen (s. Website).

International Teacher Identity Card (ITIC; www. isic.de; 12 €) Ähnliche Vergünstigungen für Vollzeitlehrer wie beim Studentenausweis. Erhältlich bei den ISIC-Ausgabestellen (s. Website).

International Youth Travel Card (IYTC; www.isic.de; 12 €) Ähnliche Vergünstigungen für unter 26-Jährige wie beim Studentenausweis. Erhältlich bei den ISIC-Ausgabestellen (s. Website).

SnowBall Pass (www. snowballpass.com; 18 €) Ermäßigungen für Liftkarten, Ausrüstungsverleih, Skistunden, Restaurants und Unterkunft in Skigebieten in den französischen Alpen. Im Internet erhältlich.

Feiertage

In Frankreich gelten folgende jours fériés (gesetzliche Feiertage):

Neujahr (Jour de l'An) 1. Januar – Silvesterpartys in größeren Städten; Feuerwerk ist eher unwichtig.

Ostersonntag & -montag (Pâques & lundi de Pâques) Ende März/April

Tag der Arbeit (Fête du Travail) 1. Mai – traditionelle Aufmärsche

Victoire 1945 8. Mai – Gedenktag der deutschen Kapitulation, die den Zweiten Weltkrieg in Europa beendete

Christi Himmelfahrt (Ascension) Mai – 40 Tage nach Ostern

Pfingstsonntag & -montag (Pentecôte & lundi de Pentecôte) zwischen Mitte Mai und Mitte Juni – am 7. Sonntag nach Ostern.

Nationalfeiertag (Fête Nationale) 14. Juli – der französische Nationalfeiertag

Mariä Himmelfahrt (Assomption) 15. August

Allerheiligen (Toussaint) 1. November

Gedenktag 1918 (Armistice) 11. November – Waffenstillstand im Ersten Weltkrieg

Weihnachten (Noël) 25. Dezember

Karfreitag und der 2. Weihnachtsfeiertag (26. Dezember) sind in Frankreich keine gesetzlichen Feiertage (außer im Elsass).

Freiwilligenarbeit

Webseiten wie **www.volunteerabroad.com**, **www.transitionsabroad.com** und **www.europa.eu/youth/** (Europäisches Jugendportal) bieten eine breite Auswahl an Freiwilligenarbeit in Frankreich: auf einer Familienfarm in den Alpen mitarbeiten, historische Gebäude in der Provence restaurieren oder bei archäologischen Ausgrabungen helfen gehören zu den einmaligen Gelegenheiten für jene, die nicht

als Tourist nach Frankreich fahren wollen.

Interessante Freiwilligenorganisationen:

Club du Vieux Manoir (http://clubduvieuxmanoir. asso.fr, auf Frz.) Sommercamps zur Restaurierung einer mittelalterlichen Burg, eines Klosters oder eines historischen Schlosses.

Rempart (www.rempart.com) Dachverband von 170 landesweiten Organisationen, die Frankreichs religiöses, ziviles und industrielles Erbe sowie sein Naturerbe bewahren wollen.

Vereinigung junger Freiwilliger (☎030-42850603; www.vjf.de; Hans-Otto-Str. 7, 10407 Berlin) Bringt junge Leute in internationalen Workcamps unter, für Frankreich sind längere Aufenthalte im Programm.

World Wide Opportunities on Organic Farms (WWOOF; www.wwoof.org, www.wwoof.de & www. wwoof.fr) Arbeiten auf kleinen Höfen oder für andere ökologische Projekte (Kastanien ernten, eine alte Olivenplantage bei Nizza renovieren usw.).

Geld

Hinweise zu Kosten und Wechselkursen (zur Zeit des Erscheinens) stehen auf S. 15.

Geldautomaten

Geldautomaten – auf Französisch distributeurs automatiques de billets (DAB) oder points d'argent – sind die billigste und bequemste Art, an Bargeld zu kommen. Alle Städte haben internationale Bankautomaten.

Kredit- & EC-Karten

» Kredit- und EC-Karten sind praktisch und relativ sicher und werden fast überall in Frankreich akzeptiert.

» Französische Kreditkarten haben, ebenso wie deutsche, einen integrierten Chip; bei jedem Kauf muss ein PIN-Code eingegeben werden.

STREIKS

Frankreich ist das einzige europäische Land, wo Arbeiter ein uneingeschränktes Streikrecht haben und dieses auch gern und selbstverständlich in Anspruch nehmen. Des Öfteren blockieren erboste Lastwagenfahrer die Autobahnen, und Bauern, die mehr Subventionen verlangen, kippen manchmal tonnenweise Obst und Gemüse auf Hauptverkehrsstraßen.

Reisepläne können erheblich durcheinander kommen, gerät man in einen dieser „sozialen Dialoge", von denen die Arbeitsbeziehungen in Frankreich gekennzeichnet sind. Ein bisschen Luft in der Planung ist ganz hilfreich, besonders um die Abfahrtszeiten herum.

» Visa, MasterCard und American Express können in Geschäften und Supermärkten, für Zugtickets, Autovermietungen und Autobahn-Maut verwendet werden, aber einige Geschäfte (wie 24-Std.-Tankstellen und manche Mautanlagen) akzeptieren nur Karten mit Chip und PIN.

» Es darf nicht davon ausgegangen werden, dass jedes Essen oder Budgethotel mit der Karte bezahlt werden kann – lieber vorher nachfragen.

» Barauszahlungen sind der einfachste Weg, sich mit Bargeld zu versorgen. Mit der Kreditkarte dafür jedoch Gebühren (manchmal 5 € oder mehr) an; nähere Infos erteilt der Aussteller der Karte. Die Gebühren für Bankkarten sind oft weitaus geringer.

KARTENVERLUST

24-Stunden-Nummern bei Kartenverlust:

American Express (☎01 47 77 72 00)

Diners Club (☎08 10 31 41 59)

MasterCard (☎08 00 90 13 87)

Visa (Carte Bleue; ☎08 00 90 11 79)

Geldwechsel

» Banken verlangen meist eine heftige Gebühr in Höhe von 3 bis 5 € pro Geldwechsel – falls sie überhaupt noch Geld wechseln.

» In Paris und größeren Städten sind die *bureaux de change* (Wechselstuben) schneller und unkomplizierter, länger geöffnet und haben meist bessere Wechselkurse als Banken.

» Einige Postämter wechseln ebenfalls Geld, verlangen aber eine Gebühr in Höhe von 5 €.

Trinkgeld

Die Preise in Restaurants und Bars sind gesetzlich mit *service compris* (inkl. 15 % Service-Gebühr), sodass

EUROPÄISCHE KRANKENVERSICHE-RUNGSKARTE

Bürger der EU und der Schweiz erhalten auch in Frankreich mit der Europäischen Krankenversicherungskarte (EHIC) kostenlose oder ermäßigte medizinische Versorgung bei Unfällen und akuten Erkrankungen in öffentlichen Gesundheitseinrichtungen. (Die EHIC ersetzte 2006 den Vordruck E111.) Jedes Familienmitglied braucht eine eigene Karte. In Deutschland gesetzlich Versicherte haben in ihrer Versichertenkarte die EHIC automatisch integriert.

Die EHIC gilt nicht für Gesundheitsdienstleistungen aus dem privaten Sektor, im Krankheitsfall sollte also eine staatliche Einrichtung (*conventionné*) aufgesucht werden. Patienten müssen zunächst selbst bezahlen und ein Behandlungsformblatt (*feuille de soins*) ausfüllen, das dann für die Kostenerstattung bei der Krankenkasse eingereicht wird.

kein zusätzlicher *pourboire* (Trinkgeld) erwartet wird. Wer mit dem Service höchst zufrieden ist, kann das jedoch, wie die meisten Einheimischen, mit einem kleinen „Extratrinkgeld" für die Bedienung würdigen.

WO/WER	ÜBLICHES TRINKGELD
Bar	Aufrundung zum vollen Betrag
Zimmermädchen im Hotel	pro Tag 1–1,50 €
Hotelportier	pro Gepäckstück 1–1,50 €
Restaurant	5–10 %
Taxi	10–15 %
Toilettenreinigung	0,20–0,50 €
Reiseleiter	1–2 € pro Person

Gesundheit

Die größten Gesundheitsrisiken in Frankreich sind vermutlich Sonnenbrand, Blasen an den Füßen, Insektenstiche und leichte Magenprobleme vom allzu genussvollen Essen und Trinken.

Vor der Reise

» Medikamente sollten in ihrer originalen, deutlich bezeichneten Verpackung mitgebracht werden.

» Sinnvoll ist auch ein unterzeichnetes und datiertes Schreiben des Hausarztes, in dem Beschwerden und Medikamente auch mit ihren übergeordneten Namen beschrieben sind (französische Medikamente haben oft völlig andere Namen).

» Die zahnärztliche Versorgung ist in Frankreich meist gut. Vor einer längeren Reise empfiehlt sich jedoch trotzdem ein Check beim Zahnarzt.

» Impfungen sind für Reisen in Frankreich nicht notwendig, aber die Weltgesundheitsorganisation (WHO) empfiehlt, dass Reisende grundsätzlich gegen Diphterie, Tetanus, Masern, Mumps, Röteln und Polio geimpft sein sollten, egal, wohin die Reise geht.

Verfügbarkeit & Kosten medizinischer Versorgung

» Frankreichbesucher werden hervorragend in den Notaufnahmen/Unfallstationen (*salles des urgences*) in Krankenhäusern (*hôpital*) und in Arztpraxen (*cabinet médical*) versorgt.

» Bei geringfügigen Erkrankungen beraten auch geschulte Apotheker, die dann entsprechende Medikamente verkaufen, aber auch wissen, wann sachkundigere Hilfe nötig ist und wo sie zu erhalten ist. Apotheken gibt es in jedem Dorf – man erkennt sie an dem grünen Kreuz, das blinkt, wenn geöffnet ist.

» Für jegliche medizinische Versorgung, sei es in einer Arztpraxis, in einer Apotheke oder im Krankenhaus, muss im Voraus bezahlt werden, es sei denn, die jeweilige Krankenversicherung übernimmt die Kosten direkt.

» Der Standardpreis für eine ärztliche Beratung bei einem allgemeinen oder Facharzt liegt bei etwa 22 bis 25 €.

» Die Pille danach gibt es nur auf Rezept. Kondome (*les préservatifs*) sind überall erhältlich.

Internetzugang

» WLAN, also drahtloses Funknetz, gibt es mittlerweile an allen großen Flughäfen und in vielen (wenn nicht gar fast allen) Hotels und in den meisten Cafés.

» Einige Touristeninformationen und zahlreiche Cafés und Bars stellen WLAN bereit, über die sich Laptop-Besitzer kostenlos ins Netz einwählen können.

» Kostenlose WLAN-Hot-Spots in Frankreich sind auf www.hotspot-locations.de oder auf www.free-hotspot.com zu finden.

» In allen Städten gibt's Internetcafés, die in den einzelnen Kapiteln zu den Städten und Regionen unter „Praktische Informationen" aufgelistet sind. Die Preise reichen von 2 bis 6 € pro Stunde.

» Öffentliche Bibliotheken (*bibliothèques oder médiathèques*) bieten häufig kostenlosen oder sehr günstigen Zugang; häufig allerdings zeitlich begrenzt und nur nach Ausfüllen diverser Formulare.

» Wer sich über das Telefonnetz in das Internet einwählt, benötigt einen Telefonstecker-Adapter, der in großen Supermärkten erhältlich ist.

Karten & Stadtpläne

Straßenkarten und Stadtpläne sind landesweit in den Maisons de la Presse (große Zeitungsläden), Flughäfen, Buchläden, Touristeninformationen und an Zeitungskiosken erhältlich. Lokal werden auch *topoguides* mit Informationen zu Wegbeschaffenheit, Flora, Fauna und Berghütten herausgegeben. Auf http://fr.mappy.com (auf Frz.) gibt es Onlinekarten und einen Reiseplaner.

Blay (www.blayfoldex.com, auf Frz.) Publiziert über 180 Stadt- und Ortspläne in orangefarbenem Umschlag.

FFRP (www.ffrandonnee.fr, auf Frz.) Publiziert um die 120 französischsprachige *topoguides*, Broschüren über größere Wanderwege (z. B. GRs) mitsamt Karte.

Institut Géographique National (IGN; www.ign.fr) Einer der großen kartografischen Verlage, der regionale Faltkarten und den landesweiten Straßenatlas *France – Routes, Autoroutes* und zudem diverse *topoguides* und Karten im Maßstab 1:50 000 herausgibt, die ideal zum Wandern sind. Die *cyclocartes* (Radwanderkarten) schlagen unzählige Fahrradtouren in ganz Frankreich vor. Hinzu kommen thematische Karten zu Weinregionen, Museen usw.

Michelin (http://boutique cartesetguides.michelin.fr, auf Frz., Onlinekarten auf www.viamichelin.com) Hat exzellente Stadtpläne von Paris und Lyon. Michelins grün gebundene Karten *Environs de Paris* und *Banlieue de Paris* (4,50 €) sind hilfreich bei der verwirrenden Fahrt durch Paris. Die gelb-orangefarbenen Regionalkarten (6,50 €) im Maßstab 1:200 000 eignen sich bestens für Überlandfahrten. Wer mehr als nur ein paar Regionen bereist, kommt mit dem *Atlas Routier France* (16 €) günstiger weg.

Öffnungszeiten

Die Öffnungszeiten werden durch unzählige Regierungsverordnungen, darunter die 35-Stunden-Woche, bestimmt.

» In Paris ist die Mittagspause nicht üblich, allgemein wird sie jedoch länger, je weiter man nach Süden kommt.

» Die französische Gesetzgebung verlangt die Schließung an Sonntagen; ausgenommen sind Lebensmittelläden, Bäckereien, Blumenläden und reine Touristengeschäfte.

» In einigen Orten bleiben Geschäfte montags geschlossen.

» Viele Tankstellen sind rund um die Uhr geöffnet und verkaufen auch alltägliche Lebensmittel.

» Restaurants sind meist an ein oder zwei Tagen in der Woche geschlossen, an

---

BEDEUTUNG DER SYMBOLE

In diesem Buch sind nur Unterkünfte, die tatsächlich einen internetfähigen Computer haben, der auch für Gäste zugänglich ist, mit dem folgenden Symbol ausgezeichnet: @. Das Symbol ☎ weist, wenn nicht anders angegeben, auf kostenloses WLAN hin.

REGULÄRE ÖFFNUNGSZEITEN

Öffnungszeiten sind nur dann extra erwähnt, wenn sie von den folgenden abweichen.

GEWERBE	ÖFFNUNGSZEITEN
Bank	Mo–Fr oder Di–Sa 9 oder 9.30–13 & 14–17 Uhr
Bar	Mo–Sa 19–1 Uhr
Café	Mo–Sa 7 oder 8–22 oder 23 Uhr
Club	Do–Sa 22–3, 4 oder 5 Uhr
Post	Mo–Fr 8.30 oder 9–17 oder 18, Sa 8–12 Uhr
Restaurant	12–14.30 oder 15, 19–22 oder 23 Uhr
Laden	Mo–Sa 9 oder 10–12 & 14–18 oder 19 Uhr
Supermarkt	Mo–Sa 9–19 oder 20 Uhr

welchen, entscheidet der Besitzer. In diesem Buch werden Öffnungszeiten nur dann erwähnt, wenn das Restaurant nicht täglich mittags und abends geöffnet ist.

» Die meisten (aber nicht alle) Nationalmuseen bleiben dienstags und die meisten kleineren Museen montags geschlossen, wobei im Sommer auch einige täglich geöffnet haben. Über Mittag sind viele Museen geschlossen.

» Im Buch sind für Sehenswürdigkeiten und Attraktionen die Öffnungszeiten der Hochsaison angegeben; sie sind in der Nebensaison meist kürzer.

Rechtsfragen

Polizei

» Die französische Polizei hat eine weitgehende Ermächtigung für Durchsuchungen und Festnahmen und kann jederzeit einen Ausweis verlangen, egal ob es einen „hinreichenden Verdacht" gibt oder nicht.

» Bei einer Polizeikontrolle (aus welchen Gründen auch immer) heißt es, höflich und ruhig bleiben. Einen Polizeibeamten zu beschimpfen (oder gar anzugreifen), kann zu einem hohen Bußgeld und sogar Gefängnis führen.

» Die Unterzeichnung einer Aussage bei der Polizei darf verweigert werden, auch hat man das Recht auf eine Kopie.

» Verhaftete Personen werden als unschuldig erachtet, bis ihre Schuld bewiesen ist, können aber bis zur Verhandlung in Untersuchungshaft bleiben.

» Aufgrund der terroristischen Bedrohung ist die französische Polizei in Sachen Sicherheit sehr streng. So sollte Gepäck, vor allem auf Flughäfen oder Bahnhöfen, niemals unbeaufsichtigt liegen gelassen werden: Verdächtige Objekte werden kurzerhand gesprengt.

Reisen mit Behinderung

Für *handicapés* (Menschen mit Behinderung) ist Frankreich voller Hürden, dazu zählen holprige Kopfsteinpflaster, von Cafès gesäumte Straßen, durch die sich Rollstuhlfahrer nur mühsam hindurchmanövrieren können, fehlende abgesenkte Bordsteine, ältere öffentliche Einrichtungen und viele Budgethotels ohne Aufzug. Aber das sollte von einer Frankreichreise nicht abhalten. Mit sorgfältiger Planung ist ein problemloser und barrierefreier Aufenthalt durchaus möglich.

Die überwiegend jahrzehntealte Pariser Métro kann man vergessen, aber zum Glück sind Taxifahrer gesetzlich verpflichtet, Fahrgästen mit Behinderungen behilflich

---

DROGEN & ALKOHOL

» Die französische Gesetzgebung unterscheidet nicht zwischen „harten" und „weichen" Drogen.

» Die Strafe für jedweden persönlichen Gebrauch von *stupéfiants* (einschließlich Cannabis, Amphetaminen, Ecstasy und Heroin) kann ein Jahr Gefängnis und eine Geldstrafe von 3750 € betragen, aber je nach Umständen kann die Strafe von einer Ermahnung bis zu einem zwangsweisen Entzugsprogramm reichen.

» Einfuhr, Besitz, Verkauf oder Kauf von Drogen kann bis zu zehn Jahre Gefängnis und eine Geldstrafe von bis zu 500 000 € einbringen.

» Die Polizei durchsucht auch schon mal Reisebusse, Autos und Zugfahrgäste nach Drogen, wenn sie aus Amsterdam kommen.

» *Ivresse* (Trunkenheit) in der Öffentlichkeit wird mit 150 € geahndet.

zu sein und sie mitzunehmen (und ggf. auch ihre Blindenhunde). Wer eine Unterkunft in zentraler Lage wählt, kann jedoch ein kleines Vermögen an Taxikosten sparen.

Folgende Verbände und Vertretungen sind bei der Suche nach barrierefreien Unterkünften, Sehenswürdigkeiten, Attraktionen oder Restaurants behilflich:

Accès Plus Transilien (☎08 10 64 64 64; www.infomobi.com, auf Frz.) Hat umfassende Informationen zu behindertengerechtem Reisen in Paris.

Association des Paralysés de France (APF; www.apf.asso.fr, auf Frz.) Landesweite Organisation mit Büros in jeder Region für Menschen mit Behinderungen.

Centre du Service Accès Plus (☎08 90 64 06 50; www.accessibilite.sncf.fr, auf Frz.) Informiert zur Barrierefreiheit von Bahnhöfen und stellt auf Wunsch auch einen *fauteuil roulant* (Rollstuhl) oder Hilfe beim Ein- und Aussteigen zur Verfügung.

Mobile en Ville (www.mobile-en-ville.asso.fr, auf Frz.) Setzt sich für ein barrierefreies Paris ein und publiziert das Heft *Paris Comme sur les Roulettes*, in dem 20 Stadttouren für Rollstuhlfahrer vorgestellt werden.

Touristeninformation Paris (http://de.parisinfo.com) Hat Informationen und Broschüren zu einem barrierefreien Reisen.

Tourisme et Handicaps (www.tourisme-handicaps.org, auf Frz.) Stellt touristische Attraktionen, Restaurants und Hotels, die strikte Standards bezüglich Barrierefreiheit und Benutzerfreundlichkeit erfüllen, die „Tourisme et Handicap"-Plakette aus. Unterschiedliche Symbole kennzeichnen die Art der Nutzbarkeit für Menschen mit körperlicher, geistiger, Hör- und/oder Sehbehinderung.

Schwule & Lesben

Schwule Bürgermeister (wie Bertrand Delanoë in Paris), Künstler und Regisseure, tuntige Modedesigner – die Regenbogenflagge weht stolz in Frankreich, einem Land, in dem sich die Schwulen schon lange vor ihren europäischen Nachbarn geoutet hatten. *Laissez-faire* beschreibt perfekt die liberale Einstellung Frankreichs zur Homosexualität und zum Privatleben im Allgemeinen, wohl auch Resultat einer langen Tradition der Toleranz gegenüber unkonventionellen Lebensstilen.

» Paris ist seit Ende der 1970er-Jahre ein blühendes Schwulen- und Lesbenzentrum. Dort befinden sich auch die meisten größeren Organisationen.

» Auch Bordeaux, Lille, Lyon, Montpellier, Toulouse und viele andere Städte haben eine aktive Schwulenszene.

» Die Haltung gegenüber Homosexualität ist auf dem Land tendenziell konservativer.

» Frankreichs Lesbenszene ist öffentlich weniger sichtbar als die der Schwulen. Sie konzentriert sich eher auf Frauencafés und -bars.

» Der 1999 eingeführte PACS (Ziviler Solidaritätspakt) gewährt gleichgeschlechtlichen Paaren die meisten Rechte, juristischen Absicherungen und Verantwortlichkeiten, die auch Eheleute haben.

ALTERS-GRENZEN

Volljährigkeit 18

Alkoholkauf 18

Fahrerlaubnis 18

Minderjährig gemäß der Antipornographie- & Antiprostitutionsgesetze unter 18

Sexuelle Mündigkeit 15 (für alle)

Wahlalter 18

BARRIEREFREIES REISEN

» Das an Bahnhöfen erhältliche Heft *Guide des Voyageurs Handicapés et à Mobilité Réduite* der SNCF gibt Zugreisenden mit Behinderung Tipps.

» Der *Guide Rouge* von Michelin verwendet Symbole für Hotels mit Aufzug und solchen sanitären Einrichtungen, die das Hotel für Menschen mit Behinderung zumindest teilweise zugänglich machen.

» Der landesweite Reiseführer *Handitourisme* (16 €) wird von **Petit Futé** (www.petitfute.fr, auf Frz.) herausgegeben.

» www.jaccede.com (auf Frz.) hat jede Menge Infos und Rezensionen.

» **Gîtes de France** (www.gites-de-france.com) hat Infos zu barrierefreien *gîtes ruraux* und *chambres d'hôtes* (auf der Website im Suchfeld „Accessibilité handicapé" anklicken).

» **France Guide** (http://de.franceguide.com) hat eine spezielle Rubrik „Barrierefrei" mit vielen Infos für Reisende mit Behinderung.

» Gay-Pride-Paraden finden von Mitte Mai bis Anfang Juli in den Großstädten statt.

Publikationen

Damron (www.damron.com) Veröffentlicht Reiseführer in englischer Sprache, darunter den *Damron Women's Traveller* für Lesben und den *Damron Men's Travel Guide* für Schwule.

Lesbia Monatlich erscheinendes, französischsprachiges Lesbenmagazin.

Spartacus International Gay Guide (www.spartacus world.com) Internationaler englischsprachiger Reiseführer für Männer.

Têtu (www.tetu.com, auf Frz.) Monatliches Magazin, das sich selbst als *le magazine des gais es des lesbiennes* bezeichnet. Es umfasst eine landesweite Liste mit Bars, Clubs und Hotels.

Websites

Cité Gay (www.citegay.fr, auf Frz.) Hat detaillierte Infos zu Events für Schwule und Lesben.

Staatliche Touristen-information (http://us.france guide.com/special-interests/gay-friendly) Informationen über das „schwulenfreundliche Reiseziel par excellence".

La France Gaie et Lesbienne (www.france.qrd.org, auf Frz.) Umfassendes Verzeichnis für Schwule und Lesben.

Gay France (www.gay-france.net, auf Frz. und Englisch) Insidertipps für Schwule in Frankreich.

Gay Travel France (www.gaytravelfrance.com) Schwule und lesbische Hotels, Ferienwohnungen und *chambres d'hôtes*.

Gayscape (www.gayscape.com) Hunderte Links zu schwulen- und lesbenbezogenen Websites.

Gayvox (www.gayvox.com/guide3, auf Frz.) Online-Reiseführer, der nach Regionen aufgeteilt ist.

Paris Gay (www.paris-gay.com) Alles über die Pariser Schwulenszene.

Tasse de Thé (www.tasse dethe.com, auf Frz.) Ein Internetmagazin für Lesben mit zahlreichen hilfreichen Links.

Sicherheit

Frankreich ist im Allgemeinen ein sicheres Land, doch die Kriminalität nahm in den letzten Jahren dramatisch zu. Obwohl Eigentumsdelikte ein großes Problem sind, ist es höchst unwahrscheinlich, auf offener Straße Opfer eines tätlichen Angriffs zu werden.

Von September bis Februar werden die Wälder zum Tummelplatz der Jäger: Es ist Jagdsaison. Wenn an Bäumen oder sonst wo Schilder hängen mit *„chasseurs"* oder *„chasse gardée"* (die hängen allerdings in manchen Gebieten oft das ganze Jahr über) ist eine Wanderung in diese Gegend nicht ratsam. Neben Millionen wilder Tiere sterben in Frankreich jährlich 25 Jäger, die von anderen Jägern erschossen wurden. Die Jagd ist im ländlichen Frankreich Tradition und weit verbreitet, besonders in den Vogesen, in der Sologne, im Südwesten und um die Baie de Somme.

Gefahren in der Natur

» An vielen Stellen an der Atlantikküste, von der spanischen Grenze bis zur Normandie und der Bretagne, gibt es extreme Gezeiten und starke Sogströmungen.

» Schwimmen ist nur in den *zones de baignade surveillée* (Stränden mit Rettungsschwimmern) sicher.

» Gezeitentafeln und die Markierung für das Tidenhochwasser sollten beim Spazierengehen oder Schlafen am Strand immer beachtet werden.

» Unwetter kann in den Bergen und den heißen Ebenen

des Südens extrem plötzlich und heftig aufziehen.

» Vor langen Wanderungen sollte vorher immer der Wetterbericht gecheckt werden, auch sollten sich Wanderer in den Alpen und Pyrenäen stets auf plötzliches Unwetter und Temperaturstürze gefasst machen.

» Lawinen sind in den französischen Alpen eine beträchtliche Gefahr.

Diebstahl

Taschendiebstahl und Handtaschenraub (z. B. in Menschenmengen und auf öffentlichen Plätzen) sind in Großstädten, besonders in Paris, Marseille und Nizza, weit verbreitet. Angst ist jedoch völlig unangebracht. Mit ein paar einfachen Vorsichtsmaßnahmen kann jeder verhindern, ausgenommen zu werden:

» In Zügen sollte das Gepäck stets in Sichtweite untergebracht werden: Gepäckablagen am Ende des Waggons sind für Diebe leichte Beute. In Schlafwagenabteilen sollte die Tür nachts sorgfältig verschlossen werden.

» Auf Bahnhöfen, Flughäfen, in Fastfood-Läden, Straßencafés, an Stränden und in öffentlichen Verkehrsmitteln ist besondere Vorsicht vor Handtaschenräubern geboten.

» Einbrüche in geparkte Autos kommen häufig vor. Niemals sollten irgendwelche Wertsachen – oder überhaupt irgendetwas – im Auto gelassen werden, auch nicht im Kofferraum.

» Raubüberfälle auf Autos an roten Ampeln kommen gelegentlich vor, besonders in Marseille und Nizza. Zur Sicherheit sollten die Türen verriegelt und die Fenster geschlossen bleiben.

Sprachkurse

» www.studyabroadlinks.com hilft bei der Suche spezieller Kurse und Som-

merschulen weiter, www.
edufrance.fr informiert über
Hochschulbildung.

» In Paris und in den
Provinzstädten sind alle
möglichen französischen
Sprachkurse im Angebot;
viele Schulen sorgen gleich
für die Unterkunft mit.

» Preise und Kursinhalte
variieren stark und können
oftmals individuell zuge-
schnitten werden (gegen
eine Gebühr).

» Auf der Regierungsseite
www.diplomatie.gouv.fr
(unter „Francophony") und
auf www.europa-pages.com/
france sind Sprachschulen
aufgelistet.

» Einige empfehlenswerte
Schulen:

Alliance Française (✆01 42
84 90 00; www.alliancefr.org;
101 bd Raspail, 6e, Paris; Ⓜ St-
Placide) Bewährte Institution
zur weltweiten Förderung
der französischen Sprache
und Kultur. Intensive und
extensive Kurse u. a. zu
den Themen Literatur und
Geschäftsfranzösisch.

**Centre de Linguistique
Appliquée de Besançon**
(✆03 81 66 52 00; http://cla.
univ-fcomte.fr; 6 rue Gabriel
Plançon, Besançon) Eine der
größten Sprachschulen
des Landes in einer wun-
derschönen Stadt und mit
vielfältigem Sprach- und
Kulturangebot.

**Centre Méditerranéen
d'Études Françaises** (✆04
93 78 21 59; www.monte-carlo.
mc/centremed; chemin des
Oliviers, Cap d'Ail) Schule an
der Côte d'Azur von 1952
mit einem von Jean Cocteau
entworfenen Freilicht-Am-
phitheater mit Blick auf das
blaue Mittelmeer.

Eurocentre d'Amboise
(✆02 47 23 10 60; www.
eurocentres.com; 9 mail St-
Thomas, Amboise) Kleine, gut
geführte Schule im zauberhaften Loire-Tal. Eurocentre
hat Ableger in La Rochelle
und Paris.

Université de Provence
(✆04 42 95 32 17; http://

sites.univ-provence.fr/wsce-
fee; Aix-en-Provence) Eine sehr
gute Wahl im reizvollen Aix:
ganze Semester und kür-
zere Sommersprachkurse
im Angebot.

Strom

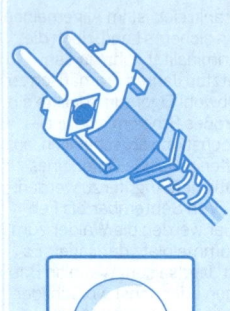

230V/50Hz

In Frankreich sind zweipolige
Stecker Standard, ein Adap-
ter ist also nicht notwendig.
Der Strom hat wie überall in
Europa 220 Volt.

Telefon

Handys

» Französische Handynum-
mern beginnen mit ✆06
oder 07.

» Mobilfunk läuft in Frankreich wie überall in Europa
über das GSM-Netz. Fast
jedes europäische Handy
funktioniert also auch in
Frankreich.

» Die Roaming-Gebühren
sollten vorher mit dem
Mobilfunkanbieter geklärt
werden – Anrufe auf ein Handy von einem Festnetzan-
schluss oder einem anderen
Handy können ganz schön
teuer werden.

» Häufig ist es günstiger,
sich eine französische SIM-
Karte zuzulegen – einheimische Urlaubsbekanntschaften
rufen viel eher an, wenn es
sich um eine französische
Nummer handelt.

» Wer bereits ein kompatib-
les Handy hat, steckt einfach
eine SIM-Karte hinein
(20 bis 30 €) und belädt sie
mit Prepaid-Guthaben, das
allerdings recht schnell auf-
gebraucht sein wird, da pro
Minute rund 0,50 € anfallen.

» Aufladen kann man es in
jedem *tabac* (Tabakladen)
oder Zeitschriftenladen.

» SIM-Karten gibt es in den
allgegenwärtigen Filialen
der drei französischen Mobilfunkanbieter: **Bouygues**
(www.bouyguestelecom.fr),
Orange (www.orange.com)
der französischen Telekom
und **SFR** (www.sfr.com, auf
Frz.).

Vorwahlen

**Aus dem Ausland nach
Frankreich** Landesvorwahl
von Frankreich ist ✆0033,
dann folgt die zehnstellige
Telefonnummer ohne die
erste 0 der Ortsvorwahl.

**Von Frankreich ins Aus-
land** Vorwahlen sind für
Deutschland ✆0049, für
Österreich ✆0043 und für
die Schweiz ✆0041. Die
erste 0 der anschließenden
Ortsvorwahl wird ausge-
lassen.

Telefonauskunft Die
Nummer des *service des
renseignements* (Telefo-
nauskunft) der französi-
schen Telekom lautet ✆11
87 12. Wer besser Englisch
als Französisch spricht,
kann sich auch an www.
francetelecom.com oder
✆09 69 36 39 00 wenden.

Notfallnummern Können
auch ohne Telefonkarte
auf öffentlichen Telefonen
angewählt werden. Notfallnummern s. S. 15.

Anrufe aus Hotels Hotels,
gîtes, Hostels und *chambres
d'hôtes* berechnen Tele-
fonkosten nach eigenem
Ermessen. Normalerweise

ist der Aufpreis 0,30 € pro Minute, kann aber auch höher sein.

Internationale Telefonauskunft Die Nummer der Auslandsauskunft lautet ☑11 87 00.

Telefonkarten

» Um englisch- oder anderssprachige Instruktionen zur Bedienung öffentlicher Telefone zu erhalten, drückt man den Knopf mit den beiden Flaggen.

» Die meisten Apparate funktionieren – für nationale wie internationale Gespräche – mit Kreditkarte oder zwei Arten von *télécartes* (Telefonkarten): *cartes à puce* (Karten mit Magnetchip), die von der France Télécom ausgestellt werden und zu 8 oder 15 € in Postämtern erhältlich sind, und *cartes à code* (Karten mit Zugangscode zum Freiwabeln), die in *tabacs*, Zeitungsgeschäften und Postämtern verkauft werden.

» Codierte Telefonkarten sind für Auslandsgespräche weitaus günstiger als die Chipkarten der France Télécom.

» Die Geschäfte mit Telefonkartenverkauf wissen, welche Telefonkarte für welches Land am besten ist. Telefonkarten für einen Anruf von einem Hausanschluss sind billiger als von öffentlichen Telefonen oder von Handys.

Gebühren

Teurer kann es bei Telefonaten von einem Hoteltelefon oder einem Handy werden.

NUMMER	PRO MINUTE
☑08 00	kostenlos
☑08 05	kostenlos
☑08 10	wie Ortsgespräche
☑08 20	0,12 €
☑08 21	0,12 €
☑08 25	0,15 €
☑08 26	0,15 €

NUMMER	PRO MINUTE
☑08 92	0,34 €
☑11 87 12 (Auskunft)	1 € pro Anruf, dann 0,23 € pro Minute
☑11 87 00 (internationale Auskunft)	2–3 €

Toiletten

Öffentliche Toiletten, als WC oder *toilettes* gekennzeichnet, sind nicht gerade überall zu finden, besonders nicht außerhalb der Großstädte.

Wer eine Schwäche für moderne Technik hat, mag die rund um die Uhr geöffneten und selbstreinigenden Toiletten toll finden, für Klaustrophobiker sind sie nichts. Aber was muss, das muss. Außerhalb von Paris sind die Automatik-Klos umsonst, in der Hauptstadt kosten sie etwa 0,50 € pro Sitzung. Ganz blöd ist der Versuch, sich um die Bezahlung zu drücken und sich nach einem Vorgänger reinzuschleichen – die *douche* mit Desinfektionsmittel ist wirklich nicht lustig. Rumtrödeln geht auch nicht: Benutzer haben exakt 15 Minuten Zeit, bevor sich die Tür öffnet und Passanten einen pikanten Einblick bekommen. Grün bedeutet *libre* (frei) und Rot *occupé* (besetzt).

Einige ältere Bars und Autobahnraststätten haben noch immer die *toilettes à la turque* (Stehklos) mit einem Loch im Boden. Die sind tatsächlich sehr hygienisch, vorausgesetzt, man beherrscht die Kunst des Hockens und kriegt nichts von der Spülung ab.

Für die Frauen und Männer, die über die Sauberkeit der meisten öffentlichen Toiletten wachen, sollte man stets Kleingeld bereit halten.

In Frankreich sind Unisex-Toiletten geläufiger als anderswo. Frauen brauchen sich also nicht zu genieren, wenn sie an Männerpissoirs

zum Frauenklo vorbeilaufen müssen.

Touristeninformation

Fast jede Stadt und jedes Dorf hat ein *office de tourisme* (eine Touristeninformation, die von der Regionalverwaltung betrieben wird) oder ein *syndicat d'initiative* (eine Touristeninformation, die von einem Verband lokaler Geschäftsleute betrieben wird). Beide sind hervorragende Informationsquellen, die einen mit Ortsplänen sowie Einzelheiten zu Unterkünften, Restaurants und Aktivitäten eindecken. Wer ein spezielles Interesse hat, wie Wandern, Radfahren oder Weinproben, braucht nur zu fragen.

In diesem Buch sind die Touristeninformationen unter Praktische Informationen am Ende eines jeden Kapitels zu einer Stadt oder Region aufgeführt.

» Die meisten Touristeninformationen reservieren Hotelzimmer und *chambres d'hôtes* in der Umgebung, manchmal gegen eine geringe Gebühr. Einige wechseln auch kleine Mengen Geld.

» *Comités régionaux de tourisme* (CRT; regionale Fremdenverkehrsämter; www.fncrt.com, auf Frz.) und ihr Pendant für Departements (CDT) sowie deren Websites sind ebenfalls hervorragende Quellen für Informationen und Links.

» Die Touristeninformationen der französischen Regierung (Maison de la France genannt) lassen keine touristischen Fragen zu Frankreich offen.

» Nützliche Websites:

Staatliche Touristeninformation (http://de.franceguide.com) Alles über Sehenswürdigkeiten, Aktivitäten, Verkehrsmittel und thematische Reisen in allen französischen Regionen. Broschüren können on-

ALSACE
67 Bas-Rhin
68 Haut-Rhin

AQUITAINE
24 Dordogne
33 Gironde
40 Landes
47 Lot-et-Garonne
64 Pyrénées-Atlantiques

AUVERGNE
03 Allier
15 Cantal
43 Haute-Loire
63 Puy-de-Dôme

BOURGOGNE
14 Calvados
50 Manche
61 Orne

BASSE-NORMANDIE
21 Côte-d'Or
58 Nièvre
71 Saône-et-Loire
89 Yonne

BRETAGNE
22 Côte-d'Armor
29 Finistère
35 Ille-et-Vilaine
56 Morbihan

CENTRE
18 Cher
28 Eure-et-Loir
36 Indre
37 Indre-et-Loire
45 Loiret
41 Loir-et-Cher

CHAMPAGNE-ARDENNE
08 Ardennes
10 Aube
51 Marne
52 Haute-Marne

CORSE
2A Corse-du-Sud
2B Haute-Corse

FRANCHE-COMTÉ
25 Doubs
39 Jura
70 Haute-Saône
90 Territoire de Belfort

HAUTE-NORMANDIE
27 Eure
76 Seine-Maritime

ÎLE-DE-FRANCE
91 Essonne
92 Haut-de-Seine
75 Paris
78 Seine-et-Marne
93 Seine-St-Denis
94 Val-de-Marne
95 Val-d'Oise
77 Yvelines

LANGUEDOC-ROUSSILLON
11 Aude
30 Gard
34 Hérault
48 Lozère
66 Pyrénées-Orientales

LIMOUSIN
19 Corrèze
23 Creuse
87 Haute-Vienne

LORRAINE
54 Meurthe-et-Moselle
55 Meuse
57 Moselle
88 Vosges

MIDI-PYRÉNÉES
09 Ariège
12 Aveyron
32 Gers
31 Haute-Garonne
65 Hautes-Pyrénées
46 Lot
81 Tarn
82 Tarn-et-Garonne

NORD-PAS-DE-CALAIS
59 Nord
62 Pas-de-Calais

PAYS DE LA LOIRE
44 Loire-Atlantique
49 Maine-et-Loire
53 Mayenne
72 Sarthe
85 Vendée

PICARDIE
02 Aisne
60 Oise
80 Somme

POITOU-CHARENTES
16 Charente
17 Charente-Maritime
79 Deux-Sèvres
86 Vienne

PROVENCE-ALPES-CÔTE D'AZUR
04 Alpes-de-Haute-Provence
06 Alpes-Maritimes
13 Bouches-du-Rhône
05 Hautes-Alpes
83 Var
84 Vaucluse

RHÔNE-ALPES
01 Ain
07 Ardèche
26 Drôme
74 Haute-Savoie
38 Isère
42 Loire
69 Rhône
73 Savoie

— · — · — Staatsgrenze
— · · — · · — Grenze Region
———— Grenze Departement

0   200 km

line runtergeladen werden, auch gibt es Links zu landesspezifischen Websites.

Réseau National des Destinations Départementales (www.fncdt.net, auf Frz.) Links zu Websites der CRT (regionale Fremdenverkehrsämter).

Unterkunft

Ob Märchenschloss, Boutiquehotel oder Berghütte, Frankreich hat Unterkünfte für jeden Geschmack und für jeden Geldbeutel. In diesem Reiseführer sind die Besprechungen entsprechend der Vorlieben des jeweiligen Autors aufgelistet.

Kategorien

Als Faustregel gilt: Budgetunterkünfte umfassen alles von schlichten Hostels bis zu einfachen, privat geführten Unterkünften, bei Mittelklassehotels gibt es noch einige Extras wie Satelliten-TV und kostenloses WLAN. Spitzenklassehotels reichen von luxuriösen 5-Sterne-Kettenhotels mit Klimaanlage, Swimmingpool und Restaurant bis zu schicken Chalets in den Alpen.

Preise

Die Unterkunftspreise sind je nach Region höchst unterschiedlich: Zu dem Preis einer Übernachtung in einer romantischen *chambre d'hôtes* (Zimmer mit Frühstück) auf dem Land gibt es in größeren Städten und Skiorten oft nur ein Bett im Schlafsaal. Die Preisspanne ist in den jeweiligen Ortskapiteln nachzulesen.

Preissymbole

Die Preissymbole in diesem Buch beziehen sich auf Doppelzimmer mit Bad (Kombination aus Toilette, Badewanne, Dusche und Waschbecken), aber ohne Frühstück, falls nicht anders angegeben. In einer *chambre d'hôtes* gehört Frühstück natürlich dazu. Wenn Halb-

pension (Frühstück und Abendessen) und Vollpension (Frühstück, Mittag- und Abendessen) im Angebot ist, wird es in der Preisangabe erwähnt.

KATEGORIE	PREIS
€ Budgetunterkünfte	< 70 € (< 80 € in Paris)
€€ Mittelklassehotels	70–175 € (80–180 € in Paris)
€€€ Spitzenklassehotels	> 175 € (> 180 € in Paris)

Reservierung

Einige Touristeninformationen übernehmen Zimmerreservierungen; viele gegen 5 € Gebühr und nur bei persönlichem Erscheinen. Die Touristeninformationen der alpinen Skigebiete bieten einen zentralen Buchungsservice.

Saison

» Die Preise in diesem Buch gelten für die Hochsaison.
» In Skiorten ist Weihnachten und Neujahr und in den Schulferien von Februar bis März Hochsaison.
» An der Küste ist die Hochsaison im Sommer, insbesondere im August.
» Hotels in den Städten im Inland verlangen im Sommer nur Nebensaisonpreise.
» Außerhalb der Hochsaison sinken die Preise oft, in einigen Fällen bis zu 50 %.
» In den Businesshotels in den Städten sind die Zimmer montags bis donnerstags am teuersten und übers Wochenende billiger.
» Hotels in den Alpen schließen meist außerhalb der Hochsaison, also von Mai bis Mitte Juni und von Mitte September bis Anfang Dezember.

Chambres d'hôtes

Die französischen Privatunterkünfte, *chambres d'hôtes* (Zimmer mit Frühstück), sind in Sachen Charme, herzlichem *bienvenue*

(Willkommen) und solider Hausmannskost kaum zu schlagen. Es gibt sie zwar nur selten in den Städten, aber reichlich auf dem Land. Viele Vermieter servieren auch für etwa 20 bis 30 € ein Abendessen *(table d'hôte)*. Verzeichnisse der *chambres d'hôtes* gibt es in den lokalen Touristeninformationen. Auf den folgenden Websites sind Zimmer für jeden Anspruch zu finden:

Bienvenue à la Ferme (www.bienvenue-a-la-ferme. com) Richtiges Landleben bietet eine *chambre d'hôtes* auf dem Bauernhof. Die Suche ist online möglich, aber es werden auch Kataloge verschickt.

Chambres d'Hôtes France (www.chambresdhotesfrance. com) Eine tolle Auswahl von Zimmern, die nach Regionen sortiert sind.

en France (www.bbfrance. com) Eine Auswahl von *chambres d'hôtes* und *gîtes* (Ferienhaus/-wohnung) von Bordeaux bis zur Bretagne.

Fleurs de Soleil (http://fleursdesoleil.fr, auf Frz.) *Chambres d'hôtes* sind nach Region auf einer anklickbaren Frankreichkarte aufgelistet. Eine anklickbare Frankreichkarte führt zu *chambres d'hôtes* in der gewünschten Region.

Gîtes de France (www.gites-de-france.fr) Ist eine Art Dachverband für *chambres d'hôtes*, der auch den Katalog *Gîtes de Charme* (www.gites-de-france-charme. com) herausgibt. In lokalen Touristeninformationen gibt es auch regionale Broschüren von Gîtes de France.

Samedi Midi Éditions (www.samedimidi.com) Auf dem Land, in den Bergen, am Meer ... hier sind die *chambres d'hôtes* nach Lage aufgeführt.

Camping

Camping ist in Frankreich noch immer ziemlich angesagt. Es gibt im ganzen Land Tausende gut ausgestat-

COOLES CAMPEN

Tschüss klamme Zelte, lebt wohl Luftmatratzen ... Campen hat sich in Frankreich in den vergangenen Jahren zu einer coolen und kreativen Sache entwickelt – alle Nase lang eröffnen écolo chic (edel-öko) und verwegene neue Plätze. Wer in einem Baumhaus mit unglaublichem Blick über Baumwipfel auf Robinson Crusoe machen will, kann sich an **Les Cabanes de France** (www.cabanes-de-france.com, auf Frz.) wenden, die in ganz Frankreich Unterkünfte im Blätterdach anbieten. Doch lieber festen Boden unter den Füßen? Dafür gibt es umweltbewusste Campingplätze mit Schlafplatz im Tipi oder in einer Riesenhängematte.

tete Campingplätze, viele idyllisch in der Nähe von Flüssen, Seen und dem Meer gelegen. Gîtes de France und Bienvenue à la Ferme bieten auch Camping auf Bauernhöfen an.

» Die meisten Campingplätze sind von März oder April bis Oktober geöffnet. Beliebte Plätze sind im Sommer schnell voll, es ist also sinnvoll, vorher anzurufen.

» In diesem Buch bedeutet „Platz" ein fester Preis für zwei Personen mit einem Zelt und einem Auto. Ansonsten ist der Preis unterschieden in Erw./Zelt/Auto. Hinzu kommen noch ein paar Euro pro Nacht für die taxe de séjour (Kurtaxe) und für Strom.

» Für ganz Sparsame gibt es noch die preiswerten, aber sehr schlichten campings municipaux (kommunalen Campingplätze).

» Wen Zelte kalt lassen, kann auf manchen Campingplätzen auch Wohnwagen mit allem Komfort, von Heizung bis Satelliten-TV, mieten.

» Wildes Campen (camping sauvage) ist in Frankreich nicht erlaubt.

» Die Campingplatzverwaltungen sind oft tagsüber geschlossen, aber immer mehr haben ein PIN-Code-System, damit Gäste nach Belieben kommen und gehen können.

» Die Erreichbarkeit vieler Campingplätze ist ohne eigenes Fahrzeug oft langwierig und teuer.

» Leicht zu navigierende Websites mit Campingplätzen, die sortiert nach Standort, Thema und Ausstattung aufgelistet sind:

Camping en France (www.camping.fr)

Camping France (www.campingfrance.com)

Guide du Camping (www.guideducamping.com)

HPA Guide (http://camping.hpaguide.com)

Privatunterkünfte

Eine der besten Methoden, sein Französisch aufzufrischen und etwas vom hiesigen Alltagsleben mitzubekommen, ist ein Aufenthalt bei einer französischen Familie, eine Unterkunftsart namens hôtes payants oder hébergement chez l'habitant. Die besonders bei Studenten und jungen Leuten beliebte Unterkunftsart besteht aus einem gemieteten Zimmer mit Bad- und Küchenbenutzung (manchmal nur eingeschränkt) und manchmal auch Mahlzeiten.

Wer empfindlich auf Rauch oder Haustiere reagiert, sollte das vorher sagen. Die folgenden Organisationen vermitteln Privatunterkünfte:

Accueil Familial des Jeunes Étrangers (www.afje-paris.org) Privatunterkünfte in oder um Paris ab 555 € pro Monat mit Frühstück.

France Lodge (www.apartments-in-paris.com) Unterkunft in Pariser Privathäusern, pro Nacht für 30 bis 55 € für eine Person, 40 bis 80 € für zwei Personen.

Homestay France (www.homestaybooking.com/homestay-france) Privatunterkünfte in größeren Städten ab 105 € pro Woche.

Hostels

Hostels gibt es in Frankreich von funky bis schäbig. Einige bestehen nur aus ein paar spartanischen Zimmern in einem Arbeiterwohnheim für junge Leute (foyer de jeunes travailleurs/travailleuses), andere sind hippe Treffs mit reichlich tollen Extras.

» In Universitätsstädten werden die foyers d'étudiant (Studentenwohnheime) den Sommer über manchmal an Urlauber vermietet.

» Ein Bett im Schlafsaal einer auberge de jeunesse (Jugendherberge) kostet in Paris um die 25 € und außerhalb je nach Lage und Ausstattung zwischen 10,50 und 28 €. In diesem Preis sind oft Bettwäsche und Frühstück enthalten.

» Um den Befall mit Bettwanzen zu vermeiden, sind eigene Schlafsäcke nicht mehr zulässig.

» Hostels am Meer oder in den Bergen bieten manch-

ONLINE BUCHEN

Weitere Unterkunftsempfehlungen von Lonely Planet Autoren gibt es auf www.hotels.lonelyplanet.com/France. Dort sind unabhängige Besprechungen und auch Empfehlungen für die besten Unterkünfte zu finden. Und das Schönste: Gäste können online buchen.

» **Waschsalons** In nahezu allen französischen Städten und größeren Ortschaften gibt es zumindest eine *laverie libre-service* (Waschsalon). Die Maschinen werden mit Münzen gefüttert – es sollten reichlich unterschiedliche Münzen mitgebracht werden, falls der Münzwechsler mal wieder kaputt ist.

» **Zeitungen & Zeitschriften** Französische Nachrichten bieten die intellektuelle, Mitte-links-orientierte Zeitung *Le Monde* (www.lemonde.fr), der rechtsgerichtete *Le Figaro* (www.lefigaro.fr) und die linksgerichtete *Libération* (www.liberation.fr).

» **Radio** Radionachrichten senden der französischsprachige Sender Radio France Info (105,5 MHz), der mehrsprachige Sender RFI (738 kHz bzw. 89 MHz in Paris), der englischsprachige BBC World Service (648 kHz) und BBC Radio 4 (198kHz). Beliebte Musiksender sind NRJ (www.nrj.fr, auf Frz.), Skyrock (www.skyrock.fm, auf Frz.) und Nostalgie (www.nostalgie.fr, auf Frz.). In Grenznähe sind auch deutsche Sender zu empfangen.

» **Rauchen** Rauchen ist in allen öffentlichen Gebäuden, auch in Restaurants und Bars, verboten (geraucht wird natürlich noch in Straßencafés und -restaurants). Erstaunlicherweise wird das Gesetz tatsächlich von allen eingehalten.

» **Verkehrsnachrichten** Autoroute Info (107.7 MHz) sendet rund um die Uhr Verkehrsnachrichten.

» **TV & Video** Die Fernsehnorm ist Secam; Videos funktionieren nach PAL.

---

mal auch saisonabhängige Outdooraktivitäten.

» Hostels sind grundsätzlich Nichtrauchereinrichtungen.

JUGENDHERBERGS-AUSWEIS
Gäste benötigen einen internationalen Jugendherbergsausweis (Jahresbeitrag 11/16 € unter/über 26 J.) oder einen Welcome Stamp (pro Nacht 1,80–2,90 €, max. 6 Nächte), um in den Hostels der beiden großen Verbände übernachten zu können: **Fédération Unie des Auberges de Jeunesse** (www.fuaj.org, auf Frz.) und **Ligue Française pour les Auberges de la Jeunesse** (www.auberges-de-jeunesse. com).

Hotels

Wir haben uns bemüht, schön gelegene, unabhängige und freundliche Hotels mit etwas Charme, Authenzitität und gutem Preis-Leistungs-Verhältnis vorzustellen.

Französische Hotels sind mit einem bis fünf Sternen ausgezeichnet, wobei die Einstufung auf messbaren Kriterien (z. B. der Größe des Foyers) basiert, nicht auf der Qualität des Services, der Einrichtung oder der Sauberkeit. Deswegen werden Sterne hier nicht als Qualitätsmerkmal erwähnt.

» In französischen Hotels ist das Frühstück in den Übernachtungspreisen fast nie eingeschlossen. Die Preise in diesem Buch sind, wenn nicht anders angegeben, stets ohne Frühstück, das in den drei angegebenen Kategorien Budget/Mittelklasse/Spitzenklasse etwa 7/10/20 € extra kostet.

» Bei der Reservierung wird gewöhnlich nach einer Kreditkartennummer und gelegentlich nach einer schriftlichen Bestätigung (per Fax oder Mail) gefragt. Manche Hotels verlangen eine Anzahlung.

» Ein Doppelzimmer hat im Allgemeinen ein Doppelbett (häufig zwei zusammengeschobene Einzelbetten; ein *grand lit* ist ein klassisches Ehebett aus einem Stück); ein Zimmer mit zwei einzeln stehenden Betten (*deux lits*) ist meist teurer, wie auch Zimmer mit Badewanne statt Dusche.

» Es gibt in Frankreich, selbst in Spitzenklassehotels, selten Federkissen.

» In Freiluftbereichen aller Hotels ist Rauchen erlaubt. Wer Rauchen nicht ausstehen kann, sollte sich einen Platz drinnen aussuchen oder eine Atemschutzmaske tragen.

KETTENHOTELS
Die Kettenhotels in Frankreich reichen von gesichtslosen Unterkünften an der Autobahn bis zu zentral gelegenen Viersternehotels mit Charakter. Die meisten entsprechen einem gewissen Standard an Einrichtung, Service und Komfort (Klimaanlage, kostenloses WLAN, 24-Stunden-Rezeption usw.) und haben bezahlbare Preise und Last-Minute- oder Wochenendangebote. Einige der großen Ketten landesweit:

B&B Hôtels (www.hotel-bb. com) Billige Motelunterkünfte.

Best Western (www.best western.com) Individuelle Zwei- bis Viersternehotels mit jeweils eigenem Charakter.

Campanile (www.campanile.

DIE KUNST DES SCHÖNEN SCHLAFENS

Ein Schloss, ein Landhaus, Fünfsterneluxus zu Füßen des Eiffelturms – ob leben wie ein Lord, schlafen wie ein Murmeltier oder das Konto plündern wie ein Bankräuber, es gibt für jeden das passende Zimmer.

Alistair Sawday's (www.sawdays.co.uk) Boutiquehotels und *chambres d'hôtes* mit Betonung auf Originalität und authentischer Gastfreundschaft.

Hôtels de Charme (www.hotelsdecharme.com, auf Frz.) Klöster, Herrenhäuser, Schlösser – eine bunte Mischung charmanter Hotels (wie der Name schon sagt).

Grandes Étapes Françaises (www.grandesetapes.fr) Wunderschöne Schlosshotels und Viersternehäuser.

Logis de France (www.logis-de-france.fr) Kleine, oft privat geführte Hotels mit Charme und einem herzlichen Empfang.

Relais & Châteaux (www.relaischateaux.com) Verführerische Auswahl an Villen, Schlössern und historischen Hotels.

Relais du Silence (www.relaisdusilence.com) Übernachtung in absoluter Ruhe in einem hinreißenden Schloss, einem Landgasthaus mit reichhaltigem Wellnessprogramm, einem Weinguthotel ...

Small Luxury Hotels of the World (www.slh.com) Superluxuriöse Boutiquehotels, Chalets und Ferienhotels.

---

com) Preiswerte Familienhotels.

Citôtel (www.citotel.com) Individuelle Zwei- und Dreisternehotels.

Contact Hôtel (www.contact-hotel.com) Billige Zwei- und Dreisternehotels.

Etap (www.etaphotel.com) Die Kette gibt's überall.

Formule 1 (www.hotelformule1.com) Billige Touristenunterkunft.

Ibis (www.ibishotel.com) Mittelklassehotel.

Inter-Hotel (www.inter-hotel.fr) Zwei- und Dreisternehotels, einige ganz reizvoll.

Kyriad (www.kyriad.com) Komfortable Mittelklassehotels.

Novotel (www.novotel.com) Familienfreundliche Kettenhotels.

Première Classe (www.premiereclasse.com) Motelähnliche Unterkunft.

Sofitel (www.sofitel.com) Spitzenklassehotels in größeren Städten.

Refuges & Gîtes d'Étape

» *Refuges* (Berghütte oder -herberge) sind allereinfachste Hütten, die an Wan-

derwegen in unbewohnten Bergregionen errichtet wurden und von der Verwaltung der Nationalparks, dem **Club Alpin Français** (www.ffcam.fr, auf Frz.) oder anderen privaten Organisationen betrieben werden.

» Die *refuges* sind auf Wander- und Bergsteigerkarten eingezeichnet.

» Ein Bett im Schlafsaal kostet im Allgemeinen 10 bis 20 €. Manche bieten warme Mahlzeiten, die teilweise automatisch zur Übernachtung dazugehören und den Preis auf etwa 30 € oder höher steigen lassen.

» Reservierung und Wetterbeobachtung sind vor einer Wanderung absolut notwendig.

» *Gîtes d'étape* sind besser ausgestattet und komfortabler als *refuges* (einige haben sogar Duschen). Auch liegen sie an Wanderwegen in weniger einsamen Gegenden, oft sogar in Dörfern.

» Erste Informationsquelle sollte **Gîtes d'Étape et Refuges** (www.gites-refuges.

com) mit 4000 aufgeführten *gîtes d'étape* und *refuges* sein.

Ferienwohnungen

Wer länger als nur ein paar Tage an einem Ort bleiben will oder mit einer Gruppe übernachtet, für den ist eine möblierte Einzimmerwohnung, ein Appartement oder ein Haus eine günstige Alternative. Solche Quartiere bieten zudem die Möglichkeit, fast wie die Einheimischen zu leben und auf Bauernmärkten und in der *boulangerie* an der Dorfstraße einzukaufen.

Die Suche nach einer Wohnung zur langfristigen Miete kann nervtötend sein. Vermieter, die Einheimische

INTERNETANGEBOTE

Folgende Websites bieten Last-Minute-Angebote für Unterkünfte in Frankreich:

» alpharooms.com
» lastminute.com
» laterooms.com
» priceline.com
» quickrooms.com

den Auswärtigen meist vorziehen, verlangen normalerweise einen umfangreichen Nachweis der Zahlungsfähigkeit und ausreichend Geldmittel in Frankreich; viele fordern auch eine Bürgschaft und eine gesalzene Kaution.

» Gîtes de France vermietet einige zauberhafte *gîtes ruraux* (Ferienhäuser in ländlichen Gebieten).

» Reinigung, Bettwäsche und Strom werden meist extra berechnet.

» Wohnungsanzeigen werden im *De Particulier à Particulier* (www.pap.fr, auf Frz.) veröffentlicht, der donnerstags erscheint und an allen Zeitungskiosken erhältlich ist.

» Außerhalb von Paris ist die Suche vor Ort die beste Methode.

» In Bars und *tabacs* (Tabakläden) liegen kostenlose Zeitungen (meist nach der Nummer des Departements benannt) mit Wohnungsanzeigen aus.

Versicherung

» Eine umfassende Reiseversicherung gegen Diebstahl, Verlust und Krankheit ist unbedingt zu empfehlen.

» Einige Versicherungen schließen gefährliche Aktivitäten, wie Tauchen, Motorradfahren, Skifahren und sogar Trekking aus: aufs Kleingedruckte achten!

» Die Versicherung sollte auch Krankentransporte und Heimflüge in Notfällen abdecken.

» Vorher sollte abgeklärt werden, ob Kosten für medizinische Versorgung im Ausland von der Krankenversicherung direkt bezahlt oder erst später erstattet werden.

» Für spätere Erstattungen müssen alle Belege aufbewahrt werden.

» Bei Zahlung des Flugtickets mit einer Kreditkarte ist manchmal eine begrenzte Reiseunfallversicherung

gewährleistet. Genaue Informationen gibt das Kreditkartenunternehmen.

» Eine weltweite Reiseversicherung gibt es über www.lonelyplanet.com/travel_services. Sie kann jederzeit online gekauft, verlängert und in Anspruch genommen werden, selbst von unterwegs.

Visa

EU-Bürger sowie Bürger der Schweiz benötigen nur einen Reisepass oder einen Personalausweis für einen beliebig langen Aufenthalt in Frankreich. Für Bürger der zwölf neuen EU-Mitgliedsstaaten (seit 2004 bzw. 2007) gelten jedoch andere Auflagen für Leben und Arbeiten in Frankreich als für Bürger der alten EU-Länder.

Zeit

In Frankreich herrscht Mitteleuropäische Zeit (MEZ). Während der Sommerzeit, die vom letzten Sonntag im März bis zum letzten Sonntag im Oktober dauert, wird die Uhr um eine Stunde vorgestellt.

Zollvorschriften

Die Ein- und Ausfuhr von Waren innerhalb der EU ist zollfrei, sofern diese im Herkunftsland versteuert sind und lediglich zum persönlichen Bedarf mitgeführt werden.

Für Waren aus Nicht-EU-Ländern gelten folgende Mengenbegrenzungen (für Erwachsene):

» 200 Zigaretten oder
» 50 Zigarren
» 1 l Schnaps oder
» 2 l Wein
» 50 ml Parfüm
» 250 ml Eau de Toilette
» und weitere Waren bis zum Wert von 175 € (90 € bei unter 15-Jährigen)

Größere Mengen dürfen aus Andorra mitgebracht werden. Alles, was über diese Höchstgrenzen hinausgeht, muss verzollt werden. Weitere Infos unter www.douane.gouv.fr (teilweise auf Deutsch).

Von Frankfurt am Main und Paris kostet die Hin- und Rückfahrkarte für über 26-Jährige beispielsweise zwischen 50 und 80 €.

Zug

Bahnverbindungen bestehen zwischen Frankreich und allen Ländern Europas, Nachtverbindungen werden jedoch seltener. Infos über Zugreisen innerhalb Frankreichs s. S. 1075. Fahrpläne im Internet unter:

Deutschland (www.bahn.de)

Frankreich (www.sncf.com)

Österreich (www.oebb.at)

Schweiz (www.sbb.ch)

Fahrkarten und Infos gibt es bei **Rail Europe** (www.raileurope.com). In Frankreich verkauft die staatliche Eisenbahngesellschaft **SNCF** (☑innerhalb Frankreichs 36 35, aus dem Ausland 0033-08 92 35 35 35; www.sncf.com) Fahrkarten. Reservierungen am Telefon oder online sind zwar möglich, aber die SNCF verschickt keine Fahrkarten ins Ausland.

Infos zum 200 000 km langen europäischen Schienennetz gibt's auf der Internetseite www.railpassenger.info, die von einem Verbund europäischer Eisenbahngesellschaften betrieben wird. Zu den „nahtlosen Hochgeschwindigkeitszügen" zwischen Frankreich, Deutschland, Österreich, Belgien, den Niederlanden und Großbritannien wird auf www.tgv-europe.de informiert.

Manche Verbindungen zwischen Frankreich und den benachbarten Ländern haben eigene Namen:

Artésia (www.artesia.eu) Fährt nach Italien, u. a. nach Mailand und als Nachtzug nach Venedig, Florenz und Rom.

Elipsos (www.elipsos.com) Luxuriöser „Hotelzug" nach Spanien.

TGV Lyria (www.tgv-lyria.fr) Verbindung mit der Schweiz.

Verkehrsmittel & -wege

AN- & WEITERREISE

Flüge, Touren und Bahnfahrkarten können online auch auf www.lonelyplanet.com/bookings gebucht werden.

Einreise

Für Bürger der EU ist die französische Grenze problemlos mit Personalausweis passierbar – in der Regel sogar ohne Pass- und Zollkontrolle. Schweizer Bürger brauchen zur Einreise einen Reisepass.

Auf dem Landweg

Auto & Motorrad

Die Einreise mit dem Auto ist problemlos. Aus Norddeutschland ist die Strecke über Aachen und Belgien die schnellste Verbindung zur Autoroute du Nord (A1), die von Lille nach Paris führt, alternativ geht's über Trier und Luxemburg zur Autoroute de l'Est (A4) von Metz nach Paris. Aus Süddeutschland und Österreich führt der Weg auf die A4 über Straßburg. Aus der Schweiz führt der Weg über Bourg-en-Bresse oder Dole auf die Autoroute du Soleil (A6/A7), die Paris mit Lyon und Marseille verbindet.

An manchen Grenzübergängen fragen Beamte gelegentlich nach dem Pass oder Ausweis. Besonders bei der Einreise aus Belgien sind Durchsuchungen nicht ungewöhnlich, da über diese Route öfter Drogen aus den Niederlanden geschmuggelt werden. Infos über das Autofahren in Frankreich s. S. 1068.

Ausländische Fahrzeuge müssen bei der Einreise nach Frankreich mit einem Aufkleber oder durch Kennzeichnung auf dem Nummernschild das Ursprungsland vorweisen.

Bus

Eurolines (☑08 92 89 90 91; www.eurolines.eu, www.touring.de) ist ein Verbund aus 32 Reisebusunternehmen, die Städte in ganz Europa sowie Marokko und Russland verbinden. Passagiere unter 26 und über 60 Jahre erhalten Ermäßigungen. Besonders im Juli und August ist eine frühzeitige Reservierung ratsam, dann sind die Fahrkarten auch billiger.

Thalys (www.thalys.com) Fährt von der Gare du Nord in Paris nach Brüssel (Bruxelles-Midi; 82 Min.), Amsterdam CS (3 Std. 20 Min.) und zum Kölner Hauptbahnhof (3¼ Std.).

INTERRAIL PASS

Europäer können einen **InterRail Global Pass** (www.interrailnet.com) erwerben, der für 30 Länder gilt – aber nicht für das Land, in dem sie ihren Wohnsitz haben. Solche Pässe lohnen sich aber nur für echte Vielfahrer, die mit dem Zug nicht nur Frankreich bereisen wollen.

Mit dem Flugzeug

Der Pariser Flughafen Charles de Gaulle ist nach Heathrow in London der verkehrsreichste Europas.

Zu den kleineren Regionalflughäfen mit internationalen Flügen zählen Angoulême, Beauvais-Tillé (Paris-Beauvais), Bergerac, Béziers, Biarritz, Brest, Brive-Vallée de la Dordogne, Caen, Carcassonne, Deauville, Dinard, Grenoble, La Rochelle, Le Touquet, Limoges, Montpellier, Nîmes, Pau, Perpignan, Poitiers, Rennes, Rodez, St-Étienne, Toulon und Tours. Wichtige Regionalflughäfen, einschließlich der auf Korsika, werden in den jeweiligen Regionalkapiteln aufgeführt.

Internationale Flughäfen

Charles de Gaulle (Roissy) (www.aeroportsdeparis.fr)

Orly (www.aeroportsdeparis.fr)

Bordeaux (www.bordeaux.aeroport.fr)

Lille (www.lille.aeroport.fr)

Lyon (www.lyon.aeroport.fr)

Marseille (www.mrsairport.com)

Mulhouse-Basel-Freiburg (EuroAirport) (www.euroairport.com, www.fly-euroairport.com)

Nantes (www.nantes.aeroport.fr)

Nizza (www.nice.aeroport.fr)

Straßburg (www.strasbourg.aeroport.fr)

Toulouse (www.toulouse.aeroport.fr)

Übers Meer

Fährstrecken über den Ärmelkanal und das Mittelmeer sind auf der Karte Züge & Fähren auf S. 1074 verzeichnet.

Mehrere Fährgesellschaften verkehren zwischen Korsika und Italien. Einzelheiten s. S. 952.

UNTERWEGS VOR ORT

Das Auto ist das praktischste Verkehrsmittel, um durch Frankreich zu reisen, aber in den Städten mit ihren Verkehrs- und Parkplatzproblemen ist es purer Stress. Zudem können Benzinkosten und Mautgebühren für die *autoroute* (Autobahn) wirklich ins Geld gehen.

Frankreich hat ein erstklassiges öffentliches Verkehrsnetz, das jede Ecke des Landes versorgt, mit Ausnahme einiger ländlicher Gegenden. Die Benutzung von Zug, Métro, Straßenbahn und Bus ist nicht nur umweltfreundlich, sondern bietet auch einen Einblick in das ganz gewöhnliche Leben – man sieht Sehenswürdigkeiten, erlebt das Unerwartete und trifft Einheimische im ganz alltäglichen Trott.

Die staatliche Société Nationale des Chemins de Fer Français (SNCF) ist für fast alle überregionalen Landverbindungen zuständig. Die Transporte innerhalb der Departements übernehmen verschiedene Nahverkehrszüge, SNCF-Busse und örtliche Busgesellschaften, die entweder staatlich sind oder im staatlichen Auftrag fahren.

Der regionale Luftverkehr wurde zwar teilweise freigegeben, doch die kleinen Fluggesellschaften können sich noch nicht recht behaupten.

Auto & Motorrad

Ein eigenes Fahrzeug sorgt natürlich für die größte Flexibilität und erschließt auch abgelegene Winkel des Landes. Leider ist das nicht ganz billig. Zum Beispiel kostet die 925 km lange Strecke von Paris nach Nizza auf der Autobahn (neun Stunden Fahrt) mit einem Kleinwagen etwa 70 € für Benzin und 69 € für Maut – eine einfache TGV-Fahrkarte 2. Klasse für die 5½-stündige gleiche Strecke kostet hingegen 41 bis 165 €

PREISBEISPIELE FÜR ZUGFAHRKARTEN

STRECKE	REGULÄRER PREIS (€)	DAUER (STD.)
Amsterdam–Paris	79	3¼
Barcelona–Montpellier	57	4½
Berlin–Paris	238	8
Brüssel–Paris	44–64	1½
Frankfurt–Paris	106	4
Genf–Lyon	25	2
Genf–Marseille	65	3½
Wien–Straßburg	149	9

pro Person. Auch sind der Verkehr und die Parkplatzsuche in den Städten ziemlich nervig. In den Ferien und an langen Wochenenden ist zudem auf den Straßen in ganz Frankreich mit Verkehrsstau *(bouchons)* zu rechnen.

Motorradfahrer werden von Frankreich begeistert sein, da es viele gute Straßen gibt, die sich oft kurvenreich durch spektakuläre Landschaften winden. Gute Regenkleidung darf allerdings nicht fehlen.

Frankreich hat (neben Belgien) das dichteste Straßennetz in Europa. Es gibt vier Kategorien von außerstädtischen Straßen:

Autoroutes (Autobahnnamen beginnen mit A) Autobahnen mit zahlreichen Raststätten, außer bei Calais und Lille mautpflichtig *(péages)*.

Routes Nationales (N, RN) Schnellstraßen. Einige Abschnitte haben Mittelstreifen.

Routes Départementales (D) Regionale Straßen.

Routes Communales (C, V) Kleinere Landstraßen.

Informationen über Autobahnmaut, Raststätten, Verkehr und Wetter stehen auf www.autoroutes.fr. Bison Futé (www.bison-fute. equipement.gouv.fr) ist ebenso eine gute Informationsquelle zu Verkehrsverhältnissen. Die Websites www.viamichelin.com und www.mappy.fr (auf Frz.) berechnen Reiserouten zwischen Abfahrts- und Ankunftsort.

Autoeinbrüche sind in Frankreich leider häufig, besonders im Süden des Landes (s. S. 1057).

Mietwagen

Wer in Frankreich ein Auto mieten will, muss in der Regel 21 Jahre alt sein, mindestens seit einem Jahr einen Führerschein und eine internationale Kreditkarte besitzen. Fahrer unter 25 Jahren zahlen oft einen Zuschlag *(frais jeune conducteur)* von 25 bis 35 € pro Tag.

Die Haftpflichtversicherung ist inbegriffen, doch bei Vollkasko *(assurance tous risques)* gibt es erhebliche Unterschiede zwischen den einzelnen Vermietern. Beim Vergleich von Preisen und Bedingungen (Kleingedrucktes) ist vor allem auf die Selbstbeteiligung *(franchise)* zu achten, die für einen Kleinwagen gewöhnlich um 600 € bei Schäden und 800 € bei Diebstahl liegt. Viele Vermieter reduzieren sie gegen einen Versicherungszuschlag von 10 bis 16 € pro Tag um die Hälfte. Oft ist die Kaskoversicherung inbegriffen, wenn das Auto mit der Kreditkarte bezahlt wird. Die Vermieter sind da jedoch nicht informiert; Auskünfte erteilt der Aussteller der Kreditkarte.

Meist ist es deutlich günstiger, den Wagen schon vor der Abreise zu reservieren oder per Fly & Drive-Paket zu mieten. Vorsicht jedoch bei Internetangeboten ohne Kaskoversicherung.

Internationale Autovermieter:

Avis (☑08 21 23 07 60; www.avis.de)

Budget (☑08 25 00 35 64; www.budget.de oder www. budget.fr, auf Frz.)

INTERNATIONALE FÄHRGESELLSCHAFTEN

FÄHRGESELLSCHAFT	VERBINDUNG	WEBSEITE
Brittany Ferries	England-Normandie, England-Bretagne, Ireland-Bretagne	www.brittany-ferries.co.uk; www.brittanyferries.ie
Celtic Link Ferries	Ireland-Normandie	www.celticlinkferries.com
Condor Ferries	England-Normandie, England-Brittany, Kanalinseln-Bretagne	www.condorferries.com
Irish Ferries	Ireland-Normandie, Ireland-Bretagne	www.irishferries.ie; www.shamrock-irlande.com, auf Frz.
LD Lines	England-Kanalhäfen, England-Normandie	www.ldlines.co.uk
Manche Îles Express	Kanalinseln-Normandie	www.manche-iles-express.com
Norfolk Line	England-Kanalhäfen	www.norfolkline.com
P&O Ferries	England-Kanalhäfen	www.poferries.com
SeaFrance	England-Kanalhäfen	www.seafrance.com
Transmanche Ferries	England-Normandie	www.transmancheferries.com

ENTFERNUNGSTABELLE (KM)

	Bayonne	Bordeaux	Brest	Caen	Cahors	Calais	Chambéry	Cherbourg	Clermont-Ferrand	Dijon	Grenoble	Lille	Lyon	Marseille	Nantes	Nizza	Paris	Perpignan	Straßburg	Toulouse
Bordeaux	184																			
Brest	811	623																		
Caen	764	568	376																	
Cahors	307	218	788	661																
Calais	164	876	710	339	875															
Chambéry	860	651	120	800	523	834														
Cherbourg	835	647	399	124	743	461	923													
Clermont-Ferrand	564	358	805	566	269	717	295	689												
Dijon	807	619	867	548	378	572	273	671	279											
Grenoble	827	657	1126	806	501	863	56	929	300	302										
Lille	997	809	725	353	808	112	767	476	650	505	798									
Lyon	831	528	1018	698	439	755	103	820	171	194	110	687								
Marseille	700	651	1271	1010	521	1067	344	1132	477	506	273	999	314							
Nantes	513	326	298	292	491	593	780	317	462	656	787	609	618	975						
Nizza	858	810	1429	1168	679	1225	410	1291	636	664	337	1157	473	190	1131					
Paris	771	583	596	232	582	289	565	355	424	313	571	222	462	775	384	932				
Perpignan	499	451	1070	998	320	1149	478	1094	441	640	445	1081	448	319	773	476	857			
Straßburg	1254	1066	1079	730	847	621	496	853	584	335	551	522	488	803	867	804	490	935		
Toulouse	300	247	866	865	116	991	565	890	890	727	533	923	536	407	568	564	699	205	1022	
Tours	536	348	490	246	413	531	611	369	369	418	618	463	449	795	197	952	238	795	721	593

Europcar (☎08 25 35 83 58; www.europcar.de oder www.europcar.fr, auf Frz.)

Hertz (www.hertz.de oder www.hertz.fr, auf Frz.)

National-Citer (www.nationalcar.de oder www.citer.fr, auf Frz.)

Sixt (☎08 20 00 74 98; www.sixt.de oder www.sixt.fr, auf Frz.)

Französische Autovermietungen:

ADA (www.ada.fr, auf Frz.)

DLM (www.dlm.fr, auf Frz.)

France Cars (www.francecars.fr, auf Frz.)

Locauto (www.locauto.fr)

Renault Rent (☎08 25 10 11 12; www.renault-rent.com, auf Frz.)

Rent-a-Car Système (☎08 91 70 02 00; www.rentacar.fr)

Günstige Angebote bieten Internet und Reiseagenturen.

Autovermietungen in den größeren Städten stehen in diesem Buch in der jeweiligen Stadtbeschreibung.

Mietwagen mit Automatikgetriebe sind so ziemlich die Ausnahme in Frankreich und müssen lange im Voraus bestellt werden.

Aus Versicherungsgründen dürfen Mietwagen in der Regel nicht auf die Fähre – z. B. nach Korsika.

In Frankreich zugelassene Mietfahrzeuge sind an einer besonderen Nummer auf dem Kennzeichen zu erkennen – leider auch für Diebe. Deshalb niemals Wertsachen im Auto lassen, auch nicht im Kofferraum.

Führerschein & Papiere

Fahrzeugführer müssen jederzeit folgende Papiere parat haben:

» Pass oder Personalausweis (*carte d´identité*)

» einen gültigen Führerschein (*permis de conduire*)

» Fahrzeugschein (*carte grise*)

» Nachweis einer Kfz-Haftpflichtversicherung (z. B. Grüne Karte)

Treibstoff

Essence (Benzin), auch als *carburant* (Treibstoff) bezeichnet, kostet in Frankreich pro Liter etwa 1,30 € für Diesel (*gasoil, gazole* oder *diesel*, oft an gelben Zapfsäulen) und ca. 1,40 € für bleifreies Benzin mit

95-Oktan *(sans plomb 95 oder SP95;* meist an grünen Zapfsäulen). Volltanken *(faire le plein)* ist an der Autobahn am teuersten und bei den großen Supermärkten am billigsten.

Kleine Tankstellen schließen oft schon am Sonntagnachmittag und selbst in Städten ist es spät abends schwierig, eine besetzte Tankstelle zu finden. An durchgängig geöffneten automatisierten Tankstellen (z. B. die der großen Supermärkte) kann nur mit Kreditkarten mit PIN-Chip bezahlt werden. Wer also nur Bargeld hat, sieht alt aus.

Versicherung

Eine Kfz-Haftpflichtversicherung *(assurance au tiers)* ist in Frankreich für alle Fahrzeuge vorgeschrieben – auch für im Ausland zugelassene Fahrzeuge. Obwohl die Grüne Karte nicht vorgeschrieben ist, kann es vorteilhaft sein, sie als Versicherungsnachweis bei sich zu führen.

Bei kleineren Unfällen ohne Verletzte ist es zur schnellen Schadensregulierung am besten, wenn jeder beteiligte Fahrer einen **Constat Aimable d'Accident Automobile** (Unfallbericht) ausfüllt, der alle wesentlichen Details festhält. Bei Mietwagen befindet sich der Vordruck meist zusammen mit anderen Dokumenten im Handschuhfach. Um zu beweisen, dass der Unfall keine Eigenschuld war, ist jedoch darauf zu achten, dass er vollständig und korrekt ausgefüllt wird. Wenn jedoch der Mieter schuld ist, wird er für einen saftigen Eigenanteil haftbar gemacht. Nichts unterschreiben, was man nicht wirklich versteht. Im Zweifelsfalle die Polizei anrufen (🖉17).

In Frankreich zugelassene Fahrzeuge haben an der Windschutzscheibe einen kleinen, grünen Aufkleber mit den Versicherungsinformationen.

Parken

In Städten sind die meisten Parkplätze an der Straße montags bis samstags (außer an Feiertagen) von 9 bis 19 Uhr *payant* (gebührenpflichtig) – manchmal mit Ausnahme der Zeit von 12 bis 14 Uhr. Informationen über kostenlose Parkplätze nahe dem Zentrum (und ohne das übliche 2-Stunden-Limit) finden sich in den Abschnitten „Unterwegs vor Ort" der jeweiligen Stadt.

Verkehrsregeln

In den vergangenen Jahren sind Verkehrskontrollen in Frankreich (siehe www.securiteroutiere.gouv.fr, auf Frz.) um einiges strenger geworden. Blitzgeräte, Radargeräte und Zivilstreifenwagen gibt es immer häufiger und Speicheltests für Drogen werden immer häufiger durchgeführt. Für viele Ordnungswidrigkeiten muss das Bußgeld sofort bezahlt werden, schwere Verstöße können zum Entzug des Führerscheins und des Autos führen.

Geschwindigkeitsbegrenzungen außerhalb von Ortschaften (falls nicht anders ausgeschildert):

N- und D-Straßen ohne Mittelstreifen 90 km/h (bei Nässe 80 km/h)

Schnellstraßen mit Mittelstreifen 110 km/h (bei Nässe 100 km/h)

Autobahn 130 km/h (bei Nässe 110 km/h g, bei Eisglätte 60 km/h)

Um die CO_2-Emission zu reduzieren, wurde die Geschwindigkeitsbegrenzung auf Autobahnen in einigen Gegenden auf 110 km/h reduziert.

Sofern nicht anders ausgeschildert, gelten in allen Ortschaften 50 km/h, egal wie ländlich sie auch wirken mögen.

Die meisten Schilder mit Geschwindigkeitsbegrenzungen in Städten und Dörfern sind lediglich eine Erinnerung daran, was eigentlich jeder wissen müsste – deswegen steht auf ihnen das Wort *rappel* (Mahnung). Wer die Höchstgeschwindigkeit um 10 km/h oder mehr überschreitet, riskiert eine Geldbuße.

Weitere wichtige Verkehrsregeln:

RECHTS VOR LINKS

Die Regel *priorité à droite* (rechts vor links) besagt, dass an Kreuzungen (auch an Straßeneinmündungen) jedes Auto von rechts Vorfahrt hat, auch wenn es von einer winzigen Dorfstraße einbiegt. Es ist also keine Höflichkeit, wenn einheimische Fahrer einem Auto, das von einer Gasse auf eine Straße abbiegen will, die Vorfahrt lassen, auch keine Frechheit, wenn sie selber auf ihrer Vorfahrt beim Einbiegen in eine Hauptstraße beharren. Die *priorité à droite* gilt dann nicht, wenn ein Vorfahrtsschild sie außer Kraft setzt.

Bei Einfahrt auf einen Kreisverkehr haben wie in Deutschland die Fahrer Vorfahrt, die bereits im Kreisverkehr fahren. Dort sind oft Schilder mit der Aufschrift *vous ńavez pas la priorité* (Sie haben keine Vorfahrt) oder *cédez le passage* (Vorfahrt beachten) zu sehen.

» Die Promillegrenze beträgt 0,5 – das entspricht bei einem 75 kg schweren Erwachsenen etwa zwei Gläsern Wein. Alkoholkontrollen sind häufig und die Strafen streng – bis hin zu Gefängnisstrafen.

» Alle Autoinsassen müssen sich anschnallen.

» Handys dürfen nur mit Freisprechanlage benutzt werden.

» An roten Ampeln rechts abbiegen ist verboten.

» Radarwarnanlagen sind verboten, selbst wenn sie ausgeschaltet sind; die Bußgelder sind happig.

Vorschriften für Kindersitze:

» Kinder unter zehn Jahren dürfen nicht auf dem Vordersitz mitfahren (außer wenn auf den Rücksitzen bereits andere Kinder unter zehn Jahren sitzen).

» Ein Kind unter 13 kg muss in einem rückwärts gerichteten Kindersitz untergebracht sein (auf dem Vordersitz nur für Babys unter 9 kg und mit deaktiviertem Airbag erlaubt).

» Bis zum Alter von zehn Jahren müssen Kinder einen der Größe entsprechenden, nach vorne gerichteten Kindersitz benutzen.

Für alle Fahrzeuge ist das Mitführen von Warndreieck und Sicherheitsweste (im Fahrzeugraum, nicht im Kofferraum) Vorschrift. Fehlt eines/beides, so kostet das 90/135 €.

Auf verschneiten Straßen sollten Schneeketten (chaînes neige) mitgeführt werden. Sie sind gesetzlich vorgeschrieben, wann und wo auch immer die Polizei auf Schildern darauf hinweist.

Helmpflicht gilt für alle motorisierten Zweiräder außer Fahrrädern mit Hilfsmotor. Zweiräder unter 50 cm³ sind führerscheinfrei, deshalb gibt's oft Motorroller mit 49,9 cm³ zu mieten.

Bus

Busse werden für Fahrten innerhalb der Departements viel benutzt, besonders in ländlichen Gegenden mit wenig Bahnstrecken (z. B. Bretagne und Normandie). Leider sind die Verbindungen in manchen Regionen selten und langsam. Das liegt teilweise daran, dass die Busse in erster Linie Kinder zur Schule in die Stadt bringen sollen und nicht Touristen durchs Land kutschieren.

Die SNCF hat einige unwirtschaftliche Bahnstrecken durch Buslinien ersetzt, die – anders als die Regionalbusse – mit Bahnpässen kostenlos sind.

Eurolines wird wohl bald die Genehmigung für den Passagierverkehr zwischen Städten innerhalb Frankreichs erhalten.

Fahrrad

Frankreich ist ein Paradies für Radfahrer. Die meisten ländlichen Gegenden sind schlichtweg hinreißend und es gibt zunehmend städtische und ländliche *pistes cyclables* (Radwege; s. www.voiesvertes.com, auf Frz.) und ein ausgedehntes Netz an Landstraßen mit relativ wenig Verkehr. Allerdings haben die meisten Landstraßen keinen befestigten Seitenstreifen. Es ist also dringend ratsam, einheimische Radler (z. B. in Fahrradläden) um Tipps zu bitten und eine Reflektorweste zu tragen (die neuerdings auch vorgeschrieben ist!).

In Frankreich braucht ein Fahrrad laut Vorschrift zwei funktionierende Bremsen, eine Klingel, einen roten Reflektor hinten und gelbe Reflektoren an den Pedalen. Nach Sonnenuntergang und bei schlechter Sicht müssen Radfahrer vorne ein weißes und hinten ein rotes Licht einschalten. Sie müssen hintereinander fahren, wenn sie

überholt werden. Kinderanhänger sind gestattet.

Wer sein Fahrrad am nächsten Tag wiedersehen will (oder zumindest das Gros seiner Bestandteile), sollte es keinesfalls über Nacht draußen anketten. Manche Hotels bieten abgeschlossene Fahrradkeller.

Radfahrverbände s. S. 1050.

Fahrradtransport

Die Eisenbahngesellschaft SNCF bemüht sich, das Mitnehmen von Fahrrädern zu erleichtern, und hat sogar eine eigene Website für Radfahrer: www.velo.sncf.com (auf Frz.).

Fahrräder (nicht zerlegt) können praktisch in allen regionalen TER- und den meisten Fernzügen mitgenommen werden, sofern Platz vorhanden ist. In TER- und Corail-Intercité-Zügen wird kein Zuschlag erhoben, doch TGV-, Téoz- und Lunéa-Züge verlangen eine Reservierungsgebühr in Höhe von 10 €, die beim Kauf der Bahnfahrkarte bezahlt werden muss. Die Mitnahme eines Fahrrads kann telefonisch (☏ 36 35) oder am SNCF-Kartenschalter, nicht jedoch übers Internet angemeldet werden.

Teilweise zerlegte Fahrräder in einer Transporttasche (*housse*) von maximal 120 x 90 cm können kostenlos im Gepäckabteil von TGV-, Téoz-, Lunéa- und Corail-Intercité-Zügen befördert werden.

Im Großraum Paris dürfen Fahrräder in Transilien- und RER-Zügen mitgenommen werden, jedoch nicht montags bis freitags zu folgenden Zeiten:

» 6.30–9 Uhr in Zügen stadteinwärts

» 16.30–19 Uhr in Zügen stadtauswärts

» 6–9 und 16.30–19 Uhr auf den RER-Strecken A und B

Von wenigen Ausnahmen abgesehen sind Fahrräder

REISEN & KLIMAWANDEL

Jede Art der motorisierten Fortbewegung produziert CO_2, die Hauptursache des durch Menschen erzeugten Klimawandels. Reisen ist in unserer Zeit nur noch schwer ohne Flugzeuge denkbar. Sie verbrauchen zwar weniger Treibstoff pro Kilometer und Person als die meisten Autos, legen aber größere Entfernungen zurück. Das Problem ist nicht nur die CO_2-Emission der Flieger an sich. Flugzeuge sind deshalb zu so einem hohen Anteil mitschuldig am Klimawandel, weil sie Treibhausgase (auch CO_2) und Feinstaubpartikel in hohen Schichten der Atmosphäre freisetzen. Das IPCC (Intergovernmental Panel on Climate Change) macht den Flugverkehr für 4,9 % des Klimawandels verantwortlich – doppelt so viel, wie sein CO_2-Ausstoß vermuten ließe.

Lonely Planet betrachtet Reisen als einen globalen Gewinn. Wir ermutigen zu klimafreundlicheren Reisearten, wo sie möglich sind, und unterstützen gemeinsam mit anderen Partnern aus vielen Branchen das CO_2-Ausgleichsprogramm von ClimateCare. Websites wie www.climatecare.org benutzen CO_2-Rechner, mit denen jeder ermitteln kann, wie viel Treibhausgase durch eine Reise produziert werden – und wie man dies mit einem Beitrag für klimafreundliche Projekte in Entwicklungsländern kompensieren kann. Alle Reisen von Mitarbeitern und Autoren werden von Lonely Planet ausgeglichen.

in Métros, Straßenbahnen sowie Stadt-, Regional- und SNCF-Bussen nicht gezahlt (Letztere ersetzen auf manchen Strecken den Zug).

Fahrradverleih

In den meisten Städten gibt es mindestens einen Fahrradladen oder eine kommunale Sportanlage, die *vélos tout terrains* (VTT, Mountainbikes; meist 10 bis 20 € pro Tag), *vélos tout chemin* (VTC, Tourenräder) oder billigere Stadträder verleihen. Meist ist ein Ausweis zu hinterlegen und/oder eine Kaution (oft mit der Kreditkarte) fällig, die einbehalten wird, falls das Rad beschädigt oder gestohlen wird. Manche Städte, wie Straßburg und La Rochelle, haben preisgünstige städtische Verleihe. Informationen über Fahrradverleihe enthalten die Abschnitte „Unterwegs vor Ort" zu den einzelnen Städten

In immer mehr Städten – allen voran Paris und Lyon, aber auch in Aix-en-Provence, Amiens, Besançon, Caen, Dijon, La Rochelle, Marseille, Montpellier, Mulhouse, Nancy, Nantes, Orléans, Perpignan, Rennes, Rouen und Toulouse – gibt es einen automatisierten

Fahrradverleih mit computergestützten Stationen in der ganzen Stadt. Dadurch soll Radfahren als städtisches Verkehrsmittel gefördert werden. Gewöhnlich muss man sich für die kurzfristige oder längerfristige Nutzung anmelden und dabei die Kreditkartennummer angeben. Die Räder sind für die erste halbe Stunde kostenlos, aber die stündliche Gebühr steigt danach schnell an. Nähere Infos über das Pariser System Vélib' s. S. 1038.

Wer viel mit dem Rad fahren, aber keines von zu Hause mitbringen will, kann sich evtl. in Frankreich ein VTT kaufen (ab 250 €) und am Ende der Reise für etwa zwei Drittel des Preises wieder verkaufen. Das ist bei manchen Fahrradgeschäften möglich.

Flugzeug

Frankreichs viel gepriesene Hochgeschwindigkeitszüge haben dazu geführt, dass Bahnreisen zwischen manchen Städten (z. B. von Paris nach Lyon und Marseille) bequemer und schneller sind als ein Flug.

Fluglinien in Frankreich

Air France (☑36 54; www.airfrance.com) und ihre Tochtergesellschaften **Brit Air** (☑36 54; www.britair.fr) und **Régional** (☑36 54; www.regional.com) kontrollieren nach wie vor den Löwenanteil des lange monopolisierten Binnenflugmarktes.

Erhebliche Ermäßigungen gibt es für:

» Personen zwischen 12 und 24 Jahren (Studenten unter 26 Jahre)
» Personen über 60 Jahre
» Paare, die verheiratet sind oder nachweisen können, dass sie zusammenleben
» Eltern oder Großeltern, die mit mindestens einem Kind oder Enkel im Alter von 12 bis 25 Jahren (bei Studenten bis 27) reisen

Preiswerter wird es auch:

» wenn das Ticket lange im Voraus gekauft wird (für die besten Preise mindestens 42 Tage zuvor)
» wenn eine Samstagnacht zwischen Hin- und Rückflug liegt
» beim Kauf eines Tickets, das nicht umgetauscht oder erstattet werden kann.

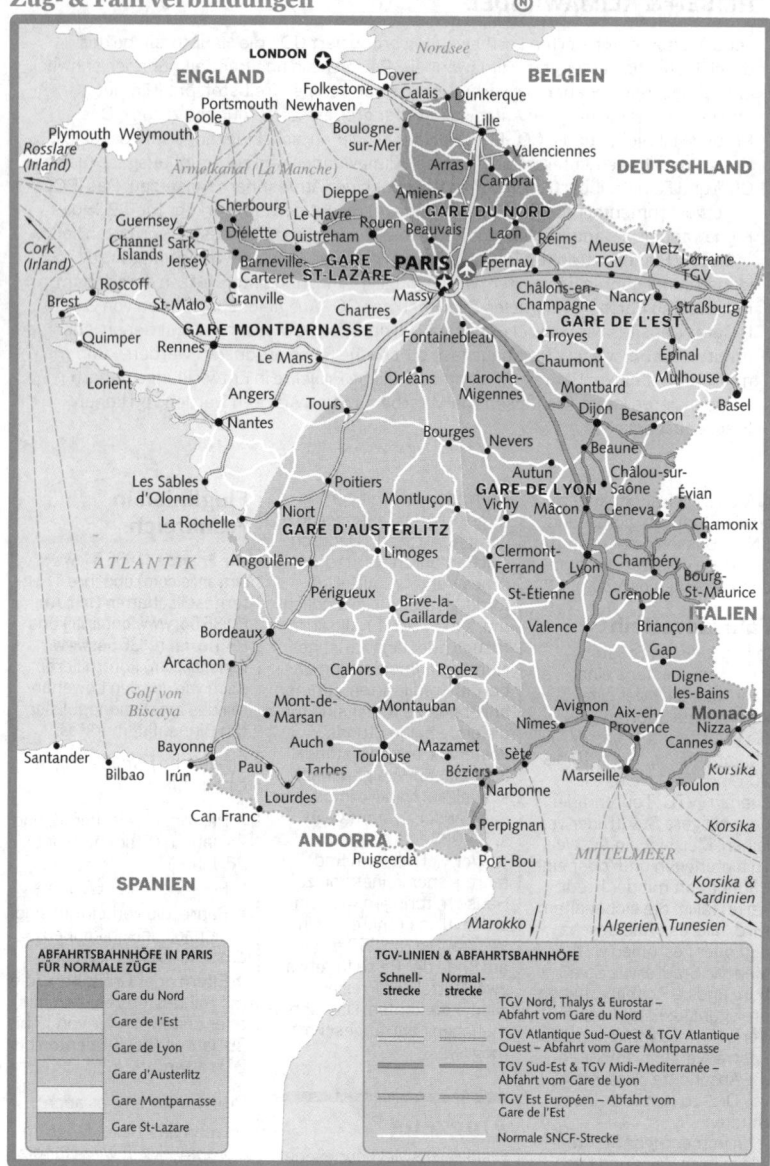

VERKEHRSMITTEL & -WEGE UNTERWEGS VOR ORT

ABFAHRTSBAHNHÖFE IN PARIS FÜR NORMALE ZÜGE

- Gare du Nord
- Gare de l'Est
- Gare de Lyon
- Gare d'Austerlitz
- Gare Montparnasse
- Gare St-Lazare

TGV-LINIEN & ABFAHRTSBAHNHÖFE

Schnellstrecke	Normalstrecke	
		TGV Nord, Thalys & Eurostar – Abfahrt vom Gare du Nord
		TGV Atlantique Sud-Ouest & TGV Atlantique Ouest – Abfahrt vom Gare Montparnasse
		TGV Sud-Est & TGV Midi-Mediterranée – Abfahrt vom Gare de Lyon
		TGV Est Européen – Abfahrt vom Gare de l'Est
		Normale SNCF-Strecke

Air France kündigt auf ihrer Website spezielle Last-Minute-Angebote an.

Billigflieger mit Flügen innerhalb Frankreichs sind **EasyJet** (www.easyjet.com), **Airlinair** (www.airlinair.com),

Twin Jet (www.twinjet.net) und **CCM** (www.aircorsica.com).

Informationen zu Flügen nach Korsika s. S. 952.

Nahverkehr

Die französischen Städte haben meist ein spitzenmäßiges öffentliches Verkehrsnetz. Métros (U-Bahnen) gibt es in Paris, Lyon, Marseille, Lille und Toulouse. Ultramoderne Straßenbahnen verkehren in Bordeaux, Grenoble, Lille, Lyon, Nancy, Nantes, Nizza, Reims, Rouen und Straßburg sowie teilweise in Großraum Paris.

Außer *billets à l'unité* (Einzelfahrscheine) werden auch *carnets* (Fahrscheinhefte oder -blöcke) mit zehn Fahrscheinen oder *pass journée* (Tageskarten) verkauft.

Nähere Informationen stehen im Abschnitt „Unterwegs vor Ort" in den jeweiligen Städtekapiteln.

Taxi

Vor allen größeren und großen – und vielen kleineren – Bahnhöfen gibt's einen Taxistand. Für Einzelheiten über Tarife und Bestimmungen in größeren Städten s. S. 143. In kleineren Orten, in denen Taxis selten Passagiere für die Rückfahrt finden, kostet die einfache Strecke so viel wie die Hin- und Rückfahrt. Nachts wie an Sonn- und Feiertagen sind die Preise etwa 30 % höher. Ein wartendes Taxi kostet etwa 19 € pro Stunde (in Paris um 30 €). Für Abholung vom Bahnhof oder Flughafen wird manchmal ein Zuschlag erhoben – ebenso pro Gepäckstück oder für einen vierten Fahrgast.

Schiff

Informationen zu Fährverbindungen an den französischen Küsten und zu den Inseln sind in den jeweiligen Stadtkapiteln aufgeführt.

Kanalboote

Fortbewegung und Ruhe schließen sich meist gegenseitig aus – außer bei Fahrten mit einem Hausboot auf den Kanälen und Flüssen Frankreichs. Unterwegs ist jederzeit ein Stopp möglich um einzukaufen, in gemütlichen Restaurants zu essen oder zur Schlossbesichtigung zu radeln. Höhenunterschiede werden

durch Schleusen (*écluses*) ausgeglichen.

Die Boote bieten meist Platz für zwei bis zwölf Passagiere und sind komplett mit Bettzeug und Kochgeschirr ausgestattet. Jeder, der mindestens 18 Jahre alt ist, darf ein solches Flussschiff steuern. Anfänger erhalten jedoch eine kurze Einweisung, um sich für eine *carte de plaisance* (temporärer Bootsführerschein) zu qualifizieren. Die Höchstgeschwindigkeit beträgt 6 km/h auf Kanälen und 8 km/h auf Flüssen.

Die Preise beginnen bei 450 € pro Woche für ein kleines Boot und können für große Luxusschiffe bei über 3000 € liegen. Außer im Juli und August sind oft auch Wochenendmieten (Freitag bis Montag; ab 280 €) oder Wochenmieten von Montag bis Freitag möglich.

In den Ferien und an langen Wochenenden im Juli und August sind – vor allem für größere Boote – Reservierungen unbedingt erforderlich.

Onlinevermietungen:
Canal Boat Holidays (www.canalboatholidays.com)
H2olidays (www.wasserwege.com)
Worldwide River Cruise (www.worldwide-river-cruise.com)
Weitere Informationen zu Kanalbooten stehen in den jeweiligen Kapiteln.

Trampen

Trampen ist niemals und in keinem Land der Welt ganz sicher und wird hier daher nicht empfohlen. Wer sich trotzdem dafür entscheidet, sollte sich über das kleine, aber ernste Risiko im Klaren sein. Es ist in jedem Fall sicherer, zu zweit zu reisen und anderen das Ziel mitzuteilen. Trampen ist in Frankreich nicht sehr verbreitet. Frauen sollten unbedingt darauf verzichten, auch zu zweit.

Die Chance, aus der Innenstadt mitgenommen zu werden, grenzt an null. Besser mit öffentlichen Verkehrsmitteln bis zum Stadtrand fahren. An Autobahnen ist das Trampen verboten, aber an den Auffahrten ist es gestattet, sofern der Verkehr dadurch nicht behindert wird. In ländlichen Gegenden sind die Chancen besser, allerdings kann der Verkehr abseits der Nationalstraßen sehr spärlich und lokal begrenzt sein. Liegt auf der geplanten Reiseroute eine Fährpassage, lohnt es sich eventuell, schon vorher eine Mitnahme auszumachen. Denn der Fährpreis gilt oft pro Auto, ohne Aufschlag für Passagiere. Nach Einbruch der Dämmerung sollte niemand mehr trampen.

Mitfahrgelegenheiten

Es gibt auch in Frankreich eine Reihe von Organisationen, die Mitfahrgelegenheiten (*covoiturage*) vermitteln, indem sie Kontakte zwischen Fahrer und Mitfahrer(n) herstellt. Am bekanntesten ist die Pariser Mitfahrzentrale **Allostop** (☏ 01 53 20 42 42; www.allostop.net, auf Frz.; ⊙ Telefonbesetzung Mo–Fr 10–13 & 14–16, Sa 10–13 Uhr), die ein Kilometergeld für den Fahrer (15/27 € für 300/700 km) und eine Verwaltungsgebühr (3–8 €, je nach Entfernung) kassiert. Hilfreich sind auch www.covoiturage.fr (auf Frz.) oder für internationale Fahrten www.karzoo.eu. In Deutschland gibt es die **Mitfahrzentrale** (www.mitfahrzentrale.de), die auch Fahrten nach Frankreich vermittelt.

Zug

Bahnreisen in Frankreich sind eine komfortable, stilvolle und umweltfreundliche Art, das Land kennenzulernen. Und da es an vielen Bahnhöfen Autovermietungen gibt, lassen sie sich gut mit örtli-

SNCF-FAHRPREISE & ERMÄSSIGUNGEN

Reguläre Fahrkarten können ziemlich teuer sein. Aber zum Glück gibt es ein überwältigendes Angebot an Ermäßigungen. Auch ist das Bahnhofspersonal bei der Suche nach dem besten Fahrpreis äußerst hilfsbereit. Doch zuerst das Wichtigste:

» Fahrtkarten 1. Klasse kosten, wenn vorfügbar, 20 bis 30 % Aufpreis.
» Für einige Züge, auch für die meisten TGVs, muss zu Spitzenzeiten mehr gezahlt werden.
» Je früher eine Fahrt gebucht wird, desto niedriger sind die Preise.
» Kinder unter vier Jahren fahren umsonst (wenn sie einen Sitzplatz brauchen, kostet es pauschal 8,50 €).
» Kinder zwischen vier und elf Jahren zahlen den halben Preis.

Ermäßigungen

Die günstigsten SNCF-Fahrkarten sind die **Prem's**. Sie können über das Internet, telefonisch, an Fahrkartenschaltern und -automaten maximal 90 und mindestens 14 Tage vor Antritt der Reise erworben werden. Wenn sie nicht benutzt werden, verfallen sie – Rückerstattung oder Umbuchung ist nicht möglich.

Die Fahrkarten von **Bons Plans**, ein kunterbuntes Angebot echter Tiefpreise für wechselnde Strecken und Termine, werden auf www.voyages-sncf.com unter der Überschrift „Dernière Minute" (Last-Minute) angeboten.

Im Bemühen, Bahnreisen für die iPod-Generation bezahlbar und cool zu machen, verkauft **iDTGV** (www.idtgv.com), das junge Tochterunternehmen der SNCF, Fahrkarten für den TGV (nur online und im Voraus) zwischen etwa 30 Städten für nur 19 €.

In Regionalzügen sind für Spartarife weder eine Ermäßigungskarte noch ein frühzeitiger Kauf der Fahrkarte erforderlich:

Loisir Week-End Für Fahrten hin und zurück mit einer Übernachtung am Samstag oder Fahrten an einem Samstag oder Sonntag.

Découverte Gibt es zur verkehrsarmen „blauen Zeit" für Personen zwischen 12 und 26 Jahren, Senioren und erwachsene Begleiter von Kinder unter 12 Jahren.

Mini-Groupe Erhebliche Ermäßigungen in einigen Regionen für Gruppen von drei bis sechs Personen, wenn zwischen Hin- und Rückfahrt eine Samstagnacht liegt.

In manchen Regionen (z. B. in der Basse-Normandie und im Elsass) gibt es tolle Angebote der TER-Regionalzüge für Tagesausflüge oder Wochenendtrips.

Ermäßigungen

Ermäßigungen von mindestens 25 % (für Last-Minute-Buchungen) oder von 40, 50 oder gar 60 % (für frühzeitige Buchungen für verkehrsarme „blaue Zeiten") gibt es mit mehreren Diskountkarten (ein Jahr gültig):

Carte 12–25 (www.12-25-sncf.com, auf Frz.; 49 €) Für Personen zwischen 12 und 25 Jahren.

Carte Enfant Plus (www.enfantplus-sncf.com, auf Frz.; 70 €) Für ein bis vier Erwachsene mit einem Kind zwischen vier und elf Jahren.

Carte Escapades (www.escapades-sncf.com, auf Frz.; 85 €) Für Personen zwischen 26 und 59 Jahren. Ermäßigungen auf Hin- und Rückfahrten von mindestens 200 km und mit entweder einer Übernachtung am Samstag oder Fahrten an einem Samstag oder Sonntag.

Carte Sénior (www.senior-sncf.com, auf Frz.; 56 €) Für Personen über 60 Jahre.

InterRail

EU-Bürger, die nicht in Frankreich leben, können mit dem **InterRail-Länderpass** (www.interrailnet.com; 3/4/6/8 Tage 194/209/269/299 €, 12–25 J. 126/136/175/194 €) an drei oder acht Tagen innerhalb eines Monats unbegrenzt mit SNCF-Zügen fahren.

Allerdings muss man wirklich ganz viel herumfahren, damit sich der Länderpass bezahlt macht.

chen Exkursionen per Auto kombinieren.

Das Sahnestückchen des öffentlichen Verkehrssystems Frankreichs ist – neben der Pariser Métro – das ausgedehnte Eisenbahnnetz, das nahezu gänzlich von der staatlichen **SNCF** (☑36 35; www.sncf.com) betrieben wird. Die Technik ist zwar höchst modern, aber die Netzführung zeigt noch die jahrhundertealte zentralistische Ausrichtung auf Paris: Die meisten Hauptstrecken gehen strahlenförmig von der Hauptstadt aus. Verbindungen zwischen Städten an verschiedenen Hauptlinien sind daher oft schlecht und langsam. Eine Karte mit dem Bahnstreckennetz gibt es auf S. 1074. Aktuelle Informationen zu *perturbations* (Verspätungen, Ausfälle), beispielsweise wegen Streiks, werden auf www.infolignes. com (auf Frz.) gemeldet.

Der große Stolz der SNCF – und der Franzosen – ist seit den 1980er-Jahren der berühmte **TGV** (Train à Grande Vitesse; www.tgv.com), gesprochen „tee-schö-wee", mit einem Tempo von bis zu 320 km/h. 2007 hat ein speziell umgebauter TGV einen neuen Geschwindigkeitsrekord für Nicht-Magnetbahnen aufgestellt: 574,8 km/h.

Die vier Hauptstrecken des TGV (LGV, für *lignes à grande vitesse*, also Hochgeschwindigkeitsstrecken) führen von Paris nach Norden, Osten, Südosten und Südwesten (die Züge fahren zu Zielen abseits der Hauptstrecken auf langsameren lokalen Gleisen):

TGV Nord, Thalys & Eurostar Von der Pariser Gare du Nord nach Arras, Lille, Calais, Brüssel (Bruxelles-Midi), Amsterdam, Köln und über den Eurotunnel nach Ashford, Ebbsfleet und London St Pancras in England.
TGV Est Européen Von der Pariser Gare de l'Est nach Reims, Nancy, Metz, Straß-

burg, Zürich und Städten in Deutschland, darunter Frankfurt und Stuttgart. Derzeit reicht die Hochgeschwindigkeitsstrasse erst bis Lothringen, soll aber 2016 bis Straßburg ausgebaut sein.
TGV Sud-Est & TGV Midi-Méditerranée Von der Pariser Gare de Lyon nach Südosten, darunter Dijon, Lyon, Genf, die Alpen, Avignon, Marseille, Nizza und Montpellier.

TGV Atlantique Sud-Ouest & TGV Atlantique Ouest Von der Pariser Gare Montparnasse ins westliche und südwestliche Frankreich, darunter die Bretagne (Rennes, Brest, Quimper), Tours, Nantes, Poitiers, La Rochelle, Bordeaux, Biarritz und Toulouse.

Die TGV-Trassen sind untereinander verbunden, sodass Direktfahrten z. B. von Lyon nach Nantes oder von Bordeaux nach Lille ohne Umsteigen in Paris möglich sind. Das erspart insbesondere die mühsamen Transfers von einem der sechs Pariser Hauptbahnhöfe zum anderen. Die von Paris nach Osten und Süden verkehrenden Züge halten u. a. am Flughafen Roissy Charles de Gaulle und am Disneyland Resort Paris.

Andere Züge als TGVs werden oft als *corail*, *classique* oder, für Regionalverbindungen, **TER** (Train Express Régional; www.ter-sncf. com, auf Frz.) bezeichnet. Einige dieser Züge erhielten eigentümliche Namen:

Corail Intercités Mittellange Strecken.
Lunéa (www.coraillunea.fr, auf Frz.) Nachtzüge mit Schlafwagen durch ganz Frankreich – werden im Zeitalter des TGV immer seltener.
Téoz (www.corailteoz.com, auf Frz.) Besonders komfortable Züge, die von der Pariser Gare d'Austerlitz Richtung Süden nach Clermont-Ferrand, Limoges, Cahors,

Toulouse, Montpellier, Perpignan, Marseille und Nizza fahren.
Transilien (www.transilien. com) SNCF-Züge im Bereich der Île de France (also rund um Paris).

Infos über landschaftlich reizvolle Bahnstrecken in ganz Frankreich bietet die Website www.trainstouristiques-ter.com.

Informationen zu barrierefreiem Reisen für Personen mit Behinderung sind auf www.accessibilite.sncf.fr (auf Frz.) nachzulesen und für den Großraum Paris auf www.infomobi.com (auf Frz.).

Bei Fernzügen werden manchmal an den Bahnhöfen einige Waggons abgekoppelt, die dann zu einem anderen Zielort fahren. Beim Einsteigen sollte also am jeweiligen Waggon auf das Ziel geachtet werden, um nicht an einem völlig anderen Ort zu landen als geplant.

Fahrkarten & Reservierungen

Große Bahnhöfe haben oft verschiedene Schalter für internationale Verbindungen (*international*), Fernverkehrszüge (*grandes lignes*) und Vorortzüge (*banlieue*) sowie für kurz bevorstehende Abfahrten (*départ immédiat* oder *départ dans l´heure*). Praktisch jeder SNCF-Bahnhof bietet zumindest eine *borne libre-service* (Selbstbedienungsautomaten) oder *billeterie automatique* (Fahrkartenautomat), die sowohl Bargeld als auch Kreditkarten mit PIN-Chip akzeptieren.

Mit Kreditkarte sind Fahrkarten auch telefonisch oder auf der SNCF-Website (www. voyages-sncf.com, auf Frz.) buchbar. Sie werden dann entweder per Post zugeschickt (nur an Adressen in Frankreich) oder liegen am Schalter bereit bzw. werden vom Fahrkartenautomaten ausgedruckt.

Die Fahrkarte muss vor dem Einsteigen bei einer der gelben Säulen *(composteur)* Richtung Bahnsteig entwertet werden. Wer das vergessen hat oder aus irgendeinem Grund gar keine Fahrkarte besitzt, sollte im Zug sofort den Schaffner aufsuchen, um keine Geldbuße zu riskieren.

UMBUCHUNG & RÜCKERSTATTUNGEN
Für Züge, die keine Sitzplatzreservierung annehmen (z. B. Corail-Intercités- und TER-Züge), gelten reguläre Fahrkarten ab dem Kaufdatum 61 Tage lang zu jedem beliebigen Zeitpunkt. Bei Verlust oder Diebstahl werden SNCF-Tickets grundsätzlich nicht ersetzt oder erstattet.

Loisir-Week-End-Fahrkarten zum vollen Fahrpreis können bis zu einem Tag vor der Abfahrt telefonisch, online oder am Schalter kostenlos umgebucht werden. Bei Umbuchungen am

GEPÄCKAUFBEWAHRUNG

Aus Sicherheitsgründen gibt es nur noch auf wenigen Bahnhöfen *consignes automatiques* (Gepäckschließfächer). Einige der größeren Bahnhöfe haben jedoch eine *consigne manuelle* (Gepäckaufbewahrung) – meist in einer abgelegenen Ecke des Bahnhofs –, wo Gepäckstücke persönlich übergeben und vor dem Verstauen geröntgt werden. Die Aufbewahrung kostet 5 € für bis zu zehn Stunden und 8 € für 24 Stunden; bezahlt wird bar. Welche Bahnhöfe eine Gepäckaufbewahrung haben und wann ihre *consignes* geöffnet sind (sie sind meist sonntags und nach 19 oder 20 Uhr geschlossen), ist auf www.gares-en-mouvement.com zu erfahren (Sprachauswahl Deutsch und dann den Bahnhof auswählen, auf „Praktische Hinweise" und dort auf „Serviceangebot" klicken).

Reisetag ist eine Gebühr von 10 € fällig (3 € mit Discountkarte).
Pro-Fahrkarten (z. B. TGV Pro, Téoz Pro) werden bei Rückgabe (u. a. telefonisch ☎36 35) bis zu 30 Minuten nach Abfahrt voll erstattet.

Wer bis zu zwei Stunden nach Abfahrt des geplanten Zugs im Bahnhof auftaucht, kann auf einen späteren Zug umbuchen. Stark ermäßigte Fahrkarten (z. B. Prem's) können nicht umgebucht oder erstattet werden.

NOCH MEHR FRANZÖSISCH

Für tiefergehende Sprach-
kenntnisse zu allen wichtigen Situationen beim Reisen
eignet sich der Lonely
Planet Sprachführer Fran-
zösisch.

Sprache

In ganz Frankreich wird das hochsprachliche Französisch gelehrt und gesprochen. Dialekte gehören zwar in vielen Gegenden zur regionalen Identität, aber das standardisierte Schulfranzösisch der folgenden Sätze wird überall verstanden. Hinter den französischen Wörtern und Sätzen wird jeweils die Aussprache angegeben.

GRUNDLAGEN

Im Französischen gibt es wie im Deutschen bei der Anrede den Unterschied zwischen Duzen und Siezen, nur oft noch stärker differenziert. Die höfliche Anrede ist also *vous* (Sie), außer bei engen Freunden, Kindern, Tieren oder wenn das Du angeboten wird. Dann heißt es *tu* (Du).

Substantive sind im Französischen entweder maskulin oder feminin, ein sächliches *das* gibt es nicht. Das Gleiche gilt für die Adjektive, die Artikel *le/la* (der/die) und *un/une* (ein/eine) und die Possessivpronomen *mon/ma (mein/meine), ton/ta (dein/deine)* und *son/sa* (sein, ihre). Bei Personen werden maskulin und feminin durch einen Schrägstrich getrennt und als „m/f" gekennzeichnet.

Guten Tag.	Bonjour.	bong·žur
Auf Wiedersehen.	*Au revoir*	o re·woar
Entschuldigung.	*Excusez-moi.*	äks·kü·see moa
Verzeihung.	*Pardon.*	par·dong
Ja./Nein.	*Oui./Non.*	ui/nong
Bitte.	*S'il vous plaît.*	ßil wu plä
Danke.	*Merci.*	mer·ßi

AUSSPRACHE

Die Aussprache ist für Deutschsprachige nicht ganz unvertraut, stammen doch etliche Begriffe und Bezeichnungen aus dem Französischen. Dennoch gibt es einige Besonderheiten:

c	spricht sich vor **e** und **i** als scharfes „s" wie in „Surfen" (wiedergegeben als ß, das stimmhafte „s" wie in „Sonne" dagegen als „s"); vor **a**, **o** und **u** wird es wie „k" ausgesprochen. Wenn es mit einem Cedille versehen ist (ç), spricht sich sich immer als scharfes „s".
é	langes „e" wie in „Ehre".
è	ähnlich dem deutschen „ä", Beispiel „Ärmel".
j	wiedergegeben als ž; spricht sich wie das stimmhafte „j" in Journal.
n, m	endet eine Silbe auf ein einfaches **n** oder **m**, werden diese Buchstaben nicht gesprochen, sondern der Vokal davor nasal ausgesprochen, wie in „Karton".
u	wie „ü" in „früh".
z	weiches „s" wie in „See".

Wie geht's?
Comment allez-vous? ko·mong ta·lee·wu

Gut, und Ihnen?
Bien, merci. Et vous? bien mer·ßi e wu

Gern geschehen.
De rien. dö ri·jeng

Ich heiße ...
Je m'appelle ... že ma·pell ...

Wie heißen Sie?
Comment vous ko·mong wu·sa·pe·lee·wu
appelez-vous?

Sprechen Sie Deutsch?
Parlez-vous allemand? par·lee wu sall·mong

Ich verstehe nicht.
Je ne comprends pas. že nö kom·prong pa

Wie viel kostet es?
C'est combien? ßee kom·bjäng

UNTERKUNFT

Haben Sie noch ein Zimmer frei?
Est-ce que vous avez eß·ke wu sa·wee dee
des chambres libres? schom·bre li·bre

Wie viel kostet es pro Nacht/Person?
Quel est le prix kell e le pri
par nuit/personne? par nüi/per·ßonn

Ist es mit Frühstück?
Est-ce que le petit eß·ke le pö·ti
déjeuner est inclus? dee·žö·nee ät en·klü

Campingplatz	camping	kom·ping
Schlafsaal	dortoir	dor·toar
Pension	pension	pong·sjon
Hotel	hôtel	o·tell
Jugendherberge	auberge de jeunesse	ün o·berž de žö·neß
ein Zimmer	une chambre ...	ün schom·bre ...
Einzelzimmer	à un lit	a öng li
Doppelzimmer	avec un grand lit	a·weck öng grong li
Zweibettzimmer	avec des lits jumeaux	a·weck dee li žü·mo
mit ...	avec ...	a·weck ...
Klimaanlage	climatiseur	kli·ma·ti·sör
Badezimmer	une salle de bains	ün ßall de bäng
Fenster	fenêtre	fö·nä·tre

WEGBESCHREIBUNG

Wo ist ...?
Où est ...? u e ...

Wie lautet die Anschrift?
Quelle est l'adresse? käll e la·dreß

Um sich auf Französisch zu verständi-
gen, können folgende einfache Sprach-
schablonen mit Wörtern nach Wahl
kombiniert werden:

Wo ist (der Eingang)?
Où est (l'entrée)? u ä (long·tree)

Wo kann ich (eine Fahrkarte kaufen)?
Où est-ce que je peux u eß že pö
(acheter un billet)? (asch·tee öng bi·jee)

Wann fährt (der nächste Zug)?
Quand est kongd ä
(le prochain train)? (le pro·schän träng)

Wieviel kostet (ein Zimmer)?
C'est combien pour ßä kom·bjäng pur
(une chambre)? (ün schom·bre)

Haben Sie (eine/n Karte/Stadtplan)?
Avez-vous (une carte)? a·wee wu·(ün kart)

Gibt es (eine Toilette)?
Y a-t-il (des toilettes)? ja·til (dee toa·lett)

Ich möchte gerne (ein Zimmer reservieren).
Je voudrais že wu·drä
(réserver (re·ser·wee
une chambre). ün schom·bre)

Kann ich (reingehen)?
Puis-je (entrer)? püi že (ong·tree)

Können Sie (mir) bitte (helfen)?
Pouvez-vous pu·wee wu
(m'aider), (mä·dee)
s'il vous plaît? ßil·wu·plä

Muss ich (einen Sitz reservieren)?
Faut-il (réserver fo·till (re·sär·wee ün
une place)? plaß)

Könnten Sie bitte die Adresse aufschreiben?
Est-ce que vous pourriez eß·ke wu pu·ri·je e·krir
écrire l'adresse, la·dreß ßil·wu·plä
s'il vous plaît?

Können Sie mir (auf der Karte) zeigen?
Pouvez-vous m'indiquer pu·wee wu men·di·kee
(sur la carte)? (ßür la kart)

an der Ecke	au coin	o koäng
an der Ampel	aux feux	o fö
hinter	derrière	dä·ri·jär
vor	devant	de·wong
von (Entfernung)	loin (de)	loäng (de)
links	gauche	goosch
nahe (an/zu)	près (de)	prä (dö)
neben ...	à côté de	a ko·te de ...
gegenüber	en face de ...	ong faß de ...
rechts	droite	droat
geradeaus	tout droit	tu droa

ESSEN & AUSGEHEN

Was würden Sie empfehlen?
Qu'est-ce que vous   keß·ke wu
conseillez?   kong·ßä·jee

Woraus besteht das Gericht?
Quels sont les   kell ßong lee
ingrédients?   sän·gre·di·jäng

Ich bin Vegetarier/in.
Je suis végétarien/   že ßüi
végétarienne.   we·že·ta·ri·jäng/jänn
(m/f)

Ich esse kein(e) ...
Je ne mange pas ...   že ne mongsch pa ...

Prost!
Santé!   ßong·tee

Das war lecker.
C'était délicieux!   ße·tä de·li·ßjö

Die Rechnung, bitte.
Apportez-moi   a·por·tee·môa
l'addition,   la·di·ßjong
s'il vous plaît.   ßil wu plä

Ich möchte gerne	*Je voudrais*	že wu·drä
einen Tisch	*réserver une*	re·sär·wee ün
für ... bestellen	*table pour ...*	ta·ble pur ...
(20) Uhr	*(vingt) heures*	(vängt) ör
(2) Personen	*(deux)*	(dö)
	personnes	pär·ßonn

Wichtige Wörter

Vorspeise	entrée	ong·tree
Flasche	bouteille	bu·täi
Frühstück	petit	pö·ti
	déjeuner	dee·žö·nee
Kindermenü	menu pour	me·nü pur
	enfants	ong·fong
kalt	froid	froa
Feinkost	traiteur	trä·tör
Abendessen	dîner	di·nee
Gericht	plat	pla

Essen	nourriture	nu·ri·tür
Gabel	fourchette	fur·schett
Glas	verre	wärr
Lebensmittel-laden	épicerie	e·pi·ßrie
Hochstuhl	chaise haute	schäs ot
heiß	chaud	scho
Messer	couteau	ku·to
lokale Spezialität	spécialité locale	spe·ßja·li·tee lo·kal
Mittagessen	déjeuner	dee·žö·nee
Hauptgericht	plat principal	pla prän·ßi·pal
Markt	marché	mar·schee
Speisekarte (auf Deutsch)	carte (en allemand)	kart (on all·mong)
Teller	assiette	aß·jett
Löffel	cuillère	kui·jär
Weinkarte	carte des vins	kart de väng
mit/ohne	avec/sans	a·wek/song

Fleisch & Fisch

Rind	bœuf	böff
Huhn	poulet	pu·le
Lamm	agneau	an·joo
Schwein	porc	por
Truthahn	dinde	dend
Kalb	veau	wo

Obst & Gemüse

Apfel	pomme	pomm
Aprikose	abricot	a·bri·ko
Spargel	asperge	aß·pärsch
Bohnen	haricots	a·ri·ko
Rote Bete	betterave	bä·te·raw
Kohl	chou	schu
Sellerie	céleri	ße·le·ri
Kirsche	cerise	ßö·ris
Mais	maïs	ma·is
Gurke	concombre	kong·kom·bre

Essiggurke	cornichon	kor·ni·schong
Weintraube	raisin	rä·seng
Lauch	poireau	poa·ro
Zitrone	citron	ßi·trong
Grüner Salat	laitue	lä·tü
Champignon	champignon	schom·pin·jong
Pfirsich	pêche	päsch
Erbsen	petit pois	pö·ti poa
(rote/grüne) Paprika	poivron (rouge/vert)	poa·wrong (ruusch/wär)
Ananas	ananas	a·na·nas
Pflaume	prune	prün
Kartoffel	pomme de terre	pomm de tär
Backpflaume	pruneau	prü·no
Kürbis	citrouille	ßi·trui
Schalotte	échalote	e·scha·lott
Spinat	épinards	e·pi·nar
Erdbeere	fraise	fräs
Tomate	tomate	to·mat
Steckrübe	navet	na·wä
Gemüse	légume	le·güm

Noch mehr Wörter

Brot	pain	päng
Butter	beurre	börr
Käse	fromage	fro·masch
Ei	œuf	öff
Honig	miel	mi·jel
Marmelade	confiture	kong·fi·tür
Linsen	lentilles	long·tij
Öl	huile	u·il
Pasta/Nudeln	pâtes	pat
Pfeffer	poivre	poa·wre
Reis	riz	ri
Salz	sel	sel
Zucker	sucre	ßü·kre
Essig	vinaigre	wi·nä·gre

Getränke

Bier	bière	bjär
Kaffee	café	ka·fe
(Orangen-)saft	jus (d'orange)	žü (do·rongsch)
Milch	lait	lä
Tee	thé	tee
(Mineral-)wasser	eau (minérale)	o (mi·ne·ral)
(Rot-)wein	vin (rouge)	wäng (rusch)
(Weiß-)wein	vin (blanc)	wäng (blong)

Zahlen

1	un	öng
2	deux	dö
3	trois	troa
4	quatre	ka·tre
5	cinq	ßänk
6	six	ßiß
7	sept	ßett
8	huit	wüit
9	neuf	nöff
10	dix	diß
20	vingt	wäng
30	trente	trongt
40	quarante	ka·rongt
50	cinquante	ßäng·kongt
60	soixante	ßoa·ßongt
70	soixante-dix	ßoa·ßongt·diß
80	quatre-vingts	ka·tre·wäng
90	quatre-vingt-dix	ka·tre·wäng·diß
100	cent	ßong
1000	mille	mil

NOTFÄLLE

Hilfe!
Au secours! — o skur

Ich habe mich verirrt.
Je suis perdu/perdue. — že ßüi·pär·dü (m/f)

Lassen Sie mich in Ruhe!
Fichez-moi la paix! — fi·schee·moa la pä

Es ist ein Unfall passiert.
Il y a eu un accident. — il·ja ön ak·ßi·dong

Rufen Sie einen Arzt.
Appelez un médecin. — a·plee öng meed·ßeng

Rufen Sie die Polizei.
Appelez la police. — a·plee la po·liß

Ich bin krank.
Je suis malade. — že ßüi ma·lad

Hier tut's weh.
J'ai une douleur ici. — žä ün du·lör ißi

Ich bin allergisch gegen ...
Je suis allergique ... — že ßüi sa·lär·žik ...

SHOPPEN & SERVICE

Ich möchte gerne ... kaufen
Je voudrais acheter ... — že wu·drä asch·tee ...

Kann ich das mal anschauen?
Est-ce que je peux le voir? — eß·kö že pö le woar

Ich schau mich nur um.
Je regarde. — že re·gard

Das gefällt mir nicht.
Cela ne me plaît pas. ße·la ne me plä pa

Wieviel kostet es?
C'est combien? ßä kom·bjäng

Das ist zu teuer.
C'est trop cher. ßä tro schär

Können Sie mit dem Preis runtergehen?
Vous pouvez baisser wu pu·we bä·ßee le pri
le prix?

Die Rechnung stimmt nicht.
Il y a une erreur dans il·ja ün ä·rör dong
la note. la not

Geldautomat	guichet automatique de banque	gi·schee·o·to·ma·tik de bonk
Kreditkarte	carte de crédit	kart de kre·di
Internetcafé	cybercafé	ßi·bär·ka·fee
Post	bureau de poste	bü·ro de post
Touristen-information	office de tourisme	o·fiß de tu·ris·me

UHRZEIT & DATUM

Wie viel Uhr ist es?
Quelle heure est-il? kell ör ä·till

Es ist (acht) Uhr.
Il est (huit) heures. Il ä (üit) ör

Es ist halb (11).
Il est (dix) heures il ä (dis) ör
et demie. e de·mi

Morgen	matin	ma·täng
Nachmittag	après-midi	a·prä·mi·di
Abend	soir	ßoar
gestern	hier	iär
heute	aujourd'hui	o·žur·düi
morgen	demain	de·mäng
Montag	lundi	löng·di
Dienstag	mardi	mar·di
Mittwoch	mercredi	mär·kre·di
Donnerstag	jeudi	žö·di
Freitag	vendredi	wong·dre·di
Samstag	samedi	ßam·di
Sonntag	dimanche	di·mongsch
Januar	janvier	žong·wjee
Februar	février	fee·wri·jee
März	mars	marß
April	avril	a·wril
Mai	mai	mä
Juni	juin	žüäng
Juli	juillet	žüi·jee
August	août	ut
September	septembre	ßep·tom·bre
Oktober	octobre	ok·to·bre
November	novembre	no·wom·bre
Dezember	décembre	dee·ßom·bre

VERKEHRSMITTEL & -WEGE

Öffentliche Verkehrsmittel

Schiff	bateau	ba·to
Bus	bus	büs
Flugzeug	avion	a·wjong
Zug	train	träng

Ich möchte nach ...
Je voudrais aller à ... že wu·drä a·lee a ...

Hält er in (Amboise)?
Est-ce qu'il s'arrête à eß·kil ßa·ret a
(Amboise)? (om·boas)

Wann fährt er ab/kommt er an?
À quelle heure est-ce a kell ör eß·kil
qu'il part/arrive? par/a·riw

Können Sie mir sagen, wann wir in ... ankommen?
Pouvez-vous me pu·wee wu me dir
dire quand kong
nous arrivons à ? nu sa·ri·wong a ...

Ich möchte hier aussteigen.
Je veux descendre ici. že wö dä·ßong·dre ißi

erster	premier	pröm·jee
letzter	dernier	där·njee
nächster	prochain	pro·schäng·
eine Fahrkarte ...	un billet ...	öng bi·jee ...
erster Klasse	de première classe	de prem·jär klas
zweiter Klasse	de deuxième classe	de dö·sjäm· klas
einfach	simple	säm·ple
hin & zurück	aller et retour	a·lee e re·tur
Gangplatz	côté couloir	ko·tee ku·loar
verspätet	en retard	ong re·tar
gestrichen	annulé	a·nü·lee
Bahnsteig	quai	kä
Fahrkarten-schalter	guichet	gi·schee
Fahrplan	horaire	o·rär
Bahnhof	gare	gar
Fenstersitz	côté fenêtre	ko·tee fe·nä·tre

Auto & Radfahren

Ich möchte gerne ein ... mieten	Je voudrais louer ...	že wu·drä lu·ee ...
Vierradantrieb	un quatre-quatre	öng kat·kat
Auto	une voiture	ün woa·tür
Fahrrad	un vélo	öng wee·lo
Motorrad	une moto	ün mo·to
Kindersitz	siège-enfant	ßi·jäsch ong·fong
Diesel	diesel	djee·sell
Helm	casque	kask
Automechaniker	mécanicien	mee·kan·i·ßjäng
Benzin	essence	ä·ßongß
Tankstelle	station-service	sta·ßjong ßär·wiß

Ist das die Straße nach ?
C'est la route pour ...? ßä la rut pur ...

(Wie lange) Kann ich hier parken?
(Combien de temps) Est-ce que je peux stationner ici? (kom·bjäng de tong) eß·ke že pö sta·ßjo·nee i·ßi

Das Auto/Motorrad hat eine Panne (in ...).
La voiture/moto est tombée en panne (à ...). la woa·tür/mo·to ä tom·bee ong pann (a ...)

Ich habe einen Platten.
Mon pneu est à plat. mong pnö ä ta pla

Ich habe kein Benzin mehr.
Je suis en panne d'essence. že ßüi song pann dä·ßongß

Ich habe die Autoschlüssel verloren.
J'ai perdu les clés de ma voiture. žä per·dü lee klee de ma woa·tür

GLOSSAR

(m) bedeutet maskulin, (f) feminin und (pl) Plural

accueil (m) – Rezeption

alignements (m, pl) – Menhire, die in geraden Reihen aufgestellt sind

AOC – *Appellation d'Origine Contrôlée;* in Frankreich übliche Klassifizierung von Wein und Olivenöl, die staatlichen Vorschriften zu Ort und Methode der Herstellung entsprechen

AOP – *Appellation d'Origine Protégée;* europaweites Äquivalent der *AOC*

arrondissement (m) – Verwaltungsbezirke in einer Großstadt, die auf Schildern als 1er (erstes Arrondissement), 2e (zweites) usw. abgekürzt sind

atelier (m) – Workshop bzw. Atelier

auberge – Gasthaus

auberge de jeunesse (f) – Jugendherberge

baie (f) – Bucht

bassin (m) – Bucht oder (Hafen-)Becken

bastide (f) – mittelalterliche Siedlung in Südwestfrankreich, meist nach einem Raster um einen Arkadenplatz gebaut; ein ummauerter Ort, auch Bezeichnung für ein Landhaus in der Provence

belle époque (f) – wörtlich „schönes Zeitalter"; eine Zeit der Eleganz und der Vergnügungen, die typisch für das mondäne Paris kurz vor dem Ersten Weltkrieg war

billet (m) – Fahrschein/Eintrittskarte/Ticket

billet jumelé (m) – Kombiticket für mehr als eine Sehenswürdigkeit, Museum usw.

billetterie (f) – Kartenschalter

bouchon – Bistro in Lyon, einfaches Restaurant

boulangerie (f) – Bäckerei

boules (f, pl) – Spiel, das mit schweren Metallkugeln auf einem Sandstreifen gespielt wird; auch *pétanque* genannt

BP – *boîte postale;* Postfach

brasserie (f) – ein kneipenähnliches Restaurant, das den ganzen Tag über warmes Essen serviert (ursprüngliche Bedeutung: Brauhaus)

bureau de change (m) – Wechselstube

bureau de poste (m) – Post

carnet (m) – Fahrkartenheft mit zehn Bus-, Straßenbahn- oder Métrofahrscheinen zum ermäßigten Preis

carrefour (m) – Kreuzung

carte (f) –Karte, Speisekarte, Landkarte usw.

cave (f) – Weinkellerei

chambre (f) – Zimmer

chambre d'hôtes (f) – Privatzimmer mit Frühstück

charcuterie (f) – Metzgerei mit Wurstwaren

cimetière (m) – Friedhof

col (m) – Gebirgspass

consigne oder **consigne manuelle** (f) – Gepäckaufbewahrung

consigne automatique (f) – Gepäckschließfach

correspondance (f) – Verbindungstunnel oder -gang z. B in der Métro; Zug- oder Busanschluss

couchette (f) – Schlafkoje im Zug oder auf der Fähre

cour (f) – Hof

crémerie (f) – Milch- oder Käsegeschäft

dégustation (f) – Kostprobe/Verkostung

demi (m) – Glas Bier mit 330 ml

demi-pension (f) – Halbpension (entweder Mittag- oder Abendessen)

département (m) – Verwaltungsbezirke in Frankreich

donjon (m) – Bergfried

église (f) – Kirche

épicerie (f) – Gemischt-warenladen

ESF – *École de Ski Français;* führende Skischule in Frankreich

fest-noz oder **festoù-noz** (pl) – nächtliche Tanzfeste in der Bretage

fête (f) – Fest/Festival

Fnac – Handelskette für Unterhaltungsprodukte und -elektronik, die auch Eintritt-skarten verkauft

forêt (f) – Wald

formule oder **formule rapide** (f) – Mittagsmenü mit Auswahl von nur zwei der drei Gängen (z. B. Vor-speise und Hauptgericht oder Hauptgericht und Dessert)

fromagerie (f) – Käseladen

FUAJ – *Fédération Unie des Auberges de Jeunesse;* Frankreichs Jugendher-bergsverband

funiculaire (m) – Stand-seilbahn

galerie (f) – Einkaufszen-trum oder -passage

gare oder **gare SNCF** (f) – Bahnhof

gare maritime (f) – Fährhafen

gare routière (f) – Bus-bahnhof

gendarmerie (f) – Polizei

gîte d'étape (m) – Un-terkunft für Wanderer, meist in einem Dorf

gîte rural (m) – Ferienhaus auf dem Land

golfe (m) – Golf (Meerbusen)

GR – *grande randonnée;* Fernwanderweg

grand cru (m) – edler Wein

halles (f, pl) – Markthalle; zentraler Lebensmittelmarkt

halte routière (f) – Bus-haltestelle

horaire (m) – Fahr-/Flug-plan

hostellerie (f) – Gasthaus

hôtel de ville (m) – Rathaus

hôtel particulier (m) – herrschaftliches Stadthaus, Privatvilla

intra-muros – Altstadt (wörtlich: „innerhalb der Mauern")

jardin (m) – Garten

jardin botanique (m) – botanischer Garten

laverie (f) oder **lavoma-tique** (m) – Waschsalon

mairie (f) – Rathaus

maison du parc (f) – Verwaltungs- und/oder Besucherzentrum eines Nationalparks

marché (m) – Markt

marché aux puces (m) – Flohmarkt

marché couvert (m) – Markthalle

mas (m) – Bauernhaus in Südfrankreich

menu (m) – Menü mit zwei oder mehr Gängen zum festen Preis

mistral (m) – starker Nord- oder Nordwestwind in Südfrankreich

musée (m) – Museum

navette (f) – Pendelbus, -zug oder -schiff

palais de justice (m) – Gerichtsgebäude

parapente (f) – Gleitschirm-fliegen

parlement (m) – Parlament

parvis (m) – Platz (in einem Ort)

pâtisserie (f) – Konditorei

pétanque (f) – Spiel, das mit schweren Metallkugeln auf einem Sandstreifen gespielt wird; auch *boules* genannt

place (f) – Platz (in einem Ort)

plage (f) – Strand

plan (m) – Stadtplan

plan du quartier (m) – Straßenkarte der Umgebung (sind an den Métroausgän-gen ausgehängt)

plat du jour (m) – Tages-gericht in einem Restaurant

pont (m) – Brücke

porte (f) – Tor in einer Stadtmauer

poste (f) – Post

préfecture (f) – Präfektur (Hauptstadt eines Departe-ments)

presqu'île (f) – Halbinsel

pression (f) – Bier vom Fass

puy (m) – vulkanischer Kegel oder Berg

quai (m) – Kai oder Bahn-steig

quartier (m) – Stadtviertel

refuge (m) – Berghütte, einfache Unterkunft für Wanderer

région (f) – Verwaltungs-bezirk in Frankreich

rive (f) – Flussufer

rond point (m) – Kreis-verkehr

sentier (m) – Wanderweg

service des urgences (f) – Unfallstation

ski de fond – Skilanglauf

SNCF – *Société Nationale des Chemins de Fer;* staatliche Eisenbahngesells-chaft

SNCM – *Société Nationale Maritime Corse-Méditer-ranée;* staatliche Fährge-sellschaft zwischen Korsika und dem französischen Festland

sortie (f) – Ausgang

square (m) – Grünanlage

tabac (m) – Tabakladen (verkauft auch Busfahr-scheine, Telefonkarten usw.)

table d'hôtes – Menü zu einem festen Preis

taxe de séjour (f) – Kurtaxe

télécarte (f) – Telefonkarte

téléphérique (m) – Seil-bahn

télésiège (m) – Sessellift

téléski (m) – Ski- oder Schlepplift

TGV – *Train à Grande Vitesse;* Hochgeschwindig-keitszug

tour (f) – Turm

vallée (f) – Tal

v.f. (f) – *version française;* Film mit französischer Syn-chronisation

vieille ville (f) – Altstadt

ville neuve (f) – Neustadt

v.o. (f) – *version originale;* Film in Originalsprache mit französischen Untertiteln

voie (f) – Bahnsteig

VTT – *vélo tout terrain;* Mountainbike

winstub – traditionelles elsässisches Lokal

Hinter den Kulissen

WIR FREUEN UNS ÜBER EIN FEEDBACK

Post von Travellern zu bekommen, ist für uns ungemein hilfreich – Kritik und Anregungen halten uns auf dem Laufenden und helfen, unsere Bücher zu verbessern. Unser reiseerfahrenes Team liest alle Zuschriften genau durch, um zu erfahren, was an unseren Reiseführern gut und was schlecht ist. Wir können solche Post zwar nicht individuell beantworten, aber jedes Feedback wird garantiert schnurstracks an die jeweiligen Autoren weitergeleitet, rechtzeitig vor der nächsten Nachauflage.

Wer uns schreiben will, erreicht uns über **lonelyplanet.de/kontakt**.

Hinweis: Da wir Beiträge möglicherweise in Lonely Planet Produkten (Reiseführer, Websites, digitale Medien) veröffentlichen, ggf. auch in gekürzter Form, bitten wir um Mitteilung, falls ein Kommentar nicht veröffentlicht oder ein Name nicht genannt werden soll. Wer Näheres über unsere Datenschutzpolitik wissen will, erfährt das unter www.lonelyplanet.com/privacy.

DANK VON LONELY PLANET

Vielen Dank an die folgenden Leser, die mit der letzten Ausgabe unterwegs waren und uns mit wertvollen Hinweisen, nützlichen Ratschlägen und interessanten Geschichten weiterhalfen:

Patrik Åqvist, Stephen Bannon, Paul Beach, Tim Bennett, Jules Black, Rowan Blackmore, Elma Blokker, Nora Buur, Natalie Caputo, Alex Cimbleris, John Craven, Catherine Davis, Wouter De Sutter, Nick Dillen, Zver Domonkos, Michael Eisenring, Gaetan, Elizabeth Glascoe, Yehuda Goldberg, Martin Gottwald, Susan Greenwood, Christophe Guerin, Kate Harrison, Nicola Keen, Janez Kompan, Henrik Ladegaard, David Leaney, Kim Lockwood, Anne Manning, George Mckenna, Catherine Murphy, Bente Pedersen, Artemis Preeshl, Michael Preston, George Reid, Bronwyn Roe, Martin Schilling, Katja Schmidt, Stefanie Schout, Sara Siegel, Ian Slaughter, Michael Stavy, John Van Bavel, Rebecca Wiles

DANK DER AUTOREN

Nicola Williams

Was soll ich sagen? Dieses Buch war ein Mammutprojekt und alle Autoren haben sich mächtig ins Zeug gelegt, um einen tollen Reiseführer abzuliefern. Hut ab vor allem vor der verantwortlichen Redakteurin Paula Hardy, die diesen Reiseführer mit ihrer Weitsicht und Kreativität erst möglich gemacht hat, aber auch vor John Vlahides für seinen Mut. *Merci* an die Pariser Tariq Krim (www.joli cloud.com), Patricia Wells (www.patricia wells.com), Laure Chouillou und Sophie Maisonnier. Nach Hause sende ich *bisous* an meinen Reisegefährten Matthias und unsere drei so wunderbar reisebegeisterten Kinder Niko (8 Jahre), Mischa (6 Jahre) und Kaya (6 Monate).

Alexis Averbuck

Das Leben unterwegs wäre nicht halb so angenehm ohne die Hilfe von vielen netten Unbekannten. Danke an Virginie Fournier, die dafür gesorgt hat, dass sich das Côte d'Or für mich wie ein zweites Zuhause anfühlte. Danke aber auch an Ken Haney für seine kenntnisreiche Einführung in das Thema Chablis. Freddie Grimwood hat für seine Tipps in Sachen römischer Kunst und Architektur noch ein Getränk seiner Wahl bei mir gut. Mein Leben wäre nicht halb so lustig ohne Amy, Rod, Lola und Romy in Marseille. Ganz besonderer Dank gilt natürlich Paula Hardy und Nicola Williams, die unsere Beiträge zu einem runden Ganzen zusammengefügt haben.

Oliver Berry

Ein großes Dankeschön an alle, die zu Hause die Stellung gehalten und mich mit heißem Tee versorgt haben – aber der größte Dank gilt wie immer Susie und Molly Berry. Herzlichen Dank auch an all die hilfsbereiten Leute unterwegs, die mir bei der Recherche halfen, unter anderem Sandrine Cofflard, Emmanuelle Bouvet, Claire Thomas-Chenard und Jean-François Carille. Last but not least danke ich Paula Hardy für das Projekt, Nicola Williams dafür, dass sie das Ruder übernommen hat, und natürlich all meinen Mitautoren, aber auch Hobo, meinem treuen Schatten, der mir nie von der Seite weicht.

Stuart Butler

Vor 25 Jahren besuchte ich zum ersten Mal das kleine Küstendorf Moliets in den Landes. Deshalb danke ich an dieser Stelle Moliets und seinen Bewohnern für drei Dinge, die mir am liebsten sind: meine Frau, das Surfen und die Liebe zu Frankreich. Meiner Frau Heather danke ich noch einmal für alles, was sie für mich tut, vor allem aber für unser größtes Geschenk, eine echte frankobritische Koproduktion: Unser Sohn Jake wurde nämlich gerade geboren, als ich mit den Recherchen zu diesem Buch begann. Außerdem danke ich Rosie Warren in Bordeaux und Nicky Worth und Benoît Crespy für ihre Tipps zu La Rochelle.

Jean-Bernard Carillet

Einen Riesendank an alle, die mir geholfen haben und diese Reise für mich zum Aha-Erlebnis werden ließen. Dazu gehören Marie und Paul-André, aber auch all die wunderbaren Korsen, die mir immer wieder aushalfen. Bei Lonely Planet verdient vor allem Laura Stansfeld ein großes Dankeschön für ihre Unterstützung während des gesamten Projekts. Ich danke auch Paula (wir werden dich vermissen!) und Nicola, unserer großartigen Hauptautorin, für ihre Hilfe und ihr Organisationstalent. Und wie immer geht ein *gros bisou* an meine Tochter Eva!

Kerry Christiani

Zunächst ein ganz großes *merci* an meinen Ehemann Andy, der immer an meiner Seite ist. Danke auch an meine tollen Interviewpartner Eric Favret (Chamonix), Patrick Zimmer (Val d'Isère), Francine Klur (Route des Vins d'Alsace) und Jean-Paul de Vries (Romagne-sous-Montfaucon). Tausend Dank an Leanora Parry für ihr Fondue und ihre unersetzlichen Tipps zu Les Trois Vallées. Danken möchte ich aber auch allen Reiseprofis, die ich unterwegs traf, vor allem Marlene Heinrich (Elsass), Sophie Martin (Val d'Isère) und dem Team in Chamonix.

Steve Fallon

Von den vielen Leuten, die mir halfen, meine Beiträge zu diesem *Frankreich*-Führer zu aktualisieren, danke ich in erster Linie der Wahlpariserin Brenda Turnnidge, die mir immer hilfsbereit und kompetent zur Seite steht. Danke auch an Zahia Hafs, Olivier Cirendini, Caroline Guilleminot, Daniel Meyers, Patricia Ribault und Chew Terrière für ihre Unterstützung, ihre Ideen, ihre Gastfreundschaft und den einen oder anderen Lacher in diesem sehr kalten, verschneiten und dunklen Winter in und um die „Lichtstadt" Paris. Ein ganz besonderes *merci* geht an die Hauptautorin dieses Frankreichbandes Nicola Williams, die ein echter Profi ist. Wie immer widme ich meinen Anteil an diesem Buch meinem Lebensgefährten Michael Rothschild, ein wandelndes Lexikon der hohen Kochkunst.

Emilie Filou

Ein Riesendankeschön geht an meinen Mitautor John Vlahides dafür, dass er meine Begeisterung für die Côte d'Azur teilt und wir so viel Spaß bei der Zusammenarbeit hatten. Danke auch an die Hauptautorin Nicola Williams und die Redakteurinnen Anneliex Mertens und Laura Crawford für ihre Unterstützung beim Formatieren, aber auch an alle anderen, die mitgeholfen haben, dieses Ausnahmeprojekt in die Tat umzusetzen.

Catherine Le Nevez

Un grand merci an alle Einheimischen, Tourismusprofis und Mitreisenden, die mir auf meiner Reise Einblicke, Inspirationen und großartige Augenblicke beschert haben. Wie immer sind es viel zu viele, um alle einzeln aufzulisten, aber ganz besonders danke ich Hélène Carleschi und François Gagnaire für unsere Interviews sowie dem Team in Lyon (ihr wisst schon, wer gemeint ist!), aber auch allen bei Lonely Planet. *Merci surtout* an meine Familie, vor allem an meinen Bruder und meine *belle-sœur* für ihre Unterstützung und ihr Verständnis.

Tom Masters

Vielen Dank an meine Eltern Rosemary und Paul Masters für ihre Hilfe, ihre Tipps und ihre Gastfreundschaft während meiner Recherchereisen in der Bretagne und der Normandie. Danke auch an Jocelyne, Fabien, Darryl, Drew, Stoyan, Camille und David. Ein Riesendankeschön geht an alle die sehr engagierten Mitarbeiter der Touristeninformationen in „meinen" Regionen (es waren viel zu viele, um sie hier alle aufzuzählen). Sie haben sich für mich mächtig ins Zeug gelegt. Ein besonderes Dankeschön geht an die Hauptautorin Nicola Williams, die verantwortliche Redakteurin Paula Hardy und das ganze Team bei Lonely Planet.

Daniel Robinson

Tous mes remerciements à (in chronologischer Reihenfolge): meine Frau Rachel und unseren heiß ersehnten *premier-né*, Yohan Stern und Barbara Burtin, David Saliamonas,

Pauline Bebe und Tom Cohen, meine Cousins und Cousinen Natasha, Pascal, Alyosha und Timur, Madame Sadou, Michael Ewing-Chow, Dalia Hierro, David Levasseur und Andrea Levasseur-Flanagan, Marie-Claude Mobuchon, Françoise Gauthier, Pascal Henry, Severine Launois, Isabelle Pierot, Raquel, Elie und Claude Margen, Samuel und Galit Vacrate, Thierry Chayo, Guy, Claudine und Marian Zarka, Craig und Lorna Rahanian, Lucien Dayan, Anny Monet und meine genialen Kollegen bei Lonely Planet: Nicola Williams, Paula Hardy, Jo Potts und Annelies Mertens.

Miles Roddis

Ein riesengroßes Dankeschön geht wie immer an Ingrid, die Chauffeurin, Erstlektorin, Tischgenossin, Restaurantkritikerin, treuster Fan und First Lady in einem ist. Danke auch an all die vielen freundlichen und bestens informierten Mitarbeiter der Touristeninformationen: Marie-Pierre (Perpignan), Pascale (Prades), Audrey (Collioure), Renée (Vernet-les-Bains), Monika (Nîmes), Loïc Falcher (Uzès), Isabelle Vidal (Pont du Gard), Carole (Florac), Laetitia und Miriam (Millau), Delphine Atché (Roquefort) sowie Muriel und Françoise (Carcassonne). Ihr habt mir meine Arbeit enorm erleichtert.

John A. Vlahides

Besonderen Dank schulde ich Paula Hardy, Caroline Sieg, Nicola Williams, Laura Crawford und Annelies Mertens. Für moralische Unterstützung, als ich sie am meisten brauchte, stehe ich für immer in der Schuld von Brandon Presser, Brice Gosnell, Marg Toohey, Alexis Averbuck und Emilie Filou. Dass sich mir in Frankreich so viele Türen öffneten, verdanke ich der Großzügigkeit von Louis-Paul Astraud, Valère Carlin, Elodie Rothan, Claude Benard, Rabiha Benaissa, Greg Joye, Audrey Parot und Anne-Marie Rohm. Für ihre wertvolle Hilfe in einigen Detailfragen danke ich Michel Caraisco, Florence Lecointre, Myriam Chokairy, Frédérique Tamet, Audric Jaubert, Guillaume Jahan de Lestang und Jean-François Gourdon. *Merci mille fois à tous!*

QUELLENNACHWEIS

Die Angaben der Klimakarte stammen aus Peel MC, Finlayson BL & McMahon TA (2007) „Updated World Map of the Köppen-Geiger Climate Classification", *Hydrology and Earth System Sciences*, 11, 163344.

Illustrationen auf den Seiten 54–57, 62–63, 238–239, 564–565 und 924–925 von Javier Zarracina.

Umschlagfoto: Lavendelfeld in der Provence, Bethune Carmichael. Die meisten Fotos in diesem Reiseführer können bei Lonely Planet Images, www.lonelyplanetimages.com, auch lizenziert werden.

Über dieses Buch

Dies ist die 3. deutsche Auflage von Frankreich, basierend auf der mittlerweile 9. englischen Auflage, bearbeitet unter Leitung von Nicola Williams von einem erfahrenen Autorenteam: Alexis Averbuck, Oliver Berry, Stuart Butler, Jean-Bernard Carillet, Kerry Christiani, Steve Fallon, Emilie Filou, Catherine Le Nevez, Tom Masters, Daniel Robinson, Miles Roddis und John A. Vlahides. Neben Nicola, Oliver, Steve, Emilie, Catherine, Daniel und Miles waren folgenden Personen an den vorangegangenen Auflagen beteiligt: Teresa Fisher, Jeremy Gray, Annabel Hart, Paul Hellander, Jonathan Knight, Leanne Logan, Oda O'Carroll, Jeanne Oliver und Andrew Stone. Dieser Reiseführer wurde vom Londoner Büro von Lonely Planet verantwortet und von den folgenden Personen produziert:

Verantwortliche Redakteurinnen Paula Hardy, Joanna Potts
Leitende Redakteurin Laura Crawford
Leitende Kartografin Valentina Kremenchutskaya
Leitender Layoutdesigner Jim Hsu
Redaktion Annelies Mertens
Kartografie Herman So
Layout Laura Jane, Celia Wood
Redaktionsassistenz Holly Alexander, Janet Austin, Janice Bird, Michala Green, Jocelyn Harewood, Kate James, Jackey Coyle, Peter Cruttenden, Katie O'Connell, Charlotte Orr, Alison Ridgway, Branislava Vladisavljevic
Kartografieassistenz Enes Basic, Hunor Csutoros, Julie Dodkins, Mark Griffiths, Amanda Sierp
Layoutassistenz Kerrianne Southway

Umschlagdesignerin Naomi Parker
Bildgestaltung im Innenteil Aude Vauconsant
Dank an Mark Adams, Jane Atkin, Judith Bamber, Imogen Bannister, David Connolly, Melanie Dankel, Stefanie Di Trocchio, Janine Eberle, Ryan Evans,Joshua Geoghegan, Mark Germanchis, Michelle Glynn, Lauren Hunt, Laura Jane, David Kemp, Indra Kilfoyle, Yvonne Kirk, Lisa Knights, Nic Lehman, Katie Lynch, John Mazzocchi, Dan Moore, Wayne Murphy, Darren O'Connell, Trent Paton, Adrian Persoglia, Piers Pickard, Averil Robertson, Lachlan Ross, Michael Ruff, Julie Sheridan, Lyahna Spencer, Laura Stansfeld, John Taufa, Sam Trafford, Gina Tsarouhas, Juan Winata, Emily Wolman, Nick Wood

QUELLENNACHWEIS

Register

000 Verweise auf Karten
000 Verweise auf Fotos

REGISTER K

000 Verweise auf Karten
000 Verweise auf Fotos

000 Verweise auf Karten
000 Verweise auf Fotos

000 Verweise auf Karten
000 Verweise auf Fotos

000 Verweise auf Karten
000 Verweise auf Fotos

Auf einen Blick

Mit diesen Symbole sind wichtige Kategorien leicht zu finden:

- Sehenswertes
- Aktivitäten
- Kurse
- Geführte Touren
- Feste & Events
- Schlafen
- Essen
- Trinken
- Unterhaltung
- Shoppen
- Praktische Informationen/ Transport

Empfehlungen von Lonely Planet:

- **LP TIPP** Das empfiehlt unser Autor
- **GRATIS** Hier bezahlt man nichts
- Nachhaltig und umweltverträglich

Diesen Einrichtungen bescheinigen unsere Autoren ein starkes Engagement für die Nachhaltigkeit – zum Beispiel indem sie regionale Erzeuger unterstützen, ökologisch wirtschaften oder Umweltprojekte unterstützen.

Diese Symbole bieten wertvolle Zusatzinformationen:

- Telefon
- Öffnungszeiten
- Parkplatz
- Nichtraucher
- Klimaanlage
- Internet verfügbar
- WLAN verfügbar
- Swimmingpool
- Vegetarische Auswahl
- englischsprachige Karte
- Kinder willkommen
- Haustiere willkommen
- Bus
- Fähre
- Metro
- Subway/U-Bahn
- Straßenbahn
- Bahn

Die Reihenfolge spiegelt die Bewertung durch die Autoren wider.

Kartenlegende

Sehenswertes
- Strand
- buddhistisch
- Burg
- christlich
- hinduistisch
- islamisch
- jüdisch
- Denkmal
- Museum/Galerie
- Ruine
- Weingut/Weinberg
- Zoo
- Sehenswürdigkeit

Aktivitäten, Kurse & Touren
- tauchen/schnorcheln
- Kanu/Kajak fahren
- Ski fahren
- surfen
- Swimmingpool
- wandern
- windsurfen
- sonstige Aktivitäten/ Kurse/Touren

Schlafen
- Hotel, Hostel
- Camping

Essen
- Restaurant

Ausgehen
- Bar, Kneipe
- Café

Unterhaltung
- Unterhaltung

Shoppen
- Shoppen

Praktisches
- Post
- Touristeninformation

Transport
- Flughafen
- Grenzübergang
- Bus
- Seilbahn/ Standseilbahn
- Radweg
- Fähre
- Metro
- Schwebebahn
- Parkplatz
- S-Bahn
- Taxi
- Bahn
- Straßenbahn
- Tube Station
- U-Bahn
- sonstiger Transport

Verkehrswege
- Mautstraße
- Autobahn
- Hauptstraße
- Landstraße
- Verbindungsstraße
- sonstige Straße
- unbefestigte Straße
- Platz/Promenade
- Treppe
- Tunnel
- Fußgänger- brücke
- Spaziergang
- Abstecher vom Spaziergang
- Pfad

Grenzen
- Staatsgrenze
- Provinzgrenze
- umstrittene Grenze
- Bezirksgrenze
- Meeresschutzgebiet
- Klippen
- Mauer

Städte
- Hauptstadt (Staat)
- Hauptstadt (Bundesland/Provinz)
- Großstadt
- Stadt/Ort

Geografie
- Hütte/Unterstand
- Leuchtturm
- Aussichtspunkt
- Berg/Vulkan
- Oase
- Park
- Pass
- Rastplatz
- Wasserfall

Gewässer
- Fluss, Bach
- periodischer Fluss
- Sumpf/Mangroven
- Riff
- Kanal
- Gewässer
- Salzsee/trockener/ periodischer See
- Gletscher

Gebietsform
- Strand/Wüste
- christlicher Friedhof
- sonstiger Friedhof
- Park/Wald
- Sportplatz
- Sehenswertes (Gebäude)
- Highlight (Gebäude)

UNSERE GESCHICHTE

Ein ziemlich mitgenommenes, altes Auto, ein paar Dollar in der Tasche und Abenteuerlust – 1972 war das alles, was Tony und Maureen Wheeler für die Reise ihres Lebens brauchten, die sie durch Europa und Asien bis nach Australien führte. Die Tour dauerte einige Monate, und am Ende saßen die beiden – erschöpft, aber voller Inspiration – an ihrem Küchentisch und schrieben ihren ersten Reiseführer *Across Asia on the Cheap*. Innerhalb einer Woche hatten sie 1500 Exemplare verkauft. Lonely Planet war geboren.

Heute hat der Verlag Büros in Melbourne, London und Oakland mit mehr als 600 Mitarbeitern und Autoren. Und alle teilen Tonys Überzeugung, dass ein guter Reiseführer drei Dinge erfüllen sollte: informieren, bilden und amüsieren. Und an diesem Grundsatz änderte sich auch nichts, als 2011 BBC Worldwide alleiniger Inhaber von Lonely Planet wurde.

DIE AUTOREN

Nicola Williams

Hauptautorin; Bevor es losgeht; Paris; Frankreich heute; Die Franzosen; Essen wie Gott in Frankreich; Französischer Wein; Kunst & Kultur; Architektur Als freie Reisebuchautorin und Redaktionsassistentin lebt Nicola Williams seit mehr als zehn Jahren in Frankreich und schreibt über das Land. Von ihrem Haus in den Bergen am Südufer des Genfer Sees ist es nur ein Katzensprung bis zu den französischen Alpen, Paris oder Südfrankreich (und Nicola mutiert wahlweise zur Königin der Skipisten, zur Kunstkennerin oder zum Gourmet). Die Zeit in Paris verbrachte sie diesmal in einem schicken Appartement mitten in St-Germain des Prés. Nicola hat schon an vielen Lonely Planet Titeln mitgearbeitet, u. a. *Frankreich*, *Paris* und *Schweiz*. Sie schreibt außerdem Blogs auf tripalong.wordpress.com und tweets@Tripalong.

Alexis Averbuck

Das Loire-Tal; Burgund; Provence Alexis Averbuck kam mit vier Jahren zum ersten Mal nach Frankreich und besucht es heute, so oft sich die Gelegenheit dazu bietet. Ob auf Weinprobe im Burgund, auf Schlösserbesichtigung an der Loire oder auf Kraxeltour durch die Bergdörfer der Provence – sie geht immer ganz in der französischen Kultur auf. Alexis ist seit 20 Jahren Reisebuchautorin, hat schon ein Jahr in der Antarktis gelebt, den Pazifik im Segelboot überquert und malt – ihre Werke zeigt sie unter www.alexisaverbuck.com.

Oliver Berry

Pyrenäen; Region Toulouse Olivers Liebe zu Frankreich begann im zarten Alter von zwei Jahren. Mittlerweile hat er praktisch jeden Quadratzentimeter des Landes bereist und war an mehreren Auflagen des Lonely Planet Führers *Frankreich* und vielen anderen Büchern beteiligt. Seine persönlichen Highlights bei den Recherchen zu diesem Band waren Kletterpartien durch die Pyrenäen, Bootstouren durch den Canal du Midi und der Sonnenaufgang über dem Cirque de Troumouse. Oliver lebt zur Zeit in Cornwall und arbeitet als Autor und Fotograf. Seine neuesten Werke sind unter www.oliverberry.com zu sehen.

Stuart Butler

Atlantikküste; Französisches Baskenland; Malerische Landschaften Seine ersten Begegnungen mit Südwestfrankreich hatte Stuart bei Familienurlauben. Später surfte er jeden Sommer vor der südwestfranzösischen Küste, bis ihm irgendwann klar wurde, wie sehr er an der Gegend hängt und dass er hier bleiben will. Daran hat sich seitdem nichts geändert. Wenn er nicht für Lonely Planet schreibt, sucht Stuart an entlegenen Stränden nach unentdeckten Surfspots. Die Ergebnisse seiner Trips erscheinen regelmäßig in internationalen Surfmedien. Hier ist seine Website: www.oceansurfpublications.co.uk.